Microsoft Windows Server 2022 – Das Handbuch

Thomas Joos

ist selbstständiger IT-Consultant und seit 20 Jahren in der IT-Branche tätig. Er schreibt Fachbücher und berät Unternehmen im Mittelstands- und Enterprise-Bereich in den Themenfeldern Active Directory, Exchange Server und IT-Sicherheit. Durch seinen praxisorientierten und verständlichen Schreibstil sind seine Fachbücher für viele IT-Spezialisten eine wichtige Informationsquelle geworden. Seinen Blog finden Sie auf *http://thomasjoos.wordpress.com*. Neben vielen erfolgreichen Büchern schreibt er für zahlreiche IT-Publikationen wie z.B. *c't*, *iX*, *IT Administrator* und *tecchannel.de*.

Thomas Joos

Microsoft Windows Server 2022 – Das Handbuch

Von der Planung und Migration bis zur Konfiguration und Verwaltung

Thomas Joos

Lektorat: Sandra Bollenbacher
Fachlektorat: Georg Weiherer und Rainer G. Haselier
Korrektorat: Petra Heubach-Erdmann, Düsseldorf
Satz: Gerhard Alfes, mediaService, Siegen, *www.mediaservice.tv*
Herstellung: Stefanie Weidner
Umschlaggestaltung: Michael Oréal, *www.oreal.de*
Bildnachweis: buranatrakul, Stock-Fotografie-ID: 508671177
Druck und Bindung: BELTZ Grafische Betriebe GmbH, Bad Langensalza

Bibliografische Information der Deutschen Nationalbibliothek
Die Deutsche Nationalbibliothek verzeichnet diese Publikation in der deutschen Nationalbibliografie; detaillierte bibliografische Daten sind im Internet über *http://dnb.d-nb.de* abrufbar.

ISBN:
Print 978-3-96009-182-0
PDF 978-3-96010-616-6
ePub 978-3-96010-617-3
mobi 978-3-96010-618-0

1. Auflage 2022

Wieblinger Weg 17
69123 Heidelberg

Dieses Buch erscheint in Kooperation mit O'Reilly Media, Inc. unter dem Imprint »O'REILLY«. O'REILLY ist ein Markenzeichen und eine eingetragene Marke von O'Reilly Media, Inc. und wird mit Einwilligung des Eigentümers verwendet.

Hinweis:
Dieses Buch wurde mit mineralölfreien Farben auf FSC®-zertifiziertem Papier aus nachhaltiger Waldwirtschaft gedruckt. Der Umwelt zuliebe verzichten wir zusätzlich auf die Einschweißfolie. Hergestellt in Deutschland.

Schreiben Sie uns:
Falls Sie Anregungen, Wünsche und Kommentare haben, lassen Sie es uns wissen: *kommentar@oreilly.de*.

5 4 3 2 1

Inhaltsverzeichnis

Teil II Einrichtung des Servers

Teil V Datei- und Druckserver mit Windows Server

Teil VI Infrastrukturen mit Windows Server

Vorwort

Mit Windows Server 2022 stellt Microsoft die neue Version seines Server-Betriebssystems vor. In der neuen Version hat Microsoft Neuerungen im Bereich der Virtualisierung, Container und im Storage-Bereich integriert, aber auch neue Funktionen mit eingebunden.

Die Container-Technologie wurde verbessert, arbeitet mit Kubernetes zusammen und wurde noch enger mit dem Windows-System verknüpft.

In diesem Buch habe ich für Sie alle Neuerungen aufgenommen sowie deren praktische Umsetzung erläutert. Auch die Zusammenarbeit der neuen Funktionen mit bewährten Technologien von Windows Servern sind im Buch zu finden.

Freuen Sie sich auf Windows Server 2022 und die vielen Praxisworkshops und Anleitungen in diesem Buch. Ich habe viele Vorgehensweisen in der PowerShell erläutert und bin auch darauf eingegangen, wie Sie Windows Server umfassend mit der PowerShell und dem Windows Admin Center verwalten.

Ich hoffe, Sie haben beim Lesen so viel Spaß wie ich beim Schreiben.

Ihr Thomas Joos

Teil I

Grundlagen und Installation

Kapitel 1

Neuerungen und Lizenzierung

In diesem Kapitel widmen wir uns unter anderem den Neuerungen in Windows Server 2022 im Vergleich zu Windows Server 2019. Windows Server 2022 unterstützt die effektivere Bereitstellung von Containern, vor allem auf Basis von Linux. Auch Kubernetes wird in Windows Server 2022 unterstützt.

Der Nachfolger von Windows Server 2019 bietet Neuerungen im Bereich der Virtualisierung, Sicherheit und der Zusammenarbeit von Servern im Netzwerk. Um die neue Version einzusetzen, müssen Unternehmen aber nicht alle Server ersetzen. Windows Server 2022 lässt sich sowohl als Mitgliedsserver als auch als Domänencontroller in gemischten Netzwerken betreiben. Alle Vorteile erreichen Sie allerdings nur, wenn Sie alle Server auf die neue Version umstellen. Natürlich können Sie Windows Server 2022 auch zusammen mit Windows Server 2012/2012 R2/2016 und Windows Server 2019 betreiben.

Von Windows Server 2022 gibt es die Editionen Standard und Datacenter. Zusätzlich bietet Microsoft noch eine Essential-Lizenz für kleine Unternehmen an sowie die Azure-Edition, die nur als VM in Microsoft Azure genutzt werden kann. Diese ermöglicht zum Beispiel »Hotpatching«, also das Aktualisieren des Servers im laufenden Betrieb. Das ist mit den anderen Editionen derzeit nicht möglich. Die Azure-Edition entspricht vom Funktionsumfang der Datacenter-Edition. Neben dem Betrieb in Microsoft Azure steht Windows Server 2022 Azure Edition ebenfalls in Azure Stack HCI zur Verfügung.

In Windows Server 2022 gibt es Unterschiede zwischen den Editionen bei den Speicherfunktionen. Es lassen sich weiterhin mit der Standard-Edition Cluster, die Rechteverwaltung und alle Funktionen der Active Directory-Zertifikatdienste betreiben. Wer alle Funktionen von Windows Server 2022 nutzen will, muss daher zur Datacenter-Edition greifen.

1.1 Die wichtigsten Neuerungen in Windows Server 2022

Mit Windows Server 2022, dem LTSC-Nachfolger von Windows Server 2019, stellt Microsoft auch das dazugehörige Container-Image zur Verfügung. Wir geben einen Überblick zur Einrichtung und Installation.

Der LTSC-Nachfolger von Windows Server 2019 steht als Servervariante, aber auch als Container-Image zur Verfügung. Microsoft gewähr fünf Jahre Standard-Support und weitere fünf Jahre erweiterten Support.

Natürlich hat Microsoft bei der unterstützten Hardware einiges verändert. Windows Server 2022 kann bis zu 48 TB Arbeitsspeicher verwalten. Das gilt auch für Windows Server 2022 Essentials und natürlich für Datacenter. Insgesamt lassen sich bis zu 64 CPUs mit Windows Server 2022 nutzen.

1.1.1 Neuerungen in Windows Server 2022

Wesentliche Sprünge von Windows Server 2019 gibt es in Windows Server 2022 nicht. Die Änderungen liegen im Detail. Zunächst hat Windows Server 2022 eine engere Verbindung zu Microsoft Azure erhalten, die wiederum mit neuen Versionen des Windows Admin Centers verwaltet werden sollen. Ab Version 2103.2 ist das Windows Admin Center kompatibel mit den Funktionen in Windows Server 2022 und ermöglicht auch die Anbindung von Azure-Funktionen wie Azure Arc oder Storage Migration Service (Speichermigrationsdienst) an Windows Server 2022. Einfach ausgedrückt soll Azure Arc Funktionen und Technologien aus Microsoft Azure direkt in lokalen Rechenzentren zur Verfügung stellen.

Neue Sicherheitsfunktionen unterstützen Sicherheitsoptionen der Hardware. Der Secured-Core-Server und Secured-Connectivity sollen vor allem die Angriffe auf Server reduzieren. Für den Einsatz ist aber Hardware notwendig, die die Funktionen unterstützt. Basis sind das Trusted Platform Module (TPM) und System Guard. Die Server nutzen Technologien aus Hyper-V für den sicheren Betrieb.

Windows Server 2022 setzt auf TLS 1.3 und eine sichere Kommunikation per HTTPS sowie AES-256-Verschlüsselung bei SMB-Verbindungen.

Die Installation von Windows Server 2022 unterscheidet sich nicht von der aus Windows Server 2019. Es stehen weiterhin die Editionen Standard und Datacenter mit und ohne Desktop zur Verfügung. Die neue Windows Server-Version verfügt bereits über eine Installation von Microsoft Edge, dem Nachfolger des Internet Explorers. Auch der Server-Manager ist noch an Bord. Microsoft erweitert allerdings die Möglichkeiten des Windows Admin Centers, sodass in Zukunft immer mehr Verwaltungsfunktionen in die webbasierte Oberfläche wandern.

Eine der zentralen neuen Funktionen in Windows Server 2022 ist der Secured-Core-Server. Dabei handelt es sich um eine neue Sicherheitsebene für Windows-Server, die auch in Azure Stack HCI Einzug findet. Mit Secured-Core-Server erhalten Unternehmen eine Kombination aus Hardware, Treiber, Software und Windows Server 2022.

1.1.2 Secured-Core-Server mit Windows Server 2022

Kunden, die einen Secured-Core-Server erwerben, erhalten in Zusammenarbeit mit einem Hardware-Hersteller Serverhardware, die mit den Funktionen umgehen kann. Die neuen Funktionen sind vor allem über das Windows Admin Center steuerbar.

Im Windows Admin Center ist auf der linken Seite der Menüpunkt *Security* verfügbar, wenn Hardware die Sicherheitsfunktionen von Windows Server 2022 unterstützt. Die Erweiterung kann über das Windows Admin Center auch nachträglich eingebunden werden. Hier ist mit Icons zu erkennen, ob Sicherheitsfunktionen wie HVCI (Hypervisor-basierte Code-Integrität), Boot DMA Protection, System Guard, Secure Boot, VBS (Virtualisierungsbasierte Sicherheit) und TPM 2.0 aktiviert sind.

Secured-Core-Server ist vor allem für Server sinnvoll, auf denen heikle Daten betrieben werden sollen. Trusted Platform Module 2.0 (TPM 2.0) sind standardmäßig in Secured-Core-Servern enthalten.

Durch die Unterstützung des Prozessors für die DRTM-Technologie (Dynamic Root of Trust for Measurement) zusammen mit dem DMA-Schutz isolieren Secured-Core-Systeme den sicherheitskritischen Hypervisor von Angriffen.

Secured-Core-Server unterstützen VBS und Hypervisor-basierte Code-Integrität (HVCI). Virtualisierungsbasierte Sicherheit (VBS) ermöglicht eine Isolierung zwischen den privilegierten Teilen des Betriebssystems, wie dem Kernel und dem Rest des Systems.

Natürlich nutzen Secured-Core-Server auch andere Sicherheitsfunktionen von Windows Server 2022, die ebenso den anderen Servern zur Verfügung stehen. Die Verwaltung wird ebenfalls hier im Windows Admin Center integriert. Windows Server 2022 unterstützt TLS 1.3 und aktiviert TLS automatisch beim Neustart.

Windows Server 2022 bietet neue gruppenverwaltete Dienstkonten (Group Managed Service Accounts, gMSA) für Windows-Container, ohne den Host in die Domäne aufnehmen zu müssen.

Wer Windows Server 2022 in Microsoft Azure bereitstellt, kann Images auswählen, auf denen Azure-Sicherheitsrichtlinien automatisch aktiviert sind. Das ermöglicht die Optimierung einer Windows Server 2022-Installation für Microsoft Azure.

1.1.3 Neues Container-Image für Windows Server 2022

Mit Windows Server 2022 erscheint außerdem ein neues Container-Image. Neben den bekannten Core- und Nano-Images bietet Windows Server 2022 das neue Windows Server-Image. Dieses soll innerhalb eines Containers recht umfassende Möglichkeiten bieten, die bisher nur vollständig installierten Servern mit grafischer Oberfläche vorbehalten waren.

Die neue Version bietet eine Unterstützung für nahezu alle Windows-APIs, die im Nano- und Core-Image fehlen. Basis des Images ist eine vollständig installierte Version von Windows Server 2022. Daher hat das Image fünf Jahre Support, genauso wie Windows Server 2022 selbst. Auf Containern, die mit diesem Image erstellt werden, soll es möglich sein, ebenfalls Serverdienste zu installieren, zum Beispiel eine nahezu uneingeschränkte IIS-Installation mit unbegrenzten, gleichzeitigen Verbindungen.

Das Image hat eine Größe von 3,1 GB. Container auf der Basis des Images sollen eine Grafikbeschleunigung bieten. Aktuell lässt sich das Image nur auf Windows Server 2022 installieren und starten. Um Windows Server 2022 zu einem Container-Host für das neue Image zu machen, sind in der PowerShell folgende Befehle notwendig:

Install-Module -Name DockerMsftProvider -Repository PSGallery -Force

Install-Package -Name docker -ProviderName DockerMsftProvider

Restart-Computer -Force

Nach dem Neustart kann die installierte Docker-Version mit dem folgenden Befehl überprüft werden:

Get-Package -Name Docker -ProviderName DockerMsftProvider

Find-Package -Name Docker -ProviderName DockerMsftProvider

Docker wird anschließend mit dem folgenden Befehl gestartet:

Start-Service Docker

Anschließend kann auf dem Windows-Server das Image über Docker heruntergeladen werden, zum Beispiel mit:

docker pull mcr.microsoft.com/windows/server/insider:10.0.20348.1

Beim Download ist es natürlich wichtig, die jeweils aktuelle Version zu verwenden. Die Version ist im Docker-Hub zu finden (*https://hub.docker.com/_/Microsoft-Windows-server-insider*). Um einen Container auf Basis des Images zu starten, wird der folgende Befehl verwendet:

docker run -it mcr.microsoft.com/windows/server/insider:10.0.20348.1 cmd

Auch hier ist selbstverständlich die Angabe der jeweilig heruntergeladenen Version notwendig. Der Container kann überdies im Hyper-V-Isolationsmodus gestartet werden. Dazu ist auf dem Server natürlich noch die Installation von Hyper-V notwendig.

Neben Windows Server 2019 hat Microsoft halbjährlich neue Server-Versionen veröffentlicht, die über neue Funktionen verfügen. Diese tragen die Bezeichnung »Semi-Annual-Channel-Versionen« (SAC). Im Gegensatz zu den Hauptversionen von Windows Server Long Term Servicing Channel, LTSC, tragen die SAC-Versionen nicht nur die Jahreszahl der Veröffentlichung im Namen, sondern auch, in welchem Halbjahr die Version erschienen ist. So wurde etwa Windows Server 20H2 im 2. Halbjahr in 2020 veröffentlicht.

Mit Windows Server 2022 stellt Microsoft diese Versionen ein. Neue Funktionen integriert Microsoft in Azure Stack HCI. Es wird keine SAC-Versionen mehr für Windows Server 2022 geben.

1.2 Windows Server 2022 lizenzieren

Eines ändert sich auch mit Windows Server 2022 nicht: die Komplexität der Lizenzierung. Es gibt zahlreiche Verträge und viele Möglichkeiten, Windows 10/11 und Windows Server 2022 zu lizenzieren. Verantwortliche im Unternehmen sollten sich darüber informieren, welche Lizenzverträge und Möglichkeiten es gibt.

Generell ist davon auszugehen, dass der Einsatz von Windows Server 2022 teurer wird. Das liegt vor allem an der Prozessor-Kern-Lizenzierung. Der CAL-Zugriff der Anwender bleibt in Windows Server 2022 generell gleich zu den Vorgängern. Die unterschiedlichen Windows-Editionen bieten für Unternehmen verschiedene Möglichkeiten und Auswahlkriterien.

1.2.1 Editionen und Lizenzen im Vergleich

Microsoft hat mit Windows Server 2022 Unterschiede in den Storage-Funktionen integriert. So unterstützt nur die Datacenter-Edition alle Funktionen. In der Standard-Edition gibt es weder Storage Spaces Direct noch Storage Replica. Auch Shielded Virtual Machines fehlen in der Standard-Edition. Die anderen Funktionen hat Microsoft in der Standard-Edition integriert. Diese verfügt zum Beispiel ebenfalls über die Container-Technologie und die Nano-Images.

Allerdings muss hier beim Einsatz der Hyper-V-Container darauf geachtet werden, dass eine Lizenz der Standard-Edition nur zwei Container erlaubt, da nur zwei VMs erlaubt sind.

Die Lizenzierung erfolgt nicht mehr auf Basis der CPUs, sondern auf Basis der CPU-Kerne. In Hyper-V werden die logischen Prozessoren lizenziert, da diese das Pendant zu den physischen Prozessorkernen darstellen.

Beide Editionen decken immer nur zwei Prozessorkerne des Hosts oder zwei logische CPUs ab. Die erforderliche Mindestanzahl von Betriebssystemlizenzen für jeden Server wird durch die Anzahl der physischen Prozessorkerne des Hosts sowie die Anzahl an virtuellen Servern bestimmt, die Sie auf dem Hyper-V-Host installieren. Setzen Unternehmen also Server mit mehreren Prozessoren ein, ist pro Kern-Paar eine Lizenz notwendig, egal welche Edition im Einsatz ist.

Sie müssen für jeden Server mindestens vier Lizenzen erwerben, also für acht Kerne. Setzen Sie einen Dual-Prozessor mit je acht Kernen ein, müssen Sie also acht Lizenzen für diese 16 Kerne erwerben. Für jeden Kern mehr müssen Sie ein Core-Pack kaufen, damit alle Kerne lizenziert sind. In Windows Server 2022 Standard dürfen Sie pro Lizenz zwei VMs installieren, Windows Server 2022 Datacenter kennt kein Limit. Hier müssen Sie lediglich alle Prozessorkerne des Servers lizenzieren.

Lizenzen von Windows Server 2022 sind direkt auf die physische Hardware gebunden. Jede Lizenz deckt zwei physische Prozessorkerne ab. Sie dürfen mit der Standard-Edition außerdem bis zu zwei virtuelle Server auf dem lizenzierten Host betreiben. Beim Einsatz der Datacenter-Edition dürfen Sie so viele virtuelle Server auf dem Host betreiben, wie die Hardware hergibt.

1.2.2 Clientzugriffslizenzen beachten

Für die Editionen Standard und Datacenter benötigen Sie weiterhin Clientzugrifflizenzen (CALs). Auch in Windows Server 2022 können Sie diese benutzerbasiert oder pro Gerät erwerben, dürfen sie aber nicht aufsplitten. Clientzugrifflizenzen (CALs) und Remotedesktop-Clientzugrifflizenzen (RDCALs) sowie Lizenzen für die Active Directory-Rechteverwaltung (AD RMS) sind auch in Windows Server 2022 weiterhin notwendig, aber nur in den Editionen Standard und Datacenter. Hier gibt es gleichfalls Gerätelizenzen oder Benutzerlizenzen für den Zugriff. Sie müssen bereits bei der Bestellung Ihrer Lizenzen im Voraus planen, welchen Lizenztyp Sie einsetzen wollen.

Sie können die verschiedenen Lizenzen miteinander mischen. Es ist jedoch nicht erlaubt, die einzeln erhältlichen Lizenzpakete in Geräte- und Benutzerlizenzen aufzusplitten. Sie dürfen also ein 5er-Paket Gerätelizenzen und ein 5er-Paket Benutzerlizenzen für einen Server kaufen und lizenzieren. Es ist aber nicht erlaubt, diese Pakete aufzusplitten und zum Beispiel als 2er-Gerätelizenz und 8er-Benutzerlizenz zu verwenden. Genauso ist nicht zulässig, mit CALs von Vorgängerversionen auf Server mit Windows Server 2022 zuzugreifen.

1.2.3 Geräte-CALs und Benutzer-CALs

Wenn Sie mit Geräte-CALs lizenzieren, müssen Sie für jeden PC, der auf diesen Server zugreift, eine Lizenz kaufen, unabhängig davon, wie viele Benutzer an diesem PC arbeiten. Wenn Sie PCs betreiben, zum Beispiel im Schichtbetrieb, an denen zu unterschiedlichen Zeiten unterschiedliche Benutzer arbeiten, benötigen Sie für diese PCs nur jeweils eine Geräte-CAL. Im umgekehrten Fall, wenn also ein Benutzer mit mehreren PCs, Notebooks oder Smartphones auf den Server zugreift, benötigen Sie für diesen Benutzer mehrere Geräte-CALs, da dieser Benutzer mit mehreren PCs auf den Server zugreift. Alternativ können Sie auch eine Benutzer-CAL kaufen.

CALs sind bei Microsoft an die Version gebunden. Sie dürfen daher CALs für Windows Server 2019 nicht für Windows Server 2022 nutzen. Allerdings ist es erlaubt, mit CALs für Windows Server 2022 auf Server mit Windows Server 2019 zuzugreifen. Sie sollten daher möglichst immer die aktuellsten CALs einsetzen bzw. erwerben.

Jeder Benutzer mit einer Benutzer-CAL kann an beliebig vielen PCs eine Verbindung mit einem Server aufbauen. Die CALs müssen eindeutig zugewiesen sein. Sie können daher nicht nur so viele CALs kaufen, wie gleichzeitig Benutzer arbeiten, sondern müssen die Gesamtzahl Ihrer Arbeitsstationen, Smartphones und sonstiger Geräte lizenzieren, wenn Sie Geräte-Lizenzen kaufen.

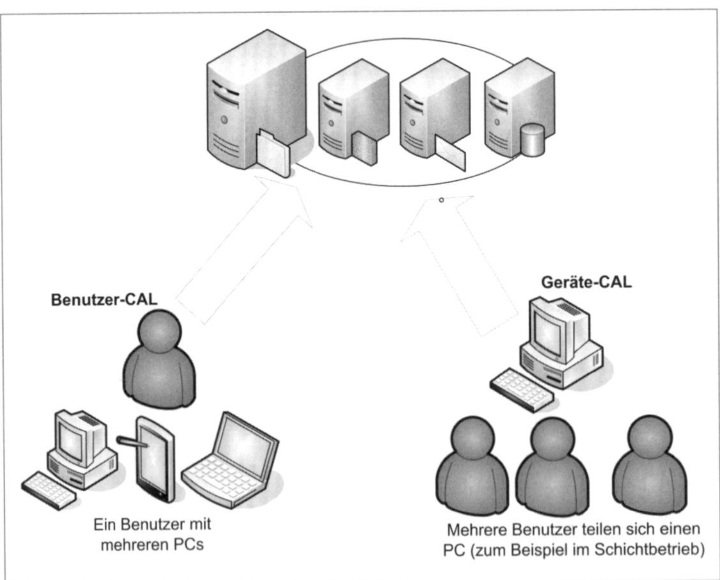

Abb. 1.1 Windows Server 2022 lässt sich weiterhin mit Benutzer-CALs und Geräte-CALs lizenzieren.

Bei Benutzer-Lizenzen müssen diese genau der Anzahl der Benutzer zugewiesen werden, die insgesamt mit dem Server arbeiten. Es ist nicht erlaubt, auf einem Server Lizenzen von Standard und Datacenter zu mischen. Sie dürfen eine Lizenz auch nicht auf mehrere Server aufsplitten.

In Ihrem Unternehmen sind beispielsweise 100 Mitarbeiter beschäftigt, von denen jedoch lediglich 63 mit PCs am Server arbeiten. Wenn Sie Geräte-CALs kaufen, wird jede gekaufte Lizenz einem bestimmten PC zugeordnet. Mit diesen PCs können sich jetzt beliebig viele Mitarbeiter mit Servern verbinden, wenn sich diese zum Beispiel PCs im Schichtbetrieb teilen. Wenn neue PCs hinzukommen, müssen Sie für diese weitere Gerätelizenzen kaufen.

Im nächsten Beispiel gehen wir von einer IT-Firma aus, in der 40 Mitarbeiter beschäftigt sind. Von diesen 40 Mitarbeitern arbeiten 25 mit der Windows-Domäne. Jeder dieser Mitarbeiter hat einen PC und ein Notebook, mit denen er am Server arbeitet. Obwohl in diesem Unternehmen nur 40 Mitarbeiter beschäftigt sind, verbinden sich 50 PCs mit dem Server. Es müssen in diesem Beispiel daher 50 Gerätelizenzen erworben werden. Wenn das Unternehmen seine Lizenzen jedoch als Benutzerlizenz erwirbt, werden lediglich 25 Lizenzen benötigt, da nur 25 Benutzer mit dem Server arbeiten.

1.3 Windows Server 2022 für kleine Unternehmen

Sehr kleine Unternehmen können Windows Server 2022 Standard mit der sogenannten Essentials-Lizenz verwenden. Einen Nachfolger für SBS mit Exchange und einem SQL-Server gibt es nicht mehr. Unternehmen, die Microsoft Exchange nutzen wollen, müssen auf Microsoft 365 setzen oder Exchange auf einer eigenen Servermaschine getrennt lizenzieren.

Grundsätzlich entspricht Essentials dem Funktionsumfang von Windows Server 2022 Standard. Es gibt lizenztechnische Einschränkungen, die wir in den nächsten Abschnitten genauer vorstellen.

Der Server erlaubt die Anbindung von maximal 25 Benutzern und 50 PCs sowie 10 CPU-Kerne. Wenn mehr im Einsatz sind, müssen Unternehmen auf die Standard-Edition von Windows Server 2022 erhöhen. CALs sind für die Benutzer nicht notwendig und auch nicht verfügbar. Allerdings können Sie Essentials als RDS-Host (siehe Kapitel 28) verwenden. In diesem Fall brauchen Sie aber RDS-CALs.

Wenn Sie Windows Server 2022 als Hyper-V-Host nutzen, dürfen Sie auf dem Server einen weiteren Server virtualisieren.

Vom Funktionsumfang entspricht Windows Server 2022 Essentials in etwa den Funktionen der Standard-Edition. Allerdings verfügt Windows Server 2022 Essentials über deutlich weniger Funktionen als der Vorgänger Windows Server 2016 Essentials. Diese Edition ist nur als OEM-Version verfügbar und darf nur auf Servern mit einer CPU und maximal zehn Kernen zum Einsatz kommen.

1.3.1 Neue und nicht mehr vorhandene Funktionen in Windows Server 2022 Essentials

Generell handelt es sich bei der Essentials-Edition von Windows-Servern um eine funktionsreduzierte Version des ehemaligen Small Business Servers. Man merkt schnell, dass Microsoft diese Edition nicht mehr großartig unterstützen will und dass sie vermutlich in den nächsten LTSC-Versionen wegfallen wird. Die Lizenz darf nur auf Servern mit maximal zwei CPUs installiert werden. Es gibt keinerlei Zusatzfunktionen im Vergleich zur Standard-Edition.

Zunächst gibt es in Windows Server 2022 Essentials kein Dashboard mehr und keine Möglichkeit, auf den angebundenen Arbeitsstationen einen Agenten zu installieren, der den Rechner an den Server anbindet und sogar eine Sicherung und Wiederherstellung ermöglicht. Auch der Zugriff über das Internet ist nicht mehr verfügbar, genauso wie der Einrichtungs-Assistent. Microsoft hat die komplette »Essentials-Experience« entfernt, sodass die Installation von Windows Server 2022 Essentials der Installation eines herkömmlichen Servers mit grafischer Oberfläche entspricht.

Microsoft hat das Dashboard ersatzlos gestrichen und weist darauf hin, dass Unternehmen zur Verwaltung das Windows Admin Center nutzen sollen. Nur ist dieses vom Funktionsumfang eher eingeschränkt und bietet auch keine Assistenten zum Anlegen neuer Freigaben mit entsprechenden Berechtigungen. Ebenso wurde die Essentials-Serverrolle in Windows Server 2022 Datacenter und Standard gestrichen.

Windows Server 2022 Essentials unterstützt dafür alle Neuerungen, die auch Windows Server 2022 Standard bietet. Allerdings kann Windows Server 2022 Essentials nicht als Core-Server installiert werden. Bei der Installation wird automatisch die grafische Oberfläche mit installiert. Vom Funktionsumfang entspricht Windows Server 2016/2019/2022 Essentials ansonsten der Standard-Edition. Eine Aktualisierung von Windows Server 2016/2019 Essentials zur Standard- und Datacenter-Edition ist natürlich möglich.

1.3.2 Wann lohnt sich der Einsatz von Windows Server 2022 Essentials?

Der Einsatz von Windows Server 2022 Essentials lohnt sich vor allem dann, wenn in einem kleinen Netzwerk bis maximal 25 Benutzer und 50 Geräte mit Standardaufgaben angebunden werden sollen. Zu den Geräten zählt aber auch der Zugriff mit Smartphones und Tablets. Der Preis der Edition ist günstiger, und wenn die Installation auf einem kleinen Server mit maximal zwei CPUs erfolgt, reicht die Edition oft aus. Sind auf Dauer doch mehr Benutzer auf den Server angewiesen, kann dieser jederzeit zur Standard- oder Datacenter-Edition aufgewertet werden. Dieser Vorgang kann in der PowerShell und Befehlszeile erfolgen. Wir zeigen die Vorgehensweise im nächsten Abschnitt. Wenn in kleinen Netzwerken ein Server gesucht wird, auf dem Dateifreigaben und Druckerfreigaben erstellt werden, kann Windows Server 2022 Essentials hilfreich sein.

Soll auf dem Server aber noch andere Software betrieben werden, ist es sinnvoll, auf weitere Server zu setzen oder die Dienste in der Cloud zu buchen. Vor allem der Einsatz eines E-Mail-Servers inklusive Absicherung und Datensicherung ist auf einem kleinen Server nicht unbedingt sinnvoll. Hier kann es auch für kleine Netzwerke sinnvoll sein, zu Microsoft 365 zu wechseln. Bezüglich der Datensicherung scheiden sich die Geister. Die Daten lassen sich problemlos lokal sichern, aber vor allem bei kleinen Unternehmen kann es empfehlenswert sein, die Sicherung ebenfalls in der Cloud abzulegen. Allerdings erfordert die Anbindung der Datensicherung an die Cloud eine entsprechend schnelle Datenleitung.

1.3.3 Schneller Wechsel zu Windows Server 2022 Standard/ Datacenter möglich

Sie können einen Server mit einer Essentials-Lizenz von Windows Server 2022 ohne Neuinstallation zur Standard-Edition heraufstufen. Von der Standard-Edition können Sie wiederum zur Datacenter-Edition wechseln, ebenfalls ohne erneute Installation.

Nach der Installation eines Windows-Servers müssen Sie die Aktivierung von Windows Server 2022 durchführen. Das gilt für alle Editionen von Windows Server 2022. Mehr Informationen erhalten Sie, wenn Sie im Suchfeld der Taskleiste nach *slui* suchen.

Sie können Windows Server 2022 entweder über das Internet aktivieren oder per Telefon. Bei der Aktivierung per Telefon werden Sie mit einem automatischen Telefonsystem verbunden. Sollten Sie Probleme bei der Aktivierung bekommen, überprüfen Sie die Uhrzeit und die Zeitzone Ihres Servers. Sind die entsprechenden Einstellungen nicht korrekt, können Sie Windows nicht aktivieren.

Über den Befehl *slui* wird ein Dialogfeld geöffnet, um einen neuen Produktschlüssel einzugeben. Starten Sie das Tool über die Suchfunktion des Startmenüs mit Administratorrechten über das Kontextmenü. In diesem Bereich aktivieren Sie Windows Server 2022 dann mit dem neuen Key. Der Befehl *slui 4* öffnet die Auswahl der Aktivierungshotlines.

Wollen Sie sich die aktuelle Windows Server 2022-Edition anzeigen lassen, die auf dem Computer installiert ist, öffnen Sie eine Eingabeaufforderung mit Administratorrechten und geben den Befehl *dism /online /Get-CurrentEdition* ein. Sie erhalten daraufhin die Edition und weitere Information zur Installation angezeigt. Wollen Sie anzeigen, zu welchen Editionen Sie die installierte Version aktualisieren können, verwenden Sie den Befehl *dism /online /Get-TargetEditions.*

Für die Verwaltung und die Abfrage von Lizenzinformationen auf Windows Server 2022-Computern stellt Microsoft das Skript *slmgr.vbs* zur Verfügung, das Sie über die Eingabeaufforderung oder das Dialogfeld *Ausführen* aufrufen. Auch in Windows Server 2022 Essentials ist das Skript verfügbar. Dieses starten Sie mit der Tastenkombination [Win]+[R]. Das Tool kennt verschiedene Optionen:

/ato – Windows online aktivieren

/dli – Zeigt die aktuellen Lizenzinformationen an

/dlv – Zeigt noch mehr Lizenzdetails an

/dlv all – Zeigt detaillierte Infos für alle installierten Lizenzen an

Möchten Sie den Status der Aktivierung von Windows Server 2022 Essentials anzeigen, geben Sie in der Befehlszeile den Befehl *slmgr.vbs /dli* ein und führen diesen aus. Anschließend werden der Name und die Beschreibung des Betriebssystems, aber auch ein Teil des Product Key und der Lizenzstatus angezeigt.

Haben Sie den Produktschlüssel eingetragen, führen Sie die Aktivierung über die beschriebenen Wege durch. Verfügt der Computer über eine Internetverbindung, führt der Assistent die Aktivierung automatisch aus, sobald der korrekte Product Key eingegeben wurde.

1.3.4 Das muss beim Einsatz von Windows Server 2022 Essentials beachtet werden

Entscheiden sich Unternehmen in kleinen Netzwerken, auf Windows Server 2022 Essentials zu setzen, dürfen sich nicht mehr als 25 Benutzer mit 50 PCs mit dem Server verbinden. Eine Installation als Core-Server ist nicht möglich. Wird der Server zum Domänencontroller heraufgestuft, darf es im Active Directory nur einen Domänencontroller geben, auf dem alle Betriebsmasterrollen installiert sind. Fällt der Domänencontroller aus, ist bei kleinen Netzwerken oft guter Rat teuer.

Dazu kommt, dass es keine bidirektionalen Vertrauensstellungen zu anderen Domänen geben darf. Aus diesen Gründen ist es sinnvoll, den Server zu virtualisieren. Als Basis kann der kostenlose Hyper-V-Server 2019 genutzt werden, oder Sie verwenden Windows Server 2022 Essentials als Hyper-V-Host und virtualisieren Ihren eigentlichen Server als VM, ebenfalls mit Windows Server 2022 Essentials.

Mit Windows Server 2022 wird es keinen Nachfolger von Hyper-V Server 2019 geben.

Auf diesem wird Windows Server 2022 Essentials virtualisiert. Durch die Sicherung dieses virtuellen Servers kann die Umgebung nach der Einrichtung einfacher wiederhergestellt werden. Die Sicherung der VM mit Windows Server 2022 Essentials ersetzt aber nicht die Sicherung der Daten auf dem Server. Hier sollte auf jeden Fall auf eine Datensicherung gesetzt werden, die entweder VM und Daten parallel sichern kann oder die nur die Daten sichert.

1.3.5 Zu Windows Server 2022 Essentials migrieren

Da Windows Server 2022 über die gleichen Funktionen wie Windows Server 2022 Standard verfügt, mit sehr wenigen Ausnahmen wie die Core-Installation, lassen sich auch Daten leichter migrieren. Entweder aktualisieren Unternehmen ihren Server direkt zu Windows Server 2022 Essentials oder sie installieren einen neuen Server und übernehmen die Daten mit dem Storage Migration Service in Windows Server 2022. Allerdings kann der Storage Migration Service nur Freigaben und Rechte übernehmen. Er kann natürlich keine Serverdienste, Benutzer oder Domänen migrieren.

1.4 Windows 11 und Windows Server 2022

Windows Server 2022 lässt sich mit Windows 10 und Windows 11 betreiben. Windows 11 ist für Windows Server 2022 optimiert und wird auch in Zukunft das bevorzugte Client-Betriebssystem für Windows Server 2022 sein. Es ist aber problemlos möglich, im Netzwerk Windows 10 mit Windows Server 2022 zu betreiben oder eine gemischte Umgebung mit Windows 10, Windows Server 2019 und Windows 11 mit Windows Server 2022.

Bei der Umstellung zu Windows 11 müssen Administratoren und Profis natürlich zunächst einiges beachten. Die guten Nachrichten zuerst: Windows 11 steht als kostenloses Update für Windows 10 zur Verfügung. Die meisten Tools, Treiber und Vorgehensweisen, die für

Windows 10 entwickelt sind, funktionieren genauso mit Windows 11. Das Betriebssystem baut direkt auf Windows 10 auf. Windows 11 steht als Featureupdate für Windows 10 zur Verfügung.

Im Grunde genommen ist Windows 11 vor allem nur ein großes Update für Windows 10, ähnlich wie Windows 8.1 das Update für Windows 8 war. Microsoft orientiert sich bei den Bezeichnungen etwas an macOS. Einfach ausgedrückt:

Für Administratoren und Support-Mitarbeiter gibt es keine riesigen Neuerungen. Die Anpassungen sind im Detail zu finden und später vor allem in der Zusammenarbeit mit Windows Server 2022. Während Windows 10 vor allem für Windows Server 2016/2019 optimiert ist, unterstützt Windows 11 natürlich vor allem die neuen Funktionen der neuen Serverversion von Microsoft.

1.4.1 Zu Windows 11 aktualisieren und Systemvoraussetzungen beachten

Windows 10-Rechner lassen sich direkt zu Windows 11 aktualisieren und natürlich soll auch eine Neuinstallation mit Windows 11 kein Problem sein. Für die Aktualisierung zu Windows 11 ist eine installierte Version von Windows 10 Version 2004 notwendig. Derzeit funktioniert die direkte Aktualisierung aber auch von Versionen wie Windows 10 Version 1909. Der neue Cloud-PC von Microsoft mit der Bezeichnung Windows 365 steht nach der Erscheinung von Windows 11 ebenfalls für dieses Betriebssystem zur Verfügung.

Das kleine Open Source-Tool »WhyNotWin11« des Entwicklers Robert C. Maehl (*https://github.com/rcmaehl/WhyNotWin11*) testet ohne Installation, ob die Hardware eines Computers für Windows 11 geeignet ist. Die aktuellen Anforderungen listet Microsoft auf der Seite »Windows 11-Spezifikationen, -Funktionen und -Computeranforderungen suchen« (*https://www.microsoft.com/de-de/windows/windows-11-specifications*) auf. Microsoft Endpoint Manager wird in diesem Zug erweitert und erhält Funktionen, mit denen vorhandene Computer auf die Kompatibilität mit Windows 11 überprüft werden.

Generell ist es aktuell noch möglich, Windows 7 kostenlos zu Windows 10 zu aktualisieren. Ist die Hardware kompatibel, kann über diesen Weg eine kostenlose Aktualisierung zu Windows 11 erfolgen. Wer eine gültige Lizenz für Windows 10 einsetzt, zum Beispiel über Microsoft Enterprise E3 oder E5, kann problemlos zu Windows 11 wechseln.

1.4.2 Weniger Updates pro Jahr mit Windows 11

Was für Administratoren sicher interessant ist, das ist die neue Updatepolitik. Es wird nur noch ein Feature-Update pro Jahr für Windows 11 erscheinen. Das erleichtert Administratoren natürlich die Bereitstellung enorm. Die Updates erhalten von Microsoft eine Unterstützung von 24 bis 36 Monaten.

1.4.3 Neuerungen in Windows 11

Spektakuläre Neuerungen gibt es in Windows 11 nicht. Das Erste, was nach der Installation auffällt, ist das neue Startmenü, das mehr in die Mitte des Bildschirms gerückt ist und grafisch ein bisschen aufgebessert ist. Auch hier erinnern die Vorgehensweise und das Aussehen etwas an macOS.

Was viele Admins und Benutzer interessiert, ist die Möglichkeit, das Startmenü wieder an seiner angestammten Stelle zu positionieren. Das ist problemlos möglich. Die Einstellungen sind über das Kontextmenü der Taskleiste und der Auswahl von *Taskleisteneinstellungen* zu finden. Über den Menüpunkt *Personalisierung* steht das Menü *Taskleiste* zur Verfügung. Hier sind *Verhalten der Taskleiste* und anschließend *Taskleistenausrichtung* zu finden. Der Standardwert *Zentriert* lässt sich an dieser Stelle zu *Links* ändern.

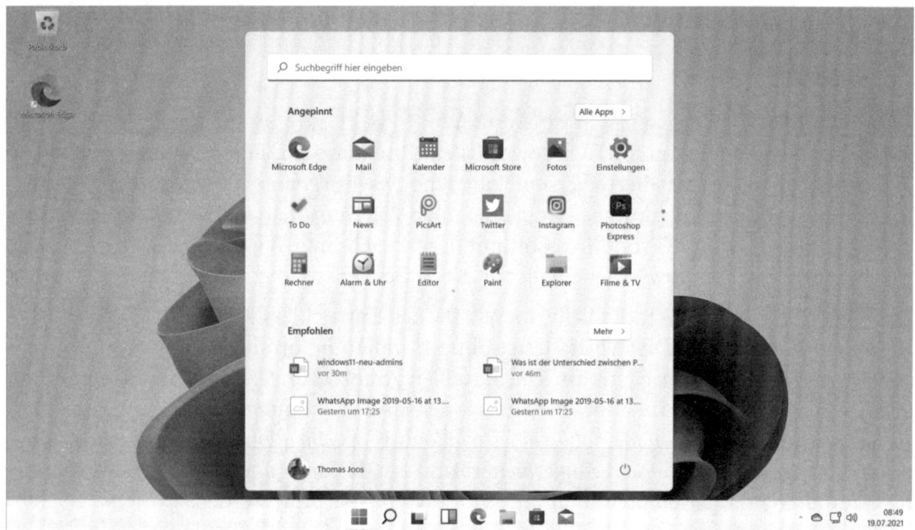

Abb. 1.2 Das neue Startmenü lässt sich auf Wunsch wieder nach links verschieben.

1.4.4 Windows 11 und Microsoft 365

Microsoft bindet Windows 11 noch enger an die Azure-Cloud an. Die Verwaltung des Betriebssystems kann über Microsoft Endpoint Manager erfolgen, genauso wie in Windows 10. Die Anmeldung von Windows 11 Pro/Enterprise ist auch mit einem Benutzerkonto aus Microsoft Azure Active Directory möglich. Ist Microsoft 365 im Einsatz, verbindet sich das Betriebssystem ebenfalls mit verbundenen Bibliotheken in SharePoint Online und zeigt die gespeicherten und häufig verwendeten Dokumente im Startmenü an. Das funktioniert generell einfacher und übersichtlicher als in Windows 10.

Die Icons im Windows-Explorer hat Microsoft in Windows 11 ebenfalls angepasst, das gilt auch für das Kontextmenü von Ordnern und Dateien. Hier sind die wichtigsten Icons in den oberen Bereich gewandert und Microsoft hat das Kontextmenü für das Arbeiten mit Dateien etwas angepasst. Das neue Kontextmenü ist allerdings nicht in Windows Server 2022 integriert.

Neben der engeren Anbindung von Dokumenten aus Microsoft 365 integriert Microsoft auch Kommunikationsmöglichkeiten enger direkt in das Startmenü und die Windows-Oberfläche. Microsoft Teams kann leichter und wesentlich enger in das Betriebssystem und die Benutzerkonten integriert werden.

1.5 Zusammenfassung

In diesem Kapitel haben wir Ihnen die wichtigsten Neuerungen von Windows Server 2022 gezeigt, damit Sie einen Überblick haben, welche neuen Funktionen es gibt. Wir sind in diesem Kapitel auch auf die Editionen und die Lizenzierung eingegangen. In den weiteren Kapiteln des Buchs vertiefen wir die Neuerungen und zeigen die Verwaltung von Windows Server 2022.

Im nächsten Kapitel erfahren Sie, welche Möglichkeiten Sie haben, um Windows Server 2022 zu installieren und einzurichten.

Kapitel 2
Installation und Grundeinrichtung

In diesem Kapitel zeigen wir Ihnen, wie Sie Windows Server 2022 installieren. Wir gehen auch darauf ein, wie Sie erweiterte Installationen durchführen, zum Beispiel mit einem USB-Stick oder auf virtuelle Festplatten, was zum Beispiel für Testumgebungen interessant ist. Wir zeigen Ihnen anschließend, wie Sie Core-Server installieren.

Sie können sich auf der Seite *https://www.microsoft.com/de-de/evalcenter* Testversionen von Windows Server 2022 Standard und Datacenter herunterladen. Auf dieser Seite finden Sie auch die Testversion von Windows 10/11 Enterprise.

Sie können die Testversion bis zu 180 Tage kostenlos einsetzen, müssen sie aber nach spätestens 10 Tage aktivieren. Sie sehen die noch zur Verfügung stehende Testzeit auf dem Desktop oder wenn Sie in der Eingabeaufforderung *slmgr.vbs /dlv* eingeben.

2.1 Grundlagen zur Installation

Windows Server 2022 verfügt wie dessen Vorgängerversionen ab Windows Server 2012/2012R2 über einen Boot-Manager, mit dessen Hilfe Sie auch mehrere Betriebssysteme parallel auf einem Server einsetzen können. Das gilt ebenso für Windows Server 2022. Sie haben die Möglichkeit, das Bootverhalten zu konfigurieren, festzulegen, wie lange der Boot-Manager eingeblendet bleiben soll, um eine Auswahl zu treffen, und können auch das Standardbetriebssystem festlegen. Und auch zusätzliche Betriebssysteme lassen sich einbinden. Interessant ist das vor allem für Entwicklungs- oder Testumgebungen.

2.1.1 Windows Server 2022-Installation verstehen

Windows Server legt eine versteckte Partition auf der Startfestplatte an. In diesem Bereich liegen die Startdateien von Windows und Daten zum Entschlüsseln von BitLocker-Laufwerken (siehe Kapitel 5). Aktualisieren Sie einen Rechner, belässt der Assistent die Startpartition auf einer geringeren Größe. Auch in Windows Server 2022 wird eine solche Partition angelegt.

Wer Windows Server 2022 installieren will, hat grundsätzlich vier Möglichkeiten: Die erste ist eine direkte Aktualisierung des bestehenden Windows Server zu Windows Server 2022. Der Vorteil dabei ist, dass Sie alle Einstellungen und Programme zu Windows Server 2022 übernehmen.

In jedem Fall ist es empfehlenswert, vor der Aktualisierung einer Windows Server-Installation eine imagebasierte Datensicherung auf einer externen Festplatte durchzuführen. Geht bei der Aktualisierung zu Windows Server 2022 etwas schief, können Sie einfach das Image zurückspielen und so das bisherige Windows Server-System retten. Dazu verwenden Sie am besten ein Systemabbild.

Microsoft empfiehlt generell eine Neuinstallation anstelle einer Aktualisierung zu Windows Server 2022 über eine frühere Server-Version.

Die zweite Möglichkeit zum Installieren von Windows Server 2022 ist eine komplette Neuinstallation von Windows Server 2022 auf einem Computer, auf dem bereits eine ältere Version von Windows Server vorhanden ist. In diesem Fall sollten Sie ebenfalls vorher alle Daten von Windows Server sichern. Sie müssen zwar nach der Installation von Windows Server 2022 alle Programme neu installieren und die Daten manuell übernehmen, erhalten dafür aber ein neues, sauberes System. Der Nachteil ist, dass Ihr bisheriges Windows Server-System dann verloren ist. Sie können allerdings das erstellte Image im Notfall verwenden und zurücksichern.

Die dritte Möglichkeit, um Windows Server 2022 zu testen oder in einer Entwicklungsumgebung zu betreiben, ist die Installation auf einer zweiten Partition oder Festplatte des Rechners. Auch hier können Sie eine Neuinstallation von Windows Server 2022 durchführen, eine frühere Windows Server-Version (ab 2012) verbleibt dabei auf der Festplatte. Bei der Installation von Windows Server 2022 wird auch der Boot-Manager durch die Windows Server 2022-Version ersetzt. Daten können Sie per Kopiervorgang übernehmen und Ihr bestehendes Windows-System bleibt erhalten.

Die vierte Möglichkeit, um Windows Server 2022 zu testen, entspricht in etwa der Parallelinstallation aus dem vorherigen Absatz. Hier nutzen Sie aber keine zweite Partition, sondern erstellen während der Installation eine virtuelle Festplatte (VHDX) und installieren Windows Server 2022 in diese VHDX-Datei. Der Vorteil ist, dass Sie dabei die Hardware Ihres Computers nutzen, das parallele Windows unangetastet bleibt und Sie dennoch Windows Server 2022 produktiv nutzen, zum Beispiel für eine Entwicklungsumgebung. Dabei speichert Windows Server 2022 alle Daten in einer VHDX-Datei, ersetzt aber den alten Boot-Manager. Sie können über diesen Weg auch Hyper-V testen, also in der virtuellen Festplatte die Virtualisierung installieren. Allerdings ist das nur für Testumgebungen oder zur Entwicklung sinnvoll, nicht für den produktiven Einsatz.

Starten Sie Windows Server 2022, mountet das System die VHDX-Datei und Sie können fast genauso schnell arbeiten wie mit einer echten Festplatte. Die meisten Administratoren werden keine Einschränkungen bemerken. Windows Server 2022 verfügt bereits standardmäßig über eine Vielzahl an Treibern.

Finden Sie beim Hersteller des Geräts keinen passenden Treiber und ist in Windows Server 2022 kein Treiber integriert, können Sie auch Windows Server 2016/2019-Treiber in Windows Server 2022 nutzen. Das sollten Sie aber nur in Ausnahmefällen tun. Programme, die in alten Versionen von Windows laufen, funktionieren oft auch in Windows Server 2022. Allerdings sollten Sie unter keinen Umständen Systemprogramme wie Virenscanner, Optimierungstools oder Anwendungen für die Datensicherung in Windows Server 2022 nutzen, die der Hersteller nicht für diese Version freigegeben hat. Auch ältere Serverprodukte sollten Sie erst mit Windows Server 2022 betreiben, wenn Updates oder Patches verfügbar sind.

2.1.2 Installation von Windows Server 2022 vorbereiten

Damit Sie Windows Server 2022 installieren können, müssen Sie zunächst die Systemvoraussetzungen beachten und einige Dinge vorbereiten. Unabhängig von den Neuerungen in Windows Server 2022 und den verwendeten Serverdiensten muss der Prozessor des Servers gewisse Mindest-Voraussetzungen erfüllen, damit er kompatibel mit der neuen Server-Version ist:

- 1,4-GHz-64-bit-Prozessor
- 64-Bit-Kompatibilität
- NX und DEP
- CMPXCHG16b, LAHF/SAHF und PrefetchW
- Second Level Address Translation (Intel Extended Page Table (EPT) oder AMD Nested Page Table (NPT)).
- 512 MB RAM

Bei der Installation eines Plug-and-play-Geräts werden Sie unter Umständen darauf hingewiesen, dass der Treiber nicht digital signiert ist. Bei der Installation einer Anwendung, die einen nicht digital signierten Treiber enthält, wird beim Setup kein Fehler angezeigt. In beiden Fällen wird der nicht signierte Treiber von Windows Server nicht geladen. Wollen Sie diese Funktion umgehen, deaktivieren Sie die Prüfung für nicht signierte Treiber:

1. Starten Sie den Computer neu, und drücken Sie beim Start die F8-Taste.
2. Wählen Sie im Fenster *Erweiterte Startoptionen* den Eintrag *Erzwingen der Treibersignatur deaktivieren* aus.
3. Starten Sie Windows Server 2022.

Wenn der Computer mit einer unterbrechungsfreien Stromversorgung (USV) verbunden ist, trennen Sie vor dem Ausführen von Setup das serielle oder USB-Kabel dieses Geräts. Das Installationsprogramm von Windows Server 2022 versucht automatisch, die Geräte an den seriellen Anschlüssen oder USB-Geräten zu erkennen. Eine USV kann zu Problemen bei diesem Vorgang führen und die Installation deutlich ausbremsen oder sogar mit einem Fehler abbrechen lassen.

Sichern Sie den Server. Ihre Sicherung sollte alle erforderlichen Daten und Konfigurationsdateien für eine ordnungsgemäße Ausführung des Servers einschließen. Daten wie die Einstellungen von DHCP-Servern, Netzwerkeinstellungen, aber auch andere Daten sind wichtig für den Betrieb des Servers nach der Installation.

Deaktivieren Sie die Virenschutzsoftware des Netzwerks für diesen Server, genauso wie die Überwachung durch Managementlösungen.

2.2 Windows Server 2022 neu installieren

In diesem Abschnitt erläutern wir Ihnen, wie Sie Windows Server 2022 neu installieren. Wir zeigen Ihnen auch, wie Sie Windows Server 2022 über einen USB-Stick installieren. Die Installation über einen USB-Stick läuft schneller ab und Sie können damit Windows Server 2022 auch auf Geräten installieren, die über kein DVD-Laufwerk verfügen. Generell lässt sich die ISO-Datei von Windows Server 2022 ohnehin schwer auf DVD brennen, da deren Größe die Kapazität der meisten Rohlinge übersteigt.

Die Windows Server 2022-Bereitstellung basiert auf Images. Bei Images handelt es sich quasi um eine Kopie eines installierten Betriebssystems. Windows Server 2022 arbeitet (wie bereits die Vorgängerversionen ab 2012) mit dem WIM-Imageformat (Microsoft Windows Imaging). Statt eines sektorbasierten Imageformats ist das WIM-Format dateibasiert. Dies hat mehrere Vorteile:

- **WIM ist hardwareunabhängig** – Das bedeutet, Sie brauchen nur ein Image für verschiedene Hardwarekonfigurationen. Mit WIM können mehrere Images in einer Datei gespeichert werden. Sie können Images mit und ohne Anwendungen in einer Datei speichern. WIM nutzt eine Kompression und ein Single-Instance-Verfahren. So wird die Größe von Imagedateien deutlich reduziert. Single-Instancing ist eine Technologie, bei der jede Datei nur einmal gespeichert wird. Wenn zum Beispiel Image 1, 2 und 3 alle die Datei A enthalten, dann sorgt Single-Instancing dafür, dass Datei A tatsächlich nur einmal gespeichert wird.
- **WIM ermöglicht die Offlinebearbeitung von Images** – Sie können Betriebssystemkomponenten, Patches und Treiber hinzufügen oder löschen, ohne ein neues Image erstellen zu müssen. Mit WIM können Images auf Partitionen jeder Größe installiert werden. Sektorbasierte Imageformate benötigen eine Partition der gleichen Größe oder eine größere Partition. Mit WIM können auf dem Zielvolumen vorhandene Daten beibehalten werden. Das Einrichten eines Images löscht nicht zwingend alle vorhandenen Daten auf der Festplatte.

2.2.1 Windows Server 2022-Installation durchführen

Unabhängig davon, ob Sie Windows Server 2022 über eine DVD oder einen USB-Stick installieren, müssen Sie den entsprechenden Datenträger mit dem Computer verbinden und im BIOS oder den Booteinstellungen vom Datenträger aus starten. Das gilt auch für den Start mit einer ISO-Datei. Anschließend beginnt der Installations-Assistent von Windows Server 2022 mit seiner Arbeit. In den meisten Fällen erscheint das Bootmenü nach dem Drücken einer Taste auf der Tastatur. Welche das ist, sehen Sie beim Starten des Rechners.

Die Installation von Windows Server 2022 findet bereits beim Starten in einer grafischen Oberfläche statt, es gibt keinen textorientierten Teil mehr. Außerdem werden weniger Fenster angezeigt und es sind weniger Eingaben für die Installation erforderlich. Es werden die meisten Eingaben bereits vor Beginn der Installation durchgeführt, sodass der Computer während der Installation nicht die ganze Zeit beaufsichtigt werden muss. Sie benötigen für die Installation ein bootfähiges DVD-Laufwerk oder einen USB-Stick.

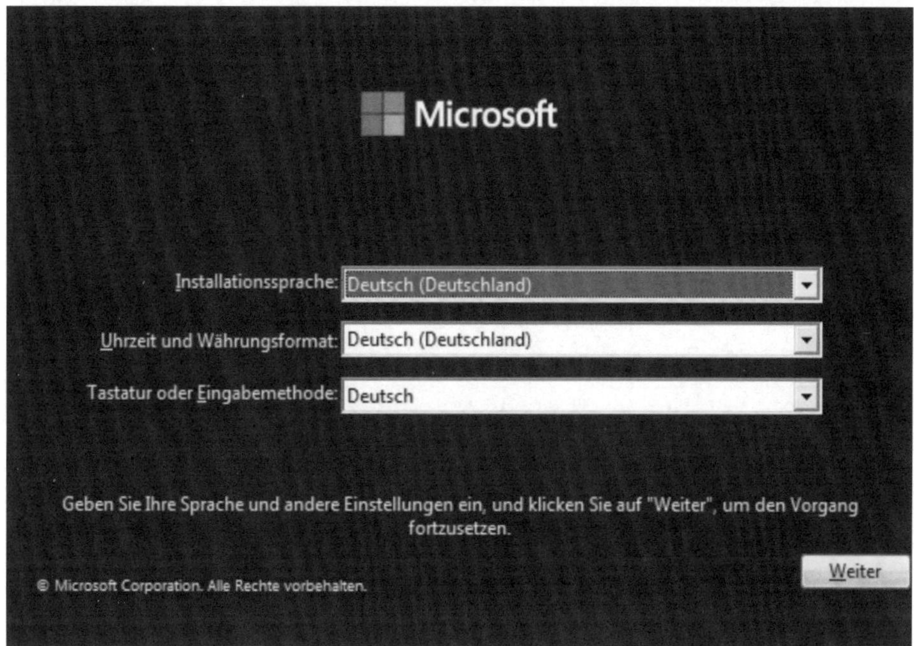

Abb. 2.1 Starten einer Windows Server 2022-Installation

Im ersten Schritt wählen Sie die Installationssprache, das Uhrzeit- und Währungsformat sowie die Tastatur- oder Eingabemethode aus und klicken auf *Weiter*.

Auf der nächsten Seite starten Sie entweder mit *Jetzt installieren* die eigentliche Installation oder durch Auswahl von *Computerreparaturoptionen* die Systemwiederherstellung von Windows Server 2022.

Starten Sie die Installation, müssen Sie im nächsten Schritt den Product Key eingeben, wenn Sie keine spezielle Edition von Windows Server 2022 einsetzen. Sie können dazu entweder die Tastatur des Rechners oder die Bildschirmtastatur nutzen. Den Produktschlüssel können Sie aber auch jederzeit nach der Installation eingeben.

Im nächsten Schritt wählen Sie aus, ob Sie eine Server Core-Installation durchführen wollen (Standardauswahl) oder eine Installation eines Servers mit grafischer Oberfläche (*Desktopdarstellung*). Die Installation als Core-Server ist standardmäßig ausgewählt.

In Windows Server 2012 R2 konnten Core-Server zu herkömmlich installierten Servern umgewandelt werden und umgekehrt. Das ist in Windows Server 2022 nicht mehr möglich. Installieren Sie einen Core-Server, muss der Server neu installiert werden, wenn die grafische Oberfläche benötigt wird. Das gilt auch für Server mit grafischer Benutzeroberfläche. Diese lässt sich in Windows Server 2022 nicht mehr deinstallieren.

Zu installierendes Betriebssystem auswählen

Betriebssystem	Architektur	Geändert am
Windows Server 2022 Standard Evaluation	x64	08.05.2021
Windows Server 2022 Standard Evaluation (Desktopdarstellu...	x64	08.05.2021
Windows Server 2022 Datacenter Evaluation	x64	08.05.2021
Windows Server 2022 Datacenter Evaluation (Desktopdarstell...	x64	08.05.2021

Beschreibung:
Durch diese Option wird die vollständige grafische Umgebung von Windows installiert, wodurch zusätzlicher Speicherplatz verbraucht wird. Sie kann hilfreich sein, wenn Sie den Windows-Desktop verwenden möchten oder über eine App verfügen, die die grafische Umgebung benötigt.

Abb. 2.2 Auswählen der Installationsvariante von Windows Server 2022

Ein Core-Server verfügt über keine grafische Oberfläche, keine Shell, keine Mediafunktionen und keinerlei Zusatzkomponenten, außer den notwendigen Serverdiensten. Der Anmeldebildschirm sieht allerdings identisch aus, Sie müssen sich nach der Installation über die Tastenkombination `Strg`+`Alt`+`Entf` anmelden. Sobald Sie sich angemeldet haben, sehen Sie in Windows Server 2019 nur eine Eingabeaufforderung. In Windows Server 2022 wird automatisch Sconfig geöffnet.

Zur Bearbeitung der Einstellungen des Servers kann es manchmal notwendig sein, den Editor (Notepad) zu nutzen, das ist in der Core-Installation möglich. Es gibt aber keinen Windows-Explorer oder Internet Explorer, Microsoft Edge und keinen Registrierungseditor (Regedit). Durch diese Funktion können die Standardfunktionen von Windows Server 2022 betrieben werden, ohne dass der Server durch unwichtige Komponenten belastet oder kompromittiert werden kann. Als Serverrollen können Sie auf Core-Servern folgende Rollen installieren:

- Active Directory-Zertifikatdienste (siehe Kapitel 30)
- Active Directory-Domänendienste (siehe Kapitel 11 bis 19)
- DHCP-Server (siehe Kapitel 24)
- DNS-Server (siehe Kapitel 25)
- Dateidienste (einschließlich Ressourcen-Manager für Dateiserver, siehe Kapitel 20 bis 23)
- Active Directory Lightweight Directory Services (AD LDS)

- Hyper-V (siehe Kapitel 7, 8 und 9)
- Druck- und Dokumentdienste (siehe Kapitel 20 bis 23)
- Streaming Media-Dienste
- Webserver (einschließlich ASP.NET, siehe Kapitel 27)
- Windows Server Update Services (siehe Kapitel 37)
- Active Directory-Rechteverwaltungsserver (siehe Kapitel 33)
- Routing- und RAS-Server (siehe Kapitel 32)

Mehr zu diesem Thema lesen Sie auch in Kapitel 3 und 4.

Um einen Server neu zu installieren, wechseln Sie zur nächsten Seite des Assistenten und akzeptieren Sie die Lizenzbedingungen. Wählen Sie danach aus, ob Sie ein bereits installiertes Betriebssystem aktualisieren oder Windows Server 2022 neu installieren möchten. Bei einer Neuinstallation wählen Sie *Benutzerdefiniert* aus. Wollen Sie eine Aktualisierung durchführen, wählen Sie *Upgrade*.

Wählen Sie eine Installationsart aus:

Upgrade: Installieren Sie das Microsoft Server-Betriebssystem und behalten Sie Dateien, Einstellungen und Anwendungen
Mit dieser Option werden die Dateien, Einstellungen und Anwendungen in das neue Betriebssystem verschoben. Diese Option ist nur verfügbar, wenn auf dem Computer bereits eine unterstützte Version des Betriebssystems ausgeführt wird.

Benutzerdefiniert: Nur Microsoft Server-Betriebssystem installieren (Erweitert)
Mit dieser Option werden die Dateien, Einstellungen und Anwendungen nicht in das neue Betriebs System verschoben. Wenn Sie Partitionen und Laufwerke ändern möchten, starten Sie den Computer mit dem Installations Datenträger. Wir empfehlen, Ihre Dateien zu sichern, bevor Sie fort fahren.

Abb. 2.3 Auswählen der Installationsvariante

Durch diese Auswahl haben Sie auch die Möglichkeit, erweiterte Einstellungen für die Partitionierung durchzuführen. Die *Upgrade*-Option steht nur dann zur Verfügung, wenn Sie das Setupprogramm aus jener Windows-Installation heraus starten, die Sie aktualisieren wollen. Booten Sie das Windows Server 2022-Installationsprogramm von DVD, ist nur die Option *Benutzerdefiniert* sinnvoll.

Nachdem Sie die Installationsart ausgewählt haben, gelangen Sie zum nächsten Fenster der Installationsoberfläche. Hier wählen Sie die Partition aus, auf der Windows Server 2022 installiert werden soll. In diesem Fenster können Sie auch zusätzliche Treiber laden, wenn die Controller für die Festplatten nicht erkannt werden. Klicken Sie dazu auf den Link *Treiber laden*.

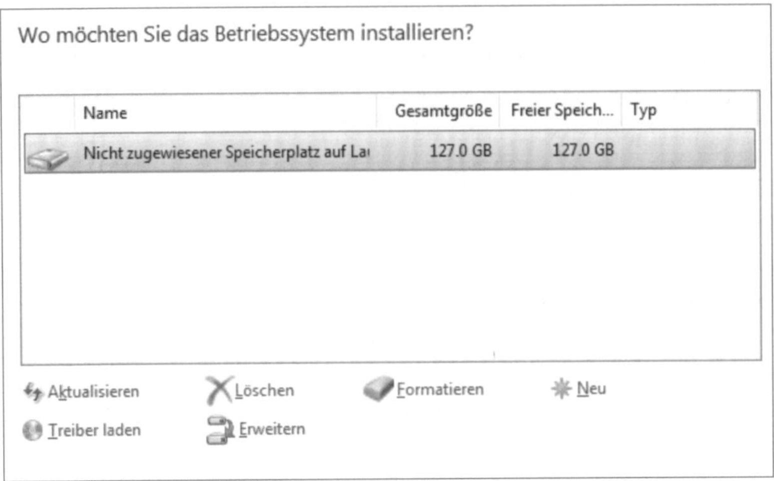

Abb. 2.4 Auswählen der Partition für die Installation

Wollen Sie die Partitionierung ändern, klicken Sie auf den Link *Neu*.

Systempartitionen und Startpartitionen sind Bezeichnungen für Partitionen oder Volumes auf einer Festplatte, die zum Starten von Windows verwendet werden. Die Systempartition enthält die hardwarebezogenen Dateien, die einem Computer mitteilen, von wo aus Windows gestartet werden kann. Eine Startpartition ist eine Partition, die die Windows-Betriebssystemdateien enthält, die sich im Windows-Dateiordner befinden.

Wenn Sie den Computer einschalten, werden die auf der Systempartition verwendeten Informationen zum Starten des Computers verwendet. Auf einem Windows-basierten Computer ist nur eine Systempartition vorhanden, auch wenn auf dem Computer verschiedene Windows-Betriebssysteme installiert sind. Nicht-Windows-Betriebssysteme verwenden andere Systemdateien.

Wenn auf einem Multiboot-Computer ein Nicht-Windows-Betriebssystem installiert ist, befinden sich die dazugehörigen Systemdateien auf einer eigenen Partition, getrennt von der Windows-Systempartition.

Mit einem Klick auf *Weiter* beginnt die Installation. Diese ist seit der Version 2012 von Windows Server imagebasiert. Abhängig von der Leistung des Rechners startet die Installationsroutine den Computer nach 10 bis 20 Minuten automatisch neu. Sie müssen keine weiteren Eingaben durchführen und keine Taste drücken. Sollten Sie versehentlich eine Taste gedrückt haben und die Installation startet wieder von der DVD, schalten Sie den Rechner aus und starten ihn erneut.

Der Computer bootet und es wird ein Fenster geöffnet, über das Sie informiert werden, dass der Rechner für den ersten Start von Windows vorbereitet wird. Lassen Sie den Rechner am besten ungestört weiterarbeiten. Es kann sein, dass der Bildschirm während der Installation der Monitor- und Grafikkartentreiber ein paar Mal flackert oder schwarz wird. Dies ist normal und muss Sie nicht beunruhigen.

Sobald der Assistent seine Arbeit abgeschlossen hat, erscheint die Abfrage für das gewünschte Administratorkennwort, das Sie zur Sicherheit zwei Mal nacheinander eingeben müssen. Achten Sie beim Kennwort darauf, mindestens einen Großbuchstaben und eine Zahl oder ein Sonderzeichen zu verwenden.

Anschließend melden Sie sich mit der Tastenkombination Strg+Alt+Entf am Server an. Als Anmeldenamen verwenden Sie *Administrator* und das zuvor festgelegte Kennwort. Nach der Anmeldung startet automatisch der Server-Manager (siehe Kapitel 3). Wollen Sie das nicht, können Sie die Willkommen-Kachel und den Autostart verhindern.

Über das Menü *Ansicht* können Sie die Willkommen-Kachel deaktivieren. Und wenn Sie verhindern wollen, dass der Server-Manager automatisch mit Windows startet, wählen Sie im Menü *Verwalten* den Eintrag *Server-Manager-Eigenschaften* und aktivieren das Kontrollkästchen *Server-Manager beim Anmelden nicht automatisch starten.*

Für die Installation von Treibern benötigen Sie teilweise Microsoft Edge. Bei Windows Server 2022 ist automatisch die verstärkte Sicherheit des Internet Explorers aktiv, was beim Herunterladen von Treibern oder bei Test- und Entwicklungsumgebungen durchaus stören kann, auch wenn in Windows Server 2022 Microsoft Edge als Browser bereits vorinstalliert ist. Sie können die erweiterte Sicherheit des Internet Explorers/Microsoft Edge im Server-Manager deaktivieren. Allerdings ist das aus Sicherheitsgründen nicht empfehlenswert. Die Sicherheit sollte im produktiven Betrieb eingeschaltet bleiben.

1. Öffnen Sie den Server-Manager.
2. Klicken Sie auf der linken Seite auf *Lokaler Server.*
3. Klicken Sie im rechten Bereich im Abschnitt *Eigenschaften* neben *Verstärkte Sicherheitskonfiguration für IE* auf den Link *Ein.* Es ist zu erwarten, dass Microsoft in Updates für Windows Server 2022 hier auch Microsoft Edge als Bezeichnung integriert.
4. Wählen Sie im daraufhin geöffneten Dialogfeld die Option *Aus* für alle Benutzer oder nur für Administratoren.

2.2.2 USB-Stick für Windows Server 2022 erstellen

Liegen Ihnen die Windows Server 2022-Installationsdateien im ISO-Format vor, können Sie die ISO-Datei im Betriebssystem bereitstellen und auf deren Basis einen bootfähigen USB-Stick erstellen. Damit die Image-Datei von Windows Server 2022 (*install.wim*) auf einen USB-Stick mit dem FAT32-Dateisystem passt, müssen Sie diese unter Umständen aufteilen. Das hängt von der Größe des Installationsimages ab. Ansonsten können Sie die Datei nicht kopieren. Das Aufteilen ist aber kein komplizierter Vorgang. Sie können in einem ersten Schritt versuchen, ob die WIM-Datei problemlos kopierbar ist. Erhalten Sie einen Kopierfehler, teilen Sie die Datei auf und gehen dazu vor, wie nachfolgend erläutert.

Der Befehl dazu sieht zum Beispiel folgendermaßen aus:

Dism /Split-Image /ImageFile:f:\sources\install.wim /SWMFile:c:\temp\install.swm /FileSize:3600

Die beiden Dateien können dann anstatt der Datei *install.wim* aus dem Verzeichnis *sources* auf den USB-Stick kopiert werden. Auf diesem Weg lassen sich auch UEFI-fähige USB-Sticks erstellen. Das Tool *dism.exe* gehört zu den Bordmitteln von Windows 10/11, sodass Sie den bootfähigen Datenträger auch auf einer Arbeitsstation erstellen können. Achten Sie darauf, die korrekten Pfade zur originalen *install.wim* und den neuen *install.swm*-Dateien zu verwenden.

USB-Stick manuell erstellen – auch mit gesplitteten SWM-Dateien

Sie können den USB-Stick auch zukünftig für das Speichern von Daten nutzen, zum Beispiel für Treiber. Die Installationsdateien belegen etwa einen Platz von 3,5 GB:

1. Starten Sie eine Eingabeaufforderung über das Kontextmenü im Administratormodus.
2. Geben Sie *diskpart* ein.
3. Geben Sie *list disk* ein.
4. Geben Sie den Befehl *select disk <Nummer des USB-Sticks aus list disk>* ein. Sie erkennen den Stick an dessen Größe.
5. Geben Sie *clean* ein.
6. Geben Sie *create partition primary* ein.
7. Geben Sie *active* ein, um die Partition zu aktivieren. Dies ist für den Bootvorgang notwendig, denn nur so kann der USB-Stick booten.
8. Formatieren Sie den Datenträger mit *format fs=fat32 quick*.
9. Geben Sie den Befehl *assign* ein, um dem Gerät im Explorer einen Laufwerkbuchstaben zuzuordnen.
10. Beenden Sie Diskpart mit *exit*.
11. Kopieren Sie den kompletten Inhalt der Windows Server 2022-DVD/ISO-Datei in den Stammordner des USB-Sticks. Anstatt der Datei *install.wim* aus dem Verzeichnis *sources* kopieren Sie aber die beiden erstellten SWM-Dateien. Der Installations-Assistent erkennt die Dateien und verwendet sie, wie die *install.wim*.
12. Booten Sie einen Computer mit diesem Stick, startet die Windows Server-Installation.

Soll der Stick auch UEFI beherrschen, sollte überprüft werden, ob die Datei *Bootx64.efi* im Verzeichnis *\efi\boot* auf dem Stick vorhanden ist. Ist sie das nicht, kann die Datei von jedem Windows 10/11 auf den Stick kopiert werden.

Dazu wird auf dem Rechner das Verzeichnis *C:\Windows\Boot\Efi* geöffnet. Hier befindet sich die Datei *bootmgfw.efi*. Die Datei muss auf den USB-Stick in das Verzeichnis *\EFI\BOOT* kopiert und in *BOOTX64.EFI* umbenannt werden. Ist das Verzeichnis nicht vorhanden, muss es angelegt werden. Danach ist der Stick UEFI-fähig.

2.3 Zu Windows Server 2022 aktualisieren

Im folgenden Abschnitt zeigen wir Ihnen, wie Sie ein bestehendes Windows Server-System direkt zu Windows Server 2022 aktualisieren.

Sie können von Windows Server 2012/2016/2019 direkt zu Windows Server 2022 aktualisieren, ohne das Betriebssystem neu installieren zu müssen.

Sie können entweder identische Editionen aktualisieren, also Windows Server 2016/2019 Standard zu Windows Server 2022 Standard, oder zu höherwertigen Editionen, also Standard-Edition zu Datacenter-Edition. Vor der Aktualisierung sollten Sie das Quell-Betriebssystem auf den neuesten Stand bringen.

Core-Installationen von Windows Server 2016/2019 lassen sich nur zu Core-Installationen von Windows Server 2022 aktualisieren.

Starten Sie das Installationsprogramm im laufenden Betrieb von Windows Server 2016/2019. Sie werden auf eventuelle Probleme hingewiesen und müssen diese vor der Aktualisierung bestätigen.

Bevor Sie zu Windows Server 2022 aktualisieren, sollten Sie eine Systemabbildsicherung Ihres aktuellen Server-Betriebssystems erstellen. Der Vorteil dabei ist, dass Sie bei Problemen schnell und einfach Ihr bisheriges Windows Server-System wiederherstellen können.

Mit dem kostenlosen Tool Disk2vhd von Sysinternals können Sie physische Festplatten in eine VHDx-Datei sichern und diese später zur Wiederherstellung von Daten nutzen. Die VHDx-Datei können Sie auch in Windows Server 2022 als Festplatte einbinden. Dazu starten Sie durch Eingabe von *diskmgmt.msc* auf der Startseite den Festplatten-Manager und fügen die virtuelle Festplatte an.

Nach dem Download von Disk2vhd (*https://docs.microsoft.com/en-us/sysinternals/downloads/disk2vhd*) können Sie das Tool direkt ohne Installation starten. Legen Sie zunächst den Pfad und den Namen der anzulegenden VHDx-Datei fest.

Beachten Sie vor der Aktualisierung die folgenden wichtigen Aktionen:

- Bevor Sie einen Server direkt auf Windows Server 2022 aktualisieren, sollten Sie zunächst installierte Sicherheitsprogramme und Antivirenschutzprogramme deaktivieren.
- Arbeiten Sie mit Netzwerküberwachungsprogrammen, sollten Sie beachten, dass Sie den zu aktualisierenden Computer in den Wartungsmodus versetzen.
- Achten Sie darauf, dass alle installierten Anwendungen, Management Packs für Netzwerküberwachungsprogramme und Tools kompatibel zu Windows Server 2022 sind. Aktualisieren Sie die Programme nach der Installation von Windows Server 2022.
- Achten Sie darauf, dass die Windows-Firewalleinstellungen Verbindungen zu anderen Servern nicht blockieren und bestimmte IPsec-Regeln nicht gesetzt sind.

2.3.1 Aktualisierung zu Windows Server 2022 durchführen

In diesem Abschnitt zeigen wir Ihnen, wie Sie zu Windows Server 2022 aktualisieren. Dazu muss Windows Server gestartet sein und fehlerfrei funktionieren.

Starten Sie Windows Server und legen Sie die Windows Server 2022-DVD in das DVD-Laufwerk. Alternativ starten Sie den Server mit einem USB-Stick. Klicken Sie dann auf *setup.exe*, um die Installation zu starten. Klicken Sie auf *Jetzt installieren*. Im nächsten Schritt erhalten Sie die Möglichkeit, die Installationsdateien zu aktualisieren. Dazu sollten Sie die Option *Online gehen, um jetzt Updates zu installieren* auswählen. Anschließend sucht der Assistent nach Updates und bindet diese in die Installation mit ein. Dies ist nicht zwingend notwendig, aber empfohlen. Im Rahmen der Aktualisierung fragt Sie der Assistent auch, ob Sie die installierten Programme und Einstellungen erhalten wollen oder ob er alles entfernen soll.

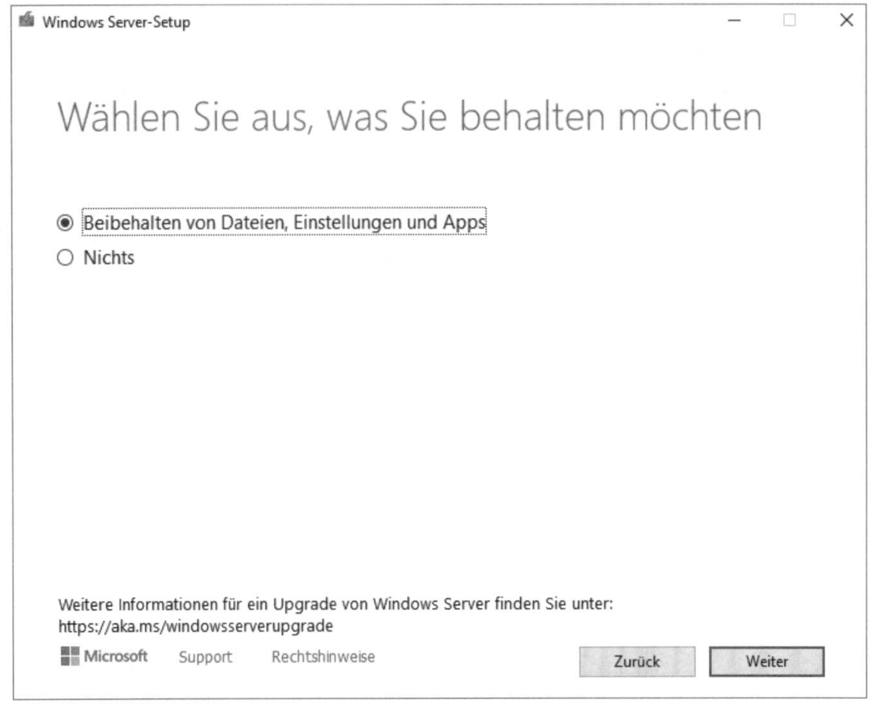

Abb. 2.5 Aktualisieren auf Windows Server 2022

Erscheint die Abfrage des Product Keys für die Installation, geben Sie die Seriennummer ein. Auf Basis der Seriennummer entscheidet es sich, ob Sie Windows Server 2022 in der Standard- oder Datacenter-Edition installieren. Im unteren Feld erhalten Sie nach wenigen Sekunden den Hinweis, dass der Installations-Assistent den Schlüssel verifiziert hat. Klicken Sie dann auf *Weiter*.

Im nächsten Fenster wählen Sie aus, ob Sie einen Core-Server oder einen Server mit grafischer Benutzeroberfläche installieren wollen. Sie können von einem herkömmlichen Server nicht zu einer Core-Installation von Windows Server 2022 aktualisieren.

Im nächsten Schritt bestätigen Sie die Lizenzbedingungen. Danach erscheint ein Fenster, in dem Sie auswählen können, welche Daten Sie übernehmen wollen. Am besten belassen Sie hier die Auswahl auf *Upgrade: Windows installieren und Dateien, Einstellungen und Anwendungen behalten*. Klicken Sie auf *Weiter*, führt der Assistent noch verschiedene Vorbereitungen zur Installation durch. Nach der Installation startet der Einrichtungs-Assistent von Windows Server 2022, genauso wie bei einer Neuinstallation.

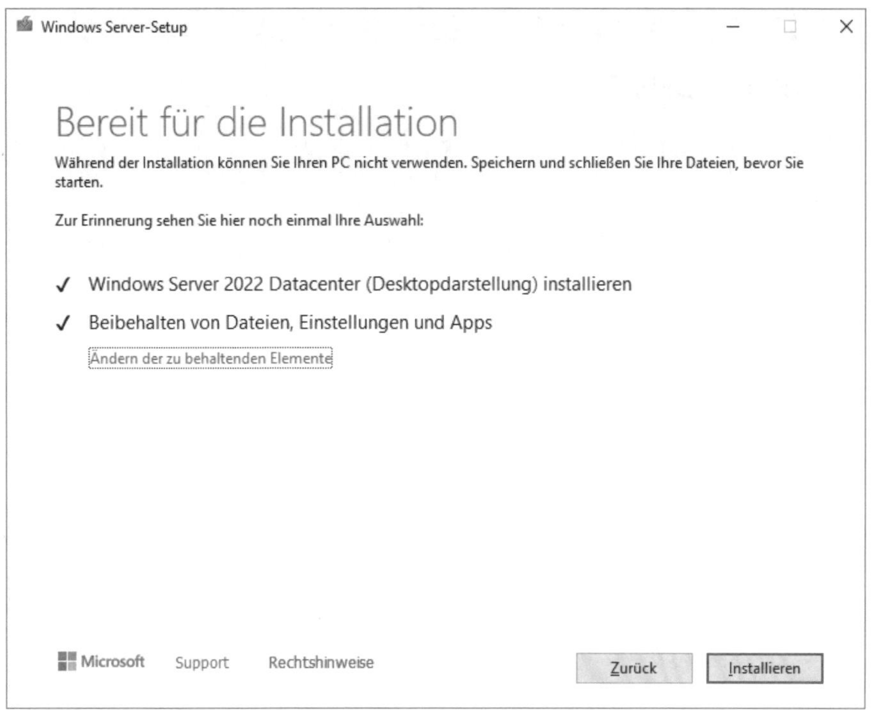

Abb. 2.6 Erfolgreiche Überprüfung einer möglichen Aktualisierung zu Windows Server 2022

2.3.2 Upgrade von Standard- und Testversion auf Datacenter-Edition

Haben Sie Windows Server 2022 Standard installiert, können Sie auf die Datacenter-Edition aktualisieren. Sie müssen dazu Windows nicht neu installieren, die Aktualisierung kann im laufenden Betrieb erfolgen. Sie müssen lediglich nach der Aktualisierung den Server neu starten.

Um die Aktualisierung von Standard zu Datacenter durchzuführen, geben Sie schließlich den Befehl *Dism /Online /Set-Edition:ServerDatacenter /AcceptEula /ProductKey:xxxxx-xxxxx-xxxxx-xxxxx-xxxxx* ein. Nach der Aktualisierung starten Sie den Server neu.

Sie haben auch die Möglichkeit, die Testversionen von Windows Server 2022 zu einer vollwertigen Version umzuwandeln. Ob es sich bei der Version um eine Testversion handelt, sehen Sie durch Eingabe des Befehls *slmgr.vbs /dlv*. Auch in der Testversion sehen Sie mit *dism /online /Get-TargetEditions*, auf welche Edition Sie aktualisieren können. Die aktuelle Edition lassen Sie mit *dism /online /Get-CurrentEdition* anzeigen.

Eine Aktualisierung nehmen Sie mit dem gleichen Befehl vor wie bei der Aktualisierung von Standard zu Datacenter. Sie können auf diesem Weg von der Testversion von Windows Server 2022 Datacenter zur lizenzierten Version von Windows Server 2022 Datacenter wechseln. Der Server muss dazu mindestens zweimal neu starten.

2.4 Nacharbeiten zur Installation von Windows Server 2022

Bevor wir in den nächsten Kapiteln ausführlicher auf die Einrichtung und Verwaltung von Windows Server 2022 eingehen, zeigen wir Ihnen in den nächsten Abschnitten die wichtigsten Schritte, die nach der Installation notwendig sind.

Haben Sie die Installation von Windows Server 2022 abgeschlossen, sollten Sie einige erste Aufgaben durchführen, um zu überprüfen, ob das System funktioniert. Auch die Aktivierung gehört zu diesen Aufgaben.

2.4.1 Windows Server 2022 aktivieren

Nach der Installation müssen Sie die Aktivierung von Windows Server 2022 durchführen. Installieren Sie eine VM auf einem Hyper-V-Host, der über eine aktivierte Lizenz von Windows Server 2022 verfügt, wird die VM automatisch aktiviert. In den meisten Fällen müssen Sie aber den Produktschlüssel manuell eingeben und das Betriebssystem aktivieren. Mehr Informationen erhalten Sie, wenn Sie im Startmenü nach *slui* suchen.

Sie können Windows Server 2022 entweder über das Internet aktivieren oder per Telefon. Bei der Aktivierung per Telefon werden Sie mit einem automatischen Telefonsystem verbunden.

Sollten Sie Probleme bei der Aktivierung bekommen, überprüfen Sie die Uhrzeit und die Zeitzone Ihres Servers. Sind die entsprechenden Einstellungen nicht korrekt, können Sie Windows nicht aktivieren.

Über den Befehl *slui 3* wird ein Dialogfeld geöffnet, um einen neuen Produktschlüssel einzugeben. Starten Sie das Tool über die Suchfunktion des Startmenüs mit Administratorrechten über das Kontextmenü. In diesem Bereich aktivieren Sie Windows Server 2022 dann mit dem neuen Key.

Der Befehl *slui 4* öffnet die Auswahl der Aktivierungshotlines. Wollen Sie sich die aktuelle Windows Server 2022-Edition anzeigen lassen, die auf dem Computer installiert ist, öffnen Sie eine Eingabeaufforderung mit Administratorrechten und geben den Befehl *dism /online /Get-CurrentEdition* ein. Sie erhalten daraufhin die Edition und weitere Information zur Installation angezeigt.

Wollen Sie anzeigen, zu welchen Editionen Sie die installierte Version aktualisieren können, verwenden Sie den Befehl *dism /online /Get-TargetEditions.*

Für die Verwaltung und die Abfrage von Lizenzinformationen auf Windows Server 2022-Computern stellt Microsoft das Skript *slmgr.vbs* zur Verfügung, das Sie über die Eingabeaufforderung oder das Dialogfeld *Ausführen* aufrufen. Dieses starten Sie mit der Tastenkombination [Win]+[R]. Das Tool kennt verschiedene Optionen:

- **/ato** – Windows online aktivieren
- **/dli** – Zeigt die aktuellen Lizenzinformationen an
- **/dlv** – Zeigt noch mehr Lizenzdetails an
- **/dlv all** – Zeigt detaillierte Infos für alle installierten Lizenzen an

Möchten Sie den Status der Aktivierung von Windows Server 2022 anzeigen, geben Sie in der Befehlszeile den Befehl *slmgr.vbs /dli* ein und führen diesen aus. Anschließend werden der Name und die Beschreibung des Betriebssystems, aber auch ein Teil des Product Keys und der Lizenzstatus angezeigt.

Haben Sie den Produktschlüssel eingetragen, fügen Sie die Aktivierung über die beschriebenen Wege durch. Verfügt der Computer über eine Internetverbindung, führt der Assistent die Aktivierung automatisch aus, sobald der korrekte Product Key eingegeben wurde. Sie können den Status der Aktivierung anschließend direkt einsehen, indem Sie auf der Startseite *slui* eingeben. Hier wird auch das Datum der Aktivierung angezeigt.

Sie können den Product Key einer Windows Server 2022-Installation ändern. Über diesen Weg aktivieren Sie Windows Server 2022 auch auf einem Core-Server:

1. Geben Sie zum Löschen des alten Product Keys in der Eingabeaufforderung den Befehl *slmgr /upk* ein. Zwar ersetzen die nächsten Punkte den vorhandenen Product Key. Allerdings funktioniert das nicht immer, wenn nicht zuvor die alte Nummer gelöscht wurde.
2. Bestätigen Sie das Löschen.
3. Den neuen Product Key geben Sie dann mit *slmgr /ipk xxxxx-xxxxx-xxxxx-xxxxx-xxxxx* ein.
4. Mit *slmgr /ato* aktivieren Sie Windows Server 2022.

Da ein Core-Server über keine grafische Oberfläche verfügt, müssen Sie einen solchen Server über die Eingabeaufforderung aktivieren. Verwenden Sie zur lokalen Aktivierung des Servers den Befehl *slmgr.vbs -ato.*

Nach Eingabe des Befehls wird die Aktivierung durchgeführt. Sie können Windows Server 2022 auch remote über das Netzwerk aktivieren. Verwenden Sie dazu den Befehl *slmgr.vbs <ServerName> <Benutzername> <Kennwort> -ato.*

Um einen Server lokal über das Telefon zu aktivieren, verwenden Sie den Befehl *slmgr -dti.* Notieren Sie sich die ID, die generiert wird, und rufen Sie die Aktivierungsnummer von Microsoft an. Geben Sie über die Telefontasten die ID ein und Sie erhalten vom Telefoncomputer eine Aktivierungs-ID. Diese geben Sie mit dem Befehl *slmgr -atp <Aktivierungs-ID>* ein. Sie können die Edition eines Core-Servers auch aktualisieren, indem Sie in der Eingabeaufforderung Änderungen vornehmen:

- **Anzeigen der aktuell installierten Edition** – *dism /online /Get-CurrentEdition*
- **Mögliche Editionen zur Aktualisierung** – *dism /online /Get-TargetEditions*
- **Aktualisierung zur Zielversion durchführen** – *dism /online /Set-Edition:<edition ID> /ProductKey:<Seriennummer>*

2.4.2 Treiberinstallation überprüfen

Nach der Installation sollten Sie auch überprüfen, ob Windows Server 2022 alle Geräte erkannt hat, die in Ihrem Computersystem verbaut sind. Geben Sie dazu im Suchfeld der Taskleiste *devmgmt.msc* ein und stellen Sie sicher, dass keine unbekannten Geräte vorhanden und alle Treiber installiert sind. Vor allem den Treiber des Netzwerkadapters und der Systemgeräte sollten Sie überprüfen.

Mit dem Befehl *Msinfo32* können Sie eine sehr ausführliche Übersicht über die eingebaute Hardware und die Ressourcen eines PC abrufen.

Mit dem Befehl *Systeminfo* zeigen Sie alle Informationen Ihres Computers in der Eingabeaufforderung an. Darunter finden sich Infos über Hotfixes, Netzwerkkarten, Prozessor, Betriebssystem, Hersteller usw. – sogar die aktuelle Systembetriebszeit (also wie lange Sie schon arbeiten) und das ursprüngliche Installationsdatum lässt sich anzeigen.

Hier empfiehlt sich die Umleitung in eine Textdatei, wobei Sie zusätzlich den Parameter */FO list* angeben sollten, um die Informationen formatiert zu speichern. Um alle Infos in die Textdatei *C:\sysinfo.txt* zu speichern, müssen Sie den Befehl *systeminfo /FO list > C:\sysinfo.txt* verwenden.

2.4.3 Netzwerkverbindung testen

Um Windows Server 2022 aktuell zu halten, ist eine Verbindung mit dem Internet und damit mit dem Netzwerk notwendig. Nachdem Sie die Treiberinstallation kontrolliert haben, überprüfen Sie über das Symbol der Netzwerkverbindung in der Taskleiste, ob Windows Server 2022 mit dem Netzwerk und dem Internet kommunizieren kann. Zeigt Windows ein Netzwerksymbol ohne Fehler an, kann der Rechner mit dem Netzwerk und dem Internet kommunizieren.

Kann der Computer mit dem Netzwerk kommunizieren, aber nicht mit dem Internet, wird das Netzwerksymbol mit einem Ausrufezeichen gekennzeichnet. In diesem Fall überprüfen Sie die Einstellungen der Netzwerkkarte. Am schnellsten geht dies, wenn Sie über das Suchfeld der Taskleiste nach *ncpa.cpl* suchen. Verfügt der Computer über keine physische Netzwerkverbindung, ist das Netzwerksymbol mit einem roten X gekennzeichnet. In diesem Fall überprüfen Sie die Installation des Treibers und des Netzwerkkabels beziehungsweise der WLAN-Verbindung.

2.4.4 Windows Update aktivieren

Im nächsten Schritt sollten Sie, unabhängig davon, ob Sie Treiber manuell oder über Windows Update installieren wollen, die Windows Update-Funktion in den Einstellungen aufrufen. Sie können diese Einstellungen zwar auch über Richtlinien durchführen, aber nach der Installation von Windows Server 2022 ist es empfehlenswert, diese Funktion sofort zu aktivieren, zumindest wenn der Server Zugriff auf das Internet hat.

Nach der Installation sollten Sie die aktuellsten Windows-Updates installieren, um sicherzustellen, dass das Betriebssystem auf dem neuesten Stand ist. Rufen Sie dazu über das Startmenü die Einstellungen über das Zahnradsymbol auf und wechseln danach zu *Update und Sicherheit/Windows Updates*. Lassen Sie nach Updates suchen und installieren Sie diese gleich. Nach der Installation der Updates lassen Sie erneut nach Updates suchen, um sicherzustellen, dass keine weiteren mehr gefunden werden.

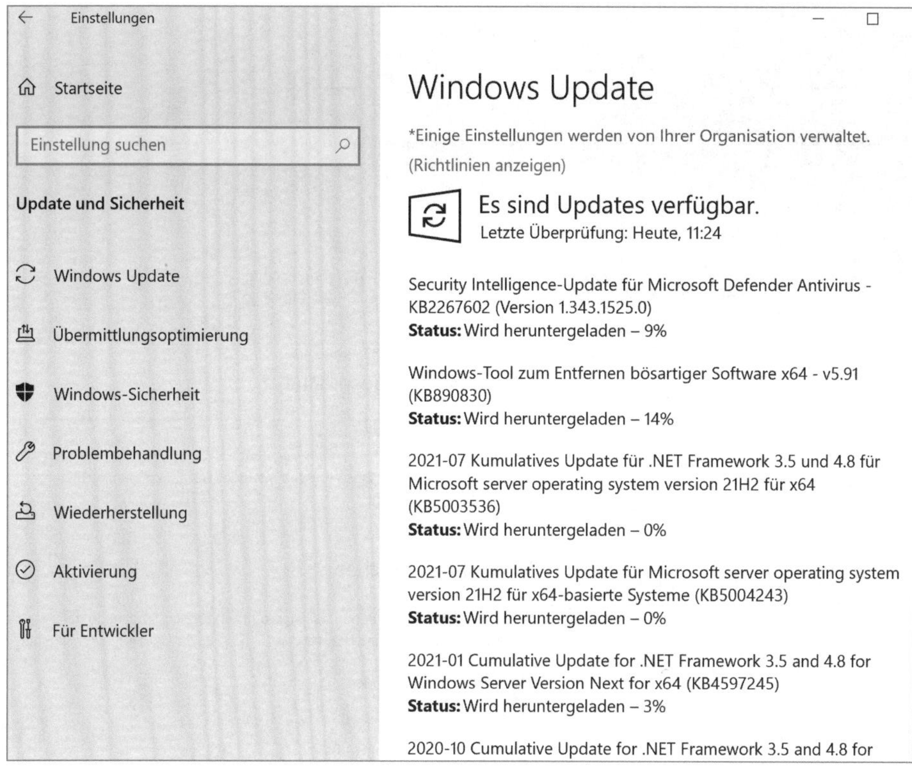

Abb. 2.7 Nach der Installation sollten Sie den Server aktualisieren.

2.4.5 Sprachpakete installieren

Haben Sie ein englischsprachiges Windows-System vorliegen oder auch eine Installation in einer anderen Sprache, können Sie beliebig weitere Sprachen installieren. Diese stehen bei Microsoft über **.cab*-Dateien zur Verfügung. Sie installieren die **.cab*-Datei und aktivieren die Sprache in Windows. Zukünftig wird die Oberfläche in der gewünschten Sprache angezeigt.

Liegt Ihnen die Sprachdatei vor, suchen Sie auf der Startseite nach *lpksetup*. Hier können Sie anschließend die Sprache installieren.

In der Einstellungen-App von Windows Server 2022 können Sie bei funktionierender Internetverbindung auch online zusätzliche Sprachen hinzufügen. Die Einstellungen dazu finden Sie bei *Zeit und Sprache*.

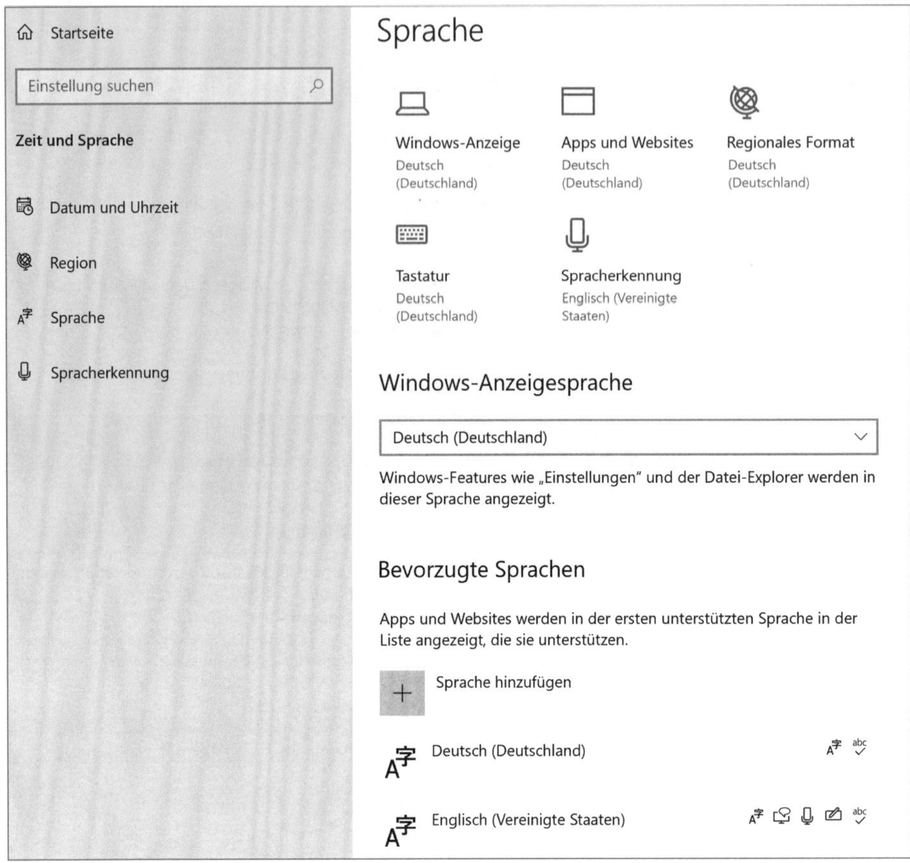

Abb. 2.8 Zusätzliche Sprachen für Windows Server 2022 installieren

2.4.6 Media Player deaktivieren

Standardmäßig ist in Windows Server 2022 der Windows Media Player aktiv. Auf produktiven Servern wird dieser nicht benötigt. Um den Media Player zu deinstallieren, verwenden Sie:

dism /online /Disable-Feature /FeatureName:WindowsMediaPlayer /norestart

```
Administrator: Eingabeaufforderung
Microsoft Windows [Version 10.0.20348.1]
(c) Microsoft Corporation. Alle Rechte vorbehalten.

C:\Users\Administrator>dism /online /Disable-Feature /FeatureName:WindowsMediaPlayer /norestart

Tool zur Imageverwaltung für die Bereitstellung
Version: 10.0.20348.1

Abbildversion: 10.0.20348.1

Features werden deaktiviert
[==========================100.0%==========================]
Der Vorgang wurde erfolgreich beendet.

C:\Users\Administrator>_
```

Abb. 2.9 Media Player in Windows Server 2022 deaktivieren

2.4.7 Computernamen und Domänenmitgliedschaft festlegen

Sie müssen den Computernamen und die Domänenmitgliedschaft nach der Installation manuell festlegen. Gehen Sie dazu folgendermaßen vor:

1. Starten Sie den Server-Manager.
2. Klicken Sie auf *Lokaler Server*, dann im mittleren Bereich auf den Namen des Servers.
3. Klicken Sie im neuen Fenster auf *Ändern*.
4. Geben Sie den neuen Namen des Computers ein und booten Sie den Rechner neu.

Sie erreichen die Systemeinstellungen und auch die Aktivierung für den Remotedesktop am schnellsten, wenn Sie aus dem Startmenü heraus *sysdm.cpl* aufrufen.

Wollen Sie den Server auch in eine Domäne aufnehmen, gehen Sie folgendermaßen vor:

1. Tippen Sie in das Suchfeld der Taskleiste *ncpa.cpl* ein und rufen Sie die Eigenschaften der Netzwerkverbindung und von IPv4 auf.
2. Stellen Sie sicher, dass als DNS-Server mindestens ein Server eingetragen ist, der die DNS-Zone der Windows-Domäne auflösen kann, der Sie beitreten wollen.
3. Klicken Sie im Server-Manager auf *Lokaler Server* und dann auf den Link bei *Workgroup*. Sie finden die Einstellungen auch über *sysdm.cpl*.
4. Klicken Sie danach auf *Ändern*. Geben Sie bei *Computername* den neuen Namen des Servers in der Domäne ein und aktivieren Sie die *Domäne*.
5. Geben Sie den Namen der Domäne ein.

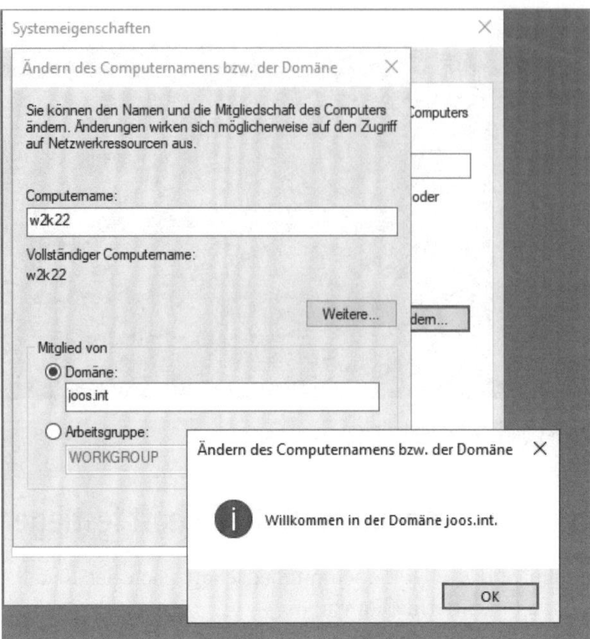

Abb. 2.10 Aufnehmen eines Computers in eine Domäne

6. Kann der Server über seinen DNS-Server die Domäne auflösen, erscheint ein Authentifizierungsfenster. Wenn nicht, erscheint ein Fehler. In diesem Fall überprüfen Sie, ob der DNS-Server korrekt ist. Authentifizieren Sie sich an der Domäne. Kann der DNS-Server den Namen der Domäne auflösen und haben Sie sich korrekt authentifiziert, erhalten Sie eine Rückmeldung der Domänenaufnahme und können den Server neu starten.

2.4.8 Aktivieren von Remotedesktop

Die Einrichtung von Servern direkt im Serverraum oder Rechenzentrum ist nicht gerade sehr bequem. Hier bietet es sich an, eine Remotedesktopverbindung zu aktivieren und von Ihrem Computer aus auf den Server zuzugreifen. Das hat den Vorteil, dass Sie auf dem Server mit Maus und Tastatur arbeiten können und Treiber, die Sie mit dem Computer herunterladen, per Kopieren/Einfügen über den Remotedesktop auf den Server kopieren können. Um nach der Netzwerkverbindung eine Remotedesktopverbindung herzustellen, gehen Sie folgendermaßen vor:

1. Sie erreichen die Systemeinstellungen auch durch Eingabe von *sysdm.cpl* im Startmenü.
2. Klicken Sie in den Systemeigenschaften auf die Registerkarte *Remote*. Aktivieren Sie die Option *Remoteverbindung mit diesem Computer zulassen*. Funktioniert die Verbindung nicht, deaktivieren Sie noch die Option *Verbindungen nur von Computern zulassen, auf denen Remotedesktop mit Authentifizierung auf Netzwerkebene ausgeführt wird*. Bestätigen Sie die Eingabe mit *OK*.

   Sie finden diese Einstellungen auch in der Einstellungen-App von Windows Server 2022 im Bereich *System/Remotedesktop*.

3. Stellen Sie im unteren Bereich der Taskleiste sicher, dass eine Netzwerkverbindung hergestellt ist.

Abb. 2.11 Aktivieren des Remotedesktops in Windows Server 2022

Um zum Beispiel von einem Windows 10/11-Computer aus eine Remotedesktopverbindung herzustellen, geben Sie auf der Startseite *mstsc* ein. Es öffnet sich der Client für die Remotedesktopverbindung. Verwenden Sie den internen Remotedesktopclient in Windows 10/11, geben Sie bei *Computer* die IP-Adresse des Servers ein und bei *Benutzername* den Anmeldenamen mit der Syntax *<Name des Servers oder der Domäne>\<Anmeldename>*. Auf Wunsch aktivieren Sie noch *Speichern der Anmeldeinformationen zulassen*.

Wechseln Sie zur Registerkarte *Anzeige* und verwenden Sie entweder den Vollbildmodus oder setzen Sie die Anzeige auf die Auflösung, die auch der Server hat.

Auf der Registerkarte *Lokale Ressourcen* sollten Sie die Option *Auf dem Remotecomputer anwenden* bei *Windows-Tastenkombinationen anwenden* aktivieren.

Auf der Registerkarte *Leistung* aktivieren Sie die Option *LAN (10MBit/s oder höher)* und stellen sicher, dass alle Optionen aktiviert sind. Wechseln Sie dann zur Registerkarte *Allgemein* und speichern Sie die Verbindung mit *Speichern unter*.

Starten Sie die Verbindung, müssen Sie einmalig eine Ausnahme für die Windows-Firewall eintragen lassen, das Kennwort für das Benutzerkonto angeben und das Zertifikat bestätigen. Anschließend wird eine Remotedesktopverbindung hergestellt. Bei weiteren Verbindungen sind diese Eingaben nicht mehr notwendig, wenn Sie die entsprechenden Optionen speichern lassen.

In vielen Unternehmen wird mit dem Remotedesktopzugriff gearbeitet. In vielen Fällen wird dieser über die grafische Oberfläche des Servers aktiviert oder über das textbasierte Menü auf Core-Servern. Auf Servern mit grafischer Oberfläche wird die Einstellung am schnellsten durch Aufrufen von *sysdm.cpl* erreicht.

Die Aktivierung des Remotedesktops kann auch über die Registry erfolgen. Die Einstellungen dazu sind im folgenden Schlüssel zu finden:

HKLM\SYSTEM\CurrentControlSet\Control\Terminal Server

Durch Skripts oder Tools kann dadurch der Remotedesktop auch über das Importieren von Einträgen aktiviert werden.

Der wichtigste Eintrag ist *fDenyTSConnection*. Durch den Wert *0* wird der Remotedesktop aktiviert. Der Wert *1* deaktiviert den Remotedesktop.

Welche Benutzer mit einem Server verbunden sind, kann in der Befehlszeile mit dem folgenden Befehl angezeigt werden:

Qwinsta /server:<Servername>

Wer den Zugriff von bestimmten Benutzern verweigern will, zum Beispiel für alle Administratoren, kann das über Gruppenrichtlinien erledigen. Um den Zugriff auf die Remotedesktopdienste für lokale Administratoren zu blockieren, werden die Rechte am besten zentral gesteuert. Der Pfad zu den Einstellungen ist:

Computerkonfiguration/Windows Einstellungen/Sicherheitseinstellungen/Lokale Richtlinien/Zuweisen von Benutzerrechten

Wichtig sind die beiden Einstellungen:

Anmelden über Remotedesktopdienste verweigern

Lokal anmelden verweigern

Hier kann konfiguriert werden, welche Benutzer sich lokal am Server anmelden dürfen, also direkt an der Konsole, und welche Benutzer sich per Remotedesktop mit dem Server verbinden dürfen. Remotedesktopverbindungen lassen sich auch über den Webbrowser nutzen, wenn auf das Windows Admin Center gesetzt wird. Hier steht der Menüpunkt *Remotedesktop* zur Verfügung, mit dem der Aufbau erfolgt.

2.4.9 WLAN-Anbindung von Windows Server 2022

Sie können einen Server mit Windows Server 2022 auch an WLANs anbinden. Zuvor müssen Sie über den Server-Manager das Feature *WLAN-Dienst* installieren.

Haben Sie eine WLAN-Karte installiert oder verwenden Sie einen WLAN-USB-Stick, können Sie den Server jetzt mit einem WLAN verbinden. Dazu klicken Sie auf das Netzwerksymbol und wählen das entsprechende WLAN aus.

2.4.10 Boot-Manager reparieren

Teilweise kann es passieren, dass Windows Server 2022 nicht mehr startet. In diesem Fall liegt ein Problem mit dem Boot-Manager vor. Dieser lässt sich aber über die Computerreparaturoptionen in Windows Server 2022 oder aber über das Installationsmedium reparieren.

Startet der Boot-Manager nicht, sollten Sie in den Computerreparaturoptionen zur Eingabeaufforderung wechseln. Um den Boot-Manager zu reparieren, geben Sie folgenden Befehl ein:

bcdboot C:\Windows /s C: /f BIOS

Erscheint ein Fehler, geben Sie *bcdboot D:\Windows /s C: /f BIOS* ein. Die Befehle funktionieren auf Rechnern mit UEFI nicht. Weitere Befehle, die den Boot-Manager reparieren, sind:

bootsect.exe /nt60 ALL /force

bootsect.exe /nt60 C: /mbr /force

In den Computerreparaturoptionen von Windows Server 2022 steht auch der Menüpunkt *Starthilfe* zur Verfügung. Mit diesem Bereich lässt sich Windows häufig wieder reparieren, wenn das Betriebssystem nicht startet.

2.5 Zusammenfassung

In diesem Kapitel wurde Ihnen anhand diverser Anleitungen gezeigt, wie Sie Windows Server 2022 installieren, aber auch parallel mit älteren Windows-Versionen betreiben. Außerdem wurde Ihnen erläutert, welche wichtigen Aufgaben Sie nach der Installation durchführen müssen und wie Sie Windows Server 2022 aktivieren. Des Weiteren sind wir darauf eingegangen, wie Sie Windows Server 2022 über einen USB-Stick installieren.

Im nächsten Kapitel lesen Sie, wie Sie Windows Server 2022 so einrichten, dass Sie nach der Installation optimal mit dem Server arbeiten können. Außerdem gehen wir näher auf die Einrichtung und Installation des Windows Admin Centers ein.

Kapitel 3

Erste Schritte mit Windows Server 2022

In diesem Kapitel zeigen wir Ihnen die ersten Schritte, die zur Verwaltung eines Servers mit Windows Server 2022 notwendig sind. Bereits in Kapitel 1 haben wir Ihnen Neuerungen gezeigt. In diesem Kapitel gehen wir auf erste Schritte bei der Verwaltung von Windows Server 2022 ein. Wir zeigen auch die Installation und Einrichtung des Windows Admin Centers. Mit dieser webbasierten Verwaltungsoberfläche können Sie Netzwerke mit Windows Server 2022 parallel zu den anderen Verwaltungswerkzeugen verwalten.

3.1 Erste Schritte nach der Installation

Während der Installation legt Windows Server 2022 automatisch einen Namen für den Server fest, der nachträglich angepasst werden sollte. Wie Sie dabei vorgehen, lesen Sie in Kapitel 2. Viele Aufgaben, die zur Grundkonfiguration des Servers gehören, nehmen Sie direkt im Server-Manager oder im Windows Admin Center vor. Dazu klicken Sie auf *Lokaler Server*. Im mittleren Bereich sehen Sie die verschiedenen Aufgaben, deren Assistenten Sie über einen Klick auf den entsprechenden Link erreichen. Alternativ rufen Sie das Tool *sysdm.cpl* auf. Auch hier können Sie den Namen des Servers ändern.

3.1.1 Windows Server 2022 mit Windows 10/11 verwalten

Um Windows Server 2022 mit Windows 10/11 zu verwalten, bietet Microsoft die Remoteserver-Verwaltungstools (Remote Server Administration Tools, RSAT) an. Achten Sie darauf, die neueste Version der Tools zu verwenden, die mit Windows 10/11 und Windows Server 2022 kompatibel sind. Die Tools müssen Sie in Windows 10/11 nicht mehr installieren, sondern können diese als optionale Features aktivieren, wenn Sie auf Windows 10/11 Pro setzen.

Mit den Tools aktivieren Sie auf einer Arbeitsstation mit Windows 10/11 Verwaltungsprogramme, die zur Verwaltung von Windows Server 2022 notwendig sind. Mit den Tools verwalten Sie auch die Serverdienste in Windows Server 2012/2012 R2/2016/2019.

Neben den verschiedenen Verwaltungstools der Serverrollen bieten RSAT auch den Server-Manager von Windows Server 2022 in Windows 10/11. Über den Server-Manager binden Sie die verschiedenen Server im Netzwerk an, auf denen Windows Server 2022 installiert ist. Sie können mit dem Server-Manager auf diesem Weg ebenso über Windows 10/11-Arbeitsstationen aus Serverrollen auf Servern installieren. Auch im Server-Manager von Windows Server 2022 können Sie andere Server mit Windows Server 2022 im Netzwerk verwalten. Sie können ebenfalls das Windows Admin Center auf Windows 10/11 installieren und Ihre Server parallel mit dem Windows Admin Center verwalten.

Die Remoteserver-Verwaltungstools für Windows 10/11 umfassen Server-Manager, Verwaltungstools der Serverrollen und Features von Windows Server 2016/2019/2022, PowerShell-Cmdlets und Befehlszeilentools für die Verwaltung von Rollen und Features.

Die Remoteserver-Verwaltungstools lassen sich sogar in der kleinsten Version Windows 10/11 installieren, allerdings bietet nur die Enterprise-Version alle Funktionen.

Remoteserver-Verwaltungstools installieren

In aktuellen Windows 10/11-Versionen sind die Remote Server Administration Tools bereits integriert, sie müssen als optionale Funktionen nur aktiviert werden. Auf diesem Weg lassen sich Windows-Server mit dem Server-Manager und Storage-Tools verwalten. Dazu müssen sich aber Server und Arbeitsstation im gleichen Active Directory befinden. Die Installation erfolgt über die Einstellungs-App von Windows 10/11, die über das Startmenü aufgerufen wird:

1. Klicken Sie auf *Apps.*
2. Wählen Sie in der Mitte des Fensters die Option *Optionale Features.*
3. Klicken Sie auf *Feature hinzufügen* oder auf *Optionales Feature hinzufügen.*

Im Fenster stehen jetzt die Verwaltungstools zur Verfügung. Um zum Beispiel mit dem Server-Manager Funktionen wie Freigaben oder Storage-Bereiche zu verwalten, klicken Sie auf *RSAT: Server Manager.* Zusätzlich steht hier auch das Modul für die Speicherreplikation und die Storage Migration Service Management Tools zur Verfügung. Natürlich können Sie auch alle weiteren Remoteserver-Verwaltungstools aktivieren.

Remoteverwaltung mit dem Server-Manager

Im Vergleich zu den Vorgängern sind keine Neuerungen im Server-Manager zu sehen, außer, die Informationen zur Verwaltung der Umgebung noch auf das Windows Admin Center zu setzen. Die Server im Netzwerk lassen sich zentral im Server-Manager verwalten.

Klicken Sie im Server-Manager auf *Dashboard*, können Sie über das Menü *Ansicht* die Willkommen-Kachel ausblenden und gewinnen Platz zur Verwaltung von Servern. Über das Menü *Verwalten* erstellen Sie eigene Servergruppen.

Dazu gruppiert der Server-Manager die verschiedenen Serverfunktionen zur besseren Verwaltung. Alle installierten Serverrollen zeigt er automatisch gruppiert an. Verwaltungswerkzeuge zeigt er direkt über das Menü *Tools* an. Hierüber lassen sich alle wichtigen Werkzeuge starten. So stört auch die neue Oberfläche nicht, da alle Verwaltungsaufgaben zentral im Server-Manager stattfinden. Diese Funktionen sind nach der Installation von RSAT auch in Windows 10/11 verfügbar.

Um im Server-Manager in Windows Server 2022 und Windows 10/11 weitere Server anzubinden, klicken Sie auf *Verwalten* und dann auf *Server hinzufügen.* Im Fenster können Sie anschließend nach Servern suchen, um sie im lokalen Server-Manager zu verwalten. Auf diesem Weg erstellen Sie auch eigene Servergruppen, die Sie im Server-Manager zusammenfassen. Von diesen Gruppen können Sie dann Ereignismeldungen anzeigen lassen. Über diesen Weg binden Sie Server mit Windows Server 2022 in allen Editionen, aber auch Windows Server 2012/2012 R2/2016/2019 an.

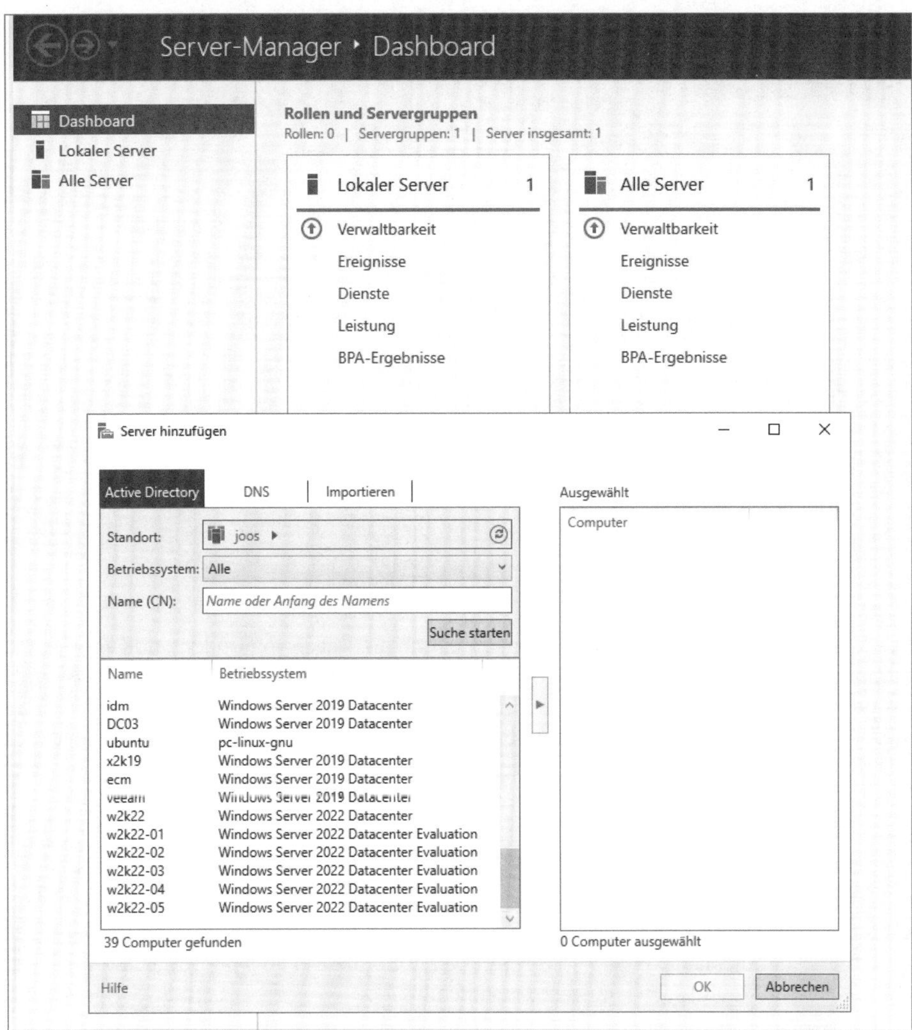

Abb. 3.1 Verwalten von zusätzlichen Servern im Server-Manager

Um auf Servern im Netzwerk über den Server-Manager remote Rollen oder Features zu installieren, ist eine vorherige Anbindung notwendig. Im Assistenten zum Hinzufügen von zusätzlichen Rollen erscheint ein Fenster, über das Sie den Server auswählen können, auf dem Sie eine neue Rolle oder ein neues Feature installieren wollen. Dazu klicken Sie auf *Verwalten/Rollen und Features hinzufügen*.

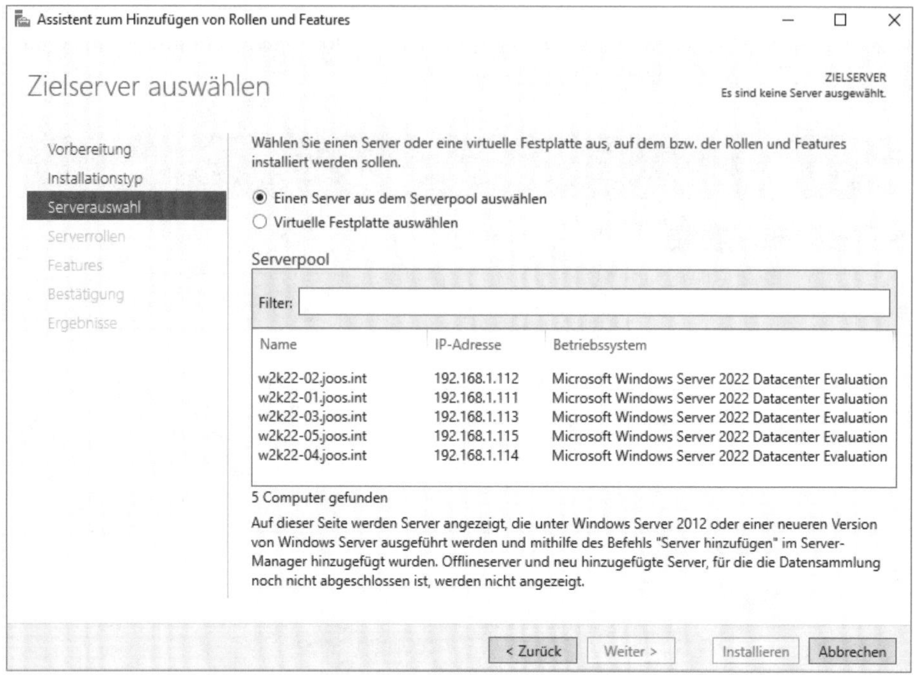

Abb. 3.2 Auswählen des Zielservers zur Installation von Serverrollen

In Windows Server 2022 sind die Assistenten zum Hinzufügen von Rollen und Features zusammengefasst. Das heißt, Sie können über einen einzelnen Assistenten mehrere Serverrollen und Features gemeinsam und auf einmal installieren. Das erspart unnötige Neustarts und Installationen, da alles in einem Arbeitsschritt erfolgt. Im Assistenten lassen sich aber nicht nur physische Server im Netzwerk auswählen, um Serverrollen zu installieren, sondern auch virtuelle Festplatten auf Hyper-V-Hosts.

Beim Abschluss der Installation von Serverrollen und Features erhalten Sie eine Zusammenfassung angezeigt und die Möglichkeit geboten, die Konfiguration in XML-Dateien zu exportieren. Mit dieser Datei können Sie dann die gleichen Rollen oder Features auf einem anderen Server installieren. Zusätzlich haben Sie die Möglichkeit, einen alternativen Pfad zu den Installationsdateien von Windows Server 2022 anzugeben. Hier sollten Sie auch die Option zum automatischen Neustart aktivieren.

In diesem Fall starten die Server automatisch neu, falls dies notwendig ist. Vor allem, wenn Sie Installationen von Serverrollen über das Netzwerk oder über eine RDP-Verbindung ausführen, ist dies sinnvoll, da viele Rollen die Netzwerkverbindung kappen können, zum Beispiel die Installation von Hyper-V. Damit der Assistent seine Arbeit erfolgreich fortsetzt, müssen Sie das Fenster nicht geöffnet lassen, sondern können es nach dem Start der Installation schließen.

Überall im Server-Manager lassen sich die anderen Server im Netzwerk schnell und einfach integrieren sowie verwalten. Über das Kontextmenü von Servern können Sie Server über das Netzwerk remote neu starten lassen, eine PowerShell-Sitzung auf dem Server starten oder eine RDP-Verbindung öffnen. Auch die Installation von Rollen und Features über das Netzwerk ist mit dem Kontextmenü möglich.

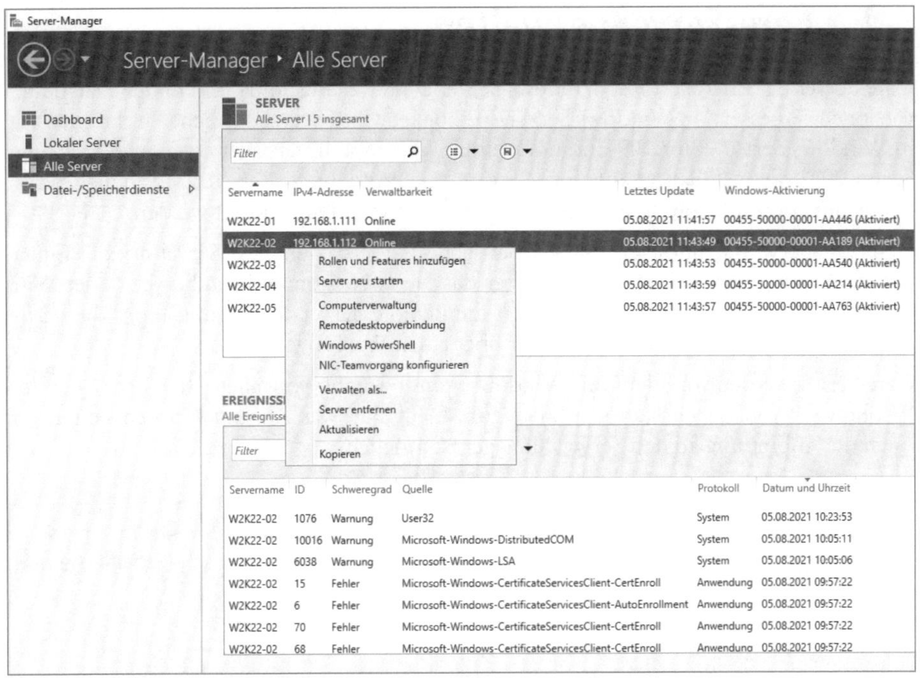

Abb. 3.3 Über das Kontextmenü von Servern lassen sich Verwaltungswerkzeuge von Windows Server 2022 auch in Windows 10/11 starten.

Im Server-Manager sehen Sie am Wartungscentersymbol im oberen Bereich, ob Fehler auf einem angebundenen Server vorliegen oder Maßnahmen zur Verwaltung notwendig sind. Sie können sich über diesen Weg in Windows 10/11 auch gesammelt alle Fehlermeldungen aller Server anzeigen lassen.

Klicken Sie in der Ansicht *Alle Server* auf einen Server im oberen Bereich, sehen Sie unten wichtige Fehlermeldungen der Ereignisanzeige. Im oberen Bereich ist außerdem zu sehen, ob die entsprechenden Server online sind und ob Windows Server 2022 aktiviert ist.

Nach der Installation von Windows Server 2022 sollten Sie im Server-Manager über das Kontextmenü der Server den Befehl *Leistungsindikatoren starten* ausführen, damit der Server über das Netzwerk überwachbar ist und die Best Practices Analyzer funktionieren und Daten abrufen können. Über das Kontextmenü der Server können Sie sich auch mit einem anderen Benutzernamen am Server anmelden, um diesen zu administrieren.

Wenn Sie auf einem Core-Server nur einen schwarzen Bildschirm sehen, ist die Eingabeaufforderung geschlossen. Um diese zu öffnen, drücken Sie `Strg`+`Alt`+`Entf` und starten den Task-Manager. Mit *Mehr Details* und Eingabe von *cmd* über *Datei/Neuen Task ausführen* starten Sie die Eingabeaufforderung neu.

Um das Verwaltungsprogramm von Core-Servern aufzurufen, geben Sie *sconfig* ein. Das Befehlszeilentool *Sconfig* steht in Windows Server 2022 auch auf Servern mit grafischer Benutzeroberfläche zur Verfügung. Auf diesem Weg können Sie zum Beispiel in Fernwartungen Einstellungen vornehmen, wenn die Verbindung für grafische Werkzeuge zu langsam ist.

3.2 Core-Server verwalten

Core-Server hat Microsoft mit Windows Server 2008 R2 eingeführt und in den Nachfolgeversionen verbessert. In Windows Server 2022 bieten Core-Server ähnliche Funktionen wie in Windows Server 2016/2019 und noch einiges mehr. So unterstützt etwa auch Exchange Server 2022 die Installation auf Core-Servern mit Windows Server 2022. Exchange Server 2019 kann auch auf Core-Servern mit Windows Server 2019 installiert werden.

Den Core-Servern fehlt die grafische Oberfläche. Sie verwalten diese Server mit der Eingabeaufforderung, der PowerShell oder über das Netzwerk von anderen Servern oder Windows 10/11-Arbeitsstationen. Hier stehen die Remote Server-Verwaltungstools zur Verfügung sowie das Windows Admin Center über einen Webbrowser.

Core-Server werden vor allem mit Windows Admin Center verwaltet. Hier steht über den Webbrowser von Arbeitsstationen alles zur Verfügung, was Administratoren benötigen. Auch die Anbindung an den Server-Manager ist möglich.

Core-Server lassen sich in Windows Server 2022 nicht zu Servern mit grafischer Oberfläche aktualisieren, und umgekehrt lässt sich die grafische Oberfläche nach der Einrichtung nicht deinstallieren.

Haben Sie aber die Remoteserver-Verwaltungstools (Remote Server Administration Tools, RSAT) in Windows 10/11 installiert, können Sie die Verwaltungstools auch von einer Windows 10/11-Arbeitsstation aus verwenden, ohne dass auf dem Core-Server eine grafische Oberfläche zur Verfügung steht. Auch das Windows Admin Center steht in Windows Server 2022 und Windows 10/11 zur Verfügung, um Core-Server umfassend zu verwalten.

Sie können Core-Server 2022 mit dem Hyper-V-Manager in Windows 10/11 verwalten, auch ohne RSAT zu nutzen. Das gilt auch für das Windows Admin Center. Wichtig für die Verwaltung von Core-Servern über das Netzwerk sind noch die Punkte 4 und 7 in Sconfig. Hierüber aktivieren Sie die Remoteverwaltung mit Tools wie den Hyper-V-Manager. Durch Aktivierung des Remotedesktops lässt sich Hyper-V-Server auch darüber verwalten. Wie Sie dabei vorgehen, lesen Sie in Kapitel 2.

Haben Sie sich mit einem Core-Server verbunden und versehentlich die Eingabeaufforderung geschlossen, drücken Sie die Tastenkombination `Strg`+`Alt`+`Entf` und starten den Task-Manager. Klicken Sie danach auf *Mehr Details* und dann auf *Datei/Neuen Task ausführen*. Geben Sie *cmd* ein, um die Eingabeaufforderung erneut zu öffnen.

Haben Sie einen Core-Server installiert, legen Sie zunächst die IP-Adresse fest, konfigurieren den DNS-Server, ändern den Namen und nehmen den Server in die Active Directory-Domäne auf. Aktivieren Sie noch die Remoteverwaltung, können Sie den Server mit grafischen Verwaltungstools verwalten, wie in den ersten Abschnitten in diesem Kapitel behandelt.

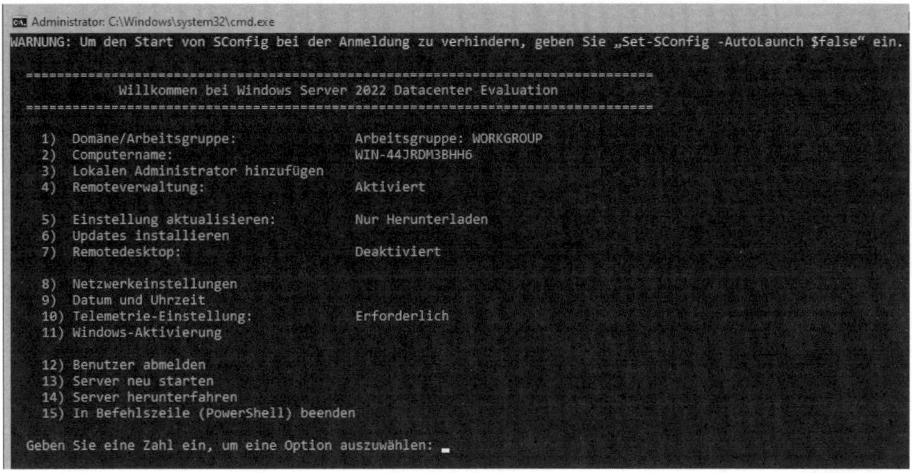

```
Administrator: C:\Windows\system32\cmd.exe
WARNUNG: Um den Start von SConfig bei der Anmeldung zu verhindern, geben Sie „Set-SConfig -AutoLaunch $false“ ein.

  ===============================================================================
             Willkommen bei Windows Server 2022 Datacenter Evaluation
  ===============================================================================

    1)  Domäne/Arbeitsgruppe:                 Arbeitsgruppe: WORKGROUP
    2)  Computername:                         WIN-44JRDM3BHH6
    3)  Lokalen Administrator hinzufügen
    4)  Remoteverwaltung:                     Aktiviert

    5)  Einstellung aktualisieren:            Nur Herunterladen
    6)  Updates installieren
    7)  Remotedesktop:                        Deaktiviert

    8)  Netzwerkeinstellungen
    9)  Datum und Uhrzeit
    10) Telemetrie-Einstellung:               Erforderlich
    11) Windows-Aktivierung

    12) Benutzer abmelden
    13) Server neu starten
    14) Server herunterfahren
    15) In Befehlszeile (PowerShell) beenden

  Geben Sie eine Zahl ein, um eine Option auszuwählen:
```

Abb. 3.4 Die erste Verwaltung und Einrichtung von Core-Servern erfolgt unter anderem mit Sconfig.

Um Core-Server zu verwalten, geben Sie zunächst in der Eingabeaufforderung *sconfig* ein, wenn Sconfig nicht automatisch startet. Danach binden Sie den Server an das Netzwerk an und konfigurieren IP- und DNS-Adressen:

1. Zur Konfiguration der Netzwerkeinstellungen wählen Sie den Menüpunkt *8) Netzwerkeinstellungen*
2. Wählen Sie die Nummer des Adapters aus.
3. Wählen Sie *1) Netzwerkadapteradresse festlegen* aus, um die Adresse zu ändern.
4. Geben Sie *S* ein, um eine statische IP-Adresse zu konfigurieren.
5. Geben Sie die statische IP-Adresse ein und danach die Subnetzmaske.

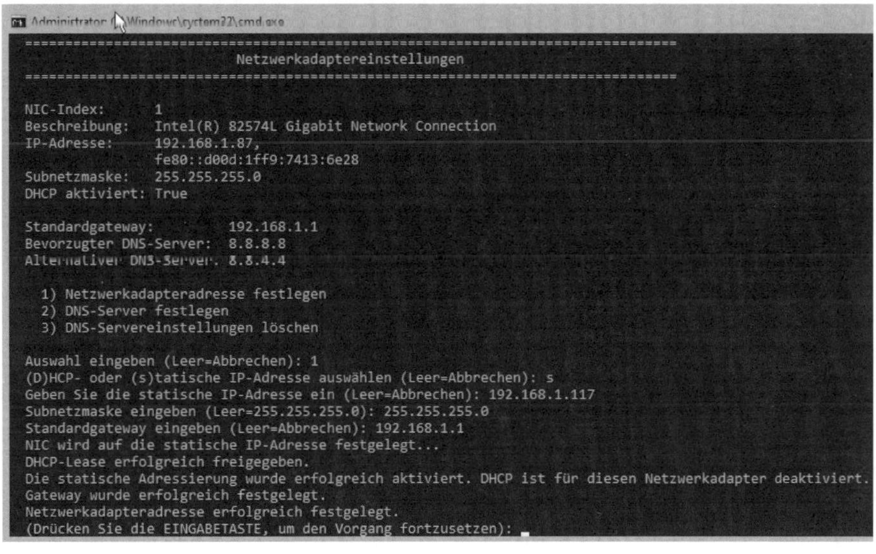

```
Administrator: C:\Windows\system32\cmd.exe
===============================================================================
                          Netzwerkadaptereinstellungen
===============================================================================

NIC-Index:       1
Beschreibung:    Intel(R) 82574L Gigabit Network Connection
IP-Adresse:      192.168.1.87,
                 fe80::d00d:1ff9:7413:6e28
Subnetzmaske:    255.255.255.0
DHCP aktiviert:  True

Standardgateway:           192.168.1.1
Bevorzugter DNS-Server:    8.8.8.8
Alternativer DNS-Server:   8.8.4.4

  1) Netzwerkadapteradresse festlegen
  2) DNS-Server festlegen
  3) DNS-Servereinstellungen löschen

Auswahl eingeben (Leer=Abbrechen): 1
(D)HCP- oder (s)tatische IP-Adresse auswählen (Leer=Abbrechen): s
Geben Sie die statische IP-Adresse ein (Leer=Abbrechen): 192.168.1.117
Subnetzmaske eingeben (Leer=255.255.255.0): 255.255.255.0
Standardgateway eingeben (Leer=Abbrechen): 192.168.1.1
NIC wird auf die statische IP-Adresse festgelegt...
DHCP-Lease erfolgreich freigegeben.
Die statische Adressierung wurde erfolgreich aktiviert. DHCP ist für diesen Netzwerkadapter deaktiviert.
Gateway wurde erfolgreich festgelegt.
Netzwerkadapteradresse erfolgreich festgelegt.
(Drücken Sie die EINGABETASTE, um den Vorgang fortzusetzen):
```

Abb. 3.5 Festlegen einer statischen IP-Adresse für einen Core-Server

Anschließend tragen Sie über den Menüpunkt *2) DNS-Server festlegen* einen DNS-Server ein, der die Active Directory-Domäne auflösen kann. Danach können Sie den Server in die Active Directory-Domäne aufnehmen:

1. Im Hauptmenü zurück nehmen Sie den Server mit dem Punkt *1) Domäne/Arbeitsgruppe* in die Domäne auf und ändern den Servernamen. Anschließend starten Sie den Server neu.
2. Über die Menüpunkte 4 und 7 im Sconfig-Hauptmenü aktivieren Sie die Verwaltung des Remotedesktops und die Remoteverwaltung über grafische Tools wie den Server-Manager oder das Windows Admin Center.

Die Verwaltung eines Core-Servers läuft hauptsächlich über die Eingabeaufforderung oder PowerShell ab, beziehungsweise mit Verwaltungstools über das Netzwerk, also in Windows Server 2022 vor allem über das Windows Admin Center.

Mit dem Befehl *start cmd /separate* öffnen Sie ein paralleles Fenster der Eingabeaufforderung, wenn Sie zwei Fenster benötigen. Wird das eine Fenster geschlossen, lässt sich über den Task-Manager durch Erstellen eines neuen Tasks mit dem Befehl *cmd* ein neues Fenster starten, aber mit einem zweiten Fenster ersparen Sie sich diesen Aufwand und können bei der Arbeit mit einem Skript parallel mit einer zweiten Oberfläche arbeiten.

Alle Tools, die eine grafische Oberfläche verwenden oder den Datei-Explorer benötigen, funktionieren auf einem Core-Server nicht. Aus diesem Grund werden auch keine Meldungen angezeigt, wenn neue Updates zur Verfügung stehen oder das Kennwort eines Benutzers abgelaufen ist. Einige Fenster funktionieren auch auf einem Core-Server. So kann zum Beispiel der Editor (Notepad) verwendet werden, um Skripts oder Dateien zu bearbeiten. Der Task-Manager steht ebenfalls zur Verfügung.

Um das lokale Administratorkennwort eines Servers anzupassen, gehen Sie folgendermaßen vor:

1. Geben Sie in der Eingabeaufforderung den Befehl *net user administrator ** ein. Durch die Eingabe des Platzhalters * wird das eingegebene Kennwort nicht in Klartext angezeigt.
2. Geben Sie das neue Kennwort ein und bestätigen Sie.
3. Geben Sie das Kennwort noch mal ein und bestätigen Sie erneut.

Sie können natürlich auch Einstellungen des Servers in der Eingabeaufforderung anpassen. Das Kennwort des angemeldeten Benutzers ändern Sie über die Tastenkombination `Strg`+`Alt`+`Entf`. Die PowerShell ist in Core-Installationen automatisch aktiviert. Daher verwenden Sie zur Konfiguration der IP-Einstellungen nicht mehr das Befehlszeilentool Netsh, sondern besser die Cmdlets *New-NetIPAddress* und *Get-NetIPConfiguration*.

Ein Beispiel für die Einrichtung ist *New-NetIPAddress -InterfaceIndex 12 -IPAddress 192.168.178.2 -PrefixLength 24 -DefaultGateway 192.168.1.10*.

Die DNS-Server tragen Sie mit *Set-DNSClientServerAddress -InterfaceIndex 12 -ServerAddresses 192.168.1.4* ein. Mehrere DNS-Server trennen Sie jeweils mit einem Komma. Das Cmdlet *Set-DnsClientServerAddress -InterfaceIndex 12 -ResetServer* wechselt zu DHCP. Achten Sie darauf, jeweils die korrekte Indexnummer für den Netzwerkadapter zu verwenden. Diesen erhalten Sie mit *Get-NetIPConfiguration*.

Einer Windows-Domäne treten Sie mit *Add-Computer* bei. Um der lokalen Administratorgruppe ein Domänenkonto hinzuzufügen, verwenden Sie den Befehl *net localgroup administrators /add <Domäne>\<Benutzername>*. Mit dem Befehl *net localgroup administratoren* können Sie sich alle Gruppenmitglieder anzeigen lassen. Die Aufnahme funktioniert auch über Sconfig, geht aber mit der Eingabeaufforderung schneller.

Mit dem Befehl *net localgroup* können Sie sich alle lokalen Gruppen auf dem Server anzeigen lassen. So können Sie mit diesem Befehl schnell feststellen, welche Gruppen es gibt und welche Benutzerkonten enthalten sind. Außerdem lassen sich neue Benutzerkonten hinzufügen. Sie können die Benutzerverwaltung auch über die grafische Oberfläche von einem anderen Server aus durchführen, wenn Sie die Remoteverwaltung auf dem Server aktiviert haben. Mit dem Befehl *net localgroup administratoren /delete <Domäne>\<Benutzername>* entfernen Sie ein Benutzerkonto wieder aus der Gruppe.

Den Namen von Servern ändern Sie mit *Rename-Computer*. Der Aufruf von *Set-Date* ändert die Zeitzone, und die Spracheinstellungen ändern Sie mit *control intl.cpl*.

Installieren Sie Windows-Installer-Pakete auf einem Core-Server, verwenden Sie beim Aufruf die Option */qb*.

Die Computerverwaltung starten Sie zum Beispiel über das Snap-In *Active Directory-Benutzer und -Computer*. Klicken Sie den Core-Server in der Konsole mit der rechten Maustaste an und wählen Sie im Kontextmenü den Eintrag *Verwalten*. Anschließend kann der Server über eine grafische Oberfläche konfiguriert werden. Über diesen Weg lassen sich zum Beispiel wesentlich einfacher Freigaben und Systemdienste verwalten als über die Eingabeaufforderung des Core-Servers. Auf dem gleichen Weg funktioniert das auch im Windows Admin Center. Hier spielt es keine Rolle, ob die angebundenen Server Core-Server sind oder Server mit grafischer Oberfläche.

3.2.1 Hardware und Treiber auf Core-Servern installieren

Installieren Sie neue Hardware, können Sie die grafische Oberfläche verwenden oder die Eingabeaufforderung. Auf Core-Servern bleibt Ihnen keine andere Wahl, als die Eingabeaufforderung zu verwenden. Haben Sie die neue Hardware mit dem Server verbunden, wird diese durch das Plug-and-play automatisch erkannt und der Treiber installiert, das gilt auch auf Core-Servern. Allerdings muss in diesem Fall der Treiber in Windows Server 2022 integriert sein. Ist er das nicht und müssen Sie den Treiber manuell nachinstallieren, gehen Sie folgendermaßen vor:

1. Entpacken Sie die Treiberdateien und kopieren Sie diese in einen Ordner auf dem Server.
2. Geben Sie den Befehl *pnputil -i -a <*.inf-Datei des Treibers>* ein. Mit diesem neuen Tool können Treiber in Windows Server 2022 hinzugefügt und entfernt werden.
   - Über den Befehl *sc query type= driver* können Sie sich alle installierten Treiber auf einem Server anzeigen lassen (achten Sie auf das Leerzeichen nach dem Gleichheitszeichen).
   - Mit dem Befehl *sc delete <Treibername>* können Sie den Treiber entfernen, den Sie sich zuvor über den Befehl *sc query type= driver* anzeigen lassen können.

Für die Anbindung an iSCSI-Targets (siehe auch Kapitel 5) steht auf Core-Servern eine grafische Oberfläche zur Verfügung. Diese starten Sie durch Eingabe des Befehls *iscsicpl*. Für die Anbindung von Core-Servern an iSCSI-Targets steht auch der Befehl *iscsicli* zur Verfügung. Über *iscsicli /?* erhalten Sie eine ausführliche Hilfe zum Befehl (siehe Kapitel 5).

3.2.2 Windows Updates auf Core-Servern steuern

Um Windows-Updates zu steuern, verwenden Sie auf Core-Servern ebenfalls Sconfig. Mehr zu diesem Thema lesen Sie in Kapitel 37. Alternativ können Sie auch hier das Windows Admin Center verwenden.

Um eine sofortige Installation von Updates durchzuführen, geben Sie den Befehl *wuauclt /detectnow* ein. Die installierten Updates lassen sich durch den Aufruf von *systeminfo* oder *wmic qfe list* anzeigen.

3.3 Erweiterte Startoptionen nutzen

Die erweiterten Startoptionen bieten Möglichkeiten zur Reparatur des Servers. Wir werden in Kapitel 35 noch ausführlicher auf das Thema zu sprechen kommen. Die Optionen lassen sich zum Beispiel aufrufen, wenn der Server beim Starten einige Male abstürzt oder Sie den Windows-Start dreimal oder viermal abbrechen. Mit der Auswahl von *Problembehandlung* starten Sie die Reparatur des Servers.

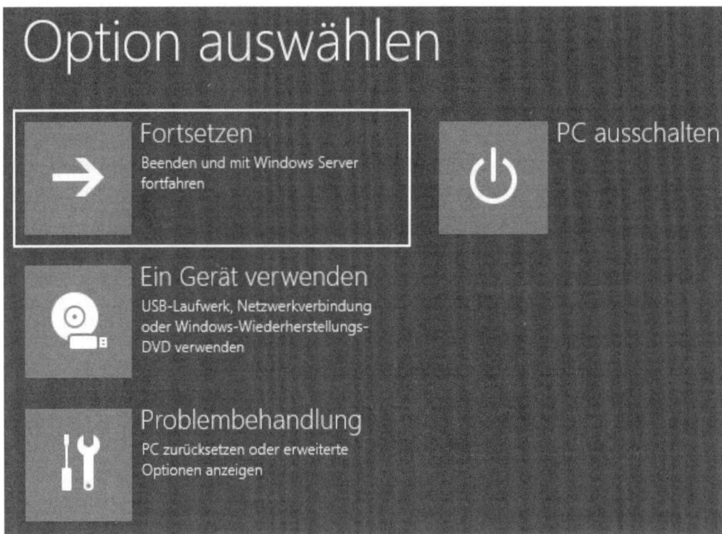

Abb. 3.6 Problembehandlung in Windows Server 2022 starten

3.3.1 Starten der automatischen Reparatur von Windows Server 2022

Hier stehen verschiedene Möglichkeiten zur Verfügung:

- **Computer reparieren** – Startet die Reparatur des Betriebssystems in der Recovery-Oberfläche
- **Abgesicherter Modus** – Startet Windows mit den mindestens erforderlichen Treibern und Diensten.
- **Abgesicherter Modus mit Netzwerktreibern** – Startet Windows im abgesicherten Modus zusammen mit den für den Zugriff auf das Internet oder auf andere Computer im Netzwerk erforderlichen Netzwerktreibern und -diensten.
- **Abgesicherter Modus mit Eingabeaufforderung** – Startet Windows im abgesicherten Modus mit einem Eingabeaufforderungsfenster anstelle der normalen Windows-Benutzeroberfläche.
- **Startprotokollierung aktivieren** – Erstellt die Datei *Ntbtlog.txt*, in der alle Treiber aufgelistet werden, die beim Starten installiert werden und für die erweiterte Problembehandlung nützlich sein können.
- **Videomodus mit niedriger Auflösung aktivieren** – Startet Windows mithilfe des aktuellen Videotreibers und mit niedrigen Einstellungen für Auflösung und Aktualisierungsrate. Mithilfe dieses Modus können Sie die Anzeigeeinstellungen zurücksetzen.
- **Letzte als funktionierend bekannte Konfiguration** – Startet Windows mit der letzten funktionsfähigen Registrierungs- und Treiberkonfiguration.
- **Debugmodus** – Startet Windows in einem erweiterten Problembehandlungsmodus.
- **Automatischen Neustart bei Systemfehler deaktivieren** – Verhindert, dass Windows nach einem durch einen eigenen Fehler verursachten Absturz automatisch neu gestartet wird. Wählen Sie diese Option nur aus, wenn Windows in einer Schleife festgefahren ist, die aus Absturz, Neustart und erneutem Absturz besteht.
- **Erzwingen der Treibersignatur deaktivieren** – Ermöglicht, dass Treiber mit ungültigen Signaturen installiert werden.
- **Frühen Start des Treibers der Antischadsoftware deaktivieren** – In Windows Server 2022 startet der installierte Virenscanner wesentlich früher als in den Vorgängerversionen. Das kann zu Problemen führen, wenn der Computer nicht mehr startet. Hier deaktivieren Sie diesen Schutz.

3.3.2 Windows Server 2022 im abgesicherten Modus starten

Der abgesicherte Modus lässt sich in Windows Server 2022 auf mehreren Wegen starten.

Wenn Windows Server 2022 nicht mehr ordnungsgemäß funktioniert, hilft oft der Start im abgesicherten Modus. In diesem werden nur notwendige Systemtreiber geladen. Administratoren haben in diesem Modus die Möglichkeit, Programme oder Treiber zu deinstallieren oder das Betriebssystem zu reparieren, damit es wieder optimal funktioniert. Wir zeigen, welche Möglichkeiten es gibt, den abgesicherten Modus zu starten.

Der einfachste Weg, den abgesicherten Modus zu starten, ist das Verwenden der Tastenkombination [STRG]+[F8] während des Starts von Windows Server 2022. Allerdings ist es bei aktuellen Rechnern sehr schwer, den richtigen Moment zu treffen, da das Betriebssystem schneller startet als in den Vorgängerversionen. Es gibt aber noch mehr Möglichkeiten, den abgesicherten Modus zu starten.

3.3.3 Abgesicherter Modus über msconfig.exe

Startet Windows Server 2022 noch, können Sie den abgesicherten Modus auch über die Systemkonfiguration (*msconfig.exe*) im Suchfeld des Startmenüs starten. Rufen Sie das Tool auf und wechseln Sie zur Registerkarte *Start*. Aktivieren Sie das Kontrollkästchen *Abgesicherter Start*.

Klicken Sie auf *OK* und starten Sie dann den Rechner neu. Damit Windows 10/11 wieder normal startet, rufen Sie im abgesicherten Modus erneut *msconfig* auf und deaktivieren Sie den Modus wieder.

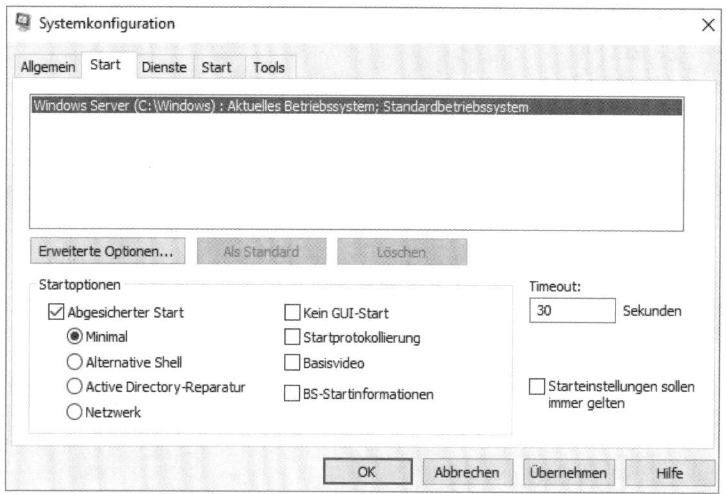

Abb. 3.7 Abgesicherter Modus über *msconfig* starten

3.3.4 Abgesicherter Modus in das Bootmenü einbinden

Wer den abgesicherten Modus oft benötigt, kann ihn auch in das Bootmenü einbinden:

1. Starten Sie eine Eingabeaufforderung mit Administratorrechten. Klicken Sie dazu die Eingabeaufforderung mit der rechten Maustaste an und wählen Sie die Option *Als Administrator ausführen*.
2. Geben Sie den Befehl *bcdedit /enum /v* ein.
3. Kopieren Sie den Eintrag der Zeile *Bezeichner* im Bereich *Windows-Startladeprogramm* für die Windows-Partition, für die Sie den abgesicherten Modus einbinden wollen.

4. Geben Sie danach den Befehl *bcdedit /copy {<Bezeichner>} /d "Windows Abgesicherter Modus"* ein, etwa *bcdedit /copy {2704757d-cf94-11e7-91d8-d41045f10ffd} /d "Windows Abgesicherter Modus"*. Sie sollten eine erfolgreiche Rückmeldung erhalten. Geben Sie *bcdedit* ein, sollte der Eintrag bereits erscheinen.
5. Starten Sie als Nächstes *msconfig* und wechseln Sie zur Registerkarte *Start*. Auch hier sehen Sie den Eintrag. Markieren Sie den neuen Eintrag des abgesicherten Modus. Aktivieren Sie die Option *Abgesicherter Modus* und *Minimal*.
6. Legen Sie noch den Timeout fest, nach dem Windows automatisch das Standardbetriebssystem starten soll. Aktivieren Sie das Kontrollkästchen *Starteinstellungen sollen immer gelten*.
7. Stellen Sie sicher, dass Ihr normales Windows als Standard definiert ist.

Booten Sie den Rechner, können Sie zukünftig den abgesicherten Modus direkt auswählen.

3.3.5 Abgesicherter Modus über automatische Reparatur starten

Brechen Sie den Startvorgang von Windows zwei- bis dreimal ab, startet automatisch die *Automatische Reparatur* von Windows. Um hier in den abgesicherten Modus zu wechseln, rufen Sie im Reparaturmenü zunächst *Problembehandlung* auf.

Anschließend wählen Sie *Erweiterte Optionen* und danach *Starteinstellungen*. Klicken Sie danach auf *Neu starten*, erscheint ein Systemmenü, in dem Sie auch den abgesicherten Modus starten können.

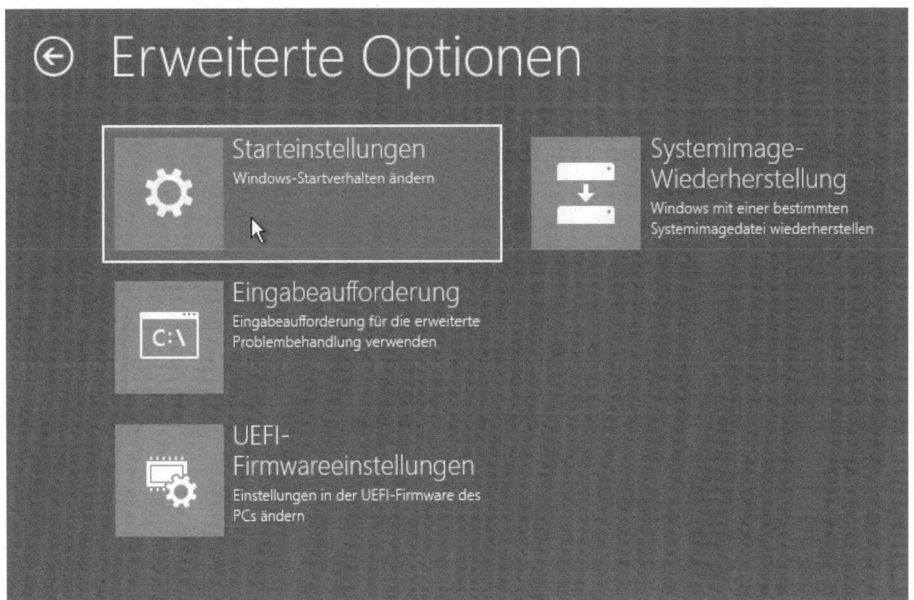

Abb. 3.8 Die erweiterten Optionen der Systemreparatur in Windows

3.4 Remote-Management aktivieren

Über Windows Remote Management (WinRM) lassen sich Cmdlets auch remote auf Core-Servern, aber auch auf herkömmlichen Windows-Servern ausführen. Damit das funktioniert, muss auf dem Server, der eine Verbindung zum Core-Server aufbaut, WinRM konfiguriert werden. Auch für die Verwendung des Windows Admin Centers ist das möglich. Die folgenden Befehle dazu müssen in einer Befehlszeile mit administrativen Rechten eingegeben werden:

winrm quickconfig

winrm set winrm/config/client @{TrustedHosts=""}*

chcp 65001

Anschließend lässt sich in der Befehlszeile eine Verbindung aufbauen:

winrs -r:<IP-Adresse des Core-Servers> -u:Administrator -p:<Kennwort > <Befehl, zum Beispiel ipconfig>

Der Befehl wird in diesem Fall auf dem Core-Server ausgeführt. So lassen sich auch Skripts für die Ausführung von Befehlen schreiben. WMI steht aber auch in der PowerShell zur Verfügung, wenn Administratoren eine Verbindung zum Core-Server aufbauen.

Wollen Sie auf einem Core-Server Daten von Festplatten auslesen, stehen verschiedene Möglichkeiten zur Verfügung. Der einfachste Weg ist die Verwendung des Cmdlets *Get-PhysicalDisk*. Dieses Cmdlet steht auch bei herkömmlichen Servern zur Verfügung und lässt sich natürlich auch lokal einsetzen. Die PowerShell zeigt eine Liste der Laufwerke an, ob diese Mitglied eines Speicherpools sein können oder sind, wie der Status des Laufwerks ist, und dessen maximale Größe. Noch mehr Informationen erhalten Sie mit *Get-PhysicalDisk |fl*.

3.5 Windows Admin Center in der Praxis

Das Windows Admin Center ist das empfohlene Werkzeug, mit dem Sie über einen Webbrowser die verschiedenen Server und Arbeitsstationen zentral verwalten können. Microsoft erweitert seine Funktionen mit jeder neuen Version. Die Installation des Windows Admin Centers erfolgt zunächst über die Installation eines Admin Center-Gateways. Dieses stellt den Zugriffspunkt für Webbrowser dar. Die Installation kann dabei auf einem Core-Server erfolgen, aber auch auf Hyper-V Server 2019/2022 oder Windows 10/11.

Das Windows Admin Center funktioniert optimal mit Google Chrome und Microsoft Edge. Andere Browser unterstützen die Funktionen in der Verwaltungslösung derzeit noch nicht ausreichend. Im Internet Explorer kann das Admin Center nicht genutzt werden.

Das heißt, auf einem Server kann das Admin Center nur dann direkt geöffnet werden, wenn Chrome oder Edge installiert sind. Das ist natürlich für den Gatewayendpunkt nicht notwendig. Der Browser wird nur auf dem zugreifenden Client benötigt.

Da bei Windows Server 2022 automatisch Microsoft Edge installiert ist, können Sie auch die grafische Oberfläche des Windows Admin Centers auf Servern öffnen.

Wenn im Webbrowser im Windows Admin Center eine Verbindung zu einem Server erfolgt, wird die Verbindung zwischen dem Gateway und dem entsprechenden Server hergestellt. Das heißt, alle Server kommunizieren mit dem Gateway, die Administratoren verwenden Webbrowser, zum Beispiel Google Chrome, und verbinden sich ebenfalls mit dem Gateway. Das Gateway kann auf Servern mit grafischer Oberfläche installiert werden, aber auch auf Core-Servern und Arbeitsstationen mit Windows 10/11.

Bei Servern mit grafischer Oberfläche wird das Gateway über eine MSI-Datei in der grafischen Oberfläche installiert. Hier kann auch der Port für den Zugriff festgelegt werden. Das Gateway kann auf Servern mit Windows Server ab der Version 2012 R2 installiert werden, aber ebenso auf Arbeitsstationen mit Windows 10/11 ab Version 1709.

Am besten ist natürlich die Installation auf einem Server mit Windows Server 2022. Das Windows Admin Center bietet nahezu die gleichen Möglichkeiten wie der herkömmliche Server-Manager. Auch PowerShell-Sitzungen und Remotedesktopverbindungen lassen sich direkt über das Windows Admin Center aufrufen. Dazu kommen Funktionen zur Verwaltung von Windows 10/11-Arbeitsstationen, Clustern und Hyper-Converged-Clustern. Ebenso lassen sich VMs in Microsoft Azure verwalten und mit lokalen Rechnern synchronisieren.

Abb. 3.9 Das Verwalten von lokalen Servern mit dem Windows Admin Center

Über das Zahnradsymbol am oberen rechten Bereich sind Einstellungen für das Windows Admin Center-Gateway zu finden. Hier lassen sich Einstellungen für einzelne Administratoren anpassen, zum Beispiel die jeweilige Sprache, in der das Windows Admin Center angezeigt wird. Die Anbindung an Microsoft Azure wird ebenfalls hier konfiguriert.

3.5.1 Admin Center Gateway installieren und aktualisieren

Die Installation des Gateways besteht aus der Bestätigung weniger Fenster. Hier werden auch Zertifikate und Ports gesteuert. Erscheint eine neue Version des Windows Admin Centers, können Sie diese auf dem Gateway installieren. Dadurch wird die alte Version aktualisiert und Sie können die neuen Funktionen nutzen. Die vorhandenen Einstellungen bleiben dabei erhalten.

Innerhalb des Windows Admin Centers gibt es die Möglichkeit, in den Einstellungen über die Option *Updates* die Aktualisierung des Windows Admin Centers zu automatisieren.

Nicht möglich ist die Installation des Windows Admin Centers auf Domänencontrollern und keinesfalls empfohlen ist die Installation des Windows Admin Centers auf Rechnern, mit denen webbasierte Dienste genutzt werden, wie zum Beispiel Exchange oder der IIS.

Das Gateway kann jederzeit wieder deinstalliert werden. Auch die vertrauenswürdigen Hosts auf einem Host lassen sich automatisch pflegen, zum Beispiel in Umgebungen ohne Domänen oder mit mehreren Gesamtstrukturen. Betreiben Sie das Windows Admin Center in einer Active Directory-Domäne, müssen Sie keine vertrauenswürdigen Hosts definieren. In diesem Fall arbeitet das Windows Admin Center mit den Berechtigungen in Active Directory.

Die aktuellen Installationsdateien für das Windows Admin Center finden Sie auf der Seite *https://www.microsoft.com/de-de/windows-server/windows-admin-center.*

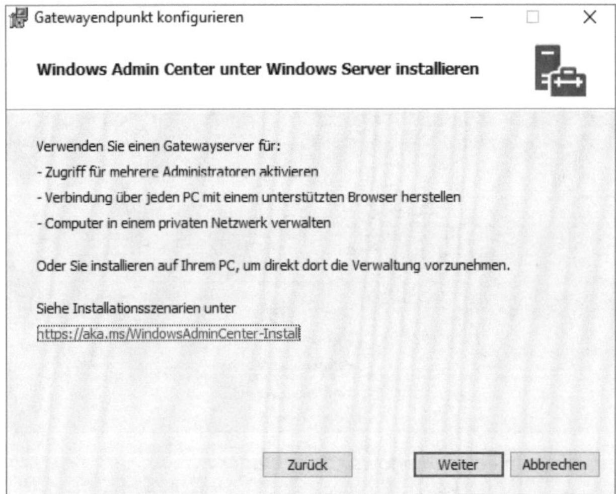

Abb. 3.10 Installieren des Gateways für das Windows Admin Center

Im Rahmen der Installation wird auch der Port festgelegt und das Zertifikat angegeben, mit dem die Verbindung über SSL abgesichert wird. Wenn bei der Installation kein Zertifikat angegeben wird, verwendet das Admin Center ein selbstsigniertes Zertifikat. Verbinden sich Administratoren mit dem Gateway, erhalten sie über den Webbrowser eine Zertifikatwarnung.

Die Verbindung des Webbrowsers von Administratoren erfolgt über das Gateway. Dieses verbindet sich wiederum mit WinRM und Remote-PowerShell oder WMI mit dem jeweiligen Server.

Damit die Remoteverbindung zwischen den Servern funktioniert, müssen die Remoteverwaltungen auf den beteiligten Servern aktiviert sein.

Das Admin Center können Sie auch über die Befehlszeile installieren. Das ist zum Beispiel sinnvoll, wenn das Gateway auf einem Core-Server installiert werden soll. Die Installation erfolgt in der Befehlszeile mit

*msiexec /i <InstallerName>.msi /qn /L*v log.txt SME_PORT=<port> SSL_CERTIFICATE_OPTION=generate*

Zum Beispiel:

*msiexec /i WindowsAdminCenter2103.2.msi /qn /L*v log.txt SME_PORT=6516 SSL_CERTIFICATE_OPTION=generate*

*msiexec /i WindowsAdminCenter2103.2.msi /qn /L*v log.txt SME_PORT=<port> SME_THUMBPRINT=<thumbprint> SSL_CERTIFICATE_OPTION=installed*

Wenn das Admin Center auf dem Core-Server installiert ist, kann auch hier der Zugriff über das Netzwerk mit einem Webbrowser erfolgen. Um Core-Server wiederum mit dem Admin Center zu verwalten, muss auf dem entsprechenden Server die Remoteverwaltung aktiviert sein.

Eine zusätzliche Software ist auf den Servern, die mit dem Admin Center verwaltet werden, nicht notwendig. Nur das Gateway muss auf einem Computer im Netzwerk installiert sein, die Verwaltung der angebundenen Server erfolgt mit den Standard-Verwaltungstools von Windows-Servern, die Verbindung über Browser wie Google Chrome oder Microsoft Edge. Natürlich muss zur Verwaltung auf einem Server kein Google Chrome installiert werden, Microsoft Edge ist auf Windows Server 2022 ohnehin automatisch installiert.

Die Verbindung des Webbrowsers erfolgt über das Gateway. Dieses verbindet sich wiederum mit WinRM und Remote-PowerShell oder WMI mit dem jeweiligen Server. Damit die Remoteverbindung zwischen den Servern funktioniert, müssen die Remoteverwaltungen auf den beteiligten Servern aktiviert sein.

3.5.2 Verbindungsaufbau zu Servern herstellen

Sobald der Gatewayendpunkt für das Windows Admin Center installiert ist, kann über das Netzwerk mit der URL *https://<Gatewayendpunkt>:Port* auf das Windows Admin Center zugegriffen werden. Erscheint ein Fenster zur Anmeldung, muss der Benutzername eines Administrators eingegeben werden. Das Windows Admin Center nutzt zur Authentifizierung das Active Directory.

Im Windows Admin Center lassen sich alle aktuellen Windows-Server im Netzwerk verbinden. Dazu gehören, neben Windows Server 2022, auch Server mit Windows Server 2012/2012R2 und Windows Server 2016/2019. Dazu nutzt das Admin Center zwischen dem Gateway und den Servern die standardmäßigen Remoteverbindungen von Windows-Servern.

Funktioniert eine Verbindung nicht, kann es auf dem entsprechenden Server helfen, mit *winrm quickconfig* die Remoteverwaltung zu aktivieren. Sobald ein Server verbunden ist, lässt er sich im Admin Center verwalten.

Das Hinzufügen von Servern erfolgt über den Link *Hinzufügen* und der anschließenden Auswahl des Objekts, das hinzugefügt werden soll.

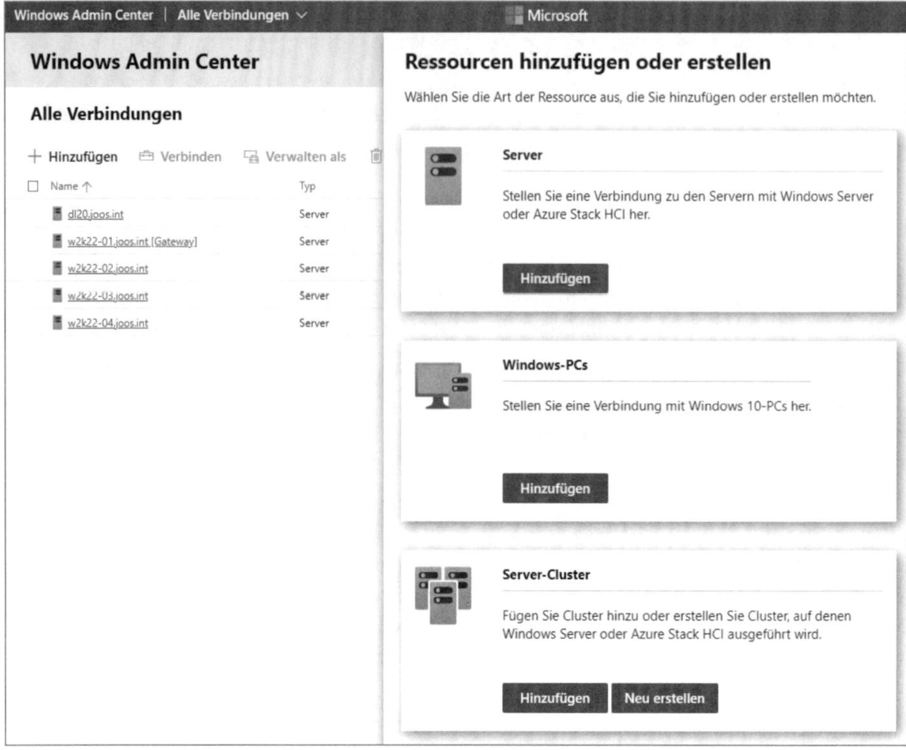

Abb. 3.11 Hinzufügen von neuen Objekten zum Windows Admin Center

Beim ersten Start erscheint ein Assistent, der über die Möglichkeiten des Windows Admin Centers informiert. Mit *Weiter* kann zur nächsten Seite des Fensters gewechselt werden. Ist die Einrichtung nach wenigen Sekunden abgeschlossen, zeigt der Browser das Startfenster des Windows Admin Centers an. Der Server, auf dem der Gatewayendpunkt installiert ist, wird automatisch hinzugefügt. Weitere Server können jederzeit hinzugefügt werden.

Das Admin Center kann nicht nur Server hinzufügen, sondern auch ganze Cluster und Arbeitsstationen. Alle Objekte lassen sich zentral im Webbrowser verwalten, sobald sich ein Administrator mit dem Gateway verbindet. Bei der Anbindung geben Sie den Namen des Servers ein oder dessen IP-Adresse. Auch die Anmeldeinformationen können Sie hier angeben und für Ihr Konto zwischenspeichern. Dadurch können Sie Server mit unterschiedlichen Benutzerkonten verwalten. Neben der manuellen Eingabe von IP-Adresse oder Servername können Sie das Active Directory nach neuen Servern durchsuchen.

3.5.3 Fehler bei der Verbindung beheben

Wenn keine Verbindung zum Windows Admin Center-Gateway erfolgen kann, sollte zunächst mit dem folgenden Befehl überprüft werden, ob die Firewallregeln korrekt gesetzt sind:

Get-NetFirewallRule -DisplayName "SmeInboundOpenException"

Vom Rechner aus, mit dem eine Verbindung hergestellt werden soll, kann die Verbindung in der PowerShell getestet werden:

Test-NetConnection -Port <Port> -ComputerName <Gateway> -InformationLevel Detailed

Beispiel:

Test-NetConnection -Port 443 -ComputerName s1.joos.int -InformationLevel Detailed

Wenn auf dem Server die Installation nicht funktioniert, können Sie den Port löschen und für das Windows Admin Center neu belegen:

netsh http delete sslcert ipport=0.0.0.0:443

netsh http delete urlacl url=https://+:443/

Kann keine Verbindung zu einem zu verwaltenden Server aufgebaut werden, kann vom Windows Admin Center Gateway getestet werden, ob eine Remote-PowerShell-Sitzung funktioniert:

Enter-PSSession <Server>

3.5.4 Server im Windows Admin Center verwalten

Durch einen Klick auf den Server, der im Windows Admin Center bereits verbunden ist, öffnet sich die Hauptseite des Admin Centers. Hier sind auf der linken Seite zunächst alle Bereiche zu sehen, die für die einzelnen Server konfiguriert werden können.

Im oberen Bereich kann zwischen dem webbasierten Server-Manager, dem Failovercluster-Manager, dem Hyper-Converged Cluster Manager und der Computerverwaltung von PCs umgeschaltet werden.

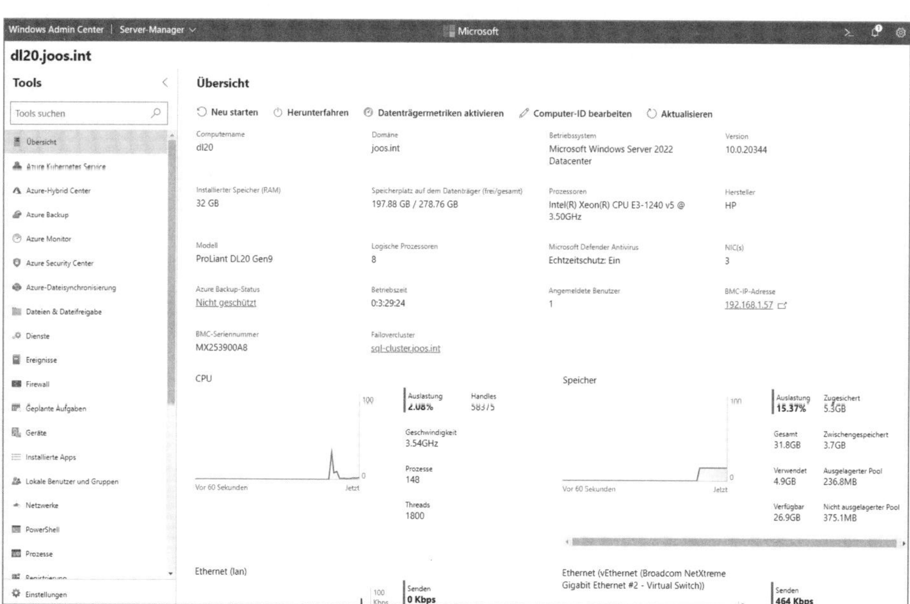

Abb. 3.12 Verschiedene Werkzeuge im Windows Admin Center

In der Mitte des Fensters werden weitere Befehle und Informationen zum jeweiligen Server oder PC angezeigt. Hier sind im oberen Bereich verschiedene Befehle zu sehen und im unteren Bereich Informationen und Optionen zum Server.

Um Server anzubinden, wird zunächst über *Hinzufügen* im Hauptfenster von Windows Admin Center eine neue Server-Verbindung hinzugefügt. Im Folgenden gehen wir von der Anbindung weiterer Server aus, die mit Windows Admin Center verwaltet werden sollen. Auch Tags (Markierungen) sind für Server möglich. So lassen sich etwa alle Hyper-V-Hosts mit dem Tag *Hyper-V-Host* markieren. Wird ein Import der Server durchgeführt, besteht der einfachste Weg darin, eine Textdatei zu erstellen, in der alle Server kommagetrennt oder in eigenen Zeilen aufgelistet werden.

Anschließend wird der Name des anzubindenden Servers angegeben sowie die Anmeldedaten. Windows Admin Center ermöglicht also die Anbindung von verschiedenen Servern mit unterschiedlichen Berechtigungen.

Nach der erfolgreichen Anbindung werden die Server im Fenster angezeigt. Durch das Anklicken eines Servers wird eine Verbindung aufgebaut. Der Zeitpunkt der letzten Verbindung wird im Windows Admin Center angezeigt. Das Windows Admin Center verfügt auch über einen Benachrichtigungsbereich. Durch einen Klick auf das Icon mit der Glocke oben rechts zeigt das Admin Center die durchgeführten Aktionen und Infos zu den Aktionen an.

Wird ein Server angeklickt, kann ein Verbindungsaufbau erfolgen. Außerdem kann über *Verwalten als* ein alternatives Benutzerkonto ausgewählt werden, mit dem der Server verbunden wird. Ebenso ist die Bearbeitung der Tags auf der Startseite des Windows Admin Centers möglich. Sobald der Server verbunden ist, kann er über die Befehle am linken Rand verwaltet werden. Hier lassen sich Serverrollen installieren, die Windows-Firewall anpassen, die Registry öffnen und vieles mehr.

Auf der Übersichts-Seite können Sie den Server neu starten oder herunterfahren. Auch den Servernamen, inklusive Domänenmitgliedschaft können Sie über *Computer-ID bearbeiten* ändern.

Durch einen Klick auf einen Menüpunkt, zum Beispiel *Rollen und Features* oder *Firewall*, erscheinen auf der rechten Seite weitere Befehle und Informationen. Hier stehen die Menüpunkte *Übersicht*, *Regeln für eingehende Verbindungen* und *Regeln für ausgehende Verbindungen* zur Verfügung. Mit diesen Menüpunkten können nicht nur die Regeln überprüft, sondern auch angepasst, deaktiviert und aktiviert werden. Bei *Übersicht* ist zu sehen, welche Firewall-Profile aktiv sind. Die Firewallregeln können im Webbrowser zusätzlich angepasst werden. Das Erstellen von neuen Regeln ist ebenso möglich.

Auf diesem Weg lassen sich über das Netzwerk zahlreiche Einstellungen auf Servern vornehmen, bis hin zur Installation von Server-Rollen und der Verwaltung von Windows-Updates. Für Hyper-V-Hosts lassen sich über den Server-Manager auch die virtuellen Switches konfigurieren. Warnungen und Fehler werden hier ebenfalls angezeigt und lassen sich korrigieren.

Um mit dem Windows Admin Center Rollen zu installieren, wird der Menüpunkt *Rollen und Features* angeklickt. Danach zeigt das Fenster in der Mitte alle verfügbaren Serverrollen an. Hier ist bei *Status* zu sehen, welche Rollen bereits installiert sind. Durch einen Klick auf eine Server-Rolle kann diese über das Fenster installiert oder deinstalliert werden. Auch einzelne Rollendienste lassen sich an dieser Stelle installieren oder deinstallieren.

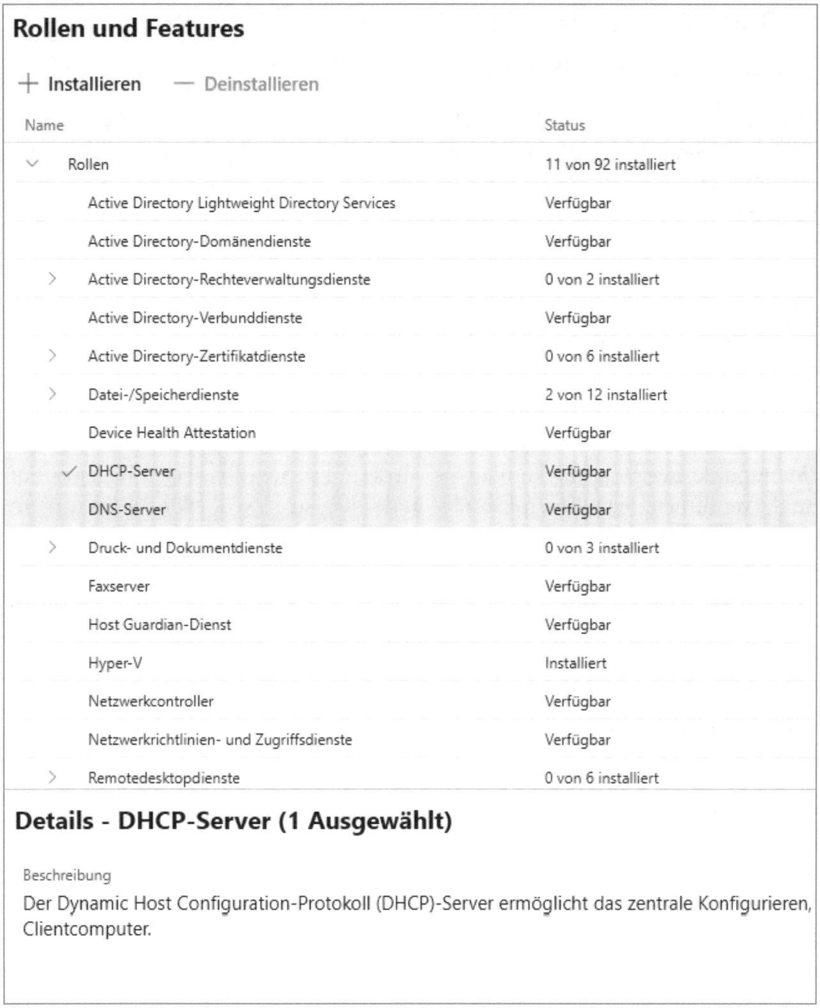

Rollen und Features

+ Installieren — Deinstallieren

Name	Status
˅ Rollen	11 von 92 installiert
Active Directory Lightweight Directory Services	Verfügbar
Active Directory-Domänendienste	Verfügbar
> Active Directory-Rechteverwaltungsdienste	0 von 2 installiert
Active Directory-Verbunddienste	Verfügbar
> Active Directory-Zertifikatdienste	0 von 6 installiert
> Datei-/Speicherdienste	2 von 12 installiert
Device Health Attestation	Verfügbar
✓ DHCP-Server	Verfügbar
DNS-Server	Verfügbar
> Druck- und Dokumentdienste	0 von 3 installiert
Faxserver	Verfügbar
Host Guardian-Dienst	Verfügbar
Hyper-V	Installiert
Netzwerkcontroller	Verfügbar
Netzwerkrichtlinien- und Zugriffsdienste	Verfügbar
> Remotedesktopdienste	0 von 6 installiert

Details - DHCP-Server (1 Ausgewählt)

Beschreibung

Der Dynamic Host Configuration-Protokoll (DHCP)-Server ermöglicht das zentrale Konfigurieren, Clientcomputer.

Abb. 3.13 Serverrollen im Windows Admin Center installieren

3.5.5 Mit Markierungen arbeiten und Objekte suchen

Sie können im Windows Admin Center den einzelnen Objekten und Servern Markierungen (Tags) zuweisen. Das geht beim Hinzufügen eines Servers, aber auch jederzeit nachträglich. Markierungen werden in der Übersicht des Windows Admin Centers in der Spalte *Tags* angezeigt. Über den Menüpunkt *Tags bearbeiten* können Sie Servern Markierungen zuweisen, zum Beispiel *dc* oder *Hyper-V-Host*, *Dateiserver* oder *Rechenzentrum1*. Sie können Servern und Objekten wie Clustern natürlich mehrere Markierungen zuweisen.

Auf der ganz rechten Seite können Sie mehrere Server auf einmal markieren. Klicken Sie auf *Tags bearbeiten*, können Sie den Servern gleichzeitig ein Tag zuweisen. Einmal erstellte Tags werden im Fenster angezeigt und müssen nicht neu eingetippt werden.

Sie sehen die Tags nicht nur im Windows Admin Center in der Spalte *Tags*, sondern können auch nach Tags im Suchfeld suchen. Das erleichtert die Navigation im Windows Admin Center.

3.5.6 Datei-Explorer, Registry-Editor, PowerShell und Remotedesktop nutzen

Neben der Verwaltung von Serverrollen und Einstellungen für den Server kann über das Windows Admin Center auch auf das Dateisystem des Servers zugegriffen werden. Hier sind Dateiaktionen auf dem jeweiligen Server möglich und Dateien lassen sich vom PC, der mit dem Windows Admin Center verbunden ist, hoch- und herunterladen. Informationen zu Dateien können angezeigt und Ordner erstellt, Daten gelöscht und umbenannt werden. Den webbasierten Datei-Explorer finden Sie über den Menüpunkt *Dateien*.

Wenn Sie mit einem Webbrowser mit dem Windows Admin Center verbunden sind, lassen sich Dateien auf die Arbeitsstationen des Administrators herunter- und von der Arbeitsstation des Administrators zum verbundenen Server hochladen. Die Verbindung läuft auch hier über das Gateway. Für den Down- und Upload steht der Bereich *Dateien* zur Verfügung. Hierüber starten Sie den webbasierten Datei-Explorer des Windows Admin Centers.

Über den Menüpunkt *Registrierung* können Sie wiederum den webbasierten Registry-Editor auf dem Server öffnen. Sie können Einträge in der Registry lesen, exportieren und importieren und Schlüssel und Werte bearbeiten sowie Werte erstellen.

Zusätzlich kann über *PowerShell* eine PowerShell-Sitzung im Webbrowser geöffnet werden, der Befehle auf dem remotegesteuerten Server ausführt. Mit *Remotedesktop* kann im Webbrowser eine Remotedesktop-Verbindung zum jeweiligen Server aufgebaut werden.

3.5.7 Gatewayzugriff steuern

Natürlich kann festgelegt werden, welche Administratoren Zugriff auf das Admin Center erhalten sollen und welche Server sie verwalten dürfen. Dazu steht im Admin Center die rollenbasierte Zugriffssteuerung zur Verfügung. In den Einstellungen des Gateways finden Sie links den Menüpunkt *Gatewayzugriff*. Hier können Sie steuern, welche Benutzergruppen das Recht erhalten, auf das Gateway zuzugreifen.

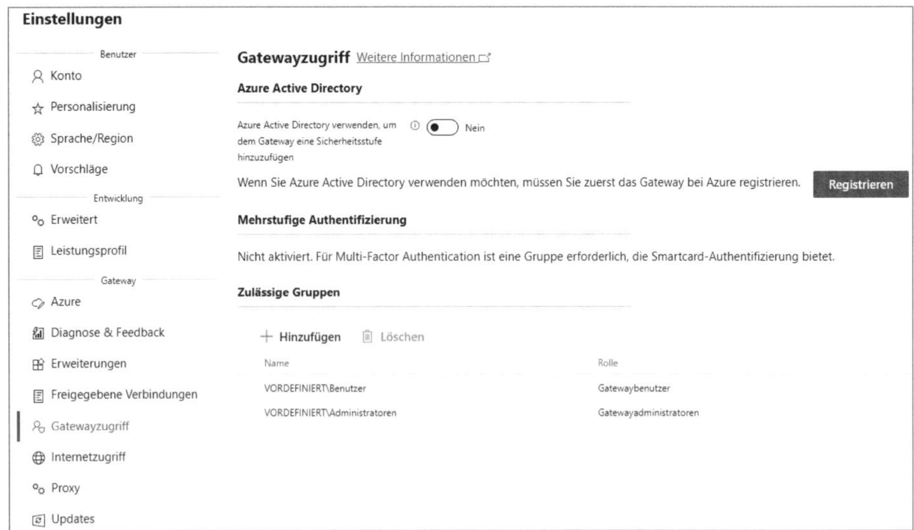

Abb. 3.14 Konfigurieren der Rechte für den Zugriff auf das Gateway

Mit der rollenbasierten Zugriffssteuerung kann über *Active Directory-Benutzer und -Gruppen* gesteuert werden, wer das Windows Admin Center nutzen darf.

3.5.8 Zertifikat für das Windows Admin Center steuern

Wer das Windows Admin Center dauerhaft produktiv im Netzwerk einsetzt, sollte ein Zertifikat verwenden. Hier lassen sich auch die Active Directory-Zertifikatdienste verwenden. Dazu muss dem Server mit dem Windows Admin Center-Gateway zunächst ein Zertifikat zugewiesen werden. Das Zertifikat kann über *certlm.msc* verwaltet werden.

Auch das Abrufen von neuen Zertifikaten kann hier erfolgen. In den Eigenschaften eines Zertifikats kann anschließend der Fingerabdruck auf der Registerkarte *Details* abgerufen werden.

Der Fingerabdruck wird danach im Windows Admin Center hinterlegt. Dazu rufen Sie das Installationsprogramm auf und wählen die Option *Ändern* aus. Bei einer Neuinstallation verwenden Sie das Zertifikat, indem im entsprechenden Feld sein Fingerabdruck genutzt wird.

Anschließend steht das Zertifikat zur Verfügung und das Windows Admin Center verwendet es in Zukunft für Verbindungen der Administratoren.

3.5.9 Erweiterungen für das Windows Admin Center

Im Windows Admin Center finden sich oben rechts seine Optionen. Hier können Erweiterungen installiert werden und die Verbindung zu Microsoft Azure erfolgen.

Auch hier erweitert Microsoft die Funktionen mit jeder neuen Version. In den Erweiterungen werden Funktionen von Drittherstellern integriert, aber genauso erweiterte Funktionen von Windows-Servern, wie zum Beispiel der Windows Server Storage Migration-Assistent von Windows Server 2022.

Microsoft bietet auch eine API, mit der sich Erweiterungen für das Admin Center programmieren lassen. Diese können direkt im Windows Admin Center hinzugefügt werden. Dazu steht ein eigener Menüpunkt zur Verfügung.

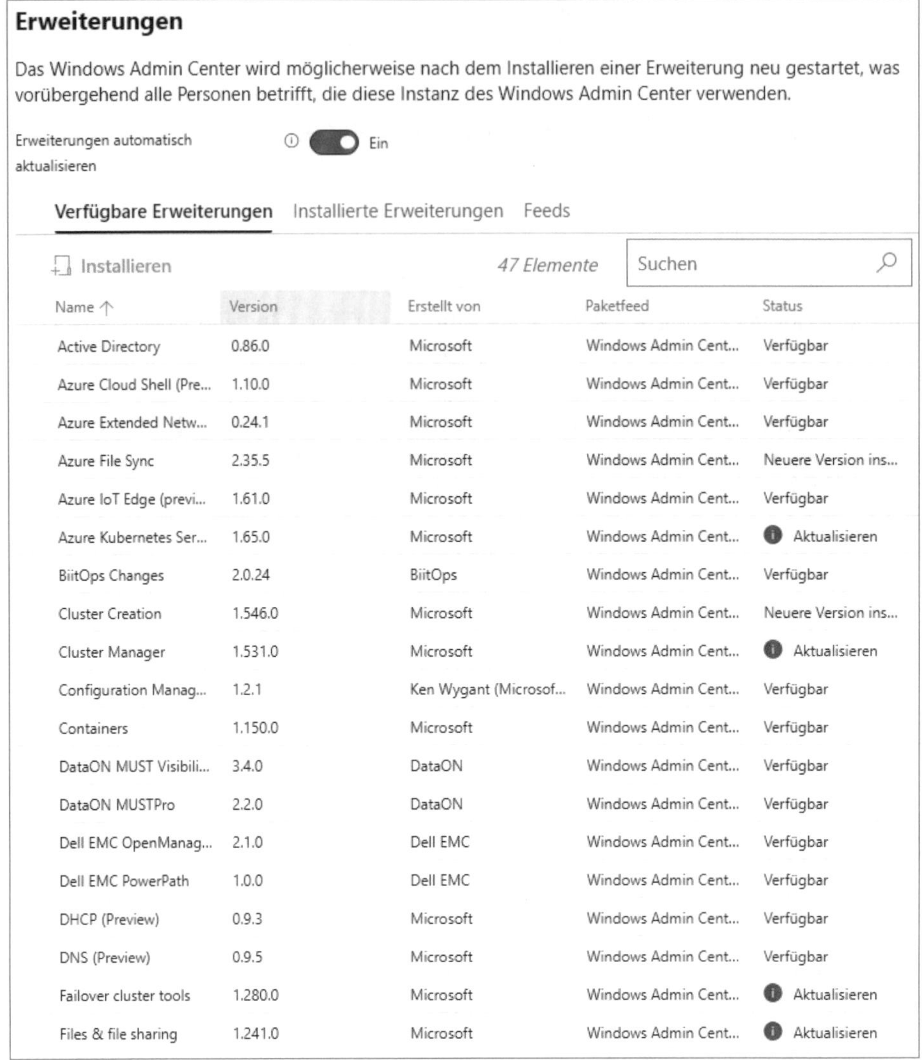

Name ↑	Version	Erstellt von	Paketfeed	Status
Active Directory	0.86.0	Microsoft	Windows Admin Cent...	Verfügbar
Azure Cloud Shell (Pre...	1.10.0	Microsoft	Windows Admin Cent...	Verfügbar
Azure Extended Netw...	0.24.1	Microsoft	Windows Admin Cent...	Verfügbar
Azure File Sync	2.35.5	Microsoft	Windows Admin Cent...	Neuere Version ins...
Azure IoT Edge (previ...	1.61.0	Microsoft	Windows Admin Cent...	Verfügbar
Azure Kubernetes Ser...	1.65.0	Microsoft	Windows Admin Cent...	Aktualisieren
BiitOps Changes	2.0.24	BiitOps	Windows Admin Cent...	Verfügbar
Cluster Creation	1.546.0	Microsoft	Windows Admin Cent...	Neuere Version ins...
Cluster Manager	1.531.0	Microsoft	Windows Admin Cent...	Aktualisieren
Configuration Manag...	1.2.1	Ken Wygant (Microsof...	Windows Admin Cent...	Verfügbar
Containers	1.150.0	Microsoft	Windows Admin Cent...	Verfügbar
DataON MUST Visibili...	3.4.0	DataON	Windows Admin Cent...	Verfügbar
DataON MUSTPro	2.2.0	DataON	Windows Admin Cent...	Verfügbar
Dell EMC OpenManag...	2.1.0	Dell EMC	Windows Admin Cent...	Verfügbar
Dell EMC PowerPath	1.0.0	Dell EMC	Windows Admin Cent...	Verfügbar
DHCP (Preview)	0.9.3	Microsoft	Windows Admin Cent...	Verfügbar
DNS (Preview)	0.9.5	Microsoft	Windows Admin Cent...	Verfügbar
Failover cluster tools	1.280.0	Microsoft	Windows Admin Cent...	Aktualisieren
Files & file sharing	1.241.0	Microsoft	Windows Admin Cent...	Aktualisieren

Abb. 3.15 Erweiterungen im Windows Admin Center installieren

3.5.10 Windows Admin Center und Microsoft Azure

Verbinden Sie das Windows Admin Center mit Microsoft Azure, können Sie nicht nur Azure-VMs im Windows Admin Center verwalten. Sie können Server im lokalen Netzwerk mit Azure Backup sichern, VMs mit Azure Site Recovery VMs in Azure hochverfügbar replizieren und andere Funktionen von Microsoft Azure nutzen. Die interessantesten Funktionen in Microsoft Azure zur Unterstützung von lokalen Netzwerken sind Azure Backup, Azure Monitor, Azure Security Center und Azure Site Recovery. Es gibt weitaus mehr Funktionen, aber mit diesen Diensten aus Azure können auch lokale Netzwerke schnell profitieren.

Um das Windows Admin Center mit Microsoft Azure zu verbinden, müssen Sie die entsprechende Konfiguration nur auf dem Server vornehmen, auf dem das Admin Center-Gateway verbunden ist. Sobald die Anbindung einmal erfolgt ist, erhalten Administratoren, die mit dem Webbrowser auf das Gateway zugreifen, auch Zugriff auf die Funktionen in Microsoft Azure, wenn sie dazu berechtigt sind.

Zur Anbindung rufen Sie im Windows Admin Center über das Zahnradsymbol die Einstellungen auf.

Der Vorteil dabei besteht darin, dass die Anbindung an Microsoft Azure nur einmal für das WAC-Gateway durchgeführt werden muss. Danach stehen die Azure-Funktionen an den verschiedenen Stellen zur Verfügung und können auf lokalen Servern eingebunden werden. Die Anbindung an Microsoft Azure wird mit jeder neuen Version des Windows Admin Centers einfacher.

Über die Einstellungen des Gateways ist bei *Azure* der Assistent zu finden, mit dem die Anmeldung an Azure erfolgen kann. Danach stehen die verschiedenen Azure-Dienste im Netzwerk zur Verfügung.

Zur Anbindung des Windows Admin Center-Gateways werden im Windows Admin Center über das Zahnradsymbol die Einstellungen aufgerufen. Über den Menüpunkt *Azure* kann der Vorgang zum Registrieren gestartet werden. Danach erscheint auf der rechten Seite ein Code, der für die Anmeldung an Microsoft Azure benötigt werden. Den Code sollten Sie in die Zwischenablage kopieren.

Durch einen Klick auf den Link *Geräteanmeldung* kann die Anmeldung an Microsoft Azure erfolgen. Zunächst müssen Sie Anmeldedaten für ein Azure-Konto angeben. Außerdem muss der Code im Fenster eingegeben werden. Dadurch registriert sich das Windows Admin Center-Gateway mit dem angegebenen Azure-Konto.

Nach dieser Aktion ist das Windows Admin Center mit dem entsprechenden Azure-Abonnement verbunden und kann genutzt werden. Allerdings sind zuvor noch Anpassungen im Webportal von Microsoft Azure notwendig. Das verbundene Gateway muss erst Rechte erhalten, Dienste in Microsoft Azure zu nutzen. Verbinden sich Administratoren im lokalen Rechenzentrum mit dem Gateway, können sie die Funktionen nutzen, ohne erneut Anpassungen oder Verwaltungen vorzunehmen.

Sobald das lokale Windows Admin Center-Gateway in Microsoft Azure registriert ist, wird der Status im Windows Admin Center angezeigt. An dieser Stelle kann die Registrierung auch wieder aufgehoben werden. Wenn die lokale Installation des Windows Admin Centers aktualisiert wird, übernimmt der Installationsassistent die Registrierung, sodass keine erneute Anmeldung an Microsoft Azure erfolgen muss.

Im Azure-Portal müssen anschließend noch die Berechtigungen für das Windows Admin Center freigeschaltet werden. Dazu klicken Sie im Windows Admin Center in den Einstellungen bei auf *In Azure anzeigen*.

Im Azure-Portal müssen Sie außerdem bei der registrierten App für das Windows Admin Center auf *Einstellungen* und dann auf *Erforderliche Berechtigungen* klicken. Durch die Bestätigung von *Berechtigungen erteilen* können Sie die Azure-Funktionen nutzen.

Nach der Registrierung des Admin Centers mit einem Azure-Abonnement steht der Menüpunkt *Azure-Hybriddienste* zur Verfügung. Hier können Sie über Assistenten die Funktionen von Azure im lokalen Rechenzentrum einbinden und diese auch mit dem Windows Admin Center verwalten:

- **Azure Backup** – Sicherung von lokalen Servern und Arbeitsstationen in einen sicheren Cloud-Speicher
- **Azure Site Recovery** – Virtuelle Server in Hyper-V in die Cloud synchronisieren, für Hochverfügbarkeit und Wiederherstellung
- **Azure-Netzwerkadapter** – Point-to-Site-VPNs mit Azure einrichten
- **Azure Monitor** – Lokale Server überwachen

Azure Backup mit dem Windows Admin Center steuern

Ein Vorteil bei der Integration von Azure im Windows Admin Center besteht auch darin, dass die Azure-Dienste genauso verwaltet werden wie lokale Dienste. Nach der Anbindung an Microsoft Azure steht nach der Anbindung eines Servers im WAC zum Beispiel *Azure Backup* zur Verfügung. Hierüber können Sie den ausgewählten Server in die Cloud sichern. Die Einrichtung erfolgt durch einen Assistenten. Danach können Sie die Sicherung des Servers jederzeit im Windows Admin Center steuern. Auch Wiederherstellungen von Servern sind hier verfügbar.

Azure Monitor und Azure Security Center

Neben den Bordmitteln im Windows Admin Center können Windows-Server mit Ressourcen aus Microsoft Azure überwacht werden. Azure Monitor zum Überwachen von Servern und Azure Security Center zum Anzeigen von Sicherheitslücken und Sicherheitsgefahren sind über die entsprechenden Menüpunkte im Windows Admin Center verfügbar. Lokale Server können auf diesem Weg problemlos angebunden und überwacht werden. Auch hier übernimmt das WAC die Anmeldedaten des Gateways.

Azure Site Recovery – Azure in die Hyper-V-Hochverfügbarkeit einbinden

Mit Azure Site Recovery ist es möglich, einzelne VMs in die Azure-Cloud zu replizieren. Dadurch wird eine Hochverfügbarkeit für VMs erreicht, ohne einen internen Cluster aufbauen zu müssen. Parallel zu einem Cluster können mit Azure Site Recovery VMs repliziert werden, und zwar ebenfalls wieder komplett über das Windows Admin Center.

Wenn im Windows Admin Center ein Hyper-V-Host hinzugefügt wird, stehen die Menüpunkte *Virtuelle Computer* und *Virtuelle Switches* zur Verfügung. Hierüber verwalten Administratoren die lokalen VMs in Hyper-V. Über den Menüpunkt *Verwalten* beim Öffnen einer VM im WAC steht der Menüpunkt *Mithilfe von Azure Site Recovery replizieren* zur Verfügung. Hierüber kann die Replikation von VMs über das Windows Admin Center zu Microsoft Azure gesteuert werden. Die Einrichtung kann komplett im WAC erfolgen und danach auch verwaltet werden.

Angebundene Azure-Dienste zentral verwalten

Um einen Überblick darüber zu behalten, welche Dienste auf Servern in Microsoft Azure genutzt werden, steht der Menüpunkt *Azure Hybriddienste* zur Verfügung. Hier zeigt das WAC die Azure-Dienste an, die auf dem verbundenen Server angebunden wurden. Durch einen Klick auf den jeweiligen Dienst können Sie direkt zur entsprechenden Azure-Ressource im WAC wechseln.

Netzwerke im Windows Admin Center verwalten – Azure und virtuelle Switches

Über den Menüpunkt *Netzwerke* werden die Netzwerk-Einstellungen des lokalen Servers angezeigt und verwaltet. Handelt es sich bei diesem Server um einen Hyper-V-Host, sind hier auch die virtuellen Switches und die verwendeten virtuellen Adapter zu finden. Virtuelle Switches werden wiederum über den Menüpunkt *Virtuelle Switches* im WAC verwaltet. Natürlich lassen sich hier auch die Einstellungen der Netzwerke anpassen.

Über *Azure-Netzwerkanschluss hinzufügen* können Sie lokale Netzwerke mit einem VPN an Azure anbinden. Das ermöglicht die Verwendung von Ressourcen in der Cloud direkt auf dem Server.

Windows-Updates zentral im Windows Admin Center verwalten

Über den Menüpunkt *Updates* können Sie bei einem verbundenen Server die Windows-Updates steuern. Das ist schon lange im Windows Admin Center möglich. Soll die Installation von Updates automatisiert werden, steht die Azure-Updateverwaltung zur Verfügung. Auch diese können Sie über das Windows Admin Center nutzen. Dadurch können Administratoren mit Azure Automation Verwaltungsaufgaben auf lokalen Servern durchführen, zum Beispiel das Installieren von Updates zentral verwalten.

Über den Menüpunkt *Updates* ist zu sehen, ob für einen Server Updates zur Verfügung stehen. Die Updates können an dieser Stelle über den Webbrowser und das Windows Admin Center gleich installiert werden. Außerdem kann über diesen Bereich die Anbindung eines Servers an die Azure-Updateverwaltung erfolgen.

Über den Menüpunkt *Einstellungen* werden die Konfigurationen für die Installation von Updates für den entsprechenden Server erreicht. Hier können Sie festlegen, ob der Server automatisch nach Updates suchen und diese installieren soll oder ob das manuell erfolgen soll.

Mit dem Link *Online nach Updates von Microsoft Update suchen* können Sie über den Webbrowser nach Updates für den Server suchen, der Menüpunkt *Updateverlauf* zeigt die bereits installierten Updates auf dem Server an.

3.5.11 Windows Server 2022 mit Windows Admin Center überwachen

Mit dem webbasierten Windows Admin Center können Server mit Windows Server 2012R2 und Windows Server 2016/2019 verwaltet werden. Setzen Unternehmen auf Windows Server 2022, kann die Erweiterung Windows Server System Insights noch mehr Überwachungsfunktionen nutzen.

Administratoren müssen regelmäßig dafür sorgen, dass Server fehlerfrei und optimal funktionieren. Viele Unternehmen setzen dazu auf Überwachungslösungen von Drittherstellern oder auf Produkte der System Center-Reihe von Microsoft. Die Überwachung, ob eine Festplatte keinen Speicherplatz mehr hat, eine Festlegung, wie viel Speicherplatz verbraucht ist, und die Kontrolle eines Hyper-V-Hosts, um neue VMs zu planen, sind nur einige Beispiele.

3.5.12 Performance Monitor im Windows Admin Center

Mit dem Windows Admin Center steht auch der Performance Monitor zur Verfügung. Das heißt, Sie können im Browser mit der Leistungsüberwachung (*perfom.msc*) arbeiten, genauso wie bei der lokalen Verbindung mit dem Server. Nachdem ein Dashboard erstellt wurde, können Counter hinzugefügt werden, und die Leistung des Servers wird in Echtzeit überwacht. Die Überwachung kann pausiert werden. Die Workspaces und auch Einstellungen können für die Leistungsüberwachung gespeichert werden. Durch das Speichern bietet sich natürlich die Möglichkeit, die Leistungsmonitore wieder zu laden. Der Vorteil dabei ist, dass Administratoren die Oberfläche nicht immer neu zusammenstellen müssen.

Funktionen von Windows Server System Insights

Windows Server System Insights ist eine neue Funktion in Windows Server 2022, die lokale prädiktive Analysefunktionen nativ auf Windows-Server bringt. Diese vorausschauenden Funktionen, die jeweils durch ein Modell zum maschinellen Lernen unterstützt werden, analysieren lokal Windows Server-Systemdaten. Dazu gehören Leistungsindikatoren und Ereignisse. Die Funktionen in Windows Server System Insights liefern Vorhersagen, die dabei helfen, Windows-Server effektiver zu betreiben.

Diese Funktionen werden lokal ausgeführt. Das heißt, alle Daten werden direkt auf der lokalen Windows Server-Instanz gesammelt, gespeichert und analysiert. Die Analysefunktionen können daher gänzlich ohne Cloud-Konnektivität genutzt werden. Mit Windows Server 2022 kann System Insights zukünftige Nutzung für Auslastung des Servers, Netzwerkverkehr und Datenspeicherung vorhersagen.

Systeminformationen, die Windows Server System Insights von Servern mit Windows Server 2022 bietet, lassen sich vollständig über Windows Admin Center verwalten. System Insights bietet darüber hinaus auch eine PowerShell-Schnittstelle, mit der sich Automatisierungen durchführen lassen. Wie das Windows Admin Center auch, entwickelt Microsoft Windows Server System Insights ständig weiter und integriert neue Funktionen.

So können Sie durch die Vorhersagefunktionen blättern und rufen entweder eine Funktion bei Bedarf auf oder konfigurieren sie so, dass sie nach einem regelmäßigen Zeitplan ausgeführt wird. Sie können die Vorhersageergebnisse auch visualisieren, sobald genügend Messdaten vorhanden sind. Das hilft dabei, die Entwicklung des Kapazitätsverbrauchs zu verstehen. Bis genügend Daten gemessen wurden, kann es einige Zeit dauern.

Windows Server System Insights kann aber nicht nur über die Auslastung von Servern informieren, sondern aktiv in die Serverkonfiguration eingreifen. Sie können zum Beispiel Korrekturaufträge so konfigurieren, dass sie automatisch ausgeführt werden, nachdem eine Funktion ein bestimmtes Ergebnis erzeugt hat. Für Skripts lassen sich auch Anmeldedaten hinterlegen, mit deren Berechtigungen anschließend Anpassungen am Server vorgenommen werden.

Sie können auch die PowerShell auf Remote-Instanzen verwenden, um Vorhersageergebnisse zu erhalten und zu aggregieren. Auf diesem Weg können Sie eine Gruppe von Windows Server-Instanzen zur Überwachung koppeln. Beispiele dafür sind Cluster, gruppierte Anwendungs-Server, Server in einem bestimmten Rack oder Rechenzentrum. Hier kann flexibel gesteuert werden. Microsoft plant, in Zukunft Cluster-Speicherprognosen, PowerShell-Skript zur Fehlerbehebung und die Möglichkeit der dynamischen Installation neuer Vorhersagefunktionen in Windows Server System Insights zu integrieren.

Windows Server System Insights installieren

Für Windows Server System Insights wird zunächst eine Installation des Windows Admin Centers im Netzwerk benötigt. Idealerweise sollten hier möglichst aktuelle Versionen verwendet werden.

Sobald ein Server mit Windows Server 2022 angebunden ist, steht im Windows Admin Center bei der Anbindung von deutschen Servern der Menüpunkt *Systemdaten* zur Verfügung. Durch einen Klick auf diesen Menüpunkt können Sie im aktuellen Windows Admin Center die Erweiterung für Windows Server System Insights installieren. Anschließend steht der Bereich zur Verfügung, zeigt aber noch keine Daten an.

Durch einen Klick auf einen der Bereiche zur Überwachung der CPU-Last, der Netzwerk-Auslastung oder des Speicherverbrauchs kann ein Zeitplan festgelegt werden, der steuert, wann ein Server Vorhersagen erstellt.

Über *Aktionen* werden wiederum die Skripts hinterlegt, die ausgeführt werden, wenn ein Server einen bestimmten Status erreicht. Über den Menüpunkt *Aufrufen* können Sie eine sofortige Vorhersage erstellen und anzeigen lassen.

Neben Windows Server System Insights spielen natürlich auch die Daten eine Rolle, die das Windows Admin Center im Bereich *Übersicht* anzeigt, wenn ein Server im Windows Admin Center angeklickt wird. Hier werden Laufzeitdaten der CPU-Belastung, des Netzwerks und des Speichers angezeigt sowie eine Vielzahl weiterer Informationen über den lokalen Server.

Neben Windows Server System Insights und der Übersicht zu den Servern im Windows Admin Center können Sie in den Einstellungen noch Erweiterungen installieren. Auch hier integriert Microsoft regelmäßig neue Erweiterungen und bindet auch solche von Dritt-Herstellern an. Dazu gehören aktuell zum Beispiel Überwachungsfunktionen von Fujitsu-Servern und andere Technologien.

Dienste und Prozesse überwachen

Mit den beiden Menüpunkten *Dienste* und *Prozesse* können die Verwaltung von Systemdiensten und die Überwachung von Prozessen durchgeführt werden. Sobald der entsprechende Menüpunkt ausgewählt wurde, stehen im oberen Bereich des Fensters wieder weitere Befehle zur Verfügung, um Dienste und Prozesse zu verwalten. Hier lassen sich zum Beispiel Systemdienste starten, beenden sowie deren Einstellungen anpassen. Bei Prozessen können Filter erstellt werden. Außerdem können Administratoren Prozesse beenden oder einen Dump des Prozesses erstellen.

3.5.13 Hyper-V mit dem Windows Admin Center verwalten

Über das Windows Admin Center kann auf einem Server mit Windows Server 2022 Hyper-V installiert und verwaltet werden. Dazu wird der Bereich *Rollen und Funktionen* genutzt. Hier sehen Sie, ob auf einem Server bereits Hyper-V installiert ist. Wenn das nicht der Fall ist, kann die Installation über den Webbrowser erfolgen.

Nach der Installation finden Sie auf einem Server die beiden Menüpunkte *Virtuelle Computer* und *Virtuelle Switches*. Hierüber werden die VMs und virtuellen Switches des ausgewählten Hyper-V-Hosts verwaltet.

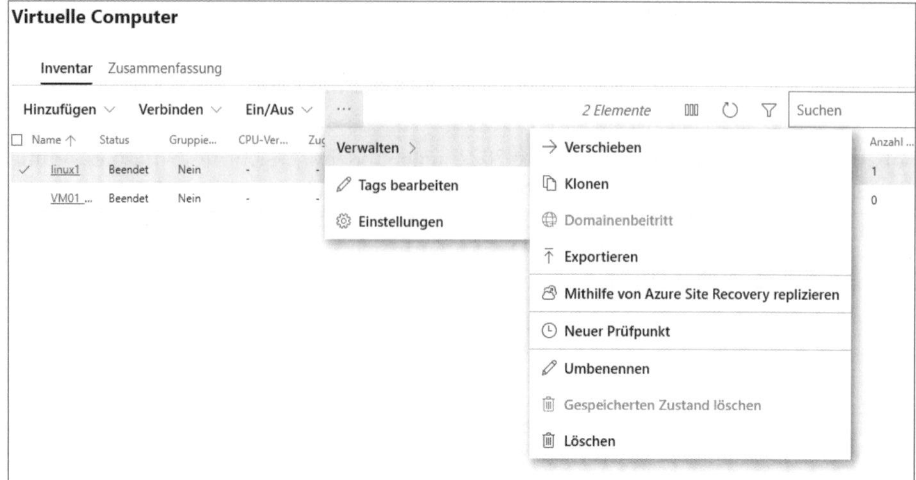

Abb. 3.16 Hyper-V im Windows Admin Center verwalten

Mit dem Menüpunkt *Inventar* erhalten Sie Zugriff auf die VMs des Servers und können diese über den Menüpunkt *Mehr* auch verwalten.

Über den Menüpunkt *Einstellungen* unten links lassen sich serverspezifische Einstellungen im Windows Admin Center vornehmen. Hier können Sie zum Beispiel auch die Hyper-V-Einstellungen eines Hyper-V-Hosts definieren.

Abb. 3.17 Einstellen von Servern im Windows Admin Center

Im Windows Admin Center ist die neue Funktion Windows Server System Insights über den Menüpunkt *Systemdaten* integriert. Hier können Sie über einen Assistenten zum maschinellen Lernen einen Hyper-V-Host überwachen. Dazu kann Insights auch Prognosen erstellen, wann es zum Beispiel auf einem Server zu Engpässen kommen kann.

3.6 Zusammenfassung

In diesem Kapitel haben wir Ihnen grundsätzlich gezeigt, wie Sie mit der Oberfläche von Windows Server 2022 umgehen. Wir sind darauf eingegangen, wie Sie Server im Netzwerk verwalten und mit dem Server-Manager in Windows Server 2022 umgehen.

Auch die Verwaltung und Einrichtung von Core-Servern sowie die Verwaltung von Windows Server mit den Remoteserver-Verwaltungstools in Windows ist Bestandteil des Kapitels.

Im nächsten Kapitel erfahren Sie, wie Serverrollen und Features in Windows Server 2022 installiert werden.

Kapitel 4

Serverrollen und Features installieren und einrichten

In diesem Kapitel zeigen wir Ihnen, welche verschiedenen Serverrollen und Features es gibt und wie Sie diese installieren. Serverrollen beschreiben die primäre Funktion eines Servers, zum Beispiel Webserver oder Domänencontroller. Features ergänzen das Betriebssystem um weitere Funktionen. Rollendienste erweitern wiederum die Serverrollen um weitere Funktionen.

Oft verschwimmen die Grenzen zwischen Features und Rollen sowie Rollendiensten. Die notwendigen Dateien für die Installation eines Windows-Clusters werden zum Beispiel als Feature und nicht als Serverrolle installiert.

Sie benötigen für die Installation von neuen Rollen und Diensten keine Installationsdateien von Windows Server 2022. Die notwendigen Dateien sind in der Installation eines Servers bereits verfügbar.

In Windows Server 2022 installieren Sie Rollen und Features über einen gemeinsamen Assistenten, bei Bedarf auch beides gemeinsam. Das erspart Neustarts und unnötige Konfigurationen. Sie können in Windows Server 2022 Rollen und Features über den Server-Manager oder das Windows Admin Center auch auf anderen Servern im Netzwerk installieren. Haben Sie die Remoteserver-Verwaltungstools von Windows 10/11 im Einsatz, können Sie die Installation ebenso von Arbeitsstationen aus starten. Über Arbeitsstationen können Sie mit einem Browser ebenfalls das Windows Admin Center nutzen.

In den einzelnen Kapiteln in diesem Buch gehen wir auf die Installation der jeweiligen Serverrolle ausführlich ein. In diesem Kapitel erfahren Sie wiederum generelle Vorgehensweisen, um Serverrollen zu installieren. In Kapitel 2 und 3 sind wir darauf eingegangen, wie Sie Serverrollen auch auf Core-Servern installieren.

4.1 Installieren von Serverrollen und Features auf einem Server

Auf einem Server lassen sich mehrere Rollen parallel und gleichzeitig über den Assistenten zum Hinzufügen von Rollen und Features installieren. In Windows Server 2022 können Sie Features zusammen mit Rollen installieren, wenn Sie den Server-Manager verwenden. Über den Eintrag *Verwalten/Rollen und Features hinzufügen* im Server-Manager startet ein Assistent, über den Sie einzelne Rollen auswählen und installieren können, auch mehrere Rollen auf einmal.

Im Windows Admin Center sind Rollen und Features untereinander angeordnet und lassen sich über *Rollen und Features* installieren. Dazu verbinden Sie sich mit dem Server im Windows Admin Center und klicken auf *Rollen und Features.* Setzen Sie einen Haken bei der Rolle, die Sie installieren wollen, und klicken Sie danach auf *Installieren.* Auf dem gleichen Weg können Sie mit *Deinstallieren* Serverrollen auch wieder entfernen.

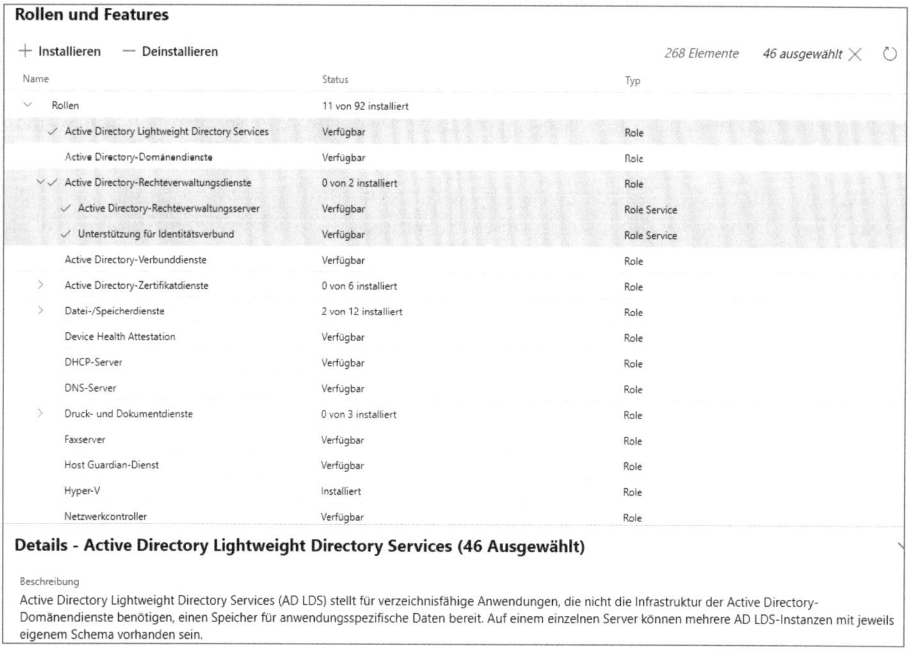

Rollen und Features

+ Installieren — Deinstallieren 268 Elemente 46 ausgewählt

Name	Status	Typ
Rollen	11 von 92 installiert	
✓ Active Directory Lightweight Directory Services	Verfügbar	Role
Active Directory-Domänendienste	Verfügbar	Role
✓ Active Directory-Rechteverwaltungsdienste	0 von 2 installiert	Role
✓ Active Directory-Rechteverwaltungsserver	Verfügbar	Role Service
✓ Unterstützung für Identitätsverbund	Verfügbar	Role Service
Active Directory-Verbunddienste	Verfügbar	Role
Active Directory-Zertifikatdienste	0 von 6 installiert	Role
Datei-/Speicherdienste	2 von 12 installiert	Role
Device Health Attestation	Verfügbar	Role
DHCP-Server	Verfügbar	Role
DNS-Server	Verfügbar	Role
Druck- und Dokumentdienste	0 von 3 installiert	Role
Faxserver	Verfügbar	Role
Host Guardian-Dienst	Verfügbar	Role
Hyper-V	Installiert	Role
Netzwerkcontroller	Verfügbar	Role

Details - Active Directory Lightweight Directory Services (46 Ausgewählt)

Beschreibung
Active Directory Lightweight Directory Services (AD LDS) stellt für verzeichnisfähige Anwendungen, die nicht die Infrastruktur der Active Directory-Domänendienste benötigen, einen Speicher für anwendungsspezifische Daten bereit. Auf einem einzelnen Server können mehrere AD LDS-Instanzen mit jeweils eigenem Schema vorhanden sein.

Abb. 4.1 Rollen im Windows Admin Center installieren und verwalten

4.1.1 Rollen installieren

Rollen sind meistens in mehrere Rollendienste aufgeteilt, die Sie nachträglich noch hinzufügen können. Auch das kann im Server-Manager und im Windows Admin Center erfolgen. Dazu müssen Sie einfach den entsprechenden Assistenten erneut starten oder die Rolle im Windows Admin Center auswählen und installieren lassen.

Wählen Sie eine Rolle aus, wird der Assistent im Server-Manager erweitert, um die Rolle zu konfigurieren oder weitere Rollendienste zur Rolle hinzuzufügen. Im Windows Admin Center sind die einzelnen Rollendienste unter den jeweiligen Rollen angeordnet und können jederzeit installiert werden.

Rollen und Features

+ Installieren — Deinstallieren

Name	Status
Volumenaktivierungsdienste	Verfügbar
⌄ ✓ Webserver (IIS)	8 von 43 installiert
⌄ ✓ FTP-Server	0 von 2 installiert
✓ FTP-Dienst	Verfügbar
✓ FTP-Erweiterbarkeit	Verfügbar
> ✓ Verwaltungsprogramme	1 von 7 installiert
⌄ ✓ Webserver	7 von 34 installiert
> ✓ Allgemeine HTTP-Features	4 von 6 installiert
> ✓ Anwendungsentwicklung	0 von 11 installiert
> ✓ Leistung	1 von 2 installiert
> ✓ Sicherheit	1 von 9 installiert
> ✓ Systemzustand und Diagnose	1 von 6 installiert

Abb. 4.2 Installieren von Rollendiensten unterhalb von Serverrollen im Windows Admin Center

Sie können in Windows Server 2022 natürlich weiterhin Serverrollen über den Server-Manager installieren. Auf der ersten Seite des Assistenten wählen Sie in diesem Fall zunächst aus, ob Sie eine Serverrolle oder die Remotedesktopdienste installieren möchten. Diese werden in Windows Server 2022 über den Assistenten zur Installation von Serverrollen getrennt eingerichtet.

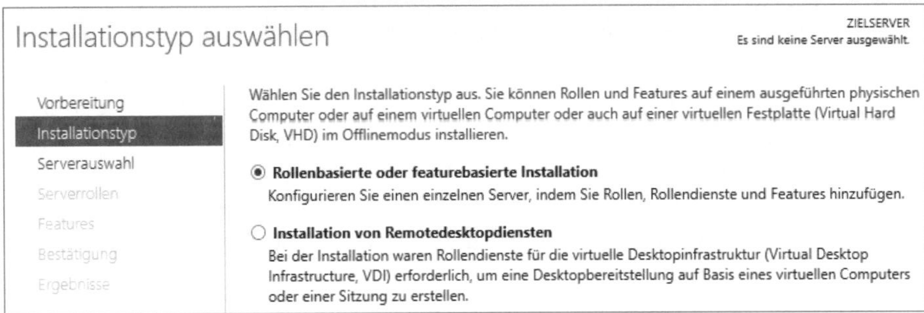

Abb. 4.3 Auswählen des Installationstyps

Haben Sie den Installationstyp ausgewählt, können Sie auf der nächsten Seite des Assistenten den Zielserver auswählen, auf dem Sie die Serverrolle installieren wollen. Sie sehen im Fenster aber nur Server, die Sie im Server-Manager bereits hinzugefügt haben (siehe Kapitel 3). Außerdem müssen die Server gestartet sein. Server, die nicht eingeschaltet sind, blendet der Assistent aus.

Um Server im Server-Manager hinzuzufügen, klicken Sie auf *Verwalten/Server hinzufügen*. Anschließend können Sie im Fenster eine Suche nach den Servern in der Domäne starten und diese im Assistenten hinzufügen. Damit die Server im Assistenten zum Hinzufügen von Rollen angezeigt werden, müssen Sie teilweise etwas warten und den Assistenten dann neu starten. Mehr zu diesem Thema lesen Sie in den Kapiteln 2 und 3.

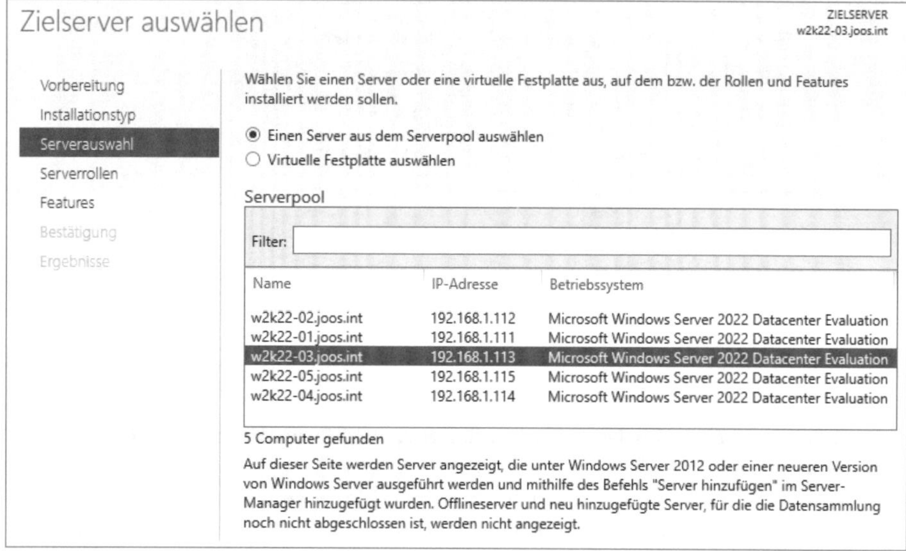

Abb. 4.4 Auswählen des Servers zur Installation von Serverrollen

Starten Sie den Installations-Assistenten für Rollen und Features, scannt er nach Servern, die im lokalen Server-Manager angebunden und online sind. Aus diesen Servern können Sie den Zielserver auswählen, um Rollen und Features zu installieren.

Sie können an dieser Stelle aber nicht nur einen Server auswählen, der gerade online ist, sondern auch virtuelle Festplatten, auf denen Windows Server 2022 installiert ist. Wählen Sie diese Option aus, müssen Sie im unteren Eingabefeld den Speicherort der virtuellen Festplatte angeben. Dabei kann es sich auch um eine Netzwerkfreigabe handeln.

Haben Sie den Server oder die virtuelle Festplatte ausgewählt, auf dem Sie Serverrollen und Features installieren wollen, wählen Sie auf der nächsten Seite aus, welche Rolle Sie installieren wollen.

Wählen Sie eine Rolle zur Installation aus, zeigt der Assistent alle abhängigen Rollendienste und Features an, die durch Auswahl dieser Rolle auf dem Server ebenfalls notwendig sind. Folgende Rollen stehen für Windows Server 2022 zur Verfügung:

- **Active Directory Lightweight Directory Services (AD LDS)** – Mit diesen Diensten können Applikationen arbeiten, die Informationen in einem Ordner speichern. Im Gegensatz zu den Active Directory-Domänendiensten wird der Ordner nicht als Dienst ausgeführt. Diese Dienste benötigen keinen reinen Domänencontroller. Auf einem Server können mehrere Instanzen laufen. Bei AD LDS handelt es sich sozusagen um ein »Mini«-Active Directory ohne große Verwaltungsfunktionen. AD LDS ist eine Low-End-Variante von Active Directory. Es basiert auf der gleichen Technologie und unterstützt ebenfalls Replikation. Mit AD LDS können LDAP-Ordner für Anwendungen erstellt werden, die wiederum mit Active Directory synchronisiert werden und dieses auch für die Authentifizierung nutzen können. Auf einem Server lassen sich parallel mehrere Instanzen betreiben. Der Dienst ist für Organisationen entwickelt, die eine flexible Unterstützung ordnerfähiger Anwendungen benötigen. Damit können Unternehmen zum Beispiel andere LDAP-Ordner in Testumgebungen installieren, ohne auf Software eines Drittanbieters zurückgreifen zu müssen.

- **Active Directory-Domänendienste (Active Directory Domain Services, AD DS)** – Hierbei handelt es sich um die Rolle eines Domänencontrollers für das Active Directory. Bevor Sie einen Server zum Domänencontroller für das Active Directory heraufstufen können, muss diese Rolle installiert sein. Sie finden diese Rolle in den verschiedenen Kapiteln dieses Buchs wieder. Mehr zu diesem Thema lesen Sie auch in den Kapiteln 10 bis 19.
- **Active Directory-Rechteverwaltungsdienste (Active Directory Rights Management Services, AD RMS)** – Mit dieser Technologie werden Daten mit digitalen Signaturen versehen, um sie vor unerwünschtem Zugriff zu sichern. Besitzer von Dateien können basierend auf Benutzerinformationen exakt festlegen, was andere Benutzer mit den Dateien machen dürfen. Dokumente können mit »Nur Lesen«-Rechten konfiguriert werden. Mehr zu diesem Thema lesen Sie in Kapitel 33.

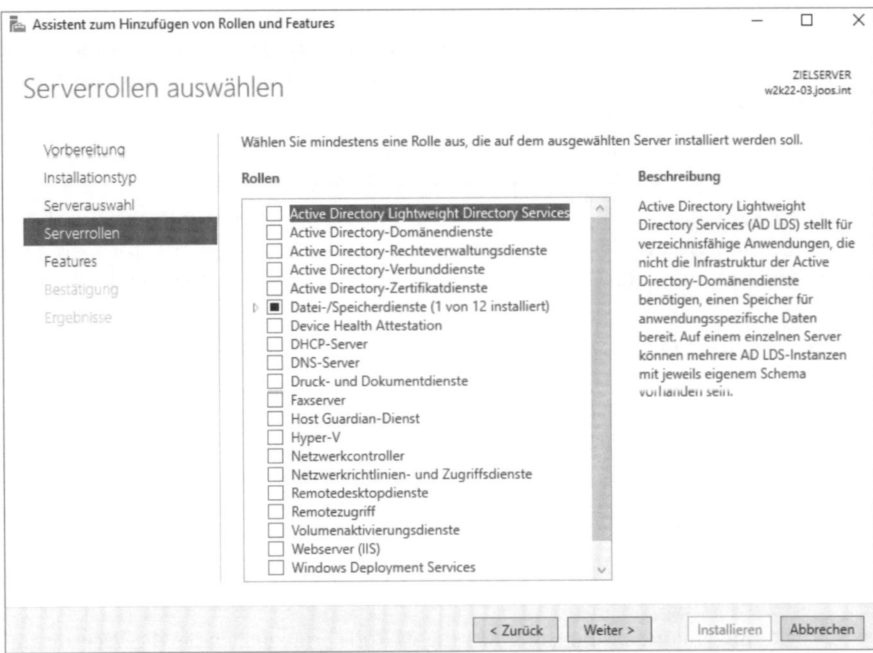

Abb. 4.5 Auswählen der zu installierenden Serverrollen in Windows Server 2022

- **Active Directory-Verbunddienste (Active Directory Federation Services, ADFS)** – Mit den ADFS können Sie eine webbasierte Single Sign-On-(SSO-)Infrastruktur aufbauen. Profitieren sollen hauptsächlich unternehmensinterne Verbände (auch mit mehreren Gesamtstrukturen) sowie Cloudplattformen. Der Identitätsverbund ermöglicht es Unternehmen, die in Active Directory gespeicherten Identitätsinformationen eines Benutzers auf sichere Weise über Verbundvertrauensstellungen gemeinsam zu nutzen, wodurch die Zusammenarbeit erheblich vereinfacht werden soll. Eingesetzt werden die Dienste zum Beispiel, wenn Authentifizierungsdaten zwischen lokalen Installationen und Office 365 oder Microsoft Azure ausgetauscht werden sollen.
- **Active Directory-Zertifikatdienste (Active Directory Certificate Services, AD CS)** – Diese Rolle installiert eine Zertifizierungsstelle in Windows Server 2022. Viele Serverdienste wie Exchange und SQL benötigen Zertifikate, das gilt auch für Dienste wie DirectAccess. In Active Directory-Gesamtstrukturen sind oft Zertifikate unerlässlich. Aus diesem Grund kann es sich anbieten, diese Serverrolle auf Domänencontrollern mit zu installieren. Auch unter Windows Server 2022 können Sie über einen Browser auf die Zertifizierungsstelle zugreifen. Diese Funktionalität wird allerdings nicht automatisch installiert, sondern muss über den Rollendienst *Zertifizierungsstellen-Webregistrierung* installiert werden. Nach der Installation des Rollendienstes steht die Webseite der Zertifizierungsstelle zur Verfügung. Die Adresse lautet *http://<Servername>/certsrv*. Mehr zu diesem Thema lesen Sie auch in Kapitel 30.
- **Datei- und Speicherdienste** – Installieren Sie diese Rolle, können Sie den Server als Dateiserver verwenden, um Freigaben zu erstellen. Die Dateidienste beinhalten Erweiterungen wie die Dateiklassifizierungsdienste oder Funktionen zur Unterstützung von iSCSI und Speicherpools. Auch BranchCache, Datendeduplizierung und der Ressourcen-Manager für Dateiserver (Fileserver Resource Manager, FSRM) gehört zu dieser Serverrolle. Das verteilte Dateisystem (Distributed File System, DFS) installieren Sie als Rollendienst über diese Rolle. Mehr zu diesem Thema lesen Sie in den Kapiteln 5 und 20 bis 22.
- **Device Health Attestion** – Diese Serverrolle ist neu seit Windows Server 2016. Sie bietet Mobile Device Management-Funktionen für Windows 10/11.
- **DHCP-Server** – Diese Rolle beinhaltet die Funktion eines DHCP-Servers für das Netzwerk. Unter Windows Server 2022 kann der DHCP-Server auch IPv6-Adressen verteilen, ist also vollständig DHCPv6-kompatibel. Mehr zu diesem Thema lesen Sie in Kapitel 24.
- **DNS-Server** – Installieren Sie diese Rolle, erhält der Server die Möglichkeit, DNS-Zonen zu verwalten. Das ist zum Beispiel auch für Domänencontroller notwendig, da hier wichtige Daten in DNS gespeichert werden. DNS-Server und -Clients mit Windows Server 2022 bieten auch eine Unterstützung für die Domain Name System-Sicherheitserweiterungen (Domain Name System Security Extensions, DNSSEC). Sie können DNSSEC-Zonen signieren und hosten, um Sicherheit für die DNS-Infrastruktur bereitzustellen. In Windows Server 2022 sind diese Funktionen direkt in der grafischen Oberfläche integriert. Außerdem unterstützt DNSSEC Active Directory und schreibgeschützte Domänencontroller. Mehr zu diesem Thema lesen Sie in den Kapiteln 25 und 26.
- **Druck- und Dokumentdienste** – Mit dieser Rolle ermöglichen Sie die Verwaltung von mehreren lokal angeschlossenen Druckern an einem Server (Druckserver). Die Drucker können an diesen Server auch per LAN angeschlossen werden. Außerdem können Sie mit dieser Rolle Scanner im Netzwerk bereitstellen. Dokumente lassen sich durch In-

stallation dieser Rolle an SharePoint-Webseiten weiterleiten. Außerdem verwalten Sie mit der Rolle auch andere Druckserver im Netzwerk zentral von einem Server aus. Mehr zu diesem Thema lesen Sie in Kapitel 23.

- **Faxserver** – Diese Server senden und empfangen Faxe. Auch die Verwaltung von Faxressourcen über das Netzwerk wird durch diese Rolle installiert.
- **Host Guardian-Dienst** – Mit dieser neuen Serverrolle ermöglichen Sie die Abschottung einzelner VMs von anderen VMs. Solche VMs werden in Windows Server 2022 auch als »Shielded VMs« bezeichnet und bieten eine besondere Sicherheit.
- **Hyper-V** – Mit dieser Rolle installieren Sie Hyper-V mit den notwendigen Verwaltungsprogrammen auf dem Server. Mehr zu diesem Thema lesen Sie in den Kapiteln 7 bis 9.
- **Netzwerkcontroller** – Der Network Controller-Dienst erlaubt die zentrale Verwaltung, Überwachung und Konfiguration von Netzwerkgeräten. Anbinden lassen sich physische Netzwerkgeräte, aber auch virtuelle Netzwerke sowie Netzwerke in Microsoft Azure. Neben Hardware-Geräten lassen sich softwarebasierte Netzwerkdienste verwalten.
- **Netzwerkrichtlinien- und Zugriffsdienste (Network Policy and Access Services)** – Hierbei handelt es sich um eine Sicherheits-Funktion von Windows Server 2022. Mit dieser Rolle können Sie Benutzern Zugriff auf verschiedene Netzwerksegmente gewähren. Auch wenn Sie einen Server als Router zwischen verschiedenen Netzwerken einsetzen, verwenden Sie diese Rolle.
- **Remotedesktopdienste** – Bei dieser Funktion werden die Remotedesktopdienste im Anwendungsmodus installiert. Mehr zu diesem Thema lesen Sie in Kapitel 28.
- **Remotezugriff** – Sie installieren mit dieser Rolle DirectAccess und normale RAS-Verbindungen gemeinsam. In Windows Server 2022 erfolgt die Konfiguration von RAS und DirectAccess in einer gemeinsamen Oberfläche. Mehr zu diesem Thema lesen Sie in Kapitel 32.
- **Volumenaktivierungsdienste** – Mit dieser Serverrolle installieren Sie einen Schlüsselverwaltungsdienst (Key Management Service, KMS) im Netzwerk. Der Server verwaltet dann zentral die Produktschlüssel für alle Clients, die Sie über KMS aktivieren. In Active Directorys sorgt der Dienst für eine Überwachung und Aktivierung der Rechner.
- **Webserver (IIS)** – Installieren Sie diese Rolle, werden die Internetinformationsdienste (Internet Information Services, IIS) auf dem Server aktiviert. Mehr zu diesem Thema lesen Sie in Kapitel 27.
- **Windows Server Update Services (WSUS)** – Unternehmen, die mehrere Microsoft-Produkte und Clientsysteme im Netzwerk einsetzen, kommen um eine zentrale Verwaltung der Patches kaum herum. Windows Server 2022 bietet dazu, wie bereits der Vorgänger, die Windows Server Update Services. Die grundlegende Funktion hat sich von Windows Server 2008 R2 zu Windows Server 2022 nicht geändert. Mehr zu diesem Thema lesen Sie in Kapitel 37.
- **Windows-Bereitstellungsdienste (Windows Deployment Services, WDS)** – Hiermit können Sie Images von Windows 7/8, Windows 10/11, aber auch Windows Server 2012/2012 R2 und Windows Server 2016/2019/2022 im Netzwerk verteilen und die Installation von Servern und Arbeitsstationen automatisieren. Mehr zu diesem Thema lesen Sie in Kapitel 39. WDS wird in Windows Server 2022 als veraltet markiert. Das heißt, in Zukunft wird es diesen Dienst nicht mehr geben. Windows 11 lässt sich nur eingeschränkt mit WDS bereitstellen.

Wenn Sie eine Serverrolle auswählen, erscheint ein Fenster, in dem der Assistent anzeigt, welche Features und Rollendienste noch zusätzlich notwendig sind. In diesem Fenster können Sie zudem festlegen, ob auf dem entsprechenden Server die notwendigen Verwaltungswerkzeuge installiert werden sollen. Das ist nicht auf allen Servern notwendig, wenn Sie zum Beispiel von einem zentralen Server aus verschiedene Server verwalten wollen.

Abb. 4.6 Hinzufügen von notwendigen Features für eine Serverrolle

Sobald Sie eine Serverrolle auswählen, erweitert sich der Assistent automatisch um weitere Seiten, auf denen Sie die entsprechende Rolle bereits während der Installation konfigurieren oder zumindest Hinweise erscheinen, was Sie für den Betrieb der Rolle beachten müssen.

Um den Assistenten abzuschließen, bestätigen Sie die weiteren Fenster. Auf Core-Servern stehen weniger Serverrollen zur Verfügung. Auch diese können Sie über den Server-Manager oder das Windows Admin Center installieren, wenn Sie Core-Server über das Netzwerk angebunden haben. Die wichtigsten Rollen für Core-Server sind:

- Active Directory-Zertifikatdienste (siehe Kapitel 30)
- Active Directory-Domänendienste (siehe die Kapitel 10 bis 19)
- DHCP-Server (siehe Kapitel 24)
- DNS-Server (siehe Kapitel 25)
- Dateidienste (einschließlich Ressourcen-Manager für Dateiserver, siehe Kapitel 20 und 21)
- Active Directory Lightweight Directory Services (AD LDS)
- Hyper-V (siehe Kapitel 7 bis 9)
- Druck- und Dokumentdienste (siehe Kapitel 23)
- Streaming Media-Dienste
- Webserver (einschließlich ASP.NET, siehe Kapitel 27)
- Windows Server Update Services (siehe Kapitel 37)
- Active Directory-Rechteverwaltungsserver (siehe Kapitel 33)
- Routing- und RAS-Server (siehe Kapitel 32)

4.1.2 Features installieren und verwalten

Serverrollen bestimmen den primären Verwendungszweck eines Servers. Mit den Rollendiensten im Server-Manager werden untergeordnete Funktionen zu Rollen hinzugefügt. Features erweitern unabhängig von Serverrollen das Betriebssystem um zusätzliche Möglichkeiten.

Verwechseln Sie Features/Funktionen nicht mit Rollendiensten. Features sind einzelne Funktionen, die einen Server erweitern. Auch sie werden über den Server-Manager installiert, indem Sie den gleichen Assistenten wie bei der Installation von Serverrollen verwenden. Im Windows Admin Center sind die Features unterhalb der Rollen bei *Rollen und Funktionen* angeordnet.

Wählen Sie über *Verwalten/Rollen und Features hinzufügen* auf der Seite *Features auswählen* die neuen Features aus, die Sie installieren wollen. Im folgenden Abschnitt zeigen wir Ihnen, welche Features in Windows Server 2022 zur Verfügung stehen:

- **.NET Framework 3.5-Funktionen** – Dieses Feature erweitert den Server um die Funktionen von .NET Framework 3.5. und 2.0. Viele Anwendungen benötigen noch die älteren Versionen von .NET Framework.
- **.NET Framework 4.8-Features** – Neu in Windows Server 2022 ist das Feature zur Installation von .NET Framework 4.8 für neue Anwendungen, die für Windows Server und Windows 10/11 optimiert sind.
- **BitLocker-Laufwerkverschlüsselung** – BitLocker bietet eine Verschlüsselung für lokale Festplatten und im Gegensatz zum verschlüsselten Dateisystem (Encrypting File System, EFS) auch Schutz vor Diebstahl oder dem Ausbau des Datenträgers. Server in Niederlassungen lassen sich mit BitLocker besser verschlüsseln. BitLocker unterstützt auch Hardwareverschlüsselungstechnologien von Festplatten und eine inkrementelle Verschlüsselung. Bei Aktivierung verschlüsselt das System nur verwendete Bereiche der Festplatte und erweitert die Verschlüsselung, wenn neue Daten auf der Festplatte gespeichert werden. Mehr zu diesem Thema lesen Sie in Kapitel 5.
- **BitLocker-Netzwerkentsperrung** – BitLocker-Netzentsperrung kann verschlüsselte Domänencomputer zentral entsperren. Das ist zum Beispiel sinnvoll, wenn Computer im Netzwerk gewartet werden sollen und neu starten müssen. Mit der zentralen Entsperrung optimieren Sie diesen Vorgang.
- **BranchCache** – Durch die Aktivierung von BranchCache als Feature kann ein Server als Client für BranchCache dienen. Um BranchCache als Server einzusetzen, müssen Sie noch den Rollendienst für BranchCache aus der Serverrolle der Dateidienste installieren. BranchCache bietet eine Zwischenspeicherung von Dateien für den schnelleren Zugriff von Windows 7/8- und Windows 10/11-Computern in Niederlassungen. Mehr zu diesem Thema lesen Sie in Kapitel 33.
- **Client für NFS** – Mit dem Client für NFS lassen sich Server mit UNIX-NFS-Freigaben verbinden.
- **Container** – Mit diesem Feature installieren Sie die Docker-Container-Technologien auf Servern mit Windows Server 2022.

- **Data Center Bridging** – Mit dieser Funktion erweitern Sie den Server, um den Datenverkehr in großen Netzwerken steuern zu können. Unterstützt der Netzwerkadapter die Funktion Converged Network Adapter (CNA), lassen sich Daten wie iSCSI oder RDMA besser nutzen (siehe Kapitel 1). Außerdem lassen sich Bandbreiten für die verschiedenen Funktionen festlegen.
- **DirectPlay** – Mit diesem neuen Feature integrieren Sie DirectPlay als Komponente auf einem Server. Bei diesem Protokoll können verschiedene Transport- und Übertragungsaufgaben zwischen Servern realisiert werden. Das Feature ergibt vor allem auf Remotedesktop-Servern Sinn.
- **E/A-QoS** – Definieren von Bandbreitengrenzwerten für Anwendungen auf dem Server.
- **Einfache TCP/IP-Dienste** – Installieren Sie diese Funktionen, werden auf dem Server noch einige zusätzliche Dienste für TCP/IP aktiviert. Sie sollten diese Dienste nur dann installieren, wenn sie von einer speziellen Applikation benötigt werden. Folgende Funktionen sind in den einfachen TCP/IP-Diensten enthalten: Der *Zeichengenerator (CHARGEN)* sendet Daten, die sich aus einer Folge von 95 druckbaren ASCII-Zeichen zusammensetzen. Dieses Protokoll wird als Debuggingtool zum Testen oder zur Problembehandlung bei Zeilendruckern verwendet. *Daytime* zeigt Meldungen mit Wochentag, Monat, Tag, Jahr, aktueller Uhrzeit (im Format HH:MM:SS) und Informationen zur Zeitzone an. Einige Programme können die Ausgabe dieses Dienstes zum Debuggen oder Überwachen von Abweichungen der Systemuhr oder auf einem anderen Host verwenden. *Discard* verwirft alle über diesen Anschluss empfangenen Meldungen, ohne dass eine Antwort oder Bestätigung gesendet wird. Die Funktion kann als Nullanschluss für den Empfang und die Weiterleitung von TCP/IP-Testnachrichten während der Netzwerkinstallation und -konfiguration verwendet werden. *Echo* erzeugt Echorückmeldungen zu allen über diesen Serveranschluss empfangenen Nachrichten. Der *Echo*-Befehl kann als Debugging- und Überwachungstool in Netzwerken eingesetzt werden. Das *Zitat des Tages (QUOTE)* gibt ein Zitat in Form eines ein- oder mehrzeiligen Texts in einer Meldung zurück. Die Zitate werden nach dem Zufallsprinzip aus der folgenden Datei ausgewählt: *C:\Windows\System32\Drivers\Etc\Quotes*. Eine Beispieldatei mit Zitaten wird mit den einfachen TCP/IP-Diensten installiert. Wenn diese Datei fehlt, kann der Zitatdienst nicht ausgeführt werden.
- **Erweitertes Speichern** – Mit dieser Funktion können Sie die Zusammenarbeit von Windows Server 2022 mit externen Speichergeräten verbessern, indem die beteiligten Komponenten Berechtigungen austauschen.
- **Failoverclustering** – Mit dieser Funktion installieren Sie die Clusterfunktionalität von Windows Server 2022. Wie andere frühere Enterprise-Funktionen steht auch das Clustering in Windows Server 2022 in der Standard-Edition zur Verfügung. Mehr zu diesem Thema lesen Sie in Kapitel 9.
- **Gruppenrichtlinienverwaltung** – Mit dieser Funktion installieren Sie die Gruppenrichtlinienverwaltungskonsole (Group Policy Management Console, GPMC), mit der Sie die Gruppenrichtlinien in Active Directory verwalten können. Auf Domänencontrollern wird das Feature automatisch installiert. Mehr zu diesem Thema lesen Sie in Kapitel 19.
- **Hostfähiger Webkern für Internetinformationsdienste** – Dieses Feature ermöglicht Serveranwendungen, eigene Konfigurationsdateien für den IIS zu verwenden, die sich von den anderen Konfigurationsdateien unterscheiden. Arbeitsordner in Windows Server 2022 und Windows 10/11 nutzen zum Beispiel diese Funktion.

- **Hyper-V-Unterstützung durch Host Guardian** – Installiert notwendige Funktionen, um den Hyper-V-Host an den Host Guardian Service anzubinden, mit dem wiederum VMs verschlüsselt werden können.
- **IIS-Erweiterung für OData Services for Management** – Mit dieser Funktion stellen Sie PowerShell-Cmdlets für einen Webdienst zur Verfügung. Mehr zu diesem Thema lesen Sie in Kapitel 27.
- **Intelligenter Hintergrundübertragungsdienst** – Bei dieser Technologie kann ein Server im Hintergrund Daten empfangen, ohne die Bandbreite im Vordergrund zu beeinträchtigen. Ein Server kann dadurch – zum Beispiel bei installiertem WSUS – Patches aus dem Internet herunterladen. Dazu wird nur so viel Bandbreite verwendet, wie derzeit bei dem Server ungenutzt ist. Andere Netzwerkanwendungen können so auf einem Server weiterhin auf die volle Netzwerkperformance zugreifen.
- **Interne Windows-Datenbank** – Hierbei handelt es sich um eine kostenlose relationale Datenbank, die einige Serverdienste nutzen. Die Datenbank kann allerdings nicht von Drittherstellerprodukten verwendet werden, sondern nur von den Funktionen und Rollen in Windows Server 2022.
- **Internetdruckclient** – Mit diesem Feature können Sie über das HTTP-Protokoll auf die Drucker des Servers zugreifen. Dadurch wird Anwendern ermöglicht, über das Internet auf die Drucker zuzugreifen. Diese Funktion ist zum Beispiel für mobile Mitarbeiter sinnvoll, die Dokumente von unterwegs in der Firma ausdrucken wollen, wie Ausdrucke für Aufträge oder Ähnliches.
- **IP-Adressenverwaltungsserver (IPAM-Server)** – Die Serverlösung hat die Aufgabe, Infrastrukturserver, die die IP-Adressen im Netzwerk verwalten, in einer gemeinsamen Oberfläche zusammenzuführen und zentral zu verwalten und zu überwachen. Natürlich gibt es weiterhin Verwaltungskonsolen für DHCP und DNS. Zwar lassen sich viele Einstellungen von DHCP auch in der IPAM-Konsole vornehmen, aber für erweiterte Aufgaben wie Ausfallsicherheit von DHCP-Servern ist weiterhin die DHCP-Konsole notwendig. IPAM dient nicht nur der Überwachung von DNS- und DHCP-Servern, sondern bietet auch eine effiziente Verwaltungsmoglichkeit dieser Server, und zwar in einer gemeinsamen Oberfläche. Microsoft geht mit der neuen Serverrolle auf die ständig wachsende Anzahl an DNS- und DHCP-Servern in Unternehmen und der damit verbundenen komplizierteren Verwaltung ein. Damit Administratoren einen Überblick über die verschiedenen IP-Adressbereiche und DNS-Domänen erhalten, sind oft Zusatztools im Einsatz oder Excel-Tabellen, in denen die Daten aufgelistet sind. Damit soll IPAM Schluss machen. IPAM verfügt generell über folgende Funktionen: Automatisches Auffinden der IP-Adresse-Infrastruktur im Unternehmen, Erstellen von Berichten für IP-Infrastruktur, Überwachung der Infrastruktur-Server im Netzwerk und der vorhandenen IP-Adressen, Überwachung von Netzwerkzugriffschutz-Servern, Überwachung von Domänencontrollern. Mehr zu diesem Thema lesen Sie in Kapitel 24.
- **LPR-Portmonitor** – Windows-Betriebssysteme unterscheiden zwischen lokalen und Netzwerkdruckern. Für andere Druckprotokolle, also auch für das LPR-Druckprotokoll, werden die Verbindungen zu Druckern über sogenannte Ports (Anschlüsse) abgewickelt. Sie ergänzen die standardmäßig vorhandenen lokalen Ports. Die Druckerports für das LPR-Protokoll werden LPR-Ports genannt. Jeder LPR-Port verweist auf eine Queue eines Remotedruckservers. LPR-Ports werden also unter Windows-Betriebssys-

temen wie lokale Anschlüsse behandelt. Deshalb werden auch Drucker, die über das LPR-Protokoll angesprochen werden, als lokale Drucker angesehen. Mehr zu diesem Thema lesen Sie in Kapitel 23.

- **Media Foundation** – Dieses Feature bietet die Möglichkeit, dass Anwendungen Miniaturansichten für Mediendateien zur Verfügung stellen können. Das Tool arbeitet mit der Desktopdarstellung zusammen und ist auf Remotedesktopservern sinnvoll.
- **Message Queuing** – Mit dieser Funktion können Nachrichten gesichert und überwacht zwischen Applikationen auf dem Server ausgetauscht werden. Nachrichten können priorisiert werden und es gibt eine Vielzahl an Möglichkeiten, um die Konfiguration anzupassen. Message Queuing (auch als *MSMQ* bezeichnet) ist sowohl eine Kommunikationsinfrastruktur als auch ein Entwicklungswerkzeug. Für Systemadministratoren als auch für Softwareentwickler bietet Message Queuing Möglichkeiten wie Installation und Verwaltung der Infrastruktur, Entwicklung von Nachrichtenanwendungen und vieles mehr.
- **Microsoft Defender Antivirus** – Standardvirenscanner von Microsoft, der auch in Windows Server 2022 installiert ist.
- **Multipfad-E/A** – Durch Multipfad wird die Verfügbarkeit erhöht, weil mehrere Pfade (Pfad-Failover) von einem Server oder Cluster zu einem Speichersubsystem zugelassen werden. Unterstützt ein Server im SAN die Funktion Microsoft Multipfad-E/A (Multipath I/O, MPIO), können Sie mehr als einen Pfad zum Lesen und Schreiben für eine LUN (Logical Unit Number, logische Gerätenummer) aktivieren, indem Sie auf diesem Server mehrere Fibrechannel-Ports oder iSCSI-Adapter derselben LUN zuweisen. Dies gilt auch für das Zugreifen auf die LUN von einem Cluster. Stellen Sie zum Vermeiden von Datenverlust vor dem Aktivieren von Zugriff über mehrere Pfade sicher, dass der Server oder Cluster die Funktion Multipfad-E/A unterstützt.
- **MultiPoint Connector** – Dieses neue Serverfeature arbeitet mit den MultiPoint-Services zusammen. Mit den Funktionen lassen sich zum Beispiel MultiPoint-Server im Netzwerk verwalten.
- **Netzwerklastenausgleich** – Mit dieser Funktion können Sie einen Lastenausgleich zwischen mehreren Servern im Netzwerk bereitstellen. Zu den Anwendungen, die vom Netzwerklastenausgleich profitieren können, zählen IIS, Remotedesktopserver sowie virtuelle private Netzwerke, Windows Media-Dienste und viele Server mehr. Mithilfe des Netzwerklastenausgleichs können Sie außerdem die Serverleistung skalieren, sodass der Server mit den steigenden Anforderungen der Internetclients Schritt halten kann. Ausgefallene oder offline geschaltete Computer werden automatisch erkannt und wiederhergestellt. Die Netzwerklast wird nach dem Hinzufügen oder Entfernen von Hosts automatisch umverteilt. Mehr zu diesem Thema lesen Sie in Kapitel 34.
- **Netzwerkvirtualisierung** – Bietet die Möglichkeit, mehrere virtuelle Netzwerke in einem physischen Netzwerk zu betreiben. Das Feature ist vor allem für Netzwerke mit Software Defined Networking interessant, in denen Windows-Server integriert werden sollen.
- **Peer Name Resolution-Protokoll** – PNRP ermöglicht die verteilte Auflösung eines Namens in eine IPv6-Adresse und Portnummer. Einfach betrachtet ist PNRP eine P2P-Anwendung, die die Form eines Windows-Dienstes annimmt. PNRP baut auf IPv6 auf.

- **RAS-Verbindungs-Manager-Verwaltungskit** – Mit dem Toolkit erstellen Sie ausführbare Dateien, die auf Clientcomputern Einstellungen für RAS-Verbindungen und DirectAccess automatisieren.
- **Remotedifferenzialkomprimierung** – Dieses Feature ermöglicht die verbesserte Übertragung von geänderten Daten in schmalbandigen Netzwerken. Ist zum Beispiel ein Server über ein langsames WAN angebunden, erkennt dieses Feature, wenn Änderungen an Dateien vorgenommen wurden, und kopiert nur die geänderten Daten über das Netzwerk, nicht die komplette Datei. Diese Funktion wird zum Beispiel von DFS (Distributed File System, verteiltes Dateisystem) verwendet.
- **Remoteserver-Verwaltungstools** – Diese Funktion wird auf normal installierten Servern automatisch installiert. Sie können mit diesen Tools die Funktionen über das Netzwerk auf einem Windows Server 2022 verwalten. Mehr zu diesem Thema lesen Sie in Kapitel 3.
- **Remoteunterstützung** – Installieren Sie diese Funktion, können Sie an Kollegen eine Remoteunterstützungsanforderung schicken, damit sich diese per Remotedesktop auf den Server verbinden können. Diese Funktion wird normalerweise eher für Arbeitsstationen verwendet als auf Servern. Es spielt keine Rolle, ob die Verbindung mit dem entfernten Rechner über das Netzwerk, Internet oder via Modem per Telefonleitung erfolgt. Auf Remotedesktopservern kann die Funktion durchaus sinnvoll sein.
- **RPC-über-HTTP-Proxy** – Mit dieser Funktion werden Remoteprozeduraufrufe (Remote Procedure Call, RPC) in HTTP-Pakete gekapselt. Die Remotedesktopgateway-Rolle baut ebenfalls auf diese Funktion auf.
- **Sammlung von Setup- und Startereignissen** – Dieses Feature kann Setup-Protokolldateien und andere Logdateien im Netzwerk auslesen und erfassen.
- **Simple TCP/IP Services** – Installiert die einfachen TCP/IP-Dienste in Windows Server 2022. Das Feature wird aber nur für die Rückwärtskompatibilität benötigt.
- **SMB 1.0/CIFS File Sharing Support** – Installiert die Unterstützung für SMB 1.0, ebenfalls für die Rückwärtskompatibilität.
- **SMB-Bandbreitengrenzwert** – Hier steuern Sie die Bandbreite, die Servern und Computern über das SMB-Protokoll im Netzwerk zur Verfügung stehen.
- **SMTP-Server** – Über diese Funktion installieren Sie einen Mailserver auf dem Server.
- **SNMP-Dienst** – Das Simple Network Management-Protokoll (SNMP) ist ein Standard, mit dem SNMP-fähige Applikationen, hauptsächlich Überwachungsprogramme für Server, Informationen von einem Server abfragen können. Hierbei handelt es sich um einen optionalen Dienst, der im Anschluss an eine erfolgreiche Konfiguration des TCP/IP-Protokolls installiert werden kann. Der SNMP-Dienst stellt einen SNMP-Agenten bereit, der eine zentrale Remoteverwaltung von Computern ermöglicht. Wenn Sie auf die vom SNMP-Agent-Dienst bereitgestellten Informationen zugreifen möchten, benötigen Sie eine Softwareanwendung des SNMP-Verwaltungssystems. Der SNMP-Dienst unterstützt zwar SNMP-Verwaltungssoftware, diese ist jedoch derzeit noch nicht im Lieferumfang enthalten.
- **Software Load Balancer** – Bietet Lastenausgleich für Netzwerkressourcen.
- **Speicherreplikat** – Ermöglicht die Replikation kompletter Datenträger auf andere Server oder Rechenzentren.

- **Standardisierte Windows-Speicherverwaltung** – Mit dem Feature lassen sich Hardwarespeichergeräte, die SMI-S unterstützen, an Windows Server 2022 anbinden und über Windows-Tools verwalten. Es stehen auch Befehle über WMI und der PowerShell zur Verfügung.
- **Storage Migration Service** – Ermöglicht die Migration von älteren Dateiservern zu Windows Server 2022 oder Microsoft Azure. Bei der Migration lassen sich Daten, Berechtigungen und Freigaben über einen Assistenten migrieren.
- **Storage Migration Service Proxy** – Stellt den Dienst zur Verfügung, mit dem Server über Storage Migration Service verbunden und Daten migrieren können.
- **Systemdaten** – Installiert Windows Server System Insights (siehe Kapitel 3).
- **Systemdatenarchivierung** – Arbeitet mit Windows Server System Insights aus dem Windows Admin Center zusammen (siehe Kapitel 3).
- **Telnet-Client** – Mit dem Telnet-Client können Sie sich per Telnet auf einen anderen Server verbinden. Standardmäßig ist dieser Client unter Windows Server 2022 nicht installiert.
- **TFTP-Client** – Bei dieser Funktion handelt es sich um einen eingeschränkten FTP-Client, der hauptsächlich für die Updates von Firmware oder das Übertragen von Informationen zu Systemen gedacht ist, auf denen ein TFTP-Server läuft.

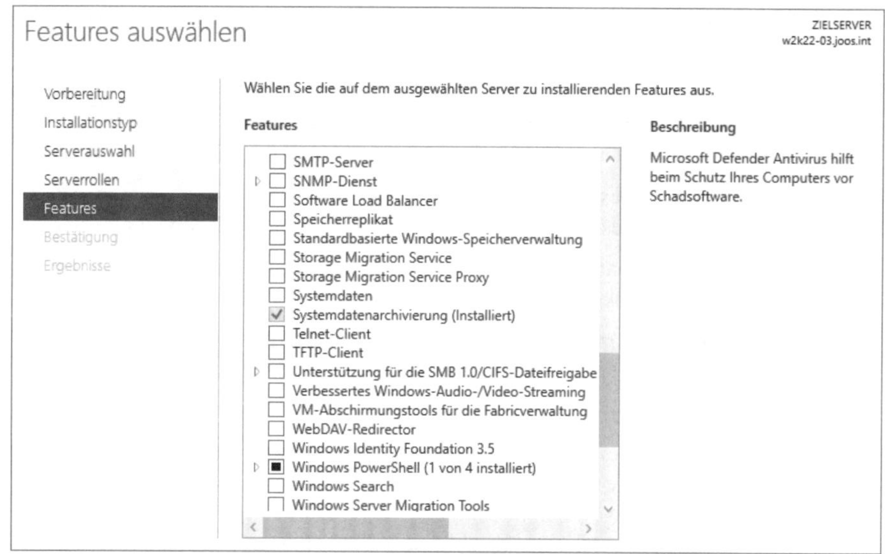

Abb. 4.7 Installieren von Features/Funktionen über den Server-Manager

- **Unterstützung für das SMB 1-0/CIFS-Protokoll** – Nach Aktivierung steht SMB 1 auch in Windows Server 2022 zur Verfügung.
- **Verbessertes Windows-Audio-/Video-Streaming** – Diese Funktion ist für die Verteilung von Audio- oder Videostreams in Netzwerken vorgesehen. Mit dieser Funktion können Streams auch überwacht und konfiguriert werden.
- **VM-Abschirmungstools für die Fabricverwaltung** – Dieses Feature wird zusammen mit dem Host Guardian-Dienst eingesetzt, um Shield-VMs (abgeschottete VMs) zu erstellen und zu verwalten.

- **WebDAV-Redirector** – Ermöglicht die Verbindung eines Servers mit WebDAV-Freigaben im Internet, um mit dem Explorer auf Dateien im Internet oder in Cloud-Speichern zugreifen zu können.
- **Windows Identity Foundation 3.5** – Ermöglicht, einige .NET Framework 4.5-Funktionen auch für .NET Framework 3.5 und 4 zu nutzen. Allerdings ist das nur sinnvoll, wenn die entsprechende Serveranwendung kein .NET Framework 4.5 unterstützt.
- **Windows PowerShell** – Hierbei handelt es sich um die neue PowerShell und zusätzliche Werkzeuge für die PowerShell. Sie können an dieser Stelle noch die Unterstützung der PowerShell 2.0 aktivieren und PowerShell Web Access. Installieren Sie das Feature *PowerShell Web Access* über den Server-Manager oder die PowerShell, kann auf die PowerShell über einen Webbrowser zugegriffen werden. So können Verwaltungsaufgaben auf einem Server auch von Tablet-PCs oder nicht kompatiblen Systemen durchgeführt werden. Mehr zu diesem Thema lesen Sie auch in Kapitel 40.
- **Windows Search** – Mit diesem Feature installieren Sie die Funktionen der Windows-Suche auf dem Server. Die Funktion ist für kleinere Dateiserver geeignet oder Remotedesktopservern, auf denen indexierte Dateien für die Anwender zur Verfügung stehen müssen, damit diese nach Dateien und Inhalten suchen können.
- **Windows Server-Migrationstools** – Die Migrationstools unterstützen bei der Migration älterer Server zu Windows Server 2022. Zum Migrieren von Rollen, Features und Daten über die Windows Server-Migrationstools müssen Sie die Tools auch auf den Quellservern installieren, von denen Sie Daten migrieren wollen. Die Tools sind vor allem bei der Migration wertvoll, da keine Zusatzwerkzeuge lizenziert werden müssen.
- **Windows Server-Sicherung** – Das standardmäßige Datensicherungsprogramm von Windows Server wird nicht mehr automatisch installiert, sondern muss manuell nachinstalliert werden. Das Programm wurde für Windows Server 2022 überarbeitet. Die Sicherung unterstützt jetzt besser die Schattenkopien sowie die integrierten Sicherungsfunktionen von SQL-Server und Exchange. Die Verwaltung der Sicherung findet über die MMC oder die Eingabeaufforderung statt. So können Sie auch über das Netzwerk mit der MMC die Datensicherung von mehreren Servern verwalten. Mehr zu diesem Thema lesen Sie in Kapitel 35.
- **Windows Subsystem für Linux** – Die Möglichkeit, Linux-Distributionen auf Windows zu installieren und damit Linux-Tools auch in Windows einzusetzen.
- **Windows-TIFF-IFilter** – Dieses Feature benötigen Sie für die OCR-Erkennung von eingescannten Dokumenten im Zusammenspiel mit der verbesserten Suche und der Indexierung. Eingescannte Dokumente lassen sich so automatisch indexieren und über Windows Search (Rollendienst der Dateidienste) besser durchsuchen.
- **Windows-Biometrieframework** – Bietet die Unterstützung von Geräten zum Erfassen von Biometriedaten in Windows-Netzwerken, zum Beispiel Fingerabdruckscanner.
- **Windows-Prozessaktivierungsdienst** – Bei der Installation der IIS in Windows Server 2022 fordert Windows als Grundlage die Installation des Windows-Prozessaktivierungsdienstes (Windows Process Activation Service, WPAS). WPAS ist der Systembaustein, der für die IIS die Anwendungspools und Prozesse verwaltet.
- **Windows-Tiff-Filter** – Möglichkeit, mit OCR gescannte Dokumente zu verarbeiten.
- **WinRM-IIS-Erweiterung** – Hierbei handelt es sich um die IIS-Erweiterung zur Remoteverwaltung der Dienste im Netzwerk.

- **WINS-Server** – Funktioniert die Namensauflösung per DNS zum Beispiel nicht mehr, kann der interne Replikationsdienst von Active Directory auf WINS zurückgreifen. WINS dient hauptsächlich der Namensauflösung von NetBIOS-Namen.
- **WLAN-Dienst** – Möchten Sie einen Server über ein Drahtlosnetzwerk in das Netzwerk einbinden, müssen Sie diese Funktion installieren. In diesem Fall kann parallel zu einer kabelgebundenen Netzwerkanbindung der Server auch über ein Drahtlosnetzwerk angebunden werden. Der WLAN-AutoConfig-Dienst steuert in diesem Fall den Zugriff des Servers auf das Netzwerk.
- **WoW64** – Das Feature unterstützt die Ausführung von 32-Bit-Anwendungen.
- **XPS-Viewer** – Der Viewer ermöglicht das Lesen von XPS-Dokumenten auf dem Server.

Rollen und Features lassen sich über den jeweiligen Assistenten hinzufügen, verwalten und wieder entfernen. In Windows Server 2022 können Sie mehrere Rollen und Features gleichzeitig installieren, indem Sie diese markieren und den Assistenten zur Installation fortsetzen.

4.1.3 Installation von Rollen und Features abschließen

Haben Sie im Assistenten ausgewählt, welche Rollen und Features Sie installieren wollen, bestätigen Sie auf der letzten Seite die eigentliche Installation. Über den Link *Konfigurationseinstellungen exportieren* erstellen Sie eine XML-Datei, über die Sie die Installation der ausgewählten Rollen und Features automatisieren können. Wir zeigen Ihnen in den folgenden Abschnitten, wie Sie mit der XML-Datei automatisiert Rollen, Rollendienste und Features installieren.

Abb. 4.8 Fertigstellen der Installation von Server-Rollen

Der Link *Alternativen Quellpfad angeben* ermöglicht die Angabe eines anderen Speicherorts der Installationsdateien. Um Speicherplatz zu sparen, sind nicht alle notwendigen Binärdateien für Windows Server 2022 bereits auf dem Server vorhanden. Fehlen dem Server Binärdateien, zeigt das der Server-Manager an und Sie müssen einen alternativen Speicherort angeben.

Sie können an dieser Stelle auch die Option aktivieren, dass der Server automatisch neu starten soll, wenn dies die Installation der Rolle oder eines ausgewähltes Feature verlangt. Ein Beispiel dafür ist die Installation von Hyper-V auf einem Server.

Sie müssen das Fenster während der Installation der Rolle oder des Features nicht geöffnet lassen, sondern können es schließen. Auf diesem Weg können Sie die Installation auf mehreren Servern starten. Wollen Sie zum Installationsfenster zurückkehren, klicken Sie im Server-Manager oben rechts auf das Benachrichtigungssymbol.

4.2 Rollen in der PowerShell installieren

In diesem Abschnitt zeigen wir Ihnen, wie Sie Serverrollen und Features in der PowerShell oder automatisiert installieren. Sie können dabei auch über den Assistenten zur Installation von Serverrollen eine XML-Datei erstellen und diese mit der PowerShell auf anderen Servern zur Installation von Rollen nutzen.

4.2.1 Serverrollen und Features in der PowerShell verwalten

Die Installation und Verwaltung von Serverrollen findet hauptsächlich über den Server-Manager oder das Windows Admin Center statt. Neben der grafischen Oberfläche für dieses Tool gibt es die Möglichkeit, Features auch in der PowerShell zu installieren.

Interessant sind vor allem die Cmdlets *Install-WindowsFeature*, *Get-WindowsFeature* und *Remove-WindowsFeature*. Und auch das Cmdlet *Uninstall-WindowsFeature* ist in dieser Hinsicht hilfreich. Hilfe zu den Cmdlets erhalten Sie wie immer über *help <Befehlname> -detailed*.

Mit dem Befehl *Get-WindowsFeature Hyper-V** zeigen Sie zum Beispiel an, ob die Rolle und die Verwaltungstools bereits installiert sind. In Windows Server 2022 können Sie mit *-computername* die Installation auch auf Remoteservern im Netzwerk überprüfen. Um Hyper-V oder die Verwaltungstools zu installieren, verwenden Sie das Cmdlet *Install-WindowsFeature*.

Mit *Install-WindowsFeature Hyper-V* installieren Sie die Serverrolle, mit der Option *-IncludeManagementTools* inklusive der Verwaltungstools. Soll der Server gleich noch automatisch neu starten, verwenden Sie zusätzlich die Option *-restart*. Die Verwaltungstools alleine installieren Sie mit *Install-WindowsFeature Hyper-V-Tools*.

Die Installation von Features erfolgt dann mit dem Befehl *Add-WindowsFeature <Kommagetrennte Liste>*, zum Beispiel mit *Add-WindowsFeature RSAT-AD-PowerShell,RSAT-AD-AdminCenter*, die Installation der Active Directory-Verwaltungstools. Mit den Cmdlets installieren Sie auch Rollen und Features auf Core-Servern.

4.2.2 Unbeaufsichtigte Installation von Rollen und Features

Neben der beschriebenen Möglichkeit, Rollen und Features über die PowerShell zu installieren, indem Sie den Namen der Rolle und des Features angeben, können Sie in der PowerShell auch die XML-Steuerungsdatei verwenden, die Sie im Assistenten zum Installieren von neuen Rollen im letzten Fenster speichern können.

Um auf einem anderen Server die gleichen Rollen und Features zu installieren, verwenden Sie PowerShell und geben die XML-Datei mit. Dabei verwenden Sie das Cmdlet *Install-WindowsFeature* mit der Option *-ConfigurationFilePath*, zum Beispiel *Install-WindowsFeature -ConfigurationFilePath C:\Daten\iis.xml*.

4.3 Rollen und Features mit DISM installieren

Deployment Image Servicing and Management (Dism) bietet zur besseren Automatisierung der Einrichtung und Installation von Serverrollen auch für Core-Server mit Windows Server 2022 effiziente Möglichkeiten. Mit Dism lassen sich schnell und einfach wichtige Serverrollen installieren, auch skriptbasiert.

Verschiedene Verwaltungsaufgaben lassen sich mit dem Tool wesentlich schneller durchführen als in der grafischen Oberfläche. Wiederkehrende Aufgaben lassen sich mit Dism auch automatisieren. Mit Dism installieren Sie Serverrollen und Features.

Neben der Möglichkeit, Rollen zu installieren, lassen sich mit Dism auch Windows-Images einlesen. Verwenden Sie die Option */Online*, bearbeitet Dism das aktuell gestartete Betriebssystem. Um ein WIM-Image zu laden, ist der Befehl *dism /Mount-Wim /MountDir:<Ordner> /WimFile:<WIM-Datei> /Index:1* geeignet. Der Ordner zum Mounten muss vorhanden und leer sein.

Es lassen sich auch mehrere Images einlesen. Der Befehl ist dann der gleiche, aber der Wert für */Index* muss erhöht werden. Der Befehl *dism /Get-MountedWimInfo* zeigt alle gemounteten Images an. Gemountete Images lassen sich mit dem Befehl *dism /Unmount-Wim /MountDir:<Ordner> /<Option>* wieder unmounten. Als Option lassen sich mit */Commit* Änderungen speichern und mit */Discard* Änderungen ohne Speichern verwerfen. Mit der Option */Add-Driver /Driver:<INF-Datei>* lassen sich Treiber in Images integrieren.

4.3.1 Webserver mit Dism.exe remote verwalten und Serverrollen auf Core-Servern installieren

Wollen Sie die Internetinformationsdienste (IIS) auf einem Core-Server auch über das Netzwerk verwalten, ist die Vorgehensweise folgende:

1. Installieren der IIS-Verwaltung auf dem Core-Server mit *dism /Online /Enable-Feature /FeatureName:IIS-ManagementService*.
2. Aktivieren der Remoteverwaltung, indem Sie den Wert *1* beim Registrywert *EnableRemoteManagement* im Schlüssel *HKLM\SOFTWARE\Microsoft\WebManagement\Server* setzen.
3. Mit *Net start wmsvc* den Dienst für die Remoteverwaltung starten.

Eine Möglichkeit, DNS auf einem Core-Server zu installieren, ist der Befehl *dism /Online /Enable-Feature /FeatureName:DNS-Server-Core-Role*. Mit dem Befehl *dism /Online /Disable-Feature /FeatureName:DNS-Server-Core-Role* lässt sich die Rolle wieder entfernen.

Die Installation der DHCP-Serverrolle läuft ähnlich zur Installation eines DNS-Servers ab:

dism /Online /Enable-Feature /FeatureName:DHCPServerCore

Die Deinstallation erfolgt mit

dism /Online /Disable-Feature /FeatureName:DHCPServerCore

Zusätzlich muss der Systemdienst für DHCP noch gestartet werden:

sc config dhcpserver start= auto

net start dhcpserver

Weitere Serverrollen sind zum Beispiel:

- **Dateireplikationsdienst (File Replication Service, FRS)** – *dism /Online /Enable-Feature /FeatureName:FRS-Infrastructure*
- **Distributed File System Replication** – *dism /Online /Enable-Feature /FeatureName:DFSN-Server*
- **Network File System** – *dism /Online /Enable-Feature /FeatureName:ServerForNFS-Base* und *dism /Online /Enable-Feature /FeatureName:ClientForNFS-Base*
- **Standardrolle eines Druckservers** – *dism /Online /Enable-Feature /FeatureName:Printing-ServerCore-Role-WOW64*
- **Line Printer Daemon (LPD)** – *dism /Online /Enable-Feature /FeatureName:Printing-LPD-Print-Service*
- **Active Directory Lightweight Directory Services (AD LDS)** – *dism /Online /Enable-Feature /FeatureName:DirectoryServices-ADAM-ServerCore*
- **Active Directory-Zertifikatdienste** – *dism /Online /Enable-Feature /FeatureName:CertificateServices*

Auch diese Rollen lassen sich mit der Option *Disable-Feature* beim Einsatz von Dism deinstallieren.

4.4 Serverrollen mit dem Best Practices Analyzer überprüfen

Mit Windows Server 2022 erweitert Microsoft die automatische Überprüfung der Serverrollen durch Best Practices Analyzer. Diese gehören zu den Bordmitteln in Windows Server 2022 und stehen im Server-Manager auch für die Überprüfung von Serverrollen über das Netzwerk zur Verfügung. Nahezu alle Serverrollen lassen sich dadurch überprüfen und das Ergebnis zentral anzeigen.

Installieren Sie Serverrollen und konfigurieren diese, gibt es oft fehlerhafte Konfigurationen. Dazu hat Microsoft die Best Practices Analyzer entwickelt, die regelmäßig die Server auf Konfigurationsprobleme überprüfen und entsprechende Maßnahmen zur Beseitigung ausführen.

Die Ergebnisse dieser automatischen Überprüfung werden direkt in den einzelnen Kacheln der verschiedenen Serverdienste im Dashboard integriert.

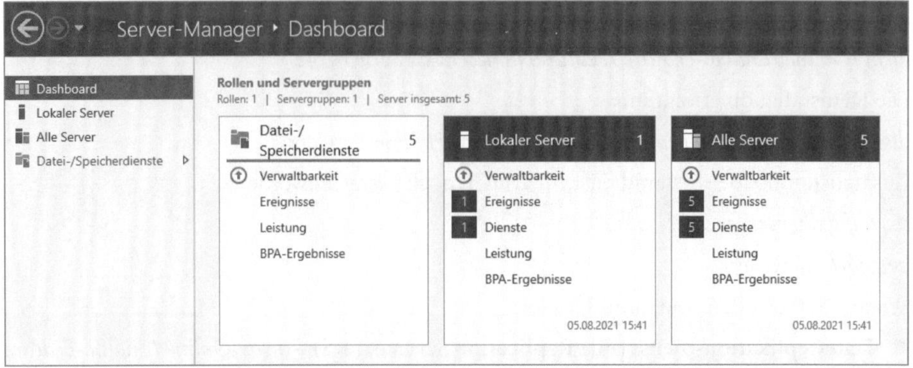

Abb. 4.9 Best Practices Analyzer in Windows Server 2022

4.4.1 Überprüfen von Servern über das Netzwerk

In Windows Server 2022 lassen sich Server über den Server-Manager vollständig über das Netzwerk verwalten. Über *Verwalten/Server hinzufügen* lassen sich alle Windows Server 2022-Computer im Netzwerk zum Server-Manager hinzufügen. Die Server ordnet der Server-Manager dann nach ihren Rollen und erstellt automatisch Servergruppen.

Im Dashboard des Server-Managers sind für alle Serverrollen die BPA-Ergebnisse aller Server zu sehen. Allerdings muss dazu zunächst ein Scan der Rechner im Netzwerk gestartet werden. Klicken Sie in der Ansicht *Alle Server* auf einen Server im oberen Bereich, sehen Sie unten wichtige Fehlermeldungen der Ereignisanzeige (siehe Kapitel 3).

Im oberen Bereich ist außerdem zu erkennen, ob die entsprechenden Server online sind und ob Windows Server 2022 aktiviert ist. Diese Informationen haben nichts mit dem BPA zu tun, ergänzen aber dessen Informationen.

Nach der Installation von Windows Server 2022 sollten Sie im Server-Manager über das Kontextmenü der Server den Befehl *Leistungsindikatoren starten* ausführen, damit der Server über das Netzwerk überwachbar ist, die neuen Best Practices Analyzer funktionieren und Daten abrufen können. Über das Kontextmenü der Server können Sie sich auch mit einem anderen Benutzernamen am Server anmelden, um diesen zu administrieren. Die Leistungsindikatoren haben aber nur am Rande etwas mit dem BPA zu tun. Die eigentliche Aktivierung erfolgt nachträglich.

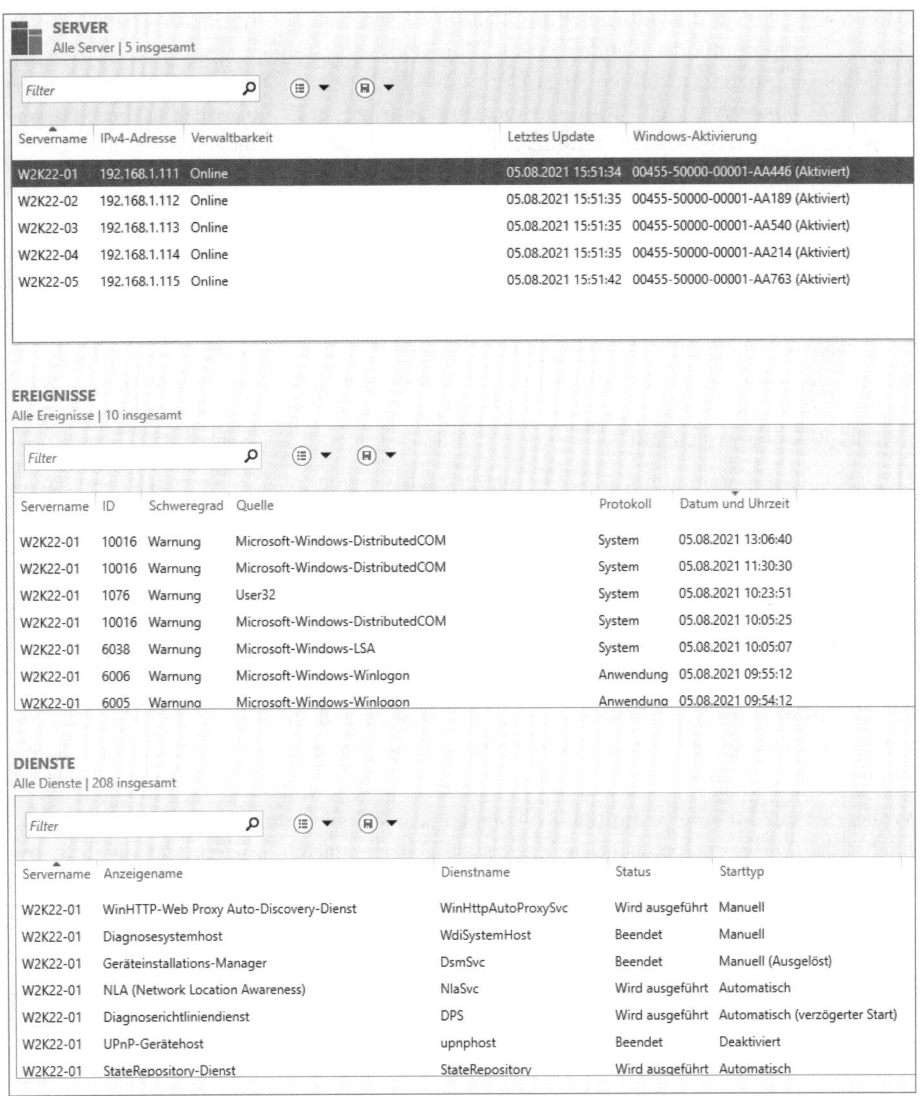

Abb. 4.10 Überprüfen der Funktionalität von Servern im Server-Manager

4.4.2 BPA in der PowerShell starten

Am schnellsten starten und aktivieren Sie den BPA für Serverrollen durch Eingabe des Befehls *Get-BPAModel | Invoke-BpaModel* in der PowerShell. Dieser Befehl versucht auch die Aktivierung von BPAs für Serverrollen, die im Netzwerk nicht installiert sind. Das bringt zwar einige Fehlermeldungen auf den Schirm, stellt aber sicher, dass alle BPAs gestartet werden.

Weitere Cmdlets für die PowerShell sind *Get-BPAResult* und *Set-BPAResult*. Diese Cmdlets zeigen Ergebnisse an oder blenden sie aus. Zur Analyse verwenden Sie aber besser den Server-Manager. Auch hier können Sie auf Windows 10/11 setzen. Der Vorteil ist, dass mit der Option *-ComputerName* eine Konfiguration und Abfrage der Ergebnisse über das Netzwerk hinweg erfolgen kann. Das funktioniert ebenfalls über die PowerShell.

Neben der PowerShell lässt sich der BPA für einzelne Serverrollen im Server-Manager starten. Dazu öffnen Sie den Server-Manager und klicken auf die Serverrolle, die überprüft werden soll. Durch einen Klick auf *Server* sind die Server mit dieser Rolle im Netzwerk zu sehen.

Hier sind allerdings nur die Server zu sehen, die Sie über *Verwalten/Server hinzufügen* dem lokalen Server-Manager hinzugefügt haben. Im unteren Bereich des Server-Managers findet sich der Bereich *Best Practices Analyzer*. Durch einen Klick auf *Aufgaben/BPA-Überprüfung starten* beginnt der Test der Serverrolle. Zunächst müssen Sie aber den Server auswählen, den der BPA überprüfen soll.

Den gleichen Assistenten finden Sie im Server-Manager über *Alle Server* im unteren Bereich von *Best Practices Analyzer*. Auch hierüber lassen sich alle Server, die an den lokalen Server-Manager angebunden sind, überprüfen.

Diese Überprüfung lässt sich ebenfalls auf Windows 10/11-Computern starten. Dazu installieren Sie die Remoteserver-Verwaltungstools für Windows 10/11 auf dem Rechner und binden über den Server-Manager die entsprechenden Server an.

Wollen Sie eine Liste der vorhandenen Überprüfungsmöglichkeiten anzeigen, lassen Sie sich die Informationen als Liste anzeigen. Hier brauchen Sie die ID eines BPA-Models, dessen Ergebnis Sie später auslesen wollen. Dazu verwenden Sie das Cmdlet *Get-BpaModel | Format-List Name,Id.*

Wollen Sie nur für eine bestimmte Rolle einen Scan-Vorgang starten, rufen Sie wieder zunächst die ID des entsprechenden Models ab. Danach starten Sie den oder die Tests mit dem folgenden Befehl:

Invoke-BPAmodel -modelId Microsoft/Windows/DNSServer,Microsoft/Windows/FileServices

Sie müssen die ID immer als kompletten Pfad angeben, den Sie mit *Get-BPAModel* auslesen. Hyper-V hat zum Beispiel die ID *Microsoft/Windows/Hyper-V.* Sie können auch einen einzelnen Befehl verwenden, um das BPA-Model auszulesen, und gleich den Scanvorgang zu starten:

Get-BPAmodel <ID> | Invoke-BPAmodel

Geben Sie keine ID an, werden alle Rollen gescannt, wie bereits weiter oben gezeigt. Weitere Cmdlets für die PowerShell sind *Get-BPAResult* und *Set-BPAResult*. Diese Cmdlets zeigen Ergebnisse an oder blenden sie aus. Wollen Sie zum Beispiel die Ergebnisse einer bestimmten BPA-Prüfung anzeigen, brauchen Sie zunächst die ID. Diese lesen Sie mit dem oben gezeigten Befehl aus. Danach können Sie die Ergebnisse zum Beispiel mit folgendem Befehl auslesen. Dabei können Sie gezielt nach dem Text *Fehler* suchen lassen:

Get-BpaResult -ModelId Microsoft/Windows/DirectoryServices | Where-Object Severity -eq "Fehler" | Format-List Title

Um alle Ergebnisse von bestimmten Serverrollen (BPA-Models) anzuzeigen, können Sie zum Beispiel folgenden Befehl verwenden:

Get-BPAResult Microsoft/Windows/DNSServer,Microsoft/Windows/FileServices

Sie können einzelne Ergebnisse von der Anzeige ausblenden. Das funktioniert generell ähnlich wie die gefilterte Anzeige. Dazu lassen Sie sich die Anzeige filtern und legen mit dem Cmdlet *Set-BPAResult* fest, dass diese Ergebnisse ausgeblendet werden:

Get-BPAResult -modelId <model ID> | Where { $_.<Field Name> -eq "Value"} | Set-BPA-Result -Exclude $true

Um zum Beispiel unwichtige Informationen für die Dateidienste auszublenden, verwenden Sie den folgenden Befehl:

Get-BPAResult -Microsoft/Windows/FileServices | Where { $_.Severity -eq "Information"} | Set-BPAResult -Exclude $true

Viele Serverrollen verfügen über Rollendienste. Diese lassen sich ebenfalls auslesen. Ein Beispiel ist der File Server Resource Manager (FSRM) der Serverrolle *Dateidienste.* Dessen Ergebnisse lassen sich zum Beispiel folgendermaßen auslesen:

Get-BPAResult Microsoft/Windows/FileServices -SubmodelID FSRM

Ausgeblendete Informationen lassen sich wieder einblenden. Dazu steht der entsprechende Bereich im Server-Manager bei *Best Practices Analyzer* zur Verfügung. Natürlich lassen sich ausgeblendete Ergebnisse auch über die PowerShell wieder einblenden. Die Syntax dazu entspricht dem Ausblenden von Ergebnissen, die Option *-Exclude* wird dabei aber auf *$false* gesetzt:

Get-BPAResult -modelId <model Id> | Where { $_.<Field Name> -eq "Value" } | Set-BPAResult -Exclude $false

Um die Informationen der Dateidienste wieder einzublenden, wird folgender Befehl verwendet:

Get-BPAResult -Microsoft/Windows/FileServices | Where { $_.Severity -eq "Information"} | Set-BPAResult -Exclude $false

Zur Analyse verwenden Sie aber besser den Server-Manager. Allerdings bietet auch die PowerShell Informationen, die sich wiederum mit Skripts auslesen lassen. Mit der Option *ComputerName* kann eine Konfiguration und Abfrage der Ergebnisse über das Netzwerk hinweg erfolgen. Das funktioniert ebenfalls über die PowerShell.

4.4.3 Ergebnisse exportieren

Um BPA-Ergebnisse zu exportieren, zum Beispiel als HTML-Datei, können Sie ebenfalls die PowerShell verwenden. Die Syntax dazu sieht folgendermaßen aus:

Get-BPAResult <model ID> | convertTo-Html | Set-Content <path>

Als Beispiel können Sie die Informationen der Dateidienste in eine HTML-Datei exportieren:

Get-BPAResult Microsoft/Windows/FileServices | convertTo-Html | Set-Content C:\BPAResults\FileServices.htm

Die Ergebnisse lassen sich auch als CSV-Datei exportieren:

Get-BPAResult Microsoft/Windows/FileServices | Export-CSV C:\BPAResults\FileServices.txt

Die exportierten Ergebnisse lassen sich natürlich versenden, sodass IT-Profis von unterwegs auf Daten des BPA zugreifen können. Die exportierten Dateien lassen sich von externen Programmen einlesen, aber auch in Excel oder normalen Webbrowsern. Dadurch können BPA-Ergebnisse überall ausgewertet werden. Externe Hilfe kann hinzugezogen werden, indem externe Spezialisten Zugriff auf die Daten des BPA erhalten.

4.4.4 BPA für Hyper-V nutzen

Wie bereits erwähnt, ist der BPA für Hyper-V besonders interessant, da hier nicht nur der lokale Server optimiert werden kann, sondern auch die virtuellen Server davon profitieren. Die virtuellen Netzwerk-Switches lassen sich durch den BPA scannen. Um einen Scanvorgang für Hyper-V zu starten, verwenden Sie:

Invoke-BpaModel -ModelId Microsoft/Windows/Hyper-V

Die Ergebnisse des Scan-Vorgangs können in einen bestimmten Pfad umgeleitet werden. Sie müssen den Pfad aber vorher anlegen:

Invoke-BpaModel -ModelId Microsoft/Windows/Hyper-V -RepositoryPath C:\temp\BPA

Wollen Sie einen Scanvorgang für einen Server im Netzwerk starten, verwenden Sie zum Beispiel:

Invoke-BpaModel -ComputerName dl20 -ModelId Microsoft/Windows/Hyper-V

Im angegebenen Pfad werden die Ergebnisdateien nach Serverrolle und Server in Unterverzeichnisse sortiert. Die Ergebnisse liegen als XML-Dateien vor. Diese lassen sich im Browser auslesen oder mit eigenen Programmen, die auf die entsprechenden Daten direkt zugreifen können. Scanergebnisse eines Servers werden auf dem lokalen Server gespeichert, auch dann, wenn Sie einen Hyper-V-Host über das Netzwerk scannen lassen.

Wollen Sie in der PowerShell alle Scanergebnisse für Hyper-V anzeigen, verwenden Sie:

Get-BpaResult -ModelId Microsoft/Windows/Hyper-V

Haben Sie die Ergebnisse in einem Verzeichnis gespeichert, verwenden Sie:

Get-BpaResult -ModelId Microsoft/Windows/Hyper-V -RepositoryPath C:\temp\BPA

Um die Ergebnisse in der PowerShell in eine HTML-Datei zu exportieren, verwenden Sie:

Get-BpaResult -ModelId Microsoft/Windows/Hyper-V | ConvertTo-Html | Out-File C:\temp\BPA\results.htm

4.4.5 BPA auswerten

Wenn Sie die BPA-Überprüfung gestartet haben, stehen auf den einzelnen Kacheln im Server-Manager die Ergebnisse zur Verfügung. Diese sind sofort ersichtlich und lassen sich durch einen Klick auf die Kachel öffnen. Klicken Sie auf das Ergebnis der BPA-Überprüfung, zeigt der Server-Manager die gefundenen Fehler an. Hierüber lassen sich auch alle Fehler von allen Servern im Netzwerk anzeigen.

Über das Kontextmenü eines Ergebnisses lässt sich eine erneute Überprüfung für den entsprechenden Server starten, das Ergebnis ausblenden oder in die Zwischenablage kopieren, zum Beispiel für eine Recherche im Internet.

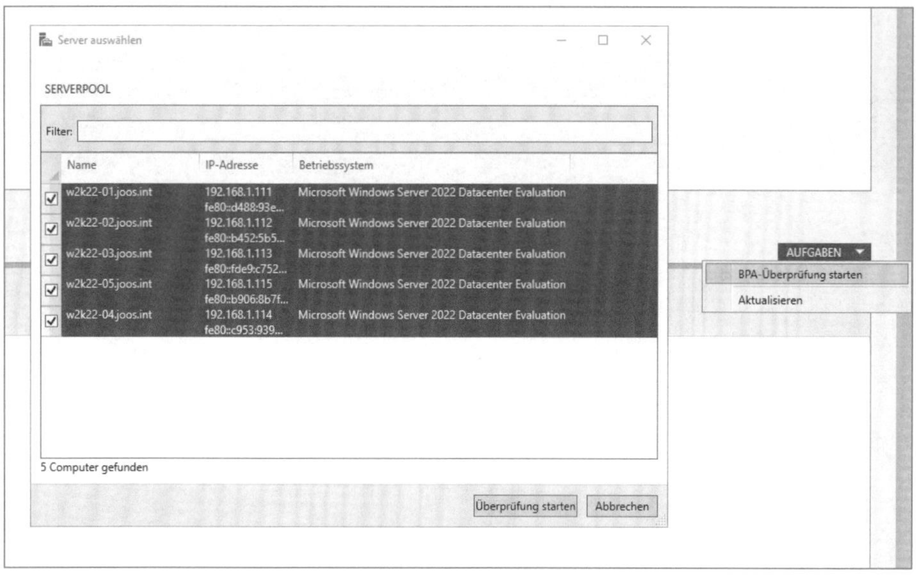

Abb. 4.11 Starten der BPA-Überprüfung im Server-Manager

Die BPA-Ergebnisse finden sich aber auch in der Ansicht *Lokaler Server* und *Alle Server* im Bereich *Best Practices Analyzer* unten im Server-Manager. Wenn für eine Serverrolle für einen der Server im Netzwerk ein BPA-Ergebnis angezeigt wird, wechselt die Kachel die Farbe. Auf diese Weise sehen Sie sofort, wenn für einen Server Verbesserungen möglich sind. Durch das Ausschließen eines Ergebnisses lassen sich die einzelnen Meldungen deaktivieren. Über die Ansicht im BPA können Sie bei *Schweregrad*, *Server* und *Kategorien* das Ergebnis filtern lassen.

Zusammenfassend stehen nach einem Scan mit dem BPA den Administratoren über *Aufgaben* im Bereich *Best Practices Analyzer im Server Manager starten* die Ergebnisse an den verschiedenen Stellen zur Verfügung: in der Ansicht *Lokaler Server* für alle Rollen des lokalen Servers, über *Alle Server* für alle Rollen auf allen Servern und für alle Rollen. Klicken Sie im Server-Manager auf eine Serverrolle, können Sie die Ansicht nach dieser Rolle filtern lassen und erhalten hier auch alle Informationen von allen Servern.

4.5 Zusammenfassung

In diesem Kapitel haben Sie erfahren, welche Serverrollen und Features es gibt, was deren Funktion ist und wie diese installiert werden. Sie fanden hier eine Auflistung, welche Serverrollen und Features in Windows Server 2022 zur Verfügung stehen und wie Sie diese integrieren. Auch die Überprüfung der Serverrollen mit Best Practices Analyzer sowie die Installation und Verwaltung über die PowerShell waren Themen in diesem Kapitel.

Ab den nächsten Kapiteln dieses Buches steigen wir etwas tiefer in die Thematik ein und erläutern Ihnen, wie Sie Windows Server 2022 produktiv einsetzen. Den Anfang macht das folgende Kapitel 5 mit der Verwaltung der Datenträger und des Dateisystems.

Teil II
Einrichtung des Servers

Kapitel 5

Datenträger und Speicherpools verwalten

Mit Windows Server 2016 führt Microsoft einige Neuerungen im Storage-Bereich ein. Der Datenspeicher lässt sich mit dem neuen System virtualisieren und auf mehrere Windows-Server ausdehnen. Außerdem hat Microsoft die Datendeduplizierung verbessert und ein besseres Speicher-Management integriert. In Windows Server 2019 erweitert Microsoft diese Funktionen noch deutlich und bietet mehr Einstellungsmöglichkeiten. Auch mit Windows Server 2022 verbessert Microsoft die Speicherfunktionen und die Speicherpools.

5.1 Wichtige Funktionen im Storage-Bereich

Mit Storage Quality of Services (QoS) können Sie über Richtlinien zentral für alle Server mit Windows Server 2022 festlegen, welche Leistung für Server-Anwendungen, andere Server und Anwender zur Verfügung stehen. Über diese Richtlinien lassen sich physische Festplatten steuern, aber auch virtuelle Festplatten von virtuellen Windows-Servern. Zwar konnten bereits mit Windows Server 2012 R2 Richtlinien festgelegt werden, allerdings war die Konfiguration sehr eingeschränkt und nur auf einen einzelnen Server beschränkt. Mit Windows Server 2022 lassen sich jetzt im Netzwerk weitere Richtlinien erstellen sowie deutlich mehr Einstellungen definieren.

Über die Richtlinien lassen sich Datendurchsatz und Bandbreite festlegen und steuern. Dadurch lassen sich Anwendungen, die Zugriff auf Daten nehmen, priorisieren.

In diesem Zusammenhang ist die Speicherreplikation interessant. Mit Windows Server 2022 können Sie ganze Datenträger synchronisieren. Das ist vor allem dann sinnvoll, wenn Unternehmen Geo-Cluster betreiben oder einzelner Clusterknoten sogar in die Cloud auslagern.

Es spielt keinerlei Rolle, welche physischen Datenträger verwendet werden, die blockbasierte Replikation läuft transparent für den jeweiligen Speicher. Die Replikation lässt sich synchron, aber auch asynchron betreiben. Die entsprechenden Einstellungen dazu können Sie während der Einrichtung vornehmen.

Zur besseren Sicherheit lassen sich alle beteiligten Datenträger mit BitLocker verschlüsseln. Auch Multichannel und Multipath werden unterstützt, was vor allem für die Replikation in Clustern eine wichtige Rolle spielt.

5.1.1 Storage Spaces Direct und Storage Replica

Besonders interessant sind Storage Spaces Direct. Bereits mit Windows Server 2012/2012 R2 konnten Unternehmen den lokalen Datenspeicher eines Servers virtualisieren. Dabei werden die physischen Datenträger eines Servers zu einem Pool zusammengefasst, aus dem Administratoren wiederum einzelne virtuelle Laufwerke erstellen können. Seit Windows Server 2016 können diese Pools auf mehrere Server ausgedehnt werden. Mit Windows Server 2019 wurden diese Funktionen noch erweitert und mit Windows Server 2022 verbessert. Der Vorteil in dieser Speicher-Virtualisierung ist, dass dieser sehr skalierbar und vor allem enorm flexibel bei der Zuweisung von Datenspeicher ist.

Interessant ist dieser Einsatz zum Beispiel für Scale-Out File Server. Werden diese Dateiserver eingesetzt, lassen sich herkömmliche Freigaben im Netzwerk zur Verfügung stellen. Basis der Freigabe ist der gemeinsame Datenspeicher in einem Cluster. Dieser Datenspeicher baut wiederum auf die virtuellen Festplatten auf, die Windows Server 2022 zur Verfügung stellt. Basis der virtuellen Festplatte sind Speicherpools, die wiederum die verschiedenen Festplatten in den Clusterknoten nutzen.

Dadurch lassen sich Dateiserver erstellen und in einem Cluster betreiben, ohne dass gemeinsamer Datenspeicher zur Verfügung stehen muss; der gemeinsame Datenspeicher wird über die Storage Spaces Direct zur Verfügung gestellt. In diesem Fall kann Windows Server 2022 häufig verwendete Daten automatisch auf der SSD speichern und weniger häufig verwendete Daten entweder auf einem LUN im SAN/NAS oder auf herkömmlichen Festplatten. Das erhöht deutlich die Leistung der Datenspeicher.

Sobald ein Cluster mit Storage Spaces Direct zur Verfügung steht, können Sie über einen Assistenten im Clustermanager einen neuen Scale-Out File Server erstellen, der auf die virtuellen Datenträger zugreifen kann. Zusammen mit der Speicherreplikation lassen sich dadurch hoch verfügbare Dateifreigaben zur Verfügung stellen. Diese lassen sich auch zur Virtualisierung mit Hyper-V nutzen.

5.1.2 Datendeduplizierung erweitert

Bereits mit Windows Server 2012 hat Microsoft in das Betriebssystem die Datendeduplizierung eingeführt. Diese Technik soll verhindern, dass identische Dateien oder Daten mehrfach auf einem Speichersystem gespeichert werden und dadurch den Speicherplatz unnötig verschwenden.

Vor allem beim Betrieb virtueller Umgebungen lässt sich dadurch deutlich Speicherplatz sparen, da virtuelle Windows-Betriebssysteme zahlreiche identische Dateien verwenden. Die Datendeduplizierung kann mehrere Threads parallel nutzen und deutlich größere Datenträger bearbeiten. Außerdem ist die Technologie kompatibel mit physischen Datenträgern, aber auch mit virtuellen Festplatten.

5.1.3 ReFS und Speicherpools

Das Dateisystem ReFS ist auch Bestandteil von Windows Server 2022. Sie haben seit Windows Server 2012 die Möglichkeit, Festplatten mit dem ReFS-Dateisystem zu formatieren. Das Betriebssystem kann von ReFS-Datenträgern nicht booten. Alle Windows-Versionen ab Windows 7unterstützen den Zugriff auf Freigaben, die auf ReFS-Datenträgern gespeichert sind.

Grundlagen zu ReFS

ReFS (Resilient File System, unverwüstliches Dateisystem) ist in der Lage, defekte Dateien automatisch zu reparieren. Außerdem gilt ReFS im Vergleich zu NTFS als wesentlich unempfindlicher gegenüber Abstürzen des Betriebssystems oder dem Ausschalten des Servers ohne vorheriges Herunterfahren. Das Dateisystem arbeitet mit den Speicherpools zusammen. Speicherpools erlauben das Zusammenfassen mehrerer physischer Datenträger zu einem logischen Pool, auch zwischen Clusterknoten in einem Cluster.

Neben der automatischen Korrektur verursacht das Dateisystem keine langen Ausfallzeiten mehr durch Reparaturmaßnahmen. Reparaturen lassen sich im laufenden Betrieb durchführen. Stundenlange Reparaturorgien gehören der Vergangenheit an. In ReFS lassen sich Metadaten und Prüfsummen von Dateien wesentlich effizienter integrieren als in Vorgängerversionen. Das Dateisystem protokolliert Änderungen in Dateien und kann ursprüngliche Änderungen speichern. NTFS überschreibt ältere Versionen von Metadaten und Prüfsummen unwiederbringlich. Das heißt, Daten gehen nicht verloren, sondern können im Dateisystem wiederhergestellt werden, auch wenn Anwender Dateien geändert haben. Das funktioniert ähnlich wie bei den Schattenkopien in NTFS, ist aber nicht vom Erstellen solcher Schattenkopien abhängig, sondern läuft ständig im Hintergrund. Die Technik entspricht in etwa den transaktionalen Datenbanken. Der Vorteil dabei ist, dass auch bei Stromausfällen keinerlei Daten auf ReFS-Datenträgern verloren gehen.

Allerdings handelt es sich bei ReFS um kein Dateisystem, das Daten in Datenbanken speichern kann. Microsoft hat nur einige Vorteile des transaktionalen Systems integriert. Aktuell unter stützt ReFS auch keine Wechseldatenträger. Anwender können aber mit Windows-Clients auf Freigaben zugreifen, die in Windows Server 2022 auf Basis von ReFS erstellt wurden.

ReFS trägt auch den immer größeren Dateien und Festplatten Rechnung. Das System unterstützt eine in nächster Zeit unerreichbare Größe von Dateien und Festplatten, die weit über die Möglichkeiten von NTFS hinausgehen. Laut Angaben von Microsoft beherrschen ReFS-Datenträger eine Größe von 16 Exabyte. Ordner auf ReFS-Dateiträgern können nahezu eine unbegrenzte Anzahl Dateien speichern, und auch die Anzahl der Ordner kann mehrere Trillionen betragen. Dateinamen können eine Länge von 32.000 Zeichen erreichen. Die Leistung soll durch große Dateien aber nicht einbrechen, dafür sorgt die neue Technologie im Hintergrund, die Daten effizienter speichert. Wie NTFS lassen sich in ReFS Berechtigungen auf Basis der Zugriffssteuerungslisten (Access Control List, ACL) vergeben.

ReFS unterstützt keine Komprimierung von Dateien über das Dateisystem und auch keine Verschlüsselung einzelner Dateien. Auch Quotas auf dem Datenträger unterstützt ReFS nicht. ReFS-Datenträger können eine Größe von bis zu 64 TB erreichen und Dateien bis zu 1 TB speichern.

Anwender und Administratoren bemerken bei der Verwendung des neuen Dateisystems keinen Unterschied zu NTFS, die Bedienung ist vollkommen transparent. Auch Entwickler können die standardmäßige API von NTFS für den Zugriff auf ReFS nutzen. Laut Microsoft sollen keine Inkompatibilitäten mit aktuellen Anwendungen bestehen. Programme, die mit NTFS funktionieren, sollen mit ReFS laufen. Das liegt nicht zuletzt daran, dass die Zugriffsschnittstelle (API), mit der das Dateisystem kommuniziert, dem von NTFS entspricht. Nur die zugrunde liegende Technik ist unterschiedlich. Die Master File Table (MFT) auf ReFS-Datenträgern unterscheidet sich ebenfalls von NTFS.

ReFS versus NTFS

Sie können in der Eingabeaufforderung oder der PowerShell die Formatierung durchführen und ReFS verwenden. Dazu nutzen Sie in der Eingabeaufforderung den Befehl

Format /fs:ReFS <Laufwerksbuchstabe>:

oder in der PowerShell den Cmdlet-Aufruf

Format-Volume -DriveLetter <Buchstabe> -FileSystem ReFS -Full

Eine Schnellformatierung führen Sie in der Eingabeaufforderung mit diesem Befehl durch:

Format /fs:ReFS /q <Buchstabe>:

Sie können für Software-RAIDs in Windows Server 2022 auch das ReFS-Dateisystem verwenden. Die Erstellung und Verwaltung ist identisch mit der Verwendung von NTFS.

Um einen Datenträger von FAT32 zu NTFS umzuwandeln, kann in der Eingabeaufforderung mit dem Befehl *convert <Buchstabe> /fs:ntfs* gearbeitet werden. Einen solchen Befehl gibt es für ReFS aber nicht. Hier muss eine Neuformatierung durchgeführt werden.

Speicherpools und ReFS

Physische Datenträger können Sie auf Servern mit Windows Server 2022 zu Speicherpools zusammenfassen. Es ist unerheblich, über welchen Standard die Festplatten am Computer angeschlossen sind. Speicherpools unterstützen USB, SATA (Serial ATA) oder SAS (Serial Attached SCSI). Auch heterogene Festplatten lassen sich an einem gemeinsamen Pool betreiben. Sie können SSD-Platten mit SATA-Platten mischen, um die Leistung von Speicherpools zu verbessern.

Dabei spielt die Größe der angebundenen Platten keine Rolle. Es lassen sich verschiedene Anschlusssysteme mit verschiedenen Größen mischen und zu einem Pool zusammenfassen. Von der Anzahl an physischen Festplatten sind Speicherpools nicht begrenzt. Speicherpools lassen sich im laufenden Betrieb problemlos mit neuen physischen Festplatten erweitern. Festplatten können Administratoren auch austauschen.

Speicherplätze (Storage Spaces) sind wiederum eine Untermenge von Speicherpools. In Windows Server 2022 stellen virtuelle Festplatten die Speicherplätze dar. Storage Spaces Direct nutzen wiederum alle Festplatten aller Clusterknoten in einem Cluster mit Windows Server 2022. Sie können aber in Windows Server 2022 auch weiterhin auf herkömmliche Speicherpools und Storage Spaces setzen.

Die virtuellen Festplatten sind auf die physischen Festplatten im Speicherpool verteilt. Hierbei handelt es sich um zugewiesenen Speicherplatz, den Anwender wie ein normales Laufwerk verwenden. Speicherplätze entsprechen generell virtuellen Festplatten, die sich auch in Windows 10/11 erstellen lassen. Speicherplätze lassen sich wie ganz normale Laufwerke in den verschiedenen Tools partitionieren, formatieren und als Speicherort für Dateien verwenden, vollkommen transparent für Anwender.

Auch BitLocker lässt sich für einzelne Speicherplätze innerhalb der Speicherpools aktivieren, unabhängig von den zugrunde liegenden Laufwerken. Der Unterschied zu normalen Laufwerken ist aber, dass Speicherplätze auf mehrere physische Festplatten innerhalb eines Speicherpools zusammengefasst sind. Sie können für Speicherplätze Ausfallsicherheit konfigurieren, zum Beispiel durch Spiegelung der Daten auf mehrere physische Datenträger. Zusammen mit SSD- und NVMe-Platten im Verbund lässt sich ab Windows Server 2022 auch die Leistung verbessern.

Wie RAID-Systeme unterstützen Speicherplätze Redundanzen über mehrere Laufwerke. Generell ist das Speicherplätze/Speicherpool-Prinzip ähnlich zu einem RAID-System, bietet aber wesentlich mehr Flexibilität bezüglich der integrierten Festplatten und deren Austausch. Im Gegensatz zu aktuellen Software-RAID-Systemen soll das System keine Geschwindigkeitseinbußen mit sich bringen. Microsoft verspricht Leistungen, die RAID-0- oder RAID-10-Systemen entsprechen.

Entdeckt ReFS einen Fehler in einem Speicherplatz, veranlasst das Dateisystem eine Reparatur. Dazu verwendet es gespeicherte Prüfsummen und Metadaten des Systems. Allerdings ist dazu bei der Erstellung eines Speicherplatzes eine Ausfallsicherheit notwendig. Bei der Erstellung eines Speicherplatzes müssen Sie keine physischen Laufwerke eines Speicherpools zuweisen. Auf welchen Datenträgern Windows die Daten speichert, legt das Betriebssystem unabhängig vom Dateisystem fest.

Zwar unterstützt auch NTFS Speicherplätze, allerdings nur eingeschränkt und ohne die Möglichkeit der Reparatur von Daten. Ist eine physische Festplatte in einem Speicherpool defekt, entdeckt der Speicherplatz dies ebenfalls unabhängig vom Dateisystem und kann Daten auf andere Festplatten auslagern, um keinen Datenverlust zu erleiden. Dazu ist ReFS aber ideal, da hier auch das Dateisystem die Integrität sicherstellt.

Allerdings ist dazu notwendig, dass Sie den Speicherpool mit Ausfallsicherheit erstellt haben. Am einfachsten gelingt das über den entsprechenden Assistenten im Server-Manager. Der Vorgang dazu findet ebenfalls transparent und ohne Zutun statt. Ist keine Ausfallsicherheit für einen Speicherplatz konfiguriert oder ist nicht die Festplatte defekt, sondern der Arbeitsspeicher, kann ReFS ohne konfigurierte Ausfallsicherheit des Speicherplatzes das Dateisystem im Notfall reparieren. In diesem Fall löscht ReFS defekte Dateien, die sich nicht mehr reparieren lassen. Der Vorteil dabei ist, dass nicht defekte Dateien oder Daten nicht mehr von defekten Strukturen beeinträchtigt werden. Anschließend kann der Administrator defekte Dateien wiederherstellen. ReFS kann dazu im Hintergrund automatisch das Dateisystem reparieren. Der Vorgang dauert nicht mal eine Sekunde (sagt Microsoft).

Storage Spaces Direct in Windows Server 1803/1809 und Windows Server 2022 unterstützen das Dateisystem ReFS. Außerdem können Datenträger auf Basis von S2D dedupliziert werden. Seit Windows Server 1709 lassen sich auch ReFS-Datenträger deduplizieren. Das heißt, in Windows Server 1803/1809 und Windows Server 2022 können Unternehmen auf ein effektives Dateisystem setzen, und dieses auch gleich deduplizieren. Unternehmen, die auf S2D setzen, sollten den Einsatz von Windows Server 2022 daher generell einplanen, zumindest testen.

Speicherplätze im Cluster nutzen

Speicherplätze unterstützen Thin Provisioning. Das heißt, Sie können einem Speicherplatz mehr Platz zuweisen, als der Speicherpool insgesamt zur Verfügung hat sowie die angebundenen Festplatten zusammen. Geht die Kapazität eines Speicherplatzes zur Neige, erhält der Anwender eine Nachricht und kann dem Speicherpool zusätzliche Datenträger hinzufügen. Sie können einzelne Festplatten in einem Speicherpool gegen größere austauschen. Die gespeicherten Daten in den Speicherplätzen sind davon nicht betroffen und der Austausch erfolgt vollkommen transparent.

Speicherpools lassen sich in Windows Server 2022 als freigegebenes Clustervolume (Cluster Shared Volume, CSV) in Clustern nutzen. Verwenden Sie externe Festplattenarrays, verwendet Windows Server 2022 SES (SCSI Enclosure Services) für die Verbindung. Dies beugt zum Beispiel Ausfällen vor, indem Windows Server 2022 erkennt, wenn im externen Array Festplatten defekt sind.

5.2 Datenträger erstellen und anpassen

Sie finden die Datenträgerverwaltung im Kontextmenü der Start-Schaltfläche. Sie können die Datenträgerverwaltung auch durch Eintippen von *diskmgmt.msc* im Suchfeld der Taskleiste aufrufen.

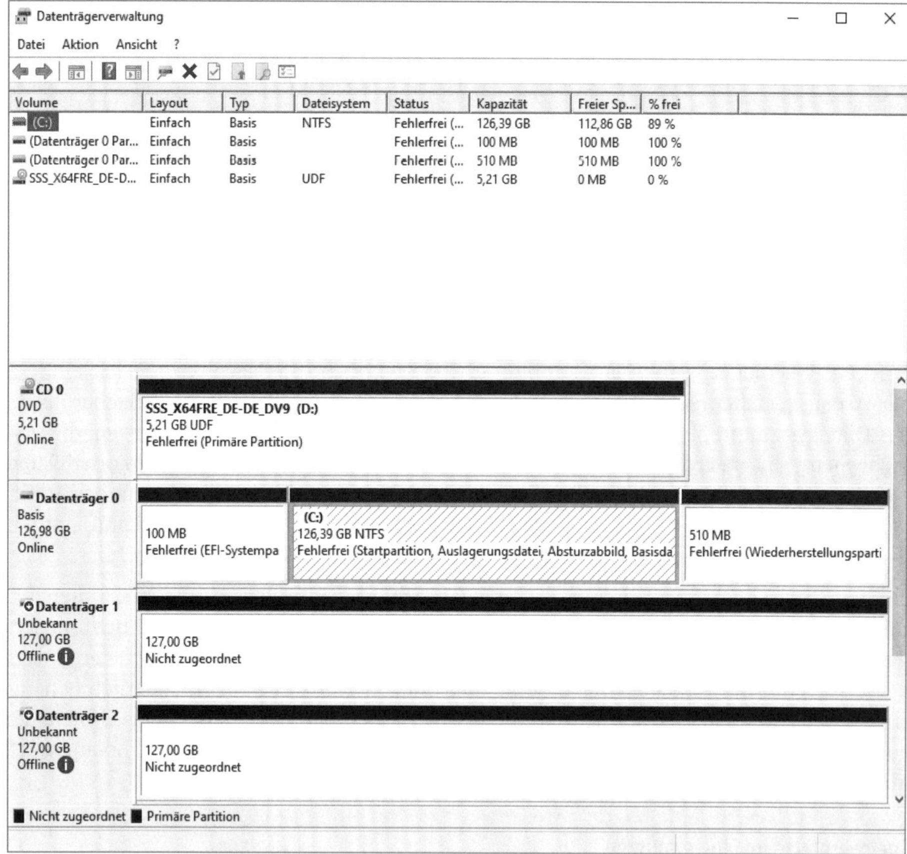

Abb. 5.1 Verwalten von Festplatten in Windows Server 2022

Starten Sie die Datenträgerverwaltung, zum Beispiel durch Eintippen von *diskmgmt.msc* im Startmenü, werden im oberen Bereich alle konfigurierten Datenträger angezeigt. Im unteren Bereich sind die physischen Datenträger inklusive eventuell vorhandener Wechselmedien zu sehen. Bei Festplatten wird angezeigt, auf welchen der installierten Festplatten sich die logischen Laufwerke befinden und welcher Platz noch nicht zugeordnet ist.

Eine Partition, auch als Volume bezeichnet, ist ein Bereich auf einer Festplatte, der mit einem Dateisystem formatiert und mit einem Buchstaben des Alphabets identifiziert werden kann. Beispielsweise stellt das Laufwerk *C:* unter Windows eine Partition dar. Eine Festplatte muss partitioniert und formatiert sein, bevor Sie Daten darauf speichern können. Auf vielen Computern wird nur eine einzelne Partition eingerichtet, die der Größe der Festplatte entspricht. Es ist nicht erforderlich, eine Festplatte in mehrere kleinere Partitionen zu partitionieren.

5.2.1 Einrichten von Datenträgern

Wenn eine zusätzliche Festplatte im Server eingebaut wird, müssen Sie diese in Windows einbinden. Dazu ist zunächst festzulegen, wie die Festplatte initialisiert werden soll. Bestätigen Sie den Vorschlag, MBR (Master Boot Record) zu verwenden, da dies auf Windows-Systemen der Standardeinstellung entspricht. Alternativ können Sie auch GPT verwenden.

Sind die Festplatten noch als offline hinterlegt, müssen Sie diese über das Kontextmenü zunächst online schalten. Sind die Festplatten online, müssen Sie sie als Nächstes initialisieren. Erscheint kein Fenster, nehmen Sie das Initialisieren über das Kontextmenü vor.

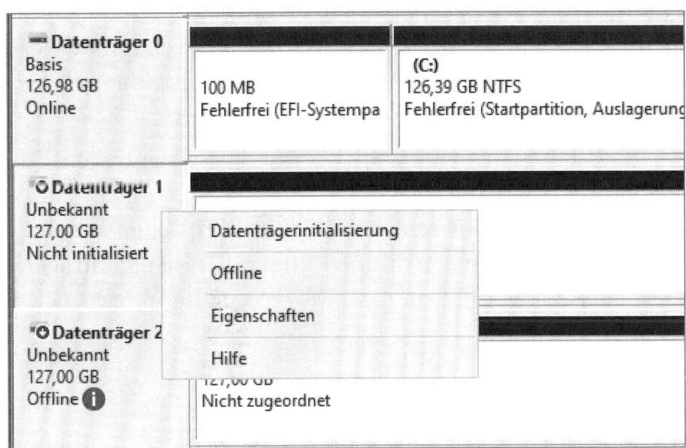

Abb. 5.2 Datenträger initialisieren und online schalten

Das Datenträgerpartitionsformat MBR (Master Boot Record) unterstützt Volumes mit einer Größe von bis zu zwei Terabytes und bis zu vier Primärpartitionen pro Datenträger (oder drei Primärpartitionen, eine erweiterte Partition und eine unbegrenzte Anzahl logischer Laufwerke).

Im Vergleich dazu unterstützt das Partitionsformat GPT (GUID-Partitionstabelle) Volumes mit einer Größe von bis zu 18 Exabytes und bis zu 128 Partitionen pro Datenträger. Anders als bei Datenträgern mit dem MBR-Partitionsformat werden Daten, die für den Betrieb der Plattform zwingend erforderlich sind, in Partitionen abgelegt und nicht in Sektoren ohne Partition oder in versteckten Sektoren.

Außerdem besitzen Datenträger mit dem GPT-Partitionsformat redundante Primär- und Sicherungspartitionstabellen, wodurch die Integrität der Partitionsdatenstruktur verbessert wird. Auf GPT-Datenträgern können Sie dieselben Aufgaben wie auf MBR-Datenträger durchführen. Die Konvertierung eines MBR-Datenträgers in einen GPT-Datenträger und umgekehrt kann nur durchgeführt werden, wenn der Datenträger leer ist. Die Umwandlung nehmen Sie über das Kontextmenü des Datenträgers auf der linken Seite vor.

Nach der Initialisierung sehen Sie die Datenträger in der Datenträgerverwaltung und können diese konfigurieren. Die leeren Festplatten können Sie in dynamische Datenträger umstellen, das ist aber nicht immer notwendig und wird auch nicht von allen Serverdiensten unterstützt. Wenn Sie ein bestimmtes Speichersystem konfigurieren, zum Beispiel ein Software-RAID oder einen Speicherpool, erhalten Sie automatisch einen Hinweis, wenn Sie eine Festplatte konvertieren müssen. Windows Server 2022 unterscheidet zunächst zwei Arten von Festplatten:

1. Basisdatenträger können feste Partitionen einrichten, in denen wiederum logische Laufwerke vorhanden sind. Wenn Sie Partitionen auf einer Basisfestplatte erstellen, sind die ersten drei Partitionen, die Sie erstellen, primäre Partitionen:
   - Eine primäre Partition kann ein Betriebssystem hosten und verhält sich wie ein physischer separater Datenträger. Auf einem Basisdatenträger können bis zu vier primäre Partitionen vorhanden sein. Wenn Sie mehr als drei Partitionen erstellen möchten, erstellen Sie die vierte Partition als erweiterte Partition. Eine erweiterte Partition bietet die Möglichkeit, eine Beschränkung der möglichen Anzahl von primären Partitionen auf einer Basisfestplatte zu umgehen.
   - Eine erweiterte Partition ist ein Container, der ein oder mehrere logische Laufwerke enthalten kann. Logische Laufwerke haben dieselbe Funktion wie primäre Partitionen, können jedoch nicht für den Start eines Betriebssystems verwendet werden. Erweiterte Partitionen können mehrere logische Laufwerke enthalten, die sich formatieren lassen und denen Laufwerkbuchstaben zugewiesen werden.
2. Dynamische Datenträger lassen sich einfacher verwalten als die Basisdatenträger. Das betrifft die Veränderung der logischen Laufwerke ohne einen Neustart des Systems. Dynamische Datenträger können eine unbegrenzte Anzahl von dynamischen Volumes enthalten und funktionieren wie die primären Partitionen, die auf Basisdatenträgern verwendet werden. Konvertieren müssen Sie die Datenträger aber erst dann, wenn eine Datenträgeraufgabe dies erfordert.

Der Hauptunterschied zwischen Basisdatenträgern und dynamischen Datenträgern besteht darin, dass dynamische Datenträger Daten zwischen zwei oder mehreren dynamischen Festplatten eines Computers freigeben und Daten auf mehrere Festplatten verteilen können.

Beispielsweise kann sich der Speicherplatz eines einzelnen dynamischen Volumes auf zwei separaten Festplatten befinden. Zudem können dynamische Datenträger Daten zwischen zwei oder mehreren Festplatten duplizieren, um dem Ausfall einer einzelnen Festplatte vorzubeugen. Diese Fähigkeit erfordert mehr Festplatten, erhöht jedoch die Zuverlässigkeit. Für die Verwaltung von Speicherpools müssen Sie in diesem Bereich aber zunächst keine Änderungen vornehmen.

Um einen vorhandenen Basisdatenträger in einen dynamischen Datenträger umzuwandeln, rufen Sie im unteren Bereich der Datenträgerverwaltung, beim Eintrag der Festplatte, über das Kontextmenü den Befehl *In dynamischen Datenträger umwandeln* auf. Es wird ein Dialogfeld angezeigt, in dem sich die zu aktualisierenden Basisfestplatten auswählen lassen. Es können also in einem Schritt alle noch vorhandenen Basisfestplatten in einem System aktualisiert werden.

Nach der Auswahl der Festplatten zeigt Windows ein zweites Dialogfeld an, in dem Sie die gewählten Festplatten noch einmal sehen. Hier können Sie entscheiden, welche der neuen Festplatten in dynamische Datenträger umgewandelt werden sollen.

Basisdatenträger können Sie in dynamische Datenträger umwandeln. Wenn Sie Datenträgerkonfigurationen wie zum Beispiel die Erweiterung eines Laufwerks durchführen wollen und Sie den Datenträger noch nicht zu einem dynamischen Datenträger konvertiert haben, schlägt der Assistent die Konvertierung vor.

5.2.2 Konfigurieren von Laufwerken

Sobald die Datenträger eingerichtet sind, können Sie darauf logische Laufwerke einrichten. Solche logischen Laufwerke, auf Windows-Servern auch als »Datenträger« bezeichnet, werden mit dem Befehl *Neues einfaches Volume* im Kontextmenü eines freien Bereichs angelegt.

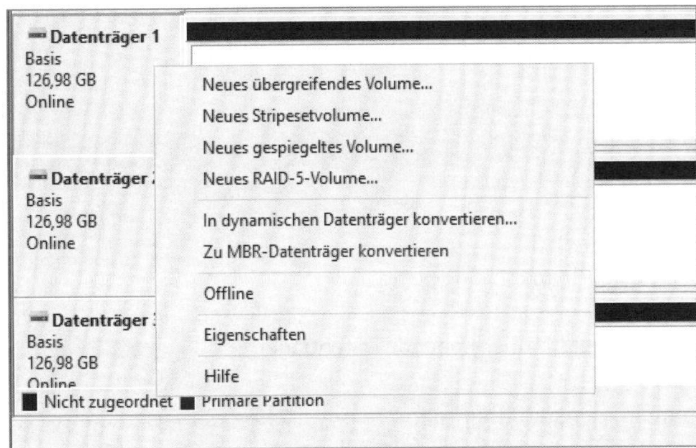

Abb. 5.3 Anlegen eines neuen Datenträgers in Windows Server 2022

Um ein solches Volume anzulegen, müssen Sie einen freien Bereich auf einem Datenträger oder der Festplatte, auf der Sie das neue logische Laufwerk erstellen wollen, mit der rechten Maustaste anklicken.

Wenn Sie mit der rechten Maustaste allerdings direkt auf den Datenträger im linken Bereich klicken und nicht auf einen freien Bereich, wird Ihnen die Option *Neues einfaches Volume* nicht angezeigt, sondern nur die Optionen *Neues übergreifendes Volume* und *Neues Stripesetvolume* sowie *Neues gespiegeltes Volume* und *Neues RAID-5-Volume.*

Ein einfacher Datenträger hält Daten nur auf einer einzelnen physischen Festplatte. Ein übergreifender Datenträger erstreckt sich über mehrere physische Festplatten, erscheint im Explorer aber als einzelnes Laufwerk. Wenn der konfigurierte Speicherplatz auf dem ersten physischen Datenträger voll ist, werden weitere Daten auf dem nächsten konfigurierten Datenträger gespeichert. Dieser Ansatz ist nur dann sinnvoll, wenn sehr große logische Datenträger notwendig sind, die größer als die vorhandenen physischen Datenträger sind. Speicherpools sind in Windows Server 2022 in diesem Bereich besser geeignet.

Ein Stripesetdatenträger geht einen Schritt weiter. Bei dieser Variante sind mehrere physische Festplatten beteiligt. Auf jeder dieser Festplatten belegt Windows den gleichen Speicherplatz. Die Daten liegen in Blöcken von 64 KB zunächst auf der ersten Festplatte, der zweiten und so weiter. Wenn eine Datei nur 8 KB groß ist, verwendet Windows trotzdem einen 64-KB-Block, die restlichen 56 KB sind dann verschwendet.

Dieser Ansatz bietet keine Fehlertoleranz. Durch die Verteilung der Daten über mehrere Festplatten erreichen Sie eine verbesserte Performance, allerdings sind die Daten auf dem Datenträger verloren, wenn einer der physischen Datenträger ausfällt. Besser geeignet sind Hardware-RAIDs oder die Verwendung von Speicherpools.

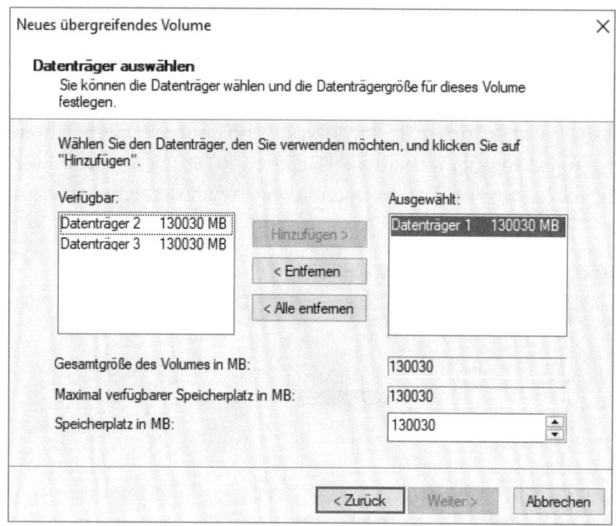

Abb. 5.4 Auswahl der beteiligten Datenträger für übergreifende Datenträger

Falls Sie einen Datenträger erzeugen, der sich über mehrere physische Festplatten erstreckt, müssen Sie bei der Definition des Datenträgertyps im folgenden Schritt die Festplatten auswählen. Der nächste Schritt ist die Zuordnung von Laufwerkbuchstaben und -pfade. Dieser Schritt lässt sich auch jederzeit später über den Befehl *Laufwerkbuchstaben und -pfad ändern* im Kontextmenü des entsprechenden Laufwerks durchführen. Hier finden sich drei Optionen:

- Dem Laufwerk kann zunächst ein Laufwerkbuchstabe fest zugeordnet werden. Das Laufwerk lässt sich in einem leeren Ordner eines NTFS-Systems bereitstellen. Damit können Sie auch bestehende Datenträger erweitern. Diese Erweiterung kann im laufenden Betrieb erfolgen und ist sinnvoll, wenn Sie neue Ordnerstrukturen schaffen wollen, die viel Platz erfordern.
- Sie weisen dann dem Laufwerk keinen eigenen Laufwerkbuchstaben zu, sondern wählen einen bestimmten Ordner aus, der auf einem bereits konfigurierten Laufwerk liegt. Speichern Sie Daten in diesem Ordner, lagert Windows diese Daten auf den neuen Datenträger aus.

- Sie können auf die Zuordnung von Laufwerkbuchstaben verzichten. Dieses Laufwerk verwenden Sie dann dazu, um von einem Ordner einer Festplatte auf einen Ordner einer anderen Festplatte zu gelangen. Dazu verwenden Sie den Explorer oder den Befehl *cd* in der Eingabeaufforderung. Die ausführliche Syntax erfahren Sie, wenn Sie in der Eingabeaufforderung *cd /?* eingeben.

Im Regelfall können Sie bei der Formatierung die Standardzuordnungseinheit übernehmen. Diese setzt Windows in Abhängigkeit von der Größe des Laufwerks und ist damit in den meisten Situationen korrekt gewählt. Nur wenn feststeht, dass Sie ausschließlich mit sehr großen Dateien arbeiten, ist es durchaus sinnvoll, einen höheren Wert manuell zu setzen. Über die Befehle im Kontextmenü von Datenträgern können Sie anschließend noch weitere Funktionen ausführen.

Sie können zum Beispiel Datenträger formatieren, wobei allerdings alle vorhandenen Daten verloren gehen. Datenträger können Sie über das Kontextmenü auch erweitern. Damit können Sie bei dynamischen Datenträgern im laufenden Betrieb weiteren nicht konfigurierten Platz hinzufügen.

Die Erweiterung eines Datenträgers kann dabei auf andere physische Festplatten erfolgen. Diese Vorgehensweise ist sinnvoll, wenn mehr Platz in einer bestehenden Ordnerstruktur notwendig ist. Die Datenträger können Sie über das Kontextmenü auch löschen und neu erstellen.

5.2.3 Komprimieren von Datenträgern und Ordnern

Um Speicherplatz zu sparen, können Sie Dateien auf NTFS-Laufwerken komprimieren. Diese Komprimierung erfolgt für den Benutzer völlig transparent, er muss keine zusätzlichen Programme verwenden und arbeitet mit den Dateien genauso wie mit allen anderen auf dem Laufwerk.

Beachten Sie bei der Verwendung der Komprimierung, dass dies zu Lasten der Performance des Servers geht, da dieser die Komprimierung und Dekomprimierung der Dateien übernimmt, sobald ein Benutzer darauf zugreift. Die Komprimierung kann jedoch ohne Weiteres für spezielle Archivierungsordner sinnvoll sein.

In Zeiten, in denen normalerweise genügend Speicherplatz zur Verfügung steht, sollte die Komprimierung nur für Archivdateien verwendet werden, die ansonsten Speicherplatz verschwenden. Sie können auf einem NTFS-Datenträger einzelne Ordner oder Dateien komprimieren, während andere Ordner unkomprimiert bleiben.

Die Komprimierung können Sie in den Eigenschaften eines Ordners auswählen. Komprimierte Ordner werden durch eine blaue Farbe gekennzeichnet. Die Komprimierung von Dateien steht, genau wie das verschlüsselnde Dateisystem, auf ReFS-Datenträgern nicht zur Verfügung.

Dateien, mit denen Sie ständig arbeiten, sollten Sie nicht komprimieren, da der Zugriff auf diese Daten deutlich langsamer sein kann. Archive oder Ordner mit Bildern im BMP-Format, auf die Sie nicht häufig zugreifen, lassen sich deutlich verkleinern.

Die Funktion steht nur auf NTFS-Datenträgern zur Verfügung. FAT-Laufwerke lassen sich in der Eingabeaufforderung mit dem Befehl *convert <Laufwerk> /fs:ntfs* leicht umwandeln. Allerdings lassen sich auf diesem Weg nur FAT-Laufwerke komprimieren, für ReFS-Datenträger steht diese Funktion nicht zur Verfügung. Die Komprimierung von NTFS-Laufwerken oder einzelnen Ordnern aktivieren Sie folgendermaßen:

1. Rufen Sie die Eigenschaften des Ordners auf, den Sie komprimieren wollen.
2. Klicken Sie auf der Registerkarte *Allgemein* auf *Erweitert.*
3. Aktivieren Sie das Kontrollkästchen *Inhalt komprimieren*, um Speicherplatz zu sparen.
4. Beim Bestätigen kann ausgewählt werden, ob auch die Unterordner im Ordner komprimiert werden sollen.
5. Anschließend werden die Ordner und Dateien komprimiert.

Die Dateinamen komprimierter Daten werden daraufhin in einer blauen Schriftfarbe dargestellt. Ist das nicht gewünscht, kann diese Einstellung im Menüband des Explorers auf der Registerkarte *Ansicht* über *Optionen/Ordner- und Suchoptionen ändern* geändert werden. Dazu wird im Dialogfeld *Ordneroptionen* auf der Registerkarte *Ansicht* das Kontrollkästchen *Verschlüsselte oder komprimierte NTFS-Dateien in anderer Farbe anzeigen* deaktiviert.

Die Platzersparnis können Sie in den Eigenschaften des Ordners nachprüfen. Dort wird auf der Registerkarte *Allgemein* die originale Größe und der tatsächliche Plattenverbrauch angezeigt. Das funktioniert auch, wenn Sie die Eigenschaften von Freigaben im Netzwerk aufrufen.

Die Komprimierung lässt sich jederzeit wieder deaktivieren. Bereits komprimierte Dateien wie MP3- und JPG-Dateien oder bereits komprimierte Archive wie ZIP-Dateien profitieren nicht von der Komprimierung und werden nicht weiter verkleinert. Verschieben Sie neue Dateien in bereits komprimierte Ordner, müssen diese gegebenenfalls nachträglich komprimiert werden, da die Funktion nicht automatisch auf neue Dateien überprüft.

5.2.4 Festplattenverwaltung in der PowerShell und Eingabeaufforderung

Um Festplatten zu verwalten, müssen Sie in Windows nicht immer die grafische Oberfläche nutzen. Viele Einstellungen lassen sich teilweise schneller in der PowerShell und Eingabeaufforderung durchführen.

In Kapitel 40 zeigen wir Ihnen verschiedene Möglichkeiten, mit der PowerShell, Eingabeaufforderung und mit WMI Datenträger in Windows Server 2022 zu verwalten.

In der Eingabeaufforderung können Sie zum Beispiel mit *diskpart* Partitionen erstellen und verwalten, zum Beispiel um einen bootfähigen USB-Stick zu erstellen, mit dem Sie Windows Server 2022 installieren können (siehe Kapitel 2).

Alle Befehle, die in der PowerShell zur Verfügung stehen, lassen sich mit *Get-Command -Module Storage | Sort Noun, Verb* anzeigen. Um zum Beispiel die physischen Festplatten abzufragen, hilft der Befehl *Get-PhysicalDisk*. Die Ausgabe zeigt auch an, ob sich die Platte in einem neuen Speicherpool anordnen lässt. Das erkennen Sie an der Option *CanPool* über den Wert *True*.

Wer genauere Informationen will, gibt *Get-PhysicalDisk |fl* ein. Durch Eingabe von Spalten nach *|fl* lassen sich erweiterte Informationen angeben und unwichtige ausblenden. Ein Beispiel dafür ist *Get-PhysicalDisk |fl FriendlyName, BusType, CanPool, Manufacturer, Healthstatus*. Das funktioniert mit allen Get-Cmdlets. Mit *Get-Disk* lassen Sie sich ebenfalls alle Festplatten anzeigen. Die Partitionierung lassen Sie mit *Get-Disk <Nummer> | Get-Partition* anzeigen.

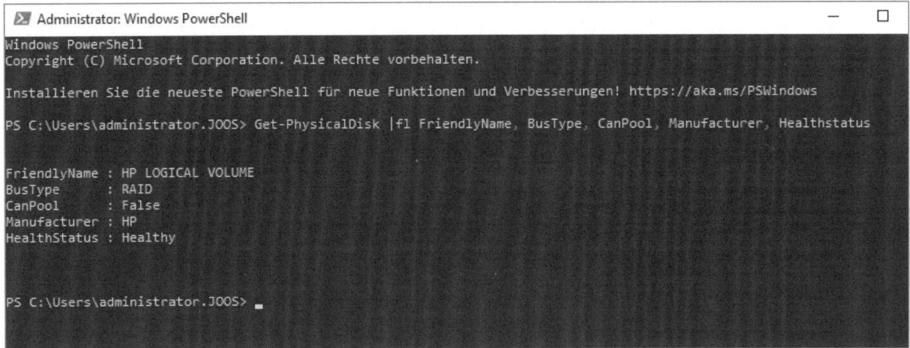

Abb. 5.5 Verwalten des Speichers in Windows Server 2022 mit der PowerShell

Microsoft empfiehlt für den Datenträger, auf denen Sie Exchange-Datenbanken speichern, eine feste Größe der Zuordnungseinheit (NTFS Allocation Unit Size) von 64 KB. Diese Einstellung können Sie beim Anlegen eines neuen Volumes festlegen. Um zu überprüfen, ob der Datenträger optimal konfiguriert ist, verwenden Sie die Eingabeaufforderung oder die PowerShell. Geben Sie dann den folgenden Befehl ein:

fsutil fsinfo ntfsinfo [Laufwerksbuchstabe:]

Sie sehen die Größe der Zuordnungseinheit im Bereich *Bytes pro Cluster*. Ändern können Sie diese Einstellung nur über eine Neuformatierung. Arbeiten Sie mit Datenträgerkontingenten, können Sie sich mit *fsutil* Informationen zu den Kontingenten anzeigen lassen: In der Eingabeaufforderung verwenden Sie dazu die Anweisung *fsutil quota query <Laufwerk>*.

Verwenden Sie mehrere Festplatten und unterschiedliche Partitionen auf einem Computer, kann DiskExt von der Seite *http://technet.microsoft.com/de-de/sysinternals* Informationen auslesen. Das Tool zeigt an, über welche physischen Festplatten sich eine Partition aufteilt und wo auf der physischen Festplatte eine Partition angelegt ist.

Sie können die Ausgabe mit *diskext >c:\temp\disk.txt* in eine Textdatei umleiten lassen, wenn Sie bei der Einrichtung eines Servers oder für Supportzwecke eine Dokumentation anfertigen wollen. Zeigt zum Beispiel die Datenträgerverwaltung in Windows oder der Explorer ein Laufwerk nicht mehr an, können Sie über DiskExt die Konfiguration der Laufwerke anzeigen lassen. Zusätzlich haben Sie auch die Möglichkeit, direkt einzelne Laufwerksbuchstaben abzufragen, wenn Sie die Option *diskext <Laufwerksbuchstabe>:* verwenden, zum Beispiel *diskext c:*.

5.2.5 Mit GPT-Partitionen und ReFS arbeiten

Bauen Sie in einen Server eine neue Festplatte ein, haben Sie die Möglichkeit, zwischen zwei Datenträgerpartitionsformaten auszuwählen. Das gilt auch in Windows Server 2022. Große Datenträger mit mehr als 3 TB profitieren davon, wenn Sie als Datenträgerpartitionsformat GPT nutzen und als Dateisystem ReFS. Nur die beiden neuen Systeme sind für Festplatten dieser Größe optimiert.

GPT versus MBR

Das Datenträgerpartitionsformat MBR (Master Boot Record) unterstützt Festplatten mit einer Größe von bis zu zwei Terabytes. Im Vergleich dazu unterstützt das Partitionsformat GPT (GUID-Partitionstabelle) Festplatten mit einer Größe von bis zu 18 Exabytes und bis zu 128 Partitionen pro Datenträger.

Datenträger mit dem GPT-Partitionsformat sind besser vor Ausfällen geschützt, sie besitzen redundante Primär- und Sicherungspartitionstabellen. Nachdem Sie den Partitionierungsstil festgelegt haben, arbeiten Sie auf beiden Systemen identisch. Sie legen Partitionen und Volumes an, erstellen Verzeichnisse und Freigaben.

Datenträgerpartitionsformat im laufenden Betrieb wechseln

Die Konvertierung eines MBR-Datenträgers in einen GPT-Datenträger und umgekehrt kann nur durchgeführt werden, wenn der Datenträger leer ist. Dazu klicken Sie in der Datenträgerverwaltung von Windows den Datenträger mit der rechten Maustaste an und wählen den entsprechenden Befehl aus. Sie können die Konvertierung aber auch in der Eingabeaufforderung durchführen:

1. Starten Sie eine Eingabeaufforderung mit Administratorrechten.
2. Starten Sie *diskpart*.
3. Geben Sie *list disk* ein.
4. Geben Sie *select disk <Nummer der Disk, die Sie konvertieren wollen>* ein.
5. Geben Sie *clean* ein.
6. Geben Sie *convert gpt* ein, den umgekehrten Weg gehen Sie mit *convert mbr.*

In der Datenträgerverwaltung (*diskmgmt.msc*) finden Sie den Partitionierungsstil, wenn Sie die Eigenschaften des Datenträgers aufrufen, auf der Registerkarte *Volumes.* In der PowerShell lassen Sie sich den Partitionierungsstil mit *Get-Disk | select FriendlyName, PartitionStyle* anzeigen.

Den Partitionierungsstil legen Sie mit dem folgenden Befehl auf GPT fest:

Initialize-Disk <Nummer> -PartitionStyle GPT

Ein weiteres Beispiel, um einen Datenträger zu erstellen und zu formatieren, ist:

Get-Disk 1 | Clear-Disk -RemoveData

New-Partition -DiskNumber 1 -UseMaximumSize -IsActive -DriveLetter Z | Format-Volume -FileSystem NTFS -NewFileSystemLabel Data

5.2.6 Verkleinern und Erweitern von Datenträgern

Sie können Datenträger unter Windows Server 2022 erweitern oder verkleinern. Beim Verkleinern von Laufwerken gibt Windows den konfigurierten Speicherplatz als neuen unpartitionierten Bereich frei. Den freien Speicherplatz können Sie für einen anderen Datenträger verwenden. Der verkleinerte Bereich eines Datenträgers steht genauso zur Verfügung, als wäre er nie partitioniert gewesen.

Die Verkleinerung und Erweiterung nehmen Sie über das Kontextmenü des entsprechenden Datenträgers vor. Sie können dazu auch die Eingabeaufforderung verwenden. Wie Sie dabei vorgehen, lesen Sie in Kapitel 2. Sie können aber nur NTFS-Datenträger verkleinern und erweitern, ReFS unterstützt diese Funktion nicht.

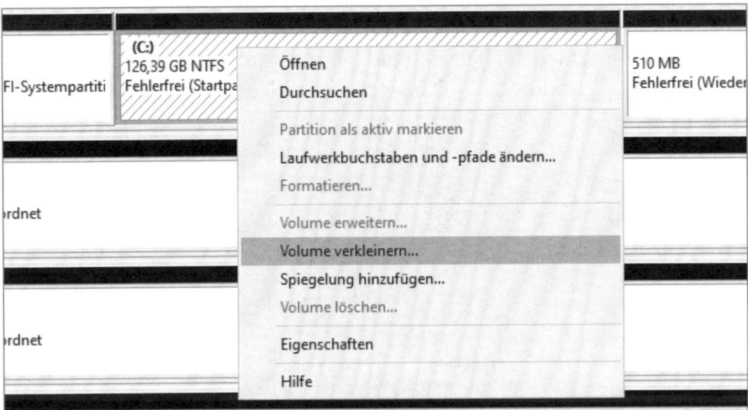

Abb. 5.6 Erweitern und Verkleinern von bestehenden Datenträgern

Verkleinern von Partitionen

Beim Verkleinern einer Partition verschiebt Windows nicht verschiebbare Dateien, wie die Auslagerungsdatei, nicht automatisch. Sie können den reservierten Speicherplatz nicht über den Punkt hinaus verkleinern, an dem sich die nicht verschiebbaren Dateien befinden.

Wenn Sie die Partition weiter verkleinern wollen, verschieben Sie die Auslagerungsdatei auf einen anderen Datenträger, verkleinern das Volume und verschieben die Auslagerungsdatei dann wieder zurück auf den Datenträger.

Sie können nur primäre Partitionen und logische Laufwerke auf unformatierten Partitionen oder Partitionen mit dem NTFS-Dateisystem verkleinern. Klicken Sie auf *Verkleinern*, führt der Assistent die Aufgabe durch. Mehr ist zum Verkleinern eines Laufwerks nicht notwendig.

Erweitern von Partitionen

Vorhandenen primären Partitionen und logischen Laufwerken können Sie mehr Speicherplatz hinzufügen, indem Sie diese auf angrenzenden verfügbaren Speicherplatz auf demselben Datenträger erweitern.

Zum Erweitern eines Basisvolumes muss dieses unformatiert oder mit dem NTFS-Dateisystem formatiert sein. Sie können ein logisches Laufwerk innerhalb von zusammenhängendem freiem Speicherplatz in der erweiterten Partition, die dieses Laufwerk enthält, erweitern. Wenn Sie ein logisches Laufwerk über den in der erweiterten Partition verfügbaren Speicherplatz hinaus erweitern, wird die erweiterte Partition zur Unterbringung des logischen Laufwerks vergrößert.

Bei logischen Laufwerken, Start- oder Systemvolumes können Sie das Volume nur innerhalb von zusammenhängendem freiem Speicherplatz erweitern, und nur dann, wenn der Datenträger zu einem dynamischen Datenträger aktualisiert werden kann. Bei anderen Volumes können Sie das Volume auch innerhalb von nicht zusammenhängendem Speicherplatz erweitern, werden aber aufgefordert, den Datenträger in einen dynamischen Datenträger zu konvertieren. Um ein Basisvolume zu erweitern, gehen Sie folgendermaßen vor:

1. Klicken Sie in der Datenträgerverwaltung mit der rechten Maustaste auf das Volume, das Sie erweitern möchten.
2. Klicken Sie auf *Volume erweitern.*
3. Wählen Sie die Datenträger aus, auf die Sie das bestehende Volume erweitern wollen, und schließen Sie den Assistenten ab. Belassen Sie die Auswahl auf dem aktuell ausgewählten Volume, erweitert Windows den Datenträger auf den kompletten Bereich des aktuellen Datenträgers.

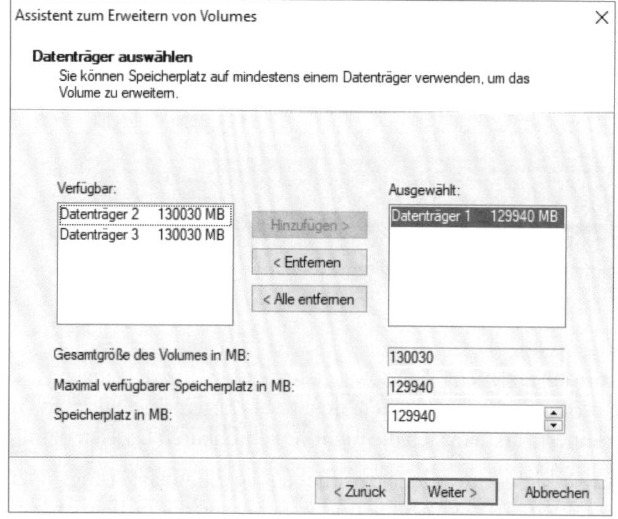

Abb. 5.7 Erweitern eines bestehenden Datenträgers

Es ist nicht möglich, die aktuellen System- oder Startpartitionen zu erweitern. Systempartitionen und Startpartitionen sind Namen für Partitionen oder Volumes auf einer Festplatte, die zum Starten von Windows verwendet werden.

Die Systempartition enthält die hardwarebezogenen Dateien, die einem Computer mitteilen, von wo aus Windows startet (siehe Kapitel 2). Eine Startpartition ist eine Partition, die die Windows-Betriebssystemdateien enthält, die sich im *Windows*-Dateiordner befinden. Mit einem weiteren Begriff, der aktiven Partition, wird beschrieben, welche Systempartition (und daher welches Betriebssystem) der Computer zum Starten verwendet.

5.2.7 Software-RAIDs in Windows Server nutzen

Neben Speicherpools und klassischen Laufwerken, übergreifenden Volumes und Stripesetvolumes haben Sie in Windows Server noch die Möglichkeit, Software-RAIDs zu erstellen. RAID-Systeme als Softwarelösung sind teilweise nur eingeschränkt sinnvoll, da sie zum einen keine optimale Performance bieten und die Paritätsinformationen nicht von einem dedizierten Prozessor berechnet werden. Außerdem unterstützen sie kein Hot-Swap. Hot-Swap bezeichnet den Wechsel von Festplatten im laufenden Betrieb. Es wird daher empfohlen, für RAID-Systeme Hardwarelösungen zu verwenden. Dennoch kann es für den einen oder anderen Server sinnvoll sein, ein Software-RAID zu erstellen.

In Windows Server gibt es die Möglichkeit, ein softwarebasiertes RAID-5-System oder eine Plattenspiegelung für Laufwerke zu verwenden. Dort werden alle Informationen auf zwei Festplatten geschrieben. Von gespiegelten Festplatten können Sie auch booten. Falls ein Datenträger erzeugt wird, der sich über mehr als eine physische Festplatte erstreckt, müssen bei der Definition des Datenträgertyps im nächsten Schritt die Festplatten ausgewählt werden, die beteiligt werden sollen. Für die Konfiguration verwenden Sie die Datenträger-Verwaltung, die Sie mit *diskmgmt.msc* starten.

Einrichten von Datenträgern für Software-RAIDs

Nach der Initialisierung sehen Sie die Datenträger in der Datenträgerverwaltung und Sie können diese konfigurieren. Wenn Sie ein bestimmtes Speichersystem konfigurieren, zum Beispiel ein Software-RAID oder einen Speicherpool, erhalten Sie automatisch einen Hinweis, wenn Sie eine Festplatte konvertieren müssen.

Sobald die Datenträger eingerichtet sind, können Sie auf diesen logische Laufwerke einrichten. Solche logischen Laufwerke, bei Windows Server auch als Datenträger bezeichnet, werden mit dem Befehl *Neues einfaches Volume* im Kontextmenü eines freien Bereichs angelegt.

Wenn Sie mit der rechten Maustaste direkt auf den Datenträger im linken Bereich klicken und nicht auf einen freien Bereich auf der rechten Seite, werden Ihnen auch die beiden Optionen *Neues übergreifendes Volume* und *Neues Stripesetvolume* sowie *Neues gespiegeltes Volume* und *Neues RAID-5-Volume* angezeigt.

Sie können für Software-RAIDs in Windows Server auch das ReFS-Dateisystem verwenden. Die Erstellung und Verwaltung ist identisch mit der Verwendung von NTFS, aber Sie profitieren von der höheren Stabilität von ReFS.

Software-RAIDs reparieren

Haben Sie ein Volume erstellt, das sich über mehrere Datenträger erstreckt, können Sie über das Kontextmenü das Volume reparieren, wenn einer der Datenträger defekt ist oder Sie ihn ausgetauscht haben. Bei übergreifenden Datenträgern müssen Sie in diesem Fall noch Nacharbeiten vornehmen. Sind bei übergreifenden Datenträgern Aufgaben notwendig, kennzeichnet Windows diese in der Datenträgerverwaltung entsprechend. In diesem Fall zeigt das Kontextmenü des Datenträgers im unteren Bereich weitere Einstellungsmöglichkeiten. Das Kontextmenü ist abhängig vom Datenträger, den Sie erstellt haben.

Ist ein erweiterter Datenträger defekt, weil auf eine physische Festplatte nicht mehr zugegriffen werden kann, erscheint *Volume reparieren*, wenn Windows noch einen leeren Datenträger findet, mit dem sich das erweiterte Volume reparieren lässt. Wählen Sie diesen

Menüpunkt aus, schlägt Windows automatisch den physischen Datenträger vor, mit dem das übergreifende Volume repariert werden kann.

Ist also eine physische Festplatte eines RAID-5-Volumes defekt, tauschen Sie das Laufwerk aus, starten Windows neu und wählen dann im Kontextmenü den Eintrag *Volume reparieren* aus. Sie müssen dazu den Datenträger nicht initialisieren, ihn aber online schalten.

Haben Sie eine physische Festplatte nur kurzzeitig vom System getrennt und verbinden Sie diese wieder mit dem Computer, müssen Sie nicht das Volume reparieren, sondern können es über sein Kontextmenü wieder reaktivieren.

Fehlt ein physischer Datenträger eines übergreifenden Volumes, deaktiviert Windows das entsprechende Laufwerk im Explorer, falls ein technischer Zugriff nicht mehr möglich ist. Mit *Volume erneut aktivieren* können Sie den Datenträger in diesem Fall wieder aktivieren, um zum Beispiel Daten auszulagern.

5.3 Verwalten von Datenträgern

Sie können Datenträger entweder im Ordnerfenster *Dieser PC* oder in der Datenträgerverwaltung mit der rechten Maustaste anklicken und im Kontextmenü den Eintrag *Eigenschaften* wählen. Daraufhin stehen Ihnen verschiedene Registerkarten zur Verfügung.

Auf der Registerkarte *Allgemein* sehen Sie den freien und belegten Speicher. Außerdem können Sie hier die Bezeichnung des Datenträgers festlegen. Sie können den gesamten Datenträger komprimieren, was allerdings aus Performancegründen nicht empfohlen werden kann und auf ReFS-Datenträgern nicht möglich ist. Auf dieser Registerkarte legen Sie auch fest, ob das Laufwerk für die Windows-Suche indexiert werden soll.

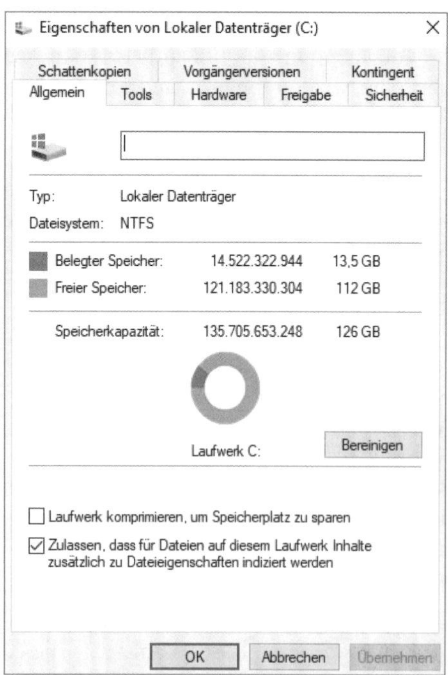

Abb. 5.8 Allgemeine Informationen zu einem Datenträger

Auf der Registerkarte *Tools* im Eigenschaftenfenster eines Datenträgers überprüfen Sie die physische Festplatte auf fehlerhafte Sektoren. Wollen Sie den Systemdatenträger überprüfen, müssen Sie den Computer neu starten, da die Überprüfung vor dem eigentlichen Start von Windows stattfindet.

5.3.1 Defragmentierung verwalten

Die Defragmentierung löst ein Problem, das vor allem entsteht, wenn Dateien vergrößert werden, Anwender zusätzliche Dateien erstellen oder vorhandene löschen. Die meisten Dateien werden in Form eines Extents nicht direkt in der MFT (Master File Table) gespeichert, sondern in einem oder mehreren zusätzlichen Blöcken, auf die aus der MFT verwiesen wird.

NTFS versucht dabei, möglichst zusammenhängende Speicherblöcke zu wählen. Wenn eine Datei vergrößert wird, kann es vorkommen, dass am Ende des bisherigen Extents kein weiterer Speicherplatz mehr frei ist. Dann muss die Datei in mehreren Blöcken gespeichert werden, sie wird also fragmentiert.

Durch die Fragmentierung werden wiederum Zugriffe auf Datenträger deutlich verlangsamt, denn nun sind mehr einzelne Zugriffe und Neupositionierungen des Schreib-/Lesekopfs der Festplatte erforderlich, um auf die Datei zuzugreifen.

Eine regelmäßige Defragmentierung kann daher zu deutlichen Verbesserungen der Performance führen. Das macht aber nur bei mechanischen Festplatten Sinn. Beim Einsatz von SSD und NVMe ist eine Defragmentierung normalerweise nicht sinnvoll.

Das Defragmentierungsprogramm von Windows ist zeitlich gesteuert, da die Defragmentierung relativ viel Rechenzeit benötigt und durch die logischerweise intensiven Zugriffe auf die Festplatte in diesem Bereich zu einer Beeinträchtigung der Performance führt. Sinn ergibt dies nur, wenn viele Dateien oft in der Größe geändert oder gelöscht werden.

Sie können an dieser Stelle die Defragmentierung sofort starten oder den Zeitplan entsprechend anpassen. Mit der Schaltfläche *Analysieren* überprüft der Assistent, ob eine Defragmentierung sinnvoll ist oder nicht.

Die Einstellungen der automatischen Defragmentierung der Festplatten können Sie so abändern, dass diese nicht mehr automatisch startet. Dies ist beispielsweise dann angebracht, wenn Sie auf ein Defragmentierungsprogramm eines anderen Herstellers setzen.

Tippen Sie dazu *dfrgui* im Startmenü ein. Klicken Sie dann auf die Schaltfläche *Einstellungen ändern*. Dort können Sie das Kontrollkästchen *Ausführung nach Zeitplan* deaktivieren. Wollen Sie einen Bericht über die Defragmentierung beispielsweise von Laufwerk *C:* aufrufen, geben Sie den Befehl *defrag c: -a -v* in einer Eingabeaufforderung ein.

5.3.2 Hardware und Richtlinie von Datenträgern verwalten

Auf der Registerkarte *Hardware* im Eigenschaftenfenster eines Datenträgers können Sie die zugrunde liegende Hardware von Datenträgern konfigurieren und die Eigenschaften überprüfen.

An dieser Stelle werden Ihnen alle eingebauten Festplatten angezeigt. Wenn Sie eine der Festplatten markieren, können Sie über die Schaltfläche *Eigenschaften* weitere Einstellungen aufrufen. Diese Stelle ist der zentrale Bereich zur Verwaltung der Hardware, die den einzelnen Datenträgern zugeordnet ist.

Nachdem Sie auf der Registerkarte *Hardware* des Eigenschaftenfenster ein Laufwerk markiert und die Schaltfläche *Eigenschaften* angeklickt haben, klicken Sie im nächsten Fenster auf *Einstellungen ändern*. Danach werden Ihnen mehrere Registerkarten angezeigt.

Auf der Registerkarte *Richtlinien* können Sie festlegen, dass der Schreibcache auf der Festplatte aktiviert sein soll. Dies hat den Vorteil, dass die Festplatte Daten »als auf die Festplatte geschrieben« ansieht, sobald sich diese im Cache der Platte befinden. Wenn allerdings der Strom ausfällt, während die Daten noch vom Schreibcache auf die Festplatte geschrieben werden, kann dies zum Datenverlust führen.

Abb. 5.9 Aktivieren des Schreibcaches einer Festplatte

Wenn Sie den Schreibcache für eine Festplatte deaktivieren, wird die Performance des Servers beeinträchtigt. Dafür ist aber sichergestellt, dass keine Daten verloren gehen, wenn der Server ausfällt. Auch das ist bei SSD anders. Hier ist der Schreibcache nicht immer sinnvoll.

Auf der Registerkarte *Volumes* können Sie nach einem Klick auf die Schaltfläche *Aktualisieren* feststellen, welche Datenträger in Windows einer physischen Festplatte zugewiesen sind.

Klicken Sie ein Laufwerk im Explorer von Windows Server 2022 mit der rechten Maustaste an, steht Ihnen die Registerkarte *Kontingent* zur Verfügung. Aktivieren Sie die Kontingentüberwachung, können Sie festlegen, welche Datenmenge die einzelnen Benutzer auf dem Computer speichern dürfen.

Klicken Sie zunächst auf die Schaltfläche *Kontingenteinträge*, können Sie über das daraufhin geöffnete Fenster definieren, für welche Anwender Sie besondere Grenzen festlegen wollen. Alle anderen Anwender können die maximale Datenmenge speichern, die Sie auf der Hauptseite des Fensters festlegen.

Sie erreichen im Explorer die Möglichkeit, die Datenträgerverwendung zu überwachen. Dazu aktivieren Sie die Kontingentüberwachung im Explorer, legen aber keine Grenzwerte fest. So erhalten Sie eine umfangreiche Überwachung der Datenträgernutzung.

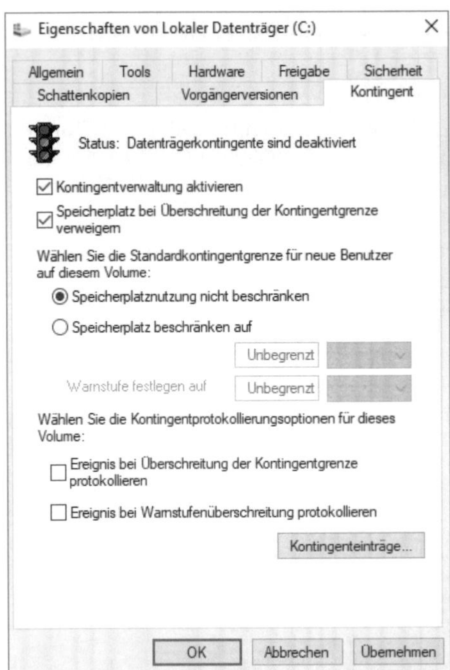

Abb. 5.10 Festlegen und Abrufen von Kontingenteinstellungen

Über die Schaltfläche *Kontingenteinträge* sehen Sie die einzelnen Benutzer und Gruppen sowie deren Datenträgernutzung. In der Eingabeaufforderung verwenden Sie dazu die Anweisung *fsutil quota query <Laufwerk>*.

Administratoren sind von der Kontingentüberwachung nicht ausgenommen, allerdings können sie auch bei harten Grenzwerten weiter speichern. Normale Benutzer dürfen beim Erreichen des Grenzwerts nicht mehr speichern.

5.4 BitLocker-Laufwerkverschlüsselung

BitLocker-Laufwerkverschlüsselung ist ein Feature zur Datenverschlüsselung von kompletten Festplatten. Selbst wenn ein Angreifer die verschlüsselte Festplatte in einen anderen Computer einbaut, schützt BitLocker die Daten vor einem Zugriff.

In Windows Server 2022 verschlüsselt BitLocker nicht die komplette Festplatte, sondern nur den verwendeten Teil. Sobald weitere Teile beschrieben werden, verschlüsselt Windows Server 2022 auch diesen Bereich. BitLocker verschlüsselt bei der Aktivierung daher nur beschriebene Sektoren und fügt dann inkrementell Sektoren hinzu, wenn diese beschrieben werden. BitLocker arbeitet auch mit Hardwareverschlüsselungen von Festplatten oder RAID-Systemen zusammen.

Interessant ist die Möglichkeit, auch USB-Sticks mit BitLocker To Go zu verschlüsseln. In diesem Fall lassen sich die Daten auf dem USB-Stick erst nach der Eingabe eines Kennworts anzeigen.

5.4.1 Grundlagen zu BitLocker und Trusted Platform Module (TPM)

Im Idealfall ist im Computer, dessen Festplatten Sie verschlüsseln möchten, ein Chip mit der Bezeichnung TPM (Trusted Platform Module) eingebaut. Dieser überwacht die integrierte Hardware im Computer und verweigert den Start, wenn die Festplatte in einen anderen Computer eingebaut wird, ohne die PIN zu kennen. Zur Aktivierung von BitLocker ist ein solches TPM-Modul zwar optimal, aber nicht zwingend vorgeschrieben. In Kapitel 7 erfahren Sie mehr zu virtuellen TPMs in Hyper-V. Für die Verwendung als Secured-Core-Server (siehe Kapitel 1) muss in einem Server ein TPM-Chip vorhanden und aktiviert sein.

Wenn Sie nicht wissen, ob Ihr Computer über einen TPM-Chip verfügt, können Sie die TPM-Verwaltungskonsole durch Eintippen von *tpm.msc* im Startmenü aufrufen. Hier erhalten Sie eine entsprechende Meldung. Allerdings muss der TPM-Chip im BIOS aktiviert sein. In vielen Fällen ist der Chip nicht aktiviert, auch wenn ein solcher im Computer verbaut ist.

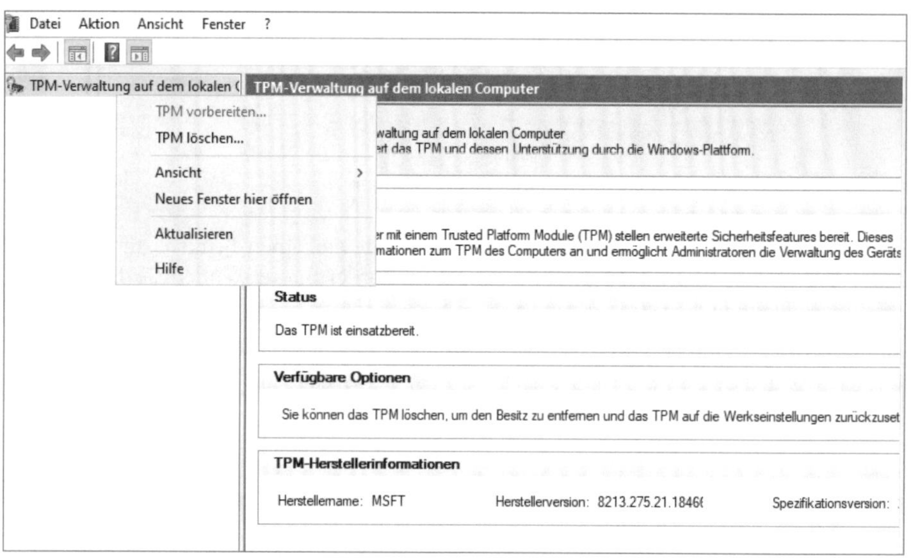

Abb. 5.11 Verwalten von TPM-Chips in Windows Server 2022

Die Konfiguration von BitLocker findet über *Systemsteuerung/System und Sicherheit/BitLocker-Laufwerkverschlüsselung* statt. In Windows Server 2022 müssen Sie dazu aber BitLocker erst als Feature über den Server-Manager oder das Windows Admin Center installieren (siehe Kapitel 3 und 4).

Verfügt der Computer über einen TPM-Chip und haben Sie ihn im BIOS aktiviert, muss dieser nach der Installation zunächst initialisiert werden:

1. Öffnen Sie durch Eintippen von *tpm.msc* im Startmenü die TPM-Verwaltungskonsole.
2. Klicken Sie im Bereich *Aktionen* auf *TPM initialisieren*, um den TPM-Initialisierungs-Assistenten zu starten. Diese Option erscheint nur, wenn ein TPM-Chip im Computer verbaut ist.
3. Starten Sie nach der Initialisierung den Computer neu.

4. Nach dem Neustart erscheint eine Bestätigungsaufforderung, um sicherzustellen, dass keine bösartige Software versucht, das TPM einzuschalten.
5. Bevor das TPM zum Schützen Ihres Computers nutzbar ist, muss es einem Besitzer zugeordnet sein. Beim Festlegen des TPM-Besitzers wird ein Kennwort zugewiesen, sodass nur der autorisierte TPM-Besitzer darauf zugreifen und es verwalten kann.

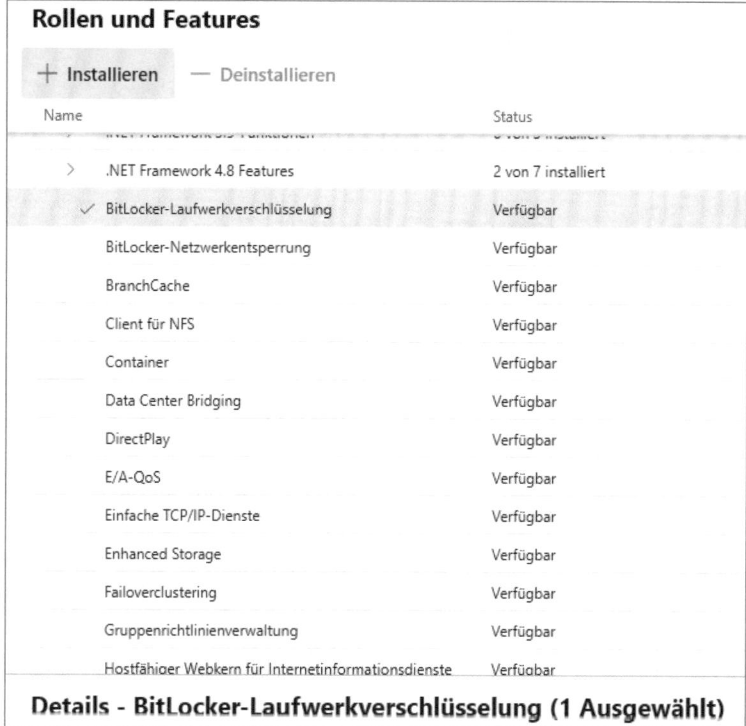

Abb. 5.12 BitLocker muss über den Server-Manager oder das Windows Admin Center in Windows Server 2022 installiert werden.

5.4.2 BitLocker schnell und einfach aktivieren

BitLocker können Administratoren auch dann nutzen, wenn kein TPM-Chip verbaut ist. Dazu ist es notwendig, in die lokale Sicherheitsrichtlinie des Computers zu wechseln oder die Einstellungen über Gruppenrichtlinien festzulegen. Gehen Sie zur Konfiguration folgendermaßen vor:

1. Starten Sie durch Eingabe von *gpedit.msc* im Startmenü den Editor für lokale Gruppenrichtlinien oder öffnen Sie eine Gruppenrichtlinie in Active Directory.
2. Wechseln Sie im Navigationsbereich zum Eintrag *Computerkonfiguration/Administrative Vorlagen/Windows-Komponenten/BitLocker-Laufwerkverschlüsselung/Betriebssystemlaufwerke*.
3. Doppelklicken Sie im rechten Bereich des Fensters auf die Richtlinie *Zusätzliche Authentifizierung beim Start anfordern*.
4. Aktivieren Sie im Dialogfeld die Option *Aktiviert*.

5. Stellen Sie sicher, dass das Kontrollkästchen *BitLocker ohne kompatibles TPM zulassen* aktiviert ist.
6. Klicken Sie auf *OK*.
7. Die Richtlinie erhält darauf in der Statusspalte den Status *Aktiviert*.

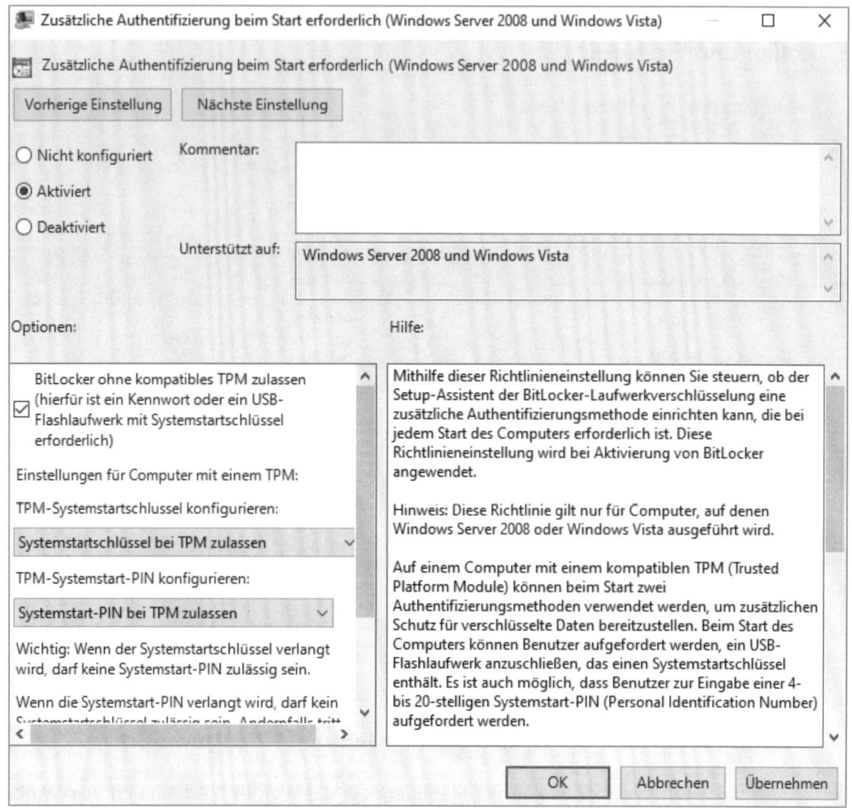

Abb. 5.13 Verwenden von BitLocker ohne TPM als Richtlinie freischalten

Nachdem diese Aufgaben durchgeführt sind, können Sie BitLocker aktivieren. Starten Sie die Konfigurationsoberfläche von BitLocker über *Systemsteuerung/System und Sicherheit/BitLocker-Laufwerkverschlüsselung*. Die Systemsteuerung starten Sie am schnellsten, indem Sie im Suchfeld der Taskleiste *systemsteuerung* eingeben.

Klicken Sie auf den Link *BitLocker aktivieren*. Anschließend überprüft Windows den Rechner. Danach legen Sie fest, ob der Start des Rechners über einen USB-Stick oder nach der Eingabe eines Kennworts erfolgen soll, und dann den Speicherort für den Wiederherstellungsschlüssel . Dieser wird benötigt, wenn das Kennwort für BitLocker nicht mehr verfügbar ist.

Windows Server 2022 kann den Verschlüsselungsmodus XTS-AES zur Verschlüsselung verwenden. Dieser ist effizienter. Sie können in der Einrichtung von BitLocker aber festlegen, dass der kompatible Verschlüsselungsmodus verwendet werden soll. Das ist zum Beispiel sinnvoll, wenn der Datenträger auch auf anderen Rechnern eingesetzt werden soll.

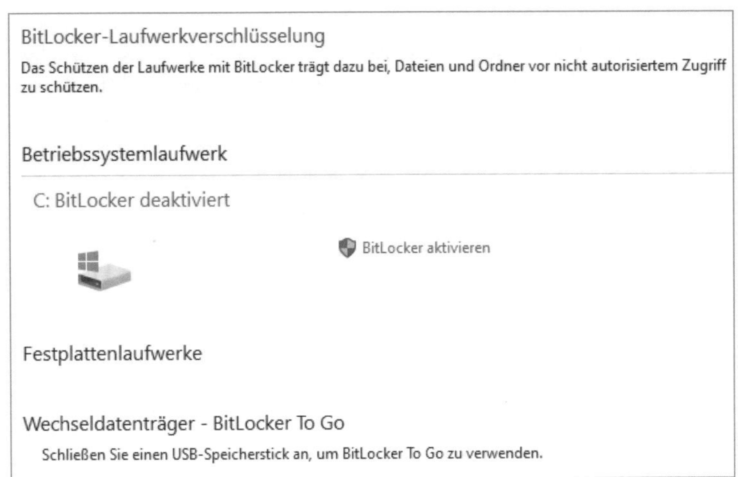

Abb. 5.14 Nach der Aktivierung von BitLocker startet der Server erst nach Eingabe eines Kennworts.

Sobald Sie die Einrichtung vorgenommen haben, startet Windows neu und die Verschlüsselung beginnt. Bereits jetzt muss das BitLocker-Kennwort eingegeben werden, wenn Sie nicht mit dem TPM-Modus arbeiten. Ab jetzt ist der Server mit BitLocker geschützt. Über die ESC-Taste starten Sie den Wiederherstellungsmodus, wenn Sie das Kennwort vergessen haben. Beim Einsatz in Active Directory kann dabei auf die Daten in Active Directory oder des Microsoft-Kontos zugegriffen werden.

In Windows Server 2022 werden beim ersten Verschlüsseln nur die bereits beschriebenen Festplatten-Sektoren verschlüsselt, wenn Sie diese Option ausgewählt haben. Werden neue Sektoren beschrieben, verschlüsselt Windows diese ebenfalls.

Windows Server 2022 erlaubt, neben Storage Spaces Direct, auch das Zusammenfassen mehrerer Festplatten zu Speicherpools und deren Aufteilung in Speicherplätze. Administratoren können auch für einzelne Speicherplätze BitLocker aktivieren, unabhängig von den zugrunde liegenden Festplatten. Die Vorgehensweise dazu ist identisch zur Verschlüsselung herkömmlicher Datenträger.

BitLocker lässt sich auch in der PowerShell verwalten. Die dazu notwendigen Befehle zeigt Windows mit *get-command *bitlocker** an. *Enable-BitLocker* aktiviert zum Beispiel die Verschlüsselung.

Kennen Sie das Kennwort nicht, können Sie an dieser Stelle die Wiederherstellung mit dem Wiederherstellungsschlüssel starten.

Wichtig ist, dass ein vorhandener USB-Stick, den Sie als Startschlüssel verwenden, keinesfalls in fremde Hände gelangen darf, da sonst der komplette Schutz des Computers ausgehebelt ist. Nach der Speicherung des Schlüssels auf dem Stick können Sie zusätzlich die Speicherung auf einem anderen Laufwerk oder das Ausdrucken aktivieren.

Nach der BitLocker-Aktivierung erreichen Sie das Fenster für die Verwaltung des Kennworts jederzeit über die Systemsteuerung. So lässt sich der Schlüssel nachträglich ausdrucken oder speichern.

Nach der Einrichtung von BitLocker können Sie weitere Festplatten auf dem Computer verschlüsseln. Auch wenn Sie nachträglich Festplatten einbauen, können Sie über die BitLocker-Verwaltungsoberfläche die Verschlüsselung nachträglich für diese Laufwerke aktivieren.

Abb. 5.15 Nach der Aktivierung verwalten Sie BitLocker weiterhin über die Systemsteuerung.

5.4.3 Troubleshooting für BitLocker

Haben Sie das Kennwort vergessen oder ist der USB-Stick oder das TMP defekt, mit dem Sie den Rechner starten, können Sie mit dem Wiederherstellungsschlüssel auf dem Rechner den Computer starten und auf Ihre Daten zugreifen.

Wenn Daten verschlüsselt werden, trägt der Administrator immer das Risiko, dass er selbst nicht mehr an die Daten kommt, wenn er die entsprechenden Schlüssel verliert. Es besteht auch die Möglichkeit, dass das TPM defekt, der Startschlüssel zerstört ist oder Anwender ihre PIN vergessen haben. Damit bei solchen Vorfällen, auch bei der Erweiterung des Computers, die Daten noch zugänglich sind, gibt es die BitLocker-Recovery-Konsole.

5.4.4 Verschlüsselndes Dateisystem (EFS) – Daten einfach absichern

Neben der Verschlüsselung von kompletten Festpatten können Sie einzelne Verzeichnisse oder Dateien verschlüsseln lassen, auch parallel mit BitLocker. Um Dateien lokal zu verschlüsseln, wählen Sie im Kontextmenü der Datei oder des Ordners, den Sie verschlüsseln wollen, den Befehl *Eigenschaften* aus. Über die Schaltfläche *Erweitert* finden Sie im Dialogfeld *Erweiterte Attribute* das Kontrollkästchen *Inhalt verschlüsseln, um Daten zu schützen.* Durch Aktivieren dieses Kontrollkästchens wird das verschlüsselnde Dateisystem (Encrypting File System, EFS) genutzt. Sie können EFS aber nur zusammen mit NTFS nutzen. Mit dem neuen ReFS-Dateisystem funktioniert EFS nicht.

Die Verschlüsselung und der Zugriff auf diese Informationen erfolgen transparent für die Anwender. Falls ein Ordner für die Verschlüsselung ausgewählt ist, fragt das System, ob die Einstellungen für untergeordnete Ordner übernommen werden sollen.

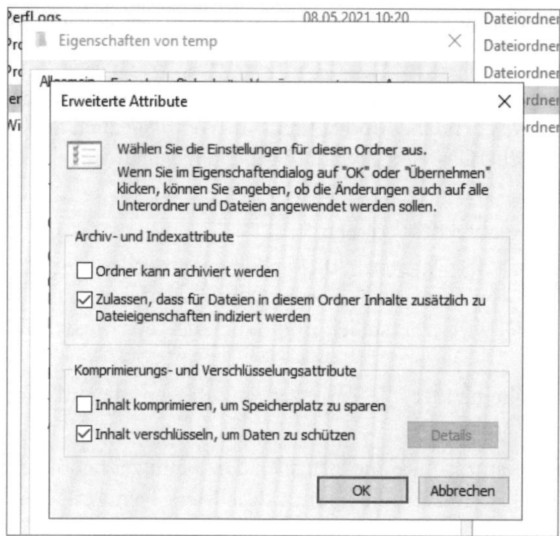

Abb. 5.16 Verschlüsseln von Dateien in Windows 10/11/Windows Server 2022

Anwender können verschlüsselte Daten zwar sehen, aber die Dateien nicht öffnen und anzeigen. Auch wenn Anwender Zugriff auf verschlüsselte Daten erhalten, sind diese nur für den Anwender sichtbar, der die Daten verschlüsselt hat oder der in der Liste der berechtigten Anwender zu finden ist. Die Dateien lassen sich von Anwendern auch nicht kopieren oder verschieben. Auf diesem Weg lassen sich also sensible Daten vor Zugriff schützen.

Standardmäßig kennzeichnet Windows Server 2022 diese Dateien mit einem eigenen Icon. Um Einstellungen dazu zu ändern, wählen Sie zunächst im Menüband des Explorers auf der Registerkarte *Ansicht* den Befehl *Optionen/Ordner und Suchoptionen*. Im daraufhin geöffneten Dialogfeld *Ordneroptionen* können Sie auf der Registerkarte *Ansicht* das Kontrollkästchen *Verschlüsselte oder komprimierte NTFS-Dateien in anderer Farbe anzeigen* ein- oder ausschalten.

Die Funktionsweise von EFS

Das verschlüsselnde Dateisystem (Encrypting File System, EFS) nutzt das EFS-Zertifikat eines Benutzers, um den Inhalt einer Datei zu verschlüsseln. Der private Schlüssel wird in verschlüsselter Form mit in der Datei abgelegt und kann zu ihrer Wiederherstellung genutzt werden. Die Verwaltung der Zertifikate findet über die Benutzerverwaltung statt.

EFS arbeitet mit dem symmetrischen DESX-Algorithmus zur Dateiverschlüsselung und dem RSA-Algorithmus zur Verschlüsselung der privaten Schlüssel. Durch eine mögliche Wiederherstellung des privaten Schlüssels ist eine Entschlüsselung von Dateien durch sogenannte Wiederherstellungs-Agents möglich.

Alternativ zur grafischen Oberfläche können Sie auch den Befehl Cipher in der Eingabeaufforderung einsetzen, um Dateien zu ver- und entschlüsseln oder sich den Status anzeigen zu lassen. Der Befehl *cipher /e /s:C:\Vertraulich* beispielsweise verschlüsselt den Ordner *C:\Vertraulich* und alle darunter liegenden Ordner und Dateien.

Der Befehl *cipher /d /s:C:\Vertraulich* entschlüsselt die Daten im Ordner *C:\Vertraulich* und allen darunter liegenden Ordnern.

Häufig ist es sinnvoll, vertrauliche Daten mit einer anderen Person zu teilen, beispielsweise zwischen zwei Geschäftsführern oder zwischen Chef und Sekretärin. Wenn Sie auch anderen Personen Zugriff auf Ihre verschlüsselten Dateien gewähren möchten, gehen Sie folgendermaßen vor:

1. Verschlüsseln Sie zuerst die Datei wie oben beschrieben.
2. Rufen Sie nochmals die Eigenschaften der Datei auf, klicken Sie auf *Erweitert* und danach auf *Details*. Sie erhalten eine Übersicht darüber, welche Benutzer auf die Datei zugreifen und welche Benutzer die Datei wiederherstellen und dabei die Verschlüsselung aufheben können.
3. Klicken Sie auf *Hinzufügen*, um nacheinander alle Benutzer einzutragen, die auf Ihre verschlüsselte Datei Zugriff erhalten sollen.

Sie können an dieser Stelle nur Benutzer eintragen, keine Gruppen. Die Benutzer benötigen außerdem jeweils ein Basis-EFS-Zertifikat. Das erhält er am schnellsten, wenn er selbst eine Datei oder einen Ordner verschlüsselt.

Wann sollte EFS nicht genutzt werden?

Einige Hindernisse können Ihnen bei der Nutzung von EFS im Wege stehen oder sogar eine erfolgreiche Wiederherstellung der Daten verhindern. Als Administrator sollten Sie diese Klippen kennen, damit Sie nicht erst im Fehlerfall bemerken, dass eine Datei nicht mehr zugänglich ist:

- Sie können eine Datei nicht gleichzeitig verschlüsseln und komprimieren. Wenn Sie eine bereits verschlüsselte Datei komprimieren und die erforderlichen Zertifikate besitzen, wird die Datei automatisch entschlüsselt.
- Wenn Sie keine NTFS-Laufwerke einsetzen, können Sie die Verschlüsselung nicht nutzen. Das gilt auch beim Einsatz von ReFS.
- Wenn Sie eine verschlüsselte Datei kopieren, wird diese während des Kopierens im Hauptspeicher des PC entschlüsselt. Am Zielort wird die Datei nur dann wieder verschlüsselt, wenn der Zielordner ebenfalls das Verschlüsselt-Attribut besitzt. Wenn Sie also eine lokal verschlüsselte Datei auf den Computer kopieren, verliert diese ihre Verschlüsselung, falls Sie im Serverordner nicht vorher ebenfalls die Verschlüsselung aktivieren.
- Systemdateien können nicht verschlüsselt werden.
- Einige Anwendungen zerstören die Zertifikate der zusätzlichen Benutzer beim Schreiben in die Datei. Nur speziell angepasste Programme, wie beispielsweise Office behalten die EFS-Zertifikate aller Benutzer bei der Dateibearbeitung bei.

Durch Kopieren oder Verschieben unverschlüsselter Dateien in einen verschlüsselten Ordner werden diese Dateien automatisch im neuen Ordner verschlüsselt. Der umgekehrte Vorgang entschlüsselt jedoch Dateien nicht automatisch.

5.5 Speicherpools einsetzen

Windows Server 2022 bietet weiterhin die Speicherpools. Neben Storage Spaces Direct lassen sich Speicherpools auch auf einzelnen Servern betreiben. Für den Einsatz von Storage Spaces Direct benötigen Sie in Windows Server 2022 dagegen einen Cluster mit mindestens drei Knoten.

Einfach ausgedrückt fassen Sie mehrere, physische Datenträger eines Servers mit Windows Server 2022 zusammen und konfigurieren diese als einen gemeinsamen, virtuellen Datenträger. In Windows Server 2022 hat Microsoft die Funktionen erweitert und verbessert, zum Beispiel die Unterstützung für SSD/NVMe-Festplatten sowie der Möglichkeit, in einem Cluster alle lokalen Festplatten der Clusterknoten zu einem Storage Space Direct zusammenzufassen.

Speicherpools verwalten Sie am besten im Server-Manager oder der PowerShell. Hier legen Sie zunächst einen Speicherpool an und weisen diesem anschließend verschiedene Speicherplätze zu. Dabei handelt es sich um die Volumes, auf denen Sie wiederum Freigaben erstellen. Ein Pool kann mehrere Speicherplätze, auch virtuelle Festplatten genannt, umfassen. Speicherplätze bestehen in Windows Server 2022 also aus virtuellen Festplatten, die Speicherpools zugewiesen sind. Die Speicherpools nutzen wiederum die zugrunde liegenden physischen Festplatten.

5.5.1 Speicherpools erstellen

Um Speicherpools in Windows Server 2022 zu erstellen, installieren Sie im Server-Manager oder über das Windows Admin Center die Serverrolle *Datei- und Speicherdienste*. Hier können Sie die Installation auch über das Netzwerk auf mehrere Knoten gleichzeitig vornehmen.

Über die Kategorie *Datei-/Speicherdienste* stehen anschließend im Server-Manager die Verwaltungswerkzeuge für Speicherpools zur Verfügung (siehe auch Kapitel 4). Klicken Sie auf *Aufgaben/Neuer Speicherpool* im Menü *Datei-/Speicherdienste/Speicherpools*.

Abb. 5.17 Erstellen eines neuen Speicherpools

Im Assistenten legen Sie zunächst einen Namen und eine Beschreibung fest. Außerdem wählen Sie den Server aus, auf dem Sie einen Speicherpool erstellen wollen. Sie können Speicherpools also auch über das Netzwerk mit dem Server-Manager erstellen und verwalten, zum Beispiel von einer Arbeitsstation mit Windows 10/11. Auf der nächsten Seite wählen Sie aus, welche Festplatten Bestandteil des Pools sein sollen.

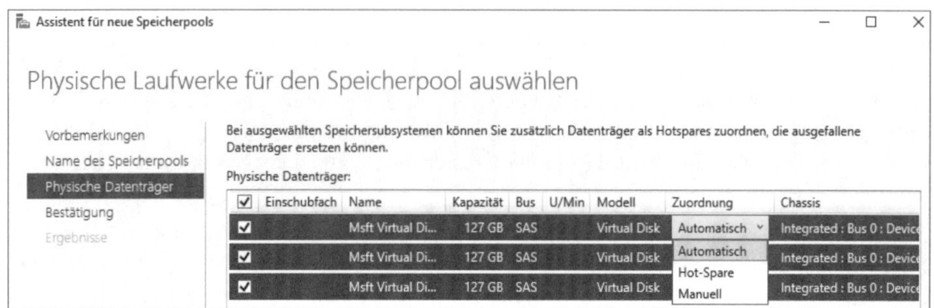

Abb. 5.18 Auswählen der Laufwerke für einen Speicherpool

Im Feld *Zuordnung* haben Sie noch die Möglichkeit, einzelne Festplatten als *Hot-Spare* zu kennzeichnen. In diesem Fall dient die Festplatte als Reserve im Speicherpool und wird nicht verwendet. Sie können diese Einstellung auf *Automatisch* belassen, damit Windows Server 2022 selbst steuern kann, wie mit den Festplatten umgegangen wird.

Ist der Speicherpool erstellt, erstellen Sie virtuelle Festplatten, die den Speicherplatz im Speicherpool nutzen. Diese werden auch Speicherplätze (Storage Spaces) genannt.

Ein Pool kann mehrere virtuelle Festplatten (Storage Spaces) bereitstellen, die sich dann den Platz im Speicherpool teilen. Virtuelle Datenträger erstellen Sie über einen Rechtsklick auf den Pool in der Speicherverwaltung. Pools sind übrigens auch in der Clusterverwaltung von Windows Server 2022 verfügbar.

Nachdem physische Festplatten einem Pool zugewiesen sind, erscheinen sie nicht mehr in der Datenträgerverwaltung. Die Steuerung erfolgt komplett über den Speicherpool im Server-Manager.

5.5.2 Speicherplätze in Speicherpools erstellen

Klicken Sie auf einen Pool mit der rechten Maustaste, erstellen Sie mit *Neuer virtueller Datenträger* innerhalb des Pools einen neuen virtuellen Datenträger. Dessen Daten verteilt Windows Server 2022 automatisch über den Speicherpool auf die verschiedenen physischen Datenträger, die Bestandteil des Pools sind.

Wenn im Speicherpool eine SSD-Platte integriert ist, können Sie beim Erstellen von virtuellen Datenträgern die Option *Speicherebenen auf diesem virtuellen Datenträger erstellen* aktivieren. Windows Server 2022 speichert dann häufig verwendete Daten im Pool vor allem auf den SSD-Platten und lagert weniger verwendete Daten auf die langsamen Platten aus. In den nächsten Abschnitten kommen wir noch ausführlicher auf dieses Thema. Außerdem können Sie beim Erstellen auch die Hochverfügbarkeit für den Speicherpool festlegen. So können zusätzlich noch leistungsstarke NVMe-Datenträger integriert werden.

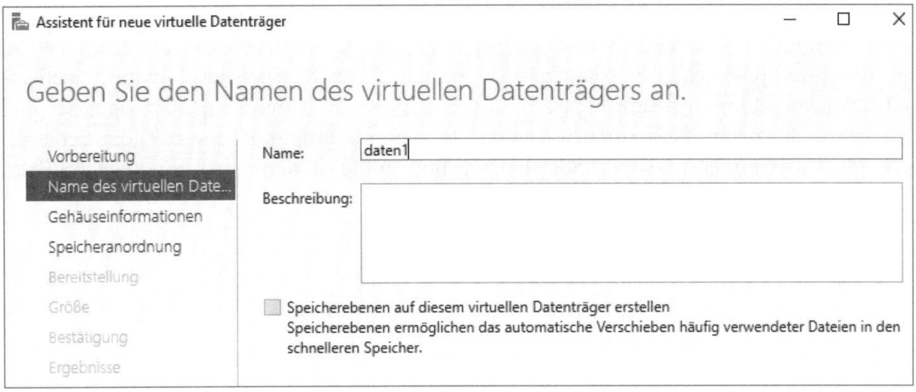

Assistent für neue virtuelle Datenträger

Geben Sie den Namen des virtuellen Datenträgers an.

Vorbereitung
Name des virtuellen Date...
Gehäuseinformationen
Speicheranordnung
Bereitstellung
Größe
Bestätigung
Ergebnisse

Name: daten1
Beschreibung:

Speicherebenen auf diesem virtuellen Datenträger erstellen
Speicherebenen ermöglichen das automatische Verschieben häufig verwendeter Dateien in den schnelleren Speicher.

Abb. 5.19 Erstellen eines neuen, virtuellen Datenträgers

Erstellte virtuelle Festplatten erscheinen später in der Speicherverwaltung im Server-Manager unterhalb des entsprechenden Pools. Über das Kontextmenü können Sie den virtuellen Datenträger offline nehmen oder andere Verwaltungsaufgaben durchführen. Auch eine Erweiterung des Datenträgers ist möglich. Über den Befehl *Eigenschaften* lassen sich die Zustände der Daten prüfen. Hier haben Sie die mehrere Möglichkeiten: *Simple*, *Mirror* und *Parity*:

- **Simple** – Erstellt einen normalen Datenträger ohne Ausfallsicherheit. Die Daten sind auf den physischen Festplatten auf dem Server verteilt. Die Geschwindigkeit steigt dadurch, sie sind aber nicht vor dem Ausfall eines physischen Datenträgers geschützt.
- **Mirror** – Erlaubt das Spiegeln der virtuellen Festplatte auf bis zu drei physischen Festplatten, um dem Ausfall eines Datenträgers vorzubeugen. Sie benötigen dazu im Pool mindestens zwei Festplatten, um dem Ausfall eines Datenträgers vorzubeugen, oder fünf Festplatten, um dem Ausfall von zwei Datenträgern vorzubeugen.
- **Parity** – Verteilt die Daten auf Festplatten im Speicher und benötigt mindestens drei Datenträger. Diese Konfiguration wird nicht für die Verwendung in Clustern unterstützt. Sie benötigen für den Ausfall eines einzelnen Datenträgers mindestens drei physische Festplatten.

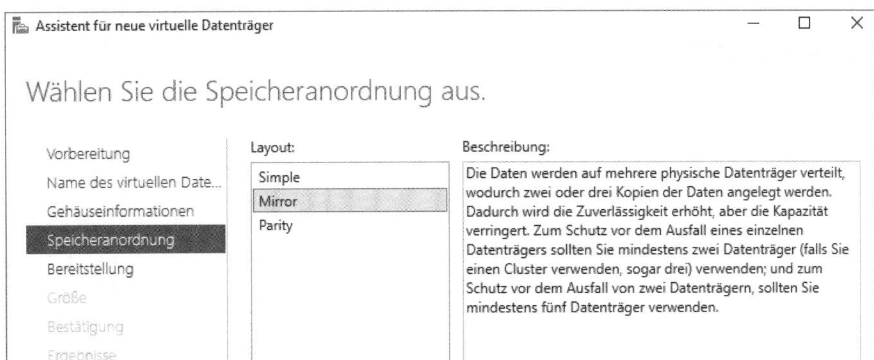

Abb. 5.20 Festlegen der Speicheranordnung einer virtuellen Festplatte im Speicherpool

Als Nächstes legen Sie den Bereitstellungstyp fest. Mit *Dünn* legen Sie das erwähnte Thin Provisioning fest. Das heißt, virtuelle Festplatten können mehr Speicherplatz verwenden, als durch die physischen Festplatten verfügbar ist. Geht der Speicherplatz aus, erscheint eine Warnmeldung und Administratoren können dem zugrunde liegenden Speicherpool mehr Speicherplatz zur Verfügung stellen. Bei dieser Konfiguration verwendet der Speicherplatz also immer nur so viel Speicher, wie notwendig ist, kann aber über die Größe des maximalen Speicherplatzes hinauswachsen.

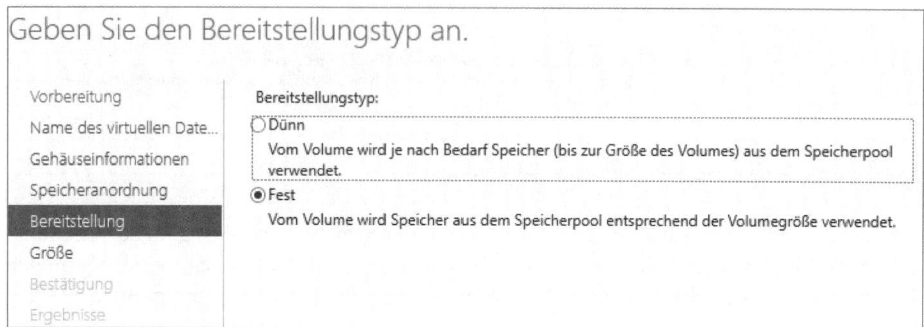

Abb. 5.21 Festlegen der Bereitstellung eines virtuellen Datenträgers

Auf diesem Weg erstellen Sie beispielsweise eine virtuelle Festplatte mit einer Größe von 1 TB, obwohl im Speicherpool nur 600 GB zur Verfügung stehen. Steigt die Größe der virtuellen Festplatte bis an den verfügbaren Platz an, können Administratoren weitere Festplatten in den Pool integrieren.

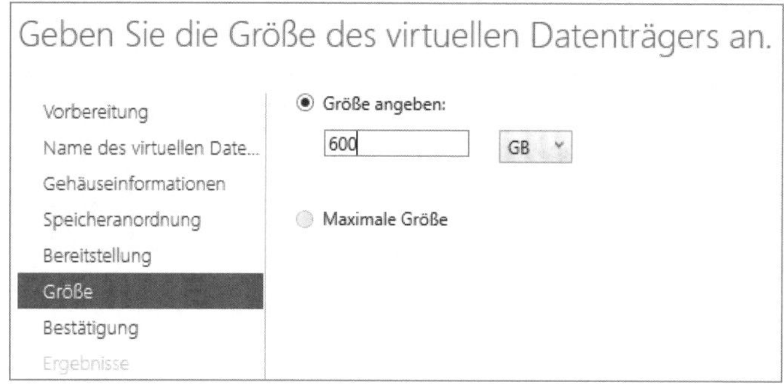

Abb. 5.22 Festlegen der Größe eines virtuellen Datenträgers

Bei der Auswahl von *Fest* erlaubt Windows Server 2022 für die virtuelle Festplatte eine maximale Größe, die Sie auf der nächsten Seite festlegen.

Im nächsten Fenster legen Sie die Größe des virtuellen Datenträgers fest. Haben Sie auf der vorangegangenen Seite *Fest* als Bereitstellungstyp ausgewählt, können Sie im Fenster zur Größe konfigurieren, dass der virtuelle Datenträger gleich seine maximale Größe verwendet. Das erhöht die Geschwindigkeit, kostet aber Speicherplatz auf den physischen Datenträgern des Speicherpools.

Damit Anwender Daten auf den virtuellen Datenträger im Speicherpool speichern können, müssen Sie noch Volumes anlegen, wie bei herkömmlichen Festplatten auch. Die Volumes sind Teilabschnitte eines virtuellen Datenträgers, der wiederum einem Speicherpool zugeordnet ist. Der Speicherpool ist wiederum verschiedenen physischen Festplatten zugeordnet. Wie Sie dabei vorgehen, zeigen wir Ihnen im nächsten Abschnitt.

5.5.3 Volumes auf virtuellen Datenträgern in Speicherpools erstellen

Haben Sie einen Speicherpool mit dazugehörigen virtuellen Festplatten erstellt, können Sie auf den einzelnen virtuellen Festplatten noch Volumes erstellen. Hierbei handelt es sich um die logischen Laufwerke, während sich die virtuellen Datenträger wie Laufwerke in der Datenträgerverwaltung verhalten.

Die Volumes sind schließlich die Datenträger, die auch im Explorer erscheinen und auf denen Sie Freigaben erstellen. Klicken Sie dazu im Server-Manager in der Verwaltung der Speicherpools mit der rechten Maustaste auf den entsprechenden virtuellen Datenträger und wählen Sie *Neues Volume* aus.

Im Assistenten haben Sie die Möglichkeit, die Volumes auch auf einem anderen Server im Netzwerk zu erstellen, wenn auf diesem Speicherpools und virtuelle Datenträger zur Verfügung stehen. Damit das funktioniert, müssen Sie den entsprechenden Server aber im Server-Manager über das Menü *Verwalten* hinzufügen (siehe Kapitel 3).

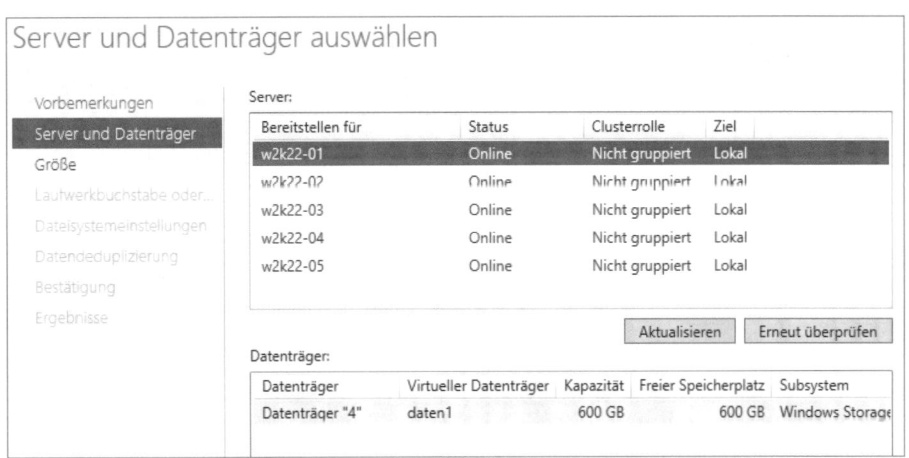

Abb. 5.23 Erstellen von neuen Volumes auf virtuellen Festplatten

Zunächst wählen Sie aus, auf welchem Server und welchem virtuellen Datenträger Sie ein neues Volume erstellen wollen. Auf der nächsten Seite des Assistenten legen Sie fest, wie groß das neue Volume sein soll. Sie haben auch die Möglichkeit, auf einem virtuellen Datenträger in einem Speicherpool mehrere Volumes zu erstellen.

Als Nächstes legen Sie, wie bei normalen Laufwerken auch, den Laufwerkbuchstaben und das Dateisystem fest. Speicherpools, virtuelle Festplatten und damit verbundene Volumes unterstützen auch ReFS. Das Dateisystem arbeitet wesentlich besser mit Speicherpools zusammen als NTFS.

Haben Sie alle Eingaben vorgenommen, erstellt der Assistent das Volume und es steht im Explorer für das Erstellen von Freigaben zur Verfügung. Volumes und virtuelle Datenträger sehen Sie auch in der Datenträgerverwaltung. Sie können daher in der Datenträgerverwaltung Volumes löschen und verwalten. Virtuelle Datenträger verwalten Sie aber besser im Server-Manager über die Speicherpools.

5.5.4 Speicherpools verwalten und physische Festplatten hinzufügen

Im Server-Manager finden Sie die Speicherpools in den Datei-/Speicherdiensten. Im oberen Bereich sehen Sie die angelegten Speicherpools. Über das Kontextmenü rufen Sie Eigenschaften auf oder erstellen neue virtuelle Datenträger. Sind im Server weitere Datenträger verfügbar, können Sie über diesen Bereich dem Pool neue physische Datenträger hinzufügen.

Sie können an dieser Stelle auch Speicherpools löschen, allerdings nur dann, wenn auf diesem keine Volumes und damit verbundene virtuelle Datenträger verbunden sind.

In den Eigenschaften können Sie verschiedene Informationen über den Zustand des Speicherpools abrufen. Sie sehen zum Beispiel den bereits belegten Festplattenplatz, den Zustand und die Integrität. Über *Details* können Sie verschiedene Abfragen vornehmen, indem Sie die gewünschten Eigenschaften im Dropdownmenü auswählen.

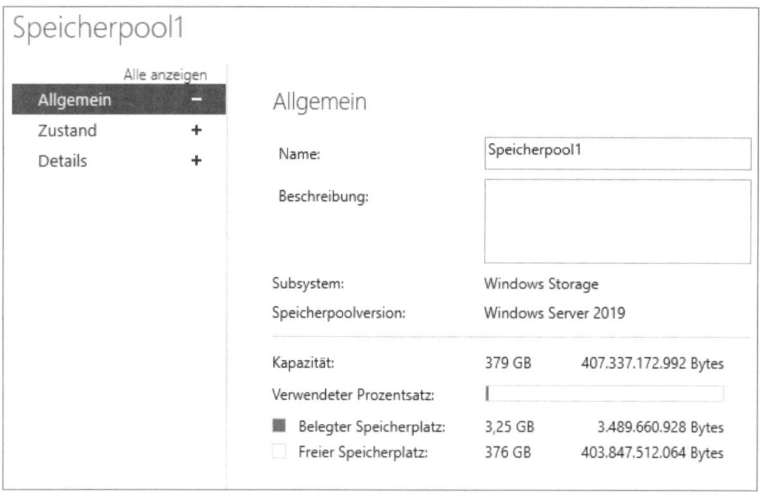

Abb. 5.24 Abrufen von Daten für einen Speicherpool

Über das Kontextmenü des Speicherpools fügen Sie auch weitere physische Festplatten hinzu. Diese müssen mit dem Server verbunden sein, aber nicht initialisiert und nicht formatiert.

5.5.5 Virtuelle und physische Datenträger verwalten, trennen und löschen

Über das Kontextmenü von virtuellen Datenträgern können Sie diese zeitweise vom Speicherpool trennen, ohne dass Daten verloren gehen. Sie können sie erweitern oder löschen. Auch für virtuelle Datenträger gibt es Eigenschaften, in denen Sie Informationen abrufen können. Sie sehen, welche physischen Festplatten mit dem virtuellen Datenträger verbunden sind.

Benötigen Sie einen bestimmten physischen Datenträger nicht mehr, können Sie ihn über sein Kontextmenü entfernen. Das geht allerdings nur, wenn er nicht durch einen virtuellen Datenträger benutzt wird.

Abb. 5.25 Virtuelle Datenträger verwalten

5.5.6 Speicherpools und virtuelle Festplatten mit PowerShell verwalten

Alle Befehle, die in der PowerShell zur Verwaltung von Datenträgern zur Verfügung stehen, lassen Sie sich mit *Get-Command -Module Storage | Sort Noun, Verb* anzeigen. Um zum Beispiel die physischen Festplatten abzufragen, hilft der Befehl *Get-PhysicalDisk*. Die Ausgabe zeigt auch an, ob sich die Platte in einem neuen Speicherpool anordnen lässt. Das erkennen Sie an der Option *CanPool* über den Wert *True*.

Wer genauere Informationen will, gibt *Get-PhysicalDisk |fl* (formatierte Liste) oder *Get-PhysicalDisk |ft* (formatierte Tabelle) ein. Durch Eingabe von Spalten nach *|fl* oder *|ft* lassen sich erweiterte Informationen angeben und unwichtige ausblenden. Ein Beispiel dafür ist *Get-PhysicalDisk |fl FriendlyName, BusType, CanPool, Manufacturer, Healthstatus.*

Das funktioniert mit allen Get-Cmdlets. Mit *Get-Disk* lassen Sie sich ebenfalls alle Festplatten anzeigen. Die Partitionierung zeigen Sie mit *Get-Disk <Nummer> | Get-Partition* an.

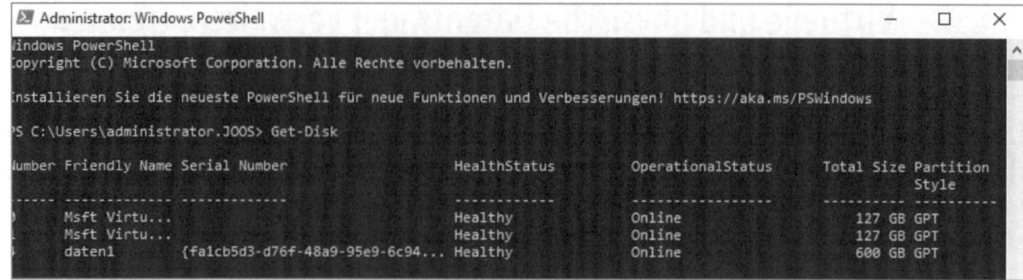

Abb. 5.26 Anzeigen und Abfragen der physischen Laufwerke

Um einen neuen Speicherpool zu erstellen, bietet es sich zum Beispiel an, Festplatten, die poolfähig sind, also bei der Option *CanPool* den Wert *True* haben, in einer Variablen zu speichern. Diese Variable können Sie dann an das Cmdlet *New-StoragePool* weitergeben, um einen Speicherpool zu erstellen.

Nachdem ein Pool erstellt ist, können Sie virtuelle Laufwerke anlegen. Auch dieser Vorgang lässt sich leicht in der PowerShell durchführen. Dabei hilft das Cmdlet *New-VirtualDisk*.

In der PowerShell verwenden Sie zum Beispiel:

$disks= (Get-PhysicalDisk -CanPool $True

*New-StoragePool -PhysicalDisks $disks -StorageSubSystemFriendlyName *Pool1* -FriendlyName "Daten2"*

New-VirtualDisk -StoragePoolFriendlyName "Daten" -ResiliencySettingName Mirror -Size 2TB -Provisioningtype Thin -FriendlyName "Dokumente"

Um keine Thin Provisioning-Festplatte zu erstellen, sondern eine mit fester Größe, verwenden Sie den Befehl

New-VirtualDisk -StoragePoolFriendlyName <Name> -FriendlyName <Name> -Size (<Größe>) -ProvisioningType Fixed

Um die Ausfallsicherheit zu steuern, können Sie ebenfalls die PowerShell verwenden, zum Beispiel mit

New-VirtualDisk -FriendlyName <Name> -Size (<Größe>) -ResilencySettingsName Mirror

Get-VirtualDisk zeigt virtuelle Festplatten an, *Initialize-Disk -DiskNumber <Nummer>* initialisiert Festplatten in der PowerShell. *New-Partition -DiskNumber <Nummer> -UseMaximumSize -AssignDriveLetter* erstellt eine neue Partition, auch auf virtuellen Festplatten. Um eine neue Partition zu formatieren, verwenden Sie zum Beispiel den Befehl *Format-Volume -DriveLetter <Buchstabe> -FileSystem NTFS.*

Sie können in der PowerShell aber nicht nur Speicherpools, virtuelle Festplatten und Partitionen erstellen, sondern diese Bereiche auch verwalten und erweitern. Um zum Beispiel die Ausfallsicherheit der verschiedenen virtuellen Festplatten anzuzeigen, verwenden Sie das Cmdlet *Get-ResilencySetting.*

- *Add-PhysicalDisk -StoragePoolFriendlyName <Speicherpool>* fügt eine neue Festplatte hinzu.
- *Remove-VirtualDisk* löscht virtuelle Festplatten.
- *Remove-StoragePool* löscht einen kompletten Speicherpool.
- *Repair-VirtualDisk* kann Speicherpools reparieren.

Sie können neue Festplatten auch direkt als Hot-Spare zu einem Speicherpool hinzufügen:

Add-PhysicalDisk -StoragePoolFriendlyName <Name> -PhysicalDisks (Get-PhysicalDisk -friendlyname <Name>) -Usage Hot-Spare

Um zum Beispiel eine physische Festplatte zu entfernen, verwenden Sie folgende Befehle:

Set-PhysicalDisk -FriendlyName <Name> -Usage Retired

Get-PhysicalDisk -FriendlyName <Name> | Get-VirtualDisk | Repair-VirtualDisk

Achten Sie darauf, dass beim Entfernen einer physischen Festplatte noch genügend Speicherplatz im Pool zur Verfügung steht.

5.5.7 Erstellen eines Storages Spaces mit SSD-/NVMe-Festplatten

Wenn im Speicherpool SSD- oder NVMe-Platten integriert ist, aktivieren Sie beim Erstellen von virtuellen Datenträgern die Option *Speicherebenen auf diesem virtuellen Datenträger erstellen.* Diese Option ist aber nur dann verfügbar, wenn im Speicherpool verschiedene Datenträgertechniken zum Einsatz kommen, also SSD/NVMe und HDD.

Windows Server 2022 speichert häufig verwendete Daten im Pool vor allem auf SSD-/NVMe-Platten und lagert weniger verwendete Daten auf die langsamen Platten aus. Bei diesem Vorgang fasst Windows Server 2022 die Datenträger in getrennten Speicherebenen, auch Tiers genannt, zusammen. Neben der Möglichkeit, die Datenspeicherung zu automatisieren, können Sie auch selbst festlegen, welche Daten auf SSD gespeichert werden sollen.

Im Rahmen der Einrichtung der neuen virtuellen Festplatte können Sie festlegen, wie groß die schnelle Ebene (SSD) und die Standardebene (HDD) sein sollen. Hier haben Sie die Möglichkeit, den kompletten Speicherplatz zu verwenden, den die physischen Festplatten bieten.

SSD und HDD in der PowerShell korrekt konfigurieren

In manchen Umgebungen werden SSD und HDD nicht korrekt erkannt. Das ist zum Beispiel der Fall, wenn Sie die Konfiguration mit virtuellen Festplatten unter Hyper-V oder VMware vSphere/ESXi testen wollen. Sie können das in der PowerShell überprüfen und gleich korrigieren. Dazu nutzen Sie das Cmdlet *Get-PhysicalDisk*. Ausführliche Informationen zeigen Sie mit *Get-PhysicalDisk |fl* oder *Get-PhysicalDisk |ft* an.

Wenn Sie SSD-Festplatten im Pool integrieren, müssen Sie darauf achten, dass diese als SSD erkannt werden. Sie sehen das im Assistenten zum Erstellen von Pools bei *Medientyp.* Wird hier *Unbekannt*, *Unspecified* angezeigt oder ein anderer fehlerhafter Wert, lassen sich die neuen Funktionen in Windows Server 2022 nicht verwenden. Sie sollten daher vor der Erstellung des Speicherpools zunächst den Medientyp der Festplatten überprüfen. Dazu verwenden Sie den Befehl

Get-PhysicalDisk |fl FriendlyName, MediaType

Hier sehen Sie jetzt, für welche Festplatte der Medientyp *SSD* festgelegt ist.

Mit dem Cmdlet *Set-PhysicalDisk* können Sie den *MediaTyp* auf *HDD* oder *SSD* anpassen. Die nicht spezifizierten Festplatten lassen Sie mit

Get-physicaldisk | ? MediaType -eq "Unspecified"

anzeigen. Das Ergebnis können Sie anschließend mit

Set-PhysicalDisk -MediaType HDD/SSD

anpassen. Dazu können Sie das Ergebnis des ersten Befehls an den zweiten Befehl übergeben und sich danach gleich das Ergebnis anzeigen lassen:

Get-physicaldisk | ? MediaType -eq "Unspecified" | Set-PhysicalDisk -MediaType HDD

Get-PhysicalDisk |fl FriendlyName, MediaType

Die Einstellungen lassen sich aber auch nachträglich vornehmen, wenn Sie den Speicherpool erstellt haben. In diesem Fall erstellen Sie den Pool am einfachsten in der PowerShell. Dazu lassen Sie sich zunächst alle Festplatten anzeigen, die sich zu einem Pool zusammenfassen lassen:

Get-PhysicalDisk | Where-Object {$_.CanPool -eq $True }

Passt die Auflistung dieser Festplatten, dann speichern Sie diese in einer Variablen:

$pool = Get-PhysicalDisk | Where-Object {$_.CanPool -eq $True }

Danach erstellen Sie auf Basis der Variablen einen neuen Speicherpool:

*New-StoragePool -StorageSubSystemFriendlyName *Spaces* -FriendlyName Pool -PhysicalDisks $pool*

Nach einigen Sekunden wird der Status des Pools angezeigt, und Sie können sich an die Konfiguration der Storage Tiers machen. Wir gehen in diesem Beispiel davon aus, dass es sich bei den Festplatten 1–3 um SSD handelt und bei den Festplatten 4–6 um langsamere HDD. Diese Konfiguration können Sie auf virtuellen Servern sehr einfach mit sechs virtuellen Festplatten nutzen. So können Sie die Konfiguration der Möglichkeiten schon im Vorfeld testen. Zunächst weisen Sie den Festplatten über die PowerShell den entsprechenden Medientyp zu:

Set-PhysicalDisk PhysicalDisk1 -MediaType SSD

Set-PhysicalDisk PhysicalDisk2 -MediaType SSD

Set-PhysicalDisk PhysicalDisk3 -MediaType SSD

Set-PhysicalDisk PhysicalDisk4 -MediaType HDD

Set-PhysicalDisk PhysicalDisk5 -MediaType HDD

Set-PhysicalDisk PhysicalDisk6 -MediaType HDD

Anschließend können Sie mit *Get-PhysicalDisk |fl FriendlyName, MediaType* die Zuordnung überprüfen.

Storage Tier für SSD und HDD erstellen

Nachdem Sie den Medientyp der einzelnen Festplatten gesetzt haben, können Sie in der PowerShell einen Storage Tier für SSD und einen Storage Tier für HDD erstellen. Die Befehle dazu lauten wie folgt:

New-StorageTier -StoragePoolFriendlyName Pool -FriendlyName SSD-Storage -MediaType SSD

New-StorageTier -StoragePoolFriendlyName Pool -FriendlyName HDD-Storage -MediaType HDD

Die Umsetzung testen Sie mit dem folgenden Befehl:

Get-StoragePool -FriendlyName Pool | Get-StorageTier

Erstellen Sie jetzt im Assistenten zum Erstellen von neuen virtuellen Festplatten (Storage Spaces) im Speicherpool eine neue virtuelle Festplatte, können Sie die Berücksichtigung der Storage Tiers aktivieren. Sie haben ebenfalls die Möglichkeit, festzulegen, dass bestimmte Dateien automatisch einem der erstellten Storage Tiers zugewiesen werden. Dazu speichern Sie den entsprechenden Storage Tier zunächst in einer Variablen:

$Storage = Get-StorageTier -FriendlyName "SSD-Storage"

Im Anschluss legen Sie Dateien fest, die immer auf dem schnellen Storage Tier gespeichert werden:

Set-FileStorageTier -FilePath "<Verzeichnis und Dateiname>" -DesiredStorageTier $Storage

Wollen Sie die Konfiguration wieder ändern, können Sie die Zuweisung der Datei wieder löschen:

Clear-FileStorageTier -FilePath "<Verzeichnis und Dateiname>"

Um die Konfiguration anzuzeigen, verwenden Sie *Get-FileStorageTier*. Um virtuelle Festplatten (Storage Spaces) im Speicherpool zu erstellen, verwenden Sie:

New-VirtualDisk -StoragePoolFriendlyName <Name> -FriendlyName <Name>
-Size (<Größe>) -ProvisioningType Fixed

Um die Ausfallsicherheit zu steuern, können Sie ebenfalls die PowerShell nutzen, zum Beispiel mit

New-VirtualDisk -FriendlyName <Name> -Size (<Größe>) -ResiliencySettingsName Mirror

Get-VirtualDisk zeigt virtuelle Festplatten an, *Initialize-Disk -DiskNumber <Nummer>* initialisiert Festplatten in der PowerShell. *New-Partition -DiskNumber <Nummer> -UseMaximumSize -AssignDriveLetter* erstellt eine neue Partition, auch auf virtuellen Festplatten. Um eine neue Partition zu formatieren, verwenden Sie zum Beispiel den Befehl *Format-Volume -DriveLetter <Buchstabe> FileSystem NTFS.*

Sie können in der PowerShell aber nicht nur Speicherpools, virtuelle Festplatten und Partitionen erstellen, sondern diese Bereiche auch verwalten und erweitern. Um zum Beispiel die Ausfallsicherheit der verschiedenen virtuellen Festplatten anzuzeigen, verwenden Sie das Cmdlet *Get-ResiliencySetting*.

5.6 Verwenden von Schattenkopien

Eine wichtige Funktionalität zur Datensicherung von Windows Server 2022 sind die Schattenkopien. Diese stehen aber nur in NTFS zur Verfügung. Auf ReFS-Laufwerken können Sie keine Schattenkopien konfigurieren.

Benutzer können wieder auf frühere Versionen von Dateien zurückgreifen, indem sie diese aus einer Schattenkopie wiederherstellen. Schattenkopien werden bei den Eigenschaften von Datenträgern auf der Registerkarte *Schattenkopien* in den Eigenschaften von Datenträgern konfiguriert. Sie können die Datenträger auswählen, für die Schattenkopien erzeugt werden sollen.

Bei Schattenkopien müssen Sie berücksichtigen, dass dafür einiges an Speicherplatz erforderlich ist, da alle Änderungen gespeichert werden müssen.

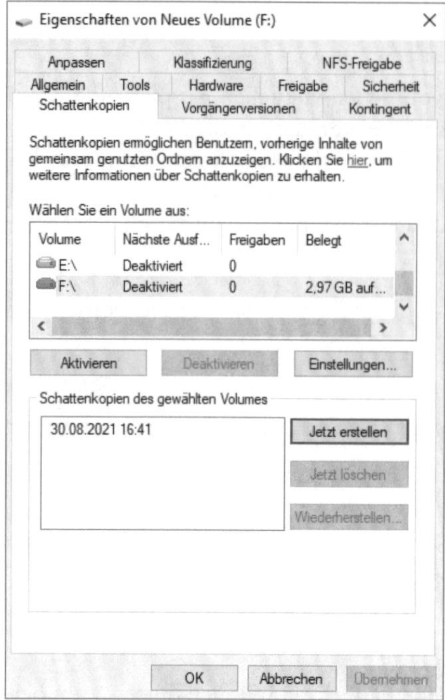

Abb. 5.27 Aktivieren von Schattenkopien für einen Datenträger

Wenn Sie zusätzliche Datenträger einbauen, müssen Sie die Schattenkopien zunächst manuell konfigurieren. Bei den Eigenschaften der Schattenkopien können Sie zudem ein Limit für den maximal dadurch belegten Platz auf dem Datenträger definieren. Darüber hinaus können Sie einen Zeitplan für die Erstellung von Schattenkopien erstellen. Sie können diese manuell jederzeit über die Schaltfläche *Jetzt erstellen* erzeugen.

Abb. 5.28 Konfigurieren der Schattenkopien

Je nach Berechtigungsstruktur kann jeder Benutzer selbst seine Dateien wiederherstellen. Bevor Sie Schattenkopien einführen, sollten Sie sich Gedanken über die folgenden Punkte machen:

- Schattenkopien werden immer für komplette Laufwerke erstellt. Komprimierte und verschlüsselte Dateien werden ebenfalls gesichert. Damit Sie Schattenkopien verwenden können, muss der Datenträger mit NTFS formatiert sein.
- Wenn Sie Schattenkopien für ein Laufwerk aktivieren, werden standardmäßig 10% des Datenträgers reserviert (was Sie auf der Registerkarte *Einstellungen* ändern können). Wenn diese 10% belegt sind, werden die ältesten Versionen der gesicherten Dateien automatisch überschrieben.
- Während einer Sicherung reagiert die entsprechende Platte aufgrund von Schreibvorgängen eventuell etwas langsamer.
- Passen Sie den Zeitplan für die Erstellung der Schattenkopien Ihren Bedürfnissen an. Standardmäßig erstellt Windows Server 2022 an jedem Wochentag (Montag bis Freitag) um 07:00 Uhr und um 12:00 Uhr eine Schattenkopie. Je öfter Schattenkopien erstellt werden, umso mehr Versionen der Dateien stehen folglich zur Verfügung und können von Ihren Benutzern oder Administratoren wiederhergestellt werden. Maximal können 64 Schattenkopien eines Datenträgers erstellt werden. Mit steigender Anzahl von Schattenkopien steigt auch der Speicherplatzbedarf.

5.7 Erstellen und Verwalten von virtuellen Festplatten

Windows Server 2022 kann VHD(x)-Dateien direkt in das Betriebssystem einbinden und diese wie normale Laufwerke nutzen, auch außerhalb von Speicherpools. Sinnvoll ist das für Test- und Entwicklungsumgebungen oder wenn Datenträger als iSCSI-Ziel zur Verfügung gestellt werden sollen.

5.7.1 Virtuelle Festplatten in der Datenträgerverwaltung erstellen

Die Steuerung dieser virtuellen Festplatten finden Sie in der Datenträgerverwaltung über das Menü *Aktion*. Hier handelt es sich nicht um virtuelle Festplatten für virtuelle Server, sondern um virtuelle Festplatten, die Sie unabhängig von Hyper-V auch für physische Computer nutzen können.

Klicken Sie auf den Menübefehl *Virtuelle Festplatte erstellen*, um den Assistenten zu starten. Wie Hyper-V beherrscht auch Windows Server 2022 das VHDX-Format für virtuelle Festplatten. Diese Dateien sind unempfindlicher gegenüber Abstürzen des Host-Systems und erlauben eine Größe von bis zu 64TB.

Im Assistenten legen Sie fest, wo Sie die VHDX-Datei der Festplatte speichern wollen und wie groß die Festplatte sein soll. An dieser Stelle legen Sie auch fest, ob die Festplatte anwachsen darf oder ob Sie eine feste Größe verwenden wollen.

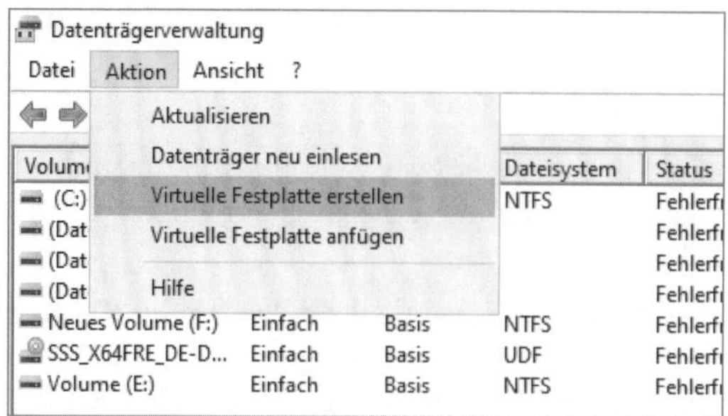

Abb. 5.29 Verwalten von virtuellen Festplatten

Wählen Sie den Befehl *Virtuelle Festplatte anfügen* aus, können Sie bereits bestehende Datenträger an den Computer anbinden. Das funktioniert auch, wenn Sie auf eine VHD(X)-Datei doppelklicken.

Nachdem Sie die virtuelle Festplatte erstellt haben, zeigt Windows diese in der Datenträgerverwaltung an und Sie können sie wie jede andere auch verwalten.

Mit dem kostenlosen Tool Disk2vhd von Microsoft-Sysinternals (*https://docs.microsoft.com/de-de/sysinternals/downloads/disk2vhd*) können Sie über eine grafische Oberfläche mit einem Klick ein Image von physischen Festplatten in eine VHD(X)-Datei erstellen.

Bei der Verwendung gibt es keine Unterschiede zu physischen Datenträgern, aber alle Daten der Festplatte liegen in der Datei. Nachdem Sie den Datenträger angelegt haben, müssen Sie ihn, wie jeden anderen Datenträger auch, initialisieren und formatieren.

Klicken Sie dazu nach dem Anlegen der Festplatte mit der rechten Maustaste auf den freien Speicherplatz. Über das Kontextmenü des virtuellen Datenträgers können Sie diesen zeitweise offline schalten, also für die Verwendung deaktivieren, oder Sie können ihn wieder vom System entfernen.

5.7.2 VHD(X)-Festplatten konvertieren und in der PowerShell verwalten

Haben Sie noch VHD-Dateien im Einsatz, können Sie diese in VHDX-Dateien umwandeln. Sie können zum Konvertieren den Hyper-V-Manager nutzen oder das Cmdlet *Convert-VHD*. Im Hyper-V-Manager (siehe Kapitel 7, 8 und 9) rufen Sie mit dem Link *Datenträger bearbeiten* den entsprechenden Assistenten auf. Laden Sie die VHD-Datei, können Sie im Assistenten bequem die Konvertierung durchführen. Dazu wählen Sie die Aktion *Konvertieren* aus.

Auf dem gleichen Weg konvertieren Sie auch von VHDX-Dateien zum VHD-Format. Im Rahmen der Umwandlung wählen Sie das Datenträgerformat aus und können auch zwischen dem Typ der Festplatten, also feste Größe oder dynamisch erweiterbar, wechseln.

Das Cmdlet *Convert-VHD* steht auch zur Verfügung, wenn Sie Hyper-V in Windows 10/11 installiert haben, also nicht nur in den Server-Betriebssystemen. Vorteil des Cmdlets ist die Möglichkeit, nicht nur VHD-Dateien in VHDX-Dateien umwandeln zu können, sondern auch den umgekehrten Weg zu gehen. Das heißt, Sie profitieren von den Vorteilen des neuen Formats und konvertieren im Notfall wieder zurück, wenn eine virtuelle Festplatte an ein anderes System gehängt werden muss. Die Syntax des Befehls ist sehr einfach:

Convert-VHD -Path <Pfad zur VHD(X)-Datei> -DestinationPath <Pfad zur Zieldatei>

Eine weitere Option ist die Möglichkeit, den Typ der Festplatte zu ändern, etwa mit:

Convert-VHD -Path <Pfad der VHD/VHDX-Datei> -DestinationPath <Zielpfad und Datei> -VHDType Differencing -ParentPath <Übergeordnete Festplatte>

Ein weiteres Beispiel ist: *Convert-VHD -Path hd1.vhd -DestinationPath hd1.vhdx -VHDType Dynamic.* Neben der Möglichkeit, das Format von Festplatten in der PowerShell umzuwandeln, können Sie auch die Größe von Festplatten in der PowerShell anpassen. Dabei hilft das Cmdlet *Resize-VHD*, zum Beispiel:

Resize-VHD -Path c:\vm\owa.vhdx -SizeBytes 1TB

Neben diesen Spezialaufgaben können Sie auch einfach mit *New-VHD* neue Festplatten erstellen und mit *Get-VHD* Informationen zu den Festplatten anzeigen. Virtuelle Festplatten lassen sich in der PowerShell auch direkt mit virtuellen Servern verbinden:

Add-VMHardDiskDrive -VMName <VM> -Path <VHDX-Datei>

Natürlich können Sie virtuelle Festplatten auch direkt am Host anbinden, zum Beispiel, um Daten auf die virtuelle Platte zu kopieren und diese erst dann dem virtuellen Server anzubinden: *Mount-VHD <VHD-Datei>*. Mit dem Cmdlet *Unmount-VHD* trennen Sie die virtuelle Platte wieder vom System.

5.7.3 VHD-Dateien in den Boot-Manager einbinden

Sie können VHD(X)-Dateien bootfähig machen. Stellen Sie sicher, dass sich die VHD(X)-Datei direkt im Stammordner von *C:* befindet. Haben Sie bereits eine VHD(X)-Datei mit einem installierten Betriebssystem vorliegen, binden Sie diese über die Eingabeaufforderung in den Boot-Manager ein. Dadurch lassen sich zum Beispiel auch Entwicklungs-Umgebungen auf Basis physischer Hardware aufbauen, obwohl die Installation des Betriebssystems auf einer virtuellen Festplatte erfolgt.

Das funktioniert neben Windows Server 2022 auch für Windows 10/11. Öffnen Sie eine Eingabeaufforderung mit Administratorrechten und geben Sie folgende Befehle ein:

diskpart

select vdisk file=c:\win.vhd

attach vdisk

Zur Anbindung an das Bootmenü verwenden Sie das Verwaltungstool Bcdedit, das Sie über die Eingabeaufforderung steuern. Bevor Sie jedoch Änderungen am Bootspeicher vornehmen, sollten Sie diesen über die Option */export* sichern, zum Beispiel mit dem Befehl

bcdedit /export c:\backup-bootmgr

Anschließend können Sie den Bootspeicher bearbeiten:

Der erste Befehl kopiert dazu den Eintrag einer bestehenden Installation und fügt dem Boot-Manager einen neuen Eintrag hinzu:

bcdedit /copy {current} /d "Booten von VHD"

Diesen neuen Eintrag bearbeiten Sie als Nächstes. Als Bezeichner-ID verwenden Sie die Daten, die der erste Befehl ausgibt, also die ID des neuen Eintrags im Boot-Manager. Öffnen Sie oben links in der Titelleiste der Eingabeaufforderung das Systemmenü, können Sie mit *Bearbeiten/Markieren* die GUID des Eintrags in die Zwischenablage kopieren, inklusive der geschweiften Klammern. Markieren Sie dazu den Eintrag und drücken Sie die ↵-Taste.

Im Anschluss verbinden Sie den neuen Eintrag im Boot-Manager mit der vorhandenen VHD(X)-Datei:

bcdedit /set <Bezeichner-ID> osdevice vhd=[C:]\<Datei>.vhd

bcdedit /set <Bezeichner-ID> device vhd=[C:]\< Datei>.vhd

Starten Sie den Computer, sehen Sie den neuen Eintrag im Bootmenü. Dieser Eintrag bootet dann von der virtuellen Festplatte. Wie Sie die Reihenfolge anpassen, sehen Sie in Kapitel 2 und 3. Über Msconfig können Sie den Eintrag bearbeiten.

5.7.4 iSCSI-Ziele über virtuelle Festplatten zur Verfügung stellen

Windows Server 2022 kann virtuelle Festplatten als iSCSI-Ziel im Netzwerk zur Verfügung stellen. Dazu müssen Sie über den Server-Manager mit *Verwalten/Rollen und Features hinzufügen* den Rollendienst *iSCSI-Zielserver* über *Datei- und Speicherdienste/Datei- und iSCSI-Dienste* installieren. Sie können die iSCSI-Ziele ebenfalls für Test- und Entwicklungsumgebungen nutzen, aber auch für das Bereitstellen von Datenspeicher über virtuelle Festplatten mit iSCSI über das Netzwerk.

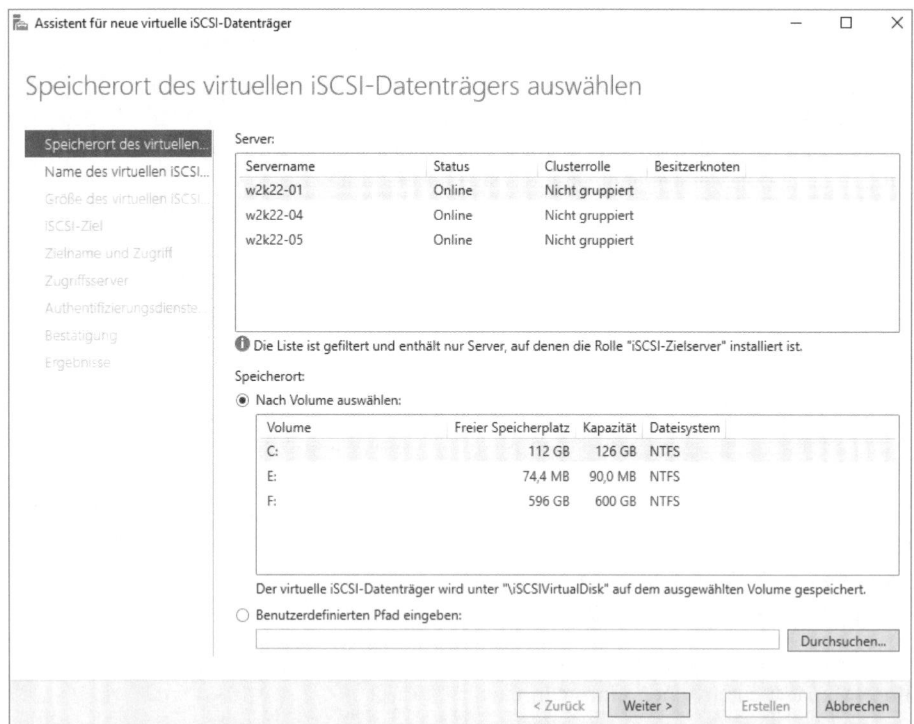

Abb. 5.30 Erstellen von virtuellen iSCSI-Datenträgern

Nach der Installation des Rollendienstes können Sie über den Server-Manager und der Auswahl von *Datei-/Speicherdienste/iSCSI* virtuelle Festplatten erstellen, die als iSCSI-Ziel im Netzwerk konfiguriert werden können.

Sie können über den Assistenten auch auf anderen Servern im Netzwerk virtuelle iSCSI-Ziele erstellen. Damit das funktioniert, muss auf dem entsprechenden Server der Rollendienst *iSCSI-Zielserver* installiert sein.

Im Rahmen der Einrichtung legen Sie die Größe und den Speicherort der VHD(X)-Datei fest, die als iSCSI-Ziel dienen soll. Die Größe der virtuellen Festplatte können Sie genauso festlegen wie bei normalen VHDX-Festplatten. Hier stehen die Optionen *Feste Größe*, *Dynamisch erweiterbar* und *Differenzierend* zur Verfügung. Mehrere virtuelle Festplatten auf Basis von VHDX-Dateien können auch ein gemeinsames iSCSI-Ziel bereitstellen. Verbindet sich ein Server mit diesem Ziel, kann er alle virtuellen Festplatten in diesem Ziel nutzen.

Außerdem steuern Sie über den Assistenten, welche Server im Netzwerk auf das iSCSI-Ziel zugreifen dürfen. Hier können Sie entweder die Server auswählen, die bereits auf ein iSCSI-Ziel des Servers zugegriffen haben, oder Sie legen die Computerkonten fest, wenn die zugreifenden Server Mitglied des gleichen Active Directory sind. Auf diesem Weg stellen Sie die virtuellen Festplatten eines iSCSI-Ziels nur bestimmten Servern zur Verfügung.

Mit einem iSCSI-Ziel können Sie auch mehrere virtuelle iSCSI-Festplatten zur Verfügung stellen. Nachdem Sie die virtuellen Festplatten erstellt haben, können Sie über das Kontextmenü die Einstellungen ändern. Sie legen während der Einrichtung auch fest, welche Server die iSCSI-Platten nutzen dürfen und wie die Anmeldung erfolgen soll.

Abb. 5.31 Erstellen virtueller iSCSI-Datenträger

5.7.5 iSCSI-Ziele sicher zur Verfügung stellen

Mit dem iSCSI-Initiator greifen Sie in Windows auf iSCSI-Datenträger im Netzwerk zu, das gilt auch dann, wenn die iSCSI-Ziele auf Servern mit Windows Server 2022 bereitgestellt werden. Anwender oder Angreifer können Verbindungen zu nicht erlaubten Zielen aufbauen. Das sollten Sie generell verhindern, das gilt natürlich auch für versehentliche Zugriffe auf iSCSI-Ziele.

Es gibt mehrere Dinge, die Sie tun können, um unberechtigten Zugang auf ein iSCSI-Volume zu unterbinden, das gilt vor allem dann, wenn Sie ein iSCSI-Ziel auch als Cluster Shared Volume (CSV) einsetzen. Das Erste, was Sie tun sollten, ist, sicherzustellen, dass die Sicherheitseinstellungen für die iSCSI-Ziele aktiviert sind. Wenn Sie ein Windows Server-basiertes iSCSI-Ziel einsetzen, bietet Microsoft vor allem zwei Optionen für die Verbesserung der Sicherheit: CHAP (Challenge Handshake Authentication Protocol) oder Reverse-CHAP. Microsoft empfiehlt, CHAP zu verwenden. Bei CHAP werden Verbindungen von iSCSI-Initiatoren zum iSCSI-Ziel authentifiziert. Reverse-CHAP wiederum authentifiziert das iSCSI-Ziel über den iSCSI-Initiator.

Die dazu notwendige Konfiguration nehmen Sie im Assistenten zum Erstellen von iSCSI-Zielen vor. Die Einstellungen dazu können Sie aber jederzeit anpassen.

Sie können auch die Namen der iSCSI-Initiatoren auf den iSCSI-Zielen festlegen. So lassen sich Einstellungen vornehmen, in denen iSCSI-Zugriffe nur von den Servern aus erlaubt sind, die auf dem Server eingetragen sind. Zusätzlich sollen Sie die Namen der Initiator-IDs anpassen. Auf Windows-Servern folgen die Initiatoren immer einer standardmäßigen Namenskonvention, die auf dem vollqualifizierten Domänennamen des Servers basiert. Durch das Anpassen der Initiator-Namen können Sie diesen weniger vorhersehbar machen und verhindern, dass unerlaubte Verbindungen aufgebaut werden können.

Eine weitere Einstellung, um zum Beispiel ein iSCSI Cluster Shared Volume zu sichern, ist die Aktivierung von IPsec-Tunneling. IPsec-Tunneling kann zwar nicht verhindern, dass Angreifer Verbindungen zum iSCSI-Ziel herstellen. Allerdings stellt die Einstellung sicher, dass die Daten der anderen Verbindungen nicht von unerlaubten Anwendern ausgelesen werden.

Einer der wichtigsten Schritte, die Sie ergreifen können, um iSCSI-Ziele zu sichern, ist eine optimale Sicherheit für das Zielvolumen. Sie sollten es nicht ermöglichen, dass Anwender, Administratoren oder Computer ohne Authentifizierung Zugriff auf iSCSI-Ziele erhalten.

Verwenden Sie zusätzlich NTFS-Berechtigungen für den Zugriff auf die Ressourcen innerhalb der Ziele. Sie erhalten dadurch doppelte Sicherheit. Eingehende, unerlaubte Verbindungen lassen sich unterbinden, aber zusätzlich gibt es im Hintergrund mehr Sicherheit beim Zugriff auf die Daten, wenn eine Verbindung hergestellt wurde. Auf diese Weise verhindern Sie, dass Angreifer eine Verbindung aufbauen. Gelingt der Verbindungsaufbau dennoch, können Sie den Datenzugriff des Angreifers verhindern und gleichzeitig den erlaubten Datenverkehr absichern. In den nächsten Abschnitten zeigen wir Ihnen diese Vorgehensweise in der Praxis.

5.7.6 iSCSI-Festplatten verbinden

In Windows Server 2022 können Sie über den iSCSI-Initiator virtuelle iSCSI-Festplatten von anderen Servern mit Windows Server 2022 verbinden, aber auch iSCSI-Ziele von anderen NAS-Systemen. Dazu gehen Sie folgendermaßen vor:

Suchen Sie nach *iscsi* im Startmenü und starten Sie das Tool. Beim ersten Aufruf dieser Software müssen Sie den Start des entsprechenden Dienstes zunächst bestätigen und die Blockierung aufheben. Anschließend können Sie den Dienst über mehrere Registerkarten konfigurieren. Gehen Sie zur Anbindung folgendermaßen vor:

1. Wechseln Sie zur Registerkarte *Suche*.
2. Klicken Sie auf *Portal ermitteln* und geben Sie die IP-Adresse oder den Namen des NAS-Servers ein.
3. Wechseln Sie zur Registerkarte *Ziele*. Hier zeigt Windows die erstellten Laufwerke an. Sie sehen hier auch bei Windows Server 2022-iSCSI-Zielen die erstellten Targets.
4. Klicken Sie auf die Schaltfläche *Verbinden*. Damit baut der Server eine Verbindung mit dem Gerät auf. Bisher ist das Gerät nur verfügbar, aber noch nicht mit dem Computer verbunden.
5. Aktivieren Sie das Kontrollkästchen *Diese Verbindung der Liste der bevorzugten Ziele hinzufügen*. Diese Option muss für alle Laufwerke separat eingestellt sein.
6. Bestätigen Sie alle Fenster mit *OK*.
7. Wenn Sie einen Cluster mit iSCSI erstellen, verbinden Sie das Target auch auf dem zweiten Server und allen weiteren Clusterknoten, auf denen Sie einen Cluster installieren wollen.

Mit *Multipfad aktivieren* können Sie festlegen, dass Windows Server 2022 auch alternative Netzwerkwege zwischen Server und NAS-System verwendet. Das ist zum Beispiel bei der Ausfallsicherheit wichtig, oder wenn Sie das Ziel auf einem Windows-Cluster einsetzen. Sind im Unternehmen mehrere Server mit Windows Server 2022 im Einsatz, tauschen diese Daten über das Netzwerk mit der Multichannel-Funktion aus.

Mit der Funktion lassen sich von einem Server auf eine Freigabe mehrere parallele Zugriffe durchführen. Dies beschleunigt den Datenverkehr und sichert ihn auch gegen Ausfall eines einzelnen SMB-Kanals ab. Der Vorteil liegt darin, dass Serverdienste Daten auch auf Servern speichern können, nicht nur auf der eigenen Festplatte. Ein sinnvoller Einsatz dazu ist in Umgebungen mit Hyper-V-Hosts, die auf Windows Server 2022 aufbauen. Dazu ist weder die Installation eines Rollendienstes notwendig noch eine Konfiguration. Diesen beschleunigten Zugriff bietet Windows Server 2022 automatisch.

Für die Anbindung an iSCSI-Targets steht auf Core-Servern eine grafische Oberfläche zur Verfügung. Diese starten Sie durch Eingabe des Befehls *iscsicpl*. Für die Anbindung von Core-Servern an iSCSI-Targets steht der Befehl *iscsicli* zur Verfügung. Über *iscsicli /?* erhalten Sie eine ausführliche Hilfe zum Befehl.

Nachdem Sie Targets verbunden haben, stehen in der Datenträgerverwaltung die mit diesem iSCSI-Ziel verbundenen Laufwerke zur Verfügung. Das funktioniert auf diesem Weg auch mit iSCSI-Zielen, die als virtuelle Festplatten auf Servern mit Windows Server 2022 erstellt wurden.

Beim Einsatz auf Clustern müssen Sie zur Einrichtung weitere Punkte beachten. Nachdem die Laufwerke mit dem ersten Serverknoten verbunden wurden, müssen diese über die Festplattenverwaltung online geschaltet, initialisiert, partitioniert und formatiert werden.

Belassen Sie die Datenträger als *Basis*, eine Umwandlung in dynamische Datenträger wird für den Einsatz im Cluster nicht empfohlen. Da die Datenträger aber bereits auf dem ersten Knoten initialisiert und formatiert wurden, müssen Sie diesen Schritt auf dem zweiten nicht wiederholen. Auf dem zweiten Knoten reichen das Onlineschalten und das Ändern der Laufwerkbuchstaben, die mit dem ersten Knoten übereinstimmen müssen.

Die Datenträgerverwaltung starten Sie durch Eingabe von *diskmgmt.msc* im Startmenü von Windows Server 2022. Über das Kontextmenü setzen Sie die iSCSI-Targets online, dann initialisieren Sie die Targets und als Letztes erstellen Sie ein Volume und formatieren dieses mit NTFS.

5.8 Datendeduplizierung einrichten

Vor allem beim Betrieb virtueller Desktopinfrastrukturen lässt sich durch die Datendeduplizierung deutlich Speicherplatz sparen, da virtuelle Windows-Betriebssysteme zahlreiche identische Dateien verwenden. Die Datendeduplizierung kann mehrere Threads parallel nutzen und auch größere Datenträger bearbeiten. Außerdem ist die Technologie kompatibel mit physischen Datenträgern, aber auch mit virtuellen Festplatten.

5.8.1 Einstieg in die Deduplizierung

Bei der Datendeduplizierung in Windows Server 2022 handelt es sich um eine Funktion, die doppelte Dateien auf den Dateiservern findet. Mit diesem Rollendienst in Windows Server 2022 erkennen Dateiserver doppelt gespeicherte Dateien in den Freigaben und können diese bereinigen. Auch in virtuellen Festplatten lassen sich doppelte Dateien finden.

Auf diese Weise lässt sich die Datenmenge auf den Festplatten und Sicherungsmedien sowie die Dauer der Datensicherung teilweise deutlich reduzieren. Die Datendeduplizierung-Funktion untersucht die angeschlossenen Festplatten regelmäßig und zeigt die Deduplizierungsrate im Server-Manager an.

Installieren Sie den Rollendienst *Datendeduplizierung* über *Datei- und Speicherdienste/Datei- und iSCSI-Dienste*, integriert der Installations-Assistent ein Befehlszeilentool, mit dem Sie die doppelten Dateien suchen können, um abzuschätzen, ob der Rollendienst auf Ihren Dateiservern sinnvoll einsetzbar ist.

Das Tool Ddpeval befindet sich im Ordner *\Windows\System32*. Ddpeval unterstützt lokale Laufwerke und Netzwerkfreigaben; seine Syntax lautet *ddpeval <Volume:>*. Beispiele für die Ausführung sind *ddpeval e:* oder *ddpeval \\nas\daten*. Erst wenn das Tool doppelte Daten findet, ist es sinnvoll, die Datendeduplizierung zu verwenden. Das Tool selbst bereinigt keinerlei Dateien, sondern gibt nur an, ob die Datendeduplizierung auf dem Server sinnvoll ist.

Anschließend aktivieren Sie die Datendeduplizierung auf dem entsprechenden Server. Sie können dazu entweder den Server-Manager verwenden und die Datendeduplizierung als Rollendienst installieren oder Sie verwenden die PowerShell und das Cmdlet *Install-Win-*

dowsFeature -Name FS-Data-Deduplication. Mit dem Cmdlet *Enable-DedupVolume <Laufwerk>* aktivieren Sie die Funktion auf einem Server. Konfigurieren können Sie die Funktion mit *Set-DedupVolume <Laufwerk> MinimumFileAgeDays <Alter>*.

Sie können Ddpeval nur für Laufwerke verwenden, für die Sie die Datendeduplizierung nicht aktiviert haben. Auch für System- oder Startvolumes können Sie das Tool nicht nutzen.

Die Verwaltung der Funktion nehmen Sie im Server-Manager vor. Dazu klicken Sie auf *Datei-/Speicherdienste* und dann mit der rechten Maustaste auf das Volume, für das Sie die Funktion aktivieren wollen. Nach der Auswahl von *Datendeduplizierung konfigurieren* richten Sie anschließend die Funktion über einen Assistenten ein. Für den Systemdatenträger können Sie die Datendeduplizierung nicht verwenden.

Die Datendeduplizierung ist auch in Speicherpools und virtuellen Festplatten möglich. Haben Sie den Rollendienst installiert, erscheint beim Anlegen neuer Volumes ein Fenster, über das Sie die Funktion für das entsprechende Volume aktivieren können. Es spielt keine Rolle, ob Sie mit der Datendeduplizierung Daten auf normalen Volumes oder virtuellen Datenträgern in Speicherpools suchen.

5.8.2 Datendeduplizierung im Server-Manager

Um die Datendeduplizierung zu verwenden, installieren Sie zunächst den bereits erwähnten Rollendienst. Anschließend überprüfen Sie mit Ddpeval. ob sich die Aktivierung für Laufwerke lohnt. Wenn Sie ein positives Ergebnis erhalten, aktivieren Sie die Datendeduplizierung im Server-Manager. Klicken Sie auf *Datei-/Speicherdienste* und dann auf *Volumes.*

Im Fenster sehen Sie alle Laufwerke, die auf dem Server angelegt sind. Über das Kontextmenü von Volumes starten Sie die Einrichtung der Datendeduplizierung.

Im neuen Fenster aktivieren Sie zunächst die Datendeduplizierung. Außerdem legen Sie das Alter fest, ab dem der Dienst Dateien als dupliziert speichern soll. Im Fenster können Sie Dateierweiterungen von der Suche ausschließen. Außerdem können Sie in diesem Fenster die Optimierung des Servers über Zeitpläne steuern.

Sie starten eine sofortige Durchführung der Deduplizierung mit dem folgenden Befehl:

Start-DedupJob -Volume <Laufwerkbuchstabe> -Type Optimization

Wollen Sie auf eine Rückgabe der Suche warten, verwenden Sie den folgenden Befehl:

Start-DedupJob <Laufwerkbuchstabe> -Type Optimization -Wait

Den aktuellen Zustand des Auftrags zeigen Sie mit *Get-DedupJob* an.

Den aktuellen Zustand der Duplizierung von Daten lassen Sie sich mit *Get-DedupStatus* anzeigen. Mehr Informationen erhalten Sie mit *Get-DedupStatus |fl.* Weitere Informationen erhalten Sie mit *Get-DedupVolume*.

5.9 Speicher-Replikation – Daten in Netzwerken replizieren

Eine der wichtigsten neuen Funktionen seit Windows Server 2016 im Storage-Bereich ist, neben Storage Spaces Direct (siehe Kapitel 34), die Speicherreplikation (Storage Replica). In Windows Server 2022 wurden diese Funktionen noch ausgebaut und verbessert. Mit dieser Technologie lassen sich ganze Festplatten und Clusterspeicher, aber auch komplette Speicherpools (siehe Kapitel 5 und Kapitel 34) blockbasiert zwischen Servern replizieren, auch zwischen verschiedenen Rechenzentren und der Cloud in einem Rechenzentrum.

5.9.1 Storage Replica verstehen

Storage-Replica ist der Replikation von DFS (Distributed File System) deutlich überlegen. Storage Spaces Direct und Storage Replica arbeiten in diesem Zusammenhang auch miteinander. Die Funktion wird als neues Serverfeature über den Server-Manager installiert und steht danach zur Verfügung. Die Verwaltung erfolgt über die PowerShell oder den Failovercluster-Manager.

Die Speicherreplikation bietet vor allem drei verschiedene Einsatzszenarien. Im ersten Szenario können Sie wichtige Datenträger schnell und einfach auf andere Server (ServerA → ServerB), auch in anderen Rechenzentren, replizieren. Dadurch erhalten Sie eine Absicherung Ihrer Daten, vor allem im Katastrophenfall.

Das zweite wichtige Einsatzgebiet ist das Replizieren von Daten in einem Geo-Cluster, auch Stretched Cluster genannt (Clusterknoten1 → Clusterknoten2). Ein Einsatzgebiet kann zum Beispiel die Replikation von virtuellen Servern und deren Konfigurationsdaten sowie virtueller Festplatten zwischen verschiedenen Rechenzentren sein. Dabei sind die Clusterknoten auf verschiedene Rechenzentren verteilt.

Die beiden Szenarien lassen sich auch zu einem gemeinsamen Einsatzszenario verbinden. In diesem replizieren Sie die Daten eines Clusters zu einem anderen Cluster in einem anderen Rechenzentrum (Clusterknoten1-Cluster1 → Clusterknoten1-Cluster2). Dabei sind die Cluster aber nicht auf verschiedene Rechenzentren aufgeteilt, sondern Bestandteil eines einzelnen Rechenzentrums. Die Daten werden also nicht innerhalb eines Clusters repliziert, sondern zwischen verschiedenen Clustern. Die Cluster selbst sind dann natürlich idealerweise in verschiedenen Rechenzentren verteilt.

Die Replikation kann synchron und asynchron konfiguriert werden. Größere Unternehmen können mit der Technologie auch auf Clusterebene Daten zwischen Rechenzentren replizieren (Stretched Cluster). Dadurch lassen sich Geo-Cluster aufbauen, also Cluster, deren Knoten international in verschiedenen Rechenzentren verteilt sind.

Der Vorteil der neuen Technologie ist die Unabhängigkeit von Speicherlösungen und Speicherherstellern. Sie können jeden beliebigen Speicher replizieren, solange dieser mit einem Server auf Basis von Windows Server 2022 verbunden ist und funktioniert. Die Replikation erfolgt über das Server Message Block-(SMB-)Protokoll mit Windows Server 2022. Dabei kann das Protokoll auf die ganze Bandbreite zurückgreifen, die durch die Adapter zur Verfügung gestellt wird.

Sie können BitLocker-Laufwerke replizieren sowie Datenträger, auf denen die Datendeduplizierung aktiviert ist. Auch Multichannel und Multipath werden unterstützt, was vor allem für die Replikation in Clustern eine wichtige Rolle spielt (siehe Kapitel 9 und 34). Die Daten lassen sich während der Übertragung zwischen Quell- und Zielserver verschlüsseln und signieren. Wollen Sie Failover-Szenarien umsetzen, können Sie auch nur einzelne Laufwerke verwenden, Sie müssen das Failover nicht für alle replizierten Laufwerke eines Servers auf einmal starten.

Sie können zum Beispiel zwei Cluster in physisch getrennten Rechenzentren betreiben und den gemeinsamen Speicher der Cluster replizieren lassen. Fällt ein Rechenzentrum aus, kann das andere Rechenzentrum sofort übernehmen. Hier ist auch die neue Funktion zur Verwendung von Microsoft Azure als Cloudzeuge interessant (siehe Kapitel 34).

5.9.2 Ablauf der Replikation

Das Betriebssystem schreibt Blöcke auf den Quellserver (Schritt 1). Storage-Replika erkennt das und speichert die Vorgänge in der Protokolldatei. Außerdem überträgt der Quellserver die Daten mit SMB sowie RDMA zum Zielserver (Schritt 2). Anschließend schreibt der Server im Ziel-Standort die Daten in sein Protokoll (Schritt 3). Danach bestätigt der Zielserver die erfolgreiche Replikation (Schritt 4), und der Quellserver meldet, dass er die Bestätigung empfangen hat (Schritt 5). Anschließend werden auch die Protokolle entsprechend angepasst (Schritt 6).

5.9.3 Storage Replica in der Praxis

Um das für die Speicherreplikation zu nutzen, müssen Sie über den Server-Manager das Feature *Speicherreplikat* installieren. Die Installation erfolgt nicht über die Serverrollen, sondern als Serverfeature, genauso wie die Clusterfunktion. Die Server, die Sie mit Storage Replica synchronisieren lassen, müssen in einer gemeinsamen Active Directory-Gesamtstruktur betrieben werden. Die Features für Windows-Clustering und Speicherreplikat installieren Sie entweder über den Server-Manager oder in der PowerShell mit:

Install-WindowsFeature -Name Storage-Replica,FS-FileServer -IncludeManagementTools -Restart

Mehr dazu lesen Sie in Kapitel 34. Die Features müssen natürlich auf allen beteiligten Servern installiert werden, deren Festplatten Sie replizieren. In einem Cluster muss das Feature auf allen Knoten verfügbar sein. Dazu können Sie ebenfalls die PowerShell verwenden. Sie speichern dazu die Namen der Server in die Variablen und lassen dann auf den Servern die notwendigen Features installieren:

$Replica = " SRV1", "SRV2"

$ReplicaServer | % {Install-WindowsFeature -ComputerName $_ -Name Storage-Replica,FS-Fileserver -IncludeManagementTools}

Sie können SAS, JBODs, Fibre Channel SAN oder iSCSI SANs nutzen. Für die Verwaltung der Storage Replica-Funktion in der grafischen Oberfläche in einem Cluster nutzen Sie den Failovercluster-Manager. Über den Bereich *Speicher/Datenträger* (*Storage/Disks*) sehen Sie alle Datenträger, die an den Cluster angebunden sind. Über das Kontextmenü der Datenträger starten Sie den Assistenten für die Einrichtung von Storage Replica über *Replikation/Aktivieren.*

Im Failovercluster-Manager nehmen Sie die Einstellungen im Assistenten vor. Nachdem Sie das Quell-Laufwerk im Assistenten des Failovercluster-Managers ausgewählt haben, wählen Sie das Ziel-Laufwerk für die Replikation aus. In diesem Rahmen wählen Sie auch ein Laufwerk für das Speichern der Logdateien aus. Dieses geben Sie in der PowerShell durch die Option *DestinationLogVolumeName* ein.

Danach können Sie im Failovercluster-Manager noch auswählen, ob die Zielfestplatte schon Daten der Quellfestplatte enthält. In diesem Fall muss der Server nur geänderte Daten übertragen, was Bandbreite spart. Vor allem bei der Replikation in Geo-Clustern kann es daher sinnvoll sein, die erste Replikation offline vorzunehmen und danach erst die Speicherreplikation einzurichten. Damit ist der Assistent abgeschlossen und beginnt mit der Einrichtung der Replikation. Den Status sehen Sie im Failovercluster-Manager. In der Oberfläche ist auch zu sehen, ob es sich bei diesem Datenträger um die Quelle, das Ziel oder den Datenträger für Logdateien handelt.

Den Status der Replikation sehen Sie auch in der PowerShell mit den beiden Cmdlets *Get-SRGroup* und *Get-SRPartnership*. Die Latenz und die Leistung der Replikation überprüfen Sie mit *Test-SRTopology*.

5.9.4 Storage Replica auf alleinstehenden Servern in der PowerShell steuern

Für die Replikation alleinstehender Server oder für Skripts können Sie auch die PowerShell verwenden, um die Replikation einzurichten. Dazu definieren Sie die wichtigsten Werte zunächst als Variablen und erstellen dann auf deren Basis die Replikations-Partnerschaft.

Wollen Sie zwei Datenträger auf alleinstehenden Servern mit Storage Replica replizieren, benötigen Sie auch hier zwei Server, die Mitglied einer Domäne sind. Bei der Domäne kann es sich auch um eine Vorgängerversion von Windows Server 2022 handeln. Zunächst richten Sie auf dem Quellserver eine Storage-Replica-Partnerschaft ein, zum Beispiel mit:

New-SRPartnership -SourceComputerName win1001 -SourceRGName rg01 -SourceVolumeName e: -SourceLogVolumeName e: -DestinationComputerName win10 -DestinationRGName rg02 -DestinationVolumeName e: -DestinationLogVolumeName e: -LogSizeInBytes 8gb

Alternativ können Sie die wichtigsten Daten als Variablen speichern und danach die Einrichtung vornehmen. Hier legen Sie auch gleich die Namen der Gruppen fest, in denen sich Quell- und Zielserver befinden.

$quelle = "Node01"

$Ziel = "Node02"

$GroupNameSource = "SyncA"

$GroupNameDest = "SyncB"

New-SRPartnership -ReplicationMode Synchronous -SourceComputerName $quelle -SourceRGName $ GroupNameSource -SourceVolumeName D: -SourceLogVolumeName L: -DestinationComputerName $Ziel -DestinationRGName $GroupNameDest -DestinationVolumeName D: -DestinationLogVolumeName L: -LogSizeInBytes 8GB

Generell kann es sinnvoll sein, die Windows-Firewall auf den beteiligten Servern zu deaktivieren, vor allem, wenn Sie die Funktion noch testen. Die Datei- und Druckerfreigabe müssen Sie auf jeden Fall freischalten. Das ist notwendig, damit die Kommunikation funktioniert. Am besten verwenden Sie die PowerShell und folgende Befehle auf einem der beteiligten Server:

Enable-NetFirewallRule -CimSession <Quellserver>,<Zielserver> -DisplayGroup "Remote Desktop","File and Printer Sharing"

Nach der Einrichtung überprüfen Sie in der Ereignisanzeige auf den Servern, ob die entsprechenden Einträge für die Erstellung der Gruppe vorhanden sind. Sie finden die Informationen in der Ereignisanzeige über *Anwendungs- und Dienstprotokolle/Microsoft/Windows/StorageReplica/Admin*. Auch in der PowerShell können Sie Informationen anzeigen:

Get-WinEvent -ProviderName Microsoft-Windows-StorageReplica -MaxEvents 15 | fl

Quellserver: Ereignisse 5002, 2200, und 5015.

Zielserver: Ereignisse 2200, 5005, 5015, 5001, und 5009.

Mit *Get-NetFirewallRule -CimSession <Server1>,<Server2> -DisplayGroup "Remote Desktop","File and Printer Sharing"* lassen Sie sich die Einstellungen anzeigen. Stellen Sie sicher, dass die Datenträger auf beiden Servern verbunden sind, deren Speicher Sie replizieren wollen. Legen Sie auf den Datenträgern zum Beispiel zwei Partitionen an, wenn Sie die Funktion testen. Eine Partition dient für Protokolldateien, die andere für Daten, die Sie in der Testumgebung replizieren. In einer produktiven Umgebung speichern Sie die Protokolldateien natürlich am besten auf einer eigenen Festplatte. Da das System auf Basis der Protokolldateien repliziert, bietet es sich an, auf einen sehr schnellen NVMe-Datenträger zu setzen.

Wollen Sie die Replikations-Quelle umdrehen, verwenden Sie zum Beispiel:

Set-SRPartnership -NewSourceComputerName Node02 -SourceRGName GroupNameDest -DestinationComputerName Node01 -DestinationRGName GroupNameSource -Confirm $true

Sie müssen bei der Einrichtung darauf achten, wie der Name des Zielservers und der Zielgruppe lautet. Arbeiten Sie mit Variablen, ist die alte Quelle das neue Ziel und umgekehrt. Das müssen Sie in den Befehlen natürlich berücksichtigen. Um die Replikationspartner zu löschen und neu einzurichten, verwenden Sie:

Get-SRPartnership | Remove-SRPartnership

Get-SRGroup | % { Remove-SRGroup -Name $_.name }

5.9.5 Storage Spaces Direct und Storage Replica

Microsoft bietet auch die Möglichkeit, Storage Space Direct mit mindestens drei Hosts aufzubauen (siehe Kapitel 34). Mit weniger als vier Hosts unterstützt die Technik nur die Spiegelung der Daten zur Absicherung (mirrored resiliency). Sollen auch Paritiäts-basierte Datenträger (parity-based resiliency) erstellt werden, sind mindestens vier oder mehr Hosts notwendig. Storage Spaces Direct sind standardmäßig vor dem Ausfall eines Hosts geschützt. Die Technik kann aber auch den Ausfall eines ganzen Racks mit Servern verkraften, die Bestandteil eines Storage Spaces Direct sind. Das hängt natürlich von der Konfiguration ab sowie der Anzahl der Server, die Bestandteil des Clusters sind, in dem Storage Spaces Direct zum Einsatz kommt. Storage Spaces Direct arbeitet mit Storage Replica zusammen.

Zusammen bieten Storage Spaces Direct und Storage Replica die Möglichkeit, geografisch getrennte Cluster aufzubauen und deren Daten zu synchronisieren. Dabei kommt kein gemeinsamer Speicher im Cluster zum Einsatz, sondern die lokal angeschlossenen Datenträger im Cluster stellen den gemeinsamen Datenträger zur Verfügung. Sinnvolles Einsatzgebiet ist das Replizieren von Daten zwischen verschiedenen Clustern, die in unterschiedlichen Rechenzentren verteilt sind. Jeder Cluster nutzt dabei sein eigenes Storage Spaces Direct-System. Die Daten in den beiden Storage Spaces Direct werden dann durch Storage Replica zwischen verschiedenen Rechenzentren synchronisiert. Natürlich lassen sich Storage Spaces Direct und Storage Replica auch getrennt nutzen.

5.10 Zusammenfassung

In diesem Kapitel haben wir Ihnen gezeigt, wie Sie Festplatten in Windows Server 2022 verwalten und Laufwerke erstellen. Wir sind darauf eingegangen, wie Speicherpools und virtuelle Festplatten funktionieren und wie Sie das neue Dateisystem ReFS nutzen.

Im nächsten Kapitel zeigen wir Ihnen, wie Sie Windows Server 2022 mit dem Netzwerk verbinden.

Kapitel 6

Windows Server 2022 im Netzwerk betreiben

In diesem Kapitel zeigen wir Ihnen den Umgang mit Windows Server 2022 im Netzwerk. Außerdem erläutern wir, wie Sie einen Server auf dem Windows Server 2022 ausgeführt wird mit Active Directory verbinden.

6.1 Grundlagen zur Netzwerkanbindung

Die Steuerung des Netzwerkverkehrs findet über die Einstellungen-App statt. Schneller erreichen Sie die Einstellungen durch Aufrufen von *ncpa.cpl*. Ist Ihr Server korrekt mit dem Netzwerk verbunden, zeigt Windows ein entsprechendes Symbol in der Taskleiste an. Klicken Sie auf das Symbol, sehen Sie weitere Informationen. Fahren Sie mit der Maus über das Symbol, zeigt Windows auch an, ob der Server über eine Internetverbindung verfügt. Bei fehlender Internetverbindung erscheint eine Weltkugel, bei fehlender physischer Netzwerkverbindung eine Weltkugel mit zusätzlicher Anzeige, dass keine Verbindungen vorhanden sind.

Klicken Sie auf das Symbol, zeigt Windows alle gefundenen Netzwerke an. Mit WLANs verbinden Sie, indem Sie das Netzwerk auswählen und auf *Verbinden* klicken. In Windows Server 2022 müssen Sie dazu aber das Feature *WLAN-Dienst* installieren (siehe die Kapitel 2 bis 4).

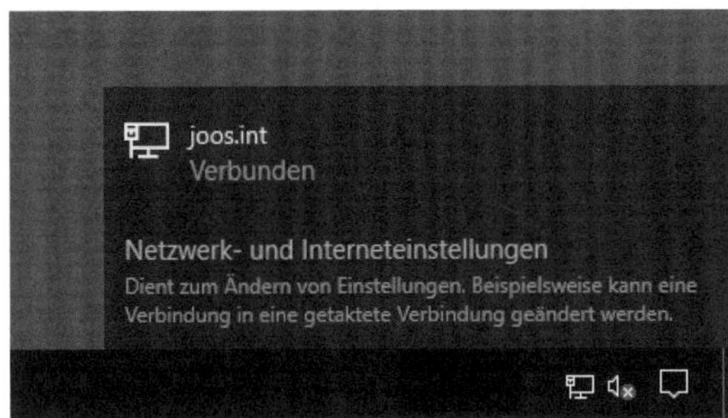

Abb. 6.1 Überprüfen der erfolgreichen Netzwerkverbindung von Windows Server 2022

6.1.1 Installation der Netzwerkhardware

Die erste Voraussetzung, um einen Server mit dem Netzwerk zu verbinden, ist zunächst, dass die Netzwerkkarte im Geräte-Manager erkannt und installiert ist. Sollte der Treiber Ihrer Netzwerkkarte nicht ordnungsgemäß installiert sein, ist in Windows Server 2022 wahrscheinlich kein Treiber für die Netzwerkkarte integriert.

Sie sollten allerdings nicht einfach einen alten Treiber installieren, sondern auf der Homepage des Herstellers überprüfen, ob es einen aktuellen Windows Server 2022-Treiber gibt, und diesen installieren.

Den Geräte-Manager finden Sie in Windows Server 2022 über *Systemsteuerung/System und Sicherheit/System* und dann auf der linken Seite des Fensters über den Link *Geräte-Manager*. Alternativ tippen Sie *devmgmt.msc* in das Suchfeld der Taskleiste ein. Als weitere Möglichkeit rufen Sie, wie bei allen internen Verwaltungsprogrammen, das Schnellmenü mit [Win]+[X] auf oder klicken mit der rechten Maustaste in die linke untere Ecke des Bildschirms. Der Geräte-Manager steht auch über das Windows Admin Center zur Verfügung.

Sollte Ihre Netzwerkkarte im Bereich *Andere Geräte* eingetragen sein, wurde sie nicht erkannt, und Sie müssen den Treiber manuell installieren. Wird die Karte im Bereich *Netzwerkadapter* ohne Fehler angezeigt, wurde sie korrekt installiert.

6.1.2 Anbindung des Computers an das Netzwerk

Ist die Karte ordnungsgemäß installiert und haben Sie Ihren Server an das Netzwerk mit einem DHCP-Server angeschlossen, ist der Server bereits mit einer dynamischen IP-Adresse versorgt. Hier müssen Sie keine besonderen Einstellungen vornehmen, da Windows Server 2022 DHCP unterstützt, wie alle anderen Windows-Versionen vorher auch.

Die Anbindung ans Netzwerk stellen Sie am besten über das Netzwerk- und Freigabecenter her. Wenn Sie mit der rechten Maustaste auf das Netzwerksymbol in der Taskleiste neben der Uhr klicken, öffnet sich ein Kontextmenü, und Sie können die Netzwerk- und Interneteinstellungen öffnen.

Sie können die Verwaltung der Netzwerkverbindungen auch über den Befehl *ncpa.cpl* starten, den Sie im Suchfeld der Taskleiste eingeben.

Markieren Sie als Nächstes den Eintrag *Internetprotokoll, Version 4* und klicken Sie auf die Schaltfläche *Eigenschaften*. Hier können Sie jetzt eine ordnungsgemäße IP-Adresse vergeben.

Haben Sie auf dem Server einen virtuellen Switch für Hyper-V erstellt, nehmen Sie die Einstellungen für die Netzwerkverbindung nicht bei der physischen Netzwerkkarte vor, sondern beim virtuellen Switch auf dem Server. Diese Einstellungen befinden sich aber auch bei der Verwaltung der Adapter, die Sie über *ncpa.cpl* aufrufen können.

6.1.3 Erweiterte Verwaltung der Netzwerkverbindungen

Eine ausführliche Liste aller Netzwerkverbindungen auf dem Server erhalten Sie über den Link *Adaptereinstellungen ändern* im Netzwerk- und Freigabecenter. Nachdem Sie den Link angeklickt haben, öffnet sich ein Fenster, in dem alle Netzwerkverbindungen des Computers angezeigt werden sowie deren aktueller Verbindungsstatus. Das gleiche Fenster können Sie auch durch Eingabe von *ncpa.cpl* in das Suchfeld der Taskleiste aufrufen.

Ist eine Netzwerkverbindung aktiviert, kann aber keine Netzwerkverbindung hergestellt werden, wird die entsprechende Verbindung mit einem roten X angezeigt. Sie sollten beim Einsatz mehrerer Netzwerkverbindungen diese entsprechend benennen, da Windows die Bezeichnung nur durchnummeriert. Der Name einer Netzwerkverbindung beeinflusst nicht deren Konnektivität, sondern lediglich deren Bezeichnung in Windows.

Sie ändern die Bezeichnung von Netzwerkverbindungen über das Kontextmenü. Klicken Sie eine Netzwerkverbindung mit der rechten Maustaste an, stehen Ihnen verschiedene Möglichkeiten zur Verfügung, um die Einstellungen zu verwalten oder Informationen anzuzeigen.

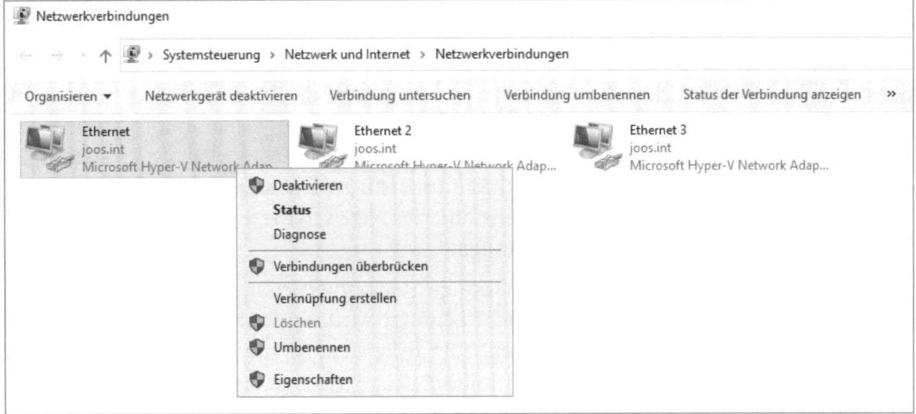

Abb. 6.2 Verwalten von Netzwerkverbindungen

Im Kontextmenü stehen Ihnen folgende Optionen zur Verfügung:

- **Deaktivieren** – Wenn Sie diese Option auswählen, wird die Verbindung zum Netzwerk getrennt, die Netzwerkkarte wird im Geräte-Manager deaktiviert. Die Karte verhält sich so, als wäre sie nicht installiert.
- **Status** – Wenn Sie diesen Menüpunkt auswählen, werden Ihnen ausführliche Informationen über die Konfiguration der Netzwerkverbindung angezeigt sowie die Datenpakete, die über das Netzwerk gesendet wurden. Sie erkennen, mit welcher Geschwindigkeit die Verbindung aufgebaut ist, wie lange die Netzwerkverbindung besteht und wie viele Datenpakete empfangen und gesendet worden sind. Klicken Sie auf die Schaltfläche *Details*, werden Ihnen ausführlichere Informationen über die Konfiguration der Netzwerkverbindung angezeigt. Sie erkennen die IP-Adresse, die MAC-Adresse sowie eine Vielzahl weiterer Informationen, die vor allem bei der Fehlersuche hilfreich sein können.
- **Diagnose** – Startet einen Assistenten, der die Konfiguration des Adapters überprüft und Vorschläge zur Problemlösung unterbreitet.

- **Verbindungen überbrücken** – Wenn Sie diese Option aus dem Kontextmenü einer Netzwerkverbindung auswählen, können Sie den Server als Verbindung zwischen zwei Netzwerken einsetzen. Dazu wird eine Netzwerkkarte mit einem Netzwerk verbunden und eine zweite Netzwerkkarte mit einem anderen Netzwerk. Die beiden Netzwerkverbindungen müssen IP-Adressen in unterschiedlichen Subnetzen haben. Um eine Netzwerkbrücke aufzubauen, also zwei verschiedene Netzwerke physisch über den Server miteinander zu verbinden, müssen Sie zunächst die erste Verbindung auswählen, dann die `Strg`-Taste drücken und anschließend die zweite Verbindung auswählen. Wenn Sie dann im Kontextmenü die Option *Verbindungen überbrücken* auswählen, startet Windows Server 2022 den Assistenten zum Aufbau einer Netzwerkbrücke.

6.1.4 Eigenschaften von Netzwerkverbindungen und ihre erweiterte Verwaltung

Wenn Sie über das Kontextmenü einer Netzwerkverbindung die Eigenschaften aufrufen oder über ihren Status zur gleichen Konfiguration gelangen, können Sie das Verhalten der Netzwerkverbindung ausführlich einstellen.

Über die Schaltfläche *Konfigurieren* können Sie die Einstellungen der Netzwerkkarte anpassen. Diese Einstellungen haben zunächst nichts mit den Netzwerkprotokollen zu tun, sondern ausschließlich mit dem Verhalten der Netzwerkkarte im Netzwerk. Die Registerkarte *Allgemein* ist zunächst weniger interessant, da hier nur einige wenige Informationen zur Netzwerkkarte angezeigt werden. Auf der Registerkarte *Erweitert* werden die Einstellungen angezeigt, die der Treiber der Netzwerkkarte unterstützt. Die angezeigten Optionen und Einstellungsmöglichkeiten sind je nach installierter Netzwerkkarte und zugehörigem Treiber unterschiedlich oder gar nicht vorhanden.

Auf der Registerkarte *Energieverwaltung* können Sie konfigurieren, ob Windows das Gerät zeitweise deaktivieren kann, wenn es nicht benötigt wird. Standardmäßig darf Windows Geräte ausschalten, um Energie zu sparen, zum Beispiel auch, um in den Energiesparmodus zu wechseln.

Der Dienst *QoS-Paketplaner (Quality Of Service)* in den Eigenschaften von Netzwerkverbindungen ist dafür zuständig, dass der Server immer genügend Ressourcen zur Verfügung stellt, um auf Netzwerkpakete zu antworten. Wenn Sie zum Beispiel viele Downloads gleichzeitig aus dem Internet durchführen und parallel eine große Datenmenge auf andere Server im Netzwerk verteilen, sorgt der QoS-Paketplaner dafür, dass eine minimale Anzahl an Bandbreite zur Verfügung bleibt.

Manche »Experten« raten dazu, diesen Dienst zu deinstallieren, da er selbst eine gewisse Bandbreite verbraucht. Allerdings benötigen die wenigsten Anwender heutzutage wirklich jede kleine Menge Bandbreite, sondern profitieren besser davon, dass die Verbindung stabil bleibt. Wenn Sie das Gefühl haben, Ihr Server ist im Netzwerk zu langsam, wird die Geschwindigkeit sicherlich nicht dadurch steigen, dass Sie diesen Dienst deaktivieren oder deinstallieren. Sie können dies aber ohne Probleme selbst testen und bei Leitungsproblemen den QoS testweise deaktivieren.

In den Eigenschaften von Geräten ist auch die Registerkarte *Ereignisse* interessant. Hier sehen Sie für jedes Gerät, wann neue Treiber installiert wurden oder sonstige wichtige Ereignisse dieses Gerät betreffend eingetreten sind.

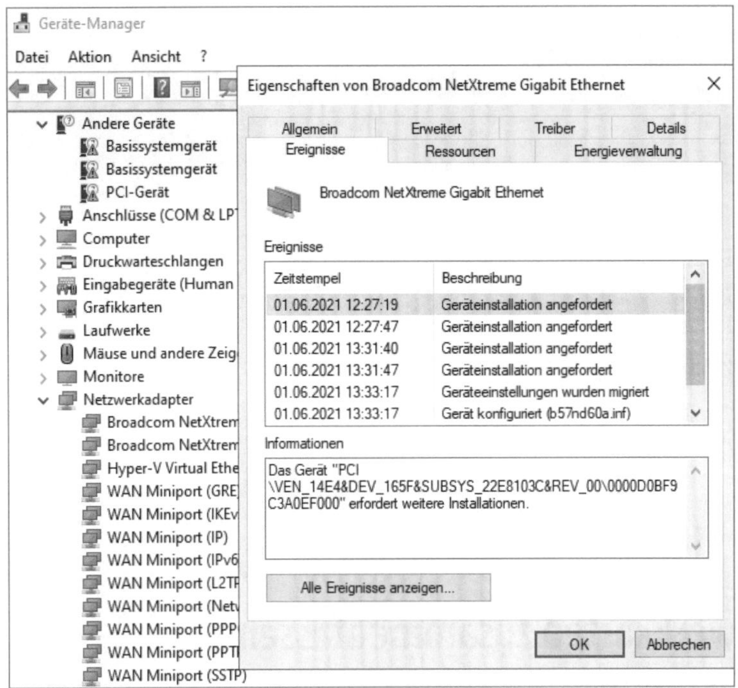

Abb. 6.3 Anzeigen von Ereignissen von Geräten

6.1.5 DNS über HTTPS – DoH

Mit Windows Server 2022 führt Microsoft auch die Unterstützung von DNS über HTTPS (DoH) ein. Damit Sie diese Technik auf einem Server aktivieren können, muss der verwendete DNS-Server diese Funktion ebenfalls unterstützen. Auf dem Client finden Sie die Einstellungen dazu in der Einstellungen-App von Windows Server 2022 im Bereich *Netzwerk und Internet* und dann bei *Ethernet*.

Bei DNS-Einstellungen rufen Sie mit *Bearbeiten* die Optionen auf. Wenn Sie an dieser Stelle einen kompatiblen DNS-Server eintragen (zum Beispiel 1.1.1.1), können Sie die HTTPS-Verschlüsselung für Clients aktivieren. Sie können die Einstellungen auch über Gruppenrichtlinien bei *Computerkonfiguration/Administrative Vorlagen/Netzwerk/DNS-Client* mit *Namensauflösung von DNS über HTTP (DoH) konfigurieren*

Wenn Sie DoH in Windows Server 2022 über Gruppenrichtlinien aktivieren, aber die verwendeten DNS-Server kein DoH unterstützen, funktioniert die Namensauflösung nicht mehr. Sie sollten daher mit den Einstellungen vorsichtig vorgehen.

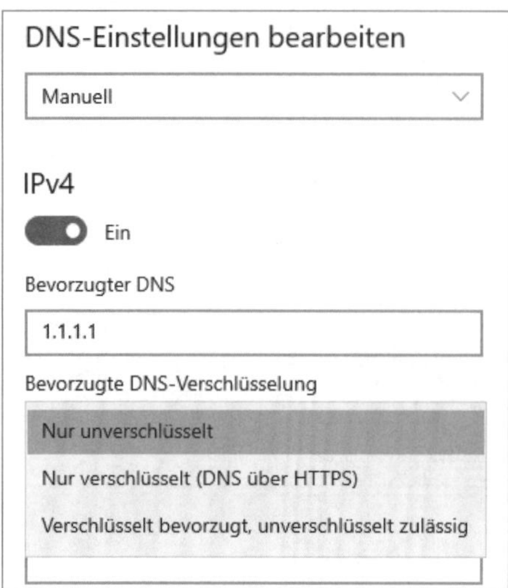

Abb. 6.4 DNS über HTTPS in Windows Server 2022 aktivieren

6.2 Netzwerkkarten zusammenfassen – NIC-Teaming

Windows Server 2022 kann ohne Zusatzwerkzeug Netzwerkkarten zu Teams zusammenfassen. Sie können während der Einrichtung auswählen, ob Sie einzelne Adapter im Team als Standby-Adapter nutzen wollen, also zur Ausfallsicherheit, oder ob Sie die Geschwindigkeit der Adapter zusammenfassen wollen, um die Leistung zu erhöhen. Sie können nur Ethernet-Verbindungen zu Teams zusammenfassen. Bluetooth oder WLAN gehören nicht zu den unterstützten Funktionen. Außerdem müssen alle Netzwerkkarten mit der gleichen Geschwindigkeit angeschlossen sein.

Eine physische Netzwerkkarte kann nur Mitglied in einem einzigen Team sein, außerdem ist es nicht möglich, mehrere Teams zu einem gemeinsamen Team zusammenzufassen.

Sie können in allen Editionen von Windows Server 2022 Netzwerk-Teams erstellen, auch in Core-Installationen. Die Verwaltung erfolgt im Server-Manager oder über die PowerShell. Die Einrichtung können Administratoren auch über das Netzwerk vornehmen. Die Konfiguration dazu erfolgt direkt im Server-Manager. Damit das Teaming funktioniert, müssen Treiber und Hardware die Funktion unterstützen und die beteiligten Karten müssen mit dem Netzwerk verbunden sein.

Wenn Sie beabsichtigen, Netzwerkkarten auf einem Server zusammenzufassen, achten Sie darauf, dass die Karten mit identischer Geschwindigkeit betrieben werden.

Außerdem sollten Sie den Teamvorgang vor der Erstellung von virtuellen Switches in Hyper-V anlegen. Danach ist die physische Netzwerkverbindung nicht mehr für den Teamvorgang verfügbar.

Sie dürfen die Teaming-Funktion in Windows Server 2022 nicht mit Team-Funktionen von Drittherstellern kombinieren. Ansonsten besteht die Gefahr, dass der komplette Server nicht mehr funktioniert. Tritt ein solcher Fall ein, können Sie die interne Teamkonfiguration löschen. Dazu verwenden Sie die PowerShell und geben den Befehl *Get-NetLbfoTeam | Remove-NetLbfoTeam* ein.

6.2.1 NIC-Team erstellen

Um ein NIC-Team zu erstellen, starten Sie den Server-Manager. Rufen Sie über das Suchfeld der Taskleiste durch Eingabe von *ncpa.cpl* die Eigenschaften der Netzwerkverbindungen auf. Stellen Sie sicher, dass die Karten mit dem Netzwerk verbunden sind.

Starten Sie danach den Server-Manager und klicken Sie auf *Lokaler Server*. Anschließend sehen Sie die Konfiguration des NIC-Teamings im Bereich *NIC-Teamvorgang*. Standardmäßig ist das Teaming deaktiviert. Um die Funktion zu aktivieren, klicken Sie auf den Link bei *Deaktiviert*.

Sind Sie über eine der Netzwerkkarten mit dem Remotedesktop des Servers verbunden, werden Sie bei der Erstellung des Teams vom Server getrennt. Sie müssen zum Abschließen der Konfiguration eine andere Verbindung nutzen oder direkt am Server arbeiten.

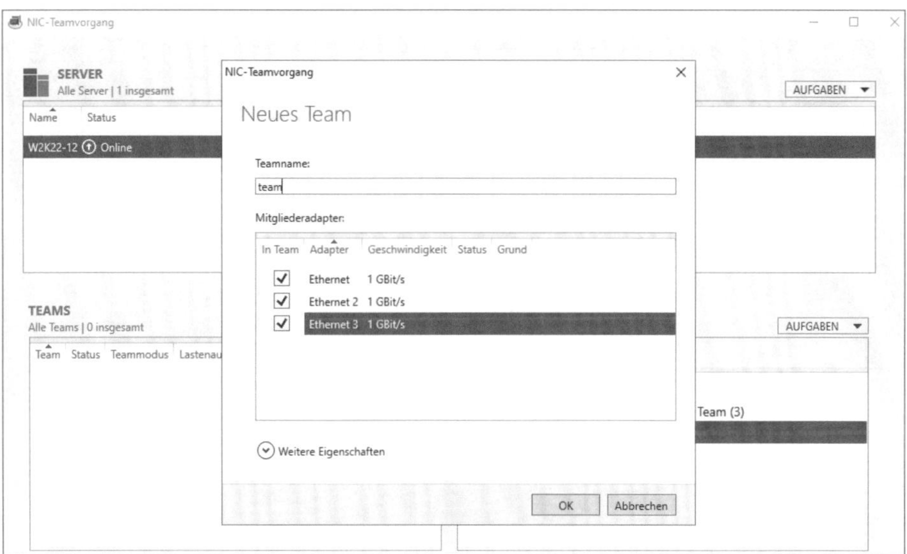

Abb. 6.5 Starten des NIC-Teamvorgangs in Windows Server 2022

Anschließend öffnet sich ein neues Fenster. Hier sehen Sie im unteren rechten Bereich, welche Netzwerkadapter im Server kompatibel zum NIC-Teaming sind.

Sie können in der PowerShell oder der Eingabeaufforderung das Tool *LbfoAdmin* starten, um direkt zur Einrichtung von NIC-Teams zu gelangen. Das startet die Einrichtung des lokalen Servers.

Verwenden Sie den Befehl *lbfoadmin /servers <Liste von Servern>*, starten Sie die Einrichtung auf mehreren Servern. Der Befehl *lbfoadmin /ResetConfig* stellt die Standardeinstellungen der Oberfläche wieder her.

Sie können ein NIC-Team im Server-Manager auch über das Netzwerk erstellen. Dazu klicken Sie den entsprechenden Server im Server-Manager mit der rechten Maustaste an. Im Kontextmenü finden Sie den Bereich zum Erstellen von neuen NIC-Teams.

Um ein Team zu erstellen, klicken Sie mit der rechten Maustaste in das Fenster bei *Adapter und Schnittstellen* und wählen *Zum neuen Team hinzufügen*. Anschließend geben Sie einen Namen für das Team ein und wählen aus, welche Netzwerkkarten verwendet werden sollen.

Über den Link *Weitere Eigenschaften* können Sie zusätzliche Einstellungen vornehmen, um das NIC-Team zu konfigurieren. Hier lässt sich zum Beispiel festlegen, dass nicht alle Adapter aktiv sein sollen, sondern einer als Standby zur Verfügung steht, wenn ein anderer ausfällt.

Abb. 6.6 Erstellen eines neuen NIC-Teams

Bei *Teammodus* legen Sie fest, ob der Switch, an den die physischen Adapter des Teams angeschlossen sind, darüber informiert wird, dass es sich um ein Team handelt. Die Standardauswahl ist *Switchunabhängig*, der Switch wird also nicht informiert.

Klicken Sie bei *Primäre Teamschnittstelle* auf das Team, können Sie Einstellungen bezüglich der VLAN-Anbindung des Teams anpassen. Bestätigen Sie schließlich mit *OK*, erstellt Windows Server 2022 das entsprechende Team.

Windows Server 2022 verwendet als MAC-Adresse des Teams die MAC-Adresse der primären Netzwerkkarte, also der Karte, mit der Sie das Team erstellt haben.

6.2.2 NIC-Teams auf Core-Server und in der PowerShell

Auch Core-Server unterstützen NIC-Teams. Hier können Sie die Einrichtung entweder über den Server-Manager von einem anderen Server aus durchführen oder Sie verwenden die PowerShell.

In der PowerShell können Sie sich mit *Get-NetAdapter* die einzelnen möglichen Team-Adapter anzeigen lassen und mit *Enable-NetAdapter* beziehungsweise *Disable-NetAdapter* einzelne Adapter aktivieren oder deaktivieren. Alle Cmdlets für die Verwaltung von NIC-Teams lassen Sie sich mit *Get-Command -Module NetLbfo* anzeigen. Eine Hilfeseite lässt sich zum Beispiel mit *Get-Help New-NetLbfoTeam* öffnen.

Um ein neues Team zu erstellen, verwenden Sie das Cmdlet *New-NetLbfoTeam <Name des Teams> <Kommagetrennte Liste der Netzwerkkarten>*. Bei Leerzeichen im Namen setzen Sie den gesamten Namen in Anführungszeichen. Den Namen der Adapter erfahren Sie am schnellsten, wenn Sie *Get-NetAdapter* in der PowerShell eingeben. Haben Sie das Team erstellt, lassen Sie mit *Get-NetLbfoTeam* die Einstellungen anzeigen, und mit *Set-NetLbfo-Team* ändern Sie Einstellungen.

Beispiele für das Ändern sind folgende Befehle:

- *Set-NetLbfoTeam Team1 TeamingMode LACP*
- *Set-NetLbfoTeam Team1 TM LACP*
- *Set-NetLbfoTeam Team1 LoadBalancingAlgorithm HyperVPorts*
- *Set-NetLbfoTeam Team1 LBA HyperVPorts*

Teams können Sie auch umbenennen. Dazu verwenden Sie entweder den Server Manager oder die PowerShell und den Befehl:

Rename-NetLbfoTeam <Alter Name> <Neuer Name>

6.2.3 NIC-Teams testen und konfigurieren

Sie müssen nach der Erstellung eines Teams noch Netzwerkeinstellungen anpassen. Windows Server 2022 entfernt die IP-Bindung von den physischen Netzwerkkarten und verbindet sie mit dem neuen virtuellen Adapter, den der Assistent für das Team erstellt. Sie sehen den Status des Teams, wenn Sie im Server-Manager in der Kategorie *Lokaler Server* bei *NIC-Teamvorgang* auf den Link *Aktiviert* klicken.

Werden das Team und die verbundenen Karten als *Aktiv* gekennzeichnet, passen Sie die Netzwerkeinstellungen des Teams an. Dazu rufen Sie die Adaptereinstellungen auf, indem Sie *ncpa.cpl* in das Suchfeld der Taskleiste eingeben. Hier sehen Sie das neue Team. Alle Netzwerkeinstellungen nehmen Sie an dieser Stelle vor.

Haben Sie die IP-Konfiguration des NIC-Teams angepasst, verhält sich der Server wie beim Einsatz einer einzelnen Netzwerkverbindung, nutzt aber alle angebundenen Netzwerkkarten. Im Server-Manager können Sie das Team jederzeit über dessen Eigenschaften anpassen und auch löschen.

Einzelne Netzwerkadapter entfernen Sie über das Kontextmenü aus dem Team oder deaktivieren den Adapter, zum Beispiel für Wartungsarbeiten.

6.2.4 Eigenschaften von TCP/IP und DHCP

Für den Fall, dass kein DHCP-Server für das automatische Zuweisen einer IP-Adresse zur Verfügung steht, bestimmt Windows Server 2022 eine Adresse in der für Microsoft reservierten IP-Adressierungsklasse, die von 169.254.0.1 bis 169.254.255.254 reicht.

Diese Adresse verwendet der Server, bis ein DHCP-Server erreichbar ist oder Sie eine statische IP-Adresse festlegen. Bei dieser Methode verwendet Windows Server 2022 kein DNS, WINS oder Standardgateway, da sie nur für ein kleines Netzwerk mit einem einzigen Netzwerksegment entworfen ist.

WINS steht für Windows Internet Name Service und ist der Vorgänger der dynamischen DNS-Aktualisierung. Während DNS für die Namensauflösung mit voll qualifizierten Domänennamen zuständig ist, löst WINS NetBIOS-Namen auf.

IPconfig verwenden

Es können Situationen auftreten, in denen Sie die IP-Adressinformationen für einen bestimmten Server anzeigen müssen. Dies ist der Fall, wenn Ihr Server beispielsweise nicht mit anderen Computern im Netzwerk kommuniziert oder wenn andere Server nicht mit Ihrem Server kommunizieren können. In solchen Situationen müssen Sie die IP-Adresse der anderen Server kennen, um die Ursache des Problems zu bestimmen.

Im Dialogfeld *Eigenschaften von Internetprotokoll (TCP/IP)* können Sie statische TCP/IP-Informationen anzeigen. Windows enthält ein Befehlszeilentool mit der Bezeichnung Ipconfig, um TCP/IP-Informationen anzuzeigen. Mit diesem Dienstprogramm werden die TCP/IP-Konfigurationsoptionen auf einem Host überprüft, aber nicht festgelegt.

Zu diesen Optionen zählen die IP-Adresse, die Subnetzmaske und das Standardgateway. Die Befehlssyntax für dieses Dienstprogramm lautet *ipconfig*. Starten Sie das Programm am besten über eine Eingabeaufforderung (*cmd*). Mit Ipconfig können Sie jedoch nicht bestimmen, ob die IP-Adresse mithilfe der statischen oder der dynamischen Methode zugewiesen wurde.

Ausführlichere Informationen erhalten Sie mit Ipconfig, wenn Sie zusätzlich die Option */all* angeben. Auf dem Bildschirm werden die Informationen zu allen TCP/IP-Konfigurationsoptionen angezeigt. Nun sehen Sie, ob DHCP aktiviert ist. Ist dies der Fall und wird eine IP-Adresse für einen DHCP-Server angezeigt, bedeutet es, dass die IP-Adresse mithilfe von DHCP bezogen wurde.

Zusätzlich lassen sich beim Aufruf von Ipconfig noch die beiden Optionen */renew* und */release* angeben:

- **ipconfig /release** – Entfernt die IP-Adresse vom Client und fordert keine neue an. Wenn ein Client Probleme hat, eine Verbindung mit einem DHCP-Server herzustellen, sollten Sie immer zuerst die IP-Adresse beim Client zurücksetzen.
- **ipconfig /renew** – Fordert vom DHCP-Server eine erneute Verlängerung des Lease oder eine neue IP-Adresse an. Sollte der Befehl nicht funktionieren, geben Sie zunächst *ipconfig /release* ein.

Mit dem Bordmitteltool GetMac können gezielt die MAC-Adressen der lokalen Netzwerkadapter, aber auch von Netzwerkadaptern von anderen Computern im Netzwerk angezeigt werden.

Der Befehl *getmac* zeigt die MAC-Adressen der lokalen Adapter an.

Mit *getmac /s <Computername>* werden die MAC-Adressen von anderen Computern angezeigt. Für die Anzeige muss der entfernte Computer auf eine RPC-Anfrage antworten.

Verwenden von Befehlszeilentools für Netzwerkinformationen

Mithilfe von Befehlszeilentools können Sie schnell Informationen über Ihren Server und Ihr Netzwerk abrufen sowie diese zur Diagnose von Netzwerkproblemen einsetzen. Die Befehle in diesem Thema beziehen sich auf TCP/IP-Netzwerke. Wir gehen in diesem Abschnitt auf die häufigsten Fragen zur Ermittlung von Netzwerkinformationen in der Eingabeaufforderung ein.

- **Wie ermittle ich den Computernamen?** – Geben Sie in der Eingabeaufforderung *hostname* ein.
- **Wie ermittle ich die IP-Adresse meines Computers?** – Geben Sie in der Eingabeaufforderung *ipconfig* ein.
- **Wie ermittle ich die physische Adresse meines Computers (MAC-Adresse, Media Access Control)?** – Geben Sie in der Eingabeaufforderung *ipconfig /all* ein. Falls Ihr Server mit mehreren Netzwerkadaptern ausgestattet ist, wird die physische Adresse für jeden Adapter einzeln aufgeführt.
- **Wie erhalte ich eine neue IP-Adresse?** – Geben Sie in der Eingabeaufforderung *ipconfig /release* ein. Hierdurch geben Sie Ihre aktuelle IP-Adresse frei. Geben Sie in der Eingabeaufforderung als Nächstes *ipconfig /renew* ein, um eine neue IP-Adresse zu erhalten.
- **Wie löse ich anhand des DNS-Namens (Domain Name System) eine IP-Adresse auf?** – Geben Sie in der Eingabeaufforderung *ping <DNS-Name>* ein. Dieser Vorgang wird Reverse-Lookup genannt.
- **Wie teste ich die Kommunikation mit einem anderen Server?** – Geben Sie in der Eingabeaufforderung *ping <IP-Adresse>* des zu testenden Computers ein.

Weitere wichtige Optionen von Ipconfig sind folgende:

- **ipconfig /registerdns** – Erneuert die Registrierung des Clients am konfigurierten DNS-Server, wenn für die DNS-Zone die dynamischen Updates aktiviert sind.

- **ipconfig /displaydns** – Zeigt den lokalen DNS-Cache an, auch die zuletzt geöffneten Internetseiten und aufgelösten DNS-Namen. Löschen Sie den Verlauf im Browser, sind die Daten dennoch an dieser Stelle vorhanden. Sie müssen den lokalen DNS-Cache getrennt löschen, indem Sie *ipconfig /flushdns* verwenden.
- **ipconfig /flushdns** – Löscht den lokalen DNS-Cache.

Um Probleme mit Netzwerkeinstellungen zu beheben oder in Windows Netzwerkeinstellungen schneller zu erreichen, können auch Tools aus der grafischen Oberfläche direkt in der Eingabeaufforderung gestartet werden. Das hat den Vorteil, dass Sie mit einem Befehl schnell in eine wichtige Einstellung springen und danach in der Eingabeaufforderung weiterarbeiten können. Für den Netzwerkbereich spielen zum Beispiel folgende Befehle eine wichtige Rolle:

- *Ncpa.cpl* – Netzwerkeinstellungen in Windows direkt aufrufen
- *Sysdm.cpl* – Wichtige Systemeinstellungen, wie Remotedesktop und Domänenmitgliedschaft
- *Firewall.cpl* – Standardeinstellungen der Windows-Firewall
- *Wf.msc* – Erweiterte Einstellungen der Windows-Firewall
- *Shrpubw.exe* – Assistent zum Freigeben von Verzeichnissen
- *Certlm.msc* – Lokale Zertifikate des Computers
- *Certmgr.msc* – Lokale Zertifikate des Anwenders

Korrekte Namensauflösung mit Nslookup in IPv4 und IPv6 testen

Treten in einem Microsoft-Netzwerk Fehler auf oder wollen Sie den Internetzugang testen, verwenden Sie das Befehlszeilentool *Nslookup*. Wenn ein Servername mit Nslookup nicht aufgelöst werden kann, sollten Sie überprüfen, wo das Problem liegt:

1. Ist in den IP-Einstellungen des Computers der richtige DNS-Server als bevorzugt eingetragen?
2. Optional beim Einsatz in Active Directory: Verwaltet der bevorzugte DNS-Server die Zone, in der Sie eine Namensauflösung durchführen wollen?
3. Optional beim Einsatz in Active Directory: Wenn der Server diese Zone nicht verwaltet, ist dann in den Eigenschaften des Servers ein Server eingetragen, der die Zone auflösen kann?
4. Optional beim Einsatz in Active Directory: Wenn eine Weiterleitung eingetragen ist, kann dann der Server, zu dem weitergeleitet wird, die Zone auflösen?
5. Optional beim Einsatz in Active Directory: Wenn dieser Server nicht für die Zone verantwortlich ist, leitet er dann wiederum die Anfrage weiter?

An irgendeiner Stelle der Weiterleitungskette muss ein Server stehen, der die Anfrage schließlich auflösen kann, sonst kann der Client keine Verbindung aufbauen und die Abfrage des Namens wird nicht erfolgreich sein.

Sobald Sie Nslookup aufgerufen haben, können Sie beliebig Servernamen auflösen. Wenn Sie keinen vollwertigen DNS-Namen (Fully Qualified Domain Name, FQDN) eingeben, sondern nur den Computernamen, ergänzt der lokale Rechner automatisch den Namen durch das primäre DNS-Suffix des Computers beziehungsweise durch die in den IP-Einstellungen konfigurierten DNS-Suffixe.

Wenn Sie *Nslookup* aufrufen, um Servernamen aufzulösen, wird als DNS-Server immer der Server befragt, der in den IP-Einstellungen des lokalen Rechners hinterlegt ist. Sie können von dem lokalen Rechner aus aber auch andere DNS-Server nach der Auflösung befragen. Geben Sie dazu in der Eingabeaufforderung *nslookup <host> <server>*, also zum Beispiel *nslookup www.microsoft.de 192.168.178.223* ein. Bei diesem Beispiel versucht Nslookup, den Host *www.microsoft.de* mithilfe des Servers 192.168.178.223 aufzulösen.

Damit Nslookup auch den korrekten Namen des DNS-Servers in Active Directory anzeigt, muss der DNS-Server in der Forward-Lookupzone der Domäne registriert sein. Außerdem sollten Sie eine Reverse-Lookupzone erstellen, in der die IP-Adressen der Domäne registriert sind.

In der PowerShell kann mit *Get-DnsClientCache* der DNS-Cache ausgelesen und mit *Clear-DnsClientCache* gelöscht werden. Um auf einem Windows-Computer den verwendeten DNS-Server anzuzeigen, wird das Cmdlet *Get-DNSClientServerAddress* verwendet.

Um sich die komplette Netzwerkkonfiguration anzeigen zu lassen, steht das Cmdlet *Get-NetIPConfiguration* zur Verfügung.

Zusätzlich können Sie noch Einstellungen in der IPv6-Konfiguration der Netzwerkkarte auf dem DNS-Server vornehmen. Hier hat Windows Server 2022 die lokale Adresse des Servers hinterlegt. Diese trägt die Bezeichnung *::1*, was 127.0.0.1 in IPv4 entspricht. Aktivieren Sie für IPv6 die Option *DNS-Serveradresse automatisch beziehen*. Danach erhalten Sie auch für DNS-Server in Active Directory den korrekten Namen und die IPv4-Adresse zurück.

Sie können mit Nslookup sehr detailliert die Schwachstellen Ihrer DNS-Auflösung testen. Wenn Sie mehrere Hosts hintereinander abfragen wollen, müssen Sie nicht jedes Mal den Befehl *nslookup <Host> <Server>* aufrufen, sondern können Nslookup mit dem Befehl *nslookup -<Server>* starten, wobei der Eintrag *<Server>* der Name oder die IP-Adresse des DNS-Servers ist, den Sie befragen wollen, zum Beispiel *nslookup -server 192.168.178.223*. Geben Sie den Befehl *nslookup* ohne weitere Parameter ein, können Sie in der Oberfläche mit *server 192.168.178.223* den Standardserver für das aktuelle Fenster auf den DNS-Server setzen.

Wenn Sie in der PowerShell Namensabfragen durchführen, können Sie gleich die Netzwerkverbindungen testen. Zwar können Sie weiterhin das Tool *ping.exe* nutzen, aber in der PowerShell finden Sie mit *Test-Connection* ein besseres Tool. *Test-Connection* kann zum Beispiel mehrere Rechner auf einmal testen. Dazu geben Sie einfach den Befehl ein und danach eine Liste der Rechner, die Sie überprüfen wollen. Wollen Sie den Befehl in eine Zeile schreiben, zum Beispiel für Skripts, verwenden Sie die Syntax:

Test-Connection -Source <Quelle1>, <Quelle2> -ComputerName <Ziel1>, Ziel2>

Mit dem Befehl lassen Sie also auf einmal von mehreren Quellcomputern aus mehrere Zielcomputer scannen. Sie können aber auch nur einen Rechner testen, indem Sie *Test-Connection <Name oder IP-Adresse>* eingeben.

Das Cmdlet hilft dabei, offene Ports zu testen. Ein Beispiel für den Befehl ist:

Test-NetConnection dc01 -port 135

In diesem Beispiel wird überprüft, ob auf dem Server *dc01* der Port 135 geöffnet ist. Mit dem Cmdlet *Test-NetConnection -DiagnoseRouting* kann auf einem Server das Routing getestet werden.

6.3 Erweiterte Netzwerkeinstellungen – Routing und IPv6

Sie können manuell IP-Routen erstellen, wenn ein Server mit mehreren Netzwerken verbunden ist. Ist IPv6-Verkehr zwischen zwei Servern möglich, verwendet Windows Server 2022 zuerst automatisch IPv6 und dann erst IPv4. Dazu ist keine Konfiguration von IPv6 notwendig.

6.3.1 IP-Routing unter Windows Server 2022

Sie können über die IP-Eigenschaften von Netzwerkkarten immer nur ein Standardgateway festlegen. Wenn IP-Pakete zu Hosts geschickt werden sollen, die außerhalb des konfigurierten Subnetzes liegen, werden diese von Windows immer an das konfigurierte Standardgateway geschickt.

Auch wenn in einen Server mehrere Netzwerkkarten eingebaut sind, kann immer nur ein Standardgateway pro Server festgelegt werden. Wenn Sie aber Pakete zu unterschiedlichen Netzwerken schicken wollen, können Sie in Windows manuelle Routen erstellen. Diese Routen werden mit dem Befehl *route* in der Eingabeaufforderung angelegt.

Wenn Ihre Routinginfrastruktur das Routing-Information-Protokoll (RIP) für IPv4 verwendet, können Sie unter Windows den RIP-Listener aktivieren, mit dessen Hilfe der Server andere Routen im Netzwerk automatisch erlernen kann, indem er gesendete RIP-Meldungen abhört und anschließend der Routingtabelle IPv4-Routen hinzufügt.

Die RIP-Überwachung lässt sich nur verwenden, wenn die Routinginfrastruktur RIP unterstützt. Alternativ können Sie den Befehl *route add -p* verwenden, um Routen manuell der IPv4-Routingtabelle hinzuzufügen.

Für IPv6 müssen Sie den Befehl *netsh interface ipv6 add route* aufrufen, um manuelle Routen zu erstellen. IPv6 wird später in diesem Kapitel behandelt.

Das Standardgateway können Sie entweder über DHCP mitgeben oder auf einer der eingebauten Netzwerkkarten manuell festlegen. Alle Netzwerkpakete, die nicht an das interne Netzwerk gesendet werden können und für die keine manuelle Route hinterlegt ist, werden zum Standardgateway geschickt.

Das Standardgateway muss sich im gleichen Subnetz befinden wie die IP-Adresse des Computers. Die zweite Schnittstelle des Standardgateways beziehungsweise weitere Schnittstellen befinden sich in anderen Subnetzen.

Wenn Sie eine alternative Konfiguration angeben (nur IPv4), ist das Standardgateway die IP-Adresse auf der Registerkarte *Alternative Konfiguration* im Feld *Standardgateway*. Die alternative Konfiguration steht nur dann für IPv4 zur Verfügung, wenn Sie DHCP verwenden. Findet der Client keinen DHCP-Server, verwendet er automatisch die Daten der alternativen Konfiguration.

In vielen Netzwerken ist es notwendig, Routen manuell in der Eingabeaufforderung zu erstellen. Um manuelle Routen zu erstellen, wird der Route-Befehl in der folgenden Syntax verwendet:

```
route -p add <Ziel> MASK <Netzmaske> Gateway METRIC <Metrik> IF <Schnittstelle>
```

Die einzelnen Parameter haben folgende Funktionen:

- **-p** – Legt fest, dass die Route auch nach dem Booten des Computers weiterhin vorhanden ist. Standardmäßig werden die Routen beim Neustart wieder gelöscht.
- **add** – Fügt eine Route hinzu, mit *del* kann eine Route gelöscht werden.
- **Ziel** – Das Ziel kann entweder eine IP-Adresse oder ein Subnetzpräfix, eine IP-Adresse für eine Hostroute oder 0.0.0.0 für die Standardroute sein.
- **Netzmaske** – Die Subnetzmaske kann entweder die korrekte Subnetzmaske für eine IP-Adresse oder ein Subnetzpräfix, 255.255.255.255 für eine Hostroute oder 0.0.0.0 für die Standardroute sein. Wenn keine Angabe gemacht wird, wird die Subnetzmaske 255.255.255.255 verwendet.
- **Gateway** – Gibt die Weiterleitungs-IP-Adresse oder die IP-Adresse des nächsten Hops an, über die die durch das Netzwerkziel und die Subnetzmaske definierten Adressen erreichbar sind. Bei Remoterouten, die über mindestens einen Router erreichbar sind, ist die Gatewayadresse die direkt erreichbare IP-Adresse eines angrenzenden Routers.
- **Metrik** – Gibt eine ganzzahlige Kostenmetrik (im Bereich von 1 bis 9.999) für die Route an. Sie wird verwendet, wenn mehrere Routen in der Routingtabelle zur Wahl stehen, die der Zieladresse eines weitergeleiteten Pakets entsprechen. Es wird die Route mit der niedrigsten Metrik ausgewählt. Die Metrik kann die Anzahl der Hops, die Geschwindigkeit und Zuverlässigkeit des Pfads, den Pfaddurchsatz oder administrative Eigenschaften widerspiegeln.
- **Schnittstelle** – Gibt den Schnittstellenindex der Schnittstelle an, über die das Ziel erreichbar ist. Eine Liste der Schnittstellen und ihrer Schnittstellenindizes können Sie mit dem Befehl *route print* anzeigen. Sie können für den Schnittstellenindex sowohl Dezimal- als auch Hexadezimalwerte verwenden. Stellen Sie Hexadezimalwerten 0x voran. Wenn Sie den IF-Parameter nicht angeben, wird die Schnittstelle anhand der Gatewayadresse ermittelt.

6.3.2 Routen verfolgen in der Eingabeaufforderung – Pathping und Tracert

Mit dem Bordmittel-Tool Pathping (*https://docs.microsoft.com/de-de/windows-server/administration/windows-commands/pathping*) können in Windows die einzelnen Abschnitte nachverfolgt werden, die Pakete zu einer bestimmten IP-Adresse benötigen. Gleichzeitig versucht Pathping, den DNS-Namen von IP-Adressen in Erfahrung zu bringen.

Dadurch lassen sich Probleme bei Netzwerkverbindungen schnell finden und auch die IP-Adressen der Gateways in Erfahrung bringen und genau feststellen, warum Pakete nicht zugestellt werden. Insgesamt kann Pathping bis zu 30 Abschnitte nachverfolgen. Hier pingt der Befehl alle Stationen an und zeigt im Anschluss eine Statistik an. Pathping erweitert die Möglichkeiten von Tracert und Ping. Auch Tracert liefert Informationen zu den einzelnen Hops von Paketen.

Mit dem Befehl *$ip = Invoke-RestMethod http://ipinfo.io/json | Select -exp ip* wird die externe IP-Adresse des Netzwerks in der Variablen *$ip* gespeichert. Durch Eingabe von *$ip* kann die Adresse ausgegeben werden.

6.3.3 Internetprotokoll Version 6 – IPv6

IPv6, das Internetprotokoll Version 6 (auch IPnG, Internet Protocol Next Generation), ist der Nachfolger des gegenwärtig im Internet noch überwiegend verwendeten Internetprotokoll in der Version 4. Beide Protokolle sind Standards für die Netzwerkschicht des OSI-Modells und regeln die Adressierung und das Routing von Datenpaketen durch ein Netzwerk.

Das bisherige IPv4 bietet einen Adressraum von etwas über 4 Milliarden IP-Adressen, mit denen Server und andere Geräte angesprochen werden können. In den Anfangstagen des Internets, als es nur wenige Rechner gab, die eine IP-Adresse benötigten, galt dies als weit mehr als ausreichend. Eine IPv6-Adresse ist 128 Bit lang (IPv4: 32 Bit). Damit gibt es etwa 3,4 x 1038 (340,28 Sextillionen) IPv6-Adressen. IPv6-Adressen werden in hexadezimaler Notation mit Doppelpunkten geschrieben, die die Adresse in acht Blöcke mit einer Länge von jeweils 16 Bit unterteilen. Beispiel einer IPv6-Adresse:

2001:0db7:85b3:07d3:1319:8a2d:437a:63d4

Eine oder mehrere 16-Bit-Gruppen mit dem Wert 0000 können durch zwei aufeinanderfolgende Doppelpunkte ersetzt werden. Die resultierende Adresse darf höchstens einmal zwei aufeinanderfolgende Doppelpunkte enthalten. 2001:0db8::1428:57ab ist gleichbedeutend mit 2001:0db8:0000:0000:0000:0000:1428:57ab, aber 2001::25de::cade ist nicht korrekt, da nicht nachvollzogen werden kann, wie viele 16-Bit-Gruppen durch die zwei Doppelpunkte jeweils ersetzt wurden. Führende Nullen einer 16-Bit-Gruppe dürfen ausgelassen werden. 2001:db8::28:b ist gleichbedeutend mit 2001:0db8::0028:000b.

Netzmasken, wie sie bei IPv4 verwendet wurden, gibt es bei IPv6 nicht. Die ersten 64 Bit der IPv6-Adresse dienen üblicherweise der Netzadressierung, die letzten 64 Bit werden zur Hostadressierung verwendet. Beispiel: Hat ein Netzwerkgerät die IPv6-Adresse 2001:0db7:85b3:07d3:1319:8a2d:437a:63d4, so stammt es aus dem Subnetz 2001:0db7:85b3:07d3::/64.

Microsoft Windows Server 2022 nutzt den Next Generation TCP/IP-Stack. Hierbei handelt es sich um einen TCP/IP-Protokollstack, in den sowohl IPv4 (Internet Protocol version 4) als auch IPv6 (Internet Protocol version 6) integriert sind. Wenn eine DNS-Abfrage beispielsweise eine IPv6- und IPv4-Adresse zurückgibt, dann versucht der Stack zuerst, über IPv6 zu kommunizieren. Die Bevorzugung von IPv6 gegenüber IPv4 bietet IPv6-fähigen Anwendungen eine bessere Netzwerkkonnektivität.

Die standardmäßige Aktivierung von IPv6 und seine Bevorzugung haben keine negativen Auswirkungen auf die IPv4-Konnektivität. In Netzwerken, in denen keine IPv6-DNS-Einträge zur Verfügung stehen, wird beispielsweise nicht über IPv6-Adressen kommuniziert. Um die Vorteile einer IPv6-Konnektivität zu nutzen, müssen Netzwerkanwendungen aktualisiert werden. IPv6 bietet gegenüber IPv4 die folgenden Vorteile:

- **Größerer Adressraum** – Der 128-Bit-Adressraum von IPv6 bietet genügend Platz, um jedes Gerät im bestehenden und zukünftigen Internet mit einer eigenen, global gültigen Adresse auszustatten.
- **Effizienteres Routing** – Durch den überarbeiteten IPv6-Header und das neue Adressierungsschema, das eine hierarchische Routinginfrastruktur unterstützt, können IPv6-Router den entsprechenden Netzwerkverkehr schneller weiterleiten.
- **Einfache Konfiguration** – IPv6-Hosts können sich entweder über DHCP oder mithilfe eines lokalen Routers selbst konfigurieren.

- **Verbesserte Sicherheit** – Die IPv6-Standards beheben einige der Sicherheitsprobleme von IPv4. Sie bieten einen besseren Schutz vor Adress- und Portscans. Sie schreiben vor, dass IPv6-Implementierungen IPsec (Internet Protocol Security) unterstützen müssen.

Windows Server 2022 unterstützt bereits nach der Installation das IP-Protokoll Version 6 (IPv6). Wenn Sie die Eigenschaften der Netzwerkverbindung anzeigen lassen, sehen Sie, dass IPv6 automatisch mit den Netzwerkverbindungen verknüpft wird.

IPv6 wurde so entworfen, dass es einfacher als IPv4 zu konfigurieren ist. IPv6 kann sich automatisch selbst konfigurieren, auch ohne DHCPv6 (Dynamic Host Configuration Protocol for IPv6). Alle IPv6-Knoten konfigurieren für jede physische oder logische IPv6-Schnittstelle automatisch eine lokale Adresse mit dem Präfix fe80::/64. Diese Adressen können nur zur Kommunikation mit benachbarten Knoten verwendet werden. Sie werden nicht im DNS registriert, und wenn Daten an eine solche Adresse gesendet werden sollen, ist zusätzlich eine Zonen-ID notwendig.

Wenn Sie einen Server mit Windows Server 2022 für IPv6 konfigurieren, sind folgende automatische Einstellungen möglich:

- Ein IPv6-Host sendet eine Multicastnachricht und empfängt eine oder mehrere Routernachrichten. In diesen Routernachrichten finden sich Subnetzpräfixe (diese nutzt der IPv6-Host zum Festlegen weiterer IPv6-Adressen und zum Hinzufügen von Routen zur IPv6-Routingtabelle) und weitere Konfigurationsparameter (zum Beispiel das Standardgateway).
- Über DHCPv6 erhält der IPv6-Host Subnetzpräfixe und andere Konfigurationsparameter. Oft wird DHCPv6 bei IPv6-Hosts unter Windows zum Beispiel dazu genutzt, die IPv6-Adressen der DNS-Server zu konfigurieren, was über die Routererkennung nicht möglich ist.

Konfiguration von IPv6

Neben der automatischen ist auch eine manuelle Konfiguration von IPv6 möglich. Windows Server 2022 stellt dazu eine grafische Oberfläche bereit, unterstützt aber auch die Konfiguration in der Eingabeaufforderung über den Befehl Netsh.

Wenn Sie in den Eigenschaften der Netzwerkverbindung die Eigenschaften von IPv6 aufrufen, können Sie verschiedene Einstellungen vornehmen:

- **IPv6-Adresse automatisch beziehen** – Hier wird konfiguriert, dass die IPv6-Adressen für diese Verbindung oder diesen Adapter automatisch festgelegt werden.
- **Folgende IPv6-Adresse verwenden** – IPv6-Adresse und das Standardgateway für diese Verbindung oder diesen Adapter.
- **IPv6-Adresse** – Hier können Sie eine IPv6-Unicastadresse angeben.
- **Subnetzpräfixlänge** – Hier können Sie die Länge des Subnetzpräfixes für die IPv6-Adresse festlegen. Bei IPv6-Unicastadressen sollte dies 64 sein (der Standardwert).
- **Standardgateway** – Hier können Sie die IPv6-Unicastadresse des Standardgateways angeben.
- **DNS-Serveradresse automatisch beziehen** – Hier wird konfiguriert, dass die IPv6-Adresse des DNS-Servers im Netzwerk über DHCPv6 bezogen wird.
- **Folgende DNS-Serveradressen verwenden** – Hier können Sie die Adressen des primären und sekundären DNS-Servers manuell festlegen.

Über die Schaltfläche *Erweitert* kommen Sie wie bei IPv4 zu weiteren Einstellmöglichkeiten für IPv6. Auf der Registerkarte *IP-Einstellungen* können Sie die IPv6-Adressierung des Computers detaillierter spezifizieren:

- Für jede IPv6-Unicastadresse müssen Sie eine IPv6-Adresse und eine Subnetzpräfixlänge angeben. Die Schaltfläche *Hinzufügen* steht nur dann zur Verfügung, wenn die Option *Folgende IPv6-Adresse verwenden* bei den Einstellungen für die IPv6-Adresse gesetzt ist.
- Für jedes Standardgateway müssen Sie eine IPv6-Adresse angeben. Außerdem müssen Sie angeben, ob die Metrik für dieses Gateway über die Verbindungsgeschwindigkeit beziehungsweise über die Geschwindigkeit des Adapters ermittelt werden soll oder ob Sie die Metrik selbst festlegen möchten.
- Sie können festlegen, ob eine bestimmte Metrik für die IPv6-Adressen oder die Standardgateways verwendet oder ob diese über die Verbindungsgeschwindigkeit oder die Geschwindigkeit des Adapters ermittelt werden soll. Die Metrik wird verwendet, wenn mehrere Routen in der Routingtabelle zur Wahl stehen, die der Zieladresse eines weitergeleiteten Pakets entsprechen. Es wird die Route mit der niedrigsten Metrik ausgewählt. Die Metrik kann die Anzahl der Hops, die Geschwindigkeit und Zuverlässigkeit des Pfads, den Pfaddurchsatz oder administrative Eigenschaften widerspiegeln.

Auf der Registerkarte *DNS* können im Grunde genommen die gleichen Einstellungen vorgenommen werden wie auf der entsprechenden Registerkarte für IPv4.

Konfiguration von IPv6 in der Eingabeaufforderung mit Netsh

Außer in der grafischen Oberfläche besteht die Möglichkeit, IPv6 über die Eingabeaufforderung zu konfigurieren. Für diese Konfiguration wird das Befehlszeilentool Netsh verwendet.

Mit dem Befehl *netsh interface ipv6 add address* können Sie IPv6-Adressen konfigurieren. Hierbei gilt die folgende Syntax:

netsh interface ipv6 add address interface=<Schnittstellenname_oder_Index> address=<IPv6 _Adresse>/<Länge_Prefix> type=<unicast>|anycast validlifetime=<Zeit>|infinite preferredlifetime=<Zeit>|infinite store=active|persistent

Die einzelnen Optionen haben folgende Bedeutung:

- **interface** – Der Name der Verbindung oder des Adapters oder der Index der Schnittstelle
- **address** – IPv6-Adresse (optional gefolgt von der Länge des Subnetzpräfixes – standardmäßig 64)
- **type** – Typ der IPv6-Adresse – Unicast (Standard) oder Anycast
- **validlifetime** – Die Lebensdauer, für die die Adresse gültig ist. Dieser Zeitraum kann in Tagen, Stunden, Minuten und Sekunden angegeben werden (zum Beispiel 1d2h3m4s). Standardmäßig ist die Lebensdauer unbegrenzt.
- **preferredlifetime** – Der Zeitraum, über den die Adresse bevorzugt wird. Er kann in Tagen, Stunden, Minuten und Sekunden angegeben werden (zum Beispiel 1d2h3m4s). Standardwert für diese Einstellung ist »unbegrenzt«.
- **store** – Wie die IPv6-Adresse gespeichert werden soll – entweder *active* (die Adresse wird beim Systemneustart entfernt) oder *persistent* (die Adresse bleibt beim Systemneustart erhalten, was auch die Standardeinstellung ist).

Mit dem folgenden Befehl können Sie zum Beispiel die IPv6-Unicastadresse 2001:0db8:3c4d:0015:0000:0000:1a2f:1a2b für die Schnittstelle LAN persistent und mit unbegrenzter Lebensdauer konfigurieren:

```
netsh interface ipv6 add address "LAN" 2001:0db8:3c4d:0015:0000:0000:1a2f:1a2b
```

Mit dem Befehl *netsh interface ipv6 add route* können Sie ein Standardgateway konfigurieren und eine Standardroute (::/0) hinzufügen. Die Syntax dieses Befehls finden Sie im folgenden Abschnitt.

Auch die DNS-Server können für eine IPv6-Verbindung manuell festgelegt werden. Um DNS-Server hinzuzufügen, nutzen Sie den Befehl *netsh interface ipv6 add dnsserver*. Dabei verwenden Sie folgende Syntax:

```
netsh interface ipv6 add dnsserver interface=<Schnittstellenname> address=<IPv6-Adresse>
index=<Reihenfolge>
```

Standardmäßig wird der DNS-Server an das Ende der Liste gesetzt. Wenn Sie jedoch hier einen Wert angeben, wird der DNS-Server an die entsprechende Position der Liste gesetzt. Um zum Beispiel einen DNS-Server mit der Adresse 2001:0db8:3c4d:0015:0000:0000:1a2f:1a2b und der Schnittstelle LAN hinzuzufügen, verwenden Sie den folgenden Befehl:

```
netsh interface ipv6 add dnsserver "LAN" 2001:0db8:3c4d:0015:0000:0000:1a2f:1a2b
```

Erstellen manueller Routen für IPv6

Wie für IPv4 können auch für IPv6 manuelle Routen erstellt werden. Allerdings wird beim Erstellen manueller Routen für IPv4 der Befehl Route verwendet, während für IPv6 der Befehl *Netsh* verwendet wird. Der Syntax zur Erstellung einer manuellen Route für IPv6 ist:

netsh interface ipv6 add route prefix=<IPv6-Adresse>/<Ganze Zahl> interface=<Zeichenfolge> nexthop=<IPv6-Adresse> siteprefixlength=<Ganze Zahl> metric=<Ganze Zahl> publish=<Wert> validlifetime=<Ganze Zahl>|infinite preferredlifetime=<Ganze Zahl> store= <Wert>

Die einzelnen Optionen dieses Befehls haben folgende Funktion:

- **prefix** – Adresse oder Subnetzpräfix, für die oder das eine Route hinzugefügt wird
- **interface** – Schnittstellenname oder -index
- **nexthop** – Gatewayadresse, wenn das Präfix nicht auf Verbindung ist
- **siteprefixlength** – Präfixlänge für die ganze Website, falls sie auf Verbindung ist
- **metric** – Metrische Route
- **publish** – Stellt einen der folgenden Werte dar: Wenn *publish* auf *age* festgelegt wird, enthält die Routenankündigung die verbleibende Gültigkeitsdauer bis zum Löschen. Wenn *publish* auf *yes* festgelegt wird, wird die Route niemals gelöscht, unabhängig vom Wert der Gültigkeitsdauer, und jede Routenankündigung enthält dieselbe angegebene Gültigkeitsdauer. Wenn *publish* auf *no* oder *age* festgelegt wird, wird die Route nach Ablauf der Gültigkeitsdauer gelöscht.
- **no** – Nicht in Routenankündigungen angekündigt (Standard)
- **age** – In Routenankündigungen angekündigt mit sinkender Gültigkeitsdauer
- **yes** – In Routenankündigungen angekündigt mit unveränderter Gültigkeitsdauer

- **validlifetime** – Die Gültigkeitsdauer einer Route in Tagen, Stunden, Minuten und Sekunden (z. B. 1d2h3m4s). Der Standardwert ist *infinite*.
- **preferredlifetime** – Die bevorzugte Gültigkeitsdauer der Route. Standardmäßig entspricht dieser Wert der Gültigkeitsdauer.
- **store** – Stellt einen der folgenden Werte dar:
- **active** – Änderung wird nur bis zum nächsten Systemstart beibehalten
- **persistent** – Änderung ist dauerhaft (Standard).

In Netzwerken mit IPv4 arbeitet Windows Server 2022 nach dem alten Standard. Sind in einem Netzwerk IPv4 und IPv6 verfügbar, priorisiert Windows Server 2022 den Datenverkehr über IPv6. Funktioniert der Datenverkehr nicht problemlos, erkennt Windows Server 2022 dies und schaltet im Hintergrund automatisch auf IPv4 um.

Um eine Namensauflösung in Windows Server 2022 zu testen, verwenden Sie am besten nicht mehr das alte Befehlszeilentool Nslookup, sondern das PowerShell-Cmdlet *Resolve-DNSname*. Auch dieses ist für IPv6 optimiert und kann anzeigen, ob bestimmte Zonen eine IPv6-Adresse verwenden.

6.4 Mit der PowerShell Netzwerkprobleme lösen

Mit PowerShell-Cmdlets und Skripts können Netzwerkprobleme eingegrenzt und behoben werden. Es lohnt sich, die Möglichkeiten der verschiedenen Netzwerk-Cmdlets zu kennen, um Fehlerquellen zu erkennen und Probleme zu lösen.

Wenn Netzwerkverbindungen nicht funktionieren oder Pakete verloren gehen und dadurch die Leistung von Servern und Workloads einbricht, ist die PowerShell ein guter Weg, um einen Fehler zunächst einzugrenzen. Häufig können Fehler auf diesem Weg bereits behoben oder zumindest zu dem Gerät nachverfolgt werden, wo sie entstehen.

6.4.1 Get-NetIPAddress und Get-NetIPConfiguration

Für eine Nachverfolgung von Datenpaketen spielen natürlich auch die lokalen IP-Adressen des Computers eine Rolle, von der die Befehle ausgeführt werden. Informationen zu den lokalen IP-Adressen werden mit *Get-NetIPAddress | Format-Table* angezeigt. Informationen zu den verbauten Netzwerkadaptern werden mit *Get-NetAdapter* angezeigt. Um die Netzwerkgeschwindigkeit eines Adapters anzuzeigen, können Sie *Get-NetAdapter | Select interfaceDescription, linkSpeed* verwenden. Dadurch wird schnell ersichtlich, ob Leistungsprobleme durch eine fehlerhafte Verbindung verursacht werden.

Um die IP-Konfiguration der verschiedenen Netzwerkschnittstellen anzuzeigen, können Sie *Get-NetIPConfiguration -All* verwenden. Wer noch mehr Informationen benötigt, ruft diese mit *Get-NetIPConfiguration -Verbose* ab.

6.4.2 Test-NetConnection: Routen nachverfolgen und Verbindungen überprüfen

In der Eingabeaufforderung wird häufig auf TraceRT oder Pathping gesetzt, um Routen nachzuverfolgen. Die PowerShell-Cmdlets in diesem Bereich bieten aber einige Vorteile. Zunächst werden hier wesentlich mehr Informationen angezeigt als in der Eingabeaufforderung. Vor allem bei der Behebung von komplexen Netzwerkproblemen spielt das eine wichtige Rolle. Dazu kommt die Möglichkeit, mit Pipelines mehrere Cmdlets miteinander zu verknüpfen, um Fehler zu filtern.

Um Netzwerkverbindungen zu einem Netzwerkgerät zu prüfen, wird in der PowerShell zunächst auf *Test-NetConnection* gesetzt. Mit *Get-Help Test-NetConnection -Detailed* wird eine Hilfe für das Cmdlet angezeigt.

Ein erster Verbindungstest wird mit *Test-NetConnection <IP-Adresse>* durchgeführt, zum Beispiel *Test-NetConnection 192.168.1.1*. Der Befehl zeigt zunächst Namen und IP-Adresse des Netzwerkgeräts an, die verwendete Netzwerkschnittstelle auf dem Computer sowie die Quell-IP-Adresse. Sie sehen die erfolgreiche Ping-Verbindung genauso wie die Antwortzeit. Für eine erste Analyse sind diese Informationen auf jeden Fall hilfreich.

Um mehr Informationen zu erhalten, kann das Cmdlet mit Parametern erweitert werden. Mit *Test-NetConnection www.microsoft.de -InformationLevel Detailed* werden ausführlichere Informationen für die Verbindung angezeigt. Hier können auch Routen und die Verbindungen genauer gemessen werden. Neben Namen und Adressen sehen Sie hier auch die Hops.

Um die Route der Pakete nachzuverfolgen, steht der Parameter *-TraceRoute* zur Verfügung, zum Beispiel mit *Test-NetConnection www.microsoft.de -TraceRoute*. Hier zeigt der Befehl alle Hops an, die das Paket durchläuft, sowie die Ping-Informationen dazu. Eine noch genauere Analyse von Routen kann mit den folgenden Parametern von *Test-NetConnection* erreicht werden:

Test-NetConnection -ComputerName www.contoso.com -DiagnoseRouting -InformationLevel Detailed

In diesem Zusammenhang kann natürlich auch die lokale Routingtabelle eine Rolle spielen. Diese können Sie in der PowerShell mit dem Cmdlet *Get-NetRoute* anzeigen lassen. Ausführlichere Informationen erhalten Sie mit *Get-NetRoute | Format-List -Property **. Sollen nur IPv6-Routen angezeigt werden, ist der Befehl *Get-NetRoute -AddressFamily IPv6* sinnvoll. Das funktioniert natürlich auch für IPv4. Um den nächsten Hop der Standard-Router anzuzeigen, verwenden Sie *Get-NetRoute -DestinationPrefix "0.0.0.0/0" | Select-Object -ExpandProperty "NextHop"*.

6.4.3 Get-NetTCPConnection: Ports und TCP-Verbindungen testen

In der PowerShell kann überprüft werden, ob die Verbindung zu einem bestimmten Port aufgebaut werden kann. Dadurch können Fehler gut eingegrenzt werden, da hier genau getestet werden kann, ob eine Verbindung vom Quell- zum Zielcomputer über einen bestimmten Port funktioniert:

Test-NetConnection www.microsoft.de -Port 80 -InformationLevel "Detailed"

Test-NetConnection -ComputerName "www.contoso.com" -ConstrainInterface 5 -DiagnoseRouting -InformationLevel "Detailed"

Um aktuelle TCP-Verbindungen auf dem Computer anzuzeigen, verwenden Sie *Get-NetTCPConnection*. Hier sind auch die geöffneten Ports zu sehen.

6.4.4 Get-NetFirewallRule: Windows-Firewallregeln überwachen

Wenn Netzwerkverbindungen nicht funktionieren, kann es auch daran liegen, dass die Windows-Firewall auf einem Computer oder Server nicht korrekt konfiguriert ist. Hier können Sie mit der PowerShell die vorhandenen Regeln anzeigen lassen, inklusive der verwendeten Quell- und Ziel-IP-Adressen:

Get-NetFirewallRule -Action Allow -Enabled True -Direction Inbound |

Format-Table -Property Name,

@{Name='Protocol';Expression={($PSItem | Get-NetFirewallPortFilter).Protocol}},

@{Name='LocalPort';Expression={($PSItem | Get-NetFirewallPortFilter).LocalPort}},

@{Name='RemotePort';Expression={($PSItem | Get-NetFirewallPortFilter).RemotePort}},

@{Name='RemoteAddress';Expression={($PSItem | Get-NetFirewallAddressFilter).RemoteAddress}},

Enabled,Profile,Direction,Action

Mehr zu diesen Möglichkeiten ist auf der Seite »Configuring Windows Firewall Rules with PowerShell« (*http://woshub.com/manage-Windows-firewall-PowerShell*) zu finden. Um Fehler mit der Windows-Firewall auf einem Computer zu beheben, kann es notwendig sein, kurz die Windows-Firewall zu deaktivieren, um zu überprüfen, ob Verbindungsprobleme durch die Windows-Firewall verursacht werden. Auch diesen Vorgang können Sie in der PowerShell durchführen:

Set-NetFirewallProfile -Enabled False

Natürlich sollten Sie die Firewall schnellstmöglich wieder aktivieren. Auch das erledigen Sie in der PowerShell:

Set-NetFirewallProfile -Enabled True

Die einzelnen Profile können auch unabhängig voneinander deaktiviert werden:

Windows Firewall Domänen-Profil: Set-NetFirewallProfile -Profile Domain -Enabled False

Windows Firewall Privates Profil: Set-NetFirewallProfile -Profile Private -Enabled False

Windows Firewall Öffentliches Profil: Set-NetFirewallProfile -Profile Public -Enabled False

6.5 Windows Server 2022 Active Directory

Windows Server 2022 können Sie als Mitgliedsserver auch in älteren Active Directory-Umgebungen integrieren.

6.5.1 Netzwerkeinstellungen für die Domänenaufnahme konfigurieren

Um einen Windows Server 2022-Server in Active Directory zu integrieren, rufen Sie zunächst die Verwaltung der Netzwerkverbindungen auf. Am schnellsten geht das, wenn Sie nach *ncpa.cpl* suchen. Alternativ rufen Sie das Netzwerk- und Freigabecenter über das Kontextmenü der Netzwerkverbindung auf dem Desktop auf und klicken auf *Adaptereinstellungen ändern*.

Ändern Sie die IP-Einstellungen so ab, dass der Server einen DNS-Server in der Active Directory-Struktur verwendet. Um die Verbindung zu testen, öffnen Sie eine Eingabeaufforderung auf dem Client und geben *nslookup <FQDN des Domänencontrollers>* ein. Lassen Sie anschließend den Server noch den Domänencontroller anpingen.

6.5.2 Domänenaufnahme durchführen

Zur Domänenaufnahme starten Sie am schnellsten *sysdm.cpl* im Startmenü. Klicken Sie danach auf der Registerkarte *Computername* auf *Ändern*. Geben Sie bei *Computername* den Namen des Computers ein, den er später in der Domäne erhalten soll. Aktivieren Sie dann die Option *Domäne* bei *Mitglied von* und tragen Sie den DNS-Namen der Domäne ein, der der Client beitreten soll.

Als Letztes müssen Sie sich noch an der Domäne authentifizieren. Bei erfolgreicher Eingabe wird der Server in die Domäne aufgenommen. Wie bei den Vorgängerversionen von Windows müssen Sie den Server nach der Domänenaufnahme neu starten.

Haben Sie den Server nach der Domänenaufnahme neu gestartet, melden Sie sich mit einem Benutzernamen an der Domäne an.

Sie können Server auch in der PowerShell benennen, neu starten und in Domänen aufnehmen. Dazu verwenden Sie die Cmdlets

- *Rename-Computer -Name [Computername]*
- *Add-Computer -DomainName [Domänenname]*
- *Restart-Computer*

6.5.3 Domänenaufnahme testen

Auf dem Domänencontroller öffnen Sie in Windows Server 2022 den Server-Manager und dann über das Menü *Tools* das Snap-In *Active Directory-Benutzer und -Computer*. Hier sehen Sie in der OU *Computers* den neuen Server und können dessen Eigenschaften aufrufen. Auf der Registerkarte *Betriebssystem* sehen Sie den Stand des Betriebssystems.

Um sich mit einem Windows Server 2022-Server an Active Directory anzumelden, klicken Sie auf *Anderer Benutzer*. Geben Sie bei der ersten Anmeldung den Benutzernamen in der Syntax *<NetBIOS-Name der Domäne>\<Benutzernamen>* oder *<Benutzer>@<Domäne>* ein, wenn es den gleichen Benutzernamen auch auf dem lokalen Server gibt. Ist der Anmeldename in der Domäne auf dem Server nicht vorhanden, reicht die Anmeldung über den Benutzernamen.

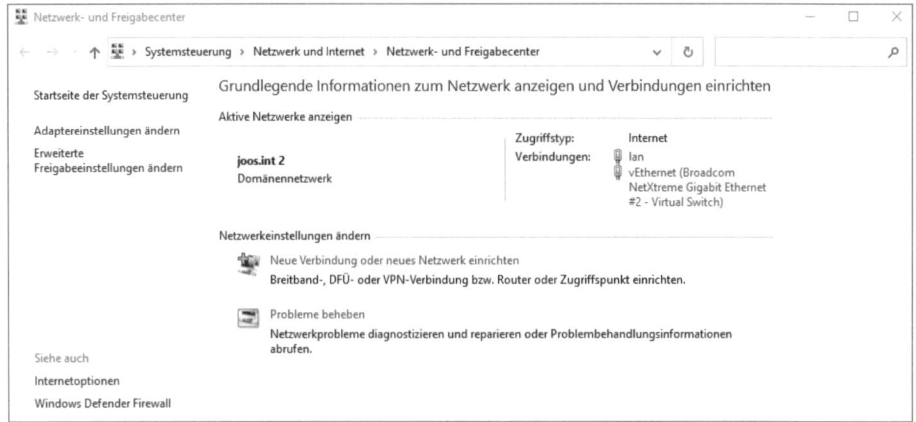

Abb. 6.7 Anzeigen der Domänenmitgliedschaft in Windows Server 2022

Über die Schaltfläche *Erweitert* in den Eigenschaften des TCP/IP v4-Protokolls und auch in IPv6 erreichen Sie weitere Einstellungen, um die Namensauflösung per DNS oder WINS im Netzwerk optimal zu konfigurieren. Normalerweise werden Sie hier keine Einstellungen vornehmen müssen, da bereits die Standardeinstellungen ausreichen. Für manche Netzwerke kann jedoch eine Nachjustierung sinnvoll sein. Ob das bei Ihnen notwendig ist, erfahren Sie auf den folgenden Seiten. Vor allem wenn Sie eine Active Directory-Gesamtstruktur mit einer verschachtelten Domänenstruktur betreiben, sind Konfigurationsmaßnahmen notwendig.

Auf der Registerkarte *WINS* können Sie einen WINS-Server eintragen, sofern Sie einen solchen im Netzwerk betreiben. WINS steht für Windows Internet Name Service und ist der Vorgänger der dynamischen DNS-Aktualisierung. Während DNS für die Namensauflösung mit voll qualifizierten Domänennamen zuständig ist, werden mit WINS NetBIOS-Namen aufgelöst.

Damit sich die Server beim WINS registrieren und Daten daraus abfragen können, müssen Sie in den IP-Einstellungen die WINS-Server eintragen. Auf den Arbeitsstationen können Sie diese Einstellungen auch mithilfe eines DHCP-Servers verteilen. Mehr zu diesen Themen lesen Sie in den Kapiteln 24 bis 25.

Auf der Registerkarte *DNS* werden schließlich notwendige Einstellungen vorgenommen, um Windows Server 2022 besser in eine Windows-Domäne einzubinden. Für eine generelle Aufnahme von Windows Server 2022 in eine Domäne sind hier keine Änderungen nötig. Zunächst sind standardmäßig immer nur die folgenden Optionen aktiviert:

- *Primäre und verbindungsspezifische DNS-Suffixe anhängen*
- *Übergeordnete Suffixe des primären DNS-Suffixes anhängen*
- *Adressen dieser Verbindung in DNS registrieren*

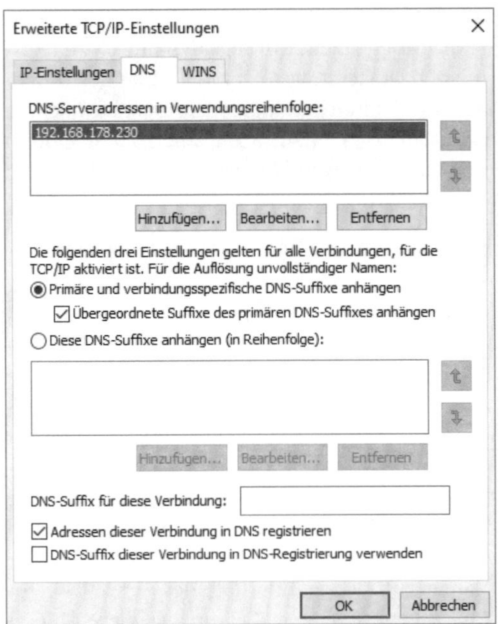

Abb. 6.8 Konfigurieren der erweiterten DNS-Einstellungen in Windows Server 2022

Die einzelnen Optionen spielen bei der Namensauflösung in einer DNS-Infrastruktur eine erhebliche Rolle:

- **Primäre und verbindungsspezifische DNS-Suffixe anhängen** – Durch die Aktivierung dieser Option wird festgelegt, dass der Rechner versucht, bei der Auflösung von Rechnernamen immer automatisch das konfigurierte primäre DNS-Suffix des eigenen Computernamens anzuhängen. Wollen Sie zum Beispiel einen Rechnernamen mit der Bezeichnung *dc01* auflösen, versucht der Rechner eine Namensauflösung nach *dc01.contoso.int*, wenn das primäre DNS-Suffix des Computers *contoso.int* ist.
- **Übergeordnete Suffixe des primären DNS-Suffixes anhängen** – Diese Option bedeutet, dass auch die Namen von übergeordneten Domänen bei der Namensauflösung verwendet werden. Wenn Sie zum Beispiel in einer untergeordneten Domäne mit der Bezeichnung *muenchen.de.contoso.int* einen Servernamen *dc05* auflösen wollen, versucht der Rechner zunächst die Auflösung über *dc05.muenchen.de.contoso.int*, falls dies das primäre DNS-Suffix des Computers ist. Im Anschluss wird versucht, den Namen über *dc05.de.contoso.int* und dann über *dc05.contoso.int* aufzulösen, da diese Domänen der Domäne *muenchen.de.contoso.int* übergeordnet sind.
- **DNS-Suffix für diese Verbindung** – Zusätzlich haben Sie noch die Möglichkeit, in diesem Bereich ein weiteres beliebiges DNS-Suffix einzutragen. Wenn der Rechner den eingegebenen Namen bei seinem konfigurierten DNS-Server nicht über sein eigenes primäres DNS-Suffix finden kann, versucht er es mit dem DNS-Suffix in diesem Feld. Wollen Sie zum Beispiel den Servernamen *dc06* auflösen, versucht der Server zunächst die Auflösung in *dc06.contoso.int*, sofern das sein primäres DNS-Suffix ist. Tragen Sie im Feld *DNS-Suffix für diese Verbindung* noch ein Suffix in der Form *muenchen.de.Microsoft.int* ein, versucht der Server, auch den Namen nach *dc06.muenchen.de.Microsoft.int* aufzulösen.

- **Adressen dieser Verbindung in DNS registrieren** – Auch diese Option ist bereits standardmäßig aktiviert. Ein DNS-Server hat die Möglichkeit, Einträge dynamisch zu registrieren. Durch dieses dynamische DNS müssen Hosteinträge nicht mehr manuell durchgeführt werden. Sobald sich ein Rechner im Netzwerk anmeldet, versucht er, seinen FQDN beim konfigurierten DNS-Server automatisch einzutragen, sofern diese Option nicht deaktiviert wurde. Dieser Punkt ist für die interne Namensauflösung in einem Active Directory-Netzwerk von sehr großer Bedeutung.

Außer den standardmäßig aktivierten Optionen gibt es noch weitere Möglichkeiten, die Sie in diesem Fenster konfigurieren können:

- **Diese DNS-Suffixe anhängen** – Wenn Sie diese Option aktivieren, können Sie DNS-Suffixe konfigurieren, nach denen unvollständige Rechnernamen aufgelöst werden. Aktivieren Sie diese Option, werden weder das primäre DNS-Suffix des Servers noch die DNS-Suffixe dieser Verbindung verwendet. Es werden die DNS-Suffixe in der Reihenfolge angehängt, die im Feld *Diese DNS-Suffixe anhängen (in Reihenfolge)* konfiguriert sind. Achten Sie bei der Konfiguration darauf, dass möglichst das DNS-Suffix der Windows-Domäne, in der dieser Server Mitglied ist, als Erstes in dieser Liste eingetragen ist. Diese Option wird häufig verwendet, um die Namensauflösung in Gesamtstrukturen mit mehreren Strukturen zu lösen. Dazu werden in der Reihenfolge alle Strukturen der Gesamtstruktur eingetragen, um eine Namensauflösung innerhalb des Active Directory zu gewährleisten. Vor allem beim Einsatz von Exchange-Servern ist diese Option sehr nützlich, wenn diese über mehrere Strukturen und Domänen verteilt sind. Standardmäßig ist diese Option nicht aktiviert.
- **DNS-Suffix dieser Verbindung in DNS-Registrierung verwenden** – Wenn Sie diese Option aktivieren, wird der Server-Name im DNS mit seinem Computernamen und seinem primären DNS-Suffix registriert, also seinem FQDN (Fully Qualified Domain Name). Zusätzlich wird auch beim DNS-Server der Name mit dem DNS-Suffix registriert, das im Bereich *DNS-Suffix für diese Verbindung* konfiguriert ist. Diese Option ist ebenfalls nicht standardmäßig aktiviert.

Wenn Sie schnell und effizient Servernamen in verschiedenen DNS-Zonen auflösen wollen, aktivieren Sie auf dem Server in den IP-Einstellungen über die Schaltfläche *Erweitert* auf der Registerkarte *DNS* die Option *Diese DNS-Suffixe anhängen (in Reihenfolge)*. Tragen Sie als Nächstes zuerst den Namensraum der eigenen Struktur ein und hängen Sie danach die Namensräume der anderen Strukturen an.

Der Sinn dieser Konfiguration ist die schnelle Auflösung von Servern in den anderen Strukturen. Wenn Sie zum Beispiel den Domänencontroller *dc1* in der Struktur *contoso.int* auflösen wollen, müssen Sie immer *dc1.contoso.int* eingeben, wenn Ihr Server nicht Mitglied dieser Struktur ist. Diese Einstellung ist nur optional, erleichtert aber die Stabilität der Namensauflösung in Active Directory. Sie sollten diese Einstellung auf jedem Domänencontroller sowie auf jedem Exchange-Server in Ihrer Gesamtstruktur und auch auf Computern von Administratoren oder Powerusern durchführen, die ständig eine Verbindung zu anderen Domänen aufbauen müssen. Zuerst sollten immer die eigene Domäne und der eigene Namensraum eingetragen werden, bevor andere Namensräume abgefragt werden.

Wenn Sie diese Maßnahme durchgeführt haben, können Sie durch Eingabe des Befehls *nslookup* den Effekt überprüfen. Sie können an dieser Stelle lediglich *dc1* eingeben. Der Server befragt seinen bevorzugten DNS-Server, ob ein Server mit dem Namen *dc1.contoso.int* gefunden wird, wenn es sich hier um Ihr primäres DNS-Suffix handelt. Da dieser Server unter Umständen in dieser Domäne nicht vorhanden ist, wird der nächste Namensraum abgefragt.

Viele Administratoren tragen auf ihrem DNS-Server einfach einen neuen statischen Hosteintrag ein, der auf die IP-Adresse des Servers des anderen Namensraums zeigt. Diese Vorgehensweise ist aber nicht korrekt, auch wenn sie grundsätzlich funktioniert. Es wird in diesem Fall nämlich nicht der richtige DNS-Name des entsprechenden Servers zurückgegeben, sondern der Servername mit der Zone des DNS-Servers, in die der Server als Host eingetragen wurde. Vor allem in größeren Active Directorys sollten Administratoren darauf achten, die Konfigurationen so vorzunehmen, dass sie auch formal korrekt sind. Das hilft oft, unbedachte Probleme zu vermeiden.

Wenn Sie zum Beispiel in der Zone *microsoft.com* einen neuen Eintrag *dc1* für den Domänencontroller *dc1.contoso.com* erstellen, der auf die IP-Adresse des Servers verweist, wird der Name als *dc1.microsoft.com* aufgelöst, obwohl der eigentliche Name des Servers *dc1.contoso.com* ist. Dadurch funktioniert zwar die Auflösung, aber es wird ein falscher Name zurückgegeben.

Öffnen Sie nach der Konfiguration beziehungsweise der Aufnahme des Computers in die Domäne eine Eingabeaufforderung und geben Sie den Befehl *nslookup* ein. Die Eingabe des Befehls darf keinerlei Fehlermeldungen verursachen. Es muss der richtige FQDN des DNS-Servers und seine IP-Adresse angezeigt werden. Sollte das nicht der Fall sein, gehen Sie Schritt für Schritt vor, um den Fehler einzugrenzen:

1. Überprüfen Sie, ob das primäre DNS-Suffix mit dem Zonennamen übereinstimmt. Das primäre DNS-Suffix der Domäne wird automatisch beim Aufnehmen in die Domäne zugewiesen.
2. Stellen Sie als Nächstes fest, ob die IP-Adresse des DNS-Servers korrekt in den IP-Einstellungen des Computers eingetragen wurde.

6.6 Zusammenfassung

In diesem Kapitel haben wir Ihnen gezeigt, wie Sie Windows Server 2022 in einem Netzwerk betreiben. Auch die neue Funktion der Zusammenfassung von Netzwerkkarten (NIC-Teams) haben wir in diesem Kapitel beschrieben. Außerdem waren das IP-Routing und IPV6 Thema. Wir haben auch Standardkonfigurationen behandelt und was Sie einstellen müssen, um Windows Server 2022 in Active Directory zu betreiben, inklusive verschiedene Befehlszeilentools zur Fehlerbehebung.

Im nächsten Kapitel zeigen wir Ihnen, wie Sie Hyper-V in Windows Server 2022 nutzen, um Server zu virtualisieren.

Teil III
Virtualisierung mit Hyper-V

Kapitel 7

Hyper-V – Installation und Server virtualisieren

Mit Hyper-V bietet Microsoft eine in das Betriebssystem integrierte Lösung zur Virtualisierung an. Hyper-V bietet mit der Hypervisor-Technologie eine direkte Verbindung mit den Virtualisierungsfunktionen der aktuellen AMD- und Intel-Prozessoren. Hyper-V besteht aus einer kleinen hochspezialisierten Softwareschicht, dem sogenannten Hypervisor, die direkt zwischen der Serverhardware und den virtuellen Computern positioniert ist.

In Windows Server 2022 ist automatisch Windows Defender als Virenscanner installiert (siehe Kapitel 31). Allerdings hat Microsoft automatisch die notwendigen Ausnahmen für Hyper-V und die anderen Serverrollen integriert. Sollen die Ausnahmen ausgeschaltet werden, geben Sie folgenden Befehl ein:

Set-MpPreference -DisableAutoExclusions $true

In Kapitel 31 finden Sie eine Liste der Ausnahmen von Windows Defender, auch für Hyper-V.

7.1 Neuerungen in der Virtualisierung

Mit Windows Server 2022, Windows 11 und Azure Stack HCI 21H2 stellt Microsoft auch einige Neuerungen im Bereich der Virtualisierung mit Hyper-V zur Verfügung. Wir gehen in diesem Beitrag näher darauf ein.

Mit Windows Server 2022 und Windows 11, sowie der Veröffentlichung von Azure Stack HCI 21H2 erscheint auch eine neue Version von Hyper-V. Für Windows Server 2022 wird es keinen kostenlosen Hyper-V Server 2022 mehr geben. Die letzte, kostenlose Version ist Hyper-V Server 2019.

Ebenfalls gestrichen hat Microsoft die Shielded-VMs in Windows Server 2022. Diese Technik ist zwar in Windows Server 2022 noch integriert, wird aber nicht mehr weiterentwickelt und ist auch für den Betrieb nicht mehr empfohlen. Wer eine gesicherte Fabric einsetzen will, soll nach Microsoft auf Azure Stack HCI setzen. Die HCI-Lösung von Microsoft ist für den sicheren Betrieb von VMs optimiert.

7.1.1 Neue VM-Version 10 in Windows Server 2022 und Windows 11

Mit Windows Server 2022 und Windows 11 führt Microsoft die neue Version 10 für VMs ein. Windows 10 und Windows Server 2019 nutzen noch die Version 9. Bei der direkten Aktualisierung eines Hyper-V-Hosts verbleiben die VMs auf der vorherigen Version.

Auf dem Host kann mit dem Cmdlet »Get-VMHostSupportedVersion« überprüft werden, welche Versionen ein Host unterstützt. Die Version der einzelnen VMs ist im Hyper-V-Manager zu erkennen, aber auch im Windows Admin Center. In der PowerShell lassen sich die Versionen der einzelnen VMs mit dem folgenden CMDlet anzeigen:

*Get-VM * | Format-Table Name, Version*

Um auf die neue Version zu wechseln wird der folgende Befehl verwendet:

Update-VMVersion <Name der VM>

Bei veralteten Versionen, steht im Hyper-V-Manager auch die Option »Konfigurationsversion upgrade« im Kontextmenü der VM zur Verfügung.

Beim Erstellen von VMs in der PowerShell ist es möglich die Edition zu steuern, zum Beispiel mit:

New-VM -Name "WindowsCV9" -Version 9.0

7.1.2 Hardware-Neuerungen in Windows Server 2022 und Windows 11

Bezüglich der eingebetteten Virtualisierung (nested Virtualization) unterstützen Windows Server 2022 und Windows 11 jetzt auch Computer mit AMD-Prozessoren. In Windows 10 und Windows Server 2019 können für diese Technologie nur Computer mit Intel-Prozessoren zum Einsatz kommen.

Die eingebettete Virtualisierung spielt für Test- und Entwicklungsumgebungen, Container-Hosts und für virtuelle Cluster eine wichtige Rolle. Mehr dazu ist auf der Seite »Run Hyper-V in a Virtual Machine with Nested Virtualization« (*https://docs.microsoft.com/en-us/virtualization/hyper-v-on-windows/user-guide/nested-virtualization*) zu finden.

Hyper-V-Hosts können jetzt auch auf schnellerer Hardware betrieben werden. Windows Server 2022 unterstützt bis zu 48 TB Arbeitsspeicher, 2.048 CPU-Kerne und 64 CPU-Sockel. Das ermöglicht natürlich die umfassende Skalierung von Umgebungen, die auf Windows Server 2022 aufbauen.

7.1.3 Neuerungen bei Hyper-V-Switches

Virtuelle Switches unterstützen in Windows Server 2022 die Technik Receive Segment Coalescing (RSC). Dabei können die Switches Netzwerkpakete zusammenfassen und gemeinsam versenden. Erst auf dem Host, und der VM, für die das Segment gedacht ist, entpacken die Daten wieder. Auch der Datenverkehr zwischen virtuellen Netzwerkadaptern auf dem gleichen Host lässt sich über diesen Weg steuern und optimieren.

Das beschleunigt den Netzwerkverkehr und entlastet gleichzeitig die Netzwerkadapter und Hardware der beteiligten Computer. Auch die CPUs entlastet das deutlich. Zwar unterstützt auch Windows Server 2019 bereits RSC, allerdings hat Microsoft die Technologie in Windows Server 2022 deutlich überarbeitet. Die Einstellungen dazu lassen sich auf jedem Hyper-V-Host festlegen. Die Befehle zur Aktivierung und Deaktivierung lauten:

Set-VMSwitch -Name vSwitchName -EnableSoftwareRsc $false

Set-VMSwitch -Name vSwitchName -EnableSoftwareRsc $True

Der Status der Einstellungen kann mit dem folgenden Befehl angezeigt werden:

*Get-VMSwitch -Name vSwitchName | Select-Object *RSC**

Wenn auf einem Hyper-V-Host mehrere Netzwerkadapter zur Verfügung stehen, schlägt das Windows Admin Center bei der Erstellung von neuen, virtuellen Switches, automatisch die Erstellung eines SET-Switches vor (Switch Embedded Teaming). Hier sollte im Vorfeld nicht mit den Teaming-Funktionen in Windows Server 2022 gearbeitet werden, sondern gleich mit den SET-Möglichkeiten im Admin Center.

7.1.4 Microsoft sieht den Schwerpunkt von Hyper-V in Azure Stack HCI

Microsoft sieht den Schwerpunkt für den Aufbau einer Infrastruktur für VMs und auch im Bereich der hyperkonvergenten Infrastrukturen (Hyper Converged Infrastructures, HCI) bei Azure Stack HCI. Windows Server selbst soll in Zukunft vor allem für die Infrastrukturdienste wie Active Directory, IIS, Dateiserver und andere Funktionen zum Einsatz kommen.

Azure Stack HCI soll in Unternehmen in Zukunft lokal und mit optionaler Anbindung an Azure die Möglichkeit bieten Infrastrukturen aufzubauen. Das zeigt auch die neue Edition »Windows Server 2022 Datacenter: Azure Edition«. Dieses bietet mit Hotpatching und TCP QUIC bereits Funktionen, die den anderen Editionen fehlen.

Zwar bleibt Hyper-V (vorerst) auch in den herkömmlichen Windows-Servern erhalten, und auch mit der Windows Server 2022 Datacenter-Edition lassen sich HCI-Infrastrukturen aufbauen, allerdings erhält Azure Stack HCI Neuerungen und Funktionen, die den herkömmlichen Servern fehlen. Microsoft will Windows-Server als virtuellen Server etablieren, der seine Funktionen als VM über Azure Stack HCI im lokalen Rechenzentrum zur Verfügung stellt, gleichzeitig aber auch Funktionen aus Microsoft Azure nutzen kann.

Es ist daher sinnvoll, wenn sich Admins bereits jetzt mit den Möglichkeiten von Azure Stack HCI auseinandersetzen. Die Installation einer solchen Umgebung ist auch über virtuelle Server möglich und auch in Microsoft Azure. Azure Stack HCI lässt sich bis zu 60 Tage kostenlos testen. Anbieter wie Thomas-Krenn bieten Lösungen an, die für Azure Stack zertifiziert sind.

Zentrales Verwaltungswerkzeug für Windows-Netzwerke ist immer mehr das Windows Admin Center. Dieses ermöglicht auch die Erstellung von neuen Clustern auf Basis von Windows Server 2022, aber auch auf Basis von Azure Stack HCI.

7.2 So funktioniert Hyper-V

Die Software partitioniert die Hardwareressourcen eines Servers. Dabei lassen sich übergeordnete und untergeordnete Partitionen, sogenannte Parent-VMs und Child-VMs, erstellen. Während in der Parent-VM die Prozesse der virtuellen Maschine, der WMI-Provider und der VM-Dienst laufen, sind in den Child-VMs die Anwendungen positioniert. Die Parent-VM verwaltet auch die Treiber der Computer. Hyper-V benötigt im Gegensatz zu vielen anderen Virtualisierungslösungen keine speziellen Treiber für aktuelle Hardware. Die Parent-VM ist sozusagen das eigentliche Hostsystem, während die Child-VMs die virtuellen Computer darstellen. Dabei tauscht nur die Parent-VM Informationen mit Hyper-V direkt aus.

Untergeordnete Partitionen stellen die Anwendungen im Benutzermodus zur Verfügung, während der Kernelmodus nur die Virtualization Service Clients (VSC) und den Windows-Kernel betreibt. Dadurch steigert sich in der Theorie neben der Geschwindigkeit auch die Stabilität der Computer. Damit die virtuellen Computer funktionieren, nimmt Hyper-V kleinere Änderungen am Kernel der Gastsysteme vor.

Hyper-V unterstützt die AMD- und Intel-Virtualisierungsfunktionen für x64-Prozessoren und setzt diese für den Einsatz sogar voraus. Dies bedeutet, dass x86-Computer von der Virtualisierung, zumindest als Hostsystem ausgeschlossen sind. Hyper-V lässt sich daher nur auf x64-Bit-Computern mit Intel VT oder AMD-V-Erweiterungen installieren.

Physische und virtuelle Datenspeicher lassen sich virtuellen Maschinen in Hyper-V im laufenden Betrieb zuweisen oder von diesen Maschinen abtrennen. So lassen sich Pass-Through-Festplatten, also die Anbindung von physischem Datenspeicher an virtuelle Maschinen ohne Beeinträchtigung der Benutzer anbinden. Dies gilt auch für herkömmliche virtuelle Festplatten. Diese Technik funktioniert sowohl bei den virtuellen VHD/VHDX-Festplatten als auch über Festplatten, die zwar am Host physisch angeschlossen, aber nur in den virtuellen Servern konfiguriert sind. Hyper-V ermöglicht dies über einen neuen virtuellen SCSI-Controller.

7.2.1 Grundlagen von Hyper-V

Hyper-V-Hosts können 48 TB nutzen. Virtuelle Maschinen lassen sich in Hyper-V-Clustern priorisieren und mit der Livemigration lassen sich im laufenden Betrieb mehrere Server auf einmal zwischen Clusterknoten verschieben. Fällt ein Knoten aus, verschiebt Hyper-V die virtuellen Maschinen mit der höchsten Priorität zuerst. Alle Neuerungen in Hyper-V von Windows Server 2022 finden Sie in diesem Kapitel.

Hyper-V lässt sich in der PowerShell verwalten. Geben Sie in der PowerShell *Get-Command -Module Hyper-V* ein, erhalten Sie eine Liste der verfügbaren Cmdlets.

Für Windows Server 2022 gelten folgende Grenzwerte:

Maximale CPU-Kerne pro Host: 2.048

Maximaler Arbeitsspeicher pro Host: 48 TB

Virtuelle Server lassen sich einfach mit BitLocker verwenden. In Generation 2-VMs können Sie ein virtuelles TPM hinzufügen, für Generation 1-VMs speichert Windows Server 2022 die notwendigen Daten in einem versteckten Bereich der Festplatte. Mehr zu BitLocker lesen Sie in Kapitel 5.

Im Hyper-V-Manager können Sie für jeden Hyper-V-Host eigene Anmeldedaten hinterlegen. Windows Server 2022 verwendet zur Kommunikation mit den Servern das WS-MAN-Protokoll, das wesentlich performanter ist und vor allem leichter bedienbar. Es unterstützt CredSSP, Kerberos und NTLM und verwendet den Port 80 zur Verbindung zwischen Hyper-V-Manager und Hyper-V-Host.

Markieren Sie im Hyper-V-Manager mehrere VMs auf einmal, stehen im Kontextmenü die Befehle zur Verfügung, die für alle markierten VMs durchgeführt werden können.

7.2.2 Optimale Hochverfügbarkeit

Mit Hyper-V-Replica lassen sich in Windows Server 2022 weiterhin virtuelle Festplatten und ganze Server asynchron zwischen verschiedenen Hyper-V-Hosts im Netzwerk replizieren und synchronisieren. Die Replikation findet über das Dateisystem statt, ein Cluster ist nicht notwendig.

Die Replikationen lassen sich manuell, automatisiert oder nach einem Zeitplan ausführen. Auf diesem Weg lassen sich virtuelle Server auch hochverfügbar betreiben, ohne teure Cluster betreiben zu müssen. Die Einrichtung nehmen Sie über einen Assistenten im Hyper-V-Manager vor (siehe Kapitel 9). Außerdem können Sie die Livemigration von virtuellen Servern auch ohne Cluster verwenden (siehe Kapitel 9).

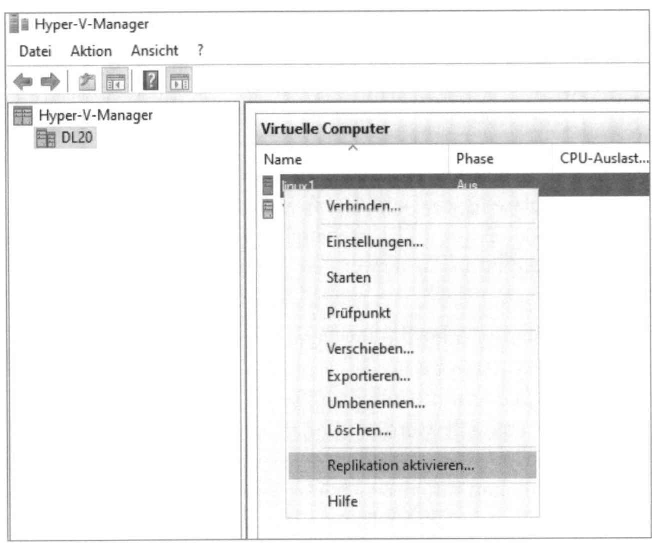

Abb. 7.1 Konfigurieren der Hyper-V-Replikation

Damit Hyper-V-Hosts eine solche Replikation zulassen, müssen Sie diese zunächst generell aktivieren. Mit dieser Technologie lassen sich virtuelle Server im laufenden Betrieb zwischen verschiedenen Hyper-V-Hosts replizieren.

Auf diese Weise können Sie aber auch Testumgebungen mit produktiven Daten aufbauen oder für eine Hochverfügbarkeitslösung sorgen, indem Sie Server replizieren lassen. Die Computer müssen dabei nicht in einem Cluster konfiguriert sein, es reicht aus, wenn auf dem Hyper-V-Host Windows Server 2022 und Hyper-V installiert ist. Auch eine Replikation zum kostenlosen Hyper-V Server 2019 ist möglich, einen Nachfolger für Hyper-V Server 2019 gibt es nicht. Die entsprechende Replikation steuern Sie über einen Assistenten, den Sie über das Kontextmenü von virtuellen Servern im Hyper-V-Manager starten.

Für eine bessere Leistung im Netzwerk dürfen virtuelle Server auf Hardwarefunktionen von Netzwerkkarten zugreifen, was das Tempo enorm beschleunigen kann. In den Einstellungen von virtuellen Netzwerkkarten lässt sich die Netzwerkbandbreite von Servern eingrenzen und unerwünschte DHCP- oder Routerpakete lassen sich blockieren. Dies soll verhindern, dass virtuelle Server unerwünscht als DHCP-Server oder Router agieren und das Netzwerk beeinträchtigen.

Kaufen Unternehmen neue Hostsysteme für Hyper-V, sollten diese darauf achten, genügend Netzwerkkarten in den Server einzubauen. Wichtig ist dabei auch, dass die Karten die neuen Funktionen in Hyper-V unterstützen.

7.2.3 Sicherheit und Bandbreitenverwaltung

In den Netzwerkeinstellungen lassen sich unter anderem Berechnungen für IPsec vom Prozessor des virtuellen Servers auf die physische Netzwerkkarte auslagern.

Eine weitere Einstellung ist *E/A-Virtualisierung mit Einzelstamm*. Hierbei handelt es sich um physische Funktionen von Netzwerkkarten, die auch in Hyper-V funktionieren. Netzwerkkarten, die diese Funktion unterstützen, stellen für virtualisierte Umgebungen implementierte E/A-Kanäle zur Verfügung, mit denen sich die Karte gegenüber virtualisierten Servern wie mehrere Netzwerkkarten verhält. SR-IOV ist vor allem bei E/A-intensiven Anwendungen interessant, also durchaus für virtuelle SQL-Server.

Bei den erweiterten Features finden Sie die beiden Einstellungen *DHCP-Wächter* und *Routerwächter*. Die Einstellungen sollen verhindern, dass virtuelle Server unkontrolliert als DHCP-Server oder als Router agieren.

Ebenfalls Bestandteil von Windows Server 2022 ist das Festplattenformat VHDX. Dieses erlaubt in Hyper-V eine maximale Festplattengröße von 64 TB. Hyper-V unter Windows Server 2008 R2 unterstützte mit VHD-Dateien nur 2 TB. Interessant in diesem Bereich ist auch die Möglichkeit, 4-KB-Sektoren für Festplatten zu verwenden. Windows Server 2022 unterstützt Festplatten mit großen Sektoren.

Das Festplattenformat für 4-KB-Festplatten trägt die Bezeichnung *Advanced Format Technology*. Es ermöglicht physische Festplatten mit einer Sektorgröße von 4 KB. Bisher nutzen Festplatten eine Größe von 512 Byte. Die erhöhte Sektorgröße ist notwendig, damit Festplatten mit höherer Speicherkapazität hergestellt werden können. Daher muss auch Hyper-V das neue Format unterstützen. Davon profitiert das Betriebssystem, da Windows Server 2022 ebenfalls 4 KB große Speichereinheiten nutzt. Das heißt, logische Sektoren passen in einen einzelnen physischen Sektor und sind nicht mehr verteilt.

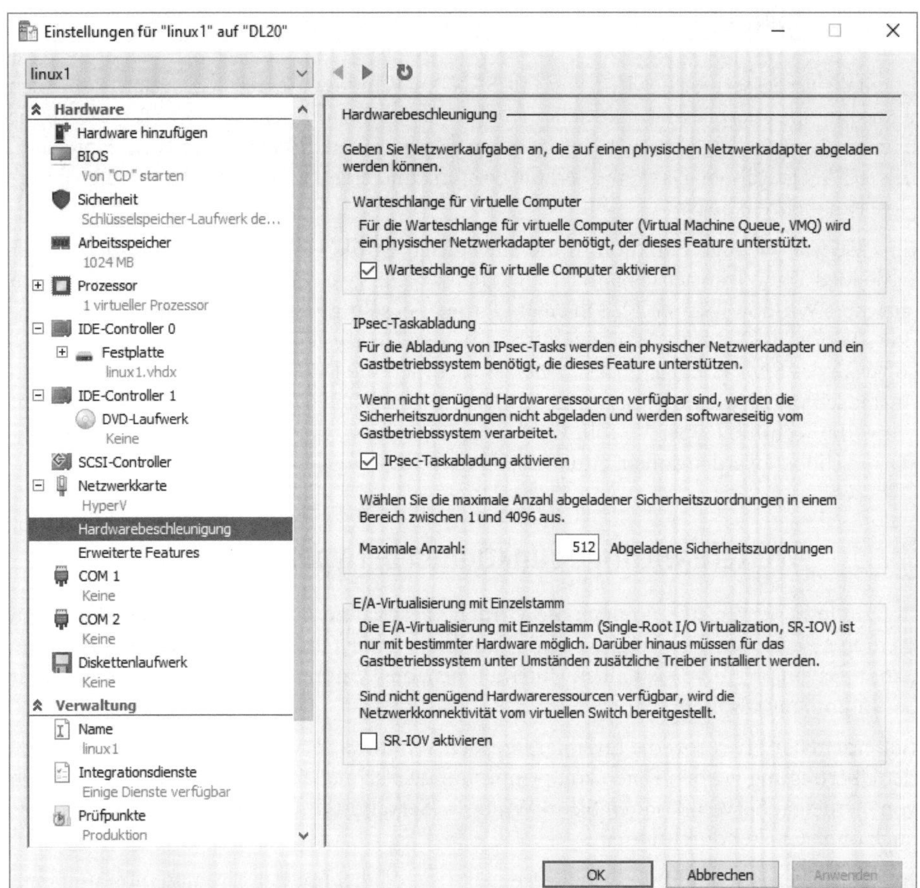

Abb. 7.2 Erweiterte Einstellungen für virtuelle Netzwerkadapter

Außerdem bietet Hyper-V in Windows Server 2022 die Unterstützung von 4-KB-Festplattensektoren. Das heißt, Sie können virtuelle Festplatten effizient auf 4-KB-Festplatten erstellen. Zusätzlich unterstützt Hyper-V virtuelle Festplatten, die auf 512e-physischen Festplatten erstellt wurden. Da nicht alle Software und Hardware das neue Format unterstützen, melden sich viele Festplatten mit 512-Bit-Emulation am System an, auch 512e genannt. Die Firmware der Festplatte speichert ankommende Datenpakete dann entsprechend in den tatsächlich vorhandenen 4-KB-Sektoren. Auch bei diesen Vorgängen ist Windows Server 2022 wesentlich schneller als die Vorgänger.

Beim Umgang mit diesen Festplatten ist es wichtig, dass die verwendeten Sektoren des Betriebssystems teilbar durch die vorhandenen physischen Sektoren sind. Ist das nicht der Fall, wird ein logischer Sektor des Betriebssystems auf mehrere physische Sektoren verteilt. Darunter kann enorm die Leistung des Systems leiden.

7.2.4 Schnellerer Datenfluss in Rechenzentren mit SAN

Ebenfalls verbessert ist der Umgang mit SANs in Windows Server 2022. Hier lassen sich weiterhin Speicherplätze direkt den virtuellen Servern zuordnen. In Hyper-V können Sie über einen virtuellen Fibrechannel virtuellen Servern einen direkten Zugriff auf Fibrechannels in SAN gewähren. Das verbessert die Leistung und erlaubt die Anbindung von Hyper-V-Hosts an mehrere SANs.

Eine weitere wichtige Funktion in diesem Bereich ist die Unterstützung von ODX, auch Offloaded Data Transfer genannt. Den Datenverkehr zwischen SAN und Betriebssystem speichert Windows Server 2022 in einem Puffer. Bei sehr großen Datenmengen kann Windows Server 2022 solche Aktionen auch ohne das Hostsystem direkt mit der Steuerungssoftware des SAN erledigen. Das verbessert deutlich die Leistung des Systems. Für diesen Austausch nutzt Windows Server 2022 ODX. Die meisten SAN-Hersteller nutzen derzeit schon die Technik. Hyper-V profitiert von dieser Technik, wenn zum Beispiel virtuelle Server verschoben werden sollen, zum Beispiel zur Livemigration oder der Replikation.

7.2.5 Weitere wichtige Funktionen in Hyper-V

In Windows Server 2022 können Sie virtuelle Festplatten auf Basis von VHDX-Dateien mehreren virtuellen Servern gleichzeitig zuordnen. Diese Funktion wird Shared-VHDX genannt. Davon profitieren vor allem Unternehmen, die Windows-Cluster auf Basis virtueller Server aufbauen wollen.

Außerdem hat Microsoft die Livemigration seit Windows Server 2012 verbessert. Während der Übertragung werden Daten komprimiert und so schneller übertragen. Die Replikation von virtuellen Servern können Sie in Windows Server 2022 zwischen drei Hyper-V-Hosts auch ohne Cluster durchführen.

In Netzwerken mit 10-GBit/s-Netzwerken lässt sich dabei mit der Livemigration und dem verbesserten RDMA (Remote Direct Memory Access) zwischen Servern mit Windows Server 2022 auch der Inhalt des Arbeitsspeichers austauschen. Sie haben in Windows Server 2022 weiterhin die Möglichkeit, virtuelle Server im laufenden Betrieb zu exportieren. Sie müssen die Server nicht herunterfahren, um einen Export zu starten. Die Funktion war bereits Bestandteil von Windows Server 2012 R2. Auch Snapshots, in Windows Server 2022 »Prüfpunkte« genannt, dürfen vorhanden sein und werden beim Export berücksichtigt und mit exportiert.

In den Hyper-V-Einstellungen von Hyper-V-Hosts können Sie über den Menüpunkt *Richtlinien für den erweiterten Sitzungsmodus* die Funktionen des erweiterten Sitzungsmodus aktivieren. Danach ist die Verwaltung von virtuellen Servern deutlich verbessert. Verbinden Sie sich mit einem virtuellen Server, verwendet Windows Server 2022 das RDP-Protokoll, ohne dass Sie dieses auf dem virtuellen Computer erst aktivieren müssen. Das beschleunigt die Fernwartung und bietet die Möglichkeit, Daten über Drag&Drop auszutauschen.

Nachdem der erweiterte Sitzungsmodus aktiviert und die Maschine neu gestartet ist, können Sie auswählen, welche Auflösung bei der Verbindung zum virtuellen Server genutzt werden soll. Dazu muss in der VM das RDP-Protokoll nicht aktiviert sein.

Über *Weitere Optionen* und durch Auswahl von *Lokale Ressourcen* lässt sich auch die Zwischenablage nutzen sowie Drucker in der Sitzung verbinden. Microsoft nutzt für VM-Connect eine erweiterte Version des RDP-Protokolls. Dieses ist vor allem bei WAN-Verbindungen deutlich schneller. Nach der Verbindung über die erweiterten Optionen lassen sich diese Funktionen im VM-Connect-Fenster über *Ansicht/Erweiterte Sitzung* oder das neue Symbol unterhalb des Menüpunkts *Ansicht* aktivieren oder deaktivieren.

Der größte Vorteil der erweiterten Sitzung ist, neben der deutlich höheren Geschwindigkeit, die Möglichkeit, Dateien über die Zwischenablage mit dem Host auszutauschen.

Virtuelle Server unterstützen in Windows Server 2022 das UEFI-System und auch Secure Boot in UEFI. Dazu müssen Sie beim Erstellen einer virtuellen Maschine im neuen Fenster aber *Generation 2* als VM-Typ auswählen. Nach der Erstellung ist eine Änderung nicht mehr möglich.

In den Einstellungen virtueller Server lassen sich Einstellungen für das UEFI-System vornehmen und die Secure-Boot-Funktion nutzen, um den Start von Viren während des Bootens zu verhindern. Das können aber nur Generation 2-VMs. Diese VMs können auch von virtuellen SCSI-Platten booten. Generation 1-VMs unterstützen nur Bootvorgänge von virtuellen IDE-Platten. Linux lässt sich in Windows Server 2022 besser als virtueller Gast nutzen. Sie können Dynamic Memory jetzt auch in Linux einsetzen und viele weitere Funktionen nutzen.

Für virtuelle Festplatten lassen sich Bandbreiten-Begrenzungen vorgeben, ähnlich zu den erweiterten Features für virtuelle Switches. Das verhindert, dass ein virtueller Server eine virtuelle Festplatte zu stark auslastet.

Virtuelle Server auf Basis von Generation 2 nutzen keinerlei emulierte Hardware. Das erhöht deutlich die Geschwindigkeit der Server. Außerdem können diese Server von virtuellen SCSI-Laufwerken oder über das Netzwerk booten. PS/2-Tastaturen und -Mäuse können Sie mit Generation 2-VMs nicht nutzen.

VHDX-Dateien von Servern lassen sich im laufenden Betrieb des Servers vergrößern oder verkleinern. Die Obergrenze von virtuellen Festplatten auf Basis von VHDX bleibt bei 64TB, die von VHD-Platten bleibt bei 2TB.

Virtualisieren Sie Windows Server 2022 Datacenter auf einem Hyper-V-Host mit Windows Server 2022 Datacenter, überprüft das Betriebssystem beim ersten Start, ob das Betriebssystem auf dem Host bereits aktiviert ist. Wenn ja, aktiviert es sich im Gast automatisch auch.

7.2.6 Speicherorte in Hyper-V

Die Daten von Hyper-V-Hosts speichern Sie an verschiedenen Orten und Festplatten. Die Speicherorte selbst legen Sie an verschiedenen Stellen in der Hyper-V-Verwaltung fest, zum Beispiel den Hyper-V-Einstellungen, und in den Einstellungen der einzelnen virtuellen Server.

Zusätzlich haben Sie in Windows Server 2022 die Möglichkeit, den Speicherort der virtuellen Festplatten und Konfigurationsdateien im laufenden Betrieb zu ändern. In den Hyper-V-Einstellungen des Hyper-V-Hosts selbst legen Sie den Standardspeicherort für neue virtuelle Server fest. Sie können den Standard-Speicherort an dieser Stelle auch ändern.

Sie können beim Anlegen von neuen virtuellen Servern aber auch festlegen, wo die Daten gespeichert werden sollen. Dabei unterscheidet Hyper-V den Speicherort der Konfigurationsdateien, den Speicherort für Snapshot-Dateien und den Speicherort der Smart Paging-

Dateien. Diese Funktion ist neu seit Windows Server 2012. Smart Paging soll verhindern, dass sich virtuelle Server nicht mehr starten lassen, weil der gesamte verfügbare Arbeitsspeicher bereits zugewiesen ist. Die Smart Paging-Funktion erlaubt virtuellen Servern, beim Neustart Teile der Festplatte des Hosts als Arbeitsspeicher zu nutzen.

Microsoft empfiehlt, den Speicherort von virtuellen Festplatten mit ReFS zu formatieren. Mit diesem Dateisystem lassen sich virtuelle Festplatten sehr viel schneller erstellen. Außerdem ist das Dateisystem viel stabiler (siehe Kapitel 5).

Auch Prüfpunkte (Snapshots) lassen sich auf ReFS-Datenträgern schneller erstellen und viel schneller wieder zusammenfügen (siehe Kapitel 8).

7.3 Windows Server Virtual Machine Licensing

Mit seinen Serverprodukten System Center, SQL Server und auch Windows Server 2022 ändert Microsoft teilweise deutlich seine Lizenzierungspolitik, vor allem im Vergleich zu Windows Server 2012/2012R2. Im Vergleich zu Windows Server 2016/2019 bleibt vieles beim Gleichen. Unternehmen sollten, neben eventuellen Verträgen zu Leasing, Miete oder Kauf, beachten, welche Edition sie einsetzen wollen und welche Anzahl von Lizenzen benötigt wird. Da immer mehr Server virtualisiert werden, spielt die Virtualisierung bei der Auswahl der Lizenz und der Lizenzierung von virtuellen Servern eine wichtige Rolle. Wir geben in diesem Beitrag einen Überblick.

7.3.1 Vertriebskanäle für Windows-Server verstehen

Microsoft bietet seine Windows-Server-Systeme über zwei Kanäle an. Die Long Term Servicing Channel (LTSC) stellen die Hauptversionen von Windows-Server dar, zum Beispiel Windows Server 2016/2019/2022. Diese erscheinen in regelmäßigen Abständen von 2 bis 3 Jahren.

Mit dem Semi-Annual Channel (SAC) stellt Microsoft alle sechs Monate eine neue Serverversion zur Verfügung, wie zum Beispiel Windows Server 1809. Diese Version enthält neue Funktionen, verfügt aber über keine grafische Oberfläche. Die Neuerungen der Semi-Annual-Channel-Versionen werden in der nächsten Hauptversion integriert, aber nicht in der Hauptversion, auf der sie aufbauen, in diesem Fall Windows Server 2022. Mit Windows Server 2022 hat Microsoft die SAV-Versionen von Windows Server 2019 wieder abgeschafft.

Mit dem Long Term Servicing Channel erhalten Unternehmen fünf Jahre grundlegenden und fünf Jahre erweiterten Support. Außerdem lassen sich optional zusätzlich sechs Jahre Premium Assurance dazubuchen. Neue Funktionen werden in dieser Zeit aber nicht in die Serverversion integriert.

7.3.2 Edition von Windows Server 2022 beachten

Wie bei Windows Server 2012R2 verfügen zum Beispiel die Editionen Standard und Datacenter in Windows Server 2022 nahezu über den gleichen Funktionsumfang. Eine Enterprise-Edition oder Webserver-Edition gibt es nicht mehr, das gilt auch für die Foundation-Edition. Allerdings hat Microsoft mit Windows Server 2016 Unterschiede in den Storage-Funktionen integriert, diese aber teilweise mit Windows Server 2022 geändert.

So unterstützt nur die Datacenter-Edition alle Funktionen. In der Standard-Edition gibt es weder Storage Spaces Direct noch Storage Replica. Auch Shielded Virtual Machines fehlen in der Standard-Edition. Microsoft entwickelt diese Technik aber ohnehin nicht weiter. Erweiterte Sicherheitsfunktionen von VMs bindet Microsoft in Azure Stack HCI ein, nicht mehr in den herkömmlichen Server-Versionen.

In Windows Server 2022 gelten diese Einschränkungen auch, allerdings lässt Microsoft die Storage-Replikation eines Volumes zu einem Ziel in der Standard-Edition zu. Unternehmen, die Windows Server 2022 in einer hyperkonvergenten Umgebung betreiben wollen, sollten auf Datacenter setzen, außer es gibt einzelne Einsatzgebiete, bei denen die Standard-Edition ausreicht. Unternehmen, die in solchen Umgebungen auf Shielded VMs setzen, also auf VMs, die verschlüsselt sind und deren administrativer Zugriff begrenzt ist, müssen auf Datacenter setzen, da diese Funktionen in der Standard-Edition fehlen. Vor dem Einsatz von Windows Server 2016/2019/2022 in einer virtuellen Umgebung sollte also genau geplant werden, für welchen Einsatz die verschiedenen Editionen sinnvoll sind.

7.3.3 Container nutzen und richtig lizenzieren

Die Unterstützung von Storage-Replica in der Standard-Edition von Windows Server 2022 ist vor allem für die Virtualisierung sinnvoll, da dadurch auch Hyper-V-Cluster oder alleinstehende Hosts Daten mit Storage-Replika replizieren können. Die meisten anderen Funktionen aus Windows Server 2016/2019/2022 hat Microsoft auch in der Standard-Edition integriert.

So verfügt diese ebenfalls über die Container-Technologie und die Nano-Installation als Image. Allerdings muss hier beim Einsatz der Hyper-V-Container darauf geachtet werden, dass die Standard-Edition auch hier nur zwei Container unterstützt, da nur zwei VMs erlaubt sind. Hyper-V-Container werden in diesem Fall wie ein virtueller Server gewertet. Das gilt natürlich nur für Hyper-V-Container, die deutlicher voneinander abgeschottet sind als normale Container. Windows Server Container können auch in der Standard-Edition unbegrenzt erstellt werden. Nano-Server sind in Windows Server 2016 an Software Assurance gebunden. Hier gelten die gleichen lizenzrechtlichen Punkte wie bei herkömmlich installierten Servern mit Windows Server 2016. Mit Windows Server 2022 gibt es keine Nano-Installation mehr, sondern nur noch das Nano-Image als Container.

7.3.4 Virtual Desktop Access und Companion Subscription License

Nutzen Unternehmen Lizenzierungsvarianten mit Virtual Desktop Access, zum Beispiel Open License, Open Value, Select Plus und Enterprise Agreement, können sie auch lokale Installationen von Windows 10 einsetzen. Parallel dürfen die Anwender mit einer VDI-Lösung oder Windows To Go arbeiten, ohne weitere Lizenzen zu kaufen. Anwender dürfen auf ihren Rechnern weitere Windows-Installationen virtualisieren, zum Beispiel über Hyper-V. Diese virtuellen Betriebssysteme sind bei manchen Verträgen, zum Beispiel Open License, Open Value, Select Plus und Enterprise Agreement abgedeckt, müssen aber teilweise gesondert vereinbart werden.

Um VDA zu verwenden, muss ein Software Assurance-Vertrag für das lizenzierte Gerät abgeschlossen werden. Allerdings darf in diesem Fall nur ein Hauptbenutzer mit dem System arbeiten. Andere Benutzer dürfen mit dem Computer arbeiten, erhalten aber kein Recht, zusätzlich eine VDI-Lösung oder Windows To Go zu nutzen. Stellen Unternehmen den virtuellen Desktop über Remote Desktop Services (RDS) zur Verfügung, sind zusätzlich Serverzugriffslizenzen (Windows Server CALs und RDS CALs) erforderlich. Diese werden durch die Windows 10-Lizenzierung nicht abgedeckt, sondern sind immer zusätzlich notwendig. Daneben gibt es noch die Companion Subscription License (CSL). Diese erlaubt dem Hauptbenutzer, keinem anderen Benutzer des Rechners, zusätzlich bis zu vier private Geräte mit CSL zu lizenzieren, damit von diesen Rechnern aus ein Zugriff auf eine VDI-Umgebung oder Windows To Go erlaubt ist.

Microsoft hat aus dem Debakel mit der Aktivierung von Windows 10 und den Möglichkeiten zur Neuinstallation gelernt. In Zukunft und neueren Builds wird es möglich sein, dass Windows 10-Rechner mit einem Windows 7/8-Produktschlüssel installiert und aktiviert werden. Das ist wesentlich leichter verwaltbar, vor allem für kleine Unternehmen. Bei aktuellen, offiziellen Versionen ist das allerdings nicht immer möglich.

Auch Office darf virtualisiert werden. In einer VDA-Umgebung darf Office auch in einer Virtual Desktop Infrastructure betrieben werden. Verwenden Anwender Windows To Go, darf Office auch auf einem USB-Stick installiert und an verschiedenen Rechnern verwendet werden. Wenn Office auf Rechnern außerhalb des Unternehmens installiert werden soll, muss die Office-Anwendung für Software Assurance lizenziert werden. Dadurch erhält der Benutzer ein Roaming Use-Recht, das die Nutzung einer virtuellen Kopie von Office von jedem privaten und öffentlichen Gerät aus ermöglicht.

7.3.5 Hyper-V in Windows Server 2022 nutzen

Mit Windows Server 2022 verbessert Microsoft auch Hyper-V. Neben mehr Sicherheit und einer besseren Unterstützung für Linux werden Funktionen aus Microsoft Azure in Windows Server 2022 integriert.

Generell wird Hyper-V in Windows Server 2022 noch weitgehend identisch zu den Vorgängerversionen installiert und verwaltet. Es gibt weiterhin den Hyper-V-Manager. Natürlich kann auch Hyper-V in Windows Server 2022 mit System Center verwaltet werden. Neu dazugekommen ist die Möglichkeit, Hyper-V mit dem Windows Admin Center zu verwalten.

ReFS-Dateisystem mit Hyper-V

Das ReFS-Dateisystem arbeitet in Windows Server 2022 besser mit Hyper-V zusammen. ReFS wurde in Windows Server 2012 als Ersatz für das alternde NTFS-Dateisystem eingeführt. Microsofts Hauptziel bei der Entwicklung von ReFS war es, ein Dateisystem zu schaffen, das skalierbar ist, um den Anforderungen heutiger Rechenzentren gerecht zu werden. ReFS bietet in Windows Server 2022 die Möglichkeit der Datendeduplizierung. Die Erweiterung mit dieser Funktion macht ReFS zu einer guten Wahl für den Einsatz auf Volumes mit VMs für Hyper-V.

Container mit Kubernetes und Windows Server Container

Mit Windows Server 2016 hat Microsoft die Container-Technologie vor allem auf Basis von Docker in Windows-Server integriert. Auch Windows Server 2022 verfügt über die Container-Technologie, die sich natürlich zusammen mit Hyper-V nutzen lässt. In der neuen Version können auch Windows Server Container auf Basis von Kubernetes verwaltet werden. Parallel können dadurch auf einem Hyper-V- oder Container-Host Windows-Container und Linux-Container genutzt werden.

Hyper-V-Container lassen sich auch in Windows Server 2022 nutzen, und zwar gemeinsam mit Linux-Containern und herkömmlichen Containern. Windows Server 2022 kann jetzt problemlos gruppierte, verwaltete Dienstkonten für verschiedene Container nutzen. Das erhöht die Sicherheit, weil Windows-Server und Container die Kennwörter für Dienstkonten automatisch ändern können.

Windows Server 2022, Cluster und Microsoft Azure

Windows Server 2022 wird noch enger mit Microsoft Azure verknüpft als seine Vorgänger. So lassen sich zum Beispiel im Windows Admin Center hyperkonvergente Netzwerke verwalten, die mit Microsoft Azure in einer hybriden Umgebung verbunden sind. Lokale Server mit Hyper-V 2022 können direkt über das Windows Admin Center mit Azure Site Recovery verbunden werden.

Mit PowerShell-Cmdlets kann das Clusternamenskonto aus der ursprünglichen Active Directory-Domäne entfernt und die Clusterfunktionalität heruntergefahren werden. Anschließend kann der Cluster in eine neue Domäne verschoben werden. Solche Szenarien kommen häufig bei Zusammenschlüssen von Unternehmen vor, oder wenn ein Unternehmen zu einer neuen Netzwerk-Infrastruktur wechselt. Diese neuen Möglichkeiten erhöhen die Flexibilität für Hyper-V-Cluster und deren Domänenstatus.

Unternehmen können in Windows Server 2022 mehrere Cluster gruppieren. Sinnvoll ist das in den Bereichen Hyper-V, Storage und Hyper-Converged. Dadurch können VMs von einem Cluster zu einem anderen live migriert werden. Sinnvoll ist das für Hyper-V in Verbindung mit Microsoft Azure oder der Verwendung des Azure Stacks.

Speicher-Replikat und Hyper-V-Replika

Mit Hyper-V-Replika lassen sich VMs zwischen verschiedenen Hyper-V-Hosts oder zu Microsoft Azure replizieren. Dazu war bereits Windows Server 2016 in der Lage. Windows Server 2022 verbessert diese Technologie und ermöglicht eine Kombination von Hyper-V-Replika mit Storage-Replika. Bei Storage-Replika werden komplette Datenträger zwischen Rechenzentren repliziert. Das ist vor allem für Hyper-V-Hosts relevant. In Windows Server 2016 konnte diese Technik nur mit der Datacenter-Edition genutzt werden. Windows Server 2022 unterstützt auch mit der Standard-Edition die Replikation von kompletten Datenträgern.

Hyper-V mit dem Windows Admin Center verwalten

Über das Windows Admin Center kann auf einem Server mit Windows Server 2022 auch Hyper-V installiert werden. Dazu wird der Bereich *Rollen und Funktionen* genutzt. Hier sehen Sie, ob auf einem Server bereits Hyper-V installiert ist. Wenn das nicht der Fall ist, kann die Installation über den Webbrowser erfolgen.

Nach der Installation finden Sie auf einem Server die beiden Menüpunkte *Virtuelle Computer* und *Virtuelle Switches*. Hierüber verwalten Sie die VMs und virtuellen Switches des ausgewählten Hyper-V-Hosts.

Über den Menüpunkt *Einstellungen* unten links nehmen Sie serverspezifische Einstellungen im Windows Admin Center vor, zum Beispiel die Hyper-V-Einstellungen eines Hyper-V-Hosts. Allerdings gilt generell immer noch, dass im Windows Admin Center nur ein Teil der Einstellungen zur Verfügung steht, der in den herkömmlichen Verwaltungstools konfiguriert werden kann.

Im Windows Admin Center ist auch die neue Funktion *Windows Server System Insights* über den Menüpunkt *Systemdaten* integriert. Hier können Sie über einen Assistenten zum maschinellen Lernen einen Hyper-V-Host überwachen. Dazu kann Insights auch Prognosen erstellen, wann es zum Beispiel auf einem Server zu Engpässen kommen kann.

7.4 Hyper-V installieren und verwalten

Hyper-V installieren Sie als Serverrolle. Sie können dazu den Server-Manager verwenden, das Windows Admin Center oder die PowerShell. Binden Sie einen Server an System Center Virtual Machine Manager an, haben Sie ebenfalls die Möglichkeit, Hyper-V zu installieren, wenn Sie den Host anbinden. In Windows Server 2022 haben Sie über den Server-Manager auch die Möglichkeit, Hyper-V remote auf Servern im Netzwerk zu installieren.

Core-Server beherrschen auch in Windows Server 2022 Hyper-V. Die Verwaltung findet über einen Server im Netzwerk mit grafischer Oberfläche, einer Arbeitsstation mit installierten Remoteserver-Verwaltungstools, dem Windows Admin Center oder mit System Center Virtual Machine Manager statt. Mehr zum Thema lesen Sie in den Kapiteln 1 bis 4. Zusätzlich können Sie Hyper-V Server 2019 installieren. Hier ist die Serverrolle *Hyper-V* nach der Installation des Servers schon aktiviert (siehe Kapitel 2). Der Server steht kostenlos zur Verfügung und entspricht im Grunde genommen der Installation eines Core-Servers und wird genauso verwaltet.

7.4.1 Voraussetzungen für den Einsatz von Hyper-V

In diesem Abschnitt gehen wir in Stichpunkten auf die einzelnen Voraussetzungen ein, die Sie erfüllen müssen, um Hyper-V einzusetzen. Sie müssen sicherstellen, dass vor der Installation im BIOS des Servers die Virtualisierungsfunktionen des Prozessors aktiviert sind.

Der Prozessor muss Data Execution Prevention (DEP) unterstützen. Diese muss im BIOS auch aktiviert sein. Die Bezeichnung dafür ist Intel XD bit (Execute Disable Bit) oder AMD NX bit (No Execute Bit).

Konfigurieren Sie Ihren Virenscanner auf dem Hyper-V-Server so, dass die VHD(X)- und Konfigurationsdateien der virtuellen Computer nicht gescannt werden. Vor allem beim Einsatz der Livemigration ist dies absolut notwendig, da ansonsten die Leistung des Servers leidet oder virtuelle Maschinen beschädigt werden können.

Auch die Verzeichnisse, in denen sich Snapshots und die ISO-Dateien befinden, sollten nicht gescannt werden. In Clustern sollte das Verzeichnis des *Cluster Shared Volumes* ausgenommen werden. Außerdem empfiehlt Microsoft, dass die folgenden Prozesse nicht durch den Virenscanner gescannt werden:

Hyper-V Virtual Machine Management: *vmms.exe*

Hyper-V Virtual Machine Worker Process: *vmwp.exe*

Cluster Server Service: *clussvc.exe*

Mehr dazu lesen Sie in Kapitel 31.

- Der Host muss so viel Arbeitsspeicher enthalten, wie Sie den virtuellen Computern zuweisen können. Die maximale Größe ist an das Betriebssystem gebunden. Für Hyper-V gelten daher nur die Einschränkungen des Betriebssystems. Damit Sie Hyper-V installieren können, muss der Server über mindestens 512 MB Speicher verfügen.
- Windows Server 2022 muss als Betriebssystem für den physischen Host eingesetzt werden. Als kostenlose Alternative steht Hyper-V Server 2019 zur Verfügung. Dieser Server entspricht der vollwertigen Installation von Windows Server 2019 als Core-Server. Für Hyper-V Server 2019 gibt es keinen Nachfolger für Windows Server 2022.
- Die maximale Festplattengröße für virtuelle Festplatten beträgt 64 TB (VHDX-Dateien).

Achten Sie bei der Lizenzierung von Hyper-V-Servern auf die Anmerkungen zur Lizenzierung in Kapitel 1.

7.4.2 Hyper-V installieren

Für die Installation von Hyper-V verwenden Sie den Server-Manager und fügen Hyper-V wie andere Rollen als Serverrolle hinzu (siehe Kapitel 4). Auf herkömmlichen Servern startet der Assistent zum Hinzufügen von neuen Serverrollen. Sie können Hyper-V in Windows Server 2022 auch über das Netzwerk von einem Server-Manager aus installieren. Mehr dazu lesen Sie in den Kapiteln 2, 3 und 4. Auch die Installation über das Windows Admin Center ist möglich.

Sicherlich die einfachste Möglichkeit, um Hyper-V auf einem Server mit Windows Server 2022 zu installieren, ist die Verwendung des Server-Managers. Über *Verwalten/Rollen und Features hinzufügen* wählen Sie den Server aus, auf dem Sie Hyper-V installieren wollen, und anschließend die Serverrolle *Hyper-V*.

Über *Verwalten/Rollen und Features entfernen* deinstallieren Sie Hyper-V auf dem Server. Virtuelle Server bleiben beim Deinstallieren aber weiter auf dem Server gespeichert. Installieren Sie Hyper-V erneut, sind die virtuellen Server wieder verfügbar. Benötigen Sie die virtuellen Server nicht mehr, müssen Sie den Ordner mit den virtuellen Servern manuell löschen.

Sie finden die Verwaltungstools für Hyper-V im Assistenten zum Hinzufügen von Serverrollen und Features auf der Seite *Features hinzufügen* über *Remoteserver-Verwaltungstools/Rollenverwaltungstools/Hyper-V-Verwaltungstools*. In der PowerShell installieren Sie Hyper-V und die Verwaltungstools mit *Install-WindowsFeature -Name Hyper-V -IncludeManagementTools*.

Sie können an dieser Stelle auswählen, ob Sie nur die grafische Oberfläche oder auch die PowerShell-Cmdlets installieren wollen. Mit diesen Verwaltungstools können Sie auch den kostenlosen Hyper-V-Server 2022 verwalten.

Hyper-V über das Netzwerk installieren

In Windows Server 2022 haben Sie die Möglichkeit, Serverrollen und Features im Server-Manager über das Netzwerk zu installieren. Dazu starten Sie auf einem Server mit Windows Server 2022 den Server-Manager und fügen die Server hinzu, auf denen Sie Hyper-V installieren wollen. Klicken Sie dazu auf *Verwalten/Server hinzufügen* und wählen Sie die jeweiligen Server aus. In den Kapiteln 3 und 4 sind wir darauf eingegangen, wie Sie Serverrollen mit dem Windows Admin Center installieren.

Starten Sie anschließend die Installation von Serverrollen im Server-Manager, können Sie aus den hinzugefügten Servern denjenigen auswählen, auf dem Sie Hyper-V installieren wollen. Gehen Sie anschließend genauso vor wie bei der Installation der Serverrolle auf dem lokalen Server.

Sie sehen im Assistenten zur Installation von Serverrollen oben rechts den Zielserver, auf dem Sie Hyper-V installieren. Auf dem Zielserver bekommen Sie von der Netzwerkinstallation während der Installation nichts mit. Sie können auch auf dem Quellserver den Assistenten zur Installation schließen. Der Installationsvorgang ist davon nicht betroffen. Auf diesem Weg können Sie den Assistenten zur Installation von Serverrollen mehrmals starten.

Installieren Sie die Remoteserver-Verwaltungstools für Windows 10 auf einem Computer, können Sie von einem PC aus über den Server-Manager Rollen wie Hyper-V installieren. Mit RSAT in Windows 7 ist das noch nicht möglich gewesen. Mehr zu diesem Thema erfahren Sie in Kapitel 3.

Deployment Image Servicing and Management (DISM) nutzen

Neben dem Server-Manager können Sie Hyper-V auch über das Befehlszeilentool Dism installieren. Diese Funktion nutzen Sie vor allem auf Core-Servern oder zum Skripten der Installation. Das Tool Dism bietet zur besseren Automatisierung der Einrichtung und Installation von Serverrollen für Core-Server mit Windows Server 2022 effiziente Möglichkeiten.

Die Hyper-V-Rolle installieren Sie zum Beispiel mit dem Befehl *dism /Online /Enable-Feature /FeatureName:Microsoft-Hyper-V.* Der Befehl installiert aber nicht die Verwaltungstools, sondern nur das Hyper-V-Feature. Die Installation prüfen Sie mit *dism /Online /Get-FeatureInfo /FeatureName:Microsoft-Hyper-V.*

Eine Übersicht der verfügbaren Rollen erhalten Sie mit dem Befehl *dism /Online /Get-Features /Format:table.* Mit der zusätzlichen Option *|More* können Sie im Fenster manuell weiterscrollen.

PowerShell zur Installation von Hyper-V nutzen

Neben dem Server-Manager und *dism.exe* können Sie die PowerShell zur Installation von Hyper-V nutzen. Mit dem Cmdlet-Aufruf *Get-WindowsFeature Hyper-V** zeigen Sie an, ob die Rolle und die Verwaltungstools bereits installiert sind. In Windows Server 2022 können Sie mit *-Computername* die Installation auch auf Remoteservern im Netzwerk überprüfen.

Um Hyper-V oder die Verwaltungstools zu installieren, verwenden Sie das Cmdlet *Install-WindowsFeature.* Mit *Install-WindowsFeature Hyper-V* installieren Sie die Serverrolle, mit der Option *-IncludeManagementTools* inklusive der Verwaltungstools. Soll der Server gleich automatisch neu starten, verwenden Sie noch die Option *-Restart.* Die Verwaltungstools alleine installieren Sie mit *Install-WindowsFeature Hyper-V-Tools.* Geben Sie in der PowerShell *Get-Command -Module Hyper-V* ein, erhalten Sie eine Liste der verfügbaren Cmdlets.

7.4.3 Erste Schritte mit Hyper-V

Nach der erfolgreichen Installation müssen Sie in der Regel den Server neu starten. Melden Sie sich nach dem Neustart mit dem gleichen Benutzerkonto an, mit dem Sie auch die Installation durchgeführt haben. Nach der Anmeldung führt der Assistent weitere Aufgaben durch und schließt die Installation ab. Hyper-V ist jetzt erfolgreich auf dem Server installiert. Die ausführlichen Vorgänge zu diesem Thema lesen Sie in Kapitel 4.

Nach der Installation finden Sie im Startmenü den *Hyper-V-Manager* vor, mit dem Sie virtuelle Computer erstellen und verwalten. In der Mitte der Konsole sehen Sie nach der Erstellung die verschiedenen virtuellen Computer. Auf der rechten Seite stehen die verschiedenen Befehle zur Verwaltung der virtuellen Computer zur Verfügung.

Über den Link *Neu* erstellen Sie einen neuen virtuellen Computer. Nach der Erstellung können Sie das Betriebssystem auf dem neuen Server entweder mit einer CD/DVD oder über eine ISO-Datei installieren, die als CD/DVD-Laufwerk mit dem Computer verknüpft wird.

In den nächsten Abschnitten zeigen wir Ihnen, wie Sie neue virtuelle Server mit dem Hyper-V-Manager erstellen sowie den Arbeitsspeicher, die Netzwerkverbindung und virtuelle Festplatten festlegen.

Nach der Erstellung des virtuellen Computers gehen wir ausführlicher auf die Installation und Verwaltung von neuen virtuellen Computern ein. Sie können mehrere Server auf einem einzelnen physischen Host oder auf mehreren physischen Hosts virtualisieren. Der generelle Ablauf bei der Installation der Server in einer Hyper-V-Umgebung ist folgender:

1. Sie erstellen virtuelle Switches auf Basis der physischen Netzwerkkarten in Windows Server 2022 (siehe Kapitel 6).
2. Sie erstellen und konfigurieren die virtuellen Server.
3. Sie installieren das Betriebssystem auf den virtuellen Servern. Die Installation läuft genauso ab wie auf normalen Servern (siehe Kapitel 2).

Wenn Sie neue Hosts im Hyper-V-Manager anbinden, können Sie alternative Anmeldedaten für jeden Host eingeben und diese auch speichern.

Diese Funktion können Sie ebenfalls zur Anbindung von älteren Versionen verwenden. Mit dem Hyper-V-Manager können Sie Hyper-V auf Servern mit Windows Server 2012/2012 R2 und Windows Server 2016/2019 und Windows Server 2022 verwalten.

Der Hyper-V-Manager kommuniziert über das WS-MAN-Protokoll mit den Hyper-V-Hosts im Netzwerk und unterstützt CredSSP, Kerberos und NTLM. Mit CredSSP können Sie zum Beispiel Livemigrationen durchführen, ohne zuerst Delegierungen erstellen zu müssen. WS-Man nutzt Port 80, was die Verbindung mit externen Clients und die Remoteverwaltung wesentlich vereinfacht.

7.4.4 CPU-Last überwachen und Daten zu VMs anzeigen

Windows Server 2022 kann VMs daraufhin überwachen, ob sie zu viel CPU-Last verursachen. Um diese Funktion für eine VM zu aktivieren, geben Sie in der PowerShell den folgenden Befehl ein:

Set-VMProcessor -EnableHostResourceProtection $true

Eine Liste aller erstellten virtuellen Server eines Hyper-V-Hosts rufen Sie mit *Get-VM* ab. Mit der Option *|fl* erhalten Administratoren weiterführende Informationen. Dadurch werden auch Echtzeitdaten wie der zugewiesene Arbeitsspeicher angezeigt.

Wer einen Hyper-V-Host im Windows Admin Center öffnet, findet den Bereich *Virtuelle Computer* im Menü. Nach einem Klick darauf werden Informationen zum Host und die Auslastung von CPU und der Speicherverbrauch angezeigt. Bei *Ereignisse* sind die letzten Aktionen des Hyper-V-Hosts zu sehen.

Über den Menüpunkt *Inventar* sehen Sie alle VMs auf dem Server. Durch einen Klick auf eine VM werden auch hier allgemeine Informationen angezeigt und die Auslastung von CPU und Speicherverbrauch.

Über das Beenden des Systemdienstes *Hyper-V-Verwaltung für virtuelle Computer* in der Steuerung der Systemdienste oder über das Kontextmenü des Hyper-V-Hosts im Hyper-V-Manager können Sie die Verwaltung von VMs beenden. Nach der Beendigung dürfen Administratoren weder eine Verbindung zum Hyper-V-Host herstellen noch VMs starten oder herunterfahren.

Den Befehl zum Beenden der VM-Verwaltung können Sie auch in der Eingabeaufforderung mit *net stop vmms* oder in der PowerShell mit *Stop-Service vmms* durchführen. Mit *net start vmms* oder *Start-Service vmms* starten Sie den Dienst wieder und VMs können wieder verwaltet werden.

7.5 Virtuelle Switches in Windows Server 2022

Alle virtuellen Computer, die Sie erstellen, verwenden einen virtuellen Switch auf dem Windows Server 2022-Computer. Dieser verbindet die virtuellen Computer mit den physischen Netzwerkkarten des Hyper-V-Hosts und erlaubt eine Kommunikation der Computer mit dem Rest des Netzwerks.

Virtuelle Switches sind auf dem Hyper-V-Host hinterlegt und lassen sich während der Erstellung von virtuellen Servern oder auch nachträglich anpassen. Dazu erstellen Sie für virtuelle Server eine neue virtuelle Netzwerkkarte und verbinden diese mit dem virtuellen Server. Der virtuelle Switch ist wiederum mit der physischen Netzwerkkarte des Servers verbunden.

Bevor Sie virtuelle Computer installieren, besteht der erste Schritt in der Konfiguration der virtuellen Switches. Dazu steht im Hyper-V-Manager der Bereich *Manager für virtuelle Switches* zur Verfügung. Wie Sie Netzwerkkarten zu Teams in Windows Server 2022 zusammenfassen, lesen Sie in Kapitel 6. In Hyper-V funktioniert die Hochverfügbarkeit von Netzwerk-Switches auf anderen Wegen. Wir zeigen hier die Vorgehensweisen. Setzen Sie zum Beispiel mehrere physische Netzwerkkarten ein, erstellen Sie auch mehrere virtuelle Switches.

Für eine bessere Leistung im Netzwerk dürfen virtuelle Server in Windows Server 2022 auf Hardwarefunktionen von Netzwerkkarten zugreifen, was das Tempo beschleunigen kann. In den Einstellungen von virtuellen Netzwerkkarten lässt sich die Netzwerkbandbreite von Servern eingrenzen und unerwünschte DHCP- oder Routerpakete lassen sich blockieren. Dies soll verhindern, dass virtuelle Server unerwünscht als DHCP-Server oder Router agieren und das Netzwerk beeinträchtigen.

Kaufen Unternehmen neue Hostsysteme für Hyper-V, sollten sie darauf achten, genügend Netzwerkkarten in den Server einzubauen. Wichtig ist dabei auch, dass die Karten die neuen Funktionen in Hyper-V unterstützen.

7.5.1 Network Virtualization und Extensible Switch mit Windows Server 2022

Bereits mit Windows Server 2012 hat Microsoft die Möglichkeiten der Netzwerkswitches für Hyper-V deutlich erweitert und verbessert. Mit Hyper-V Network Virtualization (HNV) können Unternehmen einzelne virtuelle Netzwerke vom physischen Netzwerk trennen.

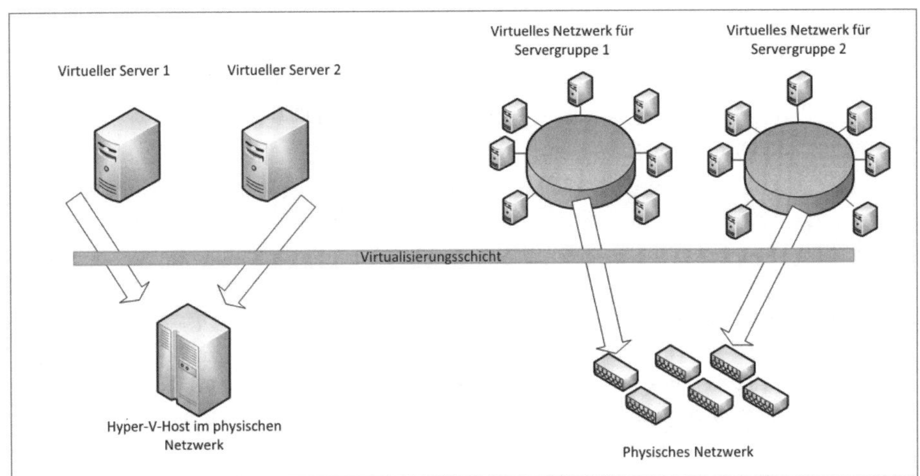

Abb. 7.3 Mit Hyper-V Network Virtualization werden Netzwerke noch flexibler.

Die virtuellen Server in diesen Netzwerken gehen davon aus, in einem echten physischen Netzwerk zu laufen. Einfach ausgedrückt erweitert HNV die Funktionen von virtuellen Servern auf die Netzwerkkonfiguration. In einem physischen Netzwerk lassen sich mehrere virtuelle Netzwerke parallel einsetzen. Diese können den gleichen oder einen anderen IP-Adressraum verwenden.

Der Datenaustausch zwischen den Netzwerken lässt sich mit HNV-Gateways einrichten. Viele Hardware Switches von Cisco arbeiten mit dieser Konfiguration ebenfalls zusammen. Auf diesem Weg lassen sich mehrere virtuelle Netzwerke zusammenfassen, sodass Server in diesem Netzwerk kommunizieren können.

In Windows Server 2022 können Unternehmen bereits Bandbreiten im Netzwerkbereich steuern und auch Treiber von Drittherstellern in die virtuellen Switches integrieren. Hyper-V Network Virtualization (HNV) unterstützt dynamische IP-Adressen. Das ist in großen Rechenzentren sinnvoll, um eine IP-Adress-Failover-Konfiguration einbinden zu können. System Center Virtual Machine Manager 2022 kann mit virtuellen Netzwerken umgehen und diese zentral steuern.

Arbeiten Unternehmen mit der HNV, werden jedem virtuellen Netzwerkadapter im Netzwerk zwei IP-Adressen zugewiesen. Die Kundenadresse (Customer Address, CA) und die Anbieteradresse (Provider Address, PA) arbeiten zusammen. Die CA ermöglicht den virtuellen Servern im Netzwerk den Datenaustausch wie normale IP-Adressen in einem Netzwerk. Die PA dient dem Datenaustausch zwischen VM und dem Hyper-V-Host sowie dem physischen Netzwerk.

Die erste wichtige Änderung in den virtuellen Switches von Hyper-V seit Windows Server 2012 R2 ist die Integration der Netzwerk-Virtualisierung direkt in den Switch. HNV stellt keinen vorgelagerten NDIS-Filter dar. Drittherstellerprodukte können auf diesem Weg direkt auf die CA zugreifen und auf PA kommunizieren. Dadurch arbeiten jetzt auch virtuelle Switches und die Network Virtualization Generic Routing Encapsulation (NVGRE) zusammen.

Das gibt den Dritthersteller-Produkten die Möglichkeit, über die Integration in den virtuellen Switches auf die Netzwerk-Virtualisierung zuzugreifen und mit virtuellen Servern, aber auch dem physischen Netzwerk zu kommunizieren. Der komplette Datenverkehr in den virtuellen Switches von Windows Server 2022 läuft auch über die Netzwerk-Virtualisierung und die integrierten Dritthersteller-Produkte.

HNV ist daher keine Schnittstelle mehr zwischen Netzwerkkarten und extensible Switches, sondern integraler Bestandteil der virtuellen Switches selbst. Auch aus diesem Grund arbeiten NIC-Teams wesentlich besser mit der Netzwerk-Virtualisierung zusammen.

Dazu bietet Windows Server 2022 die Möglichkeit, den Port in die Firewallregeln zu integrieren, nicht nur IP- und MAC-Adresse für die Quelle und das Ziel. Diese Funktion arbeitet natürlich umfassend mit der Netzwerk-Virtualisierung in Hyper-V zusammen. Die neue Version kann Datenverkehr zwischen Netzwerkkarten verschieben und unterstützt für diese Funktion auch umfassend die Netzwerkkarten-Teams.

7.5.2 Hyper-V-Netzwerke planen

Die Verbindung zwischen virtuellen Servern und dem Netzwerk führt Hyper-V über einen virtuellen Netzwerkswitch durch. Da sich die virtuellen Server die physischen Netzwerkkarten teilen müssen, besteht einiges an Optimierungspotenzial. Zunächst sollte jeder Server nur die Art von Netzwerkzugriff erhalten, die er benötigt. Nicht alle Server müssen mit dem Netzwerk kommunizieren können, sondern nur mit anderen Servern auf dem gleichen Host. Sie können daher verschiedene Netzwerkverbindungen für virtuelle Server erstellen.

Microsoft empfiehlt, einen eigenen Netzwerkadapter auf jedem Hyper-V-Host für die Verwaltung des Servers selbst zu verwenden. Unternehmen sollten also den Netzwerkverkehr des Hyper-V-Hosts selbst vom Netzwerkverkehr der virtuellen Maschinen trennen. Auch bei der Anbindung von Netzwerkspeicher, zum Beispiel NAS oder iSCSI, ist eine dedizierte Netzwerkkarte leistungssteigernd. Virtuelle Server, die nur wenig Netzwerkbandbreite benötigen, können Sie mit mehreren virtuellen Netzwerken zusammenfassen, bandbreitenintensive Anwendungen sollten dedizierte Netzwerkkarten und eigene externe Netzwerke erhalten.

Hyper-V unterstützt auch die Verwendung von VLANs bei Netzwerkswitches. Bei VLANs lassen sich Datenströme voneinander trennen, um die Sicherheit und die Leistung zu erhöhen. Dadurch lässt sich zum Beispiel der Netzwerkverkehr für die Verwaltung des Servers vom Netzwerkverkehr der virtuellen Server trennen. In den Eigenschaften von Netzwerkkarten der Hyper-V-Hosts müssen Sie dazu in den erweiterten Einstellungen festlegen, mit welcher VLAN-ID im Netzwerk die Karte kommunizieren soll. Anschließend muss im Hyper-V-Manager die Netzwerkverbindung ausgewählt und ebenfalls die VLAN-ID eingegeben werden. Auch hier geben Sie die entsprechende VLAN-ID vor.

Microsoft empfiehlt beim Betrieb von Hyper-V in einem Cluster für die Kommunikation innerhalb des Clusters (Heartbeat) einen eigenen Adapter. Sie können für diesen Adapter das Protokoll *E/A-Treiber für Verbindungsschicht-Topologieerkennung* deaktivieren, das gilt auch für *Antwort für Verbindungsschicht-Topologieerkennung*. Das Protokoll *Hyper-V erweiterbarer virtueller Switch* können Administratoren für Clusternetzwerke im Heartbeat ebenfalls deaktivieren.

Haben Sie die physischen Netzwerkkarten des Computers einem virtuellen Switch zugeordnet, lassen sich diese den einzelnen virtuellen Computern zuweisen. Das erfolgt beim Erstellen der virtuellen Maschine oder nachträglich in den Einstellungen über den Bereich *Netzwerkkarte*. Die erste Einstellung besteht in der Zuweisung der virtuellen Switches. Anschließend lassen sich Einstellungen vornehmen. Verschieben Sie virtuelle Maschinen mit oder ohne der Livemigration zwischen Hyper-V-Hosts, kann es passieren, dass die Netzwerkverbindung nicht mehr funktioniert, wenn sich der Name und die Konfiguration des Switches zwischen Quell- und Zielserver ändert. Überprüfen Sie daher nach Livemigrationen immer, ob die virtuelle Netzwerkkarte noch funktioniert, und starten Sie den virtuellen Server neu, falls die Netzwerkverbindung nicht funktioniert.

Virtuelle Switches agieren als Layer 2-Netzwerkswitches und erlauben auch die Einbindung von Network Device Interface Specification-(NDIS-)Filter und der Windows Filtering Platform-Treiber. Auf diese Weise lassen sich auch Plug-Ins von Drittherstellern in Hyper-V einbinden, die erweiterte Netzwerk- und Sicherheitseinstellungen für virtuelle Server erlauben. Die entsprechenden Einstellungen sind über den Menübefehl *Erweiterungen* für jeden einzelnen vSwitch zu finden.

Sind im Unternehmen mehrere Server mit Windows Server 2022 im Einsatz, tauschen diese Daten über das Netzwerk mit der Multichannel-Funktion aus. Mit der Funktion lassen sich von einem Server mehrere parallele Zugriffe auf eine Freigabe durchführen. Dies beschleunigt den Datenverkehr und sichert ihn gegen Ausfall eines einzelnen SMB Kanals ab. Der Vorteil liegt darin, dass Serverdienste Daten auch auf Servern speichern können, nicht nur auf der eigenen Festplatte. Ein sinnvoller Einsatz dazu ist in Umgebungen mit Hyper-V-Hosts, die auf Windows Server 2022 aufbauen. Dazu ist weder die Installation eines Rollendienstes notwendig noch eine Konfiguration. Diesen beschleunigten Zugriff bietet Windows Server 2022 automatisch.

Damit die Funktion genutzt werden kann, müssen die Netzwerkadapter eine entsprechende Geschwindigkeit unterstützen. Microsoft empfiehlt dazu entweder die Installation eines 10-Gigabit-Adapters oder mindestens den Einsatz von zwei 1-Gigabit-Adaptern. Für diese Funktion können Administratoren auch die Teamfunktion von Netzwerkkarten in Windows Server 2022 nutzen. Über den Server-Manager lassen sich Netzwerkadapter zu Teams zusammenfassen, ohne dass die Treiber dies direkt unterstützen. In Hyper-V hat Microsoft die Teaming-Funktion weiter verbessert.

SMB Direct ist ebenfalls zwischen Servern mit Windows Server 2022 aktiv. Sie müssen weder Einstellungen vornehmen noch etwas installieren. Damit diese Funktion nutzbar ist, müssen die verbauten Adapter aber die RDMA-Funktion (Remote Direct Memory Access) unterstützen. Bei dieser Funktion können Server Daten aus dem Hauptspeicher eines Systems über das Netzwerk auf einen anderen Server übertragen, der aktuell Kapazitäten frei hat. So lassen sich überlastete Server beschleunigen, indem sie Daten auf nicht ausgelastete

Server übertragen. Damit dies funktioniert, muss das Netzwerk extrem schnell sein und die Adapter müssen die Funktion nutzen können. Dies sind Adapter mit den Typen iWARP, Infiniband und RDAM over Converged Ethernet (RoCE). Von dieser Technik profitieren hauptsächlich Hyper-V und SQL Server.

In Windows Server 2022 kann diese Funktion für Netzwerkadapter angepasst werden, die nicht Teil eines Teams sind, oder Switch Embedded Teaming (SET) nutzen.

Auch Hyper-V kann in Windows Server 2022 direkt auf das SMB-Protokoll zugreifen. Der Sinn ist, dass Unternehmen die virtuellen Festplatten in Hyper-V (VHDX) nicht direkt auf dem Hyper-V-Host speichern, sondern auf einer Freigabe im Netzwerk. Auf diese lässt sich dann über Hyper-V mit SMB Multichannel, SMB Direct und Hyper-V over SMP sehr schnell zugreifen. Für Unternehmen sollen dabei keinerlei Einschränkungen entstehen.

Auch hochverfügbare Lösungen wie Livemigration funktionieren so. Der gemeinsame Datenträger des Clusters muss sich dann nicht mehr in einem teuren SAN befinden, sondern es reicht ein Server mit Windows Server 2022 und ausreichend Speicherplatz. Auf diesem Server können auch die Konfigurationsdateien der virtuellen Server gespeichert sein und eventuell vorhandene Snapshots. Cluster Shared Volume (CSV), der für Hyper-V-notwendige Speicherdienst für gemeinsame Datenträger in Clustern, unterstützt das SMB 3.x-Protokoll und dessen neue Funktionen ebenfalls. CSV ist die Grundlage für die Speicherung von virtuellen Festplatten in Clustern.

Dazu muss ebenfalls auf allen Servern Windows Server 2022 installiert sein. Ein Server läuft mit der Hyper-V-Rolle, der andere als Dateiserver. Die Umgebung muss außerdem über ein Active Directory verfügen. Hier müssen die Domänencontroller aber nicht zwingend auf Windows Server 2022 umgestellt werden. Empfohlen, aber nicht unbedingt notwendig ist ein Cluster für Hyper-V und die Dateidienste. In diesem Fall lässt sich die Umgebung wesentlich schneller und sicherer betreiben.

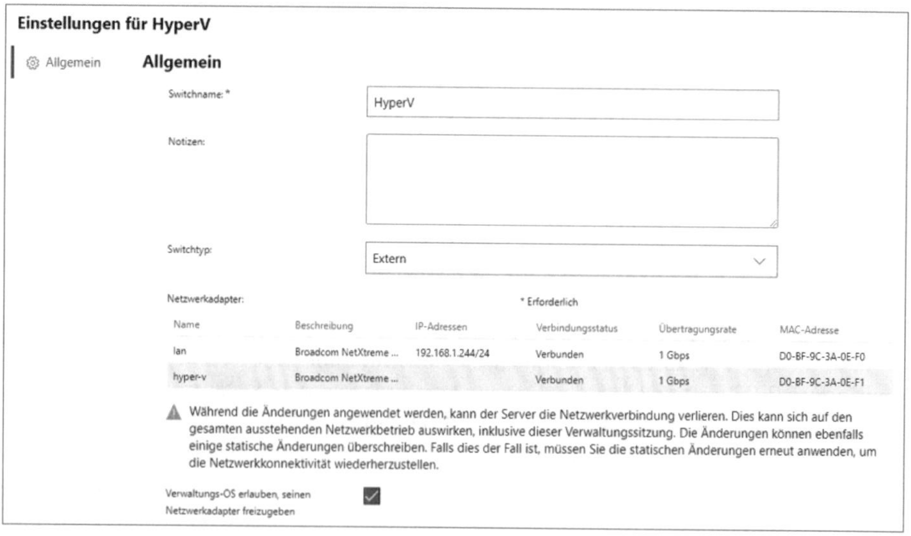

Abb. 7.4 Verwalten von virtuellen Switches im Windows Admin Center

Setzen Unternehmen zusätzlich zu Windows Server 2022 noch SQL Server ein, profitieren auch hier die Datenbankserver vom neuen SMB-Protokoll. Hier gelten die gleichen Voraussetzungen wie bei Hyper-V over SMB. Ältere Editionen als SQL Server 2008 R2 können diese Funktion nicht nutzen. Auch hier ist ein Cluster wieder der beste Weg.

Sinn dieser Funktion ist, dass Transaktionsprotokolle oder Datenbankdateien sowie eventuelle Sicherungen oder ausgelagerte Dateien auf Dateiservern mit Windows Server 2022 ausgelagert sind. Außerdem hat Microsoft den Zugriff von schnellen Schreib-/Lesevorgängen optimiert. Auch den Zugriff auf Data-Warehouses hat Microsoft durch die Erhöhung des Werts für Maximum Transmission Unit (MTU) verbessert.

7.5.3 Erstellen und Konfigurieren von virtuellen Switches

Zunächst erstellen Sie für die einzelnen physischen Netzwerkkarten im Computer jeweils einen virtuellen Switch durch die Auswahl von *Neuer virtueller Switch* und dem Klick auf die Schaltfläche *Virtuellen Switch erstellen*. Im neuen Fenster wählen Sie die physische Netzwerkkarte aus, die Sie dem Switch zuweisen wollen, und legen fest, welche Art von Netzwerk Sie ihm zuordnen:

- **Extern** – Dieses Netzwerk ermöglicht dem virtuellen Computer eine Kommunikation mit dem Netzwerk und zwischen virtuellen Computern auf dem Host. Sie können im Hyper-V-Manager immer nur ein externes Netzwerk pro verfügbarer Netzwerkkarte erstellen, aber mehrere virtuelle Computer können sich dieses externe Netzwerk und damit die Geschwindigkeit der Karte teilen.
- **Intern** – Diese Netzwerke erlauben eine Kommunikation der virtuellen Computer untereinander auf dem physischen Host. Die Computer können nicht mit dem Netzwerk kommunizieren, außer mit dem Hyper-V-Host selbst und den anderen virtuellen Computern. Dafür ist keine Netzwerkkarte erforderlich, da die Verbindung virtuell stattfindet.
- **Privat** – Diese Netzwerke erlauben eine Kommunikation zwischen den einzelnen virtuellen Computern auf dem Host. Die Kommunikation mit dem Host selbst ist bei diesem Netzwerk nicht möglich.

Sie können bei der Konfiguration festlegen, dass die verwendete physische Netzwerkkarte nur für die virtuellen Computer zur Verfügung steht, nicht für das Hostbetriebssystem selbst. Standardmäßig teilen sich virtuelle Computer und der Host die Netzwerkverbindung.

Sie können die Einstellungen jederzeit nachträglich anpassen. Haben Sie mehrere Netzwerkkarten im Hyper-V-Host verbaut, können Sie mehrere virtuelle Switches auf Basis dieser Karten erstellen.

Haben Sie die physischen Netzwerkkarten des Computers einem virtuellen Switch zugeordnet, lassen sich diese anschließend den einzelnen virtuellen Computern als virtueller Netzwerkadapter zuweisen. Dies erfolgt beim Erstellen der virtuellen Maschine oder nachträglich in den Einstellungen über den Bereich *Netzwerkkarte*. Die erste Einstellung besteht in der Zuweisung des virtuellen Switches. Anschließend lassen sich Einstellungen vornehmen.

In den Eigenschaften steht auch die Steuerung der Bandbreite zur Verfügung. Dadurch lassen sich die Netzwerkgeschwindigkeiten von virtuellen Computern besser steuern. Diese Vorgaben können Sie jederzeit in den Einstellungen der virtuellen Computer anpassen, wenn Sie einen virtuellen Computer erstellt haben.

Interessant sind unterhalb der Einstellungen für die Netzwerkkarten noch die beiden Bereiche *Hardwarebeschleunigung* und *Erweiterte Features*. Bei der Hardwarebeschleunigung können Sie den virtuellen Computern erlauben, bestimmte Berechnungen direkt an die physische Netzwerkkarte weiterzugeben. Im unteren Bereich lassen sich noch Berechnungen für IPsec vom Prozessor des virtuellen Servers auf die physische Netzwerkkarte auslagern. Dadurch erhöhen sich die Systemleistung des Servers und die Netzwerkgeschwindigkeit.

Innerhalb der erweiterten Features finden Sie die beiden neuen Einstellungen *DHCP-Wächter* und *Routerwächter*. Die Einstellungen sollen verhindern, dass virtuelle Server unkontrolliert als DHCP-Server oder als Router agieren.

Nach der Erstellung der virtuellen Netzwerke finden Sie auf dem Host in den Netzwerkverbindungen die erstellten Verbindungen wieder. Um die Netzwerkverbindungen anzuzeigen, geben Sie *ncpa.cpl* im Startmenü ein. Wichtig in diesem Bereich ist, dass Sie zukünftig IP-Einstellungen nicht mehr in der physischen Netzwerkverbindung vornehmen, sondern in den Einstellungen des virtuellen Switches. Diese verwendet zukünftig auch der physische Windows Server 2022-Host für die Kommunikation mit dem Netzwerk, wenn Sie keine dedizierte Netzwerkkarte konfiguriert haben.

Sie können virtuelle Switches in der PowerShell erstellen und verwalten. Die entsprechenden Cmdlets finden Sie am schnellsten, wenn Sie in der PowerShell *Get-Command *vmswitch** eingeben.

Neben den Switches können Sie auch die virtuellen Netzwerkadapter in der PowerShell steuern. Hier sehen Sie die Befehle mit *Get-Command *vmnetworkadapter**.

7.5.4 MAC-Adressen für Hyper-V konfigurieren

Wichtig sind die Einstellungen für virtuelle MAC-Adressen in den Einstellungen der virtuellen Netzwerkkarten. Hier müssen Sie bezüglich der Livemigration und vor allem der Aktivierung des Betriebssystems auf jeden Fall Einstellungen vornehmen, da Sie ansonsten ständig die Server neu aktivieren müssen. Außerdem spielen diese Einstellungen vor allem in NLB-Clustern mit Exchange-Servern und für SharePoint-Server eine wichtige Rolle.

Im Bereich *MAC-Adresse* lässt sich der dynamische MAC-Bereich festlegen, den die virtuellen Netzwerkkarten der Server erhalten. Für virtuelle Server lassen sich aber auch statische MAC-Adressen festlegen. Das ist wichtig bei einem Betrieb in einem Cluster. Verschieben Sie virtuelle Server zwischen den Clusterknoten, ändern sich beim Neustart die MAC-Adressen, da jeder Knoten seinen eigenen Pool hat.

Das kann Probleme mit der Windows-Aktivierung geben sowie mit Netzwerklastenausgleichs-Clustern. Jeder Hyper-V-Host hat einen eigenen Pool aus dynamischen MAC-Adressen. Eine solche Änderung wirkt sich an vielen Stellen aus.

Es kann sein, dass Sie das Betriebssystem neu aktivieren müssen, oder ein virtueller NLB-Cluster funktioniert nicht mehr. Aus diesem Grund ist es teilweise empfehlenswert, die statische Zuordnung von MAC-Adressen zu aktivieren. Sie finden diese Einstellung in den erweiterten Features im Bereich *Netzwerkkarte* der einzelnen virtuellen Server im Hyper-V-Manager.

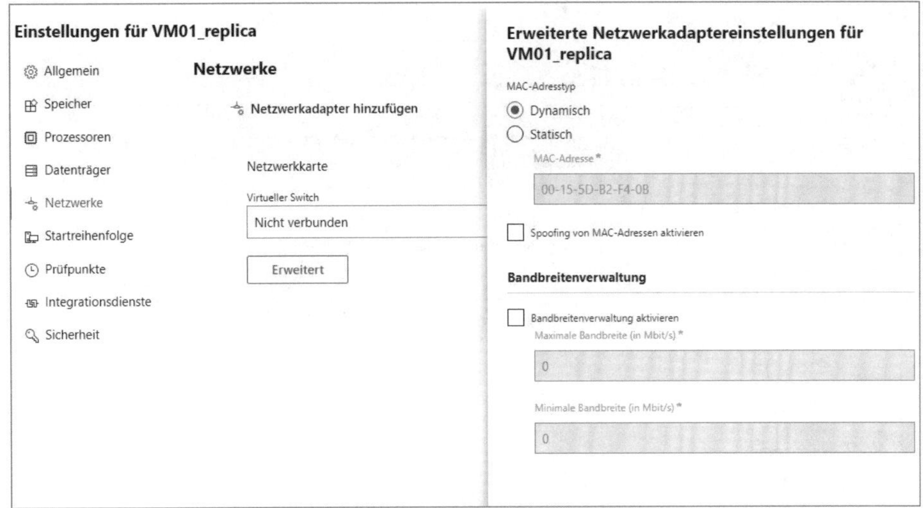

Abb. 7.5 Verwalten der MAC-Adressen in Windows Server 2022 für virtuelle Server im Windows Admin Center

7.5.5 Virtuelle LANs (VLAN) und Hyper-V

Hyper-V in Windows Server 2022 unterstützt die Verwendung von VLANs. Bei solchen Netzwerken lassen sich Datenströme voneinander trennen, um die Sicherheit und die Leistung zu erhöhen. Die Technik muss aber direkt im Netzwerk integriert sein. Switches und Netzwerkkarten müssen die Funktion unterstützen. Dadurch lässt sich zum Beispiel der Netzwerkverkehr für die Verwaltung des Servers vom Netzwerkverkehr der virtuellen Server trennen.

Damit die Anbindung funktioniert, müssen Sie in den physischen Netzwerkkarten der Hyper-V-Hosts in den erweiterten Einstellungen der Netzwerkkarte festlegen, zu welcher VLAN-ID sie gehören soll. Anschließend starten Sie im Hyper-V-Manager den Manager für virtuelle Switches und wählen die Netzwerkverbindung aus, die Sie an das VLAN anbinden wollen. Auch hier geben Sie die entsprechende VLAN-ID vor.

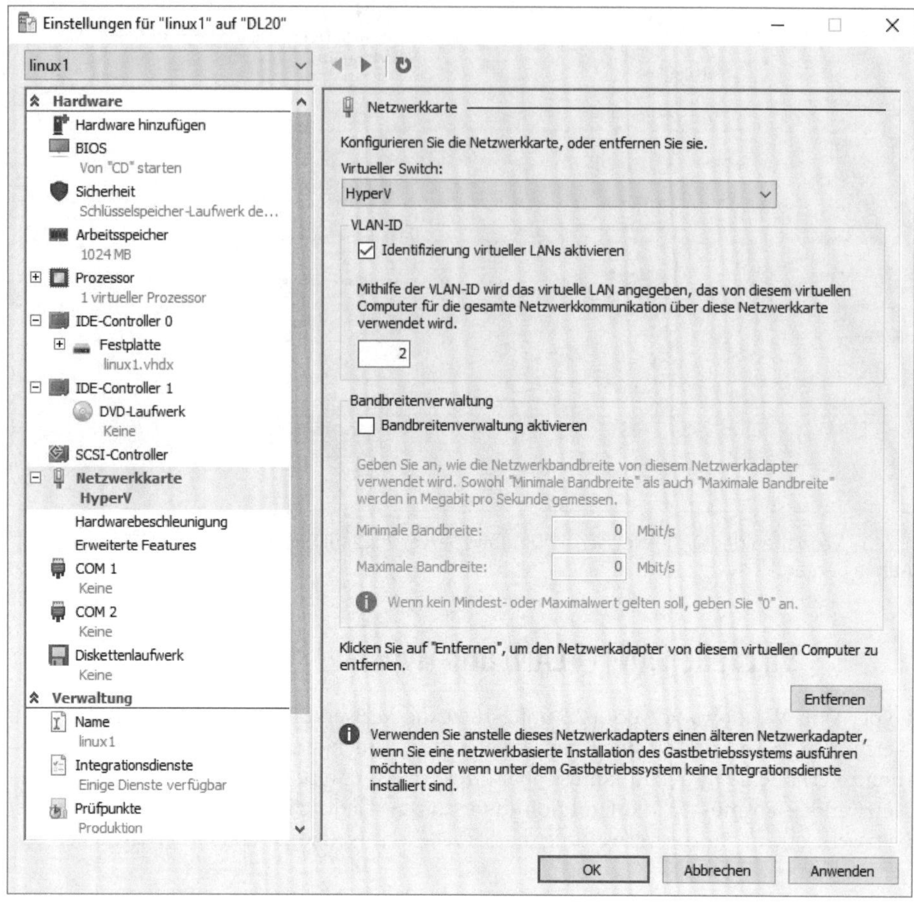

Abb. 7.6 Konfigurieren der VLAN-Anbindung im Hyper-V-Manager

Dazu müssen Sie aber zunächst die Option *Identifizierung virtueller LANs für das Verwaltungsbetriebssystem aktivieren* setzen. Nachdem Sie die ID angegeben haben, fließt der Datenverkehr von dieser Verbindung über die entsprechende ID.

Auch interne Netzwerke in Hyper-V unterstützen die VLAN-Konfiguration. Zusätzlich können Sie virtuelle Server an VLANs anbinden. Dazu müssen Sie in den Einstellungen der virtuellen Server über die Eigenschaften der virtuellen Netzwerkkarten ebenfalls die VLAN-ID angeben. Wollen Sie, dass ein virtueller Server mit mehreren VLANs kommunizieren kann, fügen Sie dem Server einfach mehrere virtuelle Netzwerkkarten hinzu und konfigurieren das entsprechende VLAN.

Durch diese durchgehende Unterstützung von VLANs können Sie bei entsprechend kompatiblen Switches zum Beispiel Testumgebungen aufbauen oder Hyper-V-Hosts logisch voneinander trennen, auch wenn diese im selben Netzwerk konfiguriert sind.

Netzwerkkarten-Teams unterstützen ebenfalls die Anbindung an VLANs (siehe Kapitel 6). Verwenden Sie NIC-Teams in virtuellen Servern, empfiehlt Microsoft, die VLAN-Anbindung direkt über den virtuellen Switch durchzuführen, nicht für das virtuelle NIC-Team.

Seit den Linux Integration Services 3.5 lassen sich VLANs auch für virtuelle Linux-Server nutzen. Die Einstellungen dazu sind identisch mit den Möglichkeiten für virtuelle Windows-Server.

7.5.6 Switch Embedded Teaming – NIC-Teams für Hyper-V

Die NIC-Teaming-Funktion aus Windows Server 2012/2012R2/2016/2019 ist in Windows Server 2022 noch verfügbar und nutzbar. Besser ist es jedoch, auf die neue Variante zu setzen. Vorteil der neuen Technologie ist, dass diese auch auf Nano-Servern verfügbar ist.

Switch Embedded Teaming (SET) bietet Hochverfügbarkeit für virtuelle Netzwerkswitches. Die virtuellen Netzwerkadapter der einzelnen Hosts greifen auf virtuelle Switches zu, aber auch die VMs können auf den virtuellen Switch zugreifen und von der Leistung der virtuellen Hyper-V-Switches mit SET profitieren. Um einen solchen SET-Switch zu erstellen, verwenden Sie die PowerShell. Der Befehl ist:

New-VMSwitch -name SETswitch -Netadaptername "set1", "set2", "set3" -AllowManagementOS $True -EnableEmbeddedTeaming $true

Dieser Befehl verbindet die drei physischen Netzwerkadapter *set1*, *set2* und *set3* mit einem neuen virtuellen Switch mit der Bezeichnung *SetSwitch*. Der Name ist natürlich frei wählbar. Wollen Sie über das Team nicht die Verwaltung des Betriebssystems zulassen, verwenden Sie die Option *-AllowManagementOS $False.*

Nachdem Sie den virtuellen SET-Switch erstellt haben, rufen Sie dessen Informationen mit *Get-VMSwitch* ab. Hier sehen Sie auch die verschiedenen Adapter, die Bestandteil des virtuellen Switches sind. Ausführlichere Informationen erhalten Sie mit *Get-VMSwitchTeam <Name>*. Hier zeigt die PowerShell die Einstellungen des virtuellen Switches an.

Natürlich lassen sich Teams auch nachträglich bearbeiten. Dazu wird das Cmdlet *Set-VMSwitch* verwendet. Um die Gruppenmitgliedschaft zu ändern, können Sie zum Beispiel folgenden Befehl verwenden:

Set-VMSwitch -Name TeamedvSwitch -NetAdapterName "SET1","SET4"

Bei diesem Vorgang werden die zuvor hinzugefügten Mitglieder *set2* und *set3* aus dem Team entfernt und *set4* hinzugefügt. Alternativ können Sie hier auch die Cmdlets *Add-VMSwitchTeamMember* und *Remove-VMSwitchTeamMember* nutzen.

Das Cmdlet *Set-VMSwitchTeam* verfügt über die Option *-LoadBalancingAlgorithm*. Hier lassen sich zwei verschiedene Werte definieren: *HyperVPort* oder *Dynamic*. Soll das Team in VMs genutzt werden, bietet es sich an, auch die Option *HyperVPort* zu verwenden. Aber auch die Option *Dynamic* ist sinnvoll einsetzbar. Die Konfiguration erfolgt ebenfalls in der PowerShell:

Set-VMSwitch -Name SetSwitch -VMSwitchLoadBalancingAlgorithm Dynamic

Zusätzlich kann festgelegt werden, dass bestimmte vNICs und damit VMs in einer Team-Lösung auf eine ganz bestimmte physische Netzwerkkarte gebunden sind, die wiederum Mitglied des Teams ist. Fällt der jeweilige Netzwerkadapter jedoch aus, wird die VM nicht vom Netzwerk getrennt, sondern Hyper-V verwendet, solange eine andere physische Netzwerkkarte des Teams funktioniert. Für die Verwaltung wird das Cmdlet *Set-VMNetworkAdapterTeamMapping* verwendet, zum Beispiel:

Set-VMNetworkAdapterTeamMapping -VMNetworkAdapterName SMB1 -ManagementOS -PhysicalNetAdapterName Ethernet2

Alternativ können Sie den Befehl auch so ausführen, dass er die Netzwerkadapter einer bestimmten VM konfiguriert:

Set-VMNetworkAdapterTeamMapping -VMName w2k16 -PhysicalNetAdapterName set2

Natürlich lässt sich die Zuordnung in der PowerShell auch überprüfen. Dazu steht das Cmdlet *Get-VMNetworkAdapterTeamMapping* zur Verfügung. Verbindungen zwischen VMs und physischen Netzwerkadaptern in einem Team lassen sich auch wieder rückgängig machen. Dazu nutzen Sie das Cmdlet *Remove-VMNetworkAdapterTeamMapping*.

7.5.7 NAT in Hyper-V konfigurieren

In Vorgängerversionen von Windows Server 2022 bis hin zu Windows 8.1 und Windows Server 2012R2 hat Hyper-V drei verschiedene Switches unterstützt. Interne und private Switches dienen der Kommunikation der VMs und des Hosts untereinander, während externe Switches für die Kommunikation mit dem restlichen Netzwerk genutzt werden. Bisher war die Verwendung von NAT nur durch Umwege möglich, zum Beispiel durch Funktionen im Host-Betriebssystem, oder zusätzliche Software.

NAT-Switches erstellen

Mit internen Switches lassen sich in Windows Server 2022 NAT-Umgebungen konfigurieren. Um einen NAT-Switch zu erstellen, ist die PowerShell ideal, da hier alle notwendigen Aufgaben vorgenommen werden können. Im ersten Schritt wird ein interner Switch erstellt, der später für die NAT-Konfiguration verwendet wird:

New-VMSwitch -SwitchName "NAT-Switch" -SwitchType Internal

Danach wird ein NAT-Gateway erstellt:

New-NetIPAddress -IPAddress <NAT Gateway IP> -PrefixLength <NAT Subnet Prefix Length> -InterfaceIndex <ifIndex>

Die IP-Adresse des NAT-Gateways ist frei wählbar. In diesem Beispiel ist die IP-Adresse 192.168.0.1. Als Subnetzpräfix verwenden wir 24 (255.255.255.0). Der Wert für *InterfaceIndex* wird mit *Get-NetAdapter* angezeigt. Hier wird der Switch genutzt, der zuvor erstellt wurde.

Anschließend wird das NAT-Netzwerk mit dem Cmdlet *New-NetNAT* erstellt:

New-NetNat -Name <NAT-OutsideName> -InternalIPInterfaceAddressPrefix <NAT Subnet Prefix>

In diesem Beispiel lautet der Befehl:

New-NetNat -Name NATnetwork -InternalIPInterfaceAddressPrefix 192.168.0.0/24

Informationen lassen sich mit *Get-NetNat* abrufen. Um die Konfiguration zu löschen, verwenden Sie den Befehl *Remove-NetNat*.

Mit NAT in VMs arbeiten

Sobald der NAT-Switch zur Verfügung steht, kann er VMs zugewiesen werden. Auf Basis des NAT-Switches können Sie auch mit NAT-Forwarding arbeiten. Sollen zum Beispiel spezielle Ports des Hosts zu VMs weitergeleitet werden, steht das Cmdlet *Add-NetNatStaticMapping* zur Verfügung. Der Befehl sieht zum Beispiel folgendermaßen aus:

Add-NetNatStaticMapping -NatName " H704f0d2f-e492-4bc2-96ea-308095ccfd75" -Protocol TCP -ExternalIPAddress 0.0.0.0 -InternalIPAddress 192.168.0.2 -InternalPort 80 -ExternalPort 80

7.6 Virtuelle Server erstellen und installieren

Seit Windows Server 2016 gibt es ein neues Format für die Speicherdateien der VM-Konfiguration in Hyper-V. Dieses Format kann Windows-Server jetzt wesentlich schneller lesen und schreiben als in den Vorgängerversionen bis hin zu Windows Server 2012 R2. Außerdem sind die Dateien nicht so anfällig und wesentlich robuster bei Abstürzen, ähnlich zu den VHDX-Dateien.

Das neue Format nutzt die Endung **.vmcx*. Für Laufzeitdaten wird die Endung **.vmrs* verwendet. Bei den Dateien handelt es sich um Binärdateien. Sie dürfen diese nicht direkt bearbeiten. Windows Server 2012 R2 verwendet in diesem Bereich XML-Dateien.

Sie sollten die Festplatten der virtuellen Server als Festplatten mit fixer Größe erstellen, nicht als dynamische Festplatten. Dies erhöht deutlich die Leistung der virtuellen Server. Microsoft empfiehlt eine solche Konfiguration auch für Exchange.

7.6.1 IDE oder SCSI – Welcher virtuelle Controller ist besser?

Einfach ausgedrückt können virtuelle Server in Windows Server 2016/2019 und Windows Server 2022 zunächst nur von IDE-Controllern booten, zumindest wenn Sie Generation 1-VMs nutzen. Sie können zwar weitere SCSI-Controller hinzufügen, starten können die Server aber nur von virtuellen IDE-Controllern. Das liegt daran, dass die alten Generation 1-VMs in Windows Server 2012/2012 R2 und Windows Server 2016 nur von emulierten Controllern und nicht von virtualisierten Controllern wie SCSI starten können.

Physische IDE-Controller bieten zwar weniger Leistung als physische SCSI-Controller, im Bereich der Virtualisierung ist das aber nicht so. Dafür bieten virtuelle IDE-Controller weniger Funktionen als die virtuellen SCSI-Controller.

Verwenden Sie aber eine Generation 2-VM in Windows Server 2022, startet diese direkt von einem SCSI-Controller. Das gilt auch in Windows 10/11 und Windows Server 2022. Bei diesen Servern wird wiederum kein IDE-Controller verwendet.

Das liegt unter anderem daran, dass Hyper-V virtuelle IDE-Controller emuliert, auch noch in Windows Server 2022. Das Betriebssystem in Hyper-V muss daher nicht immer davon ausgehen, dass es virtualisiert zur Verfügung gestellt wird. Ein Betriebssystem, das einen virtuellen IDE-Controller nutzt, greift auf diesen immer genauso zu wie auf einen physischen IDE-Controller. Das gilt aber nur für den eigentlichen Bootvorgang. Hyper-V schreibt die Befehle an den virtuellen IDE-Controller so um, dass die Zugriffe funktionieren. IDE-Festplatten stehen also auch dann zur Verfügung, wenn auf dem virtuellen Server die Integrationsdienste für Hyper-V nicht gestartet sind. Sobald die Integrationsdienste geladen sind, stehen in der VM auch die speziellen Treiber für virtuelle IDE- und SCSI-Controller zur Verfügung.

Bei Generation 2-VMs weiß das Betriebssystem bereits beim Starten, dass es in einer virtuellen Umgebung zur Verfügung gestellt wird. Generation 2-VMs unterstützen allerdings keinerlei emulierte Hardware, auch keine virtuellen IDE-Controller beim Booten. Generation 2-VMs booten also immer über das UEFI-System von virtuellen SCSI-Controllern. Diese werden nicht emuliert, sondern sind als Treiber direkt in den Hypervisor integriert und dadurch von der VM zugreifbar. Das ist bereits beim Booten des virtuellen Servers der Fall.

Sobald ein virtueller Server gestartet ist und die Integrationsdienste geladen sind, greifen die VMs ebenfalls über Treiber mit dem Hypervisor auf den Controller zu. Ab diesem Moment gibt es keine Leistungsunterschiede mehr zwischen virtuellen IDE- und SCSI-Controller, da beide über die gleiche Technik angebunden sind.

Der Vorteil von SCSI-Controllern ist außerdem die Möglichkeit, im laufenden Betrieb Festplatten zuordnen oder abhängen zu können. Außerdem haben Sie die Möglichkeit, physische Festplatten direkt über virtuelle SCSI-Controller an eine VM anzuhängen.

Virtuelle IDE-Controller erlauben maximal zwei virtuelle Geräte pro Controller. Außerdem dürfen Sie nur zwei virtuelle IDE-Controller pro virtuellem Server verbinden, aber dafür vier virtuelle SCSI-Controller. Mit virtuellen SCSI-Controllern stehen Ihnen mehrere Kanäle mit zahlreichen Anschlussmöglichkeiten zur Verfügung. Insgesamt können Sie pro SCSI-Controller 16 Festplatten anschließen, insgesamt also 64.

Festplatten, die Sie an virtuellen SCSI-Controllern anschließen, können Sie im laufenden Betrieb des Servers an- oder abhängen. Das geht mit virtuellen und physischen Festplatten, die Sie über virtuelle SCSI-Controller an virtuelle Server anbinden. Auch das geht mit virtuellen Festplatten an virtuellen IDE-Controllern nicht. Hier können Sie zwar auch jederzeit Festplatten an- und abhängen, müssen dazu aber die VM ausschalten.

Seit Windows Server 2012 R2 gibt es die Möglichkeit, die Größe von virtuellen Festplatten im laufenden Betrieb zu ändern. Auch dazu müssen die Festplatten an einem virtuellen SCSI-Controller angeschlossen sein. Das funktioniert ebenfalls in Windows Server 2022.

Was dagegen bei virtuellen IDE- und SCSI-Controllern gemeinsam funktioniert, ist die Möglichkeit, die Dienstqualität und Bandbreite von virtuellen Festplatten zu begrenzen.

7.6.2 Laufwerke mit der PowerShell hinzufügen

Bei virtuellen SCSI-Controllern können Sie Laufwerke im laufenden Betrieb hinzufügen. Diesen Vorgang nehmen Sie entweder im Hyper-V-Manager oder der PowerShell vor. Zunächst lassen Sie sich mit folgendem Befehl die SCSI-Controller der VM anzeigen:

Get-VMScsiController -VMname <Name der VM>

Um einem SCSI-Controller eine neue Festplatte hinzuzufügen, verwenden Sie anschließend folgenden Befehl:

Add-VMHardDiskDrive -VMname <Name der VM> -Path <Pfad zur VHDX-Datei> -ControllerType SCSI -ControllerNumber <Nummer>

Mit dem Cmdlet *Add-VMScsiController* fügen Sie einem virtuellen Server einen virtuellen SCSI-Controller hinzu.

7.6.3 Virtualisierung von Domänencontrollern

Mit Snapshots (Prüfpunkten) lassen sich virtuelle Server zu einem bestimmten Zeitpunkt sichern und wiederherstellen. Bei Domänencontrollern sichern Snapshots allerdings auch die Active Directory-Datenbank. Setzen Sie auf einem Domänencontroller einen Snapshot zurück, kann es zu Inkonsistenzen der Active Directory-Datenbank kommen, die auch die anderen Domänencontroller beeinflusst. Dies liegt daran, dass in Active Directory alle Objekte eine bestimmte Nummer besitzen, die Update Sequence Number (USN). In Windows Server 2022 gibt es dazu die neuen Produktionsprüfpunkte. Diese berücksichtigen die Datenbank von Active Directory. Virtualisieren Sie Domänencontroller, sollten Sie darauf achten, dass die Produktionsprüfpunkte für den virtuellen Server aktiviert sind. Die Einstellungen dazu finden Sie in den Eigenschaften der VM über den Menüpunkt *Prüfpunkte*.

Jeder Domänencontroller verfügt über eine eigene Liste dieser USNs und befindet sich auch selbst in dieser Liste. Setzen Sie einen Snapshot zurück, ändern sich USNs zahlreicher Objekte, was mit hoher Wahrscheinlichkeit zu Inkonsistenzen führt. In jedem Fall aber trennen die anderen Domänencontroller den wiederhergestellten Domänencontroller vom Netzwerk.

Zeitsynchronisierung über Hyper-V deaktivieren

Standardmäßig versorgen sich virtuelle Server über den entsprechenden Hyper-V-Host mit der Uhrzeit. Auch das kann bei Domänencontrollern zu Problemen führen. Auf jedem virtuellen Computer installiert Hyper-V automatisch die Integrationsdienste. Dabei handelt es sich um ein Softwarepaket, das die Leistung virtueller Server deutlich verbessert. Rufen Sie die Einstellungen auf und klicken Sie auf *Integrationsdienste*.

Hier können Sie einstellen, ob sich die virtuellen Server mit dem Host synchronisieren sollen. Für virtuelle Windows-Server in Active Directory-Domänen sollten Sie diese Synchronisierung deaktivieren, da durch die Zeitsynchronisierung Inkonsistenzen auftreten können. Vor allem bei der Virtualisierung von SharePoint, Exchange oder virtuellen Domänencontrollern liegt in dieser Konfiguration eine häufige Fehlerquelle.

Da die Server Mitglied einer Domäne sind, synchronisieren sie die Zeit mit einem Domänencontroller. Den PDC-Master-Domänencontroller lassen Sie am besten mit einer Atomuhr im Internet oder einer Funkuhr synchronisieren. In Active Directory sind alle Domänencontroller gleichberechtigt und synchronisieren die Zeit vom PDC-Master der übergeordneten Domäne.

Domänencontroller im Cluster

Betreiben Sie Hyper-V in einem Cluster, haben Sie die Möglichkeit, virtuelle Server zwischen den Knoten zu verschieben. Dabei können Sie Server mit der Livemigration so verschieben, dass sie immer aktiv bleiben, da Hyper-V auch den Inhalt des Arbeitsspeichers zwischen den Knoten verschiebt.

Befinden sich in einem Hyper-V-Cluster mehrere Server einer Domäne, besteht die Gefahr, dass beim Verschieben Domänenmitglieder vor den Domänencontrollern verschoben werden und unter Umständen online sind, während der Domänencontroller noch offline ist. Daher sollten Sie immer zuerst die Domänencontroller verschieben, möglichst nicht zuerst die normalen Mitgliedsserver. Windows Server 2022 kann virtuelle Server im Cluster priorisieren und dafür sorgen, dass Domänencontroller zuerst verschoben werden.

Automatisches Starten und Herunterfahren

In den Einstellungen von virtuellen Maschinen sollten Sie festlegen, wie sich der virtuelle Server beim Herunterfahren oder Starten des Hostsystems verhalten soll. Hier gelten die gleichen Probleme wie bei der Livemigration im Cluster. Bei unkontrolliertem Start booten die einzelnen Computer nicht immer in der richtigen Reihenfolge.

Sie sollten daher beim Neustarten des Hosts auch die virtuellen Server herunterfahren lassen und beim Starten des Hosts manuell starten. Microsoft empfiehlt als Einstellung für *Automatische Stoppaktion* die Option *Gastbetriebssystem herunterfahren*. Die Speicherung des Zustands empfiehlt Microsoft nicht, da dadurch die Synchronisierung der Active Directory-Datenbank zwischen den Domänencontrollern gestört wird. Das Herunterfahren ist die optimale Einstellung, wenn der Host neu gestartet werden muss.

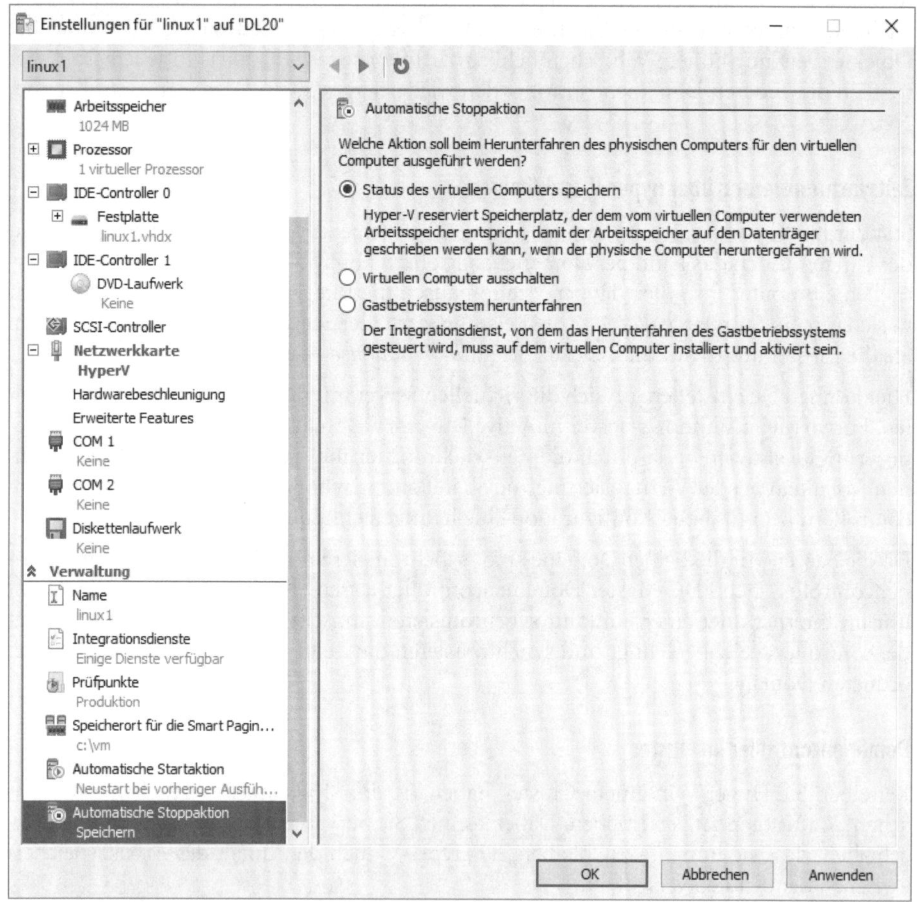

Abb. 7.7 Konfigurieren der automatischen Stoppaktion für virtuelle Server

Beim Herunterfahren schließt ein Domänencontroller alle noch offenen Synchronisierungsvorgänge ab, sodass beim erneuten Start keine Inkonsistenzen durch veraltete Daten entstehen können. Als automatische Startaktion empfiehlt Microsoft entweder keine Aktion oder die Einstellung, dass der Server neu starten soll, wenn er beim Herunterfahren gestartet war. Allerdings sollten Sie in diesem Fall darauf achten, dass andere Server nicht auch automatisch starten, wenn sie von den Domänencontrollern abhängig sind.

Dedizierte Netzwerkverbindungen einsetzen

Microsoft empfiehlt, einen Netzwerkadapter auf jedem Hyper-V-Host für die Verwaltung des Servers zu verwenden. Diese Vorgehensweise dient auch der Anbindung von Netzwerkspeicher, zum Beispiel NAS oder iSCSI. Auch hier sollten Sie für jede Verbindung eine eigene Netzwerkkarte auf dem Hyper-V-Host zur Verfügung stellen.

Diese Optimierung sollten Sie auf die virtuellen Hyper-V-Server ausdehnen. Domänencontroller sollten immer effizient zur Verfügung stehen, da im Active Directory ansonsten andere Serverdienste langsam reagieren. Die meisten Serverdienste benötigen ständige Authentifizierungen an Domänencontrollern.

Daher sollten die Domänencontroller idealerweise eine eigene Netzwerkkarte mit eigenem virtuellem Switch verwenden. Lassen Sie nicht alle Domänencontroller an der gleichen Karte laufen, da ansonsten die Gefahr besteht, dass bei Ausfall einer Karte alle Domänencontroller gleichzeitig nicht mehr verfügbar sind.

Keine differenzierenden virtuellen Festplatten verwenden

In Hyper-V haben Sie die Möglichkeit, einem Gastsystem eine differenzierende virtuelle Festplatte zuzuweisen. Für Domänencontroller ist das nicht empfohlen, da sich solche Festplatten zu leicht wieder in den Ursprungszustand zurückversetzen lassen. Hier gibt es das gleiche Problem wie mit den Snapshots. Wenn Sie eine differenzierende Festplatte auswählen, erstellt Hyper-V auf Basis einer bereits vorhandenen virtuellen Festplatte eine neue Festplatte.

Damit können Sie von bereits vorhandenen virtuellen Festplatten ein Abbild erzeugen. Microsoft empfiehlt zunächst, die übergeordnete virtuelle Festplatte mit einem Schreibschutz zu versehen, damit sie nicht versehentlich überschrieben wird. In der Differenzplatte liegen nur die Änderungen, die das Gastsystem an der virtuellen Platte vorgenommen hat, also auch die Daten von Active Directory.

Dazu werden alle Schreibzugriffe des Gasts auf die Differenzplatte umgeleitet. Lesezugriffe kombinieren den Inhalt der Differenzplatte und den Inhalt der zugrunde liegenden virtuellen Festplatte, ohne dass der Gast etwas davon bemerkt. Die zugrunde liegende Festplatte wird nicht mehr verändert, und die Differenzplatte bleibt relativ klein, da sie nur Änderungen enthält.

Eine fertige Basisinstallation kann von mehreren virtuellen Maschinen (VMs) gleichzeitig verwendet werden, indem Sie mehrere Differenzplatten erstellen, die dieselbe virtuelle Festplatte verwenden. Dadurch sparen Sie sich viel Zeit und Platz beim Klonen von virtuellen Maschinen. Was für herkömmliche Server geeignet ist, kann für Domänencontroller daher extrem schädlich sein.

7.6.4 Per Hyper-V-Manager virtuelle Maschinen erstellen

Nachdem Sie die virtuellen Switches für virtuelle Computer angelegt haben, erstellen Sie die Computer, die Sie virtualisieren wollen. Dazu können Sie als Installationsmedium entweder eine DVD auswählen oder eine ISO-Datei. Um virtuelle Computer zu erstellen, gehen Sie vor wie nachfolgend erläutert.

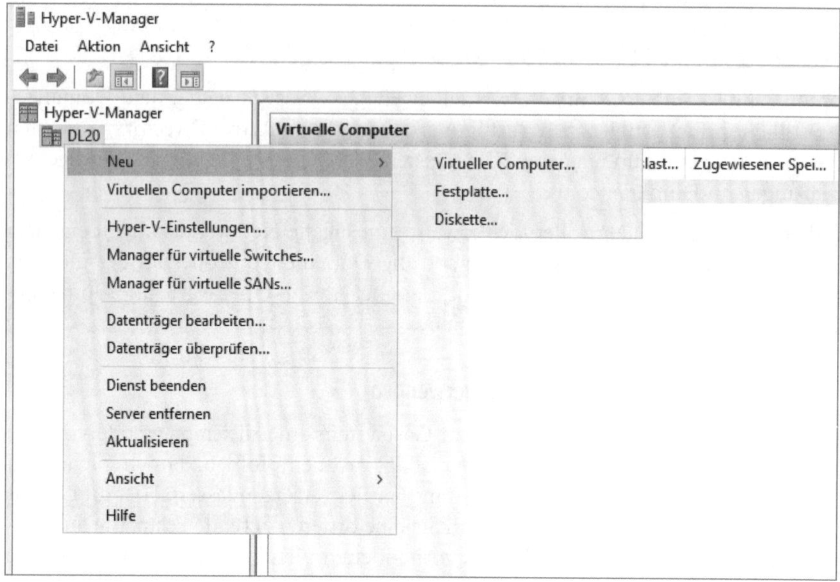

Abb. 7.8 Starten des Assistenten zur Erstellung von virtuellen Servern

1. Starten Sie den Hyper-V-Manager. Sie können sich auch von einem anderen Server oder Computer aus mit dem Hyper-V-Host verbinden. Mehr zu diesem Thema finden Sie in den Kapiteln 3 und 4.
2. Klicken Sie anschließend auf *Neu/Virtueller Computer* oder verwenden Sie das Kontextmenü des Hosts zum Erstellen eines virtuellen Computers.
3. Geben Sie auf der nächsten Seite den Namen des Computers ein. Der Name hat nichts mit dem eigentlichen Computernamen zu tun. Hierbei handelt es sich lediglich um den Namen im Hyper-V-Manager. Es bietet sich aber an, den gleichen Namen zu verwenden.
4. Aktivieren Sie das Kontrollkästchen *Virtuellen Computer an einem anderen Speicherort speichern*. Sie können diesen Ordner im Hyper-V-Manager über *Hyper-V-Einstellungen* festlegen. Hier nehmen Sie darüber hinaus weitere Einstellungen vor, die für Hyper-V selbst und alle virtuellen Computer gemeinsam gelten.
5. Wählen Sie den Ordner aus, in dem Sie die Daten des virtuellen Computers speichern wollen. Sie sollten für jeden Computer einen eigenen Pfad verwenden.

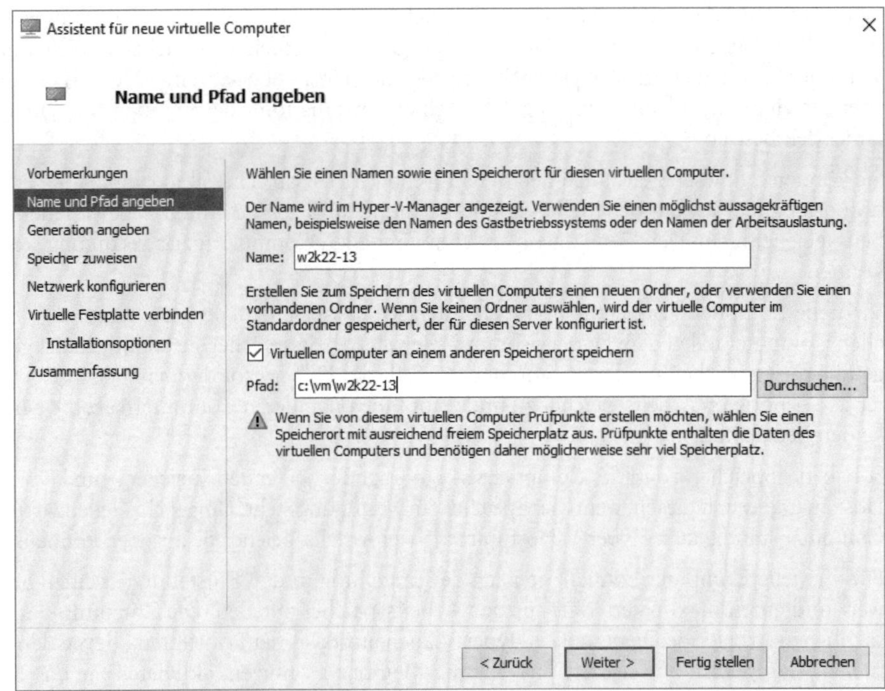

Abb. 7.9 Auswählen des Namens sowie des Speicherorts für den virtuellen Computer

Danach wählen Sie aus, ob der virtuelle Server eine Generation 1-VM sein soll oder die neuen Funktionen von Generation 2-VMs erfüllt werden. Wir sind zu Beginn des Kapitels bereits auf das Thema eingegangen. Achten Sie aber darauf, dass Sie die Generation eines virtuellen Servers nicht mehr ändern können.

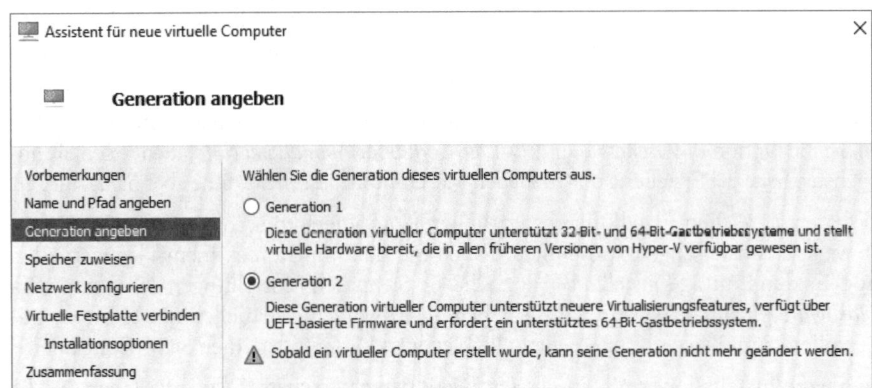

Abb. 7.10 Auswählen des Generation-Typs eines neuen virtuellen Servers

Wählen Sie auf der nächsten Seite aus, wie viel Arbeitsspeicher Sie dem Computer zuweisen wollen. Generell sollten Sie darauf achten, dass der gemeinsame Arbeitsspeicher aller virtueller Server nicht den physischen Speicher des Hosts überschreitet. Der Arbeitsspeicher des virtuellen Computers lässt sich nach der Installation jederzeit anpassen, auch im laufenden Betrieb.

Sie können an dieser Stelle auch den dynamischen Arbeitsspeicher aktivieren. Diese Funktion ermöglicht es, dass virtuelle Computer, die nicht ihren gesamten zugewiesenen Arbeitsspeicher ausnutzen, Teile davon anderen virtuellen Computern zur Verfügung stellen können.

Virtuelle Computer können über Hyper-V den Arbeitsspeicher teilen. Die einzelnen virtuellen Computer teilen dem Hypervisor mit, wie viel Arbeitsspeicher sie benötigen. Ist genügend Arbeitsspeicher auf dem Computer frei, teilt der Hypervisor dem virtuellen Computer den benötigten Arbeitsspeicher zu und zieht ihn von anderen Computern ab, die derzeit keinen Bedarf haben.

Sobald der Speicherbedarf des Computers steigt, fragt der Server den Speicher beim Hyper-V-Host an und erhält diesen, wenn der Speicher zur Verfügung steht. Umgekehrt teilen virtuelle Computer ständig dem Hyper-V-Host mit, wie viel Arbeitsspeicher sie abgeben können.

Für virtuelle Computer können Sie nach der Erstellung in den Einstellungen einen Startwert und einen maximalen Wert für den Arbeitsspeicher zuteilen. Die Zuteilung des tatsächlichen Arbeitsspeichers steuert Hyper-V auch auf Basis der Prioritäten, die Sie den virtuellen Computern zuweisen. Um Dynamic Memory zu nutzen, aktivieren Sie das Kontrollkästchen *Dynamischen Arbeitsspeicher für diesen virtuellen Computer verwenden.* An dieser Stelle können Sie aber keine Werte konfigurieren.

Wählen Sie auf der nächsten Seite das Netzwerk aus, das Sie für die virtuellen Server erstellt haben. Hier stehen die virtuellen Switches zur Verfügung, die Sie im Vorfeld angelegt haben. Sie können nach der Erstellung des virtuellen Servers zusätzliche virtuelle Netzwerkkarten hinzufügen und diese mit einem anderen virtuellen Switch verbinden.

Auf der nächsten Seite aktivieren Sie die Option *Virtuelle Festplatte erstellen* und wählen den Pfad und die Größe aus. Lesen Sie dazu die Anmerkungen in den Kapiteln 1, 2 und 5. Sie können virtuellen Computern auch nachträglich jederzeit weitere virtuelle Festplatten über deren Einstellungen zuordnen.

Als Nächstes wählen Sie aus, wie Sie das Betriebssystem installieren wollen. Am besten aktivieren Sie die Option *Physisches CD/DVD-Laufwerk* oder *Abbilddatei (ISO).* Schließen Sie auf der nächsten Seite die Erstellung der virtuellen Maschine ab, lassen Sie diese aber nicht starten.

Nach der erfolgreichen Erstellung des virtuellen Computers können Sie im Hyper-V-Manager weitere Einstellungen vornehmen. Rufen Sie dazu im Kontextmenü des virtuellen Computers den Eintrag *Einstellungen* auf. Klicken Sie in den Einstellungen des Computers auf *Hardware hinzufügen*, wenn Sie zusätzliche Hardware zur virtuellen Maschine hinzufügen wollen, zum Beispiel weitere virtuelle Netzwerkkarten oder einen SCSI-Controller.

Legen Sie die Installations-DVD in das Laufwerk des physischen Hosts oder laden Sie die ISO-Datei in den Einstellungen des virtuellen Computers. Klicken Sie im Hyper-V-Manager den virtuellen Computer mit der rechten Maustaste an und wählen Sie im Kontextmenü den Eintrag *Starten* aus.

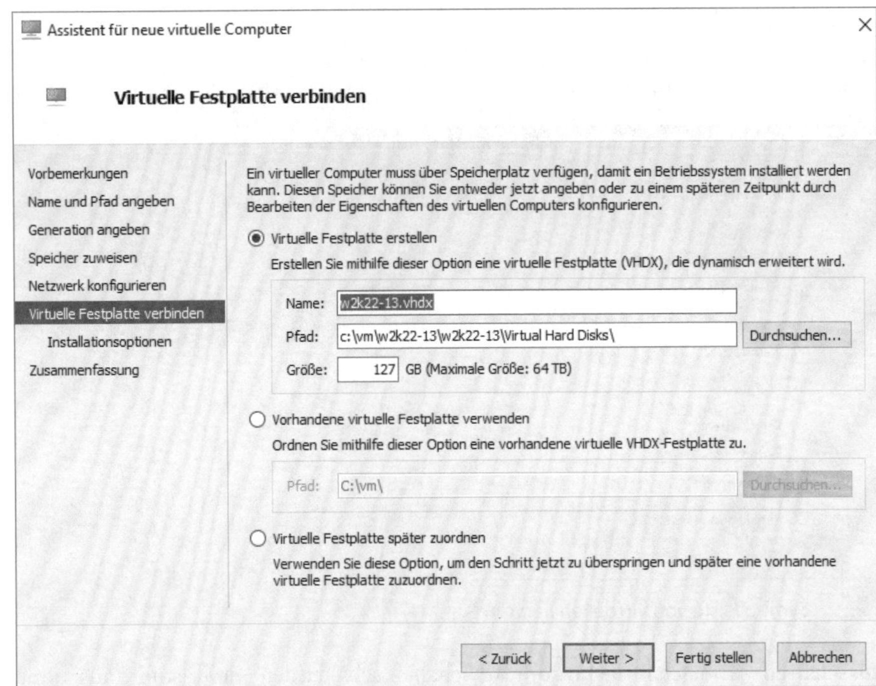

Abb. 7.11 Virtuelle Festplatten von virtuellen Computern erstellen

Anschließend installieren Sie auf dem Server das Betriebssystem wie auf einem physischen Server. Hier gibt es keine Unterschiede. Beenden Sie das Verbindungsfenster zum virtuellen Computer, bleibt dieser weiter gestartet. Sie sehen den Status der entsprechenden virtuellen Computer im Hyper-V-Manager.

In den nächsten Abschnitten zeigen wir Ihnen, wie Sie virtuelle Server verwalten. Sie haben natürlich auch die Möglichkeit, virtuelle Server in der PowerShell zu erstellen. Dazu verwenden Sie das Cmdlet *New-VM -Name <Name des virtuellen Servers>*. Neue virtuelle Festplatten erstellen Sie mit *New-VHD*.

Eine Liste aller erstellten virtuellen Server eines Hyper-V-Hosts rufen Sie mit *Get-VM* ab. Mit der Option *|fl* erhalten Sie weiterführende Informationen. Sie erhalten so auch Echtzeitdaten, also den zugewiesenen Arbeitsspeicher, wenn Sie Dynamic Memory einsetzen.

7.6.5 Virtuelle Server steuern

Im Fernwartungsfenster des virtuellen Computers und in dessen Kontextmenü stehen verschiedene Schaltflächen zur Verfügung, mit denen Sie den Server steuern können.

- **STRG+ALT+ENT senden** – Mit der ersten Schaltfläche auf der linken Seite senden Sie die Tastenkombination `Strg`+`Alt`+`Entf` an den Server.
- **Starten** – Mit der *Starten*-Schaltfläche starten Sie den Server, wenn er ausgeschaltet ist.

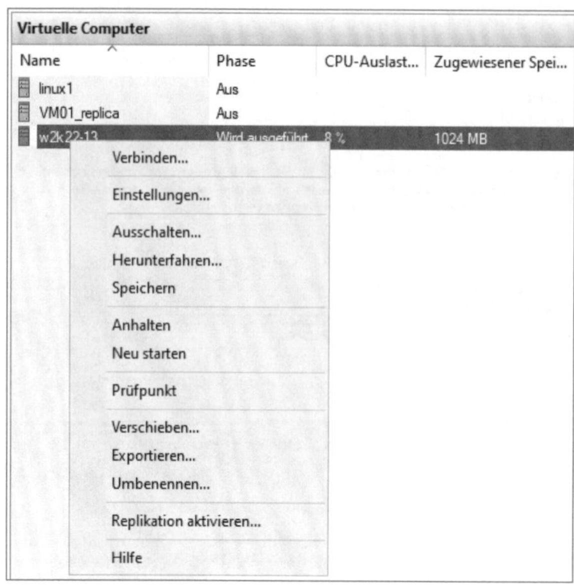

Abb. 7.12 Symbolleiste von virtuellen Servern

- **Ausschalten** – Die Schaltfläche zum Ausschalten schaltet den Server sofort aus, ohne das Betriebssystem herunterzufahren.
- **Herunterfahren** – Fährt das Betriebssystem herunter.
- **Speichern** – Mit dieser Option wird der Inhalt des Arbeitsspeichers in einer Datei auf dem Host abgespeichert und der Gast dann abgeschaltet. Beim späteren Starten wird dieser Status aus der Datei erneut in den Arbeitsspeicher geladen und die Maschine steht wieder zur Verfügung.
- **Anhalten** – Einer laufenden VM werden sämtliche CPU-Ressourcen entzogen, sie friert im aktuellen Zustand ein. Der Inhalt des Arbeitsspeichers und damit der aktuelle Zustand der Maschine bleibt erhalten und die VM läuft nach dem Fortsetzen sofort weiter.
- **Neu starten** – Diese Schaltfläche entspricht einem Reset. Das Betriebssystem wird dazu nicht herunterfahren, sondern der Zustand entspricht dem des Ausschaltens des Servers und einem sofortigen Neustart.
- **Prüfpunkt** – Mit dieser Schaltfläche erstellen Sie einen Prüfpunkt (auch Snapshot oder Momentaufnahme genannt). Mehr zu diesem Thema erfahren Sie im nächsten Kapitel.
- **Zurücksetzen** – Setzt den Server auf den letzten Prüfpunkt zurück. Mehr dazu erfahren Sie im nächsten Kapitel.
- **Erweiterter Sitzungsmodus** – Mit dieser Schaltfläche aktivieren Sie für die aktuelle Verbindung zum virtuellen Server den erweiterten Sitzungsmodus auf Basis von RDP. Mit der Schaltfläche aktivieren Sie auch wieder den einfachen Sitzungsmodus, den Sie bereits von Vorgängerversionen von Windows Server 2022 kennen.

Neben der grafischen Oberfläche können Sie virtuelle Server in der PowerShell steuern. So schalten Sie mit *Stop-VM* virtuelle Maschinen aus, starten Sie mit *Start-VM* und rufen den Zustand mit *Get-VM* ab. Um sich eine Liste der verfügbaren Befehle anzuzeigen, verwenden Sie *Get-Command *vm**.

Sie können über die PowerShell Server auch neu starten (*Restart-VM*), anhalten (*Suspend-VM*) und wieder fortführen lassen (*Resume-VM*).

Virtuelle Server können Sie mit *Import-VM* importieren und mit *Export-VM* exportieren. Snapshots erstellen Sie mit *Checkpoint-VM*.

Viele Aufgaben zur Verwaltung von Hyper-V und VMs lassen sich in der PowerShell vornehmen.

Mit PowerShell Direct können Sie über PowerShell-Sitzungen auf einem Hyper-V-Host auf VMs des Hosts zugreifen und Aktionen durchführen. Dazu muss auf dem Host aber Windows Server 2022 betrieben werden. Auch in den VMs ist entweder Windows 10 oder Windows Server 2022 notwendig. Um eine Sitzung zu starten, geben Sie in der PowerShell-Sitzung auf dem Host einen der folgenden Befehle ein:

Enter-PSSession -VMName <Name der VM im Hyper-V-Manager>

Invoke-Command -VMName <Name der VM im Hyper-V-Manager> -ScriptBlock { Commands }

Für die erfolgreiche Verbindung müssen Sie sich unter Umständen an der Sitzung erst authentifizieren. Sie können auf diesem Weg über die PowerShell-Sitzung auf dem Host aber nicht nur herkömmliche Server mit der PowerShell verwalten, sondern auch Core-Server und Nano-Server. Die Vorgehensweise dazu ist die gleiche.

Wollen Sie sich mit einem anderen Benutzer authentifizieren, verwenden Sie *Enter-PSSession -VMName <Computer> -Credential <Benutzer>*. Mit *Exit-Session* beenden Sie diese Sitzung wieder.

7.7 Einstellungen von virtuellen Servern anpassen

Über das Kontextmenü oder den *Aktionen*-Bereich lassen sich die verschiedenen Einstellungen der virtuellen Computer anpassen. Hierüber passen Sie zum Beispiel die Anzahl der Prozessoren, den Arbeitsspeicher, BIOS-Einstellungen und die Schnittstellen an. Auch neue Hardware fügen Sie über diesen Bereich hinzu.

In Windows Server 2022 können Sie Netzwerkadapter im laufenden Betrieb hinzufügen und entfernen. Sie müssen dazu VMs also nicht mehr herunterfahren.

Sie können bei Generation 2-VMs den Arbeitsspeicher von Servern im laufenden Betrieb anpassen, auch dann, wenn Sie nicht Dynamic Memory nutzen.

Viele Einstellungen stehen aber nur dann zur Verfügung, wenn der virtuelle Server ausgeschaltet ist. Einstellungen, die im laufenden Betrieb nicht möglich sind, graut der Hyper-V-Manager aus.

Ein weiterer Bereich in den Einstellungen von virtuellen Computern sind die BIOS-Einstellungen. Die meisten Einstellungen lassen sich aber nur dann anpassen, wenn der virtuelle Computer ausgeschaltet ist. Hierüber legen Sie fest, ob die Num-Taste beim Starten automatisch aktiviert ist und welche Bootreihenfolge der Server beachten soll.

7.7.1 Hardware zu virtuellen Computern hinzufügen

Wollen Sie einem virtuellen Computer neue Hardware hinzufügen, also eine neue Netzwerkkarte, einen SCSI-Controller oder neue Festplatten, klicken Sie den virtuellen Computer mit der rechten Maustaste an, wählen *Einstellungen* und klicken dann auf *Hardware hinzufügen*.

Wollen Sie in Hyper-V Betriebssysteme testen, für die es keine Integrationsdienste gibt, müssen Sie dem virtuellen Server ältere Netzwerkkarten hinzufügen. Der neue Netzwerkkartentyp arbeitet nicht mit Systemen zusammen, die offiziell nicht von Hyper-V unterstützt werden.

Im rechten Bereich wählen Sie die Hardware aus, die Sie hinzufügen wollen, und klicken auf *Hinzufügen*. Beim Hinzufügen eines Festplattencontrollers besteht zusätzlich die Möglichkeit, noch weitere Festplatten hinzuzufügen. Um Hardware hinzuzufügen, muss der Server ausgeschaltet sein, viele Geräte lassen sich aber auch im laufenden Betrieb hinzufügen.

Sobald Sie einem virtuellen Server einen SCSI-Controller hinzugefügt haben, können Sie weitere Festplatten hinzufügen, auch wenn der Server gestartet ist. Das geht aber nur bei virtuellen SCSI-Festplatten. Damit die Hardware hinzugefügt wird, müssen Sie die Änderung noch mit *Anwenden* oder *OK* bestätigen.

Einmal hinzugefügte Geräte lassen sich über die Schaltfläche *Entfernen* wieder vom virtuellen Computer trennen.

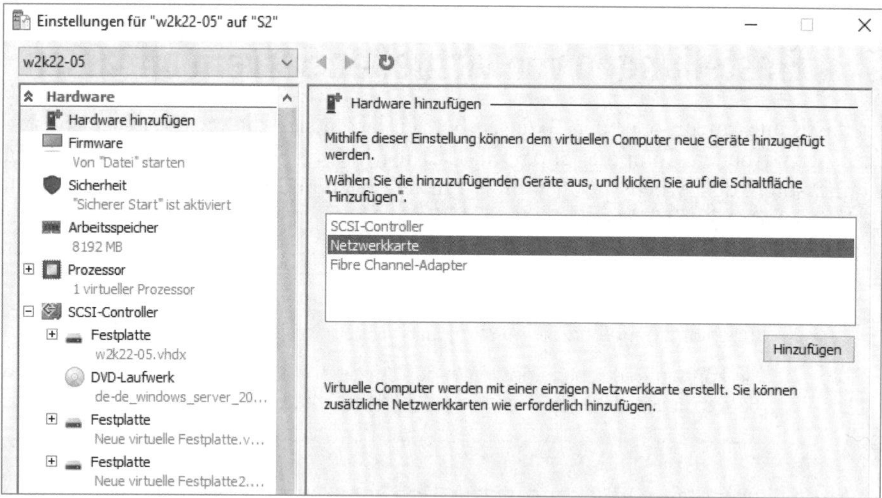

Abb. 7.13 Hardware zu Servern im laufenden Betrieb hinzufügen

Interessant ist im unteren Bereich bei den Einstellungen von VMs die Option *Speicherort für die Smart Paging-Datei*. Smart Paging soll verhindern, dass sich virtuelle Server nicht mehr starten lassen, weil der gesamte verfügbare Arbeitsspeicher bereits zugewiesen ist. Nutzen Sie Dynamic Memory (siehe nächster Abschnitt), besteht die Möglichkeit, dass andere Server auf dem Host den gesamten Arbeitsspeicher nutzen.

Die Smart Paging-Funktion erlaubt virtuellen Servern, beim Neustart Teile der Festplatte des Hosts als Arbeitsspeicher zu nutzen. Auch diesen Bereich können Sie daher getrennt verschieben. Nach dem erfolgreichen Start wird der Festplattenplatz wieder freigegeben und der virtuelle Server erhält durch Dynamic Memory seinen Speicher. In Windows Server 2022 unterstützen auch virtuelle Computer auf Basis von Linux diese Funktion.

Generation 2-VMs können Sie ebenfalls mit Linux-VMs nutzen. Das bietet Linux-VMs die Möglichkeit, über UEFI zu booten und die Secure Boot-Funktion von UEFI zu nutzen. Dazu müssen Sie Ubuntu ab Version 14.04 oder SUSE Linux Enterprise Server ab Version 12 einsetzen. Diese Systeme sind automatisch für Secure Boot aktiviert. Außerdem unterstützt Hyper-V in Windows Server 2022 die aktuellen Distributionen von CentOS, Oracle Linux, Red Hat und Debian. Bevor Sie eine solche VM starten, sollten Sie aber erst konfigurieren, dass die VM die Microsoft UEFI Certificate Authority nutzt. Dazu müssen Sie den folgenden Befehl auf dem Host eingeben:

Set-VMFirmware vmname -SecureBootTemplate MicrosoftUEFICertificateAuthority

In einigen Szenarien kann es sinnvoll sein, physische Festplatten direkt an eine VM anzubinden. Dieses Szenario bietet dann direkten Speicherzugriff von VMs auf die Festplatte. Allerdings ist das nicht immer sinnvoll. Die jeweilige Festplatte kann in den meisten Fällen nur von der jeweiligen VM genutzt werden. Außerdem müssen Administratoren genau wissen, was sie tun, denn die Festplatte befindet sich in diesem Szenario außerhalb des Hypervisors.

Was auf der einen Seite also Verbesserungen der Leistungen bietet oder Zugriff auf Installationsdateien externer Datenträger, kann auf der anderen Seite zu Problemen führen. Die Funktion ist toll, sollte aber nicht generell verwendet werden. Eine virtuelle Festplatte auf einem schnellen Datenträger, zum Beispiel einer SSD, kann hier oft die bessere Wahl sein.

7.7.2 Virtuelle Festplatten zu Servern hinzufügen

Um einem Server eine neue virtuelle Festplatte hinzuzufügen, haben Sie verschiedene Möglichkeiten. Nachdem Sie einen oder mehrere SCSI-Controller als Hardware beigefügt haben, können Sie virtuelle Festplatten entweder zu einem virtuellen IDE-Controller anfügen oder einen virtuellen SCSI-Controller verwenden. Im laufenden Betrieb lassen sich virtuelle Festplatten nur virtuellen SCSI-Controllern hinzufügen. Um einen virtuellen SCSI-Controller hinzuzufügen, müssen Sie aber wiederum den virtuellen Server herunterfahren. Neue Festplatten fügen Sie im Schnelldurchlauf folgendermaßen hinzu:

1. Klicken Sie mit der rechten Maustaste auf den virtuellen Server und dann auf *Einstellungen.*
2. Klicken Sie auf den Controller, mit dem die neue virtuelle Festplatte verbunden werden soll.
3. Klicken Sie danach auf *Festplatte* und dann auf *Hinzufügen.*
4. Aktivieren Sie im neuen Bereich die Option *Virtuelle Festplatte* und klicken Sie auf *Neu*, um den Assistenten für eine neue Festplatte zu starten.
5. Bestätigen Sie die Startseite des Assistenten zum Hinzufügen von neuen Festplatten und wählen Sie danach das Format aus, das die neue Festplatte erhalten soll, also VHD (bis 2TB) oder VHDX (bis 64TB).

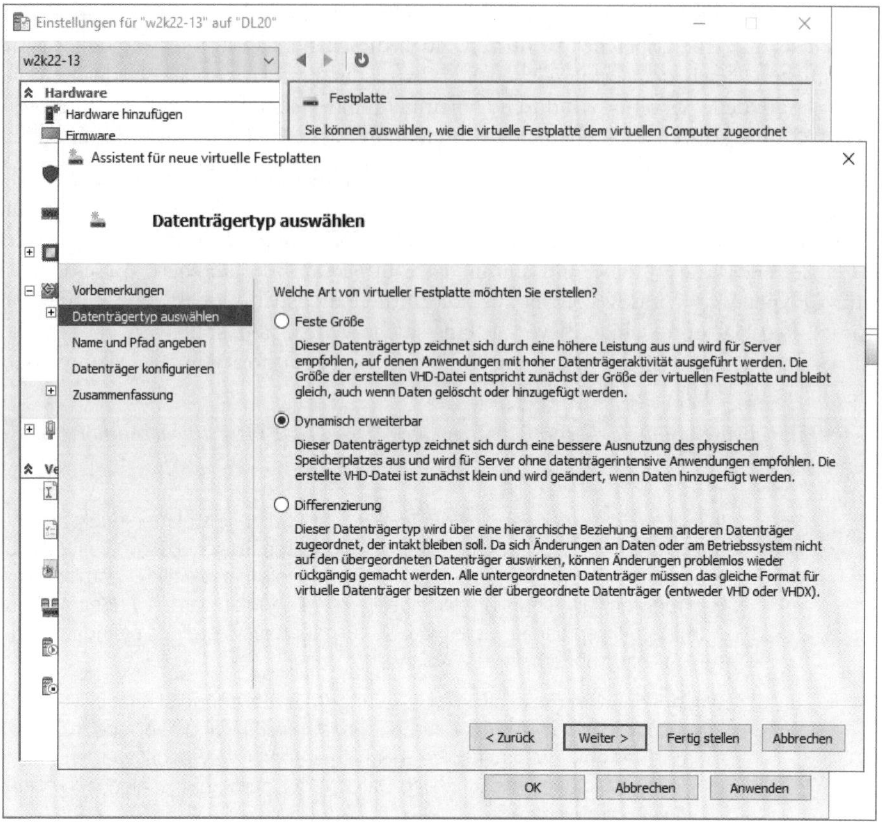

Abb. 7.14 Hinzufügen einer virtuellen Festplatte zu einem virtuellen Server

6. Wählen Sie als Nächstes aus, ob die Festplatte eine feste Größe haben soll (*Feste Größe*), dynamisch erweiterbar (*Dynamisch erweiterbar*) oder auf einer vorhandenen Festplatte aufbauen soll (*Differenzierung*).

   - **Feste Größe** – Bei dieser Variante legen Sie eine feste Größe fest, die die virtuelle Festplatte des virtuellen Servers nicht überschreiten darf.
   - **Dynamisch erweiterbar** – Dieser Typ wird am häufigsten verwendet. Die hinterlegte Datei der Festplatte kann dynamisch mit dem Inhalt mitwachsen.
   - **Differenzierung** – Wenn Sie diesen Punkt auswählen, wird auf Basis einer bereits vorhandenen virtuellen Festplatte eine neue Festplatte erstellt. Damit können Sie von bereits vorhandenen virtuellen Festplatten ein Abbild erzeugen. Microsoft empfiehlt, die übergeordnete virtuelle Festplatte mit einem Schreibschutz zu versehen, damit sie nicht versehentlich überschrieben wird. In der Differenzfestplatte liegen nur die Änderungen, die das Gastsystem an der virtuellen Festplatte vorgenommen hat. Dazu werden alle Schreibzugriffe des Gasts auf die Differenzfestplatte umgeleitet. Lesezugriffe kombinieren den Inhalt der Differenzfestplatte und den Inhalt der zugrunde liegenden virtuellen Festplatte, ohne dass der Gast etwas davon bemerkt. Die zugrunde liegende Festplatte wird nicht mehr verändert, und die Differenzfestplatte bleibt relativ klein, da sie nur Änderungen enthält. Eine fertige Basisinstallation kann von mehreren virtuellen Maschinen (VMs) gleichzeitig verwendet wer-

den, indem Sie mehrere Differenzfestplatten erstellen, die dieselbe virtuelle Festplatte verwenden. Dadurch sparen Sie sich viel Zeit und Platz beim Klonen von virtuellen Maschinen.

7. Im Anschluss legen Sie den Pfad fest, in dem Windows Server 2022 die VHD/VHDX-Datei speichern soll. Auch den Namen der Datei geben Sie hier ein.
8. Auf der nächsten Seite legen Sie die Größe der virtuellen Festplatte fest und können den Inhalt einer physischen Festplatte in die virtuelle Festplatte kopieren lassen. Danach erhalten Sie noch eine Zusammenfassung und erstellen mit *Fertig stellen* schließlich die virtuelle Festplatte.
9. Klicken Sie danach im Fenster auf *Anwenden*, damit die virtuelle Festplatte an den virtuellen Server angefügt wird.
10. Die Festplatte ist jetzt angefügt und kann in der Datenträgerverwaltung des virtuellen Servers verwaltet werden. Hier gehen Sie vor wie bei physischen Festplatten (siehe Kapitel 5).

Dynamische Festplatten wachsen mit dem Speichervolumen einer VM mit. Dadurch benötigen die Festplatten nicht zu viel Speicherplatz nach der Installation. Der Nachteil liegt allerdings in der Leistung. Vor allem sehr leistungshungrige Systeme sind oft auf jedes Quäntchen Leistung angewiesen.

Server, deren Leistung nicht von der Festplattenleistung direkt abhängt, können diese Funktion durchaus nutzen. Allerdings unterstützen nicht alle Serveranwendungen dynamische Festplatten. Hier sollte also sichergestellt werden, dass der Hersteller der Serveranwendung dynamische Festplatten unterstützt, auch dann, wenn die Leistung nicht unbedingt ausschlaggebend ist. Außerdem wachsen dynamische Festplatten ständig an. Es kann passieren, dass der Speicherplatz des Hyper-V-Hosts nicht mehr ausreicht. In diesem Fall stellen VMs ihren Dienst an. Dynamische Festplatten sind also durchaus eine interessante Funktion, sollten für leistungshungrige VMs aber nicht eingesetzt werden. Beim Einsatz der dynamischen Festplatten für herkömmliche Server sollten Sie den Speicherplatz des Hosts im Auge behalten.

7.7.3 Speicher-Migration – Virtuelle Festplatten verschieben

In Windows Server 2022 haben Sie die Möglichkeit, den Speicherort von virtuellen Festplatten auf Hyper-V-Hosts zu verschieben. Diesen Vorgang können Sie im laufenden Betrieb vornehmen. Das ist zum Beispiel sinnvoll, wenn Sie einen Datenträger vergrößern oder die virtuellen Datenträger auf ein NAS oder SAN auslagern wollen.

Klicken Sie dazu mit der rechten Maustaste auf den virtuellen Server, dessen Festplatten Sie verschieben wollen. Wählen Sie danach *Verschieben* aus.

Im Assistenten wählen Sie anschließend *Speicher des virtuellen Computers verschieben* aus. Wie Sie komplette virtuelle Server zwischen Hyper-V-Hosts im laufenden Betrieb (Livemigration) verschieben, zeigen wir Ihnen in Kapitel 9. In Windows Server 2022 können Sie Livemigration auch ohne Cluster nutzen.

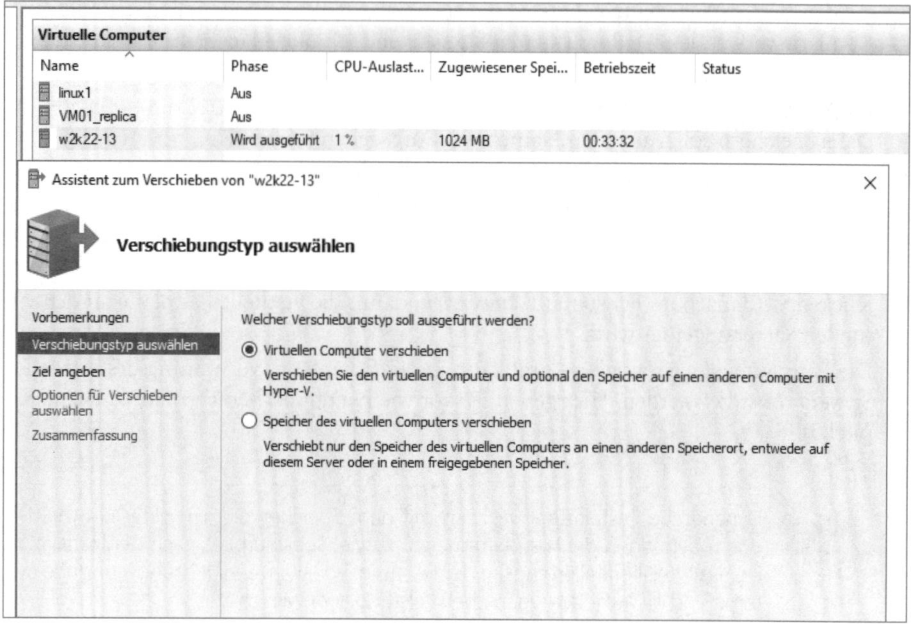

Abb. 7.15 Verschieben des Speichers eines virtuellen Servers

Im nächsten Fenster wählen Sie aus, ob Sie die Daten des virtuellen Servers oder nur die virtuellen Festplatten verschieben wollen.

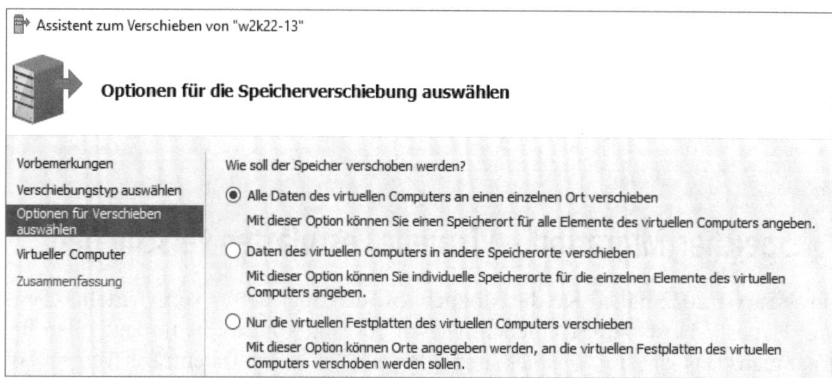

Abb. 7.16 Verschieben des Speichers von virtuellen Festplatten oder aller Daten auswählen

Im nächsten Fenster wählen Sie den entsprechenden Ordner aus, in dem Hyper-V die Daten des Computers speichern soll. Während des Vorgangs bleibt der virtuelle Server gestartet. Sie sehen den Status im Hyper-V-Manager.

Wollen Sie Daten in verschiedenen Ordnern speichern, können Sie die entsprechende Option auswählen und im nächsten Fenster getrennte Speicherorte für Konfigurationsdateien, virtuelle Festplatte und Snapshots festlegen.

Sie können neben Konfiguration, Snapshots und den virtuellen Festplatten auch Smart Paging-Dateien getrennt speichern. Smart Paging soll verhindern, dass sich virtuelle Server nicht mehr starten lassen, weil der gesamte verfügbare Arbeitsspeicher bereits durch andere VMs in Verwendung ist. Nutzen Sie Dynamic Memory (siehe nächster Abschnitt), besteht die Möglichkeit, dass andere Server auf dem Host den gesamten Arbeitsspeicher nutzen.

Die neue Funktion Smart Paging erlaubt virtuellen Servern, beim Neustart Teile der Festplatte des Hosts als Arbeitsspeicher zu nutzen. Diesen Bereich können Sie daher getrennt verschieben. Nach dem erfolgreichen Start wird der Festplattenplatz wieder freigegeben und der virtuelle Server erhält durch Dynamic Memory wieder seinen Speicher.

7.7.4 USB-Festplatten an Hyper-V anbinden

Leider unterstützt Hyper-V auch in der neuen Version von Windows Server 2022 keine optimale Anbindung von USB-Geräten. Sie haben aber die Möglichkeit, externe Festplatten, die am Hyper-V-Host angeschlossen sind, in virtuellen Servern zur Verfügung zu stellen. Sie können über den nachfolgend beschriebenen Weg aber auch in anderen Gastsystemen wie Linux USB-Geräte anbinden.

Neben den hier beschriebenen Möglichkeiten können Sie USB-Laufwerke auch über RDP-Sitzungen verwenden oder USB-Server im Netzwerk zur Verfügung stellen. Sie können andere USB-Geräte, wie Dongles oder Drucker, nur über RDP-Sitzungen oder entsprechende Geräte in Hyper-V nutzen.

Handelt es sich bei den virtuellen Computern um Arbeitsstationen in einer Virtual Desktop Infrastructure auf Basis von Hyper-V, können Anwender über diesen Weg natürlich USB-Geräte nutzen. In diesem Fall verbinden sich die Anwender entweder mit Thin-Clients oder PCs über das RDP-Protokoll mit dem virtuellen Computer. Das heißt, hier stehen alle USB-Laufwerke zur Verfügung. Nur in der Hyper-V-Konsole lassen sich diese Geräte nicht nutzen.

Um eine USB-Festplatte mit einem virtuellen Server zu verbinden, schließen Sie diese direkt an den Hyper-V-Host an. Die Platte muss zunächst im System verfügbar sein. Haben Sie die externe Festplatte verbunden, öffnen Sie eine Befehlszeile mit Administratorrechten und geben *diskpart* ein. Mit *list disk* finden Sie die Nummer der externen Festplatte.

Im nächsten Schritt wählen Sie die USB-Festplatte aus, die Sie im virtuellen Server unter Hyper-V nutzen wollen. Verwenden Sie dazu den Befehl *select <Nummer der Platte>*. Anschließend setzen Sie die Festplatte mit *offline disk* offline.

Es muss die Meldung erscheinen, dass der Datenträger offline gesetzt ist. Überprüfen Sie mit *diskmgmt.msc*, ob der Datenträger in der Datenträgerverwaltung des Hyper-V-Hosts offline angezeigt wird. Mit *diskpart* sehen Sie das in der Befehlszeile, wenn Sie *list disk* aufrufen.

Rufen Sie im Anschluss im Hyper-V-Manager die Einstellungen des virtuellen Servers auf, in dem Sie diese Festplatte zur Verfügung stellen wollen. Klicken Sie in den Einstellungen auf *SCSI-Controller*, dann auf *Festplatte* und dann auf *Hinzufügen*. Sie fügen jetzt den USB-Datenträger vom Hyper-V-Host als Datenträger über den virtuellen SCSI-Datenträger an den virtuellen Server an.

Im Fenster aktivieren Sie *Physische Festplatte* und wählen den von Ihnen offline gesetzten USB-Datenträger aus. Klicken Sie danach auf *Anwenden* und dann auf *OK*.

Öffnen Sie auf dem virtuellen Server die Festplattenverwaltung mit *diskmgmt.msc*. Hier sehen Sie den Datenträger. Über das Kontextmenü schalten Sie diesen online. Weisen Sie dem Datenträger noch einen Laufwerksbuchstaben zu. Alle Daten sind jetzt in der virtuellen Maschine verfügbar.

7.7.5 Virtuelle Festplatten von Servern verwalten und optimieren

Im *Aktionen*-Bereich des Hyper-V-Managers finden Sie auf der rechten Seite die beiden Menübefehle *Datenträger bearbeiten* und *Datenträger überprüfen*. Mit *Datenträger überprüfen* starten Sie einen Scanvorgang. Anschließend öffnet sich ein neues Fenster und zeigt die Daten dieser Festplatte an. So erfahren Sie, ob es sich um eine dynamisch erweiterbare Festplatte oder eine mit fester Größe handelt. Auch die maximale Größe sowie die aktuelle Datenmenge zeigt das Fenster an.

Über *Datenträger bearbeiten* stehen Ihnen verschiedene Möglichkeiten zur Verfügung, um die aktuell ausgewählte Festplatte anzupassen:

- **Komprimieren** – Diese Aktion steht nur bei dynamisch erweiterbaren Festplatten zur Verfügung. Der Vorgang löscht leere Bereiche in der VHD(X)-Datei, sodass diese deutlich verkleinert wird. Allerdings ergibt dieser Vorgang nur dann Sinn, wenn viele Daten von der Festplatte gelöscht wurden.
- **Konvertieren** – Mit diesem Vorgang wandeln Sie dynamisch erweiterbare Festplatten in Festplatten mit fester Größe um oder umgekehrt.
- **Erweitern** – Dieser Befehl hilft dabei, den maximalen Festplattenplatz einer VHD(X)-Datei zu vergrößern.
- **Zusammenführen** – Der Assistent zeigt diesen Befehl nur dann an, wenn Sie eine differenzierende Festplatte auswählen, zum Beispiel die AVHD(X)-Datei eines Snapshots. Da diese Datei nur die aktuellen Unterschiede zu der VHD(X)-Quelldatei enthält und auf diese verifiziert ist, lassen sich die Daten zu einer gemeinsamen VHD(X)-Datei zusammenführen, die alle Daten enthält. Die beiden Quellfestplatten bleiben bei diesem Vorgang erhalten, der Assistent erstellt eine neue virtuelle Festplatte.
- **Verbindung wiederherstellen** – Für eine differenzierende Festplatte ist es wichtig, dass die Quelldatei der verifizierten VHD(X)-Datei gefunden ist. Eine differenzierende Festplatte kann aber auch in einer Kette auf eine andere differenzierende Datei verweisen, die dann wiederum auf die VHD(X)-Datei verweist. Dies kommt zum Beispiel dann vor, wenn mehrere Snapshots aufeinander aufbauen. Ist die Kette zerstört, zum Beispiel weil sich der Pfad einer Festplatte geändert hat, lässt sich mit diesem Befehl die Verbindung wiederherstellen.

7.7.6 Dynamic Memory – Arbeitsspeicher anpassen

Über die Kategorie *Arbeitsspeicher*, in den Einstellungen der VM, bestimmen Sie die Größe des Arbeitsspeichers des virtuellen Computers.

Ab Windows Server 2022 lässt sich der verwendete Arbeitsspeicher im laufenden Betrieb zuweisen, auch dann, wenn kein dynamischer Arbeitsspeicher verwendet wird. Allerdings gilt es hier darauf zu achten, ob die Serveranwendungen das unterstützen. Alternativ muss die VM dann nach der Einstellung neu gestartet werden.

Die Funktion des dynamischen Arbeitsspeichers ermöglicht es, dass virtuelle Computer, die nicht ihren gesamten zugewiesenen Arbeitsspeicher ausnutzen, diesen anderen virtuellen Computern auf dem gleichen Host zur Verfügung stellen. Mit dieser Technik erhöht sich also die Effizienz von Hyper-V und Unternehmen können mehr virtuelle Server auf Hyper-V-Hosts betreiben. Die Zuteilung des Arbeitsspeichers übernimmt der Hypervisor. Allerdings funktionieren viele Serverdienste nicht mit dem dynamischen Speicher, zum Beispiel Exchange und SQL Server. Bevor Sie für einen virtuellen Server also den dynamischen Arbeitsspeicher nutzen, sollten Sie sicherstellen, dass die jeweiligen Serverdienste auf den VMs kompatibel mit Dynamic Memory sind.

Benötigt ein virtueller Server mehr Arbeitsspeicher, teilt Hyper-V ihm diesen zu und zieht ihn von anderen Servern ab, die derzeit keinen Bedarf haben. Virtuelle Server informieren Hyper-V auch über die Speichermenge, die sie abgeben können. Auf diese Weise kann Hyper-V den tatsächlich verfügbaren Arbeitsspeicher immer optimal verteilen und kennt die Arbeitsspeicher-Bedürfnisse der einzelnen Server.

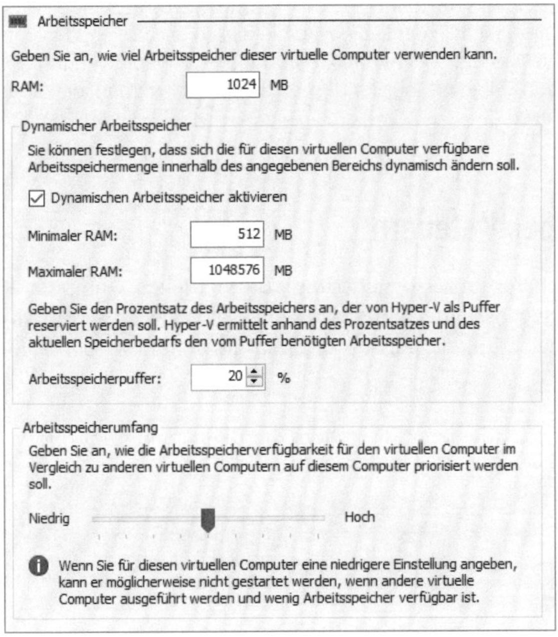

Abb. 7.17 Arbeitsspeicher für VMs in Windows Server 2022 konfigurieren

Für virtuelle Computer können Sie nach der Erstellung in den Einstellungen einen Startwert und einen maximalen Wert für den Arbeitsspeicher zuteilen. Die Zuteilung des tatsächlichen Arbeitsspeichers steuert Hyper-V auf Basis der Prioritäten, die Sie den virtuellen Computern zuweisen.

Um Dynamic Memory zu nutzen, aktivieren Sie das Kontrollkästchen *Dynamischen Arbeitsspeicher für diesen virtuellen Computer verwenden* bei der Erstellung des virtuellen Servers. Die Option können Sie jederzeit nachträglich ändern. Allerdings muss die VM dazu ausgeschaltet sein. An dieser Stelle können Sie aber keine Werte konfigurieren. Dazu rufen Sie später über das Kontextmenü die Einstellungen auf und klicken in der Kategorienleiste auf *Arbeitsspeicher*.

Geben Sie bei *Minimaler RAM* an, mit wie viel Speicher der Computer starten soll, und bei *Maximaler RAM*, wie viel Arbeitsspeicher der Server maximal erhalten kann.

Über *Arbeitsspeicherpuffer* legen Sie fest, wie viel zusätzlichen Arbeitsspeicher der virtuelle Computer erhalten soll. Diesen Speicher kann der Computer nutzen, um die Leistung zu erhöhen. Über *Arbeitsspeicherumfang* legen Sie fest, wie sich Anfragen des Computers im Vergleich zu anderen Computern verhalten sollen. Ist der maximale Arbeitsspeicher des Computers bereits ausgelastet, erhalten höher priorisierte Computer mehr Speicher, den unterpriorisierte abgeben müssen.

Der dynamische Arbeitsspeicher in Hyper-V erlaubt das Abgeben oder Erhalten von Arbeitsspeicher für die VM im laufenden Betrieb. Mit dieser Technik geben VMs, die ihren Arbeitsspeicher nicht komplett ausschöpfen, ab, während andere VMs den Arbeitsspeicher erhalten. Die Technik ist generell recht sinnvoll, allerdings müssen die installierten Serveranwendungen damit umgehen können.

Microsoft Exchange in allen Versionen und Editionen sowie Microsoft SQL Server in einigen Editionen sind dazu nicht in der Lage. Wird bei diesen Servern der dynamische Arbeitsspeicher verwendet, bricht die Leistung der Serveranwendungen deutlich ein. Die Funktion sollte also nur für die Server aktiviert werden, die diese Funktion auch unterstützen.

7.7.7 Prozessoren in Hyper-V steuern

Ausführlichere Möglichkeiten bietet die Prozessorsteuerung von virtuellen Computern. Über die Kategorie *Prozessor* in den Eigenschaften eines virtuellen Servers legen Sie die Anzahl der Prozessoren sowie eine Gewichtung der Ressourcen fest, die dem Prozessor zugewiesen sind.

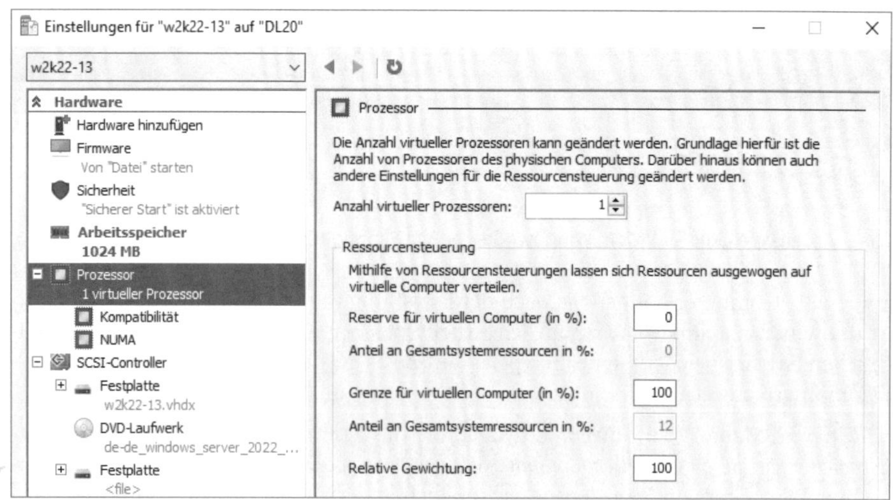

Abb. 7.18 Konfigurieren der Prozessoreinstellungen von virtuellen Computern

Neben der eigentlichen Anzahl an Prozessoren, die dem virtuellen Computer zugewiesen sind, steuern Sie hier, wie viel Prozessorzeit diesem virtuellen Computer zur Verfügung steht. Hier gibt es mehrere Möglichkeiten, die Sie über Prozentangaben steuern:

- **Reserve für virtuellen Computer** – Hiermit legen Sie fest, welche Ressourcen dem virtuellen Computer mindestens zur Verfügung stehen. Der eigentliche Wert darf niemals unter diesen Wert sinken. Achten Sie aber darauf, dass die reservierte Prozessorzeit sich auch auf andere virtuelle Computer auswirkt und deren maximale Anzahl auf dem Host beschränkt.
- **Anteil an Gesamtsystemressourcen** – Diese Option ist nicht anpassbar. Hier legt Hyper-V fest, welchen prozentualen Anteil die aktuell ausgewählte VM von den Gesamtressourcen erhält.
- **Grenze für virtuellen Computer** – Dieser Wert in Prozent gibt an, wie viel Prozessorzeit dem virtuellen Computer maximal zur Verfügung steht.
- **Relative Gewichtung** – Beim Einsatz mehrerer virtueller Computer auf dem Server, die identische Einstellungen im Ressourcenbereich haben, legt dieser Wert fest, in welcher Relation dieser Computer bevorzugt wird. Ein Computer, dem Sie eine relative Gewichtung von 200 zuweisen, erhält doppelt so viel Zugriff auf die CPU wie ein Computer mit einer Gewichtung von 100. Es handelt sich bei diesem Wert also nicht um eine Prozentzahl, sondern um eine benutzerdefinierte Gewichtung. Wichtige Server lassen sich dadurch bevorzugen und es ist sichergestellt, dass diese nicht zu wenig Ressourcen zugewiesen bekommen.

Wichtig für die Steuerung von Prozessoren in virtuellen Servern sind noch die beiden Unterkategorien *Kompatibilität* und *NUMA* (Non-Uniform Memory Access), die unterhalb der Kategorie *Prozessor* zu finden sind. Bei *Kompatibilität* können Sie zum Beispiel sicherstellen, dass Sie den virtuellen Server mit der Livemigration auf einen anderen Hyper-V-Host verschieben können. Bei Servern mit verschiedenen Prozessoren steuern Sie über NUMA wichtige Einstellungen.

NUMA (Non-Uniform Memory Architecture) bietet für jeden Prozessor im Server einen eigenen Speicherbereich. Diesen kann er aber anderen Prozessoren bei Bedarf zur Verfügung stellen (Distributed Shared Memory). Damit Sie in virtuellen Servern NUMA nutzen können, muss die Funktion in den Hyper-V-Einstellungen des virtuellen Servers aktiviert sein.

In Windows Server 2022 ist das standardmäßig der Fall. Sie finden die Konfiguration in den Hyper-V-Einstellungen. Deaktivieren Sie diese Einstellung, dürfen VMs nur noch Speicher und Prozessorkerne des gleichen NUMA-Knotens einsetzen.

7.7.8 Allgemeine Einstellungen von virtuellen Computern verwalten

Im unteren Bereich der Einstellungen von virtuellen Computern legen Sie den von Hyper-V verwendeten Namen sowie die freigeschalteten Funktionen der Integrationsdienste fest.

In Windows Server 2022 werden die Integrationsdienste nicht mehr über eine ISO-Datei installiert, sondern über die Windows Update-Funktion des Servers. Dadurch besteht die Möglichkeit zur Anbindung an WSUS (siehe Kapitel 37).

Haben Sie für einen Computer noch keinen Snapshot erstellt, also eine Sicherung des Betriebssystemzustands zu einem bestimmten Zeitpunkt, lässt sich an dieser Stelle noch der Speicherort der Dateien des virtuellen Computers anpassen. Nach der Erstellung eines Snapshots ist keine Änderung des Speicherorts mehr möglich.

Über die Kategorie *Automatische Startaktion* legen Sie fest, wie sich der virtuelle Computer bei einem Neustart des Hosts verhalten soll. Die Kategorie *Automatische Stoppaktion* dient der Konfiguration des Verhaltens, wenn der Host heruntergefahren wird.

7.7.9 Virtuelle Server in der PowerShell steuern – PowerShell Direct nutzen

Sie können virtuelle Server in der PowerShell erstellen. Dazu verwenden Sie das Cmdlet *New-VM -Name <Name des virtuellen Servers>*. Neue virtuelle Festplatten erstellen Sie mit *New-VHD*. Sie schalten mit *Stop-VM* virtuelle Maschinen aus, starten sie mit *Start-VM* und rufen den Zustand und die Konfiguration mit *Get-VM* ab.

Eine Liste aller erstellten virtuellen Server eines Hyper-V-Hosts rufen Sie mit *Get-VM* ab. Mit der Option *|fl* erhalten Sie weiterführende Informationen. Alternativ verwenden Sie *|ft*. Sie erhalten so auch Echtzeitdaten, also zum Beispiel den zugewiesenen Arbeitsspeicher, wenn Sie Dynamic Memory einsetzen.

In der PowerShell haben Sie die Möglichkeit, das Ergebnis einer Get-Abfrage an ein anderes Cmdlet zu übergeben. So können Sie zum Beispiel mit *Get-VM* die virtuellen Server eines Hyper-V-Hosts auslesen und mit *Get-VMHardDiskDrive* die virtuellen Festplatten dieser Server anzeigen lassen. Dazu verwenden Sie den Befehl *Get-VMHardDiskDrive (Get-VM)*.

In Windows Server 2022 können Sie von einer PowerShell-Sitzung auf dem Host Verwaltungsaufgaben auf den VMs durchführen. Diese neue Funktion wird PowerShell Direct genannt. Um eine Sitzung zu starten, geben Sie in der PowerShell-Sitzung auf dem Host einen der folgenden Befehle ein:

Enter-PSSession -VMName <Name der VM im Hyper-V-Manager>

Invoke-Command -VMName <Name der VM im Hyper-V-Manager> -ScriptBlock { Commands }

Sie können vom Hyper-V-Host über PowerShell Direct auch Dateien kopieren. Dazu öffnen Sie eine neue Sitzung und kopieren danach die Dateien:

$PSSession = New-PSSession -VMName <VMName> -Credential (Get-Credential)

Copy-Item -ToSession $PSSession -Path C:\data.bar -Destination C:

Mehr dazu finden Sie auf folgender Seite:

https://docs.microsoft.com/de-de/virtualization/hyper-v-on-windows/user-guide/powershell-direct

VMs steuern

Um eine Liste der verfügbaren Befehle zur Verwaltung von VMs anzuzeigen, verwenden Sie *Get-Command *vm**. Sie können über die PowerShell auch VMs neu starten (*Restart-VM*), anhalten (*Suspend-VM*) und wieder fortführen lassen (*Resume-VM*).

Virtuelle Server können Sie mit *Import-VM* importieren und mit *Export-VM* exportieren. Snapshots erstellen Sie mit *Checkpoint-VM*. Sie können auch Pipelines nutzen. Um zum Beispiel zu überprüfen, ob Prüfpunkte für virtuelle Server auf den Hyper-V-Hosts erstellt wurden, nutzen Sie den Befehl:

Get-VM | Get-VMSnapshot

Die Version der installierten Integrationsdienste lässt sich mit *get-vm |select Name, IntegrationServicesVersion* in Erfahrung bringen.

Quality of Service-Richtlinien in der PowerShell steuern

Damit die Richtlinien für Quality of Service korrekt erstellt werden, sollte zuvor festgestellt werden, welchen Ressourcenverbrauch die einzelnen VMs haben. Dazu besteht die Möglichkeit, diesen Verbrauch zu messen. Administratoren aktivieren dazu mit dem Cmdlet *enable-vmresourcemetering* die Messung. Um die Daten für einzelne VMs danach anzuzeigen, verwenden Sie zum Beispiel das Cmdlet *Measure-VM* mit dem Befehl: *(Get-VM | Measure-VM).HardDiskMetrics*

Die Datenmessung lässt sich mit dem Cmdlet *Reset-VMResourceMetering* zurücksetzen und mit *Disable-VMResourceMetering* deaktivieren.

Windows Server 2022 bietet hier zum Beispiel die Information zu *NormalizedIOCount*. Gezählt werden an dieser Stelle IO-Operationen in 8-KB-Blöcken. IO unter 8 KB wird als 1 gezählt, IO über 8 KB als Mehrfaches von 1. Ein IO von 1 bis 8 KB zählt also als 1, ein IO von 9 KB zählt als 2, 16 KB als 2, 17 KB als 3 usw. 128 KB zählen zum Beispiel als 8.

7.7.10 Daten von virtuellen Servern aus Hyper-V auslesen

Administratoren benötigen oft einen Überblick zu den verschiedenen Servern im Netzwerk. Betreiben Sie im Unternehmen virtuelle Server auf Basis von Hyper-V, können Sie mit einfachen Tools und Befehlen schnell und einfach Daten wie IP-Adressen, Festplattendaten oder die Konfiguration auslesen. Dazu sind nicht immer Zusatztools wie der System Center Virtual Machine Manager notwendig. Oft reichen Bordmittel oder günstige Freeware- beziehungsweise Open-Source-Tools.

Wir zeigen Ihnen, welche Möglichkeiten es gibt, Daten von Servern auszulesen. Vor allem Hyper-V in Windows Server 2022 bietet hier mit der PowerShell einige Möglichkeiten. Die folgenden Tools und Befehle funktionieren oft auch für physische Server oder virtuelle Server, die Sie mit anderen Lösungen wie VMware virtualisieren. Selbst für Arbeitsstationen lassen sich manche der Tools nutzen.

IP-Adressen und Daten von virtuellen Servern auslesen

Im Hyper-V-Manager sehen Sie die IP-Adressen und Netzwerkdaten von virtuellen Servern, wenn Sie einen Server markieren und ganz unten die Registerkarte *Netzwerk* aufrufen. Sie sehen an dieser Stelle auch den virtuellen Switch, mit dem der virtuelle Server verbunden ist und welchen Status die Verbindung hat. Das funktioniert auch, wenn Sie Hyper-V in Windows 10 nutzen.

Sie sehen im Fenster die aktuelle MAC-Adresse des Servers. Diese spielt zum Beispiel für den Aufbau eines Lastenausgleichclusters eine Rolle. Über diesen Weg können Sie die IP-Adressen der virtuellen Server im Hyper-V-Manager für alle angebundenen Hyper-V-Hosts anzeigen.

Geben Sie in der PowerShell *Get-Command -Module Hyper-V* ein, erhalten Sie eine Liste der verfügbaren Cmdlets. Besonders wichtig in diesem Zusammenhang ist das Cmdlet *Get-VM*. Eine Liste aller erstellten virtuellen Server eines Hyper-V-Hosts rufen Sie mit *Get-VM* ab. Mit der Option *|fl* erhalten Sie weiterführende Informationen. Alternativ verwenden Sie *|ft*. Sie erhalten so Echtzeitdaten, also zum Beispiel den zugewiesenen Arbeitsspeicher, wenn Sie Dynamic Memory einsetzen.

Sie können in der PowerShell aber nicht nur Daten von virtuellen Servern auslesen, sondern mit *Get-VMhost* auch Informationen zu den Hyper-V-Hosts im Netzwerk. Ausführliche Informationen erhalten Sie mit diesem Cmdlet über die beiden Optionen *|fl* und *|ft*.

Informationen zu virtuellen Switches zeigt die PowerShell mit *Get-VMSwitch* an. Sie können sich die Einstellungen der virtuellen Netzwerkkarten mit dem folgenden Befehl anzeigen lassen:

Get-VMNetworkAdapter -VMName <Name des virtuellen Servers> |fl

Mit diesem Cmdlet erhalten Sie auch die MAC-Adressen und IP-Adressen der virtuellen Server auf dem Hyper-V-Host. Wo die virtuellen Festplatten eines virtuellen Servers gespeichert sind, sehen Sie im Hyper-V-Manager in dessen Einstellungen im Bereich *IDE-Controller* oder *SCSI-Controller*. Sie können die virtuellen Festplatten in der PowerShell mit den Cmdlets *Get-VMIdeController, Get-VMScsiController, Get-VMFibreChannelHba* und *Get-VMHardDiskDrive* abfragen.

In der PowerShell haben Sie die Möglichkeit, das Ergebnis einer Get-Abfrage an ein anderes Cmdlet zu übergeben. So können Sie zum Beispiel mit *Get-VM* die virtuellen Server eines Hyper-V-Hosts auslesen und mit *Get-VMHardDiskDrive* die virtuellen Festplatten dieser Server anzeigen lassen. Dazu verwenden Sie den Befehl *Get-VMHardDiskDrive (Get-VM)*.

Zum Auslesen der IP-Adressen und Netzwerkdaten können Sie daher nicht nur die Möglichkeiten des Abschnitts weiter vorne verwenden, sondern auch das Cmdlet *Get-VMNetworkAdapter*. Wollen Sie zum Beispiel aus allen virtuellen Servern die IP-Adressen auslesen, rufen Sie wieder mit *Get-VM* die virtuellen Server eines Hosts ab und übergeben das Ergebnis an *Get-VMNetworkAdapter*.

Anschließend können Sie zum Beispiel das Ergebnis noch filtern und nur die IP-Adressen der virtuellen Server anzeigen. Dazu verwenden Sie den Befehl *Get-VM | foreach{(Get-VMNetworkAdapter $_).IPAddresses}*. Mit dem Zusatz *foreach* liest der Befehl nacheinander die gewünschten Daten aller VMs aus und zeigt diese an. Mit dem Befehl lesen Sie aber nicht nur die IP-Adressen der virtuellen Server auf einem lokalen Hyper-V-Host aus, sondern können auch Hosts im Netzwerk abfragen. Dazu nutzen Sie den Befehl *Get-VM -computername <Name des Hyper-V-Hosts> | foreach{(Get-VMNetworkAdapter $_).IPAddresses}*.

WMI-Abfragen nutzen, um Festplattendaten oder IP-Adressen anzuzeigen

Eine weitere Möglichkeit, um Daten virtueller Server, aber auch physischer Server im Netzwerk abzufragen, sind WMI-Abfragen. Dazu nutzen Sie die PowerShell und das Cmdlet *Get-WMI-Object*. Dem Cmdlet übergeben Sie ein bestimmtes WMI-Objekt und lassen sich so die entsprechenden Daten des Servers anzeigen. Um zum Beispiel Daten von Festplatten auszulesen, verwenden Sie das WMI-Objekt *Win32_LogicalDisk*. Als Beispiel nutzen Sie den Befehl *Get-WmiObject Win32_LogicalDisk*. Sie haben die Möglichkeit, das Ergebnis zu filtern. Dazu nutzen Sie die Option *-filter*.

Auch für das Cmdlet *Get-WMI-Object* haben Sie die Möglichkeit, über das Netzwerk Daten von physischen oder virtuellen Servern abzufragen. Dazu nutzen Sie die Option *-Computername*. Eine ausführliche Liste der WMI-Objekte erhalten Sie über *Get-WmiObject -List*.

Außer Laufwerke können Sie auch Einstellungen der Netzwerkkarten abfragen. Dazu verwenden Sie die Klasse *Get-WmiObject Win32_Networkadapter*. Sie sehen hier alle wichtigen physischen Einstellungen der Netzwerkkarten. Sie können in der PowerShell anzeigen, ob es sich um einen 32-Bit- oder 64-Bit-Computer handelt. Dazu verwenden Sie den Befehl *Get-WmiObject -Class Win32_ComputerSystem -ComputerName . | Select-Object -Property SystemType*.

7.8 Hyper-V-Host absichern

Das Minimieren der Angriffsfläche ist eine wichtige Grundlage zur erhöhten Sicherheit, die bereits bei der Installation festgelegt wird. Generell ist es empfehlenswert, dass auf Hyper-V-Hosts die Core-Installation von Windows Server 2022 installiert wird. Dadurch werden Angriffe auf die Desktopoberfläche und die darauf installierten Programme verhindert. Hier müssen Sie aber darauf achten, dass Sie auf Core-Servern nachträglich eine grafische Oberfläche installieren können. Das spielt bei der Verwaltung von Hyper-V aber keine Rolle.

Von anderen Computern im Netzwerk aus kann die grafische Oberfläche genutzt werden, um eine Verbindung mit dem Hyper-V-Host aufzubauen. Auch das Windows Admin Center stellt einen guten Weg dar, um Hyper-V-Hosts remote zu verwalten. Wenn doch die grafische Oberfläche installiert wird, sollten hier nicht benötigte Programme und Dienste möglichst entfernt werden. Standardmäßig ist in Windows Server 2022 der Windows Media Player aktiv. Auf produktiven Servern wird dieser nicht benötigt. Um den Media Player zu deinstallieren, verwenden Sie den folgenden Befehl:

dism /online /Disable-Feature /FeatureName:WindowsMediaPlayer /norestart

Auf dem Hyper-V-Host sollten nur die notwendigsten Dienste installiert und gestartet werden. Serverdienste, die nicht dringend auf einem Hyper-V-Host benötigt werden, sollten keinesfalls installiert werden. Jede Software erhöht die Sicherheitsgefahr und sollte daher vor allem auf Hyper-V-Hosts nicht in Betrieb genommen werden. Überprüfen Sie daher jede Software und jeden Dienst, den Sie installieren wollen. Generell ist es fast immer besser, die Software auf einem anderen Server zu installieren als auf einem Hyper-V-Host, auf dem zahlreiche VMs im Einsatz sind. Das spielt natürlich auch für die Leistung eine wichtige Rolle.

Microsoft rät davon ab, produktive VMs für Serveranwendungen über Hyper-V in Windows 10 bereitzustellen. Vor allem in kleinen Netzwerken sind Administratoren versucht, Benutzer an VMs über diesen Weg anzubinden. Das stellt aus Gründen der Sicherheit natürlich eine wesentliche Gefahr dar. Hier sollten Sie besser auf den kostenlosen Hyper-V-Server 2019 setzen. Windows 10/11 ist für Testumgebungen mit Hyper-V ideal, aber unter keinen Umständen dazu geeignet, Serverdienste in kleinen Netzwerken bereitzustellen.

7.8.1 Updates installieren und Lücken schließen

Das Betriebssystem auf dem Hyper-V-Host sowie die Firmware und die Gerätetreiber sollten immer auf dem neuesten Stand sein. Microsoft schließt regelmäßig am Patchday Lücken, die Hyper-V betreffen. Da auf einem Hyper-V-Host in den meisten Fällen auch zahlreiche VMs im Einsatz sind, betrifft eine Sicherheitslücke nicht nur einen Server, sondern gleich mehrere. Der Patchstand auf Hyper-V-Hosts spielt also eine wichtige Rolle.

7.8.2 Sicherheitsempfehlungen von Microsoft mit Richtlinien absichern

Zusätzlich sollten die Sicherheitsempfehlungen für Windows-Server umgesetzt werden, die Microsoft auch für Windows Server 2019/2022 empfiehlt. Hier kann zum Beispiel noch das Microsoft Security Compliance Toolkit (*https://www.microsoft.com/en-us/download/details.aspx?id=55319*) genutzt werden.

Mit diesem erhalten Sie Gruppenrichtlinienvorlagen, mit denen Hyper-V-Hosts nach Empfehlungen von Microsoft abgesichert werden können. Der Download besteht aus Tools und Zip-Dateien für die verschiedenen Windows-Versionen. Für Windows Server 2022 stellt Microsoft eine eigene Zip-Datei zur Verfügung. Über diese kostenlosen Möglichkeiten können Sie Gruppenrichtlinien erstellen, mit denen Sie die Sicherheit von Hyper-V-Hosts, aber auch die Sicherheit der VMs verbessern können.

7.8.3 BPA für Hyper-V nutzen

Seit Windows Server 2019 erweitert Microsoft die automatische Überprüfung der Serverrollen durch Best Practices Analyzers. Diese gehören zu den Bordmitteln in Windows Server 2022 und stehen im Server-Manager für die Überprüfung von Serverrollen über das Netzwerk zur Verfügung. Nahezu alle Serverrollen lassen sich dadurch überprüfen und das Ergebnis zentral anzeigen.

Der BPA ist für Hyper-V besonders interessant, da hier nicht nur der lokale Server optimiert werden kann, sondern auch die virtuellen Server davon profitieren. Auch die virtuellen Netzwerk-Switches lassen sich durch den BPA scannen. Um einen Scanvorgang für Hyper-V zu starten, verwenden Sie:

Invoke-BpaModel -ModelId Microsoft/Windows/Hyper-V

Die Ergebnisse des Scan-Vorgangs können in einen bestimmten Pfad umgeleitet werden. Sie müssen den Pfad aber vorher anlegen:

Invoke-BpaModel -ModelId Microsoft/Windows/Hyper-V -RepositoryPath C:\temp\BPA

Wollen Sie einen Scanvorgang für einen Server im Netzwerk starten, verwenden Sie beispielsweise:

Invoke-BpaModel -ComputerName dl20 -ModelId Microsoft/Windows/Hyper-V

Im angegebenen Pfad werden die Ergebnisdateien nach Serverrolle und Server in Unterverzeichnisse sortiert. Die Ergebnisse liegen als XML-Dateien vor. Diese lassen sich im Browser auslesen oder mit eigenen Programmen, die auf die entsprechenden Daten direkt zugreifen können. Scanergebnisse eines Servers werden auf dem lokalen Server gespeichert, auch dann, wenn Sie einen Hyper-V-Host über das Netzwerk scannen lassen.

Wollen Sie in der PowerShell alle Scanergebnisse für Hyper-V anzeigen, verwenden Sie:

Get-BpaResult -ModelId Microsoft/Windows/Hyper-V

Haben Sie die Ergebnisse in einem Verzeichnis gespeichert, verwenden Sie:

Get-BpaResult -ModelId Microsoft/Windows/Hyper-V -RepositoryPath C:\temp\BPA

Um die Ergebnisse in der PowerShell in eine HTML-Datei zu exportieren, verwenden Sie:

Get-BpaResult -ModelId Microsoft/Windows/Hyper-V | ConvertTo-Html | Out-File C:\temp\BPA\results.htm

Wenn Sie die BPA-Überprüfung gestartet haben, stehen auf den einzelnen Kacheln im Server-Manager die Ergebnisse zur Verfügung. Diese sind sofort ersichtlich und lassen sich durch einen Klick auf die Kachel öffnen. Klicken Sie auf das Ergebnis der BPA-Überprüfung, zeigt der Server-Manager die gefundenen Fehler an. Hierüber lassen sich auch alle Fehler von allen Servern im Netzwerk anzeigen.

Über das Kontextmenü eines Ergebnisses lässt sich eine erneute Überprüfung für den entsprechenden Server starten, das Ergebnis ausblenden oder das Ergebnis in die Zwischenablage kopieren, zum Beispiel für eine Recherche im Internet.

Die BPA-Ergebnisse finden sich aber auch in der Ansicht *Lokaler Server* und *Alle Server* im Bereich *Best Practices Analyzer* unten im Server-Manager. Wenn für eine Serverrolle für einen der Server im Netzwerk ein BPA-Ergebnis angezeigt wird, wechselt die Kachel die Farbe. Auf diese Weise sehen Sie sofort, wenn für ein Server Verbesserungen möglich sind. Durch das Ausschließen eines Ergebnisses lassen sich die einzelnen Meldungen deaktivieren. Über die Ansicht im BPA können Sie bei Schweregrad, Server und Kategorien das Ergebnis filtern lassen.

Zusammenfassend stehen nach einem Scan mit dem BPA den Administratoren über *Aufgaben* im Bereich *Best Practices Analyzer im Server-Manager starten* die Ergebnisse an den verschiedenen Stellen zur Verfügung: in der Ansicht *Lokaler Server* für alle Rollen des lokalen Servers, über *Alle Server* für alle Rollen auf allen Servern und für alle Rollen. Klicken Sie im Server-Manager auf eine Serverrolle, können Sie die Ansicht nach dieser Rolle filtern lassen und erhalten hier alle Informationen von allen Servern.

7.8.4 Sichere virtuelle Maschinen mit Secure Boot

Für eine höhere Sicherheit empfiehlt Microsoft, möglichst Generation 2-VMs für unterstützte Betriebssysteme zu nutzen. In den VMs sollte anschließend Secure Boot (Sicherer Start) aktiviert werden. Die Aktivierung verhindert, dass unautorisierter Code mit dem Betriebssystem startet, ohne zuvor von einem Virenscanner überprüft zu werden. Die Funktion steht auch für Linux-Server zur Verfügung, wenn die Distribution Generation 2-VMs in Hyper-V unterstützt.

Die Einstellungen dazu sind in den Eigenschaften einer VM bei *Sicherheit* zu finden. Hier wird bei Generation 2-VMs der sichere Start aktiviert, die Vorlage ausgewählt und auf Anforderung auch TPM in der VM und die Abschirmung aktiviert.

Die Möglichkeiten für sichere Generation 2-VMs zeigt Microsoft auf der Seite »Generation 2 virtual machine security settings for Hyper-V« (*https://github.com/MicrosoftDocs/Windowsserverdocs/blob/master/WindowsServerDocs/virtualization/hyper-v/learn-more/Generation-2-virtual-machine-security-settings-for-Hyper-V.md*). Wie beim Hyper-V-Host auch sollten die VMs immer möglichst aktuell gehalten werden, das gilt vor allem für Sicherheitsupdates. Auch die Integrationsdienste für die unterstützten Gastbetriebssysteme sollten installiert werden. Die Aktualisierung erfolgt hier ebenfalls über Windows Update.

7.9 Migration zu Hyper-V

Eine direkte Aktualisierung zu Windows Server 2022 ist von Servern mit Windows Server 2012 und Windows Server 2012 R2/2016/2019 möglich. Ältere Versionen lassen keine direkte Aktualisierung zu. Um einen Server mit Windows Server 2012 R2/2016 und aktiviertem Hyper-V zu aktualisieren, starten Sie das Betriebssystem, legen den Windows Server 2022-Datenträger ein und starten die Installation. Ein Assistent überprüft, ob der Server alle Voraussetzungen für eine Aktualisierung erfüllt. In Kapitel 2 sind wir bereits auf diese Möglichkeiten eingegangen.

7.9.1 VM in Windows Server 2022 integrieren

Um eine VM von Windows Server 2012 R2/2016/2019 in Windows Server 2022 zu importieren, gehen Sie folgendermaßen vor:

1. Kopieren Sie das Verzeichnis mit der VM auf den Hyper-V-Host mit Windows Server 2022.
2. Öffnen Sie den Hyper-V-Manager und klicken Sie auf *Virtuellen Computer importieren*.
3. Wählen Sie das Verzeichnis des neuen virtuellen Servers aus.
4. Wählen Sie aus, auf welche Art Sie die VM importieren wollen.
5. Schließen Sie den Import ab.
6. Die VM hat noch die VM-Version von Windows Server 2012 R2/2016/2019. Damit Sie die neuen Funktionen in Hyper-V von Windows Server 2022 nutzen können, öffnen Sie eine neue PowerShell-Sitzung.
7. Geben Sie den Befehl *Update-VmVersion <Name der VM >* an.
8. Überprüfen Sie mit *Get-VM * | Format-Table Name, Version*, ob die VM die neue Version verwendet. Sie sehen die Version auch im Hyper-V-Manager im unteren Bereich, wenn Sie die VM markieren.
9. Rufen Sie die Einstellungen der VM auf. Im Bereich *Prüfpunkte* können Sie jetzt zum Beispiel die verbesserten Snapshots nutzen.

7.9.2 Windows Server-Migrationstools nutzen

Microsoft unterstützt Unternehmen, die Serverrollen zu Windows Server 2022 migrieren wollen, mit den Windows Server-Migrationstools. Mit den Tools können Sie auch virtuelle Server zu Windows Server 2022-Zielservern migrieren. Bei den Tools handelt es sich um eine Sammlung verschiedener Cmdlets für die PowerShell.

Rufen Sie auf dem Zielserver mit Windows Server 2022 das Cmdlet *Install-WindowsFeature Migration* auf, um die Tools zu aktivieren, oder verwenden Sie den Server-Manager. Durch die Aktivierung ist eine Migration über die PowerShell möglich.

Die Tools befinden sich nach der Installation im Ordner *C:\Windows\System32\ServerMigrationTools*. Sie benötigen aus diesem Ordner zum Beispiel die Anwendung SmigDeploy auf dem Zielserver mit Windows Server 2022, doch dazu später mehr.

Sie können die Migrationstools auch auf Core-Servern mit Windows Server 2022 über die PowerShell installieren. In diesem Fall müssen Sie erst mit *%WinDir%\System32\WindowsPowerShell\v1.0\powershell.exe* eine PowerShell-Sitzung starten und können anschließend mit dem Cmdlet *Install-WindowsFeature Migration* die Tools installieren.

Um Hyper-V vom Quell- auf den Zielservern zu migrieren, müssen Sie auf dem Zielserver die Migrationstools installieren, wie beschrieben. Anschließend erstellen Sie auf dem Zielserver ein Installationspaket der Migrationstools für den Quellserver:

1. Öffnen Sie eine Eingabeaufforderung mit Administratorrechten.
2. Geben Sie den Befehl *cd %WinDir%\System32\ServerMigrationTools* ein.
3. Geben Sie den Befehl *smigdeploy /package /architecture amd64 /os WS12R2 /path <Ordner, zum Beispiel c:\temp\mig>* ein. Migrieren Sie von Windows Server 2012, verwenden Sie *WS12*, für Windows Server 2012R2 verwenden Sie *WS12R2*. Für Windows Server 2016 verwenden Sie *WS16*. Bei Windows Server 2019 nutzen Sie WS19.
4. Kopieren Sie diesen Ordner nach der erfolgreichen Ausführung des Befehls vom Zielserver mit Windows Server 2022 auf den Quellserver.
5. Öffnen Sie auf dem Quellserver eine Eingabeaufforderung mit Administratorrechten und wechseln Sie in den Ordner mit den Migrationstools.
6. Geben Sie den Befehl *.\smigdeploy* ein, um die Migrationstools auf dem Quellserver zu registrieren.

Wichtig bei der Migration von Hyper-V-Servern zu Windows Server 2022 ist die Kompatibilität der Prozessoren. Eine Migration ist nur dann möglich, wenn die Prozessoren des Quellservers mit den auf dem Zielserver kompatibel sind.

Im ersten Schritt müssen Sie auf dem Quellserver notwendige Daten für Hyper-V erfassen. Dazu verwenden Sie das Cmdlet *Export-SmigServerSetting*. Mit dem Befehl erstellen Sie eine XML-Datei, die vor allem wichtige Speicheroptionen der Daten der virtuellen Server enthält. Mit der Datei können Sie diese Einstellungen in einem Rutsch auf dem Zielserver importieren.

Dazu ist es aber notwendig, dass die Laufwerkskonfigurationen auf dem Quell- und dem Zielserver übereinstimmen. Ist das nicht der Fall, müssen Sie die entsprechenden Einstellungen in der XML-Datei auf dem Quellserver anpassen, bevor Sie die Migration auf den Zielserver durchführen. Ein Beispiel für die Syntax ist:

Export-SmigServerSetting -FeatureId Hyper-V -IPConfig -User All -Group -Path <Pfad> -Verbose

Die Option *-User <Enabled | Disabled | All> -Group* bietet die Möglichkeit, die Sicherheitseinstellungen in die Datei zu integrieren, wenn Sie die Hyper-V-Verwaltung delegiert haben. Mit *-IPConfig* können Sie die IP-Einstellungen auf dem Quellserver mit integrieren, um diese später zu migrieren.

Hat das Cmdlet die Dateien erfolgreich erstellt, kopieren Sie diese auf den Zielserver. Ist die Laufwerks- oder Ordnerstruktur zwischen Quell- und Zielserver unterschiedlich, müssen Sie die neuen Pfade in der Datei *StoragePathMappings.xml* anpassen. Kopieren Sie in diesem Zusammenhang auch alle Daten aller virtuellen Computer auf den Zielserver, nicht nur die Migrationsdateien.

Anschließend verwenden Sie das Cmdlet *Import-SmigServerSetting* für die Migration der Einstellungen auf dem Zielserver, zum Beispiel:

Import-SmigServerSetting -FeatureId Hyper-V <Parameter wie -IPConfig oder -User wie beim Export> -Path <Pfad> -Verbose -Force

Lassen Sie die IP-Einstellungen über *-IPConfig* migrieren, erstellen Sie eine Liste der Adressen, zum Beispiel:

-IPConfig All -SourcePhysicalAddress "<Quell-Adresse 1>","<Quell-Adresse 2>" -TargetPhysicalAddress "<Ziel-Adresse 1>","<Ziel-Adresse 2>"

Externe virtuelle Netzwerke importiert das Cmdlet als interne virtuelle Netzwerke auf den Zielserver. Das heißt, Sie müssen nach der Migration auf dem Zielserver im Hyper-V-Manager die Einstellungen der virtuellen Netzwerke anpassen. Sie finden die Einstellungen über Manager für virtuelle Netzwerke und können für jedes Netzwerk festlegen, ob es intern oder extern ist.

Anschließend sollten Sie sicherstellen, dass alle Einstellungen der importierten virtuellen Server noch korrekt sind, und diese unter Umständen nachträglich anpassen. Vor allem die Konfiguration der Datenträger, die IP-Adressen, die Konfiguration des Arbeitsspeichers und die Prozessoren sowie die generelle Konfiguration der Netzwerkverbindungen sind in diesem Zusammenhang wichtig.

Stellen Sie darüber hinaus sicher, dass der Assistent alle Computer vom Quell- auf den Zielserver importiert hat. Achten Sie darauf, dass die Snapshots auf dem Quell- und Zielserver übereinstimmen. Stimmt die Konfiguration, starten Sie die virtuellen Server und überprüfen im Ereignisprotokoll des Zielservers über *Anwendungs- und Dienstprotokolle/Microsoft/Windows/Hyper-V-Verwaltungsdienst für virtuelle Computer/Admin*, ob Fehler protokolliert werden.

7.9.3 Neue VM-Version mit der PowerShell steuern

Die aktuellen Funktionen in Hyper-V von Windows 10 und Windows Server 2022 lassen sich nutzen, wenn Sie für VMs die neue Version aktivieren. VMs, die mit Windows 10 oder Windows Server 2022 erstellt werden, erhalten automatisch die aktuelle Version, bei Migrationen von VMs zu Windows 10 oder Windows Server 2022 wird die Version der Vorgängerversionen beibehalten. Diese Version hat nichts mit der Generation zu tun, also Generation 1 oder Generation 2, sondern sagt lediglich aus, mit welchem Virtualisierungs-Host die entsprechende VM kompatibel ist.

Auch wenn Sie einen Server zu Windows Server 2022 aktualisieren oder in einer Livemigrations-Umgebung zur neuen Serverversion verschieben, wird die Hyper-V-Version nicht aktualisiert. Sie müssen diesen Vorgang manuell durchführen.

VMs, die Sie nicht aktualisieren, können Sie jederzeit wieder zu Servern mit Windows Server 2012 R2/2016 zurückverschieben. Allerdings können Sie mit der alten Version nicht die neuen Funktionen von Windows Server 2022 nutzen.

Die Version von VMs lassen Sie mit *Get-VM * | Format-Table Name, Version* anzeigen. Um eine VM auf die neue Version zu aktualisieren, verwenden Sie den Befehl *Update-Vmversion <Name der VM>*. Die Änderung muss bestätigt werden. Außerdem ist die Änderung nur möglich, wenn die VM ausgeschaltet ist.

7.9.4 Eingebettete Virtualisierung in Windows Server 2022

Windows Server 2022 bietet eingebettete (nested) Virtualization. Dabei lassen sich innerhalb von Hyper-V weitere Server mit Hyper-V installieren. Das ist vor allem für Testumgebungen, aber auch für die neuen Hyper-V-Container ideal.

Die Container-Technologie Docker wird in Windows Server 2022 in das Betriebssystem integriert. Dazu gibt es eine spezielle Container-Variante, speziell für Hyper-V. Hier ist es notwendig, dass Hyper-V selbst virtualisierbar ist, also innerhalb einer VM ebenfalls auf Hyper-V-Technologien zugegriffen werden kann.

Die eingebettete Virtualisierung funktioniert in Windows Server 2022 auch mit AMD-Prozessoren. Bisher hat die Technologie nur Intel-Prozessoren unterstützt.

Nested Virtualization verstehen

Seit VMware vSphere 6 ist eingebettete Virtualisierung bereits möglich, mit Windows Server 2016 führte Microsoft diese Technologie ebenfalls ein. Auch in Windows Server 2022 ist eingebettete Virtualisierung verfügbar, für AMD- und für Intel-Prozessoren.

Hyper-V blockiert bis Windows Server 2012 R2 den Zugriff auf Virtualisierungsfunktionen des Prozessors. Ab Windows Server 2016 werden die Virtualisierungs-Erweiterungen der Prozessoren an die virtuellen Prozessoren der VMs weitergereicht, wenn diese Funktion aktiviert wird.

Generell ist es durchaus möglich, auf einem Hyper-V-Host, der als VM auf einem physischen Hyper-V-Server läuft oder als eine VM in vSphere, weitere VMs zu installieren, die ebenfalls wieder die Virtualisierung nutzen.

Um die eingebettete Virtualisierung in Windows Server 2022 zu nutzen, muss ein Hyper-V-Server mit Windows Server 2022 installiert werden. Dieser muss über mindestens 4 GB Arbeitsspeicher verfügen. Außerdem muss die VM im Host ebenfalls über mindestens 4 GB Arbeitsspeicher verfügen. Um diese Technik also einigermaßen praxisnah zu testen, sollte der Hyper-V-Host über mindestens 8 GB Arbeitsspeicher verfügen, besser 16. Darüber hinaus wird auf diesem Server eine VM ebenfalls mit Windows Server 2022 installiert. Derzeit konnen Sie die Technik nur mit Intel-Prozessoren testen, für die Installation wird Intel VT x benötigt.

Bevor Sie auf der VM Hyper-V installieren, müssen Sie einige Vorbereitungen treffen. Zunächst müssen Sie den dynamischen Arbeitsspeicher für die VM in den Einstellungen deaktivieren, falls Sie ihn eingeschaltet haben. Außerdem müssen Sie die Virtualisierungs-Erweiterungen für die vCPU aktivieren, genauso wie MAC Adress Spoofing. Die Virtualisierungs-Erweiterungen aktivieren Sie am besten in der PowerShell des Hosts mit dem folgenden Befehl:

Set-VMProcessor -VMName "VMName" -ExposeVirtualizationExtensions $true

Das Spoofing der MAC-Adressen stellen Sie in den Einstellungen der VM über den Menüpunkt *Erweiterte Features* unterhalb des virtuellen Netzwerkadapters ein. Sie können die Funktion aber ebenfalls in der PowerShell aktivieren:

Get-VMNetworkAdapter -VMName "VMName" | Set-VMNetworkAdapter -MacAddressSpoofing On

Generell müssen Sie darauf achten, dass bei der Verwendung dieser Virtualisierung viele Funktionen in der VM nicht mehr funktionieren oder eingeschränkt sind. Livemigration ist genauso wenig möglich wie das Erstellen und Verwenden von Snapshots. Auch das Speichern des Zustands der VM ist nicht möglich, die VM muss bei Änderungen immer neu gestartet werden.

Sobald die eingebettete Virtualisierung aktiviert ist, kann in der VM Hyper-V installiert werden. Dieser Vorgang kann ebenfalls in der PowerShell auf dem Host gestartet werden. Dazu nutzen Sie die PowerShell Direct-Funktion in Windows Server 2022. Diese erlaubt das Ausführen von PowerShell-Befehlen auf dem Host zu den VMs:

Invoke-Command -VMName "w2k19-core" -ScriptBlock { Enable-WindowsOptionalFeature -FeatureName Microsoft-Hyper-V -Online; Restart-Computer }

Natürlich kann auch die PowerShell in der VM oder der Server-Manager in der VM verwendet werden. Auch die Installation über das Windows Admin Center ist möglich. Anschließend steht Hyper-V in der VM zur Verfügung. Die Verwaltung von Hyper-V erfolgt identisch mit der Verwaltung von Hyper-V auf einem Hyper-V-Host.

7.9.5 Festplattendateien migrieren

Haben Sie noch VHD-Dateien im Einsatz, können Sie diese in VHDX-Dateien umwandeln. Sie können zum Konvertieren den Hyper-V-Manager nutzen oder das Cmdlet *convert-VHD*. Auf dem gleichen Weg konvertieren Sie auch von VHDX-Dateien zum VHD-Format. Im Rahmen der Umwandlung wählen Sie das Datenträgerformat aus und können zwischen dem Typ der Festplatten, also feste Größe oder dynamisch erweiterbar, wechseln.

Das Cmdlet *Convert-VHD* steht auch zur Verfügung, wenn Sie Hyper-V in Windows 10 installiert haben. Die Syntax des Befehls ist:

Convert-VHD -Path <Pfad zur VHD(X)-Datei> -DestinationPath <Pfad zur Zieldatei>

Eine weitere Option ist die Möglichkeit, den Typ der Festplatte zu ändern, zum Beispiel mit:

Convert-VHD -Path <Pfad der VHD/VHDX-Datei> -DestinationPath <Zielpfad und Datei> -VHDType Differencing -ParentPath <Übergeordnete Festplatte>

Ein weiteres Beispiel ist: *Convert-VHD -Path hd1.vhd -DestinationPath hd1.vhdx -VHDType Dynamic*. Neben der Möglichkeit, das Format von Festplatten in der PowerShell umzuwandeln, können Sie dort auch ihre Größe anpassen. Dabei hilft das Cmdlet *Resize-VHD*, zum Beispiel:

Resize-VHD -Path c:\vm\owa.vhdx -SizeBytes 1TB

Virtuelle Festplatten lassen sich in der PowerShell direkt mit virtuellen Servern verbinden:

Add-VMHardDiskDrive -VMName <VM> -Path <VHDX-Datei>

Bei virtuellen SCSI-Controllern können Sie Laufwerke im laufenden Betrieb hinzufügen. Diesen Vorgang können Sie ebenfalls in der PowerShell vornehmen. Zunächst lassen Sie sich mit folgendem Befehl die SCSI-Controller der VM anzeigen:

Get-VMScsiController -VMname <Name der VM>

Um einem SCSI-Controller eine neue Festplatte hinzuzufügen, verwenden Sie anschließend folgenden Befehl:

Add-VMHardDiskDrive -VMname <Name der VM> -Path <Pfad zur VHDX-Datei> -ControllerType SCSI -ControllerNumber <Nummer>

Mit dem Cmdlet *Add-VMScsiController* fügen Sie einem virtuellen Server einen virtuellen SCSI-Controller hinzu.

Natürlich können Sie virtuelle Festplatten auch direkt am Host anbinden, zum Beispiel, um Daten auf die virtuelle Platte zu kopieren und diese erst dann dem virtuellen Server anzubinden: *Mount-VHD <VHD-Datei>*. Mit dem Cmdlet *Unmount-VHD* trennen Sie die virtuelle Platte wieder vom System.

7.10 Zusammenfassung

In diesem Kapitel haben wir Ihnen gezeigt, wie Sie Betriebssysteme mit der neuen Hyper-V-Version in Windows Server 2022 virtualisieren. Sie finden hier zahlreiche Tricks und Praxisanleitungen zur Virtualisierung von Servern im Unternehmen. Wir sind darauf eingegangen, wie Sie virtuelle Switches und virtuelle Datenträger anlegen und verwalten.

Im nächsten Kapitel finden Sie weiterführende Informationen zu Hyper-V, zum Beispiel, wie Sie Snapshots (Prüfpunkte) erstellen und virtuelle Server oder Hyper-V-Hosts sichern.

Kapitel 8

Hyper-V – Datensicherung und Wiederherstellung

Im vorherigen Kapitel haben wir Ihnen gezeigt, wie Sie Hyper-V installieren und einrichten sowie virtuelle Server erstellen und konfigurieren. In diesem Kapitel gehen wir ausführlicher auf die Datensicherung und Wiederherstellung von Hyper-V ein sowie auf fortgeschrittene Themen zum Umgang damit. Auch die Neuerungen bezüglich der Datensicherung und Wiederherstellung sind Thema in diesem Kapitel.

In Kapitel 35 zeigen wir Ihnen, wie Sie Windows Server 2022 mit dem internen Sicherungsprogramm sichern und wiederherstellen. Sie haben über dieses Tool auch die Möglichkeit, virtuelle Server oder den kompletten Host wiederherzustellen.

Mit Hyper-V-Replika lassen sich VMs zwischen verschiedenen Hyper-V-Hosts oder zu Microsoft Azure replizieren. Dazu war bereits Windows Server 2016/2019 in der Lage. Windows Server 2022 verbessert diese Technologie und ermöglicht eine Kombination von Hyper-V-Replika mit Storage-Replika.

Bei Storage-Replika werden komplette Datenträger zwischen Rechenzentren repliziert. Das ist vor allem für Hyper-V-Hosts relevant. In Windows Server 2016/2019 konnte diese Technik nur mit der Datacenter-Edition genutzt werden. Windows Server 2022 unterstützt auch mit der Standard-Edition die Replikation von kompletten Datenträgern. Wir gehen in diesem Kapitel und vor allem in Kapitel 9 ausführlicher auf diese Technik ein.

8.1 Hyper-V und virtuelle Server richtig sichern

Unternehmen, die über Hyper-V oder andere Virtualisierungslösungen virtuelle Server zur Verfügung stellen, müssen das Datensicherungskonzept der virtuellen Maschinen und der zugrunde liegenden Hosts in die Sicherungsstrategie mit einbinden. Die Sicherung des Hosts sowie der installierten virtuellen Server verlangt andere Herangehensweisen als die Sicherung herkömmlicher physischer Server.

Die meisten Unternehmen setzen auf Zusatzsoftware bei der Datensicherung. Hier bieten mittlerweile viele Hersteller Unterstützung speziell für Hyper-V oder VMware an. Diese Lösungen sichern die Server und den Host auf Ebene des Hypervisors.

Auch virtuelle Server lassen sich mit herkömmlichen Sicherungsstrategien sichern. Dazu installieren Sie auf den virtuellen Servern die Agents der entsprechenden Sicherungslösung. Dadurch behandelt das Datensicherungsprogramm diese Server genauso wie normale physische Server. Diese Art der Datensicherung sichert aber nicht die Konfiguration der virtuellen Maschine und verwendet auch nicht die optimierten Methoden, die Hyper-V zur Verfügung stellt.

Die Agents nutzen außerdem nicht den Hypervisor und können daher weder die Schattenkopien noch Snapshots (Prüfpunkte) zur Sicherung nutzen. Dies erhöht die zu sichernde Datenmenge und die Dauer der Datensicherung. Backups, die Hyper-V unterstützen, nutzen Schnittstellen von Hyper-V zur optimalen Sicherung. In diesem Zusammenhang kann die Software Snapshots der virtuellen Server zur Sicherung sowie den Schattenkopiedienst verwenden. Das ist wesentlich effizienter, schneller und stabiler als herkömmliche Sicherungen. Die Anwendung erstellt Snapshots im laufenden Betrieb automatisch und die virtuellen Server stehen weiterhin den Anwendern zur Verfügung. Solche Onlinesicherungen belasten die Hardware des Hosts nicht und ermöglichen Sicherungen während des Betriebs.

Müssen Sie mehrere virtuelle Server auf einem Host sichern, kann eine kompatible Lösung gemeinsame Dateien erkennen und muss diese nicht doppelt sichern. Laufen auf einem Hyper-V-Host zum Beispiel zehn Server, erkennt das die Software und sichert die Daten nicht doppelt, sondern erkennt identische Systemdateien und sichert nur unterschiedliche Dateien.

Bei der Sicherung von Hyper-V spielt der Schattenkopiedienst eine wichtige Rolle, da sie auf Snapshots des Servers und der virtuellen Server aufbaut. Mit aktiviertem Schattenkopiedienst lassen sich Hyper-V-Server inklusive der laufenden virtuellen Server besser sichern.

8.2 Prüfpunkte von virtuellen Servern erstellen

Snapshots helfen dabei, den Zustand von virtuellen Servern vor Konfigurationsänderungen oder zur Sicherung zu speichern. Das heißt, Sie können bei Problemen in wenigen Sekunden den virtuellen Server auf den ursprünglichen Zustand zurücksetzen. Snapshots sind aber auch bei der Sicherung von Servern nützlich, zumindest wenn ein optimales Datensicherungsprogramm für Hyper-V im Einsatz ist.

Prüfpunkte ersetzen allerdings keine Datensicherung, sondern bieten nur eine Rückversicherung vor einer Konfigurationsänderung auf dem Server. Sicherungslösungen, die Hyper-V unterstützen, nutzen aber Prüfpunkte für das schnelle Erstellen von Datensicherungen. Für sich alleine gesehen stellen Prüfpunkte keine adäquate Sicherung dar, da sie nur den Zustand eines Servers sichern, nicht dessen Daten.

Microsoft hat mit Windows Server 2016 die neue Hyper-V-Funktion *Backup Change Tracking* eingeführt. Softwarehersteller müssen durch diese Technik keine zusätzlichen Treiber mehr installieren, um Änderungen in VMs zu überwachen. Das erleichtert und verbessert die Datensicherung und verhindert das Installieren zusätzlicher Treiber.

Seit Windows Server 2016 hat Microsoft Snapshots als Prüfpunkte bezeichnet, in Windows Server 2012 war die Bezeichnung noch Momentaufnahmen. Die Technik beschreibt die gleiche Funktion wie Snapshots. Die Begriffe Snapshots, Checkpoints, Prüfpunkte und Momentaufnahmen beschreiben also exakt den gleichen Vorgang.

8.2.1 Produktionsprüfpunkte in Windows Server 2022 nutzen

Microsoft hat die Prüfpunkte seit Windows Server 2016 deutlich verbessert. Die neue Technik seit Windows Server 2016 trägt die Bezeichnung »Produktionsprüfpunkte (Production Checkpoints)«. Dazu wird für Prüfpunkte (Checkpoints) auch der Volume Shadow Service innerhalb der VM verwendet. Stellen Sie einen solchen Prüfpunkt wieder her, entspricht das einer Systemwiederherstellung der VMs. Die Technologie hat Microsoft auch in Windows Server 2022 übernommen.

Virtuelle Linux-Server profitieren von der Technik ebenfalls, hier kommt der Systempuffer zum Einsatz, wenn die Distribution das unterstützt. Produktionsprüfpunkte (Production Checkpoints) bieten also eine Point-in-Time-Abbildung eines virtuellen Servers, die die produktiven Workloads in der VM mit einbezieht.

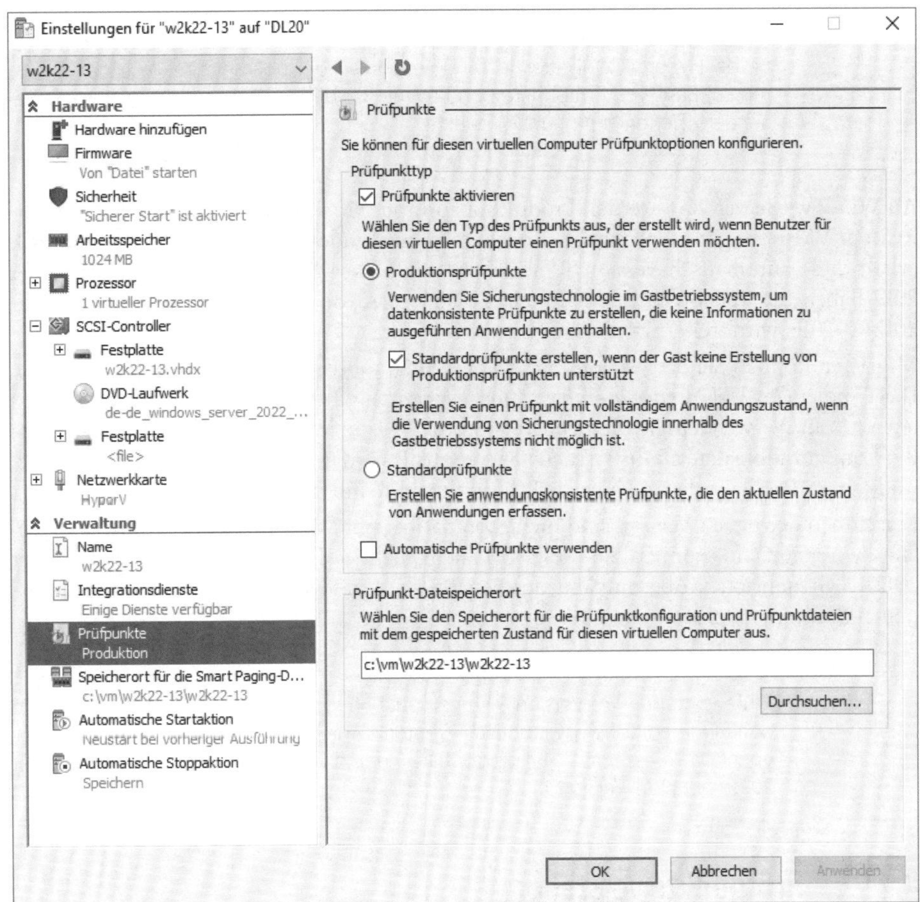

Abb. 8.1 Windows Server 2022 und Windows 10/11 bieten eine Option für Prüfpunkte, mit denen sich auch Datenbankserver und Domänencontroller besser absichern lassen.

In den Vorgängerversionen von Windows Server 2016 hat Hyper-V nur die virtuellen Festplatten, den Status der VM, die Konfiguration der virtuellen Hardware und Konfigurationsdateien in Prüfpunkte mit einbezogen, das virtuelle Betriebssystem aber übergangen. Seit Windows Server 2016 und jetzt auch in Windows Server 2022 wurden diese Funktionen deutlich verbessert.

Spielen Sie einen Prüfpunkt zurück, konnte es passieren, dass die Datenbankdateien davon beeinträchtigt werden. Das ist in Windows Server 2016/2019/2022 nicht mehr Fall, aber nur, wenn Sie die Production Checkpoints aktivieren. Der Vorteil dabei ist, dass sich dadurch auch Datenbankserver absichern lassen, zum Beispiel Domänencontroller oder virtuelle Exchange-Server.

Sie können weiterhin noch die herkömmlichen Prüfpunkte verwenden. Hyper-V in Windows Server 2022 nutzt standardmäßig Produktionsprüfpunkte, wenn Sie mit der aktuellen Version 10 für VMs in Windows Server 2022 arbeiten.

Bei der Hyper-V-Replikation in Windows Server 2022 überträgt der Assistent die Daten auf Basis von Prüfpunkten und erstellt für bereits übertragene virtuelle Server auf dem Zielserver erneut Prüfpunkte.

Ab Windows Server 2016 werden Produktionsprüfpunkte unterstützt und das binäre Format der VM-Konfigurationsdateien. Erstellen Sie in Windows Server 2022 eine neue VM, erhält diese automatisch Version 10 aus Windows Server 2022. VMs in Windows Server 2019 haben die Version 9. Übernehmen Sie eine VM von Servern mit Windows Server 2012 R2/2016, wird weiterhin die alte Version verwendet.

Migrieren können Sie die Version in der PowerShell mit dem Cmdlet *Update-VmVersion*. Das Cmdlet *Get-VM * | Format-Table Name, Version* zeigt Ihnen die Version aller eingesetzten VMs an. Verwenden Sie die neue Version für VMs in Windows Server 2022, bestehen die Konfigurationsdateien für virtuelle Server aus Binärdateien mit den Endungen **.vmcx* und **.vmrs*. Diese werden auch in die Prüfpunkte mit einbezogen.

Maschinen der neuen Version sind nicht kompatibel mit Windows Server 2012 R2. Stellen Sie die Version um, können Sie diese VM nicht mehr auf Servern mit Windows Server 2012 R2 virtualisieren. Aber nur mit der Version ab Windows Server 2016 können Sie die neuen Produktionsprüfpunkte nutzen.

Prüfpunkte und VM-Version 9 stehen auch in Windows 10/11 zur Verfügung. Die Konfiguration dabei ist identisch. System Center Virtual Machine Manager kann ebenfalls Production Checkpoints erstellen und verwalten. VMs in Windows Server 2022 haben die Version 11.

8.2.2 Prüfpunkte verstehen

Erstellen Sie einen Snapshot, sperrt Hyper-V die *.vhd(x)*-Datei des virtuellen Servers vor zukünftigen Änderungen und speichert alle zukünftigen Daten in eine neue differenzierende Festplatte (*.avdx*). Erstellen Sie auf Basis dieses Snapshots einen weiteren Snapshot, verwendet auch dieser eine neue *.avdx*-Datei, die wiederum auf die vorangegangene *.avdx*-Datei verweist. Je mehr Snapshots Sie erstellen, desto mehr *.avdx*-Dateien werden angelegt, was die Leistung des Servers beeinträchtigt.

Nach der Erstellung eines Snapshots finden Sie in diesem Ordner mehrere Dateien, darunter eine Datei für jeden Snapshot. Standardmäßig besteht ein virtueller Server aus einer *.vhd(x)*-Datei (seiner Festplatte), einer Datei, die die Einstellungen des Servers enthält, sowie den Statusdateien.

Erstellen Sie einen Snapshot, legt der Server zunächst eine neue virtuelle Platte (eine *.avhd(x)*-Datei) an. Diese Datei verwendet als Basis die *.vhd(x)*-Datei. Der Snapshot schreibt zukünftige Änderungen des Servers in die *.avhd(x)*-Datei. Ab jetzt verweist die *Konfigurations*-Datei des virtuellen Servers auf die *.avhd(x)*-Datei, die die Änderungen seit dem Snapshot enthält. Diese verwendet wiederum die *.vhd(x)*-Datei als Grundlage.

Wenn eine Leseanforderung in der VM notwendig ist, muss Hyper-V prüfen, ob die differenzierende Festplatte die notwendigen Daten speichert. Wenn die zu lesenden Daten nicht auf der differenzierenden Festplatte gespeichert sind, muss der Host die Daten aus der übergeordneten virtuellen Festplatte lesen. Diese Vorgänge bremsen die Leseleistung also deutlich aus. Tritt wiederum eine Schreibanforderung auf, schreibt Hyper-V die Änderung in die *.avhd(x)*-Datei, denn die VHD-Datei ist durch den Prüfpunkt vor Änderungen geschützt. Jedes Mal, wenn Datenänderungen auf dem Server auftreten, führt die *.avhd(x)*-Datei die Speicherung durch. Erstellen Sie mehrere Prüfpunkte, bauen die *.avhd(x)*-Dateien aufeinander auf und verwenden als Basis die originale VHD-Datei. Das Schreiben und Lesen der Daten wird weiter verzögert.

Setzen Sie den Server auf den Stand eines Snapshots zurück, verwendet Hyper-V nicht mehr die *.avhd(x)*-Datei, sondern wieder die originale *.vhd(x)*-Datei. Sie sehen den Verweis zu der *.avhd(x)*-Datei auch in der Konfigurationsdatei des Servers. Ein Snapshot eines virtuellen Servers besteht aus mehreren Dateien mit der Konfiguration des Servers zum Zeitpunkt des Snapshots. Auf diese Dateien verweist die Konfigurationsdatei des Snapshots.

Erstellen Sie einen weiteren Snapshot, der auf dem Stand des ersten aufbaut, verwendet dieser ebenfalls eine neue differenzierende Festplatte (*.avhd(x)*). Diese erhält als Quelle aber nicht die produktive virtuelle Festplatte des Servers (*.vhd(x)*), sondern die *.avhd(x)*-Datei des vorherigen Snapshots. Dies liegt daran, dass der neue Snapshot auf dem alten beruht. Daher muss hier ein stufenweiser Aufbau erfolgen.

Jeder Prüfpunkt in Hyper-V nutzt eine eigene *.avhd(x)*-Datei. Jede Datei speichert die Änderungen von dem Zeitpunkt an, an dem der Prüfpunkt mit seiner *.avhd(x)*-Datei erstellt wurde. Das wird so lange fortgeführt, bis Sie den Prüfpunkt löschen oder einen neuen erstellen. Dadurch markiert Hyper-V die vorhergehende *.avhd(x)*-Datei als lesend und die neue als schreibende Datei. Wenn also Prüfpunkt 2 erstellt ist, nutzt Hyper-V den Prüfpunkt 1 nur lesend. Sobald Prüfpunkt 3 erstellt ist, konfiguriert Hyper-V Prüfpunkt 2 als lesend. Prüfpunkt 1 bleibt lesend, genau wie die originale VHD.

Da heißt, je mehr Snapshots eines Servers Sie erstellen, umso mehr differenzierende Festplatten (*.avhd(x)*) setzen Sie ein, die aufeinander aufbauen. Durch diesen Aufbau kann die Leistung eines Servers stark einbrechen.

Die Verwendung der virtuellen Festplatten kann schnell unübersichtlich werden, je mehr Prüfpunkte Sie einsetzen. Dieser Vorgang verschlechtert natürlich deutlich die Leistung von virtuellen Servern und verkompliziert auch deren Verwaltung und Konfiguration. Obwohl die VM generell nicht mehr Daten nutzt, wird teilweise bis zu 50% mehr Platz benötigt, um zum Beispiel drei Prüfpunkte zu verwenden. Eine Prüfpunkt-Datei kann in einem solchen Szenario durchaus größer werden als die zugrunde liegende originale VHD/VHDX-Datei:

Bewahren Sie Snapshots also nur so lange auf, wie es unbedingt notwendig ist. Löschen Sie einen Snapshot, entfernt Hyper-V auch die erstellten Dateien. Die differenzierenden Festplatten (*.avhd(x)*) schreibt er in die produktive virtuelle Festplatte (*.vhd(x)*). Der Server muss dazu nicht neu gestartet werden (Onlinemerge).

8.2.3 Produktionsprüfpunkte erstellen

Die Einstellungen für die neuen Produktionsprüfpunkte finden Sie im Hyper-V-Manager oder in System Center Virtual Machine Manager in den Eigenschaften von VMs, wenn Sie auf *Prüfpunkte* klicken. Wenn Sie noch VMs mit der Version 5 einsetzen, verwenden diese weiterhin die herkömmliche Technik für Windows Server 2012 R2. Hier können Sie die neue Option *Produktionsprüfpunkte* nicht aktivieren, sondern arbeiten weiterhin mit den altbekannten Standardprüfpunkten. Bei VMs der neuen Version können Sie die neuen Produktionsprüfpunkte aktvieren.

Über die Option *Erstellen Sie Standardprüfpunkte, wenn das Erstellen eines Produktionsprüfpunkts nicht möglich ist* legen Sie fest, dass die Erstellung eines Prüfpunkts auch dann durchgeführt wird, wenn das Gastbetriebssystem die neue Funktion nicht unterstützt.

Sie können jederzeit die Einstellungen von Prüfpunkten anpassen, auch im laufenden Betrieb der VM. Den Speicherort für Prüfpunktdateien können Sie aber nur ändern, wenn kein Prüfpunkt für eine VM vorhanden ist.

Sobald ein Prüfpunkt erstellt wurde, unabhängig davon, ob es sich um einen Produktions- oder um einen Standardprüfpunkt handelt, können Sie den Speicherort der Prüfpunkte nicht mehr anpassen.

Sie können die Konfiguration der Prüfpunkte auch in der PowerShell steuern. Dazu nutzen Sie das Cmdlet *Set-VM*. Als Option verwenden Sie den Namen der VM sowie die Art der Prüfpunkte, die Sie für die VM einsetzen wollen:

Set-VM -Name VM_Name -CheckpointType Disabled – Prüfpunkte deaktiviert

Set-VM -Name VM_Name -CheckpointType Production – Prüfpunkte aktiviert. Es werden Produktionsprüfpunkte genutzt. Wenn das nicht möglich ist, erstellt Hyper-V einen Standardprüfpunkt.

Set-VM -Name VM_Name -CheckpointType ProductionOnly – Prüfpunkte aktiviert. Es werden Produktionsprüfpunkte genutzt. Wenn das nicht möglich ist, erstellt Hyper-V keinen Prüfpunkt.

Set-VM -Name VM_Name -CheckpointType Standard – Es werden Standard-Prüfpunkte erstellt.

Wollen Sie einen Prüfpunkt löschen, verwenden Sie *Remove-VMSnapshot*.

Im unteren Bereich sehen Sie im Hyper-V-Manager bei *Prüfpunkte* die erstellten Snapshots und können diese jederzeit aktivieren oder löschen. Die generelle Vorgehensweise bei Produktionsprüfpunkten unterscheidet sich nicht von den vorherigen Prüfpunkten. Sie können auch in der PowerShell überprüfen, ob Prüfpunkte für virtuelle Server auf den Hyper-V-Hosts erstellt wurden. Dazu nutzen Sie den folgenden Befehl in der PowerShell:

Get-VM | Get-VMsnapshot

Hier sehen Sie, um welchen Typ es sich bei den einzelnen Snapshots handelt und ob es übergeordnete Snapshots gibt. Sie können sich mit *Get-VMSnapshot* mehr Informationen zu Prüfpunkten anzeigen lassen. Wollen Sie Informationen zu einem speziellen Prüfpunkt erhalten, verwenden Sie

Get-VMSnapshot -VMName <Name der VM> -Name <Name des Prüfpunkts>

Ausführlichere Informationen erhalten Sie mit:

Get-VMSnapshot -VMName <Name der VM> |gm -MemberType Properties

Wollen Sie noch die Größe von Snapshots überprüfen, können Sie weitere Befehle in der PowerShell nutzen:

Get-VMSnapshot -VMName <Name der VM> | Get-VMHardDiskDrive | Get-ChildItem

Wollen Sie auf einem Host alle Prüfpunkte löschen, fragen Sie erst alle Prüfpunkte aller VMs ab und übergeben das Ergebnis an das Cmdlet zum Löschen:

Get-VM | Remove-VMSnapshot

8.2.4 Snapshots von virtuellen Servern erstellen

Hyper-V ermöglicht die Erstellung von Snapshots, auch ohne dass Sie Zusatzanwendungen installieren. Den entsprechenden Befehl finden Sie im Kontextmenü der virtuellen Computer im Hyper-V-Manager. Snapshots erstellen Sie über den Befehl *Prüfpunkt* im Kontextmenü von VMs.

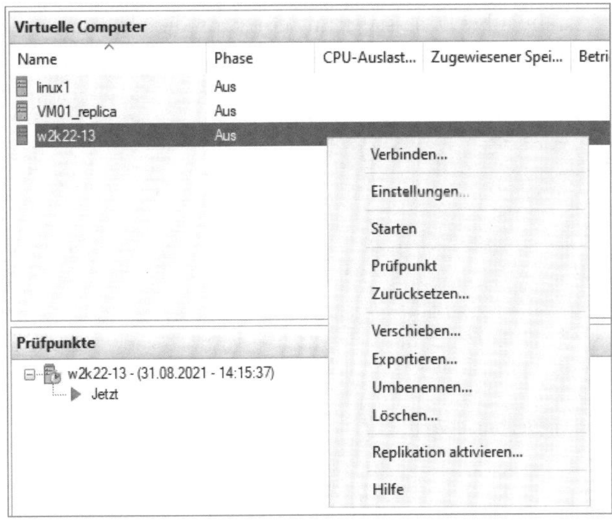

Abb. 8.2 Prüfpunkte erstellen

Sie können verschiedene Optionen in der PowerShell mitgeben, zum Beispiel den Namen der VM, für die Sie einen Prüfpunkt erstellen wollen, und die Beschreibung des Prüfpunkts:

Checkpoint-VM -Name <Servername> -SnapshotName <Name des Checkpoints>

Um über das Netzwerk einen Prüfpunkt für eine VM zu erstellen, verwenden Sie den folgenden Befehl:

Get-VM <Name der VM> -ComputerName <Name des Hyper-V-Hosts> | Checkpoint-VM

Während der Erstellung des Snapshots bleibt der Computer online und steht weiterhin den Anwendern zur Verfügung. Die erstellten Snapshots zeigt der Hyper-V-Manager im mittleren Bereich der Konsole an. Hyper-V speichert die Snapshots in dem Ordner, den Sie in den Einstellungen des virtuellen Computers im Bereich *Prüfpunkt-Speicherort* angeben. Sobald ein Snapshot erstellt ist, können Sie den Ordner nicht mehr ändern. Löschen Sie alle Snapshots, können Sie den Ordner aber wieder anpassen.

Entfernen Sie den Haken bei *Prüfpunkte aktivieren*, verweigert die VM das Erstellen eines Prüfpunkts. Standardmäßig ist das Erstellen von Prüfpunkten aber aktiviert.

Rufen Sie den Befehl *Zurücksetzen* im Kontextmenü des virtuellen Computers auf, wendet Hyper-V den letzten erstellten Snapshot an und setzt den Computer auf diesen Stand zurück. Beim Zurücksetzen gehen aber keine Änderungen verloren, sondern werden wiederum in einem anderen Snapshot erfasst.

Wenn Sie einen Server zurücksetzen oder einen älteren Snapshot anwenden beziehungsweise Snapshots löschen und die differenzierende Festplatte des Snapshots in die übergeordnete *.vhdx*-Datei überführen, vergrößert sich unter Umständen diese Datei. In diesem Fall sollten Sie diese im Hyper-V-Manager bearbeiten und verkleinern lassen. Sie finden dazu im *Aktionen*-Bereich den Eintrag *Datenträger bearbeiten*.

Auch für die einzelnen Snapshots steht ein Kontextmenü zur Verfügung, über das Sie diese steuern. Setzen Sie eine Hyper-V-kompatible Datensicherung ein, kann diese ebenfalls automatisiert einen solchen Snapshot erstellen und dessen Daten sichern.

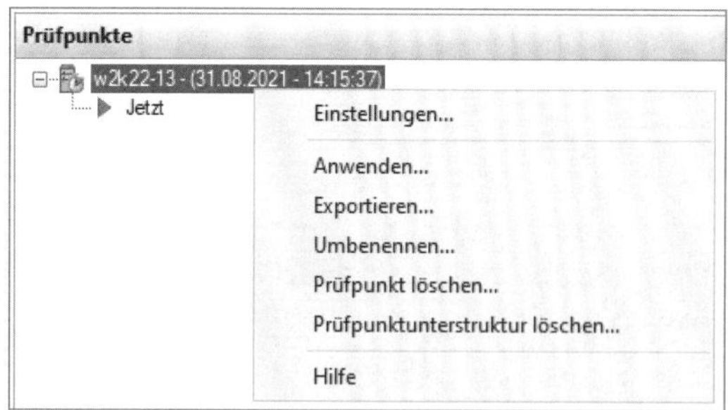

Abb. 8.3 Verwalten der Snapshots von virtuellen Servern

8.2.5 Verwalten der Snapshots von virtuellen Servern

Im Kontextmenü von Prüfpunkten stehen verschiedene Möglichkeiten zur Verfügung:

- **Einstellungen** – Hierüber rufen Sie die Einstellungen des virtuellen Computers auf, zu dem dieser Snapshot gehört. Es handelt es sich dabei um die Einstellungen, die zum Zeitpunkt des Erstellens gültig waren. Haben Sie Einstellungen nach dem Erstellen des Snapshots geändert, sind diese an dieser Stelle nicht zu sehen. Auf diese Weise schützen Sie auch die Einstellungen von virtuellen Servern.
- **Anwenden** – Wählen Sie diese Option aus, setzt der Assistent den virtuellen Computer wieder auf den Stand zurück, an dem Sie diesen Snapshot erstellt haben. Vorher erscheint aber ein Abfragefenster, das Sie auf die Folgen hinweist. Außerdem können Sie vorher noch einen aktuellen Snapshot erstellen. Dieser sichert dann den aktuellen Zustand. Im Gegensatz zum Zurücksetzen über das Kontextmenü der VM können Sie hier nicht nur den letzten Snapshot verwenden, sondern beliebige Snapshots.

  Diesen Befehl können Sie auch in der PowerShell durchführen. In diesem Fall verwenden Sie:

  Restore-VMSnapshot -VMName <Name der VM> -Name <Name des Prüfpunkts>

  Die Daten des Prüfpunkts bleiben auf der Festplatte erhalten. Sie werden nur dann entfernt, wenn Sie einen Prüfpunkt nicht anwenden, sondern löschen. Wollen Sie zum Beispiel für alle VMs auf einem Host den aktuellsten Prüfpunkt anwenden, verwenden Sie das Cmdlet:

  Get-VM | Foreach-Object { $_ | Get-VMSnapshot | Sort CreationTime | Select -Last 1 | Restore-VMSnapshot -Confirm:$false }
- **Exportieren** – Beim Exportieren von virtuellen Servern in Windows Server 2022 können Sie auch Snapshots berücksichtigen. Über das Kontextmenü eines Prüfpunkts können Sie einen virtuellen Server mit dem Stand des Snapshots exportieren und auf anderen Servern wieder importieren.
- **Umbenennen** – Mit dieser Option weisen Sie dem Snapshot einen anderen Namen zu. Hyper-V verwendet als Namen normalerweise das Datum und die Uhrzeit. Über diesen Menübefehl können Sie zum Beispiel noch Informationen hinzufügen, warum Sie den Snapshot erstellt haben.
- **Prüfpunkt löschen** – Löscht den Snapshot und die dazugehörigen Daten vom Server und überführt die notwendigen Daten in die produktive Festplatte. Die Zusammenhänge erklären wir im nächsten Abschnitt. Beim Löschen eines Snapshots gehen daher keine Daten verloren, sondern Änderungen, die Sie seit seinem Erstellen durchgeführt haben, werden in die virtuelle Festplatte des Servers geschrieben und anschließend wird der Snapshot und seine differenzierende Festplatte gelöscht (*.avdx*).
- **Prüfpunkt-Unterstruktur löschen** – Diese Option löscht den aktuellen Snapshot sowie alle Prüfpunkte, die Sie nach dem Snapshot erstellt haben und die auf diesen aufbauen. Der Vorgang ist ähnlich zu *Prüfpunkt löschen*, führt aber alle zusammengehörigen Snapshots zusammen.

Liegen für eine VM zum Beispiel die drei Prüfpunkte *Prüfpunkt 1*, *Prüfpunkt 2* und *Prüfpunkt 3* vor und bauen aufeinander auf, können Sie jederzeit zu *Prüfpunkt 2* zurückwechseln und die Daten von *Prüfpunkt 3* löschen. Dazu klicken Sie mit der rechten Maustaste auf *Prüfpunkt 2* und wählen *Anwenden* aus dem Menü.

Die aktive Markierung *Jetzt* des virtuellen Servers zeigt seinen Status an. Durch das Anwenden von *Prüfpunkt 2* wird das *Jetzt* vor *Prüfpunkt 3* geschoben. Sie können *Prüfpunkt 3* jetzt löschen, wenn Sie ihn nicht mehr benötigen. Durch das Löschen wird er nicht mehr mit dem virtuellen Server zusammengeführt, da sich der Status *Jetzt* über dem Prüfpunkt befindet.

Löschen Sie *Prüfpunkt 3*, ohne dass Sie *Prüfpunkt 2* anwenden, werden alle Änderungen aus *Prüfpunkt 3* in *Prüfpunkt 2* übertragen. Erst dann löscht der Server *Prüfpunkt 3*.

Prüfpunkte können Sie auch in der PowerShell löschen. Wollen Sie zum Beispiel Snapshots einer bestimmten VM löschen, nutzen Sie den Namen, auf Wunsch mit Platzhalter:

*Get-VM TestVM | Remove-VMSnapshot -Name Experiment**

Sie können Snapshots auch auf Basis der Erstellungszeit löschen. Wollen Sie alle Snapshots entfernen, die älter als 90 Tage sind, verwenden Sie:

Get-VMSnapshot -VMName TestVM | Where-Object {$_.CreationTime -lt (Get-Date). AddDays(-90) } | Remove-VMSnapshot

8.2.6 Datensicherung und Snapshots bei Hyper-V im Cluster

Setzen Sie Hyper-V im Cluster ein, um beispielsweise die Livemigration zu nutzen, müssen Sie bei der Datensicherung und der Erstellung von Snapshots einige wichtige Punkte beachten. Sie sollten es möglichst vermeiden, Snapshots von laufenden virtuellen Maschinen in Clustern zu erstellen. Setzen Sie nämlich einen solchen Snapshot zurück, setzt dieser nicht nur den Inhalt der virtuellen Festplatte zurück, sondern auch den des Arbeitsspeichers der VM. Dieser Umstand bereitet vor allem im Zusammenhang mit der Livemigration Probleme. Wenn Sie also Snapshots von VMs in einem Cluster durchführen wollen, fahren Sie die VM herunter. Auch wenn Sie einen Snapshot auf eine VM anwenden wollen, sollten Sie die Maschine dazu herunterfahren.

Bei Domänencontrollern sichern Snapshots auch die Active Directory-Datenbank. Setzen Sie auf einem Domänencontroller einen Snapshot zurück, kann es zu Inkonsistenzen der Active Directory-Datenbank kommen, die auch die anderen Domänencontroller beeinflusst. Das liegt daran, dass in Active Directory alle Objekte eine bestimmte Nummer besitzen, die Update Sequence Number (USN).

Jeder Domänencontroller hat eine eigene Liste dieser USNs und befindet sich auch selbst in dieser Liste. Setzen Sie einen Snapshot zurück, ändern sich die USNs zahlreicher Objekte, was mit hoher Wahrscheinlichkeit zu Inkonsistenzen führt. In jedem Fall aber trennen die anderen Domänencontroller den wiederhergestellten Domänencontroller vom Netzwerk, um Fehler zu beheben.

Vermeiden Sie daher möglichst Snapshots auf Domänencontrollern oder verwenden Sie zumindest die Produktionsprüfpunkte. Zwar hat Microsoft das Problem in Windows Server 2022 mit der GenerationID besser im Griff, aber generell wird das Sichern von Servern, die eine Datenbank bereitstellen, nicht über Snapshots empfohlen, zumindest wenn es sich vermeiden lässt. Das Gleiche gilt übrigens für alle Server, die eine Datenbank nutzen, auch Exchange und SQL. Sie sollten solche Datenbanken niemals über Snapshots zurücksetzen.

In Hyper-V haben Sie die Möglichkeit, einem Gastsystem eine differenzierende virtuelle Festplatte zuzuweisen. Dazu bauen die Festplatten auf eine übergeordnete Festplatte mit einer Windows-Installation auf und speichern die Daten auf einer eigenen Festplatte.

Für Domänencontroller wird das nicht empfohlen, da sich solche Festplatten zu leicht wieder in den Ursprungszustand zurückversetzen lassen. Hier gibt es das gleiche Problem wie mit den Snapshots.

8.3 Sicherung durch Export

Die Sicherung von Hyper-V-Hosts besteht vor allem in der Sicherung der einzelnen virtuellen Server, die auf dem Host betrieben werden. Im Hyper-V-Manager haben Sie noch die Möglichkeit, die virtuellen Server zu exportieren. Die exportierten Server lassen sich wieder importieren. Das funktioniert auf dem gleichen Hyper-V-Host, aber auch auf einem anderen Server.

Der Befehl zum Exportieren steht über das Kontextmenü von virtuellen Servern zur Verfügung. In Windows Server 2012 funktioniert diese Technik nur dann, wenn der virtuelle Server nicht gestartet ist. Das ist seit Windows Server 2012 R2 anders. Sie können hier im laufenden Betrieb exportieren. Der Exportvorgang umfasst die *.vhd(x)*-Dateien, Prüfpunkte und die Einstellungen des virtuellen Servers. Die Größe der Exportdateien entspricht der Größe der Quelldateien.

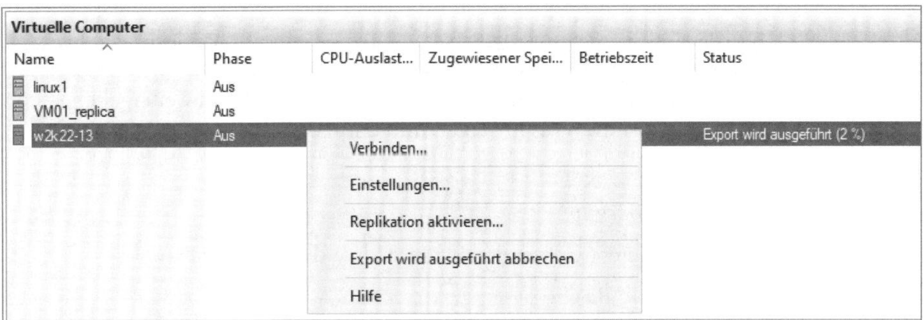

Abb. 8.4 Exportieren von virtuellen Servern

Wollen Sie einen virtuellen Computer importieren, steht der Befehl *Virtuellen Computer importieren* im Aktions-Bereich des Hyper-V-Managers zur Verfügung. Über den Assistenten wählen Sie den Ordner aus, in dem sich die Exportdatei befindet, und erhalten im nächsten Fenster Informationen zum Servernamen angezeigt. Auf der nächsten Seite wählen Sie die Optionen aus, um den Server zu importieren.

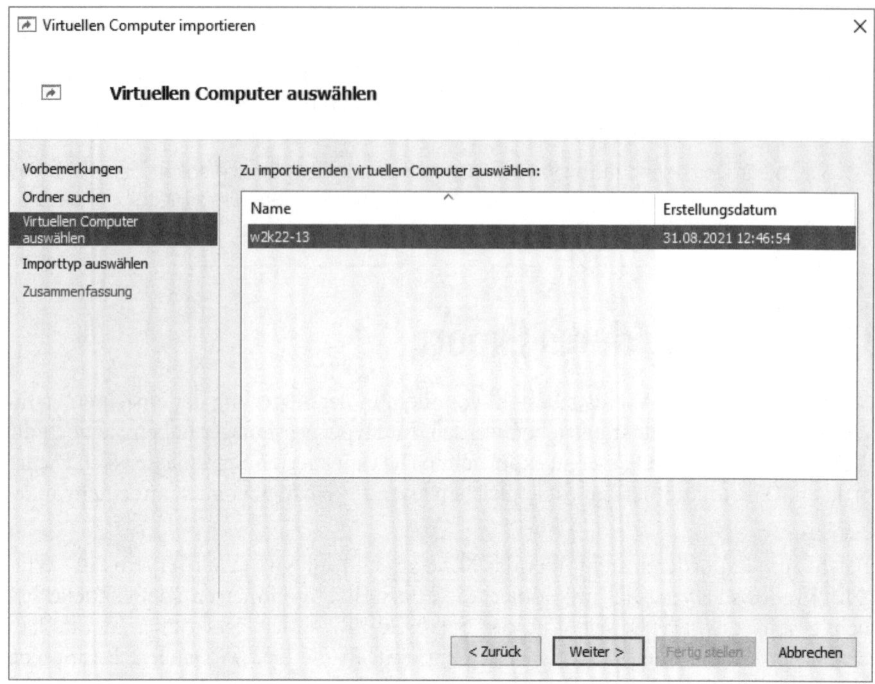

Abb. 8.5 Importieren eines virtuellen Servers

Virtuelle Server können Sie mit *Import-VM* importieren und mit *Export-VM* exportieren. Diese beiden Cmdlets sind für das Erstellen von Skripts also besonders hilfreich. Sie können mit *Export-VM* mehrere VMs auf einmal exportieren. Dazu können Sie zum Beispiel mit *Get-VM* eine Liste der VMs abfragen und diese dann an *Export-VM* weitergeben. Alternativ können Sie mit *Get-VM* die VMs anzeigen und dann einzelne VMs exportieren:

Get-VM

Export-VM w2k19 -Path F:\Backups

Wollen Sie alle VMs exportieren, verwenden Sie im Skript das Pipe-Zeichen:

Get-VM | Export-VM -Path F:\Backups

Sie importieren exportierte VMs mit *Import-VM*. Exportieren können Sie mit einem PowerShell-Skript, das Sie in diesem Fall in der Aufgabenplanung hinterlegen.

Setzen Sie Hyper-V ein, können Sie die Sicherung von virtuellen Servern, aber auch des ganzen Hosts über die Windows Server Sicherung durchführen. Auch diese Sicherung kann geskriptet werden. Die Windows Server Sicherung kann Daten über das Netzwerk sichern. Als Sicherungs-Ziel können Pfade im Netzwerk verwendet werden, zum Beispiel ein NAS-System:

wbadmin start backup -backuptarget:\\192.168.178.8\hyperbackup: -hyperv: "Server01,Server02" -allowDeleteOldBackups -quiet

Mit dem Befehl sichern Sie die Server *Server01* und *Server02* auf dem Server mit der IP-Adresse 192.168.178.8 in der Freigabe *hyperbackup*.

8.4 VMs per Skript sichern

Um VMs in Hyper-V mit Skripts zu sichern, steht vor allem die PowerShell zur Verfügung. In Windows Server ist die PowerShell ohnehin verfügbar, durch die Installation der Hyper-V-Rolle werden die Cmdlets für Hyper-V integriert. Hier stehen Cmdlets zum Exportieren, Importieren und Erstellen von Snapshots zur Verfügung.

Wer sich etwas mit der PowerShell auseinandersetzt, kann schnell ein Skript erstellen, das Snapshots erstellt, zurücksetzt, löscht oder virtuelle Server exportiert und importiert. Auch in VMware vSphere kann die PowerShell genutzt werden. Der Vorteil besteht darin, dass Sie mit Skripts arbeiten können. In diesem Beitrag zeigen wir Möglichkeiten, virtuelle Server mit Skripts und der Befehlszeile/PowerShell zu sichern.

Neben der grafischen Oberfläche können Sie virtuelle Server in Hyper-V in der PowerShell steuern. So schalten Sie mit *Stop-VM* virtuelle Maschinen aus, starten sie mit *Start-VM* und rufen den Zustand mit *Get-VM* ab. Um sich eine Liste der verfügbaren Befehle anzuzeigen, verwenden Sie *Get-Command *vm**. Auf Basis dieser Befehle können Sie recht einfach ein PowerShell-Skript erstellen und speichern, das auch bei der Sicherung von VMs oder dem Erstellen von Snapshots hilft.

Sie können über die PowerShell Server neu starten (*Restart-VM*), anhalten (*Suspend-VM*) und wieder fortführen lassen (*Resume-VM*).

Virtuelle Server können Sie mit *Import-VM* importieren und mit *Export-VM* exportieren. Diese beiden Cmdlets sind für das Erstellen von Skripts also besonders hilfreich. Sie können mit *Export-VM* auch mehrere VMs auf einmal exportieren. Dazu fragen Sie zum Beispiel mit *Get-VM* eine Liste der VMs ab und geben diese dann an *Export-VM* weiter. Alternativ zeigen Sie einfach mit *Get-VM* die VMs an und exportieren dann einzelne VMs:

Get-VM

Export-VM w2k19 -Path F:\Backups

Wollen Sie alle VMs exportieren, verwenden Sie im Skript das Pipe-Zeichen:

Get-VM | Export-VM -Path F:\Backups

Sie importieren exportierte VMs mit *Import-VM*. Das Exportieren führen Sie mit einem PowerShell-Skript durch und hinterlegen dieses in der Aufgabenplanung.

Eine weitere Möglichkeit, um VMs in Hyper-V zu skripten, besteht darin, das kostenlose »Hyper-V Backup Utility« (*https://github.com/Digressive/HyperV-Backup-Utility*) zu verwenden.

8.4.1 Snapshots erstellen in Hyper-V mit »Checkpoint-VM«

Sie können auch Pipes nutzen, wenn Sie mit Cmdlets in der PowerShell arbeiten, um Skripts zu erstellen. Um zum Beispiel zu überprüfen, ob Prüfpunkte für virtuelle Server auf den Hyper-V-Hosts erstellt wurden, nutzen Sie:

Get-VM | Get-VMSnapshot

Die Version der installierten Integrationsdienste lässt sich mit *get-vm |select Name, IntegrationServicesVersion* in Erfahrung bringen.

Hyper-V ermöglicht die Erstellung von Snapshots, ohne dass Sie Zusatzanwendungen installieren. Den entsprechenden Befehl finden Sie im Kontextmenü der virtuellen Computer im Hyper-V-Manager oder in der PowerShell. Sie können verschiedene Optionen in der PowerShell mitgeben, zum Beispiel den Namen der VM, für die Sie einen Prüfpunkt erstellen wollen, und die Beschreibung des Prüfpunkts:

Checkpoint-VM -Name <Servername> -SnapshotName <Name des Checkpoints>

Um über das Netzwerk einen Prüfpunkt für eine VM zu erstellen, verwenden Sie den folgenden Befehl:

Get-VM <Name der VM> -ComputerName <Name des Hyper-V-Hosts> | Checkpoint-VM

Während der Erstellung des Snapshots bleibt der Computer online und steht weiterhin den Anwendern zur Verfügung. Die erstellten Snapshots zeigt der Hyper-V-Manager im mittleren Bereich der Konsole an. Hyper-V speichert die Snapshots in dem Ordner, den Sie in den Einstellungen des virtuellen Computers im Bereich *Prüfpunkt-Speicherort* angeben. Sobald ein Snapshot erstellt ist, können Sie den Ordner nicht mehr ändern. Löschen Sie alle Snapshots, können Sie den Ordner aber wieder anpassen.

Sie können eine VM natürlich auch zum Zeitpunkt eines VMs zurücksetzen. Sie können dazu die grafische Oberfläche verwenden oder die PowerShell. In diesem Fall verwenden Sie:

Restore-VMSnapshot -VMName <Name der VM> -Name <Name des Prüfpunkts>

Die Daten des Prüfpunkts bleiben auf der Festplatte erhalten. Sie werden nur dann entfernt, wenn Sie einen Prüfpunkt nicht anwenden, sondern löschen. Wollen Sie zum Beispiel für alle VMs auf einem Host den aktuellsten Prüfpunkt anwenden, verwenden Sie das Cmdlet:

Get-VM | Foreach-Object { $_ | Get-VMSnapshot | Sort CreationTime | Select -Last 1 | Restore-VMSnapshot -Confirm:$false }

Prüfpunkte können Sie in der PowerShell löschen. Wollen Sie zum Beispiel Snapshots einer bestimmten VM löschen, nutzen Sie den Namen, auf Wunsch mit Platzhalter:

*Get-VM TestVM | Remove-VMSnapshot -Name Experiment**

Sie können Snapshots auf Basis der Erstellungszeit löschen. Wollen Sie alle Snapshots entfernen, die älter als 90 Tage sind, verwenden Sie:

Get-VMSnapshot -VMName TestVM | Where-Object {$_.CreationTime -lt (Get-Date).AddDays(-90) } | Remove-VMSnapshot

8.5 Shielded VMs und Host Guardian Service

Seit Windows Server 2016 erhöht Microsoft durch den Host Guardian Service (HGS) die Sicherheit von VMs. Mit Windows Server 2022 entwickelt Microsoft die Technik nicht weiter, sondern integriert neue Funktionen in Azure Stack HCI. Die Funktion ist aber noch Bestandteil von Windows Server 2022. Wir behandeln die Einrichtung in den nächsten Abschnitten. In produktiven Umgebungen sollten Sie bei der Verwendung aber besser auf Azure Stack HCI setzen.

Virtuelle Server lassen sich in Hyper-V seit Windows Server 2022 härten und vor Administratoren, Angreifern und unberechtigten Zugriffen abschotten. Ausgesperrte Administratoren dürfen bestimmte VMs zwar noch steuern, also beenden oder starten, haben aber keinen Zugriff mehr auf die Daten der VM. Das gilt natürlich auch für unberechtigte Anwender oder Viren. Selbst Netzwerke, die von Angreifern übernommen wurden oder bei denen andere Bereiche kompromittiert sind, stellen keine Gefahr für gesicherte VMs dar.

Der Host Guardian Service (HGS) stellt in Windows Serversicher, dass VMs in Hyper-V besser voneinander getrennt werden. Wenn eine VM durch einen Angreifer kompromittiert ist, verhindert dieser Dienst die Ausbreitung des Virus. VMs können dadurch nicht zu viel von der Leistung des Hosts kapern, da der Dienst das erkennt und verhindert. Zusätzlich bietet der Host Guardian Service Verschlüsselungstechnologien und ermöglicht das Absichern von VMs auf vielfältigem Wege. So lassen sich die Festplatten mit BitLocker verschlüsseln, der Zugriff auf die Konsole einschränken und festlegen, auf welchen Hyper-V-Hosts eine gesicherte VM starten darf.

Sie können mit dem HGS nur Hyper-V-Server mit Windows Server 2016/2019/2022 Datacenter Edition schützen. Ältere Versionen oder Windows Server 2022 Standard Edition lassen sich nicht mit HGS verbinden. In den abgesicherten VMs können Sie auch Windows Server 2012/2012R2 betreiben. Wollen Sie eine gesicherte VDI-Infrastruktur mit Shielded VMs aufbauen, sollten Sie auf Windows 8/8.1 oder besser auf Windows 10 oder Windows 11 setzen.

8.5.1 Verschlüsselung ohne Shielded VMs durchführen

Wer die virtuellen Festplatten seiner VMs verschlüsseln will, muss nicht unbedingt auf Shielded VMs setzen. Seit Windows Server 2016 lassen sich virtuelle Trusted Platform Modules (TPM) zu VMs hinzufügen. Dazu steht in den Eigenschaften von VMs der Menüpunkt *Sicherheit* zur Verfügung. Durch Aktivieren der Funktion *Trusted Platform Module aktivieren* gibt es in der VM ein virtuelles TPM, das für die Verschlüsselung von BitLocker genutzt werden kann.

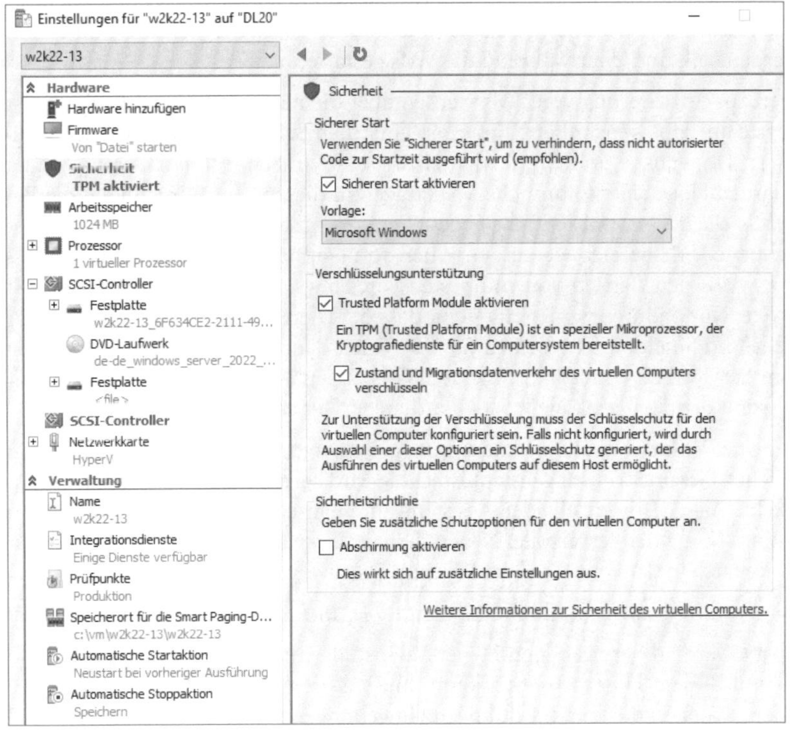

Abb. 8.6 Aktivieren von virtuellen TPMs für VMs

VMs, die auf Basis von BitLocker mit einem vTPM verschlüsselt werden, lassen sich jederzeit in eine Guarded Fabric mit Shielded VMs integrieren. Auch Livemigration ist möglich. Wichtig ist, dass es sich bei der VM um eine Generation 2-VM handelt.

Neben dem Hyper-V-Manager lassen sich die Einstellungen in der PowerShell vornehmen:

Enable-VMTPM -VMname <Name>

aktiviert die Technik und mit

Disable-VMTPM -VMName <Name>

wird sie deaktiviert. Das TPM wird im Geräte-Manager der VM angezeigt. Sie finden es unter *Sicherheitsgeräte*. Durch Auswahl von *tpm.msc* kann das Modul initialisiert und eingerichtet werden. Mehr zu BitLocker erfahren Sie in Kapitel 5

8.5.2 Sichere VMs mit Shielded VMs

VMs können über den Host Guardian Service verschlüsselte Festplatten nutzen, auch mit vTPM. Dazu setzt Windows Server 2022 auf BitLocker. VMs lassen sich vom Non-Shielded-Modus in den Shielded-Modus versetzen. Auch der Datenverkehr zur Livemigration lässt sich mit HGS verschlüsseln.

Den Attestation-Mode des Host Guardian Service (HGS) können Sie im laufenden Betrieb anpassen. Der Attestation-Mode bestimmt, wie die geschützten Hyper-V-Hosts in der Host Guardian Service-Infrastruktur authentifiziert werden. Microsoft unterstützt hier die Authentifizierung mit einem TPM-Chip (Hardware-Attestation) oder der Mitgliedschaft in einer Active Directory-Gruppe (Admin Attestation). Sie können den Modus im laufenden Betrieb wechseln. Sinnvoll ist das zum Beispiel, wenn zwischen Active Directory und TPM gewechselt werden soll, und zwar während die VMs gestartet bleiben.

Die Funktionen zur Absicherung von VMs werden über die neue Serverrolle für den Host Guardian Service auf Hosts installiert. Ein Host Guardian Service wird von Hyper-V getrennt installiert. Der Cluster, in dem Sie den Host Guardian Service installieren, schützt wiederum Guarded Hosts. Herkömmliche VMs tragen in diesem Zusammenhang die Bezeichnung *non-Shielded VMs*, während die abgesicherten VMs als Shielded oder auch abgeschirmte/geschützte VMs bezeichnet werden. Microsoft empfiehlt den Aufbau eines Clusters beziehungsweise den Betrieb von mindestens drei physischen Hosts mit dem Host Guardian Service. Nur dadurch ist sichergestellt, dass der Dienst immer hochverfügbar zur Verfügung steht und Shielded (abgeschirmte) VMs auch dann starten können, wenn ein Host Guardian Service-Server ausfällt. Shielded VMs lassen sich auf Guarded Hosts nur dann starten, wenn der dazugehörige Host Guardian Service verfügbar ist.

Die Absicherung der VMs erfolgt durch eine eigene Active Directory-Gesamtstruktur, die von der herkömmlichen Gesamtstruktur getrennt ist. Diese wird bei der Einrichtung des HGS automatisch erstellt. Außerdem erstellt der Assistent automatisch einen Failover-Cluster im Rahmen der Einrichtung der Serverrolle. Neben dem Server-Manager können Sie den Host Guardian Service auch in der PowerShell installieren. Dazu verwenden Sie den Befehl:

Install-WindowsFeature -Name HostGuardianServiceRole -IncludeManagementTools -Restart

Damit der Host Guardian Service einen Hyper-V-Host als Guarded-Host akzeptiert, also Shielded VMs auf diesem Host betreiben kann, muss er den Hyper-V-Host akzeptieren. Dazu ist auf den Hyper-V-Hosts in produktiven Umgebungen ein TPM-Chip ab Version 2 notwendig, wenn Sie mit der Hardware-Attestation arbeiten. Dieser sichert später auch die

Shielded VMs entsprechend ab. Der Server muss außerdem EFI 2.3.1 mit sicherem Start (Secure Boot) nutzen. Für die Einrichtung ist in diesem Fall keine Vertrauensstellung zwischen der Active Directory-Gesamtstruktur des Host Guardian Service und derjenigen mit den Hyper-V-Hosts (Fabric) notwendig.

Setzen Sie Hyper-V-Hosts ein, die weder TPM noch UEFI unterstützen, können Sie sie auch über das Active Directory absichern und an den Host Guardian Service anbinden. Die Absicherung erfolgt in diesem Fall über Active Directory-Sicherheitsgruppen. Sie erstellen eine weitere Active Directory-Gesamtstruktur für den HGS und legen eine entsprechende Vertrauensstellung an.

8.5.3 Verbindung zwischen Host Guardian Service und Guarded Hosts

Um Shielded VMs zu nutzen, benötigen Sie zunächst einen Server beziehungsweise Cluster mit dem Host Guardian Service. Auf den zu schützenden Hyper-V-Hosts müssen Sie neben Hyper-V noch das Serverfeature *Hyper-V-Unterstützung durch Host Guardian* installieren. Dieses erweitert die Funktionen von Hyper-V um Möglichkeiten, Shielded VMs zu betreiben.

Außerdem müssen Sie bei der Installation des Hyper-V-Hosts sowie der Anbindung an den Host Guardian Service sicherstellen, dass die Remoteserver-Verwaltungstools für Shielded VMs installiert werden. Diese tragen die Bezeichnung »Abgeschirmte VM-Tools«. Diese Tools werden nicht automatisch auf Hyper-V-Hosts installiert, sondern müssen immer manuell installiert werden. Neue Shielded VMs müssen mit dem Typ Generation 2 erstellt werden. Bei der Absicherung durch den Host Guardian Service wird ein virtueller TPM-Chip (vTPM) eingebunden. Dazu können Sie das Cmdlet *Add-VMTPM* in der PowerShell nutzen. Die notwendigen Tools, um Hyper-V mit dem Host Guardian Service zu verbinden, können Sie in der PowerShell installieren:

Install-WindowsFeature -Name HostGuardian

Install-WindowsFeature -Name RSAT-Shielded-VM-Tools

Install-WindowsFeature -Name FabricShieldedTools -Restart

Die Absicherung von Hyper-V-Hosts erfolgt zum Beispiel über die Mitgliedschaft in einer Active Directory-Gruppe, wenn Sie nicht auf UEFI und TPM setzen. Wenn Sie nicht wissen, ob ein Host bereits mit einem HGS-Server verbunden ist, können Sie das mit den folgenden Cmdlets überprüfen:

Get-WindowsFeature HostGuardian

Get-HgsClientConfiguration

8.5.4 Host Guardian Service konfigurieren

Wenn Sie auf einem Server die Serverrolle für den Host Guardian Service installiert haben, zum Beispiel in der PowerShell mit

Install-WindowsFeature -Name HostGuardianServiceRole -IncludeManagementTools -Restart

erstellen Sie auf dem Server zunächst eine neue Active Directory-Domäne. Danach initialisieren Sie den HGS-Server. Im ersten Schritt öffnen Sie dazu eine PowerShell-Sitzung und konfigurieren die neue Domäne für HGS:

Install-HgsServer -HgsDomainName "hostgs.com" -SafeModeAdministratorPassword (read-host -prompt Kennwort -assecurestring) -Restart

Danach richten Sie die Umgebung ein. Sie können für Testumgebungen auch ein selbstsigniertes Zertifikat verwenden. In produktiven Umgebungen ein Zertifikat aus den Active Directory-Zertifikatdiensten besser. Die Einrichtung ist am einfachsten, wenn Sie die einzelnen Werte, die Sie in der PowerShell angeben müssen, zuvor in Variablen speichern:

$certificatePasswd = "Kennwort"

$signingCertPath = "C:\signingCert.pfx"

$encryptionCertPath = "C:\encryptionCert.pfx"

$certStoreLocation = "Cert:\LocalMachine\My"

$certificatePassword = ConvertTo-SecureString -AsPlainText $certificatePasswd -Force

$signingCert = New-SelfSignedCertificate -DnsName "signing.$env:userdnsdomain" -CertStoreLocation $certStoreLocation

Export-PfxCertificate -Cert $signingCert -Password $certificatePassword -FilePath $signingCertPath

$encryptionCert = New-SelfSignedCertificate -DnsName "encryption.$env:userdnsdomain" -CertStoreLocation $certStoreLocation

Export-PfxCertificate -Cert $encryptionCert -Password $certificatePassword -FilePath $encryptionCertPath

$HgsServiceName = "hgscontoso"

Initialize-HGSServer -HgsServiceName $HgsServiceName -SigningCertificatePath $signingCertPath -SigningCertificatePassword $certificatePassword -EncryptionCertificatePath $encryptionCertPath -EncryptionCertificatePassword $certificatePassword -TrustActiveDirectory -Force

8.5.5 Vertrauensstellung zwischen Host Guardian Service und Active Directory einrichten

Nach der erfolgreichen Einrichtung müssen Sie sicherstellen, dass die Namensauflösung zwischen den beiden Active Directory-Gesamtstrukturen funktioniert. Dazu arbeiten Sie am besten mit bedingten Weiterleitungen in beiden Umgebungen (siehe Kapitel 13 und 25).

Sobald die Namensauflösung funktioniert, können Sie auf dem HGS-Server die Vertrauensstellung zwischen HGS-AD und Ihrem produktiven AD einrichten, in dem sich die Guarded Hyper-V-Hosts befinden. Mehr dazu lesen Sie in Kapitel 17. Dazu verwenden Sie zum Beispiel die PowerShell:

$HGSDomainName = "hostgs.com"

$ADDomainName = "joos.int"

$ADDomainUser = "Administrator"

$ADAdminPasswd = "<Kennwort>"

netdom trust $HGSDomainName /domain:$ADDomainName /userD:$ADDomainName\$ADDomainUser /passwordD:$ADAdminPasswd /add

8.5.6 Guarded Hyper-V-Hosts mit HGS verbinden

Die Hyper-V-Hosts, die Sie mit dem Host Guardian Service absichern wollen, müssen Mitglied einer neuen AD-Gruppe sein. Dazu legen Sie die AD-Gruppe an und nehmen die Hyper-V-Hosts auf. Zusätzlich müssen Sie noch die SIDs der Hyper-V-Hosts auslesen und auf dem HGS-Server importieren. In dieser Umgebung gehen wir davon aus, dass die Fabric-Domäne die Bezeichnung *joos.int* hat und der erste Guarded Host die Bezeichnung *cn1.joos.int*.

```
$GuardedGroupName="GuardedHosts"

$guardedhost="cn1.joos.int"

$GroupMember="CN=cn1,OU=Computers,DC=contoso,DC=int"

$guardedGroup = New-ADGroup -Name $GuardedGroupName -SamAccountName
"GuardedHosts" -GroupCategory Security -GroupScope Global

Add-ADGroupMember -Identity $GuardedGroupName -Members $GroupMember
```

In der PowerShell lesen Sie mit *get-adgroup "<Name der Gruppe>"* die SID der Gruppe aus, die Sie später wiederum auf dem HGS-Server einlesen, um den Hyper-V-Host als Guarded-Host zu konfigurieren. Danach legen Sie fest, welche AD-Gruppe in der Fabric-Domäne die sicheren Hyper-V-Hosts enthält:

```
Add-HgsAttestationHostGroup -Name "hgs" -Identifier
" S-1-5-21-3577257099-2098703079-2507792109-1649"
```

Den Befehl führen Sie wiederum in der PowerShell des HGS-Servers aus. Die SID können Sie dort mit *get-adgroup <Name der Gruppe>* auslesen. Wenn alle notwendigen Features für die Anbindung von Hyper-V an den HGS installiert wurden, melden Sie sich in der PowerShell des ersten Hyper-V-Hosts am HGS an.

Dazu ist es wichtig, dass in der Gesamtstruktur mit den Hyper-V-Hosts die HGS-Domäne als DNS-Weiterleitung konfiguriert ist und umgekehrt. In diesem Beispiel ist der Name der Domäne des HGS *hostgs.com*. Den Befehl führen Sie auf dem Hyper-V-Host aus. Achten Sie darauf, die korrekten Daten Ihrer Umgebung einzugeben:

```
Set-HgsClientConfiguration -AttestationServerUrl "http://hostgs.com/Attestation"
-KeyProtectionServerUrl "http://hostgs.com/KeyProtection" -confirm:$false
```

Die erfolgreiche Anmeldung testen Sie am Guarded Host durch:

```
Get-HgsClientConfiguration
```

Auf dem HGS-Server überprüfen Sie die Konfiguration des Host Guardian Service mit:

```
Get-HgsTrace -RunDiagnostics
```

In der PowerShell testen Sie noch mit

```
Test-HGSServer -HgsDomainName <HGS-Domäne>
```

Zusätzlich rufen Sie mit den beiden Cmdlets

```
Get-HgsServer

Get-HgsAttestationPolicy
```

Informationen zur erstellten Umgebung ab. Hier sollten ebenfalls keine Fehler erscheinen, sondern die URLs und Daten sollten fehlerfrei angezeigt werden. Die geschützten Hyper-V-Hosts und die angebundenen System Center Virtual Machine Manager-Server müssen über diese URLs mit den Servern kommunizieren können. Außerdem sollten Sie mit dem Internet Explorer auf dem Server überprüfen, ob der HGS auf Anfragen antwortet. Dazu rufen Sie die folgende URL auf:

http://localhost/KeyProtection/service/metadata/2014-07/metadata.xml

Als Antwort erscheint eine XML-Seite mit Informationen. In produktiven Umgebungen sollten Sie noch die Ereignisse in der Ereignisanzeige der HGS-Server professionell überwachen. Entweder nutzen Sie dazu Tools wie System Center Operations Manager oder andere Überwachungswerkzeuge. Sie können dazu auch ein Ereignis-Abonnement erstellen. Im Rahmen des Abonnements können Sie die Ereignisse filtern, die es nutzen soll. Dazu verwenden Sie den Filter:

Microsoft-Windows-HostGuardianService-Attestation/Admin,Microsoft-Windows-HostGuardianService-Attestation/Operational,Microsoft-Windows-HostGuardianService-KeyProtection/ Admin,Microsoft-Windows-HostGuardianService-KeyProtection/Operational

8.5.7 Shielded VMs erstellen

Für das Erstellen einer Shielded VM brauchen Sie eine Vorlage für Shielded VMs sowie eine PDK-Datei, die alle Daten des Guarded Hosts und seine Zertifikate enthält. Dazu installieren Sie eine neue VM und weisen ihr eine VHDX-Datei zu. Die virtuelle Festplatte sollte zwei Partitionen enthalten, die beide mit NTFS formatiert sind. Verwenden Sie als Betriebssystem am besten Windows Server 2022.

Generell bereiten Sie diese Bereiche auf einem Hyper-V-Host vor, der (noch) nicht an HGS angebunden ist. Dabei muss es sich aber um einen Hyper-V-Host mit Windows Server 2022 handeln. Auf diesem installieren Sie zunächst die notwendigen Rollen und Features, um Shielded VMs zu verwalten. Das geht wieder am einfachsten in der PowerShell mit:

Install-WindowsFeature -Name RSAT-Shielded-VM-Tools

Install-WindowsFeature -Name FabricShieldedTools -Restart

Auf dem Hyper-V-Host erstellen Sie eine neue VM mit neuer virtueller Festplatte für die Vorlage. Achten Sie darauf, dass Sie für die virtuelle Festplatte zwei Partitionen anlegen. Formatieren Sie die Partitionen mit dem NTFS-Dateisystem.

Auch bei der Verwendung von System Center Virtual Machine Manager müssen Sie zuerst eine Vorlage für Shielded VMs erstellen. Die virtuelle Festplatte, die Sie als Vorlage verwenden, sollte in einer produktiven Umgebung mit dem GPT-Partitionsstil initialisiert werden. Bei der virtuellen Festplatte darf es sich nicht um einen dynamischen Datenträger in der Festplattenverwaltung handeln, sondern Sie müssen einen Basis-Datenträger verwenden. Das liegt daran, dass BitLocker keine dynamischen Festplatten unterstützt. Sie können aber auch virtuelle Festplatten mit Windows 8, 8.1 oder Windows 10/11 verwenden oder aktuelle Linux-Distributionen.

Sobald Sie die Features installiert haben und die virtuelle Festplatte mit der VM vorliegt und mit Sysprep verallgemeinert wurde, erstellen Sie ein selbstsigniertes Zertifikat, das Sie für die Shielded VM-Vorlage verwenden. Damit Sie das Zertifikat später weiter nutzen können, speichern Sie die Daten in einer Variablen:

$certificate = New-SelfSignedCertificate -DnsName cert.contoso.int -CertStoreLocation $certStoreLocation -KeyExportPolicy Exportable

Anschließend erstellen Sie die signierte Vorlage für die Shielded VM. Hier verwenden Sie entweder die PowerShell oder den Assistenten *TemplateDiskWizard.exe* im Verzeichnis *C:\Windows\System32*. In der PowerShell nutzen Sie den folgenden Befehl:

$TemplatePath = "C:\protected_template.vhdx"

$TemplateName = "MyTemplate"

$Version = "1.1.1.1"

Protect-ServerVHDX -Path $TemplatePath -TemplateName $TemplateName -Version $Version -Certificate $certificate

Sobald die Vorlage erstellt ist, können Sie auf Basis dieser VHDX-Datei eine neue VM erstellen. In den Eigenschaften dieser VM können Sie über den Menüpunkt *Sicherheit* Einstellungen bezüglich der Shielded VM vornehmen. Wichtig ist, dass Sie das Betriebssystem, das in der VHDX-Datei installiert ist, mit Sysprep generalisiert haben. Erst danach bereiten Sie das Betriebssystem mit dem *TemplateDiskWizard* vor, so wie beschrieben. Dabei setzen Sie entweder auf die grafische Oberfläche des Tools oder auf das Cmdlet *Protect-ServerVHDX* in der PowerShell.

8.6 Virtuelle Server gruppieren

In Windows Server 2022 können Sie virtuelle Server gruppieren und damit zu logischen Gruppen auf einem Host oder einem Cluster zusammenfassen (siehe Kapitel 9 und Kapitel 34). Die Verwaltung von Gruppen findet vor allem in der PowerShell statt. Dazu stehen die folgenden Cmdlets zur Verfügung:

- *New-VMGroup*
- *Get-VMGroup*
- *Remove-VMGroup*
- *Add-VMGroupMember*
- *Remove-VMGroupMember*
- *Rename-VMGroup*

Haben Sie Gruppen erstellt, können Sie jederzeit VMs zur Gruppe hinzufügen oder daraus entfernen. Um eine Gruppe zu erstellen, verwenden Sie zum Beispiel:

New-VMGroup -Name JoosGroup -GroupType VMCollectionType

Um VMs einer Gruppe hinzuzufügen, arbeiten Sie am besten mit einer Variablen. Im ersten Schritt erstellen Sie eine Variable mit der Gruppe, der Sie eine VM hinzufügen wollen:

$VMG1 = Get-VMGroup -Name JoosGroup

Die einzelnen VMs nehmen Sie als Variable hinzu:

$VM1 = Get-VM -Name Essentials

Danach können Sie die VM der Gruppe hinzufügen:

Add-VMGroupMember -VMGroup $VMG1 -VM $VM1

Die Gruppenmitgliedschaft können Sie wiederum mit der Option *groups* anzeigen lassen, wenn Sie zum Beispiel das Cmdlet *get-vm* verwenden:

Get-VM | ft Name, state, groups -AutoSize

VMs können Mitglied in mehreren Gruppen sein. Lesen Sie sich dazu Kapitel 34 durch. Außerdem können Sie Gruppen verschachteln. Dazu müssen Sie sie mit der Option *ManagementCollectionType* erstellen.

8.7 Zusammenfassung

In diesem Kapitel haben wir Ihnen gezeigt, wie Sie Hyper-V-Hosts und virtuelle Server mit Bordmitteln sichern. Wir sind darauf eingegangen, wie Sie Prüfpunkte von virtuellen Servern erstellen. Auch das Sichern von Hyper-V mit Export- und Importvorgängen ist Bestandteil dieses Kapitels. Mehr zum Thema Datensicherung lesen Sie in Kapitel 35.

Im nächsten Kapitel zeigen wir Ihnen, wie Sie Hyper-V hochverfügbar betreiben und die Livemigration und Replikation nutzen.

Kapitel 9
Hyper-V – Hochverfügbarkeit

Microsoft hat in Windows Server 2022 die Hochverfügbarkeit in allen Bereichen weiter verbessert. Ein Cluster ist nicht immer notwendig und virtuelle Server lassen sich einfach zwischen Hyper-V-Hosts replizieren.

In Windows Server 2022 haben Sie weiterhin die Möglichkeit, mit der Standard-Edition einen Cluster aufzubauen (siehe Kapitel 34). Allerdings gibt es Unterschiede in den Storage-Funktionen. So unterstützt nur die Datacenter-Edition alle Funktionen. In der Standard-Edition gibt es weder Storage Spaces Direct und nur eingeschränkt Storage Replica. Auch Shielded Virtual Machines fehlen dort. Allerdings hat Microsoft diese Technologie mit Windows Server 2022 ohnehin abgekündigt.

Die anderen Funktionen hat Microsoft in der Standard-Edition integriert. So verfügt diese ebenfalls über die Container-Technologie. Allerdings muss hier beim Einsatz der Hyper-V-Container darauf geachtet werden, dass die Standard-Edition nur zwei Container lizenziert, da nur zwei VMs erlaubt sind.

Sie können in Windows Server 2022 Hyper-V im Cluster und virtuelle Server als Clusterressourcen betreiben. Unternehmen, die Server mit Hyper-V virtualisieren und eine Hochverfügbarkeit erreichen wollen, setzen auf die Livemigration im Cluster. Die Livemigration können Sie mit einem physischen gemeinsamen Datenträger oder mit iSCSI-Zielen bereitstellen, aber auch mit Storage Spaces Direct (siehe Kapitel 34). Die gemeinsamen Festplatten auf Basis von Shared-VHDX unterstützen keine Cluster für die Livemigration in Hyper-V. Dazu kommt, dass Shared-VHDX-Festplatten auf einem gemeinsamen Datenträger in einem physischen Cluster gespeichert sein müssen. Mehr dazu lesen Sie in Kapitel 34.

Betreiben Sie Hyper-V in einem Cluster, können beim Ausfall eines physischen Hosts alle virtuellen Server durch einen weiteren Host automatisch übernommen werden. Dazu betreiben Sie die virtuellen Server als Clusterressourcen. Beim Einsatz von virtuellen Clustern können Sie Fehler in Servern ebenfalls abfangen, allerdings keine Fehler der Hardware, da der Cluster virtuell abgebildet ist. Natürlich können Sie die virtuellen Clusterknoten auf physischen Clustern betreiben. In diesem Fall sind die virtuellen Server vor Ausfall der Hardware geschützt und die virtuellen Clusterdienste, zum Beispiel ein Dateiserver, vor dem Ausfall des virtuellen Betriebssystems auf einem virtuellen Clusterknoten.

9.1 Einstieg in die Hochverfügbarkeit in Hyper-V

Es ist seit Windows Server 2012 möglich, die Livemigration auf Hyper-V-Hosts ohne Cluster zu nutzen oder virtuelle Maschinen zwischen Hyper-V-Hosts zu replizieren, ohne diese clustern zu müssen. Bei der Livemigration mit und ohne Cluster verschieben Sie virtuelle Server zwischen Hyper-V-Hosts in der Gesamtstruktur.

Ebenfalls interessant ist die Möglichkeit, die virtuellen Festplatten eines Servers mit der Livemigration zu verschieben. Das heißt, die virtuellen Server selbst bleiben auf dem aktuellen Host, nur der Speicherort der Dateien ändert sich. So können Sie zum Beispiel die Dateien auf eine Freigabe verschieben. Mehr zu diesem Thema lesen Sie in den Kapiteln 1 und 7.

9.1.1 Hyper-V-Replikation und Cluster

Bei Hyper-V-Replica replizieren Sie virtuelle Server auf andere Server, ebenfalls im laufenden Betrieb. Als Verbindung ist nur eine Netzwerkleitung notwendig, kein gemeinsamer Datenträger. Mit Windows Server 2012 können Sie virtuelle Server zwischen zwei Hyper-V-Hosts replizieren, in Windows Server 2022 stehen drei Server zur Verfügung, genauso wie in Windows Server 2012 R2.

Bei der Livemigration in einem Cluster überträgt Hyper-V den virtuellen Server mitsamt Inhalt des Arbeitsspeichers auf einen anderen Knoten im Cluster. Das hat den Vorteil, dass die Server immer verfügbar sind, auch bei einer Übertragung. Windows Server 2022 kann mehrere Livemigrationen auf einmal durchführen und Sie können Prioritäten festlegen.

Eine wichtige Rolle für Hyper-V spielt der Zugriff auf Dateifreigaben in Windows Server 2022. Durch die Verbesserungen lassen sich jetzt virtuelle Festplatten auf Freigaben speichern. Dies beschleunigt die Replikation und die Livemigration. Wichtig für den Zugriff auf Dateiserver ist das Server Message-Protokoll. Dieses stellt den Zugriff von Clientcomputern zum Server dar. Windows 10/11 und Windows Server 2022 kommen dazu mit einem verbesserten SMB-Protokoll (siehe Kapitel 5). Dieses ist vor allem für den schnellen Zugriff über das Netzwerk gedacht, wenn Daten normalerweise lokal gespeichert sein sollten. Beispiele dafür sind SQL Server-Datenbanken oder die Dateien von Hyper-V-Computern. Die neue Version erlaubt mehrere parallele Zugriffe auf Dateifreigaben. Das heißt, einzelne Zugriffe über das Netzwerk bremsen sich nicht mehr untereinander aus.

Zusätzlich ermöglicht SMB beim Einsatz auf geclusterten Dateiservern ein besseres Failover zwischen Clusterknoten. Dabei berücksichtigt Windows Server 2022 die SMB-Sitzungen der Benutzer und Server und behält diese auch bei, wenn Sie virtuelle Dateiserver zwischen Clusterknoten verschieben.

Windows Server 2022 bietet mit der Cluster Rolling Upgrade-Funktion die Möglichkeit, Cluster auf Basis von Windows Server 2012 R2/2016/2019 direkt zu Windows Server 2022 zu aktualisieren. Bei diesem Vorgang werden einzelne Clusterknoten vom Cluster entfernt, mit Windows Server 2022 neu installiert und dann wieder in den Cluster aufgenommen. Es ist also möglich, parallel auf Windows Server 2012 R2/2016/2019 und Windows Server 2022 im Cluster zu setzen.

Allerdings bleibt bei diesem Vorgang der Cluster im Kompatibilitätsmodus und nutzt weiterhin SMB 3.0.2 für die Kommunikation, auch mit Servern auf Basis von Windows Server 2022 oder Arbeitsstationen mit Windows 10/11. Die Technik bezeichnet Microsoft als »Cluster Dialect Fencing«. Sind auf einem Clusterknoten lokale Freigaben vorhanden, nutzt Windows Server 2022 die neue Version von SMB, auch wenn noch der Kompatibilitätsmodus für den Cluster aktiv ist. Allerdings werden in diesem Fall Freigaben auf dem Cluster, zum Beispiel über einen Scale-Out File Server (SOFS), mit SMB 3.0.2 abgewickelt. Sobald Sie aber auf den Windows Server 2022-Modus setzen, nutzt auch der SOFS das neue SMB.

Damit der Cluster das neue SMB-Protokoll nutzt, müssen alle Clusterknoten auf Basis von Windows Server 2022 betrieben werden. Danach erfolgt die Deaktivierung des Kompatibilitätsmodus. Solange sich der Cluster im Kompatibilitätsmodus mit Windows Server 2012 R2/2016/2019 befindet, werden Dateifreigaben im Cluster, zum Beispiel für einen Scale-Out File Server, auf Basis von SMB 3.0.2/3.1.1 eingebunden. Das ändert sich erst nach der Migration, wenn der Cluster auf den Modus von Windows Server 2022 umgestellt wird.

Zusätzlich ermöglicht SMB beim Einsatz auf geclusterten Dateiservern ein Failover zwischen Clusterknoten. Dabei berücksichtigt Windows Server 2022 die SMB-Sitzungen der Benutzer und Server und behält diese bei, wenn Sie virtuelle Dateiserver zwischen Clusterknoten verschieben.

SMB-Scale-Out verwendet Cluster Shared Volumes (CSV) für den parallelen Zugriff auf Dateien über alle Knoten in einem Cluster. Das erhöht die Leistung und die Skalierbarkeit von Serverdiensten, da alle Knoten beteiligt sind. Die Technologie arbeitet parallel zu Funktionen wie Transparent Failover und Multichannel. Auch diese Technik wird in Clustern mit Windows Server 2022 genutzt.

Entfernen Sie bei Migrationen zu Windows Server 2022 (siehe Kapitel 34) Knoten mit Windows Server 2012 R2/2016 aus dem Cluster, muss das SMB-Protokoll berücksichtigt werden. Ab diesem Moment wird der Cluster im gemischten Modus ausgeführt, da die restlichen Clusterknoten noch auf Windows Server 2012 R2/2016 basieren. Bis hierher kommt noch SMB 3.0.2/3.1.1 zum Einsatz. Die funktionelle Cluster-Ebene bleibt bei Windows Server 2012 R2, bis Sie diese manuell umstellen (siehe Kapitel 34). Bei dieser Funktionsebene sind neue Features in Windows Server 2022, die die Kompatibilität beeinflussen, nicht aktiviert, das gilt auch für SMB 3.1.1.

Sie aktualisieren alle Clusterknoten nach und nach mit dieser Vorgehensweise, bis alle Clusterknoten von Windows Server 2012 R2 auf Windows Server 2022 umgestellt sind (siehe Kapitel 34). Nach diesen Vorgängen ändern Sie die Cluster-Funktionsebene auf den Windows Server 2022-Modus. Wie das geht, zeigen wir in Kapitel 34. Dazu verwenden Sie das PowerShell-Cmdlet *Update-ClusterFunctionalLevel*. Ab jetzt können Sie die neuen Funktionen von Windows Server 2022 nutzen und SMB 3.1.1 wird im Cluster aktiviert.

Sie können dem Cluster aber keine Knoten mit Windows Server 2012 R2 hinzufügen. Die Version des Clusters können Sie mit *Get-Cluster | Select UpdateFunctionalLevel* überprüfen. So erkennen Sie, ob auch SMB 3.1.1 zum Einsatz kommt.

Windows Server 2022 kann als NAS-Server dienen. Im neuen Betriebssystem lassen sich nicht nur iSCSI-Ziele mit dem Server verbinden, sondern Server mit Windows Server 2022 können selbst als iSCSI-Ziel arbeiten (siehe Kapitel 5). Die Clusterfunktion steht auch in Windows Server 2022 Standard zur Verfügung.

Damit die Server mit Windows Server 2022 und Clientcomputer mit Windows 10/11 untereinander schneller Daten austauschen können, ist keine Konfiguration notwendig. Diesen Geschwindigkeitszuwachs erhalten Unternehmen bereits standardmäßig. Von diesen Funktionen profitiert vor allem Hyper-V, wenn Sie Daten der virtuellen Server auf Freigaben mit Windows Server 2022 speichern.

9.1.2 Arten der Hochverfügbarkeit in Hyper-V

Mit Hyper-V-Replica lassen sich virtuelle Server zwischen Hyper-V-Hosts replizieren, ohne dass diese Bestandteil eines Clusters sein müssen. Der virtuelle Server wird vom Quellserver auf den Zielserver repliziert, also kopiert. Dieser Vorgang kann ad hoc erfolgen oder über einen Zeitplan. Aktiv bleibt immer der virtuelle Server auf dem Quellserver, der auf dem Zielserver bleibt ausgeschaltet. Administratoren können ein Failover des virtuellen Servers manuell durchführen oder den virtuellen Server jederzeit erneut vom Quell- auf den Zielserver replizieren. In Windows Server 2022 können Sie zwei Zielserver definieren, um virtuelle Server zu replizieren.

Mit der Livemigration ohne Cluster können Sie virtuelle Server im laufenden Betrieb vom Quell- auf den Zielserver verschieben und online schalten. Es ist kein Cluster und kein gemeinsamer Datenträger notwendig. Mehr zu diesem Thema lesen Sie in den Kapiteln 1 und 7. Im Gegensatz zur Replikation ist der virtuelle Server weiterhin nur auf einem Server verfügbar und kann im laufenden Betrieb verschoben werden.

Weiterhin gibt es in Windows Server 2022 die Möglichkeit, Hyper-V in einem Cluster zu betreiben und virtuelle Server als Clusterressourcen zu definieren. Hier sind die virtuellen Server schnell und einfach zwischen den Knoten verschiebbar. Einen Cluster können Unternehmen auch mit der Standard-Edition aufbauen. In Windows Server 2022 lassen sich mehrere Livemigrationen gleichzeitig durchführen und virtuelle Server lassen sich priorisieren. Alle diese Funktionen stehen über Hyper-V Server 2019 kostenlos zur Verfügung.

9.2 Hyper-V-Replikation in der Praxis

Mit der Hyper-V-Replikation, auch als Hyper-V-Replica bezeichnet, lassen sich in Windows Server 2022 und Hyper-V Server 2019 virtuelle Festplatten und komplette virtuelle Server asynchron zwischen drei Hyper-V-Hosts im Netzwerk replizieren und synchronisieren. Windows Server 2012 unterstützt zwei Hyper-V-Hosts für die Replikation, seit Windows Server 2012 R2 und in Windows Server 2016/2019/2022 können Sie bis zu drei Hosts replizieren lassen. Sie können für die Replikation eine Kette konfigurieren. So kann zum Beispiel Server A zu Server B und dieser den gleichen virtuellen Server zu Server C replizieren.

In Windows Server 2012 konnten Sie das Synchronisierungsintervall nur bis zu fünf Minuten einstellen, seit Windows Server 2012 R2 haben Sie hier die Möglichkeit, alle 30 Sekunden die Daten zwischen den Hosts replizieren zu lassen. Alternativ können Sie die Replikation auf Intervall bis zu 15 Minuten ausdehnen.

Die Replikation findet über das Dateisystem und das Netzwerk statt, ein Cluster ist nicht notwendig. Die Replikationen lassen sich manuell, automatisiert oder nach einem Zeitplan ausführen. Sie können auf diesem Weg eine Testumgebung ausbauen oder die replizierten Server bei Ausfall eines Hyper-V-Hosts aktiv schalten. Mit Hyper-V-Replica können kleine und mittelständische Unternehmen eine effiziente Ausfallsicherheit erreichen.

9.2.1 Hyper-V-Hosts für Replikation aktivieren

Die Konfiguration erfolgt über einen Assistenten im Hyper-V-Manager oder der PowerShell. Die Einrichtung nehmen Sie über einen Assistenten im Hyper-V-Manager vor. Die Quell-VM läuft bei diesem Vorgang weiter. Fällt ein Hyper-V-Host aus, lassen sich die replizierten Server online schalten und als produktive Server nutzen. Nach der ersten Übertragung müssen nur noch Änderungen übertragen werden. Die erste Übertragung können Sie mit einem externen Datenträger vornehmen, wenn die Datenleitung nicht genügend Leistung bietet.

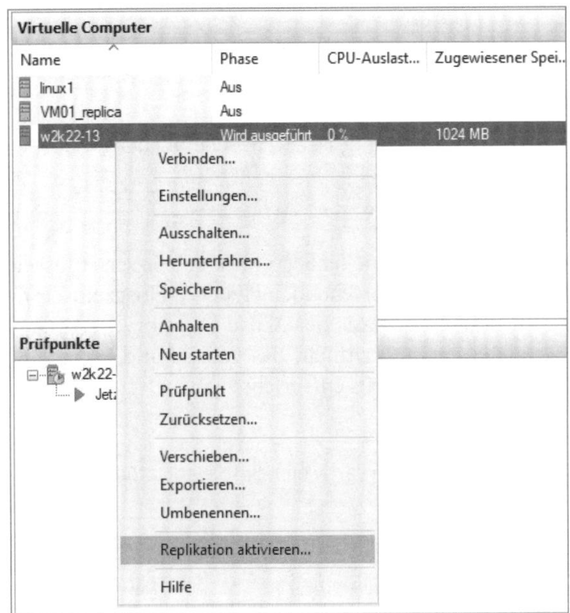

Abb. 9.1 Aktivieren der Replikationskonfiguration in Hyper-V

Die Replikation ist auch in Clustern möglich. In diesem Fall können Sie VMs zwischen verschiedenen Clustern und Rechenzentren replizieren lassen. Sie starten die Replikation über das Kontextmenü der entsprechenden virtuellen Maschine in der Failovercluster-Verwaltung. Die Einrichtung entspricht nach dem Start des Assistenten der Einrichtung ohne Cluster. Die Einstellungen für die Replikation nehmen Sie ebenfalls in der Clusterverwaltung vor. Dazu klicken Sie mit der rechten Maustaste auf den virtuellen Server.

Damit Hyper-V-Hosts eine Replikation ermöglichen, müssen Sie diese zunächst für alle beteiligten Hyper-V-Hosts aktivieren. Starten Sie anschließend den Assistenten über das Kontextmenü des virtuellen Servers auf dem Quellserver, geben Sie zunächst den Zielserver ein, also den Hyper-V-Host, auf den Sie die virtuelle Maschine replizieren wollen. Der virtuelle Server auf dem Quellserver bleibt aber weiterhin verfügbar und aktiv. Alle anderen VMs bleiben von der Replikation ebenfalls unbeeinträchtigt.

Damit ein Hyper-V-Host für Replikate zur Verfügung steht, müssen Sie auf dem entsprechenden Server in den Hyper-V-Einstellungen im Bereich *Replikationskonfiguration* diese Funktion zunächst aktivieren und konfigurieren. Sie legen hier den Datenverkehr fest und von welchen Servern der aktuelle Server Replikate entgegennimmt. Daher müssen Sie diese Funktion zunächst auf allen Hyper-V-Hosts aktivieren.

Setzen Sie Hyper-V-Server 2019 ein, können Sie diesen Server auch über den Hyper-V-Manager von einem anderen Server aus verwalten und auf diesem Weg die gleichen Einstellungen vornehmen (siehe Kapitel 2 und 3). Hier gibt es keinerlei Unterschiede zu den kostenpflichtigen Editionen von Windows Server 2022.

Achten Sie darauf, noch die Regel in der erweiterten Konfiguration der Firewall (*wf.msc*) für Hyper-V-Replica zu aktivieren. Diese hat die Bezeichnung *Hyper-V-Replikat HTTP-Listener*. Es gibt auch einen Listener für HTTPS.

Bei den Regeln handelt es sich um eingehende Netzwerkregeln, für den ausgehenden Datenverkehr müssen Sie keine Änderungen vornehmen.

In produktiven Umgebungen sollten Sie die Daten virtueller Server besser SSL-verschlüsselt mit HTTPS übertragen. In diesem Fall muss den entsprechenden Hyper-V-Hosts ein Zertifikat von einer Zertifizierungsstelle, am besten auf Basis der Active Directory-Zertifikatdienste, zugewiesen sein. Dazu verwenden Sie ein Zertifikat, das Clients und Server authentifizieren kann und dem Namen des Hyper-V-Hosts entspricht.

Wollen Sie Hyper-V-Replica mit HTTP nutzen, aktivieren Sie die entsprechende Firewallregel auch mit

Enable-Netfirewallrule -displayname "Hyper-V Replica HTTP Listener (TCP-In)"

in der PowerShell. Bei der Kerberos-Authentifizierung werden die replizierten Daten nicht verschlüsselt. Nur bei der zertifikatbasierten Authentifizierung werden sie während der Übertragung verschlüsselt. Wollen Sie HTTPS verwenden, schalten Sie diese Regeln frei.

9.2.2 Hyper-V-Replikation mit SSL konfigurieren

Im nächsten Abschnitt gehen wir darauf ein, wie Sie die Hyper-V-Replikation mit SSL übertragen und dadurch für mehr Sicherheit sorgen. Sie benötigen dazu entweder eine interne Zertifizierungsstelle oder Sie arbeiten mit einem selbstsignierten Zertifikat. Wir zeigen Ihnen nachfolgend beide Wege.

Zertifikate für Hyper-V-Replikation aufrufen

In der lokalen Verwaltung von Zertifikaten können Sie in Active Directory Zertifikate auf einem Server installieren. Diese Zertifikate verwenden Sie dann für Hyper-V-Replica. Dazu gehen Sie folgendermaßen vor:

1. Starten Sie durch Eingabe von *certlm.msc* im Suchfeld der Taskleiste die Verwaltung der lokalen Zertifikate.

2. Klicken Sie mit der rechten Maustaste auf *Eigene Zertifikate* und wählen Sie *Alle Aufgaben/Neues Zertifikat anfordern.*
3. Bestätigen Sie die Option *Active Directory-Registrierungsrichtlinie*.
4. Aktivieren Sie auf der nächsten Seite die Option *Computer* und klicken Sie auf *Registrieren.* Das Zertifikat erscheint anschließend in der Konsole und lässt sich nutzen.
5. Sobald Sie diese Vorgänge abgeschlossen haben, ist das Zertifikat in Hyper-V verfügbar.

Rufen Sie im lokalen Zertifikatespeicher des Servers (*certlm.msc*) die eigenen Zertifikate auf und lassen Sie sich die Eigenschaften anzeigen. Sie sehen bei der erweiterten Verwendung des Schlüssels die Möglichkeiten zur Client- und Serverauthentifizierung.

Mit selbstsignierten Zertifikaten arbeiten

Alternativ haben Sie auch die Möglichkeit, mit selbstsignierten Zertifikaten auf den beiden Hyper-V-Hosts zu arbeiten. Dazu verwenden Sie zum Beispiel die PowerShell und den folgenden Befehl:

New-SelfSignedCertificate -certstorelocation cert:\localmachine\my -dnsname <FQDN des Servers>

In produktiven Umgebungen wird das aber nicht empfohlen. Achten Sie darauf, dass die erstellten Zertifizierungsstellen auf den beiden Servern, mit denen Sie die selbstsignierten Zertifikate erstellt haben, als vertrauenswürdig angezeigt werden. Sie sehen die Zertifikate im Zertifikatespeicher des Servers. Diesen rufen Sie über *certlm.msc* auf.

Wollen Sie Hyper-V-Replica im Cluster nutzen, müssen Sie einen Hyper-V Replica Broker im Clustermanager von Windows Server 2022 erstellen. Dabei gehen Sie vor wie bei jeder anderen Clusterressource. Zuvor sollten Sie aber ein neues Computerkonto im Snap-In *Active Directory-Benutzer und -Computer* erstellen. Rufen Sie die Registerkarte *Sicherheit* des neuen Objekts auf und geben Sie dem Computerkonto des Clusters Vollzugriff auf das neue Konto.

Hyper-V-Replica mit SSL konfigurieren

Um SSL zu nutzen, rufen Sie auf den Hyper-V-Servern die Hyper-V-Einstellungen auf und klicken auf *Replikationskonfiguration.* Aktivieren Sie die Option *Zertifikatbasierte Authentifizierung verwenden (HTTPS)* und wählen Sie das Zertifikat aus, das Sie für die Übertragung verwenden wollen. Diese Einstellungen müssen Sie auf allen beteiligten Servern vornehmen. Richten Sie danach die Replikation ein, wie auf den folgenden Seiten beschrieben.

9.2.3 Virtuelle Server zwischen Hyper-V-Hosts replizieren

Haben Sie die Konfiguration nicht vor Aktivierung der Replikation auf den Hosts vorgenommen, erkennt das der Replikations-Assistent und schlägt die Konfiguration des Zielservers während der Einrichtung der Replikation einer VM vor. Diese Konfiguration ist über das Netzwerk möglich. Es ist allerdings empfehlenswert, sie vor der Einrichtung der Replikation von virtuellen Servern vorzunehmen.

Um einen virtuellen Server zwischen Hyper-V-Hosts mit Windows Server 2022 oder Hyper-V Server 2019 zu replizieren, klicken Sie nach der Konfiguration der Hosts mit der rechten Maustaste auf den entsprechenden virtuellen Server und wählen *Replikation akti-*

vieren. Es startet ein Assistent, in dem Sie detailliert festlegen, wie Sie den ausgewählten Server vom Quellserver auf den Zielserver replizieren. Der virtuelle Server auf dem Quellserver bleibt dabei verfügbar und wird nicht beeinträchtigt.

Im Assistenten legen Sie danach die Zielserver und anschließend den Authentifizierungstyp fest. Für Testumgebungen verwenden Sie die Kerberos-http-Übertragung, für produktive Umgebungen ist die zertifikatbasierte Authentifizierung per HTTPs besser geeignet. Welche Authentifizierung der Zielserver akzeptiert, bestimmen Sie auf dem Zielserver in den Hyper-V-Einstellungen über *Replikationskonfiguration*.

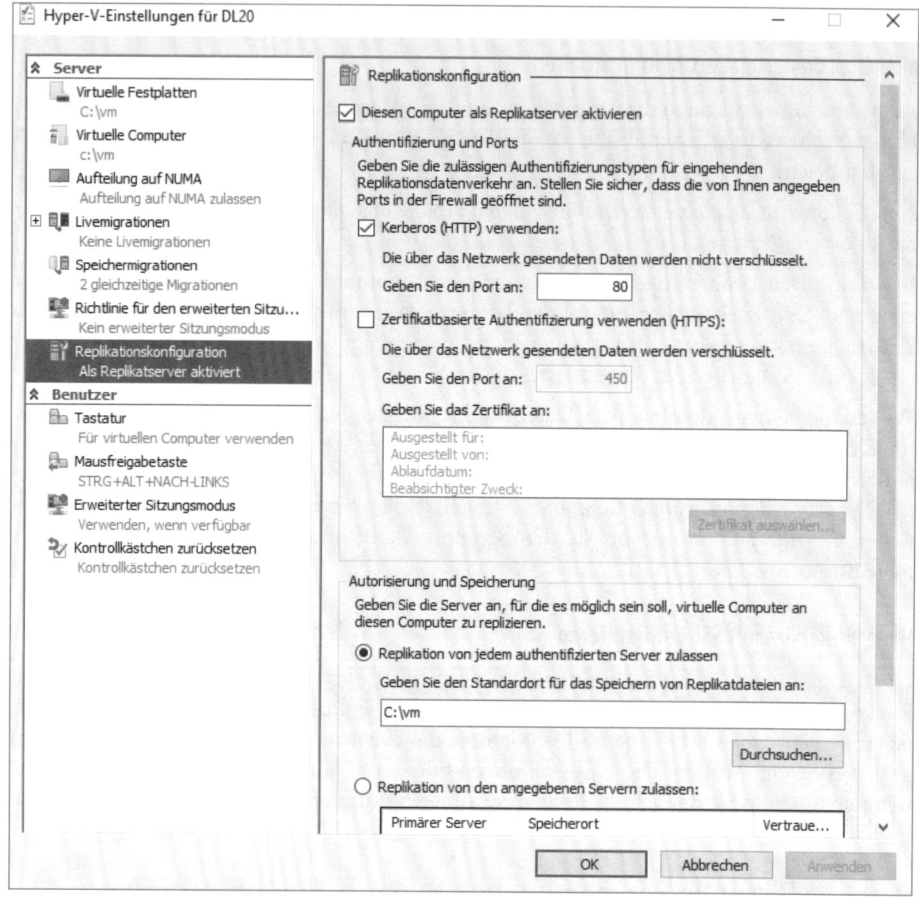

Abb. 9.2 Festlegen der Verbindungsparameter zur Replikation

Wenn Sie auf dem Server ein Zertifikat installiert und in den Hyper-V-Einstellungen hinterlegt sowie die zertifikatbasierte Authentifizierung aktiviert haben, können Sie für die Verbindung auch diesen Authentifizierungstyp wählen.

Außerdem steuern Sie im Assistenten, welche virtuellen Festplatten Sie replizieren wollen und in welchem Intervall die Replikation durchgeführt werden soll, nachdem Sie sie eingerichtet haben.

Im Assistenten können Sie die Prüfpunkte des Servers übertragen. Außerdem bestimmen Sie, ob Sie die erste Replikation über ein Speichermedium wie eine externe Festplatte durchführen wollen oder direkt über das Netzwerk. Auch einen Zeitplan legen Sie an dieser Stelle fest.

Damit die Replikation funktioniert, müssen Sie auf dem Zielserver in den erweiterten Einstellungen der Windows-Firewall (*wf.msc*) die Regeln für den HTTP-Listener oder den HTTPS-Listener aktivieren, je nachdem, welchen Datenverkehr Sie verwenden wollen. Die Regeln sind bereits angelegt, aber noch nicht aktiviert.

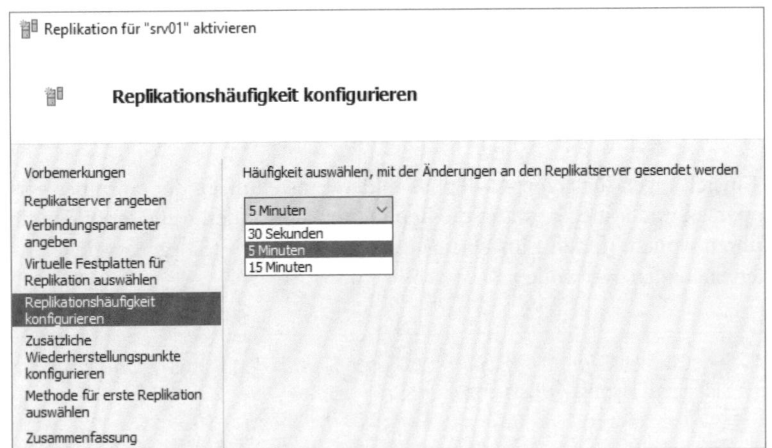

Abb. 9.3 Festlegen des Zeitplans der Replikation

Nachdem Sie die Replikation durchgeführt haben, befindet sich der virtuelle Server auf den Zielservern, ist aber ausgeschaltet.

Über das Kontextmenü des virtuellen Servers auf dem Quellserver können Sie über *Replikation* das Replikationsverhalten anpassen und den Status abrufen. Die Replikation können Sie zwischen verschiedenen Editionen von Windows Server 2022 durchführen und Hyper-V Server 2019 als Quell- und Zielserver nutzen. Am besten funktioniert die Replikation, wenn Sie eine Active Directory-Gesamtstruktur zur Authentifizierung nutzen. Den Status der Replikation sehen Sie im Hyper-V-Manager.

Über das Kontextmenü des replizierten virtuellen Servers auf dem Zielserver und der Auswahl von *Replikation* können Sie ein Failover durchführen. Auf dem Quellserver können Sie die Replikation steuern.

In diesem Fall kann der virtuelle Server auf einem der Zielserver (Replikat) die Aufgaben des virtuellen Servers auf dem Quellserver (Original) übernehmen. Die Replikation können Sie jederzeit beenden. Bei jeder erneuten Replikation legt Hyper-V auf dem Zielserver einen Snapshot des virtuellen Servers an.

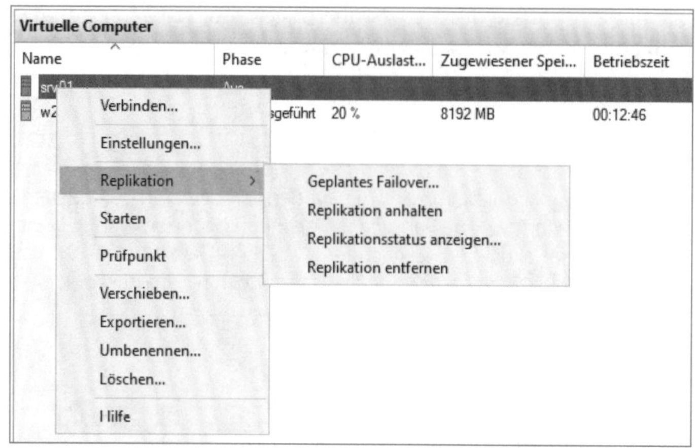

Abb. 9.4 Nach der Einrichtung der Replikation werden die Daten zum Ziel-Host gesendet.

Sie können alle Einstellungen für Hyper-V-Replica in den Einstellungen der einzelnen virtuellen Server anpassen und festlegen, wann die Replikation stattfinden soll oder ob Sie sie manuell durchführen wollen. In den Einstellungen können Sie auch festlegen, welche virtuellen Festplatten Sie replizieren wollen.

Mit dem Cmdlet *Measure-VMReplication* lassen Sie sich den Status der Replikate auf den einzelnen Hyper-V-Hosts anzeigen.

9.2.4 Failover mit Hyper-V-Replica durchführen

Der Vorteil von Hyper-V-Replica ist, dass Sie bei Ausfall eines Hyper-V-Hosts ein Failover durchführen können. Dazu klicken Sie den entsprechenden virtuellen Server, den Sie repliziert haben, im Hyper-V-Manager des Zielservers an und wählen im Kontextmenü *Replikation/Failover*.

Sie können ein Failover mit der Quell-VM auf dem Quell-Host starten, zum Beispiel vor der geplanten Wartung eines Hosts. In diesem Fall wählen Sie aus dem Kontextmenü die Option *Replikation/Geplantes Failover* aus. Bei diesem Vorgang kann der Quellserver alle Daten noch einmal zum Zielserver replizieren.

Zusätzlich können Sie auf dem Zielserver einen Testfailover durchführen. Dabei findet kein echtes Failover statt, sondern der Assistent überprüft nur eine mögliche Übernahme der VM auf dem Zielserver.

Anschließend wählen Sie aus, zu welchem Wiederherstellungspunkt Sie das Failover durchführen wollen und können es starten. Das geht aber nur, wenn die Quell-VM ausgeschaltet ist. Während des Failovers startet der Assistent den replizierten Server, der im Netzwerk dann zur Verfügung steht, genau wie die Quell-VM.

Auch wenn Sie ein geplantes Failover durchführen, müssen Quell-VM und Ziel-VM ausgeschaltet sein. Der Vorteil bei einem geplanten Failover vom Quell-Hyper-V-Host aus ist, dass Hyper-V noch nicht replizierte Änderungen an den Zielserver senden kann, sodass dieser über den neuesten Stand verfügt. Haben Sie ein geplantes Failover durchgeführt, ist die alte Quell-VM später die neue Ziel-VM und die alte Ziel-VM die neue Quell-VM für die Replikation. Das heißt, Sie können diesen Vorgang wieder umkehren.

9.3 Livemigration ohne Cluster

Neben Hyper-V-Replica können Sie virtuelle Server mit der Livemigration auf einen anderen Hyper-V-Host verschieben, auch wenn dieser nicht Bestandteil eines Clusters ist. Bei diesem Vorgang kann die entsprechende virtuelle Maschine gestartet sein, genauso wie in einem Cluster. Sie müssen für die Livemigration auf beiden Servern den gleichen Prozessortyp einsetzen, da sonst der Vorgang mit einem Fehler abbricht. In diesem Fall nutzen Sie Hyper-V-Replica. Diese Funktion benötigt keine identischen Prozessoren.

Damit Sie die Livemigration ohne Cluster nutzen können, müssen die entsprechenden Hyper-V-Hosts Mitglied der gleichen Active Directory-Domäne sein. Das Verschieben von virtuellen Servern mit der Hyper-V-Rolle muss ein Domänenadministrator durchführen. Außerdem muss das Konto Mitglied der lokalen Administratorgruppe auf beiden Hyper-V-Hosts sein. Damit Sie zwischen Hyper-V-Hosts ohne Cluster Livemigrationen durchführen können, müssen Sie für die entsprechenden Computerkonten in Active Directory Einstellungen bezüglich der Kerberos-Authentifizierung vornehmen.

1. Rufen Sie dazu in *Active Directory-Benutzer und -Computer* jeweils die Eigenschaften der beiden Computer auf und wechseln Sie zur Registerkarte *Delegierung.*
2. Aktivieren Sie die Option *Computer bei Delegierungen angegebener Dienste vertrauen* und die Option *Nur Kerberos verwenden.*
3. Klicken Sie anschließend auf *Hinzufügen* und wählen Sie den Server und die Dienste aus, die für das entsprechende Computerkonto Berechtigungen haben sollen.
4. Für die Livemigration wählen Sie dazu den Server und die Dienste *cifs* und *Microsoft Virtual System Migration Service* sowie *Microsoft Virtual Control Service* aus.
5. Nehmen Sie diese Einstellung auf allen Hyper-V-Hosts vor, die virtuelle Maschinen austauschen sollen. Auch hier können Sie virtuelle Server zwischen verschiedenen Editionen von Windows Server 2022 auswählen und auf Hyper-V Server 2019 setzen.

Im nächsten Schritt müssen Sie auf beiden Hyper-V-Hosts in den *Hyper-V-Einstellungen* im Hyper-V-Manager die Livemigration aktivieren. Sie finden diese Einstellung im Bereich *Livemigrationen.* Aktivieren Sie zunächst die Option *Ein- und ausgehende Livemigration ermöglichen* und danach bei *Authentifizierungsprotokoll* die Option *Kerberos verwenden.*

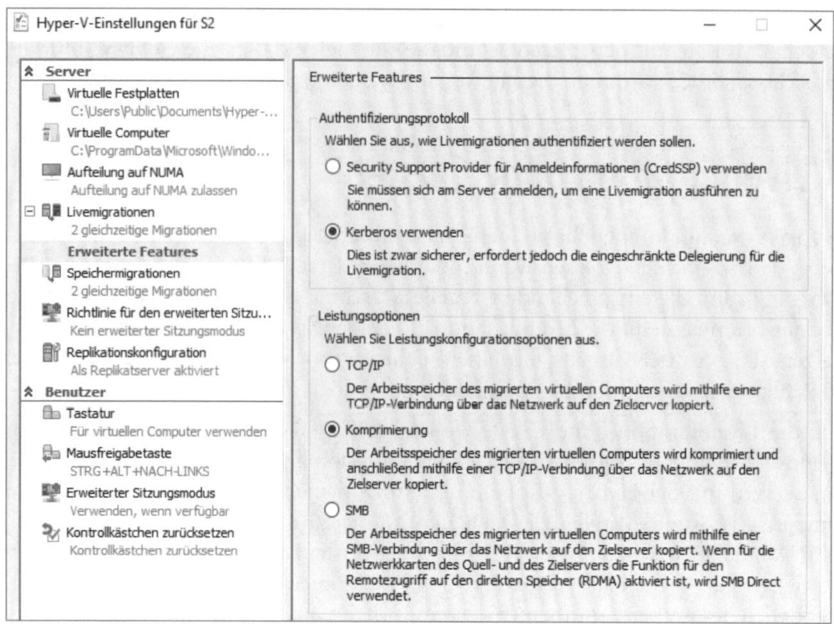

Abb. 9.5 Konfigurieren der Berechtigungen für die Livemigration

Legen Sie fest, wie viele Livemigrationen gleichzeitig auf dem Server erlaubt sein sollen. Der Standardwert in diesem Bereich ist 2. Aktivieren Sie dann bei *Eingehende Livemigrationen* entweder *Beliebiges verfügbares Netzwerk für die Livemigration verwenden* oder hinterlegen Sie manuell IP-Adressen.

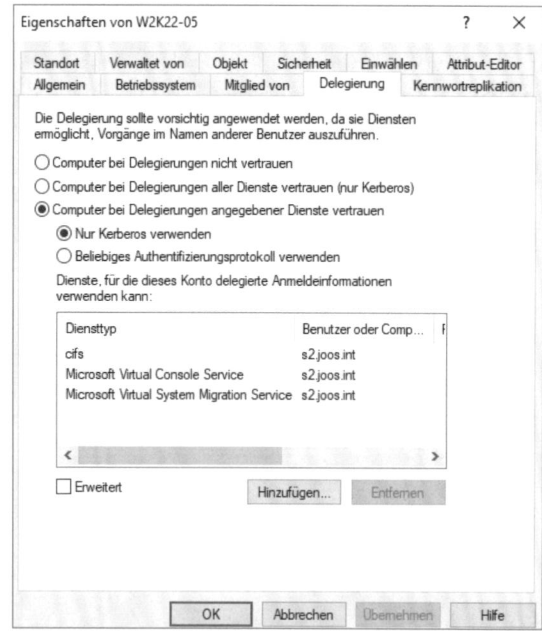

Abb. 9.6 Konfigurieren von Livemigration in Hyper-V

Wie die meisten Einstellungen in Windows Server 2022 können Sie diese Einstellung in der PowerShell vornehmen. Dazu verwenden Sie der Reihe nach die folgenden Cmdlets:

Enable-VMMigration

Set-VMMigrationNetwork <IP-Adresse>

Set-VMHost –VirtualMachineMigrationAuthenticationType Kerberos

Anschließend können Sie virtuelle Server verschieben. Klicken Sie mit der rechten Maustaste auf den virtuellen Server, den Sie zwischen Hyper-V-Hosts verschieben wollen, und wählen Sie aus dem Kontextmenü die Option *Verschieben*. Anschließend wählen Sie auf der Seite *Verschiebungstyp auswählen* die Option *Virtuellen Computer verschieben*.

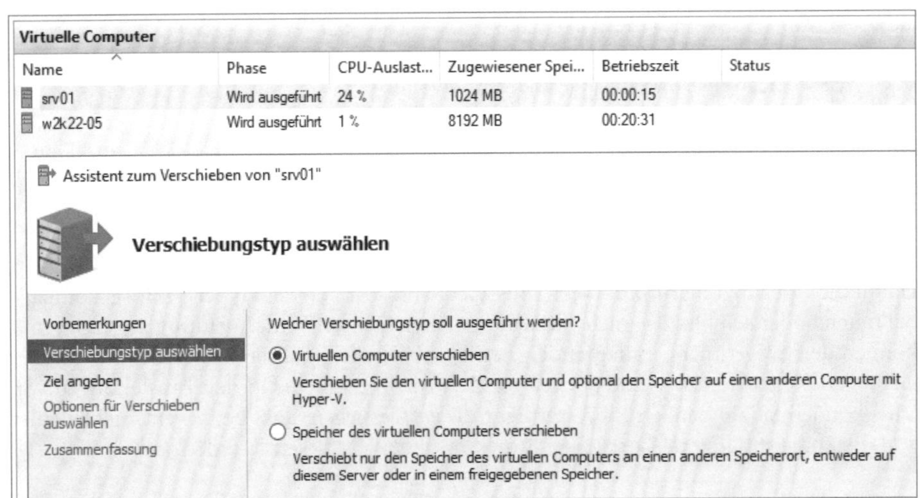

Abb. 9.7 Durchführen einer Livemigration

Danach wählen Sie den Zielcomputer aus, auf den Sie den entsprechenden Computer verschieben wollen. Sie können neben kompletten virtuellen Servern auch nur die virtuellen Festplatten verschieben. Den Speicherort der Daten legen Sie im Assistenten fest.

Im nächsten Fenster können Sie die Livemigration noch genauer spezifizieren. Sie haben die Möglichkeit, verschiedene Daten des virtuellen Servers in unterschiedliche Ordner zu verschieben oder alle Daten des Servers, inklusive der virtuellen Festplatten in einen gemeinsamen Ordner. Liegt die virtuelle Festplatte eines virtuellen Servers auf einer Freigabe, können Sie auch nur die Konfigurationsdateien zwischen den Hyper-V-Hosts verschieben.

Haben Sie die Option zum Verschieben ausgewählt, verbindet sich der Assistent mit dem Remoteserver über den Remotedateibrowser und Sie können den lokalen Ordner auswählen, in den Hyper-V die virtuellen Festplatten und Konfigurationsdaten des virtuellen Servers verschieben soll. Als Letztes erhalten Sie noch eine Zusammenfassung angezeigt und starten das Verschieben mit *Fertig stellen*.

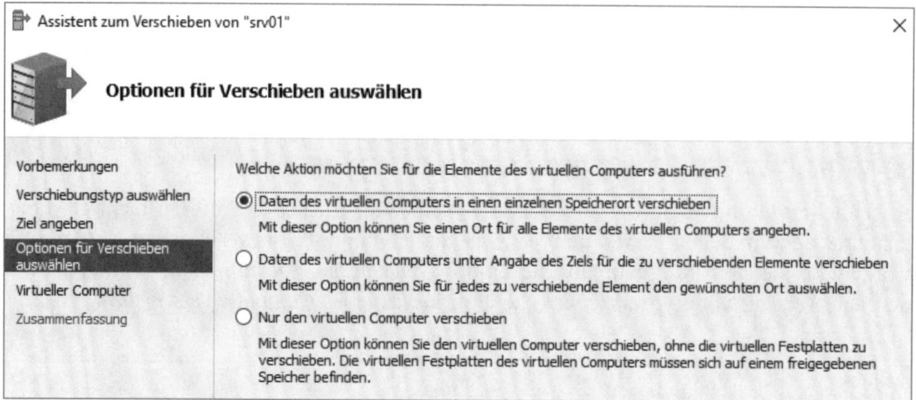

Abb. 9.8 Verschieben einer VM auf einen anderen Server

Diesen Vorgang können Sie skripten. Öffnen Sie dazu auf dem Quellserver eine PowerShell-Sitzung und geben Sie den folgenden Befehl ein:

Move-VM <Virtueller Server> <Zielserver> -IncludeStorage -DestinationStoragePath <Lokaler Pfad auf dem Zielserver>

Damit die Übertragung funktioniert, müssen die Prozessoren der Hyper-V-Hosts kompatibel miteinander sein. Ist das nicht der Fall, erhalten Sie eine Fehlermeldung angezeigt und können den Server nicht im laufenden Betrieb übertragen. Fahren Sie in diesem Fall den virtuellen Server herunter und starten Sie den Vorgang erneut. In den Einstellungen von VMs können Sie im Bereich *Prozessor* bei *Erweitert* festlegen, dass beim Verschieben einer VM die Kompatibilität des virtuellen Prozessors einer VM gesetzt werden soll.

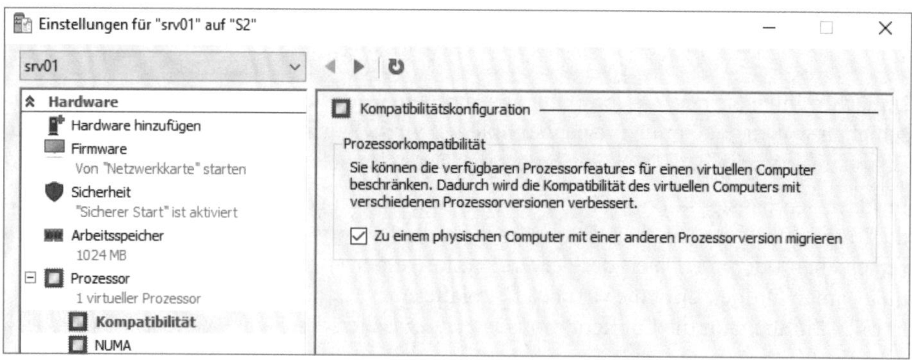

Abb. 9.9 Aktivieren der Prozessorkompatibilität

Ist der Name des virtuellen Switchs auf dem Zielserver nicht mit dem Quellserver identisch, erhalten Sie eine Fehlermeldung und können den neuen virtuellen Switch auf dem Zielserver auswählen, damit dem virtuellen Server auf dem neuen Host eine Netzwerkverbindung zur Verfügung steht.

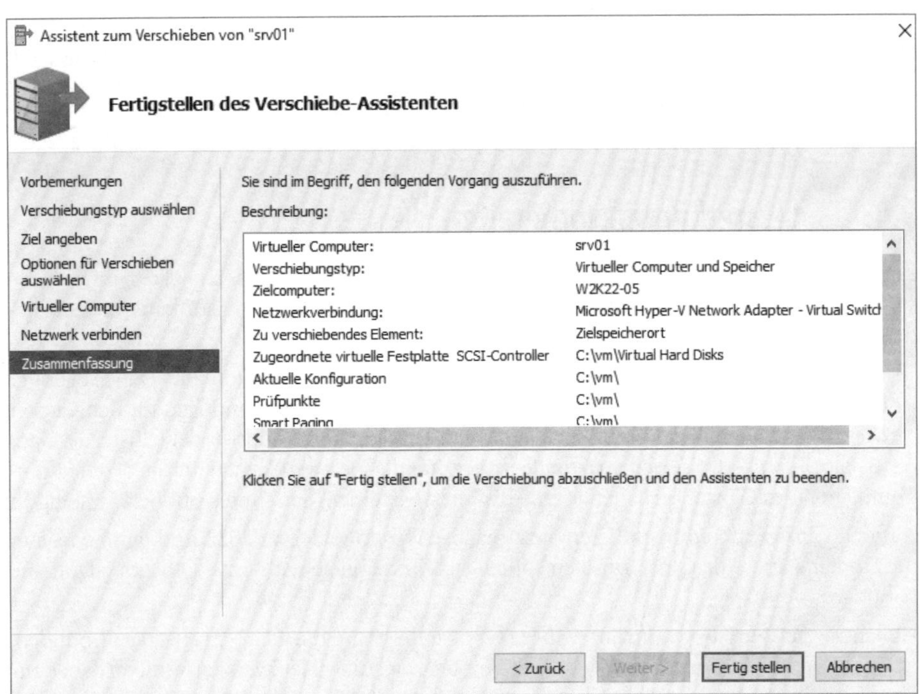

Abb. 9.10 Verschieben eines virtuellen Servers mit der Livemigration im laufenden Betrieb

9.4 Hyper-V im Cluster – Livemigration in der Praxis

Sie können in Windows Server 2022 Hyper-V im Cluster betreiben und virtuelle Server als Clusterressourcen. Unternehmen, die Server mit Hyper-V virtualisieren und eine Hochverfügbarkeit erreichen wollen, setzen auf die Livemigration im Cluster.

Betreiben Sie Hyper-V in einem Cluster, können Sie sicherstellen, dass beim Ausfall eines physischen Hosts alle virtuellen Server durch einen weiteren Host automatisch übernommen werden. Dazu betreiben Sie die virtuellen Server als Clusterressourcen. In Kapitel 34 gehen wir auf die Möglichkeiten von Clustern mit Windows Server 2022 ein. Dort lesen Sie auch, wie Sie die neuen Storage Spaces Direct einrichten, um VMs im Cluster zentral zu speichern.

Sollen VMs auf zwei Clusterknoten verteilt werden, kann schlussendlich nur 50 % der Leistung eines Hosts für seine VMs beansprucht werden. Die anderen 50 % dienen als Leistungsreserve für die VMs des anderen Knotens, wenn dieser aktualisiert werden soll oder ausfällt. Generell ist es hier sehr empfehlenswert, auf identische Hardware zu setzen. Nur dadurch lassen sich alle Funktionen von Hyper-V bezüglich der Replikation oder Migration von VMs effizient nutzen und virtuelle Server fehlerfrei übertragen.

Durch den Betrieb von drei Knoten in einem Cluster bei drei identisch gewählten Servern können die beiden anderen Knoten den Ausfall eines Knotens verkraften. In diesem Fall kann die Leistung der Knoten im Cluster mit 66 % den Ressourcen zur

Verfügung gestellt werden, zum Beispiel virtuellen Servern. Die restlichen 34 % dienen dem Ausfallschutz, wenn einer der Knoten ausfällt. Insgesamt lassen sich bis zu 64 Knoten in einem Cluster zusammenfassen. Nachdem die benötigte Leistung gemessen ist, sollte dieser Sachverhalt in die Planung der Knoten mit einfließen.

9.4.1 Clusterknoten vorbereiten

Legen Sie einen Namen für den Cluster fest. Beim Anlegen eines neuen Clusters müssen Sie seinen Namen eingeben. Über diesen Namen erfolgt der Verbindungsaufbau der verschiedenen Verwaltungswerkzeuge und der Namensauflösung.

Jeder Knoten des Clusters erhält ein Computerkonto in derselben Domäne. Daher benötigt jeder physische Knoten einen entsprechenden Rechnernamen. Sie benötigen für den Cluster mehrere IP-Adressen. Jeder physische Knoten benötigt je eine IP-Adresse, der Cluster als Ganzes erhält eine IP-Adresse, jeder virtuelle Server und die Netzwerkkarten für die private Kommunikation des Clusters erhalten je eine IP-Adresse in einem getrennten Subnetz (wichtig!).

Auf den Clusterknoten installieren Sie zunächst Windows Server 2022 und nehmen sie in die Domäne auf. Alle Clusterknoten sollten sich in der gleichen Active Directory-Domäne befinden.

Haben Sie das Betriebssystem auf dem Server installiert und die iSCSI-Laufwerke verbunden, nehmen Sie die IP-Einstellungen für die Knoten vor. Eine Netzwerkkarte dient dabei zur Kommunikation der Server mit dem Netzwerk. Die andere Netzwerkkarte dient zur Kommunikation der Knoten untereinander, dem Heartbeat. Benennen Sie nach der Konfiguration der Netzwerkkarte die Verbindungen am besten um, zum Beispiel in *private* und *public*.

Setzen Sie Hyper-V im Cluster ein, müssen Sie bei der Datensicherung und der Erstellung von Snapshots einige wichtige Punkte beachten. Sie sollten es möglichst vermeiden, Snapshots von laufenden virtuellen Maschinen in Clustern zu erstellen. Setzen Sie einen solchen Snapshot zurück, setzt dieser nicht nur den Inhalt der virtuellen Festplatte zurück, sondern auch den des Arbeitsspeichers der VM.

Dieser Umstand macht vor allem im Zusammenhang mit der Livemigration Probleme. Wenn Sie also Snapshots von VMs in einem Cluster durchführen wollen, fahren Sie die VM herunter. Auch wenn Sie einen Snapshot auf eine VM anwenden wollen, sollten Sie die Maschine vorher herunterfahren.

Grundlage für Livemigration mit Hyper-V oder dem generellen Betrieb von Hyper-V im Cluster ist zunächst ein normaler Cluster mit Windows Server 2022. Jeder Knoten des Clusters erhält ein Computerkonto in derselben Domäne in Active Directory. Jeder physische Knoten benötigt eine IP-Adresse, der Cluster erhält eine IP-Adresse, jeder virtuelle Server und die Netzwerkkarten für die private Kommunikation des Clusters erhalten eine IP-Adresse in einem getrennten Subnetz.

9.4.2 Cluster mit Windows Server 2022 installieren

Um Hyper-V in einem Cluster zu betreiben, installieren Sie zunächst einen herkömmlichen Cluster mit Windows Server 2022. Das geht jetzt auch mit der Standard-Edition oder mit der kostenlosen Serverversion Hyper-V Server 2019 (siehe Kapitel 2). Bevor Sie Knoten in einen Cluster mit aufnehmen, sollten Sie aber Hyper-V auf den Knoten installieren.

Die Dateien der virtuellen Server sind auf dem gemeinsamen Datenträger des Clusters gespeichert oder auf einem Storage Space Direct (siehe Kapitel 34). Fällt der aktive Knoten aus, kann ein anderer Knoten die virtuellen Server übernehmen. Auf dem gemeinsamen Datenträger sind die virtuellen Festplatten der virtuellen Server gespeichert. Dabei kann es sich um einen herkömmlichen gemeinsamen Datenträger handeln oder eine Storage Space Direct-Infrastruktur, wie in Kapitel 34 beschrieben.

Setzen Sie in den Einstellungen der Netzwerkverbindung auf der Registerkarte *WINS* in den erweiterten Einstellungen für IPv4 die Option *NetBIOS über TCP/IP deaktivieren*, da NetBIOS die interne Kommunikation eines Clusters stören kann.

In den erweiterten Eigenschaften der Windows-Firewall sollten Sie auf der Registerkarte *Erweitert* die Firewall für das private Clusternetz und für das Netzwerk zum Datenspeicher deaktivieren. Clustering installieren Sie in Windows Server 2022 als Feature über den Server-Manager.

Während der Installation nehmen Sie keine Einstellungen vor. Achten Sie darauf, dass die gemeinsamen Datenträger auf allen Knoten verbunden und mit dem gleichen Laufwerksbuchstaben versehen sind. Sie können hier iSCSI-Ziele verwenden, wie in Kapitel 5 beschrieben. Sie müssen für die Erstellung eines Clusters aber keinen gemeinsamen Datenträger konfiguriert haben. Sie können den gemeinsamen Clusterspeicher problemlos nachträglich konfigurieren, zum Beispiel über Storage Spaces Direct.

Um die notwendigen Features für einen Hyper-V-Cluster zu installieren, können Sie die PowerShell verwenden. Rufen Sie das folgende Cmdlet auf:

Install-WindowsFeature Hyper-V, Failover-Clustering, Multipath-IO

Mehr dazu lesen Sie in Kapitel 34. Mit *Restart-Computer* können Sie den Server neu starten. Mit der Option *-Restart* startet er nach der Installation automatisch.

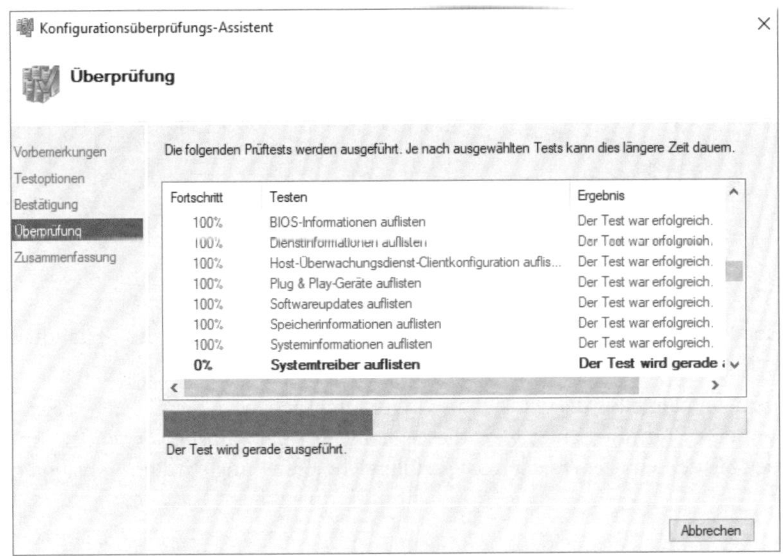

Abb. 9.11 Testen der Server für die Clusterinstallation

Starten Sie dann auf dem ersten Knoten den Failovercluster-Manager durch Eingabe von *cluster* im Suchfeld der Taskleiste. Klicken Sie auf den Link *Konfiguration überprüfen*. Sie wählen im Fenster zunächst die potenziellen Clusterknoten aus und legen fest, welche Tests das Tool durchführen soll.

Nachdem Sie einen Cluster erstellt haben, können Sie mit *Cluster überprüfen* die gleichen Tests durchführen. Die Tests können Sie jederzeit wiederholen.

Nachdem der Assistent alle wichtigen Punkte erfolgreich getestet hat, erstellen Sie den Cluster. Das können Sie in der PowerShell. Die Syntax dazu lautet:

New-Cluster -Name <Clustername> -StaticAddress <IP-Adresse des Clusters>
-Node <Knoten 1>, <Knoten 2>

Beim Erstellen des Clusters geben Sie zunächst den Namen sowie seine IP-Adresse ein. Der Name des Clusters wird zur Verwaltung genutzt und mit der IP-Adresse greifen Sie auf den Cluster zu.

Erstellen Sie den Cluster in der grafischen Oberfläche, wählen Sie im Failover-Cluster-Manager die Option *Cluster erstellen*. Es startet ein Assistent, der Sie bei der Erstellung unterstützt.

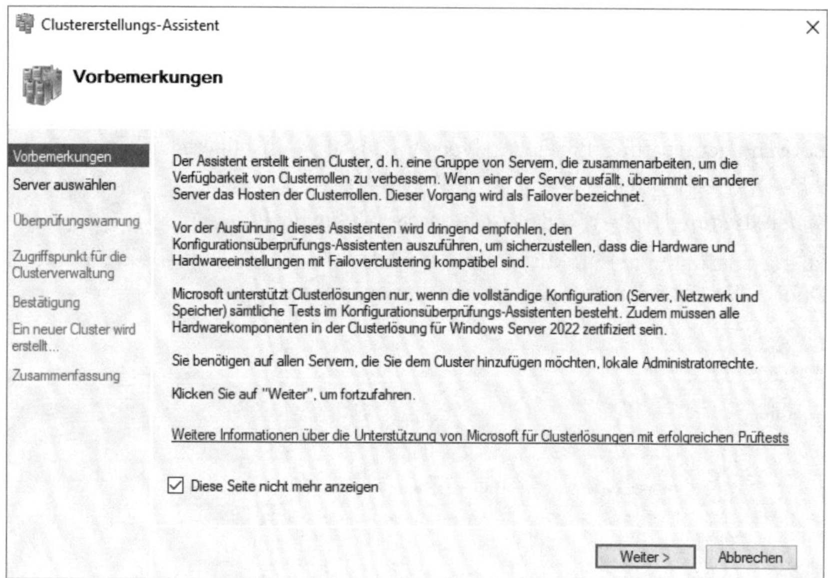

Abb. 9.12 Erstellen eines Clusters in Windows Server 2022

Zunächst wählen Sie, wie beim Testen der Knoten, die Clusterknoten aus, die Bestandteil des Clusters sein sollen.

Als Nächstes wird ein Name für den Cluster als Ganzes eingegeben. In der Cluster-Verwaltung und im Windows Admin Center wird dieser Name zur Verwaltung verwendet. Anschließend lassen Sie den Cluster erstellen. Die erfolgreiche Erstellung wird im Assistenten angegeben.

Im Windows Admin Center können Sie im oberen Bereich zwischen den verschiedenen Werkzeugen umschalten. Wählen Sie hier die Option *Failovercluster-Manager* aus, können Sie den Cluster hinzufügen und ebenfalls im Windows Admin Center verwalten.

Erhalten Sie Fehlermeldungen bezüglich des Namens des Clusters, achten Sie darauf, ob ein DNS-Eintrag für den Cluster vorhanden ist. Wenn kein Eintrag vorhanden ist, erstellen Sie einen neuen. Wenn Sie eine Fehlermeldung bezüglich der Authentifizierung erhalten, versuchen Sie eine Verbindung zu einem der Clusterknoten. Danach wird der Cluster im Windows Admin Center angezeigt.

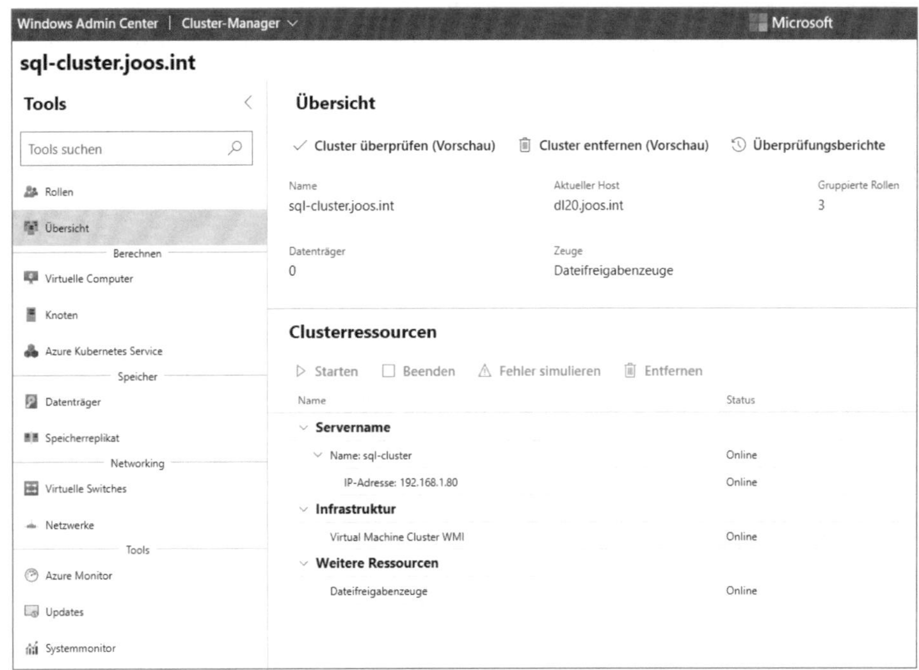

Abb. 9.13 Verwalten von Clustern im Windows Admin Center

9.4.3 Cluster Shared Volumes aktivieren

Ein wichtiger Punkt für die Livemigration sind die Cluster Shared Volumes (CSV). Diese ermöglichen es, dass mehrere Server in einem gemeinsamen Datenträger gleichzeitig auf einen gemeinsamen Datenträger zugreifen können. Das hat folgenden Hintergrund: Neben einem automatischen Failover lassen sich virtuelle Server auch manuell übertragen, auch Livemigration genannt. Der Start einer Livemigration kann entweder über die Clusterkonsole erfolgen, per Skript (auch PowerShell) oder über den System Center Virtual Machine Manager (SCVMM).

Die Livemigration setzt voraus, dass der Clusterknoten, der die VM hostet, noch läuft. Die Livemigration liest den Arbeitsspeicher des virtuellen Servers aus und überträgt ihn zum Zielserver. Alle Systeme, die mit Hyper-V laufen, lassen sich mit der Livemigration absichern. Das heißt, auch Linux oder ältere Windows Server.

Um Hyper-V mit Livemigration in einem Cluster zu betreiben, aktivieren Sie die Cluster Shared Volumes für den Cluster, nachdem Sie ihn erstellt haben. Windows legt dann auf der Betriebssystempartition im Ordner *ClusterStorage* Daten ab. Diese liegen aber nicht tatsächlich auf der Festplatte *C:* des Knotens, sondern auf dem gemeinsamen Datenträger, dessen Abruf auf den Ordner *C:\ClusterStorage* umgeleitet ist. Erstellen Sie einen Storage Space Direct, wie in Kapitel 34 behandelt, können Sie auf Basis dieses Storage Space Direct neue virtuelle Festplatten und schließlich neue Volumes erstellen. Diese können Sie über ihr Kontextmenü dem Cluster Shared Volume (CSV) hinzufügen.

Die *.vhd(x)*-Dateien der VMs liegen in diesem Ordner und sind daher von allen Knoten gleichzeitig zugreifbar. Fällt eine Netzwerkverbindung zum SAN von einem Knoten aus, verwendet der Knoten alternative Strecken über andere Knoten. Die virtuellen Maschinen, deren Dateien im CSV liegen, laufen uneingeschränkt weiter. Um CSV für einen Cluster zu aktivieren, gehen Sie folgendermaßen vor:

1. Starten Sie den Failovercluster-Manager.
2. Klicken Sie mit der rechten Maustaste im Bereich *Speicher/Datenträger* auf den Datenträger, den Sie für Hyper-V nutzen wollen, und wählen Sie *Zu freigegebenen Clustervolumes hinzufügen*.

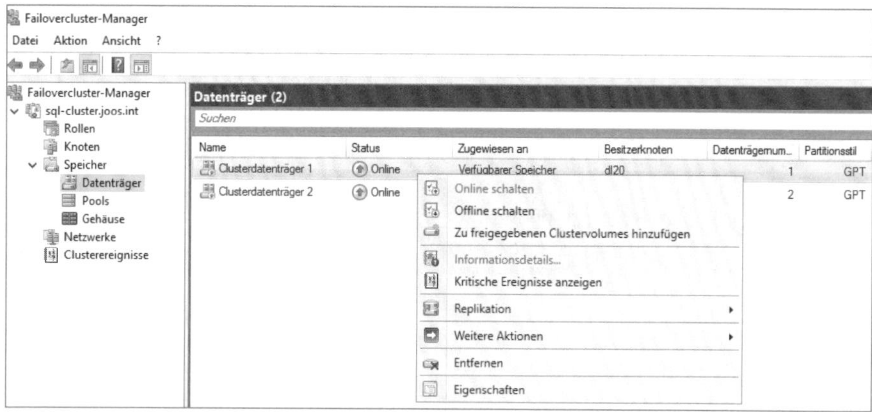

Abb. 9.14 Clusterdatenträger zu freigegebenen Clustervolumes hinzufügen

Cluster in Windows Server 2022 beherrschen Dynamic I/O. Wenn die Datenverbindung eines Knotens ausfällt, kann der Cluster den Datenverkehr, der für die Kommunikation zu den virtuellen Computern im SAN notwendig ist, automatisch über die Leitungen des zweiten Knotens routen, ohne dazu ein Failover durchführen zu müssen. Sie können einen Cluster so konfigurieren, dass die Clusterknoten den Netzwerkverkehr zwischen den Knoten und zu den CSV priorisiert.

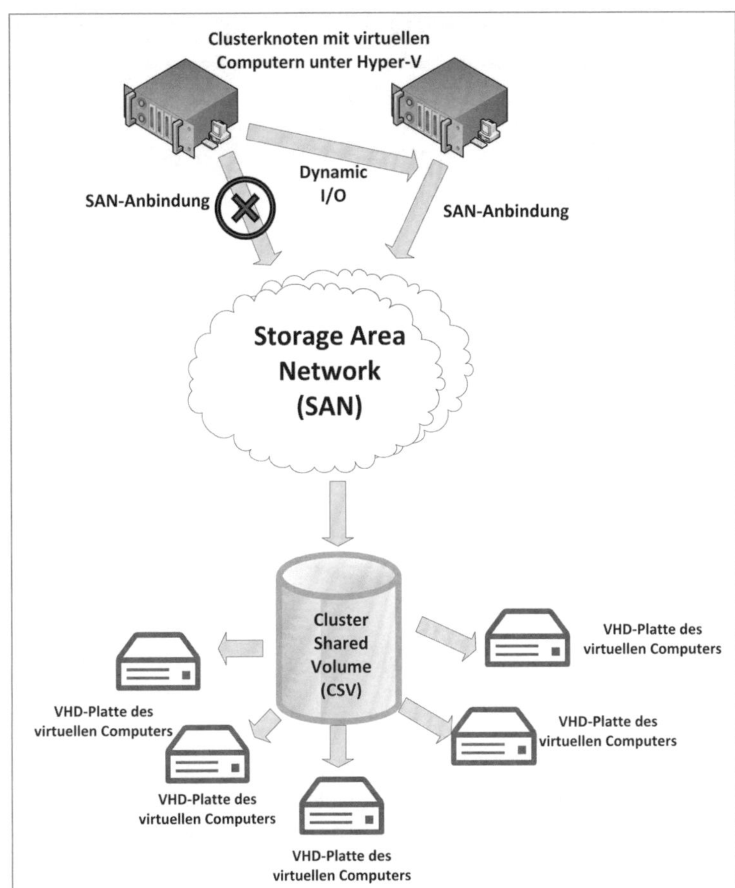

Abb. 9.15 Dynamic I/O in einem Hyper-V-Cluster

Danach können Sie virtuelle Server in der Clusterverwaltung oder im System Center Virtual Machine Manager erstellen:

1. Um eine virtuelle Maschine in einem Cluster zu erstellen, verwenden Sie die Failovercluster-Manager. Klicken Sie mit der rechten Maustaste auf *Rollen/Virtueller Computer/ Neuer virtueller Computer* und starten Sie den Assistenten.
2. Wählen Sie den Clusterknoten, auf dem Sie diesen Server zunächst bereitstellen wollen.
3. Schließen Sie die Erstellung des virtuellen Servers ab. Der Assistent konfiguriert ihn automatisch für den Cluster. Die Konfiguration entspricht der Einrichtung von virtuellen Servern mit dem Hyper-V-Manager (siehe Kapitel 7).

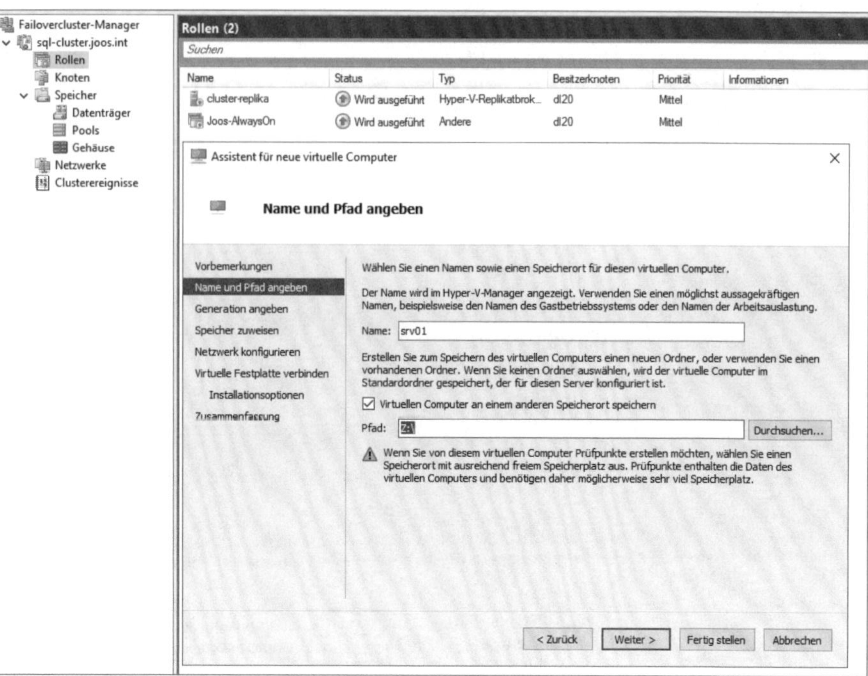

Abb. 9.16 Erstellen einer neuen VM im Cluster

4. Klicken Sie mit der rechten Maustaste auf den virtuellen Computer, sehen Sie, dass im Failovercluster-Manager auch die Steuerung der virtuellen Maschinen hinterlegt ist. Sie können über diesen Weg den virtuellen Server komplett verwalten. Wählen Sie *Virtuelle Computer starten* aus. Dadurch wird die Ressource online geschaltet und die virtuelle Maschine startet. Über das Kontextmenü können Sie sich jetzt mit dem virtuellen Computer verbinden und das Betriebssystem installieren.

Standardmäßig kann die Livemigration nach der Installation eines Clusters und der Integration von virtuellen Computern verwendet werden. Wollen Sie eine Livemigration durchführen, klicken Sie den virtuellen Computer mit der rechten Maustaste an, rufen im Kontextmenü den Eintrag *Verschieben/Livemigration* auf und wählen den Knoten aus. Zuvor müssen Sie aber die Livemigration auf den entsprechenden Hyper-V-Hosts in den Hyper-V-Einstellungen konfigurieren. Dabei gehen Sie vor wie bei der Konfiguration von Livemigration ohne Cluster.

Während des ganzen folgenden Ablaufs läuft die VM uneingeschränkt weiter und Anwender können ungestört mit dem virtuellen Server arbeiten. Der Ablauf dabei ist folgender:

1. Beim Start baut der Quellserver eine Verbindung zum Zielserver auf, der die virtuelle Maschine in Echtzeit erhalten soll.
2. Anschließend überträgt der Quellserver die Konfiguration der VM auf den Zielserver.
3. Der Zielserver erstellt auf Basis dieser leeren Konfiguration eine neue VM, die der zu verschiebenden VM entspricht.
4. Anschließend überträgt der Quellserver die einzelnen Seiten des Arbeitsspeichers zur Ziel-VM in einer Standardgröße von etwa 4 Kbyte. In diesem Schritt zeigt sich die Geschwindigkeit des Netzwerks. Je schneller das Netzwerk, umso schneller wird der Inhalt des Arbeitsspeichers übertragen.

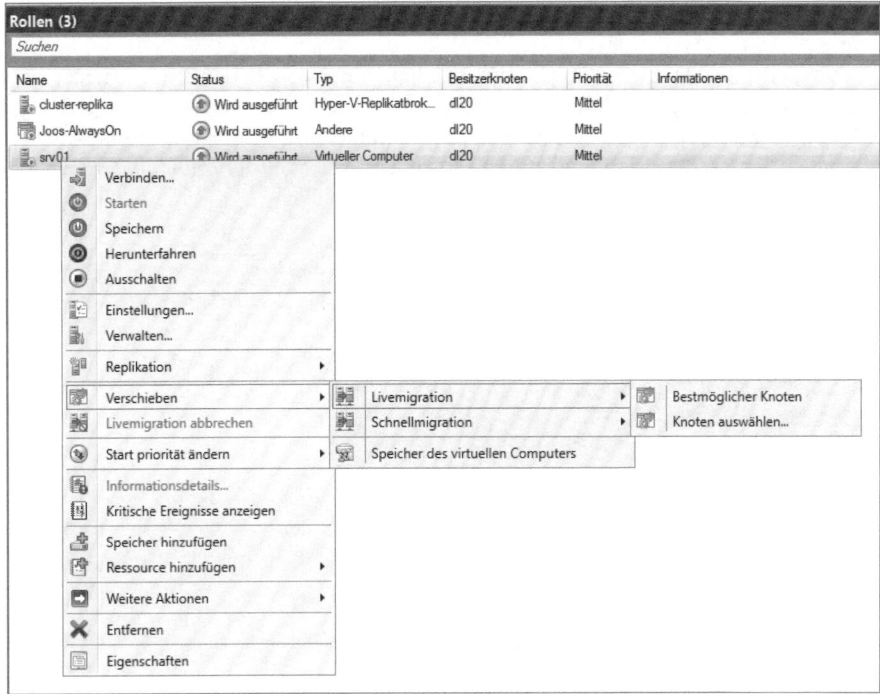

Abb. 9.17 Starten der Livemigration in Hyper-V

5. Als Nächstes übernimmt der Zielserver die virtuellen Festplatten des Quellservers für die zu übertragende virtuelle Maschine.
6. Anschließend setzt der Zielserver die virtuelle Maschine online.
7. Als Nächstes wird der virtuelle Hyper-V-Switch informiert, dass Netzwerkverkehr jetzt zur MAC-Adresse des Zielservers gesendet werden soll.

Die Leistung der Netzwerkkarte spielt dabei ebenfalls eine besondere Rolle. Aus diesem Grund spielen hier dedizierte Karten eine besondere Rolle. Der Unterschied zur Schnellmigration ist, dass die Maschinen während der Übertragung durch Livemigration aktiv bleiben und auch der Arbeitsspeicherinhalt zwischen den Servern übertragen wird. Bei der Schnellmigration deaktiviert Hyper-V die Maschinen erst. Windows Server 2022 beherrscht neben der Livemigration auch weiterhin die Schnellmigration (*Verschieben/Schnellmigration*).

Sie können einen Cluster mit Windows Server 2022 so konfigurieren, dass die Clusterknoten den Netzwerkverkehr zwischen den Knoten und zu den gemeinsamen Datenträgern priorisieren. Für einen schnellen Überblick, welche Netzwerkeinstellungen der Cluster zur Kommunikation mit dem Cluster Shared Volume (CSV) nutzt, starten Sie eine PowerShell-Sitzung auf dem Server und rufen das Cmdlet *Get-ClusterNetwork* auf.

Sie können über das Kontextmenü von geclusterten virtuellen Servern auch eine Replikation starten, genauso wie bei normalen Hyper-V-Hosts auch.

9.4.4 Virtuelle Server im Cluster verwalten

Die virtuellen Server, die Sie im Cluster erstellen, müssen Sie in der Failovercluster-Verwaltung steuern. Klicken Sie auf einen virtuellen Server, stehen im Aktionsbereich die verschiedenen Funktionen zur Verfügung. Diese erhalten Sie auch über das Kontextmenü des virtuellen Servers. Interessant ist zum Beispiel der Bereich *Startpriorität ändern*. So können Sie festlegen, wann bestimmte virtuelle Server starten sollen.

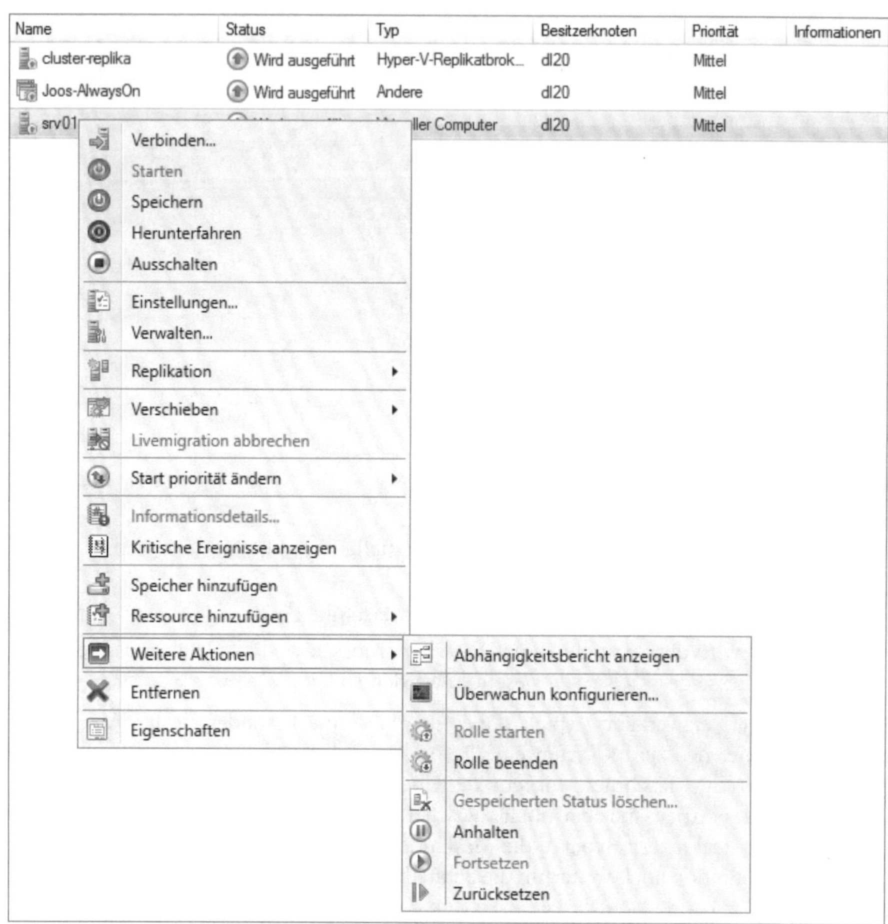

Abb. 9.18 Verwalten von VMs im Cluster

Ebenfalls neu ist die Möglichkeit, die Überwachung für virtuelle Server im Cluster festzulegen. Sie finden diese Einstellung über *Weitere Aktionen/Überwachung konfigurieren*. Anschließend wählen Sie die Dienste aus, die der Cluster überwachen soll. Fällt in der VM einer der ausgewählten Dienste aus, kann der Cluster die VM neu starten oder auf einen anderen Knoten verschieben. Damit Sie diese Funktion nutzen können, müssen Sie in der Windows-Firewall allerdings die Überwachung zulassen:

1. Starten Sie mit *firewall.cpl* die Verwaltung der Windows-Firewall.
2. Klicken Sie auf *Eine App oder ein Feature durch die Windows-Firewall zulassen*.

3. Aktivieren Sie das Feature *Überwachung für virtuelle Computer* und lassen Sie es für das Domänennetzwerk zu.

Alternativ aktivieren Sie die Remoteverwaltung mit der PowerShell, indem Sie *Enable-PS-Remoting* eingeben und die Regeln aktivieren lassen. Anschließend können Sie vom Hyper-V-Host aus mit der PowerShell eine Verbindung mit der VM aufbauen und die Überwachung aktivieren. Das ist zum Beispiel sinnvoll für Core-Server.

9.4.5 MAC-Adressen im Cluster konfigurieren

Wichtig sind die Einstellungen für virtuelle MAC-Adressen in den Einstellungen der virtuellen Netzwerkkarten. Hier müssen Sie bezüglich der Livemigration, beim Betrieb von Hyper-V im Cluster, und vor allem der Aktivierung des Betriebssystems von virtuellen Servern Einstellungen vornehmen, da Sie ansonsten ständig die Server neu aktivieren müssen. Außerdem spielen diese Einstellungen auch in NLB-Clustern mit Exchange und auch für SharePoint eine Rolle.

Verschieben Sie einen virtuellen Server mit aktivierten dynamischen MAC-Adressen im Cluster auf einen anderen Host durch die Livemigration, kann sich dessen MAC-Adresse beim nächsten Start ändern. Jeder Hyper-V-Host hat einen eigenen Pool aus dynamischen MAC-Adressen. Welcher das ist, sehen Sie im Hyper-V-Manager über den Manager für virtuelle Switches.

Sie finden diese Einstellung im Bereich *Netzwerkkarte* der einzelnen virtuellen Server im Hyper-V-Manager. In diesen Einstellungen können Sie auch das Spoofing für Netzwerkkarten steuern. Hyper-V kann genau unterscheiden, welche Netzwerkdaten zu den einzelnen Servern gesendet werden sollen, und verwendet dazu die MAC-Adresse des virtuellen Servers. Das heißt, virtuelle Server empfangen nur die Daten, die für ihre MAC-Adresse gedacht sind.

9.4.6 Nacharbeiten: Überprüfung des Clusters und erste Schritte mit der Clusterverwaltung oder der PowerShell

Die zentrale Verwaltungsstelle eines Clusters ist die Failovercluster-Verwaltung, mit der Sie neue Cluster erstellen, neue Knoten hinzufügen und den Cluster verwalten. Das Befehlszeilentool *Cluster* ermöglicht die Verwaltung von Clustern in der Eingabeaufforderung oder über Skripts.

Eine ausführliche Hilfe über die Optionen erhalten Sie mit dem Befehl *cluster /?*. Vor allem zur Automatisierung oder für Administratoren, die lieber mit Befehlszeilenanweisungen arbeiten, bietet Microsoft, neben dem bekannten Befehl *Cluster* mit den verschiedenen Optionen, das Cmdlet *Get-Cluster*, mit dem Sie in der PowerShell Aufgaben der Clusterverwaltung durchführen.

Generell bietet das Cmdlet *Get-Cluster* (und weitere Cmdlets) in der PowerShell die gleichen Möglichkeiten wie das Tool *Cluster* in der herkömmlichen Eingabeaufforderung. Damit Sie Failovercluster in der PowerShell verwenden können, müssen Sie nicht mehr das Modul für Failovercluster in der PowerShell laden. Module kann sie automatisch laden.

Aufgabe	Eingabeaufforderung	PowerShell
Clustereigenschaften anzeigen	*cluster /prop*	*Get-Cluster*
Cluster erstellen	*cluster /create*	*New-Cluster*
Cluster löschen	*cluster /destroy*	*Remove-Cluster*
Clusterknoten hinzufügen	*cluster /add*	*Add-ClusterNode*
Cluster herunterfahren	*cluster /shutdown*	*Stop-Cluster*
Clusterquorum verwalten	*cluster /quorum*	*Get-ClusterQuorum* *Set-ClusterQuorum*
Status von Clusterknoten	*cluster node /status*	*Get-ClusterNode |fl **
Clusterknoten anhalten	*cluster node /pause*	*Suspend-ClusterNode*
Clusterknoten fortsetzen	*cluster node /resume*	*Resume-ClusterNode*
Clusterknoten starten	*cluster node /start*	*Start-ClusterNode*
Clusterknoten stoppen	*cluster node /stop*	*Stop-ClusterNode*
Clusterknoten entfernen	*cluster node /evict*	*Remove-ClusterNode*
Clusterinformationen nach dem Löschen bereinigen	*cluster node /forcecleanup*	*Clear-ClusterNode*
Clustergruppen anzeigen	*cluster group*	*Get-ClusterGroup*
Eigenschaften von Clustergruppen	*cluster group /prop*	*Get-ClusterGroup |fl **
Erstellen von Clustergruppen	*cluster group <Name> /create*	*Add-ClusterGroup* *Add-ClusterFileServerRole* *Add-ClusterPrintServerRoleAdd-ClusterVirtualMachineRole* Hilfe über: *Get-Help Add-Cluster*role*
Clustergruppe löschen	*cluster group <Name> /delete*	*Remove-ClusterGroup <Name>*
Clustergruppe online/offline schalten	*cluster group <Name> /online /offline*	*Start-ClusterGroup <Name>* *Stop ClusterGroup <Name>*
Clustergruppe auf anderen Knoten verschieben	*cluster group <Name> move*	*Move-ClusterGroup*
Clusterressourcen anzeigen	*cluster resource /prop*	*Get-ClusterResource |fl **
Erstellen/Löschen einer Clusterressource	*cluster resource <Name> /create /delete*	*Add-ClusterResource* *Remove-ClusterResource*
Clusterressource online/offline schalten	*cluster resource <Name> /online /offline*	*Start-ClusterResource* *Stop-ClusterResource*
Clusternetzwerk verwalten	*cluster network /prop*	*Get-ClusterNetwork*

Tab. 9.1 Clusterverwaltung in der PowerShell und Eingabeaufforderung

Klicken Sie den Namen des Clusters in der grafischen Verwaltungsoberfläche der Clusterverwaltung mit der rechten Maustaste an, können Sie die Eigenschaften des Clusters überprüfen und anpassen. Ebenso bietet das Kontextmenü zahlreiche Verwaltungsmöglichkeiten an.

Auf der Registerkarte *Allgemein* in den Eigenschaften des Clusters können Sie seinen Namen anpassen. Über die Registerkarte *Ressourcentypen* definieren Sie, welche Windows-Ressourcen dem Cluster zur Verfügung stehen. Und mit der Registerkarte *Clusterberechtigungen* steuern Sie den administrativen Zugriff der Administratoren auf den Cluster.

Über den Konsoleneintrag *Speicher* in der Clusterverwaltung sehen Sie die gemeinsamen Datenträger. Hier sehen Sie den derzeit aktuellen Knoten, der den Cluster aktiv verwaltet. Der zweite Knoten steht offline zur Verfügung. Hierüber fügen Sie dem Cluster neue Datenträger hinzu oder schalten vorhandene Ressourcen offline.

In einer Produktivumgebung sollten Sie auf jeden Fall den Konsoleneintrag *Netzwerke* aufrufen. Hier verwalten Sie die öffentlichen und privaten Verbindungen des Clusters. In den Eigenschaften der Verbindungen ist eingestellt, ob diese den Clients zum Verbindungsaufbau, nur für den Heartbeat oder für beides zur Verfügung stehen. Über die private Verbindung soll der Heartbeat des Clusters laufen. Markieren Sie dazu erst die *private*-, dann die *public*-Verbindung und rufen Sie die Eigenschaften auf.

Achten Sie darauf, dass bei der privaten Verbindung nur die Option *Netzwerkkommunikation für Cluster in diesem Netzwerk zulassen* aktiviert ist. Dadurch ist sichergestellt, dass dem Heartbeat ein privater Kanal im Netzwerk zur Verfügung steht.

Bei den Eigenschaften der *public*-Verbindung sollten Sie die Option *Netzwerkkommunikation für Cluster in diesem Netzwerk zulassen* und die Option *Clients das Herstellen einer Verbindung über dieses Netzwerk gestatten* aktivieren, damit auf jeden Fall sichergestellt ist, dass die Clusterverbindung intern funktioniert, auch wenn eine private Netzwerkkarte ausfällt. Bei einer fast perfekten Ausfallsicherheitskonfiguration verfügt jeder Clusterknoten über mindestens drei Netzwerkkarten. Eine Karte dient der internen Kommunikation, eine ausschließlich der privaten und die dritte dient zur Ausfallsicherheit und ist für den gemischten Modus aktiviert. Nur dadurch erhalten Sie eine optimale Ausfallsicherheit.

Wollen Sie weitere Laufwerke im Cluster zur Verfügung stellen, müssen Sie diese in die Clusterverwaltung integrieren. Zuvor müssen Sie die Laufwerke aber auf allen Knoten verfügbar machen. Bereits integrierte Laufwerke sehen Sie, wenn Sie den Menübefehl *Speicher/Datenträger* aufrufen. Hier zeigt die Failovercluster-Verwaltung alle bereits integrierten Laufwerke und deren Status an. Wählen Sie nach einem Klick mit der rechten Maustaste den Kontextmenübefehl *Speicher/Datenträger*, können Sie mit *Datenträger hinzufügen* neu installierte Datenträger in den Cluster integrieren.

9.5 Zusammenfassung

In diesem Kapitel haben wir Ihnen die Funktionen gezeigt, mit denen Sie Hyper-V hochverfügbar zur Verfügung stellen. Neben der neuen Replikation und der Livemigration ohne Cluster war auch der Betrieb eines Clusters mit Windows Server 2022 Thema dieses Kapitels. Im nächsten Kapitel erfahren Sie mehr über den Umgang mit Active Directory.

Teil IV

Active Directory

Kapitel 10

Active Directory – Grundlagen und erste Schritte

In diesem Kapitel zeigen wir Ihnen den praktischen Einsatz von Active Directory mit Windows Server 2022. In den weiteren Kapiteln gehen wir ausführlicher auf die Installation und Verwaltung sowie die Erweiterung von Active Directory ein. Domänencontroller lassen sich in Windows Server 2022 leicht installieren und verwalten. Es gibt generell keine größeren Unterschiede zu Windows Server 2019. Auch mit Windows Server 2022 gibt es keinen neuen Betriebsmodus für Domänen und Gesamtstruktur. Hier gilt die Version »Windows Server 2016« noch immer als aktuelle Version.

10.1 Einstieg in Active Directory

Um Active Directory zu installieren, wählen Sie die Serverrolle *Active Directory Domänendienste* aus. Nach der Installation der notwendigen Systemdateien lässt sich der Einrichtungs-Assistent über einen Link im letzten Fenster starten. Alternativ starten Sie die Einrichtung über das Benachrichtigungsfenster im Server-Manager oder über das Windows Admin Center.

10.1.1 Active Directory im Detail

Active Directory besteht nicht nur aus Domänencontrollern, sondern aus einer Vielzahl weiterer Serverdienste, die ein gemeinsames Verzeichnis nutzen, aber jeweils eigene Funktionen zur Verfügung stellen. Wir geben einen Überblick.

Wer auf Active Directory setzt, muss natürlich zunächst eine Active Directory-Domäne aufbauen. Das erfolgt über die Systemrolle *Active Directory-Domänendienste*, die auf einem Server installiert wird. Danach wird die Active Directory-Gesamtstruktur eingerichtet. Anschließend lassen sich verschiedene Dienste nutzen, die das Verzeichnis für die Authentifizierung der Benutzer und Dienste sowie zur Speicherung der eigenen Konfiguration nutzen.

Viele Microsoft-Dienste nutzen Active Directory, um die Benutzer zu authentifizieren, Daten zur Konfiguration zu speichern oder um Benutzerfunktionen zu erweitern. Durch die Installation von Microsoft Exchange Server werden zum Beispiel die Benutzerattribute um zusätzliche Funktionen für E-Mail und Groupware erweitert. Exchange-Funktionen integrieren sich direkt in die Eigenschaften der Benutzer.

Active Directory verfügt über ein erweiterbares Schema. Dieses ermöglicht, zusätzliche Informationen zu speichern. Diese Funktion wird von Exchange genutzt, aber auch von anderen Diensten, wie System Center Configuration Manager. Bei der Installation solcher Dienste wird das Schema von Active Directory um die notwendigen Attribute und Klassen erweitert. Allerdings setzen nicht alle Dienste das Erweitern des Schemas voraus, wenn Active Directory genutzt werden soll. Nur die Dienste, die mit den Standarddaten in Active Directory nicht zurechtkommen und mehr Daten speichern müssen, erweitern das AD.

Damit das Schema erweitert werden kann, wird der Schemamaster benötigt. In jeder Gesamtstruktur gibt es nur einen Schemamaster. Der erste installierte Domänencontroller der ersten Domäne und Struktur einer Gesamtstruktur erhält diese Rolle.

10.1.2 Active Directory-Systemrollen nutzen

Neben Zusatz-Programmen von Microsoft, aber auch von Drittherstellern, nutzen einige Serverdienste von Microsoft ebenfalls Active Directory als Speicherort der Konfiguration oder zum Verwenden von Benutzerinformationen oder zur Authentifizierung. Die Serverrollen stehen über den Server-Manager zur Auswahl.

- Active Directory Lightweight Directory Services
- Active Directory-Domänendienste
- Active Directory-Rechteverwaltungsdienste
- Active Directory-Verbunddienste
- Active Directory-Zertifikatdienste

Active Directory Lightweight Directory Services – Active Directory light

Bei Active Directory Lightweight Directory Services (ADLDS) handelt es sich um ein Mini-Active Directory, das unabhängig von Domänencontrollern funktioniert. ADLDS wird zum Beispiel verwendet, wenn ein Verzeichnis notwendig ist, aber keine umfangreichen Funktionen wie in Active Directory. Ein Beispiel für den Einsatz sind Edge-Transport-Server von Microsoft Exchange.

Active Directory-Rechteverwaltungsdienste

Bei Active Directory-Rechteverwaltungsdienste (Active Directory Rights Management Services, AD RMS) handelt es sich um einen Dienst, der die Rechte für Dateien und Dokumente in Active Directory steuern kann. Wie bei der Rechteverwaltung lassen sich auch bei der dynamischen Zugriffssteuerung Richtlinien für den Zugriff auf Dateien erstellen. Diese Richtlinien steuern den Zugriff auf Dokumente parallel zum herkömmlichen Rechtemodell. Es lassen sich Richtlinien erstellen, auf deren Basis Anwender Dokumente nutzen dürfen. Hier können Sie zum Beispiel steuern, ob Anwender Dokumente drucken oder per E-Mail versenden dürfen.

Active Directory-Zertifikatdienste – Zertifikate in AD nutzen

Der Einsatz einer internen Zertifizierungsstelle ist in Active Directory nahezu unerlässlich. Viele aktuelle Serversysteme von Microsoft oder auch Drittanbietern benötigen Zertifikate für den Zugriff. Beispiel dafür sind Exchange Server, die Remotedesktopdienste oder auch SharePoint. Auch SQL Server benötigt ein Zertifikat, wenn Verbindungen verschlüsselt werden sollen.

Wer im Unternehmen mit Zertifikaten arbeitet, kann auf die Active Directory-Zertifikatdienste setzen. Computer und Server, die Mitglied in Active Directory sind, vertrauen automatisch Zertifikaten in den Diensten. Neben der Möglichkeit, Zertifikate über Gruppenrichtlinien zuzuweisen, stellen die Zertifikatdienste auch eine eigene Webseite zur Verfügung, mit denen sich Zertifikate abrufen lassen.

Active Directory-Verbunddienste – Active Directory erweitern

Mit Active Directory-Verbunddiensten (Active Directory Federation Services, ADFS) können Unternehmen eine zentrale Authentifizierungsinfrastruktur aufbauen, die Single-Sign-On-Szenarien zwischen verschiedenen Active Directory-Gesamtstrukturen bietet, aber auch die Möglichkeit, Benutzer sicher für den Zugriff auf Office 365 und Microsoft Azure zu authentifizieren. In Windows Server 2022 können sich Benutzerkonten in ADFS authentifizieren, die nicht aus einem Active Directory kommen. Beispiel dafür sind X.50000-kompatible LDAP-Verzeichnisse oder SQL-Datenbanken:

- AD LDS
- Apache DS
- IBM Tivoli DS
- Novell DS
- Open LDAP
- Open DJ
- Open DS
- Radiant Logic Virtual DS
- Sun ONE v6, v7, v11

Passive Authentifizierungsmöglichkeiten wie SAML, OAuth, WS-Trust active authorization protocol und WS-Federation sind ebenfalls möglich.

10.1.3 Active Directory mit dem Verwaltungscenter verwalten

Mit dem Active Directory-Verwaltungscenter bietet Microsoft eine zentrale Anlaufstelle für alle Routineaufgaben in Active Directory in einer einzelnen Oberfläche. Der Aufbau der Konsole ist aufgabenorientiert. Im Gegensatz zu den anderen Verwaltungstools basieren die Aufgaben im Verwaltungscenter auf Befehlen aus der PowerShell. Das Verwaltungscenter können Sie am schnellsten durch Eingabe von *dsac* im Suchfeld der Taskleiste starten.

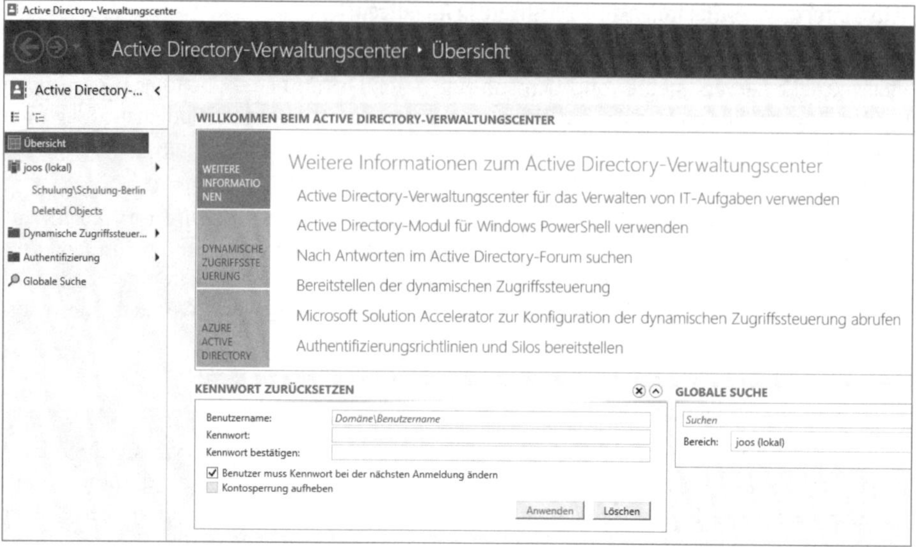

Abb. 10.1 Active Directory verwalten Administratoren mit dem Verwaltungscenter

Die Standard-Verwaltungskonsolen für Active Directory, zum Beispiel *Active Directory-Benutzer und -Computer*, sind weiterhin verfügbar. Das gilt auch für die Snap-Ins *Active Directory-Standorte und -Dienste* und *Active Directory-Domänen und -Vertrauensstellungen*.

Das *Active Directory-Verwaltungscenter* bietet nicht alle Möglichkeiten der anderen beschriebenen Snap-Ins, sondern dient vor allem der Abarbeitung von Routineaufgaben, wie das Zurücksetzen von Kennwörtern oder das Anlegen von neuen Objekten. Erstellen Sie neue Objekte, wie Organisationseinheiten oder Benutzerkonten, zeigt das Center übersichtliche und leicht verständliche Formulare an.

Das Tool verbindet sich über die Active Directory-Webdienste mit Active Directory. Sie starten das Active Directory-Verwaltungscenter entweder über die Programmgruppe *Tools* im Server-Manager oder indem Sie *dsac* in der PowerShell oder der Eingabeaufforderung eingeben. Auf der linken Seite der Konsole lässt sich durch die Domänen und die Organisationseinheiten navigieren. Im linken oberen Bereich können Sie zwischen einer Baumstruktur wie in *Active Directory-Benutzer und -Computer* und einer Struktur ähnlich wie dem Startmenü wechseln.

Verwenden Sie die Listenansicht (Ändern über die Registerkarten oben links), lässt sich beim Einblenden einer Organisationseinheit der Inhalt dieser OU an das Startfenster des Verwaltungscenters anheften, sodass dieser Bereich dauerhaft erscheint. Über den Menüpunkt *Globale Suche* lässt sich nach Objekten in allen Domänen der Gesamtstruktur suchen, unabhängig von der Domäne, mit der das Verwaltungscenter aktuell verbunden ist.

Direkt auf der Startseite können Sie häufige Aufgaben durchführen, wie das Zurücksetzen eines Benutzerkennworts oder das Durchsuchen von Active Directory. Sie können den Navigationsbereich des Active Directory-Verwaltungscenters jederzeit anpassen, indem Sie verschiedene Container aus jeder beliebigen Domäne als separate Knoten hinzufügen. Die Liste der zuletzt verwendeten Objekte wird automatisch unter einem Navigationsknoten angezeigt.

In Windows Server 2022 sind Active Directory-Objekte vor dem versehentlichen Löschen geschützt. Dieser Schutz ist standardmäßig aktiviert. Nachdem Sie über das Menü *Ansicht* in *Active Directory-Benutzer und -Computer* die erweiterte Ansicht aktiviert haben, finden Sie auf der Registerkarte *Objekt* das Kontrollkästchen *Objekt vor zufälligem Löschen schützen* vor.

Diese Option steuert die Berechtigungen auf der Registerkarte *Sicherheit*. Der Gruppe *Jeder* wird der Eintrag *Löschen* verweigert. Dies äußert sich darin, dass ein Administrator vor dem Löschen eines solchen geschützten Objekts zunächst das Kontrollkästchen zu dieser Option deaktivieren muss, bevor er das Objekt löschen kann. Deaktivieren Sie das Kontrollkästchen nicht, erhalten Sie eine Fehlermeldung, dass der Zugriff verweigert wird, wenn Sie das Objekt löschen wollen.

10.1.4 Active Directory für Einsteiger

Unternehmen, die verschiedene Computer im Netzwerk einsetzen und mehreren Anwendern Zugriff auf diese Computer sowie auf Freigaben im Netzwerk geben wollen, kommen kaum um einen Verzeichnisdienst herum. Active Directory ist dazu eine ideale Lösung.

Wenn in einem Unternehmen verschiedene Benutzer im Einsatz sind, die sich mit jeweils einem eigenen Benutzernamen und einem Kennwort an ihrem PC anmelden sollen, macht es Sinn, diese Benutzer in einem zentralen Verzeichnis zu speichern. Denn in diesem Fall können die Anmeldungen nicht nur zentral überwacht, Benutzereinstellungen gesetzt und Kennwörter verwaltet werden, sondern die Benutzerkonten können auch für das Zuteilen von Berechtigungen und für die Mitgliedschaft in Gruppen verwendet werden.

Das erleichtert enorm die Verwaltung der Sicherheit und der Zugriffe auf Ressourcen im Netzwerk. Die Daten des Verzeichnisses werden auf einem Domänencontroller gespeichert. Gibt es mehrere Domänencontroller im Netzwerk, replizieren diese ihre Daten miteinander, sodass im Grunde genommen alle Domänencontroller über die gleichen Daten verfügen.

Das ist Active Directory

Einfach ausgedrückt ist Active Directory ein Verzeichnisdienst, in dem Benutzernamen sowie die Namen von Computern, Arbeitsstationen und Servern gespeichert sind. Meldet sich ein Benutzer an, erkennt Active Directory den Benutzernamen, authentifiziert ihn mit seinem Kennwort und erlaubt ihm die Anmeldung an den Computern, die Mitglied des Active Directorys sind. Administrator-Benutzer dürfen sich zusätzlich auch an Servern anmelden.

Damit eine solche Technik funktioniert, müssen die Daten der Computer sowie die Anmeldedaten der Anwender gespeichert werden. Das geschieht in der Active Directory-Datenbank, die zwischen den Domänencontrollern repliziert werden. Eine Domäne ist eine Gruppe von Benutzern und Computern in Active Directory.

Daher wird auch von einer Active Directory-Domäne gesprochen. Innerhalb einer Domäne, die zum Beispiel alle Benutzer einer Niederlassung zusammenfassen kann, können sich Benutzer anmelden und Ressourcen nutzen. Die Daten der Benutzer werden auf den Domänencontrollern gespeichert.

Verschiedene Domänen nutzen

In einer Active Directory-Gesamtstruktur können mehrere Domänen betrieben und zusammen genutzt werden. Für jede Domäne gibt es eigene Domänencontroller. Berechtigungen lassen sich in allen Domänen der Active Directory-Gesamtstruktur nutzen und Anwender können sich in allen Domänen anmelden. Verschiedene Domänen stellen dadurch eine Gruppierung eines Unternehmens dar. Viele Unternehmen teilen so zum Beispiel ihre Niederlassungen auf.

Ein Beispiel ist die Active Directory-Gesamtstruktur *contoso.com*. Dabei handelt es sich um die erste Domäne in der Gesamtstruktur. Wenn ein Unternehmen eine weitere Aufteilung vornehmen will, zum Beispiel nach Abteilungen, kann es eine weitere Domäne mit der Bezeichnung *sales.contoso.com* aufbauen. Domänen können auch untereinander aufgegliedert werden. So können zum Beispiel verschiedene Städte in der Sales-Abteilung eigene Domänen bekommen, zum Beispiel *dallas.sales.contoso.com*. Die Domäne *Dallas* ist der Domäne *Sales* und diese der Domäne *Contoso.com* untergliedert. In jeder Domäne gibt es eigene Domänencontroller, die aber zu einer Active Directory-Gesamtstruktur zusammengefasst sind.

In großen Unternehmen kann es innerhalb einer Gesamtstruktur, auch Forest genannt, zwei verschiedene Strukturen, auch Trees genannt, geben. Die zwei Strukturen sind Teil eines gemeinsamen Verzeichnisses, haben aber zwei verschiedene Namensräume. Am Beispiel der Abbildung 10.2 sind das die beiden Strukturen (Trees) *microsoft.com* und *contoso.com*, die Bestandteil der Active Directory-Gesamtstruktur *contoso.com* sind. In dieser Gesamtstruktur gibt es die Domänen:

microsoft.com

De.microsoft.com

Contoso.com

Sales.contoso.com

Dallas.contoso.com

Zwischen den verschiedenen Domänen lassen sich Berechtigungen delegieren. So kann zum Beispiel eine Gruppe, also ein Verbund verschiedener Benutzerkonten, aus der Domäne *contoso.com* das Recht erhalten, auf eine Freigabe eines Servers zuzugreifen, der Mitglied der Domäne *de.microsoft.com* ist. Um auf eine Dateifreigabe eines Servers zuzugreifen, muss ein Benutzer sich mit einem Konto anmelden, das über die entsprechenden Berechtigungen verfügt.

Das wird durch Active Directory gesteuert, durch die Domänencontroller der jeweiligen Domäne. Die Domänencontroller und ihre Daten lassen sich darüber hinaus schnell und einfach sichern und wiederherstellen.

Konkreter Nutzen eines Active Directorys

Auch für kleine Unternehmen macht der Einsatz von Active Directory Sinn. So lassen sich die Benutzernamen und Kennwörter definieren, mit denen die Benutzer sich an ihren PCs anmelden. Gibt es gemeinsame Datenfreigaben, dann können Unternehmen mit Berechtigungen arbeiten und den Benutzerkonten Rechte für die Freigabe zuteilen. Außerdem lassen sich zentrale Sicherheitsrichtlinien vorgeben und Skripts definieren. Meldet sich ein Benutzer an seinem Computer an, erhält er dadurch automatisch Zugriff auf die Dateifreigaben, die er benötigt, und das genau mit den Rechten, die er braucht. Dadurch können Mitarbeiter im Team arbeiten und die Daten werden durch Berechtigungen geschützt.

Häufig unterstützen viele Serveranwendungen wie E-Mail-Server, CRM/ERP und andere Lösungen die Authentifizierung mit Active Directory. Dazu gehören auch Datenbankserver wie Microsoft SQL-Server sowie die meisten bis alle anderen Microsoft-Lösungen für Unternehmen. Melden sich Benutzer an ihrem PC an, können sie auf alle Ressourcen zugreifen, ohne sich erneut anmelden zu müssen. Das erleichtert die Arbeit der Anwender und sie müssen sich nicht verschiedene Benutzernamen und Kennwörter merken. Auch Drucker lassen sich in den meisten Fällen an Active Directory anbinden. Mit etwas Konfiguration können sogar die Anwendungen automatisch über Richtlinien installiert werden, wenn sich ein Anwender an seinem PC anmeldet. Das entlastet das IT-Personal. Mit dem einen oder anderen Tipp in diesem Beitrag lassen sich komplexe Active Directory-Strukturen aufbauen.

10.1.5 PowerShell und Active Directory

Windows Server 2022 lässt sich in der PowerShell verwalten. Dazu hat Microsoft einige Cmdlets integriert. Mit dem Cmdlet *Install-ADDSDomainController* installieren Sie in einer bestehenden Domäne zum Beispiel einen neuen Domänencontroller. Mit *Install-ADDSDomain* installieren Sie eine neue Domäne, mit *Install-ADDSForest* eine neue Gesamtstruktur.

Um einen Domänencontroller herabzustufen, verwenden Sie das Cmdlet *Uninstall-ADDSDomainController.* Es fragt alle notwendigen Optionen an und startet den Server neu. Konfigurationen wie DNS-Server und globaler Katalog nehmen Sie anschließend vor. Diese Aufgaben müssen Sie nicht mehr im Assistenten zur Installation vorgeben.

Um die Installation und den Betrieb von Active Directory zu testen, hat Microsoft neue Cmdlets integriert: *Test-ADDSDomainControllerInstallation*, *Test-ADDSDomainController-Uninstallation*, *Test-ADDSDomainInstallation*, *Test-ADDSForestInstallation* und *Test-ADDS-ReadOnlyDomainControllerunInstallation*. Mehr dazu lesen Sie in diesem Kapitel und in Kapitel 11.

Um Active Directory-Objekte abzurufen, stellt Microsoft zahlreiche neue Cmdlets zur Verfügung. Eine Liste erhalten Sie über den Befehl *Get-Command Get-Ad**.

Um neue Objekte zu erstellen, gibt es ebenfalls zahlreiche neue Cmdlets. Die Liste dazu erhalten Sie durch Eingabe von *Get-Command New-Ad**

Eine Liste mit Befehlen zum Löschen von Objekten zeigt die PowerShell mit *Get-Command Remove-Ad**

Änderungen an Active Directory-Objekten nehmen Sie mit *Set*-Cmdlets vor. Eine Liste erhalten Sie über *Get-Command Set-Ad**

10.1.6 Migration zu Active Directory mit Windows Server 2022

Wollen Sie Domänencontroller zu Windows Server 2022 aktualisieren, müssen Sie zunächst das Schema der Gesamtstruktur erweitern. Dazu führen Sie den Befehl *adprep /forestprep* auf einem Domänencontroller aus. Sie finden das Tool im Ordner *support\adprep* auf der Windows Server 2022-DVD.

Damit Sie das Schema erweitern können, müssen Sie zuvor noch mit *c* die Erweiterung bestätigen. Diese Maßnahmen lassen sich nicht mehr rückgängig machen. Nach der Aktualisierung des Schemas sollten Sie mit *adprep /domainprep* noch die einzelnen Domänen aktualisieren. Installieren Sie neue Domänencontroller, lassen sich diese problemlos in Active Directory aufnehmen. Auch Mitgliedsserver mit Windows Server 2022 können Sie in bestehende Domänen aufnehmen.

Bei Migrationen können Sie Betriebsmasterrollen von Vorgängerversionen auf die neuen Domänencontroller mit Windows Server 2022 übernehmen. Die Vorgänge dazu sind identisch mit der Übernahme in Windows Server 2008 R2 sowie Windows Server 2012/2012 R2.

10.1.7 Sicheres DNS-System in Windows Server 2022

Bereits mit Windows Server 2008 R2 hat Microsoft DNSSEC eingeführt, um Zonen und Einträge abzusichern. In Windows Server 2022 lassen sich Zonen online digital signieren. DNSSEC lässt sich komplett in Active Directory integrieren. Das umfasst auch die Möglichkeit, dynamische Updates für geschützte Zonen zu aktivieren. Windows Server 2022 unterstützt offizielle Standards wie NSEC3 und RSA/SHA-2. Ebenfalls interessant ist die Unterstützung von DNSSEC auf schreibgeschützten Domänencontrollern (RODC, siehe Kapitel 13). Findet ein RODC mit Windows Server 2022 eine signierte DNS-Zone, legt er automatisch eine sekundäre Kopie der Zone an und überträgt die Daten der DNSEC-geschützten Zone. Dies hat den Vorteil, dass auch Niederlassungen mit RODCs gesicherte Daten auflösen können, aber die Signatur und Daten der Zone nicht in Gefahr sind.

DNSSEC lässt sich über das Kontextmenü von Zonen erstellen. Die Signierung der Zone erfolgt über einen Assistenten. Der Assistent erlaubt die manuelle Signierung, eine Aktualisierung der Signierung und eine Signierung auf Basis automatischer Einstellungen. Mit Windows Server 2022 lassen sich signierte Zonen auf andere DNS-Server im Netzwerk replizieren.

10.1.8 Active Directory remote verwalten

Administratoren können zur Remoteverwaltung von Active Directory-Domänencontrollern entweder per Remotedesktop auf den Server zugreifen oder von der eigenen Arbeitsstation aus mit der PowerShell. Neben der PowerShell stehen aber auch andere Tools auf Arbeitsstationen zur Verfügung. Wollen Sie Windows Server 2022 von Arbeitsstationen mit Windows 10 verwalten, verwenden Sie die Remoteserver-Verwaltungstools (siehe Kapitel 3).

Die Verwaltungstools für Active Directory finden Sie zum Beispiel über *Rollenverwaltungstools/AD DS-/AD LDS-Tools*. Hier stehen auch die Cmdlets zur Verwaltung von Active Directory zur Verfügung, zum Beispiel das Active Directory-Modul für Windows PowerShell. Damit Sie einen Server über die PowerShell remote verwalten können, müssen Sie die Remoteverwaltung auf dem Server aktivieren. Dazu geben Sie auf dem entsprechenden Server den Befehl *Enable-PSRemoting -Force* ein. Der Befehl aktiviert auch die Ausnahmen in der Windows-Firewall. Mit *Disable-PSRemoting -Force* können Sie die Remoteverwaltung eines Servers über die PowerShell wieder deaktivieren.

In Remote-PowerShell-Sitzungen verwenden Sie die gleichen Cmdlets wie auf den lokalen Servern. Allerdings erlauben nicht alle Cmdlets eine Remoteverwaltung. Sie sehen die kompatiblen Cmdlets am schnellsten, indem Sie überprüfen, ob sie die Option *-ComputerName* unterstützen. Mit dem Befehl *Get-Help * -Parameter ComputerName* lassen Sie sich eine Liste aller dieser Cmdlets anzeigen.

Rufen Sie eine Hilfe zu Cmdlets auf, kann sich die PowerShell selbstständig aktualisieren. Die PowerShell bietet das Cmdlet *Update-Help*, das ihre Hilfedateien aktualisieren kann. Dazu muss der Server über eine Internetverbindung verfügen, da der Befehl die Hilfe aus dem Internet abruft. Ebenfalls eine Funktion in der PowerShell ist das Cmdlet *Show-Command*. Dieses blendet ein neues Fenster mit allen Befehlen ein, die in der PowerShell verfügbar sind. Sie können im Fenster nach Befehlen suchen und sich eine Hilfe zum Befehl anzeigen lassen sowie Beispiele.

Sie können in der PowerShell eine Remotesitzung auf einem Server starten. Am besten verwenden Sie dazu die PowerShell Integrated Scripting Environment (ISE). Diese ist bereits aktiviert. Nach dem Start können Sie eine Verbindung mit *Datei/Neue Remote-PowerShell-Registerkarte* öffnen. Hier geben Sie einen Servernamen und einen Benutzernamen ein, mit dem Sie sich verbinden wollen. Mehr zu diesem Thema erfahren Sie in Kapitel 40.

10.2 Active Directory mit Windows Server 2022 installieren und verstehen

In diesem Abschnitt zeigen wir Ihnen, wie Active Directory grundsätzlich aufgebaut ist und wie Sie eine Umgebung mit einer neuen Domäne installieren.

10.2.1 Aufbau von Active Directory

Es gibt Active Directory-Domänen und Domänencontroller. Die Domäne ist die grundlegende Strukturierungseinheit. Die Domänencontroller übernehmen die Verwaltung der Ordnerinformationen innerhalb einer Domäne. Die Benutzer-, Computer-, Freigaben-, und Druckerinformationen werden in einer Datenbank gespeichert. Diese Datenbank ist eine JET-Datenbank (Joint-Engine-Technologie), die Microsoft auch bei Exchange einsetzt.

Active Directory kann aus mehreren selbstständigen Domänen bestehen, die zu einer gemeinsamen Organisation gehören. Alle verbundenen Domänen von Active Directory teilen sich eine Datenbank und ein Schema. Diese Domänen bilden eine Gesamtstruktur, im Englischen auch Forest genannt. Ein Forest ist die Grenze des Verzeichnisdienstes eines Unternehmens, in dem einheitliche Berechtigungen vergeben und delegiert werden können.

Jede Domäne in Active Directory ist eine eigene Partition, die automatisch angelegt wird. Jede Partition wird von unterschiedlichen Domänencontrollern verwaltet. Diese Partitionierung erfolgt automatisch. Das Namensmodell von Active Directory orientiert sich an DNS. Domänen werden in Active Directory zu Strukturen (Trees) zusammengefasst. Eine Struktur muss über einen einheitlichen Namensraum verfügen. Hier wird mit DNS-Namen gearbeitet. Wenn eine Struktur beispielsweise *contoso.com* heißt, kann es innerhalb dieser Struktur weitere Einheiten geben, die beispielsweise *sales.contoso.com*, *marketing.contoso.com* und *dallas.marketing.contoso.com* heißen.

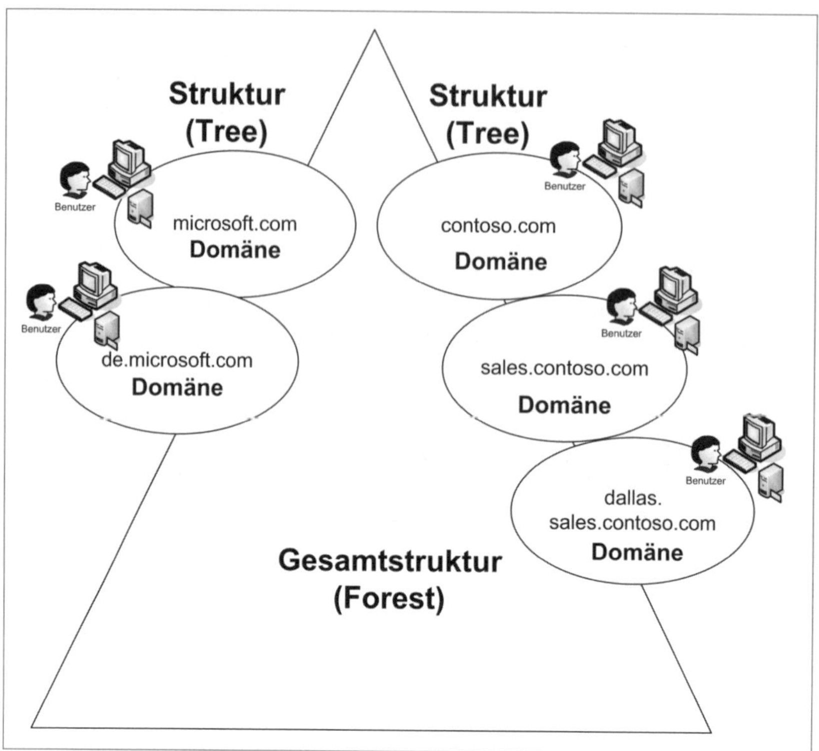

Abb. 10.2 Aufbau einer Active Directory-Gesamtstruktur

In einer Struktur (Tree) werden automatisch gegenseitige Vertrauensstellungen zwischen den beteiligten Domänen erzeugt. Darüber hinaus kann in einer Struktur eine Suche über mehrere Domänen hinweg erfolgen. Ein globaler Katalog-Server enthält die Informationen der Gesamtstruktur und kann Anfragen an die verantwortlichen Domänencontroller der jeweiligen Domäne weiterleiten.

Eine Active Directory-Gesamtstruktur (Forest) kann aus mehreren Strukturen (Trees) zusammengesetzt sein. Jedes Active Directory muss aus mindestens einer Struktur bestehen. Der ersten Domäne von Active Directory kommt eine besondere Bedeutung zu. Da sie die erste Domäne ist, bildet sie zugleich die erste Struktur von Active Directory und ist gleichzeitig die Rootdomäne der Gesamtstruktur. Wenn Sie ein Active Directory mit nur einer Domäne planen, bildet diese Domäne die Gesamtstruktur, die erste und einzige Struktur und die Rootdomäne von Active Directory. Die Domänen einer Struktur (Tree) teilen sich einen sogenannten Namensraum.

Im Beispiel von Abbildung 10.2 sind die beiden Strukturen *contoso.com* und *microsoft.com* trotz ihrer vollständig eigenständigen Namensräume Teil einer gemeinsamen Active Directory-Gesamtstruktur. Jede Domäne kann beliebige untergeordnete Domänen (Childdomänen genannt) haben, die wiederum Childdomänen beinhalten können. Alle Domänen eines Namensraums werden als eigenständige Struktur bezeichnet.

Childdomänen sind wie die übergeordneten Domänen vollkommen eigenständig, teilen sich jedoch einen Namensraum und eine Active Directory-Gesamtstruktur. Sie bilden jeweils eigene Partitionen in Active Directory, die durch getrennte Domänencontroller verwaltet werden. Jede Domäne kann unterschiedliche Organisationseinheiten beinhalten. Organisationseinheiten können Sie sich wie Ordner im Explorer vorstellen, in denen Dateien liegen.

Durch Organisationseinheiten können Sie Objekte innerhalb von Domänen ordnen. Es sind Container, in denen Objekte von Active Directory liegen können. Innerhalb von Organisationseinheiten können Berechtigungen delegiert und Richtlinien definiert werden, die für alle Objekte eines solchen Containers Gültigkeit haben. Organisationseinheiten sind die kleinsten Container in Active Directory. Eine Organisationseinheit kann mehrere Unterorganisationseinheiten beinhalten.

In Active Directory gibt es durch diese Definition vier verschiedene Container:

- **Gesamtstruktur (Forest)** – Dieser Container kann Strukturen (Trees) beinhalten.
- **Struktur (Tree)** – Dieser Container beinhaltet die einzelnen Domänen von Active Directories.
- **Domänen** – Dieser Containertyp beinhaltet Organisationseinheiten.
- **Organisationseinheiten (Organizational Units, OUs)** – Dieser Container beinhaltet Benutzer- und Computerkonten, kann aber auch weitere OUs beinhalten. Vor allem die Organisationseinheiten, die dafür zuständig sind, die einzelnen Objekte der Domäne zu ordnen, sollten frühzeitig geplant werden. Auch wenn jederzeit weitere OUs erstellt werden können, sollten Sie sie bereits bei der Planung von Active Directory berücksichtigen.

Der wichtigste Container in Active Directory ist die Domäne. Sie ist die logische Struktur, in der das Unternehmen abgebildet ist. Gleichzeitig hat eine Domäne Auswirkung auf die physische Speicherung von Informationen: Sie stellt die Grenze dar, innerhalb der Informationen gemeinsam verwaltet werden. Der erste Schritt in der Planung von Active Directory ist daher die Gestaltung von Domänen.

10.2.2 Installieren einer neuen Gesamtstruktur

Im nächsten Abschnitt zeigen wir Ihnen in einer Schritt-für-Schritt-Anleitung, wie Sie Active Directory in Windows Server 2022 installieren. Wir gehen dabei von der Installation eines Domänencontrollers auf einem Server mit grafischer Benutzeroberfläche aus. In Kapitel 13 zeigen wir Ihnen die Installation eines Domänencontrollers auf einem Core-Server mit Windows Server 2022.

Microsoft hat die Schemaänderungen, die für die Installation von Active Directory notwendig sind, in den Assistenten zur Installation von Active Directory integriert.

Sie können Adprep von der Windows Server 2022-DVD aber auch weiterhin getrennt von der eigentlichen Installation von Windows Server 2022 durchführen. Die Ausführung ist über das Netzwerk durchführbar.

Nach der Installation ändern Sie zunächst den Namen des Servers ab. Starten Sie den Server-Manager und klicken Sie auf *Lokaler Server*. Anschließend klicken Sie auf der rechten Seite auf den Computernamen des Servers und dann auf die Schaltfläche *Ändern*. Tragen Sie den Namen des Servers ein, zum Beispiel *dc02*. Bestätigen Sie die Änderung mit *OK* und lassen Sie den Server neu starten.

Nach dem Neustart klicken Sie mit der rechten Maustaste auf das Netzwerksymbol im unteren Bereich und dann auf *Netzwerk- und Freigabecenter öffnen*. Anschließend klicken Sie auf den Link *Adaptereinstellungen ändern* links im Fenster. Rufen Sie die Eigenschaften der Netzwerkverbindung auf und dann die Eigenschaften von *Internetprotokoll Version 4*.

Tragen Sie eine statische IP-Adresse ein und aktivieren Sie die Option *Folgende DNS-Serveradressen verwenden*. Tragen Sie als IP-Adresse die IP-Adresse des Servers ein, da in Active Directory die Domänencontroller auch DNS-Server sein sollten (siehe Kapitel 6 und 25). Installieren Sie den Server als zusätzlichen Domänencontroller, tragen Sie als DNS-Server die IP-Adresse eines bereits vorhandenen DNS-Servers ein.

Schließen Sie alle Fenster und öffnen Sie den Server-Manager. Klicken Sie auf *Verwalten* im oberen Bereich und wählen Sie *Rollen und Features hinzufügen* aus. Bestätigen Sie die Startseite und wählen Sie *Rollenbasierte oder featurebasierte Installation* aus. Wählen Sie den lokalen Server aus der Liste im nächsten Fenster aus.

Wählen Sie die Rolle *Active Directory-Domänendienste* aus und bestätigen Sie die Schaltfläche *Features hinzufügen*, um die notwendigen Erweiterungen zum Server hinzuzufügen. Bestätigen Sie die nächsten Fenster und aktivieren Sie im Fenster *Installationsauswahl bestätigen* die Option *Zielserver bei Bedarf automatisch* neu starten. Klicken Sie danach auf *Installieren*.

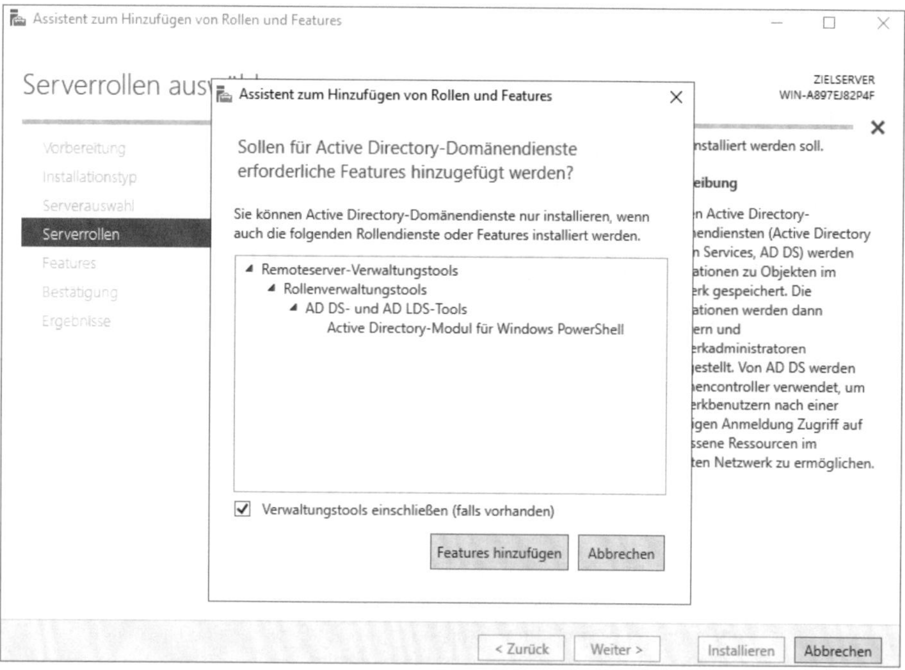

Abb. 10.3 Starten der Active Directory-Installation

Nach der Installation klicken Sie im Server-Manager auf *AD DS* und dann im oberen Bereich bei *Konfiguration ist für "Active Directory-Domänendienste" auf "XXX" erforderlich* auf den Link *Details*. Wählen Sie in den Aufgabendetails in der Spalte *Aktion* den Link *Server zu einem Domänencontroller heraufstufen*.

Hier sollten Sie den Server aber vorher vorbereiten. Wichtig sind das Hinterlegen eines DNS-Servers und das Festlegen des Namens des Domänencontrollers vor der Installation von Active Directory.

Soll auf dem Server auch DNS bereitgestellt werden, tragen Sie in den IP-Einstellungen auf dem Server die lokale IP-Adresse ein. Wir zeigen in den folgenden Kapiteln aber ausführlicher die Installation von Domänencontrollern.

Erstellen Sie eine neue Active Directory-Gesamtstruktur, ist es sinnvoll, den FQDN des Servers mit dem Servernamen vorzugeben. Das können Sie zum Beispiel über *sysdm.cpl* durchführen.

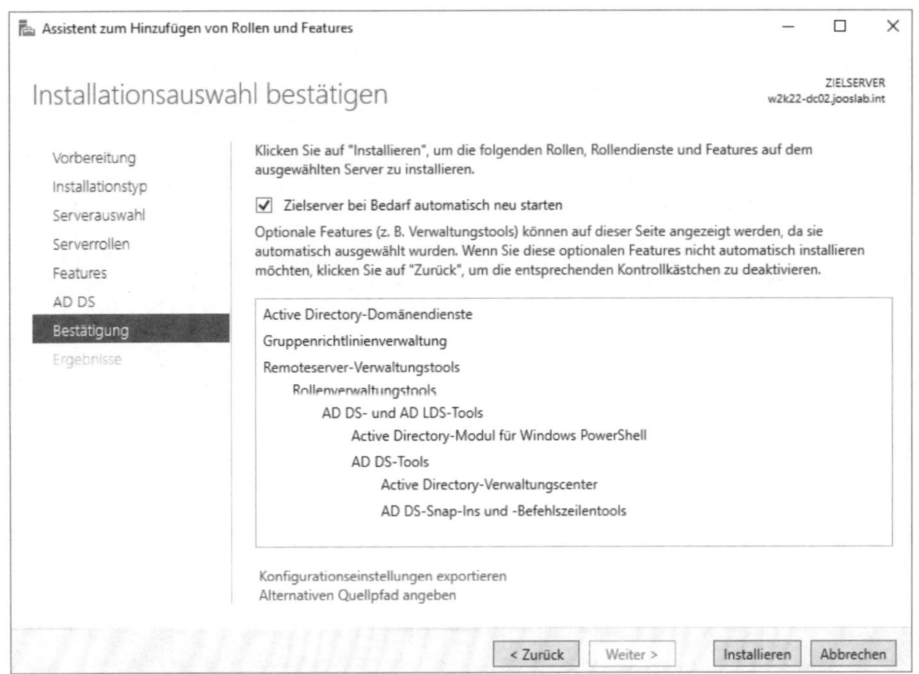

Abb. 10.4 Starten der Installation von AD auf einem Server-Manager

Aktivieren Sie die Option *Neue Gesamtstruktur hinzufügen* und geben Sie den DNS-Namen der Domäne an, zum Beispiel *testdom.int*.

Active Directory

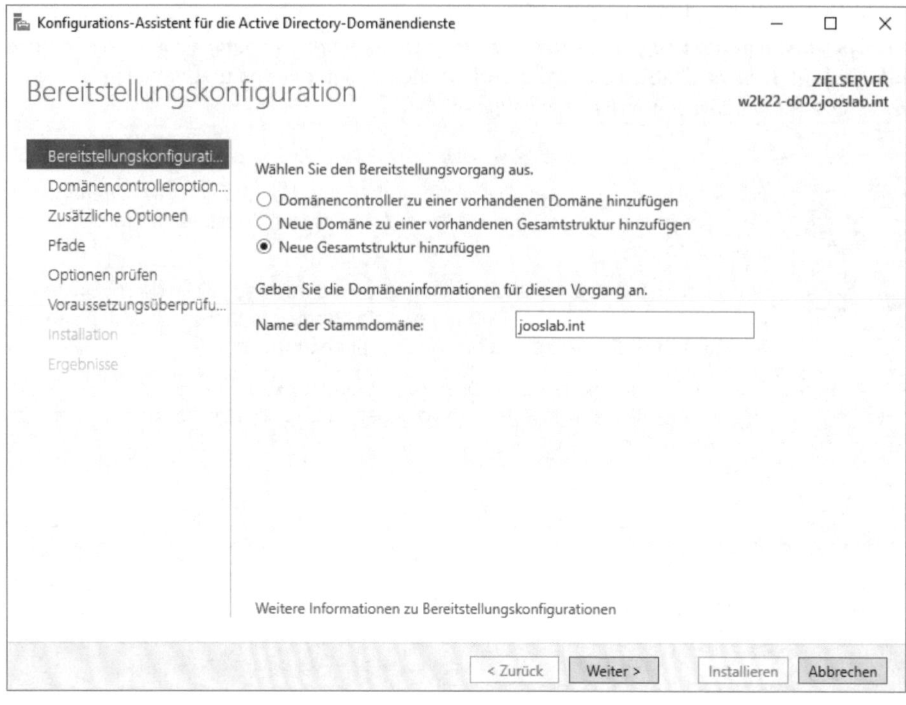

Abb. 10.5 Erstellen einer neuen Gesamtstruktur

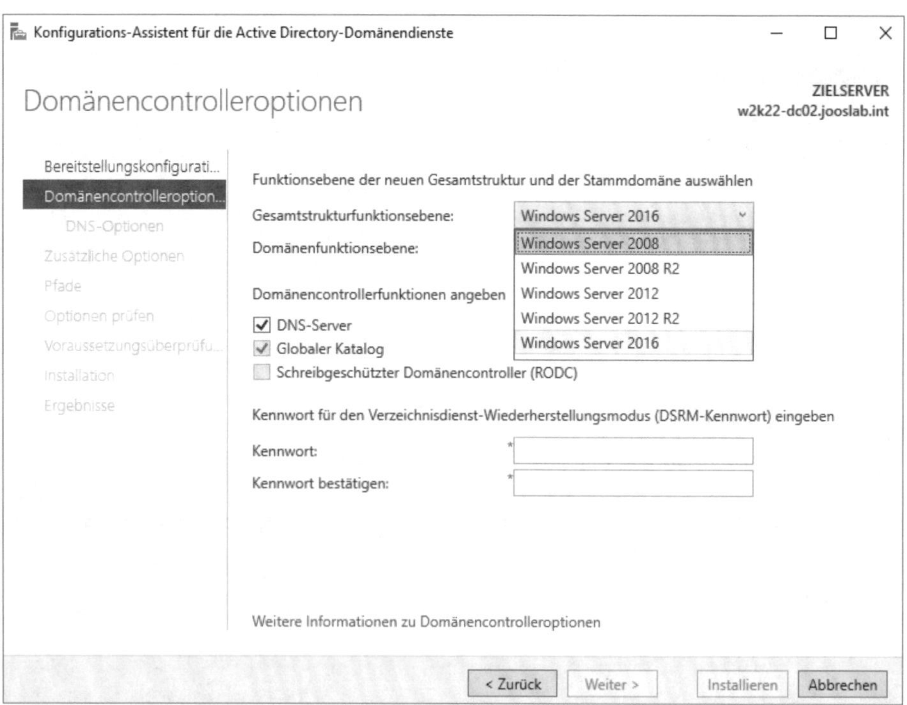

Abb. 10.6 Festlegen der Optionen für eine neue Domäne

Auf der nächsten Seite übernehmen Sie die Standardeinstellungen und legen die Funktionsebene für Gesamtstruktur und Domäne fest. Geben Sie ein Kennwort für den Wiederherstellungsmodus ein. Der erste Domänencontroller muss globaler Katalog sein und darf nicht als schreibgeschützter Domänencontroller betrieben werden. Daher sind die Optionen bereits vorgewählt und lassen sich nicht ändern.

Bestätigen Sie das nächste Fenster *DNS-Optionen*. Dieses besagt nur, dass noch kein DNS-Server für die Gesamtstruktur vorhanden ist und daher keine Delegierung eingerichtet werden kann, da noch keine DNS-Zone existiert. Geben Sie danach den NetBIOS-Namen der Domäne an. Im nächsten Kapitel gehen wir genauer auf die einzelnen Punkte während der Einrichtung ein.

Sie können Domänencontroller mit Windows Server 2022 in Gesamtstrukturen im Betriebsmodus Windows Server 2012/2012R2/2016 betreiben. Der Betriebsmodus *Windows Server 2016* ist auch in Windows Server 2022 noch der aktuelle. Es gibt für den neuen Server keinen eigenen Betriebsmodus.

Die nächsten Fenster müssen Sie nur bestätigen. Auf der Seite *Optionen prüfen* können Sie mit *Skript anzeigen* die Befehle anzeigen lassen, um den gleichen Vorgang in der PowerShell durchführen zu können. Bestätigen Sie die restlichen Fenster und klicken Sie auf *Installieren*. Ignorieren Sie die Warnungen. Nach der Installation steht der Domänencontroller zur Verfügung.

Der Einrichtungs-Assistent von Active Directory überprüft vor der Einrichtung, ob Probleme beim Heraufstufen zu erwarten sind. Sie erhalten daraufhin Warnungen und Fehlerhinweise, bevor der Assistent startet.

Nach der Installation finden Sie im *Tools*-Menü des Server-Managers die verschiedenen Verwaltungswerkzeuge von Active Directory aufgelistet, zum Beispiel das Active Directory-Verwaltungscenter. Im Bereich *AD DS* des Server-Managers sind die Domänencontroller und deren Warnungen und Fehler zu sehen. Über das Kontextmenü des Servers im Bereich *AD DS* sind ebenfalls die Befehle für Active Directory zu erreichen.

Um Active Directory zu testen, starten Sie eine Eingabeaufforderung, zum Beispiel durch Eingabe von *cmd* im Suchfeld der Taskleiste. Rufen Sie dann in der Eingabeaufforderung den Befehl *dcdiag* auf.

Mit *nltest /dclist:<NetBIOS-Domänennamen>* lassen Sie sich den Namen des Domänencontrollers anzeigen, mit *nslookup <Vollständiger Name des DC>* muss der Name und die IP-Adresse verfügbar sein. Mehr zu diesem Thema erfahren Sie in Kapitel 6.

Unter Windows Server 2022 ist es möglich, den Dienst für Active Directory im laufenden Betrieb zu stoppen und wieder zu starten. Durch diese Funktion kann Active Directory auf einem Server neu gestartet werden, während die anderen Dienste des Servers weiter funktionieren. Dies kann zum Beispiel für die Offlinedefragmentation der Active Directory-Datenbank sinnvoll sein oder für die Installation von Updates.

Sie finden den dazugehörigen Systemdienst *Active Directory-Domänendienste* in der Diensteuerung. Diese können Sie ausführen, indem Sie *services.msc* im Suchfeld der Taskleiste eintippen. Der Dienst kann, wie alle anderen Dienste, über die Eingabeaufforderung mit *net stop ntds* gestoppt und mit *net start ntds* wieder gestartet werden.

10.3 Active Directory remote mit der PowerShell verwalten

Mit Windows Server 2022 haben Sie die Möglichkeit, von einer lokalen PowerShell-Sitzung von Arbeitsstationen aus remote auf Domänencontroller zuzugreifen, um Active Directory zu verwalten. Das ist oftmals wesentlich bequemer und effizienter als mit Remotedesktopsitzungen.

Um Server im Netzwerk über Arbeitsstationen mit Windows 10 zu verwalten, sind die Remoteserver-Verwaltungstools notwendig. In Kapitel 3 zeigen wir Ihnen, wie Sie diese installieren und betreiben. Damit sich Active Directory remote über die PowerShell verwalten lässt, müssen Sie *Rollenverwaltungstools/AD DS-/AD LDS-Tools/Active Directory-Modul für Windows PowerShell* installiert haben. Die Installation überprüfen Sie, wenn Sie *optionalfeatures* auf der Startseite auf dem Windows 10-Computer eingeben.

Die Installation erfolgt im Server-Manager über die Auswahl von *Remoteserver-Verwaltungstools/Rollenverwaltungstools/AD DS- und AD LDS-Tools/Active Directory-Modul für Windows PowerShell.*

10.3.1 Remote-PowerShell aktivieren und Verbindungsprobleme beheben

Damit sich ein Server in der PowerShell remote verwalten lässt, muss die Funktion auf dem Zielserver zunächst aktiviert werden. Dazu geben Sie in einer PowerShell-Sitzung auf dem Zielserver den Befehl *Enable-PSRemoting -Force* ein. Der Befehl richtet die entsprechenden Ausnahmen in der Firewall ein und aktiviert die notwendigen Funktionen. Rückgängig machen lässt sich der Vorgang mit *Disable-PSRemoting -Force.*

Verbinden Sie sich von einem anderen Server oder von einer Arbeitsstation mit Active Directory oder mit Verwaltungstools für Serverdienste, verwendet die Konsole immer eine Remote-PowerShell-Sitzung für die Verwaltung. Alle Befehle werden als Cmdlet übertragen, die grafische Oberfläche ist in vielen Fällen nur ein Hilfsmittel. Damit die Verbindung über das Netzwerk funktioniert, verwendet der Server die Funktionen Windows Remote Management (WinRM) und Web Services for Management (WSMan). Durch die Remote-PowerShell-Sitzung überträgt der Client seine Befehle an den Server.

Sollte die Verbindung nicht funktionieren, geben Sie in der Eingabeaufforderung noch den Befehl *winrm enumerate winrm/config/listener* ein. Ein Listener mit dem Port 5985 muss aktiv und an alle IP-Adressen des Servers gebunden sein. Selbstverständlich darf der Port nicht durch eine Firewall blockiert werden. Standardmäßig schaltet Windows Server 2022 den Port in der Windows-Firewall frei. Setzen Unternehmen eine weitere Firewall zwischen Client und Server ein, müssen sie diesen Port durchlassen.

Innerhalb einer Active Directory-Gesamtstruktur sind keine Maßnahmen notwendig. Damit der Zugriff über Domänengrenzen hinweg oder von einer Arbeitsgruppe zu einer Domäne funktioniert, müssen Sie auf dem Zielserver noch die Computer eintragen, die auf den Server zugreifen dürfen. Dazu verwenden Sie den folgenden Befehl:

winrm set winrm/config/client @{TrustedHosts="<Alle Quellcomputer, durch Komma getrennt>"}

10.3.2 Cmdlets für die Remoteverwaltung und Abrufen der Hilfe

Nicht alle Cmdlets eignen sich für eine Remoteverwaltung von Servern. Sie können vor allem die Cmdlets nutzen, die über die Option *-ComputerName* verfügen. Um sich alle Cmdlets anzeigen zu lassen, die diese Option unterstützen, also Server auch über das Netzwerk verwalten können, hilft der Befehl *Get-Help * -Parameter ComputerName.*

Wollen Sie ausführliche Hilfen anzeigen, bietet das *Get-Help*-Cmdlet noch die Möglichkeit, ausführliche Hilfen und Beispiele anzuzeigen, zum Beispiel mit den Optionen *-Examples*, *-Detailed* und *-Full.* Generell ist der Umgang mit der PowerShell nicht sehr kompliziert. Geben Sie *Get-Command* ein, sehen Sie alle Befehle, die die Shell zur Verfügung stellt. Die PowerShell bietet eine ausführliche Hilfe an.

Haben Sie nur den Teil eines Befehls in Erinnerung, können Sie mit dem Platzhalter * arbeiten. Der Befehl *Get-Command *user* zeigt zum Beispiel alle Cmdlets an, deren Namen mit *user* endet. Ist der gesuchte Befehl nicht dabei, können Sie mehrere Platzhalter verwenden, zum Beispiel den Befehl *Get-Command *user**. Dieser Befehl zeigt alle Befehle an, in denen das Wort »user« vorkommt.

Wurde das gewünschte Cmdlet gefunden, unterstützt die PowerShell mit weiteren Möglichkeiten. Für nahezu alle Cmdlets gilt die Regel, dass diese in vier Arten vorliegen: Es gibt Cmdlets mit dem Präfix *New*,- um etwas zu erstellen, zum Beispiel *New-ADUser.* Das gleiche Cmdlet gibt es dann immer noch mit *Remove-*, um etwas zu löschen, zum Beispiel *Remove-ADUser.*

Wollen Sie das Objekt anpassen, gibt es das Präfix *Set-*, zum Beispiel *Set-ADUser.* Als Letztes gibt es noch das Cmdlet *Get-*, zum Beispiel *Get-ADUser*, um Informationen zum Objekt abzurufen. Neben diesen Cmdlets gibt es natürlich noch viele andere, zum Beispiel *Start-* und *Stop-*Cmdlets oder *Export-* und *Import-*Cmdlets. Geben Sie nur diesen Befehl ein, passiert entweder überhaupt nichts, das Cmdlet zeigt alle Objekte an oder Sie werden nach der Identität des Objekts gefragt. So listet das Cmdlet *Get-ADUser -Filter ** alle Benutzer der Organisation auf.

Mit dem Befehl *Help <Cmdlet>* erhalten Sie eine Hilfe zum entsprechenden Cmdlet, zum Beispiel *Help New-ADUser.* Für viele Cmdlets gibt es noch die Option *Help <Cmdlet> -Detailed.* Dieser Befehl bietet noch mehr Informationen. Mit dem Befehl *Help <Cmdlet> -Examples* lassen sich Beispiele für den Befehl anzeigen. Auch das funktioniert für alle Befehle in der PowerShell.

Rufen Sie eine Hilfe zu Cmdlets auf, kann sich die PowerShell selbstständig aktualisieren. Das funktioniert auch, wenn Sie für das Cmdlet *Get-Help* die Option *-Online* verwenden, zum Beispiel mit *Get-Help Get-Command -Online.* Die PowerShell bietet das Cmdlet *Update-Help*, das die Hilfedateien der PowerShell aktualisieren kann.

Dazu muss der Server über eine Internetverbindung verfügen, da der Befehl die Hilfe direkt aus dem Internet abruft. Ebenfalls eine interessante Funktion in der PowerShell ist das Cmdlet *Show-Command.* Dieses blendet ein neues Fenster mit allen Befehlen ein, die in der PowerShell verfügbar sind. Sie können im Fenster nach Befehlen suchen und sich eine Hilfe dazu anzeigen lassen sowie Beispiele.

Mit *Get-*Cmdlets lassen Sie sich Informationen zu Objekten anzeigen. Die Option *|fl* formatiert die Ausgabe. Wollen Sie aber nicht alle Informationen, sondern nur einzelne Parameter anzeigen, können Sie diese nach der Option *|fl* anordnen. Wollen Sie zum Beispiel für Benutzer nur den *DistinguishedName* und den Status anzeigen lassen, verwenden Sie den Befehl *Get-ADUser -Filter * |fl DistinguishedName, Enabled.* Groß- und Kleinschreibung spielen für die Cmdlets keine Rolle.

Sie können in der PowerShell eine Remotesitzung auf einem Server starten. Am besten verwenden Sie dazu die PowerShell Integrated Scripting Environment (ISE). Diese ist in Windows 8 bereits aktiviert, muss aber teilweise in Windows 10 als Windows-Feature nachträglich aktiviert werden. Nach dem Start können Sie eine Verbindung mit *Datei/Neue Remote-PowerShell-Registerkarte* öffnen. Hier geben Sie einen Servernamen und einen Benutzernamen ein, mit dem Sie sich verbinden wollen.

Um eine Remotesitzung in der normalen PowerShell aufzubauen, verwenden Sie das Cmdlet *New-PSSession*. Mit *Enter-PSSession <Servername>* bauen Sie eine Verbindung auf. Mit *Exit-Session* beenden Sie diese Sitzung wieder. Neu ist die Möglichkeit, Sitzungen zu unterbrechen und neu aufzubauen. Bei unterbrochenen Sitzungen laufen die Cmdlets weiter, auch wenn Sie sich vom Server getrennt haben. Dazu nutzen Sie die neuen Cmdlets *Disconnect-PSSession*, *Connect-PSSession* und *Receive-PSSession*.

Über die normale PowerShell starten Sie die PowerShell ISE, indem Sie den Befehl *ise* eingeben.

Die PowerShell erlaubt die Ausführung von Befehlen wie von der Eingabeaufforderung gewohnt. Der Vorteil der Ausführung in der PowerShell ist, dass sich die Ausgabe filtern lässt. Geben Administratoren zum Beispiel *ipconfig /all* ein, erhalten sie die gleichen Informationen wie in der Eingabeaufforderung. Es sind also keine zwei Konsolen nebeneinander notwendig. Soll die Ausgabe gefiltert werden, hilft die Option *Select-String -Pattern "<Text>"*, zum Beispiel *ipconfig /all | select-string -pattern "gateway"*. Auf diesem Weg lassen sich Informationen wesentlich gezielter auslesen.

Durch die zahlreichen neuen Cmdlets in der PowerShell erhalten Sie für Anmeldeskripts deutlich mehr Möglichkeiten. In der neuen Version lassen sich jetzt Netzlaufwerke in Windows verbinden. Dazu verwenden Sie das Cmdlet *New-PSDrive*. Dabei hilft die neue Option *-Persist*. Alle Optionen des Cmdlets sind über *Get-Help New-PSDrive -Detailed* verfügbar.

10.4 Verwalten der Betriebsmasterrollen von Domänencontrollern

In Active Directory sind zunächst alle Domänencontroller gleichberechtigt. Allerdings gibt es fünf unterschiedliche Rollen, die ein Domänencontroller annehmen kann und die seine zentrale Aufgabe in Active Directory steuern. Die verschiedenen Rollen werden als Flexible Single Master Operations (FSMOs) bezeichnet. Jede dieser Rollen ist entweder einmalig pro Domäne (PDC-Emulator, Infrastrukturmaster, RID-Master) oder einmalig pro Gesamtstruktur (Schemamaster, Domänennamenmaster). Fällt eine dieser Rollen aus, kommt es in Active Directory zu Fehlfunktionen.

Wollen Sie die Anzeige von Domänencontrollern in der PowerShell filtern lassen, zum Beispiel um die PDC-Master anzeigen zu lassen, verwenden Sie:

Get-ADDomainController -Filter {OperationMaster-Roles -like "PDC"}*

Wollen Sie nur die Namen und die installierten Betriebsmaster anzeigen, ergänzen Sie das Cmdlet noch mit

|fl Hostname, OperationMasterroles

10.4.1 PDC-Emulator verwalten

Die Rolle des PDC-Emulators gibt es in jeder Active Directory-Domäne ein Mal. Der erste installierte Domänencontroller einer Active Directory-Domäne bekommt diese Rolle automatisch zugewiesen. Er ist für die Anwendung und Verwaltung der Gruppenrichtlinien zuständig. Steht der Domänencontroller, der diese Rolle hat, nicht mehr zur Verfügung, werden Gruppenrichtlinien fehlerhaft angewendet und können nicht mehr verwaltet werden, da spezielle Verwaltungskonsolen, wie die Gruppenrichtlinien-Verwaltungskonsole, die Verbindung zum PDC-Emulator aufbauen. Der PDC-Emulator ist darüber hinaus für Kennwortänderungen bei Benutzern verantwortlich. Er steuert auch die externen Vertrauensstellungen einer Domäne. Der PDC-Master ist beim Klonen virtueller Domänencontroller beteiligt (siehe Kapitel 11). Ihn selbst können Sie nicht klonen, andere Domänencontroller schon.

Außerdem ist der PDC-Emulator der Zeitserver einer Domäne. Alle hier beschriebenen Funktionen sind gestört, wenn der PDC-Emulator nicht mehr zur Verfügung steht.

Wollen Sie überprüfen, welcher Domänencontroller die Rolle des PDC-Emulators in der Domäne verwaltet, öffnen Sie das Snap-In *Active Directory-Benutzer und -Computer* im Server-Manager oder durch Eingabe von *dsa.msc* im Suchfeld der Taskleiste. Mit einem Klick mit der rechten Maustaste auf die Domäne im Snap-In und der Auswahl von *Betriebsmaster* im Kontextmenü öffnet sich ein neues Fenster. Hier sind die FSMOs der Domäne zu sehen.

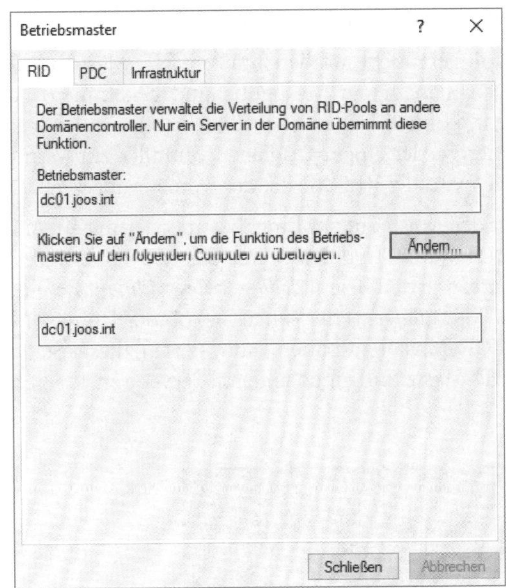

Abb. 10.7 Verwalten der Betriebsmasterrolle in Active Directory

Auf der Registerkarte *PDC* ist der aktuelle PDC-Emulator der Domäne zu sehen. Sie können sich den aktuellen PDC-Emulator auch mithilfe des Befehls *dsquery server -hasfsmo pdc* in der Eingabeaufforderung anzeigen lassen oder den PDC-Master mit dem folgenden Cmdlet:

*Get-ADComputer(Get-ADDomainController -Discover -Service "PrimaryDC").Name -Property * | Format-List DNSHostname,OperatingSystem,OperatingSystemVersion*

Sie können in der PowerShell Daten einzelner Domänen abfragen. Dazu verwenden Sie das Cmdlet *Get-ADDomain*. Das Cmdlet *Get-ADForest* zeigt Informationen zu Gesamtstrukturen an. Auch hier können Sie nach den Spalten auf den gleichen Wegen filtern wie bei *Get-ADDomainController*. Sinnvoll ist das Cmdlet, wenn die FSMO-Rollen pro Domäne angezeigt werden sollen. In jeder Domäne gibt es die drei FSMO-Rollen, die Sie mit dem folgenden Befehl anzeigen lassen:

Get-ADDomain | Select InfrastructureMaster, RID-Master, PDCEmulator

Schemamaster und Domänennamenmaster gibt es nur einmal pro Gesamtstruktur. Diese Informationen lassen sich wiederum mit dem Cmdlet *Get-ADForest* anzeigen:

Get-ADForest | Select-Object DomainNamingMaster, SchemaMaster

10.4.2 RID-Master – Neue Objekte in der Domäne aufnehmen

Auch die Rolle des RID-Masters erhält der erste installierte Domänencontroller einer Domäne automatisch. Den RID-Master gibt es einmal in jeder Domäne einer Gesamtstruktur. Die Aufgabe des RID-Masters ist es, den anderen Domänencontrollern einer Domäne relative Bezeichner (Relative Identifiers, RIDs) zuzuweisen. Wird ein neues Objekt in der Domäne erstellt, also ein Computerkonto, ein Benutzer oder eine Gruppe, wird diesem Objekt eine eindeutige Sicherheits-ID (SID) zugewiesen. Diese SID erstellt der Domänencontroller aus einer domänenspezifischen SID in Verbindung mit einer RID aus seinem RID-Pool.

Ist der RID-Pool eines Domänencontrollers aufgebraucht, werden ihm vom RID-Master neue RIDs zugewiesen. Steht der RID-Master nicht mehr zur Verfügung und bekommen die Domänencontroller damit keine RIDs mehr, können keine neuen Objekte mehr in dieser Domäne erstellt werden, bis der RID-Master wieder einem Domänencontroller zur Verfügung gestellt wird. Auf der Registerkarte *RID* wird der RID-Master der Domäne angezeigt.

Der Befehl *dsquery server -hasfsmo rid* zeigt den Master in der Eingabeaufforderung an. Außerdem können Sie sich die erfolgreiche Verbindung und den Status des RID-Pools anzeigen lassen. Geben Sie in der Eingabeaufforderung den Befehl *dcdiag /v /test:ridmanager* ein. Suchen Sie dann den Bereich *Starting test: RidManager*. Hier sehen Sie, ob der Domänencontroller fehlerfrei eine Verbindung zum RID-Master aufbauen kann. Tritt an dieser Stelle ein Fehler auf, sollten Sie am besten den RID-Master auf einen anderen Server transferieren oder verschieben.

```
Starting test: RidManager
   * Available RID Pool for the Domain is 3100 to 1073741823
   * dc01.joos.int is the RID Master
   * DsBind with RID Master was successful
   * rIDAllocationPool is 2100 to 2599
   * rIDPreviousAllocationPool is 1100 to 1599
   * rIDNextRID: 1335
   ......................... DC01 hat den Test RidManager bestanden.
```

Abb. 10.8 Testen des RID-Managers mit Dcdiag

Die Security-ID (SID) von Domänencomputern ist in Domänen immer einzigartig und ein wichtiger Punkt bei der Bereitstellung von Windows beziehungsweise dem Überprüfen von Rechten. In manchen Fällen, vor allem beim Klonen, kann es passieren, dass doppelte SIDs im Netzwerk vorhanden sind.

Hier hilft das Sysinternals-Tool PsGetSid (*https://docs.microsoft.com/de-de/sysinternals/downloads/psgetsid*), das in der Eingabeaufforderung die SID von Computern anzeigen kann. Sie müssen dazu lediglich *psgetsid* eingeben. PsGetSid liest die SID von Computern ohne große Umwege aus und funktioniert auch im Netzwerk. Das heißt, Sie können mit dem Tool auch die SIDs von Remotecomputern auslesen. Wollen Sie die SID eines Computers anzeigen, geben Sie den Namen als Argument an. Dies funktioniert auch für Benutzernamen. Um die SID zu einem Namen zu übersetzen, geben Sie die SID als Argument ein.

10.4.3 Infrastrukturmaster – Auflösen von Gruppen über Domänen hinweg

Auch den Infrastrukturmaster gibt es in jeder Domäne einer Gesamtstruktur einmal. Diese Rolle erhält ebenfalls wieder der erste installierte Domänencontroller einer Active Directory-Domäne. In einer Gesamtstruktur mit nur einer Domäne spielt dieser Betriebsmaster keine Rolle. Seine Bedeutung steigt jedoch beim Einsatz mehrerer Domänen oder Strukturen.

Er hat in einer Domäne die Aufgabe, die Berechtigungen für die Benutzer zu steuern, die aus unterschiedlichen Domänen kommen. Da die Berechtigungsanfragen sonst sehr lange dauern würden, wenn zum Beispiel in den Berechtigungen einer Ressource Benutzerkonten oder Gruppen aus unterschiedlichen Domänen gesetzt sind, dient der Infrastrukturmaster einer Domäne sozusagen als Cache für diese Zugriffe, um die Abfrage der Berechtigungen zu beschleunigen. Clients in der Domäne haben möglicherweise Schwierigkeiten dabei, Objekte in anderen Domänen zu finden, wenn die Rolle nicht mehr funktioniert. Der Infrastrukturmaster sollte nicht auf einem globalen Katalog positioniert werden.

Er wird außerdem für die Auflösung von Verteilergruppen verwendet, wenn Unternehmen Microsoft Exchange Server einsetzen, da auch an dieser Stelle eine Gruppe Mitglieder aus verschiedenen Domänen der Gesamtstruktur enthalten kann. Auf der Registerkarte *Infrastruktur* ist dieser zu sehen oder in der Eingabeaufforderung mit *dsquery server -hasfsmo infr*.

10.4.4 Schemamaster – Active Directory erweitern

Active Directory verfügt über ein erweiterbares Schema. Dieses bietet die Möglichkeit, zusätzliche Informationen im Ordner flexibel zu speichern. Diese Funktion wird beispielsweise von Exchange genutzt. Alle notwendigen Informationen zu einem E-Mail-Postfach werden in Active Directory abgelegt. Bei der Installation von Exchange wird das Schema von Active Directory um die notwendigen Attribute und Klassen erweitert.

Damit das Schema erweitert werden kann, wird der Schemamaster benötigt. In jeder Gesamtstruktur gibt es nur einen Schemamaster. Nur auf diesem Schemamaster können Änderungen am Schema vorgenommen werden. Steht er nicht mehr zur Verfügung, können auch keine Erweiterungen des Schemas stattfinden und die Installation von Exchange schlägt fehl. Der erste installierte Domänencontroller der ersten Domäne und Struktur einer Gesamtstruktur erhält die Rolle des Schemamasters. Der Schemamaster hat ansonsten keine Auswirkungen auf den laufenden Betrieb.

Damit der Schemamaster angezeigt werden kann, müssen Administratoren zunächst das Snap-In registrieren, das das Schema anzeigt. Aus Sicherheitsgründen wird dieses Snap-In zwar installiert, jedoch nicht angezeigt. Durch Eingabe des Befehls *regsvr32 schmmgmt.dll* in der Eingabeaufforderung wird die Konsole verfügbar gemacht.

Im Anschluss können Sie das Snap-In *Active Directory-Schema* in eine MMC über *Datei/ Snap-In hinzufügen* integrieren. Mit einem Klick mit der rechten Maustaste auf das Menü *Active Directory-Schema* und der Auswahl von *Betriebsmaster* öffnet sich ein neues Fenster, in dem der Betriebsmaster angezeigt wird. Sie können mithilfe dieses Fensters den Betriebsmaster später auf einen anderen Domänencontroller verschieben. Dazu müssen Sie sich über das Kontextmenü von Active Directory-Schema mit dem Domänencontroller verbinden, auf den Sie die Rolle übertragen wollen. Den Schemamaster können Sie sich in der Eingabeaufforderung anzeigen lassen: *dsquery server -hasfsmo schema.*

10.4.5 Domänennamenmaster – Neue Domänen hinzufügen

Der Domänennamenmaster ist für die Erweiterung der Gesamtstruktur um neue Domänen oder Strukturen verantwortlich. In jeder Gesamtstruktur gibt es einen Domänennamenmaster. Diese Rolle wird automatisch dem ersten installierten Domänencontroller einer neuen Gesamtstruktur zugewiesen. Immer wenn ein Server zum Domänencontroller hochgestuft wird und eine neue Domäne erstellt werden soll, wird eine Verbindung zum Domänennamenmaster aufgebaut. Steht er nicht zur Verfügung oder kann keine Verbindung aufgebaut werden, besteht auch nicht die Möglichkeit, eine neue Domäne zur Gesamtstruktur hinzuzufügen.

Der Domänennamenmaster hat im produktiven Betrieb einer Domäne oder der Gesamtstruktur keine Aufgabe. Er wird nur benötigt, wenn eine neue Domäne in der Gesamtstruktur erstellt werden soll. Um sich den Domänennamenmaster anzeigen zu lassen, benötigen Sie das Snap-In *Active Directory-Domänen und -Vertrauensstellungen*. Klicken Sie mit der rechten Maustaste direkt auf das Snap-In und wählen im Kontextmenü den Eintrag *Betriebsmaster* aus, öffnet sich ein neues Fenster, in dem der Domänennamenmaster dieser Gesamtstruktur angezeigt wird. Sie können ihn sich in der Eingabeaufforderung anzeigen lassen: *dsquery server -hasfsmo name.*

10.4.6 Der globale Katalog

An jedem Standort in Active Directory sollte ein globaler Katalog-Server installiert sein. Der globale Katalog ist eine weitere Rolle, die ein Domänencontroller einnehmen kann. Im Gegensatz zu den beschriebenen FSMO-Rollen kann (und sollte) die Funktion des globalen Katalogs mehreren Domänencontrollern zugewiesen werden.

Dem globalen Katalog kommt in einer Active Directory-Domäne eine besondere Bedeutung zu. Er enthält einen Index aller Domänen einer Gesamtstruktur. Aus diesem Grund wird er von Serverdiensten wie Exchange Server und Suchanfragen verwendet, wenn Objekte aus anderen Domänen Zugriff auf eine Ressource der lokalen Domäne enthalten. Der globale Katalog spielt darüber hinaus eine wesentliche Rolle bei der Anmeldung von Benutzern. Steht der globale Katalog in einer Domäne nicht mehr zur Verfügung, sind Anmeldevorgänge in Active Directory oft langsamer, wenn keine speziellen Vorbereitungen getroffen worden sind.

Ein Domänencontroller mit der Funktion des globalen Katalogs repliziert sich nicht nur mit den Domänencontrollern seiner Domäne, sondern enthält eine Teilmenge aller Domänen in der Gesamtstruktur. Der erste installierte Domänencontroller einer Gesamtstruktur ist automatisch ein globaler Katalog. Alle weiteren globalen Kataloge müssen hingegen manuell hinzugefügt werden. Der globale Katalog dient auch zur Auflösung von universalen Gruppen.

Sie sollten aber nicht alle Domänencontroller zu globalen Katalogen machen, da dadurch der Replikationsverkehr zu diesen Domänencontrollern stark zunimmt. In jedem Standort sollten zwei bis drei Domänencontroller diese Aufgabe übernehmen. Während der Heraufstufung zum Domänencontroller können Sie diese Auswahl bereits treffen. Aber auch nachträglich können Sie einen Domänencontroller zum globalen Katalog konfigurieren:

1. Um einen Domänencontroller als globalen Katalog zu konfigurieren, benötigen Sie das Snap-In *Active Directory-Standorte und -Dienste* aus dem Menü *Tools* im Server-Manager. Sie starten das Tool auch mit *dssite.msc*.
2. Öffnen Sie dieses Snap-In und rufen Sie die Eigenschaften der Option *NTDS-Settings* über *Sites/<Name des Standortes>/Servers/<Servername>* auf.
3. Auf der Registerkarte *Allgemein* aktivieren Sie das Kontrollkästchen *Globaler Katalog*.

Haben Sie diese Konfiguration vorgenommen, repliziert sich der Server zukünftig mit weiteren Domänencontrollern und enthält nicht nur Informationen seiner Domäne, sondern auch einen Index der Gesamtstruktur.

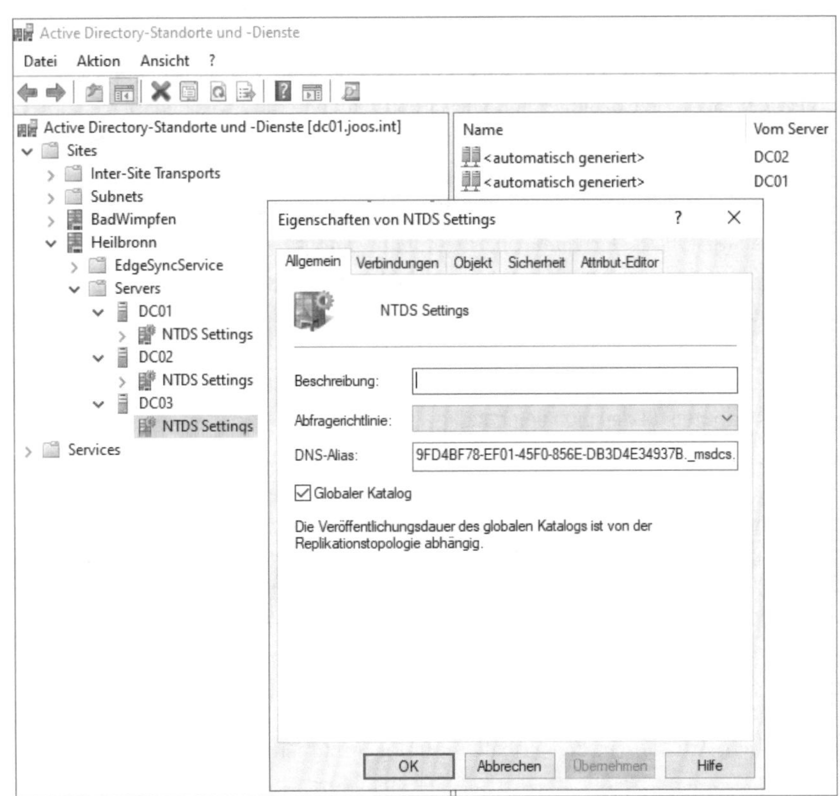

Abb. 10.9 Festlegen eines globalen Katalogs

Vor allem bei Unternehmen mit mehreren Niederlassungen, vielen Domänencontrollern und zahlreichen globalen Katalogservern besteht die Notwendigkeit, dass die globalen Kataloge korrekt funktionieren. Alle globalen Katalogserver werden als SRV-Records in der Active Directory-Zone im DNS registriert.

Um sich die globalen Katalogserver anzeigen zu lassen, öffnen Sie das Snap-In *DNS* und navigieren zu der DNS-Zone der Rootdomäne in der Gesamtstruktur. Klicken Sie mit der Maus auf die *_tcp*-Zone. In dieser Zone werden Ihnen alle globalen Katalogserver angezeigt. Die SRV-Records dieser Server verweisen auf den Port 3268.

In der PowerShell kann überprüft werden, ob ein Domänencontroller zum globalen Katalog konfiguriert wurde:

Get-ADDomainController -Server DC02

Steht bei *IsGlobalCatalog* der Wert *True*, dann handelt es sich bei dem Domänencontroller um einen globalen Katalog. Soll bei dem oben genannten Server der globale Katalog deaktiviert werden, wird die Option *-Replace @{options = '0'}* verwendet. Mit *-Replace @{options = '1'}* wird ein Server zum Domänencontroller konfiguriert:

Set-ADObject -Identity "CN=NTDS Settings,CN=DC02,CN=Servers,CN=Heilbronn,
CN= Sites,CN=Configuration,DC=joos,DC=int" -Replace @{options = '0'}

Mit dem folgenden Befehl wird der Server wieder zum globalen Katalog:

Set-ADObject -Identity "CN=NTDS Settings,CN=DC02,CN=Servers,CN=Heilbronn,
CN= Sites,CN=Configuration,DC=joos,DC=int" -Replace @{options = '1'}

Der Pfad für den Servernamen wird bei *NTDSSettingsObjectDN* mit dem Befehl *Get-ADDomainController -Server DC02* angezeigt. Dieser kann auch in die Zwischenablage kopiert werden.

Mit dem folgenden Befehl werden alle Domänencontroller angezeigt, die in der Gesamtstruktur zum globalen Katalog definiert wurden:

Get-ADForest | Select-Object -ExpandProperty GlobalCatalogs

Eine Liste aller Domänencontroller, unabhängig von der Rolle, werden mit dem folgenden Cmdlet angezeigt:

*Get-ADDomainController -Filter * | Select-Object Name*

Hinzufügen von Attributen für den globalen Katalog

Microsoft hat vordefiniert, welche Attribute im globalen Katalog gehalten werden. Wenn Active Directory erweitert wird, kann es erforderlich werden, weitere Attribute in den Katalog aufzunehmen, nach denen häufig von Anwendern oder Anwendungen gesucht wird. Diese Anpassung kann über das Snap-In *Active Directory-Schema* erfolgen. Da durch die Modifizierung dieser Einstellungen Änderungen am Schema vorgenommen werden, dürfen Anpassungen nur durch die *Schemaadmins* vorgenommen werden.

In diese Gruppe müssen die Administratoren explizit aufgenommen werden. Fehler bei der Verwaltung des Schemas können schwerwiegende Folgen haben. Daher muss gut überlegt werden, welche Administratoren in diese Gruppe aufgenommen werden und damit die Berechtigung erhalten, Attribute in den globalen Katalog aufzunehmen.

Die Konfiguration erfolgt im Bereich *Attribute* des Schema-Snap-Ins. Bei den Eigenschaften eines Attributs können mehrere Optionen gesetzt werden. Zwei der Optionen sind von besonderer Bedeutung für die Effizienz von Zugriffen auf Active Directory:

- Mit *Dieses Attribut für Containersuche indizieren* wird festgelegt, dass auf den globalen Katalogservern eine Indexierung des Attributs erfolgt. Das ist sinnvoll, wenn das Attribut für Abfragen verwendet wird.
- Mit *Attribut in den globalen Katalog replizieren* wird konfiguriert, dass ein Attribut in den globalen Katalog aufgenommen wird.

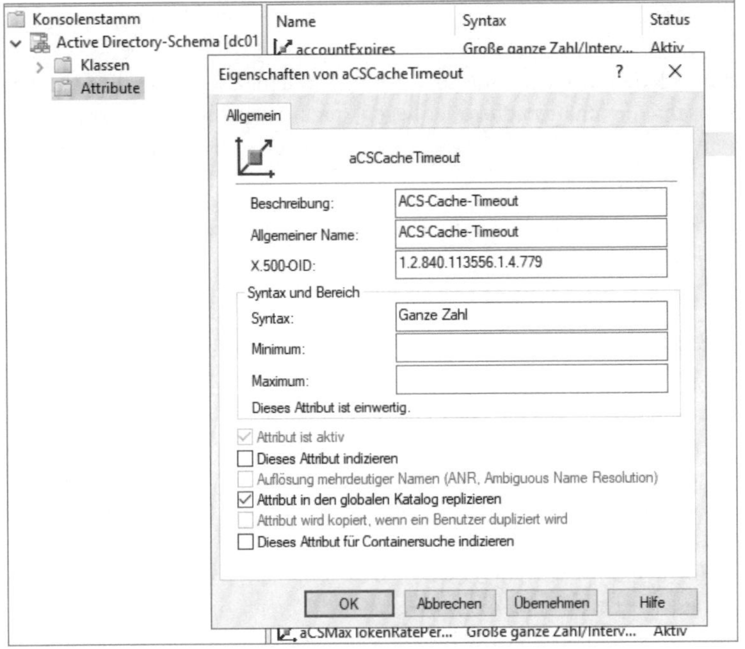

Abb. 10.10 Attribute in den globalen Katalog übernehmen

10.4.7 Verwaltung und Verteilung der Betriebsmaster

Die Stabilität und Performance der Betriebsmaster spielt für die Stabilität der Gesamtstruktur eine nicht unerhebliche Rolle. Aus diesem Grund sollten die Rollen möglichst optimal verteilt und verwaltet werden.

Standardmäßig besitzt der erste installierte Domänencontroller einer Gesamtstruktur alle fünf FSMO-Rollen seiner Domäne und der Gesamtstruktur. Jeder erste Domänencontroller weiterer Domänen verwaltet die drei Betriebsmasterrollen seiner Domäne (PDC-Emulator, RID-Master, Infrastrukturmaster). Vor allem in größeren Active Directories empfiehlt Microsoft jedoch die Verteilung der Rollen auf verschiedene Domänencontroller.

In der PowerShell oder dem Windows Terminal können in der PowerShell die FSMO-Rollen des aktuell verbundenen Domänencontrollers mit dem folgenden Befehl angezeigt werden:

(Get-ADDomainController).OperationMasterRoles

Empfehlungen zur Verteilung von Betriebsmastern

Zur optimalen Verteilung der FSMO-Rollen gibt es folgende Empfehlungen:

- Der Infrastrukturmaster sollte nicht auf einem globalen Katalog liegen, da ansonsten Probleme bei der Auflösung von Gruppen, die Mitglieder aus verschiedenen Domänen haben, auftreten können.

- Domänennamenmaster und Schemamaster sollten auf einem gemeinsamen Domänencontroller liegen, der auch globaler Katalog ist.
- PDC-Emulator und RID-Master kommunizieren viel miteinander und sollten daher auf einem gemeinsamen Domänencontroller liegen, der auch globaler Katalog ist.

Um sich einen Überblick über alle Betriebsmaster einer Gesamtstruktur zu verschaffen, können Administratoren den Befehl *netdom query fsmo* in der Eingabeaufforderung aufrufen.

Übertragen eines Betriebsmasters

Auf Basis dieser Empfehlungen sollten Sie daher nach der Installation die Betriebsmaster entsprechend auf die einzelnen Domänencontroller der Domänen beziehungsweise der Gesamtstruktur aufteilen. Betriebsmasterrollen können ohne Weiteres im laufenden Betrieb von einem auf den anderen Domänencontroller übertragen werden.

Sie sollten bei diesen Vorgängen allerdings vorsichtig sein, da bei größeren Active Directories die Replikation etwas dauern kann und die Übertragung daher nicht sofort auf alle Domänencontroller durchgeführt wird. In diesem Fall besteht die Gefahr, dass für einzelne Anwender die übertragenen Betriebsmaster zeitweilig nicht mehr zur Verfügung stehen, was die beschriebenen Konsequenzen nach sich zieht. Am besten übertragen Sie daher diese Rollen zu einer Zeit, in der die Anwender nicht im Netzwerk arbeiten.

Wie Sie gesehen haben, werden die drei Betriebsmaster einer Domäne auf verschiedenen Registerkarten an der gleichen Stelle angezeigt. An dieser Stelle werden die einzelnen FSMO-Rollen auch übertragen. Gehen Sie dazu folgendermaßen vor:

1. Klicken Sie mit der rechten Maustaste im Snap-In *Active Directory-Benutzer und -Computer* auf die Domäne und wählen Sie im Kontextmenü den Eintrag *Domänencontroller ändern* aus.

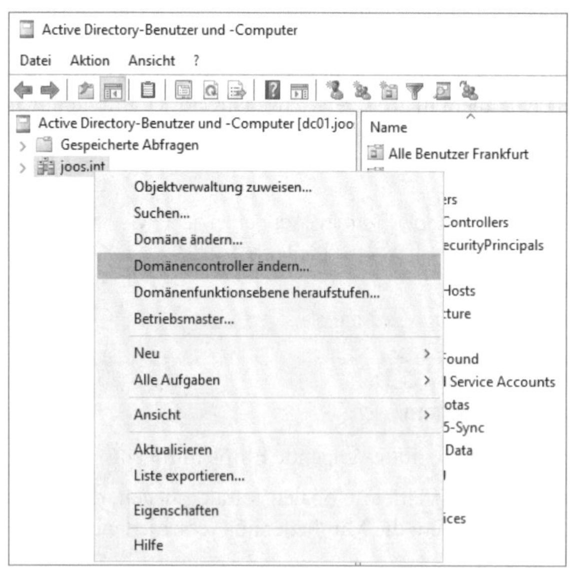

Abb. 10.11 Ändern des Domänencontrollers in einer Verwaltungskonsole

2. Wählen Sie im nächsten Fenster den Domänencontroller aus, auf den Sie die Rolle übertragen wollen, und bestätigen Sie die Eingabe.
3. Klicken Sie dann wieder mit der rechten Maustaste auf die Domäne und wählen Sie dieses Mal im Kontextmenü den Eintrag *Betriebsmaster* aus.
4. Auf den drei Registerkarten *PDC*, *RID* und *Infrastruktur* wird der aktuelle Betriebsmaster und im unteren Feld der Domänencontroller, mit dem Sie sich verbunden haben, angezeigt.
5. Klicken Sie auf der Registerkarte, deren Betriebsmaster Sie verschieben wollen, auf die Schaltfläche *Ändern*. Sie können hier auch mehrere Betriebsmaster verschieben.
6. Es erscheint eine Warnung, die Sie bestätigen müssen.
7. Nach dieser Warnung erscheint die Meldung, dass der Betriebsmaster erfolgreich übertragen wurde.
8. Auf dieselbe Weise gehen Sie bei der Übertragung des Schemamasters und des Domänennamenmasters vor. Diese beiden Betriebsmaster werden in der bekannten jeweiligen Verwaltungskonsole übertragen.

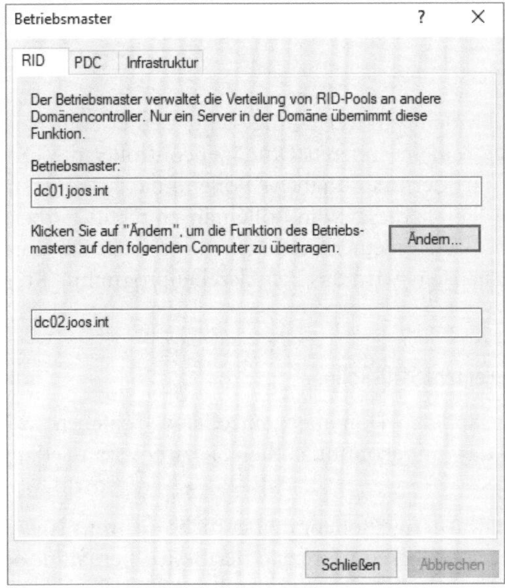

Abb. 10.12 Übertragen von Betriebsmastern

Betriebsmasterrollen lassen sich in der PowerShell auf andere Domänencontroller verschieben. Das passende Cmdlet dazu ist:

Move-ADDirectoryServerOperationMasterRole

Mit *get-help Move-ADDirectoryServerOperationMasterRole* lassen Sie sich die umfassende Syntax und einige Beispiele für das Cmdlet anzeigen.

Das Übertragen von Betriebsmastern kann auch mit Nummern durchgeführt werden. Die Nummern dazu sind:

- PDC Emulator (0)
- RID Pool Manager (1)
- Infrastruktur Master (2)
- Schema Master (3)
- Domain Naming Master (4)

Der Befehl zum Übertragen lautet in diesem Fall:

Move-ADDirectoryServerOperationMasterRole -Identity <Ziel-DC> -OperationMasterRole 0,1,2,3,4

Nach dem Übertragen kann mit *netdom query fsmo* überprüft werden, ob das Übertragen erfolgreich war. Wenn der Domänencontroller, auf dem die Rollen positioniert sind, nicht mehr reagiert, kann die Übertragung auf den neuen Server erzwungen werden:

Move-ADDirectoryServerOperationMasterRole -Identity <Ziel-DC> -OperationMasterRole 0,1,2,3,4 -Force

Besitzübernahme eines Betriebsmasters

Wenn der bisherige Rolleninhaber nicht mehr zur Verfügung steht, weil er zum Beispiel ausgefallen ist, besteht die Möglichkeit, einem anderen Domänencontroller die FSMO-Rolle fest zuzuweisen. In diesem Fall darf der ursprüngliche Rolleninhaber jedoch nicht mehr in Active Directory integriert werden, da dieser vom Rollentausch nichts mitbekommen hat und dann zwei gleiche Betriebsmaster in einer Gesamtstruktur betrieben würden. Für die Besitzübernahme eines Betriebsmasters wird das Befehlszeilenprogramm Ntdsutil benötigt.

Voraussetzungen für die Besitzübernahme einer FSMO-Rolle

Wenn Sie eine FSMO-Rolle auf einen anderen Domänencontroller verschieben wollen, ohne dass der bisherige Rolleninhaber das mitbekommt, sollten Sie zwei Voraussetzungen berücksichtigen:

1. Die erste Voraussetzung ist, dass der bisherige Rolleninhaber nicht mehr ins Netzwerk integriert wird. Sie können ihn neu installieren und nach der Besitzübernahme sogar mit gleichem Namen wieder ins Netzwerk integrieren. Zunächst sollten Sie jedoch die Active Directory-Replikation für den Verschiebevorgang abwarten.
2. Verschieben Sie den Domänennamenmaster und den Schemamaster am besten wieder auf einen anderen Domänencontroller der Rootdomäne in der Gesamtstruktur, der auch die Rolle eines globalen Katalogs hat.

Durchführen der Besitzübernahme in der Eingabeaufforderung

Um die Betriebsmasterrolle auf einen anderen Domänencontroller zu verschieben, öffnen Sie eine Eingabeaufforderung. Gehen Sie danach in folgender Reihenfolge vor:

1. Nach dem Aufruf von *ntdsutil* geben Sie den Befehl *roles* ein.
2. Geben Sie dann *connections* ein.

3. Danach geben Sie *connect to server <Servername>* ein. Tragen Sie als Name des Servers den zukünftigen Rolleninhaber ein.
4. Überprüfen Sie, ob die Verbindung hergestellt wurde und keine Fehlermeldung angezeigt wird.
5. Wurde die Verbindung erfolgreich hergestellt, geben Sie den Befehl *quit* ein, um wieder zum vorherigen Menü *fsmo maintenance* zurückzukehren.
6. Geben Sie den Befehl *seize <FSMO-Rolle>* ein. Der Rollenname ist entweder *pdc* (PDC-Emulator), *rid master* (RID-Master), *schema master* (Schemamaster), *infrastructure master* (Infrastrukturmaster) oder *naming master* (Domänennamenmaster). In diesem Beispiel wird der Schemamaster verschoben. Der Befehl lautet also *seize schema master*.
7. Daraufhin erscheint ein Warnfenster, in dem Sie den Vorgang bestätigen müssen.
8. Nachdem Sie das Fenster bestätigt haben, versucht der Assistent zunächst, den ursprünglichen Rolleninhaber zu erreichen und damit die Rolle normal zu übertragen.
9. Nach der erwarteten erfolglosen Kontaktaufnahme mit dem ursprünglichen Rolleninhaber wird die Rolle ohne weitere Zwischenfrage auf den neuen Server verschoben.

Sie können Rollen mit Ntdsutil wie in der grafischen Oberfläche übertragen, wenn der ursprüngliche Betriebsmaster noch normal funktioniert. Geben Sie in diesem Fall statt des Befehls *seize <FSMO-Rolle>* den Befehl *transfer <FSMO-Rolle>* ein. Die sonstige Syntax des Befehls ist identisch. Um die einzelnen Rollen zu übertragen, können Sie in Ntdsutil folgende Befehle verwenden:

PDC Emulator → *transfer pdc*

RID-Master → *transfer rid master*

Schemamaster → *transfer schema master*

Infrastrukturmaster → *transfer infrastructure master*

Domänennamenmaster → *transfer naming master*

10.5 Schreibgeschützte Domänencontroller (RODC)

Eine Möglichkeit, Domänencontroller in Niederlassungen abzusichern, sind die schreibgeschützten Domänencontroller (Read-only Domain Controller, RODC). Wie Sie diese Domänencontroller installieren, zeigen wir in Kapitel 13. Diese Domänencontroller erhalten die replizierten Informationen von den normalen Domänencontrollern und nehmen selbst keine Änderungen entgegen. Durch dieses neue Feature können Sie Domänencontroller in kleineren Niederlassungen betreiben, ohne dass das Sicherheitskonzept eines Unternehmens beeinträchtigt ist, weil die Domänencontroller in den Niederlassungen nicht geschützt sind.

Ein RODC schützt Active Directory davor, dass Kennwörter ausspioniert werden können. Ein RODC kennt zwar alle Objekte in Active Directory, speichert aber nur die Kennwörter der Benutzer, die Sie explizit festlegen. Wird ein solcher Domänencontroller gestohlen und versucht ein Angreifer, die Kennwörter aus der Datenbank des Controllers auszulesen, sind die Konten der restlichen Domäne geschützt.

Während der Heraufstufung eines Domänencontrollers können Sie diesen zum RODC deklarieren. Der erste Domänencontroller muss allerdings ein normaler Domänencontroller sein. In diesem Fall repliziert sich der Domänencontroller von anderen Domänencontrollern, gibt aber selbst keine Änderungen weiter. Ein RODC nimmt keinerlei Änderungen an der Datenbank von Active Directory an, ein lesender Zugriff ist allerdings erlaubt. Schreibende Domänencontroller richten keine Replikationsverbindung zu RODCs ein, da eine Replikation nur von normalen Domänencontrollern (DCs) zu RODCs erfolgen kann. RODCs richten Replikationsverbindungen zu den schreibenden Domänencontrollern ein, die Sie bei der Heraufstufung angeben.

Klicken Sie im Snap-In *Active Directory-Benutzer und -Computer* mit der rechten Maustaste auf die OU *Domain Controllers*, können Sie im zugehörigen Kontextmenü den Eintrag *Konto für schreibgeschützten Domänencontroller vorbereiten* auswählen. In diesem Fall führen Sie in der Zentrale den Assistenten zum Erstellen eines neuen Domänencontrollers aus und weisen diesem ein Computerkonto zu. In der Niederlassung kann anschließend ein Administrator diesen Server installieren. Der Server bekommt automatisch die Funktion des RODC zugewiesen.

Ein RODC bietet ein vollständiges Active Directory, allerdings ohne gespeicherte Kennwörter. Dieser Ordner auf dem RODC ist, wie der Name schon sagt, schreibgeschützt (read only), also nur lesbar. Zwar kann auch ein RODC Kennwörter speichern, aber nur genau diejenigen, die ein Administrator angibt. Bei der Verwendung von RODCs werden folgende Abläufe beim Anmelden eines Benutzers abgewickelt:

1. Ein Anwender meldet sich am Standort des RODC an.
2. Der RODC überprüft, ob das Kennwort des Anwenders auf den Server repliziert wurde. Falls ja, wird der Anwender angemeldet.
3. Ist das Kennwort nicht auf dem RODC verfügbar, wird die Anmeldeanfrage an einen vollwertigen DC weitergeleitet.
4. Wird die Anmeldung erfolgreich durchgeführt, wird dem RODC ein Kerberos-Ticket zugewiesen.
5. Der RODC stellt dem Anwender jetzt noch ein eigenes Kerberos-Ticket aus, mit dem dieser Anwender arbeitet. Gruppenmitgliedschaften und Gruppenrichtlinien werden übrigens nicht über die WAN-Leitung gesendet. Diese Informationen werden auf dem RODC gespeichert.
6. Als Nächstes versucht der RODC, das Kennwort dieses Anwenders in seine Datenbank von einem vollwertigen DC zu replizieren. Ob das gelingt oder nicht, hängt von der jeweiligen Gruppenmitgliedschaft ab.
7. Bei der nächsten Anmeldung dieses Anwenders beginnt der beschriebene Prozess von vorne.

Die Kennwörter von Administratorkonten in Active Directory werden in keinem Fall auf einem schreibgeschützten Domänencontroller gespeichert. Diese Kennwörter sind durch ihre Wichtigkeit von der möglichen Replikation zum schreibgeschützten Domänencontroller ausgeschlossen.

Geht die WAN-Verbindung in der Niederlassung mit dem RODC zu einem normalen DC verloren, findet keine Anmeldung mehr an der Domäne statt. Der RODC verhält sich dann wie ein normaler Mitgliedsserver und es ist nur die lokale Anmeldung am Server möglich.

Installieren Sie auf einem RODC den DNS-Dienst (Domain Name System, DNS), wird dieser Server zum schreibgeschützten DNS-Server. Hier gelten die gleichen Einschränkungen für einen RODC. Ein schreibgeschützter DNS-Server nimmt nur Änderungen von normalen DNS-Servern entgegen und akzeptiert selbst keine Änderungen. Ein schreibgeschützter DNS-Server steht für Benutzer als normaler DNS-Server für Abfragen zur Verfügung, unterstützt aber keine dynamische DNS-Registrierung.

Versucht sich ein Client zu registrieren, erhält er vom DNS-Server eine Rückmeldung, dass keine Aktualisierung akzeptiert wird. Im Hintergrund kann der Client versuchen, sich an einem normalen DNS-Server zu registrieren, der die Änderungen dann wieder zum schreibgeschützten DNS-Server repliziert.

10.6 Zusammenfassung

In diesem Kapitel haben Sie einen ersten Überblick zum Thema Active Directory in Windows Server 2022 erhalten. Wir haben Ihnen gezeigt, welche neuen Funktionen es gibt und welche Vorteile sie haben. Außerdem sind wir in diesem Kapitel auf die Installation von Active Directory in einer Testdomäne eingegangen und haben erläutert, wie Sie die Betriebsmaster verwalten. Ebenfalls Bestandteil dieses Kapitels war die Verwaltung von Active Directory über die PowerShell.

Im nächsten Kapitel gehen wir ausführlicher auf die Installation von Active Directory ein.

Kapitel 11

Active Directory – Installation und Betrieb

In diesem Kapitel zeigen wir Ihnen, wie Sie Active Directory mit Windows Server 2022 aufbauen und verwalten. Wir gehen darauf ein, welche Vorbereitungen Sie für einen Domänencontroller treffen müssen und was der beste Weg ist, ein Active Directory zu installieren. Dieses Kapitel stellt die Grundlage für die nächsten Kapitel dar, in denen wir uns noch tiefgehender mit den Möglichkeiten von Active Directory beschäftigen.

Im vorherigen Kapitel haben wir Ihnen bereits gezeigt, wie Sie Active Directory in einer Testumgebung installieren. In den folgenden Abschnitten bauen wir die Installationsmöglichkeiten weiter aus. Haben Sie den Computernamen festgelegt, sollten Sie die IP-Einstellungen des Servers anpassen, wie im vorigen Kapitel erläutert.

Wichtig ist an dieser Stelle, dass Sie die lokale IP-Adresse des Servers als primären DNS-Server festlegen. Da dieser Server der erste Domänencontroller des neuen Active Directorys werden soll, wird er auch der erste DNS-Server. Tragen Sie in den Eigenschaften des IP-Protokolls die IP-Adresse des Servers als bevorzugten Server ein. Der nächste Schritt besteht darin, den DNS-Server für Active Directory vorzubereiten.

An dieser Stelle müssen Sie noch keinen alternativen DNS-Server eintragen. Der alternative DNS-Server in den IP-Einstellungen wird erst von einem Client befragt, wenn der bevorzugte DNS-Server nicht mehr antwortet. Auch eine fehlerhafte Auflösung akzeptiert ein DNS-Client als Antwort. Die IP-Einstellungen für Netzwerkverbindungen erreichen Sie über die Eingabe von *ncpa.cpl* im Suchfeld der Taskleiste.

In Kapitel 6 geben wir ebenfalls wichtige Hinweise für den Betrieb von Servern in Active Directory. Diese Anmerkungen gelten auch für Domänencontroller.

11.1 DNS für Active Directory installieren

Den Assistenten für die Installation von Active Directory können Sie zwar im Rahmen der Einrichtung die DNS-Funktionalität installieren und einrichten. Für ein besseres Verständnis der Thematik ist diese Vorgehensweise allerdings nicht optimal, da Sie viele Einstellungen später nicht verstehen. Außerdem legt der Assistent keine Reverse-Lookupzone an, also die Möglichkeit, IP-Adressen nach Namen aufzulösen, fehlt (siehe Kapitel 6). Sie können auch diese Zone nach der Installation von Active Directory anlegen.

Das ist zwar für den Betrieb von Active Directory nicht zwingend notwendig, allerdings verbessern Reverse-Lookupzonen die Namensauflösung und Sie erhalten bei Nslookup keine Fehlermeldungen. Um DNS zu installieren, starten Sie den Server-Manager und klicken auf *Verwalten/Rollen und Features hinzufügen*. Wählen Sie die Rolle *DNS-Server* aus. Nach der Installation müssen Sie den Server nicht neu starten.

Wollen Sie ein neues Active Directory erstellen, besteht der erste Schritt darin, auf dem ersten geplanten Domänencontroller nach der Installation von Windows Server 2022 zunächst die DNS-Erweiterung zu installieren. Nach der Installation finden Sie das Verwaltungsprogramm für den DNS-Server im Server-Manager über den Bereich *Tools*. Alternativ starten Sie das Programm durch Eingabe von *dnsmgmt.msc* im Suchfeld der Taskleiste.

Standardmäßig werden Sie mit dem lokal installierten DNS-Server verbunden. Erstellen Sie später eine einheitliche Managementkonsole (Microsoft Management Console, MMC), können Sie die Verwaltung mehrerer DNS-Server in Ihrem Unternehmen an einer Stelle verbinden. Klicken Sie mit der rechten Maustaste in der Konsole auf *DNS*, können Sie sich mit zusätzlichen DNS-Servern verbinden.

Mit den Knoten *Forward-Lookupzonen* und *Reverse-Lookupzonen* legen Sie die Zonen an, die Active Directory für seinen Betrieb benötigt. Im Menü *Globale Protokolle/DNS-Ereignisse* finden Sie gefilterte Meldungen der Ereignisanzeige des Servers. Über *Bedingte Weiterleitungen* können Sie Anfragen zu bestimmten DNS-Zonen an fest definierte DNS-Server weiterleiten.

11.1.1 Erstellen der notwendigen DNS-Zonen für Active Directory

Der nächste Schritt zur Erstellung von Active Directory besteht in der Erstellung der neuen Zonen, die die DNS-Domänen von Active Directory verwalten. Starten Sie dazu die DNS-Verwaltung.

Die erste und wichtigste Zone, die Sie auf einem DNS-Server erstellen, ist die *Forward-Lookupzone* der ersten Domäne von Active Directory. Klicken Sie dazu in der MMC mit der rechten Maustaste auf *Forward-Lookupzonen* und wählen Sie im Kontextmenü den Eintrag *Neue Zone* aus. Es startet der Assistent zum Erstellen von neuen Zonen. Im nächsten Fenster können Sie festlegen, welche Art von Zone Sie erstellen wollen.

Wählen Sie die Option *Primäre Zone* aus. Beim Erstellen neuer Domänen in Active Directory werden ausschließlich primäre Domänen benötigt. Auf der nächsten Seite des Assistenten legen Sie den Namen der neuen Zone fest. Hier ist es extrem wichtig, dass Sie als Zonennamen exakt den Namen wählen, den Sie als DNS-Suffix des Servers eingetragen haben und den Sie als DNS-Namen der Active Directory-Domäne wählen wollen. Das DNS-Suffix des Namens legt der Installations-Assistent automatisch an, die Forward-Lookupzone auch. Das DNS-Suffix des Domänencontrollers wird später in diese Zone integriert und die erste Active Directory-Domäne speichert ihre SRV-Records ebenfalls in dieser Domäne.

Forward-Lookup-Zone anlegen

In diesem Beispiel lautet die Zone *jooslab.int*. Im Anschluss erscheint das Fenster, in dem Sie die Erstellung einer neuen Datei für die Zone bestätigen müssen. Sie könnten an dieser Stelle den Namen der Datei zwar ändern, sollten ihn aber möglichst immer so belassen, wie er festgelegt wurde.

Im nächsten Fenster legen Sie die dynamischen Updates der DNS-Zone fest. DNS-Server unter Windows Server 2022 arbeiten mit dynamischen Updates. Das heißt, alle Servernamen und IP-Adressen sowie die SRV-Records von Active Directory werden automatisch in diese Zone eingetragen. Ohne dynamische Updates können Sie in einer Zone kein Active Directory integrieren.

Der Installations-Assistent von Active Directory muss in einer Zone Dutzende Einträge automatisch erstellen können. Aktivieren Sie daher im Fenster die Option *Nicht sichere und sichere dynamische Updates zulassen*. Sichere Updates können Sie nach der Erstellung von Active Directory konfigurieren. Vor der Installation ist diese Einstellung deaktiviert.

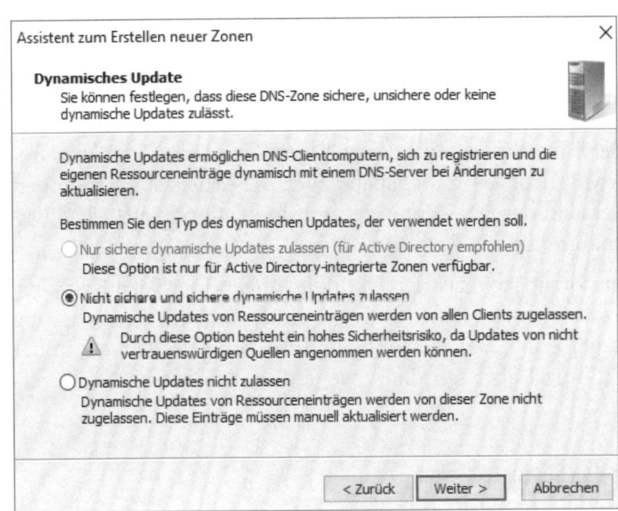

Abb. 11.1 Aktivieren der dynamischen Updates für eine Zone

Im Anschluss erhalten Sie nochmals eine Zusammenfassung Ihrer Angaben aufgelistet. Danach wird die Zone erstellt und in der MMC angezeigt. Innerhalb der Zone sollte bereits der lokale Server als Host (A) mit seiner IP-Adresse registriert sein. Diese Registrierung findet nur statt, wenn das primäre DNS-Suffix des Servers mit der erstellten Zone übereinstimmt und die dynamische Aktualisierung zugelassen wurde. In den IP-Einstellungen des Servers muss außerdem der DNS-Server eingetragen sein, der die Zone verwaltet.

Reverse-Lookup-Zone anlegen

Im Anschluss an die Forward-Lookupzone sollten Sie eine Reverse-Lookupzone erstellen. Diese Zone ist dafür zuständig, IP-Adressen in Rechnernamen zu übersetzen. Diese Zonen werden zwar für den stabilen Betrieb von Active Directory nicht zwingend benötigt, gehören aber dennoch zu einer ordentlichen Namensauflösung im Netzwerk.

Klicken Sie mit der rechten Maustaste auf den Menüpunkt *Reverse-Lookupzone* und wählen Sie *Neue Zone* aus. Auf der ersten Seite des Assistenten wählen Sie wieder die Option *Primäre Zone*. Auf der nächsten Seite können Sie festlegen, ob Sie eine IPv4- oder eine IPv6-Reverse-Lookupzone anlegen wollen. Legen Sie auf der nächsten Seite des Assistenten den IP-Bereich fest, der durch diese Zone verwaltet werden soll. Tragen Sie zur Definition des IP-Bereiches unter *Netzwerk-ID* den IP-Bereich ein, den Sie verwalten wollen. Für jeden eigenständigen IP-Bereich müssen Sie eine eigene Zone anlegen. Verwalten Sie ein Klasse-B-Netz (255.255.0.0), können Sie auch einfach die letzte Stelle leer lassen. Hat sich bei einer Zone, die Sie für die Netzwerkkennung *192.168.* konfiguriert haben, ein Server mit der IP-Adresse *192.168.178.139* registriert, legt der DNS-Server automatisch eine Sortierung für die verschiedenen Subnetze an.

Sie müssen daher bei einem Klasse-B-Netzwerk nicht manuell für jedes Unternetz eine eigene Zone anlegen. Nur wenn sich der IP-Bereich vollständig unterscheidet, zum Beispiel *192.168.* und *10.1.*, müssen Sie zwei getrennte Zonen anlegen. Auf der nächsten Seite des Assistenten legen Sie den Zonennamen fest. Danach müssen Sie die dynamischen Updates zulassen und die Zusammenfassung bestätigen.

Durch die Erstellung der Reverse-Lookup-Zone wird die IP-Adresse zum Servernamen aufgelöst. Die beiden unterschiedlichen Namensauflösungen sollten nach dem Anlegen der Zone getestet werden. Nach der Einrichtung und der späteren Aktivierung der dynamischen Updates tragen auch die Mitgliedsserver und später auch die Arbeitsstationen ihren Rechnernamen und die IP-Adresse in der DNS-Zone ein und sind dadurch auflösbar. Das erleichtert die Verbindungsaufnahme zu den Rechnern.

Hat sich der Server noch nicht automatisch registriert, hilft die Eingabe des Befehls *ipconfig /registerdns* in der Eingabeaufforderung. Der Befehl aktiviert die dynamische Registrierung des Servers in der entsprechenden Zone. Danach sollte die IP-Adresse des Servers in der Zone registriert sein. Das funktioniert aber nur dann, wenn das DNS-Suffix des Servers über *sysdm.cpl* korrekt gesetzt ist.

DNS-Zonen testen und Namen für den Server festlegen

Als Nächstes wird die neue Zone erstellt. Hat sich der Server noch nicht automatisch registriert, können Sie über die Eingabe des Befehls *ipconfig /registerdns* in der Eingabeaufforderung die dynamische Registrierung anstoßen. Danach sollte die IP-Adresse des Servers in der Zone registriert sein. Die PowerShell verfügt über Cmdlets, um Netzwerkeinstellungen eines Computers zu steuern oder abzufragen, zum Beispiel *Get-NetIPAddress*. Durch Eingabe dieses Befehls erhalten Sie umfassende Informationen zu den Netzwerkeinstellungen und IP-Adressen eines Rechners. Sie sehen alle Daten zu den IPv4- und IPv6-Adressen eines Computers.

Das funktioniert aber nur dann, wenn Sie das DNS-Suffix des Servers vorher anpassen. Konfigurieren Sie daher zunächst über *sysdm.cpl* neben den NetBIOS-Namen des neuen Domänencontrollers, zum Beispiel *dc*, noch das DNS-Suffix. Klicken Sie dazu im Fenster auf die Schaltfläche *Weitere* und geben Sie das DNS-Suffix des Servers an. Geben Sie an dieser Stelle exakt den DNS-Namen an, den Ihre Active Directory-Domäne später erhalten soll, zum Beispiel *jooslab.int*.

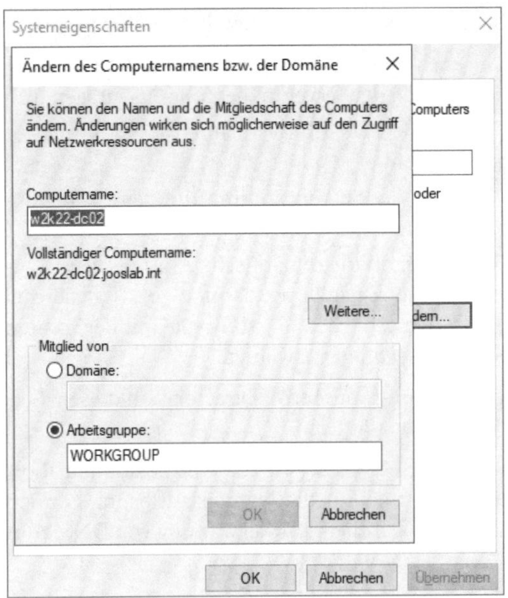

Abb. 11.2 Definieren des Computernamens und des DNS-Suffixes eines neuen Domänencontrollers

Der vollständige Name des Servers (FQDN) setzt sich aus dem Computernamen und dem primären DNS-Suffix zusammen. Der vollständige Computername des Domänencontrollers lautet *w2k22-dc02.jooslab.int*. Haben Sie die Änderungen vorgenommen, müssen Sie den Server neu starten. Nach dem Neustart können Sie überprüfen, ob sich der Server in seine DNS-Zone eingetragen hat, sowie in die Reverse-Lookupzone, die Sie erstellt haben.

Mit dem Cmdlet *test-dnsserver* können Sie die Verfügbarkeit und generelle Funktion von einem oder mehreren DNS-Servern testen. Geben Sie in der Liste die IP-Adressen der DNS-Server ein, deren Verfügbarkeit Sie testen wollen. Danach erhalten Sie eine Zusammenfassung der wichtigen Informationen und sehen, welche DNS-Server im Netzwerk verfügbar sind.

Sie können in der PowerShell auch überprüfen, welche Netzwerkverbindungen sich auf den DNS-Servern registrieren und ob das lokale Suffix des Rechners verwendet wird. Dazu nutzen Sie das Cmdlet *get-dnsclient*. Wollen Sie anzeigen, welche DNS-Server ein Client für die verschiedenen Netzwerkkarten verwendet, geben Sie *get-dnsclientserveraddress* ein.

11.1.2 Überprüfung und Fehlerbehebung der DNS-Einstellungen

Bevor Sie Active Directory auf dem Server installieren, sollten Sie sicherstellen, dass alle DNS-Einstellungen korrekt vorgenommen sind. Überprüfen Sie, ob sich der Server sowohl in der Forward- als auch in der Reverse-Lookupzone korrekt eingetragen hat.

Öffnen Sie danach eine Eingabeaufforderung und geben Sie den Befehl *nslookup* ein. Die Eingabe des Befehls darf keinerlei Fehlermeldungen verursachen. Es muss der richtige FQDN des DNS-Servers und seine IP-Adresse angezeigt werden. Suchen Sie in Nslookup noch nach der IP-Adresse, muss diese nach dem Servernamen aufgelöst werden.

Sollte das nicht der Fall sein, gehen Sie Schritt für Schritt vor, um den Fehler einzugrenzen:

1. Sollte ein Fehler erscheinen, versuchen Sie es einmal mit dem Befehl *ipconfig /registerdns* in der Eingabeaufforderung. Überprüfen Sie, ob sich der Server in die Zone eingetragen hat.
2. Sollte der Fehler weiterhin auftreten, überprüfen Sie, ob das primäre DNS-Suffix auf dem Server mit dem Zonennamen übereinstimmt.
3. Stellen Sie als Nächstes fest, ob die IP-Adresse des Servers stimmt und der Eintrag des bevorzugten DNS-Servers auf diese Adresse zeigt.
4. Überprüfen Sie in den Eigenschaften der Zone, ob die dynamische Aktualisierung zugelassen wird, und ändern Sie gegebenenfalls die Einstellung, damit die Aktualisierung stattfinden kann. Die Eigenschaften der Zonen erreichen Sie, wenn Sie mit der rechten Maustaste auf die Zone klicken und die *Eigenschaften* auswählen.

Treten keine Fehler auf, können Sie mit der Erstellung von Active Directory auf diesem Server beginnen. Dazu gehen Sie vor, wie in Kapitel 10 erläutert.

Haben Sie Active Directory installiert, stehen in Windows Server 2022 die bekannten Tools Dcdiag, Repadmin & Co. zur Analyse zur Verfügung. Für die Namensauflösung können Sie weiterhin Nslookup verwenden oder die neuen Cmdlets zur Verwaltung von DNS, zum Beispiel *Resolve-DnsName*.

Wollen Sie zum Beispiel eine Namensauflösung für einen Server mit allen notwendigen Host-Einträgen, TTL und IP-Adressen durchführen, geben Sie *resolve-dnsname <Name des Rechners>* ein. *Resolve-DnsName -type all <DNS-Zone>* zeigt wichtige Informationen zur DNS-Zone an.

Um den Namen eines Computers auf Basis der IP-Adresse aufzulösen, verwenden Sie *resolve-dnsname <IP-Adresse>*. Anschließend zeigt die PowerShell die gefundenen Rechner sowie die dazugehörige Reverse-Lookup-Zone an.

Resolve-dnsname kann DNS-Namen über das Internet auflösen lassen, zum Beispiel mit *Resolve-DnsName www.microsoft.de*. Wollen Sie nur die IPv4-Adressen anzeigen, nutzen Sie *(Resolve-DnsName www.microsoft.de).ip4address*.

Wollen Sie auch Abfragen von DNS-Zonen über einen DNS-Server anzeigen, verwenden Sie *Resolve-DnsName contoso.int -Server dc1.contoso.int*. Wer gerne mit Skripts arbeitet und sich nur die IP-Adressen anzeigen lassen will, kann auch folgenden Befehl verwenden:

([system.net.dns]::GetHostEntry("dc1.contoso.int")).AddressList.IPAddressTostring

11.2 Installation der Active Directory-Domänendienste-Rolle

Nachdem Sie diese Vorbereitungen getroffen haben, können Sie Active Directory auf dem Server installieren. Wie Sie dabei vorgehen, lesen Sie in Kapitel 10. In den folgenden Abschnitten gehen wir ausführlicher auf die Einrichtung einer neuen Gesamtstruktur ein.

Bevor Active Directory auf einem Server installiert wird, sollte also zunächst sichergestellt sein, dass dieser optimal funktioniert. Dabei sollte zusammenfassend auf folgende Punkte geachtet werden:

- Das Betriebssystem sollte möglichst aktuell sein, damit keine unnötigen Sicherheitslücken vorhanden sind.
- Für alle angebundenen Geräte sollten entweder die passenden Treiber installiert sein oder das Gerät sollte deaktiviert werden. Die Überprüfung kann im Geräte-Manager in Windows vorgenommen werden. Gestartet wird dieser durch Eingabe von *devmgmt.msc* im Suchfeld der Taskleiste.
- Der Name des Servers und sein DNS-Suffix sollten vorgegeben werden, vor allem wenn es sich um den ersten Domänencontroller handelt. Dadurch ist die Namensstruktur bereits vor der Installation von Active Directory festgelegt und funktioniert.
- Auf dem Server sollten möglichst keine anderen Serverdienste installiert sein, zumindest nicht ohne Überprüfung, ob diese kompatibel mit der lokalen Installation von Active Directory sind oder die Installation auf einem Domänencontroller empfohlen werden kann.

Neben dem Server-Manager (siehe Kapitel 10) können Sie die Binärdateien von Active Directory inklusive der Verwaltungstools auch in der PowerShell installieren. Dazu verwenden Sie den Befehl *Install-WindowsFeature -Name AD-Domain-Services -IncludeManagementTools*.

Ob die Binärdateien für Active Directory installiert sind, können Sie mit dem Cmdlet *Get-WindowsFeature* anzeigen. Auf diesem Weg lässt sich in der PowerShell anzeigen, welche Serverdienste bereits installiert sind.

Alle Befehle, die für Active Directory zur Verfügung stehen, erhalten Sie über *Get-Command -Module ADDSDeployment* angezeigt. Hilfestellungen rufen Sie mit *Get-Help <Cmdlet>* ab.

11.2.1 Test der Voraussetzungen zum Betrieb von Active Directory

In der PowerShell testen Sie Domänencontroller mit den Cmdlets *Test-ADDSDomainControllerInstallation, Test-ADDSDomainControllerUninstallation, Test-ADDSDomainInstallation, Test-ADDSForestInstallation* und *Test-ADDSReadOnlyDomainControllerAccountCreation*.

Das Cmdlet *Test-ADDSDomainControllerInstallation* ermöglicht das Testen der Voraussetzungen für die Installation eines Domänencontrollers. Die Voraussetzungen für schreibgeschützte Domänencontroller testen Sie mit *Test-ADDSReadOnlyDomainControllerAccountCreation. Test-ADDSDomainControllerUninstallation* testet die Voraussetzungen für die Deinstallation eines Domänencontrollers. Das Tool bereitet die Ausführung des Cmdlets *Uninstall-ADDSDomainController* vor.

Mit *Test-ADDSDomainInstallation* testen Sie die Voraussetzungen für die Installation einer neuen Domäne in Active Directory, *Test-ADDSForestInstallation* testet das Gleiche für eine neue Gesamtstruktur auf Basis von Windows Server 2022. Damit Sie die Tests ausführen können, müssen Sie an verschiedenen Stellen noch Kennwörter eingeben. Diese akzeptiert das entsprechende Cmdlet aber nur als sichere Eingabe. Ein Beispiel für den Befehl ist:

Test-ADDSDomainControllerInstallation -DomainName <DNS-Name der Domäne> -SafeModeAdministratorPassword (Read-Host -Prompt Kennwort -AsSecureString)

11.2.2 Starten der Installation von Active Directory

Nachdem Sie die Serverrolle installiert haben, beginnen Sie mit der Einrichtung der Domäne. Diesen Vorgang starten Sie im Server-Manager über das Wartungssymbol.

Sie können die Einrichtung von Active Directory auch in der PowerShell auf einem Computer im Netzwerk durchführen. Dazu verwenden Sie den folgenden Cmdlet-Aufruf:

Invoke-Command {Install-ADDSDomainController -DomainName <Domäne> -Credential (Get-Credential) -ComputerName <Name des Servers>.

Wenn Sie die erste Domäne für Ihre Gesamtstruktur erstellen, wählen Sie die Option *Neue Gesamtstruktur hinzufügen* aus. Sie erstellen durch diese Auswahl eine neue Domäne und die dazugehörige Gesamtstruktur. Insgesamt gibt es in Active Directory die drei Container *Gesamtstruktur*, *Struktur* und *Domäne*. In den nächsten Kapiteln gehen wir ausführlicher auf dieses Thema ein.

Als Nächstes wählen Sie den DNS-Namen der Domäne. Dieser muss mit der erstellten DNS-Zone und dem DNS-Suffix des ersten Domänencontrollers übereinstimmen. Auf der nächsten Seite des Assistenten legen Sie die Funktionsebene der Gesamtstruktur und damit aller Domänen fest sowie einzelner Domänen. Active Directory kann unter verschiedenen Funktionsebenen betrieben werden:

- Funktionsebene der einzelnen Domänen in der Gesamtstruktur
- Funktionsebene der Gesamtstruktur, die dann für alle Domänen gültig ist.

Sie können die Funktionsebene für die Domänen im Snap-In *Active Directory-Benutzer und -Computer* über das Kontextmenü der Domäne einstellen. Die Funktionsebene für die Gesamtstruktur stellen Sie über das Snap-In *Active Directory-Domänen und -Vertrauensstellungen* ein, ebenfalls über das Kontextmenü. Das Abändern der Funktionsebene lässt sich nicht rückgängig machen.

Während die Funktionsebene der Gesamtstruktur nur einmal verändert werden muss, müssen Sie für jede Domäne der Gesamtstruktur deren eigene Funktionsebene anpassen. Diese beiden Ebenen können teilweise unabhängig voneinander jeweils verschiedene Funktionsebenen annehmen. Diese Funktionsebenen haben keine Kompatibilitätsunterschiede für Mitgliedsserver oder -PCs. Wichtig ist der Modus nur für die integrierten Domänencontroller. Das heißt, auch im Betriebsmodus *Windows Server 2022* dürfen Sie Server mit Windows Server 2008/2008 R2/2012/2012 R2 als Mitgliedsserver betreiben, nur eben nicht als Domänencontroller.

- **Windows Server 2008** – In dieser Funktionsebene werden Kennwortrichtlinien für mehrere Organisationseinheiten (OUs) unterstützt. Außerdem nutzt Windows in diesem Modus zur Replikation des *SYSVOL*-Ordners DFS, was wesentlich performanter und stabiler funktioniert. In diesem Modus können Sie den Kerberosverkehr mit AES 128 oder 256 verschlüsseln.

- **Windows Server 2008 R2** – Diese Funktionsebene ist für die Unterstützung des Active Directory-Papierkorbs notwendig oder wenn Sie Authentifizierungsrichtlinien mit Active Directory-Verbunddiensten konfigurieren wollen.
- **Windows Server 2012** – Diese Funktionsebene ist notwendig, wenn Sie erweiterte Active Directory-Funktionen nutzen wollen. Dazu gehört die Möglichkeit, Domänencontroller zu klonen oder verwaltete Dienstkonten auf mehreren Servern einzusetzen. Auf der Windows Server 2012/2012 R2-Domänenfunktionsebene ist die Kerberos-Domänencontrollerrichtlinie für die Unterstützung der dynamischen Zugriffssteuerung und Kerberos Armoring aktiv. Die Windows Server 2012/2012 R2-Gesamtstrukturfunktionsebene bietet keine neuen Features, stellt aber sicher, dass alle in der Gesamtstruktur erstellten neuen Domänen automatisch auf Windows Server 2012-Domänenfunktionsebene gestellt werden.
- **Windows Server 2012 R2** – Diese neue Funktionsebene aktivieren Sie, wenn Sie nur noch Domänencontroller mit Windows Server 2012 R2 einsetzen. Die Funktionsebene bietet die gleichen Möglichkeiten wie Windows Server 2012. Haben Sie Ihre Domänencontroller alle auf Windows Server 2012 R2 aktualisiert, sollten Sie die Gesamtstrukturfunktionsebene und die Domänenfunktionsebenen der Domänen auf Windows Server 2012 R2 heraufstufen, wenn Sie tiefgehende Active Directory-Funktionen aus Windows Server 2012 R2 nutzen, zum Beispiel Webanwendungen mit Claim-Based-Authentication und ADFS zusammen betreiben.
- **Windows Server 2016** – Diese Funktionsebene nutzen Sie, wenn Sie nur Domänencontroller mit Windows Server 2016/2019/2022 einsetzen. Alle neuen Funktionen in Active Directory werden damit aktiviert.

Auf der gleichen Seite des Assistenten konfigurieren Sie, dass der Domänencontroller zum DNS-Server konfiguriert wird. Der erste Domänencontroller in der Gesamtstruktur sollte möglichst immer DNS-Server sein.

Installieren Sie Active Directory in der PowerShell, können Sie steuern, ob der neue Domänencontroller auch als DNS-Server fungieren soll. Dazu verwenden Sie die Option *-InstallDNS*:

- *InstallDNS:$false*
- *InstallDNS:$true*

Der neue Domänencontroller wird darüber hinaus der erste globale Katalog-Server. Auf dieser Seite können Sie festlegen, ob ein Domänencontroller zum schreibgeschützten Domänencontroller (RODC) werden soll. Hierbei wird auf dem Domänencontroller ein Replikat der Active Directory-Datenbank gespeichert, die keinerlei Änderungen akzeptiert. Mehr zu diesem Thema erfahren Sie in Kapitel 13.

Der erste Domänencontroller einer Gesamtstruktur kann nicht als RODC konfiguriert werden, aus diesem Grund ist diese Option, genau wie die Auswahl zum globalen Katalog, deaktiviert, da dem ersten Domänencontroller gewisse Verpflichtungen zukommen, die Sie an dieser Stelle nicht ändern können. Wir kommen bei der Integration eines zusätzlichen Domänencontrollers noch auf dieses Thema zurück.

In dem Fenster legen Sie auch das Kennwort für den Verzeichnisdienst-Wiederherstellungsmodus an. Hierbei handelt es sich um das Kennwort des lokalen Administrators, wenn Sie zur Wiederherstellung von Active Directory ohne den Active Directory-Dienst starten.

Auf der nächsten Seite erkennt der Assistent, dass bereits eine Zone vorhanden ist, wenn Sie diese zuvor angelegt haben, wie in diesem Abschnitt beschrieben. Der Assistent bietet an, eine neue Zone für Active Directory zu installieren und diese unterhalb der aktuellen Zone zu integrieren. Diese DNS-Delegierung sollten Sie aktivieren, damit die Daten von Active Directory in einer eigenen Zone unterhalb der aktuellen Zone gebündelt werden.

Wollen Sie Active Directory aber genau innerhalb der Zone speichern, deaktivieren Sie die Option *DNS-Delegierung erstellen*. DNS-Delegierungen können Sie auch für andere Zonen anlegen, nicht nur für Active Directory.

DNS-Delegierung funktioniert folgendermaßen: Wenn Sie eine untergeordnete Domäne erstellen wollen, zum Beispiel die Domäne *de* unterhalb der Domäne *contoso.com*, haben Sie zwei Möglichkeiten, die Namensauflösung zu erstellen. Sie können auf den primären DNS-Servern der Zone *contoso.com* eine Unterdomäne *de* erstellen. In diesem Fall wird die neue Domäne unterhalb der Domäne *contoso.com* angezeigt. Alle DNS-Server, die die Zone *contoso.com* verwalten, sind auch für die Domäne *de.contoso.com* zuständig. Vor allem bei größeren Unternehmen kann die Erstellung von untergeordneten DNS-Domänen Probleme bereiten. Wenn zum Beispiel in der Zentrale in Dallas die Rootdomäne *contoso.com* verwaltet werden soll, aber die Administratoren in der deutschen Domäne *de* diese Zone aus Sicherheitsgründen nicht verwalten sollen, sondern nur ihre eigene, können Sie nicht einfach eine Unterdomäne anlegen, da sonst jeder Administrator eines DNS-Servers Änderungen in der ganzen Zone vornehmen könnte.

Durch fehlerhafte Änderungen kann dadurch ein weltweites Active Directory schnell außer Funktion gesetzt werden. Aus diesem Grund hat Microsoft in seinen DNS-Servern die Delegation von Domänen integriert. Gehen Sie dazu folgendermaßen vor: Auf dem DNS-Server der neuen untergeordneten Domäne wird eine eigene Zone *de.contoso.com* angelegt und konfiguriert. Zukünftig verwalten die Administratoren der Domäne *de* ihre eigene Zone *de.contoso.com*.

Damit die DNS-Server und Domänencontroller der restlichen Niederlassungen ebenfalls eine Verbindung zu der Zone *de.contoso.com* herstellen können, wird in der Hauptzone *contoso.com* eine sogenannte *Delegation* eingerichtet, in der festgelegt wird, dass nicht die DNS-Server der Zone *contoso.com* für die Domäne *de.contoso.com* zuständig sind, sondern die DNS-Server der Niederlassung in Deutschland. Durch diese Konfiguration können weiterhin alle Namen aufgelöst werden, aber die Administratoren der Niederlassungen können nur ihre eigenen Zonen verwalten, nicht die der anderen Niederlassungen.

Nachdem Sie die Delegation eingerichtet haben, wird die Zone unterhalb der Hauptzone als delegiert angezeigt. Dieser DNS-Server ist nicht mehr für diese Zone verantwortlich, kann aber Namen in der Domäne durch die Delegation auflösen, indem er Anfragen an die DNS-Server weiterleitet, die in der Delegation angegeben sind.

Ein DNS-Server der Zone *contoso.com*, der eine Anfrage für die Domäne *de.contoso.com* erhält, gibt diese Abfrage an die DNS-Server weiter, die in der Delegation hinterlegt sind. Die Zone *de.contoso.com* wird auf den DNS-Servern, die die Zone verwalten, genauso verwaltet wie die Zone *contoso.com* auf dem Haupt-DNS-Server. Die Delegation auf den DNS-Servern der Zone *contoso.com* hat keinerlei Auswirkungen auf die Verwaltung der Zone *de.contoso.com*. Die Delegation ist nur eine Verknüpfung zu den DNS-Servern in der Zone *de.contoso.com*.

In der Ansicht der DNS-Verwaltung auf den DNS-Servern von *contoso.com* werden die Delegationen grau angezeigt. Delegationen können jederzeit gelöscht und wieder angelegt werden, da sie keinerlei Auswirkungen auf die Zone haben, zu der sie delegiert sind. Lassen

Sie den Assistenten zum Erstellen von Active Directory eine Delegation einrichten, erstellt er eine neue DNS-Zone mit dem Namen *_msdcs_<DNS-Name des Servers>*. In der originalen DNS-Zone legt der Assistent eine Delegierung zur neu angelegten Zone an. So ist sichergestellt, dass Anpassungen an der DNS-Zone des Servers Active Directory nicht beeinträchtigen. Legen Sie keine Delegierung an, erstellt der Assistent innerhalb der bereits vorhandenen DNS-Zone einen neuen Ordner mit der Bezeichnung *_msdcs*.

Nachdem Sie die Konfiguration von DNS abgeschlossen und einen Benutzernamen mit Administratorrechten für die Änderung der Zone eingegeben haben, wechseln Sie auf die nächste Seite des Assistenten. Hier geben Sie den NetBIOS-Namen der neuen Domäne an.

Im nächsten Fenster legen Sie den Speicherort der Datenbank und der Protokolle fest, die Active Directory zum Speichern der Informationen benötigt. Sie sollten hier den Ordner an der Stelle belassen, die vorgeschlagen wird. Im Anschluss müssen Sie noch die Ordner festlegen, die als *Netlogon*- und *SYSVOL*-Freigabe verwendet werden. In diesem Ordner werden die Anmeldeskripts und später die Gruppenrichtlinien gespeichert. Belassen Sie auch an dieser Stelle den Standardpfad, da eine Änderung keinen Sinn ergeben würde.

Anschließend erhalten Sie eine Zusammenfassung angezeigt. Klicken Sie auf *Weiter*, testet der Assistent den Server, ob Active Directory installiert werden kann. Sie erhalten noch Informationen und Warnungen, die Sie berücksichtigen sollten. Mit *Installieren* beginnt der Assistent die Installation von Active Directory.

Über das Kontextmenü eines Domänencontrollers in der Servergruppe *AD DS* können Sie Verwaltungstools und Tools zur Analyse der Domäne starten. Es öffnet sich eine Eingabeaufforderung, in dem Sie eine Analyse durchführen können.

Die Analyse startet aber nicht, indem Sie das Tool im Kontextmenü des Servers im neuen Server-Manager starten. Hier öffnet sich lediglich eine neue Eingabeaufforderung, die die Hilfe des Tools anzeigt. Die Diagnose selbst starten Sie nach der Installation von Active Directory, indem Sie eines der Tools *Dcdiag* oder *Repadmin* verwenden und dabei auf die verschiedenen Optionen der Befehle setzen. Mehr zu diesem Thema erfahren Sie in Kapitel 10 und den folgenden Kapiteln in diesem Buch.

11.2.3 DNS in Active Directory integrieren und sichere Updates konfigurieren

Die erste Maßnahme, die Sie nach der Installation von Active Directory durchführen sollten, ist die Integration der DNS-Zonen in Active Directory. Windows Server 2022 führt diesen Vorgang automatisch durch, wenn der Assistent die Zone erstellt. Sie sollten die Einstellungen aber überprüfen.

Durch diese Integration werden die kompletten Daten der DNS-Zonen über die Active Directory-Replikation verteilt. Haben Sie die Installation des DNS-Servers nicht manuell vorgenommen, sondern durch den Assistenten für Active Directory, sind die Zonen bereits automatisch in Active Directory integriert. Um diese Konfiguration zu überprüfen, rufen Sie zunächst das DNS-Snap-In über den Server-Manager auf. Erweitern Sie die Zone, sehen Sie die Erweiterungen, die Active Directory hinzugefügt hat. In den einzelnen Unterdomänen der Zone finden Sie die verschiedenen SRV-Records. Um die Zone in Active Directory zu integrieren, markieren Sie die gesamte DNS-Zone.

1. Klicken Sie mit der rechten Maustaste auf die Zone und wählen Sie im Kontextmenü den Eintrag *Eigenschaften.*
2. Auf der Registerkarte *Allgemein* können Sie durch Klicken auf die Schaltfläche *Ändern* im Bereich *Typ* die Zone in Active Directory integrieren lassen.
3. Aktivieren Sie im Fenster *Zonentyp ändern* das Kontrollkästchen *Zone in Active Directory speichern.*
4. Haben Sie diese Einstellung vorgenommen, können Sie noch im Bereich *Dynamische Updates* die Option *Nur sichere* aktivieren.

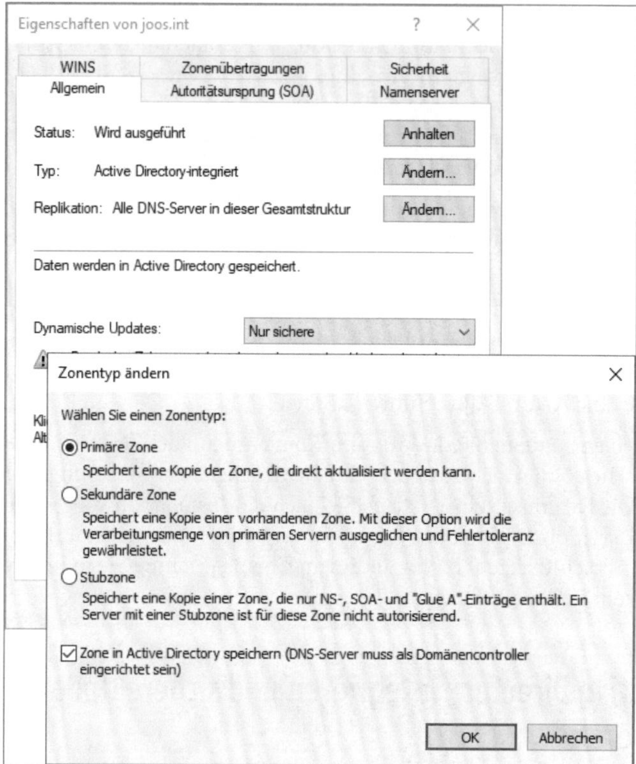

Abb. 11.3 Speichern von DNS-Zonen in Active Directory

Bei dieser Einstellung können sich nur Computer, die sich erfolgreich in Active Directory authentifizieren, dynamisch in DNS registrieren.

Bei der Integration der DNS-Zone in Active Directory sehen Sie die Möglichkeit, eine Stubzone zu erstellen. Eine Stubzone ist die Kopie einer Zone, die nur die für diese Zone erforderlichen Ressourceneinträge zum Identifizieren der autorisierenden DNS-Server enthält.

Haben Sie die Zone in Active Directory integriert, können Sie die Replikation der DNS-Daten anpassen: Klicken Sie in den Eigenschaften einer Zone im Bereich *Replikation* auf *Ändern*, können Sie konfigurieren, auf welche Server die DNS-Daten repliziert werden sollen. Sie können die Zone auf alle DNS-Server der Gesamtstruktur, auf alle DNS-Server der aktuellen Domäne oder auf alle Domänencontroller der aktuellen Domäne replizieren.

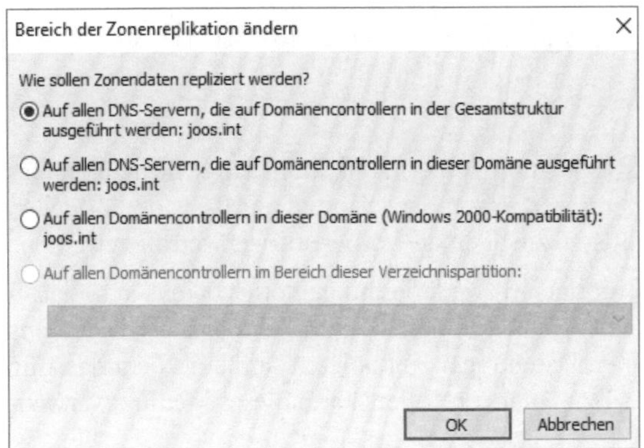

Abb. 11.4 Konfiguration der DNS-Datenreplikation

11.2.4 DNS-IP-Einstellungen anpassen

Windows Server 2022 hat die Eigenart, die Konfiguration der Netzwerkverbindungen automatisch abzuändern, sodass die Einstellungen für manche Administratoren verwirrend sein können. Geben Sie nach der Fertigstellung der Installation von Active Directory auf dem Domänencontroller in der Eingabeaufforderung *nslookup* ein, erhalten Sie unter Umständen eine etwas verwirrende Ausgabe. Der Server gibt als Adresse *:1* zurück. In Kapitel 6 sind wir bereits auf das Thema eingegangen.

Die Ausgabe wird durch eine Konfiguration der Netzwerkverbindungen verursacht. Rufen Sie zunächst die Verwaltung Ihrer Netzwerkverbindungen auf. Der schnellste Weg ist, wenn Sie *ncpa.cpl* im Suchfeld der Taskleiste eingeben. Rufen Sie die Eigenschaften des IPv6-Protokolls auf. Wie Sie sehen, hat Windows Server 2022 die Option *Folgende DNS-Serveradressen verwenden* aktiviert und den Eintrag *::1* hinterlegt. Dies entspricht bei IPv6 dem Eintrag 127.0.0.1 (localhost) bei IPv4

Durch diesen Eintrag fragt der DNS-Server bei Reverse-Abfragen per IPv6 den lokalen DNS-Server. Legen Sie entweder eine IPv6-Reverse-Lookupzone an und stellen Sie sicher, dass ein Zeiger zur IPv6-Adresse des Servers eingetragen wird.

Aktivieren Sie am besten die Option *DNS-Serveradresse automatisch beziehen*. Durch diese Konfiguration vermeiden Sie die irreführende Meldung in Nslookup. Rufen Sie als Nächstes die Eigenschaften für das IPv4-Protokoll auf. Auch hier hat der Assistent als bevorzugten DNS Server die Adresse des lokalen Hosts hinterlegt (127.0.0.1). In diesem Fall funktionieren zwar Abfragen per DNS, aber diese Konfiguration ist nicht sauber und resultiert in einer fehlerhaften Ausgabe bei Nslookup. Tragen Sie auch hier die richtige IPv4-Adresse des Servers ein. Anschließend sollte die Eingabe von *nslookup* in der Eingabeaufforderung keine Fehler mehr ausgeben.

11.3 Active Directory von Installationsmedium installieren

Soll ein Domänencontroller nach der Installation seine Replikationsdaten nicht über das Netzwerk beziehen, sondern einen Datenträger verwenden, den Sie auf Basis der aktuellen Active Directory-Daten erstellt haben, müssen zuvor einige Vorbereitungen getroffen werden.

Für die Installation eines Domänencontrollers in Niederlassungen oder bereits ausgelasteten Netzwerken bietet es sich an, auf einem Quelldomänencontroller zunächst Daten aus Active Directory zu exportieren, auf einen Datenträger zu kopieren und zur Niederlassung zu senden. Bei der Heraufstufung eines Domänencontrollers kann dieses Medium verwendet werden.

So muss der Domänencontroller in der Niederlassung nur noch das Delta zwischen Medium und aktuellen Daten mit seinen Replikationspartnern synchronisieren, was deutlich Netzwerklast spart. Auf den folgenden Seiten zeigen wir Ihnen, wie Sie dazu am besten vorgehen.

11.3.1 Vorbereiten des Active Directory-Installationsmediums

Um ein Installationsmedium vorzubereiten, müssen Sie sich an einem Domänencontroller mit Adminrechten anmelden. Gehen Sie im Anschluss folgendermaßen vor:

1. Öffnen Sie eine Eingabeaufforderung und geben Sie *ntdsutil* ein.
2. Geben Sie als Nächstes *activate instance ntds* ein und bestätigen Sie.
3. Geben Sie *ifm* ein und bestätigen Sie.
4. Geben Sie *create rodc c:\temp* ein, um ein Installationsmedium für einen RODC (schreibgeschützter Domänencontroller) zu erstellen. Um einen vollwertigen DC mit dem Installationsmedium zu erstellen, geben Sie *create full c:\temp* ein. Soll der *SYSVOL*-Ordner nicht mit eingeschlossen werden, verwenden Sie einen der beiden Befehle *create nosysvol rodc c:\temp* oder *create nosysvol full c:\temp*. Den Ordner können Sie natürlich beliebig ändern.
5. Beenden Sie Ntdsutil mit der wiederholten Eingabe von *quit*.
6. Überprüfen Sie, ob der Ordner erstellt wurde und die Daten darin enthalten sind.

11.3.2 Domänencontroller mit Medium installieren

Kopieren Sie die Daten auf ein Medium und legen Sie dieses in den Server ein, den Sie damit installieren wollen. Soll die Installation unbeaufsichtigt erfolgen (siehe die Hinweise am Ende dieses Kapitels), verwenden Sie die Variable */ReplicationSourcePath*.

Verwenden Sie den Assistenten in der grafischen Oberfläche, aktivieren Sie auf der Seite *Installieren von Medium* die Option *Daten von Medien an folgendem Speicherort replizieren* und wählen Sie den lokalen Ordner aus, in dem die Daten abgelegt wurden. Dieses Fenster erscheint, wenn Sie über den Installations-Assistenten von Active Directory einen zusätzlichen Domänencontroller installieren (siehe Kapitel 12).

11.4 Active Directory mit PowerShell installieren

Auch Core-Server können Sie als Domänencontroller verwenden. In Kapitel 13 kommen wir ausführlich auf das Thema zurück. Die Installation von Active Directory nehmen Sie in diesem Fall zum Beispiel über die PowerShell vor. Das funktioniert natürlich auch auf herkömmlichen Domänencontrollern.

Mit dem Cmdlet *Install-ADDSDomainController* installieren Sie in einer bestehenden Domäne einen neuen Domänencontroller. Mit *Install-ADDSDomain* installieren Sie eine neue Domäne, mit *Install-ADDSForest* eine neue Gesamtstruktur.

Um einen Domänencontroller herabzustufen, verwenden Sie das Cmdlet *Uninstall-ADDSDomainController*. Es fragt alle notwendigen Optionen an und startet den Server neu, wenn Sie die Optionen nicht bereits mit dem Cmdlet konfiguriert haben. Konfigurationen wie DNS-Server und globaler Katalog nehmen Sie anschließend vor. Diese Aufgaben müssen Sie nicht mehr im Assistenten zur Installation vorgeben.

Bevor Sie einen Core-Server als Domänencontroller installieren, nehmen Sie die IP-Einstellungen auf dem Server vor. Gehen Sie dazu vor, wie in den Kapiteln 2, 3, 4 und 6 beschrieben. Sie haben auch die Möglichkeit, Active Directory in der grafischen Benutzeroberfläche zu installieren und danach die grafische Oberfläche vom Server zu entfernen (siehe Kapitel 3). Alternativ aktivieren Sie die Remoteverwaltung und nehmen die Einrichtung über Verwaltungstools von anderen Servern vor oder über eine Arbeitsstation. In diesem Fall nehmen Sie den Core-Server in die Domäne auf (siehe Kapitel 6), verbinden sich mit dem Server über einen anderen Rechner und den Server-Manager. Über diesen Weg können Sie auf einem Core-Server Active Directory genauso installieren wie mit lokalen Verwaltungswerkzeugen.

Um Active Directory mit der PowerShell zu installieren, geben Sie in der Eingabeaufforderung zunächst *PowerShell* ein. Im ersten Schritt müssen Sie mit *Install-WindowsFeature AD-Domain-services -IncludeManagementTools* die Active Directory-Domänendienste auf dem Server installieren.

Anschließend stehen die bereits genannten Cmdlets zur Verfügung. Geben Sie keine Optionen für die Cmdlets ein, fragt der Assistent die notwendigen Daten ab. Sie können sich die Befehle anzeigen lassen, wenn Sie den Assistenten auf einem Server durchlaufen und sich am Ende das Skript anzeigen lassen. Hier sehen Sie die Befehle und Optionen, die Sie für die PowerShell benötigen.

Um zum Beispiel einen neuen Domänencontroller zu installieren, verwenden Sie das Cmdlet *Install-ADDSDomainController*. Damit der Befehl funktioniert, geben Sie den Namen der Domäne mit und konfigurieren das Kennwort für den Verzeichnisdienst-Wiederherstellungsmodus als SecureString. Dazu verwenden Sie folgenden Befehl:

Install-ADDSDomainController -DomainName <DNS-Name der Domäne>
-SafeModeAdministratorPassword (Read-Host -Prompt Kennwort -AsSecureString)

Der Befehl fragt nach dem Kennwort für den Verzeichnisdienst-Wiederherstellungsmodus und speichert dieses als sichere Zeichenfolge ab.

Sie können natürlich alle notwendigen Optionen für die Installation im Cmdlet angeben, zum Beispiel noch die Installation von DNS oder die Funktionsebene von Domäne und Gesamtstruktur. Dazu verwenden Sie zum Beispiel die Befehle:

- *-ForestMode <{Win2012R2 | Win2016}>*
- *-DomainMode <{ Win2012R2 | Win2016 }>*

Active Directory

- *-InstallDNS <{$false | $true}>*
- *-SafeModeAdministratorPassword <secure string>*

Eine neue Gesamtstruktur installieren Sie mit dem Cmdlet *Install-ADDSForest -Domainname <DNS-Name>*. Ein Beispiel für die Ausführung ist folgender Befehl:

Install-ADDSForest -DomainName corp.contoso.com -CreateDNSDelegation -DomainMode Win2016 -ForestMode Win2016 -DatabasePath d:\NTDS -SYSVOLPath d:\SYSVOL -LogPath e:\Logs

In Kapitel 13 zeigen wir Ihnen, wie Sie in einer Gesamtstruktur weitere Domänencontroller, Domänen oder Strukturen integrieren. Um zum Beispiel eine neue Domäne im Betriebsmodus Windows Server 2012R2 in einer Gesamtstruktur zu installieren, verwenden Sie den Befehl:

Install-ADDSDomain SafeModeAdministratorPassword -Credential (Get-Credential corp\EnterpriseAdmin1) -NewDomainName child -ParentDomainName corp.contoso.com -InstallDNS -CreateDNSDelegation -DomainMode Win2012R2 -ReplicationSourceDC DC1.corp.contoso.com -SiteName Houston -DatabasePath d:\NTDS -SYSVOLPath d:\SYSVOL -LogPath e:\Logs -Confirm: $False

Um in dieser Domäne dann wiederum einen weiteren Domänencontroller zu installieren, verwenden Sie den Befehl

Install-ADDSDomainController -Credential (Get-Credential corp\administrator) -DomainName corp.contoso.com

Ist der entsprechende Server bereits Mitglied der Domäne und haben Sie sich mit einem Domänenadministrator angemeldet, können Sie den Befehl *Install-ADDSDomainController -DomainName corp.contoso.com* verwenden. Ein weiteres Beispiel für die Installation eines neuen Domänencontrollers ist:

Install-ADDSDomainController -Credential (Get-Credential contoso\EnterpriseAdmin1) -CreateDNSDelegation -DomainName corp.contoso.com -SiteName Boston -InstallationMediaPath "c:\ADDS IFM" -DatabasePath "d:\NTDS" -SYSVOLPath "d:\SYSVOL" -LogPath "e:\Logs"

In Kapitel 13 zeigen wir Ihnen ausführlich, wie Sie schreibgeschützte Domänencontroller (RODC) installieren und Core-Server als zusätzliche Domänencontroller. Sie können diese Domänencontroller in der PowerShell installieren. Ein Beispiel ist:

Add-ADDSReadOnlyDomainControllerAccount -DomainControllerAccountName RODC1-DomainName corp.contoso.com -SiteName Boston DelegatedAdministrator AccountName joost

Um dann auf dem Server Active Directory zu installieren, verwenden Sie:

Install-WindowsFeature -Name AD-Domain-Services -IncludeManagementTools

Den Server stufen Sie dann mit dem folgenden Befehl zum Domänencontroller:

Install-ADDSDomainController -DomainName corp.contoso.com -SafeModeAdministratorPassword (Read-Host -Prompt "DSRM Password:" -AsSecureString) -Credential (Get-Credential Corp\joost) -UseExistingAccount

Mehr zu diesem Thema lesen Sie in Kapitel 13.

Beispiel: Erstellen einer neuen Active Directory-Gesamtstruktur in der PowerShell

Eine neue Gesamtstruktur wird mit dem Befehl *Install-ADDSForest* installiert. Mit verschiedenen Optionen lassen sich die Daten der Gesamtstruktur mitgeben, um eine Domäne zu installieren. Eine typische Testumgebung sieht folgendermaßen aus:

```
Install-ADDSForest
 -CreateDnsDelegation:$false
 -DatabasePath "C:\Windows\NTDS"
 -DomainMode "Win2012R2"
 -DomainName "testdom.int"
 -DomainNetbiosName "testdom"
 -ForestMode "Win2016"
 -InstallDns:$true
 -LogPath "C:\Windows\NTDS"
 -NoRebootOnCompletion:$false
 -SysvolPath "C:\Windows\SYSVOL"
 -Force:$true
```

Wird der Befehl ausgeführt, müssen Sie nur noch das Kennwort für den Verzeichnisdienstwiederherstellungsmodus eingeben. Anschließend wird die Domäne und die Gesamtstruktur erstellt. Während der Installation der Gesamtstruktur wird der Server automatisch neu gestartet.

Anschließend ist die Domäne einsatzbereit. Im Rahmen der Installation wird auf dem Server auch der DNS-Dienst installiert. Nachdem der Server zum Domänencontroller heraufgestuft wurde, wird die DNS-Zone der Domäne automatisch mit sicheren DNS-Updates konfiguriert. Das heißt, es können sich zwar neue Clients in der DNS-Zone registrieren, aber nur dann, wenn sie Mitglied der Domäne sind.

11.5 Virtuelle Domänencontroller betreiben – Klonen und Snapshots

Mit Windows Server 2012R2 hat Microsoft den Betrieb von virtuellen Domänencontrollern optimiert. Auch in Windows Server 2022 ist das Klonen möglich. Im Gegensatz zu Vorgängerversionen stellen Snapshots und geklonte Domänencontroller keine Gefahr mehr für das komplette Active Directory dar. Microsoft empfiehlt sogar, Domänencontroller virtuell zu klonen, da sich so neue Domänencontroller wesentlich schneller zur Verfügung stellen lassen als mit einer herkömmlichen Installation.

Damit Sie Domänencontroller optimal virtualisieren und auch klonen können, müssen mindestens folgende Bedingungen eingehalten werden:

- Der PDC-Emulator muss sich auf einem Domänencontroller mit Windows Server 2012/2012R2 oder Windows Server 2016//2019/2022 befinden (siehe Kapitel 10).
- Der PDC-Emulator selbst kann prinzipiell ebenfalls geklont werden, allerdings sind hier zahlreiche Neustarts und Einstellungen notwendig. Welcher DC im Netzwerk der PDC-Emulator ist, kann auf einem Domänencontroller in der Befehlszeile mit *dsquery server -hasfsmo pdc* abgefragt werden. Soll auch der PDC-Emulator geklont werden, arbeitet Windows mit einer temporären ID und muss ein bis zwei Mal die Server neu starten. Dies kann zu Problemen führen. Einfacher ist es, wenn der Domänencontroller kein PDC-Emulator ist.

- Die Virtualisierungslösung muss diese neue Technik unterstützen (VM-Generation ID). Aktuell ist das vor allem Hyper-V in Windows Server 2012/2012R2/2016/2019/2022 und VMware vSphere 6/6.5/6.7/7.
- Handelt es sich bei dem geklonten Domänencontroller um einen globalen Katalog, dann ist der Klon danach ebenfalls als globaler Katalog verfügbar.

Ob die von Ihnen eingesetzte Virtualisierungslösung die neue VM-Generation ID unterstützt, erkennen Sie im Geräte-Manager eines virtualisierten Servers mit Windows Server 2022. Bei den Systemgeräten muss der Treiber *Microsoft Hyper-V-Generierungszähler (Microsoft Hyper-V Generation Counter)* mit der Treiberdatei *vmgencounter.sys* existieren. Den Geräte-Manager öffnen Sie am schnellsten mit *devmgmt.msc*.

11.5.1 Möglichkeiten zur Virtualisierung von Domänencontrollern

Mit Windows Server 2022 haben Sie zum Beispiel die Möglichkeit, einen virtuellen Domänencontroller zu installieren, diese mit Sysprep vorzubereiten und dieses Image für das Klonen zu verwenden. Um einen Domänencontroller zu klonen, ist die Datei *DCCloneConfig.xml* wichtig. Diese muss sich im Ordner mit der Active Directory-Datenbank befinden (standardmäßig *C:\Windows\NTDS*).

Kopieren Sie die virtuelle Festplatte des virtuellen Domänencontrollers oder exportieren und importieren Sie den virtuellen Server zu einem neuen Server, erkennt das Windows Server 2022. Das Betriebssystem stuft den neuen Server automatisch zum Domänencontroller, erstellt eine neue lokale Active Directory-Datenbank und verwendet als Replikationsquelle die geklonte lokale Datenbank. Nach der erfolgreichen Heraufstufung repliziert sich der neue Domänencontroller dann ganz normal mit den anderen Domänencontrollern, wie jeder andere Domänencontroller auch.

Sie können mit diesem Klonvorgang Domänencontroller auch in neue Domänen, Strukturen oder sogar Gesamtstrukturen installieren. Damit die Sicherheit in Active Directory nicht beeinträchtigt wird, lässt sich der Vorgang auch delegieren. So müssen Domänenadmins das Klonen von neuen Domänencontrollern erst genehmigen. Das Klonen nehmen dann Hyper-V-Admins vor. Das müssen nicht unbedingt dieselben Mitarbeiter sein. Die Grundlage, um virtuelle Domänencontroller zu klonen, ist die Datei *DCCloneConfig.xml*. Diese müssen Sie in der PowerShell erstellen lassen. Es lassen sich generell alle Domänencontroller klonen, Sie müssen keine besonderen Vorbereitungen treffen.

Windows Server 2022 erkennt ein Zurücksetzen mit einem Snapshot und kann die fehlenden Daten zwischen lokaler Active Directory-Datenbank und der Datenbank von anderen Domänencontrollern replizieren. Sie müssen bei diesen Vorgängen nichts beachten, sondern können beliebige Snapshots erstellen und diese wieder zurücksetzen, wenn das notwendig ist.

Dazu erhält neben jeder Transaktion in Active Directory (USN) auch jede Active Directory-Datenbank selbst eine ID, InvocationID genannt. Zusammen mit der USN einer Transaktion und der InvocationID der Active Directory-Datenbank auf dem jeweiligen Domänencontroller ergibt das eine eindeutige Nummerierung aller Transaktionen in Active Directory. Installieren Sie einen Domänencontroller mit Windows Server 2022 auf einem Hyper-V-Host mit Windows Server 2022, erstellt der Server eine eindeutige VM Generation ID und speichert diese im Computerobjekt des Domänencontrollers in Active Directory. Auf diesem Weg kann Active Directory erkennen, welcher Domänencontroller virtuell betrieben wird und wie dessen ID lautet. Setzen Sie einen Snapshot auf einem Windows Server 2022-Domänencontroller zurück, erkennt Active Directory das.

11.5.2 Bereitstellung virtueller Domänencontroller vorbereiten – XML-Dateien erstellen

Um einen virtuellen Domänencontroller zu klonen, müssen Sie für den Server eine Datei *DCCloneConfig.xml* in der PowerShell erstellen. Diese Datei können Sie auf Basis einer Vorlage erstellen und an Ihre eigenen Bedürfnisse anpassen.

Damit ein Domänencontroller geklont werden kann, muss er Mitglied der Gruppe *Klonbare Domänencontroller* sein. Erscheint später beim Klonen ein Fehler, können Sie die Gruppe in *Cloneable Domain Controllers* umbenennen. Danach sollte das Klonen funktionieren. Vor dem Fortfahren sollten Sie den Inhalt der Konfigurationsdatei überprüfen.

Vor dem Klonen eines Domänencontrollers müssen Sie in der PowerShell mit *Get-ADDCCloningExcludedApplicationList -generatexml* überprüfen, ob es auf dem Server Anwendungen gibt, die nicht ohne Weiteres geklont werden dürfen. Liegen solche Anwendungen vor, besteht der beste Weg darin, diese zu deinstallieren. Die Anwendungen finden Sie im Verzeichnis *C:\Windows\ntds.*

In diesem Verzeichnis ist auch die AD-Datenbank gespeichert. Das Verzeichnis spielt beim Klonen eines Domänencontrollers eine zentrale Rolle. Hier liegt auch die Steuerungsdatei für das Klonen. Diese wird ebenfalls in der PowerShell mit *New-ADDCCloneConfigFile* erstellt. Im Rahmen der Erstellung können Sie auch verschiedene Werte für den DC angeben.

Entdeckt das Cmdlet nicht-kompatible Dienste, zum Beispiel den DHCP-Dienst oder einen installierten Virenscanner, erhalten Sie entsprechende Informationen. In diesem Fall müssen Sie den entsprechenden Dienst erst vom Server entfernen. Alternativ tragen Sie den Dienst später in die Datei *CustomDCCloneAllowList.xml* ein. Diese muss in etwa folgendermaßen aussehen:

```
<?xml version=1.0 encoding=utf-8 ?>
<AllowList>
    <Allow>
      <Name></Name>
      <Type>Service</Type>
    </Allow>
    <Allow>
      <Name></Name>
      <Type>Program</Type>
    </Allow>
</AllowList>
```

List. 11.1 Beispiel für eine angepasste Datei *CustomDCCloneAllowList.xml*

Eine Liste der Anwendungen und Dienste, die das Klonen unterstützen, finden Sie in der Datei *c:\Windows\system32\DefaultDCCloneAllowList.XML* auf dem virtuellen Domänencontroller. Die Konfiguration für das Klonen nehmen Sie später in der Datei *DCCloneConfig.xml* vor. Die Beispieldatei *SampleDCCloneConfig.xml* finden Sie im Ordner *C:\Windows\System32.*

In der XML-Datei pflegen Sie in den verschiedenen Bereichen die IP-Adresse des neuen Servers sowie die Subnetzmaske, das Standardgateway und die DNS-Server, die der neue Server zur Namensauflösung verwenden soll. Sie legen hier auch den neuen Namen des Domänencontrollers fest.

Nachdem Sie die Datei *DCCloneConfig.xml* erstellt haben, kopieren Sie diese in den Ordner mit der Active Directory-Datenbank, also normalerweise in den Ordner *C:\Windows\NTDS*. Den Ordner legen Sie während der Heraufstufung zum Domänencontroller fest. In der PowerShell erstellen Sie die Datei neu, indem Sie das Cmdlet *New-ADDCCloneConfigFile* verwenden. Beispiel:

New-ADDCCloneConfigFile -Offline -CloneComputerName CloneDC1 -SiteName REDMOND -IPv4Address "10.0.0.2" -IPv4DNSResolver "10.0.0.1" -IPv4SubnetMask "255.255.0.0" -IPv4DefaultGateway "10.0.0.1" -Static -Path F:\Windows\NTDS

Befinden sich auf dem Quellserver nicht-kompatible Anwendungen, die das Cmdlet *Get-ADDCCloningExcludedApplicationList* anzeigt, müssen Sie diese entweder entfernen oder in die Datei *CustomDCCloneAllowList.xml* im gleichen Ordner aufnehmen.

11.5.3 Quelldomänencontroller vor dem Klonen überprüfen und vorbereiten

Der Quelldomänencontroller muss mit dem PDC-Master der Domäne kommunizieren können (siehe Kapitel 10). Das testen Sie zum Beispiel mit den beiden Befehlen *dcdiag /test:locatorcheck /v* und *nltest /server:<PDC-Emulator> /dclist:<Domäne>*. Mehr zu den beiden Befehlen lesen Sie in den Kapiteln 10 und 15.

Sie können nur Quelldomänencontroller klonen, die Mitglied der Gruppe *Klonbare Domänencontroller* in Active Directory sind. Nehmen Sie Domänencontroller dazu am besten im Snap-In *Active Directory-Benutzer und -Computer* auf der Registerkarte *Mitglied von* in dieser Gruppe auf.

Sie können nur Domänencontroller klonen, die nicht eingeschaltet sind. Das heißt, Sie müssen den entsprechenden Domänencontroller herunterfahren, bevor Sie ihn klonen können.

11.5.4 Festplatten von virtuellen Domänencontrollern kopieren

Wenn ein Domänencontroller für das Klonen vorbereitet wurde, kann er geklont werden. In virtuellen Umgebungen können Sie dazu zum Beispiel die Funktion zum Exportieren von VMs verwenden. Vor dem Klonen sollten Sie alle Snapshots löschen und den Server herunterfahren. Ist der Export- oder Kopiervorgang abgeschlossen, kann der Quell-DC wieder gestartet werden.

Der nächste Schritt ist das Importieren des zuvor exportierten Servers, zum Beispiel in Hyper-V. Beim Beispiel von Hyper-V wird die Option *Virtuellen Computer kopieren (neue eindeutige ID erstellen)* verwendet. Sobald der Vorgang durchgeführt wurde, kann auch der geklonte DC gestartet werden. Beim Starten erkennt Windows die erstellten Konfigurationsdateien und führt den Klonvorgang durch. Der Status wird im Fenster angezeigt.

Um die Festplatten eines virtuellen Domänencontrollers zu kopieren, den Sie klonen wollen, haben Sie zwei Möglichkeiten. Sie können die Festplatten mit dem Explorer kopieren und in einen neuen Server einbinden oder Sie exportieren den virtuellen Computer (siehe Kapitel 8). Microsoft empfiehlt, immer alle virtuellen Festplatten eines virtuellen Domänencontrollers zu kopieren, nicht nur die Systemfestplatte.

Bevor Sie einen virtuellen Domänencontroller exportieren oder dessen virtuelle Festplatten kopieren, löschen Sie zuvor alle seine Snapshots. Sie können nach dem Vorgang problemlos Snapshots für den neuen Domänencontroller und für den Quell-DC erstellen.

Wo die virtuellen Festplatten des Domänencontrollers gespeichert sind, sehen Sie im Hyper-V-Manager in dessen Einstellungen im Bereich *IDE-Controller* oder *SCSI-Controller.*

Sie können die virtuellen Festplatten auch in der PowerShell mit den Cmdlets *Get-VMIdeController*, *Get-VMScsiController*, *Get-VMFibreChannelHba* und *Get-VMHardDiskDrive* abfragen.

Um einen virtuellen Server zu exportieren, müssen Sie ihn ausschalten. Anschließend erscheint im Kontextmenü des Servers der Menübefehl *Exportieren*.

11.5.5 Geklonten Domänencontroller für die Aufnahme in Active Directory vorbereiten

Bevor Sie den neuen Domänencontroller in Active Directory aufnehmen können, müssen Sie die durch den Klonvorgang angepasste Datei *DCCloneConfig.xml* vom Quellcomputer in den Ordner mit der Active Directory-Datenbank, also normalerweise in den Ordner *C:\Windows\NTDS*, vom Quell- auf den Zielcomputer kopieren. Windows hat den Namen der Datei angepasst, um zu zeigen, dass ein Klonvorgang stattgefunden hat. Ändern Sie den Namen wieder um zu *DCCloneConfig.xml*.

Bis Sie den Zielcomputer in Active Directory eingebunden haben, muss der Quell-DC ausgeschaltet bleiben. Der Ziel-DC muss aber Kontakt zum PDC-Emulator der Domäne aufbauen können, von der er geklont wurde (siehe Kapitel 10).

Befinden sich auf dem Quellserver nicht-kompatible Anwendungen, die das Cmdlet *Get-ADDCCloningExcludedApplicationList* anzeigt, müssen Sie die Datei *CustomDCCloneAllowList.xml* im gleichen Ordner aufnehmen. Dazu starten Sie aber den neuen virtuellen Domänencontroller nicht, sondern binden seine virtuelle Festplatte in den Explorer des Hyper-V-Hosts ein und kopieren die Datei (siehe Kapitel 6). Nach dem Kopieren werfen Sie die virtuelle Festplatte wieder aus.

Anschließend erstellen Sie entweder einen neuen virtuellen Computer und verwenden die kopierte Festplatte (siehe Kapitel 7) oder Sie importieren den exportierten Server (siehe Kapitel 8) mit dem Hyper-V-Manager oder der PowerShell. Beim Importieren wählen Sie die Option *Virtuellen Computer kopieren* aus.

Starten Sie den Domänencontroller, liest er die Datei *DCCloneConfig.xml* ein und bereitet sich selbst für das Klonen vor. Während des Windows-Starts erhalten Sie eine entsprechende Meldung.

Melden Sie sich nach dem erfolgreichen Start an, können Sie die Domänendienste normal nutzen. Überprüfen Sie, ob sich der neue Domänencontroller in Active Directory eingebunden hat (siehe Kapitel 15). Der Domänencontroller muss in der OU *Domain Controllers* in *Active Directory-Benutzer und -Computer* eingetragen sein. Als Name verwendet der Klonvorgang den Namen, den Sie in der Datei *DCCloneConfig.xml* eingetragen haben.

Außerdem muss Windows eine Replikationsverbindung eingetragen haben. Testen Sie diese über das Kontextmenü.

Achten Sie darauf, dass weder der Quell- noch der Ziel-DC über aktive Snapshots verfügen darf. Löschen Sie alle Snapshots. Sie können nach dem Klonvorgang für beide Domänencontroller neue Snapshots erstellen.

Achten Sie darauf, dass der Quell-DC ausgeschaltet ist und der PDC-Emulator der Quelldomäne verfügbar ist. Starten Sie anschließend die Ziel-VM. Diese muss eine Verbindung zum PDC-Emulator aufbauen können. Der Quell-DC darf im Netzwerk aber nicht online sein.

In der Ereignisanzeige finden Sie Einträge der IDs 29218 und 29248 bis 29266. Achten Sie außerdem auf die Quellen *Microsoft-Windows-DirectoryServices-DSROLE-Server* und *Microsoft-Windows-ActiveDirectory_DomainService.*

11.6 Domänencontroller entfernen

In Kapitel 15 zeigen wir Ihnen, wie Sie einen Domänencontroller in Active Directory bei einem Fehler entfernen und die Metadaten bereinigen. In Windows Server 2022 können Sie dazu zunächst nur das Computerkonto aus der Organisationseinheit *Domain Controllers* entfernen und hier die Metadaten löschen lassen.

11.6.1 Herabstufen eines Domänencontrollers in der PowerShell

Ein gelöschtes Domänencontrollerkonto können Sie mit dem Active Directory-Verwaltungscenter und dem Active Directory-Papierkorb wiederherstellen (siehe Kapitel 12). Damit das funktioniert, müssen Sie den Active Directory-Papierkorb aber zunächst aktivieren. In Kapitel 12 zeigen wir Ihnen, wie Sie dazu vorgehen.

Um einen Domänencontroller herabzustufen, also von einem Domänencontroller zu einem Mitgliedsserver zu machen, verwenden Sie das Cmdlet *Uninstall-ADDSDomainController*. Mehr zu diesem Thema lesen Sie in Kapitel 15.

Um einen Domänencontroller herabzustufen, verwenden Sie den folgenden Befehl:

UnInstall-ADDSDomainController -LocalAdministratorPassword (Read-Host -Prompt Kennwort -AsSecureString

Über diesen Weg setzen Sie gleich das lokale Kennwort des Administrators. Handelt es sich um den letzten Domänencontroller, verwenden Sie noch die Option *-LastDomaincontrollerInDomain*. Lesen Sie sich zu diesen Anmerkungen Kapitel 15 durch. Haben Sie den Domänencontroller herabgestuft, können Sie die Active Directory-Domänendienste-Rolle ebenfalls in der PowerShell entfernen (siehe Kapitel 4). Dazu verwenden Sie zum Beispiel den folgenden Befehl:

Uninstall-WindowsFeature AD-Domain-Services

11.6.2 Entfernen von Active Directory über den Server-Manager

Starten Sie auf einem Domänencontroller den Assistenten zum Entfernen von Rollen und Features im Server-Manager, können Sie den Domänencontroller herabstufen und die Binärdateien ebenfalls entfernen. Lesen Sie sich dazu Kapitel 4 durch.

Starten Sie den Assistenten zum Entfernen und wählen Sie Active Directory-Domänendienste zum Entfernen aus. Der Assistent erkennt, dass der Server bereits zum Domänencontroller heraufgestuft wurde, und bietet eine Herabstufung über den Link *Diesen Domänencontroller tiefer stufen* an.

Haben Sie den Link ausgewählt, startet der Assistent zur Herabstufung. Sie können im Fenster auswählen, ob der Server eine Verbindung zu anderen Domänencontrollern aufbauen soll, um sich herabzustufen, oder ob Sie Active Directory erzwungen vom Server entfernen wollen.

Auf der nächsten Seite des Fensters erhalten Sie Informationen, welche Rollen auf dem Server von dem Entfernen betroffen sind, vor allem, ob es sich um einen DNS-Server oder einen globalen Katalog handelt. Anschließend müssen Sie das Entfernen dieser Rollen sowie das Entfernen der DNS-Delegierung noch bestätigen. Im Assistenten legen Sie auch das neue lokale Administratorkennwort fest. Durch einen Klick auf *Tiefer stufen* entfernen Sie schließlich den Domänencontroller.

11.7 Migration zu Windows Server 2022-Active Directory

Sie können Domänencontroller mit Windows Server 2022 auch in Netzwerken mit Windows Server 2008/2008 R2/2012/2016/2019 integrieren. Dazu muss allerdings das Schema vorbereitet werden, wenn nicht Windows Server 2016 zum Einsatz kommt, da hier die Version identisch mit der von Windows Server 2019/2022 ist. Sie verwenden dazu das Tool *adprep* von der Windows Server 2022-DVD aus dem Verzeichnis *support\adprep*.

Mit der zusätzlichen Option */logdsid* aktivieren Sie eine detailliertere Protokollierung. Die Datei *adprep.log* befindet sich im Ordner *%WinDir%\System32\Debug\Adprep\Logs*.

Der Befehl *adprep /domainprep /gpprep* wird bei der AD DS-Installation ausgeführt. Mit dem Befehl werden Berechtigungen festgelegt, die für den Richtlinienergebnissatz (Resultant Set of Policy, RSOP) wichtig sind. Wir gehen nachfolgend auf die einzelnen Vorgänge ein.

11.7.1 Domänen zu Windows Server 2022 aktualisieren

Eine direkte Aktualisierung zu Windows Server 2022 ist nur für Domänencontroller mit Windows Server 2012/2012 R2/2016/2019 möglich, wird aber von Microsoft nicht empfohlen (siehe Kapitel 2 und 3). Achten Sie dabei auf die Übertragung der Betriebsmaster (siehe Kapitel 10 und 15).

Damit Sie Domänencontroller mit Windows Server 2022 in Domänen integrieren können, muss die Gesamtstrukturfunktionsebene und die Domänenfunktionsebene auf Windows Server 2008 R2 oder höher gesetzt sein.

Wollen Sie Domänencontroller zu Windows Server 2022 aktualisieren, müssen Sie zunächst das Schema der Gesamtstruktur erweitern. Dazu führen Sie den Befehl *adprep /forestprep* auf einem Domänencontroller aus. Sie finden das Tool im Ordner *support\adprep* auf der Windows Server 2022-DVD.

Damit Sie das Schema erweitern können, müssen Sie zuvor noch mit der Taste [C] die Erweiterung bestätigen. Nach der Aktualisierung des Schemas müssen Sie mit *adprep /domainprep* die einzelnen Domänen aktualisieren.

11.8 Das Active Directory-Verwaltungscenter und PowerShell

Die meisten Bereiche für Routineaufgaben können Sie im Active Directory-Verwaltungscenter durchführen. Das Tool verbindet sich über die Active Directory-Webdienste mit Active Directory und stellt Routineaufgaben zur Verfügung.

Sie starten das Active Directory-Verwaltungscenter entweder über die Programmgruppe *Tools* im Server-Manager oder indem Sie *dsac* im Suchfeld der Taskleiste eintippen. Auf der linken Seite der Konsole navigieren Sie durch die Domäne und die Organisationseinheiten. Im linken oberen Bereich können Sie die Ansicht anpassen.

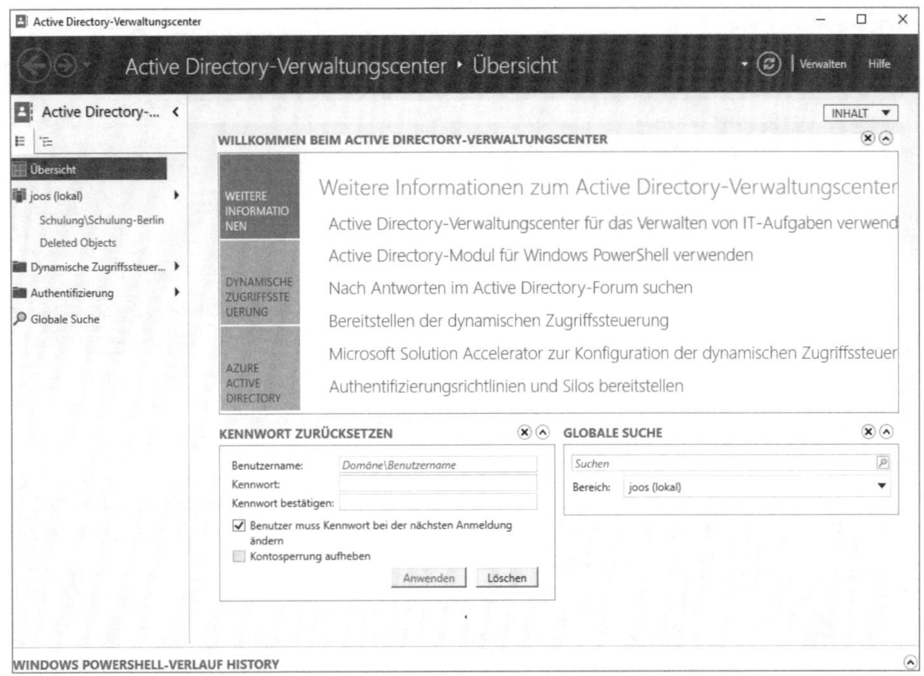

Abb. 11.5 Das Active Directory-Verwaltungscenter in Windows Server 2022

Verwenden Sie die linke Ansicht, verhält sich die Navigation ähnlich zu der im Startmenü. Über die Kategorie *Globale Suche* können Sie in allen Domänen der Gesamtstruktur suchen, unabhängig von der Domäne, mit der Sie aktuell verbunden sind.

Direkt auf der Startseite können Sie häufige Aufgaben durchführen, wie das Zurücksetzen eines Benutzerkennworts oder das Durchsuchen von Active Directory. Sie können die Seite durch Anzeigen oder Ausblenden verschiedener Fenster anpassen.

Wenn Sie das Active Directory-Verwaltungscenter öffnen, wird die Domäne, an der Sie derzeit auf diesem Server angemeldet sind, im linken Bereich des Active Directory-Verwaltungscenters angezeigt. Auch Domänen, die nicht zu derselben Gesamtstruktur wie die lokale Domäne gehören, können Sie anzeigen und verwalten, wenn diese über eine Vertrauensstellung verfügen. Sowohl unidirektionale als auch bidirektionale Vertrauensstellungen werden unterstützt.

In der Listenansicht können Sie Spalten anzeigen, die mehr Informationen anzeigen als das Snap-In *Active Directory-Benutzer und -Computer*. Sie können Ihre Active Directory-Domänen über verschiedene Domänencontroller verwalten. Dazu klicken Sie die Domäne mit der rechten Maustaste an und wählen *Domänencontroller ändern* an. Über diesen Weg ändern Sie auch die Funktionsebene von Gesamtstruktur und Domäne und aktivieren den Active Directory-Papierkorb für die entsprechende Gesamtstruktur.

Klicken Sie auf *Verwalten/Navigationsknoten hinzufügen* und im daraufhin geöffneten Fenster rechts unten auf den Link *Verbindung mit anderen Domänen herstellen*. Tippen Sie in das Feld *Verbindung herstellen* den Namen der Domäne ein, die Sie zusätzlich verwalten wollen. Wählen Sie die Container aus, die dem Navigationsbereich hinzugefügt werden sollen.

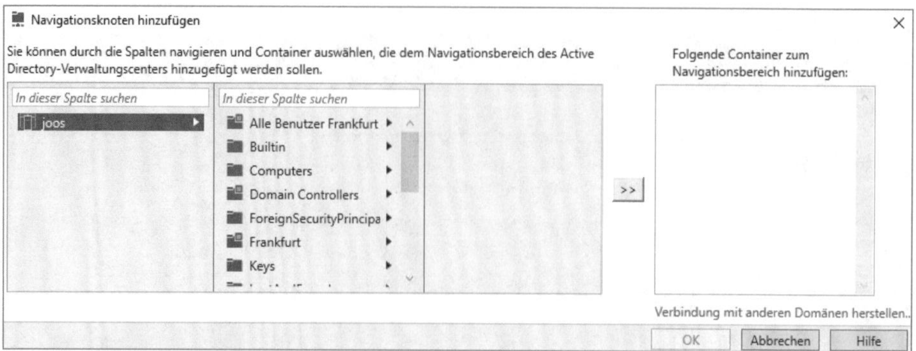

Abb. 11.6 Anpassen der Oberfläche von Active Directory-Verwaltungscenter

Sie können das Active Directory-Verwaltungscenter mit unterschiedlichen Anmeldeinformationen öffnen, indem Sie den Befehl *runas /user:<Domäne\Benutzerkonto> dsac* verwenden, zum Beispiel über eine Verknüpfung. Vor dem Start erscheint dann ein Fenster, in dem Sie das Kennwort für das Konto eingeben.

Zur Anpassung des Navigationsbereichs können Sie Navigationsknoten hinzufügen, umbenennen oder entfernen, Duplikate dieser Knoten erstellen oder sie im Navigationsbereich nach oben oder unten verschieben. Klicken Sie mit der rechten Maustaste auf den Knoten, den Sie ändern möchten. Sie können die Position oder den Namen des Knotens ändern oder den Knoten duplizieren.

Die Liste der zuletzt verwendeten Objekte wird automatisch unter einem Navigationsknoten angezeigt, wenn Sie mindestens einen Container innerhalb dieses Navigationsknotens besuchen. Für jeden Navigationsknoten können Sie einen bestimmten Domänencontroller konfigurieren.

Um Active Directory zu verwalten, Fehler zu beheben oder Informationen abzurufen, stehen vor allem die bekannten Verwaltungstools der Managementkonsole zur Verfügung. Dazu gehören die Verwaltung der Benutzer und Computer mit der Konsole *Active Directory-Benutzer und -Computer* (*dsa.msc*) und die der Standorte und Dienste mit *Active Directory-Standorte und -Dienste* (*dssite.msc*) oder das Active Directory-Verwaltungscenter (*dsac.exe*).

Diese Tools werden am häufigsten verwendet und lassen sich über ihre Startdatei aufrufen. Die Befehle können in der Eingabeaufforderung, im Suchfeld der Taskleiste und in der PowerShell aufgerufen werden. Die DNS-Verwaltung starten Sie mit *dnsmgmt.msc*, die Konsole *Active Directory-Domänen und -Vertauensstellungen* mit *domain.msc*.

11.8.1 Active Directory und die PowerShell

Um Active Directory-Objekte in der PowerShell abzurufen, stellt Microsoft zahlreiche neue Cmdlets zur Verfügung. Eine Liste erhalten Sie am schnellsten über den Befehl *Get-Command Get-Ad**. Um neue Objekte zu erstellen, gibt es ebenfalls zahlreiche neue Cmdlets. Die Liste dazu erhalten Sie durch Eingabe von *Get-Command New-Ad**.

Eine Liste mit Befehlen zum Löschen von Objekten zeigt die PowerShell mit *Get-Command Remove-Ad**. Änderungen an Active Directory-Objekten nehmen Sie mit Set-Cmdlets vor. Eine Liste erhalten Sie über *Get-Command Set-Ad**.

Im unteren Bereich des Active Directory-Verwaltungscenters ist die Windows *PowerShell History* zu finden. Diese bietet PowerShell-Befehle als Protokoll an. Dazu müssen Sie nur auf den Link klicken und sehen alle durchgeführten Aufgaben der grafischen Oberfläche als Befehl für die PowerShell. Dieses Fenster gilt aber nicht nur als Protokoll, sondern Sie können Befehle für Skripts aus dem Fenster herauskopieren.

Ebenfalls eine wichtige Funktion in der PowerShell ist das Cmdlet *Show-Command*. Dieses blendet ein Fenster mit allen Befehlen ein, die in der PowerShell verfügbar sind. Sie können im Fenster nach Befehlen suchen und sich eine Hilfe zum Befehl anzeigen lassen sowie Beispiele. Außerdem können Sie hier Befehle zusammenbauen und ausführen lassen.

Nicht alle Cmdlets eignen sich für eine Remoteverwaltung von Servern. Sie können vor allem die Cmdlets nutzen, die über die Option *-ComputerName* verfügen. Um sich alle Cmdlets anzeigen zu lassen, die diese Option unterstützen, also Server auch über das Netzwerk verwalten können, hilft der Befehl *Get-Help * -Parameter ComputerName*.

Haben Sie Active Directory installiert, stehen in Windows Server 2022 die bekannten Tools *Dcdiag*, *Repadmin* & Co. zur Analyse zur Verfügung. Für die Namensauflösung können Sie weiterhin *Nslookup* verwenden oder die Cmdlets zur Verwaltung von DNS, zum Beispiel *Resolve-DnsName*.

Damit Sie die Befehle ausführen können, müssen Sie an verschiedenen Stellen noch Kennwörter eingeben. Diese akzeptiert das entsprechende Cmdlet aber nur als sichere Eingabe. Ein Beispiel für den Befehl ist:

Test-ADDSDomainControllerInstallation -Domainname <DNS-Name der Domäne> -SafeModeAdministratorPassword (read-host -prompt Kennwort -AsSecureString)

Um zum Beispiel einen neuen Domänencontroller zu installieren, verwenden Sie das Cmdlet *Install-ADDSDomainController*. Damit der Befehl funktioniert, geben Sie den Namen der Domäne mit und konfigurieren das Kennwort für den Verzeichnisdienst-Wiederherstellungsmodus als SecureString. Dazu verwenden Sie folgenden Befehl:

Install-ADDSDomainController -Domainname <DNS-Name der Domäne> -SafeModeAdministratorPassword (read-host -prompt Kennwort -AsSecureString)

Der Befehl fragt nach dem Kennwort für den Verzeichnisdienst-Wiederherstellungsmodus und speichert dieses als sichere Zeichenfolge ab. Domänencontroller können Sie in der PowerShell an neue Standorte verschieben:

Get-ADDomainController <Name des Servers> | Move-ADDirectoryServer -Site <Name des Standortes>.

Sie können die Replikationsverbindungen in der PowerShell anzeigen. Dazu verwenden Sie den Befehl *Get-ADReplicationConnection*. Sie können sich in der PowerShell ausführliche Informationen zu den einzelnen Standorten anzeigen lassen. Dazu verwenden Sie den Befehl *Get-ADReplicationSite -Filter **. Um sich nur den Namen anzeigen zu lassen, verwenden Sie *Get-ADReplicationSite -Filter * | ft Name*, eine Liste mit Domänencontrollern und Standorten erhalten Sie mit *Get-ADDomainController -Filter * | ft Hostname,Site*.

Falls Replikationsprobleme in Active Directory auftreten, sollten Sie zunächst sicherstellen, dass die Domänencontroller, die Probleme bei der Replikation haben, für den richtigen Standort konfiguriert sind. Dazu geben Sie in der Eingabeaufforderung den Befehl *nltest /dsgetsite* ein. In der Anzeige sehen Sie, welchem Standort der Domänencontroller zugewiesen ist und ob er seinen Standort auch erkennt.

Um sich die Domänencontroller im Netzwerk anzuzeigen, reicht es aus, wenn Sie den Befehl *Get-ADDomainController* eingeben. Dadurch erhalten Sie nicht nur den Namen, sondern auch Informationen zur Domäne, Organisationseinheit, GUID, IP-Adresse, FSMO-Rollen und mehr.

Wie alle Cmdlets kann dieses Cmdlet formatiert angezeigt werden, indem der Befehl *Get-ADDomainController |fl* genutzt wird und dahinter die Spalten, die angezeigt werden sollen. Wollen Sie zum Beispiel nur den Namen, das Betriebssystem, die IP-Adresse und die installierten FSMO-Rollen anzeigen lassen, verwenden Sie den Befehl

Get-ADDomainController |fl hostname, IPV4Address, OperationMasterroles, OperatingSystem

Mit *|ft* zeigen Sie die Informationen als formatierte Tabelle an.

Bei dem Cmdlet *Get-ADDomainController*, aber auch bei anderen Get-Cmdlets (siehe Kapitel 40) haben Sie die Möglichkeit, die Anzeige zu filtern. Ein Beispielfilter ist das Anzeigen von schreibgeschützten Domänencontrollern:

Get-ADDomainController -Filter {isreadonly -eq $true}

Um die schreibgeschützten Domänencontroller auszublenden, wird das folgende Cmdlet verwendet:

Get-ADDomainController -Filter {isreadonly -eq $false}

Nach dieser Syntax können Sie nach allen anderen Feldern filtern lassen, die sich über *Get-ADDomainController* anzeigen lassen. Dazu wird einfach die Option *-Filter* und der Name der Spalte in geschweiften Klammern zusammen mit der Option, ob der Filter zutreffen (*$true*) oder nicht zutreffen (*$false*) soll, verwendet.

In diesem Zusammenhang ist die Spalte *IsGlobalCatalog* interessant, da hier nach globalen Katalogen gefiltert werden kann. Das ist vor allem in größeren Umgebungen interessant.

11.8.2 Objekte schützen und wiederherstellen

In Windows Server 2022 sind Active Directory-Objekte vor dem versehentlichen Löschen geschützt. Dieser Schutz ist standardmäßig aktiviert. Nachdem Sie über das Menü *Ansicht* in *Active Directory-Benutzer und -Computer* die erweiterte Ansicht aktiviert haben, finden Sie auf der Registerkarte *Objekt* das Kontrollkästchen *Objekt vor zufälligem Löschen schützen* vor.

Diese Option steuert die Berechtigungen auf der Registerkarte *Sicherheit*. Der Gruppe *Jeder* wird der Eintrag *Löschen* verweigert. Dies äußert sich darin, dass ein Administrator vor dem Löschen eines solchen geschützten Objekts zunächst das Kontrollkästchen zu dieser Option deaktivieren muss.

Den Papierkorb für gelöschte Objekte verwalten Sie in Windows Server 2022 im Active Directory-Verwaltungscenter. Grundlage ist der Papierkorb von Active Directory, den Sie zunächst für die Gesamtstruktur aktivieren müssen. Diesen Vorgang nehmen Sie über das Kontextmenü der Gesamtstruktur auf der linken Seite der Konsole im Active Directory-Verwaltungscenter vor.

Um gelöschte Objekte wiederherzustellen, verwenden Sie am besten das Active Directory Administration Center in Windows Server 2022. Das hat den Vorteil, dass Ihnen eine grafische Oberfläche zur Verfügung steht. Nachdem Sie den Papierkorb aktiviert und das Active Directory-Verwaltungscenter neu gestartet haben, gibt es für die entsprechende Gesamtstruktur einen neuen Ordner *Deleted Objects*.

Werden die Eigenschaften von Organisationseinheiten in der Verwaltungskonsole *Active Directory-Benutzer und -Computer* aufgerufen, stehen nicht alle Optionen zur Verfügung. Es fehlen zum Beispiel die Einstellungen für die Sicherheit von Objekten.

In der Konsole kann über den Menüpunkt *Ansicht* die Option *Erweiterte Features* aktiviert werden. Ab diesem Moment werden die Eigenschaften erweitert und es werden mehr Einstellungen angezeigt.

Um Objekte davor zu schützen, dass sie von einem Administrator versehentlich gelöscht werden, kann die Option *Objekt vor zufälligem Löschen schützen* auf der Registerkarte *Objekt* aktiviert werden. Dadurch wird verhindert, dass ein Objekt löschbar ist.

Wird versucht, ein Objekt zu löschen, erscheint eine Fehlermeldung, dass die Berechtigungen dazu fehlen oder dass das Objekt bereits vor dem zufälligen Löschen geschützt ist. Um das Objekt zu löschen, reicht es aus, den Haken zu entfernen und es danach zu löschen.

Es ist sinnvoll, den Schutz auch für untergeordnete Objekte zu aktivieren und zu kontrollieren, ob er aktiviert wurde.

Beim Anlegen von Organisationseinheiten kann der Schutz aber auch deaktiviert werden. In diesem Fall wird beim Erstellen einfach der entsprechende Haken entfernt. Beim Anlegen anderer Objekte, wie zum Beispiel Gruppen oder Benutzer, erscheint die Option nicht. Hier muss der Schutz nachträglich aktiviert werden.

11.8.3 Andere Objekte schützen – Active Directory-Standorte und -Dienste

Neben der Verwaltungskonsole *Active Directory-Benutzer und -Computer* lassen sich Objekte auch in anderen Konsolen sichern. So können Sie zum Beispiel auch die Objekte in *Active Directory-Standorte und -Dienste* vor dem versehentlichen Löschen schützen. Auch hier gibt es eine Registerkarte *Objekte* und die Option *Objekt vor dem versehentlichen Löschen schützen*. Für die Anzeige der Option müssen Sie die erweiterte Ansicht aber nicht aktivieren.

11.8.4 Löschschutz in der PowerShell abfragen und setzen

Neben der Möglichkeit, die Einstellungen in der grafischen Oberfläche vorzunehmen, kann der Löschschutz auch in der PowerShell abgefragt und gesetzt werden. Um den Löschschutz für ein Objekt abzufragen, verwenden Sie den folgenden Befehl:

Get-ADObject <DN des Objekts> -Properties ProtectedFromAccidentalDeletion

Aktivieren lässt sich der Löschschutz mit:

Set-ADObject <DN des Objekts> -ProtectedFromAccidentalDeletion $true

Soll der Löschschutz deaktiviert werden, kann wiederum die Option *$false* gesetzt werden. Sollen keine Objekte geschützt werden, sondern Organisationseinheiten, verwenden Sie die Cmdlets *Get-ADOrganizationalUnit* und *Set-ADOrganizationalUnit*.

Mit dem einfachen Befehl *net user %username% /domain* kann jeder Benutzer in der Befehlszeile überprüfen, ob sein Konto aktiv ist, wann das Kennwort abläuft, in welchen Gruppen er Mitglied ist und wann die letzte Anmeldung erfolgt ist. Das ist besonders für Administratoren interessant, die dadurch in Erfahrung bringen können, ob das entsprechende Konto in allen notwendigen Gruppen Mitglied ist.

11.9 Sicherheit in LDAP für Domänencontroller nutzen

Mit der Signierung des LDAP-Verkehrs zwischen Clients und Domänencontrollern kann der Datenverkehr in Active Directory deutlich sicherer gestaltet werden. Bei diesem Vorgang werden Zugriff und Client durch die Domänencontroller validiert und können nicht mehr durch Angriffe ausgelesen werden. Ohne die Aktivierung der sicheren LDAP-Verbindungen besteht die Gefahr, dass Domänencontroller von Angreifern kompromittiert werden.

Microsoft will dem ungesicherten Zugang per LDAP einen Riegel vorschieben und hat daher verschiedene Gruppenrichtlinieneinstellungen in Windows-Server integriert, mit denen die Verbindungen abgesichert werden sollten. Um die Einstellungen zu verstehen, hilft auch der Beitrag »LDAP Channel Binding and LDAP Signing Requirements – March 2020 update final release« (*https://techcommunity.microsoft.com/t5/core-infrastructure-and-security/ldap-channel-binding-and-ldap-signing-requirements-march-2020/ba-p/921536*).

11.9.1 Microsoft empfiehlt die Aktivierung von LDAPS

Die Aktivierung der Absicherung von LDAPs erfolgt über Gruppenrichtlinien. Microsoft empfiehlt die Aktivierung dringend. Die Vorgehensweise wird auch ausführlich im folgenden Beitrag erklärt:

»ADV190023 | Microsoft Guidance for Enabling LDAP Channel Binding and LDAP Signing« (*https://msrc.microsoft.com/update-guide/vulnerability/ADV190023*)

Die Einstellungen sind in den Gruppenrichtlinien im Pfad *Domänencontroller: Signaturanforderungen für LDAP-Server* in den Gruppenrichtlinien bei *Computerkonfiguration/Richtlinien/Windows-Einstellungen/Sicherheitseinstellungen/Lokale Richtlinien/Sicherheitsoptionen* zu finden.

Hier können Sie die Option *Signatur erforderlich* aktivieren. Damit blockieren Domänencontroller die Abfragen, die nicht signiert an die Server gestellt werden.

Zusätzlich wurden neue Überwachungsfunktionen integriert. Diese lassen sich auf den Domänencontrollern durch Einträge in der Registry aktivieren. Die Vorgehensweise dazu können Sie in der Befehlszeile aktivieren:

?Reg Add HKLM\SYSTEM\CurrentControlSet\Services\NTDS\Diagnostics /v "16 LDAP Interface Events" /t REG_DWORD /d 2?

11.9.2 Probleme nach Aktivierung von LDAPS erkennen

Sobald sicherer LDAP-Zugriff auf den Domänencontrollern per Richtlinie aktiviert ist, werden normale LDAP-Abfragen nicht mehr akzeptiert. Vor und nach der Aktivierung sollten Sie in den Ereignisanzeigen der Domänencontroller überprüfen, ob es Einträge mit den IDs 2886, 2887, 2888 und 2889 gibt. Hierbei handelt sich um nicht signierte Anfragen.

IDs mit der Nummer 2889 werden erstellt, wenn ein Client keine Signierung nach der Authentifizierung am DC nutzt. Hier sind auch die IP-Adresse und der Name des Servers zu sehen. Mit der ID 2886 wird darüber informiert, dass DCs derzeit noch keinen sicheren LDAP-Verkehr nutzen, 2887 informiert über die Anzahl nicht gesicherter Verbindungen. Die ID 2888 zeigt die Anzahl blockierter Verbindungen an, wenn LDAPS aktiviert wurde.

Auch die IDs 3039, 3040 und 3041 spielen hier eine wichtige Rolle. Hier ist zum Beispiel zu erkennen, welche Serverkonten sich mit LDAP verbinden, von welcher IP-Adresse die Anfrage gestellt und welches Konto dabei verwendet wurde. Die IDs 3039, 3040 und 3041 spielen nach der Aktivierung der sicheren LDAP-Verbindung eine Rolle. Hier werden Clients und Vorgänge aufgelistet, die sich mit einem Channel Binding Token (CBT) sicher per LDAPS mit Active Directory verbinden, oder Clients, die das nicht können und daher blockiert werden.

Vor allem Anwendungen, die LDAP nutzen und nicht auf Windows setzen, haben unter Umständen Probleme bei der Verbindung mit signierten LDAP-Verbindungen. Das sollten Sie im Vorfeld prüfen und nach der Aktivierung testen.

11.9.3 LDAP-Signierung und LDAP Channel Binding für mehr Sicherheit in Active Directory

LDAP (Lightweight Directory Access Protocol) ist ein Netzwerkprotokoll, mit dem das Abfragen von Informationen in einem LDAP-Verzeichnis, wie zum Beispiel Active Directory, verwendet wird. Standardmäßig ist der Datenverkehr zwischen Clients und Domänencontroller nicht validiert und abgesichert. Daher können Angreifer den LDAP-Datenverkehr abfangen und Rechte in Active Directory erhalten und Domänencontroller kompromittieren. Das geschieht in vielen Fällen durch einen Man-in-the-Middle-Angriff. Dabei kann ein Angreifer zum Beispiel die Änderung einer Administratorgruppe abfangen und seinen Benutzer in die Administratorgruppe aufnehmen.

Angriffe können durch die Aktivierung der Signierung von LDAP und dem LDAP Channel Binding verhindert werden. Dadurch werden Clients und Server gegenseitig validiert und Man-in-the-Middle-Angriffe verhindert. Die LDAP-Signierung sollte nicht mit LDAPS verwechselt werden. Bei LDAPS werden LDAP-Verbindungen nicht nur signiert, sondern auch verschlüsselt. Dazu werden Zertifikate verwendet und die Daten zum Beispiel mit TLS verschlüsselt. LDAP-Signierung arbeitet mit LDAP Channel Binding zusammen und sollte auch gemeinsam konfiguriert werden.

Mindestsicherung mit Signierung, Maximalsicherung mit Verschlüsselung

Bei den aktuell empfohlenen Vorgängen werden LDAP-Verbindungen nicht verschlüsselt, aber Client und Server gegenseitig validiert. Das verhindert Man-in-the-Middle-Angriffe und ist relativ leicht einzurichten.

Noch zuverlässiger ist die Verschlüsselung von LDAP mit SSL (LDAPS). Allerdings ist hier die Vorgehensweise etwas komplizierter, da Zertifikate benötigt werden und die Datenverbindungen mit TLS verschlüsselt werden. Das hat aber mit der Aktivierung der LDAP-Signierung nichts zu tun.

Die LDAP-Signierung wird von allen Windows-Versionen ab Windows 7 SP1 unterstützt und kann entsprechend aktiviert werden. Bei der Verwendung von Linux-Systemen sollten sich Administratoren für die eingesetzte Distribution über das Thema LDAPS informieren. Beim Einsatz von RHEL ab Version 6 stellt LDAP-Signierung kein Problem dar. Red Hat geht im Beitrag »Impact of Microsoft Security Advisory ADV190023 | LDAP Channel Binding and LDAP Signing on RHEL and AD integration« (*https://access.redhat.com/articles/4661861*) genauer darauf ein.

Vier weitere wichtige Beiträge zu diesem Thema, gibt es von Microsoft. Auch diese sollten Sie sich vor der Aktivierung genau durchlesen:

»LDAP Channel Binding and LDAP Signing Requirements – March 2020 update final release« (*https://techcommunity.microsoft.com/t5/core-infrastructure-and-security/ldap-channel-binding-and-ldap-signing-requirements-march-2020/ba-p/921536*)

»ADV190023 | Microsoft Guidance for Enabling LDAP Channel Binding and LDAP Signing« (*https://portal.msrc.microsoft.com/en-US/security-guidance/advisory/ADV190023*)

»2020 LDAP channel binding and LDAP signing requirements for Windows« (*https://support.microsoft.com/en-us/help/4520412/2020-ldap-channel-binding-and-ldap-signing-requirements-for-Windows*)

»CVE-2017-8563 | Windows Elevation of Privilege Vulnerability« (*https://portal.msrc.microsoft.com/en-US/security-guidance/advisory/CVE-2017-8563*)

Nicht signierte LDAP-Verbindungen oder Probleme bei signierten Verbindungen werden auf den Domänencontrollern in der Ereignisanzeige protokolliert. Hier sollten Sie auf Einträge mit den IDs 2886, 2887, 2888 und 2889 achten. Hier wird vor allem das Protokoll *Anwendungs- und Dienstprotokolle/Directory Service* genutzt.

Einrichtung der LDAP-Signierung in der Praxis

Vor der Aktivierung der LDAP-Signierung sollten alle Domänencontroller und möglichst auch alle Clients auf den aktuellsten Stand gebracht werden. Generell ist es sinnvoll, auf den Clients im Netzwerk die Unterstützung der LDAP-Signierung zu aktivieren und danach die gleiche Einstellung auf den Domänencontrollern.

Vor allem die Installation der aktuellsten Windows-Updates ist hier wichtig. Die Unterstützung der LDAP-Signierung wurde durch das Schließen der Lücke »CVE-2017-8563 | Windows Elevation of Privilege Vulnerability« (*https://portal.msrc.microsoft.com/en-US/security-guidance/advisory/CVE-2017-8563*) in Windows integriert.

Für die Aktivierung der LDAP-Signierung werden Gruppenrichtlinieneinstellungen für die Domänencontroller und der Clients angepasst. Die Einstellungen können Sie also in der Richtlinie »Default Domain Controllers Policy« und »Default Domain Policy« in der Gruppenrichtlinienverwaltung aktivieren. Für die Aktivierung der LDAP-Signierung wechseln Sie zunächst zum folgenden Pfad:

Computerkonfiguration/Richtlinien/Windows-Einstellungen/Sicherheitseinstellungen/Lokale Richtlinien/Sicherheitsoptionen

Auf den Domänencontrollern aktivieren Sie die Einstellung *Domänencontroller: Signaturanforderungen für LDAP-Server* und setzen sie auf *Signatur erforderlich*. Allerding sollten Sie hier erst die Clients konfigurieren. Die Reihenfolge für die Umsetzung ist am besten:

1. Clients so konfigurieren, dass sie eine LDAP-Signierung anfordern
2. Die Richtlinie auf allen Clients anwenden
3. Clients so konfigurieren, dass LDAP-Signierung erforderlich ist
4. DCs so konfigurieren, dass LDAP-Signierung erforderlich ist

Auf den Clients setzen Sie die Einstellung *Netzwerksicherheit: Signaturanforderungen für LDAP-Clients* im gleichen Pfad und *Signatur aushandeln*. Auch das können Sie in der *Default Domain Policy* vornehmen.

Alternativ können Sie für Clients auch eine eigene Richtlinie für das Festlegen der LDAP-Signierung festlegen. Von der Reihenfolge her ist es sinnvoll, erst die Einstellung für die Clients zu setzen und zu überprüfen, ob die Richtlinieneinstellung auch bei den Clients angekommen ist.

Wenn auch die Domänencontroller entsprechend konfiguriert sind, wie oben beschrieben, können Sie auch hier die Einstellung *Signatur erforderlich* bei *Netzwerksicherheit: Signaturanforderungen für LDAP-Clients* setzen.

Channel-Binding aktivieren

Channel Binding wird parallel zur LDAP-Signierung eingesetzt und kann auch mit LDAPS genutzt werden. Die Einstellungen werden derzeit über Registry-Einstellungen vorgenommen. Mehr dazu finden Sie im Beitrag »Use the LdapEnforceChannelBinding registry entry to make LDAP authentication over SSL/TLS more secure« (*https://support.microsoft.com/en-us/help/4034879/how-to-add-the-ldapenforcechannelbinding-registry-entry*). Hier werden Einstellungen auf den Domänencontrollern vorgenommen.

11.9.4 LDAP over SSL in Active Directory nutzen

Neben der Möglichkeit, mit Signaturen für den Zugriff in Active Directory zu arbeiten, kann der Datenverkehr im Netzwerk auch über SSL abgesichert werden. Dadurch wird verhindert, dass Angreifer Berechtigungen von Administratoren in Active Directory erhalten können.

Um den Datenverkehr in Active Directory abzusichern, stehen verschiedene Wege zur Verfügung. Standardmäßig wird der Netzwerkverkehr zwischen Clients und Domänencontrollern per LDAP kaum geschützt und auch nicht verschlüsselt. Die herkömmlichen LDAP-Verbindungen zum Port 389 werden nicht verschlüsselt. Das kann darin resultieren, dass Angreifer mit einer Man-In-the-Middle-Attacke den Datenverkehr abhören und dadurch Berechtigungen in Active Directory kapern.

Durch Aktivierung der LDAP-Signatur und von LDAP Channel Binding kann das zunächst verhindert werden. Wer zuverlässig für noch mehr Sicherheit sorgen will, aktiviert dazu noch LDAP over SSL (LDAPS) für Domänencontroller, um den Datenverkehr zwischen Clients und Domänencontrollern zu verschlüsseln. Dadurch wird der Datenverkehr in Active Directory ähnlich abgesichert wie bei HTTPS auf Webseiten. Standardmäßig nutzt LDAP den Port 389 für die Kommunikation. Nach der Umstellung auf den Datenverkehr über SSL wird mit dem Port 636 gearbeitet.

LDAPS-Verbindungen testen

Vor der Installation und Einrichtung von LDAPS können Sie mit dem Tool *ldp.exe* auf Domänencontrollern überprüfen, welche Art von LDAP-Verbindungen aktiviert ist. Mit *Verbindung/Verbinden* geben Sie zunächst den Namen des Domänencontrollers ein, wählen den Port 389 aus und klicken dann auf *Verbindung*. Dadurch wird erkennbar, ob der Domänencontroller auch ungesicherte Verbindungen akzeptiert.

Um SSL-Verbindungen zu testen, verwenden Sie Port 636 und aktivieren die Option *SSL*. Hier sehen Sie, ob SSL-Verbindungen erlaubt sind. Diese sollten in Zukunft für die Verbindung aktiv verwendet werden. Bei der Aktivierung von LDAP über SSL wird der Port für den globalen Katalog in Active Directory auf 3269 freigeschaltet. Ohne SSL wird der Port 3268 verwendet.

Zertifikate in Active Directory nutzen

Um Active Directory mit LDAPS abzusichern, werden zunächst Zertifikate für die Domänencontroller und Computer im Netzwerk benötigt. Die Zugriffe auf Active Directory werden anschließend über Zertifikate per SSL abgesichert. Die Konfiguration von SSL für LDAP findet in der Befehlszeile und der PowerShell statt. Es steht dazu keine grafische Oberfläche zur Verfügung.

Die Zertifikate können von einer Zertifizierungsstelle stammen, die in Active Directory installiert wird, oder es wird ein Zertifikat von außerhalb verwendet. Selbstsignierte Zertifikate, ohne eine Zertifizierungsstelle, sollten in produktiven Netzwerken nicht genutzt werden, da hier der Datenverkehr nicht immer stabil funktioniert, weil die Authentifizierung der Zertifikate Probleme machen kann. Am besten geeignet sind sicherlich die Active Directory-Zertifikatdienste, die aber möglichst nicht direkt auf einem Domänencontroller installiert werden sollten, sondern auf einem Mitgliedsserver.

Durch die Installation der Active Directory-Zertifikatdienste erhalten alle Computer im Active Directory per Gruppenrichtlinie automatisch ein Zertifikat ausgestellt. Das kann einige Minuten dauern. Sie können mit dem Befehl *gpupdate* auf dem Domänencontroller oder einem Neustart den Vorgang beschleunigen. Ob der Server ein Zertifikat erhalten hat, können Sie in der Verwaltung der Zertifikate überprüfen. Das geht am schnellsten mit dem Tool *certlm.msc*. Bei *Eigene Zertifikate/Zertifikate* sehen Sie die ausgestellten Zertifikate.

Sobald der Domänencontroller sein Zertifikat erhalten hat, sollte auch bereits der Zugriff per SSL wie oben beschrieben funktionieren. Funktioniert die Verbindung noch nicht, muss der Server neu gestartet werden. Danach sollte die Verbindung mit SSL gelingen. Jeder Domänencontroller benötigt dazu sein eigenes Zertifikat, das er beim Einsatz der Active Directory-Zertifikatdienste automatisch erhält. Wird ein anderer Zertifikateanbieter genutzt, muss das Zertifikat LDAPS-geeignet sein.

11.9.5 LDAPS zusammen mit LDAP-Signatur und LDAP Channel Binding einsetzen

Idealerweise sollte LDAPS zusammen mit der LDAP-Signatur und LDAP Channel Binding eingesetzt werden. Wir beschreiben diese Konfiguration in jeweils eigenen Beiträgen. Durch die Aktivierung der LDAP-Signatur können Anfragen an die Domänencontroller nicht mehr gefälscht werden. Dadurch werden Man-In-The-Middle-Angriffe verhindert. Wird parallel für den Zugriff noch auf SSL gesetzt, können die Daten auch nicht mehr von unberechtigten Personen ausgelesen werden. Sind Verbindungen durchgängig signiert und parallel verschlüsselt, erreichen Sie die maximale Sicherheit. Die Aktivierung der Signatur stellt eine wichtige Grundlage dar, mit der Man-In-the-Middle-Angriffe verhindert werden. Geräte, die eine LDAP-Verbindung zu Domänencontrollern aufbauen, sollten mindestens diese Funktion nutzen, besser ist der parallele Einsatz von LDAPS.

LDAPS mit Windows und Linux

Nutzen Geräte LDAP, sollten auf diesen die Verbindung mit LDAPS aktiviert werden. Die meisten Linux-Distributionen, die sich mit LDAP zu einem Domänencontroller verbinden, unterstützen auch LDAPS. In diesem Fall muss die Zertifizierungsstelle als vertrauenswürdig in Linux konfiguriert werden. Auf Windows-Computern, die Mitglied in der gleichen Active Directory-Gesamtstruktur sind, wird das Zertifikat der Zertifizierungsstelle aus den Active Directory-Zertifikatdiensten automatisch mit Gruppenrichtlinien integriert. Auch Samba ist dazu in der Lage, Verbindungen mit LDAPS herzustellen (*https://wiki.samba.org/index.php/Configuring_LDAP_over_SSL_(LDAPS)_on_a_Samba_AD_DC*).

11.9.6 LDAP-Prioritäten und -Gewichtung konfigurieren – DCs entlasten

Um zu überprüfen, ob die LDAP-SRV-Einträge korrekt in DNS eingetragen sind, kann auch auf »nslookup« gesetzt werden Dadurch lassen sich Probleme in Active Directory recht schnell erkennen, denn die korrekte Erreichbarkeit von Domänencontrollern über die SRV-Einträge stellt für viele Serverdienste eine wichtige Grundlage dar: Die Überprüfung kann folgendermaßen durchgeführt werden:

nslookup -type=all _ldap._tcp.dc._msdcs.<FQDN der Domäne>

Beispiel:

nslookup -type=all _ldap._tcp.dc._msdcs.joos.int

Die DCs registrieren mehrere SRV-Einträge. Die Einträge werden von Clients dazu genutzt, um sich mit Domänencontrollern zu verbinden, und legen fest, welche SRV-Records als Nächstes verwendet werden sollen. Wird eine Priorität hochgesetzt, zum Beispiel auf 1, werden diese DCs erst dann angesprochen, wenn es keinen DC mehr mit der Priorität 0 gibt. Die Gewichtung unterscheidet wiederum die DCs mit der gleichen Priorität. Ein DC mit der Gewichtung von 10 wird öfter angesprochen als ein DC mit der Gewichtung 5.

Durch die Abfrage der Einträge werden auch die Priorität und die Gewichtung der LDAP-Anforderungen angezeigt. Durch die Anpassung der Gewichtung lassen sich einzelne Domänencontroller entlasten, die zum Beispiel überlastet sind. Wenn es mehrere DCs gibt, lassen sich die Anfragen auf Basis der Gewichtung verteilen. Sinnvoll ist das auch, wenn ein Domänencontroller ersetzt werden soll und die Anfragen auf dem Server reduziert werden sollen.

Bei der Konfiguration lassen sich Priorität und Gewichtung konfigurieren. Die Domänencontroller mit höherer Gewichtung und dem niedrigsten Wert bei der Priorität werden zuerst angesprochen. Die Einstellung wird in den Eigenschaften des DNS-Eintrags angezeigt, wie in der Abbildung zu erkennen ist.

Die Priorität und die Gewichtung nehmen Sie über Einträge in der Registry vor. Diese finden Sie im folgenden Schlüssel der Registry auf den Domänencontrollern:

HKEY_LOCAL_MACHINE\SYSTEM\CurrentControlSet\Services\Netlogon\Parameters

Gewichtung und Priorität werden folgendermaßen gewichtet und priorisiert:

"LdapSrvWeight"=dword:00000001

"LdapSrvPriority"=dword:00000002

Die beiden DWORD-Werte müssen in den meisten Fällen neu erstellt werden. Sie werden entweder nach dem Neustart des DC oder nach dem Neustart des Anmeldedienstes neu gestartet:

net stop NETLOGON && net start NETLOGON

Um die aktuellen Werte anzuzeigen, können Sie wieder mit dem folgenden Befehl arbeiteen:

nslookup -type=all _ldap._tcp.dc._msdcs.joos.int

Die Einträge werden aber auch in den Eigenschaften der DNS-Einträge angezeigt. Hier gibt es die beiden Felder *Priorität* und *Gewichtung*. Der Pfad ist bei der Abfrage mit *nslookup* zu sehen.

11.10 Zeitsynchronisierung in Windows-Netzwerken

Administratoren, die mehrere Server und verschiedene Arbeitsstationen im Netzwerk verwalten, müssen vor allem beim Einsatz in Active Directory auf die Zeitsynchronisierung achten. Während sich alleinstehende Rechner direkt mit einer Zeitquelle im Internet oder einer Funkuhr synchronisieren können, arbeiten Windows-Rechner in einem Netzwerk zusammen, vor allem beim Einsatz von Active Directory.

Die Konfiguration des Zeitdienstes in Windows ist über die Registry oder das Befehlszeilentool *W32tm* möglich. Eingeschränkte Möglichkeiten bietet auch der Befehl *net time*. Es steht allerdings keine grafische Oberfläche für die Konfiguration zur Verfügung.

Für die Zeitsynchronisierung in Active Directory ist der Windows-Zeitdienst (W32Time) zuständig. Ob der Dienst gestartet ist, lässt sich entweder in der Verwaltung der Dienste (*services.msc*), im Windows Admin Center oder mit *sc query w32time* über die Befehlszeile überprüfen. In der PowerShell verwenden Sie dazu den Befehl *Get-Service w32time |ft*.

11.10.1 Grundlagen zur Zeitsynchronisierung in Active Directory

In Active Directory sollten die Uhren der Rechner und Server nicht mehr als fünf Minuten voneinander abweichen. Da Active Directory bei der Authentifizierung mit Kerberos arbeitet, ein System, das stark auf Tickets, Zeitstempel und damit gültige Uhrzeiten aufbaut, besteht die Gefahr, dass Authentifizierungsaufgaben nicht funktionieren, wenn die Uhren einzelner Rechner voneinander abweichen.

Standardmäßig toleriert Kerberos in Active Directory eine Zeitdifferenz von fünf Minuten. Diese Einstellungen sollten Sie nicht ändern, haben aber die Möglichkeit dazu. Sie müssen für diese Änderung die Gruppenrichtlinie der entsprechenden Computer anpassen. Navigieren Sie dazu zu *Computerkonfiguration/Windows-Einstellungen/Sicherheitseinstellungen/Kontorichtlinien/Kerberos-Richtlinie*. Hier finden Sie die verschiedenen Einstellungen für die Gültigkeit der Tickets.

Der PDC-Master einer Active Directory-Domäne ist der autorisierende Zeitserver der Domäne und für die Uhrzeiten aller anderen Domänencontroller, Mitgliedsserver und Arbeitsstationen in der Gesamtstruktur verantwortlich (siehe Kapitel 10). Die einzelnen Domänencontroller synchronisieren ihre Zeit wiederum mit dem PDC-Master der entsprechenden Domäne oder einem Domänencontroller der übergeordneten Domäne. Zum Synchronisieren der Zeit verbindet sich der Client oder Mitgliedsserver mit dem Domänencontroller, an dem er sich an der Domäne anmeldet.

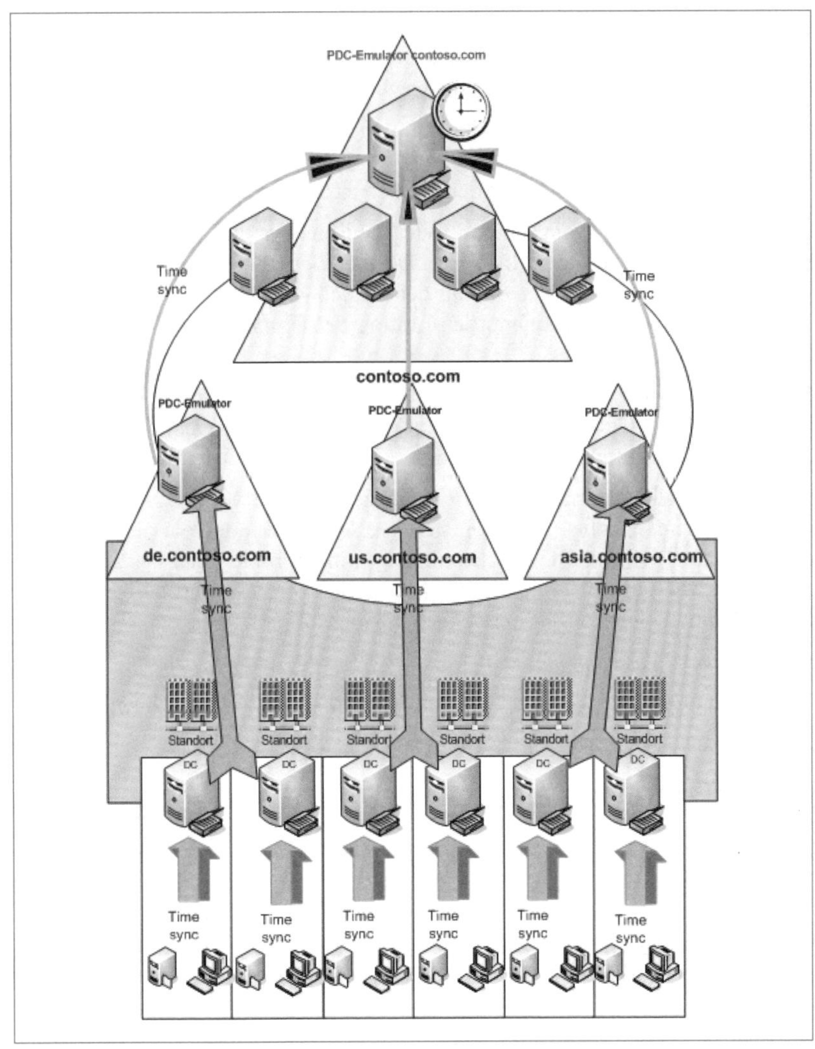

Abb. 11.7 Zeitsynchronisierung in komplexeren Active Directory-Umgebungen

Setzen Sie im Unternehmen eine verschachtelte Struktur mit mehreren Domänen ein, synchronisieren sich die einzelnen PDC-Master der Domänen jeweils mit dem PDC-Master der übergeordneten Domäne. Der PDC-Master der Stammdomäne ist schließlich der Server, von dem sich alle anderen Server die Zeit holen. Auf diese Weise gibt es keine Schleifen bei der Konfiguration, da die Synchronisierung der Uhrzeit genau festgelegt ist. Hierarchisch geht es vom ersten PDC-Emulator der Gesamtstruktur nach unten zu den anderen PDC-Emulatoren, den Domänencontrollern und schließlich zu den einzelnen Mitgliedsservern und Arbeitsstationen.

Das heißt, beim ersten Domänencontroller einer Gesamtstruktur müssen Sie darauf achten, entweder die Zeit mit dem Internet oder mit einer Funkuhr zu synchronisieren. Standardmäßig verwenden PDC-Master die BIOS-Zeit des Rechners, wenn im Netzwerk kein übergeordneter Zeitserver oder PDC-Emulator angegeben ist.

Hier können Sie natürlich von anderen Zeitquellen synchronisieren, neben Internetuhren und Funkuhren auch kompatible Layer-3-Netzwerkswitches. Wichtig ist nur die NTP-Kompatibilität des entsprechenden Geräts. Die Rolle des PDC-Emulators gibt es in jeder Active Directory-Domäne ein Mal. Der erste installierte Domänencontroller einer Active Directory-Domäne bekommt diese Rolle automatisch zugewiesen.

Er ist für die Anwendung und Verwaltung der Gruppenrichtlinien zuständig und darüber hinaus für Kennwortänderungen bei Benutzern verantwortlich. Er steuert die externen Vertrauensstellungen einer Domäne und stellt den Zeitserver der Domäne zur Verfügung.

Wollen Sie überprüfen, welcher Domänencontroller die Rolle des PDC-Emulators in Ihrer Domäne verwaltet, öffnen Sie das Snap-In *Active Directory-Benutzer und -Computer* im Server-Manager oder über *dsa.msc*. Klicken Sie mit der rechten Maustaste im Snap-In auf die Domäne und wählen Sie im Kontextmenü den Eintrag *Betriebsmaster* aus. Es öffnet sich ein neues Fenster.

Klicken Sie auf die Registerkarte *PDC*. Mehr zu diesem Thema lesen Sie in Kapitel 10. Sie können sich den aktuellen PDC-Emulator auch mithilfe des Befehls *dsquery server -hasfsmo pdc* in der Eingabeaufforderung anzeigen lassen.

Soll die Uhrzeit des aktuellen Computers mit der Uhrzeit eines Servers im Netzwerk, zum Beispiel einem Domänencontroller, synchronisiert werden, verwenden Sie den Befehl *net time \\<Domänencontroller> /set*. Die Synchronisierung müssen Sie noch bestätigen. Mit der Option */yes* wird die Uhrzeit ohne Rücksprache synchronisiert. Um die Uhrzeit des PDC-Masters der Domäne anzuzeigen, verwenden Sie folgenden Befehl:

net time /domain:<FQDN der Domäne>

Mit den zusätzlichen Optionen "*/set /yes*" wird die Uhrzeit auch gleich synchronisiert.

11.10.2 Das NTP-Protokoll und Befehle zur Zeitsynchronisierung

Windows verwendet für die Synchronisation der Uhren das NTP-Protokoll (Network Time Protocol). Dieses Protokoll kommuniziert über den UDP-Port 123. Das heißt, dieser Port muss zwischen allen Clientcomputern und dem entsprechenden Domänencontroller geöffnet sein. Windows synchronisiert die Zeit beim Starten und in regelmäßigen Abständen automatisch mit dem Windows Time Service (WTS oder auch W32Time).

Sie können auf einer Arbeitsstation oder einem Server einen manuellen Synchronisierungsvorgang auslösen, indem Sie in einer Eingabeaufforderung den Befehl *w32tm /resync* ausführen. Der PC oder Server verbindet sich mit seinem Zeitserver und synchronisiert die Uhrzeit.

Außer der Option *resync* stehen für den W32tm-Befehl noch weitere Optionen zur Verfügung. Diese sehen Sie, wenn Sie in der Eingabeaufforderung *w32tm* eingeben. Mit dem Befehl *w32tm /query /computer:<Computername> /configuration* lassen Sie sich zum Beispiel die aktuelle Konfiguration des Zeitdienstes anzeigen. Mit diesem Tool steuern Sie alle Zeiteinstellungen.

Achten Sie vor allem auf Domänencontrollern darauf, dass in der Ereignisanzeige unter *System* keine Fehlermeldungen der Quelle *W32Time* stehen. Bei regelmäßigen Fehlern deutet das darauf hin, dass der Domänencontroller Probleme hat, die Zeit mit seinem PDC-Emulator zu synchronisieren.

Der beste Weg, die Zeit des obersten PDC-Emulators aktuell zu halten, ist ein Zeitserver im Internet, zum Beispiel die Zeitserver der Technischen Universität in Braunschweig. Diese erreichen Sie über die Servernamen *ptbtime1.ptb.de, ptbtime2.ptb.de* und *ptbtime3.ptb.de.* Auf der Seite *http://www.pool.ntp.org* finden Sie eine Liste zahlreicher Zeitserver im Internet. Um auf dem PDC-Master der obersten Domäne in Active Directory die Zeitserver einzubinden, wird der folgende Befehl genutzt:

w32tm /config /manualpeerlist: "ptbtime1.ptb.de ptbtime2.ptb.de" /syncfromflags:manual /reliable:yes /update

Sinnvollerweise sollten Sie danach den Systemdienst neu starten, zum Beispiel in der PowerShell:

Restart-Service W32Time

Danach können Sie eine erste, manuelle Synchronisierung durchführen:

w32tm /resync

Den Status fragen Sie mit dem folgenden Befehl ab:

w32tm /query /status

In der Ereignisanzeige des Servers und der anderen Computer können Sie im Systemprotokoll überprüfen, ob die Synchronisierung funktioniert oder Fehler meldet. Die Konfiguration müssen Sie nur einmal durchführen.

Standardmäßig konfigurieren sich Windows-Rechner automatisch mit Domänencontrollern, sobald diese Mitglied einer Domäne sind. Der Client oder Mitgliedsserver verbindet sich dazu mit dem Domänencontroller, an dem er sich an der Domäne anmeldet, zum Synchronisieren der Zeit.

Sie können mit dem Befehl *w32tm /config /syncfromflags:domhier /update* diese Synchronisierung nachträglich aktivieren, wenn sie nicht funktioniert oder Sie sie ausgeschaltet haben. Anschließend müssen Sie auf dem Computer aber den Zeitdienst neu starten. Verwenden Sie dazu zum Beispiel die beiden folgenden Befehle:

net stop w32time

net start w32time

11.10.3 Net Time versus W32tm

Alle Zeiteinstellungen auf einem Server oder einem Mitgliedscomputer nehmen Sie mit dem Tool W32tm in der Eingabeaufforderung vor. Zusätzlich können Sie auch noch mit *net time* in der Eingabeaufforderung verschiedene Aufgaben durchführen. Der Befehl *net time* ist allerdings ein komplett unabhängiger Mechanismus zu W32tm und ermöglicht zum Beispiel die Zeitabfrage von Remotecomputern im Netzwerk. Das geht zwar auch mit W32tm, ist aber komplizierter und funktioniert weniger zuverlässig, vor allem wenn Ports geschlossen sind.

Net ist ein Tool im *System32*-Ordner von Windows, das verschiedene Aufgaben im Netzwerk steuert, zum Beispiel das Verbinden von Netzlaufwerken (*net use * \\<Freigabe>*). Wollen Sie die Uhrzeit eines Servers im Netzwerk anzeigen, verwenden Sie den Befehl *net time \\<Servername>*. Die Verbindung erfolgt dabei über das RPC-Protokoll, nicht mit NTP.

Sie können die lokale Zeit eines Computers mit der Zeit eines Servers im Netzwerk synchronisieren. Dazu verwenden Sie den Befehl *net time \\<Servername> /set /yes*. Der Befehl funktioniert aber nicht von alleinstehenden Servern zu Domänencontrollern aufgrund von Sicherheitsrichtlinien. Mit dem Befehl *net help time* lassen Sie sich eine ausführliche Hilfe zu *net time* anzeigen.

Rufen Sie in einer Domäne *net time* ohne Optionen auf, versucht sich der Computer mit einem Domänencontroller zu verbinden, um dessen Zeit anzuzeigen. Mit der Option */domain* können Sie die entsprechende Domäne angeben, in der der Client einen Domänencontroller zur Anzeige suchen soll.

Einer der wichtigsten Befehle für die Synchronisierung der Uhrzeit in Active Directory ist das Befehlszeilentool *w32tm.exe*. Wer das Tool aufruft, sieht die große Anzahl an Optionen. Mit dem Tool können Sie die Zeitsynchronisierung vornehmen und gleichzeitig überwachen. Um den Zeitunterschied von verschiedenen Computern mit dem aktuellen Computer zu messen, verwenden Sie zum Beispiel folgenden Befehl:

w32tm /monitor /Computers:joos-cloud-01,azure-cloud-02

11.10.4 Funkuhr versus Internetzeit – Zeitsynchronisierung konfigurieren

Wie bereits erläutert wurde, ist der einfachste Weg zur Zeitsynchronisierung die Verwendung einer Uhr im Internet. Das Problem bei dieser Konfiguration ist, dass der Server beim Ausfall der Internetleitung oder der entsprechenden Zeitserver seine Uhrzeit nicht mehr synchronisieren kann. Sie haben in diesem Fall aber die Möglichkeit, mit einer lokalen Uhr zu konfigurieren.

Haben Sie am PDC-Emulator direkt eine Funkuhr angeschlossen, die dessen BIOS-Zeit automatisch steuert, müssen Sie keine Server mit W32tm hinterlegen. In diesem Fall sollten Sie die Registry auf dem PDC-Emulator so anpassen, dass der Server konfiguriert ist, seine eigene BIOS-Zeit zu verwenden, keine externen Zeitserver.

Ansonsten erhalten Sie in der Ereignisanzeige des Servers verschiedene Fehler angezeigt, die darauf hinweisen, dass der Server seine Zeit nicht synchronisieren darf. Durch die folgende Konfiguration legen Sie in der Registry fest, dass der Domänencontroller ein zuverlässiger Zeitserver für alle Computer im Netzwerk ist, da er sich selbst mit einer Funkuhr synchronisiert. Gehen Sie dazu folgendermaßen vor:

1. Öffnen Sie den Registrierungs-Editor und navigieren Sie zu *HKEY_LOCAL_MACHINE\SYSTEM\CurrentControlSet\Services\W32Time\Config.*
2. Suchen Sie den Wert *AnnounceFlags.*
3. Ändern Sie den Wert von *AnnounceFlags* auf den Wert *A* ab.
4. Starten Sie den Zeitdienst auf dem Server neu, zum Beispiel mit dem Befehl *net stop w32time && net start w32time.*

Gehen Sie folgendermaßen vor, um einen Domänencontroller für die Synchronisierung mit einer externen Zeitquelle zu konfigurieren:

1. Öffnen Sie durch Eingabe von *regedit* im Suchfeld der Taskleiste den Registrierungs-Editor.
2. Navigieren Sie zu *HKEY_LOCAL_MACHINE\SYSTEM\CurrentControlSet\Services\ W32 Time\Parameters.*
3. Klicken Sie im rechten Bereich mit der rechten Maustaste auf *Type* und ändern Sie den Wert von *NT5DS* auf *NTP* ab.
4. Navigieren Sie zu *HKEY_LOCAL_MACHINE\SYSTEM\CurrentControlSet\Services\ W32 Time\Config.*
5. Ändern Sie den Wert *AnnounceFlags* auf den Wert *5* ab.
6. Navigieren Sie zu *HKEY_LOCAL_MACHINE\SYSTEM\CurrentControlSet\Services\ W32 Time\TimeProviders\NtpServer.*
7. Klicken Sie im rechten Bereich mit der rechten Maustaste auf *Enabled* und ändern Sie den Wert auf *1* ab.
8. Navigieren Sie zu *HKEY_LOCAL_MACHINE\SYSTEM\CurrentControlSet\Services\ W32 Time\Parameters.*
9. Klicken Sie im rechten Bereich mit der rechten Maustaste auf *NtpServer* und ändern Sie den Wert auf den gewünschten NTP-Server ab. Tragen Sie am besten eine durch Leerzeichen getrennte Liste ein. Sie müssen *,0x1* an das Ende der einzelnen DNS-Namen anhängen. Tragen Sie *,0x2* hinter den Eintrag ein, verwendet Windows diesen Server nur, wenn er Server mit dem Eintrag *,0x1* nicht erreichen kann. Klappt nach der Konfiguration die Zeitsynchronisierung nicht, unterstützt der entsprechende Server nicht die Standardkonfiguration von NTP. In diesem Fall tragen Sie *,0x4* nach dem Servernamen ein. Diese Option aktiviert den Symmetric Active Mode. Normalerweise verwendet NTP einen Client/Server-Modus, der für die meisten Zeitserver funktioniert.
10. Navigieren Sie zu *HKEY_LOCAL_MACHINE\SYSTEM\CurrentControlSet\Services\ W32 Time\TimeProviders\NtpClient.*
11. Klicken Sie im rechten Bereich mit der rechten Maustaste auf *SpecialPollInterval* und ändern Sie den Wert auf *Dezimal* ab. Tragen Sie das Intervall in Sekunden ein, in denen sich der Server mit dem Internet synchronisiert. Der von Microsoft empfohlene Dezimalwert ist 900. Dieser Wert konfiguriert den Zeitserver für ein Intervall von 15 Minuten.
12. Geben Sie in der Eingabeaufforderung den folgenden Befehl ein:
    net stop w32time && net start w32time

Anschließend können Sie in der Ereignisanzeige des Domänencontrollers über *System* überprüfen, ob die Synchronisierung funktioniert. Hier sehen Sie eine entsprechende Meldung der Quelle *Time-Service.* Außer über die Registry können Sie die Einstellungen auch über *w32tm.exe* vornehmen, zum Beispiel mit den folgenden Befehlen:

w32tm /config /manualpeerlist:<Zeitserver> /syncfromflags:manual /reliable:yes /update *net stop w32time*

net start w32time

Die Zeitserver trennen Sie durch Leerzeichen voneinander. Die gesamte Liste der Zeitserver tragen Sie in Anführungszeichen ein. Der Befehl hat grundsätzlich die gleichen Auswirkungen wie die Anpassungen in der Registry. Führen Sie den Befehl vor der Bearbeitung der Registry aus, sehen Sie die erstellten Einträge, zum Beispiel bei den hinterlegten Zeitservern.

Die Option *reliable* definiert den Zeitserver als vertrauenswürdige Zeitquelle. *Syncfromflags* legt fest, dass sich der Server mit einem Zeitserver im Internet (*/syncfromflags:manual*) oder in der Gesamtstruktur (*/syncfromflags:domhier*) synchronisieren soll.

Mit dem Befehl *w32tm /monitor* können Sie die Synchronisierung überwachen und die Einstellungen anzeigen. Den Status der Synchronisierung sehen Sie mit dem Befehl *w32tm /query /status*. Überprüfen Sie nach der Konfiguration, ob sich der Server problemlos mit dem externen Zeitserver synchronisiert und keine Fehler in der Ereignisanzeige erscheinen. Die verschiedenen Einstellungen, die Sie in der Registry vornehmen können, finden Sie im Knowledge Base-Artikel auf der Seite *http://support.microsoft.com/kb/816042*.

11.10.5 Zeitsynchronisierung bei der Virtualisierung beachten

Virtualisieren Sie Server, müssen Sie bei der Zeitsynchronisierung in der entsprechenden Virtualisierungslösung eventuell ebenfalls Konfigurationen vornehmen. Vor allem, wenn Sie Domänencontroller, SharePoint oder Exchange-Server virtualisieren, sind Konfigurationsmaßnahmen notwendig. Auf jedem virtuellen Computer installiert Hyper-V automatisch die Integrationsdienste. Dabei handelt es sich um ein Softwarepaket, das die Leistung virtueller Server deutlich verbessert (siehe die Kapitel 7 bis 9).

Rufen Sie dazu für jeden Server die Einstellungen auf und klicken Sie auf *Integrationsdienste*. Hier können Sie einstellen, ob sich die virtuellen Server mit dem Host synchronisieren sollen. Für virtuelle Windows-Server in Active Directory-Domänen sollten Sie diese Synchronisierung deaktivieren, da durch die Zeitsynchronisierung Inkonsistenzen auftreten können. Vor allem bei der Virtualisierung von SharePoint, Exchange oder virtuellen Domänencontrollern liegt in dieser Konfiguration eine häufige Fehlerquelle.

11.11 Zusammenfassung

In diesem Kapitel haben wir Ihnen gezeigt, wie Sie einen Active Directory-Domänencontroller installieren. Auch den ersten Umgang mit dem Active Directory-Verwaltungscenter haben Sie in diesem Kapitel kennengelernt. Ebenfalls ein wichtiger Punkt war die Installation von Active Directory über ein Installationsmedium oder per Antwortdatei auf Core-Servern. Und schließlich war das Thema Zeitsynchronisierung ein wichtiger Bestandteil des Kapitels.

In den folgenden Kapiteln widmen wir uns der Erweiterung von Active Directory mit zusätzlichen Domänencontrollern, zum Beispiel schreibgeschützten Domänencontrollern. Auch die Installation zusätzlicher Domänen und Domänenstrukturen sind Thema dieser Kapitel.

Kapitel 12

Active Directory – Erweitern und Absichern

In diesem Kapitel zeigen wir Ihnen, wie Sie Computer über das Netzwerk und delegiert zu Domänen hinzufügen und wie Sie die verwalteten Dienstkonten einsetzen. Auch auf den AD-Papierkorb gehen wir in diesem Kapitel näher ein.

12.1 Offline-Domänenbeitritt – Djoin

In Windows Server 2022 können Sie Computerkonten auch dann einer Domäne hinzufügen, wenn sie aktuell keine Verbindung mit dem Domänencontroller haben. Das funktioniert für Windows-Server und natürlich für Core-Server mit Windows Server 2019/2022.

Sobald der Client eine Verbindung hat, wendet er die notwendigen Einstellungen und Berechtigungen an, die für einen Domänenbeitritt notwendig sind. So können Sie zum Beispiel Clients von Niederlassungen in Domänen aufnehmen, wenn aktuell keine Verbindung zur Domäne besteht.

Seit Windows Server 2012 R2 gibt es die Möglichkeit, Computer an Domänen anzubinden, die mit DirectAccess angebunden sind. Auch hierzu können Sie das Befehlszeilentool *Djoin* verwenden. Wir zeigen Ihnen diese Vorgänge ebenfalls in diesem Kapitel. Mehr zu DirectAccess lesen Sie in Kapitel 32.

12.1.1 Vorteile und technische Hintergründe zum Offline-Domänenbeitritt

Wollen Sie zum Beispiel viele virtuelle Computer gleichzeitig zur Domäne aufnehmen, beispielsweise in einem Virtual Desktop Infrastructure-Szenario, können Sie das Active Directory so vorbereiten, dass sich die Computer schnell und problemlos anbinden lassen. Sobald ein solcher Client das erste Mal startet, führt er die notwendigen Änderungen durch. Ein erneuter Start des Rechners ist nicht notwendig. Dadurch beschleunigt sich auch das Bereitstellen von Computern im Netzwerk.

Djoin funktioniert auch zusammen mit schreibgeschützten Domänencontrollern (RODC). Dazu nehmen Sie mit Djoin die Computer in die Domäne auf und lassen die Konten zum RODC replizieren. Sobald sich die Computer in der Niederlassung mit dem Netzwerk verbinden, authentifizieren sie sich am schreibgeschützten Domänencontroller und sind in Active Directory verfügbar.

Ein weiterer Vorteil ist der automatisierte Domänenbeitritt von neuen Computern bei der Bereitstellung von Windows 10 und Windows 11 im Unternehmen, da Sie die notwendigen Befehle für den Domänenbeitritt in die Antwortdatei der automatischen Installation aufnehmen können.

12.1.2 Voraussetzungen für die Verwendung des Offline-Domänenbeitritts

Standardmäßig geht Djoin davon aus, dass eine Verbindung zu einem Domänencontroller unter Windows Server 2022 besteht.

Nur Benutzer, die über die Rechte verfügen, Computer einer Domäne hinzuzufügen, können Djoin nutzen. Dazu müssen sie entweder über Domänenadminrechte verfügen oder ein Administrator muss die entsprechenden Rechte delegieren.

Die Rechte, um Computer in eine Domäne aufzunehmen, können Sie über Gruppenrichtlinien setzen. Bearbeiten Sie dazu unter *Computerkonfiguration/Richtlinien/Windows-Einstellungen/Sicherheitseinstellungen/Lokale Richtlinien/Zuweisen von Benutzerrechten* den Wert *Hinzufügen von Arbeitsstationen zur Domäne*. Nehmen Sie hier die Benutzerkonten auf, die über die entsprechenden Rechte verfügen sollen.

12.1.3 Durchführen des Offline-Domänenbeitritts

Der Offline-Domänenbeitritt erfolgt über das Tool Djoin in der Eingabeaufforderung auf einem Computer unter Windows, der bereits Mitglied der Domäne ist. Sie müssen für die Verwendung über das Schnellmenü (Win+X) eine Eingabeaufforderung mit Administratorrechten starten und über Rechte verfügen, um Computerkonten zur Domäne hinzuzufügen.

Die Ausgabe in die Datei oder auf dem Bildschirm enthält die Metadaten für den Domänenbeitritt. Microsoft bezeichnet diese auch als Blob. Bei der Ausführung können Sie entweder eine verschlüsselte Datei erstellen, die Sie dann auf dem Clientrechner verwenden müssen. Oder Sie speichern die Daten in einer Datei *Unattend.xml*, um Antwortdateien vollkommen zu automatisieren. Das Tool Djoin besitzt verschiedene Optionen, die in Tabelle 12.1 detailliert aufgelistet sind.

Option von Djoin	Erläuterung
/provision	Erstellen eines Computerkontos in der Domäne
/domain <Name der Domäne>	Domäne, in der Sie das Konto erstellen wollen
/machine <Name>	Name des Computers, den Sie zur Domäne hinzufügen

→

Option von Djoin	Erläuterung
/machineou <Organisationseinheit>	OU, in der das Konto erstellt werden soll. Ohne Angabe einer OU verwendet Djoin die OU *Computer*.
/dcname <Name>	Name des Domänencontrollers, auf dem das Konto zuerst verfügbar sein soll
/reuse	Verwenden eines bereits vorhandenen Computerkontos, dessen Kennwort zurückgesetzt wird
/downlevel	Aufnehmen eines Computers auf einem Domänencontroller, auf dem nicht Windows Server 2022 installiert ist
/savefile <Name der Datei>.txt	Textdatei, in der Daten des Domänenbeitritts für die Ausführung auf dem Client gespeichert werden. Der Inhalt der Datei ist verschlüsselt.
/defpwd	Verwendet das standardmäßige Kennwort für Computerkonten (nicht notwendig)
/nosearch	Überspringt Konflikte, wenn das Konto bereits vorhanden ist. Benötigt die Option */dcname*.
/printblob	Gibt einen Base64-codierten Wert für Antwortdateien aus
/requestodj	Führt einen Offline-Domänenbeitritt beim nächsten Neustart aus
/loadfile	Verwendet die Ausgabe einer vorherigen Ausführung von Djoin
/Windowspath <Pfad>	Pfad zum *Windows*-Ordner, wenn nicht der Standard verwendet werden soll
/loalos	Zielcomputer, den Sie der Domäne hinzufügen wollen. Diese Option kann nicht auf einem Domänencontroller durchgeführt werden.

Tab. 12.1 Optionen von Djoin

Generell ist der Ablauf bei einem Domänenbeitritt recht einfach. Sie führen im Grunde genommen folgende Schritte durch:

1. Sie verwenden *djoin /provision*, um die Metadaten für den Domänenbeitritt des Zielcomputers zu erstellen. Als Option geben Sie die Domäne an. Achten Sie darauf, dass Sie die Eingabeaufforderung im Administratormodus öffnen. Ein Beispiel für die Datei wäre:

   djoin /provision /domain joos.int /machine client134 /savefile c:\client134.txt

   Inhalt der Datei sind das Kennwort der Maschine, der Name der Domäne und des Domänencontrollers sowie die SID der Domäne. Kopieren Sie die Datei auf den Rechner. Der Inhalt ist verschlüsselt und bringt Außenstehenden nichts.
2. Auf dem Zielcomputer verwenden Sie den folgenden Befehl, um den Rechner in die Domäne aufzunehmen:

   djoin /requestodj /loadfile c:\temp\client134.txt /Windowspath %SystemRoot% /localos
3. Starten Sie den Zielcomputer, wird der Computer automatisch in die Domäne aufgenommen, sobald eine Verbindung zu einem Domänencontroller besteht.

12.1.4 Offline-Domänenbeitritt bei einer unbeaufsichtigten Installation über Antwortdatei

Wollen Sie einen Offline-Domänenbeitritt während der Installation zum Beispiel im unbeaufsichtigten Modus durchführen, ist dies ebenfalls möglich. Dazu müssen Sie beim Erstellen des Computerkontos auf der Domäne den Inhalt der Metadaten anstatt in einer verschlüsselten Datei in eine Antwortdatei integrieren. Antwortdateien tragen normalerweise die Bezeichnung *Unattend.xml*. Sie müssen in der Antwortdatei dazu eine neue Sektion erstellen. Diese trägt die Bezeichnung:

Microsoft-Windows-UnattendJoin/Identification/Provisioning

Diese Sektion enthält darüber hinaus eine Unterstruktur, die folgendermaßen aussieht:

```
<Component>
<Component name=Microsoft-Windows-UnattendedJoin>
    <Identification>
        <Provisioning>
            <AccountData>Base64Encoded Blob</AccountData>
        </Provisioning>
    </Identification>
</Component>
```

Sie müssen die Metadaten, die Sie beim Erstellen der Datei erhalten, zwischen die Tags *<AccountData>* und *</AccountData>* einfügen. Nachdem Sie die Datei erstellt haben, können Sie den Computer unbeaufsichtigt installieren. Die Syntax bei Antwortdateien ist *setup /unattend:<Antwortdatei>*.

12.1.5 DirectAccess Offline Domain Join

Sie können über den Offline-Domänenbeitritt auch Clients anbinden, die mit DirectAccess an das Netzwerk angebunden sind (siehe Kapitel 32).

Auch in diesem Fall nutzen Sie den Aufruf *djoin /provision*, um das Konto zu erstellen und eine Blob-Datei zu erhalten:

djoin /provision /domain <Name der Domäne> /machine <Name des Computers> /policynames <DA Client GPO> /rootcacerts /savefile <Datei> /reuse

Haben Sie eine Zertifizierungsstelle im Einsatz, verwenden Sie:

djoin /provision /machine <Name des Computers> /domain <Name der Domäne>> /policynames <DA Client GPO > /certtemplate <Name des Zertifikats> /savefile <Datei> /reuse

Mit *djoin /requestodj* lesen Sie die Daten aus der Blob-Datei auf dem Zielcomputer ein. Anschließend starten Sie den entsprechenden Computer, und schon ist er Mitglied der Domäne. Die Reihenfolge des Offline-Domänenbeitritts zusammen mit DirectAccess ist folgende:

1. Sie verwenden *djoin /provision* wie in diesem Kapitel beschrieben, um das Konto in der Domäne zu erstellen.
2. Sie nehmen das Konto des erstellten Clients in die DirectAccessClients-Sicherheitsgruppe auf.
3. Sie kopieren die Blob-Datei auf den Client oder versenden diese per E-Mail. Sie führen auf dem Client den Befehl *djoin /requestodj* aus.
4. Sie starten den PC neu.

12.2 Verwaltete Dienstkonten – Managed Service Accounts

Die verwalteten Dienstkonten sind seit Windows Server 2008 R2 integriert und wurden seit Windows Server 2012R2 deutlich verbessert. In Windows Server 2022 funktionieren die verwalteten Dienstkonten noch ähnlich wie in Windows Server 2016/2019. Windows Server 2022 bietet Group Managed Service Accounts (gMSA) für Windows-Container, ohne den Host in die Domäne aufnehmen zu müssen.

Sie können ein verwaltetes Dienstkonto für mehrere Server nutzen. Dazu hat Microsoft zu den bereits verwalteten Dienstkonten (Managed Service Accounts, MSA) noch die gruppierten verwalteten Dienstkonten (Grouped Managed Service Accounts, gMSA) entwickelt.

Im Fokus der neuen Funktion stehen die Dienstkonten von Serveranwendungen wie Exchange oder SQL Server, die zum einen wichtig für den Betrieb, zum anderen aber auch kritisch im Bereich der Sicherheit sind, da die Benutzerkonten, mit denen diese Dienste starten, oft über weitreichende Rechte verfügen.

Vor allem die Dienste *Lokaler Dienst*, *Netzwerkdienst* und *Lokales System* werden häufig für Serveranwendungen verwendet. Der Nachteil dieser lokalen Dienste ist die fehlende Möglichkeit, Einstellungen auf Domänenebene vorzunehmen. Verwenden Administratoren statt dieser Konten Benutzerkonten aus Active Directory, ergeben sich bezüglich der Verwaltung der Kennwörter neue Probleme.

Damit Sie die Organisationseinheit (Organizational Unit, OU) *Managed Service Accounts* und die darin angelegten Dienstkonten sehen, müssen Sie unter Umständen im Snap-In *Active Directory-Benutzer und -Computer* die erweiterte Ansicht über das Menü *Ansicht* aktivieren.

Die Administration der verwalteten Dienstkonten findet ausschließlich in der PowerShell statt. Verwenden Sie nicht das Snap-In *Active Directory-Benutzer und -Computer*.

12.2.1 Verwaltete Dienstkonten – Technische Hintergründe

Verwaltete Dienstkonten sind Benutzerkonten in Active Directory, die zur Verwendung von lokalen Diensten verwendet werden. Dabei werden die Kennwörter dieser Konten nicht manuell, sondern automatisch bei bestimmten Bedingungen durch Active Directory geändert. Administratoren können solche Änderungen manuell anstoßen.

Der Vorteil ist, dass die Systemdienste, die diese Benutzerkonten verwenden, bei Kennwortänderungen nicht von Administratoren konfiguriert werden müssen, sondern die Änderung der Kennwörter automatisch übernehmen. Die Verwaltung solcher Dienstkonten lässt sich auch an Nichtadministratoren delegieren, zum Beispiel interne Programmierer des Datenbanksystems.

Das Kennwort des Computers verhält sich wie das Kennwort eines Computerkontos in Active Directory, lässt sich also zentralisiert durch das System selbst steuern. Dies bedeutet, dass das verwaltete Benutzerkonto eines Computers dann aktualisiert wird, wenn Active

Directory auch das Kennwort des jeweiligen Computerkontos anpasst, das dem verwalteten Dienstkonto zugewiesen ist. Diese Einstellungen lassen sich auf dem Server in der Registry anpassen. Navigieren Sie dazu zu folgendem Schlüssel:

HKEY_LOCAL_MACHINE\SYSTEM\CurrentControlSet\Services\NetLogon\Parameters

Wichtig sind an dieser Stelle die beiden folgenden Werte:

- **DisablePasswordChange** – Der Wert muss auf *0* oder *1* gesetzt sein. Ist der Wert nicht vorhanden, geht Windows vom Wert *0* aus.
- **MaximumPasswordAge** – Hier legen Sie einen Wert zwischen 1 und 1.000.000 in Tagen fest. Der Standardwert ist 30, auch wenn der Wert nicht vorhanden ist.

Das automatisch gesetzte Kennwort hat eine Länge von 240 Zeichen und ist stark verschlüsselt. Außerdem besteht das Kennwort Buchstaben, Zahlen und Sonderzeichen, lässt sich also nicht erraten oder hacken.

In der Verwaltungskonsole *Active Directory-Benutzer und -Computer* finden Sie eine neue OU mit der Bezeichnung *Managed Service Accounts*. Diese OU ist für die Verwaltung der verwalteten Dienstkonten von zentraler Bedeutung. Verwaltete Dienstkonten lassen sich so nutzen wie die standardmäßig vorhandenen Benutzer.

12.2.2 Verwaltete Dienstkonten – Produktiver Einsatz

Sie legen die Dienstkonten über die PowerShell, genauer ausgedrückt über das Active Directory-Modul der PowerShell mit dem Cmdlet *New-ADServiceAccount "Name Account"* an. Standardmäßig legt das Cmdlet in Windows Server 2022 ein neues gruppiertes verwaltetes Dienstkonto an.

Wollen Sie ein verwaltetes Dienstkonto nur für einen einzelnen Server anlegen, verwenden Sie zusätzlich die Option *-Standalone*.

Bevor Sie gruppierte Konten anlegen, müssen Sie zunächst einen neuen Masterschlüssel für die Domäne erstellen:

Add-KdsRootKey -EffectiveImmediately

Standardmäßig dauert es ab diesem Moment zehn Stunden, bis Sie verwaltete Dienstkonten anlegen können. In Testumgebungen können Sie den Zeitraum mit dem folgenden Befehl umgehen:

Add-KdsRootKey -EffectiveTime ((Get-Date).addhours(-10))

Die Verwaltung der Managed Service Accounts findet ausschließlich in der PowerShell statt. Es gibt aber Zusatztools wie Managed Service Accounts GUI (*http://www.cjwdev.co.uk/Software/MSAGUI/Info.html*).

Der Ablauf beim manuellen Anlegen in der PowerShell bei der Verwendung von Managed Service Accounts ist folgender:

1. Sie legen das verwaltete Dienstkonto in Active Directory an.
2. Sie verbinden das Konto mit einem Computerkonto, auf dem der Dienst genutzt werden soll.
3. Sie installieren das verwaltete Dienstkonto auf dem jeweiligen Computer.
4. Sie passen die Systemdienste auf dem lokalen Computer an, um das neue Konto zu nutzen.

Zukünftig ändert sich das Kennwort für dieses Konto vollkommen automatisch, ohne dass Sie eingreifen müssen.

Die Befehlssyntax zum Anlegen eines Dienstkontos sieht folgendermaßen aus:

New-ADServiceAccount <Name> -DNSHostName <DNS-Name des Dienstes> -PrincipalsAllowedToRetrieveManagedPassword <Gruppe der Computer die das Konto nutzen> -KerberosEncryptionType <Verschlüssselungstyp>, AES128, AES256 -ServicePrincipalNames <Service Principal Names>

Sie haben auch die Möglichkeit, die Computerkonten, die das verwaltete Dienstkonto nutzen sollen, in eine Gruppe aufzunehmen. So lässt sich zum Beispiel das Konto für eine Lastenausgleichsfarm verwenden. Sie können die Funktion aber nicht in Failoverclustern nutzen.

12.2.3 Verwaltete Dienstkonten in der grafischen Oberfläche anlegen

Mit der Freeware »Managed Service Accounts GUI« (*http://www.cjwdev.co.uk/Software/MSAGUI/Info.html*) legen Sie wesentlich einfacher verwaltete Dienstkonten in Windows Server 2022 an.

Sie können mit dem Tool gruppierte verwaltete Konten anlegen, also verwaltete Dienstkonten, die sich auf mehreren Servern nutzen lassen. Dazu laden Sie sich das Tool herunter und installieren es entweder auf einer Arbeitsstation mit installierten RSAT oder auf einem Server. Starten Sie das Tool, können Sie in der grafischen Oberfläche einen verwalteten Dienst anlegen.

Um ein neues verwaltetes Dienstkonto anzulegen, klicken Sie im Tool auf *New*. Im neuen Fenster geben Sie alle gewünschten Daten ein. Hier wählen Sie aus, ob Sie ein klassisches verwaltetes Dienstkonto anlegen wollen oder ein gruppiertes Konto.

Sobald Sie auf *OK* klicken, wird das Konto in Active Directory angelegt. Sie sehen es auch in der OU *Managed Service Accounts*, wenn Sie die Konsole *Active Directory-Benutzer und -Computer* starten.

Bevor Sie in Managed Service Accounts GUI gruppierte Konten anlegen können, müssen Sie wie beim herkömmlichen Anlegen einen neuen Masterschlüssel für die Domäne erstellen. Dazu verwenden Sie den Befehl:

Add-KdsRootKey -EffectiveImmediately

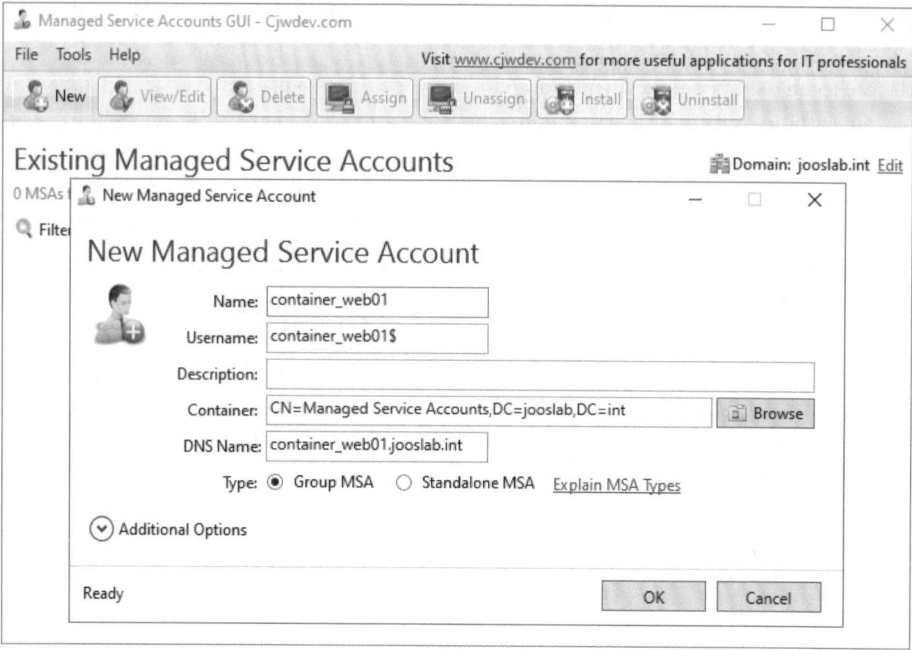

Abb. 12.1 Verwaltete Dienstkonten können Sie mit der Freeware Managed Service Accounts GUI anlegen.

Standardmäßig dauert es auch hier 10 Stunden, bis Sie gruppierte verwaltete Dienstkonten anlegen können. Schneller geht es, wenn Sie

Add-KdsRootKey -EffectiveTime ((get-date).addhours(-10))

eingeben. Wenn Sie das verwaltete Dienstkonto angelegt haben, bietet Managed Service Accounts GUI an, das Konto gleich einem Server zuzuweisen. Sie können das aber auch jederzeit manuell in der PowerShell durchführen, oder nachträglich in Managed Service Accounts GUI.

Im Gegensatz zu herkömmlichen verwalteten Dienstkonten können Sie gruppierte verwaltete Dienstkonten gleich mehreren Servern zuweisen. Dazu führen Sie in Managed Service Accounts GUI den Assistenten zum Verwalten des gruppierten Kontos aus und weisen die Computerkonten zu. Klicken Sie dazu auf *Add* und geben Sie den Namen des Servers ein.

Auf dem Server selbst müssen Sie beim entsprechenden Dienst das Konto auswählen, ohne ein Kennwort einzugeben. Danach wird der Dienst über das verwaltete Dienstkonto gesteuert.

12.3 Der Active Directory-Papierkorb im Praxiseinsatz

Den Papierkorb für gelöschte Objekte verwalten Sie im Active Directory-Verwaltungscenter. Hier können Sie ihn einmalig für die Umgebung aktivieren. Standardmäßig ist er nicht aktiv.

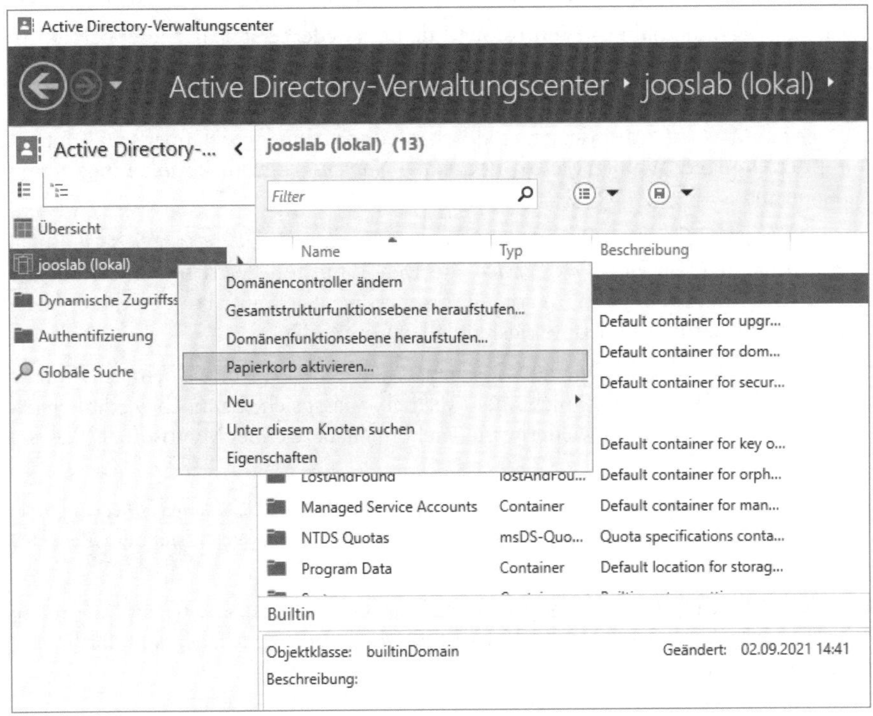

Abb. 12.2 Aktivieren des AD-Papierkorb im Active Directory-Verwaltungscenter

12.3.1 Active Directory-Papierkorb verstehen und aktivieren

Grundlage für die Wiederherstellung von gelöschten Objekten ist der Papierkorb von Active Directory, den Sie zunächst für die Gesamtstruktur aktivieren müssen. Diesen Vorgang nehmen Sie über das Kontextmenü der Gesamtstruktur auf der linken Seite der Konsole im Active Directory-Verwaltungscenter vor.

Sie können den Papierkorb auch in der PowerShell aktivieren. Der Befehl dazu am Beispiel der Domäne *contoso.com* lautet:

Enable-ADOptionalFeature -Identity 'CN=Recycle Bin Feature,CN=Optional Features,CN=Directory Service,CN=Windows NT,CN=Services,CN=Configuration, DC=contoso,DC=com' -Scope ForestOrConfigurationSet -Target 'contoso.com'

Starten Sie nach der Aktivierung des Active Directory-Papierkorbs das Active Directory-Verwaltungscenter neu. Erst dann stehen alle Funktionen zur Verfügung, um gelöschte Objekte wiederherstellen zu können.

Der Papierkorb arbeitet mit dem Wert *isDeleted* und dem Wert *isRecycled*. Ist der Wert *isRecycled* für ein Active Directory-Objekt auf *True* gesetzt, können Sie dieses nicht wiederherstellen. Nur Objekte, bei denen *isDeleted* auf *True* gesetzt ist, lassen sich restaurieren.

Objekte lassen sich innerhalb von Tombstone-Lifetime wiederherstellen. Dieser beträgt bei Windows Server 2022 180 Tage. Sie finden den jeweiligen Wert für Ihr Active Directory am besten in ADSI-Edit über den Container *Konfiguration*.

Dazu öffnen Sie ADSI-Edit über den Startbildschirm und verbinden sich über sein Kontextmenü mit der Domäne. Wählen Sie bei *Bekannten Namenskontext auswählen* die Option *Konfiguration* aus.

Navigieren Sie zu *Konfiguration/Configuration/Services/Windows NT/Directory Service*. Rufen Sie die Eigenschaften von *Directory Service* auf. Den Tombstone-Wert finden Sie auf der Registerkarte *Attribut-Editor* beim Wert *tombstoneLifetime*. Sie können ihn an dieser Stelle anpassen, das ist allerdings in den wenigsten Fällen notwendig.

Sobald Sie ein Objekt in Active Directory löschen, erhält es den Wert *True* beim Attribut *isDeleted* und ist in Active Directory nicht mehr verfügbar, lässt sich aber noch wiederherstellen. Der Zeitraum, in dem Sie es wiederherstellen können, bezeichnet Microsoft als Deleted Object Lifetime (DOL).

Diesen Wert, der ebenfalls 180 Tage beträgt, finden Sie über *msDS-deletedObjectLifetime*. Nach 180 Tagen, festgelegt durch den DOL erhält das Objekt den Wert *True* bei *isRecycled* und ist **nicht** mehr wiederherstellbar.

Ist auch der Tombstone-Lifetime abgelaufen, wird das Objekt komplett aus der Datenbank gelöscht. Da beide Werte identisch sind, wird das Objekt nach 180 Tagen standardmäßig aus der Datenbank gelöscht.

12.3.2 Objekte aus dem AD-Papierkorb mit Bordmitteln wiederherstellen

Um gelöschte Objekte wiederherzustellen, verwenden Sie am besten das Active Directory-Verwaltungscenter in Windows Server 2022. Dies hat den Vorteil, dass Ihnen eine grafische Oberfläche zur Verfügung steht. Nachdem Sie den Papierkorb aktiviert und das Active Directory-Verwaltungscenter neu gestartet haben, existiert für die entsprechende Gesamtstruktur ein neuer Ordner mit der Bezeichnung *Deleted Objects*.

Darin können Sie nach gelöschten Objekten suchen und diese wiederherstellen. Dazu klicken Sie die Objekte mit der rechten Maustaste an.

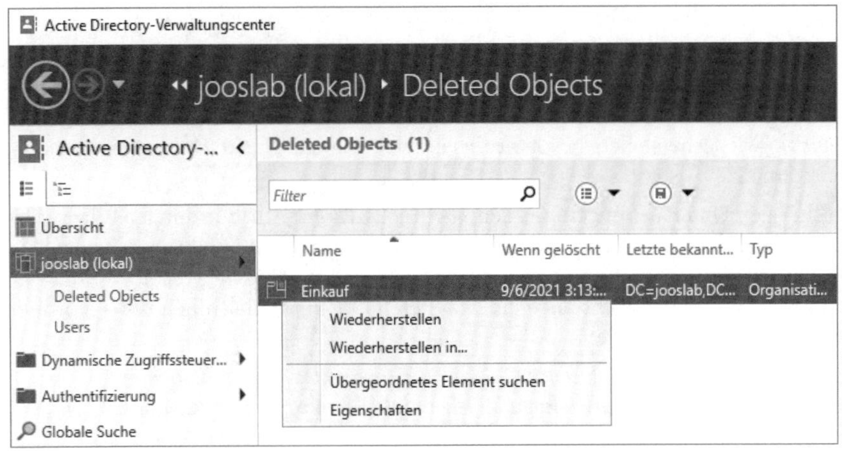

Abb. 12.3 Wiederherstellen von Objekten aus dem Active Directory-Papierkorb

Sie können die Wiederherstellung auch in der PowerShell durchführen. Dazu verwenden Sie den Befehl:

Get-ADObject -Filter {<Name des Objekts>} -IncludeDeletedObjects | Restore-ADObject

Wenn Sie zum Beispiel das Benutzerkonto mit dem Anzeigenamen *Thomas Joos* wiederherstellen wollen, geben Sie ein:

Get-ADObject -Filter {displayName -eq "Thomas Joos"} -IncludeDeletedObjects | Restore-ADObject

Handelt es sich bei dem Objekt, das Sie wiederherstellen wollen, um ein untergeordnetes Objekt, müssen Sie erst alle Objekte herstellen, die ihm übergeordnet sind, wenn diese ebenfalls gelöscht wurden. Ansonsten bricht die Wiederherstellung untergeordneter Objekte mit einem Fehler ab. Mit dem folgenden Befehl lassen Sie sich gelöschte Objekte mit dem passenden Namen zunächst anzeigen:

Get-ADObject -Filter {displayName -eq "Thomas Joos"} -IncludeDeletedObjects

Haben Sie zum Beispiel eine OU mit Benutzerkonten gelöscht, müssen Sie erst die OU und dann die einzelnen Benutzerkonten wiederherstellen. Mit *Get-ADObject* zeigen Sie die Objekte an und übergeben sie per Pipeline-Zeichen (|) an das Cmdlet *Restore-ADObject*. Kennen Sie die ursprüngliche Hierarchie der Organisationseinheit nicht, müssen Sie mit dem Cmdlet *Get-ADObject* die Hierarchie erst wieder herausfiltern:

Get-ADObject -SearchBase "CN=Deleted Objects,DC=contoso,DC=com" -ldapFilter: "(msDs-lastKnownRDN=Thomas Joos)" -IncludeDeletedObjects -Properties lastKnownParent

Dieser Befehl gibt auch übergeordnete Objekte des gelöschten Objekts an.

Mit dem folgenden Befehl lassen Sie sich alle untergeordneten Objekte in der besagten OU anzeigen:

Get-ADObject -SearchBase "CN=Deleted Objects,DC=contoso,DC=com" -Filter {lastKnownParent -eq 'OU=Einkauf\\0ADEL:26e19d03-80db-4c9c-b7dd-e472193222e0,CN=Deleted Objects,DC=contoso,DC=com'} -IncludeDeletedObjects -Properties lastKnownParent | ft

Den Namen finden Sie aus der vorangegangenen Verwendung von:

Get-ADObject -SearchBase "CN=Deleted Objects,DC=contoso,DC=com" -ldapFilter: "(msDs-lastKnownRDN=Thomas Joos)" -IncludeDeletedObjects -Properties lastKnownParent

Sie müssen bei der Verwendung im Cmdlet *Get-ADObject* unbedingt einen weiteren umgekehrten Schrägstrich im Namen verwenden. Sie müssen also zunächst die Organisationseinheit *Einkauf* wiederherstellen, bevor Sie das untergeordnete Objekt *Thomas Joos* wiederherstellen können.

Da alle bisherigen Untersuchungen mit dem *lastKnownParent*-Attribut durchgeführt wurden, das auf das direkt übergeordnete Objekt verweist, aber nicht angibt, ob das nächste übergeordnete Objekt ebenfalls gelöscht wurde, müssen Sie mit dem Wert *lastKnownParent* überprüfen, ob *Einkauf* nicht noch einer weiteren Organisationseinheit untergeordnet ist, die ebenfalls gelöscht wurde:

Get-ADObject -SearchBase "CN=Deleted Objects,DC=contoso,DC=com" -ldapFilter: "(msDs-lastKnownRDN=Einkauf)" -IncludeDeletedObjects -Properties lastKnownParent

Im Beispiel sehen Sie, dass die OU *Einkauf* direkt in der Domäne *contoso.com* angelegt ist, also keine weitere Organisationseinheit gelöscht wurde. Es reicht also, wenn Sie die OU *Einkauf* wiederherstellen, um das Objekt *Thomas Joos* wiederherzustellen:

Get-ADObject -ldapFilter:"(msDS-LastKnownRDN=Einkauf)" -IncludeDeletedObjects | Restore-ADObject

Der Befehl gibt nichts aus. Öffnen Sie das Snap-In *Active Directory-Benutzer und -Computer* und aktualisieren Sie die Ansicht mit F5. Die OU muss jetzt wieder vorhanden sein.

Der Befehl stellt allerdings nur die OU wieder her, nicht die gelöschten Objekte innerhalb der OU. Diese müssen Sie manuell herstellen, zum Beispiel mit:

Get-ADObject -SearchBase "CN=Deleted Objects,DC=contoso,DC=com" -Filter {lastKnownParent -eq "OU=Einkauf,DC=contoso,DC=com"} -IncludeDeletedObjects | Restore-ADObject

Die Lebensdauer des gelöschten Objekts wird vom Wert des *msDS-deletedObjectLifetime*-Attributs bestimmt. Die Lebensdauer eines veralteten Objekts wird vom Wert des *tombstoneLifetime*-Attributs bestimmt. Standardmäßig sind diese Attribute auf NULL festgelegt. Die Lebensdauer des veralteten Objekts beträgt also 180 Tage.

Sie können die Werte von *msDS-deletedObjectLifetime* und *tombstoneLifetime* jederzeit ändern. Innerhalb der Lebensdauer können Sie ein gelöschtes Objekt wiederherstellen. In der Active Directory-Datenbank wird beim Löschen eines Objekts das Attribut *isDeleted* auf den Wert *True* gesetzt.

Das gelöschte Objekt wird in den versteckten Container *Deleted Objects* verschoben und sein *Distinguished Name (DN)* erhält dadurch einen neuen Wert. Die *Deleted Object Lifetime* wird durch den Wert im Attribut *msDS-DeletedObjectLifetime* bestimmt. Ist die Zeit des im Attribut *msDS-DeletedObjectLifetime* definierten Werts abgelaufen, ändert sich das logisch gelöschte Objekt zu einem *Recycled Object.*

12.3.3 Organisationseinheiten und Objekte in AD absichern und sichern

Es ist schnell passiert, dass Administratoren in einem AD-Verwaltungstool eine Organisationseinheit oder ein anderes Objekt löschen. Alle darin enthaltenen Objekte werden dadurch auch gelöscht. Das lässt sich aber leicht verhindern.

Natürlich lassen sich Objekte in Active Directory über die Datensicherung und den AD-Papierkorb wiederherstellen. Allerdings ist das oft mit Arbeit verbunden und anschließenden Problemen, weil unter Umständen einzelne Funktionen nicht mehr gegeben sind. Besonders kritisch wird es, wenn eine Organisationseinheit weitere Organisationseinheiten enthält. Denn das verschachtelte Herstellen ganzer OU-Strukturen kann durchaus einige Arbeit und Zeit verursachen. Besser ist es also, Vorkehrungen zu treffen, damit sich Objekte nicht einfach so löschen lassen. Wir zeigen, wie das geht und was dahintersteckt.

12.3.4 Erweiterte Optionen für Organisationseinheiten einblenden

Werden die Eigenschaften von Organisationseinheiten in der Verwaltungskonsole *Active Directory-Benutzer und -Computer* aufgerufen, stehen nicht alle Optionen zur Verfügung. Es fehlen zum Beispiel die Einstellungen für die Sicherheit von Objekten.

In der Konsole können Sie über den Menüpunkt *Ansicht* die Option *Erweiterte Features* aktivieren. Ab diesem Moment werden die Eigenschaften erweitert und es werden mehr Einstellungen angezeigt.

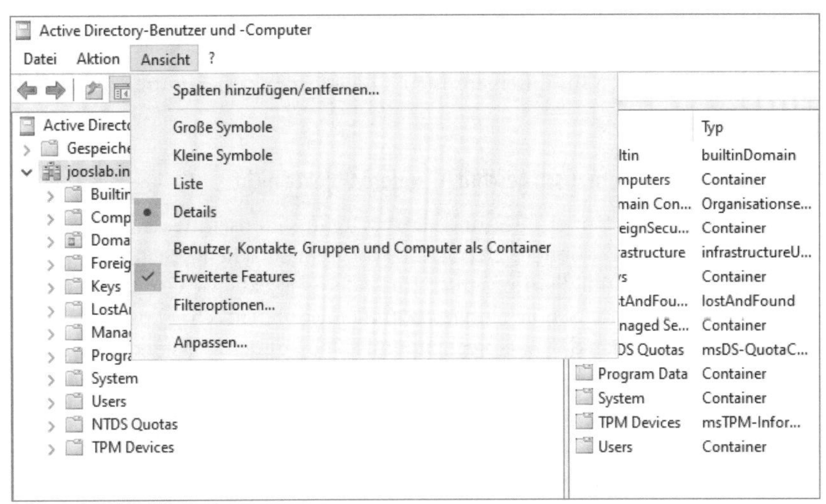

Abb. 12.4 Aktivieren der erweiterten Ansicht in Active Directory-Benutzer und -Computer

Um Objekte davor zu schützen, dass sie von einem Administrator versehentlich gelöscht werden, kann die Option *Objekt vor zufälligem Löschen schützen* auf der Registerkarte *Objekt* aktiviert werden. Dadurch wird verhindert, dass ein Objekt löschbar ist.

Wird versucht, ein Objekt zu löschen, erscheint eine Fehlermeldung, dass die Berechtigungen dazu fehlen oder dass das Objekt bereits vor dem zufälligen Löschen geschützt ist. Um das Objekt zu löschen, reicht es aus, den Haken zu entfernen und es danach zu löschen.

Abb. 12.5 Objekte vor zufälligem Löschen schützen

Es ist sinnvoll, den Schutz auch für untergeordnete Objekte zu aktivieren und zu kontrollieren, ob er auch aktiviert wurde.

Organisationseinheiten sind automatisch geschützt, andere Objekte nicht

Generell werden in Windows Server 2022 und davor Organisationseinheiten so angelegt, dass sie nicht gelöscht werden können. Der Schutz vor dem versehentlichen Löschen ist also automatisch gesetzt. Das gilt allerdings nicht für andere Objekte wie Gruppen und Benutzer. Auch hier können Sie den Schutz aktivieren, um ein versehentliches Löschen zu verhindern. Dazu setzen Sie einfach den entsprechenden Haken auf der Registerkarte *Objekt*.

Beim Anlegen von Organisationseinheiten kann der Schutz aber auch deaktiviert werden. In diesem Fall entfernen Sie beim Erstellen einfach den entsprechenden Haken. Beim Anlegen anderer Objekte, wie zum Beispiel Gruppen oder Benutzer, erscheint die Option nicht. Hier müssen Sie den Schutz nachträglich aktivieren.

Das steckt hinter dem Löschschutz in Active Directory

Durch Aktivieren der Option *Objekt vor zufälligem Löschen schützen* auf der Registerkarte *Objekt* wird dem Objekt die Benutzergruppe *Jeder* hinzugefügt. Dieser wird das Recht *Verweigert* für das Löschen des Objekts zugewiesen. Wird der entsprechende Haken wieder entfernt, wird auch die Gruppe *Jeder* in den Eigenschaften des Objekts gelöscht sowie das dazugehörige Recht. Dadurch ist das Objekt wieder löschbar.

Neben dieser Einstellung können Sie natürlich die Berechtigungen für Organisationseinheiten auf der Registerkarte *Sicherheit* anpassen. Hier können entweder die vorhandenen Benutzergruppen entfernt oder bearbeitet werden. Dadurch können Sie sicherstellen, dass nur Administratoren die Objekte löschen dürfen, die dazu berechtigt sind.

Das zeigt auch, dass es sinnvoll ist, einem Administrator nicht gleich die Rechte eines Domänenadmins zu geben, sondern genau festzulegen, welches Recht ein Administrator oder Benutzer braucht, und ihm nur das Recht zuzuweisen, das sinnvoll ist. Zu viele Rechte resultieren schnell in fehlenden Daten, und es ist schwer, anschließend nachzuverfolgen, wer die Daten tatsächlich gelöscht hat.

Andere Objekte schützen – Active Directory-Standorte und -Dienste

Neben der Verwaltungskonsole *Active Directory-Benutzer und -Computer* lassen sich Objekte auch in anderen Konsolen sichern. So können Sie zum Beispiel die Objekte in *Active Directory-Standorte und -Dienste* vor dem versehentlichen Löschen schützen. Auch hier gibt es eine Registerkarte *Objekte* und die Option *Objekt vor dem versehentlichen Löschen schützen*. Für die Anzeige der Option muss die erweiterte Ansicht aber nicht aktiviert werden.

Löschschutz in der PowerShell abfragen und setzen

Neben der Möglichkeit, die Einstellungen in der grafischen Oberfläche vorzunehmen, kann der Löschschutz in der PowerShell abgefragt und gesetzt werden. Um den Löschschutz für ein Objekt abzufragen, verwenden Sie den folgenden Befehl:

Get-ADObject <DN des Objekts> -Properties ProtectedFromAccidentalDeletion

Aktivieren lässt sich der Löschschutz mit:

Set-ADObject <DN des Objekts> -ProtectedFromAccidentalDeletion $true

Wollen Sie den Löschschutz deaktivieren, setzen Sie wiederum die Option *$false*. Sollen keine Objekte geschützt werden, sondern Organisationseinheiten, verwenden Sie die Cmdlets *Get-ADOrganizationalUnit* und *Set-ADOrganizationalUnit*.

12.4 Unternehmensübergreifendes Identity Management

Mit dem webbasierten IDM-Portal von *first@attribute* können Unternehmen ihr komplettes Identity Management (IDM) auf Basis von Active Directory zentral durchführen. Das IDM-Portal ermöglicht eine umfassende Automatisierung von allen Aufgaben rund um das Identity Management und die Delegierung von Aufgaben in die Personalabteilung oder an andere Stellen des Unternehmens:

- Dabei wird Active Directory als Speicherort genutzt, es sind keine zusätzlichen Datenbanken notwendig.
- Die vorhandene IT-Infrastruktur wird umfassend genutzt und erhält dadurch einen deutlichen Mehrwert, ohne zusätzliche Investitionen tätigen zu müssen.
- Unternehmen nutzen dadurch Active Directory sehr viel effektiver und umfassender.
- Für die Hochverfügbarkeit setzen sie auf die Standardmittel in Windows-Servern. Die komplette, vorhandene IT-Infrastruktur kann dazu genutzt werden.

Eine eigene Software für die Verwendung des IDM-Portals dazu muss nicht auf den PCs installiert werden, der Zugriff erfolgt über einen Webbrowser. Viele Aufgaben können schneller erledigt werden, da Mitarbeiter nicht mehr in der IT-Abteilung anrufen müssen, um Änderungen für ihr Benutzerkonto vorzunehmen oder ein neues Konto anzulegen.

Die notwendigen Schritte, die zum Neuanlegen von Benutzern oder zum Ändern von Benutzerkonten notwendig sind, werden im Hintergrund durch das IDM-Portal automatisch durchgeführt. Dazu werden Vorlagen und PowerShell-Skripts genutzt, die transparent zum Einsatz kommen und jederzeit angepasst oder erweitert werden können.

12.5 Azure AD Connect für Synchronisierung mit Azure nutzen

Es gibt viele Szenarien, bei denen Anmeldedaten aus lokalen Active Directory-Umgebungen mit Azure Active Directory synchronisiert werden. Neben Single Sign-On (SSO) für die Verwendung von Cloud-Ressourcen in Microsoft Azure oder Microsoft 365 wird eine solche Synchronisierung auch für den Einsatz von Microsoft Endpoint Manager genutzt. Die Synchronisierung wird über das von Microsoft zur Verfügung gestellte Tool *Azure AD Connect* vorgenommen. Sie installieren das Tool auf einem Server im Netzwerk, richten eine Verbindung mit Microsoft Azure ein und lassen die Daten anschließend synchronisieren.

Azure AD Connect kann Benutzerkonten zwischen lokalen Active Directory-Gesamtstrukturen (On-Premises) mit Azure Active Directory synchronisieren. Auf Anforderung können die Hashes von Kennwörtern synchronisiert werden, sodass die Benutzerkonten in Azure AD zur Authentifizierung für Ressourcen in Azure und Microsoft 365/Office 365 genutzt werden können. Die Benutzer müssen sich aber nicht erneut authentifizieren, sondern die Anmeldedaten am lokalen Rechner werden in Azure übernommen.

Für den Einsatz von Azure AD Connect wird zunächst ein Abonnement von Microsoft Azure benötigt. Hier kann eine kostenlose Testversion genutzt werden. Die Installation der notwendigen Software muss auf einem Server im lokalen Rechenzentrum erfolgen. Hier empfiehlt Microsoft einen Mitgliedsserver. Die Installation sollte aus Sicherheitsgründen nicht direkt auf einem Domänencontroller erfolgen, ist aber möglich. Azure AD Connect speichert die Daten vor der Synchronisierung in einer SQL-Datenbank. Standardmäßig wird hier SQL Server Express LocalDB verwendet. Azure AD Connect benötigt eine grafische Oberfläche. Die Installation auf einem Core-Server mit Windows Server 2016/2019 ist nicht möglich.

12.5.1 Azure AD Connect einrichten

Die Einrichtung von Azure AD Connect wird über das Azure-Portal begonnen. Hier steht der Menüpunkt *Azure Active Directory* zur Verfügung. Unterhalb von *Azure Active Directory* ist wiederum *Azure AD Connect* zu finden. Hier sehen Sie die Domänen, die bereits angebunden sind, und können die MSI-Datei herunterladen, die Sie im lokalen Rechenzentrum installieren müssen. Azure AD Connect können Sie direkt im Microsoft Downloadcenter herunterladen (*https://www.microsoft.com/en-us/download/details.aspx?id=47594*).

Die Einrichtung nehmen Sie über die Installation von Azure AD Connect auf dem Server vor, mit dem Sie die Benutzerkonten der lokalen Active Directory-Gesamtstruktur zu Azure synchronisieren wollen. Die Einrichtung erfolgt über einen Assistenten. Auf der ersten Seite zeigt der Assistent die Aktionen an, die das Tool durchführen kann.

Nach der Bestätigung der Lizenzbestimmungen können Sie auf der Seite *Express-Einstellungen* auswählen, ob die vorgegebenen Einstellungen des Assistenten verwendet werden sollen oder ob Sie die Einrichtung anpassen möchten. In den meisten Fällen reichen die Express-Einstellungen aus. Nach der Auswahl der Express-Einstellungen erfolgt die Anmeldung an Azure AD.

Nach der Eingabe der Anmeldeinformationen für Azure AD versucht Azure AD Connect, eine Verbindung herzustellen. In den meisten Fällen sollte das problemlos funktionieren. Bei Verbindungsproblemen erhalten Sie Tipps zur Problemlösung auf der Seite »Troubleshoot Azure AD connectivity« (*https://docs.microsoft.com/en-us/azure/active-directory/hybrid/tshoot-connect-connectivity*).

Ist die Verbindung erfolgreich, müssen Sie als Nächstes die Anmeldedaten für das lokale Active Directory eingeben. Auch hier prüft der Assistent die erfolgreiche Verbindung.

Anschließend prüft er, ob die UPN-Suffixe der lokalen Active Directory-Gesamtstruktur auch in Azure AD vorhanden sind. Wollen Sie, dass sich Anwender mit ihrer lokalen Anmeldung an Active Directory auch an Azure AD anmelden können, ohne erneut Anmeldedaten einzugeben, sollten die verwendeten Suffixe in beiden Umgebungen vorhanden sein. Sie können ohne einen Abgleich fortfahren. Danach überprüft der Assistent, ob die Einrichtung fortgesetzt werden soll. Die einzelnen Aktionen werden im Fenster angezeigt:

Mit *Installieren* wird der Vorgang fortgeführt und Azure AD Connect eingerichtet. Sobald der Assistent abgeschlossen ist, werden die Benutzer im Microsoft 365 Admin Center angezeigt (*https://admin.microsoft.com*). Bei *Benutzer/Aktive Benutzer* sollten die Benutzer aus dem lokalen Active Directory angezeigt werden.

Die Benutzer werden auch im Azure-Webportal angezeigt. Im Bereich *Azure Active Directory/Benutzer/Alle Benutzer* sind die synchronisierten Benutzer zu sehen. Bei *Azure AD Connect* wird darüber hinaus der Status der Synchronisierung angezeigt und wann die letzte Synchronisierung stattgefunden hat.

12.5.2 Azure AD Connect konfigurieren

Die Einrichtung von Azure AD Connect kann auf dem Server durchgeführt werden, auf dem es installiert wurde. Auf dem Desktop befindet sich hier das Icon zu seinem Verwaltungsprogramm. Nach dem Aufruf können Sie alle Einstellungen anpassen. Dazu wählen Sie den Menüpunkt aus, dessen Einstellungen Sie anpassen möchten, und klicken auf *Weiter*. Danach können Sie die gewünschten Änderungen vornehmen.

Bevor Sie etwas ändern, müssen Sie sich natürlich erst an Microsoft Azure anmelden. Die Anmeldung an Active Directory wird von den Anmeldedaten des Kontos gezogen, das sich am Computer angemeldet hat.

12.5.3 Troubleshooting von Azure AD und Verbindungen zu Azure

Wenn die Verbindung zwischen lokalen Netzwerken und Azure AD nicht mehr funktioniert, zum Beispiel beim Einsatz von Azure AD Connect, kann mit Microsoft-Tools und Bordmitteln eine erste Analyse stattfinden, um das Problem einzugrenzen und unter Umständen zu beheben. Wenn Objekte zwischen AD und Azure AD synchronisiert werden, sollten Sie darauf achten, dass bei den verschiedenen Feldern keines der folgenden Zeichen verwendet wird: \ % & * + / = ? { } | < > ( ) ; : , [ ] " '

Bei Problemen mit Azure AD hilft Microsoft auf der Github-Seite »Troubleshoot password hash synchronization with Azure AD Connect sync« (*https://bit.ly/2X3ZacK*) mit verschiedenen Anleitungen. Mit diesen Anleitungen lassen sich auch andere Probleme beheben.

Synchronisierung zeitweise deaktivieren

Funktioniert die Synchronisierung zwischen AD und Azure AD nicht mehr, sollte sie zunächst für das Azure-Abonnement deaktiviert werden. Bei diesem Vorgang gehen weder Daten noch Einstellungen verloren. Es wird lediglich die Synchronisierung angehalten, was die Fehlermeldungen reduziert. Diese Konfiguration können Sie zum Beispiel über die PowerShell durchführen. Dazu wird das Modul *AzureAD* benötigt, das für die Verwaltung und Analyse ohnehin sinnvoll ist. Die Installation des Moduls erfolgt in der PowerShell mit:

Install-Module -Name AzureAD -AllowClobber -Force -Verbose

Durch den Parameter *-AllowClobber* wird eine bereits vorhandene, eventuell veraltete, Version überschrieben. Die Anmeldung an Azure AD erfolgt mit dem Cmdlet *Connect-AzureAD*. Wenn Azure AD parallel mit Microsoft 365 eingesetzt wird, sollten Sie das Modul *MSOnline* auf dem gleichen Weg installieren:

Install-Module -Name MSOnline -AllowClobber -Force -Verbose

Beim Einsatz von Microsoft 365 wird ebenfalls auf Azure AD gesetzt und auch hier kann die Synchronisierung mit einem lokalen AD deaktiviert werden. Die Anmeldung erfolgt in diesem Fall mit *Connect-MSOlservice*. Die Synchronisierung deaktivieren Sie mit:

Set-MsolDirSyncEnabled -EnableDirSync $false

Um nach der Fehlerbehebung die Synchronisierung wieder zu starten, verwenden Sie den folgenden Befehl:

Set-MsolDirSyncEnabled -EnableDirSync $true

Troubleshooting mit Azure AD Connect

Um Probleme zwischen lokalem AD und Azure AD zu beheben, steht in Azure AD Connect ein Assistent für die Fehlersuche und -behebung zur Verfügung. Dazu starten Sie auf dem Server im lokalen Netzwerk, auf dem Azure AD Connect installiert ist, den Client für Azure AD Connect und klicken *Konfigurieren* an. Hier prüfen Sie die Optionen für Azure AD Connect, falls Probleme bestehen.

Für die Fehlerbehandlung bei der Synchronisierung starten Sie hier mit *Problembehandlung* das Azure AD Connect Troubleshooting-Tool. Das Tool kann über die PowerShell verschiedene Tests bezüglich der Verbindungen zwischen lokalem AD und Azure AD durchführen und hilft dabei, Fehler schnell einzugrenzen. Es setzt dabei auf die PowerShell.

Über die Auswahl eines der Tests starten Assistenten, die Probleme analysieren. Wenn zum Beispiel die Verbindung zwischen AD und Azure AD nicht funktioniert, sollten Sie zunächst die beiden Tests *Test Azure Active Directory Connectivity* und *Test Active Directory Connectivity* durchführen lassen. Die Tests dauern wenige Sekunden und zeigen schnell, ob es generell zu Verbindungsproblemen kommen kann.

Mit dem Menüpunkt *Collect General Diagnostics* führt der Assistent umfangreiche Analysen durch und zeigt in einer HTML-Datei das Ergebnis an. Die Datei können Sie verschicken, wenn bei der Problemlösung externe Hilfe notwendig ist.

Troubleshooting im Azure Active Directory Admin Center

Wenn es Probleme mit Azure AD oder der Synchronisierung mit einem lokalen AD gibt, sollte auch das Azure Active Directory Admin Center zum Einsatz kommen. Dies erreichen Sie über *https://aad.portal.azure.com*. Nach einem Klick auf *Azure Active Directory* wird bei *Übersicht* die Kachel von Azure AD Connect angezeigt. Hier sehen Sie, wann die letzte Synchronisierung durchgeführt wurde oder ob die Synchronisierung nicht starten kann.

Azure Active Directory Connect Health

Über den Menüpunkt *Azure AD Connect* rufen Sie die Verwaltungsseite von Azure AD Connect auf. Auch hier finden Sie Informationen zur Fehlerbehandlung. Im unteren Bereich dient der Link zu Azure Active Directory Connect Health dazu. Über diesen Bereich laden Sie den lokalen Agent für Azure AD Connect Health herunter und installieren ihn. Über den Link *Synchronisierungsfehler* finden Sie hier in vielen Fällen Hilfe zu Problemen mit Azure AD.

Firewall blockiert Ports

Für die Synchronisierung zwischen AD und Azure werden verschiedene Ports benötigt. Blockieren Firewalls diese Ports, können lokale Server und Azure keine Daten über Azure AD synchronisieren. Auch zwischen dem Azure AD Connect-Server und den Domänencontrollern im lokalen Rechenzentrum müssen Ports offen sein. Die wichtigsten sind DNS (Port 53), Kerberos (Port 88), MS-RPC (Port 135), LDAP (Port 389), SMB (Port 636), LDAP/SSL (Port 636) und RPC (49152-65535).

12.5.4 Azure AD Connect und Azure AD Connect Cloud Sync

Um Anmeldedaten zwischen Active Directory und Azure Active Directory zu synchronisieren, verwenden viele Administratoren Azure AD Connect. Zusätzlich zu Azure AD Connect bietet Microsoft noch Azure AD Connect Cloud Sync an. Dabei handelt es sich um unterschiedliche Dienste für ähnliche Funktionen. In Deutschland ist die Namensgebung der beiden Dienste deutlicher. Hier ist die deutsche Übersetzung für Azure AD Connect Cloud Sync die Bezeichnung Azure AD-Cloudsynchronisierung.

Azure AD Connect versus Azure Connect Cloud Sync – Was sind die Unterschiede?

Der maßgebliche Unterschied zwischen Azure AD Connect und Azure Connect Cloud Sync ist die Steuerung der Synchronisierung. Azure AD Connect wird über den Agent gesteuert, der auf einem Server im Netzwerk installiert wird. Azure Connect Cloud Sync verwendet einen Agent, der komplett über Azure gesteuert wird. Daher kann der Agent für Cloud Sync auf mehreren Servern im Netzwerk für einen hochverfügbaren Betrieb genutzt werden, Azure AD Connect unterstützt nur die Installation auf einem einzelnen Server.

Allerdings ist Cloud Sync deswegen nicht das bessere Azure AD Connect. Computerkonten und andere Geräte werden bei Cloud Sync nicht unterstützt, bei Azure AD Connect dagegen schon. Auch erweiterte AD-Attribute können mit Cloud Sync nicht synchronisiert werden. In der Microsoft-Dokumentation ist ein umfassender Vergleich zu finden (*https://docs.microsoft.com/de-de/azure/active-directory/cloud-sync/what-is-cloud-sync*).

Einfach ausgedrückt ist Cloud Sync dann geeignet, wenn Sie die zusätzlichen Funktionen von Azure AD Connect nicht benötigen und im Netzwerk mehrere Agents installieren wollen, um eine Hochverfügbarkeit zu erreichen.

Ein weiteres Einsatzszenario für Cloud Sync ist die Synchronisierung von mehreren AD-Gesamtstrukturen zu einem einzigen Azure AD-Abonnement.

Neben der Möglichkeit, auf Azure AD Connect zu setzen, bietet Microsoft den Dienst *Azure AD Cloudsynchronisierung*. Dabei handelt es sich um eine weitere Möglichkeit, Benutzer und Gruppen zwischen Active Directory und Azure AD zu synchronisieren. Azure AD-Cloudsynchronisierung steht ebenfalls im Azure Active Directory Admin Center zur Verfügung. Das Azure AD Admin Center erreichen Sie über die URL *https://aad.portal.azure.com*. Die Einstellungen von Azure AD Connect und von Azure AD-Cloudsynchronisierung finden Sie über den Menüpunkt *Azure Active Directory/Azure AD Connect*.

Mit Azure AD Connect Cloud Sync benötigen Sie im Netzwerk auf einem Server ebenfalls eine Agenten-Software, die als Brücke zwischen Azure AD und AD fungiert. Die Bereitstellungskonfiguration wird in Azure AD gespeichert und als Teil des Dienstes verwaltet. Im Gegensatz zu Azure AD Connect übernimmt nicht der Agent auf dem Server alle Aktionen, sondern alle Aufgaben werden in der Cloud gespeichert und durchgeführt. Der Agent auf dem Server dient lediglich der Anbindung von Active Directory an Azure AD. Azure AD Connect Cloud Sync und Azure AD Connect können parallel eingesetzt werden.

Azure AD Connect Cloud Sync und Azure AD Connect Sync funktionieren recht ähnlich. Allerdings kann nur Azure AD Connect Cloud Sync mit einem kleineren Agent betrieben werden. Dazu kommt die Möglichkeit, mehrere aktive Agents für eine hochverfügbare Umgebung zu installieren. Sollen aber auch benutzerdefinierte Attribute synchronisiert werden, ist Azure AD Connect (noch) der bessere Weg, denn Azure AD Connect Cloud Sync ist dazu (noch) nicht in der Lage. Auch Passthrough-Authentication ist beim Einsatz von Azure AD Connect möglich.

Azure AD Connect Cloud Sync ist auch der bessere Weg, wenn es darum geht, mehrere AD-Gesamtstrukturen mit einem Azure-Abonnement zu synchronisieren. Vor allem, wenn die Gesamtstrukturen nicht mit Azure verbunden sind. Azure AD Cloudsynchronisierung unterstützt die Installation auf mehreren Servern im Netzwerk, die eine Verbindung mit Azure AD aufbauen können. Damit erreichen Sie eine Hochverfügbarkeit des Dienstes. Für den Betrieb des Agents wird ein Dienstkonto angelegt, das natürlich über Rechte in Active Directory verfügen muss.

Damit die Installation auf mehreren Servern problemloser umgesetzt werden kann, können Sie hier Group Managed Service Accounts (gMSA) verwenden. In diesem Fall verwenden Sie ein Benutzerkonto für jede installierte Instanz von Azure AD-Cloudsynchronisierung.

Das Konto kann durch den Dienst selbst verwaltet werden, inklusive der Änderung der Kennwörter. Der Assistent zum Einrichten des Agents kann einen gruppierten Managed Service Account anlegen. Hier besteht die Möglichkeit, selbst einen solchen Account anzulegen und hier auszuwählen. Verwaltete Dienstkonten sind Benutzerkonten in Active Directory, die für lokale Dienste verwendet werden. Dabei werden die Kennwörter dieser Konten nicht manuell, sondern automatisch bei bestimmten Bedingungen durch Active Directory geändert. Administratoren können solche Änderungen manuell anstoßen.

Der Vorteil ist, dass die Systemdienste, die diese Benutzerkonten verwenden, bei Kennwortänderungen nicht von Administratoren konfiguriert werden müssen, sondern die Änderung der Kennwörter automatisch übernehmen.

Azure AD-Cloudsynchronisierung installieren

Die Azure AD-Cloudsynchronisierung richten Sie über das Azure Active Directory Admin Center ein. Klicken Sie dazu im Admin Center (*https://aad.portal.azure.com*) auf *Azure Active Directory/Azure AD Connect* und dann bei *Azure AD-Cloudsynchronisierung* auf *Azure AD Cloudsynchronisierung verwalten.* Im Fenster können Sie mit *Agent herunterladen* die Software herunterladen. Hier sehen Sie auch den Status der verschiedenen Agents, die bereits angebunden sind.

Nach dem Download installieren Sie den Agent zunächst auf einem Server, mit dem Sie eine Verbindung zu Azure AD aufbauen wollen. Nach der ersten Einrichtung ist es generell sinnvoll, auf einem weiteren Server ebenfalls den Agent zu installieren, damit die Synchronisierung immer funktioniert.

Für die weitere Anbindung von Active Directory an Azure AD muss noch eine Authentifizierung an Azure AD erfolgen. Hier unterstützt der Installationsassistent die Multifaktor-Authentifizierung in Azure AD. Danach wählen Sie aus, ob der Assistent ein verwaltetes Dienstkonto anlegen soll oder ob Sie ein vorhandenes Konto verwenden wollen.

Im Anschluss wählen Sie die Active Directory-Domäne aus, die mit Azure AD synchronisiert werden soll. Auch hier muss eine Anmeldung erfolgen. Im letzten Schritt erhalten Sie eine Zusammenfassung und der Agent beginnt mit der Einrichtung. Sollte bei der Einrichtung etwas schiefgehen, finden Sie die Protokolldateien des Dienstes im Verzeichnis:

C:\ProgramData\Microsoft\Azure AD Connect Provisioning Agent\Trace

Nach der erfolgreichen Einrichtung ist im Azure Active Directory Admin Center bei *Azure Active Directory/Azure AD Connect* und dann bei *Azure AD-Cloudsynchronisierung* über *Azure AD Cloudsynchronisierung verwalten* die Verbindung zu sehen, wenn Sie auf *Alle Agents überprüfen* klicken.

Funktioniert die Synchronisierung nicht, überprüfen Sie, ob der Systemdienst *Microsoft Azure AD Connect Provisioning Agent* gestartet ist. Auch der Systemdienst *Microsoft Azure AD Connect Agent Updater* muss gestartet sein.

Sobald der Agent seine Verbindung zu Azure AD aufgenommen hat, können Sie in der Verwaltungsoberfläche von Azure AD Connect Cloud Sync mit *Neue Konfiguration* die Anpassungen vornehmen. Hier können Sie aus den Domänen die Synchronisierung auswählen, die mit Agents verbunden sind. Danach speichern Sie die Synchronisierung.

12.6 Zusammenfassung

In diesem Kapitel sind wir auf die praktischen Hintergründe der neuen Funktionen von Active Directory und Azure Active Directory in Windows Server 2022 eingegangen. Sie haben erfahren, wie man mit verwalteten Dienstkonten das Netzwerk absichert oder mit dem neuen Active Directory-Papierkorb Objekte wiederherstellt.

Im nächsten Kapitel gehen wir auf Erweiterungsmöglichkeiten von Active Directory und auf schreibgeschützte Domänencontroller (RODC) ein.

Kapitel 13

Active Directory – Neue Domänen und Domänencontroller

In diesem Kapitel zeigen wir Ihnen, wie Sie existierende Domänen und Gesamtstrukturen mit weiteren Domänen, Domänencontrollern oder Strukturen ergänzen. Wir gehen auch darauf ein, wie Sie schreibgeschützte Domänencontroller installieren und verwalten. In den Kapiteln 10 und 11 haben wir bereits erläutert, wie Sie Domänencontroller installieren, auch über die PowerShell.

Beim Einsatz von Windows Server 2022 als Domänencontroller sollten Unternehmen für eine gewisse Hochverfügbarkeit sorgen. Zusätzliche Domänencontroller entlasten sich gegenseitig und mit schreibgeschützten Domänencontrollern lassen sich Niederlassungen und kleine Büros sicher anbinden.

Als zusätzliche Domänencontroller eignen sich Core-Installationen von Windows Server 2022. Diese bieten zwar keine grafische Oberfläche, dafür aber mehr Sicherheit und Leistung, da die grafische Oberfläche Leistung benötigt und parallel auch angreifbar ist.

13.1 Core-Server als zusätzlichen Domänencontroller betreiben

Um einen Core-Server als Domänencontroller zu betreiben, sollte der Server zunächst als Mitgliedsserver in die Domäne aufgenommen werden. Das stellt sicher, dass später auch die Installation von Active Directory auf dem Server funktioniert. Am einfachsten ist die Konfiguration über das Tool *Sconfig*. Die Anleitungen zur PowerShell in den nächsten Abschnitten können Sie auch auf Servern mit grafischer Oberfläche durchführen.

Über den Menüpunkt *8) Netzwerkeinstellungen* wird der Server zunächst an das Netzwerk angebunden. Hier müssen die IP-Adressen, das Subnetz und die DNS-Server angegeben und konfiguriert werden.

Nachdem Sie die IP-Adresskonfiguration vorgenommen haben, sollte der Core-Server seinen neuen Namen über *Sconfig* erhalten. Das können Sie zwar auch beim Domänenbeitritt erledigen, es schadet aber nicht, diese Konfiguration vorher vorzunehmen. Nach einem Neustart lässt sich der Server dann als herkömmlicher Mitgliedsserver an die Domäne anbinden. Nach einem Neustart ist er Mitglied der Domäne. Auf einem Domänencontroller können Sie das über das Snap-In *Active Directory-Benutzer und -Computer* testen. Die Domänenmitgliedschaft zeigt der Core-Server auch über *Sconfig* an.

Mit *nslookup* sollten Sie die Namensauflösung testen. Die anderen Domänencontroller sollten den Core-Server auflösen können und umgekehrt. Auch die Kontaktaufnahme per Ping sollten Sie testen.

13.1.1 Vorbereitungen in der PowerShell durchführen

Wer die Vorbereitungen zur Installation eines Domänencontrollers nicht mit *Sconfig* vornehmen will, sondern über die PowerShell, startet mit dem Befehl *PowerShell* aus der Eingabeaufforderung des Servers heraus eine PowerShell-Sitzung. Mit *Get-NetAdapter* lassen sich Informationen zum Netzwerkadapter des Servers auslesen. Die Informationen werden dazu verwendet, um die IP-Einstellungen zu setzen, zum Beispiel mit folgendem Befehl:

New-NetIPAddress -IPAddress 192.168.178.230 -InterfaceAlias "Ethernet" -DefaultGateway 192.168.178.1 -AddressFamily IPv4 -PrefixLength 24

Die DNS-Einstellungen werden mit folgendem Cmdlet gesetzt:

Set-DnsClientServerAddress -InterfaceAlias "Ethernet" -ServerAddresses ("192.168.178.220","192.168.178.230")

Standardmäßig registriert Windows Server 2022 den Server mit dem Namen als Domänencontroller, den er beim Start erhält. Sie können den Server in der PowerShell umbenennen. Dazu verwenden Sie den Befehl:

Rename-Computer -Name [Computername]

Nachdem der Server zum Domänencontroller heraufgestuft wurde, ist ein Umbenennen nicht mehr möglich. Um den Server danach neu zu starten, können Sie ebenfalls die PowerShell verwenden. Als Cmdlet verwenden Sie dazu *Restart-Computer.*

In der PowerShell können Sie für die Bereitstellung von Windows Server 2022 aber nicht nur Domänencontroller erstellen, sondern auch Computer mit Windows Server 2022 als Mitgliedscomputer in die Domäne aufnehmen. Dazu verwenden Sie das Cmdlet *Add-Computer -DomainName [Domänenname].*

Um sich die Domänencontroller im Netzwerk anzuzeigen, reicht es aus, wenn Sie den Befehl *Get-ADDomainController* eingeben. Dadurch erhalten Sie Informationen zur Domäne, Organisationseinheit, GUID, IP-Adresse, FSMO-Rollen und weitere Infos zum Domänencontroller.

Wie alle Cmdlets kann auch dieses Cmdlet die Anzeige formatieren, indem Sie das Cmdlet *Get-ADDomainController |fl* nutzen und dahinter die Spalten angeben, die in der PowerShell angezeigt werden sollen. Wollen Sie zum Beispiel nur den Namen, das Betriebssystem, die IP-Adresse und die installierten FSMO-Rollen anzeigen lassen, verwenden Sie den Befehl:

Get-ADDomainController |fl hostname, IPV4Address, OperationMasterroles, OperatingSystem

Mit *|ft* zeigen Sie die Informationen als formatierte Tabelle an. Bei dem Cmdlet haben Sie die Möglichkeit, die Anzeige zu filtern. Ein Beispielfilter ist das Anzeigen von schreibgeschützten Domänencontrollern:

Get-ADDomainController -Filter {isreadonly -eq $true}

Um die schreibgeschützten Domänencontroller auszublenden, verwenden Sie:

Get-ADDomainController -Filter {isreadonly -eq $false}

Nach dieser Syntax können Sie nach allen Feldern filtern lassen, die sich über *Get-ADDomainController* anzeigen lassen. Dazu verwenden Sie die Option *-Filter* und den Namen der Spalte in geschweiften Klammern, zusammen mit der Option, ob der Filter zutreffen (*$true*) oder nicht zutreffen (*$false*) soll. In diesem Zusammenhang ist die Spalte *IsGlobalCatalog* interessant, da hier nach globalen Katalogen gefiltert werden kann. Das ist vor allem in größeren Umgebungen interessant.

13.1.2 Active Directory auf dem Core-Server installieren und einrichten

Nachdem der Server generell funktioniert, installieren Sie die notwendigen Funktionen für Active Directory:

Install-WindowsFeature AD-Domain-Services -IncludeManagementTools

Die erfolgreiche Installation wird in der PowerShell angezeigt. Anschließend wird Active Directory eingerichtet und der Server mit der vorhandenen Domäne verbunden. Um einen neuen Domänencontroller in einer vorhandenen Domäne zu installieren, verwenden Sie das Cmdlet *Install-ADDSDomainController*. Damit der Befehl funktioniert, geben Sie den Namen der Domäne ein und konfigurieren das Kennwort für den Verzeichnisdienst-Wiederherstellungsmodus als SecureString:

Install-ADDSDomainController -Domainname <DNS-Name der Domäne>
-SafeModeAdministratorPassword (read-host -prompt Kennwort -assecurestring)

In diesem Beispiel lautet der DNS-Name der Domäne *Jooslab.int*. Der Befehl installiert auch einen DNS-Server auf dem Domänencontroller. Die Daten werden über Active Directory automatisch repliziert:

Install-ADDSDomainController -DomainName jooslab.int -InstallDNS:$True -Credential (Get-Credential) -SafeModeAdministratorPassword (read-host -prompt Kennwort -assecurestring).

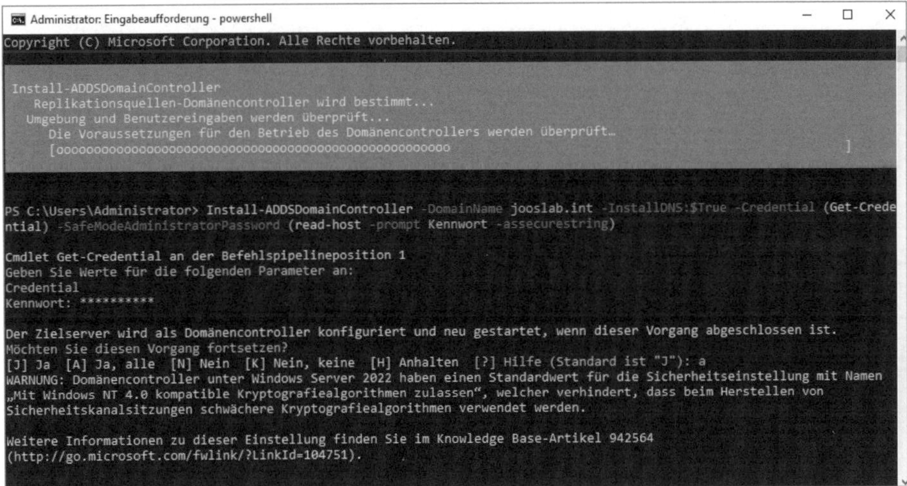

Abb. 13.1 Installieren eines Domänencontrollers in der PowerShell, zum Beispiel auf einem Core-Server

Active Directory

Sobald der Server neu gestartet ist, wird er als Domänencontroller angezeigt. Das sehen Sie über das Snap-In *Active Directory-Benutzer und -Computer*. Außerdem sollte im Snap-In *Active Directory-Standorte und -Dienste* eine Replikationsverbindung zwischen einem Domänencontroller und dem neuen Domänencontroller angezeigt werden.

Über das Kontextmenü können Sie eine manuelle Replikation starten. Diese sollte keine Fehlermeldungen anzeigen. Auch die DNS-Verwaltung sollten Sie überprüfen. Dazu kann der Core-Server über das Netzwerk an die DNS-Verwaltung auf einem anderen Server oder einer Arbeitsstation angebunden werden. Für Windows 10/11 stellt Microsoft in diesem Fall die Remoteserver-Verwaltungstools zur Verfügung. Mehr dazu finden Sie in den Kapitel 10 und 11 dieses Buches.

Wichtig ist, dass die Zone für das Active Directory in Active Directory integriert ist und damit durch die Replikation in Active Directory auf neue Server verteilt wird. Die IP-Adresse des Core-Servers kann dann als DNS-Server auf den Clients und anderen Arbeitsstationen verwendet werden.

Um die Verbindung mit Active Directory zu verifizieren, sollten Sie auf dem Core-Server folgende Befehle ausführen. Die Domäne lautet in diesen Beispielen wieder *joos.int*:

Nltest /dsgetsite

Nltest /dclist:Joos

Repadmin /showreps

Dcdiag

13.2 Schreibgeschützter Domänencontroller (RODC)

Haben Sie eine neue Domäne installiert, sollten Sie immer so schnell wie möglich einen zusätzlichen Domänencontroller installieren. Die Installation ist schnell durchgeführt und Sie können damit sichergehen, dass die Daten der Active Directory-Domäne bei Ausfall des ersten Servers nicht verloren gehen und Anwender sich weiter anmelden können. Wir zeigen Ihnen in diesem Abschnitt, wie zusätzliche Domänencontroller in einer Domäne installiert werden.

Dabei muss es sich nicht zwingend um einen schreibgeschützten Domänencontroller handeln, wir gehen aber in diesem Beispiel davon aus.

13.2.1 Vorbereitungen für die Integration eines zusätzlichen Domänencontrollers in eine Domäne

Der erste Schritt bei der Integration eines zusätzlichen Domänencontrollers in eine Domäne besteht aus der Installation des Betriebssystems (siehe Kapitel 2 und 3). Achten Sie darauf, dass Sie den Server mit dem gleichen Stand des Betriebssystems installieren, damit Sie eine homogene Umgebung erhalten.

Exchange Server 2007/2010/2013/2016/2019 und auch Exchange Server 2022 unterstützen keine schreibgeschützten Domänencontroller. An jedem Standort, an dem ein Exchange-Server betrieben wird, muss auch ein normaler Domänencontroller positioniert werden.

Keine Probleme haben dagegen Microsoft SQL Server, Microsoft Endpoint Configuration Manager, Outlook sowie SharePoint. Auch die Serverrollen in Windows Server 2022 haben keine Schwierigkeiten mit einem RODC.

Weisen Sie dem zusätzlichen Domänencontroller zunächst einen passenden Namen zu, zum Beispiel *rodc*, und konfigurieren Sie das primäre DNS-Suffix auf dem Server. Gehen Sie bei diesem Schritt so vor wie bei der Erstellung des ersten Domänencontrollers (siehe Kapitel 10 und 11).

Installieren Sie nach dem Neustart des Servers, wie beim ersten Server, ebenfalls die DNS-Rolle (siehe Kapitel 11). Haben Sie den Server als Domänencontroller in Active Directory mit aufgenommen, steht er ebenfalls als DNS-Server für die Mitgliedsserver und Arbeitsstationen zur Verfügung.

Weisen Sie dem zusätzlichen Domänencontroller zunächst den ersten Domänencontroller, den Sie installiert haben, als bevorzugten DNS-Server zu. Später kann diese Einstellung noch abgeändert werden, aber für das Beitreten der Domäne muss der Server einen DNS-Server in der Domäne erreichen können.

13.2.2 Einstieg in schreibgeschützte Domänencontroller – RODC

Wenn in Niederlassungen oder wenig gesicherten Büros Domänencontroller installiert werden sollen, ist es sinnvoll, auf schreibgeschützte Domänencontroller (Ready Only Domain Controller, RODC) zu setzen. Hier werden, wie bei anderen Domänencontrollern auch, Anmeldungen von Benutzerkonten und von Servern ermöglicht. Auch Kennwortänderungen der Benutzer sind möglich. Diese führt aber nicht der RODC selbst aus, sondern leitet Anfragen, die einen schreibenden Zugriff benötigen, an einen herkömmlichen Domänencontroller weiter.

Wird ein schreibgeschützter Domänencontroller gestohlen, enthält dieser ausschließlich die Daten der Benutzerkonten, die zur Replikation auf den Server ausgewählt sind. Alle anderen Daten von Active Directory sind auf dem Server nicht verfügbar und können daher weder gestohlen noch missbraucht werden.

Die Replikation in Active Directory läuft aber immer von herkömmlichen Domänencontrollern zu RODCs, niemals in die andere Richtung. Änderungen in Active Directory können daher auf diesen Domänencontrollern nicht direkt durchgeführt werden.

Pro Standort in Active Directory ist nur ein RODC erlaubt. Zwischen RODCs findet ebenfalls keine Replikation statt. Die RODCs synchronisieren sich nur mit herkömmlichen DCs.

13.2.3 Integration eines neuen Domänencontrollers

Installieren Sie im Anschluss die Active Directory-Domänendienste wie bei der Installation eines normalen Domänencontrollers. Die Unterscheidung der Konfiguration findet erst im Rahmen der Einrichtung des Servers statt. Wählen Sie daher im Assistenten zur Einrichtung von Active Directory die Option *Domänencontroller zu einer vorhandenen Domäne hinzufügen*. Sie können diesen Vorgang auch in der PowerShell durchführen. Wie das geht, zeigen wir Ihnen in Kapitel 11.

Haben Sie die Option ausgewählt, müssen Sie noch die Domäne angeben, der Sie einen Domänencontroller hinzufügen wollen. Über die Schaltfläche *Ändern* müssen Sie das Konto eines Administrators festlegen, der über die Rechte verfügt, Domänencontroller zu einer Domäne hinzufügen zu dürfen. Verwenden Sie dazu die Syntax *<Domäne>\<Benutzername>*.

Im nächsten Fenster wählen Sie die Optionen des Servers aus. Sie können über dieses Fenster die DNS-Rolle installieren, den Server zum globalen Katalog heraufstufen und den Domänencontroller zu einem schreibgeschützten Domänencontroller heraufstufen.

Außerdem wählen Sie den physischen Standort des Domänencontrollers aus. Active Directory bietet die Möglichkeit, eine Gesamtstruktur in mehrere Standorte zu unterteilen, die durch verschiedene IP-Subnetze voneinander getrennt sind. Durch diese physische Trennung der Standorte ist es nicht notwendig, für jede Niederlassung eine eigene Domäne zu erstellen.

An jedem Standort müssen zwar weiterhin Domänencontroller installiert werden, allerdings kann die Domäne von einem zentralen Standort aus verwaltet werden, von dem die Änderungen auf die einzelnen Standorte repliziert werden können. Die Replikation zwischen verschiedenen Standorten in Active Directory läuft weitgehend automatisiert ab. Damit die Replikation aber stattfinden kann, müssen Sie zunächst die notwendige Routingtopologie erstellen. Bei der Erstellung der Routingtopologie fallen hauptsächlich folgende Aufgaben an:

- Erstellen von Standorten in der Active Directory-Verwaltung
- Erstellen von IP-Subnetzen und Zuweisen an die Standorte
- Erstellen von Standortverknüpfungen für die Active Directory-Replikation
- Konfiguration von Zeitplänen und Kosten für die optimale Standortreplikation

Damit Sie die standortübergreifende Replikation von Active Directory verwenden können, sollten Sie in jedem Standort, an dem später ein Domänencontroller angeschlossen wird, ein unabhängiges IP-Subnetz verwenden. Dieses IP-Subnetz wird in der Active Directory-Verwaltung hinterlegt und dient fortan zur Unterscheidung der Standorte in Active Directory.

Das wichtigste Verwaltungswerkzeug, um Standorte in Active Directory zu verwalten, ist das Snap-In *Active Directory-Standorte und -Dienste*, das auch über den Server-Manager zur Verfügung gestellt wird.

Auf der nächsten Seite des Assistenten legen Sie fest, ob der neue Domänencontroller zum globalen Katalog konfiguriert werden soll. Außerdem können Sie an dieser Stelle festlegen, dass der Domänencontroller nur als schreibgeschützter Domänencontroller (RODC) verwendet wird, also dieser Server keine Änderungen entgegennimmt, außer als Replikation von seinem übergeordneten Domänencontroller. Im gleichen Fenster geben Sie auch das Kennwort für den Verzeichnisdienst-Wiederherstellungsmodus an.

Auf der nächsten Seite wählen Sie die Benutzergruppen oder direkt die Benutzer aus, deren Kennwörter auf den RODC repliziert werden dürfen. Wird für eine Gruppe die Replikation des Kennworts verweigert, steht den Mitgliedern dieser Gruppe der RODC nicht als Anmeldeserver zur Verfügung, da er die Kennwörter nicht verifizieren kann. Durch diese Konfiguration können Sie recht leicht festlegen, welche Benutzer sich an diesem Domänencontroller anmelden dürfen und welche nicht.

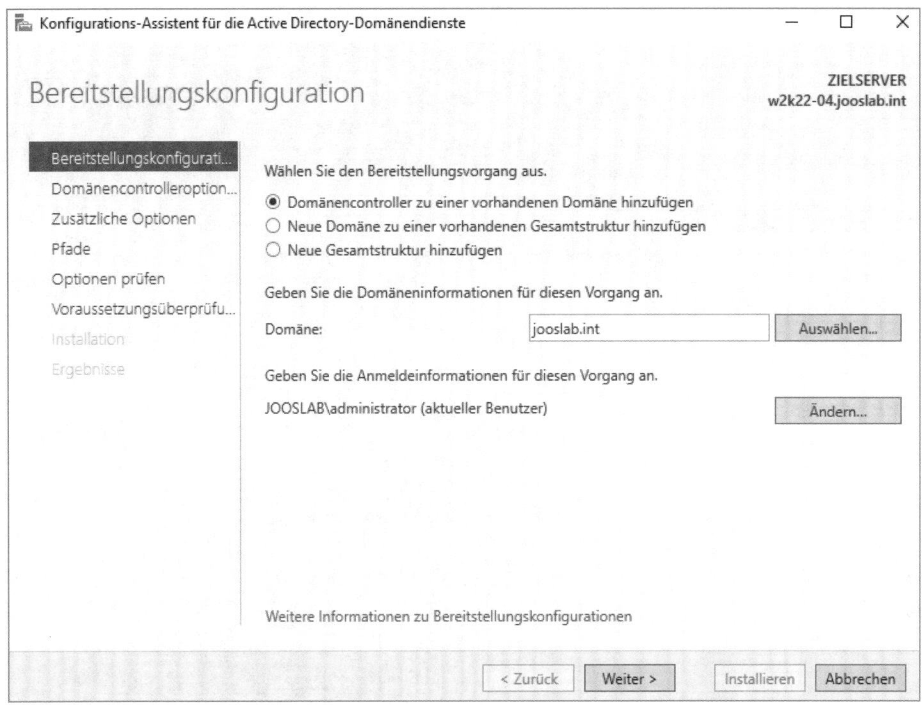

Abb. 13.2 Konfiguration des zusätzlichen Domänencontrollers als schreibgeschützten Domänencontroller (RODC)

Diese Richtlinien spielen für die Authentifizierung von Benutzern an einem Domänencontroller eine wichtige Rolle. Authentifiziert sich ein Benutzer an einem RODC, kontaktiert dieser einen normalen DC, um die Anmeldeinformationen zu kopieren.

Der DC erkennt, dass die Anforderung von einem RODC kommt, und überprüft auf Basis der Richtlinien für die Kennwortreplikation, ob diese Daten zu dem jeweiligen RODC übertragen werden dürfen. Wird die Replikation durch die Richtlinie gestattet, werden die Anmeldeinformationen vom DC zum RODC übertragen und dort zwischengespeichert, sodass weitere Anmeldungen deutlich schneller ablaufen.

In der OU *Users* gibt es bereits die standardmäßigen Benutzergruppen *Zulässige RODC-Kennwortreplikationsgruppe* und *Abgelehnte RODC-Kennwortreplikationsgruppe*. Benutzerkonten, die Sie diesen Benutzergruppen zuordnen, können sich an diesem Domänencontroller anmelden, da die Kennwörter repliziert wurden (*Zulässige RODC-Kennwortreplikationsgruppe*). Oder sie können sich nicht anmelden, da die Kennwörter nicht zur Verfügung stehen (*Abgelehnte RODC-Kennwortreplikationsgruppe*).

Sie können die Einstellungen, die Sie in diesem Dialogfeld vornehmen, jederzeit über die Eigenschaften des Computerkontos im Server-Manager wieder anpassen, nachdem der Server zum Domänencontroller heraufgestuft worden ist.

Auf der nächsten Seite des Assistenten geben Sie eine Benutzergruppe an, die die Berechtigung zur Verwaltung des Domänencontrollers erhält. Mitglieder der angegebenen Gruppe dürfen den Server verwalten beziehungsweise Änderungen darauf vornehmen. Die Gruppe oder der Benutzer, die beziehungsweise den Sie hier angeben, erhalten lokale Administratorberechtigungen auf dem Controller, aber keinerlei Rechte in der Active Directory-Domäne.

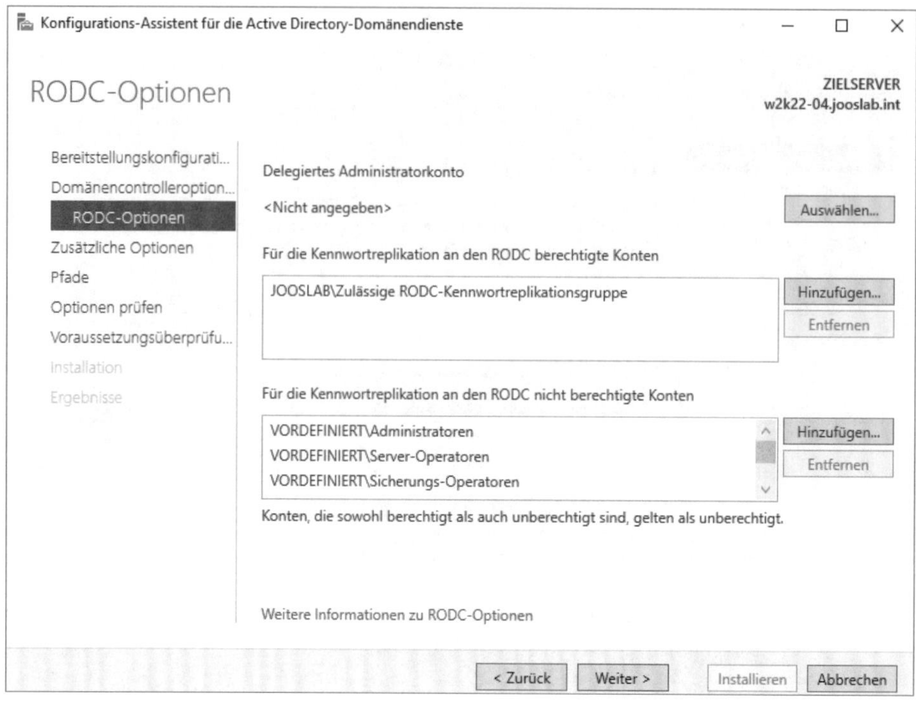

Abb. 13.3 Steuern der RODC-Optionen

Im nächsten Dialogfeld legen Sie fest, ob der Domänencontroller die Daten von Active Directory über das Netzwerk oder die WAN-Leitung erhalten soll oder ob Sie die Datensicherung von Active Directory verwenden möchten (siehe Kapitel 11). Diese Option ist vor allem sinnvoll, wenn Sie einen neuen Domänencontroller für eine kleine Niederlassung installieren.

Ist diese Niederlassung nur über eine schmalbandige WAN-Leitung angebunden, kann die Replikation der Active Directory-Daten sehr lange dauern und vor allem die Leitung blockieren. Sie können an dieser Stelle auf einem Domänencontroller in der Zentrale eine Datensicherung des Servers vornehmen, diese auf CD/DVD brennen, mit der Post verschicken und anschließend auf dem Server einlesen.

Auf der Seite des Assistenten wählen Sie aus, von welchem Domänencontroller Sie die Replikation zum neuen Domänencontroller für die Installation ausführen wollen. Alle weiteren Fenster sind identisch mit der Installation des ersten Domänencontrollers.

Ein Beispielskript für die Installation eines schreibgeschützten Domänencontrollers für die PowerShell sehen Sie in Listing 13.1.

```
Import-Module ADDSDeployment
Install-ADDSDomainController `
-AllowPasswordReplicationAccountName @("CONTOSO\Zulässige RODC-Kennwortreplikationsgruppe")
`
-NoGlobalCatalog:$false `
-Credential (Get-Credential) `
-CriticalReplicationOnly:$false `
-DatabasePath "C:\Windows\NTDS" `
-DelegatedAdministratorAccountName "CONTOSO\joost" `
```

```
-DenyPasswordReplicationAccountName @("VORDEFINIERT\Administratoren", "VORDEFINIERT\Server-
Operatoren", "VORDEFINIERT\Sicherungs-Operatoren", "VORDEFINIERT\Konten-Operatoren", "CON-
TOSO\Abgelehnte RODC-Kennwortreplikationsgruppe")
-DomainName "contoso.int"
-InstallDns:$true
-LogPath "C:\Windows\NTDS"
-NoRebootOnCompletion:$false
-ReadOnlyReplica:$true
-SiteName "Erbach"
-SysvolPath "C:\Windows\SYSVOL"
-Force:$true
```

List. 13.1 Installieren eines schreibgeschützten Domänencontrollers in der PowerShell

Einschränkungen für schreibgeschützte Domänencontroller

Beim Einsatz von RODCs müssen einige Einschränkungen beachtet werden:

- An jedem Active Directory-Standort wird pro Domäne nur ein einzelner schreibgeschützter Domänencontroller (RODC) unterstützt.
- Zwischen RODCs kann keine Replikation durchgeführt werden.
- Wird am Active Directory-Standort ein Exchange-Server betrieben, muss an diesem Standort auch ein normaler Domänencontroller positioniert werden. Exchange unterstützt keine RODCs für den Zugriff auf den globalen Katalog.
- Fällt die WAN-Verbindung zwischen RODC und einem normalen Domänencontroller aus, können am Standort mit dem RODC keine Kennwortänderungen der Anwender durchgeführt werden. Auch Computerkonten lassen sich nicht anlegen. Außerdem wird die Anmeldung aller Konten, deren Kennwort nicht auf den RODC repliziert ist, abgelehnt.
- Werden an einem Standort mit einem RODC neue Computerkonten aufgenommen, werden die dazu notwendigen RID (Relative Identifier) von einem schreibgeschützten Domänencontroller bezogen. Ein RODC verfügt über keinen RID-Pool.

Damit sich Benutzer aus der Domäne an einem RODC authentifizieren können, müssen diese zwingend in der Gruppe *Zulässige RODC-Kennwortreplikationsgruppe* sein, ansonsten wird die Anmeldung verweigert.

In den Eigenschaften des Computerkontos des schreibgeschützten Domänencontrollers auf der Registerkarte *Kennwortreplikationsrichtlinie* werden nach einem Klick auf die Schaltfläche *Erweitert* alle auf dem RODC zwischengespeicherten Kennwörter und Benutzer angezeigt.

13.2.4 Delegierung der RODC-Installation

Da es sich bei RODC meist um Server in Niederlassungen handelt, besteht die Möglichkeit, die Installation des Servers zu delegieren. Dazu wird vorher ein neues Computerkonto für den RODC in der Domäne erstellt und der Administrator vor Ort darf den Server dann installieren und zum RODC der Domäne heraufstufen. Gehen Sie dazu folgendermaßen vor:

1. Öffnen Sie das Snap-In *Active Directory-Benutzer und -Computer.*
2. Klicken Sie in der OU *Domain Controllers* für die Domäne, in der Sie den RODC installieren wollen, mit der rechten Maustaste.
3. Wählen Sie im Kontextmenü den Eintrag *Konto für schreibgeschützten Domänencontroller vorbereiten.*
4. Anschließend startet der Assistent.
5. Geben Sie den Namen des RODC ein. Der Administrator vor Ort muss anschließend den Server exakt so benennen.
6. Anschließend können alle Optionen genauso vorgegeben werden wie bei der normalen Installation eines RODC.
7. Der Administrator kann auf dem RODC vor Ort anschließend den Assistenten über den Server-Manager starten.

Sie können ein Konto für einen schreibgeschützten Domänencontroller in der PowerShell mit dem Cmdlet *Add-ADDSReadOnlyDomainControllerAccount* anlegen. Installieren Sie einen neuen schreibgeschützten Domänencontroller, können Sie ein bereits existierendes Konto verwenden.

Dabei überprüft der Assistent, ob der aktuelle Servername mit dem Namen eines vorbereiteten Kontos übereinstimmt, sobald ein Administrator den Server heraufstufen will. Der Server darf allerdings noch kein Mitglied der Domäne sein.

Bei der Erstellung des Domänencontroller-Kontos kann festgelegt werden, ob der neue Server zum (schreibgeschützten) DNS-Server werden soll und/oder zum (schreibgeschützten) globalen Katalog. Es stehen dann jeweils alle Daten wie auf anderen DCs zur Verfügung – allerdings lassen sich diese nicht ändern. Schreibgeschützte DNS-Server akzeptieren keine dynamischen Registrierungen in DNS, sondern geben nur Auskunft über die synchronisierten Daten.

13.2.5 Kennwortreplikationsrichtlinien auf RODCs steuern

Bei der Einrichtung eines RODC kann festgelegt werden, von welchen Benutzern Kennwörter auf den RODC repliziert werden dürfen. Die Einstellungen dazu können nach der Fertigstellung angepasst werden. Nur Benutzerkonten, die Mitglied in einer der Benutzergruppen sind, bei denen die Replikation erlaubt ist, können sich an einem RODC anmelden. Alle anderen Anmeldungen leitet der Server an einen vollständigen DC weiter.

Bei der ersten Anmeldung an einem RODC fragt dieser bei einem DC nach, ob eine Replikation des Kennworts für den entsprechenden Benutzer erlaubt ist. Der DC überprüft dabei mit den Richtlinien für die Kennwortreplikation, ob Anmeldedaten zum RODC übertragen werden dürfen. Nach der ersten Anmeldung laufen nachfolgende Anmeldungen deutlich schneller ab.

In der OU *Users* in einem Active Directory gibt es die Benutzergruppen *Zulässige RODC-Kennwortreplikationsgruppe* und *Abgelehnte RODC-Kennwortreplikationsgruppe.* Benutzerkonten, die diesen Benutzergruppen zugeordnet sind, können sich an einem RODC anmelden (*Zulässige RODC-Kennwortreplikationsgruppe*) oder sie können sich nicht anmelden (*Abgelehnte RODC-Kennwortreplikationsgruppe*).

In den Eigenschaften des Computerkontos des schreibgeschützten Domänencontrollers werden auf der Registerkarte *Kennwortreplikationsrichtlinie* nach einem Klick auf die Schaltfläche *Erweitert* alle auf dem RODC zwischengespeicherten Benutzer angezeigt.

13.2.6 RODC löschen

Wenn Sie ein Computerkonto eines RODC löschen, können Sie über einen Assistenten veranlassen, dass alle Benutzer, deren Konto auf dem RODC gespeichert war, ihr Kennwort ändern müssen. Sie können auch eine Liste der Benutzer erstellen lassen. Das ist zum Beispiel sinnvoll, wenn ein RODC verloren gegangen ist und Sie das Konto aus Active Directory löschen lassen wollen.

Wird ein schreibgeschützter Domänencontroller gestohlen, enthält dieser ausschließlich nur die Daten der Benutzerkonten, die zur Replikation auf den Server explizit ausgewählt sind. Alle anderen Daten von Active Directory sind auf dem Server nicht verfügbar und können daher auch nicht ausgelesen werden.

Entfernt ein Administrator das Computerkonto des gestohlenen Domänencontrollers, erhält er ein Auswahlfenster angezeigt, über das die Kennwörter der Benutzer und Computer, die auf den RODC repliziert sind, zurückgesetzt werden können.

Selbst wenn es einem Dieb gelingen sollte, die Daten vom RODC auszulesen, sind diese wertlos, weil sie zurückgesetzt wurden. Bei diesem Vorgang löscht Active Directory nicht die Benutzer- und Computerkonten selbst, sondern ausschließlich die Kennwörter. Diese Daten lassen sich außerdem nicht nur zurücksetzen, sondern über den Assistenten besteht zusätzlich eine Exportmöglichkeit der Konten.

13.2.7 Notwendige Nacharbeiten nach der Integration eines zusätzlichen Domänencontrollers

Haben Sie den Domänencontroller in die Domäne aufgenommen, sollten Sie zunächst noch einige Nacharbeiten durchführen, um den Domänencontroller optimal einzubinden. Zunächst sollten Sie auf dem neuen Domänencontroller das Snap-In *DNS-Verwaltung* starten.

Überprüfen Sie, ob die Daten der DNS-Zonen auf den Domänencontroller repliziert wurden. Ist sichergestellt, dass die DNS-Daten repliziert sind, ist die DNS-Funktionalität auf dem zusätzlichen Domänencontroller vorhanden. Die Replikation kann allerdings durchaus einige Minuten dauern.

IP-Adresse und DNS-Server auf Domänencontrollern anpassen

Im nächsten Schritt sollten Sie die IP-Einstellungen auf den Domänencontrollern optimieren. Tragen Sie in den IP-Einstellungen jeweils den anderen Domänencontroller als bevorzugten Server und als alternativen Domänencontroller den Controller selbst ein, zumindest dann, wenn sich beide am selben Standort befinden. Durch diese Konfiguration ist sichergestellt, dass die beiden Domänencontroller über Kreuz die Namen auflösen können.

Wird ein Domänencontroller neu gestartet, besteht die Möglichkeit, dass der DNS-Dienst vor Active Directory beendet wird und das Herunterfahren unnötig lange dauert. In diesem Fall werden darüber hinaus noch Fehlermeldungen in der Ereignisanzeige protokolliert. Aus Gründen der Ausfallsicherheit ist es daher immer am besten, wenn ein Domänencontroller jeweils einen anderen Domänencontroller als bevorzugten DNS-Server verwendet. Nur wenn dieser bevorzugte Server nicht zur Verfügung steht, werden die eigenen Daten des Domänencontrollers verwendet. Haben Sie diese Einstellungen vorgenommen, können Sie mit Befehlszeilentool Nslookup überprüfen, ob die Namensauflösung auf den Domänencontrollern noch fehlerfrei funktioniert.

Öffnen Sie dazu eine Eingabeaufforderung und rufen Sie den Befehl *nslookup* auf. Geben Sie danach einmal die Bezeichnung des ersten und dann die des zweiten Domänencontrollers ein, also in diesem Beispiel *dc01.contoso.com* und *dc03.contoso.com*. Auf dem anderen Domänencontroller sollten Sie diese Aufgaben ebenfalls durchführen. Es sollte kein Fehler angezeigt werden, damit sichergestellt ist, dass die Namensauflösung funktioniert. Mehr zum Thema lesen Sie in Kapitel 10 und 11.

Replikation der beiden Domänencontroller überprüfen

Nach einigen Minuten sollten Sie die Replikation der beiden Domänencontroller überprüfen. Starten Sie dazu das Snap-In *Active Directory-Standorte und -Dienste* über das Menü *Tools* im Server-Manager. Navigieren Sie zum Knoten des Namens des Standorts und öffnen Sie den Knoten *Servers*.

An dieser Stelle sollten alle Domänencontroller angezeigt werden. Klicken Sie bei den Servern auf das Pluszeichen, sehen Sie darunter einen weiteren Eintrag mit der Bezeichnung *NTDS-Settings*. Klicken Sie auf diesen, wird auf der rechten Seite jeder Replikationspartner des Domänencontrollers angezeigt. Klicken Sie auf diese automatisch erstellten Verbindungen mit der rechten Maustaste, können Sie im Kontextmenü die Option *Jetzt replizieren* auswählen. Im Anschluss daran erscheint ein Fenster, das Sie über die erfolgreiche Replikation informiert.

Normale Domänencontroller richten Replikationsverbindungen nur zu anderen normalen Domänencontrollern ein. Schreibgeschützte Domänencontroller sind mit einer einseitigen Replikationsverbindung konfiguriert.

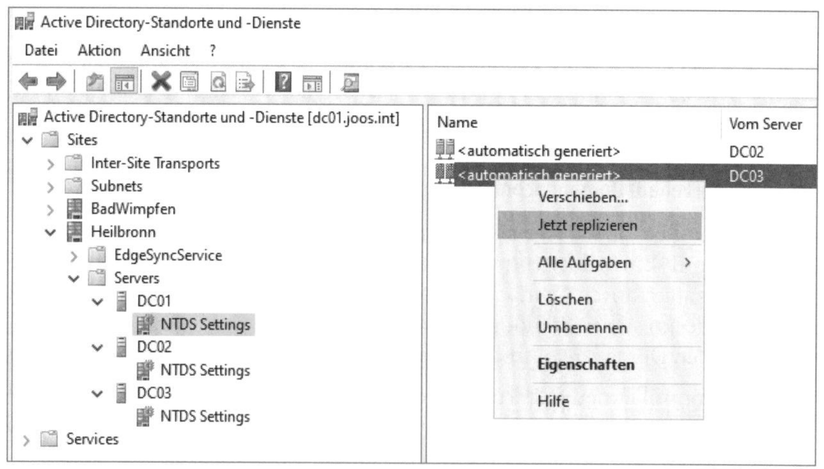

Abb. 13.4 Überprüfen der Replikationsverbindung von neuen Domänencontrollern

Führen Sie diese Replikation für beide Domänencontroller durch, damit sichergestellt ist, dass die Active Directory-Replikation zwischen den beiden Domänencontrollern funktioniert. Damit ist die Erstellung des zusätzlichen Domänencontrollers abgeschlossen und Sie haben alle notwendigen Maßnahmen zur Überprüfung durchgeführt.

Sie sollten auch die Betriebsmaster auf den verschiedenen Servern optimal verteilen. Lesen Sie dazu die Anmerkungen in den Kapiteln 10 und 11.

13.3 Erstellen einer neuen untergeordneten Domäne

Eine weitere häufige Aufgabe ist in einer Active Directory-Gesamtstruktur die Erstellung einer untergeordneten Domäne. Wenn Sie eine Active Directory-Gesamtstruktur durch die Erstellung der ersten Domäne, also dem Heraufstufen des ersten Domänencontrollers, definieren, ist diese Domäne die Rootdomäne (Stamm-Domäne) der Gesamtstruktur. Viele Unternehmen binden an diese Domäne weitere Domänen, die als untergeordnete Domänen bezeichnet werden.

Ein Beispiel hierfür ist die Domäne *jooslab.int* als erste Domäne in einer Active Directory-Gesamtstruktur. Sie können an diese Domäne beliebig weitere untergeordnete Domänen anbinden, zum Beispiel die Domäne *de.jooslab.int*. Die beiden Domänen agieren vollkommen unabhängig voneinander, teilen sich aber den gleichen Namensraum. Bei der Erstellung der Domäne wird automatisch eine Vertrauensstellung zwischen *jooslab.int* und *de.jooslab.int* eingerichtet.

Auf diese Weise werden in vielen Gesamtstrukturen Niederlassungen angebunden, die eine eigene IT-Abteilung haben. In der Zentrale des Unternehmens wird eine Rootdomäne (oft auch als Stammdomäne bezeichnet) erstellt, und die einzelnen Niederlassungen werden als untergeordnete Domänen angebunden. Auch wenn die Rootdomäne nicht erreichbar ist, können alle Anwender in den untergeordneten Domänen problemlos weiterarbeiten. Eine dauerhafte Verbindung ist nicht zwingend notwendig.

13.3.1 Anpassen der DNS-Infrastruktur an untergeordnete Domänen

Bei der Erstellung von untergeordneten Domänen werden durch die enge Verzahnung von Active Directory und DNS die Anforderungen an die DNS-Infrastruktur komplizierter. Bevor Sie eine neue untergeordnete Domäne erstellen können, müssen Sie zunächst die passende DNS-Infrastruktur dafür erstellen. Wenn Sie untergeordnete Domänen erstellen, haben Sie für die Namensauflösung grundsätzlich zwei Möglichkeiten:

1. Die DNS-Server der Rootdomäne verwalten auch die DNS-Domänen der untergeordneten Domänen.
2. Die untergeordneten Domänen verwalten jeweils ihre eigene DNS-Domäne.

Erstellen Sie eine neue untergeordnete Domäne, sollten Sie zunächst genau planen, wie die DNS-Infrastruktur dafür erstellt wird. Wenn die DNS-Server der Rootdomäne auch für die Namensauflösung in der untergeordneten Domäne zuständig sind, sollten Sie die Replikationseinstellungen für die Zone so ändern, dass sie auf alle DNS-Server und Domänencontroller repliziert wird.

Da untergeordnete Domänen oft physisch durch eine WAN-Leitung von der Rootdomäne getrennt sind, besteht die Notwendigkeit, die DNS-Daten der untergeordneten Domäne in die Niederlassung zu replizieren. In diesem Fall müssen Berechtigungskonzepte erstellt werden, da ansonsten Administratoren der untergeordneten Domäne Änderungen an der DNS-Infrastruktur der übergeordneten Domäne durchführen können.

In vielen Unternehmen wird dieses Sicherheitsproblem dadurch gelöst, dass die untergeordnete Domäne als eigenständige Zone ausschließlich von den Administratoren der untergeordneten Domäne verwaltet wird. Dadurch ist sichergestellt, dass jede Domäne ihre eigene DNS-Zone verwaltet, damit die Administratoren der einzelnen untergeordneten Domänen sich nicht gegenseitig beeinträchtigen können.

Wir zeigen Ihnen im Anschluss die Erstellung beider Varianten. Anhand dieser Fakten können Sie dann selbst entscheiden, welche Möglichkeiten Sie für die einzelnen untergeordneten Domänen einsetzen.

Erstellen einer DNS-Domäne für eine neue untergeordnete Domäne

Die erste Möglichkeit der Namensauflösung ist die Erstellung einer neuen DNS-Domäne unterhalb der Rootdomäne auf den Root-Domänencontrollern. Diese Domäne befindet sich auf dem DNS-Server in der gleichen Zone wie die DNS-Domäne der Rootdomäne.

Um eine neue Domäne unterhalb einer DNS-Domäne zu erstellen, müssen Sie zunächst das Snap-In zur DNS-Verwaltung starten. Klicken Sie dann mit der rechten Maustaste auf die Zone, unter der Sie die neue DNS-Domäne erstellen wollen. Wählen Sie im Kontextmenü den Eintrag *Neue Domäne* aus. Im nächsten Fenster müssen Sie die Bezeichnung der neuen Domäne eingeben.

Da die neue Domäne unterhalb einer bereits existierenden DNS-Domäne angelegt wird, müssen Sie nur die Bezeichnung der Domäne ohne die Endung der Rootdomäne angeben. In diesem Beispiel lautet die Bezeichnung *de* unterhalb der Zone *jooslab.int*.

Nachdem Sie die Erstellung bestätigt haben, wird die neue Domäne unterhalb der Zone angezeigt. Weitere Angaben sind nicht erforderlich, da die Einstellungen für die Replikation der dynamischen Updates und Berechtigungen durch die übergeordnete Zone an die untergeordnete Domäne weitergegeben werden.

Damit Sie auf dem Domänencontroller der untergeordneten Domäne Active Directory installieren können, müssen Sie in den IP-Einstellungen des neuen Domänencontrollers einen DNS-Server der übergeordneten Domäne als bevorzugt eintragen. Zum Erstellen einer untergeordneten Domäne ist eine Kontaktaufnahme zu der übergeordneten Domäne notwendig.

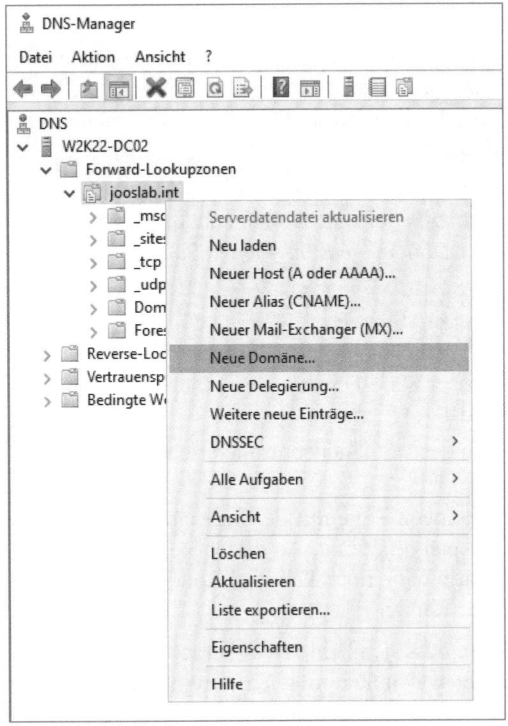

Abb. 13.5 Erstellen einer neuen Domäne

Dieser Kontakt wird über DNS hergestellt und kann nur zustande kommen, wenn der neue Domänencontroller eine Verbindung aufbauen kann und die Namen der Domänencontroller der Rootdomäne kennt. Nach der Heraufstufung des neuen Domänencontrollers der untergeordneten Domäne sollten Sie auf diesem zunächst die DNS-Erweiterung installieren, damit er die DNS-Daten seiner Zone empfangen kann.

Zusätzlich müssen Sie dann in den Eigenschaften der DNS-Zone die Replikation so anpassen, dass die DNS-Daten nicht nur auf die DNS-Server der gleichen Domäne repliziert werden, sondern auf alle DNS-Server der Gesamtstruktur. Da die DNS-Server der neuen untergeordneten Domäne nicht zur gleichen Domäne gehören, ist diese Maßnahme notwendig.

Nachdem die DNS-Daten auf den untergeordneten Domänencontrollern angezeigt werden, können Sie in den IP-Einstellungen der Server die DNS-Server der untergeordneten Domäne als bevorzugte und die der übergeordneten Domäne als alternative DNS-Server konfigurieren. Dadurch ist sichergestellt, dass die Namensauflösung funktioniert, selbst wenn unter Umständen die DNS-Server der untergeordneten Domäne nicht zur Verfügung stehen.

Da diese Aufgabe erst durchgeführt werden kann, wenn Active Directory auf den neuen Domänencontrollern installiert wurde, müssen Sie zunächst die Heraufstufung der untergeordneten Domänencontroller vornehmen.

Delegierung von DNS-Zonen

Die zweite Variante der Namensauflösung einer neuen untergeordneten Domäne ist die sogenannte Delegierung. Installieren Sie zunächst auf dem neuen Domänencontroller die DNS-Erweiterung. Anschließend erstellen Sie auf dem neuen DNS-Server eine neue Zone. Dabei gehen Sie so vor wie in Kapitel 11 erläutert.

Die neue Zone erhält dieselbe Bezeichnung wie die neue untergeordnete Domäne. In diesem Beispiel wird der Domänencontroller *dc-berlin* der erste Domänencontroller der untergeordneten Domäne *de.joos.int* unterhalb der Domäne *joos.int*. Gehen Sie dazu folgendermaßen vor:

1. Legen Sie zunächst den Computernamen fest. Auch das primäre DNS-Suffix des neuen Domänencontrollers kann an dieser Stelle bereits eingegeben werden. Der Computername ist in diesem Beispiel *dc-berlin*, das primäre DNS-Suffix *de.jooslab.int*. Mehr zu diesem Thema lesen Sie in Kapitel 10 und 11.
2. Konfigurieren Sie in den IP-Einstellungen des Domänencontrollers seine eigene IP-Adresse als bevorzugten DNS-Server.
3. Erstellen Sie in der DNS-Verwaltung eine neue Zone mit der Bezeichnung der neuen untergeordneten Domäne, in diesem Beispiel *de.joos.int*. An dieser Stelle spielt die bereits vorhandene DNS-Domäne der Rootdomäne noch keinerlei Rolle. Achten Sie auf die dynamischen Updates der Zone (siehe Kapitel 11).

Im nächsten Schritt müssen Sie dafür sorgen, dass sich beide DNS-Server gegenseitig auflösen können. Es muss in der untergeordneten Domäne möglich sein, Servernamen der übergeordneten Domäne aufzulösen, und in der übergeordneten Domäne muss es möglich sein, Servernamen der untergeordneten Domäne per DNS aufzulösen. Dazu wird die DNS-Zone der Rootdomäne so konfiguriert, dass alle Abfragen an die untergeordnete Domäne an deren Domänencontroller weitergeleitet werden.

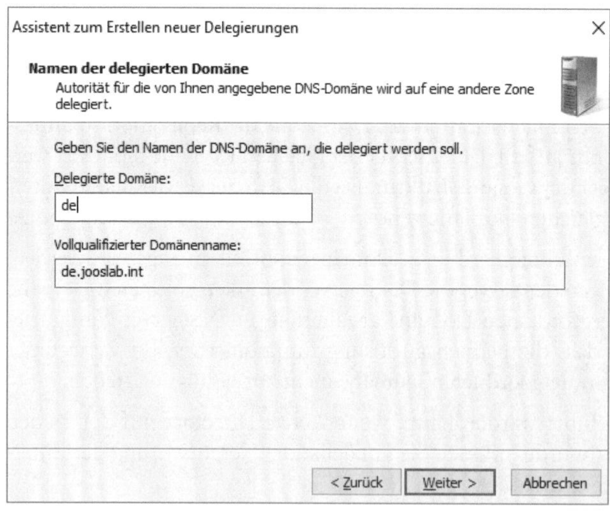

Abb. 13.6 Erstellen einer neuen Delegierung innerhalb der übergeordneten Domäne

Die DNS-Server der übergeordneten Domäne kümmern sich fortan nicht mehr um die Verwaltung der untergeordneten Domäne, sondern haben diese Aufgabe an die Domänencontroller der untergeordneten Domäne delegiert. Für diesen Vorgang müssen Sie die Delegierung zunächst auf den DNS-Servern der übergeordneten Domäne einrichten. Klicken Sie dazu mit der rechten Maustaste auf die DNS-Zone der übergeordneten Domäne und wählen Sie im Kontextmenü den Eintrag *Neue Delegierung* aus.

Es erscheint das Startfenster des Delegierungs-Assistenten. Im nächsten Fenster tragen Sie den Namen der neuen delegierten Domäne ein. Auch hier müssen Sie nur den Namen der untergeordneten Domäne eintragen, in diesem Beispiel *de*. Der Assistent vervollständigt automatisch den Namen zum FQDN. Dieser Vorgang ist vollkommen unabhängig von der Erstellung der neuen Zone in der untergeordneten Domäne.

Die Namensauflösung von der übergeordneten Domäne zu Servern der untergeordneten Domäne funktioniert allerdings erst dann, wenn die Zone in der untergeordneten Domäne erstellt wurde und die Delegierung in der übergeordneten Domäne eingerichtet ist.

Wenn ein Client oder ein Server einen DNS-Server der übergeordneten Domäne als bevorzugten DNS-Server eingetragen hat und einen Namen der untergeordneten Domäne auflösen will (zum Beispiel ein zweiter Domänencontroller für die Active Directory-Replikation), kann nach der erfolgreichen Einrichtung der Delegierung der übergeordnete DNS-Server die Anfrage an den untergeordneten DNS-Server weiterleiten, der die Antwort an den übergeordneten DNS-Server weitergibt. Dieser DNS-Server gibt die entsprechende Antwort an den Client zurück.

Im Assistenten müssen Sie den Namenserver angeben, der für die Auflösung der delegierten Domäne zuständig ist. Da an dieser Stelle die Namensauflösung noch nicht funktioniert, weil Sie diese gerade erst konfigurieren, müssen Sie die einzelnen Eingaben manuell durchführen. Dazu klicken Sie zunächst auf die Schaltfläche *Hinzufügen*.

Tragen Sie dann im Bereich *Vollqualifizierter Serverdomänenname* den Namen des Servers ein. Die Auflösung oder das Durchsuchen der Zone funktioniert an dieser Stelle noch nicht. Geben Sie danach im Bereich *IP-Adresse* die IP-Adresse des oben eingetragenen DNS-Servers der untergeordneten Domäne ein und klicken Sie auf *OK*. Nach dieser Aktion wird dieser DNS-Server als Namenserver für die Delegierung verwendet.

Sie können später noch Änderungen vornehmen oder weitere Server hinzufügen, wenn zum Beispiel in der untergeordneten Domäne ein weiterer Domänencontroller hinzugefügt wird. Durch das Eintragen von zwei Servern in der delegierten Domäne erhalten Sie eine Ausfallsicherheit bei der Namensauflösung von der übergeordneten zur untergeordneten Domäne. Im Anschluss daran wird die delegierte Domäne abgeblendet in der DNS-Domäne angezeigt.

Überprüfen Sie jetzt mit dem Befehlszeilentool Nslookup, ob die Auflösung fehlerfrei funktioniert. Öffnen Sie dazu die Eingabeaufforderung und geben Sie auf dem DNS-Server der Rootdomane (oder einem Client, der diesen als bevorzugten DNS-Server konfiguriert hat) den Befehl *nslookup* ein. Überprüfen Sie den FQDN des DNS-Servers der untergeordneten Domäne, in diesem Beispiel also *dc-berlin.de.joos.int*.

Die IP-Adresse des Servers muss fehlerfrei zurückgegeben werden. Das funktioniert aber erst dann, wenn Sie auf dem untergeordneten Domänencontroller DNS für die untergeordnete Domäne konfiguriert haben und sich der DNS-Server eingetragen hat. Gehen Sie hier so vor, wie in Kapitel 11 gezeigt. Lesen Sie auch die Anmerkungen in Kapitel 6 zu diesem Thema durch.

An dieser Stelle ist die Namensauflösung von der übergeordneten zur untergeordneten Domäne hergestellt. Sie müssen noch die Namensauflösung von der untergeordneten zur übergeordneten Domäne herstellen. Die beste Variante hierzu ist eine Weiterleitung:

1. Klicken Sie dazu mit der rechten Maustaste im Snap-In der DNS-Verwaltung auf *Bedingte Weiterleitungen.*
2. Wählen Sie im Kontextmenü den Eintrag *Neue bedingte Weiterleitung* aus und tragen Sie die übergeordnete DNS-Domäne ein.
3. Tragen Sie die IP-Adresse eines DNS-Servers der übergeordneten Domäne ein. Wenn in der übergeordneten Domäne mehrere DNS-Server für die Namensauflösung zuständig sind, tragen Sie alle DNS-Server ein.
4. Diesen Vorgang müssen Sie nicht auf jedem DNS-Server der untergeordneten Domäne durchführen, wenn Sie die Einträge auf die DNS-Server der untergeordneten Domäne replizieren lassen. Das funktioniert allerdings erst dann, wenn die untergeordnete Domäne erstellt worden ist.

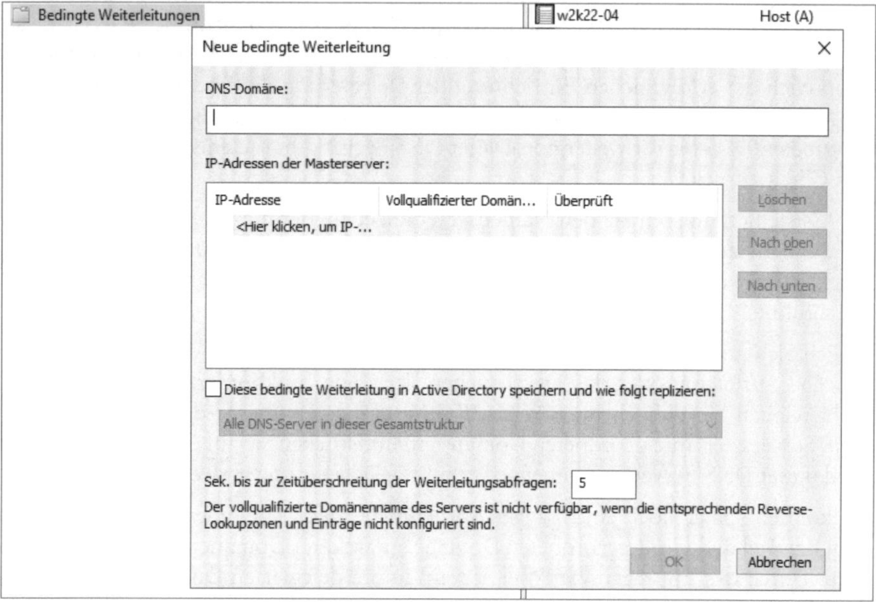

Abb. 13.7 Konfigurieren eines Weiterleitungsservers in der untergeordneten Domäne

5. Nachdem Sie diese Konfiguration vorgenommen haben, öffnen Sie wieder eine Eingabeaufforderung und geben *nslookup* ein. Überprüfen Sie, ob von der untergeordneten Domäne die Domänencontroller der übergeordneten Domäne aufgelöst werden können. Auch hier sollten keine Fehler mehr auftreten. In diesem Beispiel ist *dc-berlin.de.joos.int* ein untergeordneter Domänencontroller und *dc01.joos.int* ein Domänencontroller der übergeordneten Domäne *joos.int*.

Achten Sie darauf, dass beim Einsatz von mehreren untergeordneten Domänen auch die Namensauflösung zwischen den untergeordneten Domänen untereinander funktioniert. Nur durch eine lückenlos konfigurierte Namensauflösung ist die Replikation in Active Directory sichergestellt.

Damit haben Sie die Konfiguration der DNS-Einstellungen abgeschlossen. Die Namensauflösung sollte sowohl innerhalb der Domänen als auch zwischen den Domänen reibungslos funktionieren.

13.3.2 Heraufstufen eines Domänencontrollers für eine neue untergeordnete Domäne

Nachdem Sie sichergestellt haben, dass die Namensauflösung für die neue untergeordnete Domäne funktioniert und der zukünftige Active Directory-Domänencontroller der untergeordneten Domäne auch die Namen in der übergeordneten Domäne auflösen kann, können Sie mit dem Assistenten zur Einrichtung von Active Directory die neue Domäne erstellen.

Dabei gehen Sie analog vor, wie in den Kapiteln 10 und 11 bereits behandelt. Sie installieren die Serverrolle der Active Directory-Domänendienste und starten den Assistenten zur Einrichtung.

Aktivieren Sie im Assistenten die Option *Neue Domäne zu einer vorhandenen Gesamtstruktur hinzufügen* aus. Wählen Sie aus, ob Sie einer vorhandenen Domäne eine weitere Domäne hinzufügen möchten, zum Beispiel *de.joos.int* (untergeordnete Domäne), oder ob Sie in der Gesamtstruktur einen weiteren unabhängigen Namensraum hinzufügen möchten (*Strukturdomäne*), zum Beispiel der Gesamtstruktur *joos.int* den Namensraum *woodgroove.local*. Mehr dazu erfahren Sie im nächsten Abschnitt dieses Kapitels.

Im Fenster geben Sie außerdem den Namen der übergeordneten Domäne und der neuen untergeordneten Domäne ein. Außerdem müssen Sie einen Benutzernamen festlegen, der das Recht hat, neue Domänen in die Gesamtstruktur aufzunehmen.

Sie müssen sich an der übergeordneten Domäne authentifizieren. Für die Erweiterung der Domänenstruktur einer Gesamtstruktur ist der DNS-Master einer Gesamtstruktur verantwortlich. Dieser hat nichts mit der DNS-Namensauflösung zu tun, sondern verwaltet die Active Directory-Domänen. Mehr dazu erfahren Sie in den Kapiteln 10 und 11.

Auf der nächsten Seite wählen Sie die Funktionsebene der Domäne aus und die Optionen für den Domänencontroller (siehe auch Kapitel 10 und 11). Die Vorgehensweise ist identisch zur Installation einer neuen Gesamtstruktur, wie in den Kapiteln 10 und 11 bereits behandelt.

Sie können sich anschließend an dem Server an der untergeordneten Domäne anmelden und die Domäne wie jede andere verwalten. Bei der Verwaltung unterscheiden sich untergeordnete Domänen nicht von übergeordneten Domänen, sie erleichtern jedoch die Verteilung der Administration innerhalb von Active Directory. Untergeordnete Domänen werden im Snap-In *Active Directory-Domänen und -Vertrauensstellungen* in der Baumstruktur entsprechend unter ihrer übergeordneten Domäne angezeigt.

Nachdem Sie den DNS-Server der neuen untergeordneten Domäne zum Domänencontroller heraufgestuft haben, sollten Sie die Zone der neuen Domäne ebenfalls in Active Directory integrieren und die Replikation der DNS-Daten so einstellen, wie Sie es wünschen.

Standardmäßig werden die Daten auf allen Domänencontrollern der neuen Domäne bereits repliziert und angezeigt, sobald die DNS-Funktion installiert wird. Sie sollten darauf achten, dass in den Netzwerkeinstellungen des neuen Domänencontrollers er selbst beziehungsweise ein anderer Domänencontroller mit DNS-Funktionalität dieser Domäne als DNS-Server eingetragen ist. Auch den Betriebsmodus dieser Domäne müssen Sie separat zu den anderen Domänen in Ihrem Active Directory heraufstufen.

Ein Beispiel für das Erstellen einer untergeordneten Domäne in der PowerShell ist:

Install-ADDSDomain -NewDomainName de -ParentDomainName joos.int -DomainType Child -SafeModeAdministratorPassword (Read-Host -Prompt "Kennwort:" -AsSecureString)

13.4 Einführen einer neuen Domänenstruktur in einer Gesamtstruktur

Neben der möglichen Einführung untergeordneter Domänen können in einer Gesamtstruktur auch neue Domänenstrukturen hinzugefügt werden. Eine Struktur innerhalb einer Gesamtstruktur teilt sich mit allen ihren untergeordneten Domänen einen Namensraum. In diesem Beispiel wäre das die Struktur *joos.int* mit der untergeordneten Domäne *de.joos.int*. In manchen Unternehmen kann es jedoch sinnvoll sein, unabhängige Namensräume zu erstellen, die zwar Bestandteil der Gesamtstruktur, aber vom Namen her von den anderen Domänen unabhängig sind.

Ein Beispiel wäre die neue Struktur *woodgroove.local* in der Gesamtstruktur *joos.int*. Neue Strukturen werden vor allem dann geschaffen, wenn Teile des Unternehmens, zum Beispiel durch eine Akquisition, vom Namen her unabhängig erscheinen wollen. Im Grunde genommen ist eine neue Domänenstruktur zunächst nichts anderes als eine neue untergeordnete Domäne der Rootdomäne der Gesamtstruktur, mit dem Unterschied, dass sie einen eigenen Namensraum aufweist.

Bevor Sie eine neue Struktur einführen können, müssen Sie auch hier zunächst die passende DNS-Infrastruktur erstellen. Bei der Erstellung einer neuen Struktur gibt es keine Möglichkeit, eine neue Delegierung zu erstellen, da der Namensraum von der bisherigen Struktur komplett unabhängig ist.

Auch wenn eine neue Struktur vom Namen her mit der ersten erstellten Struktur einer Gesamtstruktur gleichwertig ist, ist die zweite Struktur immer untergeordnet. Die Gesamtstruktur trägt in Active Directory immer die Bezeichnung der ersten installierten Struktur.

In der ersten Struktur und der in ihr erstellten ersten Domäne befinden sich auch die beiden Betriebsmasterrollen *Domänennamenmaster* und *Schemamaster*. Ein wichtiger Punkt bei der Erstellung von mehreren Strukturen innerhalb einer Gesamtstruktur ist auch der Pfad der Vertrauensstellungen.

In einem Active Directory vertrauen sich alle Domänen innerhalb einer Struktur untereinander. Diese transitiven Vertrauensstellungen werden automatisch eingerichtet. Es werden allerdings keine Vertrauensstellungen zwischen untergeordneten Domänen verschiedener Strukturen eingerichtet, sondern nur zwischen den Rootdomänen der einzelnen Strukturen.

Wenn Anwender auf Daten verschiedener untergeordneter Domänen zugreifen wollen, muss die Authentifizierung daher immer den Weg bis zur Rootdomäne der eigenen Struktur gehen, dann zur Rootdomäne der anderen Struktur und schließlich zur entsprechenden untergeordneten Domäne. Diese Authentifizierung kann durchaus einige Zeit dauern.

Es gibt allerdings Möglichkeiten, diese Aufgabe zu beschleunigen. Dazu müssen Sie manuelle Vertrauensstellungen direkt zwischen den untergeordneten Domänen der verschiedenen Strukturen innerhalb der Gesamtstruktur erstellen.

13.4.1 Erstellen der DNS-Infrastruktur für eine neue Domänenstruktur

Um eine neue Struktur innerhalb einer Gesamtstruktur anzulegen, müssen Sie zunächst eine passende DNS-Infrastruktur schaffen. Sie können dazu entweder wieder auf den DNS-Servern einer bereits vorhandenen Struktur eine neue DNS-Zone mit der Bezeichnung der neuen Struktur oder auf den neuen Domänencontrollern der neuen Struktur eine eigenständige neue Zone erstellen.

Gehen Sie dazu genauso vor wie bei der Erstellung der ersten Struktur. Wenn Sie die neue Zone erstellt haben, sollten Sie auf den DNS-Servern der neuen Struktur in den Weiterleitungen eine entsprechende Weiterleitung zur anderen Struktur einrichten, wie sie bereits bei der Delegierung von DNS-Domänen weiter vorne in diesem Kapitel beschrieben wurde.

Auf allen DNS-Servern aller Strukturen sollten Weiterleitungen eingerichtet werden, die entsprechende Anfragen an die DNS-Server der jeweiligen Struktur weiterleiten können.

Überprüfen Sie die Namensauflösung wieder mit Nslookup, damit sichergestellt ist, dass die Auflösung zwischen den verschiedenen Strukturen funktioniert. Erst wenn die Namensauflösung zwischen der neuen und der bereits vorhandenen DNS-Domäne funktioniert, können Sie die neue Struktur in Active Directory erstellen. Wenn Sie eine neue Struktur innerhalb einer Gesamtstruktur erstellen, müssen Sie sich bei der Gesamtstruktur authentifizieren und der neue Domänencontroller muss eine Verbindung zum Domänennamenmaster aufbauen können.

Tragen Sie in den IP-Einstellungen des ersten Domänencontrollers der neuen Struktur seine eigene IP-Adresse als bevorzugten DNS-Server ein. In den Eigenschaften des DNS-Servers tragen Sie die Weiterleitungen zu den DNS-Servern der Rootdomäne ein, in der sich der Domänennamenmaster befindet.

13.4.2 Optimieren der IP-Einstellungen beim Einsatz von mehreren Domänen

Installieren Sie einen zusätzlichen Domänencontroller für eine Domäne, muss der bevorzugte DNS-Server in den IP-Einstellungen den Namen der Zone auflösen können, die die Domäne verwaltet. Sie können in den IP-Einstellungen eines Servers mehrere DNS-Server eintragen. Es wird immer zunächst der bevorzugte DNS-Server verwendet. Die alternativen DNS-Server werden erst eingesetzt, wenn der bevorzugte DNS-Server nicht mehr zur Verfügung steht, weil er zum Beispiel gerade neu gestartet wird.

Ein Server verwendet nicht alle konfigurierten DNS-Server parallel oder hintereinander, um Namen aufzulösen. Kann der bevorzugte DNS-Server den DNS-Namen nicht auflösen und meldet dies dem Client zurück, wird nicht der alternative Server eingesetzt. Auch das Zurückgeben einer nicht erfolgten Namensauflösung wird als erfolgreiche Antwort akzeptiert.

Über die Schaltfläche *Erweitert* in den IP-Einstellungen in Windows lassen sich weitere Einstellungen vornehmen, um die Zusammenarbeit mit DNS zu konfigurieren. Sie können auf der Registerkarte *DNS* der erweiterten Einstellungen weitere alternative DNS-Server eintragen. Aktivieren Sie auf den Domänencontrollern in den IP-Einstellungen über die Schaltfläche *Erweitert* auf der Registerkarte *DNS* die Option *Diese DNS-Suffixe anhängen (in Reihenfolge)*. Tragen Sie als Nächstes zuerst den Namensraum der eigenen Struktur ein und hängen Sie danach die Namensräume der anderen Strukturen an. Lesen Sie sich dazu das Kapitel 5 durch, in dem wir diese Optionen detailliert behandeln, da diese auch für Mitgliedsserver wichtig sind.

Der Sinn dieser Konfiguration ist die schnelle Auflösung von Servern in den anderen Strukturen. Wenn Sie zum Beispiel den Domänencontroller *dc01* in der Struktur *contoso.int* auflösen wollen, müssen Sie immer *dc01.contoso.int* eingeben. Zuerst sollten immer die eigene Domäne und der eigene Namensraum eingetragen sein, bevor andere Namensräume abgefragt werden. Wenn Sie diese Maßnahme durchgeführt haben, lässt sich mit Nslookup der Effekt überprüfen.

Sie können an dieser Stelle lediglich *dc01* eingeben. Der Server befragt seinen bevorzugten DNS-Server, ob ein Server mit dem Namen *dc01.woordgroove.local* gefunden wird. Da dieser Server nicht vorhanden ist (sonst würde dieser Trick nicht funktionieren), wird der nächste Namensraum abgefragt. Das ist in diesem Beispiel *contoso.int*.

Da die Zone *contoso.int* als Weiterleitung in den DNS-Servern definiert ist, fragt der DNS-Server jetzt beim DNS-Server dieser Zone nach und löst den Namen richtig auf. Viele Administratoren tragen auf ihrem DNS-Server einfach einen neuen statischen Hosteintrag ein, der auf die IP-Adresse des Servers des anderen Namensraums zeigt.

Diese Vorgehensweise ist aber nicht korrekt, auch wenn sie grundsätzlich funktioniert. Es wird in diesem Fall nämlich nicht der richtige DNS-Name des entsprechenden Servers zurückgegeben, sondern der Servername mit der Zone des DNS-Servers, in die der Server als Host eingetragen wurde.

Vor allem in einem größeren Active Directory sollten Administratoren darauf achten, die Konfigurationen so vorzunehmen, dass sie auch formal korrekt sind. Das hilft oft, unbedachte Probleme zu vermeiden. Wenn Sie zum Beispiel in der Zone *woodgroove.local* einen neuen Eintrag *dc01* für den Domänencontroller *dc01.contoso.int* erstellen, der auf die IP-Adresse des Servers verweist, wird der Name als *dc01.woodgroove.local* aufgelöst, obwohl der eigentliche Name des Servers *dc01.contoso.int* ist. Dadurch funktioniert zwar die Auflösung, aber es wird ein falscher Name zurückgegeben.

13.4.3 Erstellen der neuen Domänenstruktur

Sobald sichergestellt ist, dass die Namensauflösung funktioniert und die Active Directory-Domänendienste-Rolle auf dem Server installiert ist, verwenden Sie den Assistenten, um Active Directory einzurichten. Aktivieren Sie im Assistenten die Option *Neue Domäne zu einer vorhandenen Gesamtstruktur hinzufügen*.

Wählen Sie aus, ob Sie einer vorhandenen Domäne eine weitere Domäne hinzufügen möchten, zum Beispiel *de.contoso.int* (untergeordnete Domäne), oder ob Sie in der Gesamtstruktur einen weiteren unabhängigen Namensraum, also eine Struktur hinzufügen möchten (Strukturdomäne), zum Beispiel der Gesamtstruktur *contoso.int* den Namensraum *woodgroove.local*. Beide Domänen können sich im gleichen Namensraum befinden. Die weitere Einrichtung entspricht der Konfiguration von untergeordneten Domänen.

13.5 Das Active Directory-Schema erweitern

Das Schema ist das Herzstück von Active Directory. Mit dem Schema wird definiert, welche Informationen im Verzeichnis abgelegt werden können. Gleichzeitig ist das Schema aus mehreren Gründen besonders sensibel. Je mehr Informationen in Active Directory abgelegt werden, desto größer wird die Datenbank. Die Performance ist allerdings nur bei bestimmten Operationen wie einer domänenweiten Abfrage betroffen.

Im Regelfall wird bei Abfragen über Indizes gearbeitet, sodass die Größe der Datenbank und damit die Erweiterung des Schemas dafür keine Rolle spielt. Es gibt zudem Abfragen, die nicht über den globalen Katalog laufen und die erfordern, dass alle Objekte angefasst werden.

Dazu zählen Operationen, bei denen sichergestellt werden muss, dass kein eindeutiger Name gesetzt wurde. In Active Directory können Objektklassen und Attribute hinzugefügt werden. Diese können nicht mehr entfernt werden. Objekte und Attribute lassen sich allenfalls deaktivieren. Das entspricht dem Ansatz der meisten professionellen Datenbankmanagementsysteme.

Im Kern bedeutet dies, dass Änderungen nicht vollständig rückgängig gemacht werden können und daher wohl überlegt sein müssen. Allerdings gilt, dass nicht mehr erforderliche Objekte und Attribute keine Auswirkungen auf die Größe von Active Directory und die Performance haben. Daher ist die Verwaltung des Schemas an die Gruppe der Schemaadmins gebunden. Die wichtigsten Fragestellungen sind:

- Die Schritte für die Änderung des Schemas erfordern eine gründliche Planung, je nachdem, ob Sie neue Objektklassen definieren oder Attribute zu bestehenden Objektklassen hinzufügen wollen.
- Überlegen Sie genau, ob die geplanten Änderungen am Schema erforderlich sind. Dies bedeutet, ob Informationen in Active Directory oder in einer Datenbank gespeichert werden. Bei Anwendungen, die auf Verzeichnisdienste zugreifen, wird häufig sowohl mit Informationen im LDAP-Verzeichnis als auch mit einem Datenbankmanagementsystem gearbeitet. Die Grundregel für das Design der Anwendungen ist, dass die stabilen Informationen zu Benutzern und anderen Verzeichnisobjekten im Verzeichnis abgelegt werden, während Daten, die sich permanent ändern, in der Datenbank gespeichert werden.
- Die oben bereits erwähnten Problemstellungen im Zusammenhang mit der Erweiterung des Schemas müssen vertraut sein.
- Es müssen Verwaltungsanwendungen oder Erweiterungen bestehender Verwaltungsanwendungen entwickelt werden, mit deren Hilfe die neuen Objekte und Attribute verwaltet werden können. Dazu ist erforderlich, dass Sie mit den Methoden für die Entwicklung und Erweiterung von Administrationsanwendungen vertraut sind.

Dies sind die wichtigsten Überlegungen, die vor der eigentlichen Implementierung von Änderungen im Schema durchgeführt werden müssen. Die Administration des Schemas kann über das MMC-Snap-In *Active Directory-Schema* erfolgen. Das Snap-In muss manuell in eine MMC eingefügt werden. Mit diesem Snap-In lassen sich die Informationen zu den Klassen und Attributen im Schema anzeigen.

Hier können Sie auch neue Klassen und Attribute anlegen und außerdem die Zugriffsberechtigungen für das Schema anpassen. Beim Erstellen einer Klasse müssen im ersten Schritt die Identifikationen für die Klasse eingegeben werden. Dazu zählen neben einem eindeutigen Namen die Objekt-ID im X.500-Schema und der Typ der Klasse. Im nächsten Dialogfeld können die Attribute konfiguriert werden, die in die Klasse aufgenommen werden sollen. Es werden zwei Arten unterschieden:

- Verbindliche Attribute müssen in jedem Fall eingegeben werden. Diese können nicht deaktiviert werden.
- Optionale Attribute können deaktiviert werden und müssen vom Benutzer nicht eingegeben werden.

Mit der Festlegung von verbindlichen Attributen sollten Sie grundsätzlich sehr zurückhaltend sein. Wenn es Situationen gibt, in denen dieses Attribut bei einem Objekt doch nicht verwendet werden soll, darf es auf keinen Fall gesetzt werden. Im Zweifelsfall macht es mehr Sinn, Plausibilitätsprüfungen bei den Administrations-Anwendungen durchzuführen, über die Attributwerte verändert werden können.

Bei den Attributen sind zunächst die Namen zu definieren. Zusätzlich müssen Syntax und Wertebereich konfiguriert werden. Für die Syntax gibt es eine Vielzahl vorgegebener Auswahlen. Mit der Option *Mehrwertig* kann konfiguriert werden, dass mehrere Werte für dieses Attribut eingegeben werden können. Das ist zum Beispiel bei Telefonnummern sinnvoll.

13.6 Zusammenfassung

In diesem Kapitel haben wir Ihnen gezeigt, wie Sie zusätzliche Domänencontroller, auch schreibgeschützte Domänencontroller, im Netzwerk integrieren. Auch die Erweiterung von Active Directory mit zusätzlichen Domänen und Domänenstrukturen war Thema dieses Kapitels. Wir sind ebenfalls ausführlich auf die Zusammenarbeit von DNS und Active Directory eingegangen.

Im nächsten Kapitel widmen wir uns der Verwaltung verschiedener Active Directory-Standorte sowie der Replikation zwischen verschiedenen Domänencontrollern.

Kapitel 14
Active Directory – Replikation

Ein weiterer wichtiger Bereich in der Verwaltung und Erstellung von Active Directory ist die Replikation der Domänencontroller, vor allem über mehrere Standorte hinweg. Active Directory-Domänen lassen sich über mehrere physische Standorte verteilen. Die Trennung der einzelnen Standorte in Active Directory erfolgt durch IP-Subnetze.

Dazu müssen die Administratoren eines Unternehmens alle IP-Subnetze anlegen, die im Unternehmen verwendet werden und diese Subnetze wiederum einzelnen Standorten zuweisen. Zwischen den Standorten können Standortverknüpfungen erstellt werden, über die alle Domänencontroller ihre Daten replizieren.

Die Replikation zwischen Standorten erfolgt mit komprimierten Daten und weit weniger häufig als innerhalb eines LAN. Die Hauptaufgabe von Standorten besteht darin, den Datenverkehr über WAN-Leitungen so niedrig wie möglich zu halten und die Replikation von Domänencontrollern zu optimieren. In diesem Kapitel zeigen wir Ihnen, wie Sie die Replikation einrichten und Fehler beheben.

In Kapitel 10 haben wir Ihnen bereits einige neue Cmdlets für die Verwaltung von Active Directory gezeigt. Auch für die Einrichtung der Replikation können Sie die PowerShell verwenden.

Eine Liste der verfügbaren Befehle erhalten Sie durch Eingabe von *Get-Command *adreplication**. Um sich eine Hilfe zu den Cmdlets anzuzeigen, verwenden Sie *Get-Help <Cmdlet>*.

14.1 Grundlagen zur Replikation

Active Directory verwendet einen integrierten Dienst, der die Replikation innerhalb und zwischen Standorten automatisch steuert. Dieser Dienst, Konsistenzprüfung (Knowledge Consistency Checker, KCC) genannt, verbindet die Domänencontroller der verschiedenen Standorte und erstellt automatisch eine Replikationstopologie auf Basis der definierten

Zeitpläne und Standortverknüpfungen. Wenn in den Standorten mehr als nur ein Domänencontroller zur Verfügung gestellt wird, werden zwischen den Standorten nicht alle Domänencontroller repliziert.

In jedem Standort gibt es sogenannte Bridgeheadserver, die die Informationen ihres Standorts an die Bridgeheadserver der anderen Standorte weitergeben. Dadurch wird der Verkehr über die WAN-Leitung minimiert, da nicht mehr alle Domänencontroller Daten nach extern versenden.

Damit Sie die Replikation zwischen Standorten nutzen können, müssen Sie zunächst Standorte definieren. Diesen Standorten müssen Sie alle IP-Subnetze zuweisen, die in Ihrem Unternehmen eingesetzt werden. Als Nächstes müssen Sie zwischen den Standorten Standortverknüpfungen herstellen und schließlich die bereits vorhandenen Domänencontroller auf die einzelnen Standorte verteilen.

Wenn Sie Standorte definiert haben, werden zukünftig Domänencontroller abhängig von ihrer IP-Adresse automatisch dem Standort zugewiesen, zu dessen Subnetz die IP-Adresse gehört.

Bereits vorhandene Domänencontroller, oder bereits einem Standort zugewiesene, müssen nachträglich manuell innerhalb des Snap-Ins *Active Directory-Standorte und -Dienste* dem richtigen Standort zugewiesen werden. Sie können schon während der Heraufstufung von Domänencontrollern den Standort zuweisen. Das geht aber auch jederzeit nachträglich.

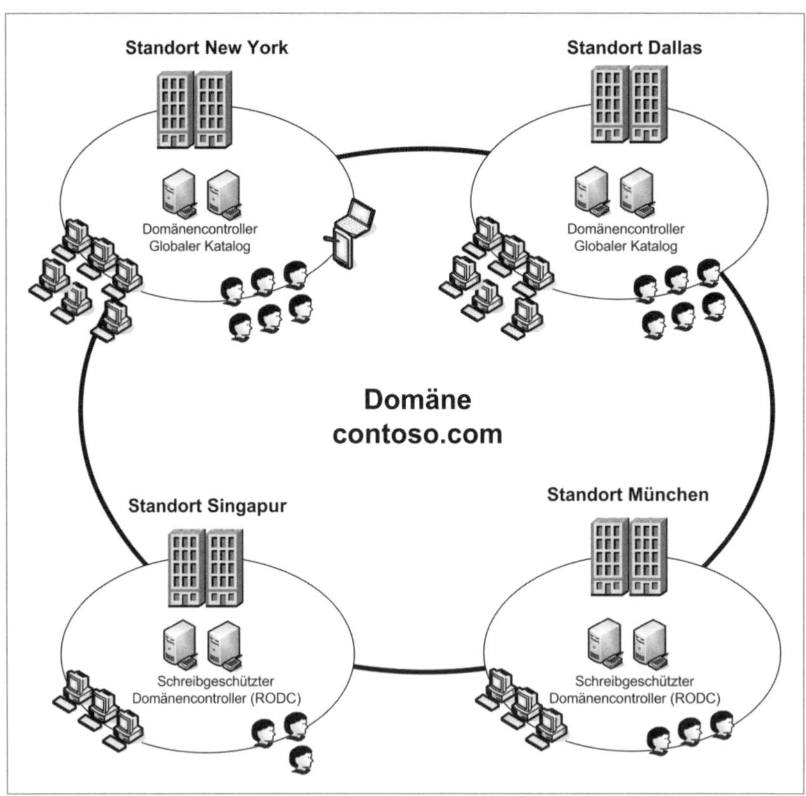

Abb. 14.1 AD-Replikation im Überblick

Durch diese physische Trennung der Standorte ist es nicht mehr notwendig, für jede Niederlassung eine eigene Domäne zu erstellen. An jedem Standort müssen zwar weiterhin Domänencontroller installiert sein, allerdings können Sie die Domäne von einem zentralen Standort aus verwalten, von dem die Änderungen auf die einzelnen Standorte repliziert werden können.

14.2 Konfiguration der Routingtopologie in Active Directory

Die Replikation zwischen verschiedenen Standorten in Active Directory läuft weitgehend automatisiert ab. Damit die Replikation aber stattfinden kann, müssen Sie zunächst die notwendige Routingtopologie erstellen. Dabei fallen hauptsächlich folgende Aufgaben an, die auf den nächsten Seiten ausführlicher behandelt werden:

- Erstellen von Standorten in Active Directory
- Erstellen von IP-Subnetzen und Zuweisen an die Standorte
- Erstellen von Standortverknüpfungen für die Active Directory-Replikation
- Konfiguration von Zeitplänen und Kosten für die optimale Standortreplikation

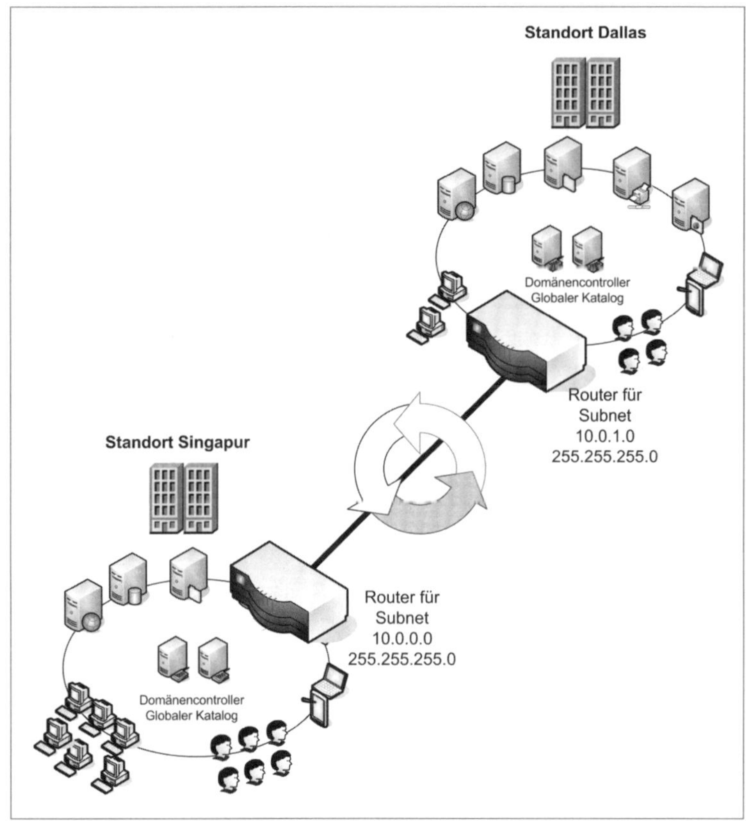

Abb. 14.2 Standorte auf Basis von IP-Subnetzen

Damit Sie die standortübergreifende Replikation von Active Directory verwenden können, sollten Sie in jedem Standort, an dem später ein Domänencontroller angeschlossen ist, ein unabhängiges IP-Subnetz verwenden. Dieses IP-Subnetz wird in der Active Directory-Verwaltung hinterlegt und dient fortan zur Unterscheidung der Standorte in Active Directory.

Das wichtigste Werkzeug, um Standorte in Active Directory zu verwalten, ist das Snap-In *Active Directory-Standorte und -Dienste*. Um neue Standorte zu erstellen, müssen Sie Mitglied der Gruppe *Organisationsadministratoren* sein. Administratoren, die nicht Mitglieder dieser Gruppe sind, dürfen keine Standorte in Active Directory erstellen.

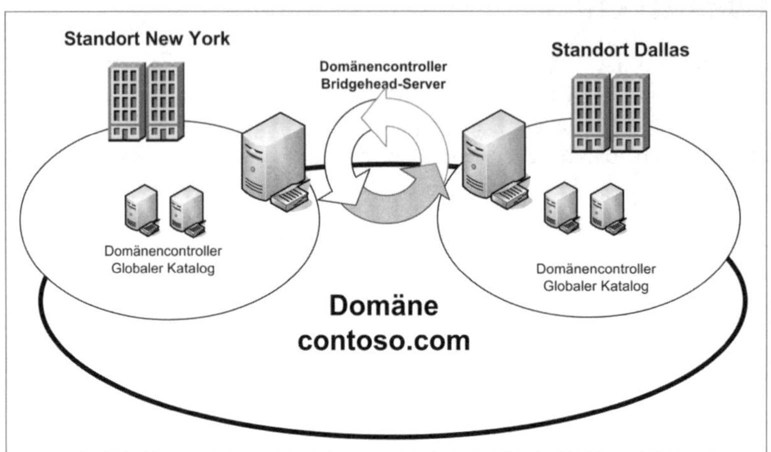

Abb. 14.3 Die Replikation zwischen Standorten nehmen Bridgehead-Server vor.

Es ist nicht unbedingt notwendig, dass jeder Standort mit der Zentrale durch eine Sterntopologie angebunden ist. Die Replikation in Active Directory ermöglicht auch die Anbindung von Standorten, die zwar mit anderen Standorten verbunden sind, aber nicht mit der Zentrale. In jedem Standort sollten darüber hinaus ein oder mehrere unabhängige IP-Subnetze verwendet werden.

Active Directory unterscheidet auf Basis dieser IP-Subnetze, ob Domänencontroller zum gleichen oder zu unterschiedlichen Standorten gehören, und steuert entsprechend die Replikation.

14.2.1 Erstellen von neuen Standorten über Active Directory-Standorte und -Dienste

Sobald die Voraussetzungen für die Routingtopologie vorhanden sind, sollten Sie die einzelnen physischen Standorte im Snap-In *Active Directory-Standorte und -Dienste* erstellen. Wenn Sie das Snap-In öffnen, wird unterhalb des Eintrags *Sites* der erste Standort als *Standardname-des-ersten-Standorts* bezeichnet. Sie finden das Snap-In am schnellsten über den Server-Manager im Menü *Tools*. Im ersten Schritt sollten Sie für diesen Standardnamen den richtigen Namen eingeben, indem Sie ihn mit der rechten Maustaste anklicken und im Kontextmenü den Befehl *Umbenennen* wählen.

Sie müssen die Domänencontroller im Anschluss nicht neu starten, der Name wird sofort aktiv. Als Nächstes können Sie alle notwendigen Standorte erstellen, an denen Sie Domänencontroller installieren wollen. Klicken Sie dazu mit der rechten Maustaste im Snap-In auf *Sites* und wählen Sie im Kontextmenü den Eintrag *Neuer Standort* aus.

Sie können Standorte auch in der PowerShell erstellen. Dazu verwenden Sie den Befehl *New-ADReplicationSite <Standort>*.

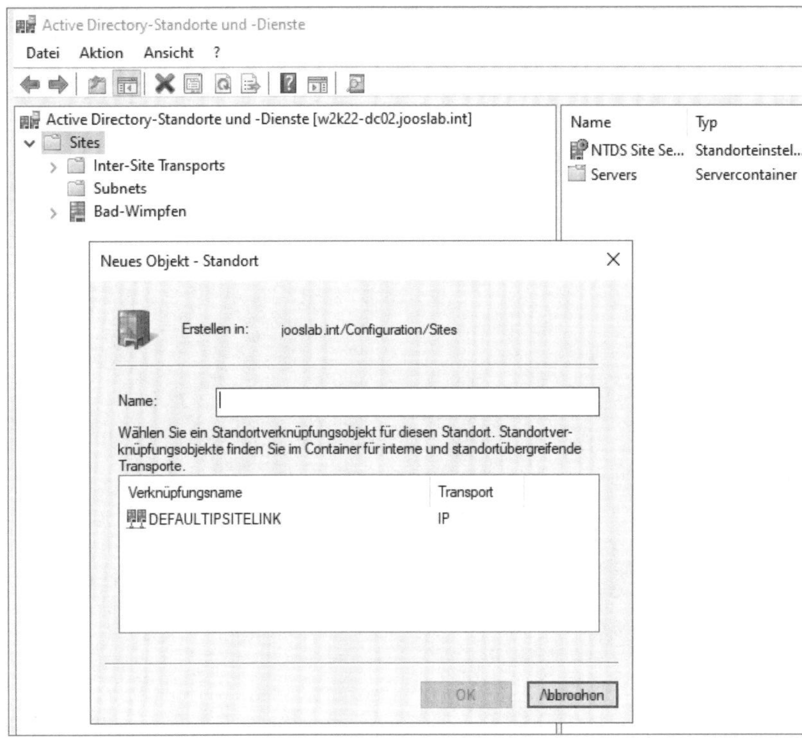

Abb. 14.4 Neue Standorte in AD erstellen

Es öffnet sich ein neues Fenster, in dem Sie den Namen des Standorts sowie die Standortverknüpfung, die diesem Standort zugewiesen werden soll, auswählen können. Standardmäßig gibt es bereits die Verknüpfung *DEFAULTIPSITELINK*. Verwenden Sie bei der Erstellung eines neuen Standorts zunächst diese Standortverknüpfung.

Bestätigen Sie die Erstellung mit *OK*, erhalten Sie eine Meldung angezeigt, welche Aufgaben nach der Erstellung noch notwendig sind. Bestätigen Sie diese Meldung, damit der Standort erstellt wird. Anschließend erscheint der neue Standort im Snap-In. Legen Sie auf die gleiche Weise alle Standorte in Ihrer Gesamtstruktur an. Nur Mitglieder der Gruppe *Organisationsadmins* dürfen neue Standorte in Active Directory erstellen.

Erstellen Sie eine CSV-Datei, die mit der Zeile *name* beginnt, können Sie eine Liste von Standorten in eigenen Zeilen erstellen. Diese können Sie dann auf einen Schlag mit dem Befehl *Import-Csv 1Path C:\newsites.csv | New-ADReplicationSite* als Standort anlegen.

14.2.2 Erstellen und Zuweisen von IP-Subnetzen

Nachdem Sie die Standorte erstellt haben, an denen Domänencontroller installiert werden sollen, müssen Sie IP-Subnetze anlegen und diese dem jeweiligen Standort zuweisen. Um ein neues Subnetz zu erstellen, klicken Sie mit der rechten Maustaste im Snap-In *Active Directory-Standorte und -Dienste* auf den Konsoleneintrag *Subnets* und wählen im Kontextmenü den Befehl *Neues Subnetz* aus. Es öffnet sich ein neues Fenster, in dem Sie das IP-Subnetz definieren und dem jeweiligen Standort zuweisen können.

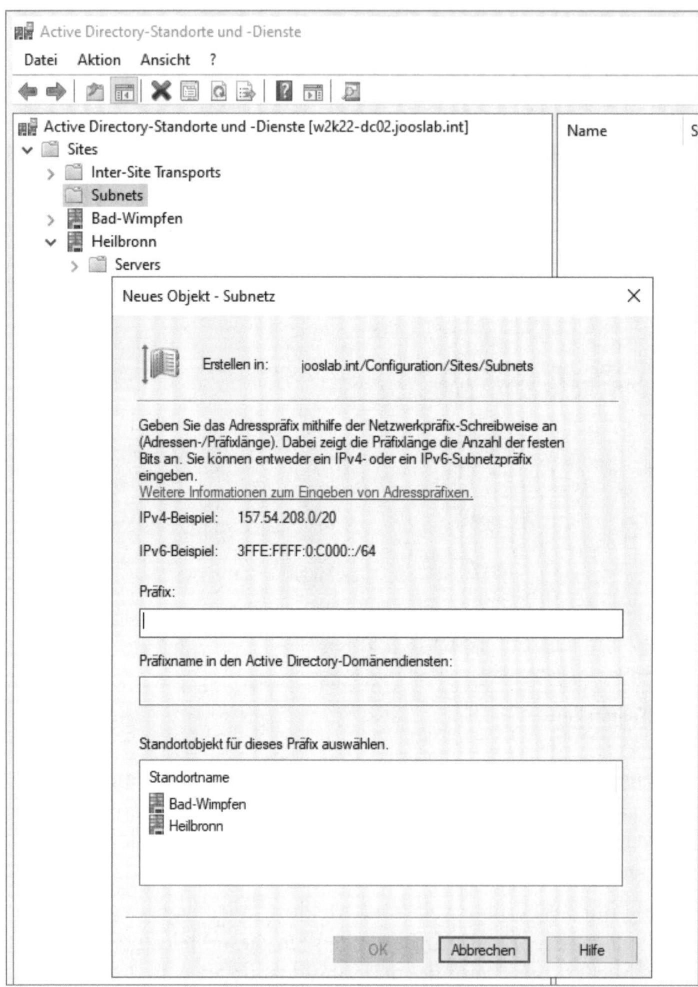

Abb. 14.5 Erstellen von Subnetzen in Windows Server 2022

In Windows Server 2022 können Sie Subnetze auf IPv6-Basis erstellen. Nachdem Sie das Subnetz erstellt haben und die Erstellung mit *OK* bestätigen, wird es unterhalb des Konsoleneintrags *Subnets* angezeigt.

Wiederholen Sie diesen Vorgang für jedes Subnetz in Ihrem Unternehmen. Auch IP-Subnetze, in denen keine Domänencontroller installiert sind, in denen aber unter Umständen Mitgliedsrechner liegen, die sich bei dem Domänencontroller anmelden, sollten Sie an dieser Stelle anlegen und dem entsprechenden Standort zuweisen.

Wenn Sie den Eintrag *Subnets* in der Konsole anklicken, werden Ihnen auf der rechten Seite alle IP-Subnetze und die ihnen zugewiesenen Standorte angezeigt. Die Zuweisung des Subnetzes zu einem bestimmten Standort kann jederzeit über dessen Eigenschaften geändert werden. Sie können nachträglich Standorte erstellen und neue Subnetze vorhandenen Standorten zuweisen.

14.2.3 Erstellen von Standortverknüpfungen und Standortverknüpfungsbrücken

Nachdem Sie Standorte und die in den Standorten vorhandenen IP-Subnetze erstellt haben, können Sie neue *Standortverknüpfungen* anlegen. Bei der Installation von Active Directory wird bereits automatisch die Standortverknüpfung *DEFAULTIPSITELINK* angelegt. Für viele Unternehmen reicht diese Verknüpfung bereits aus.

Wenn Sie in Ihrem Unternehmen verschiedene Bandbreiten von WAN-Leitungen einsetzen, macht es Sinn, auch verschiedene Standortverknüpfungen zu erstellen. Sie können auf Basis jeder Standortverknüpfung einen Zeitplan festlegen, wann die Replikation möglich ist. Standortverknüpfungen können auf Basis von IP oder SMTP erstellt werden. SMTP hat starke Einschränkungen bei der Replikation und wird nur selten verwendet. Sie sollten daher auf das IP-Protokoll setzen, über das von Active Directory alle Daten repliziert werden können.

Um eine neue Standortverknüpfung zu erstellen, klicken Sie in der Konsolenstruktur mit der rechten Maustaste auf den Eintrag *IP* unterhalb von *Inter-Site Transports* und wählen im Kontextmenü den Eintrag *Neue Standortverknüpfung* aus.

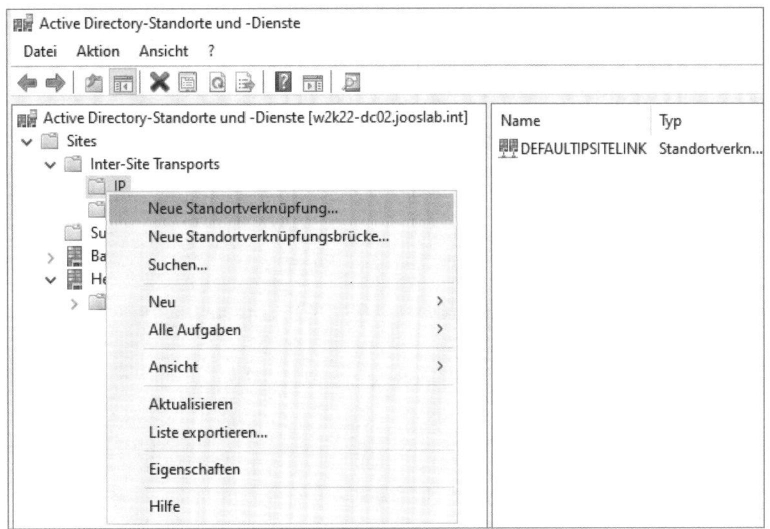

Abb. 14.6 Erstellen von Standortverknüpfungen zur Anbindung von Niederlassungen

Active Directory

Nachdem Sie die Erstellung einer neuen Standortverknüpfung gewählt haben, erscheint das Fenster, in dem Sie die Bezeichnung der Standortverknüpfung sowie die Standorte eingeben. Wählen Sie den Namen der Standortverknüpfung so, dass bereits durch die Bezeichnung darauf geschlossen werden kann, welche Standorte miteinander verbunden sind, zum Beispiel *Berlin <> Frankfurt* oder auch die Art der Verbindung zwischen den verschiedenen Niederlassungen.

In diesem Fenster können Sie auswählen, welche Standorte mit dieser Standortverknüpfung verbunden sein sollen. Ein Standort kann Mitglied mehrerer Standortverknüpfungen sein.

Die Replikation findet immer über die Standortverknüpfungen statt, deren Kosten am geringsten sind. Wenn Sie den Namen der neuen Standortverknüpfung und deren Mitglieder festgelegt haben, können Sie mit *OK* die Erstellung abschließen. Klicken Sie das Protokoll *IP* an, werden auf der rechten Seite alle erstellten Standortverknüpfungen angezeigt.

Nachdem Sie die Standortverknüpfung erstellt haben, können Sie die Eigenschaften der Verknüpfung im Snap-In *Active Directory-Standorte und -Dienste* anpassen. Auf der Registerkarte *Allgemein* können Sie zunächst festlegen, in welchem Intervall die Informationen zwischen den Standorten repliziert werden sollen. Standardmäßig ist die Replikation auf alle drei Stunden sowie die Kosten auf 100 eingestellt. Die Active Directory-Replikation verwendet immer die Standortverknüpfungen, deren Kosten bei der Verbindung am günstigsten sind.

Wenn Sie auf die Schaltfläche *Zeitplan ändern* klicken, können Sie festlegen, zu welchen Zeiten die Replikation über diese Standortverknüpfung möglich ist. Sie können zum Beispiel für Niederlassungen mit schmalbandiger Verbindung die Replikation nur außerhalb der Geschäftszeiten oder am Wochenende zulassen. Die Replikationsdaten von Active Directory werden zwischen verschiedenen Standorten komprimiert.

Den Befehl *Neue Standortverknüpfungsbrücke* im Kontextmenü benötigen Sie an dieser Stelle nicht. *Standortverknüpfungsbrücken* werden verwendet, wenn zwischen zwei Standorten keine physische Verbindung besteht, aber beide über einen dritten Standort angebunden sind. Standortverknüpfungsbrücken werden automatisch erstellt. Sie müssen diese nur dann manuell erstellen, wenn Sie den Automatismus deaktivieren. Diese automatische Erstellung können Sie deaktivieren, wenn Sie die Eigenschaften des Elements *IP* unterhalb von *Inter-Site Transports* aufrufen und das Kontrollkästchen *Brücke zwischen allen Standortverknüpfungen herstellen* deaktivieren.

Neue Standortverknüpfungen erstellen Sie auch in der PowerShell. Ein Beispiel dafür ist:

New-ADReplicationSiteLink CORPORATE-BRANCH1 -SitesIncluded CORPORATE,BRANCH1 -OtherAttributes @{'options'=1}

Die Kosten und den Zeitrahmen der Synchronisierung können Sie ebenfalls in der PowerShell festlegen:

Set-ADReplicationSiteLink CORPORATE-BRANCH1 -Cost 100 -ReplicationFrequencyInMinutes 15

14.2.4 Zuweisen der Domänencontroller zu den Standorten

Nachdem Sie die Routingtopologie erstellt haben, werden neu installierte Domänencontroller durch ihre IP-Adresse automatisch dem richtigen Standort zugewiesen. Bereits installierte Domänencontroller müssen Sie jedoch manuell an den richtigen Standort verschieben.

Klicken Sie dazu den Server im Snap-In *Active Directory-Standorte und -Dienste* mit der rechten Maustaste an und wählen Sie im Kontextmenü die Option *Verschieben* aus. Daraufhin werden Ihnen alle Standorte angezeigt und Sie können den neuen Standort des Domänencontrollers auswählen. Nachdem Sie den Domänencontroller an einen anderen Standort verschoben haben, sollten Sie den Server neu starten.

Sie können einen Domänencontroller auch per Ziehen/Ablegen an einen anderen Standort verschieben. Achten Sie vor dem Verschieben des Domänencontrollers darauf, dass die IP-Einstellungen des Servers zu den zugewiesenen IP-Subnetzen des neuen Standorts passen.

Die Replikationsverbindungen richtet Windows Server 2022 automatisch ein. Sie sehen diese im Snap-In *Active Directory-Standorte und -Dienste* über *Sites/<Standort>/<Servers>/<Servername>/NTDS-Settings*. Sie können hier manuelle Verbindungen einrichten, indem Sie über das Kontextmenü *Neue Verbindung für die Active Directory-Domänendienste* auswählen.

Domänencontroller können Sie auch in der PowerShell an neue Standorte verschieben:

Get-ADDomainController <Name des Servers> | Move-ADDirectoryServer -Site <Name des Standorts>

Sie können die Replikationsverbindungen in der PowerShell anzeigen. Dazu verwenden Sie den Befehl *Get-ADReplicationConnection*.

Sie können sich in der PowerShell ausführliche Informationen zu den einzelnen Standorten anzeigen lassen. Dazu verwenden Sie den Befehl *Get-ADReplicationSite -Filter **.

Um sich nur den Namen anzeigen zu lassen, verwenden Sie *Get-ADReplicationSite -Filter * | ft Name*, eine Liste der Domänencontroller und Standorte erhalten Sie mit *Get-ADDomainController -Filter * | ft Hostname,Site*.

14.2.5 Die Konsistenzprüfung (Knowledge Consistency Checker)

Wenn Sie die Routingtopologie erstellt haben, kann der Knowledge Consistency Checker (KCC) die Verbindung der Domänencontroller automatisch herstellen. Der KCC konfiguriert auf Basis der konfigurierten Standorte, der Standortverknüpfungen und deren Zeitplänen und Kosten sowie der enthaltenen Domänencontroller automatisch die Active Directory-Replikation. Der KCC läuft vollkommen automatisch auf jedem Domänencontroller der Gesamtstruktur.

Sind zwei Standorte nicht durch Standortverknüpfungen verbunden, erstellt er automatisch Standortverknüpfungsbrücken, wenn eine Verbindung über einen dritten Standort hergestellt werden kann. Der KCC verbindet nicht jeden Domänencontroller mit jedem anderen, sondern erstellt eine intelligente Topologie.

Er überprüft die vorhandenen Verbindungen alle 15 Minuten auf ihre Funktionalität und ändert bei Bedarf automatisch die Replikationstopologie. Innerhalb eines Standorts erstellt der KCC möglichst eine Ringtopologie, wobei zwischen zwei unterschiedlichen Domänencontrollern maximal drei andere Domänencontroller stehen sollten.

Zwischen verschiedenen Standorten werden die Active Directory-Daten nicht von allen Domänencontrollern auf die anderen Domänencontroller der Standorte übertragen, sondern immer jeweils nur von einem Domänencontroller. Dieser Domänencontroller, auch Bridgeheadserver (Brückenkopfserver) genannt, repliziert sich mit den Bridgeheadservern der anderen Standorte automatisch.

Der KCC legt automatisch fest, welche Domänencontroller in einer Niederlassung zum Bridgeheadserver konfiguriert werden, Sie müssen keine Eingaben oder Maßnahmen vornehmen. Die Auswahl der Bridgeheadserver in einem Standort übernimmt der Intersite Topology Generator (ISTG), ein Dienst, der zum KCC gehört.

Der KCC wiederum legt für jeden Standort fest, welcher Domänencontroller der ISTG sein soll. Wenn Sie einen Standort im Snap-In *Active Directory-Standorte und -Dienste* anklicken, wird auf der rechten Seite der Eintrag *NTDS Site Settings* angezeigt. Rufen Sie die Eigenschaften dieses Eintrags auf, wird Ihnen im Abschnitt *Generator für standortübergreifende Topologie* der derzeitige ISTG angezeigt.

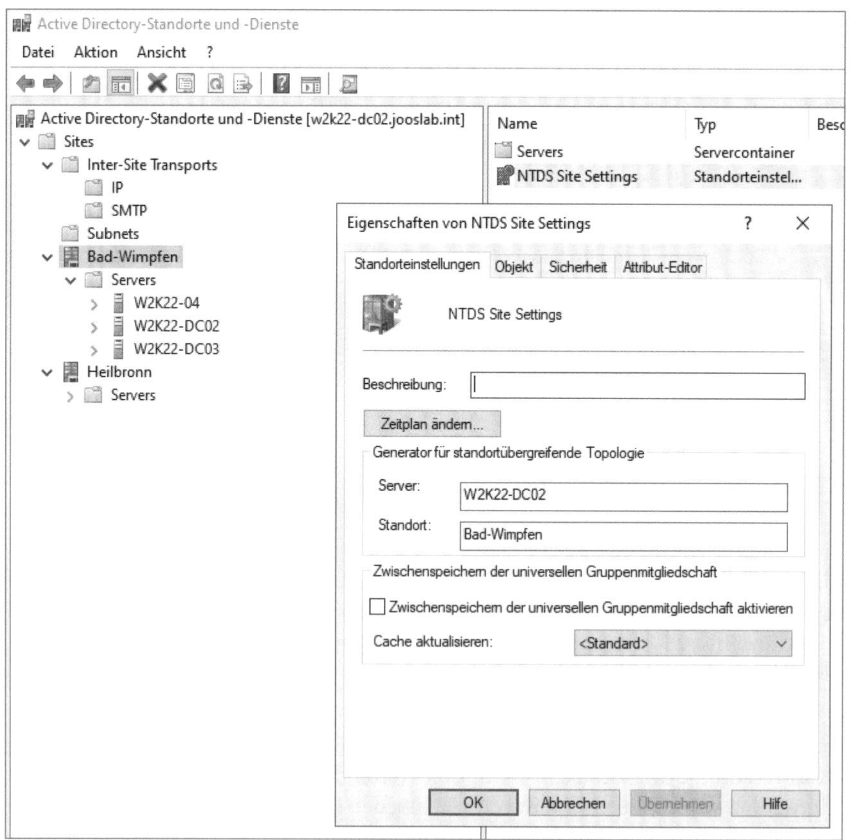

Abb. 14.7 Anzeigen des ISTG eines Standorts

An dieser Stelle können Sie das Kontrollkästchen *Zwischenspeichern der universellen Gruppenmitgliedschaft aktivieren* einschalten. Diese Option hat dann eine Bedeutung, wenn Sie am Standort keinen globalen Katalog betreiben, der die Mitgliedschaften der universellen Gruppen zwischenspeichert oder Sie diesen globalen Katalog entlasten wollen.

Da universelle Gruppen Mitglieder aus mehreren Domänen und Standorten enthalten können, ist die Information, welche Benutzerkonten Mitglied sind, bei der Anmeldung eines Benutzers oder dem Zugreifen auf Ressourcen sehr wichtig. Haben Sie an einem Standort keinen globalen Katalog installiert, sollten Sie auf mindestens einem Domänencontroller diese Option aktivieren. Wenn Sie das Zwischenspeichern der universellen Gruppenmitgliedschaft aktivieren, ergeben sich die folgenden Vorteile:

- Es ist kein globaler Katalogserver an jedem Standort in der Domäne erforderlich beziehungsweise der globale Katalog wird entlastet.
- Die Anmeldezeiten werden verringert, weil die authentifizierenden Domänencontroller nicht mehr auf einen globalen Katalog zugreifen müssen, um universelle Gruppenmitgliedschaftsinformationen abzurufen.
- Die Auslastung der Netzwerkbandbreite wird minimiert, weil ein Domänencontroller nicht alle Objekte replizieren muss, die sich in der Gesamtstruktur befinden.

Standardmäßig überprüft der KCC automatisch alle 15 Minuten die Funktionalität der Routingtopologie. Wenn Sie Änderungen an der Routingtopologie durchgeführt haben, besteht die Möglichkeit, die Routingtopologie sofort erstellen zu lassen. Am besten kann sie vom derzeitigen ISTG-Rolleninhaber aus überprüft werden. Gehen Sie dazu folgendermaßen vor:

1. Öffnen Sie das Snap-In *Active Directory-Standorte und -Dienste.*
2. Navigieren Sie zu dem Standort, von dem aus Sie die Überprüfung starten wollen.
3. Klicken Sie auf den derzeitigen ISTG-Rolleninhaber des Standorts.
4. Klicken Sie mit der rechten Maustaste auf den Konsoleneintrag *NTDS-Settings* und wählen Sie im Kontextmenü den Untermenüeintrag *Alle Aufgaben/Replikationstopologie überprüfen* aus.

Die Überprüfung dauert einige Zeit, abhängig von der Anzahl der Standorte und Domänencontroller. Alle Verbindungen werden überprüft und gegebenenfalls neu erstellt. Sie erhalten eine entsprechende Meldung.

Sie können die Replikation zwischen zwei Domänencontrollern jederzeit manuell starten. Die Verbindungen, die der KCC erstellt hat, werden automatisch angezeigt. Wenn Sie eine solche Verbindung mit der rechten Maustaste anklicken, können Sie die Replikation zu diesem Server mit der Option *Jetzt replizieren* sofort ausführen. Starten Sie die Replikation zu einem Domänencontroller, der in einem anderen Standort sitzt, wird die Replikation allerdings nicht sofort durchgeführt, sondern erst zum nächsten Zeitpunkt, den der Zeitplan zulässt.

Bevor die Daten repliziert werden, stellt der Domänencontroller zunächst sicher, ob er eine Verbindung zu dem Domänencontroller herstellen kann, zu dem die Daten repliziert werden. Wenn mit dem Replikationspartner erfolgreich kommuniziert werden kann, erhalten Sie eine entsprechende Erfolgsmeldung. Kann der Replikationspartner nicht erreicht werden, wird eine Fehlermeldung angezeigt.

14.3 Fehler bei der Active Directory-Replikation beheben

Häufige Fehlerursache ist in Active Directory mit vielen Niederlassungen und zahlreichen Domänencontrollern die Replikation zwischen diesen Standorten. Beim Einsatz eines einzelnen Standorts werden nur selten Probleme auftreten. Bei der Fehlersuche bezüglich der Replikation sollten Sie zunächst die beteiligten Domänencontroller überprüfen und testen, ob diese innerhalb ihres Standorts funktionieren.

Der nächste Schritt sollte der Blick in die Ereignisanzeige und das Protokoll *Verzeichnisdienst* sein. Achten Sie vor allem auf Fehler von *NTDS KCC*, *NTDS Replication* oder *NTDS General*.

Bei Problemen mit der Active Directory-Replikation sollte immer eine vollständige Diagnose der Domänencontroller vorausgehen, die bereits auf den vorigen Seiten beschrieben wurde. Fertigen Sie eine einfache Skizze der Replikationsverbindungen der Domänencontroller an und halten Sie genau fest, welche Domänencontroller sich nicht mehr mit welchen anderen Domänencontrollern replizieren können. Wenn Sie mithilfe dieser Skizze die Probleme verdeutlichen, werden Sie schnell erkennen, welcher Domänencontroller die Hauptursache für das Problem ist.

In der PowerShell können Sie auch auf Fehlersuche in Active Directory gehen. Das heißt, für die Fehlersuche in Active Directory stehen hier die Tools repadmin, dcdiag, nltest und viele andere zur Verfügung. Wie eine solche Problemfindung aussehen kann, zeigt Microsoft auf der Seite »Problembehandlung beim AD-Replikationsfehler 8589« (*https://docs.microsoft.com/de-de/troubleshoot/windows-server/identity/replication-error-8589*).

14.3.1 Suche mit der Active Directory-Diagnose

Wenn die Replikationen zu Domänencontrollern im gleichen Standort funktionieren und auch die Replikation zu anderen Standorten, lässt sich das Problem vielleicht besser eingrenzen. Auch die Replikationsprobleme zu dem oder den Domänencontrollern, zu denen nicht repliziert werden kann, sollten eingegrenzt werden.

Zunächst sollten Sie die Replikationswege von Active Directory aufzeichnen und genau feststellen, welche Domänencontroller sich nicht mehr mit anderen Domänencontrollern replizieren. An dieser Stelle können Sie als Nächstes mit den Diagnosetools wie Dcdiag die problematischen Domänencontroller genauer untersuchen.

14.3.2 Ausschließen der häufigsten Fehlerursachen

Bevor Sie mit Tools die Replikation genauer untersuchen, sollten Sie zunächst die gravierendsten und häufigsten Fehlerursachen ausschließen:

- Liegt auf dem Domänencontroller, der sich nicht mehr replizieren kann, ein generelles Problem vor, das sich mit Dcdiag herausfinden lässt? Liegen also die Probleme überhaupt nicht in der Replikation, sondern hat der Domänencontroller eine Funktionsstörung?

- Wurde auf dem Domänencontroller eine Software installiert, die die Replikation stören kann, wie Sicherheitssoftware, Virenscanner, Firewall oder Sonstiges?
- Ist auf dem Domänencontroller, mit dem die Replikation nicht mehr stattfinden kann, die Hardware ausgefallen?
- Liegt unter Umständen nur ein Leitungs-, Router- oder Firewallproblem vor?
- Lässt sich der entsprechende Domänencontroller noch anpingen und lässt sich der DNS-Name des Servers auflösen?
- Gibt es generelle Probleme mit der Authentifizierung zwischen den Domänencontrollern, die durch Zugriff-verweigert-Meldungen gemeldet werden?
- Sind die Replikationsintervalle zwischen Standorten so kurz eingestellt, dass die vorherige Replikation noch nicht abgeschlossen ist und die nächste bereits beginnt?
- Wurden Änderungen an der Routingtopologie vorgenommen, die eine Replikation verhindern können?

14.3.3 Nltest zum Erkennen von Standortzuweisungen eines Domänencontrollers

Falls Replikationsprobleme in Active Directory auftreten, sollten Sie zunächst sicherstellen, dass die Domänencontroller, die Probleme bei der Replikation haben, für den richtigen Standort konfiguriert sind.

Zu diesem Weg geben Sie in der Eingabeaufforderung den Befehl *nltest /dsgetsite* ein. In der Anzeige sehen Sie, welchem Standort der Domänencontroller zugewiesen ist und ob er seinen Standort erkennt. Wird an dieser Stelle der Standort fehlerfrei aufgelöst, ist diese Konfiguration schon mal in Ordnung.

14.3.4 Repadmin zum Anzeigen der Active Directory-Replikation

Das wichtigste Tool, um die Replikation in Active Directory zu überprüfen, ist Repadmin. Geben Sie in der Eingabeaufforderung den Befehl *repadmin /showreps* ein. Angezeigt werden alle durchgeführten Replikationsvorgänge von Active Directory sowie etwaige Fehler, die auf die Ursache für eine nicht funktionierende Replikation hinweisen. Sie können sich die Anzeige in eine Datei mit *repadmin /showreps >c:\repl.txt* umleiten lassen.

Mit *repadmin /showreps * /csv > reps.csv* leiten Sie die Replikationsinformationen in eine CSV-Datei um.

Untersuchen Sie bei Problemen genau, wann welche Replikation funktioniert und welche Verbindung nicht funktioniert. In der Anzeige erhalten Sie auch die Gründe, warum die Replikation nicht durchgeführt werden kann.

Funktioniert die interne Replikation im gleichen Standort zu Domänencontrollern ohne Probleme, stellen Sie sicher, dass die Replikation nur einige Minuten zurückliegt. Dann können Sie interne Replikationsprobleme der Domänencontroller ausschließen.

Sehen Sie, dass ein Domänencontroller nicht replizieren kann, erhalten Sie eine Meldung. Die Fehlermeldung können Sie zum Beispiel in einer Suchmaschine verwenden. Wenn sich der lokale Domänencontroller replizieren kann, liegt vermutlich ein Problem auf dem entfernten Domänencontroller oder mit der Verbindung vor. Untersuchen Sie auf anderen Domänencontrollern, ob diese replizieren können. Wenn nicht, liegt sicherlich ein Problem mit dem entfernten Domänencontroller vor.

Fehlermeldungen können Sie direkt in einer Suchmaschine eingeben und erhalten oft schon hilfreiche Lösungsvorschläge. Sie sehen, dass Sie bereits einige Maßnahmen aus dem Tool ableiten können, die Sie bei der Fehlersuche unterstützen. Wichtig auch in diesem Bereich der Fehlersuche ist, dass Sie die Beschreibung des Fehlers so genau wie möglich wählen, damit Sie bei der Suche im Internet nur die wirklich passenden Antworten präsentiert bekommen.

Funktioniert eine Replikationsverbindung nicht, müssen Sie für jeden Server die Server-GUID auslesen. Dazu verwenden Sie den Befehl *repadmin /showreps*. Jeder Server zeigt im Fenster die DSA-Objekt-GUID an. Diese müssen Sie für das Hinzufügen einer Verbindung verwenden.

Die GUID verwenden Sie anschließend mit dem Befehl *repadmin /add*. Der Domänenname für dieses Beispiel ist *contoso.int*. Die Server-GUIDs für die beiden DCs sind:

DC1 GUID = e8b4bce7-13d4-46bb-b521-8a8ccfe4ac06

DC5 GUID = d48b4bce7-13d4-444bb-b521-7a8ccfe4ac06

In *Active Directory-Standorte und -Dienste* löschen Sie alle Verbindungsobjekte. Erstellen Sie als Nächstes eine neue Verbindung vom defekten DC zu einem funktionierenden DC. Der Befehl ist folgender:

repadmin /add "cn=configuration,dc=contoso,dc=int" e8b4bce7-13d4-46bb-b521-8a8ccfe4ac06._msdcs.contoso.int d48b4bce7-13d4-444bb-b521-7a8ccfe4ac06._msdcs.contoso.int

In Ihrer Umgebung verwenden Sie Ihre eigenen Server-GUIDs und Ihren eigenen Domänennamen. Der Rest der Eingabe ist identisch.

Während dieser Prozedur erhalten Sie manchmal den Fehler 8441 (distinguished name already exists). In diesem Fall ist die Verbindung schon vorhanden. Führen Sie eine vollständige Replikation über die erstellte Verbindung durch. Verwenden Sie dazu den folgenden Befehl:

repadmin /sync cn=configuration, dc=contoso,dc=int DC1 e8b4bce7-13d4-46bb-b521-8a8ccfe4ac06 /force /full

Stellen Sie danach im Snap-In *Active Directory-Standorte und -Dienste* sicher, dass es wieder automatisch generierte Verbindungsobjekte von der defekten Maschine zum funktionierenden DC gibt, und danach, dass die Replikation in alle Richtungen funktioniert.

Tools aus der Befehlszeile und der PowerShell können in einer Sitzung natürlich gemischt eingesetzt werden. Sollen zum Beispiel zunächst alle Replikationsverbindungen angezeigt werden, die danach Repadmin überprüfen soll, steht dazu das Cmdlet *Get-ADReplicationConnection* bereit.

Der Befehl zeigt an, ob auf einzelnen Domänencontrollern Replikationsfehler vorhanden sind. Dadurch lassen sich Probleme in Active Directory sehr schnell eingrenzen. Um Fehler auf Basis der Replikationsziele anzuzeigen, ist folgende Option nutzbar:

repadmin /replsummary /bydest

Sollen die Fehler auf Basis der Replikationsquellen zu den Zielen angezeigt werden, wird der folgende Befehl verwendet:

repadmin /replsummary /bysrc

Dadurch ergibt sich schnell ein Bild, welche ein- und ausgehenden Replikationen nicht richtig funktionieren. Der Standardbefehl für das Überprüfen der Replikation ist:

Repadmin /showreps

Um alle Fehler anzuzeigen, wird der folgende Befehl verwendet:

repadmin /showrepl /errorsonly

Ob auf einem Domänencontroller Replikationen ausgesetzt sind, weil keine Kommunikation mit anderen Domänencontrollern möglich ist, kann mit Repadmin ebenfalls getestet werden:

repadmin /queue

Funktioniert die Replikation, sollte die Queue abgearbeitet werden und gegen 0 laufen.

14.3.5 Replikation in der PowerShell testen

Den Status der Replikation erfahren Sie auch in der PowerShell. Dazu verwenden Sie das Cmdlet *Get-ADReplicationUpToDatenessVectorTable <Name des Servers>*. Eine Liste aller Server erhalten Sie mit:

*Get-ADReplicationUpToDatenessVectorTable * | Sort Partner,Server | ft Partner,Server,UsnFilter*

Um die einzelnen Standorte und die Domänencontroller der Standorte anzuzeigen, verwenden Sie die beiden Cmdlets:

*Get-ADReplicationSite -Filter * | ft Name*
*Get-ADDomainController -Filter * | ft Hostname,Site*

Sie können die Replikationsverbindungen in der PowerShell anzeigen. Dazu verwenden Sie den Befehl *Get-ADReplicationConnection*.

Sie können sich in der PowerShell ausführliche Informationen zu den einzelnen Standorten anzeigen lassen. Dazu verwenden Sie den Befehl *Get-ADReplicationSite -Filter **. Weitere interessante Cmdlets in diesem Bereich sind:

- *Get-ADReplicationPartnerMetadata*
- *Get-ADReplicationFailure*
- *Get-ADReplicationQueueOperation*

Mit dem Cmdlet *Get-ADReplicationFailure* steht ein Befehl zur Verfügung, mit dem in der PowerShell nach Replikationsfehlern gesucht werden kann. Das Cmdlet benötigt noch den Parameter *-Target* und den Namen des Domänencontrollers, der überprüft werden soll. Ein Beispiel für den Befehl ist:

Get-ADReplicationFailure -Target dc01

Sollen mehrere Domänencontroller überprüft werden, können die Namen mit Komma getrennt angefügt werden. Als Target kann eine komplette Gesamtstruktur in Active Directory verwendet werden:

Get-ADReplicationFailure -Target "Joos.int" -Scope Forest

Wenn das Cmdlet mit einzelnen Domänencontrollern keine Verbindung aufbauen kann, ist hier schon ein erster Ansatz zu finden, wo es Probleme bei der Replikation gibt. Besteht der Verdacht, dass ein Domänencontroller keine Replikation entgegennimmt, kann in der PowerShell mit *Sync-ADObject* ein einzelnes Objekt, zum Beispiel ein Benutzer zu diesem DC, synchronisiert werden.

Gelingt das nicht, scheint der ausgehende (Replikationsquelle) oder eingehende Domänencontroller (Replikationsziel) das Problem zu sein. Kann sich der ausgehende Domänencontroller mit anderen Domänencontrollern synchronisieren, ist der eingehende Domänencontroller das Problem.

14.3.6 Netzwerkverbindungen zwischen DCs überprüfen

Um zu überprüfen, ob sich Domänencontroller im Netzwerk gegenseitig erreichen können, wird normalerweise das Befehlszeilen-Tool *ping* genutzt. Hier steht in der PowerShell aber mit *Test-NetConnection* eine bessere Möglichkeit zur Verfügung:

Test-NetConnection dc02

Mit dem Parameter *-Port* kann die Verfügbarkeit von Ports überprüft werden. Dadurch kann bei der Fehlersuche sichergestellt werden, ob einzelne Ports zwischen den DCs unter Umständen durch falsch konfigurierte Firewalls blockiert werden. Hier können zum Beispiel folgende Ports überprüft werden:

- LDAP – 389 (TCP, UDP)
- LDAP (SSL) – 686 (TCP)
- Globaler Katalog – 3268 (TCP)
- Globaler Katalog (SSL) – 3269 (TCP)

Diese Ports sollten zwischen Domänencontrollern geöffnet sein. Die SSL-Ports werden natürlich nur geöffnet, wenn diese Sicherheitsmaßnahme, wie von Microsoft empfohlen, in Active Directory umgesetzt wurde.

14.3.7 Secure Channel überprüfen – Test-ComputerSecureChannel

Hat ein Mitgliedsserver Probleme mit dem Secure-Channel zur Domäne, funktioniert die Anbindung an die Domänencontroller nicht. Das kann vor allem für Mitgliedsserver problematisch sein. Mit dem Cmdlet *Test-ComputerSecureChannel* (*https://docs.microsoft.com/en-us/powershell/module/microsoft.powershell.management/test-computersecurechannel?view=powershell-5.1*) lässt sich der Secure-Channel überprüfen. Ohne Parameter wird die Verbindung zur Domäne getestet, also zu dem Domänencontroller, der gerade erreichbar ist.

Mit *Test-ComputerSecureChannel* kann eine Verbindung vom Server zu einem bestimmten Domänencontroller getestet werden:

Test-ComputerSecureChannel -Server dc01

Werden Fehler angezeigt, können die Informationen mit dem Parameter *-verbose* ausführlicher angezeigt werden.

Funktioniert die Verbindung nicht, kann mit dem Cmdlet eine Reparatur durchgeführt werden:

Test-ComputerSecureChannel -Repair

14.3.8 Kerberos-Test mit Dcdiag ausführen

Die Version von Dcdiag, die mit Windows Server 2022 ausgeliefert wird, enthält einen Test, mit dem sich Replikationsprobleme anzeigen lassen, die von Kerberos-Problemen verursacht werden.

Öffnen Sie eine neue Eingabeaufforderung und geben Sie den folgenden Befehl ein:

dcdiag /test:CheckSecurityError /s:<Name des Domänencontrollers, der Probleme hat>

Anschließend überprüft Dcdiag für diesen Domänencontroller, ob irgendeine Active Directory-Replikationsverbindung Probleme mit der Übertragung von Kerberos hat. Sie erhalten eine detaillierte Ausgabe aller Probleme, die der Quelldomänencontroller bei der Replikation im Zusammenhang mit Kerberos hat.

Die Ausgabe dieser Probleme ist eine wertvolle Hilfe bei der Suche nach Problemen in Active Directory. Oft spielen auch Sicherheitsprobleme bei der Replikation von Domänencontrollern eine Rolle. In diesem Fall erscheinen häufig Fehlermeldungen der Art »Zugriff verweigert«.

14.3.9 Überprüfung der notwendigen SRV-Records im DNS unter *_msdcs*

Jeder Domänencontroller in Active Directory hat neben seinem Host-A-Namen, zum Beispiel *dc01.contoso.int*, noch einen zugehörigen *CNAME*, der das sogenannte DSA-(Directory System Agent-)Objekt seiner NTDS-Settings darstellt.

Dieses DSA-Objekt ist als SRV-Record im DNS unterhalb der Zone der Domäne unter dem Knoten *_msdcs* zu finden. Der CNAME ist die GUID dieses DSA-Objekts. Domänencontroller versuchen, ihren Replikationspartner nicht mit dem herkömmlichen Host-A-Eintrag aufzulösen, sondern mit dem hinterlegten CNAME. Sollte die Replikation nicht funktionieren, weil unterhalb der Active Directory-DNS-Domäne *_msdcs*-Einträge fehlen, können Sie in der Eingabeaufforderung durch Eingabe des Befehls *dcdiag /fix* die Einträge wiederherstellen. Überprüfen Sie nach der Ausführung dieses Befehls, ob der CNAME des Servers registriert ist.

14.4 Zusammenfassung

In diesem Kapitel haben wir Ihnen erläutert, wie Sie Active Directory auf verschiedene physische Standorte verteilen, die Replikation der Domänencontroller einrichten und eventuell dabei auftretende Fehler beheben.

Im nächsten Kapitel zeigen wir ausführlich, wie Sie Fehler in Active Directory finden und beheben.

Kapitel 15

Active Directory – Fehlerbehebung und Diagnose

Treten in Active Directory Probleme auf, können Sie oft leicht bereits mit Bordmitteln eine Diagnose durchführen und die Lösung für das Problem finden. Auch beim Installieren von neuen Domänencontrollern oder wenn Sie sich einen Überblick über die Replikation der Domänencontroller verschaffen wollen, helfen Bordmittel.

Vor allem nach der Installation eines Domänencontrollers ist eine Diagnose sinnvoll, um die Stabilität zu gewährleisten. In diesem Kapitel zeigen wir Ihnen, wie Sie effizient und schnell Fehler finden und diese beheben.

In Kapitel 14 sind wir ebenfalls auf Diagnosetools und der Fehlerbehebung im Bereich Replikation eingegangen.

Mit dem Active Directory Documentation Script (*https://carlwebster.com*) kann eine Dokumentation für Active Directory erstellt werden. Das Skript wird auf einer Arbeitsstation gestartet, auf der Microsoft Word installiert sein muss. Durch das Aufrufen des Skripts wird das Inventar erstellt und als Word-Datei gespeichert, inklusive Inhaltsverzeichnis. Das Skript ist ideal, um einen schnellen Überblick zu einer Active Directory-Gesamtstruktur zu erhalten.

Auf der Seite »Building an Active Directory Health Check Tool [In-Depth]: Part I« (*https://adamtheautomator.com/active-directory-health-check*) wird beschrieben, wie sich Administratoren ein eigenes PowerShell-Skript erstellen können, um eine umfassende AD-Diagnose durchzuführen.

Das fertige Skript kann bei GitHub heruntergeladen werden (*https://gist.github.com/AlexAsplund/28f6c3ef42418902885cde1b83ebc260*). Nach dem Start von *ADHealthCheck-NoReport.ps1* testet das Tool die Domänencontroller, Replikation und andere Daten in Active Directory. Das Skript kann an die eigene Umgebung angepasst werden und überprüft anschließend alle wichtigen Bereiche.

In vielen Umgebungen werden auf Domänencontrollern weitere Dienste installiert. Das ist allerdings in den seltensten Fällen sinnvoll. Auch wenn Dienste wie die Active-Directory-Zertifikatdienste gut mit Domänencontrollern zusammenarbeiten, ist es nicht sinnvoll, diese Dienste auf Domänencontrollern zu installieren.

Wenn ein DC wiederhergestellt werden muss, werden diese Dienste beeinträchtigt. Zudem besteht die Gefahr, dass alle ausgestellten Zertifikate ihre Gültigkeit verlieren, wenn der Server – und damit die Zertifizierungsstelle – neu installiert werden muss.

15.1 Bordmittel zur Diagnose verwenden

In den folgenden Abschnitten zeigen wir Ihnen die wichtigsten Bordmittel, mit denen Sie Domänencontroller überprüfen und Fehler erkennen. Fehler, die Sie durch die Tools aufdecken, können Sie in einer Suchmaschine eingeben und erhalten auf diesem Weg meist schon einen Ansatz zur Fehlerbehebung.

Haben Sie Active Directory installiert, stehen in Windows Server 2022 die bekannten Tools Dcdiag, Repadmin & Co. zur Analyse zur Verfügung. Für die Namensauflösung können Sie weiterhin Nslookup verwenden oder die neuen Cmdlets zur Verwaltung von DNS, zum Beispiel *Resolve-DNSName*. Über das Kontextmenü eines Domänencontrollers in der Servergruppe *AD DS* können Sie Verwaltungstools und Tools zur Analyse der Domäne starten.

Die Analyse startet aber nicht, indem Sie das Tool im Kontextmenü des Servers im neuen Server-Manager starten. Hier öffnet sich lediglich eine neue Eingabeaufforderung, die die Hilfe des Tools anzeigt. Die Diagnose selbst starten Sie nach der Installation von Active Directory, indem Sie Dcdiag oder Repadmin verwenden und dabei auf die verschiedenen Optionen der Befehle setzen.

15.1.1 Schneller Überblick zu Domänen und Gesamtstrukturen in der PowerShell – inklusive Betriebsmaster

In der PowerShell kann mit zwei Cmdlets sehr schnell ein Überblick über die Active Directory-Gesamtstruktur und die einzelnen Domänen gewonnen werden. Mit *Get-ADDomain* werden die Betriebsmaster der Domäne (Infrastruktur, RID und PDC) angezeigt, der DNS-Name, die Domänencontroller, der Betriebsmodus, die wichtigsten Organisationseinheiten und weitere Informationen.

Mit *Get-ADForest* werden zusätzlich noch der Domänennamenmaster, der Schemamaster, die Standorte, UPN-Suffixe und die Domänen angezeigt. Die beiden Cmdlets liefern also in wenigen Sekunden alle relevanten Informationen zu Domänen, Strukturen und Gesamtstrukturen.

Wer noch einen tiefergehenden Überblick zu den Domänencontrollern erhalten will, verwendet das Cmdlet *Get-ADController*. Hier wird die IP-Adresse angezeigt. Auch die Betriebsmaster, die auf dem Domänencontroller aktiv sind, zeigt das Cmdlet an. Außerdem wird angezeigt, ob der Domänencontroller als globaler Katalog konfiguriert ist, welches Betriebssystem und welche Edition installiert sind, zu welchem Standort er zugewiesen wurde und auf welche Ports er im Netzwerk hört.

Alle Cmdlets, die Informationen zu Active Directory anzeigen, lassen sich mit dem Befehl *Get-Command -Module ActiveDirectory -Name get** abrufen.

Mit dem Befehl *Get-ADComputer -Filter ** werden alle Computer und deren SID angezeigt, die Mitglied in der aktuellen Active Directory-Domäne sind. Dadurch lässt sich in Erfahrung bringen, ob die Domänencontroller fehlerfrei abgefragt werden können. Mit dem Cmdlet *(Get-ADComputer -Filter *).count* werden die Objekte gezählt und die Gesamtzahl der Computer angezeigt, die Mitglied in Active Directory sind.

15.1.2 Informationen aus Active Directory mit der PowerShell auslesen

Wenn das Modul zur Verwaltung von Active Directory in Windows 10/11 oder Windows Server 2022 installiert ist, kann in der PowerShell auch auf spezifische Informationen von Active Directory zugegriffen werden. Der Befehl *Get-Command Get-Ad** zeigt bereits zahlreiche Cmdlets, die Informationen aus Active Directory anzeigen können.

15.1.3 Daten zu Computer und Benutzerkonten anzeigen

Die einzelnen Get-Cmdlets können mit Filtern erweitert werden, um die notwendigen Informationen auszulesen. Um zum Beispiel alle Benutzer anzuzeigen, die aktuell nicht deaktiviert sind, verwenden Sie folgenden Befehl:

Get-ADUser -ldapfilter "(&(&(objectCategory=user)(userAccountControl=512)))" | where-object -property enabled -eq true

Um die Anzahl der Active Directory-Benutzer anzuzeigen, wird der folgende Befehl verwendet:

(Get-ADUser -Filter "Name -like ''").count*

Um die letzte Anmeldung eines Benutzerkontos anzuzeigen, nutzen Sie folgenden Befehl:

Get-ADUser "<Name>" -Properties LastLogonDate | FT -Property Name, LastLogonDate -A

Soll das Anmeldedatum von allen Benutzerkonten angezeigt werden, steht ebenfalls die PowerShell zur Verfügung:

Get-ADUser -Filter {(Enabled -eq $true)} -Properties LastLogonDate | select samaccountname, Name, LastLogonDate | Sort-Object LastLogonDate

Gesperrte Benutzerkonten zeigt das Cmdlet *Search-ADAccount -lockedout* an. Über die PowerShell können Sie die Konten auch wieder entsperren, zum Beispiel mit *Get-ADUser -Identity joost | Unlock-ADAccount*.

Auch die Computerkonten in Active Directory lassen sich auslesen. Mit der Pipeline kann das Ergebnis an *Select* übergeben und die Anzeige nach den gewünschten Informationen gefiltert werden:

Get-ADComputer -filter 'name -like ""' -Properties * | select name,OperatingSystem,IPv4-Address*

Wie bei Benutzerkonten können Computerkonten in Active Directory gezählt werden:

(Get-ADComputer -Filter "Name -like ''").count*

Daten zu Domänencontrollern zeigt das Cmdlet *Get-Addomaincontroller* an. Um Informationen zu allen Domänencontrollern in einer Gesamtstruktur anzuzeigen, verwenden Sie den folgenden Befehl:

*(Get-ADForest).Domains | %{ Get-ADDomainController -Filter * -Server $_ }*

15.1.4 Microsoft Active Directory Documentation Script

Mit dem kostenlosen Microsoft Active Directory Documentation Script (*https://carlwebster.com*) können Sie umfassende Informationen aus Active Directory auslesen. Nach dem Download starten Sie das Skript mit dem Befehl *.\ADDS_Inventory_<Version>.ps1*. Ändert sich die Version, ist das am Namen der Skriptdatei zu erkennen. Danach liest das Skript ohne weitere Installation die Daten aus und speichert sie in einer HTML-Datei im gleichen Verzeichnis. Der HTML-Bericht kann in jedem Browser oder anderem Tool angezeigt werden, das HTML versteht.

Im Skript sind umfassende Informationen zur generellen Infrastruktur von Active Directory zu erkennen. Das Skript *Get Service Accounts* (*https://carlwebster.com/downloads/download-info/get-serviceaccounts*) ist sinnvoll parallel zu Microsoft Active Directory Documentation Script einsetzbar. Nach dem Start fragt das Skript nach Computernamen. Anschließend durchsucht es die Computer nach Dienstkonten, an denen eine Anmeldung mit Domänenbenutzern stattfindet. Die Daten speichert es in Textdateien des gleichen Verzeichnisses.

Ein weiteres Skript in diesem Bereich ist *ADinfo.ps1* (*https://github.com/shanermoore/scripts/blob/master/ADinfo.ps1*). Auch dieses kann Daten aus Active Directory auslesen. Dieses und andere Skripts können bearbeitet werden. Um das Skript zu verwenden, wird eine neue Textdatei erstellt und die Befehle in die Datei kopiert. Als Name bietet sich *ADinfo.ps1* an. Das Skript zeigt die Daten direkt in der PowerShell an, es wird kein Bericht erstellt.

Vom gleichen Entwickler steht das Skript *Active Directory Health Check* (*https://carlwebster.com/downloads/download-info/active-directory-health-check*) zur Verfügung. Dieses startet mit *.\ADHealthCheck_v2_Signed.ps1*. Das Skript gibt seinen Bericht als Word-Datei aus. Daher sollten Sie es nicht direkt auf einem Domänencontroller starten, sondern auf einer Arbeitsstation, auf der auch Word installiert ist und die Mitglied in Active Directory ist. Das Microsoft Active Directory Documentation Script ist in diesem Fall einfacher nutzbar, da kein zusätzliches Programm notwendig ist.

Mit der PowerShell können Informationen zu Gruppenrichtlinien der Domäne ausgelesen werden. Vor allem zur Fehlersuche ist es sinnvoll zu wissen, mit welchen OUs eine Gruppenrichtlinie verknüpft ist, ob eine Richtlinie vererbt oder erzwungen ist, und vieles weitere mehr. Die Syntax dafür ist:

Get-GPOReport -All -Domain "joos.int" -ReportType HTML -Path "C:\temp\report.html"

Active Directory und DNS arbeiten eng zusammen. Daher ist es möglich, in der PowerShell DNS-Zonen auf Domänencontrollern auszulesen, zum Beispiel mit *Get-DnsServerZone -ComputerName dc01*.

15.1.5 Verwenden der Domänencontrollerdiagnose

Das wichtigste Tool für die Diagnose von Domänencontrollern ist Dcdiag. Sie können das Tool in der Eingabeaufforderung mit Administratorrechten aufrufen, indem Sie *dcdiag* eingeben. Eine ausführliche Diagnose erhalten Sie durch *dcdiag /v.*

Möchten Sie eine ausführlichere Diagnose durchführen, sollten Sie die Ausgabe jedoch in eine Datei umleiten, da Sie dadurch das Ergebnis besser durchlesen und eventuell auch an einen Spezialisten weitergeben können. Die Eingabeaufforderung könnte dann zum Beispiel *dcdiag /v >c:\dcdiag.txt* lauten. Für die erste Überprüfung reicht die normale Diagnose mit Dcdiag jedoch vollkommen aus. Fehler sollten Sie in einer Suchmaschine recherchieren und beheben. Im idealen Fall sollte Dcdiag keine Fehler zeigen.

Mit *dcdiag /a* überprüfen Sie alle Domänencontroller am gleichen Active Directory-Standort, über *dcdiag /e* werden alle Server in der Gesamtstruktur getestet.

Um sich nur die Fehler und keine Informationen anzeigen zu lassen, wird *dcdiag /q* verwendet. Die Option *dcdiag /s:<Domänencontroller>* ermöglicht den Test eines Servers über das Netzwerk.

Der Systemdienst *Dateireplikation* verbindet die Domänencontroller der verschiedenen Standorte und erstellt automatisch eine Replikationstopologie auf Basis der definierten Zeitpläne und Standortverknüpfungen. Die Konsistenzprüfung (Knowledge Consistency Checker, KCC) ist ein automatischer Mechanismus in Active Directory. Dieser läuft auf jedem Domänencontroller und erstellt sowie pflegt die Topologie des Netzwerks, um die optimalen Replikationspartner zu finden. Er erstellt automatisch Standortverknüpfungsbrücken, wenn zwei Standorte nicht miteinander verbunden sind, sondern nur über einen dritten erreicht werden können.

Der KCC versucht, mit Erfahrungswerten über die Performance der Replikation die optimale Struktur aufzubauen. Dieser Ansatz ist deshalb empfehlenswert, weil die Struktur durch den KCC alle 15 Minuten überprüft wird und damit ausgefallene Verbindungen erkannt werden. Den Zeitraum für die Überprüfung können Sie verlängern. Innerhalb eines Standorts spielt der Netzwerkverkehr keine große Rolle.

Die Replikationsdaten innerhalb eines Standorts werden daher, im Gegensatz zur Replikation zwischen Standorten, nicht komprimiert. Der KCC versucht automatisch, innerhalb eines Standorts eine Ringtopologie und maximal drei Hops zwischen zwei Domänencontrollern zu erstellen. Das heißt, dass nicht unbedingt jeder Domänencontroller mit jedem anderen Domänencontroller Daten replizieren muss, aber dass auch maximal drei Schritte zwischen zwei Domänencontrollern liegen dürfen.

Je mehr Standorte in Active Directory definiert sind, desto mehr muss der KCC die Routingtopologie dauerhaft überwachen. Aus diesen Gründen müssen Domänencontroller über mehr Performance verfügen als in Umgebungen mit nur einem oder wenigen Standorten. Wenn in den Standorten mehr als nur ein Domänencontroller zur Verfügung gestellt wird, werden zwischen den Standorten nicht alle Domänencontroller repliziert.

In jedem Standort gibt es sogenannte Bridgeheadserver, die die Informationen ihres Standorts an die Bridgeheadserver der anderen Standorte weitergeben. Dadurch wird der Verkehr über die WAN-Leitung minimiert, da nicht mehr alle Domänencontroller Daten nach extern versenden. Der Intersite Topology Generator (ISTG) wählt für jeden Standort automatisch die am besten geeigneten Bridgeheadserver aus.

Microsoft empfiehlt, die Bridgeheadserver nicht manuell zu konfigurieren, sondern den ISTG zu verwenden. Wenn Sie Bridgeheadserver manuell auswählen und einzelne Server zu bevorzugten Bridgeheadservern konfigurieren, kann der KCC nur zwischen diesen Servern auswählen, nicht zwischen allen Domänencontrollern eines Standorts. Außerdem besteht darüber hinaus noch die Gefahr, dass bei Ausfall aller bevorzugten Bridgeheadserver keine Replikationen zu und von diesem Standort durchgeführt werden können.

Mit *dcdiag /a* überprüfen Sie alle Domänencontroller am gleichen Active Directory-Standort, über *dcdiag /e* werden alle Server in der Gesamtstruktur getestet.

Um sich nur die Fehler und keine Informationen anzeigen zu lassen, verwenden Sie *dcdiag /q*. Die Option *dcdiag /s:<Domänencontroller>* ermöglicht den Test eines Servers über das Netzwerk.

Es wird während des Tests geprüft, ob das Computerkonto in Active Directory in Ordnung ist und ob es sich richtig registriert hat. Sie können über die Option *dcdiag /RecreateMachineAccount* eine Fehlerbehebung versuchen, wenn der Test fehlschlägt. Über *dcdiag /FixMachineAccount* können Sie ebenfalls eine Fehlerbehebung versuchen. Eine weitere Option, die Fehler behebt, ist *dcdiag /fix*.

15.1.6 Testen der Namensauflösung mit Nslookup

Die Namensauflösung ist einer der wichtigsten Bereiche für die Diagnose von Active Directory und Windows-Netzwerken. Funktioniert ein Serverdienst nicht, liegt das Problem in den meisten Fällen entweder an Berechtigungen oder der Namensauflösung. Ein wichtiger Test in Active Directory besteht darin, dass Sie in der Eingabeaufforderung *nslookup* eintippen. An dieser Stelle sollte kein Fehler auftreten. Lesen Sie zu diesem Thema Kapitel 5, 10 und 11.

Dieser Test zeigt, dass der bevorzugte DNS-Server erreicht werden kann und sein Computername sowie seine IP-Adresse im DNS registriert sind. Erhalten Sie hier bereits eine Fehlermeldung, sollten Sie überprüfen, ob die IP-Adresse des DNS-Servers in der *Reverse-Lookupzone* registriert ist. Sollte der Server noch nicht registriert sein, versuchen Sie mit *ipconfig /registerdns* in der Eingabeaufforderung eine erneute automatische Registrierung beim DNS-Server.

Die DNS-Einträge in Active Directory spielen eine wichtige Rolle, damit die Domänencontroller sich untereinander verbinden können, und auch für Clients, damit diese mit den Servern eine Verbindung aufbauen können. Die Überprüfung kann in der Befehlszeile mit *nslookup* durchgeführt werden:

Starten Sie *nslookup*.

Geben Sie *set type=all* ein.

Geben Sie *_ldap._tcp.dc._msdcs.<Name der Domäne>* ein, zum Beispiel *_ldap._tcp.dc._msdcs.joos.int*.

Das ist eine häufige Fehlerquelle. Lesen Sie dazu die Anmerkungen in den Kapiteln 5, 10 und 11. Danach sollten Sie durch die Eingabe des vollständigen Computernamens aller restlichen Domänencontroller feststellen, dass alle notwendigen Domänencontroller per DNS erreicht werden können.

Treten in Active Directory Fehler auf, sollten Sie immer zunächst überprüfen, ob sich die beteiligten Server im DNS auflösen können. Verwenden Sie dazu das Befehlszeilentool Nslookup. Neben Nslookup beschreiben wir im nächsten Abschnitt noch weitere Tools, die für die Fehlersuche und Verwaltung von DNS unter Windows Server 2022 eine besondere Rolle spielen. Nslookup gehört zu den Bordmitteln von Windows Server 2022 und ist auch in Windows 7/8/8.1 und Windows 10/11 integriert. Wenn ein Servername mit Nslookup nicht aufgelöst werden kann, sollten Sie überprüfen, wo das Problem liegt:

1. Ist in den IP-Einstellungen des PC, auf dem Sie das Tool Nslookup aufrufen, der richtige DNS-Server als bevorzugt eingetragen?
2. Verwaltet der bevorzugte DNS-Server die Zone, in der Sie eine Namensauflösung durchführen wollen? (Kapitel 11)
3. Wenn der Server diese Zone nicht verwaltet, ist dann auf der Registerkarte *Weiterleitungen* in den Eigenschaften des Servers ein Server eingetragen, der die Zone auflösen kann? (Kapitel 13)
4. Wenn eine Weiterleitung eingetragen ist, kann dann der Server, zu dem weitergeleitet wird, die Zone auflösen? (Kapitel 5, 10, 11 und 12)
5. Wenn dieser Server nicht für die Zone verantwortlich ist, leitet er dann wiederum die Anfrage weiter?

An irgendeiner Stelle der Weiterleitungskette muss ein Server stehen, der die Anfrage schließlich auflösen kann, sonst kann der Client keine Verbindung aufbauen, und die Abfrage des Namens wird nicht erfolgreich sein. Gehen Sie strikt nach dieser Vorgehensweise vor, werden Sie bereits recht schnell den Fehler in der Namensauflösung finden.

Sollte bei Ihnen ein Fehler auftauchen, müssen Sie in der Reverse- und der Forward-Lookupzone überprüfen, ob sich der Server dynamisch in das DNS integriert hat. In Ausnahmefällen kann es vorkommen, dass die Aktualisierung der Reverse-Lookupzone nicht funktioniert hat. In diesem Fall können Sie einfach den Eintrag des Servers manuell ergänzen. Dazu müssen Sie lediglich einen neuen Zeiger (engl. Pointer) erstellen. Ein Zeiger oder Pointer ist ein Verweis von einer IP-Adresse zu einem Hostnamen. Kurz nach der Installation kann dieser Befehl durchaus noch Fehler melden.

Versuchen Sie, die IP-Adresse des Domänencontrollers erneut mit *ipconfig /registerdns* zu registrieren. Nach einigen Sekunden sollte der Name fehlerfrei aufgelöst werden. Sobald Sie Nslookup aufgerufen haben, können Sie beliebig Servernamen auflosen. Wenn Sie keinen FQDN eingeben, sondern nur den Computernamen, ergänzt der lokale Rechner automatisch den Namen durch das primäre DNS-Suffix des Computers beziehungsweise durch die in den IP-Einstellungen konfigurierten DNS-Suffixe (siehe Kapitel 5).

Sie sollten auf kritischen Servern beziehungsweise auf Servern, bei denen die Namensauflösung nicht funktioniert, mit Nslookup überprüfen, an welcher Stelle Probleme auftauchen. Wenn Sie Nslookup aufrufen, um Servernamen aufzulösen, wird als DNS-Server immer der Server befragt, der in den IP-Einstellungen des lokalen Rechners hinterlegt ist. Sie können von dem lokalen Rechner aus aber auch andere DNS-Server mit der Auflösung befragen. Geben Sie dazu in der Eingabeaufforderung *nslookup <host> -<server>* ein (also zum Beispiel *nslookup dc02.microsoft.com dc01.contoso.com*).

Active Directory

Bei diesem Beispiel versucht Nslookup, den Host *dc02.microsoft.com* mithilfe des Servers *dc01.contoso.com* aufzulösen. Anstatt den zweiten Eintrag, also den DNS-Server, mit seinem FQDN anzusprechen, können Sie auch die IP-Adresse angeben. Wenn Sie als Servereintrag bei dieser Eingabeaufforderung einen DNS-Server mit seinem FQDN eingeben, setzt dies voraus, dass der DNS-Server, den der lokale Rechner verwendet, zwar nicht den Host *dc02.microsoft.com* auflösen kann, aber dafür den Server *dc01.contoso.com.*

Der DNS-Server *dc01.contoso.com* wiederum muss dann den Host *dc02.microsoft.com* auflösen können, damit keine Fehlermeldung ausgegeben wird. Sie können also mit Nslookup sehr detailliert die Schwachstellen Ihrer DNS-Auflösung testen. Wenn Sie mehrere Hosts hintereinander abfragen wollen, müssen Sie nicht jedes Mal den Befehl ***nslookup** <host> <server>* verwenden, sondern können Nslookup mit dem Befehl ***nslookup** -<server>* starten, wobei der Eintrag *server* der Name oder die IP-Adresse des DNS-Servers ist, den Sie befragen wollen, zum Beispiel *nslookup -10.0.0.11*.

Sie können die beiden eben erwähnten Optionen kombinieren:

- Wenn Sie zum Beispiel Nslookup so starten, dass nicht der lokal konfigurierte DNS-Server zur Namensauflösung herangezogen wird, sondern der Remoteserver *10.0.0.11*, können Sie innerhalb der Nslookup-Befehlszeile durch Eingabe von *<host> <server>* wieder einen weiteren DNS-Server befragen.
- Nslookup wird in der Eingabeaufforderung gestartet und so konfiguriert, dass der DNS-Server *10.0.0.11* zur Namensauflösung herangezogen wird.
- Nslookup überprüft, ob der lokal konfigurierte DNS-Server in seiner Reverse-Lookupzone die IP-Adresse *10.0.0.11* zu einem Servernamen auflösen kann. Da dies funktioniert, wird als Standardserver für diese Nslookup-Befehlszeile der DNS-Server *10.0.0.11* mit seinem FQDN *dc01.contoso.com* verwendet. Wäre an dieser Stelle eine Fehlermeldung erschienen, dass der Servername für *10.0.0.11* nicht bekannt ist, würde das bedeuten, dass der DNS-Server, der in den IP-Einstellungen des lokalen Rechners konfiguriert ist, in seiner Reverse-Lookupzone den Servernamen nicht auflösen kann. In diesem Fall sollten Sie die Konfiguration der Reverse-Lookupzone überprüfen und sicherstellen, dass alle Zeiger (Pointer) korrekt eingetragen sind. Zu einer konsistenten Namensauflösung per DNS gehört nicht nur die Auflösung von Servername zu IP (Forward), sondern auch von IP zu Servernamen (Reverse).
- In der nächsten Zeile soll der Rechnername *dc02.microsoft.com* vom Server *10.0.0.13* aufgelöst werden. Der Server *10.0.0.13* kann jedoch den Servernamen *dc02.microsoft.com* nicht auflösen. In diesem Fall liegt ein Problem auf dem Server *10.0.0.13* vor, der die Zone *microsoft.com* nicht auflösen kann. Sie sollten daher auf dem Server *10.0.0.13* entweder in den Eigenschaften des DNS-Servers auf der Registerkarte *Weiterleitungen* überprüfen, ob eine Weiterleitung zu *microsoft.com* eingetragen werden muss, oder eine sekundäre Zone für *microsoft.com* auf dem Server *10.0.0.13* anlegen, wenn dieser Rechnernamen für die Zone *microsoft.com* auflösen können soll.
- Als Nächstes wird versucht, den gleichen Servernamen *dc02.microsoft.com* über den Standardserver dieser Nslookup-Befehlszeile aufzulösen. Der Standardserver kann den Servernamen problemlos auflösen, was zeigt, dass diese Konfiguration in Ordnung ist.

In der PowerShell kann mit *Get-DnsClientCache* der DNS-Cache ausgelesen und mit *Clear-DnsClientCache* gelöscht werden.

Um auf einem Windows-Computer den verwendeten DNS-Server anzuzeigen, wird das Cmdlet *Get-DNSClientServerAddress* verwendet. Um sich die komplette Netzwerkkonfiguration anzeigen zu lassen, steht das Cmdlet *Get-NetIPConfiguration* zur Verfügung.

15.1.7 Standard-OUs per Active Directory-Benutzer und -Computer überprüfen

Nach einer Neuinstallation sollten Sie überprüfen, ob sich das Snap-In *Active Directory-Benutzer und -Computer* über *Tools* im Server-Manager fehlerfrei öffnen lässt und die fünf wichtigsten Organisationseinheiten (Organizational Units, OUs) angezeigt werden. Diese OUs sind in jeder Domäne identisch und müssen vorhanden sein:

- **Builtin** – Im Container *Builtin* befinden sich vom System vordefinierte Gruppen.
- **Computers** – Der Container *Computers* enthält Computerkonten für alle Computer, die in die Domäne aufgenommen wurden. Jeder Computer wird mit einem eigenen Konto in Active Directory verwaltet.
- **Users** – Im Container *Users* stehen die Benutzer und Gruppen, die von Windows Server 2019 automatisch angelegt werden.
- **ForeignSecurityPrincipals** – Der Container *ForeignSecurityPrincipals* enthält Informationen über SIDs, die mit Objekten aus entfernten, vertrauten Domänen verbunden sind.
- **Domain Controllers** – Im Container *Domain Controllers* befinden sich Computerkonten für alle Domänencontroller der Domäne.
- **Managed Service Accounts** – Dieser Container dient der Unterstützung verwalteter Benutzerkonten für Dienste.

Sie müssen nicht den Inhalt der Container überprüfen. Es genügt, wenn Sie testen, ob diese angelegt wurden. Achten Sie darauf, im Snap-In über das Menü *Ansicht* die *Erweiterten Features* zu aktivieren.

15.1.8 Überprüfen der Active Directory-Standorte

Sie sollten bei Problemen oder nach Installationen von Domänencontrollern überprüfen, ob die Domänencontroller dem jeweils richtigen Standort zugewiesen sind und ob an jedem Standort ein Server zum globalen Katalog konfiguriert wurde.

Haben Sie bereits mehrere Domänencontroller installiert, sollten Sie überprüfen, ob bei allen automatisch konfigurierte Replikationsverbindungen eingerichtet wurden und ob diese auch funktionieren. Alle installierten Domänencontroller sollten angezeigt werden und sich ohne Fehler mit ihren Replikationspartnern replizieren lassen.

Installieren Sie einen neuen Domänencontroller oder auch einen Mitgliedsserver, sollten Sie vor allem dann, wenn dieser auch zum Exchange-Server werden soll, in der Eingabeaufforderung testen, ob dieser Server seinen Standort auflösen kann und korrekt konfiguriert ist.

Geben Sie dazu den Befehl *nltest /dsgetsite* ein. Es darf kein Fehler auftreten, sondern der Server muss seinen richtigen Standort ausgeben. Erscheinen an dieser Stelle Fehler, sollten Sie die IP-Einstellungen des Servers und die DNS-Konfiguration des bevorzugten DNS-Servers überprüfen (siehe Kapitel 5, 10, 11 und 12).

Auch die IP-Subnetze und deren korrekte Zuordnung zu den richtigen Standorten sollten hier überprüft werden (siehe Kapitel 14). Den Standardnamen des ersten Standorts passen Sie am besten im Server-Manager über *Rollen/Active Directory-Domänendienste/Active Directory-Standorte und -Dienste* an. Klicken Sie dazu den Standort mit der rechten Maustaste an und wählen Sie im Kontextmenü den Eintrag *Umbenennen* (siehe Kapitel 14).

Die Replikationsverbindungen richtet Windows Server 2022 automatisch ein. Sie sehen diese im Snap-In *Active Directory-Standorte und -Dienste* über *Sites/<Standort>/<Servers>/<Servername>/NTDS-Settings*. Sie können hier manuelle Verbindungen einrichten, indem Sie über das Kontextmenü *Neue Verbindung für die Active Directory-Domänendienste* auswählen. Überprüfen Sie, ob Replikationsverbindungen vorhanden sind und diese funktionieren.

15.1.9 Überprüfen der Domänencontrollerliste

Geben Sie in der Eingabeaufforderung den Befehl *nltest /dclist:<NetBIOS-DOMÄNENNAME>* ein, zum Beispiel *nltest /dclist:Joos*. Alle Domänencontroller sollten mit ihren vollständigen Domänennamen ausgegeben werden. Werden einzelne Domänencontroller nur mit ihrem NetBIOS-Namen angezeigt, überprüfen Sie deren DNS-Registrierung auf den DNS-Servern.

Starten Sie mit *net stop netlogon* und dann *net start netlogon* den Anmeldedienst auf dem Domänencontroller neu, versucht er, die Daten der Datei *netlogon.dns* aus dem Ordner *\Windows\System32\config\netlogon.dns* erneut in DNS zu registrieren. Gibt es hierbei Probleme, finden Sie im Ereignisprotokoll unter *System* Einträge, die bei der Problemlösung weiterhelfen.

Auch der Befehl *nltest /dsregdns* hilft oft bei Problemen in der DNS-Registrierung. Funktioniert die erneute Registrierung durch Neustart des Anmeldedienstes nicht, löschen Sie die DNS-Zone *_msdcs* und die erstellte Delegierung.

Beim nächsten Start des Anmeldedienstes liest dieser die Daten von *netlogon.dns* ein, erstellt die Zone *_msdcs* neu und schreibt die Einträge wieder in die Zone. Mit Dcdiag lassen sich danach die Probleme erneut diagnostizieren. Einen ausführlichen Test führen Administratoren mit *dcdiag /v* durch.

15.1.10 Überprüfen der Active Directory-Dateien

Die Active Directory-Daten werden in einer Datenbank gespeichert. Diese Datenbank ist eine Datei im Dateisystem auf den Domänencontrollern. Die Active Directory-Datenbank wird in der Datei *ntds.dit* in dem Ordner gespeichert, den Sie bei der Heraufstufung zum Domänencontroller festgelegt haben.

Standardmäßig wird die Active Directory-Datenbank im Ordner *C:\Windows\NTDS* abgelegt. Überprüfen Sie, ob die Dateien auf dem Domänencontroller vorhanden sind und ob noch genügend Festplattenplatz frei ist, damit die Datenbank wachsen kann. Sie können die Größe der Active Directory-Datenbank jederzeit feststellen, indem Sie die Größe dieser Datei überprüfen.

Bei den *.jrs*-Dateien handelt es sich um die Transaktionsprotokolle der Datenbank. Die Datei *edb.chk* ist die Checkpoint-Datei. Sie enthält die Informationen, welche Transaktionsprotokolle bereits in die Datenbank geschrieben wurden.

15.1.11 Domänenkonto der Domänencontroller überprüfen und Kennwort zurücksetzen

Die Domänencontroller sollten im Snap-In *Active Directory-Benutzer und -Computer* in der OU *Domain Controllers* angezeigt werden. Von diesem Konto sollten Sie fehlerfrei die Eigenschaften aufrufen können. Die Informationen auf den einzelnen Registerkarten sollten fehlerfrei dargestellt werden und die korrekten Daten enthalten.

Außerdem können Sie mit dem Befehl *net accounts* in der Eingabeaufforderung den Status des Domänenkontos eines Domänencontrollers überprüfen. Innerhalb der Ausgabe von *net accounts* sollte die Rolle des Computers *Primär* sein, wenn es sich um den PDC-Emulator handelt. Bei allen anderen Domänencontrollern wird an dieser Stelle die Rolle *Sicherung* angezeigt.

Bei Kerberos werden die Identität des Benutzers und die des authentifizierenden Servers festgestellt. Kerberos arbeitet mit einem sogenannten Ticket-System, um Benutzer zu authentifizieren. Kennwörter werden in einem Active Directory niemals über das Netzwerk übertragen. Damit sich ein Benutzer an einem Server authentifizieren kann, um zum Beispiel auf eine Freigabe eines Dateiservers zuzugreifen, wird ausschließlich mit verschlüsselten Tickets gearbeitet.

Ein wesentlicher Bestandteil der Kerberos-Authentifizierung ist das Schlüsselverteilungscenter (Key Distribution Center, KDC). Dieser Dienst wird auf allen Domänencontrollern ausgeführt und ist für die Ausstellung der Authentifizierungstickets zuständig. Der zuständige Kerberos-Client läuft auf allen Windows-Arbeitsstationen. Wenn sich ein Benutzer an einer Arbeitsstation in Active Directory anmeldet, muss er sich zunächst an einem Domänencontroller und dem dazugehörigen KDC authentifizieren. Im nächsten Schritt erhält der Client ein Ticket-genehmigendes Ticket (TGT) vom KDC ausgestellt. Nachdem der Client dieses TGT erhalten hat, fordert er beim KDC mithilfe dieses TGT ein Ticket für den Zugriff auf den Dateiserver an. Diese Authentifizierung führt der Ticket-genehmigende Dienst (Ticket Granting Service, TGS) auf dem KDC aus.

Nach der erfolgreichen Authentifizierung des TGT durch den TGS stellt dieser ein Dienstticket aus und übergibt es an den Client. Dieses Dienstticket gibt der Client an den Server weiter, auf den er zugreifen will, in diesem Beispiel den Dateiserver. Durch dieses Ticket kann der Dateiserver sicher sein, dass sich kein gefälschter Benutzer mit einem gefälschten Benutzernamen anmeldet. Durch das Dienstticket wird sowohl der authentifizierende Domänencontroller als auch der Benutzer authentifiziert.

Sollten Probleme mit dem Schlüsselverteilungscenter oder Kerberos im Allgemeinen auftreten, besteht unter Umständen noch ein Problem bei der Kerberos-Authentifizierung. In diesem Fall wird allerdings normalerweise eine entsprechende Fehlermeldung bei Dcdiag angezeigt, die auf Probleme mit LDAP oder Kerberos hinweist. Kerberos ist für die Anmeldung in Active Directory von existenzieller Wichtigkeit.

Aber auch wenn diese Tools keine Fehler gezeigt haben, kann das Zurücksetzen des Maschinenkennworts eine letzte Hoffnung sein, einen ausgefallenen Server oder Domänencontroller wieder zur Zusammenarbeit mit seiner Domäne zu bewegen. Um das Kennwort zurückzusetzen, müssen Sie folgendermaßen vorgehen:

1. Beenden Sie auf dem problematischen Domänencontroller den Dienst *Kerberos-Schlüsselverteilungscenter.*
2. Setzen Sie den Dienst auf *Manuell.*
3. Öffnen Sie eine neue Eingabeaufforderung mit Administratorrechten und geben Sie den folgenden Befehl ein:

   netdom resetpwd /server:<Ein Domänencontroller der Domäne, der noch funktioniert> /userd:<Administratorbenutzert der Domäne> /passwordd:<Kennwort des Administrators>
4. Wenn Sie den Befehl ausführen, muss auf jeden Fall eine positive Rückantwort kommen, die bestätigt, dass das Kennwort der Maschine zurückgesetzt wurde.
5. Starten Sie im Anschluss den Server neu.
6. Starten Sie den Dienst *Kerberos-Schlüsselverteilungscenter* auf dem Server wieder und setzen Sie ihn auf *Automatisch.*
7. Jetzt sollte der Server wieder uneingeschränkt funktionieren. Überprüfen Sie die korrekte Verbindung mit der Domäne durch das Tool Dcdiag.

15.1.12 Überprüfen der administrativen Freigaben

Auf Domänencontrollern gibt es verschiedene Freigaben, die für den Betrieb von Active Directory notwendig sind. Die beiden Freigaben *netlogon* und *SYSVOL* sollten fehlerfrei dargestellt werden. Überprüfen Sie sie mithilfe des Aufrufs *net share* in der Eingabeaufforderung. Standardmäßig werden die beiden folgenden Ordner freigegeben:

- *C:\Windows\SYSVOL\sysvol\<DOMÄNE>\SCRIPTS* als Freigabe *netlogon*
- *C:\Windows\SYSVOL\sysvol* als Freigabe *SYSVOL*

Beide Freigaben werden durch *net share* in der Eingabeaufforderung angezeigt. Alternativ überprüfen Sie die administrativen Freigaben im Server-Manager über *Datei-/Speicherdienste/Freigaben.* Auch hier werden die Freigaben angezeigt.

15.1.13 Überprüfen der Gruppenrichtlinien

Automatisch werden nach der Installation durch Active Directory die beiden folgenden Gruppenrichtlinien angelegt:

- *Default Domain Controller Policy*
- *Default Domain Policy*

Die Einstellungen der beiden Gruppenrichtlinien werden im Dateisystem auf den Domänencontrollern gespeichert. Für beide Richtlinien gibt es im Ordner *C:\Windows\SYSVOL\domain\Policies* jeweils einen Unterordner, der durch eine eindeutige GUID dargestellt wird. Überprüfen Sie, ob diese beiden Unterordner vorhanden sind und fehlerfrei geöffnet werden können:

- *{31B2F340-016D-11D2-945F-00C04FB984F9}* = Default Domain Policy
- *{6AC1786C-016F-11D2-945F-00C04fB984F9}* = Default Domain Controller Policy

In der PowerShell können mit *Get-ADDefaultDomainPasswordPolicy* die Einstellungen der Kennwortrichtlinie in der aktuellen Domäne angezeigt werden. Die Einstellungen werden in der Gruppenrichtlinienverwaltungskonsole (*gpmc.msc*) für die entsprechende Richtlinie gesteuert. Der Pfad für die Konfiguration der Kennwortrichtlinie ist *Computerkonfiguration/Richtlinien/Windows-Einstellungen/Sicherheitseinstellungen/Kontorichtlinien/Kennwortrichtlinien.*

15.1.14 DNS-Einträge von Active Directory überprüfen

Nach der Installation von Active Directory werden in der Forward-Lookupzone der entsprechenden Domäne zahlreiche Einstellungen vorgenommen. Überprüfen Sie in der DNS-Verwaltung, ob die Einträge von Active Directory fehlerfrei sind. Sie brauchen nicht alle Einträge zu überprüfen, können aber schon an der Übersicht erkennen, ob überhaupt welche erstellt wurden. Alle notwendigen Dienste von Active Directory werden als SRV-Record im DNS gespeichert.

Die häufigsten Fehler aller Art innerhalb von Active Directory oder anderen Netzwerken, bei denen die Namensauflösung eine wichtige Rolle spielt, sind Fehler im DNS. Jeder Domänencontroller in Active Directory hat neben seinem Host-A-Namen, zum Beispiel *core.joos.int*, noch einen zugehörigen CNAME, der das sogenannte DSA-(Directory System Agent-)Objekt seiner NTDS-Settings darstellt. Dieses DSA-Objekt ist als SRV-Record im DNS unterhalb der Zone der Domäne unter dem Knoten *_msdcs* zu finden.

Der CNAME ist die GUID dieses DSA-Objekts. Domänencontroller versuchen, ihren Replikationspartner nicht mit dem herkömmlichen Host-A-Eintrag aufzulösen, sondern mit dem hinterlegten CNAME. Ein Domänencontroller versucht, nach der erfolglosen Namensauflösung des CNAME eines Domänencontrollers einen Host-A-Eintrag zu finden. Schlägt auch das fehl, versucht er, den Namen mit NetBIOS entweder über Broadcast oder einen WINS-Server aufzulösen.

Jeder Domänencontroller braucht einen eindeutigen CNAME, der wiederum auf seinen Host-A-Eintrag verweist. Überprüfen Sie bei Replikationsproblemen, ob diese Einträge vorhanden sind. Sollte die Namensauflösung mit DNS nicht funktionieren, steht Ihnen noch das Tool Dnslint zur Verfügung, mit denen die SRV-Records in Active Directory überprüft werden können. Sie können das Tool bei Microsoft auf der Seite *https://support.microsoft.com/en-us/topic/2c882a75-a38d-4ffd-22ea-a3a9cc731808* herunterladen. Entpacken Sie es nach dem Herunterladen in einen Ordner. Sie müssen es nicht installieren. Für das Tool gibt es insgesamt drei verschiedene Funktionen, die jeweils DNS überprüfen und einen entsprechenden HTML-Bericht generieren. Diese drei Funktionen sind:

- **dnslint /d** – Diese Funktion diagnostiziert mögliche Ursachen einer langsamen Delegierung.

- **dnslint /ql** – Diese Funktion überprüft benutzerdefinierte DNS-Datensätze auf mehreren DNS-Servern.
- **dnslint /ad** – Diese Funktion überprüft DNS-Datensätze, die speziell für die Active Directory-Replikation verwendet werden.

Die Syntax lautet:

dnslint /d <Domänenname> | /ad [<LDAP_IP_Adresse>] | /ql <Input_Datei> [/c [smtp,pop, imap]] [/no_open] [/r <Report_Name>] [/t] [/test_tcp] [/s <DNS_IP_Adresse>] [/v] [/y]

Bei der Ausführung von Dnslint müssen Sie eine der Befehlszeilenoptionen */d*, */ad* oder */ql* verwenden. Mit *dnslint /ad* können Sie überprüfen, ob Ihre Domänencontroller die DNS-Einträge in Active Directory zur Replikation abrufen können. Geben Sie zur Überprüfung den Befehl *dnslint /ad <IP-Adresse des ersten DC> /s <IP-Adresse des zweiten DC>* ein. Das Tool benötigt einige Sekunden und überprüft, ob in Active Directory die notwendigen *_msdcs*-Einträge vorhanden sind. Geben Sie an dieser Stelle nicht den DNS-Namen der beiden Server an, die Replikationsprobleme haben, sondern die IP-Adressen.

Die Option */ad* dient zur Angabe eines Domänencontrollers, der die notwenigen GUIDs im DNS auflösen können muss. Jeder Domänencontroller muss in der Lage sein, die Namen dieser GUIDs per DNS aufzulösen. Testen Sie auf jedem Server mit Dnslint, ob die einzelnen Server Probleme bei der Auflösung dieser GUIDs haben. Wenn in diesem Bereich Fehler auftreten, liegen die Replikationsprobleme eindeutig zunächst an diesen fehlenden GUIDs.

Die Option */s* dient dazu, dem Befehl einen DNS-Server mitzuteilen, der die Zone *_msdcs* von Active Directory verwaltet. Der Server hinter der Option */ad* dient zum Verbindungsaufbau per LDAP, während der Server hinter */s* zum Auflösen per DNS dient. Sie müssen nicht unbedingt zwei unterschiedliche Server angeben, sondern können auch zweimal die gleiche IP-Adresse verwenden.

Nachdem der Befehl abgeschlossen ist, wird Ihnen ein HTML-Bericht angezeigt, mit dessen Hilfe Sie die Probleme der GUID-Auflösung mit DNS nachvollziehen können. Der Bericht zeigt die Auflösung der einzelnen GUIDs der Domänencontroller und die vorhandenen Fehler an. Beim Starten des Befehls verbindet sich Dnslint zunächst mit dem Domänencontroller, um alle GUIDs der Gesamtstruktur abzufragen.

Die Abfrage erfolgt mit LDAP. Aus diesem Grund müssen Sie vor der Ausführung sicherstellen, dass Sie den Befehl unter einem Benutzerkonto starten, das über genügend Rechte verfügt. Sobald die GUID-Liste vom LDAP-Server zurückgegeben wird, versucht Dnslint über den mit der Option */s* konfigurierten DNS-Server, diese GUIDs zu ihrer IP-Adresse aufzulösen.

Mit der Befehlszeilenoption */d* fordern Sie Domänennamentests an. Diese Befehlszeilenoption ist für die Behandlung von Problemen in Bezug auf eine langsame Delegierung nützlich. Sie müssen den zu testenden Domänennamen angeben. Sie können die Befehlszeilenoption */d* nicht in Verbindung mit der Option */ad* verwenden.

Mit der Befehlszeilenoption */ad* rufen Sie einen Active Directory-Test auf und mit */ql* fordern Sie DNS-Abfragetests von einer Liste ab. Die Befehlszeilenoption */ql* versendet die DNS-Abfragen, die in einer Texteingabedatei angegeben sind. Sie müssen den Namen und den Pfad der Eingabedatei angeben. Die Befehlszeilenoption */ql* unterstützt A-, PTR-, CNAME-, SRV- und MX-Datensatzabfragen. Sie können eine Beispieleingabedatei erstellen, indem Sie den folgenden Befehl ausführen: *dnslint /ql autocreate*. Sie können die Befehlszeilenoption */ql* nicht in Verbindung mit der Option */d*, */ad* oder */c* verwenden.

Wenn Sie */ad* nutzen, müssen Sie die Option */s* angeben, um einen DNS-Server zu bestimmen, der für die *_msdcs*-Unterdomäne in der Stammdomäne der Active Directory-Struktur autorisierend ist. Bei der Option */ad* können Sie den Befehl */s localhost* ausführen, um festzustellen, ob das lokale System die Datensätze auflösen kann, die bei den Active Directory-Tests gefunden werden. Verwenden Sie */t*, um die Ausgabe in eine Textdatei anzufordern. Die Textdatei hat denselben Namen wie der HTML-Bericht und wird in denselben Ordner gespeichert.

Verwenden Sie */test_tcp*, um den TCP-Port 53 zu testen. Standardmäßig wird nur der UDP-Port 53 getestet. Die Option */test_tcp* überprüft, ob TCP-Port 53 auf Abfragen reagiert. Diese Option kann nicht in Verbindung mit der Option */ql* verwendet werden. Mit */v* erhalten Sie eine Ausgabe auf dem Bildschirm. Bei dieser Option zeigt das Tool auf dem Bildschirm an, welche Schritte es ausführt, um Daten zu sammeln.

15.1.15 Testen der Betriebsmaster

Als Nächstes sollten Sie auf einem neuen Domänencontroller testen, ob dieser alle FSMO-Rolleninhaber kennt (siehe Kapitel 10). Diese lassen Sie sich gebündelt mit *netdom query fsmo* anzeigen oder einzeln über die Befehle:

dsquery server -hasfsmo pdc (PDC-Master)

dsquery server -hasfsmo rid (RID-Master)

dsquery server -hasfsmo infr (Infrastrukturmaster)

dsquery server -hasfsmo schema (Schemamaster)

dsquery server -hasfsmo name (Domänennamenmaster).

15.1.16 Leistungsüberwachung zur Diagnose nutzen

Windows Server 2022 stellt mit der Leistungsüberwachung ein mächtiges Tool zur Verfügung, um Performanceprobleme auf einem Server aufzudecken. Die Bedienung hat sich im Vergleich zu den Vorgängerversionen kaum geändert. Sie finden das Tool im Server-Manager über *Tools/Leistungsüberwachung*.

Schneller starten Sie das Tool durch Eingabe von *perfmon.msc* im Startmenü. Mit *perfmon /res* starten Sie den Ressourcenmonitor, der eine Echtzeitanzeige der aktuell verbrauchten Ressourcen bietet, ähnlich zum Task-Manager. Vor allem wenn in Active Directory noch Zusatzdienste installiert sind, zum Beispiel SharePoint, Exchange oder SQL, tauchen schnell Leistungsprobleme auf, die sich oft aber durch die Leistungsüberwachung aufdecken und beheben lassen.

Liegen Leistungsprobleme in Exchange oder anderen Serverdiensten, die von Active Directory abhängen, vor, zum Beispiel bezüglich des Postfachzugriffs oder dem Versenden von Nachrichten, liegt häufig auch ein Problem in Active Directory oder DNS vor.

Das heißt, parallel zur Leistungsüberwachung sollten Sie noch eine Diagnose der Namensauflösung sowie eine Diagnose der Domänencontroller durchführen, zum Beispiel über Dcdiag. Exchange, aber auch andere Dienste, die Active Directory benötigen, greifen über die Systemdatei *wldap32.dll* auf Active Directory zu. Dabei laufen (vereinfacht) folgende Vorgänge ab:

1. Die Datei *wldap32.dll* auf dem Exchange-Server erhält durch einen Exchange-Prozess eine Anfrage, um auf den globalen Katalog zuzugreifen.
2. Per DNS versucht der Server, den globalen Katalog-Server aufzulösen, um auf diesen zugreifen zu können. Dauert dieses Auflösen zu lange, verzögert sich bereits an dieser Stelle der Active Directory-Zugriff.
3. Nach der Namensauflösung baut die *wldap32.dll* eine Verbindung zum globalen Katalog auf und überträgt die Anfrage.
4. Anschließend wird eine TCP-Verbindung aufgebaut und eine LDAP-Abfrage gestartet. Damit die Verbindung funktioniert, benötigt die TCP-Verbindung drei Bestätigungen durch den Domänencontroller. Bei einer Latenz von 10ms im Netzwerk dauert der Zugriff in diesem Fall also 30ms, bevor der Exchange-Server die LDAP-Abfrage übertragen kann.
5. Die LDAP-Abfrage wird zur Datei *lsass* auf dem Domänencontroller übertragen, die auf den LDAP-Port des Servers hört.
6. Der Domänencontroller nimmt die Abfrage an den globalen Katalog entgegen und führt die Suche in seinem globalen Katalog durch.
7. Der globale Katalog sendet die Daten über die Netzwerkkarte zur Datei *wldap32.dll* auf dem Exchange-Server. Handelt es sich um eine große Anzahl an Daten, zum Beispiel beim Auflösen der Mitglieder einer Verteilergruppe, müssen erst alle Daten übertragen werden, bevor Exchange mit der Verarbeitung weitermachen kann.

Ein sehr großer Teil der Leistung hängt also bei Servern von der Netzwerkgeschwindigkeit zwischen Exchange-Server und dem globalen Katalog oder Domänencontroller ab. Aus diesem Grund sollten Sie bei Leistungsproblemen der Exchange-Infrastruktur immer die Geschwindigkeit des Netzwerks messen.

Auch die Geschwindigkeit zum DNS-Server und eine schnelle, stabile und korrekte Namensauflösung sind sehr wichtig. Die Geschwindigkeit zum DNS-Server darf 50ms nicht überschreiten, wenn Sie die Leistung optimieren wollen. Dauert die Anfrage länger, haben Sie schon den ersten Flaschenhals in der Exchange-Leistung. Dazu reicht das Pingen des Servers aus, Sie benötigen noch nicht mal die Leistungsüberwachung.

Wichtig für die Verbindung von Exchange zu Active Directory ist die Indikatorgruppe *MSExchange ADAccess-Prozesse* in der Leistungsüberwachung. Diese fügt der Exchange-Installationsassistent auf einem Server hinzu. Erweitern Sie diese Gruppe. Interessant sind in dieser Gruppe die beiden Indikatoren *LDAP-Lesedauer* und *LDAP-Suchdauer*.

Klicken Sie dazu auf das Pluszeichen neben der Indikatorgruppe im oberen Bereich und dann auf die beiden Indikatoren. *LDAP-Lesedauer* misst die Zeit, die eine LDAP-Abfrage bis zur Datenübermittlung benötigt. *LDAP-Suchdauer* zeigt die Zeit an, die der Server für eine Suche per LDAP in Active Directory braucht. Der Durchschnittswert für diese Indikatoren sollte unter 50ms liegen, die Maximaldauer sollte nicht über 100ms steigen.

Über die Symbolleiste der Leistungsüberwachung können Sie die Anzeige zwischen *Linie*, *Histogrammleiste* und *Bericht* hin und her wechseln. Auf diesem Weg können Sie zum Beispiel schneller eine Übersicht erhalten, wenn ein bestimmter Server Probleme beim Verbinden mit Active Directory hat.

15.1.17 LDAP-Zugriff auf Domänencontrollern überwachen

Damit Active Directory-abhängige Dienste schnell und effizient Daten aus Active Directory abrufen können, muss der globale Katalog schnell antworten und darf nicht überlastet sein. Um diese Auslastung zu überprüfen, können Sie ebenfalls die Leistungsüberwachung verwenden. Klicken Sie anschließend auf *Datensammlersätze/System/Active Directory Diagnostics*.

Klicken Sie dann auf das grüne Dreieck in der Symbolleiste, um den Sammlungssatz zu starten. Hat ein Server Leistungsprobleme, starten Sie den Sammlungssatz und lassen die Abfragen messen. Nach einiger Zeit beenden Sie die Messung über das Kontextmenü des Sammlungssatzes oder die Symbolleiste.

Anschließend können Sie über *Berichte/System/Active Directory Diagnostics* die Daten der letzten Messung anzeigen lassen. In verschiedenen Bereichen sehen Sie alle durchgeführten Aufgaben und deren Daten und Zugriffsgeschwindigkeiten. Auf diesem Weg sehen Sie schnell, wo Probleme auf dem Server verursacht werden.

15.1.18 Zurücksetzen des Kennworts für den Wiederherstellungsmodus in Active Directory

Um das Kennwort für den Wiederherstellungsmodus auf einem Domänencontroller wiederherzustellen, benötigen Sie das Tool Ntdsutil. Sie müssen zunächst eine Eingabeaufforderung öffnen und Ntdsutil starten:

1. Rufen Sie in der Eingabeaufforderung *ntdsutil* auf.
2. Geben Sie den Befehl *set dsrm password* ein und bestätigen Sie.
3. Geben Sie in der Zeile *DSRM-Administratorkennwort zurücksetzen* den Befehl *reset password on server <Servername>* ein. Beim lokalen Server können Sie auch den Wert *null* eingeben und bestätigen.
4. Geben Sie das neue Kennwort ein und bestätigen Sie.
5. Geben Sie das neue Kennwort erneut ein.
6. Mit zweimal *quit* verlassen Sie Ntdsutil. Das Kennwort für den Wiederherstellungsmodus ist jetzt zurückgesetzt und dient als Kennwort des lokalen Administrators.

15.2 Konfiguration der Ereignisprotokollierung von Active Directory

Im nächsten Schritt besteht die Möglichkeit, die Diagnoseprotokollierung von Active Directory zu erhöhen. Standardmäßig schreiben Domänencontroller nur kritische Fehler von Active Directory in die Ereignisanzeige, speziell in das Protokoll *Verzeichnisdienst*. In diesem Protokoll sollten keine Fehler stehen. Tauchen dennoch Fehler auf, sollten diese genau überprüft und die Ursachen abgestellt werden.

Wenn Ihnen diese Protokollierung nicht ausreicht, besteht die Möglichkeit, diese zu erhöhen. Active Directory speichert in diesem Fall deutlich mehr Informationen, die zur Überwachung oder Fehlerbehandlung von Active Directory verwendet werden können. In diesem Bereich ist auch der Best Practices Analyzer hilfreich. Mehr dazu finden Sie in Kapitel 3.

Sie können die Ereignisprotokollierung von Active Directory über die Registry steuern. Wenn Sie die Protokollierung auf einem Domänencontroller erhöhen wollen, müssen Sie mit einem Registrierungs-Editor die Registry öffnen und zu dem Schlüssel *HKEY_LOCAL_MACHINE\SYSTEM\CurrentControlSet\Services\NTDS\Diagnostics* navigieren. An dieser Stelle können Sie für einzelne Bereiche den Wert mit einem REG_DWORD-Eintrag anpassen. Jeder Eintrag in diesem Schlüssel steht für einen eigenen Eventtyp. Sie müssen nicht generell die Überwachung für alle Einträge ändern, sondern können die Werte anpassen, die Sie genauer überwachen wollen.

Ihnen stehen verschiedene Ereignistypen zur Verfügung. Jeder dieser Werte wird durch einen eigenen REG_DWORD-Wert repräsentiert. Jedem Wert ist standardmäßig der Wert 0 zugeordnet. Durch Erhöhung dieses Werts können für die einzelnen Bereiche detaillierte Ereignisprotokollierungen eingestellt werden. Um die Protokollierung zu detaillieren, müssen Sie, wie bereits erwähnt, den Wert der einzelnen REG_DWORD-Einträge anpassen. Dazu stehen sechs Stufen von 0 bis 5 zur Verfügung:

- 0 – Diese Einstellung ist bereits standardmäßig für alle Ereignistypen gesetzt und protokolliert ausschließlich kritische Fehler.
- 1 – Bei dieser minimalen Einstellung werden auch etwas weniger kritische Probleme in der Ereignisanzeige protokolliert. Wenn Sie die Protokollierung von Active Directory erhöhen, sollten Sie zunächst mit diesem Wert beginnen. Bereits bei dieser Stufe werden deutlich mehr Meldungen in die Ereignisanzeige geschrieben. Prüfen Sie daher zunächst, ob diese Stufe ausreichend ist, bevor Sie weiter erhöhen.
- 2 – Bei dieser Stufe wird die Protokollierung noch etwas erhöht. Sollte die Stufe 1 für Sie nicht ausreichen, dann wählen Sie zunächst Stufe 2.
- 3 – Ab der Stufe 3 werden alle Schritte der einzelnen Aufgaben in Active Directory protokolliert. Während sich die Stufen 0 bis 2 hauptsächlich für die Fehlersuche im weiteren Sinne anbieten, wird ab Stufe 3 sehr viel mehr protokolliert. Ab dieser Stufe wird der Server durch die starke Protokollierung extrem belastet. Wenn Sie die Protokollierung auf mehr als Stufe 2 erhöhen, sollten Sie über eine extrem leistungsfähige Hardware verfügen. Zur Überwachung und Fehlerbehebung von Active Directory reichen die Stufen von 0 bis 2 normalerweise aus.
- 4 – Diese Stufe erhöht den Protokollierungsgrad noch einmal etwas höher als Stufe 3. Allerdings findet in diesem Fall nicht die starke Steigerung wie bei der Erhöhung von 2 auf 3 statt.
- 5 – Diese Stufe ist die höchste, die Sie für einen Wert einstellen können. Bei dieser Stufe werden alle Informationen in die Ereignisanzeige geschrieben, die Active Directory protokollieren kann. Diese Stufe sollte nur für sehr wenige Kategorien gleichzeitig eingestellt werden, da der Protokollierungsgrad ansonsten die Übersicht in der Ereignisanzeige zu stark einschränkt.

15.3 Einbrüche in Active Directory effizient erkennen

Um Einbrüche in und Angriffe auf Active Directory und die gesetzten Berechtigungen zu erkennen, gibt es Überwachungsrichtlinien. Die entsprechenden Einstellungen dazu nehmen Sie über Gruppenrichtlinien vor.

Um Zugriffe auf Active Directory zu überwachen, besteht der erste Schritt darin, eine bestehende Richtlinie zu bearbeiten, die den Domänencontrollern zugewiesen ist, zum Beispiel die *Default Domain Controller Policy*, oder eine neue Richtlinie zu erstellen und den Domänencontrollern zuzuweisen. In den Richtlinien werden dann die zu überwachenden Ereignisse konfiguriert.

Sobald die Domänencontroller die Einstellungen übernehmen, beginnen sie mit der Überwachung und speichern die Daten in der Ereignisanzeige. Diese müssen Sie allerdings entsprechend filtern oder so konfigurieren, dass eine automatische Antwort erfolgt.

15.3.1 Aktivieren der einfachen Überwachung

Sollen Sie auf Computern, Dateiservern oder Domänencontrollern den Zugriff auf Dateien und Objekte überwachen, müssen Sie die entsprechenden Einstellungen in der Überwachungsrichtlinie festlegen. Diese findet sich in der Richtlinienüberwachung im Bereich *Computerkonfiguration/Richtlinien/Windows-Einstellungen/Sicherheitseinstellungen/Lokale Richtlinien/Überwachungsrichtlinie*.

Die Überwachung der Zugriffe auf das Dateisystem von Servern unterscheidet sich von der Überwachung der Objekte in Active Directory nicht besonders. Dazu aktivieren Sie die Option *Objektzugriffsversuche überwachen*. Neben Dateizugriffen überwachen Sie mit dieser Einstellung auch Zugriffe auf Drucker. In der Standardeinstellung ist die Überwachung zunächst nicht aktiviert.

Nach der Aktivierung müssen Sie noch auswählen, ob erfolgreiche und/oder fehlgeschlagene Zugriffsversuche protokolliert werden sollen.

Um Anmeldungen in Active Directory zu überwachen, muss die Richtlinie *Anmeldeereignisse überwachen* aktiviert sein. Sie können auswählen, ob die Domänencontroller erfolgreiche Anmeldungen überwachen sollen oder auch erfolglose Anmeldungen an Active Directory. Die Option überwacht allerdings keine Anmeldungen an den Arbeitsstationen, sondern nur für die Domänencontroller selbst. Um auch Arbeitsstationen zu überwachen, muss die Richtlinie als Gruppenrichtlinie mit allen Computern verknüpft sein. Bei allen Einstellungen bedeutet die Überwachung von Fehlern, dass die Änderung versucht wurde, aber nicht geklappt hat. Mit *Erfolgreich* werden vollzogene Änderungen protokolliert.

Sobald die Überwachung aktiviert ist, schreibt der Server in der Ereignisanzeige über *Windows-Protokolle/Sicherheit* die Daten der Überwachung. Aus den Ereignissen ist ersichtlich, wann sich ein Benutzer an- und wieder abgemeldet hat.

Um die Überwachung auszudehnen, gibt es noch die Richtlinieneinstellung *Anmeldeversuche überwachen*, ebenfalls wieder mit den Möglichkeiten *Erfolgreich* oder *Fehler*. Im Gegensatz zu den Anmeldeereignissen überwachen die Anmeldeversuche auch die Anmeldungen an Arbeitsstationen und Mitgliedsservern der Domäne. Diese Überwachung findet daher nur auf Domänencontrollern statt, da diese die Anmeldung von Benutzerkonten auf Mitgliedscomputern erst ermöglichen.

Die nächste Stufe der Überwachung ist die Bearbeitung der Benutzerkonten in Active Directory mit der Einstellung *Kontenverwaltung überwachen*. Domänencontroller können überwachen, wenn ein Administrator Änderungen an einem Benutzerkonto durchführt. Die Kontenverwaltung überwacht das Erstellen, Ändern und Löschen von Benutzerkonten sowie das Umbenennen, Aktivieren oder Deaktivieren. Auch die Änderung von Kennwörtern überwacht die Richtlinie. In der Ereignisanzeige unter *Windows-Protokolle/Sicherheit* findet sich dann der Eintrag, welcher Benutzer zu welchem Zeitpunkt eine Änderung durchgeführt hat und was die Änderung war.

Ein weiterer wichtiger Punkt bei der Überwachung ist *Systemereignisse überwachen*. Hierbei zeichnet der Server Aktionen wie das Herunterfahren von Computern und Änderungen auf, die das Betriebssystem betreffen. Um diesen Bereich weiter auszubauen, lässt sich noch *Richtlinienänderungen überwachen* aktivieren. Dabei halten die Server Anpassungen der Gruppenrichtlinien und lokalen Richtlinien fest. Sollen die Server auch das Beenden und Starten von Prozessen überwachen, hilft die Einstellung *Prozessnachverfolgung überwachen*. Diese erzeugt aber eine große Anzahl von Einträgen.

Lassen Sie die *Objektzugriffsversuche überwachen*, besteht die Möglichkeit, den Zugriff auf Dateiservern, Freigaben und den enthaltenen Dateien inklusive der Änderungen nachzuverfolgen. Nach dieser Aktivierung müssen Sie aber zusätzlich die Überwachung in den Eigenschaften des entsprechenden Ordners aktivieren. Danach müssen Sie die eigentliche Überwachung für die entsprechenden zu überwachenden Dateien und Ordnern aktivieren. Dazu sind die Eigenschaften des Ordners und die Registerkarte *Sicherheit* wichtig.

15.3.2 Erweiterte Überwachung nutzen

Neben den herkömmlichen Überwachungseinstellungen lassen sich mit Windows Server 2022 noch detaillierte Maßnahmen treffen, um das eigene Netzwerk effizient zu schützen. Hierzu hat Microsoft neben Richtlinien auch in der PowerShell Möglichkeiten integriert.

Unwichtige Überwachungsinformationen lassen sich auf diesem Weg deaktivieren, sodass Windows nur das Wichtigste protokolliert. Generell ist es empfehlenswert, die klassische und die neue Überwachung nicht parallel zu verwenden, sondern sich für Basisüberwachung oder die erweiterte Überwachung zu entscheiden.

Beispiel für die neue Überwachung ist die einfache Überwachung der An- oder Abmeldung an Computern. Die erweiterte Überwachung bietet hierzu eine Untergliederung in neun Unterbereiche an.

Die erweiterten Einstellungen sind über *Computerkonfiguration/Richtlinien/Windows-Einstellungen/Sicherheitseinstellungen/Erweiterte Überwachungsrichtlinienkonfiguration* zu finden. Wie bei der normalen Überwachung ist es sehr empfehlenswert, für die Überwachung eine eigene Gruppenrichtlinie für Überwachungseinstellungen zu erstellen und zuzuweisen.

Der Vorteil der neuen Überwachungsfunktionen ist eine spezifischere Aufgliederung der überwachten Ereignisse. Es lassen sich zum Beispiel die einzelnen Anmeldefunktionen ausführlich überwachen und untergliedern. Die Einstellungen dazu sind bei *Computerkonfiguration/Richtlinien/Windows-Einstellungen/Sicherheitseinstellungen/Erweiterte Überwachungsrichtlinienkonfiguration/Überwachungsrichtlinien/Kontoanmeldung* zu finden.

Um auszuschließen, dass sich alte Einstellungen und Optionen in den erweiterten Überwachungseinstellungen überschneiden, sollten Sie die Einstellungen setzen, in denen festgelegt ist, dass die neuen Einstellungen die alten immer außer Kraft setzen. Die Einstellung *Überwachung: Unterkategorieeinstellungen der Überwachungsrichtlinie erzwingen* ist in den Richtlinien über *Computerkonfiguration/Richtlinien/Windows-Einstellungen/Sicherheitseinstellungen/Lokale Richtlinien/Sicherheitsoptionen* zu finden.

Ein wichtiger Punkt bei der Überwachung sind die Benutzerkonten und vor allem die Sicherheitsgruppen in Active Directory. Durch Ändern der Mitgliedschaft können nicht unerhebliche Sicherheitsgefahren entstehen, vor allem bei Administratorgruppen. Diese Überwachung ist im Bereich *Kontenverwaltung* der erweiterten Einstellungen zu finden. Da hierbei Active Directory überwacht wird, muss die entsprechende Gruppenrichtlinie mit den Domänencontrollern verknüpft sein, zum Beispiel mit der Organisationseinheit *Domain Controllers*. Die Verwendung der Standardrichtlinie *Default Domain Controllers Policy* ist nicht empfohlen.

Nachdem die Richtlinie erstellt und die Einstellungen gesetzt sind, sollten Sie die Richtlinie auf den Domänencontrollern mit *gpupdate /force* in der Eingabeaufforderung übernehmen. Ob die Einstellung übernommen wurde, testen Sie mit dem Befehl *auditpol /get /category:**.

Lassen Sie über Richtlinien zum Beispiel Sicherheitsgruppen überwachen, muss als Nächstes noch festgelegt werden, welche Sicherheitsgruppen die Überwachung berücksichtigen soll. Sie müssen dazu die Eigenschaften der Sicherheitsgruppe in der Konsole *Active Directory-Benutzer und -Computer* aufrufen, die Registerkarte *Sicherheit* anzeigen, auf *Erweitert* klicken und anschließend auf die Registerkarte *Überwachung*.

Diese Registerkarte ist nur zu sehen, wenn *Ansicht/Erweiterte Features* aktiviert ist. Um die Überwachung zu aktivieren, klicken Sie doppelt auf den ersten Eintrag *Jeder* und wählen dann *Alle Eigenschaften schreiben* aus. Nach der Änderung übernehmen die Domänencontroller die Änderungen durch Eingabe von *gpupdate /force*.

Ist die Überwachung erfolgreich, finden Sie in der Ereignisanzeige auf den Domänencontrollern über *Windows-Protokolle/Sicherheit* einen neuen Eintrag mit der ID 4728, wenn der Sicherheitsgruppe, zum Beispiel den Domänenadmins, neue Benutzer hinzugefügt werden. In der Meldung der Ereignisanzeige ist zu sehen, wer die Änderung durchgeführt hat und welcher Benutzer aufgenommen wurde. Wird ein Benutzer entfernt, erscheint eine Meldung mit der ID 4729.

Sie können über das Kontextmenü der IDs eine Aufgabe hinterlegen. Über diese Aufgabe besteht zum Beispiel die Möglichkeit, eine E-Mail zu senden, sobald eine Änderung stattfindet. In der Aufgabe legen Sie den Absender fest, den Empfänger, einen Text und den SMTP-Server. Neben E-Mails lassen sich über diesen Weg auch Programme und Batchdateien starten. Mit etwas Feinarbeit können Sie also komplett ohne Zusatzwerkzeuge eine umfangreiche Überwachungskonfiguration betreiben.

Windows Server 2022 kann auch mit Bordmitteln die Ereignisanzeigen verschiedener Server im Netzwerk zusammentragen und anzeigen. Diese Funktion trägt die Bezeichnung *Abonnements* und lässt sich direkt in der Ereignisanzeige einrichten. Basis ist der Systemdienst *Windows-Ereignissammeldienst*. Dieser muss auf dem Server gestartet sein, der die verschiedenen Ereignisse sammeln soll, sowie auf allen beteiligten Servern. Im ersten Schritt müssen Sie die Remoteverwaltung auf den einzelnen Servern aktivieren.

Dazu führen Sie auf jedem Quellcomputer und dem Sammlungscomputer in einer Eingabeaufforderung mit Administratorrechten den Befehl *winrm quickconfig* aus. Im nächsten Schritt ist noch der Befehl *wecutil qc* notwendig. Das Tool konfiguriert das Weiterleiten von Ereignissen über das Netzwerk zu einem Sammlungscomputer.

15.3.3 Anmeldungen im Netzwerk überwachen

Mit dem Befehlszeilentool LogonSessions von Sysinternals (*https://docs.microsoft.com/de-de/sysinternals/downloads/logonsessions*) zeigen Sie alle angemeldeten Sitzungen auf einem Computer an. Geben Sie den Befehl ohne Optionen ein, reicht unter Umständen der Puffer der Eingabeaufforderung nicht aus, da zu viele Informationen enthalten sind. Verwenden Sie in diesem Fall die Option *logonsessions | more* oder vergrößern Sie den Puffer der Eingabeaufforderung über deren Eigenschaften. Alternativ lassen Sie die Ausgabe über die Option > *logon.txt* in eine Datei umleiten.

Mithilfe dieses Programm erhalten Sie sehr schnell ausführliche Informationen, welche Sitzungen gerade auf dem Computer geöffnet sind. Verwenden Sie zusätzlich noch die Option *-p*, zeigt das Tool auch die geöffneten Prozesse der einzelnen Sitzungen und damit der angemeldeten Benutzer an.

So können Sie effizient überwachen, wer auf einem Server angemeldet ist und mit welchen Applikationen er arbeitet. Neben den angemeldeten Benutzern zeigt das Tool auch die Systemkonten an. Außer auf Terminalservern ist es auch hervorragend in Active Directory-Umgebungen einsetzbar.

15.3.4 Mit Tools für mehr Sicherheit sorgen

Verwenden Unternehmen Active Directory, sollte regelmäßig überprüft werden, ob die verschiedenen Sicherheitsbereiche korrekt konfiguriert sind und keine Lücken aufweisen.

Mit kostenlosen Tools lassen sich Sicherheitslücken und Probleme in Active Directory recht schnell finden und beheben. Werden mehrere Tools miteinander kombiniert, lassen sich Lücken in der Sicherheit recht schnell identifizieren. Die Tools in diesem Beitrag finden dazu nicht nur die Lücken, sondern können diese auch beheben.

Berechtigungen auslesen mit SolarWinds Permission Analyzer for Active Directory

Mit »SolarWinds Permission Analyzer for Active Directory« (*https://www.solarwinds.com/free-tools/permissions-analyzer-for-active-directory*) können effektiv Berechtigungen für Benutzer ausgelesen werden.

Es muss dazu nur ein Benutzername oder der Name einer Gruppe und ein Verzeichnis oder eine Freigabe ausgewählt werden. Danach werden die effektiven Berechtigungen für diesen Benutzer angezeigt.

Wird nur ein Teil des Namens eingegeben, zeigt SolarWinds Permission Analyzer for Active Directory alle vorhandenen Gruppen oder Benutzer an und es kann der passende Benutzer ausgewählt werden. Danach scannt das Tool das Verzeichnis und zeigt die Gruppen an. Zusammen mit Tools wie PingCastle können Sie so schnell feststellen, ob Benutzergruppen für bestimmte Verzeichnisse und Freigaben zu viele Berechtigungen haben.

Sicherheitslücken mit PingCastle finden

Mit dem Tool PingCastle (*https://www.pingcastle.com*) finden Sie Sicherheitslücken in Active Directory. Dazu entpacken Sie das Archiv und öffnen eine Befehlszeile. Um einen ersten Check der Umgebung durchzuführen, geben Sie folgenden Befehl ein:

PingCastle --healthcheck --server joos.int

Zum Starten reicht es aus, auf die Datei *Pingcastle.exe* doppelzuklicken. Das Tool läuft in der Befehlszeile. Die Ausführung kann auf Windows-Arbeitsstationen genauso erfolgen wie auf Domänencontrollern.

In diesem Beispiel wird die Domäne *joos.int* getestet. Anschließend erstellt das Tool eine HTML-Datei, die mit einem Browser geöffnet werden kann. Hier wird ersichtlich, wo Sicherheitsgefahren lauern, die behoben werden können. Bestandteil des Tools ist eine PDF-Datei, die weitere Informationen zu den anderen Optionen bietet.

Es lohnt sich, die Sicherheitslücken zu schließen und anschließend einen erneuten Scan durchzuführen. Zwar bietet das Tool viele weitere Optionen, in den meisten Fällen reicht der Healthcheck der Domäne aber vollkommen aus, um festzustellen, ob es Sicherheitslücken im Netzwerk gibt.

Wer umfangreichere Informationen zum Tool benötigt, findet im Verzeichnis eine PDF-Datei. Das Tool kann auch direkt in der Befehlszeile gestartet werden. Neben dem Standardstart können mehrere Optionen verwendet werden. Die Option *--carto* erstellt zum Beispiel eine Karte der Umgebung.

Die einzelnen Aufgaben dazu werden in der Befehlszeile angezeigt. Sobald PingCastle seine Arbeit abgeschlossen hat, wird das Fenster der Eingabeaufforderung geschlossen und Sie können den Bericht öffnen. Für jede Active Directory-Umgebung legt PingCastle einen HTML-Bericht an. Diesen öffnen Sie zum Beispiel im Browser. Auch eine XML-Datei wird erstellt. Im Bericht ist eine Zusammenfassung zu sehen und eine Punktebewertung für einzelne Bereiche. Das Tool *PingCastleReporting.exe* kann Berichte erstellen, die mit Excel oder PowerPoint angezeigt werden können.

Der Vorteil von PingCastle besteht darin, dass es mit kleinen Umgebungen und wenigen bis einer Domäne genau so gut zurecht kommt wie mit großen Umgebungen und vielen Vertrauensstellungen. Wird der interaktive Modus gestartet, also PingCastle ohne weitere Optionen gestartet, kann beim Scannen die Domäne eingegeben werden, die das Tool scannen soll.

Erfolgt der Start von PingCastle auf einem Computer, der Mitglied der Domäne ist, wird die entsprechende Domäne automatisch verwendet. Natürlich kann die Domäne auch manuell eingegeben werden. Wird als Name der Domäne der Platzhalter * genutzt, scannt PingCastle alle Domänen, die es finden kann, auf Basis der Berechtigungen des angemeldeten Benutzers. Es sind keine Administratorrechte notwendig, um das Tool zu nutzen.

AD Permissions Reporter

Mit dem AD Permissions Reporter (*http://www.cjwdev.com/Software/ADPermissionsReporter/Info.html*) lassen sich Berechtigungen in Active Directory auslesen und dadurch Sicherheitslücken erkennen, die auf fehlerhafte Berechtigungen zurückzuführen sind. Nachdem Sie das Tool auf einem Rechner im Netzwerk installiert haben, kann die komplette Domäne gescannt werden. Dazu geben Sie den Namen der Domäne ein und klicken auf *Start*. Nach einiger Zeit werden die Objekte der Domäne in einer Baumstruktur angezeigt. Durch das Navigieren durch diese Struktur lassen sich anschließend Berechtigungen für die einzelnen Objekte anzeigen.

Nach einem Scanvorgang können Sie durch die Struktur des Active Directory navigieren. Klicken Sie ein Objekt an, sehen Sie sofort, wer Berechtigungen hat und wie diese im Netzwerk verteilt sind. Zusammen mit PingCastle und SolarWinds Permission Analyzer for Active Directory können Sie Sicherheitslücken auf Basis von Berechtigungen sehr schnell identifizieren.

Das Tool kann nicht nur die Computer und Organisationseinheiten einer Active Directory-Umgebung überprüfen, sondern auch Berechtigungen für Gruppenrichtlinien scannen. So lassen sich Sicherheitslücken in diesem Bereich schnell entdecken.

Netwrix Account Lockout Examiner

Mit Netwrix Account Lockout Examiner (*https://www.netwrix.com/account_lockout_examiner.html*) können in Echtzeit Warnungen per E-Mail über Kontosperrungen versendet werden. Über das Tool lassen sich auch Kennwörter zurücksetzen und Konten entsperren. Der Zugriff funktioniert auf Servern sogar über Smartphones und Tablets mit der webbasierten Oberfläche. Das Tool stellt sicher, dass keine unbefugten Anwender versuchen, sich unerlaubt mit Kennwörtern anzumelden.

AD-Analyse mit Active Directory Recon

Über das PowerShell-Skript *Active Directory Recon* (*https://github.com/sense-of-security/ADRecon*) lässt sich ohne Installation in der PowerShell ein Bericht über den aktuellen Zustand des Active Directory erstellen. Der Vorteil des Tools besteht darin, dass es auf Standard-Bordmittel und die PowerShell setzt. Es sind weder Installationen noch Konfigurationsänderungen notwendig. Das Skript erstellt CSV-Dateien, die sich anschließend mit Excel analysieren lassen. Mit der Option *-genExcel* erstellt es eine XLSX-Datei, die Sie direkt mit Excel analysieren können. Zusammen mit den anderen Tools bietet Active Directory Recon also eine effektive Weise zur Analyse einer AD-Umgebung.

15.4 Computerkonten in Active Directory verwalten und reparieren

Computerkonten spielen in Active Directory eine wesentliche Rolle. Wie Benutzerkonten sind Computerkonten Teil von Active Directory. Funktioniert die Verbindung zum Active Directory nicht mehr ordnungsgemäß, können sich Benutzer am PC nicht mehr ordnungsgemäß anmelden. Auch Serverdienste funktionieren nicht mehr, wenn die zugrunde liegenden Server nicht mehr korrekt mit Active Directory kommunizieren können. Auch Domänencontroller verfügen über Computerkonten, die natürlich fehlerfrei funktionieren sollten.

Für Gruppenrichtlinien stehen neben den Benutzereinstellungen auch Computereinstellungen zur Verfügung. Die Einstellungen einer Richtlinie werden auf Computerkonten angewendet, die sich in einer mit der Gruppenrichtlinien verknüpften Organisationseinheit befinden. Computerkonten können daher nach der Aufnahme in der Domäne mit den verschiedenen Tools in Active Directory verwaltet werden, zum Beispiel *Active Directory-Benutzer und -Computer*. Es ist aber auch möglich, Einstellungen mit Gruppenrichtlinien zu automatisieren.

15.4.1 Computerkonten in Active Directory-Benutzer und -Computer verwalten

Über das Tool *Active Directory-Benutzer und -Computer* sind die Server und die Arbeitsstationen der Anwender über den Menüpunkt *Computer* zu finden. In der PowerShell werden die Computerkonten über das Cmdlet *Get-ADComputer* angezeigt. Um sich eine Liste der Server in der PowerShell anzuzeigen, verwenden Sie den folgenden Befehl:

*Get-ADComputer -Filter "OperatingSystem -like '*Server*'" | select DNSHostName*

In der PowerShell können Sie mit *select* auswählen, welche Daten angezeigt werden sollen, zum Beispiel:

Get-ADComputer -filter 'name -like ""' -Properties * | select name,OperatingSystem,IPv4Address*

Wollen Sie alle Computerkonten in Active Directory zählen, verwenden Sie:

(Get-ADComputer -Filter "Name -like ''").count*

Über das Kontextmenü sind verschiedene Funktionen verfügbar. Über *Verwalten* kann die Computerverwaltung des Computers über das Netzwerk gestartet werden. Das ermöglicht den Zugriff auf die Ereignisanzeige des Computers, die Aufgabenplanung, die Anzeige der Freigaben und damit verbundenen Benutzer und die Anzeige der lokalen Benutzer und Gruppen. Auch die Leistungsmessung, der Gerätemanager und die Steuerung der Dienste können Sie über die Computerverwaltung auch über das Netzwerk nutzen.

In den Eigenschaften eines Kontos stehen ebenfalls wichtige Informationen und Einstellungsmöglichkeiten zur Verfügung. Auf der Registerkarte *Objekt* kann zum Beispiel durch Aktivieren der Option *Objekt vor zufälligem Löschen schützen* verhindert werden, dass Administratoren ein Computerkonto entfernen.

15.4.2 Fehlerbehebung von Computerkonten

Wenn Computer nicht mehr ordnungsgemäß mit Active Directory kommunizieren können, wirkt sich das auf alle Dienste des Computers aus. Das ist bei Servern natürlich besonders problematisch. Das regelmäßige Ändern des Computerkennworts kann über Gruppenrichtlinien gesteuert werden. Die Einstellungen finden Sie bei *Computerkonfiguration/Richtlinien/Windows-Einstellungen/Sicherheitseinstellungen/Lokale Richtlinien/Sicherheitsoptionen.*

Funktioniert ein Computer nicht mehr ordnungsgemäß mit Active Directory, erscheint an verschiedenen Stellen teilweise die Meldung *Die Vertrauensstellung zwischen dieser Arbeitsstation und der primären Domäne konnte nicht hergestellt werden.* Solche Probleme entstehen zum Teil auf virtuellen Computern, wenn zum Beispiel Snapshots zurückgesetzt werden. In einer PowerShell-Sitzung auf dem Computer kann vom Domänencontroller ein neues Maschinenkennwort angefordert werden, zum Beispiel mit

Reset-ComputerMachinePassword -Server dc01 -Credential joos\administrator

Bei dem Parameter *-Server* wird ein Domänencontroller angegeben, über den das neue Kennwort ausgestellt wird. Ob die Verbindung zwischen dem Computer und Active Directory funktioniert, kann ebenfalls in der PowerShell überprüft werden:

Test-ComputerSecureChannel -Repair -Server dc01 -Credential joos\administrator

Mit der zusätzlichen Option *-verbose* zeigt das Tool ausführlichere Informationen an. Mit dem Cmdlet kann auch eine Reparatur durchgeführt werden:

Test-ComputerSecureChannel -Repair

Auch mit dem Befehl *nltest /sc_query:<Name der Domäne>* kann eine Überprüfung des Secure-Channels durchgeführt werden. Sinnvoll ist das auf Domänencontrollern, da auch hier die Verbindung zu Active Directory verloren gehen kann.

Auf Domänencontrollern können Sie bei Problemen mit *netdom.exe* arbeiten. Dazu steht der Befehl *netdom.exe* in der Befehlszeile zur Verfügung:

*netdom.exe resetpwd /s:dc01 /ud:Joos\Administrator /pd:**

Mit den Parametern */s* und */ud* erfolgt die Eingabe eines Domänencontrollers, der kontaktiert werden soll, und eines Benutzerkontos, mit dem die Verbindung hergestellt werden kann. Mit */pd ** legen Sie fest, dass das Kennwort für den Benutzer noch eingegeben werden muss.

15.4.3 Veraltete Computer finden und bei Bedarf entfernen

Veraltete Computerkonten stellen ein Problem dar, weil in Active Directory unnötige Daten gespeichert sind und es offensichtlich irgendwo Computer gibt, die Bestandteil von Active Directory sind, aber nicht mehr verwendet werden. Angreifer können diese Computer nutzen. Es ist daher sinnvoll, diese veralteten Computer zu finden. Hierzu gibt es verschiedene Möglichkeiten.

Neben der PowerShell können veraltete Computer mit *dsquery* angezeigt werden. Hier besteht die Möglichkeit, die Anzahl an Wochen anzugeben, in denen ein Computer keine Anmeldung an Active Directory vorgenommen hat. Wollen Sie zum Beispiel alle Computer sehen, die sich in den letzten 8 Wochen nicht an Active Directory angemeldet haben, verwenden Sie den folgenden Befehl:

dsquery computer -inactive 8

Vor dem Löschen des Computerkontos kann es sinnvoll sein, die Computerkonten zunächst zu deaktivieren. Auch das kann in der Befehlszeile vorgenommen werden, zum Beispiel mit *dsmod.exe*:

dsquery computer -inactive 8 | dsmod computer -disabled yes

Natürlich können diese Aufgaben in der PowerShell vorgenommen werden. Dazu fragen Sie in einer Variablen zunächst das aktuelle Datum ab und geben die Tage an, in denen das Computerkonto nicht verwendet wurde:

$date = (Get-Date).AddDays(-90)

Danach erfolgt mit der PowerShell eine Abfrage in Active Directory, welche Computer sich nach der angegebenen Anzahl an Tagen nicht mehr angemeldet haben:

Get-ADComputer -Property Name,lastLogonDate -Filter {lastLogonDate -lt $date}

Sollen die Konten gelöscht werden, geht das ebenfalls in der PowerShell:

Get-ADComputer -Property Name,lastLogonDate -Filter {lastLogonDate -lt $then} | Remove-ADComputer

15.5 Bereinigung von Active Directory und Entfernen von Domänencontrollern

In manchen Fällen ist der Aufwand einer Fehlerbehebung viel größer, als einfach den betroffenen Domänencontroller neu zu installieren und wieder in Active Directory zu integrieren. Durch die erneute Integration erhält der Domänencontroller wieder die Daten von den anderen Domänencontrollern der Domäne. Wenn Sie einen Domänencontroller aus dem Active Directory entfernen müssen, gibt es grundsätzlich folgende Möglichkeiten:

1. Der Domänencontroller soll zu einem Mitgliedsserver heruntergestuft werden, wenn zum Beispiel auf einem Server Exchange und Domänencontroller zusammen Probleme bereiten, aber der Server noch Verbindung zu Active Directory hat.
2. Der Domänencontroller läuft zwar noch und verwaltet installierte Applikationen, hat aber seine Verbindung zu Active Directory verloren. Er soll heruntergestuft werden, ohne Verbindung mit Active Directory zu haben oder neu installiert zu werden. Active Directory muss dazu nachträglich bereinigt werden.
3. Der Domänencontroller ist komplett ausgefallen und funktioniert nicht mehr. Active Directory muss mitgeteilt werden, dass der Domänencontroller nicht mehr verfügbar ist.

Auf den folgenden Seiten sind die Abläufe der einzelnen Möglichkeiten beschrieben, einen Domänencontroller aus Active Directory zu entfernen.

15.5.1 Vorbereitungen beim Entfernen eines Domänencontrollers

Wird ein Domänencontroller aus Active Directory entfernt, sollten Sie einige Vorbereitungen treffen, damit die Anwender durch seinen Ausfall nicht betroffen sind:

- Stellen Sie sicher, dass der Domänencontroller nicht als bevorzugter oder alternativer DNS-Server von einem anderen Rechner der Domäne verwendet wird (auch nicht als DNS-Weiterleitungsserver).
- Übertragen Sie alle FSMO-Rollen auf andere Domänencontroller. Wir haben diese Vorgänge in Kapitel 10 beschrieben.
- Entfernen Sie – falls möglich – vor der Herabstufung DNS von diesem Domänencontroller. Haben Sie DNS entfernt, überprüfen Sie auf einem anderen DNS-Server in den Eigenschaften der DNS-Zone, dass der Server auf der Registerkarte *Namenserver* nicht mehr aufgeführt wird. Entfernen Sie aber nicht den Hosteintrag des Servers, da dieser für die Herabstufung noch benötigt wird.
- Stellen Sie sicher, dass der Domänencontroller nicht an irgendeiner Stelle als Domänencontroller explizit eingetragen ist, zum Beispiel auf einem Linux- oder einem Exchange-Server.
- Entfernen Sie alle Active Directory-abhängigen Dienste wie VPN, Zertifikatstelle oder andere Programme, die nach der Herabstufung nicht mehr funktionieren werden.
- Wenn es sich bei diesem Server um einen globalen Katalog handelt, konfigurieren Sie einen anderen Server als globalen Katalog und entfernen Sie im Snap-In *Active Directory-Standorte und -Dienste* unter *Sites/<Standort des Servers>/<Servername>/Eigenschaften der NTDS-Settings* den Haken bei *Globaler Katalog*.

15.5.2 Herabstufen eines Domänencontrollers

Um einen Domänencontroller herunterzustufen, verwenden Sie am besten die PowerShell und das Cmdlet *Uninstall-ADDSDomainController*. Sie müssen noch das lokale Kennwort des Administrators über den Befehl festlegen. Dieses müssen Sie als SecureString in der PowerShell definieren. Die Syntax dazu lautet:

Uninstall-ADDSDomainController -LocalAdministratorPassword (Read-Host -Prompt "Kennwort" -AsSecureString)

Mit *Get-Help Uninstall-ADDSDomainController* erhalten Sie mehr Informationen zu dem Befehl. Um zuvor den Vorgang zu testen, verwenden Sie *Test-ADDSDomainControllerUninstallation*. Um ausführliche Informationen zu erhalten, verwenden Sie:

Test-ADDSDomainControllerUninstallation | select -expandproperty message

Wenn es sich bei dem Domänencontroller, den Sie herabstufen wollen, um einen globalen Katalog handelt, werden Sie darüber mit einer Meldung informiert. Mit der Option *-LastDomainControllerInDomain* können Sie auswählen, ob es sich bei diesem Domänencontroller um den letzten seiner Domäne handelt.

In diesem Fall würde nicht nur der Domänencontroller aus der Gesamtstruktur entfernt, sondern die ganze Domäne. Haben Sie Ihre Auswahl getroffen, beginnt der Assistent mit der Herabstufung des Domänencontrollers.

Sobald Active Directory vom Server entfernt wurde, können Sie diesen neu starten. Nach der Herabstufung eines Domänencontrollers wird dieser als Mitgliedsserver in die Domäne aufgenommen. Wenn auf dem Server Applikationen installiert waren, zum Beispiel Exchange, stehen diese nach dem Neustart weiterhin zur Verfügung.

Auch wenn ein herabgestufter Domänencontroller im Anschluss noch als Mitgliedsserver verwendet werden kann, sollten Sie sicherheitshalber das Computerkonto aus der Domäne entfernen und das Betriebssystem neu auf dem Server installieren, um Altlasten zu entsorgen.

Auch den Servernamen sollten Sie ändern, wenn aus dem Namen hervorgeht, dass es sich um einen Domänencontroller gehandelt hat.

Wenn Sie einen Domänencontroller, der die Verbindung mit dem Active Directory verloren hat, nicht neu installieren wollen, können Sie Active Directory trotz fehlender Verbindung entfernen. Verwenden Sie in diesem Fall noch die Option *-force*.

Nach der erzwungenen Entfernung von Active Directory ist der Domänencontroller allerdings kein Mitgliedsserver mehr, sondern ein alleinstehender Server. Sie können sich daher an diesem Server nicht mehr bei der Domäne anmelden.

Wollen Sie danach noch die Binärdateien von Active Directory entfernen, verwenden Sie entweder den Server-Manager, das Windows Admin Center oder die PowerShell und den Befehl:

Uninstall-WindowsFeature AD-Domain-Services

Mehr zur Herabstufung eines Domänencontrollers und dem Entfernen von Active Directory von einem Server lesen Sie in Kapitel 11.

15.5.3 Bereinigen der Metadaten von Active Directory

Die Metadaten von Active Directory enthalten alle Einträge und Servernamen, die zu Active Directory gehören. Wenn ein Domänencontroller ausfällt oder erzwungen aus Active Directory entfernt wird, sollten die Metadaten nachträglich bereinigt werden.

Für diese Bereinigung benötigen Sie wiederum das Befehlszeilentool Ntdsutil, das Sie bereits beim Verschieben der FSMO-Rollen kennengelernt haben (siehe Kapitel 10). Wenn Sie das Computerobjekt eines Domänencontrollers aus der OU *Domain Controller* entfernen, bereinigen die verbliebenen Domänencontroller ebenfalls das Active Directory. Es ist aber sicherer, wenn Sie die Metadaten zumindest überprüfen und Reste der alten Domänencontroller entfernen. Um die Metadaten von Active Directory zu bereinigen, starten Sie zunächst Ntdsutil in der Eingabeaufforderung von Active Directory. Gehen Sie wie in den folgenden Schritten beschrieben vor:

1. Geben Sie nach dem Start von Ntdsutil den Befehl *metadata cleanup* ein.
2. Geben Sie im Anschluss daran *connections* ein.
3. Geben Sie den Befehl *connect to server <Domänencontroller>* ein. Verwenden Sie am besten einen globalen Katalog und führen Sie diese Maßnahmen in einer Terminalsitzung auf dem Server aus.
4. Geben Sie dann einmal den Befehl *quit* ein, um wieder zum Menü *metadata cleanup* zurückzukehren.
5. Als Nächstes geben Sie *select operation target* ein.
6. Es folgt der Befehl *list domains*. Damit werden alle Domänen der Gesamtstruktur angezeigt.
7. Geben Sie danach den Befehl *select domain <Nummer der Domäne>* ein. Wählen Sie als Nummer die Domäne aus, von der Sie den Domänencontroller entfernen wollen.
8. Geben Sie als Nächstes *list sites* ein. Daraufhin werden alle Standorte der Gesamtstruktur angezeigt.
9. Wählen Sie den Standort aus, von dem Sie einen Domänencontroller entfernen wollen. Verwenden Sie dazu den Befehl *select site <Nummer des Standorts>*.
10. Nachdem Sie den Standort ausgewählt haben, geben Sie den Befehl *list servers in site* ein. Es werden alle Server in diesem Standort angezeigt.
11. Dann müssen Sie mit *select server <Nummer des Servers>* den Server angeben, den Sie aus dem Active Directory entfernen wollen.
12. Nachdem Sie den Server ausgewählt haben, geben Sie *quit* ein, damit Sie wieder zum Menü *metadata cleanup* gelangen.
13. Geben Sie nun den Befehl *remove selected server* ein. Es folgt eine Warnmeldung, in der Sie das Entfernen des Servers bestätigen müssen. Nach der Bestätigung dieser Meldung wird der Server aus Active Directory entfernt.
14. In Ntdsutil werden die einzelnen Vorgänge beim Entfernen des Servers angezeigt.
15. Im Anschluss können Sie Ntdsutil mit *quit* beenden. Die Active Directory-Metadaten sind bereinigt.

Nachdem die Metadaten von Active Directory bereinigt wurden, sollten Sie noch die Einträge im DNS bereinigen. Entfernen Sie alle SRV-Records, in denen noch der alte Server steht, aus der DNS-Zone der Domäne. Gehen Sie bei der Entfernung vorsichtig vor und löschen Sie keine Daten von anderen Domänencontrollern. Entfernen Sie auch alle Hosteinträge des Servers.

In allen Einstellungen und Einträgen auf dem DNS-Server und in der DNS-Zone sollte der Server entfernt sein. Nachdem Sie alle DNS-Einträge aus der Zone entfernt haben, können Sie das Computerkonto des Servers löschen, falls dies noch nicht geschehen ist. Löschen Sie das Konto aus der OU *Domain Controllers* im Snap-In *Active Directory-Benutzer und -Computer*. Im nächsten Schritt müssen Sie den Domänencontroller noch aus dem Standort löschen, dem er zugeordnet war. Verwenden Sie dazu das Snap-In *Active Directory-Standorte und -Dienste*.

Navigieren Sie dazu zum Standort des Domänencontrollers, wählen Sie im zugehörigen Kontextmenü den Befehl *Löschen* aus oder drücken Sie die [Entf]-Taste. Der Server sollte sich ohne Probleme löschen lassen. Überprüfen Sie als Nächstes in den NTDS-Settings jedes Domänencontrollers in Active Directory, ob der Domänencontroller noch als Replikationspartner eingetragen ist, und entfernen Sie in diesem Fall die Verbindung. Der Server sollte sich mit keinem anderen Domänencontroller mehr replizieren.

15.6 Zusammenfassung

In diesem Kapitel haben wir Ihnen ausführlich gezeigt, wie Sie Fehler in Active Directory beheben und Ihre Domänen auf Funktionalität hin überprüfen können. Neben der Fehlersuche können Sie die Tools in diesem Kapitel auch zur Diagnose der Domänencontroller einsetzen.

Im nächsten Kapitel erfahren Sie, wie sich Active Directory sichern und wiederherstellen lässt.

Kapitel 16

Active Directory – Sicherung, Wiederherstellung und Wartung

In diesem Kapitel zeigen wir Ihnen, wie Sie die Active Directory-Datenbank sichern, wiederherstellen und warten. Wollen Sie einzelne Objekte wiederherstellen, verwenden Sie den Active Directory-Papierkorb und das Active Directory-Verwaltungscenter. Dieses behandeln wir in Kapitel 11. Active Directory ist, wie die Exchange-Datenbank, eine Jet-basierte Datenbank. Sie liegt in Form der Datei *ntds.dit* auf jedem Domänencontroller im Ordner *\Windows\NTDS*. Für die Datensicherung und anschließende Wiederherstellung reicht es jedoch nicht aus, nur diese Datei zu sichern. Es sind einige Maßnahmen notwendig, die bei der Sicherung und einer eventuell notwendigen Wiederherstellung benötigt werden.

Die Sicherung von Active Directory erfolgt zusammen mit der Sicherung von anderen wichtigen Systemkomponenten eines Servers. Bei dieser Sicherung, die auch durch das Windows-eigene Datensicherungsprogramm durchgeführt werden kann, werden alle zusammenhängenden Daten, die Active Directory benötigt, ebenfalls gesichert. Sie sollten mit Ihrem Datensicherungsprogramm regelmäßig eine Datensicherung von Active Directory durchführen. Alternativ kann die Active Directory-Datensicherung durch das Windows-Datensicherungsprogramm in eine Datei erfolgen, die dann wieder durch die Datensicherung auf eine CD/DVD oder über das Netzwerk gesichert wird.

In Kapitel 11 sind wir bereits auf wichtige Zusatztools eingegangen, mit denen Objekte in Active Directory wiederhergestellt werden können, falls diese versehentlich gelöscht wurden. Wird die Systempartition eines Domänencontrollers gesichert, enthält diese Sicherung zusätzlich noch den Boot Configuration Data Store (BCD-Store), die kompletten Windows-Systemdateien mit der Registry, den Inhalt des *SYSVOL*-Ordners, die Active Directory-Datenbank (*ntds.dit*) sowie die Logdateien von Active Directory. Auch wenn bei der Sicherung alle Daten gesichert werden, gibt es weiterhin verschiedene Möglichkeiten der Wiederherstellung: Es kann der komplette Server wiederhergestellt werden, der Systemstatus kann wiederhergestellt werden, aber auch einzelne Dateien und Ordner können aus der Sicherung wieder zurückgespielt werden. Um den Systemstatus zurückzuspielen, muss unter Windows Server 2022 der Domänencontroller im Verzeichnisdienst-Wiederherstellungsmodus gestartet werden.

16.1 Active Directory sichern und wiederherstellen

In diesem Abschnitt zeigen wir Ihnen die notwendigen Schritte, um eine Datensicherung von Active Directory auf einem Domänencontroller herzustellen. Die hier beschriebene Sicherung lässt sich manuell durchführen, es kann aber auch ein Zeitplan erstellt werden. Mehr zum Thema Datensicherung erfahren Sie in den Kapiteln 8, 16, 35 und 36.

16.1.1 Active Directory mit der Windows Server-Sicherung sichern

Rufen Sie zunächst die Windows Server-Sicherung auf und starten Sie den Assistenten für eine Einmalsicherung oder einen Sicherungszeitplan. Wählen Sie bei der Option der Sicherung *Benutzerdefiniert* aus.

Die Windows-Serversicherung ist standardmäßig nicht installiert. Sie müssen das Feature über den Server-Manager nachinstallieren (siehe Kapitel 4). Das Verwaltungsprogramm zur Sicherung finden Sie nach der Installation des Windows-Features über den Menüpunkt *Tools* im Server-Manager.

Natürlich besteht die Möglichkeit, die Option *Vollständig* für die Sicherung des Servers auszuwählen. In diesem Fall wird neben der Datensicherung von Active Directory der komplette Server mit allen vorhandenen Festplatten und Partitionen gesichert. Generell ist das auch der empfohlene Weg, wenn Sie sicherstellen wollen, den kompletten Server wiederherstellen zu können.

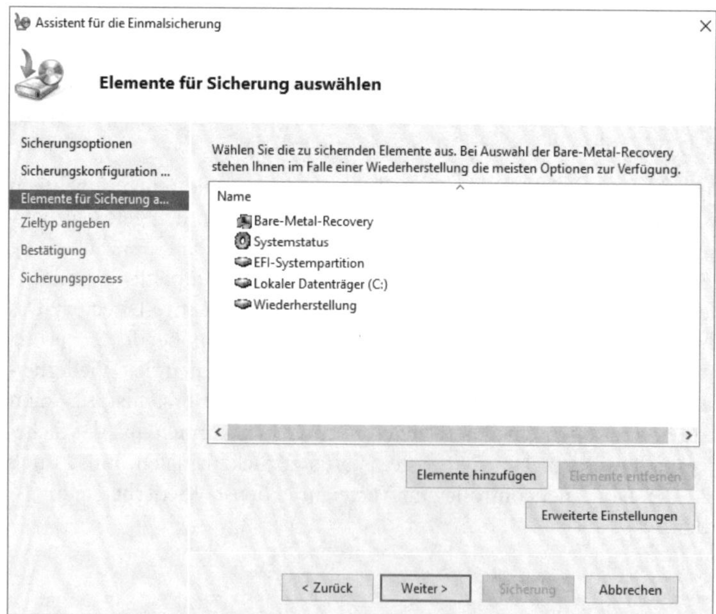

Abb. 16.1 Auswählen der zu sichernden Elemente

Auf der nächsten Seite wählen Sie über *Elemente hinzufügen* aus, was gesichert werden soll. Aktivieren Sie die Optionen *Systemstatus* und *System-reserviert*, damit notwendige Daten zur Wiederherstellung von Active Directory mitgesichert werden. Bei einem UEFI-System müssen Sie noch Bare-Metal-Recovery mit auswählen.

Auf der nächsten Seite wählen Sie aus, wo die Daten im Netzwerk gesichert werden sollen. Die Datensicherung unterstützt das Ablegen der Sicherung nicht auf derselben Partition, die gesichert wird.

Durch Aktivierung der Option *VSS-Kopiesicherung* in den erweiterten Einstellungen nutzt das Sicherungsprogramm den Volumeschattenkopie-Dienst (Volume Shadow Copy Service, VSS). Nach der Bestätigung der restlichen Eingaben beginnt der Assistent mit der Sicherung.

Das Sicherungsprogramm ermöglicht es, die Datensicherung über die Eingabeaufforderung zu konfigurieren. Das kann zum Beispiel sinnvoll sein, wenn die Sicherung über ein Skript oder unter Server Core durchgeführt werden soll. Mit dem folgenden Befehl wird die Sicherung der notwendigen Partitionen auf die Zielfestplatte durchgeführt:

wbadmin start backup -allCritical -backuptarget:<Zielfestplatte> -quiet

Durch Eingabe von *-quit* muss die Eingabe nicht bestätigt werden, sondern die Sicherung beginnt sofort.

Mit dem folgenden Befehl werden alle hinterlegten Partitionen in die Sicherung eingeschlossen:

wbadmin start backup -include:<Partition1>:,<Partition2>:,<PartitionN> -backuptarget:<Zielfestplatte>: -quiet

Die Partitionen werden durch Komma ohne Leerzeichen voneinander getrennt.

16.1.2 Wiederherstellen von Active Directory aus der Datensicherung

Um eine Wiederherstellung durchzuführen, starten Sie zunächst den Domänencontroller neu und drücken direkt nach dem Start die Taste F8, bis das Bootmenü erscheint. Achten Sie aber darauf, dass sich die Datei, die die Datensicherung enthält, lokal auf dem Server befindet, da diese zur Wiederherstellung benötigt wird.

Wählen Sie in den Bootoptionen den Menüpunkt *Verzeichnisdienstwiederherstellung* aus, anschließend startet Windows. Melden Sie sich bei der Anmeldung mit dem Kennwort des Verzeichnisdienst-Wiederherstellungsmodus an. Nachdem Sie sich angemeldet haben, können Sie die Wiederherstellung durchführen.

Soll ein Domänencontroller beim nächsten Start mit dem Verzeichnisdienst-Wiederstellungsmodus gestartet werden, geben Sie den Befehl *bcdedit /set safeboot dsrepair* ein. Befindet sich der Server im Verzeichnisdienst-Wiederherstellungsmodus, wird mit dem Befehl *bcdedit /deletevalue safeboot* beim nächsten Mal wieder normal gestartet.

So ersparen Sie sich das Drücken der Taste F8, wenn Sie sich zum Beispiel nicht direkt an der Konsole befinden. Mit dem Befehl *shutdown t 0 -r* wird der Server dann neu in dem jeweilig konfigurierten Modus gestartet.

Beachten Sie, dass ein Domänencontroller den Anwendern nicht zur Verfügung steht, während er sich im Verzeichnisdienst-Wiederherstellungsmodus befindet. Sie sollten daher dafür sorgen, dass noch andere Domänencontroller zur Verfügung stehen, bei denen sich die Anwender anmelden können. Achten Sie darauf, dass am Domänencontroller keine Anmeldung an der Domäne möglich ist. Die Anmeldung erfolgt über die Schaltfläche *Anderer Benutzer*. Als Benutzername wird *Administrator* verwendet und das Kennwort für den Verzeichnisdienst-Wiederherstellungsmodus.

Sie müssen sicherstellen, dass der Server, auf dem Sie die Active Directory-Daten wiederherstellen wollen, wieder funktioniert. Das Betriebssystem muss in der gleichen Version wie vor dem Ausfall installiert sein. Auch der Name des Servers und die Festplattenkonfiguration müssen identisch sein. Nachdem Sie diese Vorbedingungen sichergestellt haben, können Sie den Server im Verzeichnisdienst-Wiederherstellungsmodus starten. Da das Betriebssystem auf dem Server neu installiert wurde, lässt sich dieser Vorgang problemlos durchführen. Nachdem Sie den Server im Verzeichnisdienst-Wiederherstellungsmodus gestartet haben, führen Sie, wie weiter vorne beschrieben, eine nicht autorisierende Wiederherstellung durch, um sicherzustellen, dass alle Daten auf den Server zurückgespielt wurden. Starten Sie nach dem Wiederherstellungsvorgang den Server normal durch und stellen Sie wie bei der nicht autorisierenden Wiederherstellung fest, ob der Server wieder normal in Active Directory funktioniert.

Wenn ein Domänencontroller einer Domäne ausfällt, werden Sie in den wenigsten Fällen den Weg einer nicht autorisierenden Wiederherstellung gehen müssen. Die einzige Ausnahme wäre, der Server der Domäne steht in einer Niederlassung, die nur durch eine schmalbandige Leitung mit der Domäne in der Zentrale verbunden ist. Wenn Sie einen Domänencontroller einer Niederlassung wiederherstellen wollen, ist der beste Weg, den Domänencontroller neu zu installieren und wieder in die Domäne als zusätzlicher Domänencontroller mit aufnehmen (siehe Kapitel 13). In diesem Fall erhält der Domänencontroller alle Funktionen und Daten von Active Directory zurück. Wenn Sie einen ausgefallenen Domänencontroller wiederherstellen möchten, ohne dass ein Backup benötigt wird, gehen Sie folgendermaßen vor:

1. Stellen Sie zunächst sicher, dass ein weiterer Domänencontroller in der Domäne und dem Standort verfügbar ist. Ohne einen weiteren Domänencontroller der Domäne ist die Wiederherstellung eines Domänencontrollers nicht möglich.
2. Bereinigen Sie zunächst das Active Directory von den alten Daten des Domänencontrollers, wie in Kapitel 15 beschrieben.
3. Stellen Sie sicher, dass der noch vorhandene Domänencontroller alle FSMO-Rollen von dem ausgefallenen Domänencontroller übernommen hat (siehe Kapitel 10 und 11).
4. Konfigurieren Sie den noch vorhandenen Domänencontroller als globalen Katalogserver, falls außer dem ausgefallenen Server kein anderer Domänencontroller dieser Niederlassung ein globaler Katalogserver ist (siehe Kapitel 10).
5. Stellen Sie sicher, dass die Bereinigung von Active Directory in alle Niederlassungen repliziert wurde (siehe Kapitel 14 und 15).
6. Installieren Sie den ausgefallenen Domänencontroller neu mit Windows Server 2022 und allen Patches (siehe Kapitel 2 und 3).
7. Installieren Sie auf dem Server die DNS-Funktionalität, falls diese vorher auf diesem Server installiert war (siehe Kapitel 10 und 11).

8. Geben Sie dem Server den gleichen Netzwerknamen wie vor dem Ausfall und stellen Sie in den Netzwerkeinstellungen ein, dass ein DNS-Server der Domäne verwendet wird, der verfügbar ist (siehe Kapitel 5).
9. Rufen Sie den Assistenten für die Erstellung von Active Directory auf (siehe Kapitel 10 und 13).
10. Nachdem der Server erfolgreich als Domänencontroller installiert wurde, können Sie die Rollen, die er vor dem Ausfall hatte, auf ihn zurückschieben (siehe Kapitel 10). Die Active Directory-Daten werden automatisch auf ihn repliziert werden.

Der Weg, einen Domänencontroller einfach neu in die Domäne aufzunehmen, anstatt eine Datensicherung zu verwenden, ist oft schneller und sauberer. Achten Sie jedoch unbedingt darauf, vor der erneuten Aufnahme in eine Domäne die Metadaten von Active Directory zu bereinigen, damit sichergestellt ist, dass keine veralteten Daten in Active Directory die erneute Heraufstufung des Domänencontrollers verhindern (siehe Kapitel 15).

16.2 Active Directory-Datenbank warten

Mit dem Zusatztool Ntdsutil können verschiedene Wartungsmaßnahmen mit der Active Directory-Datenbank durchgeführt werden. Diese beschreiben wir in diesem Abschnitt.

16.2.1 Verschieben der Active Directory-Datenbank

Unter manchen Umständen, wenn zum Beispiel der Festplattenplatz auf dem Server nicht mehr ausreicht oder wenn der Domänencontroller an ein hochsicheres SAN angeschlossen wird, kann es sinnvoll sein, den Datenordner von Active Directory auf einen anderen Datenträger zu verschieben. Damit Sie die Datenbank von Active Directory auf einem Domänencontroller verschieben können, müssen Sie den Server im Verzeichnisdienst-Wiederherstellungsmodus starten. Gehen Sie zum Verschieben folgendermaßen vor:

1. Starten Sie zunächst den Domänencontroller im Verzeichnisdienst-Wiederherstellungsmodus und melden Sie sich am Server an.
2. Starten Sie Ntdsutil und geben Sie anschließend den Befehl *activate instance ntds* ein.
3. Geben Sie den Befehl *files* ein.
4. Geben Sie den Befehl *move db to <Laufwerk:\Ordner>* ein, um die Datenbank zu verschieben. Wenn der Name des neuen Ordners Leerzeichen enthält, setzen Sie die Bezeichnung in Anführungszeichen.
5. Nachdem Sie den Befehl bestätigt haben, läuft ein Skript ab, das die Datenbank in den gewünschten Ordner verschiebt.
6. Geben Sie nach dem erfolgreichen Verschieben der Datenbank den Befehl *move logs to <Laufwerk:\Ordner>* ein, damit die Logdateien von Active Directory ebenfalls verschoben werden.
7. Geben Sie an dieser Stelle den Befehl *integrity* ein, um die Konsistenz der Active Directory-Datenbank zu überprüfen.
8. Verlassen Sie Ntdsutil und überprüfen Sie, ob die Dateien im neuen Ordner angelegt wurden.

9. Stellen Sie sicher, dass die Dateiberechtigungen auf NTFS-Ebene für den neuen Ordner der Active Directory-Datenbank noch stimmen. Rufen Sie dazu die Eigenschaften des Ordners auf und wechseln Sie zur Registerkarte *Sicherheit*. In den Berechtigungen sollten die vier Gruppen *Administratoren*, *Ersteller-Besitzer*, *Lokaler Dienst* und *System* eingetragen sein.
10. Die beiden Gruppen *Administratoren* und *System* sollten Vollzugriff auf den Ordner haben. Bei den anderen Benutzergruppen sind keinerlei Berechtigungen eingetragen und keine Berechtigungen verweigert. Die Berechtigungen dürfen auch nicht von übergeordneten Ordnern vererbt werden, sondern sollten direkt in diesem Ordner gesetzt sein. Vererbte Berechtigungen werden in Grau angezeigt. Sollten die Berechtigungen bei Ihnen nicht exakt so gesetzt sein, ändern Sie sie entsprechend ab.

16.2.2 Offlinedefragmentation der Active Directory-Datenbank

Bei der Active Directory-Datenbank handelt es sich, wie bei der Datenbank von Exchange, um eine Jet-basierte ESE-Datenbank. Das Active Directory wächst zwar nicht so stark an wie die Datenbank eines Exchange-Servers, aber dennoch kann es sinnvoll sein, die Active Directory-Datenbank zu defragmentieren. Vor allem in größeren Organisationen, bei denen das Active Directory durchaus mehrere Gigabyte groß werden kann, sollte zumindest jährlich eine Offlinedefragmentation durchgeführt werden.

Bevor Sie eine Offlinedefragmentation durchführen, sollten Sie eine Sicherung des Systemstatus Ihres Active Directorys durchführen. Wie bei der Offlinedefragmentation von Exchange wird zunächst die Datenbank kopiert, dann offline defragmentiert und anschließend zurückkopiert. Stellen Sie daher sicher, dass sich auf dem Datenträger, auf dem Sie die Offlinedefragmentation durchführen, genügend Speicherplatz frei ist. Um eine Offlinedefragmentation durchzuführen, gehen Sie folgendermaßen vor:

1. Starten Sie den Server im Verzeichnisdienst-Wiederherstellungsmodus.
2. Öffnen Sie eine Eingabeaufforderung und starten Sie Ntdsutil.
3. Geben Sie anschließend den Befehl *activate instance ntds* ein.
4. Geben Sie den Befehl *files* ein, um zur *file maintenance* zu gelangen.
5. Geben Sie den Befehl *compact to <Laufwerk:\Ordner>* ein. Wählen Sie als Verzeichnis einen beliebigen Ordner auf der Festplatte aus. Ntdsutil kopiert die Datenbankdatei in diesen Ordner und defragmentiert sie.
6. Wenn keine Fehlermeldungen während der Offlinedefragmentation auftreten, können Sie die Datei *ntds.dit* aus dem Ordner, in den sie defragmentiert wurde, zurück in den Datenbankpfad der produktiven Datenbank kopieren. Diesen Vorgang führt Ntdsutil nicht automatisch aus, Sie müssen die Datei manuell kopieren. Sichern Sie die alte Version der *ntds.dit* aus dem produktiven Datenbankordner. Verschieben Sie die defragmentierte Datei in den produktiven Ordner der Datenbank und überschreiben Sie die alte Version.
7. Geben Sie in der *file maintenance* von Ntdsutil den Befehl *integrity* ein, um die Integrität der Datenbank festzustellen.
8. Wenn die Integrität der neuen Datenbank sichergestellt ist, können Sie den Domänencontroller ganz normal neu starten. Sollten Fehler auftreten, kopieren Sie die zuvor gesicherte Originalversion zurück und führen Sie einen erneuten Integritätstest durch. Ist der Test diesmal erfolgreich abgeschlossen, versuchen Sie erneut eine Offlinedefrag-

mentation und starten Sie den Test erneut. Sie sollten den Domänencontroller erst in den normalen Modus starten, wenn sichergestellt ist, dass die Datenbank auch konsistent ist.

Da Active Directory als Systemdienst läuft, kann dieser für die Defragmentation auch beendet werden. In diesem Fall muss der Server nicht im Verzeichnisdienst-Wiederherstellungsmodus gestartet werden, sodass andere Dienste auf dem Server weiter von den Anwendern verwendet werden können.

16.2.3 Reparieren der Active Directory-Datenbank

Unter manchen Umständen kann es vorkommen, dass die Active Directory-Datenbank nicht mehr funktioniert. Gehen Sie bei einem solchen Problem folgendermaßen vor:

1. Starten Sie den Server im Verzeichnisdienst-Wiederherstellungsmodus.
2. Öffnen Sie eine Eingabeaufforderung und starten Sie Ntdsutil.
3. Geben Sie anschließend den Befehl *activate instance ntds* ein.
4. Geben Sie *files* ein, um zu *file maintenance* zu gelangen.
5. Geben Sie *integrity* ein, um einen Integritätstest der Datenbank durchzuführen. Wenn dieser Test eine Fehlermeldung anzeigt, können Sie versuchen, die Datenbank in Ntdsutil zu retten.
6. Verlassen Sie mit *quit* die *file maintenance*, aber bleiben Sie in der Oberfläche von Ntdsutil.
7. Geben Sie den Befehl *semantic database analysis* ein.
8. Geben Sie zunächst den Befehl *verbose on* ein, damit Sie detaillierte Informationen erhalten.
9. Geben Sie als Nächstes den Befehl *go fixup* ein.
10. Das Tool beginnt daraufhin mit der kompletten Diagnose der Active Directory-Datenbank und versucht, eine Reparatur durchzuführen.
11. Verlassen Sie im Anschluss Ntdsutil und starten Sie den Domänencontroller neu. Überprüfen Sie, ob die Active Directory-Datenbank wieder funktioniert. Sollten noch immer Schwierigkeiten auftreten, stellen Sie die Datenbank aus einer Datensicherung wieder her und überprüfen Sie im Anschluss, ob Active Directory bei diesem Stand noch konsistent war. Sie sollten so lange Backups zurückspielen, bis sichergestellt ist, dass die Datenbank wieder konsistent ist.

16.2.4 Erstellen von Snapshots der Active Directory-Datenbank

In Windows Server 2022 ist es möglich, einen Snapshot der Active Directory-Datenbank zu erstellen und diesen bereitzustellen. Diese bereitgestellte Offlineversion der Datenbank kann dann ebenso bearbeitet werden wie die Onlineversion. Der Snapshot wird als Schattenkopie der Datenbank erstellt. Die Bereitstellung der Active Directory-Datenbank wird durch das Tool Dsamain durchgeführt.

Die Erstellung von Snapshots wird wiederum mit dem Befehl *snapshot* in Ntdsutil gestartet. Auf den Snapshot kann mit beliebigen LDAP-Tools, wie zum Beispiel Ldp oder dem Snap-In *Active Directory-Benutzer und -Computer*, zugegriffen werden. Snapshots dürfen nur von Domänenadmins und Organisationsadmins erstellt werden.

Um einen Snapshot bereitzustellen, muss nicht unbedingt ein solcher mit Ntdsutil erstellt werden. Auch eine Datensicherung von Active Directory kann bereitgestellt werden. Der beste und schnellste Weg, einen Snapshot zu erstellen, ist folgender:

1. Öffnen Sie eine Eingabeaufforderung und starten Sie Ntdsutil.
2. Geben Sie *snapshot* ein.
3. Geben Sie den Befehl *activate instance ntds* ein.
4. Geben Sie *create* ein. Der Snapshot wird anschließend erstellt und dessen GUID angezeigt.
5. Geben Sie den Befehl *mount <GUID des Snapshots>* ein. Mit *list mounted* werden alle gemounteten Snapshots angezeigt. Mit *unmount <GUID>* wird die Bereitstellung wieder aufgehoben und mit *delete <GUID>* der Snapshot wieder gelöscht.

Per Skript oder als geplante Aufgabe wird ein Snapshot durch die Eingabe des Befehls *ntdsutil "activate instance ntds" snapshot create quit quit* erstellt.

Mit dem Befehl *dsamain /dbpath <Pfad zur Datenbankdatei> /ldapport <Port>* kann eine Offlinekopie der Active Directory-Datenbank als LDAP-Server bereitgestellt werden. Anschließend kann auf diese Offlinekopie wie auf jeden LDAP-Server zugegriffen werden.

16.3 Zusammenfassung

Wir haben Ihnen in diesem Kapitel gezeigt, wie Sie die Active Directory-Daten sichern und wiederherstellen können. Im Gegensatz zum Active Directory-Papierkorb, den wir in den Kapiteln 10 und 11 beschreiben, haben wir in diesem Kapitel erläutert, wie Sie Daten mit der Windows-Serversicherung sichern und später wiederherstellen können. Und auch die Pflege der Datenbank, zum Beispiel die Offlinedefragmentation, war Thema dieses Kapitels.

Im nächsten Kapitel gehen wir auf die Erstellung von Vertrauensstellungen für Active Directory ein.

Kapitel 17

Active Directory – Vertrauensstellungen

In Active Directory spielen Vertrauensstellungen eine wichtige Rolle. In einer Gesamtstruktur werden bei der Erstellung von Domänen automatisch Vertrauensstellungen zwischen Domänen und Strukturen eingerichtet. Diese Vertrauensstellungen sind transitiv. Wenn Sie in Windows Server 2022 eine Vertrauensstellung zwischen den Domänen A und B sowie zwischen B und C einrichten, dann vertraut Domäne A auch der Domäne C oder umgekehrt die Domäne C der Domäne A.

17.1 Wichtige Grundlagen zu Vertrauensstellungen in Active Directory

Durch Domänen, untergeordnete Domänen und Strukturen gibt es die Möglichkeit, fast unbegrenzt Domänen anbinden zu können, die sich automatisch untereinander vertrauen. In Active Directory vertraut jede Domäne jeder anderen Domäne, die Bestandteil der gleichen Gesamtstruktur ist. Es ist nicht mehr notwendig, zahlreiche manuelle Vertrauensstellungen einzurichten.

Administratoren müssen keinerlei Maßnahmen vornehmen, damit sich Domänen in einer Gesamtstruktur untereinander vertrauen. In einer Gesamtstruktur werden jedoch nicht automatisch Vertrauensstellungen zwischen allen Domänen eingerichtet, sondern es wird ein gewisses Schema beibehalten:

- Vertrauensstellungen zwischen übergeordneten und untergeordneten Domänen werden immer automatisch eingerichtet. Dieser Typ wird *Untergeordnete Vertrauensstellung* genannt.
- Zusätzlich werden noch Vertrauensstellungen zwischen den Rootdomänen der einzelnen Strukturen eingerichtet. Es gibt jedoch keine Vertrauensstellungen zwischen den Domänen verschiedener Strukturen. Diese vertrauen sich auf Basis der transitiven Vertrauensstellungen. Der Zugriff auf die Ressourcen wird zwischen Domänen durch transitive Vertrauensstellungen ermöglicht, nicht durch die direkte Verbindung zwischen den Domänen. Die Vertrauensstellungen zwischen den Rootdomänen der verschiedenen Strukturen werden *Strukturstamm-Vertrauensstellungen* genannt.

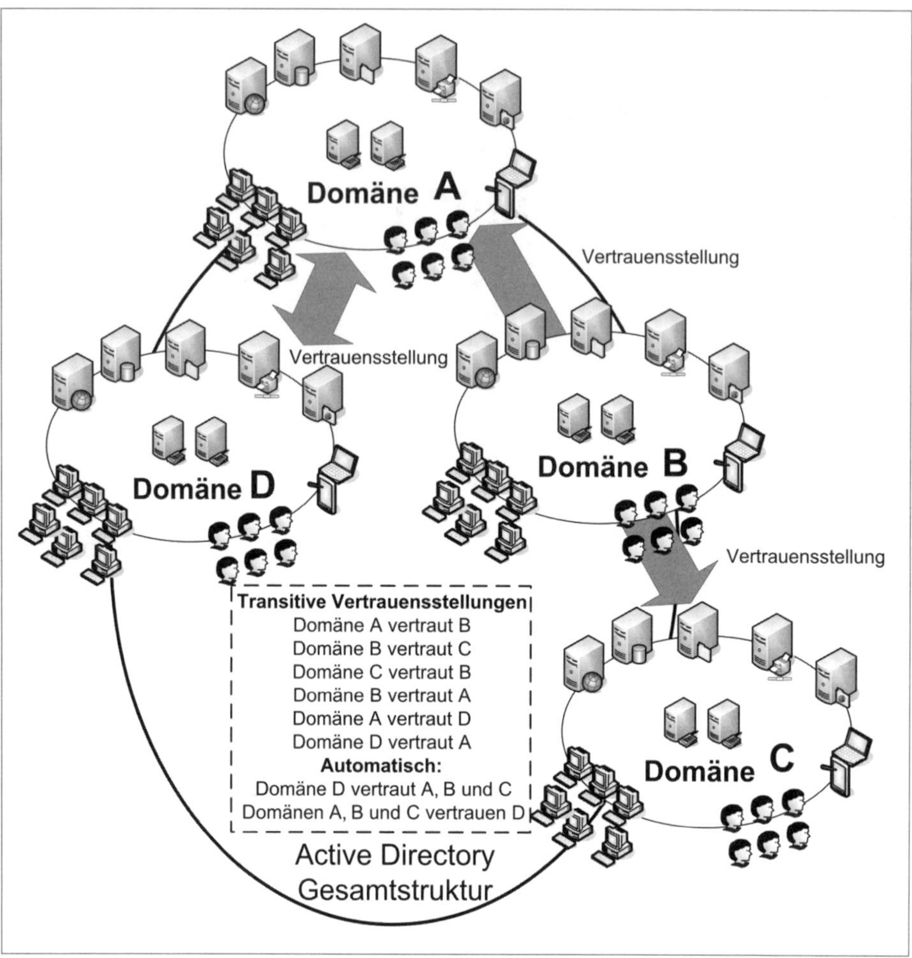

Abb. 17.1 Transitive Vertrauensstellungen unter Windows Server 2022 in Active Directory

Die Verwaltung der Vertrauensstellungen findet mithilfe des Snap-Ins *Active Directory-Domänen und -Vertrauensstellungen* statt. Wenn Sie in diesem Snap-In die Eigenschaften einer Domäne aufrufen, finden Sie auf der Registerkarte *Vertrauensstellungen* alle Vertrauensstellungen dieser Domäne und die dazugehörigen Informationen.

Außer den automatisch eingerichteten Vertrauensstellungen können Sie zusätzliche manuelle Vertrauensstellungen einrichten. Für viele Administratoren ist die Richtung der Vertrauensstellungen noch immer gewöhnungsbedürftig, da die einzelnen Begriffe teilweise etwas verwirrend sind. Generell gibt es in Active Directory zunächst zwei verschiedene Arten von Vertrauensstellungen: unidirektionale und bidirektionale. Bei unidirektionalen Vertrauensstellungen vertraut eine Domäne der anderen, aber nicht umgekehrt. Das heißt, die Benutzer der Domäne 1 können zwar auf Ressourcen der Domäne 2 zugreifen, aber die Benutzer in der Domäne 2 nicht auf Ressourcen in der Domäne 1. Dieser Vorgang ist auch umgekehrt denkbar.

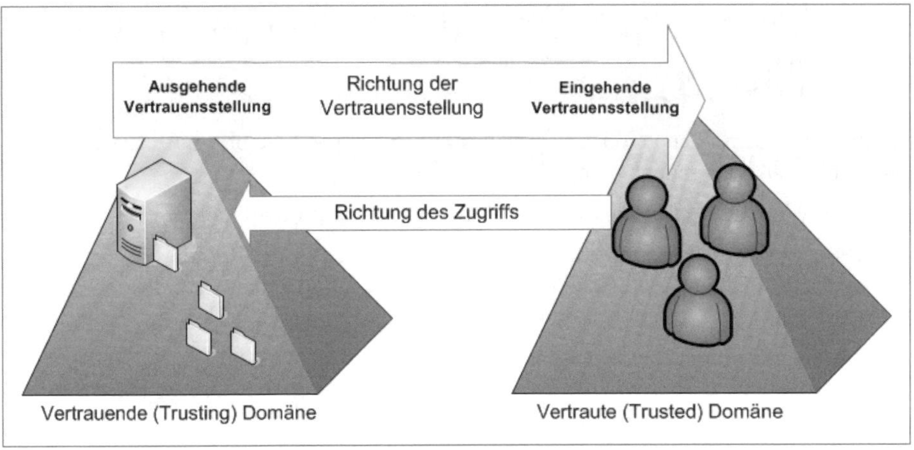

Abb. 17.2 Vertrauensstellungen in Active Directory verstehen

Weitere Unterscheidungen der Vertrauensstellungen in Active Directory sind ausgehende und eingehende Vertrauensstellungen. Bei ausgehenden Vertrauensstellungen vertraut die Domäne 1 der Domäne 2. Das heißt, Anwender der Domäne 2 dürfen auf Ressourcen der Domäne 1 zugreifen.

Bei diesem Vorgang ist die Domäne, von der die Vertrauensstellung ausgeht, die vertrauende (trusting) Domäne. Bei der Domäne mit der eingehenden Vertrauensstellung handelt es sich um die vertraute (trusted) Domäne, in der die Benutzerkonten angelegt sind, die Berechtigungen in der vertrauenden Domäne haben.

Bevor eine Vertrauensstellung erstellt wird, prüft der Server die Eindeutigkeit in folgender Reihenfolge:

- Den NetBIOS-Namen der Domäne
- Den vollqualifizierten Domänennamen (Fully Qualified Domain Name, FQDN) der Domäne
- Die Sicherheits-ID (SID) der Domäne

Diese drei Punkte müssen eindeutig sein, da ansonsten keine Vertrauensstellung erstellt werden kann. Wenn die Domänen-SID identisch ist, muss eine der beiden Domänen erneut installiert werden. Diese Szenarien können eintreten, wenn eine Domäne von der anderen geklont oder nach dem Installieren des Betriebssystems auf einem Server dieser geklont wurde und anschließend Sysprep nicht angewendet worden ist. Meistens erhalten Sie in diesem Fall eine Fehlermeldung in der Art *Dieser Vorgang kann nicht auf der aktuellen Domäne ausgeführt werden.*

17.2 Varianten der Vertrauensstellungen in Active Directory

Neben den beschriebenen Vertrauensstellungen in Active Directory gibt es verschiedene Möglichkeiten, nachträglich manuelle Vertrauensstellungen einzurichten:

- Externe Vertrauensstellungen zu einer anderen Struktur oder Domäne
- Gesamtstruktur-übergreifende Vertrauensstellungen, um die Rootdomänen von zwei unterschiedlichen Gesamtstrukturen zu verbinden. Alle Domänen der beiden Gesamtstrukturen vertrauen sich anschließend automatisch transitiv.
- Vertrauensstellungen zu einem Nicht-Windows-Kerberos-System

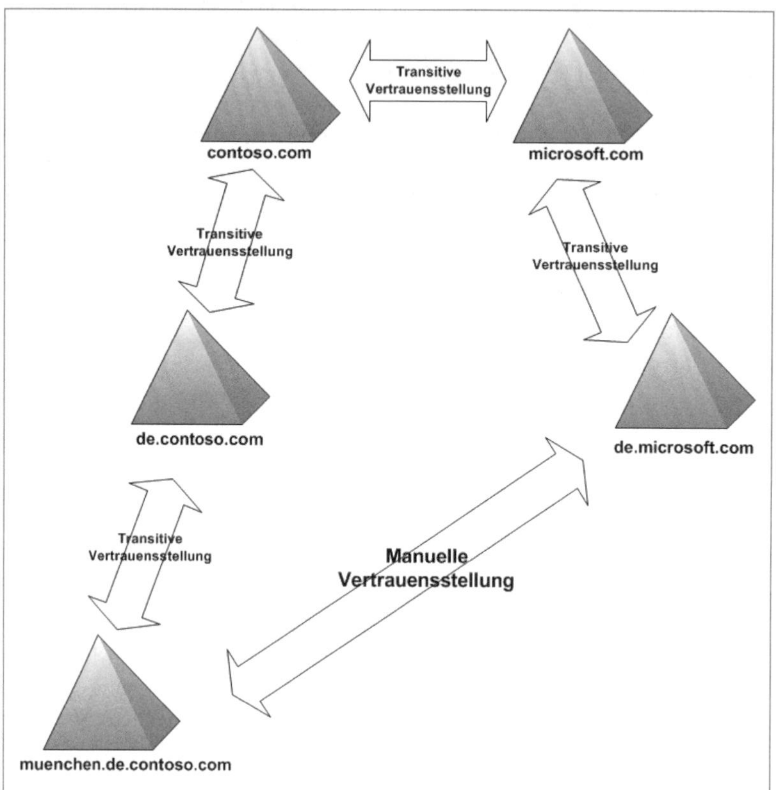

Abb. 17.3 Pfad der Vertrauensstellungen mit mehreren Domänenstrukturen in einer Gesamtstruktur

- Vertrauensstellungen zwischen untergeordneten Domänen verschiedener Strukturen, sogenannte Shortcut Trusts oder abkürzende Vertrauensstellungen, sind ebenfalls möglich. Diese Art der Vertrauensstellung wird häufig verwendet, um den Zugriff auf Ressourcen zwischen Domänen zu beschleunigen. In Active Directory vertrauen sich alle Domänen innerhalb einer Struktur untereinander. Diese Einrichtung der transitiven Vertrauensstellungen erfolgt automatisch. Es werden allerdings keine Vertrauensstellungen zwischen untergeordneten Domänen verschiedener Strukturen eingerichtet, sondern nur zwischen den Rootdomänen der einzelnen Strukturen. Wenn Anwender auf Daten verschiedener untergeordneter Domänen zugreifen wollen, muss die Authentifizierung daher immer den Weg bis zur Rootdomäne der eigenen Struktur gehen, dann zur Rootdomäne der anderen Struktur und schließlich zur entsprechenden untergeordneten Domäne. Diese Authentifizierung kann durchaus einige Zeit dauern.

17.3 Einrichtung einer Vertrauensstellung

Wenn Sie eine Vertrauensstellung zu einer externen Domäne erstellen wollen, sollten Sie zunächst sicherstellen, dass die Namensauflösung zwischen den Domänen fehlerfrei funktioniert (siehe Kapitel 13). Erst wenn die Namensauflösung stabil und zuverlässig funktioniert, sollten Sie die Vertrauensstellung einrichten.

1. Um eine Vertrauensstellung einzurichten, rufen Sie im Snap-In *Active Directory-Domänen und -Vertrauensstellungen* die Eigenschaften der Domäne auf, von der die Vertrauensstellung ausgehen soll.
2. Wechseln Sie in den Eigenschaften zur Registerkarte *Vertrauensstellungen.*
3. Klicken Sie auf die Schaltfläche *Neue Vertrauensstellung*. Es erscheint der Assistent zur Einrichtung neuer Vertrauensstellungen. Bestätigen Sie das Fenster und geben Sie auf der zweiten Seite den Namen der Domäne an, zu der Sie eine Vertrauensstellung einrichten wollen.
4. Wenn Sie eine Vertrauensstellung zu einer Active Directory-Domäne aufbauen wollen, verwenden Sie am besten den DNS-Namen. Wählen Sie als Nächstes die Art der Vertrauensstellung aus.

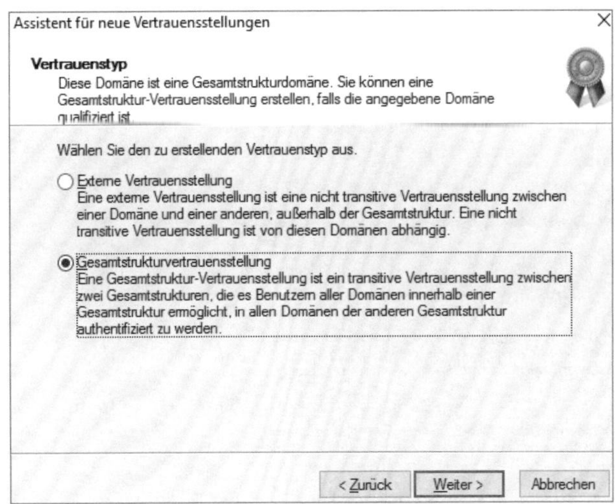

Abb. 17.4 Auswählen der Art der Vertrauensstellung

Bei einer externen Vertrauensstellung kann eine uni- oder bidirektionale Vertrauensstellung zu einer einzelnen Domäne (in einer separaten Gesamtstruktur) eingerichtet werden. Diese Art einer Vertrauensstellung ist nie transitiv. Eine externe Vertrauensstellung kann notwendig sein, wenn Benutzer Zugriff auf Ressourcen einer anderen Domäne in einer anderen Gesamtstruktur brauchen und keine Gesamtstrukturvertrauensstellung besteht.

Dadurch wird eine explizite Vertrauensstellung nur zu dieser einen Domäne erstellt. Wenn diese Domäne weiteren Domänen vertraut, bleibt der Zugriff auf die weiteren Domänen verwehrt. Gesamtstrukturvertrauensstellungen haben den Vorteil, dass sie eine vollständige Kerberos-Integration zwischen Gesamtstrukturen bieten, und zwar bidirektional und transitiv.

Für die Gesamtstruktur-übergreifende Vertrauensstellungen müssen einige Voraussetzungen geschaffen werden:

- Stellen Sie sicher, dass die Namensauflösung zwischen den Gesamtstrukturen funktioniert. Stellen Sie domänenspezifische Weiterleitungen her und überprüfen Sie, ob sich die Domänencontroller der beiden Gesamtstrukturen untereinander per DNS auflösen können (siehe Kapitel 13). Alternativ können Sie einen DNS-Server erstellen, der für die Zonen beider Gesamtstrukturen zuständig ist.
- Bei Gesamtstruktur-übergreifenden Vertrauensstellungen müssen Sie nur die beiden Rootdomänen der Gesamtstrukturen durch eine Vertrauensstellung verbinden. Dann vertrauen sich die Domänen der beiden Gesamtstrukturen transitiv, sodass Sie durch eine Vertrauensstellung mehrere Domänen miteinander verbinden können.

Nach der Auswahl der Art der Vertrauensstellung können Sie festlegen, ob Sie eine unidirektionale oder bidirektionale Vertrauensstellung aufbauen wollen.

- **Bidirektional** – In diesem Fall können sich die Anwender beider Domänen in der jeweils anderen Domäne authentifizieren.
- **Unidirektional: eingehend** – Bei dieser Variante legen Sie fest, dass es sich bei dieser Domäne um die vertraute Domäne der Vertrauensstellung handelt. In diesem Fall können sich die Benutzer dieser Domäne bei der anderen Domäne authentifizieren.
- **Unidirektional: ausgehend** – Bei dieser Vertrauensstellung konfigurieren Sie, dass sich ausschließlich die Anwender der anderen Domäne bei dieser Domäne anmelden dürfen. Die Benutzer dieser Domäne können sich hingegen nicht bei der anderen Domäne anmelden.

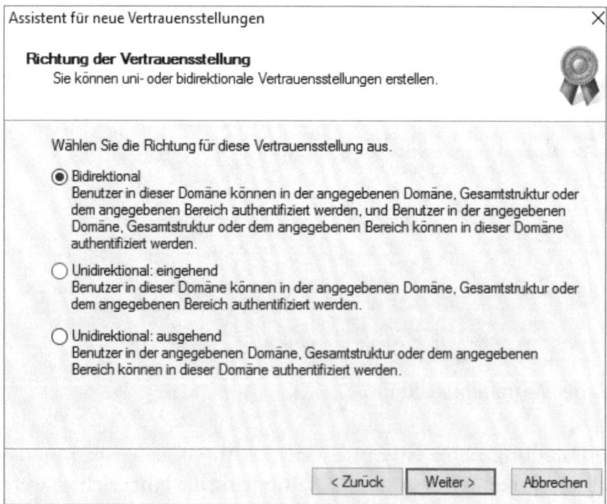

Abb. 17.5 Festlegen der Richtung von Vertrauensstellungen

Im nächsten Fenster können Sie bei *Gesamtstrukturvertrauensstellung* auswählen, ob Sie auch gleich die Vertrauensstellung in der anderen Domäne der anderen Gesamtstruktur erstellen wollen.

Im nächsten Fenster legen Sie den Bereich der Authentifizierung der Vertrauensstellung fest. Die meisten Administratoren verwenden hier die Option *Ausgewählte Authentifizierung* beziehungsweise bei einer Gesamtstrukturvertrauensstellung die Option *Gesamtstrukturweite Authentifizierung*. Dabei können die Anwender der anderen Domäne durch Gruppenmitgliedschaften oder direkte Berechtigungen Zugriff auf die Ressourcen dieser Domäne nehmen.

Wenn Sie die Variante *Ausgewählte Authentifizierung* auswählen, müssen Sie für jeden Server, auf den die Anwender der anderen Domäne zugreifen dürfen, in den Sicherheitseinstellungen die Option *Darf authentifizieren* aktivieren. Durch diese Einstellung erhöhen Sie zwar die Sicherheit auf der anderen Seite, aber auch den Verwaltungsaufwand für die Berechtigungsstruktur. Wenn Sie diese Option aktivieren, wird der Zugriff auf die einzelnen Server im Unternehmen für die Benutzer der anderen Domäne verweigert. Erst muss diese Verweigerung für jeden Server mit Aktivierung der Option *Darf authentifizieren* einzeln zurückgenommen werden. Im nächsten Fenster müssen Sie ein Kennwort für die Vertrauensstellung festlegen. Merken Sie sich dieses Kennwort, da Sie es unter Umständen später wieder für die Verifizierung verwenden müssen.

Verbinden Sie zwei Gesamtstrukturen durch eine Gesamtstruktur-übergreifende Vertrauensstellung, sollten Sie sicherstellen, dass möglichst alle Domänennamen eindeutig sind. Sobald in den Gesamtstrukturen doppelte DNS- oder NetBIOS-Namen auftreten, können diese Domänen nicht auf Ressourcen der jeweils anderen Gesamtstruktur zugreifen.

Wählen Sie im nächsten Fenster aus, ob Sie die Vertrauensstellung überprüfen wollen. Wenn die Erstellung einer Vertrauensstellung nicht funktioniert, liegt es fast immer an Problemen mit der Namensauflösung oder entsprechenden Berechtigungen. Unter Umständen müssen Sie sich bei der Überprüfung der Vertrauensstellung erneut in der anderen Domäne authentifizieren.

Wenn in Ihrer Gesamtstruktur mehrere Strukturen eingesetzt werden, können Sie in der Gesamtstruktur-übergreifenden Vertrauensstellung festlegen, welche Namensräume beziehungsweise Strukturen diese Vertrauensstellung nutzen kann. Sie können einzelne Namensräume aus dem Routing entfernen oder später über die Eigenschaften der Vertrauensstellung hinzufügen. Für die Verwaltung dieser verschiedenen Strukturen können Sie in den Eigenschaften der Vertrauensstellung die Registerkarte *Namensuffixrouting* verwenden.

Vertrauensstellungen lassen sich auch in der Befehlszeile einrichten. Hier ist es allerdings empfehlenswert, nach der Einrichtung zu überprüfen, ob die Vertrauensstellung funktioniert, denn manchmal macht das Befehlszeilentool *netdom.exe* Probleme:

netdom trust <TrustingDomainName> {/d: | /domain:} <TrustedDomainName> [{/ud: | /userd:} [<Domain>\]<User> [{/pd: | /passwordd:}{<Password>|}] [{/uo: | /usero:}<User>] [{/po: | /passwordo:}{<Password>|*}] [/verify] [/reset] [/passwordt:<NewRealmTrustPassword>] [/add [/realm]] [/remove [/force]] [/twoway] [/kerberos] [/transitive[:{YES|NO}]] [/oneside:{TRUSTED | TRUSTING}] [/force] [/quarantine[:{YES | NO}]] [/namesuffixes:<TrustName> [/togglesuffix:#]] [/EnableSIDHistory] [/ForestTRANsitive] [/SelectiveAUTH][/AddTLN][/AddTLNEX][/RemoveTLN] [/RemoveTLNEX][/SecurePasswordPrompt] [/EnableTgtDelegation] [{/help | /?}*

Die Syntax wird auf der Seite »Netdom trust« (*https://docs.microsoft.com/en-us/previous-versions/windows/it-pro/Windows-server-2012-r2-and-2012/cc835085(v=ws.11)*) der Microsoft-Dokumentation ausführlich erläutert. Ein einfaches Beispiel ist:

netdom trust <VertrauendeDomäne> /domain:<VertrauteDomäne> /quarantine:yes /userD: <Domänenadministrator> /passwordD: <KennwortDesDomänenAdministrators>

17.3.1 Fehler mit Vertrauensstellungen von Computern zur Domäne beheben

Es gibt auch Vertrauensstellungen zwischen Computern und der Domäne, in der Computer Mitglied sind. Diese Vertrauensstellungen haben nichts mit den Vertrauensstellungen zwischen Domänen zu tun, liefern aber manchmal Fehler, wenn ein Computer längere Zeit nicht angemeldet war oder wenn bei einer VM ein Snapshot zurückgesetzt wurde. Fehler in der Art *Die Vertrauensstellung … konnte nicht hergestellt werden* tauchen auch auf, wenn Computer wiederhergestellt werden. Solche Fehler können in der PowerShell meistens leicht behoben werden. Dazu nutzen Sie folgendes Cmdlet:

Reset-ComputerMachinePassword -Server <Domänencontroller> -Credential <Domäne>\ <Administrator>

Ebenfalls hilfreich kann folgender Befehl sein:

Test-ComputerSecureChannel -Repair -Server -Server <Domänencontroller> -Credential <Domäne>\<Administrator>

Ob die Vertrauensstellung zwischen Domäne und Computer funktioniert, kann auch in der Befehlszeile überprüft werden:

nltest /sc_query:<Name der Domäne>

17.4 Automatisch aktivierte SID-Filterung

Der SID-Filter wird automatisch aktiviert, wenn eine Vertrauensstellung zu einer externen Domäne eingerichtet wird. Mit der SID-Filterung werden ausgehende Vertrauensstellungen gesichert. Dadurch soll verhindert werden, dass Administratoren in der vertrauten (trusted) Domäne unberechtigt Berechtigungen innerhalb der vertrauenden (trusting) Domäne vergeben.

Der SID-Filter stellt sicher, dass sich in der vertrauenden Domäne ausschließlich Benutzer aus der vertrauten Domäne authentifizieren dürfen, deren SID die Domänen-SID der vertrauten Domäne enthalten. Wenn die SID-Filterung deaktiviert ist, könnte ein außenstehender Benutzer, der Administratorrechte in der vertrauten Domäne besitzt, den Netzwerkverkehr der vertrauenden Domäne abhören und die SID eines Administrators auslesen. Im Anschluss kann er diese SID seiner eigenen SID-History anhängen. Durch diesen Vorgang würde also ein Administrator der vertrauten Domäne zu Administratorrechten in der vertrauenden Domäne gelangen. Durch die Aktivierung der SID-Filterung ist es allerdings auch möglich, dass die SID-History der Anwender ignoriert wird, die diese unter Umständen aus anderen Domänen durch eine Migration erhalten haben. In diesem Fall könnten Probleme bei der Authentifizierung von Ressourcen auftreten.

Der SID-Filter kann daher nicht immer eingesetzt werden. Wenn Sie für Ressourcen in der vertrauenden Domäne Berechtigungen für eine universale Gruppe aus Active Directory der vertrauten Domäne vergeben, müssen Sie zuvor sicherstellen, dass diese universale Gruppe auch in der vertrauten Domäne erstellt wurde, und nicht in einer anderen Domäne von Active Directory. Wurde die universale Gruppe nicht in der vertrauten Domäne erstellt, enthält sie auch nicht die SID dieser Domäne und darf durch die SID-Filterung nicht auf die Ressourcen in der vertrauenden Domäne zugreifen. Aus den genannten Gründen, vor allem bei Migrationen oder Vertrauensstellungen zu Domänen eines anderen Active Directorys, kann es sinnvoll sein, die SID-Filterung zu deaktivieren.

Die Deaktivierung der SID-Filterung erfolgt über das Befehlszeilentool Netdom. Um die SID-Filterung zu deaktivieren, geben Sie in der Eingabeaufforderung den folgenden Befehl ein:

netdom trust <VertrauendeDomäne> /domain:<VertrauteDomäne> /quarantine:no /user D: <Domänenadministrator> /passwordD:<KennwortDesDomänenAdministrators>

Sie können die SID-Filterung wieder ganz einfach aktivieren, indem Sie die Option */quarantine* auf *yes* setzen, also mit dem Befehl:

netdom trust <VertrauendeDomäne> /domain:<VertrauteDomäne> /quarantine:yes /user D: <Domänenadministrator> /passwordD: <KennwortDesDomänenAdministrators>

17.5 Zusammenfassung

In diesem Kapitel haben wir Ihnen gezeigt, wie Sie Vertrauensstellungen innerhalb einer Active Directory-Gesamtstruktur einrichten, um die Leistung zu verbessern, aber auch Vertrauensstellungen zwischen Gesamtstrukturen einrichten, was vor allem bei Migrationen eine wichtige Rolle spielt.

Im nächsten Kapitel widmen wir uns der Benutzerverwaltung in Active Directory und der verschiedenen Möglichkeiten der Benutzerprofile.

Kapitel 18

Benutzerverwaltung und Profile

In diesem Kapitel erfahren Sie, wie Benutzer in Active Directory und auf lokalen Servern verwaltet werden. Außerdem gehen wir darauf ein, wie Sie Benutzerprofile in Active Directory und auf Clients mit Windows 7/8/8.1/10 und auch Windows 11 verwalten. Dann erfahren Sie, wie Benutzer mit dem Active Directory-Verwaltungscenter administriert werden. Mehr dazu lesen Sie auch in den vorherigen Kapiteln.

Die Verwaltung von Benutzern einer Domäne findet meistens mit dem Snap-In *Active Directory-Benutzer und -Computer* statt. Lokale Benutzerkonten verwalten Sie über den lokalen Benutzer-Manager, den Sie über *lusrmgr.msc* im Startmenü aufrufen.

18.1 Grundlagen zur Verwaltung von Benutzern

In Active Directory gibt es verschiedene Administratorgruppen, die über unterschiedliche Berechtigungen verfügen. Nur wenn ein Konto in allen wichtigen Administratorgruppen Mitglied ist, verfügt es über umfassende Rechte in Active Directory. Diese Gruppen befinden sich im Container *Users*. Im folgenden Abschnitt beschreiben wir diese Gruppen ausführlicher, damit Sie die Auswirkungen verstehen, wenn Sie einen Anwender als Mitglied einer dieser Gruppen aufnehmen.

- **Domänenadmins** – Enthalten die Administratoren, die die lokale Domäne verwalten und umfassende Rechte in dieser Domäne haben. Ein Administrator ist jeweils nur für eine Domäne zuständig. Wenn Sie mehrere Domänen in einer Gesamtstruktur anlegen, gibt es mehrere Benutzerkonten-Administratoren, die jeweils zu einer Domäne gehören und nur in dieser einen Domäne volle administrative Berechtigungen besitzen. Domänenadmins haben in einer Domäne umfassendere Rechte als Organisationsadmins.
- **Organisationsadmins** – Sind eine spezielle Gruppe von Administratoren, die Berechtigungen für alle Domänen in Active Directory besitzen. Sie haben auf Ebene der Gesamtstruktur die meisten Rechte, aber in einzelnen Domänen haben die Domänenadmins mehr Rechte. Organisationsadmins gibt es nur in der Rootdomäne.

- **Schemaadmins** – Sind eine der kritischsten Gruppen überhaupt. Mitglieder dieser Gruppe dürfen Veränderungen am Schema von Active Directory vornehmen. Produkte, die das Schema von Active Directory erweitern, wie zum Beispiel Exchange, können nur installiert werden, wenn der installierende Administrator in dieser Gruppe Mitglied ist.

Das Konto *Administrator* in der ersten installierten Domäne einer Gesamtstruktur ist das wichtigste und kritischste Konto im gesamten System. Es erlaubt den administrativen Zugriff auf alle wichtigen Systemfunktionen und ist Mitglied aller beschriebenen Administratorgruppen.

Einige der Gruppen sind nur in der ersten innerhalb der Gesamtstruktur eingerichteten Domäne definiert. Andere Gruppen erstellt Windows Server erst nach der Installation bestimmter Dienste wie DNS und DHCP. Wir gehen nachfolgend ausführlicher auf diese Gruppen ein.

Vor allem in Gesamtstrukturen sind diese Standardgruppen in der Rootdomäne besonders wichtig:

- **DHCP-Administratoren** – Dürfen DHCP-Server in der Domäne verwalten. Die Gruppe wird nach der Installation des ersten DHCP-Servers auf einem Domänencontroller der Domäne erstellt.
- **DHCP-Benutzer** – Enthält Benutzerkonten, die lesend auf die Informationen des DHCP-Dienstes zugreifen, aber keine Änderungen vornehmen dürfen. Diese Gruppe ist nur für Administratoren und Operatoren, nicht für normale Benutzer oder Computer relevant. Computer, die DHCP-Adressen anfordern, müssen darin nicht aufgenommen werden.
- **DnsAdmins** – Diese Gruppe enthält die Administratoren für DNS-Server. Dieser Gruppe sind keine Benutzer zugeordnet. Sie kann verwendet werden, um die Administration von DNS-Servern zu delegieren. Das ist vor allem dann von Bedeutung, wenn die DNS-Infrastruktur eines Unternehmens von Administratoren verwaltet wird, die nicht für die Active Directory-Umgebung zuständig sind. Diese Gruppe wird erst angelegt, wenn ein DNS-Server auf einem Domänencontroller erstellt wurde, der seine Informationen in Active Directory verwaltet.
- **DnsUpdateProxy** – In dieser Gruppe befinden sich Computer, die als Proxy für die dynamische Aktualisierung von DNS-Einträgen fungieren können. Diese Gruppe steht nur zur Verfügung, wenn ein Domänencontroller angelegt wird. In diese Gruppe können Sie zum Beispiel DHCP-Server aufnehmen, die dynamische DNS-Einträge für die Clients auf den DNS-Servern erstellen sollen.
- **Richtlinien-Ersteller-Besitzer** – Diese Gruppe umfasst die Anwender, die Gruppenrichtlinien für die Domäne erstellen dürfen. Das können Administratoren sein, die sich nur um diese Aufgabe in der Gesamtstruktur kümmern.
- **WINS Users** – Diese Gruppe wird angelegt, wenn es einen WINS-Server auf einem der Domänencontroller gibt. In ihr befinden sich die Benutzer, die nur Leserechte auf die WINS-Datenbank haben.

Die Gruppen *DnsUpdateProxy*, *Organisationsadmins*, *Schemaadmins* und *DnsAdmins* werden in der ersten Domäne, die in einer Gesamtstruktur eingerichtet wird, definiert. Dies ist gleichzeitig die oberste Domäne der ersten Struktur der Gesamtstruktur. Einer Gruppe können Benutzer und Benutzergruppen aus unterschiedlichen Domänen der Struktur hinzugefügt werden.

18.1.1 Active Directory-Benutzerverwaltung

Um einen Benutzer anzulegen, klicken Sie im ersten Schritt mit der rechten Maustaste auf die Organisationseinheit (Organizational Unit, OU). Im Kontextmenü dieses Containers wählen Sie im Untermenü *Neu* den Befehl *Benutzer* aus. Alternativ verwenden Sie das Active Directory-Verwaltungscenter.

Das Snap-In *Active Directory-Benutzer und -Computer* rufen Sie am schnellsten über *dsa.msc* auf, das Active Directory-Verwaltungscenter mit *dsac*.

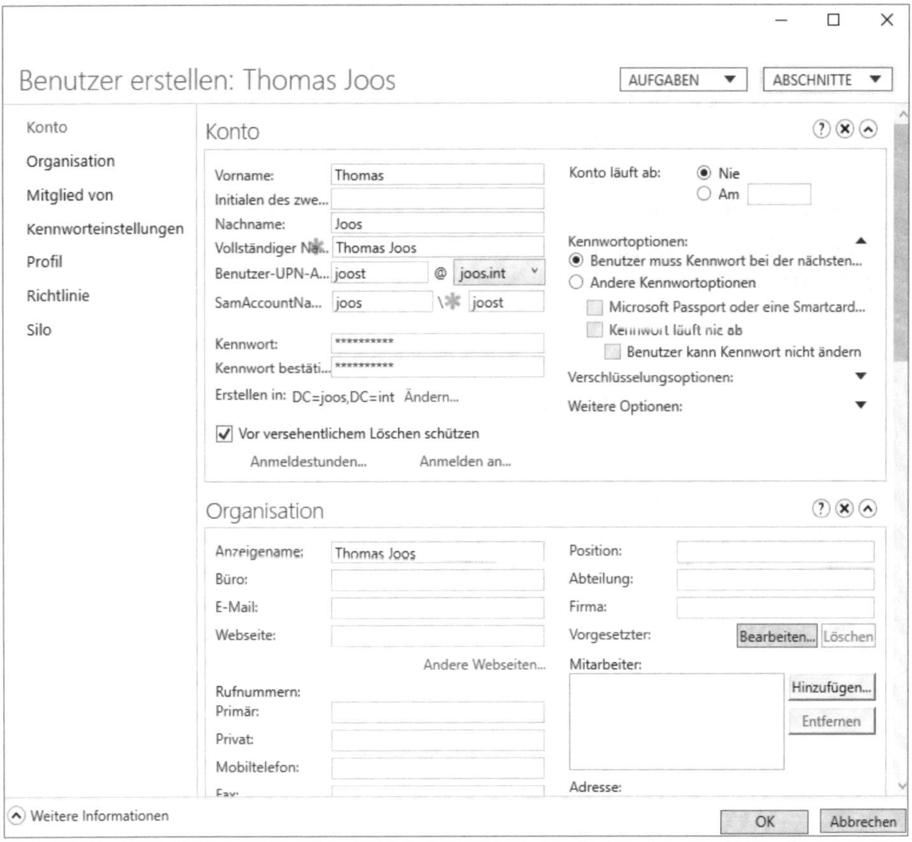

Abb. 18.1 Anlegen neuer Objekte im Active Directory-Verwaltungscenter

Im ersten Dialogfeld legen Sie die Namensinformationen für diesen Benutzer fest, wenn Sie *Active Directory-Benutzer und -Computer* verwenden. Im Active Directory-Verwaltungscenter finden Sie alles auf einer Seite. Mit dem kleinen Pfeil können Sie einzelne Optionen ein- und ausblenden lassen. Hier kann der Vorname, ein oder mehrere Mittelinitialen und der Nachname angegeben werden.

Den Benutzeranmeldenamen legen Sie als DNS-Namen für Windows Server 2022 (*joost@contoso.int*) und als NetBIOS-kompatiblen Namen (*contoso\joost*) fest. Meist melden sich die Benutzer über den NetBIOS-Namen an. Der NetBIOS-Name darf eine Länge von bis zu 20 Zeichen haben und muss innerhalb der Domäne eindeutig sein. Es darf aber mehrere Benutzer mit dem gleichen Benutzernamen in unterschiedlichen Domänen der Gesamtstruktur geben, da sich hier der Name schon durch die verschiedenen Domänen unterscheidet.

Durch Auswahl der Schaltfläche *Weiter* wechseln Sie zur zweiten Seite des Assistenten, wenn Sie *Active Directory-Benutzer und -Computer* verwenden. Falls Sie den Benutzer im Active Directory-Verwaltungscenter anlegen, nehmen Sie alle Einstellungen auf der ersten Seite des Assistenten vor. Wichtig sind noch folgende Optionen, unabhängig davon, ob Sie *Active Directory-Benutzer und -Computer* oder das Active Directory-Verwaltungscenter verwenden:

- Wenn das Kontrollkästchen *Benutzer muss Kennwort bei der nächsten Anmeldung ändern* aktiviert ist, muss der Benutzer bei der ersten Anmeldung ein neues Kennwort eingeben. Er erhält dazu eine entsprechende Aufforderung.
- *Benutzer kann Kennwort nicht ändern* ist selbsterklärend und wird meistens für Dienstkonten verwendet.
- Aktivieren Sie das Kontrollkästchen *Kennwort läuft nie ab*, muss der Anwender das Kennwort nicht ändern, auch wenn in den Gruppenrichtlinien eine entsprechende Änderung vorgeschrieben ist.
- Durch das Kontrollkästchen *Konto ist deaktiviert* in *Active Directory-Benutzer und -Computer* wird das Konto zwar erstellt, steht aber nicht zur Anmeldung bereit, bis ein Administrator es aktiviert. Diese Option ist von Bedeutung, wenn ein Benutzer für eine längere Zeit abwesend ist und verhindert werden soll, dass trotzdem mit seinem Konto gearbeitet wird. Beispiele dafür sind Mutterschutz, längerer Urlaub und andere Situationen. Sie dürfen einen Benutzer in dieser Situation nicht löschen, da die Zugriffsrechte jeweils über die eindeutige Sicherheits-ID (SID) vergeben werden. Wenn Sie den Benutzer löschen und neu definieren, erhält dieser eine neue SID, die sich definitiv von seiner früheren unterscheidet. Damit müssen Sie ihm alle Zugriffsrechte neu zuweisen.

Zum Anlegen sind keine weiteren Einstellungen möglich. Sie können ohnehin nach dem Anlegen eines Benutzers alle weiteren Einstellungen nachträglich anpassen. Auch hier können Sie das Snap-In *Active Directory-Benutzer und -Computer* oder das Active Directory-Verwaltungscenter einsetzen.

18.1.2 Benutzerkonten in der PowerShell anlegen, verwalten und löschen

Neben der Möglichkeit, Benutzer über den Import einer CSV-Datei anzulegen, können mit der PowerShell auch mehrere Benutzer auf einmal angelegt werden. Sinnvoll ist das vor allem dann, wenn Benutzerkonten nicht umfassend personalisiert werden sollen oder wenn Benutzerkonten für Schulungsräume angelegt werden sollen. In einem Skript werden dazu zunächst verschiedene Variablen angelegt:

```
$pass= "kennw0rt" | ConvertTo-SecureString -AsPlainText -Force
$Nummer=1..20
Foreach ($z in $Nummer) {New-AdUser -Name Schulung$z -Path "OU=Schulung, DC=Joos, DC=int"
-enabled $True -ChangePasswordAtLogon $true -AccountPassword $pass}
```

Mit dem sehr einfachen Skript können in kurzer Zeit sehr viele Benutzerkonten erstellt werden.

Auf dem gleichen Weg wie das Verschieben von Benutzerkonten können Benutzer auch entfernt werden. Dazu wird das Cmdlet *Remove-ADUser* verwendet. Zum Löschen der Benutzerkonten besteht die Möglichkeit, mit Pipe (|) zu arbeiten. Das Ergebnis der Suche mit *Get-ADUser* übergeben Sie in diesem Fall an *Remove-ADUser*:

*Get-ADUser -SearchBase "OU=Schulung-Berlin, OU=Schulung, DC=Joos,DC=int" -Filter * | Remove-ADUser -Confirm:$false -Verbose*

Um in der PowerShell alle nicht aktiven Benutzerkonten anzuzeigen, kann der folgende Befehl verwendet werden:

Search-ADAccount -UsersOnly -AccountInactive

Wollen Sie Benutzerkonten, die in einer bestimmten Zeitspanne inaktiv waren, anzeigen, verwenden Sie das Cmdlet *New-Timespan*. Die Zeitspanne können Sie auch in einer Variablen speichern:

$time = New-Timespan -Days 120

Danach suchen Sie nach inaktiven Benutzerkonten innerhalb dieser Zeitspanne:

Search-ADAccount -UsersOnly -AccountInactive -TimeSpan $time

Auch hier kann das Ergebnis an ein anderes Cmdlet weitergegeben werden, um die Anzeige zu verbessern:

Search-ADAccount -UsersOnly -AccountInactive | Get-ADuser | Sort LastLogOnDate | Select Name,Department,Title,DistinguishedName

An diesem Beispiel ist zu sehen, dass die Ergebnisse von Cmdlets mehrmals mit dem Pipe-Zeichen (|) an andere Cmdlets weitergegeben wurden.

Um sich alle Benutzerkonten anzeigen zu lassen, die in Active Directory vorhanden und nicht deaktiviert sind, können Sie folgenden Befehl verwenden:

Get-ADUser -ldapfilter "(&(&(objectCategory=user)(userAccountControl=512)))" | where-object -property enabled -eq true | fl name

Mit *userAccountControl* und dem Wert 512 wird das Flag *NORMAL_ACCOUNT* weitergegeben (*https://docs.microsoft.com/en-us/troubleshoot/Windows-server/identity/useraccountcontrol-manipulate-account-properties*).

Um sich alle deaktivierten Benutzerkonten anzeigen zu lassen, können Sie den folgenden Befehl verwenden:

Search-ADAccount –AccountDisabled -UsersOnly | Select -Property Name,DistinguishedName

In der PowerShell kann die Anzahl der Objekte gezählt werden:

*(Get-ADUser -Filter * -SearchBase "OU=Schulung-Berlin, OU=Schulung, DC=Joos,DC=int").count*

Auch Gruppenmitglieder können auf diesem Weg gezählt werden:

(Get-ADGroupMember -Identity "Schulung").count

Um alle Benutzerkonten in Active Directory zu zählen, verwenden Sie:

(Get-ADUser -Filter "Name -like ''").count*

Alle Computerkonten zählen Sie mit:

(Get-ADComputer -Filter "Name -like ''").count*

Um alle Windows Server-Systeme anzuzeigen, verwenden Sie:

*(Get-ADComputer -Filter "OperatingSystem -like '*Server*'").count*

In der PowerShell können schnell und einfach Computerkonten angezeigt werden, die schon lange nicht mehr aktiv genutzt wurden:

*Get-ADComputer -Filter * -Properties * | Sort LastLogonDate | FT Name, LastLogonDate*

18.1.3 Verwalten von Benutzerkonten

Im Kontextmenü eines angelegten Benutzers in *Active Directory-Benutzer und -Computer* steht Ihnen eine Reihe von Möglichkeiten zur Verfügung. Auf diese gehen wir nachfolgend ein. Viele Einstellungen erreichen Sie auch über das Active Directory-Verwaltungscenter.

- Mit dem Befehl *Kopieren* können Sie die meisten Einstellungen dieses Benutzerkontos in ein neues Konto übernehmen. Die Einstellungen für den Benutzernamen und das Kennwort müssen erneut eingegeben werden. Dazu wird der beschriebene Assistent aufgerufen. Beim Kopieren werden die Gruppenmitgliedschaften übernommen.
- Durch Auswahl von *Einer Gruppe hinzufügen* können Sie den Benutzer zu Gruppen Ihrer Domäne oder Gesamtstruktur hinzufügen. Durch Auswahl von *Mitglieder einer Gruppe hinzufügen* können Sie den Benutzer zu Gruppen ihrer Domäne hinzufügen. Sie können entweder Objektnamen eingeben oder alternativ auf *Erweitert* klicken, um nach Gruppen zu suchen. Dort können Sie Teile von Namen eingeben oder sich alle Gruppen auflisten lassen. Die Änderung wurde durchgeführt, um in großen Umgebungen effizienter suchen zu können.
- Der Befehl *Konto deaktivieren* kann verwendet werden, um die zeitweilige Deaktivierung eines Kontos durchzuführen. Das Konto bleibt mit allen Einstellungen erhalten, kann aber nicht zur Anmeldung genutzt werden. Deaktivierte Konten werden durch ein besonderes Symbol in der Anzeige des Snap-Ins *Active Directory-Benutzer und -Computer* gekennzeichnet. Ein deaktiviertes Konto können Sie über den gleichen Weg wieder aktivieren.
- Mit *Kennwort zurücksetzen* können Sie einem Benutzer ein neues Kennwort zuweisen.

- Mit dem Befehl *Verschieben* lässt sich ein Dialogfeld öffnen, über das der Benutzer in eine andere OU der Domäne, in der er angelegt wurde, verschoben werden kann. Damit können auf einfache Weise Reorganisationen durchgeführt werden.
- Zusätzlich gibt es die beiden Befehle *Löschen* und *Umbenennen*. Mit diesen kann ein Benutzerkonto gelöscht oder der vollständige Name des Benutzers verändert werden. Achten Sie beim Löschen darauf, dass es sich um eine nicht widerrufbare Aktion handelt, weil damit die SID des Benutzers gelöscht wird. Haben Sie den Active Directory-Papierkorb aktiviert (siehe Kapitel 12), können Sie das Objekt mit dem Active Directory-Verwaltungscenter wiederherstellen. Durch das Anlegen eines Benutzers mit gleichem Namen erzeugen Sie nicht das gleiche Benutzerkonto, da sich die SID ändert. Die Wiederherstellung muss in diesem Fall über den Active Directory-Papierkorb ablaufen.

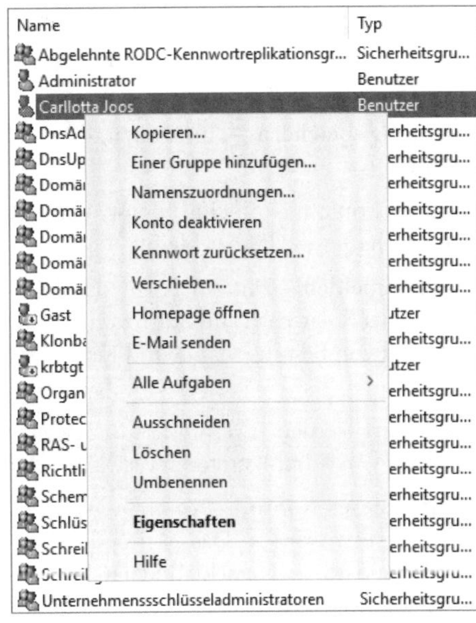

Abb. 18.2 Kontextmenü von Benutzerkonten

Im Active Directory-Verwaltungscenter stehen an dieser Stelle weniger Optionen zur Verfügung, da hier nur die wichtigsten Befehle notwendig sind. Häufige Aufgaben finden Sie hier gleich auf der Startseite, zum Beispiel das Zurücksetzen von Benutzerkennwörtern.

Die meisten Informationen liefert der Befehl *Eigenschaften* im Kontextmenü. Damit können Sie im Snap-In auf ein Dialogfeld zugreifen, in dem Sie über eine Vielzahl von Registerkarten die Eigenschaften von Benutzern anpassen können. Im Active Directory-Verwaltungscenter erhalten Sie die gleiche formularbasierte Ansicht wie beim Anlegen. Über die Kategorie *Erweiterungen* zeigt aber auch das Active Directory-Verwaltungscenter die fehlenden Registerkarten an. Auch hier lassen sich wieder einzelne Bereiche ein- und ausblenden. Rufen Sie im Snap-In *Active Directory-Benutzer und -Computer* zuvor den Menübefehl *Ansicht/Erweiterte Features* auf, damit alle Registerkarten angezeigt werden:

- Auf der Registerkarte *Allgemein* befinden sich unter anderem die Informationen zum vollständigen Namen des Benutzers, die Sie beim Anlegen des Benutzerkontos eingegeben haben.

- Auf der Registerkarte *Konto* werden die Einstellungen für Kennwörter und Anmeldenamen verwaltet:
  - **Anmeldezeiten** – Mit dieser Schaltfläche öffnen Sie ein Dialogfeld, in dem Sie die Zeiten festlegen, zu denen sich ein Benutzer anmelden darf.
  - **Anmelden an** – Über diese Schaltfläche wählen Sie Computer aus, an denen sich der Anwender anmelden darf.
  - **Kontosperrung aufheben** – Dieses Kontrollkästchen wählen Sie, nachdem ein Konto gesperrt wurde. Die Situationen, in denen ein Konto gesperrt werden soll, können Sie in den Gruppenrichtlinien konfigurieren (siehe Kapitel 19).
  - **Benutzer kann das Kennwort nicht ändern** – Setzt ein Kennwort auf eine feste Vorgabe, die nur von entsprechend autorisierten Operatoren und von Administratoren verändert werden kann.
  - **Kennwort läuft nie ab** – Definiert, dass für dieses Konto keine Änderungen nach in den Richtlinien definierten Zeiträumen erforderlich werden.
  - **Kennwort mit umkehrbarer Verschlüsselung speichern** – Führt dazu, dass Administratoren die Kennwörter auslesen können.
  - **Konto ist deaktiviert** – Führt dazu, dass das Konto nicht mehr für eine Anmeldung genutzt werden kann, aber mit allen Eigenschaften verfügbar bleibt.
  - **Benutzer muss sich mit einer Smartcard anmelden** – Hat zur Folge, dass sich ein Benutzer in jedem Fall unter Verwendung einer Smartcard authentifizieren muss. Er kann sich nicht mehr mit einer Kombination von Benutzername und Kennwort anmelden.
  - **Konto ist vertraulich und kann nicht delegiert werden** – Verhindert die Delegation eines Kontos an andere Benutzer. Es kann nur von Administratoren verwaltet werden.
  - **Kerberos-DES-Verschlüsselungstypen für dieses Konto** – Legt fest, welche Verschlüsselungsverfahren für das Konto eingesetzt werden. Das ist für das Deployment von Clients im internationalen Umfeld mit unterschiedlichen rechtlichen Rahmenbedingungen für die Verschlüsselung von Bedeutung. Das gilt auch für das Festlegen des maximalen Verschlüsselungszustands in den nachfolgenden beiden Punkten.
  - **Dieses Konto unterstützt Kerberos-AES-128-Bit-Verschlüsselung** – Steuert die Verschlüsselung für das Konto.
  - **Dieses Konto unterstützt Kerberos-AES-256-Bit-Verschlüsselung** – Steuert die Verschlüsselung für das Konto.
  - **Keine Kerberos-Präauthentifizierung erforderlich** – Laut dem Kerberos-Standard ist die TGT-Anforderung des Clients ein unverschlüsseltes Paket, da es keine sicherheitssensiblen Daten enthält. Bei Verwendung der Kerberos-Präauthentifizierung ist dieses Paket bereits mit dem privaten Schlüssel des Benutzers/Anforderers verschlüsselt. Für die Interoperabilität mit anderen Kerberos-Implementierungen kann diese Präauthentifizierung deaktiviert werden.

Zusätzlich legen Sie im unteren Bereich ein Ablaufdatum für das Konto fest. Die Registerkarte *Mitglied von* zeigt eine Liste der Gruppen an, in denen der Benutzer Mitglied ist.

Über die Registerkarte *Einwählen* können Sie die RAS-Berechtigungen für diesen Benutzer konfigurieren. Eine weitere interessante Registerkarte bei den Eigenschaften eines Benutzers ist *Objekt*. Diese wird nur angezeigt, wenn Sie im Menü *Ansicht* die erweiterten Features aktiviert haben. Auf dieser Registerkarte werden einige systeminterne Informationen angezeigt. Dazu gehört der vollqualifizierte Domänenname des Objekts, die Objektklasse – die Klasse, auf der dieses Objekt basiert – sowie Erstellungs- beziehungsweise Änderungsdaten und die USN (Update Sequence Number). Die USN wird fortlaufend vergeben und zeigt an, um die wievielte Änderung in Active Directory es sich handelt. Sie bildet die Basis für die Replikation, da anhand ihrer überprüft werden kann, ob die Einträge auf zwei unterschiedlichen Domänencontrollern den gleichen Status haben. Auf dieser Registerkarte können Sie konfigurieren, dass das Objekt nicht gelöscht werden kann.

Mit dem Cmdlet *Move-ADObject* können mehrere Objekte, auch Benutzerkonten, gleichzeitig verschoben werden. Dazu können zum Beispiel zunächst die Benutzerkonten mit *Get-ADUser* gefiltert werden. Passt der Filter, besteht der nächste Schritt darin, die gefundenen Benutzer in die gewünschte OU zu verschieben, in dem das Ergebnis von *Get-ADUser* an *Move-ADObject* weitergegeben wird.

Um zum Beispiel Benutzerkonten in eine andere OU zu verschieben, werden zunächst die Benutzerkonten angezeigt:

*Get-ADUser -Filter * -SearchBase "OU=Schulung,DC=Joos,DC=int"*

Stimmt die Anzeige, kann das Ergebnis mit Pipe (|) an *Move-ADObject* übertragen werden. Hier ist dann auch die neue OU notwendig:

*Get-ADUser -Filter * -SearchBase "OU=Schulung,DC=Joos,DC=int" | Move-ADObject -TargetPath "OU=Schulung-berlin,OU=Schulung, DC=Joos, DC=int"*

18.1.4 Benutzerverwaltung für Remotedesktopbenutzer

In den Eigenschaften eines Benutzers stehen Ihnen mehrere Registerkarten zur Verfügung, auf denen Sie die Eigenschaften des Benutzerkontos für die Anmeldung auf Remotedesktopserver (siehe Kapitel 28) speziell anpassen können:

- *Umgebung*
- *Sitzungen*
- *Remoteüberwachung*
- *Remotedesktopdienste-Profil*

Auf der Registerkarte *Remoteüberwachung* legen Sie fest, ob dieser Benutzer von Administratoren gespiegelt werden kann und mit welchen Optionen das möglich ist. Hier legen Sie auch fest, ob sich Administratoren ohne Bestätigung durch den Benutzer auf die Sitzung spiegeln können. Die Einstellungen in den Benutzerkonten haben nur für diesen Benutzer Gültigkeit.

Auf der Registerkarte *Remotedesktopdienste-Profil* können Sie das servergespeicherte Profil festlegen, das ausschließlich für die Terminalsitzungen dieses Benutzers verwendet wird. Zusätzlich können Sie auf dieser Registerkarte festlegen, ob mit dem Benutzer ein bestimmtes Netzlaufwerk verbunden werden soll. Hier bestimmen Sie auch, ob sich ein Benutzer überhaupt auf einem Remotedesktop anmelden darf. Zu den servergespeicherten Profilen kommen wir noch in den nächsten Abschnitten zurück.

Die Registerkarten *Umgebung* und *Sitzungen* entsprechen den Einstellungen für das Remotedesktopprotokoll in der Konfiguration der Remotedesktopdienste. Wenn der Remotedesktop nur verwendet wird, um eine einzige Anwendung zur Verfügung zu stellen, oder alle anderen Anwendungen über eine Startapplikation gestartet werden sollen, können Sie dem Anwender über die Registerkarte *Umgebung* statt des Windows-Desktops nur diese Applikation zur Verfügung stellen.

Aktivieren Sie dazu das Kontrollkästchen *Folgendes Programm beim Anmelden starten* und geben Sie anschließend das zu startende Programm mit dem kompletten Pfad an. Durch diesen Schritt müssen die Anwender beim Starten der Verbindung nicht noch ein Programm starten und können darüber hinaus keine Einstellungen auf dem Remotedesktop verändern.

18.2 Benutzerprofile nutzen

Wenn Computer einer Domäne beitreten, legt Windows automatisch ein neues Benutzerprofil für den Domänenbenutzer an. Benutzerprofile werden auf den Arbeitsstationen, aber auch auf den Domänencontrollern verwaltet.

18.2.1 Benutzerprofile lokal und im Profieinsatz verstehen

Alle persönlichen Einstellungen der einzelnen Benutzer auf einem Computer speichert Windows in einem Benutzerprofil. Dieses Profil ist ein Ordner mit dem Namen des Benutzers im Ordner *C:\Benutzer* beziehungsweise *C:\Users*.

Wenn Sie ein Profil löschen, erstellt Windows dieses neu, sobald sich der Benutzer erneut am Computer anmeldet. Alle Einstellungen des Benutzers werden beim Löschen zurückgesetzt, das Profil wird neu erstellt und ist entsprechend vollkommen leer. Beachten Sie aber, dass beim Löschen eines Profils alle Daten des jeweiligen Benutzers verloren gehen. Sie sollten diese daher vorher möglichst sichern. Ausnahme ist, wenn Sie die Ordner im Profil über Gruppenrichtlinien umleiten.

Verwaltung von Benutzerprofilen

Über den Link *Erweiterte Benutzerprofileigenschaften konfigurieren* im Fenster *Benutzerkonten* der Systemsteuerung (*Systemsteuerung/Benutzerkonten Benutzerkonten*) können Sie sich alle Benutzerprofile auf einem PC unter Windows 8/8.1/10 und Windows 11 anzeigen lassen und diese verwalten. Sie sehen an dieser Stelle auch die Größe des jeweiligen Profils. Im Ordner auf der Festplatte des Profils befinden sich mehrere Unterordner. Die persönlichen Daten jedes Benutzers liegen in seinem eigenen Ordner, auf den nur er selbst sowie die Administratoren Zugriff haben.

Die Benutzerprofile erstellt Windows zunächst als Kopie des Standardprofils, des Default Users. Zusätzlich gibt es einen Ordner *All Users*. Während der Ordner *Default User* die Einstellungen für neu zu erstellende Benutzerprofile für alle Benutzer enthält, finden sich in *All Users* die Einstellungen für die bereits erstellten Profile, die für alle Nutzer der Arbeitsstation gelten. Damit diese beiden Ordner angezeigt werden, müssen Sie die versteckten Dateien einblenden lassen.

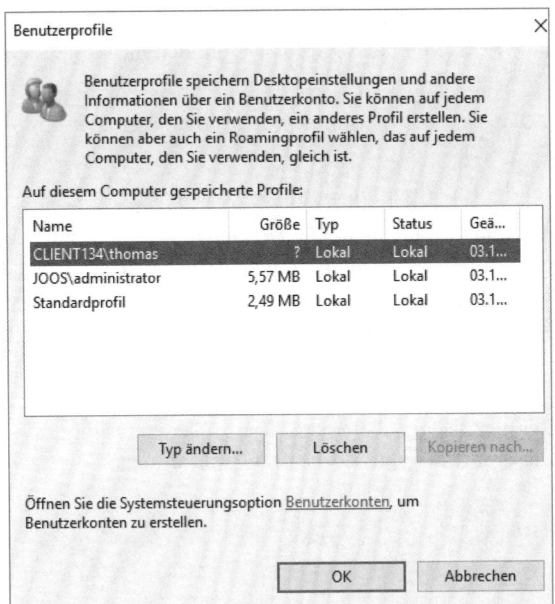

Abb. 18.3 Verwalten der Benutzerprofile unter Windows 8/8.1/10 und Windows 11

In Windows 8/8.1/10 und Windows 11 öffnen Sie dazu im Menüband des Explorers die Registerkarte *Ansicht*. Klicken Sie anschließend auf *Optionen/Ordner- und Suchoptionen ändern*. Auf der Registerkarte *Ansicht* können Sie dann versteckte Dateien anzeigen lassen. Sie können die Aktivierung auch über Kontrollkästchen auf der Registerkarte *Ansicht* durchführen.

Ordnerstruktur von Profilen

Zur Abwärtskompatibilität hat Microsoft zusätzlich einige Verknüpfungen eingefügt, die in den vorangegangenen Windows-Versionen noch verwendet wurden oder die direkt auf einen anderen Ordner verweisen.

Folgende Ordner spielen dabei eine wesentliche Rolle. Achten Sie aber darauf, dass einige Ordner standardmäßig im Explorer ausgeblendet sind. Sie müssen zunächst die versteckten Dateien aktivieren:

- **Desktop** – Symbole und Einstellungen des Benutzerdesktops
- **Eigene Dokumente** – Standardmäßiger Speicherort aller persönlichen Dateien eines Benutzers
- **Downloads** – Speicherort aller Downloads
- **Favoriten** – Favoriten des Internet Explorers
- **Eigene Musik** – Ablageort von Musikdateien
- **Eigene Videos** – Ablageort für gespeicherte Filmdateien
- **Eigene Bilder** – Ablageort für Bilddateien und Grafiken
- **Suchvorgänge** – Ablageort für abgespeicherte Suchen

- **AppData** – Ablageort für benutzerspezifische Daten und Systemdateien von Applikationen. Diesen Ordner sehen Sie nur, wenn Sie in den Explorer-Optionen die versteckten Dateien anzeigen lassen.
- **Gespeicherte Spiele** – Zentraler Ablageort für Spielstände von kompatiblen Windows-Spielen
- **Links** – Hierbei handelt es sich um die Favoriten im Windows-Explorer.

Neben den Ordnern findet sich im Profilpfad die Datei *NTUSER.DAT*. Diese enthält die Einstellungen der Registry, die sich dort unter *HKEY_CURRENT_USER (HKLM)* finden. Die gesamten benutzerspezifischen Einstellungen sind hier enthalten. Sie müssen dazu die versteckten und geschützten Systemdateien einblenden lassen. Sie finden diese Möglichkeit auf der Registerkarte *Ansicht* im Explorer nach einem Klick auf *Optionen/Ordner- und Suchoptionen ändern.*

Zur Vereinheitlichung von anwendungsspezifischen Daten hat Microsoft den Ordner *AppData* im Benutzerprofil eingeführt. Dieser Ordner enthält die drei Unterordner:

- *Local*
- *LocalLow*
- *Roaming*

In den beiden Ordnern *Local* und *LocalLow* speichert Windows Daten von Anwendungen, die nicht mit dem Benutzer bei der Verwendung von verschiedenen Arbeitsstationen mitwandern.

Der Ordner *Roaming* enthält die Daten, die benutzerspezifisch sind und für servergespeicherte Profile verwendet werden können. Diese Daten können mit dem Benutzer auf verschiedene Arbeitsstationen mitwandern.

Unter den Windows-Versionen vor Windows Vista und Windows 7 hat der Ordner *All Users* die Inhalte zur Verfügung gestellt, die für alle Anwender auf dem PC gegolten haben. So war es möglich, durch Bearbeitung eines einzelnen Ordners die Einstellungen aller Benutzer anzupassen. Beispiel für den Einsatz von *All Users* war das Startmenü oder der Inhalt des Desktops, der sich immer aus dem eigenen Benutzerprofil und dem Inhalt des Ordners *All Users* zusammensetzte.

Hatten Sie eine Verknüpfung in den Ordner *\All Users\Startmenü* kopiert, wurden diese bei allen Benutzern des PC im Startmenü angezeigt. In Windows 8/8.1/10 und Windows 11 ist der Ordner *C:\Users\All Users* nur noch als Verknüpfung vorhanden, die auf den Ordner *C:\ProgramData* verweist. Hier wird wiederum auf das Profil *Öffentlich* unter *C:\Users* verlinkt.

Wie bei den Vorgängerversionen legt Windows 8/8.1/10 und Windows 11 automatisch ein neues Profil an, wenn sich Benutzer das erste Mal am PC anmelden.

18.2.2 Servergespeicherte Profile für Benutzer in Active Directory festlegen

Auf der Registerkarte *Profil* eines Benutzerkontos im Snap-In *Active Directory-Benutzer und -Computer* können Sie die notwendigen Angaben hinterlegen, um komplette Profile auf den Server auszulagern.

Abb. 18.4 Anzeigen der Profileigenschaften im Snap-In Active Directory-Benutzer und -Computer

Um servergespeicherte Profile für Anwender festzulegen, rufen Sie die Eigenschaften des Benutzerkontos auf und wechseln zur Registerkarte *Profile*. Bei *Profilpfad* geben Sie den Ordner an, in den Windows das Benutzerprofil des Anwenders beim Abmelden speichern und beim Anmelden laden soll.

Bei Verwendung eines serverbasierenden Benutzerprofils steht dieses Profil an allen Arbeitsstationen im Netzwerk zur Verfügung. Durch die Angabe dieses Pfads wird automatisch ein leerer Ordner für diesen Benutzer erstellt. Die Angabe des Profilpfads erfolgt in der Form *<Servername>**<Freigabename>*\%*UserName*%.

Der Profilpfad verweist auf den Ordner, in dem das Benutzerprofil des Anwenders abgelegt ist. Haben Sie keinen Pfad angegeben, arbeitet Windows nur mit lokalen Benutzerprofilen. Wenn sich ein Benutzer anmeldet, überprüft Windows, ob für diesen Benutzer ein Profilpfad angegeben und damit ein serverbasierendes Profil definiert ist. Ist dies der Fall, vergleicht Windows, ob das serverbasierende oder das lokale Profil aktueller ist. Ist das serverbasierende Profil aktueller, lädt Windows die geänderten Dateien aus diesem Profil auf das lokale System.

Achten Sie aber darauf, dass die Gruppe *Jeder* – oder eine Sicherheitsgruppe, in der sich die Benutzer befinden – das Recht haben muss, Ordner in der Freigabe für die Profile zu erstellen und in die Ordner zu schreiben.

Bei der Abmeldung aktualisiert Windows das serverbasierende Profil durch die lokal veränderten Dateien. Bei der ersten Anmeldung eines Benutzers nach der Definition eines Profilpfads lädt Windows entweder ein vordefiniertes Profil vom Server oder kopiert bei der Abmeldung das bisherige lokale Profil des Benutzers auf den Server.

Die zweite Einstellung bezieht sich auf das Anmeldeskript. Hier können Sie angeben, dass Windows ein Programm ausführen soll, wenn sich ein Benutzer anmeldet. In den meisten Fällen handelt es sich um eine Batchdatei oder ein VB-Skript. Diese Einstellung ist nicht mehr erforderlich, da Skripts für die An- und Abmeldung von Benutzern über die Gruppenrichtlinien konfiguriert werden können. Mehr dazu lesen Sie im nächsten Kapitel.

Der Basisordner gibt an, welches Netzwerklaufwerk für den Benutzer automatisch verbunden werden soll.

Auf der Registerkarte *Remotedesktopdienste-Profil* können Sie angeben, ob ein Benutzer auf einem Remotedesktopserver ein zusätzliches Profil bekommt. Die Einstellung des Profilpfads erlaubt die Verwendung eines zweiten Benutzerprofils ausschließlich für die Nutzung mit dem Remotedesktop. Beim Verwenden von gleichen Profilen auf den Arbeitsstationen und dem Remotedesktop können sich Konflikte ergeben, wenn für die Remotedesktop kein eigenes Profil verwendet wird.

Verbindliche Profile (Mandatory Profiles)

Anpassungen, die ein Benutzer in seinen lokalen Einstellungen vornimmt, speichert Windows in seinem Profil. Änderungen an Profilen lassen sich aber verhindern. Ein Benutzer, dem ein verbindliches Profil zugeordnet wurde, kann Änderungen vornehmen, diese werden beim Abmelden aber nicht gespeichert. Meldet sich der Benutzer ab und wieder neu an, erhält er wieder die Einstellungen des verbindlichen Profils.

Die Umwandlung eines normalen Profils in ein verbindliches Profil erfolgt durch die Umbenennung der Datei *Ntuser.dat* in *Ntuser.man*. Dadurch ist es Benutzern nicht mehr möglich, Änderungen zu speichern. Das Profil wird durch Änderung der Datei also schreibgeschützt (read only).

Verbindliche Profile können mehreren Anwendern zugewiesen werden. Dazu wird für alle Anwender der gleiche Benutzerprofilpfad verwendet. Wenn sich ein Benutzer zum ersten Mal anmeldet, lädt der Client das Profil vom Server. Verwenden Unternehmen ein verbindliches Profil, lädt Windows dieses immer automatisch, unabhängig davon, ob auf dem Client ein Profil vorhanden ist, das über eigene Einstellungen verfügt.

Ein verbindliches Profil wird bei jeder Anmeldung verwendet. Ist der Server oder die Freigabe nicht verfügbar, verwendet Windows eine lokal zwischengespeicherte Kopie des Profils. Meldet sich ein Benutzer an einer anderen Arbeitsstation an, wird bei der Anmeldung über den Eintrag für den Benutzerprofilpfad in den Eigenschaften des Benutzers erkannt, dass dieser Benutzer über ein servergespeichertes Benutzerprofil verfügt. Wird die Bezeichnung der Datei *Ntuser.man* wieder in *Ntuser.dat* abgeändert, darf der Anwender wieder Änderungen vornehmen.

Festlegen der Version von Benutzerprofilen

Microsoft erweitert ständig die Funktionen von Windows. Das gilt auch für Windows 10/11. Im Benutzerprofil kann festgelegt werden, für welche Betriebssystem-Version das Profil geeignet ist. Derzeit gibt es sechs Versionen (keine Angabe der Version bis hin zu v6 für Rechner ab Windows 10/11 Version 1607). Die Version wird als Erweiterung für das Verzeichnis verwendet, in dem das servergespeicherte Profil gespeichert wird, zum Beispiel *\\server\freigabe\profil.v6*.

Die Version hängt von der verwendeten Windows-Version ab sowie den verwendeten Servern, auf denen das Profil gespeichert wird und die als Domänencontroller genutzt werden.

Erstellen eines Default-Netzwerkbenutzerprofils

Wenn Sie für alle PCs im Unternehmen das gleiche standardmäßige Profil bei der ersten Anmeldung erstellen wollen, können Sie dieses am besten auf einem Domänencontroller ablegen. Achten Sie in diesem Fall aber darauf, dass bei jeder ersten Anmeldung eines Anwenders an einem PC Daten über das Netzwerk kopiert werden, was bei entsprechender Benutzerlast eine ganze Menge sein kann.

Wenn für PCs im Unternehmen ein standardmäßiges Profil verwendet werden soll, hilft eine strukturierte Vorgehensweise. Die Erstellung sollte mit einem lokalen Administratorkonto auf Rechnern mit Windows 10/11 erfolgen. Danach sollten die Einstellungen so vorgenommen werden, die diese später den Benutzern zugewiesen sein sollen. Danach wird die Systemsteuerung aufgerufen. Ab Windows 10/11 Version 1803 kann das über die Eingabe von *systemsteuerung* im Suchfeld des Startmenüs erfolgen.

Am schnellsten werden Systemeinstellungen über *sysdm.cpl* erreicht. Die Benutzerprofile lassen sich über die Schaltfläche *Einstellungen* bei *Benutzerprofile* auf der Registerkarte *Erweitert* steuern. Anschließend wird das Standardprofil markiert und mit *Kopieren nach* kopiert. Wichtig ist, dass bei *Benutzer* die Gruppe *Jeder* verwendet wird. Anschließend wird der Pfad ausgewählt, in dem das Profil gespeichert werden soll.

Weitere Informationen und Möglichkeiten dazu stehen auf der Webseite »Create mandatory user profiles« (*https://docs.microsoft.com/en-us/windows/client-management/mandatory-user-profile*).

Um ein solches standardmäßiges Default-Profil anzulegen, gehen Sie folgendermaßen vor:

1. Melden Sie sich an einem PC mit Windows 10/11 mit dem Benutzerkonto an der Domäne an, das Sie als Standardprofil definieren wollen.
2. Führen Sie alle Einstellungen aus, zum Beispiel Bildschirmschoner, Hintergrundbild und so weiter, die Sie für das Profil festlegen wollen.
3. Melden Sie sich nach der Fertigstellung der Einstellungen ab.
4. Melden Sie sich am gleichen PC mit einem Domänenadminkonto an.
5. Erstellen Sie in der NETLOGON-Freigabe auf einem Domänencontroller den neuen Ordner *Default User.v2*.
6. Öffnen Sie durch Eingabe von »sysdm.cpl« die Systemeigenschaften.
7. Klicken Sie auf *Erweitert*.
8. Klicken Sie im Bereich *Benutzerprofile* auf *Einstellungen*.
9. Markieren Sie den Benutzer, dessen Profil Sie als Standard definieren wollen, und klicken Sie auf *Kopieren nach*. Ist die Option für das jeweilige Profil nicht aktiv, dann kopieren Sie den Inhalt des Ordners über den Explorer in das Default-Profil auf dem Server. Achten Sie aber darauf, die versteckten Dateien zu aktivieren, genauso wie die geschützten Systemdateien. Bearbeiten Sie anschließend die Sicherheitseigenschaften des Ordners auf dem Server und weisen Sie der Gruppe *Jeder* das Recht *Ändern* für das Profil zu. Um Manipulationen des Profils zu vermeiden, können Sie eine Sicherheitskopie erstellen, mit der Sie das Profil wiederherstellen können, wenn das notwendig ist. Die NETLOGON-Freigabe befindet sich auf dem Domänencontroller im Ordner *C:\Windows\SYSVOL\sysvol\contoso.com\scripts*.
10. Geben Sie den Pfad zum *Default User*-Ordner in der NETLOGON-Freigabe an, das Sie zuvor angelegt haben, zum Beispiel *\\x2k19\NETLOGON\Default User.v2*.
11. Klicken Sie im Bereich *Benutzer* auf *Ändern*.

12. Geben Sie im Benutzerfeld *Jeder* ein und klicken Sie auf *Namen überprüfen*.
13. Klicken Sie anschließend auf *OK*.
14. Bestätigen Sie im Anschluss alle noch offenen Fenster mit *OK*, damit das Profil kopiert werden kann. Das servergespeicherte Profil ist jetzt vorbereitet.

Melden sich Benutzer an Rechnern an, die Mitglied der Domäne sind, erhalten diese daraufhin exakt das Profil zugeteilt, das Sie in der Freigabe *\\NETLOGON* auf dem Anmeldedomänencontroller angelegt haben. In den Profileigenschaften der Anwender legen Sie aber einen anderen Profilpfad fest, zum Beispiel *\\<Server>\Profiles\%UserName%*. Dann speichert der Computer das erstellte Profil für den Anwender servergespeichert im hinterlegten Pfad ab, da nur bei der ersten Anmeldung das Standardprofil der Freigabe *\\netlogon* verwendet wird.

Sie können darüber hinaus im unteren Bereich des Dialogfelds den Eintrag für Benutzer ändern, wenn Sie das Profil in den Ordner eines anderen Anwenders kopieren möchten. Über die Schaltfläche *Typ ändern* können Sie festlegen, ob bei der Anmeldung das lokal zwischengespeicherte Profil verwendet oder ob mit dem serverbasierenden Profil gearbeitet werden soll.

Bei der Erstellung von Benutzerprofilen sind einige Besonderheiten zu beachten. Sie sollten daran denken, dass die Benutzer, wenn sie sich an unterschiedlichen Arbeitsstationen anmelden, immer mit unterschiedlichen Bildschirmauflösungen konfrontiert sind. Sie sollten bei der Definition den typischen Arbeitsplatz des Benutzers, für den das Profil vordefiniert wird, beachten. Das gilt vor allem für verbindliche Profile. Ein weiterer Punkt ist, dass das in *Default User* gespeicherte Profil, das zum Einsatz kommt, wenn Sie keine zentralen Profile für alle Benutzer vorgeben, auf jedem einzelnen Computer definiert ist.

Ordnerumleitungen von Profilen

Windows 8/8.1/10 und Windows 11 bieten die Möglichkeit, verschiedene Ordner innerhalb des Profils auf ein Serverlaufwerk umzuleiten. Dadurch ist sichergestellt, dass die Daten der Anwender sicher auf einem Server gespeichert werden, aber dennoch transparent zugreifbar sind, wenn ein Anwender zum Beispiel seinen *Dokumente*-Ordner öffnet. Die Größe der Profile ist dadurch reduziert, die Anmeldezeit verkürzt. Sie finden die Ordnerumleitungen im Gruppenrichtlinienverwaltungs-Editor unter *Benutzerkonfiguration/Richtlinien/Windows-Einstellungen/Ordnerumleitungen*.

Die effizienteste Möglichkeit, Ordner umzuleiten, ist über eine Gruppenrichtlinie in einer Active Directory-Domäne. Windows Server bietet dazu auch die Möglichkeit, Ordner abhängig von einer Sicherheitsgruppe umzuleiten, sodass für unterschiedliche Abteilungen im Unternehmen unterschiedliche Ordner im Netzwerk als Umleitung verwendet werden können.

Bei der Umleitung können Sie die Ordner in vordefinierte Ordner auf den Servern umleiten oder für jeden Anwender in einem spezifischen Ordner automatisch einen Ordner für die Ordnerumleitung anlegen lassen. Die Einstellungen in den Richtlinien für die Ordnerumleitung sind selbsterklärend. Sie konfigurieren die Einstellungen über das Kontextmenü und wählen den Befehl *Eigenschaften* aus.

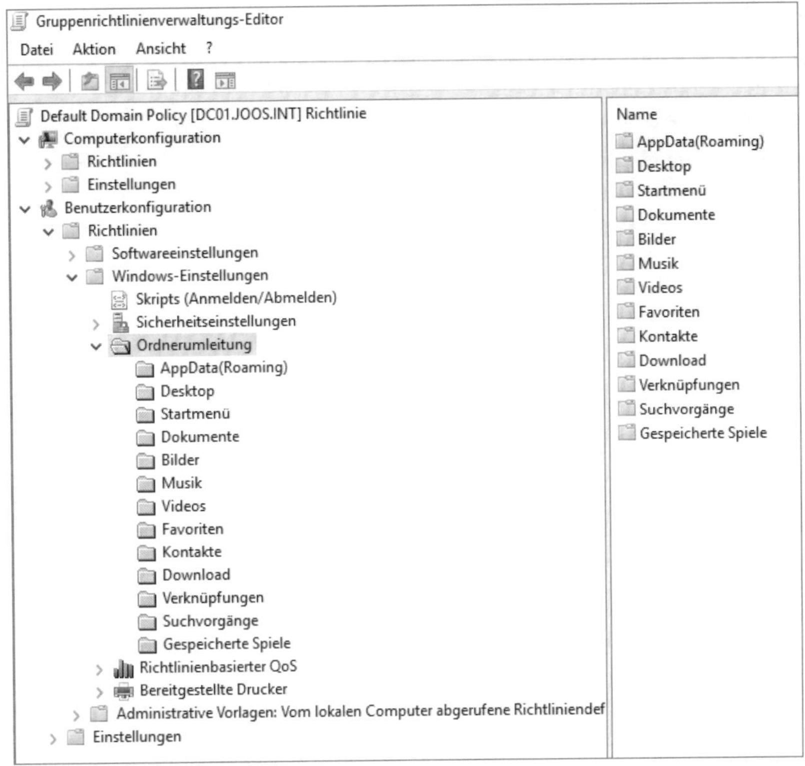

Abb. 18.5 Aktivieren der Ordnerumleitung über Gruppenrichtlinien

Auf der Registerkarte *Ziel* legen Sie die Umleitungsoptionen fest. Einen Stammordner, also eine Freigabe, auf die alle Anwender zugreifen dürfen, müssen Sie daher zuvor anlegen. Innerhalb des Stammordners legt Windows Unterordner für die Benutzer an und konfiguriert automatisch entsprechende Rechte exklusiv für den Benutzer, genauso wie bei den Profilen.

Für die Anwender ändert sich bei der Umleitung nichts. Diese arbeiten mit den normalen Verknüpfungen des Rechners. Der Vorteil ist, dass Profile schlank bleiben und wichtige Daten automatisch auf den Servern landen, ohne Benutzer zu beeinträchtigen oder dass komplizierte Konfigurationen notwendig sind. Haben Sie das automatische Anlegen von Ordnern aktiviert, legt Windows diese erst dann in der konfigurierten Freigabe an, wenn Anwender auf diese zugreifen und Daten speichern.

In den Eigenschaften der Bibliotheken auf dem Clientrechner lässt sich der Pfad der Umleitung anzeigen.

Sie können die entsprechende Freigabe auch als Netzlaufwerk verbinden und werden feststellen, dass alle Daten der umgeleiteten Ordner im Netzwerk liegen und für den Anwender vollkommen transparent zugreifbar sind.

Profile löschen mit Delprof2

Das Freeware-Tool Delprof2 (*http://helgeklein.com/free-tools/delprof2-user-profile-deletion-tool*) ermöglicht das Löschen von Profilen, wenn zum Beispiel Berechtigungs- oder Zugriffsprobleme vorliegen.

Mit dem Tool lassen sich Computer sehr schnell von alten Profilen bereinigen. Neben den Standardoptionen lassen sich damit die lokalen Kopien von servergespeicherten Profilen löschen. Auch Zeitabfragen sind möglich. Dadurch können Sie Profile mit einem bestimmten Alter löschen lassen. Das Tool starten Sie über die Eingabeaufforderung oder auch innerhalb eines Anmeldeskripts. Seine Syntax lautet:

delprof2 [/q] [/i] [/p] [r] [/c:[\\]] [/d:]

- **/q** – Keine Rückmeldungen
- **/i** – ignoriert Fehler und führt den Löschvorgang fort.
- **/p** – Erfordert eine Bestätigung für das Löschen jedes einzelnen Profils.
- **/r** – Löscht lokale Kopien von servergespeicherten Profilen.
- **/c:<Computername>** – Löscht Profile auf einem Remotecomputer.
- **/d:<Tage>** – Löscht Profile mit einem bestimmten Alter in x Tagen.
- **/l** – Zeigt nur an, welche Profile gelöscht werden, wenn das Tool startet (What-if).

18.2.3 Anmelde- und Abmeldeskripts für Benutzer und Computer

Sie können Benutzern in Active Directory Anmeldeskripts zuweisen, die ein Computer ausführt, sobald sich der Benutzer anmeldet. Über Gruppenrichtlinien lassen sich sogar Skripts starten, die beim Starten, Herunterfahren, bei der Abmeldung und zusätzlich noch bei der Anmeldung ablaufen. Es gibt daher fünf Arten von Skripts, die Administratoren Anwendern oder Computern zuweisen können. Es ist auch möglich, mehrere Arten von Skripts zu mischen. Windows-Computer führen alle aus.

Um automatisch Befehle beim Anmelden von Benutzern ausführen zu lassen oder wenn PCs starten, gibt es folgende Möglichkeiten:

1. Das klassische Anmeldeskript, das in den Eigenschaften des Profils eingetragen ist. Die Ausführung sieht der Anwender teilweise in einem Fenster der Eingabeaufforderung.
2. Anmeldeskripts in den Gruppenrichtlinien für Benutzer
3. Abmeldeskripts in den Gruppenrichtlinien für Benutzer
4. Skripts in den Gruppenrichtlinien beim Hochfahren eines Computers, unabhängig vom Benutzer
5. Skripts in den Gruppenrichtlinien beim Herunterfahren eines Computers, unabhängig vom Benutzer

Die klassischen Anmeldeskripts, die Programme und Befehle ausführen, hinterlegen Sie auf der Registerkarte *Profil* in den Eigenschaften der Benutzer. An dieser Stelle haben Sie die Möglichkeit, das lokale Benutzerprofil des Anwenders auf eine Freigabe zu speichern. Damit die Skripts beim Anmelden von Benutzern starten, müssen Sie die Dateien und die Programme, die die Skripts starten sollen, in der NETLOGON-Freigabe auf den Domänencontrollern speichern.

Wenn Sie ein Skript in die NETLOGON-Freigabe eines Domänencontrollers kopieren, wird es durch den Dateireplikationsdienst (File Replication Service, FRS) automatisch auf die anderen Domänencontroller repliziert. Überprüfen Sie den Vorgang oder kopieren Sie das Skript manuell. Der lokale Speicherort der NETLOGON-Freigabe ist der Ordner *Windows\SYSVOL\sysvol\<Domänennamen>\scripts.*

Die Skripts können entweder einfache Batchdateien, spezielle Varianten mit KiXtart (*http://www.kixtart.org*) oder AutoIT (*http://www.autoitscript.com/site*), aber auch andere Skript-Dateien sein. Windows muss die Skripts nur ausführen können und über die entsprechende Erweiterung verfügen.

Klassische Anmeldeskripts laufen sichtbar ab, wenn sich ein Anwender bei seinem Computer anmeldet. Mit klassischen Anmeldeskripts ist es nicht möglich, Skripts zu schreiben, die ein Computer bereits beim Starten abarbeitet. In einem Active Directory können Sie neben den klassischen Skripts auch Skripts beim Anmelden und Abmelden sowie beim Starten und Herunterfahren eines Computers über Richtlinien festlegen (siehe Kapitel 19). Dies hat den Vorteil, dass sich solche Skripts Organisationseinheiten oder ganzen Domänen zuordnen lassen. Die Skripts werden in den Gruppenrichtlinien an folgender Stelle hinterlegt:

- Skripts für Computer zum Starten und Herunterfahren werden über *Computerkonfiguration/Richtlinien/Windows-Einstellungen/Skripts* gesteuert.
- Skripts für Anwender beim An- oder Abmelden werden über *Benutzerkonfiguration/Richtlinien/Windows-Einstellungen/Skripts* gesteuert.

Die Abarbeitung von Skripts in den Gruppenrichtlinien hat den Vorteil, flexibler zu sein. Es besteht die Möglichkeit, herkömmliche Anmeldeskripts einfach über Gruppenrichtlinien ausführen zu lassen, nicht mehr über die Eigenschaften der Benutzerprofile. Die Skripts in den Gruppenrichtlinien laufen nicht sichtbar im Hintergrund ab. Benutzer bekommen von den Skripts nichts mit, auch wenn herkömmliche *.bat*- oder *.cmd*-Dateien im Einsatz sind. Um Skripts in den Gruppenrichtlinien zu verwenden, gehen Sie folgendermaßen vor:

1. Legen Sie die entsprechende Gruppenrichtlinie an und verknüpfen Sie diese mit der Domäne oder den gewünschten Organisationseinheiten.
2. Öffnen Sie die Bearbeitung der Gruppenrichtlinie und navigieren Sie zu dem Bereich, für den Sie das Skript hinterlegen wollen, also *Computerkonfiguration* oder *Benutzerkonfiguration.*
3. Klicken Sie doppelt auf den jeweiligen Eintrag des Skripts, also *Anmelden, Abmelden, Starten* oder *Herunterfahren.* Neben herkömmlichen Skripts lassen sich an dieser Stelle auch PowerShell-Skripts anbinden.
4. Klicken Sie auf die Schaltfläche *Dateien anzeigen.* Es öffnet sich ein Explorer-Fenster.
5. Kopieren Sie anschließend Ihre Skriptdatei in diesen geöffneten Ordner.
6. Klicken Sie anschließend auf die Schaltfläche *Hinzufügen* und wählen Sie das Skript aus. Das Skript wird danach im Fenster angezeigt. Sie können mehrere Skripts hintereinander ausführen lassen.

Auch die Kombination von klassischen Skripts und Skripts über Gruppenrichtlinien ist möglich. Das heißt, manche Skripts können in den Eigenschaften der Benutzerkonten gespeichert sein und ablaufen, andere in den Gruppenrichtlinien. Es ist kein Problem, wenn die Skripts in den Gruppenrichtlinien von übergeordneten OUs nach unten vererbt werden und in den untergeordneten OUs weitere Skripts starten.

Sie können alle möglichen Formen miteinander kombinieren. Wenn Unternehmen mit klassischen und Gruppenrichtlinienskripts arbeiten, laufen beide parallel ab. Diesen Sachverhalt sollten Administratoren beachten, wenn zum Beispiel Abhängigkeiten existieren. Skripts in den Gruppenrichtlinien laufen meistens vor den klassischen Anmeldeskripts.

Außer speziellen Skripts lassen sich in den Gruppenrichtlinien auch diverse Einstellungen hinterlegen, die den Ablauf der Skripts steuern. Die Einstellungen sind in den Gruppenrichtlinien zu finden. Die entsprechenden Erläuterungen und Hilfen finden Administratoren direkt in der Hilfe der jeweiligen Einstellung. Folgende Richtlinieneinstellungen spielen dabei eine Rolle:

- *Computerkonfiguration/Richtlinien/Administrative Vorlagen/System/Skripts*
- *Computerkonfiguration/Richtlinien/Administrative Vorlagen/System/Anmeldung*
- *Computerkonfiguration/Richtlinien/Administrative Vorlagen/System/Gruppenrichtlinien*
- *Benutzerkonfiguration/Richtlinien/Administrative Vorlagen/Skripts*
- *Benutzerkonfiguration/Richtlinien/Administrative Vorlagen/Anmeldung*

18.3 Gruppen verwalten

Nicht weniger wichtig als die Verwaltung von Benutzern ist die Verwaltung von Gruppen in Active Directory. Im nachfolgenden Abschnitt gehen wir darauf ein, wie Sie Gruppen anlegen und verwenden.

18.3.1 Gruppen anlegen und verwenden

Gruppen werden ebenfalls im Snap-In *Active Directory-Benutzer und -Computer* erstellt und verwaltet. In Active Directory werden die folgenden vier Gruppentypen unterschieden:

- *Lokal/Domänenlokal*
- *Global*
- *Universal*

Bei der Unterscheidung und Verwendung dieser Gruppen müssen Sie folgende Punkte beachten:

- **Lokale Gruppen/Domänenlokale Gruppen** – Werden für die Zusammenfassung von globalen Gruppen oder in Ausnahmefällen Benutzern eingesetzt, denen Sie Zugriffsberechtigungen erteilen. Aus lokalen Gruppen in einem Active Directory werden automatisch domänenlokale Gruppen. Der Unterschied besteht darin, dass diese Gruppen einheitlich auf allen Mitgliedssystemen der Domäne zu sehen sind. Der Vorteil ist, dass damit eine lokale Gruppe nur einmal pro Domäne definiert werden muss.
- **Globale Gruppen** – Sind überall in der Gesamtstruktur sichtbar, können aber nur Mitglieder aus der eigenen Domäne enthalten. Globale Gruppen können Mitglied von lokalen und universellen Gruppen werden. Globale Gruppen können zudem verschachtelt werden.

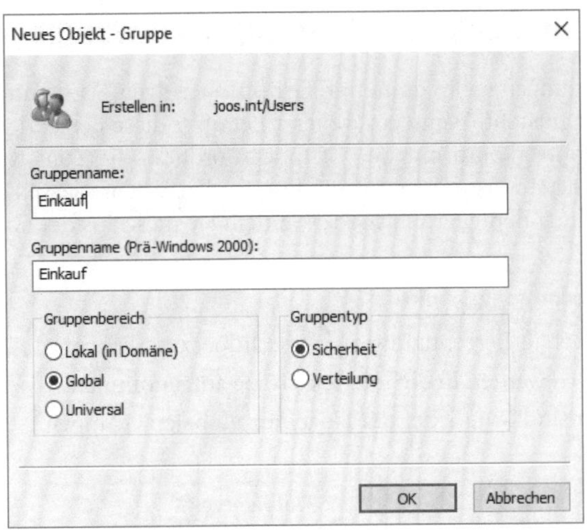

Abb. 18.6 Erstellen einer neuen Gruppe

- **Universelle Gruppen** – Alle Informationen über Zugehörigkeiten zu universellen Gruppen sind auf den globalen Katalogservern gespeichert. Universelle Gruppen sind in allen Domänen der Gesamtstruktur verfügbar und können Mitglieder aus allen Domänen enthalten. Durch die Replikation im globalen Katalog belasten Sie allerdings das Netzwerk und die globalen Katalog-Server.

Neben den verschiedenen Gruppenbereichen können zwei unterschiedliche Gruppentypen erstellt werden.

- **Sicherheit** – Definiert, dass es sich um eine Gruppe handelt, über die Zugriffsberechtigungen zugeordnet werden sollen. Diese Gruppe können Sie zusätzlich als E-Mail-Verteilerliste verwenden.
- **Verteilung** – Gibt an, dass die Gruppe nur für Verteiler in E-Mail-Programmen zur Verfügung steht. Sie können diese Gruppen aber nicht für die Zuordnung von Zugriffsberechtigungen verwenden.

Die Eigenschaften von Gruppen können Sie nach dem Erstellen bearbeiten. Dazu rufen Sie die Eigenschaften der Gruppen auf. Neben dem Gruppennamen können Sie eine Beschreibung für die Gruppe eingeben.

- Auf der Registerkarte *Mitglieder* können Sie über die Schaltflächen *Hinzufügen* und *Entfernen* neue Benutzer in Gruppen aufnehmen oder entfernen.
- Auf der Registerkarte *Mitglied von* werden die Gruppen angezeigt, in denen diese Gruppe Mitglied ist.
- Über die Registerkarte *Verwaltet von* sehen Sie den Benutzer, der für eine Gruppe zuständig ist. Dazu wird über die Schaltfläche *Ändern* eine Liste der Benutzer und Gruppen geöffnet, aus der der entsprechende Benutzer ausgewählt werden kann.

18.3.2 Berechtigungen für Benutzer und Gruppen verwalten

Die Vergabe von Zugriffsberechtigungen sollte immer an Gruppen erfolgen, da damit der geringste administrative Aufwand entsteht. Wenn ein weiterer Benutzer diese Berechtigung erhalten soll, müssen Sie ein Benutzerkonto nur der Gruppe zuordnen, die Zugriff auf einen Ordner hat. Die Berechtigungen müssen nicht verändert werden. Ebenso lassen sich die Zugriffsberechtigungen einzelnen Benutzern entziehen, indem Sie diese aus der Gruppe entfernen.

Microsoft empfiehlt folgende Berechtigungsstruktur:

1. Eine domänenlokale Gruppe erhält Berechtigung auf den Ordner und Freigabe.
2. Globale Gruppen mit Benutzern werden in die lokale Gruppe aufgenommen.
3. Benutzerkonten der Anwender sind Mitglieder der einzelnen globalen Gruppen.

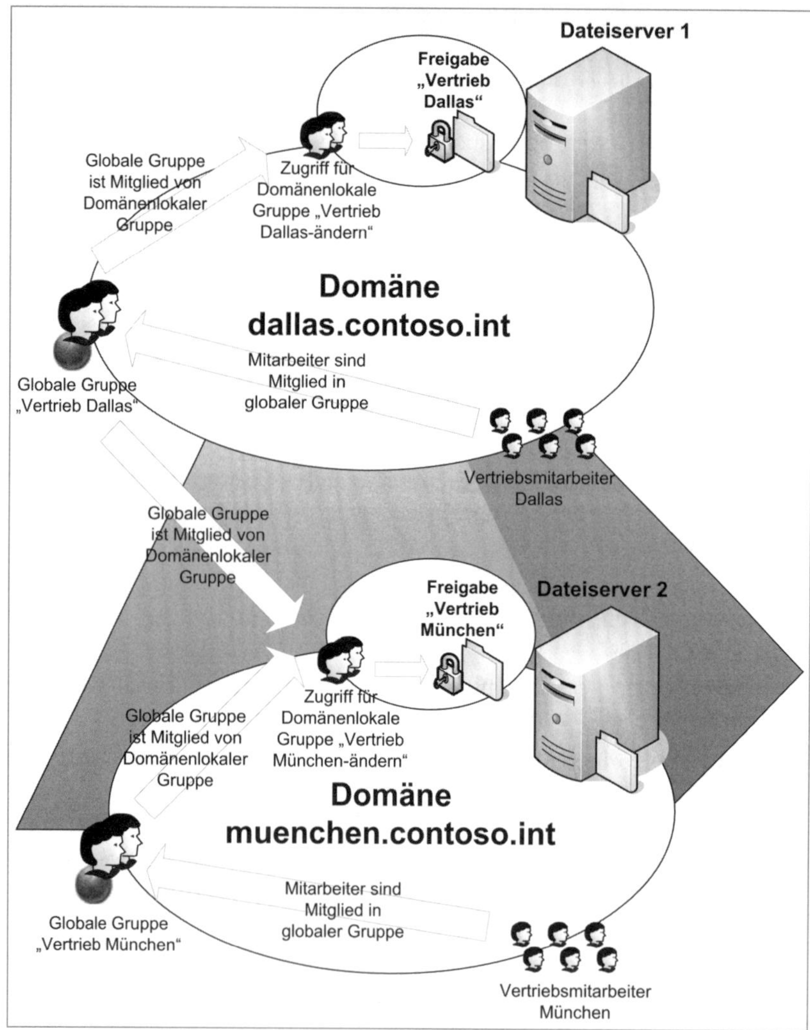

Abb. 18.7 Aufbau einer Berechtigungsstruktur basierend auf Gruppen

Die Berechtigungen im Dateisystem speichert Windows in der Zugriffssteuerungsliste (Access Control List, ACL). Während der Anmeldung erstellt ein Domänencomputer für den Benutzer ein Zugriffstoken, das die Sicherheits-ID (Security ID, SID) des Benutzerkontos enthält, sowie die SIDs der Gruppen, in denen der Benutzer Mitglied ist. Beim Zugriff auf eine Freigabe vergleicht der Server die Einträge des Tokens mit der ACL und ermittelt daraus die Berechtigung. Dazu addiert Windows die Berechtigungen für jeden übereinstimmenden Eintrag. Ein Benutzer bekommt die Berechtigungen, die seinem Konto zugewiesen sind, sowie alle Berechtigungen, die den Gruppen zugewiesen sind, in denen er Mitglied ist.

Geben Sie einem Benutzerkonto die Berechtigung *Lesen* und bekommt zusätzlich eine Gruppe, in der dieser Benutzer Mitglied ist, die Berechtigung *Schreiben* zugewiesen, ergeben die effektiven Berechtigungen *Lesen und Schreiben*. Um die Berechtigungen zu setzen, aktivieren Sie in den Eigenschaften des Ordners oder der Datei die Registerkarte *Sicherheit*. Zusätzlich ist es möglich, einzelnen Benutzern oder Gruppen Berechtigungen zu verweigern, wobei die Verweigerung immer Vorrang hat.

Beispiel:

Auf eine Datei sollen alle Mitarbeiter der Abteilung *Buchhaltung* (mit der Mitgliedschaft in der gleich benannten Gruppe) Zugriff erhalten. Eine Ausnahme machen dabei allerdings die Auszubildenden, die ebenfalls Mitglied der Gruppe *Buchhaltung* sind. Wenn der Gruppe *Buchhaltung* der Zugriff auf diese Datei erlaubt wird, erhalten auch die Auszubildenden Zugriff, da sie Mitglied der Gruppe sind. Anschließend können Sie der Gruppe *Auszubildende* den Zugriff verweigern. So erhalten die Auszubildenden zwar den Zugriff durch die Mitgliedschaft in der Gruppe *Buchhaltung*, der ihnen aber durch die Mitgliedschaft in der Gruppe *Auszubildende* verweigert wird.

Die Verbindung der Clients erfolgt zunächst zu einem Server. Auf diesem Server steht eine Freigabe zur Verfügung. Eine Freigabe definiert, auf welche Ordner auf den Datenträgern Anwender zugreifen können. Der Client sieht nicht die physischen Festplatten auf den Servern und die dort definierten Ordnerstrukturen. Vielmehr stellt ihm eine Freigabe einen Eintrittspunkt zum Server bereit, von dem aus er die dort definierten Ordnerstrukturen durchsuchen kann. Der Benutzer muss nicht wissen, welche Festplatten es auf den Servern gibt und wie diese strukturiert sind, sondern soll nur die Bereiche sehen, die für ihn relevant sind.

Für Freigaben können Administratoren Zugriffsberechtigungen definieren. Auch hier ist die Arbeit mit Gruppen der beste Weg. Damit können Sie Freigaben als weitere Ebene der Sicherheit einsetzen, zusätzlich zu den Berechtigungen auf der Ebene des Dateisystems.

Auf Ordner im Dateisystem sollten die Administratoren Vollzugriff erhalten. Zusätzlich sollten Sie eine domänenlokale Gruppe anlegen, die Berechtigung auf der Ordnerebene und auf Freigabeebenen erhält.

Der Sinn dieses Konzepts liegt darin, dass Sie einerseits nicht ständig Berechtigungen für den freigegebenen Ordner ändern müssen, da nur die domänenlokale Gruppe Zugriff erhält. Da die Anwender in globalen Gruppen aufgenommen sind, können Sie die Gruppen auch in andere domänenlokale Gruppen in anderen Domänen von Active Directory aufnehmen. Das hat in großen Organisationen den Vorteil, dass Freigaben sehr effizient überall zur Verfügung stehen.

Mitgliedschaften und Änderungen sollten Sie deshalb auf ein Minimum reduzieren. Sie sollten keine einzelnen Benutzer zu den Berechtigungen auf Freigabe- oder Dateiebene hinzufügen. Zugriffsberechtigungen vergeben Sie im Regelfall pro Ordner einheitlich. Eine

Anpassung von Berechtigungen für einzelne Dateien ist nur in Ausnahmen sinnvoll und lässt sich oft dadurch umgehen, dass Sie mit eigenen Ordnern arbeiten. Im Beispiel von Abbildung 18.7 sehen Sie den Sinn dieses Konzepts:

- Domänenlokale Gruppen können zwar globale Gruppen aus der kompletten Gesamtstruktur aufnehmen, aber selbst nicht in anderen Domänen verwendet werden.
- Globale Gruppen können nur Mitglieder aus der eigenen Domäne aufnehmen, haben aber dafür die Möglichkeit, dass sie überall in Active Directory verwendet werden können.
- Die Vertriebsmitarbeiter in Dallas können durch dieses Konzept sowohl auf die Freigabe in Dallas als auch auf die Freigabe in München zugreifen. Wenn neue Mitarbeiter Zugriff erhalten müssen, kann dies durch Aufnahme in die entsprechende globale Gruppe recht schnell erledigt werden. Zugriffsberechtigungen sollten nie ad hoc, sondern immer nur nach genau definierten Konzepten vergeben werden. Nur so lässt sich sicherstellen, dass mit einem durchdachten und damit sicheren Verfahren gearbeitet wird.

Mit dem Cmdlet *Add-AdGroupMember* können Benutzer in Active Directory-Gruppen aufgenommen werden. Ein Beispiel dafür ist:

Add-AdGroupMember -Identity Schulung -Members joost, joose, muellert

Die Mitglieder der Gruppe können Sie anschließend mit *Get-ADGroupMember -Identity Schulung* anzeigen.

Um eine neue Gruppe mit der Bezeichnung *Schulung* anzulegen, in der später alle Benutzerkonten aufgenommen werden, verwenden Sie:

New-ADGroup "Schulung" -Path "OU=Schulung,DC=Joos,dc=int" -GroupCategory Security -GroupScope Global -PassThru -Verbose

Um Benutzerkonten auf einmal in einer Gruppe aufzunehmen, werden die Benutzerkonten zunächst angezeigt und danach an das Cmdlet *Add-AdGroupMember* übergeben:

*$User = Get-ADUser -SearchBase "OU=Schulung-Berlin, OU=Schulung, DC=Joos,DC=int" -Filter **

Um sich leere Gruppen in Active Directory anzeigen zu lassen, verwenden Sie den folgenden Befehl:

*Get-ADGroup -Filter * -Properties Members | where { -not $_.Members} | select Name*

18.3.3 Szenario: Delegierung zum administrativen Verwalten einer Organisationseinheit

Ein gutes Praxisbeispiel für die Delegierung von Benutzerrechten in Active Directory ist das Zurücksetzen von Kennwörtern, die zum Beispiel Support-Mitarbeiter erhalten sollen. Wenn Anwender ihr Kennwort vergessen oder ein neues Kennwort zugewiesen bekommen, sollte das nicht die Aufgabe der Systemadministratoren sein. In diesem Fall könnte zum Beispiel der Abteilungsleiter oder ein Poweruser diese Aufgaben übernehmen. Es besteht außerdem die Möglichkeit, an eine bestimmte Gruppe genau diese Rechte für seine OU zu delegieren:

1. Legen Sie zunächst eine globale oder universelle Benutzergruppe an, die die Rechte der Delegierung erhalten soll. Auch wenn die Gruppe zunächst keinen Benutzer enthält, sollten Sie in den Berechtigungen von Active Directory niemals nur einzelne Konten eintragen, da ansonsten die Berechtigungsstruktur sehr kompliziert wird. Außerdem müssen Sie bei jeder Änderung direkt Änderung am System vornehmen, anstatt nur Benutzer der Gruppe hinzuzufügen oder aus der Gruppe zu entfernen.
2. Klicken Sie mit der rechten Maustaste auf die OU, in der die Benutzerkonten abgelegt sind, deren Verwaltung Sie delegieren wollen. Wählen Sie im Kontextmenü den Befehl *Objektverwaltung zuweisen* aus.
3. Fügen Sie im Assistenten die angelegte Gruppe hinzu, der Sie das Recht zur Verwaltung der OU geben wollen. Welche Rechte die Gruppe erhält, legen Sie erst später fest.
4. Aktivieren Sie im nächsten Fenster als zuzuweisende Aufgabe zum Beispiel das Recht *Erstellt, entfernt und verwaltet Benutzerkonten*. Wenn Sie den entsprechenden Nutzern nur das Recht zum Ändern der Kennwörter geben wollen, können Sie hier die Option *Setzt Benutzerkennwörter zurück und erzwingt Kennwortänderung bei der nächsten Anmeldung* verwenden. Wollen Sie speziellere Rechte erteilen, aktivieren Sie die Option *Benutzerdefinierte Aufgaben zum Zuweisen* erstellen.

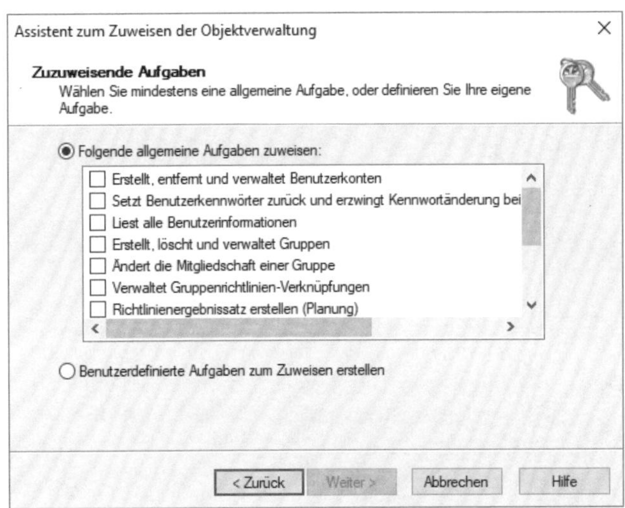

Abb. 18.8 Auswählen von Rechten für die Gruppe, der Sie Rechte delegieren wollen

Beenden Sie den Assistenten, um die Delegierung abzuschließen. Anschließend erhalten alle Mitglieder, die Sie in die Gruppe aufnehmen, die entsprechenden Rechte. Entfernen Sie ein Benutzerkonto aus der Gruppe, verliert es diese Rechte. Bei der Änderung von Gruppenmitgliedschaften muss sich der entsprechende Benutzer in den meisten Fällen neu anmelden, bevor er die entsprechenden Rechte erhält.

Die Rechte für diese Gruppe finden Sie, indem Sie im Snap-In *Active Directory-Benutzer und -Computer* über den Menübefehl *Ansicht/Erweiterte Features* die erweiterten Ansichtsfunktionen aktivieren. Wenn Sie danach die Eigenschaften der OU oder der Domäne aufrufen und die Registerkarte *Sicherheit* öffnen, sehen Sie die delegierten Rechte. Klicken Sie hier auf *Erweitert*, finden Sie im folgenden Fenster auf der Registerkarte *Berechtigungen* die genauen Rechte der Gruppe aufgelistet, die Sie delegiert haben. Wenn Sie die Delegierung wieder rückgängig machen wollen, müssen Sie einfach an dieser Stelle die Rechte der Gruppe wieder entfernen.

Nachdem die Gruppe die entsprechenden Rechte zur Verwaltung dieser OU bekommen hat und Sie die Benutzer in die Gruppe aufgenommen haben, sollten Sie den Benutzern noch ein Administrationsprogramm zur Verfügung stellen, über das sie die OU verwalten können. Dazu verwenden Sie am besten die Remoteserver-Verwaltungstools (Remote Server Administration Tools, RSAT). Mehr dazu finden Sie in den Kapiteln 3, 4 und 7.

18.4 Zusammenfassung

In diesem Kapitel haben wir die Verwaltung von Benutzer, Gruppen und Benutzerprofilen gezeigt. Im nächsten Kapitel zeigen wir Ihnen, wie Sie mit Gruppenrichtlinien die Konfiguration von Computern und Benutzereinstellungen weitgehend automatisieren können.

Kapitel 19

Richtlinien im Windows Server 2022-Netzwerk

Die Einstellungen, die Anwender im Windows Server 2022-Netzwerk erhalten, die Anpassungen an den Computern und die Ordnerumleitungen nimmt Windows Server 2022 über Gruppenrichtlinien vor. Sie können die Einstellungen direkt in diesen Richtlinien bearbeiten oder eigene Richtlinien setzen, um bestimmte Einstellungen zu automatisieren.

Mit den Richtlinien in Windows Server 2022 können Sie nicht nur Desktopeinstellungen anpassen, sondern auch sicherheitsrelevante Einstellungen und die Konfiguration von Programmen wie Internet Explorer, Microsoft Edge, Windows-Explorer oder Office-Programmen oder die Zuweisung von Sicherheitseinstellungen und Zertifikaten sowie die Konfiguration von Firewallregeln. Für diese Verwaltungsarbeiten stehen die Gruppenrichtlinien zur Verfügung.

Lokale Sicherheitsrichtlinien arbeiten auch unter Windows Server 2022 mit speziellen Registryschlüsseln, die zu keinen permanenten Änderungen der Registry führen. Die Informationen werden so lange in diesen Schlüsseln gehalten, wie die Einstellung in der lokalen Sicherheitsrichtlinie gültig ist.

19.1 Erste Schritte mit Richtlinien

Viele Einstellungen der Gruppenrichtlinien in Windows Server 2022 funktionieren nur auf Clients mit Windows 8.1/10/11, zum Beispiel die Einstellungen für den Datenschutz. Beim Zusammenspiel von Windows Server 2022 und Windows 10/11 lassen sich Gruppenrichtlinien automatisch anwenden, wenn sich ein Client per VPN mit dem Netzwerk verbindet.

Dafür sorgt die DirectAccess-Technik in Windows 10/11 und Windows Server 2022. Damit Sie die Gruppenrichtlinienverwaltung von Windows Server 2022 auf einem Computer mit Windows 10/11 ausführen können, benötigen Sie die Remoteserver-Verwaltungstools (RSAT), die in Windows 10/11 Pro und Enterprise bereits integriert sind (siehe Kapitel 3 und 4).

Über diese Tools lassen sich unter anderem die Richtlinien verwalten. Achten Sie aber darauf, möglichst keine Änderungen an den Einstellungen der Standardrichtlinien von Windows Server 2022 vorzunehmen. Damit Richtlinien angewendet werden, benötigen Clients keine zusätzliche Software, der Beitritt zur Domäne reicht aus.

Windows 10/11 Pro unterstützt nicht alle Gruppenrichtlinieneinstellungen, die Windows 10/11 Enterprise bietet. Beispiele dafür sind die Deaktivierung des Stores oder die Zuweisung eines bestimmten Startmenü-Layouts.

Microsoft hat in der TechNet eine Liste veröffentlicht, welche GPO-Einstellungen nur mit Windows 10/11 Enterprise und Windows 10/11 Education (entspricht Windows 10/11 Enterprise) möglich sind (*https://docs.microsoft.com/de-de/windows/client-management/group-policies-for-enterprise-and-education-editions*).

19.1.1 Verwaltungswerkzeuge für Gruppenrichtlinien

Sie können Gruppenrichtlinien über die Windows PowerShell verwalten. Dazu steht das PowerShell-Modul *GroupPolicy* zur Verfügung, das Sie mit dem Befehl *Import-Module GroupPolicy* in Windows PowerShell ISE importieren können. Die PowerShell ist in Windows Server 2022 automatisch installiert, ebenso die grafische Oberfläche (ISE, Integrated Scripting Environment). Die Konfiguration der Gruppenrichtlinien nehmen Sie mit dem Verwaltungsprogramm *Gruppenrichtlinienverwaltung* vor. Sie finden es über das Menü *Tools* im Server-Manager. Über das Kontextmenü einer Richtlinie können Sie deren Bearbeitung starten und Einstellungen ändern.

Sie starten die Gruppenrichtlinienverwaltung auch über *gpedit.msc*. Nach der Installation von Active Directory in Windows Server 2022 gibt es bereits zwei Gruppenrichtlinienobjekte. Diese Richtlinien sollten Sie möglichst nicht verändern. Wenn Sie neue Einstellungen durchführen möchten, sollten Sie möglichst eigene Gruppenrichtlinien definieren und die Einstellungen der Standardrichtlinien so belassen, wie sie sind.

19.1.2 Wichtige Begriffe für Gruppenrichtlinien

Viele Einstellungen, die Sie bei den Benutzern und Clients vornehmen, zum Beispiel Energieverwaltung oder Ordnerumleitung, nimmt Windows Server 2022 über Richtlinien vor. Bei der Verwendung eigener Einstellungen bietet es sich an, möglichst eigene Gruppenrichtlinienobjekte (Group Policy Objects, GPOs) zu erstellen.

Nach dem Start verbindet sich die Konsole der Gruppenrichtlinienverwaltung (Group Policy Management Console, GPMC) automatisch mit der Domäne. Über das Kontextmenü einer Richtlinie und der Auswahl von *Bearbeiten* startet der Gruppenrichtlinienverwaltungs-Editor. Dieser besteht aus zwei Hälften. Auf der linken Seite können Sie auswählen, für welchen Bereich Sie Einstellungen vornehmen wollen:

- Die Einstellungen unter *Computerkonfiguration* werden auf Server und PCs angewendet, sobald diese gestartet werden.
- Die Einstellungen unter *Benutzerkonfiguration* werden auf die Profile der einzelnen Anwender angewendet, sobald sich diese beim Server anmelden.

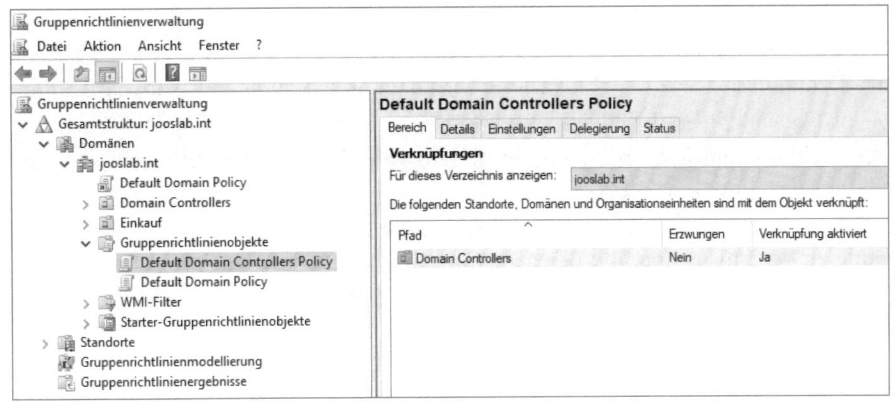

Abb. 19.1 Richtlinienverwaltung in Windows Server 2022

Die Einstellungen sind jeweils in drei weitere Einträge unterteilt:

- **Softwareeinstellungen** – Über diesen Eintrag können Sie Applikationen automatisch verteilen lassen, deren Installation auf *.msi*-Dateien beruhen.
- **Windows-Einstellungen** – In diesem Bereich befinden sich die meisten Einstellungsmöglichkeiten. Für jede Einstellung finden Sie auch zahlreiche Erklärungen.
- **Administrative Vorlagen** – Hier finden sich Möglichkeiten zur Einstellung und Automatisierung von Windows Server 2022 und Windows 10/11. Sie können Einstellungen im Explorer, dem Desktop und vielen anderen Funktionen in Windows vornehmen.

Klicken Sie sich durch die Einträge der Konsolenstruktur, werden auf der rechten Seite die Einstellungen angezeigt, die in diesem Bereich verfügbar sind. Öffnen Sie die Einstellungen per Doppelklick, können Sie Änderungen vornehmen, die an die Benutzer bei der Benutzerkonfiguration oder die Server bei der Computerkonfiguration weitergegeben werden.

Die Gruppenrichtlinien ermöglichen auch Einstellungen, bei denen PowerShell-Skripts beim Starten/Herunterfahren beziehungsweise An- oder Abmelden immer vor normalen Skripts ablaufen. Sie finden diese Einstellungen über *Computerkonfiguration/Richtlinien/Administrative Vorlagen/System/Skripts*. Mehr zu diesem Thema erfahren Sie in Kapitel 18. Interessant sind auch die erweiterten Starter-Gruppenrichtlinienobjekte. Bei diesen Richtlinien handelt es sich um schreibgeschützte Vorlagen, die Sie bei der Erstellung von neuen Richtlinien nutzen können. Wir gehen in diesem Kapitel noch ausführlicher auf diese Themen ein.

Windows Server 2022 unterstützt die Konfiguration der Energiesparoptionen für Windows 10/11. Dadurch besteht die Möglichkeit, an zentraler Stelle die Energiesparoptionen der Notebooks und PCs festzulegen. Anwender, die ihren PC über Nacht angeschaltet lassen, können so sicherstellen, dass sich ihr Monitor und die Festplatte ausschalten, was eine deutliche Kostenreduktion bedeuten kann, da auch für normale Desktop-PCs Energiesparmaßnahmen konfiguriert werden können. Auch der Zugriff auf USB-Sticks kann in Windows Server 2022, zusammen mit Windows 10/11, konfiguriert werden.

Eine Einstellung in den Gruppenrichtlinien kann verschiedene Zustände annehmen. Diese können Sie in den einzelnen Einstellungen konfigurieren. Viele Einstellungen entsprechen dem folgenden Prinzip:

- **Aktiviert** – Bei dieser Einstellung wird die Konfiguration auf das Zielobjekt angewendet und weitergegeben.
- **Deaktiviert** – Bei dieser Einstellung wird die Konfiguration der Gruppenrichtlinie auf dem Server auf den Standard zurückgesetzt.
- **Nicht konfiguriert** – Bei dieser Einstellung wird die lokale Einstellung des Clients beibehalten und durch die Gruppenrichtlinie nicht geändert.

Im Bereich *Hilfe* oder auf der Registerkarte *Erklärung* finden Sie eine ausführliche Erklärung zu der Einstellung und deren Auswirkungen. Bevor Sie eine Einstellung aktivieren, sollten Sie sich möglichst immer die Erklärung genau durchlesen. Bietet eine Richtlinie weitere Einstellungen, können Sie diese entsprechend über Menüs, Dropdownfelder oder der Eingabe von Werten konfigurieren.

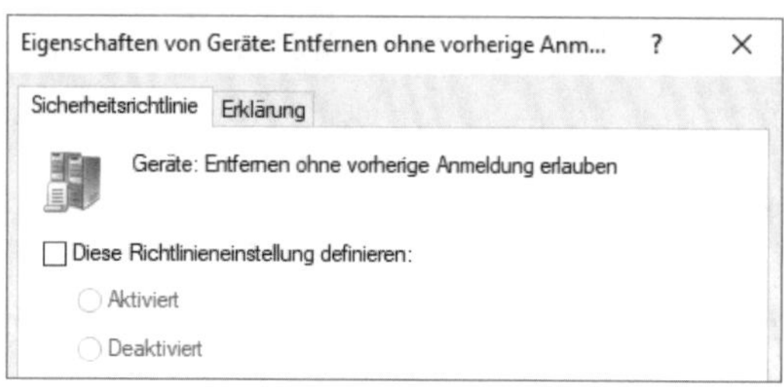

Abb. 19.2 Einstellungsmöglichkeiten in Gruppenrichtlinien

Gruppenrichtlinien verknüpfen Sie mit einem Container in der Domäne. Wenn Sie über genügend Berechtigungen verfügen, können Sie mit einer zentralen GPMC die Gruppenrichtlinien mehrerer Domänen und sogar Gesamtstrukturen verwalten. Standardmäßig werden Sie bereits mit der lokalen Domäne, dem PDC-Emulator dieser Domäne und damit mit Ihrer Gesamtstruktur verbunden. Wenn Sie weitere Domänen Ihrer Gesamtstruktur anzeigen lassen wollen, klicken Sie in der GPMC mit der rechten Maustaste auf den Knoten *Domänen* und wählen im Kontextmenü den Befehl *Domänen anzeigen* aus. Danach können Sie alle Domänen aktivieren, die in Ihrer Gesamtstruktur vorhanden sind.

Standardmäßig verbindet sich die GPMC automatisch mit dem PDC-Emulator der Domäne, da dieser für die Verwaltung der Gruppenrichtlinien zuständig ist. Wollen Sie jedoch einen anderen Domänencontroller auswählen, weil der Zugriff auf den PDC-Emulator zum Beispiel zu langsam ist, wenn Sie in einer Niederlassung Gruppenrichtlinien verwalten, klicken Sie in der GPMC mit der rechten Maustaste auf die Domäne und wählen im Kontextmenü die Option *Domänencontroller ändern*.

Unterhalb jeder Organisationseinheit werden die Gruppenrichtlinien angezeigt, die mit ihr verknüpft wurden. Sie können in der GPMC auch neue Organisationseinheiten erstellen und Verknüpfungen zwischen den neuen OUs und Gruppenrichtlinien.

19.1.3 Gruppenrichtlinien-Preferences effizient einsetzen

Ein wichtiger Punkt im Bereich der Richtlinienverwaltung ist der Knoten *Einstellungen* (*Preferences*) unter den Richtlinieneinstellungen, wenn Sie die Bearbeitung einer Richtlinie in der Gruppenrichtlinienverwaltung starten. Über diese Vorgaben ermöglichen Sie Einstellungsvorschläge, die Anwender nicht zwingend übernehmen müssen. Das heißt, Sie geben bestimmte Einstellungen vor, die jedoch vom Anwender geändert werden können. Die Einstellungen setzt das Betriebssystem um, lässt aber Anwendern die Möglichkeit, sie selbst zu ändern. Das verhält sich bei Gruppenrichtlinien anders. Einstellungen, die Sie hier umsetzen, sind im Betriebssystem deaktiviert und lassen sich nicht mehr ändern.

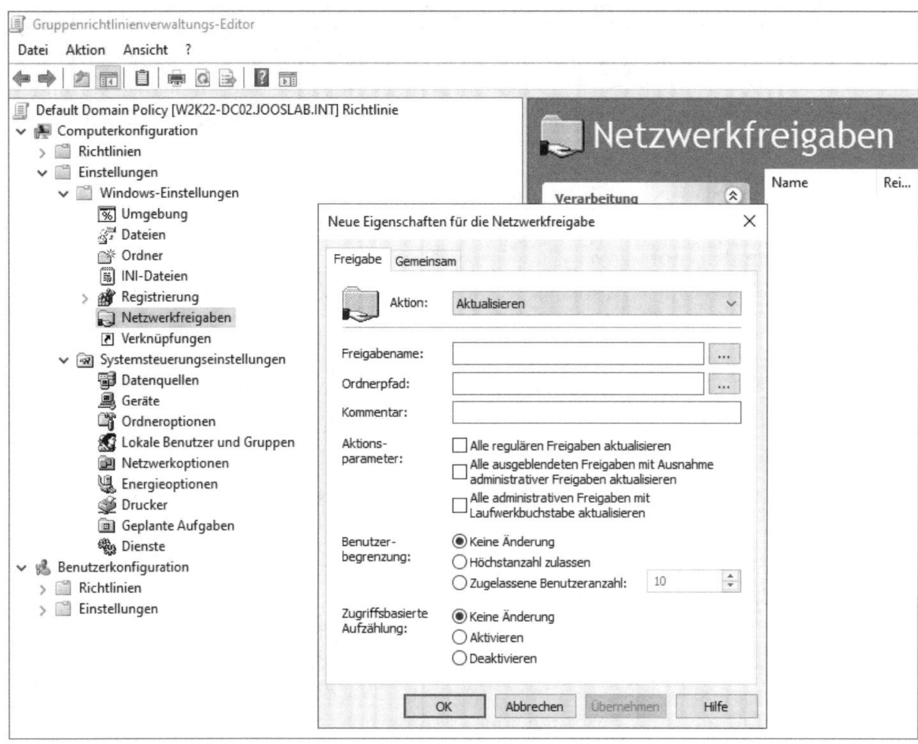

Abb. 19.3 Verwenden von Einstellungen in Gruppenrichtlinien

Richtlinien sind also feste Vorgaben, die Anwendern zwingend zugewiesen werden. Eine Änderung auf dem Client ist nicht möglich, da die Richtlinie die entsprechenden Einstellungen deaktiviert. Setzen Sie in den Gruppenrichtlinien Anpassungen um, können Anwender auf ihren Computern entweder gar keine Änderungen in diesem Bereich mehr vornehmen, da diese abgeblendet dargestellt sind, oder die Einstellungen werden beim Neustart wieder durch die Richtlinien überschrieben.

Über den Knoten *Einstellungen* lassen sich hingegen Vorgaben festlegen, die von den Clientcomputern übernommen werden, genauso wie herkömmliche Richtlinien. Nehmen Sie Anpassungen über den Knoten *Einstellungen* vor, bleiben diese auch dann auf den Rechnern erhalten, wenn Sie sie wieder entfernen.

Anwender können solche Einstellungen aber selbst lokal anpassen. Nehmen Sie im Knoten *Einstellungen* im Gruppenrichtlinienverwaltungs-Editor Einstellungen vor, verwendet dieser Editor die gleiche grafische Oberfläche wie die entsprechende Einstellung auf dem Computer selbst.

Sie wählen die Einstellungen aus, klicken mit der rechten Maustaste in den Ergebnisbereich rechts und wählen im Kontextmenü den Eintrag *Neu*. Anschließend können Sie Einstellungen vorgeben, die an die Computer übergeben werden. Über die Einstellungen können Sie beispielsweise neue Ordner oder Dateien im Dateisystem auf den Rechnern anlegen lassen.

Über die Registerkarte *Gemeinsam* einer solchen Einstellung können Sie darüber hinaus mit Filtern genau auswählen, auf welche Art von Rechnern die Richtlinie angewendet werden soll. Über diese Einstellungen können Sie beispielsweise Netzwerkfreigaben verbinden lassen. Die Einstellungen sind selbsterklärend. Um Preferences zu erstellen, gehen Sie folgendermaßen vor:

1. Starten Sie die Gruppenrichtlinienverwaltung.
2. Klicken Sie mit der rechten Maustaste auf *Gruppenrichtlinienobjekte* und wählen Sie im Kontextmenü den Eintrag *Neu*.
3. Erstellen Sie eine neue Gruppenrichtlinie, klicken Sie sie mit der rechten Maustaste an und wählen Sie *Bearbeiten*.
4. Klicken Sie unter *Computerkonfiguration* oder *Benutzerkonfiguration* auf *Einstellungen*. Gruppenrichtlinien steuern Sie über den Menüpunkt *Richtlinien*.
5. Wählen Sie die Einstellung aus, die Sie auf den Rechnern vorgeben, auf die Sie die Richtlinie anwenden wollen.
6. Klicken Sie mit der rechten Maustaste im rechten Bereich des Fensters und wählen Sie im Kontextmenü den Eintrag *Neu*.
7. Erstellen Sie die Einstellung und nehmen Sie Ihre Änderungen vor.

Wählen Sie auf der Registerkarte *Gemeinsam* oder *Gemeinsame Optionen* über *Zielgruppenadressierung* die Filterung aus, auf deren Basis Sie die Durchführung der Richtlinie starten wollen. Anschließend müssen Sie die neue Richtlinie mit den Einstellungen noch mit der Domäne oder einer bestimmten Gruppe verknüpfen. Wie das geht, zeigen wir Ihnen in den folgenden Abschnitten zur Verwaltung von herkömmlichen Gruppenrichtlinien.

Diese Möglichkeiten in den Richtlinien dienen also vor allem der Anpassung einzelner Werte. Sie können auch Sammlungen erstellen. Dabei handelt es sich um mehrere Werte, die in einer Ordnerhierarchie angeordnet werden können. Um zum Beispiel einen neuen Wert in der Registry zu erstellen, wählen Sie also *Registrierungselement* im Kontextmenü von *Registrierung* aus. Über einen Browser kann der gewünschte Registrypfad ausgewählt werden, ähnlich zum Registry-Editor auf dem lokalen Rechner.

Wird als Option *Aktualisieren* gewählt, setzt die Preference den Wert immer auf den festgelegten Wert zurück, auch wenn ein Benutzer diesen lokal ändert. Bei der Auswahl von *Ersetzen* wird der lokale Pfad auf dem Rechner dagegen gelöscht und durch den Wert in der Preference ersetzt. Das ist nicht immer empfohlen. Als Aktion lassen sich aber auch neue Werte erstellen oder Werte löschen.

Über die Option *Neu/Registrierungs-Assistent* können Sie Einstellungen von einem Quellrechner exportieren und auf die Zielrechner importieren, denen die gewünschte Group Policy Preference zugeordnet wird. In den neuen Fenstern können Sie Einstellungen vorgeben, die an die Computer übergeben werden sollen.

Über die Registerkarte *Gemeinsame Optionen* einer neuen Preference können Sie mit Filtern auswählen, auf welche Art von Rechnern die Richtlinie angewendet werden soll. Dieser Filter ist unabhängig von der tatsächlichen Gruppenrichtlinie. Das heißt, die Gruppenrichtlinie wird auf eine bestimmte OU mit Computerkonten oder Benutzern angelegt, danach legt der Filter in den Preferences noch fest, auf welche Rechner in dieser OU die Registry-Einstellung angepasst wird. Wählen Sie auf der Registerkarte *Gemeinsame Optionen* über *Zielgruppenadressierung* die Filterung aus, auf deren Basis Sie die Durchführung der Richtlinie starten wollen, stehen verschiedene Optionen zur Verfügung. Anschließend muss die neue Richtlinie mit den Einstellungen noch mit der Domäne oder einer bestimmten Gruppe verknüpft werden. Die Vorgehensweise dazu entspricht der Vorgehensweise von normalen Richtlinien.

19.1.4 Registry-Einstellungen von Gruppenrichtlinien herausfinden

Eine Möglichkeit, um nach Gruppenrichtlinien-Einstellungen zu suchen, ist die Internetseite Group Policy Search (*http://gpsearch.azurewebsites.net*). Sie können hier in einer Baumstruktur nach bestimmten Einstellungen suchen. Auf der rechten Seite sehen Sie für die entsprechende Einstellung die genaue Bezeichnung und vor allem den Registrykey und -wert, der geändert wird. Interessant ist das zum Beispiel, wenn Sie Einstellungen auf Rechnern vornehmen wollen, die keine Gruppenrichtlinien unterstützen. Sie können auf der Internetseite nach Gruppenrichtlinien suchen lassen.

NIT-GPOSearch (*https://www.nick-it.de/blog/nit-gposearch*) liest die Gruppenrichtlinien-Vorlagen in Ihrem Netzwerk ein und erlaubt die Suche nach bestimmten Einstellungen. Geben Sie zum Beispiel *Desktop* ein, erhalten Sie als Suchergebnis alle Gruppenrichtlinieneinstellungen, die Ihnen dabei helfen, den Desktop von Rechnern einzustellen.

19.1.5 BSI bietet Hilfe bei der Absicherung von Windows

Mit seinem Projekt SiSyPHuS Win10 (Studie zu Systemaufbau, Protokollierung, Härtung und Sicherheitsfunktionen in Windows 10) (*https://www.bsi.bund.de/DE/Service-Navi/Publikationen/Studien/SiSyPHuS_Win10/SiSyPHuS_node.html*) stellt das BSI Empfehlungen für die Härtung von Windows 10/11 und dazu passende Vorlagen für Gruppenrichtlinien zur Verfügung. Basis für die Richtlinien und Empfehlungen des BSI ist die jeweils aktuelle LTSC-Version von Windows 10/11.

Die Vorlagen lassen sich importieren, sodass die Empfehlungen 1:1 über Bordmittel umgesetzt werden können. Für den Einsatz von Gruppenrichtlinien sind die Editionen Pro, Enterprise oder Education von Windows 10/11 notwendig. Die Empfehlungen richten sich generell an Behörden, sind aber selbstverständlich auch für andere Netzwerke sinnvoll.

Beachtet werden sollte hier allerdings, dass bei Abhärtung des Betriebssystems die Arbeit mit Windows 10 unbequemer wird, da die Sicherheitseinstellungen einige bequeme Vorgänge blockieren. Mit den Vorlagen lassen sich Gruppenrichtlinien für lokale Rechner ohne Active Directory importieren.

Neben Gruppenrichtlinienvorlagen bietet das Projekt auch Anleitungen für die Verbesserung der Sicherheit. Die Umsetzung der Sicherheitseinstellungen befasst sich mit tiefgehenden Optimierungen von Windows 10/11. Wer die Einstellungen umsetzt, sollte sich daher gut mit Windows 10/11 auskennen und wissen, wie er die einzelnen Einstellungen wieder rückgängig machen kann.

Bei den Gruppenrichtlinien und Hinweisen für die Verbesserung der Sicherheit stellt das Projekt Vorlagen für drei verschiedene Sicherheitsstufen zur Verfügung. Für einzelne PCs gibt es die Hinweise für *Normaler Schutzbedarf Einzelrechner.*

Für Computer in Active Directory-Domänen gibt es *Normaler Schutzbedarf Domänenmitglied* und *Hoher Schutzbedarf Domänenmitglied.* Die Einstellungen für Computer mit hohem Schutzbedarf umfassen immer auch die Einstellungen des normalen Schutzbedarfs. Es müssen also jeweils nur die Vorlagen für die gewünschte Sicherheitsstufe importiert werden.

Für diese drei Sicherheitsbereiche gibt es jeweils eigene Gruppenrichtlinienvorlagen. Hier stehen wiederum die Einstellungen für *Benutzer* und für *Computer* zur Verfügung. Die Vorlagen befinden sich auf der Seite des Projekts unter dem Link »Gruppenrichtlinienobjekte (Version X.X)«. Das Projekt wird ständig weiterentwickelt. Gibt es eine neue Version der Gruppenrichtlinienvorlagen, sind diese auf der Seite ebenfalls verfügbar.

Gruppenrichtlinienvorlagen umsetzen

Die Umsetzung der Sicherheitseinstellungen erfolgt über die Integration der Richtlinieneinstellungen auf lokalen Rechnern und lokalen Richtlinien oder über die Integration in Gruppenrichtlinien. Bei der Verwendung von Gruppenrichtlinien setzen die Domänencontroller die Richtlinien auf allen Computern um, die zu den Organisationseinheiten gehören, in denen die Computerkonten der Computer integriert sind.

Auf der Seite mit dem Download der Gruppenrichtlinienvorlagen stellt das BSI eine PDF-Anleitung für den Umgang mit den Richtlinien zur Verfügung. Für jede Version gibt es eine eigene Anleitung. Für die Integration auf Einzelplatzrechnern steht das Tool *lgpo.exe* von Microsoft zur Verfügung. Das Tool gehört zum »Microsoft Security Compliance Toolkit« (*https://docs.microsoft.com/de-de/windows/security/threat-protection/security-compliance-toolkit-10*). Dieses stellt Microsoft kostenlos zur Verfügung. Die Richtlinien lassen sich in diesem Fall mit folgenden Befehlen umsetzen:

LGPO.exe /g "C:\<Pfad>\Normaler Schutzbedarf Einzelrechner (NE) – Computer"

LGPO.exe /g "C:\<Pfad>\Normaler Schutzbedarf (NE, ND) – Computer"

LGPO.exe /g "C:\<Pfad>\Protokollierung (NE, ND, HD) – Computer"

Bei der Syntax muss natürlich darauf geachtet werden, dass sich *lgpo.exe* im ausführenden Pfad befindet und die Namen der Verzeichnisse der Vorlagen stimmen. Die Vorlage zur Protokollierung von Einstellungen in Windows 10 nimmt die geringsten Anpassungen vor.

Gruppenrichtlinien in Active Directory umsetzen

Bei der Verwendung von Active Directory ist kein weiteres Tool notwendig. Hier können die Gruppenrichtlinienvorlagen in neue Gruppenrichtlinien importiert werden. Generell ist es sehr empfehlenswert, nicht vorhandene Richtlinien anzupassen, sondern für die Empfehlungen des BSI eigene Richtlinien zu erstellen. Funktioniert mit einer Richtlinie etwas nicht, reicht es aus, sie wieder zu deaktivieren, indem ihre Verknüpfung von der Domäne oder OU entfernt wird. Andere Richtlinien und deren Einstellungen sind in diesem Fall nicht betroffen.

In Active Directory wird für die Umsetzung in der Gruppenrichtlinienverwaltungskonsole *gpmc.msc* eine neue Gruppenrichtlinie erstellt. Die Richtlinie enthält noch keine Einstellungen und ist auch noch nicht mit einem Container oder der Active Directory-Domäne verknüpft. Daher haben die Anpassungen bis zu diesem Zeitpunkt keine Auswirkungen.

Über das Kontextmenü der neuen Richtlinie steht der Menüpunkt *Einstellungen importieren* zur Verfügung. Nach der Auswahl des Verzeichnisses mit den Vorlagen des BSI übernimmt die Gruppenrichtlinienverwaltungskonsole die empfohlenen Einstellungen in die neue Richtlinie. Nach dem Import wird die Richtlinie noch mit dem gewünschten Container verknüpft. Danach wenden die Computer die Einstellungen an.

19.1.6 Windows 10/11 mit Microsoft-Sicherheitsempfehlungen konfigurieren

Windows 10/11 lässt sich umfassend mit Gruppenrichtlinien steuern. Das gilt vor allem für Sicherheitseinstellungen. Microsoft stellt für jede neue Windows 10/11-Version aktualisierte Gruppenrichtlinienvorlagen zur Verfügung. Diese können Sie in die Gruppenrichtlinienordner auf Domänencontrollern speichern und dadurch im Netzwerk nutzen. Zusätzlich stellt Microsoft Empfehlungen und Vorlagen zur Verfügung, mit denen Sie Windows 10/11-Arbeitsstationen, aber auch Server mit Windows Server 2016/2019 und Windows Server 2022 optimal absichern können.

Die Security Baselines von Microsoft nutzen Gruppenrichtlinieneinstellungen, die Bestandteil der aktuellen ADMX- und ADML-Dateien sind. Zusammen können Sie daher eigene Einstellungen mit denen aus den Baselines ergänzen. Über die Security Baseline-Vorlagen von Microsoft können Sie neue Gruppenrichtlinien erstellen, mit eigenen Einstellungen ergänzen und dadurch die Computer im Netzwerk sicherer betreiben. Natürlich ist es auch möglich, einzelne Einstellungen nicht zu verwenden, die Microsoft empfiehlt. Die Einstellungen ändern Sie im Gruppenrichtlinienverwaltungs-Editor dann einfach ab.

Sie können Benutzerrechte für verschiedene Einstellungen und Ordner über Gruppenrichtlinien delegieren. Das ist dann sinnvoll, wenn Benutzer für bestimmte Verzeichnisse auf einem Computer Zugriff erhalten sollen. Die entsprechenden Einstellungen sind in der Gruppenrichtlinienverwaltung über *Computerkonfiguration/Richtlinien/Windows-Einstellungen/Sicherheitseinstellungen* zu finden. Mit Gruppenrichtlinien passen Sie also nicht nur Sicherheitseinstellungen an, sondern können auch aktiv in die Berechtigungsstruktur von Windows 10 eingreifen. Diese Einstellungen sind allerdings nicht Bestandteil der Security Baselines von Microsoft. Sie können die Baselines jedoch mit eigenen Einstellungen in dieser Richtung ergänzen.

Seit Windows 10 Version 1903 startet die Fristdurchsetzung zur verpflichtenden Installation von Updates mit dem Datum, an dem Microsoft ein Update zur Verfügung stellt. Sie können über Gruppenrichtlinien Compliance-Fristen setzen, um das Verhalten von Windows-Rechnern bei der Installation von Featureupdates, Qualitätsupdates und Nicht-OS-Updates zu steuern. Diese Optionen lassen sich parallel zur Security Baseline umsetzen. Dazu hat Microsoft die Funktionen zur Steuerung von Windows-Updates in Gruppenrichtlinien erweitert. Die Einstellungen sind bei *Computerkonfiguration/Administrative Vorlagen/Windows-Komponenten/Windows Update* zu finden.

Einstieg in die Absicherung mit Gruppenrichtlinien

Um alle Gruppenrichtlinien-Funktionen zu nutzen, ist teilweise Windows 10/11 Enterprise notwendig. Zwar gibt es nahezu alle Richtlinien auch für die Pro-Edition, allerdings hat Microsoft einige Funktionen der Enterprise-Edition vorbehalten. Beispiele dafür sind Steuerungen des App-Stores und der Übertragung der Telemetriedaten. Auch die Konfiguration mit AppLocker ist vor allem der Enterprise-Edition vorbehalten. Wer also umfassende Sicherheit im Unternehmen implementieren will, kommt oft nicht um den Einsatz von Windows 10 Enterprise herum.

Um jeweils die neuesten Sicherheitseinstellungen von Windows 10 über Gruppenrichtlinien zu verteilen, laden Sie die Vorlagen bei Microsoft herunter und binden diese in die Umgebung ein. Aktuelle Windows 10-Versionen haben bereits die jeweilig aktuellsten Einstellungen verfügbar. Damit Sie diese über Gruppenrichtlinien verteilen können, müssen die Domänencontroller in der Lage sein, die Einstellungen zu steuern. Die Vorlagen für Windows 10 21H2 finden Sie auf der Seite *https://www.microsoft.com/en-us/download/102157.* Um die Vorlagen für jeweilige aktuelle Version zu finden, suchen Sie im Internet am besten nach *GPO Templates <Aktuelle Windows 10- bzw. Windows 11-Version>*.

Nach dem Download kopieren Sie die ADMX-Dateien und die dazugehörigen Sprachdateien (ADML) auf die Domänencontroller. Das Standardverzeichnis dafür ist *C:\PolicyDefinitions.* Die ADML-Dateien müssen Sie in die entsprechenden Unterordner für die Sprache kopieren. Im Richtlinien-Editor sind anschließend die neuen Einstellungen verfügbar und Sie können sie über Gruppenrichtlinien im Netzwerk verteilen.

Konfigurieren von Sicherheitseinstellungen per Gruppenrichtlinie

Wenn alle aktuellen Richtlinien zur Verfügung stehen, können Sie manuell Gruppenrichtlinien anpassen oder Änderungen an den Security Baselines vornehmen, sobald Sie diese in eine Richtlinie integriert haben.

In Windows 10/11 lassen sich zum Beispiel Datenübertragungen der integrierten Windows-Spiele steuern. Dazu steht die Einstellung *Computerkonfiguration/Richtlinien/Administrative Vorlagen/Windows-Komponenten/Windows-Spielaufzeichnung und -übertragung* zur Verfügung. Eine weitere wichtige Einstellung für besseren Datenschutz ist das Aktivieren der Einstellung *Werbe-ID deaktivieren* unter *Computerkonfiguration/Richtlinien/Administrative Vorlagen/System/Benutzerprofile.* Sie können auch die Fehler-Berichterstattung deaktivieren:

Computerkonfiguration/Richtlinien/Administrative Vorlagen/Windows-Komponenten/Windows-Fehlerberichterstattung.

Diese Einstellungen sind eine sinnvolle Ergänzung der Sicherheitseinstellungen, die Microsoft in den Security Baselines integriert hat, und lassen sich natürlich auch ohne diese Baselines umsetzen.

Security Baseline für Windows 10/11

Neben Empfehlungen und ständig neuen Richtlinien für eine bessere Steuerung von Windows 10/11 mit Richtlinien stellt Microsoft Vorlagen und spezifische Empfehlungen zur Verfügung, mit denen sich die Sicherheit deutlich verbessern lässt. Für Windows 10/11 und Windows Server 2019/2022 gibt es dazu Security Baselines. Damit lassen sich Computer so absichern, dass der Betrieb möglichst sicher ist, und zwar nach Empfehlungen von Microsoft. Für die Umsetzung nutzen Sie das kostenlose Microsoft Security Compliance Toolkit 1.0 (*https://www.microsoft.com/en-us/download/details.aspx?id=55319*). Microsoft aktualisiert die Dateien im Security Compliance Toolkit regelmäßig mit neuen Vorlagen und Informationen zur aktuellen Windows-Version. Es lohnt sich also, möglichst immer die aktuelle Version zu nutzen, die alle Einstellungen für alle aktuellen Windows-Systeme erhält.

Der Download der Baselines besteht aus verschiedenen Tools und Zip-Dateien für die einzelnen Windows-Versionen. Dort sind Gruppenrichtlinienvorlagen, Backups von Gruppenrichtlinien, die Sie einfach wiederherstellen können, und Anleitungen für die Umsetzung enthalten. Mit dem Policy Analyzer aus dem »Microsoft Security Compliance Toolkit« können Sie Ihre vorhandenen Gruppenrichtlinien analysieren und mit den empfohlenen Einstellungen von Microsoft vergleichen.

Das Tool ist vor allem dann sinnvoll, wenn mehrere Gruppenrichtlinien im Einsatz sind und Sie Computer mit Windows 10/11 und Windows Server 2019/2022 möglichst sicher betreiben wollen, verglichen mit den Empfehlungen von Microsoft. Policy Analyzer hilft dabei festzustellen, in welcher Richtlinie Einstellungen nicht optimal sind und welche Sicherheitseinstellungen Microsoft ergänzend empfiehlt. Der Analyzer liest die vorhandenen Richtlinien aus und zeigt in einer Tabelle die empfohlenen Registry-Einstellungen an, die Sie umsetzen sollten. Sie müssen das Tool nicht installieren, es lässt sich direkt starten.

Im Policy Analyzer können Sie auch die Sicherungsdateien der GPOs einlesen, die Sie im Unternehmen einsetzen. Es ist also sinnvoll, vor Anpassungen die aktuellen Richtlinien in der Gruppenrichtlinienverwaltung zu sichern. Bestandteil des Zip-Archivs der Sicherheitsempfehlungen von Microsoft sind Dateien mit der Endung *PolicyRules*. Dabei handelt es sich um die Dateien, die Policy-Analyzer-Daten der neuen Gruppenrichtlinien enthalten. Durch einen Vergleich erkennen Sie schnell, ob irgendwelche Einstellungen noch geändert werden sollten.

Die Tabellen für die einzelnen Windows 10/11-Versionen, die das Security Compliance Toolkit unterstützt, bestehen aus einer mehrseitigen Arbeitsmappe mit allen Gruppenrichtlinien-Einstellungen, die für Windows 10/11 und Windows Server 2019/2022 zur Verfügung stehen. Einige Zellen sind farblich gekennzeichnet. Das zeigt, dass sich diese Einstellungen nicht auf alle Systeme anwenden lassen.

Durch die Aktivierung der verschiedenen Sicherheitseinstellungen besteht natürlich die Gefahr, dass Sie den Benutzerkomfort einschränken, da durch mehr Sicherheit auch verschiedene Funktionen in Windows nicht mehr zur Verfügung stehen. Im Rahmen der Umsetzung der Richtlinien verschärft Windows die Benutzerkontensteuerung auf den Clientcomputern deutlich. Natürlich lassen sich verschiedene Einstellungen deaktivieren, wenn diese nicht gewünscht sind. Aus diesem Grund sollten Sie die Einstellungen nicht komplett in Active Directory verteilen, sondern erst auf einigen Arbeitsstationen Tests durchführen, bevor Sie über eine neue Gruppenrichtlinie die Einstellungen im Netzwerk verteilen.

Gruppenrichtlinieneinstellungen verstehen und planen

Natürlich ist es selten sinnvoll, alle Richtlinieneinstellungen genauso umzusetzen, ohne zumindest zu verstehen, welche Einstellungen die Richtlinien auf den Computern vornehmen. Microsoft hat dazu im Verzeichnis *Documentation* des Zip-Archivs eine Excel-Tabelle integriert. Hier sind alle Einstellungen aufgelistet, die die Baselines für die aktuelle Windows 10-Version umsetzen.

Über die Registerkarten im unteren Bereich können Sie zwischen den Einstellungen in der Dokumentation umschalten. Bei *Security Template* zeigt die Tabelle die Sicherheitseinstellungen an, die Sie über Richtlinien umsetzen können. Die Tabelle zeigt die Einstellungen für Arbeitsstationen mit Windows 10/11 und Mitgliedsserver sowie Domänencontroller auf Basis von Windows Server 2019/2022 jeweils in eigenen Spalten an. In weiteren Spalten sehen Sie die Einstellungen für lokale Computer und Server, der Windows Defender Firewall und für AppLocker.

Zusätzlich ist im Verzeichnis *GP Reports* für jede Richtlinie ein Bericht als HTML-Datei zu finden. So ist schnell erkennbar, welche Einstellungen Sie auf den Computern umsetzen, wenn Sie die Richtlinienvorlagen nutzen wollen.

Gruppenrichtlinienvorlagen manuell importieren

Um Gruppenrichtlinien auf Basis der von Microsoft empfohlenen Vorlagen zu erstellen, besteht der einfachste Weg zunächst darin, in der Gruppenrichtlinienverwaltung ein neues, leeres GPO zu erstellen. Solange das GPO noch nicht mit einem Container verknüpft ist, sind die Einstellungen nicht aktiv. Die leere Gruppenrichtlinie enthält noch keine Werte. Die Gruppenrichtlinie erstellen Sie in der Gruppenrichtlinienverwaltungs-Konsole über das Kontextmenü von *Gruppenrichtlinienobjekte*. Sie können die Richtlinie zum Beispiel *Windows 10-Baseline* nennen.

Um die Richtlinieneinstellungen von Microsoft in die neu erstellte Richtlinie zu integrieren, können Sie diese aus den Vorlagen der Security Baselines einfach importieren. Diesen Vorgang starten Sie über das Kontextmenü der neu erstellten Richtlinie mit dem Befehl *Einstellungen importieren*. Sie können den Importvorgang in bereits bestehende Richtlinien vornehmen, riskieren hier aber, dass Einstellungen überschrieben werden.

Sie sollten allerdings auf keinen Fall die Einstellungen der Security Baseline in die Default Domain Policy importieren, sondern diese Richtlinie unverändert lassen. Beim Einsatz einer eigenen Richtlinie können Sie dadurch genau steuern, welche Einstellungen Sie von den Security Baselines übernehmen wollen. Funktioniert etwas in der neuen Richtlinie nicht richtig, können Sie diese deaktivieren. Alle Ihre anderen Richtlinien bleiben aber erhalten. Der Assistent zum Importieren von neuen Richtlinieneinstellungen ermöglicht auch die Sicherung der aktuellen Gruppenrichtlinie. Verwenden Sie eine bereits vorhandene Richtlinie, können Sie über diesen Weg den aktuellen Zustand sichern und bei Problemen die Gruppenrichtlinie wiederherstellen.

Über den Assistenten wählen Sie anschließend das Verzeichnis aus, in dem sich die Gruppenrichtlinien befinden, deren Einstellungen Sie importieren wollen. Dazu gibt es im ZIP-Archiv jeder aktuellen Windows 10/11-Version ein Unterverzeichnis *GPOs*. Dieses wählen Sie aus. Anschließend zeigt der Import-Assistent die einzelnen Richtlinien an, deren Einstellungen Sie importieren können.

Durch Auswahl der entsprechenden Sicherung der Richtlinien in der Baseline importiert die Gruppenrichtlinienverwaltung diese Einstellungen in die von Ihnen erstellte Richtlinie. Mit *Einstellungen anzeigen* zeigt die Konsole die Einstellung der zu importierenden Richtlinie an. Hierbei handelt es sich im Grunde genommen um den gleichen Bericht, der auch in *GP Reports* zu finden ist. Im Unterordner, in dem sich auch die Gruppenrichtlinie für den Import befindet, ist die Excel-Tabelle zu finden, deren Einstellungen Sie umsetzen.

Wenn Sie den Vorgang abschließen, befüllt der Assistent Ihre Richtlinien mit den empfohlenen Einstellungen von Microsoft. Sobald Sie die Richtlinie mit der gewünschten Organisationseinheit oder der OU mit den Computerkonten verknüpfen, wenden die Windows-Computer die Einstellungen an. Nutzen Sie Einstellungen, die Microsoft nach dem Erscheinen von Windows 10 neu implementiert hat, müssen Sie die jeweilige ADMX- und ADML-Dateien noch auf den Domänencontrollern einbinden, wie zuvor beschrieben.

19.2 Gruppenrichtlinien verwalten

Wenn Sie mit der Verwaltung von Gruppenrichtlinien beginnen, sollten Sie zunächst zwei Definitionen verstehen, die oft verwechselt werden. Beide Bereiche tauchen in der Gruppenrichtlinienverwaltung auf:

- Gruppenrichtlinienobjekte (Group Policy Objects, GPOs)
- Gruppenrichtlinienverknüpfungen

Allgemein wird oft von Gruppenrichtlinien gesprochen. Damit sind meist die GPOs gemeint. Ein GPO ist eine Gruppenrichtlinie, in der Einstellungen vorgenommen und gespeichert sind. Diese Einstellungen legen für Benutzer-PCs oder Benutzerkonten fest, wie sich die Systeme verhalten, zum Beispiel die automatische Konfiguration des Internet Explorers oder von Microsoft Edge in Windows 10/11.

Diese Einstellungen sind innerhalb eines Containers, des GPOs, gespeichert. Damit diese Einstellungen angewendet werden, muss das GPO mit Organisationseinheiten oder einer Domäne verknüpft sein. Erst danach wenden die Computer in der Domäne die Einstellungen innerhalb des GPOs auf die entsprechende OU oder die ganze Domäne an. In diesem Fall spricht man von Gruppenrichtlinienverknüpfungen. Ein GPO kann nicht nur mit einer OU verknüpft sein, sondern mit mehreren. Wenn Sie Einstellungen in einem GPO ändern, wendet das GPO diese Änderungen auf alle verknüpften OUs an. Ändern Sie aber Einstellungen in einem GPO ab, das noch nicht mit einer OU verknüpft ist, übernehmen Computer auch keinerlei Änderungen. Diese erfolgen erst dann, wenn das GPO verknüpft ist.

19.2.1 Neue Gruppenrichtlinie erstellen

Um Einstellungen per Gruppenrichtlinie an die PCs, Server oder Benutzerkonten in Ihrem Netzwerk weiterzugeben, ist es am besten, immer nach der gleichen Vorgehensweise zu verfahren:

1. Planen der Einstellungen für die Richtlinie
2. Festlegen der OUs, auf die die Richtlinie angewendet werden soll
3. Erstellen des GPOs
4. Konfiguration der Einstellungen des GPOs
5. Verlinken (Verknüpfen) des GPOs mit den gewünschten OUs
6. Testen der Einstellungen
7. Fehlerbehebung, wenn etwas nicht funktioniert

Um ein neues GPO zu erstellen, klicken Sie in der Gruppenrichtlinienverwaltung auf den Knoten *Gruppenrichtlinienobjekte* und wählen im Kontextmenü den Befehl *Neu* aus. Geben Sie danach dem GPO einen passenden Namen, der wiedergibt, welche Einstellungen mit diesem GPO verteilt werden.

Das GPO wird unter dem Menüpunkt *Gruppenrichtlinienobjekte* angezeigt. Hier finden Sie alle GPOs, die Sie erstellt haben oder die Windows Server 2022 bereits automatisch angelegt hat. Interessant an dieser Stelle sind auch die Starter-Gruppenrichtlinienobjekte, die als eine Art Vorlage dienen können. Erstellen Sie eine neue Richtlinie, können Sie eine Starter-Richtlinie auswählen und deren bereits vorhandenen Einstellungen in die neue Richtlinie übernehmen. Klicken Sie auf den Knoten *Starter-Gruppenrichtlinienobjekte*, können Sie in Windows Server 2022 Vorlagen erstellen lassen.

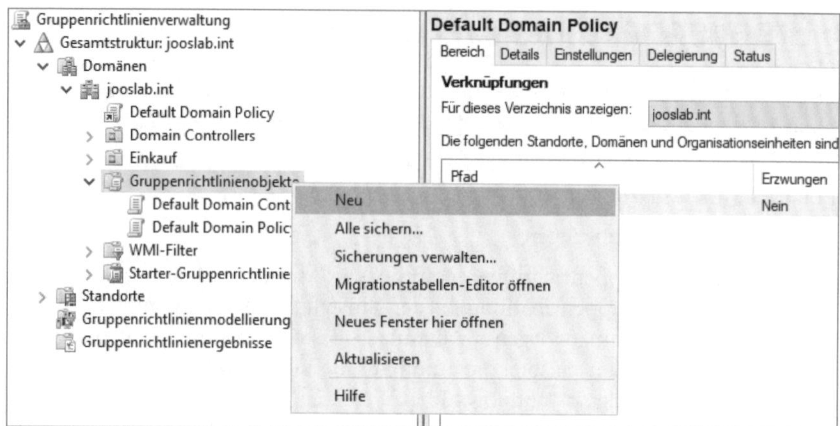

Abb. 19.4 Erstellen und Verwalten von neuen Gruppenrichtlinienobjekten

Nach der Erstellung des Gruppenrichtlinienobjekts (GPO) ist dieses in Domäne vorhanden. Allerdings gibt das GPO keine Einstellungen weiter, da es noch nicht verknüpft ist und keinerlei Einstellungen enthält.

Der nächste Schritt besteht daher darin, die Gruppenrichtlinie zu bearbeiten und die Einstellungen vorzunehmen, die Sie an die Arbeitsstationen verteilen wollen. In diesem Beispiel zeigen wir Ihnen die notwendigen Einstellungen dafür, dass automatisch auf allen Rechnern im Netzwerk der Proxyserver eingetragen ist, und weitere Einstellungen im Internet Explorer, Microsoft Edge oder für andere Browser.

Klicken Sie im Knoten *Gruppenrichtlinienobjekte* mit der rechten Maustaste auf das neu erstellte GPO und wählen Sie im Kontextmenü den Eintrag *Bearbeiten* aus. Damit öffnet sich der Gruppenrichtlinienverwaltungs-Editor, mit dessen Hilfe Sie die Einstellungen innerhalb des GPOs vornehmen. Der Gruppenrichtlinienverwaltungs-Editor besteht aus zwei Hälften. Auf der linken Seite können Sie auswählen, für welchen Bereich Sie Einstellungen vornehmen wollen. Gruppenrichtlinieneinstellungen nehmen Sie über den Knoten *Richtlinien* vor.

- Die Einstellungen unter *Computerkonfiguration* wenden PCs beim Starten an.
- Die Einstellungen unter *Benutzerkonfiguration* wendet Windows an, wenn sich ein Benutzer am PC anmeldet.

Wenn Sie sich durch die Knoten auf der linken Seite klicken, sehen Sie auf der rechten Seite die Einstellungen, die in diesem Bereich verfügbar sind. Öffnen Sie die Einstellungen einer Gruppenrichtlinie per Doppelklick, können Sie Konfigurationen vornehmen, die an die Benutzer bei der Benutzerkonfiguration oder die PCs bei der Computerkonfiguration weitergegeben werden.

19.2.2 GPO mit einem Container verknüpfen

Damit die Einstellungen in der Gruppenrichtlinie angewendet werden, müssen Sie diese mit einer OU oder der ganzen Domäne verknüpfen. Klicken Sie dazu in der Gruppenrichtlinienverwaltung mit der rechten Maustaste entweder auf die OU, mit der Sie dieses GPO verknüpfen wollen, oder auf die Domäne. Wählen Sie im Kontextmenü den Eintrag *Vorhandenes Gruppenrichtlinienobjekt verknüpfen* aus. Sie können auch direkt in der Gruppenrichtlinienverwaltung neue Organisationseinheiten erstellen.

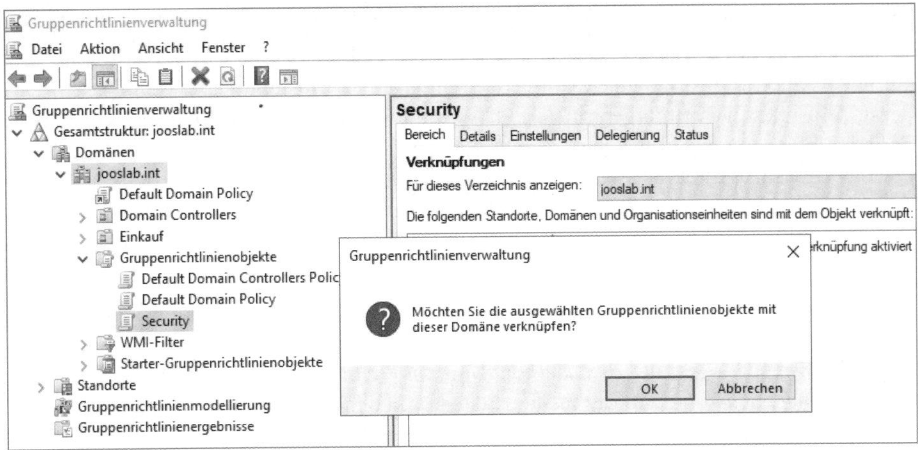

Abb. 19.5 Verknüpfen eines GPOs mit einem Container im Windows Server 2022-Netzwerk

Es öffnet sich ein Fenster, in dem Ihnen alle Gruppenrichtlinien angezeigt werden, die in der Domäne bereits konfiguriert sind. Wählen Sie in dem Fenster das GPO aus und bestätigen Sie mit *OK*. Nach der erfolgreichen Auswahl wird die Verknüpfung des GPOs unterhalb der Domäne beziehungsweise der entsprechenden Organisationseinheit angezeigt.

Sie können das GPO auch nur mit einzelnen OUs verknüpfen und so viele OUs verknüpfen, wie Sie wollen. Wenn Sie später eine Änderung an dem GPO vornehmen, wird diese Änderung automatisch an alle verknüpften OUs weitergegeben. In der Gruppenrichtlinienverwaltung erkennen Sie durch die Baumstruktur unter jedem Container, welche Gruppenrichtlinien verknüpft sind. Ab diesem Moment ist das GPO aktiv, da Einstellungen innerhalb des GPOs vorgenommen wurden und es verknüpft ist. Als Nächstes können Sie testen, ob die Einstellungen auch übernommen wurden.

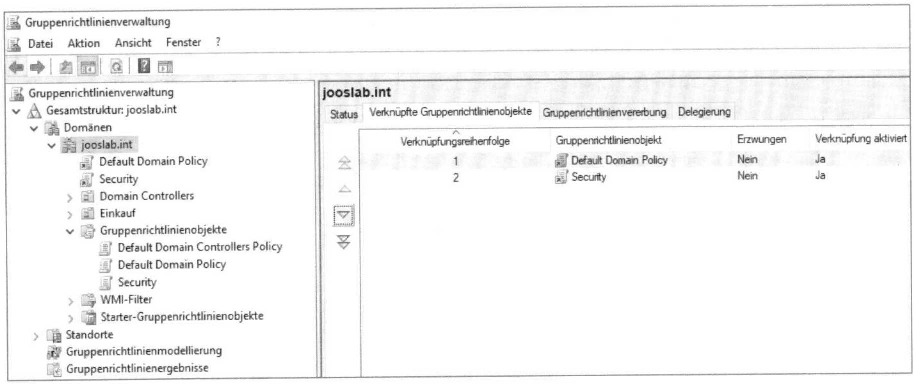

Abb. 19.6 Anzeigen der verknüpften GPOs

19.2.3 Gruppenrichtlinien erzwingen und Priorität erhöhen

Da Sie mehrere GPOs mit einer OU verknüpfen können, lässt sich die Priorität von Richtlinien so setzen, dass eine Richtlinie immer vor einer anderen gestartet wird. Außerdem besteht die Möglichkeit, eine Einstellung in einer Richtlinie zu setzen und in einer anderen wieder zurückzunehmen, zum Beispiel in einer untergeordneten OU.

Sie haben auch die Möglichkeit, die Erzwingung einer Einstellung zu veranlassen. Das heißt, selbst wenn in untergeordneten OUs eine Einstellung wieder rückgängig gemacht wird, bleibt sie so gesetzt, wie in der erzwungenen Richtlinie konfiguriert. Sie können zum Beispiel die Einstellung aktivieren, dass nach einer gewissen Zeit der Bildschirmschoner auf den Arbeitsstationen aktiviert wird und Anwender ein Kennwort eingeben müssen, wenn der Bildschirm entsperrt werden soll. Das ist vor allem dann sinnvoll, wenn Anwender ihren Platz verlassen.

Falls der Bildschirm nicht gesperrt ist, können ungehindert andere Anwender unter dem Namen des angemeldeten Benutzers Aktionen durchführen. Sie finden die Einstellungen für Bildschirmschoner unter *Benutzerkonfiguration/Richtlinien/Administrative Vorlagen/Systemsteuerung/Anpassung*. Auf der rechten Seite können Sie verschiedene Einstellungen vornehmen, auch den Sperrbildschirm von Windows 10/11 deaktivieren. Hier können Sie zum Beispiel ein bestimmtes Hintergrundbild für den Anmeldebildschirm festlegen und verhindern, dass Anwender Startseite und Anmeldebildschirm anpassen.

Zur Konfiguration können Sie entweder ein neues GPO erstellen oder ein bereits vorhandenes konfigurieren. Die Standardrichtlinien sollten Sie möglichst auch bei einer solchen Konfiguration nicht ändern. Konfigurieren Sie die folgenden Einstellungen:

- *Bildschirmschoner aktivieren* auf *Aktiviert*
- *Kennwortschutz für den Bildschirmschoner verwenden* ebenfalls auf *Aktiviert*
- *Zeitlimit für Bildschirmschoner* auf *Aktiviert* und als Einstellung 600 Sekunden bis zur Aktivierung

Haben Sie die gewünschten Eintragungen vorgenommen, können Sie den Gruppenrichtlinienverwaltungs-Editor wieder schließen. Verknüpfen Sie die erstellte Richtlinie mit der Domäne oder einer OU.

Wenn Sie die Richtlinie erstellt und verknüpft haben, klicken Sie die Domäne in der Gruppenrichtlinienverwaltung an. Auf der rechten Seite sehen Sie alle Gruppenrichtlinien, die direkt mit der Domäne verknüpft sind. Markieren Sie die Verknüpfung der Bildschirmschoner-Richtlinie auf der rechten Seite der Gruppenrichtlinienverwaltung und klicken Sie auf die Pfeile, bis die Verknüpfung ganz oben angeordnet ist. Dadurch ist sichergestellt, dass diese Verknüpfung und die Einstellungen des verknüpften GPOs zuerst angewendet werden.

Durch die Vererbung von Gruppenrichtlinien besteht die Möglichkeit, dass die Einstellung einer Gruppenrichtlinie durch eine andere, die in einer untergeordneten OU definiert ist, überschrieben wird.

Für Benutzer innerhalb eines Containers gilt immer die zuletzt angewendete Richtlinie. Wenn also in der Domänenrichtlinie eine Einstellung gesetzt wird, die in der OU des Benutzers zurückgenommen wird, gilt das auch für den Benutzer. Wenn Domänenadministratoren sicherstellen wollen, dass gewisse Gruppenrichtlinien nicht überschrieben werden können, besteht die Möglichkeit, die Einstellungen dieser Richtlinie zu erzwingen. In diesem Fall kann von untergeordneten Organisationseinheiten die Durchsetzung dieser Gruppenrichtlinie nicht verhindert werden.

Sie können eine Gruppenrichtlinie erzwingen lassen, indem Sie auf der rechten Seite der Gruppenrichtlinienverwaltung auf der Registerkarte *Verknüpfte Gruppenrichtlinienobjekte* die Verknüpfung mit der rechten Maustaste anklicken. Wählen Sie im daraufhin geöffneten Kontextmenü den Eintrag *Erzwungen* aus.

Nach der Auswahl erscheint eine Meldung, in der Sie das Erzwingen der Richtlinie bestätigen müssen. Nach der Bestätigung wird die Richtlinie als *Erzwungen* angezeigt. Dadurch stellen Sie sicher, dass diese Einstellungen für alle Benutzer der Domäne Gültigkeit haben und in keiner OU aufgehoben werden können.

Wenn Sie anschließend eine untergeordnete OU aktivieren, sehen Sie auf der rechten Seite auf der Registerkarte *Gruppenrichtlinienvererbung*, dass die Richtlinie auch hier als *Erzwungen* angezeigt wird. Das heißt, die Anwendung dieser Richtlinie kann nicht verhindert werden.

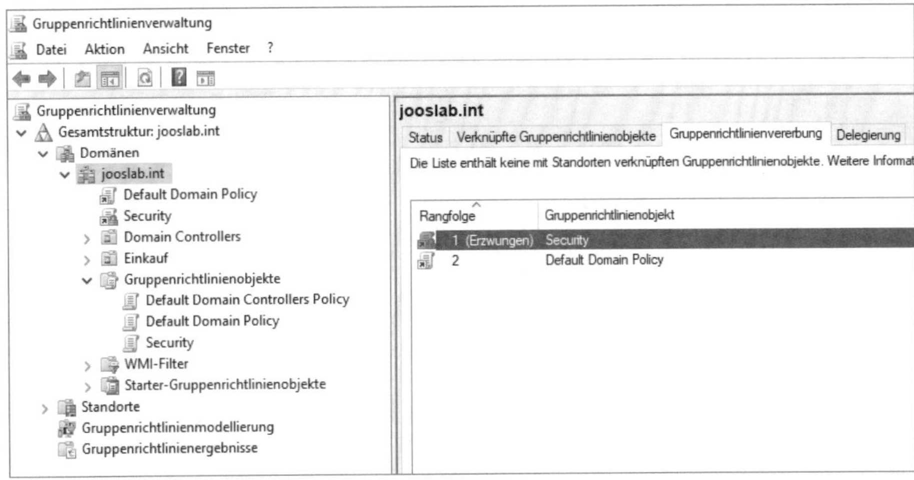

Abb. 19.7 Anzeige von erzwungenen Richtlinien in der Gruppenrichtlinienvererbung

19.2.4 Vererbung für Gruppenrichtlinien deaktivieren

Für manche Gruppenrichtlinien ist es unter Umständen sinnvoll, die standardmäßige Vererbung zu deaktivieren. Wenn Sie zum Beispiel in allen OUs einer Domäne Einstellungen weitergeben wollen, in einer bestimmten OU aber nicht, können Sie in dieser OU die Verwendung der Richtlinie deaktivieren, auch wenn diese mit der ganzen Domäne verknüpft ist.

Die Grenzen von Gruppenrichtlinien stellen immer Domänen dar. Über Domänen hinweg lassen sich keine Gruppenrichtlinien festlegen.

Wenn Sie die entsprechende OU in der Gruppenrichtlinienverwaltung anklicken, können Sie auf der rechten Seite der Konsole auf der Registerkarte *Gruppenrichtlinienvererbung* erkennen, welche Verknüpfungen von übergeordneten OUs auf diese OU übernommen – also vererbt – werden. Sie können allerdings nicht die Vererbung einzelner Gruppenrichtlinien deaktivieren, sondern nur die Vererbung als Ganzes.

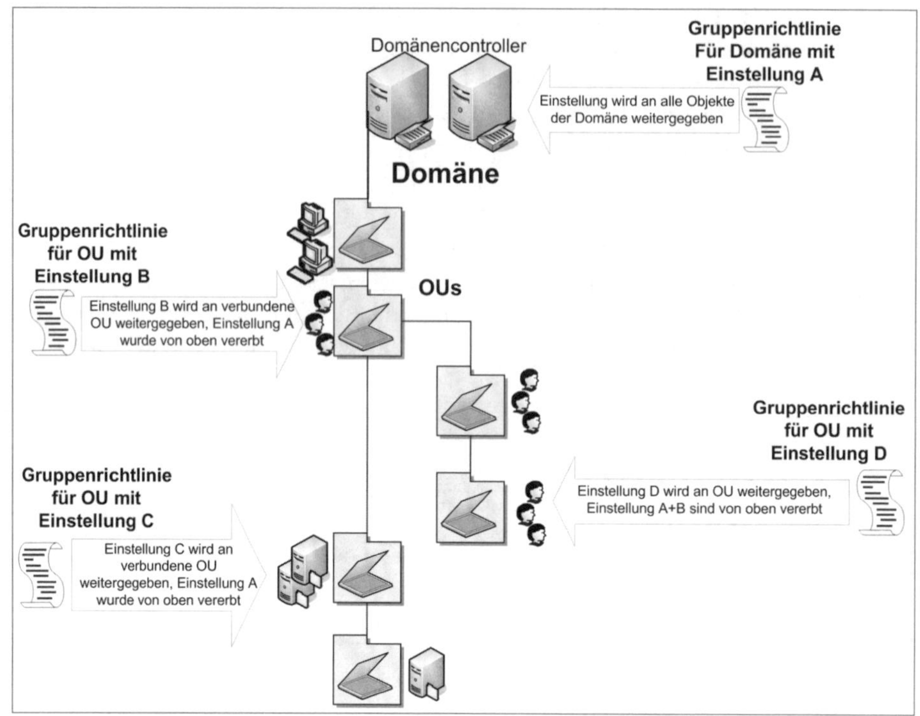

Abb. 19.8 Gruppenrichtlinien vererben sich in Domänen nach unten.

Klicken Sie dazu in der Gruppenrichtlinienverwaltung mit der rechten Maustaste auf die OU, für die Sie die Vererbung deaktivieren wollen, und wählen Sie im Kontextmenü den Eintrag *Vererbung deaktivieren* aus.

Nachdem Sie die Vererbung von Gruppenrichtlinien für eine OU deaktiviert haben, wird diese OU in der Gruppenrichtlinienverwaltung mit einem blauen Kreis und einem weißen Ausrufezeichen angezeigt.

Auf die gleiche Weise können Sie die Vererbung wieder aktivieren. Auf der Registerkarte *Gruppenrichtlinienvererbung* werden jetzt nur noch die Gruppenrichtlinien angezeigt, die erzwungen werden. Achten Sie darauf, dass Sie bei der Deaktivierung der Vererbung die Richtlinien manuell mit der OU verknüpfen. Erzwungene Gruppenrichtlinien lassen sich durch die Deaktivierung der Vererbung nicht deaktivieren. Diese Richtlinien bleiben immer aktiv.

19.2.5 Administration von domänenbasierten GPOs mit ADMX-Dateien

Zentral gespeicherte ADMX-Dateien ermöglichen es den Administratoren, domänenbasierte GPOs mit den gleichen ADMX-Dateien zu bearbeiten. Wenn Sie die ADMX-Dateien nicht zentral speichern, funktioniert das Bearbeiten der GPOs genauso wie im vorherigen Abschnitt bei der Bearbeitung.

Nachdem Sie einen zentralen Speicherort eingerichtet haben, nutzen Gruppenrichtlinientools nur noch diese zentral gespeicherten ADMX-Dateien und ignorieren die lokalen Versionen. Die Ordnerstruktur für die zentrale Speicherung befindet sich im *SYSVOL*-Ordner auf den Domänencontrollern. Sie müssen diesen nur einmal pro Domäne erstellen. Der Dateireplikationsdienst repliziert ihn dann auf alle anderen Domänencontroller der jeweiligen Domäne. Es wird empfohlen, die Ordnerstruktur auf dem PDC-Emulator der Domäne zu erstellen. Da sie sich standardmäßig mit dem PDC-Emulator verbinden, können die Gruppenrichtlinientools so schneller auf die ADMX-Dateien zugreifen. Der zentrale Speicherort setzt sich folgendermaßen zusammen:

- Ein Stammordner, in dem alle sprachneutralen ADMX-Dateien enthalten sind
- Unterordner mit den sprachspezifischen ADMX-Dateien

Zum Erstellen eines zentralen Speicherortes für ADMX-Dateien gehen Sie wie folgt vor:

1. Erstellen Sie auf Ihrem Domänencontroller einen Stammordner: *%SystemRoot%\SYSVOL\domain\Policies\PolicyDefinitions*.
2. Erstellen Sie unter *%SystemRoot%\SYSVOL\domain\Policies\PolicyDefinitions* einen Unterordner für jede Sprache, die von Ihren Gruppenrichtlinienadministratoren verwendet wird. Jeder Unterordner sollte entsprechend der passenden ISO-Abkürzung benannt werden. Der Unterordner für *Englisch/USA* sieht zum Beispiel so aus: *%SystemRoot%\SYSVOL\domain\Policies\PolicyDefinitions\EN-US*. Bei deutschen Servern wird *DE-DE* verwendet.

Um diese Schritte durchführen zu können, müssen Sie Mitglied der Active Directory-Gruppe Domänenadmins sein. Nach der Erstellung des zentralen Speicherorts müssen Sie die ADMX-Dateien, deren Einstellungen Sie zentral verwalten wollen, in den zentralen Speicherort kopieren. Gehen Sie dazu folgendermaßen vor:

1. Öffnen Sie eine Eingabeaufforderung.
2. Kopieren Sie alle sprachneutralen Dateien (**.admx*) in den zentralen Ordner *\PolicyDefinitions*.
3. Kopieren Sie alle sprachspezifischen Dateien (**.adml*) in die entsprechenden Unterordner.

Neben Windows 10/11 lassen sich auch für Office Vorlagen für Gruppenrichtlinien herunterladen und einbinden. Die Richtlinien ermöglichen den sicheren Betrieb von Office-Programmen auf Rechnern mit Windows 10/11.

Auch viele Einstellungen für Microsoft Office in nahezu allen Versionen lassen sich über Gruppenrichtlinien durchführen. Im Downloadcenter stellt Microsoft Gruppenrichtlinienvorlagen zur Verfügung, über die Sie Office per Richtlinie anpassen können.

Damit sich diese verwenden lassen, müssen Sie die *.admx*-Dateien nach dem Entpacken auf dem Domänencontroller in den Ordner *C:\PolicyDefinitions* kopieren. Die Gruppenrichtlinien-Sprachdateien (*.adml*) müssen Sie aus dem jeweiligen Sprachenordner in den Ordner unter *C:\PolicyDefinitions* kopieren.

Die aktuellen Richtlinienvorlagen für Windows 10/11 finden Sie ebenfalls im Microsoft Download-Center.

19.3 Sicherheitseinstellungen in Windows 10/11 mit Richtlinien steuern

In den folgenden Abschnitten gehen wir auf wichtige Sicherheitseinstellungen ein, mit denen Sie Windows 10/11 in einem Netzwerk mit Windows Server 2022 sicher betreiben können.

19.3.1 Microsoft Store, Cortana und Datensammlungen in Windows 10/11 sperren

Wollen Sie auf Rechnern den App-Store sperren, damit andere Anwender keine Apps installieren können, haben Sie die Möglichkeit, den Gruppenrichtlinienverwaltungs-Editor zu verwenden. Dieser steht zwar in den Editionen Pro und Enterprise von Windows 10/11 zur Verfügung, allerdings funktioniert die Sperrung des Stores nur in Windows 10/11 Enterprise und Education.

Navigieren Sie zu *Computerkonfiguration/Administrative Vorlagen/Windows-Komponenten/Store*. Aktivieren Sie die Richtlinieneinstellungen zur Deaktivierung des kompletten Stores oder nur das automatische Herunterladen von Updates. Starten Anwender nach der Einrichtung den Store, erscheint eine entsprechende Meldung.

Unternehmen, die auf Windows 10/11 Enterprise setzen, können weitere Sicherheitseinstellungen setzen, die in Windows 10/11 Pro nicht verfügbar sind. Besonders interessant ist in diesem Bereich die Richtlinieneinstellung *Computerkonfiguration/Richtlinien/Administrative Vorlagen/Windows-Komponenten/Datensammlung und Vorabversionen*. Diese Einstellungen können Sie nutzen, um den Datenschutz zu verbessern, da Windows 10/11 durch die Aktivierung weniger Daten ins Internet sendet.

Über Gruppenrichtlinieneinstellungen lässt sich Cortana generell recht gut steuern. Dazu nutzen Sie die Einstellung *Nicht im Web suchen und keine Webergebnisse in der Suche anzeigen* bei *Computerkonfiguration/Administrative Vorlagen/Windows-Komponenten/Suche*. Durch die Aktivierung dieser Option wird verhindert, dass Anwender über Cortana im Internet nach Informationen suchen. Bei solchen Suchvorgängen werden Informationen des lokalen Rechners in das Internet gesendet und der Cloud gespeichert. Das ist nicht immer im Interesse des Unternehmens.

In der Richtlinieneinstellung *Cortana zulassen* können Sie mit der Option *Deaktivieren* Cortana per Richtlinie komplett deaktivieren. Die herkömmliche Standard-Suche in Windows funktioniert danach problemlos weiterhin.

Mit der Einstellung *Cortana auf dem Sperrbildschirm zulassen* wird festgelegt, ob die Cortana-Funktion auf Windows 10/11-Rechnern erlaubt sein soll. Diese bietet die Möglichkeit, Cortana auch dann zu nutzen, wenn der Rechner gesperrt ist.

19.3.2 Sicherheitseinstellungen für das Netzwerk steuern

In manchen Situationen kann es passieren, dass Windows 10/11 oder Windows Server 2022 den aktuellen Netzwerktyp nicht erkennt und so einen falschen (öffentlich, privat oder Arbeitsplatz/Domäne) verwendet. Dies äußert sich in Problemen beim Netzwerkzugriff, vor allem bei Notebooks oder Heimarbeitsplätzen. Sie haben in Windows 10/11 Pro und Enterprise die Möglichkeit, über Gruppenrichtlinien nicht identifizierte Netzwerke manuell zuzuordnen:

1. Navigieren Sie zu *Computerkonfiguration/Windows-Einstellungen/Sicherheitseinstellungen/Netzwerklisten-Manager-Richtlinien*.
2. Öffnen Sie die Einstellung *Nicht identifizierte Netzwerke*.
3. Legen Sie hier die Einstellung fest, die Sie wünschen.

Die Einstellungen sind in der Einstellungen-App von Windows 10/11 über *Netzwerk und Internet* zu finden. Durch einen Klick auf den Netzwerktyp (Ethernet) und der Auswahl des Netzwerks kann das Netzwerkprofil durch einen Klick geändert werden.

Das Netzwerkprofil kann auch über die Registry geändert werden. Die Einstellungen dazu sind im Pfad *HKEY_LOCAL_MACHINE\SOFTWARE\Microsoft\Windows NT\CurrentVersion\Networklist\Profiles* zu finden. Für jede Netzwerkverbindung gibt es ein eigenes Profil. Unterhalb des Profils gibt es den Eintrag *Category*. Durch Änderung des Eintrags auf *0* handelt es sich um ein öffentliches Netzwerk. Mit *1* wird das Netzwerkprofil auf *Privat* gesetzt. Nach der Änderung sollte der Rechner neu gestartet werden.

Standardmäßig erreichen Universal-Apps das Internet nur direkt. Wenn Sie einen Proxyserver einsetzen, sollten Sie im System Änderungen vornehmen, damit die Apps eine Verbindung mit dem Internet herstellen können. Da in solchen Umgebungen normalerweise Windows 10/11 Pro oder Enterprise im Einsatz sind, können Sie die Einstellungen über Gruppenrichtlinien setzen. Navigieren Sie zu *Computerkonfiguration/Administrative Vorlagen/Netzwerk/Netzwerkisolation*.

Auf der rechten Seite finden Sie die Einstellungen, um die Apps über einen Proxy mit dem Internet zu verbinden. Aktivieren Sie die Einstellung für den Proxy und geben Sie die URL und den Port ein, auf den der Proxy auf Anfragen wartet.

Mit Windows Defender SmartScreen kann Windows 10/11 verschiedene Bereiche schützen. Dazu gehören Apps, die Anwender installieren oder aus dem Store herunterladen, aber auch Webseiten und Downloads, die mit Microsoft Edge genutzt werden. Windows Defender SmartScreen kann über das Windows Defender Security Center gesteuert werden oder mit Gruppenrichtlinien.

Die Einstellungen sind über *Computerkonfiguration/Richtlinien/Administrative Vorlagen/Windows-Komponenten/Windows Defender SmartScreen* zu finden. Hier kann der Schutz von Windows, aber auch von Microsoft Edge gesteuert werden.

19.3.3 Überwachter Ordnerzugriff – Schutz vor Ransomware

Eine interessante Neuerung seit Windows 10/11 Version 1709 ist der überwachte Ordnerzugriff. Dieser soll verhindern, dass zum Beispiel Ransomware Dateien und Ordner verschlüsselt oder nicht berechtigte Anwender Einstellungen ändern. Die Option kann in der Einstellungen-App von Windows 10/11 im Windows Defender Security Center über *Viren- & Bedrohungsschutz* und dann bei *Einstellungen für Viren- & Bedrohungsschutz* mit der Option *Überwachter Ordnerzugriff* aktiviert werden. Die weitere Konfiguration kann entweder über die PowerShell erfolgen, zum Beispiel mit:

Set-MpPreference -EnableControlledFolderAccess AuditMode oder *Enabled*

In größeren Netzwerken können die Einstellungen über Gruppenrichtlinien konfiguriert werden. Die vorhandenen Optionen stehen bei *Computerkonfiguration/Richtlinien/Administrative Vorlagen/Windows-Komponenten/Microsoft Defender Antivirus/Microsoft Defender Exploit Guard/Überwachter Ordnerzugriff* zur Verfügung. Hier kann konfiguriert werden, welche Ordner geschützt werden sollen, welche Anwendungen Änderungen vornehmen dürfen und ob der überwachte Ordnermodus nur überwachen soll oder Änderungen auch blockieren.

Generell stehen bei »Microsoft Defender Exploit Guard« noch weitere Einstellungen zur Verfügung, die Windows 10/11-Rechner besser vor Angreifern schützen. Windows 10/11 bietet einen Exploit-Schutz, der vor unbekannten Angreifern schützen soll. Auch hier finden sich die neuen Einstellungen in der Einstellungen-App über das Windows Security Center.

Mit dem Exploit Guard Evaluation Tool (*https://aka.ms/mp7z2w*) bietet Microsoft ein Paket an, mit dem der überwachte Ordnerzugriff (controller folder access – CFA) getestet werden kann und um Dateien in geschützten Ordnern zu erstellen.

Über Gruppenrichtlinien können Sie diese Einstellung bei *Computerkonfiguration/Richtlinien/Administrative Vorlagen/Windows-Komponenten/Microsoft Defender Exploit Guard/Exploit-Schutz* finden. Die Konfiguration kann mit einer XML-Datei erfolgen. Diese wird im Netzwerk gespeichert und durch die Richtlinie auf den Rechnern verteilt.

19.3.4 Datenschutz in Richtlinien steuern

Um den Datenschutz effektiv in Netzwerken zu steuern, sollte auf Gruppenrichtlinien gesetzt werden. Hier stehen verschiedene Optionen zur Verfügung, die dabei helfen, den Schutz auf mehreren Rechner im Netzwerk zu verbessern. Bezüglich des Datenschutzes spielen auch die Einstellungen des Sprach-Assistenten »Cortana« eine wichtige Rolle. Die Einstellungen dazu sind über *Computerkonfiguration/Administrative Vorlagen/Windows-Komponenten/Suche* zu finden.

Mit der Option *Nicht im Web suchen und keine Webergebnisse in der Suche anzeigen* kann verhindert werden, dass Anwender Cortana nutzen. Darüber hinaus sind hier zahlreiche weitere Einstellungen zu finden, die den Datenschutz im Zusammenhang mit Cortana verbessern, zum Beispiel die Deaktivierung von Positionsdaten. Das ist bei mobilen Anwendern und Notebooks besonders wichtig.

Mit *Cortana zulassen* kann über die Option *Deaktivieren* Cortana auf allen Rechnern ausgeschaltet werden. Auch die Fehler-Berichterstattung kann deaktiviert werden:

Computerkonfiguration/Richtlinien/Administrative Vorlagen/Windows-Komponenten/Windows-Fehlerberichterstattung

Auch die WLAN-Einstellungen sollten optimiert werden:

Computerkonfiguration/Richtlinien/Administrative Vorlagen/Netzwerk/WLAN-Dienst/WLAN-Einstellungen

Mit der Richtlinieneinstellung *Computerkonfiguration/Richtlinien/Administrative Vorlagen/Windows-Komponenten/Datensammlung und Vorabversionen* kann der Datenschutz für Rechner mit Windows 10/11 Enterprise deutlich verbessert werden.

Nur die Editionen Windows 10/11 Enterprise und Education erlauben die Deaktivierung des Windows-Stores über Gruppenrichtlinien. Die entsprechenden Einstellungen sind in folgendem Pfad zu finden:

Computerkonfiguration/Richtlinien/Administrative Vorlagen/Windows-Komponenten/Store

19.3.5 Benutzer und Kennwörter mit Gruppenrichtlinien absichern

Durch das Festlegen von sicheren Kennwörtern oder der Verhinderung zur Speicherung von Anmeldedaten lässt sich Windows im Netzwerk wesentlich sicherer betreiben.

Unabhängig davon, ob Unternehmen mit lokalen Anmeldungen oder der Authentifizierung mit Active Directory arbeiten, macht es Sinn, die Struktur von Kennwörtern über Richtlinien zu steuern. So kann festgelegt werden, wie kompliziert die Kennwörter von Anwendern sein sollen, wann diese geändert werden müssen und ob Anmeldenamen lokal gespeichert werden. Diese Sicherheitsmaßnahmen gibt es auch noch in Windows 10/11 und Windows Server 2022.

Die wichtigsten Einstellungen für mehr Sicherheit von Kennwörtern sind im Bereich *Computerkonfiguration/<Richtlinien>/Windows-Einstellungen/Sicherheitseinstellungen/Lokale Richtlinien/Sicherheitsoptionen* zu finden.

Mit der Richtlinie *Interaktive Anmeldung: Anwender vor Ablauf des Kennworts zum Ändern des Kennworts auffordern* wird festgelegt, wie viele Tage vor dem Ablauf eines Kennworts die Anwender bereits eine Meldung erhalten, um ihr Kennwort zu ändern.

Mit *Interaktive Anmeldung: Anzahl zwischenzuspeichernder vorheriger Anmeldungen (für den Fall, dass der Domänencontroller nicht verfügbar ist)* steuern Sie, ob Windows Anmeldungen zwischenspeichern soll, und wenn ja, wie viele verschiedene Anmeldungen. Das ermöglicht die Anmeldung an Rechnern, wenn kein Domänencontroller erreicht werden kann.

Mit *Interaktive Anmeldung: Benutzerinformationen anzeigen, wenn Sitzung gesperrt ist* können Sie sicherstellen, dass am PC nicht zu sehen ist, welcher Benutzer derzeit angemeldet ist, wenn dieser den Bildschirm gesperrt hat. Über die Richtlinie lässt sich festlegen, dass Domäne und Benutzer, nur der Benutzer oder keinerlei Informationen angezeigt werden sollen.

Interaktive Anmeldung: Letzten Benutzernamen nicht anzeigen legt fest, dass bei der Anmeldung an Windows-Rechnern immer Benutzername und Kennwort angegeben werden müssen. Windows speichert bei Aktivierung keine Benutzernamen, was die Sicherheit deutlich erhöht, vor allem wenn sich an Rechnern Administratoren anmelden.

Mit den Richtlinieneinstellungen *Konten: Administratorkonto umbenennen* und *Konten: Gastkonto umbenennen* können auf einen Schlag das Gastkonto und das Administratorkonto auf Rechnern umbenannt werden. Zusätzlich zur Deaktivierung kann dadurch die Sicherheit von Rechnern deutlich erhöht werden.

Seit Windows 8 und auch in Windows 10/11 können sich Anwender mit Microsoft-Konten an Rechnern anmelden. Das ist grundsätzlich auch für Firmenrechner möglich, aber aus Sicherheitsgründen problematisch. Die Einstellungen dazu sind in den lokalen Einstellungen von Windows zu finden.

Sie können über die Richtlinie *Konten: Microsoft-Konten blockieren* festlegen, dass sich Benutzer nur mit bereits vorhandenen Microsoft-Konten an Windows anmelden dürfen (*Benutzer können keine Microsoft-Konten hinzufügen*) oder gar keine Anmeldung mit Microsoft-Konten erlaubt ist (*Benutzer können keine Microsoft-Konten hinzufügen oder sich damit anmelden*).

Im oberen Bereich der Richtlinien und Sicherheitsoptionen sind die Richtlinien für die Benutzerkontensteuerung zu sehen. Über diese Richtlinien lässt sich das Verhalten der Benutzerkontensteuerung für Rechner ab Windows 7 festlegen.

Mit *Benutzerkonfiguration/Administrative Vorlagen/System/STRG+ALT-ENTF (Optionen)* können Sie festlegen, welche Optionen den Anwendern zur Verfügung stehen, wenn sie diese Tastenkombination nutzen.

19.3.6 OneDrive for Business nutzen

Mit OneDrive for Business erhalten Unternehmen einen Cloudspeicher für Anwender. OneDrive for Business lässt sich mit Windows nutzen und kann Daten genauso synchronisieren wie OneDrive.

Im Gegensatz zum kostenlosen OneDrive eines Microsoft-Kontos haben Administratoren bei OneDrive for Business Kontrolle über den Cloudspeicher. Generell handelt es sich bei OneDrive for Business um eine SharePoint-Bibliothek in Microsoft 365/Office 365, für die sich Rechte und Einstellungen sehr spezifisch vornehmen lassen. Microsoft stellt Clients für Windows, aber auch für gängige Smartphone-Systeme zur Verfügung.

Mit dem OneDrive Admin Center können Administratoren im Webportal von Microsoft 365/Office 365 zentral alle wichtigen Einstellungen für Anwender festlegen. Denn standardmäßig erhält jeder Benutzer automatisch Zugriff auf OneDrive for Business. Es ist daher wichtig, dass die Sicherheitseinstellungen, vor allem für das Teilen von Dokumenten, optimal eingestellt sind.

Microsoft stellt für Unternehmen Gruppenrichtlinienerweiterungen zur Verfügung (*http://go.microsoft.com/fwlink/p/?LinkId=717805*). Dabei handelt es sich um ADMX- und ADML-Dateien, mit denen Administratoren Gruppenrichtlinieneinstellungen für Microsoft 365/Office 365 und OneDrive vornehmen können. Neben den Gruppenrichtlinieneinstellungen für OneDrive for Business stehen auch Einstellungen für Windows 10/11 und für Office 2016/2019/2022 für Gruppenrichtlinien zur Verfügung.

19.3.7 Microsoft Application Guard und Office

Application Guard ist eine Technologie in Windows 10/11, die über Sandbox-Funktionen den Browser und PC vor Malware schützen kann. Microsoft erweitert dessen Funktionen auf Microsoft Office, um Dokumente besser vor Angreifern zu schützen.

Bisher hat Microsoft die Sicherheitstechnologie Defender Application Guard in Windows 10/11 nur für den Browser Microsoft Edge zur Verfügung gestellt. Es gibt zwar auch eine Erweiterung für Google Chrome und Microsoft Firefox (*https://addons.mozilla.org/de/firefox/addon/application-guard-extension*), aber noch keine Unterstützung für Anwendungen außerhalb des Browsers.

Sie finden nähere Informationen dazu auf der Seite »Sicherer Browser mit Windows Defender Application Guard« (*https://www.security-insider.de/sicherer-browser-mit-Windows-defender-application-guard-a-859086*). In dem Beitrag zeige ich Ihnen auch die Einrichtung und Verwendung von Defender Application Guard in einem Video.

Wenn Application Guard für Microsoft Office auf einem Rechner mit Windows 10 Enterprise im Einsatz ist, können Anwender Office-Dokumente, die aus dem Internet zugesendet werden, ohne weitere Umwege bearbeiten und nutzen, ohne Einstellungen zu ändern.

Application Guard schottet das Dokument ab, sodass potenzieller Schadcode nicht ausgeführt und die abgesicherte Office-Umgebung mit dem Dokument nicht verlassen kann. Application Guard schottet das Dokument vom Host-Betriebssystem ab, das gilt aber auch für das Dateisystem. Die Bearbeitung ist also etwas unbequem.

Auch ohne Application Guard schützen Office-Programme die Rechner vor Malware. Dazu wird »Protected View« genutzt. Allerdings ist es in diesem Fall nicht möglich, geschützt Dokumente zu bearbeiten. Application Guard öffnet Dokumente in einer isolierten Umgebung, in der auch das Bearbeiten sofort möglich ist. Während der Bearbeitung ist der PC weiter durch Application Guard geschützt. Anwender können Dateien sicher lesen, bearbeiten, drucken und speichern, ohne sie außerhalb des Containers erneut öffnen zu müssen. Application Guard verwendet Hyper-V-basierte Container, die auch vor kernelbasierten Angriffen schützen.

Abonnenten von Microsoft 365 E5 und einer aktuellen Office-Version ab Buildnummer 16.0.13530.10000 können auf Rechnern mit Windows 10 Enterprise ab Version 2004 (20H1) und der Installation des Updates KB4571756 (*https://support.microsoft.com/help/4571756/Windows-10-update-KB4571756*) die Sicherheitsfunktion nutzen.

Der Computer muss hier die gleichen Voraussetzungen erfüllen wie beim Einsatz von Defender Application Guard für Microsoft Edge. Die Virtualisierungsfunktionen der CPU müssen aktiv sein, auf virtuellen Computern ist die Einrichtung über Umwege möglich. Parallel dazu werden die Dokumente mit Microsoft Defender auf Malware untersucht.

Zusätzlich können Sie Application Guard-Einstellungen für bestimmte Dateitypen konfigurieren. Das ermöglicht einen spezifischen Schutz für verschiedene Dateitypen, zum Beispiel für Outlook-Anhänge, textbasierte Dateien (*.csv*, *.dif*, *.sylk*), Datenbankdateien (*.dbf*) oder Dateien, die aus dem Internet stammen. Auch Dateien, die an potenziell unsicheren Orten gespeichert sind, lassen sich dadurch schützen.

Installieren und Einrichten von Microsoft Defender Application Guard

Neben der Möglichkeit, das optionale Windows-Feature über *optionalfeatures.exe* zu installieren, kann die Installation in der PowerShell erfolgen:

Enable-WindowsOptionalFeature -online -FeatureName Windows-Defender-ApplicationGuard

Beim Einsatz in professionellen Umgebungen kann Application Guard über lokale Richtlinien oder über Gruppenrichtlinien konfiguriert werden. Die Einstellungen befinden sich auf englischen Computern im Pfad:

Computer Configuration/Administrative Templates/Windows Components/Microsoft Defender Application Guard

Auf deutschen Computern sind die Einstellungen in folgendem Pfad zu finden:

Computerkonfiguration/Administrative Vorlagen/Windows-Komponenten/Microsoft Defender Application Guard

Für die Konfiguration ist die Einstellung *Microsoft Defender Application Guard im verwalteten Modus aktivieren* zuständig. Um auch Microsoft Office mit Application Guard zu schützen, wird die Richtlinie aktiviert und der Wert auf 2 oder 3 gesetzt.

Wird auf dem Rechner jetzt ein Office-Programm und ein Dokument aus dem Internet geöffnet, meldet Office bereits beim Starten *Um Sie zu schützen, öffnen wir dieses Dokument in Application Guard.* Nach dem Start ist im Menüband oben rechts eine entsprechende Meldung zu sehen.

Parallel dazu werden von Application Guard auch die anderen Richtlinieneinstellungen genutzt, die in diesem Pfad zu finden sind.

19.4 Gruppenrichtlinien testen und Fehler beheben

Im Anschluss an die Konfiguration und die Anbindung von Richtlinien daran können Sie die Gruppenrichtlinie auf einer Windows-Arbeitsstation mit *gpupdate* in der Eingabeaufforderung übertragen. Alternativ können Sie die Arbeitsstation neu starten. Sie können auch den Bildschirmschoner in der Gruppenrichtlinie festlegen, allerdings dürfen die Anwender diesen dann nicht mehr verändern.

19.4.1 Einstieg in die Fehlerbehebung von Gruppenrichtlinien

Beim Einsatz von Gruppenrichtlinien ist es notwendig, zu überprüfen, ob Einstellungen auf den Clients überhaupt verwendet werden und wie sie sich auswirken. Eine Fehlersuche bei Gruppenrichtlinien ist ebenfalls eine häufige Aufgabe, wenn bestimmte Einstellungen oder ganze Richtlinien nicht mehr wirksam sind. Sie sehen in der Beschreibung der meisten Richtlinien, mit welchen Betriebssystemen sie kompatibel sind.

Sie haben auch die Möglichkeit, die Verwaltungswerkzeuge von Gruppenrichtlinien, also vor allem die Gruppenrichtlinienverwaltungskonsole, auf einem Clientrechner zu installieren. Der Vorteil dabei ist, dass Sie Testtools nicht auf Servern installieren müssen, sondern Arbeitsstationen des Administrators verwenden können. Auf einem Admin-PC sind Zusatztools wesentlich besser aufgehoben als auf einem Server.

Damit Sie die Gruppenrichtlinienverwaltung von Windows Server 2022 auf einem Computer mit Windows 10/11 ausführen können, benötigen Sie die Remoteserver-Verwaltungstools (RSAT), die Sie auf Windows 10/11 Pro und Enterprise installieren können (siehe Kapitel 3 und 4). Über diese Tools lassen sich unter anderem die Richtlinien verwalten.

Damit Clientcomputer Richtlinien anwenden, benötigen PCs grundsätzlich keine zusätzliche Software. Entweder ist der Computer kompatibel mit der entsprechenden Richtlinieneinstellung oder nicht. Windows 10/11 und Windows Server 2022 bieten die Möglichkeit, Gruppenrichtlinien über die Windows PowerShell zu verwalten. Dazu steht das PowerShell-Modul *GroupPolicy* zur Verfügung, das Sie mit dem Befehl *Import-Module GroupPolicy* in die Windows PowerShell ISE oder eine normale PowerShell-Sitzung importieren können. Die wichtigsten Cmdlets können Sie sich anzeigen lassen, wenn Sie *Get-Command *gpo** eingeben.

Mit dem Befehl *Help <Cmdlet>* erhalten Sie eine Hilfe zum entsprechenden Cmdlet, zum Beispiel *Help New-GPO*. Für viele Cmdlets gibt es noch die Option *Help <Cmdlet> -Detailed*. Dieser Befehl bietet mehr Informationen. Mit dem Befehl *Help <Cmdlet> -Examples* lassen sich Beispiele für den Befehl anzeigen. Das funktioniert für alle Befehle in der PowerShell.

Um eine Gruppenrichtlinie lokal zu testen, können Sie sie auf einer Windows-Arbeitsstation mit *gpupdate /force* in der Eingabeaufforderung übertragen. Alternativ können Sie die Arbeitsstation neu starten.

Wenn Sie die Einstellungen korrekt vorgenommen haben, können Sie feststellen, ob die Arbeitsstation oder der Server die Richtlinie angewendet hat.

Sie sollten bei der Einführung von Richtlinien immer eigene Gruppenrichtlinien anlegen und bereits vorhandene Standardrichtlinien nicht bearbeiten. Das hat den Vorteil, dass bei einem Problem auf jeden Fall der Weg frei bleibt, die eigenen Richtlinien zu deaktivieren.

19.4.2 Vorgehensweise bei der Fehlerbehebung von Gruppenrichtlinien

Falls Gruppenrichtlinien nicht funktionieren, können die Ursachen sehr unterschiedlich sein. Sie sollten Schritt für Schritt untersuchen, wo das Problem liegen könnte. Legen Sie am besten für die unterschiedlichen Einstellungen verschiedene Gruppenrichtlinien an und verknüpfen Sie diese mit der entsprechenden OU oder der ganzen Domäne. Bei der Überprüfung helfen noch folgende Punkte:

- Stellen Sie sicher, dass die Clients den DNS-Server verwenden, auf dem die SRV-Records von Active Directory gespeichert sind.
- Überprüfen Sie mit Nslookup in der Eingabeaufforderung, ob auf den Clients die Namensauflösung zur Domäne funktioniert.
- Überprüfen Sie die Ereignisanzeige auf Fehler.
- Ist der Benutzer/Computer in der richtigen OU, auf der die Richtlinie angewendet wird?
- Versuchen Sie, die Richtlinie auf eine Sicherheitsgruppe anzuwenden? Dies ist nicht ohne Weiteres möglich und erfordert einige Nacharbeit.
- Stimmt die Vererbung? In welcher Reihenfolge starten die Gruppenrichtlinien?
- Haben Sie etwas an der standardmäßigen Vererbung der Richtlinie verändert?
- Haben Sie irgendwo *Erzwungen* oder *Vererbung deaktivieren* aktiviert?
- Geben Sie auf dem PC in der Eingabeaufforderung als angemeldeter Benutzer *gpresult > gp.txt* ein, um sich das Ergebnis der Richtlinie anzeigen zulassen.

Das Windows-MMC-Snap-In *Richtlinienergebnissatz* bietet eine grafische Oberfläche und wertet die angewendeten Richtlinien aus. Sie können sich den Richtlinienergebnissatz auf einer Arbeitsstation über *MMC/Datei/Snap-In hinzufügen/Richtlinienergebnissatz* ansehen. Eine weitere Möglichkeit ist die Eingabe von *rsop.msc*.

Mit dem Assistenten können Sie die Gruppenrichtlinien übertragen und sich in der grafischen Oberfläche alle angewendeten anzeigen lassen. Sie starten die Überprüfung über den Menübefehl *Aktion/Abfrage aktualisieren*.

Auf der Internetseite *http://www.gruppenrichtlinien.de* finden Sie weiterführende Informationen und Tipps rund um den Einsatz von Gruppenrichtlinien und der Fehlerbehebung. Schauen Sie sich auf dieser Seite um, wenn Sie planen, Gruppenrichtlinien einzusetzen.

Auch auf der englischsprachigen Seite *https://sdmsoftware.com/gpoguy* finden Sie ausführliche Informationen und Tools für Gruppenrichtlinien. Im deutschsprachigen Gruppenrichtlinien-Forum von Microsoft (*https://social.technet.microsoft.com/Forums/de-DE/home?forum=gruppenrichtliniende*) erhalten Sie ebenfalls umfassende Informationen.

Auf einem Computer können Sie in der Eingabeaufforderung mit dem Tool *gpresult /h <HTML-Datei>* einen HTML-Bericht erstellen, der anzeigt, welche Gruppenrichtlinien der Client anwendet und welche Einstellungen enthalten sind. Mit der Option */x* erstellen Sie wiederum eine *.xml*-Datei, die Sie in Programmen oder Skripts einlesen können.

Ein Beispiel ist der Befehl *gpresult /h c:\temp\test.html.* Anschließend können Sie die Datei im Browser öffnen und sich den Bericht anzeigen lassen. Das Tool kann noch mehr Berichte erstellen.

19.4.3 Policy Analyzer zur Fehlerbehebung nutzen

Mit dem Policy Analyzer aus dem »Microsoft Security Compliance Toolkit« (*https://www.microsoft.com/en-us/download/details.aspx?id=55319*) können Administratoren Gruppenrichtlinien effektiv analysieren und Fehler erkennen. Das Tool ist vor allem dann sinnvoll, wenn mehrere Gruppenrichtlinien im Einsatz sind, da alle Einstellungen parallel überprüft werden. Das hilft dabei, genau festzustellen, in welcher Richtlinie Probleme auftreten. Allerdings hat das Tool vor allem die Analyse einzelner Richtlinien im Fokus.

Policy Analyzer liest die Richtlinien ein und zeigt in einer Tabelle alle Registry-Einstellungen an, die umgesetzt werden. Das Tool muss nicht installiert werden. Nach dem Download muss lediglich seine EXE-Datei gestartet werden. Danach kann es verwendet werden.

Beim Starten des Tools kann ausgewählt werden, welche Richtlinien analysiert werden sollen. Auch lokale Richtlinien lassen sich einbinden. Danach wird angezeigt, welche Einstellungen gesetzt und welche Registrywerte angepasst werden. Erkennt das Tool Konflikte, wird das im Fenster angezeigt. Die Daten lassen sich auch in CSV-Dateien und in Excel exportieren.

Um Richtlinien einzubinden, wird das Tool geöffnet. Anschließend kann über die Schaltfläche *Add* eine Richtlinie hinzugefügt werden. Danach wird über *File* die entsprechende Richtlinie ausgewählt. Der Pfad zu den Richtlinien in Active Directory-Domänen entspricht *\\joos.int\SYSVOL\joos.int\Policies.*

Danach wird die Liste noch gespeichert. Erscheinen Fehler beim Einlesen von Gruppenrichtlinien, ist es sinnvoll, die englischen ADML-Dateien (en-us) auf den Domänencontrollern zu verwenden. Das ist generell immer sinnvoll, wenn mit zusätzlichen Richtlinien gearbeitet wird, zum Beispiel für neue Windows 10/11-Versionen. Auch wenn deutsche Rechner zum Einsatz kommen, haben die ein oder anderen Tools Probleme mit den deutschen ADML-Dateien. In diesem Fall müssen Sie einfach die en-us-ADML-Dateien zusätzlich kopieren.

Aktuelle Versionen des Policy Analyzers kommen mit deutschen Sprachdateien zurecht. Auch der zentrale Speicher von Gruppenrichtlinien in Active Directory stellt keine Probleme dar.

Im Policy Analyzer ist der Bereich der Registry zu sehen, der betroffen ist, sowie der genaue Schlüssel, der Name der Einstellung und der genaue gesetzte Wert. Das Tool ist auch in der Lage, verschiedene Versionen von Gruppenrichtlinien zu vergleichen. Administratoren können also Datensicherungen von Gruppenrichtlinien importieren und diese miteinander oder mit der aktiven Richtlinie sowie lokalen Richtlinien vergleichen. Vor allem bei der Verwendung von lokalen Richtlinien in Verbindung mit Gruppenrichtlinien bietet das Tool wertvolle Hilfe bei der Analyse.

Policy Analyzer liest die Beschreibungen von Richtlinien ein. Ist aus dem Registrywert nicht gleich zu erkennen, um welche Einstellung es sich handelt, muss diese lediglich angeklickt werden. Danach erscheint im unteren Bereich des Fensters die entsprechende Erklärung.

Über den Menüpunkt *View* können Filter erstellt und die Anzahl an Objekten festgelegt werden, die das Tool anzeigen soll. Auch eine Volltextsuche ist integriert, mit der sich die importierten Richtlinien einfacher durchsuchen lassen.

19.4.4 Datensicherung und Wiederherstellung von Gruppenrichtlinien

Beim Einsatz von Gruppenrichtlinien sollten Sie diese in regelmäßigen Abständen sichern. Vor allem, wenn Sie eigene Richtlinien erstellen, bietet sich eine solche Sicherung an. Zu einer richtigen Backupstrategie gehört in einem Unternehmen die Sicherung der Gruppenrichtlinien. Sichern Sie am besten die Gruppenrichtlinie immer in einen speziellen Ordner auf der lokalen Festplatte und kopieren Sie danach diesen Ordner auf einen Datenträger im Netzwerk, damit bei Ausfall einer lokalen Festplatte die Sicherung noch zur Verfügung steht.

Mit der Gruppenrichtlinienverwaltung (GPMC) können Sie einzelne Gruppenrichtlinien sichern und wiederherstellen, ohne eine Datensicherung von Active Directory verwenden zu müssen. Da die Datensicherung von Gruppenrichtlinien in Dateien gespeichert wird, können Sie sie auch zum Erstellen neuer Gruppenrichtlinien verwenden, indem Sie gesicherte Gruppenrichtlinien in neu erstellte importieren.

Um eine Datensicherung einzelner oder aller Gruppenrichtlinien durchzuführen, klicken Sie in der GPMC auf den Knoten *Gruppenrichtlinienobjekte*. Dieser Knoten enthält alle Gruppenrichtlinien. Klicken Sie mit der rechten Maustaste auf eine Gruppenrichtlinie und wählen Sie im Kontextmenü den Eintrag *Sichern* aus.

Bei der Sicherung von Gruppenrichtlinien werden die Einstellungen in eine Datei exportiert. Diese Datei können Sie zur Wiederherstellung importieren. Sie können direkt auf den Knoten *Gruppenrichtlinienobjekte* klicken und im Kontextmenü den Eintrag *Alle sichern* auswählen, um sämtliche Gruppenrichtlinien einer Domäne auf einmal zu sichern. Bei der Sicherung eines GPOs werden folgende Informationen gesichert:

- Einstellungen des GPOs als XML-Datei
- Der Globally Unique Identifier (GUID) des GPOs
- Die Berechtigungen des GPOs
- WMI-Filter und deren Verlinkung
- Zeitstempel der Datensicherung
- Benutzerdefinierte Information zum gesicherten GPO

Danach erscheint ein Fenster, in dem Sie einen Ordner auf der Festplatte auswählen und eine Beschreibung der Sicherung hinterlegen können.

Nach der Bestätigung Ihrer Eingaben beginnt der Sicherungs-Assistent mit der Datensicherung der Gruppenrichtlinie und speichert diese im ausgewählten Ordner der Festplatte. Jede Datensicherung erhält eine eindeutige GUID.

Die Verwaltung der gesicherten Gruppenrichtlinien findet allerdings nicht über das Dateisystem statt, sondern ebenfalls mit der GPMC. Klicken Sie in der GPMC mit der rechten Maustaste auf den Knoten *Gruppenrichtlinienobjekte*. Wählen Sie im daraufhin geöffneten Kontextmenü den Befehl *Sicherungen verwalten* aus. Mit diesem Kontextmenübefehl können Sie alle Datensicherungen der Gruppenrichtlinien an zentraler Stelle verwalten.

Wenn Sie mehrere Sicherungen vorgenommen haben und zahlreiche Gruppenrichtlinien verwalten müssen, können Sie in diesem Fenster das Kontrollkästchen *Für jedes Gruppenrichtlinienobjekt nur die neueste Version anzeigen* aktivieren. In diesem Fall werden alle Datensicherungen ausgeblendet, die vor der aktuellsten Sicherung des einzelnen GPOs angelegt wurden. Sie können die einzelnen Sicherungen markieren und sich über die Schaltfläche *Einstellungen anzeigen* die Einstellungen in der Richtlinie ansehen, die Sie zum Zeitpunkt der Sicherung gesetzt hatten. Die Einstellungen werden Ihnen als *.html*-Datei angezeigt. Bei der Wiederherstellung einer Gruppenrichtlinie werden die Daten der exportierten Datei wieder in die produktive Richtlinie importiert. Sie können eine Wiederherstellung durchführen, falls Sie die Gruppenrichtlinie versehentlich gelöscht haben oder einen älteren Versionsstand der Einstellungen der Gruppenrichtlinie wiederherstellen möchten.

Bei der Wiederherstellung einer Gruppenrichtlinie stellt Windows, neben den Einstellungen der Richtlinien, auch die Berechtigungen für das Gruppenrichtlinienobjekt sowie, falls vorhanden, die Verknüpfungen der WMI-Filter wieder her. Um eine Gruppenrichtlinie zu restaurieren, klicken Sie in der Verwaltung der Sicherungen auf die Schaltfläche *Wiederherstellen*.

Sie können Gruppenrichtlinien komplett kopieren. Bei einem Kopiervorgang erstellt Windows eine komplett neue Gruppenrichtlinie mit neuer GUID und importiert die Einstellungen der Quellrichtlinie. Nach diesem Vorgang sind die beiden Gruppenrichtlinien vollkommen unabhängig voneinander, haben aber identische Einstellungen. Um Gruppenrichtlinien zu kopieren, klicken Sie in der GPMC auf den Knoten *Gruppenrichtlinienobjekte* in der Domäne, aus der Sie die Richtlinie kopieren wollen:

1. Klicken Sie mit der rechten Maustaste auf die entsprechende Gruppenrichtlinie und wählen Sie im Kontextmenü den Befehl *Kopieren* aus. Es erscheint keine weitere Meldung, wenn Sie die Gruppenrichtlinie kopiert haben.
2. Klicken Sie als Nächstes in der GPMC auf den Knoten *Gruppenrichtlinienobjekte* in der Domäne, in der Sie die Gruppenrichtlinie einfügen wollen.
3. Klicken Sie mit der rechten Maustaste auf den Knoten *Gruppenrichtlinienobjekte* und wählen Sie im Kontextmenü den Befehl *Einfügen* aus. Alternativ können Sie die entsprechende Richtlinie auch per Drag&Drop auf den Gruppenrichtlinienobjekt-Container der anderen Gesamtstruktur ziehen.
4. Anschließend erscheint der Assistent zum domänenübergreifenden Kopieren von Gruppenrichtlinien.
5. Im nächsten Fenster müssen Sie entscheiden, ob in der neuen Domäne die Standardberechtigungen gesetzt werden oder ob Sie die ursprünglichen Berechtigungen des GPOs übernehmen beziehungsweise migrieren.

6. Als Nächstes werden die Berechtigungen der Gruppenrichtlinie überprüft. Wenn Sie die Berechtigungen der ursprünglichen Gruppenrichtlinie nicht übernehmen wollen, werden die Berechtigungen der neuen Gruppenrichtlinie auf die Standardberechtigungen gesetzt.
7. Danach erhalten Sie noch ein Informationsfenster und der Assistent beginnt mit dem Import der Gruppenrichtlinie.

Wenn Sie die Gruppenrichtlinienverwaltung gestartet haben, können Sie mit einem Klick der rechten Maustaste auf den Eintrag *Gruppenrichtlinienverwaltung* in der Konsolenstruktur im Kontextmenü den Befehl *Gesamtstruktur hinzufügen* auswählen. Standardmäßig werden Sie mit der Gesamtstruktur und Domäne verbunden, in der die Gruppenrichtlinienverwaltung gestartet wird. Sie können einmal hinzugefügte Gesamtstrukturen wieder aus der Konsole entfernen, wenn Sie diese mit der rechten Maustaste anklicken und im Kontextmenü den Befehl *Entfernen* auswählen.

Wenn Sie externe Domänen oder andere Gesamtstrukturen hinzufügen wollen, müssen zu diesen Domänen bidirektionale Vertrauensstellungen vorhanden sein. Wollen Sie für die Verwaltung der Gruppenrichtlinien in der GPMC von externen Gesamtstrukturen nicht gleich eine Vertrauensstellung einrichten, können Sie die Überprüfung für Vertrauensstellung deaktivieren.

In diesem Fall müssen Sie in der Systemsteuerung mithilfe von *Benutzerkonten/Anmeldeinformationsverwaltung* für die Gesamtstruktur ein Benutzerkonto mit Kennwort hinterlegen, das Sie zur Administration der Gruppenrichtlinien berechtigt. Hinterlegen Sie als Servernamen die Bezeichnung **.<DNS-Name der Gesamtstruktur>*, zum Beispiel **.contoso.com*.

Wenn Sie eine Gruppenrichtlinie kopieren, wird diese nicht automatisch mit Containern verknüpft. Sie müssen eine kopierte Gruppenrichtlinie zunächst mit den gewünschten Containern verknüpfen, ansonsten werden ihre Einstellungen nicht angewendet.

Neben dem kompletten Kopieren von Gruppenrichtlinien können Sie auch nur die Einstellungen einer Gruppenrichtlinie in eine bereits vorhandene Richtlinie übernehmen. Beim Importieren einer Gruppenrichtlinie werden die Einstellungen aus ihrer Datensicherung verwendet. Beim Importvorgang werden alle Einstellungen der Zielrichtlinie gelöscht und danach die Einstellungen der Quellrichtlinie übernommen.

Um Einstellungen aus der Datensicherung von Gruppenrichtlinien in eine neue Richtlinie zu übernehmen, klicken Sie mit der rechten Maustaste auf die Gruppenrichtlinie im Knoten *Gruppenrichtlinienobjekte* und wählen im Kontextmenü den Eintrag *Einstellungen importieren* aus. Es erscheint der Importeinstellungen-Assistent.

Beim Importieren der Einstellungen gehen alle Einstellungen der Zielrichtlinie verloren. Aus diesem Grund schlägt Ihnen der Assistent zunächst die Sicherung des Ziel-GPOs vor.

Im nächsten Fenster müssen Sie zunächst den Sicherungsordner der Gruppenrichtlinien auswählen. Danach können Sie die Quellrichtlinie auswählen, aus der Sie die Einstellungen in die Zielrichtlinie übernehmen wollen. An dieser Stelle können Sie die Einstellungen mit der Schaltfläche *Einstellungen anzeigen* noch einmal überprüfen. Danach erhalten Sie eine Zusammenfassung angezeigt, nach der die Einstellungen schließlich von der Quell- in die Zielrichtlinie übernommen werden.

19.4.5 Gruppenrichtlinien mit der PowerShell sichern und wiederherstellen

Gruppenrichtlinien lassen sich mit der PowerShell sichern und wiederherstellen. Das ist sinnvoll, wenn die Richtlinien automatisiert gesichert werden sollen. Um Richtlinien zu sichern, kann das Cmdlet *Backup-GPO* (*https://technet.microsoft.com/de-de/library/hh967480* (v=wps.630).aspx) verwendet werden. Es sichert alle GPOs. Der Befehl sieht zum Beispiel folgendermaßen aus:

Get-GPO -All | Backup-GPO -Path C:\backup\GPO

Auch die Wiederherstellung kann automatisiert werden. Der Befehl in der PowerShell ist *Restore-GPO*. Er kann alle Gruppenrichtlinien auf einmal wiederherstellen:

Restore-GPO -All -Path C:\backup\GPO

Um die Sicherung mit *Backup-GPO* zu automatisieren, besteht der einfachste Weg darin, auf dem Domänencontroller eine neue Aufgabe zu erstellen und den PowerShell-Befehl direkt oder als Skript zu hinterlegen. Die Sicherung sollte zusätzlich noch mit der Netzwerk-Sicherung erfasst werden. Hier reicht es aus, das Verzeichnis zu sichern, in dem *Backup-GPO* die Sicherungsdateien erstellt.

19.4.6 Gruppenrichtlinienmodellierung

Mit der Gruppenrichtlinienmodellierung aus der GPMC lassen sich die Auswirkungen von Gruppenrichtlinien simulieren. Durch diese Funktion können Sie die Einstellungen vor der eigentlichen Inbetriebnahme einer Gruppenrichtlinie ausführlich testen. Um eine Simulation für eine bestimmte Domäne oder OU durchzuführen, klicken Sie mit der rechten Maustaste auf den Knoten und wählen im Kontextmenü den Eintrag *Gruppenrichtlinienmodellierungs-Assistent* aus. Es erscheint das Startfenster des Assistenten.

Zunächst wählen Sie die Domäne aus sowie einen Domänencontroller. Danach müssen Sie den Container auswählen, in dem sich die Benutzer und Computer befinden, für die Sie die Simulation durchführen wollen. Hier trägt der Assistent standardmäßig die OU ein, über die Sie ihn gestartet haben.

Im nächsten Fenster können Sie Optionen bezüglich des Standorts und der Netzwerkverbindung auswählen. Normalerweise können Sie die vorgegebenen Einstellungen übernehmen. Auf weiteren Seiten können Sie simulieren, was passieren würde, wenn die getesteten Benutzer nicht mehr in ihren entsprechenden Sicherheitsgruppen Mitglied wären, Active Directory-Standorte und langsame Verbindungen simulieren und erstellte WMI-Filter integrieren. Danach können Sie die gleichen Einstellungen für die Computerkonten auswählen.

In den meisten Fällen reichen für Tests die Standardeinstellungen aus und müssen nicht verändert werden. Nachdem Sie die Zusammenfassung bestätigt haben, beginnt bereits die Simulation. Abhängig von der Anzahl Ihrer Benutzer und Computer dauert die Simulation bei mehreren Gruppenrichtlinien durchaus eine Weile. Im Anschluss daran erhalten Sie einen detaillierten Bericht im *.html*-Format über die Auswirkungen der simulierten Gruppenrichtlinien für den konfigurierten Container angezeigt.

Auf die gleiche Weise lassen sich auch für den Knoten *Gruppenrichtlinienergebnisse* Abfragen generieren, die exakt aufzeigen, welche Operationen der einzelnen Gruppenrichtlinien angewendet werden und was diese verursachen. Diese Diagnose lässt sich zum Beispiel für die Fehlersuche nutzen.

19.5 Softwareverteilung über Gruppenrichtlinien

Die Konfiguration der Softwareverteilung bei Windows Server 2022 kann über die Gruppenrichtlinien erfolgen. Dort können Sie *.msi*-Dateien für die Installation auf Clientsystemen zuordnen. Das ist zwar nicht so komfortabel wie mit Microsoft Endpoint Configuration Manager, aber für einzelne Anwendungen oder Tools durchaus sinnvoll.

Die Softwareverteilung erfolgt über die in diesem Kapitel ausführlich behandelten Gruppenrichtlinien. Die Konfiguration der Softwareverteilung in Gruppenrichtlinien erfolgt über den Bereich *Computerkonfiguration/Richtlinien/Softwareeinstellungen* beziehungsweise *Benutzerkonfiguration/Richtlinien/Softwareeinstellungen*. Dort findet sich jeweils der Eintrag *Softwareinstallation*.

Über den Befehl *Paket* im Untermenü *Neu* des Kontextmenüs dieses Eintrags führen Sie die Bereitstellung eines Programms auf Basis von *.msi*-Dateien durch. Dazu kopieren Sie zunächst die Installationsdateien des Programms, das Sie installieren wollen, auf eine Netzwerkfreigabe, die Anwender auch lesen dürfen. Anschließend binden Sie die *.msi*-Datei ein. Installationen, die auf *.exe*-Dateien aufbauen, funktionieren mit diesen Möglichkeiten nicht.

Wählen Sie anschließend die *.msi*-Datei von der Netzwerkfreigabe aus. Als Nächstes können Sie die Bereitstellungsmethode auswählen. Stellen Sie das Paket für Computer bereit, nicht für Benutzer, steht die Option *Veröffentlicht* nicht zur Verfügung.

Wählen Sie die Option *Veröffentlicht* aus, erscheint das Paket auf dem Client zur manuellen Installation in der Systemsteuerung. Alle erforderlichen Einstellungen sind automatisch gesetzt. Durch einen Doppelklick auf das Paket können Sie die Eigenschaften bearbeiten.

Wählen Sie die Option *Zugewiesen* aus, erstellt Windows ebenfalls automatisch einen Eintrag. Wählen Sie besser die Option *Erweitert* aus. Bei dieser Auswahl können Sie Einstellungen genau setzen. Es öffnet sich ein neues Fenster mit verschiedenen Registerkarten, über die Sie die automatische Installation konfigurieren können.

Über die Registerkarte *Bereitstellung von Software* wählen Sie zwischen *Veröffentlicht* und *Zugewiesen* aus. Abhängig von der Auswahl stehen im unteren Bereich weitere Optionen zur Verfügung, die die Installation beeinflussen:

- **Automatisch installieren, wenn die Dateierweiterung aktiviert wird** – Diese Option bewirkt, dass die Anwendung beim Öffnen einer Datei, deren Dateityp für diese Anwendung registriert ist, automatisch installiert wird. Vorher ist die Anwendung auf dem Computer nicht verfügbar.
- **Anwendung deinstallieren, wenn sie außerhalb des Verwaltungsbereichs liegt** – Mit dieser Option legen Sie fest, dass der Computer eine Anwendung automatisch von den Clientsystemen entfernt, wenn die Gruppenrichtlinien, über die sie eingerichtet ist, keine Gültigkeit mehr für diesen Benutzer oder Computer hat. Das ist bei Anwendungen sinnvoll, die Zugriff auf kritische Informationen im Unternehmen gewähren.

- **Paket in der Systemsteuerung unter "Software" nicht anzeigen** – Hiermit legen Sie fest, dass das Paket zwar über die Gruppenrichtlinie verteilt wird, in der Systemsteuerung aber nicht erscheint. Das kann hilfreich sein, um zu verhindern, dass Anwender dieses Paket deinstallieren. Das Installationsprogramm kann über Skripts oder durch Zugriff auf die Freigabe gesteuert werden.
- **Anwendung bei Anmeldung installieren** – Durch diese Option lässt sich definieren, dass die Anwendung bei der Anmeldung eines Benutzers automatisch installiert wird.

Über die Einstellungen für Benutzeroberflächenoptionen konfigurieren Sie, ob dem Benutzer alle Installationsmeldungen präsentiert werden oder ob sich das System darauf beschränkt, nur den Installationsfortschritt anzuzeigen.

Auf der Registerkarte *Aktualisierungen* sehen Sie Informationen über die Zusammenhänge zwischen verschiedenen *.msi*-Paketen, die Sie verteilen. Im oberen Bereich können Sie über die Schaltfläche *Hinzufügen* Pakete aus dieser oder anderen Gruppenrichtlinien angeben, die durch das aktuell bearbeitete Paket aktualisiert werden sollen. Im unteren Bereich sind Pakete aufgeführt, die dem bearbeiteten Paket übergeordnet sind.

Über die Registerkarte *Kategorien* können Sie Kategorien angeben, unter denen diese Anwendung im Bereich *Software* der Systemsteuerung aufgelistet sein soll. Über *Änderungen* können Sie *.mst*-Dateien angeben, die Sie für das Paket anwenden wollen. Mit solchen Transformationsdateien können Sie Einstellungen für die Installation anpassen, zum Beispiel bei der automatischen Installation von Office.

Mit der Registerkarte *Sicherheit* lassen sich die Zugriffsberechtigungen für die Nutzung der Installationspakete konfigurieren. Haben Sie alle Einstellungen vorgenommen, bestätigen Sie die Eingaben und schließen das Fenster. Im Fenster der Gruppenrichtlinienverwaltung sehen Sie das Paket und können es auf Wunsch nachträglich bearbeiten. Verteilen Sie Anwendungen und Tools am besten über eigenständige Gruppenrichtlinien. Diese verknüpfen Sie anschließend mit der OU oder der ganzen Domäne, wie jede andere Gruppenrichtlinie auch. Im laufenden Betrieb eines Rechners lassen Sie mit *appwiz.cpl* die Richtlinie auf den Computer übertragen.

Haben Sie eine Anwendung veröffentlicht, finden Anwender sie in der Systemsteuerung über *Programm vom Netzwerk beziehen* in der Verwaltung der Programme. Diese starten Sie am schnellsten über das Tool *appwiz.cpl*. Durch die Auswahl von *Installieren* installiert sich die Anwendung auf dem Computer.

19.6 Geräteinstallation mit Gruppenrichtlinien konfigurieren

Sie haben in den Gruppenrichtlinien oder lokalen Richtlinien von Windows Server 2022 und Windows 10/11 die Möglichkeit, die Installation von Geräten auf den Clientcomputern zu steuern. In diesen Bereich fallen auch die Konfiguration und Anbindung von USB-Sticks. Generell können Sie verschiedene Aufgaben durchführen, die die Geräteinstallation von Benutzern betreffen. Die Anwender haben dann das Recht, entsprechende Geräte auch ohne Administratorrechte zu installieren, beziehungsweise erhalten eine Meldung, falls nicht unterstützte Geräte mit den Computern verbunden werden sollen:

- Sie können verhindern, dass Anwender Geräte installieren, und dabei genau festlegen, welche Geräte sie nicht installieren dürfen.

- Sie können konfigurieren, dass Anwender nur Geräte, also auch USB-Sticks, installieren, die auf einer Liste der genehmigten Geräte stehen.
- Umgekehrt können Sie Anwendern untersagen, Geräte zu installieren, die auf einer bestimmten Liste stehen. Alle anderen Geräte dürfen in diesem Fall von den Anwendern installiert werden.
- Sie können den Schreib- und Lesezugriff auf USB-Sticks konfigurieren. Das gilt aber nicht nur für USB-Sticks, sondern auch für CD-, DVD-Brenner, Disketten oder externe Festplatten.

19.6.1 Geräteidentifikationsstring und Gerätesetupklasse

Windows untersucht bei der Anbindung eines neuen Geräts zwei Informationen, die dieses übermittelt. Auf Basis dieser Informationen kann Windows entscheiden, ob ein interner Windows-Treiber oder der Treiber des Drittherstellers verwendet werden soll. Auch zusätzliche Funktionen der Endgeräte lassen sich dadurch aktivieren.

Diese beiden Informationen zur Installation von Gerätetreibern sind die Geräteidentifikationsstrings und die Gerätesetupklasse. Ein Gerät verfügt normalerweise über mehrere Geräteidentifikationsstrings, die der Hersteller festlegt. Dieser String ist auch in der INF-Datei des Treibers hinterlegt. Auf dieser Basis entscheidet Windows, welchen Treiber es installieren soll. Es gibt zwei Arten von Geräteidentifikationsstrings:

- **Hardware-IDs** – Diese Strings liefern eine detaillierte und spezifische Information über ein bestimmtes Gerät. Hier sind der genaue Name, das Modell und die Version des Geräts als sogenannte Geräte-ID festgelegt. Teilweise liefert der Treiber nicht alle Informationen, zum Beispiel die Version, mit. In diesem Fall kann Windows selbst entscheiden, welche Version des Treibers installiert wird.
- **Kompatible IDs** – Diese IDs verwendet Windows, wenn kein passender Treiber zum Gerät gefunden werden kann. Diese Informationen sind allerdings optional und sehr allgemein gehalten. Der Treiber unterstützt dann nur Grundfunktionen des Geräts. Verwendet Windows diese ID zur Treiberinstallation, lassen sich zumindest diese Grundfunktionen verwenden.

Windows weist Treiberpaketen einen gewissen Rang zu. Je niedriger der Rang, umso besser passt der Treiber zum Gerät. Der beste Rang für einen Treiber ist 0. Je höher der Rang, umso schlechter passt der Treiber. In Windows 8/8.1/10 und Windows Server 2022 können beide Informationen nicht nur zur Identifikation des Gerätetreibers verwendet werden, sondern auch zur Zuweisung von Richtlinien, über die Windows die Funktionen und Berechtigungen des Geräts verwaltet.

Die Gerätesetupklassen sind eigene Arten von Identifikationsstrings. Auch auf diese Strings verweist das Treiberpaket. Alle Geräte, die sich in einer gemeinsamen Klasse befinden, installiert Windows auf die gleiche Weise, unabhängig von ihrer eindeutigen Hardware-ID.

Dies bedeutet beispielsweise, dass Windows alle DVD-Laufwerke auf exakt die gleiche Weise installiert. Die Gerätesetupklasse ist durch einen Globally Unique Identifier (GUID) angegeben. Um die Hardware-ID oder die Gerätesetupklasse eines Geräts zu ermitteln, verbinden Sie dieses am besten zunächst mit einem Windows-PC und lassen den Treiber installieren. Im Anschluss rufen Sie den Geräte-Manager auf. Öffnen Sie die Eigenschaften des Geräts und wechseln Sie zur Registerkarte *Details*. Über die Auswahl der Option *Hardware-IDs* im Dropdown-Menü *Eigenschaften* können Sie sich alle Hardware-IDs eines Geräts anzeigen lassen. Diese Informationen können Sie später in der Richtlinie hinterlegen.

Über dieses Menü können Sie auch weitere Informationen über die Eigenschaften des Geräts anzeigen lassen, unter anderem die Geräteklasse. Die Werte lassen sich markieren und über die Tastenkombination [Strg]+[C] in die Zwischenablage kopieren sowie bei Bedarf in die Gruppenrichtlinien einfügen.

Die Einstellungen für die Geräteinstallationen nehmen Sie über Gruppenrichtlinien vor. Sie finden sie über *Computerkonfiguration/Administrative Vorlagen/System/Geräteinstallation/Einschränkungen bei der Geräteinstallation.*

Aktivieren Sie an dieser Stelle die Richtlinie *Administratoren das Außerkraftsetzen der Richtlinien unter "Einschränkungen bei der Geräteinstallation" erlauben*, können Administratoren auf PCs mit aktivierter eingeschränkter Geräteinstallation über den Assistenten zum Hinzufügen von Hardwaretreibern installieren. Das funktioniert auch dann, wenn Sie bestimmte Geräte von der Installation ausschließen.

Zusätzlich haben Sie an dieser Stelle weitere Möglichkeiten, die Sie per Richtlinie verteilen können:

- **Installation von Geräten verhindern, die nicht in anderen Richtlinien beschrieben sind** – Wenn Sie diese Richtlinie nicht konfigurieren oder aktivieren, können Anwender alle Geräte installieren. Ausgenommen davon sind Geräte, die in den Einstellungen *Installation von Geräten mit diesen Geräte-IDs verhindern* oder *Installation von Geräten mit Treibern verhindern, die diesen Gerätesetupklassen entsprechen* oder *Installation von Wechselgeräten verhindern* definiert sind.
- **Administratoren das Außerkraftsetzen der Richtlinien unter "Einschränkungen bei der Geräteinstallation" erlauben** – Bei dieser Einstellung können die Mitglieder der lokalen Administratorgruppe jede Art von Treiber installieren, unabhängig von den Gruppenrichtlinieneinstellungen. Dazu muss der Administrator allerdings den Assistenten zum Hinzufügen von neuer Hardware verwenden. Wenn diese Einstellung nicht gesetzt ist, dürfen selbst die Administratoren die entsprechenden Geräte nicht installieren.
- **Installation von Geräten mit diesen Geräte-IDs verhindern** – Hier können Sie eine Liste anlegen, in der Sie alle Hardware-IDs und kompatible IDs der Geräte hinterlegen, deren Installation Sie verhindern wollen. Diese Richtlinie hat immer Vorrang vor allen anderen, in denen die Installation von Geräten erlaubt ist.
- **Installation von Geräten mit Treibern verhindern, die diesen Gerätesetupklassen entsprechen** – Bei dieser Richtlinie wird für die Anwender die Installation kompletter Geräteklassen verhindert. Diese Einstellung hat Vorrang vor allen anderen Einstellungen und Richtlinien, die die Installation von Geräten erlauben.
- **Installation von Geräten mit diesen Geräte-IDs zulassen** – Hier können Sie eine Liste aller Geräte auf Basis der Hardware-ID oder der kompatiblen ID hinterlegen, die die Anwender installieren dürfen. Diese Richtlinie ist aber nur in Verbindung mit der Richtlinie *Installation von Geräten verhindern, die nicht in anderen Richtlinien beschrieben sind* sinnvoll, da dadurch die Anwender davon abgehalten werden, andere Geräte als die hinterlegten zu installieren. Diese Richtlinie kann durch die Richtlinien *Installation von Geräten mit Treibern verhindern, die diesen Gerätesetupklassen entsprechen*, *Installation von Geräten mit diesen Geräte-IDs verhindern* und *Installation von Wechselgeräten verhindern* überschrieben werden.

- **Installation von Geräten mit Treibern zulassen, die diesen Gerätesetupklassen entsprechen** – Hier können Sie, analog zur Richtlinie mit den Geräte-IDs, festlegen, welche Geräteklassen die Anwender installieren dürfen.

19.6.2 So funktioniert die Steuerungen in Geräteinstallationen über Gruppenrichtlinien

Um in den Richtlinien für die Zulassung oder Verhinderung der Installation von Geräten Hardware-IDs aufzunehmen, rufen Sie die Eigenschaften dieser Einstellung auf und aktivieren Sie diese. Klicken Sie im Anschluss auf die Schaltfläche *Anzeigen* und dann auf Schaltfläche *Hinzufügen*. Hier können Sie die Hardware-ID einfügen, die Sie zuvor in den Eigenschaften des Geräts im Geräte-Manager in die Zwischenablage kopiert haben.

Wird die Installation eines Geräts untersagt, erhält der Anwender eine entsprechende Fehlermeldung angezeigt, die darauf hinweist, dass die Installation auf Basis einer Richtlinie untersagt ist. In den Richtlinien können Sie einen benutzerdefinierten Text hinterlegen.

19.6.3 Konfiguration von Gruppenrichtlinien für den Zugriff auf Wechselmedien

Zusätzlich zur Möglichkeit, die Installation von Geräten zu steuern, können in Windows 8/8.1/10 und Windows 11 Gruppenrichtlinien erstellt sein, die den schreibenden und lesenden Zugriff auf Wechselmedien steuern. Die Richtlinie zur Steuerung von Wechselmedien können Sie sowohl unter der *Computerkonfiguration* als auch in der *Benutzerkonfiguration* bearbeiten. Sie finden die Einstellungen für den Zugriff auf Wechselmedien unter

- *Computerkonfiguration/Administrative Vorlagen/System/Wechselmedienzugriff*
- *Benutzerkonfiguration/Administrative Vorlagen/System/Wechselmedienzugriff*

Die Einstellungen dieser Richtlinie sind selbsterklärend. Wenn Sie eine Richtlinie aufrufen, finden Sie eine ausführliche Information über ihre Auswirkungen. Nicht jedes Brennprogramm von Drittherstellern hält sich an die Einstellungen in der Richtlinie für den schreibenden Zugriff auf CDs oder DVDs. Wenn Sie sicherstellen wollen, dass keine CDs oder DVDs gebrannt werden können, sollten Sie die Installation von DVD- oder CD-Brennern über die entsprechende Richtlinie verweigern.

19.6.4 Layered Group Policies – Mehrschichtige Gruppenrichtlinien nutzen

Mit Layered Group Policies ist es möglich eine Aufteilung von Geräten im Netzwerk vorzunehmen. Eine große Herausforderung für Admins besteht darin, die Installation von USB-Geräten, USB-Sticks und externen Festplatten im Unternehmen zu steuern und bei Bedarf zu verhindern. Auch das Installieren von Druckern gehört dazu. Die Umsetzung der hier notwendigen Aufgaben lassen sich mit Layered Group Policies umsetzen.

Layered Group Policies (mehrstufige Gruppenrichtlinien) sind in Windows 10 21H2 und Windows 11 verfügbar. Mit der Technologie ist es möglich Gruppenrichtlinien zu definieren, die genau die Installation von Hardware und deren Treiber steuert. Die Layered Group Policies haben die Aufgabe die Datendiebstahl zu verhindern.

Windows untersucht bei der Anbindung eines neuen Gerätes zwei Informationen die das angeschlossenen Gerät übermittelt. Auf Basis dieser Informationen kann Windows entscheiden, ob ein interner Windows-Treiber Einsatz findet, oder ob der Treiber des Drittherstellers verwendet werden soll. Auch zusätzliche Funktionen der Endgeräte lassen sich dadurch aktivieren. Diese beiden Informationen zur Installation von Gerätetreibern sind die Geräte Identifikations Strings und die Geräte Setup Klasse. Ein Gerät verfügt normalerweise über mehrere Geräte Identifikations Strings, die der Hersteller festlegt. Dieser String ist auch in der *.inf-Datei des Treibers hinterlegt. Auf dieser Basis entscheidet Windows welchen Treiber es installieren soll.

Denn die Richtlinien ermöglichen es zum Beispiel die Installation von USB-Sticks zu unterbinden, oder ermöglichen nur den Betrieb von bestimmten USB-Sticks. Auch das Installieren von Druckern lässt sich mit der Richtlinie steuern, also auch verhindern. Mit den Richtlinien lassen sich auch Gruppen von Geräten festlegen, die Anwender installieren dürfen. Auf der Seite »Verwalten der Geräteinstallation mit Gruppenrichtlinien« (*https://docs.microsoft.com/de-de/windows/client-management/manage-device-installation-with-group-policy*) zeigt Microsoft die verschiedenen Szenarien für den Einsatz.

Die Einstellungen dazu sind in den Gruppenrichtlinien von Windows 11 und Windows Server 2022 bei »Computerkonfiguration\Administrative Vorlagen\System\Geräteinstallation\Einschränkungen bei der Geräteinstallation« zu finden. Besonders wichtig ist an dieser Stelle die Richtlinie »Anwenden einer übergeordneten Reihenfolge für Zulassen und Verhindern-Geräteinstallationsrichtlinien für alle Geräteüberstimmungskriterien«. Die Richtlinien werden also an Computer oder Computergruppen gebunden, nicht an Benutzer oder Benutzergruppen. Admins können damit verhindern, dass an bestimmten Geräten im Netzwerk Hardware installiert werden kann, während der Installation der Hardware an anderen Rechnern erlaubt ist.

Dazu arbeiten die Richtlinien mit »Gerätekennungen«: Dabei handelt es sich um Daten der Klasse, Geräte-ID und Instanz-ID. Admins können die Daten in der Richtlinie hinterlegen und dadurch eine weiße Liste erstellen. Auf Basis der Liste erkennt Windows die verbundenen Geräte und lässt deren Betrieb zu.

Layered Group Policies verbessern die Flexibilität der Hardwareinstallation auf Rechnern mit Windows 10 und Windows 11. Der Vorteil dabei ist, dass die neuen Richtlinien eine intuitive Nutzung bieten. Mit dieser neuen Richtlinie müssen Admins die verschiedenen Geräteklassen nicht kennen, um festzulegen, welche Geräte installiert werden sollen.

Verhinderungsrichtlinien hatten in der Vergangenheit Vorrang vor Erlaubnisrichtlinien. Mit der neuen Richtlinie führt Microsoft eine hierarchische Schichtung in der folgenden Reihenfolge ein:

- Instanz-ID: die höchste Stufe
- Hardware-IDs und kompatible IDs (Geräte-IDs)
- Klasse

Die Rangfolge der Gerätekennung wird zuerst bewertet. Ist die Rangfolge gleich, wird dem Verhindern Vorrang vor dem Zulassen eingeräumt. Dadurch lassen sich zum Beispiel alle USB-Klassen verhindern und nur eine kleine Gruppe von USB-Geräten über Hardware-IDs zulassen. Allerdings hat die Zulassen-Liste Vorrang vor der Verhindern-Liste, wenn die in der Zulassen-Liste aufgeführten Geräte mit dem Computer verbunden sind. Windows weist Treiberpaketen einen gewissen Rang zu. Je niedriger der Rang, umso besser passt der Treiber zum Gerät. Der beste Rang für einen Treiber ist 0. Je höher der Rang, umso schlechter passt der Treiber. Bei der Installation spielen vor allem folgende Richtlinien eine Rolle:

Installation von Geräten verhindern, die nicht in anderen Richtlinien beschrieben sind – Durch Aktivierung dieser Einstellung, können Anwender keine Geräte installieren, bis diese Geräte in der Einstellung »Installation von Geräten mit diesen Geräte-IDs zulassen« oder »Installation von Geräten zulassen, die diesen Gerätesetupklassen entsprechen« definiert sind.

Wenn die Richtlinie »Installation von Geräten verhindern, die nicht in anderen Richtlinien beschrieben sind« nicht konfiguriert ist, können Anwender alle Geräte installieren mit Ausnahme der Geräte die in den Einstellungen »Installation von Geräten mit diesen Geräte-IDs verhindern« oder »Installation von Geräten verhindern, die diesen Gerätesetupklassen entsprechen« oder »Installation von Wechselgeräten verhindern definiert« sind.

»Administratoren das Außerkraftsetzen der Richtlinien unter "Einschränkungen bei der Geräteinstallation" erlauben« – Bei dieser Einstellung können die Mitglieder der lokalen Administratoren-Gruppe jede Art von Treiber installieren, unabhängig von den Gruppenrichtlinieneinstellungen. Dazu muss der Administrator allerdings den Assistenten zum Hinzufügen von neuer Hardware verwenden. Wenn diese Einstellung nicht gesetzt ist, dürfen auch die Administratoren die entsprechenden Geräte nicht installieren.

- **Installation von Geräten mit diesen Geräte-IDs verhindern** – Hier kann eine Liste festgelegt werden, in der alle IDs der Geräte hinterlegt sind, deren Installation verhindert werden soll.
- **Installation von Geräten mit Treibern verhindern, die diesen Gerätesetupklassen entsprechen** – Bei dieser Richtlinie wird für die Anwender die Installation kompletter Geräteklassen verhindert.
- **Installation von Geräten mit diesen Geräte-IDs zulassen** – Hier kann eine Liste aller Geräte auf Basis der Hardware-ID hinterlegt werden. Anwender dürfen diese Geräte installieren.
- **Installation von Geräten mit Treibern zulassen, die diesen Gerätesetupklassen entsprechen** – Hier kann festgelegt werden, welche Geräte-Klassen die Anwender installieren dürfen.

19.6.5 Konfiguration von Gruppenrichtlinien für den Zugriff auf Wechselmedien

Zusätzlich zu der Möglichkeit die Installation von Geräten zu steuern, können in Windows Gruppenrichtlinien erstellt werden, welche den schreibenden und lesenden Zugriff auf Wechselmedien steuern. Die Richtlinie zur Steuerung von Wechselmedien können sowohl unter der Computerkonfiguration, als auch in der Benutzerkonfiguration durchgeführt werden. Die Einstellungen sind an folgender Stelle zu finden:

- Computerkonfiguration/Administrative Vorlagen/System/Wechselmedienzugriff
- Benutzerkonfiguration/Administrative Vorlagen/System/Wechselmedienzugriff

19.7 Mit AppLocker Desktop- und Windows-Apps in Netzwerken steuern

Administratoren in Windows-Netzwerken können mit Windows Server 2022 und Windows 8/8.1/10 und Windows 11 über Richtlinien unerwünschte Anwendungen sperren und so Sicherheitslücken schließen. Die Funktionen sind der Enterprise-Version von Windows 8/8.1/10 und Windows 11 vorbehalten.

Auf diesem Weg können Sie verhindern, dass Anwender transportable Programme über USB-Stick, E-Mail oder andere Speichermöglichkeiten ausführen. Durch die Einbindung in Gruppenrichtlinien haben Sie zusätzlich die Möglichkeit, für verschiedene Gruppen unterschiedliche Einstellungen vorzunehmen.

Auch wenn Anwender keine Administratorrechte haben, können sie doch problemlos viele Programme starten. Die Programme haben dann die gleichen Rechte wie der Benutzer und können teilweise sogar Daten ins Internet übertragen. Aus diesem Grund ist eine gewisse Einschränkung durchaus sinnvoll.

19.7.1 AppLocker in Unternehmen nutzen

Damit Sie AppLocker nutzen können, müssen Sie im Unternehmen Windows 8/8.1/10 oder Windows 11 in der Edition Enterprise einsetzen. AppLocker ist außerdem in Windows Server 2019/2022 enthalten.

Betriebssysteme und Versionen von Windows 8/8.1/10 und Windows 11, die nicht kompatibel mit AppLocker sind, wenden die Regeln nicht an. Es besteht also keine Gefahr, dass Sie Rechner außer Funktion setzen, wenn Sie AppLocker einsetzen und das Betriebssystem die Regeln nicht versteht.

AppLocker ermöglicht die Erstellung von Whitelists und Blacklists. Auch eine Kombination von Regeln ist möglich. AppLocker kann Anwendungen sperren und für fortgeschrittene Einsatzszenarien einzelne DLL-Dateien. Auch konkrete Versionen von Programmen und DLL-Dateien lassen sich berücksichtigen.

AppLocker kann automatische Regeln erstellen und bestimmte Ordner auf neue Programme hin überwachen. Neben Gruppenrichtlinien können Sie über Sicherheitsgruppen filtern. AppLocker können Sie in der PowerShell steuern. Dazu laden Sie in der PowerShell mit *Import-Module applocker* die entsprechenden Cmdlets. Eine Liste der verschiedenen Cmdlets erhalten Sie mit *Get-Command *applocker**.

19.7.2 Gruppenrichtlinien für AppLocker erstellen

Die Konfiguration von Richtlinien findet in zwei Stufen statt. Sie erstellen eine Richtlinie und weisen dieser AppLocker-Regeln zu. Um AppLocker zu verwenden, navigieren Sie zu *Computerkonfiguration/Windows-Einstellungen/Sicherheitseinstellungen/Anwendungssteuerungsrichtlinien*. Klicken Sie auf *AppLocker*. Hier erstellen Sie die Regeln für AppLocker.

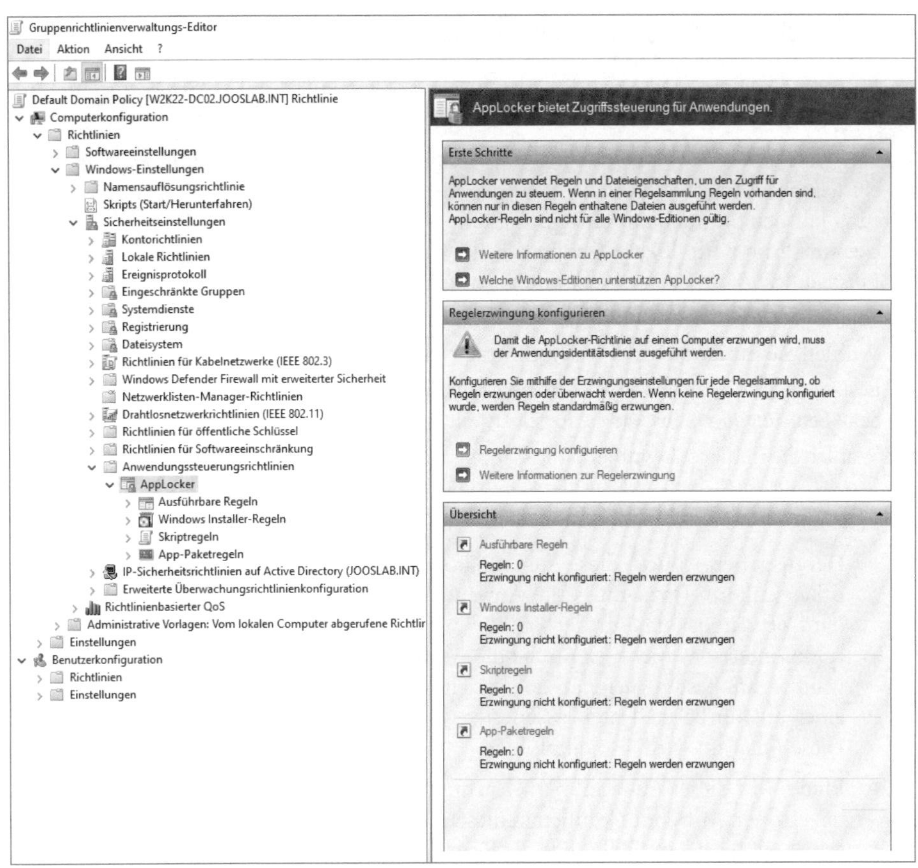

Abb. 19.9 Verwenden von AppLocker in Windows Server 2022

- Bei *Ausführbare Regeln* erstellen Sie Regeln für Programme mit den Endungen *.exe* und *.com*.
- *Windows Installer-Regeln* steuern die Ausführung von Setupdateien (*.msi* und *.msp*).
- Über *Skriptregeln* erfassen Sie Dateien mit den Endungen *.js*, *.ps1*, *.vbs*, *.cmd* und *.bat*.
- Mit dem Knoten *App-Paketregeln* steuern Sie den Zugriff der Anwender auf Windows-Apps auf den Windows 8/8.1/10/11-PCs.

Die Regeln lassen sich kombinieren und Sie können auswählen, ob die entsprechende Regel Programme erlauben oder sperren soll. Zusätzlich können Sie bei jeder Regel noch Ausnahmen für bestimmte Programme hinterlegen.

Verweigerungsregeln überschreiben die Zulassungsregeln. Wenn Sie die Ausführung von Programmen verweigern, haben Sie nicht die Möglichkeit, eine Regel zu erstellen, die einer bestimmte Gruppe die Ausführung erlaubt. In diesem Fall sollten Sie die Filterung in der Regel so steuern, dass nicht alle Benutzer eingeschränkt sind.

AppLocker unterstützt bei diesen Vorgängen Gruppen in Active Directory. Erstellen Sie eine neue AppLocker-Regel und hinterlegen Sie die Benutzergruppe. Später können Sie dann die Ausführung von Programmen über die Gruppenmitgliedschaft steuern, ohne die AppLocker-Regeln neu erstellen oder ändern zu müssen.

19.7.3 Erstellen von Regeln für AppLocker

Ausführbare Regeln bieten einen Einstieg in AppLocker. Hier können Sie bestimmte Programme blockieren oder bestimmte Versionen sperren lassen:

1. Navigieren Sie zu *Computerkonfiguration/Richtlinien/Windows-Einstellungen/Sicherheitseinstellungen/Anwendungssteuerungsrichtlinien*. Klicken Sie auf *AppLocker*. Die Steuerung können Sie auch auf einzelnen Computern vornehmen. Dann finden Sie AppLocker im Editor für lokale Gruppenrichtlinien über *Computerkonfiguration/Windows-Einstellungen/Sicherheitseinstellungen/Anwendungssteuerungsrichtlinien*.
2. Klicken Sie mit der rechten Maustaste auf *Ausführbare Regeln*.
3. Wählen Sie im Kontextmenü den Eintrag *Neue Regel erstellen* aus.
4. Bestätigen Sie die erste Seite *Vorbereitung* mit einem Klick auf *Weiter* und wählen Sie auf der Seite *Berechtigungen* aus, ob die Regel Anwendungen zulassen oder verweigern soll.
5. Wählen Sie im Dropdownmenü die Gruppe aus, auf die Sie diese Regel anwenden wollen.
6. Auf der nächsten Seite legen Sie fest, auf welcher Grundlage Sie Programme sperren möchten:

   - **Herausgeber** – Durch diese Auswahl können Sie Anwendungen auf Basis ihres Zertifikats filtern. Dazu muss die Anwendung jedoch digital signiert sein. Bei Standardsoftware ist das oft der Fall, beim Einsatz selbst entwickelter Anwendungen funktioniert das nicht, wenn Sie die Anwendung nicht signiert haben. Diese Auswahl ist am besten geeignet, da sie sich nur schwer umgehen lässt. Die Zertifikate einer ausführbaren Datei lassen sich von normalen Benutzern nicht aushebeln. Diese Auswahl wird also empfohlen.
   - **Pfad** – Mit dieser Auswahl berücksichtigt die Regel Programme in einem bestimmten Ordner. Anwender können in diesem Fall aber Programme aus dem Ordner verschieben. In diesem Fall greift die Regel nicht mehr. Benutzer können daher solche Regeln ganz einfach aushebeln. Diese Auswahl wird also nicht empfohlen.
   - **Dateihash** – Hierbei handelt es sich einfach ausgedrückt um den Fingerabdruck der Datei. Dieser ändert sich bei jeder neuen Version und Aktualisierung. Bei jeder Änderung des Programms müssen Sie auch die entsprechende Regel ändern.

Die weiteren Fenster unterscheiden sich etwas, abhängig von der Auswahl, die Sie zum Filtern verwenden.

Zunächst wählen Sie ein Referenzprogramm des Herstellers aus, dessen Programme Sie filtern wollen. Mit dem Schieberegler legen Sie Einstellungen wie die Version des Programms fest, das Sie in der Regel erfassen wollen.

Sie haben die Möglichkeit, Versionen von Programmen zu sperren. Aktivieren Sie die Option *Benutzerdefinierte Werte verwenden*, können Sie bestimmen, ab oder bis zu welcher Version Sie das Programm in der Regel erfassen wollen. Auf diesem Weg lassen sich unerwünschte Versionen von Programmen ausfiltern.

Über die weiteren Fenster des Assistenten legen Sie fest, ob Sie Ausnahmen für die Regel erfassen wollen. Regeln lassen sich natürlich jederzeit nachträglich anpassen. Auf diesem Weg erstellen Sie alle Regeln, die Sie im GPO erfassen wollen. Sobald Sie das GPO mit den Regeln fertiggestellt haben, verknüpfen Sie diese mit einer OU oder der Domäne. Anschließend wenden die Computer die Richtlinie an und setzen die hinterlegten Regeln um.

Die Umsetzung von AppLocker-Richtlinien testen Sie am besten durch einen Neustart oder indem Sie *gpupdate* in einer Eingabeaufforderung mit Administratorrechten eingeben.

Abb. 19.10 Auswählen der Filteroptionen für das Programm

19.7.4 Automatisches Erstellen von Regeln und Erzwingen von AppLocker

Sie können AppLocker veranlassen, automatisch Regeln zu erstellen. Dazu legen Sie einen bestimmten Ordner fest. Diesen scannt AppLocker automatisch nach neuen Programmen und nimmt diese direkt in die Regeln auf.

Klicken Sie zur Erstellung einer solchen automatischen Regel mit der rechten Maustaste auf *Ausführbare Regeln* und wählen Sie im Kontextmenü den Eintrag *Regeln automatisch generieren*. Wählen Sie im Assistenten den Ordner aus, den AppLocker einbinden soll, sowie die Benutzergruppe, für die Sie die Regel anwenden wollen. Im Anschluss wählen Sie aus, auf welcher Grundlage AppLocker die Regel erstellen soll.

Auch hier haben Sie die Möglichkeit, den Herausgeber, den Dateihash oder einen Pfad zu verwenden, genauso wie bei den manuellen Regeln. Ähnliche Dateien lassen sich in gemeinsame Regeln zusammenfassen. Anschließend erstellt der Assistent Zulassungsregeln für die gefundenen Programme. Auch diese Regeln können Sie nachträglich anpassen.

Klicken Sie auf *AppLocker* im linken Bereich der Konsole, können Sie auf der rechten Seite festlegen, wie sich AppLocker auf den Clientcomputern verhalten soll. Dazu wählen Sie die Option *Regelerzwingung konfigurieren*.

Aktivieren Sie *Regeln erzwingen* oder die Einstellung *Nur überwachen*. Im Überwachungsmodus setzt AppLocker die Regeln nicht um, sondern protokolliert nur die betroffenen Anwendungen. Sie finden die Meldungen in der Ereignisanzeige über *Anwendungs- und Dienstprotokolle/Microsoft/AppLocker*.

Auf der Registerkarte *Erweitert* aktivieren Sie die DLL-Regeln. Nach der Aktivierung finden Sie im linken Bereich der Konsole die neue Option *DLL-Regeln*. Hier erstellen Sie AppLocker-Regeln auf Basis von DLL-Dateien. Diesen Bereich sollten Unternehmen aber erst dann verwenden, wenn es bereits eine AppLocker-Infrastruktur gibt.

DLL-Regeln erstellen Sie genauso wie ausführbare Regeln. Der Unterschied dabei ist nur, dass Sie keine *.com*- oder *.exe*-Dateien auswählen, sondern DLL-Dateien, die die Regel erfassen soll. Auch hier können Sie – wie bei ausführbaren Regeln – bestimmte Versionen sperren, erlauben oder filtern.

Die Erstellung dieser Regeln funktioniert genauso wie bei allen anderen Regeln. Das Filtern von DLL-Dateien kann die Clientcomputer stark ausbremsen und eine hohe Anzahl an Anwendungen ungewollt sperren.

19.7.5 Windows 10/11 Device Guard zusammen mit AppLocker nutzen

Microsoft bietet für Windows 10/11 die Funktion *Device Guard* (*https://docs.microsoft.com/de-de/windows/device-security/device-guard/introduction-to-device-guard-virtualization-based-security-and-code-integrity-policies*) an. Die Technik arbeitet auch auf Servern mit Windows Server 2016/2019/2022. Ältere Windows-Versionen werden von der Technik nicht unterstützt.

Neben dem einfachen Blockieren von Anwendungen können mit Windows 10/11 Device Guard die Rechner vor Viren geschützt werden. Da unbekannte Anwendungen blockiert werden, lässt Windows 10/11 keine Viren zu, wenn nur bestimmte Anwendungen erlaubt sind. Device Guard schützt den Kernel des Betriebssystems und die Treiber.

Die Lösung soll Virenscanner nicht ersetzen, sondern ergänzt den Schutz. Da Device Guard auch den Virenscanner selbst vor Angriffen schützt, arbeitet die Lösung optimal mit aktuellen Virenscannern zusammen und sorgt für zusätzlichen Schutz. Außerdem wird verhindert, dass im Benutzerkontext Viren ausgeführt oder installiert werden können.

Einfach ausgedrückt steuern Administratoren mit Device Guard, welche Anwendungen auf den PCs der Anwender ausgeführt werden können. Zusammen mit AppLocker lässt sich dadurch recht genau festlegen, welche Programme auf Unternehmens-Rechnern laufen dürfen und welche nicht. Die Lösung ist also nicht nur für Kiosk-Rechner geeignet, sondern generell für alle PCs im Unternehmen, die sicher betrieben werden müssen. Device Guard lässt Anwendungen von Microsoft generell immer durch, während mit AppLocker etwas genauer gefiltert werden kann. Die beiden Lösungen ergänzen sich also optimal. Die genaue Vorgehensweise zeigt Microsoft in der TechNet (*https://docs.microsoft.com/de-de/archive/blogs/sebastianklenk/konfiguration-des-Windows-10-device-guard-zur-sicheren-anwendungsausfuehrung*).

Mit Windows 10/11 Device Guard können Administratoren mit »Codeintegritätsrichtlinien« festlegen, welche Apps und welche Hersteller auf Windows 10/11-PCs als vertrauenswürdig eingestuft werden. Durch das Festlegen einer Whitelist kann sichergestellt werden, dass nur bestimmte Anwendungen gestartet werden können. Alle anderen Programme blockiert das Betriebssystem.

Neben Windows 10/11 Enterprise benötigt Windows 10/11 Device Guard weitere Voraussetzungen, um im Netzwerk verwendet werden zu können. Zunächst muss auf dem Rechner ein UEFI ab Version 2.3.1 verbaut sein. Mit herkömmlichen BIOS-Systemen lässt sich das System nicht nutzen. Das liegt daran, dass Device Guard Sicherheits-Funktionen aus dem UEFI nutzt, zum Beispiel Secure Boot. Dadurch ist sichergestellt, dass auf dem PC moderne CPUs verbaut sind. Denn Device Guard setzt auf Virtualisierungstechniken in aktuellen CPUs, um Anwendungen zu prüfen.

Zusätzlich ist ein TPM-Chip auf den Rechnern notwendig. Dieser wird zusammen mit Techniken aus Hyper-V dafür genutzt, das Betriebssystem vor unerlaubten Anwendungen zu schützen und den Start zu blockieren. Mit Hyper-V und TPM schützt Device Guard besonders sensible Komponenten des Betriebssystems vor Angriffen durch Viren.

Sinnvoll eingesetzt wird Windows 10/11 Device Guard vor allem in großen Netzwerken, die auf Windows 10/11 Enterprise setzen. Hier bietet es sich an, auf die aktuelle Version von Microsoft Endpoint Configuration Manager zu setzen. Auch hierüber können Rechner mit Windows 10/11 Enterprise über Device Guard und Codeintegritätsrichtlinien gesteuert werden.

Windows 10/11 Device Guard startet als Dienst, sobald das Betriebssystem startet. Bevor Device Guard aktiv wird, sichert das UEFI den Rechner mit Secure Boot ab. Das vermeidet den Angriff durch Rootkits, die bereits vor dem Betriebssystem gestartet werden.

Windows 10/11 Device Guard wird über Gruppenrichtlinien gesteuert. Die Einstellungen dazu sind bei *Computerkonfiguration/Administrative Vorlagen/System/Device Guard* zu finden.

Die Codeintegritätsrichtlinien werden normalerweise in einer Freigabe im Netzwerk gespeichert. Die PCs der Anwender greifen auf die Richtliniendatei in der Freigabe zu und setzen sie auf dem jeweiligen Rechner um.

Die Richtlinien lassen sich zum Beispiel über die PowerShell erstellen und verwalten. Dazu steht das Cmdlet *New-CIPolicy* zur Verfügung. Die Regeln in dieser Richtlinie werden mit *Set-RuleOption* konfiguriert. Die Vorgehensweise dazu zeigt Microsoft ausführlich in der PowerShell-Referenz (*https://docs.microsoft.com/en-us/powershell/module/configci/new-cipolicy?view=windowsserver2019-ps*). Hier sind auch die Anleitungen für die Regeln zu finden (*https://technet.microsoft.com/itpro/powershell/windows/configci/set-ruleoption*).

19.7.6 Benutzerkontensteuerung über Richtlinien konfigurieren

In Unternehmen lässt sich das Verhalten der Benutzerkontensteuerung per Gruppenrichtlinie konfigurieren. Die dazu notwendigen Einstellungen finden Sie über *Computerkonfiguration/Richtlinien/Windows-Einstellungen/Sicherheitseinstellungen/Lokale Richtlinien/Sicherheitsoptionen.*

Führen Sie Aufgaben durch, die Administratorrechte benötigen, erscheint ein Bestätigungsfenster oder ein Authentifizierungsfenster, wenn Sie an einer Arbeitsstation als Standardbenutzer angemeldet sind. Auch auf diesem Weg lassen sich Anwendungen sperren.

19.7.7 Erstellen einer neuen Gruppenrichtlinie für sichere Kennwörter

Navigieren Sie zu den Einstellungen der Kennwörter unter *Computerkonfiguration/Richtlinien/Windows-Einstellungen/Sicherheitseinstellungen/Kontorichtlinien/Kennwortrichtlinien* in einer Gruppenrichtlinie, können Sie bestimmen, welche Struktur die Kennwörter der Anwender haben sollen. In Windows Server 2022 gibt es verschiedene Einstellungen, die Sie zur Konfiguration von sicheren Kennwörtern verwenden können:

- **Kennwort muss Komplexitätsvoraussetzungen entsprechen** – Bei dieser Option muss das Kennwort mindestens sechs Zeichen lang sein. Es darf maximal zwei Zeichen enthalten, die auch in der Zeichenfolge des Benutzernamens vorkommen. Außerdem müssen drei der fünf Kriterien von komplexen Kennwörtern erfüllt sein:
  - Großbuchstaben (A bis Z)
  - Kleingeschriebene Buchstaben (a bis z)
  - Ziffern (0 bis 9)
  - Sonderzeichen (zum Beispiel !, &, /, %)
  - Unicodezeichen (€, @, ®)
- **Kennwortchronik erzwingen** – Hier können Sie festlegen, wie viele Kennwörter im Active Directory gespeichert bleiben sollen, die ein Anwender bisher bereits verwendet hat. Wenn Sie diese Option wie empfohlen auf 24 setzen, darf sich ein Kennwort erst nach 24 Änderungen wiederholen.
- **Kennwörter mit umkehrbarer Verschlüsselung speichern** – Bei dieser Option speichert Windows die Kennwörter so, dass die Administratoren sie auslesen können. Sie sollten diese Option deaktivieren. Dazu müssen Sie die Richtlinieneinstellung definieren und auf *Deaktiviert* setzen.
- **Maximales Kennwortalter** – Hier legen Sie fest, wie lange ein Kennwort gültig bleibt, bis der Anwender es selbst ändern muss.
- **Minimale Kennwortlänge** – Der Wert legt fest, wie viele Zeichen ein Kennwort mindestens enthalten muss. Dafür wird ein Wert von acht Zeichen empfohlen.
- **Minimales Kennwortalter** – Hier steuern Sie, wann ein Anwender ein Kennwort frühestens ändern darf, also wie lange es mindestens aktuell sein muss. Diese Option ist zusammen mit der Kennwortchronik sinnvoll, damit die Anwender das Kennwort nicht so oft ändern, dass sie wieder ihr altes verwenden können. Microsoft empfiehlt an dieser Stelle einen Wert von 2.

19.7.8 Firewalleinstellungen über Gruppenrichtlinien setzen

Auf Client-PCs erstellen Sie neue Regeln in der Windows-Firewall über die erweiterte Konsole. Diese starten Sie durch Eingabe von *wf.msc* auf der Startseite. Sie können aber auch über Gruppenrichtlinien Firewallregeln erstellen und an die Clients verteilen.

Sie finden die Einstellungen über *Computerkonfiguration/Richtlinien/Windows-Einstellungen/Sicherheitseinstellungen/Windows-Firewall mit erweiterter Sicherheit*.

Hier können Sie eingehende und ausgehende Regeln festlegen. Die Oberfläche dazu ist die gleiche wie bei der lokalen Verwaltung der Firewall.

19.8 Zusammenfassung

In diesem Kapitel sind wir ausführlich darauf eingegangen, wie Sie Gruppenrichtlinien mit Windows Server 2022 verwenden. Im nächsten Kapitel zeigen wir Ihnen, wie Sie Dateiserver mit Windows Server 2022 optimal betreiben.

Teil V

Datei- und Druckserver mit Windows Server

Kapitel 20
Dateiserver und Daten im Netzwerk freigeben

In diesem Kapitel zeigen wir Ihnen den Umgang mit Windows Server 2022 als Dateiserver. Wir gehen dabei auf die Möglichkeiten ein, Freigaben zu erstellen und zu verwalten, aber auch auf die Sicherheitsoptionen und Einstellungen, die auf einem Dateiserver notwendig sind.

Damit auf einen Windows Server 2022 über Freigaben zugegriffen werden kann, müssen Sie zunächst sicherstellen, dass im Netzwerk- und Freigabecenter die Dateifreigaben aktiviert sind. Erst dann ist der Zugriff über das Netzwerk möglich. Installieren Sie auf dem Server die Rolle *Dateiserver*, um auf alle Möglichkeiten zugreifen zu können. In Kapitel 5 gehen wir auf die Verwaltung der Datenträger ein. Lesen Sie sich zum Aufbau eines Dateiservers daher Kapitel 5 durch. In Kapitel 4 sind wir ebenfalls auf den Rollendienst eingegangen. Daher sollten Sie sich auch dieses Kapitel ansehen.

20.1 SMB 3.x in Windows Server 2022 nutzen

Windows Server 2022 und Windows 10/11 kommunizieren mit der neuen Version 3.x des Server Message Block-Protokolls (SMB). Dieses bietet einige Neuerungen bezüglich der Leistung und der Sicherheit. Damit die neue Version genutzt wird, müssen die beteiligten Computer mit Windows Server 2022 oder Windows 10/11 installiert sein. Natürlich können Windows Server 2022 und Windows 10/11 problemlos mit älteren Windows-Versionen und auch mit Linux über SMB kommunizieren. Allerdings kommt in diesem Fall die jeweilige SMB-Version des ältesten Systems zum Einsatz, das bei der Verbindung beteiligt ist.

20.1.1 Mehr Sicherheit und Leistung in SMB 3.x

Die neue SMB-Version soll zunächst deutlich sicherer sein und Man-in-the-Middle-Angriffe verhindern können. Dazu wird SMB-Encryption erweitert. Die Technik verhindert seit SMB 3.0 (Windows 7 und Windows Server 2012), dass Angreifer auf übertragene Daten zugreifen können. In SMB 3.x wird der Chiffre bereits beim Verbindungsaufbau ausgetauscht. Das soll die Sicherheit von SMB-Verbindungen bereits gewährleisten, bevor sich

Client und Server gegenseitig authentifiziert haben. Microsoft bezeichnet diese Neuerung in SMB 3.x auch als »Pre-Authentication Integrity«. Die Daten zur Authentifizierung werden mit SHA-512 verschlüsselt. Außerdem wird die Authentifizierung sicherer gestaltet.

SMB 3.x nutzt für SMB Encryption AES-128-GCM. Der direkte Vorgänger SMB 3.0.2 in Windows Server 2012 R2 und Windows 8.1 hat hier auf AES-128-CCM gesetzt. Laut Microsoft kommt AES-128-GCM in Windows Server 2022 und Windows 10/11 besser mit aktuellen Prozessoren von Intel und AMD zurecht. Dieser Sachverhalt kann die Zugriffe per SMB deutlich beschleunigen, vor allem zwischen Servern, wenn zum Beispiel Storage Spaces Direct zum Einsatz kommen sollen oder die neue Storage-Replikation in Windows Server 2022. Beide neuen Funktionen sind dazu in der Lage, mit SMB 3.x zu kommunizieren. Microsoft nennt eine mögliche Leistungssteigerung von 100% beim Kopieren von großen Dateien über das Netzwerk.

Neben SMB Encryption gibt es noch SMB Signing. Beide Funktionen können parallel genutzt werden, da nur so sichergestellt ist, dass Client und Server nicht übernommen und auch keine Daten ausgelesen werden können.

SMB-Encryption in der Praxis

Generell lässt sich die SMB-Verschlüsselung über die PowerShell steuern. Dabei stehen folgende Cmdlets zur Verfügung:

Set-SmbServerConfiguration -EncryptData <0|1>

Set-SmbShare -Name <Freigabe> -EncryptData <0|1>

New-SmbShare -Name <Freigabe> -Path <Pfad> -EncryptData 1

In Ausnahmefällen kann der Zugriff unverschlüsselt durchgeführt werden. Hier steht der folgende Befehl zur Verfügung:

Set-SmbServerConfiguration -RejectUnencryptedAccess <0|1>

Die SMB-Verschlüsselung lässt sich also pro Server und alle Freigaben definieren oder für einzelne Freigaben. Wenn die SMB-Verschlüsselung für einen Server konfiguriert ist, besteht keine Möglichkeit, auf Ebene der Freigaben Anpassungen vorzunehmen, um zum Beispiel die Verschlüsselung für einzelne Freigaben zu deaktivieren. Haben Sie die SMB-Verschlüsselung auf einem Server aber deaktiviert, kann die Verschlüsselung auf Basis einzelner Freigaben nachträglich aktiviert werden. Wenn die Verschlüsselung für eine Freigabe oder den kompletten Server aktiviert ist, erhalten Clients keinen Zugriff, wenn sie unverschlüsselte Anfragen stellen. Dieses Verhalten kann mit der PowerShell gesteuert werden:

Set-SmbServerConfiguration -RejectUnencryptedAccess <0|1>

Wird die Option *-RejectUnencryptedAccess* auf *0* gesetzt, akzeptiert der Server auch unverschlüsselte Anfragen von Clients, die keine Verschlüsselung unterstützen. Das sind zum Beispiel Server mit Windows Server 2003 oder Rechner mit Windows XP. Neben der Steuerung von SMB für komplette Server (*Set-SmbServerConfiguration)* und einzelne Freigaben (*Set-SmbShare*) können Sie mit der PowerShell auch die Einstellungen von SMB anzeigen lassen. Mit den beiden Befehlen *Get-SmbServerConfiguration* und *Get-SmbShare* lassen sich detaillierte Informationen zu Freigaben und der lokalen SMB-Konfiguration anzeigen.

Kompatibilität mit älteren SMB-Versionen

Natürlich können Windows Server 2022 und Windows 10/11 mit älteren Windows-Versionen kommunizieren. Allerdings wird in diesem Fall die ältere Version aus Kompatibilitätsgründen eingesetzt. Diese verfügt weder über die Sicherheitsfunktionen noch über die (möglichen) Leistungssteigerungen von SMB 3.x. Das gilt übrigens auch für den Einsatz mit Windows Server 2012 R2 und Windows 8.1.

Die Vorgänger von Windows Server 2022 und Windows 10/11 nutzen die Version 3.0.2. Sobald ein Server mit Windows Server 2022 mit einem Client auf Basis von Windows 8.1 kommunizieren muss, nutzt er SMB 3.0.2. Sind noch Windows 7 und Windows Server 2012 im Einsatz, setzen Windows 10/11 und Windows Server 2022 bei der Kommunikation mit diesen Betriebssystemen auf SMB 3.0. Hier fehlen maßgebliche Neuerungen für den schnellen und sicheren Datenaustausch im Netzwerk, zum Beispiel die Möglichkeiten, mehrere parallele Zugriffe per SMB zu nutzen (SMB-Multichannel).

20.1.2 SMB 1.0 im Netzwerk ausfindig machen und deaktivieren

Da Windows Server 2003 und Windows XP nicht mehr offiziell unterstützt werden, gibt es im Netzwerk keinen Grund mehr, auf SMB 1.0 zu setzen. Allerdings verfügt Windows Server 2022 noch über die Möglichkeit dazu. Wenn kein SMB 1.0 mehr eingesetzt werden soll, können Sie die SMB 1.0-Funktionen aus Windows Server 2022 entfernen. In diesem Fall können sich Rechner mit Windows Server 2003 und Windows XP nicht mehr per SMB mit dem Server verbinden. Das erhöht die Sicherheit, da diese Verbindungen nahezu problemlos gekapert werden können. Um SMB 1.0 aus Windows Server 2022 zu entfernen, verwenden Sie die PowerShell:

Remove-WindowsFeature FS-SMB1

Sie können auf Servern mit Windows Server 2022 überwachen lassen, ob noch Clients mit SMB 1.0 einen Zugriff auf den Server vornehmen wollen. In diesem Fall schaltet der Server in den unsicheren SMB 1.0 Modus für diese Verbindung. Die Überwachung aktivieren Sie in Windows Server 2022 mit der PowerShell und folgendem Befehl:

Set-SmbServerConfiguration -AuditSmb1Access $true

Um sich anzeigen zu lassen, ob es noch Clients mit Windows Server 2003 oder Windows XP im Netzwerk gibt, kann ebenfalls die PowerShell verwendet werden. Der Befehl dazu lautet:

Get-WinEvent -LogName Microsoft-Windows-SMBServer/Audit

Samba unterstützt ab Version 4.3 auch SMB 3.x. Es lohnt sich für Unternehmen also, die auf Windows 10/11 setzen und im Netzwerk Samba-Server einsetzen, auf die neue Version 4.x zu aktualisieren. Zusätzlich lassen sich mit Samba auch Domänencontroller aufsetzen, die kompatibel zu Windows 10/11 sind.

20.2 Berechtigungen für Dateien und Ordner verwalten

Die Berechtigungen im Dateisystem sind in der Zugriffssteuerungsliste (Access Control List, ACL) gespeichert. Während der Anmeldung generiert Windows für den Benutzer ein sogenanntes Zugriffstoken, das die Sicherheits-ID (Security ID, SID) des Benutzerkontos enthält sowie die SIDs der Gruppen, in denen der Benutzer Mitglied ist.

Beim Zugriff auf eine Datei vergleicht Windows die Einträge des Tokens mit der ACL und ermittelt daraus die Berechtigung. Dazu addiert das System die Berechtigungen für jeden übereinstimmenden Eintrag. Ein Benutzer bekommt die Berechtigungen, die seinem Konto zugewiesen sind, sowie alle Berechtigungen, die den Gruppen zugewiesen sind, in denen er Mitglied ist.

Geben Sie einem Benutzerkonto die Berechtigung *Lesen* und bekommt zusätzlich eine Gruppe, in der dieser Benutzer Mitglied ist, die Berechtigung *Schreiben* zugewiesen, ergeben die effektiven Berechtigungen *Lesen* und *Schreiben*. Um die Berechtigungen zu setzen, wählen Sie in den Eigenschaften des Ordners oder der Datei die Registerkarte *Sicherheit*. Mehr zu diesem Thema lesen Sie in Kapitel 18.

Abb. 20.1 Verwalten von Berechtigungen für Ordner und Dateien

Zusätzlich ist es möglich, einzelnen Benutzern oder Gruppen Berechtigungen zu verweigern, wobei die Verweigerung immer Vorrang hat. Auch wenn ein Benutzer in einer Gruppe Mitglied ist, die Berechtigungen auf einen Ordner hat, verweigert Windows den Zugriff, wenn er über eine Gruppe oder sein Benutzerkonto in der Verweigerungsliste eingetragen ist.

Beispiel:

Auf eine Datei sollen alle Mitarbeiter der Buchhaltung (mit der Mitgliedschaft in der gleich benannten Gruppe) Zugriff erhalten. Eine Ausnahme machen dabei allerdings die Auszubildenden, die ebenfalls Mitglied der Gruppe *Buchhaltung* sind.

Wenn der Gruppe *Buchhaltung* der Zugriff auf diese Datei erlaubt ist, erhalten auch die Auszubildenden Zugriff, da sie Mitglied der Gruppe sind. Sie können der Gruppe *Auszubildende* den Zugriff verweigern. So erhalten die Auszubildenden zwar den Zugriff durch die Mitgliedschaft in der Gruppe *Buchhaltung*, der ihnen aber durch die Mitgliedschaft in der Gruppe *Auszubildende* verweigert wird.

20.2.1 Erweiterte Berechtigungen auf Ordner

Um spezielle Berechtigungen zu setzen und weitere Einstellungen vorzunehmen, wählen Sie auf der Registerkarte *Sicherheit* die Schaltfläche *Erweitert*. Um die erweiterten Berechtigungen zu konfigurieren, klicken Sie im neuen Fenster auf *Bearbeiten*.

Als Nächstes können Sie entweder bestehende Einträge bearbeiten oder neue Benutzerkonten hinzufügen, denen Sie dann spezielle Berechtigungen zuweisen.

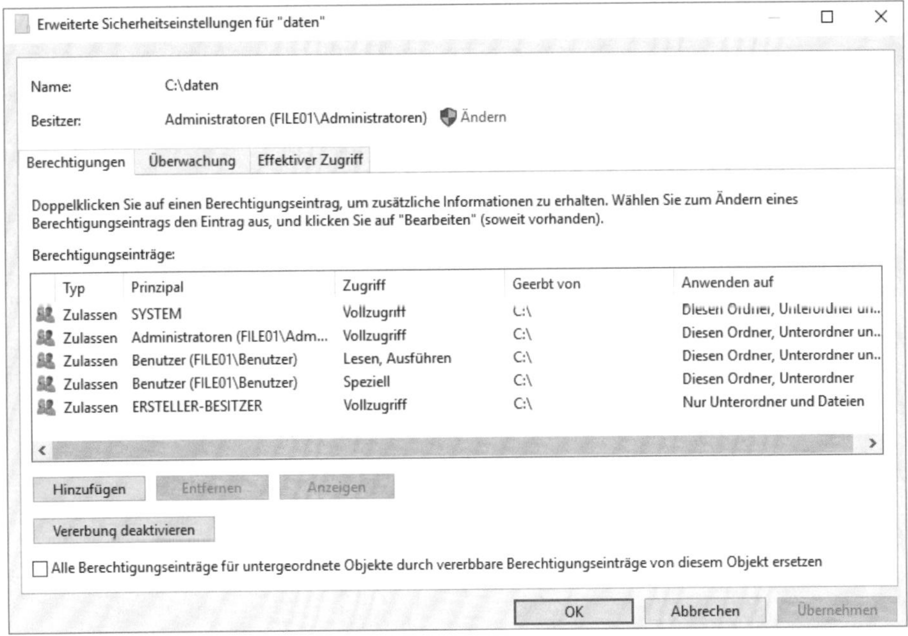

Abb. 20.2 Bearbeiten der erweiterten Berechtigungen für Ordner

Damit Sie für den Ordner erweiterte Berechtigungen zuweisen können, müssen Sie entscheiden, wie weit sich diese Berechtigungen auswirken. Dazu wählen Sie aus der Liste *Übernehmen für* in den Eigenschaften eines Eintrags aus, in welchem Bereich sich die speziellen Berechtigungen auswirken sollen.

- **Nur diesen Ordner** – Die Berechtigungen werden nur für diesen Ordner gesetzt und gelten nicht für darin enthaltene Unterordner oder Dateien.
- **Diesen Ordner, Unterordner und Dateien** – Die Berechtigungen werden auf die komplette Ordnerstruktur angewendet und gelten für alle Ordner und Dateien unterhalb dieses Ordners.
- **Diesen Ordner, Unterordner** – Die Berechtigungen werden nur auf diesen Ordner und alle Unterordner gesetzt, Berechtigungen auf Dateien werden nicht gesetzt.
- **Diesen Ordner, Dateien** – Die Berechtigungen gelten nur für diesen Ordner und die darin enthaltenen Dateien.
- **Nur Unterordner und Dateien** – Die Berechtigungen werden nicht für diesen Ordner gesetzt, sondern nur auf darin enthaltene Dateien und andere Ordner.
- **Nur Unterordner** – Dieser Ordner wird von der Vergabe der Berechtigungen ausgenommen, nur darin enthaltene Ordner erhalten die Berechtigungen.
- **Nur Dateien** – Nur die in dem Ordner enthaltenen Dateien erhalten die Berechtigungen, nicht der Ordner selbst.

Setzen Sie nach der Auswahl die erweiterten Berechtigungen. Über die Schaltfläche *Alle löschen* können Sie die Liste der gesetzten Berechtigungen wieder löschen. Auch bei Dateien gibt es eine Unterteilung in Standard- und erweiterte Berechtigungen.

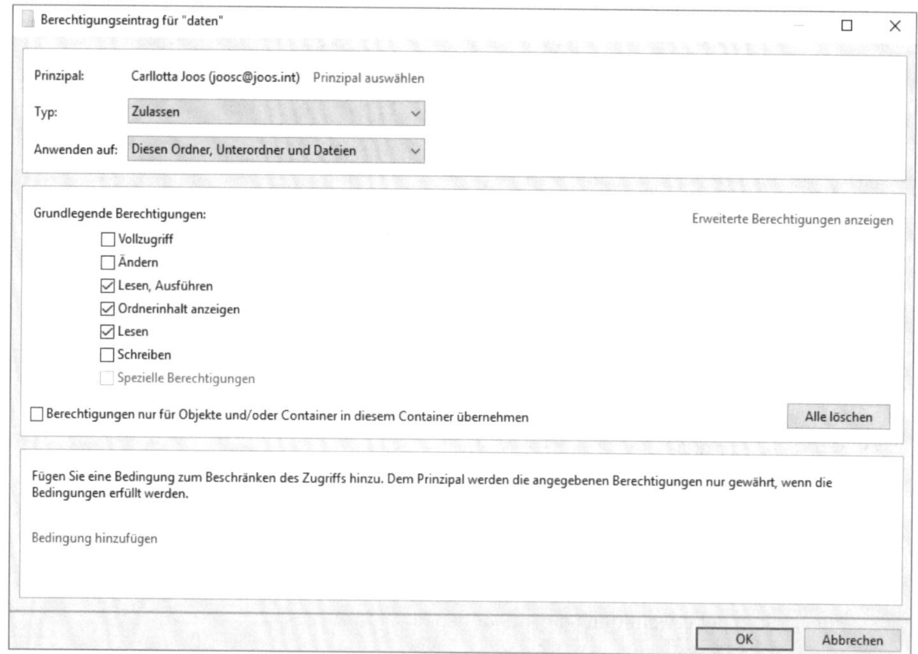

Abb. 20.3 Bearbeiten der erweiterten Rechte für einen Ordner und einen Benutzer

Zunächst werden nur die grundlegenden Berechtigungen angezeigt. Klicken Sie daher auf den Link *Erweiterte Berechtigungen* anzeigen, um zusätzliche Berechtigungen angezeigt zu bekommen.

20.2.2 Berechtigungen verstehen

Weisen Sie einem Benutzerkonto die Berechtigung *Lesen* für einen Ordner zu und bekommt zusätzlich eine Gruppe, in der dieser Benutzer Mitglied ist, die Berechtigung *Schreiben* zugewiesen, ergeben die effektiven Berechtigungen *Lesen* und *Schreiben*.

Es gelten grundsätzlich die engsten Einschränkungen der Zugriffsberechtigungen. Wenn ein Benutzer Vollzugriff auf eine Freigabe hat und einen Ordner auf dem PC nur lesen darf, darf er ihn tatsächlich nur lesen, auch wenn er per Vollzugriff über das Netzwerk zugreift.

Hat er im Dateisystem *Vollzugriff* und wurde auf die Freigabe nur das Leserecht vergeben, darf er auf den Ordner über das Netzwerk nur lesend zugreifen. Er kann allerdings lokal auf dem Computer oder über andere überlappende Freigaben, die diese Einschränkung nicht haben, mit mehr Rechten zugreifen. Die Berechtigungen bilden daher immer eine Schnittmenge zwischen Freigabeberechtigungen und Berechtigungen auf dem Dateisystem (NTFS oder ReFS).

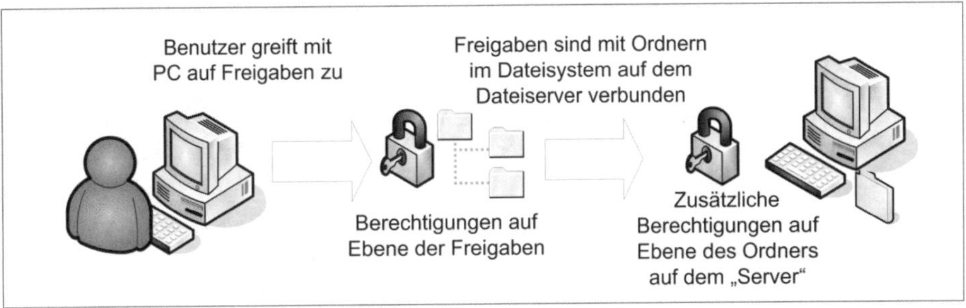

Abb. 20.4 Berechtigungsebenen in Windows

Berechtigungen für den Zugriff über das Netzwerk nehmen Sie über die Registerkarte *Freigabe* in den Eigenschaften des Ordners über die Schaltfläche *Erweiterte Freigabe* vor. Mit *Berechtigungen* legen Sie fest, wer über das Netzwerk auf den PC zugreifen darf. Den jeweiligen Benutzer müssen Sie vorher auf dem PC mit der Freigabe anlegen.

Die Festlegung auf NTFS-Ebene, also für das Dateisystem, erfolgt über die Eigenschaften eines Ordners auf der Registerkarte *Sicherheit*. Nach jeweils einem Klick auf die Schaltflächen *Bearbeiten* und *Hinzufügen* können Sie neue Benutzer, denen Sie Berechtigungen gewähren wollen, hinzufügen. Dabei haben Sie folgende Möglichkeiten:

- **Vollzugriff** – Erlaubt den vollen Zugriff auf den Ordner oder die Datei. Bei Ordnern bedeutet das, dass Benutzer Dateien hinzufügen und löschen dürfen. Bei Dateien stehen alle Funktionen zur Verfügung. Dazu gehört auch die Veränderung von Zugriffsberechtigungen. Mit diesem Recht sollten Sie vorsichtig umgehen.
- **Ändern** – Die Berechtigungen sind im Vergleich mit dem Vollzugriff auf das Schreiben, Lesen, Ändern und Löschen beschränkt. Benutzer können keine Berechtigungen erteilen, sonst aber alles mit den Dateien machen.
- **Lesen, Ausführen** – Für Programmdateien relevant, da diese ausgeführt werden dürfen. Fehlt dieses Recht, darf ein Benutzer keine Programme starten, die in diesem Ordner gespeichert sind.

- **Ordnerinhalt auflisten (nur bei Ordnern)** – Benutzer dürfen den Inhalt des Ordners anzeigen. Die Inhalte der Dateien im Ordner lassen sich aber nicht anzeigen.
- **Lesen** – Definiert, dass eine Datei gelesen, aber nicht ausgeführt oder geöffnet werden darf.
- **Schreiben** – Die Datei darf verändert, jedoch nicht gelöscht werden. Anwender dürfen nur Daten hinzufügen.

Mit dem Befehlszeilentool können Sie Dateien und Ordner, die auf einem System geöffnet wurden, auflisten und trennen. Vor jedem Dateinamen sehen Sie eine ID und den Namen des jeweiligen Benutzers.

Greifen mehrere Benutzer gleichzeitig auf eine Datei zu, zeigt Openfiles diese Datei unter zwei unterschiedlichen ID-Kennungen entsprechend zwei Mal an. Damit geöffnete Dateien angezeigt werden, müssen Sie zunächst das Systemflag *Maintain Objects List* aktivieren. Mit dem Befehl *openfiles /local on* wird das Systemflag eingeschaltet. Der Befehl *openfiles /local off* schaltet ihn aus.

Erst nach der Aktivierung dieses Flags werden mit Openfiles geöffnete Dateien angezeigt. Nachdem Sie das Flag gesetzt haben, müssen Sie den Computer neu starten. Wenn Sie nach dem Neustart in der Eingabeaufforderung *openfiles* eingeben, werden die geöffneten Dateien angezeigt.

Möchten Sie feststellen, welche Dateien auf einem wechselbaren Datenträger (zum Beispiel USB-Stick) geöffnet sind, empfiehlt sich der Befehl *openfiles |find /i "z:"*, wobei *z:* der Laufwerkbuchstabe des USB-Sticks ist.

Wenn Sie noch offene Dateien auf Ihrem System vorfinden und diese schließen möchten, verwenden Sie den Befehl *openfiles /disconnect /id <id> oder openfiles /disconnect /a <user>*. Als *<id>* wird die von Openfiles mitgeteilte ID eingetragen, als *<user>* die mitgeteilte Nutzerkennung.

So setzen Sie diese Berechtigungen optimal:

1. Um Berechtigungen für einen Ordner oder eine Datei zu setzen, wählen Sie in den Eigenschaften des Ordners oder der Datei die Registerkarte *Sicherheit*.
2. Im oberen Bereich sehen Sie, welche Benutzer oder Gruppen bereits Berechtigungen für den Ordner haben.
3. Klicken Sie im oberen Bereich auf eine Gruppe oder einen Benutzer, sehen Sie dessen Standardrechte im unteren Bereich.
4. Über die Schaltfläche *Bearbeiten* können Sie die Berechtigungen steuern.
5. Klicken Sie auf *Hinzufügen*, um neue Benutzer oder Gruppen der Liste hinzuzufügen, oder auf *Entfernen*, um eine Gruppe zu löschen.
6. Wollen Sie Benutzer hinzufügen, klicken Sie erst auf *Hinzufügen* und anschließend im neuen Fenster auf *Erweitert*.
7. Klicken Sie im neuen Fenster auf *Jetzt suchen*. Windows zeigt dann alle Benutzerkonten und Gruppen an, die Sie auf dem Computer angelegt haben.
8. Wählen Sie das Benutzerkonto aus, dem Sie Rechte erteilen wollen.
9. Das Benutzerkonto steht jetzt in der Liste, und Sie können zunächst Standardrechte erteilen. Was die verschiedenen Rechte bedeuten, ist nachfolgend erläutert.

Besitzer für ein Objekt festlegen

Der Objektbesitzer ist der Anwender mit den umfangreichsten Rechten für einen Ordner oder eine Datei. Vor allem wenn Anwender versehentlich auch den Administrator von der Berechtigungsliste streichen, kommt dem Objektbesitzer eine besondere Bedeutung zu. Dieser kann nämlich auf den Administrator geändert werden. So lassen sich versehentlich gesperrte Ordner durch die Hintertür wieder öffnen:

1. Um den Besitzer einer Datei festzustellen oder zu ändern, öffnen Sie zunächst die Eigenschaften des Objekts und wählen dort die Registerkarte *Sicherheit*.
2. Anschließend klicken Sie auf die Schaltfläche *Erweitert*.
3. Auf der Registerkarte *Berechtigungen* sehen Sie unter *Besitzer* den Inhaber dieses Objekts.
4. Um den Besitz zu übernehmen, klicken Sie auf *Ändern* und wählen dann das Konto in der Liste aus.
5. Wollen Sie den Besitzer nicht nur für diesen Ordner, sondern auch für alle Unterordner und darin enthaltenen Dateien ersetzen, aktivieren Sie das Kontrollkästchen *Besitzer der Objekte und untergeordneten Container ersetzen*.

Vererbung von Berechtigungen

Grundsätzlich gilt bei Ordnerstrukturen das Prinzip der Vererbung. Das heißt, eine Berechtigung, die ein Benutzer auf einen Ordner erhält, erhält er auch auf die darin enthaltenen Verzeichnisse und Dateien. Weisen Sie einem Benutzerkonto die Berechtigung *Ändern* für einen Ordner zu, sehen Sie in den untergeordneten Ordnern, dass der Benutzer die gleichen Berechtigungen hat. Allerdings sind die entsprechenden Felder grau unterlegt. Damit wird angezeigt, dass die Berechtigungen nicht explizit in diesem Ordner zugewiesen werden, sondern vom übergeordneten Ordner vererbt sind.

Sie können für Unterordner einzelne Rechte verweigern. Wählen Sie auf der Registerkarte *Sicherheit* die Schaltfläche *Erweitert*. Mit der Schaltfläche *Vererbung deaktivieren* schalten Sie die Berechtigungsweitergabe ab. Anschließend können Sie bereits gesetzte Rechte übernehmen oder die Liste löschen lassen und neu setzen. Sie können über die Schaltfläche auch die Vererbung wieder aktivieren.

Wichtig ist noch das Kontrollkästchen *Alle Berechtigungseinträge für untergeordnete Objekte durch vererbbare Berechtigungseinträge von diesem Objekt ersetzen*. Aktivieren Sie diese Option, übernimmt Windows die hier gesetzten Rechte für alle Ordner und Dateien, die in dem aktuellen Ordner gespeichert sind. Windows setzt alle bereits konfigurierten Berechtigungen zurück. In der Liste der Berechtigungen sehen Sie den Vererbungsstatus von Berechtigungen in der Spalte *Geerbt von*.

20.2.3 Effektive Berechtigungen

Um die effektiven Berechtigungen anzuzeigen, öffnen Sie in den Eigenschaften des Ordners die Registerkarte *Sicherheit* und dann die erweiterten Einstellungen. Wählen Sie die Registerkarte *Effektiver Zugriff* aus. Sie sehen alle speziellen Berechtigungen, die der Benutzer in Summe hat. Um die Berechtigungen für einen anderen Benutzer anzuzeigen, wählen Sie über *Einen Benutzer auswählen* ein anderes Konto aus.

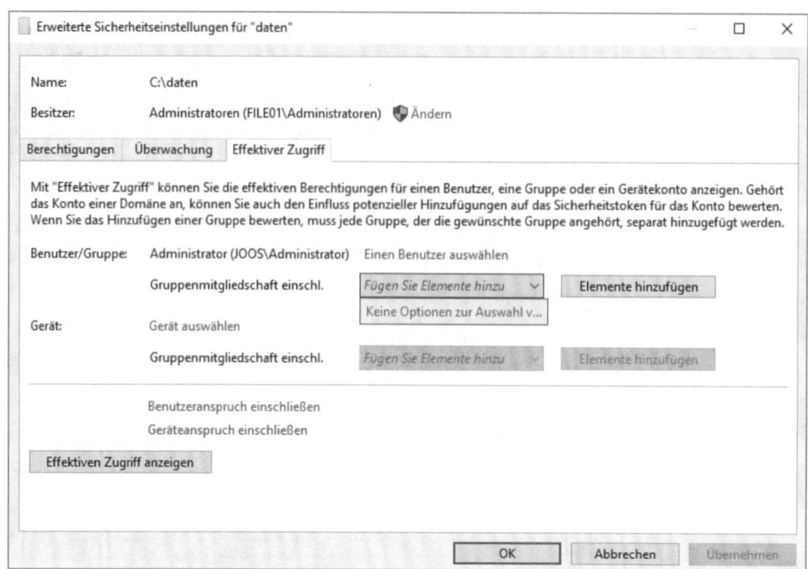

Abb. 20.5 Anzeigen der effektiven Berechtigungen eines Benutzers für einen Ordner

20.2.4 Tools zur Überwachung von Berechtigungen

In diesem Abschnitt gehen wir auf Tools ein, die dabei helfen, Berechtigungen für Dateien und Ordner zu überprüfen und zu überwachen.

Berechtigungen von Ordnern und der Registry überwachen – AccessChk

Mit AccessChk von der Seite *https://docs.microsoft.com/de-de/sysinternals/downloads/accesschk* können Sie in der Eingabeaufforderung über eine ausführliche Liste anzeigen lassen, welche Rechte ein Benutzer auf Dateien, Dienste oder Teile der Registry hat. Das Tool hilft dabei, die Berechtigungen auch für verschachtelte Ordnerstrukturen auszulesen. Die Syntax lautet:

accesschk [-s][-r][-w][-n][-p][-k][-c]|[-d]] <Benutzername> <Datei, Ordner, Registrykey oder Dienst>

Option	Auswirkung
-c	Diese Option verwenden Sie, wenn es sich um einen Dienst handelt. Wenn Sie den Platzhalter * eingeben, zeigt das Tool die Rechte für alle Systemdienste an.
-d	Verarbeitet nur Ordner.
-k	Diese Option liest Rechte in der Registry aus, zum Beispiel *HKLM\SOFTWARE*.
-n	Zeigt nur Objekte an, für die kein Zugriff besteht.
-p	Angeben eines Prozessnamens. Die Option unterstützt auch den Platzhalter *.
-r	Zeigt nur Leserechte an.
-s	Rekursive Abfrage
-w	Zeigt nur Schreibrechte an.

Tab. 20.1 Optionen von *AccessChk*

Wenn Sie sich die Rechte des Benutzers *joost* für einen Ordner *C:\Einkauf* anzeigen lassen wollen, verwenden Sie den Befehl *accesschk joost c:\einkauf*. Bei jeder Datei erhalten Sie die Information, ob Leserechte (R), Schreibrechte (W) oder beides (RW) bestehen.

Wollen Sie die Zugriffsberechtigungen für einen Benutzer für einen bestimmten Registrykey abprüfen, können Sie zum Beispiel den Befehl *accesschk -kns contoso\joost hklm\software* verwenden. Geben Sie keinen Benutzernamen an, sondern nur einen Ordner, zeigt AccessChk alle Benutzerkonten und deren Rechte auf den Ordner an.

AccessChk ist hervorragend für Skripts geeignet und um festzustellen, welche effektiven Berechtigungen Anwender oder Gruppen haben. Effektive Berechtigungen sind die Berechtigungen, die ein Anwender tatsächlich auf einen Ordner oder eine Datei hat, auch auf Basis seiner Gruppenmitgliedschaften. Um die effektiven Berechtigungen anzuzeigen, öffnen Sie in den Eigenschaften des Ordners die Registerkarte *Sicherheit* und dann die erweiterten Einstellungen. Wählen Sie die Registerkarte *Effektive Berechtigungen* aus. Sie sehen alle speziellen Berechtigungen, die der Benutzer hat. Um die Berechtigungen für einen anderen Benutzer anzuzeigen, wählen Sie über *Auswählen* ein anderes Konto aus.

Sie können das Tool aber auch mit einer grafischen Oberfläche bedienen. Dazu verwenden Sie AccessEnum aus den Sysinternals-Tools (siehe den folgenden Abschnitt).

Mit dem Tool überprüfen Sie also die Berechtigungsstruktur im Netzwerk. Die Berechtigungen im Dateisystem sind in der Zugriffssteuerungsliste der (ACL, Access Control List) gespeichert. Während der Anmeldung wird für den Benutzer ein sogenanntes Zugriffstoken generiert, das die Sicherheits-ID (SID) des Benutzerkontos enthält sowie die SIDs der Gruppen, in denen der Benutzer Mitglied ist.

Berechtigung mit grafischer Oberfläche auslesen – AccessEnum

Mit AccessEnum aus den Sysinternals-Tools von der Seite *https://docs.microsoft.com/de-de/sysinternals/downloads/accessenum* erhalten Sie eine grafische Oberfläche für AccessChk, mit der Sie Berechtigungen eines Benutzers oder einer ganzen Gruppe für Ordner oder Teile der Registry überprüfen können. Sie wählen in der Oberfläche einen Ordner aus und lassen sich anschließend die Berechtigungen anzeigen.

Das Tool zeigt auch an, wenn Sie Rechte für einen Ordner oder eine Datei verweigern lassen. Der Ordnernamen sehen Sie in der Spalte *Path*, in der Spalte *Read* sehen Sie die entsprechenden Rechte. Ein Anwender, der zum Beispiel Schreibrechte auf den Ordner *c:\users\joost* und alle darunter liegenden Ordner besitzt, aber über kein Schreibrecht auf den Ordner *C:\Users* verfügt, wird mit dem Eintrag *C:\Users\Joost* und dem Namen des Kontos in der Spalte *Write* dargestellt.

Über das Menü stehen Ihnen Einstellungsmöglichkeiten zur Verfügung. Ist die Option *Show Local System account* aktiviert, zeigt AccessEnum die Zugriffsrechte des lokalen Systemkontos. Deaktivieren Sie diese, ignoriert das Tool die Zugriffsrechte, die sich auf den lokalen Systemaccount (*NT-AutoritätSystem*) beziehen. Über die Option *File display options* lässt sich festlegen, dass das Tool nur dann die Rechte von untergeordneten Objekten anzeigt, wenn diese von dem entsprechenden übergeordneten Objekt abweicht. Mit einem Klick auf die Spaltenüberschriften können Sie die Einträge sortieren. Über die Schaltfläche *Registry* können Sie innerhalb der Registrierungsdatenbank nach Berechtigungen durchsuchen lassen.

Vor allem bei der Kontrolle der Berechtigungen für verschiedene Freigaben hilft das Tool, einen schnellen Überblick zu erhalten, welche Benutzer und Gruppen Zugriffe auf die verschiedenen Ordner haben. Kann das Tool die Rechte nicht korrekt lesen oder die Sicherheits-ID (SID) nicht umsetzen, sehen Sie drei Fragezeichen.

Reset NTFS File Permission im Einsatz

Mit dem kostenlosen Tool »Reset file permission« (*http://lallouslab.net/2013/08/26/resetting-ntfs-files-permission-in-Windows-graphical-utility*) können Berechtigungen für Verzeichnisse schnell und einfach zurückgesetzt werden.

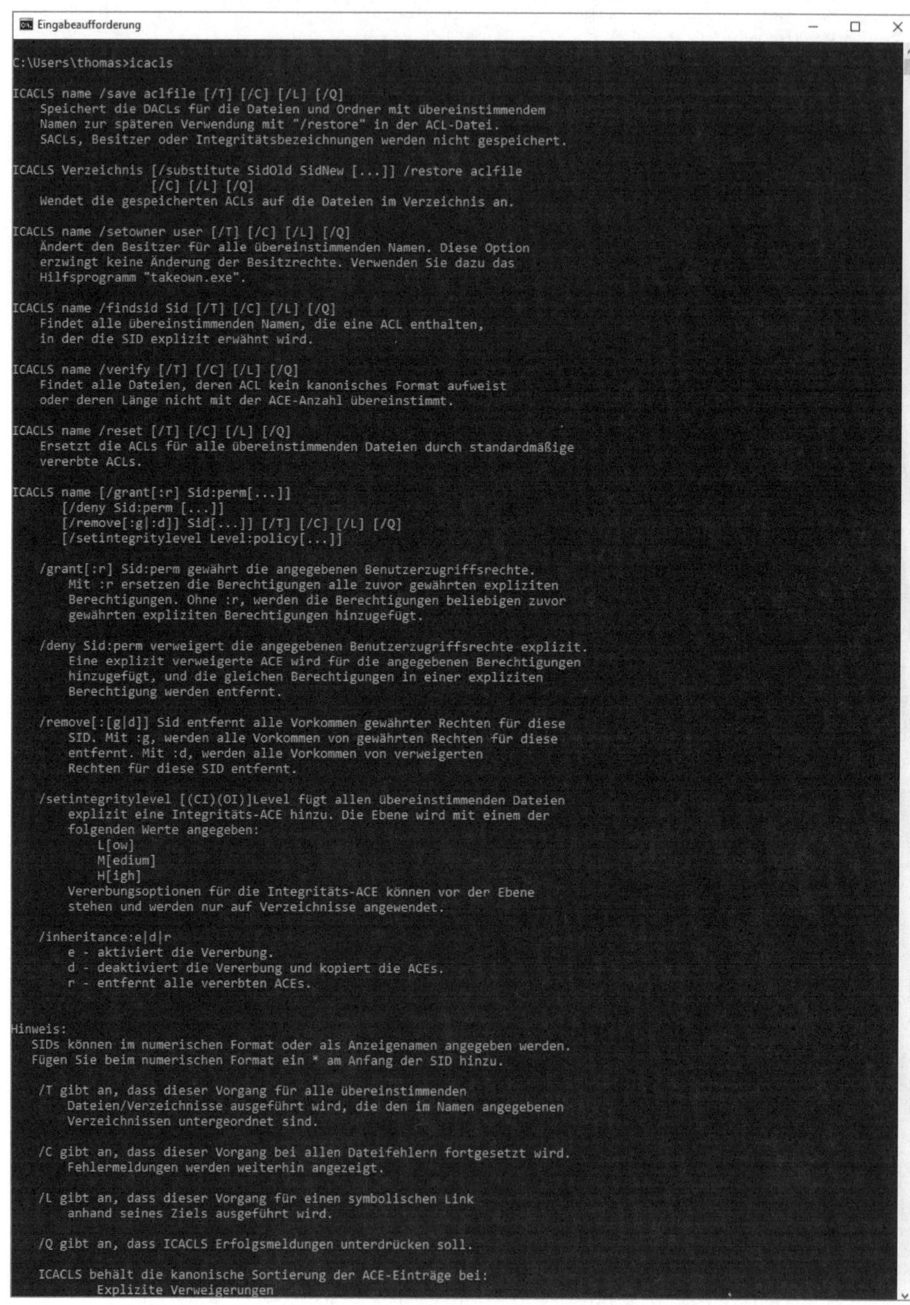

Abb. 20.6 Berechtigungen lassen sich in der Befehlszeile anpassen.

Es kann in einer grafischen Oberfläche Berechtigungen für einzelne Verzeichnisse wieder auf einen Standard bringen. Sinnvoll ist das Tool vor allem dann, wenn Berechtigungen stark verändert wurden und sich nur noch schwer nachvollziehen lassen. Reset File Permissions kann auch zum Anpassen des Besitzers von Ordnern genutzt werden.

Reset File Permission kann direkt gestartet werden, eine Installation ist nicht notwendig. Auf seiner Downloadseite steht auch der Sourcecode zur Verfügung. Das Kennwort zum Entpacken des Archivs lautet *lallouslab.*

Reset File Permission kann auf Arbeitsstationen genauso verwendet werden wie auf Servern. Daher ist das Tool interessant für Anwender, die sich mit dem Thema Berechtigungen nicht so gut auskennen, aber einen lokalen Ordner anpassen wollen. Das Tool arbeitet mit *icacls.exe*, also mit Bordmitteln in Windows 10/11.

Die Befehle, die Reset File Permission durchführt, werden in einem Fenster angezeigt. Hier können auch Anpassungen an dem Befehl vorgenommen werden. Wenn die Befehle und Optionen korrekt gesetzt sind, kann mit der Schaltfläche *GO* die Umsetzung gestartet werden.

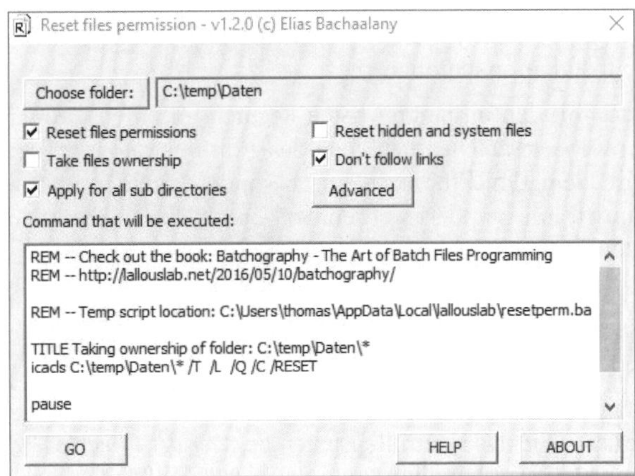

Abb. 20.7 Nach dem Start von Reset File Permission lassen sich die Berechtigungen schnell und einfach zurücksetzen.

Um Berechtigungen eines Verzeichnisses mit Reset File Permission zurückzusetzen, wird das Tool über seine ausführbare Datei zunächst gestartet. Im nächsten Schritt wird das Verzeichnis ausgewählt, dessen Rechte angepasst werden sollen. Im unteren Bereich des Tools sind im Fenster die Statusmeldungen zu sehen, die es ausführt, sobald auf *Go* geklickt wird.

Durch das Anpassen der Optionen erstellt Reset File Permission ein Skript als Batch-Datei. Den Speicherort der Datei zeigt es im Fenster. Normalerweise handelt es sich um das Verzeichnis *C:\Users\<Benutzername>\AppData\Local\lallouslab.* Das Skript trägt die Bezeichnung *resetperm.bat.* Aber auch hier werden die entsprechenden Infos direkt im Fenster angezeigt.

Über die Schaltfläche *Advanced* lassen sich weitere Informationen anzeigen und Optionen im Skript nutzen. Hierüber können Sie die Berechtigungen des entsprechenden Verzeichnisses sichern. Natürlich kann das Tool auch die Berechtigungen wiederherstellen. Außerdem kann Reset File Permission über die Schaltfläche *Advanced* in den Windows-Explorer integriert werden. In diesem Fall können Sie die Berechtigungen über das Kontextmenü eines Verzeichnisses zurücksetzen. Nachdem Sie die Berechtigungen angepasst haben, können Sie sie in den Eigenschaften eines Verzeichnisses auf der Registerkarte *Sicherheit* überprüfen.

Bevor Anpassungen an Berechtigungen vorgenommen werden, kann es sinnvoll sein, die Berechtigungen zu sichern. Das erfolgt entweder direkt in Reset File Permission über die Schaltfläche *Advanced* oder in der Befehlszeile von Windows. Hier können Sie ebenfalls das Bordmitteltool *icacls.exe* nutzen, zum Beispiel mit:

icacls C:\temp\Daten /save C:\Users\thomas\Downloads\ResetPermission\backup.permissions.txt /T*

Bei der Sicherung werden natürlich nur die Einträge gesichert, die vom Standard abweichen.

Besitz von Verzeichnissen übernehmen

Mit Reset File Permission können Sie Besitzer von Verzeichnissen ändern. Hier arbeitet es mit dem Tool *takeown.exe*. Auch dieses gehört zu den Bordmitteln in Windows. In der Befehlszeile lassen Sie sich mit *takeown /?* die Optionen und Beispiele für Takeown anzeigen. Wie *icacls.exe* kann auch *takeown.exe* ohne Reset File Permission verwendet werden. Allerdings macht Reset File Permission die Verwendung einfacher.

Natürlich kann der Besitz von Verzeichnissen mit Bordmitteln übernommen werden. Allerdings macht es die Verwendung von Reset File Permission etwas einfacher, vor allem weil es mit Bordmitteln arbeitet und keine Installation benötigt.

Der Objektbesitzer ist der Anwender mit den umfangreichsten Rechten für einen Ordner oder eine Datei. Vor allem wenn Anwender versehentlich auch den Administrator von der Berechtigungsliste streichen, kommt dem Objektbesitzer eine besondere Bedeutung zu. Dieser kann nämlich auf den Administrator geändert werden. So lassen sich versehentlich gesperrte Ordner durch die Hintertür wieder öffnen:

Um den Besitzer einer Datei festzustellen oder zu ändern, werden zunächst die Eigenschaften des Objekts geöffnet und die Registerkarte *Sicherheit*. Anschließend klicken Sie auf die Schaltfläche *Erweitert*.

Soll der Besitzer nicht nur für diesen Ordner, sondern für alle Unterordner und darin enthaltenen Dateien ersetzt werden, müssen Sie das Kontrollkästchen *Besitzer der Objekte und untergeordneten Container ersetzen* auswählen. Um den Besitzer in der Befehlszeile zu ändern, kann auch *takeown.exe* verwendet werden. Die Beispiele dafür finden Sie über *takeown.exe /?*.

```
Eingabeaufforderung

:\Users\thomas>takeown /?

AKEOWN [/S System [/U Benutzername [/P [Kennwort]]]]
       /F Dateiname [/A] [/R [/D Aufforderung]]

eschreibung:
    Dieses Tool ermöglicht einem Administrator das Wiederherstellen des
    Zugriffs auf eine Datei, für die der Zugriff durch erneutes Zuweisen
    des Besitzers verweigert wurde.

arameterliste:
    /S          System              Bestimmt das Remotesystem mit dem eine
                                    Verbindung hergestellt werden soll.

    /U          [Domäne\]Benutzer   Bestimmt den Benutzerkontext, unter
                                    dem der Befehl ausgeführt werden soll.

    /P          [Kennwort]          Gibt das Kennwort für den jeweiligen
                                    Benutzerkontext an. Zeigt eine Eingabe-
                                    aufforderung an, wenn keine Eingabe
                                    vorgenommen wurde.

    /F          Dateiname           Gibt das Dateinamen- oder Verzeichnis-
                                    namenmuster an. Platzhalter "*" können
                                    verwendet werden,um das Muster anzugeben.
                                    Ermöglicht die Angabe von Freigabename\
                                    Dateiname.

    /A                              Überträgt die Besitzrechte an die Gruppe
                                    "Administratoren" anstelle des aktuellen
                                    Benutzers.

    /R                              Rekursiv: Weist das Tool zur Bearbeitung von
                                    Dateien im angegebenen Verzeichnis und allen
                                    Unterverzeichnissen an.

    /D          Aufforderung        Standardantwort, die verwendet wird, wenn der
                                    aktuelle Benutzer nicht die Berechtigung
                                    "Ordner auflisten" für ein Verzeichnis hat.
                                    Tritt bei der rekursiven Bearbeitung (/R)
                                    von Unterverzeichnissen auf. Gültige Werte
                                    sind "J" zum Übernehmen der Besitzrechte
                                    oder "N" zum Auslassen dieses Schrittes.

    /SKIPSL                         Keiner symbolischen Verknüpfung folgen.
                                    Nur mit "/R" zulässig.

    /?                              Zeigt die Hilfemeldung an.

    HINWEIS: 1) Wenn "/A" nicht angegeben wird, werden die Besitzrechte für
                die Datei dem derzeit angemeldeten Benutzer übertragen.

             2) Gemischte Muster mit "?" und "*" werden nicht unterstützt.

             3) "/D" wird verwendet, um die Bestätigungsaufforderung zu
                unterdrücken.

eispiele:
    TAKEOWN /?
    TAKEOWN /F Dateiname
    TAKEOWN /F \\system\share\lostfile /A
    TAKEOWN /F directory /R /D N
    TAKEOWN /F directory /R /A
    TAKEOWN /F *
    TAKEOWN /F C:\Windows\System32\acme.exe
    TAKEOWN /F %windir%\*.txt
    TAKEOWN /S System /F EigeneFreigabe\Acme*.doc
    TAKEOWN /S System /U Benutzer /F EigeneFreigabe\EigeneBinärdatei.dll
    TAKEOWN /S System /U Domäne\Benutzer /P Kennwort /F Freigabe\Dateiname
```

Abb. 20.8 Anpassen des Besitzers eines Verzeichnisses

20.3 Überwachung von Dateien und Ordnern

In den meisten Fällen kann eine Überwachung der Zugriffe auf Ordner nützlich sein. Bei der Überwachung hält Windows in Protokolldateien fest, wer bestimmte Operationen auf Dateien und Ordnern ausführt. Die Überwachung von Ordnern aktivieren Sie am besten über lokale Richtlinien oder über Gruppenrichtlinien in Windows-Domänen.

20.3.1 Einstieg in die Überwachung von Verzeichnissen

Nachdem Sie die Überwachung für den Computer im Allgemeinen aktiviert haben, müssen Sie die eigentliche Überwachung für die entsprechenden zu überwachenden Dateien und Ordner aktivieren.

Öffnen Sie dazu die Eigenschaften des Objekts und wählen Sie auf der Registerkarte *Sicherheit* die Schaltfläche *Erweitert*. Auf der Registerkarte *Überwachung* sehen Sie, welche Operationen Windows protokollieren soll. Damit Sie die bei der Überwachung anfallenden Protokolldaten sinnvoll bearbeiten können, sollten Sie von diesen Einschränkungsmöglichkeiten Gebrauch machen und nur das Nötigste protokollieren. Über *Bearbeiten* legen Sie fest, welche Gruppen/Benutzer das System überwachen soll.

Wie bei den NTFS-Berechtigungen gilt auch hier das Prinzip der Vererbung, das Sie bei Bedarf ausschalten können. Nachdem Sie *Hinzufügen* gewählt haben, können Sie über den Link *Prinzipal auswählen* den zu überwachenden Benutzer auswählen. Wie schon bei der Vergabe spezieller NTFS-Berechtigungen können Sie wieder angeben, inwieweit sich diese Einstellungen auf untergeordnete Objekte und Ordner auswirken. Wählen Sie anschließend im Feld *Anwenden auf* aus, welche Zugriffe Windows protokollieren soll.

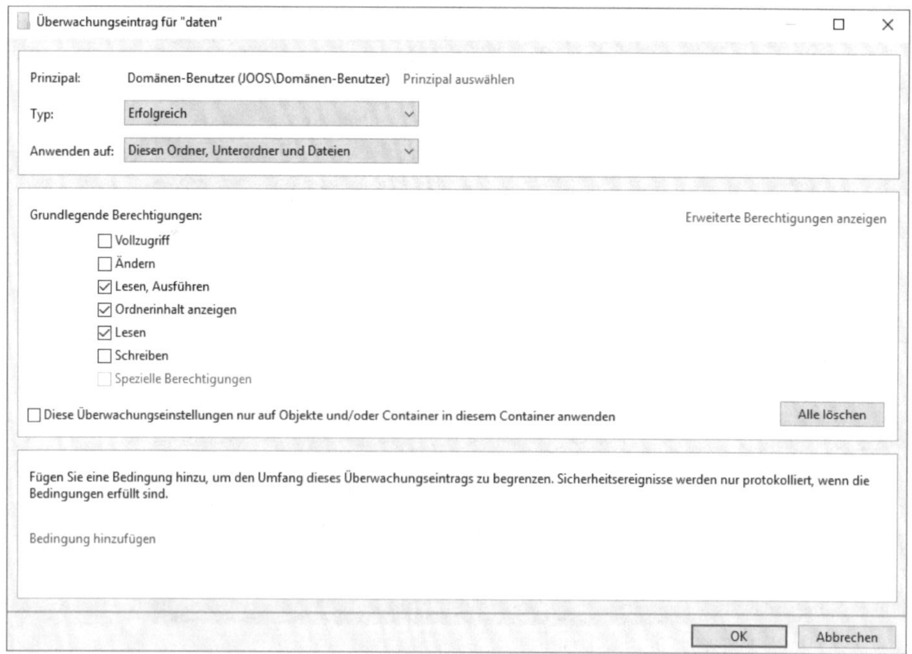

Abb. 20.9 Konfigurieren der Überwachung für einen Ordner

Die Anzeige der Protokollierung erfolgt in der Ereignisanzeige. Am schnellsten starten Sie diese durch Eintippen von *eventvwr* im Suchfeld der Taskleiste. In der Ereignisanzeige finden Sie die protokollierten Zugriffsversuche im Protokoll *Sicherheit* unterhalb des Knotens *Windows-Protokolle*.

Die mit einem Schlüssel gekennzeichneten Einträge stehen für erfolgreiche Zugriffe, wohingegen ein Schloss für fehlgeschlagene Zugriffe steht. Genauere Informationen zu einem Eintrag erhalten Sie, indem Sie ihn öffnen. Ein einzelner Zugriff erzeugt eine ganze Reihe von Einträgen im Sicherheitsprotokoll.

20.3.2 Überwachung mit Richtlinien steuern

Auch wenn Sie Berechtigungen in einem Ordner vergeben, kommt es durchaus vor, dass Dateien verändert oder sogar gelöscht werden. Mit der Objektüberwachung können Sie genau feststellen, wann welche Anwender mit welchen Rechten auf Dateien zugegriffen haben:

Öffnen Sie die lokale Richtlinie für den Computer über den Befehl *gpedit.msc*. Sie können natürlich auch Gruppenrichtlinien verwenden und so mehrere Server anbinden.

Navigieren Sie zu *Computerkonfiguration/(Richtlinien)/Windows-Einstellungen/Sicherheitseinstellungen/Lokale Richtlinien/Überwachungsrichtlinie*.

In den Standardeinstellungen ist die Überwachung nicht aktiviert. Nach der Aktivierung der einzelnen Optionen müssen Sie noch auswählen, ob Windows erfolgreiche und/oder fehlgeschlagene Zugriffsversuche protokollieren soll.

Die Überwachung der Zugriffe auf das Dateisystem aktivieren Sie über *Objektzugriffsversuche überwachen*. Neben Dateizugriffen überwachen Sie mit dieser Einstellung auch Zugriffe auf Drucker. Nach der Aktivierung müssen Sie noch auswählen, ob erfolgreiche und/oder fehlgeschlagene Zugriffsversuche protokolliert werden sollen.

Auf der rechten Seite ist der Eintrag *Dateisystem überwachen* zu sehen. Hier wird die Überwachung auf Ebene des NTFS-Systems gesteuert. In den Einstellungen muss dazu zunächst die Option *Folgende Überwachungsereignisse konfigurieren* aktiviert werden. Danach kann festgelegt werden, ob erfolgreiche Zugriffe auf das entsprechende Verzeichnis überwacht werden sollen (*Erfolg*) oder auch fehlerhafte Zugriffe, die Windows blockiert hat (*Fehler*). Fehlerhafte Angriffe können zum Beispiel Hacker-Angriffe aufdecken.

Die Überwachung darf nur von Administratoren auf den Servern vorgenommen werden. Soll das Recht zur Überwachung delegiert werden, lässt sich das ebenfalls in den Gruppenrichtlinien steuern. Die Einstellung *Verwalten von Überwachungs- und Sicherheitsprotokollen* steuern Sie über *Computerkonfiguration/Richtlinien/Windows-Einstellungen/Sicherheitseinstellungen/Lokale Richtlinien/Zuweisen von Benutzerrechten*.

20.4 Die Freigabe von Ordnern

Ordner stellen Sie auch in Windows Server 2022 über Freigaben zur Verfügung. Sie können für Freigaben Benutzern das Recht geben, zu schreiben, zu lesen oder auch Daten zu verändern. Achten Sie darauf, dass Sie im Benutzer-Manager von Windows die Benutzerkonten erst anlegen müssen, für die Sie Rechte vergeben wollen, wenn der Computer nicht Mitglied einer Domäne ist.

Die Anwender müssen sich dann bei der Verbindung mit der Freigabe mit dem Benutzernamen und dem konfigurierten Kennwort authentifizieren. Wichtig in diesem Zusammenhang sind die vorangegangenen Abschnitte sowie die Kapitel 5 und 18.

20.4.1 Freigaben erstellen

Alle Unterordner, die ein freigegebener Ordner enthält, sind ebenfalls im Netzwerk verfügbar.

Abb. 20.10 Konfiguration einer Dateifreigabe

Klicken Sie den Ordner mit der rechten Maustaste an und wählen Sie im Kontextmenü die Option *Eigenschaften* und dann auf der Registerkarte *Freigabe* die Option *Erweiterte Freigabe* aus.

Standardmäßig darf die Gruppe *Jeder* lesend auf die Freigabe zugreifen. Wenn Sie möchten, dass alle Anwender im Netzwerk schreiben dürfen, müssen Sie das Schreibrecht vergeben. Das Recht *Ändern* berechtigt zum Lesen, Schreiben und Löschen.

Über die Schaltfläche *Berechtigungen* legen Sie fest, welche Anwender über die Freigabe auf den Rechner zugreifen dürfen. Mit *OK* schließend Sie die Freigabe ab. Um Benutzerkonten zusätzlich zu den Berechtigungen hinzuzufügen, klicken Sie auf *Berechtigungen/Hinzufügen* und dann auf *Erweitert*. Im folgenden Fenster können Sie sich alle Benutzerkonten Ihres Computers oder der Domäne anzeigen lassen und den Benutzer auswählen, für den Sie Berechtigungen vergeben wollen.

Sie können auf der Registerkarte *Sicherheit* in den Eigenschaften des Ordners zusätzlich noch Berechtigungen auf Basis des Dateisystems vergeben. Klicken Sie dazu auf *Bearbeiten*. Die einzelnen Möglichkeiten, die Sie hier haben, lesen Sie in den vorangegangenen Abschnitten in diesem Kapitel und in Kapitel 18.

Freigaben lassen sich in der Eingabeaufforderung ebenfalls durch den Befehl *net share <Name der Freigabe> <Pfad des Ordners, der freigegeben werden soll>* erstellen.

20.4.2 Der Assistent zum Erstellen von Freigaben

Durch Eintippen von *shrpubw* auf der Startseite rufen Sie den Assistenten zur Erstellung von Freigaben auf. Nach einem Klick auf *Weiter* können Sie im nächsten Fenster des Assistenten den Ordner auswählen, den Sie im Netzwerk zur Verfügung stellen wollen.

Auf der nächsten Seite legen Sie den Freigabenamen sowie die Offlineverfügbarkeit der Freigabe fest. Wir kommen dazu noch in einem weiteren Abschnitt. Ist eine Freigabe offline verfügbar, kann diese zum Beispiel mithilfe von Offlinedateien synchronisiert werden. Das ist für mobile Computer sinnvoll.

Auf der letzten Seite des Assistenten legen Sie schließlich fest, welche Berechtigungen Anwender über das Netzwerk auf die Freigabe bekommen sollen. Über die Schaltfläche *Fertig stellen* wird die Freigabe abgeschlossen.

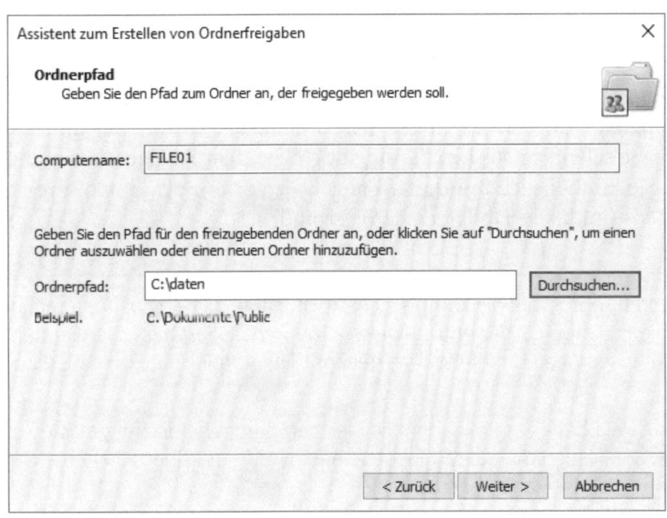

Abb. 20.11 Erstellen von Freigaben

20.4.3 Anzeigen geöffneter Dateien über das Netzwerk – PsFile

Öffnen Anwender eine Datei auf einem Computer über das Netzwerk, lässt sich das ebenfalls anzeigen. Dazu verwenden Sie das Tool PsFile von *https://docs.microsoft.com/de-de/sysinternals/downloads/psfile*. Auch mit Openfiles können Sie die Dateien anzeigen. Mehr dazu lesen Sie in den vorangegangenen Abschnitten. Sie können zwar mit dem Befehl *net file* eine Liste der über das Netzwerk geöffneten Dateien anzeigen. Allerdings schneidet der Befehl lange Pfadnamen ab. Außerdem können Sie mit *net file* keine Daten auf Remotecomputern abfragen, sondern nur für das lokale System.

Geben Sie nur den Befehl *psfile* an, zeigt das Tool geöffnete Dateien an, inklusive des genauen Dateipfads. Wollen Sie die geöffneten Dateien auf einem Computer im Netzwerk abfragen, können Sie dazu ebenfalls PsFile verwenden. Die Syntax dazu lautet:

psfile [\\<Computer> [-u <Benutzername> [-p <Kennwort>]]] [[Id | <Pfad>] [-c]]

- **-u** – Mit dieser Option können Sie den Benutzernamen zum Anmelden am Remotecomputer angeben.
- **-p** – Mit dieser Option geben Sie das Kennwort für den Benutzernamen mit. Wenn Sie kein Kennwort angeben, müssen Sie dieses bei der Ausführung des Befehls erwähnen.
- **Id** – Hier können Sie die ID der Datei angeben, von der Sie ausführlichere Informationen anzeigen lassen wollen oder die geschlossen werden soll.
- **Pfad** – Pfad der Dateien, die angezeigt werden sollen
- **-c** – Schließt die Dateien, deren ID Sie angegeben haben.

20.4.4 Versteckte Freigaben

Auch wenn es möglich ist, die Zugriffsberechtigungen auf eine Freigabe so einzustellen, dass einem unbefugten Anwender der Zugriff auf die Dateien und Ordner der Freigabe verwehrt wird, wird die Freigabe selbst aber immer angezeigt, unabhängig von den zugewiesenen Berechtigungen.

Spezielle Freigaben können aber vor Anwendern versteckt werden, sodass sie nicht als Freigaben auftauchen, unabhängig von den jeweiligen Berechtigungen. Um zu verhindern, dass Anwender eine Freigabe sehen, verstecken Sie sie, indem Sie dem Freigabenamen ein Dollarzeichen anhängen. Sie können sich mit dieser Freigabe jetzt nur noch durch direkte Eingabe des Freigabenamens (inklusive Dollarzeichen) verbinden.

Administratoren können auf die komplette Festplatte über das Netzwerk zugreifen, indem sie die Freigabe *C$* beziehungsweise *<Laufwerksbuchstabe>$* verwenden. Diese Freigaben werden Adminfreigaben genannt. Nur Administratoren haben Zugriff darauf.

Sie sollten auf der Ebene der Freigaben die gleichen Gruppen berechtigen wie auf NTFS-Ebene. Die Festlegung auf NTFS-Ebene erfolgt über die Eigenschaften eines Ordners auf der Registerkarte *Sicherheit*.

20.4.5 Anzeigen aller Freigaben

Sie können in der Computerverwaltung alle Freigaben Ihres Servers verwalten. Sie finden die Verwaltung der Freigaben in der Computerverwaltung. Die Computerverwaltung können Sie über *compmgmt.msc* starten. Dort können Sie sich auch mit anderen Servern verbinden, zum Beispiel Core-Server, die lokal nicht über dieses Snap-In verfügen.

In der Eingabeaufforderung sehen Sie Freigaben, wenn Sie den Befehl *net share* eingeben. Eine weitere Möglichkeit ist der Aufruf von *fsmgmt.msc*. Mit diesem Tool können Sie sich in der grafischen Oberfläche die geöffneten Dateien anzeigen lassen.

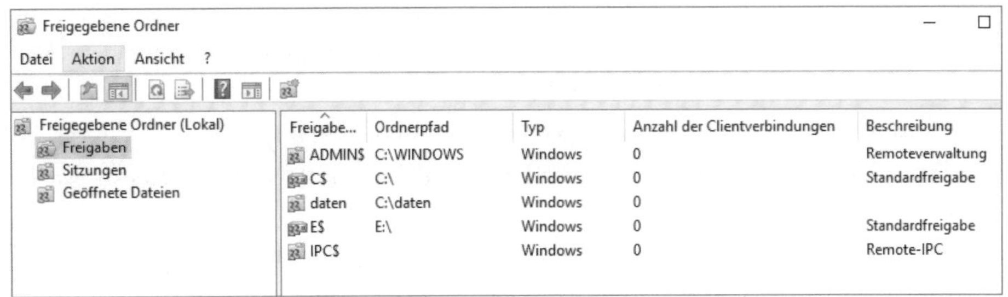

Abb. 20.12 Anzeigen von Freigaben eines Servers in der Eingabeaufforderung und der grafischen Oberfläche

Im Bereich *Freigegebene Ordner* stehen Ihnen an dieser Stelle drei verschiedene Einträge zur Verfügung, über die Sie Freigaben verwalten und überprüfen können:

- **Freigaben** – Wenn Sie auf diesen Eintrag klicken, werden Ihnen alle Freigaben angezeigt, die derzeit auf dem Computer verfügbar sind. Über das Kontextmenü zu diesem Eintrag können Sie neue Freigaben erstellen und über das Kontextmenü der einzelnen Freigaben lassen sich die Einstellungen der jeweiligen Freigabe konfigurieren.
- **Sitzungen** – Über diesen Eintrag werden Ihnen alle aktuell über das Netzwerk verbundenen Benutzer angezeigt. Sie können die Benutzer per Klick mit der rechten Maustaste vom Server trennen.
- **Geöffnete Dateien** – Hier werden alle Dateien angezeigt, die derzeit von verbundenen Benutzern über Freigaben auf dem Server geöffnet sind. Hier können Sie die Dateien auch schließen.

20.4.6 Auf Freigaben über das Netzwerk zugreifen

Wenn Sie eine Freigabe eines anderen Computers im Netzwerk als Laufwerk verbinden wollen, öffnen Sie am besten den Explorer und klicken dann im Navigationsbereich auf *Computer*, beziehungsweise *Dieser PC*. Wählen Sie im Menüband den Eintrag *Netzlaufwerk verbinden* aus.

Geben Sie als Nächstes den Freigabenamen im Feld *Ordner* ein. Die Syntax dazu lautet *<Computername oder IP-Adresse>**<Name der Freigabe>*. Alternativ klicken Sie auf *Durchsuchen* und dann doppelt auf den Computer, auf dem sich die Freigabe befindet, mit der Sie sich verbinden wollen. Klicken Sie auf *Fertig stellen*, öffnet sich eventuell ein Anmeldefenster, in dem Sie die Authentifizierungsdaten eines Benutzers auf dem Remotecomputer eingeben müssen.

Eine weitere Möglichkeit, Netzlaufwerke zu verbinden, steht Ihnen über die Eingabeaufforderung mit dem Befehl *net use* zur Verfügung. Eine Eingabeaufforderung öffnen Sie entweder durch Eintippen von *cmd* auf der Startseite. Rechtsklick in die linke untere Bildschirmecke (oder [Win]+[X]) und den Befehl *Eingabeaufforderung* oder *Eingabeaufforderung (Administrator)* anklicken ist eine weitere Möglichkeit.

- **net use** – Zeigt alle derzeit verbundenen Netzlaufwerke an.
- **net use <Laufwerksbuchstabe>: /del** – Trennt das angegebene Netzlaufwerk. Verwenden Sie *, trennt Windows alle Netzlaufwerke.

- **net use <Laufwerksbuchstabe>: \\<Computer mit Freigabe>\<Freigabename>** – Durch Eingabe dieses Pfads verbinden Sie das Netzlaufwerk. Verwenden Sie *, aktiviert Windows den nächsten freien Buchstaben.

Sie können den Befehl auch mit der folgenden Syntax aufrufen:

net use <Laufwerksbuchstabe>: \\<Computer mit Freigabe>\<Freigabename> <Benutzername> <Kennwort>

Mit diesem Befehl können Sie ein Laufwerk mithilfe eines anderen Benutzers als dem derzeitig angemeldeten verbinden.

Verbundene Netzlaufwerke zeigt Windows im Explorer an. Sie können verbundene Laufwerke per Rechtsklick wieder trennen.

20.4.7 Offlinedateien für den mobilen Einsatz unter Windows 10/11

Mit Offlinedateien haben Sie die Möglichkeit, Dateien aus dem Netzwerk, zum Beispiel von einem Dateiserver, auch dann verfügbar zu machen, wenn Anwender mit einem Notebook oder Tablet unterwegs sind. Dazu wird auf dem Notebook eine Kopie der entsprechenden Datei erstellt, sodass diese auch ohne Netzwerkverbindung zur Verfügung steht.

Sie können die entsprechenden Dateien auch dann auf dem Notebook bearbeiten, wenn Sie nicht mit dem Netzwerk verbunden sind. Bei der nächsten Verbindung werden die Dateien mit dem Server synchronisiert, sodass die Dateien auf dem Server und dem Notebook wieder übereinstimmen.

So funktionieren Offlinedateien

Die Verwaltung der Offlinedateien unter Windows 10/11 findet über das Synchronisierungscenter statt, das Sie durch Eingabe von *mobsync* im Startmenü aufrufen können. Über den Link *Offlinedateien verwalten* im Synchronisierungscenter öffnet sich ein neues Fenster, über das Sie entsprechende Einstellungen vornehmen.

In den Eigenschaften jeder Offlinedatei können spezielle Einstellungen vorgenommen werden. Nachdem das System für den Offlinebetrieb aktiviert ist, können Sie Ordner und Dateien von Servern für den Offlinebetrieb verfügbar machen. Hier gibt es Steuerungsmöglichkeiten sowohl vom Client als auch vom Server aus.

Vom Client aus verwenden Sie den Befehl *Immer offline verfügbar*, der sich im Kontextmenü findet, wenn Sie eine Freigabe, eine Datei oder einen Ordner auf einem Server markiert haben, die oder das für den Offlinezugriff freigegeben ist.

Sie können auf diese Weise einzelne Dateien, ganze Ordner oder ein komplettes Netzlaufwerk offline verfügbar machen. Achten Sie aber darauf, dass es sich bei Offlinedateien um Kopien von Dateien aus dem Netzwerk handelt und der Speicherplatzbedarf mit der Anzahl der Offlinedateien zunimmt. Sie sollten daher möglichst nur Dateien offline verwenden, die Sie auch tatsächlich benötigen, nicht gleich alle auf einmal. Bei der ersten Auswahl dieser Option bereitet Windows den Computer vor und nimmt die Dateien und Ordner in den Offlinemodus mit auf.

Vom Server mit der entsprechenden Freigabe aus kann die Nutzung von Offlinedateien über die Freigabe gesteuert werden. Beim Erstellen von Freigaben findet sich die Option *Zwischenspeichern* in den erweiterten Einstellungen der Freigabe. Wenn Sie diese auswählen, können Sie steuern, ob das Zwischenspeichern von Dateien in dem freigegebenen Ordner zugelassen ist. Standardmäßig wird das manuelle Zwischenspeichern von Dateien zugelassen. Das heißt, Freigaben lassen es zu, dass Anwender die Offlinedateien von Clients aus konfigurieren.

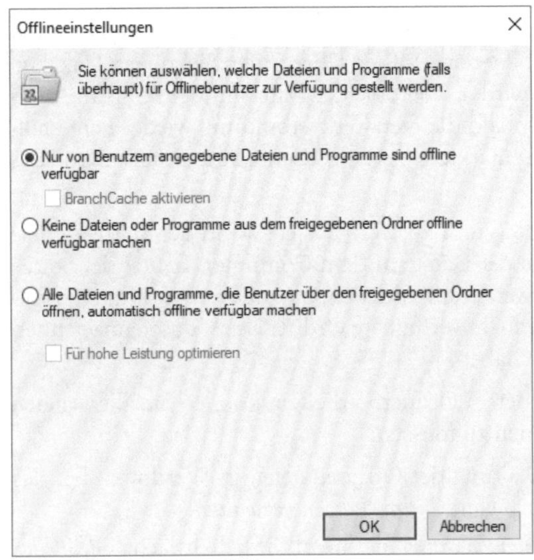

Abb. 20.13 Konfigurieren von Offlinedateien einer Freigabe in Windows Server 2022

Wenn die Option *Keine Dateien oder Programme aus dem freigegebenen Ordner offline verfügbar machen* aktiviert ist, erscheint der Befehl *Immer offline verfügbar* auf dem Client nicht. Es werden drei Varianten für das Zwischenspeichern von Dokumenten unterschieden:

- Mit *Nur von Benutzern angegebene Dateien und Programme sind offline verfügbar* können die Benutzer auswählen, indem sie die entsprechende Option im Kontextmenü der Freigabe oder des Ordners innerhalb der Freigabe verwenden.
- Die Option *Alle Dateien und Programme, die Benutzer über den freigegebenen Ordner öffnen, automatisch offline verfügbar machen* bewirkt, dass alle Dokumente und ausführbaren Dateien in dieser Freigabe lokal zwischengespeichert werden. In diesem Fall muss sich der Benutzer nicht mehr darum kümmern, die Dokumente offline verfügbar zu machen.
- Über das Kontrollkästchen *Für hohe Leistung optimieren* lässt sich festgelegen, dass ausführbare Dateien aus dieser Freigabe auf dem Client verfügbar bleiben, wenn sie einmal genutzt wurden. In diesem Fall sollten die Zugriffsberechtigungen für die Freigabe auf *Lesen* gesetzt sein, um zu verhindern, dass Windows veränderte Programme zurückspeichert.

Sie können die Einstellungen der Synchronisierungseigenschaften von Offlinedateien im Synchronisierungscenter von Windows 10/11 anpassen. Das Synchronisierungscenter finden Sie über das Startmenü oder die Systemsteuerung.

Bei der Synchronisation kann es zu Konflikten kommen. Dies ist immer dann der Fall, wenn eine Datei im Offlinebetrieb verändert wurde und wenn sie vor der Synchronisation auf dem Server ebenfalls verändert wurde. Der Client erkennt dies über einen Vergleich der Speicherungsdaten dieser Dateien und zeigt bei der Synchronisation Meldungen an. Bei einem Konflikt kann entweder die eigene Version der Datei übernommen oder die eigene Datei unter einem anderen Namen abgespeichert werden.

Arbeiten mit Offlinedateien

Als Bestätigung, dass eine Datei oder der Ordner offline verfügbar ist, klicken Sie erneut mit der rechten Maustaste auf die Datei oder den Ordner. Überprüfen Sie, ob ein Häkchen neben *Immer offline verfügbar* angezeigt wird. Eine Kopie der Datei auf der Festplatte wird mit der Netzwerkkopie synchronisiert, sobald die Netzwerkverbindung wieder hergestellt wird. Wenn Sie eine Datei als Offlinedatei markieren, erhält sie ein neues Dateisymbol, das sie als Offlinedatei kennzeichnet.

Den Status der Verbindung sehen Sie unten im Explorer-Fenster. Wenn der Status *Offline* lautet, arbeiten Sie an einer Offlinekopie der Datei auf dem Computer. Lautet der Status *Online*, arbeiten Sie an der Datei im Netzwerk. Außerdem zeigt Windows für offline verfügbare Ordner den grünen Kreis an und für nicht verfügbare Ordner ein X, das kennzeichnet, dass Sie keinen Zugriff auf diese Dateien haben.

Wenn Sie mit Offlinedateien in verschiedenen Ordnern arbeiten, können Sie alle Dateien anzeigen, ohne jeden Ordner einzeln öffnen zu müssen:

1. Öffnen Sie wie beschrieben die Verwaltung der Offlinedateien in Windows über das Synchronisierungscenter und klicken Sie auf *Offlinedateien verwalten*.
2. Klicken Sie im Dialogfeld *Offlinedateien verwalten* dann auf die Schaltfläche *Offlinedateien anzeigen*.

Manchmal empfiehlt es sich, die Offlinedateien sofort zu synchronisieren, beispielsweise dann, wenn die Verbindung zum Netzwerk demnächst getrennt wird und sichergestellt sein muss, dass die neuesten Dateiversionen im Netzwerk gespeichert sind.

Wenn Sie erstmalig Offlinedateien einrichten, wird im Infobereich der Taskleiste neben der Uhr ein neues Symbol integriert, das das Synchronisierungscenter darstellt. Wenn Sie mit der rechten Maustaste auf das Symbol klicken, können Sie auf die wichtigsten Funktionen zugreifen, zum Beispiel *Alle synchronisieren*. Das Symbol befindet sich eventuell bei dem Pfeil links, über den Sie die weniger aktiven Symbole erreichen.

Neben dieser Möglichkeit können Sie die Synchronisierung auch auf anderen Wegen erreichen:

1. Öffnen Sie das Synchronisierungscenter.
2. Klicken Sie auf die Synchronisierungspartnerschaft *Offlinedateien* und dann in der Symbolleiste auf *Synchronisieren*.

Wenn Sie nur den Inhalt eines bestimmten Ordners synchronisieren möchten, öffnen Sie den Ordner im Explorer und klicken mit der rechten Maustaste auf den Ordner oder die Datei. Wählen Sie anschließend *Synchronisieren*. Nachdem Sie Offlinedateien aktiviert und eingerichtet haben, werden diese als eine Synchronisierungspartnerschaft im Synchronisierungscenter angezeigt. Hierüber können Sie auch eventuelle Konflikte erkennen sowie weitere Einstellungen vornehmen. Sie erreichen den Zeitplan, die Konfliktanzeige und die Eigenschaften über das Kontextmenü.

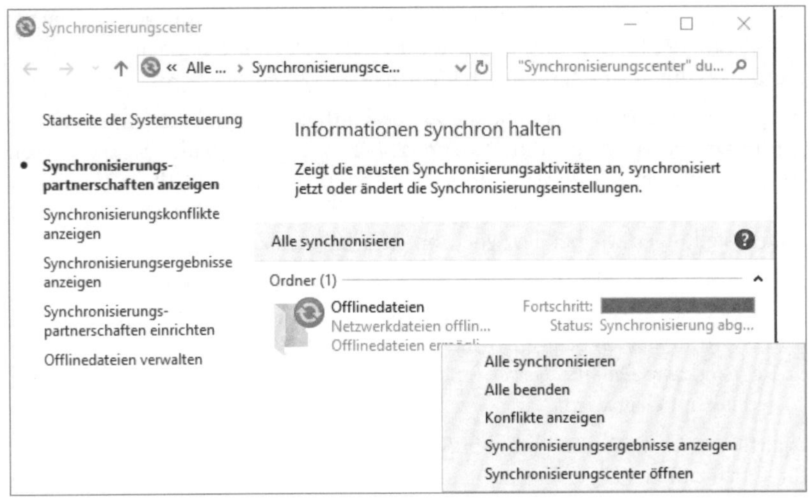

Abb. 20.14 Synchronisieren von Offlinedateien

Zusätzlich können Sie in den Eigenschaften eines offline verfügbaren Ordners auf der Registerkarte *Offlinedateien* seinen aktuellen Stand einsehen. Hier lässt sich auch die Offlineverfügbarkeit des Ordners steuern und die Synchronisierung aktivieren.

Wenn Sie im Synchronisierungscenter die Synchronisierungspartnerschaft der Offlinedateien öffnen, können Sie über die Schaltfläche *Zeitplan* genau einstellen, wann die Offlinedateien synchronisiert werden sollen. Auf der ersten Seite des Assistenten legen Sie zunächst fest, für welche übergeordnete Netzlaufwerke Sie den Zeitplan für die Synchronisierung steuern wollen.

Auf der nächsten Seite bestimmen Sie, ob die Synchronisierung zeitabhängig oder nach einer bestimmten Aktion, zum Beispiel der Anmeldung am PC, erfolgen soll. Wählen Sie zur Synchronisierung die Option *Nach Zeitplan* aus, können Sie auf der nächsten Seite den Zeitpunkt der Synchronisierung definieren. Zusätzlich können Sie hier einstellen, wie oft die Synchronisierung stattfinden und in welchen Abständen sie wiederholt werden soll.

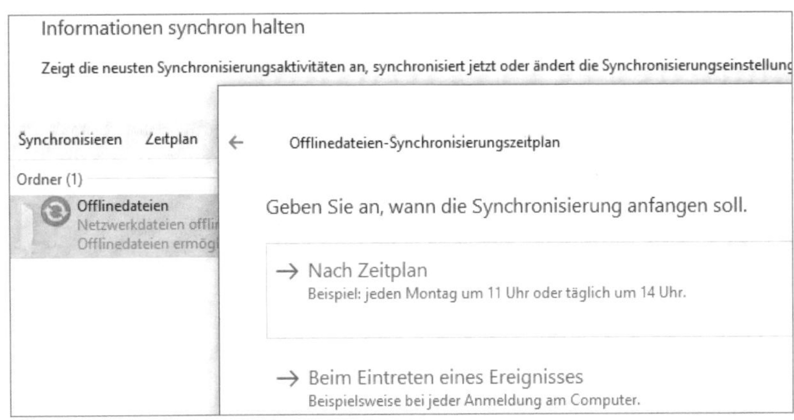

Abb. 20.15 Festlegen des Zeitplans für die Synchronisierung

Über den Assistenten lässt sich detailliert einstellen, wann die Synchronisierung starten soll und wann nicht. Hier können Sie vor allem für Notebooks Einstellungen vornehmen, die eine Synchronisierung verhindern, um die Akkulaufzeit zu erhöhen.

Wollen Sie als Synchronisierungsoption keine Zeiten konfigurieren, sondern spezielle Ereignisse, wie zum Beispiel die Anmeldung oder das Sperren des PC, wählen Sie die Option *Beim Eintreten eines Ereignisses*. Im Anschluss stellt Ihnen Windows 10/11 die Ereignisse zur Verfügung, die eine Synchronisierung auslösen. Über die Schaltfläche erreichen Sie die gleichen Detaileinstellungen wie bei der Synchronisierung nach Zeitplan.

Die Größe und Anzahl der Offlinedateien bestimmen den Umfang des verwendeten Speicherplatzes auf der Festplatte, den die Offlinedateien belegen. Um festzustellen, wie viel Speicherplatz die Offlinedateien belegen, öffnen Sie die Verwaltung der Offlinedateien und wechseln zur Registerkarte *Datenträgerverwendung*. Hier sehen Sie, wie viel Speicherplatz von den Offlinedateien belegt wird.

Über die Schaltfläche *Limits ändern* können Sie den Speicherplatz steuern, der auf dem Notebook für Offlinedateien zur Verfügung steht. Offlinedateien werden nur dann verschlüsselt, wenn Sie dies entsprechend auswählen. Sie können über die Registerkarte *Verschlüsselung* das Verschlüsseln von Offlinedateien aktivieren. Beim Verschlüsseln der Offlinedateien verschlüsseln Sie nur die auf dem Computer gespeicherten Offlinedateien, nicht die Netzwerkversionen der Dateien.

20.5 Storage Quality of Services (QoS) – Richtlinien für Datenspeicher

Mit Storage Quality of Services (QoS) können Sie über Richtlinien zentral für alle Server mit Windows Server 2022 festlegen, welche Leistung für Server-Anwendungen, andere Server, VMs und Anwender zur Verfügung stehen. Über diese Richtlinien lassen sich Scale-Out File Server steuern, aber auch virtuelle Festplatten von virtuellen Windows-Servern. Neben herkömmlichen virtuellen Festplatten können Sie die Richtlinie auch für Shared-VHDX-Festplatten einsetzen, also für virtuelle Cluster innerhalb eines physischen Clusters.

20.5.1 Einstieg in Speicherrichtlinien

Zwar konnten Sie bereits mit Windows Server 2012R2 Speicherrichtlinien festlegen, allerdings war die Konfiguration sehr eingeschränkt und nur auf einen einzelnen Server beschränkt. In Windows Server 2022 spielt die Technik ihre Vorteile vor allem durch die zentrale Verwaltung in der PowerShell und System Center Virtual Machine Manager aus, aber auch durch Möglichkeiten der Zuweisung an Gruppen von VMs, einzelne Hyper-V-Hosts, ganze Cluster oder virtuelle Scale-Out File Server, die sich ebenfalls mit Windows Server 2022 sehr leicht virtualisieren lassen.

Die Verbindung zwischen den Hyper-V-Hosts und dem Scale-Out File Server erfolgt über das SMB3-Protokoll. Microsoft hat in SOFS-Clustern den Policy-Manager integriert. Wenn ein Hyper-V-Host eine VM startet, wird das durch den Policy-Manager überwacht. Der Manager überprüft, ob Richtlinien definiert sind und ob die virtuellen Festplatten der gestarteten VM diese einhalten. Sind Steuerungen notwendig, teilt der Policy-Manager das dem Hyper-V-Host mit, der die entsprechende VM und deren virtuelle Festplatten steuert.

Dateiaktionen, die ein Hyper-V-Host auf einer virtuellen Festplatte vornimmt, werden in einer solchen Umgebung als »Flow« bezeichnet. Nutzt eine VM mehrere virtuelle Festplatten, dann hat jede ihre eigenen »Flows«. Nutzen Sie Shared-VHDX, also eine virtuelle Festplatte für mehrere virtuelle Server, dann hat jeder virtuelle Server seinen eigenen »Flow«. Für Richtlinien spielt auch der Wert »Initiatorname« eine Rolle. Dabei handelt es sich um die VM, die den »Flow« auf ihre virtuelle Festplatte auf dem Dateiserver auslöst. Der Host, auf dem die VM gespeichert ist, wird in diesem Zusammenhang auch als »InitiatorNode-Name« bezeichnet.

Storage-Richtlinien werden in der Cluster-Datenbank gespeichert. Sie bestehen vor allem aus den Werten *PolicyId*, *MinimumIOPS*, *MaximumIOPS*, *ParentPolicy* und *PolicyType* (*Aggregated* oder *Dedicated*). Mit der *PolicyID* wird eine Richtlinie eindeutig im Cluster identifiziert. Die ID ist auch im Hyper-V-Manager zu sehen, genauso wie in SCVMM 2022 oder in der PowerShell.

Richtlinien können den Typ *Aggregated* oder *Dedicated* erhalten. Beim Policy-Typ *Aggregated* werden die Werte *MinimumIOPS*, *MaximumIOPS* und *Bandwidth* zwischen allen Flows geteilt, die einer Richtlinie zugewiesen sind. Alle VHDs, die diese Richtlinie nutzen, teilen sich die zugewiesenen Werte. Mit dem Typ *Dedicated* weisen Sie wiederum die Werte speziell einer einzelnen VHD zu.

Wenn Sie Failover-Cluster in Windows Server 2022 erstellt und CSV aktiviert haben, wird automatisch dem Cluster eine Speicher-QoS-Ressource hinzugefügt. Bevor Sie Speicherrichtlinien konfigurieren, überprüfen Sie also zunächst, ob die Ressource im Failovercluster-Manager angezeigt wird. Sie können sich Informationen dazu auch in der PowerShell ansehen. Dazu verwenden Sie das Cmdlet *Get-ClusterResource -Name "Storage Qos Resource"*. Auf deutschen Servern nutzen Sie dazu die deutsche Bezeichnung, also: *Get-ClusterResource -Name "Speicher-Qos-Ressource"*. Hyper-V unterstützt in Windows Server 2022 Storage QoS bereits bei der Installation.

Mit Windows Server 2022 lassen sich jetzt Netzwerk-weite Richtlinien erstellen sowie deutlich mehr Einstellungen definieren. Das ist interessant für Unternehmen, die iSCSI-Ziele auf Basis von Windows Server 2022 einsetzen oder die neuen Storage Spaces Direct in Windows Server 2022.

Über die Richtlinien können Sie Datendurchsatz und Bandbreite festlegen und steuern. Dadurch lassen sich Anwendungen, die auf Daten zugreifen, priorisieren. Auch wenn die Technik vor allem für Dateiserver interessant ist, lassen sich alle blockbasierten Speicher daran anbinden und auf diese Weise zum Beispiel VMs in einem Hyper-V-Cluster optimieren (siehe Kapitel 9).

Sie können in Windows Server 2022 Richtlinien für Storage QoS auf Basis einzelner virtueller Server, einzelner virtueller Festplatten oder ganzen Gruppen erstellen. Sie können Richtlinien auch für eine Gruppe an virtuellen Festplatten oder virtuellen Servern zuweisen. Virtuelle Festplatten, die Sie mit einer gemeinsamen Richtlinie konfigurieren, aggregieren die Werte für *MinimumIOPS* und *MaximumIOPS*.

Die zugewiesenen Richtlinien können Sie entweder in der PowerShell anzeigen und verwalten oder in kleineren Umgebungen im Hyper-V-Manager. In größeren Umgebungen können Sie dazu den System Center Virtual Machine Manager verwenden.

Wollen Sie ohne Richtlinien arbeiten, können Sie natürlich für einzelne virtuelle Festplatten im Hyper-V-Manager die Option *Verwaltung der Dienstqualität aktivieren* setzen. Dazu rufen Sie den Menüpunkt *Quality of Service* auf.

Im Fenster setzen Sie jetzt den Minimum-Wert und den Maximum-Wert, den eine virtuelle Festplatte erhalten soll. Arbeiten Sie mit Richtlinien, ist dieser Wert ausgegraut. Dafür sehen Sie im Fenster die ID der Speicherrichtlinie und können diese als Administrator natürlich auch entfernen.

Um Speicherrichtlinien zu verwalten, können Sie die Remote Server Administration Tools (RSAT) für Windows 10/11 verwenden. Auf Servern mit Windows Server 2022 müssen Sie für die Verwaltung der Speicherrichtlinien die Verwaltungstools für Hyper-V und Failover-Clustern installieren.

20.5.2 Storage QoS in der PowerShell verwalten

In einem Failover-Cluster (siehe Kapitel 9) wird Storage QoS automatisch als Cluster-Ressource aktiviert. Um sich die Einstellungen von QoS auf einem Server anzusehen, verwenden Sie am besten die PowerShell und den Befehl

Get-ClusterResource -Name "Storage Qos Resource"

Dadurch erhalten Sie Informationen zu den Einstellungen von Storage QoS. Auch die Leistung kann über die PowerShell überwacht werden. Hier stehen die Cmdlets *Get-StorageQosFlow* und *Get-StorageQosVolume* zur Verfügung. Die Befehle sind vor allem dann interessant, wenn Sie die Leistung virtueller Festplatten in Hyper-V überwachen wollen, die Sie mit Storage QoS verwalten. Die Cmdlets zeigen die Werte in Millisekunden an. In diesem Zusammenhang ist das Cmdlet *Get-StorageQosPolicyStore* interessant, das die Einstellung für IOPS Normalization anzeigt.

20.5.3 Neue Richtlinien in der PowerShell erstellen und verwalten

Um neue Richtlinien zu erstellen, verwenden Sie ebenfalls die PowerShell und das Cmdlet *New-StorageQosPolicy*. Auch hier spielen die Werte für *MinimumIOPS* und *MaximumIOPS* eine Rolle. Diese können Sie in der neuen Richtlinie anlegen. Wollen Sie die Richtlinie weiterverwenden, zum Beispiel für das Zuweisen zu einem Server oder der Abfrage von Informationen, dann speichern Sie die Richtlinie mit dem Typ *Dedicated*, also nur für eine einzelne virtuelle Festplatte, in einer Variablen, zum Beispiel mit:

$desktopVmPolicy = New-StorageQosPolicy -Name Desktop -PolicyType Dedicated -MinimumIops 100 -MaximumIops 200

Für das Zuweisen einer Richtlinie benötigen Sie die ID dieser Richtlinie. Haben Sie die Richtlinie in einer Variablen gespeichert, können Sie die ID daraus auslesen:

$desktopVmPolicy.PolicyId

Wollen Sie jetzt die Speicherrichtlinie verwenden, rufen Sie in der PowerShell den Namen der VMs ab, denen die Richtlinie zugewiesen werden soll. Dazu verwenden Sie das Cmdlet *Get-vm*. Die Informationen können Sie an das Cmdlet zum Anzeigen der virtuellen Festplatten weiterleiten. Dazu verwenden Sie wiederum das Cmdlet *Get-VMHardDiskDrive*. Da die PowerShell mehrere Pipes unterstützt, können Sie die abgefragten Festplatten der abgefragten VMs wiederum an das Cmdlet *Set-VMHardDiskDrive* weiterleiten. Durch die Option *-QoSPolicyID* weisen Sie die Richtlinie auf Basis der ID zu. Wir verwenden in diesem Beispiel die virtuellen Server mit der Bezeichnung »Nano« für die Zuweisung der Richtlinie:

Get-VM -Name Nano | Get-VMHardDiskDrive | Set-VMHardDiskDrive -QoSPolicyID 17372765-e725-4226-b52a-51a4c5046611*

Sie sehen die Richtlinien-ID in den Eigenschaften der virtuellen Festplatte im Hyper-V-Manager. Dazu wechseln Sie auf den Menüpunkt *Quality of Service*. Im Fenster können Sie die Richtlinie entfernen. Durch das Zuweisen der Richtlinien werden die manuellen Einstellungsmöglichkeiten der virtuellen Festplatte deaktiviert.

20.5.4 Aggregated Policies nutzen

Wenn Sie sicherstellen wollen, dass ein Pool von virtuellen Festplatten sich die Bandbreite und IOPS teilen, erstellen Sie sogenannte »Aggregated Policies«. Weisen Sie eine solche Richtlinie den virtuellen Festplatten mehrerer VMs zu, wird das *MinimumIOPS* zwischen den virtuellen Festplatten so aufgeteilt, wie die Festplatten die Leistung abrufen. Zusammen übersteigen die VMs außerdem nie den Wert, der als *MaximumIOPS* angegeben wurde. Der Befehl dazu sieht dann zum Beispiel folgendermaßen aus:

New-StorageQosPolicy -Name SqlWorkload -MinimumIops 1000 -MaximumIops 5000 -PolicyType Aggregated

Die Zuweisung der Richtlinie erfolgt auf dem gleichen Weg, wie die Zuweisung einer dedicated Richtlinie. Die Konfiguration einer Richtlinie ist natürlich keine Einbahnstraße. Sie können Richtlinien und deren Werte jederzeit anpassen. Wollen Sie zum Beispiel die *MaximumIOPS* der oben erstellten »Aggregated«-Policy anpassen, verwenden Sie:

Get-StorageQosPolicy -Name SqlWorkload | Set-StorageQosPolicy -MaximumIops 6000

Die Zuweisung der Richtlinie müssen Sie in diesem Fall natürlich nicht wiederholen. Wenn Sie sich die Werte der Richtlinie und der zugewiesenen VMs anzeigen lassen, werden die neuen Werte bei den VMs angezeigt. Das können Sie zum Beispiel mit dem folgenden Cmdlet überprüfen:

Get-StorageQosPolicy -Name SqlWorkload | Get-StorageQosFlow | Format-Table InitiatorName, PolicyId, MaximumIops, MinimumIops, StorageNodeIops -AutoSize

Wollen Sie Richtlinien entfernen, verwenden Sie System Center Virtual Machine Manager oder die PowerShell. Der Befehl dazu lautet in diesem Beispiel:

Get-StorageQosPolicy -Name SqlWorkload | Remove-StorageQosPolicy

Haben Sie eine Richtlinie versehentlich gelöscht, können Sie sie auf Basis ihrer alten ID wiederherstellen. Wollen Sie eine Richtlinie von einer virtuellen Festplatte entfernen, nicht die Richtlinie selbst, dann verwenden Sie:

Get-VM -Name <Name der VM> | Get-VMHardDiskDrive | Set-VMHardDiskDrive -QoSPolicyID $null

Dazu lassen Sie sich zunächst die VMs anzeigen, die als Status für eine Policy den Wert *UnkownPolicyId* haben, zum Beispiel mit:

Get-StorageQosFlow -Status UnknownPolicyId | ft InitiatorName, PolicyId -AutoSize

Danach erstellen Sie auf Basis der alten *PolicyID* eine neue ID, zum Beispiel mit:

New-StorageQosPolicy -PolicyId 7e2f3e73-1ae4-4710-8219-0769a4aba072 -PolicyType Aggregated -Name RestoredPolicy -MinimumIops 100 -MaximumIops 2000

Überprüfen Sie danach, ob der Status wieder als *Ok* angezeigt wird. Wollen Sie in der PowerShell überprüfen, ob und welche Speicherrichtlinien zugewiesen sind, rufen Sie mit *Get-VMHardDiskDrive |fl* die Informationen der virtuellen Festplatten ab. Die ID der Richtlinie ist über den Wert *QoSPolicyID* zu sehen. Verwenden Sie dazu zum Beispiel folgenden Befehl:

Get-VMHardDiskDrive -vmname nano | fl Name, QosPolicyID

Wollen Sie wiederum die Werte der Speicherrichtlinie auslesen, dann verwenden Sie:

Get-StorageQosPolicy |fl

Wichtig ist an dieser Stelle auch der Status der Richtlinie. Zeigt Hyper-V diesen als *Ok* an, dann funktioniert die Richtlinie, und mit den Werten für IOPS ist alles in Ordnung. Reicht die Leistung einer VM nicht aus, so wie in der Richtlinie als *MinimumIOPS* vorgegeben, erhält die Richtlinie den Status *InsufficientThroughput*. Auf Basis dieses Wertes können Sie sich VMs anzeigen lassen, für die nicht genügend Leistung zur Verfügung steht:

Get-StorageQosFlow -Status InsufficientThroughput | fl

Wenn eine Richtlinie nicht korrekt zugewiesen werden kann, erhält sie den Status *UnknownPolicyId*. Solche Richtlinien sollten Sie löschen und neu erstellen.

Die Cmdlets zum Abrufen von Informationen für Speicherrichtlinien können Sie miteinander verbinden. Dadurch können Sie aktuelle Informationen zum Speicherverbrauch anzeigen lassen. Das Cmdlet dazu sieht zum Beispiel folgendermaßen aus:

*Get-StorageQosPolicy -Name Desktop | Get-StorageQosFlow | ft InitiatorName, *IOPS, Status, FilePath -AutoSize*

Sie erhalten dadurch die VMs, die diese Policy nutzen, sowie die Werte der Richtlinie und den Speicherort der virtuellen Festplatte.

20.5.5 Storage QoS im Cluster überwachen

Zusammen mit Storage QoS hat Microsoft in Windows Server Möglichkeiten integriert, den Zustand des kompletten Clusters und aller VMs zu überwachen. Wollen Sie zum Beispiel überprüfen, ob im Cluster VMs positioniert sind, die keine gültigen Richtlinien nutzen, rufen Sie die Informationen mit dem folgenden Cmdlet ab:

Get-StorageSubSystem -FriendlyName Clustered | Debug-StorageSubSystem*

Sie können aber auch den generellen Zustand des Clusters bezüglich des Datenspeichers anzeigen lassen:

*Get-StorageSubSystem -FriendlyName Clustered**

Hier erscheint entweder die Meldung, dass alles Ok ist, oder Sie erhalten eine Warnung, wo Probleme vorliegen, auch bezüglich der Richtlinien.

20.5.6 Speicherrichtlinien in System Center Virtual Machine Manager

Arbeiten Sie mit SCVMM, können Sie auch hier Speicherrichtlinien verwalten. Die Einstellungen dazu finden Sie über *Fabric/Speicher/QoS-Richtlinien*. Alle Richtlinien, die Sie erstellt haben, sind hier zu sehen. Außerdem können Sie an dieser Stelle eigene Richtlinien definieren. Die Richtlinien an dieser Stelle gelten aber nicht für die VMs und die virtuellen Festplatten, sondern für den Speicher, der an SCVMM angebunden ist, um VMs zu speichern.

Beim Erstellen einer neuen Richtlinie können Sie in diesem Bereich die neuen Speicherrichtlinien für Windows Server 2022 festlegen. Hier stehen in der grafischen Oberfläche die gleichen Funktionen zur Verfügung, die Sie in der PowerShell steuern können.

In diesem Zusammenhang lassen sich die Speicherrichtlinien aller virtuellen Festplatten, die auf einer Freigabe eines SOFS-Servers abgelegt sind, verwalten und die Speicherung auf Storage Spaces Direct. Beim Erstellen einer Richtlinie können Sie dazu im Assistenten als Bereich für die Richtlinie einen oder mehreren SOFS auswählen. In den Eigenschaften von VMs können Sie in SCVMM ebenfalls Speicherrichtlinien überprüfen und zuweisen. Sie finden die Einstellungen im Bereich *Erweitert*, unterhalb der virtuellen Festplatten.

20.6 Dateien und Freigaben auf Windows Server 2022 migrieren

Eine wichtige Aufgabe bei der Migration ist die Übernahme der Dateien und der Freigaben auf den neuen Server mit Windows Server 2022. Im folgenden Abschnitt zeigen wir Ihnen verschiedene Wege, wie Sie diese Daten übernehmen können.

20.6.1 Daten mit Robocopy übernehmen

Microsoft empfiehlt die Übernahme der Daten mit Robocopy, das zu den Bordmitteln von Windows Server 2022 gehört. Verwenden Sie zum Beispiel folgenden Befehl:

robocopy \\<Quellserver>\Users \\<Zielserver>\UserShares /E /COPY:DATSOU /R:10 /LOG: C:\migration.txt

Robocopy ist ein Tool für die Eingabeaufforderung, das ähnlich wie Xcopy funktioniert, aber deutlich mehr Möglichkeiten bietet. Das Tool gehört zu den Bordmitteln von Windows.

Der Aufruf von Robocopy sieht folgendermaßen aus:

robocopy <Quelle> <Ziel>< Datei(en)>/< Option>

Platzhalter sind erlaubt. Wenn Sie keine Dateien oder Platzhalter eingeben, verwendet Robocopy standardmäßig *.*, kopiert also alle Dateien. Als Quelle und Ziel kann ein Ordner, ein Laufwerk oder ein UNC-Pfad angegeben sein (*<Server>**<Freigabe>*). Die Optionen werden hinter dem Befehl angehängt. Sie können beliebig viele Optionen miteinander kombinieren.

Option	Funktion
/S	Kopiert Unterordner (außer leere Ordner).
/E	Kopiert Unterordner (auch leere Ordner).
/LEV:n	Kopiert nur bis zu einer Verzeichnistiefe von *n*. Die restlichen Ordner werden nicht kopiert.
/Z	Wenn der Kopiervorgang unterbrochen wird, können Sie mit dieser Option an der Stelle weitermachen, an der abgebrochen wurde. Es können aber nicht alle Dateien kopiert werden.
/B	Dateien werden im Backupmodus kopiert. Es werden also alle Dateien kopiert, auch diejenigen, mit denen die Option */Z* Probleme hat.
/ZB	Es wird zunächst die Option */Z* probiert. Schlägt das bei einer Datei fehl, verwendet Robocopy die Option */B*.
/COPY:copyflags	Kopiert nur die Dateiattribute, die definiert werden. Dazu muss das Dateisystem auf dem Quell- und dem Zielordner im NTFS-Format formatiert sein. *D* – Daten *S* – Sicherheit (NTFS ACLs) *A* – Attribute *O* – Besitzer-Informationen *T* – Zeitstempel *U* – Informationen zur Überwachung Standardmäßig kopiert Robocopy nur mit der Option */COPY:DAT*. Überwachung, Sicherheit und Datenbesitzer werden standardmäßig nicht kopiert.
/COPYALL	Kopiert alles, also wie */COPY:DATSOU* (s.o.).
/NOCOPY	Es wird nichts kopiert (nur sinnvoll für Spiegelung, wenn gelöscht werden soll).
/SEC	Entspricht dem Schalter */COPY:DATS*. Sicherheitsinformationen und ACLs werden kopiert.
/MOV	Löscht nach dem Kopieren die Quelldatei.
/MOVE	Verschiebt Dateien und Ordner.
/PURGE	Löscht Dateien und Ordner im Zielverzeichnis, die auf dem Quellordner nicht mehr vorhanden sind.
/MIR	Spiegelt einen kompletten Ordner. Löscht also auch Dateien im Ziel, die in der Quelle nicht mehr vorhanden sind.
/A+:{R|A|S|H|N|T}	Ändert die Dateiattribute beim Kopieren: *R* – Read only, *S* – System, *N* – Not content indexed, *A* – Archive, *H* – Hidden, *T* – Temporary
/A-:{R|A|S|H|N|T}	Löscht die definierten Attribute beim Kopieren: *R* – Read only, *S* – System, *N* – Not content indexed, *A* – Archive, *H* – Hidden, *T* – Temporary
/CREATE	Erstellt leere Ordner, falls diese in der Quelle ebenfalls vorhanden sind.
/FAT	Ändert die Dateinamen ab, damit sie dem 8.3-Format entsprechen, also maximal acht Zeichen vor und drei nach dem Punkt.
/FFT	Kopiert auf Systeme, die kompatibel zu NTFS sind, aber eigentlich nur das FAT-Dateisystem beherrschen (wird eher selten benötigt).
/MON:n	Zählt die Änderungen von Dateien im Quellordner mit und startet nach *n* Änderungen den Kopiervorgang nach dem Zeitraum, der mit */MOT* (s.u.) definiert wird. Verwenden Sie diese Option, um Robocopy im Hintergrund laufen zu lassen.
/MOT:n	Führt den Kopiervorgang nach *n* Minuten erneut aus. In Kombination mit */MON* möglich.

→

Option	Funktion
/RH:hhmm-hhmm	Definiert, innerhalb welcher Zeit kopiert werden darf. Die Werte sind im 24 Stunden-Format angegeben und müssen im Format 0000 bis 2359 eingegeben werden.
/PF	Die Option ist optimal, wenn ein laufender Kopiervorgang über den mit */RH* definierten Zeitraum hinausgeht. Der Kopiervorgang kann so schneller abgeschlossen werden.
/IPG:n	Mit dieser Option wird nach 64 KB *n* Millisekunden gewartet, bevor weiterkopiert wird. Vor allem für Kopiervorgänge zwischen Niederlassungen kann so Bandbreite eingespart werden.
/IA:{R|A|S|H|C|N|E|T|O}	Kopiert nur Dateien mit den definierten Attributen: *R* – Read only, *A* – Archive, *S* – System, *H* – Hidden, *C* – Compressed, *N* – Not content indexed, *E* – Encrypted, *T* – Temporary, *O* – Offline
/XA:{R|A|S|H|C|N|E|T|O}	Kopiert keine Dateien mit den definierten Attributen: *R* – Read only, *A* – Archive, *S* – System, *H* – Hidden, *C* – Compressed, *N* – Not content indexed, *E* – Encrypted, *T* – Temporary, *O* – Offline
/A	Kopiert nur Dateien, in denen die Eigenschaft *Archiv* gesetzt wurde (kann über die Eigenschaften einer Datei durchgeführt werden).
/M	Wie */A*, allerdings wird das Archivattribut in der Quelldatei zurückgesetzt.
/XF file [file]	Kopiert diese Dateien nicht. Sie können mehrere hintereinander schreiben. Diese Option setzen Sie am Ende des Befehls. Sie können auch mit * als Platzhalter arbeiten.
/XD dir [dir]	Kopiert diese Ordner nicht. Auf diese Weise können Sie Unterordner beim Spiegeln überspringen lassen, indem Sie deren Pfad im Befehl angeben.
/XC	Schließt Dateien aus, die im Quellordner als geändert markiert sind.
/XN	Kopiert keine Dateien, die im Quellordner als neuer deklariert sind.
/XO	Wie */XN*, nur werden Dateien nicht kopiert, die im Quellordner als älter definiert sind.
/MAX:n	Kopiert keine Dateien, die größer als *n* Bytes sind.
/MIN:n	Kopiert keine Dateien, die kleiner als *n* Bytes sind.
/MAXAGE:n	Kopiert keine Dateien, die älter als *n* Tage sind. Sie können *n* auch als Datum in der Form von *YYYYMMDD* angeben.
/MINAGE:n	Kopiert keine Dateien, die neuer sind (Syntax s.o.).
/MAXLAD:n	Kopiert keine Dateien, auf die vor *n* Tagen nicht zugegriffen wurde (Syntax s.o.).
/MINLAD:n	Wie */MAXLAD*, nur nach *n* Tagen, also neuere Dateien
/R:n	Definiert die maximalen Fehler, die beim Kopieren übergangen werden (standardmäßig 1 Mio.).
/W:n	Definiert die Sekunden, die gewartet wird, wenn ein Kopiervorgang nicht erfolgreich war, um es erneut zu versuchen.
/REG	Speichert */R* und */W* in der Registry als Standardwert für weitere Robocopy-Jobs.
/L	Gibt nur eine Liste der Dateien aus, führt aber keinen Kopiervorgang durch. Die Option ist sinnvoll, um einen Kopiervorgang zu simulieren. Sie setzen dazu die Option einfach ans Ende des Befehls.
/TS	Zeigt den Zeitstempel der Quelldateien in der Protokolldatei an.
/FP	Zeigt den vollen Pfadnamen in der Protokolldatei.
/NS	Zeigt nicht die Datei- und Ordnergröße in der Protokolldatei an.
/NFL	Protokolliert keinen Kopiervorgang außer Fehler.
/NP	Zeigt den Fortschritt des Kopiervorgangs bei großen und kleinen Dateien nicht an (%-Angabe).

→

Option	Funktion
/ETA	Zeigt die Dauer der Kopiervorgänge an.
/LOG:file	Speichert das Protokoll in der definierten Datei.
/LOG+:file	Hängt das Protokoll an eine bereits bestehende Protokolldatei an.
/TEE	Zeigt die Vorgänger auch in der Eingabeaufforderung an, nicht nur im Protokoll.
/JOB:job	Liest die Parameter von einer Jobdatei aus.
/SAVE:job	Speichert die Parameter in einer Jobdatei.
/QUIT	Führt nichts aus. Zeigt in Verbindung mit dem *job*-Schalter den Inhalt der Jobdatei an.

Tab. 20.2 Mögliche Optionen von Robocopy

Wenn der Kopiervorgang einer Datei aus irgendwelchen Gründen fehlschlägt, beispielsweise wenn die Datei in Benutzung ist oder Windows hat den Zugriff verweigert, führt Robocopy innerhalb eines definierten Zeitraums einige weitere Versuche durch, um den Kopiervorgang noch erfolgreich abzuschließen. Robocopy wartet standardmäßig 30 Sekunden und macht eine Million Versuche, um den Kopiervorgang durchzuführen. Diese beiden Werte lassen sich mit den Optionen */W* und */R* steuern sowie mit */REG* als Standard in der Registry festlegen. Bei jedem Vorgang verwendet der Kopiervorgang die Optionen */W* und */R*. Sind im Befehlsaufruf die Optionen */R* und */W* nicht gesetzt, verwendet das Tool die Standardwerte.

Wenn Sie Datei- oder Ordnernamen kopieren, die ein Leerzeichen enthalten, geben Sie den Pfad in Anführungszeichen an, zum Beispiel *Robocopy "\fs01\einkauf\lieferanten 2011" \fs01\archiv\einkauf*. Alle Optionen verwendet das Tool von links nach rechts. Nach unserer Erfahrung verwenden die meisten Administratoren die Option */MIR*, weil so schnell und einfach eine Spiegelung eines Ordners angelegt wird. Ein Beispielskript, auch auf Basis der Optionen von Tabelle 20.2, könnte folgendermaßen aussehen:

```
echo on
del C:\Users\thomas\Desktop\backup.log
robocopy "C:\Users\thomas\Documents" "x:\backup\dokumente" /mir /r:5 /log+:C:\Users\thomas\Desktop\backup.log
robocopy "C:\Users\thomas\Pictures" "x:\backup\Pictures" /mir /r:5 /log+:C:\Users\thomas\Desktop\backup.log
robocopy "C:\Users\thomas\Documents" "z:\backup\dokumente" /mir /r:5 /log+:C:\Users\thomas\Desktop\backup.log
robocopy "C:\Users\thomas\Pictures" "z:\backup\Pictures" /mir /r:5 /log+:C:\Users\thomas\Desktop\backup.log
robocopy "C:\Users\thomas\Documents" "u:\backup\dokumente" /mir /r:5 /log+:C:\Users\thomas\Desktop\backup.log
robocopy "C:\Users\thomas\Pictures" "u:\backup\Pictures" /mir /r:5 /log+:C:\Users\thomas\Desktop\backup.log
shutdown /s /t 30
```

Um die Daten in einer Freigabe auf einen anderen Rechner zu spiegeln, schreiben Sie am besten ein Skript mit dem Befehl *robocopy <Quellordner> <Sicherungslaufwerk>:\<Sicherungsordner> /mir*. Mit dem Befehl *robocopy c:\users\thomas\documents y:\backup /mir* kopiert Windows die Ordner und Dateien aus dem *Dokumente*-Ordner auf das Laufwerk *Y:* in den Ordner *backup*. Die Option */mir* kopiert nur geänderte Dateien und löscht Dateien im Zielordner, die im Quellordner nicht mehr vorhanden sind. Das heißt, der erste Kopiervorgang dauert recht lange, da erst alle Dateien kopiert werden müssen. Der zweite geht aber deutlich schneller, da nur geänderte Dateien kopiert werden. Löschen Sie im Quellordner eine Datei, löscht der Kopiervorgang diese auch im Backupordner.

So erhalten Sie immer eine 1:1-Kopie Ihrer wichtigsten Daten. Sie können ohne Weiteres auch mehrere Ordner sichern. Verwenden Sie in diesem Fall einfach mehrmals den Befehl nacheinander in einem Skript.

20.6.2 Nur Freigaben und deren Rechte übernehmen

Wollen Sie keine Daten kopieren, sondern nur die bestehenden Freigaben und Rechte vom Quell- auf den Zielserver übertragen, benötigen Sie die Registry:

1. Öffnen Sie auf dem Server die Registry durch Eingabe von *regedit*.
2. Navigieren Sie zu *HKEY_LOCAL_MACHINE\SYSTEM\CurrentControlSet\services\ LanmanServer\Shares*.
3. Exportieren Sie diesen Schlüssel über das Kontextmenü.
4. Wollen Sie nicht alle Freigaben übernehmen, öffnen Sie die exportierte Datei und löschen Sie die Einträge der Freigaben, die Sie nicht übernehmen wollen.
5. Kopieren Sie die Datei auf den Zielserver und klicken Sie doppelt auf die Datei, um sie auf dem Zielserver zu importieren. Achten Sie aber darauf, dass dieser Import die Einträge der vorhandenen Freigaben auf dem Zielserver überschreibt.
6. Starten Sie anschließend den Server neu.
7. Überprüfen Sie auf dem Server, ob die Freigaben vorhanden sind.

20.6.3 Windows Server Storage Migration Service

Mit dem in Windows Server 2022 integrierten Windows Server Storage Migration Service lassen sich Daten von Freigaben einfacher auf die neue Serverversion migrieren. Der Dienst kann Freigaben und deren Daten migrieren sowie die Benutzerrechte und weitere Einstellungen für die Freigaben. Microsoft beschreibt in einem Blog-Beitrag (*https://techcommunity.microsoft.com/t5/storage-at-Microsoft/introducing-the-Windows-server-storage-migration-service/ba-p/428219*) die Vorgehensweise.

Migration von älteren Windows-Servern und NAS-Systemen

Als Quellserver werden die älteren Windows-Server verwendet, als Zielserver dient Windows Server 2022. Bisher war die Übernahme von Daten und Freigaben auf neue Dateiserver sehr kompliziert. Das will Microsoft ändern. Sollen Daten von einem auf einen anderen Server übertragen werden, kann das über einen Storage Migration Proxy erfolgen. Dieser kann als Serverfeature in Windows Server 2022 installiert werden. Der Dienst selbst wird über »Storage Migration Service« installiert.

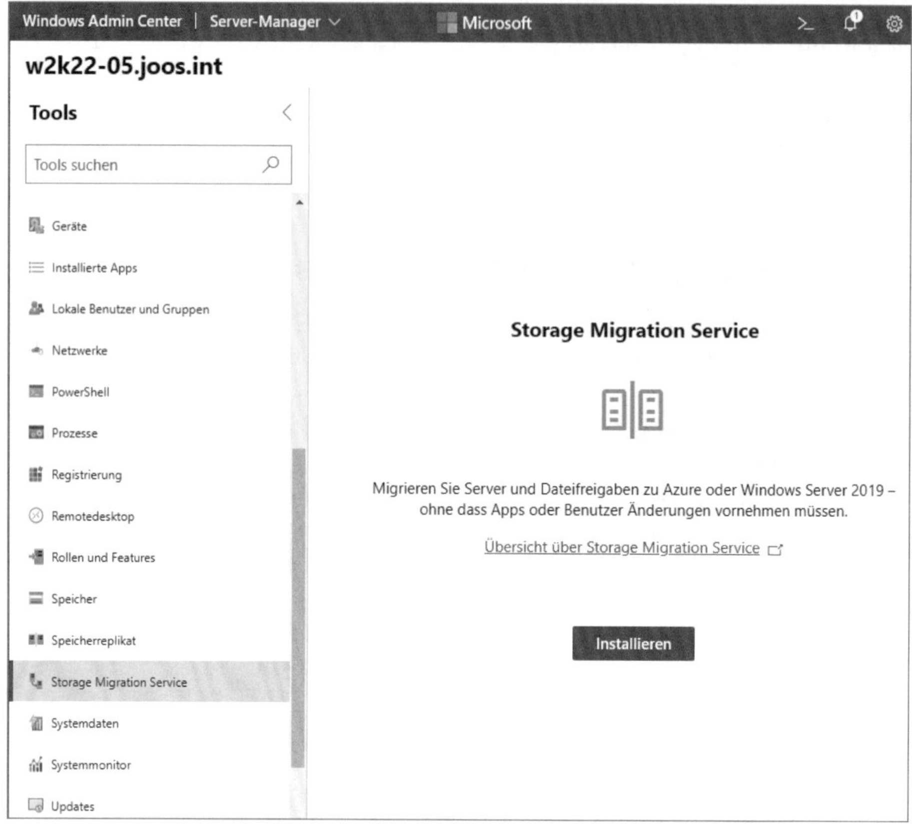

Abb. 20.16 Installieren des Storage Migration Service

Die Übernahme von Daten kann aber nicht nur von älteren Windows-Versionen aus erfolgen. Auch andere Storage-Systeme, wie NAS-Server, lassen sich dazu nutzen, um Daten zu übernehmen. Aktuell unterstützt Windows Storage Migration Service alle Windows-Server ab Windows Server 2003 bis hin zu Windows Server 2022.

Die Verwaltung erfolgt über das neue Windows Admin Center. Wenn auf einem Server der Storage Migration Service installiert ist, zeigt das Windows Admin Center beim Verbinden den Menüpunkt an. Durch einen Klick auf *Storage Migration Service* können Sie die Migration starten.

Die Übernahme kann aber auch mit der PowerShell erfolgen. Dazu wird ein neues PowerShell-Modul mit der Bezeichnung *StorageMigrationService* eingeführt. Die zur Verfügung stehenden Cmdlets werden über den Befehl *get-command -Module StorageMigrationService* angezeigt.

Um die Übernahme durchzuführen, nutzen Sie das Windows Admin Center. Dieses wird kontinuierlich weiterentwickelt und erhält Funktionen, um den Storage Migration Service zu steuern.

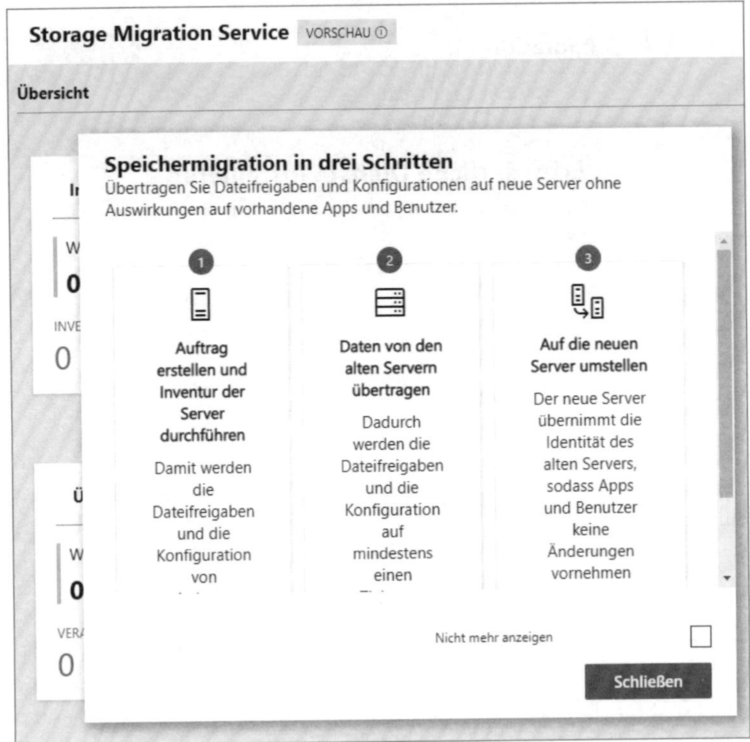

Abb. 20.17 Anzeigen des Storage Migration Service und Verwalten der Migration

So läuft die Migration ab

Um Daten auf Server mit Windows Server 2022 zu migrieren, installieren Sie auf einem Server den Storage Migration Service und den Storage Migration Service Proxy als Serverfeature in Windows Server 2022.

Im Netzwerk können auch mehrere Proxys betrieben werden, die durch einen zentralen Orchestrator-Dienst gesteuert werden. Das beschleunigt die Migrationen. Binden Sie den Server an das Windows Admin Center an, steht der Menüpunkt zur Migration als eigenständiger Bereich im Windows Admin Center zur Verfügung.

Über den Bereich der Storage Migration erstellen Sie anschließend neue Migration-Jobs, ähnlich zum Umzug von Postfächern auf Exchange-Servern. Danach werden die Jobs ausgeführt und die Daten werden übernommen. Die Daten können auch in unstrukturierter Form vorliegen. Storage Migration Service kann Daten zu Freigaben zusammenführen und auch die Berechtigungen steuern.

Zunächst erstellen Sie einen neuen Auftrag und fügen mit *Gerät hinzufügen* die Server und Speichergeräte hinzu, deren Daten Sie zu Windows Server 2022 migrieren wollen.

Abb. 20.18 Hinzufügen von Servern zur Migrationsliste

Sobald die Server angebunden sind, muss eine Inventur der Quellserver stattfinden. Dazu wählen Sie *Überprüfung starten.* Hier wird festgelegt, welche Daten übernommen werden sollen. Tauchen Fehler auf, können Sie über den Link *Ereignisse* überprüfen, wodurch diese verursacht worden sind. Die Inventur dauert natürlich einige Zeit, da der Storage Migration Service alle Freigaben, Daten und Berechtigungen einlesen und verarbeiten muss. Bei diesem Schritt der Migration werden noch keine Daten übernommen, sondern nur die eingebundenen Server eingelesen. Klicken Sie nach der Überprüfung den Server an, erhalten Sie einen Überblick über die Daten, die übernommen werden können.

Danach erfolgt die Übernahme der Daten auf Basis der Einstellungen, die Sie festgelegt haben. Über den Assistenten geben Sie nochmals die Anmeldedaten für die Migration ein und wählen den Zielserver aus, auf den die Daten übernommen werden sollen. Anschließend wird auch der Zielserver gescannt.

Jetzt können die Zielserver die Identität der Quellserver übernehmen. Die Konfiguration wird über einen Assistenten durchgeführt. Mit *Überprüfen* testet der Storage Migration Service das Ziel-Gerät.

Anschließend können Sie die Übertragung mit *Übertragung starten* beginnen.

Dazu konfigurieren Sie auch die Namensauflösung entsprechend.

Bei der Übernahme werden Freigabe und Berechtigungen genauso übernommen wie die Daten in den Freigaben. Der Status ist im Fenster zu sehen. Bei der Übertragung werden die Daten auf dem Quellserver beibehalten. Sie können diese aber auch löschen lassen, was allerdings nicht empfehlenswert ist.

Nach der erfolgreichen Übertragung beginnt der Schritt drei der Migration. Hier werden die letzten Einstellungen über einen Assistenten durchgeführt. Im Rahmen der Umstellung wird zunächst wieder der Quellserver gescannt. Auch lokale Benutzer und Gruppen lassen sich auf neue Dateiserver mit Windows Server 2022 übernehmen. Bei der Übernahme kann der Dienst sogar Dateien migrieren, die derzeit in Verwendung sind.

Der Storage Migration Service kann Dateien und Freigaben übernehmen, für die der Administrator keine Zugriffsrechte hat. Wichtig ist, dass die Daten übernommen werden. Administratoren müssen keine Rechte erhalten, die zu übernehmenden Daten einzusehen.

Bei der Übernahme kann Storage Migration Service alle Datei-Attribute übernehmen. Dazu gehören Verschlüsselung, komprimierte Dateien und benutzerdefinierte Attribute. Auch Netzwerk-Einstellungen und der Name des Servers können übernommen werden.

Der nächste Schritt besteht darin, die Einstellungen für die Migration anzupassen und die Übertragung der Daten zu starten.

Storage Migration Service und die Cloud – Microsoft Azure nutzen

Storage Migration Service kann nicht nur lokale Daten übernehmen, sondern arbeitet auch in hybriden Umgebungen. So lassen sich Daten von verschiedenen Dateiservern, auch von Servern mit Windows Server 2022, zu Microsoft Azure migrieren. Dabei kann als Ziel Azure File Sync genutzt werden, aber auch Azure Files, Freigaben in der Cloud und parallel weitere Server mit Windows Server 2022. Storage Migration Service kann eine Zentrale zwischen verschiedenen Servern in allen Richtungen darstellen.

20.7 Azure File Sync und Azure Files – Lokale Daten mit der Cloud nutzen

Mit Azure File Sync können Unternehmen Daten von Dateiservern mit Microsoft Azure synchronisieren, zum Beispiel für das Einrichten einer Storage Tier-Umgebung. In einer solchen Umgebung werden weniger häufig verwendete Daten in der Cloud zwischengespeichert.

Auch für Desaster-Recovery-Konzepte ist Azure File Sync sinnvoll. Im Rahmen der Synchronisierung kann festgelegt werden, welche Verzeichnisse auf einem Server mit Microsoft Azure synchronisiert werden sollen. Der Dienst synchronisiert nicht alle Verzeichnisse, sondern nur ausgewählte.

Azure File Sync stellt also für Unternehmen und Server ein ähnliches Werkzeug dar, was zum Beispiel mit Dropbox, Google Drive, Microsoft OneDrive und anderen Diensten für Endkunden zur Verfügung steht. Der Dienst ist eine Erweiterung für Dateiserver und kann diese an Microsoft Azure anbinden, um Verzeichnisse und Dateien zu sichern, zu synchronisieren oder mit anderen Rechenzentren auszutauschen.

20.7.1 So funktioniert Azure File Sync

Azure File Sync nutzt den Datenspeicher eines Azure Storage-Kontos. Dieses ist die Basis für die Synchronisierung von Daten. Auf den Servern, die mit Azure File Sync synchronisiert werden sollen, muss der Sync-Agent eingerichtet werden. Am besten lässt sich das über die Azure-PowerShell bewerkstelligen. Dazu wird auf dem Server zunächst das entsprechende Modul in der PowerShell installiert und bei Bedarf aktualisiert:

Install-Module -Name Az -Repository PSGallery -Force

Update-Module -Name Az

Zusätzlich wird für Azure File Sync noch das Azure Resource Manager Module (*https://www.PowerShellgallery.com/packages/AzureRM*) benötigt. Dieses wird mit dem folgenden Befehl installiert:

Install-Module -Name AzureRM

Erscheint ein Fehler bei der Installation, hilft noch die Option *-AllowClobber*. Wenn ein Server mit Microsoft Azure verbunden werden soll, ist die Azure-PowerShell generell immer sinnvoll. Zusätzlich wird ein Speicherkonto in Microsoft Azure benötigt. Innerhalb

Datei- und Druckserver mit Wincows Server

des Kontos kann eine Azure-Dateifreigabe erstellt werden. Diese ist notwendig, um später Dateien zu synchronisieren. Sollen mehrere Dateiserver mit Azure synchronisiert werden, ist es sinnvoll, eine Azure-Freigabe für jeden Server oder jede Synchronisierungsgruppe zu erstellen.

20.7.2 Azure File Sync einrichten

Sind die Azure-Freigaben vorhanden, können Sie den Dienst zur Synchronisierung einrichten. Dazu erstellen Sie im Azure-Portal zunächst mit Azure File Sync eine neue Speichersynchronisierung als Dienst. Danach können Sie auf den Servern den Synchronisierungs-Agent installieren. Die Installation erfolgt als MSI-Datei (*https://www.microsoft.com/en-us/download/details.aspx?id=57159*). Der Agent steht für die Windows Server-Versionen 2012 R2 bis 2022 zur Verfügung. Es gibt für die jeweilige Server-Version jeweils eine eigene Installationsdatei.

Die Steuerung des Agents kann später auch mit der Azure-PowerShell erfolgen. Dazu müssen Sie das entsprechende Modul herunterladen und auf dem Server installieren. Das erfolgt am besten über die Azure-PowerShell mit dem folgenden Befehl:

Install-Module -Name Az.StorageSync -Repository PSGallery -Force

Nach der Installation des Agents wird der Server zunächst bei Microsoft Azure für Azure File Sync registriert. Das entsprechende Programm dazu startet automatisch nach der Installation des Agents. Es lässt sich manuell über das Tool *C:\Program Files\Azure\StorageSyncAgent\ServerRegistration.exe* starten. Für die Registrierung muss eine Anmeldung an Microsoft Azure erfolgen. Außerdem müssen Sie im Rahmen der Synchronisierung die Ressourcengruppe und den Dienst auswählen, der zuvor für Azure File Sync erstellt wurde. Sobald der Server erfolgreich registriert wurde, ist er im Azure-Portal im Bereich der registrierten Server zu sehen. Ab diesem Moment können Sie Daten mit Azure synchronisieren.

Mit Synchronisierungsgruppen werden registrierte Server mit Azure-Dateifreigaben synchronisiert. Es kann sinnvoll sein, für jedes Verzeichnis, das von einem lokal betriebenen Dateiserver synchronisiert werden soll, eine eigene Synchronisierungsgruppe anzulegen. Im Rahmen der Konfiguration der Synchronisierungsgruppe legen Sie fest, welcher Server sich mit welcher Azure-Dateifreigabe synchronisieren soll. Für jede Synchronisierungsgruppe können Sie einen Serverendpunkt hinzufügen. Hier zeigt das Azure-Portal die Server an, die bei Azure File Sync registriert sind.

20.7.3 Azure-Dateifreigaben nutzen

Mit Azure Files können Sie SMB-Freigaben in Microsoft Azure einrichten, die auch in lokalen Rechenzentren als Freigaben eingebunden werden können. Diese Funktion hat Microsoft noch nicht im Windows Admin Center integriert. Für die Freigabe wird kein Server benötigt. Die Daten der Freigabe liegen in einem sicheren Speicherkonto in Microsoft Azure. Der Zugriff ist auch von lokalen Rechenzentren möglich, aber auch aus der Cloud. Die Authentifizierung an den Freigaben kann über Active Directory und natürlich über Azure AD erfolgen.

Im Azure-Dashboard kann jederzeit in das Speicherkonto gewechselt werden. Über die Kachel *Dateifreigaben* unten im Portal können Sie serverlose Dateifreigaben in diesem Speicherkonto erstellen. Durch einen Klick auf die Kachel zeigt das Azure-Portal die Oberfläche zum Erstellen und Anpassen von Dateifreigaben an. Über + *Dateifreigabe* wird eine neue Freigabe erstellt. Die Konfiguration ist sehr einfach.

Beim Erstellen stehen zunächst die Möglichkeiten zur Verfügung, den Namen und das Kontingent festzulegen. Mit *Auf Maximum festlegen* wird für die Dateifreigabe die maximale Anzahl verwendet, die auf Basis der bisherigen Einstellungen des Speicherkontos möglich sind. Um eine Freigabe zum Beispiel in Windows einzubinden, steht folgendes Skript zur Verfügung:

```
$connectTestResult = Test-NetConnection -ComputerName smbfreigaben.file.core.Windows.net -Port 
445
if ($connectTestResult.TcpTestSucceeded) {
    # Speichern Sie das Kennwort, damit das Laufwerk bei einem Neustart erhalten bleibt.
    cmd.exe /C "cmdkey /add:`"smbfreigaben.file.core.Windows.net`" /user:`"Azure\smbfreigaben`" 
/pass:`"Ks8u7q9+wARYHBaD4ZsB5ZkOZzSHs5I/cr678KDzra/wUUbaAr/RiGFYYvXkYn+q/4lgzZKotse2WeEeg-
vl1vw==`""
    # Laufwerk einbinden
    New-PSDrive -Name V -PSProvider FileSystem -Root "\\smbfreigaben.file.core.Win-
dows.net\joossmb" -Persist
} else {
    Write-Error -Message "Unable to reach the Azure storage account via port 445. Check to make 
sure your organization or ISP is not blocking port 445, or use Azure P2S VPN, Azure S2S VPN, or 
Express Route to tunnel SMB traffic over a different port."
}
```

Die Freigabe steht als herkömmliches Netzlaufwerk zur Verfügung. Daher können Anwender problemlos darauf Daten speichern, die dann auch den anderen Anwendern zur Verfügung stehen, die diese Freigabe nutzen.

20.8 Zusammenfassung

In diesem Kapitel haben wir Ihnen gezeigt, wie Sie Windows Server 2022 als Dateiserver betreiben und Freigaben erstellen. Auch die Konfiguration von Zugriffsberechtigungen über Gruppen und im NTFS/ReFS war Thema dieses Kapitels. Schließlich sind wir auf die Verwendung der Offlinedateien näher eingegangen.

Im nächsten Kapitel beschäftigen wir uns ausführlicher mit dem Ressourcen-Manager für Dateiserver und das verteilte Dateisystem, beides Bereiche für Enterprise-Umgebungen.

Kapitel 21

Ressourcen-Manager für Dateiserver und DFS

Mit dem Ressourcen-Manager für Dateiserver organisieren Sie Ihre Dateiserver im Unternehmen. Sie können mit dem Tool Kontingente erstellen, Freigaben auf bestimmte Dateitypen durchsuchen, oder Daten mit Metadaten versorgen. Auch in Zusammenarbeit mit SharePoint bieten die Dienste eine wertvolle Hilfe. Wir zeigen Ihnen in diesem Kapitel, wie Sie die verschiedenen Möglichkeiten des Ressourcen-Managers für Dateiserver nutzen. Wir gehen in diesem Kapitel auch auf das verteilte Dateisystem (Distributed File System, DFS) sowie auf die Anbindung von UNIX-Rechnern mit NFS ein.

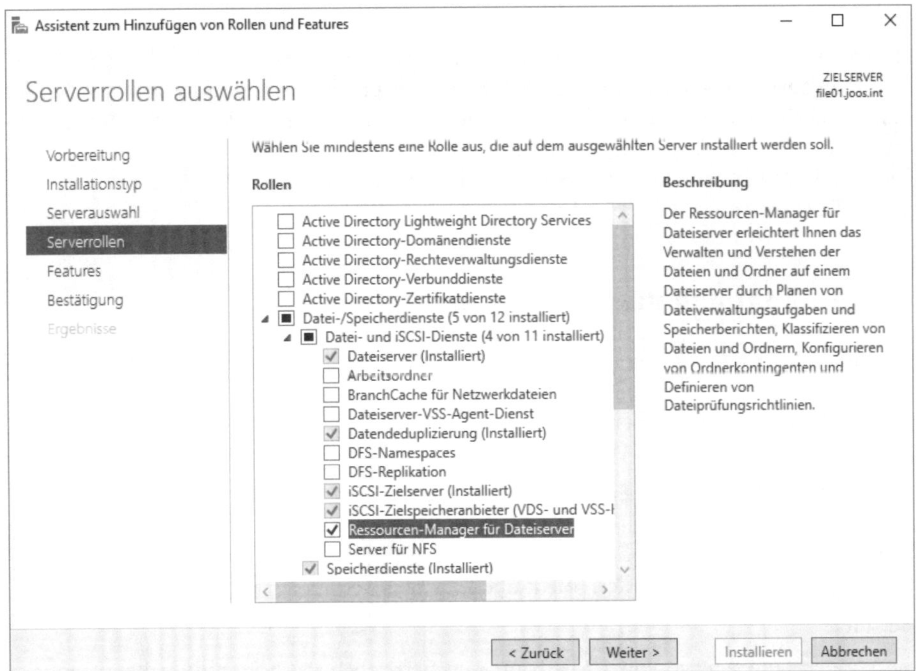

Abb. 21.1 Installieren des Ressourcen-Managers für Dateiserver

Der Ressourcen-Manager für Dateiserver ist standardmäßig nicht installiert. Sie können das Tool über den Server-Manager hinzufügen. Die Optionen dazu finden Sie über *Datei- und iSCSI-Dienste*. Nach der Installation starten Sie das Tool am schnellsten durch Eingabe von *fsrm.msc* im Startmenü.

Nachdem Sie das Programm gestartet haben, können Sie über *Optionen konfigurieren* im Kontextmenü zum Eintrag *Ressourcen-Manager für Dateiserver* detaillierte Benachrichtigungen und Berichte erstellen lassen.

Vor allem die E-Mail-Adressen der Administratoren sollten Sie konfigurieren, damit Sie später die konfigurierten Berichte und Warnungen erhalten. Nachdem Sie die Administratoren eingetragen haben, sollten Sie zunächst mit der Schaltfläche *Test-E-Mail senden* überprüfen, ob die E-Mail beim gewünschten Empfänger ankommt.

21.1 Kontingentverwaltung in Windows Server 2022

Windows 10/11 und Windows Server 2022 bieten, wie die Vorgängerversionen auch, die Möglichkeit, Datenkontingente festzulegen. Administratoren können so steuern, wie viele Daten Anwender speichern dürfen. Der Ressourcen-Manager für Dateiserver (Fileserver Resource Manager, FSRM) erlaubt eine Steuerung dieser Funktion. Mit diesem Tool lassen sich an zentraler Stelle alle Dateiserver eines Unternehmens konfigurieren und Datenträger-Kontingente (Quotas) steuern. Sie können Anwender daran hindern, unerwünschte Dateien auf den Servern abzulegen, zum Beispiel MP3-Dateien oder Bilder. Mit dem FSRM können Sie außerdem detaillierte Berichte und Vorlagen für Quotas erstellen. Die Technik lässt sich zusammen mit Storage Spaces Direct nutzen.

Starten können Sie den Ressourcen-Manager für Dateiserver über die Verwaltungstools des Windows-Servers im Startmenü, dem Server-Manager oder durch Eingabe von *fsrm.msc* im Startmenü. Standardmäßig ist der Rollendienst nicht installiert. Wollen Sie ihn nutzen, müssen Sie ihn zunächst installieren. Dazu wählen Sie *Verwalten/Rollen und Features installieren* und wählen dann über die Serverrollen *Datei- und Speicherdienste/Ressourcen-Manager für Dateiserver* aus.

21.1.1 Kontingentverwaltung mit FSRM

Mit einem Kontingent können Sie festlegen, dass ein Benutzer nur eine bestimmte Menge Daten in einem Laufwerk speichern kann. Sie können mithilfe von FSRM eine E-Mail an Administratoren und den Benutzer senden, damit diese rechtzeitig Daten auf dem Laufwerk löschen können.

Erweitern Sie den Konsoleneintrag *Kontingentverwaltung*, steht Ihnen die Konfiguration von Kontingenten und von Kontingentvorlagen an dieser Stelle zur Verfügung. Sie können hier für einzelne Freigaben oder ganze Datenträger Kontingente festlegen, also Speichergrenzen, die von den Anwendern nicht überschritten werden dürfen.

Beispiele:

Sie können eine Grenze von 200 MB für den persönlichen Ordner eines Benutzers auf einem Server festlegen und bestimmen, dass Sie und der Benutzer benachrichtigt werden, wenn 180 MB Speicherplatz überschritten sind.

Für den gemeinsam verwendeten Ordner einer Gruppe legen Sie ein flexibles Kontingent von 500 MB fest. Erreicht die Gruppe diese Speicherbeschränkung, informiert der Server alle Benutzer in der Gruppe per E-Mail, dass das Speicherkontingent temporär auf 520 MB erweitert wurde.

Sie können festlegen, dass Sie eine Benachrichtigung erhalten, wenn die Größe eines Ordners 2 GB erreicht, ohne jedoch das Kontingent dieses Ordners zu beschränken.

Erstellen von Kontingenten und Kontingentvorlagen

Kontingente erstellen Sie aus einer Vorlage oder individuell für einzelne Ordner. Wenn Sie Kontingente aus Vorlagen erstellen, können Sie sie zentral verwalten, indem Sie statt der einzelnen Kontingente die Vorlagen konfigurieren. Alle Kontingente, die diese Vorlage nutzen, werden dann auf Wunsch automatisch aktualisiert. Bei der Erstellung gehen Sie folgendermaßen vor:

Um ein neues Kontingent zu erstellen, klicken Sie im Knoten *Kontingentverwaltung* mit der rechten Maustaste auf den Eintrag *Kontingente* und wählen im Kontextmenü den Befehl *Kontingent erstellen* aus.

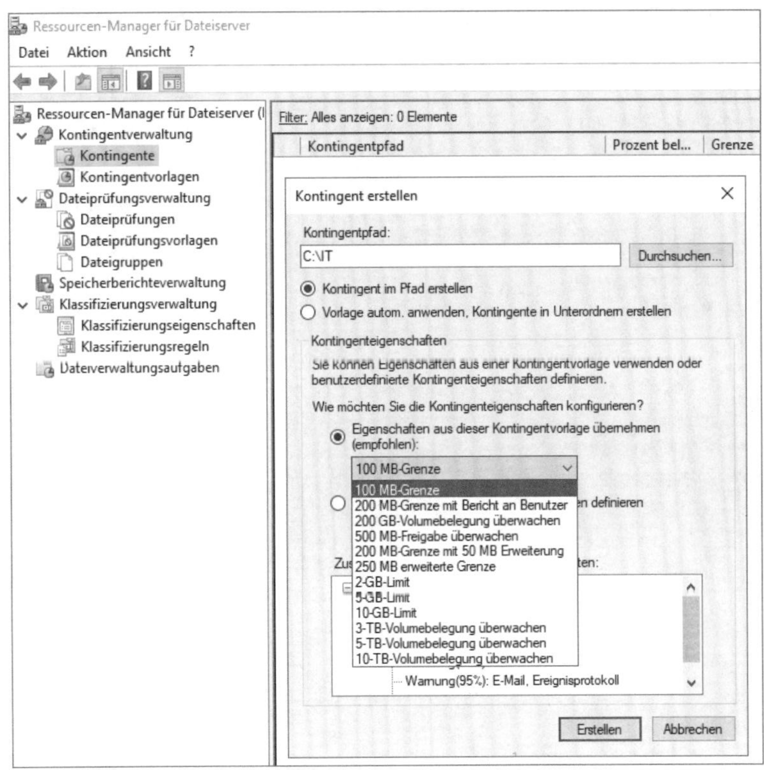

Abb. 21.2 Erstellen eines neuen Kontingents

Wählen Sie unter *Kontingentpfad* den Pfad zu dem Ordner aus, für den das Kontingent gelten soll. Um ein Kontingent basierend auf einer Vorlage zu erstellen, wählen Sie unter *Kontingentvorlagen* die Vorlage aus, auf der das neue Kontingent basieren soll. Mit *Erstellen* wird es auf den Ordner angewendet.

Datei- und Druckserver mit Windows Server

Sie können aber Kontingente auch auf Basis von Vorlagen erstellen lassen. Klicken Sie mit der rechten Maustaste über den Menüpunkt *Kontingentvorlagen* auf die Vorlage und wählen Sie im Kontextmenü den Befehl *Kontingent mithilfe einer Vorlage erstellen.*

Um eine Kontingentvorlage als Basis für das Kontingent zu verwenden, wählen Sie im Dialogfeld *Kontingent erstellen* die Option *Eigenschaften aus dieser Kontingentvorlage übernehmen* und dann über das zugehörige Listenfeld die Vorlage aus. Alle Vorlageneigenschaften werden unter Zusammenfassung der Kontingenteigenschaften angezeigt. Klicken Sie anschließend auf *Erstellen.*

Nach der Erstellung wird das Kontingent im FSRM angezeigt, wenn Sie auf der linken Seite auf den Eintrag *Kontingente* klicken. Wenn Sie ein neues Kontingent erstellen, können Sie bei der Erstellung die Option *Vorlage automatisch anwenden, Kontingente in Unterordnern erstellen* aktivieren. Sobald in dem konfigurierten Ordner ein neuer Unterordner erstellt wird, wendet der Server dieses Kontingent für diesen Unterordner automatisch an.

Schwellenwerte und Grenzwerte verstehen

Sie können einer Vorlage durch Klicken auf die Schaltfläche *Hinzufügen* verschiedene Schwellenwerte und Aktionen, wie die Ereignisprotokollierung oder das Senden von E-Mails zuweisen. Sie können an dieser Stelle den Text der E-Mails konfigurieren, die vorhandenen Vorlagen bearbeiten oder neue Vorlagen erstellen.

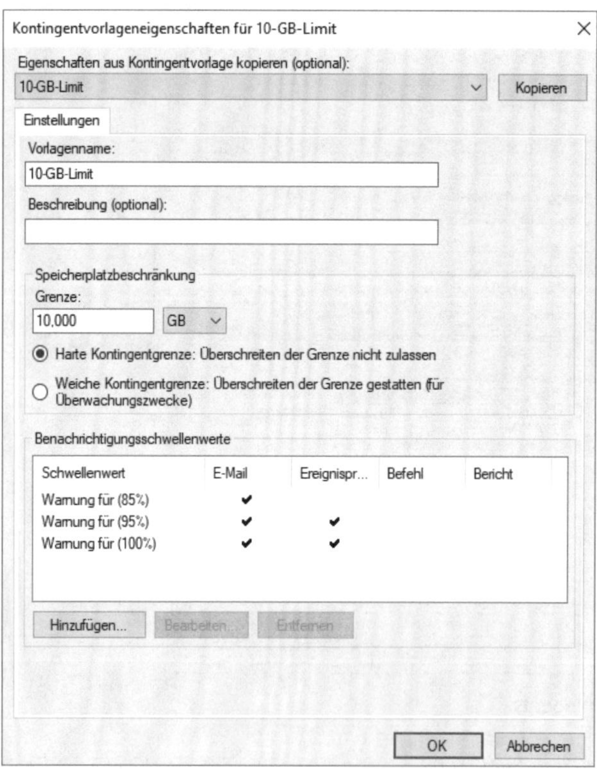

Abb. 21.3 Festlegen der Grenzen für ein Kontingent

Bei der Erstellung von Kontingentvorlagen oder herkömmlichen Kontingenten können Sie harte oder weiche Grenzen festlegen.

Bei harten Grenzen werden beim Überschreiten der Grenze die Schreibrechte des Anwenders aufgehoben, sodass er keine weiteren Dateien mehr in diesem Ordner speichern kann. Bei einer weichen Grenze ist das Speichern weiterhin möglich, es werden aber Benachrichtigungsaktionen ausgelöst. Benachrichtigungsschwellenwerte bestimmen, was passiert, wenn die Kontingentgrenze erreicht wird.

Sie können E-Mail-Benachrichtigungen senden, ein Ereignis protokollieren, einen Befehl oder ein Skript ausführen oder Berichte generieren. Standardmäßig werden keine Benachrichtigungen generiert. Um Benachrichtigungen zu konfigurieren, die bei Erreichen der Kontingentgrenze generiert werden, markieren Sie in der Liste *Benachrichtigungsschwellenwerte* den Schwellenwert und klicken auf *Bearbeiten*. Um E-Mail-Benachrichtigungen zu konfigurieren, legen Sie auf der Registerkarte *E-Mail-Nachricht* die folgenden Optionen fest:

- Aktivieren Sie das Kontrollkästchen *E-Mail an die folgenden Administratoren senden* und geben Sie die E-Mail-Adressen der Administratorkonten ein, die Benachrichtigungen erhalten sollen. Trennen Sie mehrere Konten durch Semikola voneinander. Um den Anwender selbst zu kontaktieren, aktivieren Sie das Kontrollkästchen *E-Mail an den Benutzer versenden, der den Schwellenwert überschritten hat.*
- Der Text in eckigen Klammern fügt Variableninformationen zu dem Kontingentereignis ein, das die Benachrichtigung verursacht hat. Die Variable *[Source Io Owner]* fügt beispielsweise den Namen des Benutzers oder der Anwendung ein, von dem die Datei auf den Datenträger geschrieben wurde. Klicken Sie auf die Schaltfläche *Variable einfügen*, um weitere Variablen in den Text einzufügen.
- Um einen Eintrag im Ereignisprotokoll zu protokollieren, aktivieren Sie auf der Registerkarte *Ereignisprotokoll* das Kontrollkästchen *Warnung an Ereignisprotokoll senden.* Wollen Sie einen Befehl oder ein Skript ausführen, aktivieren Sie auf der Registerkarte *Befehl* das Kontrollkästchen *Diesen Befehl oder dieses Skript ausführen* und geben den Befehl ein.
- Wollen Sie die automatische Generierung von Speicherberichten festlegen, aktivieren Sie auf der Registerkarte *Bericht* das Kontrollkästchen *Berichte generieren* und wählen aus, welche Berichte generiert werden sollen. Nachdem Sie die Benachrichtigungstypen konfiguriert haben, klicken Sie auf *OK*, um den Schwellenwert zu speichern.

Um weitere Benachrichtigungsschwellenwerte zu konfigurieren, klicken Sie im Bereich *Benachrichtigungsschwellenwerte* auf *Hinzufügen*. Geben Sie oben im Dialogfeld *Schwellenwert hinzufügen* den Prozentsatz der Kontingentgrenze ein, bei dem Benachrichtigungen generiert werden sollen. Der Standardschwellenwert für die erste Benachrichtigung liegt bei 85 Prozent.

Anpassen von Kontingentvorlagen

Sie können die Eigenschaften der vorhandenen oder von Ihnen erstellten Kontingentvorlagen jederzeit bearbeiten, wenn Sie auf der entsprechenden Vorlage oder dem Kontingent einen Doppelklick ausführen. Wenn Sie eine Vorlage ändern und die Änderung abspeichern, erscheint ein neues Fenster mit verschiedenen Optionen:

- **Vorlage nur auf abgeleitete Kontingente anwenden** – Mit dieser Option werden alle Kontingente mit den neuen Einstellungen der Vorlage überschrieben, wenn die Kontingente noch den Einstellungen der Originalvorlage entsprechen, also nicht nachträglich verändert wurden.

- **Vorlage auf alle abgeleiteten Kontingente anwenden** – Mit dieser Option werden alle Änderungen der Vorlage auf die Kontingente übertragen, die mit der Vorlage erstellt wurden, unabhängig davon, ob in den einzelnen Kontingenten nach der Erstellung Einstellungen geändert wurden. Wenn Sie auswählen, die Änderungen an allen Kontingenten vorzunehmen, die von der Originalvorlage abgeleitet sind, werden alle von Ihnen erstellten benutzerdefinierten Kontingenteigenschaften überschrieben.
- **Vorlage nicht auf abgeleitete Kontingente anwenden** – Wenn Sie diese Option wählen, werden die Änderungen der Vorlage nicht auf die bereits erstellten Kontingente übertragen, sondern nur auf neue angewendet, die Sie mit der Vorlage erstellen.

Die gleichen Optionen stehen Ihnen zur Verfügung, wenn Sie ein automatisch erstelltes Kontingent bearbeiten.

Entsprechen die Werte *Verwendet* und *Verfügbar* für einige erstellte Kontingente nicht der tatsächlichen Einstellung für *Grenze*, könnte die Ursache ein verschachteltes Kontingent sein. Dabei handelt es sich bei dem Kontingent, das für einen Ordner gilt, um ein restriktiveres Kontingent, das von einem seiner übergeordneten Ordner abgeleitet ist.

Wechseln Sie in diesem Fall im Knoten *Kontingentverwaltung* zu *Kontingente* und wählen Sie dann den Kontingenteintrag mit dem Problem aus. Klicken Sie im Aktionsbereich auf *Kontingente anzeigen, die sich auf Ordner auswirken* und suchen Sie nach Kontingenten, die auf übergeordnete Ordner angewendet sind. So können Sie identifizieren, welche Kontingente restriktive Einstellungen für das ausgewählte Kontingent haben.

21.1.2 Datenträgerkontingente für Laufwerke festlegen

Klicken Sie ein Laufwerk im Explorer von Windows Server 2022 mit der rechten Maustaste an, steht Ihnen die Registerkarte *Kontingent* zur Verfügung. Aktivieren Sie die Kontingentüberwachung, können Sie festlegen, welche Datenmenge die einzelnen Benutzer auf dem Computer speichern dürfen.

Der Unterschied zur Kontingentverwaltung im Ressourcen-Manager ist, dass Sie an dieser Stelle immer nur einen Eintrag für komplette Datenträger erstellen. Sie können weder Ordner mit Kontingenten berücksichtigen noch mehrere Server oder Laufwerke zentral verwalten. Klicken Sie auf die Schaltfläche *Kontingenteinträge*, können Sie festlegen, für welche Anwender Sie besondere Grenzen festlegen wollen. Alle anderen Anwender können die maximale Datenmenge speichern, die Sie auf der Hauptseite des Fensters festlegen.

Sie erreichen aber durch dieses einfache Werkzeug im Explorer die Möglichkeit, die Datenträgerverwendung zu überwachen. Dazu aktivieren Sie die Kontingentüberwachung im Explorer, legen aber keine Grenzwerte fest.

So erhalten Sie auch ohne die Verwendung des Ressourcen-Managers für Dateiserver eine umfangreiche Überwachung der Datenträgernutzung. Über die Schaltfläche *Kontingenteinträge* sehen Sie die einzelnen Benutzer und Gruppen sowie deren Datenträgernutzung. In der Eingabeaufforderung verwenden Sie dazu den Aufruf *fsutil quota query <Laufwerk>*.

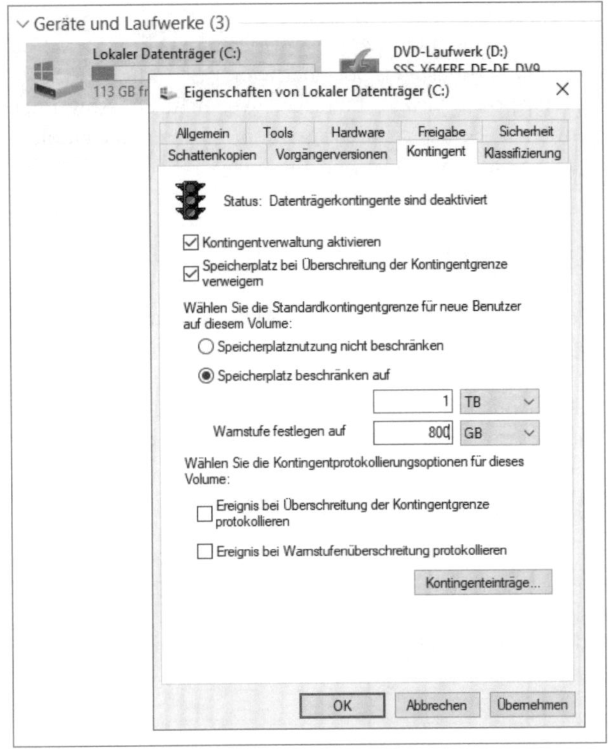

Abb. 21.4 Festlegen von Kontingenteinträgen für ganze Laufwerke

Administratoren sind von der Kontingentüberwachung nicht ausgenommen, allerdings können sie auch bei harten Grenzwerten weiter speichern. Normale Benutzer dürfen beim Erreichen des Grenzwerts nicht mehr speichern.

Datenfestplatten lassen sich in Windows Server 2022 auch mit dem Dateisystem ReFS (Resilient File System, unverwüstliches Dateisystem) formatieren (siehe Kapitel 5). ReFS kann allerdings keine Kontingente verwalten. Das heißt, Sie müssen Datenträger mit NTFS formatieren, wenn Sie Kontingente im Explorer oder über den Ressourcen-Manager erstellen wollen.

21.2 Dateiprüfungsverwaltung nutzen

Über den Konsoleneintrag *Dateiprüfungsverwaltung* im Ressourcen-Manager für Dateiserver können Sie Dateiprüfungen erstellen, um zu steuern, welche Dateitypen von Benutzern gespeichert werden können, und um Benachrichtigungen zu senden, wenn Benutzer versuchen, blockierte Dateien zu speichern.

Sie können zum Beispiel sicherstellen, dass keine Musikdateien, Bilder oder Videos in persönlichen Ordnern auf einem Server gespeichert werden, können jedoch die Speicherung bestimmter Arten von Mediendateien zulassen, die die Rechteverwaltung unterstützen oder den Unternehmensrichtlinien entsprechen.

Speziellen Anwendern im Unternehmen können dagegen besondere Privilegien zum Speichern beliebiger Dateien in seinem persönlichen Ordner gewährt werden. Mit diesem Feature von FSRM können Sie also Ihren Anwendern das Speichern von bestimmten Dateianhängen wie zum Beispiel **.mp3*, **.mpeg* oder **.wmv* untersagen. Versucht ein Anwender, eine solche Datei zu speichern, können Sie Benachrichtigungen konfigurieren, die automatisch verschickt werden.

21.2.1 Erstellen einer Dateiprüfung

Wenn Sie in FSRM den Eintrag *Dateiprüfungen* mit der rechten Maustaste anklicken, können Sie eine neue Dateiprüfung erstellen. Ähnlich wie bei den Kontingenten müssen Sie einen Pfad festlegen, auf dem die Dateiprüfung aktiviert ist. Sie können die Prüfung anhand einer Vorlage anlegen oder eine benutzerdefinierte Prüfung definieren. In beiden Fällen können Sie konfigurieren, dass die Anwender daran gehindert werden, die Dateien zu speichern (aktive Prüfung). Sie können den Anwendern allerdings auch das Speichern erlauben, aber dennoch eine Aktion zur Überwachung konfigurieren (passive Prüfung).

Wenn im geprüften Pfad einer Dateiprüfung bereits Dateien gespeichert sind, die blockiert werden sollen, hindert die Dateiprüfung Anwender nicht am Zugriff. Erst das Speichern nach der aktivierten Dateiprüfung wird verhindert und überwacht.

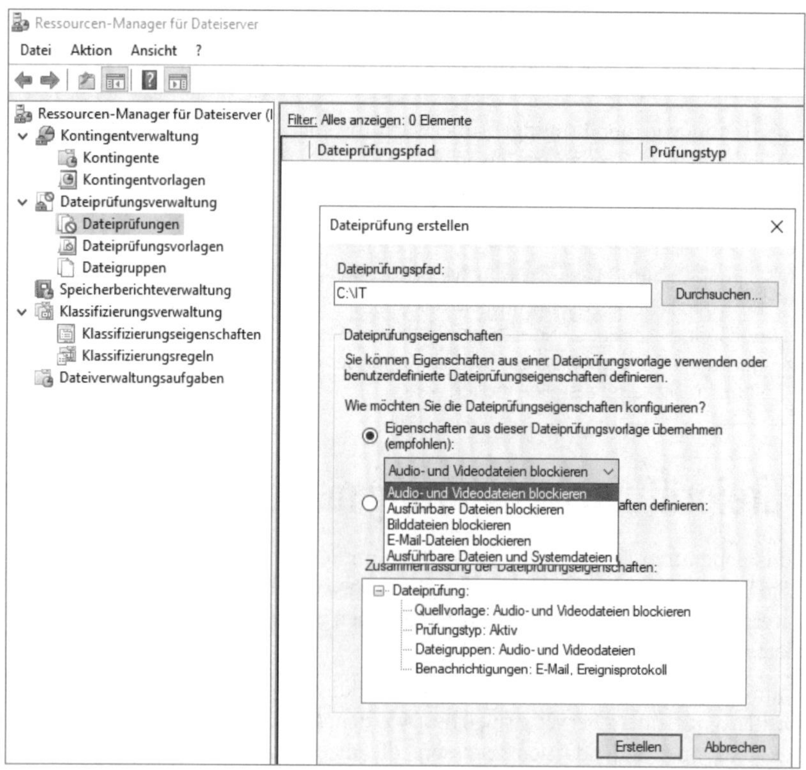

Abb. 21.5 Erstellen einer Dateiprüfung

Wie bei den Kontingenten können Sie für die Dateiprüfungen eigene Vorlagen erstellen oder die bereits erstellten Vorlagen bearbeiten. Sie können die Einstellungen einer bereits erstellten Vorlage in eine neue kopieren und so die Einstellungen einer Vorlage für andere verwenden. Wenn Sie eine Vorlage bearbeiten und speichern, werden Sie (wie bei den Vorlagen für Kontingente) gefragt, ob die Änderungen an die Dateiprüfungen übergeben werden sollen, die mithilfe dieser Vorlage erstellt wurden.

Wählen Sie unter *Wie möchten Sie die Dateiprüfungseigenschaften konfigurieren?* die Option *Benutzerdefinierte Dateiprüfungseigenschaften definieren* aus und klicken Sie dann auf die Schaltfläche *Benutzerdefinierte Eigenschaften*. Möchten Sie Eigenschaften aus einer vorhandenen Vorlage kopieren, wählen Sie die zu verwendende Vorlage aus, und klicken Sie auf *Kopieren*. Wählen Sie unter *Prüfungstyp* den Typ aus, der angewendet werden soll:

- **Aktives Prüfen** – Verhindert, dass Benutzer Dateien speichern, die zu blockierten Dateigruppen gehören, und generiert Benachrichtigungen, wenn sie es versuchen. Wenn ein Benutzer versucht, eine verbotene Datei zu speichern, erhält er eine entsprechende Zugriff-verweigert-Fehlermeldung.
- **Passives Prüfen** – Sendet Benachrichtigungen, hindert Benutzer jedoch nicht daran, blockierte Dateien zu speichern.

Wählen Sie unter *Dateigruppen* die Dateien aus, die einbezogen werden sollen. Um E-Mail-Benachrichtigungen für die Dateiprüfung zu konfigurieren, legen Sie auf der Registerkarte *E-Mail-Nachricht* die Optionen fest, analog zur Erstellung von Kontingenten. Klicken Sie auf *Erstellen*, um die Dateiprüfung zu speichern. Sie werden gefragt, ob Sie eine Dateiprüfungsvorlage auf der Grundlage der Dateiprüfungseigenschaften speichern möchten, die Sie gerade definiert haben. Wenn Sie die aktuellen Einstellungen in anderen Dateiprüfungen verwenden möchten, sollten Sie eine Vorlage speichern. Die Vorlage wird auf die neue Dateiprüfung angewendet.

21.2.2 Dateiprüfungsausnahmen

Um Dateien zuzulassen, die von Dateiprüfungen blockiert werden, erstellen Sie eine *Dateiprüfungsausnahme*. Eine Dateiprüfungsausnahme ist eine besondere Art der Dateiprüfung, die Dateiprüfungen in einem bestimmten Ausnahmepfad außer Kraft setzt.

Das heißt, dass eine Ausnahme für alle Regeln erstellt wird, die von einem übergeordneten Ordner abgeleitet sind. Sie können keine Dateiprüfungsausnahme für einen Ordner erstellen, für den bereits eine Dateiprüfung besteht. Sie müssen die Ausnahme einem Unterordner zuweisen oder Änderungen an der vorhandenen Dateiprüfung vornehmen.

Klicken Sie mit der rechten Maustaste auf *Dateiprüfungen* und rufen Sie im zugehörigen Kontextmenü den Befehl *Dateiprüfungsausnahme erstellen* auf. Wählen Sie unter *Ausnahmepfad* den Pfad aus, für den die Ausnahme gelten soll. Die Ausnahme wird auf den Ordner und alle seine Unterordner angewendet. Um festzulegen, welche Dateien von der Dateiprüfung ausgenommen werden sollen, wählen Sie unter *Dateigruppen* jede Dateigruppe aus, die in der Dateiprüfungsausnahme enthalten sein soll. Ändern Anwender die Endungen der Dateien ab, können diese weiterhin gespeichert werden.

21.2.3 Dateigruppen für die Dateiprüfung

Eine Dateigruppe wird verwendet, um einen Namensraum für eine Dateiprüfung, eine Dateiprüfungsausnahme oder einen Speicherbericht zu definieren. Sie werden in *Einzuschließende Dateien* (Dateien, die zur Gruppe gehören) und *Auszuschließende Dateien* (Dateien, die nicht zur Gruppe gehören) unterschieden.

Standardmäßig werden bereits viele Dateigruppen angelegt, die Sie beliebig bearbeiten können. Um eine neue Dateigruppe zu erstellen, klicken Sie in der Konsolenstruktur von FSRM mit der rechten Maustaste auf *Dateigruppen* und wählen im zugehörigen Kontextmenü den Eintrag *Dateigruppe erstellen* aus. Bei Eingabe von **.exe* werden zum Beispiel alle ausführbaren Dateien ausgewählt.

21.3 Speicherberichteverwaltung in FSRM

Sie können mit dem Ressourcen-Manager für Dateiserver auch Berichte erstellen, die die Nutzung der Freigaben und Ordner visualisieren. Dazu nutzen Sie den Eintrag *Speicherberichteverwaltung* in der Konsolenstruktur von FSRM.

Wenn Sie diesen mit der rechten Maustaste anklicken, stehen Ihnen verschiedene Optionen zum Erstellen der Berichte zur Verfügung. Sie können einen Zeitplan erstellen, nach dem ein Bericht regelmäßig erstellt werden soll, oder einen manuellen Bericht anfertigen. Dazu stehen Ihnen verschiedene Berichtsdaten und Formate zur Verfügung.

Ein Bericht kann zum Beispiel alle doppelt vorhandenen Dateien auf einem Laufwerk oder auf einem Server identifizieren. So lässt sich Speicherplatz schnell freigeben, ohne dass Daten verloren gehen. Sie können einen Bericht für Dateien nach Dateigruppe ausführen, um zu identifizieren, wie Speicherressourcen zwischen verschiedenen Dateigruppen aufgeteilt sind. Oder Sie erstellen einen Bericht für Dateien nach Besitzer, um zu analysieren, wie einzelne Benutzer die gemeinsamen Speicherressourcen verwenden.

Jeder Bericht kann ein eigenes Format haben. Sie können zum Beispiel regelmäßige HTML- und Abteilungsberichte erstellen, die den Abteilungsleitern einen Überblick über den aktuellen Speicherbedarf der Dateien geben. Durch die Speicherberichte können Sie sich bequem per E-Mail regelmäßig einen Überblick über den aktuellen Stand Ihrer Dateiserver verschaffen. Die Vorgehensweise bei der Erstellung der Berichte ist sehr simpel. Auf der Registerkarte *Zustellung* können Sie eine E-Mail-Adresse festlegen, zu der die einzelnen Berichte gesendet werden.

Wollen Sie einen Speicherbericht erstellen, gehen Sie folgendermaßen vor:

1. Klicken Sie mit der rechten Maustaste auf *Speicherberichteverwaltung* und dann auf *Neue Berichtaufgabe planen*.
2. Klicken Sie im daraufhin geöffneten Dialogfeld auf der Registerkarte *Bereich* auf die Schaltfläche *Hinzufügen*.
3. Wählen Sie die Volumes und/oder Ordner aus, für die Berichte generiert werden sollen, und klicken Sie auf *OK*.
4. Wählen Sie im Abschnitt *Berichtsdaten* auf der Registerkarte *Einstellungen* per Klick auf das jeweilige Kontrollkästchen die Berichte aus, die Sie generieren möchten.
5. Möchten Sie die Einstellungen eines Berichts anpassen, markieren Sie diesen und klicken auf die Schaltfläche *Parameter bearbeiten*.

6. Bearbeiten Sie die Parameter nach Bedarf und bestätigen Sie mit *OK*.
7. Möchten Sie Administratoren per E-Mail Kopien der Berichte zustellen, aktivieren Sie auf der Registerkarte *Zustellung* das Kontrollkästchen *Bericht an die folgenden Administratoren senden* und geben die E-Mail-Konten ein.
8. Um die Berichte zu planen, klicken Sie auf der Registerkarte *Zeitplan* auf die Schaltfläche *Zeitplan erstellen*. Klicken Sie dann im Dialogfeld *Zeitplan* auf *Neu*. Der Standardzeitplan ist auf täglich 9:00 Uhr festgelegt und beginnt am nächsten Tag. Sie können tägliche, wöchentliche oder monatliche Berichte planen oder die Berichte nur einmalig generieren.
9. Um die Berichtaufgabe zu speichern, klicken Sie auf *OK*. Die Berichtaufgabe wird anschließend angezeigt.

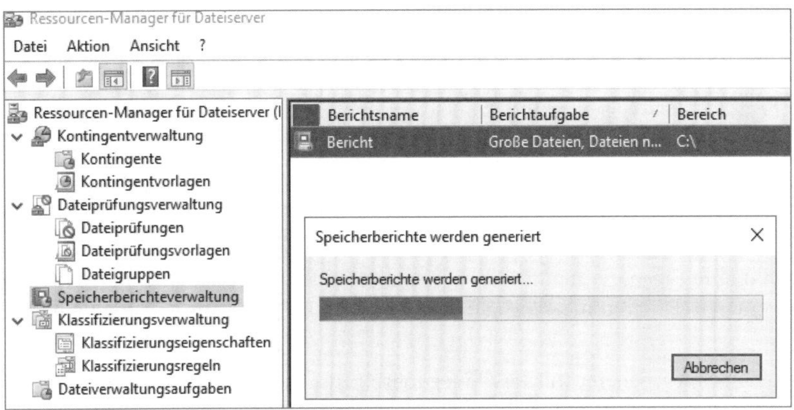

Abb. 21.6 Verwenden der Speicherberichteverwaltung

21.4 Dateiklassifizierungsdienste einsetzen

Die Dateiklassifizierungsdienste (File Classification Infrastructure, FCI) im Ressourcen-Manager für Dateiserver stellen eine interessante Funktion für Dateiserver dar, um zum Beispiel Daten zu SharePoint zu migrieren. Die Dienste können bestehende Dokumente untersuchen, Inhalte feststellen und entsprechende Richtlinien anwenden.

Dazu können Sie Dokumenten zusätzliche Eigenschaften zuweisen, wie in SharePoint. Die Eigenschaften liegen direkt im Dokument, nicht im NTFS-Dateisystem. Die Dateiklassifizierungsdienste gehören zum Rollendienst *Ressourcen-Manager für Dateiserver*. Sie verwalten daher diese Funktion auch über die Verwaltungskonsole des Ressourcen-Managers für Dateiserver (FSRM). Über den Menüpunkt *Klassifizierungsverwaltung* verwalten Sie die Dateiklassifizierung.

Die Dateiklassifizierung funktioniert auch in Failoverclustern und bei eingescannten Dokumenten, die per optischer Zeichenerkennung (Optical Character Recognition, OCR) bearbeitet sind.

21.4.1 Klassifizierungseigenschaften und Klassifizierungsregeln verstehen und einsetzen

Die Eigenschaften verhalten sich ähnlich zu den Eigenschaften von Dateien in SharePoint. Eigenschaften, die Sie an dieser Stelle für Dokumente festlegen, werden nicht im NTFS, sondern in der Datei direkt gespeichert.

Klicken Sie mit der rechten Maustaste auf *Klassifizierungseigenschaften*, können Sie mit *Nur für* festlegen, welche neuen Kriterien Dateien zugeordnet werden sollen. So lässt sich zum Beispiel festlegen, ob ein Dokument zu einem Projekt gehört, private Daten enthält, nur für den internen Gebrauch oder für bestimmte Personen nutzbar sein soll:

1. Im neuen Fenster geben Sie zunächst den Namen der neuen Eigenschaft an, zum Beispiel *Nur für internen Gebrauch*.
2. Geben Sie anschließend eine Beschreibung der Eigenschaft an, falls diese nicht aus dem Namen ersichtlich ist.
3. Über *Eigenschaftentyp* stehen Ihnen verschiedene Möglichkeiten zur Verfügung, die Eigenschaft festzulegen. Neben Ja/Nein können Sie eine Multiple-Choice-Liste erstellen, eine Nummer angeben oder eine Uhrzeit hinterlegen.
4. Im unteren Bereich bearbeiten Sie schließlich die Eingaben genauer, die als Klassifizierung zur Auswahl stehen.

Sie können mehre Eigenschaften festlegen und diese auch nachträglich ändern. Die Eigenschaften werden in FSRM unter *Klassifizierungsverwaltung/Klassifizierungseigenschaften* angezeigt.

Das Anlegen und Bearbeiten von Klassifizierungseigenschaften ändert aber noch keine Dokumente ab, sondern bietet nur die Verwendung der jeweiligen Eigenschaften an. Damit diese auch mit Dokumenten verknüpft werden, müssen Sie Klassifizierungsregeln erstellen, über das Kontextmenü von *Klassifizierungsregeln*.

Erstellen Sie eine neue Regel, legen Sie zunächst den Namen der Regel fest und bestimmen auf der Registerkarte *Bereich*, welche Ordner im Dateisystem die Regel berücksichtigen soll. Auf der Registerkarte *Klassifizierung* legen Sie fest, dass Sie Dateien mit der Ordnerklassifizierung ändern möchten, und wählen die erstellte Klassifizierungseigenschaft und den Wert aus, den der Server den Dateien zuordnen soll. Anschließend stempelt die Regel alle Dateien in den entsprechenden Ordnern automatisch mit den hinterlegten Klassifizierungseigenschaften.

Über den Befehl *Klassifizierungszeitplan konfigurieren* im Kontextmenü der *Klassifizierungsregeln* können Sie festlegen, wann Klassifizierungsregeln starten sollen, ob Sie einen Bericht erhalten möchten (wenn ja, in welchem Format) und zahlreiche weitere Einstellungen.

Klassifizierungsregeln werden durch Klassifizierungszeitpläne gesteuert. Speichern Anwender neue Dokumente in den entsprechenden Ordnern, stempelt der Server automatisch die Dateien mit den entsprechenden Metadaten. Die Klassifizierungsregeln verwenden dann wiederum die Klassifizierungseigenschaften. Sie können die Regeln an dieser Stelle sofort ausführen lassen. Auf der Registerkarte *Klassifizierung* in den Eigenschaften einer Regel legen Sie bei *Klassifizierungsmethode* fest, ob Sie die Klassifizierung auf Basis des Ordners, in dem das Dokument gespeichert ist, durchführen wollen oder auf Basis des Inhalts. Bei *Eigenschaft* wählen Sie die Klassifizierungseigenschaft aus, die Sie für die Regel und den hinterlegten Bereich untersucht und festgelegt haben wollen.

Auf der Registerkarte *Klassifizierung* können Sie über *Parameter* erweiterte Eigenschaften festlegen, die auf .NET Framework basieren. Sie müssen die zusätzlichen Klassifizierungsparameter aber nicht verwenden. Der Einsatz ist nur sinnvoll, wenn Sie sich mit den programmtiertechnischen Hintergründen von .NET auskennen. Der Hintergrund an dieser Stelle sind die .NET Regular Expressions. An dieser Stelle können Sie den Inhalt des Dokuments entsprechend nach bestimmten Inhalten und Textstellen durchsuchen.

Sie können mehrere Regeln erstellen und komplexere Regeln anwenden. Auch das Zuteilen von einzelnen Eigenschaften zu Dateien ist möglich. Haben Sie den Suchlauf gestartet, sehen Sie in den Eigenschaften der Dateien auf der Registerkarte *Klassifizierung* die zugeordneten Eigenschaften.

21.4.2 Dateiverwaltungsaufgaben bei der Dateiklassifizierung einsetzen

Nachdem Sie Klassifizierungsregeln erstellt haben, die zum festgelegten Zeitpunkt die Dateiklassifizierungseigenschaften auf bestimmte Dateien anwenden, können Sie über Dateiverwaltungsaufgaben festlegen, was der Server mit den gefundenen Dateien machen soll. Diese Aufgaben spielen allerdings für das Zusammenspiel mit SharePoint eine untergeordnete Rolle. Über das Kontextmenü von Dateiklassifizierungsaufgaben legen Sie eine neue Aufgabe an. Auf verschiedenen Registerkarten steuern Sie wieder den Ablauf:

1. Auf der Registerkarte *Allgemein* legen Sie den Namen sowie den Bereich fest, auf den die Aufgabe angewendet werden soll.
2. Auf der Registerkarte *Bereich* legen Sie den Ordner oder das Laufwerk fest, den beziehungsweise das Sie mit der Aufgabe verwalten wollen.
3. Auf der Registerkarte *Aktion* legen Sie schließlich fest, was die Aufgabe durchführen soll. Sie können zum Beispiel abgelaufene Dateien, also Dateien, die schon lange nicht mehr im Einsatz sind, archivieren oder löschen. Oder Sie können benutzerdefinierte Skripts hinterlegen, zum Beispiel bestimmte Rechte setzen oder Dateien in andere Ordner verschieben.
4. Auf der Registerkarte *Bedingung* legen Sie fest, auf welche Dateien die Aktion der Registerkarte *Aktion* angewendet werden soll. Zusätzlich legen Sie auf der Registerkarte *Bedingung* noch die Tage fest, nach deren Grenzwerte die Aktion auf der Registerkarte *Aktion* durchgeführt werden soll, zum Beispiel wenn Sie die Archivierung nach der Aktion *Dateiablauf* festlegen wollen.
5. Auf der Registerkarte *Zeitplan* legen Sie fest, wann die Aufgabe starten soll. Über das Kontextmenü können Sie eine Aufgabe auch sofort starten.

Haben Sie Dokumente auf dem Dateisystem mit Metadaten versorgt, können Sie über die *Inhaltsorganisation* Regeln festlegen, die die Dokumente auf Basis dieser Metadaten in speziellen Ordnern speichert. Dazu müssen Sie lediglich zusätzliche Regeln für den Inhalt erstellen und diese an die Metadaten der Klassifizierungsverwaltung anbinden.

21.5 So schützen Unternehmen ihre Dateiserver vor Ransomware

Ransomware, also Viren, die den Rechner sperren und Daten verschlüsseln, sind eine starke Plage auf PCs. Diese Angreifer können aber auch Dateiserver befallen und sich dadurch im Netzwerk ausbreiten. Auch wenn ein Virenschutz auf den Arbeitsstationen und Servern installiert ist, besteht die Gefahr eines Ransomware-Befalls auf dem Dateiserver. Mit etwas Nacharbeit lässt sich das aber verhindern, auch mit dem Ressourcen-Manager für Dateiserver.

Die Gefahr im Netzwerk, einen Erpressungs-Trojaner einzufangen, ist derzeit groß. Vor allem, wenn auch mobile Anwender oder Anwender mit Heimarbeitsplätzen auf den Server zugreifen, kann es passieren, dass Ransomware auf den Server gelangt. Es reicht schon, wenn der Virenscanner keine aktuellen Definitionsdateien nutzen kann. Dazu kommt, dass Erpressungs-Trojaner alle Dateien verschlüsseln, auch die Dateien auf Netzlaufwerken. In diesem Fall schützt der lokale Virenscanner auf dem Dateiserver nicht, da die Verschlüsselung der Dateien nicht automatisch ein Virenangriff sein muss. Viele Erpressungs-Trojaner verbreiten sich über Word-Dokumente.

21.5.1 Allgemeine-Tipps für den Schutz vor Ransomware

Unabhängig von Tools und Serverdiensten sollten sich Administratoren umfassende Gedanken zum Schutz gegen Ransomware machen. Folgende generelle Vorgehensweisen sollten Sie ergreifen, um den Schutz zu erhöhen:

- Die Schreibberechtigungen auf Dateiservern sollten auf das Minimum reduziert werden.
- Eingehende E-Mails sollten besonders sorgfältig auf Archive und Word-Dokumente gescannt werden.
- Die Abstände der Datensicherungen und deren Aufbewahrungszeit sollten optimiert werden, also häufigere Datensicherungen, die länger aufbewahrt werden.
- Die Anwender sollten über Ransomware aufgeklärt werden, und wie sie sich selbst schützen können.
- Die Abstände für Aktualisierungen der Definitionsdateien für Virenscanner auf Servern und Arbeitsstationen sollten verringert werden.

21.5.2 Generelle Vorgehensweise beim Befall gegen Ransomware

Sobald ein Rechner mit Ransomware befallen ist, sollten Sie folgende Vorgehensweise wählen:

1. Trennen Sie den Rechner sofort vom Netzwerk.
2. Schalten Sie den Rechner aus.
3. Sichern Sie die komplette Festplatte des Rechners auf einen externen Datenträger, zum Beispiel mit einer Image-Sicherung. Im nächsten Abschnitt sind die Tools dazu zu finden.
4. Blockiert Sie die Ransomware komplett, können Sie mit dem kostenlosen Tool Kaspersky Windows Unlocker (*http://support.kaspersky.com/viruses/disinfection/8005#block1*) zumindest den generellen Zugriff auf den Rechner freischalten.

5. Versuchen Sie, den Rechner mit einem herkömmlichen Virenscanner zu bereinigen. Hier stellen viele Antiviren-Hersteller kostenlose Live-CDs zur Verfügung, die häufig solche Angreifer entfernen können. Im nächsten Abschnitt finden Sie eine Liste der wichtigsten Antiviren-Scanner dafür.
6. Starten Sie den Rechner in den abgesicherten Modus.
7. Versuchen Sie, ob Sie den letzten Wiederherstellungspunkt aktivieren können und dadurch die Verunreinigung entfernt werden kann.

21.5.3 Schattenkopien helfen bei Windows-Servern

Arbeiten Unternehmen mit Schattenkopien (siehe Kapitel 5), lassen sich verschlüsselte Dateien über die Schattenkopien des Servers wiederherstellen. Unternehmen, die diese Funktion noch nicht nutzen, sollten diese für Windows-Dateiserver aktivieren. Erpressungs-Trojaner verschlüsseln zwar die aktiven Dateien, aber nicht die Schattenkopien.

Schattenkopien werden in den Eigenschaften von Datenträgern auf dem Dateiserver auf der Registerkarte *Schattenkopien* konfiguriert. Bei der Nutzung von Schattenkopien muss berücksichtigt werden, dass dafür einiges an Speicherplatz erforderlich ist, da alle Änderungen gespeichert werden.

Werden zusätzliche Datenträger eingebaut, müssen Administratoren die Schattenkopien zunächst manuell konfigurieren. Bei den Eigenschaften der Schattenkopien kann ein Limit für den maximal dadurch belegten Platz auf dem Datenträger definiert werden. Darüber hinaus lässt sich ein Zeitplan für die Erstellung von Schattenkopien erstellen. Sie können Schattenkopien auch jederzeit manuell über die Schaltfläche *Jetzt erstellen* erzeugen. Der hauptsächliche Nutzen der Schattenkopien liegt darin, dass versehentlich gelöschte oder veränderte Dateien sehr schnell wiederhergestellt werden können. Das ist bei Ransomware zumindest ein grundlegender Schutz.

21.5.4 Ressourcen-Manager für Dateiserver gegen Ransomware nutzen

In Windows Server 2022 haben Sie die Möglichkeit, mit dem Ressourcen-Manager für Dateiserver den Zugriff von Anwendern auf die Dateien etwas mehr unter Kontrolle zu behalten. Diese zusätzliche Serverrolle wird über den Server-Manager installiert. Wenn das Verwaltungsprogramm gestartet ist, können über *Optionen konfigurieren* im Kontextmenü zum Eintrag *Ressourcen-Manager für Dateiserver* zunächst allgemeine Einstellungen angepasst werden. Hier konfigurieren Sie Benachrichtigungen und Berichte zur Nutzung des Servers.

Die E-Mail-Adressen der Empfänger werden in den Optionen festgelegt, damit Administratoren später die konfigurierten Berichte und Warnungen bei Ransomware-Befall per E-Mail erhalten. Nachdem die Administratoren eingetragen sind, sollte mit *Test-E-Mail senden* überprüft werden, ob die E-Mail ankommt.

Der Ressourcen-Manager für Dateiserver ist kein Virenscanner. Er kann also nicht aktiv nach Angreifern suchen. Es besteht aber die Möglichkeit, ihm mitzuteilen, mit welchen Dateiendungen die Angreifer normalerweise auf den Server gelangen. Diese Dateigruppen lassen sich mit dem Ressourcen-Manager sperren. Die Dateigruppen werden entweder über die grafische Oberfläche angelegt oder mit dem PowerShell-Cmdlet *New-FsrmFileGroup*.

Die Vorgehensweise dazu wird auch auf dem bekannte Exchange-Blog »Franky's Web« (*https://www.frankysweb.de/windows-fileserver-vor-ransomware-crypto-locker-schuetzen*) beschrieben. Hier sehen Sie auch die verschiedenen Dateiendungen, die durch die aktuellen Erpressungs-Trojaner verwendet werden. Auch auf dem Blog von Spiceworks (*https://community.spiceworks.com/how_to/100368-cryptolocker-canary-detect-it-early*) sind die Dateiendungen zu sehen. Wer Anwendern mit Ransomware auf dem Rechner die Rechte für die Freigaben entziehen will, findet auf Franky's Web eine Beschreibung.

Auf der Registerkarte *Befehl* können Sie beim Erstellen einer Dateiprüfung festlegen, dass der Server bei einem solchen Angriff heruntergefahren wird. Das verhindert das Verschlüsseln. Dazu muss einfach *shutdown.exe* ausgeführt werden, und zwar mit den Optionen */s* für Herunterfahren und *t 0* für sofortigen Start des Vorgangs.

21.6 Organisieren und Replizieren von Freigaben über DFS

In größeren Netzwerken sind die Freigaben oft über viele Server verteilt, sodass es schwierig wird, eine gesuchte Freigabe auf Anhieb auf dem richtigen Server zu finden. Gelegentlich wird auch gewünscht, dass die Freigaben für einzelne Abteilungen oder Projektgruppen in irgendeiner Form logisch zusammengefasst werden können. Letzteres würde bedeuten, dass die Freigaben auf einen Server kopiert werden. Sobald aber mehrere Projektgruppen auf eine Freigabe zugreifen sollen, ist diese Methode nicht mehr praktikabel. Eine Funktion, die dieses Problem lösen soll, ist das verteilte Dateisystem (Distributed File System, DFS).

21.6.1 Einführung und wichtige Informationen beim Einsatz von DFS

In einem DFS wird eine logische Struktur über physische Ordner entwickelt, die auf einem oder mehreren Servern liegen können. Windows Server 2022 unterstützt zwei Varianten des DFS. Der Domänen-DFS-Stamm verwendet Active Directory, um die Struktur- und Konfigurationsinformationen für das DFS zu speichern.

Einfach ausgedrückt bietet das DFS die Möglichkeit, Freigaben zu definieren, die auf unterschiedlichen Dateiservern liegen. Anwender müssen nicht wissen, auf welchem Dateiserver die Dateien liegen, sondern kennen nur noch den Freigabenamen. Diese Form von verteilten Dateisystemen kann fehlertolerant aufgebaut werden. So wird die automatische Replikation von Daten zwischen verschiedenen Servern unterstützt. Der eigenständige DFS-Stamm wird pro Server konfiguriert. Die Informationen werden nur auf diesem einen Server abgelegt und nicht repliziert.

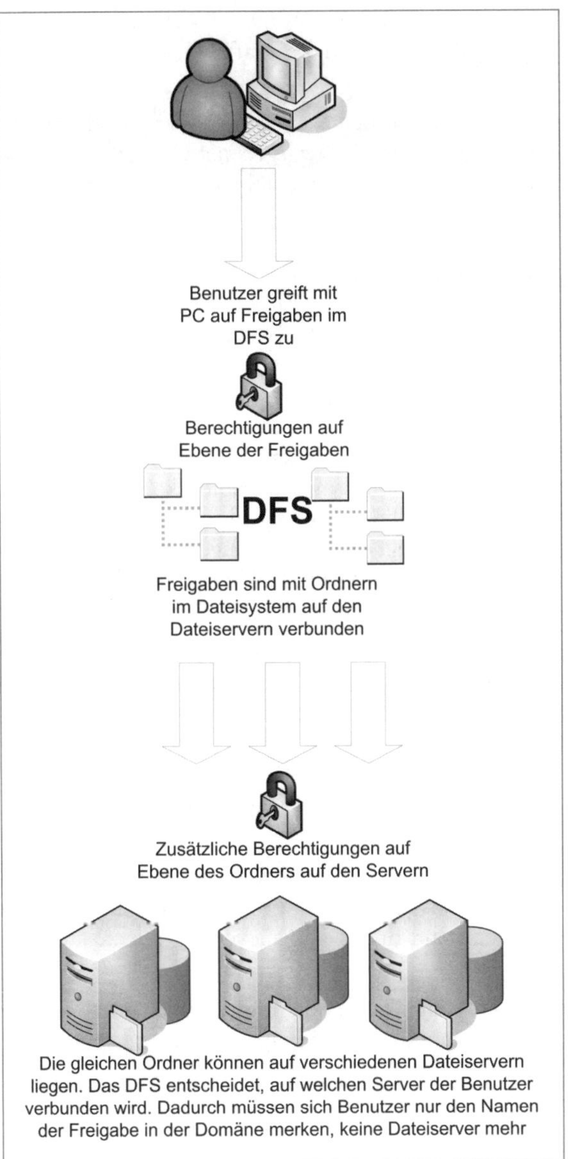

Abb. 21.7 DFS im Praxiseinsatz

Für ein Domänen-DFS muss der Server, auf dem der Konsolenstamm bereitgestellt ist, ein Domänencontroller oder ein Mitgliedsserver einer Active Directory-Domäne sein. Wichtig ist, dass bei Domänen-DFS mehrere DFS-Roots auf einem Server gehostet werden können.

Über das DFS selbst steuern Sie keine Zugriffsberechtigungen. Die Rechte von Benutzern legen Sie vielmehr über die Dateisysteme fest. DFS-Verknüpfungen sind Ordner im DFS-Baum, die auf eine Freigabe verweisen. Wenn eine DFS-Verknüpfung *Excel-Dateien* angelegt ist, kann diese auf die Freigabe *Budgets* des Servers *file01* verweisen. Der Benutzer sieht bei der Verbindung zum DFS einen Ordner *Excel-Dateien*. Wenn er auf diesen Ordner zugreift, wird er mit dem Server *file01* verbunden und kann dort auf die Dateien und Unterordner des Ordners *Budgets* zugreifen.

Bei der Erstellung einer DFS-Verknüpfung geben Sie den Namen ein, unter dem die Freigabe im DFS erscheinen soll. Mit dieser Freigabe wird ein freigegebener Ordner verbunden. Die DFS-Root vermittelt den Anwendern einen Überblick über alle verfügbaren Freigaben.

21.6.2 DFS-Namespaces und DFS-Replikation

DFS besteht hauptsächlich aus den beiden Technologien DFS-Namespaces und DFS-Replikation. Diese bieten zusammen eingesetzt einen vereinfachten, fehlertoleranten Dateizugriff, Nutzlastverteilung und WAN-kompatible Replikation. Die DFS-Replikation ist ein Multimasterreplikationsmodul, das die Replikationszeitplanung und Bandbreiteneinschränkung unterstützt. Sie verwendet ein als RDC (Remote Differential Compression, Remoteunterschiedskomprimierung) bezeichnetes neues Komprimierungsprotokoll, mit dem Dateien über ein Netzwerk mit eingeschränkter Bandbreite effizient aktualisiert werden können. RDC erkennt, wenn Daten in Dateien eingefügt oder anders angeordnet oder aus Dateien entfernt wurden. Dadurch ist es möglich, mit der DFS-Replikation nur die beim Aktualisieren von Dateien auftretenden Änderungen zu replizieren.

Mit DFS-Namespaces, früher als verteiltes Dateisystem bezeichnet, können Sie freigegebene Ordner, die sich auf unterschiedlichen Servern befinden, zusammenfassen und den Benutzern als virtuelle Ordnerstruktur, den sogenannten Namespace, zur Verfügung stellen. Sobald ein Benutzer versucht, auf einen Ordner im Namespace zuzugreifen, stellt der Clientcomputer eine Verbindung mit einem Namespaceserver her. Der Namespaceserver sendet dem Clientcomputer einen Verweis mit einer Liste von Servern, auf denen der freigegebene Ordner gespeichert ist.

Der Clientcomputer speichert den Verweis im Cache und stellt einen Kontakt mit dem ersten Server im Verweis her. Normalerweise ist das ein Server am Standort des Clients. Wenn einer der Server nicht mehr zur Verfügung steht, findet ein Failover des Clientcomputers auf den verbleibenden Server statt.

Wollen Sie DFS im Unternehmen einsetzen, sollten Sie vor der Einrichtung einige wichtige Planungspunkte beachten, die wir im folgenden Abschnitt zusammengestellt haben:

- Sie können DFS nicht dafür verwenden, Exchange-Datenbanken oder Postfächer abzusichern.
- Offlinedateien können ebenfalls in einem DFS eingesetzt werden. Achten Sie aber darauf, dass in Szenarios, in denen mehrere Mitarbeiter auf die gleiche Datei schreibend zugreifen, Probleme entstehen können, da durch die Offlinesynchronisierung in Verbindung mit der DFS-Replikation durchaus Dateien synchronisiert werden, die von mehreren Mitarbeitern bearbeitet wurden und so unter manchen Umständen Informationen verloren gehen können.
- Da durch das Scannen von Dateien mit Virenscannern unter Umständen der Dateistempel verändert und dadurch die Replikation im DFS aktiviert wird, sollten Sie auch den Einsatz eines Virenscanners planen. Stellen Sie sicher, dass Ihr Virenscanner nicht unnötigen Replikationsverkehr verursacht und kompatibel zu DFS ist.
- Die beteiligten Server in der DFS-Infrastruktur müssen nicht Mitglied der gleichen Domäne oder Struktur sein, aber zwingend in der gleichen Gesamtstruktur.

- DFS-Replikation sollte möglichst nicht in Umgebungen eingesetzt werden, in denen mehrere Mitarbeiter auf unterschiedlichen Servern mit denselben Dateien arbeiten. Durch die DFS-Replikation können so sehr schnell Änderungen von Mitarbeitern verloren gehen.
- Sie sollten die DFS-Replikation regelmäßig überwachen. Microsoft stellt dazu das Tool Dfsradmin zur Verfügung. Hierbei handelt es sich um ein Befehlszeilenprogramm, das Sie als Aufgabe in einem Skript regelmäßig verwenden sollten, um Berichte über die DFS-Replikation zu erstellen. Geben Sie in einer Eingabeaufforderung *dfsradmin* ein, erhalten Sie ausführliche Informationen über die Syntax.
- Die DFS-Replikation repliziert auch die NTFS-Berechtigungen auf Dateien. Achten Sie aber darauf, dass die Änderung der Berechtigung von zahlreichen Dateien großen Replikationsverkehr verursacht, da diese Änderungen repliziert werden müssen. Sie sollten daher die Dateiberechtigungen bereits vor der Einrichtung von DFS konfigurieren und abschließen.
- Der DFS-Replikationsverkehr zwischen Servern wird verschlüsselt und kann daher nicht abgehört werden.
- Die DFS-Replikation unterstützt die Replikationszeitplanung und Bandbreiteneinschränkung in 15-minütigen Schritten innerhalb eines Zeitraums von sieben Tagen. Administratoren wählen beim Angeben eines Replikationsintervalls die Start- und die Stoppzeit sowie die zu verwendende Bandbreite in diesem Intervall aus. Die Einstellungen für die Bandbreitenauslastung liegen im Bereich zwischen 16 KBit/s und 256 MBit/s oder voller, unbeschränkter Bandbreite. Sie können eine sofortige Replikation mit dem Befehl *dfsrdiag SyncNow* starten.
- Die globalen Konfigurationseinstellungen für die DFS-Replikation, wie zum Beispiel die Topologie und der Replikationszeitplan, werden in Active Directory gespeichert. Die Einstellungen werden außerdem auf jedem Mitgliedsserver in einer lokalen XML-Datei gespeichert. Diese Datei kann von der DFS-Replikation mit den in Active Directory gespeicherten Einstellungen neu erstellt werden, wenn die Datei beschädigt oder der Server nach einem Ausfall wiederhergestellt wird.
- Bevor Sie einer Replikationsgruppe einen neuen Server hinzufügen, können Sie ein Prestaging der replizierten Ordner auf den Zielservern ausführen. Dazu können Sie die Daten auf die Server kopieren, eine Sicherung wiederherstellen oder Dateien von einem Band, einer DVD oder einer Wechselfestplatte kopieren. Auf diese Weise entsteht bei der anfänglichen Synchronisierung nur minimaler WAN-Datenverkehr. Falls die Dateien auf dem Zielserver veraltet sind, repliziert die DFS-Replikation mithilfe der Remoteunterschiedskomprimierung (RDC) nur die Änderungen, die seit dem Prestaging der Daten aufgetreten sind.

Sie können in einer DFS-Infrastruktur auch die Dateiprüfungen des Ressourcen-Managers für Dateiserver verwenden, die ebenfalls in diesem Kapitel beschrieben werden. Zusätzlich zu dieser Dateiprüfung können Sie in der DFS-Replikation konfigurieren, dass manche Dateitypen von der Replikation ausgeschlossen werden.

Wollen Sie in einer DFS-Infrastruktur Kontingente oder Dateiprüfungen einsetzen, sollten Sie darauf achten, dass vor der Einrichtung der Dateiprüfung keine Dateitypen bereits gespeichert wurden, die später gefiltert werden sollen. Die Dateiprüfung entdeckt nur, wenn neue Dateien abgelegt werden, bereits vorhandene Dateien werden nicht blockiert.

Auf jeden Fall sollten Sie sicherstellen, dass kein Ordner bereits sein Kontingent überschreitet, wenn Sie DFS oder die Kontingentverwaltung einrichten. Sie sollten bei der Einrichtung von harten Kontingenten, bei denen Anwender nach Überschreitung nicht mehr speichern dürfen, vorsichtig sein. Unter manchen Umständen, wenn ein Ordner zum Beispiel kurz vor dem Erreichen der Grenze ist, kann es passieren, dass durch die DFS-Replikation diese Grenze überschritten wird. Arbeiten Sie in einer DFS-Infrastruktur daher besser mit weichen Grenzen, bei denen die Anwender noch schreiben dürfen, aber Meldungen generiert werden.

21.6.3 Voraussetzungen für DFS

Damit Sie DFS sinnvoll verwenden können, müssen in Ihrem Unternehmen einige Voraussetzungen geschaffen sein. Zunächst benötigen Sie Active Directory, da nur unter dem Betrieb eines DFS-Stamms in Active Directory die Struktur sinnvoll ist.

Sie können das DFS auch so einrichten, dass mehrere Dateiserver ihre Daten miteinander replizieren. Dazu verwendet DFS einen ähnlichen Mechanismus wie beim Replizieren der Anmeldeskripts zwischen den Domänencontrollern, den Dateireplikationsdienst (File Replication Service, FRS). Die Replikation der DFS-Daten wird aber nicht durch den FRS des Servers durchgeführt, sondern durch die DFS-Replikation. Die DFS-Replikation kommuniziert nicht mit FRS, sondern läuft eigenständig. Dadurch ist es möglich, eine Freigabe auf mehrere Ziele zu verweisen. Sie können diese Konfiguration leicht über den Assistenten zur Einrichtung von DFS durchführen. Durch diese Replikation können Sie auch Niederlassungen anbinden. Dies hat den Vorteil, dass Mitarbeiter auch in den Niederlassungen mit den gleichen Dateien arbeiten, und DFS dafür sorgt, dass die Daten von und zu den Niederlassungen repliziert werden.

Wenn einer der DFS-Server ausfällt, fällt das den Anwendern nicht auf, denn ohne dass sie es merken, verbindet der DFS-Stamm sie auf den zweiten Server. Sie sollten aus diesen Gründen eine DFS-Root auf den Domänencontrollern konfigurieren. Wenn Sie für die Ausfallsicherheit der Domänencontroller sorgen, zum Beispiel durch den Einsatz mehrerer Domänencontroller, finden die Clients immer einen DFS-Rootserver.

Sie können für jede DFS-Verknüpfung, also jede Freigabe, die in DFS hinterlegt ist, mehrere Ziele angeben, zwischen denen die Daten zur Ausfallsicherheit repliziert werden. Zusätzlich kann dieser Mechanismus zur Anbindung von Niederlassungen verwendet werden. Wenn der Dateiserver in der Zentrale steht, müssen die Niederlassungen über langsame WAN-Leitungen zugreifen. Mit DFS kann in der Niederlassung ein kleiner Dateiserver aufgestellt werden, auf den die Daten repliziert werden. Die Mitarbeiter der Außenstelle können dadurch genauso effizient und schnell auf die Freigaben und notwendige Dateien zugreifen wie die Mitarbeiter in der Zentrale.

21.6.4 Installation und Einrichtung von DFS

DFS installieren Sie am besten über den Server-Manager und die Rolle *Datei- und Speicherdienste/Datei- und iSCSI-Dienste*. Stellen Sie sicher, dass die Rollendienste *DFS-Namespace* und *DFS-Replikation* installiert sind. Überprüfen Sie nach der Installation, ob die Systemdienste *DFS-Replikation* und *DFS-Namespace* auf *Automatisch* gesetzt und gestartet sind.

Nachdem Sie die notwendigen Rollendienste installiert haben, können Sie das Snap-In *DFS-Verwaltung* über *Tools* im Server-Manager starten. Alternativ starten Sie die Verwaltungsoberfläche über *dfsmgmt.msc*. Die Verwaltungsoberfläche dient zur Konfiguration und Verwaltung sowohl des DFS-Namespace als auch der DFS-Replikation.

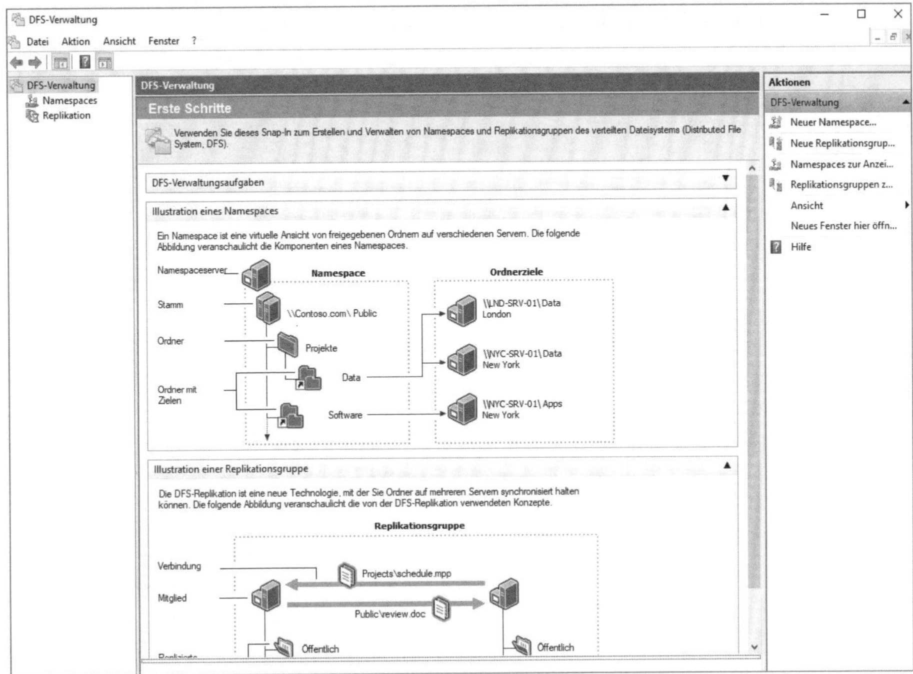

Abb. 21.8 Konfigurieren von DFS mit der DFS-Verwaltung

Sie können DFS auch auf Core-Servern installieren. Wie Sie dabei vorgehen, lesen Sie in Kapitel 3 und 4.

21.6.5 Einrichtung eines DFS-Namespace

Die Einrichtung eines DFS-Namespace nehmen Sie in der DFS-Verwaltung vor. Ein DFS-Namespace verbindet mehrere physische Freigaben auf verschiedenen Servern zu einer virtuellen DFS-Freigabe, auf die Anwender zugreifen können.

Wenn Sie einen Namespace erstellen, wählen Sie aus, welche freigegebenen Ordner ihm hinzugefügt werden sollen, entwerfen die Hierarchie, in der die Ordner angezeigt werden, und legen die Namen für die freigegebenen Ordner im Namespace fest. Wenn der Namespace von einem Benutzer angezeigt wird, werden die Ordner so angezeigt, als seien sie auf einer einzelnen Festplatte gespeichert. Benutzer können im Namespace navigieren, ohne die Namen der Server oder der freigegebenen Ordner kennen zu müssen, die der jeweilige Host für die Daten sind. Um einen neuen Namespace einzurichten, gehen Sie folgendermaßen vor:

1. Klicken Sie in der DFS-Verwaltung mit der rechten Maustaste auf *Namespaces* und wählen Sie im Kontextmenü den Eintrag *Neuer Namespace* aus.

2. Im ersten Fenster des Assistenten wird der Namespaceserver festgelegt. Dabei handelt es sich nicht gezwungenermaßen um einen Server, auf dem auch die Freigaben liegen, sondern es kann sich auch um einen Domänencontroller oder einen anderen Mitgliedsserver handeln.
3. Im nächsten Dialogfeld wählen Sie den Namen für den neuen Namespace aus.
4. Der Namespacestamm ist der Ausgangspunkt des Namespace.

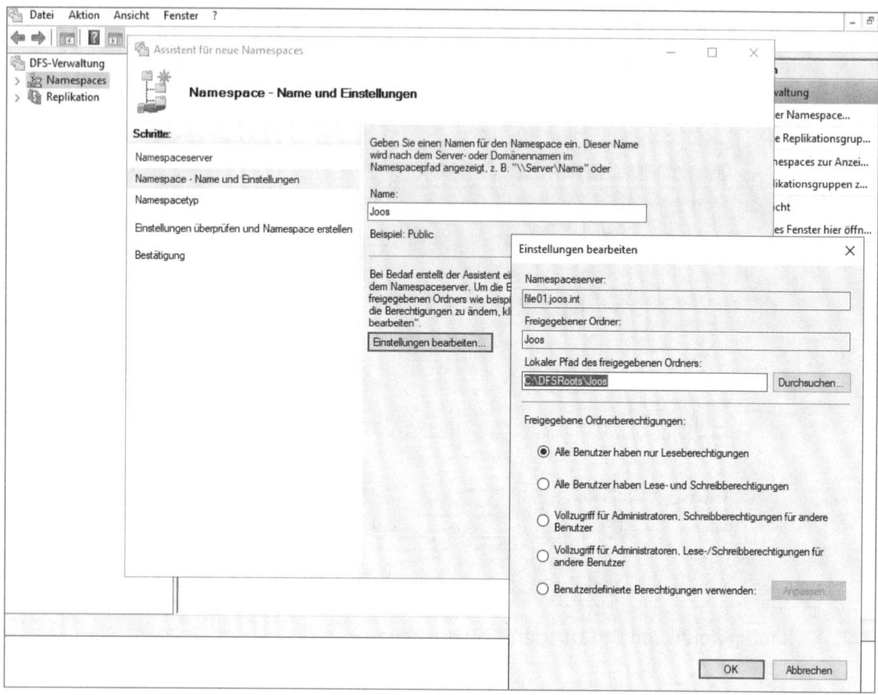

Abb. 21.9 Anlegen eines DFS Namespace

5. Auf der nächsten Seite des Assistenten legen Sie den Namespacetyp fest. Dieser Namespacetyp wird als *Domänenbasierter Namespace* bezeichnet, da er mit einem Domänennamen beginnt und seine Metadaten in Active Directory gespeichert werden. Ein domänenbasierter Namespace kann auf mehreren Namespaceservern gehostet werden.
6. Nachdem Sie die Daten eingegeben haben, können Sie den Namespace erstellen lassen, der anschließend in der DFS-Verwaltung angezeigt wird. Sie können zur Ausfallsicherheit jederzeit dem Namespace weitere Namespaceserver hinzufügen. Dies allerdings nur dann, wenn Sie einen domänenbasierten Namespace erstellt haben. Klicken Sie zum Hinzufügen mit der rechten Maustaste auf den erstellten Namespace.
7. Klicken Sie anschließend mit der rechten Maustaste auf den neuen Namespace und wählen Sie *Neuer Ordner* aus. Danach können Sie einen neuen Ordner erstellen, auf den die Anwender zugreifen. Ordnerziele verweisen auf physische Freigaben auf Servern. Sie können beliebig viele Ordner mit dazugehörigen Ordnerzielen erstellen. Die Anwender greifen von ihren Clients zwar physisch auf die Ordnerziele zu, allerdings verwenden sie als Namen die Bezeichnung, die Sie im DFS festlegen. Bestätigen Sie die

Erstellung. Sie werden noch gefragt, ob Sie gleich eine Replikationsgruppe erstellen wollen. Dies müssen Sie an dieser Stelle nicht tun. Replikationsgruppen werden in einem späteren Abschnitt noch ausführlicher beschrieben.

Anschließend verbindet DFS den erstellten virtuellen Ordner mit den tatsächlich vorhandenen Freigaben auf den verschiedenen Servern. Der nächste Schritt besteht in der Konfiguration von Verweisen.

Haben Sie den Namespace erstellt, können Anwender auf Daten zugreifen, indem sie *<Active Directory-Domäne\<Name des Namespace>* eingeben. In der Freigabe erscheinen alle Ordner, die Sie angelegt haben. Der virtuelle DFS-Ordner zeigt den Inhalt der festgelegten Ordnerziele an. Die Anwender müssen dazu nicht die tatsächlichen Server oder die Namen der Freigabe kennen.

21.6.6 Einrichten der DFS-Replikation

Wollen Sie den Inhalt von physischen Freigaben replizieren, können Sie diese Funktion für einzelne Ordner im Namespace aktivieren. Standardmäßig ist die Replikation nicht aktiviert. Um diese zu aktivieren, klicken Sie mit der rechten Maustaste auf den Ordner und wählen im Kontextmenü den Eintrag *Ordner replizieren* aus. Anschließend startet der Assistent, mit dem Sie die Replikation konfigurieren. Über die Technologie kann DFS die Daten in den Freigaben zwischen den Ordnerzielen in einem DFS-Ordner replizieren.

Auf der ersten Seite legen Sie den Namen der Replikationsgruppe fest. Eine Replikationsgruppe besteht aus einer Reihe von Servern, die an der Replikation eines replizierten Ordners beteiligt sind. Der Name der Replikationsgruppe stimmt mit dem Namespacepfad überein und der Name des replizierten Ordners mit dem Ordnernamen in der DFS-Verwaltung.

Auf der nächsten Seite werden die Freigaben und die dazugehörigen Server angezeigt, deren Freigaben repliziert werden.

Als Nächstes wählen Sie das primäre Mitglied der Replikationsgruppe aus. Bestimmen Sie hier den Server, der den aktuellsten Inhalt enthält. Im Anschluss legen Sie fest, welche Replikationstopologie Sie verwenden wollen. Die Definitionen der Replikationstopologien sind selbsterklärend.

Auf der nächsten Seite definieren Sie die Bandbreite oder den Zeitplan für die Replikation. Anschließend wird die Replikation erstellt. Nachdem diese erstellt wurde, wird sie in der DFS-Verwaltung unter dem Knoten *Replikation* angezeigt. Sie können die Eigenschaften der Replikation jederzeit über das Kontextmenü anpassen.

Die erste Replikation beginnt nicht sofort. Die Topologie- und DFS-Replikationseinstellungen müssen zu allen Domänencontrollern repliziert werden, und jedes Mitglied der Replikationsgruppe muss seinen nächstgelegenen Domänencontroller abfragen, um diese Einstellungen zu erhalten. Die erste Replikation tritt zunächst zwischen dem primären Mitglied und den empfangenden Replikationspartnern des primären Mitglieds auf.

Wenn ein Mitglied alle Dateien vom primären Mitglied empfangen hat, repliziert dieses Mitglied Dateien ebenfalls zu seinen empfangenden Partnern. Beim Empfang von Dateien des primären Mitgliedsservers während der ersten Replikation verschieben die empfangenden Mitgliedsserver Dateien, die auf dem primären Server nicht vorhanden sind, in den Ordner *DfsrPrivate\PreExisting*. Wenn eine Datei mit einer Datei auf dem primären Mitglied identisch ist, wird sie nicht repliziert.

Wenn sich die Version einer Datei auf dem empfangenden Mitglied von der Version des primären Mitglieds unterscheidet, wird die Version des empfangenden Mitglieds in den Konfliktordner für gelöschte Dateien verschoben. Nach der Initialisierung des replizierten Ordners wird die Bezeichnung *Primäres Mitglied* entfernt.

Klicken Sie auf eine Replikationsverbindung, können Sie in der Mitte der Konsole über vier Registerkarten die Einstellungen der Replikationsgruppe anpassen. Auf diesen Registerkarten werden unterschiedliche Details zur ausgewählten Replikationsgruppe, ihren Mitgliedern und ihren replizierten Ordnern angezeigt.

21.7 Zusammenfassung

In diesem Kapitel sind wir auf die Verwaltungsmöglichkeiten von Dateiservern mit dem Ressourcen-Manager für Dateiserver eingegangen. Mit diesem Werkzeug können Sie die Freigaben im Netzwerk effizient mit Kontingenten, Dateiprüfungen und Klassifizierungen verwalten. Ebenfalls Bestandteil des Kapitels war das verteilte Dateisystem (Distributed File System, DFS) in Windows Server 2022.

Im nächsten Kapitel beschäftigen wir uns mit der BranchCache-Funktion von Windows Server 2022. Mit dieser Funktion können Windows 10/11-Rechner in Niederlassungen wesentlich schneller auf Dateifreigaben in der Zentrale zugreifen.

Kapitel 22
BranchCache

Windows 10/11 zusammen mit Windows Server 2022 ermöglicht einen schnelleren Zugriff auf Dateien in Freigaben von Dateiservern. Das ist auch dann möglich, wenn die Verbindung durch langsame WAN-Leitungen erfolgt. Dazu bieten Windows-Server die Branch-Cache-Funktionalität. Damit BranchCache optimal funktioniert, muss auf den beteiligten Webservern und Dateiservern Windows Server 2019/2022 betrieben werden.

Für die Bereitstellung von BranchCache in Organisationen unterschiedlicher Größe benötigen Sie in Windows Server 2022 und Windows 8/8.1/10 und Windows 11 nur ein einziges GPO. Es sind keine verschiedenen Einstellungen für unterschiedliche Niederlassungen notwendig. Clients können Sie mit Gruppenrichtlinien standardmäßig als verteilte Cachemodusclients konfigurieren. Die Computer suchen nach einem gehosteten Cacheserver. Ist ein solcher verfügbar, werden Clients automatisch als gehostete Cachemodusclients konfiguriert.

Mit Windows Server 2022 können Sie so viele gehostete Cacheserver wie benötigt bereitstellen. BranchCache verwendet die Datenbanktechnologie Extensible Storage Engine (ESE) von Microsoft Exchange Server. Das macht die Speicherung der Daten wesentlich stabiler. In Windows Server 2022 sind keine Serverzertifikate erforderlich.

BranchCache können Sie jetzt auch umfassend in der PowerShell verwalten. Die entsprechenden Befehle erhalten Sie durch Eingabe von *Get-Command *bc**.

Datei- und Druckserver mit Windows Server

22.1 BranchCache im Überblick – Niederlassungen effizient anbinden

Windows 10/11 kann über das Netzwerk kopierte Dateien automatisch auf der Festplatte zwischenspeichern. Beim erneuten Zugriff auf die gleiche Datei muss Windows nur noch neue Daten laden. Alles, was schon mal übertragen wurde, bleibt auf der Festplatte im Cache, gesichert durch Zugriffsberechtigungen, gespeichert.

Ändern sich an der Quelle Dateien, überträgt Windows nicht die kompletten geänderten Dateien erneut, sondern nur die Blöcke, die sich geändert haben. Das gilt auch für den Zugriff über DirectAccess oder andere VPN-Szenarien und in allen Konfigurationen von BranchCache. Allein dadurch beschleunigt sich der Datenzugriff enorm. Diese Technik funktioniert auch ohne Windows Server 2022.

Ruft ein Client in einer Niederlassung Dateien von der Zentrale ab, speichert der BranchCache aktivierte Dateiserver in der Niederlassung die Daten zwischen. Ruft ein weiterer Client die gleichen Daten ab, stellt der Dateiserver diesem Client die zwischengespeicherten Daten zur Verfügung, sodass diese nicht erneut über das Netzwerk übertragen werden müssen. Das beschleunigt den Zugriff und spart Bandbreite im WAN ein, die für andere Anwendungen zur Verfügung stehen.

BranchCache unterstützt für die Übertragung der Daten verschiedene Sicherheitstechniken. Neben IPv4 und IPv6 lassen sich Datenzugriffe per SSL oder IPsec absichern. Auch die Autorisierung findet in einem solchen Szenario beschleunigt statt. Diese Technik ist natürlich verschlüsselt.

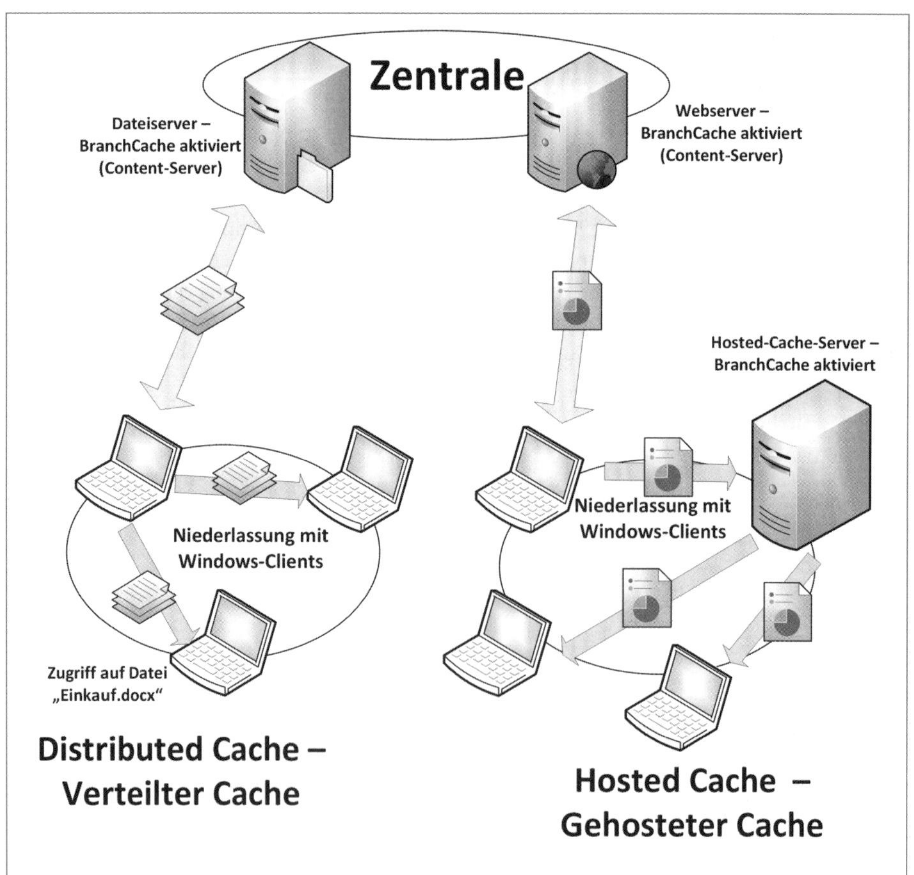

Abb. 22.1 BranchCache im Überblick

22.2 Gehosteter Cache (Hosted Cache) nutzen

BranchCache lässt sich in den beiden Betriebsmodi *Hosted Cache* und *Distributed Cache* betreiben. Bei *Hosted Cache* stellen Unternehmen in der Niederlassung, in der Windows-Computer installiert sind, einen Host zur Verfügung, der die Daten vom zentralen Dateiserver über die WAN-Leitung zwischenspeichern kann.

Befindet sich in einer Niederlassung mit Windows-Computern noch ein Server mit Windows Server 2022, lassen sich auf diesem Server über *Hosted Cache* zentral Daten zwischenspeichern, sodass der Zugriff von allen Clientcomputern unter Windows aus beschleunigt wird, ohne dass die Sicherheit darunter leidet. Die Computer greifen auf den Host in der Niederlassung zu, um Daten der Zentrale abzurufen.

Benötigen Clients Daten, die noch nicht auf dem Hosted-Cache-Server gespeichert sind, ruft dieser die Daten vom Content-Server, dem Datei- oder Webserver in der Zentrale ab. Der erste Zugriff der Clients ist dadurch etwas langsamer, weitere Zugriffe laufen aber deutlich schneller ab.

Die Konfiguration dieser Technik erfolgt in den Gruppenrichtlinien. Sie finden die Einstellungen unter *Computerkonfiguration/Richtlinien/Administrative Vorlagen/Netzwerk*. Über *LanMan-Server* nehmen Sie Einstellungen für die Server vor. Die Clientkonfiguration nehmen Sie über *BranchCache* vor.

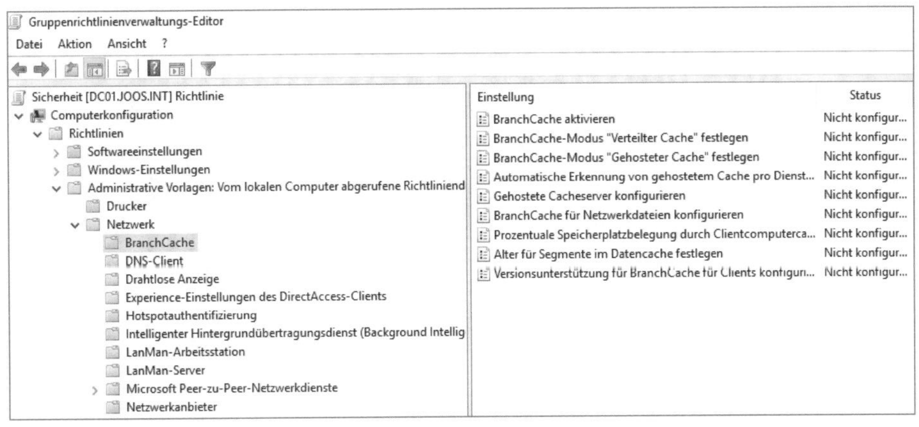

Abb. 22.2 Konfiguration von BranchCache über Gruppenrichtlinien mit Windows Server 2022

Eine Hosted-Cache-Konfiguration ist unabhängig von Active Directory-Standorten und wird über Gruppenrichtlinien gesteuert. In den Gruppenrichtlinieneinstellungen legen Sie fest, ab welcher Netzwerkgeschwindigkeit Clients BranchCache nutzen sollen. Die ganze Konfiguration ist vollkommen unabhängig von der Active Directory-Infrastruktur.

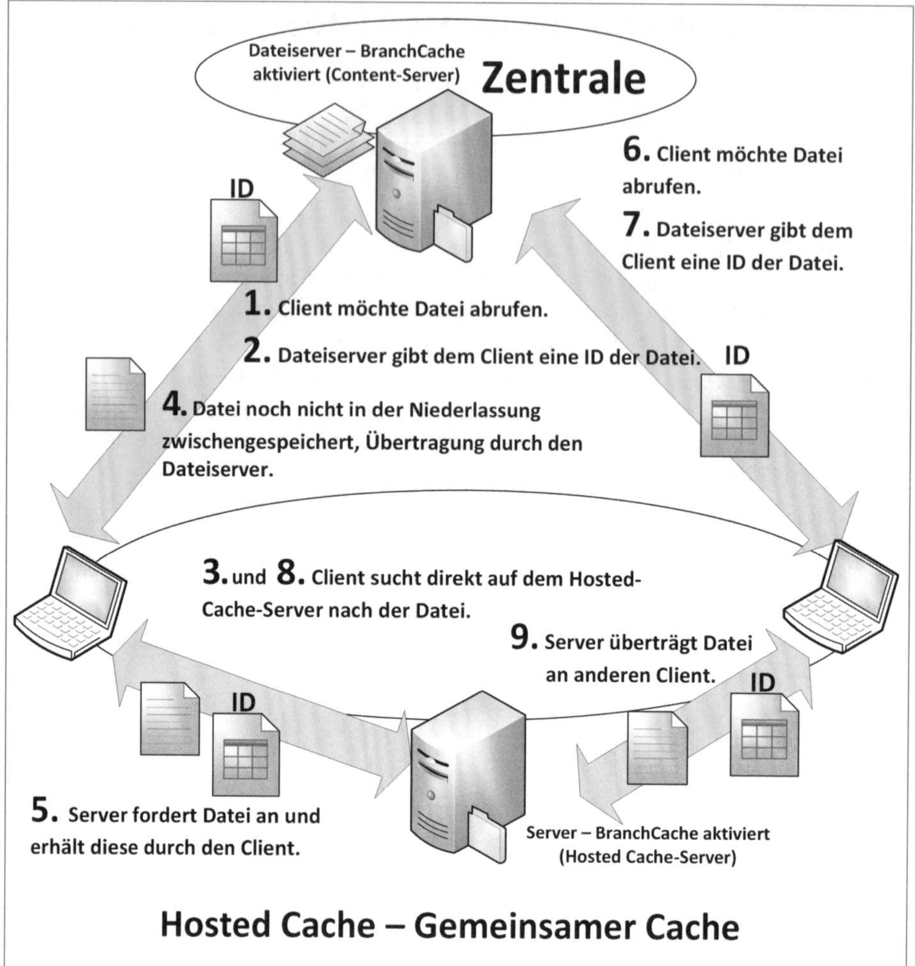

Abb. 22.3 BranchCache mit Hosted-Cache-Server betreiben

Microsoft empfiehlt die Konfiguration über eine eigene Richtlinie. Mit der Gruppenrichtlinieneinstellung *Hashversionsunterstützung für BranchCache* können Sie angeben, ob Hashes der Version 1 (V1), der Version 2 (V2) oder V1- und V2-Hashes im Einsatz sind. Hashes werden auf Basis der Daten in freigegebenen Ordnern, für die BranchCache aktiviert ist, erstellt.

Durch V2-Inhaltsinformationen werden kleinere Datenblöcke mit variabler Größe beschrieben und größere Einsparungen von WAN-Bandbreite ermöglicht. V1-Hashes sind mit Windows 7 und Windows Server 2008 R2/2012 kompatibel, V2-Hashes mit Windows 8/8.1/10/11 und Windows Server 2012 R2/2016/2019/2022.

Mit der Richtlinieneinstellung *Alter für Segmente im Datencache festlegen* können Sie den Zeitraum in Tagen angeben, für den Segmente im BranchCache-Datencache auf Clientcomputern gültig sind. Wenn Sie diese Richtlinieneinstellung deaktivieren oder nicht konfigurieren, wird ein Standardalter von 28 Tagen festgelegt.

Über *Gehostete Cacheserver konfigurieren* bestimmen Sie, ob Clientcomputer für die Verwendung des gehosteten Cachemodus konfiguriert werden. Zusätzlich können Sie die Computernamen der gehosteten Cacheserver angeben. Im gehosteten Cachemodus kann durch Clientcomputer Inhalt von einem oder mehreren gehosteten Cacheservern abgerufen werden, die in derselben Filiale installiert sind. Mit dieser Einstellung können Sie Clientcomputer automatisch konfigurieren, die für den gehosteten Cachemodus mit Computernamen der gehosteten Cacheserver in der Filiale konfiguriert sind. Damit diese Richtlinieneinstellung wirksam wird, müssen Sie auch die Richtlinieneinstellung *BranchCache aktivieren* steuern. Diese Richtlinieneinstellung kann nur auf Clientcomputer angewendet werden, auf denen Windows 8/8.1/10/11 installiert ist.

Mit *Automatische Erkennung von gehostetem Cache pro Dienstverbindungspunkt aktivieren* werden Clientcomputer so konfiguriert, dass sie mit Active Directory nach gehosteten Cacheservern suchen. Es werden die gefundenen Server und der gehostete Cachemodus und nicht die manuelle BranchCache-Konfiguration oder die BranchCache-Konfiguration durch andere Gruppenrichtlinien verwendet. Wenn Sie diese Richtlinieneinstellung zusätzlich zu der Richtlinieneinstellung *BranchCache aktivieren* setzen, wird durch BranchCache-Clients in der lokalen Filiale nach gehosteten Cacheservern gesucht. Wenn gehostete Cacheserver gefunden werden, wird der gehostete Cachemodus aktiviert. Werden keine gehosteten Cacheserver gefunden, wird der gehostete Cachemodus nicht aktiviert und eine andere manuell oder durch eine Gruppenrichtlinie festgelegte Konfiguration verwendet.

Wenn die Richtlinieneinstellung *BranchCache-Modus Gehosteter Cache festlegen* angewendet wird, erfolgt keine automatische Suche nach gehosteten Cacheservern. Dies gilt auch für die Richtlinieneinstellung *Gehostete Cacheserver konfigurieren.* Diese Richtlinieneinstellung kann nur auf Clientcomputer angewendet werden, auf denen Windows 8/8.1/10/11 installiert ist. Diese Richtlinie hat keine Auswirkungen auf Computer, auf denen Windows 7 installiert ist. Wenn Sie diese Einstellung deaktivieren oder nicht konfigurieren, erfolgt keine Suche nach gehosteten Cacheservern anhand von Dienstverbindungspunkten.

Mit *BranchCache aktivieren* können Sie festlegen, ob BranchCache auf Clientcomputern aktiviert wird. Zusätzlich müssen Sie angeben, ob es sich bei den Clientcomputern um gehostete Cachemodus- oder verteilte Cachemodusclients handelt. Konfigurieren Sie dazu die folgenden Richtlinieneinstellungen:

- *BranchCache-Modus "Verteilter Cache" festlegen*
- *BranchCache-Modus "Gehosteter Cache" festlegen*
- *Gehostete Cacheserver konfigurieren*

Im verteilten Cachemodus wird durch Clientcomputer Inhalt von BranchCache-fähigen Inhaltsservern in der Zentrale heruntergeladen, der Inhalt lokal zwischengespeichert und anderen Clients im verteilten BranchCache-Cachemodus in der Filiale zur Verfügung gestellt.

Wenn Clientcomputer als Clients im gehosteten Cachemodus konfiguriert sind, kann zwischengespeicherter Inhalt von einem gehosteten Cacheserver in der Filiale heruntergeladen werden. Beim Abrufen von Inhalt von einem Inhaltsserver durch die gehosteten Cacheclients kann der Inhalt außerdem auf die gehosteten Cacheserver hochgeladen werden, damit er für andere gehostete Cacheclients in der Filiale verfügbar ist.

Auf dem Server in der Niederlassung müssen Sie im Server-Manager das Feature *BranchCache* installieren (Seite *Features auswählen*), damit dieser mit den anderen Clients der Niederlassung und den zentralen Dateiservern zusammenarbeiten kann.

In den Gruppenrichtlinien legen Sie außerdem fest, wie viel Bandbreite zur Verfügung stehen muss, damit das Feature Daten zwischenlagert. Ist das Netzwerk zu langsam, soll es durch solche Funktionen natürlich nicht ausgebremst werden.

Auf dem zentralen Dateiserver installieren Sie den Rollendienst *BranchCache für Netzwerkdateien*, der zur Rolle *Datei- und iSCSI-Dienste* gehört. Installieren Sie diesen Rollendienst, müssen Sie das bereits erwähnte Feature nicht installieren. Erst nach der Installation des Rollendienstes lässt sich BranchCache für Freigaben aktivieren. Um einen Hosted-Cache-Server in einer Niederlassung zu betreiben, müssen Sie keinen dedizierten Server zur Verfügung stellen, es muss sich nur um einen Server mit Windows Server 2019/2022 handeln, zum Beispiel auch einen Domänencontroller in der Niederlassung. Der Ablauf dabei ist recht einfach:

1. Ein Client ruft vom zentralen Dateiserver eine Datei ab oder einen aktualisierten Teil einer Datei, wenn sich diese bereits im Cache befinden sollte.
2. Das Dokument wird vom zentralen Dateiserver auf den Client übertragen. Dabei authentifiziert der zentrale Dateiserver, in diesem Szenario der Content-Server, den Anwender und seinen Computer im Active Directory.
3. Der Client überprüft auf Basis des Hashes, ob der Teil der Datei oder die Datei selbst schon auf dem Hosted-Cache-Server der Niederlassung liegt.
4. Der Hosted-Cache-Server verbindet sich mit dem Client und überträgt über einen gesicherten Kanal fehlende Daten auf den Server. Die Daten werden dabei über AES 128 verschlüsselt.
5. Benötigt ein anderer Client der Niederlassung das gleiche Dokument, ruft der Client dieses automatisch vom Hosted-Cache ab. Die Authentifizierung findet aber über den zentralen Server, dem Content-Server statt.

22.3 Verteilter Cache (Distributed Cache) nutzen

In kleineren Niederlassungen, in denen Unternehmen keinen eigenen Server, aber Clients mit Windows betreiben, können Sie auch den Distributed Cache verwenden. Bei diesem Modus gibt es keinen Hostserver in der Niederlassung, sondern Windows-Clients rufen Daten ab und speichern diese lokal zwischen. Andere Windows-Clients in der Niederlassung können auf die Daten zugreifen, sodass auch hier einmal abgerufene Daten deutlich effizienter und schneller zur Verfügung stehen.

So lässt sich die Positionierung von Servern in Niederlassungen vermeiden und BranchCache dennoch nutzen. Diese Technik funktioniert aber nur innerhalb eines einzelnen Subnetzes. Wird ein Client, der den Inhalt bereitstellt, heruntergefahren, stehen die Daten natürlich nicht zur Verfügung. Braucht ein anderer Client diese Daten, müssen diese erneut über das WAN übertragen werden.

Arbeiten Sie mit Distributed Cache, tauschen die Windows-Clients zwischengespeicherte Dateien über das HTTP-Protokoll aus. Dazu müssen Sie sicherstellen, dass auf den Clients die Firewalleinstellungen BranchCache zulassen und den HTTP-Verkehr sowie das WS-Discovery-Protokoll nicht blockieren. Diese Einstellung nehmen Sie entweder lokal auf den Rechnern vor oder besser über eine Gruppenrichtlinie.

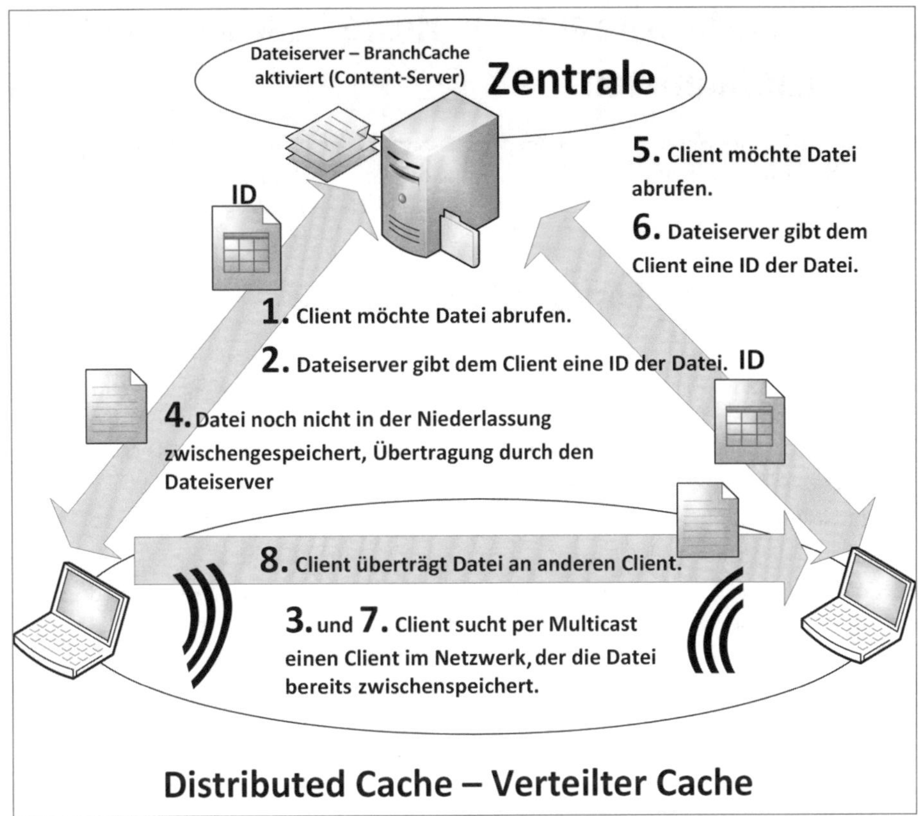

Abb. 22.4 Verteilten Cache nutzen

Standardmäßig verwendet Windows Server 2022 nicht für alle Freigaben BranchCache, Sie können die Einstellung für jede Freigabe getrennt vornehmen:

1. Rufen Sie die Eigenschaften der Freigabe auf, für die Sie BranchCache aktivieren wollen.
2. Über die Schaltfläche *Erweitert* und der Registerkarte *Zwischenspeichern* steuern Sie den BranchCache-Zugriff der Anwender.

Bei der Übertragung teilt der BranchCache die Daten in Blöcke auf und erstellt für jeden Block einen Hashwert. Beim Übertragen der Daten komprimiert der Server die Blöcke, wobei die Datenmenge enorm reduziert werden kann.

Sie können die Funktion aber erst dann aktivieren, wenn Sie den bereits erwähnten Rollendienst installiert haben, ansonsten ist sie deaktiviert. Bei Distributed Cache und mehreren Windows-Computern in der Niederlassung arbeiten die Clients mit dem Web Services Discovery Multicast-Protokoll, um im Subnetz abzufragen, ob ein Windows-Client die benötigten Daten bereits lokal gespeichert hat.

Viele Einstellungen in BranchCache nehmen Sie über Gruppenrichtlinien vor. Sie können in der Eingabeaufforderung aber auch mit *netsh branchcache* verschiedene Einstellungen vornehmen und Informationen abrufen. In den folgenden Abschnitten zeigen wir Ihnen jeweils die Konfiguration von BranchCache über die Eingabeaufforderung. Geben Sie in der Eingabeaufforderung nur *netsh branchcache* ein, erhalten Sie eine Zusammenfassung angezeigt, welche Möglichkeiten Sie in der Eingabeaufforderung haben.

22.4 BranchCache auf dem Hosted-Cache-Server konfigurieren

Der Hosted-Cache-Server ist der BranchCache-Server, der in der Niederlassung positioniert ist und für die Clients in der Niederlassung die Daten zwischenspeichert. Er verbindet sich dazu mit dem Dateiserver in der Zentrale, um Daten abzurufen.

22.4.1 Feature für Hosted Cache installieren

Auf dem Hosted-Cache-Server müssen Sie zunächst das Feature *BranchCache* installieren und den Server anschließend als Hosted-Cache-Server konfigurieren. Sie verwenden dazu den Server-Manager und die bereits erwähnte Seite *Features auswählen*. Die Einrichtung erfolgt über Gruppenrichtlinien. Sie können aber auch mit PowerShell-Skripts arbeiten. Die Einrichtung erfolgt dabei in mehreren Schritten:

1. Aktivierung von BranchCache unter Windows
2. Auswahl des Modus, also Hosted Cache oder Distributed Cache
3. Konfiguration der Cachegröße auf dem Client beim Einsatz von Distributed Cache. Standardmäßig verwendet Windows fünf Prozent des lokalen Speicherplatzes.
4. Verwenden Sie Hosted Cache, müssen Sie den Hosted-Cache-Server in der Niederlassung angeben.

Wollen Sie die lokalen Daten auf dem Server bei Hosted Cache oder auf den Clients bei Distributed Cache verschlüsseln, ist der Einsatz von BitLocker empfehlenswert. BitLocker arbeitet mit BranchCache zusammen, ohne dass Sie die beiden Technologien miteinander verbinden müssen. Es reicht aus, auf dem Server oder Client BitLocker zu aktivieren. Auch das verschlüsselnde Dateisystem (EFS) kann die lokalen Daten auf dem Server absichern (siehe Kapitel 5).

Die Einstellungen für Dateiserver in Gruppenrichtlinien finden Sie über *Computerkonfiguration/Richtlinien/Administrative Vorlagen/Netzwerk*. Über *LanMan-Server* nehmen Sie Einstellungen für die Server vor. Die Clientkonfiguration nehmen Sie über *BranchCache* vor. Auf dem Dateiserver, der als Content-Server dient, aktivieren Sie die Einstellung *Hashveröffentlichung für BranchCache*.

Stellen Sie die Veröffentlichung nur für Freigaben ein, auf denen Sie manuell BranchCache aktivieren, müssen Sie beachten, dass Sie für Freigaben diese Einstellungen auch vornehmen müssen. Wie das geht, haben Sie auf den vorherigen Seiten erfahren. Arbeiten Sie mit einem Cluster, müssen Sie die Verschlüsselungsdaten zwischen den Clusterknoten replizieren lassen, damit der Zugriff von den Clients aus funktioniert. Dazu müssen Sie auf allen Clusterknoten eine Eingabeaufforderung mit Administratorrechten öffnen und den folgenden Befehl eingeben:

netsh branchcache set key passphrase=<Selbstdefinierter Schlüssel>

Sie müssen den Befehl auf allen Knoten eingeben.

22.4.2 Zertifikate auf dem Hosted-Cache-Server betreiben

Die Kommunikation der Clients mit dem Hosted-Cache-Server wird für den Datenaustausch über Transport Layer Security (TLS) abgewickelt. Dabei arbeiten Clients und Server mit Zertifikaten. Auf dem Hosted-Cache-Server sollte dazu ein Zertifikat zur Verfügung stehen, dem die Clients vertrauen. Das ist in Windows 8/8.1/10/11 und Windows Server 2022 zwar optional, aber generell durchaus sinnvoll.

Am besten arbeiten Sie dazu mit einer internen Zertifizierungsstelle. Auf dem Hosted-Cache-Server installieren Sie ein Serverzertifikat, dessen Zertifizierungsstelle die Clients in der Niederlassung vertrauen müssen. Haben Sie das Zertifikat installiert oder eins eines Drittherstellers erworben, muss dieses im lokalen Computerkonto auf dem Hosted-Cache-Server abgelegt sein. Um das zu überprüfen, gehen Sie folgendermaßen vor:

1. Geben Sie *certlm.msc* im Startmenü ein.
2. Unter *Eigene Zertifikate/Zertifikate* muss das Zertifikat des Servers hinterlegt sein.
3. Ist das Zertifikat bereits vorhanden, klicken Sie doppelt darauf. Wie Sie Zertifikate ausstellen, lesen Sie in Kapitel 30.
4. Wechseln Sie zur Registerkarte *Details.*
5. Klicken Sie auf das Feld *Fingerabdruck* des Zertifikats.
6. Kopieren Sie den Wert in die Zwischenablage oder eine Textdatei.

Sie benötigen diesen Wert des Fingerabdrucks, um das Zertifikat ordnungsgemäß mit BranchCache zu verbinden. Öffnen Sie dazu auf dem Hosted-Cache-Server eine Eingabeaufforderung mit Administratorrechten und geben Sie den folgenden Befehl ein:

netsh http add sslcert ipport=0.0.0.0:443 certhash=<Fingerabdruck ohne Leerzeichen> appid={d673f5ee-a714-454d-8de2-492e4c1bd8f8}

Achten Sie darauf, an der entsprechenden Stelle alle Werte des Fingerabdrucks zu verwenden, aber die Leerzeichen zu entfernen. Ein Beispiel des Befehls wäre:

*netsh http add sslcert ipport =0.0.0.0:443 certhash=?**9651f566c7d0e42679805a6df8688fe14646fc3a** appid={d673f5ee-a714-454d-8de2-492e4c1bd8f8}*

Mit dem Befehl *netsh http show urlacl* können Sie überprüfen, ob das Zertifikat korrekt mit der URL *https://+:443/C574AC30-5794-4AEE-B1BB-6651C5315029* verbunden ist. Sie finden diese URL oft ganz unten im Fenster.

Klicken Sie doppelt auf das Serverzertifikat in der *Zertifikate*-Konsole, sehen Sie auf der Registerkarte *Details* im Bereich *Erweiterte Schlüsselverwendung*, ob das Zertifikat für Clientauthentifizierung und Serverauthentifizierung konfiguriert ist.

Achten Sie darauf, dass die Clients der Zertifizierungsstelle, die das Zertifikat ausgestellt hat, vertrauen. Dazu muss das Zertifikat der Stammzertifizierungsstelle als vertrauenswürdig bei den Clients hinterlegt sein.

22.4.3 Einstellungen auf dem Hosted-Cache-Server anpassen

Standardmäßig verwendet der Hosted-Cache-Server ein Prozent des Speicherplatzes für BranchCache. Wollen Sie den Wert ändern, verwenden Sie den folgenden Befehl:

netsh branchcache set cachesize size=<Prozent> percent=true

Nehmen Sie die Einstellungen über Gruppenrichtlinien vor, können Sie den Wert nicht mehr über die Eingabeaufforderung anpassen. Konfigurieren Sie die Einstellungen nicht über eine Richtlinie, können Sie den Hosted Cache auf dem Server auch mit dem Befehl *netsh branchcache set service mode=HOSTEDSERVER* aktivieren. Der Server nimmt standardmäßig auf den beiden Ports 80 und 443 Daten entgegen. Der Port 80 dient der Verbindung von Clients, die Daten vom Server abrufen wollen, der Port 443 dem Hochladen von Daten von anderen Clients in den Cache. Generell lassen sich diese Ports anpassen. Allerdings ist diese Anpassung nicht empfehlenswert, da Sie diese auf allen Clients manuell vornehmen und Registrywerte ändern müssen.

Mit dem Befehl *netsh branchcache show status all* lassen Sie sich auf dem Hosted-Cache-Server die Einstellungen anzeigen. Hier sehen Sie, ob alle Werte korrekt hinterlegt sind.

22.4.4 Content-Server konfigurieren

Der Content-Server ist der Datei- oder Webserver in der Zentrale, auf dem Sie den Rollendienst und das Feature für BranchCache installiert, über Gruppenrichtlinien den Hashzugriff konfiguriert und bei den Freigaben BranchCache aktiviert haben. Führen Sie auch auf dem Content-Server in der Eingabeaufforderung den Befehl *netsh branchcache show status all* aus, um dessen Konfiguration zu überprüfen. Die Einstellungen für Server, die als Hosted-Cache-Server dienen, finden Sie in den Gruppenrichtlinien über *Computerkonfiguration/Richtlinien/Administrative Vorlagen/Netzwerke*. Über *LanMan-Server* nehmen Sie Einstellungen für die Server vor. Die Clientkonfiguration nehmen Sie über *BranchCache* vor. Auf dem Dateiserver, der als Content-Server dient, aktivieren Sie die Einstellung *Hashveröffentlichung für BranchCache*. BranchCache aktivieren Sie über die Eigenschaften der Freigabe:

1. Rufen Sie die Eigenschaften der Freigabe auf, für die Sie BranchCache aktivieren wollen.
2. Klicken Sie auf der Registerkarte *Freigabe* auf die Schaltfläche *Erweitert*.
3. Wechseln Sie auf die Registerkarte *Zwischenspeichern*.
4. Aktivieren Sie das Kontrollkästchen *BranchCache*.

22.5 BranchCache auf Clients konfigurieren

Standardmäßig ist BranchCache auf Windows-Clients deaktiviert. Damit BranchCache im Netzwerk funktioniert, müssen Sie die Funktion auf den Servern aktivieren, für Freigaben aktivieren und anschließend die Clients im Netzwerk an die BranchCache-Infrastruktur anbinden.

Deaktivieren Sie den Netzwerkverkehr von BranchCache über die Firewalleinstellungen in Windows, können andere Clients im Netzwerk bei einer Distributed-Cache-Umgebung nicht auf die Daten des Rechners zugreifen. Arbeiten an dem Client aber verschiedene Benutzer, profitieren diese dennoch von BranchCache, allerdings nur lokal auf dem Rechner.

22.5.1 Clientkonfiguration mit Gruppenrichtlinien konfigurieren

Zur Aktivierung von BranchCache erstellen Sie am besten ein neues GPO und weisen dieses den Clients zu, die BranchCache nutzen sollen. Die Einstellungen für Dateiserver in Gruppenrichtlinien finden Sie über *Computerkonfiguration/Richtlinien/Administrative Vorlagen/Netzwerk*. Hier aktivieren Sie auch den unterstützten Modus und den freien Speicherplatz für BranchCache. Aktivieren Sie *BranchCache-Modus "Gehosteter Cache" festlegen*, müssen Sie über die Richtlinie auch den FQDN des Servers in der Niederlassung festlegen (Hosted-Cache-Server), der die Daten vom Dateiserver der Zentrale (Content-Server) abruft.

22.5.2 Firewalleinstellungen für BranchCache setzen

Damit BranchCache funktioniert, müssen Sie auf den Clients noch Firewalleinstellungen anpassen. Diese Einstellungen sind für den Modus *Distributed Cache* und den Modus *Hosted Cache* notwendig. Am besten verwenden Sie dazu eine Gruppenrichtlinie:

1. Sie finden die Einstellungen über *Computerkonfiguration/Richtlinien/Windows-Einstellungen/Sicherheitseinstellungen/Windows-Firewall mit erweiterter Sicherheit/Eingehende Regeln.*
2. Erstellen Sie über das Kontextmenü eine neue Regel.
3. Wählen Sie die Option *Vordefiniert.*
4. Wählen Sie als Regel *BranchCache – Inhaltsabruf (verwendet HTTP)* und schließen Sie die Erstellung der Regel ab.

Betreiben Sie BranchCache im Modus *Distributed Cache*, müssen Sie auf dem gleichen Weg eine weitere Regel erstellen. Wählen Sie als vordefinierte Regel *BranchCache – Peerermittlung (verwendet WSD).* Über das WSD-Protokoll ermitteln Clients, ob eine benötigte Datei bereits auf einem Windows-Client im Netzwerk gespeichert ist. Diese Regel benötigt eine Kommunikation auf Port 3702, die Inhaltsübermittlung verwendet Port 80.

Clientkonfiguration mit Netsh

Neben der Möglichkeit über Gruppenrichtlinien können Sie mit der Eingabeaufforderung den Cachemodus bearbeiten und Einstellungen vornehmen.

Gruppenrichtlinieneinstellungen haben Vorrang vor Einstellungen, die Sie mit *netsh* vornehmen, und überschreiben die Einstellungen wieder, wenn sich diese überschneiden.

BranchCache für Distributed Cache aktivieren

Wollen Sie in der Niederlassung mit Distributed Cache arbeiten, verwenden Sie den Befehl:

netsh branchcache set service mode=DISTRIBUTED

Sind bereits Richtlinien gesetzt, erhalten Sie bei der Ausführung auf dem Client eine entsprechende Meldung. Geben Sie den Befehl ein, wird die Firewall auf dem Client bereits automatisch für die beiden erwähnten Firewallregeln aktiviert.

BranchCache für Hosted Cache aktivieren

Wollen Sie mit Hosted Cache in der Niederlassung arbeiten, verwenden Sie folgenden Befehl:

netsh branchcache set service mode=HOSTEDCLIENT LOCATION=<Server in Niederlassung der als Hosted-Cache-Server funktioniert>

Auch dieser Befehl konfiguriert automatisch die Firewall auf dem Client.

Mit dem Befehl *netsh branchcache show status all* können Sie sich einen Status der Clientkonfiguration anzeigen lassen. Mit dem Befehl *netsh branchcache show hostedcache* lassen Sie sich den Hosted-Cache-Server anzeigen.

Mit dem Befehl *netsh branchcache flush* löschen Sie den lokalen Cache auf den Clientcomputern.

Die beiden neuen Technologien BranchCache und DirectAccess arbeiten zusammen. Setzen Sie im Unternehmen Windows Server 2022 und Windows mit DirectAccess ein, können Client-Rechner auf alle Funktionen im Netzwerk zugreifen, genauso wie beim internen Zugriff. Das hat zum Beispiel den Vorteil, dass auch Gruppenrichtlinien auf Clients funktionieren.

Damit dieser Zugriff funktioniert, muss der DirectAccess-Server im internen Netzwerk unter Windows Server 2022 laufen. Die Verbindung zwischen Client und Server funktioniert über ein IPsec-gesichertes virtuelles privates Netzwerk (VPN). Die Kommunikation erfolgt dazu mittels IPv6 zwischen Windows und dem DirectAccess-Server unter Windows Server 2022.

Sobald sich der Client mit dem Netzwerk verbunden hat, kommuniziert dieser weiter mit IPv4, die IPv6-Verbindung endet aus Sicherheitsgründen am DirectAccess-Server. Verwenden Sie im Unternehmen IPv6, kann der IPsec-Datenverkehr natürlich auch im internen Netzwerk fortgeführt werden. Auf dem DirectAccess-Server legen Sie ebenfalls fest, auf welche internen Server der Zugriff erfolgen darf.

Zwischen den Clients, die BranchCache nutzen, muss der Port 3702 erlaubt sein, auch der Port 80 darf nicht blockiert werden. Für die Verschlüsselung verwenden die Clients und der Hosted-Cache-Server oft SSL und benötigen daher die Kommunikation über den Port 443.

22.6 Leistungsüberwachung und BranchCache

In Windows Server 2022 finden Sie einige Erweiterungen für den Leistungsmonitor bezüglich BranchCache. Wollen Sie BranchCache überwachen, fügen Sie am besten alle Leistungsindikatoren hinzu und wechseln über die dritte Schaltfläche von links in den Modus *Bericht*. So erhalten Sie einen guten Überblick.

Den Leistungsmonitor starten Sie am schnellsten, wenn Sie *perfmon* auf der Startseite eingeben. Damit die Leistungsindikatoren verfügbar sind, müssen Sie das Feature *BranchCache* auf dem Server aktivieren. Mehr zu diesem Thema lesen Sie in Kapitel 38.

Mit dem Befehl *netsh branchcache show localcache* lassen Sie sich den Ordner und die Größe des Caches auf dem Server anzeigen. Mit *netsh branchcache show status all* können Sie sich über den aktuellen Status informieren.

22.7 Zusammenfassung

In diesem Kapitel haben wir Ihnen gezeigt, wie Sie den Zugriff auf Dateien in Windows und Windows Server 2022 mit dem BranchCache-Feature beschleunigen. Sie konnten in diesem Kapitel lesen, wie Sie die Einrichtung mit oder ohne einen zusätzlichen Server durchführen und welche Konfigurationen notwendig sind.

Im nächsten Kapitel gehen wir auf die Konfiguration eines Druckservers im Windows-Netzwerk ein.

Kapitel 23

Druckerserver betreiben

In diesem Kapitel zeigen wir Ihnen, wie Sie Windows Server 2022 als Druckerserver betreiben. Wir gehen darauf ein, wie Sie Smartphones und Tablet-PCs anbinden und Drucken mit diesen Geräten ermöglichen.

Wollen Sie einen Windows Server 2022 als Druckerserver einsetzen, installieren Sie die Serverrolle *Druck- und Dokumentdienste* über den Server-Manager. In diesem Fall werden die notwendigen Verwaltungsprogramme installiert und in der Windows-Firewall die Ausnahmen für freigegebene Drucker eingetragen. Windows Server 2022 wird mit Druckertreibern geliefert, die auch mit alten Windows-Versionen einsetzbar sind. Damit ein Drucker im Netzwerk zur Verfügung gestellt wird, müssen Sie diesen zunächst auf dem Druckerserver installieren. Die Installation erfolgt dabei genauso wie die Installation eines lokalen Druckers auf einer Arbeitsstation. Danach geben Sie ihn frei und binden die Arbeitsstationen, Tablets/Smartphones an.

23.1 PrintNightmare beachten

Eine der gravierendsten Lücken, die Microsoft noch nicht endgültig geschlossen hat, ist eine Lücke des Windows Print Spooler. Die Lücke CVE-2021-34527 (*https://msrc.microsoft.com/update-guide/vulnerability/CVE-2021-34527*) ermöglicht ohne den Patch die Ausführung von Code über das Netzwerk. Die Sicherheitslücke ist öffentlich bekannt und wird aktuell auch bereits angegriffen.

Microsoft kämpft weiter mit der PrintNightmare-Schwachstelle und stellt verschiedene Updates zur Verfügung. Diese bieten aber keine endgültige Lösung. Die Lücke betrifft im Grunde genommen alle Windows-Systeme ab Windows 7 bis Windows 10 und Windows Server 2019. Da die Druckerverwaltung auch in Windows 11 und Windows Server 2022 nicht grundlegend unterschiedlich ist, besteht auch hier generell die Gefahr des gleichen Angriffs.

Die als PrintNightMare beschriebene Schwachstelle CVE-2021-34527 und CVE-2021-34481 (*https://msrc.microsoft.com/update-guide/en-US/vulnerability/CVE-2021-34481*) ermöglicht es Angreifern, über das Netzwerk und grundsätzlich auch über das Internet, Skripts und direkte Befehle über den Print-Spooler auszuführen.

Die Lücke ist nicht theoretisch, sondern wird aktuell bereits ausgenutzt. Bereits am Patchday im Juli/August 2021 hat Microsoft mehr oder weniger erfolgreich versucht, die Lücke zu schließen. Die Installation der Patches kann leider zu Problemen auf den Druckerservern oder anderen Computern führen. Teilweise melden Anwender und Administratoren, dass nach der Installation der Updates Drucker nicht mehr funktionieren. In diesem Fall empfiehlt Microsoft die Deinstallation des Updates KB5004945 auf den betroffenen Computern. Dadurch wird der Computer zwar wieder anfälliger für PrintNightMare, allerdings bietet der Patch anscheinend ohnehin keinen umfassenden Schutz. Auf BleepingComputer wurde dazu ein Angriff auf einen aktuellen und gepatchten Windows 10-Rechner erfolgreich durchgeführt (*https://www.bleepingcomputer.com/news/Microsoft/remote-print-server-gives-anyone-Windows-admin-privileges-on-a-pc*).

Generell empfiehlt Microsoft, mit Sicherheitsrichtlinien in Windows zu definieren, dass nur Administratoren das Recht erhalten, Druckertreiber zu installieren. Die Vorgehensweise ist auf der Seite »KB5005010: Einschränken der Installation neuer Druckertreiber nach Anwendung der Updates vom 6. Juli 2021« (*https://support.microsoft.com/de-de/topic/kb5005010-einschr%C3%A4nken-der-installation-neuer-druckertreiber-nach-anwendung-der-updates-vom-6-juli-2021-31b91c02-05bc-4ada-a7ea-183b129578a7*) zu finden.

Microsoft arbeitet derzeit weiter an der Lösung, sodass in den nächsten Patchdays weitere Updates für dieses Problem erscheinen werden. Derzeit empfiehlt Microsoft die Installation von Druckertreibern nur von offiziellen Webseiten.

Damit Patches funktionieren, müssen einige Registry-Einstellungen korrekt gesetzt sein:

HKEY_LOCAL_MACHINE\SOFTWARE\Policies\Microsoft\Windows NT\Printers\PointAndPrint

NoWarningNoElevationOnInstall = 0 (DWORD)

UpdatePromptSettings = 0 (DWORD)

Generell ist es sehr empfehlenswert, auf allen Servern den Systemdienst *Druckwarteschlange* zu deaktivieren, wenn der Server nicht als Druckerserver zur Verfügung steht.

23.2 Drucken im Netzwerk und mit Smartphones oder Tablets

Es gibt eine Vielzahl an Möglichkeiten, Drucker an das Netzwerk anzubinden und an die verschiedenen PCs, Smartphones oder Tablets anzubinden. Viele Drucker beherrschen WLAN und auch die Anbindung von Powerline-Adaptern, die Stromleitungen für das Netzwerk nutzen, sind ein möglicher Weg, um auch entfernte Drucker an Windows Server 2022 anzubinden. Viele Drucker verfügen über eine eigene Netzwerkschnittstelle, die eine direkte Ansteuerung erlauben. Dazu kommen noch Drucker mit WLAN-Fähigkeit.

Auch viele DSL-Router und Firewalls bieten mittlerweile die Möglichkeit, Drucker per USB anzubinden und im Netzwerk freizugeben. Das ist vor allem für kleine Unternehmen sehr wichtig. Wollen Sie Drucker im Netzwerk freigeben, muss zum Drucken dieser Computer angeschaltet sein. Einfacher ist es, Drucker direkt im Netzwerk zur Verfügung zu stellen, am besten mit einer eigenen Schnittstelle. Auch hier können Sie aber Drucker zusätzlich noch an Druckerserver mit Windows Server 2022 anbinden.

23.2.1 Drucker in Windows freigeben

Wenn Sie einen Drucker an einem Server mit Windows Server 2022 angeschlossen haben und von anderen PCs im Netzwerk zugreifen wollen, können Sie diesen freigeben:

1. Dazu installieren Sie den Drucker auf dem Server. Rufen Sie anschließend in der Systemsteuerung *Geräte und Drucker anzeigen* auf. Hier sehen Sie den entsprechenden Drucker.
2. Über das Kontextmenü rufen Sie *Druckereigenschaften* auf. Wechseln Sie zur Registerkarte *Freigabe.*
3. Anschließend aktivieren Sie die Option *Drucker freigeben* und geben einen Namen für den Drucker ein. Dieser sollte so kurz wie möglich sein, da Clientcomputer sich mit diesem Namen mit dem Computer verbinden.
4. Aktivieren Sie die Option *Druckauftragsbearbeitung auf Clientcomputern durchführen.* So entlasten Sie den Druckerserver.
5. Sie haben noch die Möglichkeit, durch Aktivieren des Kontrollkästchens *Im Verzeichnis anzeigen* den Drucker über das Active Directory auffindbar zu machen. Doch dazu später mehr.

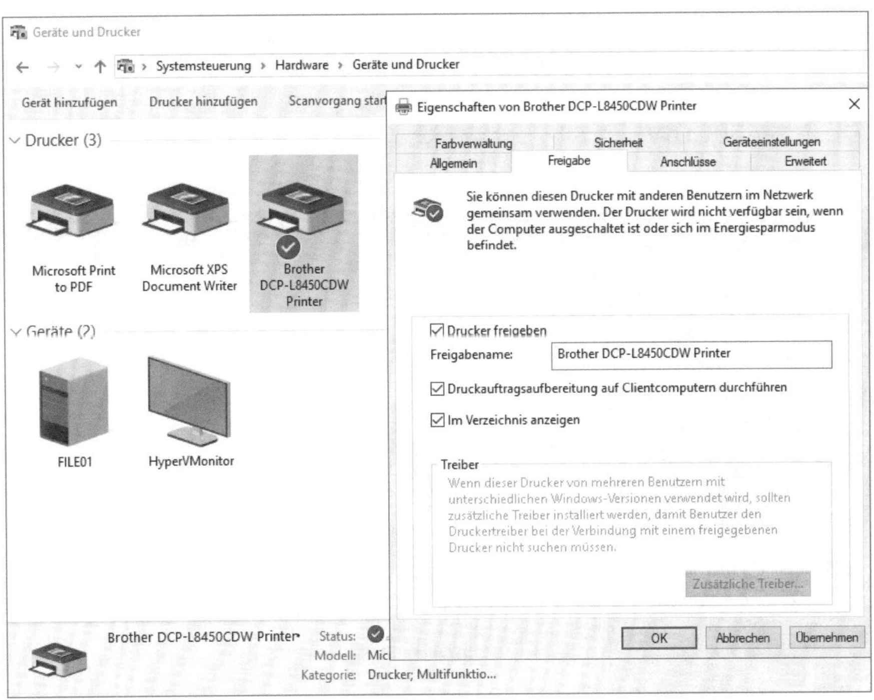

Abb. 23.1 Drucker in Windows Server 2022 freigeben

Wichtig ist noch die Schaltfläche *Zusätzliche Treiber*. Wenn sich ein Clientcomputer mit der Freigabe des Druckers verbindet, erhält er vom PC auch einen passenden Treiber. Unterscheiden sich aber das Betriebssystem des Druckerhosts vom Clientcomputer, lässt sich der Drucker nicht verbinden. Das gilt auch dann, wenn auf dem Host ein 64-Bit-System installiert ist und der Client ein 32-Bit-System verwendet. In diesem Fall aktivieren Sie bei den zusätzlichen Treibern noch die Option für das jeweilige Betriebssystem.

Bestätigen Sie die Eingaben mit *OK*, ist der Drucker freigegeben. Nach diesen Maßnahmen steht er im Netzwerk zur Verfügung. Damit er sich auf Clientcomputern verbinden lässt, ist der einfachste Weg die Zeichenfolge \\\\<*Server-Name des Drucker-Hosts*>\\<*Name der Druckerfreigabe*>. Den Drucker sehen Sie im Explorer, wenn Sie auf *Netzwerk* klicken. Ist er nicht sofort ersichtlich, klicken Sie auf den Namen des Computers, der den Drucker zur Verfügung stellt.

23.2.2 Drucker über WLAN anbinden

Drucker lassen sich auch über WLAN anbinden. Dazu müssen Sie einen Drucker einsetzen, der über einen eigenen WLAN-Adapter verfügt, oder ihn an einen WLAN-Accesspoint anbinden. Zunächst binden Sie diesen über seine eigene Steuerung an das WLAN-Netzwerk an.

Das funktioniert normalerweise direkt an der entsprechenden Hardware über einfach zu bedienende Assistenten. Ist der Drucker im Netzwerk verfügbar, sollten Sie den aktuellsten Druckertreiber beim Hersteller herunterladen und den Drucker anbinden. Netzwerkwissen ist in den wenigsten Fällen notwendig, da der Treiber die entsprechenden Schritte erledigt.

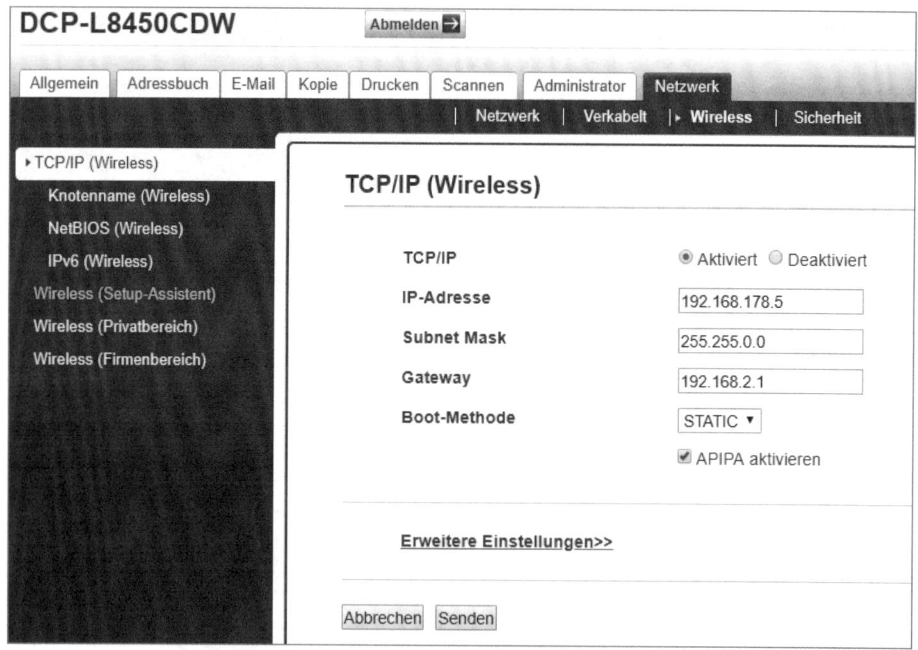

Abb. 23.2 Druckertreiber können WLAN-Drucker schnell und einfach anbinden.

Anschließend müssen Sie den Druckertreiber nur noch an den Geräten installieren, die den Drucker nutzen wollen. Konfigurieren Sie noch die Energiesparoptionen auf dem Gerät entsprechend, schaltet sich der Drucker in einen Energiesparmodus, wenn er nicht drucken muss.

Der Vorteil bei dieser Technik ist, dass kein Computer angeschaltet sein muss, um den Drucker zu nutzen, sondern dieser ständig im Netzwerk zur Verfügung steht. Die Drucker verfügen in den meisten Fällen über einen internen Webserver, der verschiedene Einstellungen und Statusabfragen erlaubt. Auf diesem Weg lassen sich besonders leicht Smartphones und Tablets anbinden.

Auf dem gleichen Weg binden Sie Drucker direkt über eine normale Netzwerkschnittstelle an (LAN). In diesem Fall müssen Sie den Drucker entweder mit einem Router oder WLAN-Accesspoint verbinden, der auch über eine normale Netzwerkschnittstelle verfügt. Ist kein direkter Anschluss möglich, verwenden Sie Powerline-Adapter. Diese können den Netzwerkverkehr direkt über Steckdosen weiterleiten. Damit dies funktioniert, sollten sich die Steckdosen idealerweise im gleichen Stromkreis befinden. Ansonsten besteht die Möglichkeit, dass sich die verschiedenen Adapter nicht finden. Elektriker können in diesem Fall aber mit elektronischen Bauteilen wie Phasengleichschaltern eine Verbindung herstellen. Entsprechende Adapter gibt es zum Beispiel von AVM, Devolo, aber auch Netlink und anderen Herstellern.

Verwenden Sie möglichst immer Adapter eines Herstellers, auch wenn viele kompatibel miteinander sind. Die Adapter verfügen über ein eigenes Steuerungsprogramm. Sie können für den Datenverkehr ein Kennwort hinterlegen, sodass in Mehrfamilienhäusern niemand den Datenverkehr mitschneiden kann. So können auch kleine Unternehmen Drucker schnell und einfach anbinden.

23.2.3 Eigenen Netzwerkanschluss konfigurieren

Wenn die Drucker über keinen optimierten Treiber verfügen, der eine direkte Anbindung an das Netzwerk erlaubt, können Sie die entsprechende Verbindung manuell herstellen. Auch beim Anschluss eines USB-Druckers an einen externen Druckerserver können Sie auf dem Druckerserver manuell einen Netzwerkanschluss erstellen, der den Druckertreiber mit dem Drucker verbindet. Die Verbindung funktioniert natürlich auch mit professionelleren Druckerservern:

1. Dazu installieren Sie den Druckertreiber auf dem Server und wählen irgendeinen Anschlussport aus. Dieser muss nicht funktionieren.
2. Nach der Installation rufen Sie über das Kontextmenü die *Druckeigenschaften* auf und wechseln zur Registerkarte *Anschlüsse*. Klicken Sie auf *Hinzufügen* und wählen Sie *Standard TCP/IP-Port* aus.
3. Es startet ein Assistent, der Sie bei der Anbindung unterstützt. Geben Sie bei *Druckername oder -IP-Adresse* die IP-Adresse ein, die im Drucker konfiguriert ist. Diese sehen Sie direkt am Drucker in den Netzwerkeinstellungen. Das Feld *Portname* lassen Sie leer, außer der Hersteller des Hardwaredruckerservers gibt eine bestimmte Angabe vor.
4. Anschließend versucht der Assistent eine Erkennung und bindet den Drucker an. Findet er keinen Anschlussnamen, verwenden Sie die Einstellung *Generic Network Card*.
5. Stellen Sie sicher, dass auf der Registerkarte *Anschlüsse* der neue Port hinzugefügt und ausgewählt ist. Der Drucker sollte jetzt funktionieren.

23.2.4 Drucken mit iPhone und iPad – AirPrint

Ein häufiges Problem ist das Drucken von Dateien über das Smartphone oder Tablet. Während auf PCs einfach das Installieren eines Druckertreibers ausreicht, lassen sich an Smartphones über diesen einfachen Weg keine Druckausgaben durchführen.

Drucker lassen sich per USB auch nicht so einfach an Smartphones anschließen. Für iPhone und iPad gibt es die Funktion AirPrint. Diese erlaubt das Drucken über WLAN, aber nur auf ausgewählten Druckern. Um diese Funktion zu nutzen, ist keine Installation notwendig. Sie müssen einfach die *Weiterleiten*-Funktion auswählen und den Druck starten. Anschließend scannt das iPhone/iPad das Netzwerk auf kompatible Drucker und bietet eine Druckerauswahl an. Den Druckauftrag sendet das Gerät per WLAN direkt an den Drucker. Sie benötigen dazu keine App und auch keinen Druckerserver. Alle Apps, die eine interne Druckfunktion haben, können AirPrint nutzen.

23.3 Freigegebene Drucker verwalten

Unabhängig davon, wie Sie einen Drucker installiert und freigegeben haben, können Sie in der Systemsteuerung auf dem Druckerserver Einstellungen vornehmen, um den Drucker im Netzwerk anzupassen und auch Rechte zur konfigurieren.

23.3.1 Anpassen der Einstellungen von Druckern

Sie finden die Einstellungen in der Systemsteuerung über *Hardware/Geräte und Drucker*. Klicken Sie mit der rechten Maustaste auf den Drucker und wählen Sie *Druckereigenschaften*.

Über die Registerkarte *Sicherheit* lassen sich die Zugriffsberechtigungen für Drucker konfigurieren. Hier gibt es drei Berechtigungen, die standardmäßig zugeordnet werden können:

- **Drucken** – Erlaubt die Ausgabe von Dokumenten auf dem Drucker. In den meisten Fällen ist hier die Gruppe *Jeder* eingetragen, das heißt, jeder Anwender darf den Drucker nutzen. Hier sollte die Gruppe entfernt werden. Anschließend kann zum Beispiel eine neu erstellte Gruppe hinzugefügt werden, die das Recht erhält, den Drucker zu nutzen. Andere Benutzergruppen, außer Administratoren sollten nicht das Recht haben, den Drucker zu nutzen.
- **Diesen Drucker verwalten** – Ermöglicht die Veränderung von Druckereinstellungen wie bei den auf den vorangegangenen Seiten beschriebenen Festlegungen.
- **Dokumente verwalten** – Erlaubt die Verwaltung von Warteschlangen und damit beispielsweise das Löschen von Dokumenten aus solchen Warteschlangen. Dieses Recht sollten entweder Administratoren erhalten oder speziell geschulte Anwender, die Dokumente aus den Druckwarteschlangen löschen sollen.

23.3.2 Der Zugriff auf freigegebene Drucker

Drucker können Sie wie Netzlaufwerke im Explorer durch die Syntax *<Servername>**<Drucker>* oder mit *net use <Servername>**<Drucker>* verbinden. Um auf einen freigegebenen Drucker im Netzwerk zuzugreifen, können Sie den Assistenten für die Druckerinstallation verwenden. Das ist zum Beispiel sinnvoll, wenn Sie den Drucker im Ordner, also in Active Directory, veröffentlicht haben. Klicken Sie auf *Drucker hinzufügen*, werden ab Windows 7 veröffentlichte Drucker automatisch hinzugefügt.

23.3.3 Eigenschaften von Druckern in der PowerShell ändern

Sie können Einstellungen von Druckern in der PowerShell anpassen. Dazu verwenden Sie das Cmdlet *Set-PrinterConfiguration*. Ein Beispiel ist das Anpassen der Papiergröße von Druckaufträgen. Im Gegensatz zur grafischen Oberfläche können Sie für alle Drucker auf einem Druckserver die Papiergröße auf einmal festlegen:

Get-Printer | Set-PrintConfiguration -PaperSize A4

Zusätzlich zu *Set-PrinterConfiguration* gibt es die Möglichkeit, Informationen anzuzeigen. Dazu verwenden Sie das Cmdlet

Get-PrinterConfiguration

Auch dieses können Sie mit *Get-Printer* verknüpfen, um zum Beispiel die Papiergröße der Drucker auf dem Server anzuzeigen:

Get-Printer | Get-PrintConfiguration |ft PrinterName, PaperSize

Nachfolgend finden Sie eine Liste aller Cmdlets in der PowerShell, mit denen Sie Drucker in der PowerShell verwalten:

Add-Printer	Fügt einen Drucker hinzu.
Add-PrinterDriver	Installiert einen Druckertreiber.
Add-PrinterPort	Installiert einen Druckerport.
Get-PrintConfiguration	Zeigt die Konfiguration eines Druckers an.
Get-Printer	Zeigt Informationen zu Druckern an.
Get-PrinterDriver	Zeigt die installierten Druckertreiber an.
Get-PrinterPort	Zeigt die vorhandenen Druckerports an.
Get-PrinterProperty	Zeigt die Eigenschaften der Drucker an.
Get-PrintJob	Zeigt die Druckjobs an.
Read-PrinterNfcTag	Zeigt Informationen eines Druckers von einem NFC-Tag an.
Remove-Printer	Löscht Drucker.
Remove-PrinterDriver	Löscht Druckertreiber.
Remove-PrinterPort	Löscht Druckerports.
Remove-PrintJob	Löscht Druckaufgaben.
Rename-Printer	Benennt einen Drucker um.
Restart-PrintJob	Startet einen Druckjob neu.
Resume-PrintJob	Setzt einen Druckjob fort.
Set-PrintConfiguration	Passt die Druckerkonfiguration an.
Set-Printer	Passt Drucker an.
Set-PrinterProperty	Passt die Druckereigenschaften an.
Suspend-PrintJob	Hält einen Druckauftrag an.
Write-PrinterNfcTag	Schreibt ein Drucker-NFC-Tag.

23.3.4 Druckaufträge in der PowerShell erzeugen

Übergeben Sie die Ausgabe von Cmdlets mit der Option | *Out-Printer* an das Cmdlet *Out-Printer*, druckt die PowerShell die Ausgabe auf dem Standarddrucker aus. Den Drucker können Sie auch in Anführungszeichen und der Bezeichnung in der Druckersteuerung angeben.

Mit dem Cmdlet *Write-Warning* lassen sich eigene Warnungen in der PowerShell anzeigen. *Write-Host* schreibt Nachrichten. Beide sind farblich unterschiedlich formatiert. Farbzuweisungen lassen sich nur für *Write-Host* setzen. Die Farben konfigurieren Sie mit *-ForeGroundColor* und *-BackGroundColor* manuell. Folgende Werte sind möglich:

Black	Schwarz
DarkBlue	Dunkelblau
DarkGreen	Dunkelgrün
DarkCyan	Dunkelzyan
DarkRed	Dunkelrot
DarkMagenta	Dunkelmagenta
DarkYellow	Dunkelgelb
Gray	Grau
DarkGray	Dunkelgrau
Blue	Blau
Green	Grün
Cyan	Zyan
Red	Rot
Magenta	Magentarot
Yellow	Gelb
White	Weiß

Diese Warnungen und Informationen können Sie dann direkt mit *Out-Printer* drucken lassen. Sie haben auch die Möglichkeit, direkt einen Text auf dem Drucker auszugeben. Dazu verwenden Sie den Befehl *"<Beliebiger Text" | Out-Printer*. Wollen Sie den Drucker ansteuern, zum Beispiel einen Drucker im Netzwerk verwenden, geben Sie folgenden Befehl ein:

"<Text>" | Out-Printer -Name \\<Druckserver>\<Freigegebener Drucker>

Neben Texten können Sie auf diesem Weg Informationen ausdrucken, zum Beispiel eine Liste aller aktuell gestarteten Prozesse:

Get-Process | Out-Printer

Sie können den Inhalt von Textdateien direkt auf Druckern ausgeben:

get-Content <Datei> | Out-Printer

23.3.5 Druckberechtigungen mit Skripts setzen – SetACL.exe

Berechtigungen lassen sich über Skripts umsetzen. Dabei kann das kostenlose Tool SetACL (*https://helgeklein.com/setacl*) helfen. Mit diesem können Administratoren die Berechtigungen von freigegebenen Druckern anpassen. Ein Beispielbefehl sieht folgendermaßen aus:

setacl.exe -on "\\<Server>\<Drucker>" -ot prn -actn ace -ace "n:<Domäne>\<Gruppe>;p:print"

Mit dem folgenden Befehl werden die Rechte gelöscht:

setacl.exe -on "\\<Server>\<Drucker>" -ot prn -actn trustee -trst "n1:<Domäne>\<Gruppe>; ta:remtrst;w:dacl"

Das ist zum Beispiel sinnvoll, wenn die Standardgruppen per Skript entfernt werden sollen und danach die gewünschten Gruppen hinzugefügt werden. Die Gruppe *Jeder* darf bei neu freigegebenen Druckern beispielsweise immer drucken. Soll diese Gruppe entfernt werden, nutzen Sie folgenden Befehl:

setacl.exe -on "\\<Server>\<Drucker>" -ot prn -actn trustee -trst "n1:Jeder;ta:remtrst;w:dacl"

Mit dem Tool lassen sich aber auch Berechtigungen anzeigen. Der Befehl dazu sieht folgendermaßen aus:

setacl.exe -on "\\<Server>\<Drucker>" -ot prn -actn list

Wollen Sie zum Beispiel der Helpdesk-Gruppe in der Active Directory-Domäne *Contoso* das Recht erteilen, die Warteschlange des Druckers *brother* auf dem Server *web* zu bearbeiten, wird der folgende Befehl verwendet:

setacl.exe -on "\\web\brother" -ot prn -actn ace -ace "n:contoso\Helpdesk;p:man_docs"

Eine umfangreiche Liste zum Umgang mit dem Tool finden Sie auf der Hilfeseite von *SetACL.exe* (*https://helgeklein.com/setacl/documentation/command-line-version-setacl-exe*). Für erfahrene Entwickler stellt der Programmierer von SetACL eine DLL-Version zur Verfügung. Diese lässt sich in selbst entwickelte Programme oder grafische Oberflächen integrieren.

23.4 Verwaltung von Druckjobs

Führt ein Drucker viele Druckjobs aus, ist es oft notwendig, dass Sie diese Jobs beobachten und unter Umständen beenden, wenn ein Job einen ganzen Drucker blockiert. Klicken Sie in der Druckersteuerung doppelt auf den entsprechenden Drucker und wählen Sie dann *Druckausgabe anzeigen*. Damit wird die Druckwarteschlange geöffnet. In dieser sind alle Dokumente zu finden, die aktuell im Druck sind beziehungsweise auf ihren Ausdruck warten.

Über die Befehle in den Menüs *Drucker* und *Dokument* lassen sich die anstehenden Druckjobs verwalten. Die dort verfügbaren Befehle sind weitgehend selbsterklärend. Wenn sich fehlerhafte Druckjobs in der Verwaltung des Druckers nicht löschen lassen, beenden Sie die Druckwarteschlange auf dem Server. Sie können diesen Vorgang entweder über die Dienstesteuerung vornehmen oder in der Eingabeaufforderung *net stop spooler* eingeben und anschließend den Dienst wieder mit *net start spooler* starten lassen. Alle Druckaufträge sollten jetzt gelöscht sein oder sich zumindest ohne weitere Fehler löschen lassen.

23.4.1 Druckverwaltungs-Konsole – Die Zentrale für Druckerserver

Die Druckverwaltung ist eine zentrale Verwaltungsoberfläche für Drucker in Ihrem Unternehmen. Sie starten das Tool über die Programmgruppe *Tools* im Server-Manager. Sie können mit dieser Konsole alle Druckerserver Ihres Unternehmens an zentraler Stelle verwalten und neue Drucker hinzufügen oder entfernen.

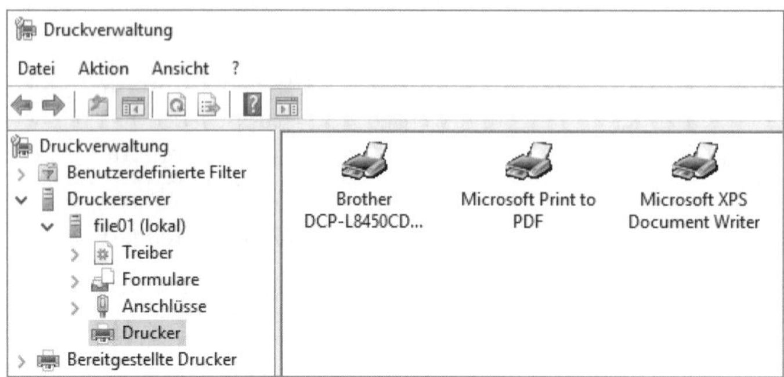

Abb. 23.3 Druckerserver mit der Druckverwaltung überwachen und konfigurieren

Klicken Sie mit der rechten Maustaste auf der Konsolenstruktur auf den Eintrag *Druckerserver*, können Sie weitere Server der Verwaltungskonsole hinzufügen, die Sie zukünftig über diese zentrale Stelle verwalten. Auf den Servern müssen aber die Druck- und Dokumentdienste installiert sein, wie zu Beginn des Kapitels beschrieben. Die Drucker der verbundenen Druckerserver werden in der Druckverwaltung an drei Orten gespeichert: *Benutzerdefinierte Druckerfilter*, *Druckerserver* und *Bereitgestellte Drucker*.

23.4.2 Erstellen von benutzerdefinierten Filteransichten

Der Eintrag *Benutzerdefinierte Druckerfilter* in der Druckverwaltung enthält verschiedene Filter, über die Sie auf einen Blick alle notwendigen Informationen zu den installierten Druckern im Unternehmen anzeigen können.

Sie erkennen, welche Drucker derzeit nicht bereit sind, und zwar von allen Druckerservern, die Sie verbunden haben. Außerdem werden Ihnen an dieser Stelle alle Drucker zentral angezeigt sowie alle installierten Druckertreiber. Ebenso lassen sich alle Druckaufträge in der Konsole filtern.

Neben den bereits standardmäßig angelegten Filtern können Sie durch einen Klick mit der rechten Maustaste auf den Knoten *Benutzerdefinierter Filter* weitere Filter erstellen, zum Beispiel Farbdrucker, Duplexdrucker oder welche Kategorien auch immer Sie benötigen. Der Assistent zum Erstellen eines neuen benutzerdefinierten Filters lässt viele Auswahlmöglichkeiten zu.

23.4.3 Exportieren und Importieren von Druckern

Klicken Sie mit der rechten Maustaste auf einen der verbundenen Druckerserver, können Sie verschiedene Aufgaben durchführen. Unter anderem können Sie alle Druckertreiber auf einen Schlag exportieren. Die Exportdatei können Sie auf einem anderen Druckerserver wieder importieren. Durch das Exportieren erhalten Sie außerdem eine Datensicherung der Druckkonfiguration und können beim Einsatz zahlreicher Drucker auf dem Server sehr schnell eine Wiederherstellung durchführen, da Sie nur die Exportdatei benötigen.

Über das Kontextmenü können Sie auch neue Drucker hinzufügen. Im Gegensatz zum normalen Installations-Assistenten für Drucker können Sie über den Assistenten in der Druckverwaltung automatisch nach verfügbaren Druckern im gleichen Subnetz suchen lassen.

23.4.4 Drucker verwalten und über Gruppenrichtlinien verteilen lassen

Klicken Sie mit der rechten Maustaste auf einen Drucker, können Sie über das Kontextmenü verschiedene Aufgaben durchführen.

So können Sie zum Beispiel mit dem Befehl *Mit Gruppenrichtlinie bereitstellen* eine Gruppenrichtlinie auswählen, in die Sie den Drucker integrieren. Alle Benutzer und alle Computer, für die diese Richtlinie angewendet wird, werden automatisch mit dem hinterlegten Drucker verbunden.

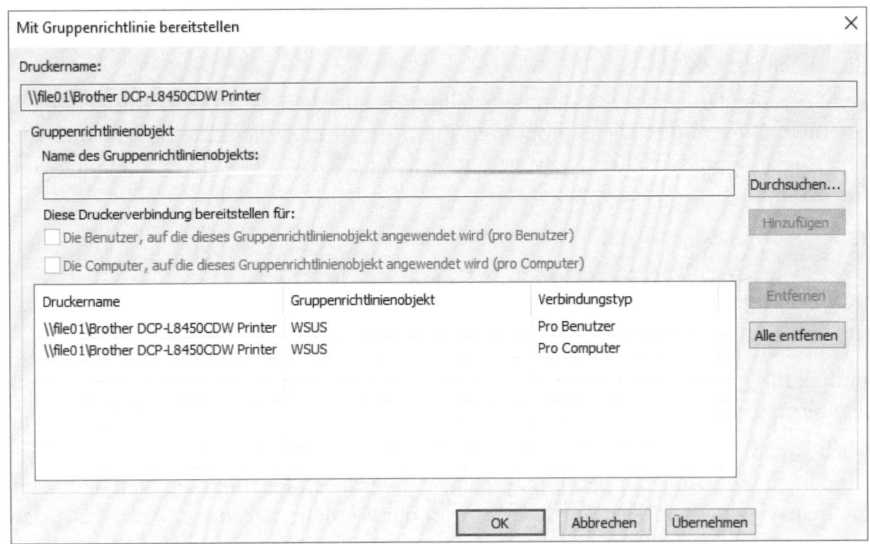

Abb. 23.4 Verteilen von Druckern über Gruppenrichtlinien

Wenn die Verarbeitung der Gruppenrichtlinie auf Clientcomputern ausgeführt wird, werden die Druckerverbindungseinstellungen auf die dem Gruppenrichtlinienobjekt zugeordneten Benutzer oder Computer angewendet.

Über diese Methode bereitgestellte Drucker werden im Knoten *Bereitgestellte Drucker* in der Druckverwaltung angezeigt. Ein Drucker, der so installiert wurde, kann von jedem Benutzer dieses Computers verwendet werden. Bevor Sie Drucker mithilfe der Gruppenrichtlinie installieren können, muss für die Druckerverbindungseinstellungen ein Gruppenrichtlinienobjekt vorhanden sein, das den entsprechenden Benutzern und Computern zugewiesen wurde:

1. Klicken Sie in der Gruppenrichtlinienkonsole mit der rechten Maustaste auf das Gruppenrichtlinienobjekt, das die Druckerverbindungseinstellungen enthält, und klicken Sie dann auf *Bearbeiten.*
2. Wenn die Druckerverbindungen pro Computer bereitgestellt werden, navigieren Sie zu *Computerkonfiguration/Windows-Einstellungen/Skripts (Starten/Herunterfahren).*
3. Wenn die Druckerverbindungen pro Benutzer bereitgestellt werden, navigieren Sie zu *Benutzerkonfiguration/Windows-Einstellungen/Skripts (Anmelden/Abmelden).*
4. Klicken Sie mit der rechten Maustaste auf *Start* oder *Anmeldung* und wählen Sie im Kontextmenü den Eintrag *Eigenschaften* aus.
5. Klicken Sie im Dialogfeld auf die Schaltfläche *Dateien anzeigen.*
6. Kopieren Sie die Datei *PushPrinterConnections.exe* an diesen Speicherort und schließen Sie dann das Dialogfeld. Die Datei befindet sich im Ordner *C:\Windows\System32.*
7. Klicken Sie auf *Hinzufügen.*
8. Geben Sie *PushPrinterConnections.exe* in das Feld *Skriptname* ein.
9. Wenn Sie die Protokollierung aktivieren möchten, geben Sie *-log* in das Feld *Skriptparameter* ein. Protokolldateien werden auf dem Computer, auf den die Richtlinie angewendet wird, in die Datei *%WinDir%\Temp\ppcMachine.log* oder *%Temp%\ppcUser.log* geschrieben.
10. Klicken Sie auf *OK.*
11. Wenn Sie die Druckerverbindungseinstellungen aus dem Gruppenrichtlinienobjekt entfernen, entfernt das Dienstprogramm *PushPrinterConnections.exe* die entsprechenden Drucker beim nächsten Neustart oder bei der nächsten Benutzeranmeldung vom Clientcomputer.

23.5 Druckprobleme im Netzwerk lösen

Wenn Anwender über das Internet auf freigegebene Drucker zugreifen wollen oder per IP-Verbindung mit einem Netzwerkdrucker verbunden sind, gibt es eine Vielzahl an möglichen Problemen.

Natürlich sollten Sie überprüfen, ob der Drucker auf dem Druckserver optimal funktioniert und nicht als offline auf dem Server angezeigt wird. Auf Rechnern im Netzwerk können Sie den verbundenen Drucker löschen und dann erneut verbinden. Am schnellsten geht das, wenn Sie im Explorer mit \\<*Druckservername*> die Freigaben des Servers anzeigen lassen und per Doppelklick den Drucker erneut verbinden. Alternativ verwenden Sie das Kontextmenü des Druckers.

Sie sollten über das Kontextmenü des Netzwerksymbols über das Netzwerk- und Freigabecenter überprüfen, ob im entsprechenden Netzwerkprofil (Domäne oder Privat) die Datei- und Druckerfreigabe aktiviert ist.

23.5.1 Generelle Vorgehensweise beim Lösen von Druckproblemen

Liegen bei Ihnen Probleme mit dem Drucken im Netzwerk vor, sollten Sie zunächst überprüfen, ob der Fehler am lokalen Netzwerk liegt oder am Drucker selbst. Checken Sie die Druckwarteschlange auf dem Druckserver und prüfen Sie, ob einzelne Druckaufträge den Drucker blockieren. Natürlich sollten Sie zunächst auf dem Drucker selbst mit dem Auslösen einer Testseite sicherstellen, dass der Drucker an sich funktioniert. Kann der Drucker seine eigene Testseite ausdrucken und der angeschlossene Computer direkt auch drucken, liegt es am Netzwerk. Diese beiden Punkte stehen immer am Anfang.

Ist der Drucker direkt am Netzwerk angeschlossen, überprüfen Sie die Netzwerkverfügbarkeit und pingen Sie den Drucker an. Haben Sie den Drucker an einen Windows-Druckserver angeschlossen, überprüfen Sie über das Kontextmenü die Druckeigenschaften. Überprüfen Sie, ob der korrekte Port hinterlegt ist. Arbeiten Sie mit einem LPR-Port/TCP-IP-Port, kann es helfen, einen neuen Port zu erstellen. Binden Sie den Drucker dann an den neuen Port und löschen Sie den alten. Sie können den Drucker auch einfach zunächst an einen anderen Port konfigurieren, dann den TCP-Port löschen und danach neu erstellen. Doch dazu später mehr.

Deaktivieren oder aktivieren Sie für den Anschluss die Optionen *Bidirektionale Unterstützung aktivieren* und *Druckerpool aktivieren* auf der Seite mit den Anschlüssen. Auch hier kann es oft zu Problemen kommen, wenn der Druckertreiber diese Funktion nicht unterstützt.

Auf der Registerkarte *Erweitert* können Sie entweder die Funktion *Druckaufträge direkt zum Drucker leiten* oder *Über Spooler drucken um Druckvorgänge schneller abzuschließen* aktivieren. Testen Sie hier verschiedene Einstellungen. Abhängig von den Druckjobs auf dem Server und dem eingesetzten Treiber kann es hier zu Problemen kommen, wenn die Einstellungen nicht kompatibel sind.

Mit Änderungen an diesen Einstellungen lassen sich häufig Druckprobleme im Netzwerk beheben. Allerdings sollten Sie zum Testen die Druckaufträge löschen und dann jeweils immer einen neuen Druckauftrag testen lassen.

Auf der Registerkarte *Erweitert* können Sie auch den Treiber auswählen, mit dem der Drucker arbeitet. Eine andere Treiberversion kann bei Problemen durchaus Abhilfe schaffen.

23.5.2 Druckjobs überprüfen und löschen

Wenn ein Druckjob den Drucker blockiert, ist oft der beste Weg, den Druckerspooler-Dienst auf dem lokalen Rechner oder Druckserver neu zu starten. Dazu verwenden Sie in der Eingabeaufforderung mit administrativen Rechten den Befehl *net stop spooler* und danach *net start spooler*.

Administratoren von Druckservern können die PowerShell verwenden, um Druckprobleme aufzuspüren und Informationen über Druckjobs zu erhalten. So lassen sich die Aufträge anhalten, fortsetzen, löschen und mehr. Auf Wunsch können Sie für alle Drucker alle Aufträge anzeigen und diese sogar filtern lassen:

Get-Printer | Get-PrintJob | fl

Dadurch ist schnell erkennbar, welcher Druckjob einen Drucker ausbremst und alle weiteren Aufträge blockiert. Wollen Sie Druckaufträge löschen, verwenden Sie das Cmdlet *Remove-PrintJob*. Auch hier haben Sie die Möglichkeit, die Printjobs einzelner Drucker zu filtern und löschen zu lassen:

Remove-PrintJob -PrinterName "Samsung" -ID 1

Die PowerShell kann anzeigen, welche Benutzer einen Druckjob gestartet haben. Auf Wunsch können Sie dann in der PowerShell bei allen Druckern im Unternehmen die Druckaufträge eines bestimmten Anwenders löschen lassen. Das geht in der PowerShell wesentlich schneller als mit grafischen Werkzeugen:

Get-Printer | Get-PrintJob | where UserName -LIKE <Benutzername> | Remove-PrintJob

Suspend-PrintJob hält Druckjobs an, mit *Resume-PrintJobs* starten Sie diese wieder.

23.5.3 Problembehebung mit Assistenten durchführen

Microsoft bietet zur Problemlösung Assistenten an. Suchen Sie in Windows nach *Problembehandlung*, erhalten Sie eine Seite der Systemsteuerung, über die Sie verschiedene Probleme lösen können, darunter auch Probleme mit Druckern. Klicken Sie auf *Hardware und Sound/Drucker verwenden*, startet ein Assistent, der beim Beheben von Druckerproblemen helfen kann.

Bereits beim ersten Scanvorgang überprüft der Assistent, ob er Fehler finden und beheben kann. Liegt ein Problem mit dem Druckzwischenspeicher vor, kann er diese gleich beheben. Reicht diese Lösung nicht aus, können Sie auf der nächsten Seite entweder den Drucker auswählen, der Probleme bereitet, oder Sie können die Option *Mein Drucker ist nicht aufgeführt* verwenden, um Netzwerkdrucker, die versehentlich getrennt wurden, wieder zu verbinden. Nach der Auswahl des Druckers versucht der Assistent, Probleme zu beheben.

Über den Link *http://go.microsoft.com/fwlink/p/?LinkId=260616* bietet Microsoft eine *diagcab*-Datei an, die Sie auf dem Rechner ausführen können. Auch hierüber wird ein Assistent zur Problembehandlung gestartet. Der Assistent entspricht weitgehend den Möglichkeiten des Offline-Assistenten, kann aber mehr Probleme lösen. Da die Ausführung nur wenige Sekunden dauert, ergibt der Einsatz durchaus Sinn.

23.5.4 Druckeinstellungen zur Fehlerbehebung überprüfen

Über das Kontextmenü eines Druckers, der Probleme macht, rufen Sie *Druckereigenschaften* auf. Auf der Registerkarte *Erweitert* können Sie die Funktion *Druckaufträge direkt zum Drucker leiten* oder *Über Spooler drucken um Druckvorgänge schneller abzuschließen* aktivieren. Testen Sie hier verschiedene Einstellungen.

Abhängig von den Druckjobs auf dem Server und dem eingesetzten Treiber kann es hier zu Problemen kommen, wenn die Einstellungen nicht kompatibel sind.

Über die Registerkarte *Sicherheit* lassen sich die Zugriffsberechtigungen für Drucker konfigurieren. Hier gibt es drei Berechtigungen, die standardmäßig zugeordnet werden können:

- *Drucken* – Erlaubt die Ausgabe von Dokumenten auf dem Drucker.
- *Diesen Drucker verwalten* – Ermöglicht die Veränderung von Druckereinstellungen, wie bei den auf den vorangegangenen Seiten beschriebenen Festlegungen.

- *Dokumente verwalten* – Erlaubt die Verwaltung von Warteschlangen und damit beispielsweise das Löschen von Dokumenten aus solchen Warteschlangen.

23.5.5 Berechtigungen und Sicherheitseinstellungen überprüfen

Über die *Druckereigenschaften* erreichen Sie die Registerkarte *Sicherheit*. Hier sehen Sie, welche Anwender den Drucker nutzen und verwalten dürfen. Überprüfen Sie an dieser Stelle also, ob die entsprechende Benutzergruppe das Recht hat, zu drucken. Überprüfen Sie auch, ob das Benutzerkonto des entsprechenden Anwenders Mitglied der Benutzergruppe ist.

Es gibt noch andere Bereiche, in denen Berechtigungen beim Drucken eine Rolle spielen. Können Anwender auf Remotedesktop-Sitzungshosts nicht drucken oder gibt es auf anderen Servern Probleme mit dem Drucken, überprüfen Sie die Berechtigungen für das Verzeichnis *C:\Windows\System32\Spool*. In den Eigenschaften des Verzeichnisses sollten Sie auf der Registerkarte *Sicherheit* überprüfen, ob die entsprechenden Benutzer oder Gruppen das Recht haben, dieses Verzeichnis zu lesen und in das Verzeichnis zu schreiben. Eine Rolle spielt das vor allem dann, wenn Sie in kleinen Niederlassungen oder Netzwerken den RDP-Dienst auf Domänencontrollern oder anderen Servern zusätzlich installieren. Eine weitere Rolle spielt das Verzeichnis *C:\Windows\System32\Spool\Printers*. Geben Sie hier der Gruppe *Jeder* das Recht zum Ändern, wenn die Drucker nicht funktionieren. Auch das kann Probleme mit Netzwerkdruckern beheben.

23.5.6 Drucker mit WMI ansprechen

Wenn Sie die Daten von Servern auslesen wollen, zum Beispiel Informationen zu Druckern, können Sie auch auf WMI-Befehle setzen. Ausführliche Informationen zu Festplatten lassen sich zum Beispiel ebenfalls mit WMI-Befehlen abrufen. Dazu gibt es das Cmdlet *Get-WmiObject*. Verwenden Sie die Option *Win32_LogicalDisk*, lassen sich Informationen zu Festplatten anzeigen. Ähnlich funktionieren die Abfragen auch für Drucker. Dazu verwenden Sie *Get-WmiObject* mit folgenden Erweiterungen:

- *Win32_Printer* – Druckwarteschlangen
- *Win32_PrintJob* – Druckjobs
- *Win32_PrinterDriver* – Alle Treiber, die installiert sind
- *Win32_TCPIPPrinterPort* – IP-Ports
- *Win32_PrinterConfiguration* – Druckerkonfiguration
- *Win32_PrinterSetting* – Druckerinformationen zu allen Druckern
- *Win32_PrinterShare* – Freigaben der Drucker
- *Win32_PrinterDriverDll* – Installierte DLLs

Wie mit vielen Befehlen über WMI können Sie auch Informationen von Rechnern im Netzwerk auslesen. Die installierten Drucker auf einem Druckserver können Sie zum Beispiel in einer Variablen speichern und diese dann weiterverwenden, ausdrucken oder auslesen:

$Printer = Get-WmiObject -Class Win32_Printer -ComputerName [Druckserver]

Sie können noch weitergehen und die Anzeige filtern lassen. Dazu verwenden Sie die Option *Filter* des Cmdlets *get-WmiObject*. Auf diesem Weg lassen Sie sich nur die Druckwarteschlangen von bestimmten Druckern auf speziell festgelegten Servern anzeigen. Auch diese Informationen können Sie in einer Variablen speichern, wie zuvor gezeigt. Sie können die Ausgabe aber auch direkt in der PowerShell anzeigen:

Get-WmiObject -Class Win32_Printer -ComputerName [Druckserver] -Filter 'name = "[Druckername]"'

Sie können sich den Status zu allen oder einzelnen Druckern anzeigen lassen. Sie erhalten den Status als Zahl:

(Get-WmiObject Win32_Printer -Filter "Name='<Druckername>'").PrinterStatus

Folgende Druckerstatus sind möglich:

1 = Andere

2 = Unbekannt

3 = Bereit

4 = Druckt

5 = Wärmt auf

6 = Druckauftrag beendet

7 = Offline

Sie können die Ausgabe skripten, um das Ergebnis schöner anzuzeigen, wenn Sie zum Beispiel alle Drucker eines Servers anzeigen wollen:

```
$printstatus = (Get-WmiObject Win32_Printer -Filter "Name='<Drucker>'").PrinterStatus
if ($printstatus = 1) {"Druckerstatus: Unbekannt"}
if ($printstatus = 2) {"Druckerstatus: Unbekannt"}
if ($printstatus = 3) {"Druckerstatus: Bereit"}
if ($printstatus = 4) {"Druckerstatus: Druckt"}
if ($printstatus = 5) {"Druckerstatus: Wärmt auf"}
if ($printstatus = 6) {"Druckerstatus: Druckauftrag beendet"}
if ($printstatus = 7) {"Druckerstatus: Offline"}
```

Viele Drucker liefern auf diesem Weg erweiterte Informationen, wenn zum Beispiel Fehler vorliegen. Auch hier erhalten Sie den Status wieder als Zahlencode:

Get-WmiObject Win32_Printer -Filter "Name='<Drucker>'").DetectedErrorState

0 = Unbekannt

1 = Anderer

2 = Kein Fehler, Drucker nicht verfügbar

3 = Wenig Papier

4 = Kein Papier

5 = Wenig Toner

6 = Kein Toner

7 = Klappe geöffnet

8 = Papierstau

9 = Offline

10 = Service

11 = Ausgabeschacht voll

Auch hier können Sie wieder ein Skript erstellen und die Anzeige formatieren. Neben der Möglichkeit, Drucker auszulesen, können Sie Änderungen durchführen. Sie können zum Beispiel den Namen eines Druckers in einer Variablen speichern und den Drucker in der PowerShell über WMI umbenennen:

```
$Printer = Get-WmiObject -class win32_Printer -ComputerName [Druckserver] -Filter 'name =
"[Druckername]"'
$Printer.name = "<Neuer Name>"
$Printer.put()
```

23.6 Druckerserver mit Microsoft Universal Print in der Cloud betreiben

Mit Microsoft Universal Print können Unternehmen das Drucken in die Cloud auslagern und dadurch das Drucken über Azure Virtual Desktop und Windows 365 ermöglichen.

Microsoft Universal Print (*https://www.microsoft.com/de-de/Microsoft-365/windows/universal-print*) ist ein Clouddienst von Microsoft, über den sich die verschiedenen Drucker des Unternehmens an verschiedenen Standorten anbinden lassen. Ein lokaler Serverpart ist nur dann notwendig, wenn die internen Drucker Universal Print nicht unterstützen.

Anwender können über diesen Dienst zum Beispiel aus Azure Virtual Desktop und Windows 365 drucken. Aber auch das Drucken von anderen Clouddiensten aus und aus dem Homeoffice ist mit Universal Print möglich. Dazu muss auf den Clients Windows 10 oder Windows 11 installiert sein.

23.6.1 Lizenzierung und Einstieg in Universal Print

Auf den Clients ist bei der Verwendung von Microsoft Universal Print kein Treiber notwendig. Der Client schickt die Druckdaten an Microsoft Azure. Danach schickt der Clouddienst den Druckauftrag an den jeweiligen Drucker. Die Verwendung von Universal Print vereinfacht daher die Bereitstellung von neuen Druckern. Benutzer müssen sich nur mit Universal Print verbinden und können danach unproblematisch auf alle angebundenen Drucker des Unternehmens drucken. Bezüglich der Berechtigungsstruktur zum Zugreifen auf bestimmte Drucker kann Universal Print auf Active Directory und auf Azure Active Directory zugreifen.

Universal Print steht für alle Abonnenten von Microsoft 365 F3, E3, E5, A3 und A5 zur Verfügung sowie für Microsoft 365 Business Premium. Auch in Windows 10/11 Enterprise E3, E5, A3 und A5 ist Universal Print verfügbar. Universal Print verfügt über einen Pool von Druckaufträgen, die allen Benutzern mit einer Lizenz zur Verfügung stehen. Jede Universal Print-Lizenz umfasst fünf Druckaufträge pro Monat, die in einem Pool zusammengefasst sind. Bei einem Abonnement mit 1.000 lizenzierten Benutzern stehen beispielsweise 5.000 Druckaufträge pro Monat für alle Benutzer zur Verfügung. Ungenutzte Druckaufträge verfallen am Ende jeden Monats. Unternehmen können aber weitere Aufträge zuweisen. Für alle Kunden kostet ein Volumen-Zusatzpaket (500 Druckaufträge pro Paket) 25 US-Dollar pro Tenant und Monat.

Ein Dokument wird generell immer als ein einziger Druckauftrag gezählt, unabhängig von der Anzahl der Seiten oder der Anzahl der gedruckten Kopien. Ein Auftrag gilt als abgeschlossen, wenn er erfolgreich an einen Drucker übermittelt oder von einem Drittanbieterdienst, der mit Universal Print verwendet wird, übernommen wurde.

Einfach ausgedrückt ermöglicht Universal Print das Bereitstellen von Druckerservern in der Cloud. Natürlich können Anwender unterwegs auch per VPN auf die Drucker im Unternehmen zugreifen. Das ist allerdings fehleranfällig, kompliziert und kaum effektiv. Wechseln Anwender ihren Standort, müssen unter Umständen Anpassungen vorgenommen und neue Einstellungen gesetzt werden. Das soll die Verwendung von Universal Print vereinfachen und stabilisieren.

Universal Print ermöglicht Anwendern das Drucken von Dokumenten auf allen angebundenen Druckern im Unternehmen, ganz unabhängig von ihrem Standort. Eine direkte Verbindung der Anwender mit dem Unternehmensnetzwerk ist dabei nicht notwendig. Auch mobile Nutzer können mit ihren Notebooks, Smartphones und Tablets einfacher drucken. Dabei kann das System auf Basis definierter Regeln automatisch Drucker zuordnen.

Universal Print nutzt das Internet Printing Protocol (IPP) für die Verbindung zwischen Client und Drucker. Das Protokoll erkennt die Funktionen des Druckers und ermöglicht dem Benutzer, aus diesen auszuwählen, ohne einen Treiber auf dem Endgerät zu benötigen. Windows 10 und Windows 11 beherrschen die Funktionen, die Universal Print benötigt, ohne zusätzliche Software installieren zu müssen.

Damit Universal Print zum Einsatz kommen kann, muss der Drucker das System natürlich unterstützen. Hier müssen Administratoren überprüfen, ob die Hardware in der Lage ist, mit Universal Print zu arbeiten. Es gibt von Microsoft zwar den Universal Print Connector, allerdings sollte dieser nur dann zum Einsatz kommen, wenn es nicht anders geht. Denn hier ist zusätzliche Software auf den Clients notwendig, was die Verwendung von Universal Print verkompliziert. In größeren Umgebungen ist dazu die Installation des Connectors auf einem Server notwendig. Für Abonnenten von Universal Print steht der Connector kostenlos zum Download zur Verfügung (*https://docs.microsoft.com/en-us/universal-print/fundamentals/universal-print-connector-installation*).

Damit Drucker im Netzwerk kein Einfallstor für Hacker und Malware darstellen, bauen nur die internen Geräte eine Verbindung zu Azure auf. In regelmäßigen Abständen fragen IPP-Drucker die Druckwarteschlangen in Universal Print auf Microsoft Azure ab und führen Druckaufträge aus. Universal Print ist also nicht der Initiator der Verbindungen. Wenn im Netzwerk der Universal Print Connector zum Einsatz kommt, übernimmt dieser die Aufgabe des Verbindungsaufbaus und sendet danach die Druckaufträge zu den internen Druckern.

Das Anpassen von internen Firewalls ist bei der Verwendung von Universal Print nicht notwendig. Der komplette Datenverkehr wird über das interne Netzwerk zu Universal Print gesteuert. Die Übertragung der Daten findet verschlüsselt statt. Die Datenspeicherung der Druckwarteschlangen findet in Microsoft-Rechenzentren am Standort des Abonnenten über Office Data Storage statt. Es ist möglich, zu definieren, dass bestimmte Ausdrucke erst dann ausgedruckt werden, wenn ein Anwender eine PIN auf dem Drucker eingibt. Das soll verhindern, dass heikle Daten von unberechtigten Personen gelesen werden.

Für die Einrichtung des Dienstes sind die AD-Rollen *Printer Administrator* oder *Global Administrator* im Azure-Abonnement notwendig.

Wem die Verwendung von Universal Print zu teuer ist, kann auf die Alternativ Ezeep (*https://www.ezeep.com/de/Microsoft-universal-print-und-ezeep*) setzen. Die Lösung benötigt kein Azure- oder Microsoft 365-Abonnement. Mit der Lösung von Ezeep ist das Drucken mit iOS und Android sowie aus macOS heraus über das Internet möglich.

23.7 Zusammenfassung

In diesem Kapitel haben wir Ihnen gezeigt, wie Sie Drucker unter Windows Server 2022 freigeben und diese Drucker effizient im Netzwerk verwalten und verteilen können. Auch die Anbindung von Smartphones und Tablets konnten Sie in diesem Kapitel lesen.

Im nächsten Kapitel zeigen wir Ihnen, wie DHCP in Windows Server 2022 funktioniert und wie Sie die Funktionen von DHCP in Windows Server 2022 nutzen.

Teil VI

Infrastrukturen mit Windows Server

Kapitel 24

DHCP- und IPAM-Server einsetzen

Mit DHCP verwalten Sie die IP-Adressen im Netzwerk. Dazu stellt Windows Server 2022, wie seine Vorgänger auch, einen DHCP-Server bereit. Seit Windows Server 2012 gibt es einige Neuerungen in diesem Bereich, zum Beispiel den neuen Serverdienst IP-Adressverwaltungsserver (IPAM). In den Einstellungen für virtuelle Switches in Hyper-V können Sie außerdem den DHCP-Wächter aktivieren. Dieser verhindert, dass virtuelle Server im Netzwerk IP-Adressen verteilen.

Ebenfalls wichtig sind Richtlinien in DHCP. Mit diesen lassen sich IP-Adressen besser verteilen. Ebenfalls interessant ist die Zusammenarbeit und Synchronisierung von zwei DHCP-Servern im Netzwerk. Diese Failovertechnologie benötigt keinen Cluster, sondern nur zwei DHCP-Server mit Windows Server 2022.

DHCP-Server lassen sich zu Teams zusammenfassen. Ein Team mit Windows Server 2022 kann Einstellungen, IP-Bereiche und Leases untereinander synchronisieren und replizieren. Fällt ein DHCP-Server aus, übernimmt ein anderer dessen Aufgabe und kann die Leases der Clients weiterverwalten. Einfach ausgedrückt können DHCP-Server mit Windows Server 2022 den exakt gleichen Bereich verwalten, und zwar gleichzeitig.

24.1 DHCP-Server einsetzen

DHCP steht für Dynamic Host Configuration Protokoll. Mit diesem Serverdienst können Arbeitsstationen von einer zentralen Stelle aus automatisch mit IP-Adressen versorgt werden. Einer der zentralen Bereiche von DHCP bei Windows Server 2022 ist die Integration in DNS und die gemeinsame Verwaltung mit IPAM.

24.1.1 Installation eines DHCP-Servers

Der DHCP-Server-Dienst wird über den Server-Manager installiert. Um diese Funktion einem Server hinzuzufügen, installieren Sie über den Server-Manager die Rolle *DHCP-Server*. Dadurch installieren Sie auch die Verwaltungstools für DHCP. Wie alle anderen Rollen können Sie DHCP im Server-Manager über das Netzwerk installieren.

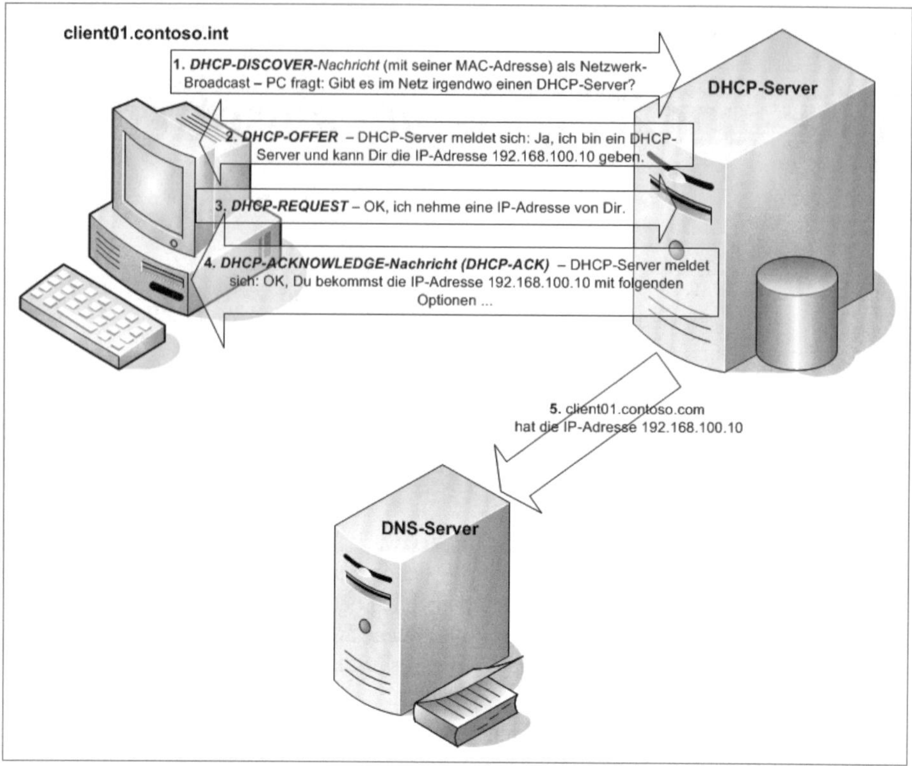

Abb. 24.1 Vereinfachte Darstellung des Datenverkehrs bei der Verwendung von DHCP

24.1.2 Grundkonfiguration eines DHCP-Servers

Haben Sie die Serverrolle installiert, starten Sie die Einrichtung über das Wartungssymbol oben rechts im Server-Manager. Über einen Assistenten nehmen Sie die Grundeinrichtung des DHCP-Servers vor. In den ersten Schritten legen Sie über den Assistenten die notwendigen Sicherheitsgruppen für DHCP an und autorisieren den Server in Active Directory. Erst nach der Autorisierung verteilt der Server IP-Adressen im Netzwerk. Den eigentlichen Dienst verwalten Sie über das Verwaltungsprogramm *DHCP*.

In den Eigenschaften von IPv4 und IPv6 legen Sie auf der Registerkarte *Erweitert* mit der Schaltfläche *Bindungen* fest, auf welchen Netzwerkkarten der Server auf DHCP-Anfragen antwortet. Sind in einem Server mehrere Netzwerkkarten eingebaut, besteht die Möglichkeit, den Server auf mehrere dieser Schnittstellen hören zu lassen.

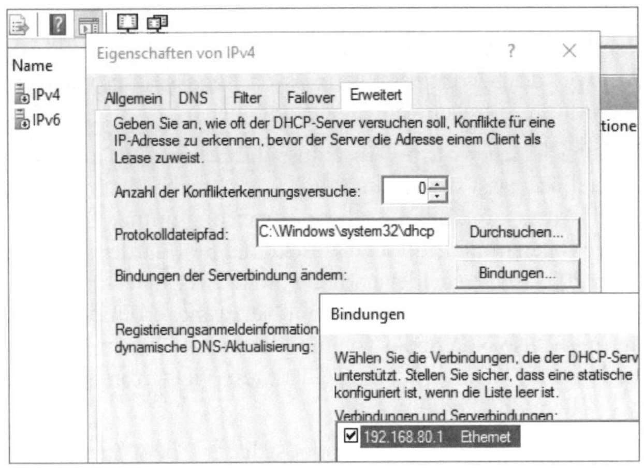

Abb. 24.2 Auswählen der Bindungen für einen DHCP-Server

Bereiche erstellen

Ein DHCP-Server verteilt bestimmte IP-Adressen auf Basis von Bereichen, die Sie im Kontextmenü von IPv4 oder IPv6 anlegen. Hier steuern Sie, welche IP-Adressen Computer von diesem DHCP-Server erhalten sollen. Zunächst geben Sie einen Namen und eine Beschreibung für einen Bereich an.

Auf der nächsten Seite legen Sie die Start-IP-Adresse und die End-IP-Adresse sowie die Subnetzmaske des Bereichs fest.

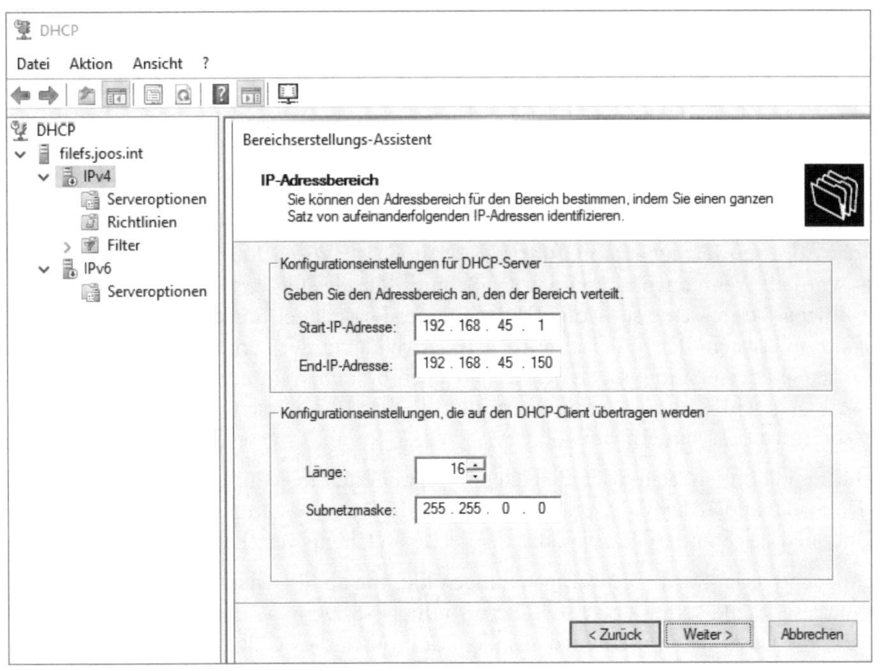

Abb. 24.3 Festlegen der Start- und End-Adresse eines Bereichs

Infrastrukturen mit Windows Server

Als Nächstes legen Sie die IP-Bereiche innerhalb des neuen Bereichs fest, aus denen der Server keine IP-Adressen verteilen soll. Sie können in diesem Bereich auch nur einzelne IP-Adressen ausschließen oder die Antwort des Servers verzögern lassen, sodass unter Umständen andere DHCP-Server vorher auf die Anfragen von Clients antworten.

Bei der Einrichtung des DHCP-Bereichs legen Sie im Anschluss die Leasedauer in Tagen/Stunden/Minuten fest. Diese Einstellung lässt sich nachträglich noch bearbeiten. Weist ein DHCP-Server einem Client eine IP-Adresse zu, dann ist diese Zuweisung immer auf einen gewissen Zeitraum beschränkt, die sogenannte Leasedauer, die in der Standardeinstellung acht Tage beträgt. Windows Server 2022 unterscheidet an dieser Stelle zwischen stationären (verkabelten) Computern, die erfahrungsgemäß länger mit dem Netzwerk verbunden sind, und mobilen (drahtlosen) Computern, also Notebooks von mobilen Mitarbeitern. Je länger die Leasedauer, umso länger wird eine IP-Adresse für einen Client reserviert. Abhängig von dieser Zeit durchläuft der DHCP-Client drei Phasen:

1. Nachdem die Leasedauer zur Hälfte abgelaufen ist, wendet sich der Client an den Server, um die erhaltene IP-Adresse erneut zu bestätigen. Ist der DHCP-Server betriebsbereit, wird die Leasedauer wieder auf ihren ursprünglichen Wert zurückgesetzt, also verlängert. Antwortet der Server nicht, wird der Client in regelmäßigen Abständen einen neuen Versuch unternehmen.
2. Steht nach Ablauf der Zeit der ursprüngliche DHCP-Server nicht mehr zur Verlängerung zur Verfügung, versucht der DHCP-Client nach 7/8 der Leasedauer, irgendeinen DHCP-Server zu erreichen, der ihm eine neue IP-Adresse zuweisen kann. Auch diesen Versuch wiederholt er in regelmäßigen Abständen.
3. Nach Ablauf der Leasedauer muss der Client seine IP-Adresse freigeben und versucht nun weiter, einen DHCP-Server zu erreichen, der ihm eine neue IP-Adresse zuweist.

Bei ausreichend verfügbaren IP-Adressen sollte die Leasedauer möglichst hoch gesetzt werden, damit die Clients keine unnötige Netzwerklast erzeugen. Nur wenn die Anzahl der verfügbaren Adressen kleiner als die Gesamtzahl der Computer ist, sollte der Wert so niedrig gewählt werden (unter Umständen sogar im Stundenbereich), dass der DHCP-Server nicht mehr benötigte Adressen schnell wieder aus der Datenbank löschen und anderen Clients zuweisen kann. Nach der Installation des DHCP-Servers kann die Leasedauer noch genauer konfiguriert werden.

Wenn sich 400 mobile Benutzer mit einem Netzwerk verbinden können, in dem nur rund 240 freie Adressen verfügbar sind, führt das dazu, dass faktisch 160 IP-Adressen mehr benötigt würden. Wenn davon maximal 100 Benutzer gleichzeitig verbunden sind, lässt sich dieser Engpass durch eine sinnvolle Festlegung der Leasedauer umgehen. Die Leasedauer sollte sich in etwa an der durchschnittlichen Verweildauer der Benutzer im lokalen Netzwerk orientieren. Auch in einigen Servicebereichen, in denen immer neue Systeme an ein Netzwerk angeschlossen werden müssen und die ihre IP-Adressen über DHCP erhalten, sind sehr kurze Leasedauern sinnvoll.

Anschließend können Sie für den Bereich noch erweiterte Einstellungen wie Standardgateway, DNS oder andere DHCP-Optionen festlegen. Zunächst bestimmen Sie in den erweiterten Optionen das Standardgateway, das der Server an Clients verteilen soll.

Anschließend legen Sie die DNS-Einstellungen fest, die an die Clients verteilt werden sollen. An dieser Stelle kann neben DNS-Servern die DNS-Domäne mitgegeben werden, die den DHCP-Clients zugewiesen werden sollen. Computer, die bereits Mitglied der Domäne sind, erhalten den DNS-Namen ohnehin statisch bereits bei der Domänenmitgliedschaft zugewiesen. Alleinstehende Computer ohne DNS-Konfiguration können durch diese

Funktion jedoch ebenfalls die DNS-Domäne des Unternehmens auflösen. Es schadet nicht, wenn Sie hier die Domäne eintragen. Arbeiten Sie im Unternehmen mit mehreren DNS-Domänen innerhalb eines IP-Bereichs, besteht die Möglichkeit, den Eintrag an dieser Stelle leer zu lassen. Haben Sie die IP-Adresse der DNS-Server eingetragen, kann über die Schaltfläche *Auflösen* sichergestellt werden, dass die IP-Adresse des Servers stimmt und der Server erreicht werden kann.

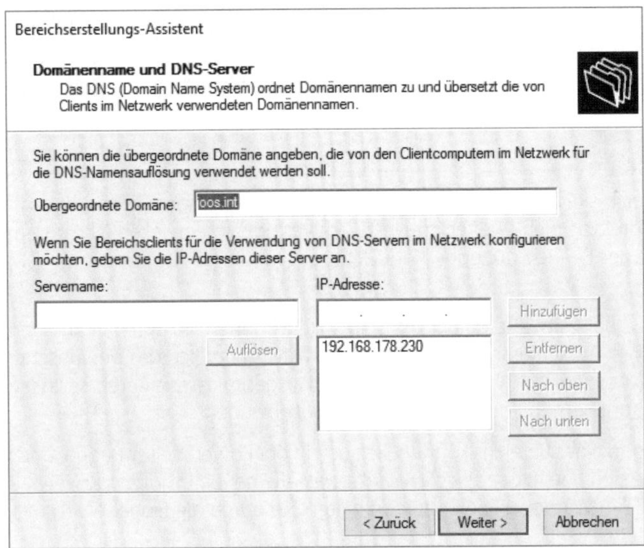

Abb. 24.4 Konfigurieren der DNS-Einstellungen für DHCP-Clients

Auf der nächsten Seite legen Sie die WINS-Server fest, die den Clients zugewiesen werden sollen. WINS spielt in modernen Netzwerken aber so gut wie keine Rolle mehr.

APIPA (Automatic Private IP Addressing)

Für den Fall, dass kein DHCP-Server für das automatische Zuweisen einer IP-Adresse erreicht werden kann, bestimmt Windows eine Adresse in der für Microsoft reservierten IP-Adressierungsklasse, die von *169.254.0.1* bis *169.254.255.254* reicht. Diese Adresse wird verwendet, bis ein DHCP-Server gefunden wird. Dieses Beziehen einer IP-Adresse wird als automatische IP-Adressierung bezeichnet (APIPA).

Bei dieser Methode wird kein DNS, WINS oder Standardgateway zugewiesen, da sie nur für ein kleines Netzwerk mit einem einzigen Netzwerksegment entworfen wurde. Um die APIPA-Funktion zu deaktivieren, müssen Sie in der Registrierung unter *HKEY_LOCAL_MACHINE\SYSTEM\CurrentControlSet\Services\Tcpip\Parameters* einen Schlüssel namens *IPAutoconfigurationEnabled* anlegen und ihm den Wert *0* zuweisen. Diese Konfiguration kann derzeit noch nicht über Gruppenrichtlinien verteilt werden. Generell wird empfohlen, die Einstellungen auf den Standardwerten zu belassen.

Nach der Erstellung eines DHCP-Bereichs in der Verwaltungskonsole können Sie jederzeit festlegen, wie der Server auf Anfragen reagieren soll und welche Adressen er bereits verteilt hat. Sie können über das Kontextmenü ebenfalls Einstellungen von Bereichen anpassen.

Auf der Registerkarte *Allgemein* können bei Bedarf der Name und die Beschreibung des Bereichs sowie die Start-IP-Adresse, die End-IP-Adresse und die Leasedauer verändert werden. Unter *Adresspool* ist der Adressbereich mit den ein- und ausgeschlossenen Adressen zu sehen. Bei *Adressleases* werden die derzeit vergebenen IP-Adressen, auch Leases genannt, im definierten Bereich angezeigt. Die Reservierungen beinhalten die IP-Adressen, die einer MAC-Adresse fest zugeordnet worden sind.

Zusätzlich zu den Einstellungen bei der Erstellung des Bereichs können Sie die Leasedauer auf *Unbegrenzt* setzen, wenn Sie die Eigenschaften des Bereichs aufrufen. Diese Einstellung wird jedoch nicht empfohlen. Die Registerkarte *DNS* entspricht exakt der Registerkarte *DNS* der Servereigenschaften, wobei die Bereichseinstellungen Vorrang vor den Servereinstellungen haben.

Wenn ein Bereich aktiviert ist, sollten Sie ihn erst dann deaktivieren, wenn die enthaltenen IP-Adressen nicht weiter im Netzwerk verfügbar sein sollen. Nach dem Deaktivieren eines Bereichs akzeptiert der DHCP-Server diese Adressen nicht mehr als gültig.

Wenn Adressen nur zeitweise deaktiviert sein sollen, können Sie durch Bearbeiten oder Ändern von Ausschlussbereichen in einem aktiven Bereich das gewünschte Resultat ohne ungewollte Nebeneffekte erzielen. Ausgeschlossene Bereiche lassen sich über das Kontextmenü des Eintrags *Adresspool* erzeugen.

Die Einstellungen eines Bereichs können Sie auch in der PowerShell abfragen. Dazu verwenden Sie den Befehl *Get-DhcpServerv4Scope*. Alle neuen Cmdlets zur Verwaltung von DHCP in Windows Server 2022 erhalten Sie durch die Eingabe von *Get-Command *dhcp**.

DHCP-Server autorisieren

Sobald der DHCP-Server Mitglied in einer Active Directory-Domäne ist, muss er in Active Directory autorisiert werden, falls diese Aktion nicht bereits während der Installation durchgeführt wurde. Daher erscheint der entsprechende Einrichtungsassistent in Windows Server 2022 direkt nach der Installation der Serverrolle.

Nur Mitglieder der Gruppe *Organisationsadmins* können standardmäßig DHCP-Server autorisieren. Dadurch ist sichergestellt, dass er IP-Adressen automatisch an die Clients verteilen kann. Nach der Installation wird ein DHCP-Server zunächst als *Nicht autorisiert* angezeigt, was Sie am roten Pfeil erkennen, der nach unten gerichtet ist, wenn Sie die Verwaltung des DHCP-Servers öffnen. Klicken Sie in der DHCP-Verwaltung mit der rechten Maustaste auf den Servernamen und wählen Sie im Kontextmenü den Befehl *Autorisieren* aus. Auf diesem Weg können Sie die Autorisierung auch wieder aufheben.

Wenn der DHCP-Serverdienst von Windows Server 2022 startet, fragt er zunächst Active Directory, um festzustellen, ob er sich in der Liste der autorisierten DHCP-Server befindet. Ist dies der Fall, sendet er eine *DHCPinform*-Nachricht in das Netzwerk, um festzustellen, ob es andere Verzeichnisdienste gibt und er bei diesen gültig ist. Falls der DHCP-Server keinen Eintrag in Active Directory vorfindet oder keinen Active Directory-Server finden kann, geht er davon aus, dass er nicht autorisiert ist, und beantwortet keine Clientanfragen. Dieser Mechanismus funktioniert allerdings nur dann optimal, wenn mit Active Directory gearbeitet wird.

Bei alleinstehenden Servern mit Windows Server 2022 und DHCP-Dienst kann der DHCP-Serverdienst nur genutzt werden, solange keine Active Directory-Domäne im Netzwerk gefunden wird. Der Schutz von Active Directory greift natürlich nicht, wenn andere, nicht auf Windows Server 2022 basierende DHCP-Server im Netzwerk sind, beispielsweise in einem Router.

Dynamische DNS-Updates konfigurieren

Damit der DHCP-Server für die Clients eine automatische DNS-Registrierung auf den DNS-Servern durchführen kann, müssen Sie ihn erst dafür konfigurieren. Wenn Sie die Eigenschaften von IPv4 oder IPv6 des DHCP-Servers aufrufen, können Sie auf der Registerkarte *DNS* konfigurieren, welche Einträge der DHCP-Server auf den DNS-Servern erstellen soll.

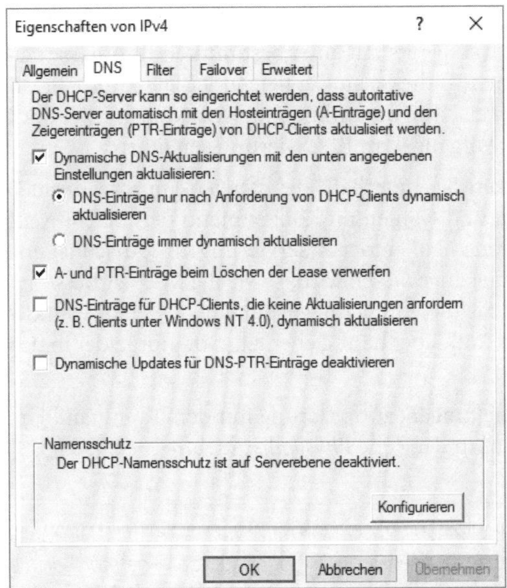

Abb. 24.5 Konfiguration der DNS-Anbindung eines DHCP-Servers

Setzen Sie Clients ein, die kein dynamisches DNS unterstützen, sollten Sie in den Eigenschaften des DHCP-Servers auf der Registerkarte *DNS* das Kontrollkästchen *DNS-A- und -PTR-Einträge für DHCP-Clients, die keine Aktualisierungen anfordern* sowie zusätzlich die Option *DNS-A- und -PTR-Einträge immer dynamisch aktualisieren* aktivieren.

Ein Computer, dessen Leasedauer für die IP-Adresse abgelaufen ist, muss seine Adresse abgeben. Daher löscht der DHCP-Server in der Standardeinstellung auch die zugehörigen DNS-Einträge. Falls Sie die Einträge trotzdem behalten wollen, deaktivieren Sie das Kontrollkästchen *A- und PTR-Einträge beim Löschen der Lease verwerfen.*

Über die Schaltfläche *Konfigurieren* auf der Registerkarte *DNS* in den Eigenschaften des DHCP-Servers können Sie noch den Namenschutz aktivieren, der bereits existierende Einträge im DNS vor Änderungen schützt.

In der Gruppe *DnsUpdateProxy* in der Domäne befinden sich Computer, die als Proxy für die dynamische Aktualisierung von DNS-Einträgen fungieren können. DHCP-Server werden in diese Gruppen nicht automatisch aufgenommen. Sie sollten die Computerkonten der DHCP-Server in die Gruppe *DnsUpdateProxy* aufnehmen, wenn die DNS-Aktualisierung nicht funktioniert. Alternativ können Sie auf der Registerkarte *Erweitert* in den Eigenschaften für IPv4 oder IPv6 Anmeldedaten hinterlegen, die eine Aktualisierung ermöglichen.

Statische IP-Adressen reservieren

Einige Geräte, zum Beispiel Netzwerkdrucker, können nur sehr umständlich auf eine feste IP-Adresse konfiguriert werden, manche nutzen sogar nur DHCP. Damit sich aber die Anwender nicht täglich auf neue IP-Adressen der Drucker einstellen müssen, sollen die Adressen dennoch statisch sein. Da ein DHCP-Server aber immer auf eine Anfrage irgendeine Adresse aus seinem konfigurierten Bereich vergeben kann, muss diese nicht mit der dem Gerät zuletzt zugewiesenen übereinstimmen.

In einem solchen Fall bietet sich eine Reservierung an, bei der die Hardware- oder MAC-Adresse des Druckers oder sonstigen Netzwerkgeräts mit einer bestimmten IP-Adresse verknüpft wird. Fordert dieses Gerät nun eine IP-Adresse an, vergleicht der DHCP-Server die MAC-Adresse mit seiner Datenbank und weist ihm daraufhin, zwar dynamisch, aber doch immer wieder dieselbe Adresse zu. Dieser Vorgang wird Reservierung genannt.

Um eine Reservierung zu erstellen, klicken Sie unterhalb des Bereichs mit der rechten Maustaste auf den Eintrag *Reservierungen* und wählen im Kontextmenü den Befehl *Neue Reservierung* aus. Geben Sie als Nächstes den Namen der Reservierung ein. Anschließend muss die IP-Adresse, die diesem Gerät immer zugewiesen wird, sowie die MAC-Adresse angegeben werden. Bei Druckservern finden Sie diese in der Regel auf einem Gehäuseaufkleber. Auf Netzwerkkarten finden Sie diesen Aufkleber häufig ebenfalls vor, nur leider in den seltensten Fällen an der Außenblende.

Sie können die MAC-Adresse auch über die Eingabeaufforderung mit dem Kommando *ipconfig /all* ermitteln. Die MAC-Adresse wird in der Zeile *Physikalische Adresse* angezeigt.

Unter Umständen kann es sehr hilfreich sein, sich an einer zentralen Stelle alle MAC-Adressen in Ihrem Netzwerk anzeigen zu lassen. Mit der Batchdatei *getmac.bat*, die Sie auf der Seite *https://www.wintotal.de/download/getmac* herunterladen können, werden alle MAC-Adressen in einem Netzwerk in der Eingabeaufforderung ausgelesen. Geben Sie dazu den Befehl *getmac <Subnetz> <Startadresse> <Endadresse>* ein.

So werden zum Beispiel mit *Getmac 10.0.0 1 20* die MAC-Adressen aller Rechner im Subnetz *10.0.0* von der IP-Adresse *10.0.0.1* bis zur Adresse *10.0.0.20* ausgelesen. Danach werden die Ergebnisse in der Textdatei *used_ips.txt* ausgegeben, die im gleichen Ordner angelegt wird, aus dem Sie *getmac.bat* starten.

Mit diesem kostenlosen Tool erhalten Sie schnell alle verfügbaren MAC-Adressen in einem IP-Bereich. Öffnen Sie nach dem Scanvorgang die Textdatei *used_ips.txt*, um sich die MAC-Adressen der Clients anzeigen zu lassen.

Wenn Sie nach dem Erstellen einer Reservierung die Eigenschaften des neuen Objekts öffnen, können Sie alle Einstellungen bis auf die zuzuweisende IP-Adresse wieder ändern. Die zusätzliche Registerkarte *DNS* erlaubt es Ihnen, für dieses eine Gerät zu bestimmen, ob der DHCP-Server die dynamische Registrierung beim DNS-Server übernimmt.

Diese Registerkarte entspricht exakt der Registerkarte *DNS* in den Eigenschaften des DHCP-Servers. Im Kontextmenü der Reservierung finden Sie außerdem den Befehl *Optionen konfigurieren*. Neben den Möglichkeiten für den Server beziehungsweise für den Bereich können zusätzlich zur IP-Adresse und zum Subnetz noch weitere Einstellungen übergeben werden.

Zusätzliche DHCP-Einstellungen vornehmen

Zur Konfiguration der Optionen öffnen Sie entweder die *Eigenschaften* der Serveroptionen oder der jeweiligen Bereichsoptionen. Serveroptionen haben für alle erstellten Bereiche Gültigkeit, während Bereichsoptionen nur für den Bereich gelten, für den sie konfiguriert wurden.

Um die Optionen zu bearbeiten, wählen Sie im Kontextmenü den Befehl *Optionen konfigurieren* aus. Aktivieren Sie nun das Kontrollfeld für die gewünschte Option und tragen Sie anschließend im Feld *Dateneingabe* jeweils die entsprechenden IP-Adressen, Namen oder Ähnliches ein. Die wichtigsten Optionen dabei sind:

- 003 Router (Standardgateway)
- 006 DNS-Server
- 015 DNS-Domänenname
- 044 WINS/NBNS-Server
- 046 WINS/NBT-Knotentyp

Wichtig ist die Überprüfung der Konsistenz der DHCP-Datenbank. Klicken Sie dazu mit der rechten Maustaste auf den Knoten *IPv4* oder *IPv6* und wählen Sie dann im Kontextmenü den Befehl *Alle Bereiche abstimmen* aus. Der Server überprüft daraufhin, ob die Inhalte der Bereiche und der Datenbank konsistent sind und keine Überschneidungen auftreten.

24.1.3 DHCP-Server mit Tools testen und Fehler finden

Die beiden bekanntesten Tools zur Fehlersuche auf DHCP-Servern sind *dhcptest.exe* (*http://files.thecybershadow.net/dhcptest*) und *dhcpcheck.exe* (*http://www.ks-soft.net/cgi-bin/phpBB/viewtopic.php?t=5274&highlight=dhcpcheck*).

Beide Tools sind schon etwas älter, funktionieren aber auch mit aktuellen DHCP-Servern. Es spielt dabei überhaupt keine Rolle, auf welchem Betriebssystem oder welcher Hardware der DHCP-Server betrieben wird. Sie müssen die Tools nicht installieren, sondern führen Sie über die Befehlszeile aus.

Der Vorteil von *dhcptest.exe* ist, dass das Tool alle gefundenen DHCP-Server im Netzwerk anzeigt und auch den kompletten Datenverkehr zwischen Client und Server. Dadurch lassen sich schneller Fehler erkennen und unbekannte Netzwerke auslesen.

Soll zum Beispiel ein bestimmter DHCP-Server getestet werden, wird das Tool mit der Syntax *dhcpcheck.exe -host:<IP-Adresse>* aufgerufen. Wie bei *dhcptest.exe* muss jeder Datenverkehr über die Windows-Firewall freigegeben werden. Im Gegensatz zu *dhcptest.exe* zeigt *dhcpcheck.exe* aber nur an, ob der jeweilige DHCP-Server funktioniert. Weiterführende Informationen werden nicht angezeigt.

Ein weiteres Tool in diesem Bereich ist »DHCP Explorer« (*http://www.networksecurityhome.com/network_tools/dhcp_discovery/dhcp_discovery.html*). Im Gegensatz zu den anderen Tools muss DHCP-Explorer unter Windows installiert werden.

»DHCP Find« ist ebenfalls ein Windows-Tool mit grafischer Oberfläche (*http://www.roadkil.net/program.php/P10/DHCP%20Find*). Nach dem Start können Sie ein DHCP-Paket in das Netzwerk senden und erhalten im Fenster die Information, welche Antwort ein DHCP-Server gegeben hat.

Das »Rogue DHCP Server Detection Tool« (*http://m.majorgeeks.com/mg/getmirror/Microsoft_rogue_dhcp_server_detection,1.html*) zeigt ebenfalls IP-Adressen an sowie deren Antwortzeit und die angebotene IP-Adresse. Für das Tool muss die entsprechende Netzwerkschnittstelle erst mit einer statischen IP-Adresse konfiguriert werden. Erst dann kann Rogue DHCP Server Detection auf die Schnittstelle zugreifen, und die entsprechenden Server anzeigen.

Das Tool zeigt die in Active Directory autorisierten DHCP und deren IP-Adressen an. Das Tool ist vor allem in Active Directory-Umgebungen interessant, da sich hier schnell ein Überblick darüber gewinnen lässt, welche DHCP-Server autorisiert sind und welche ohne Autorisierung IP-Adressen im Netzwerk verteilen.

Auch auf Linux-Clients kann der Datenverkehr zu DHCP-Servern mit WireShark überprüft werden. Um DHCP-Server über ein Tool zu testen, kann auf *dhtest* (*https://github.com/saravana815/dhtest*) gesetzt werden.

24.1.4 DHCP-Verkehr mit WireShark überprüfen

WireShark kann zum Beispiel dazu genutzt werden, zu überprüfen, ob DHCP-Server ordnungsgemäß funktionieren. Im Rahmen des Abrufens einer IP-Adresse von einem DHCP-Server schicken Clients DHCP-Discover-Pakete in das Netzwerk, um zu überprüfen, ob es DHCP-Server gibt. Die DHCP-Server antworten mit DHCP-Offer-Pakete und dem Vorschlag einer IP-Adresse. Diese lässt sich sehr leicht mit WireShark überprüfen.

Danach senden Clients einen DHCP-Request, um eine IP-Adresse zu erhalten, und DHCP-Server senden eine DHCP-Acknowledge-Nachricht, um die Adresse zuzuweisen und zu bestätigen. Wenn ein Client seine IP-Adresse aufgibt, sendet er eine DHCP-Release-Nachricht an den DHCP-Server, von dem er eine Adresse erhalten hat. Funktioniert das Zuweisen einer IP-Adresse zu einem Client nicht, kann das mit WireShark überprüft werden. Die einfachste Vorgehensweise dazu ist:

Die Aufzeichnung des Datenverkehrs in WireShark beginnen Sie über das Start-Icon. Danach startet der Computer, der eine IP-Adresse benötigt, oder im laufenden Betrieb wird das Aufgeben und das erneute Aufrufen einer IP-Adresse angestoßen, zum Beispiel in Windows mit *ipconfig /release* und *ipconfig /renew*. Die Netzwerkdaten kann WireShark aufzeichnen. Hat der Client seine IP-Adresse erhalten oder funktioniert der Vorgang nicht, weil der DHCP-Server nicht mit dem Client kommunizieren kann, wird die Messung mit WireShark beendet.

Über einen Klick auf die Spalte *Protocol* ist es möglich, eine Sortierung durchzuführen, auch ohne Dateien zu speichern, oder Filter zu sehen. Über das Protokoll »DHCP« sind die einzelnen Nachrichten zwischen Client und DHCP-Server zu finden. Welche Pakete das sind, ist schnell klar, wo das DHCP-Problem herkommt, zum Beispiel weil ein DHCP-Server nicht antwortet. Durch einen Klick auf ein Paket, ist im unteren Bereich der Inhalt zu sehen. Hier sind die IP-Adressen und Namen der beteiligten Computer erkennbar.

Beim ersten Abrufen einer IP-Adresse sendet ein Client eine DHCPDISCOVER-Nachricht mit seiner MAC-Adresse als Broadcast in das Netzwerk. Das Paket erhalten alle DHCP-Server im Netzwerk. Die Absenderadresse ist 0.0.0.0, die Zieladresse 255.255.255.255. Wenn ein Client bereits über eine IP-Adresse verfügt hat, sendet er diese mit, um den Lease zu erneuern. DHCP-Server, die jetzt antworten, senden eine DHCPOFFER-Nachricht.

So lassen sich zuverlässig alle DHCP-Server im Netzwerk finden. Die DHCPOFFER-Nachricht enthält die vorgeschlagenen IP-Adressen für den Client. Bei der Nachricht werden auch andere Daten übermittelt:

»Renewal Time Value« gibt die Anzahl an Sekunden an, wann der Client sich mit *RENEW* neu beim DHCP-Server meldet, um seine IP-Adresse zu erneuern. Der Standard sind 50 % der Lease Time. Der Wert »Rebinding Time Value« gibt die Anzahl an Sekunden an, die der Client darauf wartet, ob er seine bisherige IP-Adresse behalten kann. Der Wert ist meistens 87,5 % der vollen Lease Time.

Clients sammeln die DHCPDISCOVER-Nachrichten und entscheiden dann, welche IP-Adresse akzeptiert wird. Dabei spielen Leasedauer und andere Faktoren eine Rolle. Der Server erhält dann eine DHCPREQUEST. Der DHCP-Server informiert den Client anschließend mit einer DHCPACK-Nachricht und bestätigt die IP-Adressen. Die anderen DHCP-Server senden eine DHCPNAK-Nachricht und ziehen die angebotene IP-Adresse wieder zurück. Dieser Datenverkehr kann in WireShark nachvollzogen werden.

24.1.5 Core-Server – DHCP mit Netsh über die Eingabeaufforderung verwalten

Der DHCP-Dienst von Windows Server 2022 lässt sich mit dem Befehl *Netsh* auch über die Eingabeaufforderung verwalten. Vor allem auf Core-Servern ist dieses Tool ein möglicher Weg zur Verwaltung, wenn nicht die DHCP-Konsole von einem anderen Server verwendet werden soll oder kann. Geben Sie dazu in der Eingabeaufforderung zunächst *netsh* ein und bestätigen Sie.

Anschließend geben Sie *dhcp* ein und bestätigen. Jetzt können die spezifischen DHCP-Befehle in der Eingabeaufforderung verwendet werden. Die folgenden Befehle stehen zur Verfügung. Innerhalb der Konsole können weitere Befehle über *list* angezeigt werden:

- **add server** – Fügt einen DHCP-Server zur Liste der autorisierten Server in Active Directory hinzu. Die Syntax dazu lautet *add server <Server-DNS> <Server-IP>*. Der Parameter *<Server-DNS>* gibt den DHCP-Server an, der hinzugefügt werden soll. Der Server wird durch die IP-Adresse identifiziert, daher sind beide Optionen wichtig.
- **delete server** – Löscht einen DHCP-Server aus der Liste der autorisierten Server in Active Directory. Die Syntax dazu lautet *delete server <Server-DNS> <Server-IP>*. Der Parameter *<Server-DNS>* gibt den DHCP-Server an, der hinzugefügt werden soll. Der Server wird durch die IP-Adresse identifiziert, daher sind beide Optionen wichtig.
- **server** – Wechselt vom aktuellen Netsh-DHCP-Befehlszeilenkontext zu dem eines anderen DHCP-Servers. Werden keine Parameter verwendet, wechselt *server* vom aktuellen Befehlszeilenkontext zum Kontext des lokalen Computers.
- **show server** – Zeigt eine Liste der autorisierten Server in Active Directory an.

24.1.6 Konfigurieren von DHCP mit der richtlinienbasierten Zuweisung

Die richtlinienbasierte Zuweisung (Policy Based Assignment, PBA) ermöglicht es, DHCP-Clients nach bestimmten Attributen zu gruppieren, die im DHCP-Clientanforderungspaket enthalten sind. Die Richtlinien sind einfach ausgedrückt verbesserte Reservierungen, die über die Abfrage von MAC-Adressen hinausgehen.

DHCP-Richtlinien verstehen

Eine Richtlinie enthält eine Gruppe von Bedingungen. Je nach Typ des Clients können Sie zum Beispiel unterschiedliche Einstellungen für die Leasedauer einstellen. Die folgenden Felder in der DHCP-Clientanforderung sind beim Definieren von Richtlinien verfügbar:

- Herstellerklasse
- Benutzerklasse
- MAC-Adresse
- Client-ID
- Informationen zum Relay-Agent

Es gibt drei Typen von Richtlinieneinstellungen, die Sie den Clients zuteilen können:

- **IP-Adressbereich** – Sie können auf Basis der Richtlinie unterschiedliche IP-Adressbereiche verwenden.
- **Standard-DHCP-Optionen** – Sie können mehrere Standard-DHCP-Optionen zum Versand an einen Client konfigurieren.
- **Herstellerspezifische DHCP-Optionen** – Es lassen sich eine oder mehrere herstellerspezifische DHCP-Optionen zum Versand an den Client konfigurieren.

Der DHCP-Server wertet Richtlinien nach einer fest definierten Reihenfolge aus. Wenn Richtlinien auf den Server- und Bereichsebenen vorhanden sind, wendet der Server beide Gruppen von Richtlinien an und wertet die Bereichsrichtlinien vor den Serverrichtlinien aus. Wenn auf Bereichsebene keine Richtlinien definiert sind, gelten die Richtlinien auf der Serverebene für den Bereich. Eine einzige Clientanforderung kann mehreren Richtlinien entsprechen.

Wenn eine Clientanforderung den Bedingungen einer Richtlinie entspricht, weist der Server die erste freie IP-Adresse aus dem Bereich gemäß den Bestimmungen durch die Regel zu. Wenn einer Richtlinie mehrere Adressbereiche zugeordnet sind, weist der Server IP-Adressen zu, indem er zunächst versucht, eine IP-Adresse aus dem niedrigsten Adressbereich zuzuweisen. Wenn in keinem der Adressbereiche, die durch die Richtlinie zugeordnet sind, freie IP-Adressen verfügbar sind, verarbeitet der Server die nächste passende Richtlinie, wie durch die Verarbeitungsreihenfolge definiert wird.

Wenn keine der passenden Richtlinien über eine freie IP-Adresse verfügt, löscht der Server das Clientpaket und protokolliert ein Ereignis. Wenn ein DHCP-Clientpaket keiner der für den Bereich gültigen Richtlinien entspricht oder wenn keine der passenden Richtlinien für ein Clientpaket einem IP-Adressbereich zugeordnet ist, leiht der Server dem Client eine IP-Adresse aus dem IP-Adressbereich, der für den Bereich ohne richtlinienspezifische IP-Adressbereiche konfiguriert ist.

Der DHCP-Server wertet die Felder in der Clientanforderung in Bezug auf die einzelnen anwendbaren Richtlinien für den Bereich in der angegebenen Reihenfolge aus. Wenn die Clientanforderung den Bedingungen einer für den Bereich anwendbaren Richtlinie entspricht und die Einstellungen bestimmte Optionen umfassen, gibt der Server diese Optionen an den Client zurück. Wenn mehrere Richtlinien den Clientanforderungen entsprechen, gibt er die Summe der Optionen zurück, die für die einzelnen passenden Richtlinien angegeben werden.

Erstellen von DHCP-Richtlinien

Um Richtlinien zu erstellen, verwenden Sie den Menüpunkt *Richtlinien* in der DHCP-Verwaltung von Windows Server 2022. Über das Kontextmenü erstellen Sie eine neue Richtlinie. Zunächst geben Sie einen Namen und eine Beschreibung für die Richtlinie ein. Anschließend legen Sie im nächsten Fenster eine oder mehrere Bedingungen fest.

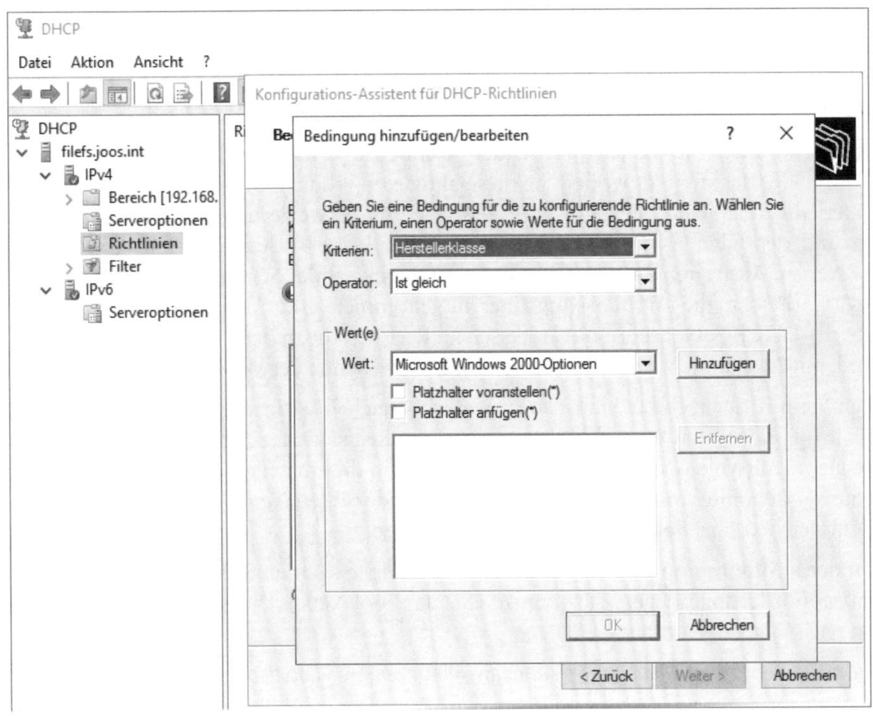

Abb. 24.6 Mit DHCP-Richtlinien arbeiten

Klicken Sie auf der Seite *Bedingungen für die Richtlinie konfigurieren* auf *Hinzufügen*. Wählen Sie im Dialogfeld *Bedingung hinzufügen/bearbeiten* die Option bei *Kriterien* aus, die Sie verwenden wollen. Legen Sie die Bedingung fest. Sie können mehrere Bedingungen definieren und mit Und/Oder miteinander verknüpfen.

Klicken Sie auf *Weiter*, können Sie dem Client noch verschiedene DHCP-Server-Optionen oder IP-Adressen zuteilen. Klicken Sie abschließend auf *Fertig stellen*. Sie können die Richtlinien in der Verarbeitungsreihenfolge nach oben und unten verschieben sowie löschen oder deaktivieren. Außerdem können Sie die Eigenschaften einer Richtlinie jederzeit anpassen.

24.1.7 MAC-Filterung für DHCP in Windows Server 2022 nutzen

Eine weitere Funktion in Windows Server 2022 ist die MAC-Filterung des DHCP-Servers. Diese Funktion steuern Sie in der DHCP-Konsole über den Menüpunkt *IPv4/Filter*. Der Filter ermöglicht spezielle Zulassungsfilter und Verweigerungsfilter.

Mit der Liste können Sie sicherstellen, dass speziell festgelegte Geräte eine DHCP-Adresse erhalten oder der Server bestimmte Geräte blockiert. Sie können weiße Listen erstellen, bei denen kein Gerät eine IP-Adresse erhält, außer den Geräten auf der Liste. Und Sie können zusätzlich schwarze Listen pflegen. Im Gegensatz zu weißen Listen blockieren schwarze Listen nur die Geräte auf der Liste, alle anderen Geräte erhalten vom DHCP-Server eine Adresse zugeteilt. Standardmäßig ist der DHCP-Server für eine schwarze Liste konfiguriert, enthält aber keine MAC-Adressen, die er blockiert.

Über die grafische Oberfläche können Sie die MAC-Adressen manuell eingeben oder mit Platzhaltern einen ganzen Bereich blockieren oder erlauben. Sie können Listen auch über das Kontextmenü einzelner Leases des Servers pflegen. Eine weitere Möglichkeit ist das Importieren einer Textdatei zum Blockieren. Klicken Sie mit der rechten Maustaste auf einen Rechner unter *Adressleases* eines Bereichs, können Sie den Rechner mit *Zu Filter hinzufügen* zu einem der Filter hinzufügen.

Anschließend sehen Sie die entsprechenden Rechner innerhalb des Filters. Die Filter sind standardmäßig deaktiviert. Wollen Sie diese aktivieren, können Sie das über das Kontextmenü erledigen. Sobald Sie eine MAC-Adresse im Verweigerungsfilter aufgenommen haben und der Filter aktiv ist, erhält dieses Gerät keine IP-Adresse mehr von diesem DHCP-Server. Aktivieren Sie den Filter *Zulassen*, blockiert der Server alle Anfragen, außer die MAC-Adressen, die im Zulassungsfilter aufgenommen sind. Aktivieren Sie beide Filter, vergibt der DHCP-Server dann nur Adressen an Rechner, die in der Zulassungsliste enthalten sind, mit Ausnahme von Geräten, deren MAC-Adressen in der Verweigerungsliste stehen.

Klicken Sie mit der rechten Maustaste auf den Bereich *IPv4* in der DHCP-Konsole und rufen Sie die Eigenschaften auf, können Sie auf der Registerkarte *Filter* weitere Einstellungen vornehmen. Wollen Sie manuell MAC-Adressen in die einzelnen Filter aufnehmen, klicken Sie auf den Filter mit der rechten Maustaste und wählen *Neuer Filter* aus. Sie können mit dem Zeichen * bei der Eingabe des Filters arbeiten.

Neben der Konfiguration mit der grafischen Oberfläche können Sie die Filterlisten in der Eingabeaufforderung pflegen. Dazu nutzen Sie das Tool Netsh. Die Aktivierung der Listen erfolgt nach folgender Syntax:

netsh dhcp server v4 set filter [enforceallowlist=1|0] [enforcedenylist=1|0]

Wollen Sie zum Beispiel die Zulassungsliste aktivieren, verwenden Sie den Befehl:

netsh dhcp server v4 set filter enforceallowlist=1

Um MAC-Adressen zu den Listen hinzuzufügen, verwenden Sie den Befehl:

netsh dhcp server v4 add filter allow|deny mac-address ["Kommentar"]

Ein Beispiel dafür ist:

netsh dhcp server v4 add filter allow 01-1b-23-de-db-61 "client01"

24.2 Migration – Verschieben einer DHCP-Datenbank auf einen anderen Server

Unter manchen Umständen muss die DHCP-Datenbank und deren Inhalt auf einen neuen Server verschoben werden. Es können nur DHCP-Datenbanken derselben Sprachversion wiederhergestellt werden. Damit Sie diese Schritte ausführen können, müssen Sie auf dem DHCP-Quell- und Zielserver Mitglied der Gruppe *Administratoren* oder der Gruppe *DHCP-Administratoren* sein:

1. Sichern Sie die DHCP-Datenbank auf dem Quellserver über das Kontextmenü des Servers in der Verwaltungskonsole. Der DHCP-Dienst erstellt während des normalen Betriebs eine automatische Sicherungskopie der DHCP-Datenbank. Standardmäßig wird diese Kopie der Datenbanksicherung im Ordner *Windows\System32\Dhcp\Backup* gespeichert.
2. Beenden Sie den DHCP-Server. Dadurch wird verhindert, dass der Server nach dem Sichern der Datenbank neue Adressleases an Clients zuweist.
3. Deaktivieren Sie den DHCP-Serverdienst.
4. Kopieren Sie den Ordner mit der DHCP-Sicherungsdatenbank auf den DHCP-Zielserver.
5. Öffnen Sie auf dem Zielserver die DHCP-Verwaltungskonsole
6. Klicken Sie im Kontextmenü auf *Wiederherstellen.*
7. Wählen Sie den Ordner mit der DHCP-Sicherungsdatenbank aus und klicken Sie dann auf *OK*.

Eine weitere Möglichkeit, die DHCP-Daten zu exportieren, besteht über die Eingabeaufforderung. Geben Sie dazu die folgenden Befehle ein:

```
Netsh
Dhcp
Server <IP-Adresse des Quellservers>
Export <Pfad und Datei> all
```

Anschließend kopieren Sie die Datei auf den Zielserver und importieren die Datenbank wieder. Verwenden Sie dazu folgende Befehle:

1. Beenden Sie den DHCP-Server mit *net stop dhcpserver.*
2. Löschen Sie die Datei *dhcp.mdb* im Ordner *C:\Windows\System32\dhcp.*
3. Starten Sie den DHCP-Server mit *net start dhcpserver* neu.
4. Geben Sie *netsh* ein.
5. Geben Sie *dhcp* ein.
6. Geben Sie *server <IP-Adresse des Zielservers>* ein.
7. Geben Sie *import <Pfad der Datei>* ein.
8. Beenden Sie den DHCP-Server mit *net stop dhcpserver.*
9. Starten Sie den DHCP-Server mit *net start dhcpserver* neu.

24.3 Ausfallsicherheit von DHCP-Servern

Server, die für den Betrieb der Infrastruktur zuständig sind, wie zum Beispiel DHCP-Server, sind für Unternehmen von immenser Bedeutung. Fallen diese Server aus, können andere Computer im Netzwerk keine Verbindung mehr miteinander herstellen, weil entweder IP-Adressen oder eine korrekte Namensauflösung fehlen. Die Vergabe von IP-Adressen in Unternehmen erfolgt meistens per DHCP. Allerdings machen sich nicht alle Administratoren über die Ausfallsicherheit Gedanken. Dabei hat der Ausfall eines solchen Servers für ein Unternehmen oft enorme Auswirkungen. Erhalten die Arbeitsstationen und VPN-Server zum Beispiel keine IP-Adresse mehr, ist der Verbindungsaufbau zu wichtigen Serverdiensten unterbrochen. Die beiden Serverdienste bieten aber einfache Möglichkeiten zur Schaffung der Ausfallsicherheit.

Sie können neben den bekannten Möglichkeiten zur Ausfallsicherheit, die bereits seit Windows Server 2008 R2 gelten, in Windows Server 2022 verschiedene DHCP-Server zu Teams zusammenfassen, auch ohne Cluster.

Die DHCP-Funktionalität ist clusterfähig. Durch die Einführung eines Clusters erhält jedes Unternehmen einen hervorragenden Ausfallschutz der DHCP-Server. Allerdings besteht der große Nachteil dieser Lösung in den hohen Kosten und der komplizierten Verwaltbarkeit eines Clusters. Aus diesem Grund setzen nur sehr wenige Unternehmen einen Cluster ausschließlich für DHCP ein. Meistens finden andere Lösungen in Unternehmen Einzug, um die Ausfallsicherheit von DHCP-Servern zu gewährleisten.

24.3.1 DHCP für Failover konfigurieren

DHCP-Failover in Windows Server 2022 ermöglicht die Bereitstellung einer ausfallsicheren DHCP-Serverstruktur auch ohne Cluster. Wenn ein DHCP-Server nicht mehr erreichbar ist, kann der DHCP-Client seine aktuelle IP-Adresse weiterverwenden, indem er einen anderen DHCP-Server im Unternehmensnetzwerk kontaktiert.

DHCP-Failover unterstützt nur zwei Server mit IPv4-Konfiguration. Die Server können auch Mitglied einer Arbeitsgruppe sein, eine Domänenmitgliedschaft ist nicht unbedingt erforderlich.

DHCP-Failover in Windows Server 2022 verstehen

Mit dem DHCP-Failoverfeature können zwei DHCP-Server IP-Adressen und Optionskonfiguration für dasselbe Subnetz oder denselben Bereich bereitstellen. Zwischen den zwei DHCP-Servern werden Leaseinformationen ausgetauscht. Es ist auch möglich, das Failover in einer Lastausgleichskonfiguration zu konfigurieren, in der Clientanforderungen auf die zwei Server verteilt sind.

Die Failoverbeziehung ist auf IPv4-Bereiche und -Subnetze beschränkt. Computer, die IPv6 verwenden, bestimmen ihre eigene IPv6-Adresse mit der statuslosen automatischen IP-Konfiguration. In diesem Modus stellt der DHCP-Server nur die DHCP-Optionskonfiguration bereit. Der Server behält keine Leasestatusinformationen.

Ein Server mit der Rolle eines primären Servers für ein Subnetz kann aber auch ein sekundärer Server für ein anderes Subnetz sein. In einer Lastenausgleichsmodus-Bereitstellung verarbeiten die beiden Server gleichzeitig IP-Adressen und Optionen für Clients in einem angegebenen Subnetz. Die Clientanforderungen werden per Lastenausgleich verarbeitet und auf die beiden Server verteilt.

Damit DHCP-Failover funktioniert, muss die Zeit zwischen den beiden Servern in einer Failoverbeziehung synchronisiert sein (siehe Kapitel 11). Wenn der Assistent für die Failoverkonfiguration startet, vergleicht er die aktuelle Uhrzeit auf den Servern, die für Failover konfiguriert werden sollen. Wenn der Zeitunterschied zwischen den Servern größer als eine Minute ist, wird der Failover-Einrichtungsprozess angehalten.

Konfigurieren eines Failovers

Öffnen Sie auf dem DHCP-Server die DHCP-Konsole, klicken Sie mit der rechten Maustaste auf den DHCP-Bereich, den Sie ausfallsicher betreiben wollen, und klicken Sie dann auf *Failover konfigurieren*. Klicken Sie im Assistenten für die Failoverkonfiguration auf *Weiter*. Geben Sie auf der zweiten Seite den Partnerserver an und klicken Sie dann auf *Weiter*.

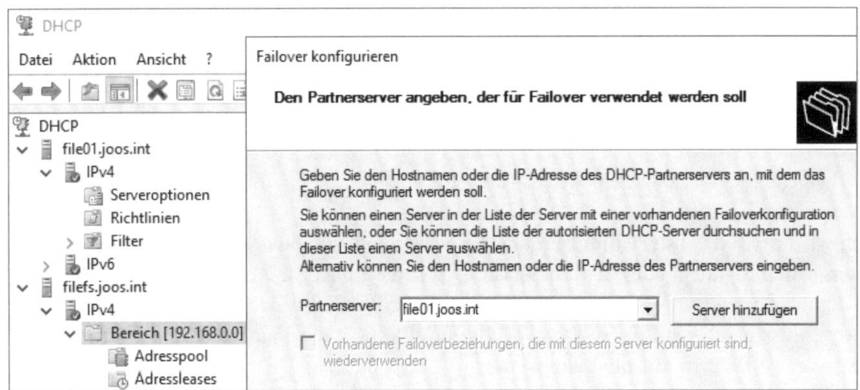

Abb. 24.7 Festlegen des Partnerservers für DHCP

Geben Sie unter *Neue Failoverbeziehung erstellen* einen Namen ein oder übernehmen Sie den angezeigten Standardnamen. Legen Sie einen gemeinsamen geheimen Schlüssel für diese Failoverbeziehung fest. Sie können hier den Modus auswählen, mit dem Sie die Ausfallsicherheit verwenden wollen: *Lastenausgleich* oder *Hot Standby*. Standardmäßig ist der Modus *Lastenausgleich* ausgewählt. Hier teilen sich die Server die Anfragen.

Infrastrukturen mit Windows Server

Abb. 24.8 Einrichten des Failovers eines DHCP-Bereichs

Danach wird noch das Intervall für ein Switchover festgelegt sowie ein Schlüssel für den gesicherten Datenaustausch der beiden Server. Das Intervall legt fest, wie lange ein Server versucht, seinen Partner zu erreichen, bis der die DHCP-Adressverteilung aktiv übernimmt. Zum Abschluss erscheint ein Fenster und die Replikation wird aktiviert. Nach kurzer Zeit erscheint der IP-Bereich auf dem Zielserver.

Klicken Sie auf *Weiter* und anschließend auf *Fertig stellen*. Stellen Sie sicher, dass die Failoverkonfiguration erfolgreich ist, und klicken Sie dann auf *Schließen*.

Aktualisieren Sie auf dem zweiten Failoverserver die DHCP-Konsole und überprüfen Sie, ob dieselbe DHCP-Bereichskonfiguration, die es auf dem ersten Server gibt, jetzt auf dem zweiten vorhanden ist.

Nachdem Sie die Einrichtung angeschlossen haben, können Sie das Failover in den Eigenschaften des IP-Bereichs auf der Registerkarte *Failover* anzeigen. Stellen Sie sicher, dass neben *Zustand des Servers* und *Partnerserver* jeweils korrekte Einträge angezeigt werden.

Über das Kontextmenü des Bereichs können Sie auch außerhalb des definierten Replikationsplans die Daten zwischen den Servern replizieren oder die Beziehung wieder aufheben. Bearbeiten können Sie das Failover in den Eigenschaften von IPv4 auf dem ersten und zweiten Server. Hier können Sie den Modus anpassen.

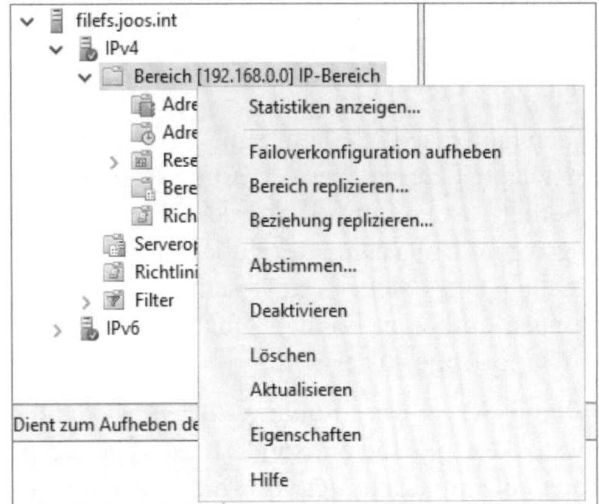

Abb. 24.9 Bearbeiten des Failovers in der DHCP-Konsole

24.3.2 Ausfallsicherheit mit 80/20-Regel

Eine weitere Möglichkeit und Strategie der Ausfallsicherheit für DHCP-Server ist die sogenannte 80/20-Regel. Diese Regel ist ähnlich der Variante, den verfügbaren Adresspool auf mehrere Bereiche aufzuteilen. Bei dieser Variante verwaltet ein DHCP-Server 80% der Adressen des Adresspools, und ein zweiter Server die restlichen 20%. Die IP-Adressen dürfen sich in diesem Fall nicht überlappen. Fällt ein Server aus, kann der zweite Server zumindest teilweise übernehmen. Idealerweise ist der zweite Server so ausgestattet, dass er im Notfall alle Clients mit IP-Adressen versorgen kann.

Diese Variante ist zum Beispiel beim Einsatz mehrerer Subnetze denkbar. Auch hier lassen sich die Adressen aus den verschiedenen Subnetzen 80/20 auf verschiedene Server aufteilen. Allerdings muss bei dieser Technik der primäre Server wieder so schnell wie möglich funktionieren, damit dem Backupserver nicht die IP-Adressen ausgehen. Teilen sich mehrere DHCP-Server einen Bereich im Netzwerk, müssen Sie auf allen Servern die Reservierungen entsprechend eintragen.

24.3.3 Bereichsgruppierung (Superscopes)

Wenn ein DHCP-Server ausfällt, muss nicht immer das Betriebssystem oder die Hardware schuld sein. Es besteht die Möglichkeit, dass der Server keine IP-Adressen mehr zur Verfügung hat, weil der Bereich erschöpft ist. Automatisch bedient sich ein DHCP-Server nämlich nicht mit den freien IP-Adressen aus weiteren Bereichen, die eventuell auf dem Server konfiguriert sind. Um diesem Problem vorzubeugen, helfen die Bereichsgruppierungen (Superscopes), die mehrere Bereiche auf einem Server unter einem Dach zusammenfassen.

Clients, die IP-Adressen anfragen, erhalten IP-Adressen aus allen Bereichen des Superscopes. Sind die IP-Adressen eines Bereichs erschöpft, erhalten Clients IP-Adressen aus einem anderen Bereich auf dem Server, der noch über freie Adressen verfügt. Dadurch besteht keine Gefahr, dass der DHCP-Server die Anfragen von Clients ablehnt, nur weil ein Bereich für IP-Adressen erschöpft ist. Der Server vergibt an Clients einfach Adressen aus anderen Bereichen innerhalb des gleichen Superscopes. In diesem Fall muss zusätzlich sichergestellt sein, dass das Routing im Unternehmen so konfiguriert ist, dass die Clients mit den neuen IP-Adressen alle notwendigen Server erreichen.

Mehrere IP-Bereiche auf DHCP-Servern ergeben hauptsächlich dann Sinn, wenn sich diese in verschiedenen Subnetzen befinden. Da der DHCP-Server bei der Adressvergabe aber nicht überprüft, ob das Routing noch funktioniert, ist es sinnvoll, vor der Erstellung von Bereichsgruppierungen zunächst den Routingweg im Unternehmen zu überprüfen und anzupassen, sofern dies notwendig ist. Schließlich muss sichergestellt sein, dass DHCP-Clients alle notwendigen Netzwerkverbindungen aufbauen können, unabhängig davon, welche IP-Adresse der DHCP-Server aus dem Superscope zuweist.

Ebenfalls wichtig: Sofern die Anfragen an DHCP-Server über Router erfolgen, ist es notwendig, dass die Router keine DHCP-Requestpakete blockieren, sondern diese passieren lassen. Da nicht alle Router diese Option unterstützen beziehungsweise nicht in allen Unternehmen nur wegen der DHCP-Konfiguration die Router angepasst werden können, besteht die Möglichkeit, ein DHCP-Relay zu verwenden.

Diese Funktion ermöglicht die Verbindung zwischen Clients und DHCP-Servern in verschiedenen Netzwerken. Dazu fordern die Clients vom DHCP-Relay eine IP-Adresse an. Das Relay ist im gleichen Subnetz positioniert wie die Clients. Anschließend fordert das DHCP-Relay vom eigentlichen DHCP-Server eine Adresse an und teilt diese dem Client zu. Der Vorgang dauert nicht wesentlich länger als bei der Verwendung der Konflikterkennung.

24.3.4 Ausfallsicherheit bei DHCP-Servern durch verschiedene Bereiche herstellen

Die Ausfallsicherheit bei DHCP-Servern herzustellen, gestaltet sich etwas schwieriger, als das zum Beispiel beim DNS oder Domänencontrollern der Fall ist. Aufgrund der laufenden und schnellen Änderungen an der DHCP-Datenbank ist eine Replikation zwischen zwei DHCP-Servern bis Windows Server 2022 nicht möglich, da während des Replikationsvorgangs bereits ein weiterer Client eine IP-Adresse anfordern könnte, die der andere DHCP-Server soeben vergeben hat. Die Folge wäre ein IP-Adresskonflikt.

Der häufigste Weg, um eine Ausfallsicherheit herzustellen, besteht darin, dass Administratoren den verfügbaren IP-Adresspool im Unternehmen auf verschiedene Server aufteilen. Jeder DHCP-Server erhält in diesem Fall einen eigenen Pool von IP-Adressen, der sich nicht mit dem anderen DHCP-Server überlappen darf. Den kompletten Adresspool aufzuteilen, ist aber nur dann sinnvoll, wenn ein Server allein alle Computer mit IP-Adressen versorgen könnte.

Eine weitere Möglichkeit ist, auf allen Servern einen Bereich zu konfigurieren, der den gesamten Adresspool enthält. Auf jedem Server hinterlegen Sie in der DHCP-Konfiguration als Ausnahmen die IP-Adressen, die die anderen DHCP-Server im Unternehmen verteilen sollen. Fällt ein DHCP-Server aus, lassen sich diese Ausnahmen problemlos entfernen, und die noch laufenden Server übernehmen die Aufgaben des ausgefallenen Servers. Allerdings müssen Sie bei dieser Lösung auch Reservierungen auf den Servern berücksichtigen.

Die Reservierungen lassen sich für jeden DHCP-Bereich getrennt auf dem Server festlegen. Benötigt zum Beispiel eine bestimmte Arbeitsstation oder ein Server immer die gleiche IP-Adresse und erhält diese per DHCP, spielen Reservierungen eine wichtige Rolle. Aus diesem Grund müssen auf allen DHCP-Servern, die als DHCP-Bereiche identische Adresspools haben, also die gleichen IP-Adressen vergeben können, auch alle Reservierungen hinterlegt sein. Dadurch ist sichergestellt, dass jeder beteiligte DHCP-Server alle Reservierungen kennt und an die entsprechenden Clients zuweisen kann.

Erhalten nämlich bestimmte Clients nicht die IP-Adresse, die als Reservierung vorgesehen ist, sondern durch den Ausfall eines DHCP-Servers eine andere Adresse, kann das zu unvorhergesehenen Problemen führen, zum Beispiel beim Netzwerkzugriff direkt über die IP-Adresse. Aber auch wenn der Zugriff nicht über die IP-Adresse, sondern über den DNS- oder NetBIOS-Namen erfolgt, kann es durchaus einige Zeit dauern, bis alle WINS- und DNS-Server oder lokale Konfigurationen wie HOST- und LMHOST-Dateien und vor allem die verschiedenen Zwischenspeicher auf den Servern und Arbeitsstationen mit der neuen IP-Adresse aktualisiert sind.

Daher ist beim Einsatz von Reservierungen extrem wichtig, diese Komponente bei der Ausfallplanung zu berücksichtigen und bereits rechtzeitig festzulegen, was passieren soll, wenn der DHCP-Client nicht seine vorgesehene IP-Adresse erhält. Eine Alternative ist, in diesem Fall mit der Vergabe von statischen IP-Adressen statt mit Reservierungen zu arbeiten.

24.3.5 Standby-Server mit manueller Umschaltung

Ein weiterer Weg zur Herstellung der Ausfallsicherheit ist, einen Standbyserver für den produktiven DHCP-Server zu konfigurieren. Die Umschaltung kann jedoch nur manuell erfolgen, ein Automatismus ist bei diesem Weg nicht möglich. Der Vorteil der Lösung ist der günstige Preis im Vergleich zur hohen Ausfallsicherheit. Grundlage für einen Standby-DHCP-Server ist die Möglichkeit, DHCP mit dem Befehl Netsh zu konfigurieren.

Dadurch lassen sich alle notwendigen Maßnahmen in einer Batchdatei zusammenfassen. Die Ausführung erfolgt manuell oder per geplantem Task. Mit der Batchdatei ist es möglich, die Sicherung des aktiven Servers auf den Standby-DHCP-Server zu übertragen, und das regelmäßig. Die Batchdatei verwendet dazu die Option *export* von Netsh. So lassen sich alle aktuellen Konfigurationen und DHCP-Leases erfassen und auf den Backup-DHCP-Server kopieren.

Der zweite DHCP-Server ist in Active Directory nicht autorisiert, vergibt also keine IP-Adressen an die Clients, bis Sie entsprechende Konfigurationen vornehmen. Fällt der primäre Server aus, muss dessen Autorisierung nur noch aufgehoben und der Datenaustausch deaktiviert werden. Im Gegenzug autorisieren Sie den Backupserver, der mit der aktuellsten Konfiguration seine Arbeit beginnt und IP-Adressen verteilt.

24.4 IPAM im Praxiseinsatz

Mit Windows Server 2022 bietet Microsoft weitere Funktionen, um DHCP-Server stabil, sicher und hochverfügbar im Netzwerk zur Verfügung zu stellen. Eine Neuerung seit Windows Server 2012 ist IP-Adressverwaltungsserver (IPAM). Dieser Serverdienst überwacht und steuert zentral DHCP- und DNS-Server. Die Installation erfolgt als Serverfeature, die Verwaltung über Assistenten im Server-Manager.

Der Dienst kann Änderungen und die Serverdienste zentral überwachen. IPAM dient nicht nur der Überwachung von DNS- und DHCP-Servern, sondern bietet auch eine Verwaltungsmöglichkeit dieser Server in einer gemeinsamen Oberfläche. IPAM verfügt über folgende Funktionen:

- Automatisches Auffinden der IP-Adress-Infrastruktur im Unternehmen
- Erstellen von Berichten über die IP-Infrastruktur
- Überwachung der Infrastrukturserver im Netzwerk und der vorhandenen IP-Adressen
- Überwachung von Netzwerkzugriffschutzservern
- Überwachung von Domänencontrollern

24.4.1 IPAM-Grundlagen

IPAM sollte auf einem Mitgliedsserver der Domäne installiert sein. Microsoft erlaubt aber auch die Installation auf einem Domänencontroller. Bei der Bereitstellung gibt es mehrere Möglichkeiten. Sie können in jeder Niederlassung einen IPAM-Server installieren oder einen zentralen IPAM-Server, der alle Daten des Unternehmens sammelt. Setzen Unternehmen verschiedene IPAM-Server ein, können diese ihre Daten aber nicht untereinander austauschen. Alle Server arbeiten komplett getrennt voneinander.

IPAM hat seine Grenzen in der Gesamtstruktur. Das heißt, ein Server kann immer nur die Infrastrukturserver einer Gesamtstruktur und aller angebundenen Domänen verwalten. Der Server muss Mitglied einer Domäne in der Gesamtstruktur sein.

Externe Geräte, DHCP Relays oder WINS kann IPAM nicht überwachen. Dies gilt auch für Infrastrukturdienste aus anderen Betriebssystemen. Auch eine Überprüfung der Konsistenz der IP-Adressen mit Routern oder Switches ist nicht möglich.

Seine Daten speichert IPAM in einer eigenen Datenbank. Dabei berücksichtigt der Server auch IP-Adressen-Leases und An- oder Abmeldevorgänge von Benutzern. Nach der Installation der Serverrolle für IPAM über den Server-Manager müssen Sie zunächst festlegen, welchen IP-Bereich, welche Domäne oder welche Gesamtstruktur IPAM nach verwalteten Servern durchsuchen soll.

Den festgelegten Bereich durchsucht IPAM automatisch und bindet neue Server oder IP-Bereiche an das System an. Damit sich Infrastrukturserver mit IPAM verwalten lassen, müssen Einstellungen in der Firewall gesetzt sein. Diese können Sie manuell setzen oder über Gruppenrichtlinien. Die Regeln lassen sich über einen Assistenten erstellen und einrichten. Den Assistenten finden Sie im Server-Manager. Zur Kommunikation mit den verwalteten Servern im Netzwerk verwendet IPAM RPC und WMI.

Sobald die Richtlinien oder manuellen Einstellungen gesetzt sind, können Sie das Netzwerk auf kompatible Server hin untersuchen lassen. Auch diesen Vorgang starten Sie über den Server-Manager im IPAM-Bereich. Hierbei muss ausgewählt werden, welche Server IPAM anbinden soll. Zur Auswahl stehen Domänencontroller, DHCP-Server und DNS-Server. Diese lassen sich für jede Domäne genau auswählen. IPAM sucht über einen Zeitplan ständig nach neuen Servern im festgelegten Bereich. Den Zeitplan ändern Sie über die Windows-Aufgabe *Microsoft/Windows/IPAM/DiscoveryTask*. Für jeden einzelnen Server lässt sich festlegen, ob dieser an IPAM angebunden werden soll oder nicht. Zur Verwaltung verfügt IPAM über ein Rechtemodell auf Basis der Mitgliedschaft in Sicherheitsgruppen:

- **IPAM Users** – Mitglieder dieser Grippe dürfen IPAM-Daten lesen, aber keine Einstellungen ändern.
- **IPAM MSM Administrators** – Mitglieder dieser Gruppe dürfen lesen und schreiben. Auch IPAM-Aufgaben dürfen die Administratoren durchführen, genauso wie die Verwaltung der angebundenen Server.

- **IPAM ASM Administrators** – Diese Administratoren dürfen IP-Adressbereiche verwalten und andere IPAM-Aufgaben durchführen. In dieser Gruppe sollten die Netzwerkadministratoren Mitglied sein.
- **IPAM IP Tracking Administrators** – Diese Administratoren dürfen die Trackingdaten der IP-Adressen betrachten.
- **IPAM Administrators** – Diese Administratoren dürfen innerhalb von IPAM alle Aufgaben durchführen.

IPAM verwaltet IP-Adressen in IP-Adressbereichen und fasst Bereiche zu ganzen Blöcken zusammen. Die Blöcke können Sie bearbeiten und überwachen. DNS- und DHCP-Server bindet IPAM ebenfalls an. Für DHCP-Server können Sie zum Beispiel Bereiche erstellen, Servereinstellungen ändern oder Klassen anlegen.

Auf diese Weise verwalten Unternehmen alle DHCP-Server zentral in der IPAM-Konsole. Für DNS-Server lassen sich alle Zonen anzeigen und überwachen. Die IPAM-Konsole zeigt darüber hinaus noch die gesammelten Ereignisanzeigen aller angebundenen Serverdienste an. Die komplette Verwaltung von IPAM nehmen Sie im Server-Manager vor. Hierüber lassen sich auch die einzelnen Aufgaben erstellen und verwalten.

24.4.2 IPAM einrichten

Um IPAM zu nutzen, installieren Sie das Feature *IP-Adressverwaltungsserver (IPAM-Server)* auf einem Server. Anschließend finden Sie im Server-Manager einen neuen Verwaltungsbereich für IPAM. Hierüber richten Sie den Server mit einem Assistenten ein.

Sie können IPAM auch über die PowerShell mit *Install-WindowsFeature IPAM -IncludeManagementTools* installieren.

Im ersten Schritt klicken Sie auf *Verbindung mit IPAM-Server herstellen*. Wählen Sie im Fenster den IPAM-Server aus, den Sie im Unternehmen bereitstellen wollen. Danach klicken Sie auf *IPAM-Server bereitstellen*. So richten Sie die IPAM-Server ein. In Windows Server 2022 haben Sie noch die Möglichkeit, auszuwählen, ob Sie die IPAM-Datenbank auf dem lokalen Server in einer internen Windows-Datenbank (WID) speichern wollen oder auf einem SQL-Server. In den meisten Fällen reicht die interne Windows-Datenbank aber aus.

Belassen Sie auf der Seite zur Einrichtung der Bereitstellung die Option *Gruppenrichtlinienbasiert* und geben Sie unten ein Präfix für die neue Gruppenrichtlinie ein, zum Beispiel *IPAM*.

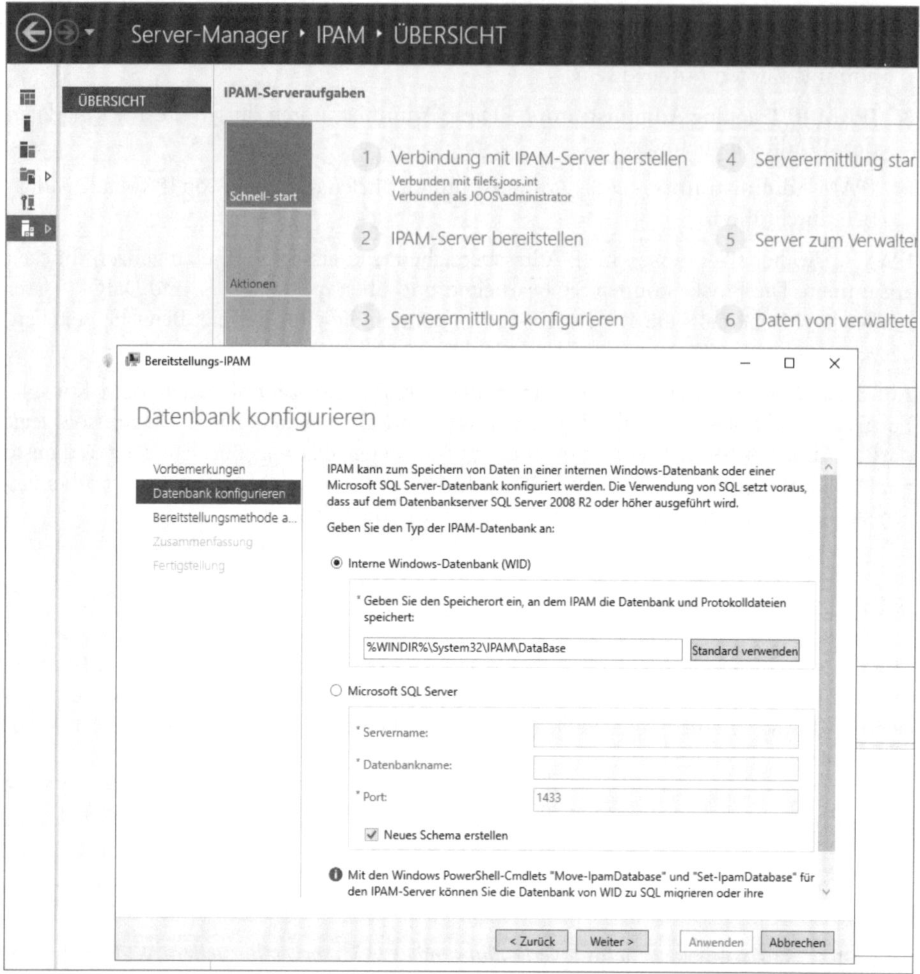

Abb. 24.10 IPAM-Server einrichten

Nutzen Sie die gruppenrichtlinienbasierte Einrichtung von IPAM, lassen sich alle Server automatisiert anbinden, und Sie müssen nicht alle Einstellungen für jeden IPAM-Server manuell vorgeben. Klicken Sie auf der nächsten Seite auf *Anwenden* und schließen Sie damit die Einrichtung von IPAM ab.

Nachdem Sie IPAM eingerichtet haben, binden Sie die verschiedenen Infrastrukturserver an die IPAM-Struktur an. Dazu wählen Sie im Server-Manager den Punkt 3 *Serverermittlung konfigurieren.* Hier legen Sie fest, welche Domäne Sie anbinden wollen. Klicken Sie dazu auf *Hinzufügen.* Wählen Sie dann im unteren Feld aus, welche Server aus der angebundenen Domäne Sie anbinden wollen. Klicken Sie auf *OK.*

Nachdem Sie den Ermittlungsplan für die Anbindung der Server konfiguriert haben, klicken Sie in der IPAM-Übersicht auf *Server zum Verwalten und Überprüfen des IPAM-Zugriffs auswählen.* Es dauert aber eine Weile, bis der Ermittlungsplan die gefundenen Server an IPAM anbindet. Die Konsole bleibt daher zunächst leer.

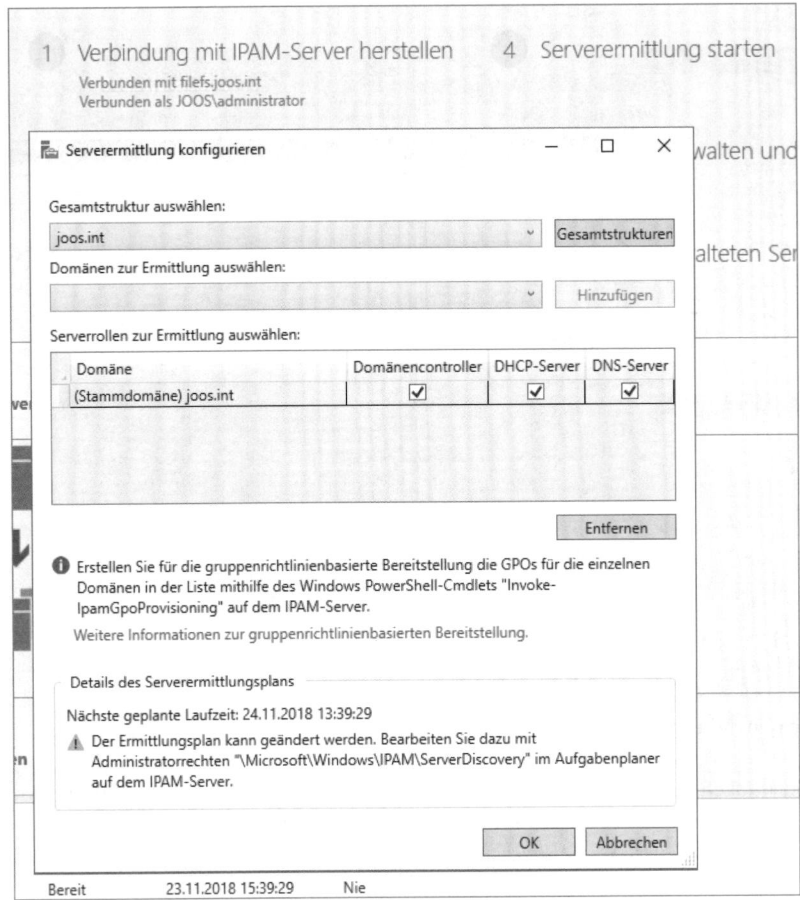

Abb. 24.11 Anbinden von Infrastrukturservern an IPAM

Lassen Sie die Ansicht aktualisieren, sollten nach einiger Zeit die ersten Server erscheinen. Sie sehen den Status der Ermittlung, wenn Sie in der IPAM-Übersicht auf *Serverermittlung starten* und dann auf *Details* klicken. Nach dem Abschluss der Aufgabe sehen Sie die verschiedenen Server. Diese sind allerdings zunächst blockiert. Sie müssen die Verwaltung erst freischalten.

Damit Sie die angebundenen Server verwalten konnen, starten Sie auf dem IPAM-Server eine PowerShell-Sitzung mit Administratorrechten. Geben Sie in der PowerShell dann den folgenden Befehl ein:

Invoke-IpamGpoProvisioning -Domain <Domäne> -GpoPrefixName <Präfix des GPOs> -IpamServerFqdn <IPAM-Server>

Nachdem der Befehl erfolgreich durchgelaufen ist, überprüfen Sie in der Gruppenrichtlinienverwaltung, ob neue Gruppenrichtlinien zur Anbindung von IPAM verfügbar sind. Für jede Serverrolle gibt es eine eigene Richtlinie.

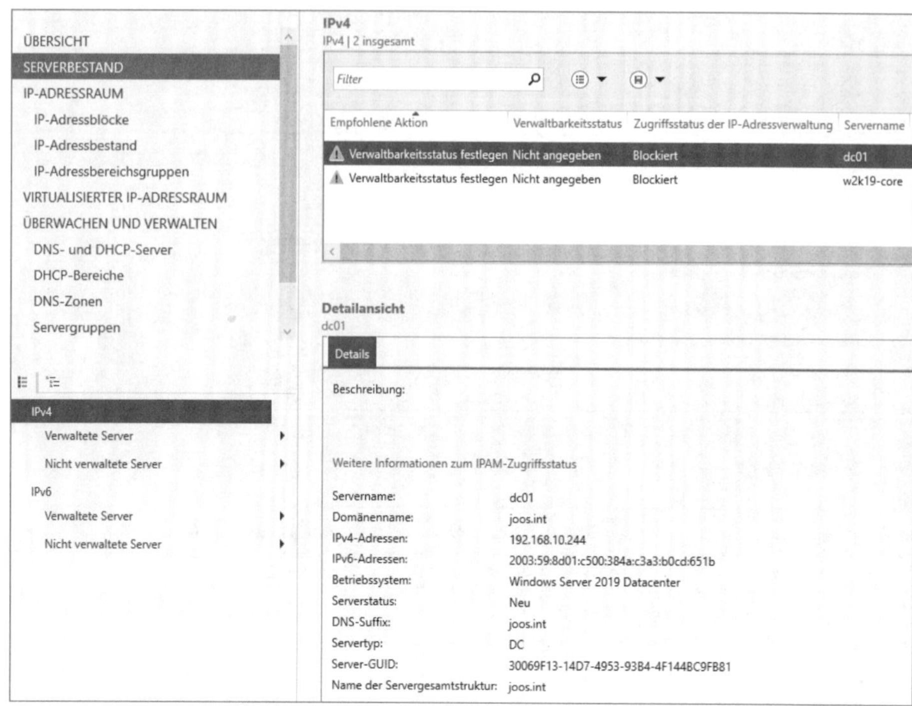

Abb. 24.12 Anzeigen der angebundenen Server

Anschließend klicken Sie im Bereich *Serverbestand* mit der rechten Maustaste auf alle gefundenen Server in der IPAM-Konsole und wählen im Kontextmenü den Eintrag *Server bearbeiten* aus. Ändern Sie den *Verwaltbarkeitsstatus* auf *Verwaltet* und klicken Sie auf *OK*. Führen Sie diesen Vorgang für alle Server durch, die Sie an IPAM anbinden wollen.

Die Server lassen sich aber erst dann verwalten, wenn die erstellten Gruppenrichtlinien angewendet wurden (siehe Kapitel 19). Am besten geben Sie dazu auf den einzelnen Servern in der Eingabeaufforderung mit Administratorrechten *gpupdate /force* ein (siehe Kapitel 19). Lassen Sie die Ansicht aktualisieren. Stellen Sie sicher, dass der Server als verwaltet angezeigt wird. Über das Kontextmenü legen Sie auch fest, welchen Serverdienst Sie auf dem Server überwachen wollen.

24.4.3 Fehlerbehebung der Anbindung von IPAM-Clients

Werden Server nicht angezeigt, liegt entweder ein Problem mit der Zuordnung der entsprechenden Gruppenrichtlinie vor oder die Firewall blockiert den Zugriff. Wenn Sie einen Infrastrukturserver an IPAM angebunden und über dessen Kontextmenü eine Serverrolle ausgewählt und als verwaltet konfiguriert haben, wird dem Server eine der drei Richtlinien oder alle drei zugeordnet. Führen Sie in einer Eingabeaufforderung mit Administratorrechten erneut den Befehl *gpupdate /force* aus und stellen Sie sicher, dass der Server die Richtlinien anwendet.

Auf dem Client finden Sie Protokolldateien, über die Sie erkennen können, warum sich ein Client nicht an IPAM anbindet. Sie finden die Dateien im Ordner *%WinDir%\temp named.* Diese tragen die Bezeichnung *IpamDhcpLog.txt* und *IpamDnsLog.txt*.

Tippen Sie anschließend auf der Startseite *Aufgabe* ein und starten Sie die Aufgabenplanung. Klicken Sie auf *Aufgabenplanungsbibliothek*, sehen Sie die Aufgabe, die über die Gruppenrichtlinie erstellt wird, um den Server an IPAM anzubinden. Über das Kontextmenü rufen Sie deren *Eigenschaften* auf. Auf der Registerkarte *Aktionen* sehen Sie in der Aufgabe, welchen Befehl sie ausführen will. Um zu überprüfen, ob die Aufgabe funktioniert, gehen Sie folgendermaßen vor:

1. Öffnen Sie auf dem Client eine Eingabeaufforderung mit Administratorrechten.
2. Geben Sie den Befehl *PowerShell* ein, bestätigen Sie aber nicht.
3. Tragen Sie hinter *PowerShell* den Befehl aus der Spalte *Argumente hinzufügen* ein. Sie können diesen in die Zwischenablage kopieren und in die Eingabeaufforderung einfügen.
4. Setzen Sie Anführungszeichen zwischen der Option *-file* und am Ende von *ipamprovisioning.ps1* und führen Sie den Befehl aus.
5. Erhalten Sie die Meldung, dass die Optionen bereits gesetzt sind, funktioniert das Skript. Erhalten Sie andere Fehler, haben Sie einen Ansatz, wo das Problem liegt. Meistens liegt es an bestimmten Firewalleinstellungen.

Damit ein Server von IPAM überwacht werden kann, muss er in der IPAM-Konsole als verwaltbar markiert sein und die Gruppenrichtlinie anwenden. Erst wenn ein Server mit allen überwachten Serverrollen mit dem Status *Blockierung aufgehoben* angezeigt wird, unterstützt er IPAM. Überprüfen Sie auch in den Firewalleinstellungen auf den Clients, ob IPAM eingetragen ist und der Verkehr nicht blockiert wird.

IPAM arbeitet auf den angebundenen Servern und den IPAM-Servern selbst mit Aufgaben, die bestimmte Konfigurationen vornehmen. Zur Verwaltung des Dienstes können Sie diese Aufgaben anpassen oder überwachen. Sie finden sie in der Aufgabenplanung unter *Microsoft/Windows/IPAM*. Wichtig sind vor allem die folgenden Aufgaben:

- *DiscoveryTask* Ermittelt die Domänencontroller, DHCP- und DNS-Server in der Gesamtstruktur. Die Aufgabe startet einmal am Tag.
- *AddressUtilizationCollectionTask* – Die Aufgabe sammelt Daten zur Adressraumverwendung von den angebundenen DHCP-Servern und startet alle zwei Stunden.
- *AuditTask* – Sammelt Überwachungsinformationen von DHCP- und IPAM-Servern sowie IP-Leaseüberwachungsprotokolle von NPS- und DC-Servern. Die Aufgabe startet ebenfalls einmal am Tag.
- *ConfigurationTask* – Sammelt Überwachungsinformationen von DHCP- und DNS-Servern. Die Aufgabe startet alle sechs Stunden.
- *ServerAvailabilityTask* – Sammelt den Dienstverfügbarkeitsstatus für DHCP- und DNS-Server und das alle 15 Minuten.

24.4.4 Infrastrukturüberwachung und -verwaltung

Klicken Sie im IPAM-Navigationsbereich unter *ÜBERWACHEN UND VERWALTEN* auf *DNS- und DHCP-Server*. Neben *Servertyp* können Sie einen der Einträge *DNS*, *DHCP* oder *DNS und DHCP* auswählen. Angezeigt werden die Serververfügbarkeit, die Dauer im aktuellen Zustand, der Servername, die Serverrolle, der Domänenname und die IP-Adresse.

Klicken Sie auf einen DHCP-Server und überprüfen Sie unter *Detailansicht* die Informationen auf den Registerkarten *Servereigenschaften*, *Optionen* und *Ereigniskatalog*. Klicken Sie mit der rechten Maustaste auf den DHCP-Server. Sie können den DHCP-Server direkt über die IPAM-Konsole konfigurieren.

Wählen Sie neben *Servertyp* die Option *DHCP* und dann neben *Ansicht* die Option *Bereichseigenschaften* aus. Klicken Sie mit der rechten Maustaste auf den DHCP-Bereich und dann im Kontextmenü auf *DHCP-Bereich duplizieren*, können Sie Bereiche kopieren. Auf dem gleichen Weg überwachen Sie die angebundenen DNS-Server und deren Zonen. Neben der Überwachung können Sie noch IP-Gruppen definieren, die mehrere DHCP-Server zusammenfassen.

24.4.5 IP-Adressblöcke mit IPAM

IP-Adressblöcke in IPAM sind größere Bereiche aus IP-Adressen. IP-Adressbereiche sind kleinere Bereiche aus IP-Adressen, diese entsprechen einem DHCP-Bereich. IP-Adressbereiche werden in IPAM zu IP-Adressblöcken zugeordnet. Diese Zuordnung nehmen Sie in der IPAM-Konsole vor:

1. Klicken Sie im IPAM-Navigationsbereich auf *IP-Adressblöcke*.
2. Klicken Sie im unteren Navigationsbereich mit der rechten Maustaste auf *IPv4* und dann auf *IP-Adressblock hinzufügen*.
3. Wählen Sie die Netzwerk-ID und die Präfixlänge aus, also das Subnetz.
4. Klicken Sie auf *OK* und wählen Sie dann neben *Aktuelle Ansicht* die Option *IP-Adressblöcke* aus. Über das Kontextmenü bearbeiten Sie Adressblöcke nachträglich.

Auf der Registerkarte *Konfigurationsdetails* im unteren Bereich der Konsole sehen Sie bei *Verwendete Adressen*, dass zurzeit IP-Adressen verwendet werden. Das sind ausgestellte Leases von DCHP-Servern, die an IPAM angebunden sind.

Wählen Sie neben *Aktuelle Ansicht* die Option *IP-Adressbereiche* aus. Überprüfen Sie die auf der Registerkarte *Konfigurationsdetails* angezeigten Informationen. Hier sollten die Bereiche der angebundenen DHCP-Server zu sehen sein.

24.5 Zusammenfassung

In diesem Kapitel haben wir Ihnen gezeigt, wie Sie einen DHCP-Server effizient und sicher im Netzwerk betreiben. Auch über die Ausfallsicherheit von DHCP durch den Betrieb mehrerer DHCP-Server konnten Sie in diesem Kapitel mehr erfahren. Ebenfalls Bestandteil des Kapitels war der MAC-Filter von Windows Server 2022 sowie die Funktionen zur Ausfallsicherheit von DHCP in Windows Server 2022 und wir sind auf den IP-Adressenverwaltungsserver (IPAM) in diesem Kapitel eingegangen.

Im nächsten Kapitel geht es um den Betrieb von DNS-Servern mit Windows Server 2022.

Kapitel 25

DNS einsetzen und verwalten

DNS spielt auch in Windows Server 2022 bei der Namensauflösung eine wichtige Rolle. In den vorangegangenen Kapiteln 10 bis 17 sind wir bereits bei der Einrichtung von Active Directory auf DNS eingegangen. Allerdings bietet der DNS-Server unter Windows Server 2022 noch mehr Funktionen, als für einzelne Active Directory-Domänen die Namensauflösung zur Verfügung zu stellen.

DNS wird unter Windows Server 2022 weiterhin als Serverrolle installiert und konfiguriert. Für die Einrichtung von Active Directory muss diese Rolle nicht zwingend installiert sein, da der Server-Manager in diesem Fall DNS automatisch mitinstalliert. Unabhängig davon, ob ein DNS-Server Active Directory-Zonen verwaltet, kann er beliebig weitere DNS-Domänen in verschiedenster Ausprägung verwalten.

Mit Windows Server 2022 führt Microsoft auch die Unterstützung von DNS über HTTPS (DoH) ein. Damit Sie diese Technik auf einem Server aktivieren können, muss der verwendete DNS-Server diese Funktion ebenfalls unterstützen. Auf dem Client finden Sie die Einstellungen dazu in der Einstellungs-App von Windows Server 2022 im Bereich *Netzwerk und Internet* und dann bei *Ethernet*. Wir haben in Kapitel 6 die Funktion bereits gezeigt.

25.1 Erstellen von Zonen und Domänen

In diesem Abschnitt zeigen wir Ihnen, wie Sie manuell Zonen, Domänen und Einträge erstellen können. Clients, die den DNS-Server verwenden, können Abfragen dieser Zonen durchführen.

25.1.1 Erstellen von neuen Zonen

Über das Menü zur Verwaltung von DNS können Sie verschiedene Zonen erstellen. Forward-Lookupzonen übersetzen DNS-Namen in IP-Adressen. Eine Reverse-Lookupzone übersetzt dagegen IP-Adressen in DNS-Namen. Lesen Sie dazu die Kapitel 10 bis 17. Nur auf Domänencontrollern kann mit den Active Directory-integrierten Zonen gearbeitet werden.

Unterschieden wird weiterhin zwischen primären und sekundären Zonen sowie Stubzonen, die nur auf andere DNS-Server verweisen. Bei der Einrichtung des ersten DNS-Servers müssen Sie eine primäre Zone erstellen. Grundsätzlich gilt, dass Sie in Active Directory-Umgebungen mit Active Directory-integrierten Zonen arbeiten sollten. Das bedeutet in der Konsequenz allerdings, dass die DNS-Serverdienste immer auf Domänencontrollern installiert werden müssen. Mehr zum Thema lesen Sie in den Kapiteln 10 bis 17.

Speichern Sie eine Zone in Active Directory, legen Sie fest, auf welche DNS-Servern in der Gesamtstruktur diese Zone repliziert werden soll. Dieses Fenster erscheint aber nur, wenn eine Zone in Active Directory gespeichert ist. Die Reihenfolge der folgenden Fenster kann variieren, abhängig davon, welche Einstellungen Sie wählen.

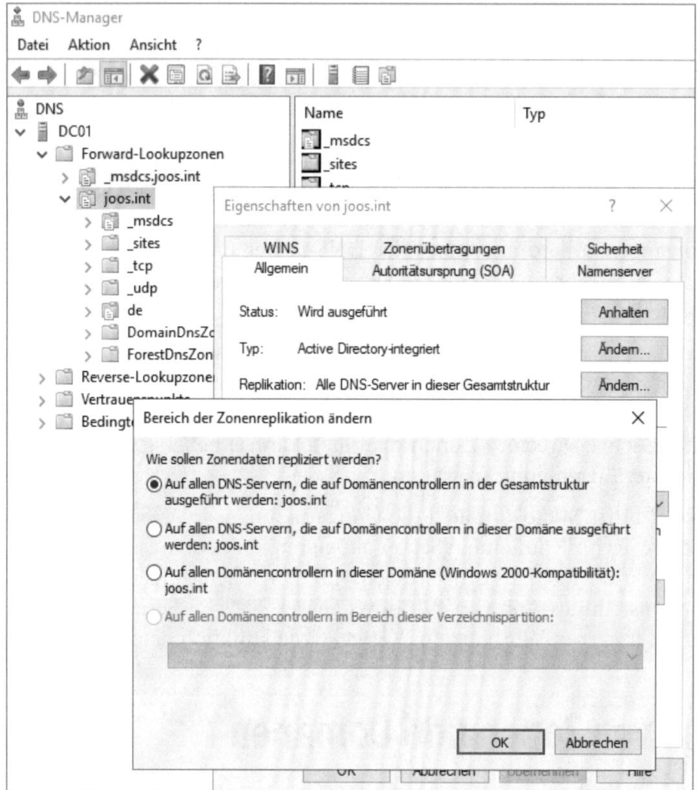

Abb. 25.1 Festlegen des Replikationsbereichs für eine DNS-Zone

Der nächste Schritt ist die Festlegung des Zonennamens. Als Nächstes legen Sie fest, ob die Zone dynamische DNS-Einträge erlaubt und welche Bedingungen dafür zutreffen müssen. Dynamische Updates aktualisieren die Informationen zu einem Server oder Client. Die Einträge können von Clients oder über DHCP-Server aktualisiert werden.

Bei den Einstellungen für die Reverse-Lookupzone müssen Sie die Netzwerkkennung eingeben. Diese wird automatisch in den Namen der Reverse-Lookupzone umgesetzt. Diese Art von Zonen hat vorgegebene Namen. Falls mehrere IP-Subnetze zu der von Ihnen verwendeten Forward-Lookupzone gehören, müssen Sie mehrere Reverse-Lookupzonen erstellen. Alternativ erstellen Sie eine übergeordnete Zone.

25.1.2 Erstellen von statischen Einträgen in der DNS-Datenbank

Die Administration der DNS-Server erfolgt über den Server-Manager durch Aufruf des Befehls *DNS* im Menü *Tools*. Sie können das Verwaltungstool auch durch Eingabe von *dnsmgmt.msc* im Startmenü aufrufen.

Es kann Situationen geben, in denen Sie Hostnamen manuell hinzufügen wollen und die dynamischen Einträge alleine nicht ausreichen. In diesem Fall verwenden Sie den Befehl *Neuer Host* im Kontextmenü der Zone, zu der der Eintrag hinzugefügt werden soll. Sie können dort den Hostnamen – ohne den Namen der Zone – und die IP-Adresse angeben. Sie können gleich einen als *PTR-Eintrag (Pointer)* bezeichneten Eintrag in der Reverse-Lookupzone vornehmen.

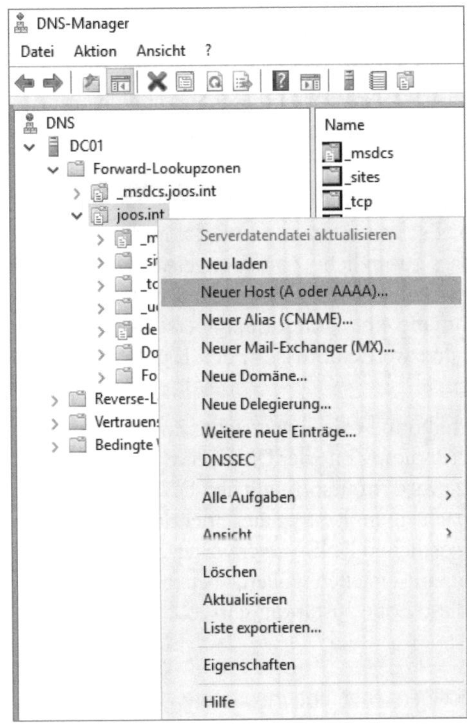

Abb. 25.2 Erstellen von neuen statischen Hosteinträgen

Wenn Sie mit der rechten Maustaste auf eine Zone klicken, stehen Ihnen verschiedene Möglichkeiten zur Verfügung, um diese Zone zu verwalten:

- **Neu laden** – Mit diesem Befehl können Sie die Einstellungen und die Ansicht der Zone im Snap-In neu laden lassen. Diesen Befehl benötigen Sie selten. Die Zone wird aus Active Directory noch mal in die Ansicht übertragen.
- **Neuer Host (A oder AAAA)** – Mit diesem Befehl fügen Sie einen neuen statischen Eintrag in die DNS-Datenbank ein, wie weiter vorne beschrieben. Der AAAA-Eintrag enthält eine IPv6-Adresse, ein Host-A-Eintrag enthält eine IPv4-Adresse.

- **Neuer Alias (CNAME)** – Dieser Menübefehl dient zum Hinzufügen eines neuen Eintrags der Form »Canonical Name«. Dazu wird zu einem bereits vorhandenen Eintrag eines Servers ein weiterer Eintrag zu derselben IP-Adresse hinzugefügt. Dieser zusätzliche Eintrag wird auch Alias genannt. Wenn ein Client versucht, diesen Alias aufzulösen, wird bei der Ausgabe des Namens parallel zum Alias auch der richtige Eintrag ausgegeben.
- **Neuer Mail-Exchanger (MX)** – Mit dieser Option können Sie einen neuen SRV-Record mit der Bezeichnung *MX* erstellen. In einer normalen Umgebung werden Sie einen solchen MX-Record nicht benötigen. Er dient dazu, aus einer Zone den verantwortlichen SMTP-Server zu erfragen, zu dem E-Mails zugestellt werden sollen. Der MX-Record ermöglicht es, unter einer Domäne mehrere Mailserver zu betreiben. Außerdem gibt er anderen Mailservern eine Priorisierung vor, in welcher Reihenfolge sie die Mailserver einer bestimmten Domain kontaktieren sollen. Internetprovider verwenden diese Priorisierung, um zu steuern, wohin E-Mails zuerst zugestellt werden sollen. Der MX10-Eintrag definiert, dass E-Mails vor der Zustellung zum MX20 zunächst zum Server zugestellt werden sollen, der als MX10 hinterlegt ist. Antwortet dieser Server nicht auf Anfragen, wird automatisch eine Zustellung zum MX20 versucht. Sie können auch einen MX30 definieren.
- **Neue Domäne** – Mit diesem Eintrag erstellen Sie unterhalb dieser Zone eine neue Domäne. Diese Unterdomäne, zum Beispiel *sales.contoso.com*, wird von diesem DNS-Server und dieser Zone verwaltet, ohne dass zusätzliche Zonen angelegt werden müssen. Wenn Sie eine neue Unterdomäne von Active Directory erstellen wollen, können Sie unterhalb der bereits erstellten Rootdomäne eine Unterdomäne erstellen oder eine eigene Zone, die allerdings getrennt verwaltet werden muss. In den Kapiteln 10 bis 17 gehen wir ausführlich auf diese Themen ein.
- **Neue Delegierung** – Mit diesem Menübefehl können Sie eine erstellte Zone an einen anderen DNS-Server delegieren. Zukünftig ist für diese Zone der DNS-Server zuständig, den Sie hier definiert haben. Die delegierte Zone wird im ursprünglichen DNS-Server als delegiert angezeigt. Wird dieser DNS-Server nach einem Eintrag aus einer delegierten Zone gefragt, weist er die Anfrage an den verantwortlichen DNS-Server weiter. Eine solche Delegation ergibt Sinn, wenn Sie eine Unterdomäne erstellen wollen, aber ein anderer DNS-Server in einer anderen Niederlassung für diese Zone zuständig sein soll.

Wird der erste Domänencontroller einer neuen untergeordneten Domäne erstellt, richtet der Assistent unter Windows Server 2022 automatisch eine Delegation auf dem übergeordneten DNS-Server ein.

- **Weitere neue Einträge** – Zusätzlich zum MX-Record können Sie weitere Servicerecords eintragen. Diese werden aber nur in Ausnahmefällen benötigt und nicht für den Betrieb von Active Directory.
- **DNSSEC** – Verschlüsselung der DNS-Daten. Wir gehen darauf in diesem Kapitel noch ausführlich ein.

25.1.3 Einstellungen und Verwalten von Zonen

Wenn Sie die Eigenschaften einer Zone aufrufen, stehen Ihnen verschiedene Registerkarten zur Verfügung, auf denen Sie die Konfiguration der Zone anpassen können.

Die Registerkarte *Sicherheit* dient zur Konfiguration der Sicherheitseinstellungen und der Berechtigungen für die Verwaltung der Zone. Hier können Sie Einstellungen vornehmen, um die Berechtigungsstruktur anzupassen, damit einige Benutzergruppen oder Administratoren zwar Informationen der Zone lesen, aber keine Informationen schreiben dürfen.

Allgemeine Einstellungen für DNS-Zonen

Auf der Registerkarte *Allgemein* können Sie festlegen, dass die Zone in Active Directory integriert wird und welche Systeme sich dynamisch aktualisieren dürfen. In kleineren Netzwerken kann es durchaus sinnvoll sein, wenn Sie neben den sicheren auch unsichere Aktualisierungen zulassen.

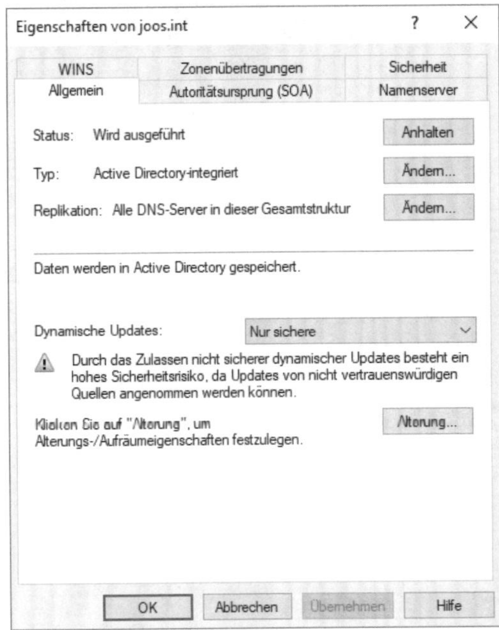

Abb. 25.3 Verwalten einer Zone über ihre Eigenschaften

Konfiguration des Entfernens alter Einträge aus der Zone

So bequem die dynamische Aktualisierung der DNS-Einträge für den Administrator auch sein mag, sie birgt die Gefahr, dass sich im Laufe der Zeit eine Menge veraltete Einträge ansammeln, zum Beispiel Computer, die irgendwann einmal in Betrieb waren, sich dynamisch registriert haben und irgendwann wieder außer Betrieb genommen wurden.

Die zugehörigen DNS-Einträge verbleiben allerdings in der Datenbank und erhöhen den Platzbedarf, die Zeit für Suchen in der Datenbank sowie die Übertragungszeiten bei der Replikation zu anderen DNS-Servern. Um diesem Wachstum Einhalt zu gebieten, sollten Sie die Alterung der dynamischen Einträge konfigurieren. Dies kann auf der Registerkarte

Allgemein über die Schaltfläche *Alterung* vorgenommen werden. In der Standardeinstellung bleiben alle Einträge so lange erhalten, bis sie vom Administrator manuell gelöscht werden. Aktivieren Sie das Kontrollkästchen *Veraltete Ressourceneinträge aufräumen*, um die Einträge mit Zusatzinformationen über den Zeitpunkt der letzten Aktualisierung, den sogenannten Zeitstempel, zu versehen und sie anschließend aufgrund dieser Informationen als veraltet erkennen und löschen zu können.

Da jede Änderung des Zeitstempels immer dazu führt, dass sekundäre DNS-Server eine Replikation der DNS-Daten anfordern, wird eine Mindestzeit vorgegeben, nach der der Zeitstempel wieder neu gesetzt werden kann. Registriert sich ein System während dieser Zeit erneut beim DNS-Server, erfolgt keine Veränderung an diesem Eintrag. Erst nach Ablauf der Zeit wird der Zeitstempel neu gesetzt. Diesen Wert legen Sie im Abschnitt *Intervall für Nichtaktualisierung* fest.

Die eigentliche Verweildauer eines Eintrags in der Datenbank legen Sie im zweiten Abschnitt *Aktualisierungsintervall* fest. Nach Ablauf dieser Zeitspanne wird ein System als inaktiv erkannt und der zugehörige Eintrag aus der Zone gelöscht. Der hier angegebene Wert muss größer sein als das minimale Intervall zwischen zwei Aktualisierungen des Zeitstempels, da sonst auch aktive Einträge gelöscht würden, die lediglich noch nicht aktualisiert werden konnten.

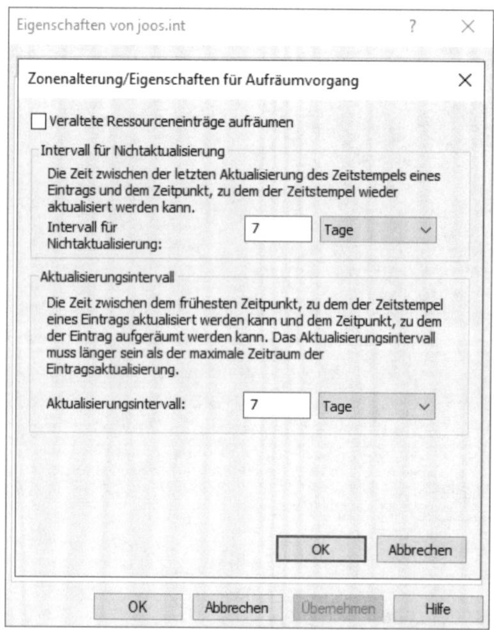

Abb. 25.4 Konfigurieren der Zonenalterung für DNS-Zonen

Sie können den Prozess manuell starten, indem Sie im Kontextmenü des DNS-Servers den Befehl *Veraltete Ressourceneinträge aufräumen* aufrufen und die anschließende Sicherheitsabfrage bestätigen.

Autoritätsursprung (SOA) von DNS-Zonen

Auf der Registerkarte *Autoritätsursprung (SOA)* werden Informationen abgelegt, die für die Replikation der Zone zu anderen Servern sowie die Zwischenspeicherung abgefragter DNS-Einträge wichtig sind. Damit sekundäre DNS-Server erkennen können, ob sich an den Daten des primären DNS-Servers etwas geändert hat und damit eine Replikation notwendig geworden ist, wird für jede Zone eine Serien- oder Versionsnummer gepflegt. Diese Seriennummer wird mit jeder Veränderung an der Datenbank um 1 erhöht.

Abb. 25.5 Verwalten der Einstellungen zum Übertragen von Informationen an sekundäre DNS-Server

Fragt ein sekundärer DNS-Server die Seriennummer des primären DNS-Servers ab, so stellt er einen Versionsunterschied fest und fordert eine Übertragung der Zonendaten an (man spricht hier auch von einem Zonentransfer). Diesen Wert können Sie nun selbst erhöhen, auch ohne dass neue Einträge in der Datenbank vorhanden sind. Dies ist zum Beispiel dann sinnvoll, wenn Sie eine Beschädigung in der DNS-Datenbank festgestellt und die Datenbank anschließend repariert oder von einer Sicherung wieder eingespielt haben.

Damit alle sekundären DNS-Server diese Datenbank erhalten, müssen Sie ihnen signalisieren, dass es eine Änderung gegeben hat.

Der im Feld *Primärer Server* angegebene Eintrag definiert den Server, der im SOA-Eintrag im DNS eingesetzt wird. Da aber noch andere Server als klassische sekundäre DNS-Server eingesetzt werden können, muss diesen klar ein primärer DNS-Server vorgegeben werden. Wählen Sie den gewünschten Server jeweils über *Durchsuchen* aus. Im folgenden Feld geben Sie an, wer die verantwortliche Person für die Verwaltung der Zone ist. Dabei handelt es sich um die E-Mail-Adresse des DNS-Administrators, sodass andere Administratoren Kontakt zu ihm aufnehmen können, falls sie Probleme feststellen.

Da das Zeichen »@« im DNS nicht erlaubt ist, wird es durch einen Punkt ersetzt, der oben abgebildete Eintrag steht also für *hostmaster@joos.int*. Über das *Aktualisierungsintervall* teilt der primäre DNS-Server den sekundären Servern mit, wie oft sie überprüfen sollen, ob es Änderungen in der Zone gibt. Je kleiner die Abstände sind, desto aktueller sind natürlich die Kopien auf den sekundären Servern. Dafür steigt allerdings die bei der Übertragung anfallende Datenmenge, da je nach Anzahl der Änderungen und verwendeter Software beim sekundären Server eine Übertragung der kompletten Zonendaten notwendig sein kann. Zu große Intervalle dagegen führen unter Umständen zu falschen Informationen.

Kann die Aktualisierung der Daten nicht durchgeführt werden, zum Beispiel wegen eines Ausfalls des Servers oder der Netzwerkverbindung zwischen primärem und sekundären Servern, wird nach Ablauf des Wiederholungsintervalls der Versuch wiederholt. Kann die Replikation länger als unter *Läuft ab nach* nicht durchgeführt werden, so werden die kompletten Informationen der Zone auf dem sekundären Server als ungültig markiert und nicht mehr weiter verwendet. Sie sollten diesen Wert daher nicht zu niedrig setzen. So könnte der Ausfall des primären DNS-Servers an einem Freitagnachmittag dazu führen, dass das komplette Netzwerk montags nicht mehr verwendet werden kann, da zwar für die Ausfallsicherheit sekundäre DNS-Server installiert wurden, diese ihre Daten aber länger als einen Tag nicht mit dem primären DNS-Server abgleichen konnten und ihre Zoneneinträge damit als ungültig markiert haben.

Eine Einstellung von drei Tagen dagegen hätte die Daten bis Montagnachmittag gültig sein lassen. Um die bei DNS-Abfragen entstehende Datenmenge zu reduzieren, werden die Ergebnisse auf Clients wie auf DNS-Servern in einem Cache zwischengespeichert. Wie lange sie gespeichert werden, wird über die TTL (Time to Live) angegeben. Bei dieser TTL handelt es sich um eine absolute Zeit. Kann ein DNS-Server eine Anfrage aus seinem Cache beantworten, dann gibt er als TTL nicht wieder den Startwert (hier 1 Stunde) weiter, sondern nur noch die verbleibende TTL von zum Beispiel 15 Minuten. Nach Ablauf der Zeit wird der Eintrag auf allen Systemen aus dem Cache gelöscht. Diese TTL kann für jeden Eintrag in der Zone separat gesetzt werden, der Wert gibt lediglich die Standardeinstellung vor. Die TTL für diesen Eintrag entspricht in der Standardeinstellung diesem Wert.

Namenserver einer DNS-Zone verwalten

Damit in der Zone nicht nur die Adresse des primären DNS-Servers im SOA-Eintrag aufgeführt wird, sondern auch die aller sekundären DNS-Server in den NS-Einträgen, müssen Sie diese zunächst in der Registerkarte *Namenserver* einfügen. Nachdem Sie über *Hinzufügen* einen neuen Eintrag erstellt haben, wird auch ein neuer Nameservereintrag in der Zone erstellt.

Falls es Änderungen beim Namen beziehungsweise an den IP-Adressen der DNS-Server gibt, können Sie diese über *Bearbeiten* ändern. Bevor ein DNS-Server abgeschaltet wird, sollten Sie ihn über *Entfernen* aus der Liste nehmen, damit kein Client mehr versucht, von diesem System noch Informationen zu erhalten.

Wenn Sie einen neuen Namenserver hinzufügen, geben Sie zunächst den vollständigen Hostnamen an. Alternativ können Sie auch über *Durchsuchen* einen bereits bestehenden DNS-Eintrag auswählen. Sofern Sie einen bereits eingetragenen Servernamen ausgewählt haben, brauchen Sie die zugehörigen IP-Adressen nicht von Hand einzutragen, sondern können sie über *Auflösen* direkt aus dem DNS-Server auslesen. Eine manuelle Überarbeitung der IP-Adressen ist im Anschluss auch über die Schaltflächen *Hinzufügen* und *Entfernen* möglich.

In einigen Fällen sind DNS-Server mit mehreren IP-Adressen ausgestattet. Sofern beide Schnittstellen für Clients und andere DNS-Server erreichbar sind, spielt die Reihenfolge keine große Rolle. Wird zwischen den beiden Karten aber nicht geroutet, dann sollten Sie über die Schaltflächen *Nach oben* und *Nach unten* die IP-Adresse an die erste Stelle setzen, die von den anderen Systemen erreicht werden kann, um Verzögerungen bei der Abfrage zu reduzieren. Wenn Sie noch weitere Namenserver hinzufügen wollen, müssen Sie diesen Eintrag erst mit *OK* bestätigen und anschließend einen weiteren Eintrag erstellen.

Zonenübertragungen für DNS-Zonen zulassen

Auf der einen Seite ist es natürlich gut, dass eine Replikation der Zonendaten auf sekundäre DNS-Server möglich ist, da dies die Verfügbarkeit und die Leistung erhöht. Andererseits drohen hier allerdings auch Gefahren. Ein Angreifer könnte so eine Replikation der Daten anfordern, die er anschließend lokal modifiziert und schließlich DNS-Anfragen auf seinen modifizierten Server umleitet.

Die Registerkarte *Zonenübertragungen* erlaubt eine gezielte Einschränkung dieses Zonentransfers. In der Standardeinstellung ist diese Funktion deaktiviert und erlaubt sekundären DNS-Servern keine Durchführung des Zonentransfers. Wenn Sie das Kontrollkästchen *Zonenübertragungen zulassen* deaktiviert lassen, ist diese Funktion nicht verfügbar. In diesem Fall können nur noch Active Directory-integrierte Zonen zu anderen DNS-Servern repliziert werden, da hier die internen Replikationsmechanismen von Active Directory verwendet werden und nicht die des DNS.

Sofern Sie die Zonenübertragung erlauben, können Sie nun noch feiner abstufen, zu welchen Servern eine solche Zonenübertragung überhaupt nur durchgeführt werden darf:

- **An jeden Server** – Diese Variante ist die einfachste, da keine weitere Konfiguration mehr erfolgen muss. Dafür kann jeder DNS-Server jetzt den Zonentransfer anfordern, was eine entsprechende potenzielle Sicherheitslücke bedeutet.
- **Nur an Server, die in der Registerkarte "Namenserver" aufgeführt sind** – Da Sie im Vorfeld auf der Registerkarte *Namenserver* bereits die sekundären Namenserver eingepflegt haben, ist diese Einstellung auch mit wenig administrativem Aufwand verbunden. Server, die nicht auf dieser Registerkarte geführt sind, werden bei einer Anforderung des Zonentransfers abgewiesen.
- **Nur an folgende Server** – Hier definieren Sie explizit über die Schaltflächen *Hinzufügen* und *Entfernen* die IP-Adressen der DNS-Server, die einen Zonentransfer anfordern dürfen. Da hier natürlich auch die sekundären DNS-Server eingepflegt werden müssen, die Sie bereits auf der Registerkarte *Namenserver* eingetragen haben, entsteht hier eine gewisse Redundanz und es besteht die Gefahr, dass IP-Adressen falsch eingetragen werden.

Der klassische Replikationsprozess sieht vor, dass ein sekundärer DNS-Server zunächst das Replikationsintervall aus dem SOA-Eintrag der Zone ausliest und dann in diesem Intervall den primären DNS-Server nach der aktuellen Versionsnummer der Zonendatenbank fragt. Diese Methode birgt allerdings zwei Risiken:

1. Die Daten der sekundären DNS-Server sind nicht aktuell. Außerdem kann eine Funktion, mit der Bandbreite bei der Zonenübertragung gespart werden soll, der inkrementelle Zonentransfer, nur dann verwendet werden, wenn eine bestimmte Menge an neuen Einträgen nicht überschritten wird. Bei Überschreitung dieser Menge muss wieder ein Transfer der kompletten Zone erfolgen.

2. Die sekundären DNS-Server fragen den primären DNS-Server zu häufig ab und erzeugen dabei unnötige Last auf dem Server sowie im Netzwerk, auch wenn es keine neuen Einträge gibt. Die Lösung ist eine Erweiterung vom bisher verwendeten Pullverfahren, bei dem der sekundäre Server vom primären Server aufgefordert wird, eine Überprüfung der Versionsnummer durchzuführen. Somit führen die sekundären Server nur dann eine Abfrage durch, wenn auch tatsächlich Änderungen an der Zone vorgenommen wurden. Dabei handelt es sich wieder um eine standardisierte Funktion, die auch andere DNS-Server verwenden können. Über die Schaltfläche *Benachrichtigungen* gelangen Sie zu der entsprechenden Konfigurationsseite.

Da alle Microsoft-DNS-Server die Benachrichtigungen bereits unterstützen, ist das Kontrollkästchen *Automatisch benachrichtigen* in der Standardeinstellung bereits aktiviert und sollte nur für die Server abgeschaltet werden, bei denen es zu Kompatibilitätsproblemen kommt. Auch hier werden automatisch die Server benachrichtigt, die auf der Registerkarte für *Namenserver* aufgelistet sind. Alternativ können Sie hier wieder unter *Folgende Server* eine eigene Liste definieren.

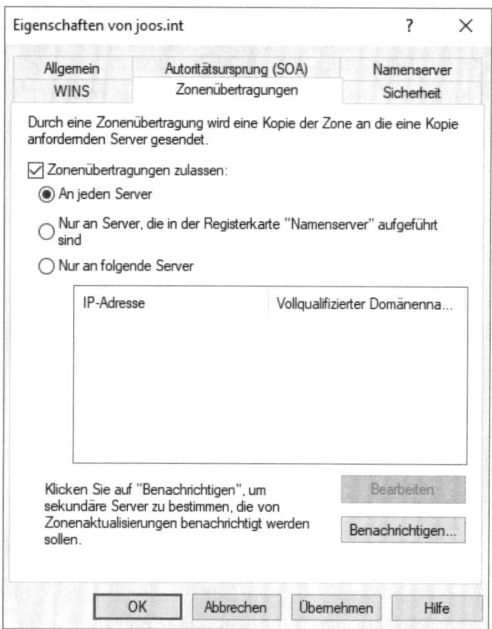

Abb. 25.6 Konfigurieren der DNS-Zonenübertragungen an andere DNS-Server

25.2 Verwalten der Eigenschaften eines DNS-Servers

Neben den Eigenschaften der einzelnen Zonen, die Sie über das Kontextmenü aufrufen können, stehen auch in den Eigenschaften des DNS-Servers selbst einige Möglichkeiten zur Konfiguration zur Verfügung. Wir gehen im folgenden Abschnitt ausführlicher auf die einzelnen Registerkarten in den Eigenschaften eines DNS-Servers ein.

25.2.1 Schnittstellen eines DNS-Servers verwalten

Auf der Registerkarte *Schnittstellen* definieren Sie, auf welchen IP-Adressen der DNS-Server bei Anfragen reagiert. Dies ist zum Beispiel in solchen Fällen sinnvoll, in denen der DNS-Server mit mehreren Netzwerkkarten ausgestattet ist. Teilnetze, die zum Teil öffentlich zugänglich sind, können so von Anfragen an den Server ausgeschlossen werden, wodurch die Sicherheit des Systems erhöht wird.

Wenn Sie die Standardeinstellung, in der der DNS-Server Anfragen auf allen IP-Adressen entgegennimmt, ändern wollen, ändern Sie die Konfiguration von *Alle IP-Adressen* auf *Nur folgende IP-Adressen* und wählen anschließend im Feld *IP-Adresse* jeweils die gewünschte Adresse aus.

25.2.2 Erweiterte Einstellungen für einen DNS-Server

Über die Registerkarte *Erweitert* können einige Serveroptionen konfiguriert werden:

- **Rekursionsvorgang (und Weiterleitungen) deaktivieren** – Unabhängig von den Weiterleitungen (siehe nächsten Abschnitt) können Sie den DNS-Server lokal isolieren, indem Sie dieses Kontrollkästchen aktivieren. Damit greift der DNS-Server nur noch auf seine eigene Datenbank zu. Es werden keine Anfragen mehr an weitere DNS-Server weitergeleitet.
- **BIND-Sekundärzonen** – Mit der Aktivierung dieses Kontrollkästchens können Sie die Kompatibilität des Servers zum System herstellen, deren Funktionsumfang nicht bis zu BIND 4.9.4 heranreicht. Dazu wird die Komprimierung der Daten beim Zonentransfer ausgeschaltet. Aus Performancegründen ist diese Funktion standardmäßig deaktiviert, damit also die schnelle Übermittlung aktiviert.
- **Beim Laden unzulässiger Zonendaten einen Fehler zurückgeben** – Der DNS-Server liest in der Standardeinstellung alle Zonendaten komplett ein und protokolliert fehlerhafte Einträge lediglich im Ereignisprotokoll. Damit kann er allerdings auch Hostnamen in seine Datenbanken aufnehmen, die nicht den offiziellen Spezifikationen aus den RFCs entsprechen, was wiederum bedeutet, dass es Systeme geben kann, die mit diesen Namen nicht arbeiten können. Sobald dieses Kontrollkästchen aktiviert ist, wird das Laden der kompletten Zone abgebrochen. Wie strikt die Überprüfung erfolgt, stellen Sie über die Option *Namensüberprüfung* ein. Dabei gibt es folgende Stufen:
  - **Ausschließlich RFC (ANSI)** – Nur Namen, die der offiziellen Spezifikation entsprechen
  - **Kein RFC (ANSI)** – Alle Namen, die sich aus dem ANSI-Zeichensatz zusammensetzen
  - **Multibyte (UTF8)** – Alle Namen, deren Zeichen über das Unicode Transformation Format (UTF-8) abgebildet werden können (zum Beispiel arabische oder asiatische Zeichensätze)
  - **Alle Namen** – Keine Einschränkung der verwendeten Zeichen
- **Roundrobin aktivieren** – Die einfachste Form der Lastverteilung auf mehrere Computer wird als DNS-Roundrobin bezeichnet. Dabei wird ein Hostname mehrfach mit jeweils einer anderen IP-Adresse eingetragen. Erreicht den DNS-Server eine Anfrage des Clients, liefert er die Liste aller gefundenen IP-Adressen zurück, wobei er die Reihenfolge der Einträge jeweils um den Wert 1 verschiebt. Damit wird im Mittel jeder Eintrag

gleich häufig an erster Stelle dem Client zurückgeliefert. Diese Funktion muss zum Beispiel dann deaktiviert werden, wenn Sie zwar mehrere Server unter demselben Namen nutzen wollen, die weiteren Systeme aber leistungsschwächer oder weiter entfernt sind und nur der Ausfallsicherheit dienen sollen. Wenn Sie die Funktion lediglich für bestimmte Typen deaktivieren möchten, kann dies nur über die Registry erfolgen. Fügen Sie dazu unter *HKEY_LOCAL_MACHINE\SYSTEM\CurrentControlSet\Services\DNS\Parameters* einen REG_SZ-Wert mit dem Namen *DoNotRoundRobinTypes* hinzu und tragen Sie als Werte die Recordtypen ein, zum Beispiel *a ns srv.*

- **Netzwerkmaskenanforderung aktivieren** – Um dem Client möglichst einen Server direkt in seiner Nähe zu nennen – im TCP/IP bedeutet das, innerhalb desselben IP-Subnetzes –, wird bei Hostnamen mit mehreren zugeordneten IP-Adressen vor der Umsortierung durch Roundrobin zunächst ermittelt, ob es einen Eintrag gibt, der dem Subnetz des Clients zuzuordnen ist. Dieser wird anschließend an die erste Stelle der zurückgegebenen Liste gesetzt. Nur wenn kein passender eindeutiger Eintrag gefunden wird, kommt Roundrobin zur Lastverteilung zum Einsatz.
- **Cache vor Beschädigungen sichern** – Diese Option ist von ihrer Bezeichnung her etwas irreführend, da es sich hier eher um einen Schutz vor zweifelhaften Einträgen im Cache handelt, die im Original als *Pollution (Verschmutzung)* bezeichnet werden. Dies sind Einträge, die nicht aus erster Hand gewonnen, sondern durch Weiterleitungen von anderen DNS-Servern ermittelt wurden. Hierbei besteht natürlich eine gewisse Gefahr, dass es sich dabei um gefälschte Einträge handelt. Daher werden diese Ergebnisse zwar an den Client weitergeleitet, aber nicht in den Cache eingetragen. Wenn Sie diese Funktion deaktivieren, nimmt der DNS-Server alle Anfragen in seinen Cache auf, wodurch sich die Systemgeschwindigkeit etwas erhöhen kann.
- **DNSSEC-Überprüfung für Remoteantworten aktivieren** – Diese Option ist automatisch gesetzt und stellt sicher, dass der DNS-Server auch DNSSEC unterstützt. Wir kommen in einem eigenen Abschnitt noch ausführlicher zu diesem Thema.

25.2.3 Zonendaten beim Start des DNS-Servers einlesen

Welche Zonendaten der DNS-Server bei seinem Start einliest, erfährt er in der Regel aus Active Directory und der Registry. Wenn kein Active Directory verwendet wird, können Sie die Einstellung auch auf *Von Registrierung* ändern. Die letzte Option *Von Datei* ist dann sinnvoll, wenn Sie eine Übernahme der Funktion von einem BIND-Server vorgenommen haben, der seine Konfiguration ebenfalls aus einer Konfigurationsdatei (*named.boot*) bezieht.

Die Datei *boot* muss im Ordner *%WinDir%\Sytem32\Dns* abgelegt sein. Nachdem Sie das Kontrollkästchen *Aufräumvorgang bei veralteten Einträgen automatisch aktivieren* aktiviert haben, geben Sie den Zeitraum des Aufräumvorgangs an, der definiert, nach welcher Zeit ein dynamisch (also manuell nicht vom Administrator) erstellter DNS-Eintrag als veraltet betrachtet und aus der Datenbank entfernt wird. Über die Schaltfläche *Zurücksetzen* können Sie die Standardeinstellung bei Bedarf wiederherstellen.

25.2.4 Protokollierung für DNS konfigurieren

Damit die Fehlersuche bei der Namensauflösung vereinfacht werden kann, ist es möglich, die komplette Kommunikation des DNS-Servers mit Clients und anderen Servern in einer Textdatei zu protokollieren. Wenn Sie den Dateipfad und -namen auf der Registerkarte *Debugprotokollierung* nicht angeben, wird die Datei als *%WinDir%\System32\Dns\Dns.log* abgespeichert.

Um zu vermeiden, dass diese Datei die komplette Festplatte füllt, ist immer eine maximale Größe anzugeben. Sobald dieses Limit erreicht ist, werden die ältesten Einträge überschrieben. Nachdem Sie die Protokollierung durch Aktivierung des Kontrollkästchens *Pakete zum Debuggen protokollieren* eingeschaltet haben, können Sie noch genauer angeben, welche Daten überhaupt in die Datei aufgenommen werden, damit Sie bei geringerer Datenmenge schneller suchen können:

- **Paketrichtung** – Mit dieser Einstellung legen Sie fest, ob Sie Pakete protokollieren, die vom DNS-Server stammen (*Ausgehend*) oder an den DNS-Server gerichtet sind (*Eingehend*).
- **Transportprotokoll** – DNS-Daten können über die beiden IP-Protokolle TCP und UDP übertragen werden. Die Protokollierung eines der Protokolle zu deaktivieren, ist dort nützlich, wo Sie Kommunikationsprobleme aufgrund von Paketfiltern vermuten. So können Sie leicht vergleichen, welche Pakete auf beiden Seiten gesendet beziehungsweise empfangen wurden und anhand der Differenz feststellen, dass unter Umständen zum Beispiel eine Firewall nicht korrekt konfiguriert ist.
- **Paketinhalte** – Die übertragenen Daten sind generell in drei Gruppen unterteilt. Unter *Abfragen/Übertragungen* finden Sie alle DNS-Anfragen sowie die zugehörigen Antworten und die Daten für die Replikation von DNS-Servern. *Updates* steht für die Pakete, die bei der dynamischen Registrierung von Hosts beim DNS-Server gesendet werden, und *Benachrichtigungen* für die Pakete, mit denen ein DNS-Server einem anderen signalisiert, dass Änderungen an seiner Datenbank vorgenommen wurden, die der andere replizieren muss.
- **Pakettyp** – Nachdem Sie den Paketinhalt bereits eingeschränkt haben, legen Sie hier nun noch die Richtung fest, aus der die Übertragung gestartet wurde, wobei *Anforderung* für Anfragen vom Client oder Server steht. Bei den Einstellungen für Paketrichtung, Paketinhalt, Pakettyp und Transportprotokoll müssen Sie jeweils mindestens eine Option aktivieren.
- **Weitere Optionen** – Um die Datenmenge zu beschränken, wird nicht der komplette Paketinhalt protokolliert, sondern nur die wichtigsten Daten. Falls Sie alle verfügbaren Informationen aufnehmen wollen, aktivieren Sie das Kontrollkästchen *Details*. Wenn Sie die Daten der Kommunikation mit einem bestimmten Computer aufnehmen wollen, können Sie auch Pakete nach IP-Adressen filtern. Hier ist aber nur die Angabe einzelner Adressen möglich, die Filterung für ganze Netzwerke über die Eingabe einer Subnetzmaske ist leider nicht möglich.

25.2.5 Ereignisprotokollierung konfigurieren

Wie Sie in der Standardanzeige der Verwaltungskonsole bereits sehen, verfügt der DNS-Server über einen eigenen Abschnitt im Ereignisprotokoll (*Anwendungs- und Dienstprotokolle/DNS Server*). Sie können die Ereignisse aber auch direkt in der DNS-Konsole abrufen.

Über die Registerkarte *Ereignisprotokollierung* definieren Sie, welche Ereignisse in dieses Protokoll geschrieben werden. Wählen Sie unter *Folgende Ereignisse protokollieren* die gewünschte Option:

- **Keine Ereignisse** – Es erfolgt keine Protokollierung der Ereignisse. Dadurch sparen Sie zwar etwas Speicherplatz und Rechenzeit, haben dafür aber überhaupt keine Möglichkeit zur Fehlersuche, weshalb diese Einstellung nicht zu empfehlen ist.
- **Nur Fehler** – Auf dieser Stufe werden zumindest Fehler protokolliert. Dies können Probleme beim Start des Dienstes, beim Laden der Datenbanken oder der Übernahme von Einträgen sein. Eine vollständige Fehlersuche ist jedoch auch hier noch nicht möglich.
- **Fehler und Warnungen** – Diese Einstellung erlaubt die Anzeige aller Fehler und Warnungen, die beim Start und Betrieb des DNS-Servers auftreten können. Damit haben Sie die komplette Datenmenge zusammen, die in den meisten Fällen für das Troubleshooting ausreicht.
- **Alle Ereignisse** – In einigen Fällen ist eine Fehlersuche nur dann möglich, wenn Sie sehen, welche Operationen erfolgreich ausgeführt wurden. Dies ist die Standardeinstellung für die Protokollierung. Allerdings laufen Sie hier Gefahr, dass Sie in der Menge der Informationen die Warnungen oder Fehler übersehen. Ferner können je nach Konfiguration der Ereignisanzeige durch zu viele Einträge Informationen verloren gehen.

25.3 DNS-Weiterleitungen verwenden

Ihr DNS-Server kann nur Anfragen der Clients beantworten, für die Zonen hinterlegt wurden. Wenn Sie auch andere Zonen auflösen wollen, müssen Sie im DNS konfigurieren, welche Server kontaktiert werden sollen. Der DNS-Server überprüft zunächst, ob er selbst für die DNS-Domäne zuständig ist. Wenn er keine Zone finden kann und auch keine Delegation, werden die DNS-Server kontaktiert, die über den Eintrag *Bedingte Weiterleitungen* in der Konsolenstruktur hinterlegt sind. In den Kapiteln 10 bis 17 gehen wir auf diese Thematik ebenfalls ein.

Wenn keine Weiterleitungen konfiguriert sind, werden automatisch die DNS-Server kontaktiert, die auf der Registerkarte *Stammhinweise* in den Eigenschaften des DNS-Servers hinterlegt sind. Wenn diese Server nicht erreicht werden, erhält der fragende Client eine Fehlermeldung zurück.

Damit die Benutzer und Server eine Verbindung ins Internet herstellen können, müssen Sie dafür sorgen, dass die Domänennamen im Internet aufgelöst werden können. Auch zu diesem Zweck wird DNS eingesetzt. Die DNS-Server von Active Directory können nicht nur die internen Zonen auflösen, sondern können auch als Weiterleitungsserver die DNS-Server Ihres Providers verwenden oder alternativ die Stammhinweise, also die Root-DNS-Server des Internets.

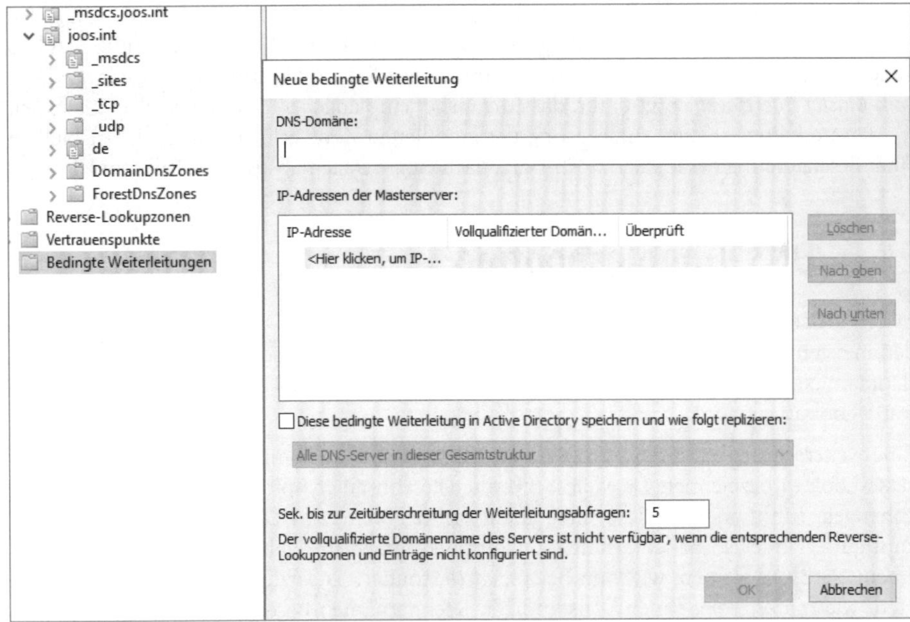

Abb. 25.7 Festlegen von Weiterleitungsservern, zu denen ein DNS-Server Einträge weiterleiten kann

Dadurch ist sichergestellt, dass die DNS-Server des Unternehmens zuverlässig interne und externe DNS-Namen auflösen können.

25.4 Konfiguration sekundärer DNS-Server

Das Erstellen einer sekundären Zone unterscheidet sich nur unwesentlich vom Erstellen einer primären Zone, weshalb wir uns hier nur mit den Unterschieden eingehender befassen. Sekundäre DNS-Server können Anfragen von Benutzern beantworten, verwalten aber keine eigene Zone, sondern erhalten Zonendaten von übergeordneten (primären) DNS-Servern. Haben Sie die Zonen in Active Directory integriert, gibt es nur primäre DNS-Server, da hier alle Server gleichgestellt sind.

Ein primärer DNS-Server kann aber auch für andere Zonen als sekundärer DNS-Server dienen. Die Konfiguration erfolgt pro Zone, nicht pro Domäne:

1. Sie starten den Vorgang, indem Sie in der Verwaltungskonsole im Kontextmenü des Eintrags *Forward-Lookupzonen* den Befehl *Neue Zone* und im zweiten Schritt des Assistenten die Option *Sekundäre Zone* wählen.
2. Geben Sie jetzt im Feld *Zonenname* den Namen der existierenden Domäne ein.
3. Anschließend müssen Sie die IP-Adresse mindestens eines DNS-Servers angeben, der eine Kopie der Zone gespeichert hat. Dabei muss es sich nicht unbedingt um den primären DNS-Server handeln. In diesem Fall wählen Sie einen der bereits vorhandenen sekundären DNS-Server aus. Die Liste wird anschließend, beginnend mit dem obersten Eintrag, abgearbeitet, bis ein Server auf die Anfrage zum Zonentransfer antwortet. Alle weiteren Server in der Liste werden dann nicht mehr berücksichtigt. Die Replikation findet also immer nur mit einem Server statt, nicht mit allen in der Liste aufgeführten Servern.

Falls Sie den Transfer manuell (außerhalb des regulären Intervalls) starten wollen, wählen Sie im Kontextmenü der Zone den Eintrag *Übertragung vom Master*. Danach wird ermittelt, ob es neue Einträge gibt, die anschließend angefordert werden. Der Eintrag *Neue Kopie der Zone vom Master übertragen* sorgt dafür, dass die bisher empfangenen Daten komplett verworfen werden und eine erneute Anforderung der kompletten Zone erfolgt, was zum Beispiel bei einer Beschädigung der lokalen DNS-Datei nach einem Systemabsturz der Fall sein kann.

25.5 DNS-Troubleshooting

In den meisten Netzwerken, vor allem beim Einsatz von Active Directory, hängen Fehler in den meisten Fällen von der DNS-Konfiguration ab. Die hauptsächliche Aufgabe von DNS (Domain Name System) ist die Auflösung von Computernamen zu IP-Adressen, auch Forward-Lookup genannt.

Eine weitere Aufgabe ist das Auflösen von IP-Adressen zu Computernamen, auch als Reverse-Lookup bezeichnet. Da viele Serverdienste von einer optimalen Namensauflösung abhängen, funktionieren diese nicht mehr richtig, wenn das DNS-System nicht korrekt konfiguriert oder sogar fehlerhaft ist. Computernamen im DNS bestehen nicht nur aus einem NetBIOS-Namen, wie zum Beispiel *dc01*, sondern zusätzlich aus dem Domänennamen, wie *contoso.com*. Einen vollständigen Rechnernamen bezeichnet man auch als voll qualifizierten Domänennamen (Full Qualified Domain Name, FQDN). Der FQDN eines Servers *dc01* in der Domäne *contoso.com* lautet *dc01.contoso.com*.

Die beiden Rechner *dc01.contoso.com* und *dc01.contoso.int* sind zwei vollkommen unterschiedliche Systeme. Um eine Verbindung mit einem dieser Systeme aufzubauen, reicht es nicht aus, nur den Namen *dc01* auflösen zu können. Es ist wichtig, dass die beteiligten Computer, die die Verbindung zu den beiden Servern aufnehmen sollen, beide Domänennamen auflösen können. DNS-Domänen, wie in diesem Beispiel *contoso.com* und *contoso.int*, werden auf DNS-Servern in sogenannten Zonen verwaltet.

Eine Zone kann mehrere Subdomänen einer Domäne verwalten, zum Beispiel *de.contoso.com* oder *fr.contoso.com*. Allerdings kann eine Zone auf einem DNS-Server nicht verschiedene Namensräume verwalten, wie *contoso.com* und *contoso.int*. In diesem Fall müssten für diese beiden DNS-Domänen zwei getrennte Zonen angelegt sein.

Eine weitere wichtige Aufgabe von DNS ist das Auflösen von SRV-Records (Service-Records). In SRV-Records werden spezielle Serverdienste abgelegt, die in DNS veröffentlicht sind. Ein Beispiel wäre der bekannte SRV-Record MX (Mailexchanger), der festlegt, welche E-Mail-Server es in einer Domäne gibt und wie die IP-Adresse dieses Servers lautet. Aber auch Active Directory legt solche SRV-Einträge an. Wollen Computer spezielle Dienste in Active Directory erreichen, zum Beispiel einen globalen Katalogserver, können die DNS-Server befragt werden, die alle SRV-Records der globalen Katalogserver kennen.

25.5.1 Überprüfung und Fehlerbehebung der DNS-Einstellungen

Funktioniert die Namensauflösung nicht, sollten Sie strukturiert vorgehen, um Fehler zu finden. Auch wenn der Fehler auf den ersten Blick nichts mit DNS zu tun hat, lohnt es sich, zu überprüfen, ob sich Namen korrekt auflösen lassen. Überprüfen Sie, ob sich der Server sowohl in der Forward- als auch in der Reverse-Lookupzone korrekt eingetragen hat. Öffnen Sie danach eine Eingabeaufforderung und geben Sie den Befehl *nslookup* ein. Die Eingabe des Befehls darf keinerlei Fehlermeldungen verursachen. Es müssen der richtige FQDN des DNS-Servers und seine IP-Adresse angezeigt werden. Sollte das nicht der Fall sein, gehen Sie Schritt für Schritt vor, um den Fehler einzugrenzen:

1. Sollte ein Fehler erscheinen, versuchen Sie es einmal mit dem Befehl *ipconfig /registerdns* in der Eingabeaufforderung.
2. Sollte der Fehler weiterhin auftreten, überprüfen Sie, ob das primäre DNS-Suffix auf dem Server mit dem Zonennamen der DNS-Zone übereinstimmt.
3. Stellen Sie als Nächstes fest, ob die IP-Adresse des Servers stimmt und der Eintrag des bevorzugten DNS-Servers in den IP-Einstellungen korrekt ist.
4. Überprüfen Sie in den Eigenschaften der Zone, ob die dynamische Aktualisierung zugelassen wird, und ändern Sie gegebenenfalls die Einstellung, damit die Aktualisierung stattfinden kann. Die Eigenschaften der Zonen erreichen Sie, wenn Sie mit der rechten Maustaste auf die Zone klicken und die *Eigenschaften* auswählen.

Wenn sich ein Servername mit Nslookup nicht auflösen lässt, gehen Sie auch hier am besten Schritt für Schritt vor:

1. Ist in den IP-Einstellungen des Servers der richtige DNS-Server als bevorzugt eingetragen?
2. Verwaltet der bevorzugte DNS-Server die Zone, in der Sie eine Namensauflösung durchführen wollen?
3. Wenn der Server diese Zone nicht verwaltet, ist dann auf der Registerkarte *Weiterleitungen* in den Eigenschaften des Servers ein Server eingetragen, der die Zone auflösen kann?
4. Wenn eine Weiterleitung eingetragen ist, kann dann der Server, zu dem weitergeleitet wird, die Zone auflösen?
5. Wenn dieser Server nicht für die Zone verantwortlich ist, leitet er dann wiederum die Anfrage weiter?

In Ausnahmefällen kann es vorkommen, dass die Aktualisierung der Reverse-Lookupzone nicht funktioniert hat. In diesem Fall ist der Server zwar in der Forward-Zone hinterlegt, aber nicht in der Reverse-Zone. Dann ergänzen Sie einfach den Eintrag des Servers manuell. Dazu müssen Sie lediglich einen neuen Zeiger (engl. Pointer) erstellen. Ein Zeiger oder Pointer ist ein Verweis von einer IP-Adresse zu einem Hostnamen. Kurz nach der Installation kann dieser Befehl durchaus noch Fehler melden.

Versuchen Sie, die IP-Adresse des Domänencontrollers erneut mit *ipconfig /registerdns* zu registrieren. Nach einigen Sekunden sollte der Name fehlerfrei aufgelöst werden. Sobald Sie Nslookup aufgerufen haben, können Sie beliebig Servernamen auflösen. Wenn Sie keinen FQDN eingeben, sondern nur den Computernamen, ergänzt der lokale Rechner automatisch den Namen durch das primäre DNS-Suffix des Computers beziehungsweise durch die in den IP-Einstellungen konfigurierten DNS-Suffixe.

Sie können von dem lokalen Rechner aus auch andere DNS-Server mit der Auflösung befragen. Geben Sie dazu in der Eingabeaufforderung die Anweisung *nslookup <host><server>*, also zum Beispiel *nslookup dc02.microsoft.com dc01.contoso.com*, ein. Bei diesem Beispiel versucht *nslookup*, den Host *dc02.microsoft.com* mithilfe des Servers *dc01.contoso.com* aufzulösen. Anstatt den zweiten Eintrag, also den DNS-Server, mit seinem FQDN anzusprechen, können Sie die IP-Adresse angeben.

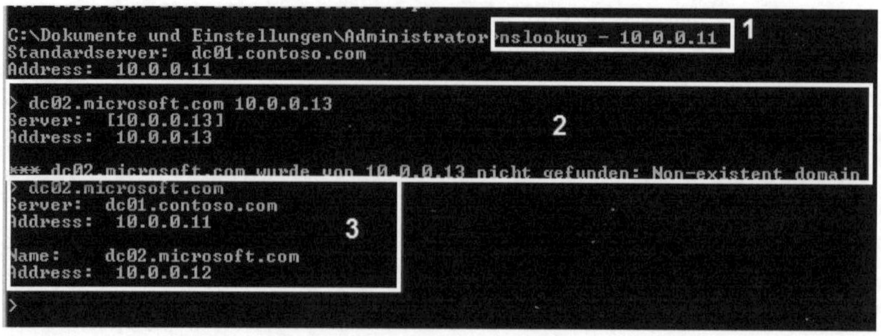

```
C:\Dokumente und Einstellungen\Administrator>nslookup - 10.0.0.11
Standardserver:  dc01.contoso.com
Address:  10.0.0.11

> dc02.microsoft.com 10.0.0.13
Server:  [10.0.0.13]
Address:  10.0.0.13

*** dc02.microsoft.com wurde von 10.0.0.13 nicht gefunden: Non-existent domain
> dc02.microsoft.com
Server:  dc01.contoso.com
Address:  10.0.0.11

Name:    dc02.microsoft.com
Address:  10.0.0.12

>
```

Abb. 25.8 Namensauflösung mit nslookup testen

Wenn Sie als Servereintrag bei dieser Eingabeaufforderung einen DNS-Server mit seinem FQDN eingeben, setzt dies voraus, dass der DNS-Server, den der lokale Rechner verwendet, zwar nicht den Host *dc02.microsoft.com* auflösen kann, aber dafür den Server *dc01.contoso.com*. Der DNS-Server *dc01.contoso.com* wiederum muss dann den Host *dc02.microsoft.com* auflösen können, damit keine Fehlermeldung ausgegeben wird.

Sie können also mit Nslookup sehr detailliert die Schwachstellen Ihrer DNS-Auflösung aufdecken. Wenn Sie mehrere Hosts hintereinander abfragen wollen, müssen Sie nicht jedes Mal den Befehl *nslookup <host><server>* verwenden, sondern können Nslookup mit dem Befehl *nslookup -<server>* starten, wobei der Eintrag *server* der Name oder die IP-Adresse des DNS-Servers ist, den Sie befragen wollen, zum Beispiel *nslookup -server 10.0.0.11*. Sie können die beiden Optionen auch kombinieren.

Wenn Sie Nslookup so starten, dass nicht der lokal konfigurierte DNS-Server zur Namensauflösung herangezogen wird, sondern der Remoteserver 10.0.0.11, können Sie innerhalb der Nslookup-Befehlszeile durch Eingabe von *<host> <server>* wieder einen weiteren DNS-Server befragen.

Nslookup startet in der Eingabeaufforderung und ist so konfiguriert, dass es den DNS-Server 10.0.0.11 zur Namensauflösung verwendet.

Nslookup überprüft, ob der lokal konfigurierte DNS-Server in seiner Reverse-Lookupzone die IP-Adresse 10.0.0.11 zu einem Servernamen auflösen kann (1). Da das funktioniert, zeigt die Ausgabe als Standardserver für diese Nslookup-Befehlszeile den DNS-Server 10.0.0.11 mit seinem FQDN *dc01.contoso.com* an. Wäre an dieser Stelle eine Fehlermeldung erschienen, dass der Servername für 10.0.0.11 nicht bekannt ist, würde das bedeuten, dass der DNS-Server, der in den IP-Einstellungen des lokalen Rechners konfiguriert ist, in seiner Reverse-Lookupzone den Servernamen nicht auflösen kann.

In diesem Fall sollten Sie die Konfiguration der Reverse-Lookupzone überprüfen und sicherstellen, dass alle Zeiger (Pointer) korrekt eingetragen sind. Zu einer konsistenten Namensauflösung per DNS gehört nicht nur die Auflösung von Servername zu IP (Forward), sondern auch von IP zu Servernamen (Reverse).

In der nächsten Zeile (2) soll der Rechnername *dc02.microsoft.com* vom Server 10.0.0.13 aufgelöst werden. Der Server 10.0.0.13 kann das jedoch nicht. In diesem Fall liegt ein Problem auf dem Server 10.0.0.13 vor, der die Zone *microsoft.com* nicht auflösen kann. Sie sollten daher auf dem Server 10.0.0.13 entweder in den Eigenschaften des DNS-Servers auf der Registerkarte *Weiterleitungen* überprüfen, ob eine Weiterleitung zu *microsoft.com* eingetragen werden muss, oder eine sekundäre Zone für *microsoft.com* auf dem Server 10.0.0.13 anlegen, wenn dieser Rechnernamen für die Zone *microsoft.com* auflösen können soll.

Als Nächstes wird versucht, den gleichen Servernamen *dc02.microsoft.com* über den Standardserver dieser Nslookup-Befehlszeile aufzulösen (3). Der Standardserver kann es problemlos, was zeigt, dass diese Konfiguration in Ordnung ist.

Zusätzlich können Sie mit Nslookup auch die SRV-Records von Active Directory überprüfen. Clients können im DNS nachfragen, welcher Host im Netzwerk für die einzelnen Serverdienste verantwortlich ist. Active Directory baut stark auf diese SRV-Records auf. Aus diesem Grund ist eine Diagnose dieser Einträge mit Nslookup durchaus sinnvoll. Alle SRV-Records von Active Directory befinden sich parallel in der Datei *\%WinDir%\System32\config\netlogon.dns*. Die Datei lässt sich mit einem Editor anzeigen. Fehlen Einträge in den DNS-Zonen, die Active Directory benötigt, ist es meist hilfreich, wenn Sie den Befehl *dcdiag /fix* ausführen. Dabei versucht das Tool, fehlende Einträge aus der Datei *netlogon.dns* einzubauen.

25.5.2 Ipconfig für DNS-Diagnose verwenden

Ein weiteres wichtiges Tool ist Ipconfig, das ebenfalls zum Lieferumfang von Windows Server 2022 gehört. Vor allem die beiden Optionen */registerdns* und */flushdns* sollten jedem Administrator bekannt sein, der einen DNS-Server verwaltet. In der PowerShell verwenden Sie *Clear-DNSClientCache*. Sie können sich in der PowerShell den Cache anzeigen lassen. Dazu verwenden Sie den Befehl *Get-DNSClientCache.*

Wenn Sie eine DNS-Diagnose durchführen und Fehlerbehebungsmaßnahmen daraus ableiten, müssen Sie aufpassen, dass Ihnen der lokale DNS-Cache keinen Strich durch die Rechnung macht. Wenn Sie mit Nslookup Namen auf dem DNS-Server überprüfen, versucht der Client zunächst, den Namen aus seinem lokalen DNS-Cache zu lesen. Wenn Sie einen eventuell vorhandenen Fehler behoben haben, kann dennoch der lokale DNS-Cache fehlerhafte Einträge enthalten. Löschen Sie daher immer vor der erneuten Abfrage den lokalen DNS-Cache in der Eingabeaufforderung mit *ipconfig /flushdns.*

Auch der DNS-Server verwendet einen eigenen Cache, der bei einer Fehlerdiagnose störend sein kann. Wenn ein Client in seinem DNS-Cache keinen Eintrag finden kann, gibt er die Abfrage an den DNS-Server weiter. Bevor der Server in seinen Zonen überprüft, ob er die Anfrage beantworten kann beziehungsweise die Anfrage weitergeleitet wird, sucht er in seinem eigenen Server-Cache. Sie sollten daher bei einer Fehlerbehebung diesen Cache ebenfalls löschen lassen. Sie finden diese Möglichkeit im Kontextmenü des DNS-Servers im Snap-In *DNS.*

Startet ein Windows-Client, registriert er sich automatisch am DNS, wenn die lokalen Dienste *Anmeldedienst* und *DNS-Client* gestartet werden. Da Sie bei einer Fehlerbehebung nicht jedes Mal die beiden Dienste neu starten oder den ganzen Server neu booten wollen, können Sie in der Eingabeaufforderung mit dem Befehl *ipconfig/registerdns* eine manuelle Aktualisierung der Einträge auf dem DNS durchführen.

Nach der Eingabe des Befehls sollten die Einträge recht schnell auf dem DNS aktualisiert sein. Sollte das dynamische Aktualisieren noch immer nicht funktionieren, überprüfen Sie in den Eigenschaften der Zone, ob die dynamische Aktualisierung aktiviert ist. Wenn sich an der Zone auch Arbeitsstationen und Server dynamisch registrieren sollen, die nicht Mitglied der Gesamtstruktur sind, können Sie die Option *Nicht sichere und sichere* aktivieren.

25.5.3 Domänencontroller kann nicht gefunden werden

Erhalten Clients oder Server die Meldung, dass der Domänencontroller nicht erreicht werden kann, sollten Sie auf dem beteiligten Computer zunächst per Ping testen, ob eine Verbindung zur IP-Adresse des Servers funktioniert. Klappt das, stellen Sie sicher, dass in den Netzwerkeinstellungen der Server die IP-Adresse eines DNS-Servers eingetragen ist, der den Domänencontroller auflösen kann. Auch auf den Domänencontrollern selbst müssen in den Netzwerkeinstellungen die DNS-Server so gesetzt sein, dass die Auflösung funktioniert.

Achten Sie dabei in den erweiterten Netzwerkeinstellungen darauf, ob spezielle DNS-Suffixe gesetzt sind (siehe Kapitel 6). Auch der Test mit Nslookup zur Namensauflösung ist wichtig. Verwenden Sie nicht den vollständigen DNS-Namen des aufzulösenden Servers (FQDN), stellen Sie sicher, dass das DNS-Suffix des Clients korrekt ist oder in den erweiterten DNS-Einstellungen der Netzwerkverbindung eingetragen ist.

Haben Sie diese Grundlagentests durchgeführt, aber die Auflösung funktioniert noch immer nicht, fehlen unter Umständen DNS-Einträge der Domänencontroller in den DNS-Zonen. Diese Einstellungen finden Sie unter *_msdcs* auf den DNS-Servern. Auf den Domänencontrollern finden Sie solche Fehler am schnellsten, wenn Sie *dcdiag* in der Eingabeaufforderung eingeben. Überprüfen Sie mit *nltest /dsgetsite*, ob der Domänencontroller dem richtigen Active Directory-Standort zugewiesen ist. Mit *nltest /dclist:<NetBIOS-Name der Domäne>* lassen Sie sich eine Liste aller Domänencontroller einer entsprechenden Domäne anzeigen.

Die Einträge sollten als FQDN aufgelistet sein. Ebenfalls ein wichtiger Befehl ist *nltest /dsgetdc:<NetBIOS-Name der Domäne>*. Dieser Befehl listet Name, IP-Adresse, GUID, FQDN von Active Directory und weitere Informationen auf. Alle Informationen sollten ohne Fehler angezeigt werden.

Starten Sie mit *net stop netlogon* und dann *net start netlogon* den Anmeldedienst auf dem Domänencontroller neu. Beim Starten versucht der Dienst, die Daten der Datei *netlogon.dns* erneut in DNS zu registrieren. Gibt es hierbei Probleme, finden Sie im Ereignisprotokoll unter *System* einen Eintrag des Dienstes, der bei der Problemlösung weiterhilft.

Auch der Befehl *nltest /dsregdns* hilft oft bei Problemen in der DNS-Registrierung. Funktioniert die erneute Registrierung durch Neustart des Anmeldedienstes nicht, löschen Sie die DNS-Zone *_msdcs* und die erstellte Delegierung ebenfalls. Starten Sie dann den Anmeldedienst neu, liest dieser die Daten von *netlogon.dns* ein, erstellt die Zone *_msdcs* neu und schreibt die Einträge wieder in die Zone. Testen Sie anschließend wieder mit Dcdiag, ob die Probleme behoben sind. Einen ausführlichen Test führen Sie mit *dcdiag /v* durch.

25.5.4 Namensauflösung von Mitgliedsservern

Stellen Sie Probleme bei der Namensauflösung von Mitgliedsservern fest, lassen sich diese leichter beheben. Die Server müssen die richtigen DNS-Server in den Netzwerkeinstellungen eingetragen haben, außerdem muss ein Host-A-Eintrag in der entsprechenden Zone gesetzt sein. Arbeiten Sie mit dynamischer DNS-Registrierung, achten Sie darauf, dass dynamische Aktualisierungen für die Zone in den Eigenschaften von DNS erlaubt sind.

Vor allem, wenn es sich um Server handelt, die nicht Mitglied einer Domäne sind, aber von Active Directory-DNS-Servern aufgelöst werden sollen, müssen Sie darauf achten, die entsprechenden Namenseinträge manuell zu setzen, oder auch unsichere Aktualisierungen für die Zone in den Eigenschaften der Zone festlegen. Im laufenden Betrieb starten Sie mit dem

Befehl *ipconfig /registerdns* die dynamische Aktualisierung auf dem Mitgliedsserver. Starten Sie mit *net stop netlogon* und *net start netlogon* den Anmeldedienst neu, um sicherzustellen, dass die Aktualisierung funktioniert hat.

25.5.5 Erweiterte Namensauflösung sicherstellen

Findet ein DNS-Server keine Daten zu einem Client, leitet er diese an den Server weiter, der als Weiterleitungsserver für die Domäne hinterlegt ist. Sind keine Weiterleitungsserver konfiguriert, verwendet DNS-Server die Server, die auf der Registerkarte *Stammhinweise* in den Eigenschaften des DNS-Servers hinterlegt sind.

Ein weiteres Problem kann darin liegen, dass der DNS-Server nicht bei allen eingebauten Netzwerkkarten und -verbindungen auf Anfragen wartet. In den Eigenschaften des DNS-Servers finden Sie auf der Registerkarte *Schnittstelle* eine Auflistung aller IP-Adressen, bei denen Server auf DNS-Anfragen warten. Wollen Sie im Unternehmen auch sekundäre DNS-Zonen einsetzen, die nicht unbedingt unter Windows installiert sein müssen, können Sie auf diesen Servern nur dann die Zonen übertragen, wenn Sie in den Eigenschaften der Zone auf dem primären DNS-Server auf der Registerkarte *Zonenübertragungen* diese Übertragung erst zulassen. Standardmäßig verweigern Windows-DNS-Server eine solche Übertragung.

Ist zwischen verschiedenen DNS-Servern oder DNS-Server und Client eine Firewall positioniert, blockiert diese unter Umständen DNS-Abfragen. DNS-Server verwenden den TCP-UDP-Port 53, den Sie für DNS-Abfragen freischalten sollten. Gelingt der Verbindungsaufbau immer noch nicht, schalten Sie UDP-Ports über 1023 frei.

Ein häufiges Problem ist die Namensauflösung der eigenen Internetdomäne über interne DNS-Server, vor allem dann, wenn die Active Directory-Domäne die gleiche Bezeichnung hat, was nicht empfohlen ist. Dieses Problem lösen Sie dadurch, dass Sie manuell entweder nur einen Host-A-Eintrag mit der Bezeichnung »www« und der externen IP-Adresse der Internetseite erstellen oder für jeden Servernamen, den Sie extern auflösen lassen wollen, einen eigenen Eintrag. In diesem Fall lösen die internen DNS-Server den Eintrag der WWW-Seite korrekt nach der externen IP-Adresse auf.

Ändern Sie die IP-Adresse eines Servers, wird nicht unbedingt gleich der entsprechende DNS-Eintrag des Servers geändert. Funktioniert nach einer IP-Änderung die Namensauflösung auch nach dem Ausführen von *ipconfig /registerdns* nicht, löschen Sie den Host-A-Eintrag auf dem Server und versuchen die dynamische Registrierung erneut. Ist auf dem Client der korrekte DNS-Server eingetragen und auf dem DNS-Server die dynamische Aktualisierung aktiv, sollte sich der Server neu registrieren. Arbeiten Sie mit DHCP, müssen Sie noch weitere Bereiche beachten.

Damit der DHCP-Server für die Clients eine automatische DNS-Registrierung auf den DNS-Servern durchführen kann, müssen Sie ihn erst dafür konfigurieren. Wenn Sie die Eigenschaften von IPv4 oder IPv6 des DHCP-Servers aufrufen, können Sie auf der Registerkarte *DNS* konfigurieren, welche Einträge der DHCP-Server auf den DNS-Servern erstellen soll (siehe Kapitel 24).

Setzen Sie noch Clients ein, die kein dynamisches DNS unterstützen, sollten Sie in den Eigenschaften des DHCP-Servers auf der Registerkarte *DNS* die Option *DNS-A- und -PTR-Einträge für DHCP-Clients, die keine Aktualisierungen anfordern …* sowie zusätzlich die *Option DNS-A- und -PTR-Einträge immer dynamisch aktualisieren* aktivieren. Sie sollten die Computerkonten der DHCP-Server in die Gruppe *DnsUpdateProxy* aufnehmen, wenn die

DNS-Aktualisierung nicht funktioniert. Alternativ können Sie auf der Registerkarte *Erweitert* in den Eigenschaften für IPv4 oder IPv6 Anmeldedaten hinterlegen, die eine Aktualisierung ermöglichen. Ändern Sie die IP-Adresse des DNS-Servers selbst, stellen Sie sicher, dass in den Eigenschaften der Zonen, die dieser Server verwaltet, auf der Registerkarte *Namenserver* der korrekte Name und die richtige IP-Adresse hinterlegt sind.

25.5.6 Nslookup zur Auflösung von Internetdomänen verwenden

Bei entsprechend konfigurierter Weiterleitung auf dem DNS-Server muss ein lokaler Rechner auch Internetdomänen auflösen können. Die Antwort kann zwar etwas dauern, da der interne DNS-Server zunächst durch die konfigurierte Weiterleitung einen DNS-Server im Internet befragen muss. Wenn Sie aber eine Antwort erhalten, können Sie sicher sein, dass die Namensauflösung ins Internet ebenfalls funktioniert.

Sie können über Nslookup auch ausführlichere Informationen über eine DNS-Zone oder einen DNS-Server abfragen. Starten Sie dazu Nslookup in der Eingabeaufforderung und geben Sie den Befehl *set debug* ein. Im Anschluss erhalten Sie deutlich ausführlichere Informationen über die Hostnamen, DNS-Server und DNS-Zonen, die Sie an dieser Stelle überprüfen.

Durch die Eingabe *nslookup contoso.int* können Sie überprüfen, welche Namenserver für die DNS-Domäne *contoso.int* zuständig sind. Sie können auch auf einem Remoteserver feststellen, welche Namenserver für eine Domäne konfiguriert sind, ohne in das Snap-In *DNS* wechseln zu müssen.

25.5.7 Mit Nslookup SRV-Records oder MX-Records anzeigen

Eine der wichtigsten Abfragen, um zum Beispiel Exchange SMTP-Connectoren einzurichten, ist die Abfrage auf SRV-Records. Wenn Sie die bereits beschriebene Internetverbindung der DNS-Server sichergestellt haben, können Sie mit Nslookup auch die MX-Einträge von Domänen im Internet abfragen.

Dadurch lässt sich sicherstellen, dass zu Ihnen geschickte E-Mails auch über diese MX-Server geschickt wurden. Die Abfrage von SRV-Records über Nslookup wird hauptsächlich für die Mailexchanger-(MX-)Einträge verwendet. Um SRV-Records einer Domäne abzufragen, starten Sie in der Eingabeaufforderung ganz normal Nslookup. Geben Sie als Nächstes den Befehl *set q=mx* ein, damit für abgefragte Domänen explizit nur der MX-Eintrag zurückgegeben wird. Sie können durch diese Diagnose Ihren eigenen MX-Eintrag im Internet auf Korrektheit überprüfen.

25.5.8 Komplette Zonen mit Nslookup übertragen

Zusätzlich können Sie alle Einträge einer Zone in Nslookup anzeigen lassen. Starten Sie dazu in der Eingabeaufforderung Nslookup. Geben Sie als Nächstes den Befehl *ls <Domäne>* ein, zum Beispiel *ls contoso.com*. Nslookup stellt eine Verbindung zum Namenserver dieser Zone her und überträgt den Inhalt der kompletten Zone auf den lokalen Rechner, um ihn anzuzeigen.

Allerdings muss diese Übertragung auf der Registerkarte *Zonenübertragungen* erst aktiviert werden. Standardmäßig verweigert Windows Server 2022 eine solche Übertragung. Die Option *-a* liefert Aliasnamen und kanonische Namen (CNAMEs), *-d* liefert alle Daten und *-t* filtert nach Typ. Durch diese Option können Sie sich alle Informationen über eine Zone anzeigen lassen.

Da es sich bei dieser Abfrage um ein klares Sicherheitsproblem handelt, weil ein Angreifer auf diese Weise sehr schnell an alle Informationen und Servernamen einer DNS-Zone gelangt, verweigert ein DNS-Server unter Windows Server 2022 standardmäßig diese Abfrage. Sie können jedoch diese Sicherheitseinstellungen für jede einzelne Zone auf einem DNS-Server anpassen. Rufen Sie dazu die Eigenschaften der Zone auf und wechseln Sie zur Registerkarte *Zonenübertragung*. An dieser Stelle können Sie die Übertragung auf einzelne Server zulassen oder verweigern.

Zusätzlich können mit Nslookup auch die SRV-Records von Active Directory überprüft werden. Mit SRV-Records werden spezielle Netzwerkdienste, wie Mailexchanger (MX) oder auch LDAP und Kerberos im DNS veröffentlicht. Clients können im DNS nachfragen, welcher Host im Netzwerk für die einzelnen Serverdienste verantwortlich ist. Active Directory baut stark auf diese SRV-Records auf. Aus diesem Grund ist eine Diagnose dieser Einträge mit Nslookup durchaus sinnvoll. Alle SRV-Records in Active Directory befinden sich parallel in der Datei *\%WinDir%\System32\config\netlogon.dns*.

25.5.9 Dnscmd zur Verwaltung eines DNS-Servers in der Eingabeaufforderung

Ein weiteres wichtiges Befehlszeilenprogramm ist Dnscmd, mit dem Sie einen DNS-Server über die Eingabeaufforderung verwalten können. Mit Dnscmd können sowohl Informationen über einen DNS-Server abgerufen als auch Informationen in Textdateien exportiert werden. Mit dem Tool lässt sich ein DNS-Server komplett über die Eingabeaufforderung verwalten, zum Beispiel über Skripts. Über *dnscmd /?* erhalten Sie zusätzliche Informationen zu den verfügbaren Optionen angezeigt.

Unter manchen Umständen, zum Beispiel für die Diagnose von DNS-Problemen, kann es durchaus sinnvoll sein, eine komplette Zone aus dem DNS in eine Textdatei zu importieren. Wenn die Zonen nicht in Active Directory integriert sind, sondern es sich um normale primäre oder sekundäre DNS-Zonen handelt, ist ein Export mit Dnscmd unnötig.

Sie können in diesem Fall die Zonendateien mit der Endung *.dns* aus dem Ordner *\%WinDir%\System32\dns* kopieren. Active Directory-integrierte Zonen werden nicht in *.dns*-Dateien gespeichert, sondern direkt in die Active Directory-Datenbank eingefügt. Um mit Dnscmd eine Active Directory-integrierte DNS-Zone in eine Testdatei zu kopieren, öffnen Sie eine Eingabeaufforderung und geben zum Beispiel den folgenden Befehl ein:

dnscmd dc01.contoso.com /zonexport contoso.com contoso.txt

Die Zonendatei wird in den Ordner *\%WinDir%\System32\dns* kopiert. Die Optionen von Dnscmd und deren Aufgaben sind:

- **dnscmd /ageallrecords** – Verändert die Zeitstempel von Einträgen innerhalb einer bestimmten Zone, zum Beispiel

  dnscmd reskit.com /ageallrecords test.reskit.com

- **dnscmd /clearcache** – Löscht den Cache des Servers aus der Eingabeaufforderung.

- **dnscmd /config** – Mit dieser Option können verschiedene Einstellungen der Zonen und des kompletten Servers vorgenommen werden.
- **dnscmd /createbuiltindirectorypartitions** – Mit dieser Option können DNS-Anwendungspartitionen auf Gesamtstruktur- oder Domänenebene erstellt werden. Der Befehl dient hauptsächlich zur Wiederherstellung der Standardanwendungspartitionen.
- **dnscmd /createdirectorypartition** – Mit dieser Option können neben den Standardpartitionen weitere Anwendungspartitionen erstellt werden, um die DNS-Replikation detailliert steuern zu können.
- **dnscmd /deletedirectorypartition** – Löscht erstellte DNS-Anwendungsverzeichnispartitionen.
- **dnscmd /directorypartitioninfo** – Zeigt Informationen über eine spezifische DNS-Anwendungsverzeichnispartition an.
- **dnscmd /enlistdirectorypartition** – Fügt DNS-Server zu der Replikationsliste einer Anwendungsverzeichnispartition hinzu.
- **dnscmd /enumdirectorypartitions** – Zeigt alle DNS-Anwendungsverzeichnispartitionen eines bestimmten Servers an.
- **dnscmd /enumrecords** – Zeigt die Ressourcen eines bestimmten Knotens innerhalb einer DNS-Zone an.
- **dnscmd /enumzones** – Zeigt die Zonen eines bestimmten Servers an, zum Beispiel

  dnscmd reskit.com /enumzones

  oder

  dnscmd reskit.com /enumzones /auto-created /reverse
- **dnscmd /info** – Zeigt bestimmte Einstellungen für den DNS-Server an, die auch im Registryschlüssel *HKEY_LOCAL_MACHINE\SYSTEM\CurrentControlSet\Services\DNS\Parameters* gespeichert sind. Beispiele hierfür sind

  dnscmd reskit.com /info isslave

  oder

  dnscmd reskit.com /info recursiontimeout
- **dnscmd /nodedelete** – Löscht alle Einträge eines bestimmten Hosts, zum Beispiel

  dnscmd reskit.com /nodedelete test.reskit.com node /tree

  oder

  dnscmd reskit.com /NodeDelete test.reskit.com host /F
- **dnscmd /recordadd** – Fügt einen neuen Eintrag auf einem bestimmten DNS-Server und einer bestimmten DNS-Zone hinzu.
- **dnscmd /recorddelete** – Löscht einen Eintrag auf einem bestimmten DNS-Server und einer bestimmten DNS-Zone.
- **dnscmd /resetforwarders** – Löscht die Liste der Weiterleitungsserver eines bestimmten DNS-Servers.
- **dnscmd /resetlistenaddresses** – Legt die Schnittstelle fest, auf die der DNS-Server auf Clientanfragen hört.

- **dnscmd /startscavenging** – Veranlasst einen bestimmten DNS-Server, nach abgelaufenen Einträgen zu suchen.
- **dnscmd /statistics** – Zeigt Informationen für einen bestimmten DNS-Server an oder löscht diese. Entsprechende Aufrufe sind zum Beispiel

  dnscmd reskit.com /statistics 00000001

  oder

  dnscmd reskit.com /Statistics 00200000
- **dnscmd /unenlistdirectorypartition** – Löscht einen DNS-Server von der Replikationsliste einer bestimmten Zone, wenn eine eigene DNS-Anwendungsverzeichnispartition erstellt wurde.
- **dnscmd /writebackfiles** – Überprüft, ob im Arbeitsspeicher des DNS-Servers noch Änderungen stehen, die nicht auf die Festplatte geschrieben wurden, und speichert diese dann auf der Festplatte.
- **dnscmd /zoneadd** – Fügt einem Server eine neue Zone hinzu.
- **dnscmd /zonechangedirectorypartition** – Verschiebt eine Zone in eine bestimmte DNS-Anwendungsverzeichnispartition, um die Replikation der Zone besser zu steuern.
- **dnscmd /zonedelete** – Löscht eine bestimmte Zone von einem Server, zum Beispiel

  dnscmd reskit.com /zonedelete test.reskit.com
- **dnscmd /zoneexport** – Exportiert eine Zone in eine Textdatei.
- **dnscmd /zoneinfo** – Zeigt Informationen einer bestimmten Zone an, die auch in der Registry im Schlüssel *HKEY_LOCAL_MACHINE\SYSTEM\CurrentControlSet\Services\DNS\Parameters\Zones\<Zonen-Namen>* gespeichert sind, zum Beispiel

  dnscmd reskit.com /zoneinfo test.reskit.com refreshinterval

  oder

  dnscmd reskit.com /zoneinfo test.reskit.com aging
- **dnscmd /zonepause** – Pausiert eine Zone. Clientanfragen an diese Zone werden nicht beantwortet.
- **dnscmd /zoneprint** – Zeigt alle Einträge einer Zone an.
- **dnscmd /zoneresettype** – Ändert den Typ einer Zone.
- **dnscmd /zonerefresh** – Zwingt einen sekundären DNS-Server zum Abgleich der Zone mit seinem Master.
- **dnscmd /zonereload** – Lässt eine Zone aus Active Directory oder deren Textdatei aus dem Ordner *\%WinDir%\System32\dns* neu laden.
- **dnscmd /zoneresetmasters** – Setzt die IP-Adresse des Master-DNS-Servers auf die sekundären DNS-Server zurück.
- **dnscmd /zoneresetscavengeservers** – Konfiguriert die IP-Adressen, die eine bestimmte Zone bereinigen dürfen.
- **dnscmd /zoneresetsecondaries** – Legt auf einem DNS-Master-Server die IP-Adressen der sekundären DNS-Server fest, die Zonendaten abrufen dürfen.
- **dnscmd /zoneresume** – Startet eine pausierte Zone wieder.

- **dnscmd /zoneupdatefromds** – Aktualisiert eine Active Directory-integrierte Zone aus Active Directory.
- **dnscmd /zonewriteback** – Überprüft, ob im Arbeitsspeicher für eine bestimmte Zone noch Einträge stehen, und schreibt diese auf die Festplatte.

25.6 DNSSEC – Sicherheit in DNS

Bereits mit Windows Server 2008 R2 hat Microsoft DNSSEC eingeführt, um Zonen und Einträge abzusichern. Windows Server 2008 R2 konnte bereits Zonen digital signieren und dadurch vor unerlaubten Änderungen schützen. Die Erstellung des Schlüssels erfolgt manuell über das Befehlszeilentool *Dnscmd*. Dynamische DNS-Updates sind bei dieser Konfiguration nicht erlaubt.

In Windows Server 2022 lassen sich Zonen auch online digital signieren. Es ist nicht notwendig, diese vorher offline zu setzen. DNSSEC lässt sich in der neuen Version komplett in Active Directory integrieren. Dies umfasst auch die Möglichkeit, dynamische Updates für geschützte Zonen zu aktivieren. Windows Server 2022 unterstützt offizielle Standards wie NSEC3 und RSA/SHA-2. Windows Server 2008 R2 konnte das noch nicht. Die Verwaltungsoberfläche für DNS hat Microsoft ebenfalls verbessert und auch die Windows PowerShell ermöglicht jetzt die Verwaltung von DNS über Skripts.

25.6.1 DNSSEC verstehen

DNSSEC wird auf schreibgeschützten Domänencontrollern (Read-only Domain Controller, RODC) unterstützt. Findet ein RODC mit Windows Server 2022 eine signierte DNS-Zone, legt er automatisch eine sekundäre Kopie der Zone an und überträgt die Daten der DNSEC-geschützten Zone. Dies hat den Vorteil, dass auch Niederlassungen mit RODCs gesicherte Daten auflösen können, aber die Signatur und Daten der Zone nicht in Gefahr sind.

Über das Menü *Tools* im Server-Manager lässt sich das Verwaltungswerkzeug starten. DNSSEC lässt sich über das Kontextmenü von Zonen erstellen. Eine komplizierte Konfiguration in der Eingabeaufforderung ist nicht erforderlich. Auch das Offlinesetzen von Zonen ist nicht mehr notwendig.

Die Signierung der Zone erfolgt über einen Assistenten. Mit diesem können Administratoren recht einfach DNS-Zonen vor Manipulationen schützen. Der Assistent erlaubt die manuelle Signierung, eine Aktualisierung der Signierung und eine Signierung auf Basis automatischer Einstellungen.

Im Assistenten legen Sie den Schlüssel für die eigentliche Signatur fest. Dieser Vorgang lässt sich direkt in der Verwaltungskonsole über einen Assistenten festlegen. Sind die notwendigen Schlüssel erstellt, also der Schlüsselsignaturschlüssel (Key Signing Key, KSK) und der Zonensignaturschlüssel (Zone Signing Key, ZSK), kann der Vorgang fortgeführt werden.

Nachdem die Schlüssel festgelegt sind, lässt sich die Absicherung bestimmen. Windows Server 2022 unterstützt hierbei Next Secure 3 (NSEC3) und die ältere Version NSEC. In Windows Server 2022 stellt ein DNS-Server den Key-Master-Server dar. Dieser Server verwaltet die primäre Zone. Verwenden Sie NSEC3, lässt sich die Zone nicht auf DNS-Server mit Windows Server 2008 R2 übertragen. Die Zone muss dann auf Servern mit Windows

Server 2022 gehostet werden. Auch die Clientcomputer müssen mit Windows 8 installiert sein, um Daten von NSEC3-Zonen lesen zu können. Der Key Master ist für alle Schlüssel der Zone verantwortlich.

In den DNSSEC-Eigenschaften einer Zone lassen sich die Einstellungen und Schlüssel jederzeit anpassen. Hier stehen alle Eigenschaften zur Verfügung, die auch der Assistent bietet. Das Aufheben der Signierung ist über diesen Weg ebenfalls möglich.

In den normalen DNS-Eigenschaften einer Zone lassen sich mit Windows Server 2022 dynamische Updates festlegen. Sobald ein Server der signierten Zone ein genehmigtes Update erhält, trägt er die Daten in die signierte Zone ein und repliziert die Daten zu den anderen Servern.

25.6.2 DNS sicher betreiben – DNSSEC und Co. in der Praxis

Die Namensauflösung im Netzwerk spielt für die Sicherheit eine wichtige Rolle. Manipulieren Hacker DNS-Zonen, kann es passieren, dass Anwender auf kompromittierte Server zugreifen, Dienste ausfallen oder Daten verloren gehen. Es lohnt sich also, DNS vor Angriffen abzusichern.

Angreifer, die das DNS-System in einem Netzwerk manipulieren, ändern entweder den DNS-Cache ab, betreiben Spoofing oder manipulieren ganze Zonen. Der erste Schritt, um in Active Directory DNS abzusichern, ist die Integration der DNS-Daten in Active Directory und das Festlegen, dass nur authentifizierte Computer Einträge erstellen oder eigene Einträge ändern können. Dadurch erhalten Unternehmen zwar keinen perfekten Schutz, aber die Sicherheit wird dennoch erhöht. Weitere Maßnahmen sind das Überprüfen der Berechtigungen und das Aktivieren von DNSSEC.

Einstellungen für DNS-Zonen optimieren

Um DNS in Windows Server 2022 sicher zu konfigurieren, besteht der erste Schritt darin, die DNS-Verwaltung aufzurufen, zum Beispiel mit *dnsmgmt.msc*. In der DNS-Verwaltung sind unterhalb der einzelnen DNS-Server die verschiedenen Zonen zu erkennen. Für den ersten Schritt der Absicherung sollten die Eigenschaften der DNS-Zone aufgerufen werden. Auf der Registerkarte *Allgemein* müssen Sie erste, wichtige Sicherheits-Einstellungen vornehmen.

Bei *Typ* ist es sinnvoll, über *Ändern* die Option *Active Directory-integriert* zu aktivieren. Dadurch ist sichergestellt, dass die DNS-Daten zusammen mit Active Directory repliziert werden. Das ist nur möglich, wenn der DNS-Server auf einem Active Directory-Domänencontroller installiert ist. In Active Directory-Umgebungen ist das sehr sinnvoll.

Abb. 25.9 Sicherheit einer DNS-Zone verbessern

Danach sollte bei *Dynamische Updates* sichergestellt sein, dass die Option *Nur sichere* aktiviert ist. In diesem Fall dürfen sich nur Computer, die an AD authentifiziert sind, eigene Einträge erstellen.

Auf der Registerkarte *Namensserver* sollten Sie überprüfen, ob die Namen und die IP-Adresse der Namenserver für die DNS-Zone korrekt sind und nur berechtigte Server enthalten sind.

Abb. 25.10 Überprüfen der Namenserver im Netzwerk

Werden im Netzwerk keine sekundären DNS-Server eingesetzt, ist es sinnvoll, zu überprüfen, dass die primären DNS-Server von Zonen keine Zonenübertragungen zulassen oder zumindest nur Übertragungen an fest definierte Server. Dazu muss auf der Registerkarte *Zonenübertragungen* in den Eigenschaften von Zonen die Option *Zonenübertragungen zulassen* deaktiviert sein.

Sicherheits-Einstellungen von DNS-Servern und DNS-Zonen überprüfen

In den Eigenschaften von DNS-Servern und DNS-Zonen gibt es die Registerkarte *Sicherheit*. Hier sollten Sie überprüfen, ob die Gruppe *Jeder* nur *Lesen* darf und keine unbekannten Gruppen das Recht haben, Einstellungen zu ändern. Außerdem sollten Sie überprüfen, welche Benutzer Mitglied der Gruppe *DNSAdmins* sind. Mitglieder dieser Gruppe können Anpassungen an DNS-Zonen vornehmen.

Verwaltet wird die Gruppe zum Beispiel über Active Directory-Benutzer und -Computer (*dsa.msc*). Die Gruppe befindet sich in der Organisationseinheit *Users*. In dieser Organisationseinheit befinden sich weitere Administratorgruppen, deren Mitgliedschaft Sie überprüfen sollten.

DNS-Zonen digital signieren mit DNSSEC

Um DNS-Zonen vor Angriffen zu schützen, können Sie diese in der DNS-Verwaltung über das Kontextmenü durch die Auswahl von *DNSSEC/Zone signieren* vor unbefugten Änderungen schützen. Durch die Auswahl startet ein Assistent, mit dem die Signierung durchgeführt wird.

In den meisten Fällen reicht die Option *Standardeinstellungen für die Zonensignierung verwenden*. Es besteht aber auch die Möglichkeit, die Signierung manuell zu konfigurieren. Dazu wählen Sie die Option *Zonensignaturparameter anpassen*. Werden die Standardparameter verwendet, signiert der Server die Zone und meldet anschließend die erfolgreiche Signierung.

Nach der ersten Signierung stehen über das Kontextmenü von *Zonen* über *DNSSEC* neue Optionen zur Verfügung. Mit *Eigenschaften* können Sie Einstellungen bezüglich der DNS-Signierung vornehmen. Das ist allerdings selten notwendig.

Werden signierte DNS-Zonen über das Kontextmenü aktualisiert, sind die Signaturen der einzelnen Einträge zu erkennen. Clients können ab jetzt überprüfen, ob ein DNS-Eintrag vom erwarteten DNS-Server stammt und nicht manipuliert wurde. Die Zone erhält außerdem als Icon ein kleines Schloss, was die Signierung symbolisiert. Die Einträge der Signierung können in der DNS-Verwaltung aufgerufen werden. Den signierten Datensatz sehen Sie in der DNS-Verwaltung. DNSSEC lässt sich über das Kontextmenü von Zonen erstellen.

In Windows Server 2022 stellt ein DNS-Server den Key-Master-Server dar. Dieser Server verwaltet die primäre Zone. Der Key Master ist für alle Schlüssel der Zone verantwortlich.

In den DNSSEC-Eigenschaften einer Zone lassen sich die Einstellungen und Schlüssel jederzeit anpassen. Hier stehen alle Eigenschaften zur Verfügung, die auch der Assistent bietet. Das Aufheben der Signierung ist über diesen Weg ebenfalls möglich.

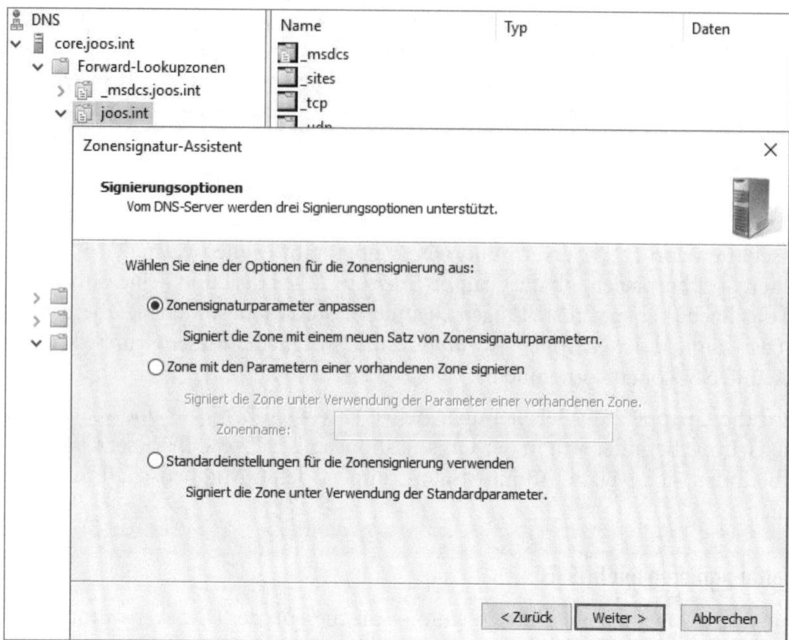

Abb. 25.11 Festlegen der Verschlüsselung einer Zone

In den normalen DNS-Eigenschaften einer Zone lassen sich mit Windows Server 2022 dynamische Updates festlegen. Sobald ein Server der signierten Zone ein genehmigtes Update erhält, trägt er die Daten in die signierte Zone ein und repliziert die Daten zu den anderen Servern.

Erweiterte Einstellungen für einen DNS-Server setzen

Über die Registerkarte *Erweitert* können Sie einige Serveroptionen konfigurieren, mit denen sich die Sicherheit verbessern lässt:

- **Rekursionsvorgang (und Weiterleitungen) deaktivieren** – Unabhängig von den Weiterleitungen können DNS-Server lokal isoliert werden. Damit greift der DNS-Server nur noch auf seine eigene Datenbank zu. Es werden keine Anfragen mehr an weitere DNS-Server weitergeleitet.
- **Cache vor Beschädigungen sichern** – Diese Option ist von ihrer Bezeichnung her etwas irreführend, da es sich hier eher um einen Schutz vor zweifelhaften Einträgen im Cache handelt, die im Original als Pollution (Verschmutzung) bezeichnet werden. Das sind Einträge, die nicht aus erster Hand gewonnen, sondern durch Weiterleitungen von anderen DNS-Servern ermittelt wurden. Hierbei besteht eine gewisse Gefahr, dass es sich dabei um gefälschte Einträge handelt. Daher werden diese Ergebnisse zwar an den Client weitergeleitet, aber nicht in den Cache eingetragen.
- **DNSSEC-Überprüfung für Remoteantworten aktivieren** – Diese Option ist automatisch gesetzt und stellt sicher, dass der DNS-Server auch DNSSEC unterstützt.

Anpassen der DNS-Infrastruktur an untergeordnete Domänen

Bei der Erstellung von untergeordneten Domänen werden durch die enge Verzahnung von Active Directory und DNS auch die Anforderungen an die DNS-Infrastruktur komplizierter. Bevor eine neue untergeordnete Domäne erstellt werden kann, muss zunächst die passende DNS-Infrastruktur dafür erstellt werden. Werden untergeordnete Domänen erstellt, bestehen für die Namensauflösung grundsätzlich zwei Möglichkeiten:

1. Die DNS-Server der Rootdomäne verwalten auch die DNS-Domänen der untergeordneten Domänen.
2. Die untergeordneten Domänen verwalten jeweils ihre eigene DNS-Domäne.

Wenn die DNS-Server der Rootdomäne auch für die Namensauflösung in der untergeordneten Domäne zuständig sind, sollten die Replikationseinstellungen für die Zone so geändert werden, dass sie auf alle DNS-Server und Domänencontroller repliziert wird.

Da untergeordnete Domänen oft physisch durch eine WAN-Leitung von der Rootdomäne getrennt sind, besteht die Notwendigkeit, die DNS-Daten der untergeordneten Domäne in die Niederlassung zu replizieren. In diesem Fall müssen Berechtigungskonzepte erstellt werden, da ansonsten Administratoren der untergeordneten Domäne Änderungen an der DNS-Infrastruktur der übergeordneten Domäne durchführen können.

In vielen Unternehmen wird dieses Sicherheitsproblem dadurch gelöst, dass die untergeordnete Domäne als eigenständige Zone ausschließlich von den Administratoren der untergeordneten Domäne verwaltet wird. Dadurch ist sichergestellt, dass jede Domäne ihre eigene DNS-Zone verwaltet, damit die Administratoren der einzelnen untergeordneten Domänen sich nicht gegenseitig beeinträchtigen können.

Gruppenrichtlinien für die digitale Signierung nutzen

Damit Clients DNS-Anfragen signiert erhalten und verarbeiten können, muss eine Gruppenrichtlinie erstellt oder Einstellungen von vorhandenen Gruppenrichtlinien angepasst werden. Generell ist es für die Verwaltung von Gruppenrichtlinien besser, wenn für DNSSEC eine eigene Richtlinie erstellt wird, aus der hervorgeht, dass hier Sicherheitseinstellungen für DNSSEC vorgenommen werden.

Die Einstellungen befinden sich im Gruppenrichtlinienverwaltungseditor bei *Computerkonfiguration/Richtlinien/Windows-Einstellungen/Namensauflösungsrichtlinie.* Bei *Suffix* wird der Name der Zone eingegeben. Anschließend wird die Option *DNSSEC in dieser Regel aktivieren* gesetzt sowie *Sicherstellung durch DNS-Clients erforderlich, dass Namens- und Adressdaten vom DNS-Server überprüft wurden.* Durch einen Klick auf *Erstellen* und *Anwenden* wird die Richtlinie umgesetzt.

25.6.3 DNS-Abfragen mit Richtlinien steuern

Wenn es um die Sicherheit von Netzwerken geht, spielt auch DNS eine wichtige Rolle. Windows Server 2022 ermöglicht das Filtern von DNS-Abfragen basierend auf Client-IP-Adressen.

Mit DNS-Abfragerichtlinien können Sie konfigurieren, auf welche DNS-Anfragen ein DNS-Server antwortet und welche Abfragen er blockiert. Dadurch kann die Sicherheit des DNS-Systems verbessert werden.

Gleichzeitig werden DNS-Server entlastet, da sie nicht zu viele Anfragen beantworten müssen. Microsoft hat diese Technologie in Windows Server 2016 eingeführt und mit Windows Server 2019 erweitert. Alle Möglichkeiten für Richtlinien zeigt Microsoft auf der Seite zur Verwaltung der DNS-Abfragerichtlinien mit der PowerShell (*https://docs.microsoft.com/en-us/powershell/module/dnsserver/add-dnsserverqueryresolutionpolicy?view=win10-ps*).

Einfach ausgedrückt, können Administratoren mit DNS-Abfragerichtlinien (DnsServerQueryResolutionPolicy) festlegen, dass ein DNS-Server nicht generell auf alle Anfragen antwortet, sondern vorher überprüft, aus welchem Subnetz die Anfrage geschickt wird. Auf Basis dieser Informationen kann der DNS-Server anschließend verschiedene Anfragen blockieren, während andere Anfragen weiterhin beantwortet werden.

DNS-Abfragerichtlinien können auch dazu genutzt werden, nur einzelne Einträge in einer DNS-Zone zu blockieren, zum Beispiel zu bestimmten Servern, die nur von einer Gruppe von Anwendern genutzt werden sollen.

DNS-Richtlinien in der PowerShell steuern

DNS-Abfragerichtlinien werden in der PowerShell mit dem Cmdlet *Add-DnsServerQueryResolutionPolicy* erstellt. Die vorhandenen Richtlinien zeigt die PowerShell mit *Get-DnsServerQueryResolutionPolicy* an. Natürlich lassen sich erstellte Richtlinien bearbeiten (*Set-DnsServerQueryResolutionPolicy*) und löschen (*Remove-DnsServerQueryResolutionPolicy*). Das Anlegen einer solchen Richtlinie ist generell recht einfach.

DNS-Server führen die Regeln in der Reihenfolge aus, wie sie mit *Get-DnsServerQueryResolutionPolicy* angezeigt werden. Durch das Löschen einer Regel mit *Remove-DnsServerQueryResolutionPolicy* und dem anschließenden Neuerstellen mit *Add-DnsServerQueryResolutionPolicy* wird eine Richtlinie hintenangestellt. Die Reihenfolge der Ausführung kann mit dem Parameter *ThrottleLimit* festgelegt werden, zum Beispiel mit:

Add-DnsServerQueryResolutionPolicy -ComputerName "Server07" -ThrottleLimit 1

DNS-Richtlinie anlegen

Um eine neue Richtlinie anzulegen, öffnen Sie zunächst auf dem DNS-Server die PowerShell. Danach können Sie mit *Get-DnsServerQueryResolutionPolicy* überprüfen, ob das Modul zur Steuerung der Richtlinien vorhanden ist und welche Richtlinien bereits existieren. Im folgenden Beispiel soll der Server *idm.joos.int* vor Abfragen aus dem Subnetz 192.168.1.0/255.255.255.0 geschützt werden.

Dazu wird im ersten Schritt ein Subnetz in den Richtlinien angelegt, auf deren Basis die Filterung erfolgen soll. Der Befehl dazu ist:

Add-DnsServerClientSubnet -Name "BlockClients" -IPv4Subnet 192.168.1.0/24 -PassThru

Um sich alle bereits vorhandenen Subnetze anzuzeigen, nutzen Sie das Cmdlet *Get-DnsServerClientSubnet*. Nicht mehr benötigte Subnetze lassen sich mit *Remove-DnsServerClientSubnet* löschen.

Um das Ergebnis einer Richtlinie zu testen, können Sie in der PowerShell zunächst die Namensauflösung zu *idm.joos.int* testen. Hier antwortet der DNS-Server noch wie erwartet. Danach erstellen Sie die Richtlinie, löschen den DNS-Cache und starten danach die Abfrage neu. Hier sollte der DNS-Server die Abfrage blockieren. Die Auflösung erfolgt mit:

Resolve-DnsName idm.joos.int

Danach löschen Sie den DNS-Cache mit dem Cmdlet *Clear-DnsClientCache*. Anschließend erstellen Sie die neue Richtlinie, die aus dem erstellten Subnetz heraus den Zugriff auf den Server *idm.joos.int* blockiert:

Add-DnsServerQueryResolutionPolicy -Name "Block_IDM" -Action IGNORE -ClientSubnet "EQ,BlockClients" -Fqdn "EQ,idm.joos.int" -PassThru

Um den kompletten Zugriff auf eine Domäne zu sperren, kann der folgende Befehl verwendet werden:

Add-DnsServerQueryResolutionPolicy -Name "BlackholePolicy" -Action IGNORE -FQDN "EQ,.contoso.com" -PassThru | Format-List **

Bei der Auswahl der blockierten Subnetze und der blockierten Server muss vor dem Namen noch ein Operator verwendet werden. Der Operator *EQ* legt fest, dass der Eintrag identisch mit dem angegebenen Namen sein muss.

Es gibt noch die Möglichkeit, *NE* (not equal) oder *OR* (oder) zu verwenden. Danach wird die Richtlinie angezeigt. Wird jetzt von einem Client die Abfrage mit *Resolve-DnsName* erneut gestartet, blockiert der DNS-Server die Abfrage.

Mit *IGNORE* werden alle Abfragen blockiert, der Parameter *ALLOW* erlaubt die Abfrage aus dem angelegten Subnetz und blockiert alle anderen Abfragen. Dadurch können unproblematisch eigene Regeln erstellt werden, die sehr flexibel funktionieren.

Regeln für mehrere Server umsetzen

Die Regeln werden allerdings nicht in Active Directory gespeichert oder an einer anderen zentralen Stelle. Für jeden DNS-Server, der eine solche Richtlinie nutzen soll, muss eine eigene Richtlinie erstellt werden.

Um eine Regel für mehrere Server umzusetzen, kann eine Richtlinie aus einem Server ausgelesen und auf einem anderen angelegt werden. Die Cmdlets unterstützen den Parameter *-Computername*. Das ist beim Auslesen und Anlegen einer neuen Richtlinie natürlich eine Hilfe. Dazu werden die Richtlinien auf einem Server in eine Variable gespeichert und auf deren Basis auf einem anderen Server neu eingelesen. Das Anlegen kann anschließend wieder mit *Get-DnsServerQueryResolutionPolicy* überprüft werden.

$Policies = Get-DnsServerQueryResolutionPolicy -ComputerName "dc01"

$Policies | Add-DnsServerQueryResolutionPolicy -ComputerName "dc02" -ThrottleLimit 1

Ebenfalls möglich ist das generelle Blockieren einer Domäne für alle Subnetze. So können Abfragen zeitweilig komplett deaktiviert werden:

Add-DnsServerQueryResolutionPolicy -Name "BlackholePolicy" -Action IGNORE -FQDN "EQ,.contoso.com" -PassThru | Format-List **

25.6.4 Response Rate Limiting – Schutz vor Denial of Service

Um sich vor einem zu starken Leistungseinbruch zu schützen und auch Denial of Service-(DoS-)Attacken abzuwehren, unterstützt Windows Server ab Version 2016 die Funktion Response Rate Limiting (RRL). Damit lassen sich die maximalen Anfragen festlegen, die ein Server pro Sekunde beantwortet. Alternativ kann mit RRL auch festgelegt werden, wie viele Fehler pro Sekunde erlaubt sind und wie viel Zeit zwischen Abfragen ablaufen muss, bis die nächste Abfrage vom Client gestellt werden kann. Auch Limits pro Clients können auf dieser Basis gesteuert werden. Natürlich lassen sich Clients, Subnetze und auch Netzwerkadapter des DNS-Servers von RRL-Filtern ausnehmen.

Aktuelle RRL-Einstellungen können Sie sich mit *Get-DnsServerRRL* anzeigen lassen. Einstellungen werden wiederum mit *Set-DnsServerRRL* angepasst. Bei *Mode* sehen Sie, ob der Dienst aktuell bereits schon gestartet ist (*Enable*) oder ob er noch inaktiv ist (*Disable*). Standardmäßig ist RRL in Windows Server ab Version 2016 inaktiv. Die dritte Option von RRL ist aktiviertes Logging. Bei dieser Einstellung werden die Einstellungen von RRL angewendet, der Server blockiert aber keine Anfragen, sondern protokolliert diese nur. Den Protokollmodus aktivieren Sie mit folgendem Befehl:

Set-DNSServerRRL -Mode LogOnly

Um RRL zu aktivieren, wird der folgende Befehl verwendet:

Set-DNSServerRRL -Mode Enable

Als Limit verwenden die beiden Befehle die Grenzwerte, die mit *Get-DnsServerRRL* angezeigt werden.

25.7 Zusammenfassung

In diesem Kapitel haben wir Ihnen die Verwaltung und den Betrieb von DNS-Servern mit Windows Server 2022 erläutert. Auch die neuen Möglichkeiten zur Absicherung von DNS über DNSSEC sowie Möglichkeiten zum Troubleshooting waren Thema dieses Kapitel. In den Kapiteln 10 bis 17 finden Sie Hinweise zur Verwaltung von DNS-Servern, die vor allem im Bereich von Active Directory eine wichtige Rolle spielen.

Im nächsten Kapitel zeigen wir Ihnen, wie Sie mit Containern arbeiten.

Kapitel 26

Windows Server Container, Docker und Hyper-V-Container

Neben Nano-Images gehören Windows Server Container als Docker-Implementation zu den wichtigsten Neuerungen seit Windows Server 2016. In Windows Server 2022 baut Microsoft die Möglichkeiten der Container-Technologie weiter aus. So lassen sich Windows Server Container parallel zu Linux-Containern betreiben und mit Kubernetes verwalten. Der Nano-Server ist mittlerweile Geschichte und nur noch als Nano-Image für Container-Hosts verfügbar. Windows Server 2022 arbeitet eng mit Kubernetes zusammen und kann auch als Kubernetes-Knoten zum Einsatz kommen. Die Verwaltung kann über das Windows Admin Center erfolgen.

Windows Server Container lassen sich auf Core-Servern betreiben und Core-Server lassen sich wiederum als Cluster betreiben, sodass Container hochverfügbar betrieben werden können, auch in virtuellen Umgebungen und mit virtuellen Clustern.

Container lassen sich also auf allen Arten von Windows-Servern betreiben. Außerdem steht die Container-Technologie in Windows 10/11 Pro und Enterprise ab Version 1607 (Anniversary Update) zur Verfügung. Administratoren oder Entwickler können mit Windows 10/11 Container erstellen und diese auf Container-Hosts mit Windows Server 2022 übertragen. Hier kann auf den Docker-Hub in der Cloud gesetzt werden, um die Container-Images über das Internet und die Cloud bereitzustellen.

Mit Windows Server 2022 hat Microsoft die Container-Technologie erweitert und die Unterstützung von Kubernetes integriert. Windows Server 2022 unterstützt für den Betrieb von Docker-Container Technologien aus Docker Swarm. So können Container jetzt einen gemeinsamen Port nutzen, um mit dem Netzwerk zu kommunizieren.

In Windows Server 2022 können die Standard-Images *nanoserver* und *Windowsservercore* mit Curl und Tar angesprochen werden. Auch OpenSSH kann in Containern genutzt werden.

26.1 Einstieg in Container und Docker

Windows Server Container ermöglichen den Betrieb von Cloudanwendungen oder Webdiensten in einer sicheren und einfach zu erstellenden Umgebung. Alles, was Sie benötigen, ist ein Container-Host auf Basis von Windows Server 2022. Dabei kann es sich um einen physischen Server handeln, eine VM oder einen virtuellen Computer in Microsoft Azure.

Innerhalb des Container-Hosts, der zum Beispiel auf Basis eines Core-Servers oder eines Servers mit grafischer Oberfläche auf Basis von Windows Server 2022 zur Verfügung gestellt wird, verwalten Sie die Images für Container und die Container selbst. Die Verwaltung findet vor allem über die PowerShell oder Befehlszeile statt. Auch die Container werden mit der Befehlszeile oder der PowerShell verwaltet. Der Verbindungsaufbau zum Containerhost kann über eine RDP-Sitzung erfolgen. Container bauen auf Images auf, die Sie im Container-Host einbinden. Hier lassen sich jederzeit weitere Container-Images herunterladen und auf dem Server integrieren.

26.1.1 Container im Vergleich zu virtuellen Servern

Die Windows Server Container sowie deren Erweiterung Hyper-V-Container basieren weiterhin auf der Plattform Docker (*https://www.docker.com*). Microsoft arbeitet für die optimale Integration von Docker mit dessen Entwicklern zusammen. Die Verwaltung von Docker können Sie mit dem Docker-Client oder in der PowerShell vornehmen. Sie können Container auch mit System Center verwalten.

Virtualisieren Unternehmen Server auf der Basis von herkömmlichen Technologien, gibt es einige Nachteile. Ein Nachteil besteht darin, dass die Betriebssysteme in den virtuellen Servern eine Grundlast verursachen und damit Ressourcen verbrauchen und Sicherheitslücken darstellen.

Das Betriebssystem in Docker-Containern und die notwendigen Ressourcen sind auf dem Container-Host zusammengefasst. Startet ein Container, muss er nicht das ganze Betriebssystem booten, Bibliotheken laden und Ressourcen für das eigene Betriebssystem zur Verfügung stellen. Container nutzen Teile des Betriebssystems auf dem Container-Host. Die Vorteile dabei sind eine geringere Auslastung der Server und mehr Sicherheit. Der gestartete Container betrachtet die lokale Festplatte wie eine Kopie des Betriebssystems, inklusive Arbeitsspeicher, Dateien und andere Ressourcen.

Virtuelle Anwendungen sind kleiner als virtuelle Server, benötigen weniger Ressourcen und sind gleichzeitig sicherer, da die meisten Angriffspunkte fehlen. Außerdem lassen sich wesentlich mehr virtuelle Anwendungen auf einem Virtualisierungs-Host betreiben als bei herkömmlichen virtuellen Servern.

Windows Server Container unterstützen zahlreiche Programmiersprachen und -umgebungen. Entwickler können unter anderem.NET, ASP.NET, PowerShell, Python, Ruby on Rails, Java und viele andere Umgebungen nutzen. Der Container-Host auf Basis von Windows Server 2022 steuert, welche und wie viele Ressourcen des Hosts ein Container nutzen darf, ohne die anderen Container oder den Host zu beeinträchtigen.

26.1.2 Container-Feature installieren

Um Container zu nutzen, müssen Sie das Container-Feature installieren. Dabei spielt es zunächst keine Rolle, ob es sich um einen vollständig installierten Server oder um eine Core-Installation handelt. Auf einem herkömmlichen Server verwenden Sie dazu den Server-Manager oder die PowerShell, auf einem Core-Server installieren Sie das Feature vor allem in der PowerShell. Dazu verwenden Sie den Befehl *Install-WindowsFeature Containers*.

Danach brauchen Sie ein Image, auf dessen Basis Container auf dem Container-Host erstellt werden können. Die Verwaltung erfolgt entweder mit der PowerShell, alternativ mit dem Docker-Client, den Sie in der PowerShell herunterladen können. Auch die Verwendung einer Container-Verwaltung wie Kubernetes kann auf diesem Weg genutzt werden.

Mit dem Windows-Docker-Client können Sie Container auf Basis von Docker zum Einstieg in die Technologie sehr einfach verwalten. Der Docker-Client dient nur der Verwaltung der Container-Technologie, die direkt in Windows Server 2022 integriert ist, er stellt selbst keinen Serverdienst dar. Der Client kann die Windows Server Container verwalten, zusätzlich aber auch andere Hosts, zum Beispiel Linux-Server. Die Docker Toolbox (*https://docs.docker.com/installation/windows*) ermöglicht für aktuelle Windows-Versionen die Verwaltung von Docker auf Basis von Servern mit Windows Server 2022 oder Linux.

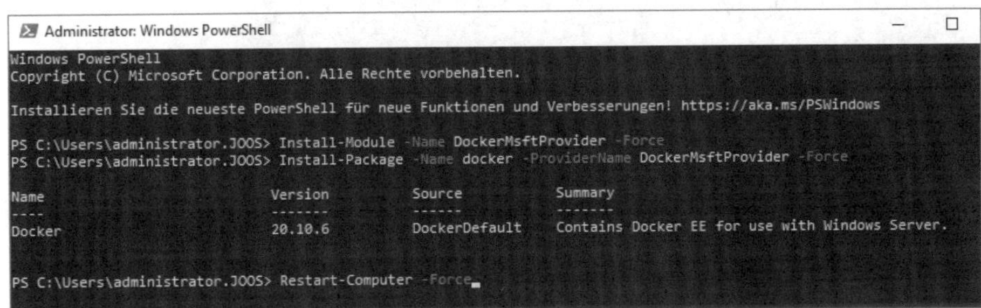

Abb. 26.1 Docker Enterprise Edition auf Windows Server 2022 installieren

In Windows Server 2022 ist der Docker-Client ebenfalls integriert und steht in der Befehlszeile zur Verfügung.

Um Windows Server Container zu verwalten, installieren Sie die notwendigen Erweiterungen auf dem Server. Dazu sollte der Server über eine Internetverbindung verfügen, da so die Installation der notwendigen Clients und der Download von Images wesentlich einfacher gestartet werden können.

Install-Module -Name DockerMsftProvider -Force

Install-Package -Name docker -ProviderName DockerMsftProvider -Force

Restart-Computer -Force

Um eine Mindestversion für die Installation vorzugeben, kann der folgende Befehl verwendet werden:

Install-Package -Name docker -ProviderName DockerMsftProvider -Force -RequiredVersion 20.10.6

Anschließend steht der Server bereit, und Sie können mit Containern arbeiten.

Infrastrukturen mit Windows Server

Für Entwickler und Administratoren kann es interessant sein, Hyper-V für Container-Hosts zu nutzen, auch in Windows 10/11. Dazu sind auf dem Windows 10/11-Host einige Befehle notwendig. Die Befehle funktionieren selbst dann, wenn Docker keine Downloads durchführen kann:

```
netsh advfirewall firewall add rule name="docker engine" dir=in action=allow proto-
col=TCP localport=2375
Stop-Service docker
dockerd --unregister-service
dockerd -H npipe:// -H 0.0.0.0:2375 --register-service
Start-Service docker
```

26.1.3 Erste Schritte mit Docker in Windows Server 2022

Der Befehl *docker images* zeigt die vorhandenen Docker-Images auf dem Windows-Server an. Standardmäßig sind noch keine Images vorhanden. Sie müssen daher erst Images herunterladen und auf dem Container-Host einbinden.

```
Administrator: Windows PowerShell
PS C:\Users\administrator.JOOS> docker

Usage:  docker [OPTIONS] COMMAND

A self-sufficient runtime for containers

Options:
      --config string      Location of client config files (default
                           "C:\\Users\\administrator.JOOS\\.docker")
  -c, --context string     Name of the context to use to connect to the
                           daemon (overrides DOCKER_HOST env var and
                           default context set with "docker context use")
  -D, --debug              Enable debug mode
  -H, --host list          Daemon socket(s) to connect to
  -l, --log-level string   Set the logging level
                           ("debug"|"info"|"warn"|"error"|"fatal")
                           (default "info")
      --tls                Use TLS; implied by --tlsverify
      --tlscacert string   Trust certs signed only by this CA (default
                           "C:\\Users\\administrator.JOOS\\.docker\\ca.pem")
      --tlscert string     Path to TLS certificate file (default
                           "C:\\Users\\administrator.JOOS\\.docker\\cert.pem")
      --tlskey string      Path to TLS key file (default
                           "C:\\Users\\administrator.JOOS\\.docker\\key.pem")
      --tlsverify          Use TLS and verify the remote
  -v, --version            Print version information and quit

Management Commands:
  app*        Docker Application (Docker Inc., v0.8.0)
  builder     Manage builds
  cluster*    Manage Mirantis Container Cloud clusters (Mirantis Inc., v1.9.0)
  config      Manage Docker configs
  container   Manage containers
  context     Manage contexts
  image       Manage images
  manifest    Manage Docker image manifests and manifest lists
  network     Manage networks
  node        Manage Swarm nodes
  plugin      Manage plugins
  registry*   Manage Docker registries (Docker Inc., 0.1.0)
  secret      Manage Docker secrets
  service     Manage services
  stack       Manage Docker stacks
  swarm       Manage Swarm
  system      Manage Docker
  trust       Manage trust on Docker images
  volume      Manage volumes
```

Abb. 26.2 Docker in Windows Server 2022 verwalten

Erhalten Sie bei der Ausführung des Docker-Befehls eine Fehlermeldung, dass die Authentifizierung fehlt, müssen Sie sich zuerst mit *docker login* mit Ihrer Docker-ID anmelden. Eine Docker-ID erhalten Sie auf der Website von Docker (*https://docs.docker.com/docker-id*).

Um ein Image auf Basis von Windows Server 2022 zur Verfügung zu stellen, können Sie die notwendigen Daten direkt bei Microsoft/Docker herunterladen:

docker image pull mcr.microsoft.com/windows/servercore:ltsc2022

docker image pull mcr.microsoft.com/windows/nanoserver:ltsc2022

docker pull mcr.microsoft.com/windows:ltsc:2022

Die neuen Container-Images von Windows Server 2022 sind in der Microsoft Container Registry (MCR) verfügbar.

Sie können als Image für Docker-Container in Windows Server 2022 neben der Core-Installation eine Nano-Installation verwenden. Der Nano-Server aus Windows Server 2016 steht in Windows Server 2022 als Container-Image zur Verfügung.

Wollen Sie einen Container erstellen und starten, verwenden Sie den Befehl *docker run*, zum Beispiel:

docker run mcr.microsoft.com/windows/servercore:ltsc2022

oder

docker pull mcr.microsoft.com/windows/servercore:2004

Mit dem Docker-Client durchsuchen Sie den Docker-Hub nach Images auf Basis von Windows Server 2016. Dazu verwenden Sie zum Beispiel den Befehl:

docker search Microsoft

Neben den vollständigen Images für Windows Server 2022 lassen sich auch .NET Core Images herunterladen:

docker image pull microsoft/dotnet:2.1-sdk-nanoserver-1809

docker image pull microsoft/dotnet:2.1-aspnetcore-runtime-nanoserver-1809

Auch ein Webserver auf Basis des IIS in Windows Server 2022 lässt sich als Container bereitstellen:

docker run -it -p 80:80 microsoft/iis cmd

Das Image muss zuvor aber erst heruntergeladen werden. Ist es nicht verfügbar, lädt der Client das Image automatisch herunter.

Nach dem Start steht der Webserver mit der Standardwebseite bereit. Um die Standardwebseite im Container zu löschen, verwenden Sie zum Beispiel:

del C:\inetpub\wwwroot\iisstart.htm

Wollen Sie die Startseite durch eine eigene Seite ersetzen, verwenden Sie folgenden Befehl:

echo "Test für den IIS im Windows Server Container" > C:\inetpub\wwwroot\index.html

Als Optionen geben Sie den Namen des neuen Containers an sowie das Image das verwendet werden soll.

Sobald der Container erstellt wurde, können Sie ihn in der Befehlszeile mit der Eingabeaufforderung und der PowerShell verwalten. Um sich eine Liste aller Container auf einem Container-Host anzuzeigen, verwenden Sie den Befehl

docker ps -a.

Die installierte Docker-Version und den Docker-Client lassen Sie sich mit *docker version* anzeigen.

Windows Server Container und der Host teilen sich einen Kernel, da die Container den Kernel des Container-Hosts nutzen. Dabei muss das Basisimage des Containers mit dem des Hosts übereinstimmen. Windows Server 2022 kennt hier vier Versionierungsgrade: Hauptversion, Nebenversion, Build und die Revision. Die Revisionsnummer wird aktualisiert, wenn Windows-Updates installiert werden. Das Starten von Windows Server Containern wird verhindert, wenn die Build-Nummer nicht übereinstimmt. Das kann passieren, wenn Sie Vorabversionen von Windows Server einsetzen oder aktualisierte Container nutzen. Wenn die Buildnummer übereinstimmt, die Revisionsnummer aber unterschiedlich ist, wird der Container zwar gestartet, allerdings ist der produktive Betrieb nicht empfohlen und wird von Microsoft auch nicht unterstützt.

Sie können in der Registry im Pfad *HKEY_LOCAL_MACHINE\Software\Microsoft\Windows NT\CurrentVersion* erkennen, welche Version auf einem Container-Host installiert ist. Stellen Sie sicher, dass die Tags auf Docker Hub oder die Image-Hash-Tabelle in der Beschreibung des Images zu der Version des Hosts passen.

Hyper-V-Container verwenden eine eigene Instanz des Windows-Kernels. Daher müssen die Versionen von Container-Host und Containerimage nicht übereinstimmen.

26.1.4 Hyper-V-Container-Host

Wollen Sie Hyper-V-Container nutzen, benötigen Sie auf dem Container-Host natürlich noch Hyper-V als Serverrolle. Hier haben Sie die Möglichkeit, mit einer VM zu arbeiten. In diesem Fall müssen Sie aber für die VM die eingebettete (nested) Virtualisierung konfigurieren. Damit das funktioniert, müssen Sie auf dem Hyper-V-Host, auf dem Sie den Container/Hyper-V-Host betreiben, einige Anpassungen in der PowerShell vornehmen (siehe Kapitel 7):

```
#replace with the virtual machine name
$vm = "<virtual-machine>"
#configure virtual processor
Set-VMProcessor -VMName $vm -ExposeVirtualizationExtensions $true -Count 2
#disable dynamic memory
Set-VMMemory $vm -DynamicMemoryEnabled $false
#enable mac spoofing
Get-VMNetworkAdapter -VMName $vm | Set-VMNetworkAdapter -MacAddressSpoofing On
```

In der VM, die Sie als Container-Host für Docker und Hyper-V-Container nutzen wollen, können Sie dann noch Hyper-V über die PowerShell installieren:

Install-WindowsFeature hyper-v

Mit dem Befehl *Install-Module posh-docker* laden Sie die Vervollständigungs-Automatik für den Docker-Client auf einen Rechner. Nach der Installation können Sie mit der Tabulator-Taste durch die Befehle und Optionen des Docker-Clients schalten. In der PowerShell importieren Sie das Modul mit *Import-Module posh-docker*.

26.1.5 Container im Windows Admin Center verwalten

Haben Sie das Windows Admin Center im Einsatz, können Sie über die Einstellungen des Gateways auch die Erweiterung *Containers* installieren. Verbinden Sie sich danach mit einem Container-Host, können Sie im Windows Admin Center über den Menüpunkt *Container* im oberen Bereich Ihre verschiedenen Images und Container verwalten. Gleichzeitig können Sie hier auf Azure Container-Instanz und die Azure Container Registry zugreifen.

Container

Container-Host
- Übersicht
- Container
- Images
- Netzwerke
- Volumes

Azur
- Azure-Container-Instanz
- Azure Container Registry

Kubernetes
- Workloaddefinition
- Kubernetes Dienste

Images

↓ Pull ↑ Push ▷ Ausführen + Neu erstellen

Repository	Markieren
pydio/cells	latest
checkmk/check-mk-raw	1.6.0-latest
hello-world	nanoserver
ubuntu	latest
mcr.microsoft.com/windows	1009
joosiis	latest
microsoft/nanoserver	latest
mcr.microsoft.com/windows/nanoserver	1809
hallowelt	latest
microsoft/iis	latest
mcr.microsoft.com/windows/servercore	ltsc2019
mcr.microsoft.com/windows/nanoserver	<none>
microsoft/dotnet-samples	dotnetapp-nanoserver

Abb. 26.3 Container und Images in Windows Server 2022 mit dem Windows Admin Center verwalten

Über den Menüpunkt *Pull* können Sie an dieser Stelle manuell Repositories angeben und Anmeldedaten für den Download. Außerdem können Sie hier auswählen, welche Version des Containerimages Sie herunterladen wollen.

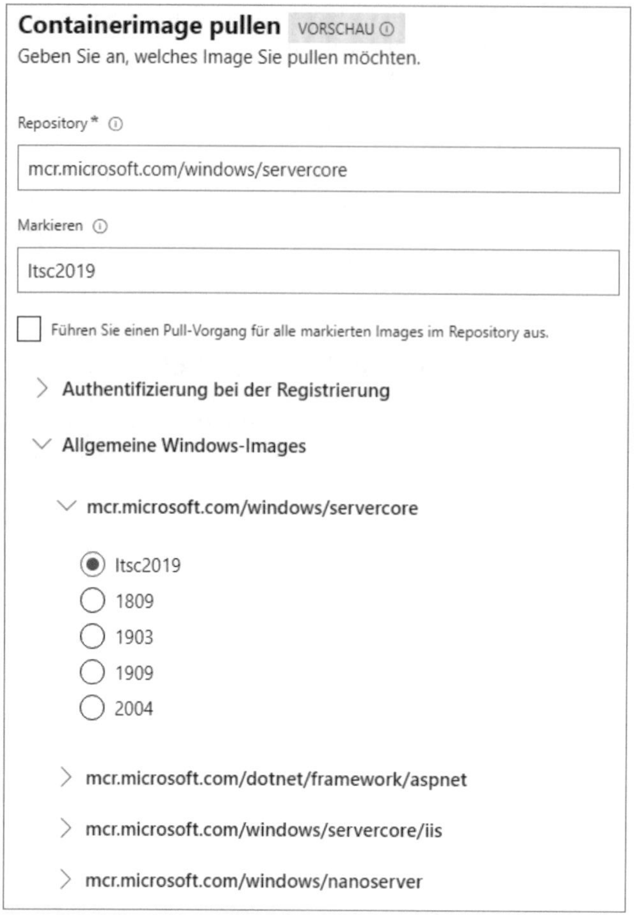

Containerimage pullen VORSCHAU
Geben Sie an, welches Image Sie pullen möchten.

Repository *

mcr.microsoft.com/windows/servercore

Markieren

ltsc2019

Führen Sie einen Pull-Vorgang für alle markierten Images im Repository aus.

Authentifizierung bei der Registrierung

Allgemeine Windows-Images

mcr.microsoft.com/windows/servercore

ltsc2019
1809
1903
1909
2004

mcr.microsoft.com/dotnet/framework/aspnet

mcr.microsoft.com/windows/servercore/iis

mcr.microsoft.com/windows/nanoserver

Abb. 26.4 Download von Images

26.2 Erweiterte Konfiguration von Containern

Sobald Sie den Container-Host installiert und gestartet haben, können Sie mit Docker bereits Containerimages bei Microsoft herunterladen und starten. Auf Basis von Containern lassen sich schnell und einfach eigene Images erstellen. Sie können in den Containern Serveranwendungen installieren und bereitstellen. Wie Sie dabei vorgehen, haben wir in den vorhergehenden Abschnitten bereits gezeigt.

26.2.1 Neues Containerimage für Windows Server 2022 verfügbar

Microsoft stellt ein neues Image zur Verfügung, mit dem Windows nahezu komplett auch in einem Container betrieben werden kann. Das Image soll mehr Möglichkeiten bieten als die Nano- und Core-Bereitstellungen.

Immer mehr Entwickler wollen ihre Apps und Dienste über Container zur Verfügung stellen. Zwar bietet auch Microsoft mittlerweile die Möglichkeit, Container in Windows einzubinden oder kleinere Windows-Server als Nano- und Core-Server bereitzustellen, allerdings sind die enthaltenen Funktionen in den Containerimages oft etwas eingeschränkt. Das neue Containerimage mit der Bezeichnung *Windows* soll über einen deutlich größeren Funktionsumfang verfügen und bietet auch mehr APIs als die Images für Nano-Server (*nanoserver*) und Core-Server (*Windowsservercore*).

Das Image kann in Docker über den folgenden Befehl abgerufen werden. Dazu muss aber Windows Server 2022 im Einsatz sein. Um die aktuellste Version des Images zu erhalten, verwenden Sie folgenden Befehl:

docker pull mcr.microsoft.com/Windows-insider:latest

Aktuell sind keine weiteren Details bekannt, außer dass das Image über einen erweiterten API-Satz verfügt, mehr Dienste als Nano- und Core-Server bietet und sich Apps sehr viel leichter integrieren lassen. Microsoft will DirectX integrieren, sodass UI-Tests automatisiert mit dem Image durchgeführt werden können.

Bei dem Image handelt es sich um eine nahezu vollständige Windows-Version, die als Container auf einem Container-Host mit Windows Server 2022 eingesetzt werden kann.

Mit dem neuen Windows-Containerimage will Microsoft Entwickler dabei unterstützen, nicht nur spezielle Microservices in Containern zu betreiben, sondern auch Anwendungen und Dienste, die bisher eine vollständige Installation eines Windows-Servers benötigt haben. Dadurch lassen sich solche Anwendungen zum Beispiel mit Kubernetes orchestrieren.

26.2.2 Container erstellen und Serverdienste verwalten

Erstellen Sie mit dem folgenden Befehl einen neuen Container und wechseln durch die Option *-it* in die Befehlszeile, können Sie innerhalb des Containers die PowerShell starten und Installationen vornehmen:

docker run -it --name winiis -p 80:80 Microsoft/Windowsservercore

Sobald sich die Befehlszeile des Containers öffnet, können Sie mit dem Befehl *PowerShell* auf dem Container eine lokale PowerShell-Sitzung öffnen.

Anschließend können Sie zunächst überprüfen, ob der IIS auf dem Container installiert ist. Hier verwenden Sie den gleichen Befehl wie bei herkömmlichen Servern mit Windows Server 2022:

Get WindowsFeature Web-Server

Um den IIS zu installieren, verwenden Sie wiederum den folgenden Befehl:

Install-WindowsFeature Web-Server

Sobald der IIS im Container installiert ist, können Sie über *ipconfig* die IP-Adresse des Containers anzeigen lassen und vom Container-Host aus mit dem Internet Explorer auf die IP-Adresse des Containers zugreifen. Da der IIS installiert ist und Sie den Port 80 auf dem Container aktiviert haben, wird die Startseite des IIS angezeigt.

Mit *docker inspect <ID>* können Sie erweiterte Informationen für Container abrufen, auch die IP-Adresse des Containers.

In Windows Server 2022 können Docker-Container einen gemeinsamen Netzwerkport nutzen. Damit das funktioniert, muss der Container-Host in den Docker-Swarm-Modus versetzt werden, zum Beispiel mit:

docker swarm init --advertise-addr 127.0.0.1

26.2.3 Container und eigene Images erstellen

Sie können natürlich eigene Images erstellen und bearbeiten, zum Beispiel auf Basis bestehender Container, die Sie wiederum mit *docker ps -a* anzeigen lassen:

docker commit <ID> <Ordner>/meincontainerimage

Beispiel:

docker commit 662f25d6d835 Windowsiis/joosimageiis

In Docker können Sie also Container mit bereits installierten Anwendungen als neues Image speichern und dieses Image für neue Container verwenden. Ob das Image erstellt wurde, zeigen Sie mit *docker images* an.

Um Container zu löschen, verwenden Sie den Befehl *docker rm <Name des Containers>*, der Befehl *docker rmi <Name des Images>* löscht Docker-Images.

Um einen Container mit IIS zur Verfügung zu stellen und auf dessen Basis weitere Images zu erstellen, müssen Sie auf Basis des vorgefertigten Images zunächst einen neuen Container erstellen:

docker run -d -p 80:80 Microsoft/iis ping -t localhost

Über den Befehl können Sie gleich die Ports aktivieren *(-p)* und sicherstellen, dass der IIS als Dienst gestartet wird *(-d)*. Alle gestarteten Container sehen Sie mit *docker ps*. Nehmen Sie Änderungen an einem Container vor, können Sie ihn als neues Image speichern und auf Basis dieses Images weitere Container. Dazu verwenden Sie den Befehl *docker ps -a*, um den Namen des Containers anzuzeigen. Anschließend erstellen Sie das Image mit *docker commit*:

docker commit <ID> <Neuer Name>

26.2.4 Dockerfiles für eigene Images erstellen

Auf Basis dieses Images erstellen Sie jederzeit weitere Container. Der Vorgang lässt sich automatisieren, indem Sie ein »Dockerfile« verwenden. Dabei handelt es sich um eine Anweisungsdatei für neue Container.

Erstellen Sie dazu ein Verzeichnis auf dem Host und in dem Verzeichnis eine Datei *Dockerfile* (ohne Endung). Sie können den Vorgang mit der PowerShell durchführen:

PowerShell new-item c:\build\Dockerfile -Force

Die Automatisierung nehmen Sie über Befehle in der Datei vor. Dazu müssen Sie die Datei *Dockerfile* in Notepad öffnen:

notepad c:\build\Dockerfile

In der Datei können Sie festlegen, dass ein neues Image erstellt werden soll, das den IIS als Basis nutzt. In der Datei können Sie auch festlegen, dass Änderungen an der Konfiguration vorgenommen werden:

FROM Microsoft/iis

RUN echo "Dockerfile-Test für automatische Bereitstellung" > c:\inetpub\wwwroot\index.html

Generell können Sie bei Dockerfiles mit der Anweisung *From* festlegen, auf welcher Basis der neue Container erstellt werden soll, zum Beispiel mit:

FROM Windowsservercore

Mit *Run* legen Sie fest, was im neuen Containerimage vorgenommen werden soll. Sie können mit dem folgenden Befehl den IIS in einem neuen Containerimage installieren:

RUN dism.exe /online /enable-feature /all /featurename:iis-webserver /NoRestart

Wollen Sie das Visual Studio-Paket in einem Container installieren, verwenden Sie:

RUN start-Process c:\vcredist_x86.exe -ArgumentList '/quiet' -Wait

Sie können über ein Dockerfile PowerShell-Skripts in ein Containerimage kopieren und ausführen, zum Beispiel mit:

FROM Windowsservercore

ADD script.ps1 /windows/temp/script.ps1

RUN powershell.exe -executionpolicy bypass c:\windows\temp\script.ps1

Um auf Basis dieser Änderungen wieder ein Image zu erstellen, verwenden Sie in diesem Beispiel:

docker build -t iis-dockerfile c:\Build

Sie können jederzeit erstellte Container mit Änderungen, die Sie durchgeführt haben, als neues Image speichern und dieses Image wiederum für neue Container verwenden. So erstellen Sie also enorm schnell zahlreiche Container mit allen Einstellungen, die Sie benötigen. Um ein Image zu erstellen, verwenden Sie zum Beispiel folgenden Befehl:

docker commit <ID> meincontainerimage

Sobald Sie das Image erstellt haben, können Sie es mit dem Befehl *docker images* anzeigen lassen und es als Grundlage für einen neuen Container verwenden:

docker run -it --name dockertest2 meincontainerimage cmd

26.2.5 Docker Push – Container in die Cloud laden

Mit dem Befehl *docker pull* laden Sie Containerimages aus Ihrem Docker-Konto auf den Container-Host, um auf Basis des Images einen neuen Container zu erstellen. Sie können aber auch den umgekehrten Weg gehen und Images in das Cloud-Konto hochladen. Das hat den Vorteil, dass Sie dieses Image jederzeit wieder herunterladen und auf anderen Container-Hosts verwenden können. Sie benötigen dazu eine Docker-ID und müssen sich mit *docker login* anmelden.

Für das Hochladen von Containerimages verwenden Sie den Befehl *docker push*:

docker push <Benutzername>/iis-dockerfile

Nach dem Upload können Sie mit *docker pull* das Image auf Container-Hosts herunterladen. Wollen Sie das Image nicht mehr verwenden, können Sie es löschen:

docker rmi <Benutzername>/iis-dockerfile

26.3 Hyper-V-Container in Windows Server 2022

Betreiben Sie Docker-Container mit Windows Server 2022 innerhalb von Hyper-V als spezielle Hyper-V-Container, schottet das Betriebssystem diese noch mehr ab als herkömmliche Windows Server Container auf Basis von Docker. Das erhöht die Sicherheit und Stabilität.

Hyper-V-Container werden ebenfalls über virtuelle Switches an das Netzwerk angebunden, genauso wie virtuelle Server (siehe Kapitel 7). Auch Hyper-V-Container bauen auf Docker auf, bieten aber mehr Möglichkeiten zur Erstellung von Containern.

Der Vorteil der Hyper-V-Container ist eine effizientere Isolierung sowie eine Optimierung der Umgebung für Hyper-V. Hyper-V-Container sind immer von anderen Containern und dem Host isoliert. Da Windows Server Container Teile des Betriebssystems mit dem Host teilen, besteht das Problem, dass ein Container einen ganzen Host und andere Container beeinträchtigen kann. Mit Hyper-V-Containern ist das nicht möglich, da das Betriebssystem isoliert und virtualisiert wird. Das ermöglicht das Betreiben von Containern mit Anwendungen, die in »Lower Trust«-Umgebungen laufen, zum Beispiel Webserver, die anfällig für Angriffe sind.

26.3.1 Einstieg in Hyper-V-Container

Windows Server Container teilen sich wichtige Bereiche des Betriebssystems mit dem Host und anderen Containern. Das erhöht zwar die Effizienz der Container im Vergleich zu virtuellen Servern, bietet aber auch Angriffsflächen. Grundsätzlich ist es möglich, dass ein Container andere Docker-Container auf dem Host beeinträchtigt oder angegriffen wird. Der Nachteil von Hyper-V-Containern ist eine etwas schlechtere Leistung im Vergleich zu Windows Server Container. Der Vorteil liegt in der besseren Isolierung der Container. Sie können auch Freigaben des Hosts in Hyper-V-Containern nutzen, zum Beispiel für die Datenspeicherung oder für Installationsmedien. Die Verwaltung von Hyper-V-Containern kann über die PowerShell oder Befehlszeile erfolgen, genauso wie die Verwaltung herkömmlicher Container.

In Hyper-V-Containern ist eine eigene Kopie des Betriebssystems integriert. Der Container läuft in einer Art eingeschränkten VM. Zusammen mit Nano-Servern lassen sich dadurch schnelle und sichere Container zur Verfügung stellen, die alle Vorteile von Windows Server 2022 nutzen. Windows Server Container und Hyper-V-Container können zusammen und parallel eingesetzt werden.

Sie können in Hyper-V-Containern auch Rechte delegieren, zum Beispiel für mandantengestützte Systeme. Die Hyper-V-Container eines Mandanten können miteinander kommunizieren, während die Container der anderen Mandanten abgeschottet sind. Die Abschottung der Gruppen erfolgt durch Hyper-V in Windows Server 2022. Hyper-V-Container lassen sich mit Hyper-V-Replikation auf andere Hyper-V-Hosts replizieren und mit Hyper-V-Clustern hochverfügbar betreiben. Die Übertragung von Hyper-V-Containern auf andere Knoten mit der Live-Migration ist ebenfalls möglich.

Container-Images müssen nicht angepasst werden, um als Hyper-V-Container genutzt zu werden. Images für Container lassen sich für herkömmliche Container, aber auch für Hyper-V-Container nutzen, Sie brauchen also keine verschiedenen Images für die unterschiedlichen Einsatzgebiete.

Bei Bedarf können Sie Windows Server Container mit wenigen Schritten zu Hyper-V-Containern konvertieren. Auch der umgekehrte Weg ist immer möglich. Aus Hyper-V-Containern können Sie jederzeit wieder herkömmliche Container machen. Einstellungen und Daten gehen dabei nicht verloren.

Arbeiten Sie mit einem Nano-Server als Container-Host, können Sie in diesem Hyper-V-Container aktivieren. Nach der Aktivierung verfügt der Container über virtuelle Hardware. Diese können Sie in der PowerShell des Servers mit *Get-PnpDevice* anzeigen. In Hyper-V-Containern werden Netzwerk-Adapter und SCSI-Adapter als Hyper-V-Hardware angezeigt.

26.3.2 Hyper-V-Container erstellen und konfigurieren

Haben Sie Container erstellt, können Sie diese mit der PowerShell und dem Docker-Client verwalten. Hier gibt es zunächst keine Unterschiede zwischen Hyper-V- und Windows-Server-Containern. Beim Erstellen eines Hyper-V-Containers mit Docker wird der Parameter *--isolation=hyperv* verwendet.

Wollen Sie einen herkömmlichen Container mit Docker zu einem Hyper-V-Container konvertieren, setzen Sie eine Isolierungs-Markierung. Der Befehl sieht dann zum Beispiel folgendermaßen aus:

docker run --rm -it --isolation=hyperv nanoserver cmd

Die Vorteile lassen sich an einem Beispiel zeigen. Erstellen Sie mit dem folgenden Befehl einen Container und lassen darin einen dauerhaften Ping-Befehl laufen, ist der Prozess auf dem Host selbst zu erkennen:

docker run -d Microsoft/Windowsservercore ping localhost -t

Der erfolgreich erstellte Container wird mit *docker ps* angezeigt. Mit *docker top <Name des Containers>* lassen Sie sich die Prozesse im Container anzeigen. Den Namen sehen Sie mit *docker ps*.

In diesem Beispiel sehen Sie anschließend den Ping-Prozess und dessen ID. Mit dem Befehl *get-process -Name ping* lassen Sie sich diese Informationen anzeigen. Daran ist zu erkennen, dass der Prozess die gleiche ID hat wie im Container.

Erstellen Sie einen Hyper-V-Container mit dem gleichen Befehl, zum Beispiel mit:

docker run -d --isolation=hyperv Microsoft/nanoserver ping -t localhost

Hier können Sie jetzt auf dem gleichen Weg die ID des Prozesses für den Ping-Befehl abrufen. Dazu verwenden Sie wieder *docker top*. Suchen Sie erneut nach dem Prozess auf dem Host, ist dieser nicht zu sehen. Auf dem Host wird in diesem Fall aber der Prozess einer neuen VM sichtbar. Dabei handelt es sich um den virtuellen Computer, der den Hyper-V-Container kapselt und die ausgeführten Prozesse vor dem Hostbetriebssystem schützt.

26.3.3 Docker, Hyper-V-Container und VMs parallel einsetzen

Neben herkömmlichen Windows Server Containern und Hyper-V-Containern können Sie auf einem Hyper-V-Host virtuelle Server erstellen, die wiederum mit Containern kommunizieren können. Container-Host und Hyper-V-Host schließen sich also nicht aus.

Herkömmliche Installationen von Windows Server 2022 arbeiten mit Containern und Hyper-V-Containern zusammen, genauso wie Core-Server oder Installationen mit der grafischen Oberfläche auf Basis von Windows Server 2022. Die Server und Dienste lassen sich in einem gemeinsamen Netzwerk betreiben, auch zusammen mit anderen Betriebssystemen wie Windows Server 2012/2012 R2/2016/2019 oder Linux.

26.3.4 Windows Server Container in der PowerShell verwalten

Container können Sie recht einfach über die PowerShell verwalten. Das gilt auch für lokale Installationen von Container-Hosts. Mit dem Befehl *PowerShell* starten Sie in der Befehlszeile eine neue PowerShell-Sitzung. Nachdem ein Container gestartet ist, können Sie eine PowerShell-Sitzung öffnen, und sich mit dem Container verbinden. Dadurch verwalten Sie auch Einstellungen und Serverdienste im Container. Für den Verbindungsaufbau benötigen Sie die ID des Containers. Diese können Sie mit *docker ps* anzeigen.

Für den Verbindungsaufbau verwenden Sie den Befehl *Enter-PSSession*. Zusammen mit der Container-ID sowie der Option *RunAsAdministrator* bauen Sie eine Verbindung auf. Der Container hat eine eigene IP-Adresse erhalten, damit er mit dem Netzwerk/Internet kommunizieren kann. Die Syntax des Befehls sieht folgendermaßen aus:

Enter-PSSession -ContainerId <ID> -RunAsAdministrator

Befehle, die Sie hier eingeben, werden im Container durchgeführt. Mit *exit* verlassen Sie die Sitzung im Container und arbeiten wieder mit dem eigentlichen Container-Host. Bei der Erstellung neuer Container spielen auch die virtuellen Switches auf dem Host eine Rolle. Diese können Sie in der PowerShell mit *Get-VMSwitch* anzeigen. Container verbinden sich über die virtuellen Switches mit dem Netzwerk.

Sie können in Containern Sitzungen unterbrechen und erneut aufbauen. Bei unterbrochenen Sitzungen laufen die Cmdlets in der Sitzung weiter. Dazu nutzen Sie die Cmdlets *Disconnect-PSSession*, *Connect-PSSession* und *Receive-PSSession*.

Wollen Sie von einer lokalen PowerShell-Sitzung über das Netzwerk Programme auf einem Container starten, verwenden Sie folgenden Befehl:

Invoke-Command -ContainerId <ID> -RunAsAdministrator -ScriptBlock { <Befehl> } -RunAsAdministrator

Ein Beispiel für die Ausführung ist:

Invoke-Command -ContainerId b2f55c8c-28d7-4c0c-ab2b-9ee62c9ae6ea -RunAsAdministrator -ScriptBlock { ipconfig } -RunAsAdministrator

26.4 Windows-Subsystem für Linux in Windows Server 2022 und Windows 10/11

Microsoft integriert die Unterstützung für Linux immer enger mit Windows. Auch in Windows Server 2022 hat Microsoft zahlreiche neue Funktionen integriert, mit denen sich Linux besser in Microsoft-Netzwerke integrieren lässt. Dazu gehört das verbesserte Windows-Subsystem for Linux, das ermöglicht, Linux-Befehle über eine Distribution direkt in den Windows-Server zu integrieren.

Hier gibt es Sicherheits-Distributionen wie Kali-Linux, deren Programme nach Installation in Windows zur Verfügung stehen. Einfach ausgedrückt können dadurch Linux-Programme auf Windows-Rechnern ausgeführt werden.

WSL ermöglicht den Betrieb mehrerer Linux-Distributionen parallel. Dabei kann immer die Distribution gestartet werden, die aktuell genutzt werden soll. Linux-Programme und -Befehle sind dadurch nahezu lückenlos in Windows nutzbar. Die Installation von WSL ist einfach, die meisten Distributionen stehen kostenlos zur Verfügung und lassen sich genauso schnell einbinden wie entfernen.

26.4.1 Linux und Windows gemeinsam betreiben

Mit dem Windows Subsystem for Linux (WSL) können Linux-Programme und -Befehle in Windows genutzt werden. Es stehen verschiedene Distributionen zur Verfügung. Nach der Installation von WSL steht auch die Linux-Bash in Windows zur Verfügung und damit zahlreiche Linux-Programme, zum Beispiel zur Überwachung und Verbesserung der Sicherheit in Microsoft-Netzwerken.

Es ist möglich, den lokalen Windows-Rechner mit den Linux-Befehlen zu verwalten oder Linux-Server im Netzwerk. Mit der Linux-bash lassen sich über die Eingabeaufforderung oder PowerShell Linux-Shells öffnen. Alternativ kann dazu das Windows Terminal genutzt werden, das über verschiedene Registerkarten gleichzeitige Sitzungen in der PowerShell, Eingabeaufforderung, Azure Cloud Shell und Linux-bash ermöglicht. Zusätzlich bietet Microsoft die neue Shell »Windows-Terminal«, die wir nachfolgend vorstellen. Das Windows-Terminal steht aktuell nur über den Microsoft-Store für Windows 10/11 zur Verfügung. Es wird aber auch für Windows Server 2022 angeboten.

Die Microsoft Defender-Firewall in Windows kann dazu Firewallegeln für jeden Prozess im Windows Subsystem for Linux (WSL) erstellen. So können zum Beispiel SSH-Server betrieben oder ausgehende Verbindung von Linux-Prozessen gesteuert werden. Die ausgehenden Prozesse können sich mit Linux-Servern genauso verbinden wie mit dem lokalen Windows-System. Vor allem in hybriden Netzwerken, in denen Linux und Windows parallel eingesetzt werden, kann das Windows Subsystem for Linux (WSL) sinnvoll sein, da die Linux-Befehle direkt in Windows zur Verfügung stehen.

Parallel dazu hat Microsoft in Windows 10/11 und Windows Server 2022 die beiden Linux-Befehle *curl* und *tar* integriert. Für die Verwendung ist kein Linux notwendig, sondern die beiden Befehle sind direkt in der Befehlszeile verfügbar und damit auch in der PowerShell. Die beiden Tools haben nichts mit der WSL zu tun, arbeiten aber natürlich mit den Linux-Distributionen zusammen, die sich über die WSL installieren lassen.

26.4.2 Windows Subsystem for Linux installieren

Standardmäßig ist das Windows Subsystem for Linux nicht installiert. Die Installation erfolgt in Windows 10 entweder über die grafische Oberfläche durch Starten des Tools »optionalfeatures« oder in der PowerShell mit dem Befehl:

Enable-WindowsOptionalFeature -Online -FeatureName Microsoft-Windows-Subsystem-Linux

Enable-WindowsOptionalFeature -Online -FeatureName VirtualMachinePlatform

Die Installation kann auch mit *dism.exe* erfolgen:

dism.exe /online /enable-feature /featurename:Microsoft-Windows-Subsystem-Linux /all /norestart

dism.exe /online /enable-feature /featurename:VirtualMachinePlatform /all /norestart

In Windows Server 2022 kann der folgende Befehl in der PowerShell verwendet werden:

Install-WindowsFeature -Name Microsoft-Windows-Subsystem-Linux

Die PowerShell muss dazu mit erhöhten Administrations-Rechten gestartet werden. Nach der Installation des Features müssen Sie den Rechner neu starten. Danach steht die Linux-Bash zur Verfügung und es lassen sich Linux-Distributionen in Windows integrieren. In Windows Server 2019 ist Version 2 des WSL nicht verfügbar, das gilt generell auch für Windows Server 2022. Hier ist noch nicht klar, ob und wie Microsoft WSL 2 integrieren will.

In den SAC-Varianten von Windows Server, zum Beispiel Windows Server 2004, ist WSL2 ebenfalls verfügbar. Nach der Installation von WSL sollten Sie generell immer sicherheitshalber nach Updates in Windows suchen und diese installieren. Für die Verwendung der neuen Version WSL 2 muss auf dem Computer das »WSL2 Linux kernel update package for x64 machines« (*https://wslstorestorage.blob.core.Windows.net/wslblob/wsl_update_x64.msi*) installiert sein.

WSL 2 wird identisch gesteuert und konfiguriert wie WSL 1. Teilweise unterstützen Linux-Distributionen WSL 1 oder WSL 2 unterschiedlich. Jede Distribution kann jederzeit up- oder downgegradet werden. Es ist auch möglich, WSL 1- und WSL 2-Distributionen nebeneinander ausführen. WSL 2 arbeitet enger mit dem Linux-Kernel zusammen, bietet also mehr Geschwindigkeit und Leistung.

WSL verwalten und überprüfen

Um die Installation des WSL zu prüfen und das WSL nach der Installation zu verwalten, steht das Tool *wsl* in der Befehlszeile zur Verfügung. Um sicherzustellen, dass die Version 2 des WSL genutzt wird, geben Sie den Befehl *wsl --set-default-version* 2 ein. Die Version 2 setzt auf Virtualisierungstechnologien der Linux-Distribution und nutzt dazu Hyper-V.

Das bedeutet aber nicht, dass Distribution als virtueller Computer angebunden wird. WSL2 nutzt Technologien aus Hyper-V, um die Linux-Distribution in Windows bereitzustellen, Hyper-V selbst hat damit nichts zu tun. Es gibt beim Einsatz von WSL keinen Overhead durch eine VM. WSL ermöglicht den Einsatz von Tools wie grep, sed, awk oder anderen ELF-64-Binärprogrammen. Auch Bash-Shell-Skripts und GNU/Linux-Befehlszeilenanwendungen sind verfügbar. Tools wie vim, emacs und tmux können mit dem WSL ebenfalls auf Windows genutzt werden.

WSL unterstützt verschiedene Programmiersprachen, zum Beispiel NodeJS, JavaScript, Python, Ruby, C/C++, C#, F#, Rust und Go. Auch Linux-Dienste sind integrierbar, unter anderem SSHD, MySQL, Apache, lighttpd, MongoDB und PostgreSQL. Software können Sie natürlich mit dem Paketmanager der installierten Linux-Distribution installieren.

Das Tool *wslconfig* bietet verschiedene Optionen, mit denen grundlegende Verwaltungsaufgaben durchgeführt werden können:

- */l* – Listet registrierte Distributionen auf.
- */l /all* – Listet optional registrierte Distributionen auf, einschließlich der Distributionen, die gerade installiert oder deinstalliert werden.
- */l /running* – Listet nur die Distributionen auf, die momentan ausgeführt werden.
- */s* – Legt die Distribution als Standard fest.
- */t* – Beendet die Distribution.
- */u* – Hebt die Registrierung der Distribution auf.

Eine umfassende Hilfe von *wsl* zeigen Sie mit dem Befehl *wsl --help* an. Um eine Linux-Distribution, zum Beispiel Kali, im Nachhinein auf WSL 2 umzustellen, können Sie ebenfalls das Tool *wsl* verwenden:

wsl --set-version kali-linux 2

Eine Liste der aktuellen Distributionen und deren Status zeigen Sie mit dem folgenden Befehl an:

wsl --list --verbose

Mit *wsl* kann die Linux-Distribution ausgewählt werden, in der Programme installiert werden sollen. Ist auf einem Computer Kali und Ubuntu installiert, kann mit den folgenden Befehlen Kali ausgewählt und danach Programme installiert werden, zum Beispiel die grafische Oberfläche *Kex: wsl -d kali-linux*

sudo apt update

sudo apt full-upgrade

sudo apt install kali-win-kex

26.4.3 Linux-Distributionen anzeigen und starten

Das Windows Subsystem for Linux hat selbst keine Linux-Befehle mit an Bord, sondern kann Linux-Distributionen anbinden, die nach der Installation der WSL erst über den Microsoft-Store in Windows 10/11 oder als direkter Link installiert werden müssen. Durch Eingabe der URL *https://aka.ms/wslstore* öffnet sich in Windows 10/11 der Store und zeigt alle verfügbaren Distributionen an. Aktuell stehen folgende Distributionen mit ihren Befehlen zur Verfügung:

- Ubuntu (*https://www.microsoft.com/store/p/ubuntu/9nblggh4msv6*)
- OpenSUSE (*https://www.microsoft.com/store/apps/9njvjts82tjx*)
- SUSE Linux Enterprise Server (*https://www.microsoft.com/store/apps/9p32mwbh6cns*)
- Kali Linux (*https://www.microsoft.com/store/apps/9PKR34TNCV07*)
- Debian GNU/Linux (*https://www.microsoft.com/store/apps/9MSVKQC78PK6*)

Der Download kann direkt erfolgen, zum Beispiel für Windows Server 2022. Die APPX-Dateien können Sie in ZIP-Dateien umbenennen und danach extrahieren. Für die Installation suchen Sie die entsprechende Distribution im Microsoft-Store oder laden sie über den Link *https://docs.microsoft.com/de-de/windows/wsl/install-manual* herunter.

Nach der Installation muss die entsprechende Distribution eingerichtet werden. Dazu müssen Sie in den meisten Fällen die ausführbare Datei der Distribution starten.

In der Befehlszeile können Sie mit *wslconfig /list* die Konfiguration des Windows-Subsystem for Linux anzeigen. Hier sehen Sie auch die installierten Linux-Distributionen. Innerhalb der Bash funktionieren alle Linux-Befehle, die zur entsprechenden Linux-Distribution gehören. Innerhalb der Linux-Bash kann auch eine Aktualisierung der Distribution und der installierten Befehle erfolgen.

Auch andere Distributionen, wie Ubuntu, können in WSL mit grafischer Oberfläche gestartet werden. Um in Ubuntu eine grafische Oberfläche zu betreiben, wird die Linux-Bash für die Distribution geöffnet, zum Beispiel über das Windows Terminal. Generell sollte immer eine Aktualisierung der Distribution erfolgen. Dazu wird in der Bash der folgende Befehl verwendet:

sudo apt update && sudo apt upgrade

Für Ubuntu können Sie Xfce verwenden sowie Xrdp für Remotedesktop-Verbindungen. Um mit dem Remotedesktop auf Ubuntu zuzugreifen, sollte der Port 3389 auf 3388 geändert werden, damit er explizit für die Linux-Distribution zur Verfügung steht. Den Remotedesktopserver starten Sie anschließend mit *sudo /etc/init.d/xrdp start*. Danach können Sie auf dem Host-System mit *mstsc.exe* den Remotedesktopclient in Windows 10/11 öffnen. Mit *localhost:3388* wird eine Verbindung zum RDP-Server in Ubuntu aufgebaut. Die Anmeldung erfolgt mit den Benutzerdaten der Distribution.

26.5 Zusammenfassung

In diesem Kapitel haben wir gezeigt, wie Sie Container in Windows Server 2022 nutzen und Hyper-V-Container einsetzen. Auch die Installation von Container-Hosts und das Windows-Subsystem für Linux waren Thema. Im nächsten Kapitel gehen wir darauf ein, wie Sie den Webserver IIS in Windows Server 2022 nutzen. Dieser lässt sich in Containern betreiben, aber auch auf Nano-Servern, auf Core-Servern und weiterhin auf herkömmlichen Servern mit Windows Server 2022.

Kapitel 27

Webserver – Internetinformationsdienste (IIS)

Microsoft hat in Windows Server 2022 die Internetinformationsdienste (Internet Information Services, IIS) überarbeitet. Wir gehen in diesem Kapitel ausführlicher auf den Webdienst ein. In Kapitel 30 finden Sie ebenfalls weitere Informationen zum Thema IIS.

IIS sind nicht nur auf Servern mit grafischer Oberfläche verfügbar, sondern auch auf Core-Servern und in Containern (siehe Kapitel 2, 3 und 26).

Auf der Seite *http://www.iis.net* erhalten Sie zusätzliche Informationen und Tools rund um IIS.

Für die Remoteverwaltung von Webservern wird unter Windows Server 2022 HTTP und HTTPS verwendet. Der IP-Filter in IIS kann dynamisch IP-Adressen filtern und blockieren. Diese Funktion installieren Sie als eigenes Feature für IIS im Server-Manager.

In Windows Server 2022 haben Sie zusätzlich die Möglichkeit, SSL-Zertifikate einer IIS-Farm zentral zu speichern. Bis Windows Server 2008 R2 mussten Sie diese Daten noch lokal auf jedem Server der Farm speichern.

Mit dem IIS in Windows Server 2022 unterstützt Microsoft auch HTTP/2. Außerdem können Sie für Hostheader Platzhalter verwenden, auch zusammen mit der PowerShell. Ein Befehl dazu sieht zum Beispiel folgendermaßen aus:

New-WebBinding -Name "Default Web Site" -IPAddress "" -Port 80 -HostHeader "*.contoso.com"*

Wollen Sie verhindern, dass sich der Webserver als IIS 10-Server nach außen meldet, können Sie den Serverheader in der PowerShell entfernen:

Set-WebConfigurationProperty -pspath 'MACHINE/WEBROOT/APPHOST' -filter "system.webServer/security/requestFiltering" -name "removeServerHeader" -value "True"

IIS 2022 arbeitet mit Nano-Images zusammen und lässt sich darauf in Containern installieren. Die Verwaltung von IIS erfolgt in diesem Fall über das Netzwerk mit den gleichen Verwaltungstools wie bei der Verwaltung lokaler Server. Sie können in einer solchen Infrastruktur externe Dienste wie Tomcat oder WordPress direkt auf Nano-Images betreiben.

27.1 Installation, Konfiguration und erste Schritte

IIS 2022 installieren Sie als Rolle über den Server-Manager und der Rolle *Webserver*. Das Verwaltungstool finden Sie nach der Installation über den Server-Manager oder durch Eingabe von *inetmgr* im Startmenü. Die Installation von weiteren Rollendiensten können Sie jederzeit über den Server-Manager oder das Windows Admin Center durchführen.

In der PowerShell können Sie IIS natürlich ebenfalls installieren. Ob die Dienste bereits installiert sind sowie Informationen zum IIS können Sie mit dem Befehl *Get-WindowsFeature -Name Web-Server | Format-List -Property* * überprüfen. Wollen Sie eine Standard-Installation von IIS installieren, verwenden Sie einfach den Befehl *Install-WindowsFeature -Name Web-Server*.

Soll der Server automatisch neu gestartet werden, wenn das erforderlich ist, hängen Sie am Ende des Befehls noch *-Restart* an. Wollen Sie über die PowerShell die Installation mit einem eigenen Cmdlet starten, verwenden Sie *Restart-Computer*.

Die Installation des Webservers führt nicht automatisch auch eine Installation der Verwaltungstools aus. Diese müssen als eigener Wert bei der Installation mit angegeben werden oder Sie installieren die Verwaltungstools getrennt vom Server mit *Install-WindowsFeature -Name Web-Mgmt-Tools*. Nach der Installation kann der Verbindungsaufbau über die URL *http://localhost* getestet werden.

Der Internetinformationsdienste-Manager ist das zentrale Werkzeug zur Verwaltung des Webservers in Windows Server 2022. Lesen Sie sich dazu Kapitel 30 durch.

```
Administrator: Windows PowerShell
Windows PowerShell
Copyright (C) Microsoft Corporation. Alle Rechte vorbehalten.

 Installation starten...
    24%
    [oooooooooooooooooooooooo

Success Restart Needed Exit Code      Feature Result
------- -------------- ---------      --------------
True    No             Success        {Allgemeine HTTP-Features, Standarddokumen...

PS C:\Users\administrator.JOOS> Install-WindowsFeature -Name Web-Mgmt-Tools
```

Abb. 27.1 Installieren von IIS in Windows Server 2022

Wichtig für den Betrieb von IIS ist der Ordner *C:\Windows\System32\inetsrv*. Er enthält die Dateien zur Konfiguration, Verwaltung und Module, die der Server benötigt. Standardmäßig liest und schreibt *Appcmd* Änderungen in die Datei *applicationHost.config* aus dem Ordner *C:\Windows\System32\inetsrv\config*. Es handelt sich dabei um eine editierbare

XML-Datei. Sie enthält Definitionen für alle Websites, Anwendungen, virtuelle Ordner und Anwendungspools. Auch globale Einstellungen sind hier hinterlegt. Aus diesem Grund ist die Sicherung mit Appcmd besonders sinnvoll.

Der Ordner *C:\inetpub* ist der Arbeitsordner von IIS. Es enthält verschiedene Unterordner. Hier sind die Webseiten gespeichert (*C:\inetpub\wwwroot*), die Fehlerseiten (*C:\inetpub\custerr*) und verschiedene Protokolldateien (*C:\inetpub\logs*). Auch eine regelmäßige Sicherung der Konfiguration (*C:\inetpub\history*) und den temporären Arbeitsordner (*C:\inetpub\temp*) finden Sie hier. Diese Dateien sichert Appcmd nicht. Diese Dateien müssen Sie manuell sichern.

Wenn IIS installiert ist, kann die Verwaltung über den Internetinformationsdienste-Manager durchgeführt werden. Dieser wird am schnellsten durch die Eingabe von *inetmgr.exe* gestartet. Ist es notwendig, den Systemdienst von IIS neu zu starten, kann entweder mit *net stop w3svc* und *net start w3svc* gearbeitet werden, oder Sie arbeiten in der PowerShell mit *Stop-Service*, *Start-Service* oder *Restart-Service*. Im Windows Admin Center steht dazu der Bereich *Dienste* zur Verfügung. Die Systemdienste können Sie mit *services.msc* direkt auf dem Server starten. Um den Webserver neu zu starten, kann in der Befehlszeile auf *iisreset* oder *iisreset /noforce* gesetzt werden.

Neben dem Starten und Stoppen des kompletten Servers können Sie einzelne Websites zeitweise deaktivieren. Alle anderen Websites des Servers bleiben davon unbeeinflusst. Klicken Sie dazu im Internetinformationsdienste-Manager auf die Website, die neu gestartet oder beendet werden soll. Im Aktionen-Bereich der Konsole werden im Abschnitt *Website verwalten* die Befehle zum Neustart und zum Beenden angezeigt.

Über die Eingabeaufforderung können Sie mit dem Tool »Appcmd« ebenfalls einen Neustart oder das Beenden durchführen. Zum Beenden der Webseite »Contoso« geben Sie den Befehl *appcmd stop site /site.name:contoso* ein, mit *appcmd start site /site.name:contoso* wird die Seite wieder gestartet.

Das Tool befindet sich allerdings nicht direkt im Pfad der Eingabeaufforderung, kann also nicht direkt aufgerufen werden. Sie müssen zuvor in den Ordner *\Windows\System32\inetsrv* wechseln. Eine ausführliche Hilfe erhalten Sie über *appcmd /?*. Da die Hilfe kontextsensitiv ist, können Sie für einzelne Befehle, wie zum Beispiel *appcmd site /?* die entsprechende Hilfe aufrufen.

27.1.1 Anzeigen der Websites in IIS

Die Websites, die ein IIS-Server verwaltet, können Sie in der grafischen Verwaltungsoberfläche oder über die Eingabeaufforderung anzeigen. In der grafischen Oberfläche sehen Sie die Webseiten und deren virtuellen Ordner in einer Baumstruktur wie im Explorer angezeigt.

Neben der grafischen Oberfläche können Sie die Websites auch in der Eingabeaufforderung über den Befehl *appcmd list site* anzeigen. Mit diesem Befehl werden aber nur die Webseiten, nicht die enthaltenen virtuellen Ordner angezeigt. Auch der Status der einzelnen Sites wird in der Eingabeaufforderung angezeigt. Allerdings befindet sich der Pfad zu diesem Tool nicht in den Systemvariablen. Sie können es daher nur aus dem Verzeichnis *C:\Windows\System32\inetsrv* heraus starten.

27.1.2 Hinzufügen und Verwalten von Websites

Das Hinzufügen von Websites übernehmen viele Applikationen selbst, wie zum Beispiel Exchange, die Remotedesktopdienste, SharePoint oder die Active Directory-Zertifikatdienste (siehe Kapitel 30). Um eine neue Website manuell hinzuzufügen, klicken Sie mit der rechten Maustaste auf den Eintrag *Sites* und wählen im Kontextmenü den Befehl *Website hinzufügen* aus. Dieser Menübefehl steht auch im *Aktionen*-Bereich der Microsoft Management Console (MMC) zur Verfügung.

Auf dem neuen Fenster geben Sie die Daten für die neue Website ein. Hier wählen Sie den Anwendungspool aus sowie den physischen Pfad zu den Daten der Website. Zusätzlich wählen Sie aus, mit welchem Benutzerkonto sich das System in dem physischen Ordner anmeldet, um auf die Daten des Servers zuzugreifen. Im Bereich *Bindung* wählen Sie aus, mit welchem Protokoll auf die Website zugegriffen werden kann, welche IP-Adresse im Einsatz ist und welcher Port für den Zugriff offen ist. Mehr zu diesem Thema lesen Sie in Kapitel 30.

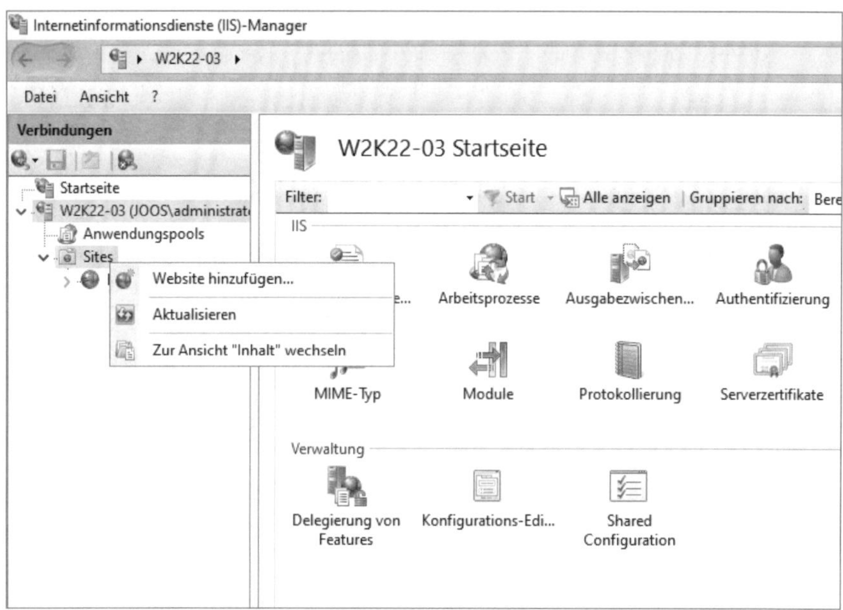

Abb. 27.2 Erstellen und Konfigurieren einer neuen Website in IIS

Neben der grafischen Oberfläche können Sie neue Websites über die Eingabeaufforderung erstellen:

appcmd add site /name:<Name> /id:<ID> /physicalPath:<Pfad> /bindings:<URL>

Die Datei *appcmd.exe* befindet sich im Verzeichnis *C:\Windows\System32\Inetsrv*.

Als *ID* können Sie eine normale Zahl zur Identifikation der Site verwenden. Die Option *bindings* ist eine Kombination aus Protokoll, IP-Adresse, Port und Header der Site. So aktiviert die Option *http/*:88*, dass die neue Website auf alle Anfragen zu allen Domänen auf den Port 88 antwortet. Durch die Option *http/*:88:shop.contoso.com* hört die Website auf den Port 88 aller IP-Adressen zur Domäne *shop.contoso.com*.

Beispiel:

Um eine Website mit der ID 2 aus dem physischen Ordner *c:\contoso*, die auf HTTP-Anfragen zum Port 88 auf alle IP-Adressen und der Domäne *shop.contoso.com* hört zu erstellen, verwenden Sie den folgenden Befehl:

appcmd add site /name:contoso /id:2 /physicalPath:c:\contoso /bindings:http/:88:shop.contoso.com*

Bindungen einer Website nachträglich bearbeiten

Haben Sie eine Website erstellt, können Sie die Bindungen, also das Protokoll, die IP-Adresse und den Port, über den die Website zur Verfügung steht, anpassen. Über das Bindungs-Menü können Sie Hostnamen von Websites nachträglich bearbeiten. Lesen Sie sich dazu das Kapitel 30 durch.

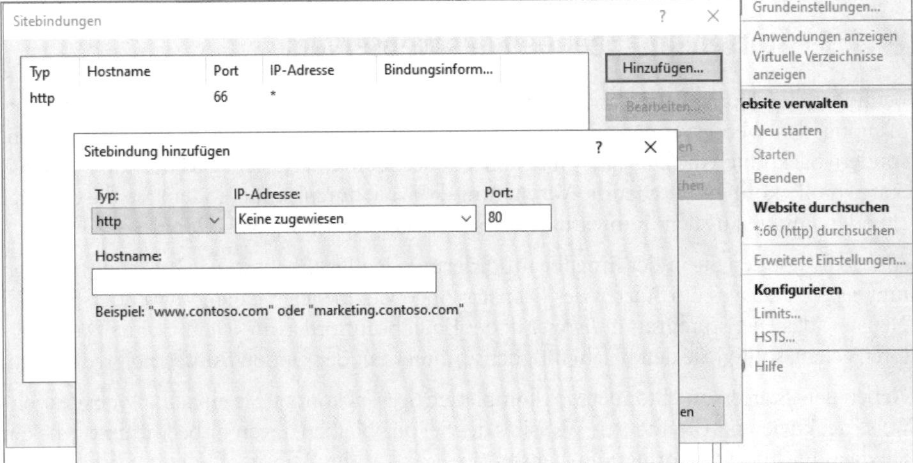

Abb. 27.3 Die Bindungen von Websites können nachträglich angepasst werden.

Über die Bindungen aktivieren Sie zum Beispiel SSL für eine Website. Wie Sie dabei vorgehen, lesen Sie in Kapitel 30.

Grundeinstellungen von Websites bearbeiten

Über den Link *Grundeinstellungen* im *Aktionen* Bereich der Verwaltungskonsole passen Sie den physischen Pfad und den Anwendungspool einer Webseite nachträglich an.

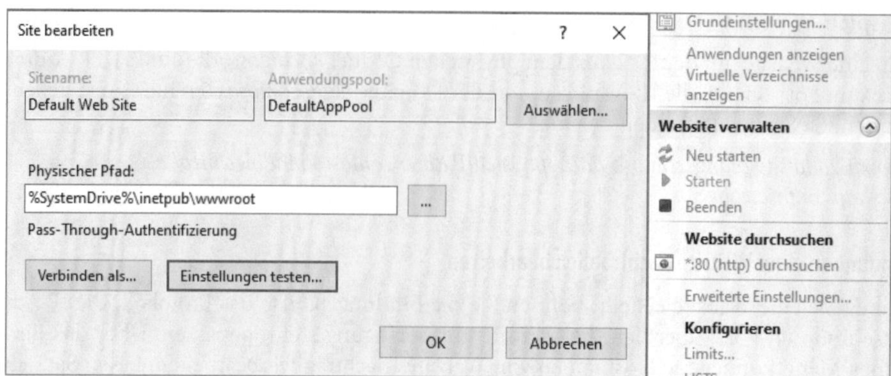

Abb. 27.4 Bearbeiten der Grundeinstellungen einer Website

27.1.3 Starten und Beenden des Webservers

Beim Installieren von Patches oder der Änderung von wichtigen Systemeinstellungen ist es oft nötig, den Webserver neu zu starten. Dazu müssen Sie nicht den ganzen Server booten, sondern Sie können die Dienste von IIS einzeln beenden und starten. Das Beenden und den Start von IIS können Sie über die Verwaltungskonsole durchführen, indem Sie die entsprechenden Punkte aus dem Kontextmenü des Servers oder im *Aktionen*-Bereich auswählen.

Alternativ können Sie in der Eingabeaufforderung den Befehl *net stop w3svc* zum Beenden und *net start w3svc* zum Starten des Dienstes eingeben. In vielen Fällen verwenden Sie zum Neustart das Dienstprogramm *Iisreset* in der Eingabeaufforderung. Damit keine Daten verloren gehen, sollten Sie den Befehl möglichst immer mit der Option *iisreset /noforce* starten.

Neben dem Starten und Stoppen des kompletten Servers können Sie einzelne Websites zeitweise deaktivieren. Alle anderen Websites des Servers bleiben davon unbeeinflusst. Klicken Sie dazu im Internetinformationsdienste-Manager auf die Website, die neu gestartet oder beendet werden soll. Im *Aktionen*-Bereich der Konsole werden im Abschnitt *Website verwalten* die Befehle zum Neustart und zum Beenden angezeigt.

Über die Eingabeaufforderung können Sie mit dem Tool Appcmd ebenfalls einen Neustart oder das Beenden durchführen. Zum Beenden der Webseite *Contoso* geben Sie den Befehl *appcmd stop site /site.name:contoso* ein, mit *appcmd start site /site.name:contoso* wird die Seite wieder gestartet.

27.1.4 Systemdateien von IIS verstehen

Neben der Verwaltung in der grafischen Oberfläche bietet IIS 2022 ein Befehlszeilentool für die Verwaltung mit der Bezeichnung *Appcmd* an.

Das Tool befindet sich allerdings nicht direkt im Pfad der Eingabeaufforderung, kann also nicht direkt aufgerufen werden. Sie müssen zuvor in den Ordner *\Windows\System32\inetsrv* wechseln. Eine ausführliche Hilfe erhalten Sie über *appcmd /?*. Da die Hilfe kontextsensitiv ist, können Sie für einzelne Befehle, wie zum Beispiel *appcmd site /?*, die entsprechende Hilfe aufrufen. Wir zeigen Ihnen in den jeweiligen Abschnitten in diesem Kapitel die zu Appcmd gehörigen Befehle.

Mit Appcmd können Einstellungen des Servers, einzelner Websites und von *Web.config*-Dateien angepasst werden, zum Beispiel für Skripts. Für die Systemverwaltung von IIS und einzelner Seiten spielen hauptsächlich die drei Dateien *Machine.config*, *Web.config* und *applicationHost.config* eine wesentliche Rolle. In diesen drei Dateien werden die wichtigsten Systemeinstellungen von IIS vorgenommen.

Standardmäßig liest und schreibt das Tool Änderungen in die Datei *applicationHost.config*. Soll der Fokus auf die Datei *Machine.config* oder der obersten *Web.config* gesetzt werden, muss zusätzlich noch die Option *commit* verwendet werden. Die zusätzliche Option *MACHINE* für *commit* setzt den Fokus auf *Machine.config*, die Option *WEBROOT* aktiviert oder liest Änderungen aus der obersten *Web.config*.

Soll zum Beispiel der Bereich *machineKey* aus der obersten *Web.config* gelesen werden, verwenden Sie den Befehl *appcmd list config /section:machineKey /commit:WEBROOT*. Sollen Einstellungen in der *Web.config* einzelner Seiten vorgenommen werden, muss die Bezeichnung der Seite in den Befehl integriert werden, zum Beispiel über *appcmd set config "Contoso" /section:defaultDocument /enabled:false*.

Bei diesem Beispiel werden die Änderungen in der Datei *Web.config* für alle Webseiten unterhalb der Seite *Contoso* vorgenommen. Sollen Änderungen nur in einzelnen Unterwebseiten oder virtuellen Ordnern durchgeführt werden, muss dieser Pfad im Befehl mit angegeben werden, zum Beispiel über:

appcmd set config "Contoso/Produkte" /section:defaultDocument /enabled:true

Sie können mit Appcmd die aktuellen Anfragen an einen Webserver anzeigen. Dazu wird der Befehl *appcmd list request* verwendet.

Die aktuellen Einstellungen eines Servers lassen sich mit Appcmd sichern. Mit dem Befehl *appcmd add backup <Name>* kann ein Backup erstellt werden, zum Beispiel bevor Systemänderungen vorgenommen werden.

Die erstellten Sicherungen lassen sich über *appcmd list backups* anzeigen und über *appcmd restore backup <Name>* wiederherstellen.

Das Tool sichert vor allem die folgenden Dateien und kann diese daher auch wiederherstellen:

- *config\applicationHost.config*
- *config\administration.config*
- *config\redirection.config*
- *config\metabase.xml*
- *config\mbschema.xml*
- Alle Schemadateien in *config\schema*

Nutzen Sie aber eine verteilte Konfiguration in IIS, sind die Konfigurationsdateien nicht auf dem lokalen Server gespeichert, sondern in einer Freigabe. Diese nutzen mehrere Webserver für ihre Konfiguration. Appcmd sichert nur lokale Dateien, keine Freigaben. Sichern Sie mit Appcmd in einer verteilten Konfiguration die Internetinformationsdienste, berücksichtigt das Tool aber die Datei *redirection.config*. Hier ist gespeichert, wo die Konfigurationsdateien von IIS liegen.

Sichern Sie den Server vor der Änderung zu einer verteilten Konfiguration und stellen diese wieder her, haben Sie nach der Wiederherstellung wieder eine lokale Konfiguration vorliegen.

Sie können zum Beispiel eine regelmäßige Aufgabe in Windows erstellen und die Konfiguration von IIS in eine Datei sichern. Die Daten lassen sich in die Sicherung des Servers integrieren. Dazu verwenden Sie den Befehl:

%WinDir%\system32\inetsrv\appcmd.exe add backup "<Name der Datensicherung>"

Natürlich können Sie vorhandene Sicherungen wieder löschen. Dazu verwenden Sie den Befehl:

appcmd.exe delete backup "<Name der Datensicherung>"

27.1.5 Verwalten der Webanwendungen und virtuellen Ordner einer Website

Eine einzelne Website kann aus mehreren virtuellen Ordnern oder Anwendungen bestehen, die jeweils über eine eigene URL verfügen, aber unter einem gemeinsamen Dach, der Website, agieren.

Die Anwendungen werden im Internetinformationsdienste-Manager als untergeordnete Objekte der Webseite angezeigt. In der Eingabeaufforderung können Sie die Anwendungen eines Webservers mit dem Befehl *appcmd list app* anzeigen.

Wollen Sie nur die Anwendung einer einzelnen Website anzeigen, verwenden Sie den Befehl *appcmd list app /site.name:<Name>*.

Um eine neue Webanwendung zu erstellen, die eine bereits angelegte Website nutzt, klicken Sie mit der rechten Maustaste auf die Website, unter der Sie die neue Anwendung erstellen wollen, und wählen im Kontextmenü den Befehl *Anwendung hinzufügen* aus. Wollen Sie einen virtuellen Ordner hinzufügen, verwenden Sie im Kontextmenü die Option *Virtuelles Verzeichnis hinzufügen*.

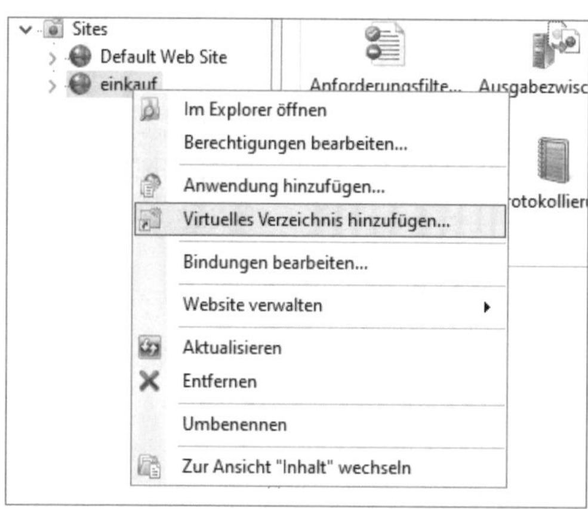

Abb. 27.5 Hinzufügen von neuen Anwendungen zu einer Webseite

Es öffnet sich ein neues Fenster, über das Sie die Daten für die neue Anwendung konfigurieren. Hier geben Sie den Alias, den Anwendungspool, den physischen Pfad und den Benutzer an, mit dem der Dienst auf den Pfad zugreifen soll.

Nachdem die Anwendung erstellt ist, sehen Sie diese als untergeordnetes Objekt der Website. Über die Eingabeaufforderung verwenden Sie den Befehl:

appcmd add app /site.name:<Name der Website> /path:/<Alias der Anwendung> /physicalPath:<Pfad auf der Platte>

Die Einstellungen lassen sich ebenfalls wieder über den *Aktionen*-Bereich der Konsole bearbeiten.

Die erweiterten Einstellungen einer Webanwendung oder der kompletten Seite lassen sich durch den Link *Erweiterte Einstellungen* im *Aktionen*-Bereich oder im Kontextmenü mit dem Befehl *Anwendung verwalten* beziehungsweise *Website verwalten* aufrufen.

27.1.6 Entwicklungstools im Internet Explorer und Microsoft Edge

Vor allem für Administratoren, aber auch für Entwickler sind die Entwicklertools in Internet Explorer und Microsoft Edge interessant. Diese rufen Sie über die F12-Taste auf. Die Tools zeigen den Quelltext zu einer Seite an und helfen bei der Fehleranalyse, wenn zum Beispiel eine Seite lange zum Laden braucht.

Über die Registerkarte *Netzwerk* können Sie die Ladedauern von Seiten überprüfen, um festzustellen, welche Bereiche einer Website das Laden verzögern.

Um eine Seite auch nachträglich zu analysieren, können Sie die Ausgabe speichern.

27.2 Verwalten von Anwendungspools

Websites und Webanwendungen können Sie in eigenen Anwendungspools und damit Speicherbereichen betreiben. Der Absturz einer einzelnen Anwendung führt dabei nicht zum Absturz anderer Anwendungen oder des kompletten Servers.

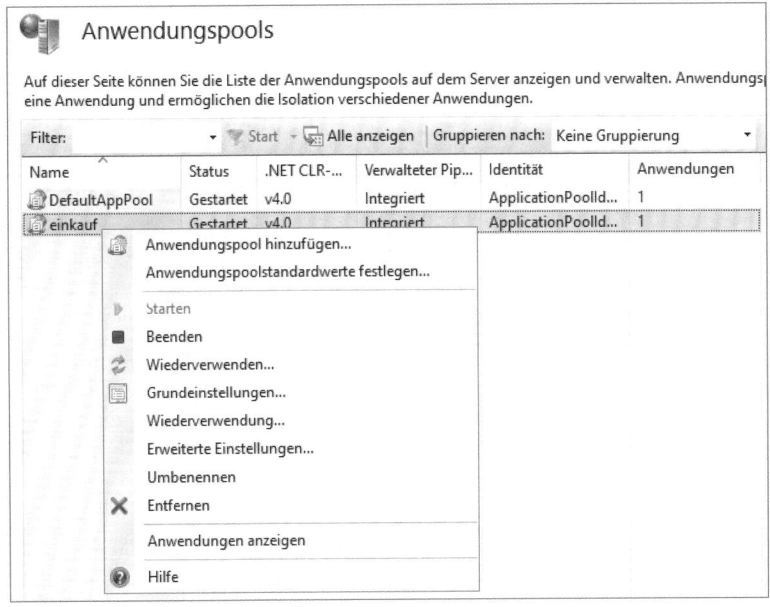

Abb. 27.6 Verwalten und Anzeigen der Anwendungspools

Alle Anwendungspools werden im Internetinformationsdienste-Manager über den Eintrag *Anwendungspools* in der Konsolenstruktur angezeigt und konfiguriert. Über die Eingabeaufforderung können Sie die Anwendungspools über *appcmd list apppool* anzeigen lassen.

Über den Befehl *Anwendungen anzeigen* im Kontextmenü oder *Aktionen*-Bereich des Anwendungspools zeigen Sie die Webseiten und Anwendungen an, die sich diesen Anwendungspool teilen. Über die *Zurück*-Schaltfläche in der Oberfläche kommen Sie im Fenster wieder zur Hauptansicht zurück.

In der Eingabeaufforderung werden die Anwendung eines Anwendungspools über *appcmd list app /apppool.name:<Name>* angezeigt.

27.2.1 Erstellen und Verwalten von Anwendungspools

Beim Erstellen einer neuen Website können Sie im Fenster einen neuen Anwendungspool erstellen. Über den Eintrag *Anwendungspools* in der Konsolenstruktur des Internetinformationsdienste-Managers können Sie ebenfalls neue Anwendungspools über das Kontextmenü oder den *Aktionen*-Bereich erstellen.

Beim Erstellen geben Sie in dem Standardfenster den Namen, die Version der unterstützten .NET-Version und den verwalteten Pipelinemodus an. Dieser steht normalerweise auf *Integriert*. Dadurch werden Anfragen direkt über IIS und der ASP.NET-Pipeline abgebildet. Ältere Anwendungen haben mit dieser Funktion unter Umständen Schwierigkeiten. In diesem Fall können Sie den Modus auf *Klassisch* stellen.

Wollen Sie die Identität des Anwendungspools oder erweiterte Einstellungen anpassen, rufen Sie nach der Erstellung den Befehl *Erweiterte Einstellungen* oder *Anwendungspoolstandardwerte festlegen* im Kontextmenü oder dem *Aktionen*-Bereich auf. In dem Fenster passen Sie die Einstellungen des Anwendungspools an.

Beenden Sie einen Anwendungspool auf einem Server, sind die in diesem Pool verankerten Anwendungen nicht mehr verfügbar. Das ist zum Beispiel beim Einsatz von Exchange interessant.

Exchange ActiveSync läuft als eigener Anwendungspool in IIS. Anwendungspools können für eine oder mehrere webbasierende Anwendungen definiert werden. Die Pools werden in getrennten Prozessräumen ausgeführt, sodass ein Fehler einer Anwendung in einem Pool keine Auswirkungen auf Anwendungen in anderen Pools hat.

Beenden Sie einen Pool, sind auch die enthaltenen Applikationen nicht mehr verfügbar. Da Exchange-ActiveSync seinen eigenen Pool hat, können Sie über das Beenden des Pools Exchange ActiveSync dauerhaft oder für bestimmte Zeit auf diesem Server deaktivieren.

Auf die gleiche Weise können Sie auch andere Anwendungen zeitweise beenden. Funktioniert eine Anwendung nicht, sollten Sie deren Anwendungspool überprüfen und feststellen, ob dieser funktioniert. Überprüfen Sie in der IIS-Verwaltung über *Anwendungspools* ebenfalls, ob alle notwendigen Exchange-Anwendungspools gestartet sind, beim Einsatz von Exchange zum Beispiel der Pool *MSExchangePowerShellAppPool*. Viele Webanwendungen legen automatisch eigene Anwendungspools in IIS an.

Stellen Sie auch sicher, dass das Benutzerkonto, das dem Anwendungspool der Webanwendung zugeordnet ist, Mitglied einer Administratorgruppe ist, wenn Webanwendungen bestimmte Rechte erhalten sollen. Um diesen Benutzer anzuzeigen, starten Sie den IIS-Manager und klicken auf *Anwendungspools*. Klicken Sie anschließend auf den Anwendungspool der Webanwendung.

Klicken Sie auf den Anwendungspool, sehen Sie die zugeordnete Identität. Alternativ klicken Sie im *Aktionen*-Bereich des IIS-Managers auf *Erweiterte Einstellungen*, nachdem Sie den Anwendungspool markiert haben.

27.2.2 Zurücksetzen von Arbeitsprozessen in Anwendungspools

Manche Anwendungen werden im Laufe der Zeit instabiler, da zu viele Anfragen vorliegen oder die Speicherlast zu stark ansteigt. Anwendungspools können in regelmäßigen Abständen die Arbeitsprozesse von Anwendungen zurücksetzen und damit neu starten. Diese Funktion ist ähnlich zum Neustart eines Servers.

Das Zurücksetzen von Arbeitsprozessen bereinigt laufende Anwendungen und kann diese nach dem Neustart beschleunigen. Dieses Wiederverwenden kann über das Kontextmenü konfiguriert werden. Dazu wählen Sie den Befehl *Wiederverwendung*. Dabei besteht die Möglichkeit, in regelmäßigen Zeitabständen ein Zurücksetzen zu konfigurieren, nach einer bestimmten Anzahl Anfragen oder zu einer bestimmten Zeit. Weitere Möglichkeiten sind das Zurücksetzen bei der starken Auslastung des Arbeitsspeichers oder des virtuellen Speichers.

Das Zurücksetzen von Arbeitsprozessen für Webanwendungen kann Ereignisse in der Ereignisanzeige generieren. Auf der zweiten Seite des Assistenten zur Konfiguration dieses Vorgangs kann ausgewählt werden, welche Ereignisse protokolliert werden sollen.

27.3 Verwalten von Modulen in IIS 2022

IIS 2022 unterscheidet im Betrieb zwischen systemeigenen (nativen) Modulen, die nicht von .NET-Funktionen wie ASP.NET erstellt werden, und verwalteten (managed) Modulen, die durch .NET-Prozesse erstellt werden. Bei den systemeigenen Modulen handelt es sich meistens um DLL-Dateien, die im Webserver integriert werden müssen. Die Module werden über *Module* auf der Hauptseite des Internetinformationsdienste-Managers verwaltet und konfiguriert.

Native Module werden geladen, wenn der Arbeitsprozess (Worker Process) einer Anwendung gestartet und initialisiert wird. Native Module werden immer auf Serverbasis hinzugefügt, können für einzelne Websites oder Anwendungen aber deaktiviert werden.

Um ein systemeigenes Modul hinzuzufügen, wählen Sie in der Moduleverwaltung aus dem Kontextmenü oder dem *Aktionen*-Bereich die Option *Verwaltetes Modul hinzufügen* oder *Systemeigene Module konfigurieren* aus. Anschließend kann das entsprechende Modul aktiviert und über die Schaltfläche *Registrieren* dem Server hinzugefügt werden.

Nachdem Sie auf die Schaltfläche *Registrieren* geklickt haben, können Sie einen Namen für das Modul festlegen sowie die entsprechende DLL-Datei für das native Modul auswählen. Auf dem gleichen Weg kann ein Modul wieder deinstalliert werden, wenn es nicht mehr benötigt wird.

27.4 Delegierung der IIS-Verwaltung

Mit IIS 2022 können Sie die Verwaltung von einzelnen Websites oder des kompletten Servers delegieren. Administratoren für Websites oder Anwendungen müssen nicht unbedingt auch Administratoren des kompletten Servers sein. Es besteht die Möglichkeit, die Verwaltung einzelner Funktionen und Websites an verschiedene Administratoren zu verteilen. Da viele IIS-Einstellungen in *Web.config*-Dateien liegen, können Berechtigungen und Einstellungen auch im Rahmen der Synchronisierung von Websites zwischen verschiedenen Servern kopiert werden.

27.4.1 Vorgehensweise bei der Delegierung von Berechtigungen

Um Benutzern das Recht der Verwaltung für einzelne Websites oder Anwendungen zu erteilen, können entweder Windows-Benutzerkonten oder spezielle IIS-Konten verwendet werden. Die IIS-Konten dienen ausschließlich innerhalb des Webservers für die Delegierung von Rechten. Damit die Webadministratoren ihre Websites auch verwalten können, muss der Verwaltungsdienst auf dem Webserver so konfiguriert sein, dass der Zugriff gestattet wird.

27.4.2 Verwalten von IIS-Manager-Benutzern

Damit Benutzerkonten speziell in IIS verwaltet werden können, starten Sie den *Internetinformationsdienste-Manager* in der Programmgruppe *Verwaltung*. Sie können das Tool auch durch Eintippen von *inetmgr* aufrufen. Die Benutzerverwaltung wird über den Menüpunkt *IIS-Manager-Benutzer* durchgeführt. Klicken Sie darauf, werden im Fenster alle bereits angelegten Benutzer in IIS angezeigt. Über dieses Fenster können weitere Benutzer angelegt, die Kennwörter geändert oder Benutzer gelöscht werden.

Dieses Feature wird allerdings nur dann angezeigt, wenn der Rollendienst *Verwaltungsdienst* unterhalb der *Verwaltungsprogramme* für den Webserver installiert ist. Über das Kontextmenü eines IIS-Manager-Benutzers können Sie verschiedene Verwaltungsaufgaben durchführen. So besteht zum Beispiel auch die Möglichkeit, Benutzer zu deaktivieren. In diesem Fall kann der Benutzer bis zu seiner Aktivierung nicht mehr auf die Verwaltungsoberfläche zugreifen.

27.4.3 Berechtigungen der IIS-Manager-Benutzer verwalten

Nachdem die Benutzerkonten in IIS für die Delegierung angelegt sind, können Sie die Rechte für diese Benutzer über den Menüpunkt *IIS-Manager-Berechtigungen* verwalten. Dazu klicken Sie auf die Webseite, für die Sie den IIS-Manager delegieren wollen, und wählen den Menüpunkt *IIS-Manager-Berechtigungen* aus. Anschließend klicken Sie auf *Benutzer zulassen*. Es öffnet sich ein neues Fenster, über das Sie auswählen, welche Benutzer zugelassen werden, um den Server zu verwalten. Hier können Sie natürlich auch mit Benutzern aus Active Directory arbeiten.

Damit Sie Benutzer für Websites zulassen können, müssen Sie zunächst den *Verwaltungsdienst* im IIS-Manager unter *Verwaltung* aktivieren und die entsprechenden Einstellungen vornehmen. Hier steuern Sie zum Beispiel, ob neben Benutzern aus Windows/Active Directory auch die internen Benutzer aus dem IIS für die Zuweisung von Rechten verwendet werden dürfen. Der Verwaltungsdienst muss aber zunächst als Rollendienst für den Webserver installiert werden.

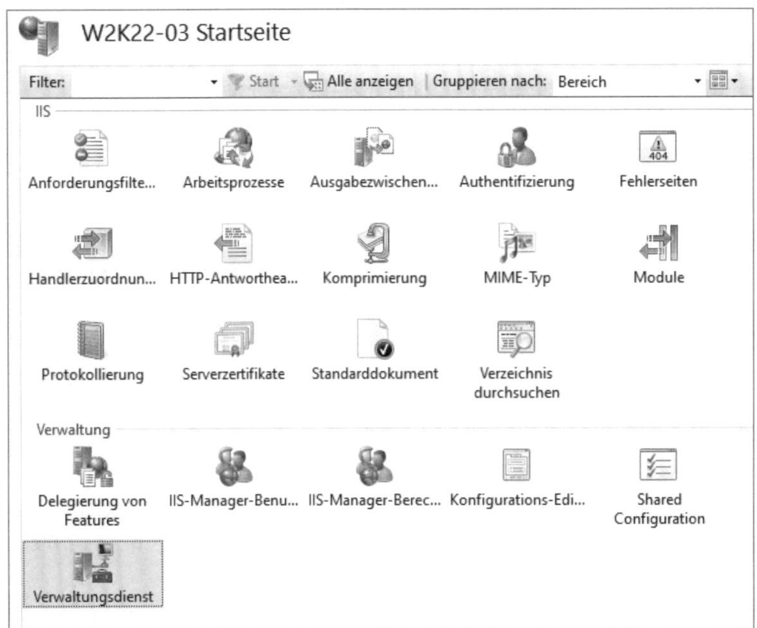

Abb. 27.7 Aktivieren und Konfigurieren des Verwaltungsdienstes für die Remoteverwaltung

Standardmäßig ist die Möglichkeit, IIS-Manager für eine Website zu delegieren, deaktiviert, da der Server nur Windows-Benutzerkonten zulässt. Damit auch die angelegten IIS-Manager-Benutzer verwendet werden können, muss auf Serverebene über das Feature *Verwaltungsdienst* die Option *Windows-Anmeldeinformationen oder IIS-Manager-Anmeldeinformationen* aktiviert und bestätigt sein. Der Dienst muss anschließend gestartet werden. Erst dann kann in den IIS-Manager-Berechtigungen auch ein IIS-Manager ausgewählt werden.

27.4.4 Verwalten der Delegierung

Nachdem den entsprechenden IIS-Manager- und/oder Windows-Benutzern das Recht zur Anmeldung für spezielle Websites gewährt wurde, können Sie festlegen, welche Rechte überhaupt für Websites auf dem Server delegiert werden.

Da die Delegierungseinstellungen automatisch nach unten vererbt werden, lässt sich gezielt einstellen, welche Rechte auf welcher Ebene und Website die einzelnen Manager-Benutzer erhalten sollen. Diese Einstellungen finden entweder in oberster Ebene über den Server statt oder indem Sie auf eine übergeordnete Website im Internetinformationsdienste-Manager klicken. Die Verwaltung der Delegierung findet dann auf Ebene des Webservers über das Feature *Delegierung von Features* statt.

In diesem Bereich legen Sie fest, welche Rechte die einzelnen Manager-Benutzer erhalten sollen. Über das Kontextmenü oder den *Aktionen*-Bereich der Konsole werden bereits gesetzte Delegierungen wieder zurückgesetzt oder benutzerdefinierte Delegierungen konfiguriert.

Durch die benutzerdefinierte Delegierung können Sie Aufgaben für einzelne untergeordnete Sites festlegen. Auch hier werden die Rechte wieder an die untergeordneten Websites vererbt. Die benutzerdefinierten Delegierungen können Sie aber ebenfalls jederzeit entweder wieder auf den Standard oder auf Vererbung von oben zurücksetzen.

Für die einzelnen Features, die delegiert werden können, besteht die Möglichkeit, unterschiedliche Rechte festzulegen:

- **Lesen/Schreiben** – Bei diesem Recht darf das entsprechende Feature angezeigt und angepasst werden.
- **Schreibgeschützt** – Wird für ein Feature diese Option ausgewählt, kann der IIS-Manager, der sich an der Seite anmelden darf, die entsprechenden Einstellungen in der IIS-Verwaltung zwar anzeigen, aber nicht bearbeiten.
- **Nicht delegiert** – Bei diesem Recht wird das entsprechende Feature in der IIS-Verwaltung nicht angezeigt. So dürfen die Administratoren der Webseite die Einstellung der jeweiligen Funktion nicht einmal lesen.
- **Auf geerbt zurücksetzen** – Durch das Aktivieren dieser Option wird die benutzerdefinierte Einstellung des jeweiligen Features wieder auf den Standard zurückgestellt und das Recht wird vom jeweils übergeordneten Objekt vererbt. Das übergeordnete Objekt kann jeweils der Server oder eine Webseite sein.
- **Alle Delegierungen zurücksetzen** – Durch diese Option werden alle benutzerspezifischen Einstellungen der Features wieder auf den Standard zurückgesetzt.

27.4.5 Aktivieren der Remoteverwaltung

Damit die Delegierungen verwendet werden können, muss auf einem Server die Remoteverwaltung konfiguriert und aktiviert sein. Diese Option findet auf Serverebene über den Menüpunkt *Verwaltungsdienst* statt. Damit die Einstellungen angepasst werden können, muss ein gestarteter Verwaltungsdienst zunächst beendet werden.

Erst dann können Sie Einstellungen vornehmen. Neben der allgemeinen Aktivierung und der Möglichkeit, neben Windows-Benutzern auch IIS-Manager-Benutzer zu berechtigen, können Sie in diesem Bereich der Konsole weitere Einstellungen zur Remoteverwaltung eines Servers vornehmen:

- Über das Listenfeld *IP-Adresse* wird die Netzwerkschnittstelle festgelegt, mit der sich Administratoren über das Netzwerk verbinden können. Dadurch besteht die Möglichkeit, in größeren Serverfarmen spezielle Netzwerkverbindungen nur für die Verwaltung zu definieren.
- Im Feld *Port* wird der Standardport festgelegt, über den sich die Benutzer verbinden.

Der Verwaltungsdienst verwendet für die Remoteverbindung von Clients standardmäßig den Port 8172. Ändern Sie den Port ab, muss im Internetinformationsdienste-Manager des Clients ebenfalls der neue Port beim Verbindungsaufbau festgelegt werden. Dazu wird dieser mit einem Doppelpunkt nach dem Servernamen angegeben.

- Über *SSL-Zertifikat* legen Sie fest, welches SSL-Zertifikat für die Verbindung verwendet werden soll. Hier werden die Zertifikate angezeigt, die als Serverzertifikat dem Server zugewiesen wurden. Über die SSL-Verbindung wird der Datenverkehr zwischen Client und Server verschlüsselt. Mehr zu diesem Thema lesen Sie in Kapitel 30.
- Im Ordner unterhalb des Kontrollkästchens *Anforderungen protokollieren in* werden die Protokolldateien festgelegt, in denen die Verbindungen der Administratoren über das Netzwerk festgehalten werden.
- Über den Bereich *Einschränkungen für IP-Adressen* können Sie entweder eine Liste pflegen, welchen Clients der Zugriff gestattet wird, oder eine Liste führen, welchen Clients der Zugriff generell untersagt wird. Hier wird auch festgelegt, ob nicht angegebenen Clients der Zugriff generell erlaubt wird (Standardeinstellung) oder nicht.

Auf der rechten Seite der Konsole werden die Einstellungen schließlich bestätigt und der Verwaltungsdienst gestartet oder beendet. Änderungen können nur vorgenommen werden, wenn der Dienst beendet wurde.

27.5 Sicherheit in IIS 2022 konfigurieren

In diesem Abschnitt beschäftigen wir uns maßgeblich mit der Sicherheit und der Authentifizierung in IIS 2022. Die Konfiguration der Authentifizierung ist eine der wichtigsten Konfigurationsmaßnahmen auf einem Webserver. Bei Windows Server 2022 können Sie die verschiedenen Authentifizierungsoptionen nachträglich installieren oder einzeln deinstallieren.

Auf dem Server stehen nur die Authentifizierungsoptionen zur Verfügung, die auch bei der Installation als Rollendienst ausgewählt wurden. Über den Server-Manager können Sie einzelne Rollendienste und auch Authentifizierungsoptionen nachträglich installieren oder deinstallieren.

27.5.1 Konfiguration der anonymen Authentifizierung

Teilweise wird auf Webservern ein Zugriff benötigt, bei dem keinerlei Authentifizierung stattfindet. In IIS 2022 ist diese anonyme Authentifizierung standardmäßig bereits aktiviert. Soll daher den Anwendern der Zugriff auf einige Ordner verwehrt werden, können Sie mit NTFS/ReFS-Berechtigungen den Zugriff entziehen.

Soll für eine Webseite immer eine Authentifizierung stattfinden, muss der anonyme Zugriff zunächst deaktiviert und eine Authentifizierungsvariante ausgewählt werden. Bei der Standardauthentifizierung erscheint ein Anmeldefenster und Anwender müssen sich mit Benutzernamen und Kennwort authentifizieren. Die Daten werden dabei in Klartext übertragen, können also durch spezielle Programme angezeigt werden. Sie können aber den Datenverkehr mit SSL verschlüsseln (siehe Kapitel 30). In diesem Fall ist auch die Standardauthentifizierung verschlüsselt.

Um die anonyme Authentifizierung generell auf dem Server zu aktivieren oder zu deaktivieren, öffnen Sie den Internetinformationsdienste-Manager und doppelklicken auf das Feature *Authentifizierung*. Über das Kontextmenü der Option *Anonyme Authentifizierung* aktivieren oder deaktivieren Sie diese.

An dieser Stelle aktivieren oder deaktivieren Sie auch die anderen Authentifizierungsoptionen, die auf dem Server verfügbar sein sollen.

Über die Eingabeaufforderung deaktivieren Sie die anonyme Authentifizierung mit dem Befehl

appcmd set config /section:anonymousAuthentication /enabled:false

Mit dem folgenden Befehl wird die anonyme Authentifizierung wieder aktiviert:

appcmd set config /section:anonymousAuthentication /enabled:true

Achten Sie darauf, dass der Ordner *C:\Windows\System32\Inetsrv,* in dem sich das Befehlszeilentool Appcmd von IIS 2022 befindet, nicht im Standardpfad des Servers enthalten ist. Sie müssen daher entweder den Pfad hinzufügen oder in der Eingabeaufforderung zunächst in den Ordner wechseln. Die erfolgreiche Aktivierung oder Deaktivierung wird in der Eingabeaufforderung gemeldet und im IIS-Manager angezeigt.

Über das Kontextmenü der anonymen Authentifizierung kann neben der Deaktivierung die Bearbeitung der Funktion durchgeführt werden. In diesem Fall werden das Konto und das Kennwort, das für den anonymen Zugriff verwendet werden soll, konfiguriert. Sie können entweder ein spezielles Benutzerkonto auswählen oder es wird das Benutzerkonto verwendet, mit dem der Anwendungspool gestartet wird, in der die Anwendung, die den anonymen Zugriff verwendet, gespeichert ist.

Auch diese Einstellungen können Sie in der Eingabeaufforderung durchführen. Dazu verwenden Sie den folgenden Befehl:

appcmd set config /section:anonymousAuthentication /userName:<Name> /password:<Kennwort>

27.5.2 Konfiguration der Standardauthentifizierung

Bei der Standardauthentifizierung müssen sich Anwender über ein Windows-typisches Fenster zuerst am Server authentifizieren, dabei wird allerdings Benutzername und Kennwort in Klartext übertragen. Die Standardauthentifizierung ergibt daher nur für Websites Sinn, bei denen SSL aktiviert ist (siehe Kapitel 30). Hier wird der komplette Datenverkehr, auch die Standardauthentifizierung verschlüsselt.

Die Standardauthentifizierung ist standardmäßig nach der Installation deaktiviert. Um sie zu aktivieren oder zu deaktivieren, rufen Sie im Internetinformationsdienste-Manager den Punkt *Authentifizierung* auf. Über das Kontextmenü der Option *Standardauthentifizierung* kann sie aktiviert oder deaktiviert werden. Über *Bearbeiten* legen Sie zum Beispiel die Standarddomäne fest. Gibt ein Besucher einen Benutzernamen ein, wird das Konto erst in der hier angegebenen Domäne gesucht. Sie müssen aber zuvor den Rollendienst für die Standardauthentifizierung aktivieren.

Über die Eingabeaufforderung deaktivieren Sie die Standardauthentifizierung mit dem Befehl *appcmd set config /section:basicAuthentication /enabled:false*. Mit dem Befehl *appcmd set config /section:basicAuthentication /enabled:true* wird die Standardauthentifizierung aktiviert. Achten Sie darauf, dass der Ordner *C:\Windows\System32\Inetsrv*, in dem sich das Befehlszeilentool Appcmd von IIS 2022 befindet, nicht im Standardpfad des Servers enthalten ist. Sie müssen daher entweder den Pfad hinzufügen oder in der Eingabeaufforderung zunächst in den Ordner wechseln. Die erfolgreiche Aktivierung oder Deaktivierung wird in der Eingabeaufforderung gemeldet und im IIS-Manager angezeigt.

27.5.3 Konfiguration der Windows-Authentifizierung

Auch die Windows-Authentifizierung kann getrennt installiert werden und ist, wie die Standardauthentifizierung, zunächst deaktiviert. Im Internetinformationsdienste-Manager über den Punkt *Authentifizierung* können Sie diese Authentifizierungsmethode konfigurieren.

Über die Eingabeaufforderung deaktivieren Sie die Windows-Authentifizierung mit dem Befehl:

appcmd set config /section:WindowsAuthentication /enabled:false

Mit dem folgenden Befehl wird die Windows-Authentifizierung aktiviert:

appcmd set config /section:WindowscAuthentication /enabled:true

27.5.4 Einschränkungen für IP-Adressen und Domänen

Über das Feature *Einschränkungen für IP-Adressen und Domänen* gelangen Sie zur Steuerung der Zugriffsregeln für den Webserver. Über das Kontextmenü oder den *Aktionen*-Bereich können bestimmte Zulassungs- oder Verweigerungsregeln für einzelne IP-Adressen oder komplette Bereiche erstellt werden. Auch hier gilt, dass Sie den entsprechenden Rollendienst erst über den Server-Manager installieren müssen. Über das Windows Admin Center kann der Rollendienst ebenfalls installiert werden.

Um Domänen auszuschließen, muss die DNS-Infrastruktur im Unternehmen Reverse-DNS unterstützen, damit im Internet die IP-Adressen der zugreifenden Clients zu einer Domäne aufgelöst werden können. Die Einschränkungen für Domänenfilterung müssen darüber hinaus zunächst aktiviert werden. Klicken Sie dazu im Bereich *Einschränkungen für IP-Adressen und Domänen* mit der Maustaste auf die Option *Featureeinstellungen bearbeiten*. Damit Sie diese Funktion nutzen können, müssen Sie den Rollendienst *IP- und Domänenbeschränkungen* installieren.

Anschließend öffnet sich ein neues Fenster. Hier legen Sie zunächst fest, was mit Clients passieren soll, für die keine Regeln hinterlegt wurden. Standardmäßig dürfen alle Clients zugreifen, außer denjenigen, für die Sie Ablehnungseinträge konfigurieren.

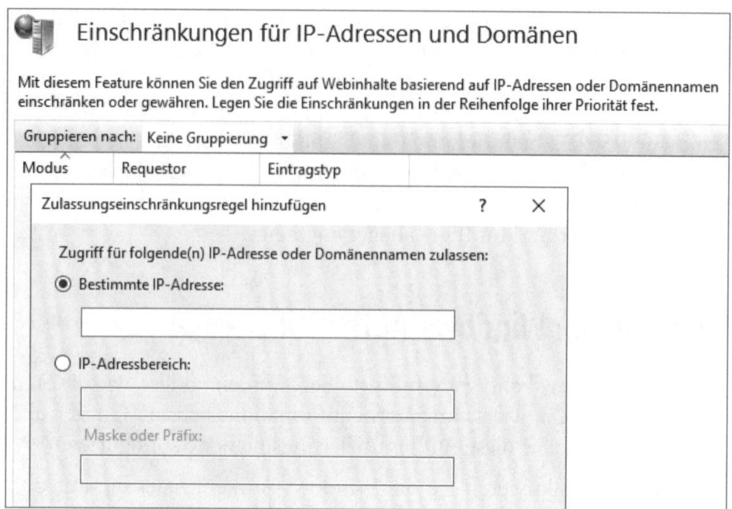

Abb. 27.8 Die Einstellungen der Einschränkungen für IPv4-Adressen und Domänen müssen zunächst konfiguriert werden.

Aktivieren Sie an dieser Stelle aber die Option *Verweigern*, dürfen nur die Clients Verbindung zu diesem Webserver aufbauen, für die Sie einen Zulassungseintrag konfiguriert haben. Schalten Sie das Kontrollkästchen *Einschränkungen nach Domänenname aktivieren* ein, können auch Zulassungs- beziehungsweise Ablehnungseinträge konfiguriert werden, die als Basis einen bestimmten Domänennamen haben. Nach Aktivierung erhalten Sie noch eine Warnung, dass Reverse-DNS-Einträge den Server belasten. Das ist allerdings abhängig von den Zugriffen.

27.5.5 Sicherheitseinstellungen von IIS anpassen

Über die bereits erwähnten Tools können die Sicherheitseinstellungen des Webservers angepasst werden. In den meisten Fällen wird hier noch auf den Internetinformationsdienste-Manager gesetzt. Wichtige Einstellungen werden zunächst über die Firewalleinstellungen des Servers vorgenommen. Hierzu kann die Standardkonsole der Firewall genutzt werden (*wf.msc*) oder das Windows Admin Center. Auch mit der PowerShell lassen sich Regeln für die Windows-Firewall auf Webservern setzen.

In Windows Server 2022 können Sie zur Steuerung der Windows-Firewall mit der PowerShell viele Einstellungen vornehmen. Vorteil dabei ist die Möglichkeit, die Konfiguration zu skripten oder zu automatisieren.

Um eine neue Firewallregel zu erstellen, verwenden Sie zum Beispiel den Befehl *New-NetFirewallRule -DisplayName "ICMP block" -Direction Inbound -Protocol icmp4 -Action Block*.

Wie Sie aus dem Befehl erkennen, geben Sie den Namen des Protokolls an, legen das Protokoll fest und steuern die jeweilige Aktion.

Anstatt mit *New-NetFirewallRule* eine neue Firewallregel zu erstellen, ist es häufig einfacher, bestehende Firewallregeln zu kopieren. Dazu verwenden Sie den Befehl *Copy-NetFirewallRule*. Arbeiten Sie mit IPsec, können Sie hier Regeln kopieren. Dazu wird das Cmdlet *Copy-NetIPsecRule* verwendet. Wir kommen zu IPsec noch in einem eigenen Abschnitt in diesem Kapitel. Nachdem Sie eine Regel kopiert haben, können Sie diese natürlich umbenennen. Dazu verwenden Sie das Cmdlet *Rename-NetFirewallRule*. Sie können aber bereits beim Kopieren einen neuen Namen verwenden. Beispiel:

Copy-NetFirewallRule -DisplayName "Require Outbound Authentication" -NewName "Alternate Require Outbound Authentication"

Natürlich lassen sich Firewallregeln in der PowerShell löschen:

Remove-NetFirewallRule

27.5.6 IP-Adressen, Domänen, SSL und URL Rewrite

Das Feature *Einschränkungen für IP-Adressen und Domänen* ermöglicht das Erstellen von Zugriffsregeln, um fest definierte IP-Bereiche und -Domänen für den Zugriff zu sperren. Bei *Einschränkungen für IP-Adressen und Domänen* aktivieren Sie die Option *Featureeinstellungen bearbeiten*. Sie müssen dazu den Rollendienst *IP- und Domänenbeschränkungen* installieren.

Bei einer HTTP-Umleitung werden alle Zugriffe auf eine bestimmte URL automatisch zu einer anderen URL umgeleitet. So können Sie zum Beispiel Ihre Seite umleiten lassen, wenn Teile davon bearbeitet werden.

Beispielsweise können Sie alle Anfragen zu *http://www.contoso.com/marketing/default.aspx* zur Seite *http://www.contoso.com/sales/default.aspx* umleiten lassen. Die Konfiguration der Umleitungen können Sie auf Serverebene oder auf Ebene der Websites über das Feature *HTTP-Umleitung* durchführen. Sie müssen diese Funktion aber zunächst als Rollendienst installieren.

Neben der Umleitung können Sie an dieser Stelle das Verhalten dieser Konfiguration festlegen. Aktivieren Sie das Kontrollkästchen *Alle Anforderungen an eigentliches Ziel (und nicht relativ zum Ziel) umleiten*, werden Anfragen immer exakt zu der Adresse umgeleitet, die in der Umleitung konfiguriert wurde.

Das gilt auch dann, wenn Anfragen an Unterordner gestellt werden. Aktivieren Sie das Kontrollkästchen *Anforderungen zu Inhalt in diesem Verzeichnis (nicht in Unterverzeichnissen) umleiten*, leitet der Server Anfragen, die an Unterordner des umgeleiteten Ordners gerichtet sind, direkt an das Weiterleitungsziel um.

Die Bindungen für SSL können Sie für Websites im IIS-Manager setzen oder Sie verwenden das Windows Admin Center und die IIS-Erweiterung. Hier können Sie festlegen, dass unverschlüsselte Zugriffe auf den IIS automatisch auf SSL-Seiten umgeleitet werden. Hier stellt Microsoft die kostenlose Erweiterung URL Rewrite (*https://www.iis.net/downloads/Microsoft/url-rewrite*) zur Verfügung. Sie installieren die Erweiterung und rufen danach im IIS-Manager *URL Rewrite* auf. Mit *Add Rule* oder *Regel hinzufügen* erstellen Sie neue Regeln.

Die Umleitung können Sie manuell durchführen. Sie haben zwei Möglichkeiten der Umleitung. Die entsprechende Konfiguration führen Sie in der Konfiguration der HTTP-403-Fehlermeldung durch:

1. Rufen Sie auf dem Server den IIS-Manager auf.
2. Klicken Sie auf den Servernamen. Alternativ können Sie diese Umleitung durchführen, wenn Sie die Website anklicken. Auch hier gibt es die Option *Fehlerseiten*.
3. Doppelklicken Sie auf der Startseite im Bereich *IIS* auf *Fehlerseiten*.
4. Klicken Sie doppelt auf den Fehler 403.

5. Aktivieren Sie die Option *Antwortcode 302 für Umleitung* und tragen Sie die HTTPS-URL ein, auf die die Anwender zugreifen sollen.
6. Bestätigen Sie mit OK.

Diese Art der Umleitung funktioniert allerdings nicht immer, in diesem Fall verwenden Sie die zweite Möglichkeit für die Umleitung:

1. Starten Sie den IIS-Manager.
2. Klicken Sie auf die Website, für die Sie die HTTP-Umleitung konfigurieren wollen.
3. Klicken Sie auf *Bindungen* (siehe Kapitel 30).
4. Ändern Sie den Port der Bindung von Port 80 auf einen anderen freien Port ab, zum Beispiel 8001.
5. Klicken Sie mit der rechten Maustaste auf *Sites* und erstellen Sie eine neue Website mit dem Befehl *Website hinzufügen*.
6. Weisen Sie der neuen Website bei *Sitename* den Namen zu, mit dem Anwender per HTTP auf den Server zugreifen, zum Beispiel *powerpivot.contoso.int*.
7. Legen Sie einen physischen Pfad an. Der Ordner bleibt leer, Sie benötigen diesen nur wegen IIS, nicht für die Konfiguration.
8. Belassen Sie die Bindung auf Port 80. Da Sie die Bindung der Standardseite bereits geändert haben, ist dieser Port frei. Tragen Sie als Hostname noch den Namen ein, auf den der Server antworten soll, zum Beispiel *powerpivot.contoso.int*.
9. Bestätigen Sie die Erstellung der Website. Sie erhalten eine Meldung, dass der Port 80 bereits belegt ist, auch wenn Sie den Port der SharePoint-Site von 80 auf einen anderen Port geändert haben. Dies liegt daran, dass der Port 80 noch der Default Web Site innerhalb von IIS zugeordnet ist. SharePoint beendet diese Site aber bei der Installation, sodass diese auf SharePoint-Servern keine Bedeutung mehr hat.
10. Klicken Sie als Nächstes auf die neu erstellte Website und doppelklicken Sie dann im Bereich *IIS* auf *HTTP-Umleitung*.
11. Aktivieren Sie das Kontrollkästchen Anforderungen zu diesem Ziel umleiten.
12. Tragen Sie die HTTPS-Adresse ein, zu der der Server die Anfragen umleiten soll.
13. Aktivieren Sie das Kontrollkästchen *Alle Anforderungen an eigentliches Ziel umleiten*.
14. Klicken Sie auf *Übernehmen*.
15. Geben Anwender jetzt die URL ein, für die Sie eine Umleitung konfiguriert haben, wird der Zugriff von IIS erkannt und leitet die Anfrage automatisch um.

27.5.7 IIS mit kostenlosen Tools absichern

Generell kann es sinnvoll sein, die SSL-Einstellungen eines Webservers zu testen. Dazu steht der Webdienst »SSL Server Test« von Qualys (*https://www.ssllabs.com/ssltest*) zur Verfügung. Hier können grundlegende Sicherheitstests für Webserver durchgeführt werden. Durch Aktivieren der Option *Do not show the results on the boards* sind die Testergebnisse nicht auf der Weboberfläche für andere Kunden zu sehen.

Die Freeware IIS Crypto (*https://www.nartac.com/Products/IISCrypto*) hilft parallel zum Windows Admin Center, der PowerShell und dem Internetinformationsdienste-Manager dabei, mit IIS abzusichern. IIS Crypto hilft auch bei der Einrichtung von TLS und SSL für den IIS. Das Tool verwendet Empfehlungen von Microsoft und hilft, Einstellungen umzusetzen, die auch per Gruppenrichtlinien umsetzbar sind. Das Tool unterstützt auch Windows Server 2016 und Windows Server 2019/2022. IIS Crypto bietet eine grafische Oberfläche und eine CLI-Version. IIS Crypto muss nicht installiert werden, die ausführbare Datei können Sie auf Windows-Servern direkt starten.

Nach dem Start werden verschiedene Optionen von IIS Crypto angezeigt. Wählen Sie auf der linken Seite einen Menüpunkt aus, zeigt IIS Crypto im mittleren Bereich die zur Verfügung stehenden Einstellungen. Hier können Sie über das Tool die Einstellungen auf einem Webserver umsetzen. Mit der Schaltfläche *Best Practices* setzt es die von Microsoft empfohlenen auf dem Server um und speichert diese mit *Apply*. Damit die Einstellungen genutzt werden, müssen Sie in den meisten Fällen den IIS neu starten oder am besten den ganzen Webserver.

27.5.8 Zed Attack Proxy Project (ZAP) und Deft-Linux – Webanwendungen testen

Mit Open-Source-Tools wie Zed Attack Proxy Project (ZAP) (*https://owasp.org/www-project-zap*) können Sie alle Arten von Webservern testen, auch Webserver mit IIS. Das Tool steht für Windows, macOS und Linux zur Verfügung. Zed Attack Proxy Project (ZAP) untersucht Webserver auf Sicherheitslücken und zeigt diese an. Die URLs des Webservers und der installierten Anwendungen werden überprüft. Das Tool ist in der Lage, aktive Angriffe durchzuführen. Über *Tools/Optionen* nehmen Sie zunächst Anpassungen vor. Als Nächstes geben Sie die URL des Webservers an und starten den Scanvorgang.

Über Sicherheits-Distributionen wie Kali (*http://www.kali.org*) stehen weitere Sicherheitstools zur Verfügung, um Webserver auf Sicherheitslücken zu testen.

27.5.9 Freigegebene Konfiguration

Mit IIS 2022 ist es weiterhin möglich, die Konfiguration des Webservers an einer zentralen Stelle im Netzwerk freizugeben, sodass mehrere Webserver von dieser zentralen Stelle aus verwaltet werden können. Die Konfiguration dieser Funktion erfolgt im Internetinformationsdienste-Manager im Abschnitt *Verwaltung* über das Feature *Freigegebene Konfiguration (Shared Configuration)*.

Im angegebenen Ordner müssen sich alle Konfigurationsdateien von IIS befinden. Erst dann lässt sich die Konfiguration durchführen. Aus diesem Grund bietet es sich vor der Konfiguration der freigegebenen Konfiguration an, zunächst Einstellungen auf einem Webserver vorzunehmen und dann über den Link *Konfiguration exportieren* in den Einstellungen für die freigegebene Konfiguration die notwendigen Installationsdateien in eine Netzwerkfreigabe zu exportieren.

Beim Exportieren werden folgende Daten berücksichtigt:

- **administration.config** – Diese Datei enthält die Servereinstellungen für den Internetinformationsdienste-Manager.
- **applicationHost.config** – Diese Datei enthält die Einstellungen auf Serverebene.
- **configEncKey.key** – Diese Datei enthält den Verschlüsselungsschlüssel für den Zugriff auf die freigegebene Konfiguration. Alle Computer, die die gemeinsame Konfiguration nutzen, importieren diesen Schlüssel und speichern ihn lokal.

Wird die freigegebene Konfiguration auf einem Server aktiviert, muss das Kennwort angegeben werden, das beim Exportieren konfiguriert wurde. Erst dann wird diese Konfiguration übernommen. Nachdem die gemeinsame Konfiguration aktiviert wurde, sollten Sie den Internetinformationsdienste-Manager schließen und den Dienst *IIS-Verwaltungsdienst* neu starten.

27.6 Konfigurieren der Webseiten, Dokumente und HTTP-Verbindungen

Greifen Anwender auf einen Server über eine Domäne zu, zum Beispiel *http://www.contoso.com*, wird das Standarddokument der Website angezeigt. Anwender müssen nicht *http://www.contoso.com/default.html* eingeben, sondern die Seite *default.html* kann in IIS bereits hinterlegt sein.

Sie können aber nicht nur ein Dokument angeben, sondern eine komplette Liste, die der Server nach und nach abarbeitet. Wird kein Standarddokument hinterlegt oder kann der entsprechende Ordner nicht durchsucht werden, erhält der Anwender eine *404 – Datei nicht gefunden*-Meldung.

27.6.1 Festlegen des Standarddokuments

Damit ein Standarddokument angezeigt wird, muss diese Funktion erst aktiviert und entsprechende Standarddokumente hinterlegt sein. Die Konfiguration des Standarddokuments eines Servers findet über das Feature *Standarddokument* im Internetinformationsdienste-Manager statt.

Die Funktion ist standardmäßig bereits aktiviert und es sind einige Dokumente hinterlegt. Über das Kontextmenü kann die Funktion deaktiviert werden, zum Beispiel, wenn Sie die Funktion *Verzeichnis durchsuchen* im nächsten Abschnitt konfigurieren. Auch neue Dokumente können an dieser Stelle hinterlegt werden.

Bereits vorhandene Dokumente lassen sich über ihr Kontextmenü aus der Liste entfernen. Hierüber kann die Reihenfolge, in der der Server nach einem Dokument sucht, konfiguriert werden. Standarddokumente lassen sich auf Ebene des Servers, aber auch für einzelne Webseiten und Anwendungen hinterlegen.

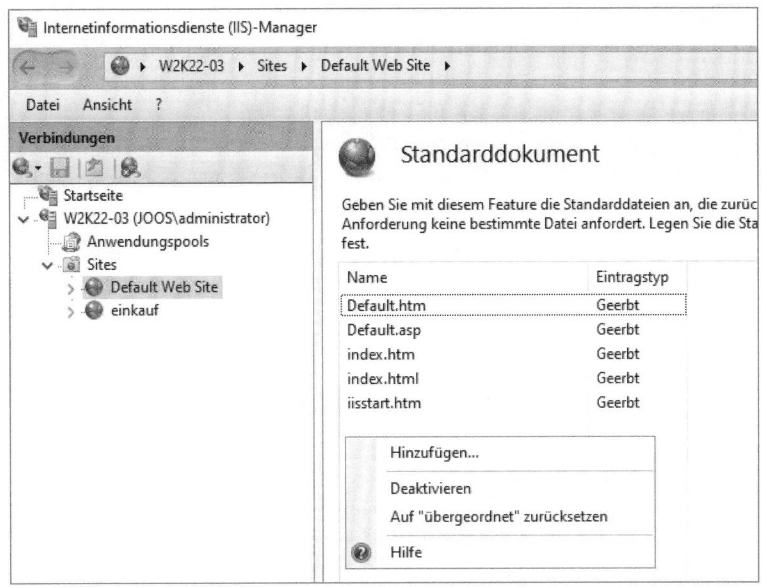

Abb. 27.9 Konfigurieren von Standarddokumenten in IIS

27.6.2 Das Feature »Verzeichnis durchsuchen« aktivieren und verwalten

Neben der Anzeige einer Webseite können Sie auch den Inhalt eines Ordners anzeigen lassen, um zum Beispiel Dokumente zum Download zur Verfügung zu stellen.

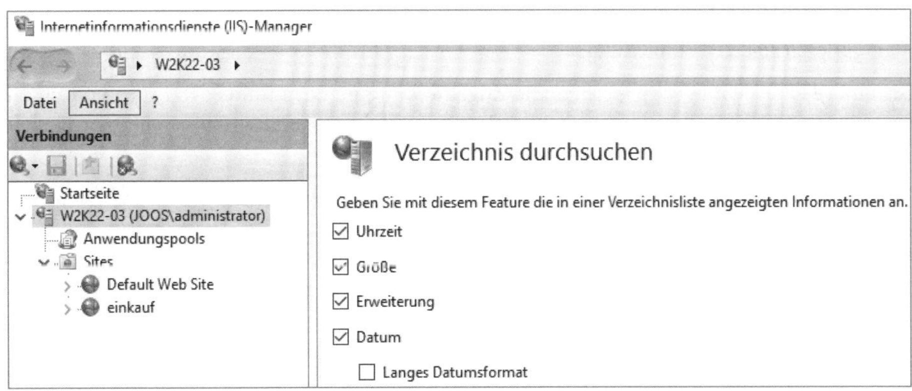

Abb. 27.10 Aktivieren der »Verzeichnis durchsuchen«-Funktion

Aktivieren Sie im Internetinformationsdienste-Manager das Feature *Verzeichnis durchsuchen* und konfigurieren die Funktion, sehen Anwender den kompletten Inhalt des hinterlegten Ordners wie im Explorer, wenn in der URL nicht ein spezifisches Dokument hinterlegt ist. Auch wenn kein Standarddokument hinterlegt ist oder das Feature *Standarddokument* deaktiviert wurde, sehen Anwender in diesem Fall den ganzen Ordner in einer Explorer-ähnlichen Ansicht.

Standardmäßig ist dieses Features deaktiviert. Durch diese Funktion können verschiedene Dateien zur Verfügung gestellt werden, zum Beispiel ohne eine HTML-Seite zu konfigurieren. Klicken Sie im mittleren Bereich der IIS-Konsole doppelt auf den Menüpunkt *Verzeichnis durchsuchen*.

Diese Funktion können Sie auf Ebene des Servers, also der Standardwebseite, oder für einzelne Webseiten und Anwendungen aktivieren. Sollen nicht alle Ordner oder Dateien angezeigt werden, können Sie mit NTFS-Berechtigungen arbeiten.

27.6.3 Konfigurieren der HTTP-Fehlermeldungen und -Umleitungen

Auf Ebene des Servers oder der einzelnen Webseiten können Sie die Fehlermeldungen, die den Anwendern angezeigt werden, ebenfalls bearbeiten und konfigurieren. Über das Feature *Fehlerseiten* im Internetinformationsdienste-Manager können Sie sich eine Liste aller hinterlegten Fehlermeldungen anzeigen lassen. Über das Kontextmenü können entweder andere HTML-Seiten hinterlegt oder neue Fehlermeldungen konfiguriert und angezeigt werden.

Neben den Standardfehlermeldungen besteht natürlich die Möglichkeit, die angezeigten Meldungen anzupassen. Für die Fehlermeldungen 400, 403.9, 411, 414, 500, 500.11, 500.14, 500.15, 501, 503 und 505 können allerdings keine angepassten Fehlermeldungen erstellt werden.

Um angepasste Fehlermeldungen anzuzeigen, öffnen Sie die Verwaltung der Fehlerseiten im Internetinformationsdienste-Manager. Klicken Sie im *Aktionen*-Bereich auf den Link *Hinzufügen*. Anschließend öffnet sich ein Dialogfeld, über das Sie die verschiedenen Daten der Fehlermeldung konfigurieren können.

Konfigurieren von HTTP-Umleitungen

Bei einer HTTP-Umleitung werden alle Zugriffe auf eine bestimmte URL automatisch zu einer anderen URL umgeleitet. So können Sie zum Beispiel Ihre Seite umleiten lassen, wenn Teile davon bearbeitet werden.

Beispielsweise können Sie alle Anfragen zu *http://www.contoso.com/marketing/default.aspx* zur Seite *http://www.contoso.com/sales/default.aspx* umleiten lassen. Die Konfiguration der Umleitungen können Sie auf Serverebene oder auf Ebene der Webseiten über das Feature *HTTP-Umleitung* durchführen. Sie müssen diese Funktion aber zunächst als Rollendienst installieren.

Neben der Umleitung können Sie an dieser Stelle das Verhalten dieser Konfiguration festlegen. Aktivieren Sie das Kontrollkästchen *Alle Anforderungen an eigentliches Ziel (und nicht relativ zum Ziel) umleiten*, werden Anfragen immer exakt zu der Adresse umgeleitet, die in der Umleitung konfiguriert wurde.

Das gilt auch dann, wenn Anfragen an Unterordner gestellt werden. Aktivieren Sie das Kontrollkästchen *Anforderungen zu Inhalt in diesem Verzeichnis (nicht in Unterverzeichnissen) umleiten*, leitet der Server Anfragen, die an Unterordner des umgeleiteten Ordners gerichtet sind, direkt an das Weiterleitungsziel um.

Automatische Umleitung auf SSL-Seiten aktivieren

Versuchen Anwender, per HTTP auf die Seite zuzugreifen, erhalten sie eine HTTP-403-Fehlermeldung, wenn Sie SSL aktiviert und in den Einstellungen von IIS festgelegt haben. In Kapitel 30 beschreiben wir das Thema SSL ausführlicher.

Solche Fehlermeldungen verwirren allerdings die meisten Anwender und belasten unnötig die IT-Abteilung. Aus diesem Grund ist der beste Weg, wenn Sie statt der Anzeige des Fehlers eine automatische Umleitung auf die richtige SSL-Adresse auf dem Server hinterlegen.

Sie haben zwei Möglichkeiten der Umleitung. Die entsprechende Konfiguration führen Sie in der Konfiguration der HTTP-403-Fehlermeldung durch:

1. Rufen Sie auf dem Server den IIS-Manager auf.
2. Klicken Sie auf den Servernamen. Alternativ können Sie diese Umleitung durchführen, wenn Sie die Website anklicken. Auch hier gibt es die Option *Fehlerseiten.*
3. Doppelklicken Sie auf der Startseite im Bereich *IIS* auf *Fehlerseiten.*
4. Klicken Sie doppelt auf den Fehler 403.
5. Aktivieren Sie die Option *Antwortcode 302 für Umleitung* und tragen Sie die HTTPS-URL ein, auf die die Anwender zugreifen sollen.
6. Bestätigen Sie mit *OK.*

Diese Art der Umleitung funktioniert allerdings nicht immer, in diesem Fall verwenden Sie die zweite Möglichkeit:

1. Starten Sie den IIS-Manager.
2. Klicken Sie auf die Website, für die Sie die HTTP-Umleitung konfigurieren wollen.
3. Klicken Sie auf *Bindungen* (siehe Kapitel 30).
4. Ändern Sie den Port der Bindung von Port 80 auf einen anderen freien Port ab, zum Beispiel 8001.
5. Klicken Sie mit der rechten Maustaste auf *Sites* und erstellen Sie eine neue Website mit dem Befehl *Website hinzufügen.*
6. Weisen Sie der neuen Website bei *Sitename* den Namen zu, mit dem Anwender per HTTP auf den Server zugreifen, zum Beispiel *powerpivot.contoso.int.*
7. Legen Sie einen physischen Pfad an. Der Ordner bleibt leer, Sie benötigen diesen nur wegen IIS, nicht für die Konfiguration.
8. Belassen Sie die Bindung auf Port 80. Da Sie die Bindung der Standardseite bereits geändert haben, ist dieser Port frei. Tragen Sie als Hostname noch den Namen ein, auf den der Server antworten soll, zum Beispiel *powerpivot.contoso.int.*
9. Bestätigen Sie die Erstellung der Website. Sie erhalten eine Meldung, dass der Port 80 bereits belegt ist, auch wenn Sie den Port der SharePoint-Site von 80 auf einen anderen Port geändert haben. Dies liegt daran, dass der Port 80 noch der Default Web Site innerhalb von IIS zugeordnet ist. SharePoint beendet diese Site aber bei der Installation, sodass diese auf SharePoint-Servern keine Bedeutung mehr hat.
10. Klicken Sie als Nächstes auf die neu erstellte Seite und doppelklicken Sie dann im Bereich *IIS* auf *HTTP-Umleitung.*
11. Aktivieren Sie das Kontrollkästchen *Anforderungen zu diesem Ziel umleiten.*
12. Tragen Sie die HTTPS-Adresse ein, zu der der Server die Anfragen umleiten soll.
13. Aktivieren Sie das Kontrollkästchen *Alle Anforderungen an eigentliches Ziel umleiten.*

14. Klicken Sie auf *Übernehmen.*
15. Geben Anwender jetzt die URL ein, für die Sie eine Umleitung konfiguriert haben, wird der Zugriff von IIS erkannt und leitet die Anfrage automatisch um.

Vereinfachen von URLs

Damit Anwender zum Beispiel auf Outlook Web App in Exchange zugreifen können, müssen sie die URL *https://<Clientzugriff-Server>/owa* verwenden. Sie können aber diese URL vereinfachen. Ein Beispiel ist, dass Sie alle Zugriffe auf den Clientzugriffserver zur URL */owa* weiterleiten. Eine weitere Möglichkeit ist, dass Sie einen DNS-Eintrag *mail* erzeugen, damit Anwender nur noch *https://mail.<Domäne>* für den Zugriff eingeben müssen. Gehen Sie für die Konfiguration folgendermaßen vor:

1. Öffnen Sie den IIS-Manager auf dem Server.
2. Erweitern Sie *<Servername>/Sites.*
3. Klicken Sie auf *Default Web Site.*
4. Im rechten Bereich des Fensters finden Sie unten die Option *HTTP-Umleitung.*
5. Öffnen Sie das Feature per Doppelklick.
6. Aktivieren Sie die Option *Anforderungen zu diesem Ziel umleiten.*
7. Geben Sie den vollständigen Pfad zu OWA ein, zum Beispiel *https://dell-exchange01.contoso.com/owa.*
8. Aktivieren Sie im Bereich *Umleitungsverhalten* die Option *Anforderungen zu Inhalt in diesem Verzeichnis (nicht in Unterverzeichnissen) umleiten.*
9. Wählen Sie bei *Statuscode* die Option *Gefunden (302)* aus.
10. Bestätigen Sie die Eingabe durch Klicken auf *Übernehmen.*
11. Geben Sie in der Eingabeaufforderung den Befehl *iisreset* ein, um IIS auf dem Server neu zu starten.

Konfigurieren Sie eine HTTP-Umleitung für eine übergeordnete Webseite, übernimmt IIS diese Einstellung für alle untergeordneten Webseiten und virtuellen Ordner.

Wollen Sie die Umleitung für diese untergeordneten Ordner deaktivieren, klicken Sie auf den Ordner und wählen das Feature *HTTP-Umleitung* aus, um es zu deaktivieren.

27.7 IIS 2022 überwachen und Protokolldateien konfigurieren

In diesem Abschnitt gehen wir auf die Überwachung der IIS-Zugriffe ein. Vor allem zur Fehlersuche beim Zugriff sind die verschiedenen Möglichkeiten der Überwachung ein wichtiger Punkt bei der Verwaltung von IIS. Die Überwachung kann auf Ebene des Servers, der Webseiten, von Applikation und physischen wie virtuellen Ordnern abgewickelt werden.

27.7.1 Ablaufverfolgungsregeln für Anforderungsfehler

Doppelklicken Sie im Internetinformationsdienste-Manager auf das Feature *Ablaufverfolgungsregeln für Anforderungsfehler*, können Sie Regeln erstellen, mit denen Sie die fehlerhaften Zugriffe auf den Server überwachen.

Neue Regeln lassen sich über das Kontextmenü oder den *Aktionen*-Bereich erstellen. Das Feature ist aber erst verfügbar, wenn Sie die Rollendienste *Ablaufverfolgung* und *Anforderungsüberwachung* bei *Systemzustand und Diagnose* installieren.

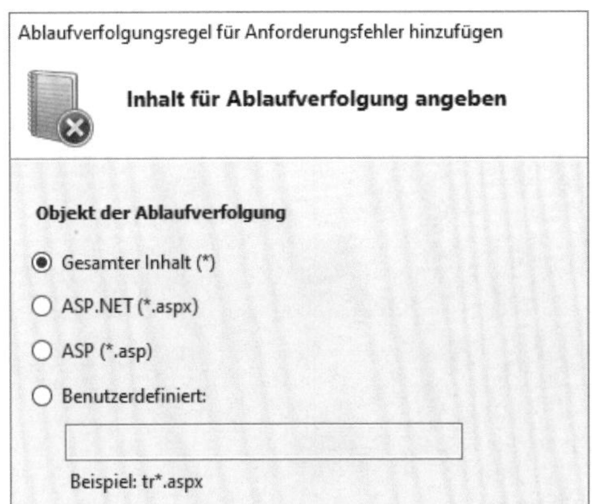

Abb. 27.11 Erstellen und Verwalten von Regeln für die Ablaufverfolgung

Auf der nächsten Seite des Assistenten legen Sie fest, welche Fehler protokolliert werden sollen. Sobald eine der hinterlegten Bedingungen auftritt, wird der Fehler protokolliert.

Auf einer weiteren Seite des Assistenten legen Sie fest, welche der Anbieter Sie überwachen wollen und, sofern möglich, auch welche Module der Anbieter. Über das Listenfeld *Ausführlichkeitsgrad* legen Sie fest, wie viele Daten protokolliert werden sollen. Hier kann fur die jeweiligen Anbieter ein unterschiedlicher Protokollierungsgrad ausgewählt werden.

Nach der Erstellung der Regel wird diese im Fenster angezeigt. Sie können weitere Regeln erstellen und vorhandene über deren Kontextmenü bearbeiten. Die Protokolldateien sind standardmäßig im Ordner *\inetpub\logs\FailedReqLogFiles* gespeichert.

27.7.2 Allgemeine Protokollierung aktivieren und konfigurieren

Neben der Ablaufverfolgung für fehlerhafte Anforderungen können Sie den normalen Betrieb von IIS protokollieren. Dazu steht der Punkt *Protokollierung* auf der Startseite des Internetinformationsdienste-Managers zur Verfügung.

Abb. 27.12 Konfiguration der Protokollierung für IIS

Die Protokollierung kann für einzelne Sites und Anwendungen getrennt aktiviert oder deaktiviert werden. Auch dazu steht das Feature *Protokollierung* zur Verfügung, wenn Sie die entsprechende Site oder Anwendung im IIS-Manager anklicken. Standardmäßig ist die Protokollierung für den Server an sich und für Webseiten aktiviert.

Über den *Aktionen*-Bereich der Konsole können Sie diese für einzelne Bereiche gezielt deaktivieren. Die Protokolldateien können in einem beliebigen Ordner abgelegt werden und befinden sich standardmäßig im Ordner *\inetpub\logs\LogFiles*.

Im ersten Auswahlfeld wählen Sie über ein Listenfeld aus, ob für jede Site eine Protokolldatei erstellt werden soll oder eine Datei für den kompletten Server. Als Format stehen für die Protokolldatei verschiedene Möglichkeiten zur Verfügung. Die Codierung der Protokollierung sollte bei UTF-8 belassen werden:

- **W3C** – Dies ist die Standardauswahl. Diese Protokolldateien werden textbasiert gespeichert und über die Schaltfläche *Felder auswählen* wird festgelegt, was in der Datei protokolliert werden soll. Die einzelnen Felder werden durch Leerzeichen getrennt.
- **IIS** – Bei dieser Auswahl werden die Protokolldateien ebenfalls im Textformat gespeichert. Die einzelnen Felder sind allerdings fest vorgegeben und können daher nicht angepasst werden. Die einzelnen Felder werden durch Kommas getrennt.
- **NCSA** – Bei NCSA handelt es sich um die National Center For Supercomputing Applications. Auch hier werden die Felder fest vorgegeben und es werden weniger Informationen protokolliert als bei den anderen Protokollmethoden.

Ebenfalls in diesem Fenster legen Sie fest, wann neue Protokolldateien erstellt werden sollen, also nach einem bestimmten Zeitplan (Stündlich, Täglich, Wöchentlich oder Monatlich), nach einer bestimmten Größe oder überhaupt nicht. Die Auswahl hängt unter anderem von der Besucheranzahl des Servers ab. Aktivieren Sie nicht die Option *Lokale Zeit für Dateibenennung und Rollover verwenden*, wird standardmäßig die UTC-Zeit (Universelle Weltzeit) verwendet (*http://de.wikipedia.org/wiki/Koordinierte_Weltzeit*).

27.7.3 Überprüfen der Arbeitsprozesse der Anwendungspools

Über das Feature *Arbeitsprozesse* auf der Startseite des Internetinformationsdienste-Managers werden die laufenden Prozesse sowie deren Ressourcenverbrauch angezeigt. Anwendungspools können dabei mehrere Arbeitsprozesse, oft als Worker Processes bezeichnet, starten. Die eigentlichen Websites, sei es in Form von simplen statischen Websites oder als komplexe webbasierende Anwendungen, werden über diese Worker Processes abgewickelt, die eine Art von Mini-Webservern sind.

Diese Arbeitsprozesse nutzen die Dienste der zentralen Komponenten, agieren also aus Sicht der Anwendungen als Webserver. Die Verwaltungskomponente überwacht den Status der Arbeitsprozesse, löscht sie, wenn sie nicht mehr erforderlich sind, und kann sie neu starten, wenn Fehler in diesen Prozessen auftreten.

27.8 Optimieren der Serverleistung

In diesem Abschnitt gehen wir auf Möglichkeiten ein, Anfragen an IIS mit den Bordmitteln des Internetinformationsdienste-Managers zu verbessern.

27.8.1 Komprimierung aktivieren

Mit der Komprimierung werden die Antwortzeiten eines Servers verbessert und Bandbreite bei der Übertragung von Webseiten kann gespart werden. Die Komprimierung steuern Sie über das Feature *Komprimierung* im Internetinformationsdienste-Manager.

Manche Einstellungen stehen nur auf Serverebene zur Verfügung. Viele Einstellungen können Sie aber auch auf Ebene der Websites und Anwendungen vornehmen, sodass jede Anwendung eigene Einstellungen für die Komprimierung verwenden kann. Aktivieren Sie die Komprimierung, belastet das zwar die Serverhardware, aber die Netzwerkleistung erhöht sich. Ob durch diese Maßnahmen mehr Leistung erzielt wird, hängt davon ab, ob der Server oder die Leitung der Flaschenhals ist. Da meist eher die Leitung schuld an einer langsamen Übertragung ist, wird bei IIS 2022 die Komprimierung von statischen Inhalten standardmäßig bereits aktiviert.

Haben Sie statischen Inhalt, zum Beispiel eine Seite oder eine Datei, bereits komprimiert, belastet das den Server nicht erneut, da diese Datei bei der nächsten Anfrage einfach wieder aus dem Komprimierungscache zur Verfügung gestellt wird. Aktivieren Sie auch die Komprimierung für dynamische Inhalte, muss jede Übertragung immer wieder erneut komprimiert werden, was zwar Bandbreite spart, aber CPU-Leistung kostet. Damit Sie dynamische Inhalte komprimieren können, müssen Sie zunächst den entsprechenden Rollendienst installieren.

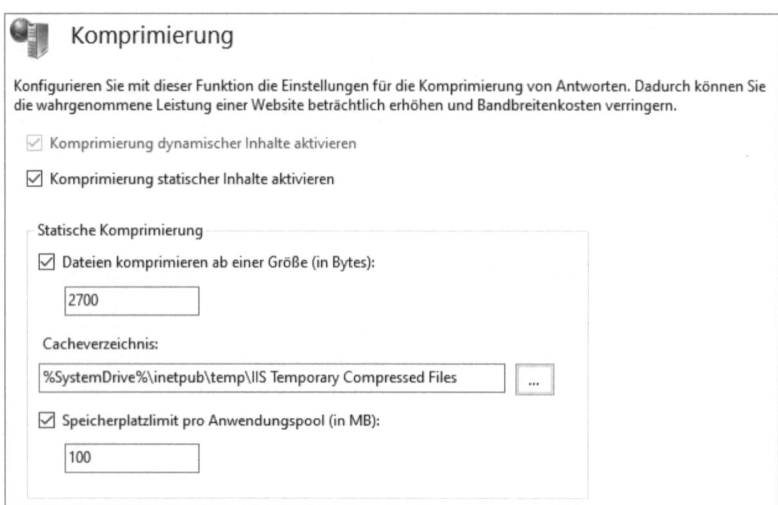

Abb. 27.13 Konfigurieren der Komprimierung für IIS

Sie können hier festlegen, ab welcher Größe Dateien komprimiert werden sollen und wie viel Speicherplatz jedem Anwendungspool und den darin enthaltenen Websites und Anwendungen zur Verfügung steht. Auch der Speicherplatz des Caches wird an dieser Stelle festgelegt.

27.8.2 Ausgabezwischenspeicherung verwenden

Im Cache des Webservers können Teile der Websites zur Verfügung gestellt werden, sodass die Abrufe dieser Teile den Server nicht belasten. Über das Feature *Ausgabezwischenspeicherung* im Internetinformationsdienste-Manager erreichen Sie die Verwaltung dieser Funktion. Die allgemeinen Einstellungen werden über den Befehl *Featureeinstellungen bearbeiten* über das Kontextmenü oder den *Aktionen*-Bereich vorgenommen.

In den Einstellungen können Sie die Funktion aktivieren sowie ein Limit festlegen. Der Cache wird allerdings erst dann produktiv genutzt, wenn Regeln festgelegt sind, die bestimmen, welche Daten der Server zwischenspeichern soll.

Auch das Kernelcaching steuern Sie an dieser Stelle. Bei dieser Funktion werden Anfragen an den Cache nicht im Benutzermodus des Servers durchgeführt, sondern im Kernel selbst. Die Anwendungen werden durch diese Funktion also nicht belastet. IIS entscheidet selbst, wie viel Speicher er zur Verfügung stellt. Nur wenn Sie feststellen, dass Ihr Server noch nicht vollständig ausgelastet ist, können Sie das Limit erhöhen, sollten dabei aber sehr vorsichtig vorgehen, da schnell ein gegenteiliger Effekt erreicht wird.

Über das Kontextmenü erstellen Sie neue Regeln für den Cache. Es öffnet sich ein neues Fenster, über das Einstellungen vorgenommen werden, wie Inhalte für den Benutzermodus und den Kernelmodus zwischengespeichert werden sollen. Zunächst legen Sie fest, welche Dateien zwischengespeichert werden können. Als Nächstes legen Sie fest, wie lange die Daten im Zwischenspeicher verbleiben sollen.

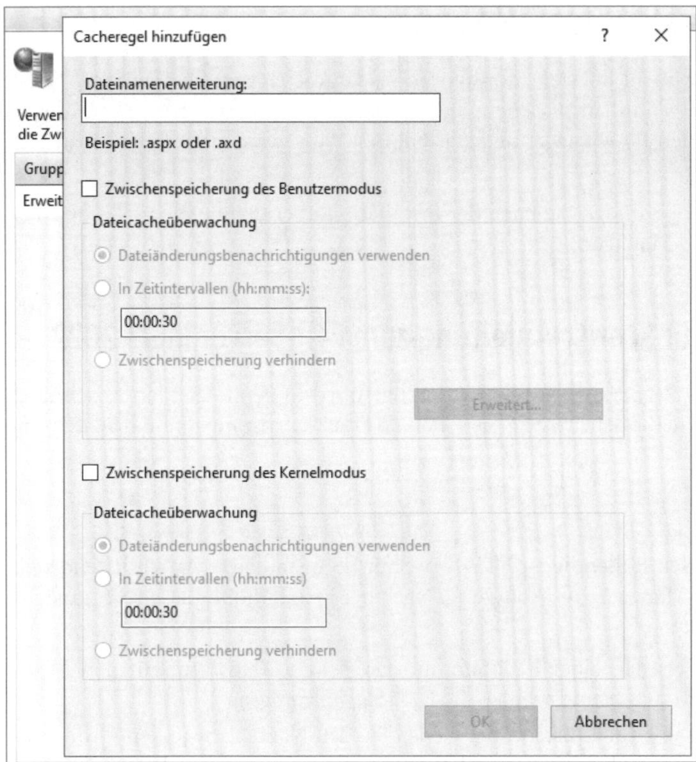

Abb. 27.14 Konfigurieren der Ausgabezwischenspeicherung

Sie können entweder eine Zwischenspeicherung bis zur Änderung der Datei oder ein Zeitintervall festlegen. Auch das generelle Verhindern der Zwischenspeicherung für einige Dateitypen kann an dieser Stelle konfiguriert werden. Sie können beliebig viele Cacheregeln erstellen. Die Regeln lassen sich nach der Erstellung jederzeit bearbeiten.

27.9 FTP-Server betreiben

Mit IIS 2022 lässt sich ein FTP-Server betreiben, um zum Beispiel Dateien für den Download zur Verfügung zu stellen. Bei der FTP-Komponente handelt es sich um einen eigenen Rollendienst, der nachträglich oder bereits bei der Installation der Internetinformationsdienste installiert werden kann.

Damit IIS als FTP-Server verwendet werden kann, benötigen Sie den Rollendienst *FTP-Server*. Sie können in Windows Server 2022 FTP mit SSL zur Verfügung stellen. Mit dem FTP-Server lässt sich ein virtueller Hostname für eine FTP-Site festlegen. Dadurch können Sie mehrere FTP-Sites erstellen, die zwar dieselbe IP-Adresse verwenden, aber auf Basis ihrer eindeutigen virtuellen Hostnamen unterschieden werden. Über einen Webbrowser greifen Sie mit der Adresse *ftp://<Servername>* zu. Sie können im Ordner normale Unterordner anlegen und mit NTFS-Berechtigungen arbeiten.

27.9.1 Konfiguration des FTP-Servers

Der FTP-Dienst bietet nicht so viele Konfigurationsparameter wie die Websites. Einige davon sind zudem relativ ähnlich zu denen, die sich bei *WWW-Dienst* finden. Nach der Installation müssen Sie den IIS-Manager neu starten. Erst dann werden die FTP-Einstellungen angezeigt.

Die Einstellungen zu FTP finden Sie nach der Installation über den Bereich *FTP* im Internetinformationsdienste-Manager.

27.9.2 Schritt für Schritt-Anleitung zum FTP-Server in IIS 2022

Die Installation eines FTP-Servers ist schnell durchgeführt, In den folgenden Abschnitten zeigen wir Ihnen Schritt für Schritt, wie Sie einen FTP-Server installieren, einrichten und betreiben:

FTP-Server installieren

Zunächst müssen Sie den Rollendienst *FTP-Server* für IIS installieren. Anschließend steht die Verwaltung im IIS-Manager zur Verfügung. Nach der Installation müssen Sie zunächst eine FTP-Site erstellen:

1. Klicken Sie zum Erstellen einer FTP-Site mit der rechten Maustaste auf den Menüpunkt *Sites* im IIS-Manager und wählen Sie *FTP-Site hinzufügen.*
2. Es startet der Assistent zur Einrichtung. Geben Sie den Namen sowie den Ordner auf der Festplatte an, in dem die Daten des FTP-Servers liegen.
3. Auf der nächsten Seite konfigurieren Sie die IP-Adresse, den Port und auf Wunsch einen virtuellen Hostnamen, wenn Sie zum Beispiel mehrere FTP-Server betreiben wollen.
4. Auf dieser Seite können Sie SSL für den FTP-Server aktivieren sowie das passende Zertifikat auswählen.

Abb. 27.15 Konfigurieren einer FTP-Seite in IIS 2022

5. Als Nächstes wählen Sie aus, welche Authentifizierung Sie auf dem Server unterstützen möchten und welche Rechte diese Benutzer haben sollen.
6. Klicken Sie anschließend auf *Fertig stellen*, um die Seite zu erstellen.

Anschließend sehen Sie die FTP-Site im IIS-Manager wie jede andere Website und können Einstellungen für diese Seite zur Verwaltung vornehmen.

Firewall konfigurieren

Wollen Sie die Authentifizierung weiter anpassen, wählen Sie den Menüpunkt *FTP-Authentifizierung* aus. Über den Menüpunkt *FTP-Firewallunterstützung* legen Sie fest, welche Ports der Server unterstützen soll und auf welche externe IP-Adresse der FTP-Server hören soll. Sollte der Verbindungsaufbau von Clients zum Port 21 nicht funktionieren, müssen Sie diesen Port in der Windows-Firewall erst freischalten.

Neben diesen Einstellungen müssen Sie, abhängig von Ihrer Konfiguration, weitere Einstellungen in der Firewall vornehmen, indem Sie neue Regeln erstellen.

Verwenden Sie dazu den folgenden Befehl:

netsh advfirewall firewall add rule name="FTP (non-SSL)" action=allow protocol=TCP dir=in localport=21

Wollen Sie dynamische Ports für FTP freischalten, und die Stateful FTP-Filterung verwenden, geben Sie den folgenden Befehl ein:

netsh advfirewall set global StatefulFtp enable

Mit dem folgenden Befehl deaktivieren Sie die Filterung wieder:

netsh advfirewall set global StatefulFtp disable

Wollen Sie FTP über SSL erlauben, müssen Sie auch diesen Verkehr freischalten. Verwenden Sie dazu den Befehl:

netsh advfirewall firewall add rule name="FTP for IIS" service=ftpsvc action=allow protocol=TCP dir=in

Authentifizierung konfigurieren

Über das Kontextmenü von *Anonyme Authentifizierung* oder *Standardauthentifizierung* legen Sie fest, über welches Benutzerkonto oder welche Domäne die jeweilige Anmeldung erfolgen soll. Die Konfiguration ist grundsätzlich identisch zur Konfiguration der jeweiligen Einstellung für Webseiten.

Über das Kontextmenü können Sie die jeweilige Anmeldung auch aktivieren oder deaktivieren. Über *FTP-Autorisierungsregeln* konfigurieren Sie die Rechte, die Benutzer auf die FTP-Site erhalten sollen. Neben den standardmäßig vorhandenen Regeln können Sie zusätzliche Regeln anlegen oder bestehende Regeln anpassen.

Die Möglichkeit, den IIS fernzuwarten, indem Sie den Verwaltungsdienst nutzen, funktioniert auch für den FTP-Server. Gehen Sie zur Einrichtung der Fernwartung analog vor. In diesem Fall müssen Sie bei der FTP-Authentifizierung noch über den Menüpunkt *Benutzerdefinierte Anbieter* das Modul *IisManagerAuth* aktivieren.

Anschließend wird bei der FTP-Authentifizierung zusätzlich noch die Authentifizierung über den IIS-Manager angezeigt. Anschließend müssen Sie über *IIS-Manager-Berechtigungen/Benutzer zulassen* identische Einstellungen vornehmen, wie bei der Delegierung von IIS-Seiten. Legen Sie am besten für die FTP-Verwaltung einen eigenen Benutzer im IIS-Manager an und schalten Sie diesen dann explizit für FTP frei. Anschließend müssen Sie für den Adminbenutzer die gleichen Zulassungsregeln analog erstellen wie für normale FTP-Benutzer auch. Um auf den Server zuzugreifen, verwenden Sie entweder ein FTP-Programm oder den Internet Explorer.

FTP-Benutzerisolation einsetzen

Mit der Benutzerisolation für FTP können Sie einzelne Benutzer auf dem FTP-Server voneinander abschotten und für Anwender jeweils einen eigenen Ordner zur Verfügung stellen. Aktivieren Sie *Benutzernamenverzeichnis*, werden die Benutzer mit ihrem eigenen Verzeichnis auf dem FTP-Server verbunden, aber nicht isoliert.

Der Ordner muss die gleiche Bezeichnung wie der Benutzername des Anwenders haben. Ist ein solcher Ordner oder auch virtueller Ordner nicht vorhanden, wird der Benutzer mit dem Stammordner auf dem FTP-Server verbunden. Aktivieren Sie die Option *FTP-Stammverzeichnis*, sehen alle Anwender den gleichen Ordner, die Isolierung ist komplett deaktiviert.

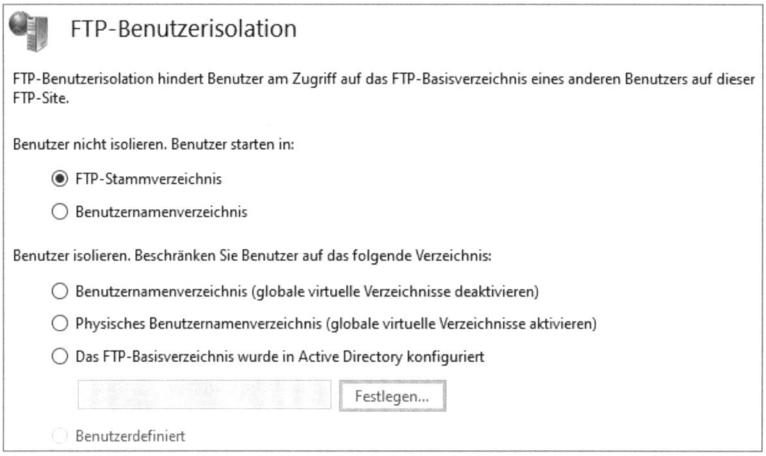

FTP-Benutzerisolation

FTP-Benutzerisolation hindert Benutzer am Zugriff auf das FTP-Basisverzeichnis eines anderen Benutzers auf dieser FTP-Site.

Benutzer nicht isolieren. Benutzer starten in:

(•) FTP-Stammverzeichnis
( ) Benutzernamenverzeichnis

Benutzer isolieren. Beschränken Sie Benutzer auf das folgende Verzeichnis:

( ) Benutzernamenverzeichnis (globale virtuelle Verzeichnisse deaktivieren)
( ) Physisches Benutzernamenverzeichnis (globale virtuelle Verzeichnisse aktivieren)
( ) Das FTP-Basisverzeichnis wurde in Active Directory konfiguriert

Festlegen...

( ) Benutzerdefiniert

Abb. 27.16 Konfigurieren der FTP-Benutzerisolation

Die Ordnernamen variieren von der Authentifizierungsebene:

- Verwenden Sie Benutzer innerhalb von IIS und die anonyme Verbindung, müssen Sie im FTP-Rootordner die Ordnerstruktur *<LocalUser>\Public* anlegen.
- Arbeiten Sie mit lokalen Benutzerkonten auf dem Server auf IIS-Ebene und nicht mit der anonymen Authentifizierung, verwenden Sie *%FtpRoot%\LocalUser\%UserName%* als Pfad.
- Arbeiten Sie mit lokalen Benutzerkonten auf dem Server auf Windows-Ebene und nicht mit der anonymen Authentifizierung, verwenden Sie *%FtpRoot%\LocalUser\%UserName%* als Pfad.
- Arbeiten Sie mit Domänenkonten, verwenden Sie den Pfadnamen *%FtpRoot%\%UserDomain%\%UserName%*.

Die Pfadangabe *%FtpRoot%* entspricht dabei dem Stammordner der FTP-Seite, die Sie erstellt haben. Alle virtuellen Ordner, die Sie auf der Stammebene der FTP-Seite erstellt haben, können von allen Benutzern eingesehen haben, die über entsprechende Rechte verfügen.

Aktivieren Sie eine der Isolierungsoptionen im unteren Bereich, stehen folgende Auswahlmöglichkeiten zur Verfügung. In diesem Fall sehen die Anwender nur den isolierten Bereich, keinerlei andere Ordner:

- **Benutzernamenverzeichnis** – Bei dieser Option dürfen Benutzer nur auf ihren eigenen Ordner zugreifen und in der Navigation in der Baumstruktur in keine anderen Ordner wechseln.
- **Physisches Benutzernamenverzeichnis** – Bei dieser Option erhalten Anwender nur Zugriff auf physisch vorhandene FTP-Ordner, keine virtuellen Ordner. Sind globale, virtuelle Ordner auf dem Server vorhanden, sind diese für alle Anwender zugreifbar.
- **Das FTP-Basisverzeichnis wurde in Active Directory konfiguriert** – Bei dieser Option legen Sie den Zugriff auf den Stammordner im Benutzerkonto in Active Directory des Anwenders fest.

Virtuelle Ordner legen Sie über das Kontextmenü der FTP-Seite im IIS-Manager an. Diese verweisen auf einen physischen Ordner, den Sie entweder vorher oder während der Einrichtung der virtuellen Seiten anlegen können. Wollen Sie in einer isolierten Umgebung Zugriffe auf Benutzerebene festlegen, sollten Sie innerhalb des FTP-Stammordners einen weiteren Ordner mit der Bezeichnung der Benutzerdomäne oder der Bezeichnung *LocalUser* anlegen. Innerhalb dieses Ordners legen Sie dann die Ordner der jeweiligen Benutzer fest.

Ordnername, virtueller Ordner und Benutzername müssen übereinstimmen. Sind globale Ordner deaktiviert, reicht es, einzelnen Anwendern nur virtuelle Ordner zur Verfügung zu stellen. Der einfachste Weg, eine zuverlässig funktionierende Benutzerisolierung durchzuführen, ist das Anlegen von physischen Ordnern, das Erstellen von virtuellen Ordnern mit Verweis auf die physischen Ordner und das durchgehend einheitliche Verwenden der gleichen Bezeichnungen der Ordnernamen und Benutzernamen. Wichtig ist das lokale Anlegen des Ordners *LocalUser* oder der jeweiligen Domäne. Legen Sie alle Ordner innerhalb des FTP-Stammordners an.

Die einzelnen physischen Ordner der Anwender können Sie mit NTFS-Berechtigungen absichern, wenn Sie mit Windows- oder Domänenkonten arbeiten. Wollen Sie zusätzlich noch Quotas einsetzen, verwenden Sie am besten den Ressourcen-Manager für Dateiserver (siehe Kapitel 21).

27.10 Zusammenfassung

In diesem Kapitel haben wir Ihnen gezeigt, wie Sie den Webserver in Windows Server 2022 mit den Internetinformationsdienste (IIS) betreiben. Erläutert wurden auch die Installation, Einrichtung und Absicherung von Webservern. Ebenso sind wir auf die Verwaltung in der Eingabeaufforderung sowie das Erstellen von neuen Webseiten eingegangen. Und schließlich konnten Sie mehr über den Betrieb eines FTP-Servers erfahren und einige Praxistricks zum Einsatz von IIS lesen.

Im nächsten Kapitel gehen wir auf die Einrichtung der Remotedesktopdienste und der Anbindung von Anwendern ein. Auch die Virtualisierung über den Remotedesktop ist Bestandteil des nächsten Kapitels.

Kapitel 28

Remotedesktopdienste – Anwendungen virtualisieren

Mit den Remotedesktopdiensten (ehemals Terminalserver) stellen Sie Anwendungen oder den Desktop für Anwender zentral auf Servern zur Verfügung. Im Vergleich zu Windows Server 2008 R2 hat Microsoft zahlreiche Neuerungen in die Remotedesktopserver integriert. Aber auch im Vergleich zu Windows Server 2012 R2/2016 gibt es in Windows Server 2022 zahlreiche Neuerungen, die eine Aktualisierung rechtfertigen. Im Vergleich zu Windows Server 2019 gibt es in diesem Bereich dagegen kaum Neuerungen.

28.1 Neuerungen in RDS

Wir gehen nachfolgend auf die Neuerungen im Bereich RDS im Vergleich zu Windows Server 2016 und vorher ein. Mit Windows Server 2022 verbessert Microsoft auch die Remotedesktopserver-Funktionen im neuen Betriebssystem im Vergleich zu Windows Server 2016. Es gibt einen neuen Client und bessere Grafikunterstützung.

Es wird also in lokalen Rechenzentren weiterhin Funktionen für den Remotedesktop geben, auch wenn Microsoft mit Windows 365 und Azure Virtual Desktop immer mehr Dienste in der Cloud anbietet. Wir zeigen, was Administratoren dazu wissen müssen.

28.1.1 Vergleich zu Windows Server 2016

Da Microsoft immer mehr Funktionen in die Cloud auslagert, vor allem Richtung Microsoft Azure und Microsoft 365/Office 365, kommt bei vielen Administratoren immer wieder die Sorge auf, dass mit der nächsten Server-Version wieder Funktionen gestrichen werden. Da die Remote Desktop Services (RDS) aber in Windows Server 2022 verfügbar sind, müssen sich Unternehmen keine Sorgen machen. Remote Desktop Services werden auch in Zukunft lokal im Rechenzentrum verfügbar sein. Die Multipoint-Services hat Microsoft aus Windows Server 2019 ersatzlos gestrichen. Hier gibt es aktuell keine Alternative für Unternehmen, die diese Technik genutzt haben. Die einzige Möglichkeit besteht darin, Multipoint-Services mit Windows Server 2016 einzusetzen.

Neben den Remote Desktop Services, die in Windows Server 2022 zur Verfügung stellen, stellt Microsoft einige Funktionen von RDS in Microsoft Azure zur Verfügung, zum Beispiel Windows 365 und Azure Virtual Desktop. Der RDS-Broker, das Gateway und der Webzugriff lassen sich in Zukunft in Microsoft Azure nutzen.

Auch die Speicherung von Daten ist in Microsoft Azure möglich. Wer seine Profile für RDS-Umgebungen ebenfalls in der Cloud speichern will, kann auf Azure Files und andere Speicherfunktionen in der Cloud setzen.

Natürlich lassen sich bereits jetzt RDS-Infrastrukturen als virtuelle Server in der Cloud zur Verfügung stellen, allerdings bietet eine solche Umgebung keine nennenswerten Vorteile für den Betrieb in der Cloud. Hier ist der Einsatz von Azure Virtual Desktop und Windows 365 sicher besser geeignet. Microsoft strebt an, dass einzelne Dienste aus RDS in Azure zur Verfügung stehen, ohne dass die Installation von VMs in Microsoft Azure erfolgen muss. Die Authentifizierung erfolgt in diesem Fall über Azure Active Directory.

Die generelle Installation von RDS entspricht in Windows Server 2022 noch den Möglichkeiten in Windows Server 2016/2019. In Windows Server 2022 ist über Remote Desktop Web Access ein HTML5-Client verfügbar. Der Client bietet ähnliche Funktionen wie der Standard-RDP-Client, der für Windows und andere Betriebssysteme zur Verfügung steht. Der Vorteil des neuen HTML5-Clients besteht darin, dass Anwender nichts installieren müssen. Aktuelle Browser, die HTML5 kennen, unterstützen die Anbindung an Remote Desktop Web Access. Der Client steht auch für Windows 365 und Azure Virtual Desktop zur Verfügung.

Der neue HTML5-Client, aber auch der Remotedesktop-Webzugriff verbrauchen weniger CPU-Last auf dem Client und dem Server und die notwendige Bandbreite wird reduziert.

Nutzen Anwender Windows 10/11, können RemoteApps in den Remote Desktop Services die Benachrichtigungen in Windows 10/11 nutzen, um Anwender über Aktionen der Anwendung zu informieren. Dadurch lassen sich zum Beispiel eingehende E-Mails im Nachrichtencenter von Windows 10/11 anzeigen, wenn Outlook als RemoteApp genutzt wird. Aber auch andere Anwendungen unterstützen diese Funktion.

Drucken wird in RDS 2022 ebenfalls einfacher und übersichtlicher. So zeigt RDS in Windows Server 2022 den Fortschritt eines Druckvorgangs an. Das Verwenden von Videokonferenzen wird mit RDS 2022 besser. Sind Geräte für Videokonferenzen an einem lokalen Rechner angeschlossen, lassen sie sich in RDS-Sitzungen verwenden. Dabei wird die Qualität wesentlich besser. Hier ist der Cloud-Dienst Universal Print sinnvoll, den wir bereits in Kapitel 23 vorgestellt haben.

Mit Windows Server 2019 führt Microsoft GPU Partitioning ein. Dabei lassen sich virtuellen Rechnern mit Windows 10/11 und Hyper-V deutlich bessere Zugriffe auf die Grafikadapter zuteilen. Das gilt auch für Windows Server 2022. Die Technik funktioniert mit Remotedesktop-Sitzungshosts. Der Vorteil besteht vor allem darin, dass Grafikanwendungen in Sitzungen deutlich besser funktionieren. Microsoft will die Technik weiter optimieren, sodass RemoteApps besser auf die Grafikadapter von Servern zugreifen können.

Unternehmen, die den Zugriff mit Remote Desktop Web Access nutzen, benötigen nicht unbedingt die Installation eines RDS-Gateways. Greifen Anwender nur von intern mit Remote Desktop Web Access auf einen Remotedesktop-Sitzungshost zu, ist kein Gateway mehr erforderlich. Wenn kein Gateway zum Einsatz kommt, ist der HTML5-Client in Windows Server 2022 dennoch verfügbar. Der Client ist in der neuen Version direkt in den Webzugriff der Remote Desktop Services integriert.

Mit Windows Server 2022 kann der Lizenz-Server in der Remotedesktop-Umgebung hochverfügbar zur Verfügung gestellt werden. Bis Windows Server 2019 war das nicht möglich. In der neuen Version kann ein Lizenzserver seine Daten in einer SQL-Datenbank speichern, auf die weitere Lizenzserver zugreifen können. Außerdem wurde die Zusammenarbeit zwischen Lizenzserver, Active Directory und Remotedesktop-Sitzungshost verbessert. Die Benutzerlizenzen werden vom Lizenzserver an den Sitzungshost übergeben, der die Lizenzen dann in Active Directory hinterlegt. Hier ist zukünftig die Anbindung von mehreren Domänen möglich.

Aktuell hat Microsoft die Funktionen der Remote Desktop Services noch nicht in das Windows Admin Center integriert. Das heißt, die Verwaltung der Dienste erfolgt weiterhin mit dem Server-Manager. Es ist im Windows Admin Center aber möglich, RDP-Verbindungen aufzubauen.

28.1.2 Server Based Personal Desktop – Private Server für Anwender

Mit dem Server Based Personal Desktop lässt sich für Anwender ein personalisierter Server bereitstellen, der einen Windows 10/11-Desktop bietet. Sinnvoll ist das in Umgebungen, in denen Anwender eigene Desktops erhalten sollen, aber keine Windows 10/11-Lizenz vorliegt, zum Beispiel bei Desktop as a Service (DaaS). Dadurch können Unternehmen auf Basis von Windows Server 2022 einen virtuellen Rechner für Anwender zur Verfügung stellen, der den Funktionen und Möglichkeiten von Windows 10 entspricht. Die Bereitstellung dieses Servers erfolgt als VM, in der der Anwender auf Wunsch auch administrative Rechte erhält.

Die neuen Server Based Personal Desktops ergänzen die Möglichkeiten von herkömmlich bereitgestellten Desktops um die Möglichkeit, neue Sammlungen zu erstellen, in denen Anwender echte virtuelle Computer mit administrativen Rechten erhalten. Die Verwaltung erfolgt über das Cmdlet *New-RDSessionCollection* mit den drei Optionen:

- *-PersonalUnmanaged* – Legt den neuen Typ der Sammlung fest und erlaubt, dass Anwender direkt zu einem speziellen Sitzungshost weitergeleitet werden.
- *-GrantAdministrativePrivilege* – Erteilt dem Anwender Administrator-Rechte auf dem Sitzungshost, indem er in die lokale Administratorgruppe aufgenommen wird.
- *-AutoAssignUser* – Legt fest, dass Anwender automatisch zu einem noch freien Sitzungshost verbunden werden, den noch kein anderer Anwender nutzt.

Die Zuweisung kann manuell erfolgen. Dadurch können Sie einem Benutzer einen fest definierten Sitzungshost zuweisen. Sie verwenden dazu das Cmdlet *Set-RDPersonalSessionDesktopAssignment* mit den folgenden Optionen, um die Zuweisung vorzunehmen:

- *-CollectionName <Name der Sammlung>*
- *-ConnectionBroker<Name des Verbindungsbrokers>*
- *-User <Benutzer>*
- *-Name <Name des Sitzungshosts>*

Anzeigen können Sie die Zuordnungen mit *Get-RDPersonalSessionDesktopAssignment*, gelöscht werden diese mit *Remove-RDPersonalSessionDesktopAssignment*.

28.2 Einstieg in die Remotedesktopdienste

Die Installation der Remotedesktopdienste erfolgt über den Server-Manager. Auch in Windows Server 2022 handelt es sich bei den Remotedesktopdiensten um eine Serverrolle, die verschiedene Rollendienste umfasst:

- **Remotedesktop-Virtualisierungshost** – Der Dienst wird in Hyper-V integriert, um in einem Pool virtuelle Desktops mit RemoteApp- und Desktopverbindung bereitzustellen.
- **Remotedesktop-Sitzungshost** – RemoteApp-Programme oder sitzungsbasierte Desktops nutzen diesen Dienst. Hierbei handelt es sich um den Nachfolger von den Terminaldiensten.
- **Remotedesktop-Verbindungsbroker** – Benutzer können erneut eine Verbindung mit ihren vorhandenen virtuellen Desktops, RemoteApp-Programmen und sitzungsbasierten Desktops herstellen. Die Verbindungsdaten merkt sich der Broker. In Windows Server 2022 können Sie diesen auch in Microsoft Azure installieren.
- **Web Access für Remotedesktop** ermöglicht Benutzern den Zugriff auf RemoteApp- und Desktopverbindung über einen Webbrowser. Auf diesem Weg stellen Sie zum Beispiel Remotedesktops im Internet zur Verfügung.
- Die **Remotedesktoplizenzierung** verwaltet die Lizenzen, die für eine Verbindung mit einem Remotedesktop-Sitzungshostserver oder einem virtuellen Desktop erforderlich sind. Sie können die RD-Lizenzierung zum Installieren, Ausstellen und Nachverfolgen der Verfügbarkeit von Lizenzen verwenden.
- Der **Remotedesktopgateway** ermöglicht es autorisierten Benutzern, von jedem Gerät mit Internetzugang eine Verbindung mit virtuellen Desktops, RemoteApp-Programmen und sitzungsbasierten Desktops in einem internen Unternehmensnetzwerk herzustellen.

Die Konfiguration erfolgt ebenfalls im Server-Manager. Windows Server 2022 bietet Sammlungen für Sitzungshosts (ehemals Terminalserver) und in Virtual Desktop Infrastructure-Umgebungen (VDI) auch für Virtualization-Hosts. In Windows Server 2022 können Sie mit den Remotedesktopdiensten virtuelle Desktops auf Basis von Windows 10/11 zur Verfügung stellen. Diese profitieren ebenfalls von den Neuerungen in Windows Server 2022.

Sie können Vorlagen für virtuelle Desktops erstellen und personifizierte sowie öffentliche Desktops erstellen. Eine Sitzungssammlung, früher Farm genannt, ist eine Gruppierung von RD-Sitzungshostservern für eine bestimmte Sitzung. Eine Sitzungssammlung wird verwendet, um sitzungsbasierte Desktops oder RemoteApp-Programme zur Verfügung zu stellen. Die Sitzungsvirtualisierung erfolgt über den Server-Manager. Dieser ermöglicht, RD-Sitzungshostserver von einem zentralen Ort aus zu installieren und zu konfigurieren. Während der Installation haben Sie drei Möglichkeiten:

- **Standardbereitstellung** – Ermöglicht Ihnen die flexible Bereitstellung der unterschiedlichen Remotedesktopdienste-Rollendienste auf unterschiedlichen Servern für den Produktionsbetrieb.
- **Schnellstart** – Alle notwendigen Remotedesktopdienste-Rollendienste werden auf einem einzigen Server installiert. Das ist zum Beispiel für Testumgebungen oder in kleineren Unternehmen sinnvoll.

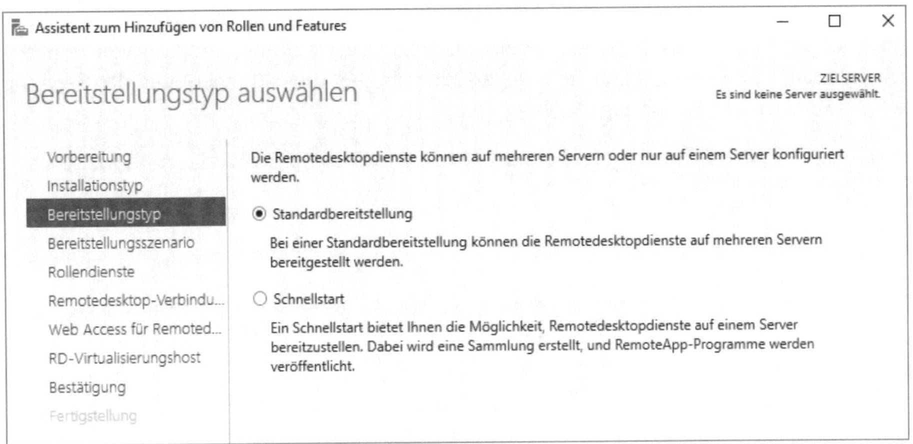

Abb. 28.1 Installieren der Remotedesktopdienste

Haben Sie die Auswahl getroffen, können Sie im Assistenten auswählen, ob Sie virtuelle Desktops zur Verfügung stellen wollen oder Remotedesktopsitzungen. Im Assistenten wählen Sie auf den folgenden Seiten die verschiedenen Server im Pool aus, denen Sie die unterschiedlichen Rollendienste zuweisen. Haben Sie im Szenario alle Server ausgewählt, die an der Infrastruktur teilnehmen sollen, schließen Sie die Installation über den Server-Manager ab.

Installieren Sie zum Beispiel einen Remotedesktop-Sitzungshost, um Anwendungen und Desktops zentral zur Verfügung zu stellen, müssen Sie nach der Installation der Rollendienste im Server-Manager eine Sitzungssammlung erstellen, also eine Terminalserverfarm. In den nächsten Abschnitten gehen wir ausführlich auf die Installation einer solcher Farm ein.

28.3 Installation eines Remotedesktopservers

In den nächsten Abschnitten gehen wir darauf ein, wie Sie Remotedesktopserver in Windows Server 2022 installieren und die Serverdienste im Netzwerk verteilen.

28.3.1 Installation und Verteilen der notwendigen Rollendienste

Die Installation eines Remotedesktopservers findet über den Server-Manager statt, indem Sie *Verwalten/Rollen und -Features hinzufügen* auswählen. Im Gegensatz zu herkömmlichen Rollen installieren Sie die Remotedesktopdienste über einen eigenen Assistenten, den Sie direkt vor der Installation eigentlicher Rollen starten.

Um die Serverrollen auf mehrere Server zu verwalten, müssen Sie diese zuvor über *Verwalten/Server hinzufügen* dem lokalen Server-Manager hinzufügen (siehe Kapitel 3).

Auf der zweiten Seite wählen Sie aus, ob Sie eine Standardbereitstellung durchführen oder eine Schnellstartinstallation mit nur einem einzigen Server installieren wollen. Mit der Standardinstallation können Sie eine Serverfarm mit mehreren Remotedesktop-Sitzungshosts installieren.

Über den Assistenten legen Sie danach fest, ob Sie eine Virtual Desktop Infrastructure (VDI) installieren wollen (siehe Kapitel 29), also virtuelle Computer auf Basis von Hyper-V, oder eine sitzungsbasierte Bereitstellung, also Server, die Anwendungen oder den Desktop den Anwendern zur Verfügung stellen.

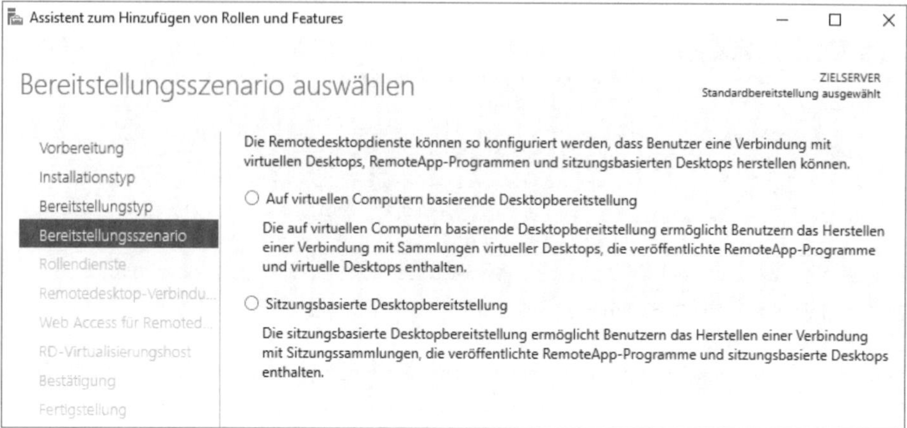

Abb. 28.2 Auswählen des Bereitstellungsszenarios

Haben Sie das Szenario ausgewählt, bestätigen Sie die zu installierenden Rollendienste, die zum Szenario installiert werden müssen. Auf einem Server in der Sammlung müssen Sie den Remotedesktop-Verbindungsbroker installieren.

Abb. 28.3 Auswählen der Bereitstellungsoptionen für RDS

Mit diesem Dienst können Sie Anwender wieder mit ihrer ursprünglichen Sitzung verbinden, wenn Sie mehrere Remotedesktopserver in einem Loadbalancing-Verbund einsetzen. Der Verbindungsbroker stellt einen Aggregationspunkt für RemoteApps im Unternehmen zur Verfügung und verbindet alle installierten Server, damit Sie diese zentral im Server-Manager verwalten können. Er sammelt RemoteApps der verschiedenen Server ein und stellt diese im Startmenü der Clientrechner zur Verfügung. Webzugriffsserver holen sich dazu die Daten von einem Server mit dem Verbindungsbroker.

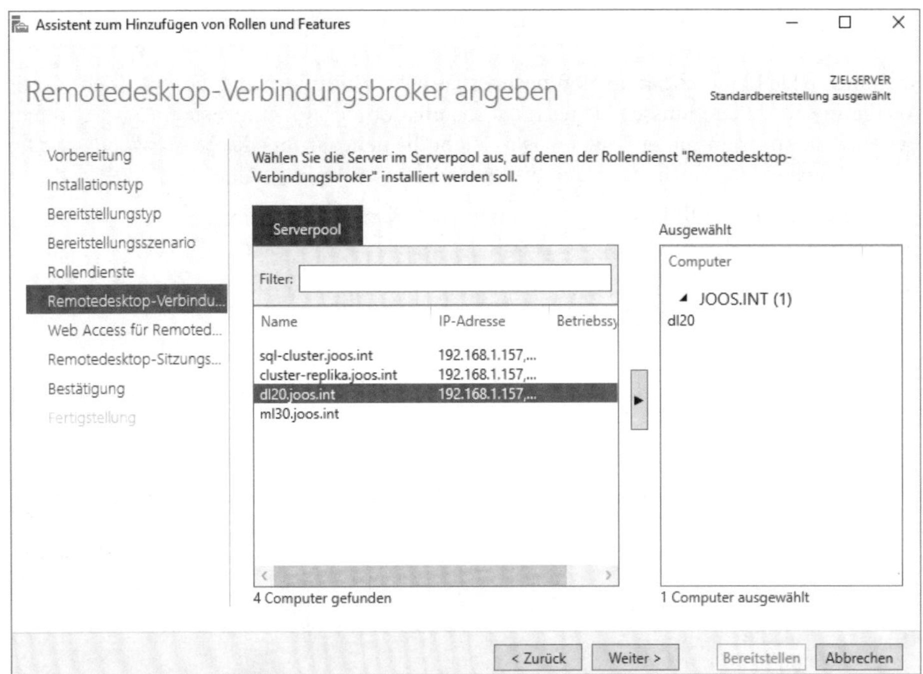

Abb. 28.4 Installieren des Remotedesktop-Verbindungsbrokers

Als Nächstes wählen Sie einen Server mit Web Access aus, der die RemoteApps der Farm zentral zur Verfügung stellt. Als Letztes wählen Sie noch den eigentlichen Server aus, der den Remotedesktop-Sitzungshost bereitstellt. Klicken Sie im letzten Fenster auf *Bereitstellen*, damit der Assistent auf den ausgewählten Servern die entsprechende Funktion installiert.

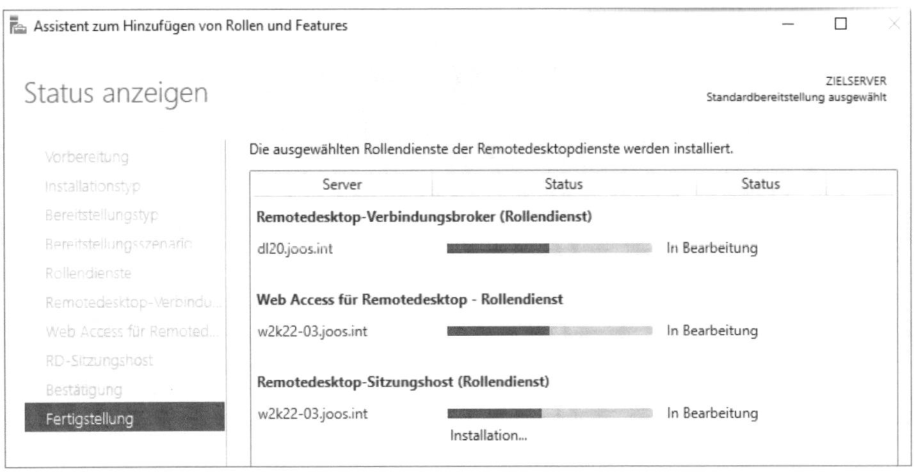

Abb. 28.5 Der Server-Manager in Windows Server 2022 installiert auf allen beteiligten Servern die notwendigen Dienste.

28.3.2 Einrichten einer neuen Sitzungssammlung

Installieren Sie Remotedesktop-Sitzungshosts, um Anwendungen und Desktops zentral zur Verfügung zu stellen, müssen Sie nach der Installation der Rollendienste im Server-Manager eine Sitzungssammlung erstellen. Dazu steht die neue Gruppe *Remotedesktopdienste* im Server-Manager zur Verfügung, über die Sie die Infrastruktur installieren:

1. Klicken Sie in der linken Seite des Fensters auf *Remotedesktopdienste.*
2. Klicken Sie auf *Sammlungen.*
3. Klicken Sie auf *Aufgaben/Sitzungssammlung erstellen.* Es startet der Assistent zum Erstellen einer Sitzungssammlung.
4. Geben Sie im Assistenten zunächst einen Namen für die Sammlung ein.
5. Wählen Sie auf der nächsten Seite die Server aus, die der Sitzungssammlung beitreten sollen.
6. Legen Sie danach fest, welche Gruppe aus Active Directory Zugriff auf den Server erhalten soll. Hier bietet es sich an, wie in den Vorgängerversionen, eigene Gruppen anzulegen. Auf diese Weise können Sie über die Gruppenmitgliedschaft den Zugriff steuern.
7. Übernehmen Sie auf der Seite *Benutzergruppen angeben* die Standardauswahl und klicken Sie auf *Weiter.*

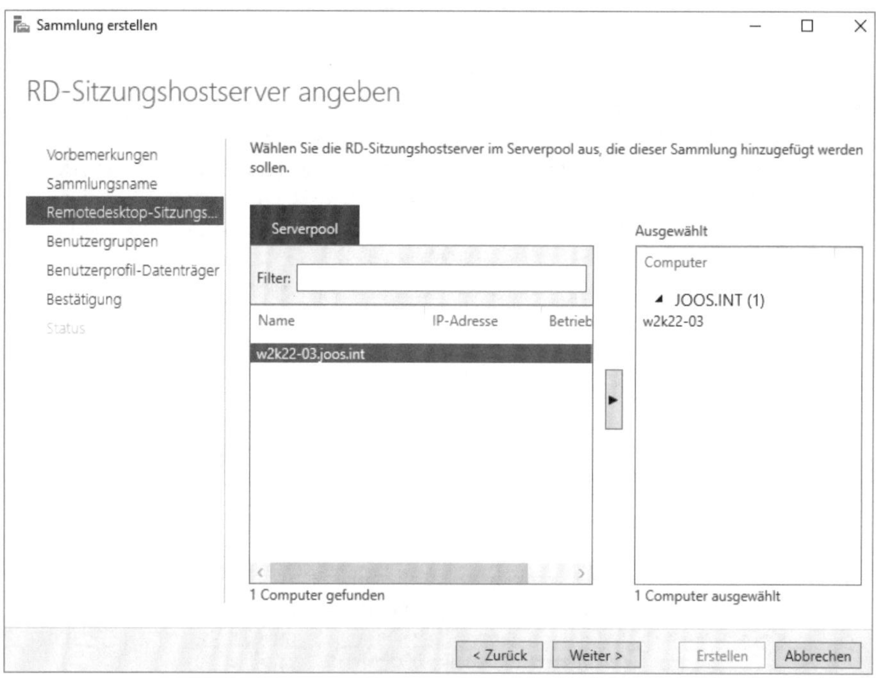

Abb. 28.6 Erstellen und Verwalten von Sitzungssammlungen

In Windows Server 2022 können Sie über den Assistenten auch einen Benutzerprofildatenträger eingeben. Dazu verwenden Sie eine Freigabe. Hierbei handelt es sich um den Nachfolger der Terminaldiensteprofile. Benutzer erhalten beim Verwenden der Remotedesktopdienste ein eigenes Benutzerprofil.

Schließen Sie die Erstellung der Gruppe ab. Anschließend steht die Sitzungssammlung zur Verfügung.

Haben Sie die Sammlung erstellt und auch den Webzugriff über den Installations-Assistenten installiert, können Sie bereits mit der URL *https://<Servername>/rdweb* auf die Webfreigabe zugreifen. Per Webzugriff haben Sie die Möglichkeit, eine Verbindung mit anderen Servern oder mit PCs herzustellen, auf denen der Remotedesktop aktiviert ist.

28.3.3 RemoteApp – Anwendungen bereitstellen

Wollen Sie nicht nur den Desktop zur Verfügung stellen, sondern auch einzelne Programme, die Anwender direkt über die Weboberfläche starten, klicken Sie im Server-Manager auf *Remotedesktopdienste* und dann auf die *Sammlungen*. Hier sehen Sie Informationen zur aktuellen Sammlung und können die verschiedenen Bereiche bearbeiten. Dazu klicken Sie jeweils in dem Bereich, den Sie verwalten wollen, auf *Aufgaben* und wählen dann aus, welche Konfiguration Sie anpassen möchten.

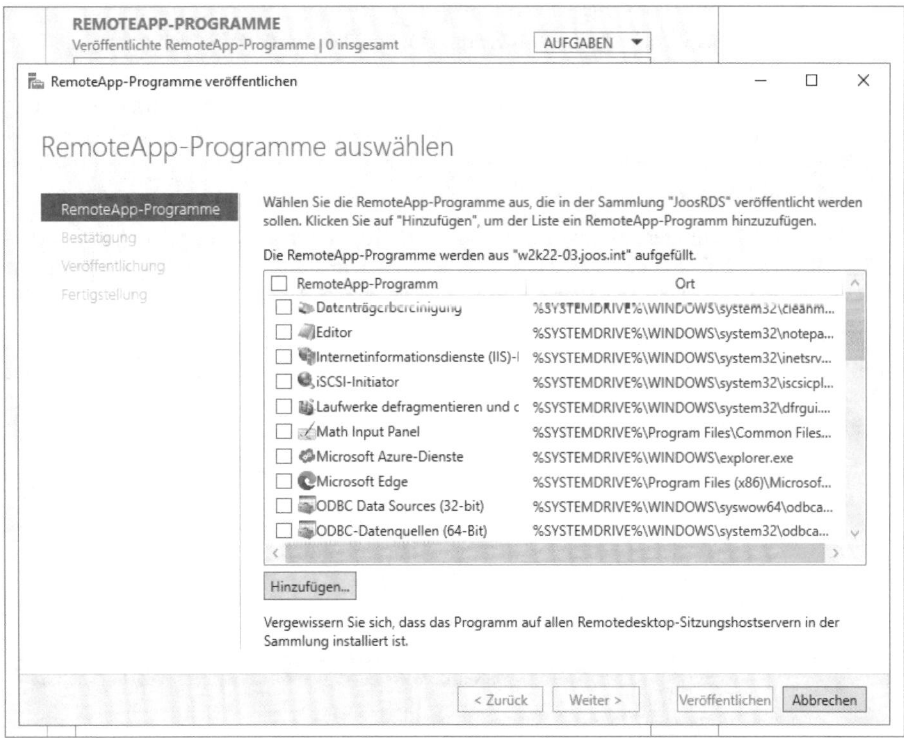

Abb. 28.7 Veröffentlichen von Anwendungen im Server-Manager

Um eine Anwendung der Liste hinzuzufügen, klicken Sie im Bereich *RemoteApp-Programme* auf den Link *RemoteApp-Programme veröffentlichen*. Im Anschluss startet der RemoteApp-Assistent, über den Sie die Anwendungen der Liste hinzufügen können. Wählen Sie entweder das Programm aus der Liste aus oder klicken Sie auf *Durchsuchen*, um die Startdatei der Anwendung hinzuzufügen. Sie können an dieser Stelle mehrere Anwendungen auswählen. Sie können die Eigenschaften der Applikationen jederzeit anpassen.

RemoteApps stehen nach der Veröffentlichung automatisch für alle Clients über den Webzugriff zur Verfügung. Diesen erreichen Sie über die URL *https://<Servername>/rdweb*. Nach der Authentifizierung stehen sofort alle RemoteApps zur Verfügung, die Sie veröffentlichen, Berechtigungen vorausgesetzt.

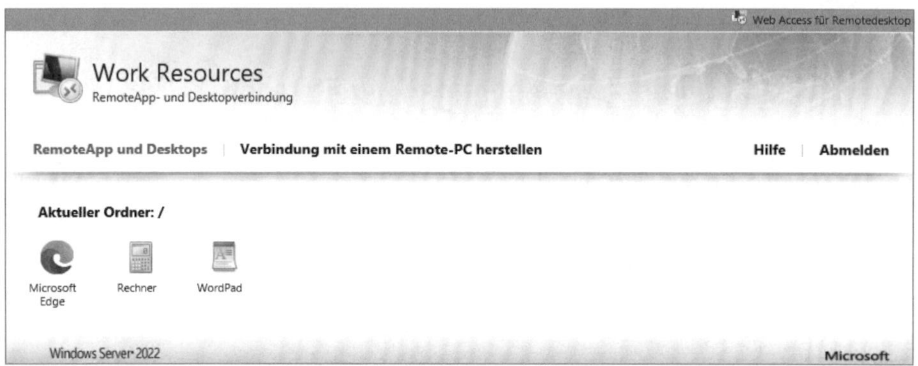

Abb. 28.8 Verwenden der veröffentlichten Anwendungen über Remotedesktop Web Access

Sie können im Server-Manager über diesen Bereich jederzeit weitere Anwendungen veröffentlichen. Achten Sie aber darauf, dass die Anwendungen auf den Remotedesktop-Sitzungshosts installiert sein müssen, nicht auf dem Server mit Web Access oder dem Remotedesktop-Verbindungsbroker.

Um weitere Anwendungen hinzuzufügen, klicken Sie im Server-Manager in der Verwaltung der Remotedesktopdienste auf die entsprechende Sammlung. Im Bereich *Aufgaben* der App-Verwaltung können Sie veröffentlichte Anwendungen wieder entfernen.

Im Server-Manager sehen Sie die aktuell verbundenen Benutzer im Bereich *Verbindungen*, wenn Sie auf die Sammlung klicken. An dieser Stelle können Sie einzelne Verbindungen auch trennen.

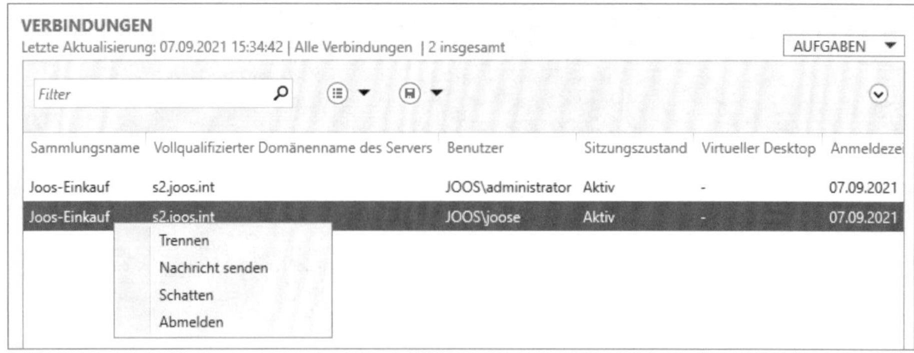

Abb. 28.9 Verwalten der verbundenen Benutzer

In Windows Server 2022 finden Sie die Option *Schatten* im Kontextmenü von Benutzersitzungen. Hierüber können Sie eine Verbindung zur Sitzung des Anwenders aufbauen, auch »spiegeln« genannt. Dieser muss dazu die Verbindung bestätigen.

28.3.4 Remotedesktoplizenzierung

Sie benötigen für jeden Remotedesktopserver (Remotedesktop-Sitzungshost) eine Windows Server-Lizenz. Zusätzlich benötigen Sie für jeden Benutzer, wie bei normalen Serverzugriffen auf Datei- oder Druckserver, eine entsprechende Client-Zugriffslizenz. Diese CALs sind bei keinem Betriebssystem integriert, sondern müssen immer gesondert erworben werden.

In Windows Server 2022 können Sie keine Benutzer-CALs und RDS-CALs von Windows Server 2012/2012R2/2016/2019 verwenden. Sie müssen also CALs neu erwerben.

Setzen Sie andere Lösungen für den Remotedesktop ein, müssen Sie auch RDS-CALs erwerben.

Setzen Sie neue RDS-CALs ein, können Sie diese auch mit Vorgängerversionen von Windows Server 2022 betreiben.

Bei einem Remotedesktopserver benötigen Sie zusätzlich für jeden Client, der sich mit dem Remotedesktopserver verbindet, eine spezielle Remotedesktopserver-Zugriffslizenz (RDS-CAL). Diese Lizenz wird pro PC oder pro Benutzer vergeben und gilt nicht pro gleichzeitigem Zugriff (siehe Kapitel 1). Das heißt, Sie müssen nicht so viele Lizenzen kaufen, wie gleichzeitig Benutzer mit dem Remotedesktopserver arbeiten, sondern so viele Lizenzen, wie Benutzer überhaupt mit dem Remotedesktopserver arbeiten.

Microsoft bietet für die Lizenzierung der RDS-CALs die gleichen Lizenzierungsmöglichkeiten wie bei den normalen CALs (siehe Kapitel 1). Es gibt RD-Geräte-CALs und RD-Benutzer-CALs. Befindet sich der Remotedesktopserver in Active Directory, sollten Sie die Remotedesktopdienste-Lizenzierung auf einem Mitgliedsserver installieren. Sie haben 120 Tage Zeit, bevor Sie den Lizenzierungsdienst auf einem Server installieren und aktivieren müssen. Ein Remotedesktopserver findet in Active Directory-Lizenzserver automatisch. Der Ablauf bei der Lizenzierung ist folgender:

1. Ein Client verbindet sich mit einem Remotedesktopserver (Remotedesktop-Sitzungshost).
2. Der Remotedesktopserver ruft von einem Remotedesktoplizenzserver eine Lizenz ab. Hierbei muss es sich nicht um den lokalen Remotedesktopserver handeln. Ein Lizenzserver kann Lizenzen für mehrere Remotedesktopserver zur Verfügung stellen. Für die Verbindung mit einem Administratorkonto benötigen Sie auch auf einem Remotedesktopserver keine Lizenz, es dürfen aber nur zwei gleichzeitige Admins verbunden sein.
3. Der Remotedesktopserver stellt dem Client die Lizenz zur Verfügung.

Lizenzserver in den Remotedesktopdiensten registrieren sich automatisch in Active Directory. Installieren Sie einen neuen Remotedesktopserver, können Sie manuell Lizenzserver zuweisen. So ist sichergestellt, dass einzelne Remotedesktopserver genau mit den Lizenzservern arbeiten, die Sie als Administrator hinterlegen.

Um die Remotedesktopdienste-Lizenzierung zu installieren, wählen Sie im Server-Manager *Remotedesktopdienste* aus und klicken auf *Übersicht*. Über den Link *Remotedesktoplizenzierung* wählen Sie den Server aus, der die Lizenzierung steuert. Sie können an dieser Stelle allerdings nur Server auswählen, die Sie im Server-Manager über *Verwalten/Server hinzufügen* integriert haben.

Haben Sie die Server im Server-Manager integriert, können Sie schließlich über den Link *Remotedesktoplizenzierung* einen oder mehrere Server auswählen, auf denen Sie diesen Dienst betreiben wollen. Schließen Sie den Assistenten ab, um die Lizenzierung zu aktivieren.

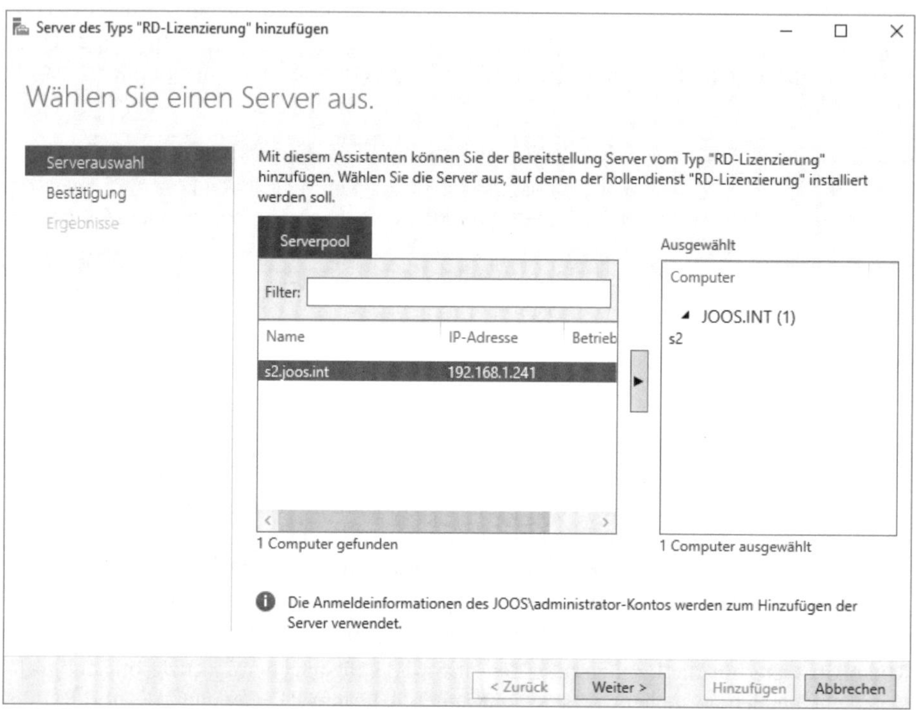

Abb. 28.10 Auswählen der Remotedesktoplizenzserver im Unternehmen

Nachdem Sie die Remotedesktoplizenzierung installiert haben, müssen Sie noch Einstellungen für die Sammlung konfigurieren. Dazu klicken Sie im Server-Manager bei *Remotedesktopdienste/Übersicht* bei *Bereitstellungsübersicht* auf *Aufgaben* und dann auf *Bereitstellungseigenschaften bearbeiten*. Klicken Sie danach auf *Remotedesktoplizenzierung*. Hier legen Sie fest, welche Lizenzierung Sie verwenden wollen und welchen Lizenzserver die Sammlung nutzen soll. Klicken Sie danach auf *Anwenden*.

Auf dem Server, den Sie als Remotedesktoplizenzierungs-Server installiert haben, finden Sie nach der Installation im Startmenü das Tool *Remotedesktoplizenzierungs-Manager* vor. Dieses starten Sie durch Eingabe von *licmgr*.

Haben Sie das Programm gestartet, durchsucht es das Netzwerk und zeigt die gefundenen Lizenzserver an. Nicht aktivierte Lizenzserver werden entsprechend hervorgehoben. Um einen Lizenzserver zu aktivieren, klicken Sie mit der rechten Maustaste auf den Servernamen und wählen im Kontextmenü den Befehl *Server aktivieren*.

Anschließend können Sie den Server entweder direkt über die Konsole aktivieren, wenn Ihr Lizenzserver an das Internet angebunden ist, oder Sie führen die Aktivierung per Telefon durch.

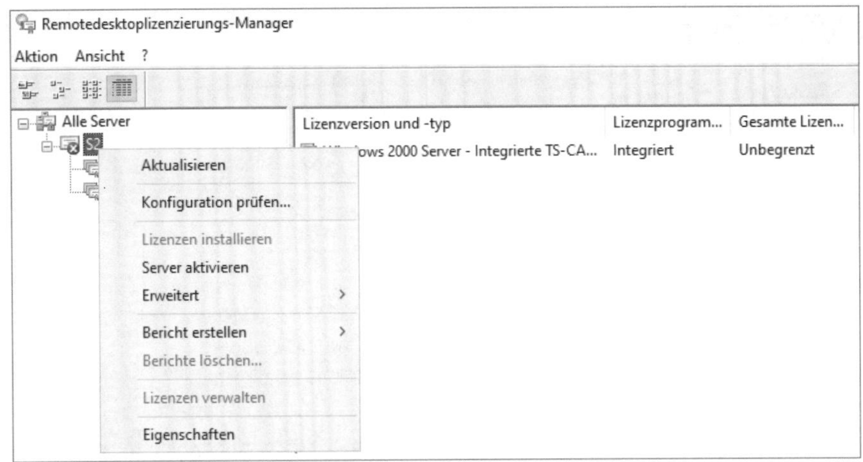

Abb. 28.11 Verwalten der Remotedesktoplizenzierungs-Server

Nachdem ein Lizenzserver aktiviert worden ist, stellt er eine temporäre Lizenz aus, die 120 Tage gültig sind. Nach diesem Testzeitraum müssen Ihre Clients allerdings mit permanenten Lizenzen versorgt werden, die Sie im Lizenzserver einspielen müssen. Diese Aktivierung ist kostenlos, nur nicht die RD-CALs, die Sie später benötigen. Die RD-Cals erhalten Sie als Seriennummer, die Sie über das Kontextmenü des Lizenzservers im Remotedesktoplizenzierungs-Manager eintragen. Für die Aktivierung eines Lizenzservers benötigen Sie noch keine RD-CALs. Die Aktivierung ist kostenlos und notwendig, damit der Server zumindest Testlizenzen ausstellen kann, die bis zu 120 Tage gültig sind.

Nach der erfolgreichen Aktivierung wird der Lizenzserver als fehlerfrei dargestellt, aber oft mit einer Warnung. Klicken Sie auf den Server mit der rechten Maustaste und wählen Sie *Konfiguration prüfen* aus. Sie erhalten die Information, dass der Server nicht Mitglied der Windows-Gruppe *Terminalserver-Lizenzserver* ist. Durch einen Klick auf die Schaltfläche neben der Meldung können Sie das Computerkonto in die Gruppe aufnehmen.

Die Aufnahme ist notwendig, damit der Server Benutzern in der Domäne Lizenzen für den Zugriff auf den Remotedesktopserver zuteilen kann. Neben der Aktivierung müssen Sie noch den Lizenzmodus festlegen, wie auf den vorangegangenen Seiten beschrieben.

Im Remotedesktoplizenzierungs-Manager können Sie Berichte erstellen, um die Nutzung der Lizenzen zu bestimmten Zeiträumen anzuzeigen. Ausführliche Informationen werden allerdings nur dann angezeigt, wenn sich der Remotedesktopserver und die Arbeitsstationen in einer Active Directory-Domäne befinden.

Weitere Optionen der Lizenzierung, wie den Suchmodus für den Lizenzserver oder den Lizenzierungsmodus, können Sie im Server-Manager einstellen. Dazu klicken Sie im Bereich *Bereitstellungsübersicht* auf *Aufgaben* und wählen *Bereitstellungseigenschaften bearbeiten*.

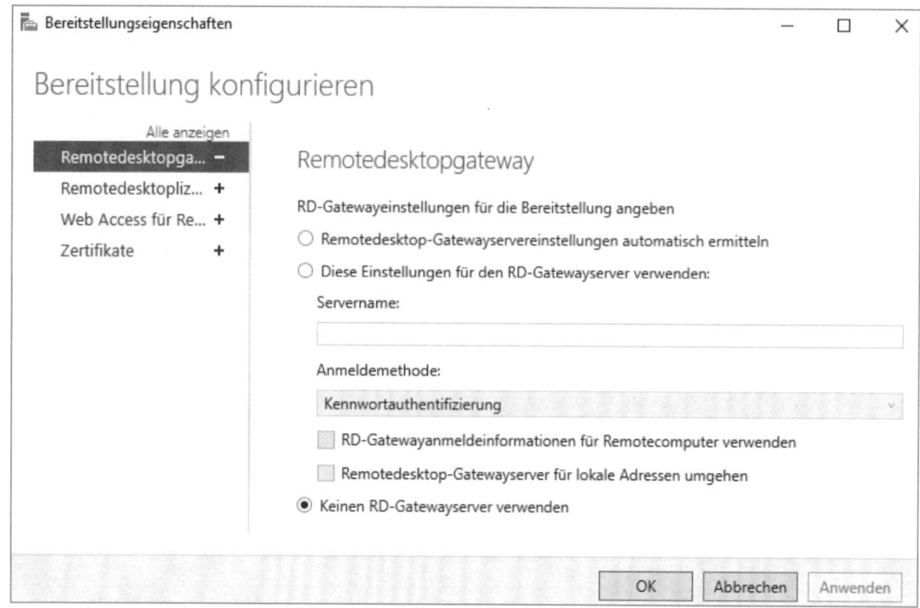

Abb. 28.12 Anpassen der Bereitstellung einer RDS-Umgebung

Klicken Sie im Server-Manager auf *Remote Desktop Services* und dann auf *Remotedesktop-Lizenzierungsdiagnose*, können Sie sich Meldungen zur Lizenzierung anzeigen lassen. Dieses Programm finden Sie im Startmenü auf den Remotedesktop-Sitzungshosts. In diesem Tool können Sie Zertifikate hinterlegen und das Remotedesktopgateway anpassen.

Sie sollten in regelmäßigen Abständen eine Sicherung des Lizenzservers durchführen, damit bei einem Serverausfall die Datenbank mit den ausgestellten Lizenzen möglichst nicht verloren geht. Um einen Lizenzserver zu sichern, können Sie die Windows-Datensicherung verwenden. Standardmäßig befindet sich der Pfad im Ordner *\Windows\System32\lserver*.

Sie können die Arbeitsweise des Lizenzservers mit Gruppenrichtlinien steuern. Wenn Sie eine Gruppenrichtlinie aufrufen, finden Sie die Richtlinien für die Remotedesktopserver-Lizenzierung in der Konsolenstruktur unter *Computerkonfiguration/(Richtlinien)/Administrative Vorlagen/Windows-Komponenten/Remotedesktopdienste/Remotedesktoplizenzierung.*

28.3.5 Remotedesktopsitzungen spiegeln

Mit Windows Server 2022 können sich Administratoren mit Sitzungen von Anwendern verbinden, um bei Problemen zu helfen. Die Funktion bietet viele Einstellungsmöglichkeiten, zum Beispiel auch der Option, dass Anwender mit dem Spiegeln der Sitzung einverstanden sein müssen.

Einstieg in die Spiegelung von verbundenen Benutzern

Sie können Ihre Remotedesktopserver per Remotedesktop verwalten oder von anderen Servern mit dem Server-Manager aus. Bequemer ist die Verwaltung von Servern aber von Arbeitsstationen aus. Das ist ein sehr effizienter Weg, da Sie auch den Server-Manager auf Arbeitsstationen installieren und alle Server einfach und effizient vom eigenen Rechner aus verwalten können. Die Verwaltung von Servern in Windows Server 2022 und Windows 10 können Sie komplett von Rechnern mit Windows 10 aus erledigen. Dazu brauchen Sie die Remoteserver-Verwaltungstools für Windows 10 ab Version 1809. Diese enthalten den Server-Manager und die Möglichkeit, Benutzersitzungen zu spiegeln, ohne dass Sie weitere Tools installieren müssen.

Haben Sie den Server-Manager in Windows 10 aufgerufen, klicken Sie auf *Verwalten/Server hinzufügen*. Hier durchsuchen Sie jetzt Ihre Domäne und wählen alle Server aus, die Sie von der Arbeitsstation aus verwalten wollen. Um Benutzersitzungen zu spiegeln, müssen Sie die Remotedesktop-Sitzungshosts und die Verbindungsbroker auswählen. Berechtigen Sie Anwender zum Spiegeln von Sitzungen, zum Beispiel Support-Mitarbeiter oder den Helpdesk, installieren Sie auf den Rechnern der entsprechenden Mitarbeiter am besten auch die Remoteserver-Verwaltungstools und fügen die Remotedesktop-Sitzungshosts zum Server-Manager hinzu.

Wenn Sie eine Sammlung eingerichtet haben, sehen Sie die angebundenen Anwender im Bereich *Verbindungen*, wenn Sie auf den Namen der entsprechenden Sammlung klicken. Hier sind alle angebundenen Benutzer in der Farm zu sehen. Über das Kontextmenü verwalten Sie die Benutzer und starten auf Wunsch die Spiegelung, doch dazu später mehr.

Mit dem Befehlszeilentool *Query* können Sie in der Eingabeaufforderung verschiedene Abfragen starten, um sich einen Überblick zu verschaffen, welche Prozesse zurzeit laufen und welche Benutzer angemeldet sind. Spiegelungen zu den Sitzungen starten Sie dann im Server-Manager. In der Befehlszeile sind vor allem folgende Befehle interessant:

- *query process* – Dieser Befehl zeigt alle laufenden Prozesse auf dem Remotedesktopserver.
- *query session* – Mit diesem Befehl werden alle laufenden Remotedesktopsitzungen angezeigt.
- *query termserver* – Alle Remotedesktopserver im Subnetz werden angezeigt.
- *query user* – Alle auf dem Remotedesktopserver angemeldeten Benutzer werden angezeigt.

Mit dem Befehlszeilentool *Reset* können Sie Sitzungen anhand ihrer ID auf dem Remotedesktopserver zurücksetzen. Sie können zum Beispiel mit der Anweisung *query session* alle Sitzungen mit deren ID anzeigen lassen. Im Anschluss können Sie mit *reset session <Nummer der Sitzung>* eine bestimmte Sitzung zurücksetzen. Dieser Vorgang geht oft schneller als im Server-Manager. Über diesen Weg können Sie aber keine Spiegelungen spiegeln, dazu müssen Sie in den Server-Manager wechseln.

Spiegelungen von Benutzersitzungen durchführen

Über das Kontextmenü von Sitzungen im Server-Manager können Sie auf Remotedesktop-Sitzungshosts Sitzungen von Anwendern spiegeln. Klicken Sie eine Sitzung mit der rechten Maustaste an, haben Sie verschiedene Möglichkeiten, die Benutzer zu verwalten. Mit der Option *Schatten* können Sie Sitzungen spiegeln. Es sind dazu keine weiteren Konfigurationen notwendig. Sobald Sie eine Sammlung erstellen und RemoteApps veröffentlichen, sind die Anwendungen zur Spiegelung bereit.

Spiegeln können Sie nicht nur Desktop-Sitzungen, sondern auch RemoteApps, inklusive deren Steuerelemente. Klicken Sie die Option zum Spiegeln an (*Schatten*), wählen Sie zunächst aus, ob Sie die Sitzung nur sehen wollen, ohne selbst steuern zu können (*Anzeige*), oder ob Sie in der Sitzung auch Eingaben vornehmen wollen (*Steuerelement*). Standardmäßig ist nach der Installation der Remotedesktop-Sitzungshosts beides erlaubt und möglich. Sie müssen dazu keinerlei Einstellungen vornehmen.

Außerdem können Sie festlegen, ob der Benutzer die Verbindung bestätigen muss oder ob die Verbindung ohne Bestätigung stattfinden soll. Standardmäßig ist in den Richtlinien von Remotedesktopservern die Zustimmung der Benutzer festgelegt. Wollen Sie sich mit Sitzungen verbinden, ohne dass Anwender die Verbindung bestätigen müssen, sind erst Änderungen in den Richtlinien der Remotedesktopserver notwendig. Zu diesen Einstellungen kommen wir später noch. Auch diese Einstellungen lassen sich über lokale Richtlinien oder mit Gruppenrichtlinien festlegen.

Aktivieren Sie die Anzeige einer Sitzung und bestätigt der entsprechende Anwender die Spiegelung, sehen Sie den Remotedesktop oder die geöffnete RemoteApp des Anwenders. Sie sehen allerdings nicht den Rechner des Anwenders oder andere Anwendungen, sondern nur dessen Remotedesktopsitzung. Sie können bei der Verwendung der Anzeige keinerlei Eingaben vornehmen, sondern Sie sehen nur das, was der Benutzer in seiner RemoteApp oder seinem RDP-Desktop sieht. Interaktion mit dem Benutzer ist nicht möglich, auch keine Unterhaltung, Datenaustausch oder sonstige Funktionen. Minimiert der Anwender die RemoteApp auf seinem Rechner, wird die App auch in der Spiegelsitzung minimiert und es ist kein Inhalt der Anwendung mehr zu sehen. Generell ist durch die Spiegelung festgelegt, dass nur die Anwendung und deren Informationen angezeigt werden, die in der gespiegelten Sitzung laufen. Alle anderen Daten des zugreifenden Rechners sind für den zugreifenden Administrator nicht sichtbar.

In den Standardeinstellungen von Remotedesktopservern erscheint bei den Anwendern immer eine Meldung auf dem Bildschirm, wenn eine Spiegelung erfolgen soll. Der Anwender kann in dieser Meldung die Spiegelung erlauben oder sie verweigern. Die Entscheidung des Benutzers kann von Administratoren nicht überstimmt werden. Nachdem die Spiegelung aufgebaut ist, kann der Administrator die Spiegelung durch das Schließen des Fensters beenden, der Anwender kann sie in diesem Zusammenhang nicht schließen. Der Anwender erhält auch keine Information darüber, ob sich der Administrator von der Sitzung wieder getrennt hat.

RDP-Sitzungen remote steuern

Neben der Möglichkeit, die Sitzungen anzuzeigen, können Sie Benutzersitzungen natürlich auch komplett steuern. Dazu müssen Sie als Option *Steuerelement* auswählen, wenn Sie die Option *Schatten* für eine Benutzersitzung ausgewählt haben. Auch hier muss der entsprechende Benutzer die Verbindung erst genehmigen, wenn Sie mit den Standardeinstellungen arbeiten.

Die Trennung der Sitzung erfolgt auf dem gleichen Weg wie bei der Anzeige. Der Administrator muss das Fenster nur schließen. Der Anwender, den Sie spiegeln, sieht alle Ihre Eingaben. Leider fehlen Funktionen wie Chat oder Dateiaustausch. Auch Drag&Drop funktioniert zwischen den Sitzungen nicht. Ansonsten lassen sich in der Sitzung aber alle Aufgaben durchführen, die auch der gespiegelte Benutzer durchführen kann. Beide Benutzer arbeiten gleichzeitig mit dem Desktop oder der RemoteApp.

Gruppenrichtlinieneinstellungen und Systemeinstellungen für die Spiegelung

Einstellungen für die Spiegelung nehmen Sie über lokale Richtlinien oder in den Gruppenrichtlinien vor, die Sie den Remotedesktop-Sitzungshosts zuweisen. Sie finden die Konfiguration über *Benutzerkonfiguration/(Richtlinien)/Administrative Vorlagen/Windows-Komponenten/Remotedesktopdienste/Remotedesktop-Sitzungshost/Verbindungen*. Hier finden Sie die Einstellung *Regeln für Remotesteuerung von Remotedesktopdienstebenutzern festlegen*.

Sie können an dieser Stelle entweder eine Gruppenrichtlinie in der Domäne erstellen und den Remotedesktop-Sitzungshosts zuweisen oder Sie nehmen die Einstellung einfach in den lokalen Richtlinien der einzelnen Remotedesktops-Sitzungshosts vor (*gpedit.msc*). Ohne dass Sie etwas einstellen, dürfen nur Administratoren, welche die Sammlung erstellt haben, im Server-Manager die Spiegelung durchführen. Es sind keine Zusatzwerkzeuge oder besondere Einstellungen notwendig, Spiegelungen funktionieren in Windows Server 2022 automatisch. Aktivieren Sie die Richtlinie auf einem Server, haben Sie verschiedene Einstellungsmöglichkeiten:

Um Einstellungen zu ändern, aktivieren Sie die Richtlinie und wählen aus dem Dropdownmenü aus den angezeigten Optionen aus:

- *Keine Remoteüberwachung zulassen* – Administratoren können keine Remotesteuerung verwenden oder Remotebenutzersitzungen anzeigen. Eine Spiegelung ist daher nicht erlaubt. Wenn ein Administrator eine Sitzung spiegeln will, erscheint die Meldung, dass die Funktion über Richtlinien blockiert ist.
- *Vollzugriff mit Erlaubnis des Benutzers* – Erlaubt Administratoren mit der Zustimmung des entsprechenden Benutzers die Steuerung einer Sitzung, also auch die Bedienung. Natürlich ist das Anzeigen erlaubt.
- *Vollzugriff ohne Erlaubnis des Benutzers* – Erlaubt Administratoren auch ohne Zustimmung des Benutzers die Steuerung der Sitzung. In diesem Fall können Administratoren beim Spiegeln den Haken bei der Option entfernen, dass der Benutzer gefragt werden muss. Die Anzeige-Funktion ist mit dieser Einstellung erlaubt.
- *Sitzung mit Erlaubnis des Benutzers anzeigen* – Erlaubt Administratoren das Anzeigen von Sitzungen mit Zustimmung des Benutzers. Eine Steuerung der Sitzungen ist aber nicht erlaubt.
- *Sitzung ohne Erlaubnis des Benutzers anzeigen* – Ermöglicht Administratoren das Anzeigen von Sitzungen auch ohne dessen Zustimmung.

Wenn Sie diese Richtlinieneinstellung deaktivieren, können Administratoren mit der Zustimmung des Benutzers in dessen Remotedesktopdienste-Sitzung eingreifen und Sitzungen spiegeln. Das geht auch, wenn Sie gar nichts konfigurieren.

Spiegelung für Nicht-Administratoren

Standardmäßig dürfen nur Administratoren des Servers Sitzungen auf den Remotedesktop-Sitzungshosts spiegeln. Sollen auch normale Anwender, zum Beispiel Support-Mitarbeiter Sitzungen spiegeln dürfen, müssen Sie die entsprechenden Benutzerkonten erst dazu berechtigen. Sie können dazu die Befehlszeile auf dem Remotedesktop-Sitzungshost verwenden:

wmic /NameSpace:\\root\cimv2\TerminalServices PATH WIN32_TSPermissionsSetting.TerminalName="RDP-TCP" call AddAccount "<Domäne\Benutzer>", <Wert>

Für <*Wert*> stehen folgende Möglichkeiten zur Verfügung:

0 = WINSTATION_GUEST_ACCESS

1 = WINSTATION_USER_ACCESS

2 = WINSTATION_ALL_ACCESS

Damit die Anwender die Spiegelung durchführen können, ist der beste Weg, wenn Sie auf den Arbeitsstationen der Anwender die Remoteserver-Verwaltungstools für Windows 10 installieren und den Server-Manager zur Verfügung stellen.

Mit welchen Optionen sich die Anwender zur Spiegelung verbinden können, also Anzeigen oder Steuern von Sitzungen, legen Sie über die Gruppenrichtlinien fest, wie zuvor beschrieben. Sobald Sie Anwendern das Spiegeln erlauben, dürfen diese die Spiegelung auch durchführen, selbst wenn Sie noch keine weiteren Einstellungen vorgenommen haben. Nach der entsprechenden Berechtigung dürfen die Anwender auch Administrator-Sitzungen spiegeln, allerdings nicht die Konsolen-Sitzung direkt auf dem Server.

Sitzungen trennen und neu verbinden

Neben der Spiegelung im Server-Manager können Administratoren die Sitzungen in der Befehlszeile trennen, ohne eine Spiegelung durchzuführen. Dazu stehen verschiedene Tools zur Verfügung. Mit *TSCON* und *TSDISCON* können Remotedesktopsitzungen verbunden oder abgemeldet werden. Wenn Sie den optionalen Parameter */dest:<Sitzungsname>* verwenden, ist dieser die Kennung der Sitzung, mit der eine Verbindung hergestellt werden soll. Er gibt den Namen der aktuellen Sitzung an. Diese Sitzung wird getrennt, wenn eine Verbindung mit der neuen Sitzung hergestellt wird.

Mit der Option */dest:<Sitzungsname>* können Sie die Sitzung eines anderen Benutzers mit einer anderen Sitzung verbinden. Geben Sie bei der Option *Password* kein Kennwort an und gehört die Zielsitzung einem anderen Benutzer, schlägt *TSCON* fehl. Mit der Konsolensitzung auf dem Server können Sie keine Verbindung herstellen.

Geben Sie zum Beispiel *tscon 12* ein, um eine Verbindung mit Sitzung 12 auf dem aktuellen Remotedesktopserver herzustellen und um die aktuelle Sitzung zu trennen. Mit *tscon 23 /password:<Kennwort>* bauen Sie eine Verbindung mit Sitzung 23 auf dem aktuellen Remotedesktopserver auf und trennen die aktuelle Sitzung.

Geben Sie *tscon TERM03 /v /dest:TERM05* ein, um eine Verbindung zwischen der Sitzung TERM03 und der Sitzung TERM05 herzustellen und die noch verbundene Sitzung TERM05 zu trennen.

Geben Sie keine Sitzungskennung oder keinen Sitzungsnamen an, trennt *TSDISCON* die aktuelle Sitzung. Alle Anwendungen, die beim Trennen der Sitzung laufen, werden beim erneuten Verbinden mit dieser Sitzung automatisch und ohne Datenverlust wieder ausgeführt. Verwenden Sie den Befehl *reset session*, um die aktiven Anwendungen der getrennten Sitzung zu beenden.

Beispiele:

- Geben Sie *tsdiscon* zum Trennen der aktuellen Sitzung ein.
- Geben Sie *tsdiscon 10* zum Trennen von Sitzung 10 ein.
- Geben Sie *tsdiscon TERM04* zum Trennen der Sitzung mit dem Namen TERM04 ein.

Mit *TSKILL* können Sie einzelne Prozesse auf einem Remotedesktopserver beenden. Sie können sich zum Beispiel mit *query process* alle laufenden Prozesse anzeigen lassen und im Anschluss mit *tskill <PID des Prozesses>* den Prozess beenden. Die Syntax des Befehls lautet:

Tskill {<Prozesskennung> | <Prozessname>} [/server:<Servername>] [{/id:<Sitzungskennung> | /a}] [/v]

Prozesskennung – Die Kennung des zu beendenden Prozesses (PID).

Prozessname – Der Name des zu beendenden Prozesses. Sie können bei der Eingabe dieses Parameters Platzhalterzeichen verwenden.

/server:<Servername> – Gibt den Remotedesktopserver an, auf dem sich der zu beendende Prozess befindet. Erfolgt keine Angabe, wird der aktuelle Remotedesktopserver verwendet.

/id:<Sitzungskennung> – Beendet den in der angegebenen Sitzung ausgeführten Prozess.

/a – Beendet den in allen Sitzungen ausgeführten Prozess.

/v – Zeigt Informationen zu den Aktionen an, die gerade ausgeführt werden.

Wenn Sie kein Administrator sind, können Sie den Befehl *TSKILL* nur zum Beenden der Prozesse verwenden, die Sie besitzen. Beispiele:

Um den Prozess 6543 zu beenden, geben Sie *tskill 6543* ein.

Um den in Sitzung 5 ausgeführten Prozess *explorer* zu beenden, geben Sie *tskill explorer /id:5* ein.

28.3.6 Nacharbeiten zur Installation

Haben Sie auf einem Server die Remotedesktopdienste installiert, sollten Sie einige empfohlene Nacharbeiten durchführen, die wir im folgenden Abschnitt ausführlicher beschreiben.

Auslagerungsdatei auf einem Remotedesktop-Sitzungshost optimieren

Zunächst sollten Sie die Auslagerungsdatei auf eine andere physische Festplatte des Servers verschieben, damit Schreibzugriffe auf die Auslagerungsdatei nicht von Schreibzugriffen auf der Festplatte ausgebremst werden.

Wenn keine zweite physische Festplatte zur Verfügung steht, macht ein Verschieben keinen Sinn, da die Auslagerung auf eine Partition, die auf derselben Platte liegt, keine positiven Auswirkungen hat. Zusätzlich sollten Sie die Größe der Auslagerungsdatei etwa auf das 2,5-Fache des tatsächlichen Arbeitsspeichers legen. Damit wird die Fragmentierung der Datei minimiert:

1. Die Einstellungen für die Auslagerungsdatei finden Sie über *Systemsteuerung/System und Sicherheit/System/Erweiterte Systemeinstellungen/Leistung/Einstellungen/Erweitert/Virtueller Arbeitsspeicher/Ändern*. Sie erreichen die Systemeigenschaften auch durch das Aufrufen von *sysdm.cpl*.
2. Deaktivieren Sie das Kontrollkästchen *Auslagerungsdateigröße für alle Laufwerke automatisch verwalten*.
3. Aktivieren Sie die Option *Benutzerdefinierte Größe*.

4. Setzen Sie bei *Anfangsgröße* und bei *Maximale Größe* in etwa das 2,5-Fache Ihres Arbeitsspeichers ein. Dadurch ist sichergestellt, dass die Datei nicht fragmentiert wird, da sie immer die gleiche Größe hat. Setzen Sie die Größe der Auslagerungsdatei für Laufwerk *C:* auf 0.
5. Klicken Sie auf *Festlegen*.
6. Schließen Sie alle Fenster und starten Sie den Server neu.

Prozessorzeitplanung anpassen

Standardmäßig ist Windows Server 2022 darauf optimiert, Hintergrunddienste zu beschleunigen. Wenn Sie auf einem Server die Remotedesktopdienste installieren, sollten Sie aber die Optimierung auf Anwendungen einstellen, damit Benutzer möglichst performant arbeiten können.

Diese Einstellung sowie die Konfiguration der Auslagerungsdatei finden Sie an der gleichen Stelle wie die Konfiguration des virtuellen Arbeitsspeichers. Wählen Sie für die Prozessorzeitplanung die Option *Programme* aus.

Aktualisierung der Treiber

Überprüfen Sie nach der Installation, ob alle Geräte im Geräte-Manager korrekt erkannt worden sind. Vor allem der Treiber der Grafikkarte ermöglicht den Benutzern die Wahl der Farbtiefe, mit der die Sitzung aufgebaut wird. Installieren Sie daher möglichst aktuelle Treiber und stellen Sie sicher, dass jedes Gerät erkannt und mit einem passenden Treiber in das System integriert wurde.

Loopbackverarbeitung von Gruppenrichtlinien berücksichtigen

Setzen Sie Remotedesktop-Sitzungshosts zusammen mit Gruppenrichtlinien ein, bietet es sich an, die Server in einer eigenen OU abzulegen und für diese OUs dann Gruppenrichtlinien mit den gewünschten Einstellungen zu aktivieren.

Für diese Richtlinien sollten Sie auch den Loopbackverarbeitungsmodus aktivieren. Bei diesem Modus wendet die Gruppenrichtlinie Einstellungen des Benutzerbaums an, wenn das Konto der Anwender nicht in der OU gespeichert ist, in der die Richtlinie definiert ist, sondern nur der entsprechende Server. So erhalten Sie die Möglichkeit, Benutzereinstellungen für Remotedesktopserver festzulegen, die nur bei der Anmeldung der Anwender auf den Remotedesktopservern angewendet werden, nicht bei der Anmeldung an ihren lokalen Computern.

Sie finden diese Einstellung über *Computer/Richtlinien/Administrative Vorlagen/System/Gruppenrichtlinie*. Aktivieren Sie die Richtlinie *Loopbackverarbeitungsmodus für Benutzergruppenrichtlinie*. Aktivieren Sie die Richtlinie, können Sie zwischen zwei Modi auswählen:

- **Ersetzen** – Aktivieren Sie diesen Modus, ersetzt die Richtlinie Einstellungen, die bereits von anderen Richtlinien an gleicher Stelle gesetzt sind.
- **Zusammenführen** – Bei dieser Einstellung werden die normalen Richtlinien des Anwenders angewendet und die Einstellungen für den Benutzer in der Remotedesktopserver-Richtlinie. Gibt es Konflikte, gewinnt die Richtlinie der Remotedesktopserver.

28.4 Drucken mit Remotedesktop-Sitzungshosts

Verbinden sich Clients mit einem Remotedesktop-Sitzungshost, sind die installierten Drucker der Clients und die Drucker auf dem Server verfügbar. In den folgenden Abschnitten gehen wir auf einige Bereiche zur Einstellung des Druckerverhaltens in Windows Server 2022 ein.

28.4.1 Einstieg in das Drucken mit den Remotedesktopdiensten

Der Remotedesktop Easy Print Driver kann Druckaufträge verschiedener Drucker an den Client umleiten. Auch in den Gruppenrichtlinien wurden viele Einstellungen für die Konfiguration von Druckern integriert. Damit Sie den Easy Print Driver verwenden können, müssen Sie den aktuellen RDP-Client verwenden, am besten den Client in Windows 10, notfalls den Treiber in Windows 8.1.

Der Treiber unterstützt für die kompatiblen Drucker alle Features, nicht nur die grundlegenden Funktionen. Auch die Performance bei der Übertragung des Druckauftrages wird durch den Treiber verbessert. Unterstützen Clients diesen universalen Druckertreiber nicht, muss auf dem Remotedesktopserver ein aktueller Treiber der Drucker installiert sein. Auf dem Server wird beim Einsatz des Easy Print Drivers ein Abbild des Druckertreibers des Clients angezeigt, aber nicht installiert. Druckt ein Anwender in der Sitzung, leitet der Treiber den Druck in eine XPS-Datei um und schickt diese zum Client, auf dem der Druck schließlich auf dem Drucker ausgegeben wird.

Damit der Easy Print Driver funktioniert, muss nichts auf dem Server installiert sein. Die auf dem Client verfügbaren Drucker übernimmt der Server, sofern diese kompatibel sind. Auch die spezifischen Einstellungen des Druckers zeigt der Server an und leitet diese beim Abrufen wieder auf den Client zurück. Ob Drucker umgeleitet werden, muss im RDP-Client eingestellt sein. Auf der Registerkarte *Lokale Ressourcen* auf dem Client muss dies zunächst aktiviert werden.

In Windows Server 2022 gibt es auch Möglichkeiten, die Anbindung von Druckern über Gruppenrichtlinien zu steuern. Die meisten Einstellungen für Gruppenrichtlinien werden im Gruppenrichtlinien-Editor unter *Computerkonfiguration/Richtlinien/Administrative Vorlagen/Windows-Komponenten/Remotedesktopdienste* vorgenommen. Die Verwaltung von Druckern findet über den Untereintrag *Remotedesktop-Sitzungshost/Druckerumleitung* statt. Hier können auch Einstellungen des Easy Print Drivers angepasst werden.

Wird die Richtlinie *Zuerst Easy Print-Druckertreiber der Remotedesktop verwenden* aktiviert, versucht ein Remotedesktopserver, zuerst diesen Treiber zu verwenden, bevor ein anderer Treiber installiert wird. Auch wenn diese Richtlinie nicht konfiguriert ist, verwendet der Remotedesktopserver standardmäßig zuerst den Easy Print Driver.

Unterstützt der Drucker diesen Treiber nicht, sucht der Remotedesktopserver als Nächstes lokal nach einem passenden Treiber. Findet der Server keinen Treiber, kann der Drucker in der Sitzung nicht verwendet werden. Standardmäßig ist diese Richtlinie nicht konfiguriert. Deaktivieren Sie diese Einstellung, versucht der Server, zunächst einen Druckertreiber zu finden, der kompatibel für den Drucker ist, und verwendet dann erst den Easy Print Driver.

Ob Drucker umgeleitet werden, muss im RDP-Client eingestellt sein. Auf der Registerkarte *Lokale Ressourcen* auf dem Client muss dies aktiviert werden.

Unterstützen Ihre Unternehmensdrucker den neuen Easy Print Driver nicht, können Sie auch unter Windows Server 2022 den Weg einer Druckermapping-Datei gehen. Diese Möglichkeit gibt es bereits seit Windows 2000 Server.

28.4.2 Druckerprobleme auf Remotedesktop-Sitzungshosts lösen

Arbeiten Unternehmen mit Remotedesktop-Sitzungshosts, müssen Anwender in vielen Fällen auch Dokumente ausdrucken. Leider kommt es oft zu Problemen bei der Verbindung der lokalen Drucker eines Anwenders mit seiner Remotedesktopsitzung. Verbinden sich Anwender mit einem Remotedesktop-Sitzungshost (Terminalserver), verbindet der Remotedesktop-Client die Drucker mit der Sitzung. Die Einstellung dazu ist im Bereich *Lokale Ressourcen* des Clients zu finden.

Abb. 28.13 Die Druckerumleitung können Anwender in ihrem Remotedesktop-Client steuern.

Remotedesktopserver arbeiten normalerweise mit dem Easy Print Driver. Der Remotedesktop Easy Print Driver kann Druckaufträge vom Server an den Client umleiten. Dazu schreibt der Treiber den Druck in eine XPS-Datei. Diese wird zum Client des Anwenders geschickt und dann ausgedruckt.

In diesem Zusammenhang sollten Sie sich auch in der Gruppenrichtlinienverwaltung den Bereich *Computerkonfiguration/Richtlinien/Administrative Vorlagen/Windows-Komponenten/ Remotedesktopdienste* ansehen. Die Verwaltung von Druckern ist bei *Remotedesktop-Sitzungshost/Druckerumleitung* zu finden. Überprüfen Sie an dieser Stelle, ob die Einstellungen korrekt gesetzt sind. Die Druckerumleitungen müssen konfiguriert sein und den Standard-Drucker oder eben den Easy Printer Driver verwenden.

28.4.3 Berechtigungs-Probleme auf Remotedesktop-Sitzungshosts lösen

Die Druckerumleitung verursacht häufig Probleme auf Remotedesktop-Sitzungshosts, egal wie Sie die Einrichtung vornehmen.

Oft gibt es Probleme in Umgebungen, bei denen die Remotedesktopdienste auf Domänencontrollern betrieben werden beziehungsweise auch auf anderen Servern, die besonders abgesichert sind. Zunächst entstehen hier Sicherheitsprobleme und Probleme mit der Authentifizierung von Benutzerkonten. Außerdem leidet die Leistung des Servers. Dazu kommt, dass die Installation von Druckertreibern auf dem Server diesen in einen instabilen Zustand versetzen kann, was im Falle eines Domänencontrollers auch andere Server beeinträchtigen kann beziehungsweise andere Serverdienste auf dem gleichen Server.

Wenn Sie allerdings diese Nachteile in Kauf nehmen, können Sie technisch gesehen durchaus die Remotedesktopdienste auf einem Domänencontroller installieren. Allerdings gibt es hier oft Probleme bei der Installation von Druckern. Auch hier liegen wieder Sicherheitsprobleme vor. Diese können Sie beheben. In den meisten Fällen liegt ein Berechtigungsproblem mit dem Verzeichnis *C:\Windows\System32\Spool* vor.

Rufen Sie die Eigenschaften des Verzeichnisses auf, wechseln Sie auf die Registerkarte *Sicherheit* und klicken Sie auf *Bearbeiten*. Nehmen Sie entweder eine neue Gruppe auf, die die Benutzerkonten der Remotedesktop-Benutzer enthält, oder verwenden Sie die Benutzer-Gruppe der Domäne. Geben Sie der Gruppe das Recht *Ändern* auf das Verzeichnis. Starten Sie anschließend den Server neu und testen Sie, ob die Drucker der Anwender funktionieren.

Arbeiten Sie nicht mit dem Easy Printer Driver, sondern mit einem speziellen Treiber für Drucker, müssen Sie darauf achten, dass dieser auch auf dem Remotedesktop-Sitzungshost installiert ist und funktioniert.

Drucker, die viele Anwender verwenden, können durchaus auch direkt auf dem Remotedesktop-Sitzungshost installiert werden. In diesem Fall müssen Sie aber auf den korrekten Treiber, die entsprechende Version und die korrekten Einstellungen in den Gruppenrichtlinien achten.

In manchen Umgebungen haben Anwender nicht genügend Rechte, um Drucker zu verbinden oder um Druckaufträge zu starten. Solche Rechte sind dann die Ursache, dass die komplette Druckerumleitung nicht funktioniert, unabhängig davon, welche Einstellungen Sie vorgenommen haben. Wenn Sie den Verdacht haben, solche Probleme in Ihrer Umgebung zu haben, sollten Sie die Ereignisanzeige überprüfen. Sie finden normalerweise *Zugriff verweigert*-Meldungen, wenn dieses Problem vorliegt. Die Anwender selbst sehen diese Meldung nicht, sondern können nur feststellen, dass die Drucker nicht verbunden wurden.

Um das Problem zu lösen, müssen Sie auf dem Server einige Einstellungen vornehmen und Rechte ändern. Öffnen Sie dazu den Windows-Explorer und navigieren Sie zu *C:\Windows\System32\Spool\Printers*. Rufen Sie die Eigenschaften des Verzeichnisses auf und wechseln Sie auf die Registerkarte *Sicherheit*. Fügen Sie die Gruppe *Jeder* hinzu. Testen Sie, ob die Anwender jetzt Dokumente drucken können. Funktioniert die Verbindung nicht, überprüfen Sie die Rechte der Benutzer-Gruppe und passen Sie diese entsprechend an. Testen Sie zunächst, ob lesender Zugriff ausreicht, und geben Sie danach schreibenden Zugriff auf das Verzeichnis.

28.5 Installation von Applikationen

Wollen Sie auf einem Remotedesktopserver Software für die Benutzer installieren, sollten Sie darauf achten, dass die entsprechende Software mit der Installation auf einem Remotedesktopserver kompatibel ist. Die aktuellen Microsoft-Programme aus dem Office-Paket sind standardmäßig kompatibel mit der Installation auf einem Remotedesktopserver. Sie benötigen dazu entsprechende Lizenzen.

Achten Sie beim Einsatz von Unternehmenssoftware darauf, ob diese Terminalserver, Remotedesktop oder Remotedesktop-Sitzungshosts unterstützt. Ist das nicht der Fall, testen Sie die Anwendung zuvor in einer Testumgebung. Die meisten Programme sind kompatibel zum Remotedesktop, allerdings nicht alle.

Installieren Sie eine Applikation auf einem Remotedesktopserver, sollten Sie den Server zuvor in den Installationsmodus versetzen. Sie verwenden dazu den Befehl *change user* in der Eingabeaufforderung.

Mit *change user /install* wird der Remotedesktopserver in den Installationsmodus versetzt. Sie geben diesen Befehl ein und installieren danach die Software. Durch den Befehl erstellt Windows im Systemordner INI-Dateien für die Anwendung. Diese Dateien verwendet Windows als Masterkopien für benutzerspezifische INI-Dateien.

Wenn die Anwendung das erste Mal startet, durchsucht sie das Basisordner nach INI-Dateien. Wenn sich die INI-Dateien nicht im Basisordner, sondern im Systemordner befinden, werden sie von den Remotedesktopdiensten in den Basisordner kopiert. So wird gewährleistet, dass jeder Benutzer über eine eindeutige Kopie der INI-Dateien der Anwendung verfügt.

Neue INI-Dateien werden im Basisordner erstellt. Jeder Benutzer muss über eine eindeutige Kopie der INI-Dateien für eine Anwendung verfügen. Dadurch wird verhindert, dass verschiedene Benutzer über inkompatible Anwendungskonfigurationen verfügen. Wenn sich das System im Installationsmodus befindet, finden mehrere Aktionen statt:

- Von allen erstellten Registrierungseinträgen werden unter *HKEY_LOCAL_MACHINE\SOFTWARE\Microsoft\Windows NT\CurrentVersion\Terminal Server\Install* Schattenkopien erstellt.
- Zu *HKEY_CURRENT_USER* hinzugefügte Schlüssel werden in den Schlüssel *\Software* kopiert.
- Zu *HKEY_LOCAL_MACHINE* hinzugefügte Schlüssel werden in den Schlüssel *\Machine* kopiert.
- Wenn der *Windows*-Ordner von der Anwendung durch Systemaufrufe abgefragt wird, gibt der Remotedesktopserver den Ordner *Systemroot* zurück.
- Werden Einträge in der INI-Datei mithilfe von Systemaufrufen hinzugefügt, werden sie zu den INI-Dateien im Ordner *Systemroot* hinzugefügt.

Geben Sie nach der Installation *change user /execute* ein, um den Ausführungsmodus zu aktivieren. Versucht die Anwendung eine nicht vorhandene INI-Datei zu lesen, wird sie von den Remotedesktopdiensten im Systemstamm gesucht.

Befindet sich die INI-Datei im Systemstamm, wird sie in den Unterordner *\Windows* des Basisordners des Benutzers kopiert. Fragt die Anwendung den Ordner *Windows* ab, gibt der Remotedesktopserver den Unterordner *\Windows* des Basisordners des Benutzers zurück. Melden sich Benutzer an, wird von den Remotedesktopdiensten überprüft, ob die eigenen INI-Dateien des Systems aktueller sind als die INI-Dateien auf dem Computer.

Ist die Version des Systems aktueller, wird die INI-Datei entweder ersetzt oder mit der aktuelleren Version zusammengeführt. Sind die Systemregistrierungswerte im Schlüssel *\Terminal Server\Install* aktueller als die Version unter *HKEY_CURRENT_USER*, wird die Version der Schlüssel gelöscht und durch die neuen Schlüssel aus *\Terminal Server\Install* ersetzt. Registrierungseinstellungen in *HKEY_CURRENT_USER* werden manchmal nicht bei der Installation, sondern beim ersten Ausführen eines Programms erstellt. Wird das Programm nicht ausgeführt, während der Installationsmodus noch aktiv ist, werden die *HKEY_CURRENT_USER*-Einstellungen nicht in *HKEY_LOCAL_MACHINE* kopiert. Führt ein Benutzer das Programm erstmals aus, wird *HKEY_CURRENT_USER* mit den Standardeinstellungen geladen.

Reichen diese Standardeinstellungen nicht aus, müssen für jeden Benutzer individuelle Anpassungen vorgenommen werden. Um dieses Problem auf Remotedesktopservern zu vermeiden, sollte das Programm einmal ausgeführt werden, bevor der Installationsmodus auf einem Remotedesktopserver verlassen wird.

Mit *change user /execute* wird der Remotedesktopserver wieder in den Ausführungsmodus versetzt. Wenn Sie den Remotedesktopserver durchstarten, befindet er sich immer im ausführenden Modus, auch wenn er heruntergefahren wurde, weil Sie zuvor die Option */install* ausgeführt haben. Mit *change user /query* fragen Sie den aktuellen Status des Servers ab. Unabhängig davon, wie Sie eine Applikation auf dem Remotedesktopserver installieren, sollten Sie danach in einer Remotedesktop-Serversitzung überprüfen, ob die Applikation auf dem Remotedesktopserver funktioniert.

Um einen zuverlässigen Test durchzuführen, sollten Sie die Applikation möglichst in zwei gleichzeitig laufenden Sitzungen starten, da erst in diesem Fall die Remotedesktopserver-Kompatibilität sichergestellt ist.

Installieren Sie eine Anwendung über eine MSI-Datei, müssen Sie diesen Befehl nicht verwenden, sondern können die Installation wie auf einem normalen PC ohne weitere Eingaben durchführen. In MSI-Dateien sind die entsprechenden Optionen für die Installation auf Remotedesktopservern bereits gesetzt.

28.6 Remotedesktop-Client

Remotedesktopserver unter Windows Server 2022 können in den Sitzungen Digitalkameras und Media Player unterstützen, die an den Remotedesktop-Client angeschlossen sind. Auch Plug-and-play für diese Geräte wird unterstützt.

Wollen Sie die Weiterleitung von an den Client angeschlossenen Plug-and-play-Geräten in die Remotedesktop-Serversitzung erlauben, nehmen Sie im RDP-Client über *Optionen/Lokale Ressourcen/Weitere* die Einstellungen vor.

Die Remotedesktopdienste unterstützen zahlreiche Auflösungen wie etwa 1.680 × 1.050, 1.900 × 1.200 oder größere Auflösungen wie 2.560 × 1.440. Der Einsatz von Mehrmonitorlösungen wird ebenfalls unterstützt. Durch die Monitor-Spanning-Funktion können Remotedesktop-Serversitzungen über mehrere Monitore gestreckt werden. Neben den herkömmlichen Auflösungen im 4:3-Format unterstützt Windows Server 2022 Auflösungen im 16:9- und 16:10-Format. Damit alle Funktionen der Remotedesktopdienste in Windows Server 2022 verwendet werden können, empfiehlt Microsoft den Einsatz des neuen Remotedesktop-Clients, der Bestandteil in Windows 10 und Windows Server 2022 ist.

Der Client kann Audiosignale bidirektional wiedergeben, das heißt, am Client kann ein Mikrofon angeschlossen sein. Dadurch lassen sich Audiosignale vom Server zum Client leiten.

Sie finden den Client für den Remotedesktop über *Remotedesktopverbindung* auf der Startseite von Windows 8.1 oder im Startmenü von Windows 10/11. Schneller können Sie den Client aufrufen, wenn Sie das Befehlzeilentool *Mstsc* aufrufen:

- Über den Befehl *mstsc /w:<Auflösung> /h:<Auflösung>* geben Sie beim Starten des Clients die Auflösung an.
- Geben Sie *mstsc /span* ein, kann die Remotedesktop-Serversitzung in einer Mehrmonitorumgebung genutzt werden. Über die Option *span:i:1* wird die Erweiterung in einer RDP-Datei hinterlegt.

Eine weitere Funktion ist die Schriftartglättung im RDP-Client. Mit dieser Funktion werden ClearType-Schriftarten in einer Remotedesktop-Serversitzung besser dargestellt. Sie können die Funktion *Schriftartglättung* in den Optionen des RDP-Clients über die Registerkarte *Leistung* aktivieren. ClearType dient dazu, Computerschriftarten klar und mit geglätteten Kanten anzuzeigen. Bildschirmtext kann damit detaillierter dargestellt werden und ist daher über einen längeren Zeitraum besser zu lesen, da die Augen weniger stark belastet werden.

Jedes Pixel in einer Schriftart besteht aus drei Teilen: Rot, Blau und Grün. ClearType verbessert die Auflösung, indem die einzelnen Farben im Pixel aktiviert und deaktiviert werden. Ohne ClearType muss das gesamte Pixel aktiviert oder deaktiviert werden. Durch diese genauere Steuerung der Rot-, Blau- und Grünanteile eines Pixels kann die Deutlichkeit auf einem Monitor verbessert werden. ClearType nutzt die Besonderheit der LCD-Technologie, bei der Pixel sich an einer festen Position befinden, indem Teile des Pixels aktiviert und deaktiviert werden.

Standardmäßig verwendet der RDP-Client eine Farbtiefe von 32 Bit. Dieser Modus ist der effizienteste Kompromiss zwischen Darstellung und Netzwerkverkehr. Eine Herabstufung auf 24 oder 16 Bit bringt keine Geschwindigkeitsvorteile, schränkt aber die Anzeige ein.

28.6.1 Befehlszeilenparameter für den Remotedesktop-Client

Der RDP-Client hat einige Optionen für die Eingabeaufforderung, mit denen Sie Einstellungen direkt beim Aufrufen mitgeben können:

mstsc [<Verbindungsdatei>] [/v:<server[:port]>][/console] [/f[ullscreen]] [/w:<width>] [/h:<height>]

[/public] | [/span] [/edit "Verbindungsdatei"] [/migrate] [/?] /v:<Server[:Port]>

- **/f** – Startet die Remotedesktopverbindung im Vollbildmodus.
- **/w:<Breite>** – Gibt die Breite des Fensters *Remotedesktopverbindung* an.
- **/h:<Höhe>** – Gibt die Höhe des Fensters *Remotedesktopverbindung* an.
- **/public** – Führt die Remotedesktopverbindung im öffentlichen Modus aus. Im öffentlichen Modus erfolgt durch den RDP-Client keine Zwischenspeicherung der Daten im lokalen System. Verwenden Sie den öffentlichen Modus, wenn Sie zum Beispiel eine Verbindung von einem System in einem Konferenzzentrum zu einem Geschäftsserver herstellen.
- **/span** – Stimmt die Remotedesktopbreite und -höhe mit dem lokalen virtuellen Desktop ab und verteilt dies bei Bedarf monitorübergreifend. Beachten Sie, dass die Monitore alle die gleiche Höhe haben und parallel ausgerichtet sein müssen.
- **/edit** – Öffnet die angegebene RDP-Verbindungsdatei zum Bearbeiten. RDP-Dateien werden verwendet, um die Verbindungsinformationen für ein bestimmtes Remotesystem zu speichern.
- **/migrate** – Wandelt ältere Verbindungsdateien, die mit dem Clientverbindungs-Manager erstellt wurden, in neue RDP-Verbindungsdateien um.

28.6.2 Umleitung von Digitalkameras und Mediaplayer

Plug-and-play-Geräte wie Digitalkameras und Mediaplayer können Sie auf den Remotedesktopserver umleiten. Die Einstellungen finden sich im RDP-Client auf der Registerkarte *Lokale Ressourcen*. Über die Schaltfläche *Weitere* aktivieren Sie die Umleitung von Plug-and-play-Geräten. Diese Umleitung funktioniert auch, wenn das Gerät nach dem Verbindungsaufbau mit dem Remotedesktopserver verbunden wird.

28.7 Verwaltung eines Remotedesktop-Sitzungshosts

Bevor Sie sich mit speziellen Funktionen wie dem Gateway oder Webzugriff auseinandersetzen, sollten Sie zunächst die Standardverwaltung eines Servers verstehen. Um Systemeinstellungen für eine Sammlung und den enthaltenen Remotedesktop-Sitzungshosts vorzunehmen, verwenden Sie den Server-Manager und den Bereich *Remotedesktopdienste*. Klicken Sie auf *Sammlungen* und dann auf die Sammlung. Über *Aufgaben/Eigenschaften bearbeiten* können Sie die wichtigsten Einstellungen einer Sammlung konfigurieren.

Sie passen an dieser Stelle den Namen der Sammlung an sowie die Benutzer, die Zugriff auf die veröffentlichten Apps haben sollen. Im Bereich *Sitzung* bestimmen Sie, wie sich die Remotedesktop-Serversitzungen der Benutzer bei den verschiedenen Zuständen verhalten sollen. Diese Einstellungen gelten für alle Benutzer, die sich mit der Sammlung verbinden.

Für einzelne Benutzer können Sie in *Active Directory-Benutzer und -Computer* identische Einstellungen in den Eigenschaften des Benutzerkontos auf der Registerkarte *Sitzungen* einstellen. Benutzersitzungen können folgende Zustände annehmen:

- **Aktiv** – Der Benutzer ist mit der Sitzung verbunden und arbeitet. Es werden Daten zwischen Client und Server übermittelt.
- **Leerlauf** – Der Benutzer ist verbunden, es findet allerdings zwischen Server und Client kein Datenverkehr statt.
- **Getrennt** – Der Benutzer hat seinen Client von der Sitzung getrennt, sich aber nicht abgemeldet. Die Sitzung bleibt auf dem Remotedesktopserver bestehen und alle Programme laufen weiter. Der Benutzer kann sich erneut mit dem Remotedesktopserver verbinden und wird automatisch wieder mit seiner laufenden Sitzung verbunden.
- **Zurückgesetzt** – Die Sitzung ist nicht mehr vorhanden, alle Programme werden beendet. Dieser Status ähnelt dem Abmelden von einem Computer.

Sie können einstellen, dass eine Sitzung nach einer bestimmten Zeit getrennt wird oder getrennte Sitzungen zurückgesetzt werden. Sie definieren hier Grenzwerte für spätere Sitzungen. Diese Einstellungen sind für alle Benutzer bindend.

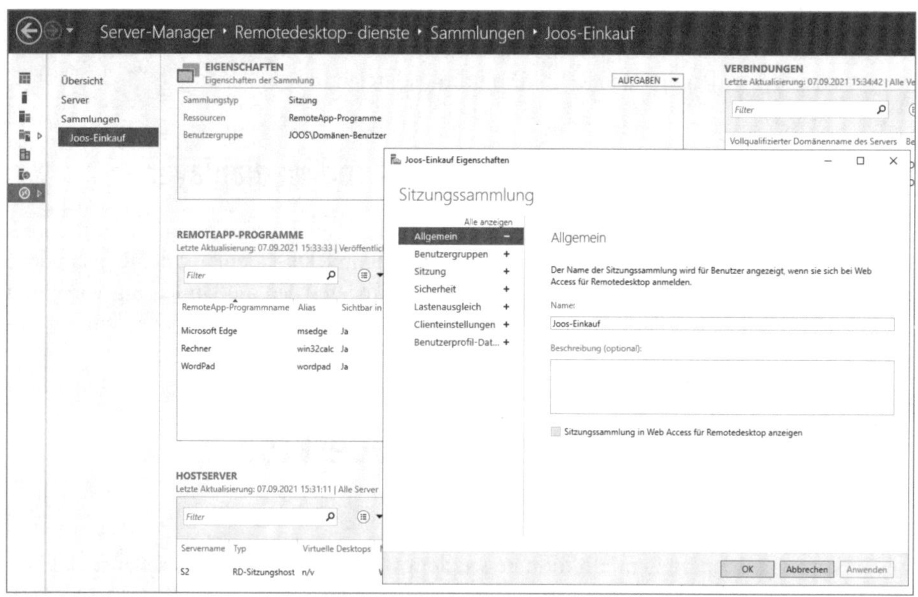

Abb. 28.14 Anpassen der Sitzungseinstellungen

Im Bereich *Sicherheit* legen Sie die Verschlüsselungsstufe fest, mit der Clients über diese RDP-Verbindung Sitzungen aufbauen. Beachten Sie, dass die Geschwindigkeit der einzelnen Sitzungen abnimmt, je höher Sie die Verschlüsselung einstellen.

Bei *Lastenausgleich* steuern Sie beim Einsatz mehrerer Remotedesktop-Sitzungshosts, in welcher relativen Gewichtung neue Benutzer auf die Server in der Sammlung verteilt werden sollen.

Über den Bereich *Clienteinstellungen* legen Sie fest, welche Funktionen der Clients auf dem Server verfügbar sein sollen. Hier steuern Sie, ob lokale Laufwerke verfügbar sind oder die Zwischenablage. Auch das Umleiten von Druckern steuern Sie hier.

Über *Benutzerprofil-Datenträger* steuern Sie, wo der Remotedesktop-Sitzungshosts die Daten der Benutzer speichern soll. Sie können festlegen, welche Benutzerordner zentral gespeichert werden sollen, oder das komplette Profil berücksichtigen.

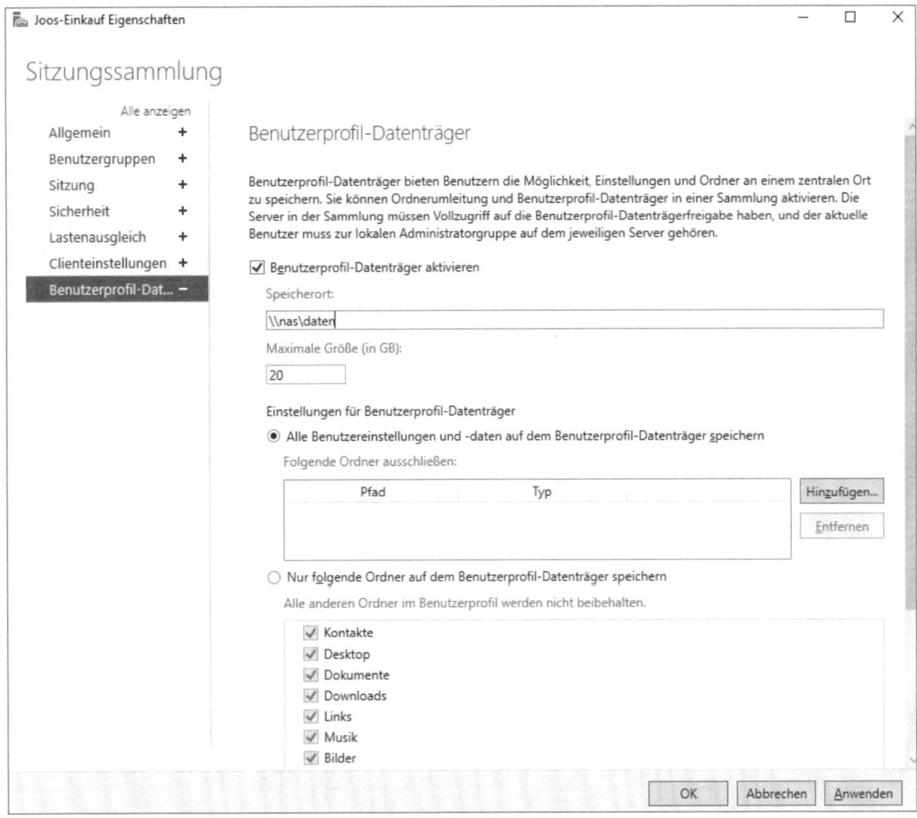

Abb. 28.15 Anpassen der Einstellungen für eine Sammlung

28.7.1 Remotedesktopdienste verwalten

Im Bereich *Verbindungen* einer Sammlung können Sie in Echtzeit sehen, welche Benutzer mit einem Server verbunden sind, welche Apps zur Verfügung stehen und welche Remotedesktop-Sitzungshosts verschiedene Einstellungen vornehmen. In diesem Bereich können Sie Benutzersitzungen trennen und getrennte Sitzungen zurücksetzen. Sie können für jede veröffentlichte App Einstellungen aufrufen und die App an Ihre Anforderungen anpassen.

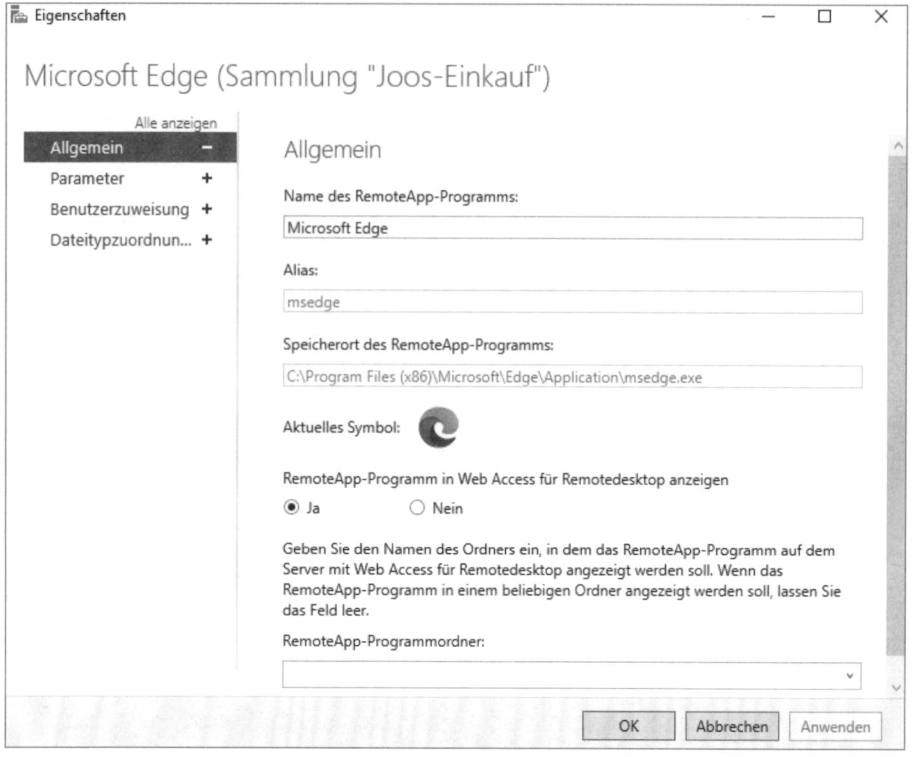

Abb. 28.16 Anpassen von veröffentlichten Apps

Unabhängig von den Einstellungen der kompletten Sammlung können Sie für einzelne veröffentlichte Apps Sicherheitseinstellungen vornehmen und festlegen, welche Benutzer auf die einzelnen Apps zugreifen dürfen. Müssen bestimmte Anwendungen mit speziellen Optionen starten, können Sie auch diese hier festlegen. Klicken Sie eine Sitzung mit der rechten Maustaste an, können Sie diese Sitzung im Kontextmenü über die Option *Abmelden* wieder freigeben.

28.7.2 Single Sign-On (SSO) für Remotedesktop-Sitzungshosts

In Windows Server 2022 und Windows 10/11 können Sie SSO-Szenarien erstellen, damit sich Anwender nur noch einmal authentifizieren müssen, zum Beispiel an ihrer Arbeitsstation. Der Zugriff auf weitere Server im Netzwerk, RemoteApps und veröffentlichten Desktops (siehe Kapitel 30) erfolgt ohne weitere Authentifizierung.

Damit Sie diese Funktionalität nutzen können, müssen Sie 8.1, 10 oder 11 zusammen mit Windows Server 2022 einsetzen. Außerdem müssen sich beide Systeme in der gleichen Active Directory-Gesamtstruktur befinden. Auf den Arbeitsstationen können Sie entweder die lokale Richtlinie bearbeiten oder Sie erstellen eine Gruppenrichtlinie. Navigieren Sie zum Bereich *Computerkonfiguration/Administrative Vorlagen/System/Delegierung von Anmeldeinformationen.*

1. Öffnen Sie die Richtlinie *Delegierung von Standardanmeldeinformationen zulassen.*
2. Aktivieren Sie diese Richtlinie.

3. Tragen Sie in der Serverliste *termsrv/<Servername>* ein. Wichtig an dieser Stelle ist, dass Sie vor dem Eintrag des Servernamens *termsrv* eintragen. In einer Remotedesktopdienste-Infrastruktur verwenden Sie als Servernamen den FQDN des Remotedesktop-Verbindungsbrokers.

28.7.3 Connection Broker an Microsoft Azure anbinden

Um den Connection Broker an Microsoft Azure anzubinden, müssen Sie den nativen SQL-Client installieren (*https://docs.microsoft.com/de-de/sql/connect/odbc/windows/microsoft-odbc-driver-for-sql-server-on-windows*). Dieser wird auch benötigt, wenn Sie einen eigenen Datenbankserver für die Hochverfügbarkeit von RDS installieren.

Anschließend konfigurieren Sie im Server-Manager über das Kontextmenü des Connection Brokers die Hochverfügbarkeit der Umgebung. Bei der Einrichtung hilft ein Assistent. Wählen Sie als Option *Freigegebener Datenbankserver aus.* Anschließend geben Sie den DNS-Namen zu Ihrer Datenbank in Microsoft Azure ein und die kopierte Verbindungszeichenfolge, inklusive der angepassten Daten zur Anmeldung.

Abb. 28.17 RD-Verbindungsbroker lassen sich hochverfügbar an eine Azure SQL-Datenbank anbinden.

Anschließend erfolgt die Anbindung. Ist diese erfolgreich abgeschlossen, wird die Azure SQL-Datenbank verwendet. Binden Sie weitere Connection Broker an, lassen sich diese auf dem gleichen Weg verbinden. Dadurch erreichen Sie eine Hochverfügbarkeit für den Connection Broker, ohne dass Sie eine eigene Datenbank betreiben müssen.

28.8 RemoteApps verwalten

Sie können Anwendungen, die auf dem Remotedesktop-Sitzungshost installiert sind, für Anwender freigeben. Über den gleichen Weg können Sie die Bereitstellung der App auch wieder aufheben. Alle notwendigen Konfigurationen nehmen Sie im Server-Manager vor.

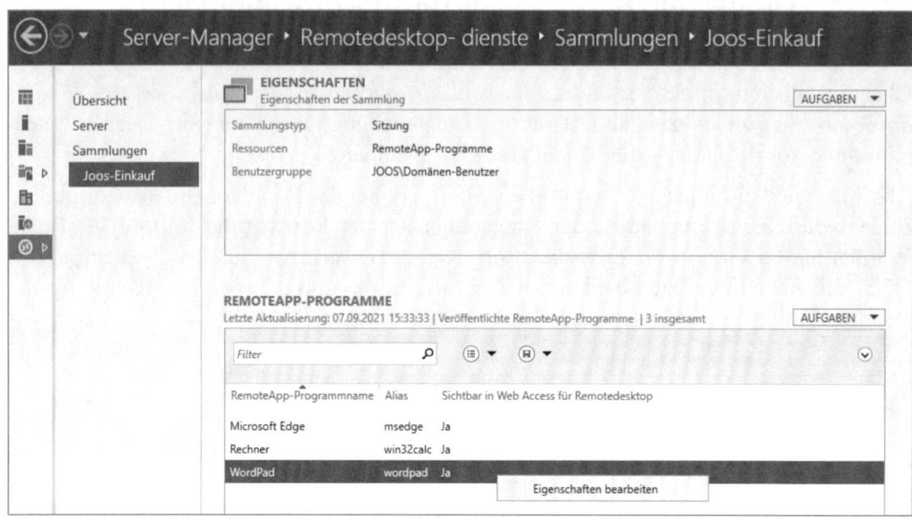

Abb. 28.18 Verwalten der veröffentlichten Apps

Für den Anwender ist diese Technik transparent, er kann nicht feststellen, ob diese Anwendung lokal oder in einer Remotedesktop-Serversitzung läuft. Durch diese Funktion wird die Sicherheit erhöht, da die Anwender keinen Zugriff auf den Desktop des Servers haben, sondern nur mit den Anwendungen eine Verbindung aufbauen.

Die Bedienung von veröffentlichten Anwendungen ist identisch mit der Bedienung eines lokalen Programms auf dem PC. Anwender können die Größe des Fensters anpassen oder das Fenster minimieren. Die Anwendung wird in den Desktop des Anwenders integriert. Auch Symbole, die die Anwendung in der Informationsleiste anzeigen, werden auf dem Desktop des Anwenders angezeigt.

Die Funktion unterstützt alle Anwendungen, die auf einem Remotedesktopserver installiert werden können, Sie müssen dazu keine besonderen Versionen kaufen. Beim Einsatz von Microsoft Office benötigen Sie eine Lizenz, die für den Remotedesktopeinsatz freigegeben ist.

Anwender können mit ihrem Desktop parallel zu den serverbasierten RemoteApp-Anwendungen lokale Anwendungen starten. Ein Mischbetrieb ist möglich, auch ein Datenaustausch zwischen lokalen Anwendungen und RemoteApps, zum Beispiel über die Zwischenablage.

Die RemoteApp-Programme können Sie über eine Weboberfläche zur Verfügung stellen (*https://<Servername>/rdweb*). Die Verknüpfungen lassen sich durch die Softwareverteilung in den Gruppenrichtlinien in die Startmenüs/Startseiten oder Desktops auf den Clients pushen, wenn Sie mindestens Windows 7 einsetzen. Besser ist natürlich der Einsatz von Windows 10 oder Windows 11.

28.8.1 Konfiguration von Remotedesktopdienste-RemoteApp

Um eine Anwendung als RemoteApp zur Verfügung zu stellen, müssen Sie zunächst den Remotedesktopserver regulär installieren und die Sammlung einrichten, wie in den vorangegangenen Abschnitten beschrieben.

Die Anwendungen werden auf normalen Weg auf dem Server installiert. Nachdem Sie den Server vorbereitet haben, finden Sie alle notwendigen Einstellungen im Server-Manager über *Remotedesktopdienste/Sammlungen/<Name der Sammlung>* im Bereich *RemoteApp-Programme*.

Über diesen Bereich fügen Sie zusätzliche Anwendungen hinzu und verwalten die Anwendungsliste. Auch Einstellungen für Apps rufen Sie auf diesem Weg auf. Um eine Anwendung der Liste hinzuzufügen, klicken Sie in der Spalte *Aufgaben* auf *RemoteApp-Programme veröffentlichen*. Im Anschluss startet der RemoteApp-Assistent, über den Sie die Anwendungen der Liste hinzufügen können. Wählen Sie entweder das Programm aus der Liste aus oder klicken Sie auf *Hinzufügen*, um die Startdatei der Anwendung hinzuzufügen. Achten Sie darauf, dass die Anwendung auf den Remotedesktop-Sitzungshosts installiert sein muss. Sie können an dieser Stelle mehrere Anwendungen auswählen.

Auf der nächsten Seite sehen Sie eine vollständige Liste und veröffentlichen die Anwendung über die Schaltfläche *Veröffentlichen*. Die Apps sind anschließend schon im Web Access der Remotedienste verfügbar. Bereits veröffentlichte Anwendungen sind davon nicht betroffen.

Über die Eigenschaften einer RemoteApp können Sie auf der Registerkarte *Benutzerzuweisung* auf Basis von Benutzergruppen oder Benutzern in Active Directory festlegen, welche Benutzer auf RemoteApps zugreifen dürfen.

28.8.2 Mit Windows 10/11 auf RemoteApps zugreifen

RemoteApps stehen nach der Veröffentlichung automatisch für alle Clients über den Webzugriff zur Verfügung. Diesen erreichen Sie über die URL *https://<Servername>/rdweb*. Nach der Authentifizierung stehen sofort alle RemoteApps zur Verfügung, die Sie veröffentlichen, Berechtigungen vorausgesetzt.

Zwischen lokalen Anwendungen und RemoteApps auf dem Server können Daten ausgetauscht werden. So besteht beispielsweise die Möglichkeit, über eine ERP-Anwendung, die remote auf dem Remotedesktopserver ausgeführt wird, Daten über die Zwischenablage in ein lokales Excel zu übernehmen oder umgekehrt. Die Abläufe dabei sind für den Anwender komplett transparent, da er bei der Bedienung der Software keinerlei Unterschiede zwischen der lokalen Anwendung und der Anwendung auf dem Server feststellen kann:

1. Um die Anbindung der veröffentlichten Anwendungen auf Windows 10/11-Clients zu testen, melden Sie sich am Client an und suchen in der Systemsteuerung nach *RemoteApp*.
2. Öffnen Sie die Verwaltung der RemoteApps und klicken Sie auf *Auf RemoteApps und Desktops zugreifen*.
3. Geben Sie die URL *https://<Webzugriff-Server>/RDWeb/Feed/webfeed.aspx* ein. Der Webzugriffsserver erhält seine Daten vom Verbindungsbroker, auf dem Sie als Quelle wiederum den Remotedesktopserver eingerichtet haben.

Anschließend lädt der Client alle Daten zu den RemoteApps herunter und stellt diese im Startmenü zur Verfügung. Sie erhalten hierzu ein Informationsfenster angezeigt. Sie sehen den aktuellen Verbindungsstatus auch über ein Symbol in der Taskleiste. Hier können Sie die Verbindung zum Server trennen oder sich die Einstellungen der Programme und den Status der Verbindung anzeigen lassen.

Anwender finden die Anwendungen auf der Startseite in Windows 8.1 oder im Startmenü von Windows 10/11 und können sie aufrufen wie lokal installierte Anwendungen. Klicken Anwender auf eine Verknüpfung, öffnet sich die Anwendung auf dem Remotedesktopserver, aber die Anwender können mit der Software arbeiten, als ob sie lokal installiert ist.

28.8.3 Remotedesktopdienste-Webzugriff

Windows Server 2022 bietet einen Webzugriff für die Remotedesktopdienste an. Der Funktionsumfang ist ähnlich zu Outlook Web Access von Exchange. Standardmäßig werden die Applikationen, die Sie als RemoteApps zur Verfügung stellen, über den Remotedesktopdienste-Webzugriff veröffentlicht.

Wird der RemoteApps-Liste eine neue Anwendung hinzugefügt, wird diese automatisch im Remotedesktopdienste-Webzugriff angezeigt; es sind keine weiteren Maßnahmen zur Konfiguration notwendig.

Der Remotedesktopdienste-Webzugriff ist ein Rollendienst der Remotedesktopdienste, den Sie entweder bereits bei der Installation oder nachträglich anpassen können. Die Einstellungen dazu finden Sie im Server-Manager über *Remotedesktopdienste/Sammlungen*. Klicken Sie bei der entsprechenden Sammlung auf *Aufgaben* und dann auf *Bereitstellungseigenschaften bearbeiten*. Nach der Einrichtung steht Ihnen über *https://<Servername>/rdweb* der Webzugriff zur Verfügung.

Erstellen Sie eine neue Sammlung, legen Sie bereits bei der Einrichtung die Einstellungen für den Webzugriff fest. Die Rolle sollte auf einem Windows Server 2022 mit installiertem IIS durchgeführt werden (siehe Kapitel 27). Beim Server mit Web Access muss es sich aber nicht unbedingt um einen Remotedesktop-Sitzungshost handeln. Greifen Anwender über das Webportal auf den Remotedesktopserver zu, müssen sie nicht zuvor auch den RDP-Client gestartet haben. Anwendungen, die als RemoteApp konfiguriert sind, stehen standardmäßig automatisch über den Remotedesktopdienste-Webzugriff zur Verfügung und lassen sich über einen einfachen Klick starten.

Handelt es sich beim Webzugriff-Server um einen anderen Server als den Remotedesktopserver, müssen Sie auf dem Remotedesktopserver mit den RemoteApps das Computerkonto des Servers mit Web Access in die Sicherheitsgruppe *RDS-Remotezugriffsserver* hinzufügen.

Standardmäßig arbeitet der Remotewebzugriff mit einem selbstsignierten Zertifikat. Dieses sollten Sie in produktiven Umgebungen aber gegen ein Zertifikat einer internen Zertifizierungsstelle austauschen. Sie finden die Einstellungen dazu im Server-Manager über *Re-*

motedesktopdienste/Sammlungen. Klicken Sie die Sammlung an, für die Sie das Zertifikat anpassen wollen, und wählen Sie *Aufgaben/Bereitstellungseigenschaften bearbeiten*. Im Bereich *Zertifikate* erstellen Sie ein neues Zertifikat für die entsprechenden Dienste.

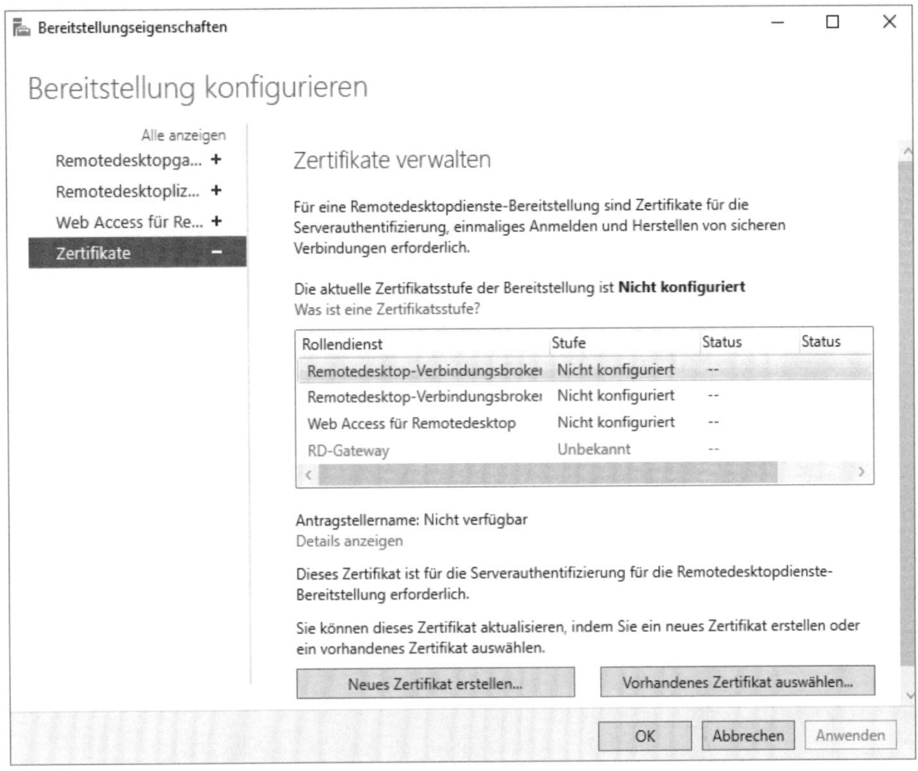

Abb. 28.19 Neues Zertifikat für Remotedesktopdienste

28.9 Remotedesktopgateway

Die Aufgabe des Remotedesktopgateway besteht darin, Anwendern, die sich mit HTTPS über das Internet mit dem Unternehmen verbinden, Zugriff auf die internen Remotedesktopserver zu gestatten. Ein Remotedesktopgateway verbindet das RPD- mit dem HTTPS-Protokoll, um eine gesicherte Verbindung zu allen möglichen Remotedesktopservern, auch über RemoteApps, zu ermöglichen.

Gateways ermöglichen den Zugriff auf RDP-Sitzungen über Firewalls oder Netzwerkadressübersetzung (Network Address Translation, NAT) hinweg. Die Verbindung zwischen Client und Gateway erfolgt über den Port 443 (SSL). Nur die Verbindung zwischen Gateway und Remotedesktopserver erfolgt über den RDP-Port (3389).

Über Richtlinien können Sie festlegen, wer sich über das Internet auf die Remotedesktopserver verbinden darf und auf welche Server sich die Anwender verbinden können. Auch die Umleitung der lokalen Ressourcen wie Drucker, Zwischenablage und Laufwerke können Sie über diese Richtlinien steuern. Neben der herkömmlichen Authentifizierung werden Smartcards unterstützt.

Um ein Gateway zu installieren, wählen Sie im Server-Manager im Bereich *Remotedesktopdienste/Übersicht* den Link *Remotedesktopgateway* aus. Es startet ein Assistent, über den Sie das Gateway einrichten. Achten Sie aber darauf, dass Sie den Server im Server-Manager vorher über *Verwalten/Server hinzufügen* verbinden müssen.

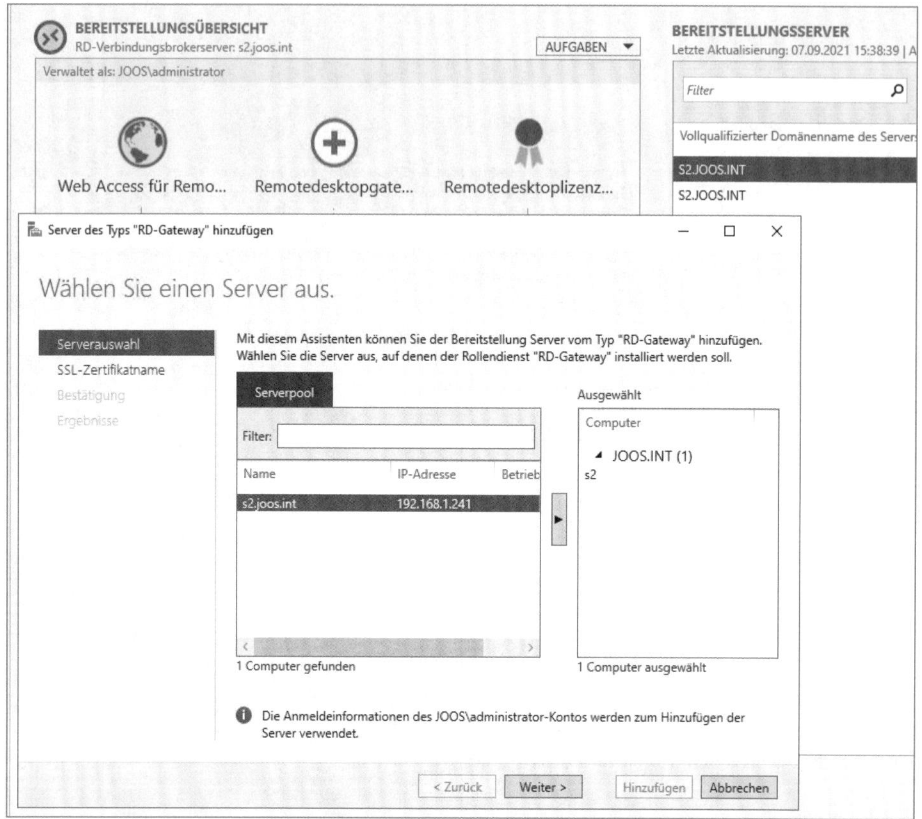

Abb. 28.20 Installieren eines Remotedesktopgateways

Es ist nicht notwendig, dass sich diese Anwender zusätzlich über ein VPN oder RAS einwählen. Die Verbindung erfolgt über HTTPS und kann ohne weitere Maßnahmen RDP-Sitzungen im internen Netzwerk aufbauen. Gateways können so konfiguriert werden, dass Administratoren genau festlegen können, auf welche internen Server oder RDP-aktivierte PCs die Anwender über das Internet zugreifen können.

Gateways können die Netzwerkzugriffsschutz-Funktion (Network Access Protection, NAP) von Windows Server 2022 nutzen, um den Zugriff zu steuern (siehe Kapitel 31). Achten Sie darauf, dass der Name des Zertifikats mit dem DNS-Namen des Gateways übereinstimmt, mit dem sich die Anwender über das Internet verbinden. Stimmen die Namen nicht überein, erhalten die Anwender eine Zertifikate-Fehlermeldung, und der Zugriff wird blockiert. Natürlich muss der Client der Zertifizierungsstelle des Unternehmens vertrauen. Sie müssen dazu unter Umständen das Zertifikat der Stammzertifizierungsstelle im Zertifikatespeicher des Gateways und des Clients integrieren. Befinden sich Gateway und Firewall in einer Active Directory-Domäne, wird die Zertifizierungsstelle automatisch als vertrauenswürdig integriert. Die Zuweisung erfolgt über Richtlinien.

Der Verbindungsaufbau der Clients zu den Remotedesktopservern findet über die Richtlinien auf dem Gateway statt. Diese werden auch als *Verbindungsautorisierungsrichtlinien* bezeichnet. Außerdem gibt es noch die *Ressourcenautorisierungsrichtlinien*. Diese steuern, auf welche Server die Clients zugreifen dürfen, die Sie in mindestens einer Verbindungsautorisierungsrichtlinie festgelegt haben. Bevor der Zugriff auf ein Gateway und die Remotedesktopserver funktioniert, müssen Sie mindestens eine Verbindungsautorisierungsrichtlinie und eine Ressourcenautorisierungsrichtlinie konfiguriert haben.

28.9.1 Einrichtung und Konfiguration eines Remotedesktopgateways

Um ein Gateway zu installieren, wählen Sie im Server-Manager im Bereich *Remotedesktopdienste/Übersicht* den Link *Remotedesktopgateway* aus. Es startet ein Assistent, über den Sie das Gateway einrichten. Achten Sie aber darauf, dass Sie den Server im Server-Manager vorher über *Verwalten/Server hinzufügen* verbinden müssen.

Während der Installation können Sie bereits das Zertifikat für die SSL-Verbindung auswählen. Für Testzwecke können Sie das selbstsignierte Zertifikat der Remotedesktopdienste verwenden. In einer produktiven Umgebung sollten Sie jedoch möglichst eine eigene Zertifizierungsstelle verwenden oder ein Zertifikat von einer öffentlichen Zertifizierungsstelle, der die beteiligten Server und Arbeitsstationen vertrauen müssen. Sie können das Zertifikat in den Bereitstellungseigenschaften jederzeit ändern.

Nachdem der Server-Manager die Rolle für das RD-Gateway installiert hat, sollten Sie die notwendigen Richtlinien bearbeiten, mit denen sich Clients verbinden können. Die Einstellungen zur Konfiguration des RD-Gateways können Sie jederzeit in den Bereitstellungseigenschaften anpassen.

Die Richtlinien für das Gateway können Sie nicht über den Server-Manager erstellen, sondern benötigen den Remotedesktopgateway-Manager. Diesen rufen Sie über die Gruppe *Remote Desktop Services* im Menü *Tools* des Server-Managers auf.

Über den Eintrag *Richtlinien/Verbindungsautorisierungsrichtlinien* erstellen Sie im Remotedesktopgateway-Manager neue Richtlinien oder ändern Einstellungen vorhandener Richtlinien. Über das Kontextmenü von *Verbindungsautorisierungsrichtlinien* starten Sie einen Assistenten, mit dem Sie gleichzeitig eine Verbindungsautorisierungsrichtlinie (RD-CAP) und eine Ressourcenautorisierungsrichtlinie (RD-RAP) erstellen. Standardmäßig sind nach der Installation eines RD-Gateways bereits entsprechende Richtlinien vorhanden.

28.9.2 Ressourcenautorisierungsrichtlinien erstellen und verwalten

Die Konfiguration der Richtlinie, in der definiert wird, auf welche Remotedesktopserver die Anwender zugreifen können (RD-RAP), finden Sie über den Knoten *Ressourcenautorisierungsrichtlinien* im Remotedesktopgateway-Manager.

Stellen Sie hier nach der Installation sicher, ob in der entsprechenden Richtlinie die Remotedesktopserver entweder als einzelnes Computerkonto oder besser als Gruppe hinterlegt sind. Sie müssen an dieser Stelle sicher sein, dass Ihre Auswahl konsistent ist. Das heißt, dass für die Gruppen, die Sie in der RD-CAP definieren, eine RD-RAP existieren muss, die auf die entsprechende Gruppe in Active Directory verweist, in der sich die Computerkonten der Remotedesktopserver befinden.

Damit das Remotedesktopgateway funktioniert, müssen Sie darüber hinaus sicherstellen, dass der Systemdienst *Remotedesktopgateway* gestartet ist. Ohne diesen Dienst ist keine Verbindung möglich. Auch die Standardwebseite in der IIS-Verwaltung muss gestartet sein, damit der Zugriff funktioniert. Stellen Sie sicher, dass das Zertifikat für den Gatewayserver installiert ist.

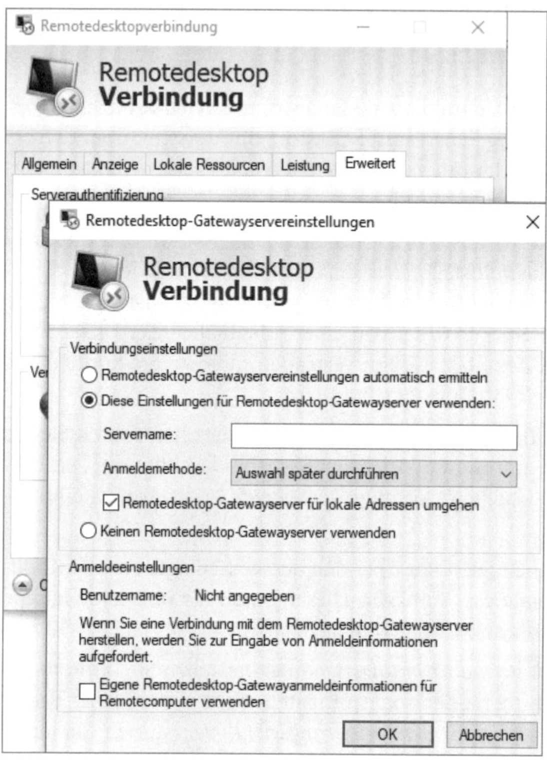

Abb. 28.21 Konfigurieren des Verbindungsaufbaus zu einem Remotedesktopgateway im RDP-Client

Sie können in den Eigenschaften des Servers auf der Registerkarte *SSL-Zertifikat* entweder das bei der Installation erstellte Zertifikat verifizieren oder ein neues ausstellen. Stellen Sie sicher, dass das Zertifikat auf dem Server installiert ist. Mehr zu diesem Thema lesen Sie in Kapitel 30.

Damit sich Clients über das Internet mit dem Gateway verbinden, müssen Anwender in den Optionen für den Remotedesktopclient auf der Registerkarte *Erweitert* die Schaltfläche *Einstellungen* anklicken. Anschließend können sie Einstellungen für den Verbindungsaufbau über ein Gateway konfigurieren.

28.10 Remotedesktop-Verbindungsbroker

Der Remotedesktop-Verbindungsbroker hat die Aufgabe, Benutzer wieder mit ihren getrennten Sitzungen zu verbinden, wenn Sie die Remotedesktopdienste in einer Sammlung einsetzen. Im Gegensatz zu Windows Server 2008 R2 ist der Betrieb eines Verbindungsbrokers in Windows Server 2022 zwingend notwendig, nicht optional. Daher müssen Sie auch einen Server als Remotedesktop-Verbindungsbroker angeben, wenn Sie eine neue Sammlung erstellen.

Beim Einsatz von Loadbalancing, also mehrerer Server in der Sammlung, speichert diese Funktion den Benutzernamen, die Sitzungs-ID und den Remotedesktopserver, auf dem der Anwender verbunden war.

Der Netzwerklastenausgleich unterstützt die Lastverteilung auf der Ebene des TCP/IP-Protokolls und findet sich daher bei den Einstellungen für die Netzwerkverbindungen. Bei NLB werden mehrere Systeme zu einem Cluster zusammengeschlossen (siehe Kapitel 34). NLB sorgt dafür, dass die eingehenden TCP/IP-Anforderungen optimal auf die verschiedenen Server verteilt werden. Diese Art des Clusterings ist vor allem für Webserver sowie für Remotedesktopdienste sinnvoll.

Der Remotedesktop-Verbindungsbroker sollte nicht auf einem Remotedesktop-Sitzungshost installiert werden. Da der Remotedesktop-Verbindungsbroker auf die Network Loadbalancing-(NLB-)Funktion von Windows Server 2022 aufsetzt, sollte auch diese Funktion eingerichtet werden.

Der Sitzungsbroker speichert seine Informationen in einer Datenbank. Alle Server, die in einem NLB-Verbund beteiligt sind, sollten sich im gleichen Subnetz befinden. Sie müssen für alle beteiligten Server im NLB-Verbund den gleichen Farmnamen verwenden, da über diese Konfiguration der Remotedesktop-Verbindungsbroker die Benutzeranmeldungen verteilt.

Sie können leistungsfähigeren Servern mehr Benutzer zuteilen als weniger leistungsfähigen Servern. Diese Einstellungen sind zum Beispiel in den Gruppenrichtlinien enthalten. Die entsprechenden Einstellungen finden Sie unter *Computerkonfiguration/Richtlinien/Administrative Vorlagen/Windows-Komponenten/Remotedesktopdienste/Remotedesktop-Sitzungshost/Remotedesktop-Verbindungsbroker*.

28.11 Zertifikate installieren und einrichten

Viele Sicherheitseinstellungen in den Remotedesktop-Diensten werden über Zertifikate abgewickelt. Standardmäßig verwenden RDS selbstsignierte Zertifikate. Sie können Zertifikate von Dritttherstellern verwenden oder auf Active Directory-Zertifikatdienste setzen. Auch für den Zugriff auf RemoteApps sind Zertifikate notwendig, vor allem wenn die RemoteApps direkt im Startmenü von Windows 10 eingebunden werden sollen.

Infrastrukturen mit Windows Server

28.11.1 RDS-Zertifikate im Überblick

Nachdem Sie alle Einstellungen in RDS vorgenommen haben, besteht einer der ersten Schritte darin, die Zertifikate korrekt zuzuweisen. Diesen Schritt nehmen Sie vor, wenn Sie die Sammlung eingerichtet und betriebsbereit gemacht haben. Die installierten Zertifikate können Sie natürlich jederzeit auf den einzelnen Servern anpassen.

Die Zertifikate werden nicht nur für die Authentifizierung der verschiedenen Webdienste in RDS genutzt, sondern auch für den Remotedesktop-Client und die Anbindung der Clients oder die veröffentlichten Anwendungen. Es gibt eine Vielzahl an Kommunikationen in RDS, die eine korrekte Konfiguration der Zertifikate erfordern.

Um Zertifikate in RDS zu installieren, rufen Sie den Server-Manager auf, klicken auf *Remotedesktop-Dienste* und dann auf den Menüpunkt *Übersicht*. Im Bereich *Bereitstellungsübersicht* klicken Sie danach auf *Aufgaben* und dann auf *Bereitstellungseigenschaften bearbeiten*. Der untere Menüpunkt hilft dabei, die Zertifikate optimal zu integrieren. Hier befindet sich also der zentrale Bereich der Zertifikate in RDS. Bevor Sie diesen aber nutzen können, müssen Sie zuvor Zertifikate auf den Servern installieren und einrichten. Erst dann können Sie diese in RDS einbinden.

Sie haben an dieser Stelle im Server-Manager die Möglichkeit, entweder mit selbstsignierten Zertifikaten zu arbeiten, oder Sie wählen ein Zertifikat aus, das Sie zuvor auf dem Server als Server-Zertifikat installiert haben.

In produktiven Umgebungen sollten Sie aber besser mit richtigen Zertifikaten arbeiten. In diesem Bereich können Sie die Active Directory-Zertifikatdienste einsetzen. Im Assistenten können Sie bereits installierte Zertifikate auslesen oder Sie verwenden exportierte Zertifikate und PFX-Dateien.

Sie können ein Zertifikat für mehrere Stellen in RDS verwenden oder für jeden Dienst ein eigenes. Die Vorgehensweise dabei ist ähnlich. Sie können allerdings einem Dienst nicht mehrere Zertifikate zuordnen. Achten Sie in jedem Fall darauf, dass die Zertifikate der Zertifizierungsstelle bei allen Clients und Servern gespeichert sind und die Clients dieser Zertifizierungsstelle vertrauen. Nach der Konfiguration der Zertifikate sollte für jeden angezeigten Dienst in RDS ein vertrauenswürdiges Zertifikat zur Verfügung stehen.

28.11.2 Zertifikate von den Active Directory-Zertifikatdiensten abrufen

Damit auf den RDS-Servern Zertifikate zur Verfügung stehen, installieren Sie im Netzwerk zum Beispiel die Active Directory-Zertifikatdienste. Zertifikate rufen Sie auf einem RDS-Server im IIS-Manager ab oder Sie verwenden die Konsole zur Verwaltung der lokalen Zertifikate, die Sie mit *certlm.msc* starten.

Klicken Sie zum Abrufen im Internetinformationsdienste-Manager auf den Servernamen und wählen Sie dann *Serverzertifikate* aus. In der Verwaltung der Serverzertifikate klicken Sie auf *Domänenzertifikat erstellen,* auf der rechten Seite der Konsole. Dadurch startet ein Assistent, mit dem Sie über das Netzwerk ein Zertifikat von der Zertifizierungsstelle abrufen können.

Zertifikate im IIS-Manager installieren

Verwenden Sie als *Gemeinsamer Name* zunächst **.<Domänennamen>*, zum Beispiel **.contoso.int*. Das hat den Sinn, dass Sie dieses Zertifikat für alle Server und Webdienste gemeinsam nutzen können. Außerdem erhalten Anwender eine Fehlermeldung, wenn das Zertifikat nicht den Namen der Sammlung oder einen Platzhalter als Namen verwendet. Es gibt viele Gründe, besser mit einem Platzhalter- oder Domänenzertifikat zu arbeiten als mit benannten Zertifikaten für einzelne Server. Wollen Sie das nicht, verwenden Sie den Namen der Sammlung, für die Sie dieses Zertifikat ausstellen.

Die restlichen Daten auf der ersten Seite sind optional. Auf der nächsten Seite des Assistenten wählen Sie die Online-Zertifizierungsstelle aus, von der Sie das Zertifikat abrufen wollen. Hier sollte Ihre interne Active Directory-Zertifizierungsstelle erscheinen. Im Fenster legen Sie auch einen Namen für das Zertifikat fest. Mit diesem Namen erscheint es in der Konsole des IIS-Managers.

Danach ruft der Assistent das Zertifikat von der Zertifizierungsstelle ab und installiert es auf dem Server. Exportieren Sie danach das Zertifikat. Sie verwenden dazu aber nicht den IIS-Manager, sondern die Verwaltungskonsole für lokale Zertifikate. Diese starten Sie am schnellsten durch Eingabe von *certlm.msc*. Sie finden das ausgestellte Zertifikat über *Eigene Zertifikate/Zertifikate*.

Über das Kontextmenü und der Auswahl von *Alle Aufgaben/Exportieren* startet der Zertifikatexport-Assistent. Mit diesem exportieren Sie das ausgestellte Zertifikat zunächst in eine Datei. Lassen Sie im Assistenten auch den privaten Schlüssel des Zertifikats exportieren. Schließen Sie danach den Assistenten mit den Standardeinstellungen ab. Sie benötigen das Kennwort, das Sie beim Exportieren eingeben, später beim Importieren im Server-Manager wieder. Speichern Sie die PFX-Datei entweder im Netzwerk oder auf dem Desktop des Servers, auf dem Sie die Zertifikate in RDS einbinden.

Zertifikat in RDS einbinden

Nachdem die PFX-Datei zur Verfügung steht, binden Sie das Zertifikat in den RDS-Diensten ein. In der Verwaltung klicken Sie dazu auf *Vorhandenes Zertifikat auswählen* in den Bereitstellungseigenschaften, wie zuvor beschrieben. Klicken Sie auf *Anderes Zertifikat auswählen* und wählen Sie danach die Zertifikatdatei aus. Wenn auf dem Server bereits ein Zertifikat installiert ist, können Sie die Option *Auf dem RD-Verbindungsbrokerserver gespeichertes Zertifikat anwenden* auswählen. Danach sind die Zertifikate zunächst grundlegend installiert. Stellen Sie sicher, dass jedem Dienst ein passendes Zertifikat zugewiesen ist.

Erhalten Sie Fehlermeldungen bei der Zuweisung von Zertifikaten oder müssen Anwender die Zertifikate manuell bestätigen, ist es sinnvoll, das Zertifikat, das Sie für die Farm verwenden, auf jedem einzelnen Remotedesktop-Sitzungshost manuell zuzuweisen. Dazu verwenden Sie die PowerShell.

Zunächst rufen Sie den Fingerabdruck des Zertifikats auf dem Server ab:

gci cert:\LocalMachine\My | select FriendlyName, Thumbprint

Danach verwenden Sie den Fingerabdruck:

wmic /namespace:\\root\cimv2\TerminalServices PATH Win32_TSGeneralSetting Set SSLCertificateSHA1Hash="<Fingerabdruck>"

Den Befehl führen Sie auf allen Remotedesktop-Sitzungshosts in der Farm aus.

28.11.3 Eigene Zertifikate-Vorlagen für die Anmeldung an RDS verwenden

In produktiven Umgebungen kann es sinnvoll sein, mit eigenen Zertifikate-Vorlagen für RDS und die Kommunikation von Clients zu arbeiten. Denn hier haben Sie die Möglichkeit, gezielt zu steuern, welche Daten in den Zertifikaten hinterlegt werden und welche Funktionen Sie nutzen wollen.

Sie verbinden sich dazu am besten mit dem Server, auf dem Sie die Active Directory-Zertifikatdienste installiert haben, und rufen die Verwaltung der Zertifikate-Vorlagen auf. Am schnellsten geht das durch Eingabe von *certtmpl.msc*.

Im ersten Schritt kopieren Sie die Vorlage *Computer* über das Kontextmenü und der Auswahl *Vorlage duplizieren*. Sie können jetzt alle beliebigen Einstellungen anpassen, zum Beispiel die Kompatibilität mit Betriebssystemen. Wechseln Sie auf die Registerkarte *Allgemein* und geben Sie den Namen der Vorlage ein, zum Beispiel *RemoteDesktop*. Legen Sie die Gültigkeitsdauer fest. Wechseln Sie danach auf die Registerkarte *Erweiterungen* und klicken Sie auf *Anwendungsrichtlichtlinien/Bearbeiten*. Löschen Sie die Option *Clientauthentifizierung* für die Erstellung einer Vorlage der RDS-Server. Klicken Sie danach im gleichen Fenster auf *Hinzufügen*, um eine angepasste *Authentifizierungsrichtlinie* für RDS zu hinterlegen. Danach klicken Sie auf *Neu*, um die Richtlinie anzupassen.

Verwenden Sie als Namen für die neue Anwendungsrichtlinie *RemoteDesktopAuthentication*. Im Feld *Objekterkennung* ändern Sie den Wert ab. Dieser muss *1.3.6.1.4.311.54.1.2* lauten. Den Rest des Feldes können Sie löschen. Bestätigen Sie die Eingabe mit *OK*. Wählen Sie die neu erstellte Anwendungsrichtlinie aus und stellen Sie sicher, dass für die neue Vorlage die von Ihnen erstellte Anwendungsrichtlinie hinterlegt ist. Grundsätzlich könnten Sie die Serverauthentifizierung von den Anwendungsrichtlinien entfernen, da Sie die erstellte Vorlage für die Anmeldung der Anwender nutzen wollen. Schließen Sie jetzt die Bearbeitung der neuen Vorlage.

Eigene Zertifikate für die Anmeldung an RDS nutzen

Wenn Sie mit eigenen Vorlagen arbeiten, können Sie diese der Zertifizierungsstelle hinzufügen, damit auf deren Basis neue Zertifikate ausgestellt werden können. Öffnen Sie dazu die Verwaltung der Zertifikatsstelle und klicken auf *Zertifikatvorlagen*. Hier sind alle Vorlagen zu sehen, die derzeit für Zertifikate genutzt werden können. Damit Ihre eigene Vorlage hier erscheint, müssen Sie diese erst in der Konsole integrieren.

Klicken Sie dazu mit der rechten Maustaste auf *Zertifikatvorlagen* und wählen Sie *Neu/Auszustellende Zertifikatvorlagen*. Im Fenster sehen Sie jetzt alle Vorlagen, die in der Active Directory-Zertifizierungsstelle zur Verfügung stehen, auch die von Ihnen erstellte. Wählen Sie diese aus. Danach steht sie zum Ausstellen von Zertifikaten zur Verfügung. Im nächsten Schritt können Sie das Ausstellen der Zertifikate über Gruppenrichtlinien automatisieren lassen. Wie Sie dabei vorgehen, lesen Sie in den nächsten Abschnitten.

Zertifikate mit Gruppenrichtlinien verteilen

Arbeiten Sie mit den Active Directory-Zertifikatdiensten und eigenen Vorlagen, können Sie über Gruppenrichtlinien Zertifikate automatisiert ausstellen und Anwendern oder Computern zuweisen lassen. Dazu öffnen Sie die Gruppenrichtlinienverwaltung, erstellen ein neues GPO und ändern seine Einstellungen. Wechseln Sie in den Bereich *Computerkonfigu-*

ration/Richtlinien/Administrative Vorlagen/Windows-Komponenten/Remotedesktopdienste/Remotedesktop-Sitzungshost/Sicherheit. Rufen Sie die Einstellung *Zertifikatvorlage für Serverauthentifizierung* auf. Geben Sie in den Namen die Zertifikatvorlage ein, die Sie erstellt haben. Achten Sie aber darauf, dass der Name der Zertifikatvorlage an dieser Stelle mit dem Namen der Zertifikatvorlage in den Einstellungen der Zertifizierungsstelle übereinstimmen muss.

Verknüpfen Sie jetzt das neue GPO mit den Computern in der Domäne, die ein Zertifikat auf Basis dieser Vorlage erhalten sollen. In kleineren Umgebungen können Sie das Zertifikat gleich mit der kompletten Domäne verknüpfen. Starten die Computer neu, wird auf Basis der Richtlinie automatisch ein Zertifikat mit Ihrer Zertifikatvorlage von den Zertifizierungsdiensten abgerufen. Sie können den Vorgang in der Befehlszeile durch Eingabe von *gpupdate /force* erzwingen lassen.

Überprüfen Sie in den Einstellungen der lokalen Zertifikate, ob das Zertifikat vorhanden ist. Rufen Sie dazu auf den Computern *certlm.msc* auf und wechseln Sie zu *Eigene Zertifikate/Zertifikate*. Hier muss ein neues Zertifikat mit der Bezeichnung des Computernamens und dem Eintrag *RemoteDesktopAuthentication* in der Spalte *Beabsichtigte Zwecke* vorhanden sein.

Wenn das Zertifikat nicht vorhanden ist, überprüfen Sie über das Kontextmenü von *Eigene Zertifikate/Zertifikate*, ob Sie berechtigt sind, ein Zertifikat auf Basis der Vorlage manuell abzurufen. Hier muss die Vorlage erscheinen und die Möglichkeit bieten, ein Zertifikat abzurufen.

Erscheint die Vorlage an dieser Stelle nicht, liegt häufig ein Berechtigungsproblem vor. Rufen Sie dann auf dem Server mit der Zertifizierungsstelle die Konsole *certtmpl.msc* auf und danach die Eigenschaften Ihrer Vorlage. Überprüfen Sie auf der Registerkarte *Sicherheit*, wer ein Zertifikat auf Basis dieser Vorlage nutzen darf. Wichtig ist, dass für die entsprechende Computergruppe der Haken bei *Registrieren* gesetzt ist.

Verbindungen mit Zertifikaten durchführen

Wurden auf den Servern und den Computern die Zertifikate installiert, starten Sie auf den Clients eine neue Remotedesktopverbindung, zum Beispiel durch Aufrufen von *mstsc*. Wenn Sie sich mit dem Server verbinden, sind keine weiteren Eingaben mehr notwendig, da der Client das Zertifikat verwendet. Idealerweise haben Sie dazu noch Single Sign-On (SSO) für die Farm verwendet. Dann verwendet der Remotedesktopdienste-Client zur Anmeldung an den Remotedesktop-Sitzungshosts die lokalen Anmeldedaten des Anwenders und das hinterlegte Zertifikat.

28.12 Zusammenfassung

Mit den Funktionen in den Remotedesktopdiensten wie RemoteApp, das Remotedesktopgateway, den Remotedesktopdienste-Webzugriff sowie dem neuen RDP-Client stellen die Remotedesktopdienste in Windows Server 2022 ein mächtiges Werkzeug zur Anwendungsvirtualisierung dar. Wir haben Ihnen in diesem Kapitel ausführlich gezeigt, wie Sie einen Remotedesktopserver unter Windows Server 2022 installieren und betreiben.

Im nächsten Kapitel erläutern wir Ihnen, wie Sie Desktops in Unternehmen zusammen mit Hyper-V und den Remotedesktopdiensten virtualisieren.

Kapitel 29

Virtual Desktop Infrastructure – Arbeitsstationen virtualisieren

Zusammen mit Hyper-V und den Remotedesktopdiensten haben Unternehmen die Möglichkeit, virtuelle Computer auf Basis von Windows 10 oder Windows 11 per Remotedesktop zur Verfügung zu stellen. Im Vergleich zur Arbeit mit dem Desktop auf einem Remotedesktop-Sitzungshost steht so dem Anwender – wenn auch nur virtuell – ein eigener Computer zur Verfügung und beeinflusst die Arbeit anderer Benutzer nicht.

Unternehmen sind bei der Konfiguration dieser Desktops durch diese Technik wesentlich flexibler, als wenn alle Anwender mit einem Desktop der RemoteApps auf den Servern arbeiten würden. Diese virtuellen Computer lassen sich aus Kompatibilitätsgründen oder für Testzwecke bereitstellen oder einfach, um Energie zu sparen, da leistungsfähige Computer über das Netzwerk zur Verfügung stehen.

29.1 Einstieg in VDI

Virtuelle Computer erstellen Sie mit Hyper-V, die Anbindung erfolgt über den Remotedesktop-Verbindungsbroker, die Konfiguration im Server-Manager und die Bereitstellung über den Webzugriff (Web Access), als RDP-Datei oder über die Startseite herkömmlicher Computer mit Windows 10. Damit Sie Virtual Desktop Infrastructure (VDI) nutzen können, benötigen Sie einen Hyper-V-fähigen Server und einen Remotedesktopserver. Unternehmen haben die Möglichkeit, Anwendern direkt auf Basis ihres Benutzerkontos einen persönlichen virtuellen Computer bereitzustellen oder einen Pool zu installieren.

Es lassen sich auch mehrere Pools bereitstellen, zum Beispiel auf Basis des Betriebssystems, der Konfiguration oder der installierten Anwendungen. Dieser Pool steht dann verschiedenen Anwendern zur Verfügung. Unabhängig davon können die Anwender mit dem Computer so arbeiten, als ob es sich um einen herkömmlichen Computer handelt. Sie können mehrere Pools, zum Beispiel mit unterschiedlichen Programmen oder Konfigurationen erstellen und diesen Anwendern über Web Access für Remotedesktop zur Verfügung stellen. Anwender sehen ein entsprechendes Symbol in der Weboberfläche für jeden Pool und werden beim Start mit einem freien Rechner des Pools verbunden oder eben mit einem fest definierten Rechner, wenn die virtuellen Computer fest zugeteilt sind.

Arbeiten Sie mit Pools, sollten Sie Anwender darauf hinweisen, dass sie lokal keine Daten speichern sollen. Da Rechner im Pool verschiedenen Anwendern zur Verfügung stehen und es nicht festgelegt ist, mit welchem Rechner im Pool ein Anwender beim nächsten Start verbunden wird, ist ein Speichern in Netzwerkfreigaben besser. Oder Sie arbeiten alternativ mit zugewiesenen virtuellen Computern, damit jeder Benutzer seinen eigenen Rechner hat.

Als Betriebssystem auf virtuellen Computern in einer Virtual Desktop Infrastructure (VDI) sind nur Windows-Clientbetriebssysteme geeignet. Sie können zum Beispiel nicht Windows Server 2022 als Poolrechner zur Verfügung stellen. Mehr zu diesem Thema lesen Sie in Kapitel 28.

29.2 Windows 10/11 als virtuellen Computer in einer VDI-Struktur einsetzen

Im folgenden Abschnitt gehen wir darauf ein, wie Sie Windows 10 als virtuellen Computer in einer VDI-Umgebung mit Windows Server 2022 einsetzen können.

29.2.1 Installieren des Remotedesktop-Sitzungshosts

Damit Sie Hyper-V mit den Remotedesktopservern verbinden können, müssen Sie auf dem Server, auf dem Sie die virtuellen Desktops installieren, den Rollendienst für Remotedesktopdienste installieren. Dabei gehen Sie vor wie in Kapitel 28 beschrieben.

Wählen Sie über den Server-Manager *Verwalten/Rollen und Features hinzufügen* und anschließend *Installation von Remotedesktopdiensten*. Auf der Seite *Bereitstellungstyp* wählen Sie *Standardbereitstellung* (siehe Kapitel 28). Auf der Seite *Bereitstellungsszenario auswählen* wählen Sie schließlich *Auf virtuellen Computern basierende Desktopbereitstellung* aus. Installieren Sie Remotedesktop-Sitzungshosts und wollen Anwendungen veröffentlichen oder Desktops auf den Servern (siehe Kapitel 28), wählen Sie die Option *Sitzungsbasierte Desktopbereitstellung* aus.

Haben Sie das Szenario ausgewählt, sehen Sie auf der nächsten Seite des Assistenten, welche Rollendienste er installiert. Auf der folgenden Seite wählen Sie, wie bei Remotedesktop-Sitzungshosts auch (siehe Kapitel 28), den Remotedesktop-Verbindungsbroker aus. Dieser stellt die Verbindung zwischen Clients und der VDI/Remotedesktopinfrastruktur zur Verfügung. Hier können Sie nur Server auswählen, die Sie zuvor im Server-Manager über *Verwalten/Server hinzufügen* angebunden haben.

Haben Sie im Netzwerk bereits eine Remotedesktopinfrastruktur installiert und ist damit ein Remotedesktop-Verbindungsbroker vorhanden, erkennt das der Assistent und schlägt die Anbindung an den Verbindungsbroker vor.

Im Rahmen der Installation wählen Sie danach die Server aus, auf denen Sie virtuelle Computer zur Verfügung stellen wollen. Diese tragen die Bezeichnung RD-Virtualisierungshostserver. Die Server müssen Hyper-V unterstützen, da die virtuellen Windows 10-Computer mit Hyper-V virtualisiert werden.

Nach der Auswahl installiert der Assistent die notwendigen Rollendienste auf allen ausgewählten Servern und startet die Server bei Bedarf neu, genauso wie bei einer herkömmlichen Installation der Remotedesktopdienste. Sie erhalten eine Zusammenfassung, welche Rollendienste der Assistent auf den verschiedenen Servern installiert.

29.2.2 VDI-Umgebung verwalten

Nachdem Sie die Installation abgeschlossen haben, verwalten Sie die VDI-Infrastruktur im Server-Manager genauso wie die Remotedesktopdienste. Sie finden die Konfiguration über *Remotedesktopdienste*. Wie bei der Verwendung von Remotedesktop-Sitzungshosts (siehe Kapitel 28), erstellen Sie bei der Virtualisierung von Desktops eine neue Sammlung. Dazu verwenden Sie *Sammlung virtueller Desktops erstellen*.

In den Remotedesktopdiensten sind zwei Arten virtueller Desktopsammlungen verfügbar: persönliche und im Pool zusammengefasste Sammlungen. Sie können im Pool zusammengefasste virtuelle Desktops automatisch in einer Sammlung durch Remotedesktopdienste verwalten lassen oder sie manuell verwalten.

Eine verwaltete, im Pool zusammengefasste Sammlung virtueller Desktops bietet das automatische Erstellen von im Pool zusammengefassten virtuellen Desktops auf Basis einer virtuellen Desktopvorlage. Auch automatisches Installieren von Sicherheitsupdates und Anwendungen auf Basis einer virtuellen Desktopvorlage ist möglich.

Auf einem Benutzerprofildatenträger werden Benutzerprofilinformationen auf einer separaten virtuellen Festplatte gespeichert, sodass die Benutzerprofileinstellungen über in Pools zusammengefasste virtuelle Desktops verfügbar bleiben.

Beim Erstellen der virtuellen Desktopsammlung müssen Sie bei dem Computer mit einem Benutzerkonto mit der Berechtigung zum Hinzufügen von Computern zur Domäne angemeldet sein. Die virtuelle Desktopvorlage für Computer im Pool muss als virtueller Hyper-V-Computer hinzugefügt werden. Der virtuelle Computer muss mit Sysprep generalisiert und heruntergefahren werden. Sie müssen die virtuelle Desktopvorlage zu Hyper V hinzu fügen, damit Sie sie der im Pool zusammengefassten Sammlung virtueller Desktops zuweisen können. Wie Sie dabei vorgehen, lesen Sie in den nächsten Abschnitten.

29.2.3 Virtuelle Computer installieren und für VDI vorbereiten

Im nächsten Schritt installieren Sie virtuelle Computer, die Sie als Vorlage für den Pool verwenden wollen, auf dem RD-Virtualisierungshost. Möchten Sie die virtuellen Computer in einem Pool bereitstellen, können Sie Windows 10 installieren. Nehmen Sie die Computer in die Domäne auf und bereiten Sie den Computer mit dem Befehlszeilentool *Sysprep* vor.

Neben der Anbindung an die Domäne müssen Sie bei der Installation zunächst nichts beachten. Nach der Installation, Aktivierung und Anbindung an die Domäne sind auf den Computern noch einige Vorbereitungen zu treffen, damit diese optimal in einem VDI-Pool funktionieren.

Remotedesktop auf Clientcomputern aktivieren und konfigurieren

Im ersten Schritt aktivieren Sie Remotedesktop auf den Clientcomputern. Sie finden die Einstellung, wenn Sie die *Eigenschaften* von *Dieser PC* aufrufen ([Win]+[Pause]) und auf den Link *Remoteeinstellungen* klicken. Aktivieren Sie den Remotedesktop mit der Option, dass nur sichere Verbindungen erlaubt sind.

Zusätzlich müssen Sie noch festlegen, welche Benutzer über den Remotedesktop auf den virtuellen Computer zugreifen dürfen. Klicken Sie dazu auf die Schaltfläche *Benutzer auswählen* oder rufen Sie über *lusrmgr.msc* den lokalen Benutzer-Manager des Computers auf.

Standardmäßig dürfen per Remotedesktop *Administratoren* und Mitglieder der lokalen Gruppe *Remotedesktopbenutzer* zugreifen, das Gleiche gilt auch für Server. Entweder nehmen Sie die einzelnen Benutzerkonten aus der Domäne in die lokale Gruppe *Remotedesktopbenutzer* auf oder Sie erstellen eine Gruppe in der Domäne und nehmen diese in die lokale Gruppe *Remotedesktopbenutzer* auf.

Die einzelnen Benutzerkonten nehmen Sie dann nur noch in die Gruppe in der Domäne auf. So ist sichergestellt, dass alle berechtigten Anwender per RDP auf die Rechner im VDI-Pool zugreifen dürfen und Sie nur Mitgliedschaften konfigurieren müssen.

Remote RPC-Zugriff auf Clientcomputern erlauben

Damit sich die Clients optimal an die VDI-Infrastruktur anbinden, sollten Sie mit Adminrechten auf den Clientcomputern noch den Registrierungs-Editor durch Eintippen von *regedit* auf der Startseite öffnen:

1. Navigieren Sie zum Schlüssel *HKEY_LOCAL_MACHINE\SYSTEM\CurrentControlSet\Control\TerminalServer.*
2. Klicken Sie doppelt auf den Wert *AllowRemoteRPC* und geben Sie den Wert *1* ein.

Firewalleinstellungen auf Clientcomputern konfigurieren

Im nächsten Schritt müssen Sie auf den Clientcomputern noch die Firewalleinstellungen anpassen:

1. Öffnen Sie über das Schnellmenü ([Win]+[X]) die Systemsteuerung.
2. Navigieren Sie zu *System und Sicherheit/Windows-Firewall.*
3. Klicken Sie auf *Eine App oder Feature durch die Firewall kommunizieren lassen.*
4. Aktivieren Sie *Remotedienstverwaltung.*

29.2.4 System mit Sysprep vorbereiten

Damit Sie den vorbereiteten Computer als Vorlage für einen virtuellen Desktop-Pool verwenden können, müssen Sie ihn mit dem Befehlszeilentool Sysprep vorbereiten. Sie finden dieses im Ordner *C:\Windows\System32\Sysprep.* Starten Sie das Tool über dessen Kontextmenü mit Administratorrechten. Wählen Sie *Out-of-Box-Experience (OOBE) für System aktivieren*, *Verallgemeinern* und *Herunterfahren* aus.

29.3 Konfiguration des virtuellen Desktop-Pools

Nachdem Sie die Clients vorbereitet haben, können Sie fortfahren, den Pool zu generieren und an die Umgebung anzubinden. Erstellen Sie die verwaltete, in einem Pool zusammengefasste Sammlung virtueller Desktops, damit Benutzer eine Verbindung zu den Desktops in der Sammlung herstellen können.

Die Verwaltung der Sammlungen für virtuelle Desktops entspricht weitgehend der Verwaltung von Sammlungen für RemoteApps und Remotedesktop-Sitzungshosts. Lesen Sie sich daher zur Verwaltung einer VDI-Infrastruktur Kapitel 28 durch.

29.3.1 Sammlung virtueller Pools im Server-Manager erstellen

Um eine Sammlung für virtuelle Pools zu erstellen, gehen Sie folgendermaßen vor:

1. Klicken Sie im linken Bereich auf *Remotedesktopdienste* und anschließend auf *Sammlungen.*
2. Klicken Sie auf *Aufgaben* und dann auf *Sammlung virtueller Desktops erstellen.*
3. Klicken Sie auf der Seite *Vorbemerkungen* auf *Weiter.*
4. Geben Sie auf der Seite *Namen für die Sammlung angeben* im Feld *Name* eine Bezeichnung für die Sammlung ein.
5. Klicken Sie auf der Seite *Sammlungstyp angeben* auf die Option *In einem Pool zusammengefasste Sammlung virtueller Desktops.* Stellen Sie sicher, dass das Kontrollkästchen *Virtuelle Desktops automatisch erstellen und verwalten* aktiviert ist, und klicken Sie dann auf *Weiter.*
6. Klicken Sie auf der Seite *Vorlage für virtuelle Desktops angeben* auf den Computer, den Windows Server 2022 als Vorlage verwenden soll. Wie Sie virtuelle Computer erstellen, lesen Sie in Kapitel 7 und in den vorherigen Abschnitten. Der virtuelle Computer, den Sie als Vorlage verwenden, muss im Hyper-V-Manager erstellt worden und ausgeschaltet sein.
7. Klicken Sie auf der Seite *Einstellungen für virtuelle Desktops angeben* auf *Einstellungen für die unbeaufsichtigte Installation angeben* und dann auf *Weiter.* In diesem Schritt des Assistenten können Sie auch eine Antwortdatei hinterlegen.
8. Geben Sie auf der Seite *Einstellungen des unbeaufsichtigten Modus angeben* die fehlenden Informationen ein, behalten Sie die Standardeinstellungen für nicht angegebene Optionen bei und klicken Sie dann auf *Weiter.*
9. Klicken Sie im Feld *Zeitzone* auf die Ihrem Standort entsprechende Zeitzone.
10. Legen Sie fest, in welcher Organisationseinheit die Computerkonten abgelegt werden sollen.
11. Wählen Sie aus, welche Benutzer Zugriff auf die virtuellen Desktops erhalten dürfen. Außerdem können Sie festlegen, wie viele virtuelle Desktops der Assistent vorbereiten soll und wie die Namen der Computer aufgebaut sein sollen.
12. Wählen Sie aus, wie viele virtuelle Desktops Sie auf den einzelnen RD-Virtualisierungshosts erstellen wollen.

13. Als Nächstes können Sie steuern, wo Sie die Dateien der virtuellen Computer speichern wollen. Sie können an dieser Stelle auf jedem Host, in einer Netzwerkfreigabe oder in einem CSV-Clusterlaufwerk die Dateien speichern lassen (siehe Kapitel 9).
14. Geben Sie auf der Seite *Benutzerprofil-Datenträger angeben* im Feld *Speicherort von Benutzerprofil-Datenträgern* eine entsprechende Freigabe an und klicken Sie dann auf *Weiter*. Stellen Sie sicher, dass die Computerkonten auf dem RD-Virtualisierungshost über Lese- und Schreibrechte für diesen Speicherort verfügen. In diesem Fall lassen sich die Daten der Anwender auf die Freigabe auslagern.
15. Klicken Sie auf der Seite *Auswahl bestätigen* auf *Erstellen*. Anschließend exportiert der Assistent den virtuellen Computer auf dem RD-Virtualisierungshost und importiert die virtuellen Computer in die RD-Infrastruktur. Sie sehen die Vorgänge auch im Hyper-V-Manager.

29.3.2 Desktop testen und verwenden

Zur Überprüfung, ob die verwaltete, im Pool zusammengefasste Sammlung virtueller Desktops erfolgreich erstellt wurde, bauen Sie zunächst eine Verbindung zum Server mit Web Access für Remotedesktop auf. Hier gehen Sie vor, wie in Kapitel 28 beschrieben. Die Adresse ist normalerweise *https://<Servername>/rdweb*.

Wenn Sie eine Verbindung zwischen einem Server und einer Website eines Servers mit Web Access für Remotedesktop herstellen wollen, müssen Sie im Server-Manager die verstärkte Sicherheitskonfiguration für Internet Explorer deaktivieren (siehe Kapitel 3).

Um den Pool zu testen, melden Sie sich mit dem Benutzerkonto an Web Access für Remotedesktop an, das Sie berechtigt haben, RDP-Sitzungen auf den Clients zu öffnen. Klicken Sie auf das Symbol, das den virtuellen Desktop-Pool darstellt, und melden Sie sich an.

Unter Umständen müssen Sie erneut eine Authentifizierung für den Computer durchführen, wenn der zugreifende Computer zum Beispiel über das Internet zugreift oder kein Mitglied der Domäne ist. Anschließend baut sich die RDP-Sitzung zu einem der freien Rechner im Pool auf. Die Anwender müssen dazu nicht wissen, welcher Rechner das ist, sondern werden automatisch weitergeleitet und können mit der RDP-Sitzung auf dem Computer arbeiten.

Haben Sie RemoteApps über Windows 10/11-Clients verteilt (siehe Kapitel 28), finden Anwender auf der Startseite eine Verknüpfung zu den Rechnern im virtuellen Pool.

Das gilt auch, wenn Sie einem Anwender einen persönlichen Desktop zur Verfügung stellen. Über den gleichen Weg wie die Verteilung der RemoteApps stellen Sie virtuelle Clients als Desktop zur Verfügung. Sie müssen dazu alle Schritte der vorangegangenen Abschnitte durchführen sowie die Schritte, die wir Ihnen im Abschnitt zu den RemoteApps in Kapitel 28 zeigen.

29.3.3 Personalisierte virtuelle Rechner verwenden

Wollen Sie einzelnen Anwendern keinen Rechner aus einem Pool zur Verfügung stellen oder zusätzlich noch einen virtuellen Rechner, den Sie persönlich dem jeweiligen Anwender zuweisen, gehen Sie bei der Einrichtung generell fast identisch vor. Sie wählen in diesem Fall auf der Seite *Sammlungstyp* aber die Option *Persönliche Sammlung von Desktops* aus. Deaktivieren Sie auf Wunsch das Kontrollkästchen *Virtuelle Desktops automatisch erstellen und verwalten* und klicken Sie dann auf *Weiter*. Klicken Sie auf der Seite *Vorhandene virtuelle Desktops angeben* auf den Namen des virtuellen Desktops und klicken Sie dann auf *Hinzufügen*.

29.3.4 Eigenes Hintergrundbild für gehostete Desktops aktivieren

Viele Unternehmen wollen Anwendern ein festes Hintergrundbild zuweisen, wenn diese mit einem virtuellen Computer arbeiten. Dazu arbeiten Sie am besten mit Gruppenrichtlinien. Legen Sie die Computerkonten der virtuellen Computer in eine eigene Organisationseinheit (OU) und konfigurieren auf dieser OU eine Gruppenrichtlinie.

Da das Hintergrundbild, wie viele Einstellungen, eine benutzerspezifische Einstellung ist, müssen Sie zunächst eine Einstellung festlegen, dass das Hintergrundbild für Computer fest vorgegeben wird. Mit der Richtlinie *Loopbackverarbeitungsmodus für Benutzergruppenrichtlinie* im Bereich *Computerkonfiguration/Richtlinie/Administrative Vorlagen/System/Gruppenrichtlinie* legen Sie fest, dass Einstellungen von Benutzern auf alle Computer angewendet werden.

Aktivieren Sie die Richtlinie, können Sie als Option entweder *Ersetzen* oder *Zusammenführen* wählen. Wählen Sie *Ersetzen*, dann ersetzt die Richtlinie alle Einstellungen, die auf Benutzer festgelegt sind, auch aus anderen Richtlinien. Wählen Sie *Zusammenführen*, verwendet die Richtlinie alle Einstellungen. Bei Konflikten verwendet Windows Server 2022 die Richtlinie, für die Sie den Loopverarbeitungsmodus aktiviert haben. Anschließend können Sie das Hintergrundbild aktivieren. Die Einstellung für Hintergrundbilder finden Sie bei *Benutzerkonfiguration/Richtlinien/Administrative Vorlagen/Desktop/Desktop* in der Richtlinie *Desktophintergrund*.

29.4 Zusammenfassung

In diesem Kapitel haben wir Ihnen erläutert, wie Sie neben der Sitzungs-Virtualisierung mit Remotedesktop-Sitzungshosts auch virtuelle Computer über die Remotedesktopdienste zur Verfügung stellen. Dazu arbeiten in Windows Server die Remotedesktopdienste noch enger mit Hyper-V zusammen.

Im nächsten Kapitel zeigen wir Ihnen in der Praxis, wie Sie Zertifikate mit einer Active Directory-Zertifizierungsstelle zur Verfügung stellen.

Teil VII

Sicherheit und Hochverfügbarkeit

Kapitel 30
Active Directory-Zertifikatdienste

Der Einsatz einer internen Zertifizierungsstelle ist in Active Directory nahezu unerlässlich. Viele aktuelle Serversysteme von Microsoft oder auch Drittanbietern benötigen Zertifikate für den Zugriff. Beispiel dafür ist Exchange Server, die Remotedesktopdienste oder SharePoint. Auch SQL Server benötigt ein Zertifikat, wenn Sie Verbindungen verschlüsseln wollen. Wir sind in den verschiedenen Kapiteln bereits auf die Konfiguration von Zertifikaten für den jeweiligen Serverdienst eingegangen. In diesem Kapitel gehen wir darauf ein, wie Sie eine Zertifizierungsstelle installieren und betreiben.

Da die Standard-Edition von Windows Server 2022 nahezu die gleichen Funktionen und Serverrollen unterstützt wie Windows Server 2022 Datacenter Edition (siehe Kapitel 1), können Sie alle verfügbaren Funktionen der Active Directory-Zertifikatdienste auch auf Servern mit Windows Server 2022 Standard Edition betreiben.

Außerdem unterstützen alle Funktionen der Active Directory-Zertifikatdienste vollständig Core-Installationen von Windows Server 2022 (siehe die Kapitel 2, 3 und 4).

Für die Veröffentlichung von Outlook Web Access, Outlook Anywhere und Exchange ActiveSync (EAS) sind ebenfalls oft eigene Zertifikate notwendig. Mit den Webdiensten für die Zertifikatregistrierung und den Zertifikatregistrierungsrichtlinien können Sie Zertifikate über HTTP für verschiedene Gesamtstrukturen zur Verfügung stellen. So lassen sich Zertifizierungsstellen mit mehreren Gesamtstrukturen betreiben.

30.1 Installation einer Zertifizierungsstelle

Installieren Sie die Zertifizierungsstelle möglichst auf einem Mitgliedsserver, nicht auf einem Domänencontroller. Entfernen Sie den Server, der die Zertifizierungsstelle verwaltet, aus der Domäne, verlieren die Zertifikate ihre Gültigkeit.

30.1.1 Serverrolle für Active Directory-Zertifikatdienste installieren

Die Installation führen Sie über das Hinzufügen der Rolle *Active Directory-Zertifikatdienste* im Server-Manager durch. Wählen Sie diese Rolle aus, können Sie die Zertifikatdienste mit einem Assistenten installieren, über den Sie verschiedene Auswahlmöglichkeiten haben.

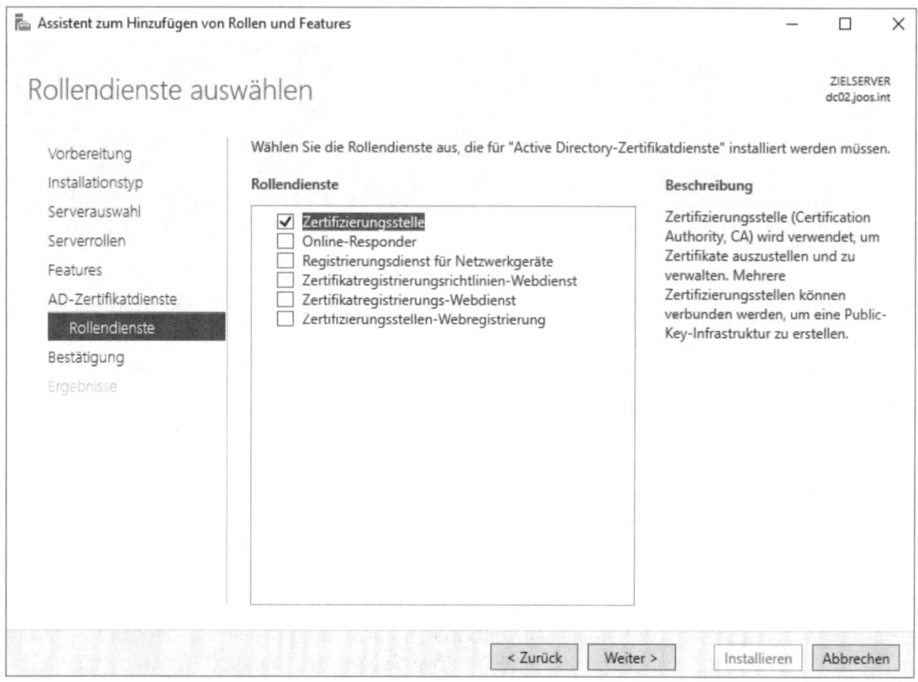

Abb. 30.1 Active Directory-Zertifikatsdienste installieren

Insgesamt können Sie bei der Installation unter sechs Rollentypen auswählen:

- **Zertifizierungsstelle** – Hierbei handelt es sich um den wichtigsten Rollendienst, der die Basis der Zertifikatdienste darstellt. Dieser Rollendienst wird für das Ausstellen und Verwalten der Zertifikate benötigt.
- **Online-Responder** – Dieser Rollendienst stellt die Funktion zur Verfügung, über die den Clients erweiterte Informationen über den aktuellen Zustand der Zertifikatsabfrage gegeben werden. Der Dienst setzt die Installation von IIS voraus. Es wird ein neues Web mit der Adresse *http://<Servername>/ocsp* erstellt.
- **Registrierungsdienst für Netzwerkgeräte** – Diese Funktion kann nur alleine installiert werden, nicht zusammen mit einer Zertifizierungsstelle. Mit diesem Rollendienst wird die Funktion zum automatischen Ausstellen von Zertifikaten an Netzwerkgeräte ermöglicht.

- **Zertifikatregistrierungsrichtlinie-Webdienst** – Diesen Dienst benötigen Sie, wenn Sie eine richtlinienbasierte Zertifikatregistrierung ermöglichen, der Clientcomputer jedoch kein Mitglied einer Domäne ist. Der Webdienst verwendet HTTPS, um Informationen zur Zertifikatrichtlinie an Computer weiterzuleiten. Sie benötigen diesen Dienst nicht im Zusammenhang mit SharePoint.
- **Zertifikatregistrierungs-Webdienst** – Stellt einen Webdienst zur Verfügung, der Clients eine Aktualisierung der Zertifikate erlaubt, ohne dass die Computer Mitglied einer Domäne sein müssen.
- **Zertifizierungsstellen-Webregistrierung** – Wird dieser Rollendienst installiert, können auch Zertifikate über die Webadresse *http://<Servername>/certsrv* angefordert werden. Hierbei handelt es sich um die Webschnittstelle der Zertifikatdienste.

Sie sollten die Rollendienste *Zertifizierungsstelle* und *Zertifizierungsstellen-Webregistrierung* auswählen. Der Rollendienst *Zertifizierungsstellen-Webregistrierung* stellt die Weboberfläche der Zertifikatdienste zur Verfügung, die Sie über *http://<Servername>/certsrv* aufrufen können, um Zertifikate anzufordern.

30.1.2 Zertifizierungsstelle einrichten

Sie nehmen keine Einstellungen bezüglich der Zertifizierungsstelle während der Installation vor. Wie bei der Installation von Active Directory starten Sie nach der Installation der Serverrolle für die Zertifizierungsstelle den Einrichtungs-Assistenten über das Wartungssymbol im Server-Manager.

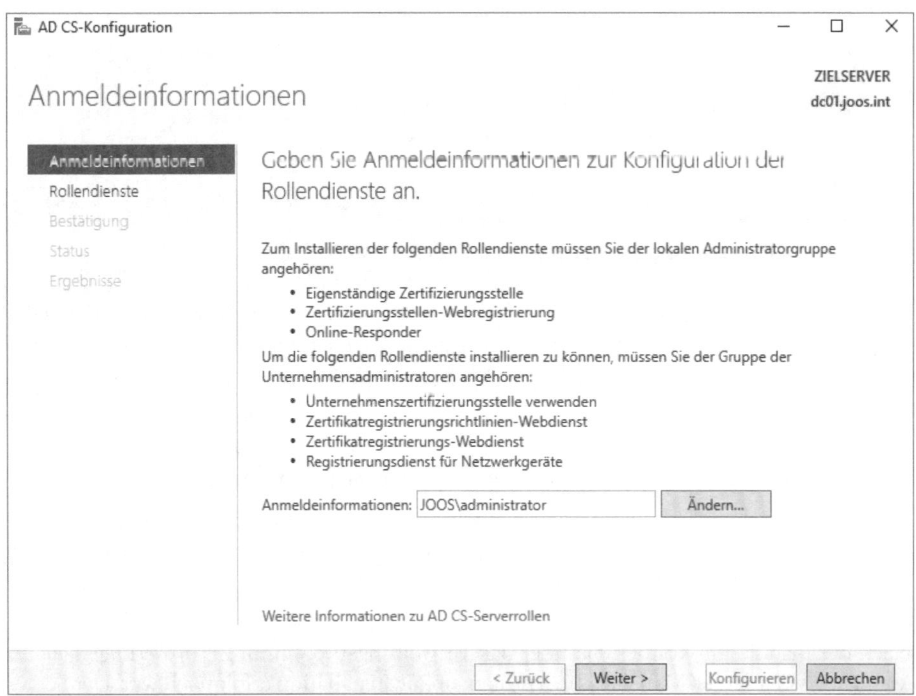

Abb. 30.2 Einrichten der Zertifizierungsstelle nach der Installation

Nach dem Start des Assistenten geben Sie den Benutzernamen ein, mit dem Sie den Dienst einrichten wollen. Standardmäßig übernimmt der Assistent den Benutzer, mit dem Sie am Server angemeldet sind. Als Nächstes wählen Sie aus, welche Rollendienste Sie konfigurieren wollen. Nicht installierte Rollendienste sind deaktiviert.

Auf der nächsten Seite legen Sie den Setuptyp fest. Hier sollten Sie die Option *Unternehmenszertifizierungsstelle* auswählen, da Sie bei der ersten CA eine Root-CA installieren. Bei dieser Auswahl wird die CA in Active Directory integriert. Dadurch verteilt die Zertifizierungsstelle ihr Zertifikat auf allen Servern und Clientcomputern im Netzwerk.

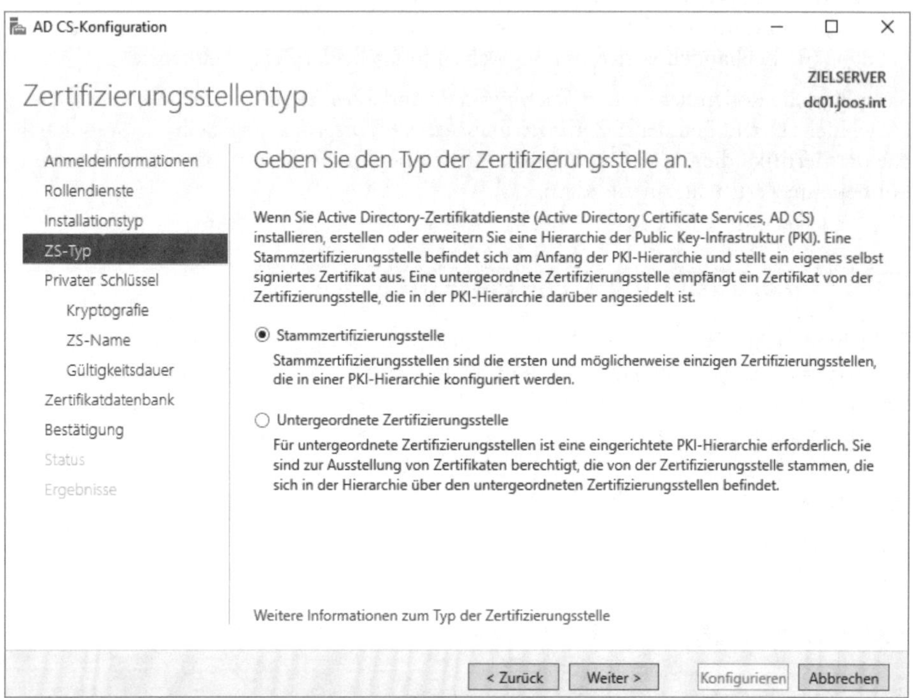

Abb. 30.3 Auswählen des Installationstyps der Zertifizierungsstelle

Auf der nächsten Seite des Assistenten legen Sie den Zertifizierungsstellentyp fest. Hier sollten Sie bei der ersten Installation möglichst eine *Stammzertifizierungsstelle* auswählen.

Bei der ersten Installation einer Zertifizierungsstelle wählen Sie aus, dass Sie einen neuen privaten Schlüssel erstellen wollen, da es für diese Zertifizierungsstelle noch keinen Schlüssel gibt. Auf der nächsten Seite des Assistenten wählen Sie aus, mit welcher Verschlüsselung Sie Zertifikate ausstellen wollen. Hier sollten Sie möglichst den Standard belassen.

Über die folgende Seite legen Sie den Namen für die neue Zertifizierungsstelle fest. Hier sollten Sie bei der ersten Stammzertifizierungsstelle im Unternehmen einen passenden Namen wählen. Im Anschluss bestimmen Sie die Gültigkeitsdauer für die Zertifikate und schließen die Konfiguration ab.

Nach der Installation können Sie über das Verwaltungsprogramm *Zertifizierungsstelle* im Menü *Tools* des Server-Managers überprüfen, ob die Installation erfolgreich war. Der Server sollte mit einem grünen Häkchen in der Verwaltungsoberfläche angezeigt werden. Sie können das Tool auch mit dem Befehl *certsrv* aufrufen.

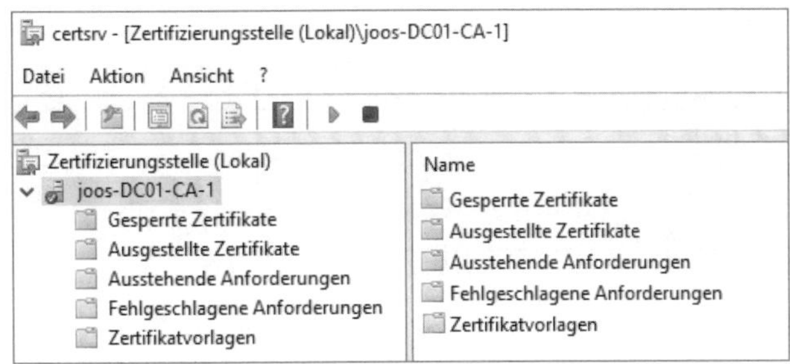

Abb. 30.4 Verwalten der Zertifizierungsstelle

Haben Sie bei der Installation noch den Rollendienst *Zertifizierungsstellen-Webregistrierung* ausgewählt, steht zusätzlich die Weboberfläche der Zertifizierungsstelle über den Link *http://<Servername>/certsrv* zur Verfügung. Diese Webseite sollte sich nach erfolgter Authentifizierung fehlerfrei öffnen lassen.

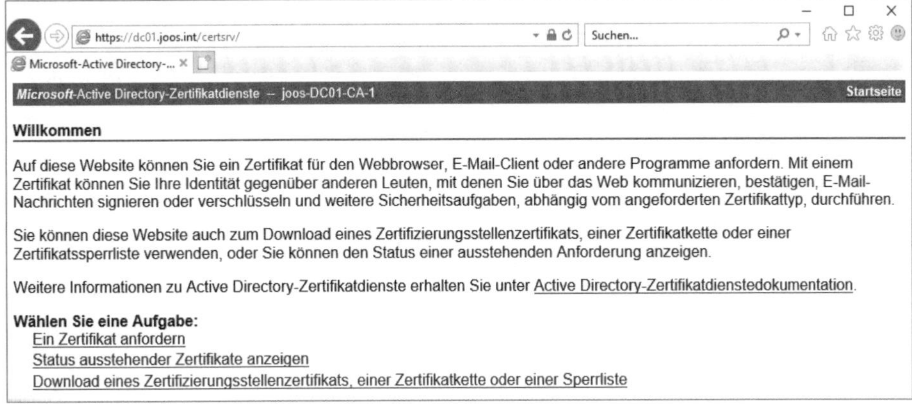

Abb. 30.5 Aufrufen der Webseite einer neu installierten Zertifizierungsstelle

Zusätzlich gibt es das Zusatztool *Pkiview*, mit dem sehr schnell der allgemeine Zustand der Zertifizierungsstelle überprüft werden kann. Findet das Tool Fehler, werden diese in einer Konsole angezeigt. Das Tool starten Sie am schnellsten durch Eingabe von *pkiview* in einer Eingabeaufforderung.

Alle Mitgliedscomputer einer Domäne vertrauen einer internen Stammzertifizierungsstelle mit dem Typ *Unternehmen* automatisch. Das Zertifikat dieser Zertifizierungsstelle wird dazu auf den Clientcomputern und Mitgliedsservern in den Zertifikatspeicher der vertrauenswürdigen Stammzertifizierungsstellen integriert. Damit der Server fehlerfrei Zertifikate ausstellen kann, muss er Mitglied der Gruppe *Zertifikateherausgeber* sein. Diese Gruppe befindet sich in der OU *Users*.

Die wichtigsten Daten der Active Directory-Zertifikatdienste lassen sich sichern. Wählen Sie im Kontextmenü der Zertifizierungsstelle in der Verwaltungskonsole die Option *Alle Aufgaben/Zertifizierungsstelle sichern*. Anschließend startet der Assistent, über den die Zertifizierungsstelle und deren Daten gesichert werden können.

Auf der nächsten Seite des Assistenten wählen Sie aus, welche Dateien gesichert werden sollen und in welcher Datei die Sicherung abgelegt wird. Anschließend vergeben Sie ein Kennwort für die Sicherung, damit niemand Zugriff auf die Daten erhält. Auf dem gleichen Weg lassen sich Daten auch wiederherstellen.

30.1.3 Eigenständige Zertifizierungsstellen

Eigenständige Zertifizierungsstellen werden dazu verwendet, S/MIME oder SSL-Zertifikate auszustellen, wenn keine Active Directory-Unterstützung benötigt wird. Diese Art der Zertifizierungsstellen läuft vollkommen unabhängig von Active Directory. Eigenständige Zertifizierungsstellen verwenden keine Vorlagen und Anwender müssen beim Beantragen von Zertifikaten mehr Informationen angeben, da diese nicht aus Active Directory gelesen werden können. Administratoren müssen außerdem jede Anfrage manuell genehmigen.

Installieren Sie eine eigenständige Zertifizierungsstelle, erhalten wie bei der Unternehmenszertifizierungsstelle alle Mitgliedscomputer das Zertifikat der Zertifizierungsstelle.

Das Zertifikat wird im Speicher der vertrauenswürdigen Stammzertifizierungsstellen abgelegt. Da keine Unterstützung für die Domäne integriert ist, werden alle Zertifikate ohne Benutzerüberprüfung ausgestellt.

30.1.4 Installieren einer untergeordneten Zertifizierungsstelle

Während der Einrichtung der Zertifikatdienste wählen Sie aus, ob Sie eine untergeordnete Zertifizierungsstelle einrichten wollen. Clients verbinden sich in diesem Fall mit der untergeordneten Zertifizierungsstelle und die Stammzertifizierungsstelle wird bei vielen Anfragen entlastet. Ansonsten sind die Installation und Verwaltung von untergeordneten Zertifizierungsstellen identisch zu übergeordneten.

30.1.5 Migrieren des Active Directory-Zertifikatdienstes

Unternehmen, die noch auf ältere Versionen von Windows-Server setzen, müssen früher oder später zu einer neuen Version migrieren, wir zeigen die Übernahme der Daten von Zertifizierungsstellen.

Zunächst muss klargestellt werden, dass es keine allgemeingültige Anleitung für die Migration der Zertifizierungsstellen geben kann, da die Active Directory-Zertifikatdienste viele unterschiedliche Serverdienste und Einstellungen ermöglichen. Daher unterscheiden sich die verschiedenen Umgebungen voneinander. Vor der eigentlichen Migration sollte also die Vorgehensweise genau geplant werden.

Vor einer Migration und Änderungen sollten Sie die beteiligten Server sichern. Hier bieten sich vollständige Datensicherungen an. Zusätzlich gibt es auf Windows-Servern die Möglichkeit, die Active Directory-Zertifikatdienste zu sichern. Im Kontextmenü der Zertifizierungsstelle in der Verwaltungskonsole *certsrv.msc* steht die Option *Alle Aufgaben/Zertifizierungsstelle sichern* zur Verfügung. Anschließend startet der Assistent, über den die Zertifizierungsstelle und deren Daten gesichert werden können.

Auf der nächsten Seite des Assistenten wird ausgewählt, welche Dateien gesichert werden sollen und in welcher Datei die Sicherung abgelegt wird. Anschließend wird ein Kennwort für die Sicherung festgelegt, damit keine unberechtigten Personen Zugriff auf die Daten erhalten. Im Anschluss wird die Zertifizierungsstelle gesichert. Auf dem gleichen Weg lassen sich auch Daten wiederherstellen.

Der Server, auf den die Daten der Zertifizierungsstelle migriert werden sollen, muss im Vorfeld installiert und aktualisiert sein. Er sollte fehlerfrei funktionieren, damit sich die Daten übertragen lassen.

30.1.6 Migration beginnen

Die Migration einer Zertifizierungsstelle beginnt mit der Sicherung der Daten auf dem Quellserver. Das kann entweder in der grafischen Oberfläche erfolgen oder in der PowerShell mit:

Backup-CARoleService -path C:\Backup -Password (Read-Host -prompt "Password:" -AsSecureString)

Der Befehl legt das Verzeichnis an, es muss im Vorfeld nicht vorhanden sein. Wichtig ist, dass bei der Sicherung alle Daten mit eingebunden werden, auch die privaten Schlüssel und das Zertifikat der Zertifizierungsstelle. Parallel ist es sinnvoll, auch die Registryschlüssel zu exportieren, in denen die Daten der CA gespeichert sind. Diese befinden sich im Pfad:

HKEY_LOCAL_MACHINE\SYSTEM\CurrentControlSet\Services\CertSvc\Configuration

Am besten exportieren Sie den ganzen Schlüssel *Configuration* über das Kontextmenü. Der Befehl kann in der Befehlszeile/PowerShell durchgeführt werden:

reg export HKLM\SYSTEM\CurrentControlSet\Services\CertSvc\Configuration C:\Backup\BackupCa.reg

Auch die Zertifikatsvorlagen sollten Sie sichern. Dazu nutzen Sie in der Befehlszeile den folgenden Befehl:

certutil.exe -catemplates > C:\Backup\vorlagen.txt

Wenn alle Daten gesichert wurden, kann die alte Zertifizierungsstelle deinstalliert werden.

30.1.7 Zielserver konfigurieren

Um die Daten der Zertifizierungsstelle zu übernehmen, muss auf dem Zielserver zunächst die Installation der Active Directory-Zertifikatdienste erfolgen. Hier müssen alle Rollen und Features installiert werden, die auch auf dem Quellserver installiert worden sind.

Wichtig ist, dass beim Auswählen der Option für den privaten Schlüssel die Option *Vorhandenen privaten Schlüssel verwenden* aktiviert werden muss. Auch die Option *Zertifikat auswählen und zugehörigen privaten Schlüssel verwenden* muss gesetzt sein. Anschließend werden diese Daten aus dem Sicherungsverzeichnis importiert. Die weiteren Einstellungen entsprechen dem Standard.

Nach der Einrichtung erfolgt die Wiederherstellung der Active Directory-Zertifikatdienste mit dem gleichen Assistenten, mit dem auf dem Quellserver die Sicherung erfolgt ist. Für die Wiederherstellung werden auf dem Zielserver die Daten der Sicherung des Quellservers verwendet. Wichtig ist, dass Sie die Optionen *Privater Schlüssel und Zertifizierungsstellenzertifikat* sowie *Zertifikatdatenbank und Zertifikatdatenprotokoll* auswählen.

Nach Abschluss der Wiederherstellung sollten Sie die Zertifikatdienste nicht neu starten. Im Vorfeld sollten Sie die Registrydaten importieren, die zuvor auf dem Quellserver gesichert wurden. Danach kann die CA gestartet werden. Im nächsten Schritt werden die exportierten Zertifikatvorlagen des Quellservers importiert. Auch hier wird die entsprechende Datei verwendet.

Anschließend testen Sie die Zertifizierungsstelle. Unter Umständen müssen Sie noch Einträge in den Einstellungen anpassen und SSL-Zertifikate für die Zertifizierungsstelle selbst.

30.2 Zuweisen und Installieren von Zertifikaten

In diesem Abschnitt zeigen wir Ihnen, wie Sie von einem Computer ein Zertifikat von einer Zertifizierungsstelle anfordern und installieren. Generell können Sie bei der Zuweisung eines Zertifikats auch den Weg über die lokale Verwaltung der Zertifikate gehen. Die Zuweisung über die Weboberfläche der Zertifikatdienste funktioniert ebenso zuverlässig. Wir zeigen Ihnen nachfolgend die verschiedenen Möglichkeiten, die Sie zum Abrufen von Zertifikaten haben.

30.2.1 Zertifikate mit Assistenten aufrufen

In der lokalen Verwaltung von Zertifikaten können Sie in Active Directory auch Zertifikate auf einem Server installieren. Dazu gehen Sie folgendermaßen vor:

1. Starten Sie durch Eingabe von *certlm.msc* auf der Startseite die Verwaltung der lokalen Zertifikate. Alternativ können Sie bei der Verwendung von Webservern den Internetinformationsdienste-Manager zum Abrufen von Zertifikaten verwenden (siehe Kapitel 28).
2. Klicken Sie mit der rechten Maustaste auf *Zertifikate* und wählen Sie dann *Alle Aufgaben/Neues Zertifikat anfordern*.
3. Bestätigen Sie auf der nächsten Seite die Option *Active Directory-Registrierungsrichtlinie*.
4. Aktivieren Sie auf der folgenden Seite die Option *Computer* und klicken Sie auf *Registrieren*. Das Zertifikat erscheint anschließend in der Konsole und lässt sich nutzen.

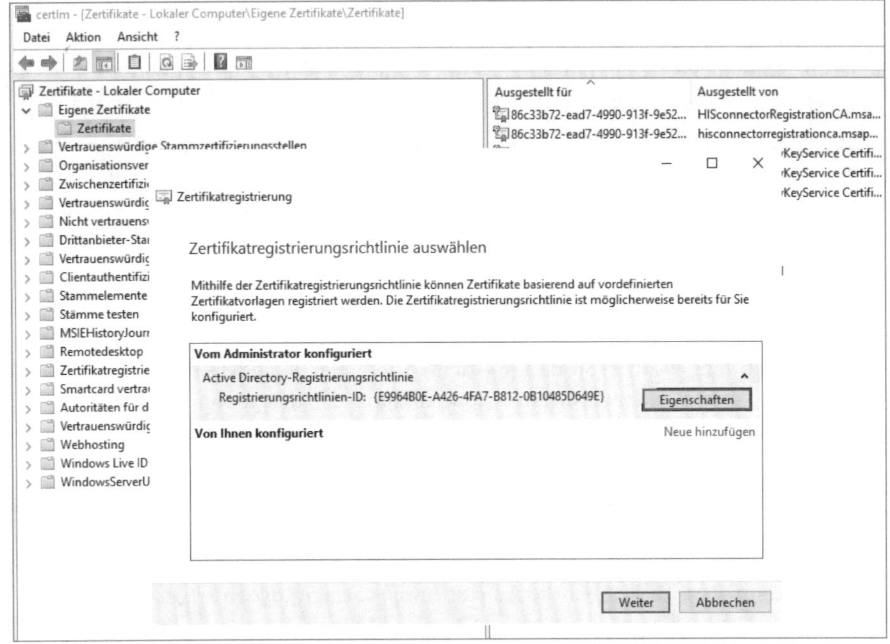

Abb. 30.6 Registrieren eines neuen Zertifikats

30.2.2 Zertifikate im IIS-Manager abrufen

Sie können SSL auf Webservern, zum Beispiel SharePoint, Remotedesktopdienste oder Exchange, nur verwenden, wenn der Server über ein Serverzertifikat verfügt. Dieses müssen Sie zunächst von der internen Zertifizierungsstelle anfordern und installieren. Sie können neben dem beschriebenen Weg der Zertifikatverwaltungen auch den IIS Manager auf einem Server nutzen:

1. Öffnen Sie den IIS-Manager über das Menü *Tools* im Server-Manager.
2. Klicken Sie auf den *Servernamen.*
3. Doppelklicken Sie auf das Feature *Serverzertifikate* im mittleren Bereich der Konsole. Hier sehen Sie alle Serverzertifikate, die Sie verwenden können, damit sich Anwender per SSL verbinden können.
4. Klicken Sie im Bereich *Aktionen* auf *Zertifikatanforderung erstellen.* Alternativ können Sie *Domänenzertifikat erstellen* auswählen, wenn Sie mit den Active Directory-Zertifikatdiensten arbeiten. Die folgenden Fenster sind dabei identisch. Mehr dazu lesen Sie in Kapitel 28.

Geben Sie im neuen Fenster den Namen des Zertifikats ein. Achten Sie darauf, dass der Name, den Sie im Feld *Gemeinsamer Name* eingeben, dem Servernamen entspricht, mit dem Anwender auf den Server zugreifen. Verwenden Anwender für den Zugriff einen anderen Namen als den gemeinsamen Namen des Zertifikats, erhalten die Anwender eine Zertifikatwarnung, die besagt, dass das Zertifikat für eine andere Seite ausgestellt ist.

Auch wenn Sie den FQDN eines Servers verwenden, zum Beispiel *sps01.contoso.com*, erhalten Anwender eine Fehlermeldung, wenn der Zugriff über den NetBIOS-Namen erfolgt, zum Beispiel mit *sps01*. Soll der Zugriff auf den Server mit *www.contoso.com* erfolgen, muss der gemeinsame Name des Zertifikats auch *www.contoso.com* sein. Greifen Sie mit verschiedenen Hostnamen einer Domäne zu, zum Beispiel *sps01.contoso.com* und *portal.contoso.com*, können Sie als gemeinsamen Namen mit dem Platzhalter * arbeiten, zum Beispiel **.contoso.com*. In diesem Zusammenhang spricht man von einem Platzhalterzertifikat.

Wählen Sie auf der nächsten Seite *Eigenschaften für Kryptografiedienstanbieter* Werte für *Kryptografiedienstanbieter* und *Bitlänge* aus und klicken Sie dann auf *Weiter*. In den meisten Fällen können Sie den Standardwert belassen. Erstellen Sie ein Domänenzertifikat, können Sie auf der nächsten Seite direkt über *Auswählen* die Zertifizierungsstelle auswählen, wenn Sie in Active Directory eine Zertifizierungsstelle installiert haben.

Klicken Sie auf *Fertig stellen*, um das Zertifikat auf dem Server zu installieren. Speichern Sie die Anfrage als Datei, wenn Sie ein normales Zertifikat verwenden. Arbeiten Sie mit einem Domänenzertifikat, können Sie den Assistenten an dieser Stelle schon abschließen. Bei diesem Vorgang überträgt der Assistent automatisch das Zertifikat von den Active Directory-Zertifikatdiensten auf den Server.

Arbeiten Sie mit einer manuellen Zertifikatanfrage für ein Zertifikat eines Drittanbieters oder mit den Active Directory-Zertifikatdiensten, müssen Sie noch weitere Schritte durchführen. Sie speichern dazu die Anfrage in einer Datei. Im nächsten Schritt öffnen Sie das Webfrontend des Zertifikateausstellers. Arbeiten Sie mit den Active Directory-Zertifikatdiensten, können Sie diese über die Adresse *http://<Servername>/certsrv* erreichen.

Wählen Sie anschließend auf der Webseite für die Zertifizierungsstelle die Option *Ein Zertifikat anfordern* und wählen Sie dann die *Erweiterte Anforderung* aus. Als Nächstes wählen Sie die Option *Reichen Sie eine Zertifikatanforderung ein, die eine Base64-codierte CMD- oder PKCS10-Datei verwendet, oder eine Erneuerungsanforderung, die eine Base64-codierte PKCS7-Datei verwendet, ein.*

Im nächsten Fenster geben Sie im Feld *Gespeicherte Anforderung* den kompletten Text der *.txt*-Datei ein, die Sie im Vorfeld erstellt haben. Sie können dazu die Datei im Editor öffnen und den Inhalt in die Zwischenablage kopieren. Sie müssen den kompletten Text der Datei verwenden. Klicken Sie in die Datei und markieren Sie den kompletten Text mit Strg+A. Mit Strg+C kopieren Sie den Text in die Zwischenablage, mit Strg+V fügen Sie ihn in das Feld ein. Wählen Sie als Zertifikatvorlage noch *Webserver* aus, wenn Sie die Internetinformationsdienste (IIS) oder einen Serverdienst absichern wollen, und klicken Sie dann auf *Einsenden*.

Im nächsten Schritt laden Sie das Zertifikat als DER- oder Base-64-Datei auf den Server und schließen den Browser. Als Nächstes müssen Sie das Zertifikat aus der heruntergeladenen *.cer*-Datei auf dem Server installieren:

1. Doppelklicken Sie im Internetinformationsdienste-Manager auf das Feature *Serverzertifikate*.
2. Wählen Sie *Zertifikatanforderung abschließen* im Aktionsbereich aus.
3. Geben Sie einen Anzeigenamen für das Zertifikat ein und klicken Sie auf *OK*. Verwenden Sie als Anzeigenamen am besten den gemeinsamen Namen des Zertifikats, den Sie bei der Erstellung ausgewählt haben.

30.2.3 Zertifikate über Webinterface ausstellen

In diesem Abschnitt zeigen wir Ihnen, wie Sie von einem Server ein Zertifikat von einer Zertifizierungsstelle unter Windows Server anfordern und installieren. Generell können Sie bei der Zuweisung eines Zertifikats den Weg über die lokale Verwaltung der Zertifikate gehen, aber die Zuweisung über die Weboberfläche funktioniert ebenso zuverlässig. Sie können zum Beispiel die Verschlüsselung in SQL Server nur verwenden, wenn der Server über ein Serverzertifikat verfügt. Dieses müssen Sie zunächst von der internen Zertifizierungsstelle anfordern und installieren.

Aktivieren Sie auf der Webseite für die Zertifizierungsstelle (*http://<Servername>/certsrv*) die Option *Ein Zertifikat anfordern* und wählen Sie dann die *Erweiterte Zertifikatanforderung* aus. Aktivieren Sie vorher noch SSL für die Seite, wie im nächsten Abschnitt behandelt. Rufen Sie die Webseite der Zertifizierungsstelle auf, blockiert der Server viele Einstellungen. Nur beim Aufrufen über SSL funktioniert der Abruf von Zertifikaten:

1. Als Nächstes wählen Sie die Option *Eine Anforderung an diese Zertifizierungsstelle erstellen und einreichen.*
2. Wählen Sie als Vorlage die Option *Webserver* und als Namen den vollständigen Domänennamen des Servers aus. Klicken Sie anschließend auf *Einsenden* und dann auf *Dieses Zertifikat installieren.*
3. Dadurch ist das Zertifikat auf dem Server verfügbar.

Damit das Zertifikat fehlerfrei funktioniert, muss das Zertifikat der Zertifizierungsstelle, von der Sie es haben, bei den vertrauenswürdigen Stammzertifizierungsstellen auf dem Server hinterlegt sein sowie auf den Clients, die auf den Server zugreifen. Wie das geht, zeigen wir ebenfalls in den nachfolgenden Abschnitten.

30.2.4 Zertifikate mit Gruppenrichtlinien verteilen

Arbeiten Unternehmen mit den Active Directory-Zertifikatdiensten und eigenen Vorlagen, können Administratoren über Gruppenrichtlinien Zertifikate automatisiert ausstellen und Anwendern oder Computern zuweisen lassen. Das ist zum Beispiel sinnvoll, wenn die Remotedesktopdienste eingesetzt werden.

Die Einstellungen dazu sind im Bereich *Computerkonfiguration/Richtlinien/Administrative Vorlagen/Windows-Komponenten/Remotedesktopdienste/Remotedesktopsitzungs-Host/Sicherheit* zu finden. Rufen Sie die Einstellung *Zertifikatvorlage für Serverauthentifizierung* auf, lässt sich hier der Name der Zertifikatvorlage eingeben, die erstellt wurde.

Hier muss aber darauf geachtet werden, dass der Name der Zertifikatvorlage an dieser Stelle mit dem Namen der Zertifikatvorlage in den Einstellungen der Zertifizierungsstelle übereinstimmt. Verknüpfen Sie das neue GPO mit den Computern in der Domäne, die ein Zertifikat auf Basis dieser Vorlage erhalten sollen, wird das Zertifikat automatisch verteilt.

30.3 Zertifizierungsstelle verwalten

Damit die Zertifizierungsstelle optimal funktioniert, müssen Sie einige Verwaltungsaufgaben durchführen. Dazu gehört zum Beispiel auch die Aktivierung von SSL.

30.3.1 SSL für Zertifikatdienste einrichten

Viele Optionen für den Webdienst der Zertifizierungsstelle funktionieren erst dann, wenn Sie SSL für die Webdienste aktivieren. Standardmäßig erreichen Sie den Webdienst über *http://<Servername>/certsrv.* Wenn Sie ein Zertifikat über diese URL abrufen wollen, erhalten Sie aber die Meldung, dass Sie erst SSL für den Webdienst aktivieren müssen. Dazu gehen Sie folgendermaßen vor:

1. Klicken Sie im Internetinformationsdienste-Manager auf *Sites/Default Web Site.*
2. Klicken Sie rechts auf *Bindungen.*
3. Klicken Sie im neuen Fenster auf *Hinzufügen* und wählen Sie *https* aus.
4. Wählen Sie bei *SSL-Zertifikat* ein Zertifikat aus. Sie können es jederzeit anpassen.
5. Klicken Sie zweimal auf *OK*, um die Änderungen zu speichern.

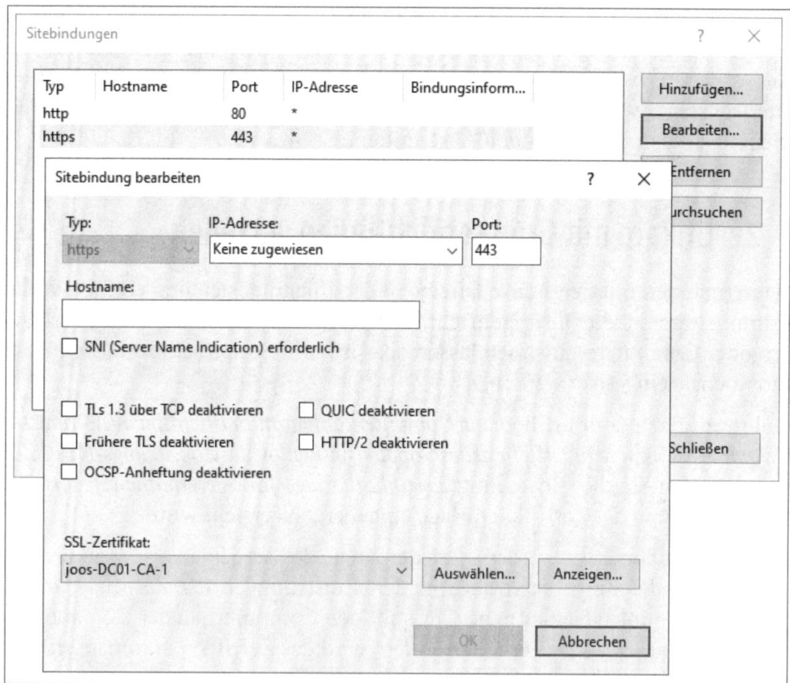

Abb. 30.7 SSL für die Zertifikatdienste verwenden

Sobald Sie die Bindung definiert haben, können Sie bereits auf die Seite per SSL zugreifen. Es sind zwar noch Optimierungsarbeiten notwendig, die wir in den nächsten Abschnitten behandeln, ein Zugriff ist aber per SSL bereits möglich. Dazu verwenden Sie den folgenden Link: *https://<Servername>/certsrv.*

Greifen Sie mit URLs auf den Server zu, erscheint unter Umständen mehrere Male ein Authentifizierungsfenster. Die Ursache liegt in einer Sicherheitsfunktion, die in Windows Server 2022 integriert ist. Diese verhindert den Zugriff auf einen Server über das Netzwerk mit einem anderen Namen als dem Servernamen.

In diesem Fall sollten Sie zunächst überprüfen, ob im Browser die Adresse auch als lokales Intranet konfiguriert ist. Achten Sie in diesem Fall darauf, dass Sie entweder mit einem Platzhalterzertifikat arbeiten, wie in den vorangegangenen Abschnitten beschrieben, oder für die entsprechende URL den richtigen Namen im Zertifikat angeben. Zusätzlich sollten Sie auf dem Server diese URLs noch in die Registry eintragen. Gehen Sie dazu folgendermaßen vor:

1. Rufen Sie mit *regedit* den Registrierungseditor auf.
2. Navigieren Sie zu *HKEY_LOCAL_MACHINE\SYSTEM\CurrentControlSet\Control\Lsa\MSV1_0*
3. Klicken Sie mit der rechten Maustaste auf *MSV1_0*, wählen Sie *Neu* und dann *Wert der mehrteiligen Zeichenfolge.*
4. Geben Sie als Namen *BackConnectionHostNames* ein.
5. Klicken Sie mit der rechten Maustaste auf *BackConnectionHostNames* und dann auf *Ändern.*
6. Geben Sie in das Feld *Wert* die Hostnamen für die Sites ein, die sich auf dem lokalen Server befinden, und klicken Sie danach auf *OK*.
7. Starten Sie IIS mit *iisreset* neu.

Hilft diese Vorgehensweise nicht, können Sie auf dem Server noch einen anderen Registry-Eintrag bearbeiten, der eventuell den Fehler behebt:

1. Navigieren Sie zu *HKEY_LOCAL_MACHINE\SYSTEM\CurrentControlSet\Control\Lsa.*
2. Klicken Sie mit der rechten Maustaste auf *Lsa*, wählen Sie *Neu* und dann *DWORD-Wert*.
3. Geben Sie dem neuen Wert den Namen *DisableLoopbackCheck*.
4. Klicken Sie mit der rechten Maustaste auf *DisableLoopbackCheck* und dann auf *Ändern.*
5. Geben Sie in das Feld *Wert* den Wert *1* ein und klicken Sie anschließend auf *OK*.
6. Starten Sie den Server neu.

30.3.2 Zertifikate von Stammzertifizierungsstellen verwalten

Damit das Zertifikat fehlerfrei funktioniert, muss das Zertifikat der Zertifizierungsstelle, von der Sie es haben, bei den vertrauenswurdigen Stammzertifizierungsstellen auf dem Server hinterlegt sein sowie auf den Clients, die auf den Server zugreifen.

Das Zertifikat der Stammzertifizierungsstelle muss hinterlegt sein, damit Server den Zertifikaten dieser Zertifizierungsstelle vertrauen. Haben Sie die Active Directory-Zertifikatdienste installiert, können Sie den Import des Zertifikats auf Clients und dem Server beschleunigen, wenn Sie auf dem Server über *gpupdate /force* die Gruppenrichtlinien erneut abrufen.

Die Installation der Zertifikate von internen Zertifizierungsstellen findet über die Gruppenrichtlinie in Active Directory statt. Arbeiten Sie mit einer Zertifizierungsstelle eines Drittanbieters, müssen Sie das Zertifikat der Zertifizierungsstelle in die vertrauenswürdigen Stammzertifizierungsstellen importieren. Zertifikate überprüfen Sie auf folgendem Weg:

1. Geben Sie *certlm.msc* im Suchfeld der Taskleiste ein.
2. Erweitern Sie in der Konsole *Zertifikate/Vertrauenswürdige Stammzertifizierungsstellen/ Zertifikate.*
3. Überprüfen Sie an dieser Stelle, ob das Zertifikat der Zertifizierungsstelle hinterlegt ist. Finden Sie das Zertifikat nicht, dann geben Sie in einer Eingabeaufforderung *gpupdate /force* ein, um es per Gruppenrichtlinie abzurufen. Erscheint es auch dann nicht, exportieren Sie es auf dem Zertifikatserver selbst und importieren es auf dem Server.

Sofern die Zertifizierungsstelle in der gleichen Active Directory-Domäne installiert ist, in der auch der Server installiert ist, für den Sie ein Zertifikat nutzen wollen, sollte dies automatisch stattfinden. Dies ist anders, sofern die Zertifizierungsstelle nicht in Active Directory integriert ist. In diesem Fall können Sie das Zertifikat leicht auf dem Server mit der Zertifizierungsstelle exportieren.

Die vertrauenswürdigen Zertifizierungsstellen finden Sie über den Internet Explorer. Rufen Sie nach dem Start über *Extras/Internetoptionen* die Registerkarte *Inhalte* und dann per Klick auf die Schaltfläche *Zertifikate* und Auswahl der Registerkarte *Vertrauenswürdige Stammzertifizierungsstellen* die Auflistung der Zertifizierungsstellen auf dem Server auf, der über das Zertifikat bereits verfügt.

Hier sollte das Zertifikat der Zertifizierungsstelle hinterlegt sein. Markieren Sie diese Zertifizierungsstelle und klicken Sie auf die Schaltfläche *Exportieren.* Unter Umständen tauchen an dieser Stelle mehrere Zertifikate Ihrer Stammzertifizierungsstelle auf, wählen Sie im Zweifel das mit dem höchsten Ablaufdatum aus. Erscheint beim Exportieren eine Abfrage des privaten Schlüssels des Zertifikats, haben Sie das falsche erwischt. Verwenden Sie dann einfach das andere Zertifikat. Exportieren Sie auf dem Server das Zertifikat in eine *.cer*-Datei.

Klicken Sie doppelt auf das Zertifikat, wird es auf dem Server angezeigt und Sie können es installieren. Klicken Sie auf die Schaltfläche *Zertifikat installieren*, damit das Zertifikat auf dem Server installiert wird. Lassen Sie das Stammzertifikat in den Speicher der vertrauenswürdigen Stammzertifizierungsstellen importieren. Überprüfen Sie anschließend, ob das Zertifikat erfolgreich importiert ist.

Auf allen beteiligten Servern und Arbeitsstationen muss der Zertifizierungsstelle des Unternehmens auf dieser Registerkarte vertraut werden. Eine weitere Möglichkeit, das Zertifikat der vertrauenswürdigen Stammzertifizierungsstelle zu ex- und zu importieren, ist das Snap-In zur Verwaltung von Zertifikaten. Um das Zertifikat über die MMC-Konsole zu exportieren, gehen Sie folgendermaßen vor:

1. Tippen Sie *certlm.msc* im Suchfeld der Taskleiste ein.
2. Erweitern Sie in der Konsole *Zertifikate/Eigene Zertifikate/Zertifikate.*

30.3.3 Die Zertifizierungsstellentypen und -Aufgaben

Bei der Installation der Active Directory-Zertifikatdienste wählen Sie aus, ob der Typ *Unternehmen* oder *Eigenständig* installiert werden soll. Wählen Sie *Unternehmen* aus, integriert Windows die Zertifikatdienste in Active Directory. Außerdem verteilt eine Zertifizierungsstelle (Certificate Authority, CA) das Zertifikat für die vertrauenswürdigen Stammzertifizierungsstellen auf den Computern automatisch über eine Gruppenrichtlinie. Wir haben diese Vorgänge zu Beginn des Kapitels beschrieben.

Alle Mitgliedscomputer einer Domäne vertrauen einer internen Stammzertifizierungsstelle mit dem Typ *Unternehmen* automatisch. Das Zertifikat dieser Zertifizierungsstelle wird dazu auf den Clientcomputern und Mitgliedsservern in den Zertifikatspeicher der vertrauenswürdigen Stammzertifizierungsstellen integriert.

Damit der Server fehlerfrei Zertifikate ausstellen kann, muss er Mitglied der Gruppe *Zertifikatherausgeber* sein. Diese Gruppe befindet sich in der OU *Users*.

Innerhalb einer Unternehmenszertifizierungsstelle werden die Zertifikate auf Basis von Zertifikatvorlagen ausgestellt. Sie können in der Verwaltungskonsole *certsrv.msc* und *certtmpl.msc* jederzeit weitere Vorlagen erstellen.

Die Zertifikatvorlagen verwalten Sie aber hauptsächlich mit dem Snap-In *Zertifikatvorlagen*. Dieses startet, wenn Sie im Kontextmenü *Zertifikatvorlagen* in der Verwaltungskonsole *Zertifizierungsstelle* auf den Menüpunkt *Verwalten* klicken. Direkt starten Sie die Verwaltung durch die Eingabe von *certtmpl.msc* auf der Startseite. Neben den Standardvorlagen gibt es noch zahlreiche weitere, die über die Verwaltungskonsole konfiguriert und aktiviert werden können.

Jede Zertifikatvorlage verfügt über eine eigene Sicherheitsverwaltung, die Sie über das Kontextmenü in den Eigenschaften auf der Registerkarte *Sicherheit* aufrufen. Erstellen Sie Zertifikate auf Basis der Zertifikatvorlagen, können die Zertifikatdienste die Daten und den Namen des Antragstellers automatisch aus Active Directory auslesen.

30.3.4 Verteilung der Zertifikateinstellungen über Gruppenrichtlinien

Die Einstellungen für Zertifikate finden Sie unter *Computerkonfiguration/Richtlinien/Windows-Einstellungen/Sicherheitseinstellungen/Richtlinien für öffentliche Schlüssel*. Über die Einstellungen an dieser Stelle werden zentral für alle Rechner einer Domäne Einstellungen vorgegeben. So kann zum Beispiel eingestellt werden, dass Anwender nur geprüfte und vertrauenswürdige Zertifikate herunterladen dürfen. In Kapitel 28 sind wir ausführlich auf diese Themen eingegangen.

30.4 Sicherheit für Zertifizierungsstellen verwalten

Zum Betrieb einer Zertifizierungsstelle gehört auch die Absicherung und die Steuerung der Berechtigungen für die CA. Die Active Directory-Zertifikatdienste sind in das Berechtigungsmodell von Active Directory integriert.

30.4.1 Zertifizierungsstellenverwaltung delegieren

Verwaltungsrollen können an verschiedene Personen in einer Organisation verteilt werden. Die rollenbasierte Verwaltung wird von Unternehmenszertifizierungsstellen und eigenständigen Zertifizierungsstellen unterstützt.

Klicken Sie auf der Registerkarte *Zertifikatverwaltungen* auf *Zertifikatverwaltungen einschränken* und überprüfen Sie, ob der Name der Gruppe oder des Benutzers angezeigt wird. Klicken Sie unter *Zertifikatvorlagen* auf *Hinzufügen* und wählen Sie die Vorlage für die Zertifikate aus, die von diesem Benutzer oder dieser Gruppe verwaltet werden sollen. Über *Berechtigungen* konfigurieren Sie die Rechte auf die einzelnen Gruppen. In Windows Server 2022 sind Zertifikatvorlagen enthalten, die unterschiedliche Registrierungs-Agenttypen aktivieren.

Die Einstellungen für diese Agents werden auf der Registerkarte *Registrierungs-Agents* durchgeführt. Klicken Sie im Bereich *Registrierungs-Agents* auf *Hinzufügen* und geben Sie die Namen des Benutzers oder der Gruppen ein.

Auf der Registerkarte *Überwachung* werden die zu überwachenden Ereignisse ausgewählt. Die generellen Optionen der Überwachungsrichtlinie können in einer Gruppenrichtlinie unter *Computerkonfiguration/Windows-Einstellungen/Sicherheitseinstellungen/Lokale Richtlinien* eingestellt werden. Die Ereignisse werden im Überwachungsprotokoll der Ereignisanzeige festgehalten.

30.4.2 Sichern von Active Directory-Zertifikatdiensten

Die wichtigsten Daten der Active Directory-Zertifikatdienste lassen sich sichern. Wählen Sie im Kontextmenü der Zertifizierungsstelle in der Verwaltungskonsole die Option *Alle Aufgaben/Zertifizierungsstelle sichern*. Anschließend startet der Assistent, über den die Zertifizierungsstelle und deren Daten gesichert werden können.

Auf der nächsten Seite des Assistenten wählen Sie aus, welche Dateien gesichert werden sollen und in welcher Datei die Sicherung abgelegt wird. Anschließend vergeben Sie ein Kennwort für die Sicherung, damit niemand Zugriff auf die Daten erhält. Im Anschluss wird die Zertifizierungsstelle gesichert. Auf dem gleichen Weg lassen sich auch Daten wiederherstellen.

30.5 Zusammenfassung

In diesem Kapitel haben wir Ihnen gezeigt, wie Sie Zertifizierungsstellen installieren, einrichten und in Active Directory verwenden, um zum Beispiel SSL-Zertifikate für Webserver anzufordern und zu installieren.

Im nächsten Kapitel zeigen wir Ihnen, wie Sie die Sicherheit in Windows Server 2022 verwalten.

Kapitel 31
Firewall, Defender und IPsec im Netzwerk einsetzen

Für Unternehmen, die keinen externen Virenscanner betreiben oder die während der Einrichtung des Servers bereits geschützt sein wollen, bietet Windows Server 2022 die standardmäßige Aktivierung von Microsoft Defender. Der Virenscanner aus Windows 10/11 bietet einen rudimentären Virenschutz, der sich per Gruppenrichtlinie steuern lässt.

Installieren Sie auf dem Server einen anderen Virenscanner, wird Defender deaktiviert. Sie können Microsoft Defender in der grafischen Oberfläche verwalten, aber auch in der Befehlszeile und der PowerShell.

In diesem Kapitel gehen wir auf die grundlegende Steuerung von Microsoft Defender und den anderen internen Sicherheitsfunktionen in Windows Server 2022 ein, zum Beispiel der Windows-Firewall.

Windows Server 2022 verfügt standardmäßig über Microsoft Defender Advanced Threat Protection (ATP). Das heißt, der Server ist bereits standardmäßig effektiv vor Sicherheitslü cken geschützt.

31.1 Microsoft Defender Exploit Guard

Ab Windows 10/11 Version 1709 und in Windows Server 2022 lassen sich Verzeichnisse auf Computern vor Ransomware und Exploits schützen. Verantwortlich dafür ist Microsoft Defender Exploit Guard. Die Technologie arbeitet eng mit Microsoft Defender System Guard zusammen. Dazu wird der »überwachte Ordnerzugriff« genutzt sowie Gruppenrichtlinien, mit denen auch Server vor Ransomware und Exploits geschützt werden.

Wenn die Option in den Einstellungen von Windows 10/11 oder Windows Server 2022 aktiviert wurde, dürfen nur noch genehmigte Apps Änderungen an Dateien in den gesicherten Verzeichnissen vornehmen. Die Einstellungen lassen sich lokal in den Einstellungen von Windows 10/11 über das Windows Security Center vornehmen, in der PowerShell oder über Gruppenrichtlinien.

Die Optionen für den überwachten Ordnerzugriff und den Exploit-Schutz in Windows 10/11 und Windows Server 2022 stehen bei *Computerkonfiguration/Richtlinien/Administrative Vorlagen/Windows-Komponenten/Microsoft Defender Antivirus/Microsoft Defender Exploit*

Guard/Überwachter Ordnerzugriff zur Verfügung. Hier legen Sie fest, welche Ordner das System schützen soll, welche Anwendungen Änderungen vornehmen dürfen und ob der überwachte Ordnermodus die Verzeichnisse nur überwachen oder Änderungen blockieren soll.

Zusätzlich stehen bei *Microsoft Defender Exploit Guard* in den Richtlinien weitere Einstellungen zur Verfügung, die Windows 10/11-Rechner und Server mit Windows Server 2022 besser vor Angreifern durch Exploits schützen. Über Gruppenrichtlinien können die entsprechenden Einstellungen bei *Computerkonfiguration/Richtlinien/Administrative Vorlagen/Windows-Komponenten/Microsoft Defender Exploit Guard/Exploit-Schutz* gefunden werden.

Mit dem Exploit Guard Evaluation Tool *https://aka.ms/mp7z2w* bietet Microsoft ein Paket an, mit dem Sie den Schutz testen können. Mit dem Toolkit stehen verschiedene Möglichkeiten zur Verfügung, um den überwachten Ordnerzugriff zu testen und Dateien in geschützten Ordnern zu erstellen.

Eine weitere Ebene, die Microsoft Defender System Guard nutzt, um ein Windows 10/11-System oder Server mit Windows Server 2022 zu schützen, ist Windows Defender SmartScreen. Mit Windows Defender SmartScreen kann Windows 10/11 verschiedene Bereiche des Betriebssystems schützen.

Die Einstellungen dazu sind über *Computerkonfiguration/Richtlinien/Administrative Vorlagen/Windows-Komponenten/Windows Defender SmartScreen* zu finden. Hier kann der Schutz von Windows gesteuert werden.

31.2 Microsoft Defender für den Virenschutz nutzen

Bereits bei der Installation ist Microsoft Defender in Windows Server 2022 so lange aktiv, bis eine andere Lösung installiert wird. Die Aktualisierung der Definitionsdateien findet über Windows Update statt. Sie müssen Windows-Update also manuell aktivieren oder über Gruppenrichtlinien.

Die Windows Update-Steuerung erreichen Sie in Windows Server 2022 über die Einstellungen-Apps und dann die Auswahl *Update und Sicherheit/Windows Update*. Die Einstellungen für den Microsoft Defender finden Sie wiederum direkt im Menü *Viren- & Bedrohungsschutz* bei *Windows-Sicherheit*. Diese können Sie im Startmenü aufrufen oder über die Einstellungen-App in Windows Server 2022.

Microsoft Defender wird über die Befehlszeile, die PowerShell oder im Windows Security Center gesteuert, das in der Einstellungen-App von Windows Server 2022 im Bereich *Update und Sicherheit/Windows-Sicherheit* zur Verfügung steht.

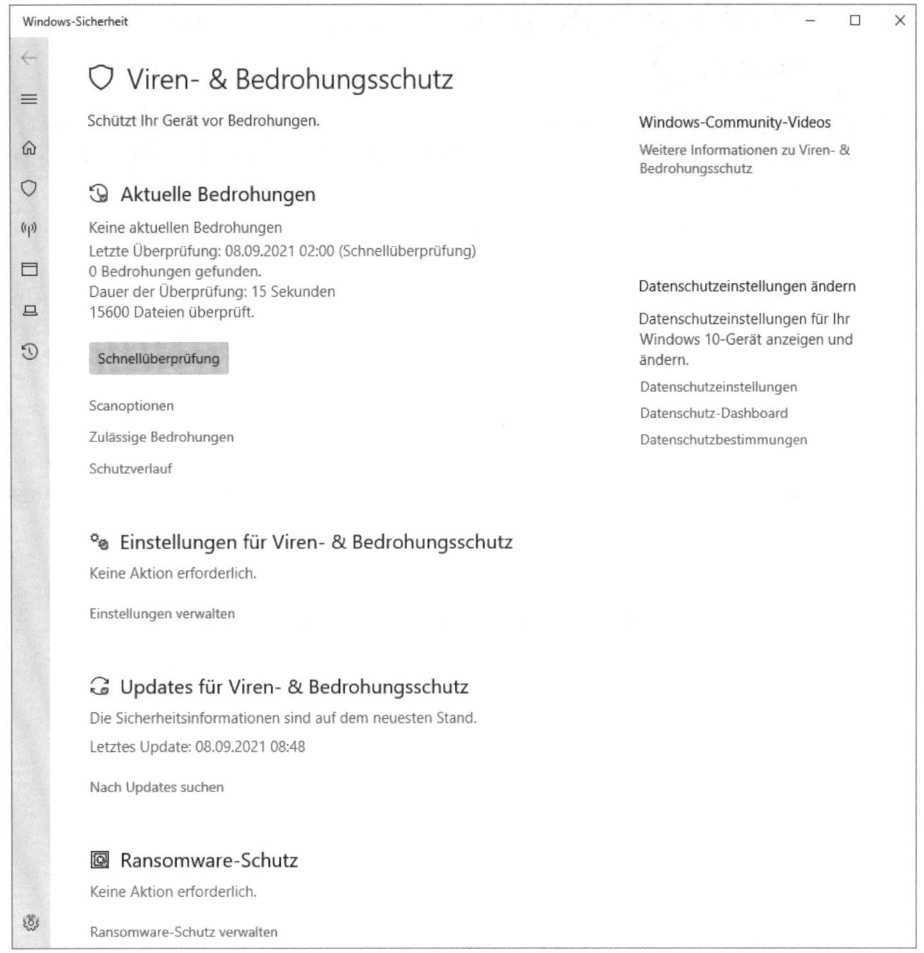

Abb. 31.1 Microsoft Defender wird auch in Windows Server 2022 über Windows Update mit Definitionsdateien versorgt.

31.2.1 Microsoft Defender in der GUI und Befehlszeile steuern

Microsoft Defender schützt das System im Hintergrund automatisch. Sie können die Funktion des Schutzes in der Befehlszeile überprüfen:

sc query Windefend

Der Dienst muss als gestartet angezeigt werden. Er wird durch die Datei *C:\Program Files\Microsoft Defender\MsMpEng.exe* ausgeführt.

Grundsätzlich müssen auf dem Server folgende Dienste vorhanden sein:

- *Microsoft Defender-Antivirus-Dienst* (muss gestartet sein).
- *Microsoft Defender Antivirus-Netzwerkinspektionsdienst (Microsoft Defender Network Inspection service, Wdnissvc)*

31.2.2 Definitionsdateien automatisiert herunterladen und installieren

Damit der Server zuverlässig geschützt wird, müssen Sie Windows-Updates auf einem Server aktivieren. Das ist aber auch ohne den Einsatz von Microsoft Defender notwendig. Hier ist eine Anbindung an WSUS möglich.

Klicken Sie im Fenster rechts auf den Link *Schnellüberprüfung*, beginnt Microsoft Defender, die Festplatte nach Schädlingen zu durchsuchen.

Über den Link *Schutzverlauf* können Sie sich die aktuellen Aktionen von Microsoft Defender anzeigen lassen und welche Applikationen blockiert sind. Sie sollten den Verlauf in regelmäßigen Abständen überprüfen, damit Sie den Überblick behalten, welche Anwendungen blockiert sind und welche Schädlinge Microsoft Defender erkannt hat.

Über *Einstellungen verwalten* gelangen Sie zum Konfigurationsfenster von Microsoft Defender. Hier können Sie alle Einstellungen des Programms vornehmen. Auf der Seite sehen Sie die Version der aktuell installierten Definitionsdateien und können eine Aktualisierung durchführen.

31.2.3 Microsoft Defender in der PowerShell verwalten

Wollen Sie den Echtzeitschutz in Windows Server 2022 deaktivieren, verwenden Sie die PowerShell und den Befehl:

Set-MpPreference -DisableRealtimeMonitoring $true

Um die Funktion wieder zu aktivieren, verwenden Sie:

Set-MpPreference -DisableRealtimeMonitoring $false

Wollen Sie einige Pfade aus der Echtzeitüberprüfung ausnehmen, verwenden Sie:

Add-MpPreference -ExclusionPath "<Verzeichnis>"

Diese Ausnahmen können Sie aus der Konfiguration wieder löschen:

Remove-MpPreference -ExclusionPath "<Verzeichnis>"

Generell stehen zum Steuern des Virenschutzes in Windows Server 2022 vor allem folgende Cmdlets zur Verfügung:

Add-MpPreference – Ändert die Einstellungen von Microsoft Defender. Wollen Sie zum Beispiel einen Pfad zur Ausnahmeliste hinzufügen, verwenden Sie

Add-MpPreference -ExclusionPath "C:\Temp"

Um die Standardeinstellungen beim Entdecken eines Virus anzupassen, verwenden Sie die Option *-ThreatIDDefaultAction_Actions*. Hier stehen folgende Optionen zur Verfügung:

- 1: Clean
- 2: Quarantine
- 3: Remove
- 4: Allow
- 8: UserDefined
- 9: NoAction
- 10: Block

Folgende Cmdlets stehen noch zur Steuerung bereit:

- *Get-MpComputerStatus* – Zeigt den Status des Virenschutzes an.
- *Get-MpPreference* – Zeigt Einstellungen der Scans und Updates an.
- *Get-MpThreat* – Zeigt den Verlauf der gefundenen Angriffe an.
- *Get-MpThreatCatalog* – Zeigt die Angriffe an, die Defender finden kann.
- *Get-MpThreatDetection* – Zeigt aktuelle Virenverseuchungen an.
- *Remove-MpPreference* – Entfernt Ausnahmen.
- *Remove-MpThreat* – Entfernt aktive Angriffe.
- *Set-MpPreference* – Konfiguriert die Scans.

Wollen Sie zum Beispiel festlegen, dass Defender jeden Tag nach aktuellen Definitionsdateien sucht, verwenden Sie

Set-MpPreference -SignatureScheduleDay Everyday

Sie können auch hier Ausnahmen definieren. Um mehrere Verzeichnisse aus den Scans auszuschließen, verwenden Sie

Set-MpPreference -ExclusionPath "C:\temp", "C:\VMs", "C:\NanoServer"

Wollen Sie einzelne Prozesse als Ausnahme definieren, verwenden Sie

Set-MpPreference -ExclusionProcess "vmms.exe", "Vmwp.exe".

Zusätzlich können Sie Scans in der PowerShell starten oder die Definitionsdateien aktualisieren:

Start-MpScan – Startet einen Scan.

Update-MpSignature – Aktualisiert die Definitionsdateien.

Alle Befehle zur Steuerung des Microsoft Defender in Windows Server 2022 können Sie mit *Get-Command -Module Defender* anzeigen lassen.

31.2.4 Microsoft Defender in den Einstellungen und Gruppenrichtlinien anpassen

Sie können über die Einstellungen-App auf die Konfiguration von Microsoft Defender in Windows Server 2022 zugreifen. Hier stehen generell die gleichen Funktionen zur Verfügung wie in Windows 10/11. Nutzen Sie keinen externen Virenscanner, sollten Sie über *Einstellungen/Update und Sicherheit/Windows-Sicherheit im* Windows Security Center *bei Viren- & Bedrohungsschutz* überprüfen, ob die Optionen *Echtzeitschutz*, *Cloudbasierter Schutz* und *Automatische Übermittlung von Beispielen* aktiviert sind. Bei dieser Vorgehensweise überträgt Windows Server 2022 ausführbare Dateien und DLL-Dateien, keine persönlichen Daten. Es werden weder Word-Dokumente noch PDF-Dateien übertragen.

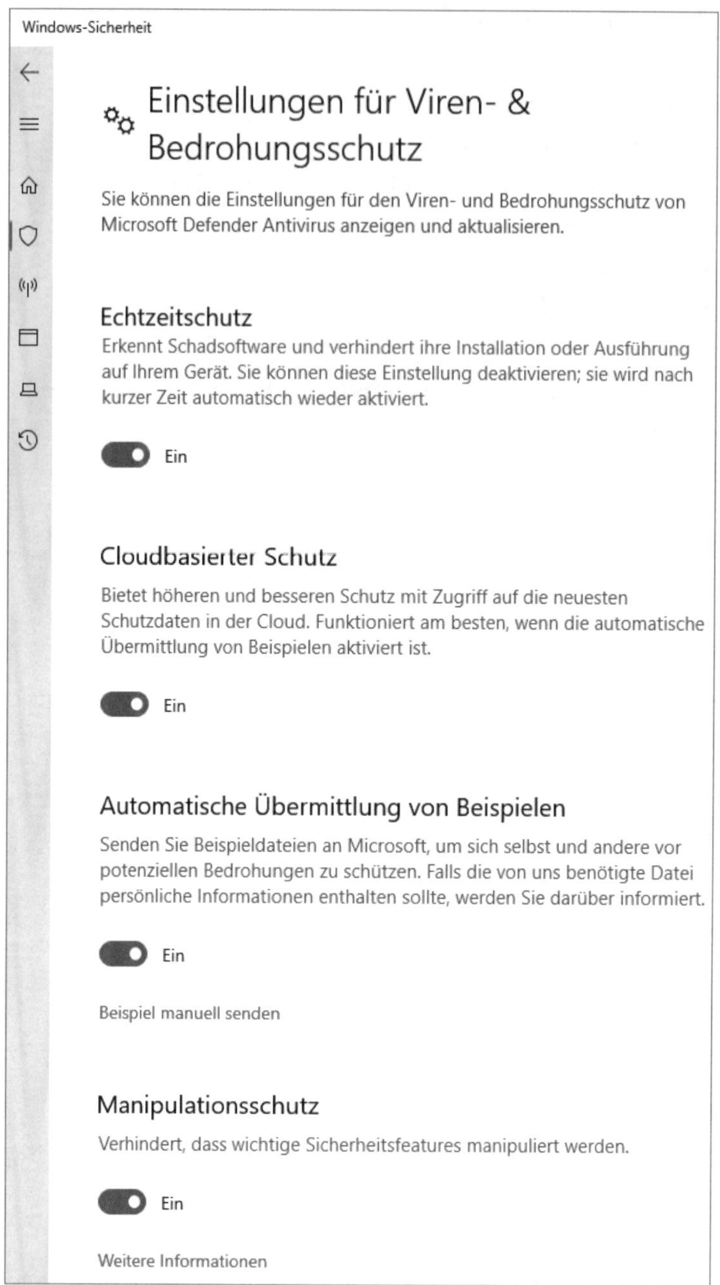

Abb. 31.2 Anpassen von Microsoft Defender in Windows Server 2022

Außerdem sollten Sie sicherstellen, dass Microsoft Defender über alle aktuellen Virendefinitionen verfügt. Die Installation der Definitionen erfolgt über Windows Update.

31.2.5 Ausnahmen für Serverrollen verwalten – Hyper-V

Standardmäßig ist Microsoft Defender bereits so konfiguriert, dass die notwendigen Ausnahmen für Serverrollen, auch für Hyper-V, bereits eingetragen sind. Wollen Sie das nicht, können Sie die Ausnahmen deaktivieren. Dazu verwenden Sie die PowerShell und folgenden Befehl:

Set-MpPreference -DisableAutoExclusions $true

Ausnahmen für Serverrollen und dem Standardbetrieb

Standardmäßig verwendet Microsoft Defender folgende Ausnahmen:

windir%\SoftwareDistribution\Datastore*\tmp.edb

%ProgramData%\Microsoft\Search\Data\Applications\Windows\\\.log

%windir%\SoftwareDistribution\Datastore*\Datastore.edb

%windir%\SoftwareDistribution\Datastore*\edb.chk

%windir%\SoftwareDistribution\Datastore\\edb\.log

%windir%\SoftwareDistribution\Datastore\\Edb\.jrs

%windir%\SoftwareDistribution\Datastore\\Res\.log

%windir%\Security\database*.chk

%windir%\Security\database*.edb

%windir%\Security\database*.jrs

%windir%\Security\database*.log

%windir%\Security\database*.sdb

%allusersprofile%\NTUser.pol

%SystemRoot%\System32\GroupPolicy\Machine\registry.pol

%SystemRoot%\System32\GroupPolicy\User\registry.pol

%systemroot%\System32\Wins\\\.chk

%systemroot%\System32\Wins\\\.log

%systemroot%\System32\Wins\\\.mdb

%systemroot%\System32\LogFiles\

%systemroot%\SysWow64\LogFiles\

%windir%\Ntfrs\jet\sys*\edb.chk

%windir%\Ntfrs\jet*\Ntfrs.jdb

%windir%\Ntfrs\jet\log\\\.log

%windir%\Ntfrs\\Edb\.log

%systemroot%\Sysvol\\Nntfrs_cmp

%systemroot%\SYSVOL\domain\DO_NOT_REMOVE_NtFrs_PreInstall_Directory\\Ntfrs

%systemdrive%\System Volume Information\DFSR\db_normal

%systemdrive%\System Volume Information\DFSR\FileIDTable_*

*%systemdrive%\System Volume Information\DFSR\SimilarityTable_**

%systemdrive%\System Volume Information\DFSR.XML*

%systemdrive%\System Volume Information\DFSR\db_dirty

%systemdrive%\System Volume Information\DFSR\db_clean

%systemdrive%\System Volume Information\DFSR\db_lostl

%systemdrive%\System Volume Information\DFSR\Dfsr.db

%systemdrive%\System Volume Information\DFSR.frx*

%systemdrive%\System Volume Information\DFSR.log*

%systemdrive%\System Volume Information\DFSR\Fsr.jrs*

%systemdrive%\System Volume Information\DFSR\Tmp.edb

%systemroot%\System32\dfsr.exe

%systemroot%\System32\dfsrs.exe

%systemroot%\Sysvol\Domain.adm*

%systemroot%\Sysvol\Domain.admx*

%systemroot%\Sysvol\Domain.adml*

%systemroot%\Sysvol\Domain\Registry.pol

%systemroot%\Sysvol\Domain.aas*

%systemroot%\Sysvol\Domain.inf*

%systemroot%\Sysvol\Domain.Scripts.ini*

%systemroot%\Sysvol\Domain.ins*

%systemroot%\Sysvol\Domain\Oscfilter.ini

%windir%\Ntds\ntds.dit

%windir%\Ntds\ntds.pat

%windir%\Ntds\EDB.log*

%windir%\Ntds\Res.log*

%windir%\Ntds\Edb.jrs*

%windir%\Ntds\Ntds.pat*

%windir%\Ntds\EDB.log*

%windir%\Ntds\TEMP.edb

%windir%\Ntds\Temp.edb

%windir%\Ntds\Edb.chk

%systemroot%\System32\ntfrs.exe

%systemroot%\System32\lsass.exe

%systemroot%\System32\DHCP\\\.mdb

%systemroot%\System32\DHCP\\\.pat

%systemroot%\System32\DHCP\\\.log

%systemroot%\System32\DHCP\\\.chk

%systemroot%\System32\DHCP\\\.edb

%systemroot%\System32\Dns\\\.log

%systemroot%\System32\Dns\\\.dns

%systemroot%\System32\Dns\\\.scc

%systemroot%\System32\Dns*\BOOT

%SystemDrive%\ClusterStorage

%clusterserviceaccount%\Local Settings\Temp

%SystemDrive%\mscs

%systemroot%\System32\dns.exe

%system32%\spool\printers*

%SystemRoot%\IIS Temporary Compressed Files

%SystemDrive%\inetpub\temp\IIS Temporary Compressed Files

%SystemDrive%\inetpub\temp\ASP Compiled Templates

%systemDrive%\inetpub\logs

%systemDrive%\inetpub\wwwroot

%SystemRoot%\system32\inetsrv\w3wp.exe

%SystemRoot%\SysWOW64\inetsrv\w3wp.exe

%SystemDrive%\PHP5433\php-cgi.exe

%systemroot%\WSUS\WSUSContent

%systemroot%\WSUS\UpdateServicesDBFiles

%systemroot%\SoftwareDistribution\Datastore

%systemroot%\SoftwareDistribution\Download

Zusätzlich wird der Pfad von FRS ebenfalls als Ausnahme definiert. Der Pfad ist über die Registry zu finden. Zusätzlich sind die Pfade in folgenden Registrykeys als Ausnahme definiert:

- HKEY_LOCAL_MACHINE\System\CurrentControlSet\Services\NtFrs\Parameters\Working Directory
- HKEY_LOCAL_MACHINE\System\Currentcontrolset\Services\Ntfrs\Parameters\DB Log File Directory
- Replica_root\DO_NOT_REMOVE_NtFrs_PreInstall_Directory

Ausnahmen von Microsoft Defender für Hyper-V

Die Ausnahmen für Hyper-V sind besonders wichtig. Hier scannt Microsoft Defender folgende Dateitypen nicht:

*.vhd

*.vhdx

*.avhd

*.avhdx

**.vsv*

**.iso*

**.rct*

**.vmcx*

**.vmrs*

Zusätzlich werden folgende Verzeichnisse nicht gescannt:

%ProgramData%\Microsoft\Windows\Hyper-V

%ProgramFiles%\Hyper-V

%SystemDrive%\ProgramData\Microsoft\Windows\Hyper-V\Snapshots

%Public%\Documents\Hyper-V\Virtual Hard Disks

Besonders wichtig sind darüber hinaus die folgenden Prozesse:

%systemroot%\System32\Vmms.exe

%systemroot%\System32\Vmwp.exe

31.2.6 Virensuche mit dem Sysinternals Process Explorer

Mit dem Process Explorer von Microsoft Sysinternals können Windows-Server und -Arbeitsstationen auf Virenbefall untersucht werden. Neben der Auslastung des Systems lassen sich so Angreifer erkennen und bekämpfen.

Der kostenlose Sysinternals Process Explorer (*https://docs.microsoft.com/de-de/sysinternals/downloads/process-explorer*) kann die laufenden Prozesse auf Windows-Computern anzeigen und hilft bei der Analyse. Dadurch ist es möglich, unerlaubte oder sogar gefährliche Prozesse zu erkennen sowie Malware. Der Process Explorer kann dazu einzelne Prozesse online auf Virenbefall untersuchen.

Der Computer muss dazu mit dem Internet verbunden sein. Für die Suche nach Viren verwendet das Microsoft-Tool den Online-Dienst Virus Total (*https://www.virustotal.com/de*) mit aktuell knapp 75 Virenscanner-Engines. Wenn der Online-Scanner einen Virus in einem Prozess findet, zeigt der Process Explorer das an, und Administratoren können Gegenmaßnahmen ergreifen.

Vorgehensweise bei der Virensuche mit Process Explorer

Process Explorer muss nicht installiert werden. Das Tool ist daher mobil einsetzbar. Nach dem Download lässt sich Process Explorer direkt über seine ausführbare Datei starten. Gleich nach dem Start zeigt er alle laufenden Prozesse auf dem jeweiligen Computer an.

Prozesse, die mit dem gleichen Benutzer laufen wie der Process Explorer, zeigt das Tool in Hellblau an. Prozesse, die mit einem Windows-Dienst in Verbindung stehen, zeigt es in Pink an und solche, die ausführbaren Code enthalten, der dem Computer gefährlich werden kann, in Violett. Diese Farbgebung hilft bei den ersten Schritten einer Analyse. Beim Überfahren eines Prozesses mit der Maus sehen Sie Informationen wie die ausführbaren Dateien des Prozesses und deren Speicherort. Auch die Com-Klasse und die verwendeten DLLs sind hier zu sehen.

Prozesse nach Viren scannen

Process Explorer kann Prozesse in Windows steuern. Dazu steht sein Kontextmenü für die einzelnen Prozesse zur Verfügung. Über das Kontextmenü kann ein Prozess über den Menüpunkt *Check Virus Total* nach Viren untersucht werden. Bei der ersten Verwendung müssen Sie noch die Lizenzbedingungen bestätigen. Bei weiteren Untersuchungen erscheinen die Lizenzbedingungen nicht mehr.

Anschließend überträgt Process Explorer den Hashwert der Datei zu Virustotal. Den Status dazu finden Sie in der Spalte *Virustotal*. Erkennt Virustotal den Hashwert, zeigt Process Explorer in der Spalte *Virus Total* an, wie viele der Scanengines den Prozess als Virus eingestuft haben. Idealerweise sollte das Ergebnis *0/74* lauten. Mit einem Klick auf den Link des Suchergebnisses im Process Explorer öffnet sich die Virus Total-Webseite mit dem Ergebnis der einzelnen Suchengines. Mit dem Icon oben rechts untersucht Virustotal die Dateien erneut.

Wenn Process Explorer einen Virus in einem Prozess findet, sollten Sie den Prozess nicht Hals über Kopf beenden. In den meisten Fällen verfügt Malware über weitere Möglichkeiten und Prozesse. Erkennt Malware, dass man ihr auf die Spur kommt, startet sie unter Umständen Aktionen, um auf dem System zu bleiben. Dazu gehört es zum Beispiel, einen neuen Prozess mit neuem Namen zu starten. Sinnvoll ist es zunächst, mit *Suspend* über das Kontextmenü den Prozess anzuhalten. Danach sollte der Computer gründlich auf Viren untersucht werden.

Alle Prozesse eines Computers untersuchen

Es ist mit Process Explorer auch möglich, alle Prozesse eines Computers mit Virustotal auf Viren zu untersuchen. Durch einen Klick auf *Options/VirusTotal.com/Check VirusTotal.com* scannt Process Explorer alle laufenden Prozesse automatisch nach Viren.

Auch hier finden Sie das Ergebnis wieder in der Spalte *VirusTotal*. Bei der Aktivierung dieser Funktion scannt Process Explorer automatisch nach jedem Start alle laufenden Prozesse auf Viren und zeigt das Ergebnis in der Spalte an. Das funktioniert natürlich nur, wenn auf dem Server eine Verbindung zum Internet aufgebaut werden kann.

Zusätzlich steht hier die Option *Submit Unknown Executables* zur Verfügung. Bei diesem Vorgang lädt Process Explorer die komplette ausführbare Datei zu VirusTotal und überträgt nicht nur den Hashwert.

Über den Menüpunkt *Detail* auf der VirusTotal-Seite zeigt der Antivirendienst ausführlichere Informationen zur Datei an. Diese sind nicht nur aus Sicherheitsgründen interessant, sondern können auch darüber aufklären, von wem der Prozess stammt und welche Aufgabe er hat. Mit dem Menüpunkt *Community* stehen Benutzerkommentare anderer Benutzer von VirusTotal zur Verfügung, die dabei einzuschätzen helfen, um was es sich bei dem Prozess handelt, und im Falle eines Virusbefalles, wie der Virus entfernt werden kann.

Parallel zum Verwenden von VirusTotal können Sie mit Process Explorer auch nach dem Prozess in einer Suchmaschine suchen. Das geht natürlich auch ohne Process Explorer, ist mit dem Tool aber über das Kontextmenü und der Auswahl von *Search Online* einfach. Dadurch lassen sich umfangreiche Informationen gewinnen. In den Eigenschaften eines Prozesses, die ebenfalls über das Kontextmenü im Process Explorer zur Verfügung stehen, sind auf der Registerkarte *Image* im Feld *VirusTotal* ebenfalls Informationen zu sehen. Auch hier können Sie den Prozess über die Schaltfläche *Submit* erneut zu VirusTotal übertragen.

Mit der Schaltfläche *Verifiy* können Sie prüfen, ob ein Prozess von dem Hersteller stammt, der als Entwickler und Hersteller hinterlegt ist. Oft verstecken sich Viren hinter bekannten Herstellernamen, die natürlich gefälscht sind.

31.3 Windows Defender Credential Guard und Hypervisor-Protected Code Integrity

Windows Defender Credential Guard hilft dabei, Anmeldedaten in Netzwerken abzusichern. Hypervisor-Protected Code Integrity (HVCI) nutzt wiederum Virtualisierungstechnologien, um den Arbeitsspeicher von Computern zu schützen.

Windows Defender Credential Guard ist ein internes Schutzsystem im Netzwerk, das auf Windows 10/11 und Windows Server 2016/2019/2022 nutzbar ist.

Wenn Angreifer im Netzwerk eingedrungen sind, besteht ohne weitere Schutzmechanismen die Gefahr, dass Anmeldedaten von Benutzern kompromittiert werden. Das soll Windows Defender Credential Guard verhindern. Microsoft hat in Windows 10/11 und Windows Server 2016/2019/2022 Technologien integriert, die Funktionen aus Hyper-V nutzen, um die Sicherheit von Computern im laufenden Betrieb zu verbessern.

In Windows 10/11 und Windows Server 2016/2019/2022 ist es möglich, mit Virtualisierungstechnologien eine VM mit Windows Defender Credential Guard zu erstellen. Die Daten in dieser VM stehen nur verifizierten Prozessen zur Verfügung. Der Sinn hinter der Technik ist das sichere Abschotten von Anmeldedaten. Es ist nach Aktivierung der Technologie nicht mehr möglich, dass ein Angreifer Anmeldedaten von einem System abgreifen kann. Das System schützt zuverlässig vor Pass-the-Hash- oder Pass-the-Ticket-Angriffen.

Pass-the-Hash-Attacken (PtH) sind verbesserte Kennwort-Angriffe im Netzwerk. Davon betroffen sind generell alle Windows-Systeme, auch in Active Directory. PtH-Angriffe zielen nicht auf die Kennwörter ab, sondern auf die Hashes, die in Active Directory erzeugt werden, nachdem sich ein Benutzer authentifiziert hat. Um Windows-Netzwerke vor diesen Angriffen zu schützen, kommen Technologien wie Windows Defender Credential Guard und Hypervisor-Protected Code Integrity zum Einsatz.

31.3.1 Windows Defender Credential Guard aktivieren

Die Aktivierung der Technik kann mit dem »HVCI and Windows Defender Credential Guard hardware readiness tool« durchgeführt werden (*https://docs.microsoft.com/en-us/windows/security/identity-protection/credential-guard/credential-guard-manage#hardware-readiness-tool*).

Dabei handelt es sich um ein PowerShell-Skript. Das Tool steht auch im Downloadcenter zur Verfügung (*https://www.microsoft.com/en-us/download/confirmation.aspx?id=53337*). Auf deutschen Systemen liefert das Readiness-Tool teilweise Fehler. In diesem Fall müssen Sie das Skript nach falschen Bezeichnungen untersuchen.

Das Skript prüft, ob der Server kompatibel für den Einsatz von Windows Defender Credential Guard und Hypervisor-Protected Code Integrity (HVCI) ist. Dazu ist ein TPM-Chip notwendig sowie ein aktuelles UEFI. Auf den meisten Servern sollten die beiden Technologien funktionieren. Die mit Windows Defender Credential Guard-geschützten Computer müssen Sie darüber hinaus mit Secure Boot starten.

Neben Windows-Servern kann Windows Defender Credential Guard auf Arbeitsstationen eingesetzt werden. Sinnvoll ist das auf Rechnern, an denen Mitarbeiter mit besonders heiklen Daten arbeiten oder wo die Anmeldedaten über umfangreiche Berechtigungen in Active Directory verfügen.

Windows Defender Credential Guard und Hypervisor-Protected Code Integrity (HVCI) setzen auf Technologien aus Hyper-V. Aus diesem Grund muss Hyper-V auf den geschützten Computern zur Verfügung stehen und die Computer müssen kompatibel mit Hyper-V sein.

In den Gruppenrichtlinien finden Sie diese Funktionen bei *Computerkonfiguration/Administrative Vorlagen/System/Devide Guard*. Die Option *Virtualisierungsbasierte Sicherheit aktivieren* steuert den Schutz. In der Richtlinie stehen verschiedene Optionen zur Verfügung. Die erfolgreiche Aktivierung sehen Sie in der Systeminformation bei *Systemübersicht* im unteren Bereich. Die Systeminformationen zeigt Windows nach Eingabe von *msinfo32.exe* an. Im unteren Bereich finden Sie bei *Virtualisierungsbasierte Sicherheit* die verschiedenen aktivierten Dienste.

31.3.2 Kernisolierung: Hypervisor-Protected Code Integrity

Hypervisor-Protected Code Integrity nutzt Virtualisierungstechnologien aus Hyper-V, um den Windows-Kernel zu schützen. Ist die Funktion aktiviert, kann es teilweise zu Fehlermeldungen bei der Aktualisierung von Windows 10 oder bei der Installation von Anwendungen kommen. Vor allem bei der Installation von neuen Windows-Versionen kann es bei aktiver Kernisolierung schnell zu Problemen kommen. In diesem Fall ist der einfachste Schritt, die Isolierung zu beenden und nach der Installation von Windows wieder zu aktivieren, wenn alle Treiber aktuell sind.

Der Schutz kann in der Windows-App »Windows-Sicherheit« konfiguriert werden. Sie finden ihn über *Gerätesicherheit* bei *Details zu Kernisolierung*. Hier aktivieren und deaktivieren Sie den Schutz. Wenn auf dem System Treiber zum Einsatz kommen, die nicht kompatibel sind, kann der Schutz nicht aktiviert werden. Die inkompatiblen Treiber zeigt die Windows-Sicherheit-App mit dem Link *Inkompatible Treiber überprüfen* an.

31.4 Windows-Firewall nutzen

Auch in Windows Server 2022 spielt die Windows-Firewall eine wichtige Rolle bei der Absicherung von Windows Servern. Die Funktionen sind aber noch weitgehend identisch mit den Einstellungsmöglichkeiten der Windows-Firewall aus Windows Server 2016.

Auch in der neuen Windows-Server-Version ist die Firewall standardmäßig aktiviert. Die Konfiguration erfolgt im Grunde genommen genauso wie in Windows Server 2016 oder auf Arbeitsstationen ab Windows 10/11. In den folgenden Abschnitten gehen wir darauf ein, welche erweiterten Möglichkeiten es für die Windows-Firewall gibt.

31.4.1 Windows-Firewall in der PowerShell steuern

In Windows 10/11 und Windows Server 2022 können Sie zur Steuerung der Windows-Firewall mit der PowerShell viele Einstellungen vornehmen. Vorteil dabei ist die Möglichkeit, die Konfiguration zu skripten oder zu automatisieren.

Um eine neue Firewallregel zu erstellen, verwenden Sie zum Beispiel den Befehl *New-NetFirewallRule -DisplayName "ICMP block" -Direction Inbound -Protocol icmp4 -Action Block.* Wie Sie aus dem Befehl erkennen, geben Sie den Namen des Protokolls an, legen das Protokoll fest und steuern auch die jeweilige Aktion.

Anstatt mit *New-NetFirewallRule* eine neue Firewallregel zu erstellen, ist es häufig einfacher, eine bestehende zu kopieren. Dazu verwenden Sie den Befehl *Copy-NetFirewallRule*. Arbeiten Sie mit IP-Sec, können Sie hier Regeln kopieren. Dazu wird das Cmdlet *Copy-NetIPsecRule* verwendet. Wir kommen zu IPsec noch in einem eigenen Abschnitt in diesem Kapitel. Nachdem Sie eine Regel kopiert haben, können Sie diese natürlich umbenennen. Dazu verwenden Sie das Cmdlet *Rename-NetFirewallRule.* Sie können aber bereits beim Kopieren einen neuen Namen verwenden. Beispiel:

Copy-NetFirewallRule -DisplayName "Require Outbound Authentication" -NewName "Alternate Require Outbound Authentication"

Natürlich lassen sich Firewallregeln in der PowerShell löschen:

Remove-NetFirewallRule

Sie können Firewallregeln mit Gruppenrichtlinien verteilen. Hier besteht die Möglichkeit, Firewallregeln des Domänenprofils zu kopieren und anschließend per GPO zu verteilen. Auf diesem Weg können Sie aber auch die Firewallregeln abrufen, die über bestimmte Gruppenrichtlinien im Netzwerk verteilt werden:

Get-NetFirewallProfile -Profile Domain -PolicyStore <FQDN der Domäne>\<Name des GPOs> | Copy-NetFirewallRule -NewPolicyStore <FQDN der Domäne>\<Neues GPO>

In der PowerShell können Sie Regeln aktivieren oder deaktivieren. Die Syntax dazu ist:

Disable-NetFirewallRule -DisplayName "<Anzeigename>"

Wollen Sie zum Beispiel alle erstellten Regeln deaktivieren, die Sie mit einer bestimmten Gruppenrichtlinie im Netzwerk verteilen, verwenden Sie den Befehl:

Disable-NetFirewallRule -Direction Outbound -PolicyStore <Domäne>\<GPO>

Alternativ können Sie einen bestimmten Satz von Regeln in einer Variablen speichern und darüber dann aktivieren oder deaktivieren:

$Rules = Get-NetFirewallRule -PolicyStore ActiveStore -PolicyStoreSourceType Dynamic

Disable-NetFirewallRule -InputObject $Rules

Natürlich besteht hier die Möglichkeit, die Ergebnisse mit der Pipe (|) direkt an ein anderes Cmdlet zu übergeben:

Get-NetFirewallRule -PolicyStore ActiveStore -PolicyStoreSourceType Dynamic | Disable-NetFirewallRule

Den Status von Firewallregeln zeigen Sie mit *Get-NetFirewallRule* an. Alle Regeln zeigen Sie mit *Get-NetFirewallRule -All* an. Um die aktivierten Regeln zu sehen, die Datenverbindungen zulassen, verwenden Sie:

Get-NetFirewallRule -Enabled True -Action Allow

31.4.2 IPsec mit der Windows-Firewall nutzen

Die Windows Defender-Firewall lehnt jeglichen eingehenden Netzwerkverkehr ab, der nicht als Antwort auf eine Anfrage des lokalen Servers eingeht oder für den keine Ausnahme konfiguriert ist. Sie lässt allerdings ausgehenden Netzwerkverkehr automatisch zu. In der Verwaltungskonsole für die Windows-Firewall sind Einstellungen für IPsec (Internet Protocol Security) integriert. Damit können Sie eigene Verschlüsselungsregeln erstellen oder IPsec verwenden.

Konfigurieren von Verbindungssicherheitsregeln

Öffnen Sie die Verwaltungskonsole für die Windows Defender-Firewall über *wf.msc*. Klicken Sie auf der linken Seite der Konsole mit der rechten Maustaste auf *Verbindungssicherheitsregeln* und wählen Sie im Kontextmenü den Eintrag *Neue Regel* aus. Es startet ein Assistent zum Erstellen von neuen Regeln für IPsec-Verbindungen. Sie können über den Assistenten mehrere Bedingungen für die Regel festlegen.

Erstellen Sie Gruppenrichtlinien mit integrierten Firewallregeln, können Sie diese darüber im Netz auf weitere Server verteilen. Alternativ erstellen Sie auf den einzelnen Servern manuell Regeln für IPsec.

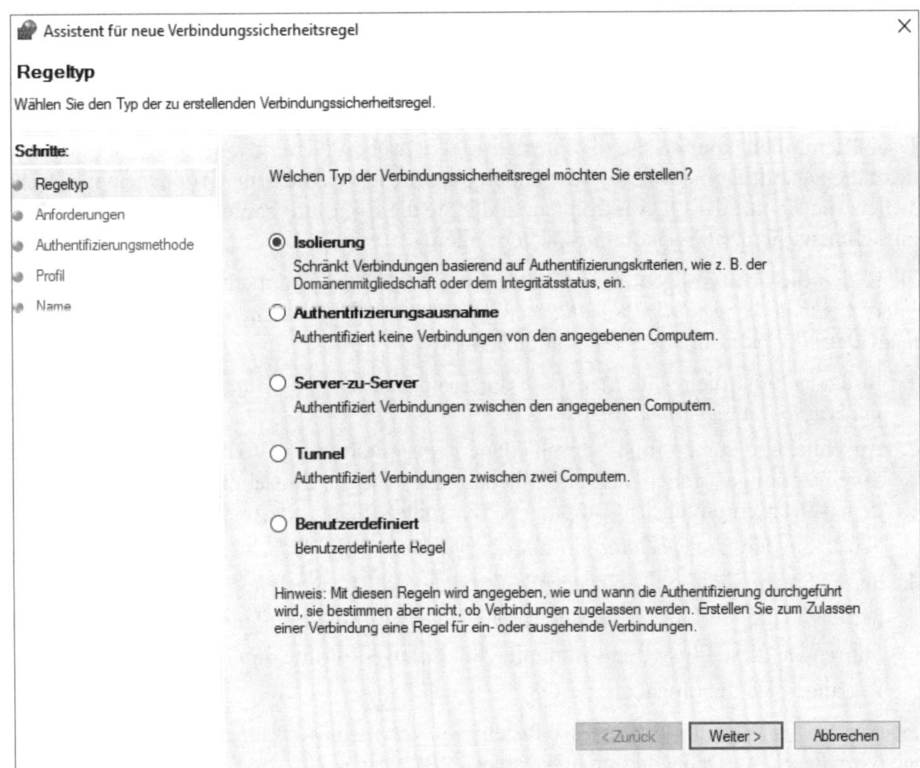

Abb. 31.3 Erstellen einer Verbindungssicherheitsregel mit der Windows-Firewall

Folgende Konfigurationen lassen sich als Basis einer Verbindungssicherheitsregel vornehmen, unabhängig davon, ob Sie diese als Richtlinie oder lokal in der Firewall-Konsole erstellen:

- **Isolierung** – Legt über Active Directory oder über den Status von Computern fest, welche Computer von anderen isoliert sind. Sie müssen angeben, wann eine Authentifizierung zwischen den Computern stattfinden soll (zum Beispiel bei eingehendem oder ausgehendem Netzwerkverkehr) und ob die Verbindung geschützt sein muss oder ob dies nur angefordert wird, aber keine Voraussetzung ist. Die Isolation über den Status eines Computers nutzt den Netzwerkzugriffsschutz. Auf diesem Weg sichern Sie den Zugriff auf sensible Server auf IP-Ebene ab.
- **Authentifizierungsausnahme** – Legt über die IP-Adresse die Computer fest, die sich nicht authentifizieren müssen oder keine geschützte Verbindung benötigen.
- **Server zu Server** – Legt fest, wie die Verbindung zwischen Computern geschützt ist. Sie müssen Endpunkte (IP-Adressen) bestimmen, wann die Authentifizierung stattfinden soll. Außerdem müssen Sie die Authentifizierungsmethode festlegen.
- **Tunnel** – Legt eine durch einen Tunnel geschützte Verbindung fest, zum Beispiel bei Verbindungen über das Internet. Sie müssen die Tunnelendpunkte über deren IP-Adressen angeben.
- **Benutzerdefiniert** – Erstellt eine frei konfigurierbare Regel mit allen zur Verfügung stehenden Optionen für IPsec.

Windows Defender-Firewall mit Gruppenrichtlinien steuern

IPsec-Richtlinien können Sie als Firewallregel zwischen Servern einrichten. Sie können dazu die Default Domain Policy verwenden oder für IPsec eine neue Gruppenrichtlinie erstellen, die Sie mit der OU verknüpfen, in der Sie die Computerkonten der Server und PCs aufnehmen, die per IPsec kommunizieren sollen:

Sie finden die notwendigen Einstellungen für IPsec in der Gruppenrichtlinienverwaltung über *Computerkonfiguration/Richtlinien/Windows-Einstellungen/Sicherheitseinstellungen/Windows Defender Firewall mit erweiterter Sicherheit*:

1. Rufen Sie über die rechte Maustaste die Eigenschaften von *Windows Defender-Firewall mit erweiterter Sicherheit* auf.
2. Anschließend stehen Ihnen verschiedene Registerkarten zur Verfügung, auf denen Sie Voreinstellungen treffen. Hauptsächlich nehmen Sie die Einstellungen für die verschiedenen Netzwerkprofile der Computer vor. Sie sollten für alle Netzwerkprofile identisch sein.
3. Setzen Sie den *Firewallstatus* auf *Ein (Empfohlen).*
4. Setzen Sie die Option für *Eingehende Verbindungen* auf *Blocken (Standard).*
5. Setzen Sie die Option *Ausgehende Verbindungen* auf *Zulassen (Standard).*
6. Führen Sie diese Einstellungen für alle drei Netzwerkprofile durch.
7. Bestätigen Sie die Eingaben mit *OK*.

Klicken Sie zur Erstellung von IPsec-Regeln auf *Verbindungssicherheitsregeln* und wählen Sie *Neue Regel* aus. Danach können Sie auswählen, welche Art von Regel Sie erstellen wollen. Dazu stehen Ihnen verschiedene Möglichkeiten zur Verfügung, wie im vorangegangenen Abschnitt beschrieben.

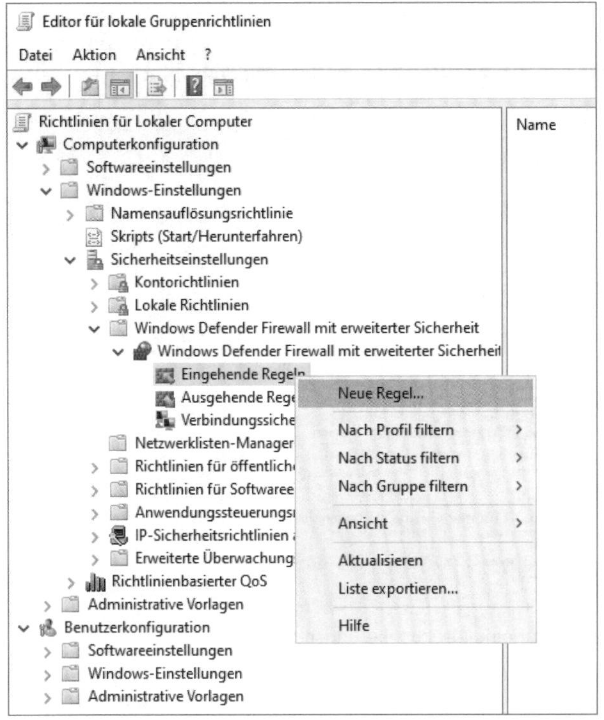

Abb. 31.4 Aktivieren der Windows-Firewall und sicherer Verbindungen über Gruppenrichtlinien

Für die Einrichtung von IPsec-Verbindungen eignet sich die Option *Isolierung* oder *Server-zu-Server*. Eine Isolierungsregel schränkt Verbindungen auf Grundlage der von Ihnen definierten Authentifizierungskriterien ein. Sie können Computer Ihrer Domäne von Computern außerhalb der Domäne isolieren.

Die Authentifizierungsausnahme verwenden Sie, um Computer von der Anforderung auszunehmen. Dieser Regeltyp kommt zum Einsatz, um den Zugriff auf Domänencontroller, Zertifizierungsstellen oder DHCP-Server sicherzustellen. Der Regeltyp *Server zu Server* kümmert sich um die Kommunikation zwischen zwei Computern. Mit einem Tunnel sichern Sie die Kommunikation von Computern zwischen Tunnelendpunkten ab, zum Beispiel bei virtuellen privaten Netzwerken oder L2TP-Tunneln (IPsec Layer Two Tunneling-Protokoll).

Auf der nächsten Seite des Assistenten legen Sie die Art der Authentifizierung fest. Wählen Sie hier die Option *Authentifizierung ist für eingehende Verbindungen erforderlich und muss für ausgehende Verbindungen angefordert werden* aus. Mit dieser Option bestimmen Sie, dass der gesamte eingehende Datenverkehr authentifiziert oder anderenfalls blockiert wird. Der ausgehende Datenverkehr kann authentifiziert werden, ist aber auch bei fehlerhafter Authentifizierung zugelassen. Sie haben hier alle Möglichkeiten zur Auswahl, müssen sich aber über die Konsequenzen im Klaren sein, wenn die Authentifizierung nicht funktioniert.

Mit der Option *Authentifizierung für eingehende und ausgehende Verbindungen anfordern* legen Sie fest, dass der gesamte ein- und ausgehende Datenverkehr authentifiziert wird, lassen die Kommunikation jedoch auch bei fehlerhafter Authentifizierung zu. Wenn die Authentifizierung erfolgreich ist, ist der Datenverkehr authentifiziert. Die Option *Authentifizierung ist für eingehende und ausgehende Verbindungen erforderlich* legt fest, dass der gesamte ein- und ausgehende Datenverkehr authentifiziert ist oder Windows den Datenverkehr blockiert.

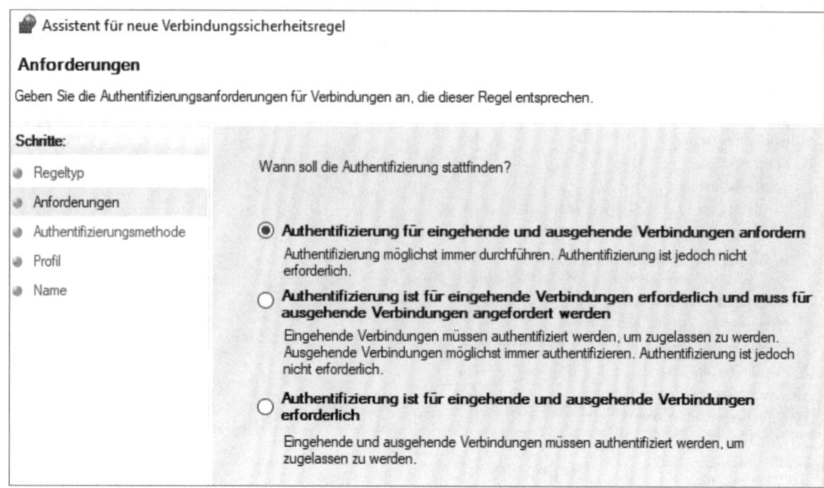

Abb. 31.5 Festlegen der Authentifizierung für eine IPsec-Isolierungsregel

Auf der nächsten Seite legen Sie fest, welche Art die Authentifizierung verwenden soll. Wählen Sie hier *Standard* aus. Haben Sie als Regeltyp *Server-zu-Server* festgelegt, verwenden Sie hier *Computerzertifikat*. Die Option *Standard* legt die Authentifizierungsmethode auf Basis der *Konfiguration* auf der Registerkarte *IPsec-Einstellungen* in den Eigenschaften der Windows-Firewall mit erweiterter Sicherheit fest.

Bei *Computer und Benutzer (Kerberos V5)* verwenden Sie sowohl die Computer- als auch die Benutzerauthentifizierung. Kerberos lässt sich nur verwenden, wenn Computer und die Benutzer Mitglied einer Domäne sind. Bei *Computer (Kerberos V5)* ist die Computerauthentifizierung über Kerberos Version 5 erforderlich oder wird angefordert. *Benutzer (Kerberos V5)* ist die Benutzerauthentifizierung über Kerberos Version 5.

Aktivieren Sie die Option *Nur Integritätszertifikate akzeptieren*. Bei dieser Methode ist ein gültiges Integritätszertifikat zur Authentifizierung erforderlich oder Windows fordert dieses an. Diese Option erscheint nur bei der Auswahl des Regeltyps *Server-zu-Server*.

Klicken Sie auf *Durchsuchen* und wählen Sie die Root-CA aus. Aktivieren Sie auf der nächsten Seite die Regel für alle drei Netzwerkprofile. Schließen Sie die Erstellung der Regel mit der Definition der Bezeichnung ab. Die Regel wird anschließend in der Gruppenrichtlinie unter den Verbindungsregeln angezeigt.

31.4.3 Firewallregeln für SQL Server steuern

Beim Betrieb von Microsoft SQL Server müssen Administratoren einiges im Bereich der Firewallregeln beachten. Das Freischalten der Firewalleinstellungen für die Verwaltung von SQL Server kann in der Befehlszeile erfolgen, zum Beispiel auf Core-Servern.

Erstellen von Regeln in der Befehlszeile

Das beginnt bereits bei der Installation des Servers, geht über Einstellungen in der Verwaltung und muss auch bei der Anbindung von Clients beachtet werden. Häufig erscheint bei der Installation von SQL-Server ein Fehler, dass die Windows-Firewall die entsprechenden Ports für SQL Server blockiert. Diese können Sie nachträglich noch freischalten. Die Warnungen können Sie daher übergehen, müssen aber nach der Installation nacharbeiten. In der Microsoft-Dokumentation sind ebenfalls Informationen zu den einzelnen Ports von SQL Server zu finden (*https://docs.microsoft.com/en-us/sql/sql-server/install/configure-the-Windows-firewall-to-allow-sql-server-access?view=sql-server-2017*).

Um die entsprechenden Ausnahmen für die Remoteverwaltung einzutragen, verwenden Sie zum Beispiel folgenden Befehl:

netsh advfirewall firewall add rule name="SQL Server" dir=in action=allow program= "C:\Program Files\Microsoft SQL Server\MSSQL11.MSSQLSERVER\MSSQL\Binn\sqlservr.exe" enable=yes profile=domain

Achten Sie auf den korrekten Pfad, der von Ihnen eingesetzten SQL-Server-Version

Da auf Core-Servern der SQL Server Konfigurations-Manager nicht funktioniert, können Sie das TCP/IP-Protokoll in der Registry ändern. Dazu setzen Sie den Wert *HKLM\SOFTWARE\Microsoft>Microsoft SQL Server\MSSQL11.MSSQLSERVER\MSSQLServer\SuperSocketNetLib\Tcp* auf 1. Anschließend starten Sie den Server neu. Standardmäßig ist nach der Installation TCP/IP in SQL Server aber ohnehin aktiviert. Sie sollten dennoch wissen, wie Sie den Wert steuern, wenn Sie die Installation über eine Konfigurationsdatei durchführen.

Sie müssen die Windows-Firewall auf dem Server konfigurieren, damit SQL-Server kommunizieren kann:

netsh advfirewall firewall add rule name = SQLPorttcp dir = in protocol = tcp action = allow localport = 1433-1434 remoteip = localsubnet profile = DOMAIN

netsh advfirewall firewall add rule name = SQLPortudp dir = in protocol = udp action = allow localport = 1433-1434 remoteip = localsubnet profile = DOMAIN

Zusätzlich aktivieren Sie über *sconfig* noch die Remoteverwaltung für den Server. Hier sollten Sie am besten alle vier Punkte zulassen, die der Assistent auflistet.

SQL Server können Sie in der PowerShell remote über das Netzwerk verwalten. Dazu müssen Sie aber auf dem entsprechenden Computer die Verwaltungstools für SQL Server über die Installations-DVD installieren und die Remoteverwaltung für den Server im SQL Server-Konfigurations-Manager aktivieren und in der PowerShell. Verwenden Sie auch den Befehl *Enable-PSRemoting -force.*

Der Befehl aktiviert auch die Ausnahmen in der Windows-Firewall. Außerdem müssen Sie in der Windows-Firewallsteuerung in der Systemsteuerung folgende Ausnahmen aktivieren, damit der Zugriff über das Netzwerk funktioniert:

- Datei- und Druckerfreigabe
- Remotedienstverwaltung
- Windows-Remoteverwaltung
- Windows-Remoteverwaltung (Kompatibilität)
- Windows-Verwaltungsinstrumentation (WMI)

Der Server-Broker des SQL-Servers nutzt den Port 4022. Auch dieser muss über die Firewall freigeschaltet werden, wenn Dienste nicht funktionieren. Welcher Port auf Ihrem SQL-Server genutzt wird, erfahren Sie über die Abfrage:

SELECT name, protocol_desc, port, state_desc

FROM sys.tcp_endpoints

WHERE type_desc = 'SERVICE_BROKER'

Firewallregeln für SQL-Server in der grafischen Oberfläche erstellen

Damit Anwendungen wie SharePoint auf einen Server zugreifen dürfen, um zum Beispiel selbst Datenbanken zu erstellen, müssen Sie Firewallregeln erstellen und im Konfigurations-Manager Protokolle freischalten. Dazu muss auf dem SQL-Server eine neue Firewallregel erstellt werden, da die Firewall die beiden TCP-Ports 1433 und 1434 blockiert. Mit diesen Ports bauen Clients eine Verbindung zum Server auf. Sie können die beschriebenen Wege in der PowerShell verwenden, aber auch die grafische Oberfläche:

1. Geben Sie dazu auf dem SQL-Server im Suchfeld der Taskleiste *wf.msc* ein.
2. Klicken Sie auf *Eingehende Regeln.*
3. Klicken Sie dann rechts auf *Neue Regel.*
4. Aktivieren Sie auf der ersten Seite des Assistenten zum Erstellen von neuen Firewallregeln die Option *Port.*
5. Aktivieren Sie auf der nächsten Seite die Optionen *TCP* und *Bestimmte lokale Ports.*
6. Geben Sie im Feld neben der Option *Bestimmte lokale Ports* den Wert *1433-1434* ein.
7. Aktivieren Sie auf der nächsten Seite die Option *Verbindung zulassen* und auf der folgenden Seite die Profile, für die Sie den Zugriff gestatten wollen. In sicheren Umgebungen reicht es aus, wenn Sie nur das Domänenprofil aktivieren.
8. Weisen Sie abschließend der Regel einen passenden Namen zu und bestätigen Sie die Erstellung.

Auf dem gleichen Weg erstellen Sie Regeln über die Konfiguration in den Gruppenrichtlinien. Haben Sie auf dem Server noch benannte Instanzen installiert und wollen auf diese über das Netzwerk mit dem Management Studio zugreifen, erstellen Sie eine weitere Regel, die die Ports UDP 1433-1434 zulässt.

Außerdem muss für die Verbindung der Systemdienst SQL Server-Browser gestartet sein. Dieser nimmt Abfragen aus dem Netzwerk entgegen und verteilt diese an die entsprechende Instanz oder Server. Dazu ist es notwendig, dass der Server über das Netzwerk mit TCP/UDP erreichbar ist und die Ports TCP/UDP 1433-1434 in der Firewall freigeschaltet sind.

Erhalten Sie Fehler beim Netzwerkzugriff angezeigt, schalten Sie über die Standardeinstellung der Firewall in der Systemsteuerung noch die Remoteverwaltung des Servers frei. Sie finden die Einstellung in der Systemsteuerung unter *System und Sicherheit/Windows-Firewall* über den Link *Eine App oder ein Feature durch die Windows-Firewall durchlassen.*

Außerdem sollten Sie an dieser Stelle auch die verschiedenen anderen SQL Server-Dienste freischalten, vor allem den SQL Server-Browser. Dieser nimmt Anfragen aus dem Netzwerk entgegen und verbindet die Clients mit der entsprechenden Instanz. Funktioniert die Verbindung zum SQL-Server nicht, öffnen Sie auf dem SQL-Server den SQL Server Konfigurations-Manager. Klicken Sie dann auf *SQL Server-Netzwerkkonfiguration/Protokolle für <Instanz>* und stellen Sie sicher, dass *TCP/IP* und *Named Pipes* aktiviert sind. Für den Zugriff über das Netzwerk ist vor allem TCP/IP notwendig, Named Pipes steuert den Zugriff auf dem lokalen Server.

Erweiterte Firewallregeln in der Befehlszeile erstellen

Neben der grafischen Oberfläche der Firewall können Sie erweiterte Regeln, zum Beispiel für die Analysis Services, in der Befehlszeile erstellen. Dazu verwenden Sie als Beispiel des Standardports TCP 2383 die folgende Syntax:

netsh advfirewall firewall add rule name="SQL Server Analysis Services eingehend" dir=in action=allow protocol=TCP localport=2383 profile=domain

Sie können den SQL Server-Browser verwenden, um eine Verbindung mit einer benannten Instanz zu ermöglichen. In diesem Fall müssen Anwender in ihrem Programm nur die Syntax *<Servername>\<Instanzname>* eingeben, um auf Analysis Services zuzugreifen. Die Verbindung mit der entsprechenden Instanz nimmt dann der Systemdienst SQL Server-Browser vor.

Dazu muss der Dienst gestartet sein und Sie müssen eine Firewallregel erstellen, die den Port TCP 2382 zulässt. Wenn Sie bei benannten Instanzen nicht den SQL Server-Browser-Dienst verwenden, müssen Sie einen festen Port zuweisen. Ohne SQL Server-Browser-Dienst müssen alle Clientverbindungen die Portnummer in der Verbindungszeichenfolge eingeben. Verwenden Sie dynamische Portzuweisungen für benannte Instanzen von Analysis Services, übernimmt der Dienst die erste verfügbare Portnummer, die er findet. Der Dienst verwendet bei jedem erneuten Start eine andere Portnummer.

Der SQL Server-Browser-Dienst überwacht sowohl den UDP-Port 1434 als auch den TCP-Port 2382 für das Datenbankmodul und Analysis Services. Auch wenn Sie die Blockierung des UDP-Ports 1434 für den SQL Server-Browser-Dienst bereits aufgehoben haben, müssen Sie die Blockierung des TCP-Ports 2382 für Analysis Services aufheben.

Neben dynamischen Ports für Analysis Services können Sie auch einen statischen Port für den Zugriff festlegen. Um eine Liste der Ports anzuzeigen, die in Ihrem System bereits verwendet werden, öffnen Sie eine Eingabeaufforderung und geben *netstat -a -p TCP* ein, um eine Liste der TCP-Ports anzuzeigen, die im System geöffnet sind. Suchen Sie sich einen freien Port. Nachdem Sie den neuen Port ermittelt haben, geben Sie diesen entweder durch Bearbeiten der Portkonfigurationseinstellung in der Datei *msmdsrv.ini* im Ordner *%ProgramFiles%\Microsoft SQL Server\MSAS11.<Instanz>\OLAP\Config* im Abschnitt *<Port><Portnummer></Port>* oder in SQL Server Management Studio in den Eigenschaften einer Analysis Services-Instanz an.

Starten Sie den Dienst der Analysis Services neu oder den ganzen Server, wenn Sie Änderungen vorgenommen haben. Den Neustart nehmen Sie am besten über das Kontextmenü des Dienstes im SQL Server-Konfigurations-Manager vor. Haben Sie den Dienst geändert, testen Sie den Zugriff erneut, wie in diesem Abschnitt beschrieben, mit der PID des Dienstes und dem Befehl

netstat -ao -p TCP

Achten Sie darauf, dass Sie in der Windows-Firewall den neuen Port und den Port TCP 2382 für den Systemdienst SQL Server-Browser freischalten müssen, wenn Anwender mit der Syntax *<Servername>\<Instanz>* auf den Server zugreifen sollen. Auf Computern mit mehreren Netzwerkkarten überwacht Analysis Services alle IP-Adressen unter Verwendung des von Ihnen angegebenen Ports. In einem Cluster überwacht es alle IP-Adressen der Clustergruppe, jedoch nur auf TCP-Port 2383. Sie können für eine gruppierte Instanz keinen anderen festen Port angeben.

31.5 Zusammenfassung

In diesem Kapitel haben Sie erfahren, wie Microsoft Defender in Windows Server 2022 funktioniert und welche Möglichkeiten Sie bezüglich der Windows-Firewall haben. Wir sind auch darauf eingegangen, wie spezielle Serverdienste, wie SQL Server, mit der Windows Defender-Firewall zusammenarbeiten und welche Möglichkeiten es zur Steuerung über die PowerShell, mit Gruppenrichtlinien und der Befehlszeile gibt.

Im nächsten Kapitel zeigen wir Ihnen, wie Sie externe Arbeitsstationen mit DirectAccess an Netzwerke anbinden.

Kapitel 32
Remotezugriff mit DirectAccess und Always On VPN

Mit DirectAccess können Sie PCs ab Windows 7 über das Internet direkt mit dem Unternehmensnetzwerk verbinden, ohne dass Sie Zusatzsoftware einsetzen müssen. Für den Verbindungsaufbau ist kein VPN notwendig, Windows verbindet sich automatisch. Nach der ersten Einrichtung erkennt ein DirectAccess-PC automatisch die Verbindung, verschlüsselt sie und kann sich mit dem Netzwerk verbinden. Auch Gruppenrichtlinien lassen sich über diesen Weg ausliefern.

Microsoft entwickelt DirectAccess als VPN-Methode nicht weiter und empfiehlt Unternehmen den Umstieg auf Always On VPN.

Remotezugriff und DirectAccess lassen gemeinsam verwalten, und es gibt keine Konflikte beim parallelen Einsatz der Systeme. Clientcomputer lassen sich effizient über das Internet sicher am Netzwerk anbinden, ohne dass Anwender erst VPN-Verbindungen aufbauen müssen. Der Datenzugriff funktioniert, Gruppenrichtlinien lassen sich anwenden und Software-Updates verteilen. Die Kommunikation erfolgt über IPv6. Ist dies mit der aktuellen Datenverbindung nicht möglich, kapselt das Betriebssystem die IPv6-Pakete in IPv4-Pakete und versendet sie an die Zielserver.

In Windows Server 2022 und Windows 10/11 hat Microsoft in diesem Zusammenhang auch einige Neuerungen eingeführt, die Windows 10/11-Clients die DirectAccess-Anbindung erleichtern:

- Sie können nur Windows 8/8.1/10/11 Enterprise und Windows 7 Ultimate/Enterprise mit DirectAccess nutzen. Optimal arbeitet nur Windows 10/11 Enterprise mit DirectAccess von Windows Server 2016/2019/2022 zusammen.
- Die Verbindung zwischen Client und Server erfolgt mit IP über HTTPS.
- Eine Zertifizierungsstelle und deren Einrichtung ist optional, nicht zwingend notwendig. DirectAccess-Server arbeiten mit Kerberos und Active Directory zusammen.
- Windows Server 2016/2019/2022 erfordern keine IPv6-Anpassungen, sondern richten notwendige Einstellungen automatisch ein.

32.1 Always On VPN nutzen

Microsoft entwickelt DirectAccess als VPN-Methode nicht weiter und empfiehlt Unternehmen den Umstieg auf Always On VPN. Wir zeigen in diesem Abschnitt, was es damit auf sich hat und wie Always On VPN eingerichtet wird.

Wer Windows 10/11-Rechner per VPN im Netzwerk einbinden und hier auf Microsoft-Lösungen setzen will, kann auf Always On VPN, den Nachfolger von DirectAccess setzen. Zwar wird DirectAccess nicht abgeschafft, Microsoft entwickelt das System aber nicht weiter. DirectAccess hat den Vorteil, dass Anwender keinerlei Benutzeraktionen durchführen müssen, um mit dem Unternehmensnetzwerk verbunden zu werden. Die Computer müssen dazu Mitglied einer Active Directory-Domäne sein. Die Einrichtung von Always On VPN ist generell nicht ganz unkompliziert.

Wir zeigen in diesem Abschnitt die Möglichkeiten und die generelle Einrichtung. Microsoft beschreibt dies auf der Seite *Remote Access Always On VPN* (*https://docs.microsoft.com/en-us/Windows-server/remote/remote-access/vpn/always-on-vpn*).

32.1.1 Vorteile von Always On VPN im Vergleich zu DirectAccess

Wie beim Einsatz von DirectAccess kann Always On VPN nicht nur einfache und schnelle Verbindungen für mobile Windows 10/11-Computer zur Verfügung stellen, sondern ermöglicht auch das Umsetzen von Richtlinien auf den Remote-Rechnern. Im Gegensatz zu DirectAccess ist Always On VPN für alle Editionen von Windows 10/11 nutzbar. Always On VPN wurde von Anfang an für den Einsatz mit Windows 10/11 optimiert.

Wie bei DirectAccess unterstützt auch Always On die Möglichkeit, Unternehmensrechner an Active Directory über VPN anzubinden und Gruppenrichtlinien einzusetzen. Für den Einsatz von Always On VPN müssen im lokalen Netzwerk für den effektiven Betrieb ein Active Directory zur Verfügung stehen, ein VPN-Endpunkt und ein RADIUS-Server. Generell sollte auch eine Zertifizierungsstelle vorhanden sein.

32.1.2 Gruppenrichtlinien vor dem Einsatz konfigurieren

Generell kann es sinnvoll sein, dass über Gruppenrichtlinien die automatische Registrierung von Zertifikaten für Benutzer und Computer konfiguriert wird. Die Einstellungen dazu finden Sie bei *Richtlinien/Windows-Einstellungen/Sicherheitseinstellungen/Richtlinien für öffentliche Schlüssel*. Hier können Sie *Zertifikatdienstclient/Automatische Registrierung* aktivieren, indem Sie die Option *Abgelaufene Zertifikate erneuern, ausstehende Zertifikate aktualisieren und gesperrte Zertifikate entfernen* aktivieren und *Zertifikate, die Zertifikatvorlagen verwenden, aktualisieren*.

Generell ist es sinnvoll, beim Einsatz von Always On VPN mit Gruppen in Active Directory zu arbeiten. Dazu sollten Sie für die VPN-Benutzer eine eigene Gruppe erstellen, zum Beispiel *VPN-Benutzer*. Für die effektivere Zuweisung von Richtlinien an die beteiligten Server ist es auch sinnvoll, eine Gruppe *VPN-Server* und eine Gruppe *NPS-Server* zu erstellen.

32.1.3 Zertifikatvorlagen für Always On VPN vorbereiten

Für die Authentifizierung zum VPN wird ein Zertifikat benötigt. Idealerweise sollte hier eine Vorlage erstellt werden. Diese Aufgabe nehmen Sie auf dem Server vor, auf dem die Zertifizierungsdienste installiert sind. Über die Konsole *certsrv.msc* steht hier der Bereich *Zertifikatvorlagen* zur Verfügung. Durch einen Rechtsklick auf *Zertifikatvorlagen* rufen Sie *Verwalten* auf. Die Verwaltung der Zertifikatvorlagen kann auch direkt mit *certtmpl.msc* aufgerufen werden.

Um eine neue Vorlage zu erstellen, klicken Sie die Vorlage *Benutzer* mit der rechten Maustaste an und wählen *Vorlage duplizieren*. Als Namen können Sie auf der Registerkarte *Allgemein* bei *Vorlagenanzeigename* den Namen *VPN-Benutzer-Authentifizierung* eingeben. Die Option *Zertifikat in Active Directory veröffentlichen* sollten Sie deaktivieren. Bei *Sicherheit* wird jetzt die erstellte AD-Gruppe *VPN-Benutzer* hinzugefügt und anschließend die Rechte *Registrieren* und *Automatisch registrieren* erteilt. Zusätzlich sollte bei *Kompatibilität* als *Zertifizierungsstelle* noch möglichst *Windows Server 2016* und bei *Zertifikatsempfänger Windows 10/Windows Server 2016* ausgewählt werden.

Eine weitere Vorlage wird auf Basis der Vorlage *RAS- und IAS-Server* erstellt. Die Vorlage kann zum Beispiel *VPN-Server-Authentifizierung* genannt werden. Bei *Erweiterungen* sollten Sie *Anwendungsrichtlinien* bearbeiten und *IP-Sicherheits-IKE* hinzufügen. Bei *Anforderungsverarbeitung* sollten Sie die Option *Exportieren von privatem Schlüssel zulassen* deaktivieren. Bei *Kryptografie* wird *Microsoft Enhanced Cryptographic Provider 1.0* hinzugefügt. Hier sollten Sie bei *Sicherheit* die Gruppe für die VPN-Server aufnehmen.

Für NPS-Server wird ebenfalls eine Vorlage mit den gleichen Daten erstellt. Hier müssen natürlich die NPS-Server Zugriff erhalten. Auch das steuern Sie auf der Registerkarte *Sicherheit*.

32.1.4 Always On VPN installieren

Die Einrichtung von Always On VPN erfordert zunächst die Installation der notwendigen Serverrollen. Das geht am schnellsten über die PowerShell mit:

Install-WindowsFeature DirectAccess-VPN -IncludeManagementTools

Natürlich kann das Feature auch über den Server-Manager oder das Windows Admin Center installiert werden. Verteilt werden die Konfigurationen über XML-Profile, die sich zum Beispiel über SCCM oder Microsoft Intune verteilen lassen. Die Konfiguration dafür ist etwas komplex.

Die Einrichtung beschreibt Microsoft aber recht gut auf der Seite »Always On VPN deployment for Windows Server and Windows 10« (*https://docs.microsoft.com/en-us/Windows-server/remote/remote-access/vpn/always-on-vpn/deploy/always-on-vpn-deploy*). Auf der Seite »Deploy Always On VPN« (*https://docs.microsoft.com/en-us/Windows-server/remote/remote-access/vpn/always-on-vpn/deploy/always-on-vpn-deploy-deployment*) wird es Schritt für Schritt erklärt.

32.2 Remotezugriff installieren und einrichten – Erste Schritte

Die Installation von DirectAccess und dem Remotezugriff erfolgt über den Server-Manager. Über *Verwalten/Rollen und Funktionen hinzufügen/Remotezugriff* installieren Sie die notwendigen Funktionen auf dem Server. Weitere Einstellungen sind zur Installation nicht notwendig. Sie installieren auf diesem Weg nur die notwendigen Systemdateien auf dem Server, die eigentliche Einrichtung erfolgt später.

32.2.1 Remotezugriff – Die Grundlagen

In Windows Server 2022 sind DirectAccess und RRAS-VPN (Routing und RAS-Dienst) zu einer einzigen Remotezugriffsrolle zusammengefasst und werden in einer gemeinsamen Oberfläche verwaltet. Clientcomputer, auf denen Windows 8/8.1/10/11 und Windows 7 ausgeführt wird, können Sie als DirectAccess-Clientcomputer konfigurieren. Diese Clients können über DirectAccess auf interne Netzwerkressourcen zugreifen, ohne sich über eine VPN-Verbindung einzuloggen. VPNs lassen sich aber weiterhin parallel einsetzen.

DirectAccess-Clientcomputer können von Remotezugriffsadministratoren über DirectAccess verwaltet werden, auch wenn sich die Clientcomputer nicht im internen Unternehmensnetzwerk befinden. Mehrere RAS/DirectAccess-Server lassen sich über eine einzige Remotezugriffs-Verwaltungskonsole verwalten.

Die Remotezugriffsrolle wird über den Server-Manager, das Windows Admin Center oder der PowerShell installiert. Die Rolle umfasst DirectAccess sowie die Routing- und RAS-Dienste (bisher ein Rollendienst unter der Serverrolle für Netzwerkrichtlinien- und Zugriffsdienste). Die Remotezugriffsrolle besteht aus zwei Komponenten:

- **DirectAccess und VPN (RAS)** – DirectAccess und VPN werden gemeinsam in der Remotezugriffs-Verwaltungskonsole verwaltet.
- **Routing** – Bietet Unterstützung für NAT und generelles Routing, wenn der Server über mehrere Netzwerkadapter verfügt.
- **Webanwendungsproxy** – Mit dem Webanwendungsproxy lassen sich Dienste im lokalen Netzwerk über das Internet zur Verfügung stellen.

Auf dem VPN-Server muss mindestens ein Netzwerkadapter installiert, aktiviert und mit dem internen Netzwerk verbunden sein. Werden zwei Adapter verwendet, sollte einer mit dem internen Unternehmensnetzwerk und der andere mit dem externen Netzwerk (Internet oder privates Netzwerk) verbunden sein.

Der Remotezugriffsserver muss Domänenmitglied sein. Der Server kann an der Schwelle zum internen Netzwerk oder geschützt durch eine Edgefirewall oder ein anderes Gerät bereitgestellt werden. Wird der VPN-Server durch eine Edgefirewall oder ein NAT-Gerät geschützt, muss das Gerät so konfiguriert sein, dass ein- und ausgehender Datenverkehr für den VPN-Server zugelassen wird.

Der Anwender, der den Remotezugriff auf dem Server einrichtet, muss lokale Administratorberechtigungen für den Server und Benutzerberechtigungen für die Domäne besitzen. Zusätzlich benötigt er Berechtigungen für die Gruppenrichtlinien, die bei der DirectAccess-

Bereitstellung verwendet werden. Um die Features nutzen zu können, die die DirectAccess-Bereitstellung auf mobile Computer beschränken, ist die Berechtigung zum Erstellen von WMI-Filtern für den Domänencontroller erforderlich.

DirectAccess-Clients müssen Domänenmitglieder sein. Domänen, die Clients enthalten, können zur selben Gesamtstruktur gehören wie der Remotezugriffsserver oder eine bidirektionale Vertrauensstellung mit der Remotezugriffsserver-Gesamtstruktur oder -Domäne verwenden. Eine Active Directory-Sicherheitsgruppe wird benötigt, um die Computer aufzunehmen, die als DirectAccess-Clients konfiguriert werden.

Geben Sie beim Konfigurieren der DirectAccess-Clienteinstellungen keine Sicherheitsgruppe an, wird das Client-Gruppenrichtlinienobjekt standardmäßig auf alle Notebooks in der Sicherheitsgruppe *Domänencomputer* angewendet. Die DirectAccess-Konfiguration kann nur von einem Domänenbenutzer mit lokalen Administratorrechten für den DirectAccess-Server durchgeführt werden. Das verwendete Konto muss außerdem Mitglied der Gruppe *Konten-Operatoren* sein, oder dem Konto muss die zum Erstellen von Sicherheitsgruppen in Active Directory geeignete Berechtigung übertragen werden. Außerdem sind Berechtigungen zum Erstellen und Bearbeiten von Gruppenrichtlinienobjekten in der Domäne, zum Verknüpfen von Gruppenrichtlinienobjekten mit der Domäne und zum Anwenden von WMI-Filterberechtigungen beim Übernehmen von DirectAccess-Richtlinien für Notebooks erforderlich.

DirectAccess ist eine IPv6-abhängige Anwendung. Daher dürfen die IPv4- und IPv6-Übergangstechnologien auf dem RAS-Server nicht deaktiviert sein, und die IPv6-Übergangstechnologien dürfen durch Gruppenrichtlinien nicht deaktiviert werden. Die Active Directory-Domäne muss erreichbar sein.

32.2.2 Vorbereiten der Installation von DirectAccess und Remotezugriff

Passen Sie die Netzwerkadapter auf dem DirectAccess-Server an. Wenn Sie zwei Adapter verwenden, verbinden Sie die Schnittstelle zum internen Netzwerk und die Schnittstelle zum Internet und konfigurieren die entsprechenden IP-Adressen. Benennen Sie auch die Namen der Netzwerkverbindungen entsprechend.

Konfigurieren Sie kein Standardgateway auf Intranetschnittstellen beim Einsatz von DirectAccess-Server und fügen Sie den DirectAccess-Server Ihrer Domäne hinzu.

Für die Installation von DirectAccess sind anschließend drei Schritte notwendig:

1. **Installieren der Remotezugriffs-Serverrolle**

   Die Remotezugriffs-Serverrolle fasst das DirectAccess-Feature und den VPN-Rollendienst in einer neuen, einheitlichen Serverrolle zusammen. Diese neue Remotezugriffsserver-Rolle ermöglicht die zentrale Verwaltung, Konfiguration und Überwachung sowohl von DirectAccess- als auch von VPN-basierten Remotezugriffsdiensten.

2. **Konfigurieren von DirectAccess**

   Der Assistent für erste Schritte sorgt für eine Vereinfachung der Konfiguration. In der grafischen Oberfläche lässt sich DirectAccess recht schnell einrichten.

3. **Aktualisieren von Clients mit der DirectAccess-Konfiguration**

   Zum Verwenden der DirectAccess-Einstellungen müssen Clients die Gruppenrichtlinien aktualisieren, während sie mit dem Intranet verbunden sind. Anschließend können diese eine Verbindung per DirectAccess auch über das Internet herstellen.

32.2.3 Rollendienste installieren und Remotezugriff aktivieren

Starten Sie im Server-Manager *Verwalten/Rollen und Features hinzufügen* und installieren Sie die Rolle *Remotezugriff*. Auf der Seite *Rollendienste auswählen* können Sie festlegen, ob der Server als Router oder als Remotezugriffsserver mit VPN und DirectAccess funktionieren soll. Es wird nicht mehr zwischen DirectAccess und VPN unterschieden, die Installation erfolgt immer parallel.

Neu seit Windows Server 2012 R2 ist der Rollendienst *Webanwendungsproxy*. Dieser bietet auf Basis der Active Directory-Verbunddienste (ADFS) die Möglichkeit, Webanwendungen in Private-Cloud-Umgebungen zu veröffentlichen. Nach der Installation des Webanwendungsproxys können Sie ihn über einen Assistenten einrichten, den Sie über das Benachrichtigungscenter des Server-Managers starten. Sinnvoll ist das zum Beispiel, um die Webdienste von Exchange im Internet zur Verfügung zu stellen.

Sie können den Remotezugriff auch über die PowerShell installieren. Dazu verwenden Sie den folgenden Cmdlet-Aufruf:

Install-WindowsFeature RemoteAccess -IncludeManagementTools

32.2.4 DirectAccess und VPN-Zugang einrichten

Nach der Installation findet sich im Server-Manager die neue Gruppe *Remotezugriff*. Über das Kontextmenü der hier integrierten Server lässt sich die Verwaltung des Remotezugriffs starten. Über eine gemeinsame Konsole findet dann die Einrichtung der beiden Funktionen statt.

Nach der Installation erscheint im Server-Manager die Meldung, dass eine Konfiguration für den Serverdienst erforderlich ist. Über die Meldung oder das Kontextmenü des Servers starten Sie den Assistenten für die erste Einrichtung. Dieser führt durch alle Schritte der Einrichtung.

Sie können den Assistenten auch über die Remotezugriffs-Verwaltungskonsole starten. Diese finden Sie im Menüpunkt *Tools* des Server-Managers.

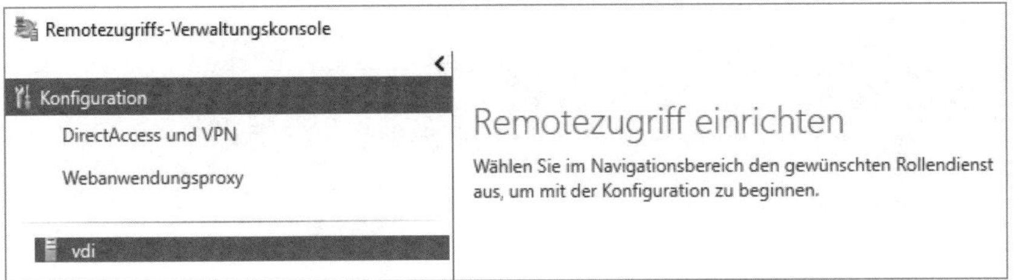

Abb. 32.1 Einrichten von DirectAccess

Wählen Sie am besten den Link *Assistent für erste Schritte ausführen*, nachdem Sie *DirectAccess und VPN* angeklickt haben. Dieser fragt nur die wichtigsten Optionen ab und richtet die Funktion ein. Sie können anschließend immer noch Änderungen vornehmen.

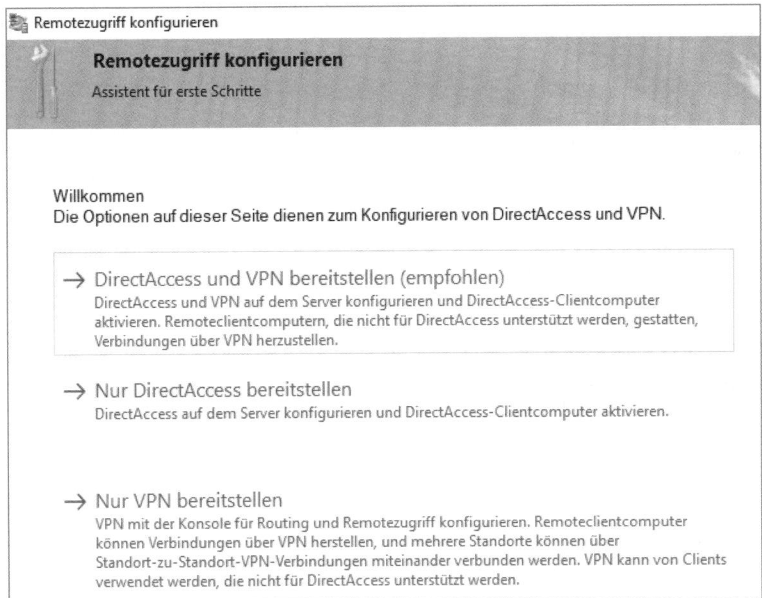

Abb. 32.2 Starten des Assistenten zum Einrichten des Remotezugriffs

Der Assistent ermöglicht die Auswahl, ob auf dem Server DirectAccess und/oder VPN genutzt werden soll.

Wählen Sie die Topologie Ihrer Netzwerkkonfiguration aus und geben Sie den öffentlichen Namen ein, mit dem Remotezugriffclients eine Verbindung herstellen sollen. Klicken Sie auf *Weiter*. Nach der Auswahl prüft der Assistent zunächst die Voraussetzungen und startet danach die Einrichtung. Auf der ersten Seite wählen Sie aus, wo der Server positioniert ist und wie der Zugriff darauf erfolgen soll.

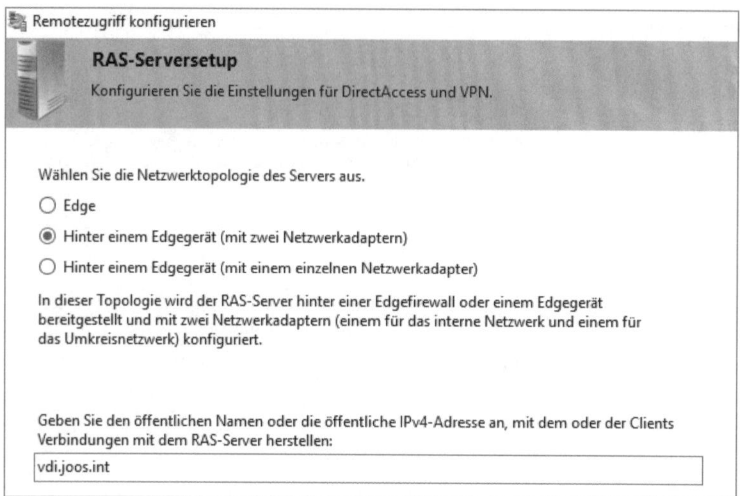

Abb. 32.3 Auswählen der Netzwerktopologie für die Einrichtung von DirectAccess

Achten Sie nach der Einrichtung darauf, die Firewallregeln zu überprüfen, die DirectAccess auf dem Server einrichtet. Dies gilt vor allem, wenn Sie die Einrichtung nur mit einer einzelnen Netzwerkkarte vornehmen. In diesem Fall ist der DirectAccess-Server unter Umständen per RDP erreichbar und auch IIS ist im Internet verfügbar. Sie können die Einstellungen aber in der Firewall des Servers steuern, nachdem Sie DirectAccess eingerichtet haben.

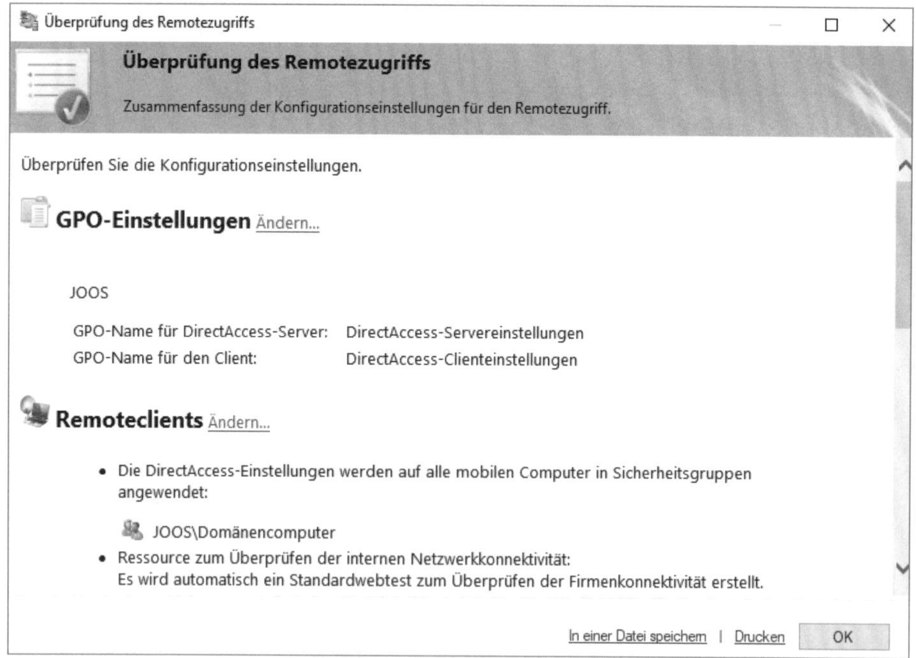

Abb. 32.4 Anpassen der notwendigen Einstellungen für DirectAccess vor dem Fertigstellen des Assistenten

Standardmäßig stellt der Assistent für erste Schritte DirectAccess für Laptops und Notebookcomputer in der Domäne bereit, indem er einen WMI-Filter auf das Gruppenrichtlinienobjekt für die Clienteinstellungen anwendet. Klicken Sie an dieser Stelle aber noch nicht auf *Fertig stellen*, sondern auf den Link *hier*, um Einstellungen anzupassen.

Standardmäßig erlaubt der Einrichtungs-Assistent den Zugriff per DirectAccess für alle Domänencomputer. Diese Einstellung sollten Sie möglichst anpassen und eine eigene Sicherheitsgruppe erstellen. Computer, deren Konten Sie in diese Gruppe aufnehmen, dürfen sich dann mit DirectAccess verbinden. Andere Computer dürfen das nicht.

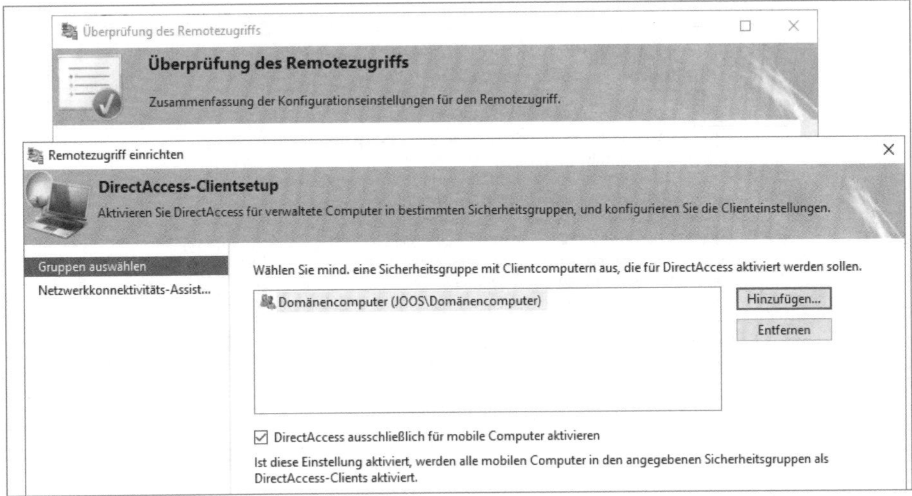

Abb. 32.5 Anpassen der DirectAccess-Gruppe

Standardmäßig erstellt der Assistent automatisch WMI-Filter für die Gruppenrichtlinien von DirectAccess, die den Zugriff nur für Notebooks oder andere mobile Computer erlaubt. Sie können den Haken an dieser Stelle aber entfernen, da Sie den Zugriff ohnehin schon für einzelne Computer über die Sicherheitsgruppe einschränkten.

Passen Sie die Einstellungen an, können Sie neben der Sicherheitsgruppe für DirectAccess noch die Gruppenrichtlinien anzeigen, die für den Betrieb notwendig sind. Hier sollten Sie aber keine Einstellungen anpassen.

Lassen Sie anschließend den Assistenten seine Arbeit beenden. Nach der ersten Einrichtung können Sie in der Verwaltungskonsole weitere Maßnahmen durchführen. Wenn der Assistent die Einrichtung erfolgreich abschließt, erhalten Sie entsprechende Meldungen und können die Einrichtung überprüfen. Warnungen zeigt der Assistent auch an. Hier sollten Sie in den Details überprüfen, wo das Problem liegt.

Nach der ersten Einrichtung startet der Assistent die Konsole zur Überarbeitung der DirectAccess-Infrastruktur.

Klicken Sie in der Konsolenstruktur der Remotezugriffs-Verwaltungskonsole auf *Vorgangsstatus*. Warten Sie, bis der Status aller Monitore *Funktionsfähig* lautet. Klicken Sie danach im Bereich *Aufgaben* unter *Überwachung* auf *Aktualisieren*, um die Anzeige zu aktualisieren.

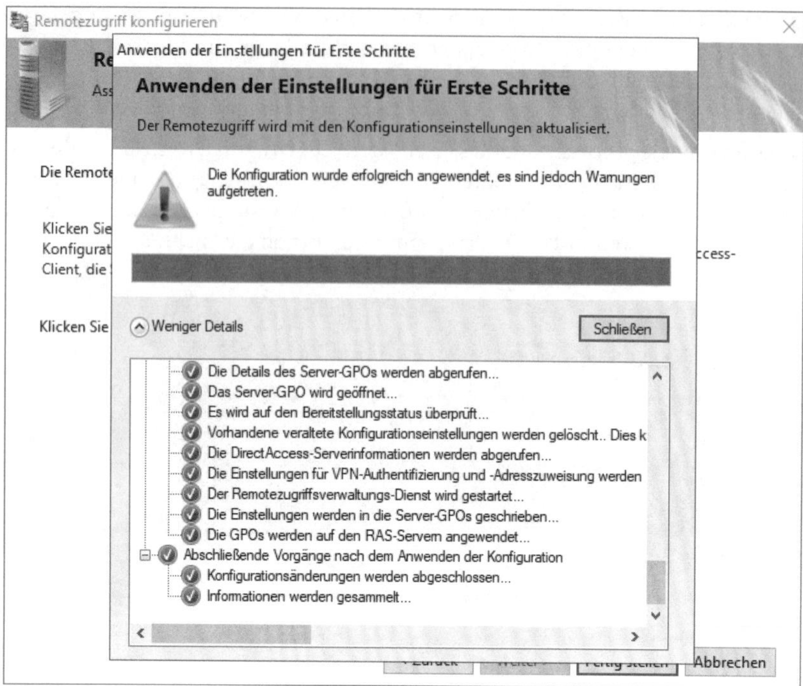

Abb. 32.6 Erfolgreiche Einrichtung von DirectAccess mit Warnungen

32.2.5 Aktualisieren von Clients mit der DirectAccess-Konfiguration

Haben Sie DirectAccess eingerichtet, sollten Sie die Clients aktualisieren, die sich mit DirectAccess verbinden sollen. Rufen Sie zunächst die Gruppenrichtlinien für den Client ab. Geben Sie dazu in der Eingabeaufforderung *gpupdate* ein. Mehr zu diesem Thema lesen Sie in Kapitel 19.

Warten Sie, bis die Computerrichtlinien erfolgreich aktualisiert wurden, und geben Sie in der PowerShell *Get-DnsClientNrptPolicy* ein. Die Einträge in der Richtlinientabelle für die Namensauflösung (Name Resolution Policy Table, NRPT) für DirectAccess werden angezeigt. Der Assistent für erste Schritte hat diesen DNS-Eintrag für den DirectAccess-Server automatisch erstellt und ein zugehöriges selbstsigniertes Zertifikat bereitgestellt, sodass der DirectAccess-Server als Netzwerkadressenserver fungieren kann.

Geben Sie *Get-NCSIPolicyConfiguration* ein. Die vom Assistenten bereitgestellten Einstellungen für die Statusanzeige der Netzwerkkonnektivität werden angezeigt. Achten Sie auf den Wert von *DomainLocationDeterminationURL*. Sobald auf diese Netzwerkadressenserver-URL zugegriffen werden kann, ermittelt der Client, dass sich diese innerhalb des Unternehmensnetzwerks befindet, und die NRPT-Einstellungen werden nicht angewendet.

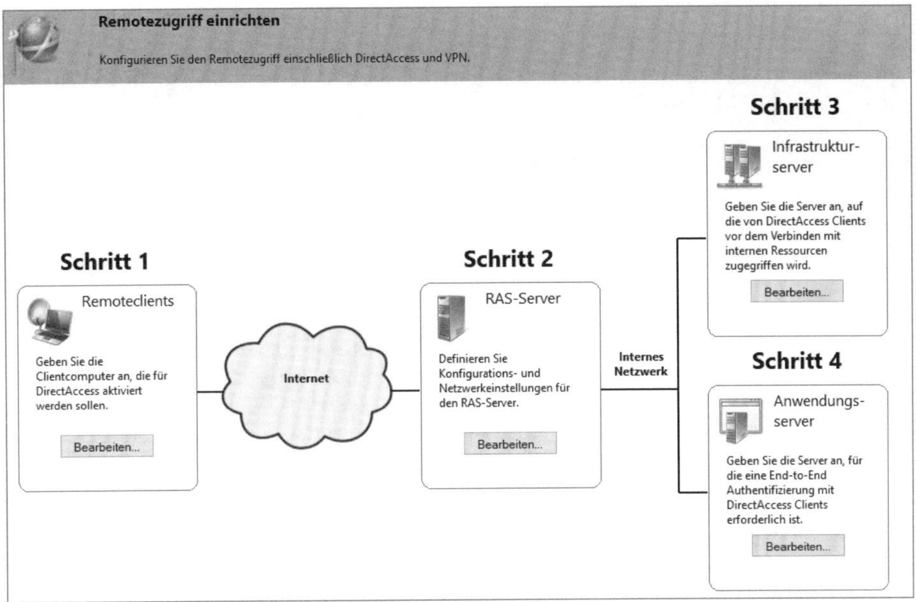

Abb. 32.7 Überprüfen von DirectAccess nach der Einrichtung auf dem Client

Geben Sie *Get-DAConnectionStatus* ein. Wenn der Client die Netzwerkadressenserver-URL erreichen kann, wird der Status *ConnectedLocally* angezeigt.

Diesen Status ruft der DirectAccess-Client vom Infrastruktur-Server ab. Er verwendet dazu die Internetinformationsdienste auf dem DirectAccess-Server. Sie können die entsprechenden Einstellungen über die Verwaltungskonsole anpassen. Klicken Sie dazu im Bereich *Infrastrukturserver-Setup* auf *Bearbeiten*. Hier können Sie den Server und das dazugehörige Zertifikat auswählen.

Clients, die per DirectAccess verbunden sind, finden Sie über den Link *Remoteclientstatus* in der Remotezugriffs-Verwaltungskonsole. Sie können in der Konsole Berichte erstellen, um die Nutzung des Servers zu messen. Die Gruppenrichtlinien für die Anbindung an DirectAccess erstellen Firewallregeln und Verbindungssicherheitsregeln. Diese lassen Sie über *wf.msc* auf dem Client anzeigen.

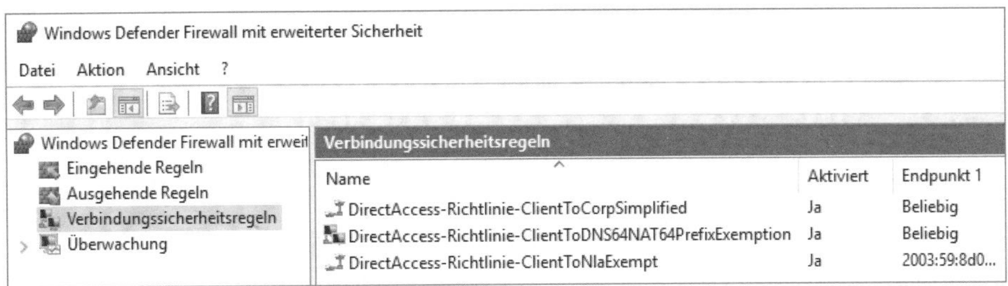

Abb. 32.8 Anzeigen der Verbindungssicherheitsregeln auf den Clients

Während der Einrichtung legt der Assistent DNS-Einträge fest, mit denen er überprüfen kann, ob sich Clients im internen Netzwerk befinden oder mit DirectAccess einwählen. Verbindet sich ein Client mit DirectAccess, sehen Sie die Verbindung, wenn Sie auf das Netzwerksymbol klicken.

Damit im Netzwerk DirectAccess funktioniert, müssen auf den beteiligten Firewalls teilweise Anpassungen vorgenommen werden. Zunächst sollte 6to4-Datenverkehr (IP-Protokoll 41) eingehend und ausgehend erlaubt sein. Auch HTTPS-Datenverkehr darf über den Port 443 zum DirectAccess-Server kommunizieren.

Der TCP-Port 62000 muss zum DirectAccess-Server durchgelassen werden. Beim Einsatz von IPV6 muss außerdem das IP-Protokoll 50 sowie der UDP-Port 500 ein- und ausgehend geöffnet sein. Die Daten müssen in das Internet gesendet werden können. Zusätzlich sollte im internen Netzwerke ISATAP (IP-Protokoll 41) und der komplette IPv4/IPv6-Datenverkehr durchgelassen werden.

32.2.6 Überprüfen der Bereitstellung

Im vorangegangenen Abschnitt haben wir bereits beschrieben, wie Sie DirectAccess auf dem Client testen. Sobald die HTTPS-Verbindung zum Netzwerkadressenserver (Infrastruktur-Server) erfolgreich hergestellt wurde, deaktiviert der DirectAccess-Client die DirectAccess-Clientkonfiguration und verwendet eine direkte Verbindung zum Unternehmensnetzwerk.

Verbinden Sie einen Clientcomputer mit Ihrem Unternehmensnetzwerk und melden Sie sich mit einem Domänenbenutzernamen an. Öffnen Sie eine Eingabeaufforderung mit erhöhten Rechten und rufen Sie den Befehl *ipconfig /all* auf. Im Abschnitt *Tunneladapter iphttpsinterface* sehen Sie, ob die Verbindung intern oder über DirectAccess erfolgt.

Geben Sie in der PowerShell *Get-DAConnectionStatus* ein. Der Status sollte als *ConnectedRemotely* angegeben werden. In diesem Fall sind Sie mit DirectAccess verbunden. Sie erkennen dies auch, wenn Sie im Desktop auf das Netzwerksymbol klicken. Geben Sie in der PowerShell *Get-NetIPAddress* ein, um die IPv6-Konfiguration zu prüfen. Kontrollieren Sie, ob der Tunneladapter *iphttpsinterface* aktiv ist und über eine gültige IP-HTTPS-Adresse verfügt. Ihr Client verwendet IP-HTTPS für das Tunneling von IPv6-Datenverkehr zum DirectAccess-Server über das Internet.

Geben Sie *wf.msc* ein. Erweitern Sie *Überwachung* und dann *Sicherheitszuordnungen*, um die festgelegten IPsec-Sicherheitszuordnungen zu prüfen. Es müssen die Authentifizierungsmethoden *Computer (Kerberos)* und *Benutzer (Kerberos)* verwendet werden. Der Client nutzt den Kerberos-Proxy, der vom DirectAccess-Assistenten automatisch bereitgestellt wird. Wählen Sie im Konsolenbaum *Verbindungssicherheitsregeln*, um die zugeordneten Richtlinien zu prüfen, die angewendet werden.

Auch wenn DirectAccess generell recht einfach einzurichten ist und Microsoft Assistenten für die Konfiguration zur Verfügung stellt, ist das Troubleshooting nicht gerade einfach. Microsoft bietet zur Fehlerbehebung das »Microsoft Windows DirectAccess Client Troubleshooting Tool« (*http://www.microsoft.com/en-us/download/confirmation.aspx?id=41938*) kostenlos an, mit dem Anwender auf ihren Rechnern die Anbindung testen können. Um das Tool zu verwenden, muss es nur aufgerufen werden, eine Installation ist nicht notwendig.

Damit DirectAccess auf einem Rechner funktioniert, müssen die erstellten Gruppenrichtlinien angewendet werden. Dazu können Administratoren auf den Zielrechnern die Befehle *rsop.msc* oder *gpresult /r* nutzen. Damit lässt sich überprüfen, ob die Richtlinien übertragen wurden. Nach einer Änderung der Gruppenmitgliedschaft müssen Computer erst neu gestartet werden, damit die Richtlinien übernommen werden. Die Firewall muss auf den Rechnern gestartet sein.

32.3 Remotezugriff verwalten

Unabhängig davon, ob Sie DirectAccess oder den Remotezugriff mit VPN nutzen, findet die Verwaltung in Windows Server 2022 über die Remotezugriffs-Verwaltungskonsole statt.

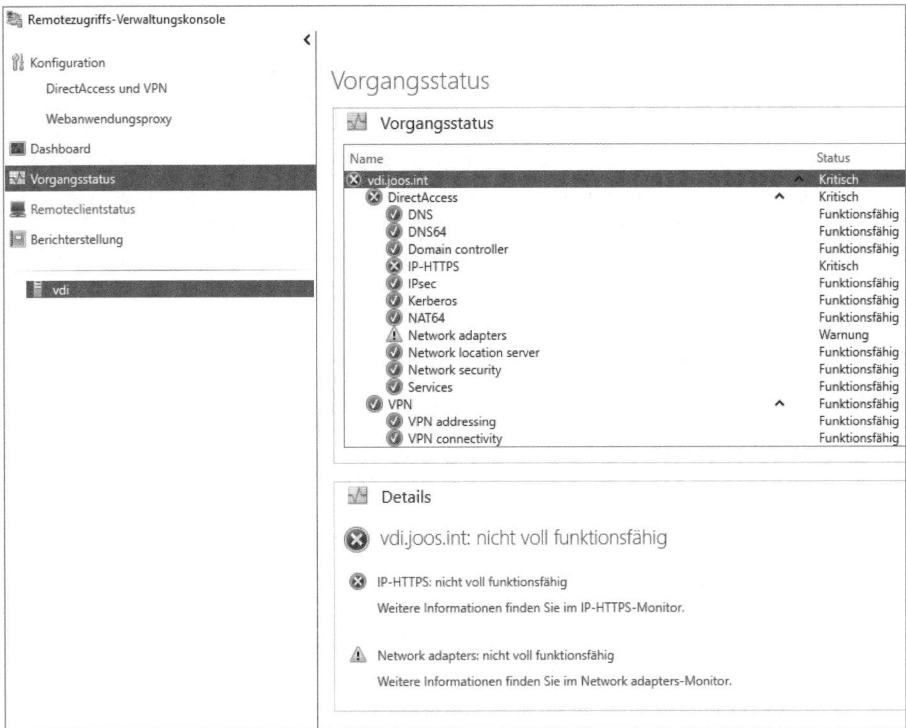

Abb. 32.9 Verwalten des Remotezugriffs in Windows Server 2022

Diese finden Sie direkt im Server-Manager. Schließen Sie den Assistenten zur Einrichtung ab. Dieser integriert die notwendigen Einstellungen, erstellt Gruppenrichtlinien und ändert Einstellungen auf dem Server.

Nach der ersten Einrichtung lässt sich die Remotezugriffs-Verwaltungskonsole öffnen. Hier können Sie jederzeit Änderungen vornehmen. Die Konsole lässt sich auch über das Kontextmenü der Remotezugriffsserver im Server-Manager starten.

Über die Kategorie *Konfiguration* auf der linken Seite ändern Sie Einstellungen. Durch einen Klick auf die entsprechende Schaltfläche im mittleren Bereich können Sie verschiedene Einstellungen anpassen.

Über *Remoteclients* legen Sie fest, welche Benutzer und Clientcomputer sich mit dem Netzwerk verbinden dürfen. Hier bietet es sich an, mit Gruppen aus Active Directory zu arbeiten und diese im Assistenten zu hinterlegen. Standardmäßig dürfen alle Benutzer von extern eine Verbindung aufbauen. Hier ist eine eigene Active Directory-Gruppe besser geeignet.

Über den Assistenten lassen sich WMI-Filter hinterlegen und in den Einstellungen des RAS-Servers in der Mitte die Einstellungen ändern, die bei der Einrichtung über den Assistenten vorgenommen wurden. DirectAccess kann mit internen Zertifizierungsstellen arbeiten oder mit selbstsignierten Zertifikaten, was die Einrichtung vereinfacht. Besser ist eine Zertifizierungsstelle auf Basis der Active Directory-Zertifikatdienste (siehe Kapitel 30).

Über die Einrichtung des Servers legen Sie die Art der Authentifizierung fest. Hier müssen Sie auch die Verbindung von Windows 7-Computern genehmigen, wenn außer Windows 8/8.1/10/11 noch Clients mit dem älteren Betriebssystem Zugriff erhalten sollen. Standardmäßig lässt DirectAccess in Windows Server 2022 nur Windows 8/8.1/10/11-Computer zu. Hier aktivieren Sie die Unterstützung des Netzwerkzugriffschutzes mit DirectAccess (siehe Kapitel 31).

Die notwendigen Einstellungen für Clientcomputer nimmt der Assistent über Gruppenrichtlinien vor. Deren Einstellungen lassen sich in der Gruppenrichtlinienverwaltung anpassen. Auch für die Einstellungen der DirectAccess-Server sind Gruppenrichtlinien verantwortlich. In den erweiterten Firewalleinstellungen finden sich auf dem DirectAccess-Server ebenfalls Einstellungen für die Verbindung. Die Einstellungen lassen sich in der PowerShell überprüfen. Dabei hilft zum Beispiel das Cmdlet *Get-NetTeredoConfiguration*.

Die Einstellungen können Sie jederzeit anpassen. Dazu rufen Sie die Remotezugriffs-Verwaltungskonsole auf und klicken auf den DirectAccess/VPN-Server, den Sie verwalten wollen.

Haben Sie alle Einstellungen vorgenommen, klicken Sie unten im Fenster auf *Fertig* und dann auf *Anwenden*, damit der Assistent die Einstellungen übernimmt. Im Fenster sehen Sie die Änderungen, die der Assistent vornimmt, und ob die Einstellungen erfolgreich übernommen wurden. Überprüfen Sie danach immer über den Link *Vorgangstatus*, ob alles noch funktioniert.

32.4 VPN verwalten

Windows Server 2022 arbeitet im VPN-Bereich mit der Remotezugriffs-Verwaltungskonsole. Auch die klassische Routing- und RAS-Konsole kann weiterhin eingesetzt werden. Diese starten Sie am schnellsten durch Eingabe von *rrasmgmt.msc* im Suchfeld der Taskleiste. Hier können Sie weiterhin Einstellungen vornehmen und zum Beispiel Konfigurationen von PPTP anpassen sowie Clients steuern.

32.4.1 Verwalten und Konfigurieren der RAS-Benutzer und RAS-Ports

Eine einfache Methode, um mit Windows Server 2022 ein VPN aufzubauen, ist der Einsatz von PPTP. Dieser Verbindungstyp ist zwar nicht so sicher wie L2TP oder IPsec, aber dennoch für viele Unternehmen sinnvoll.

PPTP-basierter VPN-Datenverkehr besteht aus einer TCP-Verbindung zum TCP-Port 1723 auf dem VPN-Server, um den Tunnel zu verwalten, und aus GRE-(Generic Routing Encapsulation-)gekapselten Paketen für die VPN-Daten. PPTP-Datenverkehr kann jedoch Probleme mit Firewalls, NATs und Webproxys haben. Um Probleme zu vermeiden, müssen Firewalls so konfiguriert werden, dass sie sowohl die TCP-Verbindung als auch GRE-gekapselte Daten ermöglichen.

PPTP ermöglicht die verschlüsselte Einkapselung von verschiedenen Netzwerkprotokollen und unterstützt Schlüssellängen bis zu 128 Bit. Nachdem die Authentifizierung durchgeführt wurde, wird die Verbindung verschlüsselt. Die Verschlüsselung baut auf dem Kennwort der Authentifizierung auf. Je komplexer das Kennwort ist, umso besser ist die Verschlüsselung. Da die Verschlüsselung und der Transport der einzelnen IP-Pakete durch das GRE-Protokoll durchgeführt werden, müssen Sie darauf achten, dass die Hardwarefirewall beziehungsweise der DSL-Router, den Sie im Internet platzieren, dieses Protokoll beherrscht. Viele preisgünstige Modelle beherrschen GRE nicht. PPTP wird allerdings von immer weniger VPN-Clients unterstützt, da das Protokoll im Vergleich zu anderen Protokollen zu unsicher ist.

Eine weitere Variante, ein VPN aufzubauen, ist das Layer 2 Tunnel-Protokoll (L2TP). Dieses Protokoll ist sicherer als PPTP, aber dafür auch komplexer in der Einrichtung. Auch bei diesem Protokoll werden die IP-Pakete in die Verschlüsselung eingekapselt. Das L2TP verwendet IPsec, um eine Verschlüsselung aufzubauen. Beim Aufbau eines VPN mit L2TP wird der Datenverkehr, im Gegensatz zu PPTP, bereits vor der Authentifizierung zuverlässig verschlüsselt. Da L2TP zur Verschlüsselung des Datenverkehrs IPsec verwendet, kann mit diesem VPN-Typ auch eine 3DES-Verschlüsselung durchgeführt werden. Der Einsatz eines VPN auf Basis von L2TP setzt eine Zertifizierungsstellen-Infrastruktur voraus. Vor allem mittelständische Unternehmen tun sich wesentlich leichter, wenn als VPN-Protokoll PPTP verwendet wird. Der Einsatz eines VPNs mit L2TP ist nur Experten zu empfehlen, die genau wissen, wie Zertifizierungsstellen eingerichtet werden und L2TP beziehungsweise IPsec funktionieren. Für den schnellen, effizienten und sicheren Aufbau eines VPNs ist PPTP sicherlich die beste Wahl.

Sie können die Konfiguration im Server-Manager über *Tools/Routing und RAS* überprüfen. Öffnen Sie dieses Snap-In, sehen Sie die Konfigurationen, die der Assistent auf dem Windows Server 2022 durchgeführt hat. Klicken Sie auf den Konsoleneintrag *RAS-Clients*, sehen Sie alle derzeit verbundenen VPN-Clients sowie ihre aktuelle Verbindungsdauer. Klicken Sie mit der rechten Maustaste auf den Client, können Sie dessen Verbindung vom Server aus trennen.

Klicken Sie mit der rechten Maustaste auf den Eintrag *Ports*, können Sie die Anzahl der Ports und damit der gleichzeitig möglichen Einwahlen definieren. Verwenden Sie zum Beispiel nur PPTP und kein L2TP, können Sie die benötigen Ports für L2TP auf 0 setzen. Wollen Sie für die Einwahl für PPTP weniger Ports zur Verfügung stellen, können Sie auch diese Anzahl reduzieren und die Einwahlmöglichkeiten in diesem Bereich komplett deaktivieren.

Über das Kontextmenü des Servers und der Auswahl von *Routing und RAS konfigurieren und aktivieren* wird das VPN in der Konsole eingerichtet.

Im Assistenten kann jetzt ausgewählt werden, wie der VPN-Server betrieben werden soll. Für einen VPN-Server wird die Option *RAS (DFÜ oder VPN)* verwendet. Im Rahmen der Einrichtung muss noch ausgewählt werden, auf welcher Netzwerkverbindung der Server nach Verbindungsanfragen hören soll und welche IP-Adressen zugewiesen werden sollen.

Auch die Authentifizierung lässt sich über den Assistenten festlegen. Anschließend kann die Konfiguration über den Assistenten abgeschlossen werden.

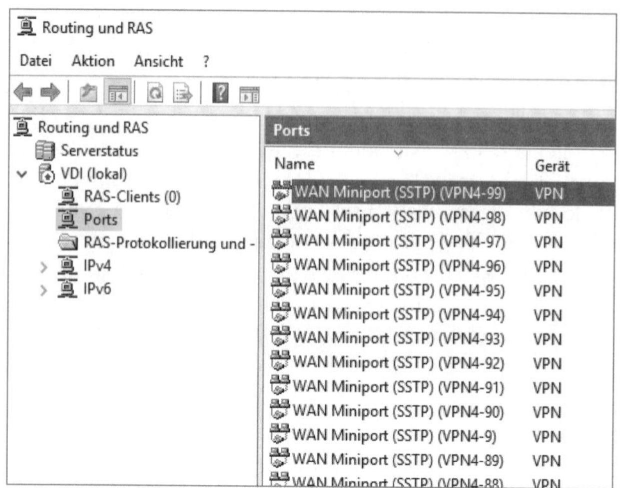

Abb. 32.10 Konfigurieren von Routing und RAS in Windows Server 2022

Nach dem Öffnen dieses Tools ist die Konfiguration zu sehen, die der Assistent durchgeführt hat. Durch einen Klick auf den Konsoleneintrag *RAS-Clients* sind alle derzeit verbundenen VPN-Clients sowie deren aktuelle Verbindungsdauer zu sehen. Durch einen Rechtsklick auf den Client lässt sich dessen Verbindung vom Server aus trennen.

Damit Benutzer das Recht erhalten, auf einen VPN-Server zuzugreifen, muss im Snap-In *Active Directory-Benutzer und -Computer* auf der Registerkarte *Einwählen* im Bereich *Netzwerkzugriffsberechtigung* die Option *Zugriff gestatten* aktiviert sein. In einer produktiven Umgebung können Sie die Option *Zugriff über NPS-Netzwerkrichtlinien steuern* wählen. In diesem Fall erstellen Administratoren eine Gruppe in Active Directory, zum Beispiel mit der Bezeichnung *VPN-Zugriff*, und nehmen die Benutzerkonten in die Gruppe mit auf, denen sie VPN-Zugriff gestatten wollen.

32.5 HTTPS-VPN über Secure Socket Tunneling-Protokoll

Windows Server 2016/2019/2022 und Windows 8/8.1/10/11 unterstützen neben PPTP und L2TP das Secure Socket Tunneling-Protokoll (SSTP) für die VPN-Einwahl. Mit diesem Protokoll wird ein VPN auf Basis von HTTPS aufgebaut, das viel leichter durch Firewalls und NAT-Geräte geschleust werden kann. Meistens wird der Port 443 in Firewalls nicht geschlossen und auch eine Verbindung über Proxyserver ist möglich.

SSTP verwendet eine HTTP-über-SSL-Sitzung zwischen VPN-Clients und -Servern, um gekapselte IPv4- oder IPv6-Pakete auszutauschen. Ein IPv4- oder IPv6-Paket wird zunächst zusammen mit einem PPP- und einem SSTP-Header gekapselt. Die Kombination aus dem IPv4- oder IPv6-Paket, dem PPP- und dem SSTP-Header wird durch die SSL-Sitzung verschlüsselt. Ein TCP- und ein IPv4-Header werden hinzugefügt, um das Paket zu vervollständigen.

SSTP unterstützt allerdings keine authentifizierten Webproxykonfigurationen, in denen der Proxy während der HTTPS-Verbindungsanforderung irgendeine Form von Authentifizierung verlangt. Sie brauchen auch nicht IIS zu installieren, da der Remotezugriff eingehende Verbindungen überwacht. Es können jedoch gleichzeitig sowohl Remotezugriff als auch IIS auf demselben Server vorhanden sein. Auf dem SSTP-Server muss ein Computerzertifikat mit der Serverauthentifizierung oder der Universaleigenschaft »Erweiterte Schlüsselverwendung« (Enhanced Key Usage, EKU) installiert sein. Dieses Computerzertifikat wird vom SSTP-Client verwendet, um den SSTP-Server zu authentifizieren, wenn die SSL-Sitzung eingerichtet wird. Der SSTP-Client überprüft das Computerzertifikat des SSTP-Servers. Um dem Computerzertifikat zu vertrauen, muss die Stammzertifizierungsstelle (CA) der CA, die das Computerzertifikat des SSTP-Servers ausgestellt hat, auf dem SSTP-Client installiert sein.

32.5.1 Ablauf beim Verbinden über SSTP

Wenn ein Benutzer auf einem Computer, der Windows Server 2016/2019/2022 oder Windows 8/8.1/10/11 ausführt, eine SSTP-basierte VPN-Verbindung initiiert, findet Folgendes statt:

1. Der SSTP-Client richtet eine TCP-Verbindung mit dem SSTP-Server zwischen einem dynamisch zugewiesenen TCP-Port auf dem Client und TCP-Port 443 auf dem Server ein.
2. Der SSTP-Client sendet eine SSL-Client-Begrüßungsnachricht, die anzeigt, dass der Client eine SSL-Sitzung mit dem SSTP-Server einrichten will.
3. Der SSTP-Server sendet dem SSTP-Client sein Computerzertifikat.
4. Der SSTP-Client überprüft das Computerzertifikat, bestimmt die Verschlüsselungsmethode für die SSL-Sitzung, generiert einen SSL-Sitzungsschlüssel und verschlüsselt diesen dann mit dem öffentlichen Schlüssel des SSTP-Serverzertifikats.
5. Der SSTP-Client sendet das verschlüsselte Formular des SSL-Sitzungsschlüssels zum SSTP-Server.
6. Der SSTP-Server entschlüsselt den verschlüsselten SSL-Sitzungsschlüssel mit dem privaten Schlüssel seines Computerzertifikats. Die gesamte zukünftige Kommunikation zwischen dem SSTP-Client und dem SSTP-Server wird mit der ausgehandelten Verschlüsselungsmethode und dem SSL-Sitzungsschlüssel verschlüsselt.
7. Der SSTP-Client sendet eine HTTP-über-SSL-Anforderungsnachricht zum SSTP-Server.
8. Der SSTP-Client handelt mit dem SSTP-Server einen SSTP-Tunnel aus.
9. Der SSTP-Client handelt mit dem SSTP-Server eine PPP-Verbindung aus. Zu dieser Aushandlung gehören die Authentifizierung der Anmeldeinformationen des Benutzers mit einer PPP-Authentifizierungsmethode und die Konfiguration der Einstellungen für den IPv4- oder IPv6-Datenverkehr. Verbindungen, die unter Verwendung von PPP (Point-to-Point-Protokoll) erstellt wurden, müssen den Standards entsprechen, die in PPP-RFCs festgelegt sind. Nachdem eine physische oder logische Verbindung mit einem PPP-basierten RAS-Server hergestellt ist, wird unter Verwendung der folgenden Aushandlungen eine PPP-Verbindung eingerichtet.

   PPP verwendet LCP (Link Control Protocol), um Verknüpfungsparameter wie die maximale PPP-Datenblockgröße, die Verwendung von Multilink und die eines bestimmten PPP-Authentifizierungsprotokolls auszuhandeln. Das Link Control Protocol (LCP) konfiguriert die PPP-Datenblockerstellung. Diese bestimmt, auf welche Weise die Daten zu Datenblöcken zusammengefasst werden, bevor sie im WAN übertragen werden. Das standardmäßige PPP-Datenblockformat stellt sicher, dass RAS-Programme aller Hersteller miteinander kommunizieren können und Datenpakete von jeder RAS-Software erkennen, die den PPP-Standards entspricht.

Der RAS-Client und der RAS-Server tauschen Nachrichten entsprechend dem ausgehandelten Authentifizierungsprotokoll aus. Wenn EAP (Extensible Authentication Protocol) verwendet wird, handeln der Client und der Server eine bestimmte EAP-Methode aus, die als EAP-Typ bekannt ist. Dann werden Nachrichten dieses EAP-Typs ausgetauscht. Die Nutzung von EAP ist die von Microsoft favorisierte Variante für Wählverbindungen und erlaubt eine einheitliche Authentisierung eines Nutzers über LAN, WLAN und WAN. Wenn für die DFÜ-Verbindung der Rückruf konfiguriert ist, wird die physische Verbindung beendet, und der RAS-Server ruft den RAS-Client zurück.

10. Der SSTP-Client beginnt, über die PPP-Verbindung IPv4- oder IPv6-Datenverkehr zu senden.

32.5.2 Installation von SSTP

Um SSTP in einer Active Directory-Domäne verwenden zu können, müssen nicht alle Server und die Domäne zu Windows Server 2016/2019/2022 migriert werden. Es reicht der Einsatz eines VPN-Servers mit Windows Server 2016/2019/2022. Auf den Clients muss Windows 7 oder Windows 8/8.1/10/11 installiert sein. Die Berechtigung für die Einwahl der Benutzer erfolgt identisch zu den Berechtigungen über andere VPN-Methoden. Benutzern müssen nur die entsprechenden Rechte zugewiesen werden.

Vorbereiten der Installation von SSTP – Zertifizierungsstelle vorbereiten

Damit SSTP verwendet werden kann, muss der Rollendienst *Zertifizierungsstellen-Webregistrierung* der Rolle *Active Directory-Zertifikatdienste* installiert sein (siehe Kapitel 30). Der beste Weg ist, wenn Sie auf dem VPN-Server selbst eine Zertifizierungsstelle installieren, und zwar als Typ *Eigenständig,* keine *Unternehmenszertifizierungsstelle.* Richten Sie zuerst die Zertifizierungsstelle ein und installieren Sie danach über den Server-Manager noch den Rollendienst *Zertifizierungsstellen-Webregistrierung.*

Die Zertifizierungsstelle muss außerdem als Stammzertifizierungsstelle installiert sein. Alle weiteren Einstellungen wählen Sie so, wie in Kapitel 30 erläutert. Für eine Testumgebung und die meisten Produktivumgebungen verwenden Sie einfach die Standardeinstellungen.

Sicherheitseinstellungen im Internet Explorer auf dem VPN-Server konfigurieren

Nachdem die Zertifizierungsstelle auf dem Server installiert ist, müssen Sie auf dem VPN-Server noch das Serverzertifikat installieren, über das das SSTP-VPN ermöglicht wird. Da der Internet Explorer von Windows Server 2016/2019/2022 sehr strenge Sicherheitseinstellungen aufweist, müssen Sie zunächst in den Optionen des Internet Explorers Änderungen vornehmen, das gilt auch für Microsoft Edge in Windows Server 2022

1. Starten Sie den Internet Explorer.
2. Drücken Sie die [Alt]-Taste und klicken Sie auf *Extras/Internetoptionen.*
3. Wechseln Sie zur Registerkarte *Sicherheit.*

4. Klicken Sie auf *Lokales Intranet* und stellen Sie sicher, dass die Sicherheitsstufe auf *Niedrig* eingestellt ist. In einer produktiven Umgebung sollten über die Schaltfläche *Stufe anpassen* nur die ActiveX-Controls aktiviert werden. Den geschützten Modus des Internet Explorers können Sie aktiviert lassen, außer Sie stellen bei Ihrer Verbindung Probleme fest.

Serverzertifikat auf dem VPN-Server installieren

Der nächste Schritt, den VPN-Server vorzubereiten, besteht darin, ein Serverzertifikat von der Zertifizierungsstelle anzufordern und zu installieren:

1. Geben Sie auf der Startseite *certlm.msc* ein.
2. Klicken Sie anschließend mit der rechten Maustaste auf *Eigene Zertifikate/Zertifikate* und wählen Sie *Alle Aufgaben/Neues Zertifikat anfordern.*
3. Bestätigen Sie den Assistenten.
4. Klicken Sie auf der Seite *Zertifikatregistrierung* auf *Weiter.*
5. Wählen Sie *Computer* als Zertifikat aus und klicken Sie auf *Registrieren.*

Wird bei Ihnen kein Zertifikat angezeigt, müssen Sie auf dem Zertifikatserver in einer MMC das Snap-In *Zertifikatvorlagen* laden:

1. Klicken Sie mit der rechten Maustaste auf das Zertifikat *Computer* und rufen Sie die *Eigenschaften* auf.
2. Wechseln Sie auf die Registerkarte *Sicherheit.*
3. Klicken Sie auf *Authentifizierte Benutzer* oder *Domänenadmins*, je nachdem, wem Sie das Recht zum Registrieren ermöglichen möchten.
4. Klicken Sie bei dem Recht *Registrieren* auf *Zulassen* und bestätigen Sie das Fenster.
5. Starten Sie auf dem NPS-Server das Snap-In *Zertifikate* erneut und überprüfen Sie, ob das Zertifikat jetzt registriert werden kann. Bis das Zertifikat angezeigt wird, kann es etwas dauern.

VPN-Client konfigurieren

Damit sich der VPN-Client verbinden kann, muss das Zertifikat der Stammzertifizierungsstelle auf dem Client installiert werden.

Diese Vorgänge sind ausführlich in den Kapiteln 30 und 31 erläutert. Im folgenden Abschnitt gehen wir darauf ein, wie das Zertifikat der Zertifizierungsstelle über ihre Weboberfläche in Ihrem Unternehmen angefordert wird. Computer, die Mitglied der gleichen Active Directory-Gesamtstruktur wie der Zertifikatserver sind, vertrauen dem Server automatisch.

Damit Clients über das Internet per HTTPS ein VPN aufbauen können, muss daher entweder vorher das Zertifikat im Unternehmen auf dem Rechner installiert werden oder Sie veröffentlichen die Zertifizierungsstelle im Internet. Um das Zertifikat der Zertifizierungsstelle auf dem Computer zu installieren, rufen Sie zunächst im Internet Explorer des Clients die Webseite der Zertifizierungsstelle auf (*https://<Servername>/certsrv*). Nach einem Klick auf den Link *Download eines Zertifizierungsstellenzertifikats, einer Zertifikatkette oder einer Sperrliste* erscheint eine Sicherheitsmeldung im Internet Explorer, die Sie mit *Ja* bestätigen.

Klicken Sie in der nächsten Seite auf den Link *Download des Zertifizierungsstellenzertifikats.* Wählen Sie im Downloadfenster *Öffnen* aus. Klicken Sie im neuen Fenster auf *Zertifikat installieren.* Schließen Sie den Assistenten mit den Standardeinstellungen ab.

Anschließend muss das Zertifikat noch in den richtigen Zertifikatspeicher verschoben werden. Aktuell befindet es sich im Speicher des Benutzers, muss aber in den Speicher des lokalen Computerkontos, und zwar in den der vertrauenswürdigen Stammzertifizierungsstellen (siehe Kapitel 30 und 31). Gehen Sie dazu folgendermaßen vor:

1. Öffnen Sie eine neue MMC-Konsole.
2. Fügen Sie das Snap-In *Zertifikate* hinzu.
3. Wählen Sie als Option *Eigenes Benutzerkonto* aus.
4. Fügen Sie noch einmal das Snap-In *Zertifikate* hinzu.
5. Wählen Sie als Option *Computerkonto* und den lokalen Computer aus.
6. Öffnen Sie den Konsoleneintrag *Zertifikate - Aktueller Benutzer/Zwischenzertifizierungsstellen/Zertifikate.*
7. Klicken Sie mit der rechten Maustaste auf das Zertifikat des VPN-Servers und wählen Sie im Kontextmenü den Eintrag *Kopieren* aus. Da das Zertifikat keinen privaten Schlüssel benötigt, muss es nicht exportiert werden, wie auf dem VPN-Server.
8. Öffnen Sie den Konsoleneintrag *Zertifikate (Lokaler Computer)/Vertrauenswürdige Stammzertifizierungsstellen/Zertifikate* und fügen Sie das Zertifikat per Klick mit der rechten Maustaste über den Kontextmenübefehl *Einfügen* ein.

Konfigurieren einer SSTP-VPN-Verbindung

Der nächste Schritt besteht darin, eine VPN-Verbindung zu konfigurieren, die SSTP verwendet, nicht PPTP oder L2TP. Gehen Sie dazu folgendermaßen vor:

1. Öffnen Sie das *Netzwerk- und Freigabecenter* auf dem Computer.
2. Klicken Sie auf *Eine Verbindung oder ein Netzwerk einrichten.*
3. Wählen Sie *Verbindung mit dem Arbeitsplatz herstellen.*
4. Geben Sie die Daten der Verbindung ein, wie bei einer normalen VPN-Verbindung.
5. Rufen Sie in den Netzwerkverbindungen die Eigenschaften der neuen VPN-Verbindung auf.
6. Wechseln Sie zur Registerkarte *Sicherheit.*
7. Wählen Sie bei *VPN-Typ* die Option *Secure Socket Tunneling-Protokoll (SSTP)* aus.

32.5.3 Fehlerbehebung bei SSTP-VPN

Wie bei allen Verbindungen werden auch Informationen zum SSTP-VPN in den Ereignisanzeigen des Servers gespeichert. Fehlermeldungen werden im Protokoll-System gespeichert. Die Meldungen von SSTP haben die Quelle *RasSstp*. Sollten Verbindungsprobleme auftreten, liegt es fast immer an fehlerhaften Zertifikaten und dem Namen des Zertifikats.

Unter Eigenschaften in den Ports der RAS-Verwaltungskonsole können weitere Einstellungen bezüglich SSTP-VPN vorgenommen werden.

Auf der Registerkarte *Sicherheit* des Routing- und RAS-Servers konfigurieren Sie noch das Zertifikat, das die SSTP-Verbindung verwenden soll. In den Eigenschaften für Ports legen Sie die Anzahl und Konfiguration der Ports für SSTP fest.

32.6 Exchange und Co. veröffentlichen – Anwendungsproxy einsetzen

Eine seit Windows Server 2012R2 vorhandene Funktion bietet auch in Windows Server 2022 eine effiziente Möglichkeit, Webanwendungen wie Exchange im Internet zur Verfügung zu stellen. Der Webanwendungsproxy (Web Application Proxy, WAP) hat die Aufgabe, eine sichere Schnittstelle vom internen Netzwerk zum Internet zur Verfügung zu stellen, vor allem für die Veröffentlichung von Serverdiensten.

Mit diesem Server-Feature können Unternehmen Webdienste, wie Exchange Outlook Web App und andere Webdienste wie SharePoint, aus dem internen Netzwerk im Internet bereitstellen.

In Windows Server 2022 lassen sich Exchange ActiveSync-Geräte wesentlich stabiler anbinden. Diese verbinden sich über den Webanwendungsproxy, authentifiziert durch ADFS mit Exchange. In Windows Server 2012R2 war das durch die nicht kompatible Authentifizierung noch nicht ohne Weiteres möglich. Außerdem kann der Webanwendungsproxy in Windows Server 2022 HTTP-Anfragen automatisch zu HTTPS-Adressen weiterleiten.

Sie können in Windows Server 2022 mit Platzhaltern arbeiten, um SharePoint oder andere Webanwendungen besser zu veröffentlichen. Das ist mit Windows Server 2012R2 noch nicht möglich gewesen. Das Remote Desktop Gateway und die über diesen Weg veröffentlichten Apps in den Remotedesktopdiensten lassen sich mit dem Webanwendungsproxy im Internet bereitstellen.

Auch das Routing von Anwenderanmeldungen ist möglich. Das heißt, Unternehmen können mit dem Webanwendungsproxy und den Active Directory-Verbunddiensten eine sichere und kostengünstige Veröffentlichung von Webdiensten durchführen und mit Bordmitteln verwalten.

Neben der Möglichkeit, die Authentifizierung an Exchange über das Internet mit dem Webanwendungsproxy durchzuführen, lassen sich mit der Lösung auch Single-Sign-On-Szenarien mit Office 365 oder Microsoft Azure realisieren.

32.6.1 Webanwendungsproxy installieren

Webanwendungsproxy ist ein Rollendienst der Serverrolle *Remotezugriff*. Diese installieren Sie im Server-Manager über *Verwalten/Rollen und Features hinzufügen.*

Sie können die Active Directory-Verbunddienste und den Rollendienst *Webanwendungsproxy* nicht auf dem gleichen Server installieren, sondern müssen für den Einsatz mindestens zwei Server betreiben.

Während der Installation des Rollendienstes müssen Sie keine Einstellungen vornehmen. Sie starten den Assistenten zur Einrichtung nach der Installation des Rollendienstes über das Benachrichtigungscenter im Server-Manager.

Im ersten Schritt bei der Einrichtung des Anwendungsproxys müssen Sie den ADFS-Server angeben, der für die Authentifizierung verwendet werden soll. Diesen müssen Sie, unabhängig vom Webanwendungsproxy, zuvor installiert und eingerichtet haben. Während der Einrichtung müssen Sie die Anmeldedaten für ein Administratorkonto auf dem ADFS-Server eingeben.

Anschließend müssen Sie für den Server ein Serverzertifikat als ADFS-Proxy-Zertifikat auswählen. Das Zertifikat müssen Sie ebenfalls vor der Einrichtung des Webanwendungsproxys auf dem Server installieren.

Die lokale Verwaltung der Zertifikate starten Sie durch Eingabe von *certlm.msc* auf dem Server.

Sie können an dieser Stelle auch selbstsignierte Zertifikate erstellen. Ein solches Zertifikat erstellen Sie auf Wunsch aber auch selbstsigniert in der PowerShell. Die Syntax dazu ist:

New-SelfSignedCertificate -certstorelocation cert:\localmachine\my -dnsname <FQDN des Servers>

Haben Sie die Daten eingegeben und das Zertifikat ausgewählt, wird vom Assistenten der Dienst eingerichtet. Sie können die erste Einrichtung des Webanwendungsproxys in der PowerShell durchführen. Dazu benötigen Sie lediglich den Servernamen des ADFS-Servers und den Fingerabdruck des Zertifikats.

32.6.2 Active Directory mit dem Webanwendungsproxy einrichten

Haben Sie den Assistenten für die Einrichtung des Webanwendungsproxys erfolgreich abgeschlossen, besteht der nächste Schritt darin, Active Directory anzupassen. Hier stellen Sie sicher, dass Outlook Web App, SharePoint oder andere Webdienste und der neue Webanwendungsproxy zusammenarbeiten.

Zunächst müssen Sie einen »Service Principal Name« festlegen. Dieser stellt sicher, dass der Webanwendungsproxy auch Kerberos-Tokens für http-basierte Anfragen anfordern kann. Zusätzlich müssen Sie hier festlegen, dass der Webanwendungsproxy das Recht erhält, sich am Exchange-Server im Namen des zugreifenden Anwenders anzumelden, das gilt auch für andere Webdienste. Der Benutzer selbst meldet sich über ADFS am Webanwendungsproxy an:

Für die Einrichtung öffnen Sie mit *adsiedit.msc* den ADSI-Editor. Lassen Sie über das Kontextmenü von ADSI-Editor eine Verbindung zu Active Directory herstellen: Wählen Sie im Fenster die Option *Standardmäßiger Namenskontext* aus und klicken Sie auf *OK*.

Navigieren Sie zum Objekt des Servers, auf dem Sie den Webanwendungsproxy installiert haben, und rufen Sie dessen Eigenschaften auf.

Wechseln Sie auf die Registerkarte *Attribut-Editor* und klicken Sie auf *servicePrincipalName*. Bei dem Wert handelt es sich um eine *Mehrteilige Zeichenfolge*. Sie können also für diesen Wert mehrere Daten eingeben, die der Server nutzen kann.

Sie müssen an dieser Stelle zwei Zeilen hinzufügen. Beide Zeilen bekommen als Präfix den Eintrag *HTTP/*. In der ersten Zeile tragen Sie den NetBIOS-Namen ein, in der zweiten den FQDN. Beispiel:

HTTP/S1

HTTP/S1.CONTOSO.COM

Bestätigen Sie die Änderungen mit *OK*. Nachdem Sie Active Directory mit ADSI-Edit angepasst haben, rufen Sie als Nächstes das Snap-In *Active Directory-Benutzer und -Computer* auf:

1. Navigieren Sie zur OU mit dem Computerkonto des Webanwendungsproxys und rufen Sie dessen Eigenschaften auf.
2. Wechseln Sie auf die Registerkarte *Delegierung*.
3. Aktivieren Sie die Optionen *Computer* bei *Delegierungen angegebener Dienste vertrauen/ Beliebiges Authentifizierungprotokoll verwenden*.
4. Klicken Sie auf *Hinzufügen*, wählen Sie die Computerkonten Ihrer Exchange-Server aus und fügen Sie den Dienst *HTTP* für diese Server hinzu.

32.6.3 Active Directory-Verbunddienste einrichten

Bevor der Webanwendungsproxy in Betrieb gehen kann, müssen im Netzwerk die Active Directory-Verbunddienste installiert und eingerichtet sein (siehe Kapitel 36). Die Installation dieser Dienste erfolgt ebenfalls über den Server-Manager in Windows Server 2022. Haben Sie alle Vorbereitungen getroffen, installieren Sie ADFS als Serverrolle auf dem ADFS-Server. Die Rolle wird über *Verwalten/Rollen und Features hinzufügen* über den Rollendienst *Active Directory-Verbunddienste* installiert.

Während der Installation von ADFS sind keine Konfigurationsaufgaben durchzuführen, hier werden nur die notwendigen Dateien auf dem Server installiert. Die Einrichtung erfolgt erst danach. Zusätzlich müssen Sie für die Verwendung von Exchange und dem Webanwendungsproxy eine Vertrauensstellung zu ADFS einrichten. Dazu gehen Sie folgendermaßen vor:

1. Öffnen Sie im Server-Manager über *Tools/ADFS-Verwaltung* die Verwaltungskonsole von ADFS.
2. Navigieren Sie zu *Vertrauensstellungen/Anspruchsanbieter-Vertrauensstellungen*.
3. Erstellen Sie über das Kontextmenü einen neuen Anbieter.
4. Geben Sie bei der Einrichtung auf der Seite *Datenquelle auswählen* die URL *https://<interner oder externer Name des ADFS-Servers>/adfs/services/trust* ein.
5. Schließen Sie den Assistenten ab.
6. Anschließend öffnen Sie das Fenster mit den Anspruchsregeln für die neue Vertrauensstellung. Hier fügen Sie die Option *Alle Windows-Kontoname-Ansprüche zulassen* hinzu.

32.7 Zusammenfassung

In diesem Kapitel haben wir Ihnen gezeigt, wie Sie Clientcomputer über das Internet an Active Directory-Domänen anbinden. Zusätzlich haben Sie erfahren, wie Sie ein VPN aufbauen und wie Sie Clients mit DirectAccess anbinden sowie die Verwendung und Installation des Webanwendungsproxys.

Im nächsten Kapitel erläutern wir Ihnen, wie Sie die Active Directory-Rechteverwaltung nutzen.

Kapitel 33
Active Directory-Rechteverwaltungsdienste nutzen

Mit Windows Server 2022 stellt Microsoft auch wieder die Active Directory-Rechteverwaltung zur Verfügung. Mit dieser Technik können Sie erweiterte Berechtigungen steuern, zum Beispiel die Erlaubnis zum Ausdrucken von bestimmten Dokumenten oder andere Rechte.

Für die Editionen Standard und Datacenter benötigen Sie weiterhin Clientzugrifflizenzen (CALs). Auch in Windows Server 2022 können Sie diese benutzerbasiert oder pro Gerät erwerben, dürfen sie aber nicht aufsplitten. Clientzugrifflizenzen (CALs) und Remotedesktop-Clientzugrifflizenzen (RDCALs) sowie Lizenzen für die Active Directory-Rechteverwaltung (AD RMS) sind in Windows Server 2022 weiterhin notwendig. Es gibt Gerätelizenzen oder Benutzerlizenzen für den Zugriff. Sie müssen bereits bei der Bestellung Ihrer Lizenzen im Voraus planen, welchen Lizenztyp Sie einsetzen wollen.

33.1 Active Directory-Rechteverwaltung im Überblick

In Windows Server 2022 gibt es für Unternehmen vor allem die beiden Editionen Standard und Datacenter. Die Active Directory-Rechteverwaltung (AD RMS) ist daher umfassend in der Standard-Edition des Windows-Servers enthalten und erlaubt kleineren Unternehmen, diese Funktion zu nutzen. In Windows Server 2022 ist es nicht notwendig, dass das Installationskonto, mit dem Sie die Active Directory-Rechteverwaltung (AD RMS) installieren, über lokale Administratorrechte auf dem SQL-Server verfügt. Auf dem Server sind wichtige Informationen in einer Datenbank gespeichert. Allerdings muss das Konto innerhalb von SQL Server umfassende Administratorrechte erhalten. Außerdem muss auf dem SQL-Server der SQL Server-Browser gestartet sein, damit AD RMS auf den Server zugreifen darf. Vor der Installation von AD RMS muss der SQL-Server, auf dem die Dienste Daten speichern sollen, vorbereitet werden.

33.1.1 AD RMS und dynamische Zugriffssteuerung

AD RMS und die dynamische Zugriffssteuerung arbeiten zusammen. Wie bei der Rechteverwaltung lassen sich bei der dynamischen Zugriffssteuerung Richtlinien für den Zugriff auf Dateien erstellen. Diese Richtlinien steuern den Zugriff auf Dokumente parallel zum herkömmlichen Rechtemodell.

Dieses hat sich in Windows Server 2022 nicht geändert. In diesem Bereich arbeitet die dynamische Zugriffssteuerung mit den Dateiklassifizierungsdiensten zusammen (siehe Kapitel 21). Dieser Windows-Dienst erlaubt die Zuteilung von Metadaten (Tags) zu Dateien, die den Zugriff regeln. Auf Basis der Klassifizierung erstellen Administratoren zentrale Zugriffsrichtlinien (Central Access Policies, CAPs) als zusätzliche Berechtigungsebene.

Darf ein Anwender auf eine Datei über das Dateisystem zugreifen, aber die CAP verweigert den Zugriff, ist das Öffnen der Datei nicht zulässig. Dies gilt auch umgekehrt. Verweigerungen haben in Windows Server 2022 immer Vorrang vor erteilten Berechtigungen. Dürfen Anwender eine Datei nicht öffnen, besteht die Möglichkeit, direkt einen Administrator per E-Mail zu benachrichtigen. Dazu setzen Unternehmen am besten noch parallel zu Windows Server 2022 auf SharePoint und Exchange.

Der Zugriff auf Dateien wird durch Ordner nach unten vererbt, genauso wie bei herkömmlichen Berechtigungen. Anwender dürfen selbst Rechte erteilen, und auch Anwendungen dürfen automatisch Metadaten in Dateien schreiben, die sich anschließend auf die Rechte auswirken. Die CAP des Unternehmens prüft die Metadaten der Dateien und weist die entsprechenden Rechte zu. Der Vorgang lässt sich dann mit AD RMS automatisieren.

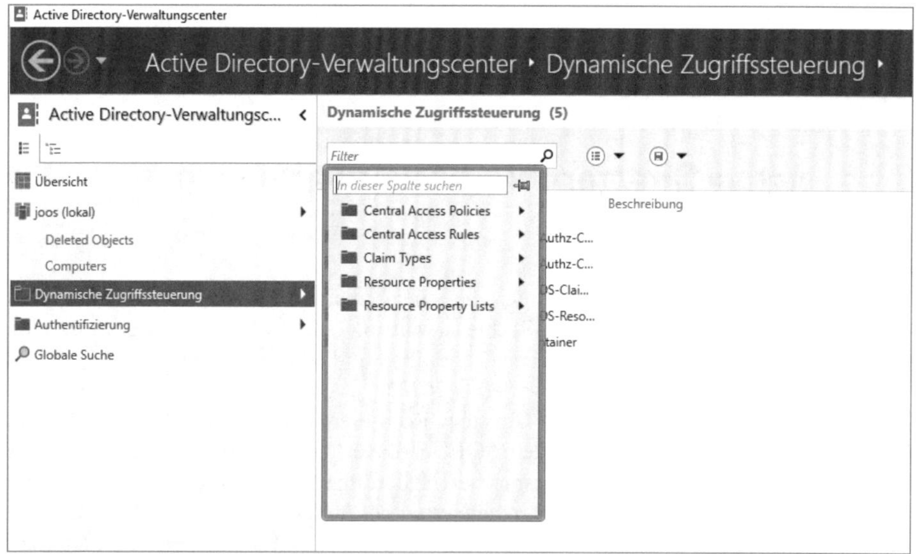

Abb. 33.1 Verwalten der dynamischen Zugriffssteuerung im neuen Active Directory-Verwaltungscenter von Windows Server 2022

33.2 Rechteverwaltung installieren und einrichten

Die Installation der Active Directory-Rechteverwaltung findet über den Server-Manager statt. Sie rufen dazu *Verwalten/Rollen und Funktionen hinzufügen* auf und wählen die Rolle *Active Directory-Rechteverwaltungsdienste* aus. Die notwendigen zusätzlichen Features müssen ebenfalls bestätigt werden.

Die Active Directory-Rechteverwaltungsdienste bieten eine umfassende Unterstützung der PowerShell. Um die Dienste in PowerShell zu installieren, geben Sie den Befehl *Install-WindowsFeature ADRMS -IncludeAllSubFeature* ein.

Während der Installation muss ausgewählt werden, welche Rollendienste der Server bereitstellen soll. Auf diesem Weg lassen sich die Active Directory-Rechteverwaltungsdienste in einer einzelnen Gesamtstruktur betreiben oder mit dem Rollendienst *Unterstützung für Identitätsverbund* über mehrere Strukturen hinweg.

Auf Core-Servern mit Windows Server 2022 können Sie die Active Directory-Rechteverwaltung ebenfalls installieren. Parallel dazu lassen sich auf Core-Servern noch Active Directory-Domänendienste (Active Directory Domain Services, AD DS) und Active Directory-Zertifikatdienste (Active Directory Certificate Services, AD CS) installieren (siehe die Kapitel 4, 10 bis 17 und 30).

Nach der Installation der Active Directory-Rechteverwaltungsdienste müssen Sie über den Server-Manager zunächst den Einrichtungs-Assistenten starten. Erst nachdem dieser Assistent durchgelaufen ist, funktionieren die AD RMS.

Sobald der AD RMS-Schutz für eine Datei hinzugefügt wird, bleibt der Schutz für die Datei bestehen. Standardmäßig kann er für eine Datei nur vom Inhaltsbesitzer entfernt werden. Der Inhaltsbesitzer gewährt anderen Benutzern das Recht, Aktionen am Inhalt der Datei vorzunehmen, zum Beispiel die Datei anzuzeigen, zu kopieren oder zu drucken.

Starten Sie den SQL Server-Browserdienst auf dem SQL-Server, bevor Sie die Active Directory-Rechteverwaltung einrichten. Erstellen Sie auch die notwendigen Regeln für den Netzwerkzugriff in der Windows-Firewall auf dem SQL-Server. Wie Sie dabei vorgehen, lesen Sie in den nächsten Abschnitten.

33.2.1 SQL-Server für AD RMS vorbereiten

AD RMS benötigen Zugriff auf einen SQL-Server. Wenn das TCP/IP-Protokoll aktiviert ist und eine Instanz von SQL Server startet, wird dem Server ein TCP/IP-Port zugewiesen. Ist das Named Pipes-Protokoll aktiviert, lauscht SQL Server an einer speziell benannten Pipe. Dieser Port wird von der betreffenden Instanz zum Zugriff mit Clientanwendungen verwendet. Bei der Installation von SQL Server wird der TCP-Port 1433 und die Pipe *\sql\query* der Standardinstanz zugewiesen. Die Einstellungen lassen sich aber ändern.

Da ein Port oder eine Pipe von nur jeweils einer Instanz von SQL Server verwendet werden kann, brauchen benannte Instanzen andere Portnummern und Pipenamen. Sie können einer Instanz von SQL Server einen bestimmten Port zuweisen. Beim Verbindungsaufbau können Clients einen bestimmten Port angeben.

Wie das geht, zeigen wir im folgenden Abschnitt noch genauer. Wenn der Port jedoch dynamisch zugewiesen wird, kann sich die Portnummer bei jedem Neustart von SQL Server ändern, sodass die richtige Portnummer dem Client unbekannt bleibt. Das heißt, auf dem SQL-Server muss ein Dienst dafür sorgen, dass sich Anwender mit den Instanzen verbinden können, ohne den entsprechenden Port zu kennen. Diese Funktion übernimmt der Systemdienst *SQL Server-Browser*. Der Dienst ist nur dann notwendig, wenn auf einem SQL-Server mehr als eine Instanz installiert ist und wenn Sie Active Directory-Rechteverwaltungsdienste einsetzen.

Beim Starten verwendet SQL Server-Browser den UDP-Port 1434. Der SQL Server-Browser liest die Registrierung des Servers, identifiziert alle Instanzen auf dem Server und speichert die verwendeten Ports und Named Pipes. Wenn ein Server über zwei oder mehr Netzwerkkarten verfügt, gibt der SQL Server-Browser den ersten gefundenen aktivierten Port zurück.

Der SQL Server-Browser unterstützt IPv4 und IPv6. Wenn SQL Server-Clients eine Verbindung mit einer Instanz aufbauen, sendet der Client über den Port 1434 eine UDP-Nachricht an den Server. SQL Server-Browser antwortet anschließend mit dem TCP/IP-Port oder der Named Pipe der angeforderten Instanz. Wenn der SQL Server-Browserdienst nicht ausgeführt wird, können Sie dennoch eine Verbindung herstellen, wenn Sie den Port oder die Pipe der Instanz angeben. Allerdings funktioniert das nicht mit den Active Directory-Rechteverwaltungsdiensten.

Damit Anwendungen wie die Active Directory-Rechteverwaltungsdienste auf einen Server zugreifen dürfen, um zum Beispiel selbst Datenbanken zu erstellen, müssen Sie Firewallregeln erstellen und im Konfigurations-Manager Protokolle freischalten. Dazu muss auf dem SQL-Server eine neue Firewallregel erstellt werden, da die Firewall die beiden TCP-Ports 1433 und 1434 blockiert. Mit diesen Ports bauen Clients eine Verbindung zum Server auf:

1. Geben Sie dazu auf dem SQL-Server auf der Startseite *wf.msc* ein.
2. Klicken Sie auf *Eingehende Regeln.*
3. Klicken Sie dann auf *Neue Regel.*
4. Aktivieren Sie auf der ersten Seite des Assistenten zum Erstellen von neuen Firewallregeln die Option *Port.*
5. Aktivieren Sie auf der nächsten Seite die Optionen *TCP* und *Bestimmte lokale Ports.*
6. Geben Sie im Feld neben der Option *Bestimmte lokale Ports* den Wert *1433-1434* ein.
7. Aktivieren Sie auf der nächsten Seite die Option *Verbindung zulassen* und auf der folgenden Seite die Profile, für die Sie den Zugriff gestatten wollen. In sicheren Umgebungen reicht es aus, wenn Sie nur das Domänenprofil aktivieren.
8. Weisen Sie abschließend der Regel einen passenden Namen zu und bestätigen Sie die Erstellung.

Haben Sie auf dem Server noch benannte Instanzen installiert und wollen auf diese über das Netzwerk mit dem Management Studio zugreifen, erstellen Sie eine weitere Regel, die die Ports UDP 1433-1434 zulässt. Auch wenn Sie Active Directory-Rechteverwaltungsdienste einsetzen, müssen Sie diese Einstellung vornehmen.

Außerdem muss für die Verbindung der Systemdienst *SQL Server-Browser* gestartet sein. Dieser nimmt Abfragen aus dem Netzwerk entgegen und verteilt diese an die entsprechende Instanz oder den Server. Dazu ist es notwendig, dass der Server über das Netzwerk mit TCP/UDP erreichbar ist und die Ports TCP/UDP 1433-1434 in der Firewall freigeschaltet sind.

Erhalten Sie Fehler beim Netzwerkzugriff angezeigt, schalten Sie über die Standardeinstellung der Firewall in der Systemsteuerung noch die Remoteverwaltung des Servers frei. Sie finden die Einstellung in der Systemsteuerung unter *System und Sicherheit/Windows Defender Firewall* über den Link *Eine App oder ein Feature durch die Windows Defender Firewall zulassen.*

Außerdem müssen Sie an dieser Stelle auch die verschiedenen anderen SQL Server-Dienste freischalten, vor allem den SQL Server-Browser. Dieser nimmt Anfragen aus dem Netzwerk entgegen und verbindet die Clients mit der entsprechenden Instanz.

Funktioniert die Verbindung zum SQL-Server nicht, öffnen Sie auf dem SQL-Server den SQL Server-Konfigurations-Manager in der Untergruppe *Konfigurationstools*. Klicken Sie dann auf *SQL Server-Netzwerkkonfiguration/Protokolle für <Instanz>* und stellen Sie sicher, dass *TCP/IP* und *Named Pipes* aktiviert sind. Für den Zugriff über das Netzwerk ist vor allem TCP/IP notwendig. Named Pipes steuert den Zugriff auf dem lokalen Server.

Vor allem bei der Developer Edition oder bei der kostenlosen Express Edition von SQL Server ist TCP/IP meist deaktiviert. In den Eigenschaften von *Protokolle für <Instanz>* nehmen Sie ebenfalls Einstellungen vor, genauso wie in den Eigenschaften von einzelnen Protokollen auf der rechten Seite.

Für die Eigenschaften aller Protokolle können Sie zum Beispiel eine Verschlüsselung aktivieren. Dann dürfen sich nur noch verschlüsselte Clients mit dem Server verbinden. Aktivieren Sie die Verschlüsselung, können Sie in den Eigenschaften von *Protokolle für <Instanz>* noch ein Zertifikat hinterlegen, das Sie für die Verschlüsselung verwenden.

An dieser Stelle nehmen Sie für alle installierten Instanzen Einstellungen für die verwendeten Protokolle vor. Über das Kontextmenü von *Protokolle für <Instanz>* finden Sie die Eigenschaften für alle Protokolle dieser Instanz. Hier können Sie ein installiertes Zertifikat hinterlegen und die Verschlüsselung aktivieren. Auf den Clients können Sie ebenfalls die Verschlüsselung aktivieren, sodass der Server nur noch verschlüsselte Verbindungen erlaubt. Standardmäßig ist die Verschlüsselung nicht aktiv.

Funktioniert die Verbindung zu einer benannten Instanz über das Netzwerk nicht und erhalten Sie den Fehler 26 bei der Verbindung angezeigt, sollten Sie zunächst auf dem Server, mit dem Sie auf die Instanz des anderen Servers zugreifen wollen, die Verbindung zum SQL Server-Browserdienst testen lassen. Die Verbindung muss funktionieren, da ansonsten das Management Studio oder andere Clients nicht auf benannte Instanzen zugreifen können. Sie können dazu das Microsoft-Tool PortQry nutzen:

1. Laden Sie *PortQryV2.exe* von der Seite *http://www.microsoft.com/en-us/download/details.aspx?id=17148* herunter.
2. Rufen Sie das Tool mit den folgenden Optionen auf:

   portqry.exe -n <Servername> -p UDP -e 1434

3. Es müssen eine Antwort des SQL Server-Browserdienstes und die verschiedenen Instanzen des Servers erscheinen. Nur wenn eine Instanz vom Browserdienst erkannt wird, kann der Systemdienst die Benutzeranfragen an die entsprechende Instanz weiterleiten.

Die Verbindung setzt voraus, dass die Server über Ping miteinander kommunizieren können und die Namen per DNS auflösbar sind. Sobald auf einem Server mehrere Instanzen installiert sind, muss der Systemdienst *SQL Server-Browser* gestartet sein.

Ansonsten können Sie auf benannte Instanzen nicht über das Netzwerk zugreifen. Die Funktion des SQL Server-Browsers können Sie in der Eingabeaufforderung mit *sc query sqlbrowser* testen. Der Dienst muss fehlerfrei funktionieren.

Funktioniert die Verbindung nicht, wenn Sie sich im Management Studio verbinden, können Sie das Verbindungsprotokoll des Management Studios steuern. Dazu geben Sie nicht die Verbindung in der Syntax *<Server>\<Instanz>* an, sondern mit *tcp:<Server>\<Instanz>* oder *np:<Server>\<Instanz>*, je nachdem, wie Sie die Verbindung testen wollen, also mit TCP/IP oder Named Pipes. Haben Sie in den Eigenschaften des TCP/IP-Protokolls für die Instanz einen Port definiert, können Sie auf dem Server, mit dem Sie auf die Instanz zugreifen wollen, diesen in der Verbindung mit der Syntax *<Server>\<Instanz>,<Port>* angeben. Hier funktioniert dann in der Regel die Verbindung.

Ist das entsprechende Protokoll auf dem Zielserver im SQL Server-Konfigurations-Manager für die Instanz freigeschaltet, muss die Verbindung funktionieren.

Wollen Sie zeitweise oder dauerhaft eine Instanz von SQL Server im Netzwerk ausblenden, also noch verfügbar machen, aber nicht mehr über das Netzwerk zur Verfügung stellen, verwenden Sie den SQL Server-Konfigurations-Manager. Rufen Sie die Eigenschaften von *Protokolle für <Instanz >* auf und wechseln Sie zur Registerkarte *Flags*. Konfigurieren Sie die Option *Instanz ausblenden* mit *Ja.*

33.2.2 Konfigurieren von AD RMS

Ist der SQL-Server verfügbar und die Rollendienste von AD RMS installiert, machen Sie sich an die Einrichtung der Funktion. Der erste Server in einer AD RMS-Umgebung ist der Stammcluster. Ein AD RMS-Stammcluster besteht aus einem oder mehreren AD RMS-Servern, die in einer Lastenausgleichsumgebung konfiguriert sind.

Unter Windows Server 2022 stellen das Hinzufügen der AD RMS-Rolle und die Konfiguration eines neuen AD RMS-Clusters zwei separate Vorgänge dar. Das war in Windows Server 2008 R2 noch anders. Nachdem Sie die Rolle erfolgreich hinzugefügt haben, ist eine weitere Konfiguration erforderlich, um die AD RMS-Rolle bereitzustellen:

1. Klicken Sie im Server-Manager auf das Symbol *Benachrichtigungen.*
2. Klicken Sie bei dem Taskereignis *Konfiguration für Active Directory-Rechteverwaltungsdienste erforderlich* auf *Zusätzliche Einstellungen konfigurieren.*
3. Der AD RMS-Konfigurations-Assistent wird geöffnet.
4. Klicken Sie im Konfigurations-Assistenten auf *Weiter.*
5. Akzeptieren Sie die Standardauswahl für den AD RMS-Cluster (*AD RMS-Stammcluster erstellen*), und klicken Sie auf *Weiter.*
6. Akzeptieren Sie die Standardauswahl für die Konfigurationsdatenbank (*Datenbankserver und Datenbankinstanz angeben*) und klicken Sie auf *Auswählen.*

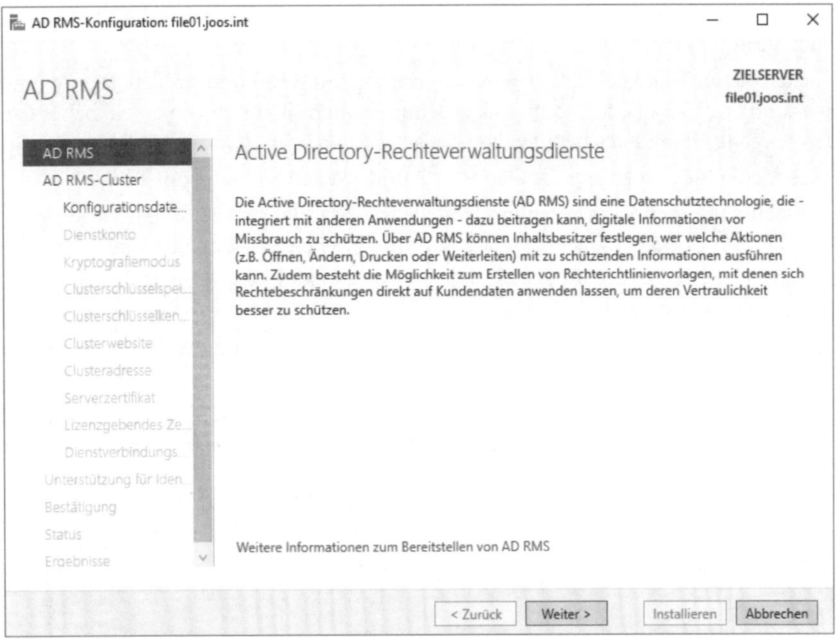

Abb. 33.2 Starten des Assistenten zur Einrichtung von AD RMS

7. Wählen Sie den SQL-Server aus und klicken Sie danach auf *Auflisten*, um die Instanzen einzulesen.

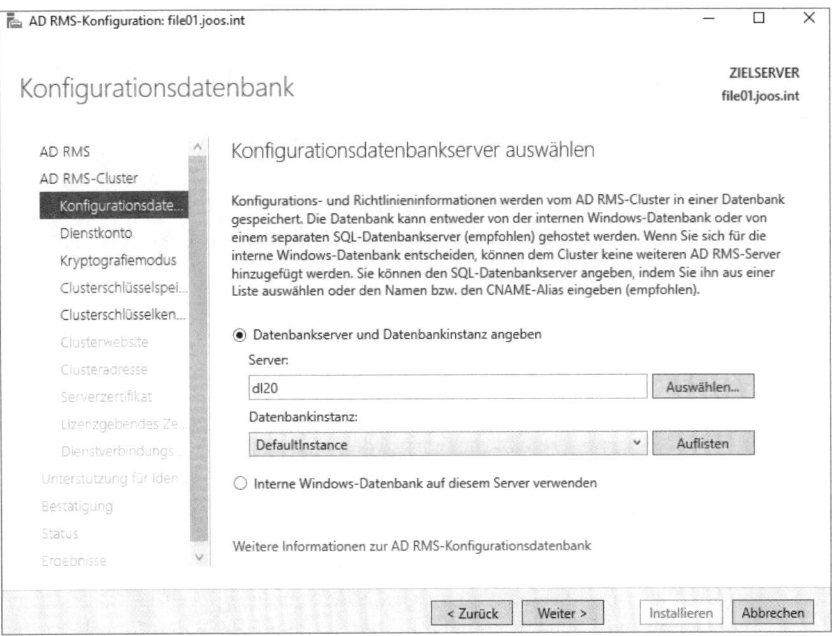

Abb. 33.3 Verbinden von AD RMS mit dem SQL-Datenbankserver

8. Wählen Sie im Listenfeld *Datenbankinstanz* den Eintrag *DefaultInstance* aus und klicken Sie auf *Weiter.*
9. Klicken Sie im Dialogfeld *Dienstkonto angeben* auf *Angeben* und wählen Sie einen Administratorbenutzer aus. Sie können den Benutzer auch direkt eingeben. Sie benötigen für den Vorgang ein anderes Benutzerkonto als das Konto, mit dem Sie AD RMS einrichten.
10. Akzeptieren Sie den Kryptografiemodus 2 und klicken Sie dann auf *Weiter.*
11. Übernehmen Sie für *Clusterschlüsselspeicher* die Standardeinstellung (*Zentral verwalteten AD RMS-Schlüsselspeicher verwenden*) und klicken Sie dann auf *Weiter.*
12. Geben Sie auf der Seite *Clusterschlüsselkennwort* ein Kennwort ein und bestätigen Sie es. Klicken Sie auf *Weiter.*
13. Akzeptieren Sie für die Clusterwebsite die Standardeinstellung (*Default Web Site*) und klicken Sie dann auf *Weiter.*
14. Übernehmen Sie für *Verbindungstyp* die Standardeinstellung (*SSL-verschlüsselte Verbindung (https://) verwenden*) und geben Sie für *Vollqualifizierter Domänenname* den Namen des Servers ein.

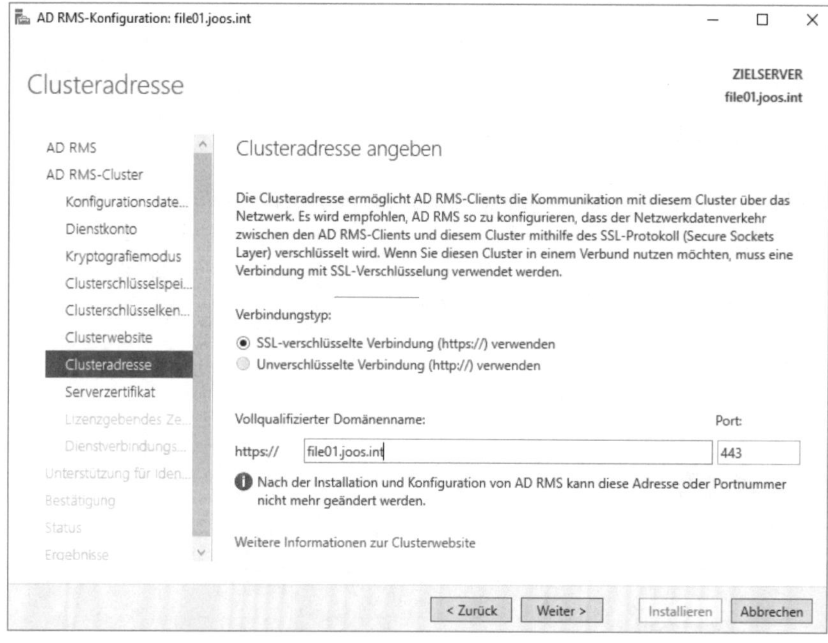

Abb. 33.4 Auswählen der Clusteradresse

15. Akzeptieren Sie bei *Serverzertifikat* die Standardeinstellung *(Selbstsigniertes Zertifikat zur SSL-Verschlüsselung erstellen)* und klicken Sie auf *Weiter.* Sie können an dieser Stelle auch eigene Zertifikate verwenden, wenn Sie auf die Active Directory-Zertifikatdienste setzten (siehe Kapitel 30). Am schnellsten fordern Sie ein Zertifikat an, wenn Sie *certlm.msc* starten. Wenn Sie ein selbstsigniertes Zertifikat für das Cluster verwenden, können Sie eine Kopie des Zertifikats im Ordner *Vertrauenswürdige Stammzertifizierungsstellen* erstellen, damit ihm vertraut wird. Diesen Vorgang führen Sie ebenfalls in der Konsole *certlm.msc* durch. Sie kopieren dazu über das Kontextmenü einfach das Zertifikat und fügen es danach bei den vertrauenswürdigen Stammzertifizierungsstellen ein.

16. Akzeptieren Sie für *Lizenzgebendes Zertifikat* den Standardnamen und klicken Sie dann auf *Weiter*.
17. Akzeptieren Sie für *Dienstverbindungspunkt registrieren* die Standardeinstellung (*SCP jetzt registrieren*) und klicken Sie dann auf *Weiter*.
18. Überprüfen Sie zur Bestätigung Ihre Installationsauswahl und klicken Sie anschließend auf *Installieren*.
19. Klicken Sie auf *Schließen*.
20. Melden Sie sich vom Server ab und anschließend wieder an, um das Sicherheitstoken für das angemeldete Benutzerkonto zu aktualisieren.

Das Benutzerkonto, das bei der Installation der AD RMS-Serverrolle angemeldet ist, wird automatisch zu einem Mitglied der lokalen AD RMS-Gruppe *Organisationsadmins*. Ein Benutzer muss Mitglied dieser Gruppe sein, um AD RMS verwalten zu können. Der AD RMS-Stammcluster ist jetzt installiert und konfiguriert. Sobald Sie sich erneut anmelden, können Sie AD RMS über die Konsole der Active Directory-Rechteverwaltungsdienste verwalten.

33.2.3 AD RMS nach der Installation verwalten und überprüfen

Nach der Installation und Einrichtung verwalten Sie AD RMS mit dem Server-Manager oder indem Sie selbst das Verwaltungstool aufrufen. Klicken Sie dazu im Server-Manager auf *Tools* und wählen Sie *Active Directory-Rechteverwaltungsdienste* aus.

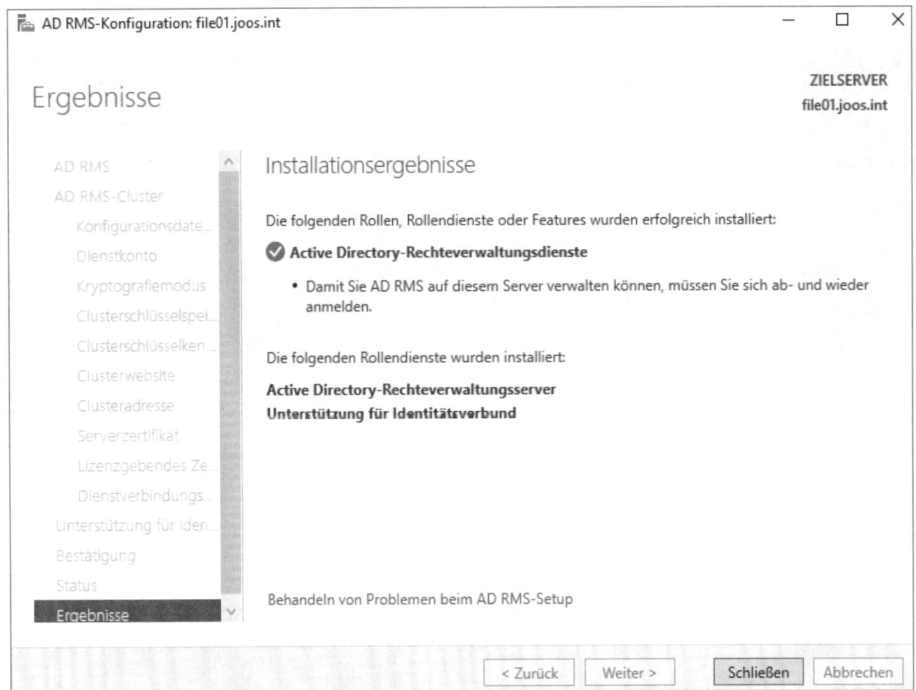

Abb. 33.5 Erfolgreiche Einrichtung von AD RMS

Über die Konsole können Sie Vertrauensrichtlinien und Ausschlussrichtlinien konfigurieren und Vorlagen für Benutzerrechterichtlinien erstellen.

Bevor Sie durch Rechte geschützten Inhalt verwenden können, müssen Sie die URL des AD RMS-Clusters zur Sicherheitszone *Lokales Intranet* hinzufügen:

1. Klicken Sie auf der Taskleiste im Windows-Client auf das Internet Explorer-Symbol.
2. Klicken Sie auf *Extras* (mit der `Alt`-Taste einblenden) und dann auf *Internetoptionen*.
3. Klicken Sie auf die Registerkarte *Sicherheit* und dann auf *Lokales Intranet*.
4. Klicken Sie dann auf *Sites*.
5. Klicken Sie auf *Erweitert*.
6. Geben Sie unter *Diese Website zur Zone hinzufügen* die Adresse *https://<Servername des AD RMS-Clusters>* ein und klicken Sie dann auf *Hinzufügen*.
7. Klicken Sie auf *Schließen*.

Sie können den Zugriff auf die AD RMS-Lizenzierungswebsite überprüfen, indem Sie die URL im Microsoft Edge eingeben. Es sollte eine Warnung zu den Zertifikaten für diese Website angezeigt werden. Dies kommt daher, dass Sie bei der Konfiguration von AD RMS ein selbstsigniertes Zertifikat verwendet haben.

Klicken Sie im Menü eines Programms, zum Beispiel in Microsoft Office, auf *Datei* und dann auf *Dokument schützen*, zeigen Sie danach auf *Zugriff einschränken* und klicken Sie auf *Eingeschränkter Zugriff*. Sie können an dieser Stelle Vorlagen vom AD RMS-Cluster herunterladen und in Office verwenden.

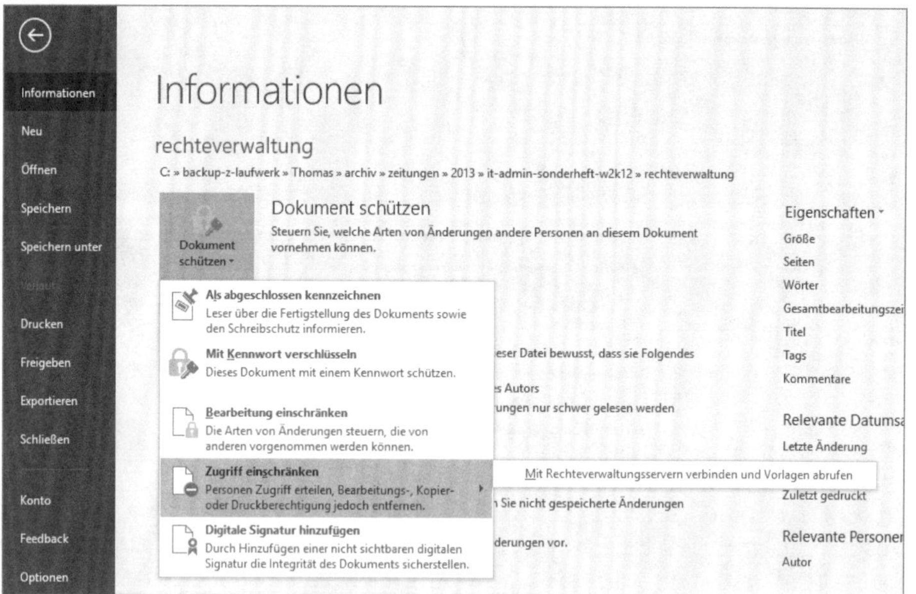

Abb. 33.6 In Office-Programmen können Sie nach der Einrichtung von AD RMS auf die Funktionen des Servers zugreifen.

33.3 Dynamische Zugriffssteuerung nutzen

Die dynamische Zugriffssteuerung (Dynamic Access Control, DAC) in Windows Server 2022 soll Unternehmen dabei helfen, die Berechtigungen von Dateien besser zu verwalten. Allerdings müssen Administratoren beachten, dass die Verwaltung dieser Rechte extrem kompliziert und mit viel Aufwand verbunden ist. Wir zeigen Ihnen, welche Hürden es zu umschiffen gibt und wie DAC im Unternehmen eingeführt werden kann.

Die grundsätzliche Funktionsweise von DAC ist recht einfach. Die Berechtigungen, die Anwender für ein Dokument haben, sind im Dokument selbst als Metadaten gespeichert. Die Berechtigungen, also Lesen, Schreiben, Drucken und mehr, bleiben im Dokument immer gültig, unabhängig davon, ob es in einen anderen Ordner verschoben, als E-Mail verschickt oder in SharePoint gespeichert wird. Das bisherige Berechtigungsmodell bleibt auch in Windows Server 2022 erhalten, die dynamische Zugriffssteuerung ergänzt sie nur.

Damit Daten dynamisch gesichert werden können, müssen die einzelnen Dateien zunächst klassifiziert werden (siehe Kapitel 21). Dies kann in Windows Server 2022 durch die Dateiklassifizierungsdienste automatisch erfolgen. Auch Anwendungen können einzelne Dateien automatisch klassifizieren, und Benutzer selbst haben ebenfalls die Möglichkeit.

Außerdem erben Dateien die Berechtigungstags übergeordneter Verzeichnisse. Auf Basis dieser Tags werden durch die DAC Rechte auf der Grundlage von Richtlinien zugewiesen, die Administratoren erstellen. So lassen sich zum Beispiel Dokumente der Geschäftsleitung entsprechend markieren und automatisch schützen. Die automatische Absicherung übernehmen dann die Active Directory-Rechteverwaltungsdienste.

DAC erweitern das Standardrechtemodell um eine zusätzliche Schicht. Haben Anwender auf einen Ordner Schreibrechte, greifen aber über eine Freigabe zu, in der nur Leserechte definiert sind, haben sie effektive Rechte zum Lesen, nicht zum Schreiben. Beim Einsatz von DAC werden beim Zugriff auf Dateien die festgelegten Rechte also noch einmal erweitert. So lässt sich ein Grundschutz für Dokumente im Netzwerk festlegen.

Die Verwaltung von Rechten und Zugriffsrichtlinien nehmen Sie im neuen Active Directory-Verwaltungscenter vor. Grundlagen für die Berechtigungssteuerungen sind zentrale Zugriffsrichtlinien (Central Access Policies, CAP). Auch diese legen Sie im Active Directory-Verwaltungscenter fest. Die Richtlinien steuern, welche Rechte Anwender auf Ressourcen haben, die dieser zentralen Richtlinie zugeordnet sind.

Abb. 33.7 Erstellen einer neuen zentralen Zugriffsrichtlinie

Die zentralen Zugriffsregeln steuern, welche Berechtigungen einem bestimmten Satz Ressourcen, also Dateien, Ordnern oder Bibliotheken, zugewiesen sind. Während die zentrale Zugriffsrichtlinie steuert, wer zugreifen darf, steuern zentrale Zugriffsregeln, mit welchen Rechten die Anwender auf die klassifizierten Dateien zugreifen dürfen und welche Ressourcen die Regel verwendet.

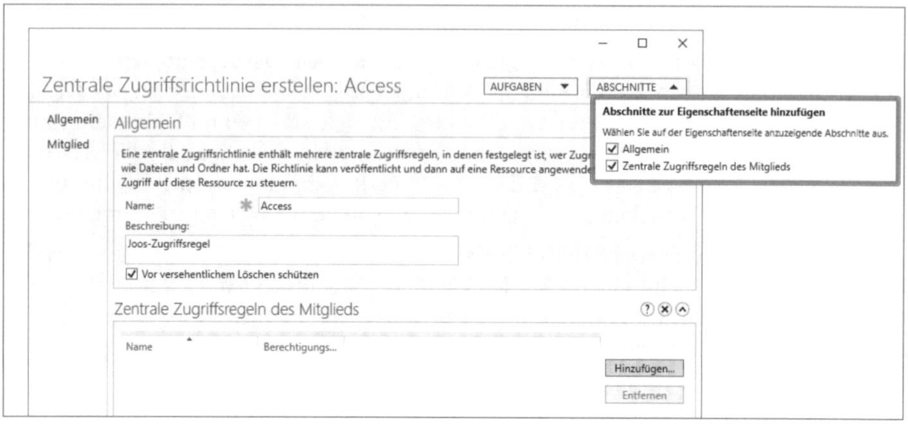

Abb. 33.8 Erstellen einer zentralen Zugriffsregel

Nachdem festgelegt ist, wer auf welche Ressourcen zugreifen darf, legen Sie in der zentralen Zugriffsregel fest, mit welchen genauen Rechten der Zugriff erfolgt. Auf diese Weise können Unternehmen eine Grundregel für Berechtigungen für alle Ressourcen in der Gesamtstruktur festlegen.

Damit die zentralen Zugriffsregeln Ressourcen genauer filtern können, um der zentralen Zugriffsrichtlinie die Zuteilung von Benutzern und den Zugriffsregeln das Zuteilen von Rechten zu erlauben, sind Ressourceneigenschaften notwendig. Diese Ressourceneigenschaften fassen bestimmte Dokumente zusammen.

Ein weiterer Baustein sind die Anspruchstypen (Claim Types), also die Zuteilung von Attributen. Dabei handelt es sich um Attribute in Active Directory. Berücksichtigen Unternehmen zum Beispiel das Active Directory-Attribut *department*, lassen sich in der zentralen Zugriffsrichtlinie einzelne Abteilungen abfragen, wie *Verkauf*. Allen Anwendern in dieser Abteilung lassen sich dann besondere Rechte zuteilen. Unternehmen können aber auch Computerkonten mit einbeziehen und beides kombinieren.

Einer der wichtigsten Bausteine von DAC sind die Dateiklassifizierungsdienste (siehe Kapitel 21). Diese steuern Sie über den Ressourcen-Manager für Dateiserver. Die Installation erfolgt als Rollendienste der Rolle *Datei- und Speicherdienste* über den Server-Manager (siehe Kapitel 4 und 21).

Klassifizierungseigenschaften, die Sie für Dokumente festlegen, werden nicht im Dateisystem, sondern in der Datei direkt gespeichert. Klicken Sie mit der rechten Maustaste auf *Klassifizierungseigenschaften*, können Sie mit *Eigenschaft erstellen* festlegen, welche neuen Kriterien Dateien zugeordnet werden können. So lässt sich zum Beispiel bestimmen, ob ein Dokument zu einem Projekt gehört, private Daten enthält, nur für den internen Gebrauch oder für bestimmte Personen nutzbar sein soll. Mehr zu diesem Thema lesen Sie in Kapitel 21.

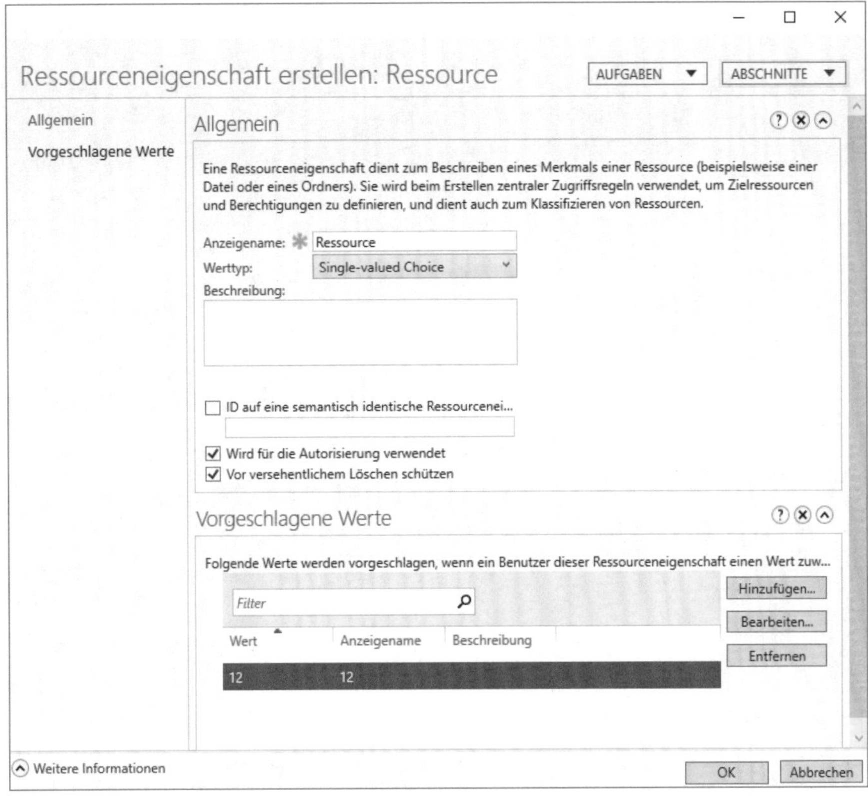

Abb. 33.9 Erstellen von Ressourceneigenschaften

Für die Eigenschaft geben Sie ihren Namen an, zum Beispiel *Nur für internen Gebrauch*. Über *Eigenschaftentyp* stehen verschiedene Möglichkeiten zur Verfügung, die Eigenschaft festzulegen. Neben *Ja/Nein* können Sie eine Multiple-Choice-Liste erstellen, eine Nummer oder eine Uhrzeit hinterlegen. Im unteren Bereich bearbeiten Sie dann die Eingaben genauer, die als Klassifizierung zur Auswahl stehen.

Das Anlegen und Bearbeiten von Klassifizierungseigenschaften ändert aber noch keine Dokumente ab, sondern bietet nur die Verwendung der Eigenschaften an. Damit diese auch mit Dokumenten verknüpft werden, müssen Administratoren Klassifizierungsregeln erstellen. Über den Menübefehl *Klassifizierungszeitplan konfigurieren* können Sie festlegen, wann Klassifizierungsregeln starten sollen, ob Sie einen Bericht erhalten wollen, und wenn ja, in welchem Format. Klassifizierungsregeln werden durch Klassifizierungszeitpläne gesteuert. Die Klassifizierungsregeln verwenden wiederum die Klassifizierungseigenschaften.

33.4 Zusammenfassung

Dieses Kapitel sollte dazu dienen, Ihnen einen kurzen Einstieg zur Active Directory-Rechteverwaltung zu bieten. Und auch die Grundlagen zur dynamischen Zugriffssteuerung waren Thema dieses Kapitels.

Im nächsten Kapitel zeigen wir Ihnen die Hochverfügbarkeit mit Windows Server 2022. Wir sind bereits in Kapitel 9 auf Cluster und die Hochverfügbarkeit mit Hyper-V eingegangen.

Kapitel 34
Hochverfügbarkeit und Lastenausgleich

In Kapitel 9 haben wir Ihnen bereits gezeigt, wie Sie Cluster mit Windows Server 2022 und Hyper-V aufbauen. In diesem Kapitel erfahren Sie, wie Sie den Netzwerklastenausgleich in Windows Server 2022 und Storage Spaces Direct nutzen. Die Installation und Verwaltung von Clustern ist Thema von Kapitel 9.

Anwender greifen zum Beispiel über SharePoint-Webserver auf die SharePoint-Anwendungsserver zu. Um Webserver ausfallsicher zur Verfügung zu stellen, auch ohne SharePoint, ist der beste Weg der Einsatz eines Netzwerklastenausgleich-Clusters (Network Load Balancing, NLB). SharePoint bietet die Möglichkeit, zusammen mit dem Netzwerklastenausgleich von Windows Server 2022 einen NLB-Cluster für Webserver zu erstellen. Auf diese Weise können Sie diese Server leichter hochverfügbar machen.

In diesem Kapitel zeigen wir Ihnen verschiedene Möglichkeiten, um Windows Server 2022 hochverfügbar zu betreiben und gehen noch einmal etwas tiefer in die Verwaltung von Failover-Clustern ein. Schauen Sie sich dazu aber auch Kapitel 9 an.

34.1 Grundlagen zum Lastenausgleich

Die Anwender verbinden sich mit dem NLB-Cluster, der die Anfragen anschließend auf die einzelnen Server im Verbund verteilt. Netzwerklastenausgleich-Cluster haben die Aufgabe, die Last eines Servers auf mehrere Server zu verteilen, damit die Auslastung einzelner Server gesenkt und die Performance verbessert wird. Auch beim Einsatz der Remotedesktopdienste nutzen Sie diese Funktion (siehe Kapitel 28). Hier nehmen Sie die Einrichtung aber über die Remotedesktop-Verwaltungskonsole vor. Sobald Sie einen Serverdienst auf mehrere Server verteilen können, zum Beispiel bei Webservern, ergibt ein NLB-Cluster Sinn.

Generell ist es unerheblich, ob Anwender zum ersten oder zweiten Server verbunden werden. Bei NLB bauen die Clients eine Verbindung zum NLB-Cluster auf, der wie ein Failovercluster einen eigenen Namen und IP-Adresse hat. Anschließend verteilt der Cluster die entsprechende Anforderung der Anwender an einen Server im Cluster.

Beim Netzwerklastenausgleich können Sie bis zu 32 Server zu einem Netzwerklastenausgleich-Cluster zusammenfügen, der von außen über eine gemeinsame virtuelle IP-Adresse angesprochen wird und somit wie ein einziger Computer erscheint. Beim Zugriff durch die

Anwender verteilt der Netzwerklastenausgleich die Anwender auf die Anwendungsserver der Farm. Dabei können Sie das Lastenausgleichsgewicht der einzelnen Hosts im Cluster für jeden einzelnen Server konfigurieren.

Fällt ein Host des Clusters aus, übernehmen die anderen Server im Cluster die Zugriffe der Anwender. Daten tauscht der NLB-Cluster allerdings nicht aus und NLB-Cluster verwenden auch keinen gemeinsamen Datenträger.

Das ist Sache eines Failoverclusters. Serverdienste wie Webserver können Sie aber vor Ausfall schützen, da diese keine Daten speichern müssen, sondern Daten nur weiterleiten. Der Zugriff der Clients erfolgt zwar über die virtuelle IP-Adresse des NLB-Clusters, aber letztlich auf die physischen Server in diesem Cluster. Für die Kommunikation der NLB-Hosts im NLB-Cluster können Sie IPv6 verwenden. Für einzelne Knoten lassen sich mehrere dedizierte IP-Adressen konfigurieren.

Mit dem Netzwerklastenausgleich-Manager nehmen Sie die komplette Steuerung des NLB-Clusters vor.

Sie können Webserver auch über Hyper-V und NLB clustern, müssen aber an dieser Stelle bei der Konfiguration einiges beachten. Erstellen Sie einen NLB-Cluster, spielt die MAC-Adresse eine wichtige Rolle. In einigen Fällen ändert Windows diese MAC-Adresse in Hyper-V ab (siehe die Kapitel 7 bis 9). Standardmäßig verwendet Hyper-V dynamische MAC-Adressen. Jeder Host im Hyper-V-Cluster verfügt über einen eigenen Pool an MAC-Adressen.

Führen Sie im Cluster einen Failover durch, ändert sich die MAC-Adresse des virtuellen Servers beim nächsten Neustart. In diesem Fall funktioniert der virtuelle NLB-Cluster nicht mehr. Mehr zu diesem Thema lesen Sie in Kapitel 9. Sie können diesen Fehler aber leicht umgehen. Rufen Sie die Einstellungen der virtuellen Server im Hyper-V-Manager auf, klicken Sie auf *Netzwerkkarte* und aktivieren Sie die statische Zuordnung der MAC-Adressen. Diese Einstellung lässt sich aber nur vornehmen, wenn der Server ausgeschaltet ist. Aktivieren Sie außerdem noch Spoofing von MAC-Adressen für die Webserver.

34.2 Notwendige Vorbereitungen für NLB-Cluster

Setzen Sie mehrere Netzwerkkarten in den Webservern ein, sollten Sie entweder für eine der Karten ein Standardgateway eintragen oder IP-Forwarding aktivieren. Diese Funktion ist in Windows Server 2022 allerdings standardmäßig deaktiviert. Um die Funktion zu aktivieren, geben Sie in der Eingabeaufforderung den folgenden Befehl ein:

netsh interface ipv4 set int "<Name der LAN-Verbindung> forwarding=enabled

Durch diese Option erlauben Sie dem Server, IP-Pakete, die nicht zum lokalen Server gehören, an andere Server weiterzuleiten. Da die Server in einem Cluster laufen, ist das unbedingt notwendig.

Sind im Server zwei Netzwerkkarten verfügbar, sollten Sie eine Karte für den NLB-Cluster, die andere für das produktive Netzwerk einsetzen, mit denen sich die Anwender verbinden. Außerdem sollten Sie sicherstellen, dass die Namen dieser Verbindungen im Netzwerk- und Freigabecenter entsprechend gesetzt sind. Ist im Server nur eine Netzwerkkarte vorhanden, müssen Sie hierbei nichts beachten.

34.3 Netzwerklastenausgleich installieren

Als Nächstes müssen Sie auf allen Webservern, die Sie in den NLB-Cluster aufnehmen wollen, das Netzwerklastenausgleich-Feature installieren. Unter Windows Server 2022 erfolgt dies über den Server-Manager.

Öffnen Sie zur Installation den Server-Manager und klicken Sie auf *Verwalten/Rollen und Features hinzufügen*. Wählen Sie das Feature *Netzwerklastenausgleich* aus und führen Sie die Installation durch. Während der Installation des Features müssen keinerlei Konfigurationen vorgenommen werden.

Die Einrichtung des NLB-Clusters findet nachträglich in der entsprechenden Verwaltungskonsole statt. Installieren Sie das Feature auf allen Servern, die Sie zum NLB-Cluster hinzufügen wollen. Fügen Sie im Server-Manager über *Verwalten/Server hinzufügen* weitere Server hinzu, können Sie das Feature auf allen Servern im Cluster gleichzeitig installieren (siehe die Kapitel 3 und 4).

Nach der Installation können Sie gleich den DNS-Eintrag erstellen, in dem Sie den Namen und die IP-Adresse des NLB-Clusters hinterlegen. Anwender verwenden den Namen, den Sie an dieser Stelle hinterlegen, und werden zur IP-Adresse des NLB-Clusters weitergeleitet.

Rufen Sie zur Erstellung das DNS-Verwaltungsprogramm auf und erstellen Sie einen neuen Host-A-Eintrag mit dem Namen, den Sie dem NLB-Cluster geben wollen, und der IP-Adresse, die Sie ihm zuweisen wollen (siehe Kapitel 25).

34.4 NLB-Cluster erstellen

Nach der Installation erstellen Sie in der Netzwerklastenausgleich-Verwaltung einen neuen NLB-Cluster. Starten Sie dazu das Verwaltungsprogramm *Netzwerklastenausgleich-Manager* über das Menü *Tools* im Server-Manager. Klicken Sie dann mit der rechten Maustaste auf *Netzwerklastenausgleich-Cluster* und dann auf *Neuer Cluster*.

Geben Sie im neuen Fenster den Servernamen des ersten Clusterknotens ein und klicken Sie dann auf *Verbinden*. Wählen Sie die Netzwerkverbindung aus, die Sie für den NLB-Cluster verwenden wollen, und klicken Sie auf *Weiter*.

Auf der nächsten Seite fügen Sie die IP-Adresse hinzu, die Sie dem NLB-Cluster als Ganzes zuweisen wollen. Hier tragen Sie die IP-Adresse ein, die Sie auch als Hosteintrag auf dem DNS-Server hinterlegt haben.

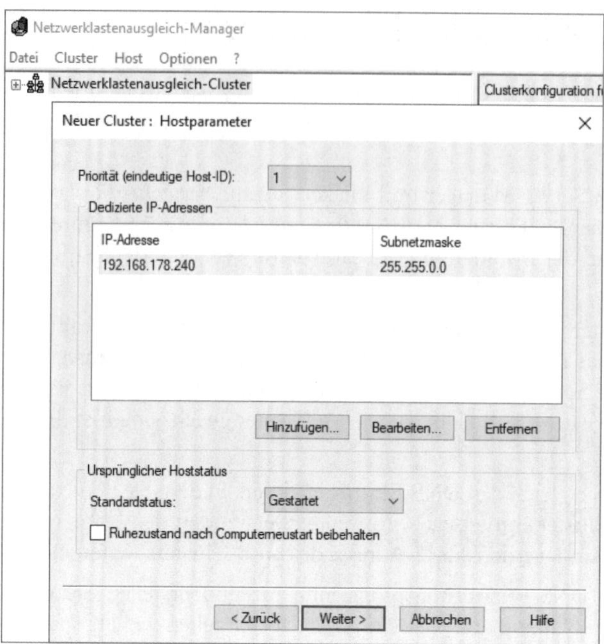

Abb. 34.1 Verbindungsaufbau mit dem ersten Clusterknoten im NLB-Cluster

Auf der nächsten Seite hinterlegen Sie bei *Vollständiger Internetname* den DNS-Eintrag als FQDN, den Sie in DNS eingegeben haben. Belassen Sie den Clusterausführungsmodus auf *Unicast*. Stellen Sie Verbindungsprobleme fest, können Sie an dieser Stelle *Multicast* verwenden.

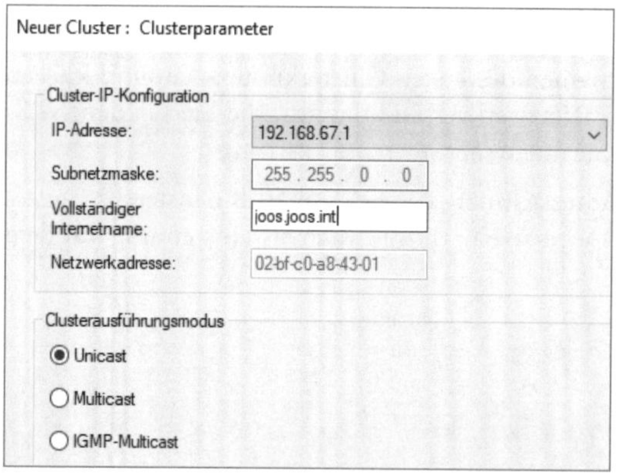

Abb. 34.2 Festlegen des Namens des NLB-Clusters

Bei Unicast erhält jeder Server im NLB-Cluster die gleiche MAC-Adresse. Die vorhandene MAC-Adresse der Netzwerkkarten entfernt der Assistent dabei. Setzen Sie Multicast ein, fügt er den MAC-Adressen der Netzwerkkarten eine zusätzliche MAC-Adresse hinzu. Die Clients können dann über ihre alte MAC-Adresse und über die neue des NLB-Clusters kommunizieren.

Auf der nächsten Seite belassen Sie die angelegte Standardregel oder passen sie an, wenn die Standardeinstellungen nicht für Ihre Umgebung geeignet sind, zum Beispiel bei besonderen Sicherheitsvorgaben.

Nutzen Sie Mulicast-IP-Adressen mit IGMP, sind Class-D-IP-Adressen erforderlich. Auf der nächsten Seite löschen Sie auf Wunsch die angelegte Standardregel und erstellen mit *Hinzufügen* eine neue Regel. Die Regeln dienen dem Zugriff der Clients über das Netzwerk. Standardmäßig wartet ein NLB-Cluster auf allen Ports seiner konfigurierten IP-Adressen auf Anfragen. Diese sollten Sie in sicheren Umgebungen aber einschränken.

Erstellen Sie eine eigene Regel, deaktivieren Sie die Option *Alle* bei *Cluster-IP-Adresse* und wählen die IP-Adresse des Clusters aus.

Im nächsten Schritt fügen Sie weitere Webserver zum NLB-Cluster hinzu. Achten Sie darauf, dass auf allen Mitgliedern das Feature für den Netzwerklastenausgleich installiert sein muss. Klicken Sie mit der rechten Maustaste auf den erstellten Cluster und wählen Sie die Option *Host dem Cluster hinzufügen* aus.

Geben Sie den Namen des Servers ein, den Sie hinzufügen wollen, und klicken Sie auf *Verbinden*. Behalten Sie die bereits erstellten Portregeln bei und klicken Sie auf *Fertig stellen*. Fügen Sie alle Server auf dem gleichen Weg hinzu und überzeugen Sie sich, dass die Verbindung funktioniert, also kein Fehler in der Clusterverwaltung angezeigt wird.

34.5 NLB versus DNS-Roundrobin

Neben NLB können Sie über DNS-Roundrobin eine gewisse Ausfallsicherheit und Lastverteilung für Webserver ermöglichen. Die Konfiguration ist zwar sehr einfach, aber bei Weitem nicht so effizient wie ein NLB-Cluster.

Roundrobin ein einfacher Mechanismus, mit dem DNS-Server die Last auf Netzwerkressourcen, also auch verschiedene Server, verteilen können. Sie verwenden diese Funktion, um die Reihenfolge der zurückgegebenen Ressourceneinträge bei DNS-Abfragen in der Antwort auf eine Abfrage zyklisch zu ändern, wenn es für den verlangten DNS Domänen namen mehrere Einträge desselben Typs gibt. Einfach ausgedrückt, erstellen Sie für jeden Server einen DNS-Eintrag mit demselben Namen und der jeweiligen IP-Adresse. Auf diese Weise können Sie in DNS konfigurieren, dass Clients bei der Namensabfrage eines Servers immer eine andere IP-Adresse erhalten und diese dann verwenden.

Dabei tragen Sie einen Hostnamen mehrfach mit jeweils einer anderen IP-Adresse in die DNS-Zone ein. Erreicht den DNS-Server jetzt eine Anfrage des Clients, liefert er die Liste aller gefundenen IP-Adressen zurück, wobei er die Reihenfolge der Einträge jeweils um eins verschiebt. Damit steht im Durchschnitt jeder Eintrag gleich häufig an erster Stelle.

Um dem Client möglichst einen Server direkt in seiner Nähe zu nennen, ermittelt Roundrobin bei Hostnamen mit mehreren zugeordneten IP-Adressen vor der Umsortierung, ob es einen Eintrag gibt, der dem Subnetz des Clients zuzuordnen ist. Diesen setzt das DNS-System dann anschließend an die erste Stelle der zurückgegebenen Liste. Nur wenn kein passender eindeutiger Eintrag vorhanden ist, kommt Roundrobin zur Netzwerklastverteilung zum Einsatz. Um einen Roundrobin-Eintrag zu erstellen, gehen Sie folgendermaßen vor:

1. Öffnen Sie die Verwaltung Ihres DNS-Servers.
2. Erstellen Sie in der Zone von Active Directory einen neuen Forward-Lookupeintrag mit der Bezeichnung des Roundrobin-Verbunds. Verwenden Sie als Namen keinesfalls den Namen eines Servers innerhalb des Verbunds, sondern einen eigenständigen Namen.

3. Tragen Sie als IP-Adresse die Adresse eines Servers ein und bestätigen Sie die Erstellung des Eintrags.
4. Erstellen Sie jetzt für jeden weiteren Server der Farm einen identischen Eintrag, der jeweils zur IP-Adresse eines anderen Servers zeigt.
5. Abschließend haben Sie für jeden Server in der Farm einen Eintrag mit gleichem Namen und jeweils einer IP-Adresse für einen Server in der Farm.

Antwortet ein Server auf eine Clientanfrage nicht, erhält der Client einen Hinweis und muss die Anfrage wiederholen. Im Beispiel von Outlook äußert sich das in einer Fehlermeldung, und die Anwender müssen Outlook neu starten und hoffen, dass der nächste Server verfügbar ist.

Aus diesem Grund ist NLB ein wesentlich effizienteres Mittel, um die Last zu verteilen und für die Ausfallsicherheit zu sorgen. Damit ein DNS-Server Roundrobin unterstützt, müssen Sie in der DNS-Verwaltung das Kontrollkästchen *Roundrobin aktivieren* in den Eigenschaften des Servers aktivieren (siehe Kapitel 25).

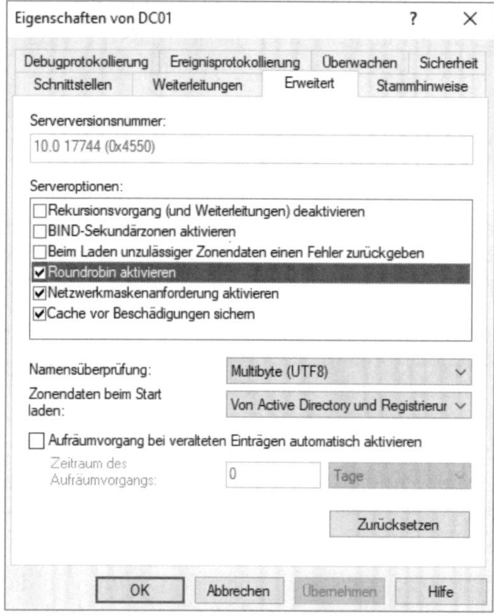

Abb. 34.3 Aktivieren von Roundrobin für DNS-Server mit Windows Server 2022

Erreicht den DNS-Server eine Anfrage des Clients, liefert er die Liste aller gefundenen IP-Adressen zurück, wobei er die Reihenfolge der Einträge jeweils um den Wert 1 verschiebt. Damit wird im Mittel dem Client jeder Eintrag gleich häufig an erster Stelle zurückgeliefert.

Wenn Sie die Funktion für bestimmte Typen deaktivieren wollen, kann dies nur über die Registry erfolgen. Fügen Sie dazu unter *HKEY_LOCAL_MACHINE\SYSTEM\CurrentControlSet\Services\DNS\Parameters* einen REG_SZ-Wert mit dem Namen *DoNotRoundRobinTypes* hinzu und tragen Sie als Werte die Recordtypen ein.

34.6 Storage Spaces Direct nutzen

Storage Spaces Direct stellten sicherlich die wichtigste Neuerung im Storage-Bereich von Windows Server 2016 dar. Mit diesem System können Sie lokal zugewiesenen Speicherplatz von Clusterknoten zu einem gemeinsamen, virtuellen Speicher im Cluster zusammenfassen. Der Speicher lässt sich im Cluster als gemeinsamer Datenträger nutzen, zum Beispiel zur Datenablage von virtuellen Servern (siehe Kapitel 9). Mit Windows Server 2022 hat Microsoft die Technik weiter verbessert und die Leistung deutlich erhöht. Auch kleine Cluster, mit nur zwei Knoten, können einen Cluster für Storage Spaces Direct zur Verfügung stellen.

Mit Storage Spaces Direct tritt Microsoft in Konkurrenz zu VMware Virtual SAN. Auch hier können Laufwerke mehrerer Server im Cluster als gemeinsamer Datenspeicher genutzt werden. Im Fokus dieser Technologie stehen vor allem Virtualisierungs-Umgebungen. Der gemeinsame Speicher eines Clusters für Hyper-V kann jetzt also auf verschiedene Standorte repliziert werden.

Außerdem stellen die Speicherorte der virtuellen Festplatten der VMs eines Hyper-V-Clusters keinen Single-Point-of-Failure mehr dar, wenn sie auf einem Storage Space Direct positioniert sind, dessen Festplatten sich auch noch auf verschiedene Server replizieren. Auf dieser Basis lassen sich VMs nicht nur speichern, sondern Unternehmen können Hyper-V-Replikation zusammen mit Storage Spaces Direct und Volume Replication nutzen. Als Dateisystem sollte NTFS oder besser das ReFS-Dateisystem eingesetzt werden. Dieses ist stabiler und bereits für Storage Spaces vorbereitet.

34.6.1 Einstieg in Storage Spaces Direct

Unternehmen erhalten dadurch also einen hochverfügbaren und sehr skalierbaren Datenspeicher, der auf die physischen Datenspeicher im Cluster aufbaut. Mit Storage Spaces Direct lassen sich nicht nur herkömmliche Datenträger zusammenfassen, sondern Sie können verschiedene Speichertechnologien miteinander bündeln, um mehr Speicherplatz mit höherer Geschwindigkeit zu erreichen. In einem Storage Space Direct (S2D) lassen sich NVMe-Speicher mit herkömmlichen SSDs und HDDs mischen. Windows Server 2022 teilt die Daten dazu ideal auf.

Setzen Sie noch einen Scale-Out File Server als Clusterdienst ein, können Sie Freigaben auf Storage Spaces Direct speichern und innerhalb des SOFS verwalten und im Netzwerk zur Verfügung stellen. Storage-Replica kann wiederum die Daten von Storage Spaces Direct replizieren, zum Beispiel in andere Rechenzentren und zu anderen Clustern. Wie Sie einen solchen Cluster erstellen, haben wir Ihnen bereits in Kapitel 9 gezeigt.

Storage Spaces Direct (S2D) ermöglichen in Windows Server 2022 also, dass lokale Datenträger von Clusterknoten im Cluster als gemeinsamer Datenspeicher genutzt werden. Dazu fasst Windows Server 2022 die physischen Festplatten zu einem virtuellen Speicherpool zusammen. Auf Basis dieses übergreifenden Speicherpools lassen sich virtuelle Festplatten erstellen und zur Datenspeicherung im Cluster nutzen.

34.6.2 So funktioniert Storage Spaces Direct

Grundlage von S2D ist zunächst ein Cluster, in dem die Knoten über verschiedene physische Datenträger verfügen. Dabei kann es sich auch um verschiedene Datenträgersysteme handeln. Die Kommunikation zwischen den Datenträgern erfolgt mit dem SMB-Protokoll, inklusive SMB-Multichannel und SMB-Direct, und die Verbindung über den Software Storage Bus in Windows Server 2022. Auf diesen setzen die Storage Pools auf. Sie fassen die physischen Festplatten der einzelnen Clusterknoten zu einem oder mehreren Speichern zusammen.

Die nächste Schicht sind Storage Spaces. Diese stellen virtuelle Festplatten dar, die auf die Storage Pools aufbauen, die wiederum auf die physischen Festplatten der Clusterknoten aufbauen. Das Cluster Shared Volume (*C:\ClusterStorage*) ist dabei ebenfalls mit dem S2D verbunden. Die Daten in diesem Verzeichnis der Clusterknoten werden im Storage Space Direct abgelegt.

Im Cluster können Sie aber nicht nur Hyper-V betreiben und die VMs im Storage Space Direct ablegen, sondern auch einen Scale-Out File Server. Dieser stellt die Freigaben im Netzwerk zur Verfügung. Die Freigaben sind auf den virtuellen Festplatten (Storage Spaces) gespeichert, die wiederum in den Storage Pools gespeichert sind.

Virtualisieren Sie mit Hyper-V im Netzwerk, können Sie die Daten der VMs in den Freigaben des SOFS speichern. Dadurch werden die VMs im S2D abgelegt und durch den Cluster hochverfügbar und skalierbar zur Verfügung gestellt. Für Hyper-V ist aber nicht unbedingt ein Scale-Out File Server notwendig. Lesen Sie sich dazu Kapitel 9 durch.

34.6.3 Storage Spaces Direct in der Praxis

Um Storage Spaces Direct einzusetzen, brauchen Sie einen Cluster mit mindestens zwei Knoten, besser drei, vier oder mehr.

Wie Sie einen solchen Cluster erstellen, ist in Kapitel 9 zu sehen. Dadurch können Sie alle verfügbaren Konfigurationen einsetzen. Die Knoten müssen über passenden lokalen Datenspeicher verfügen, der sich in einem Pool zusammenfassen lässt. Die internen Festplatten der Clusterknoten stellen also den elementaren Teil des Datenspeichers dar. Für Storage Spaces Direct sollten Server über mindestens zwei zusätzliche Festplatten verfügen. Sie können dazu virtuelle Server verwenden.

Auf allen Servern, die Mitglied des Clusters für Storage Spaces Direct werden sollen, müssen Sie die Serverrolle *Dateiserver* und die Clusterfeatures installieren. Am einfachsten geht das in der PowerShell mit dem Befehl:

Install-WindowsFeature -Name File-Services, Failover-Clustering -IncludeManagement-Tools

Außerdem müssen in der Datenträgerverwaltung die Festplatten für Storage Spaces Direct als online und initialisiert angezeigt werden. Partitionen dürfen nicht erstellt werden.

Nach der Installation der Rolle und des Clusterfeatures sowie der Initialisierung der Festplatten können die Server neu gestartet werden – das müssen sie aber nicht. Wenn ein Neustart notwendig ist, erscheint in der PowerShell die entsprechende Meldung.

Geben Sie auf einem Clusterknoten in der PowerShell den Befehl *Get-Physicaldisk* ein, zeigt sie alle Festplatten aller Clusterknoten an sowie die Information, dass diese poolfähig sind. Allerdings funktioniert das erst dann, wenn Sie die Storage Space Direct-Funktion im Cluster aktiviert haben.

Die Festplatten dürfen dazu über keine eigenen Partitionen verfügen. Im Rahmen des Konfigurationsüberprüfungs-Assistenten im Failovercluster-Manager finden Sie einen eigenen Test, der sicherstellt, ob im Cluster Storage Spaces Direct eingesetzt werden können. Diesen sollten Sie vor der Einrichtung durchlaufen lassen, um sicherzustellen, dass alles korrekt konfiguriert werden kann. Alternativ können Sie die PowerShell verwenden.

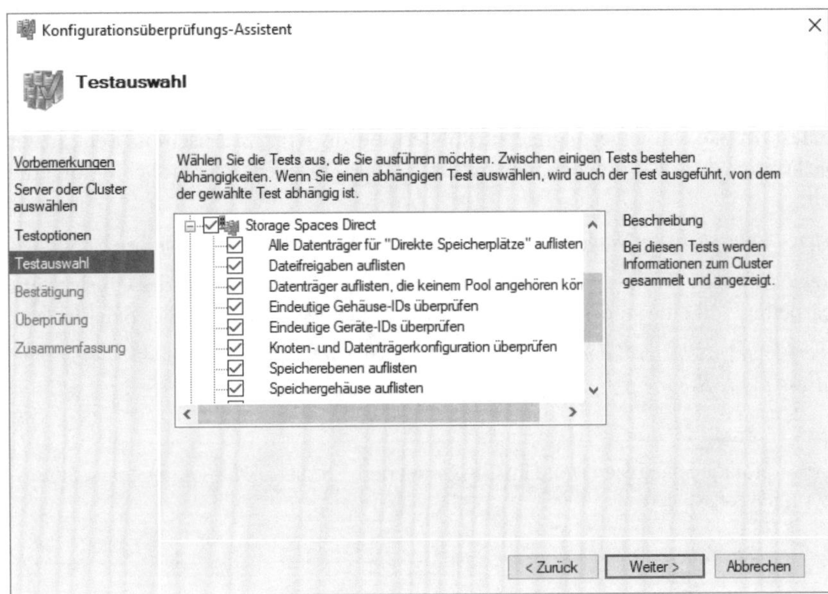

Abb. 34.4 Im Failovercluster-Manager testen Sie die Tauglichkeit der Clusterknoten für Storage Spaces Direct.

Sobald der Cluster aufgebaut ist, wie in Kapitel 9 beschrieben, lässt sich die Funktion in der PowerShell mit *Enable-ClusterStorageSpacesDirect* aktivieren.

```
Administrator: Windows PowerShell
Windows PowerShell
Copyright (C) Microsoft Corporation. Alle Rechte vorbehalten.

PS C:\Users\administrator.JOOS> Get-Physicaldisk

DeviceId FriendlyName      SerialNumber                          MediaType   CanPool OperationalStatus HealthStatus Usag
                                                                                                                    e
-------- ------------      ------------                          ---------   ------- ----------------- ------------ ----
1        MSFT Virtual HD   CCECF488-D0E2-4BCF-AAB3-9DF6926855B8 Unspecified False   OK                Healthy      A...
2        MSFT Virtual HD   C5BE55FA-117D-4580-AA36-E2053B2339AF Unspecified False   OK                Healthy      A...
0        Msft Virtual Disk                                       Unspecified False   OK                Healthy      A...
3        Msft Virtual Disk                                       Unspecified True    OK                Healthy      A...
6        Msft Virtual Disk                                       Unspecified True    OK                Healthy      A...
3        Msft Virtual Disk                                       Unspecified True    OK                Healthy      A...
6        Msft Virtual Disk                                       Unspecified True    OK                Healthy      A...
4        Msft Virtual Disk                                       Unspecified True    OK                Healthy      A...
5        Msft Virtual Disk                                       Unspecified True    OK                Healthy      A...
4        Msft Virtual Disk                                       Unspecified True    OK                Healthy      A...
5        Msft Virtual Disk                                       Unspecified True    OK                Healthy      A...
```

Abb. 34.5 Überprüfen der Cluster-Datenträger auf die Unterstützung für Storage Spaces Direct

Im Rahmen der Einrichtung können Sie die Clusterknoten in der PowerShell auf Clustertauglichkeit und Unterstützung für Storage Spaces Direct testen. Auch dazu können Sie die PowerShell verwenden. Der Befehl dazu lautet:

Test-Cluster -Node <Knoten1,Knoten2,Knoten3,Knoten4> -Include "Storage Spaces Direct",Inventory,Network,"System Configuration"

Im Rahmen der Einrichtung eines Clusters (siehe Kapitel 9), sollte die Namensauflösung mit *nslookup* geprüft werden, damit sichergestellt ist, dass alle Clusterknoten im Netzwerk optimal funktionieren. In Testumgebungen spielen Warnungen keine Rolle, da sie die Installation des Clusters nicht verhindern. Nur Fehler dürfen keine erscheinen. In produktiven Umgebungen sollte den Warnungen natürlich nachgegangen werden, damit die Leistung des Clusters nicht beeinträchtigt wird.

Wenn der Test für alle Knoten erfolgreich absolviert wurde, wird im Anschluss der Cluster erstellt. Sie können dazu so vorgehen, wie in Kapitel 9 beschrieben, oder Sie verwenden die PowerShell:

New-Cluster -Name <ClusterName> -Node <Knoten1,Knoten2,Knoten3,Knoten4> -NoStorage

In Test- sowie in vielen produktiven Umgebungen wird für die Zuweisung des Clusters mit DHCP gearbeitet. Soll eine statische IP-Adresse verwendet werden, lautet der Befehl:

New-Cluster -Name <ClusterName> -Node <Knoten1,Knoten2,Knoten3,Knoten4> -NoStorage -StaticAddress <X.X.X.X>

Storage Space Direct wird im Cluster mit dem Cmdlet *Enable-ClusterStorageSpaces-Direct* aktiviert.

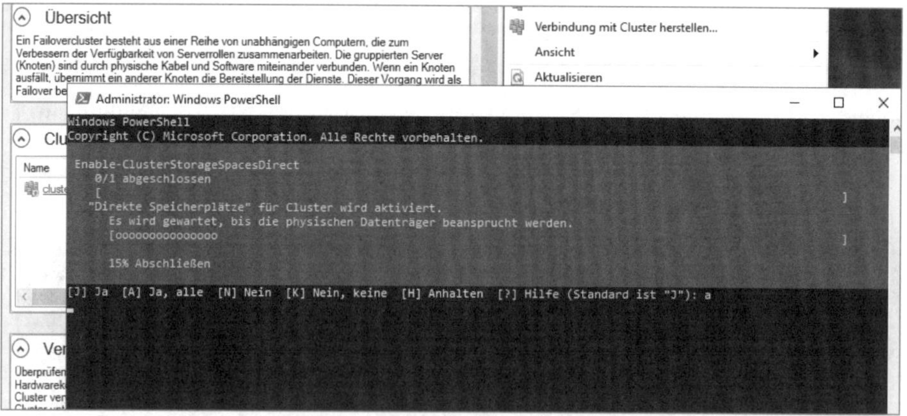

Abb. 34.6 Storage Spaces Direct werden im Cluster in der PowerShell aktiviert.

Bei der Verwendung des Cmdlets *Enable-ClusterStorageSpacesDirect* (*https://docs.microsoft.com/en-us/powershell/module/failoverclusters/enable-clusterstoragespaces-direct?view=Windowsserver2019-ps*) erstellt die PowerShell automatisch eine automatisierte Konfiguration, die auf der Hardware aufbaut, die im Storage Space Direct zusammengefasst ist.

Das Cmdlet erstellt dazu zum Beispiel den Storage-Pool sowie die passenden Storage Tiers, wenn im System SSD und herkömmliche HDDs integriert sind. In einer solchen Konfiguration wird der NVMe-Teil zum Zwischenspeichern genutzt, während SSDs und HDDs für das Speichern von Daten zur Verfügung stehen.

Um Storage Spaces Direct in produktiven Umgebungen zu verwenden, benötigen Unternehmen spezielle Hardware, vor allem kompatible Netzwerkkarten, die RDMA beherrschen. In Testumgebungen lassen sich aber auch virtuelle Server, virtuelle Festplatten und virtuelle Netzwerkkarten ohne besondere Hardware nutzen.

Geben Sie auf einem Clusterknoten in der PowerShell den Befehl *Get-Physicaldisk* ein, werden alle Festplatten aller Clusterknoten angezeigt sowie die Information, ob diese poolfähig sind. Die Festplatten dürfen dazu über keine eigenen Partitionen verfügen.

Sobald der Speicher eingerichtet ist, erstellen Sie im Failovercluster-Manager im Bereich *Speicher/Pool* einen oder mehrere Speicherpools. Diese umfassen die verschiedenen Datenträger der Clusterknoten. Sie können über das Kontextmenü des Speicherpools neue virtuelle Festplatten erstellen, wie bei lokalen Speicherpools auch (siehe Kapitel 5). Der Unterschied ist, dass die Datenträger der einzelnen lokalen Datenträger der Clusterknoten verwendet werden.

Abb. 34.7 Im Failovercluster-Manager lassen sich die physischen Festplatten der Clusterknoten zu einem Storage Space Direct zusammenfassen.

In der PowerShell lautet die Syntax:

New-StoragePool -StorageSubSystemName <FQDN des Subsystems> -FriendlyName <StoragePoolName> -WriteCacheSizeDefault 0 -FaultDomainAwarenessDefault StorageScaleUnit -ProvisioningTypeDefault Fixed -ResiliencySettingNameDefault Mirror -PhysicalDisk (Get-StorageSubSystem -Name <FQDN des Subsystems> | Get-PhysicalDisk)

Der Cluster hat zunächst keinen gemeinsamen Datenspeicher. Sobald er erstellt und Storage Spaces Direct aktiviert ist, werden der notwendige Storage Pool erstellt und danach die Storage Spaces. Anschließend erstellen Sie auf Basis des erstellten Storage Pools virtuelle Festplatten, auch Storage Spaces genannt. Die Verwaltung der zugrunde liegenden Speicherstruktur wird durch den Cluster vorgenommen. Dateiserver oder Hyper-V-Hosts müssen also nicht wissen, auf welchen physischen Datenträgern die Daten tatsächlich gespeichert sind.

Sie können innerhalb von Storage Spaces Direct auch Storage Tiers erstellen. Dabei handelt es sich um die Vermischung von SSD- und HDD-Festplatten. Windows erkennt Dateien, die häufig in Verwendung sind, und speichert diese automatisch im SSD/NVMe-Bereich des Storage Space. Weniger verwendete Dateien werden auf die langsamen Festplatten ausgelagert. Natürlich können Sie manuell steuern, welche Art von Dateien auf schnellen Datenträgern zur Verfügung stehen soll und welche auf langsame Festplatten ausgelagert wird. Diese Technik wird Storage Tiers genannt.

Windows Server 2022 speichert bei dieser Konfiguration häufig verwendete Daten im Pool vor allem auf All-Flash-Speichern oder SSD-Platten und lagert weniger verwendete Daten auf die langsamen Platten aus. In Windows Server 2022 können Sie drei Storage Tiers nutzen, und zwar NVMe, SSD und HDD. Der NVMe-Speicher wird zum Zwischenspeichern der häufig verwendeten Daten eingesetzt, während SSD und HDD zur Datenspeicherung dienen. Sie können aber auch verschiedene Kombinationen dieser drei Datenträgertypen erstellen und entsprechende Storage Tiers definieren. Die Befehle dazu lauten wie folgt:

New-StorageTier -StoragePoolFriendlyName Pool -FriendlyName SSD-Storage -MediaType SSD

New-StorageTier -StoragePoolFriendlyName Pool -FriendlyName HDD-Storage -MediaType HDD

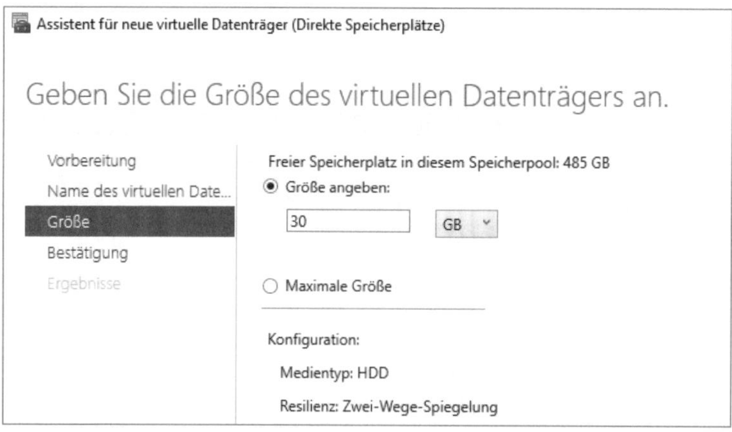

Abb. 34.8 Virtuelle Festplatten, auch Storage Spaces genannt, werden auf Basis des Speicherpools erstellt, der sich über die verschiedenen physischen Festplatten des Clusters ausdehnt.

Sobald also der Speicherpool im Cluster zur Verfügung steht, können Sie über das Kontextmenü der Pools im Failover Cluster Manager neue virtuelle Festplatten, auch Storage Spaces genannt, erstellen. Im Assistenten lässt sich die Verfügbarkeit und das Storage Layout des neuen Storage Space festlegen. Dieser baut auf den erstellten Storage Pools auf. Mehr zu diesem Thema lesen Sie in Kapitel 5.

Auf Basis des Storage Spaces erstellen Sie dann wiederum ein neues Volume, genauso wie bei herkömmlichen Speicherpools. Die Volumes können Sie wiederum über das Kontextmenü zum Cluster Shared Volume hinzufügen und damit zum Beispiel zur Datenspeicherung von VMs nutzen (siehe Kapitel 9).

34.6.4 Ausfallsicherheit bei Storage Spaces Direct

Storage Spaces Direct sind vor dem Ausfall eines Hosts geschützt. Bei entsprechender Anzahl Clusterknoten können mehrere Clusterknoten ausfallen, ohne dass der S2D in Mitleidenschaft gezogen wird. Sogar komplette Gehäuse, Racks oder sogar ganze Rechenzentren können ausfallen, wenn die Daten zwischen genügend Clusterknoten repliziert werden und unter Umständen auch auf Storage-Replikation gesetzt wird (siehe Kapitel 5). Mit Storage-Replikation können Sie in Windows Server 2022 ganze Storage Spaces Direct komplett zu anderen Clustern und Rechenzentren replizieren lassen. In Windows Server 2022 kann in einem 2-Knoten-Cluster ein ganzer Knoten ausfallen, ohne dass Daten im Speicherpool verloren gehen.

Standardmäßig wird beim Erstellen eines Storage Pools bereits mit der Hochverfügbarkeit gearbeitet. Hier spielt die Option *FaultDomainAwarenessDefault* und deren Standardwert *StorageScaleUnit* eine wichtige Rolle. Sie können sich den Wert für den jeweiligen Storage Pool jederzeit anzeigen lassen. Dazu verwenden Sie die PowerShell und den Befehl:

Get-StoragePool -FriendlyName <PoolName> | FL FriendlyName, Size, FaultDomainAwarenessDefault

```
Administrator: Windows PowerShell
Windows PowerShell
Copyright (C) Microsoft Corporation. Alle Rechte vorbehalten.

PS C:\Users\administrator.JOOS> Get-StoragePool

FriendlyName   OperationalStatus HealthStatus IsPrimordial IsReadOnly       Size AllocatedSize
------------   ----------------- ------------ ------------ ----------       ---- -------------
Primordial     OK                Healthy      True         False         1.22 TB    1011.99 GB
S2D on cluster OK                Healthy      False        False      1007.99 GB       88.5 GB
Primordial     OK                Healthy      True         False         1.22 TB    1011.99 GB


PS C:\Users\administrator.JOOS> Get-StoragePool -FriendlyName "S2D on Cluster" | FL FriendlyName, Size, FaultDomainAware
nessDefault


FriendlyName                : S2D on cluster
Size                        : 1082323369984
FaultDomainAwarenessDefault : StorageScaleUnit
```

Abb. 34.9 Überprüfen der Hochverfügbarkeit von Speicherpools in Storage Spaces Direct

Virtuelle Festplatten, also die Storage Spaces im Speicherpool der Storage Spaces Direct-Umgebung, erben die Hochverfügbarkeit vom Storage-Pool, aus dem sie erstellt werden. Sie können sich den Wert von Storage Spaces bezüglich der Hochverfügbarkeit ebenfalls in der PowerShell anzeigen lassen:

Get-VirtualDisk -FriendlyName <VirtualDiskName>| FL FriendlyName, Size, FaultDomainAwareness, ResiliencySettingName

Eine virtuelle Festplatte besteht aus Extents mit einer Größe von 1 GB. Eine Festplatte mit 100 GB besteht also aus 100 Extents. Erstellen Sie eine virtuelle Festplatte mit der Hochverfügbarkeitseinstellung *Mirrored*, also gespiegelt, werden die einzelnen Extents der virtuellen Festplatte kopiert und auf verschiedenen Clusterknoten gespeichert.

Abhängig von der eingesetzten Anzahl an Knoten lassen sich zwei oder drei Kopien von Extents auf die Datenspeicher der verschiedenen Clusterknoten verteilen. Sichern Sie also eine 100 GB große, virtuelle Festplatte durch dreifache Kopien ab, dann braucht diese Festplatte 300 Extents. Dabei versucht Windows Server 2022, die Extents möglichst gleichmäßig zu verteilen. Beispiel: Der Extent A wird auf den Knoten 1, 2 und 3 gespeichert. Der Extent B, auf der gleichen virtuellen Festplatte positioniert, wird auf den Knoten 1, 3 und 4 kopiert. Eine virtuelle Festplatte und deren Daten/Extents sind also im kompletten Cluster auf allen Knoten verteilt.

Microsoft bietet die Möglichkeit, eine Umgebung mit Storage Space Direct mit drei Hosts aufzubauen. Das ist für kleine Unternehmen oder in Testumgebungen interessant. Bei weniger als vier Hosts unterstützt die Technik nur die Spiegelung der Daten zur Absicherung (mirrored resiliency). Sollen auch Paritiäts-basierte Datenträger (parity-based resiliency) erstellt werden, sind mindestens vier oder mehr Hosts notwendig. Storage Spaces Direct sind standardmäßig vor dem Ausfall eines Hosts geschützt.

Windows Server 2022 arbeitet dazu mit »Fault Domains«. Dabei handelt es sich um eine Gruppe von Clusterknoten, die sich einen Single-Point-Of-Failure teilen. Eine Fault Domain kann ein einzelner Clusterknoten sein, Clusterknoten in einem gemeinsamen Rack/Gehäuse, aber auch alle Clusterknoten in einem Rechenzentrum. Die Verwaltung der Fault Domains nehmen Sie mit neuen Get-, Set-, New-, und Remove-Cmdlets des Befehls *ClusterFaultDomain* vor.

Um sich zum Beispiel Informationen zu bereits erstellten Fault Domains anzeigen zu lassen, verwenden Sie:

Get-ClusterFaultDomain

Get-ClusterFaultDomain -Type Rack

Get-ClusterFaultDomain -Name "server01.contoso.com"

Sie können also mit verschiedenen Typen arbeiten. Um eigene Fault Domains zu erstellen, stehen zum Beispiel folgende Befehle zur Verfügung:

New-ClusterFaultDomain -Type Chassis -Name "Chassis 007"

New-ClusterFaultDomain -Type Rack -Name "Rack A"

New-ClusterFaultDomain -Type Site -Name "Shanghai"

Sie können Fault Domains miteinander verknüpfen oder anderen Fault Domains unterordnen:

Set-ClusterFaultDomain -Name "server01.contoso.com" -Parent "Rack A"

Set-ClusterFaultDomain -Name "Rack A", "Rack B", "Rack C", "Rack D" -Parent "Shanghai"

Fault Domains können in größeren Umgebungen in einer XML-Datei vorgegeben und dann im System integriert werden. Dazu gibt es das neue Cmdlet *Get-ClusterFaultDomainXML*. Mit diesem können Sie die aktuelle Fault Domain-Infrastruktur in eine XML-Datei speichern, zum Beispiel mit:

Get-ClusterFaultDomainXML | Out-File <Pfad>

XML-Dateien können Sie natürlich anpassen und als neue Infrastruktur einlesen. Dazu verwenden Sie die folgenden Befehle:

$xml = Get-Content <Path> | Out-String

Set-ClusterFaultDomainXML -XML $xml

34.6.5 Speicherpools in Storage Spaces Direct optimieren

Bei längerer Verwendung kann es passieren, dass einzelne Festplatten im Storage Pool mehr belastet werden als andere. Dazu kommt, dass neue physische Festplatten, die im System integriert werden, optimal eingebunden werden müssen. Microsoft bietet dazu Cmdlets, mit denen Sie Speicherpools optimieren können, um Daten effizienter zu verteilen:

Optimize-StoragePool <PoolName>

Den aktuellen Status der Aktion können Sie in der PowerShell ebenfalls abfragen:

Get-StorageJob | ? Name -eq Optimize

Storage Spaces Direct können auch in System Center Virtual Machine Manager 2022 verwaltet werden. Hier lassen sich neue Cluster erstellen, die gleich Storage Space Direct nutzen, oder bestehende Cluster werden zu Clustern umgewandelt, die Storage Spaces Direct unterstützen. Außerdem gibt es die Möglichkeit der automatischen Konfiguration.

34.7 Scale-Out File Server erstellen

Über den Assistenten zum Erstellen neuer Clusterrollen können Sie in Windows Server 2022 einen neuen Scale-Out File Server im Cluster erstellen. Sobald dieser vorhanden ist und Zugriffspunkte festgelegt wurden, lassen sich Freigaben auf dem Server zur Verfügung stellen. Dazu müssen Sie keine VM mit Windows Server 2022 im Cluster erstellen, sondern die Freigaben werden über den Scale-Out File Server zur Verfügung gestellt.

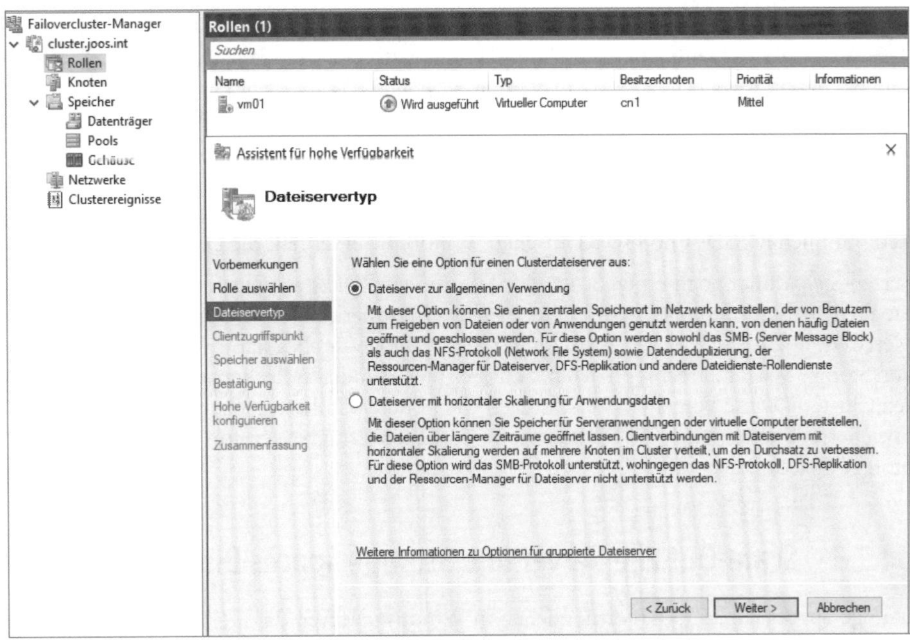

Abb. 34.10 In einem Cluster mit Windows Server 2022 lassen sich auch virtuelle Dateiserver ohne Hyper-V erstellen.

Der Dateiserver kann auf den gemeinsamen Datenspeicher des Clusters zugreifen und damit auch auf die S2D-Speicher. Im Rahmen der Erstellung des Dateiservers können Sie auswählen, ob Sie einen herkömmlichen Dateiserver erstellen wollen (*Dateiserver zur allgemeinen Verwendung*) oder einen Scale-Out File Server (*Dateiserver mit horizontaler Skalierung für Anwendungsdaten*). Die Freigaben des SOFS werden im Failovercluster-Manager verwaltet und zur Verfügung gestellt.

Der Dateiserver steht in diesem Fall als Clusterressource zur Verfügung. Fällt ein Knoten im Cluster aus, können andere Knoten die Clusterressource übernehmen und bereitstellen. Die Freigaben bleiben in diesem Fall aktiv, da sie Bestandteil der virtuellen Clusterressource sind. In Windows Server 2022 ist diese Vorgehensweise der ideale Weg für einen hochverfügbaren Dateiserver.

Natürlich spielen hier die Datenträger eine Rolle, auf denen die Daten gespeichert sind. Zum Einsatz kommen entweder gemeinsamer Speicher im Cluster oder Storage Spaces Direct. Eine Art der Hochverfügbarkeit kann das Distributed File System (DFS) in Windows-Netzwerken sein. Dabei handelt es sich aber generell um keine Technologie zur Hochverfügbarkeit. DFS ermöglicht dafür die Replikation von Freigaben auf mehrere Server im Netzwerk, auch ohne Cluster. Grundsätzlich ist es aber möglich, Dateiserver zu clustern und parallel auf DFS zu setzen. Ob das sinnvoll ist, muss jeder Administrator selbst entscheiden, denn die Komplexität steigt dadurch deutlich. DFS-Replikation ist allerdings mit einem Scale-Out File Server mit Windows Server nicht umsetzbar.

34.7.1 Cluster sind auch in kleinen Netzwerken sinnvoll einsetzbar

Auch kleine Cluster mit nur zwei Knoten können einen Cluster für Storage Spaces Direct und hochverfügbare Dateiserver zur Verfügung stellen. Das heißt, auch kleine und mittlere Unternehmen können hochverfügbare Dateiserver nutzen. Mit Storage Spaces Direct lassen sich nicht nur herkömmliche Datenträger zusammenfassen, sondern Sie können verschiedene Speichertechnologien miteinander bündeln, um mehr Speicherplatz mit höherer Geschwindigkeit zu erreichen. In Storage Space Direct (S2D) lassen sich NVMe-Speicher mit herkömmlichen SSDs und HDDs mischen. Windows Server teilt die Daten dazu ideal auf.

Setzen Sie parallel noch einen Scale-Out File Server (SOFS) als Clusterdienst ein, können Sie Freigaben auf Storage Spaces Direct speichern, innerhalb des SOFS verwalten und im Netzwerk hochverfügbar zur Verfügung stellen. Storage-Replica kann wiederum die Daten von Storage Spaces Direct replizieren, zum Beispiel in anderen Rechenzentren und zu anderen Clustern. Diese Vorgehensweise nutzen wiederum vor allem größere Unternehmen. Die Speicherreplikation stellt eine Erweiterung der Hochverfügbarkeit für Dateiserver und für Storage Spaces Direct dar.

34.7.2 Scale-Out File Server und Storage Spaces Direct

Storage Spaces Direct (S2D) ermöglichen in Windows Server, dass lokale Datenträger von Clusterknoten im Cluster als gemeinsamer Datenspeicher für einen Dateiserver, aber auch für andere Einsatzgebiete nutzbar sind. Dazu fasst Windows Server die physischen Festplatten zu einem virtuellen Speicherpool zusammen. Auf Basis dieses übergreifenden Speicherpools lassen sich virtuelle Festplatten erstellen und zur Datenspeicherung im Cluster nutzen.

Im Cluster können Sie einen Scale-Out File Server als Clusterdienst integrieren, natürlich auch parallel mit anderen Diensten. Ein SOFS stellt die Freigaben im Netzwerk zur Verfügung, genauso wie ein alleinstehender Dateiserver, der nicht im Cluster bereitsteht. Die Freigaben sind auf den virtuellen Festplatten (Storage Spaces) gespeichert, die wiederum in den Storage Pools gespeichert sind. Ein SOFS kann aber auch ohne Storage Spaces Direct eingesetzt werden. In diesem Fall kommen klassische Speicher für den Cluster-Storage zum Einsatz, zum Beispiel ein SAN.

Auf allen Servern, die Mitglied des Clusters für Storage Spaces Direct sein sollen, müssen Sie die Serverrolle *Dateiserver* und die Clusterfeatures installieren. Am einfachsten geht das in der PowerShell mit dem Befehl:

Install-WindowsFeature -Name File-Services, Failover-Clustering -IncludeManagementTools

Sobald der Cluster aufgebaut ist, können Sie Storage Spaces Direct in der PowerShell mit *Enable-ClusterStorageSpacesDirect* aktivieren. Storage Spaces Direct sind vor dem Ausfall eines Hosts geschützt. Bei entsprechender Anzahl Clusterknoten können auch mehrere Clusterknoten ausfallen.

Windows Server 2019/2022 arbeitet dazu mit »Fault Domains«. Dabei handelt es sich um eine Gruppe von Clusterknoten, die sich einen Single-Point-Of-Failure teilen. Eine Fault Domain kann ein einzelner Clusterknoten sein, Clusterknoten in einem gemeinsamen Rack/Gehäuse, aber auch alle Clusterknoten in einem Rechenzentrum. Die Verwaltung der Fault Domains nehmen die Get-, Set-, New-, und Remove-Cmdlets des Befehls *Cluster-FaultDomain* vor. Um sich zum Beispiel Informationen zu bereits erstellten Fault Domains anzeigen zu lassen, verwenden Sie:

Get-ClusterFaultDomain

Get-ClusterFaultDomain -Type Rack

Get-ClusterFaultDomain -Name "server01.contoso.com"

Sie können also mit verschiedenen Typen arbeiten. Um eigene Fault Domains zu erstellen, stehen zum Beispiel folgende Befehle zur Verfügung:

New-ClusterFaultDomain -Type Chassis -Name "Chassis 007"

New-ClusterFaultDomain -Type Rack -Name "Rack A"

New-ClusterFaultDomain -Type Site -Name "Shanghai"

Sie können Fault Domains miteinander verknüpfen oder anderen Fault Domains unterordnen:

Set-ClusterFaultDomain -Name "server01.contoso.com" -Parent "Rack A"

Set-ClusterFaultDomain -Name "Rack A", "Rack B", "Rack C", "Rack D" -Parent "Shanghai"

34.7.3 Scale-Out File Server im Cluster nutzen

Über den Assistenten zum Erstellen neuer Clusterrollen können Sie in Windows Server einen neuen Scale-Out File Server (SOFS) im Cluster erstellen. Das funktioniert mit Storage Spaces Direct, aber auch mit anderen hochverfügbaren Storage-Technologien, die an die Server angebunden sind. Sobald im Cluster ein SOFS zur Verfügung steht, lassen sich Freigaben nutzen.

Dazu müssen Sie im Cluster keine VM erstellen, sondern die Freigaben sind direkt an den Scale-Out File Server angebunden. Sie fügen über den Assistenten zum Hinzufügen von neuen Clusterressourcen die Ressource *Dateiserver* hinzu. Danach startet ein Assistent, der Sie bei der Einrichtung unterstützt. Damit das funktioniert, muss die Dateiserver-Rolle auf allen Clusterknoten installiert sein.

Der »virtuelle« Dateiserver kann auf den gemeinsamen Datenspeicher des Clusters zugreifen und damit auch auf die S2D-Speicher, wenn Sie auf Storage Spaces Direct setzen. Im Rahmen der Erstellung des Dateiservers können Sie auswählen, ob Sie einen herkömmlichen Dateiserver erstellen wollen (Dateiserver zur allgemeinen Verwendung) oder einen Scale-Out File Server (Dateiserver mit horizontaler Skalierung für Anwendungsdaten). Die Freigaben des SOFS sind im Failovercluster-Manager integriert. Der Dateiserver für die allgemeine Verwendung ist seit mehreren Windows Server-Versionen das Standardwerkzeug, wenn ein Dateiserver im Cluster eingesetzt wird. Auf einem Knoten sind die Freigaben aktiv.

Der sperrige Begriff »Dateiserver mit horizontaler Skalierung für Anwendungsdaten« bedeutet auf Windows-Clustern die Einrichtung eines SOFS. Die Technik gibt es seit Windows Server 2012. Alle Dateifreigaben sind beim Einsatz eines SOFS auf allen Knoten im Cluster gleichzeitig online. Fügen Sie neue Knoten hinzu, dann stellt der Cluster die Freigaben auch auf den neuen Dateiservern bereit. Die Ordner sind in einem solchen Szenario auf mehreren Knoten gleichzeitig freigegeben, was die Hochverfügbarkeit natürlich deutlich erhöht. Der Einsatz ist daher auch zum Speichern von Daten der Anwendungsserver geeignet, zum Beispiel für VM-Konfigurationsdateien oder SQL-Datenbanken.

Das ist ein großer Unterschied zum klassischen Dateiserver, bei dem die Freigaben nur auf einem Knoten online sind. Die Dateifreigaben sind dadurch horizontal skalierbar. Es ist problemlos möglich, weitere Server zum Cluster hinzuzufügen und dadurch auch den SOFS horizontal zu skalieren. Auf den neuen Knoten sind die Freigaben ebenfalls sofort einsatzbereit.

Bei der Erstellung eines neuen Dateiservers im Clustermanager legen Sie einen Namen für den Server fest. Die Anwender greifen über diesen Namen auf die Freigaben des Dateiservers im Cluster zu, genauso wie bei alleinstehenden Dateiservern. Ein SOFS ist schnell erstellt. Über das Kontextmenü des SOFS im Cluster-Manager können Sie weitere Ressourcen hinzufügen, zum Beispiel eine eigene IP-Adresse. Die IP-Adresse konfigurieren Sie in den Eigenschaften der Ressource.

Sobald der Cluster verfügbar ist, können Sie über das Kontextmenü neue Dateifreigaben erstellen. Hier stehen SMB und NFS zur Verfügung. Neben herkömmlichen SMB-Freigaben können Sie Freigaben für Anwendungen wie Hyper-V oder SQL-Server erstellen. Als Speicherort für die Daten steht das CSV zur Verfügung. Es gibt aber auch die Möglichkeit, Speicherorte im Netzwerk zu verwenden. Beim Anlegen der Freigabe geben Sie ihren Namen und eine Beschreibung ein. Im Rahmen der Erstellung können Sie verschiedene Anpassungen vornehmen, wie das Verschlüsseln der Daten. Auch die Berechtigungen der Freigabe steuern Sie im Failover-Cluster-Manager. Danach steht die Freigabe als Ressource für den SOFS zur Verfügung.

34.7.4 Vorteile beim Einsatz eines Scale-Out File Servers: SMB-Version beachten

Im Cluster kann der SOFS die aktiven Zugriffe auf alle Clusterknoten verteilen. Das wirkt sich natürlich deutlich auf die Leistung aus. Dadurch ist es zusätzlich möglich, mit SMB 3.x ein transparentes Failover durchzuführen. Sind auf einem Knoten Wartungsarbeiten notwendig, leitet der Cluster die Zugriffe des Knotens auf andere Knoten um. Die Anwender bemerken davon nichts. Windows-Server und Windows-Clients mit Windows 10 nutzen dazu das transparente Failover in SMB 3.x. Die Version 3 des SMB-Protokolls ist ein wesentlicher Bestandteil beim sicheren und schnellen Zugriff von Clients. Dazu muss Windows Server 2016, besser Windows Server 2019/2022 eingesetzt werden. Auf den Clients ist Windows 10 notwendig. Für die aktuelle SMB-Version müssen die beteiligten Computer natürlich auf dem neuesten Stand sein.

Seit SMB 3.1.1 in Windows Server 2016 nutzt Windows AES-128-GCM. Der Vorgänger SMB 3.0.2 in Windows Server 2012 R2 und Windows 8.1 hat hier auf AES-128-CCM gesetzt. Laut Microsoft kommt AES-128-GCM besser mit aktuellen Prozessoren von Intel und AMD zurecht. Dieser Sachverhalt kann die Zugriffe per SMB deutlich beschleunigen, vor allem zwischen Servern, wenn zum Beispiel Storage Spaces Direct eingesetzt werden sollen. Microsoft nennt eine mögliche Leistungssteigerung von 100 % beim Kopieren von großen Dateien über das Netzwerk. Das spielt auf SOFS natürlich eine wichtige Rolle.

Seit SMB 3.0.2 beherrscht das Protokoll SMB-Multichannel. Die Technik fasst die Bandbreite von verschiedenen Netzwerkadaptern zusammen und erlaubt parallel SMB-Zugriffe auf eine Freigabe. Das erhöht die Stabilität und Leistung, vor allem auf Clustern mit mehreren Netzwerkadaptern. SMB-Multichannel beschleunigt den Datenverkehr und sichert ihn gegen Ausfall eines einzelnen SMB-Kanals ab. Der Vorteil liegt darin, dass Serverdienste Daten auf Servern speichern können, nicht nur auf der eigenen Festplatte. Die Technik bietet neben Leistungssteigerung Netzwerkfehlertoleranz durch die Kompensierung des Ausfalls eines Netzwerkpfads. Microsoft empfiehlt dazu entweder die Installation eines 10-Gigabit-Adapters oder mindestens den Einsatz von zwei 1-Gigabit-Adaptern.

SMB Direct ist ebenfalls zwischen Servern mit Windows Server 2016/2019/2022 aktiv. Damit diese Funktion nutzbar ist, müssen die verbauten Adapter die RDMA-Funktion (Remote Direct Memory Access) unterstützen. Bei dieser Funktion können Server Daten aus dem Hauptspeicher eines Systems über das Netzwerk auf einen anderen Server übertragen, der aktuell Kapazitäten frei hat. So lassen sich überlastete Server beschleunigen, indem Sie Daten auf nicht ausgelastete Server übertragen. Damit dies funktioniert, muss das Netzwerk extrem schnell sein und die Adapter müssen die Funktion nutzen können. Dies sind Adapter mit den Typen iWARP, Infiniband und RDAM over Converged Ethernet (RoCE). Von dieser Technik profitieren hauptsächlich Hyper-V, SQL-Server und Cluster mit Windows Server.

Zusätzlich ermöglicht SMB seit Version 3.1.1 (Windows Server 2016) beim Einsatz auf geclusterten Dateiservern einen besseren Failover zwischen Clusterknoten. Dabei berücksichtigt Windows Server 2016/2019/2022 die SMB-Sitzungen der Benutzer und Server und behält diese auch bei, wenn Sie virtuelle Dateiserver zwischen Clusterknoten verschieben oder in einem SOFS ein Knoten ausfällt.

SMB-Scale-Out verwendet Cluster Shared Volumes (CSV) für den parallelen Zugriff auf Dateien über alle Knoten in einem Cluster. Das erhöht die Leistung und die Skalierbarkeit von Serverdiensten, da alle Knoten beteiligt sind. Die Technologie arbeitet parallel zu Funktionen wie Transparent Failover und Multichannel.

$ReplicaServer | % {Install-WindowsFeature -ComputerName $_ -Name Storage-Replica,FS-Fileserver -IncludeManagementTools}

Sie können SAS, JBODs, Fibre Channel SAN oder iSCSI SANs nutzen. Für die Verwaltung der Storage Replica-Funktion in der grafischen Oberfläche in einem Cluster nutzen Sie den Failovercluster-Manager. Über den Bereich *Speicher/Datenträger* (*Storage/Disks*) sehen Sie alle Datenträger, die an den Cluster angebunden sind. Über das Kontextmenü der Datenträger starten Sie den Assistenten für die Einrichtung von Storage Replica über *Replikation/ Aktivieren*.

Im Failovercluster-Manager nehmen Sie die Einstellungen im Assistenten vor. Nachdem Sie dort das Quell-Laufwerk ausgewählt haben, wählen Sie im Assistenten das Ziel-Laufwerk für die Replikation aus. In diesem Rahmen wählen Sie auch ein Laufwerk für das Speichern der Logdateien aus. Dieses geben Sie in der PowerShell durch die Option *DestinationLogVolumeName* ein.

Danach können Sie im Failovercluster-Manager auswählen, ob die Zielfestplatte schon Daten der Quellfestplatte enthält. In diesem Fall muss der Server nur geänderte Daten übertragen, was Bandbreite spart. Vor allem bei der Replikation in Geo-Clustern kann es daher sinnvoll sein, die erste Replikation offline vorzunehmen und danach erst die Speicherreplikation einzurichten. Danach ist der Assistent abgeschlossen und beginnt mit der Einrichtung der Replikation. Den Status sehen Sie im Failovercluster-Manager. In der Oberfläche ist zu sehen, ob es sich bei diesem Datenträger um die Quelle, das Ziel oder den Datenträger für Logdateien handelt.

Zusammen bieten Storage Spaces Direct und Storage Replica die Möglichkeit, geografisch getrennte Cluster aufzubauen und deren Daten zu synchronisieren. Dabei kommt kein gemeinsamer Speicher im Cluster zum Einsatz, sondern die lokal angeschlossenen Datenträger im Cluster stellen den gemeinsamen Datenträger zur Verfügung. Sinnvolles Einsatzgebiet ist das Replizieren von Daten zwischen verschiedenen Clustern, die in unterschiedlichen Rechenzentren verteilt sind. Jeder Cluster nutzt dabei sein eigenes Storage Spaces Direct-System.

34.7.5 Dateiserver und das Cluster Shared Volume

Für Dateiserver in einem Cluster spielt das Cluster Shared Volume eine wichtige Rolle. Hier speichern die geclusterten Dateiserver ihre Freigaben. Speicherpools in Umgebungen mit Storage Spaces Direct lassen sich in Windows Server auch als freigegebenes Clustervolume (Cluster Shared Volume, CSV) in Clustern nutzen. Verwenden Sie externe Festplattenarrays, verwendet Windows Server SES (SCSI Enclosure Services) für die Verbindung. Dies beugt zum Beispiel Ausfällen vor, indem Windows Server erkennt, wenn im externen Array Festplatten defekt sind.

Wenn Sie Failover-Cluster in Windows Server erstellt und CSV aktiviert haben, erstellt das System automatisch eine Speicher-QoS-Ressource im Cluster. Bevor Sie Speicherrichtlinien konfigurieren, überprüfen Sie zunächst, ob die Ressource im Failovercluster-Manager vorhanden ist. Sie können sich Informationen dazu in der PowerShell anzeigen lassen. Dazu verwenden Sie das Cmdlet *Get-ClusterResource -Name "Storage Qos Resource"*. Auf deutschen Servern nutzen Sie dazu die deutsche Bezeichnung, also: *Get-ClusterResource -Name "Speicher-Qos-Ressource"*.

Um CSV in einem Cluster zu aktivieren, gehen Sie folgendermaßen vor:

1. Starten Sie den Failovercluster-Manager.
2. Klicken Sie mit der rechten Maustaste im Bereich *Speicher/Datenträger* auf den Datenträger, den Sie wollen, und wählen Sie *Zu freigegebenen Clustervolumes* hinzufügen.

Windows legt auf der Betriebssystempartition im Ordner *ClusterStorage* Daten ab. Diese liegen aber nicht tatsächlich auf der Festplatte *C:* des Knotens, sondern auf dem gemeinsamen Datenträger, dessen Abruf auf den Ordner *C:\ClusterStorage* umgeleitet ist. Dieses Verzeichnis gibt es auf allen Knoten im Cluster. Die Daten liegen im Speicherpool des Clusters.

Cluster in Windows Server 2022 beherrschen Dynamic I/O. Wenn die Datenverbindung eines Knotens ausfällt, kann der Cluster den Datenverkehr, der für die Kommunikation notwendig ist, automatisch über die Leitungen des zweiten Knotens routen, ohne dazu ein Failover durchführen zu müssen. Sie können einen Cluster so konfigurieren, dass die Clusterknoten den Netzwerkverkehr zwischen den Knoten und zu den CSV priorisieren.

34.8 Cluster Operating System Rolling Upgrade

Die neue Funktion *Cluster Operating System Rolling Upgrade* erlaubt die Aktualisierung von Clusterknoten zu Windows Server 2022, ohne dass Serverdienste ausfallen. Bei diesen Vorgängen werden weder Hyper-V-Dienste noch Dateiserver-Freigaben beendet und stehen den Anwendern weiter zur Verfügung. Wenn Sie einen Clusterknoten zu Windows Server 2022 aktualisieren, gibt es also keine Ausfallzeit mehr.

34.8.1 So aktualisieren Sie einen Cluster zu Windows Server 2022

Sie können Clusterknoten mit Windows Server 2022 installieren und in bestehende Cluster mit Windows Server 2012 R2/2016/2019 integrieren. Auch das Verschieben von Clusterressourcen und virtuellen Maschinen zwischen den Clusterknoten ist dann möglich. Wenn alle Knoten auf Windows Server 2022 aktualisiert sind, wird die Clusterkonfiguration auf die neue Version gesetzt und unterstützt ab dann keine Vorgängerversionen wie Windows Server 2012 R2/2016/2019 mehr.

Bevor Sie einen Cluster zu Windows Server 2022 aktualisieren, sollten Sie eine vollständige Sicherung aller Clusterknoten und der Clusterdatenbank vornehmen. Außerdem sollten Sie Cluster Aware Update (CAU) während der Aktualisierung über Cluster Rolling Update (CRU) deaktivieren.

Ob CAU auf einem Cluster aktiv ist, können Sie am schnellsten in der PowerShell mit *Get-CauRun* abfragen. Mit *Disable-CauClusterRole* deaktivieren Sie den Dienst.

Zur Aktualisierung eines Clusters steht das neue Cmdlet *Update-ClusterFunctionalLevel* zur Verfügung. Der Ablauf bei dieser Migration ist folgender:

1. Der Clusterknoten wird angehalten. Alle virtuellen Maschinen, die auf diesem Knoten ausgeführt werden, erkennt der Cluster. Dazu wählen Sie im Kontextmenü des Knotens den Befehl *Anhalten/Rollen ausgleichen*. Sie können dazu auch die PowerShell und den Befehl *Suspend-ClusterNode <Name des Knotens> -drain* verwenden. Die virtuellen Maschinen und die anderen Cluster-Workloads werden zu einem anderen Knoten verschoben, der noch in Produktion ist.

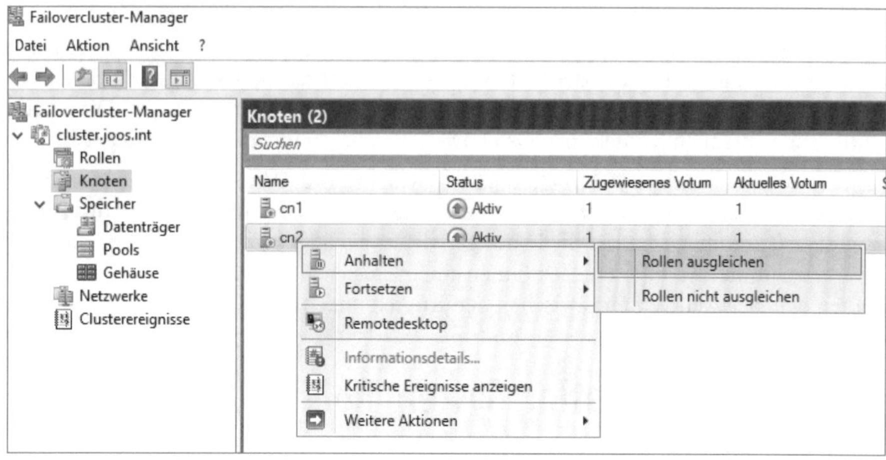

Abb. 34.11 Anhalten von Clusterknoten zur Aktualisierung

2. Die virtuellen Maschinen oder anderen Cluster-Workloads werden zu einem anderen Knoten verschoben.
3. Das vorhandene Betriebssystem wird entfernt und eine Neu-Installation von Windows Server 2022 durchgeführt. Entfernen Sie vorher den Knoten aus dem Cluster. Dazu verwenden Sie entweder den Failovercluster-Manager oder die PowerShell und den Befehl *Remove-ClusterNode <Knoten>*. Danach installieren Sie Windows Server 2022 neu auf dem Server. Eine Aktualisierung des Betriebssystems ist in diesem Fall nicht zu empfehlen.
4. Nachdem Sie das Betriebssystem installiert haben, müssen Sie es für die Aufnahme im Cluster vorbereiten. Installieren Sie alle Updates und alle notwendigen Treiber und nehmen Sie den Server wieder in Active Directory auf. Sie können hier den gleichen Servernamen verwenden. An diesem Punkt wird der Cluster im gemischten Modus ausgeführt, da die restlichen Clusterknoten noch auf Windows Server 2012 R2/2016 basieren. Sie können dazu die grafische Oberfläche verwenden oder die PowerShell: *Add-ClusterNode -Cluster <Name des Clusters>*.
5. Die funktionelle Cluster-Ebene bleibt bei Windows Server 2012 R2/2016. Überprüfen Sie, ob alle Clusterknoten funktionieren. Auch dazu können Sie die PowerShell verwenden und den Befehl *Get-ClusterNode*.
6. Sie aktualisieren jetzt alle Clusterknoten.

Nach diesen Vorgängen wird die Cluster-Funktionsebene für Windows Server 2022 mit dem PowerShell-Cmdlet *Update-ClusterFunctionalLevel* geändert. Ab jetzt können Sie die Vorteile von Windows Server 2022 nutzen. Sie können dem Cluster jetzt aber keine Knoten mit Windows Server 2012 R2 hinzufügen.

Die Version des Clusters können Sie mit *Get-Cluster | Select UpdateFunctionalLevel* überprüfen.

Windows Server 2022 erlaubt den Betrieb von Zeugenservern (Witness) in Microsoft Azure. Für global verteilte Cluster und Rechenzentren kann die Effizienz von Clustern erheblich verbessert und die Verwaltung erleichtert werden.

Durch *Cluster Compute Resiliency* und *Cluster Quarantine* verschiebt ein Windows-Cluster seine Clusterressourcen nicht mehr unnötig zwischen Knoten, wenn ein Clusterknoten Probleme hat. Windows versetzt einen Knoten in Isolation, wenn es erkennt, dass er nicht mehr stabil funktioniert. Alle Ressourcen werden vom Knoten verschoben und Administratoren informiert. Der Network Controller erkennt in diesem Zusammenhang auch fehlerhafte physische und virtuelle Netzwerke und kann entsprechend eingreifen. Ein Scale-Out File Server lässt sich in einem Cluster mit Windows Server 2022 als Clusterressource verwenden und gleichzeitig auch mit einem Storage Space Direct verbinden.

34.8.2 Node Fairness – Lastenausgleich aktivieren

Wenn Sie einen Cluster zu Windows Server 2022 aktualisiert haben, können Sie den automatischen Lastenausgleich aktivieren. Nach der Aktivierung kann Hyper-V VMs automatisch zu weniger ausgelasteten Clusterknoten verschieben. Dazu nutzt Windows Server 2022 die Live-Migration. Die bestehenden Server bleiben dabei gestartet.

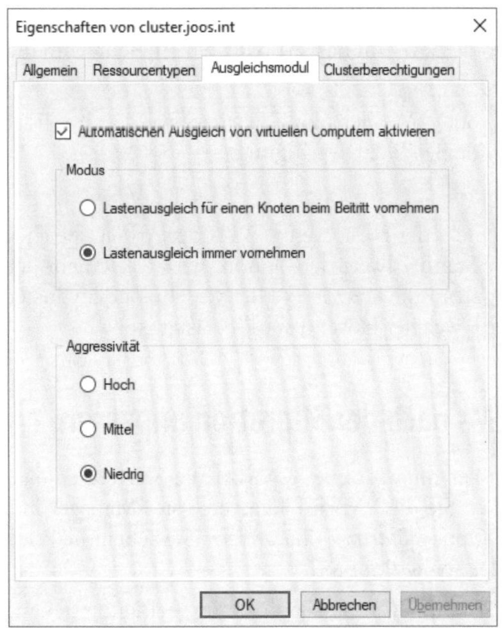

Abb. 34.12 Windows Server 2022 verfügt über sein eigenes Lastenausgleichsmodul.

Node Fairness misst dazu die Auslastung des Arbeitsspeichers und der CPU im Cluster. Die Aktivierung dieser Funktion nehmen Sie im Failovercluster-Manager vor oder in der PowerShell. Im Failovercluster-Manager finden Sie die Einstellung in den Eigenschaften des Clusters auf der Registerkarte *Ausgleichsmodul*. Hier aktivieren und steuern Sie die Funktion.

Mit Node Fairness misst Windows Server 2022 die Auslastung des Arbeitsspeichers und der CPU von Virtualisierungs-Hosts im Cluster. Auf Basis dieser Informationen kann der Cluster einzelne VMs oder ganze Gruppen auf andere, weniger ausgelastete Hosts verteilen. Dazu sind keine Zusatzprodukte wie System Center Virtual Machine Manager (SCVMM) notwendig. Liegt die Auslastung von CPU oder Arbeitsspeicher über einem bestimmten Bereich, migriert der Cluster über die Livemigration die VMs automatisch auf weniger stark ausgelastete Knoten. Wichtig ist beim Einsatz von Node Fairness eine vorherige optimale Einrichtung der Live-Migration, denn diese ist Basis des Verschiebens von VMs in Windows-Servern (siehe Kapitel 9).

Node Fairness und die dynamische Optimierung von SCVMM lassen sich nicht parallel nutzen. Allerdings stellt Node Fairness nur eine eingeschränkte Möglichkeit dar, die Last im Cluster optimal zu verteilen. Die dynamische Optimierung in SCVMM stellt mehr Möglichkeiten zur Verfügung. Unternehmen, die auf SCVMM zusammen mit Windows Server 2022 setzen, sollten daher die dynamische Optimierung verwenden. Ohne den Einsatz von SCVMM ist Node Fairness aber durchaus sinnvoll.

In der PowerShell lässt sich die Funktion mit dem folgendem Cmdlet steuern:

(Get-Cluster).AutoBalancerMode = 1 oder 2

Durch Aktivierung des Wertes *1* überprüft der Cluster bei der Aufnahme eines Knotens, ob eine Neubewertung stattfinden muss, beim Wert *2* überprüft er alle 30 Minuten. Durch Aktivierung des Wertes *0* deaktivieren Sie Node Fairness im Cluster.

Generell entspricht Node Fairness in Windows Server 2022 den Funktionen von DRS in vSphere: Das Virtualisierungs-System kann die VMs auf Basis von Regeln effizienter auf die einzelnen Hosts im Cluster verteilen.

Die Schwellenwerte für das Verschieben von VMs über Node Fairness werden über die PowerShell gesteuert. Dazu steht der folgende Befehl zur Verfügung:

(Get-Cluster).AutoBalancerLevel = <Option>

Durch die Verwendung der Option *1* verschiebt der Host, wenn CPU oder Arbeitsspeicher zu 80% ausgelastet sind. Das ist auch der Standardwert der Option. Bei *2* verschiebt der Cluster bereits bei 70% Auslastung. Der aggressivste Wert ist *3*. Hier verschiebt der Cluster die VMs ständig, da dauerhaft geprüft wird, welcher Host zu stark belastet ist.

34.8.3 Startreihenfolge der VMs nach der Migration anpassen

In Windows Server 2022 können Sie darüber hinaus ohne SCVMM die Startreihenfolge von VMs im Cluster festlegen. Dazu klicken Sie die VMs im Failovercluster-Manager mit der rechten Maustaste an und wählen die Option *Startpriorität ändern*. Sie sehen die Priorität auch im Failovercluster-Manager in der Spalte *Priorität*.

Sie können die Einstellungen dazu in der PowerShell anpassen. Alle zur Verfügung stehenden Cmdlets dazu sehen Sie über den Befehl *Get-Command *ClusterGroup**. Hier haben Sie die Möglichkeit, VMs zu gruppieren und dadurch zu einem Verbund zusammenzufassen.

Außerdem können Sie über die Cmdlets Abhängigkeiten der Gruppen definieren, zum Beispiel die Abhängigkeit der Gruppe der Anwendungsserver von der Gruppe der SQL-Server. Dazu verwenden Sie das Cmdlet *Add-ClusterGroupSetDependency*.

34.8.4 Compute Resiliency – Ausfallsicherheit steuern

Windows Server 2022 lässt im Cluster effizientere Steuerungen bezüglich der Verfügbarkeit zu. Nicht immer ist das sofortige Verschieben von VMs zu einem anderen Clusterknoten ideal, nur weil ein Knoten kurzzeitig Probleme hat. Selbst wenn ein Verschieben mit der Livemigration durchgeführt wurde, ist ein Failback teilweise ebenfalls nicht sinnvoll, wenn der ursprüngliche Knoten noch Probleme hat. Beispiel dafür sind kurzzeitige Netzwerkprobleme in einem Cluster.

Erkennt ein Cluster mit Windows Server 2022, dass ein Knoten kurzzeitig nicht mehr reagiert, erhält dieser den Status *Isoliert*. Hat ein Knoten über mehrere Stunden häufiger mit Ausfällen zu kämpfen, wird er in Quarantäne versetzt. Windows Server 2022 verschiebt dann die VMs des Knotens mit der Livemigration auf andere Knoten. Sie können die Quarantäne mit der PowerShell manuell beenden. Dazu verwenden Sie den Befehl *Start-ClusterNode -ClearQuarantine*. Die aktuellen Einstellungen des Clusters sehen Sie in der PowerShell mit dem Befehl *Get-Cluster | fl Res**.

Der Wert *ResiliencyDefaultPeriod* legt fest, wie lange VMs in Sekunden isoliert laufen dürfen, *ResiliencyLevel* legt das Verhalten des Clusters fest. Der Standardwert *AlwaysIsolate* bestimmt, dass Knoten immer erst isoliert werden, bevor der Cluster alle VMs isoliert.

34.9 Cluster Aware Update nutzen und einrichten

Mit Windows Server 2012 hat Microsoft die Funktion Cluster Aware Update (CAU) eingeführt. Auch Windows Server 2022 arbeitet mit dieser Funktion. Diese Technik erlaubt die Installation von Softwareupdates im laufenden Betrieb des Clusterdienstes. Die neue Technik ermöglicht in Clustern eine Aktualisierung des Betriebssystems und Serveranwendungen, ohne dass Clusterdienste ausfallen. Dazu kann ein Cluster Ressourcen automatisiert auf andere Knoten auslagern, damit die beteiligten Server im Cluster aktualisiert werden können. Sinnvoll ist so ein Ansatz vor allem, wenn es um Cluster mit Hyper-V geht.

Denn hier sind nicht nur einige Serverdienste betroffen, sondern in den meisten Fällen zahlreiche virtuelle Server mit noch mehr Serverdiensten. Aber auch bei einfachen Clustern mit Exchange, SQL oder anderen Anwendungen ergibt der Einsatz von CAU Sinn. Wir geben Ihnen in diesem Abschnitt einen Einblick in die Funktion und zeigen, wie Sie diese einrichten und verwalten.

34.9.1 Grundlagen für die Einführung von Cluster Aware Update

Cluster Aware Update können Sie nur in Clustern nutzen, die mit Windows Server 2012/2012R2/2016/2019 oder Windows Server 2022 betrieben werden. CAU unterstützt allerdings alle Clusteranwendungen, die auf Clustern laufen können. Außerdem können Sie es mit Microsoft Endpoint Configuration Manager verwenden.

Sie müssen allerdings darauf achten, dass sich die Softwareaktualisierungs-Komponente in SCCM nicht mit einer CAU-Installation überschneidet. Sie können bei der Konfiguration nur den kompletten zu aktualisierenden Cluster auswählen. Wenn Sie nur einzelne Knoten aktualisieren wollen, können Sie CAU nicht verwenden. Hier müssen Sie manuell die Windows Update-Funktion über Skripts steuern und ebenfalls per Skript die aktiven Clusterrollen auf andere Knoten verschieben.

System Center Virtual Machine Manager verfügt ebenfalls über eine Komponente, um Hyper-V-Cluster zu aktualisieren. Diese Funktion lässt sich aber nur mit SCVMM und mit Hyper-V nutzen. Andere Clusterdienste können Sie mit SCVMM nicht automatisch aktualisieren lassen. CAU unterstützt alle Clusterrollen in Windows Server, inklusive Hyper-V. Der Einsatz von VMM erfordert außerdem zusätzliche Lizenzen, während CAU für alle Editionen von Windows Server kostenlos als Feature von Failoverclustern zur Verfügung steht. Wenn Sie bereits SCVMM einsetzen, können Sie Hyper-V-Cluster mit VMM aktualisieren. In einem solchen Fall müssen Sie nicht auf CAU setzen.

Standardmäßig verwendet CAU die API für den Windows Update-Agent. Das heißt, Sie müssen zusätzlich zur Konfiguration von CAU noch festlegen, wie die Updates installiert werden sollen. Dazu verwenden Sie am besten eine WSUS-Infrastruktur und Gruppenrichtlinien zur Anbindung an WSUS. CAU nutzt die entsprechenden Updates und verwendet zur Installation die Quelle, die Sie in den Gruppenrichtlinien angegeben haben. Ohne WSUS verwendet CAU die interne Update-Funktion von Windows Server 2022. Wichtig zu wissen ist noch, dass CAU nur die Updates automatisiert installieren kann, die über Windows Update installiert werden können.

Durch die Konfiguration von CAU in einem Cluster erstellen Sie eine neue Rolle, die zukünftig Softwareaktualisierungen vollkommen selbstständig durchführen kann. Diese Serverrolle ist der zentrale Bestandteil bei der automatisierten Aktualisierung der Clusterknoten. Sie übernimmt auch die Konfiguration des Wartungsmodus auf den einzelnen Clusterknoten, kann Clusterknoten neu starten, Clusterrollen wieder auf die korrekten Clusterknoten verschieben und mehr. Das Verschieben von Clusterrollen auf andere Knoten entspricht einem geplanten Failover der Rollen. Solche Failover können Sie manuell vornehmen.

Vor der Einrichtung von CAU sollten Sie genau überprüfen, ob einzelne Serverdienste oder Clusterrollen Probleme damit haben, wenn ein Failover ausgelöst wird. Vor allem beim Betrieb von Hyper-V-Clustern sollten Sie im Vorfeld die einzelnen VMs auf Kompatibilität mit einem Failover überprüfen. CAU kann auch nur die Clusterknoten selbst aktualisieren. Betreiben Sie einen Hyper-V-Cluster, kann die Funktion nicht die einzelnen virtuellen Server aktualisieren. Hier sollten Sie mit WSUS und Windows Update-Einstellungen über Gruppenrichtlinien arbeiten.

Erstellen Sie zunächst im Snap-In *Active Directory-Benutzer und -Computer* ein neues Computerobjekt. Dieser Vorgang ist zwar optional, denn das Computerobjekt kann der Assistent für CAU später selbst anlegen. Dieses Computerobjekt stellt allerdings die Grundlage für die neue Clusterrolle zur Einrichtung der automatischen Aktualisierung dar. Sie müssen keine Einstellungen für das Objekt vornehmen, sondern es nur erstellen. Die Konfiguration nehmen Sie später bei der Einrichtung von CAU vor. Verwenden Sie als Beispiel den Namen des Clusters mit der Erweiterung CAU, zum Beispiel *cluster-cau*. Sie können aber jeden Namen verwenden, der passt. Später wird das Computerobjekt mit dem Cluster verbunden.

34.9.2 Firewalleinstellungen und mehr für CAU

Zusätzlich müssen Sie auf allen Clusterknoten, die an CAU teilnehmen sollen, eine eingehende Firewallregel erstellen. Als Regeltyp verwenden Sie *Vordefiniert/Remoteherunterfahren*. Das Verwaltungsprogramm für die Firewall starten Sie durch Eingabe von *wf.msc*. Ist die Regel schon vorhanden, aktivieren Sie sie einfach über das Kontextmenü. Der Sinn der Regel soll sein, dass der CAU-Dienst die einzelnen Clusterknoten bei Bedarf neu starten kann, nachdem Updates installiert sind.

Haben Sie diese Einrichtung vorgenommen, suchen Sie im Startmenü nach dem Einrichtungsprogramm von *Clusterfähiges Aktualisieren* und starten das Tool. Mit diesem Programm nehmen Sie die grundlegenden Einstellungen für CAU vor. Im ersten Schritt lassen Sie sich mit dem Cluster verbinden, für den Sie CAU aktivieren wollen. Danach klicken Sie auf den Link *Vorbereitung auf das Clusterupdate analysieren*. Der Assistent überprüft im Anschluss, ob Sie CAU im Cluster aktivieren können und alle wichtigen Voraussetzungen getroffen sind.

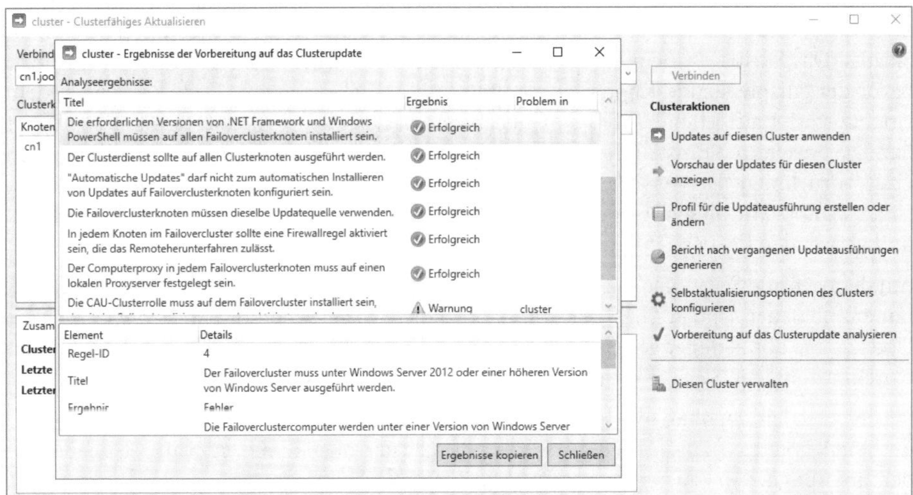

Abb. 34.13 Vor der Aktivierung von Cluster Aware Update analysieren Sie den Cluster. Damit stellen Sie sicher, dass die Funktion später auch optimal funktioniert.

34.9.3 CAU für den Cluster aktivieren

Haben Sie sich mit dem gewünschten Cluster verbunden und die Analyse durchgeführt, starten Sie anschließend die Einrichtung von CAU über den Assistenten. Diesen rufen Sie mit *Selbstaktualisierungsoptionen des Clusters konfigurieren* auf. Auf der ersten Seite des Assistenten erhalten Sie eine Information, was er alles konfiguriert. Auf der nächsten Seite aktivieren Sie die Option *Selbstaktualisierungsoptionen des Clusters konfigurieren.*

Danach aktivieren Sie die Option *Ich habe das Computerobjekt für die CAU-Clusterrolle vorab bereitgestellt*, wenn Sie diesen Schritt bereits selbst durchgeführt haben. Geben Sie im Feld den Namen dieses Computerobjekts ein. Der Assistent kann das Objekt automatisch erstellen, was die Konfiguration in Testumgebungen vereinfacht. In produktiven Umgebungen ist es jedoch meistens sinnvoll, wenn Sie solche Aufgaben im Vorfeld vornehmen lassen. Oft gibt es verschiedene Administratorgruppen für Cluster und Active Directory. In diesem Fall ist es ebenfalls sinnvoll, vorher das Objekt durch berechtigte Administratoren anlegen zu lassen.

Auf der nächsten Seite legen Sie den Zeitplan fest, an dem sich der Cluster und die einzelnen Knoten automatisiert aktualisieren sollen. Natürlich hängt diese Aktualisierung von der Verfügbarkeit der Updates ab. Auf der Seite *Erweiterte Optionen* können Sie weitere Einstellungen vornehmen, um CAU für Ihr Unternehmen anzupassen, diese sind aber optional.

Sinnvoll ist hier zum Beispiel die Option, die überprüft, dass die Aktualisierung nur dann gestartet wird, wenn alle Clusterknoten online und verfügbar sind. Das ist vor allem wichtig, um andere Wartungsarbeiten auszuschließen. Bei der Installation von Patches muss CAU die auf dem Clusterknoten betriebenen Ressourcen auf andere Server im Cluster verschieben. Idealerweise sollten dann die anderen Knoten zur Verfügung stehen.

Dazu aktivieren Sie die Option *True* bei *RequireAllNodesOnline*. Weitere Möglichkeiten sind das Hinterlegen von Skripts, die vor oder nach der Aktualisierung vom Clusterdienst gestartet werden sollen. Hier haben Administratoren alle Möglichkeiten zum Eingreifen in die Aktualisierung. Über die Skripts lassen sich zum Beispiel automatisiert E-Mails versenden oder bestimmte Dienste überprüfen. Am besten arbeiten Sie hier mit PowerShell-Skripts. Das Skript vor dem Update wird auf jedem einzelnen Clusterknoten ausgeführt, bevor der entsprechende Knoten angehalten und aktualisiert wird. Das Skript nach dem Update startet auf jedem einzelnen Clusterknoten, nachdem CAU die Updates installiert hat. Die erweiterten Einstellungen müssen Sie allerdings nicht erst bei der Einrichtung von CAU vornehmen. Der Assistent zum Aktivieren von CAU enthält einen Updateausführungs-Editor. Mit diesem bereiten Sie die Einstellungen vor, speichern sie als XML-Datei und verwenden bei der Einrichtung von CAU einfach diese XML-Datei.

Auf der nächsten Seite legen Sie bei der Einrichtung von CAU fest, wie sich der Clusterdienst mit empfohlenen Updates befassen soll und ob diese die gleiche Rolle spielen wie wichtige Updates. Sie können hier gezielt festlegen, wie die Installation von Updates erfolgen soll. Im Anschluss erhalten Sie eine Zusammenfassung und der Dienst wird schließlich erstellt.

Startet CAU ein Update, führt der Dienst ein Failover für die Clusterrollen durch. Nachdem ein Knoten aktualisiert wurde, werden die Clusterrollen durch ein Failback wieder auf den ursprünglichen Clusterknoten zurückverschoben.

34.9.4 CAU in der PowerShell steuern

Neben der Möglichkeit, die Aktualisierung mit der PowerShell zu starten, können Sie CAU auch mit anderen Cmdlets verwalten. Sie können in der PowerShell zum Beispiel CAU mit *Add-CauClusterRole* einrichten oder einen Bericht mit *Export-CauReport* exportieren. Alle interessanten Cmdlets, inklusive deren Hilfe, sehen Sie am schnellsten, wenn Sie *Get-Command -Module ClusterAwareupdating* eingeben.

34.9.5 Fehlerbehebung der Einrichtung

Zeigt der Assistent einen Fehler an, überprüfen Sie die Rechte für das Computerobjekt zur Clusteraktualisierung, das Sie im Vorfeld erstellt haben. Geben Sie in den Eigenschaften des Objekts dem Clusterkonto volle Zugriffsrechte auf das neue CAU-Konto. Alternativ lassen Sie den Assistenten selbst das Computerobjekt erstellen. In diesem Fall werden die Rechte durch den Assistenten gesetzt. Lassen Sie bei Fehlern einfach die Analyse noch einmal durchführen und nehmen Sie die gleichen Einstellungen erneut vor.

Auch bei weiteren Tests sollten keine Fehler mehr erscheinen. Welche Patches der Dienst schließlich installiert, steuern Sie durch Freigabe der Patches auf einem WSUS-Server. Alternativ aktivieren Sie die lokale Update-Verwaltung auf dem Server. Die Liste der Patches, die der Dienst als Nächstes installiert, erhalten Sie im Verwaltungsprogramm für CAU, wenn Sie auf *Vorschau der Updates für diesen Cluster anzeigen* klicken. Der Dienst greift dabei auf Windows Update auf dem Server zu. Wenn Sie mit WSUS arbeiten, werden die Updates von WSUS heruntergeladen, arbeiten Sie mit Windows Update, verwendet diese Funktion wiederum direkt die Windows Update-Funktion im Internet.

Um eine sofortige Aktualisierung nach der Einrichtung zu starten, oder auch nachträglich, wenn Sie zum Beispiel gerade ein festes Wartungsfenster haben, klicken Sie auf *Updates auf diesen Cluster anwenden*. Danach beginnt der Dienst sofort mit der Aktualisierung der einzelnen Clusterknoten. Den Status der aktuellen Installationen sehen im Verwaltungstool von CAU, mit dem Sie den Dienst bereits eingerichtet haben. Bei der Aktualisierung wird der entsprechende Knoten in den Wartungszustand versetzt, die Clusterressourcen, wie zum Beispiel die VMs, auf andere Knoten verschoben, danach die Aktualisierung gestartet und dann werden die Ressourcen wieder zurückübertragen. Danach wird der nächste Knoten aktualisiert und so weiter.

34.9.6 Updates mit CAU planen

CAU unterstützt verschiedene Aktualisierungsmodi, bei denen Sie Updates planen können. Mit der Remoteaktualisierung können Sie eine Aktualisierungsausführung manuell für den Cluster starten. Sie können dazu die Benutzeroberfläche verwenden, wie bereits beschrieben, oder das Cmdlet *Invoke-CauRun* in der PowerShell. Die Remoteaktualisierung ist der Standardaktualisierungsmodus für CAU. Mit der Aufgabenplanung können Sie das Cmdlet *Invoke-CauRun* zu einem von Ihnen gewünschten Zeitplan starten lassen. Achten Sie aber darauf, hier keinen Clusterknoten zu verwenden, sondern einen Server, der nicht Mitglied eines Clusters ist.

Mit der Selbstaktualisierung kann sich der Cluster auf Basis eines definierten Profils und automatisch selbst aktualisieren. Wenn Sie den Selbstaktualisierungsmodus aktivieren wollen, müssen Sie dem Cluster die CAU-Clusterrolle hinzufügen, wie zuvor beschrieben. Das Selbstaktualisierungsfeature von CAU wird wie jeder andere Clusterdienst betrieben. Sie können auch dieses für den geplanten und ungeplanten Failover verwenden.

Standardmäßig verwendet CAU als Reihenfolge der zu aktualisierenden Knoten deren Aktivitätsgrad. Die Knoten, auf denen die wenigsten Clusterrollen gehostet werden, aktualisiert der Dienst zuerst. Sie können aber eine Reihenfolge festlegen. Dazu verwenden Sie die CAU-Benutzeroberfläche und die Optionen zur Einstellung von CAU. Sie können in den Optionen die Anzahl von Knoten festlegen, die offline sein dürfen, wenn CAU mit der Aktualisierung startet.

CAU bietet außerdem Exportoptionen über die PowerShell und die Benutzeroberfläche. Die Befehle in der PowerShell sind meistens schneller zu erreichen:

Invoke-CauScan | ConvertTo-Xml

Get-CauReport | Export-CauReport

Entsprechende Optionen finden Sie auch direkt in der grafischen Benutzeroberfläche. Die Cmdlets und die grafische Oberfläche von CAU stehen zur Verfügung, wenn Sie die Verwaltungstools für Cluster installieren. Dazu können Sie den Server-Manager verwenden, aber auch die Remoteserver-Verwaltungstools (RSAT) für Windows 10/11.

Wollen Sie die Updates aus dem Internet herunterladen lassen, der Cluster hat aber keine direkte Verbindung zum Internet, können Sie einen Proxyserver verwenden. Die Einstellungen können Sie in der Befehlszeile mit *netsh* konfigurieren:

netsh winhttp set proxy <Name oder IP des Proxys>:<Port> "<.Domäne, , <local>>"*

Sie geben im Befehl also den Namen oder die IP-Adressen und den Port des Proxys an. Danach müssen Sie in Anführungszeichen die Ausnahmen eintragen. Hier tragen Sie zunächst Ihre interne Domäne ein und zusätzlich noch die Option *<local>*, um alle lokalen Server aus Ausnahme zu konfigurieren.

34.10 Cloud Witness mit Microsoft Azure

Grundlage für Cloud Witness in einem Cluster mit Windows Server 2022 ist die Vorbereitung des passenden Microsoft Azure Storage Accounts (Speicherkonto). In diesem Konto wird das Blob-File gespeichert, in dem die Zeugendaten für den Cluster gespeichert werden.

Dazu fügen Sie im Azure-Portal über den Assistenten zum Hinzufügen von neuen Ressourcen ein neues Speicherkonto hinzu. Wählen Sie im Bereich *Replikation* die Option *Lokal redundanter Speicher (LRS)* aus.

Die Erstellung eines Speicherkontos dauert etwas. Wichtig zur Anbindung Ihrer Clusterknoten sind die Zugriffsschlüssel des Speicherkontos. Diese müssen Sie im Azure-Portal abrufen, damit Sie sie auf dem Clusterknoten verwenden können. Die beiden Schlüssel sind über den Menüpunkt *Zugriffsschlüssel* in der Verwaltung des Speicherkontos zu finden.

Wenn Sie ein Speicherkonto erstellen, dann erstellt Microsoft Azure auch eine URL, über die das Speicherkonto von extern zugreifbar ist. Dieses hat das Format:

https://<Storage Account Name>.<Storage Type>.<Endpoint>

Beispiel:

https://cloudwitnessjoos.blob.core.Windows.net

34.10.1 Cluster an Microsoft Azure anbinden

Sobald Sie das Speicherkonto erstellt haben, können Sie das Quorum des Clusters anpassen. Am schnellsten geht das, wenn Sie im Failovercluster-Manager im Kontextmenü des Clusters die Option *Weitere Aktionen/Clusterquorumeinstellungen konfigurieren* auswählen. Hier können Sie über einen Assistenten die Quorumkonfiguration anpassen. Für die Anbindung an Microsoft Azure verwenden Sie *Erweiterte Quorumkonfiguration* und klicken auf *Weiter*, bis Sie auf der Seite *Quorumzeuge auswählen* sind. Hier wählen Sie die Option *Cloudzeugen konfigurieren.*

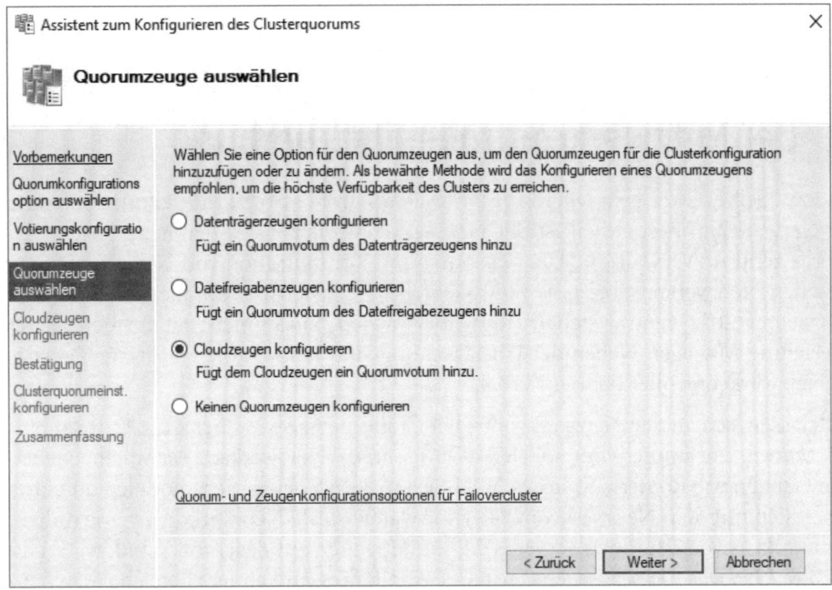

Abb. 34.14 Die Anbindung an Microsoft Azure erfolgt im Failovercluster-Manager von Windows Server 2022.

Im nächsten Fenster geben Sie den Namen des Speicherkontos ein, das als Cloudzeuge verwendet soll, und den Zugriffsschlüssel. Danach schließt der Assistent die Anbindung an Microsoft Azure ab. Sie können die Anbindung an Microsoft Azure auch mit der PowerShell durchführen. Dazu verwenden Sie den folgenden Befehl:

Set-ClusterQuorum -CloudWitness -AccountName <StorageAccountName> -AccessKey <StorageAccountAccessKey>

Entspricht der Endpunkt nicht dem Standard *https://<Name>.blob.core.Windows.net*, verwenden Sie:

Set-ClusterQuorum -CloudWitness -AccountName <StorageAccountName> -AccessKey <StorageAccountAccessKey> -Endpoint <Servername>

Lassen sich die Clusterknoten nicht direkt anbinden, können Sie testweise eine Anbindung über einen Proxy durchführen. Allerdings ist das nicht immer so einfach und funktioniert leider auch nicht sehr stabil.

34.10.2 Zeugenserver überprüfen

Sie können die erfolgreiche Anbindung im Microsoft Azure-Portal überprüfen. Klicken Sie auf das Speicherkonto und dann auf *Blobs*, sehen Sie den neuen Container *msft-cloud-witness*. Dabei handelt es sich um den Container für die Blob-Datei für den Cluster. Klicken Sie auf den Container, sehen Sie die Zeugendatei. Ihr Name ist die GUID des Clusters.

Im Failovercluster-Manager klicken Sie auf den Cluster und sehen dann in der Mitte des Fensters bei *Hauptressourcen des Clusters* den Cloudzeugen. Dieser muss als aktiv angezeigt werden. Per Doppelklick auf die Ressourcen rufen Sie deren Eigenschaften auf. Hier muss der *Status* die Option *Online* anzeigen.

In der PowerShell können Sie die Konfiguration mit *Get-Clusterquorum* überprüfen. Der Befehl *Get-Clusterquorum |fl* zeigt mehr Informationen an.

34.11 Der Netzwerkcontroller im Überblick

Mit Windows Server 2022 geht Microsoft ein weiteres großes Stück in Richtung Software Definied Networking. Bestandteil ist der Netzwerkcontroller als Rollendienst. Dieser ermöglicht die zentrale Verwaltung, Überwachung und Konfiguration von Netzwerkgeräten und virtuellen Netzwerken über eine zentrale Stelle. Der Dienst kann alle Funktionen in Windows Server 2022 zentral steuern und überwachen, zusammen mit System Center Virtual Machine Manager. Neben der Überwachung sind kompatible Hardware-Switches mit dem Netzwerkcontroller konfigurierbar.

Zusätzlich lassen sich an den Netzwerkcontroller Clouddienste wie Microsoft Azure anbinden und zentral, zusammen mit lokalen (On-Premise) Netzwerken, verwalten. Neben Hardware-Geräten wie Routern, Switches, VPN-Servern, Lastenausgleichsmodulen und Firewalls lassen sich mit dem Netzwerkcontroller softwarebasierte Netzwerkdienste verwalten, nicht nur auf Basis von Windows Server 2022, sondern auch auf Basis von Windows Server 2012 R2/2016/2019. Das heißt, virtuelle Switches, Appliances und andere Bereiche der virtuellen Netzwerke können zentral überwacht und gesteuert werden. Der Netzwerkcontroller arbeitet dazu eng mit System Center Virtual Machine Manager (SCVMM) zusammen. Die Überwachung des Dienstes erfolgt wiederum mit System Center Operations Manager (SCOMM). Microsoft spricht hier auch von Network Function Virtualization.

Erst im Zusammenspiel mit System Center Virtual Machine Manager und Hyper-V in Windows Server 2022 spielt der Netzwerkcontroller alle seine Fähigkeiten aus. Dazu wird er als Netzwerkdienst in SCVMM hinzugefügt. Im Assistenten zum Hinzufügen von neuen Netzwerkdiensten steht dazu »Microsoft Network Controller« zur Verfügung.

Mit dem Netzwerkcontroller erhalten Administratoren die Möglichkeit, zentral in Windows Server 2022 physische Netzwerk-Komponenten, aber auch virtuelle Netzwerke zu verwalten und gemeinsam zu betreiben und zu überwachen. Vor allem die Automatisierung der Konfiguration steht hier im Mittelpunkt. Dazu kommen Möglichkeiten, auf die einzelnen Geräte per PowerShell zuzugreifen. Damit das funktioniert, muss der entsprechende Hardware-Hersteller das unterstützen. Die Softwarekomponenten in Windows Server 2022, die direkt mit dem Netzwerkcontroller zusammenarbeiten, unterstützen die PowerShell in Windows Server 2022.

Durch die Schnittstellen-Funktion bietet der Netzwerkcontroller zwei verschiedene APIs. Eine API, die mit den Endgeräten kommuniziert, und eine API, mit der Administratoren und deren Anwendungen zur Verwaltung kommunizieren. Das heißt, im Netzwerk gibt es nur noch eine Schnittstelle, mit der wiederum alle Geräte verwaltet werden. Im Bereich des Fabric Network Managements erlaubt der Netzwerkcontroller die Konfiguration und Verwaltung von IP-Subnetzen, VLANs, Layer 2- und Layer 3-Switches sowie die Verwaltung von Netzwerkadaptern in Hosts.

Die Southbound API, die Schnittstelle zwischen Netzwerkcontroller und Netzwerkgeräten, kann im Netzwerk Netzwerkgeräte und deren Konfiguration automatisiert erkennen und anbinden. Außerdem überträgt diese API die Konfigurationsänderungen von Administratoren an die Geräte. Sie übernimmt die Kommunikation zwischen dem Netzwerkcontroller, den Administratoren und schließlich den Endgeräten. Dabei kann es sich auch um Hyper-V-Hosts handeln.

Northbound API ist wiederum die Schnittstelle zwischen Administrator und Netzwerkcontroller. Über diese API nimmt der Netzwerkcontroller die Konfigurationseinstellungen der Administratoren entgegen und zeigt die Überwachungsdaten an. Außerdem dient die Schnittstelle zur Fehlerbehebung von Netzwerkgeräten, dem Anbinden neuer Geräte und weiterer Aufgaben, die Administratoren durchführen müssen.

Bei der Northbound API handelt es sich um eine Representational State Transfer-(REST-) API. Die Anbindung ist über eine GUI möglich, mit der PowerShell und natürlich mit Systemverwaltungsprogrammen wie System Center. Die neue Version System Center lässt sich in diesem Bereich nahtlos an den Windows Server 2022-Netzwerkcontroller anbinden, hauptsächlich System Center Virtual Machine Manager. Die Überwachung findet wiederum mit System Center Operations Manager statt.

Für einen optimalen und sicheren Betrieb sollte der Netzwerkcontroller auf einem Cluster betrieben werden. Die Einrichtung und Konfiguration lässt sich in diesem Fall auch in der PowerShell durchführen. Die Installation des Rollendienstes erfolgt zum Beispiel mit:

Install-WindowsFeature -Name NetworkController -IncludeManagementTools

Um einen Cluster zu erstellen, müssen Sie zuerst ein Node Object in der PowerShell erstellen:

New-NetworkControllerNodeObject -Name <Name des Servers> -Server <FQDN des Servers> -FaultDomain <Andere Server, die zum Controller gehören> -RestInterface <Netzwerk-Adapter, der REST-Anfragen annimmt> [-NodeCertificate <Zertifikat für die Computerkommunikation>]

Anschließend kann der Cluster für den Netzwerkcontroller ebenfalls in der PowerShell erstellt werden:

Install-NetworkControllerCluster -Node <NetworkControllerNode[]> -ClusterAuthentication <ClusterAuthentication> [-ManagementSecurityGroup <Gruppe in AD>] [-DiagnosticLogLocation <String>][-LogLocationCredential <PSCredential>] [-CredentialEncryptionCertificate <X509Certificate2>][-Credential <PSCredential>] [-CertificateThumbprint <String>] [-UseSSL][-ComputerName <Name>]

Danach wird der eigentliche Netzwerkcontroller erstellt:

Install-NetworkController -Node <NetworkControllerNode[]> –ClientAuthentication <ClientAuthentication> [-ClientCertificateThumbprint <String[]>] [-ClientSecurityGroup <String>] -ServerCertificate <X509Certificate2> [-RESTIPAddress <String>] [-RESTName <String>] [-Credential <PSCredential>][-CertificateThumbprint <String>] [-UseSSL]

Durch die PowerShell-Funktionalität kann die Installation des Netzwerkcontrollers also automatisiert werden, zum Beispiel über ein Skript. Ein Beispielskript zur Erstellung eines Netzwerkcontrollers kann dann folgendermaßen aussehen:

```
$a = New-NetworkControllerNodeObject -Name Node1 -Server NCNode1.contoso.com -FaultDomain
fd:/rack1/host1 -RestInterface Internal
$b = New-NetworkControllerNodeObject -Name Node2 -Server NCNode2.contoso.com -FaultDomain
fd:/rack1/host2 -RestInterface Internal
$c = New-NetworkControllerNodeObject -Name Node3 -Server NCNode3.contoso.com -FaultDomain
fd:/rack1/host3 -RestInterface Internal
$cert= get-item Cert:\LocalMachine\My | get-ChildItem | where {$_.Subject -imatch "network-
Controller.contoso.com" }
Install-NetworkControllerCluster -Node @($a,$b,$c)  -ClusterAuthentication Kerberos -Diagnos-
ticLogLocation \\share\Diagnostics - ManagementSecurityGroup Contoso\NCManagementAdmins
-CredentialEncryptionCertificate $cert
Install-NetworkController -Node @($a,$b,$c) -ClientAuthentication Kerberos
-ClientSecurityGroup Contoso\NCRESTClients -ServerCertificate $cert -RestIpAddress 10.0.0.1/24
```

Data Center Abstraction (DAL) stellt in der PowerShell den Schnittpunkt zum Netzwerkcontroller dar. DAL bietet eine Remoteverwaltung von Rechenzentren und kompatiblen Netzwerkkomponenten über die PowerShell und PowerShell-kompatiblen-Tools, die eine grafische Oberfläche für die Skripts bieten. Dazu müssen die Netzwerkkomponenten allerdings von Microsoft zertifiziert sein. Zu den zertifizierten Herstellern gehören derzeit Cisco und Huawei. Es ist aber zu erwarten, dass nach der Veröffentlichung von Windows Server 2022 in diesem Bereich weitere Hersteller dazukommen werden. Auch der Netzwerkcontroller in Windows Server 2022 ist über diesen Weg ansprechbar, parallel zu den Cmdlets, die ohnehin für den Dienst zur Verfügung stehen.

Setzen Sie kompatible Geräte ein, lassen sich diese also in der PowerShell verwalten, und zwar mit Netzwerkcontroller, aber auch ohne.

34.12 Data Center Bridging (DCB)

Data Center Bridging (DCB, siehe Kapitel 4) ist eine Suite aus IEEE-Standards (Institute of Electrical and Electronics Engineers), die verschiedene Datencenter miteinander verbinden können. DCB bietet eine hardwarebasierte Bandbreitenzuweisung (Bandwidth Allocation) für einen bestimmten Typ des Datenverkehrs und verbessert die Zuverlässigkeit der Datenübertragung durch die Verwendung von Prioritäten.

Die hardwarebasierte Bandbreitenzuweisung ist notwendig, wenn der Datenverkehr im Betriebssystem umgangen und auf einen Converged Network Adapter verlegt werden soll, der SCSI (Small Computer System Interface), Remotezugriff auf den direkten Speicher (RDMA) über Converged Ethernet oder Fiberchannel über Ethernet (FCoE) unterstützt.

Unternehmen, die zum Beispiel über ein großes Fibrechannel-SAN verfügen, erhalten durch DCB die Möglichkeit, ein Ethernet-basiertes Converged Fabric für Speicher- und Datennetzwerke zu erstellen. Damit die Funktion genutzt werden kann, müssen Switches und Netzwerkkarten sie unterstützen. Lesen Sie dazu Kapitel 1 durch.

Administratoren können Anwendungen zu einer bestimmten Datenverkehrsklasse oder zu prioritätsbasierten Protokollen, TCP/UDP-Ports oder NetworkDirect-Ports anbinden. Die Steuerung erfolgt hauptsächlich über PowerShell-Cmdlets.

DCB verwenden das DCB Exchange Protocol (DCBX). Dieses erlaubt die Konfiguration von Servern, Netzwerkkarten und kompatiblen Switches. Sie installieren das Serverfeature am schnellsten in der PowerShell über *Install-WindowsFeature Data-Center-Bridging*. Sie können die Installation auch über den Server-Manager durchführen (siehe die Kapitel 3 und 4).

Müssen Sie den Server neu starten, verwenden Sie zum Beispiel das Cmdlet *Restart-Computer*. Eine Liste der wichtigsten Cmdlets sowie eine Hilfe dazu erhalten Sie mit dem Befehl *Help *qos**. Ausführliche Hilfen erhalten Sie in der PowerShell wie für alle anderen Cmdlets auch (siehe Kapitel 40). Wichtige Cmdlets in diesem Zusammenhang sind:

- *Set-NetQosPolicy...*
- *Disable-NetQosFlowControl*
- *Enable-NetQosFlowControl*
- *Get-NetQosDcbxSetting*
- *Get-NetQosFlowControl*

- *Get-NetQosTrafficClass*
- *New-NetQosTrafficClass*
- *Remove-NetQosTrafficClass*
- *Set-NetQosDcbxSetting*
- *Set-NetQosFlowControl*
- *Set-NetQosTrafficClass*
- *Disable-NetAdapterQos*
- *Enable-NetAdapterQos*
- *Get-NetAdapterQos*
- *Set-NetAdapterQos*

New-NetQoSTrafficClass zeigt ebenfalls Informationen an. Sie können den Befehl auch für andere Cmdlets nutzen. *Get-Gelp New-NetQoSTrafficClass -Full | More* zeigt ausführliche Hilfen an. Sie können wieder jedes Cmdlet verwenden.

Bevor Sie eine umfassende Hilfe erhalten, müssen Sie mit *Update-Help* die PowerShell aktualisieren.

Sie können bis zu sieben Verkehrsklassen erstellen. Bei mehr sind aktuelle Netzwerkadapter überfordert. Die aktuellen Klassen lassen Sie sich mit *Get-NetQoSTrafficClass* anzeigen. Änderungen nehmen Sie mit *Set-NetQoSTrafficClass* vor, neue Klassen erstellen Sie mit *New-NetQoSTrafficClass.*

Enable-NetQosFlowControl aktiviert die Flusskontrolle, *Get-NetQosFlowControl* zeigt Informationen dazu an, mit *Disable-NetQosflowControl* deaktivieren Sie diese Funktion wieder.

New-NetQosPolicy erstellt neue Richtlinien, *Get-NetQosPolicy* zeigt die erstellten Richtlinien an, *Set-NetqosPolicy* ermöglicht das Ändern einer Richtlinie, *Remove-NetQosPolicy* löscht erstellte Richtlinien.

Get-NetAdapterQos zeigt Einstellungen für DCB für Netzwerkadapter an, *Disable-NetAdapterQos* deaktiviert DCB für einen Netzwerkadapter, *Enable-NetAdapterQos* aktiviert die Unterstützung.

34.13 Zusammenfassung

In diesem Kapitel haben wir Ihnen gezeigt, wie Sie mit dem Netzwerklastenausgleich eine hochverfügbare Serverinfrastruktur für viele Server erreichen. In Kapitel 9 haben wir Ihnen bereits den Aufbau eines Failoverclusters am Beispiel von Hyper-V gezeigt. Ebenfalls Bestandteil dieses Kapitels ist Data Center Bridging, eine neue Funktion in Windows Server 2022 für sehr große Unternehmen. Zusätzlich haben wir Ihnen gezeigt, wie Sie mit Cluster Aware Update die Clusterknoten im Netzwerk aktualisieren.

Im nächsten Kapitel erfahren Sie, wie Sie Windows Server 2022 sichern und wiederherstellen können.

Kapitel 35
Datensicherung und Wiederherstellung

Windows Server 2022 verfügt über ein eigenes Sicherungsprogramm, mit dem Sie den Server und die Daten wiederherstellen können. Sie haben auch die Möglichkeit, den kompletten Server mit der Windows Server-Sicherung zu sichern und dabei SQL Server-Datenbanken oder andere Daten zu berücksichtigen. Das Programm sichert die Daten über den Volumeschattenkopiedienst (Volume Shadow Service, VSS) mithilfe einer Technologie, die als Sicherung auf Blockebene (Block Level Backup) bezeichnet wird, in *.vhd*-Dateien.

In Kapitel 8 sind wir bereits auf die Sicherung von virtuellen Servern eingegangen. In Kapitel 16 zeigen wir Ihnen die Datensicherung von Active Directory. In diesem Kapitel erläutern wir die komplette Sicherung des Servers.

35.1 Grundlagen zur Datensicherung

Nach einem vollständigen Backup des Servers können einfach inkrementelle Sicherungen auf Blockebene erstellt werden. Sie benötigen deutlich weniger Platz als bei den Vorgängerversionen von Windows Server 2022.

Die Systempartitionen des Servers werden automatisch immer in alle Sicherungen integriert, sodass die auf diesen Partitionen gespeicherten Daten sehr leicht wiederhergestellt werden können. Auf diese Weise stellen Sie nicht nur Daten wieder her, sondern auch die Systemdateien von Windows Server 2022 und den installierten Serveranwendungen.

Mit der Windows Server-Sicherung lassen sich vollständige Server (alle Volumes), ausgewählte Volumes oder der Systemstatus sichern. Anschließend können Sie einzelne Volumes, Ordner, Dateien, bestimmte Anwendungen und den Systemstatus wiederherstellen. Mit der Verwaltungskonsole der Windows Server-Sicherung können Sie Sicherungen für Remotecomputer erstellen und verwalten. Damit Sie die Sicherung verwenden können, müssen Sie Mitglied der Gruppe *Administratoren* oder *Sicherungsoperatoren* sein.

In der Eingabeaufforderung verwenden Sie das Tool Wbadmin zur Konfiguration und Verwaltung der Sicherungen. Außerdem sind in Windows Server 2022 einige Cmdlets für die PowerShell enthalten.

35.2 Windows Server-Sicherung installieren und konfigurieren

Damit Sie die Windows Server-Sicherung verwenden können, installieren Sie sie über den Server-Manager als neues Feature. In Windows Server 2022 gibt es dazu das Feature mit der Bezeichnung *Windows Server-Sicherung*. Im Windows Admin Center können Sie zusätzlich noch Server über Azure Backup sichern. Dazu muss das Windows Admin Center aber an Microsoft Azure angebunden sein. Wie das geht, lesen Sie in Kapitel 3.

Nach der Installation starten Sie die Windows Server-Sicherung über das Menü *Tools* im Server-Manager mit dem Befehl *Windows Server-Sicherung*. Alternativ können Sie auf der Startseite nach *wbadmin.msc* suchen. Diese Konsole können Sie darüber hinaus in jeder Microsoft Management Console (MMC) laden.

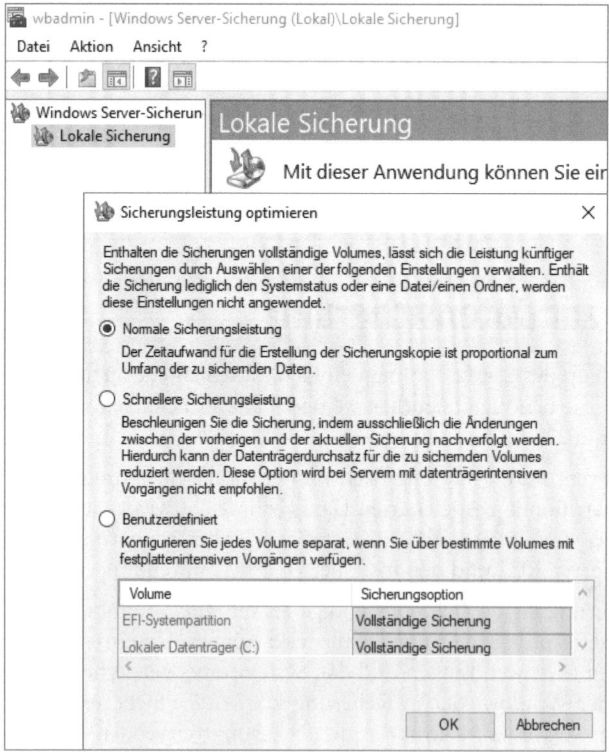

Abb. 35.1 Einstellen der Datensicherung in Windows Server 2022

Die Datensicherung sichert die Daten blockbasiert von den Datenträgern, nicht pro Datei. Standardmäßig führt das Tool immer vollständige Sicherungen durch. Über den Menübefehl *Aktion/Leistungseinstellungen konfigurieren* können Sie aber auch inkrementelle Sicherungen aktivieren. Eine inkrementelle Sicherung sichert alle Daten, die sich seit der letzten Sicherung geändert haben. Unveränderte Daten werden nicht gesichert, da sie sich in einer vorherigen Sicherung befinden. Bei dieser Sicherungsart bauen die Datensicherungen aufeinander auf.

Zu einem gewissen Zeitpunkt benötigen Sie eine Vollsicherung, zum Beispiel freitags. Am Montag werden alle Daten gesichert, die sich seit Freitag verändert haben. Am Dienstag werden alle Daten gesichert, die sich seit Montag verändert haben.

Wenn Sie daher am Freitagmorgen eine vollständige Wiederherstellung durchführen müssen, werden erst die letzte Vollsicherung des vergangenen Freitags und dann alle Sicherungen bis zur aktuellen inkrementellen Sicherung benötigt.

Der Vorteil dabei ist, dass jeder Sicherungsvorgang sehr schnell durchgeführt wird, da nur wenige Daten gesichert werden müssen. Bei inkrementellen Sicherungen sollten Sie auf jeden Fall einmal in der Woche eine Vollsicherung durchführen. Nachdem die Sicherung und Verwaltungsprogramme installiert sind, können Sie eine Datensicherung einrichten.

Achten Sie darauf, dass die zur Sicherung verwendete externe Festplatte keine Daten enthält. Vor der Sicherung wird der Datenträger durch das Sicherungsprogramm automatisch formatiert, sodass alle bisher darauf gespeicherten Daten verloren gehen.

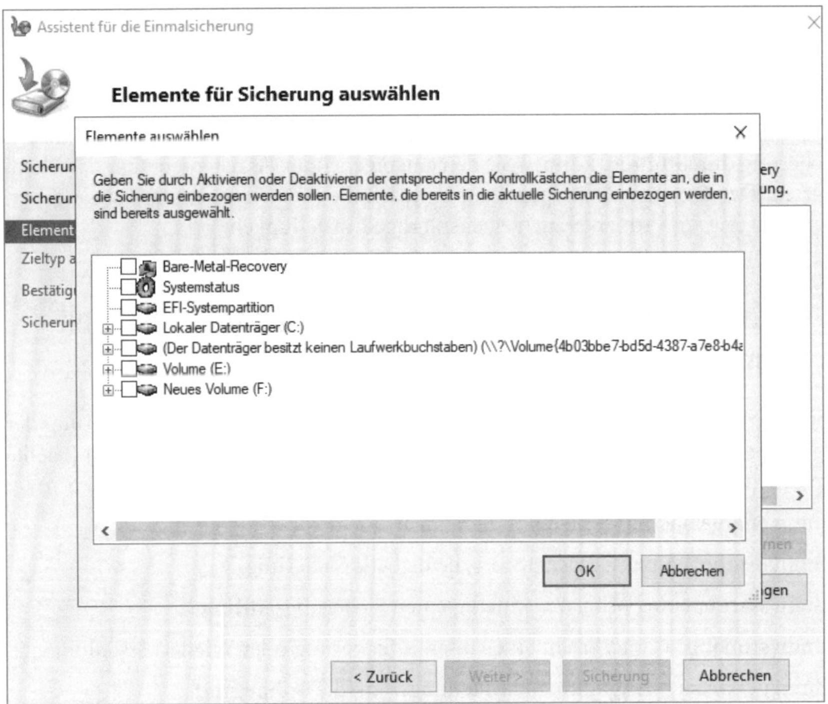

Abb. 35.2 Auswählen der zu sichernden Partitionen des Servers

Um einen neuen Sicherungsauftrag zu erstellen, rufen Sie entweder über die Verwaltung die Konsole des Sicherungsprogramms auf oder geben auf der Startseite den Befehl *wbadmin.msc* ein. Der Befehl *wbadmin.exe* startet das Befehlszeilentool der Sicherung.

Einen neuen Auftrag erstellen Sie über *Aktion/Sicherungszeitplan*. Nach der Bestätigung der Begrüßungsseite wählen Sie auf der ersten Seite des Assistenten aus, ob Sie den kompletten Server sichern oder benutzerdefinierte Volumes/Dateien auswählen möchten. Bei der benutzerdefinierten Sicherung wählen Sie auf der nächsten Seite aus, welche Partitionen gesichert werden sollen.

Auf der nächsten Seite legen Sie den Zeitplan fest, über den der Server gesichert werden soll. Hier definieren Sie, ob Sie die Sicherung mehrmals oder nur einmal pro Tag durchführen möchten. Als Nächstes wählen Sie aus, wie Sie Daten sichern wollen, also das Zielmedium. Haben Sie dieses ausgewählt, spezifizieren Sie die Auswahl auf den nächsten Seiten des Assistenten.

Nachdem der Datenträger ausgewählt wurde und Sie auf *Weiter* geklickt haben, erscheint eine Meldung, dass der Datenträger formatiert wird, damit das Sicherungsprogramm einen Überblick über die Größe und Verfügbarkeit des Datenträgers erhält. Die Formatierung wird aber nicht sofort, sondern erst nach der Einrichtung durchgeführt. Auf den nächsten Seiten erhalten Sie noch eine Zusammenfassung angezeigt und der Datenträger wird anschließend neu formatiert.

Die Windows Server-Sicherung überwacht automatisch den Speicherplatz auf den Datenträgern, auf denen die Sicherungen abgelegt werden. Steht nicht mehr genügend Plattenplatz zur Verfügung, werden Sie entsprechend darüber informiert und die Sicherung wird nicht durchgeführt. Außerdem wird der Datenträger nicht mehr im Explorer des Servers angezeigt und steht ausschließlich für die Datensicherung zur Verfügung.

Die Einrichtung des Sicherungszeitplans ist damit abgeschlossen. Wollen Sie eine sofortige Einmalsicherung durchführen, können Sie den entsprechenden Assistenten über das Menü *Aktion* starten. Der Assistent übernimmt auf Wunsch die Einstellungen der vorhandenen geplanten Sicherung, erlaubt aber auch eigenständige Einstellungen.

35.2.1 Sicherung in der Eingabeaufforderung und PowerShell konfigurieren

Für Skripts oder Core-Server steht das Befehlszeilentool *Wbadmin* für die Verwaltung der Sicherungen zur Verfügung. Über */?* erhalten Sie für jeden der unten aufgelisteten Befehle eine entsprechende Hilfe eingeblendet. Die wichtigsten Befehle für das Tool sind:

- **Wbadmin enable backup** – Erstellt oder ändert eine tägliche Sicherung.
- **Wbadmin disable backup** – Deaktiviert die tägliche Sicherung.
- **Wbadmin start backup** – Startet einmalig einen Sicherungsauftrag.
- **Wbadmin stop job** – Unterbricht eine laufende Sicherung oder Wiederherstellung.
- **Wbadmin get disks** – Zeigt aktuelle Datenträger an, die online sind.
- **Wbadmin get versions** – Zeigt Informationen über die verfügbaren Sicherungen an.

- **Wbadmin get items** – Zeigt die enthaltenen Daten einer Sicherung an.
- **Wbadmin start recovery** – Startet eine Wiederherstellung.
- **Wbadmin get status** – Zeigt den Status einer laufenden Sicherung oder Wiederherstellung an.
- **Wbadmin start systemstaterecovery** – Stellt den Systemstatus wieder her.
- **Wbadmin start sysrecovery/systemstatebackup** – Startet eine vollständige Systemsicherung, die später in den Computerreparaturoptionen wiederhergestellt werden kann.
- **Wbadmin delete systemstatebackup -keepversions:n** – Löscht alle Systemstatussicherungen bis auf die letzten *n* Versionen.
- **Wbadmin delete systemstatebackup -deleteoldest** – Löscht die jeweils älteste Systemstatussicherung.

Weitere Befehle zur Sicherung sind:

- **Vssadmin list shadows /for=x:** – Zeigt die vorhandenen Sicherungen für das Laufwerk *x:* an.
- **Vssadmin delete shadows /for=x: /oldest** – Löscht die jeweils älteste Sicherung des Laufwerks *x:*.

Neben Wbadmin können Sie die Datensicherung über die PowerShell steuern. Dazu müssen Sie in der PowerShell oder in PowerShell ISE zunächst die Befehle für die Datensicherung laden. Das verfügbare Modul für Windows Server 2022 trägt die Bezeichnung *WindowsServerbackup*.

Mit dem Befehl *Get-Command -Module WindowsServerbackup* lassen Sie sich in Windows Server 2022 die Cmdlets der PowerShell anzeigen. Mit den drei folgenden Befehlen zeigen Sie eine ausführliche Hilfe und Beispiele der Cmdlets an:

- *Get-Help <Cmdlet_Name> -Detailed*
- *Get-Help <Cmdlet_Name> -Examples*
- *Get-Help <Cmdlet_Name> -Full*

Um eine neue Sicherung über die PowerShell zu erstellen, müssen Sie zunächst einen Sicherungssatz anlegen, also eine Richtlinie, die steuert, welche Daten der Server sichern soll.

35.2.2 Daten mit dem Sicherungsprogramm wiederherstellen

Wenn auf dem Server Sicherungen zur Verfügung stehen, besteht die Möglichkeit, einzelne Dateien und Ordner wiederherzustellen. Auch dazu verwenden Sie das Sicherungsprogramm. Eine Wiederherstellung starten Sie über das Menü *Aktion*.

Auch hier führt ein Assistent durch die einzelnen Schritte der Wiederherstellung. Bestätigen Sie zunächst seine Begrüßungsseite. Auf der nächsten Seite wählen Sie den Server aus, den Sie wiederherstellen wollen.

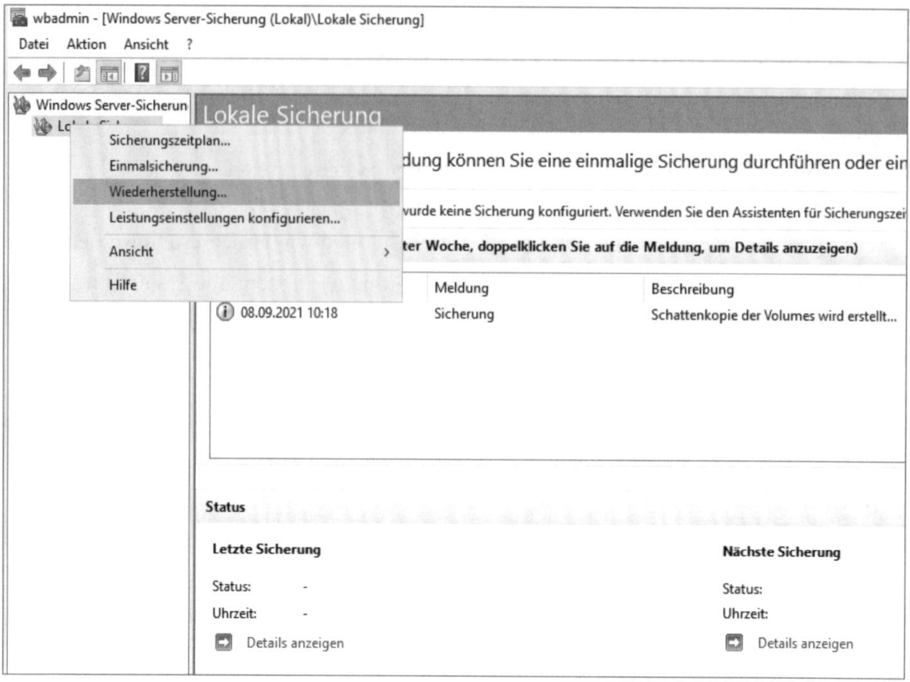

Abb. 35.3 Starten der Wiederherstellung und Auswählen des Servers

Danach legen Sie das Datum der Sicherung fest, aus der Sie Daten wiederherstellen wollen. Auf der nächsten Seite bestimmen Sie, welche Daten Sie wiederherstellen wollen. Hier besteht die Möglichkeit, komplette Volumes wiederherzustellen oder nur einzelne Dateien und Ordner.

Auf der nächsten Seite wählen Sie aus, wo Sie die Dateien wiederherstellen wollen, ob vorhandene Dateien überschrieben werden dürfen und ob die Berechtigungen und Sicherheitseinstellungen der Dateien ebenfalls wiederhergestellt werden sollen.

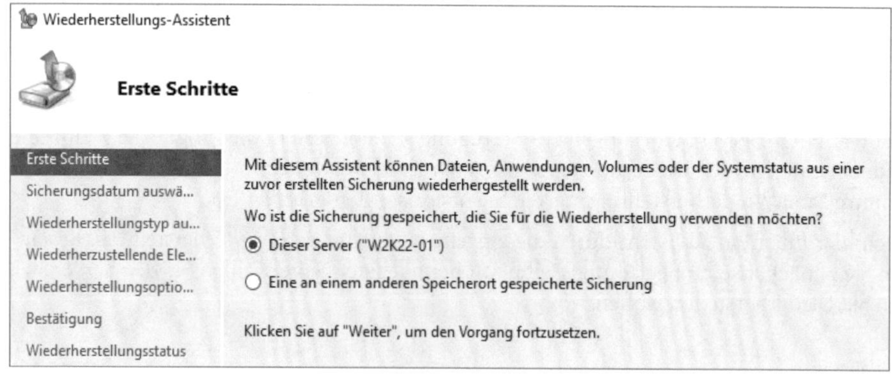

Abb. 35.4 Auswählen der Wiederherstellungsoptionen

35.2.3 Kompletten Server mit dem Sicherungsprogramm wiederherstellen

Haben Sie auf dem Server eine vollständige Datensicherung erstellt, können Sie damit den kompletten Server wiederherstellen, falls dieser zum Beispiel nicht mehr starten kann. Dazu muss der Datenträger mit der Sicherung mit dem Server verbunden und dieser mit der Windows Server 2022-DVD gebootet werden.

Bricht der Startvorgang von Windows Server 2022 einige Male ab, startet der Server auch ohne Installationsdateien automatisch den Wiederherstellungsmodus. Auch hier lässt sich die Wiederherstellung des Servers durchführen.

Auf der Startseite des Installations-Assistenten klicken Sie auf *Weiter*. Auf der nächsten Seite wählen Sie *Computerreparaturoptionen* aus. In den Systemwiederherstellungsoptionen wählen Sie die Option zur Wiederherstellung einer Systemabbildsicherung aus. Dazu klicken Sie auf *Problembehandlung* und *Systemimage-Wiederherstellung*.

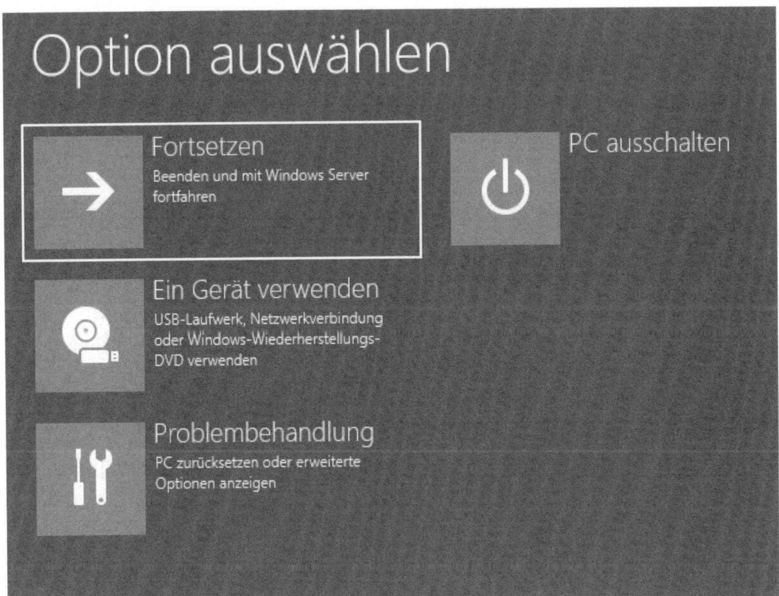

Abb. 35.5 Erweiterte Wiederherstellungsmöglichkeiten in Windows Server 2022

Sie können auswählen, aus welcher Sicherung Sie den Server wiederherstellen wollen, und anschließend auch die Datenträger, die wiederhergestellt werden sollen. Auf diese Weise können Sie das Betriebssystem wieder in einen lauffähigen Zustand zurückführen. Wichtig ist dazu, dass Sie die Bare-Metal-Restore-Möglichkeit bei der Sicherung ausgewählt haben.

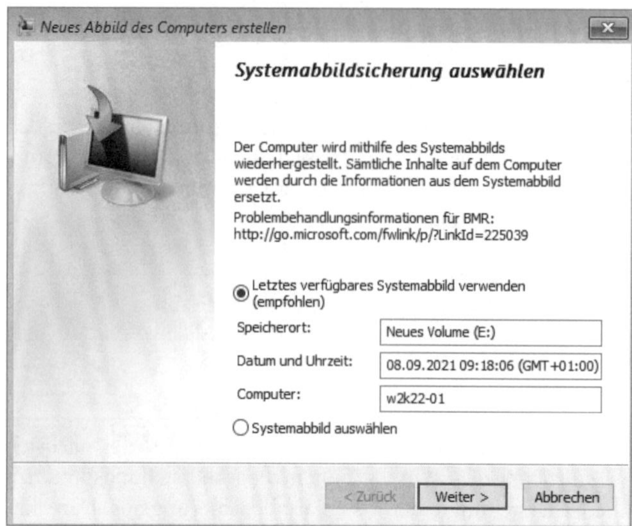

Abb. 35.6 Starten einer Wiederherstellung

Als Nächstes entscheiden Sie, ob Windows den Datenträger formatieren und partitionieren soll oder ob Sie die Daten auf die bisherige Partition zurücksichern wollen.

Über die Schaltfläche *Datenträger ausschließen* wählen Sie die Datenträger aus, die nicht wiederhergestellt werden sollen, weil diese zum Beispiel Datenbankdateien von SQL Server enthalten.

Über *Treiber installieren* lassen sich wichtige Treiber integrieren, die für die Wiederherstellung unter Umständen benötigt werden. In den Optionen unter *Erweitert* legen Sie fest, dass der Server automatisch nach der Wiederherstellung neu starten und Datenträger auf Defekte überprüfen soll.

Zum Abschluss erscheint eine Meldung, dass die Datenträger neu formatiert werden. Diese Meldung müssen Sie bestätigen, bevor die Wiederherstellung beginnt. Anschließend beginnt der Assistent mit der Wiederherstellung des Servers. Danach steht der Server wieder zur Verfügung. Sie sollten nach erfolgreicher Wiederherstellung den Status der Datenbanken überprüfen und unter Umständen aktuelle Sicherungen der SQL-Datenbanken wiederherstellen. Anschließend funktioniert der Server wieder.

35.3 Erweiterte Wiederherstellungsmöglichkeiten

In den folgenden Abschnitten zeigen wir Ihnen verschiedene Möglichkeiten, um Windows Server 2022 zu reparieren oder wiederherzustellen, falls der Server nicht mehr funktioniert. Dazu verwenden Sie entweder die Windows Server 2022-Installations-DVD oder drücken beim Bootvorgang die F8-Taste.

35.3.1 Schrittaufzeichnung – Fehler in Windows nachvollziehen und beheben

Windows Server 2022 bietet die Möglichkeit, Fehler in Windows aufzuzeichnen und für Spezialisten so aufzubereiten, dass diese den Fehler leicht nachvollziehen und überprüfen können. Diese schrittweise Aufzeichnung von Fehlern hat die Bezeichnung *Schrittaufzeichnung*.

Am schnellsten starten Sie die *Schrittaufzeichnung*, indem Sie *psr* im Suchfeld der Taskleiste eintippen. Es öffnet sich die Oberfläche, mit der Sie die Aufzeichnung durchführen. Um einen Fehler aufzuzeichnen und weitergeben zu können, gehen Sie folgendermaßen vor:

1. Tippen Sie *psr* auf der Startseite ein.
2. Klicken Sie nach dem Start des Tools auf *Aufzeichnung starten*.
3. Gehen Sie exakt die Schritte in Windows oder dem jeweiligen Programm durch, die zum Fehler führen.
4. Per Klick auf *Kommentar hinzufügen* können Sie eigene Hinweise einfügen, wenn der Fehler nicht schnell offensichtlich ist.
5. Haben Sie den Fehler nachgestellt, klicken Sie auf *Aufzeichnung beenden*.
6. Speichern Sie die Datei als ZIP-Archiv ab.
7. Das Tool speichert die eigentliche Aufzeichnung als *.mht*-Datei, die Sie mit dem Internet Explorer öffnen können. Extrahieren Sie die *.zip*-Datei per Rechtsklick oder klicken Sie doppelt auf die *.zip*-Datei und dann auf die *.mht*-Datei. Sie sehen die Aufzeichnung des Problems als Dokument, das jeder nachvollziehen kann.

35.3.2 Datensicherung über Ereignisanzeige starten

Mit Windows Server 2022 können Sie eine Datensicherung des Servers auf einem Netzwerkspeicher anlegen, zum Beispiel einem NAS-System. Zusätzlich können Sie nach der erfolgreichen Datensicherung weitere Sicherungsmaßnahmen im Netzwerk durchführen, zum Beispiel durch selbst erstellte Batchdateien auf Basis des Befehlszeilentools Robocopy. Sobald ein Sicherungsjob startet, protokolliert Windows Server 2022 einen Eintrag in der Ereignisanzeige.

An dieses Ereignis lässt sich sehr leicht eine Aufgabe über die Aufgabenplanung anbinden. Die Aufgabe wiederum kann eine Batchdatei starten, in der Daten auf verschiedene Freigaben im Netzwerk repliziert und Rechner heruntergefahren werden. Die Einrichtung ist nicht sehr kompliziert und baut komplett auf Bordmittel von Windows Server 2022 auf.

Sie haben die Möglichkeit, über die Ereignisanzeige, zusammen mit der Aufgabenplanung, in Windows Server 2022 weitere Aktionen durchführen zu lassen. Wollen Sie nach bestimmten Ereignissen in der Ereignisanzeige noch Batchdateien oder Befehle ausführen, können Sie die Funktion in Windows Server 2022 nutzen, mit der sich Aufgaben an bestimmte Ereignisse anhängen lassen. Dazu klicken Sie mit der rechten Maustaste auf das Ereignis und wählen *Aufgabe an dieses Ereignis anfügen*. Das heißt, Windows startet die Aufgabe immer genau dann, wenn das entsprechende Ereignis auftritt. Im folgenden Assistenten wählen Sie dann aus, welche Befehle Windows ausführen soll. Im ersten Fenster weisen Sie der Aufgabe einen Namen zu.

Im zweiten Fenster sehen Sie noch einmal das Ereignis, zu dem Windows die Aufgabe startet. Im dritten Fenster wählen Sie die Option *Programm starten* aus. Als Nächstes geben Sie den Befehl und die Optionen ein, die Windows ausführen soll. Wollen Sie zum Beispiel nach der Sicherung verschiedene Aufgaben durchführen, zum Beispiel Replikationen mit Robocopy oder den Rechner herunterfahren oder auch beides, schreiben Sie am besten eine Batchdatei und lassen diese an dieser Stelle ausführen.

Ein Beispielskript könnte folgendermaßen aussehen. Als Dateiendung verwenden Sie entweder *.bat* oder *.cmd*.

```
echo on
del C:\Users\thomas\Desktop\backup.log
robocopy "C:\Users\thomas\Documents" "x:\backup\dokumente" /mir /r:5 /log+:C:\Users\tho-
mas\Desktop\backup.log
robocopy "C:\Users\thomas\Pictures" "x:\backup\Pictures" /mir /r:5 /log+:C:\Users\tho-
mas\Desktop\backup.log
robocopy "C:\Users\thomas\Documents" "z:\backup\dokumente" /mir /r:5 /log+:C:\Users\tho-
mas\Desktop\backup.log
robocopy "C:\Users\thomas\Pictures" "z:\backup\Pictures" /mir /r:5 /log+:C:\Users\tho-
mas\Desktop\backup.log
robocopy "C:\Users\thomas\Documents" "u:\backup\dokumente" /mir /r:5 /log+:C:\Users\tho-
mas\Desktop\backup.log
robocopy "C:\Users\thomas\Pictures" "u:\backup\Pictures" /mir /r:5 /log+:C:\Users\tho-
mas\Desktop\backup.log
shutdown /s /t 30
```

List. 35.1 Erstellen einer Batchdatei zur Sicherung

So erhalten Sie immer eine 1:1-Kopie Ihrer wichtigsten Daten. Sie können ohne Weiteres auch mehrere Ordner sichern. Verwenden Sie in diesem Fall einfach mehrmals den Befehl nacheinander in einem Skript.

Haben Sie die Batchdatei ausgewählt, aktivieren Sie am Ende des Assistenten noch die Option *Beim Klicken auf "Fertig stellen", die Eigenschaften für diese Aufgabe öffnen*. Schließen Sie die Erstellung der Aufgabe ab, können Sie sie noch an Ihre Bedürfnisse anpassen.

Sie können die Aufgabe aber auch ohne diese Option jederzeit anpassen. Dazu starten Sie durch Eintippen von *Aufgabe* auf der Startseite die Aufgabenplanung. Die Aufgabe finden Sie über *Aufgabenplanungsbibliothek/Aufgaben der Ereignisanzeige*. Über das Kontextmenü rufen Sie ihre Eigenschaften auf. Zunächst sollten Sie auf der Registerkarte *Allgemein* im unteren Bereich bei Sicherheitsoptionen ein Benutzerkonto auswählen, um die Aufgabe zu starten. Außerdem aktivieren Sie die Option *Mit höchsten Privilegien ausführen*, falls dies notwendig ist.

Auf der Registerkarte *Trigger* überprüfen Sie, ob die korrekte Ereignismeldung als Startwert ausgewählt ist. Bei *Aktionen* sollte Ihre Batchdatei erscheinen. Bei *Bedingungen* können Sie weitere Konfigurationen vornehmen, das gilt auch für die Registerkarte *Einstellungen*.

Alle Aufgaben, die Sie ausführen wollen, müssen Sie nur noch in die Batchdatei aufnehmen. Zur Sicherung und Replikation im Netzwerk bietet es sich zum Beispiel an, verschiedene Ordner an andere Ordner und Rechner im Netzwerk zu replizieren, am besten mit Robocopy. Anschließend können Sie den Rechner mit Shutdown herunterfahren lassen. Beide Tools gehören zum Lieferumfang von Windows Server 2022.

Wenn Sie Datei- oder Ordnernamen kopieren, die ein Leerzeichen enthalten, geben Sie den Pfad in Anführungszeichen an, beispielsweise *robocopy "C:\Users\thomas\Documents" "x:\backup\dokumente" /mir*. Alle Optionen verwendet das Tool von links nach rechts. Nach unserer Erfahrung verwenden die meisten Administratoren die Option */mir*, weil so schnell und einfach eine Spiegelung eines Ordners angelegt wird. Um die Daten in einer Freigabe auf einen anderen Rechner zu spiegeln, schreiben Sie am besten ein Skript mit dem Befehl *robocopy <Quellordner> <Sicherungslaufwerk>:\<Sicherungsordner> /mir.*

Die Option */mir* kopiert nur geänderte Dateien und löscht Dateien im Zielordner, die im Quellordner nicht mehr vorhanden sind. Das heißt, der erste Kopiervorgang dauert recht lange, da erst alle Dateien kopiert werden müssen. Der zweite läuft aber deutlich schneller ab, da nur geänderte Dateien kopiert werden. Löschen Sie im Quellordner eine Datei, löscht der Kopiervorgang diese auch im Backupordner. So erhalten Sie immer eine 1:1-Kopie Ihrer wichtigsten Daten. Sie können ohne Weiteres mehrere Ordner sichern. Verwenden Sie in diesem Fall einfach mehrmals den Befehl nacheinander in einem Skript.

35.4 Windows-Abstürze analysieren und beheben

Bluescreens sind in Windows Server 2022 schon lange nicht mehr so häufig anzutreffen wie bei vorangegangenen Windows-Versionen. Was viele ärgert, soll das System jedoch schützen. Ein Bluescreen ist in fast allen Fällen kein Fehler, der durch Windows oder eine Anwendung verursacht wird. Hauptsächlich sind fehlerhafte Treiber schuld, dass Windows aufgibt und mit einem Fehler abstürzt. Neben fehlerhaften Treibern kommen Bluescreens auch sehr oft dann vor, wenn Hardware defekt ist.

Am häufigsten liegen dann Probleme mit dem Arbeitsspeicher oder einer überhitzten CPU vor. Ebenfalls weit verbreitet sind defekte Festplattencontroller oder Hauptplatinen. Auch wenn Windows an einem Dateizugriff scheitert, weil die Festplatte defekt ist, bedeutet das oft eine Ankündigung eines Plattenausfalls. Bei einem Bluescreen läuft Windows noch stabil genug, um den Fehler zu protokollieren und sich selbst sofort zu beenden.

Meistens erscheint eine achtstellige Hexadezimalzahl sowie eine kurze Beschreibung des Fehlers, oft IRQ_NOT_LESS_OR_EQUAL oder INACCESSIBLE_BOOT_DEVICE. Manchmal zeigt Windows die Datei an, die den Fehler verursacht hat – meistens eine *.sys*-Datei, also einen Treiber. Schreibt ein Treiber durch Programmierfehler in einen Arbeitsspeicherbereich, in dem sich bereits Daten eines anderen Treibers oder sogar des Systems befinden, stellt Windows sofort seinen Betrieb ein und meldet den Fehler als Bluescreen. Würde das System nicht so vorgehen, könnten durch die ungültigen Bereiche im Arbeitsspeicher Daten zerstört oder im Falle von Hardwaretreibern sogar die Hardware eines Computers in Mitleidenschaft gezogen werden.

Solche Kernelzugriffe von Treibern hat Microsoft nahezu abgeschafft, sodass Bluescreens in diesem Bereich eher selten auftreten. Verliert ein Teil des Arbeitsspeichers durch einen physischen Defekt jedoch Daten, kann auch unter Windows Server 2022 ein Bluescreen erscheinen.

Bluescreens gibt es auch unter UNIX oder Linux, werden hier aber als »Kernel panic« bezeichnet. Der Prozessor kann bei mangelnder Kühlung zu heiß werden und eine eventuelle Übertaktung den Effekt noch verstärken. In Windows Server 2022 gibt es das Windows-Speicherdiagnosetool, das Sie über den Befehl *mdsched* auf der Startseite aufrufen.

Windows Server 2022 ist standardmäßig so eingestellt, dass nach einem Bluescreen automatisch der Rechner neu startet. Dies hat den Vorteil, dass der Server dann recht schnell wieder zur Verfügung steht. Allerdings können Sie in diesem Fall die entsprechende Fehlermeldung nicht lesen.

Erscheint der Bluescreen nach jedem Start, verfängt sich der Computer in einer Schleife, da er nach jedem Bluescreen neu startet. Die möglichen Einstellungen, wie sich Windows nach einem Bluescreen verhalten soll, finden Sie unter *Systemsteuerung/System und Sicherheit/System/Erweiterte Systemeinstellungen*. Klicken Sie im Abschnitt *Starten und Wiederherstellen* auf die Schaltfläche *Einstellungen*. Sie erreichen den Bereich auch durch Eingabe von *sysdm.cpl* im Suchfeld der Taskleiste.

Über den Abschnitt *Systemfehler* lassen sich die Einstellungen vornehmen. Zunächst sollten Sie das Kontrollkästchen *Automatisch Neustart durchführen* deaktivieren, wenn Sie wollen, dass der Rechner bei der Anzeige des Bluescreens stehen bleiben soll. Über das Listenfeld *Debuginformationen speichern* wählen Sie aus, welche Art von Informationen das Betriebssystem protokollieren soll.

Am besten ist die Variante *Automatisches Speicherabbild* oder *Kleines Speicherabbild* geeignet, da andere Informationen ohnehin eher verwirrend sind. Hier legen Sie auch fest, in welchem Ordner das Speicherabbild mit dem Fehler abgelegt werden soll. Um eine *.dmp*-Datei mit den nachfolgend genannten Tools zu analysieren, laden Sie diese ganz normal in das jeweilige Programm.

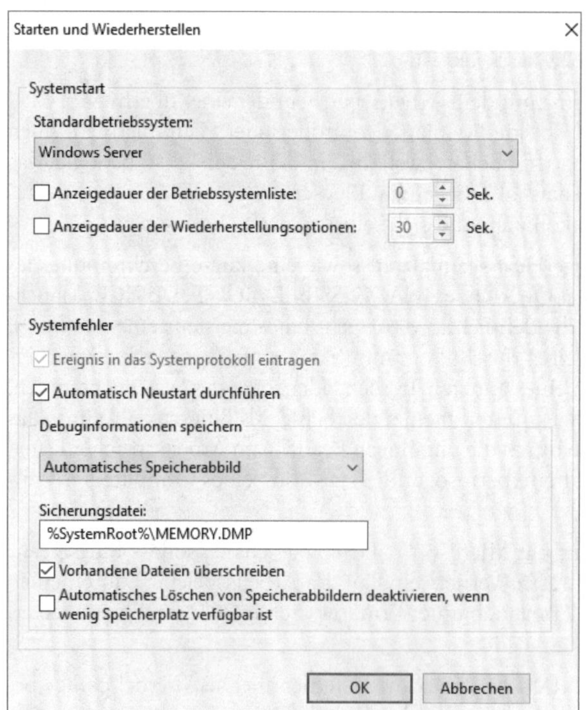

Abb. 35.7 Windows Server 2022 für Bluescreens konfigurieren

Eine gute Möglichkeit, um Bluescreens auf die Spur zu kommen, ist die Software BlueScreenView, die Sie von der Seite *http://www.nirsoft.net/utils/blue_screen_view.html* herunterladen können. Sie erhalten Informationen zu den Bluescreens und können schneller Fehler finden. Der Vorteil des Tools ist, dass Sie den Viewer nicht installieren müssen. Er lässt sich daher auch über einen USB-Stick aufrufen.

Das Tool analysiert die Datei *memory.dmp*, die Windows mit dem Bluescreen erzeugt. Liegt diese Datei im Ordner *C:\Windows\minidump*, liest es die Datei automatisch ein. Findet es die Datei nicht, kopieren Sie *memory.dmp* von *C:\Windows* in den Ordner *C:\Windows\minidump*. Ist der Ordner nicht vorhanden, legen Sie ihn an. Nach dem Einlesen der Datei liefert der Fehler in der Spalte *Bug Check String* schon einen ersten Hinweis, den Sie für die Internetrecherche nutzen können.

Zusätzlich verwenden Sie noch den Code in der Spalte *Bug Check Code*. Klicken Sie doppelt auf *memory.dmp*, öffnet sich ein Detailfenster des Absturzes. Hat ein Treiber den Bluescreen verursacht, sehen Sie diesen in der Spalte *Caused by Driver*. Auch diese Information sollten Sie in die Recherche mit einbeziehen.

Können Sie den Bluescreen eingrenzen und erhalten über eine Suchmaschine nähere Informationen, zum Beispiel das Ändern bestimmter Registrykeys, sind Sie schon ein Stück weiter. Ist ein Treiber schuld am Fehler, installieren Sie eine aktualisierte oder ältere Version. Tritt ein Fehler bei Ihnen erst nach der Installation eines neuen Treibers auf, können Sie in Windows den vorherigen Treiber aktivieren, mit dem das System noch stabil läuft. Das geht natürlich nur dann, wenn Windows noch startet und Sie den Geräte-Manager aufrufen können.

Haben Sie den Treiber über ein Installationsprogramm installiert oder ist der Absturz nicht durch einen Treiber verursacht, sondern von einer von Ihnen installierten Anwendung, können Sie in Windows auch den Systemzustand wiederherstellen wie vor der Installation der Anwendung. Um den Zustand zurückzusetzen, müssen Sie Windows starten oder den Rechner über die Windows-DVD oder einen Rettungsdatenträger booten und die Computerreparaturoptionen starten. Setzen Sie in diesem Fall den Systemwiederherstellungspunkt zurück.

Oft stürzt in Windows nur ein einzelner Prozess ab oder belegt zu viele Ressourcen. Finden Sie diesen Prozess und beenden ihn, läuft Windows Server 2022 in den meisten Fällen problemlos weiter:

1. Klicken Sie mit der rechten Maustaste auf die Taskleiste und wählen Sie im Kontextmenü den Befehl *Task-Manager*. Alternativ starten Sie den Task-Manager mithilfe von `Strg`+`Alt`+`Entf` und der Auswahl des entsprechenden Befehls. Aktivieren Sie im unteren Bereich immer die Option *Mehr Details*.
2. Wechseln Sie zunächst zur Registerkarte *Leistung*. Manchmal verursachen Prozesse eine hohe CPU-Last von bis zu 100% oder belegen den kompletten Arbeitsspeicher. Dauerhaft sollte die Belastung immer schwanken und nicht dauerhaft mehr als 30 bis 40% betragen.

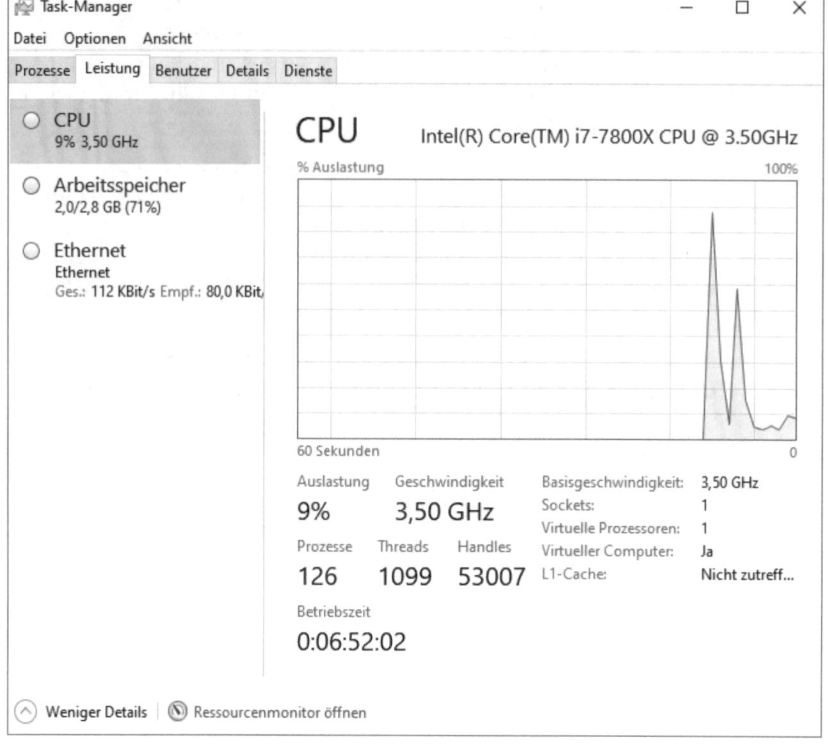

Abb. 35.8 Überwachen der Systemleistung in Windows Server 2022

Rufen Sie anschließend die Registerkarte *Details* auf. Hier sehen Sie Programme, die gestartet sind, und bei *Status* die Meldung *Keine Rückmeldung*, wenn ein Programm nicht mehr funktioniert. Versuchen Sie, ein solches Programm mit *Task beenden* zu beenden.

Auch wenn keine hohe CPU-Last vorliegt, kann dennoch ein Prozess das System lahmlegen. Handelt es sich um einen Prozess, der eine hohe CPU-Last verursacht, klicken Sie auf die Spalte *CPU*. Der Task-Manager sortiert anschließend die Prozesse absteigend nach dem CPU-Verbrauch. Hier sehen Sie recht schnell, welcher Prozess das Problem verursacht.

Verursacht ein Prozess zu viel Last, können Sie ihn beenden. Aber Achtung: Dabei können auch ungespeicherte Daten verloren gehen. Bevor Sie einen Prozess beenden, suchen Sie nach dessen Namen im Internet, wenn Sie ihn nicht kennen.

Speichern Sie möglichst alle Programme, die noch reagieren, und beenden Sie diese ordnungsgemäß. Klicken Sie den Prozess mit der rechten Maustaste an und wählen Sie *Task beenden*. Teilweise erscheint nach einigen Sekunden noch eine Rückfrage, dann beendet Windows den Prozess.

Reagiert Windows wieder, sollten Sie möglichst alle noch offenen Programme beenden und Daten speichern. Starten Sie anschließend den Rechner neu, damit Windows wieder alle notwendigen Prozesse starten kann. Beenden Sie den Explorer, fehlt oft die grafische Oberfläche. Diese starten Sie dann einfach über den Task-Manager mit *Datei/Neuen Task ausführen* und der Eingabe von *explorer*.

35.5 Microsoft Windows File Recovery Tool

Mit dem Windows File Recovery Tool bietet Microsoft ein kostenloses Tool für die Befehlszeile an, mit dem sich gelöschte Dateien wiederherstellen lassen, auch dann, wenn sie sich nicht mehr im Papierkorb befinden. Das Tool eignet sich vor allem für Profis, die Aufgaben gerne in der Befehlszeile oder PowerShell durchführen. Es ist für Windows 10/11 geeignet und kann Administratoren bei der Wiederherstellung entlasten.

Natürlich gibt es zahlreiche weitere Tools, die in der Lage sind, Daten in Windows 10/11 wiederherzustellen. Allerdings stammen diese von Drittherstellern, was die Verwendung in Unternehmensnetzwerken oft erschwert. Windows File Recovery (WinFR) ist ein Microsoft-Tool, das aus einer **.exe*-Datei besteht und daher Systeme minimal belastet. In vielen Fällen ist WinFR problemlos dazu in der Lage, Daten wiederherzustellen, ohne dass Zusatztools notwendig sind.

Das Microsoft Windows File Recovery Tool (WinFR) steht über den App-Store zur Verfügung (*https://www.microsoft.com/de-de/store/r/Windows-file-recovery/9n26s50ln705?wa=wsignin1.0#activetab=pivot:overviewtab*). Nutzbar ist das Tool ab Windows 10 Version 2004 (20H1). Nach der Installation können Anwender oder Administratoren in der Befehlszeile gelöschte Dateien schnell und einfach wiederherstellen. Die Verwendung benötigt aber eine Befehlszeilen- oder PowerShell-Sitzung mit erhöhten Rechten. Es gibt keine grafische Oberfläche für WinFR und das Tool ist komplett in englischer Sprache.

```
Auswählen Administrator: Eingabeaufforderung
Microsoft Windows [Version 10.0.19043.1052]
(c) Microsoft Corporation. Alle Rechte vorbehalten.

C:\WINDOWS\system32>winfr /!

Windows File Recovery
Copyright (c) Microsoft Corporation. All rights reserved
Version:            0.1.20151.0
---------------------------------------------------------

USAGE: winfr source-drive: destination-folder [/mode] [/switches]
USAGE: winfr source-drive: destination-folder [/mode] [/switches]

Advanced modes and filters
/ntfs          - NTFS mode (Fast recovery option for healthy NTFS drives using the master file table)
/segment       - Segment mode (Recovery option for NTFS drives using file record segments)
/signature     - Signature mode (Recovery option for all file system types using file headers)

/n <filter>    - Filter search (NTFS/Segment mode only, wildcards allowed, trailing \ for folder)
/y:<type(s)>   - Recover specific extension groups (Signature mode only, comma separated)
/#             - Displays signature mode extension groups and file types

Example usage - winfr C: D:\RecoveryDestination /ntfs /n Users\<username>\Downloads\
                winfr C: D:\RecoveryDestination /segment /n *.pdf /n *.jpg
                        winfr C: D:\RecoveryDestination /signature /y:PDF,JPEG


Advanced switches
/p:<folder>     - Specify recovery log destination (default: destination folder)
/a              - Accepts all user prompts

/u              - Recover non-deleted files (NTFS/Segment mode only)
/k              - Recover system files (NTFS/Segment mode only)
/o:<a|n|b>      - Overwrite (a)lways, (n)ever or keep (b)oth always (NTFS/Segment mode only)
/g              - Recover files without primary data stream (default: false, NTFS/Segment mode only)
/e              - Disable extension exclusion list (NTFS/Segment mode only)
/e:<extension>  - Disable specific extension(s) (default extension list no longer applies) (NTFS/Segment mode only)

/s:<sectors>    - Number of sectors in volume (Segment/Signature mode only)
/b:<bytes>      - Number of bytes in cluster (Segment/Signature mode only)
/f:<sector>     - First sector to scan (Segment/Signature mode only)
```

Abb. 35.9 Dateien in Windows mit der Befehlszeile wiederherstellen

WinFR nutzt drei verschiedene Modi. Der Standardmodus verwendet eine MFT-Tabelle, um gelöschte Dateien zu finden. Der Modus ist sinnvoll, wenn noch Dateisatzsegmente (FRS) auf einem Datenträger vorhanden sind.

Der Segment-Modus kommt zum Einsatz, um verschiedene NTFS-Segmente auf einem Datenträger zu durchsuchen, anstatt die MFT-Tabelle. Segmente sind verschiedene Dateiattribute auf einem Datenträger, wie Name, Größe, Typ oder das Datum.

Im Signaturmodus durchsucht WinFR den Datenträger nach Signaturen verschiedener Dateitypen. Es verfügt dazu über mehrere eingebaute Signaturen für gängige Dateitypen. Dieser Modus ist nicht geeignet, um kleine Dateien zu finden. Es ist der einzige Modus, der Laufwerke mit anderen Dateisystemen als NTFS unterstützt.

35.5.1 WinFR in der Praxis

Nach dem Aufrufen von *winfr.exe* zeigt das Tool in der Befehlszeile die verschiedenen Optionen an. Im Grunde genommen ist seine Syntax einfach, ermöglicht aber eine flexible Verwendung:

Winfr <Quelle> <Ziel> <Parameter> <Optionen>

Ein Beispiel für den Befehl ist:

winfr c: d:\restore /n C:\Users\thomas\Download.**

Bei diesem Befehl geben Sie an, dass Sie Daten vom C-Laufwerk wiederherstellen wollen, und zwar in das Verzeichnis *d:\restore*. Nach der Option */n* legen Sie fest, welches Verzeichnis und welche Dateien Sie wiederherstellen wollen. In diesem Beispiel stellt der Befehl alle gelöschten Dateien aus dem Verzeichnis *C:\Users\thomas\Download* wieder her.

Sie müssen darauf achten, dass es sich beim Quell- und Ziellaufwerk um unterschiedliche Laufwerke handeln muss. Verwenden Sie das gleiche Laufwerk, bricht der Vorgang mit einem Fehler ab. Nach dem Start des Befehls müssen Sie die Wiederherstellung mit *Y* bestätigen. Microsoft empfiehlt, am Ende der Pfadeingaben des zu scannenden Verzeichnisses noch einen Backslash zu setzen (\), auch wenn dieser normalerweise nicht mehr notwendig ist. Im ersten Schritt scannt WinFR das ausgewählte Verzeichnis, in der zweiten Phase stellt es die Dateien auf Basis der eingegebenen Filter wieder her.

Sie können an dieser Stelle mit Dateiendungen arbeiten oder genau definierten Dateinamen. Je größer der Filter gefasst ist, desto länger kann der Vorgang dauern. Es ist daher durchaus möglich, dass die Wiederherstellung mehrere Minuten dauert, was auch von der Größe der wiederherzustellenden Dateien abhängt. Wollen Sie den Vorgang abbrechen, verwenden Sie die Tastenkombination [STRG]+[C].

Grundsätzlich dürfen Sie für die Sicherung und Wiederherstellung nicht die gleiche Partition verwenden. Idealerweise stellen Sie die Daten auf einer anderen Partition wieder her. Sie können dazu zum Beispiel einen USB-Stick verwenden. WinFR kann Daten von Datenträgern mit NTFS, FAT, FAT32, exFAT und ReFS und neben HDDs auch Dateien auf USB-Sticks, SSDs und auf SD-Karten wiederherstellen. Wollen Sie zum Beispiel gelöschte Dateien auf einer SD-Karte anhand von JPEG- oder PNG-Signaturen wiederherstellen, können Sie den folgenden Befehl nutzen:

winfr E: K: /x /y:JPG,PNG /n \DCIM

Neben den in diesem Beispiel erwähnten Optionen stellt WinFR noch mehr Optionen zur Verfügung:

/r – Segmentmodus (nur NTFS, Wiederherstellung über Dateisatzsegmente)

/n <Filter> – Filtersuche

/x – Signaturmodus (Wiederherstellung anhand von Datei-Headern)

/y:<Typ(en)> – Bestimmte Erweiterungsgruppen wiederherstellen (nur im Signaturmodus, durch Komma getrennt)

/# – Zeigt Erweiterungsgruppen und Dateitypen im Signaturmodus an.

/! – Erweiterte Funktionen anzeigen

/p:<Ordner> – Ziel des Wiederherstellungsprotokolls

/a – Akzeptiert alle Benutzer-Eingabeaufforderungen.

/u – Nicht gelöschte Dateien wiederherstellen (nur im Standard-/Segmentmodus)

/k – Systemdateien wiederherstellen (nur Standard-/Segmentmodus)

/o:<a|n|b> – Überschreiben (a)lways, (n)ever oder keep (b)oth always (nur Standard-/Segmentmodus)

/g – Dateien ohne primären Datenstrom wiederherstellen (Standard: false, nur Standard/Segmentmodus)

/e – Ausschlussliste für Erweiterungen deaktivieren (nur Standard-/Segmentmodus)

/e:<Erweiterung> – Bestimmte Erweiterung(en) deaktivieren (Standard-Erweiterungsliste entfällt) (nur Standard-/Segmentmodus)

/s:<sectors> – Anzahl der Sektoren im Datenträger (nur im Segment-/Signaturmodus)

/b:<bytes> – Anzahl der Bytes im Cluster (nur Segment-/Signaturmodus)

/f:<Sektor> – Erster zu scannender Sektor (nur Segment-/Signaturmodus)

Die Optionen zeigen, dass WinFR durchaus auch von Profis sinnvoll einsetzbar ist, die Dateien wiederherstellen wollen, deren Wiederherstellung mit einfachen Mitteln nicht möglich ist. Wollen Sie PDFs und Word-Dateien aus einzelnen Verzeichnissen auf einem USB-Stick mit dem Laufwerksbuchstaben E wiederherstellen, verwenden Sie:

*Winfr C: E: /regular /n *.pdf /n *.docx*

Der reguläre Modus ist die standardmäßige Wiederherstellungsoption für nicht beschädigte NTFS-Laufwerke. Sie nutzen ihn mit der Option */regular*. Zusätzlich steht noch der erweiterte Modus zur Verfügung. Mit der Option */extensive* nutzen Sie den umfassenden/erweiterten Modus für eine gründliche Wiederherstellungsoption, die für alle Dateisysteme geeignet ist.

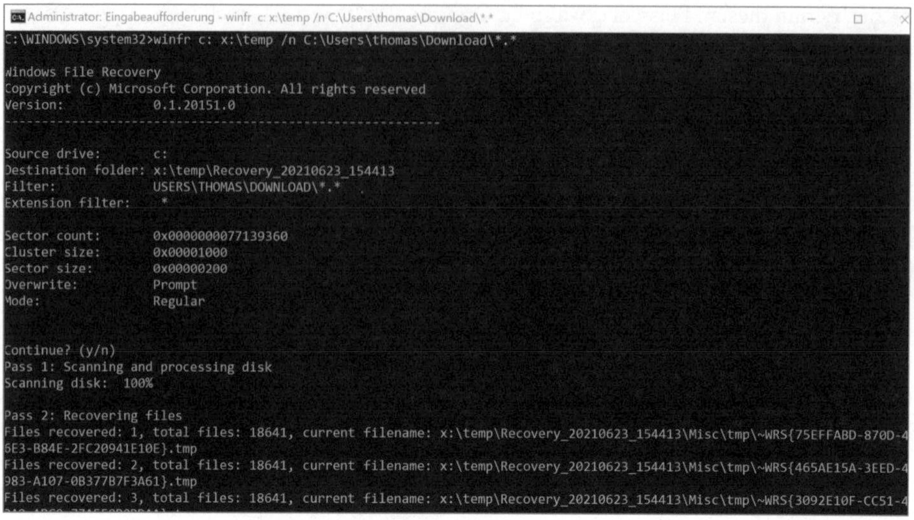

```
Administrator: Eingabeaufforderung - winfr c: x:\temp /n C:\Users\thomas\Download\*.*
C:\WINDOWS\system32>winfr c: x:\temp /n C:\Users\thomas\Download\*.*

Windows File Recovery
Copyright (c) Microsoft Corporation. All rights reserved
Version:            0.1.20151.0
---------------------------------------------------------

Source drive:       c:
Destination folder: x:\temp\Recovery_20210623_154413
Filter:             USERS\THOMAS\DOWNLOAD\*.*
Extension filter:   *

Sector count:       0x0000000077139360
Cluster size:       0x00001000
Sector size:        0x00000200
Overwrite:          Prompt
Mode:               Regular


Continue? (y/n)
Pass 1: Scanning and processing disk
Scanning disk:  100%

Pass 2: Recovering files
Files recovered: 1, total files: 18641, current filename: x:\temp\Recovery_20210623_154413\Misc\tmp\~WRS{75EFFABD-870D-4
6E3-B84E-2FC20941E10E}.tmp
Files recovered: 2, total files: 18641, current filename: x:\temp\Recovery_20210623_154413\Misc\tmp\~WRS{465AE15A-3EED-4
983-A107-0B377B7F3A61}.tmp
Files recovered: 3, total files: 18641, current filename: x:\temp\Recovery_20210623_154413\Misc\tmp\~WRS{3092E10F-CC51-4
```

Abb. 35.10 Wiederherstellen von Dateien mit WinFR

35.5.2 Alternativen für WinFR

Die Stärke von WinFR liegt in seiner Einfachheit, es lässt sich leicht in Windows integrieren und die umfangreichen Funktionen sind von Vorteil. Es gibt aber auch kostenlose Alternativen, die für die Wiederherstellung gelöschter Dateien sinnvoll sind.

Ein bekanntes Beispiel für die Datenrettung auf physischen Festplatten ist die Freeware »Recuva« (*http://www.piriform.com/recuva*). Der Hersteller bietet auch eine kostenpflichtige Version. Recuva zeigt beim Starten einen Assistenten, der Sie bei der Wiederherstellung unterstützt. Im ersten Schritt kann das Tool den Datenträger nach gelöschten Dateien scannen. Hat der Oberflächenscan kein Ergebnis geliefert, können Sie noch mit einem Tiefenscan suchen. Dieser Scan kann mehrere Stunden dauern. Nach dem Scannen zeigt das Tool die gelöschten Daten an, die wiederhergestellt werden können. Hier unterscheidet Recuva zwischen grün (leicht wiederherstellbar), gelb (teilweise defekt) oder rot (zerstört).

Zur Wiederherstellung von gelöschten Dateien können Sie auch die Freeware »Restoration« nutzen. Starten Sie das Tool per Rechtsklick auf *restoration.exe* mit Administratorrechten. Nach dem Start wählen Sie bei *Drives* die Festplatte aus, von der Sie Dateien wiederherstellen wollen. Tragen Sie bei *All or part of the file* Dateiendungen in der Form **.bmp* ein, wenn Sie nicht alle gelöschten Dateien anzeigen wollen. Klicken Sie auf *Search Deleted Files.* Anschließend durchsucht das Tool die Festplatte und zeigt wiederherstellbare Dateien an. Mit *Restore by Copying* können Sie Dateien wiederherstellen.

»PhotoRec« (*http://www.cgsecurity.org/wiki/PhotoRec_DE*) erfordert keine Installation, Sie können es von einem USB-Stick aus starten. Der Umgang mit dem Tool ist etwas komplizierter als mit anderen Tools. Dafür kann PhotoRec oft Dateien wiederherstellen, zu denen andere Programme nicht in der Lage sind. Um Dateien mit PhotoRec wiederherzustellen, entpacken Sie das Download-Archiv und starten *photorec_win.exe*. Wählen Sie die Festplatte aus, von der Sie Daten wiederherstellen wollen, und die Art der Partitionstabelle. Meistens ist »Intel« die richtige Wahl für Windows-Betriebssysteme.

Nach der Auswahl der Partitionstabelle wählen Sie die Partition aus, auf der die Daten gespeichert waren, die Sie wiederherstellen wollen. Neben der Auswahl der Partition müssen Sie noch das Dateisystem bestätigen.

35.6 Zusammenfassung

In diesem Kapitel haben wir Ihnen gezeigt, wie Sie mit der Windows Server-Sicherung in der grafischen Oberfläche, der Eingabeaufforderung und der PowerShell Daten sichern und wiederherstellen. Außerdem sind wir darauf eingegangen, wie Sie mit dem Befehlszeilentool Robocopy manuell oder automatisiert Daten sichern. Auch auf kostenlose Profitools zur Wiederherstellung verloren geglaubter Daten haben wir hingewiesen.

Im nächsten Kapitel gehen wir auf die Active Directory-Verbunddienste ein.

Kapitel 36

Active Directory-Verbunddienste und Workplace Join

Mit Windows Server 2022 und Windows 8.1/10/11- und iOS-Geräten haben Sie die Möglichkeit, Clients über das Internet durch Active Directory-Verbunddienste (Active Directory Federation Services, ADFS) an Unternehmensressourcen anzubinden. Anwender arbeiten bei Workplace Join mit ihrer gewohnten Umgebung, können aber auf bestimmte Ressourcen im Unternehmensnetzwerk zugreifen, die ansonsten nur Domänenmitgliedern vorbehalten sind.

Mit den Active Directory-Verbunddiensten können Sie im Unternehmen eine zentrale Authentifizierungsinfrastruktur aufbauen, die Single-Sign-On-Szenarien zwischen verschiedenen Active Directory-Gesamtstrukturen bietet, aber auch die Möglichkeit, Benutzer sicher für den Zugriff auf Microsoft 365/Office 365 und Microsoft Azure zu authentifizieren. Damit die Lösung stabil und sicher eingesetzt werden kann, müssen Sie einiges beachten. Wir zeigen, wie Sie dazu vorgehen.

Mit Conditional Access Control lassen sich vor allem mobile Anwender effizienter anbinden. Außerdem können Sie Rechner mit Windows 10/11 über Geräteauthentifizierung an Windows Server 2022 anbinden. Microsoft zeigt die Möglichkeiten dazu in der Microsoft-Dokumentation (*https://docs.microsoft.com/de-de/windows-server/identity/active-directory-federation-services*).

Sie können in Windows Server 2022 auch Benutzerkonten in ADFS authentifizieren, die nicht aus einem Active Directory kommen. Beispiel dafür sind X.50000-kompatible LDAP-Verzeichnisse oder auch SQL-Datenbanken:

- AD LDS
- Apache DS
- IBM Tivoli DS
- Novell DS
- Open LDAP
- Open DJ
- Open DS
- Radiant Logic Virtual DS
- Sun ONE v6, v7, v11

Passive Authentifizierungsmöglichkeiten wie SAML, OAuth, WS-Trust active authorization protocol und WS-Federation sind ebenfalls möglich. Windows Server 2022 bietet auch die Möglichkeit, mehrere LDAP-Verzeichnisse mit einer ADFS-Farm zu verbinden.

36.1 Installieren und Einrichten der Active Directory-Verbunddienste

Die Active Directory-Verbunddienste haben die Aufgabe, mehrere Gesamtstrukturen miteinander zu verbinden oder externe Anwender über eine eigene Authentifizierung an Unternehmensressourcen anzubinden. Die nachfolgende Anleitung zur Installation einer Beispielumgebung mit ADFS dient später für die Einrichtung von Workplace Join zusammen mit einem Windows 8.1/10/11-Rechner.

Um eine Testumgebung mit ADFS aufzubauen, brauchen Sie mindestens drei Server: einen Domänencontroller, den FS-Server und einen Webserver, auf den Sie zugreifen können, um die Authentifizierung zu testen. Auf allen drei Servern installieren Sie Windows Server 2022. Um den Zugriff auf die Webanwendung mit Workplace Join zu testen, brauchen Sie noch einen Rechner mit Windows 8.1/10/11.

36.1.1 Einstieg in die Installation von ADFS

Wichtig ist vor allem die strikte Trennung zwischen Domänencontroller, ADFS-Server und den restlichen Servern im Netzwerk. Die grundlegende Installation von ADFS erfolgt über das Hinzufügen von Serverrollen im Server-Manager.

Damit Sie eine ADFS-Infrastruktur optimal und sicher betreiben können, zum Beispiel für eine Umgebung mit Single-Sign-On-Szenarien, benötigen Sie neben einer Active Directory-Gesamtstruktur eine interne Zertifizierungsstelle, am besten auf Grundlage der Active Directory-Zertifikatdienste. Außerdem sollten Sie mit verwalteten Dienstkonten arbeiten, damit notwendige Systemdienste ihre Kennwörter selbst sicher und stabil verwalten und ändern können.

Für die Active Directory-Verbunddienste verwenden Sie am besten ein gruppiertes verwaltetes Dienstkonto. Dieses legen Sie in der PowerShell an. Die Befehle zum Anlegen des verwalteten Dienstkontos sehen für einen Server mit der Bezeichnung *rds03.joos.int* folgendermaßen aus:

Add-KdsRootKey -EffectiveTime (Get-Date).AddHours(-10)

New-ADServiceAccount adfsGmsa -DNSHostName rds03.joos.int -ServicePrincipalNames http/rds03.joos.int

Die Daten des angelegten Dienstkontos zeigen Sie mit *Get-ADServiceAccount adfsGmsa* an.

Außerdem sollten Sie dem Server ein SSL-Zertifikat zuweisen. Haben Sie alle Vorbereitungen getroffen, installieren Sie ADFS als Serverrolle auf dem ADFS-Server. Dazu installieren Sie über *Verwalten/Rollen und Features hinzufügen* den Rollendienst *Active Directory-Verbunddienste.*

```
Administrator: Windows PowerShell
Windows PowerShell
Copyright (C) Microsoft Corporation. Alle Rechte vorbehalten.

PS C:\Users\Administrator> Add-KdsRootKey -EffectiveTime (Get-Date).AddHours(-10)

Guid
----
cb34fc60-7520-1d43-ac9a-05785eea9fc9


PS C:\Users\Administrator> New-ADServiceAccount adfsGmsa -DNSHostName rds03.joos.int -ServicePrincipalNames http/rds03.j
oos.int
PS C:\Users\Administrator> Get-ADServiceAccount adfsGmsa


DistinguishedName : CN=adfsGmsa,CN=Managed Service Accounts,DC=joos,DC=int
Enabled           : True
Name              : adfsGmsa
ObjectClass       : msDS-GroupManagedServiceAccount
ObjectGUID        : d14929bf-bebb-4e91-b641-5f33aed320d5
SamAccountName    : adfsGmsa$
SID               : S-1-5-21-3478486895-201200491-3861781306-1128
UserPrincipalName :
```

Abb. 36.1 Anlegen eines neuen verwalteten Dienstkontos für ADFS

Während der Installation müssen Sie nichts einstellen, die eigentliche Einrichtung nehmen Sie erst nachträglich vor. Im Rahmen der Einrichtung geben Sie den Namen der verwalteten Dienste ein. Stehen Kennwortänderungen an, können die Systemdienste diese Aktion selbst durchführen.

36.1.2 Vorbereitungen für die ADFS-Infrastruktur

Damit Sie eine ADFS-Infrastruktur mit einer Beispielanwendung aufbauen können, benötigen Sie eine Active Directory-Gesamtstruktur sowie einen Server mit einer internen Zertifizierungsstelle (siehe Kapitel 30). Außerdem müssen Sie verwaltete Dienstkonten anlegen (siehe Kapitel 12) und Servern SSL-Zertifikate zuweisen (siehe Kapitel 27). In den folgenden Abschnitten zeigen wir Ihnen auf Basis von Beispielen, wie Sie dabei vorgehen. Die nachfolgenden Schritte können Sie natürlich auch bei der Einrichtung von anderen Serverdiensten verwenden.

Achten Sie im ersten Schritt darauf, dass der FQDN des ADFS-Servers auf den DNS-Servern eingetragen ist und aufgelöst werden kann. Da der Server Mitglied der Domäne ist, sollte das ohnehin der Fall sein.

36.1.3 SSL-Zertifikate als Vorlage in Active Directory-Zertifikatdiensten festlegen

Bevor Sie ADFS als Serverrolle installieren, müssen Sie den Server, auf dem Sie ADFS installieren wollen, in die Domäne aufnehmen. Danach müssen Sie dem Server ein Zertifikat zuweisen (siehe Kapitel 30).

Das Zertifikat muss SSL unterstützen. Daher benötigen Sie zunächst eine interne Zertifizierungsstelle. Wie Sie diese installieren und einrichten, lesen Sie in Kapitel 30. Im Anschluss müssen Sie auf dem Server mit der Zertifizierungsstelle eine neue Vorlage für SSL-Zertifikate bereitstellen. Auf Basis dieser Vorlage rufen Sie dann auf dem ADFS-Server ein neues SSL-Zertifikat ab. Gehen Sie dazu auf dem Zertifikatserver folgendermaßen vor:

1. Rufen Sie mit *certtmpl.msc* die Verwaltung der Vorlagen auf dem Zertifikatserver auf.
2. Klicken Sie mit der rechten Maustaste auf die Vorlage *Webserver* und wählen Sie *Vorlage duplizieren*.
3. Verwenden Sie als Namen für das neue Zertifikat auf der Registerkarte *Allgemein* die Bezeichnung *ADFS*.
4. Wechseln Sie auf die Registerkarte *Sicherheit* und klicken Sie auf *Hinzufügen*.
5. Klicken Sie im neuen Fenster auf *Objekttypen* und wählen Sie *Computer* aus.
6. Geben Sie den Namen der ADFS-Server ein, die Sie betreiben wollen.
7. Aktivieren Sie für alle Computer das Recht *Registrieren* für die Zertifikatvorlage.
8. Klicken Sie auf *OK*.
9. Rufen Sie die Verwaltung der Zertifizierungsstelle mit *certsrv.msc* auf.
10. Klicken Sie mit der rechten Maustaste auf *Zertifikatvorlagen* und wählen Sie *Neu/Auszustellende Zertifikatvorlage*.
11. Wählen Sie die von Ihnen erstellte Vorlage aus. Die Vorlage steht jetzt in der Infrastruktur für die Zuteilung an den Server bereit.

Um auf dem ADFS-Server ein Zertifikat auf Basis der von Ihnen erstellten Vorlage abzurufen, gehen Sie folgendermaßen vor:

1. Rufen Sie auf dem ADFS-Computer die Konsole *certlm.msc* auf.
2. Klicken Sie mit der rechten Maustaste auf *Eigene Zertifikate/Zertifikate* und wählen Sie *Alle Aufgaben/Neues Zertifikat anfordern*.
3. Bestätigen Sie die erste Seite der Registrierung.
4. Bestätigen Sie auf der nächsten Seite die Active Directory-Registrierungsrichtlinie.
5. Wählen Sie auf der Seite mit den Vorlagen die von Ihnen erstellte Vorlage aus. Steht diese nicht zur Verfügung, überprüfen Sie die vorangegangenen Schritte noch einmal.

Im Fenster müssen Sie jetzt noch auf den Link mit dem Text unterhalb der Vorlage klicken, um wichtige Daten für das Zertifikat zu ergänzen. Hier müssen Sie folgende Daten eingeben, bevor Sie mit *OK* bestätigen. Danach rufen Sie das Zertifikat mit *Registrieren* ab.

- *Allgemeiner Name: rds03.joos.int* (bei Ihnen der entsprechende Name des ADFS-Servers)
- *Alternativer Name* (DNS verwenden): *Rds03.joos.int* (bei Ihnen der entsprechende Name des ADFS-Servers)

36.1.4 ADFS als Serverrolle installieren

Haben Sie alle Vorbereitungen getroffen, installieren Sie ADFS als Serverrolle auf dem ADFS-Server. Dazu installieren Sie über *Verwalten/Rollen und Features hinzufügen* den Rollendienst *Active Directory-Verbunddienste* aus.

Während der Installation müssen Sie keine Einstellungen vornehmen, sondern wie bei den Active Directory-Domänendiensten nur die Systemdateien anpassen.

Der erste Server, den Sie in der Farm installieren, ist automatisch der primäre Verbundserver. Alle nachfolgenden Verbundserver, die der Farm hinzugefügt werden, synchronisieren die Konfigurationsdaten vom primären Server. Die Daten werden anschließend in die lokale Konfigurationsdatenbank des Servers gespeichert.

Die anderen Server in der Infrastruktur bleiben in Betrieb, wenn der primäre Server im Verbund ausfällt, aber sie sind nicht in der Lage, Änderungen an der Konfiguration von ADFS vorzunehmen, bis der primäre Verbundserver wiederhergestellt ist oder ein anderer Verbundserver als primärer Server heraufgestuft wird. Um einen sekundären Verbundserver zum primären heraufzustufen, führen Sie den folgenden Befehl auf dem sekundären Server aus:

Set-AdfsSyncProperties -Role PrimaryComputer

Wenn Sie einen neuen Primärserver eingerichtet haben, müssen Sie die anderen sekundären Verbundserver mit dem neuen primären Verbundserver verbinden. Verwenden Sie dazu diesen Befehl, um auf den verbleibenden Farm-Mitgliedsservern die Synchronisierung zu starten und den neuen Server zu hinterlegen:

Set-AdfsSyncProperties -Role SecondaryComputer -PrimaryComputerName {FQDN des Primary Federation Server}

36.1.5 ADFS einrichten

Nachdem die Installation abgeschlossen ist, richten Sie über das Benachrichtigungscenter des Server-Managers die Infrastruktur im Netzwerk über einen Assistenten ein:

1. Bestätigen Sie die Startseite und geben Sie dann die Anmeldedaten eines Domänenadministrators ein.
2. Wählen Sie auf der Seite *Diensteigenschaften bearbeiten* das von Ihnen installierte Zertifikat. Lassen Sie das Zertifikat anzeigen und vergewissern Sie sich, dass das richtige Zertifikat verwendet wird.
3. Als Anzeigenamen können Sie einen beliebigen Namen verwenden, zum Beispiel *ADFS*.

Abb. 36.2 Konfigurieren der Diensteigenschaften von ADFS auf dem ADFS-Server

Auf der Seite *Dienstkonto angeben* aktivieren Sie die Option *Verwenden Sie ein Domänenbenutzerkonto oder ein gruppenverwaltetes Dienstkonto.* Wählen Sie dann das von Ihnen erstellte verwaltete Dienstkonto aus. Mehr zu diesem Thema erfahren Sie zu Beginn des Kapitels und in Kapitel 12.

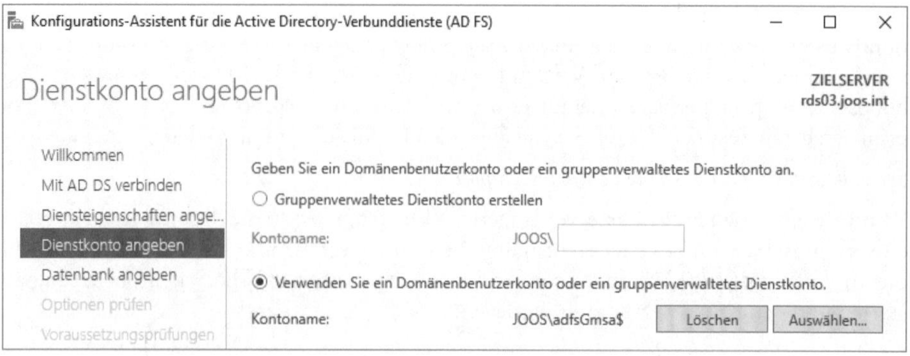

Abb. 36.3 Auswählen des Dienstkontos für ADFS

Auf der Seite *Datenbank angeben* verwenden Sie *Erstellen Sie eine Datenbank auf diesem Server mit der internen Windows-Datenbank.*

Auf dem nächsten Fenster erhalten Sie noch einmal eine Zusammenfassung. Als Nächstes werden die Voraussetzungen überprüft und dann wird die ADFS-Infrastruktur erstellt. Klicken Sie danach auf *Konfigurieren,* um die ADFS-Infrastruktur auf dem Server zu installieren.

Damit ADFS funktioniert, müssen Sie darauf achten, dass die Zertifikate vorhanden sind und funktionieren. Sie konfigurieren die Zertifikate in der ADFS-Verwaltung im Bereich *Dienst/Zertifikate.*

Windows Server 2022 bietet in diesem Bereich die Möglichkeit, mehrere LDAP-Verzeichnisse mit einer ADFS-Farm zu verbinden. Auch die Anbindung an Active Directory lässt sich parallel durchführen. Durch diese Skalierbarkeit brauchen Sie also keine verschiedenen ADFS-Farmen, sondern können alles mit einer einzigen Farm betreiben.

Um LDAP-Verzeichnisse an ADFS anzubinden, müssen Sie zunächst die grundsätzliche Verbindung herstellen. Dazu verwenden Sie das Cmdlet *New-AdfsLdapServerConnection.*

Sie haben die Möglichkeit, mehrere LDAP-Server des externen Verzeichnisses anzubinden. Dazu verwenden Sie die Option *-LdapServerConnection* des Cmdlets *Add-AdfsLocalClaimsProviderTrust.*

Mit dem Cmdlet *New-AdfsLdapAttributeToClaimMapping* binden Sie Attribute des externen LDAP-Verzeichnisses an ADFS-Claims.

Außerdem müssen Sie den LDAP-Speicher noch mit ADFS als lokaler Claims-Provider-Trust verbinden. Auch dazu verwenden Sie die PowerShell und das Cmdlet *Add-AdfsLocalClaimsProviderTrust.*

Alle Cmdlets sehen Sie am schnellsten über *Get-Command *adfs*.* Der Befehl *Get-Command *adfsLDAP** zeigt die Cmdlets an, mit denen Sie die LDAP-Verbindungen aktivieren.

36.1.6 Geräteregistrierung konfigurieren

Sobald die ADFS-Infrastruktur konfiguriert ist, können Sie zum Beispiel die Geräteregistrierung auf dem ADFS-Server einrichten. Dazu öffnen Sie eine PowerShell-Sitzung und geben den folgenden Befehl ein:

Initialize-ADDeviceRegistration

Sie werden nach dem Dienstkonto gefragt. Hier geben Sie die Daten des verwalteten Dienstkontos ein, zum Beispiel *joos\adfsgmsa$*.

Danach geben Sie den folgenden Befehl ein:

Enable-AdfsDeviceRegistration

In Windows Server 2022 können Sie dazu auch *Install-AdfsFarm* verwenden.

Öffnen Sie auf dem ADFS-Server die ADFS-Verwaltungskonsole, können Sie den Dienst beliebig verwalten.

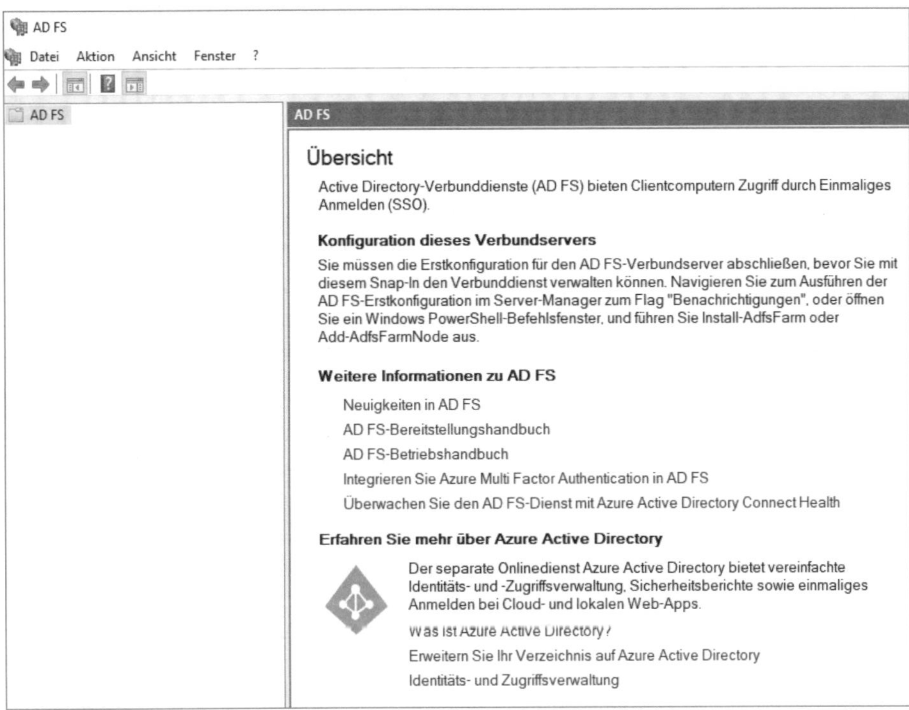

Abb. 36.4 ADFS in Windows Server 2022 verwalten

36.1.7 Einrichten einer Beispiel-Webanwendung für ADFS

Um den Nutzen von ADFS und Workplace Join von Windows 8.1/10 zu demonstrieren, eignet sich am besten eine Webanwendung auf einem Server mit IIS. Sie konfigurieren die Webanwendung so, dass Anwender mit Windows 8.1/10/11 darauf zugreifen können, auch ohne dass der entsprechende Computer oder das Notebook Mitglied der Domäne ist.

Webserver und notwendige Features installieren

Um den Server zu testen, müssen Sie zunächst auf einem anderen Server als dem ADFS-Server die Serverrolle *Webserver* installieren (siehe Kapitel 27). Zusätzlich müssen Sie noch *Webserver/Anwendungsentwicklung/ASP.NET 3.5* oder *ASP.NET 4.7* installieren. Lassen Sie auch die dazugehörigen Features installieren, die der Assistent vorschlägt.

Auf der Seite *Features auswählen* bei der Installation des Webservers müssen Sie das Serverfeature *Windows Identity Foundation 3.5* für die Installation auswählen (siehe Kapitel 4). Haben Sie alle Features ausgewählt, müssen Sie auf der letzten Seite den Speicherort der Installationsdateien angeben. Dazu klicken Sie auf den Link *Alternativen Quellpfad angeben* und wählen dann den Datenträger mit der Windows Server 2022-Installations-DVD aus und das Unterverzeichnis *sources\sxs*, zum Beispiel *d:\sources\sxs.*

Danach installieren Sie auf dem Webserver ein SSL-Zertifikat für den Webserver (siehe Kapitel 27 und den Abschnitt 36.1.3 »SSL-Zertifikate als Vorlage in Active Directory-Zertifikatdiensten festlegen« auf Seite 995 in diesem Kapitel). Das Zertifikat muss als CN den FQDN des Webservers aufweisen und von der internen Zertifizierungsstelle stammen.

Beispielanwendung für AD FS und Workplace Join vorbereiten

Haben Sie alle Vorbereitungen des vorangegangenen Abschnitts durchgeführt, kopieren Sie die Beispielanwendung aus dem Installationsverzeichnis des Windows Identity Foundation SDK *C:\Program Files (x86)\Windows Identity Foundation SDK\v3.5\Samples\Quick Start\Web Application\PassiveRedirectBasedClaimsAwareWebApp* in das Verzeichnis *c:\inetpub\claimapp.* Öffnen Sie danach die Datei *Default.aspx.cs* mit einem Texteditor.

Suchen Sie nach dem Eintrag *ExpectedClaims* und verwenden Sie die zweite gefundene Stelle. Sie müssen jetzt mit // die Zeilen in der Datei auskommentieren, die um die gefundene Stelle herum aufgeführt sind. Danach muss der Bereich so aussehen:

```
Foreach (claim claim in claimsIdentity.Claims)
{
   //Before showing the claims validate that this is an expected claim
  //If it is not in the expected claims list then don't show it
   //if (ExpectedClaims.Contains( claim.ClaimType ) )
   // {
      writeClaim( claim, table );
   //}
}
```

List. 36.1 Beispiel-Listing einer Datei für ADFS

Speichern Sie die Datei und öffnen Sie anschließend die Datei *web.config.*

Löschen Sie den ganzen Bereich *<Microsoft.identityModel>* bis *</Microsoft.identityModel>*, einschließlich *<Microsoft.identityModel>* und *</Microsoft.identityModel>*, und speichern Sie die Datei.

Öffnen Sie den IIS-Manager und klicken Sie auf *Anwendungspools* (siehe Kapitel 27). Klicken Sie mit der rechten Maustaste auf *DefaultAppPool* und wählen Sie *Erweiterte Einstellungen.* Setzen Sie den Wert *Prozessmodell\Benutzerprofil laden* auf *True.* Rufen Sie danach über das Kontextmenü *Grundeinstellungen* auf und ändern Sie *.NET CLR Version* zu *NET CLR Version v2.0.50727.*

Klicken Sie danach mit der rechten Maustaste auf *Default Web Site* und wählen Sie *Bindungen bearbeiten* aus. Fügen Sie eine HTTPS-Bindung zum Port 443 hinzu und verwenden Sie das SSL-Zertifikat, das Sie auf dem Server installiert haben.

Beispielanwendung installieren

Wenn Sie alle Vorbereitungen getroffen haben, aktivieren Sie die Beispielanwendung auf dem Webserver. Dazu klicken Sie mit der rechten Maustaste auf die *Default Web Site* im IIS-Manager und wählen daraufhin *Anwendung hinzufügen*. Setzen Sie den Alias auf *claimapp* und den physischen Pfad auf *c:\inetpub\claimapp*. Achten Sie darauf, dass als Anwendungspool *DefaultAppPool* ausgewählt ist.

Klicken Sie danach doppelt auf die Datei *FedUtil.exe* im Verzeichnis *C:\Program Files (x86)\Windows Identity Foundation SDK\v3.5*. Wählen Sie als *Speicherort der Anwendungskonfiguration* die Datei *web.config* im Verzeichnis *c:\inetpub\claimapp* aus. Als URl verwenden Sie die Adresse: *https://<Webserver>/claimapp/*.

Auf der nächsten Seite aktivieren Sie die Option *Vorhandenen STS verwenden*. Als Adresse verwenden Sie: *https://<ADFS-Server>/federationmetadata/2007-06/federationmetadata.xml*.

Auf der nächsten Seite belassen Sie die Option *Zertifikatkettenüberprüfung deaktivieren* und die Option *Keine Verschlüsselung*. Auf der Seite *Angebotene Ansprüche* nehmen Sie ebenfalls keine Änderungen vor und klicken auch hier auf *Weiter*. Auf der letzten Seite aktivieren Sie die Option *Aufgabe für tägliche WS-Federationmetadatenupdates planen* und klicken auf *Fertig stellen*.

Rufen Sie nach der Einrichtung die Adresse der Claimapp auf, also *https://s2.contoso.int/claimapp* in diesem Beispiel, werden Sie auf den ADFS-Server umgeleitet und erhalten eine Fehlermeldung. Damit die Authentifizierung funktioniert, müssen Sie erst noch die weiteren Einstellungen vornehmen.

36.1.8 Vertrauensstellung zwischen Webanwendung und ADFS einrichten

Im nächsten Schritt erstellen Sie auf dem ADFS-Server Regeln für den Zugriff auf die Webanwendung. Dazu rufen Sie auf dem ADFS-Server die Verwaltungskonsole von ADFS im Server-Manager über Tools auf und klicken auf *Vertrauensstellungen der vertrauenden Seite* mit der rechten Maustaste. Wählen Sie *Vertrauensstellung der vertrauenden Seite hinzufügen*. Klicken Sie auf der ersten Seite auf *Start*.

Als Datenquelle wählen Sie *Online oder in einem lokalen Netzwerk veröffentlichte Daten über die vertrauende Seite importieren* und geben die Adresse *https://<Webserver>/claimapp/federationmetadata/2007-06/federationmetadata.xml* ein.

Klicken Sie auf *Weiter*, überprüft der Assistent, ob die Datei vorhanden ist. Erhalten Sie einen Fehler, überprüfen Sie im Browser, ob Sie die Adresse öffnen können und die Datei vorhanden ist. Stellen Sie auch im Explorer auf dem Webserver sicher, dass die Datei vorhanden ist. Auf der nächsten Seite geben Sie den Namen für die neue Vertrauensstellung ein.

Danach legen Sie die mehrstufige Authentifizierung fest. Hier belassen Sie die Einstellung auf *Jetzt keine Einstellungen für die mehrstufige Authentifizierung konfigurieren*. Auf der Seite *Ausstellungsautorisierungsregeln wählen* legen Sie die Option *Allen Benutzern Zugriff auf diese vertrauende Seite verweigern* fest. Danach erhalten Sie eine Zusammenfassung Ihrer Eingaben. Auch hier klicken Sie auf *Weiter*.

Auf der letzten Seite belassen Sie die Einstellung auf *Nach Abschluss des Assistenten das Dialogfeld "Anspruchsregeln bearbeiten" für diese Vertrauensstellung der vertrauenden Seite öffnen* und klicken auf *Schließen*.

Klicken Sie im neuen Fenster auf *Regel hinzufügen*. Wählen Sie *Ansprüche mithilfe einer benutzerdefinierten Regel senden* aus und klicken Sie auf *Weiter*. Geben Sie der Regel einen beliebigen Namen und tragen Sie als Text die folgenden Daten ein:

c:[ ]

=> issue(claim = c);

Klicken Sie auf *Fertig stellen* und dann auf *OK*.

36.2 Fehlerbehebung und Überwachung bei einem ADFS-Server

Betreiben Sie im Netzwerk System Center Operations Manager, können Sie für ADFS ein eigenes Management Pack bei Microsoft herunterladen und auf diesem Weg ADFS überwachen.

ADFS lässt sich aber auch über die Ereignisanzeige überwachen. In der ADFS-Konsole können Sie über das Kontextmenü von ADFS und der Auswahl von *Verbunddiensteigenschaften bearbeiten* auf der Registerkarte *Ereignisse* genauer steuern, was die Umgebung in die Ereignisanzeige schreiben soll.

Öffnen Sie die Ereignisanzeige, klicken Sie auf das Menü *Ansicht* und wählen Sie *Analytische und Debugprotokolle einblenden*. Danach müssen Sie die Ansicht aktualisieren, damit das ADFS Tracing-Log zu sehen ist. Mit einem Rechtsklick auf das Debug-Protokoll können Sie das Protokoll aktivieren. Sobald Sie die Debug-Protokollierung aktiviert haben, erhalten Sie einen umfassenden Überblick über die Vorgänge in der ADFS-Infrastruktur. Beim Filtern des ADFS-Ereignisprotokolls können Sie auch alle Ereignisse einer bestimmten Transaktion filtern lassen. Sie müssen dazu nur einen Filter basierend auf der *ActivityID* mit den folgenden Schritten erstellen:

1. Öffnen Sie die Ereignisanzeige.
2. Erweitern Sie *Anwendungs- und Dienstprotokolle* und dann den Admin-Bereich beim ADFS-Protokoll.
3. Wählen Sie aus dem Menü *Aktion* auf *Aktuelles Protokoll filtern*.
4. Klicken Sie auf die Registerkarte *XML* und wählen Sie *Manuell bearbeiten*.

Eine Beispielabfrage für ADFS sieht folgendermaßen aus:

```
<QueryList>
  <query Id="0" Path="AD FS 2.0 Eventing/Admin">
    <Select Path=" AD FS 2.0/Admin "> * [System [ Correlation [@ ActivityID = ' { 77269359 -
0b7d - 45cb - 9760 - e3a4009883d9 }' ]]] </ select >
  < / Query >
</ Querylist >
```

Mit einer benutzerdefinierten Abfrage können Sie Fehlermeldungen und Informationen in ADFS effektiver auslesen. Aus Gründen der Sicherheit zeigt ADFS nicht genau, wann ein Fehler aufgetreten ist oder eine Aktion durchgeführt wurde.

Sie können die Ereignisse aber in der PowerShell anzeigen und filtern lassen:

Get-WinEvent -FilterHashtTable @{LogName='AD FS Admin'; Level=2; StartTime=(Get-Date) -Computername <Servername>.

Für erweiterte Überwachung und Diagnosezwecke bietet Microsoft kostenlose PowerShell-Cmdlets zur Überwachung an.

36.3 Single Sign-On mit ADFS – auch mit Microsoft 365/Office 365

Mit ADFS können Sie lokale Dienste und Clouddienste wie Microsoft 365/Office 365 für Single Sign-On konfigurieren. Anwender müssen sich in solchen Umgebungen nur einmal an der Weboberfläche von ADFS anmelden und können dann auf Ressourcen in Microsoft 365/Office 365 und anderen Webdiensten zugreifen, ohne sich erneut anmelden zu müssen. Während der Installation von ADFS sollten Sie eine Verbundfarm erstellen. Auf diese Weise können Sie jederzeit weitere Server zum Verbund hinzufügen und so sicherstellen, dass die Infrastruktur hochverfügbar ist. Auch wenn Sie zunächst nur einen Server betreiben wollen, ist das Verwenden einer Farm immer der bessere Weg.

Als Alternative zu der Windows Internal Database können Sie eine SQL-Datenbank für ADFS verwenden. Dies erfordert einige zusätzliche Arbeit beim Setup, aber Sie können SQL für hohe Verfügbarkeit nutzen. Außerdem gibt es keine primären oder sekundären ADFS-Server in der Farm, da alle Daten in der SQL-Datenbank gespeichert werden. Wenn Sie bereits SQL im Unternehmen einsetzen und eine SQL-Infrastruktur zur Verfügung haben, bietet es sich an, diese zu nutzen. Verwendung von SQL bedeutet auch, Sie können mehr als fünf Server in einer Farm und zusätzliche ADFS-Funktionen wie SAML integrieren.

Sie können in Windows Server 2022 auch auf Active Directory-Verbunddienste setzen, um Single Sign-On mit anderen Gesamtstrukturen oder der Cloud aufzubauen. Die neue ADFS-Version beherrscht Openid Connect Web Sign On sowie OAuth2. Um ADFS oder andere neue Dienste in Windows Server 2022 umfassend zu nutzen, sind Zertifikate notwendig. Ein solches Zertifikat erstellen Sie auf Wunsch selbstsigniert in der PowerShell. Die Syntax dazu ist:

New-SelfSignedCertificate -certstorelocation cert:\localmachine\my -dnsname <FQDN des Servers>

Auf Basis des Fingerabdrucks können Sie das Zertifikat in eine Datei exportieren. Dazu speichern Sie das notwendige Kennwort für das Exportieren als Variable:

$pwd = ConvertTo-SecureString -String "test" -Force -AsPlainText

Danach exportieren Sie das Zertifikat auf Basis seines Thumbprints:

Export-PfxCertificate -cert cert:\localMachine\my\075D8E7B207CEC1E204B6356E28576D378E577BF -FilePath c:\s2.contoso.int.pfx -Password $pwd

Anschließend arbeiten Sie den Assistenten zum Erstellen einer neuen ADFS-Konfiguration durch. Als Zertifikat verwenden Sie das selbstsignierte Zertifikat. Natürlich können Sie auch auf Zertifikate aus den Active Directory-Zertifikatdiensten von Windows Server 2022 setzen.

Nachdem ADFS eingerichtet ist, können Sie in der ADFS-Verwaltungskonsole den Assistenten zum Einrichten starten. Dieser bietet einige Vorlagen und ermöglicht die Einrichtung von OpenId Connect.

36.4 Zusammenfassung

In diesem Kapitel haben wir Ihnen an einer Beispielumgebung erklärt, wie Sie die Active Directory-Verbunddienste (Active Directory Federation Services, ADFS) einrichten. Mit der Beispielumgebung erhielten Sie einen tiefen Einblick in die Möglichkeiten der Technologien in Windows 8.1/10/11 und Windows Server 2022. Im nächsten Kapitel befassen wir uns mit dem Thema Updates in Windows-Netzwerken.

Kapitel 37

Updates in Microsoft-Netzwerken steuern mit WSUS und Azure

Windows Server 2022 verfügt über den Serverdienst Windows Server Update Services (WSUS). Dieser Dienst kann für Microsoft-Betriebssysteme, aber auch für alle anderen Microsoft-Produkte Updates herunterladen und im Netzwerk zur Verfügung stellen.

In Windows Server 2022 ist der Dienst auch dazu in der Lage, die größeren Updates für Windows 10/11 zu verwalten sowie die Erweiterungen für Hyper-V. Große Update-Pakete verteilen Sie ebenfalls über WSUS. Als Ersatz für WSUS kann Azure Automation Update Management zum Einsatz kommen. Auch auf diese Technologie gehen wir in diesem Kapitel ein.

Die Clients und Server im Netzwerk rufen Updates über diesen Server ab, nicht mehr über das Internet. Das ist besonders für Windows 10/11 relevant, da durch das neue Aktualisierungsverhalten selbst größere Internetleitungen blockiert werden können. Die Einstellungen für WSUS lassen sich mit Gruppenrichtlinien steuern, auch die neuen Funktionen in Windows 10/11 und Windows Server 2022. Der Vorteil dabei ist die zentrale Steuerung der Updates. Außerdem müssen Unternehmen Updates nur noch einmal herunterladen, nicht für jeden Server und Computer einzeln. Das entlastet die Datenleitung zum Internet enorm. Selbst kleine Netzwerke, die zu Windows 10/11 aktualisieren, sollten sich WSUS installieren.

WSUS installieren Sie über den Server-Manager oder das Windows Admin Center. Die grundlegende Funktion hat sich wenig geändert. WSUS in Windows Server 2022 lässt sich über die PowerShell verwalten.

Unternehmen, die WSUS bereits einsetzen, können die Daten, Einstellungen und bereits gespeicherten Patches direkt zu Windows Server 2022 migrieren.

37.1 WSUS installieren

Im Server-Manager klicken Sie auf *Verwalten/Rollen und Features hinzufügen*. Als Serverrolle wählen Sie *Windows Server Updates Services* aus. Während der Installation nehmen Sie noch keine Einstellungen vor, sondern erst nachträglich. Während der Installation wählen Sie aus, ob auf dem Server eine interne Windows-Datenbank für WSUS installiert werden soll (WID Connectivity) oder nur der Dienst zum Verteilen von Patches. Bei der Auswahl lässt sich eine SQL Server-Datenbank hinterlegen, in der WSUS seine Daten speichern soll.

In manchen Umgebungen erscheinen Fehlermeldungen, wenn WSUS auf virtuellen Servern betrieben wird. Das liegt daran, dass die Patches dann auf einer virtuellen Festplatte abgespeichert werden sollen. In diesem Fall sollten Sie eine lokale Festplatte des Hyper-V-Hosts für die Patches zuteilen (siehe Kapitel 7).

Als Nächstes wählen Sie aus, wo WSUS Patches speichern soll. Diese liegen nicht in der Datenbank, sondern in einem Dateipfad. In der Datenbank liegen nur die Konfigurationsdaten von WSUS und die Berichte, die Administratoren erstellen können.

Nach Abschluss der Installation warnt der Server-Manager, dass noch eine nachträgliche Konfiguration der Dienste erfolgen muss. Diese sollten Sie nach der Installation von WSUS starten. Bei diesem Vorgang richtet der Assistent vor allem die Datenbank von WSUS ein. Danach erst starten Sie den eigentlichen Assistenten zur Einrichtung der Patches und Clients.

37.1.1 WSUS nach der Installation einrichten

Wie für andere Serverdienste legt der Server-Manager in Windows Server 2022 für WSUS eine eigene Gruppe an. Über das Kontextmenü des Servers im Server-Manager starten Sie den Einrichtungs-Assistenten von WSUS. Sie können aber auch die WSUS-Verwaltungskonsole über den Menüpunkt *Tools* des Server-Managers oder dem Startmenü von Windows Server 2022 starten. Beim ersten Aufrufen des Tools startet ein Assistent, der WSUS grundlegend konfiguriert.

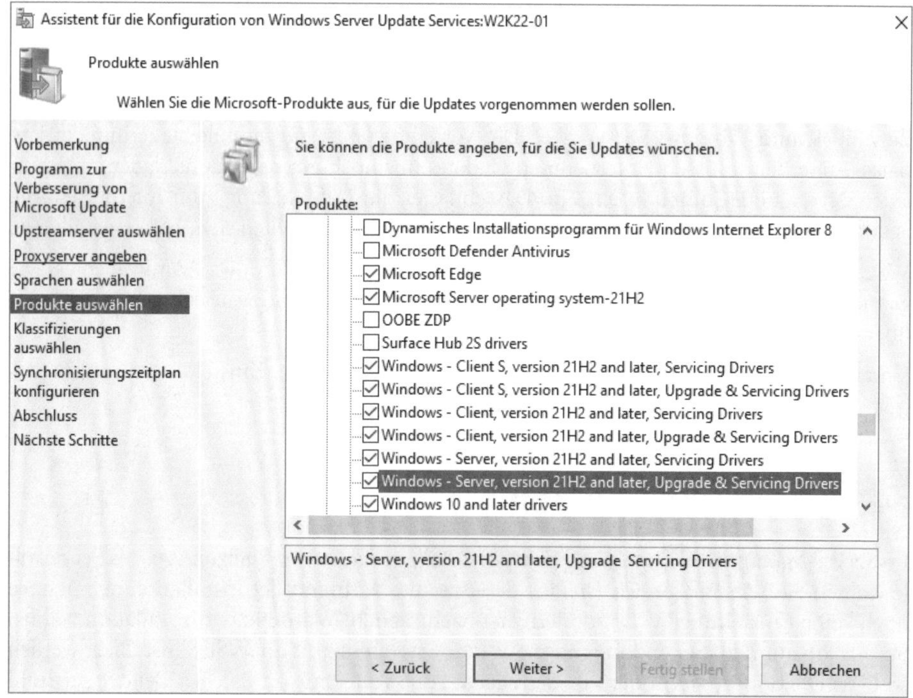

Abb. 37.1 Festlegen der Produkte, die mit WSUS aktualisiert werden sollen

Im Rahmen des Assistenten legen Sie fest, ob der Server Updates direkt bei Microsoft herunterladen soll oder von einem anderen WSUS-Server. Im Rahmen der Einrichtung können Sie WSUS an einen Proxyserver anbinden. Bei der ersten Einrichtung überprüft der Assistent, ob WSUS die Update-Server von Microsoft erreichen kann. Nur bei einer erfolgreichen Verbindung können Sie die Einrichtung fortführen. Der Verbindungsaufbau dauert eine Weile, da bereits jetzt Informationen von Microsoft heruntergeladen werden.

Außerdem lassen sich die Sprachen und Produkte festlegen, die über WSUS aktualisiert werden sollen. Auch den Zeitplan der Aktualisierung legen Sie bei der Einrichtung fest.

Achten Sie darauf, dass nach der ersten Einrichtung erst das Herunterladen der Patches erfolgt. Das kann einige Stunden dauern, abhängig von Ihrer Auswahl.

Damit Windows 10/11-Upgrades über WSUS bereitgestellt werden können, muss bei *Produkte und Klassifizierungen* die Option *Upgrades* auf der Registerkarte aktiviert sein.

Auf der Registerkarte *Produkte* sollten wiederum die verschiedenen Windows 10/11-Optionen aktiviert werden. Muss eine der Optionen angepasst werden, dann ist eine erneute Synchronisierung notwendig.

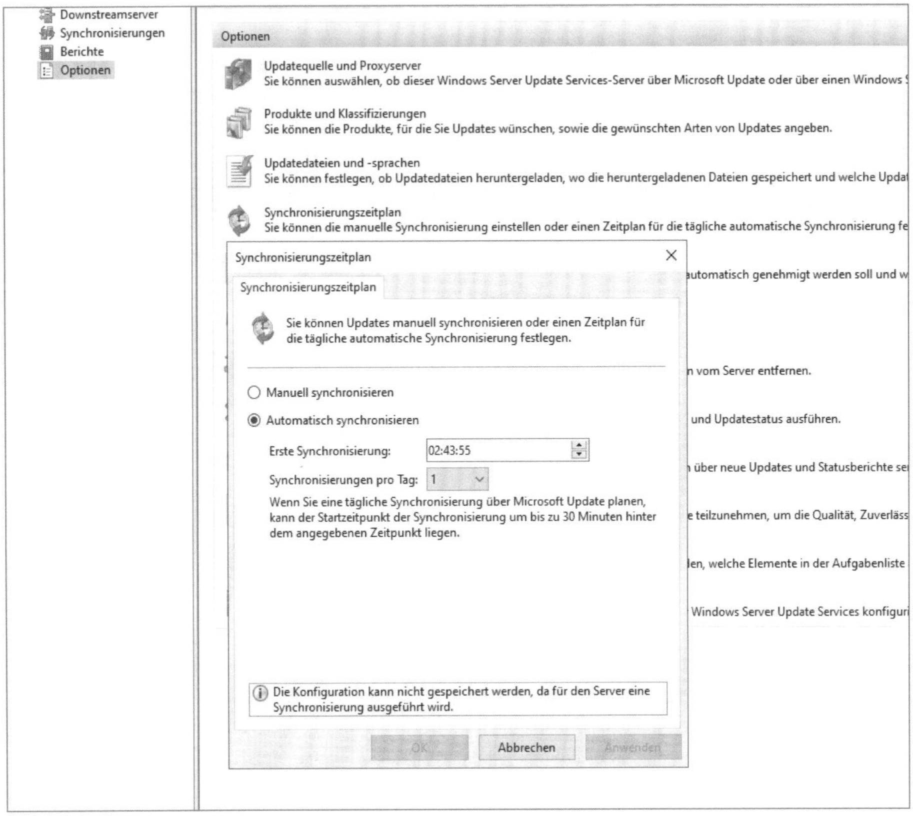

Abb. 37.2 Im Rahmen der WSUS-Einrichtung erfolgt auch das Festlegen eines Zeitplans für die Synchronisierung mit Microsoft Update.

Den Zeitplan für die Synchronisierung steuern Sie über *Optionen* in der Verwaltungskonsole von WSUS. Hier finden Sie den Bereich *Synchronisierungszeitplan*. Sie können den Server mehrmals pro Tag synchronisieren lassen, auf Wunsch jede Stunde.

Nach der ersten Einrichtung lassen sich alle Einstellungen über die WSUS-Konsole anpassen, Berichte erstellen und die erste Synchronisierung starten. Über das Kontextmenü von WSUS-Servern starten Sie dann zukünftig die Verwaltungskonsole.

37.1.2 WSUS-Grundeinrichtung über Gruppenrichtlinien

WSUS scannt heruntergeladene Updates und referenziert diese automatisch mit den verbundenen Clients. Einstellungen können Sie über Gruppenrichtlinien verteilen. Damit die Clients Updates installieren, müssen sie so konfiguriert sein, dass sie keine Patches aus dem Internet herunterladen, sondern den internen WSUS verwenden.

Die Konfiguration der automatischen Updates in den Gruppenrichtlinien nehmen Sie in der Gruppenrichtlinienverwaltung unter *Computerkonfiguration/Richtlinien/Administrative Vorlagen/Windows-Komponenten/Windows Update* vor. Wir gehen auf die Einrichtung noch ausführlich ein.

Über einen eigenen Menübereich in der Verwaltungskonsole lassen sich Berichte für WSUS erstellen. So können sich Administratoren jederzeit einen Überblick verschaffen, welche Updates aktuell im Unternehmen verteilt sind und wie der Updatestatus der einzelnen Server und Computer ist. Der wichtigste Schritt der Einrichtung besteht zunächst aus dem Herunterladen der Windows-Updates. Nur Updates, die auf dem Server zur Verfügung stehen, kann WSUS an die Clients übergeben.

37.1.3 Upstreamserver in WSUS nutzen

Setzen Sie mehrere WSUS-Server im Unternehmen ein, ist es nicht notwendig, dass sich alle Server direkt bei Microsoft synchronisieren. Sie können einen Upstreamserver festlegen, von dem andere WSUS-Server ihre Updates beziehen. Auf Wunsch haben Sie die Möglichkeit, nicht nur die Updates zu synchronisieren, sondern auch die Einstellungen. Auf diesem Weg können Sie einen einzelnen WSUS-Server installieren und einrichten sowie dessen Daten und Patches im Unternehmen auf andere WSUS-Server verteilen.

Für die Einstellungen in diesem Bereich gehen Sie in den *Optionen* zu *Updatequelle und Proxyserver*. Hier können Sie die Aktualisierungen über Proxyserver konfigurieren, natürlich mit der Möglichkeit, einen Benutzernamen und ein Kennwort bereitzustellen.

Sobald Sie den Quell-WSUS-Server eingerichtet haben, rufen Sie auf den untergeordneten WSUS-Servern *Optionen/Updatequelle und Proxyserver* auf. Aktivieren Sie die Option *Von einem anderen Windows Server Update Services-Server synchronisieren*. Im Fenster geben Sie den Servernamen ein sowie den Port 8530, wenn Sie kein SSL konfiguriert haben. Nutzen Sie bereits SSL, verwenden Sie den entsprechenden Port. Im Fenster zur Steuerung des Upstreamservers können Sie festlegen, dass der untergeordnete WSUS-Server die Einstellungen vom übergeordneten Server erhält. Dazu aktivieren Sie die Option *Dieser Server ist ein Replikat des Upstreamservers*.

Abb. 37.3 Steuern der WSUS-Optionen, inklusive der Upload-Server

Nachdem Sie diese Option aktiviert haben, müssen Sie auf den untergeordneten Servern keine Updates mehr freigeben, da diese Option ebenfalls synchronisiert wird. Nach einigen Stunden sollten die Server miteinander synchronisiert sein. Im Bereich *Downstreamserver* in der Verwaltungskonsole von WSUS sehen Sie die untergeordneten WSUS-Server. In diesem Bereich können Sie den Server zur Verwaltung zur aktuellen Konsole hinzufügen und auf diesem Weg in einer WSUS-Konsole mehrere Server verwalten.

37.1.4 SSL in WSUS nutzen

Standardmäßig nutzt WSUS für die Kommunikation mit den Clients und der Verwaltungskonsole das HTTP-Protokoll. In sicheren Umgebungen sollten Sie besser SSL aktivieren. Dazu müssen Sie auf dem Server zunächst ein Serverzertifikat installieren. Hier gehen Sie vor wie bei der üblichen Installation von Serverzertifikaten im IIS-Manager. Sie können hier natürlich auch auf eine interne Zertifizierungsstelle setzen.

Nachdem Sie das Serverzertifikat installiert haben, rufen Sie im IIS-Manager *Sites/WSUS-Verwaltung* auf. Klicken Sie danach auf *Bindungen* und bearbeiten Sie die Bindung für SSL zum Port 8531. Hier können Sie jetzt das installierte Zertifikat auswählen.

Zusätzlich müssen Sie noch für die folgenden untergeordneten Verzeichnisse der Seite *WSUS-Verwaltung* die SSL-Einstellungen aufrufen und danach die Option *SSL erforderlich* aktivieren:

- *ApiRemoting30*
- *ClientWebService*
- *DssAuthWebService*
- *ServerSyncWebService*
- *SimpleAuthWebService*

Nachdem Sie SSL für WSUS aktiviert haben, erhalten Sie eine Fehlermeldung, wenn Sie die WSUS-Verwaltungskonsole öffnen.

Damit die Konsole wieder funktioniert, öffnen Sie zunächst eine Befehlszeile und wechseln in das Verzeichnis *C:\Programme\Update Services\Tools*. Geben Sie den Befehl *wsusutil ConfigureSSL <Name des Zertifikats>* ein.

Im nächsten Schritt entfernen Sie die veraltete HTTP-Verbindung in der WSUS-Verwaltungskonsole und fügen über das Kontextmenü eine neue Verbindung hinzu. Geben Sie den Servernamen ein sowie die korrekte Portnummer für die Anbindung an SSL. Aktivieren Sie außerdem die Option *Verbindung mit diesem Server über SSL herstellen.*

Klicken Sie nach der erfolgreichen Anbindung des Servers auf den Servernamen in der Konsole, sehen Sie im unteren Bereich bei *Verbindung*, dass er jetzt SSL für die Kommunikation nutzt.

Achten Sie aber darauf, dass Sie auch in den Gruppenrichtlinien zur Anbindung der Clients den Port zur Verfügung auf *8531* setzen müssen. Der HTTP-Port 8530 steht nicht mehr zur Verfügung. Sie finden die Einstellungen über *Computerkonfiguration/Richtlinien/Administrative Vorlagen/Windows-Komponenten/Windows Update*. Passen Sie die Einstellung *Internen Pfad für den Microsoft Updatedienst angeben* an.

37.2 Updates im Griff behalten und steuern

Mit nahezu jeder neuen Version von Windows ändert Microsoft den Umgang und die Steuerung von Windows-Updates und der Wiederherstellung. Seit dem Mai-2020-Update, also Version 2004 von Windows 10, hat Microsoft einige Neuerungen umgesetzt, die auch für Windows 11 gelten.

Dazu gehört zum Beispiel die Möglichkeit, das Betriebssystem über Installationsdateien aus der Cloud wiederherzustellen. Mac-Besitzer kennen die Vorgehensweise bei der Wiederherstellung von macOS. Microsoft will in Zukunft vermehrt darauf achten, Windows 10 und Windows 11 in einem halbjährlichen Kanal zu veröffentlichen.

Die Ansicht in der Einstellungs-App wurde optimiert und Menüpunkte zum Pausieren und zur Steuerung der erweiterten Optionen sind direkt in die Hauptansicht der Update-Steuerung gewandert. Treiber-Updates und Featureupdates werden seit Windows 10 Version 2004 als optionale Updates angezeigt. Das gilt auch für Windows Server 2022.

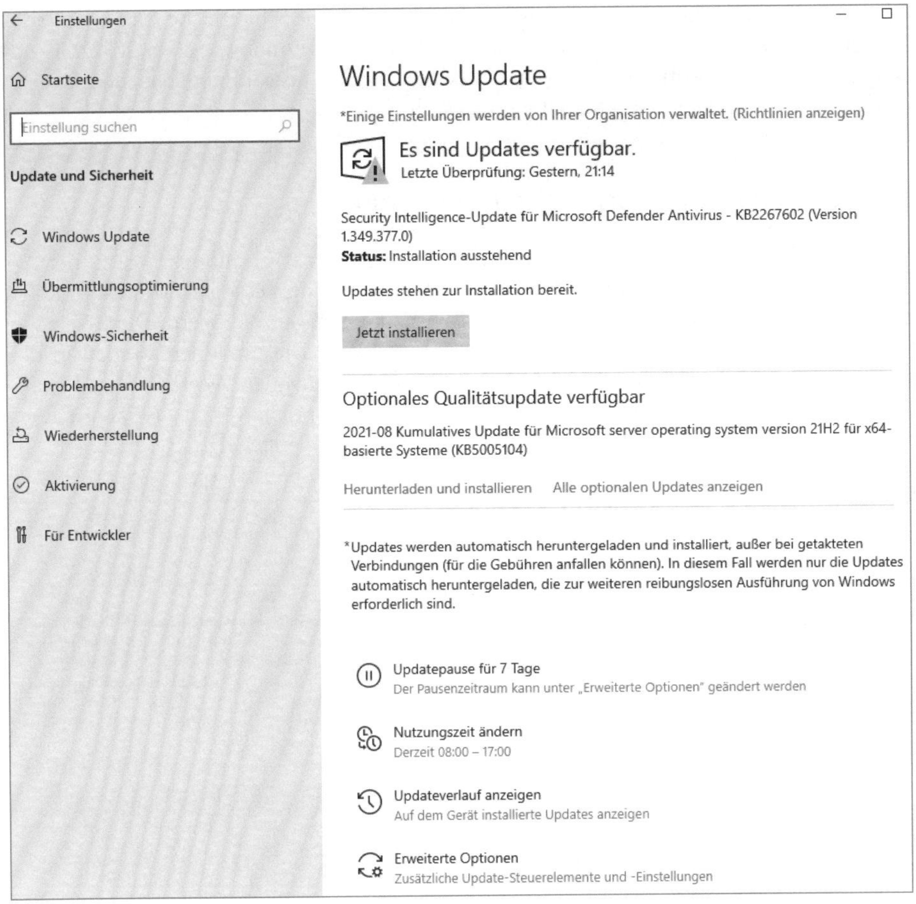

Einstellungen
Startseite
Einstellung suchen
Update und Sicherheit
Windows Update
Übermittlungsoptimierung
Windows-Sicherheit
Problembehandlung
Wiederherstellung
Aktivierung
Für Entwickler
Windows Update
*Einige Einstellungen werden von Ihrer Organisation verwaltet. (Richtlinien anzeigen)
Es sind Updates verfügbar.
Letzte Überprüfung: Gestern, 21:14
Security Intelligence-Update für Microsoft Defender Antivirus - KB2267602 (Version 1.349.377.0)
Status: Installation ausstehend
Updates stehen zur Installation bereit.
Jetzt installieren
Optionales Qualitätsupdate verfügbar
2021-08 Kumulatives Update für Microsoft server operating system version 21H2 für x64-basierte Systeme (KB5005104)
Herunterladen und installieren
Alle optionalen Updates anzeigen
*Updates werden automatisch heruntergeladen und installiert, außer bei getakteten Verbindungen (für die Gebühren anfallen können). In diesem Fall werden nur die Updates automatisch heruntergeladen, die zur weiteren reibungslosen Ausführung von Windows erforderlich sind.
Updatepause für 7 Tage
Der Pausenzeitraum kann unter „Erweiterte Optionen" geändert werden
Nutzungszeit ändern
Derzeit 08:00 – 17:00
Updateverlauf anzeigen
Auf dem Gerät installierte Updates anzeigen
Erweiterte Optionen
Zusätzliche Update-Steuerelemente und -Einstellungen

Abb. 37.4 Auch Funktionsupdates werden in der Update-Steuerung von Windows installiert.

Wenn nach der Installation von Updates ein Neustart des Rechners notwendig ist, blendet Windows ein Icon im Infobereich der Taskleiste ein sowie im Startmenü über die Auswahl zum Neustarten. Größere Updates, zum Beispiel auch Funktionsupdates von Windows, werden nicht mehr automatisch heruntergeladen.

Jetzt neu starten
Neustart planen
Windows Update öffnen
Vorerst ausblenden

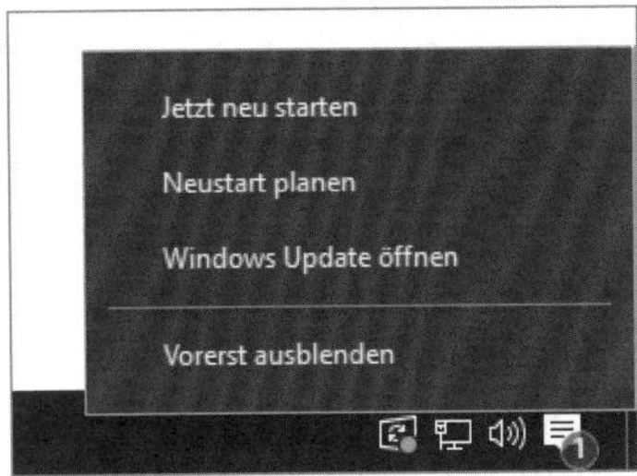

Abb. 37.5 Windows zeigt im Traybereich und im Startmenü an, wenn ein Update ansteht.

Den Download und die Installation müssen Sie erst durch die Schaltfläche *Jetzt herunterladen und installieren* bestätigen. Das gilt auch für Updates in Windows Server 2022. Grundsätzlich lockert Microsoft Zwangs-Updates und bietet mehr Auswahlmöglichkeiten, um Updates zu verzögern oder deren Installation zu verhindern.

37.2.1 Steuerung von Verteilungsringen

Es gibt für Windows Server 2022 und Windows 10/11 keine Verteilungsringe in der Art »Current Branch« oder »Current Branch for Business« mehr. Diese hat Microsoft gestrichen. Sie können die Installation von Updates bis zu 365 Tagen verzögern. Diese Verzögerung kann über Gruppenrichtlinien konfiguriert werden. Die Optionen werden in den Gruppenrichtlinien über *Computerkonfiguration/Administrative Vorlagen/Windows-Komponenten/Windows Update* und *Computerkonfiguration/Administrative Vorlagen/Windows-Komponenten/Windows Update/Windows Update für Unternehmen* gesteuert.

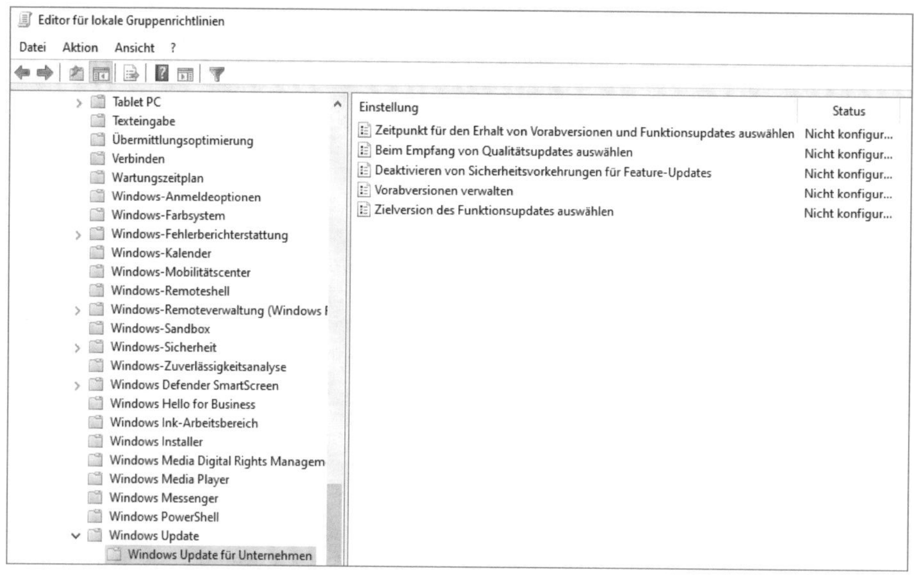

Abb. 37.6 Updatesteuerung in Unternehmen

Windows 10/11 und Windows Server 2022 reservieren Speicherplatz für die Zwischenspeicherung von Updates. Das soll verhindern, dass Windows-Updates nicht installiert werden können, weil der Speicherplatz nicht ausreicht. Einstellungen dazu finden sich bei *System/Speicher* der Einstellungs-App von Windows 10/11. Der Speicher ist bei *System-reserviert* zu sehen. Microsoft gibt an, dass Windows etwa 7 GByte Speicher für sich reserviert.

37.2.2 Steuerung von Windows-10/11-Updates mit Gruppenrichtlinien

Windows 10/11 bietet die Möglichkeit, dass Sie im Netzwerk über Gruppenrichtlinien Ablaufzeiten definieren können, bis zu denen ein Update spätestens blockiert werden kann. Ab dem Zeitraum muss Windows das Update installieren. Auch das lässt sich automatisieren. Die Einstellung finden Sie über *Stichtage für automatische Updates und Neustarts angeben* im Pfad *Computerkonfiguration/Administrative Vorlagen/Windows-Komponenten/Windows Update.*

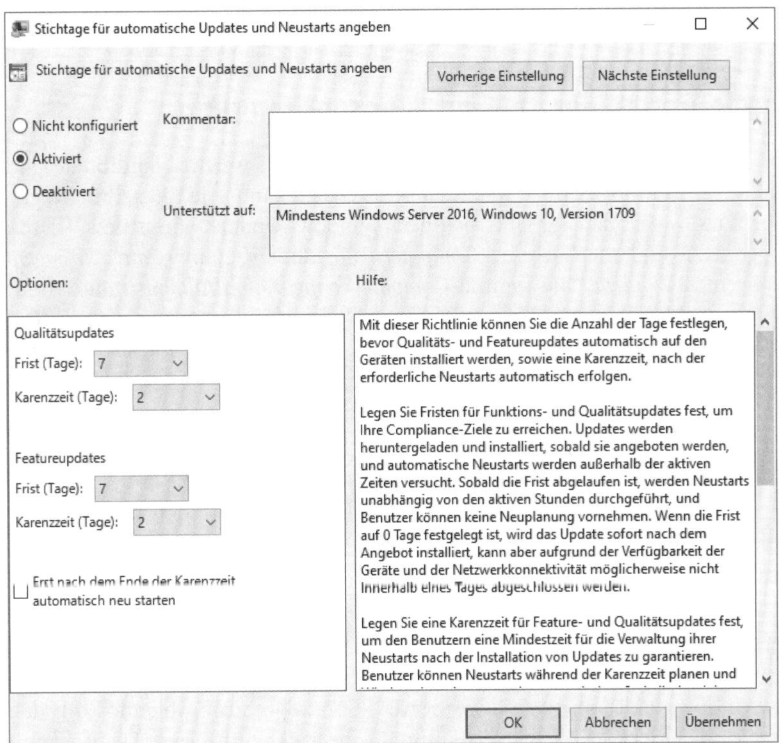

Abb. 37.7 Konfigurieren von Stichtagen für die Installation von Windows-Updates

Seit Windows 10 Version 1903 können Sie für Funktionsupdates und Qualitätsupdates unterschiedliche Zeiträume definieren. Einfach ausgedrückt, kann festgelegt werden, dass ein Rechner zu einem bestimmten Zeitpunkt neu startet, um die Updates zu installieren. Dabei spielt es keine Rolle, ob sich der Zeitpunkt in der Nutzungszeit des Anwenders befindet. Der Neustart kann durch den Anwender nicht verhindert werden.

Seit Windows 10 Version 2004 startet die Fristdurchsetzung mit dem Datum, an dem ein Update zur Verfügung steht. Sie können Compliance-Fristen einsetzen, um das Verhalten von Windows-Rechnern bei der Installation von Funktionsupdates, Qualitätsupdates und Nicht-OS-Updates zu konfigurieren. Beispiele dafür sind:

- Frist für Qualitätsaktualisierungen (Tage): Zulässige Werte 2–30 Tage | Standardwert 7 Tage
- Frist für die Aktualisierung von Features (Tage): Zulässige Werte 2–30 Tage | Standardwert 7 Tage
- Kulanzfrist (Tage): Akzeptierte Werte 0–7 Tage | Standardwert 2 Tage

Über Gruppenrichtlinien lassen sich diese Einstellungen effektiv steuern. Mit diesen Möglichkeiten kann verhindert werden, dass Windows 10/11 keine Updates installiert, weil die Anwender ihren PC nicht herunterfahren und sich nicht abmelden.

Viele Unternehmen konfigurieren die Steuerung der Installation von Updates so, dass kein Neustart erfolgt, wenn ein Benutzer angemeldet ist. Benutzer können die Installation also bislang länger verzögern, als das Unternehmen das möchte. Das ist ab Windows 10 Version 2004 nicht mehr möglich.

37.2.3 Konfiguration der Übermittlungsoptimierung

Mit der Übermittlungsoptimierung kann gesteuert werden, mit welcher Bandbreite und welchen Einstellungen Windows 10/11 Updates herunterladen kann. Die Einstellungen gelten vor allem für Windows Update für Unternehmen (Windows Update for Business,WUfB). Die Einstellungen dazu sind aber nicht bei *Computerkonfiguration/Administrative Vorlagen/Windows-Komponenten/Windows Update* und *Computerkonfiguration/Administrative Vorlagen/Windows-Komponenten/Windows Update/Windows Update für Unternehmen* zu finden, sondern weiterhin bei *Computerkonfiguration/Richtlinien/Administrative Vorlagen/Windows-Komponenten/Übermittlungsoptimierung*.

Sie können seit Windows 10 Version 2004 feste Werte für die maximale Bandbreite festlegen, mit der Windows Updates herunterladen darf. Die Einstellungen sind über die *Maximale Bandbreite für den Download von Updates festlegen* verfügbar. Clients kann außerdem über die DHCP-Option 235 ein Cacheserver zugewiesen werden. Sie können mit WUfB die Zielversion von Funktionsupdates auswählen.

Microsoft erweitert mit jeder Windows 10/11-Version die Einstellungsmöglichkeiten für Windows-Updates innerhalb von Windows 10/11, aber auch in Windows Server 2022. In der Einstellungs-App von Windows 10/11 und Windows Server 2022 stehen verschiedene Optionen zur Verfügung, um Updates möglichst effektiv im Netzwerk zu verteilen.

Zwar arbeiten Windows 10/11 und Windows Server 2022 weiterhin problemlos mit den Windows Server Update Services (WSUS) zusammen, aber auch ohne diese Dienste kann einiges konfiguriert werden.

Viele Einstellungen für Updates ändern sich mit neuen Versionen und Builds von Windows 10/11. Um auszulesen, welche Version derzeit auf einem Rechner installiert ist, hilft das Tool *winver.exe*. PCs wechseln zum Beispiel seit Windows 10/11 Version 1803 nicht in den Ruhemodus, während Windows-Updates installiert werden. Das ist natürlich auf Rechnern mit Akkus nicht sinnvoll. Daher ist hier die entsprechende Option nicht aktiv.

37.2.4 Neue Update-Funktionen in Windows 10/11 verstehen

Microsoft arbeitet an der Verbesserung der Updates, nicht nur deren Steuerung in der Einstellungs-App. Generell will Microsoft die Updates verkleinern. Dadurch soll der Download und die Installation schneller ablaufen. Dazu kommt, dass Rechner mit Windows 10/11 Updates, die sie heruntergeladen haben, für andere Windows 10/11-Rechner bereitstellen können. Das reduziert die Downloadmenge und beschleunigt die Bereitstellung und Installation.

In Zukunft soll es drei verschiedene Update-Größen geben. »Full Updates« enthalten alle Verbesserungen und Aktualisierungen seit der letzten »Full Update«-Version. Von den neuen Express-Updates profitieren Windows 10/11-Rechner und aktuelle Windows-Server, auch Windows Server 2022.

Express-Updates sind wesentlich kleiner als die aktuellen kumulativen Updates und die Delta-Updates, die nur noch fehlende Aktualisierungen nachladen. Express-Updates funktionieren in etwa wie aufeinander aufbauende Datensicherungen und lassen sich wesentlich schneller herunterladen und installieren. Außerdem wird die Anzahl an Neustarts deutlich verringert.

Im Fokus soll die Verkleinerung der Updates stehen, sodass diese schneller auf dem entsprechenden Server und Computer ankommen und installiert werden können.

37.2.5 Windows-Updates in Windows 10/11 steuern

Windows-Updates werden in der Einstellungs-App über den Bereich *Update und Sicherheit/ Windows Update* gesteuert. Hier kann schnell und einfach nach Updates gesucht werden.

Windows Update für Unternehmen
Anzeigeoptionen für Updatebenachrichtigungen
Automatische Updates konfigurieren
Automatische Updates sofort installieren
Automatischen Neustart nach Updates während der Nutzungszeit deaktivieren
Automatisches Herunterladen von Updates über getaktete Verbindungen zulassen
Benachrichtigungen für den automatischen Neustart zur Updateinstallation deaktivieren
Clientseitige Zielzuordnung aktivieren
Die Standardoption "Updates installieren und herunterfahren" im Dialogfeld "Windows herunterfahren" nicht anpassen
Empfohlene Updates über automatische Updates aktivieren
Energierichtlinie für den Neustart nach einem Update, die für Geräte in Ladevorrichtungen gilt
Erforderliche Benachrichtigung für automatischen Neustart zur Updateinstallation konfigurieren
Erinnerungsbenachrichtigungen über den automatischen Neustart zur Updateinstallation konfigurieren
Erneut zu einem Neustart für geplante Installationen auffordern
Frist angeben, nach der ein automatischer Neustart zur Updateinstallation ausgeführt wird
Internen Pfad für den Microsoft Updatedienst angeben
Keine Richtlinien für Updaterückstellungen zulassen, durch die Windows Update überprüft wird
Keine Treiber in Windows-Updates einschließen
Keine Verbindungen mit Windows Update-Internetadressen herstellen
Keinen automatischen Neustart für geplante Installationen automatischer Updates durchführen, wenn Benutzer angemeldet sind
Neustart für geplante Installationen verzögern
Neustart immer automatisch zur geplanten Zeit durchführen
Nichtadministratoren gestatten, Updatebenachrichtigungen zu erhalten
Nutzungszeitbereich für automatische Neustarts angeben
Option "Updates installieren und herunterfahren" im Dialogfeld "Windows herunterfahren" nicht anzeigen
Signierte Updates aus einem Intranetspeicherort für Microsoft-Updatedienste zulassen
Softwarebenachrichtigungen aktivieren
Stichtage für automatische Updates und Neustarts angeben
Suchhäufigkeit für automatische Updates
Warnbenachrichtigungszeitplan für den automatischen Neustart zur Updateinstallation konfigurieren
Wechsel zum erzwungenen Neustart und Benachrichtigungszeitplan für Updates festlegen
Windows Update-Energieverwaltung aktivieren, um das System zur Installation von geplanten Updates automatisch zu reaktivieren
Zeitplan für geplante Installationen neu erstellen
Zugriff auf alle Windows Update-Funktionen entfernen
Zugriff auf Feature "Updates aussetzen" entfernen

Abb. 37.8 Windows-Updates über Gruppenrichtlinien steuern

Neben der Konfiguration über die grafische Oberfläche können alle Einstellungen über Gruppenrichtlinien definiert werden. Wir zeigen diese Vorgehensweise noch ausführlich in diesem Kapitel in den nächsten Abschnitten. Die Einstellungen dazu sind entweder in der lokalen Richtlinienverwaltung von Windows 10/11 Pro und Enterprise oder in den Gruppenrichtlinien in Active Directory zu finden. Die Konfiguration ist über *Computerkonfiguration/Administrative Vorlagen/Windows-Komponenten/Windows Update* erreichbar. Im Untermenüpunkt *Windows Update für Unternehmen* sind weitere Einstellungen verfügbar, auf die wir ebenfalls noch eingehen.

Die Installation erfolgt weitgehend automatisch. Über *Erweiterte Optionen* werden in Windows 10/11 die Einstellungsbereiche konfiguriert, mit denen Windows-Updates effektiver gesteuert werden können. Die entsprechenden Einstellungen sind ebenfalls über Gruppenrichtlinien im bereits erwähnten Pfad auffindbar.

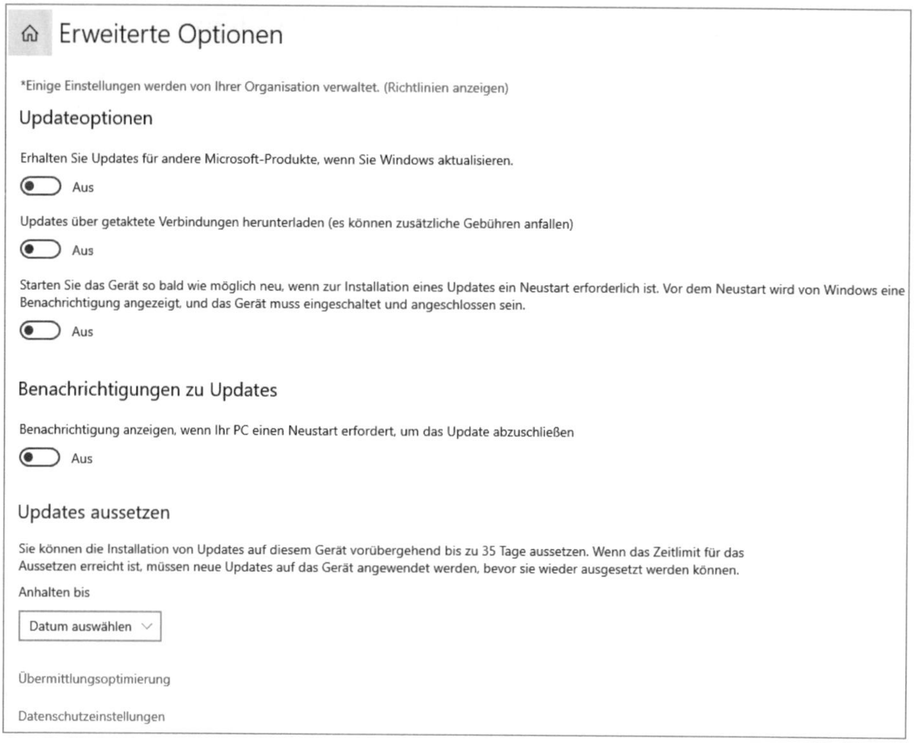

Abb. 37.9 In Windows 10/11 stehen auch erweiterte Optionen zur Steuerung von Updates zur Verfügung.

In den erweiterten Optionen kann zum Beispiel festgelegt werden, dass Windows 10/11 Updates auch für andere Microsoft-Produkte installiert. Diese Option ist standardmäßig nicht aktiv. Auch das Herunterladen von Updates über Mobilfunktarife kann hier gesteuert werden. Schlussendlich kann, abhängig von der eingesetzten Edition, festgelegt werden, dass Updates eine bestimmte Zeit ausgesetzt werden. Hier lassen sich bis zu 35 Tage überbrücken, bis ein Rechner Updates installiert.

37.2.6 Installation von Funktionsupdates steuern

In den erweiterten Optionen der Update-Steuerung in Windows 10/11 kann noch festgelegt werden, an welchem Zeitpunkt die Installation erfolgen soll. In den Editionen Pro und Enterprise von Windows 10/11 kann die Installation von Updates zurückgestellt werden.

Die Funktion zum Zurückstellen von Updates kann auch in den Gruppenrichtlinien gesteuert werden. Die Einstellungen dazu sind im bereits erwähnten Bereich *Windows Updates für Unternehmen* verfügbar.

Aber auch in der Einstellungs-App lassen sich in Windows 10/11 Pro und Enterprise Updates zurückstellen. Hier stehen die beiden Optionen *Semi-Annual Channel (Targeted)* und *Semi-Annual Channel* zur Verfügung.

Die Standardoption ist *Semi-Annual Channel (Targeted)*. Dadurch wird festgelegt, dass ein Funktionsupdate installiert wird, sobald es verfügbar ist. Die Einstellung *Semi-Annual Channel* ermöglicht das Verzögern der Installation von Funktionsupdates um bis zu 365 Tagen.

Diese Einstellungen lassen sich lokal konfigurieren, aber natürlich auch mit Gruppenrichtlinien. Die Konfiguration ist über *Computerkonfiguration/Administrative Vorlagen/Windows-Komponenten/Windows Update/Windows Update für Unternehmen* zu finden.

Hier steht die Einstellung *Zeitpunkt für den Empfang von Vorabversionen und Funktionsupdates* zur Verfügung. Darüber kann festgelegt werden, wann Updates installiert werden sollen.

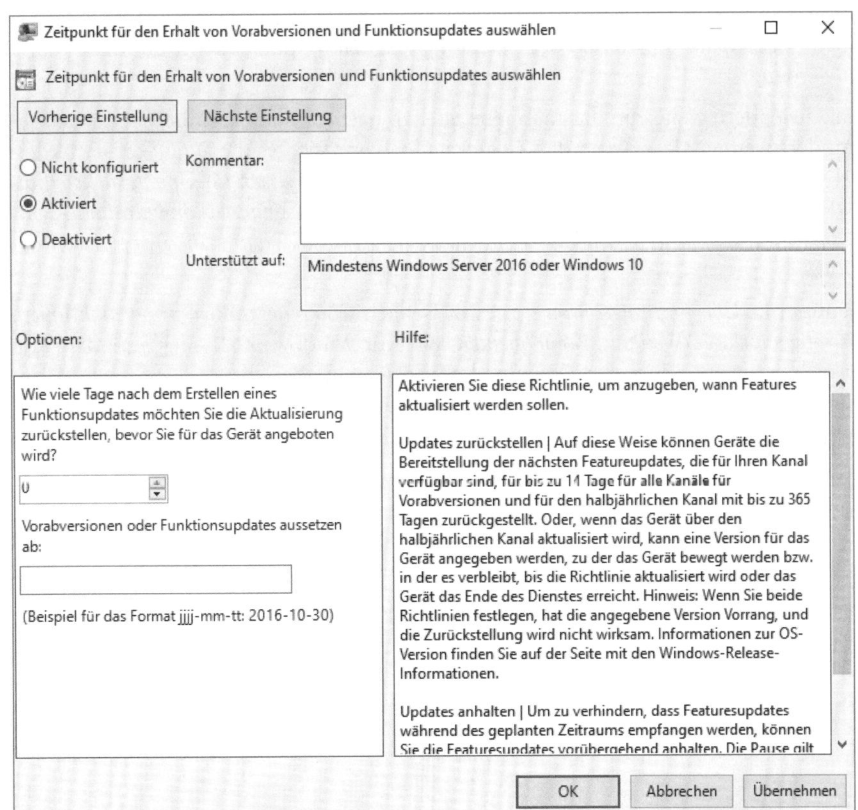

Abb. 37.10 Einstellen der Installation von Funktionsupdates über Gruppenrichtlinien

37.2.7 Windows 10/11 und WSUS

Werden Windows 10/11-Rechner an WSUS angebunden, um Updates zu installieren, besteht dennoch die Möglichkeit, dass die Rechner parallel zur Suche auf dem WSUS-Server Updates bei Microsoft herunterladen. Auch dann, wenn Updates zurückgestellt werden, suchen Windows 10/11-Rechner parallel zu WSUS bei Microsoft über das Internet nach Updates. Wir kommen in den nächsten Abschnitten noch ausführlicher auf dieses Thema zurück.

Die Konfiguration der automatischen Updates in den Gruppenrichtlinien werden in der Gruppenrichtlinienverwaltung unter *Computerkonfiguration/Richtlinien/Administrative Vorlagen/Windows-Komponenten/Windows Update* vorgenommen. Über die WSUS-Konsole wird dann festgelegt, welche Updates auf dem WSUS zur Installation freigegeben werden. Nur diese stehen den Arbeitsstationen zur Verfügung.

Erkennen Windows 10/11-Rechner, dass die Installation von Updates zurückgestellt wurde, wird zusätzlich noch bei Microsoft-Update überprüft, ob Updates für einen Rechner zur Verfügung stehen. Anwender können außerdem in der Einstellungs-App bei Microsoft nach Updates suchen, selbst wenn ein Rechner an WSUS angebunden ist. Dazu steht der Link *Suchen Sie online nach Updates von Microsoft Update* zur Verfügung. Der Link kann über Gruppenrichtlinien ausgeblendet werden. Die Einstellung dazu finden Sie über *Computereinstellungen/Richtlinien/Administrative Vorlagen/System/Internetkommunikationsverwaltung/Internetkommunikationseinstellungen*. Die Option *Zugriff auf alle Windows Update-Funktionen deaktivieren* muss aktiviert werden. Nach einer Aktualisierung der Gruppenrichtlinien mit *gpupdate /force* und der erneuen Suche nach Updates sollte der Link ausgeblendet werden.

Soll den Anwendern weiterhin das manuelle Suchen nach Updates erlaubt, aber gleichzeitig verhindert werden, dass durch das Zurückstellen von Updates die Dual Scan-Funktion aktiviert wird, kann eine Richtlinie gesetzt werden. *Keine Richtlinien für Updaterückstellungen zulassen, durch die Windows Update überprüft wird* unter *Computerkonfiguration/Richtlinien/Administrative Vorlagen/Windows-Komponenten/Windows Update* ermöglicht diese Konfiguration.

Der Menüpunkt *Übermittlungsoptimierung* im Bereich *Computerkonfiguration/Richtlinien/Administrative Vorlagen/Windows-Komponenten* spielt für Windows 10/11 eine besondere Rolle. Hier sollten Sie vor allem den Downloadmodus und die Bandbreiten anpassen, damit Windows 10/11-Rechner Updates optimal herunterladen können und nicht zu viel Bandbreite verbrauchen.

Diese Konfiguration kann auch in der Einstellungs-App vorgenommen werden. Dazu steht der Menüpunkt *Update und Sicherheit/Übermittlungsoptimierung* zur Verfügung. Hier können Sie festlegen, dass Windows 10/11-Rechner Updates für andere Rechner mit Windows 10/11 im Netzwerk/Internet zur Verfügung stellen (Peer-To-Peer).

Der Vorteil dabei ist, dass in Niederlassungen nicht jeder Rechner seine Updates aus Windows Update oder von einem WSUS-Server herunterladen muss, sondern von anderen Rechnern im gleichen Netzwerk beziehen kann. Die Einstellungen dazu sind auch in Windows 10/11 ohne Gruppenrichtlinien über *Einstellungen/Update und Sicherheit/Windows Update/Erweiterte Optionen/Übermittlungsoptimierung* zu finden.

37.2.8 Probleme bei der Installation von Updates beheben

Hilft die interne Problembehandlung in Windows 10/11 nicht, kann der Windows Update Troubleshooter (*https://support.microsoft.com/de-de/help/4027322/Windows-update-troubleshooter*) teilweise Probleme bei der Installation von Updates verhindern.

Der Start erfolgt über einen Doppelklick auf die Datei. Durch die Option *Reparaturen automatisch anwenden* versucht der Assistent, Änderungen am System durchzuführen, ohne dass diese erst bestätigt werden müssen.

37.3 Patchverwaltung mit WSUS

In den folgenden Abschnitten zeigen wir Ihnen, wie Sie WSUS verwalten und Clients an den Server anbinden.

Über den Eintrag *Synchronisierungen* in der Verwaltungskonsole sehen Sie, ob der erste Synchronisierungsvorgang erfolgreich war. Sie erfahren im oberen Bereich der Konsole, ob neue Updates zur Verfügung stehen, die Sie genehmigen müssen. WSUS kann nur die Updates verteilen, die heruntergeladen wurden.

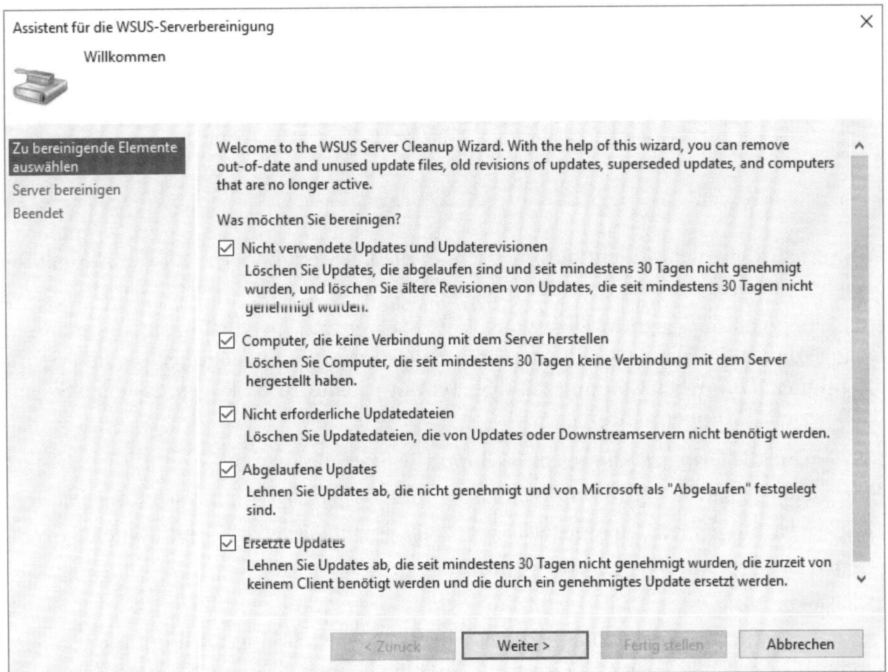

Abb. 37.11 WSUS verfügt über eine interne Reinigungsroutine, die über die Verwaltung in den Optionen gestartet werden kann.

Mit dem *Assistenten für die Serverbereinigung* in den *Optionen* können Sie WSUS säubern. Auf diesem Weg lassen sich zum Beispiel Updates für Produkte, die Sie im Unternehmen nicht mehr einsetzen, oder alte Versionen vom Server löschen. Auch veraltete und abgelaufene Updates können Sie über den Assistenten löschen lassen. Die Konfiguration erfolgt über einen einfach zu bedienenden Assistenten. Es ist durchaus sinnvoll, in regelmäßigen Abständen eine Bereinigung des Servers durchzuführen.

Über den Assistenten zur Bereinigung können Sie darüber hinaus PCs aus der Datenbank löschen, die sich nicht mehr am WSUS angemeldet haben. Veraltete oder abgelehnte Updates lassen sich löschen und weitere Bereinigungsmaßnahmen durchführen.

Ein Assistent führt durch diese Bereinigung, sodass keine unnötigen Daten auf dem Server verbleiben. Diesen Assistenten starten Sie in der Konsolenstruktur über den Eintrag *Optionen* und einen Klick auf *Assistent für die Serverbereinigung*.

37.3.1 Clientcomputer über Gruppenrichtlinien anbinden

WSUS scannt heruntergeladene Updates und referenziert diese automatisch mit den verbundenen Clients. Einstellungen können Sie über Gruppenrichtlinien verteilen. Damit die Clients Updates installieren, müssen sie so konfiguriert sein, dass sie keine Patches aus dem Internet herunterladen, sondern den internen WSUS verwenden.

Damit Windows 10/11-Updates installiert werden können, auch Upgrades wie Windows 10/11 Version 1903, müssen Einstellungen in der WSUS-Verwaltung vorgenommen werden. Außerdem sollten die neuen Gruppenrichtlinienvorlagen (ADMX) für Windows 10/11 im Netzwerk eingebunden werden.

Damit die neuen ADMX-Dateien in das Verzeichnis *C:/Windows/PolicyDefinitions* auf den Domänencontrollern und dem Server, auf dem die Richtlinie bearbeitet wird, kopiert werden können, müssen der Besitzer des Verzeichnisses und die Berechtigungen angepasst werden.

WSUS verteilt die Patches nicht automatisch an die Clients, sondern lädt die Aktualisierungen nur aus dem Internet herunter und stellt sie bereit.

Die Clients holen die Patches selbst vom WSUS-Server und installieren sie automatisch, abhängig von den lokalen Einstellungen beziehungsweise den Einstellungen in den Gruppenrichtlinien. Um Arbeitsstationen und Server mit Patches zu versorgen, erstellen Sie am besten spezielle Gruppenrichtlinien:

1. Starten Sie die *Gruppenrichtlinienverwaltung* im Startmenü.
2. Navigieren Sie zu *Gesamtstruktur/Domänen/<Ihre Domäne>/Gruppenrichtlinienobjekte.*
3. Klicken Sie mit der rechten Maustaste auf *Gruppenrichtlinienobjekte* und wählen Sie *Neu.*
4. Geben Sie als Name »WSUS« oder Ähnliches ein.
5. Klicken Sie auf *OK.*
6. Starten Sie über das Kontextmenü die Bearbeitung der Richtlinie. Die Konfiguration der automatischen Updates in den Gruppenrichtlinien nehmen Sie unter *Computerkonfiguration/Richtlinien/Administrative Vorlagen/Windows-Komponenten/Windows Update* vor.

Die Arbeitsstationen lassen sich so konfigurieren, dass sie automatisch Aktualisierungen vom WSUS herunterladen und installieren. Auf diesem Weg aktualisieren Sie auch Server. Grundsätzlich lässt sich die Konfiguration der automatischen Updates in drei Bereiche untergliedern:

- Automatisches Herunterladen der Patches vom WSUS auf den Rechner, aber keine Installation, sondern nur die Meldung anzeigen, dass Patches vorhanden sind.

- Meldung anzeigen, dass neue Patches auf dem WSUS zur Verfügung stehen, aber kein Herunterladen der Patches auf den lokalen Computer.
- Automatisches Herunterladen und automatische Installation der Patches. Dies ist die optimale Einstellung für Arbeitsstationen und kleine Netze.

Die erste Option ist *Internen Pfad für den Microsoft Updatedienst angeben*. Diese Option aktivieren Sie. Da WSUS eine Webapplikation ist, müssen Sie den Servernamen mit einer HTTP-Adresse angegeben: *http://<Servername>:<Port>*.

Den Port sehen Sie, wenn Sie über *Start/Verwaltung* den Internetinformationsdienste-Manager starten und auf *WSUS-Verwaltung* klicken. Im rechten Bereich sehen Sie bei *Website durchsuchen* den Port für die HTTP-Verbindung. Alternativ finden Sie den Port in der WSUS-Konsole im unteren Bereich bei *Serverstatistik*.

Die zweite wichtige Option ist das Updateverhalten, das Sie über *Automatische Updates konfigurieren* festlegen. Dabei stehen hauptsächlich folgende Möglichkeiten zur Verfügung:

- **Vor Herunterladen und Installation benachrichtigen** – Mit dieser Option benachrichtigt Windows Administratoren vor dem Download und vor der Installation der Updates. Dazu blendet es ein Symbol in der Taskleiste ein.

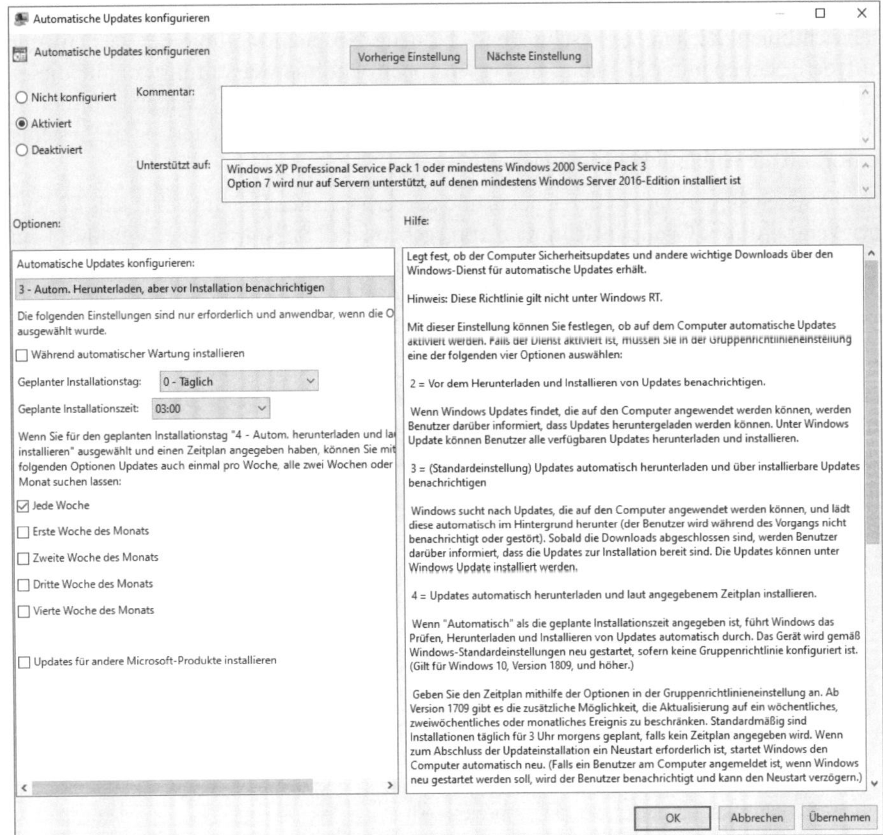

Abb. 37.12 Konfigurieren des Updateverhaltens der Clients

- **Autom. Herunterladen, aber vor Installation benachrichtigen** – Mit dieser Option führt der Client automatisch den Download der Updates durch, eine Installation findet aber nicht automatisch statt. Diese Einstellung ist optimal für Server.
- **Autom. Herunterladen und laut Zeitplan installieren** – Mit dieser Installation versorgt sich der Client vollkommen automatisch mit den notwendigen Updates. Wenn die Clients zum Zeitpunkt der Aktualisierung nicht eingeschaltet sind, startet Windows beim nächsten Start die Aktualisierung.
- **Lokalen Administrator ermöglichen, Einstellung auszuwählen** – Mit dieser Option lassen Sie zu, dass lokale Administratoren lokale Einstellungen selbst anpassen können.

Ebenfalls interessant ist die Funktion, die Energieverwaltung von Windows 7/8/8.1 und Windows 10/11 zusammen mit der Anbindung an den WSUS über Gruppenrichtlinien zu steuern. Der PC reaktiviert sich dazu automatisch, wenn Windows Update zur automatischen Installation von Updates konfiguriert ist.

Wenn sich das System zum Zeitpunkt der geplanten Installation im Ruhezustand befindet, startet es mit dem Windows-Energieverwaltungsfeature automatisch, um die Updates zu installieren. Wenn sich das System zum Zeitpunkt der Reaktivierung im Akkubetrieb befindet, installiert Windows aber keine Updates.

Haben Sie alle Einstellungen vorgenommen, beenden Sie die Bearbeitung der neuen Gruppenrichtlinien. Ziehen Sie anschließend die neue Gruppenrichtlinie per Ziehen/Ablegen auf den Namen Ihrer Domäne in der Gruppenrichtlinienverwaltung, damit diese verknüpft wird. Sie erhalten eine entsprechende Meldung angezeigt. Starten Sie anschließend die Computer neu und überprüfen Sie in der Windows Update-Steuerung der Systemsteuerung, ob die Anbindung erfolgreich war.

In der Systemsteuerung auf den Clients und Servern erhalten Sie Hinweise, falls Einstellungen zentral durch Gruppenrichtlinien vorgegeben sind. Sie starten die Windows Update-Verwaltung in Windows 7/8/8.1 am schnellsten durch Eingabe von *wuapp* im Suchfeld der Taskleiste. In Windows 10/11 müssen Sie die Konfiguration über das Startmenü und die Einstellungen vornehmen.

Klicken Sie auf *Einstellungen ändern*, sehen Sie, dass der Client Einstellungen von Servern erhält. Diese sind für die Änderung auf dem Client festgesetzt und lassen sich nicht deaktivieren. Genauso funktioniert das auch in Windows 10/11. Nur sieht in der neuen Windows-Version die Meldung etwas anders aus. Die generelle Anbindung über Gruppenrichtlinien erfolgt allerdings identisch.

Um zu überprüfen, ob ein Windows 10/11-Rechner an WSUS erfolgreich angebunden wurde und die Einstellungen in den Gruppenrichtlinien funktionieren, reicht das Ausführen von *rsop.msc* als Administrator auf dem Rechner. Die Einstellungen für die Gruppenrichtlinien müssen jetzt angezeigt werden.

Sobald ein Windows 10/11-Rechner an WSUS angebunden ist, erscheint der Link *Suchen Sie online nach Updates von Microsoft Update*. Dieser Link erscheint ohne die Anbindung an WSUS nicht, da hier die Installation von Updates ohnehin per GPO erfolgt. In den vorhergehenden Absätzen sind wir bereits darauf eingegangen, wie Sie mit dieser Option umgehen sollten.

37.3.2 Einstellungen für Windows 10/11 korrekt setzen

Neben den Standardeinstellungen für Updates stehen für Windows 10/11 weitere Anpassungen zur Verfügung, die Administratoren per Gruppenrichtlinien festsetzen können.

Über den Menüpunkt *Computer* sind in der WSUS-Verwaltungskonsole bei *Nicht zugewiesene Computer* alle angebundenen Rechner zu sehen. Hier sollte für Windows 10/11-Computer eine eigene Computergruppe angelegt werden. Das Anlegen und Zuweisen zu dieser Gruppe erfolgt jeweils über das Kontextmenü. So können Sie Updates für manche Computer freigeben und für andere nicht. Sie können die Computergruppen über Gruppenrichtlinien zuweisen und in Updateregeln berücksichtigen.

Computergruppen steuern Sie im Bereich *Computer*. Hier sehen Sie alle Computergruppen, die in WSUS angelegt wurden. Über das Kontextmenü von *Alle Computer* legen Sie neue Gruppen an. Sie können Computer manuell oder über Gruppenrichtlinien in die Gruppen verschieben. Wenn alle Computer zugewiesen sind, können Sie im Assistenten zum Genehmigen von Patches festlegen, auf welchen Computergruppen die Updates freigegeben werden. Beim Genehmigen von Updates können Sie die Computergruppen ebenfalls berücksichtigen.

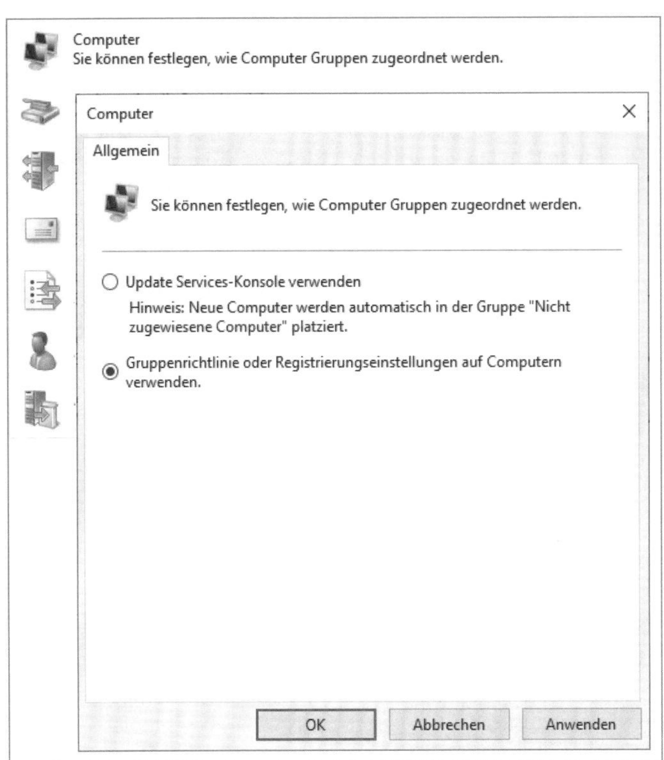

Abb. 37.13 Mit Computergruppen behalten Sie die Aufteilung der verschiedenen Rechner im Blick.

Innerhalb der Gruppen sehen Sie im Kontextmenü der einzelnen Computer sofort, ob Patches installiert werden müssen.

Um die Einstellungen über Gruppenrichtlinien zu steuern, navigieren Sie zu *Computerkonfiguration/Richtlinien/Administrative Vorlagen/Windows-Komponenten/Windows-Update*. Über die Einstellung *Clientseitige Zuordnung aktivieren* können Sie festlegen, zu welcher Computergruppe ein Computer zugeordnet werden soll, wenn er an WSUS angebunden wird.

Aktivieren Sie zusätzlich noch die Option *Gruppenrichtlinie oder Registrierungseinstellung auf Computern verwenden* im Bereich *Optionen/Computer* in der WSUS-Verwaltungskonsole.

Wichtige Einstellungen für Windows 10/11-Updates finden Sie in den Richtlinien über *Computereinstellungen/Administrative Vorlagen/Windows-Komponenten/Übermittlungsoptimierung*.

Hier wird festgelegt, wie sich das Betriebssystem beim Herunterladen von Updates verhalten soll.

Bei *Computereinstellungen/Administrative Vorlagen/Windows-Komponenten/Übermittlungsoptimierung/Downloadmodus* lässt sich festlegen, ob und wie der neue Verteilungsmodus für Windows-Updates verwendet werden soll.

Soll die Technologie verwendet werden, sollten die Werte für die Bandbreiten im gleichen Ordner ebenfalls angepasst werden.

Besonders wichtig ist das Zurückstellen von Updates, die erst später oder überhaupt nicht installiert werden sollen. Die Einstellungen dazu finden Sie über *Computereinstellungen/Administrative Vorlagen/Windows-Komponenten/Windows Update/Windows Update für Unternehmen*. Wir sind in den vorhergehenden Abschnitten bereits auf diese Möglichkeiten eingegangen.

Bei *Computereinstellungen/Administrative Vorlagen/Windows-Komponenten/Windows Update* ist auch die Einstellung *Automatischen Neustart nach Updates während der Nutzungszeit deaktivieren* zu finden. Hier können Sie einen Zeitrahmen definieren, zum Beispiel die Arbeitszeit, in dem der Rechner nach der Installation von Updates nicht neu gestartet wird.

Über die Einstellung *Computereinstellungen/Administrative Vorlagen/Windows-Komponenten/Windows Update* und der Auswahl von *Keine Treiber in Windows-Updates einschließen* lässt sich verhindern, dass Windows 10/11 und Windows Server 2022 Treiber über Windows-Updates installieren.

Die Anbindung an WSUS wird weiterhin über die Option *Computereinstellungen/Administrative Vorlagen/Windows-Komponenten/Windows* und der *Auswahl von Internen Pfad für den Microsoft Updatedienst angeben* sowie *Automatische Updates konfigurieren* gesteuert.

Wie bei den Vorgängern von Windows 10/11 blendet Windows einen Hinweis in den Einstellungen ein, wenn bestimmte Konfigurationen durch Gruppenrichtlinien gesteuert sind. Die jeweilige Einstellung wird dann ausgegraut.

Anwender können aber nach der Anbindung an WSUS über den Link *Online nach Updates aus Windows Update suchen* und in Windows 10/11 mit *Suchen Sie online nach Updates von Microsoft Update* im Internet nach Aktualisierungen suchen, die noch nicht auf dem WSUS zur Verfügung stehen. Aber auch diese Funktion lässt sich über Gruppenrichtlinien definieren.

Nach der Konfiguration der Gruppenrichtlinie kann es einige Zeit dauern, bis die Arbeitsstationen und Server mit WSUS verbunden sind und in der Administrationsoberfläche des WSUS erscheinen.

Auf den einzelnen Rechnern können Sie in der Eingabeaufforderung durch Eingabe des Befehls *wuauclt /detectnow* eine sofortige Verbindung zum WSUS erzwingen. Ist der Client noch immer nicht angebunden, geben Sie in der Befehlszeile *gpupdate /force* und dann *Wuauclt.exe /reportnow /detectnow* ein.

Sollten die Einstellungen in der Gruppenrichtlinie auf einem Computer noch nicht gespeichert sein, hat Windows unter Umständen die Gruppenrichtlinie noch nicht angewendet. In diesem Fall können Sie mit dem Befehl *gpupdate /force* das Aktualisieren der Gruppenrichtlinie auf dem Client erzwingen (siehe Kapitel 19). Sie benötigen dazu eine Eingabeaufforderung mit Administratorrechten.

Sollten einige Rechner auch nach dieser Zeit nicht angezeigt werden, versuchen Sie folgende Problemlösung:

1. Auf dem Computer, der nicht im WSUS angezeigt wird, benennen Sie die Datei *\Windows\System32\wuaueng.dll* in *wuaueng.old* um.
2. Kopieren Sie danach die Datei *wuaueng.dll* des WSUS-Servers aus dem gleichen Verzeichnis auf den fehlenden Computer.
3. Starten Sie diesen Computer neu.
4. Nach dem Anmelden sollten die Dateien, die mit *wu** beginnen, im Verzeichnis *\Windows\System32* ebenfalls aktualisiert sein.
5. Geben Sie in der Eingabeaufforderung den Befehl *wuauclt /detectnow* ein.

Sollte dies nicht funktionieren, können Sie noch im Registryschlüssel *HKLM\SOFTWARE\Microsoft\Windows\CurrentVersion\WindowsUpdate* die Einträge für den WSUS löschen. Anschließend geben Sie den Befehl *wuauclt /detectnow /reauthorization* ein.

37.3.3 Updates genehmigen und bereitstellen

WSUS lädt die konfigurierten Updates basierend auf den vorgenommenen Spracheinstellungen, Produkten und Klassifizierungen aus dem Internet herunter, installiert sie aber nicht automatisch. Erst wenn ein Administrator einen Patch genehmigt, installiert Windows ihn auf Computern. Über die Optionen in der WSUS-Verwaltung können Sie Regeln erstellen, über die Sie Updates automatisch zur Installation auf den verschiedenen Computergruppen freigeben. Updates können Sie manuell oder in Gruppen genehmigen oder ablehnen.

Es besteht zum Beispiel die Möglichkeit, Updates zunächst für Testcomputer freizugeben und anschließend über die Berichte zu kontrollieren, ob die Aktualisierung erfolgreich war. Ist dies der Fall, können Sie die entsprechenden Updates für andere Computergruppen oder alle Clients freigeben. Um Updates zu genehmigen, gehen Sie folgendermaßen vor:

1. Klicken Sie in der WSUS-Verwaltungskonsole auf *Updates/Alle Updates*. Anschließend sehen Sie eine Zusammenfassung der Updates, die auf dem Server verfügbar sind.

2. Wählen Sie in der Liste die Updates aus, die Sie zum Installieren genehmigen möchten. Die Ansicht können Sie entsprechend filtern. Wählen Sie ein Update aus, erhalten Sie im mittleren Bereich der Konsole ganz unten ausführliche Informationen angezeigt.
3. Klicken Sie mit der rechten Maustaste auf den oder die Patches und wählen Sie im Kontextmenü den Befehl *Genehmigen* aus. Sie können mehrere Updates oder mit der Tastenkombination Strg+A alle Updates auswählen und über das Kontextmenü genehmigen.

Wählen Sie die Gruppen aus und klicken Sie auf das Dreieck links neben der Gruppe. Sie können jetzt aus verschiedenen Optionen auswählen: *Für die Installation genehmigt*, *Zur Entfernung genehmigt*, *Nicht genehmigt*, *Stichtag*, *Identisch mit übergeordnetem Objekt* und *Auf untergeordnete Elemente anwenden*. Klicken Sie auf die Option *Für die Installation genehmigt* und anschließend auf *OK*. Wie Sie aus dem Menü erkennen können, kann WSUS installierte Patches wieder deinstallieren, wenn diese zum Beispiel mit speziellen Applikationen Probleme bereiten.

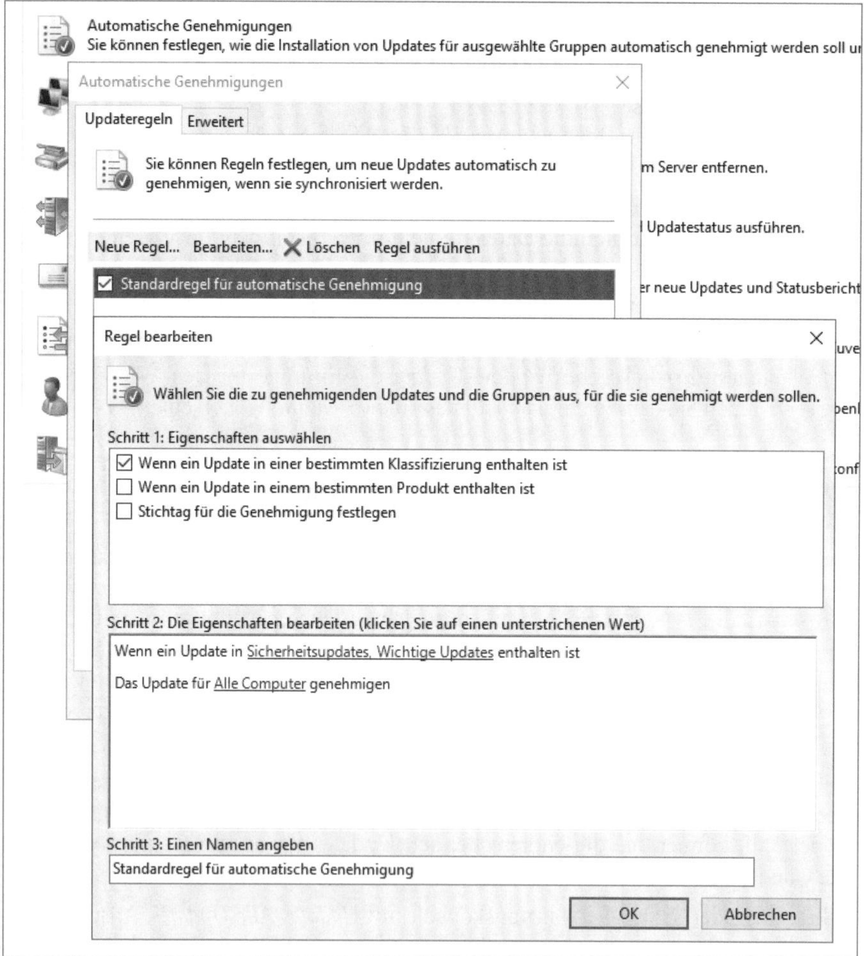

Abb. 37.14 Auf übergeordneten Servern können Sie Updates automatisch genehmigen lassen.

Klicken Sie in der WSUS-Verwaltung auf den Servernamen, sehen Sie rechts im Fenster, wie viele Updates auf dem Server zur Verfügung stehen und wie viele Sie noch manuell genehmigen müssen. Neben der manuellen Genehmigung können Sie Regeln für das automatische Genehmigen von Updates festlegen.

Die automatische Genehmigung steuern Sie im Bereich *Optionen/Automatische Genehmigungen*. Hier können Sie manuelle Regeln erstellen oder die Standardregeln verwenden. Bei Replikats-Servern können Sie keine automatischen Updates konfigurieren, da diese Konfiguration von den übergeordneten Upstreamservern synchronisiert wird.

Bei Bedarf erstellen Sie komplexe Regeln für das automatische Genehmigen von Updates. Zusätzlich können Sie in diesem Bereich mit Computergruppen arbeiten, um Patches automatisiert bereitzustellen. Sie können an dieser Stelle mehrere Regeln definieren, um festzulegen, welche Updates WSUS ohne Genehmigung des Administrators automatisch freigeben soll.

37.3.4 Berichte mit WSUS abrufen

Ab 24 Stunden nach der Freigabe von Patches können Sie in den Berichten zum WSUS überprüfen, ob die Updates auf den Computern bereitgestellt wurden. Um Updateberichte anzuzeigen, gehen Sie folgendermaßen vor:

1. Klicken Sie in der WSUS-Verwaltungskonsole im linken Fenster auf *Berichte*.
2. Klicken Sie auf die Option *Updatestatus-Zusammenfassung*.
3. Die Liste kann durch entsprechende Kriterien gefiltert werden.
4. Klicken Sie anschließend in der Symbolleiste des Fensters auf *Bericht erstellen*.
5. Berichte können Sie als Excel-Tabelle oder PDF-Datei speichern oder drucken. Klicken Sie dazu in der Symbolleiste auf das *Speichern*-Symbol.

37.4 WSUS in Windows Server 2022 überwachen

Funktioniert die Update-Verteilung mit WSUS nicht korrekt, kann mit Tools und einer strukturierten Vorgehensweise überprüft werden, wo das Problem verursacht wird und wie es sich lösen lässt. Wir zeigen die Vorgehensweise dazu.

Sobald Computer an WSUS angebunden sind, erscheinen sie in der WSUS-Konsole im Bereich *Computer*. Bei Arbeitsstationen, bei denen das nicht der Fall ist, sollte überprüft werden, ob die Gruppenrichtlinien von WSUS angewendet werden und warum die Anbindung an WSUS nicht funktioniert.

37.4.1 Überprüfung der Gruppenrichtlinien

In den meisten Fällen werden Server und Arbeitsstationen mit Gruppenrichtlinien an WSUS angebunden. Wenn die Richtlinien korrekt gesetzt sind, sollten Sie daher zunächst überprüfen, ob die jeweiligen Richtlinien auf den Zielcomputern angewendet werden.

Ob Gruppenrichtlinien auf einem Computer angewendet werden, lässt sich am schnellsten überprüfen, indem das Tool *rsop.msc* gestartet wird. Nach dem Start überprüft das Tool zunächst, ob Richtlinien vorhanden sind, und liest deren Daten aus.

Mit *gpupdate* werden in der Befehlszeile die Gruppenrichtlinien abgerufen und auf dem Computer angewendet. Auch das Befehlszeilentool *gpresult* bietet Unterstützung bei Problemen mit der Anwendung von Gruppenrichtlinien, zum Beispiel mit *gpresult /h <HTML-Datei>*. In der HTML-Datei werden die angewendeten Gruppenrichtlinieneinstellungen angezeigt.

37.4.2 In der Befehlszeile nach Problemen suchen

Nach der Konfiguration der Gruppenrichtlinie kann es einige Zeit dauern, bis die Arbeitsstationen und Server mit WSUS verbunden sind und in der Administrationsoberfläche des WSUS erscheinen.

Auf den einzelnen Rechnern kann in der Eingabeaufforderung durch Eingabe des Befehls *wuauclt /detectnow* eine sofortige Verbindung zum WSUS erzwungen werden. Generell ist das auch per Gruppenrichtlinie und einem Skript möglich. Ist der Client noch immer nicht angebunden, geben Sie in der Befehlszeile *gpupdate /force* und dann *Wuauclt.exe /reportnow /detectnow* ein. Das kann helfen, Probleme bei der Anbindung zu umgehen.

Wenn einige Rechner nicht angezeigt werden, kann es hilfreich sein, eine WSUS-Systemdatei auf den Client-Rechnern zu löschen. Die Vorgehensweise dazu ist folgende:

Zunächst wird die Datei */Windows/System32/wuaueng.dll* in *wuaueng.old* umbenannt.

Danach wird die Datei *wuaueng.dll* des WSUS-Servers aus dem gleichen Verzeichnis auf den fehlenden Computer kopiert. Diese beiden Vorgänge lassen sich problemlos skripten.

Den Zielcomputer müssen sie neu starten.

Nach dem Anmelden sollten die Dateien, die mit *wu** beginnen, im Verzeichnis */Windows/System32* ebenfalls aktualisiert worden sein.

In der Eingabeaufforderung wird jetzt wieder der Befehl *wuauclt /detectnow* eingegeben. Nach einiger Zeit sollte sich der Rechner in WSUS integrieren.

Sollte dies nicht funktionieren, können Sie noch im Registryschlüssel *HKLM/SOFTWARE/Microsoft/Windows/CurrentVersion/WindowsUpdate* die Einträge für den WSUS löschen. Anschließend geben Sie den Befehl *wuauclt /detectnow /reauthorization* ein. Auch das kann die Probleme lösen.

Auch auf dem WSUS-Server kann die Anbindung überprüft werden. Dazu geben Sie in der PowerShell den Befehl *Get-WsusComputer* ein. Die WSUS-Server selbst werden mit *Get-WsusServer* angezeigt.

37.4.3 SSL-Port beachten

Viele Unternehmen verwenden SSL für die Anbindung der Clients an WSUS. Damit das funktioniert, muss in den Gruppenrichtlinien die Verbindung zum Server angepasst werden. WSUS verwendet bei der Anbindung ohne SSL einen anderen Port als bei der Anbindung mit SSL. Wird auf dem WSUS SSL aktiviert und die normale HTTP-Verbindung deaktiviert, können sich die Rechner nicht mehr mit WSUS verbinden. Das gilt übrigens auch für die Verwaltungskonsole von WSUS. Auch hier muss nach der Umstellung auf WSUS eine Anpassung erfolgen.

Nachdem SSL für WSUS aktiviert wurde, erscheint eine Fehlermeldung, wenn die WSUS-Verwaltungskonsole geöffnet wird. Damit die Konsole wieder funktioniert, wird die Befehlszeile benötigt. Dazu müssen Sie in das Verzeichnis *C:/Programme/Update Services/Tools* wechseln. Mit dem Befehl *wsusutil Configure SSL <Name des Zertifikats>* können Sie schließlich die WSUS-Verbindung der Konsole aktivieren.

37.4.4 Diagnostic Tool for the WSUS Agent

Der Softwarehersteller Solarwinds bietet das Tool »Diagnostic Tool for the WSUS Agent« kostenlos an. Es analysiert die Verbindung zum WSUS-Server. Mit dem Tool werden auch Informationen zum WSUS-Server angezeigt, zum Beispiel der verwendete Server und die URL zum WSUS. Zeigt das Tool einen Fehler kann, muss dieser behoben werden. Anschließend kann mit der Schaltfläche *Start Diagnostic* eine erneute Verbindung zum WSUS hergestellt werden.

37.4.5 WSUS mit der PowerShell verwalten

WSUS können Sie, wie die meisten anderen Dienste in Windows Server 2022, in der PowerShell steuern.

Wer WSUS in der PowerShell verwalten will, kann sich mit dem Befehl *Get-Command -Module UpdateServices* alle Cmdlets anzeigen lassen, mit denen sich die Windows Server Update Services verwalten lassen.

Die Steuerung von WSUS nehmen Sie mit folgenden Cmdlets vor:

- *Add-WsusComputer* – Fügt einen angebundenen PC einer bestimmten WSUS-Gruppe hinzu.
- *Approve-WsusUpdate* – Gibt Updates frei.
- *Deny-WsusUpdate* – Verweigert Updates.
- *Get-WsusClassification* – Zeigt alle verfügbaren Klassifikationen an, die aktuell verfügbar sind.
- *Get-WsusComputer* – Zeigt WSUS-Clients und -Computer an. Geben Sie den Befehl ein, sehen Sie auf einen Blick die angebundenen Clientcomputer, deren Betriebssystem und den Zeitpunkt der letzten Statusübermittlung.
- *Get-WsusProduct* – Zeigt eine Liste aller Produkte auf dem WSUS an, für die der Server Patches bereithält.
- *Get-WsusServer* – Zeigt alle WSUS-Server im Netzwerk an.
- *Get-WsusUpdate* – Zeigt Informationen zu Updates an.
- *Invoke-WsusServerCleanup* – Startet den Aufräumvorgang.
- *Set-WsusClassification* – Fügt Klassifikationen zu WSUS hinzu.
- *Set-WsusProduct* – Fügt Produkte zu WSUS hinzu.
- *Set-WsusServerSynchronization* – Steuert die WSUS-Synchronisierung.

Die Verwaltung von Windows-Updates erfolgt in aktuellen Windows-Versionen mit dem Cmdlets aus dem Modul *WindowsUpdateProvider*. Um die Cmdlets anzuzeigen, die Microsoft zur Verfügung stellt, wird in der PowerShell der folgende Befehl verwendet:

Get-Command -Module WindowsUpdateProvider

Die Cmdlets können Updates auf Rechnern mit Windows 10/11 und Windows Server 2019/2022 installieren und von Microsoft Update-Servern, aber auch von WSUS abrufen. Auch auf Core-Servern mit Windows Server 2019/2022 ist die Verwendung der Cmdlets möglich, um Updates leichter zu installieren.

Die Cmdlets nutzen dazu die Updatequelle, die wiederum über Gruppenrichtlinien gesteuert wird. Das Modul muss nicht installiert oder aktiviert werden. Es steht automatisch zur Verfügung, sodass sich Update-Skripts auch sehr einfach in Anmeldeskripts anbinden lassen.

Um Updates zu suchen, nutzen Sie das Cmdlet *Start-WUScan*. Dabei verwendet das Cmdlet als Quelle die Einstellungen, die über die Gruppenrichtlinien gesteuert sind. Ohne eine Konfiguration der Gruppenrichtlinien versucht es , sich mit den Update-Servern bei Microsoft zu verbinden. Danach lassen sich die Updates mit *Install-WUUpdates* über die PowerShell installieren.

Die letzten installierten Updates zeigt die PowerShell mit *Get-WULastInstallationDate* an, den letzten erfolgreichen Scanvorgang mit *Get-WULastScanSuccessDate*.

Das Standard-PowerShell-Modul *WindowsUpdateProvider* funktioniert auf Servern zuverlässig, bietet aber nicht sehr viele Funktionen und funktioniert auf Arbeitsstationen mit Windows 10 und Windows 11 nicht zuverlässig. Ein externes Modul kann Abhilfe schaffen. Das Modul wurde aber nicht von Microsoft entwickelt, sondern es handelt sich um ein externes Modul. Die Installation erfolgt mit dem folgenden Befehl:

Install-Module -Name PSWindowsUpdate -Force

Um sich die Cmdlets für das Modul anzeigen zu lassen, verwenden Sie folgenden Befehl:

Get-Command -Module PSWindowsUpdate

Um nach Updates zu suchen und diese zu installieren, können folgende Befehle verwendet werden:

Get-WindowsUpdate -MicrosoftUpdate -Verbose

Install-WindowsUpdate -MicrosoftUpdate -AcceptAll -AutoReboot

Es gibt in Windows 10/11 und Windows Server 2019/2022 das Befehlszeilentool *wusa.exe*, um Updates per Skript zu installieren. Die Syntax dazu ist:

Wusa.exe <MSU-Datei des Patches> /quiet /norestart

Die Option */quiet* installiert ohne Rückmeldung, durch die Option */norestart* startet der Computer nicht neu, auch wenn der Patch das fordert. Mit der Option */uninstall* lassen sich Updates deinstallieren:

Wusa.exe /uninstall /kb:<Knowledgebase-Nummer des Patches>

Der Befehl *wmic qfe* zeigt in der PowerShell und Eingabeaufforderung die installierten Updates an.

Auch in der PowerShell lassen sich die installierten Updates anzeigen. Dazu wird das Cmdlet *get-hotfix* verwendet. Es unterstützt den Parameter *-computername <Name des Rechners>*, sodass die Abfrage auch über das Netzwerk erfolgen kann.

Die verschiedenen Werkzeuge lassen sich miteinander kombinieren, sodass in der PowerShell und der Eingabeaufforderung sehr flexible Möglichkeiten zur Verfügung stehen, um Updates zu installieren und zu deinstallieren. Das Einholen von Informationen zu den installierten Updates ist dadurch ebenfalls problemlos möglich.

Auch in der PowerShell lassen sich die installierten Updates anzeigen. Dazu wird das Cmdlet *get-hotfix* verwendet.

Das Cmdlet kann aber nicht nur Updates des lokalen Rechners anzeigen, sondern auch Updates, die auf Rechnern im Netzwerk installiert sind:

Get-hotfix -computername <Name des Rechners>

37.5 Azure Update Management für das Patchmanagement nutzen

Microsoft bietet mit Azure Update Management einen Dienst an, der Server in lokalen Rechenzentren und virtuelle Server in Azure sowie anderen Clouddiensten automatisiert patchen kann. Lokale Server sind dazu nicht mehr notwendig. Es ist ein vollständig verwalteter Clouddienst, der ohne lokale Komponenten auskommt.

Azure Update Management ist auch in der Lage, Linux-Server zu aktualisieren. Dazu arbeitet die Update-Lösung mit Azure Automation zusammen, um mit dem Microsoft Monitoring Agent Informationen von den angebundenen Servern zu sammeln und in Azure auszuwerten. Auf den angebundenen Servern installieren Sie daher manuell oder automatisiert einen kleinen Agent, mit dem die Server Protokolle erstellen und in die Cloud senden.

Die Protokolle des Monitor-Agents speichert Azure in Log Analytics. Dazu erstellen Sie dort einen eigenen Workspace. Hier landen normalerweise die Daten von Azure Monitor zur Überwachung der Telemetrie und Protokollierung der angebundenen Server. Auch Azure Monitor unterstützt die Anbindung von Azure-VMs und Servern in lokalen Rechenzentren. Die Monitoring-Lösung kann über die in Log Analytics gespeicherten Protokolle der angebundenen Server Abfragen automatisiert durchführen. Dadurch erhalten Sie Informationen zu den Servern, wie beispielsweise fehlende Updates. Diese Informationen können andere Dienste in Azure nutzen, wie zum Beispiel Azure Update Management.

Azure Monitor und Azure Update Management lassen sich kombinieren, um Protokolle der Server anzufertigen und gleichzeitig Updates zu installieren. Einfach ausgedrückt, erweitert Azure Update Management die Funktionen von Azure Monitor sozusagen um eine Updateverwaltung. Sie können die Updateverwaltung in Microsoft Azure ohne Azure Monitor nutzen, den Log Analytics Workspace benötigen Sie aber.

Für die Verwaltung der Updates kann Azure Update Management mit lokal betriebenen WSUS-Servern zusammenarbeiten oder die Updates direkt bei Microsoft herunterladen. Auch VMs, die bei anderen Cloud-Anbietern installiert sind, lassen sich an die Patch-Lösung anbinden.

Zu den unterstützten Betriebssystemen gehören neben Windows Server auch CentOS 6/7, RHEL 7/7 und SUSE ab Version 12 sowie Ubuntu ab Version 14.04. Mit Azure Update Management ist es daher möglich, Windows- und Linux-Server über Azure zentral zu steuern, um Updates zu installieren und einen Überblick zu erhalten, welche Server derzeit nicht sicher sind. Windows 7 bis Windows 11 können Sie mit der Lösung nicht aktualisieren. Dafür empfiehlt Microsoft den Einsatz von Endpoint Manager.

Microsoft stellt Azure Update Management für Abonnenten kostenlos zur Verfügung. Allerdings müssen Sie darauf achten, dass Sie für den Betrieb einen Log Analytics-Arbeitsbereich (Workspace) und Speicher in Azure für die Protokolle benötigen. Diese Teilbereiche sind wiederum kostenpflichtig. Sie sollten sich im Vorfeld also darüber informieren, welche Server Sie anbinden wollen und mit welchen Kosten Sie rechnen müssen.

Immer mehr Sicherheitslücken in Windows sind bereits bekannt und werden angegriffen, bevor Updates erscheinen. Aus diesem Grund ist es für Unternehmen wichtig, die Updates so schnell wie möglich auf die Systeme zu bringen, sobald sie verfügbar sind. Das ist in verteilten Infrastrukturen nicht einfach, vor allem dann nicht, wenn auch Linux-Server zum Einsatz kommen. Dazu kommt die Tatsache, dass immer mehr Unternehmen Server nicht nur in lokalen Rechenzentren betreiben, sondern auch in der Cloud. Dabei kommt nicht immer nur Microsoft Azure zum Einsatz, sondern ebenfalls AWS, GCP oder andere Cloud-Anbieter. Häufig sind Multi-Cloud-Umgebungen vorhanden, die das Patchmanagement weiter komplizieren. Mit Azure Update Management können Admins in einer zentralen Oberfläche alle Server gemeinsam verwalten und zentral automatisiert und weltweit Windows- und Linux-Server automatisch aktuell halten.

Im Fokus von Azure Update Management steht die Überwachung der angebundenen Server auf fehlende Updates. Diese zeigt der Dienst im Webportal von Azure an. Basierend auf Zeitplänen sorgt Update Management dafür, dass fehlende Updates auf die gewünschten Server kommen. Die Quelle der Patches liegt natürlich nicht in Microsoft Azure. Hier nutzen die lokalen Server entweder die Microsoft-Server im Internet oder WSUS. Azure Update Management hat die Aufgabe, zentral sicherzustellen, dass alle angebundenen Server auf dem aktuellen Stand sind. Es handelt sich dabei um keinen Speicher für Windows-Updates.

Zusätzlich arbeitet der Dienst auch mit Azure Automation und Microsoft Endpoint Manager zusammen. Dadurch lassen sich Computer automatisiert an Azure Update Management anbinden. Über Endpoint Manager können Sie auch Arbeitsstationen automatisiert patchen, während sich Update Manager vor allem um die Server kümmert. Azure Update Management steuert den Neustart von Servern nach der Installation von Updates zentral über die Cloud, unabhängig davon, ob es sich um Computer im lokalen Rechenzentrum handelt oder Azure-VMs. Sie können Arbeitsstationen mit Windows 10 leider nicht anbinden. Azure Update Management richtet sich ausschließlich an Server. Ein wichtiger Bereich in Azure Update Management ist die einfache Übersicht über alle angebundenen Server. Hier erkennen Sie mit einem Klick, ob ein Server konform ist, also alle Updates installiert sind, oder ob Updates fehlen.

37.5.1 Komponenten von Azure Update Management

Azure Update Management besteht im Grunde genommen aus drei Komponenten, die Sie getrennt voneinander im Webportal anlegen. Nutzen Sie im Rechenzentrum das Windows Admin Center, können Sie die Einrichtung gebündelt über dieses Verwaltungswerkzeug durchführen. Der Log Analytics Workspace ist der Bereich, in dem Azure die Protokolle der angebundenen Server ablegt.

Hier können Sie Abfragen durchführen, um Informationen zu den Servern und derer Verfügbarkeit abzurufen. Die Verwaltung der Updates erfolgt durch Azure Update Management selbst. Der Dienst greift dazu auf die Daten im Log Analytics Workspace zu. Mit einem Azure Automation Account führt Microsoft Azure wiederum Aktionen und Befehle auf den angebundenen Systemen aus. Dazu gehört auch die Installation von Updates für Windows und Linux. Die Einstellungen für Azure Update Management nehmen Sie im Bereich des Automation-Accounts vor. Hier gibt es eigene Menüpunkte, auf die wir nachfolgend ausführlicher eingehen.

37.5.2 Azure Update Management in der Praxis

Die Einrichtung von Azure Update Management kann über das Webportal in Microsoft Azure erfolgen, aber bequemer über das Windows Admin Center (WAC). Dieses bietet generell immer mehr Funktionen, um lokale Server, aber auch Ressourcen aus Azure zu verwalten und im lokalen Rechenzentrum zu nutzen. Azure Update Management ist über das Windows Admin Center wesentlich leichter einzurichten als im Webportal von Microsoft Azure.

Zunächst erfolgt über die Einstellungen des Windows Admin Centers (Zahnradsymbol oben rechts) und der Auswahl von *Einstellungen/Azure* die Anbindung des Admin Centers an das Azure-Abonnement. Bei der Einrichtung unterstützt ein Assistent. Der ganze Vorgang dauert maximal fünf Minuten.

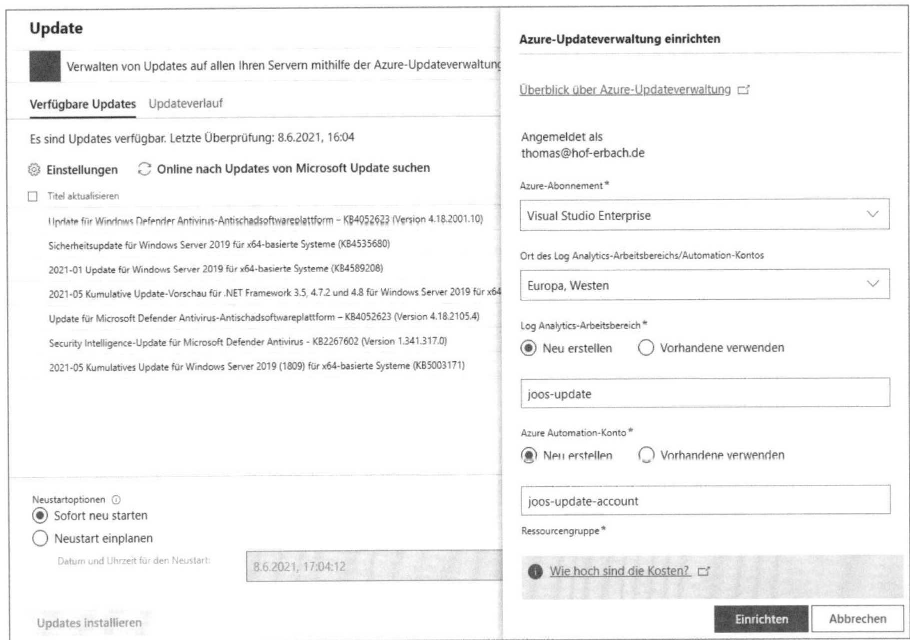

Abb. 37.15 Anbinden eines lokalen Windows-Servers über das Windows Admin Center an Azure Update Management

Sobald das WAC an Azure angebunden ist, lassen sich lokale Server an Azure Update Management anbinden, ebenfalls über das WAC. Dazu steht entweder der Menüpunkt *Azure-Hybrid Center* im Hauptmenü des WAC zur Verfügung oder der Link *Verwalten von Updates auf allen Ihren Servern mithilfe der Azure-Updateverwaltung - Jetzt aktualisieren*. Nach der Auswahl erscheint ein Fenster, mit dem Sie Server anbinden können.

Zunächst wählen Sie das gewünschte Azure-Abonnement aus. Danach konfigurieren Sie den Speicherort für Log-Analytics und geben den Namen des Log-Analytics-Arbeitsbereichs, des Azure Automation-Kontos und der Ressourcengruppe an, die Sie für Azure Update Management verwenden wollen. Diese Vorgehensweise ist nur einmal notwendig. Sie können das alles natürlich auch im Webportal von Microsoft Azure durchführen. Durch einen Klick auf *Einrichten* verbindet sich das WAC mit Azure, erstellt die jeweiligen Bereiche automatisch und bindet den entsprechenden Server an Azure Update Management an.

Die Einrichtung dauert einige Minuten. Sie sehen den Status über den Meldebereich des Windows Admin Centers oben rechts. Wenn Sie einen Server an Azure Update Management angebunden haben, zeigt das Windows Admin Center eine Information im Bereich *Updates* an. Hier können Sie auch direkt über WAC zum Azure-Portal wechseln, um hier Einstellungen für den Server anzupassen. Die spätere Verwaltung von Azure Update Management nehmen Sie im Webportal von Microsoft Azure vor. Diese Funktionen hat Microsoft nicht in das WAS integriert.

Auch nach der Anbindung eines Servers an Azure Update Management können Sie in der lokalen Update-Steuerung, per Gruppenrichtlinien und über den Server-Manager Updates installieren lassen, genauso wie im Windows Admin Center. Das Azure Update Management überprüft auf Basis von Zeitplänen die Server regelmäßig auf fehlende Updates und installiert diese ebenfalls nach einem Zeitplan.

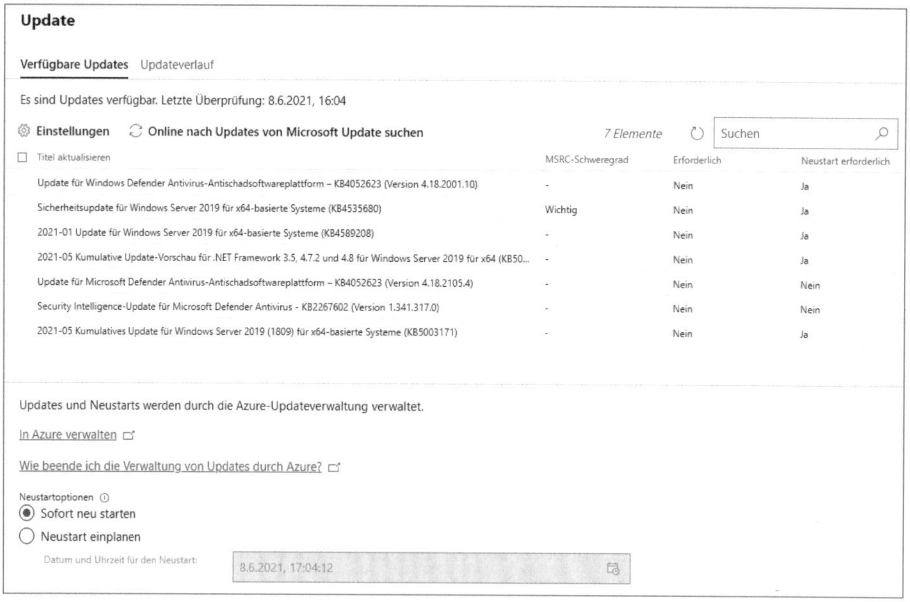

Abb. 37.16 Erfolgreich angebundener Server an Azure Update Management

Neben Servern im lokalen Rechenzentrum können Sie Azure-VMs an Azure Update Management anbinden. Für die Verwaltungslösung spielt es keine Rolle, ob es sich bei dem angebundenen Computer um einen physischen oder virtuellen Server handelt und ob der Server im lokalen Rechenzentrum oder in der Cloud positioniert ist. Im Dashboard von Azure-VMs im Azure-Portal steht dazu der Menüpunkt *Gast- und Hostupdates* zur Verfügung. Hierüber können Sie mit *Zu Updateverwaltung wechseln* die Anbindung an Azure Update Management durchführen. Auf dem gleichen Weg können Sie Server wieder aus der Updateverwaltung entfernen. In der Weboberfläche sind Azure-VMs und lokale VMs ersichtlich, damit Sie Updateregeln auf Basis der jeweiligen Positionierung des Servers erstellen können.

37.5.3 Linux-Server automatisiert aktualisieren

Eine der Stärken von Azure Update Management ist es sicherlich, Linux-Server anzubinden und auch hier zu überprüfen, ob die Server richtig konfiguriert sind und über alle Updates verfügen. Die Konfiguration ist ähnlich zur Verwaltung von Updates für Windows-Server.

Um Linux-Server anzubinden, die zum Beispiel in Azure als VM in Betrieb sind, öffnen Sie das Konto von Azure Update Management und klicken auf *Updateverwaltung*. Über *Azure-VMS hinzufügen* können Sie VMs in Azure anbinden, unabhängig davon, ob es sich um Windows- oder Linux-Computer handelt.

Wollen Sie Computer außerhalb von Azure anbinden, verwenden Sie *Nicht-Azure-Computer hinzufügen*. Beim Hinzufügen von Azure-VMs wählen Sie im neuen Fenster zunächst aus, welches Azure-Abonnement Sie nutzen wollen, welche Standorte und in welchen Ressourcengruppen die Server gespeichert sind, die Sie aktuell anbinden wollen. Unten im Fenster zeigt das Portal die einzelnen VMs in Azure an und welche bereits an Azure Update Management angebunden sind. Dabei unterscheidet Azure nicht zwischen den verschiedenen Betriebssystemen. Durch die Auswahl von *Aktivieren* binden Sie die ausgewählten Computer an Azure Update Management an.

37.5.4 Angebundene Server im Azure-Portal verwalten

Im Webportal von Azure Update Management erkennen Sie in der Updateverwaltung, welche Server nicht aktuell sind. Dazu klicken Sie in der Ressourcengruppe, in der Sie Azure Update Management integriert haben, auf das erstellte Automation-Konto für Azure Update Management und dann auf *Updateverwaltung*. Hier sehen Sie Server, die nicht konform sind, auf denen also Updates fehlen, aber auch die konformen Server und weitere Informationen.

Abb. 37.17 Verwalten von nicht konformen Servern im Azure-Webportal

Über *Updatebereitstellung planen* lassen sich Bereitstellungen von bestimmten Updates planen und automatisiert durchführen. Die Anbindung von Computern an Azure Update Management kann durch die manuelle Installation des Agents erfolgen. Dazu können Sie im Log Analytics-Arbeitsbereich bei *Übersicht* über *Verwaltung von Windows- und Linux-Agents* zur Downloadseite für den Agent wechseln.

Hier können Sie den Agent herunterladen und erhalten die IDs, die für die Anbindung an Log Analytics und damit an Update Management notwendig sind. Die Installation können Sie entweder manuell durchführen oder über ein Skript. Auch auf Linux-Servern ist ein Agent notwendig. Diesen können Sie zum Beispiel auch mit dem folgenden Befehl herunterladen:

wget https://raw.githubusercontent.com/Microsoft/OMS-Agent-for-Linux/master/installer/scripts/onboard_agent.sh && sh onboard_agent.sh -w 3a25ad6b-cf60-47a9-a61c-6ba32aa70779 -s WF8SXVgDaDQXmF8NZbSBertX72H2fhLTGCbmyNfLIOTsZt53QshdNd1/2rO-rI9TOlSVKp7qweD6qy7tfj8vbNm8ldg== -d opinsights.azure.com

Der Befehl umfasst in diesem Beispiel auch die IDs, die bei der Installation auf Linux notwendig sind. Er sieht also für jedes Abonnement anders aus. Es ist natürlich möglich, die Anbindung zu skripten.

37.5.5 Bereitstellen von Updates über Azure Update Management

Über die Updatebereitstellung in Azure Update Management können Sie eigene Servergruppen erstellen und auf Basis dieser Gruppen Updates über Regeln freigeben. Sie können die Bereitstellung von Updates orchestrieren, ohne lokale Server für das Patchmanagement zu betreiben. Es spielt dabei keine Rolle, wo die angebundenen Server positioniert sind. Die Anbindung an Azure Update Management kann von lokalen Rechenzentren aus genauso erfolgen wie von Azure, AWS oder GCP. Auch andere Clouddienste lassen sich integrieren.

Das Anbinden von Computern an Azure Update Management ist der erste Schritt, um die jeweiligen Computer mit Updates zu versorgen. Mit einem Bereitstellungsplan können Sie die Updatesteuerung auf den angebundenen Computern anschließend automatisieren. Hierüber definieren Sie Zeitpläne, geben bestimmte Updates frei und konfigurieren, welche Updates die Server automatisiert installieren sollen, vollkommen unabhängig davon, in welchem Rechenzentrum die Computer laufen.

Das Erstellen von Zeitplänen nehmen Sie mit dem Menüpunkt *Updatebereitstellung planen* vor. Er ist bei *Updateverwaltung* im Bereich des Azure Update Management-Kontos zu finden. Zunächst können Sie dem Plan einen Namen geben, zum Beispiel *Monatlicher Patchday*. Danach wählen Sie aus, ob der Plan, den Sie erstellen, für Windows- oder Linux-Computer gilt. Sie können daher verschiedene Zeitpläne erstellen.

Danach wählen Sie die Computergruppen aus, die Sie anbinden wollen. Auf der Seite zur Konfiguration der Gruppen konfigurieren Sie, ob Sie VMs aus Azure oder von außerhalb anbinden wollen. Gruppen können Sie auf Basis des Azure-Abonnements, des Standorts, der Speicherorte und mit Tags filtern. Nach der Definition der Gruppen wählen Sie die Computer aus, die Sie über den Zeitplan aktualisieren wollen.

Ein wichtiger Bereich ist die Auswahl der einzelnen Updateklassifizierungen. Hier stehen zum Beispiel herkömmliche Updates, Rollups, Sicherheitsupdates, wichtige Updates und Feature Packs zur Auswahl. Einzelne Updates können Sie auf Basis der Knowledgebase-IDs von der Installation aus- oder einschließen.

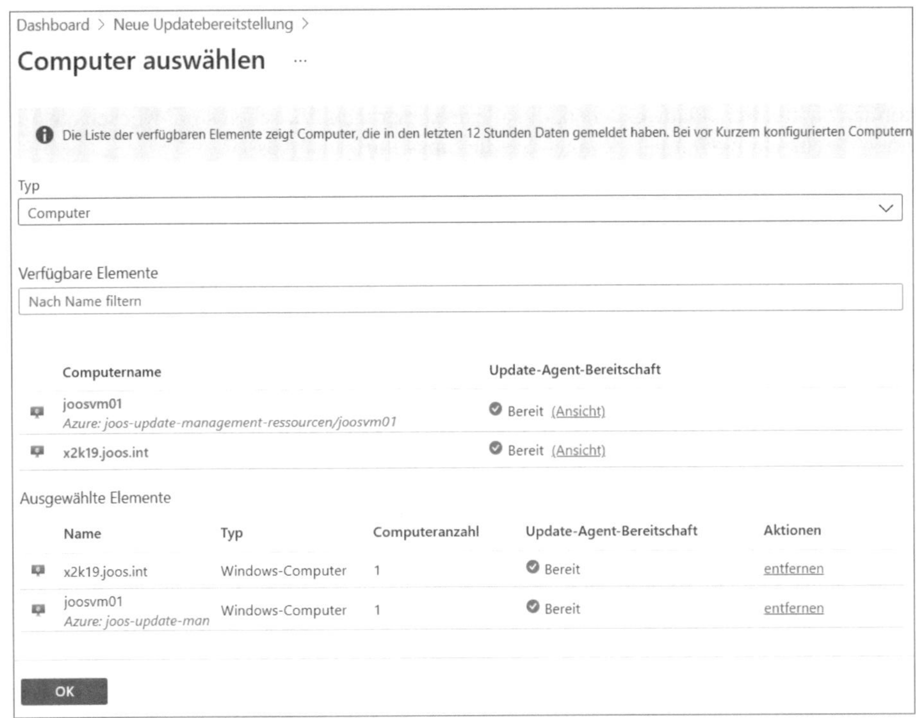

Abb. 37.18 Computer an Azure Update Management anbinden

Auch den Zeitpunkt legen Sie hier fest. Neben der einmaligen Ausführung können Sie eine regelmäßige Aktualisierung durchführen. Für den Aktualisierungsplan können Sie bestimmen, ob Computer neu starten sollen, wenn das notwendig ist. Im Rahmen der Einrichtung eines Zeitplans können Sie Skripts hinterlegen, die vor und nach der Installation der Patches auf den Computern ausgeführt werden. Dabei kann es sich beispielsweise um Skripts handeln, die Computer herunterfahren oder Dateien kopieren.

Nach der Speicherung ist der Aktualisierungsplan aktiv. Nach dem eingegebenen Zeitpunkt sollte der angebundene Computer in Azure Update Management als *Konform* gekennzeichnet sein. Dadurch können Sie jederzeit überprüfen, ob angebundene Windows- oder Linux-Computer aktuell sind.

In der Übersicht der Updateverwaltung, unterhalb des Update Management-Kontos, sind für die einzelnen Computer mehrere Menüpunkte zu sehen, die für die Verwaltung eine wesentliche Rolle spielen. Bei *Computer* sehen Sie zunächst die an Azure Update Management angebundenen Computer und wichtige Informationen. Dazu gehört die Anzahl der fehlenden Updates und ob der Management-Agent auf dem Computer aktuell eine Verbindung zu Microsoft Azure aufbauen kann. Auch das installierte Betriebssystem und ob es sich bei dem Computer um eine Azure-VM oder einen externen Computer handelt, sehen Sie hier.

Über den Menüpunkt *Fehlende Updates* erkennen Sie, welche Updates auf den Computern aktuell noch nicht installiert sind. Hier zeigt Azure Update Management, auf wie vielen Computern die Updates fehlen.

Die Updates unterscheiden sich an dieser Stelle zwischen Aktualisierungen für Windows und für Linux. Haben Sie einen Bereitstellungszeitplan über *Updatebereitstellung planen* erstellt, dann ist der Plan im Menüpunkt *Bereitstellungszeitpläne* zu sehen. Selbstverständlich können Sie mehrere Pläne erstellen, die alle an dieser Stelle zu sehen sind. Klicken Sie auf einen Bereitstellungszeitplan, können Sie die Einstellungen anpassen.

Ob die Bereitstellungszeitpläne auf den Computern funktionieren, sehen Sie bei *Verlauf*. In Bereitstellungszeitplänen können Sie auch spezifische Updates auf Basis der Knowledgebase-IDs hinzufügen oder IDs ausschließen. Die genauen IDs sehen Sie wiederum bei *Fehlende Updates*. Klicken Sie auf ein Update, öffnet sich die Support-Seite von Microsoft mit ausführlichen Hinweisen zur entsprechenden Aktualisierung. Klicken Sie doppelt auf die Zeile eines Updates, wechselt das Fenster in den Log-Analytics-Bereich für Update-Management.

37.5.6 Computer aus der Azure-Updateverwaltung entfernen

Die Azure-Updateverwaltung erfolgt über den Microsoft Monitoring Agent, der durch die Anbindung auf dem Server installiert ist. Wollen Sie Server manuell von dem Dienst entfernen, reicht es aus, den Agent über *appwiz.cpl* zu entfernen. Der Vorgang entfernt den Server auch aus dem Log Analytics-Bereich. Nach der Aktualisierung der Ansicht können die Installation der Updates und deren Steuerung wieder ohne Azure-Updatemanagement erfolgen. Auf dem gleichen Weg können Sie Server jederzeit wieder an die Cloudlösung anbinden.

Azure Update Management ist vor allem für die Organisationen sinnvoll, die bereits auf Microsoft Azure setzen und am besten auch bereits auf Azure Monitor/Log Analytics. Wenn das nicht so ist, kann es durchaus sinnvoll sein, parallel zu Azure Update Management den Einsatz von Azure Monitor zur Überwachung der angebundenen Computer zu nutzen.

Sind Computer nicht nur im lokalen Rechenzentrum im Einsatz, sondern auch in kleineren Niederlassungen, in verschiedenen Rechenzentren und in Azure, kann der Einsatz sich lohnen, da Sie dadurch Zugriff auf eine zentrale Verwaltungslösung für Updates erhalten.

Da Azure Update Management Linux-Computer aktualisieren und zentral anzeigen kann, ist die Lösung ideal für hybride Rechenzentren. Es ist im lokalen Rechenzentrum kein Server notwendig, da Azure Update Management vollständig verwaltet ist. Die Lösung steht generell kostenlos zur Verfügung, auch wenn zusätzliche Ressourcen wie Log Analytics und Speicher kostenpflichtig sind.

Ein Blick auf die Möglichkeiten ist in jedem Fall zu empfehlen, da der tägliche Betrieb sicher einfacher ist als die Verwendung eines lokal installierten Update-Servers, der ebenfalls regelmäßige Aktualisierung und Wartungen benötigt. Der Einsatz von Azure Update Management beschränkt sich daher nicht nur auf Azure-VMs auf Basis von Windows oder Linux.

37.6 Zusammenfassung

In diesem Kapitel haben wir Ihnen gezeigt, wie Sie Updates mit WSUS im Netzwerk bereitstellen und WSUS verwalten. Auch die Anbindung von Windows 8/8.1, Windows 10/11 und Windows Server 2022 an WSUS war Thema dieses Kapitels.

Im nächsten Kapitel lesen Sie, wie Sie Windows Server 2022 überwachen und optimieren.

Kapitel 38
Diagnose und Überwachung

In diesem Kapitel zeigen wir Ihnen, welche Bordmittel und Zusatztools Ihnen bei der Überwachung von Windows Server 2022 behilflich sein können. In Kapitel 15 sind wir bereits auf die Überwachung von Active Directory eingegangen. In diesem Kapitel erläutern wir Ihnen die Überwachung aller anderen Serverdienste in Windows Server 2022. In Kapitel 3 konnten Sie lesen, wie Sie die neue Windows Server System Insights-Funktion im Windows Admin Center nutzen, um Server mit Windows Server 2022 zu überwachen.

38.1 Fehlerbehebung in Windows Server – Ereignisanzeige

Alle Fehler und Aktionen von Windows werden in den Ereignisanzeigen festgehalten und stehen Administratoren zur Verfügung, um Fehler zu beheben. Anhand des Ereignisprotokolls können Sie nach Ereignissen suchen, die auf Probleme hinweisen. Darüber hinaus dienen diese Informationen zur Diagnose von Problemen.

Sie können nach Programm- und Systemaktionen suchen, die zu einem Problem führen, und Details herausfinden, die Ihnen bei der Ermittlung der Grundursache behilflich sind. Zugleich lassen sich anhand dieser Informationen auch Leistungsprobleme beurteilen und beheben. Sie sollten in regelmäßigen Abständen auf Datenbankservern nach Einträgen suchen, da Sie hier frühzeitig Fehler erkennen können.

38.1.1 Ereignisanzeige nutzen

Sie rufen die Ereignisanzeige durch Eingabe von *eventvwr.msc* im Suchfeld der Taskleiste auf.

Unter Windows Server 2022 können Sie im Startmenü direkt mit dem Tippen von *eventvwr.msc* beginnen oder über [Win]+[R] das Dialogfeld *Ausführen* aufrufen und dort den Programmnamen eingeben.

Die Ereignisanzeige sehen Sie auch unterhalb des Knotens *Diagnose* im Server-Manager. In Windows Server 2022 finden Sie die Ereignisanzeige im Menüpunkt *Tools*. Unter dem Knoten *Windows-Protokolle* ist weiterhin der Zugriff auf die vertrauten Anwendungs-, System- und Sicherheitsprotokolle möglich.

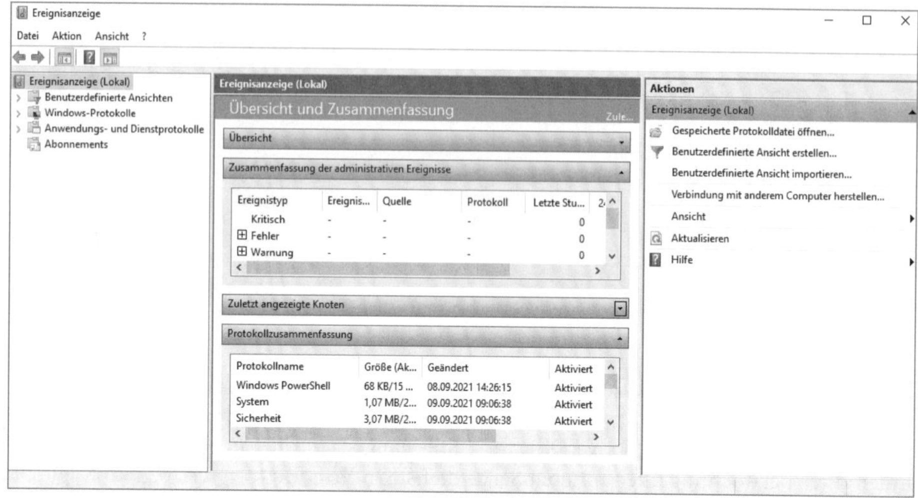

Abb. 38.1 Anzeigen von Meldungen gefiltert nach Serverrollen

Klicken Sie direkt auf den Knoten *Ereignisanzeige*, sehen Sie eine Zusammenfassung aller Serverfehler im rechten Bereich. Im Knoten *Anwendungs- und Dienstprotokolle* finden Sie zahlreiche Protokolle zu den einzelnen Serverdiensten in Windows Server 2022. Viele Einträge für Serveranwendungen wie SQL Server stehen im Knoten *Anwendung*.

Über den Knoten *Benutzerdefinierte Ansichten* lassen Sie sich Filter für alle installierten Serverrollen anzeigen. Auf diese Weise können Sie auch Filter für die SQL-Instanzen erstellen lassen oder andere Serveranwendungen, die auf dem Server installiert sind.

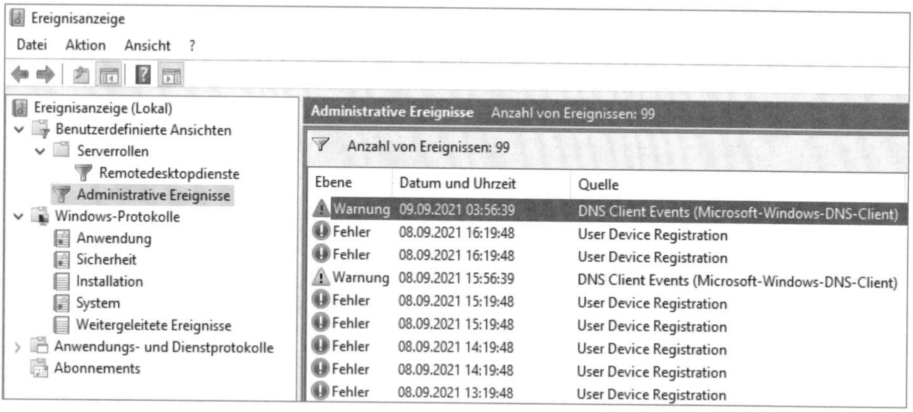

Abb. 38.2 Anzeigen von Meldungen gefiltert nach Serverrollen

Der Speicherort der Standardprotokolle in der Ereignisanzeige ist *%SystemRoot%\System32\winevt\Logs*. Die Protokolldateien erhalten die Endung *.evtx*, da diese XML-basiert sind.

Unter dem Knoten *Benutzerdefinierte Ansichten* werden administrative Ereignisse angezeigt. Hier finden sich alle Fehler und Warnungen aus den verschiedenen Protokolldateien, die für Administratoren von Interesse sind. Windows Server 2022 bietet die Möglichkeit, weniger interessante Ereignisse herauszufiltern, sodass Sie sich auf jene Ereignisse konzentrieren können, die wichtig sind. Klicken Sie eine Meldung an, erhalten Sie im unteren Bereich ausführlichere Informationen.

Mit der Windows-Aufgabenplanungr können Sie einem Ereignis eine Aufgabe hinzufügen. Jedes Mal, wenn ein Ereignis erscheint, das der Abfrage entspricht, startet anschließend die entsprechende Aufgabe. Dazu klicken Sie mit der rechten Maustaste auf das Ereignis und wählen *Aufgabe an dieses Ereignis anfügen*. In diesem Fall startet Windows die Aufgabe immer genau dann, wenn die Datensicherung erfolgreich abgeschlossen ist.

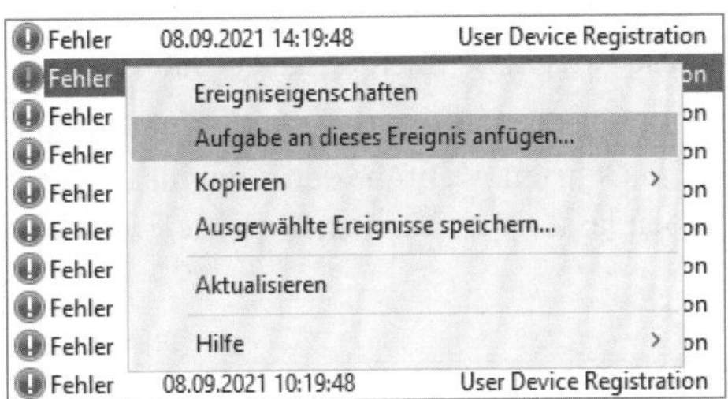

Abb. 38.3 Aufgaben an Ereignisse anhängen

Wenn Sie ein Ereignisprotokoll aufrufen, erhalten Sie im mittleren Bereich des Fensters eine Zusammenfassung aller Einträge, deren detaillierte Informationen Sie per Doppelklick auf einzelne Meldungen anzeigen lassen können. Auf Basis dieser Fehlermeldung sehen Sie, welche Probleme Windows Server 2022 mit einzelnen Komponenten erkannt hat. Sie sollten regelmäßig die Ereignisanzeigen auf Fehler überprüfen, da Sie hier schnell Probleme finden können, bevor diese gravierendere Auswirkungen haben.

Haben Sie den Fehler genauer eingegrenzt und Fehlermeldungen in der Ereignisanzeige und der Diagnose gefunden, suchen Sie im Internet gezielt nach diesen Fehlern. Auf dieser Seite gibt es zu so gut wie jedem Eintrag der Ereignisanzeige Hinweise und mögliche Lösungsansätze.

Klicken Sie ein Protokoll mit der rechten Maustaste an, können Sie weitere Einstellungen vornehmen. Im Kontextmenü werden Ihnen zahlreiche Möglichkeiten angezeigt:

- **Gespeicherte Protokolldatei öffnen** – Über diesen Menübefehl können Sie eine Protokolldatei öffnen, die Sie über die Option *Ereignisse speichern unter* abgespeichert haben. Dadurch lassen sich Protokolle per E-Mail versenden und andere Benutzer können den Inhalt überprüfen.

- **Benutzerdefinierte Ansicht erstellen** – Über diesen Menübefehl können Sie die Anzeige der Ereignisanzeigen anpassen und als benutzerdefinierten Filter ablegen. In diesem Fall werden Ihnen nur noch die Ereignisse in Ihrer gespeicherten Ansicht angezeigt.
- **Benutzerdefinierte Ansicht importieren** – Mit dieser Optionen werden zuvor exportierte Ansichten auf einem Server wieder importiert und sind auf diese Weise schnell verfügbar.
- **Protokoll löschen** – Wählen Sie diesen Menübefehl aus, wird nicht das Protokoll gelöscht, sondern sein Inhalt. Sie erhalten zuvor noch eine Meldung, ob das Protokoll wirklich gelöscht werden soll und ob Sie es vorher speichern möchten. Speichern Sie das Protokoll zuvor, entspricht dies der Option *Ereignisse speichern unter*.
- **Aktuelles Protokoll filtern** – Dieser Menübefehl wird verwendet, wenn Sie keine eigene Ansicht des Protokolls erstellen möchten, sondern nur die aktuelle Ansicht gefiltert werden soll. Dadurch können Sie zum Beispiel nach einem bestimmten Fehler suchen und überprüfen, wann dieser aufgetreten ist.
- **Eigenschaften** – Über die Eigenschaften können Sie die Größe der einzelnen Protokolle festlegen beziehungsweise bestimmen, wie sich Windows Server 2022 beim Erreichen der maximalen Ereignisprotokollgröße verhalten soll.
- **Alle Ereignisse speichern unter** – Speichert die Ereignisse in einer **.evtx*-Datei.
- **Aufgabe an dieses Protokoll anfügen** – Mit dieser Option können Sie über die Aufgabenplanung automatisch Aktionen und Skripts starten, wenn in den Ereignisanzeigen bestimmte Fehler auftauchen. Solche Aufgaben lassen sich auch an einzelne Ereignisse anfügen.

Überprüfen Sie in der Ereignisanzeige, ob Fehler gemeldet werden, die mit dem Problem in Zusammenhang stehen können, wenn Sie eine Fehlerbehebung durchführen. Überprüfen Sie auch, ob parallel zu diesem Fehler in anderen Protokollen der Ereignisanzeige Fehler auftreten, die zur gleichen Zeit gemeldet werden, also unter Umständen auf einen Zusammenhang schließen lassen. Stellen Sie fest, wann der Fehler in der Ereignisanzeige das erste Mal aufgetreten ist. Überlegen Sie genau, ob zu diesem Zeitpunkt irgendetwas verändert wurde (auch auf Basis der Ereignisprotokolle).

Schauen Sie in anderen Protokollen der Ereignisanzeige nach, ob der Fehler mit anderen Ursachen zusammenhängt. Ein Fehler tritt selten ohne vorherige Änderung der Einstellung oder aufgrund defekter Hardware auf, sondern meist durch Änderungen am System oder der Installation von Applikationen und Tools. Durch die Filtermöglichkeiten der Ereignisanzeige in Windows Server 2022 können Fehler oft sehr genau eingegrenzt werden.

38.1.2 Ereignisprotokolle im Netzwerk einsammeln

Nicht jedes Unternehmen setzt auf professionelle und teure Überwachungslösungen, um Server im Netzwerk zu überwachen. Selbst beim Einsatz solcher Lösungen kann es sinnvoll sein, zusätzlich noch Protokolldateien und Ereignisanzeigen zu überwachen. Es gibt zahlreiche kostenlose Möglichkeiten, um die Ereignisanzeigen und Protokolle der Server an einer zentralen Stelle zu sammeln und zu analysieren.

Zunächst bietet Windows Server 2022 die Möglichkeit, Ereignisse von Servern im Netzwerk zu sammeln, Abonnement genannt. Darüber hinaus gibt es Freewaretools, die ebenfalls in der Lage sind, Ereignisse in den Protokollen von Windows-Servern zu sammeln und Administratoren zentral zur Verfügung zu stellen. Nachfolgend zeigen wir Ihnen, welche Möglichkeiten es gibt. Achten Sie aber darauf, dass derartige Tools teilweise den Server belasten und vorsichtig eingesetzt werden sollten.

Ereignisanzeigen sammeln – PsLogList

Mit PsLogList aus der PsTools-Sammlung von Sysinternals (*https://docs.microsoft.com/de-de/sysinternals/downloads/psloglist*) können Sie über die Eingabeaufforderung die Ereignisanzeigen verschiedener Computer einsammeln, anzeigen und vergleichen. Wenn Sie PsLogList ohne Optionen aufrufen, zeigt es alle Einträge des lokalen Systemereignisprotokolls an. Das Programm verfügt darüber hinaus über zahlreiche Optionen, die beim Abfragen der Ereignisanzeigen viele verschiedene Vergleichsmöglichkeiten bieten:

psloglist [\\<Computer>[,<Computer>[,...] | @<Datei> [-u <Benutzername> [-p <Kennwort>]]] [-s [-t delimiter]] [-m #|-n #|-h #|-d #|-w][-c][-x][-r][-a mm/dd/yy] [-b mm/dd/yy][-f filter] [-i ID[,ID[,...] | -e ID[,ID[,...]]] [-o event source[,event source][,..]]] [-q event source[,event source][,..]]] [-l event log file] <eventlog>

Option	Auswirkung
@<Datei>	Führt den Befehl auf allen Computern aus, die in der Datei aufgelistet sind. Jeder Computer muss dazu in einer eigenen Spalte in der Textdatei stehen. Die entsprechenden Ereignisse der Computer werden hierüber also gesammelt.
-a	Zeigt die Einträge nach dem genannten Datum an. Als Format wird *dd/mm/yy* verwendet.
-b	Zeigt die Einträge vor dem genannten Datum an.
-c	Löscht die entsprechenden Ereignisanzeigen nach der Anzeige über PsLogList. Dies ist zum Beispiel bei der Abfrage über eine Batchdatei sinnvoll.
-d	Zeigt nur die Einträge der letzten *n* Tage an. Dabei werden die letzten Tage als *<n>* hinter der Option mit angegeben.
-e	Filtert Einträge mit definierten IDs aus. Die Syntax entspricht der Option *-i* weiter unten.
-f	Filtert Ereignisse mit bestimmten Typen aus (*-f w* filtert Warnungen). Es können beliebige Buchstaben verwendet werden. Es werden nur Ereignisse angezeigt, die mit den entsprechenden Buchstaben anfangen.
-h	Zeigt nur Einträge der letzten *n* Stunden. Die Syntax entspricht der Option *-d* weiter oben.
-i	Zeigt nur Einträge mit den definierten IDs. Es können auch mehrere IDs kommagetrennt angezeigt werden.
-l	Speichert Einträge der definierten Ereignisanzeige.
-m	Zeigt nur Einträge der letzten *n* Minuten.
-n	Zeigt nur die aktuellsten definierten Einträge an.
-o	Zeigt nur die Einträge der spezifizierten Ereignisquelle (zum Beispiel *-o cdrom*). Diese Option schließt in der Ausgabe also zusätzliche Informationen ein.
-p	Gibt das Kennwort für den konfigurierten Benutzer an. Geben Sie kein Kennwort ein, fragt das Tool notfalls nach. Dabei wird das Kennwort nicht in Klartext angezeigt oder über das Netzwerk geschickt.
-q	Zeigt die Einträge der spezifizierten Ereignisquelle nicht an (zum Beispiel *-q cdrom*). Benutzerdefinierte Einträge werden so von der Ausgabe ausgeschlossen. Sollen mehrere Quellen von der Ausgabe ausgeschlossen werden, müssen diese durch Komma voneinander getrennt werden.
-r	Speichert die Einträge aufsteigend ab.

→

Option	Auswirkung
-s	Hier werden die Einträge kommabasiert angezeigt, um sie zum Beispiel in einer Excel-Tabelle oder SQL-Datenbank zu speichern. Nach der Auswertung kann über den Befehl *start* die CSV-Datei sofort geöffnet und angezeigt werden.
-t	Definiert das Trennzeichen.
-u	Legt den Benutzernamen fest, mit dem Sie auf die Server zugreifen.
-w	Wartet auf neue Einträge und speichert sie, sobald sie in der Ereignisanzeige angezeigt werden. Das funktioniert aber nur für das lokale System.
-x	Speichert erweiterte Daten, die standardmäßig nicht angezeigt werden. Hierbei handelt es sich meistens um binäre Rohdaten.
eventlog	Standardmäßig verwendet das Tool das Systemereignisprotokoll. Sie können die Ereignisanzeige auswählen, wenn Sie die ersten Buchstaben oder die entsprechende Abkürzung angeben. Allerdings müssen auch auf deutschen Windows-Servern die englischen Abkürzungen, also beispielsweise »sec« für »security«, eingegeben werden, wenn das Ereignisprotokoll »Sicherheit« geöffnet werden soll. Eine wichtige Funktion des Tools ist, dass es in der Lage ist, direkt auf die Quell-DLLs auf den Remotesystemen zuzugreifen. Allerdings muss dazu auf dem entfernten System die administrative Freigabe (*Admin$*) aktiviert sein.

Tab. 38.1 Optionen von PsLogList

Geben Sie zum Beispiel den Befehl *psloglist system* ein, listet das Tool in der Eingabeaufforderung alle Ereignisse des Systemereignisprotokolls auf. Der Befehl *psloglist application* zeigt das Anwendungsprotokoll an. Wollen Sie nur die aktuellsten fünf Einträge sehen, verwenden Sie den Befehl *psloglist system -n 5*. Die fünf ältesten Einträge zeigen Sie mit *psloglist system -r -n 5* an.

Um effizient Daten anzuzeigen, sollten Sie die Anzeige filtern, da ansonsten zu viele Informationen auf dem Bildschirm erscheinen. Dazu verwenden Sie die Option *-f*. Wollen Sie zum Beispiel nur Fehlermeldungen erfassen, geben Sie den Befehl *psloglist system -f e* ein. Fehler und Warnungen erhalten Sie mit der Option *-f ew* angezeigt. Um nur Meldungen einer bestimmten ID anzuzeigen, verwenden Sie *-i*, gefolgt von einer kommagetrennten Liste der gewünschten ID.

Eine weitere Möglichkeit ist das Exportieren der Ausgabe in eine *.evt*-Datei, die Sie wiederum mit der Ereignisanzeige in Windows öffnen können. Dazu verwenden Sie zusätzlich die Option *-g .\<.evt-Datei>*.

Mit PsLogList können Sie auch die Ereignisanzeigen von Computern im Netzwerk auslesen. Dazu verwenden Sie zunächst die Option *psloglist \\<Computer>* und dann die verschiedenen Optionen des Tools, um die Anzeige zu aktivieren. Dabei gehen Sie genauso vor wie bei der Abfrage lokaler Ereignisanzeigen.

Ereignis-Abonnements verwalten

Windows Server 2022 kann mit Bordmitteln die Ereignisanzeigen verschiedener Server im Netzwerk zusammentragen und anzeigen. Diese Funktion trägt die Bezeichnung *Abonnements* und lässt sich direkt in der Ereignisanzeige einrichten. Basis ist der Systemdienst *Windows-Ereignissammeldienst*. Dieser muss auf dem Server gestartet sein, der die verschiedenen Ereignisse sammeln soll, sowie auf allen beteiligten Servern. Damit die Sammlung von Ereignisanzeigen funktioniert, müssen Sie die beteiligten Computer vorbereiten, das Abonnement erstellen und dann in der Ereignisanzeige die Fehler der entsprechenden Server anzeigen.

Die Sammlung von Ereignisanzeigen basiert auf zwei Grundlagen. Es gibt einen Server, der die Daten sammelt (Sammlungscomputer), und Server, die an den Sammlungsserver angebunden sind (Quellcomputer). Die Sammlung von Ereignisanzeigen führen Sie am besten auf Servern durch, die in einer gemeinsamen Active Directory-Gesamtstruktur positioniert sind.

Im ersten Schritt müssen Sie die Remoteverwaltung auf den einzelnen Servern aktivieren. Dazu führen Sie auf jedem Quellcomputer und dem Sammlungscomputer in einer Eingabeaufforderung mit Administratorrechten (über das Kontextmenü gestartet) den Befehl *winrm quickconfig* aus. Im nächsten Schritt führen Sie noch den Befehl *wecutil qc* aus. Das Tool konfiguriert das Weiterleiten von Ereignissen über das Netzwerk zu einem Sammlungscomputer. Nehmen Sie anschließend das Computerkonto des Sammlungscomputers, auf dem Sie die Ereignisse aller angebundenen Server anzeigen wollen, in die lokalen Administratorgruppen der einzelnen Server auf.

Die lokale Benutzerverwaltung starten Sie am schnellsten durch die Eingabe von *lusrmgr.msc* im Suchfeld der Taskleiste. Rufen Sie die Eigenschaften der lokalen Administratorgruppe auf, klicken Sie auf die Schaltfläche *Hinzufügen* und im daraufhin geöffneten Dialogfeld auf die Schaltfläche *Objekttypen*, um auch Computerkonten in die Gruppe aufnehmen zu können.

Wollen Sie Ereignisabonnements in Arbeitsgruppen erstellen, müssen Sie manuell eine Ausnahme in der Windows-Firewall für *Remote-Ereignisprotokollverwaltung* auf jedem Quellcomputer hinzufügen. Das Konto, mit dem Sie die Ereignisse auf den Quellcomputer sammeln, müssen Sie anschließend bei der Einrichtung des Abonnements hinterlegen. Zusätzlich ist auf dem Sammlungscomputer der folgende Befehl einzugeben:

winrm set winrm/config/client @{TrustedHosts="<Alle Quellcomputer, durch Komma getrennt>"}

Die Sammlung nehmen Sie am besten mit einem Konto vor, das über Administratorrechte in der Domäne verfügt. Wollen Sie ein eigenes Konto dafür anlegen, müssen Sie dieses in die lokale Administratorgruppe auf allen Quellcomputern aufnehmen. Normalerweise reicht es aus, wenn nur das Computerkonto des Sammlungscomputers Mitglied der Administratorgruppe auf den Quellcomputern ist.

Haben Sie alle Vorbereitungen getroffen, starten Sie auf dem Sammlungscomputer die Ereignisanzeige und klicken auf *Abonnements*. Ist der Systemdienst *Windows-Ereignissammlungsdienst* nicht gestartet, erhalten Sie eine entsprechende Meldung. Lassen Sie in diesem Fall den Dienst starten. Anschließend klicken Sie mit der rechten Maustaste auf *Abonnements* und dann auf *Abonnement erstellen*. Alternativ können Sie auch im Menü *Aktionen* auf *Abonnement erstellen* klicken.

Im neuen Fenster konfigurieren Sie jetzt das Abonnement. Bei *Abonnementname* geben Sie eine Bezeichnung und auf Wunsch eine Beschreibung ein. Bei *Zielprotokoll* wählen Sie aus, wo auf dem Sammlungsserver die Ereignisse der Quellcomputer gesammelt werden sollen. Standardmäßig ist hier das Protokoll *Weitergeleitete Ereignisse* auswählt.

Anschließend wählen Sie die Art des Abonnements aus. Aktivieren Sie die Option *Sammlungsinitiiert* und klicken Sie auf die Schaltfläche *Computer auswählen*. Anschließend wählen Sie die Quellcomputer aus, die das Abonnement erfassen soll. Sie sollten für jeden Computer, den Sie hinzufügen, auf die Schaltfläche *Testen* klicken, um sicherzustellen, dass der Sammlungscomputer eine Verbindung aufbauen kann.

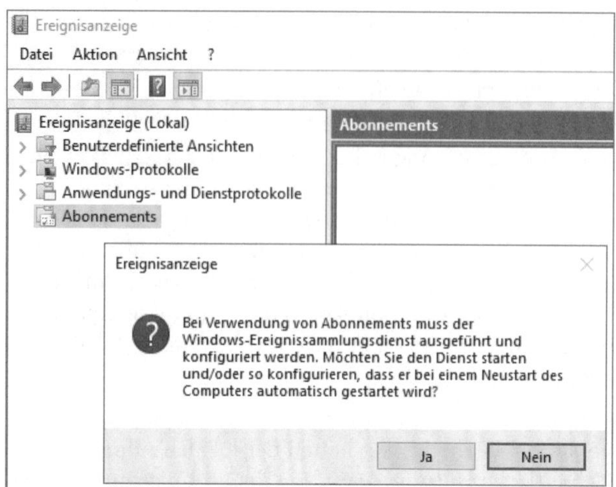

Abb. 38.4 Konfigurieren eines neuen Abonnements

Über die Schaltfläche *Ereignisse auswählen* erstellen Sie neue Filter, über die Sie festlegen, welche Ereignisse auf den Quellcomputern der Sammlungscomputer angezeigt werden sollen. Grundsätzlich legen Sie fest, welche Ereignisse von welchen Protokollen erfasst werden sollen. Haben Sie den Filter erstellt, klicken Sie auf *OK*. Bevor Sie weitere Einstellungen vornehmen, klicken Sie auf *OK*, um das Abonnement zu überprüfen.

Nach der Erstellung muss das Abonnement als *Aktiv* gekennzeichnet sein. Auf diesem Weg können Sie auch mehrere Abonnements erstellen, die verschiedene Computer mit verschiedenen Abfragefilter erfassen. Mit einem Doppelklick auf das Abonnement können Sie dieses jederzeit wieder anpassen.

Anschließend können Sie die Ereignisse im ausgewählten Protokoll anzeigen. Haben Sie das Standardprotokoll *Weitergeleitete Ereignisse* ausgewählt, finden Sie es im Bereich *Windows-Protokolle*. Bis die ersten Ereignisse eintreffen, kann es allerdings eine Weile dauern. Von welchem Server die Ereignisse stammen, sehen Sie in der Spalte *Computer*.

Neben den Standardeinstellungen für das Abonnement können Sie über die Schaltfläche *Erweitert* in seinen Eigenschaften einige Einstellungen ändern. Sie können an dieser Stelle zum Beispiel festlegen, dass die Abfrage der Ereignisse nicht durch das Computerkonto des Servers erfolgt, sondern mit einem speziellen Benutzerkonto, dessen Daten Sie in den erweiterten Einstellungen des Abonnements hinterlegen. Achten Sie aber darauf, dieses Konto in die lokale Administratorgruppe der Quellcomputer aufzunehmen.

Außerdem können Sie in den erweiterten Einstellungen noch festlegen, wie der Sammlungscomputer die Daten abrufen soll. Hier stehen die drei Optionen *Normal*, *Bandbreite minimieren* und *Wartezeit minimieren* zur Verfügung.

Bei der Standardeinstellung *Normal* verwendet das Abonnement den Pullzustellungsmodus. Dabei fasst es immer fünf Elemente zusammen und überträgt sie vom entsprechenden Quellcomputer auf den Sammlungsserver. Die Option *Bandbreite minimieren* begrenzt die Bandbreite, die dem Abo zur Verfügung steht. Mit der Option *Wartezeit minimieren* wird sichergestellt, dass Ereignisse möglichst schnell auf dem Sammlungsserver verfügbar sind.

In den erweiterten Einstellungen legen Sie den Port und die Übertragungsart fest. Wenn Sie diese ändern, müssen Sie in den Firewalleinstellungen der Quellcomputer ebenfalls entsprechende Regeln definieren. In Active Directory-Umgebungen können Sie dazu Gruppenrichtlinien verwenden, um Regeln auf den Servern zu erstellen.

Neben den Abonnements können Sie mit der Standardereignisanzeige problemlos Ereignisanzeigen von Computern im Netzwerk abrufen. Sie können dazu die Ereignisanzeige selbst verwenden oder das Befehlszeilentool Wevtutil an einer Eingabeaufforderung eingeben, um Ereignisprotokolle auf einem Remotecomputer zu verwalten. Starten Sie dazu die Ereignisanzeige und klicken Sie mit der rechten Maustaste auf *Ereignisanzeige (Lokal)*. Anschließend können Sie durch Auswahl von *Verbindung mit anderem Computer herstellen* die Ereignisanzeige beliebiger Server öffnen. Wollen Sie auf diesem Weg eine Verbindung mit mehreren Servern aufbauen, müssen Sie eine neue Management Console erstellen und das Snap-In der Ereignisanzeige mehrmals integrieren.

Wollen Sie eine Verbindung mit einem anderen Benutzerkonto aufbauen, aktivieren Sie noch die Option *Verbindung unter anderem Benutzerkonto herstellen* und wählen das entsprechende Konto aus. Sie können den Benutzernamen und das Kennwort für die Verbindung festlegen.

Sie können die Ereignisanzeige eines Servers direkt durch Eingabe des Befehls *eventvwr<Computername>* öffnen.

Ereignisanzeige in der Systemsteuerung steuern – Wevtutil

Sie können in der Eingabeaufforderung eine Verbindung zur Ereignisanzeige eines anderen Servers aufbauen. Dazu verwenden Sie den folgenden Befehl:

wevtutil <Option> /r:<Computername> /u:<Benutzername> /p:<Kennwort>

Verwenden Sie die Optionen */u* und */p* nicht, verbindet Sie *wevtutil* mit dem Benutzer, mit dem Sie angemeldet sind.

Welche Optionen zur Verfügung stehen, sehen Sie, wenn Sie *wevtutil* eingeben. Das Tool dient nicht dazu, die Ereignisanzeige über das Netzwerk zu öffnen, sondern Einstellungen vorzunehmen oder das Protokoll zu löschen. Mit Aufruf von *wevtutil el /r:sbs.contoso.local* lassen Sie sich zum Beispiel alle verfügbaren Protokolle auf dem Remotecomputer anzeigen. Sie können mit *wevtutil* Ereignisanzeigen ohne Rücksprache löschen lassen. Dazu verwenden Sie den Befehl *wevtutil cl <Name des Protokolls>*. Der Befehl *wevtutil cl System /r:sql* löscht zum Beispiel das Systemprotokoll auf dem Server *sql* ohne weitere Rückfrage. Natürlich können Sie mit dem Tool Protokolle über das Netzwerk auf den lokalen Computer in *evtx*-Dateien exportieren. Dazu verwenden Sie den Befehl *wevtutil epl*.

Ereignisanzeige mit der PowerShell anzeigen

Sie können mit der PowerShell die Ereignisanzeige auf Computern anzeigen lassen. Dazu wird das Cmdlet *Get-EventLog* verwendet. Mit den Optionen *system*, *application* und *security* lassen sich die einzelnen Ereignisanzeigen öffnen. Das Anzeigen des Sicherheitsprotokolls lässt sich allerdings nur durchführen, wenn die PowerShell-Sitzung mit Administratorrechten gestartet wurde.

Wird auf diesem Weg die ganze Ereignisanzeige ausgelesen, wird es schnell unübersichtlich. Sie können aber zum Beispiel nur die aktuellsten Meldungen anzeigen, zum Beispiel mit folgendem Befehl: *Get-EventLog system -Newest 100*. Reicht dieser Filter nicht aus, lässt er sich noch so erweitern, dass er nur die Fehlermeldungen anzeigt:

Get-EventLog system -Newest 100 | here-Object {$_.entryType -Match "Error"}

Der Filter lässt sich noch ausbauen, sodass er die Meldungen optimal formatiert und nur die gewünschten Informationen anzeigt:

```
Clear-Host
$Event = Get-Eventlog -Logname system -Newest 1000
$logError = $Event | Where {$_.entryType -Match "Error"}
$logError | Sort-Object EventID |Format-Table EventID, Source, TimeWritten, Message -auto
```

Interessant in diesem Zusammenhang ist die Möglichkeit, nach bestimmten Quellen filtern zu lassen:

Get-EventLog System -Newest 10 -Source "Service" | Format-Table TimeWritten, Source, EventID, Message -auto*

Auch nach der ID lässt sich filtern:

Get-EventLog -Logname system -InstanceId 7040 -Newest 10

Eigene Ereignismeldungen erzeugen

Sie können über die Eingabeaufforderung mit dem Befehl *eventcreate.exe* eigene Einträge in den verschiedenen Ereignisanzeigen erstellen. Beispielsweise lässt sich dieser Befehl für eigene Skripts oder Batchdateien verwenden. Die Syntax für den Befehl lautet:

Eventcreate [/S <Computername> [/U <Benutzername> [/P <Kennwort>]]] /ID <Ereignis-ID>

[/L <Protokollname>] [/SO <Quelle>] } /T Typ /D <Beschreibung>

Als Typ stehen *SUCCESS*, *ERROR*, *WARNING* und *INFORMATION* zur Verfügung.

Ein Beispielevent ist:

Eventcreate /T Information /ID 523 /L System /D "Anwendung Thomas 1 erfolgreich installiert"

Diese Informationen lassen sich dann wieder mit der PowerShell auslesen. Soll nur der Text der Ereignismeldung angezeigt werden, kann dieser natürlich gesondert gefiltert werden:

Get-EventLog System -Newest 1 |fl Message

38.2 Überwachung der Systemleistung

Über den Eintrag *Leistung* in der Konsolenstruktur des Server-Managers können Sie sich die aktuelle Systemleistung Ihres Servers mit verschiedenen Tools und Ansichten anzeigen lassen. Über den Link *Ressourcenmonitor öffnen* sehen Sie eine detaillierte Ansicht des aktuellen CPU-Verbrauchs, des Arbeitsspeichers, der Datenträger und des Netzwerkverkehrs. In Windows Server 2022 finden Sie das Programm über den Menüpunkt *Tools* im Server-Manager. Alternativ starten Sie das Tool durch Eingabe von *perfom /res.*

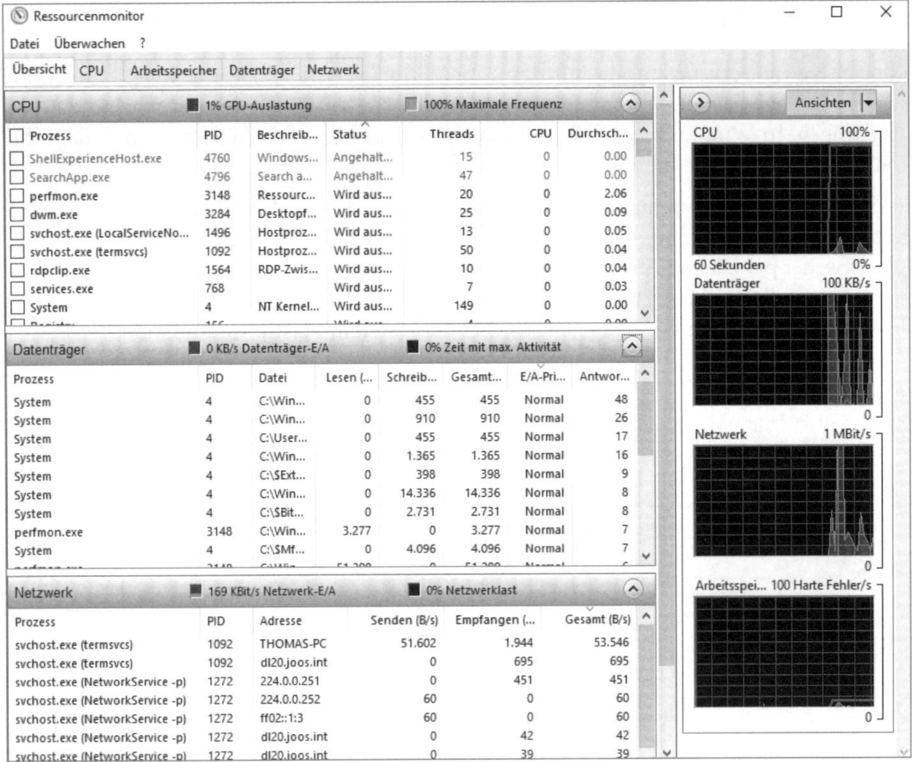

Abb. 38.5 Anzeige des Ressourcenmonitors in Windows Server 2022

Die Gesamtleistung eines Systems wird durch verschiedene Faktoren begrenzt. Hierzu zählen etwa die Zugriffsgeschwindigkeit der physischen Datenträger, die für alle laufenden Prozesse zur Verfügung stehende Speichermenge, die Prozessorgeschwindigkeit und der Datendurchsatz der Netzwerkschnittstellen.

Nachdem die einschränkenden Faktoren auf der Hardwareseite identifiziert wurden, kann der Ressourcenverbrauch einzelner Anwendungen und Prozesse überprüft werden. Anhand einer umfassenden Leistungsanalyse, die sowohl die Auswirkungen von Anwendungen als auch die Gesamtkapazität berücksichtigt, können IT-Experten einen Bereitstellungsplan entwickeln und an die jeweiligen Anforderungen anpassen. Alternativ können Sie diese Funktion über *perfmon /res* starten. Durch Erweitern der *Ressourcenübersicht* können Sie zusätzliche Informationen anzeigen und überprüfen, welche Ressourcen von welchen Prozessen genutzt werden.

Der Bereich mit der Ressourcenübersicht enthält vier animierte Diagramme, die die Auslastung der CPU-, Datenträger-, Netzwerk- und Speicherressourcen des lokalen Computers in Echtzeit anzeigen. Unter den Diagrammen befinden sich vier erweiterbare Bereiche, in denen Einzelheiten zur jeweiligen Ressource angezeigt werden. Klicken Sie zur Anzeige dieser Informationen auf den Abwärtspfeil rechts neben dem jeweiligen Balken.

38.2.1 Die Leistungsüberwachung

Klicken Sie im Server-Manager auf den Eintrag *Tools/Leistungsüberwachung*, können Sie den Server noch genauer überwachen lassen, indem Sie verschiedene Leistungsindikatoren hinzufügen. In Windows Server 2022 finden Sie das Programm im Menüpunkt *Tools*. Sie können das Tool auch durch Eingabe von *perfmon.msc* starten.

In der Leistungsüberwachung werden die integrierten Leistungsindikatoren grafisch dargestellt. Sie können Daten in Echtzeit oder Verlaufsdaten anzeigen und Leistungsindikatoren entweder per Ziehen/Ablegen hinzufügen oder benutzerdefinierte Datensammlergruppen (Data Collector Sets, DCS) erstellen. Die Leistungsüberwachung unterstützt verschiedene Ansichten für die visuelle Überprüfung der Daten in Leistungsprotokollen.

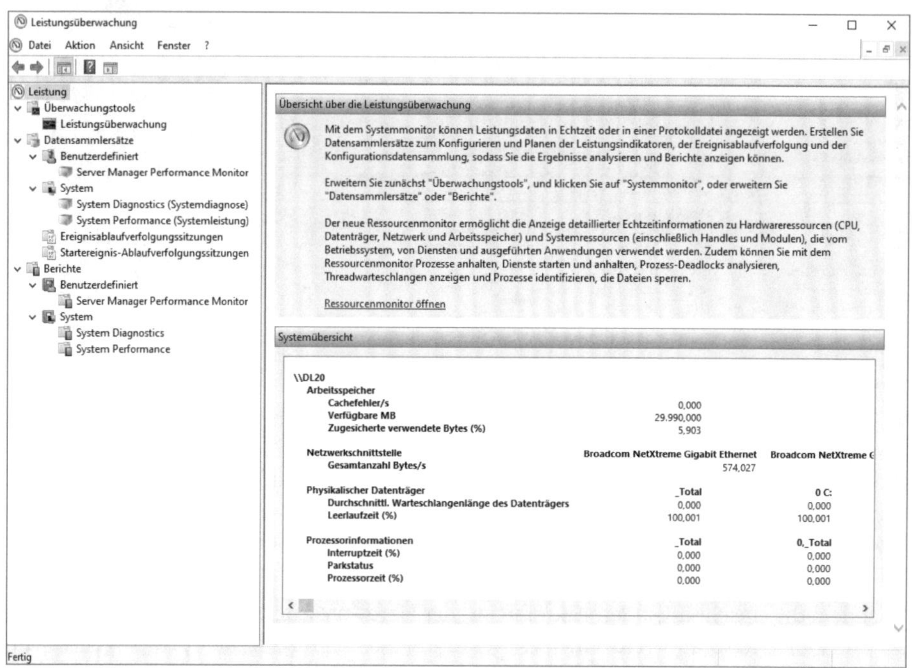

Abb. 38.6 Leistungsüberwachung nutzen

Auch die Auswahl *Bericht* bietet mehr Übersicht als die anderen Optionen in der Liste. Außerdem können Sie benutzerdefinierte Ansichten in Form von Datensammlergruppen für die Verwendung in Leistungs- und Protokollfunktionen exportieren.

Über das grüne Pluszeichen in der Symbolleiste können Sie weitere Leistungsindikatoren einblenden lassen. Für Serveranwendungen wie zum Beispiel Microsoft SQL Server gibt es einige solcher Indikatoren. Das *SQLServer:Databases*-Objekt in SQL Server stellt Indikatoren zum Überwachen von Transaktionsprotokollaktivitäten zur Verfügung. Die folgenden Indikatoren sind besonders für die Überwachung der Transaktionsprotokollaktivität von Verfügbarkeitsdatenbanken interessant:

- *Schreibdauer für Protokollleerungen (ms)*
- *Protokollleerungen/Sekunde*

- *Protokollpool-Cachefehlversuche/Sekunde*
- *Protokollpool-Lesevorgänge auf dem Datenträger/Sekunde*
- *Protokollpoolanforderungen/Sekunde*

Mit den Windows-Leistungsindikatoren *Device Throughput Bytes/sec* des Objekts *SQLServer:Backup Device* und *Backup/Restore Throughput/sec* des Objekts *SQLServer:Databases* messen Sie die Übertragungsgeschwindigkeit auf das Sicherungsmedium. Auf diesem Weg können Sie die Übertragungsrate für komprimierte im Vergleich zu nicht komprimierten Sicherungen messen und auf dieser Basis entscheiden, ob die Komprimierung die höhere CPU-Last rechtfertigt.

Wählen Sie zunächst den entsprechenden Indikator aus und klicken Sie auf *Hinzufügen.* Sie können eine Beschreibung der Indikatorengruppe anzeigen, die aktuell in der Liste ausgewählt ist. Aktivieren Sie dazu das Kontrollkästchen *Beschreibung anzeigen* in der unteren linken Ecke des Fensters. Wenn Sie eine andere Gruppe auswählen, wird die zugehörige Beschreibung angezeigt.

Sie können die verfügbaren Indikatoren einer Gruppe anzeigen, indem Sie auf den Abwärtspfeil rechts neben dem Gruppennamen klicken. Zum Hinzufügen einer Indikatorengruppe markieren Sie den Gruppennamen und klicken auf die Schaltfläche *Hinzufügen.*

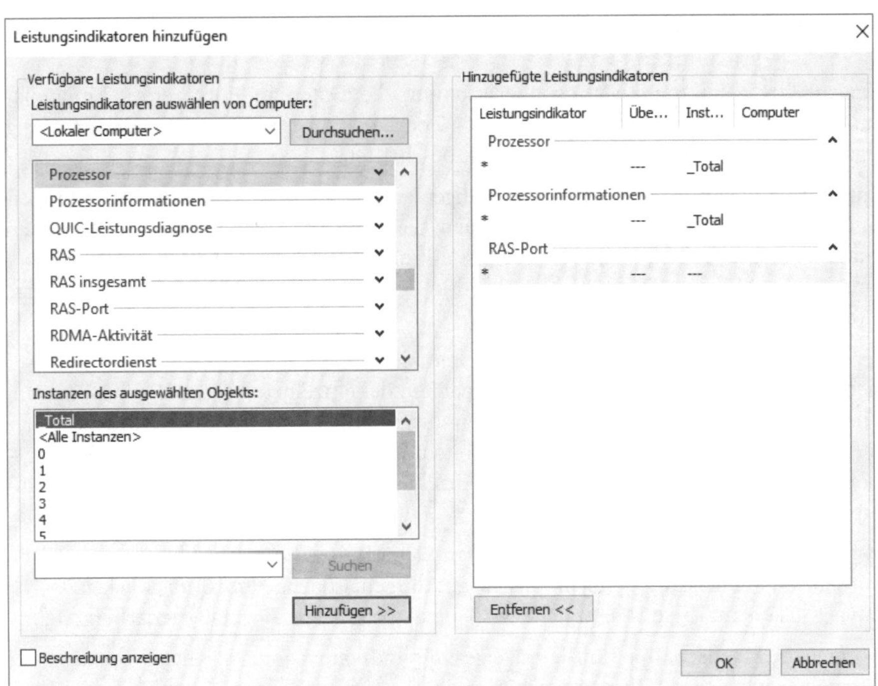

Abb. 38.7 Hinzufügen von Leistungsindikatoren zur Leistungsüberwachung

Nachdem Sie einen Gruppennamen markiert haben, können Sie die enthaltenen Leistungsindikatoren anzeigen. Markieren Sie einen Indikator in der Liste, bevor Sie auf *Hinzufügen* klicken, wird nur dieser Indikator hinzugefügt.

Sie können einen einzelnen Indikator hinzufügen, indem Sie auf das Pluszeichen neben dem Gruppennamen klicken, den gewünschten Indikator markieren und danach auf *Hinzufügen* klicken. Möchten Sie mehrere Indikatoren einer Gruppe auswählen, klicken Sie bei gedrückter Strg-Taste auf die Namen in der Liste. Sobald alle gewünschten Indikatoren ausgewählt sind, klicken Sie auf *Hinzufügen.*

Möchten Sie nur eine bestimmte Instanz eines Indikators hinzufügen, markieren Sie einen Gruppennamen in der Liste, wählen den gewünschten Prozess in der Liste im Bereich *Instanzen* des gewählten Objekts aus und klicken auf *Hinzufügen.* Derselbe Indikator kann von mehreren Prozessen generiert werden. Bei Auswahl einer Instanz protokolliert der Server nur die Indikatoren, die der gewählte Prozess erzeugt. Wenn Sie keine Instanz auswählen, protokolliert der Server alle Instanzen des Indikators.

Sie können nach Instanzen eines Indikators suchen, indem Sie die Indikatorengruppe markieren oder die Gruppe erweitern und den gewünschten Indikator markieren, den Prozessnamen in das Feld unterhalb der Instanzenliste für das gewählte Objekt eingeben und auf *Suchen* klicken. Der eingegebene Prozessname wird in der Dropdownliste für eine weitere Suche angeboten.

38.2.2 Indikatorendaten in der Leistungsüberwachung beobachten

Standardmäßig zeigt die Leistungsüberwachung die Daten in Form eines Liniendiagramms. Abgebildet werden Daten über einen Zeitraum von zwei Minuten. Die Abtastung erfolgt von links nach rechts. Die X-Achse ist beschriftet.

Mithilfe des Diagramms lassen sich Änderungen an den Aktivitäten der einzelnen Indikatoren über einen kurzen Zeitraum beobachten. Sie können Details für einen bestimmten Indikator anzeigen, indem Sie im Diagramm mit der Maus auf die entsprechende Indikatorlinie zeigen. Mit dem Dropdownlistenfeld in der Symbolleiste können Sie die Anzeige für die aktuelle Datensammlergruppe ändern.

In der Histogrammansicht sehen Sie Daten ebenfalls in Echtzeit und Balkenform. In dieser Ansicht lassen sich Änderungen an den Aktivitäten der einzelnen Indikatoren beobachten. Die Berichtansicht enthält die Werte für den ausgewählten Indikator in Textform. Unter dem Ansichtsfenster befindet sich eine Legende mit Angaben zu den einzelnen Leistungsindikatoren. Über die Kontrollkästchen der einzelnen Zeilen können Sie steuern, welche Indikatoren in der Ansicht dargestellt werden.

Ist eine Zeile in der Legende ausgewählt, lässt sich die zugehörige Indikatorlinie optisch hervorheben, indem Sie auf der Symbolleiste auf die Schaltfläche *Markierung* klicken. Durch erneutes Klicken auf diese Schaltfläche wird die ursprüngliche Anzeige wiederhergestellt.

Sie können die Eigenschaften für die Anzeige eines Indikators ändern. Klicken Sie dazu mit der rechten Maustaste auf die entsprechende Zeile in der Legende und wählen Sie im Kontextmenü den Eintrag *Eigenschaften.* Daraufhin wird das Dialogfeld *Eigenschaften von Leistungsüberwachung* mit aktivierter Registerkarte *Daten* geöffnet. Passen Sie die Eigenschaften mithilfe der Einträge in den Listenfeldern an. Mit der Schaltfläche *Anzeige fixieren* auf der Symbolleiste können Sie die Anzeige einfrieren, um die aktuelle Aktivität zu überprüfen. Wenn Sie die Anzeige wieder aktivieren möchten, klicken Sie auf die Schaltfläche *Fixierung der Anzeige aufheben.* Per Klick auf die Schaltfläche *Daten aktualisieren* kann die Anzeige schrittweise durchlaufen werden.

Halten Sie die Anzeige des Liniendiagramms an und starten diese wieder, ändert sich der auf der X-Achse dargestellte Zeitraum. Die Leistungsüberwachung arbeitet mit *Objekten*, die sich beobachten lassen. Für jedes dieser Objekte wie zum Beispiel den Prozessor gibt es eine Reihe von Leistungsindikatoren wie *Prozessorzeit* oder *Interrupts/s*. Für einzelne Objekte gibt es zudem mehrere Instanzen. Dies ist zum Beispiel beim Prozessor der Fall, wenn mit einem Multiprozessorsystem gearbeitet wird. Beim Objekt *Prozesse* wird eine Instanz für jeden aktiven Prozess definiert.

38.2.3 Sammlungssätze nutzen

Die Echtzeitanzeige ist nur eine Möglichkeit, die Leistungsüberwachung zu nutzen. Nachdem Sie eine Kombination aus Indikatoren zusammengestellt haben, können Sie diese als *Sammlungssätze* (Data Collector Set, DCS) speichern. Um einen Sammlungssatz zu erstellen, beginnen Sie mit der Anzeige der Leistungsindikatoren. Erweitern Sie in der Konsole die Hierarchiestruktur, klicken Sie mit der rechten Maustaste auf *Leistungsüberwachung* und rufen Sie im Kontextmenü den Untermenübefehl *Neu/Datensammlersatz* auf.

Daraufhin wird der Assistent für die Erstellung einer neuen Datensammlergruppe gestartet. Die neue Datensammlergruppe enthält alle Indikatoren, die in der aktuellen Ansicht ausgewählt sind. Möchten Sie nicht den Standardbenutzer verwenden, klicken Sie im dritten Schritt des Assistenten auf die Schaltfläche *Ändern* und geben den Namen und das Kennwort des gewünschten Benutzers ein. Der Sammlungssatz muss unter dem Konto eines Benutzers mit Administratorrechten ausgeführt werden. Über das Kontextmenü starten Sie einen Datensammlersatz. Nach dem Beenden erstellt der Satz einen Bericht, den Sie sich im Server-Manager anzeigen lassen können.

Ein Sammlungssatz erstellt eine Protokolldatei. Diese können Sie sich nach dem Beenden über den Bereich *Datensammlersätze/Benutzerdefiniert* aufrufen. Sie haben die Möglichkeit, für jeden Satz Speicheroptionen zu konfigurieren. Klicken Sie in der Liste des Fensters mit der rechten Maustaste auf den Namen des Sammlungssatzes und wählen Sie im Kontextmenü den Eintrag *Eigenschaften*.

Auf der Registerkarte *Allgemein* können Sie eine Beschreibung oder Schlüsselwörter für die Datensammlergruppe eingeben. Auf der Registerkarte *Verzeichnis* ist der Stammordner als Standardordner festgelegt, in dem alle Protokolldateien für die Datensammlergruppe gespeichert sind. Mit *Zeitplan* geben Sie an, wann mit der Datensammlung begonnen wird.

Auf der Registerkarte *Stoppbedingung* können Sie Kriterien für Bedingungen angeben, bei denen die Datensammlung angehalten wird. Wenn Sie auf der Registerkarte *Zeitplan* ein Ablaufdatum festgelegt haben, das nach einer auf der Registerkarte *Stoppbedingung* definierten Bedingung liegt, hat die Stoppbedingung Vorrang.

38.2.4 Speicherengpässe beheben

Performanceprobleme können eine Reihe unterschiedlicher Ursachen haben. Ein Problem bei der Performanceanalyse ist, dass die Beseitigung eines Engpasses oft zum nächsten Engpass führt. Dafür gibt es viele Beispiele. Wenn mehr Speicher bereitsteht, zeigt sich oft, dass auch die Prozessorauslastung bereits an der Kapazitätsgrenze ist. Es gibt nun einige grundsätzliche Regeln für den Einsatz von Hauptspeicher. Die erste Regel lautet: Viel hilft viel, sowohl beim Hauptspeicher als auch beim Cache.

Die zweite Regel besagt, dass die Auslagerungsdatei am besten auf einer anderen physischen Festplatte als der Systempartition, die Datenbankdateien und die Transaktionsprotokolle aufgehoben ist.

Im Ressourcenmonitor sehen Sie auf der Registerkarte *Arbeitsspeicher* die verschiedenen laufenden Prozesse und deren verbrauchten Arbeitsspeicher. Am schnellsten starten Sie den Ressourcenmonitor durch Eingabe von *perfmon /res* im Suchfeld der Taskleiste. Mit einem Klick auf die Spalte *Arbeitssatz* lassen Sie sich den Arbeitsspeicherverbrauch der Prozesse sortiert anzeigen.

Arbeitsspeicher mit der Leistungsüberwachung optimieren und überwachen

Die Überwachung des Arbeitsspeichers übernehmen Sie am besten ebenfalls mit der Leistungsüberwachung. Auf Servern bieten sich folgende Leistungsindikatoren an:

- **Arbeitsspeicher: Verfügbare Bytes** – Gibt an, wie viele Bytes an Arbeitsspeicher derzeit für die Verwendung durch Prozesse verfügbar sind. Niedrige Werte können ein Anzeichen dafür sein, dass insgesamt zu wenig Arbeitsspeicher auf dem Server vorhanden ist oder dass eine Anwendung keinen Arbeitsspeicher freigibt.
- **Arbeitsspeicher: Seiten/s** – Gibt die Anzahl der Seiten an, die wegen Seitenfehlern vom Datenträger gelesen oder auf den Datenträger geschrieben wurden, um Speicherplatz aufgrund von Seitenfehlern freizugeben. Ein hoher Wert kann auf überhöhte Auslagerungen hindeuten. Überwachen Sie noch *Seitenfehler/s*, um sicherzustellen, dass die Datenträgeraktivität nicht durch Auslagern verursacht wird.

Sinnvoll ist dies zum Beispiel beim Einsatz von SQL Server oder anderen Servern. Wir erläutern die Überwachung und Optimierung nachfolgend am Beispiel des Einsatzes von Microsoft SQL Server. Der Manager für virtuellen Arbeitsspeicher (VMM) entnimmt Seiten von SQL Server und anderen Prozessen, um die Größen der Arbeitsspeicherbereich dieser Prozesse anzupassen. Um festzustellen, ob die überhöhten Auslagerungen von SQL Server oder einem anderen Prozess verursacht werden, sollten Sie *Seitenfehler/s* der SQL Server-Prozessinstanz überprüfen.

In der Standardkonfiguration werden Arbeitsspeicheranforderungen von SQL Server auf Basis der verfügbaren Systemressourcen dynamisch geändert. Wenn der SQL-Server mehr Arbeitsspeicher benötigt, wird das Betriebssystem nach der Verfügbarkeit von freiem physischem Arbeitsspeicher abgefragt. Wenn SQL Server den zugeordneten Arbeitsspeicher nicht benötigt, wird der Arbeitsspeicher für das Betriebssystem freigegeben. Sie können die Option zur dynamischen Verwendung des Arbeitsspeichers jedoch mit den Serverkonfigurationsoptionen *minservermemory* und *maxservermemory* überschreiben.

Durch Sperren von Seiten im Arbeitsspeicher können Sie die Leistung eines SQL-Servers teilweise auch nach Auslagerung von Arbeitsspeicherdaten auf die Festplatte verbessern. Die SQL Server-Option *Sperren von Seiten im Speicher* wird bei SQL Server auf *ON* gesetzt, wenn dem Dienstkonto der Instanz das Windows-Benutzerrecht *Lock Pages in Memory (LPIM)* erteilt wurde. Entfernen Sie zum Deaktivieren der Option *Sperren von Seiten im Speicher* für SQL Server das Benutzerrecht *Lock Pages in Memory* für das SQL Server-Startkonto. In diesem Fall kann der Server selbst die entsprechenden Seiten nicht mehr steuern, sondern das Betriebssystem übernimmt diese Aufgabe:

Erstellen Sie für die Einstellung entweder eine Gruppenrichtlinie, die Sie den SQL-Servern zuweisen, oder nehmen Sie die Einstellungen lokal auf dem Server vor:

1. Geben Sie im Suchfeld der Taskleiste den Befehl *gpedit.msc* ein.
2. Erweitern Sie *Computerkonfiguration/Windows-Einstellungen/Sicherheitseinstellungen/Lokale Richtlinien/Zuweisen von Benutzerrechten.*
3. Klicken Sie doppelt auf *Sperren von Seiten im Speicher.*
4. Entfernen Sie das Konto des SQL-Servers in diesem Bereich, wenn es angezeigt wird.

Um die Menge des von SQL Server speziell verwendeten Arbeitsspeichers zu überwachen, überwachen Sie die folgenden Leistungsindikatoren:

- **Prozess: Arbeitsseiten** – Gibt die Menge an Arbeitsspeicher an, die ein Prozess verwendet. Wenn dieser Wert konstant unter der Menge an Arbeitsspeicher liegt, die in den Serveroptionen in den Eigenschaften des SQL-Servers festgelegt sind, haben Sie den SQL-Server so konfiguriert, dass er zu viel Arbeitsspeicher beansprucht.
- **SQLServer:Buffer-Manager: Buffer cache hit ratio** – Eine Rate von 90 Prozent oder höher ist hier empfohlen. Erhöhen Sie so lange Arbeitsspeicher, bis der Wert konstant über 90 Prozent liegt. Ein Wert von über 90 Prozent bedeutet, dass mehr als 90 Prozent aller Datenanforderungen vom Datencache erfüllt wurden. Aktivieren Sie zur besseren Übersicht in der Windows-Leistungsüberwachung die Ansicht *Bericht*.

Karte des Arbeitsspeichers – RAMMap und VMMap

Für die Fehleranalyse oder Leistungsmessung eines Computers kann es sinnvoll sein, die aktuelle Auslastung des Arbeitsspeichers zu kennen. Das Sysinternals-Tool RAMMap (*https://docs.microsoft.com/de-de/sysinternals/downloads/rammap*) zeigt die aktuelle Zuteilung des Arbeitsspeichers in einer grafischen Oberfläche an.

Mit dem Tool erkennen Sie, wie viel Arbeitsspeicher aktuell für den Kernel reserviert ist und welchen Arbeitsspeicher die Treiber des Computers verbrauchen. Auf verschiedenen Registerkarten zeigt das Tool ausführliche Informationen zum Arbeitsspeicher an:

- **Use Counts** – Zusammenfassung
- **Processes** – Prozesse
- **Priority Summary** – Priorisierte Standbylisten
- **Physical Pages** – Seitenübersicht für den kompletten Arbeitsspeicher
- **Physical Ranges** – Adressen zum Arbeitsspeicher
- **File Summary** – Dateien im Arbeitsspeicher
- **File Details** – Individuelle Seiten im Arbeitsspeicher nach Dateien sortiert

Das Tool hilft vor allem Technikern und Entwicklern dabei, zu verstehen, wie die aktuellen Windows-Versionen den Arbeitsspeicher verwalten und an die verschiedenen Anwendungen, Treiber und Prozesse verteilen.

Noch ausführlicher bezüglich der Arbeitsspeicheranalyse ist VMMAP (*https://docs.microsoft.com/de-de/sysinternals/downloads/vmmap*). Das Tool zeigt sehr detailliert den Arbeitsspeicherverbrauch von Prozessen an. Durch die ausführlichen Filtermöglichkeiten geht VMMap bei der Analyse also wesentlich weiter als RAMMap. Beide Tools sind nicht nur für Administratoren geeignet, sondern auch für Entwickler oder Techniker, die genau das Aufteilen der Ressourcen verstehen wollen.

VMMap hat die Möglichkeit, anzuzeigen, ob ein Prozess Arbeitsspeicher durch den physischen Arbeitsspeicher zugewiesen bekommt oder durch Windows in die Auslagerungsdatei verschoben wird. VMMap listet sehr detailliert auf, welche Daten eines Programms oder eines Prozesses in welchen Bereichen des Arbeitsspeichers oder der Auslagerungsdatei liegen. Es ermöglicht das Erstellen von Momentaufnahmen und dadurch von Vorher-Nachher-Beobachtungen.

Durch die ausführlichen Analysemöglichkeiten kann das Tool in der grafischen Oberfläche genau anzeigen, wie viel Arbeitsspeicher einzelne Funktionen in einem Prozess benötigen. Über den Menübefehl *View/String* lässt sich sehen, welche Daten ein einzelner Speicherbereich enthält. Gescannte Ergebnisse lassen sich über das Menü *File* abspeichern.

Neben dem Standardformat von VMMap (*.mmp*) lassen sich die Daten auch im *.txt*-Format sowie als *.csv*-Datei abspeichern. Mit diesen Möglichkeiten können Sie also Analysen mit Excel durchführen.

Diagnose des Arbeitsspeichers

Häufig sind die Probleme auf einem Server auf defekten Arbeitsspeicher zurückzuführen. In Windows Server 2022 wurde daher ein spezielles Diagnoseprogramm integriert, das den Arbeitsspeicher ausführlich auf Fehler überprüft. Sie können das Tool über *mdsched* aufrufen. Es steht auch in der Programmgruppe *Verwaltung* zur Verfügung und – wenn Sie den Server mit der DVD oder einem USB-Stick starten – über die *Computerreparaturoptionen*.

Sie können entweder den Server sofort neu starten und eine Diagnose durchführen oder festlegen, dass die Diagnose erst beim nächsten Systemstart durchgeführt werden soll. Während der Speicherdiagnose prüft das Programm, ob der eingebaute Arbeitsspeicher Fehler aufweist, was eine häufige Ursache für ungeklärte Abstürze ist.

Nachdem der Test abgeschlossen ist, startet der Server automatisch neu und meldet das Ergebnis über ein Symbol im Infobereich der Taskleiste. Über die Funktionstaste F1 gelangen Sie zu den Optionen der Überwachung und können verschiedene Überprüfungsmethoden auswählen und mit F10 starten. Ist der Test beendet, startet der Server automatisch wieder. Sie müssen daher nicht warten, bis der Test abgeschlossen ist, damit der Server wieder zur Verfügung steht.

38.2.5 Prozessorauslastung messen und optimieren

Auch die Prozessorleistung kann einen Flaschenhals darstellen. Zu wenig Hauptspeicher kann die Konsequenz haben, dass der Prozessor sehr stark belastet wird. Denn die Auslagerung von Seiten und viele andere Vorgänge gehen natürlich nicht spurlos am Prozessor vorbei. Er hat an der Verwaltung des Arbeitsspeichers einen relativ hohen Anteil. Da Engpässe beim Hauptspeicher typischerweise deutlich kostengünstiger zu beheben sind als solche beim Prozessor, sollte diese Situation zunächst untersucht werden.

Die Auslastung ist kein Problem, wenn sie kurzzeitig über 90 % liegt oder wenn das gelegentlich vorkommt. Zum Problem wird sie, wenn sie über längere Zeiträume in diesem Bereich liegt. Aber auch dann muss man mit der Analyse noch etwas vorsichtig sein. Bei Mehrprozessorsystemen gilt das Augenmerk vor allem den Leistungsindikatoren aus dem Objekt *System*. Dort werden Informationen von mehreren Systemkomponenten zusammengefasst.

So kann dort beispielsweise die Gesamtbelastung aller Prozessoren ermittelt werden. Ergänzend ist aber auch hier der Leistungsindikator *Prozessorzeit* des Objekts *Prozessor* von Bedeutung. Wenn viele verschiedene Prozesse ausgeführt werden, ist eine einigermaßen gleichmäßige Lastverteilung fast sicher. Bei einem einzelnen Prozess ist dagegen die Aufteilung in einigermaßen gleichgewichtige Threads wichtig. Ein Thread ist eine Ausführungseinheit eines Prozesses. Wenn ein Prozess mehrere Threads verwendet, können diese auf unterschiedlichen Prozessoren ausgeführt werden. Die Verteilung erfolgt entsprechend der Auslastung der einzelnen Prozessoren durch das System.

Eine hohe Zahl von Warteschlangen bedeutet, dass mehrere Threads rechenbereit sind, ihnen aber vom System noch keine Rechenzeit zugewiesen wurde. Die Faustregel für diesen Wert ist, dass er nicht allzu häufig über 2 liegen sollte. Wenn die Auslastung des Prozessors im Durchschnitt relativ gering ist, spielt dieser Wert nur eine untergeordnete Rolle.

Eine konstant hohe CPU-Nutzungsrate macht deutlich, dass der Prozessor eines Servers überlastet ist. Überwachen Sie in der Leistungsüberwachung von Windows Server 2022 den Leistungsindikator *Prozessor: Prozessorzeit (%)*. Dieser Leistungsindikator überwacht die Zeit, die die CPU zur Verarbeitung eines Threads benötigt, der sich nicht im Leerlauf befindet. Ein konstanter Status von 80 bis 90 % ist zu viel. Bei Multiprozessorsystemen sollten Sie für jeden Prozessor eine eigene Instanz dieses Leistungsindikators überwachen. Dieser Wert stellt die Summe der Prozessorzeit für einen bestimmten Prozessor dar.

Zusätzlich können Sie die Prozessornutzung aber auch über *Prozessor: Privilegierte Zeit (%)* überwachen. Dieser gibt den prozentualen Anteil an der Gesamtzeit an, die der Prozessor benötigt, um Windows-Kernelbefehle, wie die Verarbeitung von E/A-Anforderungen von SQL Server, auszuführen. Sollte dieser Leistungsindikator bei hohen Werten für die Leistungsindikatoren *Physischer Datenträger* dauerhaft hoch sein, sollten Sie die Installation eines schnelleren oder effizienteren Datenträgers planen.

- **Prozessor: Benutzerzeit (%)** – Gibt den prozentualen Anteil an der Gesamtzeit an, die der Prozessor benötigt, um Benutzerprozesse wie die des SQL-Servers auszuführen.
- **System: Prozessor-Warteschlangenlänge** – Zählt die Threads, die auf Prozessorzeit warten. Ein Prozessorengpass entsteht, wenn die Threads eines Prozesses mehr Prozessorzyklen benötigen, als zur Verfügung stehen. Wenn viele Prozesse versuchen, Prozessorzeit zu beanspruchen, sollten Sie einen schnelleren Prozessor installieren.

38.2.6 Der Task-Manager als Analysewerkzeug

Ein weiteres wichtiges Werkzeug für die Analyse der Performance ist der Windows Task-Manager. Dieser zeichnet sich dadurch aus, dass er mit sehr wenig Aufwand genutzt werden kann. Sie können den Task-Manager durch einen Klick mit der rechten Maus auf die Taskleiste über dessen Kontextmenü aufrufen.

Alternativ können Sie den Task-Manager über das Menü aufrufen, das mit der Tastenkombination Strg+Alt+Entf erscheint, oder über *taskmgr* im Suchfeld der Taskleiste. Direkt lässt er sich über die Tastenkombination Strg+⇧+Esc starten.

- **Prozesse** – Gibt einen Überblick über die aktuell laufenden Anwendungen. Angezeigt wird der Status dieser Anwendungen. Darüber hinaus können Sie über das Kontextmenü der Anwendungen steuern, wie diese angezeigt werden sollen. Außerdem können Sie hier laufende Anwendungen (Tasks) beenden.
- **Leistung** – Gibt einen schnellen Überblick zum aktuellen Leistungsverbrauch des Computers. Dahinter verbirgt sich ein kleiner Systemmonitor, der die wichtigsten Informationen zur Systemauslastung in grafischer Form zur Verfügung stellt. In kleinen Fenstern wird die Auslastung der CPU und des Speichers zum aktuellen Zeitpunkt und im Zeitablauf dargestellt. Darunter findet sich eine Fülle von Informationen rund um die aktuelle Speichernutzung.

- **Benutzer** – Liefert Informationen über die aktuell gestarteten Programme der angemeldeten Benutzer auf dem Computer.
- **Details** – Hier erhalten Sie einen Überblick über die derzeit aktiven Prozesse. Dabei handelt es sich nicht nur um Anwendungen, sondern auch um die gesamten Systemdienste, die im Hintergrund ausgeführt werden. Mehr zu den Diensten sehen Sie auf der Registerkarte *Dienste*. Zu jedem dieser Prozesse werden Informationen über die Prozess-ID (PID), den aktuellen Anteil an der Nutzung der CPU, die insgesamt in dieser Arbeitssitzung konsumierte CPU-Zeit sowie die aktuelle Speichernutzung angezeigt. Gerade diese letzte Information ist von besonderem Interesse, da sie darüber informiert, in welchem Umfang Anwendungen den Hauptspeicher tatsächlich nutzen – ohne dass man komplexe Parameter überwachen muss. Auch hier können Prozesse über die entsprechende Schaltfläche wieder beendet werden. Sie sollten damit allerdings sehr vorsichtig sein, da das Beenden eines Dienstes dazu führen kann, dass Ihr System nicht mehr korrekt ausgeführt wird.
- **Dienste** – Zeigt Informationen zu den Systemdiensten an.

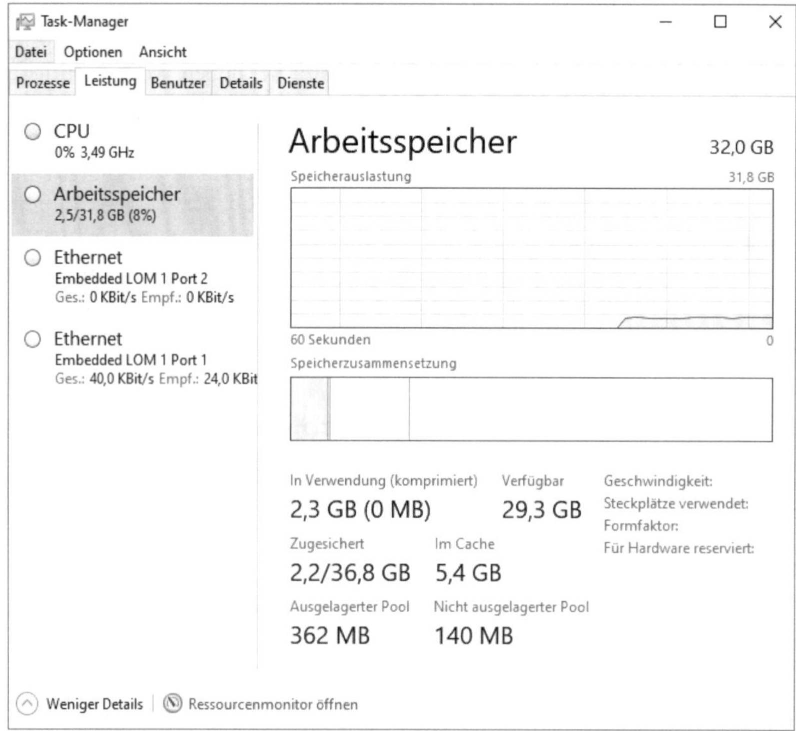

Abb. 38.8 Systemdiagnose in Windows Server 2022

Von besonderem Interesse ist dabei das Verhältnis von insgesamt zugesichertem virtuellem Speicher und dem physisch vorhandenen Hauptspeicher. Wenn mehr virtueller Speicher zugesichert ist, als im System vorhanden ist, muss auf jeden Fall ausgelagert werden. Eine optimale Systemgestaltung führt dazu, dass ausreichend physischer Hauptspeicher vorhanden ist beziehungsweise der Mittelwert des zugesicherten virtuellen Speichers zumindest nicht wesentlich über dem physischen Hauptspeicher liegt.

38.2.7 Laufwerke und Datenträger überwachen – Leistungsüberwachung und Zusatztools

Der folgende Abschnitt geht auf Tools ein, mit denen Sie Datenträger und Laufwerke in Windows Server 2022 optimal überwachen können. Auf diesem Weg können Sie eventuellen Problemen mit den Servern vorgreifen. Sie können aber mit der Windows-Leistungsüberwachung, die wir in diesem Kapitel an den verschiedenen Stellen behandelt haben, ebenfalls die Datenträger im System überwachen.

SQL Server verwendet zum Beispiel Aufrufe für die Windows-Betriebssystemeingabe/-ausgabe, um Lese- und Schreibvorgänge auf dem Datenträger auszuführen. SQL Server verwaltet zwar, wann und wie Datenträger-E/A ausgeführt werden, aber das Betriebssystem führt E/A-Vorgänge aus. Das E/A-Teilsystem umfasst Systembus, Datenträgercontroller, Datenträger, CD/DVD-ROM-Laufwerk und zahlreiche andere E/A-Geräte. Datenträger-E/A ist häufig die Ursache von Engpässen in einem System, vor allem beim Einsatz von SQL-Servern.

Die folgenden zwei Leistungsindikatoren können überwacht werden, um die Datenträgeraktivität zu bestimmen:

- **Physikalischer Datenträger: Zeit (%)** – Prozentsatz der Zeit, den der Datenträger für Lese-/Schreibaktivitäten benötigt. Wenn der Leistungsindikator einen hohen Wert besitzt, überprüfen Sie noch *Physikalischer Datenträger:Aktuelle Warteschlangenlänge*, um festzustellen, wie viele Anforderungen auf einen Datenträgerzugriff warten. Die Anzahl der wartenden E/A-Anforderungen sollte das Anderthalb- bis Zweifache der Anzahl der Spindeln, aus denen sich der physische Datenträger zusammensetzt, nicht überschreiten. Wenn *Aktuelle Warteschlangenlänge* und *Zeit (%)* durchgängig sehr hoch sind, müssen Sie den Datenträger entlasten, weitere Datenträger einsetzen und die verschiedenen Datenbankdateien aufteilen oder einen weiteren Server hinzufügen (siehe Kapitel 4).
- **Physikalischer Datenträger: Durchschnittliche Warteschlangenlänge des Datenträgers** – Überwachen Sie den *Arbeitsspeicher:Seitenfehler/s*, um sicherzustellen, dass die Datenträgeraktivität nicht durch Auslagern verursacht wird. In diesem Fall liegt das Problem nicht am Datenträger, sondern an fehlendem Arbeitsspeicher.

Wenn Sie über mehr als eine logische Partition auf derselben Festplatte verfügen, sollten Sie statt der Leistungsindikatoren für physische Arbeitsspeicher die Leistungsindikatoren für logische Datenträger verwenden. Haben Sie die Datenträger mit hoher Lese-/Schreibaktivität festgestellt, können Sie zum Beispiel mit *Logischer Datenträger:Bytes geschrieben/s* den Fehler weiter eingrenzen.

Sie können zusätzlich die folgenden zwei Leistungsindikatoren überwachen, um den durch SQL Server-Komponenten erstellten E/A-Umfang zu ermitteln:

- *SQLServer:Buffer Manager:Page reads/sec*
- *SQLServer:Buffer Manager:Page writes/sec*

Sie können auch den Datenbankoptimierungsratgeber (DTA) im SQL Server Management Studio oder über die Eingabeaufforderung verwenden, um typische SQL Server-Arbeitsauslastungen zu analysieren.

38.3 Serverüberwachung mit dem Windows Admin Center

Der Performance Monitor in Windows und auf Windows-Servern hat sich seit 25 Jahren nicht verändert. Microsoft hat im Windows Admin Center eine moderne und effektivere Oberfläche für die Leistungsüberwachung integriert.

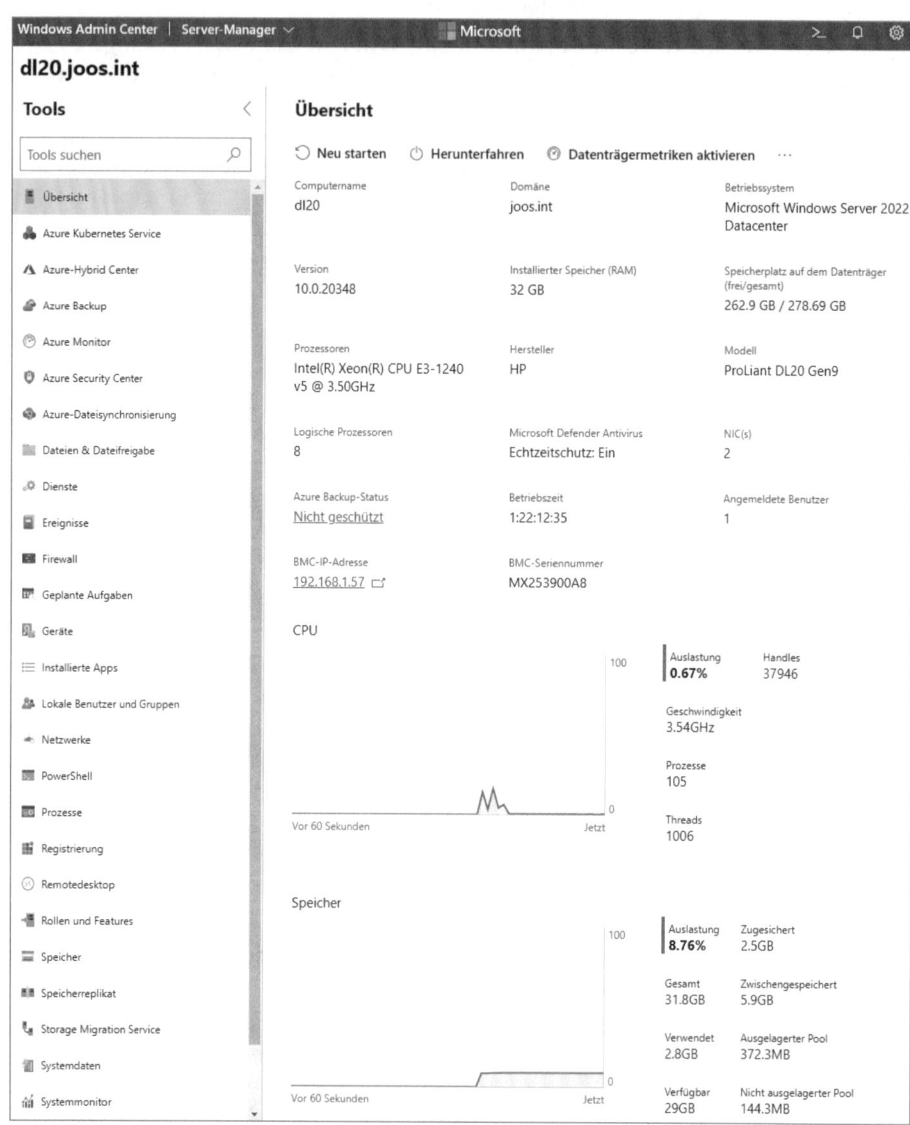

Abb. 38.9 Windows Server 2022 mit dem Windows Admin Center überwachen

Es lohnt sich also, das Windows Admin Center einzusetzen, schon daher, um die neue Leistungsüberwachung »Performance Monitor« zu nutzen. Auch im Windows Admin Center werden die Daten in Echtzeit angezeigt, genauso wie beim lokalen Betrieb von *Perfmon.msc*. Das funktioniert über den Webbrowser problemlos.

Neben dem neuen Performance Monitor lassen sich im Windows Admin Center bei *Übersicht* ebenfalls Daten des Ressourcenverbrauchs anzeigen. Hier blendet das Windows Admin Center die aktuelle Nutzung der CPU, des Arbeitsspeichers und der Netzwerkadapter ein. Der Performance Monitor im Windows Admin Center kann Server mit Windows Server 2016/2019 und Windows Server 2022 anbinden. Auch Cluster können überwacht werden.

Wer das Windows Admin Center nutzt, kann nach der Verbindung mit einem Server den Menüpunkt *Systemmonitor* aufrufen. Hier steht die neue Version der Leistungsüberwachung für Windows zur Verfügung.

Der Vorteil bei der neuen Version des Performance Monitors in Windows besteht auch darin, dass sich Administratoren eigene Arbeitsbereiche/Workspaces erstellen können. Dabei handelt es sich um die Leistungsindikatoren, die auf einem Server überwacht werden sollen. Die Arbeitsbereiche/Workspaces lassen sich herunterladen, speichern und wieder hochladen. Dadurch können sehr schnell Oberflächen zur Überwachung erstellt werden, die jederzeit wieder zugriffbereit sind.

38.3.1 Neuen Arbeitsbereich erstellen

Durch die Auswahl von *Leerer Arbeitsbereich* kann ein neuer, leerer Workspace im Systemmonitor des Windows Admin Centers erstellt werden.

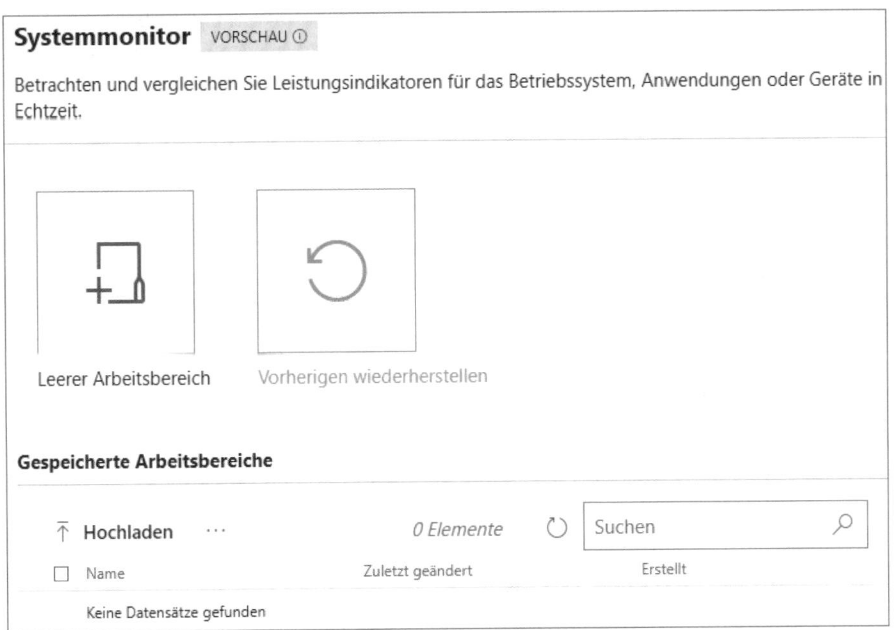

Abb. 38.10 Neuen Arbeitsbereich im Systemmonitor des Windows Admin Centers erstellen

Über *Zähler hinzufügen* lassen sich wiederum die einzelnen Leistungsindikatoren einbinden wie bei der alten Version der Leistungsüberwachung. Bei *Objekt* stehen die verschiedenen Indikatoren zur Verfügung, genauso wie bei der herkömmlichen Leistungsüberwachung. Hier können Sie wie im Dropdownmenü nach Objekten suchen, zum Beispiel *Prozessor* oder *SQL*. Fahren Sie mit der Maus über einen Bereich des Performance Monitors, wird eine Hilfe angezeigt, die vor allem bei Indikatoren umfassende Informationen bietet.

Auch zusätzlich installierte Workloads, wie SQL Server, werden angezeigt. Dazu verbindet sich der Performance Monitor im Windows Admin Center mit dem entsprechenden Server und zeigt die verfügbaren Indikatoren an, genauso wie die alte Version der Leistungsüberwachung. Nach der Auswahl des Indikators können die Instanzen ausgewählt werden. Auch das funktioniert wie bei der alten lokalen Version der Leistungsüberwachung.

Bei *Zähler* werden schließlich die einzelnen Indikatoren hinzugefügt, die dem Objekt untergeordnet sind. Über *Graphtyp* kann eingestellt werden, wie die Daten angezeigt werden sollen. Die verschiedenen Bereiche lassen sich natürlich unterschiedlich formatieren. Über den Menüpunkt *Einstellungen* passen Sie weitere Einstellungen für den Arbeitsbereich/Workspace an, zum Beispiel auch die Zeitspanne der Überwachung.

In den jeweiligen Kacheln des Performance Monitors lassen sich die aktuellen Daten als CSV-Datei herunterladen. Außerdem können Sie hier die Ansicht maximieren. Auch das Löschen der aktuellen Anzeige ist möglich. Mit *Pause* wird die aktuelle Messung pausiert, mit *Fortfahren* wird die Messung fortgeführt.

38.3.2 Workspace speichern, herunterladen und hochladen

Sobald der Workspace mit den gewünschten Objekten und Indikatoren erstellt wurde, lässt sich dieser mit *Speichern* im System hinterlegen. Beim Speichern können Sie dem Workspace einen Namen zuweisen. Dieser Name wird in der Ansicht des Systemmonitors angezeigt. Durch das Anklicken des gespeicherten Workspaces werden sofort die entsprechenden Daten angezeigt.

Über *Speichern/Arbeitsbereich herunterladen* können Sie einen erstellten Workspace mit seiner kompletten Konfiguration als JSON-Datei herunterladen. Über die Import-Funktion des Systemmonitors können die JSON-Dateien zum Beispiel für andere Server, aber auch für andere Benutzer zugänglich gemacht werden. Wer also einen komplexen Workspace aufbaut, mit verschiedenen Objekten und Indikatoren, unterschiedlichen Ansichten und weiteren Anpassungen, kann diese Ansicht komplett speichern und jederzeit für andere Server nutzen.

Werden auf einem Server mehrere Workspaces gespeichert, steht ein Suchfeld zur Verfügung, über das Sie nach dem richtigen Workspace suchen können. Wann der Workspace erstellt und zuletzt bearbeitet wurde, wird ebenfalls angezeigt.

Für das Importieren eines exportieren Workspace müssen Sie im Performance Monitor die Option *Hochladen* auswählen. Danach wird die gespeicherte JSON-Datei entweder vom lokalen Rechner geladen oder von einer Freigabe im Netzwerk. Die JSON-Datei wird nicht auf dem Server gespeichert, der überwacht wird, sondern es handelt sich dabei um eine unabhängige Datei, die entweder auf dem Rechner gespeichert wird, der über den Browser mit dem Gateway des Windows Admin Centers verbunden ist, oder auf einer Freigabe im Netzwerk.

Natürlich lassen sich importierte Workspaces jederzeit anpassen und unter einem neuen Namen speichern. Auch hier ist der Download und der Upload auf einen anderen Server möglich.

Wer im Windows Admin Center Cluster verwaltet, kann über den Cluster-Manager ebenfalls speziell den Cluster überwachen lassen. Auch im Cluster-Manager steht der Systemmonitor zur Verfügung. Hier können eigene Workspaces erstellt und ebenfalls verwaltet werden. Die Funktionsweise entspricht der Überwachung von lokalen Servern. Der Performance Monitor zeigt hier aber nur Objekte an, die für Cluster überwachbar sind, zum Beispiel die einzelnen Knoten.

38.4 Aufgabenplanung – Windows automatisieren

Die Aufgabenplanung wird durch einen eigenen Menüpunkt in der Computerverwaltung konfiguriert. Sie können sie auch über *Systemsteuerung/System und Sicherheit/Verwaltung/Aufgabenplanung* oder über das Suchfeld der Taskleiste durch Eintippen von *taskschd.msc* aufrufen. In Kapitel 35 sind wir bereits auf Möglichkeiten der Aufgabenplanung eingegangen.

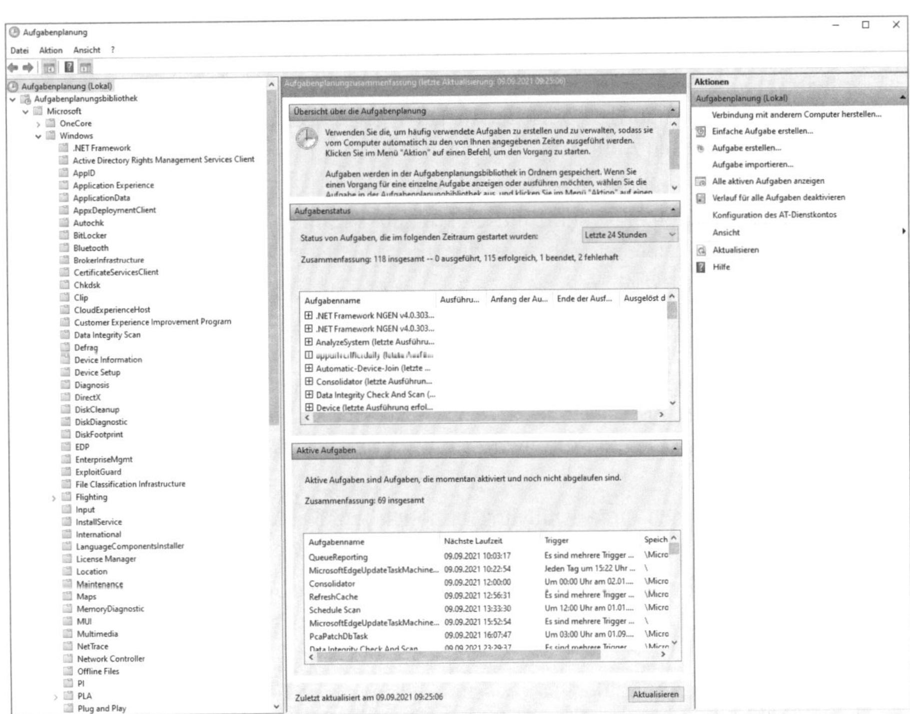

Abb. 38.11 Aufgabenplanung in Windows Server 2022

38.4.1 Aufgabenplanung verstehen

Das Hauptfenster in der Mitte der Aufgabenplanung ist in drei Bereiche untergliedert. Sie können die einzelnen Menüs ausblenden, wenn Sie mit der Maus auf den kleinen Pfeil am Ende des Balkens klicken. Klicken Sie auf den obersten Punkt *Aufgabenplanung*, ändert sich der Inhalt des mittleren Fensters:

- **Übersicht über die Aufgabenplanung** – Hier wird ein kurzer Hilfetext angezeigt, der die Möglichkeiten des Aufgabenplaners erläutert. Da dieser Text sich nicht dynamisch ändert, können Sie diesen Bereich normalerweise ausblenden.
- **Aufgabenstatus** – Dieser Bereich zeigt alle Aufgaben an, die auch von Windows Server 2022 intern durchgeführt werden. Sie können einzelne Aufgaben anzeigen lassen und erkennen, wann diese ausgeführt wurden.
- **Aktive Aufgaben** – Hier werden alle Aufgaben angezeigt, die zwar aktiv, aber noch nicht durchgeführt sind. Sie können per Doppelklick auf die einzelnen Aufgaben deren Konfiguration überprüfen und abändern. Sie sehen hier auch einige Systemaufgaben. Um die Einstellungen der Aufgabe zu ändern, zum Beispiel den Zeitpunkt des Starts, können Sie im neuen Fenster, in dem ihre Konfiguration angezeigt wird, doppelt auf die Aufgabe klicken. Es öffnet sich ein weiteres Fenster, über das Sie die Einstellungen anpassen können.

Die Einheit für Vorgänge in der Aufgabenplanung ist ein *Task*. Ein solcher Task besteht aus verschiedenen Startbedingungen, einschließlich Triggern, Bedingungen und Einstellungen sowie einer oder mehreren Aktionen:

- **Trigger** – Sind Kriteriensätze, bei deren Erfüllung ein Task ausgeführt wird. Sie können zeit- oder ereignisabhängig sein und es können Parameter wie Startzeitpunkte und Wiederholungskriterien angegeben werden.
- **Bedingungen** – Schränken Tasks so ein, dass sie nur ausgeführt werden, wenn sich der Computer in einem bestimmten Zustand befindet. Ein Task wird nur ausgeführt, wenn ein Trigger erfüllt ist und alle für den Task definierten Bedingungen wahr sind. Beispielsweise können Sie mithilfe von Bedingungen erreichen, dass ein Programm beim Eintreten eines Ereignisses nur gestartet wird, wenn das Netzwerk verfügbar ist, oder dass eine Aktion zu einem bestimmten Zeitpunkt nur gestartet wird, wenn der Computer im Leerlauf ist.
- **Einstellungen** – Legen die Ausführungsoptionen fest. Dadurch können Sie beispielsweise angeben, wie häufig eine fehlschlagende Aktion wiederholt werden soll.
- **Aktionen** – Sind die auszuführenden Befehle, wenn die Trigger und Bedingungen erfüllt sind. Mit einer Aktion können Sie beispielsweise ein Programm starten oder eine E-Mail senden.

Wenn Sie eine Aufgabe aufgerufen haben, sehen Sie auf der rechten Seite der Managementkonsole, welche speziellen Aufgaben Sie durchführen können. Sie können zum Beispiel eine Aufgabe exportieren, um diese auf einem anderen Rechner zu importieren. Sie können Aufgaben deaktivieren, löschen oder sofort starten lassen.

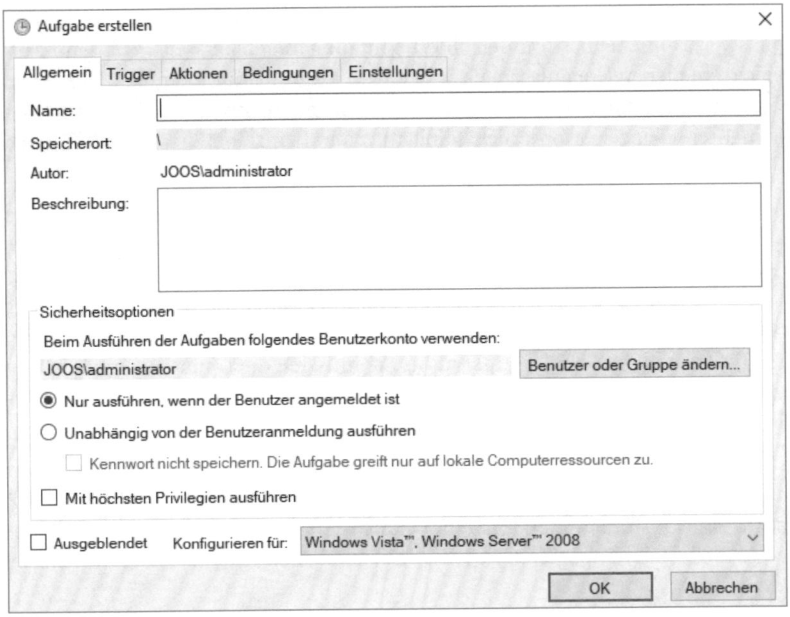

Abb. 38.12 Aufgaben verwalten

In Windows Server 2022 können Sie Tasks, die abhängig vom Auftreten von Ereignissen gestartet werden sollen, sehr einfach mit dem Taskplaner-Assistenten einrichten. Ein Administrator kann in der Ereignisanzeige das als Trigger zu verwendende Ereignis auswählen und mit nur einem Klick den Taskplaner-Assistenten starten, um den Task einzurichten.

Durch die nahtlose Integration der Taskplaner-Benutzeroberfläche in die Ereignisanzeige können Sie einen durch ein Ereignis ausgelösten Task mit wenigen Mausklicks erstellen. Klicken Sie das Ereignis mit der rechten Maustaste an und wählen Sie die Option *Aufgabe an dieses Ereignis anfügen*. Mehr zu diesem Thema lesen Sie in Kapitel 35.

Über Ereignisse hinaus unterstützt der Taskplaner von Windows Server 2022 weitere Triggertypen, beispielsweise Trigger, die Tasks starten, wenn der Computer startet, sich ein Benutzer anmeldet oder sich der Computer im Leerlauf befindet. Mithilfe weiterer zusätzlicher Trigger können Administratoren Tasks einrichten, die abhängig vom Sitzungsstatus gestartet werden, zum Beispiel beim Herstellen oder Trennen einer Verbindung mit einem Terminalcomputer oder beim Sperren und Entsperren einer Arbeitsstation. Mit dem Taskplaner können Sie Tasks weiterhin abhängig von Datum und Uhrzeit auslösen.

Im Taskplaner lassen sich Trigger genauer anpassen und so detailliert festlegen, wann Tasks gestartet und wie häufig sie ausgeführt werden sollen. Ein Administrator kann einem Trigger eine Verzögerung hinzufügen oder einen Task einrichten, der nach dem Auftreten des Triggers in regelmäßigen Intervallen wiederholt wird.

Für jeden Task lassen sich mehrere Bedingungen definieren. Durch Bedingungen können Sie Tasks so einschränken, dass sie nur ausgeführt werden, wenn sich der Computer in einem bestimmten Zustand befindet. Beispielsweise können Sie mit dem Taskplaner erreichen, dass ein Programm beim Eintreten eines Ereignisses nur gestartet wird, wenn das Netzwerk verfügbar ist, dass eine Aktion zu einem bestimmten Zeitpunkt nur gestartet wird, wenn der Computer im Leerlauf ist, oder dass eine Aktion beim Anmelden nur gestartet wird, wenn sich der Computer nicht im Akkubetrieb befindet.

In Windows Server 2022 können mit einem bestimmten Task mehrere Trigger verbunden werden. Beispielsweise gilt eine bestimmte Fehlerbedingung möglicherweise nur beim Auftreten von drei verschiedenen Ereignissen als erfüllt. Ein Administrator kann einfach einen Task definieren, der nur gestartet wird, wenn alle drei Ereignisse auftreten. Für Tasks können nicht nur mehrere Trigger erforderlich sein, mit einem einzelnen Task können auch mehrere Aktionen gestartet werden.

Mit dem Taskplaner brauchen Sie beim aufeinanderfolgenden Ausführen von Tasks keine Vermutungen mehr anzustellen. Ein Administrator muss beispielsweise immer nachts um 1:00 Uhr einen bestimmten Batchprozess ausführen und nach dessen Abschluss seine Ergebnisse drucken. Vor Windows Server 2008 waren zum Automatisieren dieses Prozesses zwei Tasks erforderlich: ein um 1:00 Uhr gestarteter Task zum Ausführen der Batchdatei und ein zweiter Task zum Drucken der Ergebnisse. Sie mussten die Dauer zur Ausführung des Batchprozesses schätzen und den Drucktask so einrichten, dass er nach einem angemessenen Zeitraum gestartet wird.

Wenn der Batchprozess beim Starten des Druckprozesses noch nicht abgeschlossen war (oder sogar fehlschlug), wurden die Ergebnisse nicht gedruckt. Mit Windows Server 2022 ist dieses Szenario einfach zu verwalten. Ein einzelner Task kann definiert werden, mit dem der Batchprozess um 1:00 Uhr ausgeführt wird und nach dessen Abschluss die Ergebnisse gedruckt werden.

Der Taskplaner stellt die Ausführung von Tasks auch dann sicher, wenn sich ein Computer zum geplanten Zeitpunkt im Standbymodus befindet. Durch die Funktionalität, durch die der Taskplaner einen Computer zum Ausführen eines Tasks aus dem Standbymodus oder Ruhezustand reaktivieren kann, können Sie die Vorteile der verbesserten Stromsparmodi von Windows Server 2022 nutzen, ohne darauf achten zu müssen, ob wichtige Tasks pünktlich ausgeführt werden.

Neben dem Reaktivieren eines Computers zum Ausführen eines Tasks können Sie nun durch eine Option festlegen, dass ein Task ausgeführt wird, sobald der Computer verfügbar ist. Wenn Sie diese Option aktivieren und der geplante Ausführungszeitpunkt eines Tasks nicht eingehalten wurde, wird dieser beim nächsten Einschalten des Computers vom Taskplaner ausgeführt.

Für Administratoren, die statt mit der grafischen Oberfläche bevorzugt mit der Eingabeaufforderung arbeiten, wurde das Befehlszeilentool *Schtasks* so erweitert, dass es auch die in Windows Server 2022 neu hinzugekommenen Funktionen umfasst.

38.4.2 Erstellen einer neuen Aufgabe

Um eine manuelle Aufgabe zu erstellen, stehen Ihnen drei Möglichkeiten zur Verfügung. Nachdem Sie die Aufgabenplanung gestartet haben, werden auf der rechten Seite die Aktionen angezeigt, die Sie durchführen können. Um eine neue Aufgabe zu erstellen, gibt es drei Möglichkeiten:

- **Einfache Aufgabe erstellen** – Mithilfe dieser Aktion wird ein Assistent gestartet, der Sie bei der Erstellung einer neuen Aufgabe unterstützt.
- **Aufgabe erstellen** – Wenn Sie diese Aktion auswählen, öffnet sich ein Aufgabenfenster, in dem Sie auf verschiedenen Registerkarten ohne Unterstützung von Assistenten die Aufgabe konfigurieren können.

- **Aufgabe importieren** – Mit dieser Option können Sie Aufgaben importieren, die Sie vorher auf dem gleichen PC oder einem anderen Computer exportiert haben.

Wenn Sie den Assistenten zum Erstellen einfacher Aufgaben starten, können Sie zunächst die Bezeichnung der Aufgaben sowie deren Beschreibung festlegen. Auf der nächsten Seite des Assistenten bestimmen Sie, wann diese Aufgabe durchgeführt werden soll.

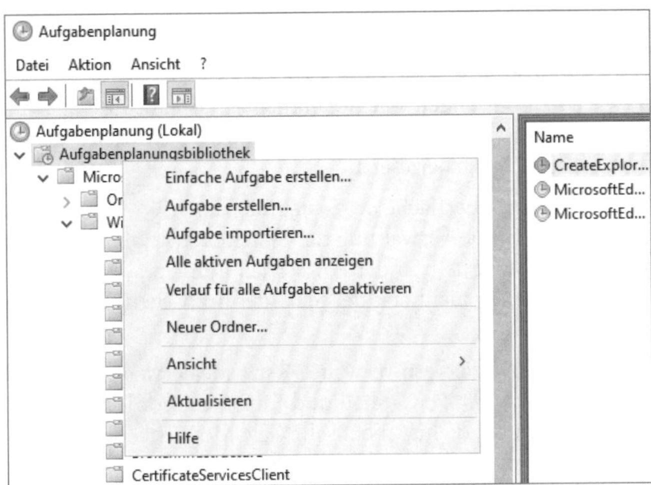

Abb. 38.13 Aufgaben verwalten

Abhängig von der Auswahl des Aufgabentriggers können Sie die Ausführung der Aufgabe auf dem nächsten Fenster detailliert spezifizieren. Haben Sie beispielsweise die tägliche Ausführung einer Aufgabe definiert, können Sie auf der nächsten Seite festlegen, zu welcher Uhrzeit sie durchgeführt werden soll.

Als Nächstes legen Sie fest, welche Aktion diese Aufgabe durchführen soll. Sie können entweder ein Programm starten, was die häufigste Aufgabe ist, eine E-Mail schicken oder eine Meldung anzeigen lassen. Als ausführbares Programm können Sie zum Beispiel eine Batchdatei starten lassen.

Auf der nächsten Seite des Assistenten wird Ihnen nochmals eine Zusammenfassung angezeigt. Sie können sich nach der Fertigstellung die Eigenschaften der Aufgabe anzeigen lassen und alle Werte anpassen, wenn Sie nachträglich Änderungen vornehmen wollen.

Nachdem Sie die Aufgabe erstellt haben, wird diese bei den aktiven Aufgaben angezeigt. Sie können auf eine dieser Aufgaben doppelklicken, um das zugehörige Konfigurationsfenster zu öffnen. Hier lässt sich die Aufgabe konfigurieren oder sofort starten. An dieser Stelle können Aufgaben gelöscht oder lediglich deaktiviert werden.

Erstellen Sie eine neue geplante Aufgabe in Windows, können Sie PowerShell-Skripts hinterlegen. Dazu müssen Sie die PowerShell als ausführende Datei definieren und anschließend noch die folgende Syntax verwenden:

Als *Aktion* legen Sie bei *Programm/Skript* den Befehl *powershell.exe* fest. Bei *Argumente hinzufügen* tragen Sie die folgende Zeile ein:

-Command "&<Pfad in dem sich das Skript befindet>"

38.5 Prozesse und Dienste überwachen

Der folgende Abschnitt geht vor allem auf Tools ein, mit denen Sie die laufenden Prozesse auf dem Computer überwachen und anzeigen lassen können. Insbesondere bei der Systemdiagnose sind die folgenden Tools nützlich.

38.5.1 Dienste in der PowerShell verwalten

Das Verwalten, Überprüfen, Starten und Beenden von Systemdiensten ist eine Aufgabe, die Administratoren häufig auf verschiedenen Servern durchführen müssen. In vielen Fällen wird hier natürlich auf die grafische Oberfläche gesetzt.

Am schnellsten rufen Sie die Verwaltungsoberfläche der Systemdienste in Windows durch die Eingabe von *services.msc* auf. Hier ist die Verwaltung der Systemdienste aber meistens nicht so effektiv möglich wie in der PowerShell. In der PowerShell können Systemdienste schnell überprüft und gestartet werden, da nicht erst der Start der grafischen Oberfläche notwendig ist.

Wer häufiger Systemdienste auf Windows-Servern verwaltet, setzt idealerweise auf einen Mix aus grafischer Oberfläche (*services.msc*), PowerShell und Eingabeaufforderung. Letztere wird allerdings immer weniger genutzt, da hier nicht sehr viele Möglichkeiten zur Verfügung stehen. In der PowerShell können Sie mit dem Befehl *Get-Help *-Service* alle Cmdlets zur Steuerung von Systemdiensten in Windows anzeigen.

Systemdienste in der PowerShell starten

Zusätzlich besteht die Möglichkeit, durch Pipelines bestimmte Dienste auf einmal neu zu starten. In der grafischen Oberfläche können immer nur einzelne Dienste gestartet werden. Ein Beispiel wäre das Starten aller Systemdienste von Microsoft Exchange, wenn diese nicht ordnungsgemäß funktionieren. Dazu rufen Sie zunächst mit *Get-Service *Exchange** den Namen der Systemdienste auf, die mit Microsoft Exchange zusammenhängen. Über eine Pipeline können Sie die Namen gleich an *Start-Service* weitergeben. Dienste, die nicht gestartet sind, werden auf diesem Weg gestartet und Sie erhalten eine Information, welcher Dienst bereits gestartet ist, nicht gestartet werden kann oder erfolgreich gestartet werden konnte:

*Get-Service *Exchange* | Start-Service*

Dienste in der PowerShell und Befehlszeile steuern

Dienste können Sie in der PowerShell mit den Cmdlets *Start-Service*, *Stop-Service*, *Get-Service* und *Set-Service* überprüfen, starten und beenden. Durch die Pipeline-Funktionen in der PowerShell können die Ergebnisse eines PowerShell-Befehls an andere Cmdlets übergeben werden. Hier gibt es eine Vielzahl an Möglichkeiten.

Neben der PowerShell können die Befehlszeilentools *net start* und *net stop* genutzt werden. Die Befehle funktionieren in der PowerShell, unterstützen aber natürlich nicht die Pipeline und andere Vorteile, die mit der PowerShell möglich sind. Aber auch diese Befehle können zusammen mit der PowerShell genutzt werden, zum Beispiel, um eine Liste der gestarteten Dienste anzuzeigen und in einer Textdatei zu speichern. In der Eingabeaufforderung sehen Sie die gestarteten Dienste über *net start*. Mit *net start >dienste.txt* werden alle gestarteten Dienste in die Datei *dienste.txt* gespeichert.

Eine weitere Möglichkeit ist der Befehl *sc query*, der mehr Informationen als *net start* liefert, aber ebenfalls nicht so viele Daten, wie die PowerShell anzeigen kann. Um alle Dienste und deren Status in der PowerShell anzuzeigen, verwenden Sie *Get-Service*. Auch hier können Sie die Ausgabe in eine Datei umleiten, zum Beispiel mit *Get-Service >c:\temp\dienste.txt*. Wollen Sie umfassendere Informationen zu Diensten anzeigen, leiten Sie *Get-Service* zunächst mit der Pipeline zum Cmdlet *Format-List* um, zum Beispiel mit *Get-Service |fl >c:\temp\dienste.txt*. Mit *Get-Service* können Sie die Dienste anzeigen, von denen ein Dienst, nach dem Sie suchen, abhängt. Dazu verwenden Sie den Parameter *-RequiredServices*:

Get-Service "WinRM" -RequiredServices

Anzeigen der Abhängigkeiten eines Systemdienstes

Sie können mit dem Parameter *-DependentServices* wiederum alle Dienste anzeigen, die vom angegebenen Dienst abhängen. Wenn Sie einen Dienst starten wollen, der aber nicht starten kann, weil Dienste nicht gestartet sind, von denen er abhängt, können Sie die Dienste herausfinden und ebenfalls gleich starten:

Get-Service samss | Foreach { Start-Service $_.name -passthru; Start-Service $_.DependentServices -passthru}

Dienste lassen sich in der Eingabeaufforderung über *net stop <Dienstname>* stoppen und über *net start <Dienstname>* starten. Auch mit *sc* können Dienste gestartet und beendet werden. Eine Hilfe des Befehls wird angezeigt, wenn Sie in der PowerShell oder Eingabeaufforderung nur *sc* eingeben.

Das geht alles natürlich auch in der PowerShell mit *Stop-Service* und *Start-Service*. Die PowerShell bietet hier zusätzlich noch die Möglichkeit, Dienste mit *Restart-Service* zu beenden und neu zu starten. In der Befehlszeile müssen Sie dazu die beiden Befehle *net stop* und *net start* mit *net stop <Dienst> && net start <Dienst>* kombinieren.

Dienste in der PowerShell über das Netzwerk anzeigen

Mit der PowerShell zeigen Sie alle Dienste eines Computers mit *Get-Service*. Um nach bestimmten Diensten zu suchen, verwenden Sie den Platzhalter * zusammen mit dem Text, den Sie suchen. Der Befehl *Get-Service *Exchange** zeigt zum Beispiel alle Systemdienste mit dem Text *Exchange* an. Sie können bestimmte Texte aus der Suche ausschließen, zum Beispiel:

*Get-Service -Name *Exchange* -Exclude "Hyper-V"*

Sollen nur gestartete Dienste angezeigt werden, verwenden Sie:

Get-Service | Where-Object {$_.Status -eq "Running"}

Auch die beendeten Dienste können Sie auf diesem Weg anzeigen:

Get-Service | Where-Object {$_.Status -eq "Stopped"}

Um Dienste sortiert nach ihrem Status anzuzeigen, verwenden Sie wieder Pipelines und übergeben die Ausgabe von *Get-Service* an das Cmdlet *Sort-Object*.

Get-Service | Sort-Object status

Das Cmdlet *Get-Service* ist in der Lage, alle diese Informationen über das Netzwerk von anderen Computern abzufragen. Dazu verwenden Sie bei den verschiedenen Cmdlets und Befehlen aus den vorangegangenen Abschnitten noch den Parameter *-Computername*, zum Beispiel:

Get-Service -Computername dc01 | Where-Object {$_.Status -eq "Stopped"}

Über diesen Weg können Sie den Status von verschiedenen Systemdiensten auf den einzelnen Servern im Netzwerk überprüfen, zum Beispiel mit:

Get-Service spooler -ComputerName dc01, dc02, dl20

Um ausführlichere Informationen zu einem Dienst anzuzeigen, übergeben Sie das Ergebnis von *Get-Service* an das Cmdlet *Select-Object* und lassen sich mit dem Platzhalter * alle Informationen anzeigen:

*Get-Service "Altaro.HyperV.WAN.RemoteService.exe"| Select-Object **

Anzeigen von ausführlicheren Informationen für Dienste in der PowerShell

Mit einem kleinen Skript können Sie überprüfen, ob ein bestimmter Dienst auf einem Computer existiert:

```
if (Get-Service "<Name des Dienstes>" -ErrorAction SilentlyContinue)
{
Write-host "ServiceTest exists"
}
```

Dienste starten, beenden und neu starten

Die Parameter und Möglichkeiten von *Get-Service* lassen sich zum großen Teil mit den Cmdlets zum Dienste-Starten (*Start-Service*), Dienste-Beenden (*Stop-Service*) oder Dienste-Neustarten (*Restart-Service*) verwenden. Mit *Start-Service* können Dienste direkt über ihren Dienstnamen gestartet werden, zum Beispiel:

Start-Service -Name "eventlog"

Sollen Dienste mit ihrem Anzeigenamen gestartet werden, nutzen Sie den Parameter *-DisplayName*:

*Start-Service -DisplayName *remote**

Mit *Start-Service* kann der Start eines Dienstes simuliert werden, um die Auswirkungen anzuzeigen, ohne ihn tatsächlich zu starten. Dazu verwenden Sie am Ende des Befehls den Parameter *-WhatIf*. Diese Möglichkeiten gelten auch für das Cmdlet zum Beenden von Diensten *Stop-Service*.

Auch die Parameter, die *Start-Service* bietet, können mit *Stop-Service* arbeiten. Kann ein Dienst nicht beendet werden, verwenden Sie den Parameter *-Force*. In diesem Fall werden aber alle Dienste beendet, die von diesem Dienst abhängen. Das Cmdlet *Restart-Service* kann mit den genannten Parametern und Möglichkeiten arbeiten, um Dienste neu zu starten.

Wollen Sie mehrere Dienste, die gestartet sind, beenden, dann können Sie das ebenfalls in einem Befehl durchführen:

Get-Service bits,spooler | where {$_.status -eq 'running'} | Stop-Service -passthru

Mit dem Cmdlet *Set-Service* können die Einstellungen von Diensten angepasst werden. Mit der Option *-StartupType* setzen Sie den Starttyp eines Dienstes auf Automatisch (*Automatic*), Manuell (*Manuel*) oder Deaktiviert (*Disabled*):

Set-Service -Name "Altaro.HyperV.WAN.RemoteService.exe" -StartupType Automatic

Danach können Sie einen deaktivierten Dienst starten. Mit der Pipeline können Sie einen deaktivierten Dienst auf den Starttyp *Automatisch* setzen und dann gleich starten, zum Beispiel mit:

Set-Service -Name "Altaro.HyperV.WAN.RemoteService.exe" -StartupType Automatic | Start-Service -Name "Altaro.HyperV.WAN.RemoteService.exe"

Das funktioniert allerdings nicht immer. Startet der Dienst über die Pipeline nicht, starten Sie ihn danach mit *Start-Service* neu. Noch einfacher ist es, beim Anpassen eines Systemdienstes den Dienst gleich mit *Set-Service* zu starten. Dazu verwenden Sie den Parameter *-Status Running*:

Set-Service -Name "Altaro.HyperV.WAN.RemoteService.exe" -StartupType Automatic -Status Running -PassThru

Der Parameter *-PassThru* zeigt das Ergebnis an. Auch zum Pausieren von Diensten kann *Set-Service* verwendet werden:

Get-Service -Name "Altaro.HyperV.WAN.RemoteService.exe" | Set-Service -Status Paused

Nicht alle Dienste können angehalten und fortgesetzt werden. Unterstützt ein Dienst die Funktion nicht, erhalten Sie eine Fehlermeldung. Anhalten können Sie Dienste mit *Suspend-Service*:

Suspend-Service -Name "Altaro.HyperV.WAN.RemoteService.exe"

Sie können in der PowerShell überprüfen, welche Dienste pausiert und fortgesetzt werden können:

Get-Service samss | Format-List name, canpauseandcontinue

Um auf einem Computer alle Dienste anzuzeigen, die pausiert werden können, verwenden Sie:

Get-Service | Where-Object {$_.canpauseandcontinue -eq "True"}

Fortsetzen lassen sich Dienste mit dem Cmdlet *Resume-Service*. Neue Dienste erstellen Sie mit dem Cmdlet *New-Service*, zum Beispiel mit:

New-Service -Name "Test" -binaryPathName "C:\Windows\System32\svchost.exe k netsvcs"

38.5.2 Dateisystem, Registry und Prozesse überwachen – Sysinternals Process Monitor

Mit dem Sysinternals-Tool Process Monitor (*https://docs.microsoft.com/de-de/sysinternals/downloads/procmon*) können Sie in einer grafischen Oberfläche ausführlich und in Echtzeit alle Aktivitäten im Dateisystem, der Registry und der Prozesse/Threads überwachen und farblich markieren. Über Schaltflächen aktivieren Sie die einzelnen Überwachungsfunktionen durch einen Klick oder schalten diese wieder aus.

Auch der Aufbau von TCP/IP-Verbindungen und den UDP-Verkehr, also den Netzwerkverkehr des Servers, lassen sich überwachen. Allerdings speichert der Process Monitor nicht den Inhalt der TCP-Pakete, sodass sich keine Daten auslesen lassen, sondern nur die reine Funktionalität des Netzwerks. Auf Wunsch kann Process Monitor mehr Informationen zu laufenden Prozessen anzeigen, zum Beispiel die zum Prozess gehörenden DLL-Dateien. Sie können mit Filtern die Anzeige anpassen und unnötige Informationen ausblenden oder den Fokus auf spezielle Daten legen.

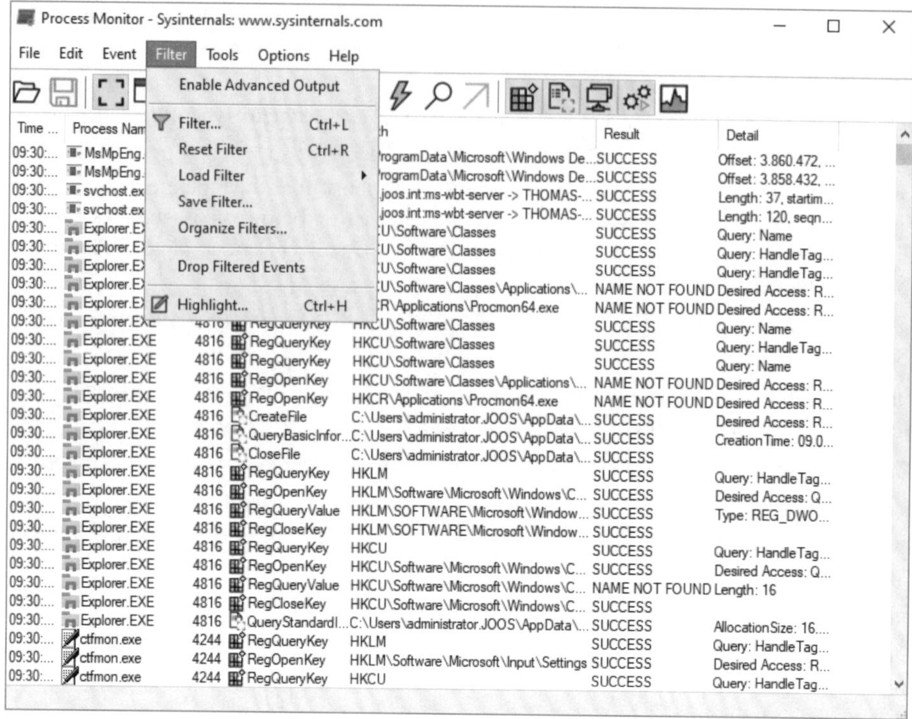

Abb. 38.14 Verwenden von Filtern für Process Monitor

Im Menü *Tools* stehen verschiedene Ansichten zur Verfügung. Das Tool kann den Bootvorgang von Servern überwachen, da es sehr früh startet. Alle Ergebnisse lassen sich dabei in eine Datei umleiten. Kann Windows nicht starten, lässt sich durch Analyse dieser Datei der Fehler schnell finden.

Haben Sie die Anzeige angepasst, besteht die Möglichkeit, die Daten über das Menü *File* zu speichern. Auf einem anderen Rechner können Sie die Ausgabe jederzeit über das aktuelle Fenster wieder laden und Filter setzen sowie das Ergebnis durchsuchen.

Neben der Möglichkeit, die aktuelle Ausgabe zu speichern, lassen sich über *File/Export Configuration* die Einstellungen des Tools exportieren. Die Einstellung können Sie dann auf einem anderen Rechner wieder importieren, um sie nicht neu vornehmen zu müssen. Im Menü steht dazu der *Import*-Befehl zur Verfügung.

Klicken Sie doppelt auf einen Eintrag, öffnet sich ein Fenster mit weiteren Informationen, die sehr detailliert die Arbeit des Prozesses und die dabei verwendeten Dateien beschreiben. Klicken Sie im Informationsfenster auf der Registerkarte *Process* oder *Stack* wiederum auf eine der beteiligten Dateien des Prozesses, können Sie von dieser Datei Informationen anzeigen lassen, zum Beispiel Version und Speicherort.

Die Details eines Prozesses können Sie ebenfalls als CSV-Datei abspeichern, um sie später weiter zu analysieren. Wie bei *Autoruns* von Sysinternals haben Sie im Process Monitor die Möglichkeit, über das Kontextmenü eine Onlinesuche zum ausgewählten Prozess durchzuführen. Über das Kontextmenü können Sie einen Prozess und dessen Ausgabe farblich hervorheben.

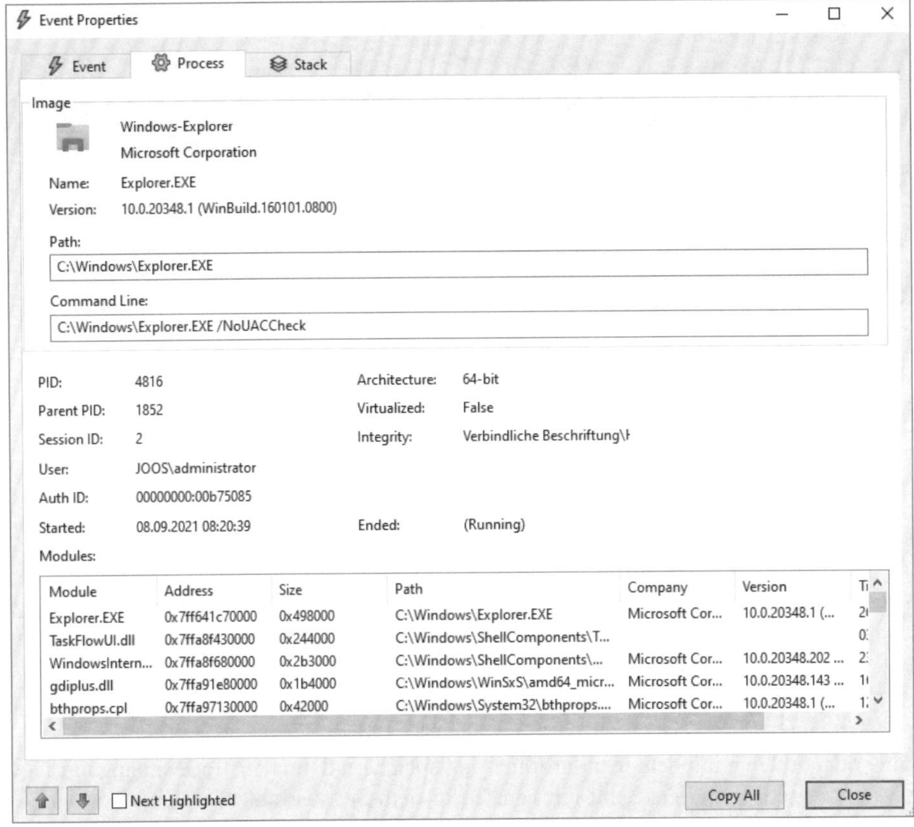

Abb. 38.15 Anzeigen weiterer Informationen zu Prozessen und beteiligten Dateien

Über das Kontextmenü eines Prozesses können Sie alle überwachten Vorgänge, die vor dem Prozess stattgefunden haben, ausblenden, indem Sie die Option *Exclude Events Before* auswählen. Weitere Möglichkeiten im Kontextmenü sind das Einblenden nur eines einzelnen Prozesses und der Vorgänge, die dieser durchführt. Filter erstellen Sie über den Menübefehl *Filter/Filter*. Erstellen Sie komplexe Filter, können Sie diese über den Menübefehl *Filter/Save Filter* abspeichern und über den Menübefehl *Filter/Load Filter* jederzeit erneut aufrufen.

Wollen Sie zum Beispiel nach dem Prozess filtern, der ein bestimmtes Fenster auf dem Desktop geöffnet oder ein Programm gestartet hat, ziehen Sie das Fadenkreuzsymbol in der Symbolleiste des Process Monitor mit der Maus auf das Fenster, dessen Prozess Sie anzeigen wollen. Anschließend erstellt Process Monitor automatisch einen Filter.

Wollen Sie den Speicherort einer Datei anzeigen oder im Registrierungs-Editor direkt zum ausgewählten Schlüssel wechseln, klicken Sie im Process Monitor den entsprechenden Eintrag mit der rechten Maustaste an und wählen im Kontextmenü den Eintrag *Jump To*.

Mit der Tastenkombination Strg+T rufen Sie den Process Tree auf. Hier erhalten Sie eine ähnliche Ansicht wie mit dem Process Explorer und sehen gestartete Prozesse sowie deren Abhängigkeiten. Auch hier zeigt Process Monitor – falls möglich – das Symbol der Anwendung des Prozesses an.

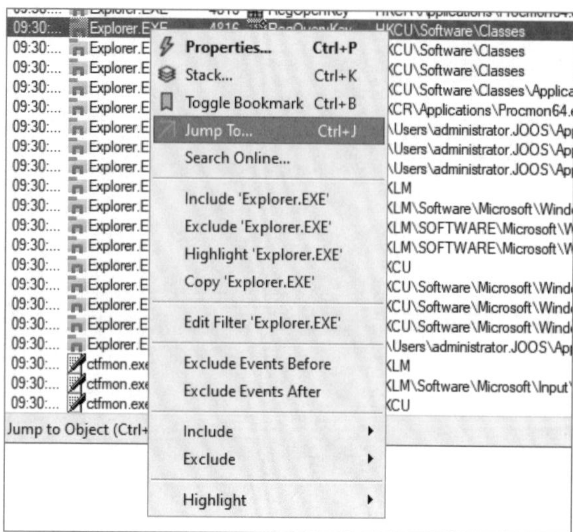

Abb. 38.16 Durchführen verschiedener Aktionen über das Kontextmenü

Klicken Sie in Process Tree mit der rechten Maustaste auf einen Tracevorgang, können Sie über das Kontextmenü und der Auswahl von *Go To Event* zum aktuellen Vorgang springen, den der Prozess ausführt und den Process Monitor überwacht.

Wenn Sie Probleme mit einem Server haben und Hilfe benötigen, ist oft ein gespeicherter Tracevorgang von Process Monitor notwendig. Dazu starten Sie Process Monitor, erstellen Filter oder arbeiten mit dem Standardfilter und speichern dann den Tracevorgang mit *File/Save* ab. Anschließend erscheint ein Fenster, in dem Sie auswählen, welches Format Sie beim Speichern verwenden und welche Events der Speichervorgang enthalten soll.

Gespeicherte Tracevorgänge können Sie mit *File/Open* wieder öffnen und bearbeiten. Wenn Sie auf einem 32-Bit-System einen Tracevorgang speichern und auf einem 64-Bit-System öffnen wollen, müssen Sie Process Monitor (*Procmon.exe*) über die Eingabeaufforderung mit der Option */run32* starten.

Process Monitor speichert in der Datei nicht nur die Daten des Tracevorgangs, sondern auch den Namen des Computers, das Betriebssystem, die Anzahl der Prozessoren und den Arbeitsspeicher sowie den Systemtyp (32-Bit oder 64-Bit). Öffnen Sie einen gespeicherten Vorgang, können Sie diese Informationen über *Tools/System Details* ansehen.

Neben der Überwachung eines laufenden Systems können Sie Process Monitor so konfigurieren, dass es den Bootvorgang überwacht. Um einen solchen Vorgang auszuführen, wählen Sie im Menü *Options* den Befehl *Enable Boot Logging.*

Bei diesem Vorgang erstellt das Tool einen Treiber, der mit dem Systemstart gestartet wird. Dieser protokolliert alle Startvorgänge von Prozessen und Dienste, die vor der Benutzeranmeldung starten, und speichert die Daten im *Windows*-Ordner in der Datei *procmon.pmb*. Starten Sie Process Monitor das nächste Mal, erkennt das Tool, dass eine Protokollierung des Bootvorgangs stattgefunden hat, und öffnet die entsprechende Datei.

Bestandteil des Downloadpakets ist eine englischsprachige Hilfedatei, die den Umgang mit dem Tool detailliert erläutert. Funktioniert die Darstellung der Hilfe nicht, rufen Sie die Eigenschaften der Datei in *procmon.chm* auf. Wechseln Sie zur Registerkarte *Allgemein* und aktivieren Sie ganz unten die Schaltfläche *Zulassen.*

38.5.3 Laufende Prozesse analysieren – Process Explorer

Ein wichtiges Tool für die Analyse der laufenden Prozesse auf einem Computer ist Process Explorer (*https://docs.microsoft.com/de-de/sysinternals/downloads/process-explorer*) von Sysinternals.

Process Explorer zeigt Prozesse in einem Fenster und darunter weitere Informationen zum aktuellen Prozess an, zum Beispiel einen aktuellen Zugriff auf Ordner. Das Tool enthält wesentlich mehr Informationen als der Task-Manager in Windows. Klicken Sie auf die Messfenster im oberen Bereich, blendet der Process Explorer ein Systeminformationsfenster ein, das ähnliche Informationen enthält wie der Task-Manager, nur diese viel umfangreicher auf verschiedenen Registerkarten darstellt.

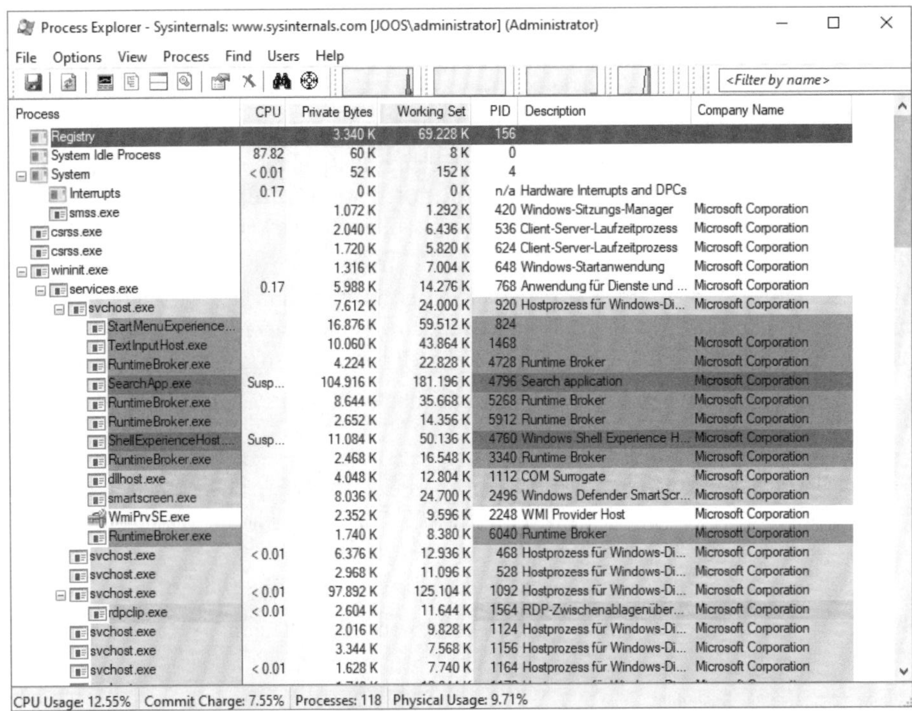

Abb. 38.17 Systemüberwachung mit Process Explorer

Damit Sie alle notwendigen Daten anzeigen können, müssen Sie Process Explorer über das Kontextmenü mit Administratorrechten starten.

Das Programm zeigt Prozesse in verschiedenen Farben an. Prozesse, die im gleichen Benutzerkontext laufen wie Process Explorer selbst, stellt es in Hellblau dar.

Pinkfarbene Prozesse sind Prozesse, die einen oder mehrere Windows-Dienste unterstützen. Eine weitere Farbe ist Violett. Damit werden Prozesse gekennzeichnet, die unter Umständen ausführbaren Code enthalten, um das System anzugreifen.

Viren und Trojaner verwenden solchen Code, um sich in das System einzuschleusen. Die Anzeige ist nicht immer korrekt, da es viele falsche Erkennungen gibt. Es schadet aber nicht, die einzelnen Prozesse zu überprüfen, zum Beispiel über das Kontextmenü mit dem Befehl *Search Online*.

Durch diese Auswahl startet der Browser und verwendet die hinterlegte Standardsuchmaschine im Internet, um nach dem Prozess zu suchen. Auf diese Weise finden Sie verschiedene Quellen und können den Prozess leicht identifizieren.

Über das Kontextmenü können Sie die Priorität von Prozessen erhöhen, um mehr Systemressourcen zuzuteilen oder Prozesse sowie ganze Prozessbäume zu beenden, zum Beispiel bei verdächtigen oder abgestürzten Prozessen. Wenn ein Prozess als aktives Fenster auf dem Desktop vorhanden ist, können Sie diesen über den Kontextmenübefehl *Window* anzeigen lassen oder minimieren.

Mit dem Befehl *Set Affinity* im Kontextmenü eines Prozesses können Sie festlegen, welche CPUs oder CPU-Kerne er nutzen darf. Mit dem Kontextmenübefehl *Properties* rufen Sie die Detailansicht eines Prozesses auf. Hier erhalten Sie auf verschiedenen Registerkarten ausführliche Informationen zum aktuellen Prozess und seiner ausführenden Datei angezeigt.

Auf den verschiedenen Registerkarten sehen Sie zum Beispiel die ausführende Datei oder den Verbrauch der Systemressourcen. Auf der Registerkarte *TCP/IP* werden Ihnen die Netzwerkverbindungen oder die vom aktuellen Prozess aufgerufenen Verbindungen ins Internet angezeigt.

Mit einer braunen Farbe werden Prozesse gekennzeichnet, die durch Aufgaben in Windows ausgelöst wurden. Prozesse, die .NET Framework auf dem Rechner nutzen, stellt Process Explorer in Gelb dar. Dunkelgraue Prozesse sind aktuell pausiert, also gestartet, aber nicht aktiv.

Die Farben der Anzeige passen Sie über den Menübefehl *Options/Configure Colors* an.

Markieren Sie eine Zeile im Sysinternals-Tool Process Explorer, können Sie diese mit der Tastenkombination Strg+C in die Zwischenablage kopieren.

Beim Starten zeigt Process Explorer zunächst die Standardspalten an.

Spalte	Beschreibung
Process	Hier sehen Sie die laufenden Prozesse und die Prozessbäume mit aufbauenden Prozessen. Falls möglich, blendet Process Explorer auch das Symbol der zugeordneten Anwendung ein.
PID	Prozess-ID des Prozesses. Diese wird vom Betriebssystem zugewiesen.
CPU	Prozentuale CPU-Zeit, die der Prozess aktuell verwendet
Private Bytes	Die Anzahl an Bytes, die der Prozess benötigt und die andere Prozesse nicht mitverwenden können
Working Set	Der dem Prozess zugeteilte Arbeitsspeicher. Die Zuteilung übernimmt in Windows der Speicher-Manager.
Description	Beschreibung, die der Entwickler der ausführenden Datei des Prozesses beigefügt hat. Diese Informationen benötigen Administratorrechte.
Company Name	Entwickler des Prozesses

Tab. 38.2 Standardspalten des Process Explorer

Sie können die Größe der Spalten anpassen und die Reihenfolge per Ziehen/Ablegen verändern. Wollen Sie Spalten ausblenden oder zusätzliche Spalten anzeigen, klicken Sie mit der rechten Maustaste auf eine Spaltenüberschrift und wählen im Kontextmenü den Eintrag *Select Columns.*

Anschließend können Sie auswählen, welche Spalten Process Explorer anzeigen soll oder welche Sie ausblenden möchten. Die Sortierreihenfolge innerhalb einer Spalte können Sie ebenfalls anpassen, indem Sie auf die entsprechende Spaltenüberschrift klicken.

Die wichtigsten Informationen über die laufenden Prozesse sehen Sie in der ersten Spalte. Process Explorer ordnet die Prozesse nach deren Abhängigkeiten an und zeigt an, welche Prozesse von anderen gestartet wurden. Diese Anzeige erreicht das Tool über einen Process Tree.

Einzelne Strukturen können Sie ein- und ausklappen, indem Sie auf das Minus- oder Pluszeichen klicken. Fahren Sie mit der Maus über einen Prozess, zeigt Process Explorer den kompletten Pfad zur ausführenden Datei an.

Auf diese Weise erhalten Sie mehr Informationen zu Diensten, die die Prozesse starten. Fahren Sie mit der Maus zum Beispiel über *taskhost.exe*, sehen Sie die Aufgaben der Aufgabenplanung, die den aktuellen Prozess gestartet haben.

Auf diesem Weg erhalten Sie zu den einzelnen Prozessen ganz unterschiedliche Informationen über die Anwendungen, die für diesen Prozess zuständig sind. Wenn Sie zum Beispiel über den Prozess des Internet Explorers fahren, sehen Sie, welche Registerkarte im Internet Explorer aktuell von diesem Prozess genutzt wird. Der Internet Explorer öffnet für verschiedene Registerkarten (Tabs) eigene Prozesse. Fahren Sie mit der Maus über den Prozess, zeigt Process Explorer die Beschreibung der aktuell geöffneten Internetseite an.

Ein häufiger Prozess ist *svchost.exe.* Dieser ist in den meisten Fällen mehrmals gestartet. Die Datei *svchost.exe* gibt es seit Windows 2000; sie liegt im *System32*-Ordner und wird beim Systemstart von Windows automatisch als allgemeiner Prozess gestartet. Der Prozess durchsucht beim Systemstart die Registry nach Diensten, die beim Systemstart geladen werden müssen. Dienste, die nicht eigenständig lauffähig sind, sondern über Dynamic Link Library-(DLL-)Dateien geladen werden, werden mithilfe der *svchost.exe* geladen.

Auch wenn Windows läuft, kommt die *svchost.exe* immer dann ins Spiel, wenn Dienste über DLL-Dateien geladen werden müssen. Das Betriebssystem startet SVCHOST-Sessions, sobald solche benötigt werden, und beendet sie , wenn sie nicht mehr gebraucht werden. Da unter Windows die unterschiedlichsten Dienste parallel laufen, können mehrere Instanzen der *svchost.exe* gleichzeitig in der Prozessliste auftauchen.

Fahren Sie mit der Maus über einen Process, zeigt Process Explorer an, welche aktuellen Dienste oder Anwendungen von dieser Instanz der *svchost.exe* abhängen.

Über den Befehl *tasklist /svc* in der Eingabeaufforderung können Sie sich ebenfalls anzeigen lassen, welche Anwendungen auf *svchost.exe* zurückgreifen. Alternativ können Sie die mit *svchost.exe* verbundenen Dienste im Task-Manager anzeigen lassen. Gehen Sie dazu folgendermaßen vor:

1. Öffnen Sie den Task-Manager.
2. Holen Sie die Registerkarte *Details* in den Vordergrund.
3. Klicken Sie mit der rechten Maustaste auf eine Instanz von *svchost.exe* und klicken Sie dann auf *Zu Dienst(en) wechseln.* Die dem betreffenden Prozess zugeordneten Dienste werden auf der Registerkarte *Dienste* hervorgehoben.

Rufen Sie in Process Explorer über das Kontextmenü eines Prozesses den Befehl *Properties* auf, sehen Sie auf der Registerkarte *Services*, für welche Dienste dieser zuständig ist (dies gilt auch für *svchost.exe*).

In der Symbolleiste von Process Explorer sehen Sie ein Fadenkreuz. Klicken Sie mit der Maus auf das Kreuz und ziehen es auf ein Fenster im Desktop, markiert Process Explorer automatisch den Prozess, der für dieses Fenster verantwortlich ist.

Über den Menübefehl *Options/Replace Task Manager* können Sie den Standard-Task-Manager in Windows ersetzen. Rufen Sie diesen zukünftig auf, zum Beispiel über das Kontextmenü der Taskleiste, startet direkt Process Explorer. Auf dem gleichen Weg können Sie diese Option wieder rückgängig machen. Über den Menübefehl *View/Show Lower Pane* blenden Sie den unteren Bereich des Übersichtsfensters ein. Anschließend können Sie über den Menübefehl *View/Lower Pane View* konfigurieren, ob Sie im unteren Bereich die DLLs der Prozesse oder Handles anzeigen wollen.

Handles sind einfach ausgedrückt Zuteilungen des Betriebssystems, die Prozesse oder Anwendungen für Funktionen des Kernels erhalten, zum Beispiel der Zugriff auf den Arbeitsspeicher, Ein- oder Ausgabegeräte und so weiter. Da Prozesse und Anwendungen keinen direkten Zugriff auf den Kernel von Windows erhalten, sondern die benötigten Ressourcen zugeteilt bekommen, lassen sich diese Vorgänge überwachen. Benötigt der Prozess oder die Anwendung den Zugriff nicht mehr, wird der Handle wieder freigegeben, sodass andere Prozesse oder Anwendungen Zugriff auf die freigewordenen Ressourcen erhalten.

Über das Menü *Process* können Sie ausgewählte Prozesse beenden, neu starten oder ihre Eigenschaften anzeigen. Über das Kontextmenü haben Sie die gleichen Möglichkeiten.

Mit der Tastenkombination [Strg]+[F] öffnen Sie ein Suchfenster. Tragen Sie hier einen Suchbegriff ein, um anzuzeigen, welche Prozesse oder DLLs dem Suchbegriff entsprechen und aktuell gestartet sind. Sie sehen, ob es sich um ein Handle oder eine DLL handelt. Auch hier können Sie die Suchergebnisse wieder über die entsprechenden Spaltenüberschriften sortieren lassen und die Reihenfolge ändern. Aktivieren Sie die DLL-Ansicht, werden Ihnen alle geladenen DLL-Dateien eines Prozesses angezeigt.

Über das Menü *View* oder das Symbol *System Information* in der Symbolleiste rufen Sie die Systeminformationen von Process Explorer auf.

38.5.4 Wichtige Informationen immer im Blick – BgInfo

Administratoren, die mehrere Server oder Computer von Anwendern im Netzwerk fernwarten, haben oft das Problem, dass nicht alle Informationen über den aktuell verbundenen Computer angezeigt werden, zum Beispiel IP-Adresse, Informationen zu den Laufwerken, Rechnernamen, Bootzeit etc. Auch wenn Anwender eine Fernwartung benötigen, ist es hilfreich, wenn sie auf dem Desktop den Namen ihres Computers, die IP-Adresse und weitere Informationen auf einen Blick sehen. In vielen Fällen ist es also für Administratoren extrem hilfreich, wenn auf dem Desktop des ferngewarteten Computers nützliche Informationen angezeigt werden, allerdings ohne dass diese die Anwender stören.

Ein hilfreiches Tool für diese Zwecke ist BgInfo (*https://docs.microsoft.com/de-de/sysinternals/downloads/bginfo*) von Sysinternals. BgInfo kann Informationen in verschiedenen Schriftgrößen, Farben und anderen Formatierungen auf dem Desktop anzeigen.

Neben vorgegebenen Feldern können Sie eigene Abfragen erstellen und Informationen einblenden lassen. Diese Anzeige lässt sich vorkonfigurieren, als Konfigurationsdatei abspeichern und per Skript oder Gruppenrichtlinie an Computer im Netzwerk verteilen. Das Tool verbraucht keinerlei Systemressourcen, sondern erstellt beim Start aus den gewünschten Informationen eine neue Desktopbitmap und beendet sich danach wieder. Im laufenden Betrieb ist das Tool daher nicht gestartet.

Informationen zum Computer auf dem Desktop anzeigen

Nach dem Start von BgInfo können Sie konfigurieren, welche Daten Sie zukünftig anzeigen wollen, und diese als Konfigurationsdatei abspeichern. Die Konfiguration ist sehr einfach. Im Feld *Field* sehen Sie, welche Daten Sie in das Hintergrundbild einbinden können.

Klicken Sie auf ein Feld und dann auf *<-Add*, um es einzufügen. Verfügt ein Computer über mehrere Netzwerkkarten, bindet BgInfo diese mit ihren unterschiedlichen Konfigurationen wie IP-Adressen, MAC-Adressen und weiteren Daten automatisch mit ein. Über die Schaltfläche *Custom* können Sie eigene Felder definieren, indem Sie mit *New* eine neue Abfrage starten.

Sie haben im neuen Fenster die Möglichkeit, Umgebungsvariablen abzufragen, einen Registrywert, eine WMI-Abfrage oder Daten einer Datei. In den meisten Fällen ist dies aber nicht notwendig, da die Standardfelder schon viele Informationen umfassen.

Felder und Zeilen, die Sie nicht benötigen, können Sie im mittleren Fenster einfach löschen. Auch Leerzeilen können Sie einfügen wie in jeder Textverarbeitung. Einzelne Zeilen bearbeiten Sie mit den Formatierungswerkzeugen des Tools, die Sie im oberen Bereich finden. Hier können Sie Schriftgröße und Schriftart einstellen, Farben ändern und die Ausrichtung anpassen.

Haben Sie ausgewählt, welche Felder Sie anzeigen wollen, und diese formatiert, können Sie über die Schaltfläche *Background* festlegen, welches Hintergrundbild Sie mit diesen Informationen anpassen möchten. Standardmäßig verwendet BgInfo das Hintergrundbild des Desktops, das aktuell ausgewählt ist.

Über die Schaltfläche *Position* bestimmen Sie, an welcher Stelle des Hintergrundbilds BgInfo die Informationen aufnehmen soll. Da das Tool mehrere Monitore unterstützt, können Sie festlegen, auf welchem die Informationen zu sehen sein sollen. Über das Kontrollkästchen *Compensate for Taskbar position* (Ausgleich für Taskleistenposition) legen Sie die Position so fest, dass die Taskleiste den Text nicht überdeckt.

Über die Schaltfläche *Desktops* legen Sie fest, wo BgInfo die Informationen anzeigen soll. Standardmäßig sind die Daten erst ersichtlich, wenn sich ein Anwender anmeldet. Sie können noch die Einstellung *Update this wallpaper* für die Option *Logon Desktop for Console users* aktivieren. In diesem Fall werden die ausgewählten Informationen bereits am Anmeldebildschirm angezeigt, ohne dass sich Anwender anmelden müssen. Dies ist zum Beispiel für Server sinnvoll, wenn an der Konsole kein Administrator angemeldet ist.

Klicken Sie auf *Preview*, zeigt Windows eine Vorschau der Informationen an. Um diese wieder zu deaktivieren, klicken Sie noch einmal auf *Preview*. Um die Anzeige zu übernehmen, klicken Sie auf *Apply*. Mit *OK* übernehmen Sie die Einstellungen und schließen BgInfo.

Natürlich ist es nicht sinnvoll, eine Konfiguration immer wieder neu zu erstellen oder für jeden Computer einzeln anzufertigen. Aus diesem Grund haben Sie in BgInfo die Möglichkeit, die von Ihnen angepassten Daten über den Menübefehl *File/Save As* als *.bgi*-Datei abzuspeichern. Sie können anschließend BgInfo so starten, dass es diese *.bgi*-Datei als Konfigurationsdatei übernimmt und die ausgewählten Daten anzeigt. Dazu starten Sie BgInfo einfach mit dem Befehl:

bginfo <Name der .bgi-Datei> /timer:0

Geben Sie keine Konfigurationsdatei an, verwendet BgInfo die Standardkonfigurationsinformationen, die in der Registrierung im Pfad *HKEY_CURRENT_USER\Software\Winternals\BGInfo* gespeichert sind.

Die Option */timer:0* bewirkt, dass das BgInfo-Konfigurationsfenster nicht erscheint, sondern sofort die Informationen übernommen werden. Sie können diesen Befehl in ein Anmeldeskript übernehmen und auf diese Weise Daten wie die Anmeldezeit oder Bootzeit des Computers erfassen. Diese Zeiten sind natürlich nur dann aktuell, wenn Sie BgInfo bei jedem Systemstart oder jedem Anmelden starten lassen. BgInfo aktualisiert sich niemals dynamisch, sondern verwendet immer nur die Daten, die es beim Start vorfindet. Nach der Erstellung des neuen Hintergrundbilds beendet sich BgInfo wieder. Neben Skripts können Sie BgInfo mit der Aufgabenplanung in Windows während des Systemstarts und im laufenden Betrieb ständig aktualisieren lassen. Das ergibt allerdings nur dann Sinn, wenn Sie Felder anzeigen lassen, deren Informationen sich im laufenden Betrieb ändern. Neben der Option */timer* stehen in BgInfo weitere Möglichkeiten zur Verfügung:

- **/popup** – Geben Sie diese Option an, zeigt BgInfo ein Popupfenster an, das die Informationen enthält. Dieses können Anwender schließen.
- **/taskbar** – Bei dieser Option blendet BgInfo ein Symbol im Infobereich der Taskleiste bei der Uhr ein. Klicken Anwender auf das Symbol, erscheinen die gewünschten Informationen genauso wie bei der Option */popup*.
- **/all** – Ändert die Daten für alle aktuell angemeldeten Benutzer (zum Beispiel auf Terminalservern). Auf diese Weise erhalten also alle angemeldeten Anwender das neue Hintergrundbild.
- **/log** – Erstellt eine Protokolldatei über die Ausführung, in die das Tool auch Fehler schreibt. Diese Option ist sinnvoll, wenn Sie das Tool im laufenden Betrieb über den Aufgabenplaner häufiger starten lassen.
- **/rtf** – Erstellt eine *.rtf*-Datei. Diese Datei enthält auch die Formatierungen und Farbe zur Protokollierung.

BgInfo als Inventur- und Überwachungstool verwenden

Über den Menübefehl *File/Database* können Sie in der Konfigurationsdatei eine Verbindung zu einer Datenbank vorgeben, um die Daten eines oder mehrerer Computer zu erfassen, zum Beispiel für eine Inventur. In diesem Fall ändert das Tool nicht nur das Hintergrundbild, sondern erfasst die Daten in der Datenbank oder der ausgewählten Excel-Tabelle.

Auf allen Computern, die diese Konfigurationsdatei nutzen, muss die gleiche Version von MDAC- und JET-Datenbankunterstützung installiert sein. Microsoft empfiehlt mindestens die Versionen *MDAC 2.5* und *JET 4.0*. Sie können an dieser Stelle als Datenbank eine Excel-Tabelle verwenden (*.xls*). Die Datei muss verfügbar sein, das Tool kann selbst keine Excel-Dateien erstellen.

Wollen Sie mit BgInfo keine Hintergrundbilder ändern, sondern nur die Daten beim Systemstart abfragen und in die Datenbank oder Excel-Tabelle aufnehmen, können Sie in der Konfigurationsdatei festlegen, dass keine Änderungen stattfinden sollen. Dazu klicken Sie im Rahmen der Konfiguration auf die Schaltfläche *Desktops* und deaktivieren die Änderung der entsprechenden Desktops.

38.5.5 Systeminformationen in der Eingabeaufforderung anzeigen – PsInfo

Wollen Sie über einen bestimmten Computer Informationen in der Eingabeaufforderung anzeigen, zum Beispiel zur eingebauten Hardware oder installierten Service Packs und Betriebssystemständen, können Sie das kostenlose Sysinternals-Tool PsInfo aus der PsTool-Sammlung nutzen (*https://docs.microsoft.com/de-de/sysinternals/downloads/psinfo*). PsInfo kann nicht nur Daten des lokalen Computers abfragen (dazu könnten Sie zum Beispiel *msinfo32* nutzen oder *systeminfo* in der Eingabeaufforderung), sondern auch Daten von Netzwerkcomputern.

Um Daten des lokalen Systems abzufragen, geben Sie einfach *psinfo* in der Eingabeaufforderung ein. PsInfo benötigt für die Abfrage von Remoteinformationen einen Remotezugriff auf die Registrierung des entsprechenden Computers, um Daten anzuzeigen. Das heißt, auf dem Computer muss der Systemdienst *Remoteregistrierung* gestartet sein. Außerdem muss das Benutzerkonto, mit dem Sie PsInfo ausführen, Zugriff auf den Remotecomputer haben.

Die Syntax des Tools lautet:

psinfo [[\\Computer[,Computer[,..] | @Datei [-u Benutzer [-p Kennwort]]] [-h] [-s] [-d] [-c [-t Trennzeichen]] [Filter]

Optionen	Auswirkung
@Datei	Führt den Befehl auf allen Computern aus, die in der Textdatei angegeben sind. Schreiben Sie die einzelnen Computer jeweils in eine eigene Zeile.
-u	Benutzernamen für den Remotecomputer
-p	Kennwort für den Benutzer
-h	Liste der installierten Patches
-s	Liste der installierten Anwendungen
-d	Zeigt Informationen zu Datenträgern.
-c	Ausgabe im CSV-Format
-t	Legt das Trennzeichen für die Ausgabe mit *-c* fest (standardmäßig Komma).
Filter	Ausgabe nach Felder filtern, die dem angegebenen Text entspricht

Tab. 38.3 Optionen von PsInfo

Der Aufruf *psinfo proc* zeigt zum Beispiel nur Informationen über die Prozessoren an.

38.6 Zusammenfassung

In diesem Kapitel haben wir Ihnen verschiedene Möglichkeiten in Windows Server 2022 zur Überwachung der Systemleistung aufgezeigt. Neben den Bordmitteln in Windows Server 2022 haben wir Ihnen auch verschiedene Zusatztools gezeigt, mit denen Sie Server überwachen. Die Aufgabenplanung sowie die Ereignisanzeige waren ebenfalls Thema dieses Kapitels.

Das nächste Kapitel beschäftigt sich mit den Windows-Bereitstellungsdiensten in Windows Server 2022.

Teil VIII

Bereitstellung, Verwaltung, Cloudanbindung

Kapitel 39
Windows-Bereitstellungsdienste

In diesem Kapitel zeigen wir Ihnen einige Möglichkeiten vor, um Windows 10/11 und Windows Server 2022 zentral im Unternehmen mit Bordmitteln bereitzustellen. Microsoft bietet dazu einige Tools, zum Beispiel das Windows Assessment and Deployment Kit, das auch mit Windows Server 2022 und den Windows-Bereitstellungsdiensten zusammenarbeitet. Microsoft stellt zusammen mit neuen Versionen von Windows 10/11 jeweils eine angepasste Version des Windows 10/11 ADK zur Verfügung. Sie sollten immer die aktuelle Version einsetzen. Die Windows-Bereitstellungsdienste werden in Windows Server 2022 als veraltet markiert. Es ist also zu erwarten, dass die Funktion im Nachfolger von Windows Server 2022 nicht mehr enthalten sein wird und Microsoft diese aktuell nicht mehr weiterentwickelt.

39.1 Windows Assessment and Deployment Kit (ADK)

Um Windows 10/11 im Unternehmen bereitzustellen, stellt Microsoft das Windows Assessment and Deployment Kit (ADK) zur Verfügung. Es stellt den Nachfolger des Windows Automated Installation Kit (WAIK) dar. Das Toolkit bietet neue Werkzeuge und neue Funktionen, um Windows 10/11 mit seinen neuen Möglichkeiten im Unternehmen zur Verfugung zu stellen.

Microsoft stellt das ADK kostenlos zur Verfügung (*https://docs.microsoft.com/en-us/Windows-hardware/get-started/adk-install*). Das aktuelle ADK unterstützt auch die Bereitstellung von Windows 11 und Windows Server 2022.

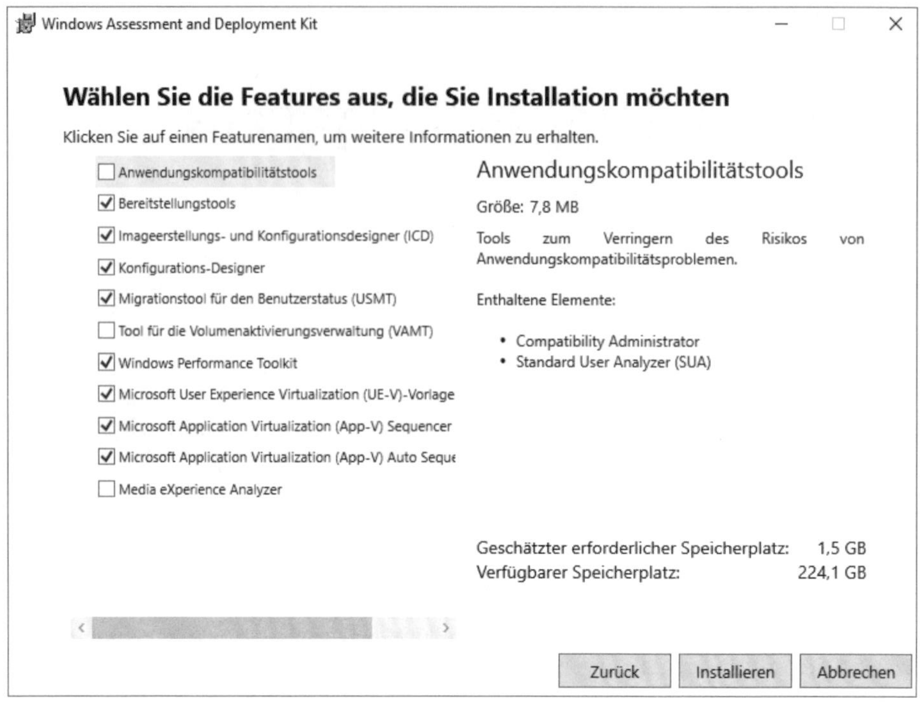

Abb. 39.1 Installation des ADK für Windows

39.1.1 Das Windows-Imageformat

Windows 10/11 arbeitet weiterhin mit dem WIM-Imageformat (Windows Imaging). Wir sind in Kapitel 2 darauf eingegangen, wie Sie WIM-Dateien aufsplitten und anpassen. Statt eines sektorbasierten Imageformats ist das WIM-Format dateibasiert. Dies hat mehrere Vorteile. WIM ist hardwareunabhängig. Das bedeutet, Administratoren müssen nur ein Image für verschiedene Hardwarekonfigurationen erstellen. Mit WIM lassen sich mehrere Images in einer zentralen Datei speichern.

Außerdem nutzt WIM eine Kompression und das Single-Instance-Verfahren, womit sich die Größe von Imagedateien deutlich reduziert. Single-Instancing ist eine Technologie, bei der jede Datei nur einmal gespeichert wird. Wenn zum Beispiel Image 1, 2 und 3 alle die gleiche Datei A enthalten, sorgt Single-Instancing dafür, dass Datei A nur einmal tatsächlich gespeichert wird.

WIM-Images ermöglichen die Offlinebearbeitung von Images. So können Administratoren Betriebssystemkomponenten, Patches und Treiber hinzufügen oder löschen, ohne ein neues Image erstellen zu müssen. Windows 10/11 stellt eine Programmierschnittstelle (API) für das WIM-Imageformat zur Verfügung, die WIMGAPI. Auch dieses Tool ist Bestandteil des ADK.

Diese kann von Entwicklern für die Arbeit mit WIM-Imagedateien genutzt werden. In Kombination mit Windows PE lassen sich diese Images erweitern oder ändern, ohne dass Windows dazu komplett gestartet sein muss. So ist es beispielsweise möglich, einen Treiber auszutauschen, ohne das Administratorenimage komplett neu erstellen zu müssen.

39.1.2 Windows Systemabbild-Manager, Antwortdateien und Kataloge

Der Windows Systemabbild-Manager (Windows System Image Manager, Windows-SIM) ist ein Tool, mit dem Administratoren auf einfache Weise Antwortdateien auf XML-Basis erstellen. Das Tool ist Bestandteil des ADK. Auch Netzwerkfreigaben lassen sich so konfigurieren, dass diese Konfigurationen zur Verteilung von Windows 10/11 auch zusätzliche Treiber enthalten.

Die Antwortdatei enthält das Grundgerüst, das Windows für die einzelnen Konfigurationsphasen benötigt. Dadurch lassen sich Eingaben wie PC-Namen, Product Keys und weitere Eingaben in einer Datei vorgeben, sodass während der Installation keinerlei Eingaben mehr notwendig sind. Die Katalogdatei eines Images (*.clg*) enthält die Einstellungen und Pakete, die in einem Image auf WIM-Basis enthalten sind.

Auch wenn die normale Installation von Windows 10/11 auf einem WIM-Image basiert, finden Sie auf der Windows 10/11-Installations-DVD im Ordner *\sources* keine *.clg*-Dateien der verschiedenen Windows-Editionen mehr. Sie können aber Katalogdateien schnell und einfach mit dem Systemabbild-Manager erstellen. Die Standardinstallationsdatei *install.wim* finden Sie weiterhin in diesem Ordner, auch die Windows PE-Bootumgebung *boot.wim*.

WIM-Images haben als Dateityp die Bezeichnung *.wim*. In diesen Dateien ist festgelegt, welche Komponenten Windows 10/11 bei den einzelnen Windows 10/11-Editionen installiert. Windows 10/11-Antwortdateien speichern Sie am besten als *AutoUnattend.xml*. Beim Starten der Installation durchsucht Windows 10/11 standardmäßig den Stammordner von Laufwerken, auch USB-Sticks, nach einer Datei *AutoUnattend.xml* und verwendet die hinterlegten Antworten zur Installation.

Das ADK enthält kostenlose Werkzeuge, mit denen Sie automatisierte Installationspakete von Windows 10/11 erstellen und verteilen können. Sie können mit dem ADK aber auch Windows Server 2022 sowie die Vorgängerversionen von Windows 10/11 und Windows Server 2022 bereitstellen.

39.1.3 Windows Assessment and Deployment Kit installieren

Wie beim Windows Automated Installation Toolkit (WAIK) handelt es sich beim Windows Assessment and Deployment Kit (ADK) um eine Sammlung verschiedener Programme, die Administratoren dabei helfen sollen, Windows 10/11 für die automatisierte Bereitstellung vorzubereiten. Sie laden dazu zunächst die Installationsdatei.

Die Installationsdatei lädt weitere Dateien aus dem Internet. Das ADK benötigt .NET Framework, das der Assistent aber automatisch auf dem entsprechenden Rechner installiert. Nach dem Download starten Sie die Datei *adksetup.exe* über einen Doppelklick. Bestätigen Sie anschließend die Fenster des Assistenten und lassen Sie die Installationsdateien herunterladen.

Starten Sie die Installation, sollten Sie aber nicht die Option *Assessment and Deployment Kit auf diesem Computer installieren* auswählen, sondern *Assessment and Deployment Kit für die Installation auf einem separatem Computer herunterladen*. Das hat den Vorteil, dass das Tool die entsprechenden Dateien herunterlädt und Sie im Benutzerprofil im *Downloads*-Ordner die vollständigen Installationsdateien des ADK vorfinden. Diese können Sie dann später jederzeit wieder installieren, ohne erneut Dateien herunterladen zu müssen. Sie können die Installation aber auch direkt starten und die Installation über das Internet durchführen lassen. Die Installation ist auf Windows Server 2022 möglich.

Sie können das ADK skriptbasiert über die Eingabeaufforderung installieren. Dazu verwenden Sie den folgenden Befehl:

adksetup /quiet /installpath <Installations-Pfad> /features <ID1><ID2>

Um sich eine Liste aller verfügbaren IDs der verschiedenen Features anzeigen zu lassen, geben Sie in der Eingabeaufforderung den Befehl *adksetup /list* ein. Nach der Installation finden Sie die verschiedenen Programme und Tools zunächst im Startmenü. Die Tools und Beispiele sind darüber hinaus im Installationsverzeichnis zu finden.

39.2 Automatisierte Installation von Windows 10/11 und Windows Server 2022

Um eine Antwortdatei oder ein vorgefertigtes Bootmedium für die Installation von Windows 10/11 bereitzustellen, installieren Sie zunächst das Windows ADK, wie zuvor beschrieben. Im Startmenü finden Sie *Umgebung für Bereitstellungs- und Imageerstellungstools*. Ein Klick darauf startet eine Eingabeaufforderung mit den wichtigsten Tools zur Bereitstellung von Windows 10/11. Starten Sie diese am besten über die App-Leiste mit Administratorrechten.

39.2.1 Windows System Image Manager nutzen

Im Windows 10/11 ADK ist »Windows System Image Manager« (WSIM) dabei. Mit diesem Tool erstellen Sie Antwortdateien, mit denen Sie die Installation von Windows 10/11 automatisieren.

Sie können Installationsmedien erstellen, mit denen Sie unbeaufsichtigt Windows 10/11 über herkömmliche Datenträger, mit System Center Configuration Manager oder mit den Windows-Bereitstellungsdiensten zur Verfügung stellen. Auch eine automatisierte Installation über einen USB-Stick können Sie mit dem Tool durchführen lassen. Um die automatisierte Installation durchzuführen, gehen Sie folgendermaßen vor:

Kopieren Sie für die Erstellung einer Antwortdatei die Datei *install.wim* von den Windows 10/11-Installationsdateien oder von Windows Server 2022 aus dem Verzeichnis *\sources* in ein temporäres Verzeichnis auf der Festplatte, zum Beispiel *c:\temp* oder *c:\software*. Starten Sie Windows System Image Manager aus dem ADK.

Öffnen Sie über *File/Select Windows Image* oder *Datei/Windows-Abbild auswählen* die zuvor kopierte Datei *install.wim* auf der Festplatte. Dabei kann es sich um die Installationsdatei von Windows 10/11, aber auch um Installationsdateien von Windows Server 2016/2019 und Windows Server 2022 handeln.

Wenn das Image mehrere Installationsmöglichkeiten umfasst, wählen Sie die gewünschte Edition aus.

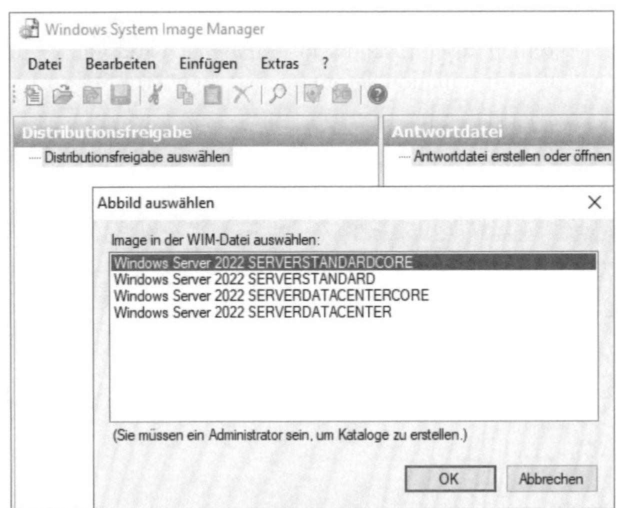

Abb. 39.2 Auswählen der zu installierenden Edition

Bestätigen Sie das Erstellen einer neuen Katalogdatei. Das Paket wird jetzt eingelesen und im Windows System Image Manager angezeigt. Das Erstellen des Katalogs kann einige Zeit dauern.

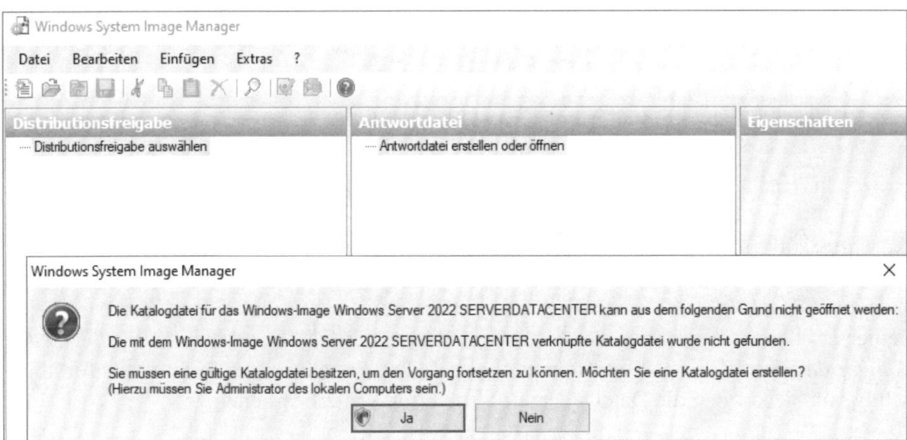

Abb. 39.3 Erstellen einer Katalogdatei

Anschließend starten Sie die Erstellung einer neuen Antwortdatei über *File/New Answer file* oder *Datei/Neue Antwortdatei.*

Die Antwortdatei wird mit ihren verschiedenen Bereichen in der Mitte des Fensters angezeigt. Die Bereiche stellen die verschiedenen Phasen während der Installation von Windows 10/11 und Windows Server 2019/2022 dar.

Im Bereich *Windows Image* erweitern Sie *Components.* Hier können Sie verschiedene Einstellungen vornehmen, um die Installation an Ihre Bedürfnisse anzupassen. Klicken Sie hierzu mit der rechten Maustaste auf die Komponente und wählen Sie die gewünschte Konfigurationsphase aus. So wird die Komponente der Antwortdatei in der Phase der Windows-Installation hinzugefügt. Sie können anschließend sehr umfangreich konfigurieren, welche Einstellungen der Windows 10/11-Installation Sie automatisieren wollen.

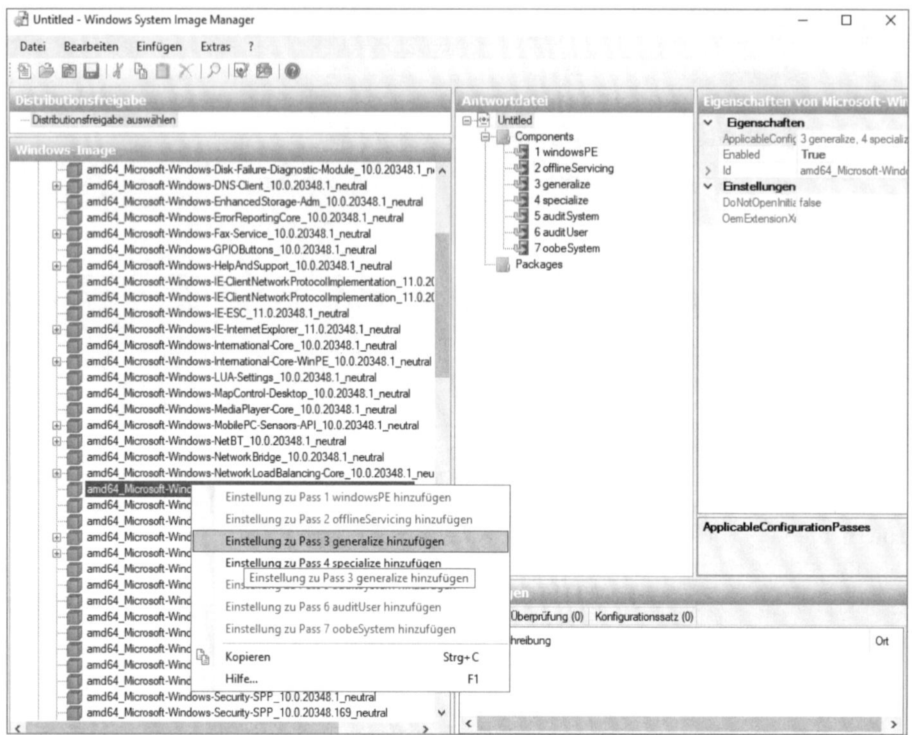

Abb. 39.4 In WSIM passen Sie die Antwortdateien zur automatisierten Installation von Windows an.

Anschließend füllen Sie die verschiedenen Bereiche der Antwortdatei in der Mitte mit den Daten, die für die Installation notwendig sind. Im Anschluss überprüfen Sie die Antwortdatei über *Tools/Validate Answer File* oder *Extras/Antwortdatei überprüfen*. Es dürfen keine Fehler erscheinen. Speichern Sie die Antwortdatei über *File/Save Answer File* oder *Datei/Antwortdatei speichern* als *AutoUnattend.xml* ab. Die Erstellung der Datei ist damit abgeschlossen. Sie können die Datei jederzeit öffnen und weiterbearbeiten.

Speichern Sie die Datei auf einem USB-Stick und verbinden Sie diesen mit dem Rechner, auf dem Sie Windows 10/11 oder Windows Server 2022 mit der Datei automatisiert installieren wollen. Auch die Verwendung über WDS ist auf diesem Weg möglich.

Booten Sie vom Windows 10/11-USB-Stick, verwendet der Setup-Assistent die Antwortdatei zur automatisierten Installation. Sie können die Antwortdatei aber auch mit den Windows-Bereitstellungsdiensten oder in Microsoft Endpoint Configuration Manager verwenden.

39.2.2 Windows 10/11 und Windows Server 2022 aktivieren

Den Stand der Aktivierung von Windows 10/11 und Windows Server 2022 sehen Sie im Explorer in den Eigenschaften von *Dieser PC*. Geben Sie *slui* im Suchfeld der Taskleiste ein, sehen Sie ebenfalls, ob das System aktiviert ist.

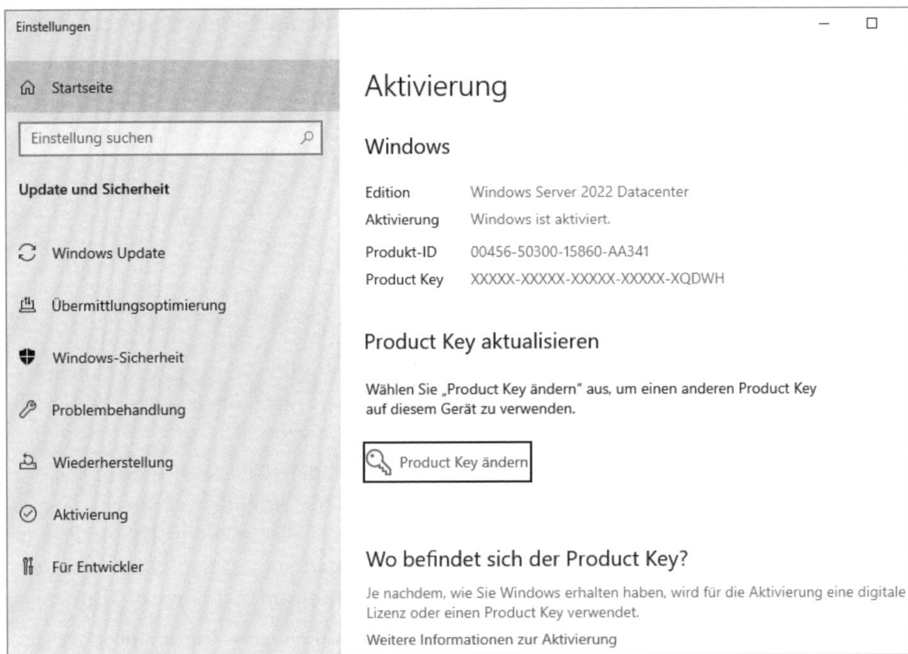

Abb. 39.5 Überprüfen der Aktivierung von Windows

In diesem Fenster können Sie unten über den Link *Product Key ändern* einen neuen Product Key eingeben, um Windows zu aktivieren. Funktioniert die Aktivierung nicht, starten Sie eine Befehlszeile mit Administratorrechten. Starten Sie das Tool *slui*, um die Verwaltung der Aktivierung zu starten. Über den Befehl *slui 3* wird ein Dialogfeld geöffnet, um einen neuen Produktschlüssel einzugeben.

Der Befehl *slui 4* öffnet die Auswahl der Aktivierungshotlines. Funktioniert die Online-Aktivierung nicht, können Sie häufig auf diesem Weg die Aktivierung durchführen. Wollen Sie sich die aktuelle Windows 10/11-Edition anzeigen lassen, öffnen Sie eine Eingabeaufforderung mit Administratorrechten und geben den Befehl *DISM /Online /Get-CurrentEdition* ein.

Für die Verwaltung und die Abfrage von Lizenzinformationen auf Windows 10/11-PCs stellt Microsoft das Skript *slmgr.vbs* zur Verfügung, das Sie über die Eingabeaufforderung, ebenfalls mit erhöhten administrativen Rechten starten. Das Tool kennt verschiedene Optionen:

- */ato* – Windows online aktivieren
- */dli* – Zeigt die aktuellen Lizenzinformationen an.
- */dlv* – Zeigt noch mehr Lizenzdetails an.
- */dlv all* – Zeigt detaillierte Infos für alle installierten Lizenzen.

Möchten Sie den Status der Aktivierung anzeigen, geben Sie in der Eingabeaufforderung den Befehl *slmgr.vbs /dli* ein. Sie können den Product Key einer Windows 10/11-Installation auch in der Befehlszeile anpassen. Dazu benötigen Sie eine Eingabeaufforderung, die Sie mit Administratorrechten starten:

1. Geben Sie zum Löschen des alten Product Key in der Eingabeaufforderung den Befehl *slmgr /upk* ein. Zwar ersetzen die nächsten Punkte den vorhandenen Product Key. Allerdings funktioniert das nicht immer, wenn nicht zuvor die alte Nummer gelöscht wurde.
2. Bestätigen Sie das Löschen.
3. Den neuen Product Key geben Sie dann mit *slmgr /ipk xxxxx-xxxxx-xxxxx-xxxxx-xxxxx* ein.
4. Mit *slmgr /ato* aktivieren Sie Windows 10/11.

39.3 Grundlagen der Windows-Bereitstellungsdienste

Mit den Windows-Bereitstellungsdiensten können Sie in Windows Server 2022 Arbeitsstationen auf Basis von Windows 10/11 oder älter automatisiert installieren lassen. Der WDS-Server muss einer bestehenden Active Directory-Domäne angehören.

Der WDS-Server muss außerdem Zugang zu einem aktiven DHCP-Server haben. Der Server benötigt eine separate Partition, die mit NTFS oder ReFS formatiert ist. In dieser speichern Sie die Abbilder zur automatisierten Installation von Windows 10/11. Die PCs im Netzwerk booten und verbinden sich mit dem Server. Dieser kopiert dann über das Netzwerk das Image auf den Computer und führt die Installation von Windows 10/11 durch.

Multicast-Verbindungen zu langsamen Clients kann ein WDS-Server automatisch trennen und so Übertragungen auf Basis der Clientgeschwindigkeit in mehrere Streams aufteilen. Außerdem wird Multicasting in Umgebungen mit IPv6 unterstützt. Mit Transportservern sind Netzwerkstarts und Datenmulticasting im Rahmen einer erweiterten Konfiguration möglich. Ein Transportserver ist ein eigenständiger Server der WDS, der PXE, also das Booten von Computern über das Netzwerk, unterstützt.

Beim Verwenden eines Transportservers für Netzwerkstarts und Multicasting sind Sie nicht auf ein Active Directory oder DNS angewiesen. WDS unterstützen Netzwerkstarts von x64-Computern mit EFI, einschließlich Funktionen zum automatischen Hinzufügen, DHCP-Verweisen zum Weiterleiten von Clients an einen bestimmten PXE-Server sowie der Fähigkeit, Startabbilder mithilfe von Multicasting bereitzustellen. Treiberpakete lassen sich jetzt direkt in Startabbilder integrieren.

39.3.1 Verwalten von Abbildern in WDS

Sobald der WDS-Server installiert worden ist, können Abbilder hinzugefügt werden. Hier gibt es verschiedene Typen. Ein Startabbild kommt zum Einsatz, wenn auf dem Client Windows PE starten soll, um auf dieser Basis Windows 10/11 zu installieren.

Installationsabbilder dienen der Installation von Windows und erfordern eine Abbildgruppe. Eine Abbildgruppe ist ein Ordner, der sich unterhalb des Knotens *Installationsabbilder* befindet. Für alle Clientcomputer, die keine Unterstützung für PXE (Preboot Execution Environmen) bieten, gibt es die Möglichkeit, ein Startabbild zu exportieren. Somit können auch diese Clientcomputer durch den WDS-Server bedient werden. Diese Abbilder werden Suchabbilder genannt und erhalten vor der Generierung die Information, welcher Bereitstellungsserver verwendet werden soll. Aufzeichnungsabbilder bieten eine Alternative zum Befehlszeilentool ImageX, wenn ein mit dem Dienstprogramm Sysprep vorbereitetes Abbild aufgezeichnet wird.

Beim Start eines Clients mit einem Aufzeichnungsabbild wird das Aufzeichnungsdienstprogramm der Windows-Bereitstellungsdienste aufgerufen. Es führt den Benutzer durch die erforderlichen Schritte zum Aufzeichnen und Hinzufügen eines neuen Abbilds. Das Aufzeichnungsabbild muss als Startabbild hinzugefügt werden.

Für das Booten über das Netzwerk (PXE) stellen die Bereitstellungsdienste verschiedene Network Bootstrap-Programme (NBP) zur Verfügung. Um diese effektiv nutzen zu können, sollten alle Clients im Active Directory bereits mit eindeutigen IDs ausgestattet sein. Nur durch diese Identifizierung anhand der GUID oder der MAC-Adresse kann das Bootverhalten der Clients durch die Zuweisung der NBP beeinflusst werden.

Das Tool PXEboot erfordert, dass der Benutzer beim Starten des Computers die [F12]-Taste drücken muss, um einen Netzwerkboot durchzuführen. Wird *PXEboot.n12* genutzt, erfolgt der Boot über das Netzwerk ohne Drücken der [F12]-Taste. Das Tool AbortPXE legt fest, dass ein Computer direkt das nächstverfügbare Bootmedium nutzt. Es erfolgt kein Netzwerkboot.

Wdsnbp stellt Funktionen bereit, die zur Erkennung der Architektur und zur Verwaltung von Anfragen der Bootberechtigung benötigt werden. Es wird noch vor PXEboot geladen. Steht in der Bootreihenfolge des Rechners das Booten über Netzwerk vor dem Booten von Festplatte und wird *PXEboot.n12* genutzt, wird der Client bei jedem Hochfahren in den Netzwerkboot übergehen und nicht das eigentliche Betriebssystem laden. Dieses Verhalten lässt sich dadurch vermeiden, dass Sie *PXEboot.com* oder *AbortPXE.com* verwenden.

39.3.2 So funktioniert die automatisierte Installation von Windows über WDS

Ein Clientcomputer wird mit PXE im Netzwerk gestartet. Nach dem Laden des BIOS sendet das PXE-ROM auf der Netzwerkkarte eine Netzwerk-Dienstanforderung an den nächstgelegenen DHCP-Server. Mit der Anforderung sendet der Client seine GUID (Globally Unique Identifier). Der DHCP-Server erteilt dem Client eine IP-Lease mit Optionen für DNS (006), Domäne (015) und PXE-Server (060).

Als Nächstes startet das Bootimage mit Windows PE, das in den Hauptspeicher geladen wird. Über einen Eintrag in der Antwortdatei wird die Festplatte angepasst. Das Setup führt die in der Antwortdatei enthaltene Anmeldung an den WDS-Server aus. Existiert dieser Eintrag nicht, wird um eine Authentifizierung gebeten. Soll eine unbeaufsichtigte Installation durchgeführt werden, darf immer nur ein Image in der Imagegruppe existieren.

Wurde die Antwortdatei mit Informationen, wie Product Key, Sprachversion und Domänenkonto, korrekt konfiguriert, läuft die Installation völlig automatisiert ab.

Die Windows Deployment Services bieten eine effektive Möglichkeit, Windows-Betriebssysteme ohne den Einsatz von Installationsmedien zu installieren. Durch den Einsatz von Antwortdateien lässt sich die Installation automatisieren. In Kombination mit der Lite

Touch Installation (LTI) beziehungsweise der Zero Touch Installation (ZTI) kann der Bereitstellungsdienste-Server, ohne viel Speicherplatz zu verbrauchen, als reines Transportmittel für die verwendeten Startabbilder genutzt werden.

39.4 Installation der Windows-Bereitstellungsdienste

Die Installation besteht aus der Installation der Serverrolle und der anschließenden Ersteinrichtung des Servers. Als Erstes starten Sie den Server-Manager und installieren die Rolle *Windows-Bereitstellungsdienste* über das Menü *Verwalten* (siehe Kapitel 4). Standardmäßig wird sowohl der *Bereitstellungsserver* als auch der *Transportserver* installiert. Zur Installation gehört eine Ersteinrichtung, auch Initialisierung genannt, die über die Verwaltungskonsole der Windows-Bereitstellungsdienste durchgeführt wird. Während der Installation stellen Sie nichts ein, der Dienst wird erst nachträglich angepasst.

Abb. 39.6 Installieren der Windows-Bereitstellungsdienste

39.4.1 Ersteinrichtung der Windows-Bereitstellungsdienste

Öffnen Sie für die erste Einrichtung die Verwaltungskonsole der Windows-Bereitstellungsdienste über *Tools* im Server-Manager oder durch Eingabe von *wdsmgmt.msc* im Suchfeld der Taskleiste. Der Server wird angezeigt, ist aber noch mit einem Warnzeichen versehen.

Über das Kontextmenü starten Sie den Befehl *Server konfigurieren*. Es startet ein Assistent, über den Sie den WDS-Server einrichten. Auf der ersten Seite nach dem Begrüßungsfenster legen Sie den Speicherort fest, in dem die Installationsabbilder gespeichert werden. Es bietet sich an, dafür eine eigene Partition zu wählen. Statt über den Assistenten können Sie diesen Vorgang über die Eingabeaufforderung mit dem Befehl *wdsutil /initialize-server /reminst:<Ordner>* durchführen.

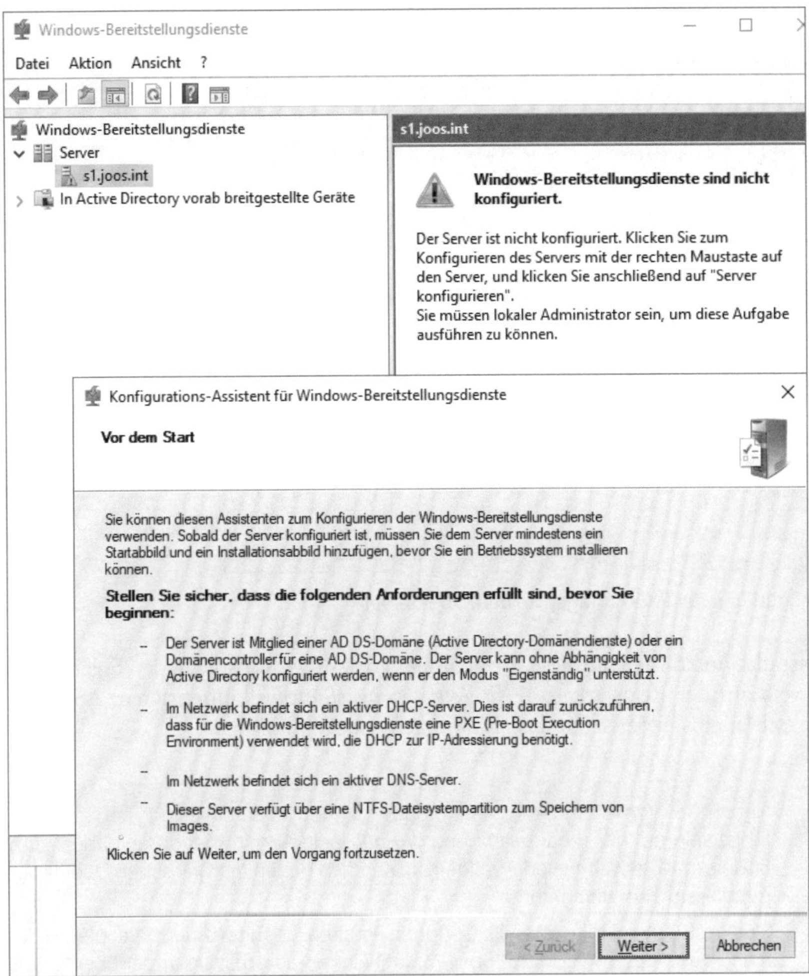

Abb. 39.7 Windows-Bereitstellungsdienste konfigurieren

Im Assistenten legen Sie fest, auf welche Clients der PXE-Server antworten soll, wenn eine Bootabfrage an den Server gestellt wird. Aktivieren Sie die Option *Nur bekannten Clientcomputern antworten*, können nur Computer, für die in der Domäne ein Konto erstellt ist, diesen Server verwenden.

Damit der Server ordnungsgemäß Clients anbinden kann, sollten Sie am besten die Optionen *Allen Clientcomputern antworten (bekannten und unbekannten)* und, falls gewünscht, das Kontrollkästchen *Administratorgenehmigung für unbekannte Computer erforderlich machen* aktivieren.

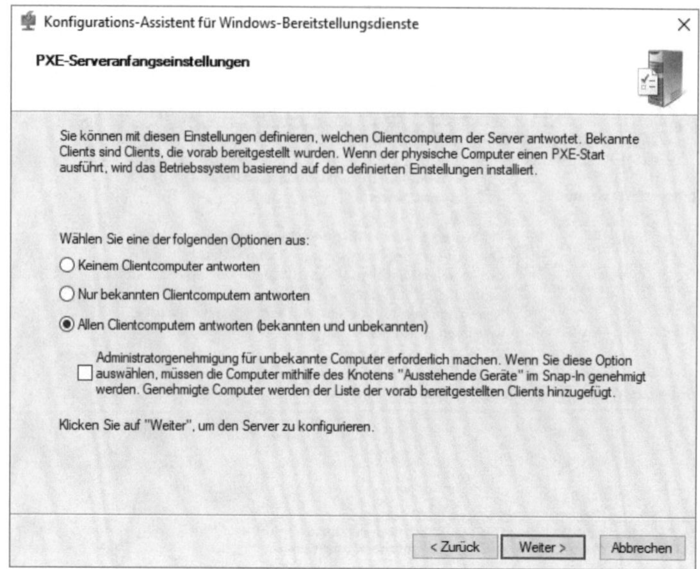

Abb. 39.8 Konfigurieren der PXE-Anfragen an den WDS-Server

Nach der Installation können Sie diese Einstellung in der WDS-Konsole in den Eigenschaften des Servers auf der Registerkarte *PXE-Antworteinstellungen* konfigurieren. Anschließend ist der Server einsatzbereit für das Hinzufügen von Abbildern.

Neben der Verwaltungskonsole bieten die Windows-Bereitstellungstools ein Befehlszeilentool mit der Bezeichnung *Wdsutil*. Viele Administrationsaufgaben, zum Beispiel das Verwalten von Abbildern, lassen sich neben der grafischen Oberfläche mit diesem Tool durchführen.

Eine ausführliche Hilfe über die Optionen erhalten Sie mit *wdsutil /?*. Bereits bei der Einrichtung des Servers kann über Wdsutil einiges automatisiert oder über Skripts abgewickelt werden.

Nach der ersten Einrichtung über den Assistenten können Sie in der WDS-Konsole über die Eigenschaften die Konfiguration des Servers anpassen.

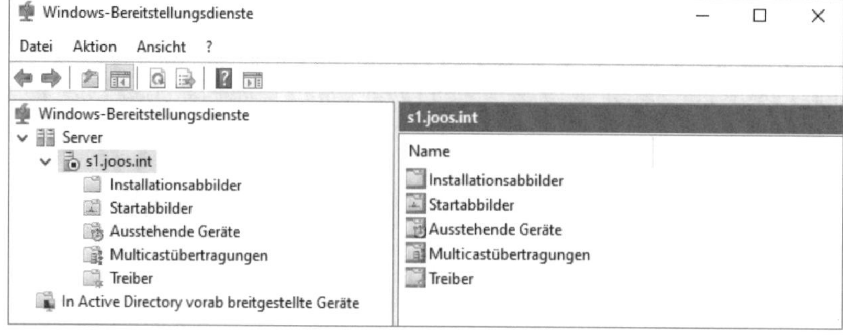

Abb. 39.9 Verwalten von WDS in der WDS-Verwaltungskonsole

39.4.2 Multicast verwenden

Multicast verwenden Sie, wenn sich nicht nur wenige Clients mit dem Bereitstellungsserver verbinden, sondern eine große Anzahl von Clients gleichzeitig. Beim Erstellen einer Multicastübertragung für ein Abbild werden die Daten nur einmal über das Netzwerk gesendet, wodurch eine deutliche Verringerung der verwendeten Netzwerkbandbreite erreicht werden kann.

Achten Sie aber darauf, dass diese Funktion von den Routern im Netzwerk unterstützt werden muss. Verwenden Sie mehrere WDS-Server im Netzwerk, müssen Sie darauf achten, dass die Multicast-IP-Adressen nicht kollidieren. Ansonsten besteht die Gefahr eines übermäßigen Datenverkehrs. Um neue Multicastübertragungen zu aktivieren, klicken Sie mit der rechten Maustaste auf den Menüpunkt *Multicastübertragungen* und wählen im Kontextmenü den Befehl *Multicastübertragung erstellen* aus.

Anschließend geben Sie einen Namen der Übertragung ein und wählen das Installationsabbild aus, das verwendet werden soll. Interessant wird die Konfiguration auf der nächsten Seite des Assistenten, auf dem die Multicastübertragung ausführlicher konfiguriert wird.

Mit der Funktion *Cast (automatisch)* wird angegeben, dass eine Multicastübertragung des ausgewählten Abbilds beginnt, sobald von einem Client ein Installationsabbild angefordert wird. Wenn dasselbe Abbild noch von anderen Clients angefordert wird, werden auch diese in die bereits gestartete Sitzung eingebunden. Mit der Option *Cast (geplant)* werden die Startbedingungen für Multicast speziell festgelegt. Basis für diese Einstellung ist die Anzahl der Clients, die ein Abbild zu einer bestimmten Zeit anfordern. Daten werden nur dann über das Netzwerk übertragen, wenn diese von Clients angefordert werden.

Wenn die Übertragung als geplante Umwandlung konfiguriert, mindestens ein Client verbunden und die Übertragung noch nicht gestartet ist, können Sie mit der rechten Maustaste die Übertragung anklicken und den Befehl *Starten* wählen.

Klicken Sie mit der rechten Maustaste auf die Übertragung, können Sie sie beenden. Die Clientinstallationen werden dabei nicht gelöscht, sondern lediglich auf Unicast umgestellt. Deaktivieren Sie die Übertragung über das Kontextmenü, wird die bereits begonnene Installation von Clients fortgesetzt.

Es werden jedoch keine neuen Clients in die Übertragung eingebunden. Die Übertragung wird gelöscht, wenn die Installation aller aktuellen Clients abgeschlossen ist. Clientcomputer können auch mit dem Tool *Wdsmcast*, einem Befehlszeilentool des ADK, an einer Übertragung teilnehmen. In den Eigenschaften des Servers kann auf der Registerkarte *Netzwerkeinstellungen* das Verhalten des Servers bezüglich Multicast konfiguriert werden.

Werden im Unternehmen mehrere WDS-Server für Multicast konfiguriert, sollte in den Eigenschaften jedes Servers auf der Registerkarte *Netzwerk* ein anderer Portbereich eingestellt werden, da sich sonst Datenpakete überlappen können und die Netzwerkbelastung stark ansteigt.

39.5 Verwalten und Installieren von Abbildern

Die Installation von Clientcomputern über den WDS erfolgt über die bereits erwähnten Abbilder. Bei Startabbildern handelt es sich um Images, die lediglich Windows PE, also die Installationsumgebung des Servers, laden. Dabei kann es sich zum Beispiel um die Datei *boot.wim* aus dem Verzeichnis *\sources* der Windows 10/11-Installationsdateien handeln.

Installationsabbilder sind schließlich die Abbilder, über die zum Beispiel Windows 10/11 installiert werden kann. Dabei handelt es sich um die Datei *install.wim* aus dem Verzeichnis *\sources* der Windows 10/11-Installationsdateien oder ein angepasstes Abbild auf Basis einer WIM-Datei.

39.5.1 Startabbilder verwalten

Startabbilder kommen dann zum Einsatz, wenn Sie eine automatisierte Installation über Antwortdateien durchführen wollen, also wenn Anwender selbst bei der Installation den einen oder anderen Menüpunkt auswählen können.

Bei dieser Installationsmethode findet die Installation von Windows unabhängig von den Windows-Bereitstellungsdiensten über eine Antwortdatei statt. Der WDS startet dazu auf dem Client lediglich die Windows PE-Umgebung. Die weitere automatisierte Installation wird über eine Antwortdatei vorgenommen.

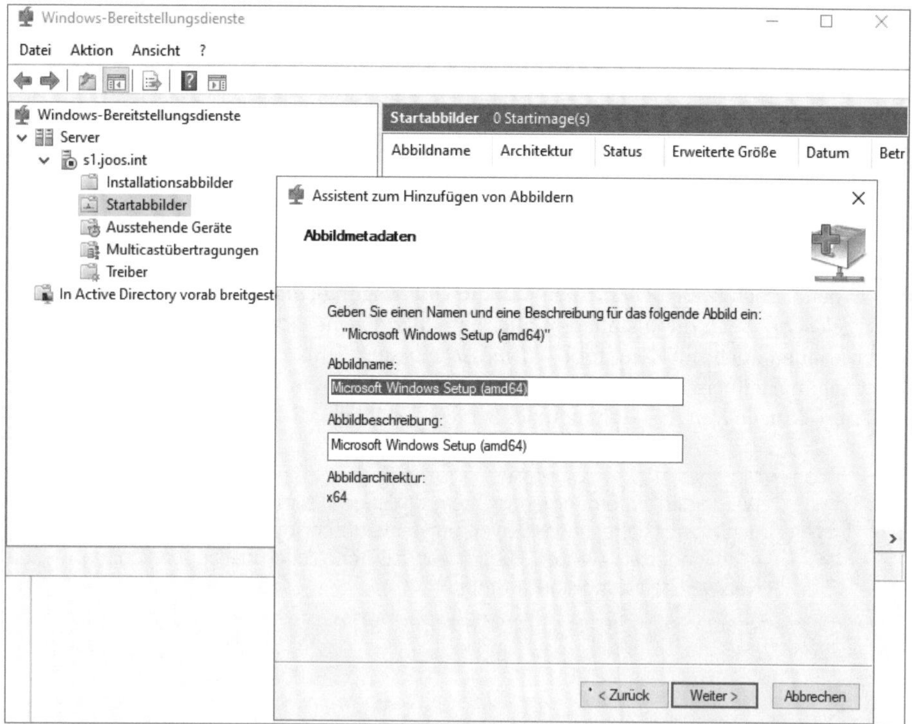

Abb. 39.10 Startabbild in WDS hinterlegen

Um ein Startabbild hinzuzufügen, starten Sie zunächst die Verwaltungsoberfläche der WDS. Als Nächstes klicken Sie den Konsoleneintrag *Startabbilder* mit der rechten Maustaste an und wählen danach im Kontextmenü den Befehl *Startabbild hinzufügen* aus.

Sie können entweder ein eigenes Abbild erstellen, wie bereits in diesem Kapitel beschrieben, oder Sie verwenden das Standardabbild *boot.wim* aus dem Ordner *\sources* auf der Windows 10/11-DVD und auch in Windows Server 2022.

Dieses sollten Sie vorher auf die Festplatte des Servers kopieren. Auf der nächsten Seite sehen Sie den Namen sowie die Beschreibung des Abbilds. Bestätigen Sie die restlichen Fenster, damit das Startabbild dem Server hinzugefügt wird.

Sobald das Startabbild dem Server hinzugefügt ist, sehen Sie es in der Verwaltungskonsole als *Online*. Über das Kontextmenü können Sie das Abbild bearbeiten oder andere Abbilder daraus erstellen.

Über das Kontextmenü können Sie zusätzliche Treiber in das Startabbild hinzufügen. Startabbilder können über die Eingabeaufforderung mit dem folgenden Befehl hinzugefügt werden:

wdsutil /Add-Image /ImageFile:<Pfad zur .wim-Datei> /ImageType:boot

Computer über WDS booten und Fehler beheben

Sobald die Windows-Bereitstellungsdienste installiert und konfiguriert und ein Startabbild oder Installationsabbilder hinzugefügt sind, können Computer über das Netzwerk gebootet werden und sich mit dem WDS-Server verbinden. Achten Sie darauf, dass die Netzwerkkarte des Computers PXE beherrscht und der DHCP-Server korrekt konfiguriert ist, damit eine Namensauflösung funktioniert und Clients beim Booten eine IP-Adresse erhalten.

Haben Sie WDS und DNS auf dem gleichen Server installiert, besteht die Möglichkeit, dass das Booten der Clients fehlschlägt. Das Problem liegt daran, dass der DNS-Server die Ports des WDS-Servers blockiert.

Die Clients erhalten zwar eine IP-Adresse durch den DHCP-Server, aber können anschließend keine TFTP-Verbindung zum WDS-Server aufbauen, um Abbilder zu laden. Sie können den Fehler folgendermaßen beheben:

1. Öffnen Sie den Registrierungs-Editor und navigieren Sie zu *HKEY_LOCAL_MACHINE\System\CurrentControlSet\Services\WDSServer\Parameters.*
2. Öffnen Sie den Wert *UdpPortPolicy.*
3. Setzen Sie den Wert von *1* auf *0.*
4. Starten Sie den WDS-Dienst über das Kontextmenü zum Server in der WDS-Konsole neu.

Sobald sich der Computer erfolgreich mit dem WDS-Server verbindet, erhält er eine IP-Adresse zugewiesen und Windows PE wird auf diesem Computer gestartet. Nach Bestätigung des Netzwerkbootvorgangs startet der Computer mit dem Startabbild, das auf ihm hinterlegt worden ist.

39.5.2 Installationsabbilder verwenden

Installationsabbilder sind Abbilder, über die auf Basis eines Images installiert wird. Entweder erstellen Sie mit ImageX ein angepasstes Abbild, verwenden das Standardabbild *install.wim* aus dem Ordner *\sources* auf der DVD oder erstellen mit den Tools des Windows 10/11 ADK ein eigenes, angepasstes Abbild.

Installationsabbilder werden in Abbildgruppen zusammengefasst. Bei der Erstellung des ersten Installationsabbilds wird automatisch eine erste Abbildgruppe erstellt. Um ein Installationsabbild zu integrieren, klicken Sie in der WDS-Verwaltungskonsole mit der rechten Maustaste auf *Installationsabbilder* und wählen im Kontextmenü den Befehl *Installationsabbild hinzufügen* aus.

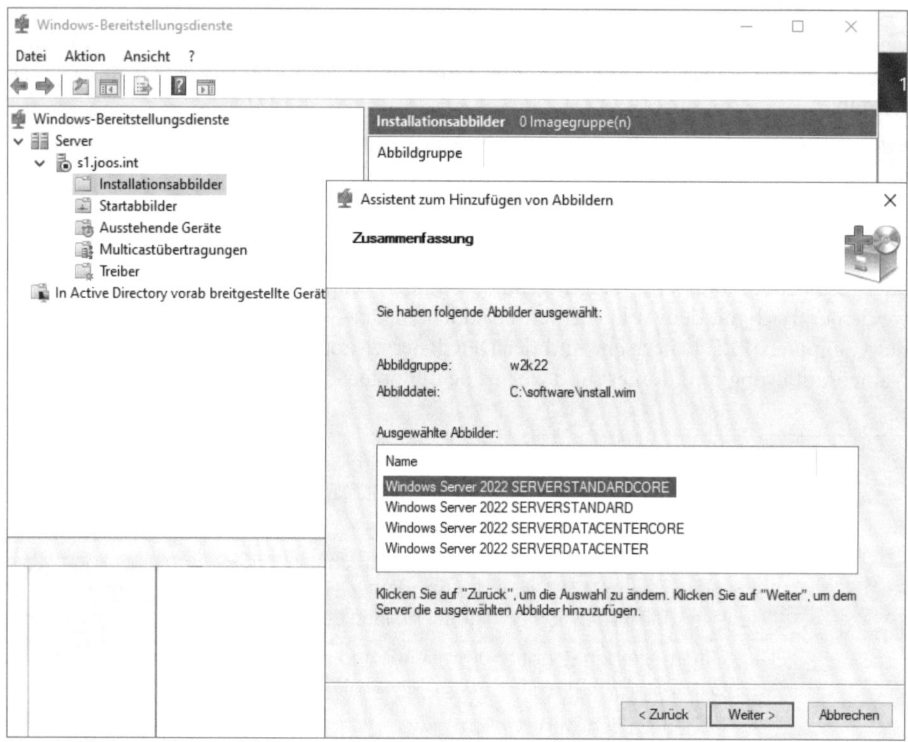

Abb. 39.11 Installationsabbilder hinzufügen

Im ersten Fenster wählen Sie die Abbildgruppe aus, in der Sie das Installationsabbild integrieren. Ist noch keine Abbildgruppe vorhanden, können Sie eine erstellen. Im nächsten Fenster wählen Sie die Imagedatei aus. Enthält ein Image mehrere Möglichkeiten und Windows-Editionen, legen Sie im nächsten Fenster fest, welche Edition Sie integrieren wollen. Das Installationsabbild wird in seiner Gruppe angezeigt und Sie können es nachträglich bearbeiten. Es lassen sich beliebige weitere Installationsabbilder hinzufügen, sodass bei der Betriebssystemauswahl auf dem Client weitere Optionen zur Verfügung stehen. Nach dem Hinzufügen können Sie einen Computer einrichten und das Image installieren lassen.

Durch das konfigurierte Startabbild wird der Computer gebootet und durch die integrierten Installationsabbilder kann das zu installierende Betriebssystem auf dem Computer ausgewählt werden.

Diese Installation kann vollkommen automatisiert durchgeführt werden. Dazu kommen wir später in diesem Kapitel noch ausführlicher. Über die Eingabeaufforderung wird ein Installationsabbild mit dem folgenden Befehl hinzugefügt:

wdsutil /add-image /ImageFile:<Pfad> /ImageType:install /ImageGroup:<Abbildgruppe>

Mit der zusätzlichen Option */SingleImage:<Bezeichnung>* kann nur ein einzelnes Image der WIM-Datei ausgewählt werden.

Auf der Registerkarte *Client* in den Eigenschaften des WDS-Servers können Sie Antwortdateien hinterlegen, die die Installation automatisieren, wenn das hinterlegte WIM-Abbild nicht bereits automatisiert ist.

39.5.3 Suchabbilder verwenden

Suchabbilder sind Abbilder für Computer, die kein PXE-Boot über das Netzwerk beherrschen. Dazu wird ein Datenträger erstellt, mit dem der entsprechende Computer gebootet wird und sich mit dem WDS-Server verbinden kann.

Suchabbilder werden über ein Startabbild erstellt. Klicken Sie dazu das Startabbild mit der rechten Maustaste an und wählen Sie im Kontextmenü den Eintrag *Suchabbild erstellen* aus.

Es öffnet sich ein neues Fenster, auf dem mehrere Eingaben für das Suchabbild vorgenommen werden können. Legen Sie die Beschreibung des Abbilds fest und geben Sie den Namen und den Speicherort der zu erstellenden WIM-Datei an. Auch der WDS-Server, der auf Anfragen dieses Clients antworten soll, wird hier festgelegt. Achten Sie darauf, dass für Suchabbilder immer nur ein WDS-Server konfiguriert werden kann.

Haben Sie alle Daten konfiguriert, wird das Abbild über *Weiter* erstellt. Es ist allerdings nicht als bootfähige ISO-Datei vorhanden, sondern wird als WIM-Image erstellt. Da sich aber der Client nicht mit dem WDS-Server verbinden kann, bringt das WIM-Image des Suchabbilds an dieser Stelle nicht viel und muss daher zunächst in eine ISO-Datei umgewandelt werden.

39.5.4 Aufzeichnungsabbilder verwenden

Aufzeichnungsabbilder sind eine Alternative, ein Abbild zu erstellen. Der Unterschied ist, dass mit diesem Aufzeichnungsstartabbild der Clientcomputer über PXE gebootet und ein Aufzeichnungsabbild auf dem WDS-Server erstellt wird.

Aufzeichnungsabbilder werden wie Suchabbilder auf Basis von Startabbildern erstellt. Klicken Sie in der WDS-Konsole mit der rechten Maustaste auf das Startabbild, auf dessen Basis Sie das Aufzeichnungsabbild erstellen wollen, und wählen Sie *Aufzeichnungsabbild erstellen* aus. Im folgenden Fenster geben Sie den Namen des Abbilds sowie den Speicherort für seine WIM-Datei aus.

Nachdem das Abbild erstellt ist, müssen Sie es noch als zusätzliches Startabbild hinzufügen. Gehen Sie dazu genauso vor wie beim Hinzufügen des ersten Startabbilds weiter vorne in diesem Kapitel. Sind mehrere Startabbilder konfiguriert, kann auf den Clientcomputern standardmäßig ausgewählt werden, welches verwendet werden soll.

Startet ein Computer über ein Aufzeichnungsstartabbild, erscheint der Assistent, mit dem ein Image des Computers erstellt und über das Netzwerk auf dem WDS-Server gespeichert werden kann.

Vom Assistenten zur Abbildaufzeichnung für die Windows-Bereitstellungsdienste werden nur die mithilfe von Sysprep vorbereiteten Laufwerke angezeigt.

39.5.5 Automatische Namensgebung für Clients konfigurieren

Clientcomputer werden bei der Installation über WDS automatisch an die Windows-Domäne angebunden und entsprechend benannt. In den Eigenschaften des Servers auf der Registerkarte *AD DS* können Sie diese Funktion konfigurieren.

Wird die Installation nicht über eine Antwortdatei gesteuert, in der auch die Namen der Computer angegeben sind, besteht die Möglichkeit, an dieser Stelle in der WDS-Konsole eine Richtlinie zu konfigurieren. Die automatische Benennungsrichtlinie basiert auf dem Namen des Benutzers, der sich am WDS zur Installation anmeldet. Dabei wird eine inkrementelle Zahl hinzugefügt, um sicherstellen, dass der Computername eindeutig ist. Über Variablen kann der Name gesteuert werden:

- **%First** – Der Vorname des Benutzers wird als Computername verwendet.
- **%Last** – Der Nachname des Benutzers wird als Computername verwendet.
- **%Username** – Der Benutzername wird als Computername verwendet.
- **%MAC** – Die MAC-Adresse der Netzwerkkarte wird als Computername verwendet.
- **%[0][n]#** – Wenn Sie die Zahl im Namen mit einer Null auffüllen möchten, geben Sie zusätzlich eine 0 an. Verwenden Sie zum Beispiel *%05#*, wird eine fünfstellige Zahl zwischen 00001 und 99999 verwendet.

Soll die Länge des Computernamens auf vier Zeichen des Nachnamens des Benutzers und einer angefügten dreistelligen Zahl begrenzt werden, geben Sie *%4Last%03#* ein. Soll der Computername aus den ersten drei Buchstaben des Vornamens des Benutzers und den ersten drei Buchstaben des Nachnamens des Benutzers und einer dreistelligen Zahl bestehen, geben Sie die Zeichenfolge *%3First%3Last%03#* ein.

Ein Computername darf aus maximal 15 Zeichen bestehen. Mit der Standardrichtlinie sind jedoch Namen mit einer Länge von bis zu 63 Zeichen möglich. Wenn ein Name mit einer Länge von mehr als 15 Zeichen generiert wird, werden alle Zeichen abgeschnitten, die auf die ersten 15 folgen, und der Computer kann der Domäne in diesem Fall nicht beitreten.

Im Computernamen dürfen nur Standardzeichen enthalten sein. Die zugelassenen Zeichen sind: alle Großbuchstaben (A–Z), Kleinbuchstaben (a–z), Zahlen (0–9) und der Bindestrich (-).

39.5.6 Berechtigungen für Abbilder verwalten

Über das Kontextmenü der Abbildgruppe erreichen Sie mit dem Menüpunkt *Sicherheit* die Berechtigungsstruktur für die enthaltenen Abbilder. Wenn die Anwender im Unternehmen selbst das Abbild auswählen, achten Sie darauf, dass sie nur Leserechte für die Abbilder erhalten.

39.5.7 Virtuelle Festplatten in WDS verwenden

Windows Server 2022 und Windows 10/11 unterstützen die direkte Einbindung von VHD(x)-Festplatten in das Betriebssystem. Die beiden Betriebssysteme lassen sich sogar von virtuellen Festplatten booten (siehe Kapitel 1 und 2). WDS in Windows Server 2022 bietet die Möglichkeit, virtuelle Festplatten im Unternehmen bereitzustellen.

VHD-Dateien erstellen und in WDS einbinden

VHD-Dateien lassen sich genauso verteilen wie WIM-Images. Zur Einbindung benötigen Sie Wdsutil, da sich VHD-Dateien in WDS nur über die Eingabeaufforderung einbinden lassen. Damit Sie eine VHD-Datei in WDS einbinden können, muss der WDS-Server konfiguriert und mit einem Startabbild versehen sein.

Auf der VHD-Datei dürfen sich nur ein Betriebssystem und nur eine Partition befinden. GPT-Datenträger werden nicht unterstützt. Für VHD-Dateien müssen Sie eigene Abbildgruppen erstellen, WIM-Dateien und VHD-Dateien lassen sich nicht vermischen.

Um ein Image zu WDS hinzuzufügen, öffnen Sie eine Eingabeaufforderung mit Administratorrechten. Sie können die Abbildgruppe für VHD-Dateien in der Eingabeaufforderung mit Wdsutil erstellen. Verwenden Sie dazu den Befehl:

wdsutil /Add-ImageGroup /ImageGroup:<Name>

Anschließend können Sie mit Wdsutil VHD-Dateien, die ein Betriebssystem enthalten, in die Abbildgruppe integrieren:

wdsutil /Verbose /Progress /Add-Image /ImageFile:<Pfad> /ImageType:Install /ImageGroup: <Name>

Verwenden Sie differenzierende Festplatten, müssen Sie den Pfad zur differenzierenden Festplatte eingeben, nicht zur übergeordneten Festplatte. Die komplette Syntax des Befehls ist:

wdsutil /add-Image /ImageFile:<Pfad zur VHD-Datei> [/Server:<Name>] /ImageType:install [/ImageGroup:<Name>] [/Filename:<Neuer Dateiname des Images>] [/UnattendFile:<Pfad zur XML-Datei>]

Beispiel:

wdsutil /Verbose /Progress /Add-Image /ImageFile:"C:\vhd\Windows11.vhd" /Server:dc02 /ImageType:Install /ImageGroup:"VHD-Images"

Wollen Sie die Eigenschaften eines Images anzeigen, verwenden Sie den Befehl

wdsutil /Get-ImageGroup /ImageGroup:<Name> /Detailed

Mit dem folgenden Befehl passen Sie die Beschreibung des Images an:

wdsutil /Set-Image /Image:<Name> /ImageType:Install /ImageGroup:<Name> /Description:<Beschreibung>

Unbeaufsichtigte Installation über eine VHD-Datei durchführen

Über zwei Antwortdateien können Sie über VHD-Images unbeaufsichtigte Installationen durchführen. Eine Antwortdatei automatisiert das Benutzerinterface, die andere den Rest der Installation. Beide Dateien können Sie mit Windows SIM erstellen. Dieser Vorgang nennt sich Prestaging: Ein Computerkonto wird in Active Directory mit einer vorgegebenen GUID erstellt und dann über WDS installiert und angebunden.

Mit dem folgenden Befehl können Sie einen Client, den Sie über WDS installieren, an das erstellte Konto anbinden:

wdsutil /Add-Device /Device:<Name> /ID:<GUID oder MAC>.

Beispiel:

wdsutil /Add-Device /Device:Client35 /ID:ACEFA3E81F20694E953EB2DAA1E8B1B6

Zusätzlich können Sie diesem Gerät eine Antwortdatei zuweisen:

wdsutil /Set-Device /Device:<Name> /WDSClientUnattend:<Pfad zur XML-Datei>.

Beispiel:

wdsutil /Set-Device /Device:Client35 /WDSClientUnattend:WDSClientUnattend\Unattend.xml

Bevor Computer, die Sie nicht vorbereitet haben und die daher unbekannt in den WDS sind, eine Installation über den WDS durchführen können, müssen sie für den Zugriff auf den WDS und Abbilder berechtigt sein.

Im Bereich *Ausstehende Geräte* sehen Sie solche Anfragen und können sie freischalten. In den Eigenschaften des WDS-Servers können Sie auch unbekannten Clients automatisch Zugriff gewähren. Sie steuern diese Konfiguration über die PXE-Eigenschaften des WDS-Servers. Antwortdateien lassen sich generell für alle Clients hinterlegen, die sich mit dem Server verbinden, also als Standard.

39.5.8 Treiberpakete in WDS verwenden

In Windows Server 2022 können Sie in den WDS einzelnen Startabbildern Treiberpakete hinzuweisen, die Clients beim Starten automatisch laden. Sie steuern diese Funktion über das Kontextmenü von Startabbildern. Ein solches Paket kann aus mehreren verschiedenen Treibern bestehen und Sie können einen Filter festlegen, für welche Computer diese Treiber gültig sind. Achten Sie darauf, die Treiber zu extrahieren. Es darf sich nicht um *.msi-* oder *.exe*-Dateien handeln. Starten Sie die Erstellung eines Treiberpakets, können Sie bequem über einen Assistenten die Treiber hinzufügen.

39.6 Volumenaktivierungsdienste nutzen

Wollen Sie Windows 10/11 und Windows Server 2022 über Volumenaktivierung zentral im Unternehmen aktivieren, können Sie die Volumenaktivierungsdienste in Windows Server 2022 nutzen. Diese installieren Sie über den Server-Manager als Serverrolle (siehe Kapitel 4). Der folgende Befehl installiert die Rolle in der PowerShell:

Install-WindowsFeature VolumeActivation

Nach der Installation müssen Sie den Rollendienst noch konfigurieren:

1. Öffnen Sie im Server-Manager das *Tools*-Menü und wählen Sie den Befehl *Volumenaktivierungstools* aus.
2. Wählen Sie auf der Seite *Volumenaktivierungsmethode auswählen* die Option *Aktivierung über Active Directory* aus. Wenn das Konto, das Sie gerade verwenden, über keine Administratorberechtigungen auf Unternehmensebene verfügt, geben Sie die Anmeldeinformationen für ein Konto mit Berechtigungen zur Erstellung eines neuen Containers auf dem Domänencontroller ein und klicken Sie anschließend auf *Weiter*.
3. Geben Sie den KMS-Hostschlüssel und einen optionalen Namen für das Active Directory-Objekt ein und klicken Sie danach auf *Weiter*.

Nachdem der KMS-Hostschlüssel aktiviert ist, werden Clientcomputer, die Sie der Domäne hinzufügen, automatisch aktiviert. Alle Ereignisse der Active Directory-basierten Aktivierung werden im Ereignisprotokoll der Windows-Anwendung unter der Quelle *Microsoft-Windows-Security-SPP* erfasst. Sehen Sie unter dem Ereignis 12308 nach, um die Informationen zu prüfen. Bei Clients, auf denen Windows Server 2022 oder Windows 10/11 ausgeführt wird, sollte die Aktivierung automatisch erfolgen, wenn der Computer das nächste Mal gestartet wird und sich der Benutzer anmeldet.

Wählen Sie *Schlüsselverwaltungsdienst (KMS)* als Aktivierungsmethode, können Sie auch ältere Systeme und Office aktivieren. Die KMS-Volumenaktivierung erfordert einen Mindestschwellenwert von 25 Computern, bevor die Aktivierungsgesuche verarbeitet werden. Der hier beschriebene Überprüfungsprozess erhöht den Aktivierungszähler mit jedem Mal, wenn ein Clientcomputer den KMS-Host anruft. Wenn der Aktivierungsschwellenwert noch nicht erreicht ist, ergibt die Überprüfung jedoch eine Fehlermeldung.

39.7 Zusammenfassung

Mit den Windows-Bereitstellungsdiensten und dem Windows Assessment and Deployment Kit (ADK) lassen sich Windows 10/11-Arbeitsstationen und Windows Server 2022 automatisiert installieren und im Netzwerk verteilen. Wir haben Ihnen in diesem Kapitel gezeigt, wie Sie den Dienst installieren sowie einrichten und wie Sie Antwortdateien zur automatischen Installation erstellen.

Im nächsten Kapitel zeigen wir Ihnen, wie Sie mit der Windows PowerShell einen Server mit installiertem Windows Server 2022 verwalten.

Kapitel 40
Windows PowerShell

Mit Windows 11 und Windows Server 2022 stellt Microsoft die klassische Version der PowerShell 5.1 weiterhin zur Verfügung. Sie ist standardmäßig bereits vorinstalliert.

Wir sind in den verschiedenen Kapiteln in diesem Buch bereits auf die Möglichkeiten der PowerShell eingegangen, vertiefen diese in diesem Kapitel aber noch einmal. Sie finden hier auch Informationen und Anleitungen zur Eingabeaufforderung in Windows Server 2022. Diese ist weiterhin enthalten und bietet ebenfalls zahlreiche Möglichkeiten.

Nutzen Sie das Windows Admin Center, können Sie auf jedem angebundenen Computer über den Webbrowser eine PowerShell-Sitzung zur Verwaltung öffnen. Das funktioniert auch von unterwegs mit Smartphone und Tablet.

40.1 PowerShell 7 für Windows, macOS und Linux

PowerShell 7 ist der Nachfolger von PowerShell Core 6.x und der in Windows integrierten PowerShell 5.x. Die PowerShell-Version steht auch für Linux und macOS zur Verfügung. Der Download erfolgt über GitHub (*https://github.com/powershell*).

PowerShell 7 ist die neue, empfohlene Shell-Umgebung für Windows. Auch die Azure Cloud Shell, mit der sich Azure-Ressourcen über PowerShell-Befehle steuern lassen, hat Microsoft auf PowerShell 7 umgestellt.

Microsoft plant derzeit nicht, die in Windows Server 2022 vorinstallierte PowerShell 5.x zu entfernen. PowerShell 7 kann parallel mit PowerShell 5.x auf einem Computer betrieben werden. Die PowerShell 7.x kann ab Windows 7 installiert werden und ist natürlich problemlos in Windows 10/11 und Windows Server 2022 integrierbar. Die Startdatei der PowerShell 7 ist *pwsh.exe*, PowerShell 5.x startet mit *powershell.exe*. Soll also aus der Eingabeaufforderung eine PowerShell 7-Sitzung gestartet werden, geben Sie *pwsh* ein. Mit *cmd* wechseln Sie in die Befehlszeile zurück. Mit *PowerShell* wechseln Sie in die PowerShell 5.x und auch hier wieder mit *cmd* zurück zur Eingabeaufforderung.

```
Administrator: PowerShell 7 (x64)
PowerShell 7.1.4
Copyright (c) Microsoft Corporation.

https://aka.ms/powershell
Type 'help' to get help.

PS C:\Users\administrator.JOOS> _
```

Abb. 40.1 Verwenden der PowerShell 7.x in Windows Server 2022

Natürlich können Sie auch mit dem neuen Windows Terminal für Windows 10/11 und Windows Server 2022 arbeiten (*https://github.com/Microsoft/terminal*). Hier können Sie mehrere Sitzungen parallel zur PowerShell, Befehlszeile und der Linux-Shell öffnen, wenn Sie in Windows das Windows-Subsystem für Linux installiert haben.

Im Windows Terminal können Sie in einem Fenster über mehrere Registerkarten verschiedene Shells öffnen. Standardmäßig nutzt das Windows Terminal die PowerShell 7. Sie können aber auch neue Registerkarten mit PowerShell 5.x, Eingabeaufforderung und Azure Cloud Shell öffnen und die Linux-Shell einbinden.

40.1.1 Kompatibilität der PowerShell 7 mit PowerShell 5.x

In der PowerShell 7 gibt es einige Funktionen und Zusatz-Module, die derzeit noch nicht funktionieren, zum Beispiel das Hinzufügen von Computern zu Active Directory über *Add-Computer.* In diesem Fall besteht in Windows aber weiterhin die Möglichkeit, parallel auf die vorinstallierte PowerShell 5.x zu setzen.

Natürlich stehen nicht alle Cmdlets, die für Windows optimiert sind, in den Versionen für Linux und macOS zur Verfügung. Aber auch hier gilt, dass Microsoft ständig nachbessert. Es ist zu erwarten, dass in Linux und macOS sicher nie alle Cmdlets identisch zur Verfügung stehen wie in Windows.

```
Administrator: PowerShell 7 (x64)
PowerShell 7.1.4
Copyright (c) Microsoft Corporation.

https://aka.ms/powershell
Type 'help' to get help.

PS C:\Users\administrator.JOOS> Get-Module -ListAvailable

    Directory: C:\program files\powershell\7\Modules

ModuleType Version    PreRelease Name                                PSEdition ExportedCommands
---------- -------    ---------- ----                                --------- ----------------
Manifest   7.0.0.0               CimCmdlets                          Core      {Get-CimAssociatedInstance, Get-CimClas…
Manifest   1.2.5                 Microsoft.PowerShell.Archive        Desk      {Compress-Archive, Expand-Archive}
Manifest   7.0.0.0               Microsoft.PowerShell.Diagnostics    Core      {Get-WinEvent, New-WinEvent, Get-Counte…
Manifest   7.0.0.0               Microsoft.PowerShell.Host           Core      {Start-Transcript, Stop-Transcript}
Manifest   7.0.0.0               Microsoft.PowerShell.Management     Core      {Add-Content, Clear-Content, Get-Clipbo…
Manifest   7.0.0.0               Microsoft.PowerShell.Security       Core      {Get-Acl, Set-Acl, Get-PfxCertificate, …
Manifest   7.0.0.0               Microsoft.PowerShell.Utility        Core      {Export-Alias, Get-Alias, Import-Alias,…
Manifest   7.0.0.0               Microsoft.WSMan.Management          Core      {Disable-WSManCredSSP, Enable-WSManCred…
Script     1.4.7                 PackageManagement                   Desk      {Find-Package, Get-Package, Get-Package…
Script     2.2.5                 PowerShellGet                       Desk      {Find-Command, Find-DSCResource, Find-M…
Script     2.0.5                 PSDesiredStateConfiguration         Core      {Configuration, New-DscChecksum, Get-Ds…
Script     7.0.0.0               PSDiagnostics                       Core      {Disable-PSTrace, Disable-PSWSManCombin…
Script     2.1.0                 PSReadLine                          Desk      {Get-PSReadLineKeyHandler, Set-PSReadLi…
Binary     2.0.3                 ThreadJob                           Desk      Start-ThreadJob

    Directory: C:\Program Files\WindowsPowerShell\Modules

ModuleType Version    PreRelease Name                                PSEdition ExportedCommands
```

Abb. 40.2 PowerShell-Module für die Verwendung mit der PowerShell 7 nutzen

Wird ein PowerShell-Modul geladen, das nicht mit PowerShell 7.x kompatibel ist, öffnet PowerShell 7 eine Remote-Sitzung zur vorinstallierten PowerShell 5.x, um die entsprechenden Cmdlets auszuführen. Eine Liste aller zur Verfügung stehenden Module zur Verwendung mit der PowerShell 7 können Sie mit *Get-Module -ListAvailable* anzeigen lassen.

In Windows steht noch der Parameter *-UseWindowsPowerShell* für das Cmdlet *Import-Module* zur Verfügung. Dadurch wird der Wechsel zur PowerShell 7 erleichtert und inkompatible Module können in Windows weiterhin genutzt werden. Der Parameter erstellt ein Proxymodul in der PowerShell 7, das einen lokalen Windows PowerShell-Prozess verwendet, um implizit alle in diesem Modul enthaltenen Cmdlets auszuführen.

40.1.2 PowerShell 7 installieren

In gemischten Umgebungen mit Linux und macOS kann die PowerShell auch hier installiert werden. Über diesen Weg kann zum Beispiel eine Verwaltung von Windows-Servern von Linux oder macOS aus durchgeführt werden.

Die Installationsdateien der PowerShell 7 stehen zum Download über GitHub (*https://github.com/powershell/powershell/releases*) zur Verfügung. In Windows kann die Installation über die entsprechende MSI-Datei durchgeführt werden. PowerShell 7 kann problemlos zusätzlich zur PowerShell 5.x installiert werden.

Setzen Sie noch PowerShell Core 6.x ein, wird diese durch die Installation von PowerShell 7 deinstalliert. Sie können die Deinstallation vor der Installation der PowerShell 7 durchführen. Bis dahin sollte schon die eine oder andere Nachfolgeversion erschienen sein.

40.1.3 Pipelines mit der PowerShell 7 und weitere neue Funktionen

Ein großer Vorteil der PowerShell im Vergleich zur betagten Eingabeaufforderung waren von Anfang an die Pipeline-Funktionen, die mit | genutzt wurden. Damit konnten mehrere Befehle zu einer Pipeline verbunden werden und gemeinsame Aktionen ausführen, wie kleine Skripts. Mit der PowerShell 7 lassen sich jetzt auch mehrerer solcher Pipelines miteinander in Verbindung setzen.

Dazu stehen in der PowerShell 7 die Operatoren *&&* (ohne Fehler) und || (mit Fehler) zur Verfügung. Das heißt, der Befehl hinter *&&* wird nur dann ausgeführt, wenn der Befehl vor *&&* richtig war. Testen können Sie das mit *"Hello" && "World"* (mit Anführungszeichen).

Der Befehl gibt in einer Zeile *Hello* und in der anderen *World* aus. Verwenden Sie *"Hello" || "World"* (mit Anführungszeichen), erscheint nur *Hello*, da *World* nur angezeigt würde, wenn der Befehl vor || fehlerhaft wäre. Ein weiteres Beispiel ist:

Get-Process notepad -ErrorAction SilentlyContinue || "Es ist kein Notepad-Prozess verfügbar"

Wenn Notepad gestartet ist, erscheinen Informationen zum Prozess, wenn nicht, erscheint der Text *Es ist kein Notepad-Prozess verfügbar*. In der PowerShell 7 werden Fehlermeldungen umfassender angezeigt. Die letzte Fehlermeldung in der PowerShell zeigt das Cmdlet *Get-Error* an.

40.2 Wissenswertes zur PowerShell in Windows Server 2022

Neben den Installationen mit grafischer Benutzeroberfläche unterstützen Core-Server und Container-Images in Windows Server 2022 die Cmdlets der PowerShell. Wir sind bereits in den einzelnen Kapiteln in diesem Buch auf die PowerShell eingegangen. In diesem Kapitel zeigen wir Ihnen weiterführende Informationen und den Umgang mit der PowerShell.

Es gibt viele Cmdlets, die Abfragen mit HTTP-Sitzungen verbinden können, zum Beispiel *Invoke-WebRequest* und *Invoke-RestMethod*. PowerShell bietet zusätzlich noch PowerShell Web Access. Auf diese Weise lässt sich die PowerShell auch über einen Webbrowser nutzen.

In diesem Fall können Sie die PowerShell auf Geräten nutzen, auf denen sie nicht installiert oder die nicht zu ihr kompatibel sind. Die komplette Sitzung läuft dazu in einem Browser. Sie können in einer solchen Sitzung eine Verbindung zu jedem anderen Server aufbauen, wenn die PowerShell-Remoteunterstützung auf dem entsprechenden Server aktiviert ist.

Auch wenn die PowerShell die bevorzugte Shell für Windows-Server und Microsoft-Produkte ist, kommt der Befehlszeile (*cmd.exe*) noch einige Bedeutung zu. Microsoft hat dazu einige Verbesserungen im darunter liegenden Konsolen-Prozess *conhost.exe* integriert und die Befehlszeile überarbeitet, also die Funktionen, mit denen Anwender schlussendlich arbeiten, wenn sie *cmd.exe*, *bash.exe* oder *powershell.exe* aufrufen.

Die PowerShell-Standardkonsole basiert ebenfalls auf der Windows-Konsole, also der Eingabeaufforderung. Alle Konsolen bauen wiederum auf *conhost.exe* auf. Diese verwendet wiederum vor allem bei beiden Bibliotheken *conhostv1.dll* und *conhostv2.dll*.

Daher spielt für die Verwaltung von Windows Server 2022, neben der PowerShell, auch die herkömmliche Windows-Konsole eine Rolle. PowerShell und Eingabeaufforderung basieren in Windows 10/11 auf den gleichen Techniken wie in Windows Server 2022.

In Windows 10/11 können Sie zusätzlich noch mit Linux-Befehlen lokale Rechner verwalten. Auch dazu können Sie die Eingabeaufforderung nutzen. Diese Funktion müssen Sie aber zusätzlich installieren.

Dazu haben die Ubuntu-Entwickler, zusammen mit Microsoft, die Möglichkeit geschaffen, die offizielle Ubuntu-Bash direkt in Windows 10/11 zu integrieren. Sobald diese installiert ist, können Sie mit dem Befehl *bash* in die Ubuntu-Shell wechseln, und zwar direkt aus jeder Sitzung der PowerShell oder der Eingabeaufforderung.

Die Maximierung des Fensters der Eingabeaufforderung und der PowerShell hat Microsoft verbessert. Maximieren Sie das Fenster der Befehlszeile, wird diese in Windows 10/11 und Windows Server 2022 auf den kompletten Monitor ausgedehnt. Generell können Sie die Größe des Fensters mit der Maus größer und kleiner ziehen. Dabei wird der Inhalt in Windows 10/11 und Windows Server 2022 wesentlich besser dargestellt und passt sich dem neuen Fenster an.

Der Text im Fenster wird bei Anpassung der Eingabeaufforderung automatisch umbrochen. Sie können diese Funktion in den Eigenschaften der Eingabeaufforderung auf der Registerkarte *Layout* deaktivieren, indem Sie den Haken bei *Textausgabe bei Größenänderung umbrechen* entfernen.

Sie können auch die Snap-Funktion nutzen wie mit herkömmlichen Programmen und Windows-Apps. Geben Sie lange Befehle ein oder kopieren Sie Textpassagen in die Befehlszeile, verschwinden diese nicht mehr am Rand des Fensters, sondern passen sich an dessen Größe an.

Es kann teilweise passieren, dass ältere oder nicht kompatible Konsolenanwendungen nicht korrekt funktionieren. Daher hat Microsoft neue Optionen in der Konsole integriert, mit denen Sie die neuen Funktionen deaktivieren und die alten wieder einschalten können.

Dazu rufen Sie in einem Konsolenfenster die Eigenschaften auf. Auf der Registerkarte *Optionen* können Sie alle neuen Funktionen der Konsole anpassen und, falls gewünscht, deaktivieren. Sollen generell keine neuen Funktionen zur Verfügung stehen und die Konsole im älteren Modus bis Windows 8.1 und Windows Server 2012R2 betrieben werden, aktivieren Sie die Option *Legacykonsole verwenden (erfordert Neustart)*.

Weitere Funktionen in der PowerShell betreffen die mit der PowerShell 4.0 eingeführte Technologie Desired State Configuration (DSC). Damit können Sie die Konfiguration von Computern über die PowerShell automatisieren. Hauptsächlich bietet die neue Version der PowerShell neue Optionen, um festzulegen, auf wie vielen Computern gleichzeitig Änderungen implementiert werden sollen.

Sie können in der PowerShell Zip-Archive entpacken und erstellen. Dabei helfen die beiden neuen Cmdlets *Compress-Archive* und *Expand-Archive*.

Das neue Cmdlet *ConvertFrom-String* bietet die Möglichkeit, Objekte direkt aus Suchergebnissen und Texten auszulesen und für Befehle zu verwenden.

40.2.1 Einstieg in die PowerShell und Eingabeaufforderung

Das Fenster der Eingabeaufforderung und der PowerShell ist in Windows Server 2022 größer und die Schriftart wurde angepasst. Die Eingabeaufforderung nutzt TrueType. Sie können natürlich weiterhin Raster-Fonts nutzen, allerdings skalieren diese nicht auf allen PCs und Monitoren. Teilweise kann es passieren, dass bei der Installation von Windows-Updates die Schriftart der Eingabeaufforderung sehr klein ist. In diesem Fall passen Sie die Größe in den Eigenschaften der Eingabeaufforderung/PowerShell an. Dazu wechseln Sie auf die Registerkarte *Schriftart*.

PowerShell-Cmdlets werden in der neuen Konsole in Gelb angezeigt, während herkömmliche Befehle weiterhin in Weiß dargestellt werden.

Die Tastenkombinationen STRG+C, STRG+V und STRG+X funktionieren jetzt auch in der Befehlszeile problemlos. Bis Windows 10/11 und Windows Server 2022 konnten Administratoren die Funktionen nicht korrekt nutzen. Sie können zum Kopieren und Einfügen von Texten weiterhin die alten Funktionen nutzen, also mit der Eingabe-Taste Text in die Zwischenablage kopieren und mit der Einfügen-Taste einfügen. Nutzen Sie Anwendungen in der Eingabeaufforderung, die diese Tastenkombinationen für andere Funktionen nutzen, können Sie diese Funktionen über die Eigenschaften der Eingabeaufforderungen auf der Registerkarte *Optionen* deaktivieren.

Mit den Tastenkombinationen STRG+⇧+Pluszeichen (+) und STRG+⇧+Minuszeichen (-) passen Sie die Transparenz des Fensters schrittweise an. Um in den Vollbild-Modus oder zurück zum Fenster-Modus zu wechseln, verwenden Sie ALT+↵.

Mit verschiedenen Tastenkombinationen können Sie Text in der Eingabeaufforderung markieren. Eine besonders wichtige Taste ist die Tabulator-Taste. Mit ihr können Sie Befehle und Pfadeingaben vervollständigen, was einiges an Tipparbeit erspart.

Sie können diese Tastenkombinationen jetzt auch in der Befehlszeile zum Kopieren und Einfügen von Texten nutzen. Auch die Kombinationen STRG+A und STRG+F funktionieren in der Befehlszeile.

Alle Erweiterungen und Module, die auf einem Server für die PowerShell installiert sind, erkennt die PowerShell und kann sie automatisch verwenden, sobald Sie ein Cmdlets eines bestimmten Moduls eingeben. Sie müssen Module nicht mehr manuell laden.

Die neue Version zeigt weniger Fehlermeldungen an, wenn eine Option eines Cmdlets fehlt. Stattdessen fragt die PowerShell nach den noch fehlenden Optionen. Rufen Sie eine Hilfe zu Cmdlets auf, kann sich die PowerShell selbstständig aktualisieren. Sie bietet dazu das Cmdlet *Update-Help*, das ihre Hilfedateien aktualisieren kann. Dazu muss der Server über eine Internetverbindung verfügen. Der Befehl ruft die Hilfe direkt aus dem Internet ab.

Das Cmdlet *Show-Command* blendet ein neues Fenster mit allen Befehlen ein, die in der PowerShell verfügbar sind. Sie können im Fenster nach Befehlen suchen und sich eine Hilfe zum Befehl sowie Beispiele anzeigen lassen.

Alle Befehle aus der normalen Eingabeaufforderung sind in der PowerShell verfügbar. Die Befehle werden dazu in PowerShell-Aliasse übersetzt.

Unter Windows 8.1/10/11 und Windows Server 2022 haben Sie den Vorteil, dass die Shell bereits in das Betriebssystem integriert und installiert ist. Auch wenn Sie die Windows PowerShell als zusätzliche Funktion installieren, ändert sich die Eingabeaufforderung nicht, sondern Sie müssen die PowerShell über die entsprechende Verknüpfung erst starten.

In diesem Kapitel gehen wir auf Befehle und Funktionen ein, die in den anderen Kapiteln noch nicht behandelt wurden. Die meisten neuen Server-Produkte von Microsoft bauen auf die Windows PowerShell auf und ergänzen diese um weitere Befehle. Die grafischen Oberflächen dieser Produkte dienen dann nur noch dazu, Befehle zu generieren, sogenannten Cmdlets, die durch die PowerShell ausgeführt werden.

Mit dem Befehl *Get-Help <Befehl> -Detailed* erhalten Sie eine ausführliche Hilfe zu einem Befehl, Praxisbeispiele, alle Optionen und ausführliche Anleitungen. Beispiele erhalten Sie auch durch *Get-Help <Befehl> -Examples.*

Die PowerShell starten Sie entweder über die Verknüpfung im Startmenü oder Sie geben *PowerShell* in einer Eingabeaufforderung ein. Innerhalb der PowerShell können Sie mit dem Befehl *ise* ihre grafische Oberfläche starten. Mit *cmd* kommen Sie dann wieder in die Eingabeaufforderung zurück.

Standardmäßig blockiert die PowerShell Skripts, die nicht signiert sind. Administratoren können die Ausführungsrichtlinie mit dem Cmdlet *Set-ExecutionPolicy* ändern und mit *Get-ExecutionPolicy* anzeigen. Dabei stehen folgende Einstellungen zur Verfügung:

- *Restricted* – Keine Skripts erlaubt
- *AllSigned* – Nur signierte Skripts sind erlaubt.
- *RemoteSigned* – Bei dieser Einstellung müssen Sie Skripts durch eine Zertifizierungsstelle signieren lassen. Diese Einstellung ist die Standardeinstellung in Windows Server 2022.
- *Unrestricted* – Mit dieser Einstellung funktionieren alle Skripts.

40.3 PowerShell und PowerShell ISE – Eine Einführung

Sie starten die PowerShell, indem Sie *PowerShell* im Startmenü eingeben, die entsprechende Verknüpfung aufrufen oder in einer Befehlszeile mit dem Befehl *PowerShell* in die PowerShell wechseln. Außerdem lässt sie sich im Explorer über die Registerkarte *Datei* öffnen. Im zugehörigen Untermenü kann sie auch mit Administratorrechten aufgerufen werden. Die herkömmliche Eingabeaufforderung mit den bekannten Befehlen steht weiterhin zur Verfügung. Dies gilt auch für die Unterstützung von VBScript.

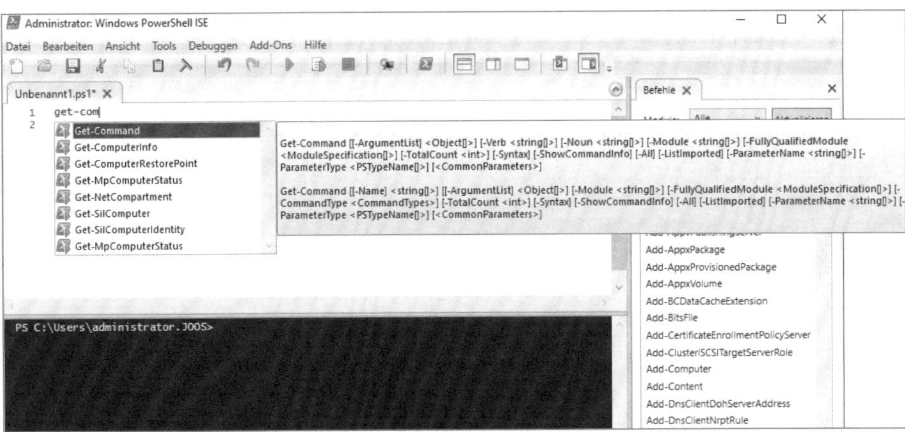

Abb. 40.3 Die grafische Oberfläche der Windows PowerShell

Ebenfalls interessant ist die Oberfläche zur Erstellung von Skripts und Ausführung von Befehlen für die Windows PowerShell, die Windows PowerShell Integrated Scripting Environment (ISE). Auch diese rufen Sie über das Startmenü durch Eintippen von *PowerShell ise* auf. Die grafische Oberfläche bietet die Möglichkeit, Skripts für die Windows PowerShell in einer einheitlichen zentralen Oberfläche zu erstellen. In einer PowerShell-Sitzung starten Sie die grafische Oberfläche durch Eingabe von *ise*. Der Vorteil der PowerShell ISE ist, dass sie beim Eingeben von Befehlen bereits Vorschläge für Cmdlets unterbreitet, die Sie auswählen können. Außerdem sind die Befehle farblich besser hervorgehoben, sodass sich die einzelnen Optionen gut unterscheiden lassen.

40.3.1 Mit der PowerShell ISE effizient arbeiten

Im oberen Bereich können Sie Skriptbefehle angeben und dann als Skript speichern. In der Oberfläche können Sie außerdem eine PowerShell remote auf einem anderen Computer öffnen. Über den Menüpunkt *Ansicht* können Sie den Skriptbereich aktivieren oder deaktivieren.

Auch das Menü *Datei* spielt eine Rolle. Denn hier laden Sie PowerShell-Skripts in die ISE. Die PowerShell zeigt jedes geöffnete Skript in der ISE als zusätzliche Registerkarte an. Das heißt, durch diese Möglichkeiten erhalten Sie eine Oberfläche, in der Sie Befehle testen, deren Ergebnis anzeigen, Skripts schreiben und Fehler in den Skripts über den Menüpunkt *Debuggen* beheben können.

Geben Sie im oberen Bereich Befehle ein, werden diese nicht sofort ausgeführt, sondern wie in einem normalen Skript zunächst aufgelistet. Sind Sie fertig mit der Eingabe der Befehle, können Sie deren Ausführung starten, indem Sie auf das grüne Abspielsymbol mit der Quick-Info *Skript ausführen* klicken.

Über den Menüpunkt *Ansicht* können Sie die verschiedenen Bereiche des ISE an Ihre Bedürfnisse anpassen und die Anordnung ändern. So lässt sich zum Beispiel der Bereich zum Erstellen von Skripts an der rechten Seite anordnen.

Die Größe und Anzeige der verschiedenen Felder lassen sich anpassen. Skripts können Sie während der Ausführung bearbeiten und so Fehler schneller beheben. Laden Sie ein Skript über *Datei/Öffnen*, sehen Sie im Befehlsfenster dessen Bestandteile. Markieren Sie eine Zeile im Skript, können Sie über den Menüpunkt *Debuggen/Haltepunkt umschalten* eine Pause im Skript festlegen.

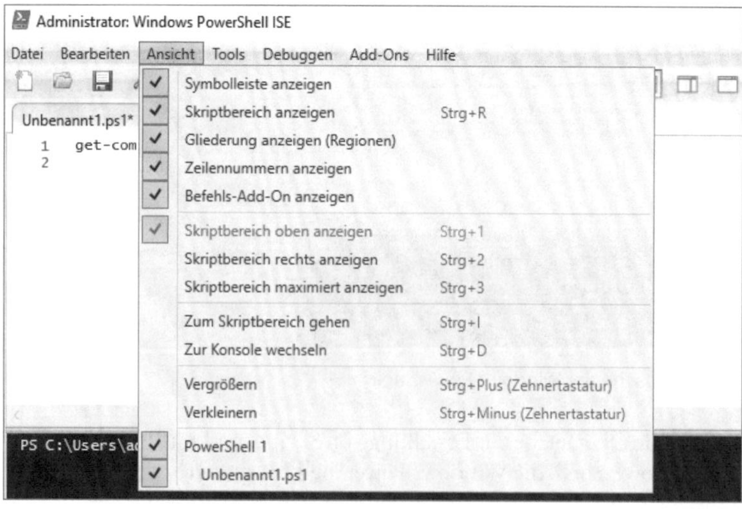

Abb. 40.4 Anpassen des PowerShell ISE

40.3.2 Einstieg in die PowerShell

Geben Sie *Get-Command* ein, sehen Sie alle Befehle, die die Shell zur Verfügung stellt. Die wenigsten Anwender kennen alle Cmdlets und ihre verschiedenen Optionen, die Microsoft zur Verfügung stellt. Die PowerShell bietet eine ausführliche Hilfe an. Haben Sie nur einen Teil eines Befehls in Erinnerung, arbeiten Sie mit dem Platzhalter *.

Der Befehl *Get-Command *computer* zeigt zum Beispiel alle Cmdlets an, deren Namen mit »computer« endet. Ist der gesuchte Befehl nicht dabei, können Sie mehrere Platzhalter verwenden, zum Beispiel den Befehl *Get-Command *computer**. Dieser Befehl zeigt alle Befehle an, in denen an einer beliebigen Stelle das Wort »computer« vorkommt.

Haben Sie das gewünschte Cmdlet gefunden, unterstützt Sie die PowerShell aber mit weiteren Möglichkeiten. Für nahezu alle Cmdlets gilt die Regel, dass diese in vier Arten vorliegen: Es gibt Cmdlets mit dem Präfix *New-*, um etwas zu erstellen, zum Beispiel *New-Item*. Das gleiche Cmdlet gibt es dann immer noch mit *Remove-*, um etwas zu löschen, zum Beispiel *Remove-Item*. Wollen Sie das Objekt anpassen, gibt es das Präfix *Set-*, zum Beispiel *Set-Item*. Als Letztes gibt es noch das Cmdlet *Get-*, zum Beispiel *Get-Item*, um Informationen zum Objekt abzurufen.

Neben diesen Cmdlets gibt es natürlich noch viele andere, zum Beispiel Start- und Stop- oder Export- und Import-Cmdlets. Allerdings bestehen die meisten Administrationsausgaben aus den erwähnten New-, Remove-, Set- und Get-Cmdlets. Rufen Sie lediglich das jeweilige Cmdlet ohne weiteren Parameter auf, passiert entweder überhaupt nichts, das Cmdlet zeigt Objekte an oder Sie werden nach der Identität des Objekts gefragt.

Mit *Get-Cmdlets* lassen Sie sich Informationen zu Objekten anzeigen. Die Option *|fl* formatiert die Ausgabe. Wollen Sie aber nicht alle Informationen, sondern nur einzelne Parameter anzeigen, können Sie diese nach der Option *|fl* anordnen. Dazu geben Sie einfach eine der Spalten an, die Sie mit dem Get-Cmdlet abgefragt haben.

40.3.3 Die PowerShell über das Netzwerk nutzen

Über den Menübefehl *Datei/Neue Remote-PowerShell-Registerkarte* können Sie eine PowerShell-Sitzung auf einem anderen Computer aufbauen. Wir gehen auf diese Thematik in diesem Kapitel noch genauer ein.

Damit dies funktioniert, müssen Sie auf dem Zielcomputer aber die Remoteverwaltung zunächst über die Eingabeaufforderung mit *winrm quickconfig* starten. Anschließend müssen Sie sich noch authentifizieren, wenn Sie sich mit einem anderen Benutzer als dem aktuell angemeldeten am Server anmelden wollen. Danach baut die PowerShell eine Sitzung auf und Sie können auf dem Quellserver Befehle eingeben, die auf dem Zielserver ausgeführt werden.

Damit Sie einen Computer über die PowerShell remote verwalten können, müssen Sie außerdem die Remoteverwaltung auf dem Computer aktivieren. Dazu geben Sie auf dem entsprechenden Computer noch den Befehl *Enable-PSRemoting -force* in der PowerShell ein.

Der Befehl aktiviert auch die Ausnahmen in der Windows-Firewall. Mit *Disable-PSRemoting -Force* können Sie die Remoteverwaltung eines Computers über die PowerShell wieder deaktivieren. Sie müssen für solche administrativen Befehle die PowerShell im Startmenü mit Administratorrechten starten.

Um den Port für die Verbindung zu überprüfen, verwenden Sie den Befehl *winrm enumerate winrm/config/listener*. Der Listener verwendet den Port 5985. Funktioniert der Zugriff nicht, können Sie auf dem Zielcomputer eine Liste von Computern pflegen, die Zugriff auf Remote-PowerShell-Sitzungen haben sollen. Dazu verwenden Sie den Befehl:

winrm set winrm/config/client @{TrustedHosts="<Alle Quellcomputer, durch Komma getrennt>"}

Auf Servern und Computern, die Mitglied einer Domäne sind, funktionieren diese Sitzungen am besten und einfachsten.

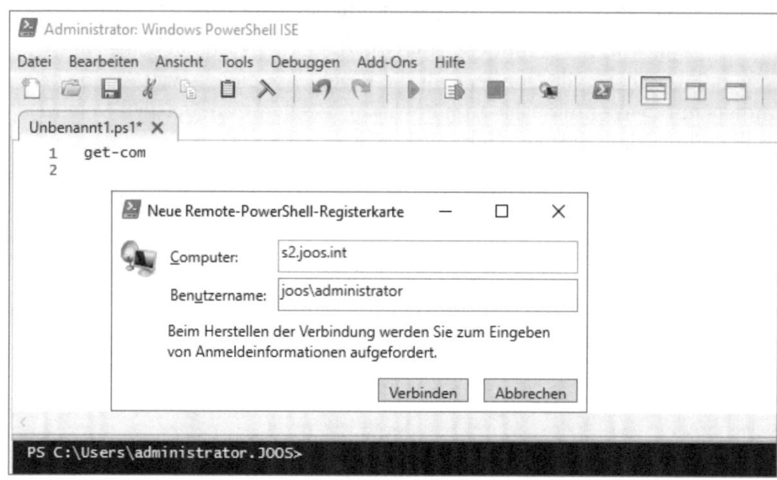

Abb. 40.5 PowerShell-Remotesitzungen parallel zu lokalen Sitzungen verwenden

In Remote-PowerShell-Sitzungen verwenden Sie die gleichen Cmdlets wie auf den lokalen Computern. Allerdings erlauben nicht alle Cmdlets eine Remoteverwaltung. Sie sehen die kompatiblen Cmdlets am schnellsten, indem Sie überprüfen, ob sie die Option *-ComputerName* unterstützen. Mit dem Befehl *Get-Help * -Parameter ComputerName* lassen Sie sich eine Liste aller dieser Cmdlets anzeigen. Hier zeigt sich auch eine Neuerung in der PowerShell.

Wollen Sie von einer lokalen PowerShell-Sitzung über das Netzwerk Programme auf einem Remotecomputer starten, verwenden Sie folgenden Befehl:

Invoke-Command -ComputerName <Zielcomputer> -ScriptBlock { <Befehl> }
-credential <Benutzername>

Funktioniert der Befehl, öffnet sich ein Authentifizierungsfenster und Sie müssen das Kennwort für den Benutzer eingeben. Mit dem Cmdlet *Test-WsMan <Computername>* testen Sie den Zugriff. Erhalten Sie keine Fehlermeldung, sondern eine Statusanzeige, funktioniert der Zugriff vom Quellcomputer auf den Zielcomputer.

Microsoft hat Funktionen der Windows Workflow Foundation (WWF) in die PowerShell integriert. Diese Technik erlaubt das parallele Ausführen von mehreren Befehlen. Aktionen lassen sich in Abhängigkeit voneinander setzen und mit Bedingungen konfigurieren.

Sitzungen über das Netzwerk lassen sich trennen und wieder erneut aufbauen. Dazu gibt es die beiden neuen Cmdlets *Disconnect-PSSession* und *Connect-PSSession*. Auch das Rechtemodell hat Microsoft verbessert und eine Delegierung von Berechtigungen integriert, um Benutzern mit weniger Rechten die Ausführung von Skripts zu erlauben.

In der neuen Version können Sie von öffentlichen Netzwerken aus zugreifen. Dazu ist die Option *-SkipNetworkProfileCheck* von *Enable-PSRemoting* und *Set-WSManQuickConfig* integriert worden. Die Option erstellt automatisch Firewallregeln, die den Zugriff erlauben.

Um eine Remotesitzung aufzubauen, verwenden Sie das Cmdlet *New-PSSession*. Mit *Enter-PSSession <Servername>* bauen Sie eine Verbindung auf. Mit *Exit-Session* beenden Sie diese Sitzung wieder. Neu ist die Möglichkeit, Sitzungen zu unterbrechen und erneut aufzubauen. Bei unterbrochenen Sitzungen laufen die Cmdlets weiter, auch wenn sich Administratoren vom Server getrennt haben. Dazu nutzen Sie die neuen Cmdlets *Disconnect-PSSession*, *Connect-PSSession* und *Receive-PSSession*.

PowerShell-Aufgaben lassen sich in der PowerShell zeitgesteuert starten. In der PowerShell können Sie die entsprechenden Einstellungen direkt im Skript vornehmen, ohne auf die Aufgabenplanung des Betriebssystems setzen zu müssen. Dazu stellt Microsoft das neue PowerShell-Modul *PSScheduledJob* zur Verfügung. Alle verfügbaren Befehle lassen Sie sich mit *Get-Command -Module PSScheduledJob | Sort-Object Noun, Verb* anzeigen.

40.4 Die grundsätzliche Funktionsweise der PowerShell

Grundlage der PowerShell sind die Cmdlets. Das sind die Befehle in der Shell, auf der diese aufbaut. Sie können Cmdlets an ihrem Aufbau erkennen: ein Verb und ein Substantiv, getrennt durch einen Bindestrich (-), beispielsweise *Get-Help*, *Get-Process* und *Start-Service*. Die meisten Cmdlets sind sehr einfach und für die Verwendung zusammen mit anderen Cmdlets vorgesehen. So rufen Sie mit Get-Cmdlets Daten ab, mit Set-Cmdlets erzeugen und ändern Sie Daten, mit Format-Cmdlets Daten formatieren Sie und mit Out-Cmdlets leiten Sie Ausgaben an ein angegebenes Ziel um.

40.4.1 Einstieg in die Befehle der PowerShell

Zur Anzeige einer Liste aller Befehle verwenden Sie den Befehl *Get-Command*. Über *Get-Command >C:\befehle.txt* lenken Sie alle Befehle in die Datei *C:\befehle.txt* um. Mit dem Befehl *Update-Help* lassen Sie die Hilfedateien der PowerShell über eine bestehende Internetverbindung aktualisieren.

Wenn Sie für das Cmdlet *Get-Help* die Option *-Online* verwenden, zum Beispiel mit *Get-Help Get-Command -Online*, öffnet sich ein Browserfenster mit einer ausführlichen Hilfe zum Befehl. Der Befehl *Show-Command* zeigt ein Fenster mit allen verfügbaren Befehlen in der PowerShell an.

Über die PowerShell lassen sich Einstellungen der Systemsteuerung öffnen, auch über das Netzwerk. Um zum Beispiel alle Tools der Systemsteuerung in der PowerShell anzuzeigen, hilft das Cmdlet *Get-ControlPanelItem*. Um ein Programm zu öffnen, verwenden Sie den Befehl *Show-ControlPanelItem*.

Auch die Verwaltung der Registry, von Zertifikaten und der Ereignisanzeigen lässt sich über die PowerShell automatisieren. Windows PowerShell baut auf .NET Framework und der Common Language Runtime (CLR) von .NET Framework auf und kann .NET-Objekte akzeptieren und zurückgeben. Diese grundlegende Änderung ermöglicht es, neue Tools und Skriptverfahren für die Verwaltung und Konfiguration von Windows zu verwenden. Standardmäßig ist die PowerShell mit der Installation von Windows automatisch integriert.

40.4.2 Patches und Datensicherungen verwalten

Außerdem hat Microsoft zahlreiche zusätzliche Cmdlets integriert, zum Beispiel *Get-Hotfix*, *Send-MailMessage*, *Get-ComputerRestorePoint*, *New-WebServiceProxy*, *Debug-Process*, *Add-Computer*, *Rename-Computer*, *Reset-ComputerMachinePassword* oder *Get-Random*. Neu ist die Möglichkeit, PowerShell-Skripts als Aufgabe im Hintergrund auszuführen. Dazu hat Microsoft einige neue Cmdlets zur Verwaltung dieser Aufgaben eingebaut. Geben Sie in der PowerShell den Befehl *Get-Command *job** ein, erhalten Sie eine Liste der neuen Möglichkeiten angezeigt, um Skripts im Hintergrund laufen zu lassen.

Die PowerShell verfügt über einige neue Cmdlets, um Netzwerkeinstellungen eines Computers zu steuern oder abzufragen, zum Beispiel *Get-NetIPAddress*. Um sich eine Liste aller Cmdlets anzuzeigen, mit denen sich Netzwerkeinstellungen festlegen lassen, hilft der Befehl *Get-Command -Noun Net**.

Sie können aber nicht nur Informationen auslesen, sondern auch bearbeiten, wie die folgenden Beispiele für die Registry oder einzelne Dateien zeigen. Der Befehl *Remove-Item C:\Scripts* -Exclude *.doc* löscht alle Dateien, außer denen, die Sie mit *-Exclude* ausgeschlossen haben. *Remove-Item C:\Scripts* -Include .xls,.doc* löscht nur die Dateien hinter *-Include*.

Beide Optionen können Sie gemeinsam verwenden, zum Beispiel: *Remove-Item C:\Scripts* -Include *.txt -Exclude *test**. Hier löscht die PowerShell alle Textdateien im Ordner, außer Dateien mit der Zeichenfolge »test« im Dateinamen. Der Parameter *-Whatif* entfernt nichts, gibt aber aus, was passieren würde: *Remove-Item C:\Windows*.exe -Whatif*.

Statt *Remove-Item* können Sie *ri, rd, erase, rm, rmdir* oder *del* verwenden. Vorhandene Objekte benennen Sie mit dem Cmdlet *Rename-Item* um: *Rename-Item C:\Scripts\test.txt neu.txt*. Die Befehle *rni* und *ren* führen ebenfalls zum Ziel. Das Cmdlet *Get-ChildItem* hat eine ähnliche Funktionalität wie der Befehl *dir* und kann den Inhalt von Registryschlüsseln anzeigen.

40.4.3 Registry und Co. mit der PowerShell verwalten

Mit *Get-ChildItem -Recurse* wird zusätzlich der Inhalt der Unterordner angegeben, ähnlich zu *dir /s*, nur übersichtlicher. Die Anweisung *Get-ChildItem HKLM:\SOFTWARE* zeigt den Inhalt des Registryschlüssels *HKLM\SOFTWARE* an.

Durch die PowerShell-Laufwerke können Sie auf diese Weise alle Registryschlüssel auslesen. Auch hier lässt sich mit den beiden Optionen *-Include* und *-Exclude* arbeiten: *Get-ChildItem C:\Windows*.* -Include *.exe,*.pif*. Die Funktionsweise ist ähnlich zu *Copy-Item* beziehungsweise *Remove-Item*.

Die zurückgegebenen Informationen können an das Cmdlet *Sort-Object* weitergegeben werden, um sie zu sortieren: *Get-ChildItem C:\Windows*.* | Sort-Object Length*. Mit *Get-ChildItem C:\Windows*.* | Sort-Object Length -Descending* wird mit den größten Dateien begonnen.

Für den Befehl können Sie die Aliasse *gci, ls* und *dir* verwenden. Das Cmdlet *Test-Path* überprüft das Vorhandensein einer Datei oder eines Ordners: *Test-Path C:\Temp. Test-Path* gibt *True* zurück, wenn die Datei vorhanden ist, und *False*, falls es keine solche Datei gibt. Auch hier können Sie mit Platzhaltern arbeiten.

Die Anweisung *Test-Path HKCU:\Software\Microsoft\Windows* testet, ob ein bestimmter Registryschlüssel vorhanden ist. Mit dem Cmdlet *Invoke-Item* können Sie über die Windows PowerShell eine ausführbare Datei starten oder eine Datei öffnen: *Invoke-Item C:\Windows\System32\Calc.exe.* Statt *Invoke-Item* können Sie *ii* verwenden.

Mit der verbesserten *Where*-Abfrage lassen sich Informationen filtern. Sollen zum Beispiel alle gestoppten Systemdienste in der PowerShell angezeigt werden, geben Sie den Befehl *Get-Service | Where-Object {$_.Status -Eq "Stopped"}* ein.

Auch auf die Ereignisanzeige lässt sich zugreifen. Um zum Beispiel die *x* neuesten Fehlermeldungen in der Ereignisanzeige *System* in der PowerShell zu betrachten, geben Sie den Befehl *Get-EventLog System -Newest 100 | Where {$_.entryType -Match "Error"}* ein.

40.4.4 Die PowerShell-Laufwerke verwenden

Neben den bekannten Dateisystemlaufwerken wie *C:* und *D:* enthält Windows PowerShell Laufwerke, die die Registrierungsstrukturen *HKEY_LOCAL_MACHINE (HKLM:)* und *HKEY_CURRENT_USER (HKCU:)*, den Speicher für digitale Signaturzertifikate auf Ihrem Computer *(Cert:)* und die Funktionen in der aktuellen Sitzung (*Function:*) darstellen.

Diese bezeichnet die Shell als Windows PowerShell-Laufwerke. Eine entsprechende Liste rufen Sie mit dem Befehl *Get-PSDrive* auf.

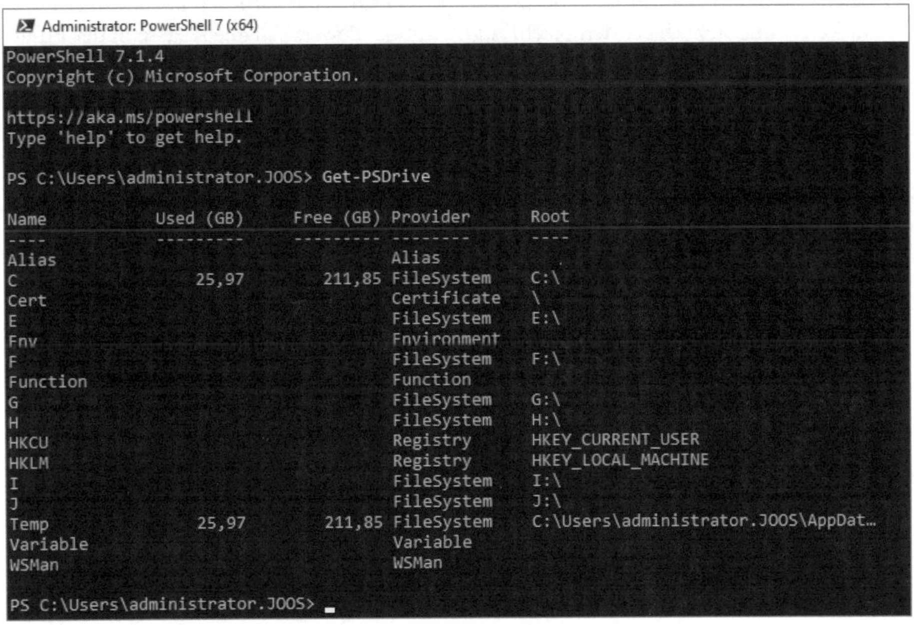

```
Administrator: PowerShell 7 (x64)
PowerShell 7.1.4
Copyright (c) Microsoft Corporation.

https://aka.ms/powershell
Type 'help' to get help.

PS C:\Users\administrator.JOOS> Get-PSDrive

Name           Used (GB)     Free (GB) Provider      Root
----           ---------     --------- --------      ----
Alias                                  Alias
C                  25,97        211,85 FileSystem    C:\
Cert                                   Certificate   \
E                                      FileSystem    E:\
Env                                    Environment
F                                      FileSystem    F:\
Function                               Function
G                                      FileSystem    G:\
H                                      FileSystem    H:\
HKCU                                   Registry      HKEY_CURRENT_USER
HKLM                                   Registry      HKEY_LOCAL_MACHINE
I                                      FileSystem    I:\
J                                      FileSystem    J:\
Temp               25,97        211,85 FileSystem    C:\Users\administrator.JOOS\AppDat…
Variable                               Variable
WSMan                                  WSMan

PS C:\Users\administrator.JOOS> _
```

Abb. 40.6 Anzeigen der Laufwerke, auf die die PowerShell zugreifen kann

Um zum Beispiel in die lokale Registry in *HKEY_CURRENT_USER* zu wechseln, geben Sie in der PowerShell *cd hkcu:* ein. Den Inhalt des Registry-Hives lassen Sie sich mit *dir* anzeigen.

Durch die zahlreichen neuen Cmdlets in der PowerShell erhalten Sie für Anmeldeskripts deutlich mehr Möglichkeiten. In der neuen Version lassen sich jetzt auch Netzlaufwerke in Windows verbinden. Dazu verwenden Sie das Cmdlet *New-PSDrive*. Dabei hilft die neue Option *-Persist*. Alle Optionen des Cmdlets sind über *Get-Help New-PSDrive -Detailed* verfügbar.

Sie können in der PowerShell aber auch mit den echten physischen Laufwerken auf dem PC arbeiten. Um zum Beispiel die physischen Festplatten abzufragen, hilft der Befehl *Get-PhysicalDisk*. Die Ausgabe zeigt an, ob sich die Platte in einem neuen Speicherpool anordnen lässt (siehe Kapitel 5). Das erkennen Sie an der Option *CanPool* über den Wert *True*.

Wer genauere Informationen will, gibt *Get-PhysicalDisk |fl* ein. Durch Eingabe von Spaltenbezeichnungen nach *|fl* lassen sich erweiterte Informationen angeben und unwichtige ausblenden. Ein Beispiel dafür ist *Get-PhysicalDisk |fl FriendlyName, BusType, CanPool, Manufacturer, Healthstatus*. Das funktioniert mit allen Get-Cmdlets.

Um einen neuen Speicherpool zu erstellen, bietet es sich zum Beispiel an, Festplatten, die poolfähig sind, also bei der Option *CanPool* den Wert *True* aufweisen, in einer Variablen zu speichern. Diese Variable können Sie dann an das Cmdlet *New-StoragePool* weitergeben, um einen Speicherpool zu erstellen.

Sobald ein Pool vorhanden ist, können Sie virtuelle Laufwerke erstellen, die sogenannten Speicherplätze (Storage Spaces). Auch dieser Vorgang lässt sich leicht in der PowerShell durchführen. Dabei hilft das Cmdlet *New-VirtualDisk*.

Ein weiterer Vorteil der PowerShell liegt darin, dass Sie viele vertraute Tools der normalen Eingabeaufforderung nicht aufgeben müssen, da sie auch von der PowerShell unterstützt werden. Dazu gibt es für jeden Cmdlet-Befehl einen PowerShell-Alias. Die Verwendung dieser Befehle ist analog zur bisherigen Eingabeaufforderung, die natürlich noch immer parallel zur Verfügung steht. Über den Befehl *Alias* zeigt die PowerShell alle Aliasse in der Eingabeaufforderung an. Mit dem Befehl *Alias <Buchstabe>** lassen Sie sich die einzelnen Aliasse, die mit dem angegebenen Buchstaben beginnen, anzeigen.

Der Vorteil der Ausführung in der PowerShell ist, dass sich die Ausgabe filtern lässt. Geben Sie zum Beispiel *ipconfig /all* ein, erhalten Sie die gleichen Informationen wie in der Eingabeaufforderung. Es sind also keine zwei Konsolen nebeneinander notwendig.

Soll die Ausgabe gefiltert werden, hilft die Option *Select-String -Pattern "<Text>"*, zum Beispiel *ipconfig /all | Select-String -Pattern "gateway"*. Auf diesem Weg lassen sich Informationen wesentlich gezielter auslesen.

40.4.5 Skripts mit der PowerShell erstellen

Wenn Sie immer wieder bestimmte Befehlsfolgen ausführen oder ein PowerShell-Skript für eine komplexe Aufgabe entwickeln, empfiehlt es sich, die Befehle nicht einzeln einzugeben, sondern in einer Datei zu speichern. Die Dateierweiterung für Windows PowerShell-Skripts lautet *.ps1* (das dritte Zeichen der Dateierweiterung ist die Zahl 1).

Sie müssen immer einen vollqualifizierten Pfad zu der Skriptdatei angeben, auch wenn sich das Skript im aktuellen Ordner befindet. Wenn Sie auf den aktuellen Ordner verweisen wollen, geben Sie einen Punkt ein, zum Beispiel *.script.ps1*. Zum Schutz des Systems enthält die PowerShell verschiedene Sicherheitsfeatures, zu denen die Ausführungsrichtlinie zählt. Die Ausführungsrichtlinie bestimmt, ob Skripts ausgeführt werden dürfen und digital signiert sein müssen.

Mit dem Cmdlet *Start-Sleep* stoppen Sie Windows PowerShell-Aktivitäten für einen bestimmten Zeitraum. Mit dem Befehl *Start-Sleep -s 10* hält das Skript zehn Sekunden an. *Start-Sleep -m 10000* verwendet Millisekunden. Übergeben Sie die Ausgabe von Cmdlets mit der Option *| Out-Printer* an das Cmdlet *Out-Printer*, druckt die PowerShell die Ausgabe auf dem Standarddrucker aus.

Den Drucker können Sie in Anführungszeichen und mit der Bezeichnung in der Druckersteuerung angeben. Mit dem Cmdlet *Write-Warning* lassen sich eigene Warnungen in der PowerShell anzeigen. *Write-Host* schreibt Nachrichten. Beide sind farblich unterschiedlich formatiert. Farbzuweisungen lassen sich nur für *Write-Host* setzen. Die Farben konfigurieren Sie mit *-ForeGroundColor* und *-BackGroundColor* manuell. Folgende Werte sind möglich:

- Black (Schwarz)
- DarkBlue (Dunkelblau)
- DarkGreen (Dunkelgrün)
- DarkCyan (Dunkelzyan)
- DarkRed (Dunkelrot)
- DarkMagenta (Dunkelmagenta)
- DarkYellow (Dunkelgelb)
- Gray (Grau)
- DarkGray (Dunkelgrau)
- Blue (Blau)
- Green (Grün)
- Cyan (Zyan)
- Red (Rot)
- Magenta (Magentarot)
- Yellow (Gelb)
- White (Weiß)

Mit dem Cmdlet *Invoke-Expression* starten Sie in der Windows PowerShell ein Skript:

Invoke-Expression c:\scripts\test.ps1

40.5 Mit PowerShell Desired State Configuration Windows-Server absichern

Mit der PowerShell 4.0 hat Microsoft die neue Funktion Desired State Configuration (DSC) eingeführt und verbessert die Funktionen in jeder neuen Version. Allerdings hat Microsoft die Technik abgekündigt. Es findet also keine Weiterentwicklung mehr statt.

Die Technik ermöglicht es, Sicherheitsvorlagen für Server zu erstellen, die automatisch angewendet werden. Auf diesem Weg können Sie für alle Server im Netzwerk effiziente Sicherheitsvorlagen erstellen und zuweisen. Ändern sich Einstellungen, die von der Vorlage abweichen, kann PowerShell DSC die Vorgaben wiederherstellen.

In der Vorlagendatei zur Absicherung des Betriebssystems können Sie zum Beispiel hinterlegen, dass bei der Ausführung der Richtlinie auf einem Server bestimmte Dateien kopiert, Dienste gestartet oder installiert und Programme ausgeführt werden. Unsichere und nicht notwendige Dienste lassen sich beenden und damit Server härten. Das kann zum Beispiel für Webserver-Farmen sinnvoll sein. Auch Registry-Einstellungen können Sie über diesen Weg anpassen, genauso wie Gruppen und lokale Benutzerkonten. Natürlich können Sie Skripts ausführen lassen, die ebenfalls bestimmte Systemeinstellungen setzen oder anpassen.

Erkennt PowerShell DSC Änderungen am System, die von der Vorlage abweichen, lässt sich die Vorlage erneut anwenden und der Server dadurch wieder besser absichern. Das heißt, durch Systemaudits können Administratoren oder Sicherheitsbeauftragte im Unternehmen jederzeit sicherstellen, dass wichtige Sicherheitseinstellungen im Netzwerk noch dem vorgegebenen Stand entsprechen. Die Verwendung der DSC ist sehr modular: Sie können mit einigen wenigen Einstellungsblöcken beginnen und dann das System nach und nach erweitern, wenn Sie sich mit der Arbeit vertraut gemacht haben.

Die neue Version in Windows Server 2022 und Windows 10/11 kann mehr Computer gleichzeitig ansprechen, um die Änderungen über das Netzwerk zu steuern. Dazu steht die neue Option *ThrottleLimit* zur Verfügung Die Option gibt es für die verschiedenen Cmdlets, mit denen DSC gesteuert wird. Das sind vor allem:

Get-DscConfiguration

Get-DscConfigurationStatus

Get-DscLocalConfigurationManager

Restore-DscConfiguration

Test-DscConfiguration

Compare-DscConfiguration

Publish-DscConfiguration

Set-DscLocalConfigurationManager

Start-DscConfiguration

Update-DscConfiguration

Basis von DSC sind Vorlagen. Diese enthalten zum Beispiel Sicherheitseinstellungen. Damit Sie die Vorlage einem Server zuweisen können, erstellen Sie ein »Management Object File (MOF)«. Das MOF wird von der PowerShell gelesen und auf den Servern angewendet, die mit DSC abgesichert werden. Diese Datei kann jederzeit erneut eingesetzt werden, wenn Einstellungen auf dem Server abweichen.

Damit Sie PowerShell DSC verwenden können, muss das dazugehörige Modul über den Server-Manager installiert werden. Dieses Modul finden Sie über die Installation der Features bei *Windows PowerShell/Windows PowerShell-Dienst zum Konfigurieren des gewünschten Zustands*.

Die Verwaltung von DSC erfolgt zunächst über eine Konfigurationsdatei. Diese speichern Sie als PowerShell-Skript-Datei mit der Endung **.ps1*. Ein Skript für DSC beginnt immer mit dem Schlüsselwort *Configuration* und einem von Ihnen definierten Namen. Diesen Namen benötigen Sie später bei der Erstellung der MOF-Datei und deren Anwendung. Es bietet sich daher an, hier einen einfachen und klar zugewiesenen Namen zu verwenden. Die Befehle für die Absicherung sind zwischen zwei geschweiften Klammern eingeschlossen:

```
Configuration MeineWebsite
{
}
```


Bei der Anzahl an Befehlen sind Sie nicht an Vorgaben gebunden. Sie können entweder mehrere kleine oder eine große Skriptdatei erstellen.

Ein Beispiel für den Inhalt ist:

```
Configuration Security
Service Wuauserv
{
    ServiceName = "wuauserv"
    StartupType = "Automatic"
}
```

Dadurch wird festgelegt, dass ein bestimmter Dienst, hier der Dienst *Windows Update* den Starttyp *Automatisch* erhalten soll, wenn DSC angewendet wird.

40.5.1 MOF-Dateien für DSC erstellen und umsetzen

Haben Sie die Konfiguration als PS1-Datei gespeichert, erstellen Sie eine MOF-Datei:

<Name der Konfiguration> -MachineName <Name des Servers, auf den die Datei angewendet werden soll>

Den Namen der Konfiguration haben Sie der Skript-Datei vorgegeben. Für jeden Server, dem Sie die Datei zuweisen wollen, erstellt die PowerShell eine eigene MOF-Datei. Um zu ändern, ändern Sie die Skript-Datei und erstellen danach die MOF-Dateien neu. Zum Absichern eines Servers mit DSC kopieren Sie die MOF-Dateien auf die Zielserver oder verwenden eine Freigabe im Netzwerk. Für die Anwendung von MOF-Dateien auf den Zielservern wird das Cmdlet *Start-DscConfiguration* verwendet:

Start-DscConfiguration -Wait -Verbose -Path .\<Name>

Sie können jederzeit überprüfen, ob die mit DSC gesetzten Sicherheitseinstellungen auf einem Server noch so gesetzt sind, wie Sie sie vorgegeben haben. Dazu verwenden Sie das Cmdlet *Test-DscConfiguration*. Dieses überprüft, ob es Unterschiede zwischen MOF-Datei und den tatsächlichen Einstellungen auf dem Server gibt. Das Cmdlet zeigt mit *True* (Einstellungen stimmen noch) oder *False* (Einstellungen wurden geändert) an, ob die Konfiguration noch den Vorgaben entspricht. Sie können jederzeit die MOF-Datei mit *Start-DscConfiguration* wieder anwenden lassen.

40.5.2 MOF-Dateien erweitern

Sie können über DSC Gruppen auf Servern anlegen und Benutzer zuweisen. Die Syntax dazu ist:

```
Group Webadmins anlegen
{
    Ensure = "Present"
    GroupName = "Webadmins"
}
```

Nehmen Sie diesen Teil in die Datei mit auf, überprüft die PowerShell, ob es die Gruppe *Webadmins* auf den Servern gibt, und legt sie an, wenn sie fehlt. Hier besteht auch die Möglichkeit, mit PowerShell DSC Benutzer aufzunehmen oder aus Gruppen zu entfernen. Dazu werden die beiden Optionen *MembersToExclude* und *MembersToInclude* verwendet.

Ein weiteres Beispiel für die Verwendung von DSC ist die Überprüfung, ob Dateien des Webservers im Verzeichnis *inetpub* gespeichert sind und ob auf dem Server der IIS installiert ist. Außerdem können Sie bestimmte Daten von einem Quell- auf die Zielserver kopieren und so sicherstellen, dass auf allen Webservern die von Ihnen abgesicherten Dateien vorhanden sind.

Eine Beispieldatei sieht folgendermaßen aus:

```
Configuration MeineWebsite
{
  Node ("s1.contoso.int", "s2.contoso.int")
  {
 #IIS-Installation sicherstellen
WindowsFeature IIS
    {
      Ensure = "Present"
      Name = "Web-Server"
    }
 #Existenz Webdateien sicherstellen
File Beispieldatei
    {
   Ensure = "Present"
  Type = "Directory"
  Recurse= $true
  SourcePath = \\dc01\Daten
 Destinationpath = "C:\inetpub\wwwroot"
      }
  }
}
```

In diesem Beispiel legen Sie über die Option *Node* den Namen der Server fest, auf denen Sie die von Ihnen gewünschten Einstellungen und Sicherheitsoptionen umsetzen wollen.

Mit der Option *Ensure* bei *WindowsFeature IIS* überprüfen Sie, ob bestimmte Rollen (*WindowsFeature*) installiert (*Present*) oder eben nicht installiert (*Absent*) sind. In der Datei können Sie natürlich mehrere Rollen überprüfen lassen. Der Assistent kann die Rollen deinstallieren oder installieren.

Sie können nicht nur testen lassen, ob bestimmte Rollendienste installiert sind, sondern auch nach Dateien oder Verzeichnissen suchen lassen. Das ist zum Beispiel für das Überprüfen nach bestimmten Daten oder das Testen von Sicherheitsskripts wichtig. Aber auch zum Sicherstellen, dass auf Webservern immer die von Ihnen gewünschten Dateien in den fest definierten Verzeichnissen vorhanden sind, ist DSC nützlich. Fehlt ein Skript, eine Datei oder ein bestimmtes Verzeichnis, können Sie es über DSC auf den Server kopieren lassen. Über *Type* legen Sie fest, ob Sie nach einem bestimmten Verzeichnis (*Directory*) oder nach einer Datei (*File*) suchen lassen. Sie legen den Quellpfad (*SourcePath*) und den Zielpfad (*DestinationPath*) der Dateien fest. Bei der Ausführung dieser Richtlinie werden automatisch durch die PowerShell die Dateien aus dem Quellverzeichnis in das Zielverzeichnis kopiert. Neben dem Kopieren einzelner Dateien können Sie sicherstellen, dass auf den abgesicherten Webservern in den gewünschten Zielverzeichnissen immer nur die Dateien vorhanden sind, die Sie im Quellverzeichnis festlegen. Vorteil dabei ist, dass Sie ein Quellverzeichnis auf Basis einer Freigabe im Netzwerk festlegen und auf allen Webservern, auf denen Sie DSC nutzen, diese Dateien kopiert werden.

Haben Sie in der Konfigurationsdatei die von Ihnen gewünschten Einstellungen vorgegeben, speichern Sie die Datei als **.ps1*-Datei ab. Sie können sie jederzeit anpassen, aus ihr eine neue MOF-Datei erstellen und diese dann erneut an Server verteilen. Haben Sie die Datei abgespeichert, starten Sie das Skript entweder durch Eingabe des Namens in der PowerShell oder Sie verwenden das grüne Abspielzeichen in der PowerShell ISE. Um zu testen, ob später die Umsetzung auf den Zielservern funktionieren kann, führen Sie das Skript auf einem der Zielserver aus.

Für jeden Zielserver, den Sie über *Node* in der Konfigurationsdatei festlegen, erstellt der Befehl *<Name der Konfiguration> -MachineName <Name des Servers, auf den die Datei angewendet werden soll>* eine MOF-Datei. In den Dateien sind die Sicherheitseinstellungen aus Ihrer Konfigurationsdatei hinterlegt. Das Verzeichnis, in dem die PowerShell die MOF-Datei erstellt hat, sehen Sie im PowerShell-Fenster. Sie können den Ausgabepfad der MOF-Dateien auch mit der Option *OutputPath* steuern.

40.6 Windows PowerShell zur Administration verwenden

Geben Sie in der Windows PowerShell den Befehl *Get-Command* ein, um sich eine Befehlsreferenz anzeigen zu lassen. Über *Get-Command >C:\befehle.txt* lenken Sie alle Befehle in die Datei *C:\befehle.txt* um. Sie erhalten wie immer bei der Dateiumleitung keine Bestätigung der Ausführung.

40.6.1 PowerShell Direct – Virtuelle Betriebssysteme steuern

Mit PowerShell Direct können Sie über PowerShell-Sitzungen auf einem Hyper-V-Host auf VMs des Hosts zugreifen und Aktionen durchführen. Dazu muss auf dem Host aber Windows Server 2022 betrieben werden. Auch in den VMs ist entweder Windows 10/11 oder Windows Server 2022 notwendig. Hier stehen dann die gleichen Befehle zur Verfügung wie bei normalen Sitzungen. Der Unterschied liegt darin, dass in einer PowerShell Direct-Sitzung die Befehle direkt in der jeweiligen VM gestartet werden. Um eine Sitzung zu starten, geben Sie in der PowerShell-Sitzung auf dem Host einen der folgenden Befehle ein:

Enter-PSSession -VMName <Name der VM im Hyper-V-Manager>

Invoke-Command -VMName <Name der VM im Hyper-V-Manager> -ScriptBlock { Commands }

Für die erfolgreiche Verbindung müssen Sie sich unter Umständen an der Sitzung erst authentifizieren. Weitere Konfigurationen oder Einstellungen in der Firewall sind dazu nicht notwendig.

Wollen Sie sich mit einem anderen Benutzer authentifizieren, verwenden Sie *Enter-PSSession -VMName <Computer> -Credential <Benutzer>*. Mit *Exit-Session* beenden Sie diese Sitzung wieder. Sie können in Windows Server 2022 und Windows 10/11 Sitzungen unterbrechen und erneut aufbauen. Bei unterbrochenen Sitzungen laufen die Cmdlets in der Sitzung weiter. Dazu nutzen Sie die Cmdlets *Disconnect-PSSession, Connect-PSSession* und *Receive-PSSession*.

40.6.2 Software im Netzwerk verteilen

Die PowerShell in Windows Server 2022 verfügt über das OneGet-Framework. Dabei handelt es sich um eine Sammlung von Cmdlets, die beim Verteilen und Installieren von Anwendungen im Netzwerk hilft. Die Anwendungen werden dabei als Pakete installiert.

Die Einstellungen für die Installation sind in den Paketen bereits integriert. Erfreulich dabei ist, dass Anwender mit der PowerShell auf die Pakete von NuGet (*http://www.nuget.org*) und Chocolatey Repositories (*http://chocolatey.org*) zugreifen können. Damit lassen sich mehrere Tausend Anwendungen installieren.

Generell ist die Verwendung der PowerShell ISE besser für OneGet geeignet. Sie können aber problemlos über Skripts in der normalen PowerShell die Paketfunktion nutzen. Bevor Sie Pakete installieren, überprüfen Sie, ob die Ausführungsrichtlinie für Skripts auf *RemoteSigned* gesetzt ist. Dazu verwenden Sie den Befehl: *Set-ExecutionPolicy RemoteSigned*. Welche Quellen derzeit angebunden sind, sehen Sie mit *Get-PackageSource*. Die zur Verfügung stehenden Pakete lassen Sie sich mit *Find-Package | Out-Gridview* anzeigen.

Wollen Sie bestimmte Pakete suchen, verwenden Sie:

*Find-Package -Name *<Name>**

Wollen Sie ein Paket installieren, verwenden Sie:

Find-Package | Out-GridView -Title "<Paket das installiert werden soll>" -PassThru | Install-Package -Force

Die Pakete werden standardmäßig ohne Benutzereingaben installiert. Die dazu notwendigen Optionen wurden direkt in das Paket integriert. Sie können dieses Verhalten also nicht über die PowerShell steuern, sondern über die Installationsdateien des Pakets.

Sie können mit OneGet Basis-Images von Windows-Arbeitsstationen erstellen. Dazu installieren Sie das Betriebssystem und danach Basis-Anwendungen, die über die Pakete zur Verfügung stehen.

Arbeiten Sie immer mit den beiden Platzhaltern *, da Sie nur so alle relevanten Pakete angezeigt bekommen. Kennen Sie den genauen Namen des Pakets, können Sie die Platzhalter natürlich weglassen. Neben der Möglichkeit, nach Anwendungen in den Paketen zu suchen, können Sie nach Versionen suchen. Dazu verwenden Sie die Option *-MinimumVersion <Version>* des Cmdlets *Find-Package*. Wollen Sie neuere Versionen filtern, verwenden Sie *-MaximumVersion*.

40.6.3 Software mit Chocolatey installieren und aktuell halten

Die kostenlose Software kann Anwendungen als Paket auf Rechnern installieren. Die Entwickler stellen dazu verschiedene Pakete bereit. Mehrere Tausend Anwendungen können Sie weitgehend automatisiert über die PowerShell oder die grafische Oberfläche installieren.

Alle verfügbaren Pakete, die mit Chocolatey installiert werden können, sind auf der Seite der Entwickler aufgelistet (*https://chocolatey.org/packages*). Zu den Paketen gehören Tools für Administratoren, zum Beispiel zur Überwachung von Netzwerken. Die Installation erfolgt über die PowerShell.

Mit Icinga lässt sich zum Beispiel die Nutzung des Internets im Netzwerk genauso überwachen wie die Überwachung der Serveranfragen im Netzwerk. Das Tool kann auf Linux und Windows installiert werden. Über Chocolatey besteht die Möglichkeit, die Anwendung zu installieren, zum Beispiel in der PowerShell von Windows.

Die Installation wird über *choco install icinga2* in der PowerShell durchgeführt. Eine Aktualisierung kann mit *choco upgrade icinga2* durchgeführt werden. Auf diesem Weg erfolgt die generelle Installation und Aktualisierung von Anwendungen über Chocolatey. Sollen alle Anwendungen aktualisiert werden, die mit Chocolatey auf einem PC installiert wurden, erfolgt das mit dem Befehl *Cup all*.

Über die PowerShell und Befehlszeile können mehrere Pakete auf einmal installiert werden. Dazu wird der Befehl *choco install <Paket1> <Paket2>…* genutzt. Wer nach einem bestimmten Paket sucht, nutzt den Befehl *choco search *Text**. Die Deinstallation von Anwendungen erfolgt mit dem Befehl *choco uninstall <Paket>*.

40.6.4 Chocolatey installieren, aktualisieren und nutzen

Die Installation von Chocolatey kann automatisiert über die Befehlszeile und die PowerShell erfolgen. Das ermöglicht eine weitgehende Automatisierung von Software-Installationen, inklusive der Installation von Chocolatey selbst. Die Installation erfolgt in der Befehlszeile mit dem folgenden Befehl:

@"%SystemRoot%\System32\WindowsPowerShell\v1.0\powershell.exe" -NoProfile -InputFormat None -ExecutionPolicy Bypass -Command "iex ((New-Object System.Net.WebClient).DownloadString('https://chocolatey.org/install.ps1'))" && SET "PATH=%PATH%;%ALLUSERSPROFILE%\chocolatey\bin"

Um Chocolatey in der PowerShell zu installieren, wird der folgende Befehl genutzt:

Set-ExecutionPolicy Bypass -Scope Process -Force; iex ((New-Object System.Net.WebClient).DownloadString('https://chocolatey.org/install.ps1'))

Sobald Chocolatey auf einem System installiert ist, kann mit *choco* eine Installation von Apps sowie eine Aktualisierung durchgeführt werden. Mit *choco /?* erscheinen eine Hilfe sowie verschiedene Optionen.

Sobald Chocolatey auf einem Rechner installiert ist, kann eine Aktualisierung über Chocolatey selbst erfolgen. Der Befehl dazu lautet:

choco upgrade chocolatey

Die Deinstallation von Chocolatey wird ebenfalls über die Befehlszeile oder die PowerShell vorgenommen. Die Vorgehensweise beschreiben die Entwickler auf der Webseite »Uninstalling Chocolatey« (*https://chocolatey.org/docs/uninstallation*).

Chocolatey benötigt keine grafische Oberfläche, da der Vorteil der Lösung vor allem darin besteht. Anwendungen weitgehend automatisiert als Paket über ein Skript zu installieren. Es steht aber eine grafische Oberfläche für Chocolatey zur Verfügung. Diese kann über Chocolatey selbst installiert werden:

choco install ChocolateyGUI

Nach der Installation kann die grafische Oberfläche über das Startmenü in Windows aufgerufen werden. In der grafischen Oberfläche können Sie anzeigen lassen, welche Anwendungen auf einem PC mit Chocolatey installiert wurden. Die Oberfläche zeigt Informationen wie zum Beispiel die Version an. Eine Aktualisierung von Anwendungen ist daher über die Oberfläche möglich.

Durch Auswahl von *Chocolatey* werden wiederum alle Pakete angezeigt, die über die Software installiert werden können. Die Installation kann in diesem Fall natürlich über das Fenster erfolgen. Über das Kontextmenü von installierten Apps können diese deinstalliert werden. Die Installation oder Deinstallation von Anwendungen arbeitet mit dem Suchfenster zusammen. Hier kann nach den installierten Anwendungen gesucht werden oder nach Paketen, die über Chocolatey installiert werden können.

In der grafischen Oberfläche von Chocolatey können verschiedene Einstellungen vorgenommen werden. Diese sind weitgehend selbsterklärend.

40.6.5 Software mit der ChocolateyGUI installieren

Die Installation von Anwendungen über die PowerShell oder die Befehlszeile haben wir bereits zu Beginn des Artikels gezeigt. Die Installation beginnt mit dem Befehl *choco* und danach der Option, die ausgeführt werden soll, also zum Beispiel *install* oder *upgrade*. Zusammen mit dem Namen des Pakets erfolgt anschließend die Installation. Eine Liste aller installierten Anwendungen erfolgt mit dem folgenden Befehl:

Choco list --localonly

In der grafischen Oberfläche kann nach dem gewünschten Programm im Suchfeld gesucht werden. Dazu muss die Option *Chocolatey* ausgewählt sein, damit die Suche die Pakete von Chocolatey im Internet durchsucht. Im Fenster erscheint anschließend das Suchergebnis. Über das Kontextmenü können dann entweder Informationen zum Paket ausgewählt werden oder das Paket wird mit *Installieren* auf dem entsprechenden PC installiert. Der Status ist in der grafischen Oberfläche zu sehen. Über den Menüpunkt *Terminalausgabe* zeigt Chocolatey die Daten an, die normalerweise in der PowerShell oder der Befehlszeile erscheinen.

40.6.6 Grundlagen zur Verwaltung von Servern mit der PowerShell

Über den Befehl *Help <Befehlname>* können Sie sich zu einzelnen Befehlen eine ausführliche Hilfe anzeigen lassen. Wenn Sie eine detaillierte Hilfe zu einem Cmdlet einschließlich Parameterbeschreibungen und Beispielen anzeigen möchten, verwenden Sie *Get-Help* mit dem *-Detailed*-Parameter, zum Beispiel *Get-Help Add-Computer -Detailed*. Über die Tastenkombination `Strg`+`C` können Sie innerhalb der Shell einzelne Aktionen stoppen.

Wollen Sie Serverdienste verwalten, die auf dem Server nicht aktiviert sind, können Sie die Verwaltungstools installieren. Dazu benötigen Sie aber keine Patches, sondern können die entsprechenden Tools direkt über den Server-Manager aktivieren. Die Installation erfolgt im Server-Manager über die Auswahl *Verwalten/Rollen und Features hinzufügen*. Bei diesem Vorgang werden auch die jeweiligen Cmdlets der PowerShell für die ausgewählte Serverrolle installiert.

40.6.7 Mit Variablen arbeiten

Interessant ist die Möglichkeit, dass Sie innerhalb der Shell Variablen definieren können, die aktuelle Informationen automatisch abfragen. Diese Variablen können Sie dann später innerhalb eines Skripts verwenden. Wollen Sie zum Beispiel das aktuelle Datum als Variable *$heute* hinterlegen, geben Sie in der Shell den Befehl *$heute = Get-Date* ein. Anschließend wird das heutige Datum als Variable *$heute* hinterlegt. Geben Sie als Nächstes in der Shell *$heute* ein, wird das aktuelle Datum ausgegeben.

Sie können auf einzelne Bestandteile der Variablen getrennt zugreifen. Interessiert Sie zum Beispiel aus dem Datum lediglich die Zeit, können Sie einzelne Elemente objektorientiert aus der Variablen auslesen. So können Sie durch Eingabe des Befehls *$heute.ToShortTimeString()* ohne viel Aufwand nur die Uhrzeit in Stunden und Minuten auslesen. Weitere Möglichkeiten sind die Formatierung der Ausgabe. So ist es möglich, per Eingabe des Befehls *$heute.ToString("MMMM")* die Ausgabe des Monats oder über *$heute.ToString("MM")* den Monat als Zahl innerhalb des Kalenderjahrs zu erzwingen. Generell können Sie hinter den meisten Befehlen, die einen Status oder eine Statistik ausgeben, noch den Zusatz *|fl* eingeben. Dieser Zusatz bewirkt, dass Sie eine formatierte Liste (daher »fl«) erhalten, die deutlich mehr Informationen ausgibt als der Befehl ohne diesen Zusatz.

Der Befehl *Get-Date -Displayhint Date* zeigt nur das Datum, *Get-Date -Displayhint Time* nur die Uhrzeit an. Sie können ermitteln, welche Art von Objekt von einem bestimmten Cmdlet abgerufen wird, indem Sie die Ergebnisse des Befehls Get mit einem Pipelineoperator (|) an den Befehl *Get-Member* übergeben. So können Sie mit dem Befehl *Get-Service | Get-Member* abgerufene Objekte an *Get-Member* senden.

Mit diesem Befehl lassen sich Informationen über das .NET-Objekt anzeigen, das von einem Befehl zurückgegeben wird. Zu den Informationen zählen der Typ, die Eigenschaften und die Methoden des Objekts. Wenn Sie beispielsweise alle Eigenschaften eines Dienstobjekts anzeigen wollen, geben Sie *Get-Service | Get-Member -MemberType *property* ein.

40.6.8 Systemprozesse verwalten

Eine häufige Administrationsaufgabe ist die Verwaltung der laufenden Prozesse auf einem Server. Über den Befehl *Get-Process* können Sie sich alle laufenden Prozesse eines Computers ansehen. Wollen Sie aber zum Beispiel nur alle Prozesse mit dem Anfangsbuchstaben »S« angezeigt bekommen, geben Sie den Befehl *Get-Process s** ein. Sollen die Prozesse zusätzlich noch sortiert werden, zum Beispiel absteigend nach der CPU-Zeit, geben Sie *Get-Process s** gefolgt von der Pipe-Option *|Sort-Object cpu -Descending* ein.

Neben *Get-Process* können Prozesse auf Computern mit der PowerShell gestartet (*Start-Process*) und beendet (*Stop-Process*) sowie Befehle pausiert werden, bis ein Prozess beendet ist (*Wait-Process*). Auch dazu stehen entsprechende Cmdlets zur Verfügung. Um zum Beispiel den Prozess von Notepad auf einem Computer zu beenden, verwenden Sie:

Stop-Process -Name "notepad"

Hier können natürlich die gleichen Parameter genutzt werden wie bei *Get-Process*. Sie können mit *Get-Process* bestimmte Prozesse auslesen und mit Pipe (|) zum Beispiel an *Stop-Process* weiterleiten, um sie zu beenden. Mit einer Kombination der Cmdlets können Sie Prozesse beenden und anzeigen lassen, ob sie beendet werden. Die Ergebnisse von Abfragen können Sie in Variablen speichern:

PS C:\> calc

PS C:\> $p = Get-Process -Name "calc"

PS C:\> Stop-Process -InputObject $p

PS C:\> Get-Process | Where-Object {$_.HasExited}

Um nicht versehentlich die falschen Prozesse zu beenden, kann mit dem Parameter *-Confirm* gearbeitet werden. Hier müssen Sie jeden einzelnen Prozess erst bestätigen, bevor ihn *Stop-Process* beendet:

Stop-Process -Name s -Confirm*

Process Hacker (*https://processhacker.sourceforge.io*) ist ein Open-Source-Tool, mit dem sich die Prozesse in Windows wesentlich übersichtlicher und effektiver verwalten lassen als mit Bordmitteln und vielen anderen Tools. Es steht als portable Version zur Verfügung, kann aber auch installiert werden. Mit Process Hacker können erfahrene Anwender tiefgehende Informationen zu Prozessen und deren Ressourcennutzung durchführen.

40.6.9 Dateien und Objekte kopieren, löschen und verwalten

In diesem Abschnitt zeigen wir Ihnen einige Cmdlets, die in der Praxis sehr nützlich sind und die Möglichkeiten der PowerShell im Vergleich zur herkömmlichen Eingabeaufforderung verdeutlichen. Mit dem Cmdlet *Copy-Item* kopieren Sie Dateien oder Ordner in der PowerShell. Mit dem Befehl *Copy-Item C:\Scripts\test.txt C:\Test* kopieren Sie zum Beispiel die Datei *test.txt*. Die Syntax ist ähnlich zum *Copy*-Befehl der herkömmlichen Eingabeaufforderung.

Der Befehl *Copy-Item C:\Scripts* C:\Test* kopiert alle Dateien im entsprechenden Quellordner in den Zielordner. Der Befehl *Copy-Item C:\Scripts C:\Test -Recurse* legt eine Kopie des Ordners *C:\Scripts* im Ordner *C:\Test* an. Ohne die Option *-Recurse* wird in *C:\Test* ein Ordner *Scripts* angelegt, es werden aber keine Dateien und Ordner kopiert. Neben dem vollständigen Befehl kann mit den Abkürzungen *cpi, cp* oder *copy* gearbeitet werden.

Das Cmdlet *Move-Item* verschiebt Objekte: *Move-Item C:\Scripts\test.zip c:\test*. Auch hier können Sie wieder mit Platzhaltern arbeiten, genauso wie beim Kopieren. Standardmäßig überschreibt *Move-Item* vorhandene Dateien im Zielordner nicht. Mit dem Parameter *-Force* werden vorhandene Zieldateien oder Ordner überschrieben: *Move-Item C:\Scripts\test.zip C:\Test -Force*. Mit dem Befehl *Move-Item C:\Scripts\test.log C:\Test\ad.log* verschieben Sie Dateien und benennen sie gleichzeitig um.

Neben *Move-Item* können Sie mit *mi, mv* oder *move* arbeiten. Mit dem Cmdlet *New-Item* erstellen Sie neue Dateien oder Ordner. Mit dem Befehl *New-Item C:\Temp\PowerShell -Type Directory* erstellen Sie im Ordner *C:\Temp* einen neuen leeren Ordner mit der Bezeichnung *PowerShell.*

Um eine neue Datei zu erstellen, verwenden Sie die gleiche Syntax, aber den Typ *File*: *New-Item C:\Scripts\skript.txt -Type File.* Mit dem Befehl *New-Item C:\Scripts\skript.txt -Type File -Force* ersetzen Sie eine vorhandene Datei durch eine neue leere Datei. Mit *New-Item C:\Scripts\skript.txt -Type File -Force -Value "Text"* erstellen Sie eine neue Datei mit dem angegebenen Text als Inhalt. Statt *New-Item* können Sie auch *ni* verwenden.

Mit dem Cmdlet *Add-Content* fügen Sie Daten an eine Textdatei an: *Add-Content C:\Scripts\test.txt "Text"*. Standardmäßig fügt *Add-Content* den neuen Wert hinter dem letzten Zeichen in der Textdatei ein.

Den Inhalt einer Datei ersetzen Sie mit *Set-Content*. Das Cmdlet *Clear-Content* löscht den Inhalt einer Datei. Nach der Ausführung existiert die Datei weiterhin, hat aber keinen Inhalt mehr. Auch hier können Sie mit Platzhalterzeichen arbeiten: *Clear-Content C:\Test\e**. Neben Textdateien unterstützt das Cmdlet Excel-Tabellen, Word-Dokumente und andere Dateien. Statt *Clear-Content* können Sie *clc* verwenden. Das Cmdlet *Remove-Item* löscht Objekte: *Remove-Item C:\Scripts\test.txt.*

Mit dem Platzhalterzeichen * löschen Sie Objekte in einem angegebenen Ordner: *Remove-Item C:\Scripts**. Mit dem Befehl *Remove-Item C:\Scripts* -Recurse* muss das Löschen nicht bestätigt werden. Der Befehl *Remove-Item C:\Scripts* -Exclude *.doc* löscht alle Dateien, außer denen, die Sie mit *-Exclude* ausgeschlossen haben. *Remove-Item C:\Scripts* -Include .xls,.doc* löscht nur die Dateien hinter *-Include.* Beide Optionen können Sie gemeinsam verwenden, zum Beispiel: *Remove-Item C:\Scripts* -Include *.txt -Exclude *test**.

Hier löscht die PowerShell alle Textdateien im Ordner, außer Dateien mit der Zeichenfolge »test« im Dateinamen. Der Parameter *-Whatif* entfernt nichts, gibt aber aus, was passieren würde: *Remove-Item C:\Windows*.exe -Whatif.*

Statt *Remove-Item* können Sie *ri, rd, erase, rm, rmdir* oder *del* verwenden. Vorhandene Objekte benennen Sie mit dem Cmdlet *Rename-Item* um: *Rename-Item C:\Scripts\test.txt neu.txt.* Die Befehle *rni* und *ren* führen ebenfalls zum Ziel. Das Cmdlet *Get-ChildItem* hat eine ähnliche Funktionalität wie der Befehl *Dir* und kann den Inhalt von Registryschlüsseln anzeigen.

Mit *Get-ChildItem -Recurse* wird auch der Inhalt der Unterordner angegeben, ähnlich zu *dir /s*, nur übersichtlicher. *Get-ChildItem HKLM:\SOFTWARE* zeigt den Inhalt des Registryschlüssels HKLM an.

Durch die PowerShell-Laufwerke können Sie alle Registryschlüssel auf diese Weise auslesen. Auch hier können Sie mit den beiden Optionen *-Include* und *-Exclude* arbeiten. Diese beiden Optionen funktionieren an allen Stellen der PowerShell, sogar bei der Anzeige von Informationen und Inhalten eines Ordners: *Get-ChildItem C:\Windows*.* -Include *.exe, *.pif.* Die Funktionsweise ist ähnlich zu *Copy-Item* beziehungsweise *Remove-Item.* Die zurückgegebenen Informationen können an das Cmdlet *Sort-Object* weitergegeben werden, um eine Sortierung durchzuführen: *Get-ChildItem C:\Windows*.* | Sort-Object Length.*

Mit *Get-ChildItem C:\Windows*.* | Sort-Object Length -Descending* wird mit den größten Dateien begonnen. Für den Befehl können Sie die Aliasse *gci*, *ls* und *dir* verwenden. Das Cmdlet *Test-Path* überprüft das Vorhandensein einer Datei oder eines Ordners: *Test-Path C:\Temp*. *Test-Path* gibt *True* zurück, wenn die Datei vorhanden ist, und *False*, wenn nicht. Auch hier können Sie mit Platzhaltern arbeiten.

Die Anweisung *Test-Path HKCU:\Software\Microsoft\Windows* testet, ob ein bestimmter Registryschlüssel vorhanden ist. Mit dem Cmdlet *Invoke-Item* können Sie über die Windows PowerShell eine ausführbare Datei starten oder eine Datei öffnen: *Invoke-Item C:\Windows\System32\Calc.exe*. Statt *Invoke-Item* können Sie *ii* verwenden.

Im Internet gibt es zahlreiche Communities und Zusatzprodukte, die den Nutzen der PowerShell weiter verbessern. Ebenfalls im Internet erhältlich sind Cmdlets für die PowerShell, die spezielle Aufgaben im Netzwerk durchführen, auf Active Directory zugreifen oder Dateien übertragen können. Wir haben für Sie einige Beispiele aufgeführt. Selbst eine grafische Oberfläche wird mittlerweile angeboten, die Administratoren bei der Erstellung von Cmdlets unterstützt. Wichtige Internetseiten für den Umgang mit der Windows PowerShell finden Sie unter:

- *http://www.it-visions.de/scripting/powershell*
- *https://docs.microsoft.com/de-de/samples/browse*

40.6.10 Dienste in der PowerShell und Befehlszeile steuern

Dienste können Sie in der PowerShell mit *Start-Service*, *Stop-Service*, *Get-Service* und *Set-Service* starten und beenden. Auch die Befehlszeilentools *net start* und *net stop* helfen bei der Verwaltung der Systemdienste. Am schnellsten rufen Sie die Verwaltungsoberfläche der Systemdienste in Windows durch die Eingabe von *services.msc* auf. In der Eingabeaufforderung sehen Sie die gestarteten Dienste über *net start*. Mit *net start >dienste.txt* werden alle gestarteten Dienste in die Datei *dienste.txt* gespeichert.

Eine weitere Möglichkeit ist der Befehl *sc query*, der deutlich mehr Informationen liefert. Dienste lassen sich, neben der grafischen Oberfläche, in der Eingabeaufforderung über *net stop <Dienstname>* stoppen und über *net start <Dienstname>* wieder starten.

40.6.11 Aus der PowerShell E-Mails schreiben

Vor allem um Systemnachrichten aus Skripts zu versenden, kann es sinnvoll sein, aus der PowerShell E-Mails zu verschicken. Damit Sie diese Funktion nutzen können, ist es nicht notwendig, ein Zusatztool zu installieren. Alle notwendigen Objekte stehen in der PowerShell zur Verfügung.

Um E-Mails zu versenden, können Sie das Cmdlet *New-Object* nutzen. Es kann E-Mails erstellen und sich sogar an E-Mail-Servern anmelden, wenn diese eine Authentifizierung benötigen.

Um eine einfache E-Mail zu versenden, speichern Sie am besten die einzelnen Daten in Variablen und lösen danach den Befehl aus. So bleibt die Übersicht in PowerShell-Skripts, zum Beispiel zur Systemüberwachung oder Sicherung, erhalten. Zunächst speichern Sie den Absender und den Empfänger der E-Mail in der PowerShell als Variable. Im folgenden Beispiel verwenden wir dazu die E-Mail-Adressen *thomas.joos@live.de* als Absenderadresse und *thomas.joos@outlook.com* als Empfänger.

$from = "thomas.joos@live.de"

$to = "thomas.joos@outlook.com"

Danach speichern Sie den Betreff:

$Subject = "PowerShell-E-Mail"

Den Text der E-Mail können Sie ebenfalls als Variable speichern:

$text = "Dies ist eine E-Mail aus der PowerShell"

In den nächsten Schritten legen Sie den SMTP-Server fest, über den Sie die E-Mails senden wollen. Dazu speichern Sie zunächst den Server in der Variablen *$server*, legen danach den Benutzernamen für die Anmeldung mit der Variable *$user* und danach das Kennwort zur Anmeldung mit der Variablen *$pass* fest.

$server = "smtp.live.com"

$user = "thomas.joos@live.de"

$pass = "<Kennwort in Klartext>"

Danach erstellen Sie den Befehl, um eine E-Mail zu versenden, und greifen dabei auf die erstellten Variablen zurück:

$SMTPClient = New-Object Sys-tem.Net.Mail.SmtpClient($server, 25)

Auch diese Konfiguration speichern Sie in einer Datei. Im Anschluss müssen Sie noch die Anmeldedaten festlegen und versenden anschließend die E-Mail.

$mail.Credentials = New-Object System.Net.NetworkCredential($User, $Pass);
$mail.Send ($From, $To, $Subject, $text)

Wenn der Server TLS oder eine andere Sicherheitsverbindung nutzt, müssen Sie die Befehle etwas anders aufbauen:

$Server = "smtp.live.com"

$Port = "587"

$User = "thomas.joos@live.de"

$Pass = "<Kennwort in Klartext>"

$email = New-Object System.Net.Mail.MailMessage

$email.From = "thomas.joos@live.de"

$email.To.Add("thomas.joos@outlook.com")

$email.Subject = "Power-Shell-Test-E-Mail"

$email.IsBodyHtml = $false

$email.Body = "Test-Text"

$SMTPClient = New-Object System.Net.Mail.SmtpClient($Server , $Port)

$SMTPClient.EnableSsl = $true

$SMTPClient.Credentials = New-Object System.Net.NetworkCredential($User , $Pass);

$SMTPClient.Send($email)

40.6.12 Windows-Firewall in der PowerShell steuern

In Windows 8.1/10/11 und Windows Server 2022 können Sie mit der PowerShell so gut wie alle Einstellungen vornehmen, die auch in der grafischen Oberfläche möglich sind. Vorteil bei der Verwendung der PowerShell ist die Möglichkeit, die Konfiguration zu skripten oder zu automatisieren.

Neben der PowerShell lassen sich viele Einstellungen der Windows-Firewall in der Befehlszeile durchführen. Dazu wird der Befehl *netsh.exe* mit der Option *advfirewall* genutzt, zum Beispiel *netsh advfirewall firewall add rule name="All ICMP V4 Allow" dir=in action=allow protocol=icmpv4*. Verwenden Sie als Befehl *netsh firewall set opmode disable*, deaktivieren Sie die Firewall. Sie müssen ihn aber über das Kontextmenü als Administrator starten. Mit dem Befehl *netsh firewall set opmode enable* aktivieren Sie die Firewall wieder. Auch dazu benötigen Sie administrative Rechte.

Ändern Sie Einstellungen in der Firewall, die Sie wieder rückgängig machen wollen, aktivieren Sie für die Firewall einfach wieder die Standardeinstellungen, zum Beispiel mit *netsh advfirewall reset*.

Um sich eine Liste der vorhandenen Firewallregeln anzusehen, verwenden Sie den Befehl *netsh advfirewall firewall show rule name=all*. Den Status der einzelnen Profile der Firewall lassen Sie zum Beispiel mit *netsh advfirewall show allprofiles* anzeigen.

In aktuellen Windows-Versionen sollten Sie aber besser auf die PowerShell setzen, um die Firewall zu konfigurieren. Hier stehen mehr Möglichkeiten zur Verfügung und auch andere Einstellungen lassen sich konfigurieren. Alle verfügbaren Befehle lassen sich am besten mit dem Befehl *Get-Command -Module Netsecurity* anzeigen. Wie für alle Cmdlets kann auch für die Cmdlets der Firewall eine Hilfe angezeigt werden. Dazu steht in der PowerShell der Befehl *Get-Help <Cmdlet>* zur Verfügung. Mit der Option *-Examples* zeigt die PowerShell Beispiele an.

Um zum Beispiel eine neue Firewallregel zu erstellen, hilft der Befehl *New-NetFirewallRule -DisplayName "ICMP block" -Direction Inbound -Protocol icmp4 -Action Block*.

Remotezugriff auf Rechner in der Befehlszeile erlauben

Bei Windows Server 2022 kann es passieren, dass Dienste über das Netzwerk keine Verbindung mit WMI zum Quellserver aufbauen können. In diesem Fall müssen Sie die WMI-Regeln für die Windows-Firewall erst aktivieren, um die Kommunikation zu gestatten. Dazu verwenden Sie am besten den folgenden Befehl:

netsh advfirewall firewall set rule group="Windows-Verwaltungsinstrumentation (WMI)" new enable=yes

Um einen Server remote im Netzwerk zu verwalten, müssen Sie diese Zugriffe ebenfalls erst erlauben:

netsh advfirewall set allprofiles settings remotemanagement enable oder den Befehl netsh advfirewall firewall set rule group="remoteverwaltung" new enable=yes

Um testweise den kompletten Datenverkehr auf Computern freizuschalten, verwenden Sie:

netsh advfirewall set allprofiles firewallpolicy allowin-bound,allowoutbound

In der PowerShell nutzen Sie dazu den Befehl:

Set-NetFirewallProfile -DefaultInboundAction Block -DefaultOutboundAction Allow -NotifyOnListen True

Damit Sie mit der PowerShell von einem Rechner auf den anderen zugreifen können, müssen Sie noch den Remotezugriff aktivieren. Das können Sie auf dem Rechner zum Beispiel mit dem Cmdlet *Enable-PSRemoting -force*.

Firewallregeln in der PowerShell erstellen, ändern, löschen und kopieren

Anstatt mit *New-NetFirewallRule* eine neue Firewallregel zu erstellen, ist es häufig einfacher, Firewallregeln zu kopieren. Dazu steht der Befehl *Copy-NetFirewallRule* zur Verfügung. Auch IPSec-Regeln lassen sich kopieren. Dazu wird das Cmdlet *Copy-NetIPsecRule* verwendet.

Umbenennen lassen sich Firewallregeln dann mit dem Cmdlet *Rename-NetFirewallRule.* Beim Kopieren können Sie einen neuen Namen angeben. Beispiel:

Copy-NetFirewallRule -DisplayName "Require Outbound Authentication" -NewName "Alternate Require Outbound Authentication"

Löschen können Sie Firewallregeln mit *Remove-NetFirewallRule.* Firewallregeln lassen sich mit Gruppenrichtlinien verteilen. Auch hier haben Sie die Möglichkeit, die Firewallregeln eines Domänenprofils zu kopieren, die mit einem bestimmten GPO im Unternehmen verteilt werden. Beispiel:

Get-NetFirewallProfile -Profile Domain -PolicyStore <FQDN der Domäne>\<Name des GPOs> | Copy-NetFirewallRule -NewPolicyStore <FQDN der Domäne>\<Neues GPO>

Im vorangegangenen Profil ist das Cmdlet *Get-NetFirewallProfil* eingebunden. Mit ihm lassen sich Firewallregeln in der PowerShell anzeigen.

Firewall in der PowerShell steuern und Regeln aktivieren oder deaktivieren

Neben dem Erstellen und Anpassen von Firewallregeln können Sie die PowerShell als Ganzes steuern. Auf diesem Weg lassen sich Firewallregeln zeitweise deaktivieren (*Disable-NetFirewallRule*) und dann wieder aktivieren (*Enable-NetFirewallRule*). Die Syntax ist recht einfach:

Disable-NetFirewallRule -DisplayName "<Anzeigename>"

Mit dem Cmdlet ist es zum Beispiel möglich, alle Firewallregeln einer bestimmten Gruppenrichtlinie zu deaktivieren:

Disable-NetFirewallRule -Direction Outbound -PolicyStore <Domäne>\<GPO>

Um alle Firewallregeln eines Rechners in einer Variablen zu speichern, verwenden Sie zum Beispiel:

$Rules = Get-NetFirewallRule -PolicyStore ActiveStore -PolicyStoreSourceType Dynamic

Über diese Variable lassen sich dann alle Firewallregeln deaktivieren:

Disable-NetFirewallRule -InputObject $Rules

Anstatt das Ergebnis einer Abfrage in einer Variablen zu speichern, lassen sich die Ergebnisse aber auch mit dem Pipe-Zeichen (|) direkt an ein anderes Cmdlet übergeben:

Get-NetFirewallRule -PolicyStore ActiveStore -PolicyStoreSourceType Dynamic | Disable-NetFirewallRule

Auf dem gleichen Weg, wie sich Firewallregeln mit *Disable-NetFirewallRule* deaktivieren lassen, können Sie die Regeln mit *Enable-NetFirewallRule* aktivieren.

Firewallregeln anzeigen und Status abfragen

Der Status von Firewallregeln lässt sich mit *Get-NetFirewallRule* anzeigen. Alle Regeln eines Rechners, unabhängig von deren Status, zeigen Sie mit *Get-NetFirewallRule -All* an.

Die aktivierten Regeln zeigt die PowerShell mit *Get-NetFirewallRule -Enabled True* an. Um die aktivierten Regeln anzuzeigen, die den Datenverkehr erlauben, verwenden Sie *Get-NetFirewallRule -Enabled True -Action Allow.*

Alle Regeln eines bestimmten Profils lassen Sie sich mit *Get-NetFirewallProfile -Name Public | Get-NetFirewallRule* anzeigen. Die IPSec-Regeln sehen Sie am einfachsten mit *Show-NetFirewallRule.*

Neben den Regeln lassen sich die einzelnen Profile in der PowerShell steuern. Dazu steht das Cmdlet *Set-NetFirewallProfile* zur Verfügung. So lassen sich auf diesem Weg alle Profile und die damit verbundenen Regeln aktivieren, damit die Firewall funktioniert:

Set-NetFirewallProfile -Profile Domain,Public,Private -Enabled True

Um das Standardverhalten eines Profils zu steuern, verwenden Sie:

Set-NetFirewallProfile -Name Domain -DefaultInboundAction Block

Die globalen Einstellungen für die Windows-Firewall lassen sich mit *Set-NetFirewallSetting* steuern.

40.7 PowerShell Web Access

In diesem Abschnitt zeigen wir Ihnen, wie Sie PowerShell Web Access einrichten. Sie müssen dieses Feature nachträglich über den Server-Manager oder die PowerShell installieren und dann über die PowerShell einrichten. Alternativ können Sie die PowerShell im Web Admin Center nutzen. Auch diese bietet die Möglichkeit, über den Webbrowser auf PowerShell-Sitzungen zugreifen zu können.

Windows PowerShell Web Access stellt eine webbasierte Windows PowerShell-Konsole bereit. Auf diese Weise können Sie Windows PowerShell-Befehle und -Skripts über eine Windows PowerShell-Konsole in einem Webbrowser ausführen. Dazu ist ein Windows PowerShell Web Access-Gateway und ein Browser auf dem Clientgerät erforderlich, der JavaScript unterstützt und Cookies akzeptiert.

Nach der Installation und Konfiguration des Gateways können Benutzer mithilfe eines Webbrowsers auf eine Windows PowerShell-Konsole zugreifen. Wenn ein Benutzer die sichere Windows PowerShell Web Access-Website öffnet, kann er nach der erfolgreichen Authentifizierung eine webbasierte Windows PowerShell-Konsole ausführen.

Sie können mit PowerShell Web Access problemlos über Smartphones und Tablets remote auf die PowerShell von Servern zugreifen. Dabei können Sie alle Cmdlets nutzen, die auf dem Server verfügbar sind. Das gilt auch für den Zugriff auf die PowerShell mit dem Windows Admin Center.

40.7.1 Installieren von PowerShell Web Access

PowerShell Web Access setzt voraus, dass der Webserver (IIS), .NET Framework 4.5 und PowerShell auf dem Server installiert sind, auf dem Sie das Gateway ausführen. Installieren Sie PowerShell Web Access mit dem Server-Manager oder in der PowerShell, werden die erforderlichen Rollen und Features automatisch hinzugefügt:

1. Starten Sie den Server-Manager und klicken Sie im Menü *Verwalten* auf *Rollen und Features hinzufügen*.
2. Wählen Sie auf der Seite *Installationstyp auswählen* die Option *Rollenbasierte oder featurebasierte Installation* aus. Klicken Sie auf *Weiter*.
3. Wählen Sie auf der Seite *Zielserver auswählen* einen Server.
4. Erweitern Sie auf der Seite *Features auswählen* des Assistenten *Windows PowerShell* und wählen Sie dann *Windows PowerShell Web Access* aus.
5. Sie werden aufgefordert, erforderliche Features, wie .NET Framework 4.8, und Rollendienste des Webservers (IIS) hinzuzufügen. Fügen Sie die erforderlichen Features hinzu und setzen Sie den Vorgang fort.

Wenn Sie Windows PowerShell Web Access mit der PowerShell installieren, werden die Verwaltungstools für den IIS nicht hinzugefügt:

Install-WindowsFeature -Name WindowsPowerShellWebAccess -ComputerName <Name des Servers> -IncludeManagementTools -Restart

40.7.2 Konfigurieren des Gateways für PowerShell Web Access

Nach der Installation von PowerShell Web Access besteht der nächste Schritt in der Einrichtung des Gateways dafür. Das Cmdlet *Install-PswaWebApplication* bietet eine schnelle Möglichkeit, um PowerShell Web Access zu konfigurieren. Sie können mit der Option *-UseTestCertificate* ein selbstsigniertes SSL-Zertifikat installieren. Verwenden Sie für eine sichere Produktionsumgebung aber besser ein gültiges SSL-Zertifikat, das von einer Zertifizierungsstelle signiert wurde (siehe Kapitel 30). Über die IIS-Manager-Konsole können Sie das Testzertifikat durch ein signiertes Zertifikat ersetzen. In Kapitel 30 finden Sie mehr zu diesem Thema.

Sie können die Konfiguration mit *Install-PswaWebApplication* oder im IIS-Manager durchführen. Standardmäßig wird durch das Cmdlet die Webanwendung *pswa* und der zugehörige Anwendungspool *pswa_pool* im Standardwebsite-Container installiert.

Der IIS-Manager bietet Konfigurationsoptionen, die für Webanwendungen verfügbar sind, zum Beispiel das Ändern der Portnummer oder des SSL-Zertifikats (Secure Sockets Layer). Um eine Testumgebung einzurichten, geben Sie in der PowerShell den Befehl *Install-PswaWebApplication -UseTestCertificate* ein. Wie Sie nachträglich Einstellungen ändern, lesen Sie in den Kapiteln 27 und 30.

Die Webanwendung wird im Standardwebsite-Container von IIS installiert. Die Webseite von PSWA erreichen Sie über den Link, *https://<Servername>/pswa*.

Um die Webanwendung auf einer anderen Website zu installieren, müssen Sie den Websitenamen angeben, indem Sie die Option *-WebSiteName* nutzen. Beispiel:

Install-PswaWebApplication -WebApplicationName <Name> -UseTestCertificate

Eine Anmeldung ist erst möglich, nachdem den Benutzern durch Hinzufügen von Autorisierungsregeln der Zugriff auf die Website gestattet wurde. Sie können das Zertifikat jederzeit über die Bindungen der Webseite ändern (siehe Kapitel 30).

Haben Sie das Gateway eingerichtet, können Sie die Webseite öffnen, indem Sie die Adresse *http://<Servername>/pswa* eingeben. Eine Anmeldung ist aber erst möglich, nachdem den Benutzern durch Hinzufügen von Autorisierungsregeln der Zugriff auf die Website gestattet wurde.

40.7.3 Konfigurieren der Berechtigungen für PowerShell Web Access

Nachdem Sie PowerShell Web Access installiert und das Gateway mit der Webseite und dem Zertifikat eingerichtet haben, müssen Sie Benutzern noch den Zugriff auf die PowerShell über PowerShell Web Access gestatten.

Eine Beispielregel für den Zugriff auf PSWA ist:

*Add-PswaAuthorizationRule -Usergroupname Contoso\pswa-administrators -ComputerName * -ConfigurationName **

Mit diesem Befehl erteilen Sie allen Mitgliedern der Gruppe *pswa-administrators* das Recht, auf alle Server im Netzwerk über die PowerShell zuzugreifen. Sie können auch die Option *-ComputerGroupName* verwenden. In diesem Fall können Sie Computerkonten in die Gruppe aufnehmen, auf die Administratoren zugreifen können. Generell ist hier die Konfiguration mit Gruppen immer am besten.

Um erweiterte Berechtigungen zu konfigurieren, führen Sie in einer PowerShell-Sitzung, die mit erhöhen Benutzerrechten (*Als Administrator ausführen*) geöffnet wurde, die folgenden Befehle aus:

$applicationPoolName = "<Name des Anwendungspools für PSWA>"
$authorizationFile = "C:\Windows\web\PowerShellwebaccess\data\AuthorizationRules.xml"
c:\Windows\system32\icacls.exe $authorizationFile /grant ('"' + "IIS AppPool\ $applicationPoolName" + '":R') > $null

Anschließend lassen Sie sich mit *C:\Windows\System32\icacls.exe $authorizationFile* die gesetzten Rechte anzeigen.

PowerShell Web Access-Authentifizierungsregeln sind Positivlistenregeln. Jede Regel entspricht einer Definition einer zugelassenen Verbindung zwischen Benutzern, Zielcomputern und bestimmten Windows PowerShell-Sitzungskonfigurationen auf angegebenen Zielcomputern.

Für einen Benutzer muss nur eine Regel zutreffen, damit er Zugriff erhält. Wenn ein Benutzer über die webbasierte Konsole auf einen Computer zugreifen darf, kann er sich bei anderen Computern anmelden, die mit dem ersten Zielcomputer verbunden sind. Das sicherste Verfahren, um Windows PowerShell Web Access zu konfigurieren, besteht darin, Benutzern nur den Zugriff auf eingeschränkte Sitzungskonfigurationen zu gewähren, die ihnen das Ausführen bestimmter Aufgaben ermöglichen:

- **Add-PswaAuthorizationRule** – Fügt Autorisierungsregeln hinzu.
- **Remove-PswaAuthorizationRule** – Entfernt eine angegebene Autorisierungsregel aus PowerShell Web Access.
- **Get-PswaAuthorizationRule** – Zeigt die erstellten Regeln an.
- **Test-PswaAuthorizationRule** – Wertet Autorisierungsregeln aus.

PowerShell Web Access-Benutzer müssen immer einen Benutzernamen und ein Kennwort angeben, um ihr Konto auf dem Gateway zu authentifizieren. Nachdem ein Benutzer am Gateway authentifiziert ist, werden die Autorisierungsregeln geprüft, um festzustellen, ob er Zugriff auf den angeforderten Zielcomputer hat. Nach der erfolgreichen Autorisierung werden die Anmeldeinformationen des Benutzers an den Zielcomputer übergeben. Die Syntax für das Erstellen einer Regel ist:

Add-PswaAuthorizationRule -UserName <Domäne\Benutzer | Computer\Benutzer> -ComputerName <Computername> -ConfigurationName <Sitzungskonfigurationsname>

Diese Autorisierungsregel erlaubt es einem bestimmten Benutzer, auf einen Computer im Netzwerk zuzugreifen. Der Zugriff ist auf eine bestimmte Sitzungskonfiguration beschränkt. Im folgenden Beispiel wird dem Benutzer *administrator* in der Domäne *Contoso* der Zugriff für die Verwaltung des Computers *srv1.contoso.int* und die Verwendung der Sitzungskonfiguration *Microsoft.PowerShell* gestattet.

Add-PswaAuthorizationRule -UserName Contoso\administrator -ComputerName srv1.contoso.int -ConfigurationName Microsoft.PowerShell

Überprüfen Sie, ob die Regel erstellt wurde, indem Sie das Cmdlet *Get-PswaAuthorizationRule* ausführen. Mit *Remove-PswaAuthorizationRule -ID <Regel-ID>* löschen Sie eine Regel. Sie werden nicht aufgefordert, das Löschen der angegebenen Autorisierungsregel zu bestätigen. Die Regel wird gelöscht, sobald Sie die [↵]-Taste drücken.

Für jede Windows PowerShell-Sitzung wird eine Sitzungskonfiguration verwendet. Falls für eine Sitzung keine Sitzungskonfiguration angegeben wird, verwendet Windows PowerShell die in Windows PowerShell integrierte Standardsitzungskonfiguration *Microsoft.PowerShell.* Diese schließt alle auf einem Computer verfügbaren Cmdlets ein.

Administratoren können den Zugriff auf alle Computer einschränken, indem sie eine Sitzungskonfiguration mit eingeschränktem *Runspace* (einem begrenzten Bereich von Cmdlets und Aufgaben, die die Benutzer ausführen können) definieren. Ein Benutzer, dem der Zugriff auf einen Computer gestattet wurde, kann Verbindungen mit anderen Computern herstellen, die mit dem ersten Computer verbunden sind. Durch das Definieren eines eingeschränkten Runspaces können Sie verhindern, dass Benutzer auf Computer außerhalb ihres zulässigen Windows PowerShell-Runspaces zugreifen.

Die Sitzungskonfiguration kann mit Gruppenrichtlinien an alle Computer verteilt werden Autorisierungsregeln werden in einer XML-Datei gespeichert. Standardmäßig wird die XML-Datei unter *%WinDir%\Web\PowerShellWebAccess\data\AuthorizationRules.xml* gespeichert. Der Pfad zur XML-Datei mit den Autorisierungsregeln wird in der Datei *powwa.config* gespeichert, die unter *%WinDir%\Web\PowerShellWebAccess\data* liegt.

Standardmäßig ist in PowerShell Web Access die Anzahl gleichzeitiger Sitzungen je Benutzer auf drei begrenzt. Sie können die *web.config*-Datei der Webanwendung im IIS-Manager bearbeiten, um einen anderen Wert für die Anzahl der Sitzungen pro Benutzer zu unterstützen. Die Datei *web.config* ist unter *$Env:WinDir\Web\PowerShellWebAccess\wwwroot\Web.config* gespeichert.

Standardmäßig ist der Webserver (IIS) so konfiguriert, dass der Anwendungspool neu gestartet wird, wenn Einstellungen bearbeitet werden. Der Anwendungspool wird beispielsweise neu gestartet, wenn Änderungen an der Datei *web.config* vorgenommen werden. Die Sitzungen von Benutzern, die bei PowerShell Web Access angemeldet sind, werden getrennt, wenn er neu gestartet wird.

Nach 15-minütiger Inaktivität wird einem angemeldeten Benutzer eine Timeoutmeldung angezeigt. Wenn er nicht innerhalb von fünf Minuten reagiert, wird die Sitzung beendet, und er wird abgemeldet. Sie können die Zeitspanne für den Sitzungstimeout in den Websiteeinstellungen im IIS-Manager ändern.

Bevor Sie PowerShell Web Access auf dem Gatewayserver deinstallieren, müssen Sie die PowerShell Web Access-Website und -Webanwendungen im IIS-Manager löschen. Wählen Sie im IIS-Manager die Website aus, auf der die PowerShell Web Access-Webanwendung ausgeführt wird. Klicken Sie im *Aktionen*-Bereich unter *Website verwalten* auf *Beenden*. Danach können Sie die Seite entfernen.

40.8 Eingabeaufforderung verwenden

Neben der PowerShell besteht weiterhin die Möglichkeit, die normale Eingabeaufforderung zu nutzen. In diesem Abschnitt zeigen wir Ihnen ein paar Tipps und Tricks zur Arbeit damit. In diversen Kapiteln dieses Buchs wurde bereits auf einzelne Befehle eingegangen, die ohne grafische Oberfläche in der Eingabeaufforderung eingegeben werden können.

Eine Eingabeaufforderung öffnen Sie am besten, indem Sie im Suchfeld der Taskleiste die Zeichenfolge *cmd* eintippen.

Wenn Sie häufiger eine Eingabeaufforderung benötigen, können Sie zur Datei *cmd.exe* eine Verknüpfung auf dem Desktop erstellen oder diese an die Taskleiste anheften, zum Beispiel über die App-Leiste, die Sie auf der Startseite mit einem Klick der rechten Maustaste öffnen. Wollen Sie die Eingabeaufforderung mit Administratorrechten öffnen, können Sie dies über die Verknüpfung per Rechtsklick durchführen. Mit der Eingabeaufforderung zu arbeiten, heißt tippen: Man erteilt dem System Befehle, indem man ihren Namen per Tastatur eingibt und die Zeile mit einem Druck auf die [↵]-Taste abschließt. Der Rechner führt daraufhin die gewünschten Aktionen aus, schreibt die angeforderten Informationen – oder auch eine Fehlermeldung – in dasselbe Fenster und steht anschließend für weitere Eingaben zur Verfügung.

Nicht nur der eigentliche Umgang mit der Eingabeaufforderung, auch die Auswahl der zur Verfügung stehenden Befehle hat sich im Laufe der Zeit stark verbessert. Viele von ihnen erschließen – wie Ping – Funktionen, die man in der grafischen Oberfläche vergeblich sucht. Um eine weitere beliebte Startmöglichkeit der Eingabeaufforderung schätzen zu lernen, muss man wissen, dass beim Arbeiten mit ihr immer genau ein Ordner eines Laufwerks der sogenannte aktuelle Ordner ist. Nur Dateien in diesem Ordner lassen sich ansprechen, ohne ihnen einen Pfad voranstellen zu müssen.

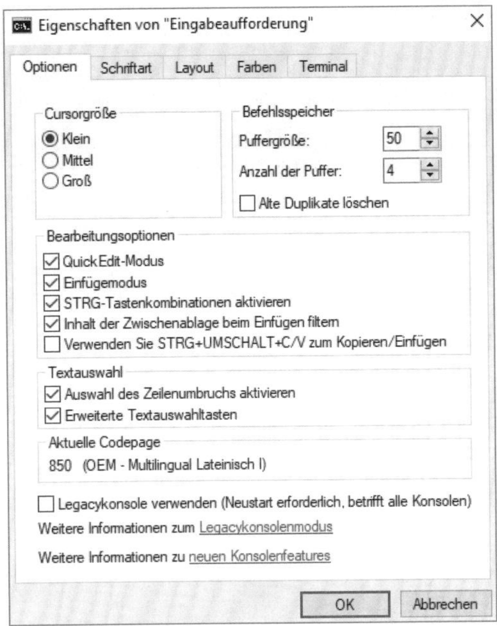

Abb. 40.7 Konfigurieren der Eingabeaufforderung

Zum Wechseln des aktuellen Ordners dient der Befehl *ChDir* oder kurz *CD*, der als Argument – wie bei allen Befehlen üblich durch ein Leerzeichen abgetrennt – den Namen des Ordners benötigt, in den man wechseln will. Wem die Darstellung nicht gefällt, findet im Systemmenü dieses Fensters den Befehl *Eigenschaften*, mit dessen Hilfe sich beispielsweise die Schriftart und -größe, die Vorder- und Hintergrundfarbe und manches andere anpassen lassen.

Empfehlenswert ist, auf der Registerkarte *Layout* die voreingestellte Fensterhöhe auf 50 Zeilen zu verdoppeln und die Fensterpuffergröße etwas großzügiger zu bemessen, etwa auf 300 bis 500 Zeilen. Die erste Zahl gibt an, wie viele Zeilen Text das Fenster vollständig anzeigt, die zweite definiert die Größe des Speichers, aus dem die Bildlaufleiste am rechten Rand Text zurückholen kann, der nach oben aus dem Fenster gerutscht ist. Die Breite sollte besser auf 80 Zeichen eingestellt bleiben, da manche Programme sonst nur noch wirren Zeichensalat ausgeben.

Interessant sind noch einige Einstellungen auf der Registerkarte *Optionen*. Hier spart ein Häkchen bei *QuickEdit-Modus* ein paar Mausklicks beim Kopieren von Text aus der Eingabeaufforderung in andere Anwendungen. Um den Text zu markieren, müssen Sie ihn nur bei gedrückter Maustaste einrahmen und dann die [↵]-Taste drücken; ohne QuickEdit leitet der Befehl *Markieren* aus dem Systemmenü das Kopieren ein.

Ein Druck auf [Esc] löscht die Eingabezeile. Weitere Editiermöglichkeiten stellen die Funktionstasten [F1] bis [F5] zur Verfügung. Beim Arbeiten mit der Eingabeaufforderung ist es recht häufig notwendig, Ordner- oder Dateinamen einzugeben. Die wichtigsten Befehle sind nachfolgend aufgelistet:

- **APPEND** – Sucht nach Dateien im Unterordner.
- **ASSIGN** – Gibt dem Laufwerk einen anderen Buchstaben.

Bereitstellung, Verwaltung, Cloudanbindung

- **ATTRIB** – Zeigt Dateiattribute an oder ändert sie.
- **C:** – Wechselt zum Laufwerk *C:*.
- **CALL** – Ruft eine Batchdatei aus einer anderen heraus mit Rücksprung auf.
- **CD** – Der Befehl *CD* zeigt Ihnen den Namen des aktuellen Ordners an oder wechselt den aktuellen Ordner. Wird *CD* nur mit einem Laufwerkbuchstaben (z.B. *ChDir C:*) verwendet, zeigt er diesen Laufwerkbuchstaben und den Namen des Ordners an, der auf dem Laufwerk der aktuelle Ordner ist. Ohne Parameter zeigt *CD* das aktuelle Laufwerk und den aktuellen Ordner an.
- **CHKDSK** – Überprüft Datenträger.
- **CHOICE** – Erlaubt verschiedene Auswahlmöglichkeiten innerhalb von Batchdateien.
- **CLS** – Löscht den Bildschirm.
- **COMP** – Vergleicht Dateien miteinander.
- **COPY** – Kopiert Dateien.
- **DATE** – Zeigt das aktuelle Datum an oder ändert es.
- **DEL** – Löscht eine oder mehrere Dateien.
- **DELTREE** – Löscht komplette Verzeichnisbäume.
- **DIR** – Zeigt Inhaltsverzeichnisse an. Zeigt eine Liste der in einem Ordner enthaltenen Dateien und Unterverzeichnisse an. Wenn Sie *DIR* ohne Parameter verwenden, wird die Datenträgervolumebezeichnung und Seriennummer des Datenträgers, gefolgt von einer Liste der Ordner und Dateien darauf einschließlich der entsprechenden Namen, des Datums und der Uhrzeit der letzten vorgenommenen Änderung angezeigt. Bei Dateien zeigt *DIR* die Namenerweiterung und die Größe in Bytes an. *DIR* gibt die Gesamtzahl der aufgelisteten Dateien und Verzeichnisse an, ihre Gesamtgröße und den Umfang des auf dem Datenträger noch verfügbaren Speicherplatzes (in Byte).
- **ECHO** – Zeigt Meldungen auf dem Bildschirm aus einer Batchdatei heraus an; schaltet die Befehlsanzeige ein beziehungsweise aus.
- **EXIT** – Beendet das aktuelle Batchskript (mit dem Parameter */b*) oder das Programm *cmd.exe* und kehrt zu dem Programm zurück, das über *cmd.exe* gestartet wurde.
- **EXPAND** – Expandiert eine oder mehrere komprimierte Dateien.
- **FC** – Vergleicht Dateien.
- **FIND** – Sucht Textstellen in Dateien.
- **FOR** – Batchbefehle zur mehrfachen Wiederholung eines DOS-Befehls.
- **FORMAT** – Bereitet Festplatten vor (Formatieren).
- **FTP** – Öffnet die FTP-Verbindung.
- **GOTO** – Sprungbefehl in Batchdatei
- **IF** – Setzt Bedingungen in Batchdateien.
- **LABEL** – Weist einen Datenträgernamen zu und ermöglicht das Ändern oder Löschen.
- **MD** – Erstellt einen Unterordner.
- **MENUCOLOR** – Legt die Farben für das Multikonfigurationsmenü fest.
- **MOVE** – Verschiebt Dateien, benennt Ordner um.

- **PATH** – Legt den Suchpfad für ausführbare MS-DOS-Befehlsdateien fest oder zeigt ihn an.
- **PAUSE** – Stoppt innerhalb von Batchdateien und wartet auf einen Tastendruck.
- **PING** – Testet eine Netzwerkverbindung
- **PRINT** – Druckt Textdateien im Hintergrund aus.
- **RD** – Löscht einen Unterordner.
- **REM** – Fügt Kommentare in Batchdateien ein.
- **REN** – Benennt Dateien um.
- **SUBST** – Ersetzt einen Ordnernamen durch einen Laufwerkbezeichner.
- **TELNET** – Öffnet das Telnet-Fenster. Dazu muss aber die Funktion *Telnetclient* installiert sein.
- **TIME** – Zeigt die Systemzeit an und ändert sie.
- **TREE** – Zeigt die Ordnerstruktur eines Datenträgers grafisch an.
- **TYPE** – Zeigt den Inhalt einer Datei auf dem Bildschirm an.
- **VOL** – Zeigt den Namen und die Seriennummer eines Datenträgers an.
- **XCOPY** – Erweitertes Kopierprogramm mit zusätzlichen Möglichkeiten zur Übertragung von Dateien und kompletten Verzeichnisbäumen. Mit Xcopy lassen sich Dateien und Ordner einschließlich der Unterordner kopieren. Die Syntax dazu lautet:

  xcopy Quelle [Ziel] [/c] [/v] [/l] [/d[:TT.MM.JJ]] [/u] [/s [/e]] [/t] [/k] [/r] [/h] [{/y|/-y}] [/z]

  Dabei können Sie folgende Optionen verwenden:

  - **/c** – Unterdrückt Fehlermeldungen.
  - **/v** – Bewirkt, dass jede Zieldatei nach dem Schreiben überprüft wird, um sicherzustellen, dass die Zieldateien mit den Quelldateien übereinstimmen.
  - **/l** – Zeigt eine Liste der zu kopierenden Dateien an.
  - **/d[:TT.MM.JJ]** – Kopiert nur Quelldateien, die an oder nach dem angegebenen Datum geändert wurden. Wenn Sie keinen Wert für TT.MM.JJ angeben, kopiert Xcopy alle Dateien aus der Quelle, die neuer sind als vorhandene Dateien im Ziel. Mit dieser Befehlsoption können Sie veränderte Dateien aktualisieren.
  - **/u** – Kopiert nur die Dateien aus der Quelle, die bereits im Ziel existieren.
  - **/s** – Kopiert Ordner und Unterordner, wenn diese nicht leer sind. Wenn Sie */s* weglassen, arbeitet Xcopy nur innerhalb eines Ordners.
  - **/e** – Kopiert alle Unterordner, auch wenn diese leer sind.
  - **/t** – Kopiert nur die Unterverzeichnisstruktur (Tree), keine Dateien. Um auch leere Ordner zu kopieren, müssen Sie die Befehlsoption */e* angeben.
  - **/k** – Kopiert Dateien und behält das Attribut *Schreibgeschützt* bei den Zieldateien bei, wenn es bei den Quelldateien gesetzt war. Standardmäßig entfernt Xcopy das Attribut *Schreibgeschützt.*
  - **/r** – Kopiert schreibgeschützte Dateien.
  - **/h** – Kopiert Dateien mit den Attributen *Versteckt* und *System*. Standardmäßig kopiert Xcopy weder versteckte Dateien noch Systemdateien.

- /y – Unterdrückt die Ausgabe einer Aufforderung zur Bestätigung des Überschreibens einer vorhandenen Zieldatei.
- /-y – Fordert Sie auf, das Überschreiben einer vorhandenen Zieldatei zu bestätigen.
- /z – Kopiert im ausführbaren Modus über ein Netzwerk.

Arbeiten Sie mit der Eingabeaufforderung, können Sie schneller die verschiedenen Befehle aufrufen, wenn Sie den Anfangsbuchstaben des Verzeichnisses eingeben, zu dem Sie sich bewegen wollen, und dann die [Tab]-Taste drücken. Windows vervollständigt anschließend den Befehl.

Wollen Sie zum Beispiel zum Stammverzeichnis der Partition wechseln, geben Sie den Befehl *cd* ein. Um vom Stammverzeichnis aus das Verzeichnis *Programme* zu öffnen, reicht es, wenn Sie *P* eingeben und so lange die [Tab]-Taste drücken, bis das richtige Verzeichnis erscheint.

In der Eingabeaufforderung tragen die Verzeichnisse meistens englische Bezeichnungen, außer den Verzeichnissen, die Sie selbst erstellen.

Wollen Sie aus dem Explorer direkt einen Pfad in der Eingabeaufforderung öffnen, klicken Sie auf das Verzeichnis mit [⇧]+Rechtsklick und wählen *Eingabeaufforderung hier öffnen*.

40.9 Batchdateien für Administratoren

Geht es um das Skripting im Netzwerk, liest man vor allem von Möglichkeiten über die PowerShell. Natürlich ist die PowerShell extrem mächtig und bietet umfassende Möglichkeiten, Server und Computer zu verwalten. Es ist aber auch möglich, in der normalen Befehlszeile zahlreiche Verwaltungsaufgaben durchzuführen und diese in Batchdateien zusammenzufassen. Wir zeigen Ihnen einige interessante Möglichkeiten.

40.9.1 Grundlagen zu Batchdateien

Sie können die Befehle auf den nachfolgenden Seiten entweder direkt in der Eingabeaufforderung verwenden oder Sie schreiben eine Batchdatei. Dazu können Sie einfach die Befehle in eine neue Textdatei schreiben und dieser die Endung **.cmd* oder **.bat* geben.

Sie können Beschreibungen und Kommentare vor einzelne Zeilen von Batchdateien aufnehmen. Dazu verwenden Sie den Befehl *Rem* in der Zeile, zum Beispiel *Rem Ab hier werden Netzlaufwerke verbunden.* Alternativ können Sie einfach einen Doppelpunkt als Erstes in die Zeile schreiben. Dann lässt sich diese Zeile parallel noch als Sprungmarke nutzen, doch dazu später mehr.

40.9.2 Netzwerkverwaltung in der Befehlszeile

Wollen Sie Netzwerkeinstellungen von Computern in der Befehlszeile ändern, können Sie auf das Tool *netsh.exe* zurückgreifen. Um zum Beispiel IP-Adresse und DNS-Server der Netzwerkschnittstelle *lan* zu ändern, verwenden Sie die drei Befehle:

netsh interface ip set address "lan" static 192.168.1/1078.99 255.255.255.0 192.168.1/1078.4 1 netsh interface ip delete dns "lan" 192.168.1/1078.1/10

netsh interface ip add dns "lan" 192.168.1/1078.4

Die Einstellungen lassen Sie sich mit den folgenden Befehlen in der Eingabeaufforderung anzeigen:

netsh interface ip show address "lan"

netsh interface ip show dns "lan"

Packen Sie das alles in eine Batchdatei, können Anwender selbstständig Netzwerkeinstellungen, abhängig vom Netzwerk, mit dem sie verbunden sind, einstellen.

Sie erreichen in der Befehlszeile wesentlich schneller Konfigurationsfenster der grafischen Oberfläche der Netzwerkkartenverwaltung. Geben Sie zum Beispiel *ncpa.cpl* ein, öffnet sich das Fenster zur Verwaltung der Netzwerkeinstellungen, *certlm.msc* öffnet die Verwaltung der lokalen Zertifikate des Computers. Das ist vor allem bei der Einrichtung von Serverdiensten sinnvoll, die Zertifikate benötigen. Administratoren, die verschiedene Subnetze verwalten, können IP-Pakete mit den Befehlen *pathping* oder *tracert* nachverfolgen. So lassen sich schnell Probleme auf Routern finden oder Geschwindigkeitsprobleme beseitigen, indem bestimmte Routen umgangen werden.

Geben Sie den Befehl *netstat -an* ein, zeigt Windows die geöffneten Ports an. Ausführlichere Informationen erhalten Sie mit *netstat -banvo*. Die Routingtabelle des Computers sehen Sie mit *netstat -r*, Statistiken zu TCP/IP zeigt das Tool mit *netstat -s* an. Auf diesem Weg können Sie also umfassende Informationen zu Netzwerkeinstellungen eines Servers abrufen.

40.9.3 Sprungmarken und Warte-Befehle

Interessant für Batchdateien sind generell Sprungmarken, Pause-Zeichen und Befehle zum Warten. Wollen Sie zum Beispiel, dass die Ausführung einer Batchdatei zu einer bestimmten Stelle springt, dann schreiben Sie vor der entsprechenden Zeile einfach einen Doppelpunkt und die Bezeichnung der Sprungmarke, zum Beispiel *:Sprung1*. Wenn Sie jetzt in einer Batchdatei ein *goto sprung1* schreiben, dann führt die Befehlszeile die Batchdatei ab der Sprungmarke aus.

Weniger bekannt sind die Befehle zum Warten in Batchdateien. Hier bietet sich in Windows Server 2022 der Befehl *timeout.exe* an. So wartet zum Beispiel der Befehl *timeout /t:5* fünf Sekunden auf eine Eingabe und macht dann mit der Batchdatei weiter. Wollen Sie das Warten erzwingen, also keine Unterbrechung per Tastendruck erlauben, verwenden Sie zusätzlich die Option */nobreak*. Mit dem Befehl *timeout /t -1* läuft kein Countdown, sondern die Batchdatei wartet, bis eine Taste gedrückt wird. Das Gleiche erreichen Sie mit dem Befehl *pause*.

40.9.4 Wenn/Dann-Abfragen nutzen

Interessant sind solche Sprungmarken zum Beispiel in Verbindung mit Befehlen zum Überprüfen von Bedingungen. So können Sie mit *if exist c:\temp\systeminfo.txt goto sprung1* festlegen, dass die Batchdatei zur Zeile *sprung1* springt, wenn im Verzeichnis *c:\temp* eine Datei *systeminfo.txt* existiert. Um eine Batchdatei zu beenden, verwenden Sie als Befehl *exit*. Danach schließt Windows das Fenster der Datei.

Sie können aber nicht nur die Option *exist* nutzen, um zu testen, ob eine bestimmte Datei vorhanden ist, sondern mit der Option *not exist*, ob sie explizit nicht vorhanden ist: *if not exist c:\temp\test.txt goto sprung1*. Interessant ist in diesem Zusammenhang die Möglichkeit, zu testen, ob in einem beliebigen Verzeichnis Dateien vorhanden sind, zum Beispiel mit *IF EXIST C:\TEMP*.**. Sie können Verzeichnisse mit Leerzeichen verwenden, dann müssen Sie den Pfad in Anführungsstriche schreiben. Natürlich lassen sich die Befehle miteinander verschachteln:

if exist c:\temp\test.bak if not exist test2.bak ren test.bak test2.bak

Wenn die Datei *test.bak* vorhanden ist und die Datei *test2.bak* nicht, dann wird *test.bak* in *test2.bak* umbenannt.

In Batchdateien können Sie den Fehlerstatus eines vorangegangenen Befehls abfragen. Wenn der vorherige Befehl einen Fehler verursacht hat, können Sie in der Batchdatei anders vorgehen als bei einer erfolgreichen Ausführung. Umgekehrt können Sie sicherstellen, dass der vorhergehende Befehl erfolgreich war. Beispiel:

```
md c:\temp\test
if errorlevel 1 goto fehler
echo Verzeichnis erstellt
:fehler
echo Erstellung nicht möglich
```

Der Befehl erstellt ein neues Verzeichnis. Ist das nicht möglich, springt die Batchdatei zur Sprungmarke *Fehler. Errorlevel 0* ist die erfolgreiche Ausführung des Befehls, *Errorlevel 1* ein Fehler. Programme können unterschiedliche Errorlevel zurückgeben. Das testen Sie, indem Sie den entsprechenden Befehl ausführen und dann in der Befehlszeile *%errorlevel%* eingeben. Sie erhalten dann den aktuellen Wert, den Sie wiederum in einer Batchdatei verwenden können. Sie können zusätzlich zu den Wenn-Abfragen (*If*) auch Ansonsten-Befehle mit *else* einbauen. Wenn die Bedingung nicht eintritt, führt die Batchdatei einen anderen Befehl aus:

```
If exist c:\temp\test.bak
(
goto weiter
)
else if exist c:\temp\test\test.bak
(
goto weiter2
)
```

Im vorangegangenen Befehl haben wir zwei If-Anfragen miteinander verknüpft, Sie können aber mit *else* jeden anderen beliebigen Befehl verwenden.

40.9.5 Informationen zum lokalen Server abrufen

Wenn sich Administratoren an einem Computer anmelden, lassen sich viele wichtige Informationen zu einem PC in der Eingabeaufforderung wesentlich schneller und gebündelter anzeigen als in der grafischen Oberfläche und der PowerShell.

Die aktuelle IP-Adresse wird mit *ipconfig* angezeigt, mehr Informationen mit *ipconfig /all*. *ipconfig /displaydns* zeigt den lokalen DNS-Cache an, auch die zuletzt geöffneten Internetseiten und aufgelösten DNS-Namen. Löschen Sie den Verlauf im Browser, sind die Daten dennoch an dieser Stelle vorhanden. Sie müssen den lokalen DNS-Cache getrennt löschen, indem Sie *ipconfig /flushdns* verwenden.

Den Namen des Computers sehen Sie mit *hostname*, die Version des installierten Windows mit *ver*, mit *winver* öffnet sich ein Fenster in der grafischen Oberfläche. Wollen Sie den angemeldeten Benutzer sehen, zum Beispiel zur Überprüfung von Rechten, geben Sie *whoami* ein.

Ausführliche Informationen zu einem Computer erhalten Sie durch Eingabe von *systeminfo*. Lassen Sie die Ausgabe am besten mit *systeminfo >c:\temp\systeminfo.txt* in eine Textdatei umleiten, um alle Informationen in eine Datei zu schreiben. Das funktioniert mit allen Befehlen der Befehlszeile. Der Befehl überschreibt bereits vorhandenen Text in der Datei. Wollen Sie den vorhandenen Text erhalten und den neuen Text anhängen, was zum Beispiel beim Einsatz von Batchdateien durchaus sinnvoll ist, verwenden Sie den Befehl

systeminfo >>c:\temp\systeminfo.txt.

Über den Befehl *driverquery* im Fenster der Eingabeaufforderung können Sie sich eine Liste aller aktuell geladenen Treiber anzeigen lassen. Mit dem Befehl *driverquery >c:\treiber.txt* werden alle Treiber in die Textdatei *treiber.txt* geschrieben, die Sie mit dem Windows-Editor bearbeiten und überprüfen können. Auch hier können Sie wieder mit >> arbeiten, um den Text anzuhängen.

Wollen Sie den Inhalt des aktuellen Fensters löschen, geben Sie *cls* ein. In Batchdateien können Sie die Anzeige der eigentlichen Befehle ausblenden, indem Sie am Anfang der Datei *@echo off* schreiben. Wollen Sie bestimmte Nachrichten in der Eingabeaufforderung anzeigen, geben Sie *echo <Text>* ein. Der Text wird dann in der Befehlszeile angezeigt. Wollen Sie Leerzeilen in der Anzeige einfügen, verwenden Sie *echo* mit einem Punkt (*echo.*).

In der Befehlszeile sehen Sie Freigaben, wenn Sie den Befehl *net share* eingeben. Mit *openfiles.exe* können Sie Dateien und Ordner, die auf einem System geöffnet sind, auflisten und trennen. Damit geöffnete Dateien angezeigt werden, müssen Sie zunächst die Einstellung *Maintain Objects List* aktivieren. Mit dem Befehl *openfiles /local on* wird das Systemflag eingeschaltet.

Der Befehl *openfiles /local off* schaltet ihn aus. Wenn Sie nach dem Neustart *openfiles* eingeben, werden die geöffneten Dateien angezeigt. Möchten Sie überprüfen, welche Dateien auf einem USB-Stick geöffnet sind, empfiehlt sich der Befehl *openfiles |find /i "z:"*, wobei *z:* der Laufwerkbuchstabe des USB-Sticks ist. Wenn Sie offene Dateien auf Ihrem System finden und schließen wollen, verwenden Sie den Befehl *openfiles /disconnect /id <id>* oder *openfiles /disconnect /a <user>*. Als *<id>* wird die von *Openfiles* mitgeteilte ID eingetragen, als *<user>* die mitgeteilte Nutzerkennung.

40.9.6 Schleifen und Variablen

Soll es komplizierter werden, können Sie Schleifen in Batchdateien erstellen, also bestimmte Passagen eine bestimmte Anzahl oft wiederholen lassen. Dazu verwenden Sie den Befehl *for*. Die Syntax lautet *For <Variable> do (*. Nach der Klammer schreiben Sie in eigene Zeilen die Befehle und schließen dann mit einer Klammer in der letzten Zeile ab:

```
for <Variable> do (
   Befehl 1
   Befehl 2
 )
```

Sie können die Schleifen auch als Zählschleifen nutzen und eine bestimmte Anzahl lang ablaufen lassen. Dazu verwenden Sie die Option */L* und die Syntax *for /L <Variable< IN (Startzahl, Schrittweite, Endzahl) DO (Aktion)*. Eine weitere Möglichkeit, eine Zählschleife zu erstellen, ist:

```
Rem Echo ausschalten
@echo off
Rem Setzt die Variable Wert auf 0
set /a wert=0
Sprungmarke start
:start
Erhöht die Variable Wert um 1
set /a wert=%wert+1
Rem Gibt die Variable Wert aus
echo %wert%
Rem Überprüft, ob die Variable Wert 3 erreicht hat, und springt zur Sprungmarke drei
if %wert%==3 goto drei
Rem Springt zur Sprungmarke start
goto start
Rem Sprungmarke drei
:drei
echo ***Drei erreicht***
pause
```

Auch Variablen können Sie in Batchdateien nutzen. So ist zum Beispiel die Variable *%1* die ausgewählte Datei, wenn Sie mit einer Batchdatei eine Datei bearbeiten wollen. Ein Beispiel dafür ist:

```
attrib -R %1
EDIT %1
attrib +R %1
```

Speichern Sie diese Datei zum Beispiel als *test.bat* ab, können Sie mit dem Befehl *test.bat c:\temp\test.txt* den Schreibschutz einer Datei entfernen, die Datei zum Bearbeiten aufrufen und anschließend den Schreibschutz wieder setzen.

40.10 WMI-Abfragen nutzen

Generell lassen sich Windows-Server weiterhin mit WMI-Fragen verwalten und Informationen abrufen. Sie können die Konfiguration der Auslagerungsdatei in der Befehlszeile vornehmen. Dies ist zum Beispiel notwendig, wenn die Datei größer als 2 TB sein soll oder wenn Sie die Einstellungen skripten möchten. Zum Erstellen einer Auslagerungsdatei führen Sie den folgenden Befehl aus:

wmic.exe pagefileset create name="<Laufwerksbuchstabe>:\pagefile.sys"

Zum Festlegen der Größe der Auslagerungsdatei verwenden Sie den Befehl:

wmic.exe pagefileset where name="<Laufwerksbuchstabe>:\\pagefile.sys" set InitialSize=<MB>,MaximumSize=<MB>

Bitte beachten Sie den doppelten Backslash »\\«!

Mit dem folgenden Befehl deaktivieren Sie die Auslagerungsdatei auf einem Laufwerk:

wmic.exe pagefileset where name="<Laufwerksbuchstabe>:\\pagefile.sys" delete

Haben Sie die Datei bereits gelöscht, erscheint die Meldung *Keine Instanzen verfügbar.* Auf diese Weise überprüfen Sie daher auch, ob auf einem Laufwerk eine Auslagerungsdatei vorhanden ist.

Wenn Sie die Daten von Servern auslesen wollen, zum Beispiel den freien Festplattenplatz oder andere Informationen, können Sie auf WMI-Befehle setzen. Dabei ist es nicht notwendig, sich mit der komplexen WMI-Problematik auseinanderzusetzen, sondern über die PowerShell lassen sich diese Daten schnell und einfach ablesen. Wir zeigen, wie dabei vorgegangen wird.

Um sich einen Überblick über einen Server oder eine Arbeitsstation zu verschaffen, müssen Administratoren nicht unbedingt auf Tools und die grafische Oberfläche setzen. Auch in der PowerShell oder der Befehlszeile lassen sich Informationen anzeigen. Der Vorteil dabei ist, dass sich auf diesem Weg Skripts erstellen lassen und Informationen wesentlich schneller zur Verfügung stehen als über andere Wege. In der PowerShell gibt es dazu zahlreiche Befehle.

Mit einigen Cmdlets lassen sich direkt Festplatten abfragen, andere rufen mit WMI direkt Objekte vom Betriebssystem ab. Auch hier gibt es zahlreiche Varianten. Neben Festplatteninformationen lassen sich Daten der Netzwerkkonfiguration abfragen. Für den Umgang mit den Befehlen muss man kein Skriptprofi sein. Die PowerShell-Befehle sind für jeden Administrator sehr leicht zu bedienen.

Get-PhysicalDisk zeigt Informationen von Festplatten an. Ausführliche Informationen lassen sich mit *Get-PhysicalDisk |fl* oder *Get-PhysicalDisk |ft* anzeigen. Es lassen sich einzelne Informationen anzeigen, wenn nach der Option *|fl* das entsprechende Feld angehängt wird.

Ausführliche Informationen zu Festplatten lassen sich mit WMI-Befehlen abrufen. Dazu gibt es das Cmdlet *Get-WmiObject*. Verwenden Sie die Option *Win32_LogicalDisk*, können Sie sehr ausführliche Informationen zu Festplatten sehen.

Um nur lokale Festplatten anzuzeigen, nutzen Sie den Befehl *Get-WmiObject Win32_LogicalDisk -filter "Drive-Type=3"*. Soll die Anzeige noch gefiltert werden, lassen sich die gewünschten Filter direkt einblenden: *Get-WmiObject Win32_LogicalDisk -filter "DriveType= 3" -computer . | Select SystemName,DeviceID,VolumeName, freespace.*

Es lassen sich mit der PowerShell noch weitere Informationen anzeigen. Eine Liste für Datenträger ist mit dem Befehl *gwmi -list|where {$_.name -like "*disk*"}* verfügbar.

Wenn Sie das installierte Betriebssystem und das Datum der Installation anzeigen wollen, können Sie ebenfalls WMI und die PowerShell verwenden. Mit dem Befehl *Get-WmiObject Win32_OperatingSystem | Select @{Name="Installed"; Expression={$_.ConvertToDateTime ($_.InstallDate)}}, Caption* zeigen Sie die entsprechenden Informationen an.

Auch die Bit-Variante des Betriebssystems (*Get-WmiObject -Class Win32_ComputerSystem -ComputerName . | Select-Object -Property SystemType*), Domäne, Hersteller, Modell und mehr (*Get-WmiObject -Class Win32_ComputerSystem*) können Sie abrufen.

Informationen zur Netzwerkverbindung und zu den Netzwerkadaptern können Sie ebenfalls anzeigen. Dabei sind die beiden Befehle *Get-WmiObject Win32_Networkadapter* und *Get-Netadapter* interessant.

Viele dieser Befehle lassen sich über das Netzwerk nutzen. Zusätzlich haben Administratoren noch die Möglichkeit, die Daten von Rechnern über das Netzwerk abzufragen, zum Beispiel *Get-WmiObject Win32_LogicalDisk -filter "DriveType=3" -computername 192.168.1/1078.9.*

40.11 Zusammenfassung

In diesem Kapitel haben wir Ihnen gezeigt, wie Sie mit der neuen PowerShell und der Eingabeaufforderung umgehen. In den einzelnen Kapiteln in diesem Buch sind wir ebenfalls auf diese Bereiche eingegangen. Außerdem wurde in diesem Kapitel kurz die Erstellung von Skripts und Batchdateien erläutert.

Index

B

C

D

E

F

G

H

I

J

K

L

M

N

O

P

Q

R

S

T

W

X

Z